# 中国民法典适用大全

## 物权卷（一）

最高人民法院民法典贯彻实施工作领导小组　编著

人民法院出版社

图书在版编目（CIP）数据

中国民法典适用大全. 物权卷 / 最高人民法院民法典贯彻实施工作领导小组编著. -- 北京：人民法院出版社，2022.12
ISBN 978-7-5109-3576-3

Ⅰ. ①中… Ⅱ. ①最… Ⅲ. ①民法－法典－法律适用－中国②物权法－法律适用－中国 Ⅳ. ①D923.05

中国版本图书馆CIP数据核字(2022)第166919号

中国民法典适用大全（物权卷）

最高人民法院民法典贯彻实施工作领导小组　编著

| 策划编辑 | 陈建德　兰丽专 |
|---|---|
| 责任编辑 | 丁丽娜 |
| 执行编辑 | 杨晓燕　杨　洁 |
| 装帧设计 | 天平文创视觉设计 |
| 出版发行 | 人民法院出版社 |
| 地　　址 | 北京市东城区东交民巷27号（100745） |
| 电　　话 | （010）67550508（责任编辑）　67550558（发行部查询）<br>65223677（读者服务部） |
| 客 服 QQ | 2092078039 |
| 网　　址 | http://www.courtbook.com.cn |
| E－mail | courtpress@sohu.com |
| 印　　刷 | 三河市国英印务有限公司 |
| 经　　销 | 新华书店 |
| 开　　本 | 787 毫米×1092 毫米　1/16 |
| 字　　数 | 2307 千字 |
| 印　　张 | 128.5 |
| 版　　次 | 2022 年 12 月第 1 版　2022 年 12 月第 1 次印刷 |
| 书　　号 | ISBN 978-7-5109-3576-3 |
| 定　　价 | 458.00元（全3册） |

版权所有　侵权必究

# "民法典适用大全"小程序使用图示

"民法典适用大全"小程序

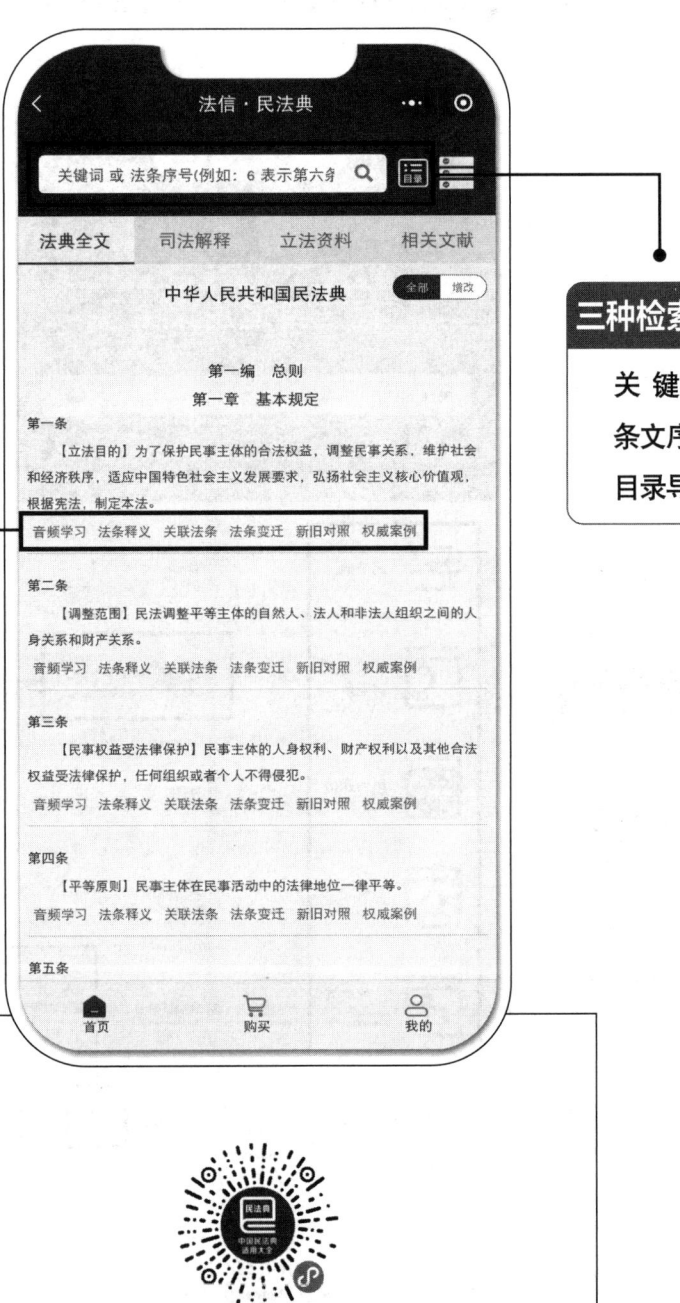

## 最高人民法院

## 民法典贯彻实施工作领导小组

组　　　长　周　强
常务副组长　贺　荣
副　组　长　陶凯元　杨万明　杨临萍　贺小荣　刘贵祥
成　　　员　（按机构排序）
　　　　　　郭竞坤　董文濮　钱晓晨　郑学林　林文学
　　　　　　林广海　王淑梅　刘竹梅　于厚森　韩维中
　　　　　　孔　玲　何东宁　郭　锋　赵晋山　李广宇
　　　　　　胡仕浩　祝二军　马　岩　陈宜芳　郝银钟
　　　　　　高晓力　邰中林　孙晓勇

### 办 公 室

主　　　任　杨万明　刘贵祥
副　主　任　郭　锋　杨永清
成　　　员　丁广宇　周伦军　陈龙业

### 《中国民法典适用大全（物权卷）》

执 行 编 委　郑学林　陈宜芳　钱晓晨　杨永清
编　　　审　吴景丽　万　挺　刘崇理　梅　芳　李成斌
　　　　　　孙　超　蒋家棣　王慧娴　张　乾　仇彦军

# 全面深化民法典贯彻实施
# 为推进中国式现代化提供有力司法服务

民法典是中华人民共和国成立以来第一部以"法典"命名的法律，是党的十八大以来全面推进依法治国的标志性立法成果，在中国特色社会主义法律体系中具有重要地位。以习近平同志为核心的党中央高度重视民法典贯彻实施工作，作出一系列重大部署。2020年5月29日，十九届中央政治局就"切实实施民法典"举行第二十次集体学习，习近平总书记主持学习时强调，全党要切实推动民法典实施，以更好推进全面依法治国、建设社会主义法治国家，更好保障人民权益，指出"各级司法机关要秉持公正司法，提高民事案件审判水平和效率。要加强民事司法工作，提高办案质量和司法公信力。要及时完善相关民事司法解释，使之同民法典及有关法律规定和精神保持一致，统一民事法律适用标准。要加强涉及财产权保护、人格权保护、知识产权保护、生态环境保护等重点领域的民事审判工作和监督指导工作，及时回应社会关切"。习近平总书记的重要讲话为贯彻实施民法典指明了方向，提供了根本遵循。党的二十大报告明确指出，必须更好发挥法治固根本、稳预期、利长远的保障作用，在法治轨道上全面建设社会主义现代化国家，并对统筹法律立改废释纂、严格公正司法提出明确要求，对深入贯彻实施民法典具有重要指导意义。

最高人民法院坚持以习近平新时代中国特色社会主义思想为指

导,深入贯彻习近平法治思想,认真学习贯彻习近平总书记关于切实实施民法典的重要论述,深刻领悟"两个确立"的决定性意义,增强"四个意识"、坚定"四个自信"、做到"两个维护",全面落实党中央决策部署,深刻理解和把握民法典的核心要义和重要制度,积极推动贯彻实施好民法典。在前期成立最高人民法院民法典编纂工作研究小组的基础上,专门成立民法典贯彻实施工作领导小组,党组书记、院长周强担任组长,研究制定一系列措施,就贯彻实施民法典提出具体要求。全国各级人民法院严格依据民法典公正审理案件,深入研究民法典司法适用理论和实践问题,分析总结典型案例,推动民法典贯彻实施取得显著成效。

为深入学习宣传贯彻党的二十大精神,贯彻党中央关于坚持全面依法治国、推进法治中国建设的重大决策部署,系统反映人民法院贯彻实施民法典举措成果,全面总结新时代民商事审判经验,最高人民法院民法典贯彻实施工作领导小组组织编写了《中国民法典适用大全》(以下简称《适用大全》),为学习宣传贯彻民法典、推进法治中国建设提供权威审判指导。

## 一、《适用大全》的编辑背景

民法典颁布后,人民法院深入推动民法典学习宣传和贯彻实施,取得一系列经验成果,为《适用大全》的编辑出版提供了丰富素材,奠定了坚实基础。

一是全面清理已有司法解释。最高人民法院完成中华人民共和国成立以来最为全面系统规范的司法解释清理工作,对中华人民共和国成立以来至2020年5月28日有效的全部591件司法解释逐一清理,废止116件,修改111件。其中,直接废止司法解释89件,另有27件废止后重新整合出台新的司法解释;修改的司法解释包括民事类27件、商事类29件、知识产权类18件、民事诉讼类19件、执行类

全面深化民法典贯彻实施 为推进中国式现代化提供有力司法服务

18 件。完成清理工作后，作出司法解释废止、修改决定，自 2021 年 1 月 1 日起与民法典同步施行。

二是及时制定配套司法解释。最高人民法院坚持以问题为导向、以审判执行需求为出发点、以准确理解和适用法律为原则，构建多层次民法典配套司法解释。制定适用民法典时间效力的解释，整合制定民法典物权编解释、担保制度解释、婚姻家庭编解释、继承编解释、建设工程施工合同解释、劳动争议解释等，出台民法典总则编解释、人脸识别解释、生态环境侵权惩罚性赔偿解释等，有力配合民法典贯彻实施。

三是广泛开展学习宣传。最高人民法院统筹部署全国各级人民法院学习培训宣传工作。举行"人民法院大讲堂"活动，分层次、全覆盖培训干警 120 余万人次。以人民群众喜闻乐见的方式开展民法典普法宣传，会同中宣部等组织开展"美好生活·民法典相伴"主题宣传，推出"一分钟带你了解民法典"系列普法动漫等栏目。发挥典型案件示范引领作用，配合民法典总则编解释颁布，同步发布第一批 13 件人民法院贯彻实施民法典典型案例。

据统计，自 2021 年 1 月 1 日至 2022 年 9 月 30 日，全国各级人民法院根据民法典及相关司法解释的规定，共审结一审民商事案件 2737 万件。人民法院统一法律适用工作成效更加彰显，人民群众司法获得感、满意度持续提升。尤其是根据民法典新规，办理人格权侵害禁令、人身安全保护令案件 8067 件，让人民生活更加安全、更有尊严；审结环境侵权类案件 3502 件，促进发展更加和谐、更可持续。

## 二、《适用大全》的重大意义

《适用大全》是人民法院深入学习贯彻党的二十大精神，深入贯彻习近平法治思想，切实贯彻实施民法典、确保民法典统一正确适用，推动新时代新征程人民法院民事审判工作高质量发展的最新成果和重要举措,编辑出版《适用大全》意义重大。

第一,编辑出版《适用大全》是人民法院深入学习贯彻党的二十大精神、深入贯彻习近平法治思想的实际行动。党的二十大报告对坚持全面依法治国、推进法治中国建设作出专题论述、专门部署。民法典作为党的十八大以来全面推进依法治国的标志性立法成果,体现社会主义性质、符合人民利益和愿望、顺应时代发展要求,闪耀着习近平法治思想的光芒。编辑出版《适用大全》,有利于各级人民法院深入贯彻落实党的二十大精神,严格公正司法,深化司法体制综合配套改革,全面准确落实司法责任制,加快建设公正高效权威的社会主义司法制度,努力让人民群众在每一个司法案件中感受到公平正义,确保习近平总书记关于切实实施民法典的重要讲话和重要指示精神不折不扣落到实处,以正确贯彻实施民法典的生动实践坚定不移推进法治中国建设。

第二,编辑出版《适用大全》是人民法院正确贯彻实施民法典,推进司法为民、公正司法的应有之义。人民性是中国特色社会主义司法制度的本质属性,实现好、维护好、发展好最广大人民根本利益是我国司法工作的出发点和落脚点。编辑出版《适用大全》,有利于各级人民法院正确理解掌握民法典的核心精神、基本原则和具体制度,切实把民法典对生命健康、财产安全、交易便利、生活幸福、人格尊严等各方面权利的平等保护贯彻落实到审判执行工作的全过程、各方面,不断提高运用民法典维护人民权益、化解矛盾纠纷、促进社会和谐稳定的能力和水平,更好地满足和保障人民美好生活需要。

第三,编辑出版《适用大全》是人民法院提高司法能力,服务全面建设社会主义现代化国家、以中国式现代化全面推进中华民族伟大复兴的必然要求。民法典将庞大的民事法律规范按照完整逻辑体系予以整合,健全充实了民事权利种类,充分展现我国多年来关于市场经济体制改革的一系列重要制度成果,积极回应新时代人民司法关切,是高质量发展的助推器和法治保障。编辑出版《适用大全》,有利于各级人民法院统一裁判尺度，完整、准确、全面贯彻新发展理念，构建新发展格局，助力营造稳定公平透明、可预期的法治化营商环境；有利于各级人民法院围绕满足人民群众多元司法需求，深化司法体制综合配套改革和智慧法院建设，全面准确落实司法责任制，推进审判体系和审判能力现代化，充分发挥审判职能作用，服务全面建设社会主义现代化国家、以中国式现代化全面推进中华民族伟大复兴。

## 三、《适用大全》的编辑目标

《适用大全》作者群体主要为最高人民法院法官，同时吸收部分地方法院法官和高等院校中青年学者参加。编辑基本要求是以民法典条文为中心，体系化编辑相关法律法规、司法解释、司法指导性文件、权威释义、指导性案例、典型案例等内容，并基于我国民商合一的立法模式，将有关商事、知识产权、涉外民事关系等法律的具体适用纳入其中，形成民法典司法适用的逻辑体系，方便法律适用参考和普法宣传。通过编辑《适用大全》，力图实现以下目标：

一是推动民商事案件裁判尺度统一。向广大法官阐释好民法典关于坚持主体平等、保护财产权利、便利交易流转、维护人格尊严、促进家庭和谐、追究侵权责任等基本要求，阐释好民法典关于见义勇为、紧急救助、好意同乘、高空抛物、情势变更、保理合同等一系列创新性规定，指引广大法官强化法典化体系化思维，准确把握基本原则与具体规定、总则与分则、民法典与民商事特别法之间的适用关系，不断提升法律适用的系统性、科学性、准确性。

二是总结新时代民商事审判经验。系统梳理相关司法解释和司法指导性文件，深入挖掘民事案例"富矿"，全面总结和展示新时代各级人民法院坚持以习近平新时代中国特色社会主义思想为指导，深入贯彻习近平法治思想，认真履行司法职能，推进全面依法治国探索形成的新经验、新举措、新成就，为人民法院服务保障中国式现代化奠定坚实基础。

三是助力更高水平的法治中国建设。整理汇编相关规定、释义、案例，既帮助广大法官准确理解民法典条文的精神要义，准确把握司法适用中的重点难点问题，提高办案质量和司法公信力，又帮助人民群众提高找法用法效率，促进民法典普法宣传和贯彻实施。

## 四、《适用大全》的体例结构

《适用大全》共计12卷33册，分为三大部分：

第一部分为法典卷。以民法典七编制结构为基础，分为总则卷、物权卷、合同卷、人格权卷、婚姻家庭卷、继承卷、侵权责任卷（含附则）。本部分将民法典的1260个条文全部收录，并围绕每一个条文编辑关联规定、条文释义、典型案例等内容。

第二部分为扩展卷。在法典卷的基础上增加知识产权与竞争卷、生态环境卷、商事卷、涉外商事海事卷。本部分主要是针对相关法律中与审判工作密切相关的条文开展编辑工作。

第三部分为索引卷。本部分旨在方便检索查阅（平装版不设索引卷）。

在体例安排上，以民法典具体条文为中心，设置关联规定、条文释义、适用指引、指导案例、典型案例、类案检索等栏目。其中，关联规定栏目主要收录与民法典或有关法律条文密切相关的法律、行政法规、司法解释、部门规章及司法指导性文件。条文释义栏目主要介绍目标条文的条文主旨、条文演变和条文解读。适用指引栏目侧重分析目标条文在审判实践中的重点难点问题。指导案例栏目主要收录目标条文涉及的相应指导性案例。典型案例栏目主要收录党的十八大以来最高人民法院的公报、工作报告中列举的案例，以及最高人民法院各部门发布评选的典型案例、优秀案例。类案检索主要收录其他相关案例。全书共收录案例3000余件，包括指导性案例、典型案例800余件。

## 五、《适用大全》的指导价值及其他说明事项

《适用大全》是一部服务审判执行、普法宣传、研究教学、生产经营、社会生活的法律适用工具书。各级人民法院和法官在阅读参考《适用大全》时，主要用途有三：一是可以民法典条文为基础，一揽子查找到相应的法律规定、司法解释、典型案例等，快速全面了解相关法律规定和政策精神，更加准确把握民法典立法精神、条款含义。二是可借鉴《适用大全》汇集的理论成果、关联规定、裁判观点，结合具体实际总结典型案例，提炼裁判规则。三是可利用《适用大全》提供的丰富素材，组织业务培训和普法宣传，弘扬社会主义法治精神，推动尊法学法守法用法在全社会蔚然成风。

广大法官在使用《适用大全》时，应当注意以下两方面问题：一是严格遵守裁判文书引用法律、法规、司法解释的规定。本书关联规定部分收录的法律、行政法规、司法解释、部门规章及司法指导性文件等，旨在帮助法官掌握相关法律规定、政策精神。其中司法指导性文件、部门规章等不能作为裁判依据援引。裁判文书在引用法律、法规等规范性文件时，应当严格遵照《最高人民法院关于裁判文书引用法律、法规等规范性法律文件的规定》。二是区别使用参考案例。本书收录的指导性案例应严格参照适用，典型案例可作为裁判适用参考，类案检索中的案例仅在于提示法官有相关裁判存在，便于检索查找。

各级人民法院要坚持以习近平新时代中国特色社会主义思想为指导，深入学习贯彻党的二十大精神，深入贯彻习近平法治思想，切实把思想和行动统一到习近平总书记关于切实实施民法典的重要论述精神上来，深刻领悟"两个确立"的决定性意义，增强"四个意识"、坚定"四个自信"、做到"两个维护"，以学好用好《适用大全》为抓手，全面深化民法典贯彻实施，增强服务保障高质量发展的司法能

力，夯实推进审判体系和审判能力现代化的实践基础，服务大局、司法为民、公正司法，在坚持全面依法治国、推进法治中国建设的伟大实践中不断开辟司法事业发展新天地，为全面建设社会主义现代化国家、以中国式现代化全面推进中华民族伟大复兴提供有力司法服务！

本书的编辑出版得到了各级人民法院、有关单位和社会各界的大力支持。在此，向为本书编辑出版提供帮助支持的全国人大常委会法工委、最高人民检察院、司法部，其他有关中央和国家机关、法学理论界的专家学者，以及广大人民群众、新闻媒体和社会各界表示衷心的感谢！

最高人民法院民法典贯彻实施工作领导小组
二〇二二年十一月二十八日

# 凡 例

一、本书有关条文释义和典型案例中法律、行政法规名称一般用简称,例如《中华人民共和国民法典》简称《民法典》。

二、本书有关条文释义和典型案例中下列司法解释及司法指导性文件一般也使用简称:

| 文件全称 | 简称 | 相关信息 |
| --- | --- | --- |
| 《中共中央办公厅、国务院办公厅关于完善农村土地所有权承包权经营权分置办法的意见》 | 《农村土地分置办法》 | 公布日期:2016年10月<br>施行日期:2016年10月 |
| 《最高人民法院关于贯彻执行〈中华人民共和国民法通则〉若干问题的意见(试行)》(已失效) | 《民法通则意见》 | 发文字号:法(办)发〔1988〕6号<br>公布日期:1988年4月2日<br>施行日期:1988年4月2日<br>失效日期:2021年1月1日 |
| 《最高人民法院关于人民法院执行工作若干问题的规定(试行)》 | 《执行工作规定(试行)》 | 发文字号:法释〔1998〕15号<br>公布日期:1998年7月8日<br>施行日期:1998年7月8日<br>修正施行日期:2021年1月1日 |
| 《最高人民法院关于适用〈中华人民共和国合同法〉若干问题的解释(一)》(已失效) | 《合同法解释(一)》 | 发文字号:法释〔1999〕19号<br>公布日期:1999年12月19日<br>施行日期:1999年12月29日<br>失效日期:2021年1月1日 |

| 文件全称 | 简称 | 相关信息 |
|---|---|---|
| 《最高人民法院关于适用〈中华人民共和国担保法〉若干问题的解释》（已失效） | 《担保法解释》 | 发文字号：法释〔2000〕44号<br>公布日期：2000年12月8日<br>施行日期：2000年12月13日<br>失效日期：2021年1月1日 |
| 《最高人民法院关于适用〈中华人民共和国婚姻法〉若干问题的解释（一）》（已失效） | 《婚姻法解释（一）》 | 发文字号：法释〔2001〕30号<br>公布日期：2001年12月25日<br>施行日期：2001年12月27日<br>失效日期：2021年1月1日 |
| 《最高人民法院关于人民法院民事执行中查封、扣押、冻结财产的规定》 | 《民事执行查封、扣押、冻结财产的规定》 | 发文字号：法释〔2004〕15号<br>公布日期：2004年11月4日<br>施行日期：2005年1月1日<br>修正施行日期：2021年1月1日 |
| 《最高人民法院关于审理涉及国有土地使用权合同纠纷案件适用法律问题的解释》 | 《国有土地使用权合同解释》 | 发文字号：法释〔2005〕5号<br>公布日期：2005年6月18日<br>施行日期：2005年8月1日<br>修正施行日期：2021年1月1日 |
| 《最高人民法院关于审理涉及农村土地承包纠纷案件适用法律问题的解释》 | 《农村土地承包纠纷解释》 | 发文字号：法释〔2005〕6号<br>公布日期：2005年7月29日<br>施行日期：2005年9月1日<br>修正施行日期：2021年1月1日 |
| 《最高人民法院关于适用〈中华人民共和国合同法〉若干问题的解释（二）》（已失效） | 《合同法解释（二）》 | 发文字号：法释〔2009〕5号<br>公布日期：2009年4月24日<br>施行日期：2009年5月13日<br>失效日期：2021年1月1日 |
| 《最高人民法院关于审理建筑物区分所有权纠纷案件具体应用法律若干问题的解释》<br>修正后名称：《最高人民法院关于审理建筑物区分所有权纠纷案件适用法律若干问题的解释》 | 《建筑物区分所有权解释》 | 发文字号：法释〔2009〕7号<br>公布日期：2009年5月14日<br>施行日期：2009年10月1日<br>修正施行日期：2021年1月1日 |

| 文件全称 | 简称 | 相关信息 |
|---|---|---|
| 《最高人民法院关于审理物业服务纠纷案件具体应用法律若干问题的解释》<br>修正后名称：《最高人民法院关于审理物业服务纠纷案件适用法律若干问题的解释》 | 《物业服务纠纷解释》 | 发文字号：法释〔2009〕8号<br>公布日期：2009年5月15日<br>施行日期：2009年10月1日<br>修正施行日期：2021年1月1日 |
| 《最高人民法院关于适用〈中华人民共和国民事诉讼法〉的解释》 | 《民事诉讼法解释》 | 发文字号：法释〔2015〕5号<br>公布日期：2015年1月30日<br>施行日期：2015年2月4日<br>修正施行日期：2021年1月1日（第一次修正）<br>2022年4月10日（第二次修正） |
| 《最高人民法院关于人民法院办理执行异议和复议案件若干问题的规定》 | 《执行异议复议规定》 | 发文字号：法释〔2015〕10号<br>公布日期：2015年5月5日<br>施行日期：2015年5月5日<br>修正施行日期：2021年1月1日 |
| 《最高人民法院关于适用〈中华人民共和国物权法〉若干问题的解释（一）》（已失效） | 《物权法解释（一）》 | 发文字号：法释〔2016〕5号<br>公布日期：2016年2月22日<br>施行日期：2016年3月1日<br>失效日期：2021年1月1日 |
| 《最高人民法院关于适用〈中华人民共和国民法典〉物权编的解释（一）》 | 《民法典物权编解释（一）》 | 发文字号：法释〔2020〕24号<br>公布日期：2020年12月29日<br>施行日期：2021年1月1日 |
| 《最高人民法院关于适用〈中华人民共和国民法典〉有关担保制度的解释》 | 《民法典担保制度解释》 | 发文字号：法释〔2020〕28号<br>公布日期：2020年12月29日<br>施行日期：2021年1月1日 |
| 《第八次全国法院民事商事审判工作会议（民事部分）纪要》 | 《八民会纪要》 | 发文字号：法〔2016〕399号<br>公布日期：2016年11月21日<br>施行日期：2016年11月21日 |
| 《全国法院民商事审判工作会议纪要》 | 《民商审判会议纪要》 | 发文字号：法〔2019〕254号<br>公布日期：2019年11月8日<br>施行日期：2019年11月8日 |

三、本书"关联规定"中的"法律、行政法规、司法解释"栏目收录了国务院及国务院办公厅发布的行政规范性文件。

四、本书部分案例中引用的法律法规、司法解释等为案件审理当时所适用，在参照过程中应注意以法律法规、司法解释等文件的最新规定为准。

# 总目录

| 第一分编 | 通　则 | 1 |
| --- | --- | --- |
| 　第一章 | 一般规定 | 3 |
| 　第二章 | 物权的设立、变更、转让和消灭 | 49 |
| 　　　第一节 | 不动产登记 | 49 |
| 　　　第二节 | 动产交付 | 185 |
| 　　　第三节 | 其他规定 | 214 |
| 　第三章 | 物权的保护 | 240 |
| 第二分编 | 所有权 | 285 |
| 　第四章 | 一般规定 | 287 |
| 　第五章 | 国家所有权和集体所有权、私人所有权 | 324 |
| 　第六章 | 业主的建筑物区分所有权 | 465 |
| 　第七章 | 相邻关系 | 598 |
| 　第八章 | 共　有 | 677 |
| 　第九章 | 所有权取得的特别规定 | 745 |
| 第三分编 | 用益物权 | 829 |
| 　第十章 | 一般规定 | 831 |
| 　第十一章 | 土地承包经营权 | 902 |
| 　第十二章 | 建设用地使用权 | 983 |
| 　第十三章 | 宅基地使用权 | 1190 |

| 第十四章 | 居住权 | 1214 |
| 第十五章 | 地役权 | 1263 |

**第四分编　担保物权** ... 1375

| 第十六章 | 一般规定 | 1377 |
| 第十七章 | 抵押权 | 1448 |
|  | 第一节　一般抵押权 | 1448 |
|  | 第二节　最高额抵押权 | 1609 |
| 第十八章 | 质权 | 1647 |
|  | 第一节　动产质权 | 1647 |
|  | 第二节　权利质权 | 1786 |
| 第十九章 | 留置权 | 1839 |

**第五分编　占有** ... 1921

| 第二十章 | 占有 | 1923 |

索　引 ... 1964

后　记 ... 2011

# 目 录

(第一册)

## 第一分编 通 则

### 第一章 一般规定

第二百零五条【物权编的调整范围】 ... 3

第二百零六条【社会主义基本经济制度与社会主义市场经济】 ... 13

第二百零七条【物权平等保护原则】 ... 29

第二百零八条【物权公示原则】 ... 40

### 第二章 物权的设立、变更、转让和消灭

#### 第一节 不动产登记

第二百零九条【不动产物权登记的效力】 ... 49

第二百一十条【不动产登记机构和不动产统一登记】 ... 62

第二百一十一条【不动产登记申请资料】 ... 74

第二百一十二条【登记机构的职责】 ... 85

第二百一十三条【登记机构不得从事的行为】 ...... 96
第二百一十四条【不动产物权变动的生效时间】 ...... 102
第二百一十五条【合同效力与物权变动区分】 ...... 108
第二百一十六条【不动产登记簿的效力和管理】 ...... 117
第二百一十七条【不动产登记簿与不动产权属证书的关系】 ...... 128
第二百一十八条【不动产登记资料的查询、复制】 ...... 135
第二百一十九条【保护权利人个人信息】 ...... 141
第二百二十条【更正登记与异议登记】 ...... 145
第二百二十一条【预告登记】 ...... 158
第二百二十二条【不动产登记错误的赔偿】 ...... 172
第二百二十三条【不动产登记的费用】 ...... 179

## 第二节 动产交付

第二百二十四条【动产交付的效力】 ...... 185
第二百二十五条【特殊动产登记的效力】 ...... 190
第二百二十六条【动产物权受让人先行占有】 ...... 198
第二百二十七条【指示交付】 ...... 203
第二百二十八条【占有改定】 ...... 208

## 第三节 其他规定

第二百二十九条【法律文书或征收决定导致的物权变动】 ...... 214
第二百三十条【因继承取得物权】 ...... 222
第二百三十一条【因事实行为发生物权变动】 ...... 227
第二百三十二条【处分非因民事法律行为享有的不动产物权】 ...... 234

## 第三章　物权的保护

第二百三十三条【物权纠纷解决方式】……240
第二百三十四条【物权确认请求权】……248
第二百三十五条【返还原物请求权】……256
第二百三十六条【排除妨害、消除危险请求权】……264
第二百三十七条【物权复原请求权】……271
第二百三十八条【物权损害赔偿请求权】……277
第二百三十九条【物权保护方式的单用与并用】……282

# 第二分编　所有权

## 第四章　一般规定

第二百四十条【所有权的基本内容】……287
第二百四十一条【所有权人设立他物权】……291
第二百四十二条【国家专属所有权】……296
第二百四十三条【征收】……301
第二百四十四条【耕地保护】……314
第二百四十五条【征用】……318

## 第五章　国家所有权和集体所有权、私人所有权

第二百四十六条【国有财产的范围、国家所有的性质和国家所有权的行使】……324
第二百四十七条【矿藏、水流、海域的国家所有权】……332
第二百四十八条【无居民海岛的国家所有权】……339

第二百四十九条【国家所有土地的范围】 344
第二百五十条【自然资源的国家所有权】 347
第二百五十一条【野生动植物资源的国家所有权】 352
第二百五十二条【无线电频谱资源的国家所有权】 358
第二百五十三条【文物的国家所有权】 363
第二百五十四条【国防资产和基础设施的国家所有权】 367
第二百五十五条【国家机关的物权】 370
第二百五十六条【国家举办的事业单位的物权】 374
第二百五十七条【国家出资的企业出资人制度】 378
第二百五十八条【国有财产的保护】 382
第二百五十九条【国有财产管理的法律责任】 385
第二百六十条【集体财产的范围】 395
第二百六十一条【农民集体所有财产归属及重大事项集体决定】 399
第二百六十二条【集体所有的不动产所有权行使】 409
第二百六十三条【城镇集体所有的财产权利行使】 417
第二百六十四条【集体成员对集体财产的知情权】 422
第二百六十五条【集体财产权保护】 427
第二百六十六条【私有财产的范围】 431
第二百六十七条【私有财产的保护】 437
第二百六十八条【企业出资人权利】 441
第二百六十九条【法人财产权】 450
第二百七十条【社会团体法人、捐助法人合法财产的保护】 457

## 第六章　业主的建筑物区分所有权

第二百七十一条【建筑物区分所有权】 465
第二百七十二条【业主对专有部分的权利和义务】 471

第二百七十三条【业主对共有部分的权利和义务】……479

第二百七十四条【建筑区划内道路、绿地等的权利归属】……487

第二百七十五条【车位、车库的归属】……493

第二百七十六条【车位、车库的首要用途】……501

第二百七十七条【业主自治管理组织的设立及指导和协助】……507

第二百七十八条【业主共同决定事项及表决】……514

第二百七十九条【业主改变住宅用途的限制条件】……523

第二百八十条【业主大会、业主委员会决定的效力】……531

第二百八十一条【建筑物及其附属设施维修资金的归属和处分】……537

第二百八十二条【共有部分的收入分配】……545

第二百八十三条【建筑物及其附属设施的费用分摊和收益分配】……550

第二百八十四条【建筑物及其附属设施管理】……555

第二百八十五条【业主与物业服务企业或其他管理人的关系】……563

第二百八十六条【业主的相关义务及责任】……573

第二百八十七条【业主合法权益的保护】……585

## 第七章 相邻关系

第二百八十八条【处理相邻关系的原则】……598

第二百八十九条【处理相邻关系的依据】……607

第二百九十条【用水、排水相邻关系】……618

第二百九十一条【通行相邻关系】……627

第二百九十二条【相邻土地的利用】……638

第二百九十三条【相邻通风、采光和日照】……646

第二百九十四条【相邻不动产之间不可量物侵害】……650

第二百九十五条【维护相邻不动产安全】……665

第二百九十六条【使用相邻不动产避免造成损害】……670

# 通则

## 第一分编

# 第一章　一般规定

**第二百零五条**　本编调整因物的归属和利用产生的民事关系。

## ▶ 关联规定

---

### 法律、行政法规、司法解释

《中华人民共和国民法典》

**第一百一十四条**　民事主体依法享有物权。

物权是权利人依法对特定的物享有直接支配和排他的权利，包括所有权、用益物权和担保物权。

**第一百一十五条**　物包括不动产和动产。法律规定权利作为物权客体的，依照其规定。

## ▶ 条文释义

---

### 一、本条主旨

本条是关于物权编调整范围的规定。

### 二、条文演变

本条来源于原《物权法》第2条第1款，与原条文相比，《民法典》将其第2款中关于物权客体的规定调整到总则编中的第115条，将其第3款中对物权的概念和种类的规定调整到总则编中的第114条第2款。这是基于《民法典》整体结构的考虑而作出的调整，有利于突出物权的基本特征，将物权与人身权、债权、知识产权等其他基本民事权利区分开来，同时科学界定调整范围，在物权语境下展开物权体系的建构。

物权法是大陆法系所特有的概念，其在大陆法系民法体系中具有重要地位。物权是每个国家经济发展的基础，是交换的前提，是人生存发展的物质保障。在我国，物权制度作为民法的重要组成部分，源远流长。商朝法律中关于土地所有权的规定，是我国最早的物权法律制度。此后直至明清，物权法律制度作为民事法律制度的一部分，始终是我国封建社会法律制度的重要内容之一。

中国共产党成立以后，中共中央和各个革命根据地先后制定了许多有关土地的法规和政策，比较著名的有《井冈山土地法》（1928年12月湘赣边界工农兵苏维埃政府颁布）、《兴国土地法》（1929年4月红四军到达兴国后颁布）、《中华苏维埃共和国土地法》（1931年由中华工农兵苏维埃第一次全国代表大会通过）等。在中华人民共和国成立前夕的1947年10月10日，中共中央借鉴上述法规公布了共计16条的《中国土地法大纲》。中华人民共和国成立以后，于1950年颁布了《土地改革法》。中华人民共和国成立后一直实行社会主义公有制的所有制形式和计划经济的体制，直到20世纪80年代初并不存在明确的物权概念。直至1986年第六届全国人民代表大会第四次会议通过的《民法通则》，仍因时代背景以"财产所有权和与财产所有权有关的财产权"来描述物权，主要规定了哪些财产属于国家、集体所有；国家、集体所有的土地、森林、山岭、草原等自然资源可以依法交由单位和个人使用和收益；国家所有的矿藏可以依法由单位开采或者公民采挖；全民所有制企业的经营权和土地承包经营权都属于物权的性质；明确提出公民的个人财产，不仅包括房屋等生活资料，还包括法律允许公民所有的生产资料；对财产所有权的转移时间，财产的共有，埋藏物、隐藏物、遗失物和漂流物的归属及相邻关系等物权内容，均作了简要规定。随着立法工作的展开，调整物的归属和利用的法律制度逐渐健全，大量的具有物权法性质或者物权法内容的法律相继颁布。例如，1995年的《担保法》规定了抵押、质押和留置三种担保物权的基本方式；《土地管理法》《城市房地产管理法》《农村土地承包法》《草原法》《森林法》等法律，规定了土地的所有权和使用权，房地产开发利用的土地使用权，土地承包经营权，草原的所有权、使用权和承包经营权，森林、林木、林地的所有权和使用权等问题；《海商法》和《民用航空法》等法律，规定了船舶、民用航空器的所有权和抵押权等问题；《矿产资源法》《渔业法》《海域使用管理法》等法律，规定了探矿权、采矿权，渔业生产者的合法权益，海域所有权和使用权等。2007年3月16日第十届全国人民代表大会第五次会议通过的《物权法》是中国特色社会主义物权制度在法律上的体现和反映，体现了我国社会主义初级阶段的基本经济制度的内容。《民法典》物权编的调整范围继受原《物权法》，实现了《民法典》编纂的基本目标。

### 三、条文解读

物权法律制度"上涉国本，下系民生"，物权编是《民法典》在总则编之后的首编，重要性不言而喻。物权编的编纂目的就是"定分止争，物尽其用"。"定分止争"典出《管子·七臣七主》，意为确定名分，止息纷争；"物尽其用"是指各种东西凡有可用之处，尽量利用。

本条规定了物权编规范的社会关系，也就是物权编的调整范围。物的归属是指物的所有人是谁，确定物的归属即是确定在民事上财产权属于谁，这是对物进行利用的前提。物权编调整物的归属关系，就要确定物的归属原则，这是物权编的重要内容。所有权人对其所有物无论自己使用还是交由他人使用，都是对物的利用。物的利用是对物拥有所有权的目的所在。物权编调整因物的利用而产生的相互关系，要确定对物进行利用的规则，这也是物权编的重要内容。因物的归属和利用而产生的民事关系都适用物权编。需要明确的是，物权编并不一般性地调整所有的物的归属和利用的关系，物权编只调整平等主体之间因物的归属和利用而产生的财产关系，也就是本条规定的"民事关系"。经济社会管理活动中管理者与被管理者之间的纵向关系，也涉及财产的归属和利用问题，但此类关系主要是由行政法、经济法调整，不属于物权编调整的范围。

### （一）物权编中的物和民事关系

我国原《物权法》所称的物，包括不动产和动产。我国原《担保法》第92条对不动产和动产的概念作出规定："本法所称不动产是指土地以及房屋、林木等地上定着物。本法所称动产是指不动产以外的物。"一般而言，我国原《物权法》所称的物，无论是不动产还是动产，均为有体物，当然，法律规定权利作为物权客体的，依照其规定。对于物的相关解析，详见《民法典》总则编中的第115条有关条文理解内容。

民事关系的定义来源于原《民法通则》第1条,即"为了保障公民、法人的合法的民事权益,正确调整民事关系,适应社会主义现代化建设事业发展的需要,根据宪法和我国实际情况,总结民事活动的实践经验,制定本法"。根据原《民法通则》、原《民法总则》《民法典》的规定,可将民事关系理解为平等主体之间的人身关系和财产关系。在我国法律体系内,《民法典》物权编所调整的"民事关系"具有如下基本内涵:(1)民事,就是指形成民事关系的主体地位平等,是平等主体之事。① 所谓平等主体,是指当事人参与法律关系地位平等,适用相同的规则并受到平等的保护,任何一方都不得具有凌驾和优越于另一方的法律地位。(2)物权编调整的是平等主体之间的财产关系。所谓财产关系,是指人们在产品的生产、分配、交换和消费过程中形成的具有经济内容的关系。(3)物权编并不调整所有的财产关系,仅仅调整平等主体之间的财产归属与利用关系。②

需要特别指出的是,《民法典》物权编所调整的因物的归属和利用而产生的民事关系,主要是调整民事主体之间的利益关系,同时,因物的归属和利用而在民事主体的利益与公共利益之间发生的法律关系,也可由物权编调整。例如,《民法典》第243条规定的为公共利益的需要所进行的征收和《民法典》第245条规定的因抢险救灾、疫情防控等紧急需要,依法可以征用组织、个人的不动产或者动产,就是调整民事主体的利益和公共利益之间的关系。此外,根据《民法典》第132条的规定,民事主体不得滥用民事权利损害国家利益、社会公共利益或者他人合法权益。又如,根据《民法典》第9条"民事主体从事民事活动,应当有利于节约资源、保护生态环境"的规定,无论是支配自己之物,还是利用他人之物,均需遵循绿色原则,如果滥用物权侵害公共利益,破坏生态环境的,依据《民法典》侵权责任编第7章"环境污染和生态破坏责任"的有关规定,应当承担相关修复或生态损害赔偿责任。

(二)物的归属与物的利用

《民法典》物权编重视物之归属(所有)和物之利用的平衡,在归属明晰和利用自由之间兼顾定分止争和物尽其用,才能创造更多社会财富,实现其立

---

① 参见李永军:《物权的本质属性究竟是什么?〈物权法〉第2条的法教义学解读》,载《比较法研究》2018年第2期。
② 参见王利明:《物权法》,中国人民大学出版社2015年版,第21~23页。

法宗旨。

**1. 物之归属**

人类上千年的农业社会生活重视财产的归属。土地、房屋等有体物财富对于农业生产和生活尤其重要；财富利用效率低下，所有权在资源的占有和应用上具有了生存竞争的价值，与衣食住行相关的财产所有权往往就是生存权，法律必须予以高度重视。利用自己的财富直接满足人的基本的生存需要成为重要的财产利用方式。① 在这样的前提之下，财产交由他人利用并非重要的、独立的社会现象，法律无须关切物之利用问题，通过"物归原主"等物之追及效力规则就可以解决好财产由他人利用的救济保障问题，以归属为本位的物权思维仍有较大影响，并仍将起到重要作用。

确认物权归属就是要界定产权、定分止争，这是保护各类物权人权利的前提。财产所有权归属确定，就可以消弭纷争。反之，财产归属不定、权利界限不清，就会引发纷争。一些农村发生山林纠纷、土地边界纠纷、用水纠纷，就是因为山林、土地归属不明，所有权、使用权界限不清。国有企业之间甚至国家机关之间，也会因房屋产权不清，发生产权争议。因此，《民法典》物权编制定规则，确定财产所有权归属，明确权利界限，明确哪些财产是国家的，哪些财产是集体的，哪些财产是个人的，有利于减少和消弭纷争。《民法典》物权编还规定了解决产权争议的手段，发生产权争议，可以通过物权编规定的法律规则和法律手段及时解决纠纷。因物的归属所产生的关系主要包括以下四种。

一是因物权的设定或取得而产生的关系。按照物权法定原则，物权的种类和内容等都要由法律规定，当事人应当依据法律规定的各种物权种类设定或者取得各类物权。其主要分为基于法律行为取得物权和基于法律规定等法律行为以外的原因取得物权。（1）法律行为引起的物权归属问题。《民法典》第208条规定："不动产物权的设立、变更、转让和消灭，应当依照法律规定登记。动产物权的设立和转让，应当依照法律规定交付。"该条是关于物权设立转让的一般性规定。《民法典》第209条第1款规定："不动产物权的设立、变更、转让和消灭，经依法登记，发生效力；未经登记，不发生效力，但是法律另有规定的除外。"《民法典》第224条规定："动产物权的设立和转让，自交付时

---

① 参见孟勤国：《现代物权思维与古老物权思维的碰撞》，载《湖北社会科学》2007年第10期。

发生效力，但是法律另有规定的除外。"上述两条是对《民法典》第208条的细化，取得不动产物权应当依法登记，取得动产物权应当在交付后受领。（2）基于法律规定取得物权的情形。例如，根据《民法典》第229条，因人民法院、仲裁机构的法律文书或者人民政府的征收决定等，可以导致物权设立、变更、转让或者消灭。《民法典物权编解释（一）》第7条对法律文书进行了限制性规定："人民法院、仲裁委员会在分割共有不动产或者动产等案件中作出并依法生效的改变原有物权关系的判决书、裁决书、调解书，以及人民法院在执行程序中作出的拍卖成交裁定书、变卖成交裁定书、以物抵债裁定书，应当认定为民法典第二百二十九条所称导致物权设立、变更、转让或者消灭的人民法院、仲裁委员会的法律文书。"又如，因继承、合法建造房屋或者拆除房屋等事实行为设立或者消灭物权。以上三种情况，即使不动产物权没有登记，动产物权没有交付，也不影响其归属关系发生变动，但实际权利人处分因上述三种情况取得的不动产物权时，依照法律规定需要办理登记的，未经登记不发生物权效力。

二是因物权的变更、放弃而产生的关系。民事法律行为和相关事实行为可以导致物权的内容或范围发生变更或者使物权因放弃而消灭。例如，依据《民法典》第409条第1款的规定，抵押权人可以放弃抵押权或者抵押权的顺位。抵押权人与抵押人可以协议变更抵押权顺位以及被担保的债权数额等内容。物权的变更、放弃将对利害关系人的权益发生影响。例如，《民法典》第409条第2款规定，债务人以自己的财产设定抵押，抵押权人放弃该抵押权、抵押权顺位或者变更抵押权的，其他担保人在抵押权人丧失优先受偿权益的范围内免除担保责任，但是其他担保人承诺仍然提供担保的除外。

三是因物权的转让而产生的关系。物权的转让将导致所有权以及其他物权的移转，导致原物权的相对消灭和新物权的产生。对于物权因交易而转让是否发生归属的变化，受到物权法的调整。

四是因为确权和侵害物权而发生的关系。如果物权在归属上发生争议，或者他人侵害物权的，物权法就要通过一系列的规则来确认物的归属、定分止争，这也是物权法的基本功能。《民法典》物权编第3章规定了"物权的保护"。第234条规定，因物权的归属、内容发生争议的，利害关系人可以请求确认权利。可见，确定物权的归属往往是判断物权是否受到侵害的前提。

### 2. 物之利用

如果物权法仅仅解决自给自足社会中物之归属及其保护问题，基于物权的绝对权性质，依靠公法调整即可，而与利用他人之物相关的物权法规则充分体现物权法定和意思自治。近代英国工业革命以来，以大机器生产为标志，物质财富的积聚速度空前加快，机器大生产就像魔力一样把大量的财富从地下挖掘出来。资产阶级在它的不到一百年的阶级统治中所创造的生产力，比过去一切世代创造的全部生产力还要多，还要大。① 随着公司制度的兴起、金融业的蓬勃发展、互联网信息数据时代的到来、共享经济的快速增长，财富的品种愈来愈多，所有权并不必然关乎生存需要和生存竞争，有体物也不再是财富的唯一代表，大量以货币价值甚至虚拟财富为形式的财产权被创设出来，财富的利用方式也空前繁荣。随着市场信用体系的建立、完善和交易秩序的稳定以及财产登记制度的建立并被民众广为认知，财产归属和财产利用的分离有了平等互利的制度保障，利用他人财产成为社会的普遍现象。如何分配资源要素，实现物尽其用，物权法作出的回应就是兼顾物的归属和利用。一方面，通过完善物权的取得、变更、转让和消灭制度坚守传统物权思维，实现定分止争的目标。另一方面，物权编在调整对象、物权客体和用益物权等基本问题上，体现了对物之利用的重视。本条是对现代社会财产归属和财产利用普遍分离事实的回应；② 将物权客体从有体物扩展到法律规定的权利，有力地推动生产和交换；扩大用益物权客体的范围，扩大和强化物权法在财产利用领域的作用，例如，《民法典》第323条规定："用益物权人对他人所有的不动产或者动产，依法享有占有、使用和收益的权利。"

物的利用主要涉及三个方面的问题。

第一，利用他人财产之使用价值。物权法首要关注的"利用"，并非利用自己的财产，而是利用他人的财产。③ 物权权利人通过合同等方式将不动产、动产交由他人占有利用；或依法在不动产、动产上设定用益物权，用益物权人依据《民法典》第323条的规定，对他人所有的不动产或者动产，依法享有占

---

① 参见［德］马克思、恩格斯：《共产党宣言》，人民出版社2018年版。
② 参见孟勤国：《现代物权思维与古老物权思维的碰撞》，载《湖北社会科学》2007年第10期。
③ 参见梁慧星：《制定和实施物权法的若干问题》，载中国法学网，http://www.iolaw.org.cn。

有、使用和收益的权利。用益物权，是利用他人财产的使用价值，即对他人的不动产进行占有、使用、收益的权利。例如，土地承包经营权，是农户利用集体土地进行种植、养殖、畜牧的权利；宅基地使用权，是农户利用集体土地建房的权利；建设用地使用权，是企业利用国有土地建造厂房、写字楼、商品房的权利。土地承包经营权、宅基地使用权和建设用地使用权，都属于用益物权。其意义在于，通过设立土地承包经营权，将集体土地交给农户使用，极大地激发了农民的生产积极性，极大地发挥了农村土地的效用，彻底结束了我国长期农产品匮乏、轻工业原材料匮乏、人民群众消费品匮乏的"饥饿年代"。①又如，国家将建设用地使用权有偿出让给房地产开发主体，搞活了建设工程施工、房地产市场，带动了矿业、加工业、金融业、商业等一系列上下游行业的繁荣，一方面，城镇居民的居住问题极大改善；另一方面，房地产开发企业获得了利润并向国家缴纳了税金，房地产业从无到有，发展壮大；再一方面，国家（中央政府和地方政府）获得土地出让金和税金，增加了财政收入；银行通过向房地产企业和购买商品房的公民发放贷款，获得利息收益。物权法上的用益物权制度，为充分体现物尽其用的立法目标发挥了作用，鼓励人民群众创造了巨大的社会财富。

第二，对交换价值的利用。为实现自身生产生活的目标，权利人还可以将其所有的动产、不动产、用益物权、法律规定可作为担保物权客体的权利设定担保，将物之交换价值予以利用，进行融资或者促进交易，为其生存发展创造更多机会和条件。担保物权属于双重的利用，担保人利用自身财产的交换价值谋求发展，如借款人把自己的房屋、车辆或者有价证券抵押、质押给银行获取贷款；担保权人在债务人不履行到期债务或者发生当事人约定的实现担保物权的情形，依法享有就担保财产优先受偿的权利，极大降低了交易风险，促进了社会财富创造。抵押权、质权、留置权，都属于担保物权。

第三，物之利用与公共利益及第三人权益保护。关于物之利用与公共利益保护。（1）《民法典》物权编除对权利人和利用者之间的利益关系进行调整之外，也要对民事主体的利益与公共利益之间的关系进行调整，最具代表性的表现有两点：一是《民法典》的绿色原则，即第9条关于"民事主体从事民事活动，应当有利于节约资源、保护生态环境"的规定。事实上，绿色原则最为广

---

① 参见梁慧星：《制定和实施物权法的若干问题》，载中国法学网，http://www.iolaw.org.cn。

泛的适用就在《民法典》物权编中物之利用的问题之中，无论是产权人支配、利用自己所有之物，还是利用他人之物生产生活，均应当遵循绿色原则，节约资源，防止浪费，并不得破坏生态环境。二是《民法典》物权编对于公序良俗原则的确认。原《物权法》第7条规定，物权的取得和行使，应当遵守法律，尊重社会公德，不得损害公共利益和他人合法权益。《民法典》提取公因式，将该条的精神吸收到总则编。《民法典》总则编中的第132条规定，民事主体不得滥用民事权利损害国家利益、社会公共利益或者他人合法权益。该规定当然适用于《民法典》物权编，禁止权利滥用，并对公序良俗原则进行了确认。《民法典》物权编高度关注对物权人的利益与公共利益之间的关系进行调整的问题。（2）关于物之利用关系以外特定第三人之间的利益关系，物权法也要进行调整。例如，权利人和利用者在对物之使用价值或者交换价值进行利用或者放弃利用的过程之中，对特定利害关系的第三人的利益构成影响的，各方利益如何安排，物权编对此进行了规范。例如，《民法典》第409条规定："抵押权人可以放弃抵押权或者抵押权的顺位。抵押权人与抵押人可以协议变更抵押权顺位以及被担保的债权数额等内容。但是，抵押权的变更未经其他抵押权人书面同意的，不得对其他抵押权人产生不利影响。""债务人以自己的财产设定抵押，抵押权人放弃该抵押权、抵押权顺位或者变更抵押权的，其他担保人在抵押权人丧失优先受偿权益的范围内免除担保责任，但是其他担保人承诺仍然提供担保的除外。"又如，《民法典》第410条第1款规定："债务人不履行到期债务或者发生当事人约定的实现抵押权的情形，抵押权人可以与抵押人协议以抵押财产折价或者以拍卖、变卖该抵押财产所得的价款优先受偿。协议损害其他债权人利益的，其他债权人可以请求人民法院撤销该协议。"这些规定就是对物权利用产生的交易关系及交易关系当事人与该交易关系以外的特定第三人的利益进行调整的法律规定。其基本理念就是利用关系的变化不得对他人构成不利影响。另外，在共有人优先购买权规则等中均涉及了对交易关系当事人与交易关系以外某个特定第三人或者某几个特定第三人之间的利益进行法律调整的问题。

所谓物尽其用，就是在物权法的框架之内，通过各种物权制度促进物的效用的充分实现。例如，物权编关于他物权的规定，无论担保物权制度还是用益物权制度，都是为了促进物尽其用，充分发挥物的经济效用。物权编就是通过确认各种物权种类和内容，尤其是承认各种用益物权和担保物权，明确各种物权的行使规则等，以促进各种资源的有效利用。

## ▶ 适用指引

首先应当明确《民法典》物权编在宏观经济上的作用。当前，作为《民法典》重要组成部分的物权编必将发挥着重要的产权保护、优化营商环境、坚持绿色发展、平等保护多种经济所有制主体的作用。与同世界市场运行规则相衔接的《民法典》合同编不同，《民法典》物权编更坚持、反映以公有制为主体、多种所有制经济共同发展的基本经济制度和中国特色社会主义市场经济体制的内在要求。在适用物权编时，必须坚持中国特色社会主义法治道路，满足当前社会对于物权制度的实际需要，在司法审判中，体现我国国家制度和国家治理体系所具有的多方面的显著优势，贯彻落实《中共中央关于全面深化改革若干重大问题的决定》《中共中央、国务院关于完善产权保护制度依法保护产权的意见》以及《农村土地分置办法》《中共中央、国务院关于构建更加完善的要素市场化配置体制机制的意见》等党中央的大政方针、政策和深化改革举措，努力让人民群众在每一个司法案件中感受到公平正义。

准确适用《民法典》物权编的前提是正确认识物权编中强行法规则和私法自治的关系，正确认识物权编与行政法等在涉及物的归属和利用及产权保护等社会事务管理中的不同分工和角色。审判实践中存在着民事与行政交叉的情形，在不动产登记领域较为突出。例如，当事人因不动产登记簿存在错误，以行政机关存在登记过失为由提起行政诉讼，又针对导致该不动产登记簿存在错误的民事法律行为效力提起民事诉讼。此种情况下，各地法院在审判程序、适用法律和裁判结果上都存在一定差异。《民法典物权编解释（一）》第1条明确规定："因不动产物权的归属，以及作为不动产物权登记基础的买卖、赠与、抵押等产生争议，当事人提起民事诉讼的，应当依法受理。当事人已经在行政诉讼中申请一并解决上述民事争议，且人民法院一并审理的除外。"不动产登记是一种物权公示手段，是《民法典》规定的一项物权制度，其本质是反映不动产物权发生变动的事实行为而非行政管理行为。因此，平等主体之间因不动产物权的归属，以及作为不动产物权登记基础的买卖、赠与、抵押等产生的争议理应通过民事诉讼而非通过行政诉讼解决，应适用物权编有关规则。例外情形是当事人已经在行政诉讼中申请一并解决上述民事争议且人民法院一并审理的案件。

> **第二百零六条** 国家坚持和完善公有制为主体、多种所有制经济共同发展，按劳分配为主体、多种分配方式并存，社会主义市场经济体制等社会主义基本经济制度。
>
> 国家巩固和发展公有制经济，鼓励、支持和引导非公有制经济的发展。
>
> 国家实行社会主义市场经济，保障一切市场主体的平等法律地位和发展权利。

## ▶ 关联规定

### 一、法律、行政法规、司法解释

**1.《中华人民共和国宪法》**

**第六条** 中华人民共和国的社会主义经济制度的基础是生产资料的社会主义公有制，即全民所有制和劳动群众集体所有制。社会主义公有制消灭人剥削人的制度，实行各尽所能、按劳分配的原则。

国家在社会主义初级阶段，坚持公有制为主体、多种所有制经济共同发展的基本经济制度，坚持按劳分配为主体、多种分配方式并存的分配制度。

**第十一条** 在法律规定范围内的个体经济、私营经济等非公有制经济，是社会主义市场经济的重要组成部分。

国家保护个体经济、私营经济等非公有制经济的合法的权利和利益。国家鼓励、支持和引导非公有制经济的发展，并对非公有制经济依法实行监督和管理。

**2.《优化营商环境条例》**

**第六条** 国家鼓励、支持、引导非公有制经济发展，激发非公有制经济活力和创造力。

国家进一步扩大对外开放，积极促进外商投资，平等对待内资企业、外商投资企业等各类市场主体。

二、司法指导性文件

1.《最高人民法院关于为改善营商环境提供司法保障的若干意见》

一、依法平等保护各类市场主体，推动完善社会主义市场经济主体法律制度

1.坚持平等保护原则，充分保障各类市场主体的合法权益。全面贯彻平等保护不同所有制主体、不同地区市场主体、不同行业利益主体的工作要求，坚持各类市场主体法律地位平等、权利保护平等和发展机会平等的原则，依法化解各类矛盾纠纷，推动形成平等有序、充满活力的法治化营商环境。严格落实《最高人民法院关于依法平等保护非公有制经济促进非公有制经济健康发展的意见》，为非公有制经济健康发展提供良好的司法环境。

2.《最高人民法院关于依法妥善处理历史形成的产权案件工作实施意见》

7.坚持平等保护原则。为各类产权主体提供平等的司法保护，坚持法律面前人人平等，畅通产权申诉案件的立案渠道，规范适用再审审理程序，确保诉讼地位平等、诉讼权利平等、法律适用平等。

## ▶ 条文释义

一、本条主旨

本条是关于我国基本经济制度与社会主义市场经济原则的规定。

二、条文演变

关于我国基本经济制度的规定，有一个历史演变的过程。

（一）在政策上的演变

**1.党中央重要报告中的相关论述**

公有制为主体、多种所有制经济共同发展的基本经济制度，是中国特色社会主义制度的重要组成部分，也是完善社会主义市场经济体制的必然要求。其中，非公有制经济是改革开放以来在党和国家方针政策指引下发展起来的，是

产权保护的重要内容。党的十一届三中全会以后，中国共产党破除所有制问题上的传统观念束缚，一方面保护公有制经济的地位，另一方面也努力促进非公有制经济的发展。此后，党的历次全国代表大会及其他重要会议，都强调要对公有制经济和非公有制经济进行平等保护，推动各类所有制经济和市场主体公平竞争、相互促进、共同发展。

党的十二大强调国营经济的主导地位和发展多种经济形式的问题，并指出私营经济一定程度的发展是公有制经济"必要的、有益的补充"。

党的十三大强调，"在初级阶段，尤其要在以公有制为主体的前提下发展多种经济成分"。

党的十四大明确提出："经济体制改革的目标，是在坚持公有制和按劳分配为主体、其他经济成分和分配方式为补充的基础上，建立和完善社会主义市场经济体制。"建立社会主义市场经济体制的目标，进一步推动了所有制改革。

党的十五大把"公有制为主体、多种所有制经济共同发展"确立为我国的基本经济制度，明确提出"非公有制经济是我国社会主义市场经济的重要组成部分"。

党的十六大提出"毫不动摇地巩固和发展公有制经济""毫不动摇地鼓励、支持和引导非公有制经济发展"。

党的十七大提出要"坚持平等保护物权，形成各种所有制经济平等竞争、相互促进新格局"。

党的十八大进一步提出"毫不动摇鼓励、支持、引导非公有制经济发展，保证各种所有制经济依法平等使用生产要素、公平参与市场竞争、同等受到法律保护"。党的十八届三中全会指出，公有制经济和非公有制经济都是社会主义市场经济的重要组成部分，都是我国经济社会发展的重要基础；公有制经济财产权不可侵犯，非公有制经济财产权同样不可侵犯；国家保护各种所有制经济产权和合法利益，坚持权利平等、机会平等、规则平等，废除对非公有制经济各种形式的不合理规定，消除各种隐性壁垒，激发非公有制经济活力和创造力。党的十八届四中全会提出要"健全以公平为核心原则的产权保护制度，加强对各种所有制经济组织和自然人财产权的保护，清理有违公平的法律法规条款"。党的十八届五中全会强调要"鼓励民营企业依法进入更多领域，引入非国有资本参与国有企业改革，更好激发非公有制经济活力和创造力"。

党的十九大把"两个毫不动摇"写入新时代坚持和发展中国特色社会主义

的基本方略，作为党和国家一项大政方针进一步确定下来。党的十九大通过的《中国共产党章程》中，关于我国社会主义经济制度的完整表述为："必须坚持和完善公有制为主体、多种所有制经济共同发展的基本经济制度，坚持和完善按劳分配为主体、多种分配方式并存的分配制度，鼓励一部分地区和一部分人先富起来，逐步消灭贫穷，达到共同富裕，在生产发展和社会财富增长的基础上不断满足人民日益增长的美好生活需要，促进人的全面发展。"

党的十九届六中全会通过的《中共中央关于党的百年奋斗重大成就和历史经验的决议》，全面系统总结了党的百年奋斗重大成就和历史经验，提出要坚持"两个毫不动摇"，即坚持和完善社会主义基本经济制度，毫不动摇巩固和发展公有制经济，毫不动摇鼓励、支持、引导非公有制经济发展。建立和完善中国特色现代企业制度，做强做优做大国有经济。弘扬企业家精神，构建亲清政商关系，促进非公有制经济健康发展和非公有制经济人士健康成长，推动各类所有制经济和市场主体公平竞争、相互促进、共同发展。

**2. 党中央、国务院重要文件中的相关工作部署**

近年来，党中央、国务院出台了众多的政策性文件，在确保公有制地位的前提下，对非公有制经济的发展进行了安排和部署，为非公有制经济发展创造了良好环境。

（1）《中共中央、国务院关于营造更好发展环境支持民营企业改革发展的意见》（2019年12月4日）。关于指导思想，强调要以习近平新时代中国特色社会主义思想为指导，全面贯彻党的十九大和十九届二中、三中、四中全会精神，深入落实习近平总书记在民营企业座谈会上的重要讲话精神，坚持和完善社会主义基本经济制度，坚持"两个毫不动摇"，坚持新发展理念，坚持以供给侧结构性改革为主线，营造市场化、法治化、国际化营商环境，保障民营企业依法平等使用资源要素、公开公平公正参与竞争、同等受到法律保护，推动民营企业改革创新、转型升级、健康发展，让民营经济创新源泉充分涌流，让民营企业创造活力充分迸发，为实现"两个一百年"奋斗目标和中华民族伟大复兴的中国梦作出更大贡献。关于基本原则，强调要坚持公平竞争，对各类市场主体一视同仁，营造公平竞争的市场环境、政策环境、法治环境，确保权利平等、机会平等、规则平等；遵循市场规律，处理好政府与市场的关系，强化竞争政策的基础性地位，注重采用市场化手段，通过市场竞争实现企业优胜劣汰和资源优化配置，促进市场秩序规范；支持改革创新，鼓励和引导民营企业加快转型升级，深化供给侧结构性改革，不断提升技术创新能力和核心竞争力；加强法治保障，依法保护民营企业和企业家的合法权益，推动民营企业筑牢守法合规经营底线。

（2）《中共中央、国务院关于营造企业家健康成长环境弘扬优秀企业家精神更好发挥企业家作用的意见》（中发〔2017〕25号）提出，要营造依法保护企业家合法权益的法治环境，依法保护企业家财产权。全面落实党中央、国务院关于完善产权保护制度依法保护产权的意见，认真解决产权保护方面的突出问题，及时甄别纠正社会反映强烈的产权纠纷申诉案件，剖析侵害产权案例，总结宣传依法有效保护产权的好做法、好经验、好案例。在立法、执法、司法、守法等各方面各环节，加快建立依法平等保护各种所有制经济产权的长效机制。研究建立因政府规划调整、政策变化造成企业合法权益受损的依法依规补偿救济机制。

（3）《中共中央、国务院关于完善产权保护制度依法保护产权的意见》（中发〔2016〕28号）提出了产权保护要坚持的五大原则，其中第一项原则就是"平等保护"原则，强调"健全以公平为核心原则的产权保护制度，毫不动摇巩固和发展公有制经济，毫不动摇鼓励、支持、引导非公有制经济发展，公有制经济财产权不可侵犯，非公有制经济财产同样不可侵犯"。

（二）在《宪法》中的演变

中华人民共和国成立以来的各部《宪法》及其修正案，经过不断演变，最终确立了我国现有的社会主义市场经济体制。

### 1. 1954年《宪法》

第5条规定："中华人民共和国的生产资料所有制现在主要有下列各种：国家所有制，即全民所有制；合作社所有制，即劳动群众集体所有制；个体劳动者所有制；资本家所有制。"

第6条规定："国营经济是全民所有制的社会主义经济，是国民经济中的领导力量和国家实现社会主义改造的物质基础。国家保证优先发展国营经济。"

第7条、第8条、第9条、第10条等规定，鼓励、指导和帮助合作社经济的发展；依法保护农民、手工业者和其他非农业的个体劳动者、资本家等市场主体的生产资料所有权和资本。

### 2.1978 年《宪法》

第 5 条第 1 款规定："中华人民共和国的生产资料所有制现阶段主要有两种：社会主义全民所有制和社会主义劳动群众集体所有制。"

第 6 条第 1 款规定："国营经济即社会主义全民所有制经济，是国民经济中的领导力量。"

第 9 条规定："国家保护公民的合法收入、储蓄、房屋和其他生活资料的所有权。"

此外，第 10 条还规定国家实行"不劳动者不得食""各尽所能、按劳分配"的社会主义原则。

### 3.1982 年《宪法》

第 6 条规定："中华人民共和国的社会主义经济制度的基础是生产资料的社会主义公有制，即全民所有制和劳动群众集体所有制。""社会主义公有制消灭人剥削人的制度，实行各尽所能，按劳分配的原则。"

第 7 条规定："国营经济是社会主义全民所有制经济，是国民经济中的主导力量。国家保障国营经济的巩固和发展。"

第 8 条规定："农村人民公社、农业生产合作社和其他生产、供销、信用、消费等各种形式的合作经济，是社会主义劳动群众集体所有制经济。参加农村集体经济组织的劳动者，有权在法律规定的范围内经营自留地、自留山、家庭副业和饲养自留畜。""城镇中的手工业、工业、建筑业、运输业、商业、服务业等行业的各种形式的合作经济，都是社会主义劳动群众集体所有制经济。""国家保护城乡集体经济组织的合法的权利和利益，鼓励、指导和帮助集体经济的发展。"

第 11 条规定："在法律规定范围内的城乡劳动者个体经济，是社会主义公有制经济的补充。国家保护个体经济的合法的权利和利益。""国家通过行政管理，指导、帮助和监督个体经济。"

### 4.1988 年《宪法修正案》

在"生产资料公有制为基础""全民所有制经济为主导力量"未改动的前提下，《宪法》第 11 条增加"私营经济是社会主义公有制经济的补充。国家保护私营经济的合法的权利和权益，对私营经济实行引导、监督和管理"。

### 5.1999 年《宪法修正案》

在《宪法》关于"中华人民共和国的社会主义经济制度的基础是生产资料

的社会主义公有制，即全民所有制和劳动群众集体所有制；社会主义全民所有制经济，是国民经济中的主导力量"等内容基础上，在《宪法》相关条款中增加了"发展社会主义市场经济"的内容，增加了"国家在社会主义初级阶段，坚持公有制为主体、多种所有制经济共同发展的基本经济制度，坚持按劳分配为主体、多种分配方式并存的分配制度"。同时，将非公有制经济的相关条款修改为："在法律规定范围内的个体经济、私营经济等非公有制经济，是社会主义市场经济的重要组成部分。""国家保护个体经济、私营经济的合法的权利和利益。国家对个体经济、私营经济实行引导、监督和管理。"确立了非公有制经济在社会主义市场经济中的地位。

**6. 2004年《宪法修正案》**

将非公有制经济的规定修改为："国家保护个体经济、私营经济等非公有制经济的合法的权利和利益。国家鼓励、支持和引导非公有制经济的发展，并对非公有制经济依法实行监督和管理。"

（三）在原《物权法》中的规定

2007年通过的原《物权法》第3条规定："国家在社会主义初级阶段，坚持公有制为主体、多种所有制经济共同发展的基本经济制度。""国家巩固和发展公有制经济，鼓励、支持和引导非公有制经济的发展。""国家实行社会主义市场经济，保障一切市场主体的平等法律地位和发展权利。"

三、条文解读

本条是关于我国社会主义基本经济制度的规定，涉及"两个毫不动摇"和"市场主体平等地位"。立足我国社会主义经济制度的基本国情，该条充分体现了我国的社会主义特色经济制度和物权制度，继承了原《物权法》第3条规定的同时，完善了我国社会主义基本经济制度的内容。其中，第1款是有关社会主义基本经济制度的表述；第2款是对公有制经济、非公有制经济地位的表述；第3款是市场主体的平等保护原则，是物权平等保护原则的构成内容之一。

（一）社会主义基本经济制度的内涵

党的十九届四中全会对社会主义基本经济制度的内涵作出了重要发展和深

化,将公有制为主体、多种所有制经济共同发展,按劳分配为主体、多种分配方式并存,社会主义市场经济体制都作为社会主义基本经济制度。

物权制度是由中国特色社会主义经济制度决定的,而物权法作为反映我国社会主义生产关系和维护社会主义经济制度的法律,必须全面、准确地体现现阶段我国社会主义基本经济制度。《民法典》物权编全面准确地体现了我国《宪法》规定的社会主义基本经济制度,规定了我国实行社会主义市场经济的基本原则,概括总结了我国《宪法》所规定的社会主义基本经济制度和分配制度。所有制安排在基本经济制度中至关重要,它是分配制度和社会主义市场经济体制建立完善的重要基础;分配制度由所有制安排决定,多种所有制经济共同发展又以多种分配方式并存为基础,二者的有效运行都离不开社会主义市场经济体制的保障。

据此,《民法典》本条第1款规定:"国家坚持和完善公有制为主体、多种所有制经济共同发展,按劳分配为主体、多种分配方式并存,社会主义市场经济体制等社会主义基本经济制度。"

(二)公有制经济与非公有制经济的关系

毫不动摇巩固和发展公有制经济,毫不动摇鼓励、支持、引导非公有制经济发展,激发各类市场主体活力,推动各种所有制经济共同发展,公有制经济、非公有制经济相辅相成、相得益彰;坚持把按劳分配和按生产要素分配结合起来,推动分配制度改革逐步深化,既促进了效率提高,又让人民更好共享改革发展成果;把有效市场和有为政府结合起来,社会主义市场经济体制更加完善。这极大改变了我国经济社会发展面貌,也为扎实推进共同富裕创造了制度条件、奠定了雄厚物质基础。不同所有制经济在国民经济中的作用是不相同的,国家对不同制度经济的态度,成为我国社会主义经济发展的指导思想,并贯穿了整个物权编。

据此,《民法典》本条第2款规定:"国家巩固和发展公有制经济,鼓励、支持和引导非公有制经济的发展。"

(三)平等保护原则

市场经济最基本的特征就是市场主体的平等性。国家坚持权利平等、机会平等、规则平等,保障各种所有制经济平等受到法律保护;坚持公平竞争,对各类市场主体一视同仁，营造公平竞争的市场环境、政策环境、法治环境，确保权利平等、机会平等、规则平等。

社会主义市场经济体制要求国家和法律保障所有市场主体都有平等的法律地位，享有平等的发展权利。党的十六届三中全会提出了"保障所有市场主体的平等法律地位和发展权利"的要求，并认为平等保护是市场经济的客观要求。在社会主义市场经济条件下，各种所有制的市场主体都在市场上运行并发生相互关系，各种权利主体处于平等地位，享有相同权利、承担相同责任。如果不同的市场主体的法律地位和发展权利不平等，就没有办法发展社会主义市场经济，社会主义基本经济制度则不能可持续发展。

本条作为我国经济制度的基本规定，为深化要素的市场化配置改革，促进要素自主有序流动，提高要素配置效率，进一步激发全社会创造力和市场活力，推动经济发展质量改革、效率变革、动力变革，实现要素价格市场决定、流动自主有序、推动高质量发展、建设现代化经济体系打下坚实的经济基础与制度基础。

据此，《民法典》本条第 3 款规定："国家实行社会主义市场经济，保障一切市场主体的平等法律地位和发展权利。"

## ▶ 适用指引

### 一、对我国基本经济制度的认识

公有制为主体、多种所有制经济共同发展的基本经济制度，是中国特色社会主义制度的重要组成部分。我国是社会主义国家，中国共产党把马克思主义基本原理同中国具体实际相结合，在社会主义革命、建设和改革的伟大实践中不断探索和完善我国社会主义基本经济制度，现阶段基本表现为：

第一，坚持和完善公有制为主体、多种所有制经济共同发展。公有制为主体并不意味着排斥其他多种所有制形式的发展，而是鼓励、支持和引导非公有制经济的发展，只有公有制经济和非公有制经济相互促进、共同发展，才能够推动国家经济的发展。

第二，坚持和完善按劳分配为主体、多种分配方式并存。以按劳分配为主体，也不排斥其他分配方式并存，不同的分配方式并存成为基本的分配方式体系,能够调动劳动者积极性,共同建设社会主义经济。

第三,坚持和完善社会主义市场经济体制。我国始终坚持以经济建设为中心,我国改革开放和经济腾飞的历史证明,社会主义市场经济才是适合我国发展的经济体制。发展中国特色社会主义市场经济,就是在社会主义条件下发展市场经济,不断解放和发展生产力。社会主义基本经济制度在经济制度体系中处于基础性、决定性地位。实现共同富裕,必须坚持和完善社会主义基本经济制度,将基本经济制度优势转化为经济治理的显著效能,支持民营经济在新时代共同富裕的征途中发挥更大作用。

习近平总书记在党的十九大报告中指出:必须坚持和完善我国社会主义基本经济制度和分配制度,毫不动摇巩固和发展公有制经济,毫不动摇鼓励、支持、引导非公有制经济的发展。这"两个毫不动摇"的精神,激发全社会的创造力和市场活力,促进社会财富的创造,为市场经济的繁荣和经济的增长提供动力和源泉。可以说,《民法典》本条第1款承认并保障公有制和非公有制经济平等的市场主体法律地位,是党和国家对"两个毫不动摇"方针的重申与落实。

## 二、对公有制经济和非公有制经济地位的认识

近年来,我国接续出台了一大批相关政策措施,已经形成了鼓励、支持、引导非公有制经济发展的政策体系,非公有制经济发展面临前所未有的良好政策环境和社会氛围。

我国是中国共产党领导的社会主义国家,公有制经济是长期以来在国家发展历程中形成的,为国家建设、国防安全、人民生活改善作出了突出贡献,是全体人民的宝贵财富,当然要让它发展好,继续为改革开放和现代化建设作出贡献。我国强调把公有制经济巩固好、发展好,同鼓励、支持、引导非公有制经济发展不是对立的,而是有机统一的。中国幅员辽阔、人口众多,又处于并将长期处于社会主义初级阶段,要把经济社会发展搞上去,就要各方面齐心协力,共同推进经济社会高质量发展。因此,公有制经济、非公有制经济应该相辅相成、相得益彰,而不是相互排斥、相互抵消。

我国非公有制经济从小到大、由弱变强,是在党和国家方针政策指引下实现的。长期以来,我国非公有制经济快速发展,在稳定增长、促进创新、增加就业、改善民生等方面发挥了重要作用。非公有制经济是稳定经济的重要基

础，是国家税收的重要来源，是技术创新的重要主体，是金融发展的重要依托，是经济持续健康发展的重要力量。处在新时代的中国，非公有制经济在经济社会发展中的地位和作用没有变，我国毫不动摇鼓励、支持、引导非公有制经济发展的方针政策没有变，致力于为非公有制经济发展营造良好环境和提供更多机会的方针政策没有变。改革开放以来，党和国家出台了一系列关于非公有制经济发展的政策措施。特别是党的十八大以来，随着全面深化改革不断推进，关于非公有制经济发展的政策措施更加完善。党的历次中央全会和其他重要会议推出了一系列扩大非公有制企业市场准入、平等发展的改革举措，例如：鼓励非公有制企业参与国有企业改革，鼓励发展非公有资本控股的混合所有制企业，各类市场主体可依法平等进入负面清单之外领域，允许更多国有经济和其他所有制经济发展成为混合所有制经济，国有资本投资项目允许非国有资本参股，允许具备条件的民间资本依法发起设立中小型银行等金融机构，允许社会资本通过特许经营等方式参与城市基础设施投资和运营，鼓励社会资本投向农村建设，允许企业和社会组织在农村兴办各类事业，等等。

### 三、对平等保护的认识

社会主义市场经济，即在公有制的基础上实行市场经济，这在世界范围内罕有，是人类历史上从未经历过的、前所未有的伟大社会实践。公平的竞争环境是市场经济正常运行的基本保障，而平等保护则是公平竞争的基础。本条第3款规定"保障一切市场主体的平等法律地位和发展权利"，与《民法典》第207条规定的"平等保护"原则一起，侧重不同市场主体创设财产的平等地位和财产免受侵犯平等保护的问题，保障一切市场主体具有平等的法律地位和发展的权利。

物权平等保护表现为：

第一，物权主体平等，不得歧视非公有物权的主体。在国家基本经济制度下实行市场经济，明文规定国有财产与私人财产平等地受到保护是十分有必要的，因为市场经济的最大要求是市场经济主体的平等性。在市场经济条件下，国有控股企业参与市场交易与其他市场主体地位平等，其资产利益不能等同于社会公共利益，也不应相较于其他民事主体有倾斜保护。国家、集体、私人和其他权利人的物权都受到法律平等保护，且不得被侵犯，从而形成了一个周延的物权保护体系，充分体现了法治的精神。

第二，物权平等，无论是国家的、集体的、私人的还是其他权利人的物权，都是平等的物权，受物权法规则的约束和保护。为保障平等原则的落实，物权编还建立了多项配套制度，如《民法典》第268条规定："国家、集体和私人依法可以出资设立有限责任公司、股份有限公司或者其他企业。国家、集体和私人所有的不动产或者动产投到企业的，由出资人按照约定或出资比例享有收益、重大决策以及选择经营管理者等权利并履行义务。"可见民事主体取得市场主体地位并享有相关权利的基础是出资，而与其所有制类型无关。

第三，法律对不同类型的物权进行平等保护。平等的法律地位和相同的发展权利，意味着不同市场主体、不同所有制的经济体制其权利救济是一样的。多种所有制经济共同发展才能坚持和完善社会主义经济的平稳发展。

我国社会主义基本经济制度既有利于激发各类市场主体活力、解放和发展社会生产力，又有利于促进效率和公平有机统一、不断实现共同富裕。习近平总书记多次作出重要指示，"法治是最好的营商环境"，坚持"两个毫不动摇"，加强产权平等保护。必须坚持和完善社会主义基本经济制度，坚决贯彻"两个毫不动摇"，平等对待各类市场主体；充分发挥市场在资源配置中的决定性作用，更好发挥政府作用。支持非公有制经济发展是党中央的一贯方针。要为非公有制经济营造良好的发展环境，从市场准入、营商环境、减税降费、技术创新和金融服务等方面为民营企业纾困解难，促进非公有制经济高质量发展提供强劲动能。

## ▶ 典型案例

### 一、张文中再审改判无罪案

**关键词：** 单位行贿罪　诈骗罪　挪用资金罪

**裁判摘要：** 关于虚报注册资本金罪，当事人在调整完善注册资本结构过程中实施了虚报注册资本行为，但对其行为社会危害性的评价，应当结合国家相关法律的变化和地方出台的相关政策，以及刑法规定的从旧兼从轻原则精神，加以综合考量。根据《刑法》第13条的规定，当事人的行为情节显著轻微，危害不大，可以不追究刑事责任。关于违规披露、不披露重要信息罪。原审认定涉案单位提供的2002年至2004年财务会计报告含有虚假成分，事实清楚，证据确实、充分；但在案证据不足以证明该行为造成了严重损害股东或者其他人利益的后果，原审以违规披露、不披露重要信息罪对原审被告人定罪处刑，在认定事实和适用法律上存在错误。本案再审过程中，检察机关收集了能够间接证明造成损害后果的证据，但仍未达到确实、充分的程度。鉴于认定损害后果部分的事实无法查清，证据不足，对当事人的行为，应按无罪处理。关于挪用资金罪，产权制度是社会主义市场经济的基石。国家平等保护各类市场主体的产权和合法权益，依法惩治侵吞、瓜分、挪用国有、集体和非公有制企业财产的犯罪，当事人部分行为构成了挪用，因为挪用资金时间短、未给单位造成重大经济损失，不影响挪用资金罪的成立。

**基本案情**：2008年，张文中被河北省衡水市中级人民法院以诈骗罪、单位行贿罪和挪用资金罪数罪并罚，判处有期徒刑十八年，并处罚金人民币50万元，违法所得予以追缴，上缴国库。宣判后，张文中上诉。河北省高级人民法院二审以上述罪名对张文中决定执行有期徒刑十二年，并处罚金人民币50万元。2016年，张文中向最高人民法院提出申诉。

2018年5月31日，最高人民法院经再审认为，原审被告人张文中、张伟春在物美集团申报项目过程中，虽然存在违规行为，但未实施虚构事实、隐瞒真相以骗取国债技改贴息资金的诈骗行为，并无非法占有3190万元国债技改贴息资金的主观故意，不符合诈骗罪的构成要件。故原判认定张文中、张伟春的行为构成诈骗罪，属于认定事实和适用法律错误，应当依法予以纠正。

同时，最高人民法院经再审认为，原审被告单位物美集团在收购国旅总社所持泰康公司股份后，给予赵某30万元好处费的行为，并非为了谋取不正当利益，亦不属于情节严重，不符合单位行贿罪的构成要件。

最高人民法院认为，张文中与陈某、田某共谋，并利用陈某职务上的便利，将陈某所在泰康公司4000万元资金转至卡斯特投资咨询中心股票交易账户进行营利活动的事实清楚，证据确实。但原判认定张文中挪用资金归个人使用、为个人谋利的事实不清、证据不足。故原判认定张文中的行为构成挪用资金罪，属于认定事实和适用法律错误，应当依法予以纠正。

最高人民法院对该案进行公开宣判，撤销原审判决，改判张文中无罪，原判已执行的罚金及追缴的财产，依法予以返还。

【案　　号】（2018）最高法刑再3号
【审理法院】最高人民法院

【来　　源】2018 推动法治进程十大案件（2019 年 3 月 7 日最高人民法院发布）

## 二、顾雏军再审案

**关键词：** 挪用资金罪　虚报注册资本罪

**裁判摘要：** 原审认定顾雏军、刘义忠、姜宝军、张细汉在申请顺德格林柯尔变更登记过程中，使用虚假证明文件以 6.6 亿元不实货币置换无形资产出资的事实存在，但该行为系当地政府支持顺德格林柯尔违规设立登记事项的延续，未造成严重后果，且相关法律在原审时已进行修改，使本案以不实货币置换的超出法定上限的无形资产所占比例由原来的 55% 降低至 5%，故顾雏军等人的行为情节显著轻微危害不大，不认为是犯罪；原审认定科龙电器在 2002 年至 2004 年将虚增利润编入财会报告予以披露的事实存在，对其违法行为可依法予以行政处罚，但由于在案证据不足以证实科龙电器提供虚假财会报告的行为已造成《刑法》规定的"严重损害股东或者其他人利益"的后果，不应追究相关人员的刑事责任；原审认定顾雏军、姜宝军挪用扬州亚星客车 6300 万元给扬州格林柯尔的事实不清，证据不足，且适用法律错误，不应按犯罪处理，但原审认定顾雏军、张宏挪用科龙电器 2.5 亿元和江西科龙 4000 万元归个人使用，进行营利活动的事实清楚，证据确实、充分，顾雏军及其辩护人提出的科龙集团欠格林柯尔系公司巨额资金的意见，与事实不符，不能成立。顾雏军、张宏的行为均已构成挪用资金罪，且挪用数额巨大。鉴于挪用资金时间较短，且未给单位造成重大经济损失，依法可对顾雏军、张宏从宽处罚。

**基本案情：** 顾雏军是格林柯尔集团创始人。2001 年 10 月，格林柯尔集团收购科龙电器股权，成为科龙电器最大股东。至 2004 年，该集团旗下控制科龙电器等五家上市公司。2005 年 4 月，格林柯尔涉嫌挪用科龙电器资金，证监会联合工作组进驻科龙电器。同年 5 月，被中国证监会立案调查。同年 7 月，包括顾雏军在内的数名科龙及格林柯尔高管因涉嫌虚假出资、虚假财务报表、挪用资产和职务侵占等罪名被警方正式拘捕。

2008 年 1 月 30 日，广东省佛山市中级人民法院一审认定顾雏军犯虚报注册资本罪，违规披露、不披露重要信息罪、挪用资金罪，判处有期徒刑十年，并处罚金 680 万元。其余七名被告人均被判处四年以下有期徒刑，其中六人被宣告缓刑。宣判后，顾雏军等人不服，提出上诉。广东省高级人民法院于

2009年3月25日作出二审裁定，驳回上诉，维持原判。

2019年4月10日，最高人民法院对顾雏军等人虚报注册资本，违规披露、不披露重要信息，挪用资金再审一案进行公开宣判，判决撤销原判对顾雏军犯虚报注册资本罪，违规披露、不披露重要信息罪的定罪量刑部分和挪用资金罪的量刑部分，对顾雏军犯挪用资金罪改判有期徒刑五年。

【案　　号】（2018）最高法刑再4号
【审理法院】最高人民法院
【来　　源】2019年度人民法院十大刑事案件（2020年1月11日最高人民法院发布）

## 三、罗某明等五人与某综合行政执法局行政赔偿案

**关键词**：错误执行赔偿　司法救助　产权平等保护

**裁判摘要**：原判决确认违法，执行单位应当就强制拆除行为给当事人造成的损失予以赔偿，最高人民法院提审后，对直接损失的范围进行明确界定，并逐一计算和认定养猪场被强拆所遭受各项损失，依法扣除未实际遭受的损失和因再审申请人过错导致的损失，对罗某明等五人合理的再审主张予以充分考虑和支持，最终判决某综合行政执法局应当赔偿罗某明等五人1691788元，一次性化解赔偿争议。本案中关于赔偿范围的举证责任问题，依据《行政诉讼法》第38条第2款规定，在行政赔偿、补偿的案件中，原告应当对行政行为造成的损害提供证据；因被告的原因导致原告无法举证的，由被告承担举证责任。原审已查明，某综合行政执法局在实施强拆过程中，未依法清点被拆除养殖场财产并进行证据保护，造成目前无法准确认定罗某明等五人被拆除建筑物及合法财产损失，故应承担举证不能的法律后果。一审期间，三亚市中级人民法院委托三亚中业勤资产评估事务所对涉案养猪场及附属设施价值进行了鉴定并出具了0001号评估报告，在各方当事人均没有提出关于本案强拆造成损失的直接证据的情况下，应当根据该报告并结合全案证据认定再审申请人可以获得的赔偿金额。

**基本案情**：2012年罗某明等五人成立某明合作社，取得了农民专业合作社法人营业执照。2013年，某明合作社与某村民小组签订土地租赁协议，租用约6亩土地建造猪栏舍及其他附属设施，进行生猪养殖经营。2015年，罗某明等五人根据环保部门要求，对养猪场进行整改，建设相关的水污染防治设施

并于同年7月投入使用。2015年8月26日，在未经上述环保部门验收的情况下，某综合行政执法局以养猪场属违法建筑为由，未作出任何处理决定并告知罗某明等五人相关权利，便对养猪场及相关附属设施实施了强制拆除。

在生效判决认定被诉强制拆除行为违法情形下，本案一审、二审法院均认定某综合行政执法局应就强制拆除行为造成的损失对罗某明等五人予以赔偿。一审法院确定的赔偿数额为1802439元，二审法院确定的赔偿数额为864984元。最高人民法院提审后，对直接损失的范围进行明确界定，并逐一计算和认定养猪场被强拆所遭受各项损失，依法扣除未实际遭受的损失和因再审申请人过错导致的损失，对罗某明等五人合理的再审主张予以充分考虑和支持，最终判决某综合行政执法局应当赔偿罗某明等五人1691788元，一次性化解赔偿争议。

【案　　号】（2020）最高法行赔再7号

【审理法院】最高人民法院

【来　　源】人民法院充分发挥审判职能作用保护产权和企业家合法权益典型案例（第三批）（2020年5月19日最高人民法院发布）

> 第二百零七条　国家、集体、私人的物权和其他权利人的物权受法律平等保护，任何组织或者个人不得侵犯。

## ▶ 关联规定

法律、行政法规、司法解释

1.《中华人民共和国宪法》

第十三条　公民的合法的私有财产不受侵犯。

国家依照法律规定保护公民的私有财产权和继承权。

国家为了公共利益的需要，可以依照法律规定对公民的私有财产实行征收或者征用并给予补偿。

2.《中华人民共和国民法典》

第三条　民事主体的人身权利、财产权利以及其他合法权益受法律保护，任何组织或者个人不得侵犯。

第一百一十三条　民事主体的财产权利受法律平等保护。

## ▶ 条文释义

### 一、本条主旨

本条是关于平等保护国家、集体和私人的物权原则的规定。

### 二、条文演变

与原《物权法》第4条相比，本条特别强调法律保护的平等性。民法调整平等主体的自然人、法人和非法人组织之间的人身关系和财产关系。物权法是调整平等主体之间因物的归属和利用而产生的民事关系的法律，故平等保护不同民事主体的物权是民法调整的社会关系的性质所决定的。

2016年,《中共中央、国务院关于完善产权保护制度依法保护产权的意见》再次强调:"健全以公平为核心原则的产权保护制度,毫不动摇巩固和发展公有制经济,毫不动摇鼓励、支持、引导非公有制经济发展,公有制经济财产权不可侵犯,非公有制经济财产权同样不可侵犯。"该意见表明,平等保护不仅是物权法和民法的基本原则,同样还是党加强产权保护的首要原则。2016年11月,《最高人民法院关于充分发挥审判职能作用切实加强产权司法保护的意见》提出:"坚持各种所有制经济权利平等、机会平等、规则平等,对各类产权主体的诉讼地位和法律适用一视同仁,确保公有制经济和非公有制经济财产权不可侵犯。注重对非公有制产权的平等保护。妥善审理各类涉外案件,平等保护中外当事人的诉讼权利和实体权益。"审判工作中应当切实贯彻上述意见精神。

### 三、条文解读

民法是调整平等主体之间的财产关系和人身关系的法律,作为民法重要组成部分的物权编,是调整平等主体之间因物的归属和利用而产生的财产关系的法律。物权编平等保护各个民事主体的物权是民法调整的社会关系的性质决定的。对于民法的平等原则,总则编已有明确规定:民法调整平等主体的自然人、法人和非法人组织之间的人身关系和财产关系;民事主体的人身权利、财产权利以及其他合法权益受法律保护,任何组织或者个人不得侵犯;民事主体在民事活动中的法律地位一律平等。民事主体从事民事活动,应当遵循自愿、公平、诚信的原则。因此,本条规定了对国家、集体和私人的物权平等保护的原则。

《宪法》规定:"国家实行社会主义市场经济。"公平竞争、平等保护、优胜劣汰是市场经济的基本法则。在社会主义市场经济条件下,各种所有制经济形成的市场主体都在统一的市场上运作并发生相互关系,各种市场主体都处于平等地位,享有相同权利,遵守相同规则,承担相同责任。马克思说,"商品是天生的平等派"。如果对各种市场主体不给予平等保护,解决纠纷的办法、承担的法律责任不一样,那就不可能发展社会主义市场经济,也不可能坚持和完善社会主义基本经济制度。为适应社会主义市场经济发展的要求,党的十六届三中全会明确要"保障所有市场主体的平等法律地位和发展权利"。党的十八届三中全会提出,要完善产权保护制度,公有制经济财产权不可侵犯,非公有制经济财产权同样不可侵犯；国家保护各种所有制经济产权和合法权益，保证各种所有制经济同等受到法律保护。《中共中央、国务院关于完善产权保护制度依法保护产权的意见》明确提出，要坚持平等保护原则，健全以公平为核心原则的产权保护制度。即使不进入市场交易的财产，《宪法》也明确规定："公民的合法的私有财产不受侵犯。""国家依照法律规定保护公民的私有财产权和继承权。"在财产归属依法确定的前提下，不论是国家的、集体的物权，还是私人的物权，也都应当给予平等保护。否则，不同权利人的物权受到同样的侵害，国家的、集体的应当多赔，私人的可以少赔，势必损害群众依法创造、积累财富的积极性，不利于民富国强、社会和谐。需要说明的是，平等保护不是说不同所有制经济在国民经济中的地位和作用是相同的。依据《宪法》的规定，公有制经济是主体，国有经济是主导力量，非公有制经济是社会主义市场经济的重要组成部分，它们在国民经济中的地位和作用是不同的。这主要体现在国家宏观调控、公共资源配置、市场准入等方面，对关系国家安全和国民经济命脉的重要行业和关键领域，必须确保国有经济的控制力，而这些在经济法、行政法中都有明确的规定。

另外，还需要说明，本条规定了"其他权利人的物权"，这是由于本条是从所有制的角度对物权主体分类规定平等保护原则的，尚有无法完全纳入"国家""集体""私人"的权利人，如公益性基金会等，因此规定了"其他权利人"。

（一）平等保护原则

《民法典》总则编中的第113条规定："民事主体的财产权利受法律平等保护。"而在物权编中对本条予以进一步强调和具体细化。国家、集体、私人等物权的主体在法律地位上是平等的，其享有的物权在受到侵害以后，应当受到法律的平等保护。即使是国有财产，一旦进入市场交易领域，也必须与其他财产一样在遵守相同的市场交易规则的前提下受平等保护，国家以国有财产出资，作为出资人之一，也应当与集体或者私人出资人同样按照《民法典》第268条和《公司法》的有关规定享受权利和履行义务。国家与其他主体发生产权纠纷，当事人也有权请求人民法院明晰产权，确认归属；任何人侵犯国家、集体、私人的物权和其他权利人的物权，无论是无权占有、妨害物权或者可能妨害物权、造成不动产或者动产毁损，还是侵害物权，造成权利人损害的，无论行为人是谁，权利人均有权依据《民法典》物权编的有关规定，请求行为人承担相应的民事责任。各个权利人在市场经济活动中，只有作用的不同，在受法律保护的范围和力度之上，一律平等。

《民法典》物权编承继原《物权法》平等保护原则，反映了我国基本经济制度的要求。我国《宪法》规定国有经济是国民经济中的主导力量，但同时也规定为维护多种所有制经济的共同发展，法律通过确认和保护各种形式的合法财产权益，使上层建筑适应经济基础发展的需要。物权法作为基本的财产法，必然要以维护基本经济制度为首要任务。同时，物权法只有确立平等保护原则，才能够维护社会主义市场经济制度，巩固改革开放成果。我国改革开放实践表明，正是因为我们坚持了各种所有制平等保护、共同发展的方针，最大限度地挖掘了社会主义公有制的潜力，调动了亿万人民创造财富的积极性，才使中国经济数十年保持高速发展，综合国力得到迅速提升。中国特色社会主义市场经济的特色也正在于此。从计划经济体制向社会主义市场经济体制的转变过程中，最根本的转变是资源配置方式的转变，即由行政配置改为市场配置。要充分发挥市场的有效性，就要保障各市场主体地位平等、平等保护，使各要素充分流动，使得每一个市场主体都能在合理、有效且可预期的规则下实现公平交易，最终促进社会经济的繁荣和发展。在市场经济条件下，财产权是民事主体进入市场的基础，对财产权进行平等保护正是市场经济的内在要求在法律上的体现。

物权编只有确立平等保护原则，才能建立财产秩序和交易秩序，促进市场经济的发展，并最终有利于公有制的发展。不能获得平等保护和救济的权利并非真正的权利。财产权受到平等保护的程度越高，社会的文明程度就越高。改革开放以来，广大人民群众通过合法经营、诚实劳动等途径积累了相当多的财富，"有恒产者有恒心"，如果仅有公平竞争的环境，而无平等保护产权的制度，很难使人们产生投资的信心、置业的愿望和交易的动力。物权编规定国家所有权、集体所有权以及私人所有权，并不违背民法规定的平等保护民事主体原则。在我国，作为规范和调整财产关系基本法的物权法律制度，应该体现和反映我国的基本经济制度。我国的基本经济制度是多种所有制经济共同发展。这里的"多种所有制经济"，当然也包含鼓励、促进和引导非公有制经济的发展。其对几种所有权都平等保护的立场是非常鲜明的。

在社会主义市场经济条件下，各种所有制经济形成的市场主体，都是在统一的市场平台上运作并发生相互关系的，都要遵守统一的市场游戏规则，都处于平等地位，享有相同的权利。只有地位平等、权利平等，才能公平竞争，才能形成良好的市场秩序。坚持社会主义基本经济制度与对国家、集体和私人的物权给予平等保护是有机统一的。没有前者，就会改变社会主义基本经济制度的性质。没有后者，就违背了市场经济原则，反过来又会损害社会主义基本经济制度。所谓受法律平等保护，主要是指各种市场主体对相同的物权具有同等的权利，适用相同的市场交易规则，当其物权受到侵害时，侵害人应当承担同样的民事责任。

（二）国有财产的保护

在我国，关于国家的民事主体地位，理论上一直持肯定态度。[①] 在现行法上，国家在特定情形下作为民事主体也得到了承认。[②] 但国家属于何种民事主体则有不同的认识。一种观点认为，国家是以法人的身份参加民事活动，为国家法人；另一种观点认为，国家并不是法人，而是一种特殊的民事主体。从原《民法总则》和《民法典》总则编的规定来看，民事主体被确定为自然人、法人、非法人组织三种类型，并且明确了法人与非法人组织的具体形态，国家并不属于上述任何一种类型，可见《民法典》并没有穷尽民事主体的所有类型。国家是在特定情形下存在的特殊民事主体。[③] 国家所有权、国家机关的物权及国家举办的事业单位的物权的规定主要体现在《民法典》第246条至第256条，属于国家所有即全民所有，主要范围涵盖最重要的生产资料或者市场化要素，同时宣示国家主权范围，国家所有权的客体主要包括矿藏、水流、海域、城市土地、自然资源等。国家机关对其直接支配的不动产和动产，享有占有、使用以及依照法律和国务院的有关规定处分的权利。

国有经济是国民经济中的主导力量。加大对国有资产的保护力度，切实防止国有资产流失，是巩固和发展公有制经济的重要内容。2015年10月31日，国务院办公厅印发《关于加强和改进企业国有资产监督防止国有资产流失的意

---

[①] 参见佟柔主编：《中国民法学·民法总则》，人民法院出版社2008年版，第140~142页；王利明：《民法总论》，中国人民大学出版社2015年版，第217页；马俊驹、余延满：《民法原论》，法律出版社2010年版，第173页。

[②] 参见原《物权法》第113条、原《继承法》第16条和第32条。

[③] 参见房绍坤：《论民法典物权编与总则编的立法协调》，载《法学评论》2019年第1期。

见》，对加强和改进企业国有资产监督工作作出全面部署，为防止国有资产流失筑牢防线，为促进国有企业持续健康发展提供坚强保障。《民法典》物权编沿用原《物权法》的基本制度，在坚持平等保护原则的基础上，从五个方面继续强化对国有资产的保护。一是规定："法律规定属于国家所有的财产，属于国家所有即全民所有。"并在条文中规定了哪些财产属于国有财产，防止因归属不明确造成国有财产流失。二是规定："法律规定专属于国家所有的不动产和动产，任何组织或者个人不能取得所有权。""用益物权人、担保物权人行使权利，不得损害所有权人的权益。"三是规定："国家所有的财产受法律保护，禁止任何组织或者个人侵占、哄抢、私分、截留、破坏。"四是针对国有企业资产流失的问题，规定："违反国有财产管理规定，在企业改制、合并分立、关联交易等过程中，低价转让、合谋私分、擅自担保或者以其他方式造成国有财产损失的，应当依法承担法律责任。"五是针对国有资产监管中存在的问题，规定：履行国有财产管理、监督职责的机构及其工作人员，"滥用职权，玩忽职守，造成国有财产损失的，应当依法承担法律责任"。这些规定体现了我国《宪法》关于加强对社会主义公共财产保护的精神，具有重要的现实意义。

（三）集体财产的保护

集体经济，是公有制经济的重要组成部分，《民法典》物权编对集体财产的范围及其保护，农村集体经济组织和经营、农村集体财产的归属以及集体所有权的行使、城镇集体财产的归属等问题，基本延续原《物权法》作出了规定。

关于集体在民法中的地位，存在几种不同的认识。第一种观点认为，集体所有权的主体具有复合结构，既包括集体组织，也包括集体组织的全体成员。① 第二种观点认为，农村集体所有权的主体是本集体经济组织的成员，即由本集体成员集体所有，而非共有；城镇集体所有权的主体既可以是集体经济组织的所有成员，也可以是以整个集体存在的企业，具体应当根据企业的具体情况而定。② 第三种观点认为，农村集体所有权的主体既不是抽象的农民集体，也不是农村集体经济组织、村民委员会、村民小组，而是各个农民集体内部的

---

① 参见崔建远：《物权法》，中国人民大学出版社2017年版，第182页。
② 参见王利明：《物权法研究》，中国人民大学出版社2016年版，第512页、第522页。

全体农民。因此，集体所有权是全体集体成员集体共有的所有权，集体内的全体农民才是集体土地所有权的真正主体。① 第四种观点认为，农民集体不可能是自然人或国家，非法人团体自身又不能成为土地所有权的主体，因此，农民集体只可能是法人。②《民法典》第261条第1款规定："农民集体所有的不动产和动产，属于本集体成员集体所有。"农村集体经济组织、村民委员会、村民小组只是集体所有权代行的主体。农村集体所有权的主体是"本集体成员集体"。同时，村民委员会只是村民自我管理、自我教育、自我服务的基层群众性自治组织（《村民委员会组织法》第2条），其设立与否与集体所有权无关，故不能成为集体所有权的主体。

根据我国《宪法》，《民法典》第260条对集体所有的不动产和动产作出了规定："集体所有的不动产和动产包括：（一）法律规定属于集体所有的土地和森林、山岭、草原、荒地、滩涂；（二）集体所有的建筑物、生产设施、农田水利设施；（三）集体所有的教育、科学、文化、卫生、体育等设施；（四）集体所有的其他不动产和动产。"《民法典》第265条对集体财产的保护作出规定："集体所有的财产受法律保护，禁止任何组织或者个人侵占、哄抢、私分、破坏。""农村集体经济组织、村民委员会或者其负责人作出的决定侵害集体成员合法权益的，受侵害的集体成员可以请求人民法院予以撤销。"

针对现实生活中滥用征收权力、违法征地侵犯集体财产的行为，物权编除了就征收目的、补偿原则和补偿内容作了明确规定以外，《民法典》第244条规定："国家对耕地实行特殊保护，严格限制农用地转为建设用地，控制建设用地总量。不得违反法律规定的权限和程序征收集体所有的土地。"

我国的城镇集体企业是从20世纪50年代以来逐步形成的。近些年来，城镇集体企业通过改制发生了很大变化。城镇集体企业基本上已经取得了法人或非法人组织的法律地位，因其逐渐被改制为有限责任公司、股份有限公司等法人形式以及合伙企业形式，其所享有的所有权也已经不再是集体所有权了。③但在审判实践中发现，未完成改制的城镇集体企业仍大量存在，历史遗留问题亟待解决。《民法典》第263条规定："城镇集体所有的不动产和动产，依照法

---

① 参见孙宪忠等：《物权法的实施》，社会科学文献出版社2013年版，第407~408页。
② 参见高飞：《集体土地所有权主体制度研究》，中国政法大学出版社2017年版，第194页；崔文星：《中国农地物权制度论》，法律出版社2009年版，第94页。
③ 参见崔建远：《物权法》，中国人民大学出版社2017年版，第182页。

律、行政法规的规定由本集体享有占有、使用、收益和处分的权利。"为适应城镇集体企业改革的要求，原有的城镇集体企业改制为有限责任公司或者股份有限公司的，可以适用《公司法》的规定；改制为外商投资企业或者合伙企业、个人独资企业的，可以分别适用现行有关法律的规定；未改制的，可以继续适用《城镇集体所有制企业条例》等规定。

（四）私有财产的保护

我国《宪法》第13条第1款规定，公民的合法的私有财产不受侵犯。《民法典》物权编是根据我国《宪法》对私有财产的范围、归属及救济制度作出的，以完善保护私人财产的法律制度。关于私人物权的界定问题，存在几种不同观点。第一种观点认为，私人只能限定解释为自然人。① 第二种观点认为，私人所有权是相对于公共财产而言的，主体不局限于自然人，还包括个体工商户、合伙、各类企业法人、三资企业中的投资者等。② 第三种观点认为，私人是与国家和集体相对应的物权主体，包括我国的公民、在我国合法取得财产的外国人和无国籍人，不仅包括自然人，还包括个人独资企业、个人合伙等非公有制企业。③《民法典》以第266条、第267条规定了私有的财产范围和私有财产保护，删除了原《物权法》第65条，表明储蓄、继承权问题并非物权法律制度所应当调整的，同时淡化私人所有权的自然人色彩，私人应为与国家、集体相对应的非公有制物权主体。

《民法典》第266条规定："私人对其合法的收入、房屋、生活用品、生产工具、原材料等不动产和动产享有所有权。"第267条规定："私人的合法财产受法律保护，禁止任何组织或者个人侵占、哄抢、破坏。"《民法典》物权编对私有财产的保护，主要体现在：第一，物权编确认、保护物权的各项规则，都适用于对私人享有的物权的保护。第二，物权编在第五章"国家所有权和集体所有权、私人所有权"中专门规定了私人所有权。第三，物权编规定了区分所有权，实际上是对公民私有房产的保护。第四，物权编关于土地承包经营权、

---

① 参见江平主编：《中华人民共和国物权法精解》，中国政法大学出版社2007年版，第95页；崔建远：《物权法》，中国人民大学出版社2017年版，第185页。
② 参见王利明：《物权法》，中国人民大学出版社2015年版，第133页。
③ 参见胡康生主编：《中华人民共和国物权法释义》，法律出版社2007年版，第153页。

建设用地使用权、宅基地使用权等他物权的规定，同样属于对公民私有财产的保护。第五，对实践中存在的拆迁、安置以及补偿问题专门作出了规定。

（五）其他权利人的物权的保护

其他权利人的物权，系概括性规定，将其他不能划分为以上三类物权的其他物权囊括在内，如社会团体所有权。社会团体既不是国家，也不是集体或者私人，所以社会团体所有权不能包含在以上三类物权中，但可以归为"其他权利人的物权"。对于其他权利人的物权，《民法典》物权编也给予平等的保护。

（六）任何组织或者个人不得侵犯

原《物权法》第4条规定"任何单位和个人不得侵犯"，本条中将"单位"的表述变更为"组织"，更为科学准确。《民法典》将民事主体分为自然人、法人、非法人组织。"组织"可以涵盖个人以外的一切民事主体。

关于权力与权利的问题。国家机关履行职责、行使职权必须清楚自身行为和活动的范围和界限。各级党和国家机关开展工作要考虑《民法典》的规定，不能侵犯人民群众享有的合法民事权利，包括人身权利和财产权利。同时，有关政府机关、监察机关、司法机关要依法履行职能、行使职权，保护民事权利不受侵犯、促进民事关系和谐有序。① 物权是最重要的财产权利之一，有关国家机关有责任依法平等保护包括物权在内的各项民事权利不受侵犯、促进民事关系和谐有序。

## ▶ 适用指引

### 一、征收中的产权保护

为了公共利益的需要，依照法律规定的权限和程序，国家可以征收集体所有的土地和单位、个人的房屋及其他不动产。征收集体所有的土地和城乡居民的房屋及其他不动产，关系广大人民群众的切身利益，直接涉及对集体财产和

---

① 参见习近平：《充分认识颁布实施民法典重大意义依法更好保障人民合法权益》，载《求是》2020年第12期。

私有财产的保护。实践中应当注意：一是征收补偿的标准和范围，应当严格依照《民法典》第243条的规定掌握；二是正确理解公共利益。《中共中央、国务院关于完善产权保护制度依法保护产权的意见》明确要求"完善土地、房屋等财产征收征用法律制度，合理界定征收征用适用的公共利益范围，不将公共利益扩大化"。实践中，一些法院存在将与公共利益仅具有牵连关系的争议排除在民事争议范围之外的片面做法，这一定程度上加大了产权人和企业家的维权成本，使得产权人和企业家的合法权益不能得到及时保护，甚至使其合法权益无法得到保障。

## 二、招商引资中的产权保护

当前，地方政府在发展地方经济过程中以政策变化、规划调整等理由违约、毁约，侵犯了民营企业家合法权益的行为不同程度存在。对此，《中共中央、国务院关于完善产权保护制度依法保护产权的意见》明确要求"大力推进法治政府和政务诚信建设，地方各级政府及有关部门要严格兑现向社会及行政相对人依法作出的政策承诺，认真履行在招商引资、政府与社会资本合作等活动中与投资主体依法签订的各类合同"。《中共中央、国务院关于营造企业家健康成长环境弘扬优秀企业家精神更好发挥企业家作用的意见》也明确要求"研究建立因政府规划调整、政策变化造成企业合法权益受损的依法依规补偿救济机制"。《最高人民法院关于充分发挥审判职能作用为企业家创新创业营造良好法治环境的通知》（法〔2018〕1号）则更具体要求："对于确因政府规划调整、政策变化导致当事人签订的民商事合同不能履行的，依法支持当事人解除合同的请求。对于当事人请求返还已经支付的国有土地使用权出让金、投资款、租金或者承担损害赔偿责任的，依法予以支持。"

## 三、强制执行中的产权保护

为全面落实《中共中央、国务院关于完善产权保护制度依法保护产权的意见》精神，最高人民法院于2016年11月出台了《关于在执行工作中规范执行行为切实保护各方当事人财产权益的通知》，专门就执行程序中贯彻落实产权保护制度、依法保护产权提出要求，明确要求在采取查封、扣押、冻结措施时注意把握执行政策，在保障债权人胜诉权益可以实现的同时，也要保护被保全人、案外人等相关方的合法权益，坚决杜绝超范围、超标的查封、扣押、冻结财产。同年还出台了《最高人民法院关于人民法院办理财产保全案件若干问题的规定》，以司法解释形式明确不得进行超标的保全，平等保护各方权益，依法保护债务人产权。2019年12月，又出台《最高人民法院关于在执行工作中进一步强化善意文明执行理念的意见》，再次强调严禁超标的查封，明确以价值足以清偿生效法律文书确定的债权额为限采取执行措施。需要查封的不动产整体价值明显超出债权额的，应当对该不动产相应价值部分采取查封措施；不能办理分割查封的，整体查封后可以协调相关部门办理分割登记并解除对超标的部分的查封。在人民法院审判执行过程中，对建筑物等财产超标的查封，不允许民营企业处分该超标的部分财产的行为，既不利于产权人充分发挥其财产价值，也侵害了民营企业的合法权益。《中共中央、国务院关于完善产权保护制度依法保护产权的意见》要求"完善涉案财物保管、鉴定、估价、拍卖、变卖制度，做到公开公正和规范高效"。

### 四、刑事案件中的产权保护

基本原则：一是要严格区分刑民界限，防止将经济纠纷当作刑事犯罪处理；二是要恪守罪刑法定原则，坚持证据裁判原则；三是要充分发挥司法审判在优化营商环境中的职能作用；四是要准确贯彻从旧兼从轻原则。《中共中央、国务院关于完善产权保护制度依法保护产权的意见》强调，要坚持从旧兼从轻原则，依法妥善处理民营企业经营过程中存在的不规范问题。五是要坚持实事求是、有错必纠。在刑事办案实践中，在处理企业家犯罪时混淆企业家个人财产和企业法人财产、企业家家庭成员合法财产的情况时有发生。《中共中央、国务院关于完善产权保护制度依法保护产权的意见》对此明确要求"进一步细化涉嫌违法的企业和人员财产处置规则……采取查封、扣押、冻结措施和处置涉案财物时，要依法严格区分个人财产和企业法人财产。对股东、企业经营管理者等自然人违法，在处置其个人财产时不任意牵连企业法人财产"。《最高人民法院关于充分发挥审判职能作用为企业家创新创业营造良好法治环境的通知》亦明确要求各级人民法院要"严格区分企业家违法所得和合法财产，没有充分证据证明为违法所得的，不得判决追缴或者责令退赔"。

> 第二百零八条　不动产物权的设立、变更、转让和消灭，应当依照法律规定登记。动产物权的设立和转让，应当依照法律规定交付。

## 关联规定

法律、行政法规、司法解释

1.《中华人民共和国土地管理法》

第十二条　土地的所有权和使用权的登记，依照有关不动产登记的法律、行政法规执行。

依法登记的土地的所有权和使用权受法律保护，任何单位和个人不得侵犯。

2.《中华人民共和国城市房地产管理法》

第六十条　国家实行土地使用权和房屋所有权登记发证制度。

## 条文释义

一、本条主旨

本条是关于物权的设立和变动的公示方法的规定。

二、条文演变

物权公示原则涉及两个方面的问题。第一个方面，物权人享有物权、物权的内容变更或者物权消灭以什么方式确定。比如，购买房屋或者购买电视，买受人什么时候拥有该房屋或者电视的所有权，以什么方式确定？某人决定将其所有的房屋与他人共有，以什么方式确定共有权？房屋出售什么时候丧失所有权，以什么方式确定？这些都是物权的设立、变更、转让和消灭的方式问题，称为物权变动。第二个方面，由于物权是排他的"绝对权""对世权"，成千上万的义务人负有不作为的义务。因此，必须让广大的义务人清楚地知道谁是权利人，不应该妨碍谁。而且，权利人转让自己的物时，也要让买受人知道他有无资格转让该物。这都要求以令公众信服的特定方式确定物权变动，让社会公众很容易、很明白地知道该物是谁的，以维护权利人和社会公众的合法权益。这是物权的公信问题。

物权公示的主要方法是：不动产物权的设立、变更、转让和消灭经过登记发生效力，动产物权的设立、转让通过交付发生效力。一方面，要获得不动产的所有权，就要进行登记；变更不动产所有权的内容，比如，由一人所有变为两人所有，也要进行登记；将不动产出售，还要进行登记。登记之后不动产所有权的设立、变动或者消灭才有效。要获得一个动产的所有权，要通过交付。比如，购买一台电视，就要通过交付，买受人才有所有权；反之，出售一台电视，要交付给买受人，出卖人才失去所有权。因此，物权变动的关键点，不动产就是登记，动产就是交付。另一方面，要了解一项不动产属于谁所有，就要查阅不动产登记簿，要了解动产属于谁，就看谁占有它。简单地讲，确定物的归属就是不动产看登记，动产看占有。不动产不能移动，要靠不动产登记簿标明四至界限，除登记错误需要依法更正的外，不动产登记簿上记载的人就是该不动产的权利人。不动产登记簿是公开的，有关人员都能查阅、复制。因此，不动产登记簿的公示性是最强的，最能适应市场交易安全便捷的需要，能最大限度地满足保护权利人的要求。动产可能频繁移动，动产由谁占有，除有相反证据外，谁就是该动产的权利人。物权编有关财产归属的规定是人类文明的优秀成果，各国有关财产归属的规定大同小异，方法简单，一目了然。如果不采取这种方法，而采取别的什么方法，必然使经济秩序混乱不堪，最终影响经济的发展和社会的进步。

### 三、条文解读

物权公示原则一方面是取得物权和物权变动①的方式方法，另一方面是物权公示的公信效力。法律规定了可支配资源的归属关系和归属程序，规定归属程序实际上就是间接规定归属关系。②而公示原则就是物权法上的归属程序，

---

① 物权的设立、变更、转让和消灭的方式问题，称为物权变动。参见胡康生主编：《中华人民共和国物权法释义》，法律出版社2007年版，第32页。
② 参见李锡鹤：《物权论稿》，中国政法大学出版社2016年版，第90页。

《民法典》物权编通过规定公示原则来确定物的归属关系。物权变动包括物权的主体、客体、内容变更。物权主体的变更包括物权移转、所有变为共有、共有变为所有、设定他物权、他物权消灭等。物权客体变更主要是物权之标的物在量上有所增灭，如所有权之客体因附合增加，抵押权之标的因部分毁损而灭失或减少。物权内容的变更是物权之内容或作用有所变异，如抵押权次序之变更。①司法实践中，因交易而导致物权主体争议最为常见，尤其是在大宗动产观念交付②、预售商品房销售等领域矛盾多发。总的来说，确定物的归属，不动产看登记，动产看占有。除登记错误需要依法更正的外，不动产登记簿上记载的人就是该不动产的权利人。不动产登记簿是公开的，有关人员都能查阅、复制。因此，不动产登记簿的公示性是最强的，最能适应市场交易安全、便捷的需要，能最大限度地满足保护权利人的要求，同时也是利用他人之物的制度基础。一般来说，动产的占有人就是权利人。

（一）公示原则

公示原则，是指物权内容的变动必须依据法定的公示方法进行方发生物权变动的法律效果，同时，公示方法应当足以使任何第三人能够了解物权变动的情况。与债权的义务人是特定人不同，物权的义务人是不特定人。绝对权为公示性权利，权利人行使权利，以义务人履行义务为前提，而义务人履行义务，以义务人知悉义务为前提，权利必须表现，无表现者非权利。③物权的设立和变动之所以要公示，是由物权的性质本身所决定的。物权为具有绝对排他性效力的权利，如果某一物上已经成立物权，则不得再成立内容完全相同的物权。物权具有排他性，物权的变动也产生排他效果，如果没有让他人知悉变动的表现方式，则可能损害第三人的利益。为保护第三人的利益，维护交易的安全和秩序，就需要建立公示原则，将物权设立、移转的事实通过一定的公示方法向社会公开，从而使第三人知道物权变动的情况。④在依法需要公示的情况下，

---

① 参见谢在全：《民法物权论》，中国政法大学出版社2011年版，第45页。
② 观念交付通常指的是在特定的情况下，法律允许当事人通过特别约定，采用一种变通的交付方法来代替实际交付。参见王泽鉴：《民法物权》，中国政法大学出版社2001年版，第67页。
③ 参见李锡鹤：《物权论稿》，中国政法大学出版社2016年版，第36~37页。
④ 参见崔建远：《物权：规范与学说——以中国物权法的解释论为中心》，清华大学出版社2021年版，第172页。

物权的设立和变动与公示是不可分离的，公示是物权制度的基础。①物权公示原则属于法律的强制性规则，当事人不得通过合同加以变更或者排除。即当事人不能通过约定改变法定的公示方法。例如，法律规定动产质权的设定须移转动产占有，当事人在合同中设定不移转占有的动产质权，自然不应发生物权的效力。②

物权的公示方法必须由法律明确规定，不能由当事人随意创设。关于公示方法原则上应当采用两种方式：一是不动产登记制度。不动产登记，是指登记申请人对不动产物权的设定、移转在法定的登记机构依据法定的程序进行登记。不动产登记的主要目的在于公示，也就是说，通过登记将不动产物权的设立、移转、变更的情况向公众予以公开，使公众了解某项不动产上所形成的物权状态。登记的实质在于将有关不动产物权设立、移转、变更等情况记载于登记簿上，以备人们查阅。登记是不动产物权设立和变动的公示方法，除法律另有规定以外，未经登记，即使当事人就不动产的移转已经达成了合意，合同关系已经成立并生效，但并不能导致物权的设立和移转。所谓法律另有规定，是指法律根据某些物权种类和法律事实的特殊性而作出无须采用登记的方式予以公示的特殊规定，如根据《民法典》第333条和第335条，土地承包经营权自土地承包经营权合同生效时设立，土地承包经营权互换、转让的，当事人可以向登记机构申请登记；未经登记，不得对抗善意第三人。土地承包经营权虽系不动产用益物权，但其设立不需要登记，权利变动未经登记只是不得对抗善意第三人，这是基于其物权类型的特殊性决定的，土地承包经营权的设立、流转范围限定在乡土熟人社会。根据《民法典》第261条的规定，土地承包方案以及将土地发包给本集体以外的组织或者个人承包；个别土地承包经营权人之间承包地的调整等重大事项，均应当依照法定程序经本集体成员决定。本集体成员之间利害相关，彼此关注，土地承包经营权只要合法设立、流转，实际上就已经有效公示。宅基地使用权、地役权情况类似。二是动产交付制度。动产交付，是指一方将动产的占有交付给另一方，通过交付而发生占有的移转。完成交付必须具备两个要件：一是将动产交付给另一方，从这个意义上理解的交付是一个动态的过程；二是受让人必须完成受领，实际管领控制该动产。动产物权自受领完成时发生转移，相应债权消灭，即由交付的一方移转给另一方。交

---

① 参见王利明：《物权法》，中国人民大学出版社2015年版，第29~33页。
② 参见王泽鉴：《民法物权》，中国政法大学出版社2001年版，第46页。

付的完成重在结果，而不在过程，即必须完成实际控制的移转。在物权的设定过程中，通过交付而移转占有是动产物权设定的一种公示方法。交付与登记不同，登记可以作为不动产物权的一切变动形式的公示方法，而交付一般作为基于合同等法律行为转让动产物权的公示方法，包括转让所有权与设定他物权。交付包括现实交付与观念交付。现实交付，是指动产物权的让与人，将其对于动产的现实的直接支配力，移转于受让人。观念交付包括简易交付、占有改定及指示交付。《民法典》对各种交付方式有明确规定。交付的效力，按照《民法典》的规定，为动产物权变动的生效要件。例如，质权的设定必须以移转占有即交付为要件，只要动产已实际交付便可设立质权。三是对动产、不动产之外的其他权利，《民法典》也规定了相应的公示方法。例如，《民法典》第445条规定，以应收账款出质的，质权自办理出质登记时设立。第443条规定，以基金份额、股权出质的，质权自办理出质登记时设立。随着社会经济生活的发展，公示的方式也会不断扩大。例如，互联网出现后，物权公示手段更为快捷、便利。美国、加拿大以及其他一些国家采用互联网的方式对担保进行登记和公示，这些经验也值得借鉴。① 为落实《国务院关于实施动产和权利担保统一登记的决定》的相关要求，规范动产和权利担保统一登记服务，中国人民银行发布了《动产和权利担保统一登记办法》，于2022年2月1日正式施行，《应收账款质押登记办法》（中国人民银行令〔2019〕第4号）同时废止。《动产和权利担保统一登记办法》进一步明确动产和权利担保统一登记范围、登记机构及职责，细化登记内容，优化登记和查询操作流程，更好地引导市场主体规范开展动产和权利担保登记与查询活动，进一步提高动产和权利担保融资效率，优化营商环境。

公示原则具有如下几个方面的功能：一是明确物权的归属。登记实际上是通过将物权设定和移转的事实对外公开，从而明确物权的归属，以定分止争。物权的设立和移转应当便于第三人了解，这也是物权本质属性的客观要求。在当事人之间如果发生了产权的争议，只要是以登记为物权变动条件的，人民法院原则上应当以登记作为确定物权归属的依据。如果当事人就物权的内容发生了争议，也要依据登记的内容来确定。二是维护交易安全。这是公示原则最重要的功能。物权不同于债权的特点就在于该权利具有排他性、优先性等效力，

---

① 参见王利明：《物权法》，中国人民大学出版社2015年版，第29~33页。

对第三人具有较大的影响，而正是因为物权是对世权，关系第三人的利益，因此，必须符合法定的公示要件才能设立。任何当事人都不得仅仅通过不公开的协议创设某项物权，否则，必然损害第三人的利益，危害交易的安全。三是提高物的利用效率。在现代物权法中，公示制度不仅发挥了维护交易安全的功能，而且对发挥物的利用效率也具有重要作用。不动产登记制度的完善是抵押权制度基础，正因为公示原则的建立，使得不移交占用、不影响物之利用而对物之交换价值进行利用成为可能。

关于违反公示方法的后果。就不动产物权变动而言，违反法定公示方法的后果要区分登记要件主义和登记对抗主义而分别确定。根据登记要件主义，依法需要办理登记的，必须办理登记；如果未办理登记，不能发生物权设立和变动的效果。根据登记对抗主义，即使未办理登记，也可以发生物权的变动。只不过受让人取得的物权不能对抗第三人。因此，在未登记的情况下，只要转让人已经将财产交付给受让人，也可以发生物权的变动。就动产物权变动而言，如果依法必须交付的，必须移转占有才能发生物权设立和变动的后果。但法律另有规定的除外。

（二）公信原则

所谓公信原则，是指对于通过法定的公示方法所公示出来的权利状态，相对人有合理的理由相信其为真实的权利状态，并与登记权利人进行了交易，对这种信赖法律就应当予以保护。① 如果登记制度不能产生公信力，则不仅使登记制度形同虚设，也不利于交易安全的维护。② 公信原则实际上是赋予不动产登记或者动产占用所公示的内容公信力，公示与公信是密切联系在一起的。③

物权法上所说的公信原则表现为两方面内容。一是登记记载的权利人在法律上推定其为真正的权利人。《民法典》第216条第1款关于"不动产登记簿是物权归属和内容的根据"的规定，确立了登记的权利推定效力。在一般情况下，登记权利人与实际权利人都是一致的，但在某些情况下可能会发生登记簿记载内容与产权证书不一致或者登记记载的内容与真实的权利状况不一致的情

---

① 参见谢在全：《民法物权论》，中国政法大学出版社2011年版，第85页。
② 参见崔建远：《物权法》，中国人民大学出版社2011年版，第52页。
③ 参见王利明：《物权法》，中国人民大学出版社2015年版，第29~33页。

形。在此情况下，当事人之间可能发生产权争议。此时，首先应当以登记簿作为产权确认的依据，而不能仅凭产权证书或者当事人的主张来确定产权。这就是说，如果有人主张登记簿记载错误，应当由其承担相应的举证责任。这就是所谓权利的正确性推定规则。① 也就是说，凡是记载于登记簿的权利人，就在法律上推定其为法律上的权利人。② 二是凡是信赖登记所记载的权利而与权利人进行的交易，在法律上应当受到保护。《民法典》第210条规定："不动产登记，由不动产所在地的登记机构办理。""国家对不动产实行统一登记制度。统一登记的范围、登记机构和登记办法，由法律、行政法规规定。"可见，不动产统一登记是一种以国家信用为基础的公示方式，它是由法律确定的行政机关依照法定的权限和程序从事的活动，具有高度的真实性和准确性，当事人对其产生了高度的信赖。因此，即便登记记载的权利和内容与真实的情形不符，第三人对此的信赖也会受到法律的保护，法律上对此种信赖的保护效力就是公信力。权利始于义务人应知，③ 公信力侧重保护的是善意第三人的信赖利益，对于存在合理理由，协议借用他人名义按照公示原则取得物权的双方当事人，如借名协议不违反法律规定，登记的权利人不得以公示公信原则对抗借名人实现权利。当然，借名人的上述权利不得对抗与登记权利人就该特定物为标的进行交易或者享有抵押权的第三人。

## ▶ 适用指引

本条仅为物权设立和变动的公示原则，对本条的理解和适用须结合《民法典》物权编的其他规定及其他法律的规定。

物权的设立，是指创设一个原来并不存在的物权。不动产物权的变更、转让和消灭是不动产变动的三种状态。其中，物权变更，是指物权主体不改变的情况下改变物权的内容，如改变用益物权的设定期限等；物权的转让，是指将已经存在的物权在民事主体之间转移，就房屋而言，物权转让可称为过户登记；物权的消灭是指物权的终止，如标的物灭失时，物权随之消灭。违反公示方法并不意味着不发生任何法律效力，如果满足合同成立和生效的要件，在当

---

① 参见孙宪忠：《德国当代物权法》，法律出版社1997年版，第84页。
② 参见王利明：《物权法》，中国人民大学出版社2015年版，第29~33页。
③ 参见李锡鹤：《物权论稿》，中国政法大学出版社2016年版，第36页。

事人之间仍然会发生法律效力,一方当事人不履行合同,应当承担包括完善公示方法依约登记及相应的法律责任。例如,《民法典担保制度解释》第63条规定,当事人未在法定的登记机构依法进行登记,主张该担保具有物权效力的,人民法院不予支持。《民商审判会议纪要》第60条规定:"不动产抵押合同依法成立,但未办理抵押登记手续,债权人请求抵押人办理抵押登记手续的,人民法院依法予以支持。因抵押物灭失以及抵押物转让他人等原因不能办理抵押登记,债权人请求抵押人以抵押物的价值为限承担责任的,人民法院依法予以支持,但其范围不得超过抵押权有效设立时抵押人所应当承担的责任。"该纪要表明,抵押合同依法成立但抵押权因未办理抵押登记手续而未设立,抵押人仍应办理抵押登记手续或承担相应的给付责任。

在期房买卖交易中,经常出现"一房二卖"的情形,房地产开发企业将期房卖给消费者后,因其他原因又将同一套房转卖出去。为了保护消费者的合法权益,实践中存在三种方式阻却第三人善意取得。一是预告登记,《不动产登记暂行条例实施细则》第85条第1款规定:"有下列情形之一的,当事人可以按照约定申请不动产预告登记:(一)商品房等不动产预售的;(二)不动产买卖、抵押的;(三)以预购商品房设定抵押权的;(四)法律、行政法规规定的其他情形。"预购商品房可以申请预告登记,预告登记有很强的公示效力。原《物权法解释(一)》第16条关于不动产善意取得中受让人非善意的认定第2项明确表示,若不动产登记簿上存在有效的预告登记,未经预告登记的权利人同意受让该不动产的,不能认定为善意受让人。因此,预告登记可以阻却第三人善意取得。二是房地产交易领域中的网签制度。其指的是房地产交易双方签订合同之后,到相关部门进行备案,形成网签号在网上公布并供相关当事人查询。网签制度是一个网络管理系统,目的也是防止"一房二卖"甚至"一房多卖"。与预告登记主要记载的是与物权变动有关信息不同,网签信息更详细更具体,包括房地产开发企业信息,如企业资质及证书编号、银行信用等级等,楼盘信息,如绿化率、容积率、间距、总建筑面积等,以及商品房预售许可证号或者房地产权证号等情况。三是购房合同备案制度。《城市商品房预售管理办法》第10条第1款规定:"商品房预售,开发企业应当与承购人签订商品房预售合同。开发企业应当自签约之日起30日内,向房地产管理部门和市、县人民政府土地管理部门办理商品房预售合同登记备案手续。"据此,预售商品房必须办理商品房预售合同登记备案手续,这也是防止"一房二卖"的有效途径之一。三种方式相比，法律效力最强的是预告登记，未经预告登记权利人同意，不能处分该不动产；其次是购房合同备案制度；最后才是网签制度。因为网签制度只是行政管理手段，是房地产管理部门为规范房地产企业依法销售房屋，防止"一房多卖"而建立的一个网络化管理系统。当然，因为行政主管部门的要求和技术手段的提升，网签和备案大多数情况下可以同步完成。

# 第二章 物权的设立、变更、转让和消灭

## 第一节 不动产登记

**第二百零九条** 不动产物权的设立、变更、转让和消灭,经依法登记,发生效力;未经登记,不发生效力,但是法律另有规定的除外。依法属于国家所有的自然资源,所有权可以不登记。

▶ **关联规定**

一、法律、行政法规、司法解释

1.《不动产登记暂行条例》

**第二条** 本条例所称不动产登记,是指不动产登记机构依法将不动产权利归属和其他法定事项记载于不动产登记簿的行为。

本条例所称不动产,是指土地、海域以及房屋、林木等定着物。

2.《最高人民法院关于适用〈中华人民共和国民法典〉有关担保制度的解释》

**第四条** 有下列情形之一,当事人将担保物权登记在他人名下,债务人不履行到期债务或者发生当事人约定的实现担保物权的情形,债权人或者其受托人主张就该财产优先受偿的,人民法院依法予以支持:

(一)为债券持有人提供的担保物权登记在债券受托管理人名下;

(二)为委托贷款人提供的担保物权登记在受托人名下;

(三)担保人知道债权人与他人之间存在委托关系的其他情形。

**第四十六条** 不动产抵押合同生效后未办理抵押登记手续,债权人请求抵押人办理抵押登记手续的,人民法院应予支持。

抵押财产因不可归责于抵押人自身的原因灭失或者被征收等导致不能办理

抵押登记，债权人请求抵押人在约定的担保范围内承担责任的，人民法院不予支持；但是抵押人已经获得保险金、赔偿金或者补偿金等，债权人请求抵押人在其所获金额范围内承担赔偿责任的，人民法院依法予以支持。

因抵押人转让抵押财产或者其他可归责于抵押人自身的原因导致不能办理抵押登记，债权人请求抵押人在约定的担保范围内承担责任的，人民法院依法予以支持，但是不得超过抵押权能够设立时抵押人应当承担的责任范围。

3.《最高人民法院关于适用〈中华人民共和国民法典〉物权编的解释（一）》

第一条 因不动产物权的归属，以及作为不动产物权登记基础的买卖、赠与、抵押等产生争议，当事人提起民事诉讼的，应当依法受理。当事人已经在行政诉讼中申请一并解决上述民事争议，且人民法院一并审理的除外。

4.《最高人民法院关于人民法院民事执行中查封、扣押、冻结财产的规定》

第十五条 被执行人将其所有的需要办理过户登记的财产出卖给第三人，第三人已经支付部分或者全部价款并实际占有该财产，但尚未办理产权过户登记手续的，人民法院可以查封、扣押、冻结；第三人已经支付全部价款并实际占有，但未办理过户登记手续的，如果第三人对此没有过错，人民法院不得查封、扣押、冻结。

二、部门规章及规范性文件

《自然资源统一确权登记暂行办法》

第二条 国家实行自然资源统一确权登记制度。

自然资源确权登记坚持资源公有、物权法定和统一确权登记的原则。

## ▶ 条文释义

### 一、本条主旨

本条是关于不动产物权登记效力的规定。

## 二、条文演变

本条的规定是不动产公示原则的具体体现。不动产，即土地以及房屋、林木等土地附着物，对整个社会都具有重大的政治意义、经济意义。不动产物权，在各国都是物权法最重要的内容。不动产物权的重要意义和作用，又与不动产登记制度有着紧密的联系。本条规定，除法律另有规定外，不动产物权的设立、变更、转让和消灭，经依法登记，发生效力；未经登记，不发生效力。这表明，原则上不动产物权登记是不动产物权的法定公示手段，是不动产物权设立、变更、转让和消灭的生效要件，也是不动产物权依法获得承认和保护的依据。

关于不动产物权登记对不动产物权变动的效力，国外基本有两种立法体例：一种是登记生效主义，另一种是登记对抗主义。所谓登记生效主义，即登记决定不动产物权的设立、变更、转让和消灭是否生效，亦即不动产物权的各项变动都必须登记，不登记者不生效。所谓登记对抗主义，即不动产物权的设立、变更、转让和消灭的生效，仅仅以当事人的法律行为作为生效的必要充分条件，登记与否不决定物权变动的效力。但是为交易安全的考虑，法律规定，未经登记的不动产物权不得对抗第三人。我国民法学界一般认为，这两种体例相比，不论是在法理上，还是在实践效果上，登记生效主义都更为合理。在法理上，因物权的本质特征就是排他性，如果权利人获得的物权不能排他，就不能认为其是物权，因此而发生的物权变动自然应该无效。因此，不动产物权变动不登记就能够生效，不合法理。从实践意义上讲，不经登记的不动产物权变动对权利人和相对人均具有极大的风险，对交易的安全非常不利。2007年原《物权法》起草过程中，立法机关对这个问题广泛征求过意见。大多数认为，应当采用不动产物权登记生效的立法体例；同时，考虑到当时我国有关不动产物权的法律法规也体现了这一原则，如《城市房地产管理法》规定，国家实行土地使用权和房屋所有权登记发证制度。房地产转让或者变更时，应当向县级以上地方人民政府房产管理部门申请房产变更登记，并凭变更后的房屋所有权证书向同级人民政府土地管理部门申请土地使用权变更登记，经同级人民政府土地管理部门核实，由同级人民政府更换或者更改土地使用权证书。《土地管理法》规定，土地的所有权和使用权的登记，依照有关不动产登记的法律、行政法规执行。《土地管理法实施条例》规定，土地所有权、使用权的变更，自变更登记之日起生效。社会各方面在实践中对这一原则也较为熟悉。因此，原《物权法》第 9 条最终采纳登记生效主义，这也有利于保持法律的连续性。《民法典》维持了原《物权法》的这一规定。

不动产物权登记，最基本的效力表现为，除法律另有规定外，不动产物权的设立、变更、转让和消灭，经依法登记，发生效力；未经登记，不发生效力。例如，当事人订立了合法有效的房屋买卖合同后，只有依法办理了房屋所有权转让登记后，才发生房屋所有权变动的法律后果；不经登记，法律不认为发生了房屋所有权的变动。在不动产物权登记这个核心效力的基础上，还可以派生出不动产物权登记推定真实的效力，即除有相反证据证明外，法律认为记载于不动产登记簿的人是该不动产的权利人。这既是不动产物权交易安全性和公正性的需要，也是不动产物权公示原则的必然要求。因此，对信赖不动产登记簿记载的权利为正确权利而取得该项权利的第三人，法律认可其权利取得有效而予以保护，但对明知不动产登记簿记载的权利有瑕疵而取得该项权利的人，法律则不予以保护。正因为不动产物权登记具有这样的效力，本章才规定异议登记的制度，在登记簿上的不动产物权和事实上的不动产物权不一致的情况下，事实上的权利人可以进行异议登记，将不动产登记可能有瑕疵的情况记入登记簿，以对抗第三人，防止自己利益受到损害。

本条规定，"未经登记，不发生效力，但是法律另有规定的除外"。这里的"法律另有规定的除外"，主要包括三个方面的内容：一是本条第 2 款所规定的，依法属于国家所有的自然资源，所有权可以不登记。二是本章第 3 节规定的物权设立、变更、转让或者消灭的一些特殊情况，即主要是非依法律行为而发生的物权变动的情形：第一，因人民法院、仲裁机构的法律文书或者人民政府的征收决定等，导致物权设立、变更、转让或者消灭的，自法律文书或者征收决定等生效时发生效力。第二，因继承取得物权的，自继承开始时发生效力。第三，因合法建造、拆除房屋等事实行为设立或者消灭物权的，自事实行为成就时发生效力。三是考虑到现行法律的规定以及我国的实际情况尤其是农村的实际情况，《民法典》并没有对不动产物权的设立、变更、转让和消灭，一概规定必须经依法登记才发生效力。例如，在土地承包经营权一章中规定，"土地承包经营权自土地承包经营权合同生效时设立"。同时，第 335 条还规定："土地承包经营权互换、转让的，当事人可以向登记机构申请登记；未经登记，不得对抗善意第三人。"这里规定的是"未经登记，不得对抗善意第三人"，而不是"不发生效力"。在宅基地使用权一章，也没有规定宅基地使用权必须登记才发生效力，只是规定，"已经登记的宅基地使用权转让或者消灭的，应当及时办理变更登记或者注销登记"。也就是说，宅基地使用权不以登记为生效要件。地役权一章中的第374条规定："地役权自地役权合同生效时设立。当事人要求登记的，可以向登记机构申请地役权登记；未经登记，不得对抗善意第三人。"

本条第2款规定："依法属于国家所有的自然资源，所有权可以不登记。"本编规定，法律规定属于国家所有的财产，属于国家所有即全民所有。同时，在现行法律相关内容的基础上规定，矿藏、水流、海域属于国家所有；城市的土地，属于国家所有。法律规定属于国家所有的农村和城市郊区的土地，属于国家所有；森林、山岭、草原、荒地、滩涂等自然资源，属于国家所有，但是法律规定属于集体所有的除外；法律规定属于国家所有的野生动植物资源属于国家所有。本条第2款作这样的规定，主要是出于两个方面的考虑：第一，规定不动产物权登记生效，是物权公示原则的体现。法律明确规定哪些自然资源属于国家所有，比权利记载于登记机构管理的不动产登记簿有着更强的公示力，也就无须再通过不动产登记来达到生效的法律效果。第二，不动产物权登记生效，针对的主要是当事人通过法律行为进行物权变动的情况。本款所规定的国家依照法律规定对自然资源享有所有权，不属于因法律行为而产生物权变动的情况，因此也就无须进行登记来享有所有权。需要说明的是，本条第2款只是规定依法属于国家所有的自然资源，所有权可以不登记，至于在国家所有的土地、森林、海域等自然资源上设立用益物权、担保物权的，则需要依法登记生效。

关于本条第2款，在立法征求意见的过程中，有一种意见认为，这样规定不利于对国家所有的自然资源的管理，也不利于对自然资源的利用。建议将其修改为国家所有的自然资源也应登记，并具体规定由哪个部门登记、管理、开发和利用。应当指出，在实践中，为了加强对国有自然资源的管理和有效利用，有关管理部门对国有自然资源进行了资产性登记。一些法律法规也有这方面的规定，如《草原法》规定，未确定使用权的国家所有的草原，由县级以上人民政府登记造册，并负责保护管理。但这种资产性登记，与《民法典》物权编规定的作为公示方法的不动产物权登记性质上是不同的，它只是管理部门为"摸清家底"而从事的一种管理行为，并不产生物权法律制度上的效力。

## 三、条文解读

本条的规定,是对一般规定中不动产物权登记公示原则的具体体现。

### (一)不动产的范围及房地一致原则

不动产,是指依照其物理性质不能移动或者移动将严重损害其经济价值的有体物,包括土地以及房屋、林木等土地定着物,其对整个社会都具有重大的政治意义与经济意义。不动产的物权,在各国都是传统物权法最重要的内容。不动产物权的重要意义和作用,又与不动产登记制度有着紧密的联系。本条规定,除法律另有规定外,不动产物权的设立、变更、转让和消灭,经依法登记,发生效力;未经登记,不发生效力。这表明,原则上不动产物权登记是不动产物权的法定公示手段,是不动产物权设立、变更、转让和消灭的生效要件,也是不动产物权依法获得承认和保护的依据。"居者有其屋,耕者有其田",与社会经济生活息息相关的不动产就是房屋和土地。

房屋附着于土地,物理上不可分离,而作为物权客体是否可分,比较法上有两种立法例:一是吸收主义。在此种模式下,房屋被认为是土地的重要组成部分,或者被认为是地上权的组成部分。二是分离主义。在此种模式下,房屋不是土地的组成部分,也不是地上权的组成部分,而是独立的权利客体。我国采分离主义下的房地一致原则,对土地管理和城市房地产管理分别立法,在物权法中,土地使用权属用益物权,与房屋所有权分属不同物权,对此,原《物权法》第180条、《民法典》第395条将"建筑物和其他土地附着物"和"建设用地使用权"作为两项可抵押的财产分别予以规定。根据一物一权原则,建筑物和土地使用权可分别设定抵押权,说明两者系不同的物权客体。又如,《民法典》第417条规定:"建设用地使用权抵押后,该土地上新增的建筑物不属于抵押财产。该建设用地使用权实现抵押权时,应当将该土地上新增的建筑物与建设用地使用权一并处分,但是,新增建筑物所得的价款,抵押权人无权优先受偿。"即建设用地使用权抵押在先,新增建筑物所有权的客体与担保物权的客体并不重合。基于房屋和土地在经济利用、使用价值上的不可分性,法律必须确保建筑物受让人取得合法、完整的基地利用权,房、地之上的处分权和处分性物权不可择一行使,这就是我国法的房地一致原则,如不能单独转让房屋而房屋范围内的土地使用权不发生转让,又如建设用地抵押权和附着于建筑物之上的建设工程价款优先权的实现亦不可分别进行。《民法典》第397条规定："以建筑物抵押的，该建筑物占用范围内的建设用地使用权一并抵押。""以建设用地使用权抵押的，该土地上的建筑物一并抵押。抵押人未依据前款规定一并抵押的，未抵押的财产视为一并抵押。"所谓"视为一并抵押"是法律拟制的"一并"，其意在权利人将房或地单独处分时，法律推定其对未约定处分的财产作出共同处分的意思表示，发生一并处分的法律后果，并不意味着房、地在物权客体上合二为一。

（二）不动产物权登记的效力

关于不动产物权登记对不动产物权变动的效力，大陆法系主要有两种立法体例：一种是登记生效主义；另一种是登记对抗主义。立法机关制定原《物权法》之时，综合当时不动产物权法律法规状况、征求各界意见的情况，决定采用以不动产物权登记生效为原则的立法体例。经过十余年的贯彻实施，证明该立法体例是符合实践要求的，也进一步被社会公众所熟知并认同，因此，《民法典》物权编予以继承。在公示生效主义下，物权具有对抗力不言而喻，物权的公示有推定（登记真实）力、决定力（又称为物权变动的形成力）和公信力（德国法称之为善意取得的效力）[①]，具体而言：

**1. 物权变动的效力**

所谓登记生效主义，即登记决定不动产物权的设立、变更、转让和消灭是否生效，亦即不动产物权的各项变动都必须登记，不登记则不生效。我国《民法典》物权编采用此体例。

关于不动产登记与物权变动原因行为的关系问题。通说认为，我国采用的是债权形式主义的登记生效模式。《民法典》第241条规定："所有权人有权在自己的不动产或者动产上设立用益物权和担保物权。用益物权人、担保物权人行使权利，不得损害所有权人的权益。"第388条规定："设立担保物权，应当依照本法和其他法律的规定订立担保合同……"第595条规定："买卖合同是出卖人转移标的物的所有权于买受人，买受人支付价款的合同。"上述立法规定表明，在我国，不动产物权变动同时需要法律行为和依法登记，双重法律事

---

① 参见［德］M.沃尔夫：《物权法》，吴越、李大雪译，法律出版社2004年版，第220页。

实决定不动产物权变动的效力。① 我国司法实践也未采纳物权行为理论。司法实践中对物权登记的效力经历了从不区分物权变动和合同行为到区分物权变动和合同行为的变化，原《合同法解释（一）》第9条规定："法律、行政法规规定合同应当办理登记手续，但未规定登记后生效的，当事人未办理登记手续不影响合同的效力，合同标的物所有权及其他物权不能转移。"物权行为理论强调物权行为的公信力以保护受让人的权利，在合同行为无效或者被撤销后，物权变动仍然有效，原权利人只能按照不当得利请求返还而不可依物权请求权主张返还物权。批评意见认为，这将导致当事人双方权利的失衡，善意第三人利益保护通过善意取得制度解决，再采用物权行为理论显然已无必要。② 因此，在合同行为无效或者被撤销的情况下，物权登记也可以被撤销，不发生物权变动效力。

关于登记生效的例外。本条规定："未经登记，不发生效力，但是法律另有规定的除外。"这里的"法律另有规定的除外"，主要包括以下情况：一是本条第2款所规定的，依法属于国家所有的自然资源，所有权可以不登记。二是本章第3节规定的物权设立、变更、转让或者消灭的一些特殊情况，即主要是非依法律行为而发生的物权变动的情形：（1）因人民法院、仲裁委员会的法律文书，人民政府的征收决定等，导致物权设立、变更、转让或者消灭的，自法律文书生效或者人民政府的征收决定等行为生效时发生效力。（2）因继承取得物权的，自继承开始时发生效力。（3）因合法建造、拆除房屋等事实行为设立和消灭物权的，自事实行为成就时发生效力。三是考虑到现行法律的规定以及某些物权种类的特殊性，《民法典》物权编并没有对不动产物权的设立、变更、转让和消灭一概规定必须经依法登记才发生效力。例如，在土地承包经营权一章中规定："土地承包经营权自土地承包经营权合同生效时设立。"同时还规定，"土地承包经营权互换、转让的，当事人可以向登记机构申请登记；未经登记，不得对抗善意第三人。"这里规定的是"未经登记，不得对抗善意第三人"，而不是"不发生效力"。土地承包经营权的转让、互换等变动不以登记为生效要件而是以登记为对抗要件。土地承包经营权转让未登记的，对当事人双

---

① 参见胡康生主编：《中华人民共和国物权法释义》，法律出版社2007年版，第39页。
② 参见最高人民法院物权法研究小组编著：《〈中华人民共和国物权法〉条文理解与适用》，人民法院出版社2007年版，第71页。

方仍然产生法律效力，但不能对抗第三人，采用的是登记对抗主义。地役权一章规定："地役权自地役权合同生效时设立。当事人要求登记的，可以向登记机构申请地役权登记；未经登记，不得对抗善意第三人。"在宅基地使用权一章，也没有规定宅基地使用权必须登记才发生效力，而是规定"已经登记的宅基地使用权转让或者消灭的，应当及时办理变更登记或者注销登记"。四是物权强制变动（转移、消灭等），如《民法典》第320条规定的主物转让的，从物随主物转让；《民法典》第393条规定的主债权消灭、担保物权实现、债权人放弃担保物权的，担保物权消灭；再如，《民法典》第407条规定的债权转让，抵押权一并转让。五是物权登记或占有发生变动，但合同违法悖俗或当事人另有约定，不发生物权变动效力。例如，《民法典》第157条涉及的合同无效、被撤销；《民法典》第311条规定的不构成善意取得的无权处分，即使物权登记已经完成，亦不发生物权变动。

### 2. 推定效力

在不动产物权登记发生物权变动这个核心效力的基础上，根据公示公信原则，同时推定不动产物权登记真实的效力，即除有相反证据证明，在法律上推定记载于不动产登记簿上的人是该不动产的权利人。物权登记的公信效力是物权公示制度的法律效果。所谓公信效力，是指登记的不动产物权的权利人在法律上推定为真正的权利人，对于信赖该登记而从事交易的人，即使后来证明该登记是错误的，法律仍然承认其具有与真实的物权相同的法律效果。对于第三人来说，登记是国家专门机关所为之事实，当然也就是最具有社会公信力的事实。权利推定规则只是减轻了登记簿上权利人的证明责任，即登记权利人无须证明登记内容为真，但是，登记本身并不改变事实上的法律状况，事实上的权利状况与登记内容可能不一致，此时，依据这项可推翻的推定规则，主张真实权利状况与登记内容不一致的当事人应当对此负担举证责任。公示公信原则，是为保护依据登记簿登记内容进行交易的第三人的信赖利益，这也是不动产物权善意取得制度的基础。但在登记的权利人和利害关系人之间，不适用公示公信的推定效力。《民法典》第220条规定：利害关系人认为不动产登记簿记载的事项错误的，可以申请更正登记，还可以申请异议登记，并通过诉讼解决争议。如果利害关系人即提出异议的一方提交了足以证明真正的权利状况与不动产登记簿的记载不一致的证据材料，人民法院可以予以采纳并确认其权利，推翻不动产登记簿上的记载。如果异议一方提出的证据不足以证明真正的权利状况与不动产登记簿上的记载不一致的,人民法院应当按照产权登记簿的记载来认定产权归属,维护不动产登记簿的效力。

**3. 善意保护的效力**

所谓善意保护的效力,也就是传统民法所谓的公信力,它是指登记记载的权利人在法律上被推定为真正的权利人,即便以后事实证明登记记载的物权不存在或存有瑕疵,对于信赖该物权的存在并已从事了物权交易的人,法律仍然承认其行为具有与真实的物权相同的法律效果。[1]登记记载的内容即使发生错误,但因为信赖公示内容而发生交易的当事人,其信赖应当受到保护。在登记申请人办理了登记之后,任何人因为信赖登记而与登记权利人就登记的财产从事了交易行为,符合善意取得的构成要件的,应当受到善意取得制度的保护,取得该不动产的所有权。对登记簿记载的权利人以及登记的权利内容所产生的信赖,在法律上称为公信力。正因为确立了不动产登记的公信力,才使得物权法善意取得制度产生的保护效力在法理上具有正当性基础,同时,不动产权利人可以安全将其享有权利的不动产交由他人利用,而不必担心不动产物权被占有人任意处置。

综上,不动产登记的主要意义在于:一是保障交易安全、提高交易效率。如果登记记载的事实都不值得信赖,或者因信赖了登记而从事的交易不受保护,那么,人们就不敢从事交易,从而会危及经济交往。如果不相信不动产登记值得信赖,而要求当事人在交易时需要采取其他方式调查权利的真实状态,将极大地消耗社会成本,市场经济下的交易效率将无法正常维系。而以不动产变更登记的方式发生不动产物权变动,便捷、高效、安全。二是促进不动产利用。不动产登记可以解决不动产物权与不动产利用相分离的问题,在公示公信力的维护下,权利人无须担心权利被任意侵犯,当可促进不动产的利用。无论权利人是设立用益物权,还是以不动产设定抵押权,或者以租赁合同等方式将不动产交由他人占用、使用、收益,均不影响不动产登记的物权人享有物权。

**(三)自然资源所有权登记问题**

本条第2款规定:"依法属于国家所有的自然资源,所有权可以不登记。"对于上述规定,立法机关在制定原《物权法》时的考虑主要是:第一,规定不

---

[1] 参见李昊、常鹏翱、叶金强、高润恒等:《不动产登记程序的制度建构》,北京大学出版社2005年版,第119页。

动产物权登记生效，是物权公示原则的体现。法律明确规定哪些自然资源属于国家所有，较权利记载于登记机构管理的不动产登记簿有更强的公示力，也就无须再通过不动产登记来达到物权生效的法律效果。第二，不动产物权登记生效，针对的主要是当事人通过法律行为进行物权变动的情况。本款所规定的国家依照法律规定对自然资源享有所有权，不属于因法律行为而产生物权变动的情况，因此也就无须进行登记来享有所有权。需要说明的是，本款只是规定依法属于国家所有的自然资源所有权可以不登记，但在自然资源的利用范畴，如在国家所有的土地、森林、海域等自然资源上设立用益物权、担保物权，则需要依法登记才生效。①

党的十八大以来，党中央、国务院高度重视自然资源确权工作，2013年至2019年，连续印发《中共中央关于全面深化改革若干重大问题的决定》《中共中央、国务院关于加快推进生态文明建设的意见》《中共中央、国务院生态文明体制改革总体方案》；2016年12月，经原中央全面深化改革领导小组第29次会议审议通过，原国土资源部、中央编办、财政部、原环境保护部、水利部、原农业部、原国家林业局联合印发《自然资源统一确权登记办法（试行）》推进确权登记法治化；2019年7月11日，自然资源部、财政部、生态环境部、水利部、国家林业和草原局印发了《自然资源统一确权登记暂行办法》，持续推动确权登记法治化。自然资源确权登记的目的，是贯彻落实党中央、国务院关于生态文明建设决策部署，推动建立归属清晰、权责明确、保护严格、流转顺畅、监管有效的自然资源资产产权制度，以解决自然资源所有者不清及保护责任不明确的问题。具体来说，就是"四个划清"，即通过开展自然资源确权登记，清晰界定全部国土空间各类自然资源资产的所有权主体，划清全民所有和集体所有之间的边界，划清全民所有、不同层级政府行使所有权的边界，划清不同集体所有者的边界，划清不同类型自然资源之间的边界，推进确权登记法治化，为建立国土空间规划体系并监督实施，统一行使全民所有自然资源资产所有者职责，统一行使所有国土空间用途管制和生态保护修复职责，提供基础支撑和产权保障。而不动产登记的目的，主要是发挥登记的物权公示的作用，保护公民和法人的不动产物权，维护交易安全等。

自然资源统一确权登记和不动产统一登记的相同点主要有：(1)两者都坚

---

① 参见胡康生主编：《中华人民共和国物权法释义》，法律出版社2007年版，第39页。

持物权法定和统一确权登记的原则。《自然资源统一确权登记暂行办法》第2条明确规定："国家实行自然资源统一确权登记制度。""自然资源确权登记坚持资源公有、物权法定和统一确权登记的原则。"可见自然资源确权登记亦遵循物权法的基本原则。（2）登记的机构基本相同，两者都是由自然资源主管部门负责登记。（3）登记的权利客体基本相同。自然资源确权登记的权利客体主要是水流、森林、山岭、草原、荒地、滩涂、海域、无居民海岛以及探明储量的矿产资源等自然资源以及所有的自然生态空间。不动产登记的权利的客体主要是土地、房屋、林、草、海域等。除了房屋这一土地的人工添附之外，自然资源和不动产登记的权利客体基本相同。由于国家自然资源所有权不具有让与性，自然资源确权登记的类型主要是首次登记、变更登记、更正登记和注销登记四种，不存在转移登记、异议登记、预告登记和查封登记。① 从国有自然资源不具流转性的本质而言，对自然资源所有权的登记，仍然属于国家为"摸清家底"而从事的管理行为，故《民法典》物权编作出本款规定。

## ▶ 适用指引

第一，因历史原因登记制度的不完善，曾经在实践中有一定突破，如原《担保法解释》第59条规定："当事人办理抵押登记手续时，因登记部门的原因致使其无法办理抵押物登记，抵押人向债权人交付权利凭证的，可以认定债权人对该财产有优先受偿权。但是，未办理抵押物登记的，不得对抗第三人。"《民法典》第402条规定："以本法第三百九十五条第一款第一项至第三项规定的财产或者第五项规定的正在建造的建筑物抵押的，应当办理抵押登记。抵押权自登记时设立。"《民法典》施行以后，原《担保法》已被废止，同时，近年来，不动产制度不断完善、登记工作不断进步，上述司法解释规定的基础已不存在，不能继续适用。

第二，准确把握房地一致原则，在建设用地使用权抵押和建设工程价款优先权拍卖、变卖的执行程序中，抵押权人和承包人应当正确界定受偿范围。

第三，"名""实"不符的问题，最为常见的就是在商品房预售制度下，在建的房地产项目获得预售许可的，房地产开发企业将商品房销售给买受人并依

---

① 参见蔡卫华：《自然资源确权登记与不动产登记的区别与联系》，载《中国不动产》2019年第12期。

法依规办理网签备案，竣工验收后交付买受人合法占有，首次登记的权利人是房地产开发企业，在非因买受人的原因不能办理变更登记的情况下，房地产开发企业全部财产因负债而被查封，这就带来"名""实"不符的问题。在破产案件、案外人申请再审、执行异议之诉和第三人撤销之诉之中，对于财产归属、第三人撤销之诉中被侵害的民事权益范围、案外人是否享有排除强制执行的民事权益等问题，需要进一步探索完善、正确理解公示生效制度。同时，因社会生活的复杂性，以及限购限售宏观调控、生态环境保护等政策，应当正确把握相关规章对可能导致物权变动的原因行为（如代持合同、隐名买卖合同）效力的影响。

第二百一十条　不动产登记，由不动产所在地的登记机构办理。

国家对不动产实行统一登记制度。统一登记的范围、登记机构和登记办法，由法律、行政法规规定。

## 关联规定

一、法律、行政法规、司法解释

1.《中华人民共和国土地管理法》

第十二条　土地的所有权和使用权的登记，依照有关不动产登记的法律、行政法规执行。

依法登记的土地的所有权和使用权受法律保护，任何单位和个人不得侵犯。

2.《中华人民共和国城市房地产管理法》

第三十六条　房地产转让、抵押，当事人应当依照本法第五章的规定办理权属登记。

第三十八条　下列房地产，不得转让：

（一）以出让方式取得土地使用权的，不符合本法第三十九条规定的条件的；

（二）司法机关和行政机关依法裁定、决定查封或者以其他形式限制房地产权利的；

（三）依法收回土地使用权的；

（四）共有房地产，未经其他共有人书面同意的；

（五）权属有争议的；

（六）未依法登记领取权属证书的；

（七）法律、行政法规规定禁止转让的其他情形。

第六十条　国家实行土地使用权和房屋所有权登记发证制度。

第六十一条　以出让或者划拨方式取得土地使用权，应当向县级以上地方人民政府土地管理部门申请登记，经县级以上地方人民政府土地管理部门核实，由同级人民政府颁发土地使用权证书。

在依法取得的房地产开发用地上建成房屋的，应当凭土地使用权证书向县级以上地方人民政府房产管理部门申请登记，由县级以上地方人民政府房产管理部门核实并颁发房屋所有权证书。

房地产转让或者变更时，应当向县级以上地方人民政府房产管理部门申请房产变更登记，并凭变更后的房屋所有权证书向同级人民政府土地管理部门申请土地使用权变更登记，经同级人民政府土地管理部门核实，由同级人民政府更换或者更改土地使用权证书。

法律另有规定的，依照有关法律的规定办理。

**第六十二条** 房地产抵押时，应当向县级以上地方人民政府规定的部门办理抵押登记。

因处分抵押房地产而取得土地使用权和房屋所有权的，应当依照本章规定办理过户登记。

**第六十三条** 经省、自治区、直辖市人民政府确定，县级以上地方人民政府由一个部门统一负责房产管理和土地管理工作的，可以制作、颁发统一的房地产权证书，依照本法第六十一条的规定，将房屋的所有权和该房屋占用范围内的土地使用权的确认和变更，分别载入房地产权证书。

**3.《中华人民共和国海域使用管理法》**

**第三十二条第二款** 海域使用权人应当自填海项目竣工之日起三个月内，凭海域使用权证书，向县级以上人民政府土地行政主管部门提出土地登记申请，由县级以上人民政府登记造册，换发国有土地使用权证书，确认土地使用权。

**4.《中华人民共和国草原法》**

**第十一条** 依法确定给全民所有制单位、集体经济组织等使用的国家所有的草原，由县级以上人民政府登记，核发使用权证，确认草原使用权。

未确定使用权的国家所有的草原，由县级以上人民政府登记造册，并负责保护管理。

集体所有的草原，由县级人民政府登记，核发所有权证，确认草原所有权。

依法改变草原权属的，应当办理草原权属变更登记手续。

**5.《中华人民共和国森林法》**

**第十五条第一款** 林地和林地上的森林、林木的所有权、使用权,由不动产登记机构统一登记造册,核发证书。国务院确定的国家重点林区(以下简称重点林区)的森林、林木和林地,由国务院自然资源主管部门负责登记。

**6.《土地管理法实施条例》**

**第四十二条** 集体经营性建设用地使用者应当按照约定及时支付集体经营性建设用地价款,并依法缴纳相关税费,对集体经营性建设用地使用权以及依法利用集体经营性建设用地建造的建筑物、构筑物及其附属设施的所有权,依法申请办理不动产登记。

**7.《不动产登记暂行条例》**

**第四条** 国家实行不动产统一登记制度。

不动产登记遵循严格管理、稳定连续、方便群众的原则。

不动产权利人已经依法享有的不动产权利,不因登记机构和登记程序的改变而受到影响。

**第五条** 下列不动产权利,依照本条例的规定办理登记:

(一)集体土地所有权;

(二)房屋等建筑物、构筑物所有权;

(三)森林、林木所有权;

(四)耕地、林地、草地等土地承包经营权;

(五)建设用地使用权;

(六)宅基地使用权;

(七)海域使用权;

(八)地役权;

(九)抵押权;

(十)法律规定需要登记的其他不动产权利。

**第六条** 国务院国土资源主管部门负责指导、监督全国不动产登记工作。

县级以上地方人民政府应当确定一个部门为本行政区域的不动产登记机构,负责不动产登记工作,并接受上级人民政府不动产登记主管部门的指导、监督。

**第七条** 不动产登记由不动产所在地的县级人民政府不动产登记机构办理;直辖市、设区的市人民政府可以确定本级不动产登记机构统一办理所属各区的不动产登记。

跨县级行政区域的不动产登记，由所跨县级行政区域的不动产登记机构分别办理。不能分别办理的，由所跨县级行政区域的不动产登记机构协商办理；协商不成的，由共同的上一级人民政府不动产登记主管部门指定办理。

国务院确定的重点国有林区的森林、林木和林地，国务院批准项目用海、用岛，中央国家机关使用的国有土地等不动产登记，由国务院国土资源主管部门会同有关部门规定。

**第八条** 不动产以不动产单元为基本单位进行登记。不动产单元具有唯一编码。

不动产登记机构应当按照国务院国土资源主管部门的规定设立统一的不动产登记簿。

不动产登记簿应当记载以下事项：

（一）不动产的坐落、界址、空间界限、面积、用途等自然状况；

（二）不动产权利的主体、类型、内容、来源、期限、权利变化等权属状况；

（三）涉及不动产权利限制、提示的事项；

（四）其他相关事项。

## 二、部门规章及规范性文件

### 《不动产登记暂行条例实施细则》

**第二条** 不动产登记应当依照当事人的申请进行，但法律、行政法规以及本实施细则另有规定的除外。

房屋等建筑物、构筑物和森林、林木等定着物应当与其所依附的土地、海域一并登记，保持权利主体一致。

**第三条** 不动产登记机构依照《条例》第七条第二款的规定，协商办理或者接受指定办理跨县级行政区域不动产登记的，应当在登记完毕后将不动产登记簿记载的不动产权利人以及不动产坐落、界址、面积、用途、权利类型等登记结果告知不动产所跨区域的其他不动产登记机构。

**第四条** 国务院确定的重点国有林区的森林、林木和林地，由自然资源部受理并会同有关部门办理，依法向权利人核发不动产权属证书。

国务院批准的项目用海、用岛的登记，由自然资源部受理，依法向权利人核发不动产权属证书。

## 条文释义

### 一、本条主旨

本条是关于不动产登记机构和国家实行不动产统一登记制度的原则性规定。

### 二、条文演变

2007年制定的原《物权法》第10条规定："不动产登记，由不动产所在地的登记机构办理。""国家对不动产实行统一登记制度。统一登记的范围、登记机构和登记办法，由法律、行政法规规定。"在原《物权法》制定之前，不动产登记主要由不动产所在地的县级以上人民政府的相关不动产管理部门负责。所涉部门主要有土地管理部门、房产管理部门、农业主管部门、林业主管部门、海洋行政主管部门、地质矿产主管部门等。在原《物权法》立法过程中，不少部门、专家认为，登记机构特别是不动产登记机构不统一，必然出现重复登记、登记资料分散、增加当事人负担、资源浪费等弊端，不利于健全登记制度，应当统一登记机构。立法机关经研究，赞成上述意见，同时又考虑到统一登记涉及行政管理体制改革，实行统一登记需要有一个过程。因此，原《物权法》在规定"国家对不动产实行统一登记制度"的同时，又规定，"统一登记的范围、登记机构和登记办法，由法律、行政法规规定"。《民法典》维持了这一规定。①

### 三、条文解读

（一）不动产登记的概念

本条第1款规定不动产所在地的登记机构负责本地区的不动产物权的登记。本条第2款明确国家对不动产实行的是统一登记制度，统一登记的范围、

---

① 参见黄薇主编：《中华人民共和国民法典释义》，法律出版社2020年版，第14页。

登记机构和登记办法由法律、行政法规规定。

本条所谓不动产登记，亦可称为不动产物权登记。这是因为不动产登记簿记载的事项既有不动产本身的信息，也有不动产物权及其主体的内容，再就是有关不动产物权变动的事项。[①]

对于不动产登记的概念，国务院于 2014 年 11 月制定发布的《不动产登记暂行条例》第 2 条第 1 款明确："本条例所称不动产登记，是指不动产登记机构依法将不动产权利归属和其他法定事项记载于不动产登记簿的行为。"该定义包含了三层含义：第一，登记的主体是不动产登记机构。《不动产登记暂行条例》第 6 条规定："国务院国土资源主管部门负责指导、监督全国不动产登记工作。""县级以上地方人民政府应当确定一个部门为本行政区域的不动产登记机构，负责不动产登记工作，并接受上级人民政府不动产登记主管部门的指导、监督。"根据该条规定，登记的职责被明确授予国家专职的部门，即在国家层面，为国务院国土资源主管部门；在地方层面，为县级以上地方人民政府确定的部门。第二，登记的内容是不动产权利归属和其他法定事项。不动产登记的重要作用就是进行物权公示，确定不动产权利的归属。确定一项不动产权利的归属，一般包括主体、客体、内容三个方面，这对应在不动产登记簿中便是不动产权利人的姓名、名称等身份信息，不动产的坐落、面积等自然状况，以及权利的具体类型等内容。通过对这些内容的记载和公示，社会公众便可以了解不动产权利的归属情况，达到定分止争的社会效果。其他法定事项，主要是指不动产存在异议、被查封等事实情况，这些内容是通过异议登记、查封登记等具体登记类型予以体现的，通过对这些事项的记载和公示，权利主体可以及时发现不动产交易所存在的风险。第三，登记事项须记载于不动产登记簿。《民法典》第 214 条规定："不动产物权的设立、变更、转让和消灭，依照法律规定应当登记的，自记载于不动产登记簿时发生效力。"第 216 条第 1 款规定："不动产登记簿是物权归属和内容的根据。"因此，除《民法典》规定的个别情形以外，物权归属及物权变动等事项，只有记载于不动产登记簿时才发生效力。[②]

---

① 参见崔建远：《中国民法典释评：物权编》，中国人民大学出版社 2020 年版，第 58~59 页。

② 参见国土资源部政策法规司、国土资源部不动产登记中心（国土资源部法律事务中心）编著：《不动产登记暂行条例释义》，中国法制出版社 2015 年版，第 17~19 页。

(二)我国不动产统一登记制度的建立和发展

中华人民共和国成立初期我国即建立了不动产物权登记制度。随着社会主义改造的完成,登记制度失去了存在的基础,一度中断了30多年,直到改革开放后,不动产物权登记制度才又逐渐得以恢复和发展起来。1983年实施的《城市私有房屋管理条例》首次明确私有房屋的所有权人须办理所有权登记并领取房屋所有权证。20世纪80年代后期,土地、房屋登记制度相继恢复,并在全国范围内展开。这时国家相继出台了关于土地及房屋登记的部门规章,如原城乡建设环境保护部1987年颁发的《城镇房屋所有权登记暂行办法》,原国家土地管理局1987年试行、1989年修改施行的《土地登记规则》等。1995年1月1日施行的《城市房地产管理法》第59条规定,"国家实行土地使用权和房屋所有权登记发证制度",并对登记机关、登记类型、登记程序等作了原则性规定。这意味着不动产登记制度已上升至法律层面。但这一阶段的登记制度不仅具有登记范围不统一、登记机关不统一、登记程序不统一等特点,而且其目的主要在于服务不动产行政管理,与以公示为目的的不动产登记制度有较大区别。[1]

在较长的历史时期里,我国不动产管理职能都较为分散,没有确立统一的不动产登记机关和登记制度,登记机构因被登记的标的不同而有所差别。比如,土地登记机构是土地所在地的县级以上人民政府国土资源行政主管部门,房屋登记机构是直辖市、市、县人民政府建设(房产)主管部门或其设置的负责房屋登记工作的机构。尽管自2007年10月1日起实施的原《物权法》明确规定:"不动产登记,由不动产所在地的登记机构办理。""国家对不动产实行统一登记制度。统一登记的范围、登记机构和登记办法,由法律、行政法规规定。"但在该法实施后的几年里,因为缺乏配套的制度设计,也没有真正落实到位。在"多头共管"的登记模式下,当事人往往需要为同一块土地及其上的附着物到多个部门办理多个权属证明,如涉及房屋的要到建设部门办理房屋所有权证,涉及宅基地的要到国土资源部门办理集体土地使用证,涉及承包土地的要到农业部门办理土地承包经营权证等。随着我国社会经济的快速发展,不动产分散登记体制已不能适应社会管理和社会经济活动的要求。各部门分别进

---

[1] 参见王兴敏:《不动产登记概论》,社会科学文献出版社2017年版,第22页。

行登记，登记依据不统一，登记机构不统一，登记簿册不统一，登记信息平台不统一，势必造成资源资产利用效益和社会管理效益低，交易活动不安全，公民和社会组织行使物权权利不方便等一系列问题。①

为此，第十二届全国人民代表大会第一次会议于2013年3月14日表决通过了《关于国务院机构改革和职能转变方案的决定》。《国务院机构改革和职能转变方案》规定："最大限度地整合分散在国务院不同部门相同或相似的职责，理顺部门职责关系。房屋登记、林地登记、草原登记、土地登记的职责，城镇职工基本医疗保险、城镇居民基本医疗保险、新型农村合作医疗的职责等，分别整合由一个部门承担。"据此方案，国务院第31次常务会议等要求，首先落实好统一登记机构和统一登记依据，尽快协调有关部门，建立部际联席会议制度，加快组建不动产登记局，机构人员要到位，加强工作支撑。② 为了更好地整合不动产登记工作，规范登记行为，减少办证环节，减轻当事人负担，国务院于2014年11月24日出台了我国首部专门规制不动产登记工作的行政法规《不动产登记暂行条例》（国务院令第656号）。2015年6月29日原国土资源部第3次部务会议审议通过《不动产登记暂行条例实施细则》（国土资源部令第63号），将《不动产登记暂行条例》条文进一步细化，促进了不动产登记制度的有效实施。2016年5月，原国土资源部出台了《不动产登记操作规范（试行）》，根据实践操作的需要，从登记申请、登记流程、具体操作方法等方面详细构建不动产登记制度。此后，北京市、天津市、广东省、内蒙古自治区等地也先后出台相应不动产登记规程，使我国不动产登记法律法规逐步由分散走向统一，不动产统一登记制度体系逐步形成。不动产统一登记制度，不仅改变了"多头共管"导致的登记事项繁复的局面，更为不动产交易提供了安全有序的环境保障。③

2018年3月17日，第十三届全国人民代表大会第一次会议审议通过了《国务院机构改革方案》，决定将国土资源部的职责，国家发展和改革委员会的组织编制主体功能区规划职责，住房和城乡建设部的城乡规划管理职责，水利

---

① 参见国土资源部政策法规司、国土资源部不动产登记中心（国土资源部法律事务中心）编著：《不动产登记暂行条例释义》，中国法制出版社2015年版，第12页。
② 参见崔建远：《中国民法典释评·物权编》，中国人民大学出版社2020年版，第61页。
③ 参见最高人民法院民法典贯彻实施工作领导小组主编：《中华人民共和国民法典物权编理解与适用》，人民法院出版社2020年版，第59页。

部的水资源调查和确权登记管理职责，农业部的草原资源调查和确权登记管理职责，国家林业局的森林、湿地等资源调查和确权登记管理职责，国家海洋局的职责，国家测绘地理信息局的职责整合，组建自然资源部，作为国务院组成部门。关于《国务院机构改革方案》的说明指出，自然资源部主要职责是，对自然资源开发利用和保护进行监管，建立空间规划体系并监督实施，履行全民所有各类自然资源资产所有者职责，统一调查和确权登记，建立自然资源有偿使用制度，负责测绘和地质勘查行业管理等。职能的整合为不动产统一登记制度的建立和实施打下了坚实的基础。

（三）不动产登记应当遵循属地登记原则

所谓属地登记原则就是不动产登记应当由不动产所在地的登记机构办理。属地登记是不动产登记的基本原则，是由不动产的不能移动的本质属性所决定的。不论土地、房屋还是其他不动产都应当实行属地登记原则。根据本条第1款规定，不动产登记机构应当是统一的，且不动产登记应当遵循属地登记原则。对此，《不动产登记暂行条例》第6条和第7条作出明确规定。根据前述规定，自然资源部负责指导、监督全国不动产登记工作。县级以上地方人民政府应当确定一个部门为本行政区域的不动产登记机构，负责不动产登记工作，并接受上级人民政府不动产登记主管部门的指导、监督。不动产登记由不动产所在地的县级人民政府不动产登记机构办理，直辖市、设区的市人民政府可以确定本级不动产登记机构统一办理所属各区的不动产登记。跨县级行政区域的不动产登记，由所跨县级行政区域的不动产登记机构分别办理。不能分别办理的，由所跨县级行政区域的不动产登记机构协商办理；协商不成的，由共同的上一级人民政府不动产登记主管部门指定办理。此外，国务院确定的重点国有林区的森林、林木和林地，国务院批准项目用海、用岛，中央国家机关使用的国有土地等不动产登记，由自然资源部会同有关部门规定。《不动产登记暂行条例实施细则》第4条对此进一步明确，"国务院确定的重点国有林区的森林、林木和林地，由自然资源部受理并会同有关部门办理，依法向权利人核发不动产权属证书。""国务院批准的项目用海、用岛的登记，由自然资源部受理，依法向权利人核发不动产权属证书。"

例外的是，依照《中央编办关于整合不动产登记职责的通知》的要求，原国土资源部需要"会同林业局负责国务院确定的重点国有林区森林、林木、林地的登记发证；会同海洋局负责国务院批准项目用海、用岛的海域使用权和无居民海岛使用权的登记发证"等，也就是说，对于国务院确定的、所批准使用的不动产的相关登记工作，应由自然资源部会同有关部门决定，不遵循属地原则。①

另外需要注意的是，《不动产登记暂行条例》没有明确规定地方的不动产登记机构设置在哪个部门，只是概括地规定县级以上地方人民政府应当确定一个部门为本行政区域的不动产登记机构，负责不动产登记工作，并接受上级人民政府不动产登记主管部门的指导、监督。对于该问题，在《不动产登记暂行条例》制定过程中和制定后的实践中都有一定争议。但不管地方的不动产登记机构设置在哪个部门，都应当坚持两点原则：一是机构必须统一，必须由一个部门负责；二是应当接受上级人民政府对不动产登记主管部门的指导、监督，在国家层面，应当是接受自然资源部统一的指导、监督，不得接受其他不动产行政主管部门的指导、监督，避免政出多门，再次回到原来分散登记的老路。②

（四）不动产统一登记的原则、范围和类型

对于不动产登记的原则，《不动产登记暂行条例》第4条第2款规定："不动产登记遵循严格管理、稳定连续、方便群众的原则。"该条款明确了不动产登记应当遵循三个原则：第一，严格管理原则。本原则主要是指登记工作应当严格管理。一是要保证登记结果的准确性。因为不动产登记涉及所有的自然人、法人和其他组织，不动产属于重要财产，登记结果准确与否会对相关当事人产生重要影响。二是不得随意改变登记结果。不动产权利一经登记，不经严格程序，不得擅自改变登记结果。第二，稳定连续原则。一是从保障不动产权利的角度出发，要求建立不动产统一登记制度后，不影响权利人行使权利。《不动产登记暂行条例》第4条第3款关于"不动产权利人已经依法享有的不动产权利，不因登记机构和登记程序的改变而受到影响"的规定就是稳定连续原则的具体体现。同时，该条例第33条也规定："本条例施行前依法颁发的各

---

① 参见最高人民法院民法典贯彻实施工作领导小组主编：《中华人民共和国民法典物权编理解与适用》，人民法院出版社2020年版，第59~60页。
② 国土资源部政策法规司、国土资源部不动产登记中心（国土资源部法律事务中心）编著：《不动产登记暂行条例释义》，中国法制出版社2015年版，第71~72页。

类不动产权属证书和制作的不动产登记簿继续有效。"这也是稳定连续原则的具体体现。二是从行政管理角度出发，保持行政管理的稳定性。不动产登记职责整合后，不影响各部门继续行使其权属管理、交易管理等法定职责，仅仅是将不动产登记职责整合到一个部门，通过建立不动产登记信息管理基础平台等方式，加强不动产管理相关信息的交流共享，并不影响各部门固有的其他管理职责。第三，方便群众原则。一是统一登记机构后，不动产权利人只需到不动产所在地的不动产登记机构办理不动产登记，不用再为了登记而跑多个部门；二是《不动产登记暂行条例》第5条明确了需要登记的不动产权利类型，让不动产权利人明确知道有哪些权利是需要登记的；三是《不动产登记暂行条例》第3章明确了登记程序，让不动产登记权利人知道如何办理不动产登记；四是建立了不动产登记信息共享和查询制度，不动产登记机构能够互通共享信息，不动产登记申请人不用再重复提交登记申请材料。①

对于不动产登记的范围，根据《不动产登记暂行条例》第5条的规定，主要包括：（1）集体土地所有权；（2）房屋等建筑物、构筑物所有权；（3）森林、林木所有权；（4）耕地、林地、草地等土地承包经营权；（5）建设用地使用权；（6）宅基地使用权；（7）海域使用权；（8）地役权；（9）抵押权；（10）法律规定需要登记的其他不动产权利。

对于不动产登记的类型，根据《不动产登记暂行条例》第3条的规定，主要包括首次登记、变更登记、转移登记、注销登记、更正登记、异议登记、预告登记、查封登记等。

## ▶ 适用指引

### 一、国家所有权登记

《民法典》第209条第2款规定，依法属于国家所有的自然资源，所有权可以不登记。因此，国家所有的土地、矿藏、水流、海域、森林、山岭、草原、荒地、滩涂、林地、林木、无居民海岛等所有权可以不进行登记。但是，也有例外情形。根据《森林法》第15条第1款的规定，林地和林地上的森林、

---

① 国土资源部政策法规司、国土资源部不动产登记中心（国土资源部法律事务中心）编著：《不动产登记暂行条例释义》，中国法制出版社2015年版，第42~43页。

林木的所有权和使用权，由不动产登记机构统一登记造册，核发证书。国务院确定的国家所有的重点林区的森林、林木和林地，由国务院自然资源主管部门负责登记。因此，国家所有的森林、林木和林地的所有权是需要进行登记的。

## 二、不动产一体登记原则

所谓不动产一体登记，是指房屋等建筑物、构筑物和森林、林木等定着物应当与其所依附的土地、海域一并登记，保持权利主体一致。主要包括两个层面：一是要求一体登记。房屋等建筑物、构筑物和森林、林木等定着物应当以土地、海域为基础一体登记，建设用地使用权、海域使用权与该土地、海域范围内的房屋等建筑物、构筑物所有权应当一并办理转移登记、抵押登记、查封登记；针对实践中存在土地或者海域上的房屋等建筑物、构筑物未一并登记的，不动产权利人应当在办理转移登记或者变更登记时一并申请登记，这是一体登记原则的具体实践要求。二是权利主体要求一致。保持权利主体的一致性，是贯彻一体登记原则的根本要求。如果房屋等建筑物、构筑物和森林、林木等定着物与其所依附的土地、海域分属不同的权利主体，则根本无从实现统一登记；一旦登记也势必造成权利冲突，形成权属纠纷。我国长期的分散登记中，房屋等建筑物、构筑物和森林、林木等定着物与其所依附的土地、海域权利主体不一致，已分别登记发证的情况并不少见，必须在今后不动产统一登记制度实施过程中逐步予以妥善解决。①

一体登记原则是我国不动产统一登记制度改革的内在实质要求。严格贯彻落实一体登记原则，是我国各类不动产真正实现实质意义上统一登记的客观保障和根本要求。为了进一步落实一体登记原则，真正走上实质意义而非形式上的不动产统一登记，有关机关已通过不动产单元设计、不动产权籍调查、不动产登记簿证设计等配套制度和技术环节予以充分体现，这为实现房屋等建筑物、构筑物和森林、林木等定着物与其所依附的土地、海域一体登记提供了技术保障。②

---

① 参见自然资源部不动产登记中心（自然资源部法律事务中心）编：《不动产登记暂行条例实施细则释义》，北京大学出版社2016年版，第6页。
② 参见自然资源部不动产登记中心（自然资源部法律事务中心）编：《不动产登记暂行条例实施细则释义》，北京大学出版社2016年版，第4~5页。

> **第二百一十一条** 当事人申请登记，应当根据不同登记事项提供权属证明和不动产界址、面积等必要材料。

## ▶ 关联规定

一、法律、行政法规、司法解释

1.《中华人民共和国海域使用管理法》

第十六条 单位和个人可以向县级以上人民政府海洋行政主管部门申请使用海域。

申请使用海域的，申请人应当提交下列书面材料：

（一）海域使用申请书；

（二）海域使用论证材料；

（三）相关的资信证明材料；

（四）法律、法规规定的其他书面材料。

2.《不动产登记暂行条例》

第十六条 申请人应当提交下列材料，并对申请材料的真实性负责：

（一）登记申请书；

（二）申请人、代理人身份证明材料、授权委托书；

（三）相关的不动产权属来源证明材料、登记原因证明文件、不动产权属证书；

（四）不动产界址、空间界限、面积等材料；

（五）与他人利害关系的说明材料；

（六）法律、行政法规以及本条例实施细则规定的其他材料。

不动产登记机构应当在办公场所和门户网站公开申请登记所需材料目录和示范文本等信息。

## 二、部门规章及规范性文件

**《不动产登记暂行条例实施细则》**

**第九条** 申请不动产登记的，申请人应当填写登记申请书，并提交身份证明以及相关申请材料。

申请材料应当提供原件。因特殊情况不能提供原件的，可以提供复印件，复印件应当与原件保持一致。

**第十条** 处分共有不动产申请登记的，应当经占份额 2/3 以上的按份共有人或者全体共同共有人共同申请，但共有人另有约定的除外。

按份共有人转让其享有的不动产份额，应当与受让人共同申请转移登记。

建筑区划内依法属于全体业主共有的不动产申请登记，依照本实施细则第三十六条的规定办理。

**第十一条** 无民事行为能力人、限制民事行为能力人申请不动产登记的，应当由其监护人代为申请。

监护人代为申请登记的，应当提供监护人与被监护人的身份证或者户口簿、有关监护关系等材料；因处分不动产而申请登记的，还应当提供为被监护人利益的书面保证。

父母之外的监护人处分未成年人不动产的，有关监护关系材料可以是人民法院指定监护的法律文书、经过公证的对被监护人享有监护权的材料或者其他材料。

**第十二条** 当事人可以委托他人代为申请不动产登记。

代理申请不动产登记的，代理人应当向不动产登记机构提供被代理人签字或者盖章的授权委托书。

自然人处分不动产，委托代理人申请登记的，应当与代理人共同到不动产登记机构现场签订授权委托书，但授权委托书经公证的除外。

境外申请人委托他人办理处分不动产登记的，其授权委托书应当按照国家有关规定办理认证或者公证。

**第十四条** 因继承、受遗赠取得不动产，当事人申请登记的，应当提交死亡证明材料、遗嘱或者全部法定继承人关于不动产分配的协议以及与被继承人的亲属关系材料等，也可以提交经公证的材料或者生效的法律文书。

## ▶ 条文释义

### 一、本条主旨

本条是关于当事人申请登记应当提供的必要材料的规定。

### 二、条文演变

关于当事人申请登记不动产物权时需要向不动产登记机构提供哪些材料的问题，原《物权法》第11条曾作出规定："当事人申请登记，应当根据不同登记事项提供权属证明和不动产界址、面积等必要材料。"《民法典》物权编维持了此规定。根据本条内容，当事人申请不动产物权登记时需向不动产登记机构提供两类必要材料：一是不动产物权权属证明材料，也就是能够证明申请登记的不动产物权真实合法有效的材料；二是标明不动产物权标的实际情况的材料，即准确描述不动产的数据、照片、图纸、图像等材料。[①] 本条规定仅对不动产物权登记时需要提交的材料作出笼统规定，当事人申请登记所需要提供的具体材料，还需要专门法律法规作进一步明确。例如，《不动产登记暂行条例》和《不动产登记暂行条例实施细则》等对此均作出了细化规定。

### 三、条文解读

当事人在申请不动产物权登记时，应当向不动产登记机构提供必要的材料。

#### （一）不动产登记以依申请登记为原则，其他登记为例外

依申请登记是不动产登记的基本原则之一，这已为大陆法系国家普遍实践，我国也不例外。根据该原则，登记程序的启动应当依据当事人的申请，除非法律法规另有规定，登记机构一般不得主动登记。是否申请登记属于当事人的权利，登记机构不能强制。不动产登记之所以要以依申请为原则，原因在于：一是可以最大限度地确保登记的公信力；二是可以提高大众对登记机构的

---

[①] 参见最高人民法院民法典贯彻实施工作领导小组主编：《中华人民共和国民法典物权编理解与适用》，人民法院出版社2020年版，第63页。

信赖程度;三是可以有效地实现政府各部门的合理分工,提高行政效率;四是可以有效地保护权利人的合法权益。① 除本条规定外,《不动产登记暂行条例》中也有多个条文体现了不动产依申请登记原则,如第1条规定"……方便群众申请登记",第14条规定"因买卖、设定抵押权等申请不动产登记的,应当由当事人双方共同申请",第15条规定"当事人或者其代理人应当到不动产登记机构办公场所申请不动产登记"。除了依申请登记原则之外,实践中还存在依职权登记(也称径为登记)和依嘱托登记两个例外。② 在不动产登记中,依申请登记是最基本的情形,而依职权登记和依遗嘱登记都属于法定的情形,需要法律和行政法规作出特别的规定。

不动产登记申请以共同申请为基本原则,以单方申请为例外。除一些法定的可以单方申请的情形外,其他情形均需当事人共同申请。不动产登记作为不动产物权变动的公示方法,主要是为不动产权利交易服务的,是交易双方关于权利变动的意思表示一致的外在表现。这就首先要求双方就权利变动达成意思表示的一致,而这种意思表示的一致在登记程序中就体现为共同申请。③

《不动产登记暂行条例》第14条第1款规定:"因买卖、设定抵押权等申请不动产登记的,应当由当事人双方共同申请。"该条款明确了不动产登记以共同申请为原则。共同申请是不动产登记申请的一般方式,主要适用于因法律行为而产生物权变动的情形,如房屋买卖、交换、赠与、抵押等,这些行为都属于民事法律行为中的双方法律行为,需要双方意思表示一致才能成立。为了查清登记事实,减少登记错误,提高登记结果的准确性和权威性,降低因登记错误而产生的赔偿风险,不动产登记应该由双方当事人共同向登记机关申请。共同申请是不动产登记申请的一般方式,也是我国登记实务所采用的通常做法,单方申请只是例外。其中涉及第三人的,还应该征得第三人的意见。④ 另外,除了当事人双方共同申请外,还有当事人多方共同申请之情形。例如,

---

① 参见国土资源部政策法规司、国土资源部不动产登记中心(国土资源部法律事务中心)编著:《不动产登记暂行条例释义》,中国法制出版社2015年版,第117页。
② 参见自然资源部不动产登记中心(自然资源部法律事务中心)编:《不动产登记暂行条例实施细则释义》,北京大学出版社2016年版,第4页。
③ 参见国土资源部政策法规司、国土资源部不动产登记中心(国土资源部法律事务中心)编著:《不动产登记暂行条例释义》,中国法制出版社2015年版,第120页。
④ 参见国土资源部政策法规司、国土资源部不动产登记中心(国土资源部法律事务中心)编著:《不动产登记暂行条例释义》,中国法制出版社2015年版,第121~122页。

《不动产登记暂行条例实施细则》第 10 条规定："处分共有不动产申请登记的，应当经占份额 2/3 以上的按份共有人或者全体共同共有人共同申请，但共有人另有约定的除外。""按份共有人转让其享有的不动产份额，应当与受让人共同申请转移登记。""建筑区划内依法属于全体业主共有的不动产申请登记，依照本实施细则第三十六条的规定办理。"

《不动产登记暂行条例》第 14 条第 2 款规定："属于下列情形之一的，可以由当事人单方申请：（一）尚未登记的不动产首次申请登记的；（二）继承、接受遗赠取得不动产权利的；（三）人民法院、仲裁委员会生效的法律文书或者人民政府生效的决定等设立、变更、转让、消灭不动产权利的；（四）权利人姓名、名称或者自然状况发生变化，申请变更登记的；（五）不动产灭失或者权利人放弃不动产权利，申请注销登记的；（六）申请更正登记或者异议登记的；（七）法律、行政法规规定可以由当事人单方申请的其他情形。"该款明确规定了可以由当事人单方申请的情形。当事人单方申请情形有限，因此，该款采用了列举的方式对单方申请的情形进行了规定。除该款外，对于当事人单方申请的其他情形一般都有明确规定。例如，《不动产登记暂行条例实施细则》第 19 条第 1 款规定："当事人可以持人民法院、仲裁委员会的生效法律文书或者人民政府的生效决定单方申请不动产登记。"第 33 条第 1 款规定："依法取得国有建设用地使用权，可以单独申请国有建设用地使用权登记。"第 40 条第 1 款规定："依法取得宅基地使用权，可以单独申请宅基地使用权登记。"第 44 条第 1 款规定："依法取得集体建设用地使用权，可以单独申请集体建设用地使用权登记。"

《不动产登记暂行条例实施细则》第 2 条第 1 款规定："不动产登记应当依照当事人的申请进行，但法律、行政法规以及本实施细则另有规定的除外。"从目前的实践看，不动产登记除由当事人申请外，现行法律法规还规定了有关机关请求登记和登记机构依职权登记两种情形。

关于有关机关请求登记，也称依嘱托登记，是指有关权力机关在履行职务的过程中，依据法定职权要求登记机构协助办理登记的机制，也即不动产登记机构依据有权机关的嘱托进行的登记。例如，《不动产登记暂行条例实施细则》第 19 条第 2 款规定："有下列情形之一的，不动产登记机构直接办理不动产登记：（一）人民法院持生效法律文书和协助执行通知书要求不动产登记机构办理登记的；（二）人民检察院、公安机关依据法律规定持协助查封通知书要求办理查封登记的;(三)人民政府依法做出征收或者收回不动产权利决定生效后,要求不动产登记机构办理注销登记的;(四)法律、行政法规规定的其他情形。"第93条规定:"人民检察院等其他国家有权机关依法要求不动产登记机构办理查封登记的,参照本节规定办理。"

关于登记机构依职权登记,也称径为登记,是指不动产登记机构在法定职权范围内,按照法律明确规定的情形主动进行登记的机制。此种方式主要适用于当事人不予申请、有关机关不予或怠于请求的情况下,当不动产物权变动又需要进行登记时,由登记机构依职权径为登记。根据《不动产登记暂行条例实施细则》第17条的规定,登记事项不涉及国家机密时,不动产登记机构拟依职权更正登记、依职权注销登记的,应当在登记事项记载于登记簿前进行公告。公告应当在不动产登记机构门户网站以及不动产所在地等指定场所进行,公告期不少于15个工作日。公告所需时间不计算在登记办理期限内。公告期满无异议或者异议不成立的,应当及时记载于不动产登记簿。第81条规定:"不动产登记机构发现不动产登记簿记载的事项错误,应当通知当事人在30个工作日内办理更正登记。当事人逾期不办理的,不动产登记机构应当在公告15个工作日后,依法予以更正;但在错误登记之后已经办理了涉及不动产权利处分的登记、预告登记和查封登记的除外。"

### (二)申请登记应当提供的必要材料

在通常情况下,申请是不动产登记启动的标志。而在申请不动产登记时,申请材料不可或缺。根据本条内容,申请不动产登记时需提供的必要材料主要分为两类:一是不动产物权权属证明材料,即能够证明申请登记的不动产物权真实合法有效的材料;二是标明不动产物权标的实际情况的材料,即准确描述不动产的数据、照片、图纸、图像等材料。

本条对不动产登记需提供的材料只作了较为笼统的规定。《不动产登记暂行条例》对此作出了较为具体的规定,其第16条第1款明确:"申请人应当提交下列材料,并对申请材料的真实性负责:(一)登记申请书;(二)申请人、代理人身份证明材料、授权委托书;(三)相关的不动产权属来源证明材料、登记原因证明文件、不动产权属证书;(四)不动产界址、空间界限、面积等材料;(五)与他人利害关系的说明材料;(六)法律、行政法规以及本条例实施细则规定的其他材料。"根据该款的规定,当事人在提出登记申请时,应当提交以下基本材料。

**1. 登记申请书**

登记申请书是登记申请人填写的记载登记事项的文书，一般由登记机构设计，除查封登记等特殊登记外，登记申请人均须提交该材料。其内容一般包括申请人的基本情况、不动产坐落情况、申请的具体事项等。登记申请书具有重要的意义：首先，不动产登记以申请为基本原则，除非法律另有规定，否则，登记机构不得依职权主动进行登记，而登记申请书则表明了当事人有申请登记的意思表示，没有登记申请书，原则上登记机构不得依职权主动进行登记；其次，登记申请书中记载了需要登记的事项，其划定了登记机构的活动范围，登记机构不得超越该范围进行登记，否则，属于违法行为。①

**2. 申请人、代理人身份证明材料、授权委托书**

申请人、代理人身份证明材料、授权委托书，都属于证明登记申请人身份的材料。具体可分为本人申请登记和代理人申请登记两种情形。

第一，本人申请登记。本人申请登记又分为自然人申请登记和法人申请登记两种情形。一是自然人的身份证明材料。如果是我国内地公民申请不动产登记的，应当向登记机构提交身份证。没有身份证的，可以提交其他有效的身份证明，如中国护照、军官证、士兵证等。如果是我国香港、澳门特别行政区的居民申请不动产登记的，应当向登记机构提交香港、澳门特别行政区身份证或者港澳同胞回乡证或来往内地通行证；我国台湾地区居民申请不动产登记的，应当向登记机构提交来往大陆通行证、旅行证或者经确认的身份证。如果是外国人申请不动产登记的，应当向登记机构提交经公证认证的身份证明或护照和外籍人士在中国的居留证件；没有外国人居留证件的，须提交中国公证机构公证的护照中文译本原件。二是法人的身份证明材料。法人在申请不动产登记时，应当提交营业执照、登记证书或组织机构代码证。第二，委托他人申请登记。受托人应当提供身份证、授权委托书以及能够证明委托事项、代理权限、委托期间等内容的材料，用以证明受托人的身份以及受托权限。根据《不动产登记暂行条例实施细则》第11条的规定，无民事行为能力人、限制民事行为能力人申请不动产登记的，应当由其监护人代为申请。监护人代为申请登记的，应当提供监护人与被监护人的身份证或者户口簿、有关监护关系等材料；

---

① 参见国土资源部政策法规司、国土资源部不动产登记中心（国土资源部法律事务中心）编著：《不动产登记暂行条例释义》，中国法制出版社2015年版，第138页。

因处分不动产而申请登记的,还应当提供为被监护人利益的书面保证。父母之外的监护人处分未成年人不动产的,有关监护关系材料可以是人民法院指定监护的法律文书、经过公证的对被监护人享有监护权的材料或者其他材料。根据《不动产登记暂行条例实施细则》第12条第3款、第4款的规定,自然人处分不动产,委托代理人申请登记的,应当与代理人共同到不动产登记机构现场签订授权委托书,但授权委托书经公证的除外。境外申请人委托他人办理处分不动产登记的,其授权委托书应当按照国家有关规定办理认证或者公证。

**3. 相关的不动产权属来源证明材料、登记原因证明文件、不动产权属证书**

这些材料主要是用来证明申请人所申请登记的事项。申请登记的事项不同,所提交的证明材料也不同。例如,出让国有建设用地使用权初始登记的,应当提供建设用地批准书、土地使用权出让合同等材料;划拨国有建设用地使用权初始登记应提供人民政府的划拨决定书等材料。一般而言,通过合同方式设立、变更、转让或者消灭不动产物权的,需要提供的权属证明材料就是相关不动产合同,如不动产抵押权合同、房地产买卖合同、建设用地使用权出让合同、农村土地承包经营合同等。如果是通过法院、仲裁的生效法律文书设立、变更、转让或者消灭不动产物权的,需要提供的权属证明材料应为法院的生效判决书、裁定书或者调解书,仲裁机构作出的生效仲裁裁决书或者调解书等。通过遗嘱、遗赠、征收等方式设立、变更、转让不动产物权的,需要提供相关遗嘱、遗赠书,征收决定或其他经过公证的文件。通过建造、拆除等方式设立或者消灭不动产物权的,一般应当提供有关部门的建设批准书等材料。除上述权属证明材料外,在进行登记时一般还要提供原权利人的权利证明等相关材料。①

**4. 不动产界址、空间界限、面积等材料**

不动产界址、空间界限、面积等材料所涉及的专业性、技术性较高,如对土地进行登记时,需要提交地籍调查表、宗地图及宗地界址坐标等资料,对因合法建造房屋申请房屋所有权初始登记的,应当提交房屋测绘报告等。这些材料,一般的当事人很难自行获得,需要申请人通过委托有资质的专业技术单位进行不动产调查等方式来获得。当然,这些材料也必须符合法定的形式要求,

---

① 参见最高人民法院民法典贯彻实施工作领导小组主编:《中华人民共和国民法典物权编理解与适用》,人民法院出版社2020年版,第63~64页。

经过登记机构审查，符合登记条件的才能予以登记，否则，申请人就要面临登记机构不予受理的风险。

**5. 与他人利害关系的说明材料**

这些材料主要是指能够说明申请人与登记事项有关的他人具有利害关系的材料。例如，在因继承发生的不动产变更登记申请中，申请人需要提交能够证明继承人与被继承人关系的户口本或继承人与被继承人的亲属证明以及其他继承人放弃继承权的声明书等材料。

**6. 法律、行政法规以及《不动产登记暂行条例实施细则》规定的其他材料**

本项属于兜底条款。由于登记事项不同，需要提交的材料也不同，不宜也不可能予以完全列举，因此本项仅作概括性规定，更加详细的规定由其他法律、行政法规和《不动产登记暂行条例实施细则》予以规定。需要指出的是，这里的其他材料应当包括有关的完税凭证。《土地增值税暂行条例》第12条规定："纳税人未按照本条例缴纳土地增值税的，土地管理部门、房产管理部门不得办理有关的权属变更手续。"《契税暂行条例》第11条第1款也明确规定："纳税人应当持契税完税凭证和其他规定的文件材料，依法向土地管理部门、房产管理部门办理有关土地、房屋的权属变更登记手续。"《不动产登记暂行条例实施细则》第15条再次明确："不动产登记机构受理不动产登记申请后，还应当对下列内容进行查验：……（四）法律、行政法规规定的完税或者缴费凭证是否齐全。"

《不动产登记暂行条例》第16条第2款规定："不动产登记机构应当在办公场所和门户网站公开申请登记所需材料目录和示范文本等信息。"这既是推行政府信息公开的必然要求，也是方便群众原则的具体体现。不同不动产登记类型要求当事人提交的登记材料各不相同，不动产登记的申请人很难全面理解和掌握所需的登记材料和相关的登记要求，如果不对登记所需要的材料目录和示范文本进行公开，会大大加重申请人的负担。因此，登记机构有义务明确不同登记事项的申请人所需要提供的具体申请材料，以书面的形式一次性告知申请人。

## ▶ 适用指引

### 一、登记材料与登记资料

登记材料与登记资料属于不同的两个概念。登记材料专指在不动产登记申请过程中，当事人提交的用于申请不动产登记的相关材料。而登记资料则是在申请登记的事项经过审核并进行注册登记后应用的资料。二者在范围和时间上都有所不同。就范围而言，登记资料的范围比登记材料更广。因为登记资料是以不动产登记机构审核申请登记材料合格，并且附加不动产登记机构审核通过的书面文件形成的，这里的书面文件可能是不动产权属证书，也可能是颁发的证明。也就是说，登记资料不仅包括登记申请材料，还包括登记机构的审核材料。就时间而言，登记材料是在登记申请的阶段形成的，而登记资料是在登记造册以后形成的，二者在时间阶段上也存在较大差异。①

### 二、需要公示的"其他材料"

为尽可能方便申请人办理不动产登记，登记机构应当在办公场所和门户网站公开申请登记所需的材料目录和示范文本等信息，其中应当包括《不动产登记暂行条例》第16条第1款第6项规定的申请登记需要提交的"其他材料"。"其他材料"主要包括两类：一类是其他法律法规规定的应予提交的材料。例如，土地、房屋权属转移登记时，根据《契税暂行条例》第11条规定的"先税后证"原则，申请人必须先提交契税完税凭证才能办理登记。另一类是各地方针对本地实际提出的明确的材料要求。不同地方由于具体情况不同，不动产登记机构结合本地实际要求提交的材料也不相同，使得当事人在申请登记时提交的材料没有统一的标准，在一定程度上造成了登记申请人的不便。因此，对这部门材料的目录和示范文本更应该进行公示，这也是落实不动产统一登记制度便民原则的具体体现。

---

① 参见国土资源部政策法规司、国土资源部不动产登记中心（国土资源部法律事务中心）编著：《不动产登记暂行条例释义》，中国法制出版社2015年版，第141~142页。

### 三、申请材料应当提供原件

为了保证申请事项的真实性,《不动产登记暂行条例实施细则》第 9 条第 2 款规定:"申请材料应当提供原件。因特殊情况不能提供原件的,可以提供复印件,复印件应当与原件保持一致。"这种做法也是对我国既往不动产登记实践经验的总结。例如,原《房屋登记办法》第 11 条第 2 款规定:"申请登记材料应当提供原件。不能提供原件的,应当提交经有关机关确认与原件一致的复印件。"在《不动产登记暂行条例实施细则》制定过程中,曾有意见提出,按照既往做法,在不能提供原件时,参照原《房屋登记办法》第 11 条第 2 款的规定,要由有关机关确认复印件,实际是要求有关机关出具证明材料。考虑到"有关机关"并不明确,且为了不给有关部门带来不必要的工作负担,最终未采纳该意见。根据《不动产登记暂行条例实施细则》第 9 条第 2 款的规定,只要申请人能够证明复印件与原件一致,无论是复印件上有相关机关的盖章,还是有其他可靠的证明文件,均无不可。

### 四、不动产登记机构收到申请材料后的初步审查处理

初步审查是指登记申请人提交登记材料后,不动产登记机构对登记申请进行审查,确定是否受理申请人提出的不动产登记申请。收到登记申请人材料后,登记机构的工作人员就要及时对材料进行是否属于职责范围、材料是否齐全、是否符合法定形式的窗口审查,对明显不符合登记条件的申请,要么不予受理,要么作出其他补正要求。根据《不动产登记暂行条例》第 17 条的规定,不动产登记机构收到不动产登记申请材料后,应当分别按照以下情况进行初步审查处理:(1)属于登记职责范围,申请材料齐全、符合法定形式,或者申请人按照要求提交全部补正申请材料的,应当受理并书面告知申请人;(2)申请材料存在可以当场更正的错误的,应当告知申请人当场更正,申请人当场更正后,应当受理并书面告知申请人;(3)申请材料不齐全或者不符合法定形式的,应当当场书面告知申请人不予受理并一次性告知需要补正的全部内容;(4)申请登记的不动产不属于本机构登记范围的,应当当场书面告知申请人不予受理并告知申请人向有登记权的机构申请。不动产登记机构未当场书面告知申请人不予受理的,视为受理。

第二百一十二条　登记机构应当履行下列职责：

（一）查验申请人提供的权属证明和其他必要材料；

（二）就有关登记事项询问申请人；

（三）如实、及时登记有关事项；

（四）法律、行政法规规定的其他职责。

申请登记的不动产的有关情况需要进一步证明的，登记机构可以要求申请人补充材料，必要时可以实地查看。

## ▶ 关联规定

### 一、法律、行政法规、司法解释

1.《不动产登记暂行条例》

第十八条　不动产登记机构受理不动产登记申请的，应当按照下列要求进行查验：

（一）不动产界址、空间界限、面积等材料与申请登记的不动产状况是否一致；

（二）有关证明材料、文件与申请登记的内容是否一致；

（三）登记申请是否违反法律、行政法规规定。

第十九条　属于下列情形之一的，不动产登记机构可以对申请登记的不动产进行实地查看：

（一）房屋等建筑物、构筑物所有权首次登记；

（二）在建建筑物抵押权登记；

（三）因不动产灭失导致的注销登记；

（四）不动产登记机构认为需要实地查看的其他情形。

对可能存在权属争议，或者可能涉及他人利害关系的登记申请，不动产登记机构可以向申请人、利害关系人或者有关单位进行调查。

不动产登记机构进行实地查看或者调查时，申请人、被调查人应当予以配合。

2.《最高人民法院关于适用〈中华人民共和国民法典〉有关担保制度的解释》

**第四十八条** 当事人申请办理抵押登记手续时,因登记机构的过错致使其不能办理抵押登记,当事人请求登记机构承担赔偿责任的,人民法院依法予以支持。

3.《最高人民法院关于适用〈中华人民共和国民法典〉物权编的解释(一)》

**第一条** 因不动产物权的归属,以及作为不动产物权登记基础的买卖、赠与、抵押等产生争议,当事人提起民事诉讼的,应当依法受理。当事人已经在行政诉讼中申请一并解决上述民事争议,且人民法院一并审理的除外。

**第二条** 当事人有证据证明不动产登记簿的记载与真实权利状态不符、其为该不动产物权的真实权利人,请求确认其享有物权的,应予支持。

## 二、部门规章及规范性文件

《不动产登记暂行条例实施细则》

**第十五条** 不动产登记机构受理不动产登记申请后,还应当对下列内容进行查验:

(一)申请人、委托代理人身份证明材料以及授权委托书与申请主体是否一致;

(二)权属来源材料或者登记原因文件与申请登记的内容是否一致;

(三)不动产界址、空间界限、面积等权籍调查成果是否完备,权属是否清楚、界址是否清晰、面积是否准确;

(四)法律、行政法规规定的完税或者缴费凭证是否齐全。

**第十六条** 不动产登记机构进行实地查看,重点查看下列情况:

(一)房屋等建筑物、构筑物所有权首次登记,查看房屋坐落及其建造完成等情况;

(二)在建建筑物抵押权登记,查看抵押的在建建筑物坐落及其建造等情况;

(三)因不动产灭失导致的注销登记,查看不动产灭失等情况。

**第十七条** 有下列情形之一的,不动产登记机构应当在登记事项记载于登

记簿前进行公告,但涉及国家秘密的除外:

（一）政府组织的集体土地所有权登记;

（二）宅基地使用权及房屋所有权,集体建设用地使用权及建筑物、构筑物所有权,土地承包经营权等不动产权利的首次登记;

（三）依职权更正登记;

（四）依职权注销登记;

（五）法律、行政法规规定的其他情形。

公告应当在不动产登记机构门户网站以及不动产所在地等指定场所进行,公告期不少于15个工作日。公告所需时间不计算在登记办理期限内。公告期满无异议或者异议不成立的,应当及时记载于不动产登记簿。

## ▶ 条文释义

### 一、本条主旨

本条是关于不动产登记机构应当履行的职责的规定。

### 二、条文演变

原《物权法》设定了不动产登记的法律效力,其第9条规定:"不动产物权的设立、变更、转让和消灭,经依法登记,发生效力;未经登记,不发生效力,但法律另有规定的除外。依法属于国家所有的自然资源,所有权可以不登记。"第12条规定:"登记机构应当履行下列职责:（一）查验申请人提供的权属证明和其他必要材料;（二）就有关登记事项询问申请人;（三）如实、及时登记有关事项;（四）法律、行政法规规定的其他职责。""申请登记的不动产的有关情况需要进一步证明的,登记机构可以要求申请人补充材料,必要时可以实地查看。"目前,原《物权法》已经失效,上述关于不动产登记机构应当履行的职责规定等已经由《民法典》物权编本条所承继。《民法典》对于不动产登记机构应当履行的职责延续了原《物权法》的相关规定,并未对此作出修改。

### 三、条文解读

本条第1款规定了不动产登记机构对于当事人提出的不动产物权的登记申请，应当履行的法定职责内容；第2款规定了不动产登记机构调查核实不动产有关情况的工作方式。

我国实行不动产统一登记制度，不动产登记遵循严格管理、稳定连续、方便群众的原则。不动产登记是指，不动产登记机构依法将不动产权利归属和其他法定事项记载于不动产登记簿的行为。不动产是指，土地、海域以及房屋、林木等定着物。

（一）不动产登记机构须按照法律、法规规定履行相应的登记职责

按照《不动产登记暂行条例》第5条的规定，集体土地所有权，房屋等建筑物、构筑物所有权，森林、林木所有权，耕地、林地、草地等土地承包经营权，建设用地使用权，宅基地使用权，海域使用权，地役权，抵押权等需要依法在不动产登记机构进行登记。自然资源部负责指导、监督全国不动产登记工作。县级以上地方人民政府应当确定一个部门为本行政区域的不动产登记机构，负责不动产登记工作，并接受上级人民政府不动产登记主管部门的指导、监督。不动产登记由不动产所在地的县级人民政府不动产登记机构办理，直辖市、设区的市人民政府可以确定本级不动产登记机构统一办理所属各区的不动产登记。跨县级行政区域的不动产登记，由所跨县级行政区域的不动产登记机构分别办理。不能分别办理的，由所跨县级行政区域的不动产登记机构协商办理；协商不成的，由共同的上一级人民政府不动产登记主管部门指定办理。国务院确定的重点国有林区的森林、林木和林地，国务院批准项目用海、用岛，中央国家机关使用的国有土地等不动产登记，由自然资源部会同有关部门规定，根据《不动产登记暂行条例实施细则》第4条规定，上述森林、林木和林地，国务院批准的项目用海、用岛的登记，由自然资源部受理，依法向权利人核发不动产权属证书。

不动产登记机构依照法律法规和规章的规定，依法履行其法定职责，主要包括两大类，即对公民、法人或者其他组织提出的不动产登记申请进行审查以及颁发不动产权证。其中，不动产登记申请具体包括不动产首次登记申请、变更登记申请、转移登记申请、注销登记申请、更正登记申请、异议登记申请、

预告登记申请、查封登记申请等。不动产登记机构收到不动产登记申请材料，应当分别按照下列情况办理：（1）属于登记职责范围，申请材料齐全、符合法定形式，或者申请人按照要求提交全部补正申请材料的，应当受理并书面告知申请人；（2）申请材料存在可以当场更正的错误的，应当告知申请人当场更正，申请人当场更正后，应当受理并书面告知申请人；（3）申请材料不齐全或者不符合法定形式的，应当当场书面告知申请人不予受理并一次性告知需要补正的全部内容；（4）申请登记的不动产不属于本机构登记范围的，应当当场书面告知申请人不予受理并告知申请人向有登记权的机构申请。不动产登记机构未当场书面告知申请人不予受理的，视为受理。

（二）查验申请人提供的权属证明和其他必要材料

当公民、法人或者其他组织向不动产登记机构提出不动产登记申请时，依照《不动产登记暂行条例》第16条的规定，应当提交：（1）登记申请书；（2）申请人、代理人身份证明材料、授权委托书；（3）相关的不动产权属来源证明材料、登记原因证明文件、不动产权属证书；（4）不动产界址、空间界限、面积等材料；（5）与他人利害关系的说明材料；（6）法律、行政法规以及《不动产登记条例实施细则》规定的其他材料。申请材料应当提供原件，因特殊情况不能提供原件的，可以提供复印件，复印件应当与原件保持一致。处分共有不动产申请登记的，应当经占份额2/3以上的按份共有人或者全体共同共有人共同申请，但共有人另有约定的除外。按份共有人转让其享有的不动产份额，应当与受让人共同申请转移登记。建筑区划内依法属于全体业主共有的不动产申请登记，在办理房屋所有权首次登记时，申请人应当将建筑区划内依法属于业主共有的道路、绿地、其他公共场所、公用设施和物业服务用房及其占用范围内的建设用地使用权一并申请登记为业主共有。业主转让房屋所有权的，其对共有部分享有的权利依法一并转让。无民事行为能力人、限制民事行为能力人申请不动产登记的，应当由其监护人代为申请。监护人代为申请登记的，应当提供监护人与被监护人的身份证或者户口簿、有关监护关系等材料；因处分不动产而申请登记的，还应当提供为被监护人利益的书面保证。父母之外的监护人处分未成年人不动产的，有关监护关系材料可以是人民法院指定监护的法律文书、经过公证的被监护人享有监护权的材料或者其他材料。当事人可以委托他人代为申请不动产登记。代理申请不动产登记的，代理人应当向不动产登记机构提供被代理人签字或者盖章的授权委托书。自然人处分不动产，委托代理人申请登记的，应当与代理人共同到不动产登记机构现场签订授权委托书，但授权委托书经公证的除外。境外申请人委托他人办理处分不动产登记的，其授权委托书应当按照国家有关规定办理认证或者公证。因继承、受遗赠取得不动产，当事人申请登记的，应当提交死亡证明材料、遗嘱或者全部法定继承人关于不动产分配的协议以及与被继承人的亲属关系材料等，也可以提交经公证的材料或者生效的法律文书。

不动产登记机构受理不动产登记申请后，还应当查验：（1）申请人、委托代理人身份证明材料以及授权委托书与申请主体是否一致；（2）权属来源材料或者登记原因文件与申请登记的内容是否一致；（3）不动产界址、空间界限、面积等权籍调查成果是否完备，权属是否清楚、界址是否清晰、面积是否准确；（4）法律、行政法规规定的完税或者缴费凭证是否齐全。

查验申请人提供的各种申请材料是不动产登记机构的重要职责，也是不动产登记的基础工作。于不动产登记机构而言，主要是对申请人提交的申请材料进行全面审核，审查申请材料是否齐备以及是否有明显的造假、违法涂改等情况。通过审查申请人提交的申请材料，判断申请人是否符合不动产登记要求。

（三）就有关登记事项询问申请人

不动产物权的设立、变更、转让和消灭，经依法登记后发生法律效力，未经过法定登记的，不发生效力。不动产物权登记关系公民、法人或者其他组织的重大财产权益，因此，不动产登记机构应当对申请人提供的申请材料认真审查，若需要向申请人核对确认相关信息的，可以就有关事项直接询问申请人。无论是审查申请人提交的书面材料还是当面询问申请人，都是不动产登记机构履行工作职责的工作方式。对于不动产登记机构的询问，申请人也负有如实回答和认真配合的义务。

（四）法律、行政法规规定的其他职责

除了本条规定的法定职责内容之外，不动产登记机构还负有其他法律、行政法规等规定的职责，根据《不动产登记暂行条例》等规定，不动产登记机构应当指定专人负责不动产登记簿的保管，并建立健全相应的安全责任制度；应当配备专门的不动产登记电子存储设施，采取信息网络安全防护措施，保证电子数据安全。

另外，不动产登记机构还需履行公告的职责，对于政府组织的集体土地所有权登记；宅基地使用权及房屋所有权，集体建设用地使用权及建筑物、构筑物所有权，土地承包经营权等不动产权利的首次登记；依职权更正登记；依职权注销登记等，应当在登记事项记载于登记簿之前进行公告，但涉及国家秘密的除外。不动产登记机构也负有换发、补发不动产权属证书或者不动产登记证明等的职责。对于不动产权属证书或者不动产登记证明污损、破损的，在当事人提出换发申请之后，对于符合换发条件的，应当予以换发。对于不动产权属证书或者不动产登记证明遗失、灭失，不动产权利人申请补发的，由不动产登记机构在其门户网站上刊发不动产权利人的遗失、灭失声明 15 个工作日后，予以补发。

（五）有关实地查看的相关内容

根据《不动产登记暂行条例实施细则》第 16 条的规定，不动产机构进行实地查看，重点查看：（1）房屋等建筑物、构筑物所有权首次登记，查看房屋坐落及其建造完成等情况；（2）在建建筑物抵押权登记，查看抵押的在建建筑物坐落及其建造等情况；（3）因不动产灭失导致的注销登记，查看不动产灭失等情况。由于不动产登记涉及公民、法人或者其他组织的重要财产权益，因此，不动产登记机构视情况进行实地查看是必要的，尤其是在不动产首次登记、在建建筑物抵押登记以及因不动产灭失导致的注销登记等特殊情形。

## ▶ 适用指引

### 一、不动产登记机构对申请人提交材料的审查强度

登记审查环节是不动产登记制度的核心内容之一。采用不同的登记审查标准，对登记的公信力、登记的效率和质量以及登记错误的责任承担有着不同的影响。

不动产登记审查分为实质审查和形式审查两种形式，其主要区别在于：不动产登记工作人员是否有权对不动产物权发生变动的原因关系进行审查。不动产登记工作人员有权对不动产物权发生变动的原因关系进行审查的，为实质审

查，反之则为形式审查。实质审查与形式审查各有其优点和缺点。相比较而言，实质审查的优点在于，不动产登记机构对不动产物权发生变动的原因关系进行全面审查，有利于减少因单方的、片面化信息造成登记错误，提高了不动产登记的公信力。但实质审查必然要求不动产登记机构对每一项登记事项都进行充分详细的审查。在目前交易市场日益发达的情况下，以现有的不动产登记机构工作人员数量应对高要求的审查工作，任务将非常艰巨，势必影响不动产登记的效率。形式审查最大的优点在于其登记效率高，但其缺点无疑就是，不动产登记机构工作人员简单依据不动产申请登记人提交的材料完成不动产登记，存在登记错误增加的风险。

就我国不动产登记审查制度而言，较多学者主张在当前情势下，应当采用实质审查模式，以维护登记的公信力。但也有学者指出，采用实质审查将导致登记效率的低下和权力寻租等问题出现。从本条规定的不动产登记机构的审查职责来看，法律并没有明确界定什么是实质审查，什么是形式审查，更没有将不动产登记机构的审查职责定性为实质审查还是形式审查。从审查的内容来看，我国不动产登记机构的职责在形式审查的基础上，适当融合了实质审查的部分特征，适用的是依法审查原则。第一，从审查的材料来看，包括了不动产物权权属证明材料和表明不动产情况的材料以及其他必要材料。权属证明材料主要是指权利设立、变更、转让和消灭的原因关系的证明，包括不动产物权设立、转让、变更、消灭合同，以及人民法院或者仲裁机关的生效法律文书等。这实际上表明，本条规定的不动产登记审查不仅是对提交的材料进行形式上的审查，还要查验、确认这些材料的真实合法性。第二，从不动产登记机构可以询问登记申请人来看，不动产登记机构以确保登记内容的真实性为目的，可以对登记的内容进行询问，以了解不动产物权的实际情况。第三，不动产登记机构于必要时还可以实地查看不动产，这实际上赋予了不动产登记机构调查职权。而只有在实质审查模式下，不动产登记机构才能够行使调查职权。第四，实质审查赋予不动产登记机构更大的审查权力的目的就在于确保登记的准确性，减少人为原因造成的登记错误，因此，不动产登记机构也就负有更大的责任。根据《民法典》第222条第2款的规定，在因不动产登记机构的过错造成登记错误时，不动产登记机构要对因此造成的损害承担赔偿责任。而在形式审查模式下，由于不动产登记机构仅作形式上的审查，不涉及保证登记真实正确的问题，一般不存在因为登记错误而由不动产登记机构承担赔偿责任的情况。

本条的规定，是基于对不动产登记公信力的维护和保护交易安全的目的，在调研我国各地不动产登记实际情况并充分听取各方面意见的基础上作出的。这种不动产登记审查模式，能够使不动产登记机构在各自的职权范围内充分履行职责，尽可能地保证如实、准确、及时地登记不动产物权有关事项，避免登记错误，符合我国实际需要。

另外，本条规定的不动产登记机构审查职责，主要是针对因法律行为设立、变更、转让或者消灭不动产物权的情形，对于非因法律行为导致的不动产物权变动，原则上不宜一律采取本条规定的审查形式，而应按照实际情况予以办理。例如，对于由人民法院、仲裁机构作出的生效裁判文书，行政机关作出的征收决定等确定的不动产物权的设立、变更、转让或者消灭，当事人申请登记时，登记机构只需对相关生效法律文书的真实性予以审查即可，不必再对生效裁判文书或征收决定等的内容是否妥当以及不动产物权的实际情况进行审查。即使不动产登记机构认为上述文书确有错误，也不应直接拒绝登记，而是应先依法给予登记，同时可以向作出生效法律文书的人民法院、仲裁机构或者行政机关提出具体的专业化建议。

## 二、不动产登记机构履行登记职责的具体方式及审查要点

不动产登记申请人提交不动产登记申请材料后，不动产登记机构首先需对登记申请材料进行审查，确定是否受理申请人提出的不动产登记申请。在这一环节中，不动产登记机构的工作人员需要对申请材料进行综合审查，包括申请登记事项是否属于本登记机构职责范围、材料是否齐全、是否符合法定形式，对明显不符合登记条件的申请，要么不予受理，要么作出其他补正要求。通过这一程序，不动产登记机构可以提前将那些明显不合法的不动产登记申请排除，大大减轻其后的其他环节的工作量。

不动产登记机构主要应查验以下内容：一是记载不动产界址、空间界址、面积等信息的材料与申请登记的不动产实际状况是否一致。判断是否一致，通常可以通过审查测绘报告来进行。在不能单凭测绘报告等书面文件判断的情况下，不动产登记机构工作人员认为有必要时可以实地查看，如房屋所有权系首次登记的情况等。二是其他必要证明材料、文件与申请登记的内容是否一致。权属来源证明材料包括不动产权属证书和登记证明等能够证明不动产物权来源的证明材料。一方面，不动产登记机构要审查作为权属来源证明材料的不动产

权属证书和登记证明的真实性。权属证书和登记证明是由不动产登记机构发放的，且具有一定的防伪功能，不动产登记机构有能力也应当识别权属证书和登记证明是否真实。另一方面，不动产登记机构的工作人员要就权属来源证明材料和有关证明文件与申请登记的内容的一致性进行检验，通过与登记申请书等材料的比对，至少保证这些材料在表面上内容是一致的。三是登记申请是否违反法律、行政法规规定。如果申请登记事项违反的是地方性法规、部门规章或者有关文件的规定，则不一定不予登记，而需要进行进一步的审查才能判断。这一审查对不动产登记机构工作人员的业务水平提出了较高要求，需要工作人员熟知相关的法律法规才能完成。

不动产登记机构并非对当事人的任何申请都要进行登记，对于不符合登记条件的下列情形之一的登记申请，不动产登记机构应当不予登记，并书面告知申请人：（1）违反法律、行政法规规定的。比如，申请人未按照不动产登记机构要求进一步补充材料的；申请人、委托代理人身份证明材料以及授权委托书与申请人不一致的；申请登记的不动产不符合不动产单元设定条件的；申请登记的事项与权属来源材料或者登记原因文件不一致的；申请登记的事项与不动产登记簿的记载内容相冲突的；未依法缴纳土地出让价款、土地租金、海域使用金或者相关税费的；不动产被依法查封期间，权利人因自行处分该不动产而申请登记的；未经预告登记权利人书面同意，当事人因自行处分该不动产而申请登记的。（2）存在尚未解决的权属争议的，但申请异议登记的除外。（3）申请登记的不动产权利超过规定期限的。（4）法律、行政法规规定不予登记的其他情形。凡符合上述几种情形的，表明不动产登记申请事项存在根本性的缺陷或者在不动产登记申请时不存在补救的可能，不动产登记机构应当不予登记。另外，抵押权的期限一般与主债权的期限相同。抵押权期限超过主债权期限的，应当不予登记。

关于实地查看，有下列情形之一的，不动产登记机构可以对申请登记的不动产进行实地查看：（1）房屋等建筑物、构筑物所有权首次登记。办理房屋初始登记时，不动产登记机构可以到实地查看，主要包括：房屋坐落、占地范围与土地使用权证明上所记载的房屋用地情况是否一致；房屋与申请人提交的建设工程符合规划的证明材料记载的房屋是否一致；房屋与已竣工的证明材料记载的情况是否一致等。（2）在建建筑物抵押权登记。在建建筑物抵押权登记的实地查看主要包括两方面内容：一是对已建成的部分是否真实存在进行查看；

二是对项目的名称、坐落等进行核实。若有必要,不动产登记机构应当通过文字或者拍照的方式对已进行实地查看的情况予以记录保存。(3)因不动产灭失导致的注销登记。不动产实际上已经不存在,但权利人并未主动申请注销登记,此时不动产登记簿上记载的信息与不动产的真实状况是不相符的。若原权利人在利益的驱动下利用此漏洞将不动产登记簿上记载的实际上已经不存在的不动产进行转移、抵押等处分,极易产生扰乱不动产交易市场秩序、侵犯第三人合法权益的后果。为了更好地保护相对人既有的所有权和共有权,在办理因不动产灭失导致的注销登记申请时,不动产登记机构可以进行实地查看。(4)不动产登记机构认为需要实地查看的其他情形。

实地查看应由不动产登记机构的工作人员参加,现场查看人员应对查看对象拍照、录像等,填写实地查看记录。现场照片、视频及查看记录应当及时归档。对于可能存在权属登记争议,或者可能涉及其他利害关系人的不动产登记申请,不动产登记机构可以向申请人、利害关系人或者有关单位进行调查。不动产登记机构进行调查时,申请人、被调查人应当予以配合。

> **第二百一十三条** 登记机构不得有下列行为：
> （一）要求对不动产进行评估；
> （二）以年检等名义进行重复登记；
> （三）超出登记职责范围的其他行为。

## 关联规定

部门规章及规范性文件

《不动产登记暂行条例实施细则》

第一百零三条　不动产登记机构工作人员违反本实施细则规定，有下列行为之一，依法给予处分；构成犯罪的，依法追究刑事责任：

（一）对符合登记条件的登记申请不予登记，对不符合登记条件的登记申请予以登记；

（二）擅自复制、篡改、毁损、伪造不动产登记簿；

（三）泄露不动产登记资料、登记信息；

（四）无正当理由拒绝申请人查询、复制登记资料；

（五）强制要求权利人更换新的权属证书。

## 条文释义

### 一、本条主旨

本条是关于不动产登记机构在登记工作中禁止实施的行为的规定。

### 二、条文演变

原《物权法》第13条规定："登记机构不得有下列行为：（一）要求对不动产进行评估；（二）以年检等名义进行重复登记；（三）超出登记职责范围的

其他行为。"目前，原《物权法》已经失效，上述关于不动产登记机构禁止实施的行为的规定已经由《民法典》物权编本条所承继。《民法典》对于该项不动产登记机构禁止实施的行为延续了原《物权法》的相关规定，并未对此作出修改。

### 三、条文解读

《民法典》在第212条对不动产登记机构的审查职责作出明确规定，在赋予其依法审查权力基础上，又作出本条的规定，主要是为了解决在立法调研过程中发现的一些问题。

#### （一）不得要求对不动产进行评估

一些地方的不动产登记机构，履行职责态度不端正，管理不严格，工作人员在工作过程中并未从以人为本的角度出发考虑如何及时准确地为不动产登记申请人办理申请事项，为当事人提供便利，而是利用职务之便以权谋私，给当事人人为地设置各种障碍、巧立名目，如强制不动产登记申请人在不动产登记机构指定的评估机构进行评估，从而为组织和个人谋取不当利益，这一现象引起了人民群众的不满。对不动产进行评估直接与不动产作为物的价值的高低有关，属于交易领域的问题，涉及的是不动产交易双方各自的利益，与不动产登记并不具有必然的联系，也不属于社会公共利益需要关注的内容，因此，是否对不动产进行评估并不影响不动产登记机构对不动产物权进行登记。换句话说，对不动产进行评估与不动产登记机构履行登记职责之间并不具有关联性。基于这样的实际情况，不动产登记机构不得为达到变相收取额外费用的目的要求对不动产进行评估。

此外，过去不动产登记机构要求评估不动产还有法律上的原因。原《担保法》第35条规定："抵押人所担保的债权不得超出其抵押物的价值。""财产抵押后，该财产的价值大于所担保债权的余额部分，可以再次抵押，但不得超出其余额部分。"该条规定是为了较充分地保障债权的实现，也为了最大化地发挥抵押物的价值。基于该条的规定，在同一抵押物首次设立抵押权或者再次抵押时就需要对抵押物进行价值评估，从而确定其与所担保债权价值的关系以及是否能够再次设定抵押。该条规定的初衷是有价值的，但在实践中存在一些问题，如没必要人为地限制抵押物的价值与其所担保债权数额之间的关系，设定抵押权对债权人是有益的，只要债权人认可，抵押物的财产即使低于债权数额也具有合理性。而且抵押物的价值在抵押期间也会发生很多变化，如果硬性要求抵押物价值必须要与其所担保债权数额相当，也是不现实的。正是由于实践中存在的上述问题，原《物权法》第199条在规定抵押权顺位时，就不再考虑抵押物价值与其所担保债权数额是否相当，不动产登记机构在办理抵押权登记时，也不再要求评估不动产的价值。

当然，禁止不动产登记机构强制要求不动产登记申请人进行不动产评估，并不意味着在不动产交易中绝对不能采取评估。如果交易双方当事人对于不动产评估达成一致合意的，则该行为并没有违反法律、行政法规的规定。同时，依据我国现行法律，国有资产交易时某些情形下必须要对资产进行评估。《国有资产评估管理办法》第3条规定："国有资产占有单位（以下简称占有单位）有下列情形之一的，应当进行资产评估：（一）资产拍卖、转让；（二）企业兼并、出售、联营、股份经营；（三）与外国公司、企业和其他经济组织或者个人开办外商投资企业；（四）企业清算；（五）依照国家有关规定需要进行资产评估的其他情形。"国有资产占有单位存在上述情形时，必须对资产进行评估。《国有资产评估管理办法》第4条规定："占有单位有下列情形之一，当事人认为需要的，可以进行资产评估：（一）资产抵押及其他担保；（二）企业租赁；（三）需要进行资产评估的其他情形。"即国有资产占有单位存在上述情形时，是否对资产进行评估由交易双方当事人自行决定，但例外的是，《国有资产评估管理办法施行细则》第8条规定："《办法》第四条规定可以进行资产评估，是指发生该条款所说的情形时，根据实际情况可以对资产进行评估或者不评估。但属于以下行为必须进行资产评估：（一）企业整体资产的租赁；（二）国有资产租赁给外商或非国营单位；（三）国家行政事业单位占有的非经营性资产转为经营性资产；（四）国有资产管理行政主管部门认为应当评估的其他情形。"国有资产交易当事人及不动产登记机构需严格把握上述行政法规及部门规章的有关规定，评估必须完成相关手续后再办理下一步不动产登记。

（二）不得以年检等名义进行重复登记

在以往的不动产物权登记实践中，一些不动产登记机构为了多收费、巧收费，往往设立看似合理的名目要求不动产登记申请人缴费。这一问题在不动产抵押登记领域尤为突出，如一些不动产登记机构将不动产抵押登记有效期强制定为一年等,在期限届满后要求不动产登记申请人再次缴费才能重新登记,从而变相敛取非法费用,因此,《民法典》对不动产登记机构无故重复登记的行为予以禁止。

以抵押权登记为例,抵押登记一旦设立,其就附随于主债权,且具有持续性,该权利并不需要不动产登记机构进行重复登记。其他的如不动产所有权、土地承包经营权等都不需要不断进行登记。

不动产登记包含了法律程序,登记行为本身也是不动产登记机构代表国家对不动产物权等相关事项进行的一种具有法律效力的确认和公示。法律程序自身具有一定的终结性,除非有法定理由,否则,不得随意重启。

(三)不得有超出登记职责范围的其他行为

不动产登记机构及其工作人员应全面审查自身在履行职责过程中,是否出现随意增加不动产登记申请条件、人为增设不动产登记环节和障碍等行为,真正让百姓少跑路,为人民群众提供便利。"超出登记职责范围的其他行为"主要指不动产登记机构泄露不动产登记资料、登记信息,或者利用不动产登记资料、登记信息进行不正当活动,或者进行虚假登记,损毁、伪造不动产登记簿,擅自修改登记事项,或者有其他滥用职权、玩忽职守行为等。

## 适用指引

### 一、不动产登记机构实施禁止行为须承担法律责任

本条规定明确列举了不动产登记机构不得实施的两类行为,即不得要求对不动产进行评估、不得以年检等名义进行重复登记。本条第3项规定的"超出登记职责范围的其他行为"属于兜底性条款。不动产登记机构就其设立目的而言,是保障不动产物权的设立、变更、转让和消灭有序进行,从而保护不动产所有权人和使用权人以及其他利害关系人的合法权益,维护正常的财产流转秩序。不动产登记机构行使的是社会管理的行政职责,其并不是营利性经营组织,因此,不得从事超出其职责范围之外的行为。如果不动产登记机构违反本条禁止性规定,从事违法行为且给行政相对人或者其他利害关系人造成损害,则须承担行政赔偿责任。例如,《民法典担保制度解释》第48条规定:"当事

人申请办理抵押登记手续时,因登记机构的过错致使其不能办理抵押登记,当事人请求登记机构承担赔偿责任的,人民法院依法予以支持。"

## 二、不动产登记机构实施禁止行为的举证责任

如果公民、法人或者其他组织认为不动产登记机构实施了"要求对不动产进行评估""以年检等名义进行重复登记""超出登记职责范围的其他行为"向人民法院提起行政诉讼,根据《行政诉讼法》第34条的规定,行政机关对作出的行政行为负有举证责任,应当提供作出该行政行为的证据和所依据的规范性文件。行政机关不提供或者无正当理由逾期提供证据,视为没有相应证据。但是,被诉行政行为涉及第三人合法权益,第三人提供证据的除外。另外,《行政诉讼法》第37条规定:"原告可以提供证明行政行为违法的证据。原告提供的证据不成立的,不免除被告的举证责任。"因此,在关于不动产物权登记的行政案件中,对于被诉行政行为的合法性是由行政机关承担举证责任的。举证责任的分配主要是源于行政法中依法行政这一基本原则。行政机关在作出行政行为之前就应当对相关事项进行调查取证,在查清事实且有充分的证据基础,并有明确的法律依据的情况下或在依法享有的自由裁量权范围之内,才能作出行政行为。而且从行政机关行使职权的覆盖面和影响力角度看,行政权力可以说是对社会公众影响面最广的权力。综上,从作出行政行为的前提条件来说,行政机关作出行政行为必须具有明确的法律依据和充足的事实根据,因此,《行政诉讼法》将证明被诉行政行为合法性的举证责任分配给行政机关。

## 三、在不动产物权登记领域发生纠纷的行民交叉

对于不动产物权的设立、变更、转让和消灭等,由于法律规定须经过依法登记之后才能发生法律效力,因此,在不动产物权登记领域存在两种法律关系,即不动产物权设立、变更、转让和消灭的民事基础法律关系以及不动产物权登记的行政法律关系。在不动产物权登记领域,民事法律关系是行政法律关系的前提和基础,物权设立、变更、转让和消灭具有相应的法律依据和事实根据,不动产物权登记才是合法有效的。因不动产物权登记引发的诉讼中往往会涉及对行政登记和基础民事法律关系的判定问题,以往行政诉讼和民事诉讼之间的关系尚未理顺,使得当事人经常在两种类型诉讼之间徘徊,从而纠纷争议得不到实质性化解。为了更便捷地解决此类纠纷,《行政诉讼法》在2014年修

正时专门对此问题进行了规范,即第 61 条规定:"在涉及行政许可、登记、征收、征用和行政机关对民事争议所作的裁决的行政诉讼中,当事人申请一并解决相关民事争议的,人民法院可以一并审理。""在行政诉讼中,人民法院认为行政案件的审理需以民事诉讼的裁判为依据的,可以裁定中止行政诉讼。"《民法典物权编解释(一)》第 1 条规定:"因不动产物权的归属,以及作为不动产物权登记基础的买卖、赠与、抵押等产生争议,当事人提起民事诉讼的,应当依法受理。当事人已经在行政诉讼中申请一并解决上述民事争议,且人民法院一并审理的除外。"

### 四、不动产登记行为错误或者瑕疵的更正

不动产物权通过登记的方式进行公示,因此不动产登记机构的不动产登记行为对物权人具有重要意义和重大影响。不动产登记机构应当依法实施不动产登记行为,即在登记职责范围之内行使不动产登记职责、依照法律法规及规章等规定的法定程序进行不动产登记等。若不动产登记机构发现存在登记行为错误或者存在瑕疵等,均须及时进行处理;若物权登记申请人或者其他利害关系人向不动产登记机构申请撤销或者变更等,不动产登记机构经过调查审核及询问相关权利人或利害关系人等程序之后,也要作出相应处理。

> 第二百一十四条　不动产物权的设立、变更、转让和消灭，依照法律规定应当登记的，自记载于不动产登记簿时发生效力。

## ▶ 关联规定

法律、行政法规、司法解释

1.《不动产登记暂行条例》

第九条　不动产登记簿应当采用电子介质，暂不具备条件的，可以采用纸质介质。不动产登记机构应当明确不动产登记簿唯一、合法的介质形式。

不动产登记簿采用电子介质的，应当定期进行异地备份，并具有唯一、确定的纸质转化形式。

第十三条　不动产登记簿由不动产登记机构永久保存。不动产登记簿损毁、灭失的，不动产登记机构应当依据原有登记资料予以重建。

行政区域变更或者不动产登记机构职能调整的，应当及时将不动产登记簿移交相应的不动产登记机构。

第二十条　不动产登记机构应当自受理登记申请之日起30个工作日内办结不动产登记手续，法律另有规定的除外。

第二十一条　登记事项自记载于不动产登记簿时完成登记。

不动产登记机构完成登记，应当依法向申请人核发不动产权属证书或者登记证明。

2.《最高人民法院关于适用〈中华人民共和国民法典〉有关担保制度的解释》

第四条　有下列情形之一，当事人将担保物权登记在他人名下，债务人不履行到期债务或者发生当事人约定的实现担保物权的情形，债权人或者其受托人主张就该财产优先受偿的，人民法院依法予以支持：

（一）为债券持有人提供的担保物权登记在债券受托管理人名下；

（二）为委托贷款人提供的担保物权登记在受托人名下；

（三）担保人知道债权人与他人之间存在委托关系的其他情形。

## ▶ 条文释义

### 一、本条主旨

本条是关于不动产物权设立、变更、转让和消灭发生效力时间的规定。

### 二、条文演变

就我国不动产登记的历史发展来看，不动产登记经历了一个从无到有、不断完善的过程。以房地产为例，中华人民共和国成立后相当长一段时间内，除少数城市外，大多数城镇都没有进行过房屋产权登记和核发过产权证。城镇房屋产权不明、产籍不清的现象十分普遍。为此，1982年，原国家城市建设总局颁布的《关于城市（镇）房地产产权产籍管理暂行规定》中明确要求开展城镇房地产产权登记、核发产权证的工作。1983年，我国颁布的《城市私有房屋管理条例》第6条规定：城市私有房屋的所有人，须到房屋所在地房管机关办理所有权登记手续，经审查核实后，领取房屋所有权证；房屋所有权转移或房屋现状变更时，须到房屋所在地房管机关办理所有权转移或房屋现状变更登记手续。数人共有的城市私有房屋，房屋所有人应当领取共同共有或按份共有的房屋所有权证。这是中华人民共和国成立后第一次从行政法规层面对房屋登记问题作出的明确规定。该条例虽然强调了房屋应办理登记，但并未对登记会产生何种法律效力作出规定。之后，在1985年全国城镇第一次房屋普查基础上，全国开始全面推行城镇房屋所有权登记，基本上解决了房屋产权不清、产籍不明的问题。除了房屋登记之外，1986年颁布的《土地管理法》第9条第一次从法律层面明确，集体土地、国有土地经过登记，可以由国家分别确认所有权、使用权。也即登记能起到确认不动产物权的法律效果。[①] 在随后于1989

---

[①] 该条第1款、第2款规定："集体所有的土地，由县人民政府登记造册，核发证书，确认所有权。""全民所有制单位、集体所有制单位和个人依法使用的国有土地，由县级以上地方人民政府登记造册，核发证书，确认使用权。"

年颁布的《土地登记规则》第 3 条①中强调，不动产物权只有经过登记，才能避免被侵犯。至于我国不动产登记的机关，则很长时间以来都处于分散状态。1994 年颁布的《城市房地产管理法》第 5 章"房地产权属登记管理"第 59 条至第 62 条明确规定了，国家实行土地使用权和房屋所有权登记发证制度，并明确规定土地和房屋分别登记原则。②除了对土地、房屋的登记之外，《草原法》《森林法》《海域使用管理法》《农村土地承包法》等法律还对草原、森林、海域等不动产的登记机关分别作了规定。虽然将不动产登记分散到各个部门有利于分类管理，但不动产登记机构不统一，必然会出现重复登记、登记资料分散、增加当事人负担、资源浪费等弊端。考虑到不动产登记是维护财产归属、流转秩序的重要环节，且具有技术性、专业性，2007 年颁布的原《物权法》第 10 条明确规定不动产实行统一登记制度。为配合不动产统一登记制的实施，2014 年 11 月，我国颁布了《不动产登记暂行条例》，设立了不动产登记管理局，统一负责全国不动产登记工作。根据该条例第 2 条的规定，不动产登记是指不动产登记机构依法将不动产权利归属和其他法定事项记载于不动产登记簿的行为。从该定义可知，不动产登记簿的记载即为不动产登记行为的结果。进而，不动产登记所追求的公示公信最终也是通过不动产登记簿的记载来彰显。③

---

① 该条规定："国有土地使用者、集体土地所有者、集体土地建设用地使用者和他项权利拥有者，必须依照本规则规定，申请土地登记。""依法登记的土地使用权、土地所有权及他项权利，受国家法律保护，任何单位和个人不得侵犯。"
② 主要内容为：（1）土地使用权，应当向县级以上地方人民政府土地管理部门申请登记，经县级以上地方人民政府土地管理部门核实，由同级人民政府颁发土地使用权证书。（2）房屋所有权，应当凭土地使用权证书向县级以上地方人民政府房产管理部门申请登记，由县级以上地方人民政府房产管理部门核实并颁发房屋所有权证书。（3）房地产转让或者变更时，应当向县级以上地方人民政府房产管理部门申请房产变更登记，并凭变更后的房屋所有权证书向同人民政府土地管理部门申请土地使用权变更登记，经同级人民政府土地管理部门核实，由同级人民政府更换或者更改土地使用权证书。（4）房地产抵押时，应当向县级以上地方人民政府规定的部门办理抵押登记。（5）经省、自治区、直辖市人民政府确定，县级以上地方人民政府由一个部门统一负责房产管理和土地管理工作的，可以制作、颁发统一的房地产权证书，将房屋的所有权和该房屋占用范围内的土地使用权的确认和变更，分别载入房地产权证书。
③ 参见最高人民法院民事审判第一庭编著：《最高人民法院物权法司法解释（一）理解与适用》，人民法院出版社 2016 年版，第 58~83 页。

## 三、条文解读

本章规定，除法律另有规定外，不动产物权的设立、变更、转让和消灭，经依法登记，发生效力，未经登记，不发生效力，确立了不动产物权登记生效的原则。本条则具体明确了不动产物权设立、变更、转让和消灭登记生效的时间，即"自记载于不动产登记簿时发生效力"，也就是说，不动产物权登记，自登记机构将不动产物权有关事项记载于不动产登记簿时，始告完成。

本条与《民法典》第209条第1款"不动产物权的设立、变更、转让和消灭，经依法登记，发生效力；未经登记，不发生效力，但是法律另有规定的除外"的规定相衔接，具体明确了不动产物权设立、变更、转让和消灭登记生效的时间，即"自记载于不动产登记簿时发生效力"，即物权变动自登记机构将不动产物权有关事项记载于不动产登记簿时，发生法律效力。《不动产登记暂行条例》对此予以落实和细化，该条例第21条第1款规定："登记事项自记载于不动产登记簿时完成登记。"需要明确的是，《民法典》关注的不动产登记的事项，主要是不动产物权变动的状况，而非不动产本身。

登记必须要由登记申请人提出申请，由登记机构负责办理登记。根据《不动产登记暂行条例》第14条第1款的规定，因买卖、设定抵押权等申请不动产登记的，应当由当事人双方共同申请，因此登记机关不得主动依职权办理登记。即便是人民法院、仲裁机构作出了确认物权归属的法律文书，也需要通过协助执行通知书等方式来启动登记程序。依据《民法典》第211条的规定，当事人在提出登记申请时，应当提供不动产的权属证明和不动产界址、面积等必要的材料。同时，登记机关必须按照当事人的申请来办理登记，不得超出当事人提出的申请范围来办理有关登记手续。依据《不动产登记暂行条例》第20条的规定，不动产登记机构应当自受理登记申请之日起30个工作日内办结不动产登记手续。

登记的本质在于将有关不动产物权设立、移转、变更等情况登录、记载于登记簿上，以备查阅。登记行为本身含有公权力行使的因素，登记簿可以说是由国家建立的财产档案。[1] 所谓登记簿，是指由登记机构依据当事人的申请或者依职权将物权变动以及相关事项记载于其上并予以保管、公示的特定簿册。

---

[1] 参见胡康生主编：《中华人民共和国物权法释义》，法律出版社2007年版，第49页。

关于登记簿的形式，依据《不动产登记暂行条例》第9条的规定，不动产登记簿应当采用电子介质，暂不具备条件的，可以采用纸质介质。登记簿所记载的内容应当是公开的，允许他人查阅。登记机构将登记事项记载于登记簿以后，应当向登记权利人发放权利证书。

不动产登记簿是指国家对不动产实行统一登记制度，由统一的不动产物权登记机构管理的不动产物权登记档案。当前，不动产登记由自然资源部统管。根据物权公示原则的内在要求，能够作为物权公示手段的不动产登记簿应当满足下列条件：一是唯一性。唯一性是统一登记的应有之义，同时也是一物一权、物权排他性的体现。一个登记区域内的不动产登记簿只能有一个，这样才能准确反映不动产所在地区域内的不动产物权变动的基本情况。二是权威性。不动产登记簿是国家因社会事务管理的目的而建立的档案簿册，其公信力以国家的行为作为担保，并依此为不动产物权变动的可信性提供保障。[1] 三是永久性。《不动产登记暂行条例》第13条第1款规定："不动产登记簿由不动产登记机构永久保存。不动产登记簿损毁、灭失的，不动产登记机构应当依据原有登记资料予以重建。"物权基于其绝对性而长期存在，不动产登记簿将由登记机构长期保存，保障权利人的利益。四是公开性。这是物权公示原则的基本要求，不动产登记簿不应是秘密档案，登记机构不但应当允许权利人和利害关系人查阅复制，而且还要为他们的查阅复制提供便利。[2]

任何物权的设立、变更、转让和消灭都会涉及第三人的利益，因此，物权的设立、变更、转让和消灭必须公开、透明，以利于保护物权人和因信赖公示内容而发生交易的第三人的利益，维护交易的安全和秩序。登记的公开性可以让有利害关系的第三人通过登记了解权利的基本状况以及权利是否存在负担，从而决定是否与登记的权利人从事各种交易，如不动产转让、设定抵押权进行融资、签订租赁合同等。

---

[1] 参见胡康生主编：《中华人民共和国物权法释义》，法律出版社2007年版，第49页。

[2] 参见胡康生主编：《中华人民共和国物权法释义》，法律出版社2007年版，第49页。

## ▶ 适用指引

审判实践中,主要是判断不动产物权设立、变更、转让和消灭的时点问题,依据应当是相关物权内容记载于不动产登记簿的时间,而非不动产权属证书的颁发时间。

第二百一十五条 当事人之间订立有关设立、变更、转让和消灭不动产物权的合同,除法律另有规定或者当事人另有约定外,自合同成立时生效;未办理物权登记的,不影响合同效力。

## 关联规定

### 一、法律、行政法规、司法解释

1.《中华人民共和国民法典》

**第五百零二条** 依法成立的合同,自成立时生效,但是法律另有规定或者当事人另有约定的除外。

依照法律、行政法规的规定,合同应当办理批准等手续的,依照其规定。未办理批准等手续影响合同生效的,不影响合同中履行报批等义务条款以及相关条款的效力。应当办理申请批准等手续的当事人未履行义务的,对方可以请求其承担违反该义务的责任。

依照法律、行政法规的规定,合同的变更、转让、解除等情形应当办理批准等手续的,适用前款规定。

**第五百九十七条** 因出卖人未取得处分权致使标的物所有权不能转移的,买受人可以解除合同并请求出卖人承担违约责任。

法律、行政法规禁止或者限制转让的标的物,依照其规定。

2.《最高人民法院关于适用〈中华人民共和国民法典〉有关担保制度的解释》

**第四十三条** 当事人约定禁止或者限制转让抵押财产但是未将约定登记,抵押人违反约定转让抵押财产,抵押权人请求确认转让合同无效的,人民法院不予支持;抵押财产已经交付或者登记,抵押权人请求确认转让不发生物权效力的,人民法院不予支持,但是抵押权人有证据证明受让人知道的除外;抵押权人请求抵押人承担违约责任的,人民法院依法予以支持。

当事人约定禁止或者限制转让抵押财产且已经将约定登记,抵押人违反约定转让抵押财产，抵押权人请求确认转让合同无效的，人民法院不予支持；抵押财产已经交付或者登记，抵押权人主张转让不发生物权效力的，人民法院应予支持，但是因受让人代替债务人清偿债务导致抵押权消灭的除外。

第四十六条　不动产抵押合同生效后未办理抵押登记手续，债权人请求抵押人办理抵押登记手续的，人民法院应予支持。

抵押财产因不可归责于抵押人自身的原因灭失或者被征收等导致不能办理抵押登记，债权人请求抵押人在约定的担保范围内承担责任的，人民法院不予支持；但是抵押人已经获得保险金、赔偿金或者补偿金等，债权人请求抵押人在其所获金额范围内承担赔偿责任的，人民法院依法予以支持。

因抵押人转让抵押财产或者其他可归责于抵押人自身的原因导致不能办理抵押登记，债权人请求抵押人在约定的担保范围内承担责任的，人民法院依法予以支持，但是不得超过抵押权能够设立时抵押人应当承担的责任范围。

第五十条　抵押人以划拨建设用地上的建筑物抵押，当事人以该建设用地使用权不能抵押或者未办理批准手续为由主张抵押合同无效或者不生效的，人民法院不予支持。抵押权依法实现时，拍卖、变卖建筑物所得的价款，应当优先用于补缴建设用地使用权出让金。

当事人以划拨方式取得的建设用地使用权抵押，抵押人以未办理批准手续为由主张抵押合同无效或者不生效的，人民法院不予支持。已经依法办理抵押登记，抵押权人主张行使抵押权的，人民法院应予支持。抵押权依法实现时所得的价款，参照前款有关规定处理。

第六十三条　债权人与担保人订立担保合同，约定以法律、行政法规尚未规定可以担保的财产权利设立担保，当事人主张合同无效的，人民法院不予支持。当事人未在法定的登记机构依法进行登记，主张该担保具有物权效力的，人民法院不予支持。

3.《最高人民法院关于审理涉及国有土地使用权合同纠纷案件适用法律问题的解释》

第八条　土地使用权人作为转让方与受让方订立土地使用权转让合同后，当事人一方以双方之间未办理土地使用权变更登记手续为由，请求确认合同无效的，不予支持。

## 二、司法指导性文件

**《全国法院民商事审判工作会议纪要》**

60.【未办理登记的不动产抵押合同的效力】不动产抵押合同依法成立，但未办理抵押登记手续，债权人请求抵押人办理抵押登记手续的，人民法院依法予以支持。因抵押物灭失以及抵押物转让他人等原因不能办理抵押登记，债权人请求抵押人以抵押物的价值为限承担责任的，人民法院依法予以支持，但其范围不得超过抵押权有效设立时抵押人所应当承担的责任。

# ▶ 条文释义

### 一、本条主旨

本条是关于合同效力和物权效力区分的规定。

### 二、条文演变

改革开放以来，我国实行市场经济体制后很长一段时间，不能区分合同之债和交易中的物权变动，导致司法实践出现了比较严重的混乱和不公正现象。2007年的原《物权法》第15条正式确立了区分原则，《民法典》本条予以承继。《民法典》又在合同编中，在合同效力这个债权发生的核心制度上，废止了原《合同法》第51条等条文，根据区分原则重新在第597条建立合同效力不能以物权变动作为前提条件的规则。这样，区分原则在我国民法涉及交易的法律制度中就得到了完全彻底的贯彻。[①]

分离原则的重要性不仅在于使得处分行为独立于负担行为而成为物权变动的基本依据，更在于使法律行为的种类得以精细化和精确化。负担行为与处分行为的区分也由此成为民法的"任督二脉"。买卖合同作为负担行为，其功能是使双方当事人受各自意思表示的拘束，从而产生债；而处分行为的效果是物权的转移，其结果是物权变动，依据德国的民法学理，处分行为不发生债的拘束力。

---

① 参见孙宪忠：《关于"区分原则"一文的简要说明》，载中国法学网，http://iolaw.cssn.cn/。

如果说大陆法物权变动的区分模式主要是一种理论抽象的话，那么英美法的区分结构则完全是来自不动产交易历史的法律实践。英美法中虽然没有大陆法系那样经由抽象思维所建构的法学概念体系，不存在负担行为和处分行为的区分，但对于不动产买卖与所有权转移的法律结构及逻辑而言，英美法却存在与大陆法十分相似的区分结构。英美法区分了买卖合同与所有权转让，所有权转让必须订立一份不同于买卖合同的转让书，转让书经交付后发生所有权移转的效力。该转让书是一个独立的法律行为，其专门用于移转不动产所有权。一桩不动产交易的做成至少需要经过两个最基本的阶段：第一阶段是合同的订立与生效，双方当事人订立买卖合同，达成意思表示的一致；第二阶段是所有权转让，主要是转让书的签订与交付，此阶段也称为合同的完成或合同交割。英美法为这两个阶段设立了十分不同的法律规则，并确立了衡平法所有权移转理论。对于中国法而言，不论是英美法的转让书加归并理论还是德国法的物权行为加抽象原则，若完全拿来主义，都不适合。实际上，中国法物权变动的双重模式已经体现了一种混合继受的特点。[1]

本条规定的内容，在民法学中称为物权变动与其基础关系或者说原因关系的区分原则，其回答了法律交易中订立合同和履行合同所产生的法律效果是否应该有区分，以及区分其法律效果时需要的法律根据是否也应该有区分的问题。区分原则，即物权变动的原因与物权变动的结果的区分。依据区分原则，合同自成立时生效，不动产物权变动自登记时成就，未登记不影响合同之效力。区分原则的主要内容是：第一，合同必须在合同履行之前生效，借助于合同债权的约束力保障合同得到履行。第二，合同成立发生债权，不能把这一债权作为物权变动的充分根据，更不能把物权变动作为合同效力判断的根据。第三，物权的设立、变更、转让和消灭，以物权法律制度规定的公示原则（不动产登记和动产交付）等作为生效要件。以发生物权变动为目的的基础关系，主要是合同，它属于债权法律关系的范畴，成立以及生效应该依据合同法来判断。民法学将这种合同看成是物权变动的原因行为。不动产物权的变动只能在登记时生效，依法成立生效的合同也许不能发生物权变动的结果。这可能是因为客观情势发生变迁，使得物权的变动成为不可能；也可能是物权的出让人"一物二卖"，其中一个买受人先行进行了不动产登记，其他的买受人便不可能

---

[1] 参见陈永强：《英美法物权变动之区分模式》，载《法治研究》2017 年第 6 期。

取得合同约定转让的物权。有关设立、变更、转让和消灭不动产物权的合同和物权的设立、变更、转让和消灭本身是两个应当加以区分的情况。除非法律有特别规定，合同一经成立，只要不违反法律的强制性规定和社会公共利益，就可以发生效力。合同只是当事人之间的一种合意，并不必然与登记联系在一起。登记是针对民事权利的变动而设定的，它是与物权的变动联系在一起的，是一种物权变动的公示方法。如果当事人之间仅就物权的变动达成合意，而没有办理登记，合同仍然有效。例如，当事人双方订立了房屋买卖合同之后，合同就已经生效，如果没有办理登记手续，房屋所有权不能发生移转，但买受人基于有效合同而享有的占有权仍然受到保护。违约的合同当事人一方应该承担违约责任。依不同情形，买受人可以请求债务人实际履行合同，即请求出卖人办理不动产转让登记，或者请求债务人赔偿损失。

### 三、条文解读

市场流通领域中，民事法律行为是发生物权变动的基础关系，主要是合同，它属于债权法律关系的范畴，成立以及生效应该依据合同法来判断。民法学将这种合同看成是物权变动的原因行为。现实中，原因行为的效力和物权变动并不必然发生联系，如依法成立生效的合同，因出让方违约等原因不能继续履行，或者物权客体毁损灭失，也许不能发生物权变动的结果。现实中，物权的出让人"一物二卖"，其中一个买受人先行进行了不动产登记，其他的买受人便不可能取得合同约定转让的物权，此时，如认定未能办理物权登记的买卖合同无效，则买受人不但不能取得物权，而且丧失了向出卖人依约追究违约责任的权利，而出卖人因自身的违约行为，不仅可以不交付物权，而且无须承担违约责任，将从过错之中获得利益，显不正义。有关设立、变更、转让和消灭不动产物权的合同和物权的设立、变更、转让和消灭本身应当加以区分。涉及契约问题适用合同法调整，而调整物之归属和物之利用的民事关系适用物权法调整；合同法的任务是促进交易、鼓励竞争，而物权法的目标是定分止争、物尽其用。两者一动一静，在组织、发展经济的目标之中协调配合、各司其职，其效力认定规则当然互相不能替代。本条的积极意义在于，在我国从计划经济向市场经济转型过程中，能够办理物权变动登记往往代表着国家对民事主体的交易行为的肯定，反之，即代表着否定，合同效力与物权登记的区分原则已经深入人心并在社会取得广泛共识，对于推进市场经济的持续繁荣有着深远影响。

除非法律有特别规定，合同一经成立，只要不违反法律、行政法规的强制性规定和社会公共利益，就可以发生效力。合同只是当事人之间的一种合意，合同的效力判断规则和合同履行以及合同目的能否最终实现均属于不同范畴，故合同效力并不必然与登记联系在一起，物权变动仅为合同履行的结果，而合同效力的判断是考察合同成立时其内容是否受到法律的绝对否定性评价，不能以未发生物权变动的结果否定原因行为即合同的合法性、正当性。登记是物权变动的公示方法，而非对合同行为是否有效作出的评判。合同的目的是物权变动办理登记，目的不能实现是合同履行的问题，其法律后果是解除合同并承担违约责任，合同当然仍然有效。具体而言，区分原则包含以下几个含义。

第一，必须区分合同的效力与登记的效力。除非法律有特别规定或者合同另有约定，合同一经成立，只要在内容上不违反法律的强行性规定和公序良俗，就可发生效力。合同只是当事人之间的一种合意，并不必然与登记联系在一起，[①] 因为登记与不动产物权的变动是联系在一起的，是不动产物权变动的公示方法。如果合同具备法律规定的生效要件，则应该认为合同关系已经生效，当事人应该受到合同的约束。合同的效力由合同内容所决定，如果无效自始无效，不因合同未履行而无效，合同效力的判断在先，而合同未履行在后，在后行为一般不能影响在先行为的效力。合同生效后，不一定能够完成不动产物权的登记，但此时，合同因双方达成一致的意思表示而为某项交易，合同成立在特定当事人之间产生约束力，当事人仍不得随意解除或者违背自己的承诺。

第二，未办理物权登记的，不影响合同效力。依据区分原则，未办理物权登记的，不影响合同效力，其主要原因在于：一方面，登记直接指向的是物权的变动，而非合同的效力；另一方面，合同是否有效，应当依据法律行为有效要件进行判断。

第三，除法律另有规定或者合同另有约定外，合同自成立时生效。《民法典》总则编中的第136条第1款规定，民事法律行为自成立时生效，但是法律另有规定或者当事人另有约定的除外。成立合同关系就是最为典型的民事法律行为之一。上述条款是《民法典》总则编提取公因式的结果，吸收了原《合同

---

① 参见全国人大常委会法制工作委员会民法室编：《中华人民共和国物权法条文说明、立法理由及相关规定》，北京大学出版社2007年版，第23页。

法》关于合同自成立时生效规则,将之适用于全部民事法律行为。这是基于私法自治的基本原理,尤其是在合同法领域,法无禁止即可为,未办理物权登记并非判断合同效力的条件。本条规定的"法律另有规定"仍然是指遵循合同法的规则,仅仅涉及合同的生效时间问题,与物权变动时间无关;本条规定的"当事人另有约定"主要包括如下两种情形:第一,当事人在合同中约定将物权登记作为合同的生效要件;第二,当事人在合同中约定其他生效要件。因为关于合同从何时成立、生效,属于当事人意思自治的范畴,法律应当尊重当事人的意思自治。需要指出的是,本条的规定虽区分了合同的效力和登记的效力,但并不意味着采纳了物权行为理论,因为按照物权行为理论,物权变动必须先由当事人达成物权变动的合意。此种合意学者通常称为物权契约。但我国法律并未区分物权合同和债权合同,本条的规定,也只是在一个合同关系中区分合同的效力和登记的效力,因而也不存在物权契约和债权契约的分离问题。①

## ▶ 适用指引

### 一、当事人是否办理物权登记,不应当影响合同的效力

所谓未办理物权登记不影响合同效力,具体包括如下几方面内容。

第一,不影响继续履行。如果当事人之间订立了物权变动合同,而没有办理登记,合同仍然有效。当事人负有依据有效的合同继续办理登记的义务。区分登记与合同的效力,就意味着在一方当事人未按照合同约定办理登记时,另一方有权请求其继续办理登记。例如,当事人双方订立了房屋买卖合同之后,合同就已生效,如果移交占有但没有办理登记手续,买受人可以根据合同约定请求继续履行合同。因此,除非法律有特别规定,登记的效力仅针对物权变动,而并不针对合同本身。

第二,不影响解约、追责条款的约束力。在登记之前,当事人就不动产物权的变动订立了合同,合同关系已经成立并生效,合同条款对双方当事人具有约束力,任何一方违反合同都应当承担违约责任。如果一方依据合同应负有办

---

① 参见崔建远:《物权法》,中国人民大学出版社2011年版,第48页。

理登记的义务而未办理登记构成根本违约，则另一方可以选择请求继续履行，也有权请求解除合同，要求对方承担违约责任。

第三，已履行部分取得的合法权益免于非法剥夺。在没有办理登记之前，不动产物权不能变动。但是因为合同已经生效，所以依据有效合同而交付之后，买受人的占有仍然受到保护。针对第三人侵害不动产的行为，买受人可以基于对不动产的占有提起占有之诉。

## 二、本条规定的"除法律另有规定或者当事人另有约定外"的含义

本条规定的"法律另有规定"，是指某部法律明确规定，设立、变更、转让和消灭不动产物权的合同，只有经过物权登记的，合同才生效。本条规定的"当事人另有约定"，也是指当事人签订的合同明确约定，设立、变更、转让和消灭不动产物权的合同，只有经过物权登记的，合同才生效。如果法律没有明确这样规定，或者当事人没有明确这样约定，都应该认为设立、变更、转让和消灭不动产物权的合同，自合同成立时生效。没有办理物权登记的，不影响合同的效力。

## 三、一物数卖情形下应当准确把握物权登记与合同效力的认定

依据本条的规定，应当注意，未办理物权过户登记不影响不动产买卖合同自成立时生效，已办理物权变更登记的买卖合同也不必然有效，如《民法典》第154条规定，行为人与相对人恶意串通，损害他人合法权益的民事法律行为无效。对于交易不真实，恶意串通损害他人合法权益的，即使办理了物权登记，亦应认定无效。实践中，住房建设部门为对新建商品房的销售进行管理，完成宏观调控的任务，要求当事人对预售商品房买卖合同进行网签备案。需要注意的是，网签备案并非物权登记，也不是商品房买卖合同的生效要件。

▶ **典型案例**

**重庆索特盐化股份有限公司与重庆新万基房地产开发有限公司土地使用权转让纠纷案**

**关键词**：合同效力与物权效力区分

**裁判摘要：** 根据《物权法》第 15 条的规定，当事人之间订立有关设立、变更、转让和消灭不动产物权的合同，除法律另有规定或者合同另有约定外，自合同成立时生效；未办理物权登记的，不影响合同效力。该规定确定了不动产物权变动的原因与结果相区分的原则。物权转让行为不能成就，并不必然导致物权转让合同无效。

**基本案情：** 双方签订的《联合开发协议》及《补充协议》作为讼争土地使用权转让的原因行为，是一种债权形成行为，并非该块土地使用权转让的物权变动行为。相关法律关于未经通知抵押权人而导致物权转让行为无效的规定，其效力不应及于物权变动行为的原因行为。因为当事人可以在合同约定中完善物权转让的条件，使其转让行为符合法律规定。本案即属此种情形。

【案　　号】（2008）民一终字第 122 号
【审理法院】最高人民法院
【来　　源】《最高人民法院公报》2009 年第 4 期

> **第二百一十六条** 不动产登记簿是物权归属和内容的根据。
> 不动产登记簿由登记机构管理。

## ▶ 关联规定

### 一、法律、行政法规、司法解释

**1.《不动产登记暂行条例》**

**第八条** 不动产以不动产单元为基本单位进行登记。不动产单元具有唯一编码。

不动产登记机构应当按照国务院国土资源主管部门的规定设立统一的不动产登记簿。

不动产登记簿应当记载以下事项：

（一）不动产的坐落、界址、空间界限、面积、用途等自然状况；

（二）不动产权利的主体、类型、内容、来源、期限、权利变化等权属状况；

（三）涉及不动产权利限制、提示的事项；

（四）其他相关事项。

**第九条** 不动产登记簿应当采用电子介质，暂不具备条件的，可以采用纸质介质。不动产登记机构应当明确不动产登记簿唯一、合法的介质形式。

不动产登记簿采用电子介质的，应当定期进行异地备份，并具有唯一、确定的纸质转化形式。

**2.《最高人民法院关于适用〈中华人民共和国民法典〉物权编的解释（一）》**

**第二条** 当事人有证据证明不动产登记簿的记载与真实权利状态不符、其为该不动产物权的真实权利人，请求确认其享有物权的，应予支持。

3.《最高人民法院关于适用〈中华人民共和国民法典〉有关担保制度的解释》

**第四十七条** 不动产登记簿就抵押财产、被担保的债权范围等所作的记载与抵押合同约定不一致的，人民法院应当根据登记簿的记载确定抵押财产、被担保的债权范围等事项。

4.《最高人民法院关于审理房屋登记案件若干问题的规定》

**第九条** 被告对被诉房屋登记行为的合法性负举证责任。被告保管证据原件的，应当在法庭上出示。被告不保管原件的，应当提交与原件核对一致的复印件、复制件并作出说明。当事人对被告提交的上述证据提出异议的，应当提供相应的证据。

## 二、部门规章及规范性文件

《不动产登记暂行条例实施细则》

**第五条** 《条例》第八条规定的不动产单元，是指权属界线封闭且具有独立使用价值的空间。

没有房屋等建筑物、构筑物以及森林、林木定着物的，以土地、海域权属界线封闭的空间为不动产单元。

有房屋等建筑物、构筑物以及森林、林木定着物的，以该房屋等建筑物、构筑物以及森林、林木定着物与土地、海域权属界线封闭的空间为不动产单元。

前款所称房屋，包括独立成幢、权属界线封闭的空间，以及区分套、层、间等可以独立使用、权属界线封闭的空间。

**第六条** 不动产登记簿以宗地或者宗海为单位编成，一宗地或者一宗海范围内的全部不动产单元编入一个不动产登记簿。

**第七条** 不动产登记机构应当配备专门的不动产登记电子存储设施，采取信息网络安全防护措施，保证电子数据安全。

任何单位和个人不得擅自复制或者篡改不动产登记簿信息。

**第八条** 承担不动产登记审核、登簿的不动产登记工作人员应当熟悉相关法律法规，具备与其岗位相适应的不动产登记等方面的专业知识。

自然资源部会同有关部门组织开展对承担不动产登记审核、登簿的不动产登记工作人员的考核培训。

## ▶ 条文释义

### 一、本条主旨

本条是关于不动产登记簿效力以及管理机构的规定。

### 二、条文演变

本条沿用了原《物权法》第16条的规定,与原条文的内容完全一致。关于不动产登记簿效力以及管理机构的规定,《物权法（草案）》以及《民法典（草案）》曾有不同表述,内容也存在一定差异。2002年《物权法（征求意见稿）》第12条规定:"不动产登记簿记载的事项,是权利人及其物权内容的根据。不动产登记簿由登记机构管理。"全国人大常委会法工委2002年《民法（草案）》第2编物权法第12条采用了相同表述。2004年《物权法（草案）》（二次审议稿）第17条规定:"不动产登记簿记载的事项,是物权归属及其内容的根据。不动产登记簿由登记机构管理。"2005年《物权法（草案）》（三次审议稿）第16条采用了相同表述。2007年《物权法（草案）》第15条规定:"不动产登记簿是物权归属和内容的根据。不动产登记簿由登记机构管理。"[1]原《物权法》第16条采用相同表述,规定:"不动产登记簿是物权归属和内容的根据。不动产登记簿由登记机构管理。"

全国人大常委会法工委民法室2017年《民法物权编（草案）》（室内稿）第13条规定:"不动产登记簿是物权归属和内容的根据,但有证据证明不动产登记簿确有错误的除外。"全国人大常委会法工委2018年《民法典物权编（草案）》（征求意见稿）第12条规定:"不动产登记簿是物权归属和内容的根据。"2018年《民法典各分编（草案）》（一次审议稿）第12条采用原《物权法》第16条的表述,规定:"不动产登记簿是物权归属和内容的根据。不动产登记簿由登记机构管理。"2019年《民法典物权编（草案）》（二次审议稿）第12条以及其后《民法典（草案）》第216条、2020年《民法典（草案）》（大会审议稿）第216条、《民法典（草案）》（修改稿）第216条、《民法典》第

---

[1] 参见何勤华、李秀清、陈颐编:《新中国民法典草案总览》（增订本）,北京大学出版社2017年版,第1495页、第1697页、第1728页、第1764页、第1816页。

216条均采用相同表述，规定："不动产登记簿是物权归属和内容的根据。不动产登记簿由登记机构管理。"①

### 三、条文解读

本条第1款规定了不动产登记簿及其效力；第2款规定了不动产登记簿的管理及其管理机构。

#### （一）不动产登记簿及其基本特征

不动产登记簿，是指记载不动产物权事项并备存于特定机关的簿册。我国不动产登记簿由不动产登记机构依法统一制作，记载登记区域内不动产的自然状况、权利状况以及依法应当记载的其他事项等。关于不动产登记簿的制作，存在物的编成主义和人的编成主义两种不同模式。物的编成主义是按照不动产的性质分别设置不同的登记簿，不动产在登记簿中处于核心地位，依不动产而确定权利人，德国、日本民法采取物的编成主义。人的编成主义是按照不动产权利的不同分别设置登记簿，权利人在登记簿中处于核心地位，依权利人而确定不动产，法国民法采取人的编成主义。我国的统一不动产登记机构按照物的编成主义制作统一的不动产登记簿，即不动产登记簿以宗地或者宗海为单位编成，一宗地或者一宗海范围内的全部不动产单元编入一个不动产登记簿。按照物权公示原则，不动产登记簿具有唯一性、权威性、公开性、永久性四个基本特征。

#### （二）不动产登记簿的地位和作用

在依法建立不动产登记制度的情况下，不动产登记成为不动产物权制度的基础，不动产登记簿在不动产登记制度中具有特殊的地位。在《民法典》物权编确立物权公示原则和不动产物权登记生效原则之后，不动产登记簿就自然应当成为判断不动产物权归属和内容的根据，也是保障物权变动安全的必要手段。在现代不动产法律体系中，不动产登记簿具有十分重要的作用，主要体现在以下方面。

---

① 参见何勤华、李秀清、陈颐编：《新中国民法典草案总览》（增订本续编），北京大学出版社2020年版，第3页、第111页、第220页、第326页、第500页、第627页、第764页、第896页。

第一,不动产登记簿具有权利正确性推定效力,不动产登记簿成为不动产物权的法律根据。不动产登记簿记载的权利和事实上的权利应当是一致的,法律法规也要求不动产登记机构正确履行职责,如实记载登记事项。本条第1款规定不动产登记簿是物权归属和内容的根据,赋予了不动产登记簿推定正确的效力,即在不动产登记簿上记载某人享有某项物权时,推定该人享有该项权利,其权利的内容也以不动产登记簿为准。① 本条明文规定的不动产登记的推定力,一般称为权利正确性推定原则,② 这是不动产物权公示原则的当然体现,也是保障物权变动安全的必要手段。不动产登记具有为不动产交易提供法律基础的基本功能。不动产登记簿所记载的权利的正确性推定效力对客观、公正的不动产交易秩序的建立有着极为重要的意义。正因为不动产登记簿有权利正确性推定效力,才能让社会普遍认同不动产登记簿的记载系不动产物权变动的客观反映,第三人依据不动产登记簿取得的权利才能受到法律的保护,交易的安全才有了保障。

第二,不动产登记簿具有公信力效力,善意信赖不动产登记簿而为之交易应依法予以保护。所谓公信力,是指依据公示方法所表现的物权即便不存在或内容有异,但对于信赖这项公示方法所表现的物权而为物权交易之人,法律仍然承认其具有与真实物权存在相同的法律效果,并加以保护。不动产登记之所以具有公信力,是因为不动产登记簿是对权利归属的真实记录,是国家公权对不动产物权设立、变更、转让和消灭的确认。不动产登记是一种国家登记,其作为不动产物权变动的公示方式,与动产物权变动的公示方式交付的区别是,交付本身主要具有社会承认的法律意义,而不动产登记兼具有社会承认和国家承认的意义,不动产登记的公示效力即公信力远大于动产的交付。③ 赋予不动产登记以公信力是为了保障不动产交易的安全。如果不动产登记没有公信力,就会增加当事人判断出让人是否为真实所有权人的难度,并增加大量的社会成本,当事人对自己受让的权利是否安全也会产生担心。由于现实经济生活的复杂性,如因为当事人自己的过错或者不动产登记机构的过错等,可能会出现不

---

① 参见黄薇主编:《中华人民共和国民法典释义》,法律出版社2020年版,第423页。
② 参见胡康生主编:《中华人民共和国物权法释义》,法律出版社2007年版,第53页。
③ 参见孙宪忠:《中国物权法总论》,法律出版社2018年版,第408页。

动产登记簿记载的权利与事实上的权利不一致的情况。在不动产登记发生错误时,法律会基于保障交易安全的考虑,保护善意信赖登记簿的人。本条规定物权的归属和内容以不动产登记簿为根据,目的就是从国家公信力的角度对物权相对人的利益进行保护,从而建立一个能以客观标准衡量的公正的经济秩序,这也是物权公示原则的价值和要求。①

第三,不动产登记簿具有证明效力,便于人民法院在产权争议纠纷中依法确定物权的归属。不动产登记簿是有效表明权利人就不动产所享有权利之初始的具有公文性质的证明文件,能够清晰地展现不动产上的权利变动状况,具有权威性。本条第1款规定的目的,是赋予不动产登记簿以证据资格,为《民事诉讼法》有关证据规则提供实体法依据。按照证据法原理,证据分为人证和物证。所谓物证,指以有形物作为证据,包括文书和检证物。《民事诉讼法》第66条将具有证据资格的文书称为书证,将检证物称为物证。书证再分为公文书和私文书。不动产登记簿属于公文书,系记载公共管理机关观念表示或者认识的报告性文书。②《民事诉讼法解释》第114条规定,国家机关或者其他依法具有社会管理职能的组织,在其职权范围内制作的文书所记载的事项推定为真实,但有相反证据足以推翻的除外。这是程序法为保障实体法实施而在证据规则中作出的规定。本条规定不动产登记簿具有公文书的证据资格,当不动产权利人的权利受到侵害时,可以不动产登记簿作为要求法律救济的依据;当某项不动产上发生权属争议时,不动产登记簿可以在涉及产权争议的案件审理中用来作为确定不动产物权归属的诉讼证据。

第四,不动产登记簿体现不动产物权权属及其变动情况,便于国家对不动产进行监督管理。物权是每个国家经济发展的基础,是交换的前提,是人生存发展的物质保障。不动产特别是土地、建筑物相比于动产而言具有较高的稀缺性,不动产之上形成的利用层次和交易关系也远比动产复杂。而且我国实行公有制为主体、多种所有制经济共同发展的基本经济制度,坚持社会主义市场经济原则,这些都要求国家对于不动产这种重大社会财富的支配秩序和交易安全必须给予极大关注。物权法律制度"关涉国本,事系民生",是确认财产、利用财产和保护财产的基本法,不动产登记制度要求不动产登记簿应当如实体现

---

① 参见黄薇主编:《中华人民共和国民法典释义》,法律出版社2020年版,第423页。
② 参见最高人民法院民事审判第一庭编著:《最高人民法院新民事诉讼证据规定理解与适用》,人民法院出版社2020年版,第759页。

不动产物权权属及其变动情况。在物权法律制度体系内,国家通过不动产登记簿可以对不动产进行有效的监督管理。

(三)不动产登记簿的管理

由不动产登记簿所具有的唯一性、权威性、公开性、永久性等四个基本特征及其有关要求所决定,不动产登记簿只能由不动产登记机构进行管理。本条第2款规定不动产登记簿由登记机构管理,从法律上赋予了不动产登记机构对不动产登记簿进行管理的职责。由于不动产登记簿在不动产登记制度中具有特殊地位和核心意义,不动产登记簿的管理,除了簿册的设立、制作、备份、保管等管理职责外,还应当包括不动产登记、簿册更正、查询、复制等广义上的管理职责。例如,《民法典》在为建立公正安全的交易秩序而保护相对人利益的同时,也为可能的事实权利人提供了异议登记、更正登记等救济手段,不动产登记机构应当依法履行相应职责,维护不动产登记簿记载内容的正确性和完整性。我国建立了不动产统一登记制度,不动产登记机构应当按照《不动产登记暂行条例》《不动产登记暂行条例实施细则》等规定,加强对不动产登记簿的管理以及不动产登记信息的共享,保障不动产登记簿在维护不动产交易安全、提高不动产交易效率、促进物的利用、推动经济发展等方面发挥积极作用。

## ▶ 适用指引

### 一、本条可能适用的诉讼程序类型及相关依据

本条主要是关于物权归属和内容根据的规定,凡涉及物权归属和内容争议的诉讼均可适用本条之规定。司法实践中,除在不动产确权、给付之诉中普遍适用本条外,在以下其他几类案外人特殊救济程序之中涉及物权归属和内容争议的,同样不排除本条的适用。第一,第三人撤销之诉。《民事诉讼法》第59

条第3款规定了第三人撤销之诉,①《民事诉讼法解释》第298条对此作了细化规定,明确根据三种不同情形分别进行处理。该规定明确了在第三人撤销之诉中,在当事人提出撤销生效裁判内容的请求之外,人民法院对当事人提出的确认其民事权益请求也可以一并进行审理和裁判。②第二,执行异议之诉。《民事诉讼法》第234条规定了执行异议之诉。③《民事诉讼法解释》第310条第2款规定:"案外人同时提出确认其权利的诉讼请求的,人民法院可以在判决中一并作出裁判。"《民商审判会议纪要》第119条进一步对是否作出具体确权判项予以明确,即以案外人是否提出确权或者给付诉讼请求为准。④第三,案外人申请再审。《民事诉讼法》第234条规定,案外人、当事人对裁定不服,认为原判决、裁定错误的,依照审判监督程序办理。也即案外人认为原判决、裁定错误的,可以申请再审。进入再审程序后,根据《民事诉讼法解释》第422条第1款以及第420条第2款的规定,人民法院因案外人申请而裁定再审,按照第一审程序再审的,应当追加其为当事人,作出新的判决、裁定。⑤既然是按第一审程序再审,自然应允许案外人在第一审程序中提出确权的诉讼请求。

---

① 《民事诉讼法》第59条第3款规定:"前两款规定的第三人,因不能归责于本人的事由未参加诉讼,但有证据证明发生法律效力的判决、裁定、调解书的部分或者全部内容错误,损害其民事权益的,可以自知道或者应当知道其民事权益受到损害之日起六个月内,向作出该判决、裁定、调解书的人民法院提起诉讼。人民法院经审理,诉讼请求成立的,应当改变或者撤销原判决、裁定、调解书;诉讼请求不成立的,驳回诉讼请求。"

② 参见江必新主编:《最高人民法院民事诉讼法司法解释专题讲座》,中国法制出版社2015年版,第230页。

③ 《民事诉讼法》第234条规定:"执行过程中,案外人对执行标的提出书面异议的,人民法院应当自收到书面异议之日起十五日内审查,理由成立的,裁定中止对该标的的执行;理由不成立的,裁定驳回。案外人、当事人对裁定不服,认为原判决、裁定错误的,依照审判监督程序办理;与原判决、裁定无关的,可以自裁定送达之日起十五日内向人民法院提起诉讼。"

④ 《民商审判会议纪要》第119条规定:"……人民法院对执行异议之诉的审理,一般应当就案外人对执行标的物是否享有权利、享有什么样的权利、权利是否足以排除强制执行进行判断。至于是否作出具体的确权判项,视案外人的诉讼请求而定。案外人未提出确权或者给付诉讼请求的,不作出确权判项,仅在裁判理由中进行分析判断并作出是否排除执行的判项即可。但案外人既提出确权、给付请求,又提出排除执行请求的,人民法院对该请求是否支持、是否排除执行,均应当在具体判项中予以明确……"

⑤ 《民事诉讼法解释》第422条第1款规定:"……人民法院裁定再审后,案外人属于必要的共同诉讼当事人的,依照本解释第四百二十条第二款规定处理。"第420条第2款规定:"人民法院因前款规定的当事人申请而裁定再审,按照第一审程序再审的,应当追加其为当事人,作出新的判决、裁定……"

## 二、不动产登记簿的证明效力及有关审理规则

不动产登记簿是物权归属和内容的根据,但有证据证明不动产登记簿确有错误的应当除外。不动产登记簿具有较强的证明效力,一般能够直接作为判断物权归属的依据,但不动产登记簿记载的内容并不具有终局确定性,人民法院应当依法予以审查。第一,基于不动产登记簿的权利正确性推定效力,不动产登记簿上记载的不动产物权状况,包括权利人、权利内容以及物权变动情况等,原则上应当认为就是真实的物权状况。在发生不动产物权归属和内容纠纷时,一般情况下不动产登记簿记载的权利人通过举示不动产登记簿即可用以证明其享有相应的物权。在第三人参与不动产物权交易的场合,第三人通过举示不动产登记簿即可用以证明其信赖不动产登记簿记载的内容而为善意交易。第二,与不动产登记簿相关的推定可以被推翻,提出相反主张的当事人依法负有相应的举证责任。在物权归属和内容争议纠纷中,主张不动产登记簿记载的内容不正确的当事人,应当举证证明不动产登记簿存在登记错误的情形以及不动产的真实物权状况,以此推翻不动产登记簿记载的内容。在第三人参与不动产物权交易时,真正的权利人不但要证明不动产登记簿存在错误,还依法负有推翻信赖不动产登记簿第三人的善意之举证责任。① 第三,在诉讼中,不动产登记簿作为证据,虽然属于公文书,且证据力优于不动产权属证书,但其推定力并不能确证权利的实体正当性,人民法院应当对当事人提供的不动产登记簿、不动产权属证书以及相关反证等进行实质审查和判断,在按照《民法典》第217条规定正确区分不动产登记簿与不动产权属证书效力的基础上,综合判断各项证据的真实性和证明力,以查明案件事实,正确适用法律,依法确定争讼不动产物权的归属。

## 三、不动产登记簿错误或与事实不一致的情形

司法实践中,不动产登记簿记载事项不实的情形并不少见,主要有以下情

---

① 《民法典物权编解释(一)》第15条规定:"具有下列情形之一的,应当认定不动产受让人知道转让人无处分权:(一)登记簿上存在有效的异议登记;(二)预告登记有效期内,未经预告登记的权利人同意;(三)登记簿上已经记载司法机关或者行政机关依法裁定、决定查封或者以其他形式限制不动产权利的有关事项;(四)受让人知道登记簿上记载的权利主体错误;(五)受让人知道他人已经依法享有不动产物权。""真实权利人有证据证明不动产受让人应当知道转让人无处分权的,应当认定受让人具有重大过失。"

形：第一，个别人利用虚假资料申请不动产首次登记、变更登记、转移登记、注销登记等，导致不动产登记机构在不动产登记簿上所记载事项不实。第二，不动产登记机构工作人员审核登记申请资料时，由于故意或过失导致不动产登记簿上记载事项不实。第三，非因法律行为导致不动产物权设立、变更、转让或消灭后，未及时更新不动产登记簿上相关记载事项。如《民法典》第229条至第231条规定的因人民法院或仲裁机构的法律文书、人民政府的征收决定以及继承、合法建造或拆除房屋的事实行为等原因导致物权发生变动的情形。第四，作为不动产登记行为基础的买卖、共有、赠与、抵押、婚姻、继承等法律行为无效或者被撤销，不动产登记簿未及时恢复原登记情况导致的登记不实等。第五，登记对抗的情形。例如，《民法典》第335条规定土地承包经营权互换、转让的，当事人可以向登记机构申请登记；未经登记，不得对抗善意第三人。第六，物权强制变动。例如，《民法典》第320条规定，主物转让，从物随主物转让；《民法典》第393条规定，主债权消灭、担保物权实现、被放弃，担保物权消灭；《民法典》第407条规定，债权转让，抵押权一并转让。人民法院应当准确适用《民法典物权编解释（一）》第2条"当事人有证据证明不动产登记簿的记载与真实权利状态不符、其为该不动产物权的真实权利人，请求确认其享有物权的，应予支持"等规定。此外，由于不动产登记是国家机关实施的具体行政行为，在行政诉讼中不动产登记机构应当对其登记行为的合法性负举证责任。①

## 四、正确把握不动产登记簿的推定力范围

根据不动产登记管理规范，不动产登记簿记载的事项主要包括不动产的自然状况、权属状况以及涉及不动产的权利限制等内容。② 本条规定不动产登记簿是物权归属和内容根据这一权利正确性推定原则，将不动产登记簿的推定力

---

① 如《最高人民法院关于审理房屋登记案件若干问题的规定》第9条规定："被告对被诉房屋登记行为的合法性负举证责任。被告保管证据原件的，应当在法庭上出示。被告不保管原件的，应当提交与原件核对一致的复印件、复制件并作出说明。当事人对被告提交的上述证据提出异议的，应当提供相应的证据。"

② 《不动产登记暂行条例》第8条第3款规定："不动产登记簿应当记载以下事项：（一）不动产的坐落、界址、空间界限、面积、用途等自然状况；（二）不动产权利的主体、类型、内容、来源、期限、权利变化等权属状况；（三）涉及不动产权利限制、提示的事项；（四）其他相关事项。"

限于具有登记能力的不动产物权权利本身,而不及于其所记载的与不动产有关的自然状况等事项。即不动产登记簿的推定效力属于法律对权利的推定,而非事实推定。因为规定该推定原则的主要目的在于,以国家制定和实施的不动产统一登记程序作保障,降低个人在不动产交易中调查了解不动产权利真实性的成本,提高交易效率,促进物的利用,实现通过不动产登记簿使法律上的不动产物权交易明确化、清晰化的制度功能,进而推动建立客观、公正的不动产交易秩序。不动产登记簿同时记载不动产的自然状况,其主要功能在于对不动产物权所涉具体不动产进行规范化描述和唯一性确定,而并未赋予其不动产自然事实的推定效力。因此,并非不动产登记簿中记载的所有事项都必然是真实的,不动产登记簿上对不动产自然状况的记载,如不动产的标记、面积、位置、坐落、界址等均属于事实问题,并未为不动产登记簿的推定力所及。① 至于客观上不动产的实际自然状况如何,以及不动产登记的原因行为(如买卖、赠与等)是否真实有效存在,均应由当事人在不动产物权交易中进行审慎调查了解。《民法典物权编解释(一)》第2条关于"不动产登记簿的记载与真实权利状态不符"的表述及其规范意旨,也进一步说明不动产登记簿的推定力仅是一种权利推定而未及于事实推定。故此,在审判实践中需要特别注意的是,不动产登记簿的权利人不能在诉讼中就不动产的自然状况援引不动产登记簿的推定力来抗辩。

---

① 参见程啸:《不动产登记簿之推动力》,载《法学研究》2010年第3期。

> 第二百一十七条　不动产权属证书是权利人享有该不动产物权的证明。不动产权属证书记载的事项，应当与不动产登记簿一致；记载不一致的，除有证据证明不动产登记簿确有错误外，以不动产登记簿为准。

## 关联规定

### 一、法律、行政法规、司法解释

《不动产登记暂行条例》

第二十一条　登记事项自记载于不动产登记簿时完成登记。

不动产登记机构完成登记，应当依法向申请人核发不动产权属证书或者登记证明。

第三十一条　伪造、变造不动产权属证书、不动产登记证明，或者买卖、使用伪造、变造的不动产权属证书、不动产登记证明的，由不动产登记机构或者公安机关依法予以收缴；有违法所得的，没收违法所得；给他人造成损害的，依法承担赔偿责任；构成违反治安管理行为的，依法给予治安管理处罚；构成犯罪的，依法追究刑事责任。

第三十三条　本条例施行前依法颁发的各类不动产权属证书和制作的不动产登记簿继续有效。

不动产统一登记过渡期内，农村土地承包经营权的登记按照国家有关规定执行。

### 二、部门规章及规范性文件

《不动产登记暂行条例实施细则》

第二十条　不动产登记机构应当根据不动产登记簿，填写并核发不动产权属证书或者不动产登记证明。

除办理抵押权登记、地役权登记和预告登记、异议登记，向申请人核发不动产登记证明外，不动产登记机构应当依法向权利人核发不动产权属证书。

不动产权属证书和不动产登记证明，应当加盖不动产登记机构登记专用章。

不动产权属证书和不动产登记证明样式，由自然资源部统一规定。

### 三、司法指导性文件

《最高人民法院、国土资源部、建设部关于依法规范人民法院执行和国土资源房地产管理部门协助执行若干问题的通知》

**五、**人民法院查封时，土地、房屋权属的确认以国土资源、房地产管理部门的登记或者出具的权属证明为准。权属证明与权属登记不一致的，以权属登记为准。

在执行人民法院确认土地、房屋权属的生效法律文书时，应当按照人民法院生效法律文书所确认的权利人办理土地、房屋权属变更、转移登记手续。

## ▶ 条文释义

### 一、本条主旨

本条是关于不动产权属证书及其与不动产登记簿关系的规定。

### 二、条文演变

本条沿用了原《物权法》第17条的规定，与原条文的内容完全一致。关于不动产登记簿与不动产权属证书关系的规定，《物权法（草案）》以及《民法典（草案）》曾有不同表述，内容也存在一定差异。2002年《物权法（草案）》（征求意见稿）第14条规定："不动产权属证书，是权利人享有该物权的证明。不动产权属证书记载的事项，应当与不动产登记簿记载的事项一致。记载不一致的，以不动产登记簿为准。"全国人大常委会法工委2002年《民法（草案）》第2编物权法第14条、全国人大法律委员会2004年《物权法（草案）》（二次审议稿）第19条采用了相同表述。全国人大法律委员会2005年《物权法（草案）》（三次审议稿）第17条规定："不动产权属证书是权利人享有该不动产物权的证明。不动产权属证书记载的事项，应当与不动产登记簿记载的事项一致；记载不一致的，以不动产登记簿为准。"2007年《物权法（草案）》第16条规定："不动产权属证书是权利人享有该不动产物权的证明。不动产权属证书记载的事项，应当与不动产登记簿一致；记载不一致的，除有证据证明不动产登记簿确有错误外，以不动产登记簿为准。"① 原《物权法》第17条采用相同表述，规定："不动产权属证书是权利人享有该不动产物权的证明。不动产权属证书记载的事项，应当与不动产登记簿一致；记载不一致的，除有证据证明不动产登记簿确有错误外，以不动产登记簿为准。"

全国人大常委会法工委民法室2017年《民法物权编（草案）》（室内稿）第14条规定："不动产权属证书是权利人享有该不动产物权的证明。不动产权属证书记载的事项，应当与不动产登记簿一致。"全国人大常委会法工委2018年《民法典物权编（草案）》（征求意见稿）第13条采用原《物权法》第17条的表述，规定："不动产权属证书是权利人享有该不动产物权的证明。不动产权属证书记载的事项，应当与不动产登记簿一致；记载不一致的，除有证据证明不动产登记簿确有错误外，以不动产登记簿为准。"其后，2018年《民法典各分编（草案）》（一次审议稿）第13条、2019年《民法典物权编草案》（二次审议稿）第13条、《民法典（草案）》第217条、2020年《民法典（草案）》（大会审议稿）第217条、《民法典（草案）》（修改稿）第217条、《民法典》第217条均采用相同表述，规定："不动产权属证书是权利人享有该不动产物权的证明。不动产权属证书记载的事项，应当与不动产登记簿一致；记载不一致的，除有证据证明不动产登记簿确有错误外，以不动产登记簿为准。"②

### 三、条文解读

#### （一）不动产权属证书及其权利证明效力

所谓权属证书，是指证明物权的凭证。不动产权属证书是不动产登记机构制作并颁发给不动产权利人作为其享有不动产权利的证明。权属证书必须根据

---

① 参见何勤华、李秀清、陈颐编：《新中国民法典草案总览》（增订本下卷），北京大学出版社2017年版，第1495页、第1697页、第1728页、第1764页、第1816页。
② 参见何勤华、李秀清、陈颐编：《新中国民法典草案总览》（增订本续编），北京大学出版社2020年版，第3页、第111页、第220页、第326页、第500页、第627页、第764页、第896页。

登记内容来制作，其必须与登记内容保持完全一致。不动产登记机构依据当事人申请完成不动产登记后，应当根据不动产登记簿填写并向当事人核发不动产权属证书或者登记证明。核发权属证书在我国具有相当深厚的群众基础，民众对于拥有权属证书作为享有权利的证明具有高度的信赖，我国的不动产登记向来有核发不动产权属证书的传统。在不动产统一登记之前，由于登记机构的不同，不动产权属证书主要包括集体土地所有证、国有土地使用证、集体土地使用证、房屋所有权证、房地产权证、土地承包经营权证、水域滩涂养殖证、草原使用证、林权证、海域使用权证书、无居民海岛使用证等多种类别和样式。① 在不动产统一登记之后，实现了机构、办法、簿册和证书的"四统一"，不动产统一登记仍然没有改变核发不动产权属证书的传统。只是为了与统一登记相匹配，除了抵押权登记、地役权登记以及预告登记、异议登记核发登记证明，除查封登记之外的其他不动产登记统一核发不动产权证。而且为了平稳有序衔接，此前依法颁发的各类不动产权属证书和制作的不动产登记簿继续有效，不动产权利未发生变更、转移的，不动产登记机构不得强制要求不动产权利人更换不动产权属证书。

不动产权属证书根据不动产登记簿记载内容进行制作，也表征了相应的不动产物权，其上记载的信息具有高度的可信性。不动产登记簿的查阅、复制往往有一定的条件限制和程序要求，并需要消耗额外的时间成本。而不动产权属证书一般由权利人持有和控制，更便于用以证明自己的权利状态。因此，在社会生活和交易过程中，对于并非不动产交易、设立限定物权等涉及处分权的重大事项，只是就不动产的中短期、非永久占有、借用等物之利用场合，出示不动产权属证书显然更为便捷，更能有效促进交易，并足以保障交易安全。如社会生活中最为常见的当事人在建立不动产租赁关系之时，不动产权利人作为出租人可以向承租人出示不动产权属证书以证明自己的权利状况，并进而与对方达成交易。而对于不动产交易、设立限定物权等涉及处分权的重大事项，不动产权利人出示不动产权属证书也便于交易相对人据此进一步查找不动产相关信息，以及对其后查阅到的不动产登记信息进行比对。本条规定不动产权属证书是权利人享有该不动产物权的证明，即赋予了不动产权属证书以证据资格，其与不动产登记簿同样属于《民事诉讼法》证据类型中的公文书。当某项不动产

---

① 参见孙宪忠、朱广新主编：《民法典评注：物权编》，中国法制出版社2020年版，第117~118页。

上发生权属争议时，不动产权属证书也可以在涉及产权争议的案件审理中用来作为确定不动产物权归属的诉讼证据。但由于在不动产登记制度中不动产权属证书与不动产登记簿在功能、地位等方面存在差别，其不动产物权证明效力与不动产登记簿相比较弱。

（二）不动产权属证书与不动产登记簿的关系

不动产权属证书与不动产登记簿系同一不动产登记机关核发，不动产权属证书上记载的事项应当与不动产登记簿一致，但两者在法律效力上存在根本差异。第一，根据《民法典》第214条的规定，不动产物权的设立、变更、转让和消灭，依照法律规定应当登记的，自记载于不动产登记簿时发生效力，即不动产物权变动以登记生效为原则，而核发不动产权属证书并不是不动产物权变动的公示方法，没有物权变动的形成力。第二，根据物权公示原则，完成不动产物权公示的是不动产登记，判断不动产物权归属和内容的根据仍然是不动产登记簿，不动产权属证书作为权利人享有不动产物权的证明，仅是不动产登记簿记载内容的外在表现形式，其推定力和公信力均弱于不动产登记簿。第三，不动产物权登记制度要求不动产登记程序完成的标志是不动产物权事项的登簿，而不是不动产权属证书的发放，核发不动产权属证书属于不动产登记机构完成不动产登记之后的行为，两者接续的目的主要是从源头解决不动产登记簿和不动产权属证书不一致的情况。

基于不动产权属证书与不动产登记簿在法律效力上存在根本差异，以及不动产权属证书在发放后即与不动产登记机构管理的不动产登记簿相分离，无法如不动产登记簿一样及时更新有关不动产物权信息，因此不动产登记簿的证据力应当明显优于不动产权属证书的证据力。当不动产权属证书记载的事项与不动产登记簿记载的事项不一致时，应当以不动产登记簿为准，这也是物权公示原则的必然结果。从不动产权属证书形成的角度而言，由于不动产权属证书是依据不动产登记簿而制作的，不动产登记簿是不动产权属证书的母本，不动产权属证书只是用以证明不动产登记簿记载内容的文书，在不动产权属证书记载的内容与不动产登记簿记载的内容不一致的情形下，除非有证据证明不动产登记簿记载的内容存在错误，应当按照不动产登记簿记载的内容确定不动产物权的归属。实践中，不动产权属证书在不动产交易中主要起到初步的证明作用。如在一宗房屋买卖交易的磋商过程开始时，欲出卖房屋的一方出示房屋不动产权证，可以初步证明自己是房屋的所有权人，有关的协商谈判可以据此展开。如果双方初步达成一致并且准备签订房屋买卖合同时，则另一方当事人不应只根据对方房屋不动产权证的记载就与之订立合同，而应当到不动产登记机关查阅不动产登记簿，以了解对方是否为真正的房屋所有权人、该房屋上是否设定了抵押等情况，因为只有不动产登记簿上的记载才是具有公信力的权利归属证明。但由于不动产权属证书早已深入人心，社会生活中仍存在重视不动产权属证书而轻视不动产登记簿的现象。因此，本条对不动产权属证书与不动产登记簿不一致时如何确定不动产物权归属作出规定，不动产权属证书作为权利人享有该不动产物权的证明，其记载的事项应当与不动产登记簿一致，记载不一致的，除有证据证明不动产登记簿确有错误外，以不动产登记簿为准。

## ▶ 适用指引

### 一、正确辨别与不动产权属证书相关的认识误区

本条规定不动产权属证书是权利人享有该不动产物权的证明，明确了不动产权属证书的法律地位，即不动产权属证书作为不动产权利人享有不动产物权的证明文件而存在。由于历史原因，在社会生活中仍然存在不少对不动产权属证书的错误认识，比如，认为不动产权属证书能够代表物权，不动产权属证书的移转占有即代表了不动产物权的转移等。这些错误认识，既反映了当前仍存在重视不动产权属证书而轻视不动产登记簿的现象，也削弱了现代物权制度不动产物权的公示性，影响了不动产物权交易的安全，应当予以正确辨别。第一，不动产权属证书并不具有代表不动产物权的功能，这一点与证券相比有较大差异。通常情况下，证券与权利是结合在一起的，证券的存在与权利的存在具有密切关系，证券不仅记载一定的权利，证明权利之存在，其本身就代表一定的权利。而证书是记载一定法律事实或法律行为的文书，其作用仅仅是证明这种法律事实或法律行为曾经发生，至于这类证书的有无及存在与否并不能直接决定实体法律关系的存在与否。行使权利与持有证书无关，转移权利也无法通过交付证书进行。① 第二，根据《民法典》第 216 条的规定，不动产登记簿

---

① 参见谢怀栻：《票据法概论》，法律出版社 1990 年版，第 2 页。

是物权归属和内容的根据，而不动产权属证书并非不动产物权的基本法律依据。本条进一步规定，不动产权属证书记载的事项，应当与不动产登记簿一致，记载不一致的，除有证据证明不动产登记簿确有错误外，以不动产登记簿为准。第三，根据《民法典》第208条的规定，不动产物权的设立、变更、转让和消灭，应当依照法律规定登记，而向对方交付不动产权属证书的行为并不能发生不动产物权变动的法律效力。因此，不动产权属证书的移转占有不能作为物权变动的生效要件。不动产权属证书可以作为证明当事人享有不动产权利的根据，但是不能以交付不动产权属证书作为物权变动的根据。在不动产物权交易中，如果不动产登记的内容中没有记载物权变动的，即使将权属证书移转给他人占有，物权本身也不发生变动。

## 二、正确把握不动产权属证书与不动产登记簿的证据力

本条赋予不动产权属证书以证据资格，主要目的在于明确不动产权属证书可以作为不动产权利人享有不动产物权的证据，但其并不是不动产物权确权的主要依据。第一，在不动产物权交易中，不动产权利人为了证明自己的权利状况，可以出示不动产权属证书，但不动产权利人或者利害关系人必须进行登记而为物权的变动，否则，物权无法变动，不动产权属证书的占有人也不能仅以其占有了不动产权属证书来主张其享有相应不动产物权。第二，从本条规定的表述来看，不动产登记簿也可能存在被证明确有错误的情形，进一步明确了无论是不动产权属证书，还是不动产登记簿，均不具有绝对的证据力。与不动产权属证书同样作为证据的不动产登记簿，只具有推定的证据效力。不动产登记簿记载的事项是否真实，需要人民法院依据不动产登记的权利推定规则，依法予以判定。人民法院首先把不动产登记簿当作真实的来对待，对方如果有异议就应当提出反证；如果依法对方举出相反的证据，证明不动产登记簿上的记载确有错误，不动产登记簿的记载就会被推翻，人民法院将根据相反的证据认定争议财产的物权归属。第三，由于历史的原因，在不动产统一登记之前，不同类型的不动产物权登记缺乏明确统一的规定，不动产登记的内容亦不规范，各地不动产登记机构实际操作不一，导致不动产登记簿和不动产权属证书内容不一致，但此前的不动产登记簿及权属证书依然有效。人民法院应当注意坚持以不动产登记簿的内容认定不动产物权的归属和内容。

**第二百一十八条** 权利人、利害关系人可以申请查询、复制不动产登记资料，登记机构应当提供。

## ▶ 关联规定

### 一、法律、行政法规、司法解释

《不动产登记暂行条例》

**第二十七条** 权利人、利害关系人可以依法查询、复制不动产登记资料，不动产登记机构应当提供。

有关国家机关可以依照法律、行政法规的规定查询、复制与调查处理事项有关的不动产登记资料。

### 二、部门规章及规范性文件

1.《不动产登记暂行条例实施细则》

**第九十四条** 不动产登记资料包括：

（一）不动产登记簿等不动产登记结果；

（二）不动产登记原始资料，包括不动产登记申请书、申请人身份材料、不动产权属来源、登记原因、不动产权籍调查成果等材料以及不动产登记机构审核材料。

不动产登记资料由不动产登记机构管理。不动产登记机构应当建立不动产登记资料管理制度以及信息安全保密制度，建设符合不动产登记资料安全保护标准的不动产登记资料存放场所。

不动产登记资料中属于归档范围的，按照相关法律、行政法规的规定进行归档管理，具体办法由自然资源部会同国家档案主管部门另行制定。

**第九十八条** 权利人、利害关系人申请查询、复制不动产登记资料应当提交下列材料：

（一）查询申请书；

（二）查询目的的说明；

（三）申请人的身份材料；

（四）利害关系人查询的，提交证实存在利害关系的材料。

权利人、利害关系人委托他人代为查询的，还应当提交代理人的身份证明材料、授权委托书。权利人查询其不动产登记资料无需提供查询目的的说明。

有关国家机关查询的，应当提供本单位出具的协助查询材料、工作人员的工作证。

第九十九条 有下列情形之一的，不动产登记机构不予查询，并书面告知理由：

（一）申请查询的不动产不属于不动产登记机构管辖范围的；

（二）查询人提交的申请材料不符合规定的；

（三）申请查询的主体或者查询事项不符合规定的；

（四）申请查询的目的不合法的；

（五）法律、行政法规规定的其他情形。

第一百条 对符合本实施细则规定的查询申请，不动产登记机构应当当场提供查询；因情况特殊，不能当场提供查询的，应当在5个工作日内提供查询。

第一百零一条 查询人查询不动产登记资料，应当在不动产登记机构设定的场所进行。

不动产登记原始资料不得带离设定的场所。

查询人在查询时应当保持不动产登记资料的完好，严禁遗失、拆散、调换、抽取、污损登记资料，也不得损坏查询设备。

第一百零二条 查询人可以查阅、抄录不动产登记资料。查询人要求复制不动产登记资料的，不动产登记机构应当提供复制。

查询人要求出具查询结果证明的，不动产登记机构应当出具查询结果证明。查询结果证明应注明查询目的及日期，并加盖不动产登记机构查询专用章。

2.《林木和林地权属登记管理办法》

第二十条 登记机关应当公开登记档案，并接受公众查询。

## ▶ 条文释义

### 一、本条主旨

本条是关于不动产登记资料查询、复制的规定。

### 二、条文演变

原《物权法》第18条规定："权利人、利害关系人可以申请查询、复制登记资料，登记机构应当提供。"该条规定于"不动产登记"一节，故该条中的"登记资料"即指不动产登记资料。《民法典》在沿用原《物权法》上述规定的基础上，仅增加了"不动产"一词作为限定语，并未实质改变原条文的含义。

### 三、条文解读

不动产登记资料公开查询制度一直备受社会各界高度关注，究其原因，社会公众既关注自身持有的不动产的信息隐私保护程度，也十分关注在不动产交易时是否能够便利地查询他人的不动产状况。本条的规定是对《民法典》第209条"不动产物权的设立、变更、转让和消灭，经依法登记，发生效力；未经登记，不发生效力，但是法律另有规定的除外"的延伸性规定，对实现不动产登记制度价值有着十分重要的作用。不动产登记制度是建立和完善物权法律制度的基础，而登记是一种公示方法，要实现通过登记来保障交易安全，防止出现诸如"一房二卖"的情形，必须通过建立不动产登记资料公开查询制度来确保登记实现公示的效果。与此同时，从分散登记模式下的各类不动产登记资料查询立法实践看，现行的不动产登记资料公开查询制度仍具有传承延续的必要性和可行性。

不动产登记信息向哪些人公开、公开的程度如何、实践中该如何操作，这些是《民法典》起草过程中相关条款争议较大的问题，对此，主要有两种观点：第一种观点认为，所谓公示的本意是向全社会公开，每个人都有权知道，经公示的信息已经转化为公开的信息，不再受隐私权的保护，因此，任何人都可以查阅，且不动产登记机构应将这些资料向所有人进行披露。持这种观点的人主要基于以下三个理由：一是物权公示的目的就是要公开登记资料，让社会公众都能对物权归属状况有所了解。二是如果权利人选择进行登记，登记行为本身也表明其并未把所要登记的内容作为个人隐私，登记的资料就是准备要公开的，因此这些资料不属于隐私的范畴，也不属于商业秘密。三是如果一部分人可以进行查询、复制，而另外一部分人不能进行查询、复制，就需要作出一些限制性的规定，在实际操作中所需的成本比较高，也不一定能够被很好地实施。第二种观点认为，经公示的信息虽然应当向社会公开，但并不是向每一个人公开，经公示的信息也并不完全转化为公开的信息而不受任何隐私的保护，登记信息的公开范围、限度和有权查阅人的范围都是有限的。比如，对于那些享有不动产物权而不想进行市场交易的权利人而言，就没有必要使其不动产信息为社会公众所了解。对于想要受让某一不动产物权的当事人来说，其也无须了解所有的不动产物权登记信息，只对其想要受让的不动产物权的信息进行查询、复制即可。

就我国法律规定和实务经验来看，理解本条的关键是明确有权查询、复制不动产登记资料的主体，即权利人和利害关系人的内涵和外延。同时，要明确查阅内容的范围，即哪些登记资料可以被查询、复制。

对于何为权利人，何为利害关系人，其定义一直难以确定。一般来说，权利人是指对登记的不动产享有所有权或他物权的人。利害关系人是指与登记的不动产具有一定现实利益关系，并有可能因不动产登记结果而影响其利益存在或实现的人。不动产登记机构有权要求查询申请人举证，证明自己是所登记的不动产的利害关系人。例如，证明自己是不动产买卖的居间人，为追索佣金而查阅不动产登记簿；证明自己是房屋承租人，为行使对承租房的优先购买权而查阅不动产登记簿；证明自己是信用贷款人，为确保收回贷款而查阅不动产登记簿；证明自己是正在诉讼或仲裁案件中的债权人，为查明债务人不动产情况而查阅不动产登记簿，等等。

而对于查询的范围，本条只以"不动产登记资料"代称，并没有作进一步细分。在《民法典》颁布前，我国已有法律法规对于上述问题作出规定。如《林木和林地权属登记管理办法》第20条规定，登记机关应当公开登记档案，并接受公众查询。但此类规定总体较为抽象笼统，可操作性不强。

为了规范不动产登记资料查询活动，加强不动产登记资料管理、保护和利用，维护不动产交易安全，保护不动产权利人的合法权益，2018年原国土资源部公布了《不动产登记资料查询暂行办法》，对除国家机关外的主体查询不动产登记资料作了较为明确详细的规定，诸如不动产登记资料、查询主体、查询范围、查询机关等。这为不动产登记机构提供了履行职责的准则。根据上述规定，查询不动产登记资料，应当在不动产所在地的市、县人民政府不动产登记机构进行，但法律法规另有规定的除外；不动产权利人、利害关系人申请查询不动产登记资料，应当提交查询申请书以及不动产权利人、利害关系人的身份证明材料；不动产登记簿上记载的权利人可以查询本不动产登记结果和本不动产登记原始资料。

在《民法典》编纂过程中，立法机关经综合考虑和充分研究，认为物权公示本来的含义或者真正目的，并不是要求全社会的人都知道某一特定不动产的信息。物权公示虽然具有针对不特定的人的特性，但这个不特定的人并不等同于全社会的人。不动产登记资料只要能够满足合同双方当事人或者不动产物权权利人以外的可能与这个物权发生联系的这部分人的要求，就达到了登记的目的和物权公示的目的。如果不加区别地认为社会上所有人都可以去查询、复制不动产登记资料，实际上是对人民群众和不动产登记机构的一种误导，使其做了没有必要去做的事，甚至会带来制度设计初衷以外的麻烦。因此，本条规定，权利人、利害关系人可以申请查询、复制不动产登记资料，登记机构应当提供。

## ▶ 适用指引

不动产登记的目的是要让社会公众便利地了解其已经进行或正在考虑进行的不动产交易的准确权属信息。因此，不动产登记是不动产权属得以公开的法定方式。其背后有两个价值判断：一是不动产与社会生活的重要关联。不动产的所有权和他物权关系人们的基本生存，而不动产的相邻关系也极易产生不同利益的冲突。二是不动产登记能够保护人们的交易安全。因为不动产登记信息公示是维护公信力的基本要求，所以，对有权查询的主体资格不能限制过严，特别是对利害关系人的判定上不能过严，否则，将难以真正实现不动产登记的目的。对于实践中大量存在的有不动产交易意图且需要准确的不动产权属信息的潜在交易者能否认定为"利害关系人"的问题，需要认真分析。我们认为，利害关系人并不必然具有法律利益，经济上的或亲属关系上的利益，也是可以的。但也不能只要申请人陈述自己是利害关系人，就一概地认定。例如，有人意图购买某处房产，而没有任何证据证明该处房产的权利人有出卖的意思表示，那么，就不能认定其为利害关系人。不动产登记机构需要结合工作实际，合法合理且灵活地开展申请查询人主体资格审查工作。

**第二百一十九条** 利害关系人不得公开、非法使用权利人的不动产登记资料。

## 关联规定

### 一、法律、行政法规、司法解释

《不动产登记暂行条例》

第二十八条 查询不动产登记资料的单位、个人应当向不动产登记机构说明查询目的，不得将查询获得的不动产登记资料用于其他目的；未经权利人同意，不得泄露查询获得的不动产登记资料。

第三十二条 不动产登记机构、不动产登记信息共享单位及其工作人员，查询不动产登记资料的单位或者个人违反国家规定，泄露不动产登记资料、登记信息，或者利用不动产登记资料、登记信息进行不正当活动，给他人造成损害的，依法承担赔偿责任；对有关责任人员依法给予处分；有关责任人员构成犯罪的，依法追究刑事责任。

### 二、部门规章及规范性文件

1.《不动产登记暂行条例实施细则》

第九十五条 不动产登记机构应当加强不动产登记信息化建设，按照统一的不动产登记信息管理基础平台建设要求和技术标准，做好数据整合、系统建设和信息服务等工作，加强不动产登记信息产品开发和技术创新，提高不动产登记的社会综合效益。

各级不动产登记机构应当采取措施保障不动产登记信息安全。任何单位和个人不得泄露不动产登记信息。

第一百零四条 当事人违反本实施细则规定，有下列行为之一，构成违反治安管理行为的，依法给予治安管理处罚；给他人造成损失的，依法承担赔偿责任；构成犯罪的，依法追究刑事责任：

（一）采用提供虚假材料等欺骗手段申请登记；

（二）采用欺骗手段申请查询、复制登记资料；

（三）违反国家规定，泄露不动产登记资料、登记信息；

（四）查询人遗失、拆散、调换、抽取、污损登记资料的；

（五）擅自将不动产登记资料带离查询场所、损坏查询设备的。

2.《不动产登记资料查询暂行办法》

**第二十五条** 不动产利害关系人及其委托代理人，按照本办法申请查询的，应当承诺不将查询获得的不动产登记资料、登记信息用于其他目的，不泄露查询获得的不动产登记资料、登记信息，并承担由此产生的法律后果。

**第三十条** 查询人违反本办法规定，有下列行为之一，构成违反治安管理行为的，移送公安机关依法给予治安管理处罚；涉嫌构成犯罪的，移送有关机关依法追究刑事责任：

（一）采用提供虚假材料等欺骗手段申请查询、复制不动产登记资料的；

（二）泄露不动产登记资料、登记信息的；

（三）遗失、拆散、调换、抽取、污损、撕毁不动产登记资料的；

（四）擅自将不动产登记资料带离查询场所、损坏查询设备的；

（五）因扰乱查询、复制秩序导致不动产登记机构受损失的；

（六）滥用查询结果证明的。

## ▶ 条文释义

### 一、本条主旨

本条是关于利害关系人对不动产登记资料应尽义务的规定。

### 二、条文演变

本条是《民法典》新增条文。

### 三、条文解读

不动产登记资料载明了权利人身份、财产等重要个人信息，涉及诸多隐私和商业秘密，只要能够满足与特定物权产生利害关系的主体的查询、复制需要，就达到了物权公示的目的，而不属于向社会公众开放查询的公开信息。《不动产登记暂行条例》《不动产登记暂行条例实施细则》《不动产登记资料查询暂行办法》等规范，对有权申请查询不动产登记资料的利害关系人的范围、目的、程序、使用等作了相应规定。本条在吸收上述相关规定的基础上，在前条赋予利害关系人申请查询他人不动产登记资料权利的基础上，明确利害关系人负有不得公开、非法使用该不动产登记资料的义务，提升了利害关系人合法、正当使用不动产登记资料义务规定的法律位阶，体现了《民法典》对个人信息和商业秘密等私权的尊重与保护。

就利害关系人的具体义务而言，"不得公开"，是指利害关系人不得向任何第三人泄露或向社会公众披露他人的不动产登记资料；"不得非法使用"，是指利害关系人应如实向不动产登记机构书面说明查询目的，并严格按照该目的合法、正当、有限地使用不动产登记资料，不得将不动产登记资料用于查询目的之外的其他用途。

就利害关系人违反义务应承担的法律责任而言，主要包括民事责任、行政责任、刑事责任三种。（1）民事责任。《民法典》虽未明确利害关系人公开、非法使用不动产登记资料应承担的法律责任，但根据总则编、人格权编关于个人信息、隐私权的保护以及侵权责任编关于侵权责任等规定，可以明确其法律责任。比如，利害关系人公开、非法使用不动产登记资料，侵犯权利人合法权益的，权利人有权要求利害关系人撤回公开的不动产登记资料，停止公开和非法使用的侵权行为，消除不动产登记资料公开的危险；如权利人的人身或财产因此遭受损害，还可要求利害关系人承担损害赔偿责任；如其隐私权受到侵害，还可要求利害关系人消除影响、恢复名誉、赔礼道歉并承担精神损害赔偿责任。（2）行政责任。利害关系人违反本条之规定，公开、非法使用不动产登记资料，侵犯权利人个人信息和隐私权的，权利人有权向公安机关举报，由公安机关对利害关系人处以治安管理处罚。（3）刑事责任。利害关系人公开、非法使用不动产登记资料，情节严重，构成犯罪的，权利人还可向公安机关报案，追究其刑事责任。涉及的罪名主要是《刑法》第219条规定的侵犯商业秘密罪和第253条之一规定的侵犯公民个人信息罪。

## 适用指引

申请查询、复制不动产登记资料的主体包括权利人和利害关系人。其中，权利人可对其不动产登记资料进行自由处分，而利害关系人则需作出区别规定。在申请查询不动产登记资料时，申请人应当填写不动产登记信息查询申请表，表格中应当填写不动产登记资料的利用用途。具体的利用用途一般包括遗失补证、诉讼取证、公证仲裁、房产调查等。利害关系人应当按照填写的利用用途对所获得的不动产登记资料进行利用，不得将这些资料用于其他目的。在不动产登记机构进行审查时，需要审查申请人填写的利用用途是否合法。此外，不动产登记机构及有关主管单位必须正确理解不动产登记制度的本意，依据法律法规正确行使职权，既不能严苛查询主体的证明责任，更不能肆意扩张公权力，对私权利造成损害。实践中，除了利害关系人之外，其他申请查询单位或者不动产登记机构、不动产登记信息共享单位及其工作人员也应当对不动产登记资料保密；涉及国家秘密的不动产登记资料，应当依法采取必要的安全保密措施。上述主体违反国家规定，泄露不动产登记资料、登记信息，或者利用不动产登记资料、登记信息进行不正当活动，给他人造成损害的，依法应当承担赔偿责任；对有关责任人员应依法给予处分；构成犯罪的，依法追究刑事责任。

**第二百二十条** 权利人、利害关系人认为不动产登记簿记载的事项错误的，可以申请更正登记。不动产登记簿记载的权利人书面同意更正或者有证据证明登记确有错误的，登记机构应当予以更正。

不动产登记簿记载的权利人不同意更正的，利害关系人可以申请异议登记。登记机构予以异议登记，申请人自异议登记之日起十五日内不提起诉讼的，异议登记失效。异议登记不当，造成权利人损害的，权利人可以向申请人请求损害赔偿。

## ▶ 关联规定

一、法律、行政法规、司法解释

1.《不动产登记暂行条例》

**第三条** 不动产首次登记、变更登记、转移登记、注销登记、更正登记、异议登记、预告登记、查封登记等，适用本条例。

2.《最高人民法院关于适用〈中华人民共和国民法典〉物权编的解释（一）》

**第二条** 当事人有证据证明不动产登记簿的记载与真实权利状态不符、其为该不动产物权的真实权利人，请求确认其享有物权的，应予支持。

**第三条** 异议登记因民法典第二百二十条第二款规定的事由失效后，当事人提起民事诉讼，请求确认物权归属的，应当依法受理。异议登记失效不影响人民法院对案件的实体审理。

**第十五条** 具有下列情形之一的，应当认定不动产受让人知道转让人无处分权：

（一）登记簿上存在有效的异议登记；

（二）预告登记有效期内，未经预告登记的权利人同意；

（三）登记簿上已经记载司法机关或者行政机关依法裁定、决定查封或者以其他形式限制不动产权利的有关事项；

（四）受让人知道登记簿上记载的权利主体错误；

（五）受让人知道他人已经依法享有不动产物权。

真实权利人有证据证明不动产受让人应当知道转让人无处分权的，应当认定受让人具有重大过失。

**3.《最高人民法院关于审理房屋登记案件若干问题的规定》**

**第六条** 人民法院受理房屋登记行政案件后，应当通知没有起诉的下列利害关系人作为第三人参加行政诉讼：

（一）房屋登记簿上载明的权利人；

（二）被诉异议登记、更正登记、预告登记的权利人；

（三）人民法院能够确认的其他利害关系人。

## 二、部门规章及规范性文件

**1.《不动产登记暂行条例实施细则》**

**第七十九条** 权利人、利害关系人认为不动产登记簿记载的事项有错误，可以申请更正登记。

权利人申请更正登记的，应当提交下列材料：

（一）不动产权属证书；

（二）证实登记确有错误的材料；

（三）其他必要材料。

利害关系人申请更正登记的，应当提交利害关系材料、证实不动产登记簿记载错误的材料以及其他必要材料。

**第八十条** 不动产权利人或者利害关系人申请更正登记，不动产登记机构认为不动产登记簿记载确有错误的，应当予以更正；但在错误登记之后已经办理了涉及不动产权利处分的登记、预告登记和查封登记的除外。

不动产权属证书或者不动产登记证明填制错误以及不动产登记机构在办理更正登记中，需要更正不动产权属证书或者不动产登记证明内容的，应当书面通知权利人换发，并把换发不动产权属证书或者不动产登记证明的事项记载于登记簿。

不动产登记簿记载无误的，不动产登记机构不予更正，并书面通知申请人。

**第八十一条** 不动产登记机构发现不动产登记簿记载的事项错误，应当通知当事人在 30 个工作日内办理更正登记。当事人逾期不办理的，不动产登记机构应当在公告 15 个工作日后，依法予以更正；但在错误登记之后已经办理了涉及不动产权利处分的登记、预告登记和查封登记的除外。

第八十二条 利害关系人认为不动产登记簿记载的事项错误，权利人不同意更正的，利害关系人可以申请异议登记。

利害关系人申请异议登记的，应当提交下列材料：

（一）证实对登记的不动产权利有利害关系的材料；

（二）证实不动产登记簿记载的事项错误的材料；

（三）其他必要材料。

第八十三条 不动产登记机构受理异议登记申请的，应当将异议事项记载于不动产登记簿，并向申请人出具异议登记证明。

异议登记申请人应当在异议登记之日起 15 日内，提交人民法院受理通知书、仲裁委员会受理通知书等提起诉讼、申请仲裁的材料；逾期不提交的，异议登记失效。

异议登记失效后，申请人就同一事项以同一理由再次申请异议登记的，不动产登记机构不予受理。

第八十四条 异议登记期间，不动产登记簿上记载的权利人以及第三人因处分权利申请登记的，不动产登记机构应当书面告知申请人该权利已经存在异议登记的有关事项。申请人申请继续办理的，应当予以办理，但申请人应当提供知悉异议登记存在并自担风险的书面承诺。

2.《林木和林地权属登记管理办法》

第十七条 发现林权证错、漏登记的或者遗失、损坏的，有关林权权利人可以到原林权登记机关申请更正或者补办。

# ▶ 条文释义

## 一、本条主旨

本条是关于不动产登记制度中的更正登记和异议登记的规定。

## 二、条文演变

第一，原《物权法》出台前的规定。原《民法通则》关于物权方面的规定十分简略，没有关于不动产登记制度的具体规定，更无异议登记制度。在原《物权法》出台之前，关于异议登记的规定零散地出现在经济比较发达地区的地方性立法中，如《上海市房地产登记条例》第19条规定：房地产的利害关系人认为房地产登记册记载的土地使用权人、房屋所有权人与实际状况不一致的，可以持与房地产权利相关的文件，提出异议登记。《南京市城镇房屋权属登记管理条例》第19条规定：在核准登记前，利害关系人对房屋权属登记内容有异议的，应当向登记机关提交书面报告和有关证据，登记机关应当将异议情况告知申请人，并暂停登记。由于这些规定仅属于地方性法规，尚未有上位法作为其适用依据，故在诉讼时能够作为法院适用依据的极少。

第二，原《物权法》起草过程中的争议。从原《物权法》立法过程中的观点变迁来看，就是否确立异议登记制度曾经存在争论。肯定说认为，法律有必要建立异议登记制度，以临时性地保护真正权利人。主要理由在于，登记权利和事实权利不一致是客观存在的事实，在客观上存在冲突的情况下，则需要保护事实上的权利人。虽然保护事实上权利人的最好方式是对登记簿册进行更正，但考虑到更正登记的程序较长，有时候在产生争议时又需要通过诉讼途径来解决，故应设置一种过渡性的警示登记，以提醒以登记不动产作为交易标的的交易人。否定说认为，在我国当时引入异议登记制度的条件还不成熟。主要理由在于：一方面，实行异议登记后，登记的公示作用将会减弱，甚至权利设定和移转的登记因为异议登记的存在而降低了其应有的价值。在我国由于登记制度处于日益完善的阶段，登记制度还不成熟，在这种情况下，实行异议登记，将会使本就处于亟须加强的登记制度难以发挥作用。另一方面，异议登记在实践中难以操作。2002年1月，全国人大常委会法工委提出《物权法》（征求意见稿），该稿肯定了异议登记制度。

第三，原《物权法》的规定。原《物权法》第19条第1款、第2款分别对更正登记和异议登记作了规定。第19条第1款规定：权利人、利害关系人认为不动产登记簿记载的事项错误的，可以申请更正登记。不动产登记簿记载的权利人书面同意更正或者有证据证明登记确有错误的，登记机构应当予以更正。第19条第2款规定：不动产登记簿记载的权利人不同意更正的，利害关系人可以申请异议登记。登记机构予以异议登记的，申请人在异议登记之日起15日内不起诉，异议登记失效。异议登记不当，造成权利人损害的，权利人可以向申请人请求损害赔偿。从该条的体系加以理解，异议登记是补正更正登记的一种权利救济手段。

### 三、条文解读

不动产登记簿是不动产物权归属和内容的根据。不动产登记是不动产物权的公示方式，其目的在于为不动产物权的各种变动提供统一的、具有公信力的法律基础，起着确定物权归属的作用。除非第三人明知不动产登记簿记载的权利有瑕疵而恶意取得该项权利，否则，应当推定不动产登记簿上记载的权利是真正的权利，即不动产登记权利具有正确性推定效力。第三人基于对登记信息的善意信赖所取得的权利，不受真正权利人的追夺，法律对其权利予以保护。一般来讲，不动产登记物权与实际的不动产物权是一致的，但不能否认实践中仍然存在着登记的不动产物权和事实上的不动产物权不相符合的可能性。这种不动产登记簿记载的不动产物权状况与实际权利不相符合的事实状态，被通称为不动产登记瑕疵。由于不动产登记具有的登记权利正确性推定效力以及保护善意第三人的公信力，不动产登记瑕疵使得不动产事实上的权利人（真正权利人）的权利随时面临丧失或受损害的危险。

#### （一）基本含义

第一，本条赋予权利人、利害关系人在不动产登记瑕疵情形下可以行使申请更正登记和异议登记的救济权利，原则性规定了更正登记制度和异议登记制度。此前，我国相关不动产登记法律、法规或者部门规章大多规定了不动产登记申请人办理权属登记所须提交的相关材料，或者在不动产发生变更、灭失时，由原权利人申请更正登记或者注销登记，对此并无相应规定。本条规定为权利人和利害关系人行使救济权利提供了法律依据。

第二，本条对更正登记和异议登记作出了相关限定。首先，本条前部分规定了不动产登记机构进行更正登记的条件是不动产登记簿记载的权利人书面同意更正或者有证据证明登记确有错误两种情形。至于证明登记确有错误的证据，人民法院生效的裁判文书以及仲裁机构作出的生效的仲裁裁决当属其中，其他证据则由不动产登记机构在依法确认之后再行决定是否予以更正。其次，异议登记具有导致不动产物权进入不稳定状态的消极作用，为使不动产物权的不稳定状态不致长期延续，应对异议登记进行必要的限制，以促使申请人及时行使权利。本条后部分在时间上和权利行使上对此加以限制。前者规定了异议登记申请人未在法定期间内提起诉讼的，则该异议登记丧失其效力；后者规定了异议登记不当而给不动产登记权利人的利益造成损害的，应由异议登记申请人承担赔偿责任。其中，该15日的时限应为不变期间，超过该期间不起诉的，异议登记失效，即异议登记作为一种保护申请人利益的临时性措施的法律效果灭失。反过来，这意味着不动产登记记载的权利人恢复了按照登记簿记载的内容行使处分权的权利，第三人依据登记簿的公信力可以取得物权。

更正登记是对不动产登记簿上的瑕疵记载（错误或疏漏）进行改正补充而发生的登记。与异议登记不同的是，更正登记是彻底地终止现实不动产登记权利的推定效力，终局性地终止第三人依据不动产登记簿的记载对现实登记权利的取得。因此，也可以认为更正登记是对原登记权利的涂销登记，同时是对真正权利的初始登记。根据程序启动方式的不同，更正登记可分为依申请的更正登记和依职权的更正登记两种方式。依申请的更正登记指不动产登记簿记载的权利人、真正权利人或者利害关系人向不动产登记机构申请对已登记记载的信息进行更正，由不动产登记机构对申请人提交的书面证据进行审查后决定是否予以更正。依职权的更正登记则指不动产登记机构依据其职权对已登记记载的信息所进行的更正登记。

目前，我国不同领域中的不动产登记规则也建立有更正登记制度。如《林木和林地权属登记管理办法》第17条规定，发现林权证错、漏登记的或者遗失、损坏的，有关林权权利人可以到原林权登记机关申请更正或者补办。

更正登记的目的是保护事实上的权利人的物权，许可真正的权利人或者利害关系人依据真正的权利状态对不动产登记簿记载的内容进行更正。但是，更正的程序可能较为费时，有时申请更正的权利人与不动产登记簿上记载的权利人之间的争议一时难以化解，法律有必要建立异议登记制度，作为一种对真正权利人利益的临时性保护措施。异议登记是真正权利人及利害关系人针对不动产登记簿的正确性向不动产登记机关提出异议，并申请将该异议记入登记簿。与更正登记不同，异议登记是暂时中断不动产登记簿的公信力，以维护真正权利人的合法权益。异议登记作为一种保护真正权利人和利害关系人利益的临时性措施，对登记记载的权利人而言，异议登记可以暂时限制（将其处分行为规定为无效行为，或者将其处分行为规定为效力待定行为）其按照不动产登记簿记载的内容去行使权利；对第三人而言，异议登记可以暂时排除第三人依据不动产登记簿的公信力取得物权。

"物尽其用，鼓励交易"是民事财产立法的宗旨，异议登记暂时中断不动产登记簿的公信力，固然维护了异议登记申请人的利益，可以对真正权利人提供保护，但这种临时性措施应受时间的限制，因为它同时也给不动产物权交易造成了一种不稳定的状态，不利于发挥财产的经济效益。为使得不动产物权的不稳定状态早日恢复正常，法律必须对登记异议的有效存续期间作出限制。因此，本条规定，申请人自异议登记之日起15日内不起诉的，异议登记失效。申请人在异议登记之日起15日内不起诉，说明异议登记的申请人不积极行使其权利，为使不动产登记簿上记载的权利人的利益和正常的交易秩序不致受到严重的影响，法律规定超过期限后该异议登记失去其效力。

由于异议登记可以使不动产登记簿上所记载权利失去正确性推定的效力；同时，异议登记的申请人在提出异议登记的申请时也无须充分证明其权利受到了损害，因此，如果申请人滥用异议登记制度，将可能给不动产登记簿上所记载的权利人的利益造成损害。因此，本条规定，异议登记不当，造成权利人损害的，权利人可以向申请人请求损害赔偿。

（二）制度异同

理解异议登记，需要注意其与相关制度的区别与联系。

**1. 异议登记与更正登记**

异议登记与更正登记同是保护事实上的权利人即真正权利人以及真正权利状态的法律措施。与异议登记不同，更正登记是彻底改变现时登记权利的状态，杜绝第三人依据不动产登记簿取得现时登记的权利。更正登记的完成，意味着登记错误的消除和正确登记的建立。真实权利人可以请求登记权利人同意进行更正登记，一旦登记权利人不同意，若必须通过民事诉讼程序解决应否进行更正登记的问题，诉讼程序一般耗时费力，这就意味着从发现登记错误到改正登记错误不可能一蹴而就，其中必然存在一个时间差。如果不在立法上给予真正权利人一定的救济手段以便有效阻止登记权利人将不动产转让给第三人，那么第三人将可以根据公示公信取得不动产物权，而真正权利人试图更正登记的目的无疑会落空。异议登记就是要解决发现登记错误之后但尚未办理更正登记之前的登记制度。因为异议登记的办理无须复杂的举证和审查程序，也不涉及诉讼程序，实施起来极为迅捷；而且，异议登记可以对抗第三人的善意取得，从而使真实权利人追回不动产成为可能。异议登记是更正登记的辅助手段，是更正登记的前置保护措施，它为更正登记的最终落实奠定了良好的基础。

**2. 异议登记与预告登记**

异议登记与预告登记二者的区分是债权和物权二分法观念的产物，在功能和制度设计上存在着很多的不同，但由于二者同出一源，故而也存在较多相同点。

二者的相同点在于：（1）二者均属于预备登记，具有暂时性；（2）二者均属保全登记，目的都在于确保登记权利人的权利得以实现，并都具有阻止登记公信力的作用；（3）二者均属限制登记，都是通过对登记权利人处分权之限制而达到保全登记权利人权利的目的；（4）二者均可依共同申请或假处分命令而为登记。

二者的不同之处在于：（1）预告登记是终局登记之前的提前登记，而异议登记是更正登记之前的提前登记；（2）预告登记的目的在于确保债权的履行和终局登记的完成，而异议登记的目的在于恢复真正权利人的权利，确保更正登记的完成；（3）预告登记的功能是使合法的登记得以完成，异议登记的功能则是使错误的登记得以纠正；（4）经过预告登记，登记权利人并不丧失其处分权，其处分行为有效，登记机关可以为登记权利人的再次处分行为继续进行预告登记和本登记，而异议登记以后，由于登记权利人的权利受到质疑，在异议登记没有被涂销之前，受让人试图获得的权利有可能落空；（5）预告登记以后，登记簿仍为物权正确性推定之依据，第三人仍可以基于公示公信原则获得保护，而异议登记以后，由于登记公信力被阻断，第三人不得再依据公示公信原则获得保护；（6）从登记程序上来看，预告登记必须取得物权登记权利人的同意，而异议登记的进行无须征得登记权利人的同意。

**（三）制度体系**

**1. 异议登记的提起**

权利人、利害关系人认为不动产登记簿记载的事项错误的，可以申请更正登记。不动产登记簿记载的权利人不同意更正的，利害关系人可以申请异议登记。从本条规定可知，申请异议登记有两个条件：一是利害关系人认为不动产登记簿记载的事项错误；二是不动产登记簿记载的权利人不同意更正登记。这样规定的特点在于严格控制了异议登记的提出时间，规定利害关系人必须在申请更正登记后，不动产登记簿记载的权利人不同意更正时，才可申请异议登记，即申请更正登记是异议登记的前置程序。

与本第1款规定权利人、利害关系人可以申请更正登记的范围不同，第2款仅规定了利害关系人可以申请异议登记，而没有规定权利人可以申请异议登记。因此，申请异议登记的人应证明为利害关系人。目前的登记实践中，登记机构一般是通过要求申请人提交登记簿记载错误的证明文件来确定申请人是否属于利害关系人。例如，《不动产登记暂行条例实施细则》第82条第2款规定，利害关系人申请异议登记的，应当提交下列材料：（1）证实对登记的不动产权利有利害关系的材料；（2）证实不动产登记簿记载的事项错误的材料；（3）其他必要材料。

需要注意的是，尽管在异议登记中申请人需要通过提交证明登记簿存在错误的证明材料来表明自己是利害关系人，但是这种证明材料不同于更正登记中证明登记确有错误的证据。因为如果二者完全相同的话，那么申请人只需要依据本条第1款直接申请更正登记即可，无须再申请异议登记。毕竟异议登记只是由于更正程序漫长而由法律设立的一种临时性保护措施。能够更正登记，这种临时性的保护就没有必要了。就此而言，异议登记申请人只需要提交初步证明登记簿可能存在错误的证据即可，即通过该证据在一定程度上支持申请人对登记簿正确性的质疑。

2. 异议登记的法律效力

《民法典》并没有明确规定异议登记的法律效力。理论上，异议登记的法律效力主要可以从以下三个方面来考察。

其一，异议登记对第三人的效力。《民法典》采用公示公信原则，以确定登记为权利正确性推定的依据。而异议登记的直接作用就是阻断登记的公信力。在异议登记以后，如果第三人与物权的登记权利人进行交易，第三人不得主张物权登记公信力之保护，其也不能适用善意取得制度的规定，主张取得该登记不动产之物权。

其二，异议登记对登记权利人的效力。就异议登记是否具有限制登记权利人处分该登记不动产的效力问题，我国理论界与实务界存在不同的认识。第一种观点认为，异议登记并不会对登记簿记载的权利人的处分权产生限制，异议登记后，登记权利人仍然可以处分其财产。异议登记只是打破登记簿的公信力，避免他人善意取得而已。第二种观点认为，尽管异议登记后，登记权利人并没有被剥夺或者限制权利，仍然有权处分其财产，但是在异议登记的有效期限内，登记机构应当暂缓办理过户登记，因不能及时办理过户登记造成受让人不能及时取得物权的，应当按照登记权利人违约处理。第三种观点认为，异议登记的直接法律效力就是对现时登记权利人的处分权设置了限制，使其在一定的期限内不能按照登记的内容处分不动产物权，以维护事实上权利人和真正的权利状态。

从理论上讲，似应采纳第一种观点。主要理由在于，异议登记的本质在于避免异议登记期间第三人善意取得不动产权利，这一立法目的的实现也无须不动产登记机构在异议登记之后拒绝处分登记。例如，甲的房屋被乙设立了异议登记，现甲将房屋卖给丙，而不动产登记机构亦为其办理了转移登记。此种情况下，丙明知异议登记的存在而购买房屋，显然不能适用善意取得。因此，如果最终法院判决该房屋系乙所有，则乙可以持法律文书向不动产登记申请更正登记，将房屋更正登记到自己名下。在这一过程中，乙的利益并未因不动产登记机构办理处分登记而受到损害。而丙在知晓该房屋存在异议登记事项的情况下还办理相关登记，意味着其自愿承受房屋所有权被更正登记到乙名下的风险。因此，在异议登记存在的情况下不动产登记机构继续办理处分登记，似乎并不损害真正权利人的利益，也符合异议登记设立的本旨，更不会引发不动产登记机构的赔偿责任。就此而言，异议登记似乎并不影响登记权利人对标的物的处分，也不影响登记机构为该处分办理不动产权属变更登记手续。故从理论基础及制度功能角度来看，似无必要限制异议登记不动产的处分。

从我国不动产登记程序制度的实践变迁来看，其有一个转变的过程。《不动产登记暂行条例实施细则》出台之前，相关部门规章基本认为，异议登记后登记机构应当通过采取暂缓办理甚至不予办理的方式来限制登记簿上记载的权利人行使处分权。原《房屋登记办法》第78条规定：异议登记期间，房屋登记簿记载的权利人处分房屋申请登记的，房屋登记机构应当暂缓办理。权利人处分房屋申请登记，房屋登记机构受理登记申请但尚未将申请登记事项记载于房屋登记簿之前，第三人申请异议登记的，房屋登记机构应当中止办理原登记申请，并书面通知申请人。原《土地登记办法》第60条第3款规定：异议登记期间，未经异议登记权利人同意，不得办理土地权利的变更登记或者设定土地抵押权。与部门规章相对应的是，地方性法规亦采纳了类似的立场，如《上海市房地产登记条例》第67条、《无锡市房屋登记条例》第63条第2款、《济南市房屋登记条例》第80条、《银川市房屋登记条例》第60条以及《深圳市房地产登记若干规定（试行）》第9条等。

《不动产登记暂行条例实施细则》施行之后，态度发生了重大转变，异议登记不动产的处分不再受限。该细则第84条规定，"异议登记期间，不动产登记簿上记载的权利人以及第三人因处分权利申请登记的，不动产登记机构应当书面告知申请人该权利已经存在异议登记的有关事项。申请人申请继续办理的，应当予以办理，但申请人应当提供知悉异议登记存在并自担风险的书面承诺。"

其三，异议登记对真正权利人的效力。从异议登记对真正权利人的效力来看，真正权利人有权申请登记机关对异议登记成立后的物权进行涂销。亦即如果经过人民法院的诉讼审查，确认登记错误，而申请异议登记的人为真实权利人，则进一步异议登记可以推进为更正登记，这就表明登记权利的正确性被彻底推翻。由于异议登记在先，当更正登记的权利与异议登记后的权利发生冲突时，更正登记中的权利人自然应当得到优先保护。如果异议登记后的物权处分（物权变动）对更正登记的权利人造成妨害，真正权利人当然有权申请登记机关对其涂销。

**3. 异议登记的请求方式**

从本条的规定可知，《民法典》给权利人和利害关系人设计的维护自身权利的途径是认为登记有错误申请更正登记，但当登记权利人不同意更正登记时就申请异议登记，然后在15日内向人民法院起诉。

**4. 异议登记的有效期间及异议登记失效的处理**

异议登记对登记权利人的权利进行了限制，一宗不动产一旦被记载了异议登记，登记权利人在处理不动产时就会存在很多障碍，第三人在受让不动产时也会有顾虑。因此，在维护异议登记人利益的同时，也要兼顾登记权利人的利益。为了避免异议登记旷日持久，立法者应当通过一定的制度设计尽量缩短这种状态的存续。本条规定了异议登记后15日内异议登记人需要提起诉讼，否则，异议登记即失去其效力。对于该15日的期间的性质及其具体理解，在实践中也存在不同的意见。一种观点认为，该期间属于除斥期间。异议登记具有导致不动产物权不确定状态的消极作用。为使不动产物权不稳定状态不致长期延续，尽早恢复正常的不动产物权秩序，法律必须为异议登记的效力设置除斥期间。因此，从立法精神上来看，该15日更应界定为除斥期间。另一种观点认为，该期间只是一种法定期间而非除斥期间。因为除斥期间的客体是形成权，且为不变期间，而异议登记的效力并非形成权，其存续期间也是可变的。如果当事人在这期间提起了诉讼，则异议登记继续存续，发挥保全物权请求权的效力，而不当然消灭。所以，这个期间并不是异议登记效力的除斥期间，而不过是异议登记这一法律事实存在的一种法定期间。围绕该问题的研究仍然有待继续通过实践进一步深入，留待正在制定的《不动产登记法》解决。15日期间经过而申请人未起诉只是使异议登记不再起到警示作用，原登记的公信力恢复，第三人可信赖原登记而善意取得该不动产的相应物权。如15日期间之内，申请人就该登记不动产之物权提起了诉讼，则异议登记仍然有效，仍然存在阻断登记公信力的作用，第三人无法依善意取得制度取得物权。

**5. 异议登记后利害关系人提起诉讼的性质**

异议登记仅起暂时阻断登记公信力的作用，最终对物权的归属和内容的确定依赖于更正登记，而更正登记要求严格的权利证明。异议登记后，利害关系人究竟提起什么性质的诉讼，诉讼当事人如何确定，尚需要进一步深入研究。从异议登记制度的功能角度来看，异议登记本身表明异议登记申请人与登记权利人之间就"物权的归属和内容"存在争议，就此而言，本条所规定的"起诉"应仅指异议登记申请人就"物权的归属和内容"所提起的民事诉讼。

## ▶ 适用指引

第一，对于申请人（真正权利人、利害关系人）在异议登记之后提起的确权之诉，以及不动产登记簿记载的权利人因申请人异议登记不当而提起的损害赔偿之诉，人民法院要及时审理，及时判决，以维护双方当事人合法权益，维护不动产物权权属关系的稳定，发挥财产的经济效益。

当不动产登记簿记载的权利人不同意更正登记的，法律赋予申请人申请异议登记的权利，同时限定申请人须于法定时限内提起诉讼。立法目的在于，通过申请人提起诉讼，交由人民法院对实体争议居中裁判，依法对权属争议作出裁决，法院的生效判决可以代替相对人的同意。不动产登记机构据此决定是否对登记簿记载事项作出更正。这是符合法治精神的。由于异议登记起到了对不动产登记簿记载的权利人行使所记载权利的限制作用，时间越长，越不利于不动产物权权属关系的稳定以及财产效益的发挥。因此，人民法院应对此申请人的诉请及时立案，及时审结，维护公正与效率。申请人异议登记不当造成权利人损失的，权利人由此提起损害赔偿之诉的，人民法院亦应公正审理，依法维护权利人的合法权益。

第二，关于异议登记制度的法律效果的问题。异议登记作为一种保护申请人利益的措施，在异议登记期间，异议登记的法律效果可以从其对第三人和登记权利人两个方面来分析。对于第三人，异议登记具有中止不动产登记公信力、排除第三人善意取得的效果。第三人由此主张基于对登记簿记载的善意信赖而取得物权的，人民法院在审判实践中不予支持。异议登记对登记权利人的权利有何影响，理论界及实务界存在分歧。归纳起来，有处分禁止说和处分效力待定说两种观点。这个问题涉及不动产登记簿记载的权利人处分行为的效力究竟属于无效还是效力待定的问题，在实践中必然带来大量争议，有待于相关法律和司法解释作出符合立法目的的规制，人民法院在审判实践中应予充分注意。

第三，对于通过异议登记恶意影响不动产登记簿记载的权利人行使权利的行为，不动产登记机构要做好审查工作。尽管本条后部分对于申请异议登记的情形仅作了一般性表述，即不动产登记簿记载的权利人不同意更正的，利害关系人可以申请异议登记。但不动产登记机构对于申请人申请异议登记的理由同样需要予以审查，必须要求利害关系人提供相应能证明登记确有错误或者其主张的证据，并登记在案。在人民法院对其诉讼请求不予支持或申请人在15日内未能起诉后，其再以同样的理由或事项申请更正登记、异议登记的，不动产登记机构经审查后未发现可变更事项的，应该直接拒绝进行异议登记申请，从而防止有申请人利用异议登记制度恶意影响不动产登记簿记载的权利人的正常权利行使和经济效益。

> **第二百二十一条** 当事人签订买卖房屋的协议或者签订其他不动产物权的协议，为保障将来实现物权，按照约定可以向登记机构申请预告登记。预告登记后，未经预告登记的权利人同意，处分该不动产的，不发生物权效力。
>
> 预告登记后，债权消灭或者自能够进行不动产登记之日起九十日内未申请登记的，预告登记失效。

## ▶ 关联规定

一、法律、行政法规、司法解释

1.《中华人民共和国城市房地产管理法》

**第四十五条** 商品房预售，应当符合下列条件：

（一）已交付全部土地使用权出让金，取得土地使用权证书；

（二）持有建设工程规划许可证；

（三）按提供预售的商品房计算，投入开发建设的资金达到工程建设总投资的百分之二十五以上，并已经确定施工进度和竣工交付日期；

（四）向县级以上人民政府房产管理部门办理预售登记，取得商品房预售许可证明。

商品房预售人应当按照国家有关规定将预售合同报县级以上人民政府房产管理部门和土地管理部门登记备案。

商品房预售所得款项，必须用于有关的工程建设。

**第四十六条** 商品房预售的，商品房预购人将购买的未竣工的预售商品房再行转让的问题，由国务院规定。

2.《最高人民法院关于适用〈中华人民共和国民法典〉物权编的解释（一）》

**第四条** 未经预告登记的权利人同意，转让不动产所有权等物权，或者设立建设用地使用权、居住权、地役权、抵押权等其他物权的，应当依照民法典

第二百二十一条第一款的规定，认定其不发生物权效力。

**第五条** 预告登记的买卖不动产物权的协议被认定无效、被撤销，或者预告登记的权利人放弃债权的，应当认定为民法典第二百二十一条第二款所称的"债权消灭"。

**第十五条** 具有下列情形之一的，应当认定不动产受让人知道转让人无处分权：

（一）登记簿上存在有效的异议登记；

（二）预告登记有效期内，未经预告登记的权利人同意；

（三）登记簿上已经记载司法机关或者行政机关依法裁定、决定查封或者以其他形式限制不动产权利的有关事项；

（四）受让人知道登记簿上记载的权利主体错误；

（五）受让人知道他人已经依法享有不动产物权。

真实权利人有证据证明不动产受让人应当知道转让人无处分权的，应当认定受让人具有重大过失。

**3.《最高人民法院关于适用〈中华人民共和国民法典〉有关担保制度的解释》**

**第五十二条** 当事人办理抵押预告登记后，预告登记权利人请求就抵押财产优先受偿，经审查存在尚未办理建筑物所有权首次登记、预告登记的财产与办理建筑物所有权首次登记时的财产不一致、抵押预告登记已经失效等情形，导致不具备办理抵押登记条件的，人民法院不予支持；经审查已经办理建筑物所有权首次登记，且不存在预告登记失效等情形的，人民法院应予支持，并应当认定抵押权自预告登记之日起设立。

当事人办理了抵押预告登记，抵押人破产，经审查抵押财产属于破产财产，预告登记权利人主张就抵押财产优先受偿的，人民法院应当在受理破产申请时抵押财产的价值范围内予以支持，但是在人民法院受理破产申请前一年内，债务人对没有财产担保的债务设立抵押预告登记的除外。

**4.《最高人民法院关于人民法院办理执行异议和复议案件若干问题的规定》**

**第三十条** 金钱债权执行中，对被查封的办理了受让物权预告登记的不动产，受让人提出停止处分异议的，人民法院应予支持；符合物权登记条件，受让人提出排除执行异议的，应予支持。

## 二、部门规章及规范性文件

**《不动产登记暂行条例实施细则》**

**第八十五条** 有下列情形之一的,当事人可以按照约定申请不动产预告登记:

(一)商品房等不动产预售的;

(二)不动产买卖、抵押的;

(三)以预购商品房设定抵押权的;

(四)法律、行政法规规定的其他情形。

预告登记生效期间,未经预告登记的权利人书面同意,处分该不动产权利申请登记的,不动产登记机构应当不予办理。

预告登记后,债权未消灭且自能够进行相应的不动产登记之日起3个月内,当事人申请不动产登记的,不动产登记机构应当按照预告登记事项办理相应的登记。

**第八十六条** 申请预购商品房的预告登记,应当提交下列材料:

(一)已备案的商品房预售合同;

(二)当事人关于预告登记的约定;

(三)其他必要材料。

预售人和预购人订立商品房买卖合同后,预售人未按照约定与预购人申请预告登记,预购人可以单方申请预告登记。

预购人单方申请预购商品房预告登记,预售人与预购人在商品房预售合同中对预告登记附有条件和期限的,预购人应当提交相应材料。

申请预告登记的商品房已经办理在建建筑物抵押权首次登记的,当事人应当一并申请在建建筑物抵押权注销登记,并提交不动产权属转移材料、不动产登记证明。不动产登记机构应当先办理在建建筑物抵押权注销登记,再办理预告登记。

**第八十七条** 申请不动产转移预告登记的,当事人应当提交下列材料:

(一)不动产转让合同;

(二)转让方的不动产权属证书;

(三)当事人关于预告登记的约定;

(四)其他必要材料。

**第八十八条** 抵押不动产，申请预告登记的，当事人应当提交下列材料：

（一）抵押合同与主债权合同；

（二）不动产权属证书；

（三）当事人关于预告登记的约定；

（四）其他必要材料。

**第八十九条** 预告登记未到期，有下列情形之一的，当事人可以持不动产登记证明、债权消灭或者权利人放弃预告登记的材料，以及法律、行政法规规定的其他必要材料申请注销预告登记：

（一）预告登记的权利人放弃预告登记的；

（二）债权消灭的；

（三）法律、行政法规规定的其他情形。

## ▶ 条文释义

### 一、本条主旨

本条是关于预告登记制度的规定。

### 二、条文演变

在原《物权法》颁布实施前，虽然有部分地区在有关房屋登记制度的地方性立法中规定了预告登记制度，但直至原《物权法》的颁布实施，预告登记制度才第一次被立法所明确规定。即使在原《物权法》立法过程中，就是否建立预告登记制度，也有不同的观点。一种观点认为，预告登记的实益在于，权利人所期待的未来发生的物权变动对于自己具有极为重要的意义，非要发生这种变动不可，而法律也认可这种变动对于权利人的意义，并依法律予以保障。在我国社会经济生活中，常常有违约的行为发生，而违约的一方常常是经济上的强者，相对人常常是弱者。预告登记制度符合法律保护弱者的价值取向，考虑到我国市场经济的发展和人民生活的需要，建立预告登记制度是非常必要的。另外一种观点则认为，预告登记虽然是不动产物权法的重要内容，但是在我国预告登记的适用范围并不广泛，主要用于房屋预售买卖。由于《城市商品房预售管理办法》已经规定了商品房预售登记制度，该制度有利于保护买受人利益，减少和预防不必要的纠纷，所以原《物权法》没有必要规定预告登记。

原《物权法》采纳了上述第一种观点，其第20条对预告登记制度作出了规定。立法者认为，预告登记的功能是限制房地产开发企业等债务人处分其权利，以保障债权人将来实现其债权，它对于解决类似商品房预售中"一房二卖"这样一些敏感的社会问题有着特殊的作用。原国土资源部于2007年12月30日颁布、2008年2月1日施行的原《土地登记办法》和原建设部于2008年2月15日发布、2008年7月1日施行的原《房屋登记办法》均对预告登记制度作出了明确规定。上述制度建设积累，为国务院于2014年11月24日公布、2015年3月1日施行的《不动产登记暂行条例》对不动产预告登记制度统一作出规定奠定了基础。我国的不动产预告登记制度终成体系。

三、条文解读

预告登记，是指为保全一项请求权而进行的不动产登记，该项请求权所要达到的目的，是在将来发生不动产物权变动。这种登记是不动产登记的特殊类型。其他的不动产登记都是对现实的不动产物权进行登记，而预告登记所登记的，不是不动产物权，而是将来发生不动产物权变动的请求权。预告登记的本质特征是使被登记的请求权具有物权的效力，也就是说，进行了预告登记的请求权，对后来发生的与该项请求权内容相同的不动产物权的处分行为，具有对抗的效力，这样，所登记的请求权就得到了保护。

预告登记的功能是限制房地产开发企业等债务人处分其权利，即本条规定的"预告登记后，未经预告登记的权利人同意，处分该不动产的，不发生物权效力"，以保障债权人将来实现其债权。正如有的学者所说，预告登记的实践意义在于，权利人所期待的未来发生的物权变动对自己有极为重要的意义，非要发生这种变动不可；而法律也认可这种变动对权利人的意义，并以法律予以保障。比如，购房人购买预售的房屋，它涉及公民的基本生存权利，所以法律上承认购房人获得指定的房屋的权利有特殊保护的必要。但是，因为购房人在与房地产开发企业订立预售合同后，只享有合同法上的请求权，该项权利没有排他的效力，所以购房人无法防止房地产开发企业将房屋以更高的价格出卖给他人即"一房二卖"，而只能在这种情况发生时主张房地产开发企业违约要求损害赔偿，而无法获得指定的房屋。在建立了预告登记制度的情况下，购房人如果将他的这一请求权进行了预告登记，因为预告登记具有物权的排他效力，所以房地产开发企业违背预告登记内容的处分行为就不能发生法律效力。这些处分行为既包括"一房二卖"，也包括在已出售的房屋上设定抵押权等行为。这样，购房人将来肯定能够获得约定买卖的房屋。因此，预告登记对解决类似商品房预售中"一房二卖"这样的社会问题有着特殊的作用。依照本条规定，预告登记不仅可以针对当事人签订买卖房屋协议的情况，还包括签订其他不动产物权协议的情况。因而，建立预告登记制度，具有广泛保障债权实现的意义。

原《物权法》第20条规定了预告登记制度，根据该法规定，"当事人签订买卖房屋或者其他不动产物权的协议，为保障将来实现物权，按照约定可以向登记机构申请预告登记。预告登记后，未经预告登记的权利人同意，处分该不动产的，不发生物权效力。预告登记后，债权消灭或者自能够进行不动产登记之日起三个月内未申请登记的，预告登记失效。"《民法典》基本保留了原《物权法》第20条规定，主要是将第1款中关于"当事人签订买卖房屋或者其他不动产物权的协议"的表述修改为"当事人签订买卖房屋的协议或者签订其他不动产物权的协议"，修改后的法律条文文义更加明确、表达更加规范、适用范围更为广泛。

（一）预告登记的概念和性质

本法规定的预告登记，是指狭义上的预告登记概念，即预告登记是与本登记相对应的概念，它是指为确保一项旨在发生未来物权变动的债权请求权的实现，而向登记机构申请办理的预先登记。[1]

对预告登记制度的性质，存在以下几种理解：第一种观点认为，预告登记制度是一种债权请求权的保全制度。此种观点是从制度目的来探讨的，认为预告登记兼有物权和债权的性质，难以作出准确定性，但其目的是保全以不动产物权为内容的债权请求权，是一种债权保全制度。[2] 第二种观点认为，预告登记具有准物权性质。预告登记人所享有权利是一种具有物权效力的债权，在学理上常常将它称为准物权。[3] 第三种观点为物权效力说。此种观点认为，经

---

[1] 参见 Jauernig/Berger, §833, Rn. 2. Münch Komm/Kohler, 5. Auflage 2009, §833, Rn. 2.
[2] 参见陈华彬：《物权法研究》，金桥文化出版（香港）有限公司2001年版，第262页。
[3] 参见王利明：《物权法研究》，中国人民大学出版社2013年版，第359页。

过预告登记的权利,具有限制合同相对人向第三人处分的权利,具有物权效力。① 上述观点分别揭示了预告登记的某一个效用和特征。

总体而言,预告登记主要包括以下特点:一是具有限制相对人处分权的效力,未经预告登记的权利人同意,对预告登记标的物的处分行为不发生物权变动的效力。二是具有从属性,预告登记权利人的债权债务关系因履行完毕等法定事由而消灭的,预告登记消灭。三是该权利具有时效性,本条规定,自能够进行不动产登记之日起90日内未申请登记的,预告登记失效。

（二）预告登记制度与相关制度的区别

**1. 预告登记与不动产登记**

预告登记与不动产登记是对应的概念。二者主要的区别在于登记的对象不同、法律后果不同。预告登记是对将来发生不动产物权设立或者变动为目的的债权请求权的登记,预告登记后,物权并不产生设立或者变动的法律效果,而是通过对相对人向第三人处分预告登记标的物的限制,使得该债权请求权的实现得到充分保障。物权登记是针对物权设立、变动进行的登记。我国不动产物权变动采登记生效主义,因此,通常所说的登记就是指不动产登记。不动产登记后,不动产物权发生设立、变动的法律效果。

**2. 预告登记与预售登记备案**

《城市房地产管理法》《城市房地产开发经营管理条例》《城市商品房预售管理办法》对商品房预售登记备案制度均有相关规定。根据上述法律法规规定,房地产开发企业应当自与购房人签订商品房预售合同之日起30日内,向房地产管理部门和市、县人民政府土地管理部门办理商品房预售合同登记备案手续。据此可以看出,预售登记备案是政府有关部门对房地产市场进行管理的行政行为,预售登记备案并非预告登记。二者的主要区别在于：第一,性质不同。预告登记是一种法定的登记制度,而预售备案登记是政府有关部门对预售商品房销售的行政管理行为。第二,行政主管部门不同。当前,预告登记由自然资源部归口管理,预售登记备案由住房和城乡建设部统管。第三,对当事人的强制效力不同。预告登记制度可以由签订房屋买卖或者其他不动产物权协议

---

① 参见梁慧星:《中国民法典草案建议稿附理由:物权编》,法律出版社2004年版,第38页;孙宪忠:《论物权法》,法律出版社2001年版,第454页;房绍坤、吕杰:《创设预告登记制度的几个问题》,载《法学家》2003年第4期。

的当事人自由选择，对当事人并非具有强制履行效力，而预售登记备案作为一种行政管理措施，是国家对房地产市场进行宏观调控、建立房地产市场监测体系的重要手段，进行商品房预售的房地产开发企业必须将其与购房人之间签订的预售合同按照规定办理预售登记备案。第四，法律效力不同。预告登记具有物权法上的法律效力，即对非经预告登记权利人同意的处分行为，不对第三人发生物权效力，而预售登记备案不具有预告登记制度中法定限制处分的效力。需要说明的是，2018年12月26日，住房和城乡建设部发布《关于进一步规范和加强房屋网签备案工作的指导意见》提出，在全国城市规划区国有土地范围内全面实行房屋交易合同网签备案制度，纳入网签备案的范围的包括新建商品房和存量房房屋买卖合同、房屋租赁合同、房屋抵押合同。也就是说，在住房和城乡建设部推动房屋网签备案工作后，预售登记备案作为房屋网签备案的最主要一种类型纳入统一管理，在实际效用上，网签备案具有一定的公示性、公权性，同样具备防止"一房二卖"的功能，这对预告登记制度落地实施产生了一定的影响。

（三）预告登记制度的适用范围

根据本条规定，预告登记制度适用范围是"当事人签订买卖房屋的协议或者签订其他不动产物权的协议"，本条采取了具体列举和概括规定相结合的方式。《不动产登记暂行条例实施细则》第85条第1款规定了几种典型的可以进行预告登记的协议："（一）商品房等不动产预售的；（二）不动产买卖、抵押的；（三）以预购商品房设定抵押权的；（四）法律、行政法规规定的其他情形。"具体来说，包括以下几种情形：（1）买卖房屋的协议。实践中，商品房预购合同、预购商品房转让合同以及普通的房屋所有权转让合同，都属于买卖房屋的协议，当事人均可就上述协议申请预告登记。（2）其他不动产物权协议。一是不动产抵押。根据法律规定，可以设定不动产抵押的情形包括预购商品房抵押、现房抵押、在建工程抵押。二是除房屋外的其他不动产物权协议，比如国有建设用地使用权的取得转让、宅基地使用权集体成员内部互换等。

需要说明的是，对于抵押权顺位、优先购买权、优先受偿权等是否可以进行预告登记，法律并未作出明确规定，学界对此也存在争议。对此，我们认为，随着经济的发展、制度的完善和实践需要的变化，预告登记的范围亦应与时代发展相适应。无论是本条规定的"其他不动产物权协议"还是《不动产登记暂行条例实施细则》规定的"法律、行政法规规定的其他情形"都采取一种开放式的立法模式，为预告登记范围扩展预留了空间，这是一种务实的做法。

（四）预告登记的法律效力

一是保障将来实现物权。所谓将来实现物权，就是指将来能够取得物权或者发生物权变动，这是预告登记制度最主要的功能。预告登记制度从限制处分的角度，能够有效保障预告登记权利人未来物权的实现。

二是对第三人的对抗效力。这就是说，基于预告登记，能够使普通债权产生一种对抗第三人的效力。例如，在办理预告登记之后，合同债权具有对抗第三人取得物权的效力。

三是保存顺位的效力。即通过预告登记，被保全的权利与其顺位同时登记。不动产权利的顺位不是依现实登记的日期确定，而是以预告登记的日期为准加以确定。

四是破产保护的效力。即在不动产物权人陷于破产时对抗其他的债权人而保全请求权的目的实现。在相对人破产，但预告登记权利人请求权的履行期限尚未届满或者履行条件并未成就时，权利人可以将作为请求权标的的不动产不列入破产财产，使请求权发生指定的效果。

五是对执行的对抗效力。在房地产开发过程中，许多建设单位在出售期房以后，又以所谓在建工程的形式将期房进行抵押，甚至将整个建成的房屋在出售以后再行抵押给他人。如房地产开发企业资不抵债，其债权人申请执行的，如预售合同经过预告登记，预告登记权利人有权主张停止处分或者排除执行的异议。

（五）预告登记的失效

预告登记保障了预告登记权利人的权益。为了保全将来财产权变动能够顺利进行，在确定的财产权登记条件已经具备，或者所附条件具备以及所附期限到来时，预告登记权利人应当积极申请登记，实现请求权指向的物权变动的效果。如果此时预告登记权利人怠于行使权利，必将造成现实登记权利人处分权行使的长期限制，给登记权利人带来不利，有悖于民法公平原则以及"物尽其用，鼓励交易"的立法宗旨。因此，有必要对预告登记消灭作出相关规定。

本条第 2 款规定："预告登记后，债权消灭或者自能够进行不动产登记之日起九十日内未申请登记的，预告登记失效。"因此，在出现如下两种情况时，预告登记将自动失效。

一是债权消灭。预告登记的功能在于保全债权，故预告登记的效力依附于债权而存在。如果债权因合同被撤销或者债务混同、清偿、免除、提存等原因消灭，预告登记就失去了存在的基础，因此而失效。

二是预告登记权利人怠于进行不动产物权登记。预告登记设立的目的是保护权利人将来取得物权，在可以办理现房登记的情况下，买受人应该及时办理现房登记。如果不及时办理，建设单位又不能将已经建成的房屋进行转让，这将对后位买受人的利益产生不利影响。所以，如果在一定期限内不办理不动产登记，就表明预告登记的权利不应当受到保护。本条规定的是权利人自能够进行不动产登记之日起90日内未申请登记，预告登记失效。如何理解"自能够进行不动产登记之日"？能够进行不动产登记应当是指进行不动产登记的客观条件已经具备，比如，预售的商品房已经建成且办理了首次登记、房地产开发企业有证据证明已通知预告登记权利人或预告登记权利人明知本登记条件已经具备等。

## ▶ 适用指引

### 一、限制处分不影响负担行为的效力

房地产开发企业与预售商品房买受人就预售合同办理预告登记后，该房地产开发企业又将房屋另行出售给第三人的，房地产开发企业与第三人之间的商品房买卖合同有效。房地产开发企业因先前的预告登记无权将该商品房进行处分，第三人因无法取得该商品房的所有权向人民法院起诉请求房地产开发企业承担违约责任的，人民法院应予支持。

### 二、相关裁判、执行规则

预告登记没有体系性的、统一规定的司法解释，散见于《民法典物权编解释（一）》第4条、第5条、第15条和《执行异议复议规定》第30条，《民法典担保制度解释》第52条等。其中，《民法典物权编解释（一）》第4条、第5条和第15条沿袭并完善了原《物权法解释（一）》对应条款，对预告登

记的保全效力和失效情形进行了解释,适用范围较为广泛,属一般规定。《民法典担保制度解释》第52条规定了预抵押首次登记后的优先受偿权、顺位效力和破产保护效力;《执行异议复议规定》第30条主要涉及预告登记对抗执行效力。

### 三、保全效力的具体内容

《民法典物权编解释(一)》第4条承继原《物权法解释(一)》第4条的规定,是预告登记保全效力的具体规定。修改主要内容:(1)按《民法典》物权编表述将"转移"修改为"转让",将"设定"修改为"设立",并依据《民法典》作相应用语修改。(2)将"转移不动产所有权"修改为"转让不动产所有权等物权",阻却建设用地使用权、土地承包经营权、宅基地使用权等物权再次转让。至于居住权和抵押权,依照《民法典》第369条的规定,居住权不得转让、继承,当然也就不存在为转让居住权进行预告登记,进而阻却再次转让居住权的问题;依据《民法典》第407条的规定,抵押权不得与债权分离而单独转让,抵押权随主债权转让而转让。一般没有为抵押权转让进行预告登记的空间。(3)《民法典》第366条规定,居住权人有权按照合同约定,对他人的住宅享有占有、使用的用益物权,以满足生活居住的需要。可见,居住权设立之后,因其无偿性、期限的长期性等特征,买受人短时期内无法行使住宅的占有、使用利益,房屋买卖的目的不能全面实现,并极大影响住宅再次交换价值。故未经预告登记权利人同意,不得任意设立居住权。

《民法典物权编解释(一)》第4条主要涉及预告登记的效力:对于违背预告登记内容的后发不动产物权处分行为具有排他效力,现时登记权利人的物权处分自由受到限制。① 可以说预告登记是《民法典》中唯一通过限制处分来保障债权人实现物权的制度,足见立法者对预售商品房交易安全的重视。当然,限制处分也有限度,其范围与预告登记事项是对应关系,仅在法律上危及抑或妨碍预告登记事项如期实现的范围内发生阻却物权变动的效力,此外,限制处分不应妨碍物之利用,亦无法限制事实处分行为(如拆除)或不可抗力,形成代位物的,不排除预告登记的物上代位的权利。所谓妨碍预告登记事项的实现,是指在后的登记申请或法律行为如得到准许或承认,将与预告登记的事

---

① 参见人民法院出版社编:《司法解释理解与适用全集(物权卷)》,人民法院出版社2019年版,第793~794页。

项发生冲突，或者严重妨碍物权权能行使，使预告登记的物权变动不能实现或物权实现失去价值。《民法典物权编解释（一）》第4条规定，未经预告登记的权利人同意，转让不动产所有权等物权，或者设立建设用地使用权、居住权、地役权、抵押权等其他物权的，不发生物权效力。事实上，仅有所有权预告登记可以完全适用《民法典物权编解释（一）》第4条。这是因为，如前所述，保障预售商品房等所有权实现就是预告登记制度的设置初衷。抵押权预告登记受《民法典》第221条调整，《民法典》第406条与原《物权法》相比对抵押财产转让规则进行了重大修改，采取了"自由转让＋追及"的模式。抵押财产转让或者在后设定抵押权的，抵押权预告登记具有追及效力、顺位效力。《民法典》施行后，已办理抵押权预告登记的，除非当事人另有约定且已办理禁止转让等内容的不动产登记，不发生不动产登记簿完全冻结的效力，不影响不动产转让登记的办理。从物的利用角度出发，应允许在后的不妨碍抵押权预告登记实现的物权变动发生效力，如在不动产价值有剩余等情况下，可以在该不动产上另行设立抵押权。在时间的顺位上，即便办理抵押权预告登记的权利人办理抵押登记时间在后，也可以溯及至预告登记时，从而获得优先受偿。①当然，抵押权预告登记之后，设立居住权、地役权等用益物权，严重减损交换价值，危及抵押权预告登记权利的实现，不能发生物权变动效力。所有权是完全物权，未经物权受让预告登记权利人同意，不能另行转让或设立任何影响所有权权能实现或完整价值的他物权。

**四、《民法典物权编解释（一）》第5条是关于导致预告登记失效的"债权消灭"情形的规定**

本条第2款延续了原《物权法》的规定。对于债权消灭的情形，原《物权法解释（一）》第5条规定列举了"债权消灭"的原因：买卖不动产物权协议被认定无效、被撤销、被解除，或者预告登记的权利人放弃债权等。对于买卖不动产物权的协议解除是否可作为导致预告登记失效的原因，存在争议。主张保留合同解除为预告登记失效条件的主要理由：根据《民法典》第557条的规定，合同解除的，该合同的权利义务关系终止。合同解除是"债权消灭"的法定事由。预告登记的目的为"保障将来实现物权"，合同解除则物权变动请求

---

① 参见常鹏翱：《物权法的展开与反思》，法律出版社2017年版，第407页。

权随之消灭，预告登记指向的未来物权变动已经失去意义，应当自动失效。预告登记不具有代位效力，即对于物权变动请求权因客观情况或者合同解除而转化的恢复原状请求权、损害赔偿请求权等，并非预告登记制度所应涵盖。

经研究，《民法典物权编解释（一）》第5条删除了买卖不动产物权协议"被解除"的内容，主要理由是：第一，根据《民法典》第566条第2款的规定，合同因违约解除，违约一方并未因合同解除而免除责任，应当继续承担违约责任。在双务合同被解除时双方还负有标的物与价款相互返还的责任，债权并未完全消灭，《民法典》本条规定的"债权消灭"应当作务实的理解。第二，不动产登记权利人办理预告登记属于对物权的处分，预购人已经取得该项物权性权利，物权变动的原因行为合法，合同解除并不必然导致预告登记权利灭失。登记机关注销不动产登记，要么基于当事人的申请，要么基于登记基础行为的违法性，例如不动产物权变动协议因违反效力性禁止性规定被确认无效，或因当事人意思表示存在瑕疵而被撤销。而对于不动产物权变动协议因一方当事人违约解除的情形而解除，并不存在所谓的"违法性"。第三，从其他国家及地区的相关规定看，《德国民法典》《日本不动产登记法》未将不动产物权变动协议被撤销列为预告登记失效的原因。大陆法系主要国家或地区，在预告登记失效的问题上均持谨慎态度，立法上并未受预告登记从属性理论的左右。将预告登记失效事宜的证明责任和风险责任交给预告登记义务人较为妥当。预告登记所产生的保全效力主要体现在不动产登记簿冻结上，在预告登记义务人未返还价款之前，为防止其另行出售，预告登记的涂销应属于对待给付的内容，预告登记的保全效力应当及于合同解除所发生的恢复原状请求，而不宜强制其失效。故合同解除不产生本条第2款规定预告登记失效的法律后果。最高人民法院在司法解释清理过程中，将原《物权法解释（一）》第5条"预告登记失效"的原因中删除不动产物权变动协议"被解除"，也是源自审判实践的发展，目的在于衡平当事人之间的利益，实现司法公正。此外，预告登记在实践中出现的问题远比立法时考虑的复杂，在预告登记权利人不到场，又无生效裁判的情况下，义务人以协议解除为由，单方申请注销预告登记，登记机构无法判断合同是否解除并予以办理预告登记的注销手续。有效合同实际履行部分发生的不动产登记，合同解除之后不应自动失效，当事人由于解除产生的纠纷，不动产登记机构难以依据单方申请，强行以注销预告登记的方式来解决。合同解除如无纠纷，预告登记权利人同意当然可注销预告登记；如形成纠纷，登记机构没有缺席判决的权利，预告登记义务人可以起诉请求注销预告登记，人民法院可以一并处理返还价款、认定违约责任、注销预告登记等，在执行中应当协调双方同时履行，不动产登记机构依据法院判决或执行协助通知书办理预告登记注销较为稳妥。

### 五、预告登记物权性质的体现

《执行异议复议规定》第 30 条和《民法典担保制度解释》第 52 条体现了这样的规则：办理了商品房预告登记的不动产被查封，在符合物权登记条件的情况下，预告登记被赋予排除强制执行的效力，并不考虑原不动产权利人的意思表示，无论原不动产权利人（预告登记义务人）是否同意，都视为此项不动产属于预告登记权利人的足以排除执行的责任财产；预告登记抵押权利人可在所有权首次登记后就抵押财产优先受偿，并认定抵押权自预告登记之日起设立。只要具备办理抵押登记的条件，预告登记权利人即可申请办理抵押登记，可以获得较之其他担保物权人或债权人更为优先的顺位；在抵押人破产时，即使预告登记权利人仍不具备办理抵押登记的条件，也应认为其就约定的抵押物享有优先受偿的权利。[①]

---

① 参见最高人民法院民事审判第二庭：《最高人民法院民法典担保制度司法解释理解与适用》，人民法院出版社 2021 年版，第 455、458 页。

第二百二十二条　当事人提供虚假材料申请登记，造成他人损害的，应当承担赔偿责任。

因登记错误，造成他人损害的，登记机构应当承担赔偿责任。登记机构赔偿后，可以向造成登记错误的人追偿。

## 关联规定

一、法律、行政法规、司法解释

1.《不动产登记暂行条例》

第二十九条　不动产登记机构登记错误给他人造成损害，或者当事人提供虚假材料申请登记给他人造成损害的，依照《中华人民共和国物权法》的规定承担赔偿责任。

第三十条　不动产登记机构工作人员进行虚假登记，损毁、伪造不动产登记簿，擅自修改登记事项，或者有其他滥用职权、玩忽职守行为的，依法给予处分；给他人造成损害的，依法承担赔偿责任；构成犯罪的，依法追究刑事责任。

第三十一条　伪造、变造不动产权属证书、不动产登记证明，或者买卖、使用伪造、变造的不动产权属证书、不动产登记证明的，由不动产登记机构或者公安机关依法予以收缴；有违法所得的，没收违法所得；给他人造成损害的，依法承担赔偿责任；构成违反治安管理行为的，依法给予治安管理处罚；构成犯罪的，依法追究刑事责任。

第三十二条　不动产登记机构、不动产登记信息共享单位及其工作人员，查询不动产登记资料的单位或者个人违反国家规定，泄露不动产登记资料、登记信息，或者利用不动产登记资料、登记信息进行不正当活动，给他人造成损害的，依法承担赔偿责任；对有关责任人员依法给予处分；有关责任人员构成犯罪的，依法追究刑事责任。

**2.《最高人民法院关于适用〈中华人民共和国民法典〉有关担保制度的解释》**

**第四十八条** 当事人申请办理抵押登记手续时，因登记机构的过错致使其不能办理抵押登记，当事人请求登记机构承担赔偿责任的，人民法院依法予以支持。

**3.《最高人民法院关于审理房屋登记案件若干问题的规定》**

**第十一条** 被诉房屋登记行为涉及多个权利主体或者房屋可分，其中部分主体或者房屋的登记违法应予撤销的，可以判决部分撤销。

被诉房屋登记行为违法，但该行为已被登记机构改变的，判决确认被诉行为违法。

被诉房屋登记行为违法，但判决撤销将给公共利益造成重大损失或者房屋已为第三人善意取得的，判决确认被诉行为违法，不撤销登记行为。

**第十二条** 申请人提供虚假材料办理房屋登记，给原告造成损害，房屋登记机构未尽合理审慎职责的，应当根据其过错程度及其在损害发生中所起作用承担相应的赔偿责任。

**第十三条** 房屋登记机构工作人员与第三人恶意串通违法登记，侵犯原告合法权益的，房屋登记机构与第三人承担连带赔偿责任。

**第十四条** 最高人民法院以前所作的相关的司法解释，凡与本规定不一致的，以本规定为准。

农村集体土地上的房屋登记行政案件参照本规定。

## 二、部门规章及规范性文件

**《不动产登记暂行条例实施细则》**

**第一百零四条** 当事人违反本实施细则规定，有下列行为之一，构成违反治安管理行为的，依法给予治安管理处罚；给他人造成损失的，依法承担赔偿责任；构成犯罪的，依法追究刑事责任：

（一）采用提供虚假材料等欺骗手段申请登记；

（二）采用欺骗手段申请查询、复制登记资料；

（三）违反国家规定，泄露不动产登记资料、登记信息；

（四）查询人遗失、拆散、调换、抽取、污损登记资料的；

（五）擅自将不动产登记资料带离查询场所、损坏查询设备的。

## ▶ 条文释义

### 一、本条主旨

本条是关于不动产登记当事人和登记机构赔偿责任的规定。

### 二、条文演变

实践中登记错误的发生原因主要有两种:一是登记机构工作人员因疏忽、过失等原因造成错误;二是登记申请人等采取欺骗手段或者与登记机关的人员恶意串通造成错误。

立法征求意见过程中,普遍认为,当事人提供虚假材料申请登记,给他人造成损害的,应当承担赔偿责任。对于登记错误,登记机构应当如何承担责任,有不同的意见。有的提出,因登记机构的过错,致使不动产登记发生错误,因该错误登记致当事人或者利害关系人遭受损害的,登记机关应依照《国家赔偿法》的相关规定承担赔偿责任。这种意见认为,我国《国家赔偿法》规定,国家机关及其工作人员因执行公务的过错给公民、法人和其他组织造成损害的,应承担国家赔偿的责任。不动产物权登记是以国家的公信力为不动产的交易提供法律基础的行为,如果登记错误的原因是登记机构的过错,而当事人或者利害关系人因该登记受到损害,登记机关应当承担国家赔偿责任。同时认为,国家赔偿责任是过错责任,如登记机关没有过错,则不应承担责任。如果登记错误是登记机构和当事人、利害关系人的共同过错,则他们应当承担共同责任。有的提出,因不动产登记机构登记漏登、误登造成他人损失的,应当由不动产登记机构赔偿,但不赞同适用《国家赔偿法》并由国家赔偿,而是建议设立不动产登记赔偿基金,在不动产登记业务中根据一定的标准收取一定的费用,纳入不动产登记赔偿基金,该基金只能用于不动产登记赔偿,不能挪作他用。

经研究认为,对于登记机构的性质还有不同意见,有待于进一步明确,目前不宜规定登记机构的国家赔偿责任。不动产登记赔偿基金可否设立,应当如何设立,也还可以进一步研究。即使以后规定,也宜由不动产登记的专门法律作出规定。《民法典》作为民事基本法,对于登记错误责任问题,在本条作出的只是原则性的规定。本条第2款规定，因登记错误，造成他人损害的，登记机构应当承担赔偿责任。这里造成登记错误的原因，既包括登记机构工作人员故意以及疏忽大意等过错，也包括当事人提供虚假材料欺骗登记机构等情形。登记错误的受害人处于相对弱势的地位，这样规定，是为了对受害人提供更加充分的保护。登记机构赔偿后，可以向造成登记错误的人追偿。

三、条文解读

本条沿袭原《物权法》第21条的规定，对不动产登记错误的赔偿责任作出规定，主要目的就是为因登记错误造成损害的不动产权利人和善意第三人提供救济。本条尽管由两款构成，但它是一个整体，而不是对立的两个责任。[①]本条两款应当协同解决权益损害问题，警示可能提供虚假材料申请登记的当事人，并以此促进登记机构提高注意义务，建立健全不动产登记制度。

（一）不动产错误登记造成他人损害是承担责任的前提

不动产登记，是指国家规定的登记机构根据权利人的申请，将不动产物权的设立、转移和变更的情况在不动产登记簿上予以记载。其意义在于为不动产物权交易提供具有国家公信力支持的、统一的、公开的法律基础。[②] 不动产登记具有权利确认和推定以及公示等功能，登记内容是否正确对于维护交易的安全和秩序意义重大，正因如此，登记发生错误反过来可能会给真正的权利人及其他因信赖登记公示而发生交易的当事人造成损失，该损失应为现实发生的损失。一方面，如果对登记申请审查不严，因故意或过失而错误将财产登记在他人名下，就可能让冒名登记的当事人获得了收益和处分的权利，而使真正的权利人陷于蒙受损失的重大风险之中，如冒名登记人对该不动产进行交易并将该不动产抵押或变更登记在他人名下，真正权利人的损害就已现实发生。另一方面，如果对登记审查不严而发生登记错误，使善意相对人相信登记的真实性而与冒名的登记权利人发生了交易，面对真实权利人的追索而可能增加诉累，也会造成善意相对人的损失。当然，如果错误登记仅仅形成某种风险尚未造成现实的损害，真实权利人或善意第三人及时发现而避免了损害发生，提供虚假材

---

① 参见杨立新：《论不动产错误登记损害赔偿责任的性质》，载《当代法学》2010年第1期。

② 参见孙宪忠：《中国物权法原理》，法律出版社2004年版，第203页。

料申请登记的当事人或审查不严的登记机构仍应承担公法上的相应责任。在因登记错误而使真正权利人和善意相对人遭受现实的损失时，受害人有权请求有关登记申请人和登记机构赔偿该损失，但两者受损害的性质、内容等均存在不同，由此而产生的赔偿责任在责任构成和责任范围亦有不同。对于不动产权利人因错误登记受损的情形，物权属于绝对权，任何权利人以外的他人均为义务人，有消极不作为的义务，行为人对物权人的损害应当承担严格的全面赔偿责任，并不以是否有过错为归责原则。而善意第三人因信赖不动产登记而进行交易并取得的物权，即使登记错误，原则上第三人受到善意取得制度的周全保护，如果损害仍然发生，属于对信赖利益的侵害，其救济方式与物权保护制度存在不同。

（二）不动产登记错误赔偿责任

**1. 不动产登记当事人故意提供虚假材料，导致登记错误**

此种情形具体又分两种情况：一是冒名人利用某种便利获取了有关证明材料并伪造相关必备事实，骗取登记机构将不动产变更登记到冒名人名下。此类情况，各国在关于当事人承担赔偿责任方面的立法规定差别不大，当事人应承担侵权赔偿责任，构成犯罪的，追究刑事责任。实施积极侵害行为人担责并无疑义。难点在于，如果造成登记错误的原因，既包括登记机构工作人员故意以及疏忽大意等过错，也包括当事人提供虚假材料欺骗登记机构等情形，行为人承担赔偿责任之后，能否适用本条第 2 款追究登记机构的赔偿责任。从本条第 2 款的规定来看，行为人故意提供虚假材料欺骗登记机构，与登记机构审查不严相结合导致登记错误的，不排除两者均应承担赔偿责任。其理由在于，登记错误的受害人处于相对弱势的地位，这样规定是为了对受害人提供更加充分的保护。① 登记机构赔偿后，可以向造成登记错误的人追偿。二是真正的不动产买受人为规避宏观限购政策、经济适用房资格审查，或者因逃废债务、违反纪律等隐瞒真实财产的需要，与关系人达成一致，借名交易并登记在非投资一方名下，而隐名者对不动产占有、使用、收益，并与登记物权人协议适时行使处分权或内部约定所有权归隐名者所有，基于现代社会对个人隐私、住宅私密、商业秘密的保护以及城市陌生人社会带来的阻隔，他人难以识别物之真实利用

---

① 参见胡康生主编：《中华人民共和国物权法释义》，法律出版社 2007 年版，第 64~65 页。

者及其归属者。事实上，严格来说此类"登记错误"正是"隐名权利人"追求的结果，如"隐名权利人"因此产生损失的，无权向登记机构索赔。

2. 因不动产登记机构原因，导致登记错误

当前，对不动产登记机构赔偿责任缺乏明确、统一的规定。有学者认为，因为登记机关的故意或重大过失造成登记错误，给当事人造成重大损失的，登记机关应承担赔偿责任。[1] 我国《土地管理法》和《城市房地产管理法》"法律责任"部分只是原则规定了房地产、土地管理部门工作人员相关的刑事责任和行政责任，并未规定民事责任。为贯彻实施原《物权法》，《不动产登记暂行条例》第29条规定："不动产登记机构登记错误给他人造成损害，或者当事人提供虚假材料申请登记给他人造成损害的，依照《中华人民共和国物权法》的规定承担赔偿责任。"该条规定"登记错误"致损的，依法承担赔偿责任，似仍为客观归责的表述，此外，该条例第30条还规定："不动产登记机构工作人员进行虚假登记，损毁、伪造不动产登记簿，擅自修改登记事项，或者有其他滥用职权、玩忽职守行为的，依法给予处分；给他人造成损害的，依法承担赔偿责任；构成犯罪的，依法追究刑事责任。"该条规定将登记错误造成他人损害的赔偿主体范围由提供虚假材料申请登记的当事人和登记机构扩张到不动产登记机构工作人员。

由此可见，我国目前的法律法规以及部门规章，均是从登记机构作为行政管理机关的角度对登记机构赔偿责任作了原则规定。至于赔偿责任范围，相关法律法规并无具体规定，只有原建设部《城市房屋权属登记管理办法》第37条将其限定为"直接经济损失"。

对于不动产登记机构的登记行为的性质应为行政行为还是民事行为，其赔偿责任应为国家赔偿责任还是一般民事侵权责任，赔偿责任的归责原则、赔偿请求权利主体范围以及赔偿责任范围应否限定为直接损失或实际损失等问题，立法界、学术界和实务界仍在论证之中。

登记机构赔偿责任的性质究竟为国家赔偿责任还是一般民事侵权责任，这与登记行为属于行政行为还是民事行为直接相关，最终取决于登记机构的管理体制问题。关于不动产的登记机构的管理体制，各国规定并不统一，主要有三种类型：一是由司法机关主管；二是由专职机关主管；三是由房地产行政管理

---

[1] 参见王利明：《中国物权法草案建议稿及说明（物权法）》，中国法制出版社2001年版，第227页。

部门负责，我国目前即采取此做法。① 在此基础上，原《物权法》和《民法典》物权编作为调整财产的归属和利用关系的重要法律，对登记机构的损害赔偿责任作了原则的规定，其他相关问题如登记机构性质、损害赔偿的性质、归责原则、赔偿范围、赔偿标准以及救济途径等问题，需根据《不动产登记法》的制定情况另行研究解决。

## ▶ 适用指引

审判实践中，适用本条要考虑到本条规定过于原则的特点，在《不动产登记法》等新的法律法规以及司法解释出台和不动产登记机构管理体制作出调整之前，人民法院在审理涉及不动产登记机构赔偿责任案件时仍应适用现有的法律法规、司法解释以及参照部门规章，正确认定登记机构的赔偿责任。

从司法实践情况来看，不动产登记簿记载的权利人与真实权利人不一致的情形主要还有：第一，夫妻共同所有不动产（主要是房屋）登记在一方名下情形；第二，作为遗产的不动产物权在被继承人死亡之后，仍登记在被继承人名下，或者登记在继承人、受遗赠人以外的人名下情形；第三，人民法院生效裁判文书确认的不动产物权权利人与不动产登记簿上登记的权利人不一致的情形；第四，仲裁委员会的仲裁书确认的不动产物权权利人与不动产登记簿上登记的权利人不一致的情形等。上述情况导致不动产登记簿内容与实际不符，但并非当事人提供虚假材料申请登记的结果，亦难言登记机构登记错误，除非出现特殊情况，一般不应适用本条的规定。

人民法院在当前的审判实践中，应注意积累审判实践经验，为将来的不动产登记立法提供参考依据。

---

① 参见李明发：《论不动产登记错误的法律救济——以房产登记为重心》，载《法律科学》2005 年第 6 期。

**第二百二十三条** 不动产登记费按件收取，不得按照不动产的面积、体积或者价款的比例收取。

## ▶ 关联规定

部门规章及规范性文件

《国家发展与改革委员会、财政部关于不动产登记收费标准等有关问题的通知》

一、不动产登记收费标准。县级以上不动产登记机构依法办理不动产权利登记时，根据不同情形，收取不动产登记费。

（一）住宅类不动产登记收费标准。落实不动产统一登记制度，实行房屋所有权及其建设用地使用权一体登记。原有住房及其建设用地分别办理各类登记时收取的登记费，统一整合调整为不动产登记收费，即住宅所有权及其建设用地使用权一并登记，收取一次登记费。规划用途为住宅的房屋（以下简称住宅）及其建设用地使用权申请办理下列不动产登记事项，提供具体服务内容，据实收取不动产登记费，收费标准为每件80元。

1.房地产开发企业等法人、其他组织、自然人合法建设的住宅，申请办理房屋所有权及其建设用地使用权首次登记；

2.居民等自然人、法人、其他组织购买住宅，以及互换、赠与、继承、受遗赠等情形，住宅所有权及其建设用地使用权发生转移，申请办理不动产转移登记；

3.住宅及其建设用地用途、面积、权利期限、来源等状况发生变化，以及共有性质发生变更等，申请办理不动产变更登记；

4.当事人以住宅及其建设用地设定抵押，办理抵押权登记（包括抵押权首次登记、变更登记、转移登记）；

5.当事人按照约定在住宅及其建设用地上设定地役权，申请办理地役权登记（包括地役权首次登记、变更登记、转移登记）。

为推进保障性安居工程建设,减轻登记申请人负担,廉租住房、公共租赁住房、经济适用住房和棚户区改造安置住房所有权及其建设用地使用权办理不动产登记,登记收费标准为零。

(二)非住宅类不动产登记收费标准。办理下列非住宅类不动产权利的首次登记、转移登记、变更登记,收取不动产登记费,收费标准为每件550元。

1. 住宅以外的房屋等建筑物、构筑物所有权及其建设用地使用权或者海域使用权;

2. 无建筑物、构筑物的建设用地使用权;

3. 森林、林木所有权及其占用林地的承包经营权或者使用权;

4. 耕地、草地、水域、滩涂等土地承包经营权;

5. 地役权;

6. 抵押权。

不动产登记机构依法办理不动产查封登记、注销登记、预告登记和因不动产登记机构错误导致的更正登记,不得收取不动产登记费。

## ▶ 条文释义

### 一、本条主旨

本条是关于不动产登记按件收取费用原则的规定。

### 二、条文演变

关于不动产登记如何收费,原《物权法》第22条规定:"不动产登记费按件收取,不得按照不动产的面积、体积或者价款的比例收取。具体收费标准由国务院有关部门会同价格主管部门规定。"《民法典》保留了该条款,仅是删除了"具体收费标准由国务院有关部门会同价格主管部门规定"。因为《民法典》生效前2016年12月6日《国家发展和改革委员会、财政部关于不动产登记收费标准等有关问题的通知》(以下简称2016年《通知》)已经对具体收费标准作出了规定。

我国不动产登记收费曾按财产标的价额的比例收取登记费用,这一做法曾饱受争议。从物权登记程序以及成本支出角度分析,不论不动产标的价额大小，登记程序并无不同。鉴于不动产登记机构以往多采取形式审查方式，不动产标的价额大小一般也不会增加登记机构的成本支出。由于部门利益、地方利益的存在，不动产登记收费标准不统一现象一直存在，如有的按照标的价额的一定比例收取，有的按照房屋或者土地面积收费，一些地方规定按照抵押物的评估价值收取抵押登记费用。上述做法共同的特点就在于收费过高，甚至重复收费，增加了登记申请人的负担，影响了登记的主动性，且导致不动产登记公信力降低。因此，有必要对不动产登记收费制定全国统一的标准。针对这一问题，2002年4月12日颁布实施的《国家计划委员会、财政部关于规范房屋所有权登记费计费方式和收费标准等有关问题的通知》就房屋所有权登记费的计费方式和收费标准，作出规定：对住房统一规范为按套收取，每套收费标准为80元。住房以外其他房屋所有权登记费，统一规范为按宗定额收取，具体收费标准由省、自治区、直辖市价格、财政部门核定。2008年国家发展和改革委员会、财政部颁布实施的《关于规范房屋登记费计费方式和收费标准等有关问题的通知》规定，房屋登记费按件收取，不得按照房屋的面积、体积或者价款的比例收取。住房登记收费标准为每件80元；非住房房屋登记收费标准为每件550元。住房登记一套为一件；非住房登记的房屋权利人按规定申请并完成一次登记的为一件。房屋查封登记、注销登记和因登记机关错误造成的更正登记，不收取房屋登记费。房屋权利人因丢失、损坏等原因申请补领证书，只收取房屋权属证书费。农民利用宅基地建设的住房登记，不收取房屋登记费，只收取房屋权属证书工本费。经济适用住房登记，以及因房屋坐落的街道或门牌号码变更、权利人名称变更而申请的房屋变更登记，减半收取。以上先后两个通知对房屋的登记费收取有了相对统一的标准，但其他不动产登记收费标准不统一的现象仍然存在，一些地方规定按照不动产转让或抵押物的评估价值收取抵押登记费用。①

在原《物权法》起草过程中，有专家曾针对上述问题提出了降低不动产登记收费、统一按件收费的建议。在充分论证的基础上，原《物权法》第22条作出明确规定：不动产登记费按件收取，不得按照不动产的面积、体积或者价款的比例收取。具体收费标准由国务院有关部门会同价格主管部门规定。其规定了不动产登记费按件收取的原则，并授权国务院有关部门会同价格主管部门

---

① 参见最高人民法院民法典贯彻实施工作领导小组主编：《中华人民共和国民法典物权编理解与适用》，人民法院出版社2020年版。

另行制定具体收费标准。这对于规范我国不动产登记收费制度、鼓励当事人办理不动产登记均具有重要意义。2016年《通知》对房屋及其他不动产作出统一规定，即均按件收费。

《民法典》编纂过程中，有意见认为，本条规定过细，又涉及行政管理问题，规定在《民法典》中欠妥，且目前登记机构实际工作中，已经做到了不动产登记按件收费，不按照面积、体积或者价款比例收费，建议删去本条规定。但另一种意见认为，本条规定当初就是在存在争议的情况下，为了保护人民群众切身利益而规定在民事基本法当中的，实践证明发挥了很好的作用，登记机构实际工作的改进与国家法律的推动关系很大，如果去掉这一条规定，可能引发不正确的解读，不利于巩固成果。编纂《民法典》，是要对实践中证明明显有问题的规定或者社会生活急需，各方面意见又基本一致的规定进行修改补充，类似于本条规定，以不动为宜。立法机关采纳了后一种意见。①

### 三、条文解读

行政收费通常有三种功能：一是成本补充功能，即弥补相关行政机关提供公共服务所花费的人工成本和工本费等；二是创收功能，即类似税收的作用，如燃油附加费、城市建设费等；三是调节功能，即引导人们选择自己的行为，如排污费、社会抚养费。从当前税费改革的总体趋势来说，收费的创收功能在进一步收缩，在对不动产交易已征收交易税、印花税等税费的情况下，不宜再在登记环节赋予收费创收功能；不动产登记收费高低也起不到正向调节作用；不动产登记的收费仅有成本补充功能。

#### （一）不动产登记按件收费的理据之一：不动产登记为刚性需求

不动产登记系因事而发，为公民刚性需求，行政相对人不具有可选择性。登记费高低不大可能起到正向调节作用，当事人不可能因收费少而增加不动产登记申请，却可能因收费高而暂缓或者不进行不动产登记，从而有害交易安全。因此，不动产登记高收费，如果有调节作用，也是负面的。这点与民事诉讼中的诉讼费进行对比就更清楚了：社会纠纷的解决途径有履行（给付）、协商、仲裁、诉讼等多个解决渠道，诉讼渠道只是其中的一种，当事人具有可选

---

① 参见黄薇主编：《中华人民共和国民法典解读》，中国法制出版社2020年版。

择性。诉讼渠道是终局性解决途径，但也是社会成本最大的解决途径。因此，有必要通过较高的诉讼费引导当事人选择实际履行、和解、仲裁等耗费社会资源较少、更有利恢复社会和谐的渠道。高收费能够产生正向引导效果。而不动产登记费如果按照面积、金额等收费，收费手续更繁杂、金额通常会更高，但不能起到类似的正向调节效果。

（二）不动产登记按件收费的理据之二：不动产登记为基本公共服务

行政机关的权力来源于人民，其资金来源于人民缴纳的税收，提供公共服务是其法定职责，行政机关不能以其所提供的基本公共服务进行营利，行政收费一般只能是对因此项基本公共服务日常开支的弥补；且不动产面积、价款的不同与其登记环节的行政开支大小并无必然联系。故不动产收费按件数收取少量费用，而非按面积、价款收取较高费用，是合理的，也符合简便原则。行政机关按件少量收费，既可以起到弥补行政机关正常合理支出的作用，又可以避免按不动产面积、价款收费而实际上成为营利性收费。

（三）不动产登记按件收费的理据之三：有利于经济发展

按件收费可以减少组织和个人的负担，同时，低廉的收费亦有利于鼓励不动产登记，提高不动产登记公示等制度的实效，从而有利于交易安全。这些从长远来看都有利于社会经济发展。

## ▶ 适用指引

一、对"一件"的理解

不动产登记费属于行政事业收费，是为了补偿不动产登记机构的管理成本而向当事人收取的费用。不动产登记计费单位是"件"。关于何为"一件"曾有不同的理解。2016年《通知》中对此作了专门规定："申请人以一个不动产单元提出一项不动产权利的登记申请，并完成一个登记类型登记的为一件。""不动产单元，是指权属界线封闭且具有独立使用价值的空间。有房屋等建筑物、构筑物以及森林、林木定着物的，以该房屋等建筑物、构筑物以及森林、林木定着物与土地权属界线封闭的空间为不动产单元。房屋包括独立成幢、权属界线封闭的空间，以及区分套、层、间等可以独立使用、权属界线封闭的空间。没有房屋等建筑物、构筑物以及森林、林木定着物的，以土地权属界线封闭的空间为不动产单元。"根据以上规定，在认定何为"一件"时，一是考虑空间实体功能因素，具有独立、封闭的权属界线，可能独立使用是判断"一件"的重要依据。二是考虑权利类型因素，即对于同一独立空间的不动产，如为设定不同的权利类型进行登记，为不同件。例如，一套独立的房屋，为一个人办理一个不动产权证的，属一件；一套独立的房屋，同时为多个共有权人办理不动产权证的，仍为一件，因空间上、权利类型上均为一个。但如果又为该房屋办理一个担保物权登记的，则属办理了一个所有权登记、一个担保物权登记，属两件。三是对于担保物权等，在考虑空间功能因素的同时，还考虑权利归属方的个数（或事件的个数）。如"非同宗土地上多个抵押物办理一笔贷款，申请办理抵押权登记的，按多件收费。""申请人以同一宗土地上多个抵押物办理一笔贷款，申请办理抵押权登记的，按一件收费。"但是对于"同一宗土地上多个抵押物办理多笔贷款的"，如何收费，没有规定，按照考虑空间功能因素、权属归属方的个数（或事件的个数）的逻辑，也应当按照多件收费。

## 二、其他工本费的收取

2016年《通知》中，对证书工本费标准规定为："不动产登记机构按本通知第一条规定收取不动产登记费，核发一本不动产权属证书的不收取证书工本费。向一个以上不动产权利人核发权属证书的，每增加一本证书加收证书工本费10元。""不动产登记机构依法核发不动产登记证明，不得收取登记证明工本费。"并详细规定了工本费收取的优惠减免。

## 第二节 动产交付

> 第二百二十四条 动产物权的设立和转让，自交付时发生效力，但是法律另有规定的除外。

### ▶ 关联规定

**法律、行政法规、司法解释**

《中华人民共和国民法典》

第二百二十六条 动产物权设立和转让前，权利人已经占有该动产的，物权自民事法律行为生效时发生效力。

第二百二十七条 动产物权设立和转让前，第三人占有该动产的，负有交付义务的人可以通过转让请求第三人返还原物的权利代替交付。

第二百二十八条 动产物权转让时，当事人又约定由出让人继续占有该动产的，物权自该约定生效时发生效力。

第五百九十八条 出卖人应当履行向买受人交付标的物或者交付提取标的物的单证，并转移标的物所有权的义务。

### ▶ 条文释义

#### 一、本条主旨

本条是关于动产物权的变动以交付为生效要件的原则性规定。

#### 二、条文演变

本条承袭了原《物权法》第23条的规定。我国民法对动产物权的设立和转让何时发生效力的问题已有一些规范。原《民法通则》第72条规定："财产所有权的取得，不得违反法律规定。按照合同或者其他合法方式取得财产的，财产所有权从财产交付时起转移，法律另有规定或者当事人另有约定的除外。"原《合同法》第133条基本上承袭了该规定，只是在文字上略作修改，表述为"标的物的所有权自标的物交付时起转移，但法律另有规定或者当事人另有约定的除外。"原《物权法》第23条规定："动产物权的设立和转让，自交付时发生效力，但法律另有规定的除外。"该条的但书条款中未把"当事人另有约定"列入其中，从字面上看，似乎在此已经否认"当事人另有约定"可以排除交付变动动产物权的一般规则。① 但究其立法原意，实际上是为了防止当事人任意约定动产物权变动的公示方式，进一步强化物权公示对于物权变动的意义。《民法典物权编（草案）》（征求意见稿）第20条、《民法典物权编（草案）》（二次审议稿）第20条以及《民法典（草案）》第224条作出了相同的规定。可见，本条自原《物权法》颁布以来并无改动。②

### 三、条文解读

公示原则作为物权法基本原则之一被现代民法所承认。原《物权法》第6条确立了物权公示原则，《民法典》物权编未作任何修改地接受了原《物权法》关于公示原则的规范结构体系，将登记和交付分别作为不动产和动产物权变动的公示方法。本条则进一步规定，动产物权的设立和转让，自交付时发生效力，但是法律另有规定的除外。对动产物权变动采取了以交付为生效要件的一般原则。

这一规定主要考虑以下几点：首先，以交付作为动产物权变动的生效要件，是物权公示原则的必然要求，是社会经济生活的客观需要，有利于保护动产的交易安全，也有利于保护第三人的利益。其次，以交付作为动产物权变动的生效要件，是我国的固有做法。我国民法历来坚持以交付作为动产所有权移转生效要件的原则。这一原则符合物权公示原则，并为审判实践所遵循，《民法典》应继续坚持。此外，以交付作为动产物权变动的生效要件，是许多国家

---

① 参见崔建远：《再论动产物权变动的生效要件》，载《法学家》2010年第5期。
② 参见孙宪忠、朱广新主编：《民法典评注：物权编》，中国法制出版社2020年版，第151~152页。

民法的通例，也符合物权变动立法模式的基本潮流。①

《民法典》物权编第1章规定了物权公示原则，以维护交易安全，为第三人利益提供切实保障。不动产物权以登记为公示手段，与此相对应，动产物权以占有和交付为公示手段。占有主要是在静态下，即在不发生物权变动的情况下发挥动产物权的公示作用；而交付主要是在动态下，即在发生物权变动的情况下发挥动产物权的公示作用。

依照本条规定，"动产物权的设立和转让，自交付时发生效力"，指的是当事人通过合同约定转让动产所有权和设立动产质权两种情况。《民法典》物权编上所说的交付，指的是物的直接占有的转移，即一方按照法律行为要求，将物的直接占有移转给另一方的事实。

## ▶ 适用指引

第一，动产物权的设立和转让实行不交付不生效的原则，交付是动产物权变动的必要条件。这里的交付指的是现实交付，即物的直接占有的转移，即一方按照法律行为要求，将物的直接占有移转给另一方，使受让人对该动产取得事实上的管领力的事实。关于动产物权的变动，系采意思主义与交付相结合的立法模式。也就是说，动产物权设立和转让时，除了要有当事人之间的债权合意外，还要进行交付，才发生物权变动的效力。交付之所以会导致动产物权变动，是因为当事人之间有交付的意思存在，如果没有设立和转让动产物权的意思，单纯的交付就不会产生物权变动的效力。如承揽行为中的交付，因不具备物权变动的意思表示而不导致物权变动。同样，除了要有当事人之间的债权合意外，还要进行交付，才发生物权变动的效力，否则，仅有当事人之间的合意，而没有交付，物权变动就不发生预期的结果。交付是对占有的转移，但两者并不相同，通说认为，占有和交付分别从静态和动态两个方面来表现动产物权关系，二者相辅相成，占有是交付的结果，占有是一项事实，可以作为动产物权的公示方法，不能产生物权变动的效果，引致物权变动的是交付。

第二，本条的适用范围限于因法律行为发生的动产物权变动。与不动产物权变动一样，动产物权变动也可以分为基于法律行为发生的物权变动和非基于

---

① 参见最高人民法院民法典贯彻实施工作领导小组主编：《中华人民共和国民法典物权编理解与适用》，人民法院出版社2020年版，第130~131页。

法律行为发生的物权变动两种。本条规定了动产物权的设立和转让两种情形，这两种情形显然属于基于法律行为引起的物权变动，而本条不适用于法律行为以外的原因发生的物权变动。因此，交付只能基于以让与动产物权为目的的双方法律行为与单方法律行为、诺成性法律行为与实践性法律行为以及有偿法律行为与无偿法律行为等民事法律行为。基于其他原因变动动产物权的，如以原始取得方式和继承方式取得动产所有权就不以交付为其公示方法，因为以这些取得方式取得动产所有权，或者不发生交付（如因先占、添附、时效取得方式取得动产所有权），或者交付在其中不具有法律意义。并且，依动产物权体系，动产物权的类型主要有所有权和质权两种，本条所规范的物权变动，主要指当事人通过合同约定转让动产所有权和设立动产质权两种情况。而留置权只能依法享有，不能由当事人创设，不属于本条调整的范围。因此，只有在基于民事法律行为让与动产所有权与设定质权时，交付才是动产物权变动的公示方法。

第三，动产物权变动自交付时生效，是动产物权变动的一般原则，但在某些特殊情形下，考虑到交易便捷的需要，《民法典》也承认一些变通方法，以代替现实交付。同时，对于非基于法律关系而发生的物权变动、特定的动产物权均不以交付为生效要件。具体来说，本条规定的"法律另有规定的除外"主要指的是：（1）本节对动产物权的设立和转让的一些特殊情况。主要有简易交付、指示交付和占有改定三种，统称为观念交付，分别在《民法典》第226条至第228条作了规定，这些情形将在有关部分论述。（2）对非基于法律行为而发生的物权变动问题所作的规定，如《民法典》第229条至第231条的规定情形，均非自交付时发生物权变动的效力。（3）关于船舶、航空器和机动车等特殊动产以及动产抵押权和留置权的相关规定。如《民法典》第225条规定："船舶、航空器和机动车等的物权的设立、变更、转让和消灭，未经登记，不得对抗善意第三人。"即特殊动产以登记而非交付作为物权变动的对抗要件。《民法典》第403条规定："以动产抵押的，抵押权自抵押合同生效时设立；未经登记，不得对抗善意第三人。"即在动产抵押情况下，以抵押合同生效作为动产抵押权变动的构成要件，以登记作为动产抵押权变动的对抗要件。[1]

---

[1] 参见最高人民法院民法典贯彻实施工作领导小组主编：《中华人民共和国民法典物权编理解与适用》，人民法院出版社2020年版，第131~132页。

## 类案检索

**林某与药药好（杭州）网络科技有限公司所有权确认纠纷案**

**关键词：** 动产交付　登记对抗主义

**裁判摘要：** 关于药药好公司提出的案涉轿车登记在其名下即为其财产的抗辩意见，虽《民法典》第225条规定机动车物权的设立、变更、转让和消灭，未经登记，不得对抗善意第三人，但该登记系作为物权变动的对抗要件，而非生效要件，机动车作为特殊动产，其物权变动仍需按照《民法典》第224条所规定的自交付时发生效力，故在双方并无买卖案涉轿车的真实意思表示，且未实际交付的情况下，药药好公司仅凭所有权的变更登记，无法主张案涉轿车的物权。综上，林某作为案涉轿车的实际出资人，且自始至终对该车享有占有、使用、收益和处分的权利，法院据此认定林某为案涉轿车的所有权人，并可要求药药好公司协助其办理所有权变更登记手续。

【案　　号】（2020）浙01民初2849号

【审理法院】浙江省杭州市中级人民法院

【来　　源】中国裁判文书网

第二百二十五条　船舶、航空器和机动车等的物权的设立、变更、转让和消灭，未经登记，不得对抗善意第三人。

## 关联规定

法律、行政法规、司法解释

1.《中华人民共和国道路交通安全法》

**第十二条**　有下列情形之一的，应当办理相应的登记：

（一）机动车所有权发生转移的；

（二）机动车登记内容变更的；

（三）机动车用作抵押的；

（四）机动车报废的。

2.《中华人民共和国民用航空法》

**第十一条**　民用航空器权利人应当就下列权利分别向国务院民用航空主管部门办理权利登记：

（一）民用航空器所有权；

（二）通过购买行为取得并占有民用航空器的权利；

（三）根据租赁期限为六个月以上的租赁合同占有民用航空器的权利；

（四）民用航空器抵押权。

**第十四条**　民用航空器所有权的取得、转让和消灭，应当向国务院民用航空主管部门登记；未经登记的，不得对抗第三人。

民用航空器所有权的转让，应当签订书面合同。

**第十六条**　设定民用航空器抵押权，由抵押权人和抵押人共同向国务院民用航空主管部门办理抵押权登记；未经登记的，不得对抗第三人。

3.《中华人民共和国海商法》

**第九条**　船舶所有权的取得、转让和消灭，应当向船舶登记机关登记；未经登记的，不得对抗第三人。

船舶所有权的转让，应当签订书面合同。

**第十条** 船舶由两个以上的法人或者个人共有的，应当向船舶登记机关登记；未经登记的，不得对抗第三人。

**第十三条** 设定船舶抵押权，由抵押权人和抵押人共同向船舶登记机关办理抵押权登记；未经登记的，不得对抗第三人。

船舶抵押权登记，包括下列主要项目：

（一）船舶抵押权人和抵押人的姓名或者名称、地址；

（二）被抵押船舶的名称、国籍、船舶所有权证书的颁发机关和证书号码；

（三）所担保的债权数额、利息率、受偿期限。

船舶抵押权的登记状况，允许公众查询。

**第十四条** 建造中的船舶可以设定船舶抵押权。

建造中的船舶办理抵押权登记，还应当向船舶登记机关提交船舶建造合同。

4.《船舶登记条例》

**第二条** 下列船舶应当依照本条例规定进行登记：

（一）在中华人民共和国境内有住所或者主要营业所的中国公民的船舶。

（二）依据中华人民共和国法律设立的主要营业所在中华人民共和国境内的企业法人的船舶。但是，在该法人的注册资本中有外商出资的，中方投资人的出资额不得低于百分之五十。

（三）中华人民共和国政府公务船舶和事业法人的船舶。

（四）中华人民共和国港务监督机构认为应当登记的其他船舶。

军事船舶、渔业船舶和体育运动船艇的登记依照有关法规的规定办理。

**第五条** 船舶所有权的取得、转让和消灭，应当向船舶登记机关登记；未经登记的，不得对抗第三人。

船舶由二个以上的法人或者个人共有的，应当向船舶登记机关登记；未经登记的，不得对抗第三人。

**第六条** 船舶抵押权、光船租赁权的设定、转移和消灭，应当向船舶登记机关登记；未经登记的，不得对抗第三人。

5.《民用航空器权利登记条例》

**第三条** 国务院民用航空主管部门主管民用航空器权利登记工作，设立民用航空器权利登记簿，统一记载民用航空器权利登记事项。

同一民用航空器的权利登记事项应当记载于同一权利登记簿中。

**第四条** 办理民用航空器所有权、占有权或者抵押权登记的，民用航空器权利人应当按照国务院民用航空主管部门的规定，分别填写民用航空器所有权、占有权或者抵押权登记申请书，并向国务院民用航空主管部门提交本条例第五条至第七条规定的相应文件。

办理民用航空器优先权登记的，民用航空器优先权的债权人应当自援救或者保管维护工作终了之日起3个月内，按照国务院民用航空主管部门的规定，填写民用航空器优先权登记申请书，并向国务院民用航空主管部门提交足以证明其合法身份的文件和有关债权证明。

**第十五条** 民用航空器权利登记事项发生变更时，民用航空器权利人应当持有关的民用航空器权利登记证书和变更证明文件，向国务院民用航空主管部门办理变更登记。

民用航空器抵押合同变更时，由抵押权人和抵押人共同向国务院民用航空主管部门办理变更登记。

**第十七条** 遇有下列情形之一时，民用航空器权利人应当持有关的民用航空器权利登记证书和证明文件，向国务院民用航空主管部门办理注销登记：

（一）民用航空器所有权转移；

（二）民用航空器灭失或者失踪；

（三）民用航空器租赁关系终止或者民用航空器占有人停止占有；

（四）民用航空器抵押权所担保的债权消灭；

（五）民用航空器优先权消灭；

（六）国务院民用航空主管部门规定的其他情形。

6.《最高人民法院关于适用〈中华人民共和国民法典〉物权编的解释（一）》

**第六条** 转让人转让船舶、航空器和机动车等所有权，受让人已经支付合理价款并取得占有，虽未经登记，但转让人的债权人主张其为民法典第二百二十五条所称的"善意第三人"的，不予支持，法律另有规定的除外。

## ▶ 条文释义

### 一、本条主旨

本条是关于船舶、航空器和机动车等物权登记的规定。

### 二、条文演变

特殊动产,又称准不动产,包括船舶、航空器和机动车等特殊类型的动产。关于特殊动产的物权变动规则散见于《海商法》《民用航空法》《船舶登记条例》等专门性法律法规,原《担保法》一体规定特殊动产抵押权设立规则,原《物权法》统一规定特殊动产物权变动规则。原《物权法》第24条规定:"船舶、航空器和机动车等物权的设立、变更、转让和消灭,未经登记,不得对抗善意第三人。"本条承袭了该条的规定。

本条是关于船舶、航空器和机动车等特殊动产物权变动的规定,采取了登记对抗主义的物权变动模式。本条是一个完全法条,规定了"构成要件"和"法律效果"两个部分,其构成要件为"船舶、航空器和机动车等的物权的设立、变更、转让和消灭",其法律效果为"未经登记,不得对抗善意第三人"。①

### 三、条文解读

本条对船舶、航空器和机动车等特殊动产的物权变动作了例外规定,即以登记作为物权变动的对抗要件。作出这一规定主要有以下几点考虑:其一,船舶、航空器和机动车一般都有登记,而且往往价值较大,在法律上被视为一种准不动产,其物权变动应当以登记为公示方法。如果以交付作为物权变动的要件,不足以充分贯彻物权公示原则。其二,对这几类特殊动产的物权变动,如果一律采取登记要件主义,不仅会影响交易便捷,增加交易成本,而且会加重登记机关的负担。其三,我国现行立法对船舶和民用航空器均以登记作为物权变动的对抗要件。如《海商法》第9条第1款规定:"船舶所有权的取得、转

---

① 参见孙宪忠、朱广新主编:《民法典评注:物权编》,中国法制出版社2020年版,第160~161页。

让和消灭，应当向船舶登记机关登记；未经登记的，不得对抗第三人。"第13条第1款规定："设定船舶抵押权，由抵押权人和抵押人共同向船舶登记机关办理抵押权登记；未经登记的，不得对抗第三人。"《民用航空法》第16条规定："设定民用航空器抵押权，由抵押权人和抵押人共同向国务院民用航空主管部门办理抵押权登记；未经登记的，不得对抗第三人。"原《物权法》第24条规定："船舶、航空器和机动车等物权的设立、变更、转让和消灭，未经登记，不得对抗善意第三人。"实践证明，上述做法有其合理性，民法学界普遍认可，实践中也不存在什么问题，为了保持法律的稳定性，《民法典》应延续对这类动产登记对抗主义原则的规定。其四，从世界范围看，对于船舶、航空器的物权变动，多数国家采取的是登记对抗主义的立法例。

对本条含义的理解，注意把握以下几点。

第一，船舶、航空器和机动车等特殊动产物权的变动以登记作为对抗要件。之所以在登记的效力上不采用登记生效主义，是考虑到船舶、航空器和机动车等本身具有动产的属性，其物权变动并不是在登记时发生效力，但是，法律对船舶、航空器和汽车等动产规定有登记制度，其物权的变动如果未在登记部门进行登记，就不产生社会公信力。

第二，本条规定特殊动产物权的变动以登记作为对抗要件，但对特殊动产变动的生效要件没有作出明确的规定。有观点认为，特殊动产物权变动采"债权性合意＋交付＋公示对抗"的模式，即仅有债权性合意并不发生物权变动，还需要有实际交付的行为。[1] 如前所述，对动产物权变动，《民法典》采取以交付为生效要件的原则，船舶、航空器和机动车本质上是动产，根据《民法典》第224条的规定，应自交付时发生物权变动效力。如果没有实际交付，双方之间只能形成债权关系，而不能形成物权关系。另一种观点认为，船舶、航空器、机动车作为特殊动产，构成了《民法典》第224条的例外。作为意思主义模式，物权变动依当事人意思而发生，而不是依交付而发生。[2] 一般认为，仅从本条规定看，不能认定船舶、航空器和机动车等特殊动产采用债权意思主义。如果仅依靠当事人的债权意思就能发生物权变动，无法从外部认识其变动，不利于保障交易安全，且法律关系不能明确化。《民法典》是以动产和不

---

[1] 参见刘本荣：《中国船舶物权登记对抗主义的实际运行与匡正》，载《中国海商法年刊》2009年Z1期。

[2] 参见叶金强：《登记物与非登记物之区分的法律意义》，载《现代法学》2010年第4期。

动产的划分为基础，特殊动产仍有适用普通动产物权变动规则的余地。只有当事人之间达成合意，并经过公示才发生物权变动的效果，公示应当是物权变动的构成要件。因此，对于船舶、航空器和机动车等特殊动产，应采用"合意+交付"的模式。其所有权转移一般在交付时发生效力，而抵押权在抵押合同生效时设立。

第三，船舶、航空器和机动车等的物权的设立、变更、转让和消灭，未在登记部门进行登记，则虽然在当事人之间已发生效力，但当事人不得对善意第三人主张物权变动的效力，即未经登记的物权变动，不产生社会公信力，不得对抗善意第三人。所谓善意第三人，就是指不知道也不应当知道物权发生了变动的物权关系相对人。主要包括以取得所有权为目的的相对人、抵押权人、质权人和留置权人。例如，甲将一辆大型客车出售给乙，但一直未办理过户登记手续。后甲又将该辆客车抵押给丙，并办理了抵押登记。乙虽然取得了该辆客车的所有权，但因未办理登记，所以不能以其对抗丙的抵押权。因此，从上述意义上说，船舶、航空器和机动车的物权变动，如果未进行登记，受让人取得的物权实际上是不完全的。特殊动产物权的变动，在未进行登记之前，如果有善意第三人就同一标的物主张物权的，则该善意第三人的主张应当依法予以支持。例如，甲公司将一架飞机出售给乙公司，乙公司支付了全部价款，但未办理过户登记手续。后甲公司又以更高的价格将该架飞机出售给丙公司，因该架飞机仍登记在甲公司名下，丙公司确信飞机为甲公司所有，遂支付了大部分价款，并办理了所有权转移登记手续。该案中，乙公司与甲公司的买卖合同虽然在先，并支付了全部价款，但丙公司在先办理了所有权转移登记，乙公司不得以其所有权对抗丙公司。丙公司完成登记后，即取得完整的物权，乙公司的物权则完全消灭。因此，乙公司和丙公司如因此涉讼，法院应依法支持丙公司的主张。当然，这里的第三人须为善意第三人，否则，对其主张不应予以支持。例如，甲将一辆机车出售给乙，乙在办理登记过程中，丙采取欺诈、胁迫等手段对乙的登记设置障碍，后又趁机与甲串通，受让该机车，并办理了所有权移转登记。本案中，丙虽然先办理完所有权移转登记，但因系采取欺诈、胁迫手段取得，因此，应排除于善意第三人之外，对其主张不应予以支持。

第四，船舶、航空器和机动车等的物权的设立、变更、转让和消灭，在未进行登记之前，虽然不能对抗善意第三人，但对善意第三人并不意味着绝对无效。法律之所以规定未经登记的物权变动不得对抗善意第三人，其根本目的在于保护善意第三人的利益。而善意第三人完全可以根据意思自治原则对物权变动的效力予以否认或者承认。如果善意第三人自愿放弃自己的利益，在不违反公序良俗的前提下，应允许善意第三人承认这种未经登记的物权变动的效力。

第五，船舶、航空器和机动车等物权的设立、变更、转让和消灭，已经进行登记的，可以对抗任何第三人包括善意第三人。①

## ▶ 适用指引

船舶、航空器和机动车等的物权的设立、变更、转让和消灭，虽然在办理登记之后，才能对抗善意第三人。但在登记前，物权变动在当事人之间已经生效，审判实践中要注意依法保护物权取得人的合法权益。《民法典物权编解释（一）》第6条规定："转让人转让船舶、航空器和机动车等所有权，受让人已经支付合理价款并取得占有，虽未经登记，但转让人的债权人主张其为民法典第二百二十五条所称的'善意第三人'的，不予支持，法律另有规定的除外。"即船舶、航空器和机动车物权转让人的债权人在物权受让人已经支付合理价款并取得占有，只是没有过户登记时，不属于善意第三人，其主张自己是善意债权人而欲对抗该物权转移效力的，理由不能成立，不发生物权对抗效力。将转让人的债权人排除于善意第三人之外，意在贯彻物权优先效力。司法实践一般认为，善意第三人不包括普通债权人。在第三人仅为一般债权人的情况下，该第三人尚未因特定物的交付而成为物权人，不应认为其与未经登记之特殊动产所有权人之间存在竞争对抗关系。实际上，此种争议也并非广泛存在于所有债权人场合，关键是对于强制执行债权人、人身损害债权人等特殊债权人是否需要排除在外。具体来说，《民法典》本条所讲的善意第三人不应包括强制执行债权人，任何一个普通债权人都有可能成为强制执行债权人，强制执行债权人与一般债权人并无本质区别；就不动产物权而言，没有办理过户登记尚且不能查封、扣押、冻结，而机动车等特殊动产物权变动采纳的是登记对抗主义，本着举重以明轻的原则，机动车等特殊动产已经交付但尚未办理登记的，也不应查封、扣押、冻结，即不能成为强制执行债权的标的。②对人身损害债权人，

---

① 参见最高人民法院民法典贯彻实施工作领导小组主编：《中华人民共和国民法典物权编理解与适用》，人民法院出版社2020年版，第135~138页。

② 参见最高人民法院民事审判第一庭编著：《最高人民法院物权法司法解释（一）理解与适用》，人民法院出版社2016年版，第181~191页。该问题仍存在一定争议。

如果将其作为绝对不可对抗的第三人，则破坏了物权优先于债权的基本原则，人身损害属于侵权法领域，应由相应的制度机制去解决，比如目前国际上通行的通过保险分担侵权责任风险的办法等。担保物权人就抵押或质押担保的财产享有优先受偿的权利，因此，享有抵押权或质押权的债权人在担保范围内不属于《民法典物权编解释（一）》第6条规定的"转让人的债权人"的范畴，即抵押权人或质押权人应可以成为本条所讲的善意第三人。

尤其值得注意的是，"未经登记，不得对抗善意第三人"中的第三人应受到一定的限制，也就是说，物权变动即使未进行登记，也可以对抗某些第三人。如一般债权人、不法侵害或占有交易标的物的人、无效的登记名义人、基于无效行为受让物权的人等。在上述情况下，就要注意区分不同情况，依法支持物权受让人的请求。例如，甲将轮船出售给乙，但未办理登记手续。乙在使用轮船期间，被丙毁坏。轮船虽然登记在甲的名下，但乙已取得其所有权，因此，应当认为乙对丙有损害赔偿请求权。①

善意第三人不应包括债务人。未经登记的特殊动产物权变动，能否对抗债务人？例如，车辆发生物权变动但未办理登记，后因侵权行为毁损灭失，买受人起诉要求赔偿损失，加害人能否引用本条规定，以不知道买受人为真正权利人为由，主张诉讼主体不适格进而否认买受人的诉讼请求？这个问题可以从侵权责任构成要件的角度分析研判。从本条规定出发，亦可否认债务人的诉讼主张。首先，本条的立法目的是防止权利对抗对第三人权利造成不利影响，因此，此处的善意第三人应当解释为"善意第三权利人"。登记对抗主义的规范目的主要在于为交易中的第三人提供信赖保护或交易安全保护，而侵权人并不属于与当事人之间存在交易关系的人，也不享有受公示规则保护的信赖利益，自然不应被划入善意第三人之列。②其次，侵权行为的违法性排除了加害人善意的可能性。侵权人虽然对加害对象"不知情"，但对其行为的性质及损害后果是知情的，那就是侵权行为会确定无疑地带来损害赔偿责任。在这种情况下，只要买受人提供证据证明自己是真正权利人，加害人就要对其承担赔偿责任。③

---

① 参见最高人民法院民法典贯彻实施工作领导小组主编：《中华人民共和国民法典物权编理解与适用》，人民法院出版社2020年版，第138~140页。
② 参见汪志刚：《准不动产物权变动与对抗》，载《中外法学》2011年第5期。
③ 参见景光强：《特殊动产物权变动解释论——重新审视〈物权法〉第24条》，载《法律适用》2016年第6期。

> 第二百二十六条　动产物权设立和转让前，权利人已经占有该动产的，物权自民事法律行为生效时发生效力。

## 条文释义

### 一、本条主旨

本条是关于简易交付的规定。

### 二、条文演变

本条承袭了原《物权法》第25条的规定，其性质是简易交付，属于观念交付的类型。早期的交付仅指现实交付，即标的物占有的现实移转。后来交付出现多种简化形式，简易交付源于罗马法的"短手交付"。[①] 观念交付作为一项完整的法律制度，肇始于罗马法，后被法国、德国、瑞士、日本等国民事立法所采纳。我国原《物权法》正式确立了简易交付的法律地位，该法第25条规定："动产物权设立和转让前，权利人已经依法占有该动产的，物权自法律行为生效时发生效力。"该条规定的前提是"依法"占有，这将导致无权占有的情形不能适用于简易交付，限缩了简易交付的适用范围，给交易当事人带来诸多不便。《民法典物权编（草案）》（征求意见稿）第22条将原条文中的"依法"二字删除，《民法典物权编（草案）》（二次审议稿）第22条以及《民法典（草案）》第226条作出了相同的规定："动产物权设立和转让前，权利人已经占有该动产的，物权自民事法律行为生效时发生效力。"其修正之处为，删除了原《物权法》第25条中的"依法"二字。在此基础上又进行了小幅修改，将"法律行为"修改为"民事法律行为"，最终形成本条。[②]

---

[①] 参见杨震：《观念交付制度基础理论问题研究》，载《中国法学》2008年第6期。
[②] 参见孙宪忠、朱广新主编：《民法典评注：物权编》，中国法制出版社2020年版，第167~168页。

### 三、条文解读

简易交付又称无形交付,是指受让人在动产物权变动前已先行占有该动产的,让与人如设立和转让其动产物权,受让人依据法律行为取得其物权的情况下,动产物权的公示已经在事先完成,物权受让人已经能够依物权的排他性行使物权,无须再为现实交付。当事人之间的关于物权变动的协议生效时即发生物权变动的效力。如出让人在转让动产物权之前,受让人已通过委托、租赁、使用、借贷等方式而实际占有了该动产,则从移转标的物所有权的合同生效之时起,视为交付已经完成。也就是说,双方当事人以动产物权转让的合意来代替对动产的现实交付。

民事法律行为是民事主体通过意思表示设立、变更、终止民事法律关系的行为。民事法律行为应当具备下列条件:(1)行为人具有相应的民事行为能力。民事法律行为的行为人必须具有预见其行为性质和后果的相应的民事行为能力。(2)意思表示真实。行为人在自觉、自愿的基础上作出符合其意志的表示行为。(3)标的合法并具有可能性和确定性。民事法律行为的内容应有法律依据,并可能实现自始确定或能够确定。(4)不违反法律或者社会公共利益。

民事法律行为具有如下三项特征:第一,民事法律行为必须合法,才能为国家法律所确认和保护,从而能够产生权利义务关系,并产生行为人预期的民事法律后果。民事法律行为合法是指民事法律行为的内容和形式均应合法,既要符合法律规定,又要符合社会公共利益和社会公德的要求。第二,民事法律行为以行为人的意思表示作为构成要素。意思表示是指行为人追求民事法律后果(民事法律关系的设立、变更或者消灭)的内心意思以一定的方式表示于外部的活动。民事法律行为是人们有目的、有意识的行为。所以,意思表示是民事法律行为的必要组成部分。每种民事法律行为都必须存在意思表示。缺少民法所确认的意思表示的行为就不是民事法律行为。意思表示是民事法律行为的构成要素,但并不等于民事法律行为。第三,民事法律行为能够实现行为人所预期的民事法律后果,即设立、变更或者消灭民事法律关系。民事法律行为是一种目的性行为,即以设立、变更或终止民事法律关系为目的,民事法律行为的目的与实际产生的后果是相互一致的。本条规定的民事法律行为,主要指的是动产所有权人与受让人达成动产转让的协议以及与质权人订立动产出质协议。例如，银行在与贷款人办理质押合同前已经占有了汽车，双方订立了质押合同，则自质押合同生效时，质押权生效。

简易交付源于罗马法中的"短手交付"（又称在手交付或易位交付）。如承租人买下出租人的房屋，房屋本已由其居住使用，故所须交付只是权利的改变和确定。优士丁尼《学说汇纂》引用盖尤斯的见解认为，"事实上，有些情形，没有实际交付，单有所有权人意思，就足以移转某物，例如，出卖我已经出借、用益租赁、寄存与你之物；因为，尽管我未基于该基础交付该物与你，现在，我允许你继续占有它这一事实，基于买卖的基础，使它归于你。"对此，罗马法学家彭梵得认为，新取得人基于其他一些原因（如承租人或借用人名义等）保留标的物，"使持有行为与'占有心素'相结合"。① 实践中经常会存在这样的情形：一方当事人已经占有了某动产，后来又与该动产的所有权人达成了移转所有权或者设定质权的协议。在上述情形下，如果强调必须进行现实交付，那么所有权人将不得不先从受让人处取回标的物，然后再将其交付给受让人。例如，乙租用甲的冰柜储藏鲜果，租期为2年。租用期间甲乙双方又达成协议，甲将该冰柜出售给乙。如果必须进行现实交付，甲必须先从乙处取回冰柜，然后再将冰柜交付给乙。显然，这种做法既导致交易手续烦琐，降低了交易效率，又浪费了人力、物力和时间，增加了交易成本，而且不符合社会经济生活的客观规律，没有任何实际意义。鉴于此，许多国家和地区都在现实交付之外，规定了简易交付这种无形交付方式。《民法典》也明确承认了简易交付方式。

简易交付实际上是以动产物权让与合意代替现实交付，是一种观念上的交付。在简易交付之前，尽管新的权利人先前已经占有了负有交付义务的人的财产，但这种占有只是一种他主占有，即不是以所有人的意思而进行的占有。对于负有交付义务的人来说，尽管先前没有实际占有其物，但仍然构成自主占有，即以所有人意思所进行的占有。在简易交付时，负有交付义务的人仅将自主占有的意思授予新的权利人，使其从他主占有变为自主占有，以代替现实的交付行为。但简易交付并未破坏动产物权变动的一般原则。在简易交付情形下，尽管没有形式上的交付，但标的物已由受让人实际占有，交付的目的已经

--------

① 参见田士永：《物权行为理论研究》，中国政法大学出版社2002年版，第52页。

达到，物权的变动和变动后的状态具有明确的外部表征，物权的公示在事实上已经完成，物权受让人已经能够享有物权，故物权的变动在当事人之间的协议生效时生效。也就是说，简易交付与现实交付的法律后果并无实质区别，简易交付不是对动产物权变动须以交付作为生效要件原则的破坏，是该原则在特殊情形下的一种灵活变通。

## ▶ 适用指引

第一，在简易交付中，受让人须于动产物权设立和转让前先行占有该动产，但受让人基于何种原因占有该动产，审判实践中无须考虑。在现实经济生活中，受让人在动产物权变动前可能基于租赁、委托、保管、质权等多种原因占有该动产，不论受让人基于何种原因占有该动产，均不影响动产物权设立和转让的效率。因此，审判实践中没有必要花费过多精力去查明受让人先行占有动产的原因。关于占有是否必须合法，在《民法典》的编纂过程中是存在争议的。一种观点认为，占有必须合法，否则非法的占有还可以适用简易交付的规则的话，势必保护非法占有人，引发更大纠纷的结果。另一种观点认为，简易交付本身就是为了交易的便捷而产生的制度，占有人的占有合法与否在所不问，至于受让人占有的原因可以不予考虑。原《物权法》第25条规定，权利人先行占有该动产须"依法"占有，权利人如果非法占有财产，就应当返还财产，不能发生简易交付的效力。这一点与其他国家和地区的规定不同。在其他国家和地区，一般不强调权利人的先行占有是否"依法"，《民法典》吸收了国外立法的这一观点，不再以"依法"占有作为简易交付适用的前提。也就是说，即使受让人占有动产系没有任何合法原因的无权占有，也不影响物权设立和转让的效力。

第二，在简易交付情形下，当事人之间不仅要有物权让与的合意，而且该合意生效之时，才发生物权变动的效力。简易交付实际上是以当事人之间物权让与的合意代替动产的现实交付，但对该物权让与的合意，是必须生效还是只要存在即可，则有不同的做法。从许多国家和地区的规定看，只要当事人之间存在物权让与的合意，即可替代现实交付发生物权变动的效力，而不强调物权合意必须生效，如德国、日本、俄罗斯、韩国都不要求物权让与的合意必须生效。与这些国家和地区的规定不同，本条则要求动产物权设立或转让的合同必须生效，才发生物权变动的效力。因此，审判实践中，要注意按照有关法律行为生效要件的规定，审查当事人之间的动产质权设立或动产所有权转让合同是否生效，并据此判断物权变动是否发生效力。[1]

---

[1] 参见最高人民法院民法典贯彻实施工作领导小组主编：《中华人民共和国民法典物权编理解与适用》，人民法院出版社2020年版，第141~145页。

> 第二百二十七条 动产物权设立和转让前，第三人占有该动产的，负有交付义务的人可以通过转让请求第三人返还原物的权利代替交付。

## ▶ 关联规定

法律、行政法规、司法解释

《最高人民法院关于适用〈中华人民共和国民法典〉物权编的解释（一）》

第十七条第二款 当事人以民法典第二百二十六条规定的方式交付动产的，转让动产民事法律行为生效时为动产交付之时；当事人以民法典第二百二十七条规定的方式交付动产的，转让人与受让人之间有关转让返还原物请求权的协议生效时为动产交付之时。

## ▶ 条文释义

一、本条主旨

本条是关于动产物权指示交付的规定。

二、条文演变

《物权法》第 26 条规定："动产物权设立和转让前，第三人依法占有该动产的，负有交付义务的人可以通过转让请求第三人返还原物的权利代替交付。"其将指示交付限定于"动产由第三人依法占有"，有学者认为，虽然让与人的动产由第三人合法占有的情形并不少见，但将无权占有的情形排除在指示交付的规定范围之外，导致一些本应通过指示交付来解决动产物权变动的问题无法如愿。例如，第三人作为借用人占有借用物，后借用合同终止，变为无权占有，在此情况下，物权人将此标的物卖给他人，因不符合原《物权法》第 26 条规定的指示交付的要求，故只能由动产物权让与人从占有动产的第三人手中收回，再交给受让人，徒增周折和成本。《民法典》采纳了该种观点，将原《物权法》第26条中的"依法"二字删除，允许没有法律依据的无权占有采取指示交付的方式，扩大了指示交付的适用范围。

三、条文解读

动产物权的变动，由交付这一行为完成。实践中，动产的交付并非必须是由出让人之手直接交到受让人之手，本条所规定的指示交付即是一种例外情形，它与现实交付具有同等效力。本条所规定的指示交付即属于现实交付的一种例外情形。

（一）指示交付的定义

指示交付，又称返还请求权的让与，是指让与动产物权的时候，如果让与人的动产由第三人占有，让与人可以将其享有的对第三人的返还请求权让与给受让人，以代替现实交付。① 由于让与人对其所转让的标的不享有物理意义上直接占有和直接控制的可能，出让人无法通过现实交付的方式使得动产物权得以变动，而第三人即指能够对转让标的（动产）进行物理意义上直接占有和直接控制的一方。需要注意的是，除去基于合同等关系而产生的能够对动产进行直接占有和控制的第三人外，不具备法律上的正当原因而占有动产的无权占有人也可以成为本条规定的第三人。

（二）指示交付所转让的请求权的性质

指示交付中让与人所让与的返还请求权的性质应如何认定？通说认为，指示交付中要求第三人返还原物的请求权，既包括物权的返还请求权，也包括债权的返还请求权。具体而言：在第三人有权占有的情形下，出让人应当将其基于与第三人之间的合同关系而产生的债法上的请求权让与给受让人，此时让与的是债权请求权；如果让与人与第三人间的合同无效，出让人还应当将自己基于不当得利的返还请求权或者基于侵权损害赔偿的请求权让与给受让人；如果第三人对动产为无权占有，那么出让人可以将其基于所有权的返还请求权让与给受让人，此为物权请求权。本条规定采通说观点。

---

① 参见黄薇主编：《中华人民共和国民法典释义及适用指南》，中国民主法制出版社2020年版，第343页。

### （三）指示交付的构成要件

第一，必须要在物权设立和转让前由第三人占有该动产。负有交付义务的人并没有实际占有该动产，而由第三人占有该动产。第二，转让人应对第三人享有返还原物请求权。转让人要享有本权，才能享有返还原物请求权。如果转让人先前仅仅是基于占有而享有返还占有请求权，并不享有基于物权的对该物的返还原物请求权，也不能通过指示交付发生物权变动的效果。第三，双方当事人达成了转让返还原物请求权的协议。从司法实践来看，当事人可以通过出具权益转让书等方式转移返还原物的请求权，这也属于指示交付的具体方式。第四，从双方约定生效时起，请求权发生转让并代替交付。在指示交付的情况下，这种交付不以标的物的实际转让为要件。只要双方约定生效，请求权发生转让，则物权发生变动，便产生指示交付的效果。①

### （四）指示交付的效力

根据《民法典物权编解释（一）》第 17 条第 2 款的规定，从转让人和受让人关于请求权转让的约定生效时起，请求权发生转让并产生物权变动。

## ▶ 适用指引

### 一、让与人所让与的返还请求权仅限于对特定第三人的返还请求权，还是包括对不特定第三人的返还请求权

对这一问题，理论和实践中存在着不同观点。一种观点认为，在指示交付中，出让人转让的返还请求权应当是对特定第三人的返还请求权，如果其物被他人占有以后，出让人不知道何人占有其动产，因而不能对特定的占有人提出请求，当然不能将这种返还请求权转让给受让人。②另一种观点则认为，让与人所让与的所有物返还请求权，不仅包括对现时占有人的返还请求权，而且还包括对将来其他占有人的返还请求权。即使某动产不知被何人占有，例如被盗

---

① 参见王利明：《物权法研究》，中国人民大学出版社 2016 年版，第 357~358 页。
② 参见王利明：《物权法研究》，中国人民大学出版社 2002 年版，第 188 页。

之物被盗贼抛弃，不知由何人占有，所有权人的返还请求权也可以让与。[1] 我们认为，《民法典》既然已经认可第三人非依法占有动产的，亦构成指示交付。则让与人所让与的返还请求权，既可以是对特定第三人的返还请求权，也可以是对不特定第三人的返还请求权。且法律规定指示交付方式的目的，便在于促使交易更加便捷，满足经济生活的实际需要。实际经济生活中既然存在着对不特定第三人的返还请求权，而承认这种返还请求权对交易安全又不会构成妨害，没有必要限制该种返还请求权的转让。

### 二、返还请求权的让与是否需要通知第三人

对此，也存在着不同观点。一种观点认为，如果让与人让与的是债权请求权，应当适用债权转让的规则，通知第三人；如果让与的是物权请求权，则无须通知第三人。物权变动只涉及当事人之间的利益，对第三人应该并无妨害。大多数观点认为，让与人让与债权请求权时，固然应适用债权转让的规则，履行通知第三人的义务；让与物权请求权时，也应类推适用有关债权转让的规定，通知第三人。[2] 我们认为，《民法典》虽然未明确规定让与人通知第三人的义务，但在实际操作中，让与人在让与返还请求权之后，可以及时通知第三人，以防止第三人再将该动产返还给让与人，导致交易过程复杂化；同时也便于受让人向第三人主张权利时，第三人向受让人履行义务。但是，通知第三人并非动产物权变动的生效要件，未通知第三人不影响动产物权变动的效力。如果第三人因未接到通知而将该动产返还让与人的，让与人应当将该动产及时交付受让人。

## ▶ 类案检索

### 一、中农集团控股股份有限公司与中丝辽宁化工物流有限公司、辽宁丰禾农业生产资料连锁有限公司所有权确认纠纷案

**关键词：** 指示交付　返还原物

**裁判摘要：** 合同之债项下的物权变动，其构成条件包括两个部分，即买卖

---

[1] 参见史尚宽：《物权法》，中国政法大学出版社2000年版，第41页。
[2] 参见谢在全：《民法物权论》，中国政法大学出版社1999年版，第103页。

合同和交付行为。交付行为既可以是现实交付，也可以是观念交付，那么确认观念交付的方式必然应当与买卖合同本身予以区分。在一份买卖合同中，如果当事人只约定了购买标的物的数量和价款，而没有约定交付方式，那么根据一般原则，负有交货义务的一方应当直接交付，或者另行签订转让返还原物请求权的协议；如果当事人在买卖合同中没有明确作出该合同项下的标的物由第三人合法占有以及转让返还原物请求权的意思表示，则不能视为转让人与受让人就转让返还原物请求权的达成协议，不构成指示交付，受让人不能因此取得所有权。

【案　　号】（2016）最高法民申1514号

【审理法院】最高人民法院

【来　　源】中国裁判文书网

## 二、吕某与睢宁县茂盛米厂买卖合同纠纷案

**关键词：** 指示交付　返还原物

**裁判摘要：** 第三人依约负有向转让人交付动产，但是该动产已由第三人与仓储方另行订立仓储合同由仓储方直接占有、控制，同时第三人向仓储方设定抵押且标的物已经处分。由于转让人与仓储方没有合同关系，不享有对动产的返还请求权；且标的物已经处分导致客观上无法返还。故出卖人就该动产向受让人转让返还请求权不构成指示交付。

【案　　号】（2020）最高法民再366号

【审理法院】最高人民法院

【来　　源】中国裁判文书网

**第二百二十八条** 动产物权转让时,当事人又约定由出让人继续占有该动产的,物权自该约定生效时发生效力。

## ▶ 关联规定

法律、行政法规、司法解释

《最高人民法院关于适用〈中华人民共和国民法典〉物权编的解释(一)》

**第十七条** 民法典第三百一十一条第一款第一项所称的"受让人受让该不动产或者动产时",是指依法完成不动产物权转移登记或者动产交付之时。

当事人以民法典第二百二十六条规定的方式交付动产的,转让动产民事法律行为生效时为动产交付之时;当事人以民法典第二百二十七条规定的方式交付动产的,转让人与受让人之间有关转让返还原物请求权的协议生效时为动产交付之时。

法律对不动产、动产物权的设立另有规定的,应当按照法律规定的时间认定权利人是否为善意。

## ▶ 条文释义

### 一、本条主旨

本条是关于动产物权占有改定的规定。

### 二、条文演变

原《物权法》第27条规定:"动产物权转让时,双方又约定由出让人继续占有该动产的,物权自该约定生效时发生效力。"《民法典》对占有改定的规定延续了原《物权法》第27条规定的精神,文字上把占有改定的主体由"双方"

修改为"当事人"。

### 三、条文解读

占有改定是指动产物权的让与人使受让人取得对标的物的间接占有，以代替该动产现实移转的交付。[①] 除去现实已经存在的动产，占有改定制度还适用于将来可取得的动产。

占有改定的原因在于，社会生活中，出卖人虽然将其动产出卖，但是在某一段时间内仍然可能还有使用的需要；或者买受人已经取得了该动产的所有权但是需要出卖人对该动产进行暂时的保管或者改进。

占有可分为直接占有和间接占有，其中，直接占有是占有人不通过他人媒介而能够对自己所有或他人之物进行直接控制和管领的事实状态；间接占有是因他人媒介的占有而对物享有间接的控制。间接占有也是一种占有的事实状态，其前提是间接占有人同直接占有人存在某种法律关系从而间接地对物进行控制和管领。占有改定是出让人自己保留直接占有，而为受让人设立某种法律关系从而实现间接占有。由于受让人并未直接取得对物的管理和控制，故占有改定属于一种观念交付。

占有改定必须符合下列要件：第一，让与人与受让人约定转让动产物权；第二，在交付方式上，让与人与受让人之间约定由出让人继续占有该动产；第三，让与人实际对物进行了直接占有或者间接占有，否则，不能发生占有改定的适用。当让与人间接占有标的物时，让与人可以使受让人取得更上一级的间接占有，这样可能存在多层次的占有关系。[②]

## ▶ 适用指引

第一，在占有改定情形下，当事人双方订立的租赁、借用等合同生效后，虽然标的物仍继续由出让人占有，但受让人已取得标的物所有权，审判实践中

---

[①] 参见黄薇主编：《中华人民共和国民法典释义及适用指南》，中国民主法制出版社2020年版，第344页。
[②] 参见黄薇主编：《中华人民共和国民法典释义及适用指南》，中国民主法制出版社2020年版，第345页。

要注意依法保护受让人的合法权益。例如，甲公司急需一笔生产资金，将公司的一条生产线的设备出售给乙公司，为了确保正常生产，甲公司与乙公司签订租赁合同，甲公司继续租用该台机器。在上例中，机器虽然继续由甲公司占有使用，但双方签订的租赁合同生效时，该生产线设备的所有权即转移给乙公司，乙公司取得该条生产线设备的所有权。假设甲公司在另一案件中成为被执行人，该条生产线设备因不属于甲公司的财产，不能被强制执行。

第二，占有改定虽然是一种观念交付，但作为一种法定交付方式，可以产生与现实交付相同的效果，不能认为占有改定方式的效力低于现实交付方式。例如，甲将一套无人机设备出售给乙后，又与乙达成租用3个月的协议代替交付。租用期间，甲又将该套无人机设备出售给丙，并实际交付给丙。在上述情况下，乙虽然未直接占有该套无人机设备，应认为其已通过占有改定取得了所有权。因甲对该套无人机设备已丧失所有权，再出售给丙即构成无权处分。如果丙受让该套无人机设备时符合善意取得的有关规定，依照《民法典》第311条的规定，应认定丙取得该套无人机设备的所有权。其中，丙取得所有权并非由于现实交付的效力高于占有改定，而是由于丙取得该套无人机设备构成了善意取得。

第三，通过占有改定方式不能设定质权。从一些国家和地区的有关规定看，大都不允许通过占有改定的方式设定质权。我国法律、司法解释否定通过占有改定方式设定质权。这是因为，动产容易移转，只有在质权人能够直接控制质物的情况下，质权的作用才能很好得以发挥。而在占有改定的情况下，质物实际上仍由出质人占有，质权人未实际占有控制质物，质权的担保功能难以发挥。而且，通过占有改定方式设定质权，因没有任何可以从外部识别的表征，容易导致当事人之间恶意串通，以虚假质权损害第三人利益，也容易出现一物二质，不利于维护交易秩序和交易安全。质权人依据占有出质物保障自己的优先受偿权，如果质物由出质人占有，则质权人的优先受偿权无法实现。禁止以占有改定方式设定质权，并不意味着质物必须由质权人直接占有。质权人可以实际占有质物，也完全可以由第三人占有质物，但质权人不能丧失对质物的控制权。

第四，依照《民法典》第311条的规定，善意取得的要件之一是"转让的不动产或动产依照法律规定应当登记的已经登记，不需要登记的已经交付给受让人"。值得探讨的是，这里所说的"交付"是否包括占有改定，也就是说，善意受让人能否以占有改定方式取得动产所有权。对此，理论上和实务界一直存在争论。肯定说认为，占有改定能够发生善意取得的适用问题；否定说则认为，在占有改定下没有善意取得制度的适用空间；折中说则认为，占有改定可以发生善意取得的效力，但善意取得的权利必须于标的物实际交付后才能确定。此外，在该问题上还有类型化说、共同损失分担说等观点。[1] 我们倾向于认为，占有改定下不能发生善意取得。

## ▶ 典型案例

### 青岛源宏祥纺织有限公司与港润（聊城）印染有限公司取回权确认纠纷案

**关键词：** 占有改定　物权变动

**裁判摘要：** 动产物权的转让，以交付为公示要件，无论交付的方式是现实交付还是以占有改定方式交付。当事人之间仅仅就物权的转移达成协议，但未就该动产达成出让人继续占有该动产的占有改定协议的，不构成占有改定，故不能发生物权转移的效力。

**基本案情：** 源宏祥纺织公司与程泉布业公司为港润印染公司供应布匹。截至2009年11月4日，港润印染公司欠源宏祥纺织公司货款1195139.17元，欠程泉布业公司货款1075952.31元。2009年11月20日，三公司达成如下协议：（1）程泉布业公司将港润印染公司所欠货款全部转让给源宏祥纺织公司，港润印染公司和程泉布业公司均同意由港润印染公司直接将欠款支付给源宏祥纺织公司。（2）源宏祥纺织公司同意港润印染公司以其所有的七台机械设备折抵所欠货款，此七台机械设备所有权自本协议生效之日起转移为源宏祥纺织公司所有。（3）港润印染公司应在2010年3月31日前将所折抵的设备交付源宏祥纺织公司，并保证源宏祥纺织公司顺利取得设备，港润印染公司必须严格按照上述时间交付设备，若逾期交付，港润印染公司应按照所欠货款金额的每日

---

[1] 参见孙鹏：《物权公示论——以物权变动为中心》，法律出版社2004年版，第371~375页。

1‰向源宏祥纺织公司支付滞纳金。协议签订后，至三方协议中约定的2010年3月31日之前，港润印染公司未向源宏祥纺织公司交付七台设备。

2010年3月17日，山东省聊城市中级人民法院作出民事裁定，受理了恒润热力公司对被告港润印染公司的破产申请，2010年5月6日，原告源宏祥纺织公司向港润印染公司申报债权。2010年7月27日，聊城市中级人民法院作出民事裁定宣告港润印染公司破产。

山东省高级人民法院二审认为，所谓占有改定是指让与人与受让人达成动产物权变动协议后，依照当事人之间订立的合同，仍然继续占有该动产使受让人因此取得间接占有，代替现实交付。《物权法》第27条规定："动产物权转让时，双方又约定由出让人继续占有该动产的，物权自该约定生效时发生效力。"从上述规定可以得出，占有改定构成要件表现为：（1）当事人之间达成动产物权变动协议，该协议是发生交付的基础；（2）除了达成物权变动协议，就该动产另外达成让与人继续占有使用该动产的协议。而本案中，虽然双方当事人签订的七台设备物权转让协议包含有所有权变动内容，但没有就被上诉人港润印染公司继续占有使用该七台设备另外达成协议。因此，港润印染公司与上诉人源宏祥纺织公司之间的协议不构成占有改定交付。综上，因该七台设备并未现实交付，尽管当事人签订的协议有效，也只是产生债权效力，并未发生物权变动效力，上诉人源宏祥纺织公司并没有实际取得七台设备的所有权，故其在被上诉人港润印染公司破产案件中并不享有取回权。源宏祥纺织公司称涉案七台设备物权通过三方协议已经转移给其所有并享有该设备的取回权理由不能成立。

【审理法院】山东省高级人民法院

【来　　源】《最高人民法院公报》2012年第4期

## 类案检索

**交通银行股份有限公司青海省分行与格尔木黄河仁通小额贷款有限公司及青海鑫通矿业有限公司案外人执行异议之诉案**

关键词：占有改定

**裁判摘要：** 占有改定是一种交付方法，当事人之间如何约定、产生何种关系，完全可以通过当事人的意思自治来解决，当事人可以在合同中自由约定交付方式。占有改定属于法律规定的"动产物权的设立和转让，自交付时发生效力，但法律另有规定的除外"中的"法律另有规定"。

【案　　号】（2017）最高法民终898号

【审理法院】最高人民法院

【来　　源】中国裁判文书网

## 第三节　其他规定

> 第二百二十九条　因人民法院、仲裁机构的法律文书或者人民政府的征收决定等，导致物权设立、变更、转让或者消灭的，自法律文书或者征收决定等生效时发生效力。

### ▶ 关联规定

法律、行政法规、司法解释

1.《中华人民共和国民法典》

**第二百零九条**　不动产物权的设立、变更、转让和消灭，经依法登记，发生效力；未经登记，不发生效力，但是法律另有规定的除外。

依法属于国家所有的自然资源，所有权可以不登记。

**第二百三十二条**　处分依照本节规定享有的不动产物权，依照法律规定需要办理登记的，未经登记，不发生物权效力。

**第二百四十三条**　为了公共利益的需要，依照法律规定的权限和程序可以征收集体所有的土地和组织、个人的房屋以及其他不动产。

征收集体所有的土地，应当依法及时足额支付土地补偿费、安置补助费以及农村村民住宅、其他地上附着物和青苗等的补偿费用，并安排被征地农民的社会保障费用，保障被征地农民的生活，维护被征地农民的合法权益。

征收组织、个人的房屋以及其他不动产，应当依法给予征收补偿，维护被征收人的合法权益；征收个人住宅的，还应当保障被征收人的居住条件。

任何组织或者个人不得贪污、挪用、私分、截留、拖欠征收补偿费等费用。

2.《中华人民共和国民事诉讼法》

**第一百条**　调解达成协议，人民法院应当制作调解书。调解书应当写明诉讼请求、案件的事实和调解结果。

调解书由审判人员、书记员署名，加盖人民法院印章，送达双方当事人。调解书经双方当事人签收后，即具有法律效力。

**第一百五十八条** 最高人民法院的判决、裁定，以及依法不准上诉或者超过上诉期没有上诉的判决、裁定，是发生法律效力的判决、裁定。

**第一百八十二条** 第二审人民法院的判决、裁定，是终审的判决、裁定。

3.《中华人民共和国仲裁法》

**第五十一条** 仲裁庭在作出裁决前，可以先行调解。当事人自愿调解的，仲裁庭应当调解。调解不成的，应当及时作出裁决。

调解达成协议的，仲裁庭应当制作调解书或者根据协议的结果制作裁决书。调解书与裁决书具有同等法律效力。

**第五十二条** 调解书应当写明仲裁请求和当事人协议的结果。调解书由仲裁员签名，加盖仲裁委员会印章，送达双方当事人。

调解书经双方当事人签收后，即发生法律效力。

在调解书签收前当事人反悔的，仲裁庭应当及时作出裁决。

**第五十七条** 裁决书自作出之日起发生法律效力。

4.《国有土地上房屋征收与补偿条例》

**第十三条** 市、县级人民政府作出房屋征收决定后应当及时公告。公告应当载明征收补偿方案和行政复议、行政诉讼权利等事项。

市、县级人民政府及房屋征收部门应当做好房屋征收与补偿的宣传、解释工作。

房屋被依法征收的，国有土地使用权同时收回。

5.《最高人民法院关于适用〈中华人民共和国民法典〉物权编的解释（一）》

**第七条** 人民法院、仲裁机构在分割共有不动产或者动产等案件中作出并依法生效的改变原有物权关系的判决书、裁决书、调解书，以及人民法院在执行程序中作出的拍卖成交裁定书、变卖成交裁定书、以物抵债裁定书，应当认定为民法典第二百二十九条所称导致物权设立、变更、转让或者消灭的人民法院、仲裁机构的法律文书。

**第八条** 依据民法典第二百二十九条至第二百三十一条规定享有物权，但尚未完成动产交付或者不动产登记的权利人，依据民法典第二百三十五条至第二百三十八条的规定，请求保护其物权的，应予支持。

**6.《最高人民法院关于人民法院民事执行中拍卖、变卖财产的规定》**

第二十六条 不动产、动产或者其他财产权拍卖成交或者抵债后,该不动产、动产的所有权、其他财产权自拍卖成交或者抵债裁定送达买受人或者承受人时起转移。

**7.《最高人民法院关于人民法院网络司法拍卖若干问题的规定》**

第二十二条 网络司法拍卖成交的,由网络司法拍卖平台以买受人的真实身份自动生成确认书并公示。

拍卖财产所有权自拍卖成交裁定送达买受人时转移。

## ▶ 条文释义

### 一、本条主旨

本条是关于因生效法律文书或征收决定引起物权变动的规定。

### 二、条文演变

本条承袭了原《物权法》第28条的规定,仅作了少许文字修改。

### 三、条文解读

从发生的原因来看,物权变动大致可以分为两类:一类是基于法律行为引起的物权变动,另一类则是基于法律规定、法院判决、仲裁裁决、政府征收决定、继承以及事实行为等非依法律行为引起的物权变动。第一类物权变动在实践中较为常见和典型,依照《民法典》第209条和第224条的规定,动产物权的变动以交付为准,或者说交付为动产物权变动的生效要件;不动产物权变动以登记要件主义为基本原则,以登记对抗主义为例外。第二类物权变动相对较少,不是典型的交易形式,只有在法律特别规定的情况下才能适用。依照本条规定,因国家司法裁判权的行使、仲裁裁决以及国家行政管理权等公权力的行使而导致物权的设立、变更、转让或者消灭,即因人民法院、仲裁机构的法律文书、人民政府的征收决定等原因引起的物权变动,不经登记或交付,可以直接生效。作出该规定的主要原因是:第一,生效法律文书、征收决定等引起的物权变动,是依据公法进行的变动,因为有公权力的介入,物权变动的状态往往比较明确，物权变动本身已经具有很强的公示性，能够满足物权变动对排他效力的要求，从而不必进行登记或者交付而直接生效。第二，不动产登记涉及国家专门机关的行为，其构成及过程相对比较复杂；动产交付往往也要经过一定的时间。因此，不动产登记和动产交付作为公示手段，虽然具有使权利关系明晰和保护交易安全的优点，但因其要求过于严格，也会给当事人带来不便，不尽符合交易便捷性的要求。因此，在将登记和交付作为物权变动生效要件的同时，对某些本身已经符合公示性要求的物权变动，例外地承认不以登记和交付作为其生效要件，正可以弥补公示要件主义过于严格的缺憾。通过突破登记、交付生效规则，避免在产权过渡期间产生权利的空白状况。总之，本条规定是对物权公示原则的有益补充，而非对物权公示原则的破坏。

对本条含义的理解，应注意把握以下几点。

第一，人民法院、仲裁机构作出的某些法律文书可以不经登记或交付直接引起物权变动，人民法院、仲裁机构作出的法律文书的生效时间就是当事人的物权设立、变动的时间。从法律文书的形式看，法律文书既包括法院的判决、裁定、决定、调解书、命令、通知等，也包括仲裁裁决和仲裁调解书。从法律文书的性质看，也可分为确认性裁判、给付性判决和形成性判决。是否人民法院、仲裁机构作出的所有法律文书都可以直接引起物权变动？对此，《民法典物权编解释（一）》第7条规定："人民法院、仲裁机构在分割共有不动产或者动产等案件中作出并依法生效的改变原有物权关系的判决书、裁决书、调解书，以及人民法院在执行程序中作出的拍卖成交裁定书、变卖成交裁定书、以物抵债裁定书，应当认定为民法典第二百二十九条所称导致物权设立、变更、转让或者消灭的人民法院、仲裁机构的法律文书。"其明确了能够导致物权变动的法律文书指形成性文书，给付性文书和确认性文书不能导致物权变动。主要理由是：首先，就给付性裁判而言，法院、仲裁机构是在认定当事人享有请求权的基础上，判令、裁决对方当事人履行原已存在的义务，当负有义务的一方当事人不履行裁判确定的义务时，享有权利的一方当事人有权申请法院强制执行。给付裁判并没有使既存的法律关系发生改变，而只是经裁决实现当事人既存的法律关系，具有执行力但并未改变既存的物权法律关系。其次，确认之诉并不以权利的实现为目的，其仅就某种权利或法律关系以及事实的存在与否予以宣告，从根本上不能导致任何权利的变动。最后，形成之诉，是指一方请求法院、仲裁机构变动或消灭其与对方当事人之间现存的民事法律关系的诉。

法院、仲裁机构就形成之诉作出的支持原告、申请人的文书，既非确认也非实现现存的法律状态，而是改造现存法律状态并创造新的法律状态。因此，与物权变动直接相关的形成性文书可以导致物权变动。《民法典物权编解释（一）》第 7 条对导致物权变动的形成性法律文书的具体类型作出列举性规定：（1）人民法院、仲裁机构在分割共有不动产或者动产等案件中作出并依法生效的改变原有物权关系的判决书、裁决书、调解书。分割共有物的形成判决能够产生消灭共有人的共同所有权、创设单独所有权的物权变动效果，应当属于直接变动物权的法律文书。人民法院、仲裁机构在分割共有不动产或者动产等案件中作出的法律文书，必须与物权变动有关，即改变原有物权关系，发生物权的设立、变更或者消灭，否则，不属于本条规定的导致物权变动的法律文书。在分割共有不动产或者动产等案件中作出的改变原有物权关系的生效法律文书，限于人民法院作出的生效判决书和调解书及仲裁委员会作出的裁决书和调解书。（2）人民法院在执行程序中作出的拍卖成交裁定书。强制拍卖是强制执行的一项具体措施，强制拍卖成交裁定书之所以能直接导致物权变动，是由强制拍卖的性质决定的。通说认为，强制拍卖在性质上属于产生私法上权利变动后果的公法行为。① （3）人民法院在执行程序中作出的变卖成交裁定书。变卖是指在被执行人已被查封、扣押的财产因无法委托拍卖、不适于拍卖或当事人双方同意不需要拍卖的，人民法院可交由有关单位变卖，或者由人民法院直接变卖，把所得的价金交付权利人。变卖亦是强制执行的一项措施，变卖成交裁定书能够直接导致物权变动。（4）人民法院在执行程序中作出的以物抵债裁定书。以物抵债是实践中常用的执行方法，属于强制执行措施的一种形式，是指在执行过程中以被执行人所有的财产折价交给申请执行人抵偿法律文书确定的债务。强制抵债，不管被执行人是否同意，只要同时符合其他强制执行条件，人民法院就可以依职权强制将被执行人的财产交付给申请执行人抵债。以物抵债裁定在性质上属于形成裁定而非给付裁定，可以直接导致抵债物的物权变动。当然，对此也有不同认识。②

第二，人民政府的征收决定也可以不经登记或交付直接引起物权变动。征

---

① 参见肖建国主编：《民事执行法》，中国人民大学出版社 2014 年版，第 235~236 页。
② 参见王洪亮：《以物抵债的解释与构建》，载《陕西师范大学学报（哲学和社会科学版）》2016 年第 6 期。文章认为，从性质上看，以物抵债的裁定书是给付性的，而非形成性的。

收是指政府以行政命令的方式强制取得单位和个人财产所有权或使用权的行为。征收是一种行使公权力的行为，具有强制性，被征收人必须服从。近年来，随着我国社会经济的迅猛发展，公共建设的任务非常繁重，征收在各地的运用越来越多，因征收导致物权变动的情形也有逐渐增加的趋势。《民法典》第 243 条第 1 款规定："为了公共利益的需要，依照法律规定的权限和程序可以征收集体所有的土地和组织、个人的房屋以及其他不动产。"可见，《民法典》对征收规定了严格的程序和条件。且按照《土地管理法》的规定，国家征收土地，县级以上人民政府要进行公告，已起到了公示作用。

第三，关于物权变动的生效时间。（1）就法院判决而言，因不同判决生效的时间不同，其所引起的物权变动的具体时间也存在差异。依照《民事诉讼法》的规定，地方各级法院作出的、法律允许上诉的一审判决，当事人未在上诉期内提起上诉的，上诉期限届满，判决即发生法律效力。因此，因该类判决引起的物权变动生效的时间应为上诉期限届满之日。最高人民法院作出的一审判决、中级以上法院作出的二审判决和地方各级法院作出的不准上诉的一审判决，一经送达立即生效。因此，因该类判决引起的物权变动生效的时间应为判决送达之日。此外，根据《最高人民法院关于人民法院民事执行中拍卖、变卖财产的规定》第 26 条的规定，不动产、动产或者其他财产权拍卖成交或者抵债后，该不动产、动产的所有权、其他财产权自拍卖成交或者抵债裁定送达买受人或者承受人时起转移。（2）就仲裁机构的裁决而言，依照《仲裁法》第 57 条的规定，裁决书自作出之日起发生法律效力。因此，因仲裁裁决书引起的物权变动，物权变动生效的时间应为该仲裁裁决书作出之日。（3）就政府的征收决定而言，学界和实务界对征收决定何时生效有不同看法。一种观点认为，只要政府作出了征收决定并送达相对人，就发生效力；另一种观点认为，政府作出征收决定后必须予以公告，自公告之日起该决定发生效力。我们认为，该问题并非单纯民事问题，其实质涉及政府合法征收程序及决定生效时间确定。单纯从立法来看，人民政府的征收决定的生效时间应当是该决定中确定的生效时间。但按照这种理解，必然会导致对被征收人权利的漠视。我们倾向认为，结合《民法典》第 243 条的规定，征收必须满足基于公共利益需要、符合法定权限和法定程序、依法作出补偿三个要件，征收决定的生效应具有特定含义，征收补偿完成之后，被征收人对征收决定未提起行政复议或诉讼，或者提起了行政诉讼或者行政复议后原征收决定被维持的，征收决定发生效力。

第四，由于法院的判决书或者仲裁机构的裁决等，所针对的只是具体当事人而非一般人，对当事人以外的第三人来说公示力和公信力较弱，因此根据《民法典》第232条的规定，对于依照法院判决或者仲裁裁定而享有的物权，在处分时，如果法律规定需要办理登记的，未经登记，不发生物权效力。

## ▶ 适用指引

第一，在人民法院或仲裁机构作出的法律文书或者政府的征收决定生效后，虽未进行不动产登记或者动产交付，仍应认定所有权已经发生转移，应注意依法保护当事人的合法权益。例如，甲乙双方就登记在乙名下的某套房屋产权发生纠纷，诉至法院，法院最终判决该房屋归甲所有。即使该房屋仍登记在乙名下，自该判决生效之时起，甲即成为该房屋的所有权人，甲可持生效判决办理该房屋的变更登记手续。又如，在强制执行程序中，A法院依法对被执行人甲的房屋进行拍卖，竞买人乙公司竞买成功。法院遂作出拍卖成交裁定书，并送达乙公司。拍卖成交裁定书送达后登记手续办理前，被执行人甲的另一个债权人丙公司向B法院申请对该房屋进行查封。B法院查明该房屋登记在被执行人甲的名下，遂依申请进行了查封。因拍卖成交裁定书一经送达，拍卖房屋的所有权即转移给买受人乙公司，因此，乙公司可以持拍卖成交裁定书要求B法院解除查封，B法院应当依法解除查封。

第二，在因人民法院或仲裁机构作出的法律文书或者政府的征收决定引起物权变动的情况下，要注意保护善意第三人的合法权益。依照本条规定，在上述三种情形下发生的物权变动，不以登记和交付作为生效要件，法律文书或征收决定生效后，当事人或者国家即可取得所有权。由于物权的变动和公示存在"时间差"，实践中可能会出现这样的情况，在新权利人取得所有权之后，不动产仍登记在原权利人名下，动产仍由原权利人占有。如果原权利人将该不动产或动产转让给善意第三人，就会存在真正权利人和善意第三人之间的权利冲突问题。我们认为，在新权利人未办理不动产登记或者未占有动产的情况下，如果善意第三人受让该不动产、动产或者在其上设定限制物权的，依据公信原则，出于对不动产权利登记簿或动产占有状态的信赖而从原权利人处受让该不动产或动产的第三人，可以对抗和排斥真正权利人的物权，法院对该善意第三人的权利请求，应当依法予以支持。

## ▶ 类案检索

**一、青岛海川建设集团有限公司与青岛晨鸣东方投资有限公司、青岛威乃达投资有限公司案外人执行异议之诉案**

**关键词：** 不动产登记　因生效民事调解书发生物权变动

**裁判摘要：**《物权法》第9条第1款规定，"不动产物权的设立、变更、转让和消灭，经依法登记，发生效力；未经登记，不发生效力，但法律另有规定的除外。"案涉房屋仍登记在被执行人威乃达公司名下，海川公司并非不动产登记的所有权人。3600号调解书主文第五项载明，威乃达公司自本调解协议生效之日起3个月内协助海川公司办理第三、四项所涉房屋的产权登记手续，说明该调解书系给付性质的法律文书，海川公司实现物权仍需要完成产权登记手续，故该法律文书不属于《物权法》第28条和《物权法解释（一）》第7条规定的依法生效的改变原有物权关系的法律文书。海川公司关于案涉房屋属于其所有的上述理由，不能成立，不予支持。海川公司可待强制执行措施解除后，另行实现权利。

【案　　号】（2021）最高法民终48号
【审理法院】最高人民法院
【来　　源】中国裁判文书网

**二、刘某梅、甄某某案外人执行异议之诉案**

**关键词：** 因生效民事调解书发生物权变动

**裁判摘要：** 陕西省子长县人民法院作出民事调解书，确认：一、刘某梅与刘某平自愿离婚；二、刘某梅与刘某平婚后购买的房产、门市及汽车归刘某梅所有。刘某梅与刘某平离婚的时间早于甄某某起诉借贷纠纷的日期。本案中无证据证明刘某平与刘某梅的恶意，故依照《民法典》第229条之规定，案涉房产及车辆在甄某某起诉之前因上述民事调解书生效已发生物权转移，因此，刘某梅对涉案房产、车辆依法享有排除强制执行的权益。

【案　　号】（2020）陕民申2646号
【审理法院】陕西省高级人民法院
【来　　源】中国裁判文书网

### 第二百三十条 因继承取得物权的，自继承开始时发生效力。

## ▶ 关联规定

**法律、行政法规、司法解释**

1.《中华人民共和国民法典》

**第一千一百二十一条** 继承从被继承人死亡时开始。

相互有继承关系的数人在同一事件中死亡，难以确定死亡时间的，推定没有其他继承人的人先死亡。都有其他继承人，辈份不同的，推定长辈先死亡；辈份相同的，推定同时死亡，相互不发生继承。

2.《最高人民法院关于适用〈中华人民共和国民法典〉物权编的解释（一）》

**第八条** 依据民法典第二百二十九条至第二百三十一条规定享有物权，但尚未完成动产交付或者不动产登记的权利人，依据民法典第二百三十五条至第二百三十八条的规定，请求保护其物权的，应予支持。

## ▶ 条文释义

### 一、本条主旨

本条是关于因继承取得物权的规定。

### 二、条文演变

本条承袭了原《物权法》第29条的规定。原《物权法》第29条规定："因继承或者受遗赠取得物权的，自继承或者受遗赠开始时发生效力。"原《物权法》之所以规定受遗赠的情形，是因为遗赠虽然是遗赠人生前作出的意思表示，但于遗赠人死亡后才发生效力。遗嘱属单方债权行为，自继承开始后，所有继承人基于法律的直接规定（非依法律行为）而取得物权，因此取得物权的生效时间始于继承开始。因遗赠发生的物权变动，虽然属于依据法律关系发生的物权变动，但同样适用继承的规则，物权不经公示而直接转移。对此，学界有所争议。有观点认为，遗赠属于法律行为，受遗赠取得物权应属于基于法律行为的物权变动。受遗赠人还有一个是否接受遗赠的意思表示的必要，如果受遗赠人不接受遗赠，遗赠就不能生效。①原《继承法》只有"继承开始"而没有所谓的"受遗赠开始"，原《物权法》第29条增加"受遗赠开始"一语并无必要。实际上，被继承人死亡之时，其是否留有遗嘱尚不确定，是按遗嘱继承还是按法定继承是不确定的，所以还不能确定继承人的人数以及继承人具体是谁，没有办法分割遗产，亦没有办法办理产权过户登记。应规定为：自继承开始（即被继承人死亡）之时，由继承人取得遗产的所有权。遗赠也准用同样的规定，从被继承人（遗赠人）死亡之时，即继承开始之时，遗赠财产的所有权就归于受遗赠人。到后来分割遗产时，如果受遗赠人放弃受遗赠，则该遗赠财产的所有权就归其他继承人。因此，无论法定继承、遗嘱继承或者遗赠，遗产均于继承开始亦即被继承人死亡之时转归继承人或者受遗赠人所有。继承人放弃继承、受遗赠人放弃受遗赠的财产，则归属于其余继承人。原《物权法》第29条同时规定"继承开始"和"受遗赠开始"，容易导致混淆。②《民法典》采纳了该意见，删除了受遗赠的情形，统一规定为："因继承取得物权的，自继承开始时发生效力。"

### 三、条文解读

《民法典》第1121条第1款规定："继承从被继承人死亡时开始。"继承开始的时间为被继承人死亡的时间。规定本条主要有以下几个原因：首先，被继承人死亡后，被继承人的民事权利能力即告终止，权利主体丧失，被继承人对其生前享有的财产权利包括动产、不动产所有权也归于消灭，被继承人的财产就成为遗产。在因继承取得物权的情况下，如果仍然适用物权变动的一般原则，要求物权的取得自登记或交付时才能生效，那么因登记或交付往往需要一定的时间，势必导致在被继承人死亡后不动产登记或者动产交付前，遗产处于无主状态。此外，在因继承而取得物权的情况下，物权变动的状态已经明确，

---

① 参见孙宪忠：《中国物权法总论》，法律出版社2018年版，第366页。
② 参见梁慧星：《读条文学民法》，人民法院出版社2014年版，第287~288页。

不能因未登记或交付而否认其效力。其次，按照《民法典》第1161条第1款的规定，继承人以所得遗产实际价值为限清偿被继承人依法应当缴纳的税款和债务。这就需要明确继承人从继承开始时即对遗产享有所有权，否则，无法判断债务的清偿主体和范围。例如，甲死后，其子乙继承遗产，如果甲生前负有税款或债务，乙就应自继承开始时即取得对遗产的所有权，并将所继承的遗产首先用于对甲的生前税款、债务的清偿。因此，被继承人的财产权利义务从继承一开始就当然地归属于继承人。最后，最大限度地尊重被继承人的意志，维护继承人的利益，防止各种纠纷的发生。如母亲去世以后房产没有分割，由父亲管理使用，父亲去世后，长子使用父母遗留的房产，次子一直在国外，几十年后次子回国向法院提起诉讼。假设其以"侵害继承权"为由起诉，长子会以该请求已过诉讼时效作为抗辩，法院经审查，诉讼时效确已经过，则会判决驳回次子的诉讼请求。但次子以"分割共有财产"为由提起诉讼，因父母去世时遗产就归属于兄弟二人共有，只是共有财产一直在长子的掌管之下，则请求分割共有财产就不适用诉讼时效，法院就应当支持次子的诉讼请求，作出"分割共有财产"的判决，次子的权益就会得到维护和实现。因此，根据继承所发生的物权变动，应在继承开始时生效。

对本条含义的理解，要注意把握以下两点。

第一，因继承取得物权的，不以登记或者交付为要件。继承开始属于法律事实中的事件，继承引起的物权变动，属于基于法律行为以外的原因引起的物权变动。因继承取得物权的，均不适用物权变动的一般原则，不以登记或者交付为物权变动的生效要件，而是在继承时，继承人当然地、直接地取得物权。实践中要依法保护继承人的合法权益。

第二，继承人自继承开始时即取得物权，也就是说，继承开始的时间，即为继承人取得物权的时间。就继承人取得的物权而言，继承人为一人的，遗产由该继承人单独继承，取得遗产的单独所有权；继承人为多人的，遗产就归全体继承人共同继承，在遗产分割前，遗产归各继承人共有。需要注意的是，根据《民法典》第232条的规定，无论是因法定继承还是因遗嘱继承或者受遗赠而取得物权，如果涉及的遗产为不动产，依照法律规定应该办理登记，继承人未办理登记的，其处分行为不生效力。

## ▶ 适用指引

### 一、继承开始的具体时间

根据本条规定，因继承取得物权的，自继承开始时发生效力，继承开始的时间即为继承人取得物权的时间。因此，实践中需要进一步明确继承开始的时间，依法保护继承人的利益。根据《民法典》第1121条的规定，继承从被继承人死亡时开始。据此，继承开始的时间应当以被继承人死亡的时间为准。被继承人的死亡既包括自然死亡（生理死亡），也包括宣告死亡。被继承人自然死亡的，死亡的时间如何判断，一直存在争论，主要有脑死亡说、心脏停搏说、脉搏停止说、脉搏停止且心脏停搏说、呼吸停止说等观点。在我国，一般是以呼吸、心脏、脉搏均告停止且瞳孔放大为自然死亡的标准。如果自然人在医院死亡的，应以死亡证上记载的时间为准。[①] 宣告死亡，是指公民下落不明满法定期限，人民法院根据利害关系人的申请，依法定程序和方式宣告其死亡的法律制度。《民法典》第48条规定："被宣告死亡的人，人民法院宣告死亡的判决作出之日视为其死亡的日期……"因此，应当以法院判决中确定的死亡日期，作为继承开始的时间。还应注意的是，实践中可能存在相互有继承关系的几个人在同一事件中死亡而无法确定死亡先后时间的情形，对此，应当按照《民法典》第1121条的规定确定死亡时间，即推定没有其他继承人的人先死亡。死亡人各自都有其他继承人的，如几个死亡人辈份不同，推定长辈先死亡；几个死亡人辈份相同的，推定同时死亡，彼此不发生继承，由他们各自的继承人分别继承。《民法典》第1124条规定："继承开始后，继承人放弃继承的，应当在遗产处理前，以书面形式作出放弃继承的表示；没有表示的，视为接受继承。""受遗赠人应当在知道受遗赠后六十日内，作出接受或者放弃受遗赠的表示；到期没有表示的，视为放弃受遗赠。"在继承人作出放弃继承表示之前，被继承人物权已变动至包括其在内的所有继承人共有；在存在多个继承人的情况下，部分继承人作出放弃继承表示的，从其作出放弃继承表示始，物权主体再次发生变动，由未放弃继承的继承人共有。受遗赠人在知道受遗赠后

---

① 参见马俊驹、余延满：《民法原论》，法律出版社2005年版，第79页。

60日内，作出接受遗赠的表示的，遗赠的效力包括物权的变动溯及于继承开始之时，受遗赠人放弃遗赠的，遗赠溯及于继承开始时不生效，该遗赠财产的所有权归其他继承人。

### 二、继承财产被登记前继承人能否分割遗产

对此，学界有不同的观点。第一种观点认为，被继承人之遗产既然归继承人继承，则分割遗产即为继承遗产的必然结果，因此，继承登记前继承人可以分割遗产。第二种观点认为，分割遗产也属于处分遗产，违背了法律的强制性规定，因而，非经继承登记不得办理分割。我们倾向认为，继承人自继承开始取得物权，如果登记后再分割，分割后仍需办理变更登记，增加登记成本，有悖于效率原则，且继承人之间对于遗产的分割，对交易安全并无影响，因此未经登记也可分割遗产。

## ▶ 类案检索

### 马某与中国邮政储蓄银行股份有限公司济南市分行等金融借款合同纠纷案

**关键词：** 因继承取得物权　物权变动

**裁判摘要：** 根据《民法典》第230条的规定，继承属于民事法律事实中的事件，被继承人取得遗产物权属于基于法律行为以外的原因引起的物权变动，不以登记或者交付为要件，不适用物权变动的一般原则。被继承人周某建死亡时，继承人马某、马某鹏、陈某连即时取得遗产物权。至于其三人之间如何处理，不影响三人在继承遗产范围内对外承担民事责任。

【案　　号】（2021）鲁01民终11754号
【审理法院】山东省济南市中级人民法院
【来　　源】中国裁判文书网

第一分编　通　则　｜　第二章　物权的设立、变更、转让和消灭　｜　第二百三十一条

**第二百三十一条**　因合法建造、拆除房屋等事实行为设立或者消灭物权的，自事实行为成就时发生效力。

## ▶ 关联规定

法律、行政法规、司法解释

1.《中华人民共和国城乡规划法》

**第四十条**　在城市、镇规划区内进行建筑物、构筑物、道路、管线和其他工程建设的，建设单位或者个人应当向城市、县人民政府城乡规划主管部门或者省、自治区、直辖市人民政府确定的镇人民政府申请办理建设工程规划许可证。

申请办理建设工程规划许可证，应当提交使用土地的有关证明文件、建设工程设计方案等材料。需要建设单位编制修建性详细规划的建设项目，还应当提交修建性详细规划。对符合控制性详细规划和规划条件的，由城市、县人民政府城乡规划主管部门或者省、自治区、直辖市人民政府确定的镇人民政府核发建设工程规划许可证。

城市、县人民政府城乡规划主管部门或者省、自治区、直辖市人民政府确定的镇人民政府应当依法将经审定的修建性详细规划、建设工程设计方案的总平面图予以公布。

**第四十一条**　在乡、村庄规划区内进行乡镇企业、乡村公共设施和公益事业建设的，建设单位或者个人应当向乡、镇人民政府提出申请，由乡、镇人民政府报城市、县人民政府城乡规划主管部门核发乡村建设规划许可证。

在乡、村庄规划区内使用原有宅基地进行农村村民住宅建设的规划管理办法，由省、自治区、直辖市制定。

在乡、村庄规划区内进行乡镇企业、乡村公共设施和公益事业建设以及农村村民住宅建设，不得占用农用地；确需占用农用地的，应当依照《中华人民共和国土地管理法》有关规定办理农用地转用审批手续后，由城市、县人民政

府城乡规划主管部门核发乡村建设规划许可证。

建设单位或者个人在取得乡村建设规划许可证后，方可办理用地审批手续。

**2.《国有土地上房屋征收与补偿条例》**

第十三条　市、县级人民政府作出房屋征收决定后应当及时公告。公告应当载明征收补偿方案和行政复议、行政诉讼权利等事项。

市、县级人民政府及房屋征收部门应当做好房屋征收与补偿的宣传、解释工作。

房屋被依法征收的，国有土地使用权同时收回。

**3.《最高人民法院关于适用〈中华人民共和国民法典〉物权编的解释（一）》**

第八条　依据民法典第二百二十九条至第二百三十一条规定享有物权，但尚未完成动产交付或者不动产登记的权利人，依据民法典第二百三十五条至第二百三十八条的规定，请求保护其物权的，应予支持。

## ▌条文释义

### 一、本条主旨

本条是关于因事实行为发生物权变动的规定。

### 二、条文演变

本条承袭了原《物权法》第30条的规定。

### 三、条文解读

所谓事实行为，是指行为人主观上不一定具有发生、变更或消灭日常民事法律关系的意思，但客观上能够引起这种后果的行为。[①] 如用钢筋、水泥、砖瓦、木石建造房屋；用木料、板材制作家具；用布料、针线缝制衣服；将建好的房屋爆破拆除；将制作好的家具烧毁；将缝制好的衣物抛弃等，这些行为不

---

① 参见佟柔主编：《中国民法学·民法总则》，中国人民公安大学出版社1990年版，第63页。

以人的意思表示作为生效的要素或者必要条件，但是由于法律的规定，会引起一定的民事法律后果。基于事实行为引发的物权变动有别于基于自然事件产生的物权变动。事实行为是人的行为，自然事件则是因自然原因引起的。自然事件也可能导致物权变动，如土地上自生的花草树木；又如甲饲养的动物在野外交配而产下幼崽，甲因此获得该动物幼崽的所有权，这一事实并非事实行为，而属于自然事件。对于自然所生的动产以及土地之外的不动产，法律许可由主物的所有权人取得。第一，法律行为必须有意思表示，而事实行为的行为人虽然也有内心意思，但行为人只要事实上实施了一定行为，无须将内心意思表示出来，即可发生一定的法律效果。第二，对基于事实行为引发的物权变动，法律采取法定主义的调整方式，直接规定其物权变动的结果。即因事实行为发生的物权变动的法律后果直接来源于法律规定，而不是当事人的意愿。事实行为不受行为人是否具有行为能力以及意思表示的影响，无论当事人有无意愿，这种意愿均对行为的后果不起决定性作用。即使当事人内心发生物权变动的意愿，但是从立法和司法裁判的角度，我们也不把当事人的内心意愿作为物权变动的决定性因素。这是区分事实行为和法律行为的关键。① 因此，事实行为也被称为"非表示行为"。民事主体依据事实行为设立和消灭物权的，自事实行为成就时发生效力，而不需要遵循一般的物权公示方法（不动产为登记，动产为交付）即生效力。

建造房屋属于设立物权的事实行为，合法建造房屋之所以可以取得物权，主要是基于如下几个理由：第一，建房人对于房屋建造进行了投资，按照"谁投资，谁受益"的原则，可以依法取得所有权。按照所有权取得方式，生产和劳动是所有权取得的首要方法，建房人投资建房投入了自己的资金和劳动，即使未办理登记，建房人也应当取得所有权。更何况在我国建造房屋，必须要取得建造房屋的审批许可，申请人取得了合法的审批手续之后才可以建房。既然是办理了合法手续才建造房屋，对建房人完成的劳动成果就应当给予承认和保护。第二，确定物权归属。在建房人合法建造房屋之后，如果房屋已经具备四壁和顶盖，就已经形成了一个新的不动产。对该不动产，在没有办理登记之前，在法律上就应当确定其归属。不能因为未办登记或未及时办理登记，而使该财产成为无主财产。第三，有利于保护物权。因为在我国广大农村，并没有

---

① 参见孙宪忠：《中国物权法总论》，法律出版社2018年版，第367页。

要求房屋登记。如果不赋予这些建造人取得物权的权利，则在登记之前，由于其尚未享有物权，可能随时遭受第三人的侵害，无法获得保护，容易产生社会纠纷。确认建房人取得所有权有利于最大限度地防止争议发生，保护建房人的利益。如果第三人侵害了该物权，建房人因已经取得了物权，可以行使物权请求权排除第三人的侵害。第四，建房人已经对建造的房屋进行了占有，形成了一定的权利外观。从房屋建造开始至房屋建造完毕，房屋都始终处于建造人的占有之下，这就给外界一种印象，即该房屋属于其所有，因而建房人对建造的房屋理所当然地享有所有权。这种情况类似于某人对其生产的产品享有所有权。可以说，这种所有权的取得方式属于原始取得。第五，符合一般的生活习惯。按照通常的社会观念，都认为在合法建造完房屋以后，建房人就对其房屋享有所有权。对于因事实行为所产生的物权变动，如果不承认通过事实行为可以产生物权，不符合一般的生活习惯。① 综上，房屋建好后即在事实上设立了物权，建造人亦因此取得该物权。企业组织生产、农民耕种收获等都属于这种情形。此种所有权，属于事实上的所有权取得。

拆除房屋亦属于一种行使权利的事实行为，可以导致物权变动。因物权为对物的支配权，房屋一经拆除，标的物归于灭失，物权也随之消灭。房屋所有权丧失，但是宅基地使用权或者建设用地使用权并不随之丧失。至于拆除房屋，当事人能否取得建筑材料等动产的所有权，则是另一个法律问题。如果原灭失房屋没有登记，则在灭失的情况下，原所有权人没有必要办理涂销登记；但是如果原房屋已经在不动产登记机构办理了登记，则原所有权人必须补办涂销登记，以防止造成登记错误，影响交易安全。

同时，并不是所有的事实行为都可以发生物权变动的效果，法律只是基于政策的考虑，赋予某些事实行为的成就具有物权变动的效力，因此，基于事实行为发生物权的变动，必须符合法律规定的构成要件。例如，合法建房取得物权应满足如下条件：第一，必须有合法的建房手续，违章建筑不能取得物权。第二，必须已经建成房屋，如果房屋尚处于建设过程中，还没有形成不动产，则因不动产物权的客体尚不存在，自然不能取得不动产物权。对于违章建筑能否因事实行为成就取得所有权的问题，有观点认为，无论合法建房或者违章建房，均于事实行为成就之时，亦即房屋建成之时，产生所建成房屋的不动

---

① 参见王利明：《物权法研究》，中国人民大学出版社2016年版，第268页。

产所有权，建房所用的砖瓦木石的动产所有权亦同时消灭。即使属于违章建筑，也产生房屋所有权，建房所用的建筑材料的动产所有权也要消灭。唯有城市规划管理部门，才有权查处违章建筑行为，其他任何部门、任何人都无权拆除或者占有该违章建筑，否则，必然导致经济生活、法律秩序的混乱。① 还有观点认为，违章建筑不能取得所有权，也不能办理所有权登记，只能承认其具有占有权。② 亦有观点认为，由于违章建筑具有违法性，故而不能成为不动产物权的客体，对违章建筑应当予以拆除和没收，但建筑材料本身作为动产是合法的，能成为动产所有权的客体。③ 但依照本条规定，只有合法建造的房屋才能在建成之后发生物权变动的结果。如果认定违法建筑物归建造人所有，就意味着鼓励人们擅自突破城市规划、违章建房，从而损害公共利益。对于违章建筑适用占有保护制度更为妥当，违章建筑本身体现了一种利益，是个人的动产与劳务的结合，虽然没有法律意义上的所有权，但对于公民所享有的财产之外的利益，在法律上也应该受到保护。另外，某个建筑物或构造物是否为违章建筑，需要由国家机关依据法定程序认定，任何人不能代替有关国家机关作出判断，即使已经由国家机关认定为违章建筑，在没有经过法定程序作出拆除决定之前，任何人不能随意拆除或者破坏他人的违章建筑。在某些情况下，违章建筑人可以通过补办手续的方法，取得合法的权利。④

对本条含义的理解，应注意把握以下几点：第一，依法建造房屋，属于基于法律行为以外的原因原始取得所有权，不适用基于法律行为取得物权的原则，建造人于建造房屋的行为成就之时，可以当然取得该房屋的所有权，而不以登记为要件。第二，本条规定的"自事实行为成就时发生效力"中的所谓成就，实际上是指事实行为的完成。所谓发生效力，就是指发生物权变动的效果，即行为人自动取得所有权或者是自动丧失所有权。应根据各种事实行为的具体情况确定。例如，对于制作家具、抛弃衣物、烧毁家具来说，事实行为成就之时就是家具完成、抛弃衣物、烧毁家具之时。而对于建造房屋、拆除房屋来说，建造、拆除到何种程度才是事实行为成就之时，应当依一般社会交易观

---

① 参见梁慧星：《读条文学民法》，人民法院出版社2014年版，第289页。
② 参见常鹏翱：《物权法的展开与反思》，法律出版社2007年版，第65页。
③ 参见陆淳：《物权诉讼：原理与实务》，人民法院出版社2009年版，第529页。
④ 参见最高人民法院民事审判第一庭编著：《最高人民法院物权法司法解释（一）理解与适用》，人民法院出版社2016年版，第243~244页。

念判断。如果建筑物已经具备四壁和顶盖、具备一定使用功能，可视为形成一个新的不动产，合法建造之事实行为成就。如果房屋仅被拆除了一部分，修复后不失原房屋的同一性的，似乎不应认定房屋灭失；如果房屋已被完全拆除，或者被拆除了一部分但无法修复或修复后已失去原房屋的同一性的，应当认定拆除房屋事实行为成就。

## ▶ 适用指引

我国存在许多因合法建造房屋等事实行为设立物权的情况，这种情形下的建房有些虽然缺少登记行为，但不能将这种行为形成的建筑物作为无主财产对待，对其所有权法律承认归建房人所有。比如，农民在宅基地上建造的住房，自建成之时起就取得该住房的所有权。但是基于合法建房而事实上取得的物权，在没有登记之前，还不具有完全的所有权效力。因事实行为所发生的物权变动与一般物权变动有区别，此种区别表现在：一方面，因合法建房只能取得物权，建房人在法律上还不能取得完全的所有权，其必须经过登记才能够取得完整的所有权；另一方面，此种基于事实行为所取得的物权在对抗第三人的效力方面受到限制，因为此种物权毕竟没有经过登记，缺乏法定的权利外观。所以在处分方面应当受到一定的限制，即未经登记，权利人移转该房产，或者将房产设立抵押的，不发生物权变动的效力。

对于"合法建造"的认定，应把握以下原则：（1）要已取得建房的合法手续，包括完成特定的审批手续、取得合法的土地权利、符合规划要求，否则，意味着鼓励人们擅自突破城市规划、违章建房，从而损害公共利益。（2）可以参照适用建设工程合同案件的判断标准。目前司法实践对于"四证"（建设用地规划许可证、建设工程规划许可证、国有土地使用权证、施工许可证）掌握的标准是，将建设用地规划许可证和建设工程规划许可证的相关规定作为效力性强制性规范，而将其他两证的相关规定一般作为管理性强制性规范对待。（3）尊重城乡差异，适度区别在国有建设用地与在农村宅基地上建房，尊重目前农村宅基地上建房缺少审批程序的现实。（4）违章建筑的认定属于行政判断权，司法不宜取代。也即要先行通过行政机关进行认定和处理，人民法院仅能对其进行监督，原则上不能取代行政机关对违章建筑进行认定和处理。

### 类案检索

**李某 1、李某 2 等法定继承纠纷案**

**关键词：** 因事实行为发生物权变动　继承

**裁判摘要：** 李某 1、李某 2 与李某 4、李某 3 争议的李某成的回迁安置房系李某成依法修建所得，虽然案涉房屋未办理不动产登记，但根据《民法典》第 231 条"因合法建造、拆除房屋等事实行为设立或者消灭物权的，自事实行为成就时发生效力"的规定，李某成对案涉房屋享有所有权。在李某成死亡后，对其所有的房屋，根据《民法典》第 1122 条"遗产是自然人死亡时遗留的个人合法财产"的规定，应系李某成的遗产，李某 1、李某 2 及李某 3、李某 4 作为李某成之子女，对于李某成的遗产，依法均享有继承权。

【案　　号】（2021）黔 03 民终 7072 号

【审理法院】贵州省遵义市中级人民法院

【来　　源】中国裁判文书网

第二百三十二条　处分依照本节规定享有的不动产物权，依照法律规定需要办理登记的，未经登记，不发生物权效力。

## 关联规定

### 一、法律、行政法规、司法解释

《中华人民共和国民法典》

第二百二十九条　因人民法院、仲裁机构的法律文书或者人民政府的征收决定等，导致物权设立、变更、转让或者消灭的，自法律文书或者征收决定等生效时发生效力。

第二百三十条　因继承取得物权的，自继承开始时发生效力。

第二百三十一条　因合法建造、拆除房屋等事实行为设立或者消灭物权的，自事实行为成就时发生效力。

### 二、部门规章及规范性文件

《不动产登记暂行条例实施细则》

第二十四条　不动产首次登记，是指不动产权利第一次登记。

未办理不动产首次登记的，不得办理不动产其他类型登记，但法律、行政法规另有规定的除外。

## 条文释义

### 一、本条主旨

本条是关于对未经登记取得的不动产物权进行处分的限制性规定。

## 二、条文演变

本条承袭了原《物权法》第 31 条的规定,仅作部分文字修改。

## 三、条文解读

《民法典》第 229 条至第 231 条,是对无须登记或者交付即可发生物权变动的特殊规定,是物权变动模式体系的重要组成部分。非基于法律行为发生的物权变动,无须进行登记或者交付即可发生物权变动的效力。但该种情形是物权变动公示原则的例外,这种例外会导致实际权利状态与登记或占有所体现的权利状态不一致,造成所谓的事实上的物权与法律上的物权相分离。如果物权取得人从事物权交易,例如房子盖好后卖给他人,在这种情形下,因为物权变动没有可以从外部认识的表征,社会公众无从知晓权利人享有的物权,加之物权的实际状态与登记或占有所体现的权利状态不一致,物权取得人对取得的物权作进一步处分时,容易妨害交易第三人的利益,给交易秩序带来隐患,危及交易安全。例如,甲向法院起诉,请求支持其与乙离婚的诉请,法院判决原来属于乙的 A 房屋归甲所有,离婚判决生效时,甲即取得 A 房屋的所有权。甲一直未前往房产登记部门办理房屋变更登记。之后,甲将 A 房屋转卖给丙,丙信赖甲出示的法院判决而与之交易。与此同时,乙将 A 房屋转卖给丁,丁基于登记簿上乙为所有权人而与乙交易。现丙和丁都主张对房屋享有所有权,应如何作出认定?为避免上述问题,法律就应该考虑采取适当的方法,促使物权公示原则在该种物权变动中及时回归,即要求不动产物权取得人在进一步处分物权前,要先进行登记,以充分贯彻不动产物权变动以登记为公示方法的原则,维护第三人的利益和交易安全。本条规定:"处分依照本节规定享有的不动产物权,依照法律规定需要办理登记的,未经登记,不发生物权效力。"回到上述案例,尽管甲为真正的房屋所有权人,也有权对房屋进行处分,但未经登记,该处分行为不发生所有权转移的效力,丙只能要求甲返还价款及承担违约责任等,房屋的所有权由丁取得。

对本条含义的理解,要注意把握以下几点。

第一,依照《民法典》第 229 条至第 231 条发生的不动产物权变动,在登记前即发生效力,因此,本条中的登记没有创设物权的效力,而是将已经发生的不动产物权变动对外予以宣示,学理上将该种登记称为"宣示登记"。

第二,本条所要求的登记,是对物权取得人进一步处分不动产物权的要求,物权取得人未处分不动产物权时,法律并不强制要求其进行登记。如房子盖好后自己居住不再交易,登记并无必要。也就是说,对非基于法律行为取得的不动产物权,即使没有登记,物权取得人仍为真正的权利人,法律应认可该不动产物权并予以保护。而且,只要权利人对该不动产物权不作进一步处分,法律就应允许其处于事实状态,并予以充分保护,而不必强制要求权利人进行登记。

第三,权利人处分依法需要办理登记的不动产物权时,应当先办理登记手续,将取得的不动产物权纳入不动产登记,然后再进行处分,否则,不发生物权效力。例如,A房屋登记在甲名下,乙依法院判决取得了A房屋的所有权,后乙欲将该房屋出售给丙。乙于出售前须先将该房屋登记在自己名下,否则,该房屋的所有权不能转移给丙。应当注意的是,依照本条规定,处分不动产物权时未登记的,仅仅是不发生物权变动的效力,但这并不影响当事人就让与有关不动产所签订的合同本身的法律效力,以该不动产为给付内容的债权合同仍属有效。如在上例中,只要乙依判决取得A房屋的所有权,即可与丙订立出售该房屋的合同,该买卖合同只要符合法律规定,即应受到法律保护,双方之间的债权债务关系依法发生。但是,只有在乙将A房屋产权办理到自己名下,才可以办理房屋产权过户登记,从而将该房屋所有权转移给丙。

第四,未经登记不发生物权效力的处分仅适用于非基于法律行为发生的不动产物权变动,对于动产物权变动并不适用。处分人完全可依观念交付方式处分其物权。不能将本条后段规定精神任意扩张,得出"动产物权人未实际占有前不得处分物权"的错误结论。

第五,物权处分需要办理宣示登记才发生物权效力的情形限于该不动产物权依照法律规定需要办理登记的场合。如果某类不动产物权依法本不必办理登记(如土地承包经营权),则权利人进一步处分物权当然不受办理宣示登记的限制。此类不动产物权无须登记即可处分,只是不能对抗善意第三人。本条规定中的"处分",指依法律行为而进行的物权变动,如不动产转让、赠与或在不动产上设定抵押权等,但不包括不引起物权变动的其他处分行为,如不动产的出租、出借,也不包括非处分行为的其他导致不动产物权变动的事件、事实行为等,如非经登记而取得的不动产物权的享有人在登记之前死亡,其继承人仍有权继承该项不动产。这是因为，对于非经登记取得的不动产物权之处分权的限制，目的仅在于对不动产物权变动秩序的维护，而不引起物权变动的处分行为，既不导致原物权关系的复杂化，也不涉及交易安全的保护，所以无须加以限制。至于非经登记而取得的不动产物权因法律行为之外的原因发生变动，是因为客观发生的情势，无法阻止也无必要阻止。

第六，非经登记而取得的不动产物权，在特定情况下，不得对抗善意第三人。如果非经登记而取得的不动产物权，其先前已为不动产登记，则在所取得的物权未予登记时，有可能出现权利外观与实际不相符合的情形。此时，善意第三人受不动产登记之公信力的保护，取得该不动产物权的当事人不得以其物权对抗善意第三人。例如，甲死亡后，甲之配偶隐瞒其死亡事实，仍以甲的名义将其遗产中的不动产出卖给他人并办理了产权过户手续。此例中，善意第三人信赖不动产登记而受让财产，其依法取得的该不动产所有权应受保护。①

## ▶ 适用指引

### 一、登记对抗

第一，由于船舶、航空器和机动车等动产价值较高，学理和实践中将其视为准不动产。但基于其本身之动产属性，其所有权转移在交付时发生效力，其抵押权在抵押合同生效时设立。法律对船舶、航空器和机动车等动产物权规定有登记制度，其物权变动如果未在登记部门进行登记，就不能对抗善意第三人。故《民法典》第225条规定："船舶、航空器和机动车等的物权的设立、变更、转让和消灭，未经登记，不得对抗善意第三人。"

第二，依据《民法典》第335条的规定，土地承包经营权互换、转让的，当事人可以向登记机构申请登记；未经登记，不得对抗善意第三人。

第三，地役权合同自地役权人与供役地权利人自愿达成协议即为生效，地役权合同一经生效，地役权即为设立，地役权设立以地役权合同生效为要件。如果地役权人或者供役地权利人要求登记的，可以向登记机构申请登记，办理

---

① 参见屈茂辉主编：《物权法原理精要与实务指南》，人民法院出版社2008年版，第161页。

地役权登记，未经登记，不得对抗善意第三人，即不登记不得对抗不知道也不应知道土地设有地役权而受让了该土地使用权的第三人。故《民法典》第374条规定："地役权自地役权合同生效时设立。当事人要求登记的，可以向登记机构申请地役权登记；未经登记，不得对抗善意第三人。"

第四，浮动抵押不以登记为生效条件，而是自合同生效时设立。合同生效后，即使当事人没有办理登记，债务人不履行债务时，抵押权人仍然可以就实现抵押权的价款优先受偿，但是如果未办理抵押登记，浮动抵押的财产被再次设定抵押的，后位的已登记的抵押权人，只要不知道也不应当知道该财产已被抵押的事实，就可以就该抵押财产优先于前位抵押权人受偿。故《民法典》第396条、第403条规定，经当事人书面协议，企业、个体工商户、农业生产经营者可以将现有的以及将有的生产设备、原材料、半成品、产品抵押，债务人不履行到期债务或者发生当事人约定的实现抵押权的情形，债权人有权就抵押财产确定时的动产优先受偿。以动产抵押的，抵押权自抵押合同生效时设立；未经登记，不得对抗善意第三人。

## 二、登记并非必需

第一，根据《民法典》第209条第2款的规定，依法属于国家所有的自然资源，所有权可以不登记。国家所有即全民所有，根据现行法律规定，矿藏、水流、海域属于国家所有；城市的土地，属于国家所有；法律规定属于国家所有的农村和城市郊区的土地，属于国家所有；森林、山岭、草原、荒地、滩涂等自然资源，属于国家所有，但法律规定属于集体所有的除外；法律规定属于国家所有的野生动物资源，属于国家所有。上述自然资源属于国家所有，不属于因法律行为而产生物权变动情况，甚至比权利记载于登记机构管理的不动产登记簿有更强公示力。

第二，根据《农村土地承包法》第22条、《民法典》第333条的规定，土地承包经营权自土地承包经营权合同生效时设立。该物权设立模式存在于农村土地采取农村集体经济组织内部的家庭承包方式中。对不宜采取家庭承包方式的荒山、荒沟、荒丘、荒滩等农村土地，采取招标、拍卖、公开协商等方式承包的，应在登记后发生物权效力。

第三，宅基地使用权人依法对集体所有的土地享有占有和使用的权利，有权依法利用该土地建造住宅及其附属设施。《民法典》第365条规定："已经登记的宅基地使用权转让或者消灭的，应当及时办理变更登记或者注销登记。"但并未明确宅基地使用权采登记生效主义。

第四，按照《民法典》婚姻家庭编的规定，婚姻关系存续期间以共同财产制为一般，即便共同财产登记在夫妻一方名下，但另一方仍为共同所有权人。对上述无须登记即发生完全物权效力之不动产物权，不能因没有办理登记而排除物权人保护其物权的权利。当然，在国家已经确定的农地产权改革试点地区，要注意按照政策要求妥善解决物权人权利行使过程中产生的相关争议。

## ▶ 类案检索

**中国银行股份有限公司阜新分行、阜新佳赢农业有限公司等拍卖合同纠纷案**

**关键词：** 物权变动　不动产更正登记　拍卖成交确认书

**裁判摘要：** 本案拍卖时，涉案拍卖标的虽尚未过户至中国银行阜新分行名下，但根据（2017）辽0922执恢16号执行裁定书，中国银行阜新分行已依法享有对该土地及房产的处分权。根据《民法典》第232条的规定，取得物权的当事人应当先办理物权登记手续，然后再进行处分，否则，其处分行为将不发生物权变更的效力。中国银行阜新分行在收到法院裁定书后，未到相关部门办理该涉案房产及土地的权属变更、转移登记手续。涉案房产拍卖时仍登记在久江公司名下。不动产的交付标准是办理变更登记，中国银行阜新分行并未按约定完成交付的义务，不发生物权变更的效力。其在委托拍卖前，应先办理物权变动登记手续，将房产和土地使用权登记在自己的名下，故拍卖资产自久江公司过户至中国银行阜新分行名下产生的税费，应由其自行承担。拍卖合同并未明确约定委托人应承担的税费亦应由买受人承担，由久江公司名下变更为中国银行阜新分行名下的各种税费应由中国银行阜新分行负担。

【案　　号】（2021）辽09民终1712号

【审理法院】辽宁省阜新市中级人民法院

【来　　源】中国裁判文书网

# 第三章　物权的保护

> 第二百三十三条　物权受到侵害的，权利人可以通过和解、调解、仲裁、诉讼等途径解决。

▶ **关联规定**

一、法律、行政法规、司法解释

1.《中华人民共和国土地管理法》

**第十四条**　土地所有权和使用权争议，由当事人协商解决；协商不成的，由人民政府处理。

单位之间的争议，由县级以上人民政府处理；个人之间、个人与单位之间的争议，由乡级人民政府或者县级以上人民政府处理。

当事人对有关人民政府的处理决定不服的，可以自接到处理决定通知之日起三十日内，向人民法院起诉。

在土地所有权和使用权争议解决前，任何一方不得改变土地利用现状。

2.《中华人民共和国森林法》

**第二十二条**　单位之间发生的林木、林地所有权和使用权争议，由县级以上人民政府依法处理。

个人之间、个人与单位之间发生的林木所有权和林地使用权争议，由乡镇人民政府或者县级以上人民政府依法处理。

当事人对有关人民政府的处理决定不服的，可以自接到处理决定通知之日起三十日内，向人民法院起诉。

在林木、林地权属争议解决前，除因森林防火、林业有害生物防治、国家重大基础设施建设等需要外，当事人任何一方不得砍伐有争议的林木或者改变林地现状。

### 3.《中华人民共和国农村土地承包法》

**第五十五条** 因土地承包经营发生纠纷的，双方当事人可以通过协商解决，也可以请求村民委员会、乡（镇）人民政府等调解解决。

当事人不愿协商、调解或者协商、调解不成的，可以向农村土地承包仲裁机构申请仲裁，也可以直接向人民法院起诉。

### 4.《中华人民共和国农村土地承包经营纠纷调解仲裁法》

**第二条** 农村土地承包经营纠纷调解和仲裁，适用本法。

农村土地承包经营纠纷包括：

（一）因订立、履行、变更、解除和终止农村土地承包合同发生的纠纷；

（二）因农村土地承包经营权转包、出租、互换、转让、入股等流转发生的纠纷；

（三）因收回、调整承包地发生的纠纷；

（四）因确认农村土地承包经营权发生的纠纷；

（五）因侵害农村土地承包经营权发生的纠纷；

（六）法律、法规规定的其他农村土地承包经营纠纷。

因征收集体所有的土地及其补偿发生的纠纷，不属于农村土地承包仲裁委员会的受理范围，可以通过行政复议或者诉讼等方式解决。

**第三条** 发生农村土地承包经营纠纷的，当事人可以自行和解，也可以请求村民委员会、乡（镇）人民政府等调解。

**第四条** 当事人和解、调解不成或者不愿和解、调解的，可以向农村土地承包仲裁委员会申请仲裁，也可以直接向人民法院起诉。

### 5.《最高人民法院关于适用〈中华人民共和国民法典〉有关担保制度的解释》

**第四十五条** 当事人约定当债务人不履行到期债务或者发生当事人约定的实现担保物权的情形，担保物权人有权将担保财产自行拍卖、变卖并就所得的价款优先受偿的，该约定有效。因担保人的原因导致担保物权人无法自行对担保财产进行拍卖、变卖，担保物权人请求担保人承担因此增加的费用的，人民法院应予支持。

当事人依照民事诉讼法有关"实现担保物权案件"的规定，申请拍卖、变卖担保财产，被申请人以担保合同约定仲裁条款为由主张驳回申请的，人民法院经审查后，应当按照以下情形分别处理：

（一）当事人对担保物权无实质性争议且实现担保物权条件已经成就的，应当裁定准许拍卖、变卖担保财产；

（二）当事人对实现担保物权有部分实质性争议的，可以就无争议的部分裁定准许拍卖、变卖担保财产，并告知可以就有争议的部分申请仲裁；

（三）当事人对实现担保物权有实质性争议的，裁定驳回申请，并告知可以向仲裁机构申请仲裁。

债权人以诉讼方式行使担保物权的，应当以债务人和担保人作为共同被告。

6.《最高人民法院关于审理涉及农村土地承包经营纠纷调解仲裁案件适用法律若干问题的解释》

第一条　农村土地承包仲裁委员会根据农村土地承包经营纠纷调解仲裁法第十八条规定，以超过申请仲裁的时效期间为由驳回申请后，当事人就同一纠纷提起诉讼的，人民法院应予受理。

第二条　当事人在收到农村土地承包仲裁委员会作出的裁决书之日起三十日后或者签收农村土地承包仲裁委员会作出的调解书后，就同一纠纷向人民法院提起诉讼的，裁定不予受理；已经受理的，裁定驳回起诉。

第三条　当事人在收到农村土地承包仲裁委员会作出的裁决书之日起三十日内，向人民法院提起诉讼，请求撤销仲裁裁决的，人民法院应当告知当事人就原纠纷提起诉讼。

## 二、部门规章及规范性文件

**《动产和权利担保统一登记办法》**

第二十条　担保人或其他利害关系人自异议登记之日起30日内，未就争议起诉或提请仲裁并在统一登记系统提交案件受理通知的，征信中心撤销异议登记。

第二十一条　应担保人或其他利害关系人、担保权人的申请，征信中心根据对担保人或其他利害关系人、担保权人生效的人民法院判决、裁定或仲裁机构裁决等法律文书撤销相关登记。

## 条文释义

### 一、本条主旨

本条是关于物权受到侵害时权利人救济途径的规定。

### 二、条文演变

原《物权法》第32条规定："物权受到侵害的，权利人可以通过和解、调解、仲裁、诉讼等途径解决。"本条保留了这一规定，未作修改。

### 三、条文解读

本条所规定的和解、调解、仲裁以及诉讼等方式，为物权人在权利受到侵害时提供了救济渠道。遵循传统物权理论，以权利人是寻求国家力量还是私人力量进行救济为分类标准，物权保护途径可以分为公力救济和私力救济。所谓公力救济，就是在物权受到侵害时，由权利人通过向人民法院提起诉讼的方式来保护自己的物权。所谓私力救济，就是在物权受到侵害时，权利人通过自己的力量或者其他非国家力量来保护其受到侵害的物权。比如，权利人直接与加害人通过协商进行和解，或者借助第三人、民间调解组织进行居中调处而达成调解协议，或者提请仲裁机构对争端进行仲裁。

物权受到侵害，包括无权占有、妨碍物权的行使、物的毁损或灭失等情形，这些情形发生后，权利人可以选择和解、调解、仲裁、诉讼等途径进行救济。

（一）和解

和解是指权利人与侵害人通过达成协议解决物权纠纷的救济方式，是当事人之间在没有第三方参加的情况下自愿协商，达成协议。和解属于当事人处分自己民事实体权利的一种民事法律行为。和解可以发生在诉讼以前，双方当事人互相协商，达成协议，也可以发生在诉讼过程中以及执行中。和解协议是当事人之间处分其权利的协议，属于处分行为，因此和解协议须由具有处分权的当事人达成。《民事诉讼法》第53条规定："双方当事人可以自行和解。"

## （二）调解

调解是指争议双方在第三方主持下通过协议方式达成利益平衡，包括法院调解、其他机构调解及其他个人调解等。调解可以在诉讼中达成，也可以在诉讼外达成。由法院和仲裁机构作出的生效调解书，具有强制执行力。经人民调解委员会调解达成的协议，经争议各方签字盖章，具有合同效力，当事人应履行调解协议的内容，不得擅自变更或解除调解协议。人民调解协议经司法确认的，具有强制执行力。《人民调解法》第33条规定："经人民调解委员会调解达成调解协议后，双方当事人认为有必要的，可以自调解协议生效之日起三十日内共同向人民法院申请司法确认，人民法院应当及时对调解协议进行审查，依法确认调解协议的效力。人民法院依法确认调解协议有效，一方当事人拒绝履行或者未全部履行的，对方当事人可以向人民法院申请强制执行。人民法院依法确认调解协议无效的，当事人可以通过人民调解方式变更原调解协议或者达成新的调解协议，也可以向人民法院提起诉讼。"

## （三）仲裁

仲裁是指纠纷当事人达成仲裁协议，由仲裁机构解决纠纷的争议解决方式。物权纠纷由仲裁机构解决的前提是当事人自愿达成有效的仲裁协议，否则，仲裁机构不予受理。仲裁协议的主要内容应包括仲裁事项、仲裁的意思表示和选定的仲裁机构。我国《仲裁法》是规范仲裁法律关系的专门法律。

## （四）诉讼

诉讼是指权利人向有管辖权的人民法院提起请求保护其利益，由法院作出相应裁判的救济方式。诉讼包括民事、行政、刑事三大诉讼，物权保护的诉讼主要指提起民事诉讼。

## （五）其他救济途径

本条在规定和解、调解、仲裁、诉讼四种救济途径之外，还作了开放式的规定，即"等途径"。所谓"等途径"是指和解、调解、仲裁、诉讼之外的其他救济途径。其他救济途径主要指我国《民法典》第181条规定的民法上的正当防卫行为，第182条规定的紧急避险行为，以及第1177条所规定的自助行为。

## 适用指引

### 一、和解、调解、仲裁、诉讼等方式与人民法院均有一定的联系

诉讼过程中，当事人可以达成和解协议，人民法院经审查后可以制作调解书。调解也可以在诉讼中达成。由人民法院或仲裁机构作出的调解书，已经发生效力的，由人民法院执行机构执行。关于仲裁，一方当事人不履行生效仲裁裁决的，另一方当事人可以依照《民事诉讼法》相关规定向人民法院申请执行。关于诉讼，尽管物权受到侵害的，权利人可以提起民事诉讼，但物权纠纷不排除行政诉讼、刑事诉讼的救济途径，例如在民事诉讼过程中，人民法院发现相对人侵害物权的行为具有刑事违法性，涉嫌犯罪的，应及时将相关材料转移公安机关，由其启动刑事侦查程序。

### 二、正当防卫、紧急避险和自助行为的适用边界

在审判实践中，须注意和解、调解、仲裁、诉讼四种救济途径之外的私力救济行为，是否符合我国《民法典》相关条文所规定的要件，相关正当防卫、紧急避险和自助行为是否在《民法典》所规定的合法边界之内。

#### （一）正当防卫

我国《民法典》第181条规定了民法上的正当防卫行为。倘若权利人的物权正在遭受不法侵害，且无法及时请求公权力保护，权利人在符合正当防卫构成要件的前提下，可以采取措施排除对物权的不法侵害。正当防卫应当具备以下几个要件：首先，须针对不法侵害。权利人排除侵害的行为必须针对非法侵害，对于合法行为不得采取防卫措施，比如电力部门依据《电力法》的有关规定，对属于权利人所有但是妨碍电力设施正常运行的树木进行砍伐，表面上看虽然也侵害了权利人的物权，但是由于电力部门的砍伐行为为合法行为，不允许权利人防卫。其次，不法侵害须正在发生。权利人只能对现实正在发生的侵害采取防卫措施，不允许事前防卫或者事后防卫。再次，排除不法侵害的行为须针对不法侵害人本人。防卫措施只能指向实施侵害者本人，不能对他人进行防卫。最后，须不超过必要限度。是否超过必要限度，应当结合侵害发生的剧

烈和紧急程度，当时所处的客观环境以及防卫行为对不法侵害人的损害程度。由于不法侵害行为发生时，时间往往比较急迫，而且正当防卫损害的是不法侵害人的权益，所以对限度的要求不能过于苛刻。

（二）紧急避险

紧急避险是权利人为避免物权受到现实危险的危害，不得已而损害第三人合法权益的行为。紧急避险应当具备以下要件：首先，须危险正在发生。与正当防卫一样，紧急避险要求危险正在发生。比如，对面的车辆正在向自己驾驶的车辆撞来，房屋正在燃烧或者火势正在向自己的房屋蔓延。其次，须不得已而为之。因为紧急避险要损害的是第三人的合法权益，所以要求权利人只能在别无他途的情况下方能避险。比如，如果不及时取邻居鱼塘里的水救火，火情就会加剧，而附近又没有可以及时灭火的水源。最后，避险所造成的损失须在必要限度内。衡量避险行为是否超过必要限度，关键是看其所损害的合法权益是否大于所保护的权益，如果大于则超过了必要限度，如果小于则是在必要限度内。

（三）自助行为

自助行为是权利人在自己的权利受到侵害后，为恢复权利的原有状态，而对侵害人的人身或者财产实施的必要措施。自助行为在实践中应当把握以下几个要件：首先，自助行为的主体应当是权利人或者是与权利人有利害关系的其他人，如近亲属、合伙人等。法人也应当有相应的自助权利。比如，超市发现盗窃商品的人，在警察到来之前可以暂时对其进行扣留。其次，公力救济不能一时到达。比如，侵害人在权利人的房屋门前非法建有障碍物而堵塞权利人进出的通道，权利人可以动用自己的力量直接将障碍物推倒。再比如，权利人的邻人所有的树木枝丫将权利人的房顶压坏或者妨碍其对房屋的修缮，权利人可以径行将树枝砍伐。显然，类似上述情况，如果依靠公权力，对权利人来说显然在时间上非常缓慢并且不经济。最后，手段上以能够保护自己的物权或者恢复权利为限。

三、本条的适用范围

本条规定，物权受到侵害的，权利人可以通过和解、调解、仲裁、诉讼等途径解决。物权包括所有权和他物权等,本条并没有限定为所有权,换言之,所有权和他物权受到侵害的,所有权人和他物权人均可以通过和解、调解、仲裁、诉讼等途径解决。其他国家民法典在"物权的保护"相关章节,大多数规定,他物权的保护可以准用所有权保护的相关规定,包括他物权之物权请求权,可准用所有权的相关请求权。我国《民法典》将本章"物权的保护"列为物权编通则部分,统领物权的保护,自然适用于包括所有权、他物权在内的各类物权的保护。

> **第二百三十四条** 因物权的归属、内容发生争议的,利害关系人可以请求确认权利。

## 关联规定

一、法律、行政法规、司法解释

1.《中华人民共和国土地管理法》

**第十四条** 土地所有权和使用权争议,由当事人协商解决;协商不成的,由人民政府处理。

单位之间的争议,由县级以上人民政府处理;个人之间、个人与单位之间的争议,由乡级人民政府或者县级以上人民政府处理。

当事人对有关人民政府的处理决定不服的,可以自接到处理决定通知之日起三十日内,向人民法院起诉。

在土地所有权和使用权争议解决前,任何一方不得改变土地利用现状。

2.《最高人民法院关于审理涉及农村土地承包纠纷案件适用法律问题的解释》

**第二十条** 承包地被依法征收,承包方请求发包方给付已经收到的地上附着物和青苗的补偿费的,应予支持。

承包方已将土地承包经营权以出租、入股或者其他方式流转给第三人的,除当事人另有约定外,青苗补偿费归实际投入人所有,地上附着物补偿费归附着物所有人所有。

二、部门规章及规范性文件

《不动产登记暂行条例实施细则》

**第二十六条** 下列情形之一的,不动产权利人可以向不动产登记机构申请变更登记:

(一)权利人的姓名、名称、身份证明类型或者身份证明号码发生变更的;

（二）不动产的坐落、界址、用途、面积等状况变更的；

（三）不动产权利期限、来源等状况发生变化的；

（四）同一权利人分割或者合并不动产的；

（五）抵押担保的范围、主债权数额、债务履行期限、抵押权顺位发生变化的；

（六）最高额抵押担保的债权范围、最高债权额、债权确定期间等发生变化的；

（七）地役权的利用目的、方法等发生变化的；

（八）共有性质发生变更的；

（九）法律、行政法规规定的其他不涉及不动产权利转移的变更情形。

第二十七条　因下列情形导致不动产权利转移的，当事人可以向不动产登记机构申请转移登记：

（一）买卖、互换、赠与不动产的；

（二）以不动产作价出资（入股）的；

（三）法人或者其他组织因合并、分立等原因致使不动产权利发生转移的；

（四）不动产分割、合并导致权利发生转移的；

（五）继承、受遗赠导致权利发生转移的；

（六）共有人增加或者减少以及共有不动产份额变化的；

（七）因人民法院、仲裁委员会的生效法律文书导致不动产权利发生转移的；

（八）因主债权转移引起不动产抵押权转移的；

（九）因需役地不动产权利转移引起地役权转移的；

（十）法律、行政法规规定的其他不动产权利转移情形。

第二十八条　有下列情形之一的，当事人可以申请办理注销登记：

（一）不动产灭失的；

（二）权利人放弃不动产权利的；

（三）不动产被依法没收、征收或者收回的；

（四）人民法院、仲裁委员会的生效法律文书导致不动产权利消灭的；

（五）法律、行政法规规定的其他情形。

不动产上已经设立抵押权、地役权或者已经办理预告登记，所有权人、使用权人因放弃权利申请注销登记的，申请人应当提供抵押权人、地役权人、预告登记权利人同意的书面材料。

### 三、司法指导性文件

**1.《第八次全国法院民事商事审判工作会议（民事部分）纪要》**

23. 审理土地补偿费分配纠纷时，要在现行法律规定框架内，综合考虑当事人生产生活状况、户口登记状况以及农村土地对农民的基本生活保障功能等因素认定相关权利主体。要以当事人是否获得其他替代性基本生活保障为重要考量因素，慎重认定其权利主体资格的丧失，注重依法保护妇女、儿童以及农民工等群体的合法权益。

24. 已经合法占有转让标的物的受让人请求转让人办理物权变更登记，登记权利人请求无权占有人返还不动产或者动产，利害关系人请求确认物权的归属或内容，权利人请求排除妨害、消除危险，对方当事人以超过诉讼时效期间抗辩的，均应不予支持。

**2.《全国民事审判工作会议纪要》**

13. 在界定征地补偿费用分配等纠纷中涉及集体成员资格时，要在现行法律规定框架内，综合考虑当事人生产、生活状况、户口登记状况、农村土地对农民的基本生活保障功能等因素予以认定，并以其是否获得其他替代性基本生活保障为实质性要件，慎重、从严认定集体成员资格的丧失，最大限度保护农民特别是妇女、儿童以及农民工等群体的合法权益。

## ▶ 条文释义

### 一、本条主旨

本条是关于物权确认请求权的规定。

### 二、条文演变

原《物权法》第33条规定："因物权的归属、内容发生争议的，利害关系人可以请求确认权利。"本条保留了这一规定，未作修改。

## 三、条文解读

物权确认请求权是物权保护的一项基本权利,因物权的归属或内容发生争议的利害关系人有权提请有关机关确认权利。物权确认在有关企业财产权的法律文件中,被称为产权界定;在有关土地管理的法律文件中,被称为土地确权。不论称谓如何,实质上都是对物权归属和内容的确认。物权确认是指在物权的归属和内容不明或者发生争议时,利害关系人请求有关权力机关或法律授权的专门机构确认物权的归属和内容,从而解决物权争议的行为。

### (一)确认权利的对象

因物权的归属、内容发生争议的,可请求确认权利,换言之,确认权利的对象为物权的归属与内容。归属争议,是指物权属于何人的争议,即物权的权利主体争议。需注意的是,物权归属的争议并非仅仅是所有权争议,也包括用益物权、担保物权等争议。物权内容争议是物权功能要素范围的争议。例如,房屋所有权的性质争议,地役权中权利范围的争议等。权属清晰、内容明确是物权发挥功效的前提条件,是物权保护的基础。只有通过确认物权,才能明确物权的归属和内容,而且,只有在物权归属和内容明确的前提下,物权人才能进一步行使其他的物权请求权和侵权请求权。况且,通过诉讼程序对物权的归属和内容进行确认只是物权确认的途径之一。此外,还有部分物权的归属和内容的确认,可以通过行政裁决程序和仲裁裁决程序解决。

### (二)请求确认权利的主体

本条规定的请求确认权利的主体是利害关系人。物权确认请求权由对特定的物有利害关系的人行使,利害关系人不一定是物权人,在物权的归属和内容不清或发生争议时,利害关系人可以是任何与特定的物就物权的归属和内容有物权法律关系的自然人、法人和其他组织,其都可以向有关机关或机构提出物权确认的请求。但利害关系人应对物权存在确认利益,防止确认请求权的滥用。

### (三)请求机关

物权确认的请求只能向有权机关提出,包括人民法院、仲裁机构、行政机关等。需要注意的是，行政法律法规有特别规定的，依照其规定。例如，土地所有权和使用权的确认争议，当事人应先请求行政机关处理。对于行政机关处理决定不服的，再向人民法院提起行政诉讼。如果相关法律法规并未规定权利确认须经行政机关先行处理，则当事人均可直接向人民法院提起确认之诉。本条所规定的内容，并非实体权利请求权，因此确认物权请求不得向对方当事人提起，也不得自行确认物权的归属与内容。本条的规定实质上是物权确认的程序性权利，不必以物权存在为前提。如若物权已经灭失，但是由此引发相关赔偿金的争议，相关争议方依然可以提起物权确认请求之诉。根据《民事案件案由规定》，物权确认纠纷主要包括所有权确认纠纷、用益物权确认纠纷及担保物权确认纠纷等。

（四）物权确认的依据

物权确认依据包括物权设立、变更、转让和消灭的相关依据。例如，《民法典》第214条规定："不动产物权的设立、变更、转让和消灭，依照法律规定应当登记的，自记载于不动产登记簿时发生效力。"第216条规定："不动产登记簿是物权归属和内容的根据。"对于动产，《民法典》第224条规定："动产物权的设立和转让，自交付时发生效力，但是法律另有规定的除外。"除此之外，《民法典》第229条规定："因人民法院、仲裁机构的法律文书或者人民政府的征收决定等，导致物权设立、变更、转让或者消灭的，自法律文书或者征收决定等生效时发生效力。"同时，在《民法典》颁布之前，原《物权法解释（一）》第2条规定："当事人有证据证明不动产登记簿的记载与真实权利状态不符、其为该不动产物权的真实权利人，请求确认其享有物权的，应予支持。"前述相关法律、司法解释构成了物权确认的法律依据。

（五）物权的确认内容

物权的确认包括两方面的内容：一是对物权归属的确认，二是对物权内容的确认。确认物权的归属就是确认物权的权利主体，即确认对特定的物享有直接支配和排他权利的权利人，所要确认的权利主体，既包括所有权的权利人，也包括用益物权和担保物权的权利人。行使返还原物、消除危险、排除妨害、赔偿损失以及修理、重作、更换等请求权，都是以物权归属确定为前提的，如若权利归属不清，行使物权请求权和侵权请求权将没有依据。确认物权的内容是指确认物权的权能，即确认对特定的物享有所有权、用益物权和担保物权的具体权利要素和功能。确认物权的内容与确认物权的归属同样重要，如若物权的要素和功能不清，则无法实现物权的目的。

## ▶ 适用指引

### 一、有关物权的归属和内容的争议应具体分析诉求的可能性

有关物权归属和内容的争议纷繁复杂，当事人争议的问题，在形式上虽可以根据物权确认请求权提起确认之诉。但是，有关物权的归属和内容的争议能否全部通过诉讼或裁判解决，还要具体分析，依法判断。例如，某女在其父母离婚后，一直跟随父亲生活。两年后，父亲再婚，与再婚继母一同生活了半年多，父亲突发心脏病死亡。某女一直居住在父亲生前承租的公屋内，对于房子由谁来继续承租，某女与其继母产生了争议，起诉到法院请求确认承租权。法院审理认为，某女的户口与其父亲（原承租人）落在讼争的公房内，对讼争的房屋依法享有居住权。但是，公房的原承租人死亡后，对房屋享有权利的当事人应当与公房的管理出租单位联系，在自愿协商的基础上签订新的房屋租赁合同。也就是说，租赁合同的签订与变更应该是合同双方当事人的自愿行为，当事人应与公房所有人协商确定新的承租人。因此，本案请求确认承租权的归属不属于人民法院受案范围，人民法院只能对某女是否在讼争房屋中享有居住权作出判决，而确认承租权的诉讼请求只能依法驳回。

### 二、物权确认请求权能否适用诉讼时效

在审判实践中，需注意物权确认请求权是否适用诉讼时效的问题。我们认为，物权确认请求权不适用诉讼时效。物权确认请求权是一种程序上的诉权，并非实体法上的请求权，而诉讼时效针对的是实体上的请求权，从这一角度看，确实不应适用诉讼时效。从定分止争的角度而言，假如物权确认请求权因诉讼时效期间届满而消灭，那么，标的物将会长期处于归属不清或者权利真空之状态。这种状态不但对真正的权利人不利，而且还会导致各方当事人对标的物争夺不休，从而使标的物得不到正常的利用，不利于社会经济秩序的稳定，这显然是与诉讼时效制度的立法宗旨相背离的。因此，《八民会纪要》第24条

规定："已经合法占有转让标的物的受让人请求转让人办理物权变更登记，登记权利人请求无权占有人返还不动产或者动产，利害关系人请求确认物权的归属或内容，权利人请求排除妨害、消除危险，对方当事人以超过诉讼时效期间抗辩的，均应不予支持。"

## 典型案例

**宜兴市新街街道海德名园业主委员会诉宜兴市恒兴置业有限公司、南京紫竹物业管理股份有限公司宜兴分公司物权确认纠纷、财产损害赔偿纠纷案**

**关键词：** 物权确认　损害赔偿

**裁判摘要：** 开发商与小区业主对开发商在小区内建造的房屋发生权属争议时，应由开发商承担举证责任。如开发商无充分证据证明该房屋系其所有，且其已将该房屋建设成本分摊到出售给业主的商品房中，则该房屋应当属于小区全体业主所有。开发商在没有明确取得业主同意的情况下，自行占有使用该房屋，不能视为业主默示同意由开发商无偿使用，应认定开发商构成侵权。业主参照自该房屋应当移交时起的使用费向开发商主张赔偿责任的，人民法院应予支持。

**基本案情：** 2007年12月，恒兴公司发包建设宜兴市新街街道海德名园小区一期、二期、三期工程，其中包括坐落在海德名园二期内面积为1123.62平方米的会所。2009年3月27日，恒兴公司将前期小区物业移交给紫竹物业公司管理，在所移交的物业材料中明确了26幢会所除"位于会所二层、面积476平方米"作为物业用房外，产权归全体业主所有。该会所自修建至今，一直为恒兴公司所占有使用，且使用至今扣除物业用房外未向业主缴纳租赁费用。海德名园业主委员会起诉恒兴公司与紫竹物业公司，要求支付自2008年11月1日起至今的租赁费用80万元（暂按10万元每年计算）。审理中，原告海德名园业委会增加诉讼请求，要求确认海德名园二期26幢会所中除物业用房外的647.62平方米的房屋所有权为海德名园全体业主所有，并明确损失是从2008年11月1日起计算至起诉之日止。

法院经审理认为，业主对建筑物内的住宅、经营性用房等专有部分享有所有权，对专有部分以外的共有部分享有共有和共同管理的权利；建筑区划内的其他公共场所、公用设施和物业服务用房，属于业主共有。案涉会所位于海德名园小区内，与476平方米的物业用房同属一套建筑的整体，根据建设工程规划许可证、物业移交接管协议备案证明存根，以及恒兴公司与紫竹物业公司签订的物业移交验收接管协议等书面证据所载明的内容来看，恒兴公司在移交物业时，将会所与物业用房一并作为配套用房移交给紫竹物业公司，而且写明产权归全体业主所有。海德名园业主委员会提供了上述证据，对其主张已经尽到初步举证义务。而恒兴公司辩称会所系其公司所有，作为海德名园小区的开发商，恒兴公司应当进一步提供充分证据予以证明。恒兴公司虽然提供了土地分割证、会所成本核算等证据，但根据一审法院向宜兴市国土资源局、宜兴市环科园规划办公室调查了解的情况，以及宜兴市物价局对海德名园商品房价格核定的相关材料，恒兴公司所举证据并不足以证明会所系其公司所有。依据相关法律及司法解释的规定，针对双方当事人的举证情况，应认定案涉会所属海德名园全体业主所有。因恒兴公司的侵权，被上诉人海德名园业委会作为全体业主代表有权请求恒兴公司赔偿损失。原告海德名园业委会要求紫竹物业公司承担赔偿责任于法无据，不予支持。综上，宜兴市新街街道海德名园二期第26幢会所除物业用房外的647.62平方米的房屋属海德名园小区全体业主所有；被告恒兴公司于判决发生法律效力之日起10日内支付原告海德名园业主委员会损失803150元；驳回原告海德名园业主委员会对被告紫竹物业公司的诉讼请求。

【案　　号】（2017）苏02民终5565号
【审理法院】江苏省无锡市中级人民法院
【来　　源】《最高人民法院公报》2018年第11期

**第二百三十五条** 无权占有不动产或者动产的，权利人可以请求返还原物。

## 关联规定

法律、行政法规、司法解释

《中华人民共和国民法典》

**第三百一十一条** 无处分权人将不动产或者动产转让给受让人的，所有权人有权追回；除法律另有规定外，符合下列情形的，受让人取得该不动产或者动产的所有权：

（一）受让人受让该不动产或者动产时是善意；

（二）以合理的价格转让；

（三）转让的不动产或者动产依照法律规定应当登记的已经登记，不需要登记的已经交付给受让人。

受让人依据前款规定取得不动产或者动产的所有权的，原所有权人有权向无处分权人请求损害赔偿。

当事人善意取得其他物权的，参照适用前两款规定。

**第四百五十九条** 占有人因使用占有的不动产或者动产，致使该不动产或者动产受到损害的，恶意占有人应当承担赔偿责任。

**第四百六十条** 不动产或者动产被占有人占有的，权利人可以请求返还原物及其孳息；但是，应当支付善意占有人因维护该不动产或者动产支出的必要费用。

**第四百六十一条** 占有的不动产或者动产毁损、灭失，该不动产或者动产的权利人请求赔偿的，占有人应当将因毁损、灭失取得的保险金、赔偿金或者补偿金等返还给权利人；权利人的损害未得到足够弥补的，恶意占有人还应当赔偿损失。

## 条文释义

### 一、本条主旨

本条是关于返还原物请求权的规定。

### 二、条文演变

本条是对原《物权法》第 34 条的承袭，条文内容未发生变更。在立法过程中，没有因为条文的合理性或者适当性而引发争议。[①]

### 三、条文解读

**（一）返还原物请求权的概念**

返还原物请求权，是指权利人对无权占有或侵夺其所有物的人，有权请求其返还原物的权利。[②] 物权人的物被他人侵占，物权人的对物支配权受到侵害时，物权人有权请求返还原物，使物复归于物权人事实上的支配。

**（二）构成要件**

**1. 请求权的主体**

依照《民法典》第 2 条的规定，民法调整平等主体的自然人、法人和非法人组织之间的人身关系和财产关系。权利人可以是自然人、法人和非法人组织。返还原物请求权的本质是物权追及效力的具体体现，体现了物权的对世权、绝对权的特征。物权的标的无论流转到何人手里，所有权人均可以依法向标的物占有人索取，请求其返还原物，重新恢复所有权的支配力。他物权人亦可行使返还原物请求权。

（1）所有权人。《民法典》第 240 条规定，所有权人对自己的不动产或者

---

① 参见孙宪忠、朱广新主编：《民法典评注：物权编》，中国法制出版社 2020 年版，第 219 页。

② 参见最高人民法院民法典贯彻实施工作领导小组主编：《中华人民共和国民法典物权编理解与适用》，人民法院出版社 2020 年版，第 188 页。

动产，依法享有占有、使用、收益和处分的权利。第258条规定，国家所有的财产受法律保护，禁止任何组织或者个人侵占、哄抢、私分、截留、破坏。第265条第1款规定，集体所有的财产受法律保护，禁止任何组织或者个人侵占、哄抢、私分、破坏。第267条规定，私人的合法财产受法律保护，禁止任何组织或者个人侵占、哄抢、破坏。上述规定表明，所有权包括积极权能和消极权能两个方面，其中积极权能体现为占有、使用、收益和处分的权利，消极权能主要体现为排除他人干涉、妨碍及侵害的权利。

（2）用益物权人。《民法典》第323条规定，用益物权人对他人所有的不动产或者动产，依法享有占有、使用和收益的权利。同时，《民法典》明确规定了土地承包经营权、建设用地使用权、宅基地使用权、地役权等若干用益物权，上述权利人对物的支配可以对抗和排斥所有人，在其用益物权存续的时间和空间上，可以行使独立的返还原物请求权。

（3）担保物权人。《民法典》第386条规定："担保物权人在债务人不履行到期债务或者发生当事人约定的实现担保物权的情形，依法享有就担保财产优先受偿的权利，但是法律另有规定的除外。"由此可见，担保物权主要体现为价值权，按照是否实际占有，主要分为两大类：一类是占有担保财产，如质权和留置权；一类是不占有担保财产，如抵押权。我们认为，不论权利人是否占有担保物，均应享有返还原物请求权。不占有担保财产的抵押权人也不应被排除在权利行使主体之外，主要原因在于，在抵押物遭受第三人侵害的情形下，抵押人作为所有权人应首先行使返还原物的请求权，但抵押人可能因各种原因无法有效主张其返还原物的权利，如果不允许抵押权人主张返还抵押物，则抵押权人享有的抵押权就可能受到威胁。①

（4）其他主体。返还原物请求权权利人还包括商法上特别规定的相关主体，如《企业破产法》中规定的取回权的权利人等。②

**2. 请求权的相对人**

占有以是否存在本权为标准分为有权占有和无权占有。所谓有权占有，是指基于法律或合同上的原因对物进行的占有，如质权人依据质权对标的物的占有。所谓无权占有，是指没有法律根据、没有合法原因的占有。权利人行使原

---

① 参见王利明：《物权法研究》，中国人民大学出版社2016年版，第197页。
② 参见最高人民法院民法典贯彻实施工作领导小组主编：《中华人民共和国民法典物权编理解与适用》，人民法院出版社2020年版，第189页。

物返还请求权应以存在无权占有为前提。按照不同的划分标准，无权占有主要体现为以下几种类型。

（1）以是否为自始无权为标准。无权占有依是否为自始无权，可以分为两种情形：一是占有人从占有之始就没有法律根据，如占有人占有的物是盗窃物；二是占有之初本来有法律依据，但后来该根据消失，如租赁他人之物，租赁期限届满而不返还。①

（2）以占有状态为标准。无权占有人依具体的占有样态，可以分为直接占有人与间接占有人。如甲的自行车被乙盗去，乙将该车出租给丙使用，乙为间接无权占有人，丙为直接无权占有人。为了充分保障甲的利益，法律应允许甲既可以同时向乙、丙提出请求，也可以仅向乙或丙提出请求。换言之，对于无权占有人而言，无论是直接占有人还是间接占有人，所有权人都可以请求其返还所有物。

### 3. 请求权的客体

返还原物请求权的行使以原物及其物权的存在为前提。如果原物已经不存在，返还原物客观上不能实现，权利人只能寻求其他救济方式，如请求损害赔偿等。如果原物受到毁损但仍然存在，则权利人可以在行使返还原物请求权的同时，提起赔偿损失和修理、重作、更换等请求。此外，返还原物请求权通常不适用于金钱和无记名证券，所有权人丧失金钱和无记名证券占有之后，通常只能依债权请求权请求返还，但是作为特定物之古钱币或者盛放于特定容器内未经打开之金钱和无记名证券除外。②

关于返还原物请求权的权利请求范围是否包括孳息及费用的问题。《民法典》第460条规定："不动产或者动产被占有人占有的，权利人可以请求返还原物及其孳息；但是，应当支付善意占有人因维护该不动产或者动产支出的必要费用。"可见，无论占有者善意或恶意，孳息应随同原物一并返还。权利人应当支付善意占有人因维护该不动产或者动产支出的必要费用，对于恶意占有人，权利人无须支付该费用。

---

① 参见黄薇主编：《中华人民共和国民法典释义》，法律出版社2020年版，第444页。
② 参见孙宪忠、朱广新主编：《民法典评注：物权编》，中国法制出版社2020年版，第221页。

### （三）返还原物请求权的行使

返还原物请求权性质上属于物权请求权，并非债权请求权。返还原物请求权的行使，无须考虑相对人的无权占有是否基于过错所致。权利人只须证明相对人已实施了侵害物权的行为，构成无权占有，便可以请求相对人返还原物，不必对相对人是否存在主观过错进行举证。《民法典》将返还原物请求权在物权编中加以规定，也说明了返还原物请求权不能等同于债权请求权。物权人履行举证责任，即可请求返还原物。除非相对人能够证明其基于善意取得等构成有权取得。①

## ▶ 适用指引

### 一、举证责任的分配

所有权人或其他物权人行使原物返还请求权时，须证明其权利的存在。权利人须证明其为所有权人或者他物权人，但无须证明相对人为无权占有。一是权利人没有能力或者很难证明相对人为无权占有，盖因无权占有是一种消极事实。二是从物权保护的角度而言，不应加重权利人的举证责任，只要权利人证明自己为物权人，则可以行使物权的追及力。权利人主张返还原物，相对人对此可以提出抗辩，主张其为有权占有，并应当对此承担举证责任。倘若相对人无法证明其为有权占有，则应认定相对人为无权占有，权利人的主张成立。②

### 二、善意取得的认定

《民法典》第311条规定了善意取得制度："无处分权人将不动产或者动产转让给受让人的，所有权人有权追回；除法律另有规定外，符合下列情形的，受让人取得该不动产或者动产的所有权：（一）受让人受让该不动产或者动产时是善意；（二）以合理的价格转让；（三）转让的不动产或者动产依照法律规

---

① 参见最高人民法院民法典贯彻实施工作领导小组主编：《中华人民共和国民法典物权编理解与适用》，人民法院出版社2020年版，第192页。
② 参见最高人民法院民法典贯彻实施工作领导小组主编：《中华人民共和国民法典物权编理解与适用》，人民法院出版社2020年版，第192页。

定应当登记的已经登记,不需要登记的已经交付给受让人。""受让人依据前款规定取得不动产或者动产的所有权的,原所有权人有权向无处分权人请求损害赔偿。""当事人善意取得其他物权的,参照适用前两款规定。"该规定表明,无论是所有权人还是他物权人,其返还原物请求权的行使,都有可能受到善意取得制度的限制。例如,乙侵占甲的所有物,如果无权占有人乙已经通过买卖、出租、互易等方式将标的物转移给第三人丙,权利人可以直接对该第三人行使返还原物请求权。但是,如果第三人从无权占有人处取得标的物符合善意取得,则第三人可以以此对抗权利人的返还原物请求权,权利人只能向无权占有人主张损害赔偿。

### 三、与其他请求权的关系

如果原物毁损或灭失,权利人自然可以提起其他请求权,包括损害赔偿请求权。如果原物仍然存在,但由于所有权人丧失占有导致其利益受损,如甲之房屋被乙侵占,甲固然可以请求乙返还房屋的占有,但是甲在房屋被侵占期间,不得不外出租赁房屋,其损失应当由乙承担。

此外,权利人的返还原物请求权与不当得利返还请求权往往发生竞合问题。物权请求权来源于罗马法上的对物之诉,仅以特定物为诉讼标的,而债权请求权来源于罗马法上的对人之诉,该诉讼以债务人全部责任财产为诉讼标的。作为不当得利返还请求权具体内容之返还原物请求权,有基于债权者,也有基于物权者。按照物权行为理论,买卖的债权合同被确认无效后,如果交付买卖标的物的物权行为有效,出卖人不得以所有权人之身份主张所有物返还请求权,而只能以债权人之身份主张不当得利返还请求权。① 两种请求权在诉讼时效、举证责任等方面亦存在明显区别,应予区分。

### 四、共有人的返还请求权

关于按份共有人之一超出其应有份额占用共有物,其他共有人可否请求返还原物的问题,学理上有不同观点。一种观点认为,共有份额是抽象份额,共有人之权利及于共有物之整体,因此不存在其他共有人请求返还原物的基础。另一种观点认为,虽然按份共有份额为抽象份额,存在于共有物的整体,但是

---

① 参见孙宪忠、朱广新主编:《民法典评注:物权编》,中国法制出版社2020年版,第224页。

应有份额确定了共有人的行权边界,如果按份共有人超越其份额行使占有、使用等权利,必将损害其他共有人的权益,因此其他共有人可以行使返还原物请求权。此外,共有物被第三人无权占有,按份共有人得向第三人行使返还原物请求权,但应请求向全体共有人返还原物。

### 五、是否适用诉讼时效

关于返还原物请求权是否适用诉讼时效的问题,理论上存在不同的观点。一种观点认为,返还原物请求权适用诉讼时效。其理由是,物权请求权虽然不是纯粹的债权,但仍然属于请求权,应适用诉讼时效。另一种观点则认为,返还原物等请求权不适用诉讼时效。其主要理由是:一是物权请求权与物权不可分开,既然物权不适用诉讼时效,则物权请求权也不应适用诉讼时效。物权请求权是物权得以保护的基础,如果物权请求权适用诉讼时效,则物权就成了空虚的权利。二是物权请求权也难以适用诉讼时效,因为物权请求权通常适用于各种持续性侵害行为。

《民法典》第 196 条第 2 项规定,"不动产物权和登记的动产物权的权利人请求返还财产"的请求权,不适用诉讼时效。对于未登记的一般动产,为了保护与返还财产义务人交易的第三人的信赖利益,维护交易安全,一般动产的返还原物请求适用诉讼时效。①

## ▶ 典型案例

### 北京市房山区霞云岭乡上石堡村村民委员会与王某先返还原物纠纷案

**关键词:** 集体财产　无权占有　返还原物

**裁判摘要:** 新农村建设工程中未分配住房的房屋所有权归属集体所有,当事人未经法定程序违法私自侵占,人民法院对村民委员会要求返还该房屋的诉讼请求予以支持。

**基本案情:** 王某先系北京市房山区霞云岭乡上石堡村村民。2009 年,北

---

① 参见最高人民法院民法典贯彻实施工作领导小组主编:《中华人民共和国民法典物权编理解与适用》,人民法院出版社 2020 年版,第 193 页。

京市房山区霞云岭乡上石堡村为推进新农村建设，决定启动整建制搬迁工程。2009年6月22日，经全村户代表大会表决通过《上石堡村整建制搬迁工程实施方案》，并签署了《上石堡村户代表大会决议》。2010年3月，搬迁工程开始动工，王某先系第一期搬迁村民，按照实施方案，王某先家旧宅将被拆除，并可在规划区内分配新房。2011年10月6日，上石堡村村民代表大会通过了《关于新房分配相关事宜的决议》，依据王某先的申请，其新分配住房为村内小区三排外一号南。因对村集体后续搬迁分房政策不满，王某先在搬进依据《关于新房分配相关事宜的决议》应分得的房屋后，将村内小区三排外一号北房屋换锁，并占为己有。王某先对村集体财产的侵占行为造成部分未分配新房村民无法入住，经村委会多次调解，王某先坚决不腾退集体房屋。北京市房山区霞云岭乡上石堡村村民委员会诉至法院，请求法院判令王某先返还村集体房屋。

法院经审理认为，无权占有不动产或者动产的，权利人可以请求返还原物。本案诉争的位于北京市房山区霞云岭乡上石堡村村内小区三排外一号北的房屋属上石堡村整建制搬迁工程中未分配住房，其所有权应归属村集体所有，王某先未经法定程序私自占有，实属不当，上石堡村村民委员会要求返还该房屋的诉讼请求，于法有据。据此，法院判决王某先返还房屋。

【案　　号】（2014）房民初字第00975号

【审理法院】北京市房山区人民法院

【来　　源】弘扬社会主义核心价值观典型案例（2016年3月10日最高人民法院发布）

> 第二百三十六条　妨害物权或者可能妨害物权的，权利人可以请求排除妨害或者消除危险。

## 关联规定

一、法律、行政法规、司法解释

1.《中华人民共和国农村土地承包法》

**第五十七条**　发包方有下列行为之一的，应当承担停止侵害、排除妨碍、消除危险、返还财产、恢复原状、赔偿损失等民事责任：

（一）干涉承包方依法享有的生产经营自主权；

（二）违反本法规定收回、调整承包地；

（三）强迫或者阻碍承包方进行土地承包经营权的互换、转让或者土地经营权流转；

（四）假借少数服从多数强迫承包方放弃或者变更土地承包经营权；

（五）以划分"口粮田"和"责任田"等为由收回承包地搞招标承包；

（六）将承包地收回抵顶欠款；

（七）剥夺、侵害妇女依法享有的土地承包经营权；

（八）其他侵害土地承包经营权的行为。

2.《最高人民法院关于审理建筑物区分所有权纠纷案件适用法律若干问题的解释》

**第十条**　业主将住宅改变为经营性用房，未依据民法典第二百七十九条的规定经有利害关系的业主一致同意，有利害关系的业主请求排除妨害、消除危险、恢复原状或者赔偿损失的，人民法院应予支持。

将住宅改变为经营性用房的业主以多数有利害关系的业主同意其行为进行抗辩的，人民法院不予支持。

## 二、部门规章及规范性文件

**《业主大会和业主委员会指导规则》**

**第五条** 业主大会和业主委员会，对业主损害他人合法权益和业主共同利益的行为，有权依照法律、法规以及管理规约，要求停止侵害、消除危险、排除妨害、赔偿损失。

## 三、司法指导性文件

**《第八次全国法院民事商事审判工作会议（民事部分）纪要》**

7. 依据侵权责任法第二十一条的规定，被侵权人请求义务人承担停止侵害、排除妨害、消除危险等责任，义务人以自己无过错为由提出抗辩的，不予支持。

24. 已经合法占有转让标的物的受让人请求转让人办理物权变更登记，登记权利人请求无权占有人返还不动产或者动产，利害关系人请求确认物权的归属或内容，权利人请求排除妨害、消除危险，对方当事人以超过诉讼时效期间抗辩的，均应不予支持。

## ▶ 条文释义

### 一、本条主旨

本条是关于排除妨害、消除危险请求权的规定。

### 二、条文演变

原《物权法》第 35 条规定："妨害物权或者可能妨害物权的，权利人可以请求排除妨害或者消除危险。"《民法典》本条规定的内容，相较于原《物权法》第 35 条规定的内容没有变化，但在《民法典》立法过程中有所变化。①

《民法典（草案）》中规定"妨害物权或者可能妨害物权的，权利人可以请求停止侵害、排除妨碍或者消除危险"。但正式颁布的《民法典》第 236 条

---

① 参见最高人民法院民法典贯彻实施工作领导小组主编：《中华人民共和国民法典物权编理解与适用》，人民法院出版社 2020 年版，第 194 页。

将"停止侵害"删除。这一变化的原因在于,"排除妨害"可以吸收"停止侵害","停止侵害"仅是"排除妨害"的具体方式之一。①

### 三、条文解读

本条属于民法传统理论上的妨害排除请求权和妨害防止请求权。请求排除妨害,是指权利人请求侵害人积极采取措施排除已经发生的现实的危害。其目的在于消除对物权的侵害或物权行使的障碍,使物权恢复圆满状态。妨害防止请求权,是指物权存在被妨害的风险,对可能的妨害人请求防止妨害、消除危险的权利。

#### (一)妨害的概念

妨害,是指以非法的、不正当的行为,包括施加无权施加的设施,影响了特定物的权利人行使物权。妨害包括尚未发生但却必然发生的妨害、正在发生的妨害和已经发生的妨害。对于尚未发生但必然发生的妨害,权利人可以请求消除危险,采取预防措施加以防止。例如,某人的房屋由于受到大雨冲刷随时有倒塌可能,危及邻居的房屋安全,此时,邻居可以请求该房屋的所有人采取措施消除这种危险。对于正在发生的妨害和已经发生的妨害,权利人可以请求排除妨害。例如,在他人家门口堆放物品,妨碍他人通行。②

#### (二)适用本条的构成要件③

第一,妨害排除请求权和妨害防止请求权的权利主体是所有权人或者依法律规定行使所有权权能的人以及他物权人。所有权人包括共有人、财产管理人及所有人的代理人。他物权人参照本条规定也可行使妨害排除请求权和妨害防止请求权。

第二,妨害排除请求权和妨害防止请求权的行使具有可能性。被妨害的物须仍然存在,倘若特定物已经毁损或者灭失,则妨害排除请求权和妨害防止请

---

① 参见最高人民法院民法典贯彻实施工作领导小组主编:《中华人民共和国民法典物权编理解与适用》,人民法院出版社2020年版,第194页。
② 参见黄薇主编:《中华人民共和国民法典释义》,法律出版社2020年版,第51页。
③ 参见最高人民法院民法典贯彻实施工作领导小组主编:《中华人民共和国民法典物权编理解与适用》,人民法院出版社2020年版,第195~196页。

求权就失去意义和可能性，权利人只能提起损害赔偿等其他请求权。同时，妨害须具有被排除的可能性，如果妨害在客观上无法被排除，则妨害排除请求权无适用的余地。

第三，存在妨害物权或者可能妨害物权的事实。传统民法理论上所指的排除妨害请求权，须有他人以占有以外的方式妨害权利人的物权。如果以占有侵害物权，权利人应主张原物返还请求权。排除妨害请求权所指向的这些行为包括：对标的物的侵害；非法利用他人财产致使权利人不能对物行使权利；非法为他人之物设定负担；其他妨害行为。同时，须前述妨害行为正在持续进行。如果妨害行为已经结束，则排除妨碍请求权失去了适用的余地。如果已经结束的妨害行为确实给权利人造成了损害，则权利人可以提起损害赔偿请求权。对于妨害防止请求权而言，须存在妨害物权的风险。该种危险须是真实的。所谓真实，是指危险持续存在且具有极大可能带来严重的危害后果，妨害有发生之可能但并未实际发生。

第四，妨害物权或者可能妨害物权的行为导致了权利人不能正常行使其权利。此为妨害排除请求权和妨害防止请求权行使的后果要件。换言之，必须以妨害具有违法性为前提。按照通说，以权利人无容忍义务作为判断标准。倘若妨害程度轻微，按照日常生活经验判断，对该等妨害权利人应予以容忍，则权利人不得主张排除妨害。例如，楼下住户不得对楼上住户的轻微脚步声主张妨害排除请求权。

## ▶ 适用指引

### 一、行使排除妨害或消除危险请求权是否需要证明相对人存在主观过错

权利人依照本条请求相对人排除妨害或者消除危险，是否需要证明相对人存在主观过错？换言之，相对人善意抑或恶意，对妨害排除请求权和妨害防止请求权的行使是否存在影响？我们认为，该请求权的行使不以相对人具有过错为要件。排除妨碍请求权旨在除去物权人行权的障碍或侵害，恢复物权的完满状态，只要相对人阻碍或危及物权人的权利，权利人均可以要求行为人排除妨碍。这一点不同于侵权责任。

妨害或者可能的妨害产生的原因须与相对人有一定联系。换言之，相对人对妨害或可能妨害有无主观上之故意或重大过失，不影响权利人对其提出排除妨害或者消除危险的请求，但是妨害或可能妨害须与相对人有事实上的牵连。

### 二、行使排除妨害或消除危险请求权是否适用诉讼时效

妨害排除请求权和妨害防止请求权并不适用诉讼时效。妨害排除请求权和妨害防止请求权为物权请求权，旨在保护物权的完满。《民法典》第196条第1项对此也明确规定，请求停止侵害、排除妨碍、消除危险的请求权不适用诉讼时效的规定。①

### 三、权利人的举证责任

权利人应当举证证明被排除的妨害具有非法性。如果权利人负有容忍义务，则即便构成妨碍，权利人也不得主张排除。例如，相邻不动产之间，权利人不得对任何妨碍都主张排除，对一些出于有利生产、方便生活等目的，不得不实施的妨碍行为，行为人应予容忍，不得主张排除妨害。但如果相邻不动产一方对另一方的妨害超出了必要的限度，另一方应可以提起排除妨害的请求。对此，权利人应承担举证责任。

消除危险针对的是尚未发生的侵害，该危险虽未发生，但存在发生的可能，给权利人带来现实的风险，对于这种可能的侵害，权利人可以请求相对人为或者不为一定行为。审判实践中需注意的是，被侵害的风险须是现实可能的，而不是权利人的臆想，因此权利人须对该危险发生的可能性承担一定的举证责任。

### 四、请求消除危险的相对人的义务

请求消除危险是权利人请求相对人积极采取措施消除对自己物权的真实的危险。例如，请求相对人填埋在自己房屋地基边上深挖的池塘，以消除对自己房屋地基侵蚀导致房屋倒塌的危险等。这是相对人积极作为的义务。在特定情形下，请求消除危险也包括请求相对人为消极行为。例如，房屋年久失修，下一次暴雨来临有极大可能导致房屋倒塌致人损害，则邻居可请求房主排除危

---

① 最高人民法院民法典贯彻实施工作领导小组主编：《中华人民共和国民法典物权编理解与适用》，人民法院出版社2020年版，第197页。

险，房主负有修缮的积极作为义务；在房屋地基边上挖鱼塘，极大可能导致他人房屋倒塌，则行为人负有不作为的义务。相对人负有的是作为或者不作为义务，防止妨害之发生或者去除妨害之虞的危险原因。① 到底相对人负有的是作为或是不作为义务，应按照个案来认定。

### 五、排除妨害的费用承担

《民法典》对此没有明确规定。原则上应当由妨害人承担排除妨害的费用。但此时应当考虑妨害人与妨害的发生之间的关联度。如果妨害人没有过错，权利人虽然可以行使排除妨害请求权，但自己承担或者合理分担排除妨害的费用更加合理一些。②

## ▶ 典型案例

### 肖某宝与萧某田、彭某珍排除妨害纠纷案

**关键词：** 排除妨害　相邻关系

**裁判摘要：** 相邻一方因相邻法律关系的存在而负有从有利于相邻关系健康运行的角度积极注意并保证生长在自己管理范围内树木不对邻居构成妨碍的义务；如因自己的过错使树木生长对相邻另一方权利构成妨碍的，即便是野生树木，权利人亦有权要求相邻一方排除妨碍。

**基本案情：** 原告肖某宝与被告萧某田系隔院墙毗邻而居的同胞兄弟（两兄弟所居住使用的房屋原系父母所建坐南朝北连体砖瓦房，萧某田住东边第一间，肖某宝住第二、三间，肖某宝两间房屋中的东屋与萧某田房屋相邻），但兄弟之间曾因房屋分割发生纠纷而致关系不睦，被告萧某田、彭某珍后利用肖某宝东屋部分后檐墙在两家之间砌起院墙，从此双方互不往来。近年来，原告发现自己居住使用的东屋南墙墙体有坍塌现象，以为系房屋年久失修所致，故未予查探。

---

① 参见最高人民法院民法典贯彻实施工作领导小组主编：《中华人民共和国民法典物权编理解与适用》，人民法院出版社2020年版，第196页。
② 参见最高人民法院民法典贯彻实施工作领导小组主编：《中华人民共和国民法典物权编理解与适用》，人民法院出版社2020年版，第197页。

2010年7月25日,原告在修剪从被告院中长出并延伸至原告房屋屋顶部位的泡桐树树枝时,被被告阻止。在双方争吵中原告方知房屋墙体坍塌是该泡桐树树干长粗后挤压所致。原告当场要求被告排除妨碍,被告予以拒绝,后公安部门出警处理亦未果。原告遂于2010年8月3日向法院提起诉讼,要求被告排除妨碍,铲除挤塌原告房屋墙体的树木,并将墙体恢复原状。

案件审理期间,经法院现场勘验,发现本案所涉树木生长在萧某田、彭某珍利用肖某宝东屋部分后檐墙砌起的院子内西北角,位于原告东屋后檐墙外侧墙根与被告萧某田、彭某珍家院子西北角交接处,树根及树干对原告东屋后檐墙墙体及被告房屋后檐墙墙体均形成了挤压,并造成双方房屋墙体均有坍塌、倾斜现象,而树的枝丫遮盖于原、被告屋顶。该树中下部树干成人字形夹生于墙根,并被墙体形成半包围状况。从目测情况分析,应是野生树木,人为栽种的可能性不大。由于萧某田、彭某珍所砌院墙的阻挡,肖某宝在自家院内及外面无法看到树木初期生长及树木长大后的树干具体情况,只能看到树冠部位延伸出来的部分枝丫;而对萧某田、彭某珍而言,该树木虽在院子内的西北角,但由于院子很小,且树木生长位置紧挨其主屋通向院内的后门口,因此树木初期生长及树木长大后的树干具体情况应是一目了然。

法院经审理认为,本案中,构成妨碍的树木处于被告居住的房屋院内和视线所及范围,其有控制或处理该树的管理条件。被告作为原告的相邻人负有保证生长在自己管理范围内树木不对邻居构成妨碍的义务。被告未尽到管理职责,听任该树木生长,以致树干长粗后挤压原告房屋,造成墙体发生坍塌、倾斜,被告对此负有一定的责任,已构成了对原告权利的妨碍,应当停止侵害并排除妨碍。故对原告要求被告排除树木妨碍,并将墙体恢复原状的诉讼请求予以支持。考虑到该树木不排除自然生长的可能,故法院酌情确定对被告排除树木妨碍及将墙体恢复原状的费用由原、被告各半分担。

【案　　号】(2011)淮中民终字第0295号
【审理法院】江苏省淮安市中级人民法院
【来　　源】《人民法院案例选》2011年第2辑

第二百三十七条 造成不动产或者动产毁损的，权利人可以依法请求修理、重作、更换或者恢复原状。

## 关联规定

一、法律、行政法规、司法解释

1.《中华人民共和国农村土地承包法》

第五十七条 发包方有下列行为之一的，应当承担停止侵害、排除妨碍、消除危险、返还财产、恢复原状、赔偿损失等民事责任：

（一）干涉承包方依法享有的生产经营自主权；

（二）违反本法规定收回、调整承包地；

（三）强迫或者阻碍承包方进行土地承包经营权的互换、转让或者土地经营权流转；

（四）假借少数服从多数强迫承包方放弃或者变更土地承包经营权；

（五）以划分"口粮田"和"责任田"等为由收回承包地搞招标承包；

（六）将承包地收回抵顶欠款；

（七）剥夺、侵害妇女依法享有的土地承包经营权；

（八）其他侵害土地承包经营权的行为。

2.《中华人民共和国产品质量法》

第四十四条 因产品存在缺陷造成受害人人身伤害的，侵害人应当赔偿医疗费、治疗期间的护理费、因误工减少的收入等费用；造成残疾的，还应当支付残疾者生活自助具费、生活补助费、残疾赔偿金以及由其扶养的人所必需的生活费等费用；造成受害人死亡的，并应当支付丧葬费、死亡赔偿金以及由死者生前扶养的人所必需的生活费等费用。

因产品存在缺陷造成受害人财产损失的，侵害人应当恢复原状或者折价赔偿。受害人因此遭受其他重大损失的，侵害人应当赔偿损失。

3.《最高人民法院关于审理建筑物区分所有权纠纷案件适用法律若干问题的解释》

**第十条** 业主将住宅改变为经营性用房，未依据民法典第二百七十九条的规定经有利害关系的业主一致同意，有利害关系的业主请求排除妨害、消除危险、恢复原状或者赔偿损失的，人民法院应予支持。

将住宅改变为经营性用房的业主以多数有利害关系的业主同意其行为进行抗辩的，人民法院不予支持。

## 二、司法指导性文件

《最高人民法院关于人民法院立案、审判与执行工作协调运行的意见》

9.审判部门在审理涉及交付特定物、恢复原状、排除妨碍等案件时，应当查明标的物的状态。特定标的物已经灭失或者不宜恢复原状、排除妨碍的，应告知当事人可申请变更诉讼请求。

11.法律文书主文应当明确具体：

……

（6）排除妨碍、恢复原状的，应当明确排除妨碍、恢复原状的标准、时间等；

（7）停止侵害的，应当明确停止侵害行为的具体方式，以及被侵害权利的具体内容或者范围等；

……

## ▶ 条文释义

### 一、本条主旨

本条是关于物权的权利人可以依法请求修理、重作、更换或者恢复原状的规定。

### 二、条文演变

原《物权法》第36条规定："造成不动产或者动产毁损的，权利人可以请求修理、重作、更换或者恢复原状。"《民法典》本条在原《物权法》规定的基础上，增加了"依法"二字。在《民法典》编纂过程中，不少意见提出，返还原物、排除妨害、消除危险请求权属于物权请求权。而原《物权法》第36条规定的修理、重作、更换或者恢复原状请求权，在性质上不属于物权法律制度上的物权请求权，而属于债权请求权。《民法典》本条吸收这一意见，增加"依法"二字，以示区分。这里的"依法"是指依照《民法典》侵权责任编以及其他相关法律规范的规定。这就意味着权利人行使这种权利，需要符合这些相关法律关于请求权具体要件等方面的规定。

在《民法典》编纂过程中，有的意见提出，物权编应当删除债法上的修理、重作、更换或者恢复原状请求权。但也有意见认为，考虑到本章是关于物权保护的规定，为了体现保护的全面性，可以在适当修改完善的基础上继续保留。

在《民法典》编纂过程中，有的意见提出，修理指物毁损时，通过一定的办法使其恢复到毁损之前的状态；重作指当物灭失、损毁以致不能使用等时重新作相同性质、相同用途的物，使其达到与原物相同的价值；更换指物毁损并且有与此物相同的种类物存在时，予以更换。修理、重作、更换都属于恢复原状。有的意见提出，修理可看作恢复原状的一种具体手段，将它与恢复原状并行规定，明显不合理。重作和更换这两种责任方式具有独特性，无法纳入恢复原状之中。还有意见认为，修理、重作、更换不是法律概念，不具备法律概念应有的特性，也无法发挥法律概念的功能。修理、重作、更换不是一种独立的请求权，不具有民事责任的强制性，可以被其他请求权所涵盖。也有意见认为，原《民法通则》第134条就将恢复原状及修理、重作、更换并行规定为民事责任的方式。原《民法总则》第179条规定了承担民事责任的方式，因循其例，其中第1款第5项为恢复原状，第1款第6项为修理、重作、更换。为保持法律的连续性、稳定性，对此以不作修改为宜。①

### 三、条文解读

本条亦可称为物权补救措施的请求权。本条适用的前提是物已经毁损。如果相对人侵害物权的行为系无权占有或者阻碍权利人对物进行管理、使用、收益等，则权利人应主张返还原物请求权或者妨害排除请求权和妨害防止请求

---

① 参见黄薇主编：《中华人民共和国民法典释义》，法律出版社2020年版，第52~53页。

权。倘若相对人毁损标的物本身，则权利人可主张修理、重作、更换或者恢复原状请求权。

（一）修理、重作、更换、恢复原状的概念

修理，是指对受损的物进行修补整理，达到受损之前的面貌的补救方式。该种救济方式须以原物修理具有可能性和合理性为前提，倘若修理不具有可能性、合理性，则无适用之余地。例如，相对人不慎将权利人收藏的文物级别的瓷器打碎，采取修补的方式难以恢复该瓷器的面貌及经济价值。

重作，是指按照原物之面貌重新生产或制作。重作通常适用于修理不能的情形，但重作的适用范围亦有可能受限，如文物的毁损等就难以采取重作的方式进行补救。

更换，是指在修理和重作不能的情形下，以相同或相似的他物替代毁损的原物。

恢复原状，在不同场域中其含义也不尽一致。在本条中，权利人的有体物被毁损的情况下，恢复原状即将该物修复如初，使物的状态恢复到未被不法侵害之前的状态。

（二）修理、重作、更换或者恢复原状请求权的性质

《民法典》第179条规定了修理、重作、更换或者恢复原状为承担民事责任的具体方式之一。《民法典》第237条也规定了修理、重作、更换或者恢复原状请求权。前者为《民法典》总则编的规定，后者为《民法典》物权编的规定。理论上所争议者，修理、重作、更换属于物权的保护方式还是合同的救济方式。需要思考的问题是，修理、重作、更换能否脱离合同而单独存在，重作、更换似乎应以有合同存在为前提。但是这种理解不一定准确。例如，修理是使物的毁损状态得以修复的最常见的方式，但不必然以合同存在为前提，与合同标的物的瑕疵并无关联。重作、更换也不必然以合同存在为前提，因此本条将其规定为物权的保护方式。

（三）规定修理、重作、更换或者恢复原状请求权的立法意义

本条的立法意义在于，规定修理、重作、更换或者恢复原状请求权，对物权人予以充分的保护。某些物对于物权人而言可能具有不可替代性。如果法律

上不规定恢复原状，仅仅予以损害赔偿，则对物权的保护是不够周全的。当然，权利人也可以有选择权，选择恢复原状或者损害赔偿，或者恢复原状尚不能完全弥补损害的，权利人也可以主张损害赔偿。

## ▶ 适用指引

### 一、权利人主张修理、重作、更换或者恢复原状须具有可能性和必要性

倘若修理、重作、更换或者恢复原状不可能，则不应予以支持。在审判实践中也要考虑恢复原状的必要性。例如，恢复原状费用很高，不具有经济性，所损害之物并无特殊价值，在市场上容易购得，则恢复原状似无必要，损害赔偿可能更加合理。但是，所损害之物不容易在市场上找到替代物，该物对权利人具有特殊意义，则应当判决恢复原状，以尽量保护物权人之利益。

### 二、行使修理、重作、更换或者恢复原状请求权是否以相对人具有主观过错为前提

从文义解释来看，本条规定并没有要求相对人在主观上须有故意或者过失，因此权利人请求相对人承担修理、重作、更换或者恢复原状无须证明相对人存在主观过错要件。只要相对人的行为与权利人物的毁损后果之间存在因果关系，则相对人就应承担修理、重作、更换或者恢复原状的责任。

### 三、修理、重作、更换或者恢复原状可以与其他救济方式并用

若有证据证明标的物经修理、重作、更换或者恢复原状后，依然发生物的价值贬损，则权利人仍可以就价值贬损部分主张损害赔偿。

### 四、不承担修理、重作、更换或者恢复原状责任的情形

按照日常生活经验或者合同约定，相对人可以不承担修理、重作、更换或者恢复原状的责任。例如，按照日常生活经验，承租人对房屋的使用必然致使房屋墙面出现轻微污迹，或者双方在租赁合同约定，在房屋使用过程中承租人对某些轻微毁损免予承担责任。此时，相对人不承担修理、重作、更换或者恢

复原状的责任。

### 五、修理、重作、更换或者恢复原状的承担人及费用

修理、重作、更换或者恢复原状应由相对人或其委托的专业人员承担。修理、重作、更换或者恢复原状的费用,原则上由相对人承担。

## ▶ 典型案例

### 陈某、袁某与袁某某财产损害赔偿纠纷案

**关键词:** 恢复原状　损害赔偿　物尽其用

**裁判摘要:** 所有人在其财产遭受不法处分的情况下,可以在恢复原状请求权或损害赔偿请求权之间选择,但要遵循物尽其用原则。

**基本案情:** 原告陈某与袁某昌系夫妻关系,原告袁某与袁某昌系父子关系,被告袁某某与袁某昌系兄弟关系,袁某昌于1996年死亡。袁某昌在崇明县竖新镇有平瓦房两间,2007年6月至7月间,被告将该平瓦房两间拆除,并占用了该平瓦房两间约2/3的地基,又建造了房屋两间。2007年10月11日,原告陈某、袁某遂以袁某昌法定继承人的身份要求被告袁某某恢复原状。

法院经审理认为,本案中,袁某某在未征得陈某、袁某同意的情况下,擅自将平瓦房两间予以拆除,损害了陈某、袁某的合法权益,应承担相应民事责任。当事人承担民事责任的方式,既要考虑当事人主观过错、损害结果等,又要兼顾财产的效用。本案翻建后的房屋,系在原平瓦房两间的基础上建造,翻建后的房屋建筑面积与原房屋相仿,结构基本完整,只需经简单装修,便能满足基本居住要求。因此,如果予以拆除,既造成财产的损失,也不符合物尽其用的原则。鉴于二审中,双方当事人均不再坚持恢复原状,可予准许。原审法院判决袁某某将拆除的平瓦房两间恢复原状欠妥,二审法院予以纠正。考虑到袁某某对于拆除原平瓦房存有过错、其翻建房屋支付了一定费用以及陈某、袁某为本案诉讼支出了一定费用等综合因素,本案以陈某、袁某向袁某某从经济上给予适当补偿为宜。二审中,陈某、袁某愿意补偿袁某某5000元,予以准许。

【案　　号】(2008)沪二中民一(民)终字第756号
【审理法院】上海市第二中级人民法院
【来　　源】《人民司法·案例》2009年第4期

**第二百三十八条** 侵害物权，造成权利人损害的，权利人可以依法请求损害赔偿，也可以依法请求承担其他民事责任。

▶ **关联规定**

法律、行政法规、司法解释

《中华人民共和国民法典》

**第一百七十九条** 承担民事责任的方式主要有：

（一）停止侵害；

（二）排除妨碍；

（三）消除危险；

（四）返还财产；

（五）恢复原状；

（六）修理、重作、更换；

（七）继续履行；

（八）赔偿损失；

（九）支付违约金；

（十）消除影响、恢复名誉；

（十一）赔礼道歉。

法律规定惩罚性赔偿的，依照其规定。

本条规定的承担民事责任的方式，可以单独适用，也可以合并适用。

**第一千一百八十四条** 侵害他人财产的，财产损失按照损失发生时的市场价格或者其他合理方式计算。

## 条文释义

### 一、本条主旨

本条是关于物权的权利人可以依法请求侵权人承担赔偿损害等民事责任的规定。

### 二、条文演变

原《物权法》第37条规定:"侵害物权,造成权利人损害的,权利人可以请求损害赔偿,也可以请求承担其他民事责任。"本条在原《物权法》规定的基础上,作出了将"可以请求"修改为"可以依法请求"的改动。修改理由在于,一些学者在《民法典》编纂过程中提出,返还原物请求权、排除妨害请求权、消除危险请求权性质上属于物权请求权,而损害赔偿请求权性质上属于债权请求权。本条增加"依法"二字,旨在体现上述请求权在法律性质及法律适用方法上的差异。这里的"依法"是指依照《民法典》侵权责任编以及其他相关法律规范的规定;权利人行使损害赔偿请求权,需要符合这些相关法律关于请求权具体要件等方面的规定。[1]

### 三、条文解读

损害赔偿是行为人向受害人支付一定数额的金钱以弥补其损失的责任方式,是实践中运用较为广泛的一种民事责任形式。本条规定的赔偿损失特指侵害物权的责任形式,对侵害物权,造成权利人损害的行为,权利人享有损害赔偿的请求权,侵害人当以自己财产对所造成的损害予以赔偿。《民法典》总则编在原《民法通则》的基础上,还规定了其他一些承担民事责任的方式,包括停止侵害、排除妨碍、消除危险、返还财产、恢复原状、修理、重作、更换、继续履行、支付违约金、消除影响、恢复名誉、赔礼道歉。本条对可能出现的请求权聚合问题作出了选择性规定,即当物权遭受侵害后,权利人可以选择请求损害赔偿以外的其他民事责任承担方式。

---

[1] 参见石宏主编:《〈中华人民共和国民法典〉释解与适用:物权编》,人民法院出版社2020年版,第56页。

## ▶ 适用指引

### 一、"权利人"的范围

本条规定侵害物权造成权利人损害的,权利人可以依法请求损害赔偿,但对于具体何种权利的权利人可以请求损害赔偿,法无明文规定。(1)关于所有权人及他物权人。所有权、用益物权、担保物权属于绝对权、对世权,显然受物权法、侵权法保护。如所有权人和他物权人均有权请求赔偿损失,赔偿义务人应向全体权利人共同为给付,避免损害赔偿义务人就同一损害重复被诉、重复给付。(2)关于破产管理人。依据《企业破产法》第25条"管理人履行下列职责:(一)接管债务人的财产、印章和账簿、文书等资料……(六)管理和处分债务人的财产……"的规定,侵权人造成破产财产毁损灭失的,破产管理人有权以自己名义要求侵权人赔偿损失。(3)关于基于债法关系的占有人,如基于租赁、保管、借用等债法合同而占有他人财产的债权人。本章物权保护方法对于债权一般不适用,故本条规定之请求权对于基于债法关系的占有人一般不适用。(4)关于基于人身关系的占有人,如基于亲权、监护等关系而占有被监护人财产。如果占有人未在所监管财产上为自己设立他物权,则其通常不能以物权人名义主张本章规定的物权保护方法。①

### 二、具有人身意义的物的损害赔偿问题

参照《最高人民法院关于确定民事侵权精神损害赔偿责任若干问题的解释》(法释〔2001〕7号)第4条的规定,"具有人格象征意义的特定纪念物品,因侵权行为而永久性灭失或者毁损,物品所有人以侵权为由,向人民法院起诉请求赔偿精神损害的,人民法院应当依法予以受理"。《民法典》对于侵害自然人具有人格意义特定物的精神损害赔偿规则作了规定,第1183条第2款规定:"因故意或者重大过失侵害自然人具有人身意义的特定物造成严重精神损害的,被侵权人有权请求精神损害赔偿。"审判实践中,被侵权人应当就此物品属于具有人身意义的特定物和侵权人有故意或者重大过失等要件承担举证责任。是

---

① 参见孙宪忠、朱广新主编:《民法典评注:物权编》,中国法制出版社2020年版,第254~258页。

否具有人身意义，法官具有自由裁量权，依通常观念予以判定。由于当事人遭受的精神痛苦或损害往往难以以物化的标准来衡量，通常精神损害赔偿数额，应综合考虑侵权行为人的主观过错及事后的态度、侵权行为的具体情节以及特定物受损害的程度、精神损害程度及后果等因素，并结合当地的经济发展水平来确定。

## 典型案例

### 陈某冰诉广州玉德堂陵园有限公司恢复原状纠纷案

**关键词**：恢复原状　公序良俗　精神损害赔偿

**裁判摘要**：涉案墓地与案外人墓地的使用面积存在重叠，涉案墓地恢复原状将影响案外人合法权益，恢复原状不具备现实可行性。但墓地具有特殊使用性且承载着特殊情感和精神利益，涉案墓地事实上遭受了一定程度的侵占和损害，有违社会公序良俗，致使涉案墓地购买人遭受了一定程度的精神痛苦。对于当事人精神损害赔偿的请求，可予以支持，以维护当事人的合法权益。

**基本案情**：2011年4月5日，陈某冰（买方）为安葬其妻子，与广州玉德堂陵园有限公司（以下简称玉德堂公司，卖方）签订了《墓地格位销售合同》，墓地（格位）占地面积1.5平方米、实用面积为0.63平方米。合同签订当日，陈某冰向玉德堂公司支付了上述墓地费及管理费等38800元。2013年清明节，陈某冰扫墓时发现墓地旁边有新墓地在建，且新建墓地已侵占了陈某冰所购买墓地的位置。因制止无效、协商无果，陈某冰起诉至广东省广州市南沙区人民法院，请求法院判令：（1）玉德堂公司停止侵害并恢复陈某冰所购买的墓地（格位）原状；（2）玉德堂公司支付陈某冰精神损失费2万元；（3）本案的诉讼费由玉德堂公司承担。

经一审法院现场勘验，陈某冰、玉德堂公司确认涉案墓地左侧有一墓地相邻，右侧为空地。根据广东省地质测绘院对涉案墓地测绘后出具的测量报告，两块墓地用地范围线重叠面积0.124平方米。陈某冰、玉德堂公司确认：双方未在《墓地格位销售合同》中约定墓地的四至范围；涉案墓地为玉德堂公司规划、设计及建造，完工时间为2011年6月10日前；两块墓地存在重叠，根据现场及测量结果，一边达到合同约定的红线范围必然会达到另一方的红线范围内。广东省广州市南沙区人民法院一审判决驳回陈某冰的诉讼请求。

陈某冰不服一审判决,提起上诉。广东省广州市中级人民法院认为,两相邻墓地存在重叠面积,该重叠面积的影响案涉墓地(格位)的独立使用,使案涉墓地(格位)的占地面积和实用面积均受到影响。案涉墓地(格位)所在陵园由玉德堂公司统一规划和管理,玉德堂公司对案涉陵园的墓地进行统一施工,其行为造成案涉墓地(格位)的实际面积受损,致使案涉墓地(格位)的购买人陈某冰的权益遭受影响。按照案涉合同约定的规格恢复原状将损害案外人的墓地现状,恢复原状不具备现实可行性。陈某冰上诉请求判令玉德堂公司恢复原状,二审法院不予支持。墓地有别于其他使用性质的土地,其具有特殊使用性,墓地作为埋葬死者遗体或骨灰的特殊用地,是后代追忆、祭奠已逝亲人的特定场所,承载着特殊情感。案涉墓地(格位)遭受一定程度的侵占和损害,有违社会公序良俗,且恢复原状不具有现实可行性,致使墓地实际购买人陈某冰遭受一定程度的精神痛苦,陈某冰请求玉德堂公司支付精神损害赔偿金2万元,二审法院予以支持。

【案　　号】(2015)穗中法民五终字第3672号
【审理法院】广东省广州市中级人民法院
【来　　源】《人民法院案例选》2016年第1辑

第二百三十九条　本章规定的物权保护方式，可以单独适用，也可以根据权利被侵害的情形合并适用。

## 关联规定

法律、行政法规、司法解释

《中华人民共和国民法典》

第一百七十九条　承担民事责任的方式主要有：

（一）停止侵害；

（二）排除妨碍；

（三）消除危险；

（四）返还财产；

（五）恢复原状；

（六）修理、重作、更换；

（七）继续履行；

（八）赔偿损失；

（九）支付违约金；

（十）消除影响、恢复名誉；

（十一）赔礼道歉。

法律规定惩罚性赔偿的，依照其规定。

本条规定的承担民事责任的方式，可以单独适用，也可以合并适用。

第二百三十四条　因物权的归属、内容发生争议的，利害关系人可以请求确认权利。

第二百三十五条　无权占有不动产或者动产的，权利人可以请求返还原物。

第二百三十六条　妨害物权或者可能妨害物权的，权利人可以请求排除妨害或者消除危险。

**第二百三十七条** 造成不动产或者动产毁损的,权利人可以依法请求修理、重作、更换或者恢复原状。

**第二百三十八条** 侵害物权,造成权利人损害的,权利人可以依法请求损害赔偿,也可以依法请求承担其他民事责任。

## ▶ 条文释义

### 一、本条主旨

本条是关于物权保护方式的单独适用与合并适用的规定。

### 二、条文演变

原《物权法》第38条规定:"本章规定的物权保护方式,可以单独适用,也可以根据权利被侵害的情形合并适用。""侵害物权,除承担民事责任外,违反行政管理规定的,依法承担行政责任;构成犯罪的,依法追究刑事责任。"在《民法典》编纂过程中,删除了上述规定第2款,主要考虑是,刑事责任、行政责任应当在刑法或行政法律法规中规定。但是删除这一款,不意味着侵害物权一定不产生刑事责任或行政责任。

### 三、条文解读

本章规定的对物权的保护方式,大致分为三种:一是确认物权归属和内容的物权确认请求权;二是基于物权行使的物权请求权,包括返还原物请求权、消除危险请求权和排除妨害请求权;三是对毁损物或损害物权的侵权请求权,包括修理、重作、更换或者恢复原状请求权,以及损害赔偿请求权。对于各请求权之间适用的次序问题,法无明文规定,但是本章对上述请求权和责任形式的规定,体现出大致渐次递进的顺序关系。一般而言,在物权确定的前提下,如果特定的物受到侵害或者有遭受到侵害的可能时,在特定的物没有发生价值减损的情况下,应当首先适用物权请求权,以尽可能地回复物权的完满状态;而当遭受到的损害使特定的物价值贬值,且无法通过行使物权请求权予以回复的情况下,则行使侵权请求权。

当然,在必要的情况下,物权请求权和侵权请求权可以结合适用,即适用本条关于请求权聚合的规定。请求权聚合，是指当事人对于数种以不同的给付为内容的请求权，得同时主张。如在请求返还原物时，还可以请求消除危险或者排除妨害，直至赔偿损失。聚合产生的数个责任相互间并不冲突，可以相互并存，甚至可以相互吸收。

### ▶ 适用指引

聚合请求权一并主张，有利于实现公平、效率的司法理念。如权利人对于多个可以一并行使的诉权分开主张，形成不同的诉讼，可能会产生累诉、缠诉，违背诉讼经济的原则。故权利人提起诉讼请求时，如不能全部列出相关请求事项，立案部门可向其阐明适用本条规定可能产生的请求权聚合情况，并引导当事人全面考虑案件的实际情况，将可以合并的诉讼请求一并提出。需要注意的是：第一，因物权请求权通常不适用诉讼时效，《民法典》第196条规定"下列请求权不适用诉讼时效的规定：（一）请求停止侵害、排除妨碍、消除危险；（二）不动产物权和登记的动产物权的权利人请求返还财产……"；而损害赔偿请求权适用诉讼时效。侵权请求权超出法定时效的，权利人则不能与物权请求权同时提出侵权请求。第二，物权请求权通常适用无过错原则，损害赔偿请求权则适用过错原则。行为人对物及物权若尽到了善良义务，并有法定排除责任的事由，权利人则不能适用请求权聚合。

人民法院在审理侵害物权的民事案件时，如果发现侵害物权的行为可能构成犯罪，应当及时将有关证据材料移送侦查机关处理；如果发现侵害物权的行为违反有关行政法律法规，应当建议行政机关依法审查并作出处理。

# 所有权

## 第二分编

# 第四章　一般规定

> 第二百四十条　所有权人对自己的不动产或者动产，依法享有占有、使用、收益和处分的权利。

## ▶ 关联规定

--------

法律、行政法规、司法解释

1.《中华人民共和国民法典》

**第三条**　民事主体的人身权利、财产权利以及其他合法权益受法律保护，任何组织或者个人不得侵犯。

2.《中华人民共和国海商法》

**第七条**　船舶所有权，是指船舶所有人依法对其船舶享有占有、使用、收益和处分的权利。

## ▶ 条文释义

--------

### 一、本条主旨

本条是关于所有权的四项积极权能即占有、使用、收益、处分的规定。

### 二、条文演变

原《物权法》第39条规定："所有权人对自己的不动产或者动产，依法享有占有、使用、收益和处分的权利。"《民法典》本条保留了这一规定。

### 三、条文解读

本条规定了所有权的积极权能,包括占有、使用、收益、处分。所有权是完全物权,是所有人对所有物的永久和充分的物权,所有人以占有、使用、收益、处分或其他任何可能的方式实现的对物的直接支配的权利。[1] 当然,这四项权能并非要求所有人同时拥有,比如设定用益物权时就是所有人让渡了对标的物占有、使用、收益的权能。

占有权能,是指所有权人对标的物为事实上管领的权能,它是权利人对标的物进行现实支配的前提和基础。与仅作为事实状态的占有不同,在当事人基于占有权能而占有标的物时,不仅受到占有制度的保护,而且还受到占有背后之本权的保护。使用权能,是指所有权人依标的物的性质或用途,对其加以利用,以满足生活需要的权能。收益权能,是指所有权人收取标的物天然孳息和法定孳息的权能。例如,收取果树结出的果实,收取租金、利息等。在此需要注意的是,收益权能作为财产权利的内容,非所有权人独享,这也是用益物权的主要内容之一。处分权能,是指所有权人对标的物进行处置,从而决定标的物权属变化或者物理形态变化的权能。应该说,处分权能是所有权的核心内容,具体而言,处分权能包括事实上的处分和法律上的处分。事实上的处分,指对物进行物理上处理,如销毁某物品、加工某物品等;法律上的处分,是指所有权人使标的物的所有权发生移转、消灭等,如买卖、赠与某物品等。

需要注意的是,所有权还具有消极权能。这是指在所有权受到妨害或有妨害的危险时,权利人有排除他人干涉,以恢复对标的物的圆满支配状态的权能。由于此项权能须在受他人不法之干扰、妨害或侵夺时,始能表现,否则仅隐而不彰,故称为消极权能。[2] 对此,本编第3章"物权的保护"有详细规定,不再赘述。

学理上讲,所有权具有如下特征。

第一,所有权具有整体性。所有权不是占有、使用、收益和处分等各种权能在量上的总和,而是一个整体(浑然一体)的权利。[3] 它包含两层意思:其一,所有权是对标的物全面支配的权利,并非占有、使用、收益和处分权能的

---

[1] 参见龙翼飞、杨建文:《论所有权的概念》,载《法学杂志》2008年第2期。
[2] 参见刘保玉:《物权法学》,中国法制出版社2007年版,第159页。
[3] 参见王泽鉴:《民法物权》,中国政法大学出版社2001年版,第150页。

简单相加,即使其中个别权能根据权利人的意思由他人行使,或受到限制,所有权的性质也并不因此受到影响。其二,所有权不能在内容或时间上加以分割。例如,在所有权上设定用益物权或者担保物权,不是让与所有权的一部分,而是创设一个新的、独立的物权。

第二,所有权具有社会性。随着社会经济的发展,人们越来越认识到所有权具有社会性,所有权的行使应顾及社会公益,不容个人恣意妄为,损害他人,因此,所有权亦负担义务的观念应运而生,即权利人行使所有权并非绝对自由,而须受法律规定的限制。[1] 原《物权法》第 7 条规定:"物权的取得和行使,应当遵守法律,尊重社会公德,不得损害公共利益和他人合法权益。"《民法典》编纂中将此内容整合到民法的基本原则当中,在第 8 条要求民事主体从事民事活动,不得违背公序良俗。

第三,所有权具有观念性。前资本主义时代,所有权与占有不可分离,所有人对标的物享有所有权,须以直接占有为前提;近代以来,随着对物之利用效率的不断提高,所有权出现观念化的趋势。所谓所有权的观念性,是指所有权系观念的存在,不以对标的物的现实支配为必要。现代社会,所有权人对标的物进行现实支配而利用标的物的情况虽然普遍存在,但所有权人通过设定用益物权或者担保物权就标的物的使用价值或者交换价值进行利用的情况已越来越常见,所有权表现为权利人自用益物权人处取得对价,自担保物权人处取得金融,因此,所有权已离开对标的物直接支配的固有形态,而化为用益及担保之请求权,以债权之形态出现,从而导致所有权的观念化(或虚有化),甚至出现所谓"物权债权化"之社会现象。[2] 在所有权出现观念化的情况下,所有权的权能可与所有权发生分离而由他人享有,从而形成各种他物权。

第四,所有权具有弹力性。所有权的弹力性又称归一性或归一力,是指所有权的单一内容可以自由伸缩,其权能可以于一定情况下往复分出、回归。在所有权之上设定限制物权时,所有人对所有物的全面支配权将因受到限制而减缩,而于该限制解除时,所有人又恢复了对所有物的圆满支配状态。在现代社会,因所有权的弹力性,使得所有权逐渐趋于观念化,即所有权不再囿于直接

---

[1] 参见最高人民法院物权法研究小组编著:《〈中华人民共和国物权法〉条文理解与适用》,人民法院出版社 2007 年版,第 157 页。
[2] 参见谢在全:《民法物权论》,中国政法大学出版社 1999 年版,第 120 页。

支配标的物的固有形态，而可以系观念的存在。①

第五，所有权具有恒久性。所有权的恒久性又称为永久性、无期性，是指所有权因标的物的存在而永久存续，不得预定其存续期间。因此，所有权是无期物权。②

## ▶ 适用指引

关于本条的适用，需要注意的是，与其他权利一样，所有权也不是绝对无限制的。特别是在现代社会，所有权的行使须符合法律的规定或在法律允许的范围内进行。原《物权法》第7条规定的"物权的取得和行使，应当遵守法律，尊重社会公德，不得损害公共利益和他人的合法权益"，虽然已经在物权编中删除，但如上所述，其已在总则编中有相应体现。从所有权的行使角度看，其要有一定限制，目的在于保护社会公益和他人的正当权益。从所有权受限制的情形来看，主要可分为三种：一是容忍义务，即要求所有人容忍他人对其所有物于一定限度内为一定的"妨害"行为，基于相邻关系而产生的限制多属此类；二是不作为义务，即要求所有人不得任意实施某种自由支配行为，如不得擅自改变耕地的用途等；三是积极的作为义务，即所有人于一定情况下不仅有行使其所有权的权利，而且还应负有积极作为的义务，如应及时拆除或加固危房、不能使土地撂荒等。此外，物权编及其他法律上规定的征收、征用制度等，也是对所有权的限制，有关诉讼时效制度在一定程度上也是对所有权的限制。

---

① 参见梁慧星、陈华彬：《物权法》，法律出版社2001年版，第112~113页。
② 参见刘保玉：《物权法学》，中国法制出版社2007年版，第152页。

第二分编 所有权 | 第四章 一般规定 | 第二百四十一条

**第二百四十一条** 所有权人有权在自己的不动产或者动产上设立用益物权和担保物权。用益物权人、担保物权人行使权利，不得损害所有权人的权益。

## ▶ 关联规定

法律、行政法规、司法解释

1.《中华人民共和国土地管理法》

**第十条** 国有土地和农民集体所有的土地，可以依法确定给单位或者个人使用。使用土地的单位和个人，有保护、管理和合理利用土地的义务。

**第十三条** 农民集体所有和国家所有依法由农民集体使用的耕地、林地、草地，以及其他依法用于农业的土地，采取农村集体经济组织内部的家庭承包方式承包，不宜采取家庭承包方式的荒山、荒沟、荒丘、荒滩等，可以采取招标、拍卖、公开协商等方式承包，从事种植业、林业、畜牧业、渔业生产。家庭承包的耕地的承包期为三十年，草地的承包期为三十年至五十年，林地的承包期为三十年至七十年；耕地承包期届满后再延长三十年，草地、林地承包期届满后依法相应延长。

国家所有依法用于农业的土地可以由单位或者个人承包经营，从事种植业、林业、畜牧业、渔业生产。

发包方和承包方应当依法订立承包合同，约定双方的权利和义务。承包经营土地的单位和个人，有保护和按照承包合同约定的用途合理利用土地的义务。

2.《中华人民共和国城市房地产管理法》

**第三条** 国家依法实行国有土地有偿、有限期使用制度。但是，国家在本法规定的范围内划拨国有土地使用权的除外。

**第八条** 土地使用权出让，是指国家将国有土地使用权（以下简称土地使用权）在一定年限内出让给土地使用者，由土地使用者向国家支付土地使用权出让金的行为。

**第二十三条** 土地使用权划拨，是指县级以上人民政府依法批准，在土地使用者缴纳补偿、安置等费用后将该幅土地交付其使用，或者将土地使用权无偿交付给土地使用者使用的行为。

依照本法规定以划拨方式取得土地使用权的，除法律、行政法规另有规定外，没有使用期限的限制。

**第二十八条** 依法取得的土地使用权，可以依照本法和有关法律、行政法规的规定，作价入股，合资、合作开发经营房地产。

3.《中华人民共和国海域使用管理法》

**第三条** 海域属于国家所有，国务院代表国家行使海域所有权。任何单位或者个人不得侵占、买卖或者以其他形式非法转让海域。

单位和个人使用海域，必须依法取得海域使用权。

4.《中华人民共和国草原法》

**第十条** 国家所有的草原，可以依法确定给全民所有制单位、集体经济组织等使用。

使用草原的单位，应当履行保护、建设和合理利用草原的义务。

5.《中华人民共和国矿产资源法》

**第三条** 矿产资源属于国家所有，由国务院行使国家对矿产资源的所有权。地表或者地下的矿产资源的国家所有权，不因其所依附的土地的所有权或者使用权的不同而改变。

国家保障矿产资源的合理开发利用。禁止任何组织或者个人用任何手段侵占或者破坏矿产资源。各级人民政府必须加强矿产资源的保护工作。

勘查、开采矿产资源，必须依法分别申请、经批准取得探矿权、采矿权，并办理登记；但是，已经依法申请取得采矿权的矿山企业在划定的矿区范围内为本企业的生产而进行的勘查除外。国家保护探矿权和采矿权不受侵犯，保障矿区和勘查作业区的生产秩序、工作秩序不受影响和破坏。

从事矿产资源勘查和开采的，必须符合规定的资质条件。

6.《中华人民共和国水法》

**第七条** 国家对水资源依法实行取水许可制度和有偿使用制度。但是，农村集体经济组织及其成员使用本集体经济组织的水塘、水库中的水的除外。国务院水行政主管部门负责全国取水许可制度和水资源有偿使用制度的组织实施。

**第四十八条** 直接从江河、湖泊或者地下取用水资源的单位和个人，应当按照国家取水许可制度和水资源有偿使用制度的规定，向水行政主管部门或者流域管理机构申请领取取水许可证，并缴纳水资源费，取得取水权。但是，家庭生活和零星散养、圈养畜禽饮用等少量取水的除外。

实施取水许可制度和征收管理水资源费的具体办法，由国务院规定。

7.《中华人民共和国渔业法》

**第十一条** 国家对水域利用进行统一规划，确定可以用于养殖业的水域和滩涂。单位和个人使用国家规划确定用于养殖业的全民所有的水域、滩涂的，使用者应当向县级以上地方人民政府渔业行政主管部门提出申请，由本级人民政府核发养殖证，许可其使用该水域、滩涂从事养殖生产。核发养殖证的具体办法由国务院规定。

集体所有的或者全民所有由农业集体经济组织使用的水域、滩涂，可以由个人或者集体承包，从事养殖生产。

## ▶ 条文释义

### 一、本条主旨

本条是关于所有权与他物权关系的规定。

### 二、条文演变

原《物权法》第 40 条规定："所有权人有权在自己的不动产或者动产上设立用益物权和担保物权。用益物权人、担保物权人行使权利，不得损害所有权人的权益。"《民法典》本条保留了这一规定。

### 三、条文解读

他物权依所支配的内容不同，可区分为用益物权和担保物权。用益物权，是指当事人依照法律规定，对他人所有的不动产或者动产，享有的占有、使用和收益的权利，它是以支配物的使用价值为内容的物权，如土地承包经营权、建设用地使用权、宅基地使用权、地役权等。担保物权，是指当债务人不履行债务时，债权人对债务人或者第三人提供的担保财产或者债权人合法占有的财产享有优先受偿的权利，它是以支配标的物交换价值为内容的物权，如抵押权、质权等。概言之，用益物权与担保物权具有如下差异。

第一,权利内容不同。用益物权以占有、使用和收益为内容,着眼于标的物的使用价值。担保物权旨在取得标的物的交换价值,是一种价值权,只需要支配其交换价值来实现其担保的主债权。由此决定了担保物权拥有物上代位性,而用益物权没有;同一标的物上可以并存数个担保物权,而不得并存数个以现实占有为要件的用益物权。

第二,权利客体的法律属性有别。(1)用益物权的客体,在现实生活中为不动产及某些不动产权利。担保物权的客体则可以是不动产,也可以是动产;可以是不动产权利,也可以是债券、股权等权利。(2)用益物权旨在支配标的物的使用价值,不重视标的物的让与性,故标的物是否为限制流通物或禁止流通物,在所不问。例如,国有土地为禁止流通物,但不妨碍在其上设立建设用地使用权。与此不同,担保物权旨在支配标的物的交换价值,故其标的物必须具有可让与性。

第三,权利实现的时间不同。权利人取得用益物权的当时即可实现其权利——占有、使用和收益。可见,用益物权的取得与权利的实现同时发生,二者并无时间的间隔。权利人取得担保物权不能当即实现其权利,须待债权已届清偿期而未获清偿时,才可行使变价权,使其债权获得清偿。可见,担保物权的权利取得与权利实现之间存在着时间间隔。

第四,权利是否有主从性不同。在现行法中,用益物权原则上为独立的物权;担保物权因主债权的存在而存续,随着被担保的主债权的消灭而消失。当然,有些担保物权也出现了从属性的缓和,比如最高额抵押权。

此外,在权利消灭的原因上,标的物灭失,用益物权因无法达到目的而归于消灭,而担保物权则不一定,只要存在着标的物的代位物,担保物权就继续存在于该代位物之上。①

## ▶ 适用指引

### 一、他物权的行使限制

虽然他物权可以优先于所有权行使,但是他物权人行使他物权亦不得损害所有权人的利益。其一,根据物权法定原则,他物权人只能在法律规定的范围内行使物权,不得超越权利范围支配标的物损害所有权人的利益,如担保物权

---

① 参见崔建远:《物权法》,中国人民大学出版社2017年版,第259~260页。

人不得就标的物进行使用和收益;其二,他物权人应当按照标的物的性质和用途合理利用标的物,不得违反法律规定或者当事人的约定擅自改变标的物的用途损害所有权人的权益;其三,用益物权在期限届满或者担保物权在债权实现后,他物权人应将标的物返还所有权人,以恢复所有权人对标的物的全面支配状态(此所谓所有权的弹力性或者归一性),不得设定无期限的用益物权或者以其他方式损害所有权人的权益。

## 二、他物权的保护

明确他物权为物权的重要类型,就意味着他物权与所有权一样,都具有排他效力、追及效力等物权相应的效力。排他效力是一种对世效力,既可以对抗其他不特定第三人,也可以对抗所有权人。这对于解决实践中所有权人擅自违反合同约定问题具有积极意义。比如,违反农村土地承包经营合同,强行收回标的物,损害他物权人的利益,这一情形就不仅是违约问题,也是典型的侵犯物权的侵权行为,当然可以适用本编第3章有关物权请求权的规定。具体而言,当他物权人对标的物的支配受到妨害时,为恢复权利人对标的物的支配圆满状态,法律赋予其返还原物请求权、妨害排除请求权以及妨害防止请求权。此外,在标的物由他物权人占有的情况下,他物权人还可以受到占有制度的保护。因此,人民法院在处理他物权人与所有权人权利冲突问题上,也要充分考虑他物权的物权属性,依法对他物权人进行保护。所有权人非因法定事由不得收回相应土地,这里的法定事由,必须来源于法律的明确规定。比如,依据《土地管理法》第66条第1款、第2款的规定:"有下列情形之一的,农村集体经济组织报经原批准用地的人民政府批准,可以收回土地使用权:(一)为乡(镇)村公共设施和公益事业建设,需要使用土地的;(二)不按照批准的用途使用土地的;(三)因撤销、迁移等原因而停止使用土地的。""依照前款第(一)项规定收回农民集体所有的土地的,对土地使用权人应当给予适当补偿。"再如,《城市房地产管理法》第20条规定:"国家对土地使用者依法取得的土地使用权,在出让合同约定的使用年限届满前不收回;在特殊情况下,根据社会公共利益的需要,可以依照法律程序提前收回,并根据土地使用者使用土地的实际年限和开发土地的实际情况给予相应的补偿。"当然,用益物权属于他物权,是基于所有权人自己的意思表示让渡占有、使用、收益的权利,实现物尽其用。即所有权人自己设定的限制物权。从用益物权的取得看,其是依附于所有权的,其权利在行使过程中不得损害所有权人的权益,更不能取代所有权人对标的物的处分权。

**第二百四十二条** 法律规定专属于国家所有的不动产和动产，任何组织或者个人不能取得所有权。

## 关联规定

法律、行政法规、司法解释

1.《中华人民共和国宪法》

**第九条** 矿藏、水流、森林、山岭、草原、荒地、滩涂等自然资源，都属于国家所有，即全民所有；由法律规定属于集体所有的森林和山岭、草原、荒地、滩涂除外。

国家保障自然资源的合理利用，保护珍贵的动物和植物。禁止任何组织或者个人用任何手段侵占或者破坏自然资源。

2.《中华人民共和国土地管理法》

**第二条** 中华人民共和国实行土地的社会主义公有制，即全民所有制和劳动群众集体所有制。

全民所有，即国家所有土地的所有权由国务院代表国家行使。

任何单位和个人不得侵占、买卖或者以其他形式非法转让土地。土地使用权可以依法转让。

国家为了公共利益的需要，可以依法对土地实行征收或者征用并给予补偿。

国家依法实行国有土地有偿使用制度。但是，国家在法律规定的范围内划拨国有土地使用权的除外。

3.《中华人民共和国海域使用管理法》

**第三条** 海域属于国家所有，国务院代表国家行使海域所有权。任何单位或者个人不得侵占、买卖或者以其他形式非法转让海域。

单位和个人使用海域，必须依法取得海域使用权。

**4.《中华人民共和国国防法》**

**第四十条** 国家为武装力量建设、国防科研生产和其他国防建设直接投入的资金、划拨使用的土地等资源，以及由此形成的用于国防目的的武器装备和设备设施、物资器材、技术成果等属于国防资产。

国防资产属于国家所有。

**5.《中华人民共和国野生动物保护法》**

**第三条** 野生动物资源属于国家所有。

国家保障依法从事野生动物科学研究、人工繁育等保护及相关活动的组织和个人的合法权益。

**6.《中华人民共和国水法》**

**第三条** 水资源属于国家所有。水资源的所有权由国务院代表国家行使。农村集体经济组织的水塘和由农村集体经济组织修建管理的水库中的水，归各该农村集体经济组织使用。

**7.《中华人民共和国矿产资源法》**

**第三条** 矿产资源属于国家所有，由国务院行使国家对矿产资源的所有权。地表或者地下的矿产资源的国家所有权，不因其所依附的土地的所有权或者使用权的不同而改变。

国家保障矿产资源的合理开发利用。禁止任何组织或者个人用任何手段侵占或者破坏矿产资源。各级人民政府必须加强矿产资源的保护工作。

勘查、开采矿产资源，必须依法分别申请、经批准取得探矿权、采矿权，并办理登记；但是，已经依法申请取得采矿权的矿山企业在划定的矿区范围内为本企业的生产而进行的勘查除外。国家保护探矿权和采矿权不受侵犯，保障矿区和勘查作业区的生产秩序、工作秩序不受影响和破坏。

从事矿产资源勘查和开采的，必须符合规定的资质条件。

**8.《中华人民共和国煤炭法》**

**第三条** 煤炭资源属于国家所有。地表或者地下的煤炭资源的国家所有权，不因其依附的土地的所有权或者使用权的不同而改变。

## 条文释义

### 一、本条主旨

本条是关于国家专有的规定。

### 二、条文演变

原《物权法》第41条规定:"法律规定专属于国家所有的不动产和动产,任何单位和个人不能取得所有权。"《民法典》本条沿用了这一规定,仅在表述上把"单位"改为"组织"。

### 三、条文解读

我国实行以公有制为主体,多种所有制经济共同发展的基本经济制度,其中公有制的实现形式是全民所有(国家所有)和劳动群众集体所有。《宪法》第9条第1款规定:"矿藏、水流、森林、山岭、草原、荒地、滩涂等自然资源,都属于国家所有,即全民所有;由法律规定属于集体所有的森林和山岭、草原、荒地、滩涂除外。"第10条第1款规定:"城市的土地属于国家所有。"第12条规定:"社会主义的公共财产神圣不可侵犯。""国家保护社会主义的公共财产。禁止任何组织或者个人用任何手段侵占或者破坏国家的和集体的财产。"据此,《土地管理法》《森林法》《草原法》等对主要自然资源的权属进行了明确的规定。在此基础上,原《物权法》第5章进一步对专属于国家所有的财产进行了明确的列举式规定。《民法典》物权编在编纂过程中,对本章内容基本予以沿用。根据本条规定,凡法律规定专属国家所有的财产,任何组织和个人不能取得所有权。本条规定的重大意义在于通过《民法典》这一调整民事法律关系的基本法,从私法角度落实《宪法》规定的我国基本经济制度,对国家所有权进行全面的民法保护,也为国有财产依法参与民事活动提供基础性法律依据。

在我国,由于实行社会主义公有制,这些财产的所有权只能归国家,任何组织和个人不能取得所有权。另外,既然不允许组织或者个人取得所有权,就更不允许所有权的转让,因此,从民法上看,土地所有权等在我国属于禁止流通物，当事人就土地所有权订立的转让合同，必然无效。组织和个人不能对专属国家所有的财产取得所有权，并不意味着组织和个人不能利用这些财产，更不意味着这些财产不能参与到民事交易中来，国家通过设定用益物权或者准物权的途径使组织或者个人取得对国有财产的使用权，而这些基于所有权而发生的使用权可以根据法律的规定进行交易。[1] 在不改变所有权归属的前提下，专属于国家所有的财产既可以依法为组织或者个人所使用，基于该所有权而设立的用益物权或者准物权也可以依法进行交易。

需要注意的是，与其他类型的所有权制度相比，国家所有权无论在其权利内容还是在其权利行使方面都具有特殊性。这种特殊性产生的原因一方面来源于国家身份的特殊性，另一方面则来源于国有财产内容的特殊性。首先，国家所有权在取得方式上具有特殊性。由于国家所有权的主体兼具所有者和主权者的双重身份，因此，国有财产的取得除采取传统的原始取得和继受取得方式外，还可依法采取相应的公法方式，比如征税、国有化、征收、没收等，将自然人、法人或者其他组织的财产收归国有。当然，国家采取上述方式取得所有权，须受到严格的法律规定限制。比如，征收，原则上应在维护社会公益所必要的情况下方可进行，而且对于因此受到损失的民事主体应给予一定的补偿。其次，在行使方式与实现方式上，作为国家所有权运作对象的客体内容上类别复杂、数量庞大。所以国家所有权通过代表国家的相应组织机构来行使，从而存在着国有财产代理上的双重性，即一方面企业或非企业组织代表国家占有、使用财产，另一方面又由该组织的管理层代表该组织进行具体使用，而国家本身一般不直接以民事主体的身份出现。[2]《民法典》第246条第2款规定："国有财产由国务院代表国家行使所有权。法律另有规定的，依照其规定。"为发挥国有财产最大效用，满足广大人民群众相应需求，国家所有的财产需要依法投入市场活动中，来实现资源的优化配置。

---

[1] 参见最高人民法院物权法研究小组编著：《〈中华人民共和国物权法〉条文理解与适用》，人民法院出版社2007年版，第162页。
[2] 参见赵万一：《论国家所有权在物权法中的特殊地位》，载《河南省政法管理干部学院学报》2007年第1期。

## ▶ 类案检索

永春县蓬壶镇鹏溪村第四村民小组、永春县蓬壶镇鹏溪村第五村民小组等与福建永春百丈岩风景名胜区管理委员会物权纠纷案

**关键词：** 国家所有权

**裁判摘要：** 鹏溪村第四、五、六村民小组主张要求确认享有百丈岩风景区财产所有权并分享百丈岩风景区相关收益，但其在原审中并未提交证据证明其享有百丈岩风景区财产所有权，在原审中提交的证据亦不足以证明百丈岩风景区的寺庙等系由其投资兴建。即便鹏溪村第四、五、六村民小组在百丈岩风景区寺庙等建筑的修复重建过程中有部分出资，也是村民的自发行为，不能作为鹏溪村第四、五、六村民小组取得百丈岩风景区财产所有权的依据。况且，百丈岩风景区的寺庙初建于宋代，历经千年，几经兴废，永春县人民政府于1986年1月已将百丈岩列入永春县第二批重点文物保护单位。根据《文物保护法》第3条、第5条以及《物权法》第41条的相关规定，其所有权应属国家所有，故原审对鹏溪村第四、五、六村民小组的诉讼请求不予支持并无不当。

【案　　号】（2015）闽民申字第2257号

【审理法院】福建省高级人民法院

【来　　源】中国裁判文书网

**第二百四十三条** 为了公共利益的需要，依照法律规定的权限和程序可以征收集体所有的土地和组织、个人的房屋以及其他不动产。

征收集体所有的土地，应当依法及时足额支付土地补偿费、安置补助费以及农村村民住宅、其他地上附着物和青苗等的补偿费用，并安排被征地农民的社会保障费用，保障被征地农民的生活，维护被征地农民的合法权益。

征收组织、个人的房屋以及其他不动产，应当依法给予征收补偿，维护被征收人的合法权益；征收个人住宅的，还应当保障被征收人的居住条件。

任何组织或者个人不得贪污、挪用、私分、截留、拖欠征收补偿费等费用。

## ▶ 关联规定

一、法律、行政法规、司法解释

1.《中华人民共和国宪法》

**第十条** 城市的土地属于国家所有。

农村和城市郊区的土地，除由法律规定属于国家所有的以外，属于集体所有；宅基地和自留地、自留山，也属于集体所有。

国家为了公共利益的需要，可以依照法律规定对土地实行征收或者征用并给予补偿。

任何组织或者个人不得侵占、买卖或者以其他形式非法转让土地。土地的使用权可以依照法律的规定转让。

一切使用土地的组织和个人必须合理地利用土地。

**第十三条** 公民的合法的私有财产不受侵犯。

国家依照法律规定保护公民的私有财产权和继承权。

国家为了公共利益的需要，可以依照法律规定对公民的私有财产实行征收或者征用并给予补偿。

2.《中华人民共和国土地管理法》

**第二条** 中华人民共和国实行土地的社会主义公有制，即全民所有制和劳动群众集体所有制。

全民所有，即国家所有土地的所有权由国务院代表国家行使。

任何单位和个人不得侵占、买卖或者以其他形式非法转让土地。土地使用权可以依法转让。

国家为了公共利益的需要，可以依法对土地实行征收或者征用并给予补偿。

国家依法实行国有土地有偿使用制度。但是，国家在法律规定的范围内划拨国有土地使用权的除外。

**第四十五条** 为了公共利益的需要，有下列情形之一，确需征收农民集体所有的土地的，可以依法实施征收：

（一）军事和外交需要用地的；

（二）由政府组织实施的能源、交通、水利、通信、邮政等基础设施建设需要用地的；

（三）由政府组织实施的科技、教育、文化、卫生、体育、生态环境和资源保护、防灾减灾、文物保护、社区综合服务、社会福利、市政公用、优抚安置、英烈保护等公共事业需要用地的；

（四）由政府组织实施的扶贫搬迁、保障性安居工程建设需要用地的；

（五）在土地利用总体规划确定的城镇建设用地范围内，经省级以上人民政府批准由县级以上地方人民政府组织实施的成片开发建设需要用地的；

（六）法律规定为公共利益需要可以征收农民集体所有的土地的其他情形。

前款规定的建设活动，应当符合国民经济和社会发展规划、土地利用总体规划、城乡规划和专项规划；第（四）项、第（五）项规定的建设活动，还应当纳入国民经济和社会发展年度计划；第（五）项规定的成片开发并应当符合国务院自然资源主管部门规定的标准。

**第四十六条** 征收下列土地的，由国务院批准：

（一）永久基本农田；

（二）永久基本农田以外的耕地超过三十五公顷的；

（三）其他土地超过七十公顷的。

征收前款规定以外的土地的，由省、自治区、直辖市人民政府批准。

征收农用地的，应当依照本法第四十四条的规定先行办理农用地转用审批。其中，经国务院批准农用地转用的，同时办理征地审批手续，不再另行办理征地审批；经省、自治区、直辖市人民政府在征地批准权限内批准农用地转用的，同时办理征地审批手续，不再另行办理征地审批，超过征地批准权限的，应当依照本条第一款的规定另行办理征地审批。

**第四十七条** 国家征收土地的，依照法定程序批准后，由县级以上地方人民政府予以公告并组织实施。

县级以上地方人民政府拟申请征收土地的，应当开展拟征收土地现状调查和社会稳定风险评估，并将征收范围、土地现状、征收目的、补偿标准、安置方式和社会保障等在拟征收土地所在的乡（镇）和村、村民小组范围内公告至少三十日，听取被征地的农村集体经济组织及其成员、村民委员会和其他利害关系人的意见。

多数被征地的农村集体经济组织成员认为征地补偿安置方案不符合法律、法规规定的，县级以上地方人民政府应当组织召开听证会，并根据法律、法规的规定和听证会情况修改方案。

拟征收土地的所有权人、使用权人应当在公告规定期限内，持不动产权属证明材料办理补偿登记。县级以上地方人民政府应当组织有关部门测算并落实有关费用，保证足额到位，与拟征收土地的所有权人、使用权人就补偿、安置等签订协议；个别确实难以达成协议的，应当在申请征收土地时如实说明。

相关前期工作完成后，县级以上地方人民政府方可申请征收土地。

**第四十八条** 征收土地应当给予公平、合理的补偿，保障被征地农民原有生活水平不降低、长远生计有保障。

征收土地应当依法及时足额支付土地补偿费、安置补助费以及农村村民住宅、其他地上附着物和青苗等的补偿费用，并安排被征地农民的社会保障费用。

征收农用地的土地补偿费、安置补助费标准由省、自治区、直辖市通过制定公布区片综合地价确定。制定区片综合地价应当综合考虑土地原用途、土地资源条件、土地产值、土地区位、土地供求关系、人口以及经济社会发展水平等因素，并至少每三年调整或者重新公布一次。

征收农用地以外的其他土地、地上附着物和青苗等的补偿标准，由省、自治区、直辖市制定。对其中的农村村民住宅，应当按照先补偿后搬迁、居住条件有改善的原则，尊重农村村民意愿，采取重新安排宅基地建房、提供安置房或者货币补偿等方式给予公平、合理的补偿，并对因征收造成的搬迁、临时安置等费用予以补偿，保障农村村民居住的权利和合法的住房财产权益。

县级以上地方人民政府应当将被征地农民纳入相应的养老等社会保障体系。被征地农民的社会保障费用主要用于符合条件的被征地农民的养老保险等社会保险缴费补贴。被征地农民社会保障费用的筹集、管理和使用办法，由省、自治区、直辖市制定。

**第四十九条** 被征地的农村集体经济组织应当将征收土地的补偿费用的收支状况向本集体经济组织的成员公布，接受监督。

禁止侵占、挪用被征收土地单位的征地补偿费用和其他有关费用。

3.《中华人民共和国城市房地产管理法》

**第六条** 为了公共利益的需要，国家可以征收国有土地上单位和个人的房屋，并依法给予拆迁补偿，维护被征收人的合法权益；征收个人住宅的，还应当保障被征收人的居住条件。具体办法由国务院规定。

**第九条** 城市规划区内的集体所有的土地，经依法征收转为国有土地后，该幅国有土地的使用权方可有偿出让，但法律另有规定的除外。

4.《中华人民共和国国家赔偿法》

**第四条** 行政机关及其工作人员在行使行政职权时有下列侵犯财产权情形之一的，受害人有取得赔偿的权利：

（一）违法实施罚款、吊销许可证和执照、责令停产停业、没收财物等行政处罚的；

（二）违法对财产采取查封、扣押、冻结等行政强制措施的；

（三）违法征收、征用财产的；

（四）造成财产损害的其他违法行为。

5.《国有土地上房屋征收与补偿条例》

**第三条** 房屋征收与补偿应当遵循决策民主、程序正当、结果公开的原则。

6.《最高人民法院关于办理申请人民法院强制执行国有土地上房屋征收补偿决定案件若干问题的规定》

**第三条** 人民法院认为强制执行的申请符合形式要件且材料齐全的，应当在接到申请后五日内立案受理,并通知申请机关;不符合形式要件或者材料不全的应当限期补正,并在最终补正的材料提供后五日内立案受理;不符合形式要件或者逾期无正当理由不补正材料的,裁定不予受理。

申请机关对不予受理的裁定有异议的,可以自收到裁定之日起十五日内向上一级人民法院申请复议,上一级人民法院应当自收到复议申请之日起十五日内作出裁定。

7.《最高人民法院关于审理涉及农村集体土地行政案件若干问题的规定》

第十条 土地权利人对土地管理部门组织实施过程中确定的土地补偿有异议,直接向人民法院提起诉讼的,人民法院不予受理,但应当告知土地权利人先申请行政机关裁决。

第十二条 征收农村集体土地时涉及被征收土地上的房屋及其他不动产的,土地权利人可以请求依照物权法第四十二条第二款的规定给予补偿。

征收农村集体土地时未就被征收土地上的房屋及其他不动产进行安置补偿,补偿安置时房屋所在地已纳入城市规划区,土地权利人请求参照执行国有土地上房屋征收补偿标准的,人民法院一般应予支持,但应当扣除已经取得的土地补偿费。

二、司法指导性文件

《第八次全国法院民事商事审判工作会议(民事部分)纪要》

23.审理土地补偿费分配纠纷时,要在现行法律规定框架内,综合考虑当事人生产生活状况、户口登记状况以及农村土地对农民的基本生活保障功能等因素认定相关权利主体。要以当事人是否获得其他替代性基本生活保障为重要考量因素,慎重认定其权利主体资格的丧失,注重依法保护妇女、儿童以及农民工等群体的合法权益。

## ▶ 条文释义

### 一、本条主旨

本条是关于征收的规定。

## 二、条文演变

原《物权法》第42条规定:"为了公共利益的需要,依照法律规定的权限和程序可以征收集体所有的土地和单位、个人的房屋及其他不动产。""征收集体所有的土地,应当依法足额支付土地补偿费、安置补助费、地上附着物和青苗的补偿费等费用,安排被征地农民的社会保障费用,保障被征地农民的生活,维护被征地农民的合法权益。""征收单位、个人的房屋及其他不动产,应当依法给予拆迁补偿,维护被征收人的合法权益;征收个人住宅的,还应当保障被征收人的居住条件。""任何单位和个人不得贪污、挪用、私分、截留、拖欠征收补偿费等费用。"《民法典》本条基本沿用这一规定。在表述上,本条将第1款、第3款、第4款中的"单位"改成"组织";在第2款增加"及时"二字,将"安置补助费、地上附着物和青苗的补偿费等费用"修改为"安置补助费以及农村村民住宅、其他地上附着物和青苗等的补偿费用";将第3款的"拆迁补偿"修改为"征收补偿"。

## 三、条文解读

### (一)征收制度的概述

征收制度与公共利益联系密切。1982年《宪法》明确规定国家仅以"公共利益"的需要,才可以依照"法律"规定对土地实行征收。1986年颁布的《土地管理法》首次以法律的形式对土地征收制度作出了明确的规定,包括土地征收的条件、征收审批、征收程序以及土地征收补偿的范围和标准。但在2004年《宪法修正案》通过之前,《宪法》《土地管理法》等仅有不动产"征用"的规定,国家为了公共利益需要,可以依法对集体土地进行征用。行政法学界也有"行政征收"与"行政征用"提法的并用问题。2004年的《宪法修正案》首次在《宪法》中确立了"征收"制度,并将"征收"与"征用"并列。《宪法》对这两个概念的区别对待,不仅具有宪法层面的积极意义,而且对于明确不同的法律关系,处理好公共利益和私有财产权的限制的关系具有重要意义,有力地推动了我国征收法律制度的体系化和完整性。[1] 以此为基础,

---

[1] 参见王思锋:《财产征收的理论反思与制度重构——以不动产准征收为视角》,载《法学杂志》2014年第10期。

2004年修改的《土地管理法》，把第 2 条第 4 款修改为："国家为了公共利益的需要，可以依法对土地实行征收或者征用并给予补偿。"除此之外，还将相关条文中的"征用"修改为"征收"。自此，"征用"和"征收"在我国现行法律规范中有了明确的区别。此后，原《物权法》于 2007 年通过并颁布实施，并在第 42 条规定了征收的条件，在第 44 条规定了财产的征用制度。《国有土地上房屋征收与补偿条例》于 2011 年颁布实施，对有关征收的条件、程序、补偿等都作了细化规定。由此，我国的征收制度设计更加符合我国社会主义市场经济建设的要求，如征收条件更加强调公共利益的需要，征收补偿更加公平合理，征收程序突出公正性等。

（二）征收的具体适用

我国《宪法》第 13 条第 3 款规定："国家为了公共利益的需要，可以依照法律规定对公民的私有财产实行征收或者征用并给予补偿。"本条也是在此基础上对征收的规则予以细化。通常而言，征收是政府为了公共利益的需要，依照法律规定的权限和程序将集体所有或者个人所有的财产变为国家所有，再加以利用的行为。征收的对象一般为不动产，主要是考虑到动产一般有很多替代物品，政府无须通过征收的方式取得。由于我国实行土地的社会主义公有制，即土地归国家所有或者集体所有，因此，征收的对象限于集体的土地以及组织或者个人的房屋或其他不动产。关于征收的条件，须注意以下内容。

第一，关于征收权的主体。根据本条及有关法律规定，征收权的主体是国家，并由政府依法组织实施。一方面，征收、征用是一种国家的强制行为，是政府行使征收、征用权的行政行为，因此，享有征收、征用权的主体只能是国家，只有国家才能利用公权力对集体或私人财产进行干预，甚至将其强制性地移转给国家。除国家之外，任何组织和个人都不享有公权力，因而也不享有征收、征用权。另一方面，既然征收是基于公共利益需要而移转财产权的行为，只能由政府代表社会公众来行使征收权，实现社会公共利益。① 有一种观点认为，实践中比较普遍的做法是，城市房屋拆迁由开发商主导并实施，因而有关房屋拆迁的补偿标准应当由开发商确定。我们认为这种观点并不妥当，因为房屋拆迁行为具有一定的强制性，只能由政府来依法实施。

---

① 参见王利明：《物权法的实施与征收征用制度的完善》，载《法学杂志》2008 年第 4 期。

第二，关于集体土地征收的补偿问题。本条第 2 款规定："征收集体所有的土地，应当依法及时足额支付土地补偿费、安置补助费以及农村村民住宅、其他地上附着物和青苗等的补偿费用，并安排被征地农民的社会保障费用，保障被征地农民的生活，维护被征地农民的合法权益。"本款虽没有规定征收补偿的标准，但强调了"依法及时足额"支付的要求。《土地管理法》第 48 条就征收土地的补偿标准进行了明确的规定。依据该条的规定，"征收土地应当给予公平、合理的补偿，保障被征地农民原有生活水平不降低、长远生计有保障。""征收土地应当依法及时足额支付土地补偿费、安置补助费以及农村村民住宅、其他地上附着物和青苗等的补偿费用，并安排被征地农民的社会保障费用。""征收农用地的土地补偿费、安置补助费标准由省、自治区、直辖市通过制定公布区片综合地价确定。制定区片综合地价应当综合考虑土地原用途、土地资源条件、土地产值、土地区位、土地供求关系、人口以及经济社会发展水平等因素，并至少每三年调整或者重新公布一次。""征收农用地以外的其他土地、地上附着物和青苗等的补偿标准，由省、自治区、直辖市制定。对其中的农村村民住宅，应当按照先补偿后搬迁、居住条件有改善的原则，尊重农村村民意愿，采取重新安排宅基地建房、提供安置房或者货币补偿等方式给予公平、合理的补偿，并对因征收造成的搬迁、临时安置等费用予以补偿，保障农村村民居住的权利和合法的住房财产权益。""县级以上地方人民政府应当将被征地农民纳入相应的养老等社会保障体系。被征地农民的社会保障费用主要用于符合条件的被征地农民的养老保险等社会保险缴费补贴。被征地农民社会保障费用的筹集、管理和使用办法，由省、自治区、直辖市制定。"

第三，关于房屋拆迁的补偿问题。本条第 3 款规定："征收组织、个人的房屋以及其他不动产，应当依法给予征收补偿，维护被征收人的合法权益；征收个人住宅的，还应当保障被征收人的居住条件。"依据《国有土地上房屋征收与补偿条例》第 17 条至第 19 条的规定，作出房屋征收决定的市、县级人民政府对被征收人给予的补偿包括：(1) 被征收房屋价值的补偿；(2) 因征收房屋造成的搬迁、临时安置的补偿；(3) 因征收房屋造成的停产停业损失的补偿。市、县级人民政府应当制定补助和奖励办法，对被征收人给予补助和奖励。征收个人住宅，被征收人符合住房保障条件的，作出房屋征收决定的市、县级人民政府应当优先给予住房保障。具体办法由省、自治区、直辖市制定。对被征收房屋价值的补偿，不得低于房屋征收决定公告之日被征收房屋类似房地产的市场价格。被征收房屋的价值，由具有相应资质的房地产价格评估机构按照房屋征收评估办法评估确定。对评估确定的被征收房屋价值有异议的，可以向房地产价格评估机构申请复核评估。对复核结果有异议的，可以向房地产价格评估专家委员会申请鉴定。房屋征收评估办法由国务院住房城乡建设主管部门制定，制定过程中，应当向社会公开征求意见。

第四，关于征收程序问题。本条并未规定征收程序的内容。依据《土地管理法》第47条的规定，国家征收土地的，依照法定程序批准后，由县级以上地方人民政府予以公告并组织实施。县级以上地方人民政府拟申请征收土地的，应当开展拟征收土地现状调查和社会稳定风险评估，并将征收范围、土地现状、征收目的、补偿标准、安置方式和社会保障等在拟征收土地所在的乡（镇）和村、村民小组范围内公告至少30日，听取被征地的农村集体经济组织及其成员、村民委员会和其他利害关系人的意见。多数被征地的农村集体经济组织成员认为征地补偿安置方案不符合法律、法规规定的，县级以上地方人民政府应当组织召开听证会，并根据法律、法规的规定和听证会情况修改方案。拟征收土地的所有权人、使用权人应当在公告规定期限内，持不动产权属证明材料办理补偿登记。县级以上地方人民政府应当组织有关部门测算并落实有关费用，保证足额到位，与拟征收土地的所有权人、使用权人就补偿、安置等签订协议；个别确实难以达成协议的，应当在申请征收土地时如实说明。相关前期工作完成后，县级以上地方人民政府方可申请征收土地。就房屋拆迁而言，《国有土地上房屋征收与补偿条例》也规定了拟订方案、征求意见、组织听证、及时公告、行政复议等程序，以充分保障被征收人的合法权益。之所以要将依照法律规定的权限和程序作为征收的条件，主要是出于充分保护公民财产权的需要。征收、征用将永久性地或者在一段时间内剥夺公民的财产权利，这是对被征收、征用人财产权的极大限制。为了防止一些地方政府及其工作人员以公共利益为名，滥用征收、征用权力，损害被征收、征用人的利益，必须强调要遵循法定的程序，通过程序来保障权利人的合法权益。①

此外，同《土地管理法》等规定类似，本条重申了原《物权法》有关严格征收费用使用的规定，强调"任何组织和个人不得贪污、挪用、私分、截留、拖欠征收补偿费等费用"。

---

① 参见王利明：《物权法的实施与征收征用制度的完善》，载《法学杂志》2008年第4期。

### (三)公共利益的界定

公共利益在社会生活中经常被使用,但对其究竟该如何界定,却是众说纷纭。有学者认为,公共利益是基于宪法共同体价值而确定的价值标准,是社会成员物质和精神需要的综合体,体现了社会、国家与个人之间的利益关系。对于公共利益的内涵和外延,多数学者认为,其具有极大的不确定性,公共利益的不确定性主要就表现在"公共"的不确定性和"利益"的不确定性。由于公共利益概念的宽泛性、内容的发展性、内涵的不确定性、层次的复杂性,在法律上界定公共利益的内涵非常困难。只要符合为共同体中的大多数人有益即确定为公共利益,至于这种公共利益是否具有价值上的优越性,则只有通过具体的价值衡量才能得出结论。

公共利益的不确定,使其内容具有很大的弹性,一定程度上增强了它的开放性,能够有效地适应不断变化的社会生活,同时赋予了法官自由裁量权,使法官在个案裁判中的主动性得以充分的发挥。但是公共利益的模糊性所招致的弊端也非常明显,即容易导致权力的滥用。比如,个别行政机关和社会组织的拆迁行为假借"公共利益"之名而行损害民众利益之实。正因如此,在拆迁案件中,必须严格限定拆迁之适用条件和程序。尤为重要的是,在具体的司法个案中必须严格界定公共利益的内涵,此时应当考虑以下因素:其一,受益人的范围、受益人是否特定、受益人人数多寡等都是判断公共利益的重要因素;其二,要考虑政府所采取的行政措施不应当给人民造成过大的损失和不成比例的负担;其三,要考虑公共利益的层次性,局部的财产利益可以让位于国家安全、能源安全、生态安全或者社会发展等公共利益;其四,可选择性,如果能够通过其他的办法,而不是限制公民财产权的办法就能够使公共利益得到保护,应尽量采用对私人财产损害较小的方法,以体现对私人财产权的保护。①

我们认为,诚然,公共利益本身具有不确定性,法官在遵循一定规则的前提下行使自由裁量权来进行个案解释或确定公共利益也是具有积极意义的,但是现实中,由于行政权具有效力先定性,司法权对公民私权的救济是事后性的,由于行政权的行使较司法权会更多涉及公共利益问题,所以为了有效防止行政权的滥用,公共利益之界定应该走最大限度的确定化之路。尽管实践中可

---

① 参见王利明:《中国民法典重大疑难问题之研究》,法律出版社2006年版,第420页。

以通过明确个案认定的公共利益的"先例"作用，来发挥指导案例或者典型案例的积极作用，使受害人可通过司法审判获得相应救济，但是这一做法的作用毕竟有限，特别是作为成文法国家，更有必要通过立法的形式对公共利益的内容予以细化、量化。有学者就提出了具体的公共利益范围：（1）国家安全和军事用途；（2）交通、水利、能源、供电、供暖、供水等公共事业或市政建设；（3）教育、文化、卫生、体育、环保、绿化、慈善机构等社会公共事业；（4）国家重大经济建设项目，但以具有公益性为限；（5）其他由政府兴办以公益为目的之事业；等等。令人欣喜的是，立法机关在总结包括司法实践在内的各方经验的基础上，已在细化公共利益的问题上作出了卓有成效的努力。比如，依据《国有土地上房屋征收与补偿条例》第8条的规定，为了保障国家安全、促进国民经济和社会发展等公共利益的需要，有下列情形之一，确需征收房屋的，由市、县级人民政府作出房屋征收决定：（1）国防和外交的需要；（2）由政府组织实施的能源、交通、水利等基础设施建设的需要；（3）由政府组织实施的科技、教育、文化、卫生、体育、环境和资源保护、防灾减灾、文物保护、社会福利、市政公用等公共事业的需要；（4）由政府组织实施的保障性安居工程建设的需要；（5）由政府依照《城乡规划法》有关规定组织实施的对危房集中、基础设施落后等地段进行旧城区改建的需要；（6）法律、行政法规规定的其他公共利益的需要。《土地管理法》第45条也规定："为了公共利益的需要，有下列情形之一，确需征收农民集体所有的土地的，可以依法实施征收：（一）军事和外交需要用地的；（二）由政府组织实施的能源、交通、水利、通信、邮政等基础设施建设需要用地的；（三）由政府组织实施的科技、教育、文化、卫生、体育、生态环境和资源保护、防灾减灾、文物保护、社区综合服务、社会福利、市政公用、优抚安置、英烈保护等公共事业需要用地的；（四）由政府组织实施的扶贫搬迁、保障性安居工程建设需要用地的；（五）在土地利用总体规划确定的城镇建设用地范围内，经省级以上人民政府批准由县级以上地方人民政府组织实施的成片开发建设需要用地的；（六）法律规定为公共利益需要可以征收农民集体所有的土地的其他情形。""前款规定的建设活动，应当符合国民经济和社会发展规划、土地利用总体规划、城乡规划和专项规划；第（四）项、第（五）项规定的建设活动，还应当纳入国民经济和社会发展年度计划；第（五）项规定的成片开发并应当符合国务院自然资源主管部门规定的标准。"我们认为，将公共利益的内容"列举"出来，就可根据"法不规定不得行政"的规则,将没有明确列举的事项排除公共利益的范围,对上述兜底条款采取贯彻严格法定和解释从严的规则,以切实加强对个人合法财产权的保护。

## ▶ 适用指引

关于本条的适用,需要注意的是:一方面,本条的适用要与《土地管理法》《国有土地上房屋征收与补偿条例》等相关规定结合起来适用。本条规定属于一般原则性的规定,在具体法律规定与本条规定内容不冲突的情况下,应当优先适用其他法律的规定,但本条有关"及时""足额"的要求,在具体法律没有规定或者规定不清晰、不明确,甚至与此不一致的,应当严格适用本条的这一要求,做到公平合理补偿。另一方面,在一些其他特殊情形,也要适用有关征收的规定。要适用本条及《土地管理法》《国有土地上房屋征收与补偿条例》等相关规定。比如,建设用地使用权提前收回应适用征收的规定。此处所说的"建设用地使用权提前收回",是指政府基于公共利益的需要而提前收回建设用地使用权。我国《土地管理法》虽然对建设用地使用权的提前收回作出了规定,但是,对其适用的条件规定并不明确,实践中存在个别政府部门提前收回建设用地使用权而损害公民、法人权益的情况。《民法典》第358条规定:"建设用地使用权期限届满前,因公共利益需要提前收回该土地的,应当依据本法第二百四十三条的规定对该土地上的房屋及其他不动产给予补偿,并退还相应的出让金。"立法上之所以采取"提前收回"的表述,而没有采用征收的表述,主要原因在于,对城市的不动产的征收主要是对房产的征收。由于城市土地本来就是属于国家所有的,建设用地使用权是在国家土地所有权基础上设立的他物权,而在我国,征收在法律上要移转所有权,所以对建设用地使用权不存在征收问题,只有提前收回的问题。但如果土地之上存在房屋,则在提前收回建设用地使用权的同时也要对房屋一并进行征收。在提前收回的情况下,对公共利益应当作更加严格的限制和解释。毕竟提前收回比一般的征收涉及的公共利益应当更为重大:一方面,公共利益不能包含商业利益,商业并不属于此种范畴的公共利益。另一方面,公共利益必须是国家的重大公共利益。如果是一般的公共利益,并不能作为提前收回的理由。所谓重大的公共利益,主要是指国防事业、公益设施、大型公益事业(如奥运会场馆的建设等)。换言之，如果对提前收回情况下的公共利益不作限制，很可能出现不必要的权力滥用，不利于对个人财产权的保障。

## ▶ 类案检索

### 刘某豪诉厦门市海沧区东孚镇凤山村村民委员会第五村民小组侵害集体经济组织成员权益纠纷案

**关键词：** 征收　集体经济组织成员　农民集体所有土地

**裁判摘要：** 原告刘某豪的父亲刘某明户口在被告凤山五组，且与凤山五组建立了土地承包关系，享有土地承包经营权，是凤山五组的集体经济组织成员。刘某豪出生后随父亲落户于凤山五组，其自出生之日起即原始取得凤山五组的集体经济组织成员资格。农村集体土地属于农村集体经济组织全体成员共同所有，土地被征收后，征地补偿款应发放给全体集体经济组织成员。农村集体土地被征收的时间应以农村集体经济组织作为被征地单位与用地单位签订征地协议的时间为准，征地协议签订之时农村集体土地即确定被征收，被征收的土地面积、征地补偿款的金额等内容均在征地协议中予以明确。因此，在征地协议签订之时具有该集体经济组织成员资格的村民均有权分得征地补偿款。刘某豪于2012年2月23日出生，而确定本案讼争征地补偿款的征地协议于2011年12月28日签订，刘某豪在征地协议签订之后才成为凤山五组的集体经济组织成员，应无权分得本次征地补偿款。刘某豪主张征地补偿款发放时其已经成为集体经济组织成员，有权分得本次征地补偿款，法院认为，征地补偿款的发放是对之前征地协议签订之时已经确定的征地补偿款的后续处理，其发放时间必然延后于征地协议签订的时间，确定是否属于被发放范围应以征地协议签订的时间为准。

【案　　号】（2012）海民初字第2602号
【审理法院】福建省厦门市海沧区人民法院
【来　　源】《中国法院2015年度案例》

> **第二百四十四条** 国家对耕地实行特殊保护,严格限制农用地转为建设用地,控制建设用地总量。不得违反法律规定的权限和程序征收集体所有的土地。

## 关联规定

**法律、行政法规、司法解释**

《中华人民共和国土地管理法》

第三条 十分珍惜、合理利用土地和切实保护耕地是我国的基本国策。各级人民政府应当采取措施,全面规划,严格管理,保护、开发土地资源,制止非法占用土地的行为。

第四十六条 征收下列土地的,由国务院批准:

(一)永久基本农田;

(二)永久基本农田以外的耕地超过三十五公顷的;

(三)其他土地超过七十公顷的。

征收前款规定以外的土地的,由省、自治区、直辖市人民政府批准。

征收农用地的,应当依照本法第四十四条的规定先行办理农用地转用审批。其中,经国务院批准农用地转用的,同时办理征地审批手续,不再另行办理征地审批;经省、自治区、直辖市人民政府在征地批准权限内批准农用地转用的,同时办理征地审批手续,不再另行办理征地审批,超过征地批准权限的,应当依照本条第一款的规定另行办理征地审批。

## 条文释义

### 一、本条主旨

本条是关于耕地保护、限制对集体土地征收的规定。

## 二、条文演变

原《物权法》第43条规定:"国家对耕地实行特殊保护,严格限制农用地转为建设用地,控制建设用地总量。不得违反法律规定的权限和程序征收集体所有的土地。"《民法典》本条保留了这一规定。

## 三、条文解读

保护耕地是我国的基本政策。应该说,我国耕地保护制度建立了相对完整的数量保护制度体系。但是直到1998年《土地管理法》修订时才提出"确保基本农田数量不减少、质量不降低、用途不改变",开始重视耕地质量和生产自然条件保护问题。《环境保护法》《土地管理法》《基本农田保护条例》等虽然也关注耕地质量和生产自然条件保护问题,提出环境保护及防止污染土地、水土流失、耕地沙化、盐碱化、贫瘠化等措施,但是在耕地质量和生产自然条件保护方面并没有实质性地进入国家立法正式日程,总体上缺乏耕地质量保护的核心法律依据。个别地方违法侵占使用耕地,改变耕地用途、荒废耕地的情形也时有发生。保护耕地对于我国这一世界上人口最多的国家而言,意义十分重大,而且针对当前的问题,保护耕地更是迫在眉睫。

本条规定不仅在民事基本法中宣示这一重要政策,也为其他法律规定耕地的保护提供基本法依据。《土地管理法》第3条规定:"十分珍惜、合理利用土地和切实保护耕地是我国的基本国策。各级人民政府应当采取措施,全面规划,严格管理,保护、开发土地资源,制止非法占用土地的行为。"第4条第1款、第2款规定:"国家实行土地用途管制制度。""国家编制土地利用总体规划,规定土地用途,将土地分为农用地、建设用地和未利用地。严格限制农用地转为建设用地,控制建设用地总量,对耕地实行特殊保护。"在具体内容上,《土地管理法》第4章专门规定了耕地保护制度,主要包括以下内容。

第一,国家实行占用耕地补偿制度。非农业建设经批准占用耕地的,按照"占多少,垦多少"的原则,由占用耕地的单位负责开垦与所占用耕地的数量和质量相当的耕地;没有条件开垦或者开垦的耕地不符合要求的,应当按照省、自治区、直辖市的规定缴纳耕地开垦费,专款用于开垦新的耕地。省、自治区、直辖市人民政府应当制定开垦耕地计划,监督占用耕地的单位按照计划开垦耕地或者按照计划组织开垦耕地,并进行验收。

第二，实行耕地总量和质量保障。省、自治区、直辖市人民政府应当严格执行土地利用总体规划和土地利用年度计划，采取措施，确保本行政区域内耕地总量不减少、质量不降低。耕地总量减少的，由国务院责令在规定期限内组织开垦与所减少耕地的数量与质量相当的耕地；耕地质量降低的，由国务院责令在规定期限内组织整治。新开垦和整治的耕地由国务院自然资源主管部门会同农业农村主管部门验收。个别省、自治区、直辖市确因土地后备资源匮乏，新增建设用地后，新开垦耕地的数量不足以补偿所占用耕地的数量的，必须报经国务院批准减免本行政区域内开垦耕地的数量，易地开垦数量和质量相当的耕地。

第三，实行永久基本农田保护制度。下列耕地应当根据土地利用总体规划划为永久基本农田，实行严格保护：（1）经国务院农业农村主管部门或者县级以上地方人民政府批准确定的粮、棉、油、糖等重要农产品生产基地内的耕地；（2）有良好的水利与水土保持设施的耕地，正在实施改造计划以及可以改造的中、低产田和已建成的高标准农田；（3）蔬菜生产基地；（4）农业科研、教学试验田；（5）国务院规定应当划为永久基本农田的其他耕地。各省、自治区、直辖市划定的永久基本农田一般应当占本行政区域内耕地的80%以上，具体比例由国务院根据各省、自治区、直辖市耕地实际情况规定。永久基本农田经依法划定后，任何单位和个人不得擅自占用或者改变其用途。国家能源、交通、水利、军事设施等重点建设项目选址确实难以避让永久基本农田，涉及农用地转用或者土地征收的，必须经国务院批准。禁止通过擅自调整县级土地利用总体规划、乡（镇）土地利用总体规划等方式规避永久基本农田农用地转用或者土地征收的审批。

第四，禁止任何单位和个人闲置、荒芜耕地。已经办理审批手续的非农业建设占用耕地，1年内不用而又可以耕种并收获的，应当由原耕种该幅耕地的集体或者个人恢复耕种，也可以由用地单位组织耕种；1年以上未动工建设的，应当按照省、自治区、直辖市的规定缴纳闲置费；连续2年未使用的，经原批准机关批准，由县级以上人民政府无偿收回用地单位的土地使用权；该幅土地原为农民集体所有的，应当交由原农村集体经济组织恢复耕种。

第五，鼓励依法开垦未利用土地。国家鼓励单位和个人按照土地利用总体规划，在保护和改善生态环境、防止水土流失和土地荒漠化的前提下，开发未利用的土地；适宜开发为农用地的，应当优先开发成农用地。国家依法保护开发者的合法权益。开垦未利用的土地，必须经过科学论证和评估，在土地利用总体规划划定的可开垦的区域内，经依法批准后进行。禁止毁坏森林、草原开垦耕地，禁止围湖造田和侵占江河滩地。根据土地利用总体规划，对破坏生态环境开垦、围垦的土地，有计划、有步骤地退耕还林、还牧、还湖。开发未确定使用权的国有荒山、荒地、荒滩从事种植业、林业、畜牧业、渔业生产的，经县级以上人民政府依法批准，可以确定给开发单位或者个人长期使用。

第二百四十五条　因抢险救灾、疫情防控等紧急需要，依照法律规定的权限和程序可以征用组织、个人的不动产或者动产。被征用的不动产或者动产使用后，应当返还被征用人。组织、个人的不动产或者动产被征用或者征用后毁损、灭失的，应当给予补偿。

## 关联规定

法律、行政法规、司法解释

1.《中华人民共和国宪法》

**第十条**　城市的土地属于国家所有。

农村和城市郊区的土地，除由法律规定属于国家所有的以外，属于集体所有；宅基地和自留地、自留山，也属于集体所有。

国家为了公共利益的需要，可以依照法律规定对土地实行征收或者征用并给予补偿。

任何组织或者个人不得侵占、买卖或者以其他形式非法转让土地。土地的使用权可以依照法律的规定转让。

一切使用土地的组织和个人必须合理地利用土地。

**第十三条**　公民的合法的私有财产不受侵犯。

国家依照法律规定保护公民的私有财产权和继承权。

国家为了公共利益的需要，可以依照法律规定对公民的私有财产实行征收或者征用并给予补偿。

2.《中华人民共和国民法典》

**第一百一十七条**　为了公共利益的需要，依照法律规定的权限和程序征收、征用不动产或者动产的，应当给予公平、合理的补偿。

3.《中华人民共和国国防法》

**第五十一条**　国家根据国防动员需要，可以依法征收、征用组织和个人的设备设施、交通工具、场所和其他财产。

县级以上人民政府对被征收、征用者因征收、征用所造成的直接经济损失，按照国家有关规定给予公平、合理的补偿。

**4.《中华人民共和国草原法》**

**第三十八条** 进行矿藏开采和工程建设，应当不占或者少占草原；确需征收、征用或者使用草原的，必须经省级以上人民政府草原行政主管部门审核同意后，依照有关土地管理的法律、行政法规办理建设用地审批手续。

**第三十九条** 因建设征收、征用集体所有的草原的，应当依照《中华人民共和国土地管理法》的规定给予补偿；因建设使用国家所有的草原的，应当依照国务院有关规定对草原承包经营者给予补偿。

因建设征收、征用或者使用草原的，应当交纳草原植被恢复费。草原植被恢复费专款专用，由草原行政主管部门按照规定用于恢复草原植被，任何单位和个人不得截留、挪用。草原植被恢复费的征收、使用和管理办法，由国务院价格主管部门和国务院财政部门会同国务院草原行政主管部门制定。

**5.《中华人民共和国农村土地承包法》**

**第十七条** 承包方享有下列权利：

（一）依法享有承包地使用、收益的权利，有权自主组织生产经营和处置产品；

（二）依法互换、转让土地承包经营权；

（三）依法流转土地经营权；

（四）承包地被依法征收、征用、占用的，有权依法获得相应的补偿；

（五）法律、行政法规规定的其他权利。

**6.《中华人民共和国传染病防治法》**

**第四十五条** 传染病暴发、流行时，根据传染病疫情控制的需要，国务院有权在全国范围或者跨省、自治区、直辖市范围内，县级以上地方人民政府有权在本行政区域内紧急调集人员或者调用储备物资，临时征用房屋、交通工具以及相关设施、设备。

紧急调集人员的，应当按照规定给予合理报酬。临时征用房屋、交通工具以及相关设施、设备的，应当依法给予补偿；能返还的，应当及时返还。

**7.《中华人民共和国人民警察法》**

**第十三条** 公安机关的人民警察因履行职责的紧急需要，经出示相应证件，可以优先乘坐公共交通工具，遇交通阻碍时，优先通行。

公安机关因侦查犯罪的需要，必要时，按照国家有关规定，可以优先使用机关、团体、企业事业组织和个人的交通工具、通信工具、场地和建筑物，用后应当及时归还，并支付适当费用；造成损失的，应当赔偿。

**8.《中华人民共和国国家赔偿法》**

**第四条** 行政机关及其工作人员在行使行政职权时有下列侵犯财产权情形之一的，受害人有取得赔偿的权利：

（一）违法实施罚款、吊销许可证和执照、责令停产停业、没收财物等行政处罚的；

（二）违法对财产采取查封、扣押、冻结等行政强制措施的；

（三）违法征收、征用财产的；

（四）造成财产损害的其他违法行为。

**9.《中华人民共和国突发事件应对法》**

**第十二条** 有关人民政府及其部门为应对突发事件，可以征用单位和个人的财产。被征用的财产在使用完毕或者突发事件应急处置工作结束后，应当及时返还。财产被征用或者征用后毁损、灭失的，应当给予补偿。

**第五十二条** 履行统一领导职责或者组织处置突发事件的人民政府，必要时可以向单位和个人征用应急救援所需设备、设施、场地、交通工具和其他物资，请求其他地方人民政府提供人力、物力、财力或者技术支援，要求生产、供应生活必需品和应急救援物资的企业组织生产、保证供给，要求提供医疗、交通等公共服务的组织提供相应的服务。

履行统一领导职责或者组织处置突发事件的人民政府，应当组织协调运输经营单位，优先运送处置突发事件所需物资、设备、工具、应急救援人员和受到突发事件危害的人员。

**10.《中华人民共和国戒严法》**

**第十七条** 根据执行戒严任务的需要，戒严地区的县级以上人民政府可以临时征用国家机关、企业事业组织、社会团体以及公民个人的房屋、场所、设施、运输工具、工程机械等。在非常紧急的情况下，执行戒严任务的人民警察、人民武装警察、人民解放军的现场指挥员可以直接决定临时征用，地方人民政府应当给予协助。实施征用应当开具征用单据。

前款规定的临时征用物，在使用完毕或者戒严解除后应当及时归还；因征用造成损坏的，由县级以上人民政府按照国家有关规定给予相应补偿。

11.《防汛条例》

**第三十二条** 在紧急防汛期，为了防汛抢险需要，防汛指挥部有权在其管辖范围内，调用物资、设备、交通运输工具和人力，事后应当及时归还或者给予适当补偿。因抢险需要取土占地、砍伐林木、清除阻水障碍物的，任何单位和个人不得阻拦。

前款所指取土占地、砍伐林木的，事后应当依法向有关部门补办手续。

## ▶ 条文释义

### 一、本条主旨

本条是关于征用的规定。

### 二、条文演变

原《物权法》第44条规定："因抢险、救灾等紧急需要，依照法律规定的权限和程序可以征用单位、个人的不动产或者动产。被征用的不动产或者动产使用后，应当返还被征用人。单位、个人的不动产或者动产被征用或者征用后毁损、灭失的，应当给予补偿。"《民法典》本条沿用此规定，将"单位"修改为"组织"，同时在总结新冠肺炎疫情防控有关工作经验做法的基础上，增加了"疫情防控"这一可以征用的情形。

### 三、条文解读

依据本条规定，征用是指政府因抢险救灾、疫情防控等紧急需要，依照法律规定的权限和程序不经权利人同意暂时使用组织和个人财产的行为。虽然征收和征用都是政府通过法定权限和程序对组织和个人财产所有权的一种限制，但二者存在很大差异，主要表现在以下几个方面。

第一，适用情况不同。征收是基于公共利益的需要，征用则主要因抢险救灾、疫情防控等紧急需要。

第二，适用对象不同。征收的对象一般都是不动产，并且是所有权的改变。本章规定的征收限于不动产，本条规定的征用的财产既包括不动产也包括动产。①

第三，法律效果不同。征收的结果是国家取得财产的所有权，此所有权自人民政府的征收决定生效时发生效力。征用的目的是取得使用权，而非所有权，发生转移的是所有权中的占有、使用权能。因此，在紧急情况消失后，政府应当将财产返还组织或者个人，并补偿被征收人所受到的损失，不能返还原物的，应当补偿。

第四，补偿标准不同。征收应按照标的物的价值进行及时充分的补偿；征用补偿则主要考虑被征用人所受到的损失，原则上只有在标的物灭失或损坏时，才基于标的物的价值给予合理补偿。财产被征用的，虽未造成财产本身的直接损害，但基于利用财产使用价值的事实，也应当给予补偿。

关于征用的适用条件，虽然征用不以取得所有权为目的，对权利人的影响不如征收那么严重，但由于征用也是对组织或者个人所有权的一种限制，因此，为防止政府滥用征用的权力损害所有权人的利益，现代各国对政府的征用行为进行了严格控制。②根据本条规定，征用的适用须满足以下条件：（1）必须基于抢险救灾、疫情防控等紧急需要；（2）必须严格按照法定权限进行征用；（3）必须严格按照法定程序进行征用；（4）对被征用人给予公平合理的补偿。从对当事人救济的角度讲，对于征用而言，也应当允许其通过行政复议或者行政诉讼的方式来主张权利。当事人不服政府的征用决定，或者对补偿的标准有异议，可以提起行政复议或者行政诉讼加以解决，而不应通过民事诉讼解决政府征用引起的纠纷。

## 适用指引

关于本条的适用，需要注意"抢险救灾、疫情防控等紧急需要"的适用问题。本条只列举了上述两种紧急需要，并没有明确界定"紧急需要"的含义，这给"紧急需要"的理解带来了困难。我们认为，"紧急需要"的判断应依据法律的相关规定，比如依据我国《宪法》以及《戒严法》的有关规定，在发生

---

① 参见黄薇主编：《中华人民共和国民法典释义》，法律出版社2020年版，第231页、第458页。

② 参见最高人民法院物权法研究小组编著：《〈中华人民共和国物权法〉条文理解与适用》，人民法院出版社2007年版，第167页。

严重危及国家的统一、安全或者社会公共安全的动乱、暴乱或者严重骚乱，不采取非常措施不足以维护社会秩序、保护人民的生命和财产安全的紧急状态时，国家可以决定实行戒严。在这一情况下，我国《戒严法》第17条规定："根据执行戒严任务的需要，戒严地区的县级以上人民政府可以临时征用国家机关、企业事业组织、社会团体以及公民个人的房屋、场所、设施、运输工具、工程机械等。在非常紧急的情况下，执行戒严任务的人民警察、人民武装警察、人民解放军的现场指挥员可以直接决定临时征用，地方人民政府应当给予协助。实施征用应当开具征用单据。前款规定的临时征用物，在使用完毕或者戒严解除后应当及时归还；因征用造成损坏的，由县级以上人民政府按照国家有关规定给予相应补偿。"又如，《突发事件应对法》第12条规定："有关人民政府及其部门为应对突发事件，可以征用单位和个人的财产。被征用的财产在使用完毕或者突发事件应急处置工作结束后，应当及时返还。财产被征用或者征用后毁损、灭失的，应当给予补偿。"再比如，《传染病防治法》第45条规定："传染病暴发、流行时，根据传染病疫情控制的需要，国务院有权在全国范围或者跨省、自治区、直辖市范围内，县级以上地方人民政府有权在本行政区域内紧急调集人员或者调用储备物资，临时征用房屋、交通工具以及相关设施、设备。紧急调集人员的，应当按照规定给予合理报酬。临时征用房屋、交通工具以及相关设施、设备的，应当依法给予补偿；能返还的，应当及时返还。"基于上述法律的规定，可以看出，本条规定的"紧急需要"，应是一种突发性的、非常状态下的需要，也是一种事关公共利益保护的需要。这里讲的紧急需要属于"公共利益"的范畴，即遭受威胁、破坏或者危险的利益属于公共利益范围，需要动用公共行政权力进行干预。如上所述的"紧急状态""突发事件"下的利益保护均属于公共利益保护的范围。如果突然发生的危险仅仅涉及私人利益的范围，则处理该事件的需要不属于这里的"紧急需要"。① 在法律没有明确规定的情况下，可以基于上述关于紧急需要的判断，依照法定程序严格认定，并给予合理补偿。

---

① 参见左平良：《紧急需要下的土地征用法律问题探析——关于〈物权法〉第44条的一个解释》，载《湖南师范大学社会科学学报》2008年第3期。

# 第五章　国家所有权和集体所有权、私人所有权

> 第二百四十六条　法律规定属于国家所有的财产，属于国家所有即全民所有。
> 
> 国有财产由国务院代表国家行使所有权。法律另有规定的，依照其规定。

## ▶ 关联规定

一、法律、行政法规、司法解释

1.《中华人民共和国宪法》

**第九条**　矿藏、水流、森林、山岭、草原、荒地、滩涂等自然资源，都属于国家所有，即全民所有；由法律规定属于集体所有的森林和山岭、草原、荒地、滩涂除外。

国家保障自然资源的合理利用，保护珍贵的动物和植物。禁止任何组织或者个人用任何手段侵占或者破坏自然资源。

**第十条**　城市的土地属于国家所有。

农村和城市郊区的土地，除由法律规定属于国家所有的以外，属于集体所有；宅基地和自留地、自留山，也属于集体所有。

国家为了公共利益的需要，可以依照法律规定对土地实行征收或者征用并给予补偿。

任何组织或者个人不得侵占、买卖或者以其他形式非法转让土地。土地的使用权可以依照法律的规定转让。

一切使用土地的组织和个人必须合理地利用土地。

### 2.《中华人民共和国草原法》

**第九条** 草原属于国家所有,由法律规定属于集体所有的除外。国家所有的草原,由国务院代表国家行使所有权。

任何单位或者个人不得侵占、买卖或者以其他形式非法转让草原。

### 3.《中华人民共和国土地管理法》

**第二条** 中华人民共和国实行土地的社会主义公有制,即全民所有制和劳动群众集体所有制。

全民所有,即国家所有土地的所有权由国务院代表国家行使。

任何单位和个人不得侵占、买卖或者以其他形式非法转让土地。土地使用权可以依法转让。

国家为了公共利益的需要,可以依法对土地实行征收或者征用并给予补偿。

国家依法实行国有土地有偿使用制度。但是,国家在法律规定的范围内划拨国有土地使用权的除外。

### 4.《中华人民共和国水法》

**第三条** 水资源属于国家所有。水资源的所有权由国务院代表国家行使。农村集体经济组织的水塘和由农村集体经济组织修建管理的水库中的水,归各该农村集体经济组织使用。

### 5.《中华人民共和国矿产资源法》

**第三条** 矿产资源属于国家所有,由国务院行使国家对矿产资源的所有权。地表或者地下的矿产资源的国家所有权,不因其所依附的土地的所有权或者使用权的不同而改变。

国家保障矿产资源的合理开发利用。禁止任何组织或者个人用任何手段侵占或者破坏矿产资源。各级人民政府必须加强矿产资源的保护工作。

勘查、开采矿产资源,必须依法分别申请、经批准取得探矿权、采矿权,并办理登记;但是,已经依法申请取得采矿权的矿山企业在划定的矿区范围内为本企业的生产而进行的勘查除外。国家保护探矿权和采矿权不受侵犯,保障矿区和勘查作业区的生产秩序、工作秩序不受影响和破坏。

从事矿产资源勘查和开采的,必须符合规定的资质条件。

**第十一条** 国务院地质矿产主管部门主管全国矿产资源勘查、开采的监督管理工作。国务院有关主管部门协助国务院地质矿产主管部门进行矿产资源勘查、开采和监督管理工作。

省、自治区、直辖市人民政府地质矿产主管部门主管本行政区域内矿产资源勘查、开采的监督管理工作。省、自治区、直辖市人民政府有关主管部门协助同级地质矿产主管部门进行矿产资源勘查、开采的监督管理工作。

6.《中华人民共和国企业国有资产法》

**第三条** 国有资产属于国家所有即全民所有。国务院代表国家行使国有资产所有权。

7.《中华人民共和国海域使用管理法》

**第三条** 海域属于国家所有，国务院代表国家行使海域所有权。任何单位或者个人不得侵占、买卖或者以其他形式非法转让海域。

单位和个人使用海域，必须依法取得海域使用权。

8.《中华人民共和国煤炭法》

**第三条** 煤炭资源属于国家所有。地表或者地下的煤炭资源的国家所有权，不因其依附的土地的所有权或者使用权的不同而改变。

9.《矿产资源法实施细则》

**第三条** 矿产资源属于国家所有，地表或者地下的矿产资源的国家所有权，不因其所依附的土地的所有权或者使用权的不同而改变。

国务院代表国家行使矿产资源的所有权。国务院授权国务院地质矿产主管部门对全国矿产资源分配实施统一管理。

## 二、部门规章及规范性文件

《自然资源统一确权登记暂行办法》

**第十条** 全民所有自然资源所有权代表行使主体登记为国务院自然资源主管部门，所有权行使方式分为直接行使和代理行使。

中央委托相关部门、地方政府代理行使所有权的，所有权代理行使主体登记为相关部门、地方人民政府。

## ▶ 条文释义

### 一、本条主旨

本条是关于国有财产的范围、国家所有的性质和国家所有权的行使的规定。

### 二、条文演变

原《物权法》第45条规定:"法律规定属于国家所有的财产,属于国家所有即全民所有。""国有财产由国务院代表国家行使所有权;法律另有规定的,依照其规定。"《民法典》本条保留了这一规定,未作修改。

### 三、条文解读

本条是本章国家所有权部分的统领条款,也是有关国家所有权部分条文应当遵循的一般性规定。第1款是对国有财产范围、国家所有的性质的概括性规定,第2款是对代表国家行使国家财产所有权的主体的规定。

（一）财产所有权的形态划分

在我国,一般认为财产所有权包括国家所有权、集体所有权、私人所有权三种形态。三种所有权形态的划分是有宪法依据的。依据《宪法》第7条、第8条的规定,国有经济,即社会主义全民所有制经济,是国民经济中的主导力量。农村中的生产、供销、信用、消费等各种形式的合作经济,是社会主义劳动群众集体所有制经济。城镇中的手工业、工业、建筑业、运输业、商业、服务业等行业各种形式的合作经济,都是社会主义劳动群众集体所有制经济。此外,《宪法》第12条、第13条还规定:"社会主义的公共财产神圣不可侵犯。国家保护社会主义的公共财产。""禁止任何组织或者个人用任何手段侵占或者破坏国家的和集体的财产。""公民的合法的私有财产不受侵犯……"

## （二）国家所有权的概念和特殊性

### 1. 国家所有权的概念

国家所有权，是国家对国有财产的占有、使用、收益和处分的权利，其本质是全民所有制在法律上的表现。具体包括国有土地所有权、海域所有权、矿产资源所有权、水资源所有权，以及有关建筑物、构筑物及其附属设施的所有权，等等。

### 2. 国家所有权的特殊性

国家所有权具有特殊性，不同于一般意义的所有权。

第一，国家所有即全民所有，由国家代表全民行使所有权。国家是一个抽象的概念，代表国家的组织是国务院和地方各级人民政府，即实行由国务院统一领导下的分级管理行政体制。

第二，国家所有权与国家的公权力有关联，又应当严格区分。

第三，国家所有权的内容是法定的。国家所有权在性质上主要是民事权利，是法定的。国家所有权的产生、内容、运作的程序、适用的一般规则都是法定的。国家不能在法律之外依照自己的意志为其创设所有权，行使权利过程也必须与现行法规定相一致，不得与法律规定相抵触。国家不能凭借其享有的公权力任意规定国家所有权客体的范围。"以法律为依据，使国有财产由法律调整，从根本上说，就是要使国家作为所有权主体，服从于统治阶级的共同利益和生产的客观需要。"[1]

第四，国家所有权客体具有广泛性。国有财产既包括经营性财产，也包括行政公益性财产，其中有些财产只能由国家专有，其他主体不能享有，这都体现了国家所有权的特殊性。

第五，国家所有权的某些取得方法具有专属性。诸如征收、没收、税收等只能产生国家所有权，其他主体的所有权不能以这些方法产生。无人认领的遗失物、漂流物等，依照《民法典》物权编的有关规定，也归国家所有。

第六，国家所有权的行使具有特殊性。国家所有权基本上不由国家直接行使，而由代表国家的专门机关或单位行使。本条第 2 款规定："国有财产由国务院代表国家行使所有权。法律另有规定的，依照其规定。"此后在第 255 条

---

[1] 王利明：《物权法论》，中国政法大学出版社 2003 年版，第 272 页，转引自佟柔主编：《中国民法》，法律出版社 1994 年版，第 272 页。

规定："国家机关对其直接支配的不动产和动产，享有占有、使用以及依照法律和国务院的有关规定处分的权利。"第256条规定："国家举办的事业单位对其直接支配的不动产和动产，享有占有、使用以及依照法律和国务院的有关规定收益、处分的权利。"第257条规定："国家出资的企业，由国务院、地方人民政府依照法律、行政法规规定分别代表国家履行出资人职责，享有出资人权益。"

（三）国家所有权的一般性规定

1. 国有财产的范围

本条第1款对国有财产的范围作了概括性的规定："法律规定属于国家所有的财产，属于国家所有即全民所有。"依据宪法、法律、行政法规，《民法典》物权编明确规定矿藏、水流、海域、无居民海岛、无线电频谱资源、城市的土地、国防资产属于国家所有。法律规定属于国家所有的铁路、公路、电力设施、电信设施和油气管道等基础设施、文物、农村和城市郊区的土地、野生动植物资源，属于国家所有。除法律规定属于集体所有的外，森林、山岭、草原、荒地、滩涂等自然资源，属于国家所有。

2. 国家所有的性质

我国国家所有的性质是全民所有。《宪法》第9条第1款规定："矿藏、水流、森林、山岭、草原、荒地、滩涂等自然资源，都属于国家所有，即全民所有；由法律规定属于集体所有的森林和山岭、草原、荒地、滩涂除外。"国家所有权的主体为国家，而非其他任何人。国家虽然同时是主权的享有者、政权的承担者和财产的所有人，但在以所有权人的身份从事民事活动时，主权享有者、政权承担者的身份隐而不露。由于国家所有权是全民所有制的法律表现，国家是代表全体人民行使所有权，它本身没有特殊的利益，国家所有权的享有及行使所获得的利益，最终目的是满足广大人民群众的物质和文化生活的需要。

3. 国家所有权的行使

关于国家所有权的行使主体，本条第2款规定："国有财产由国务院代表国家行使所有权。法律另有规定的，依照其规定。"本款规定的意义在于坚持了国家所有权的统一性，表明国有财产由国务院统一行使国家所有权，从法律上确认了除国务院以外的任何部门和地方任何一级政府都不能成为国家所有权的主体。这就保障了由国务院统一行使国家所有权，体现了国家所有权行使的统一性。

另外，这样规定，既符合人民代表大会制度的特点，也体现了党中央关于国家要制定法律法规，建立人民政府代表国家履行出资人职责，享有所有者权益的国有资产管理体制的要求。全国人大通过立法授权国务院代表国家行使国家所有权，正体现了全国人大的性质及其行使职权的特点。当然，国务院代表国家行使所有权，应当依法对人大负责，受人大监督。

国有财产由国务院代表国家行使所有权，同时依照法律规定也可以由地方人民政府等部门行使有关权利。我国很多法律法规对此都有相应的规定，如《矿产资源法》第11条规定："国务院地质矿产主管部门主管全国矿产资源勘查、开采的监督管理工作。国务院有关主管部门协助国务院地质矿产主管部门进行矿产资源勘查、开采的监督管理工作。""省、自治区、直辖市人民政府地质矿产主管部门主管本行政区域内矿产资源勘查、开采的监督管理工作。省、自治区、直辖市人民政府有关主管部门协助同级地质矿产主管部门进行矿产资源勘查、开采的监督管理工作。"《矿产资源法实施细则》第3条第2款规定："国务院代表国家行使矿产资源的所有权。国务院授权国务院地质矿产主管部门对全国矿产资源分配实施统一管理。"

## ▶ 适用指引

### 一、国家行使民法意义上的国家所有权与履行公共管理职能的国家公权力的区分

国家既是公权力的主体，又是民事权利（国家所有权）的主体，国家所有权与国家公权力之间因权力主体的一致性存在关联，甚至在某些领域，国家作为民事主体和权力主体的界限并不是十分分明。但是，国家所有权与国家公权力之间也存在本质差别。国家公权力是国家作为政权主体依据国民授权履行国家管理职能所产生的权力，而国家所有权是法律规定的具有所有权的各项权能、能够反映社会经济生活规律的民事权利，二者在性质上存在本质差异。国家所有权作为民事权利应当遵守民法有关所有权的一般规定，国家在从事民事活动时与其他民事主体一样，地位都是平等的。国家或者有关政府机关不能在

从事民事活动时利用国家公权力的优势侵犯其他民事主体的合法权益，也不能利用国家公权力主体的特殊优势，任意处分国家公共财产满足其他民事主体不正当的利益要求，损害国家利益。

## 二、国有财产与公共财产的区别

公共财产是为社会公众服务的财产，如公用道路、桥梁、隧道、涵洞、水库、图书馆、纪念馆等，这些财产为社会公众直接使用，用于公益事业，强调的是用途或者使用目的；而国家所有权讲的是财产的归属，而不在于用途。从标的物的角度讲，国有财产的范围会更广一些，除资源性资产和关系国计民生的重要基础设施以及其他公益型财产外，大多数国有财产可以进入市场交易。

## 第二百四十七条　矿藏、水流、海域属于国家所有。

## 关联规定

### 一、法律、行政法规、司法解释

1.《中华人民共和国宪法》

**第九条第一款**　矿藏、水流、森林、山岭、草原、荒地、滩涂等自然资源，都属于国家所有，即全民所有；由法律规定属于集体所有的森林和山岭、草原、荒地、滩涂除外。

2.《中华人民共和国矿产资源法》

**第三条第一款**　矿产资源属于国家所有，由国务院行使国家对矿产资源的所有权。地表或者地下的矿产资源的国家所有权，不因其所依附的土地的所有权或者使用权的不同而改变。

**第四条**　国家保障依法设立的矿山企业开采矿产资源的合法权益。

国有矿山企业是开采矿产资源的主体。国家保障国有矿业经济的巩固和发展。

3.《中华人民共和国水法》

**第二条第二款**　本法所称水资源，包括地表水和地下水。

**第三条**　水资源属于国家所有。水资源的所有权由国务院代表国家行使。农村集体经济组织的水塘和由农村集体经济组织修建管理的水库中的水，归各该农村集体经济组织使用。

4.《中华人民共和国海域使用管理法》

**第二条**　本法所称海域，是指中华人民共和国内水、领海的水面、水体、海床和底土。

本法所称内水，是指中华人民共和国领海基线向陆地一侧至海岸线的海域。

在中华人民共和国内水、领海持续使用特定海域三个月以上的排他性用海活动，适用本法。

**第三条** 海域属于国家所有，国务院代表国家行使海域所有权。任何单位或者个人不得侵占、买卖或者以其他形式非法转让海域。

单位和个人使用海域，必须依法取得海域使用权。

5.《矿产资源法实施细则》

**第二条第一款** 矿产资源是指由地质作用形成的，具有利用价值的，呈固态、液态、气态的自然资源。

**第三条** 矿产资源属于国家所有，地表或者地下的矿产资源的国家所有权，不因其所依附的土地的所有权或者使用权的不同而改变。

国务院代表国家行使矿产资源的所有权。国务院授权国务院地质矿产主管部门对全国矿产资源分配实施统一管理。

6.《最高人民法院关于审理矿业权纠纷案件适用法律若干问题的解释》

**第一条** 人民法院审理探矿权、采矿权等矿业权纠纷案件，应当依法保护矿业权流转，维护市场秩序和交易安全，保障矿产资源合理开发利用，促进资源节约与环境保护。

## 二、部门规章及规范性文件

1.《矿产资源开采登记管理办法》

**第三条** 开采下列矿产资源，由国务院地质矿产主管部门审批登记，颁发采矿许可证：

（一）国家规划矿区和对国民经济具有重要价值的矿区内的矿产资源；

（二）领海及中国管辖的其他海域的矿产资源；

（三）外商投资开采的矿产资源；

（四）本办法附录所列的矿产资源。

开采石油、天然气矿产的，经国务院指定的机关审查同意后，由国务院地质矿产主管部门登记，颁发采矿许可证。

开采下列矿产资源，由省、自治区、直辖市人民政府地质矿产主管部门审批登记，颁发采矿许可证：

（一）本条第一款、第二款规定以外的矿产储量规模中型以上的矿产资源；

（二）国务院地质矿产主管部门授权省、自治区、直辖市人民政府地质矿产主管部门审批登记的矿产资源。

开采本条第一款、第二款、第三款规定以外的矿产资源,由县级以上地方人民政府负责地质矿产管理工作的部门,按照省、自治区、直辖市人民代表大会常务委员会制定的管理办法审批登记,颁发采矿许可证。

矿区范围跨县级以上行政区域的,由所涉及行政区域的共同上一级登记管理机关审批登记,颁发采矿许可证。

县级以上地方人民政府负责地质矿产管理工作的部门在审批发证后,应当逐级向上一级人民政府负责地质矿产管理工作的部门备案。

2.《探矿权采矿权转让管理办法》

第三条 除按照下列规定可以转让外,探矿权、采矿权不得转让:

(一)探矿权人有权在划定的勘查作业区内进行规定的勘查作业,有权优先取得勘查作业区内矿产资源的采矿权。探矿权人在完成规定的最低勘查投入后,经依法批准,可以将探矿权转让他人。

(二)已经取得采矿权的矿山企业,因企业合并、分立,与他人合资、合作经营,或者因企业资产出售以及有其他变更企业资产产权的情形,需要变更采矿权主体的,经依法批准,可以将采矿权转让他人采矿。

第四条 国务院地质矿产主管部门和省、自治区、直辖市人民政府地质矿产主管部门是探矿权、采矿权转让的审批管理机关。

国务院地质矿产主管部门负责由其审批发证的探矿权、采矿权转让的审批。

省、自治区、直辖市人民政府地质矿产主管部门负责本条第二款规定以外的探矿权、采矿权转让的审批。

### ▶ 条文释义

#### 一、本条主旨

本条是关于矿藏、水流、海域专属于国家所有权客体的规定。

#### 二、条文演变

国家所有权的客体主要包括自然资源和关系国民经济命脉和国家安全的基础设施和国家依法行使公权力取得的财产。矿藏、水流、海域均是国家重要的自然资源，当然属于国家所有权的客体。对此，《宪法》第9条第1款规定："矿藏、水流、森林、山岭、草原、荒地、滩涂等自然资源，都属于国家所有，即全民所有；由法律规定属于集体所有的森林和山岭、草原、荒地、滩涂除外。"原《物权法》第46条规定："矿藏、水流、海域属于国家所有。"该条是对《宪法》条文的细化规定，《民法典》保留了这一规定。

### 三、条文解读

矿藏，主要指矿产资源，即存在于地壳内部或者地表的，由地质作用形成的，在特定的技术条件下能够被探明和开采利用的，固态、液态或气态的自然资源。矿藏属于国家所有，指国家享有对矿产资源的占有、使用、收益和处分的权利。矿产资源是一个国家生存和发展的必要物质基础，具有不可再生性和耗竭性。坚持矿藏属于国家所有，即全民所有，才能保障我国矿产资源的合理开发、利用、节约、保护和满足各方面对矿产资源日益增长的需求，适应国民经济和社会发展的需要。

水流，指江、河等的统称，包括地表水、地下水和其他形态的水资源。《民法典》使用了水流的概念，《水法》则使用的是水资源的概念。两个概念比较而言，水资源的概念大，水流的概念小，在逻辑关系上属于种属关系。《水法》第2条第2款规定："本法所称水资源，包括地表水和地下水。"第3条规定："水资源属于国家所有。水资源的所有权由国务院代表国家行使。农村集体经济组织的水塘和由农村集体经济组织修建管理的水库中的水，归各该农村集体经济组织使用。"上述规定表明，水流的所有权属于国家，由国务院代表国家行使所有人的权利，除国家外，其他任何组织或者个人都不能成为水流的所有人。

依据《海域使用管理法》第2条的规定，海域是指中华人民共和国内水、领海的水面、水体、海床和底土。该法所称内水，是指中华人民共和国领海基线向陆地一侧至海岸线的海域。《海域使用管理法》第3条规定："海域属于国家所有，国务院代表国家行使海域所有权。任何单位或者个人不得侵占、买卖或者以其他形式非法转让海域。""单位或者个人使用海域，必须依法取得海域使用权。"上述规定表明，海域为国家专有，除国家以外的任何组织或者个人都不能对海域拥有所有权，但可以在法定使用范围内对海域拥有使用权。

## 适用指引

矿藏是有开采价值的矿产资源。矿藏与矿产资源两个概念相比较而言，矿产资源的概念大于矿藏的概念，在逻辑关系上属于种属关系。矿藏是《民法典》沿用原《物权法》使用的概念，《矿产资源法》使用的概念是矿产资源。《矿产资源法》第3条第1款规定："矿产资源属于国家所有，由国务院行使国家对矿产资源的所有权。地表或者地下的矿产资源的国家所有权，不因其所依附的土地的所有权或者使用权的不同而改变。"结合本条规定，矿藏或者说矿产资源是专属于国家的财产，任何组织或者个人都不能拥有矿藏。除国家以外的组织和个人不能成为国家所有权的客体，但可以成为开采矿产资源的主体，即成为矿藏使用权的主体。《矿产资源法》第4条第2款规定："国有矿山企业是开采矿产资源的主体。国家保障国有矿业经济的巩固和发展。"第5条规定："国家实行探矿权、采矿权有偿取得的制度；但是，国家对探矿权、采矿权有偿取得的费用，可以根据不同情况规定予以减缴、免缴。具体办法和实施步骤由国务院规定。"上述规定表明，国有企业是开采矿产资源的主导力量，但也准许其他民事主体在一定条件下从事矿产资源的开采活动。需要注意的是，矿业权是国家资源所有权的重要实现方式，在我国矿产资源产权体系中居于核心地位。由于矿产资源关系国计民生、国家安全和发展战略，国家必然要加以控制。国务院代表国家行使矿产资源的所有权。国务院授权国务院地质矿产主管部门对全国矿产资源分配实施统一管理。此外，2019年4月印发的《中共中央办公厅、国务院办公厅关于统筹推进自然资源资产产权制度改革的指导意见》明确国务院授权国务院自然资源主管部门具体代表统一行使全民所有自然资源资产所有者职责，提出要研究建立国务院自然资源主管部门行使全民所有自然资源资产所有权的资源清单和管理体制，探索建立委托省级和市（地）级政府代理行使自然资源资产所有权的资源清单和监督管理制度。同时，明确农村集体所有自然资源资产由农村集体经济组织代表集体行使所有权；强调自然人、法人和非法人组织等各类市场主体依法平等使用自然资源资产、公开公平公正参与市场竞争，其合法权益同等受到法律保护。

## 典型案例

**贵州泰蘋河生态养殖开发有限公司与贵州华锦铝业有限公司财产损害赔偿纠纷案**

**关键词：** 水流　国家所有权　损害赔偿

**裁判摘要：** 水资源属于国家所有。开发、利用水资源，应当兼顾上下游、左右岸和有关地区之间的利益。审理上游地区水资源开发利用案件，对于行为人未办理水行政许可或环境影响评价、擅自修建拦截坝取水，未保障必要生态下泄流量，导致下游水量减少，损害下游地区河道内生态用水、供水、通航、灌溉、养殖等生态流量受益方合法权益的，人民法院应当认定构成侵权行为，应当承担侵权责任。

**基本案情：** 原告泰蘋河公司是一家主要从事鲟鱼养殖的企业，从戈家寨大沟取水。被告作为乙方与甲方清镇市人民政府签订《贵州华锦清镇氧化铝项目投资协议》建设氧化铝项目，该协议对项目用水进行了约定，甲方加快建设戈家寨水库向乙方供水，若戈家寨水库建设进度不能满足乙方投产进度要求，同意乙方先期在戈家寨水库上游河段建设临时取水设施，解决生产用水问题。同时，该协议对乙方的责任和义务进行了约定：（1）乙方建设项目必须符合清镇市经济开发区控制性详细规划及生态、环保、产业等相关要求，规划要按程序报经甲方及相关部门评审后方可实施。（2）乙方建设项目必须按照相关法律法规要求办理环保、建设、安全、水保、节水等相关手续，严格执行"三同时"制度。因戈家寨水库尚未建成，被告华锦公司即在戈家寨水库上游河段筑坝取水，导致原告养殖场进水减少，供水出现困难。因原告养殖的鲟鱼为杂交鲟，对水体溶氧要求极高，导致原告养殖鲟鱼因严重缺水缺氧而大量窒息死亡。

法院经审理认为，依照《水法》第48条、《取水许可和水资源费征收管理条例》第2条、第11条第2款规定，要合法取得用水权，必须向水行政管理部门或流域管理机构申请领取取水许可证，建设项目需要取水的，申请人还应当提交由具备建设项目水资源论证资质的单位编制的建设项目水资源论证报告书。论证报告书应当包括取水水源、用水合理性以及对生态与环境的影响等内容。据此，法院认定，在事件发生之时被告并未取得合法取水手续，其筑坝取水具有违法性,且被告筑坝取水未尽注意义务,未保障下游用水合法权益,突破河流生态流量的限制,已经实施侵权行为。而河流生态流量可以保证河流所需的自净扩散能力。被告未经许可筑坝取水,导致下游水量减小,养殖场进水减少,鲟鱼因此窒息死亡,鲟鱼死亡与被告蓄水之间存在因果关系,应赔偿下游原告的经济损失。

【案　　号】(2015)清环保民初字第 16 号

【审理法院】贵州省清镇市人民法院

【来　　源】长江流域环境资源审判典型案例(2017 年 12 月 4 日最高人民法院发布)

> 第二百四十八条　无居民海岛属于国家所有，国务院代表国家行使无居民海岛所有权。

## ▶ 关联规定

法律、行政法规、司法解释

1.《中华人民共和国海域使用管理法》

**第二条**　本法所称海域，是指中华人民共和国内水、领海的水面、水体、海床和底土。

本法所称内水，是指中华人民共和国领海基线向陆地一侧至海岸线的海域。

在中华人民共和国内水、领海持续使用特定海域三个月以上的排他性用海活动，适用本法。

**第三条**　海域属于国家所有，国务院代表国家行使海域所有权。任何单位或者个人不得侵占、买卖或者以其他形式非法转让海域。

单位和个人使用海域，必须依法取得海域使用权。

2.《中华人民共和国海岛保护法》

**第二条**　从事中华人民共和国所属海岛的保护、开发利用及相关管理活动，适用本法。

本法所称海岛，是指四面环海水并在高潮时高于水面的自然形成的陆地区域，包括有居民海岛和无居民海岛。

本法所称海岛保护，是指海岛及其周边海域生态系统保护，无居民海岛自然资源保护和特殊用途海岛保护。

**第四条**　无居民海岛属于国家所有，国务院代表国家行使无居民海岛所有权。

**第五条**　国务院海洋主管部门和国务院其他有关部门依照法律和国务院规

定的职责分工，负责全国有居民海岛及其周边海域生态保护工作。沿海县级以上地方人民政府海洋主管部门和其他有关部门按照各自的职责，负责本行政区域内有居民海岛及其周边海域生态保护工作。

国务院海洋主管部门负责全国无居民海岛保护和开发利用的管理工作。沿海县级以上地方人民政府海洋主管部门负责本行政区域内无居民海岛保护和开发利用管理的有关工作。

## ▶ 条文释义

### 一、本条主旨

本条是关于无居民海岛属于国家所有权客体的规定。

### 二、条文演变

《海域使用管理法》第2条第1款规定："本法所称海域，是指中华人民共和国内水、领海的水面、水体、海床和底土。"第3条规定："海域属于国家所有，国务院代表国家行使海域所有权。任何单位或者个人不得侵占、买卖或者以其他形式非法转让海域。单位和个人使用海域，必须依法取得海域使用权。"海岛的法学定义一直以来在国际上存在争议，历经多次修改，通常是引用1982年《联合国海洋法公约》第121条的明确规定，"岛屿是四面环水并在高潮时高于水面的自然形成的陆地区域"。海岛分为有居民海岛和无居民海岛，都是海域的组成部分。根据《海域使用管理法》可推定无居民海岛属于国家所有。

国家海洋局、民政部等联合印发的《无居民海岛保护与利用管理规定》（国海发〔2003〕10号）首次明确无居民海岛属于国家所有，该规定第3条第1款，"无居民海岛属于国家所有。国家实行无居民海岛功能区划和保护与利用规划制度。"《海岛保护法》第4条："无居民海岛属于国家所有，国务院代表国家行使无居民海岛所有权。"从国家立法层面进行了规定。在编纂《民法典》过程中，有意见认为，为了更好地保护国家对无居民海岛的所有权，同时也为了宣示国家对无居民海岛的主权，有必要在《民法典》中明确规定无居民海岛属于国家所有。也有意见认为，对于自然资源的所有权，物权编主要是从自然资源的类别角度进行规范，而非地理的自然形态。物权编已经规定了土地、矿藏、水流、森林、山岭、野生动植物等自然资源的所有权，这些自然资源也可能存在于无居民海岛上。《海岛保护法》规定无居民海岛属于国家所有，其角度与物权编不同，不宜将这一规定照搬到《民法典》物权编中。经研究，采纳了第一种意见。①

关于本条中"国务院代表国家行使无居民海岛所有权"的规定，《民法典》物权编是否应延续《海岛保护法》第4条的规定的问题，有意见提出，《民法典》第246条第2款已经规定了"国有财产由国务院代表国家行使所有权"，因此本条无须再重复规定。也有意见认为，《民法典》第246条第2款规定的是："国有财产由国务院代表国家行使所有权。法律另有规定的，依照其规定。"而《海岛保护法》第4条规定"无居民海岛属于国家所有，国务院代表国家行使无居民海岛所有权"，并没有关于法律另有规定的表述。无居民海岛的所有权，也应当由国务院统一代表国家行使。经研究，采纳了第二种意见。②

### 三、条文解读

#### （一）无居民海岛的概念和特征

本条是无居民海岛属于国家所有权客体的规定，是《民法典》编纂创设的全新条款。从现有法律规定看，作为独立的地理单元，无居民海岛是一种特殊类型的土地。依据《海岛保护法》第2条、第4条的规定，海岛是指四面环海水并在高潮时高于水面的自然形成的陆地区域，包括有居民海岛和无居民海岛。无居民海岛属于国家所有，国务院代表国家行使无居民海岛所有权。根据《海岛保护法》第57条第2项的规定，"无居民海岛，是指不属于居民户籍管理的住址登记地的海岛"。《无居民海岛保护与利用管理规定》第34条第1项

---

① 参见黄薇主编：《中华人民共和国民法典物权编解读》，中国法制出版社2020年版，第106页。
② 参见黄薇主编：《中华人民共和国民法典物权编解读》，中国法制出版社2020年版，第107页。

规定,"无居民海岛,是指在我国管辖海域内不作为常住户口居住地的岛屿、岩礁和低潮高地等"。综合上述法律法规对无居民海岛的界定,无居民海岛具有以下特征:(1)无居民海岛是处于海洋中,高于水平面的岛屿、岩礁和低潮高地;(2)它是居民户籍管理的住址登记地之外的无人海岛。①

### (二)无居民海岛的所有权归属国家所有

从历史上看,由于无居民海岛不具备产生集体土地所有权的制度成因,认为无居民海岛归属集体所有的观点缺乏法理依据。无居民海岛不同于有居民海岛,没有居民在那里世代耕作,一直被排除在农民集体所有权制度的视野之外。从比较法上看,海洋国家无一不高度重视无居民海岛的立法,以规范无居民海岛的保护与管理。我国高度重视无居民海岛的权属问题,我国《宪法》第9条第1款规定:"矿藏、水流、森林、山岭、草原、荒地、滩涂等自然资源,都属于国家所有,即全民所有;由法律规定属于集体所有的森林和山岭、草原、荒地、滩涂除外。"无居民海岛作为特殊的自然资源,属于《宪法》规定归国家所有的自然资源,不属于由法律规定可以属于集体所有的森林和山岭、草原、荒地、滩涂等五种自然资源。依据《宪法》,在法律中明确无居民海岛的权属问题是十分必要和重要的。《海岛保护法》第4条即明确规定:"无居民海岛属于国家所有,国务院代表国家行使无居民海岛所有权。"

### (三)无居民海岛归属国家的重大价值

在实践中,无居民海岛对国家具有重大的政治、国防和经济利益,对无居民海岛的利用和开发必须加以公共利益的限制。无居民海岛国家所有权制度的建立,可以改变因所有权归属不明导致的"无居民海岛无人管"或者"滥开发"的现状,可以防止"无度、无序、无偿"使用无居民海岛情况的发生。实行对无居民海岛的国家所有,有利于国家或者政府机关出于公共利益的需要对无居民海岛进行统一的规划和长远的建设和开发。此外,确定无居民海岛归属国家所有,并不会影响对无居民海岛资源的有序利用。对此,可以根据实际情况充分运用用益物权制度,探索设立无居民海岛使用权,实现资源的合理配置。

---

① 参见孙宪忠、朱广新主编:《民法典评注:物权编》,中国法制出版社2020年版,第374页。

▶ 类案检索

### 广州市南沙区新沙医院与麦某泉租赁合同纠纷案

**关键词：** 无居民海岛　公共利益　国家所有权

**裁判摘要：** 2011年国家海洋局公布的可开发利用的无居民海岛名录范围内的无居民海岛，属于国家所有。当事人不能提供权属证明证实其签订对外承包合同时对无居民海岛有使用权，亦无法证实其对外发包土地的行为经权利人的追认，应认定其签订的对外承包合同侵犯了国家财产，损害了社会公共利益，承包合同依法归于无效，而无效合同自始无效。

【案　　号】（2021）粤01民终29623号

【审理法院】广东省广州市中级人民法院

【来　　源】中国裁判文书网

> **第二百四十九条** 城市的土地,属于国家所有。法律规定属于国家所有的农村和城市郊区的土地,属于国家所有。

## 关联规定

### 法律、行政法规、司法解释

1.《中华人民共和国宪法》

**第十条** 城市的土地属于国家所有。

农村和城市郊区的土地,除由法律规定属于国家所有的以外,属于集体所有;宅基地和自留地、自留山,也属于集体所有。

国家为了公共利益的需要,可以依照法律规定对土地实行征收或者征用并给予补偿。

任何组织或者个人不得侵占、买卖或者以其他形式非法转让土地。土地的使用权可以依照法律的规定转让。

一切使用土地的组织和个人必须合理地利用土地。

2.《中华人民共和国土地管理法》

**第二条** 中华人民共和国实行土地的社会主义公有制,即全民所有制和劳动群众集体所有制。

全民所有,即国家所有土地的所有权由国务院代表国家行使。

任何单位和个人不得侵占、买卖或者以其他形式非法转让土地。土地使用权可以依法转让。

国家为了公共利益的需要,可以依法对土地实行征收或者征用并给予补偿。

国家依法实行国有土地有偿使用制度。但是,国家在法律规定的范围内划拨国有土地使用权的除外。

**第九条** 城市市区的土地属于国家所有。

农村和城市郊区的土地,除由法律规定属于国家所有的以外,属于农民集体所有；宅基地和自留地、自留山，属于农民集体所有。

## ▶ 条文释义

### 一、本条主旨

本条是关于国家所有土地范围的规定。

### 二、条文演变

原《物权法》第 47 条规定："城市的土地，属于国家所有。法律规定属于国家所有的农村和城市郊区的土地，属于国家所有。"《民法典各分编（草案）》与《民法典物权编（草案）》（二次审议稿）均在第 44 条延续了该条规定。《民法典》本条未再作任何修改。

### 三、条文解读

本条规定了国家所有土地的范围。国家所有的土地范围包括：第一，城市土地；第二，法律规定属于国家所有的农村和城市郊区的土地。

（一）我国实行土地的社会主义公有制

《宪法》第 6 条第 1 款规定："中华人民共和国的社会主义经济制度的基础是生产资料的社会主义公有制，即全民所有制和劳动群众集体所有制……"土地是宝贵的自然资源，同时也是最基本的生产资料。中华人民共和国成立以后，我国土地的社会主义公有制逐步确立，形成了全民所有土地即国家所有土地和劳动群众集体所有土地即农民集体所有土地这两种基本的土地所有制形式。《土地管理法》第 2 条第 1 款规定："中华人民共和国实行土地的社会主义公有制，即全民所有制和劳动群众集体所有制。"土地所有制的表现形式是土地所有权，即土地所有者对其土地享有占有、使用、收益和处分的权利。

土地确权可以定分止争，稳定权利人对土地的利用预期，从而提高土地的利用效率。土地的国家管理，是由土地的特殊作用和特殊地位所决定的。第一，土地是人类赖以生存的最基本的物质基础，是一个国家最珍贵的资源，必须由国家进行管理；第二，土地的开发利用涉及社会的整体利益，与国家经济的发展息息相关，直接影响社会进步与稳定，因此，土地是自然、经济、社会历史的结合体，土地的开发利用会受制于一定的自然、社会经济条件，应当由国家综合平衡、控制调节，获取符合公共利益的最佳成效；第三，我国实行土地社会主义公有制，国家应当具有统一监督管理土地的职能，而不是由某一个社会团体或经济组织来拥有这种职能。

（二）国家所有土地的范围

1. 城市的土地属于国家所有

"城市的土地属于国家所有"即指国家对于城市的土地享有所有权，且城市的土地所有权只属于国家。《宪法》第10条第1款规定："城市的土地属于国家所有。"《土地管理法》第9条第1款规定："城市市区的土地属于国家所有。"

2. 法律规定属于国家所有的农村和城市郊区的土地属于国家所有

《宪法》第10条第2款规定："农村和城市郊区的土地，除由法律规定属于国家所有的以外，属于集体所有；宅基地和自留地、自留山，也属于集体所有。"《土地管理法》第9条第2款规定："农村和城市郊区的土地，除由法律规定属于国家所有的以外，属于农民集体所有；宅基地和自留地、自留山，属于农民集体所有。"法律规定属于国家所有的农村和城市郊区的土地属于国家所有。这里所讲的法律是全国人大及其常委会通过的具有法律约束力的规范性文件，包括宪法和其他法律。《宪法》第9条第1款就规定："矿藏、水流、森林、山岭、草原、荒地、滩涂等自然资源，都属于国家所有，即全民所有；由法律规定属于集体所有的森林和山岭、草原、荒地、滩涂除外。"也就是说，国家法律未确定为集体所有的森林和山岭、草原、荒地、滩涂等，均属于国家所有。

## ▶ 适用指引

我国确认国有土地权属关系的方式，第一种是正面确认，即直接划定国有土地的范围，第二种是反面确认，即先划定集体所有土地的范围，其余的均为国有土地的范围，也称为"排除法"。①

---

① 参见耿卓、于凤瑞：《我国城市更新的土地法制保障——以确权为中心》，载《土地法制科学》2018年第1期。

第二百五十条　森林、山岭、草原、荒地、滩涂等自然资源，属于国家所有，但是法律规定属于集体所有的除外。

## 关联规定

### 法律、行政法规、司法解释

1.《中华人民共和国宪法》

**第九条第一款**　矿藏、水流、森林、山岭、草原、荒地、滩涂等自然资源，都属于国家所有，即全民所有；由法律规定属于集体所有的森林和山岭、草原、荒地、滩涂除外。

2.《中华人民共和国森林法》

**第十四条**　森林资源属于国家所有，由法律规定属于集体所有的除外。

国家所有的森林资源的所有权由国务院代表国家行使。国务院可以授权国务院自然资源主管部门统一履行国有森林资源所有者职责。

**第十五条第一款**　林地和林地上的森林、林木的所有权、使用权，由不动产登记机构统一登记造册，核发证书。国务院确定的国家重点林区（以下简称重点林区）的森林、林木和林地，由国务院自然资源主管部门负责登记。

3.《中华人民共和国草原法》

**第九条**　草原属于国家所有，由法律规定属于集体所有的除外。国家所有的草原，由国务院代表国家行使所有权。

任何单位或者个人不得侵占、买卖或者以其他形式非法转让草原。

**第十条**　国家所有的草原，可以依法确定给全民所有制单位、集体经济组织等使用。

使用草原的单位，应当履行保护、建设和合理利用草原的义务。

**第十一条**　依法确定给全民所有制单位、集体经济组织等使用的国家所有的草原，由县级以上人民政府登记，核发使用权证，确认草原使用权。

未确定使用权的国家所有的草原，由县级以上人民政府登记造册，并负责保护管理。集体所有的草原，由县级人民政府登记，核发所有权证，确认草原所有权。

依法改变草原权属的，应当办理草原权属变更登记手续。

**第十三条** 集体所有的草原或者依法确定给集体经济组织使用的国家所有的草原，可以由本集体经济组织内的家庭或者联户承包经营。

在草原承包经营期内，不得对承包经营者使用的草原进行调整；个别确需适当调整的，必须经本集体经济组织成员的村（牧）民会议三分之二以上成员或者三分之二以上村（牧）民代表的同意，并报乡（镇）人民政府和县级人民政府草原行政主管部门批准。

集体所有的草原或者依法确定给集体经济组织使用的国家所有的草原由本集体经济组织以外的单位或者个人承包经营的，必须经本集体经济组织成员的村（牧）民会议三分之二以上成员或者三分之二以上村（牧）民代表的同意，并报乡（镇）人民政府批准。

## 条文释义

### 一、本条主旨

本条是关于森林、山岭、草原、荒地、滩涂等自然资源属于国家所有的部分，即成为国家所有权客体的规定。

### 二、条文演变

本条是对原《物权法》第 48 条的继承，重在宣明这些自然资源归属的基本精神，作为个案中确定某宗自然资源的具体归属的指导原则。① 关于森林、山岭、草原、荒地、滩涂等自然资源的国家所有，最初是在《宪法》中予以规定的。1954 年《宪法》第 6 条第 2 款规定："矿藏，水流，由法律规定为国有的森林、荒地和其他资源，都属于全民所有。" 1982 年《宪法》第 9 条第 1 款规定："矿藏、水流、森林、山岭、草原、荒地、滩涂等自然资源，都属于国家所有，即全民所有；由法律规定属于集体所有的森林和山岭、草原、荒地、

---

① 参见崔建远：《中国民法典释评：物权编》，中国人民大学出版社 2020 年版，第 300 页。

滩涂除外。"有学者认为，计划经济体制下，1954年《宪法》对自然资源国家所有的规定实际上是对国有自然资源的所有制性质的规定。随着市场化和国家法治的推进，1982年《宪法》关于森林、山岭等自然资源国家所有的原则规定是自然资源国家所有权法律化的初步体现。[1]

将自然资源国家所有权正式作为民法所有权纳入民法体系，始于1986年的原《民法通则》。原《民法通则》第81条规定："国家所有的森林、山岭、草原、荒地、滩涂、水面等自然资源，可以依法由全民所有制单位使用，也可以依法确定由集体所有制单位使用，国家保护它的使用、收益的权利；使用单位有管理、保护、合理利用的义务。国家所有的矿藏，可以依法由全民所有制单位和集体所有制单位开采，也可以依法由公民采挖。国家保护合法的采矿权。公民、集体依法对集体所有的或者国家所有由集体使用森林、山岭、草原、荒地、滩涂、水面的承包经营权，受法律保护。承包双方的权利和义务，依照法律由承包合同规定。国家所有的矿藏、水流，国家所有的和法律规定属于集体所有的林地、山岭、草原，荒地、滩涂不得买卖、出租、抵押或者以其他形式非法转让。"该条标志着自然资源所有权正式进入民法所有权的范围，但可以看出原《民法通则》重点在对自然资源使用权的确认，而非自然资源国家所有权的确认。

在《民法典》编纂过程中，《民法典各分编（草案）》第45条吸收了原《物权法》第48条的规定。《民法典物权编（草案）》（二次审议稿）第45条的但书部分，以"但是"一词替代"但"字，具体表述为，"森林、土地、山岭、草原、荒地、滩涂等自然资源，属于国家所有，但是法律规定属于集体所有的除外。"从"但"到"但是"，虽然只有一字之差，且法条内容并无实质改变，但是法条更加正式严谨。《民法典（草案）》第250条与《民法典物权编（草案）》（二次审议稿）第45条作了一致性规定，并最终被《民法典》所采纳，形成本条规定。

本条将森林单独规定为属于国家所有或者集体所有，2019年7月16日修正的《不动产登记暂行条例实施细则》，第2条第2款、第5条第2款及第3款、第36条的规定，也显示出把森林、林木作为独立于土地、土地承包经营

---

[1] 参见王克稳：《论自然资源国家所有权权能》，载《苏州大学学报（哲学社会科学版）》2018年第1期。

权的不动产。就此看来,所谓林木是独立于、区别于土地的不动产的观点,①有其依据。森林、林木不属于土地的重要成分,也就是不适用附合规则,在林地已经发包给林业职工或农民时,由土地承包经营权人、林权人享有育林、护林、依法采伐、出卖、抵押林木的权利,有利于调动土地承包经营权人、林权人经营林业的积极性,保护他们的权益,也反射地有利于森林、林木的繁荣、养护,有利于生态平衡,也符合农地、林地"三权分置"改革方向。

在立法征求意见过程中,有的建议,删除"等自然资源"的表述。有的认为,"土地"包括"山岭""荒地""滩涂",建议删除本条中的"山岭""荒地""滩涂"。有的认为,本条中的"等"表述易生歧义,建议删除。《宪法》是我国的根本法,制定法律要以《宪法》为依据,因此,本条在文字的表述上依据《宪法》作出了规定。

### 三、条文解读

本条旨在对森林、山岭、草原、荒地、滩涂等自然资源的归属进行规定。在原《物权法》立法过程中,是否应当规定本条存在较大争议。有学者认为,以所有制性质类型区分所有权并无任何实益,市场经济规律要求对合法财产进行一体保护,就所有权规范事项统一加以规定。② 有学者认为,本条与《宪法》第9条第1款极为相似,并无实质意义。但是,宪法与民法的功能不同,宪法的功能在于限制国家权力,民法的功能在于为私人自由行为提供保障。③ 物权制度的立法目的是维护国家基本经济制度,维护社会主义市场经济秩序,明确物的归属,发挥物的效用,保护权利人的物权。《民法典》物权编关于所有权的规定,解决的是私法上的财产归属问题。④ 根据《宪法》第9条的规定,森林、山岭、草原、荒地、滩涂等自然资源找到了宪法上的所有权归属,而将宪法上的自然资源国家所有权转化为民法上的自然资源所有权,可为自然资源用益物权的生成提供母权基础,能够更好发挥自然资源的效用,实现物尽其用的目的。同时,民法上的自然资源所有权负有社会义务,权利人行使权利需考量

---

① 参见陈华彬:《物权法原理》,国家行政学院出版社1998年版,第62页。
② 参见中国物权法研究课题组:《中国物权法草案建议稿附理由》,社会科学文献出版社2007年版,第186页。
③ 参见朱庆育:《民法总论》,北京大学出版社2016年版,第11页。
④ 参见房绍坤:《我国民法典物权编的编纂研究》,载《政治与法律》2018年第10期。

社会公共利益，这对进一步保护国有自然资源，合理开发与利用自然资源，具有重要意义。

## ▶ 适用指引

森林、山岭、草原、荒地、滩涂等自然资源均是国家重要的自然资源，应属于国家所有权的客体。本条与《民法典》第247条规定不同的是，矿藏、水流、海域只能属于国家所有，而森林、山岭、草原、荒地、滩涂不仅可以属于国家，也可以属于农村集体经济组织所有。即森林、山岭、草原、荒地、滩涂既能成为国家所有权的客体，也能成为集体所有权的客体。对此，依据本条规定，森林、山岭、草原、荒地、滩涂，在法律没有规定归集体所有的情况下，应属于国家所有。从所有权主体的角度讲，个人不能成为森林、山岭、草原、荒地、滩涂等自然资源的所有权主体。

**第二百五十一条** 法律规定属于国家所有的野生动植物资源，属于国家所有。

## 关联规定

法律、行政法规、司法解释

1.《中华人民共和国宪法》

**第九条第二款** 国家保障自然资源的合理利用，保护珍贵的动物和植物。禁止任何组织或者个人用任何手段侵占或者破坏自然资源。

2.《中华人民共和国野生动物保护法》

**第二条** 在中华人民共和国领域及管辖的其他海域，从事野生动物保护及相关活动，适用本法。

本法规定保护的野生动物，是指珍贵、濒危的陆生、水生野生动物和有重要生态、科学、社会价值的陆生野生动物。

本法规定的野生动物及其制品，是指野生动物的整体（含卵、蛋）、部分及其衍生物。

珍贵、濒危的水生野生动物以外的其他水生野生动物的保护，适用《中华人民共和国渔业法》等有关法律的规定。

**第三条** 野生动物资源属于国家所有。

国家保障依法从事野生动物科学研究、人工繁育等保护及相关活动的组织和个人的合法权益。

3.《野生植物保护条例》

**第二条** 在中华人民共和国境内从事野生植物的保护、发展和利用活动，必须遵守本条例。

本条例所保护的野生植物，是指原生地天然生长的珍贵植物和原生地天然生长并具有重要经济、科学研究、文化价值的濒危、稀有植物。

药用野生植物和城市园林、自然保护区、风景名胜区内的野生植物的保护，同时适用有关法律、行政法规。

## ▶ 条文释义

### 一、本条主旨

本条是关于法律规定属于国家所有的野生动植物资源专属于国家所有权客体的规定。

### 二、条文演变

本条保留了原《物权法》第 49 条的规定。关于野生动植物资源的国家所有权，《宪法》并未像规定矿藏、水流等自然资源国家所有权那样予以明确规定，而只是在《宪法》第 9 条第 2 款规定："国家保障自然资源的合理利用，保护珍贵的动物和植物。禁止任何组织或者个人用任何手段侵占或者破坏自然资源。"1989 年 3 月 1 日施行的《野生动物保护法》第 3 条规定："野生动物资源属于国家所有。""国家保护依法开发利用野生动物资源的单位和个人的合法权益。"这是我国第一次在法律上明确规定了野生动物资源的国家所有权。在原《物权法》起草过程中，2007 年 3 月，全国人大各代表团在审议《物权法（草案）》时，有的代表提出，草案第 49 条关于"野生动植物资源属于国家所有"的规定，范围不清楚，能否规定一切野生植物资源都归国家所有，值得研究。对此，立法机关研究认为："依照《宪法》规定，森林、草原属于国家所有，法律规定属于集体所有的森林、草原除外。不加区别地规定野生植物资源都属于国家所有，是不确切的。"建议将这一条修改为："法律规定属于国家所有的野生动植物资源，属于国家所有。"[①] 原《物权法》第 49 条规定："法律规定属于国家所有的野生动植物资源，属于国家所有。"在《民法典》编纂过程中，《民法典各分编（草案）》第 46 条、《民法典物权编（草案）》（二次审议稿）第 46 条以及《民法典（草案）》第 251 条均未对原《物权法》第 49 条作出修

---

[①] 参见上官丕亮：《合宪性审查的法理逻辑与实践探索》，载《苏州大学学报（哲学社会科学版）》2019 年第 3 期。

改。本条保留原《物权法》这一规定后，其更像一个指引性规定，具体的野生动植物资源是否为国家所有，要以有"法律规定"为前提条件。

### 三、条文解读

野生动植物资源在国民经济和社会发展中具有非常重要的地位。野生动物是我国的一项巨大自然财富。我国野生动物资源十分丰富，不仅经济动物种类繁多，还有不少闻名世界的珍贵稀有鸟兽。野生动物作为自然生态系统的重要组成部分，是人类宝贵的自然资源，为人类的生产和生活提供了丰富的资源，对人类发展有重要的促进作用。我国也是世界上野生植物资源种类最为丰富的国家之一。野生植物是自然生态系统的重要组成部分，是人类生存和社会发展的重要物质基础，是国家重要的资源。野生植物资源作为社会经济发展中一种极为重要的资源，具有生态性、多样性、遗传性和可再生性等特点。① 法律规定属于国家所有，通常是指列入国家保护范围的野生动植物资源，需要根据野生动植物资源的目录确定国家所有的范围。② 本条规定有利于保护和更加合理地利用我国的野生动植物资源。

野生动植物资源是国家重要的自然资源，法律规定属于国家所有的，当然属于国家所有权的客体。我国《宪法》第9条第2款规定："国家保障自然资源的合理利用，保护珍贵的动物和植物。禁止任何组织或者个人用任何手段侵占或者破坏自然资源。"该规定表明，保护动植物资源是《宪法》确立的重要原则。关于野生动物资源，依据《野生动物保护法》第3条的规定，野生动物资源属于国家所有。国家保障依法从事野生动物科学研究、人工繁育等保护及相关活动的组织和个人的合法权益。据此，野生动物只能成为国家所有权的客体，不能成为集体所有权和个人所有权的客体。《野生动物保护法》的上述规定与本条规定是一致的。关于野生植物资源，《野生植物保护条例》主要从保护的角度对野生植物有关内容作了规定。比如，第9条规定："国家保护野生植物及其生长环境。禁止任何单位和个人非法采集野生植物或者破坏其生长环

---

① 参见黄薇主编：《中华人民共和国民法典物权编解读》，中国法制出版社2020年版，第112页。
② 参见孙宪忠、朱广新主编：《民法典评注：物权编》，中国法制出版社2020年版，第392页。

境。"第 10 条第 1 款规定："野生植物分为国家重点保护野生植物和地方重点保护野生植物。"据此，本条所规定的法律规定属于国家所有的野生动植物资源的所有权主体为国家，国务院代表国家行使所有权，其他集体组织或者个人在一定条件下享有使用权。

本条规定的是野生动植物资源的归属，而未规定野生动植物的归属。关于野生动植物资源与野生动植物是否等同，存有争议。有学者认为，依据《现代汉语词典》中对"资源"的定义——"生产资料或生活资料的天然来源"，野生动植物资源实质上就是指野生动植物，"野生动植物资源所有权"也就是"野生动植物所有权"。① 也有学者认为两者是不同的，野生动植物资源是一个广义的法律概念，包括野生动植物产品，而野生动植物则是一个狭义的概念。

## ▶ 适用指引

审判实践中，利用野生动植物资源必须服从于对野生动植物的保护这一基本原则。同时，还要注意，法律明确禁止野生动植物的交易行为，与刑法相关规定予以衔接。这对维护公共卫生和广大人民群众身体健康十分重要。

## ▶ 典型案例

### 一、被告人贡某某等三人非法猎捕、杀害珍贵、濒危野生动物刑事附带民事公益诉讼案

**关键词：** 野生动物资源　国家所有权　损害赔偿

**裁判摘要：** 对于非法猎捕、杀害珍贵、濒危野生动物引发的刑事附带民事公益诉讼案件，法院在严惩破坏野生动物资源犯罪的同时，依法判决被告人赔偿国家经济损失并赔礼道歉，体现了司法保护生态环境公共利益的功能，对于全面禁止和惩治非法野生动物交易，引导社会公众树立自觉保护野生动物及其栖息地意识，维护国家生物安全和生态安全具有重要意义。

---

① 参见刘宏明：《我国野生动物所有权立法评述》，载《野生动物》2007 年第 4 期。

**基本案情：** 2017年12月间，被告人贡某某等三人在玉树市仲达乡邦琼寺附近一山沟处用铁丝陷阱非法捕杀3只母马麝，并将尸体埋于现场附近。玉树市森林公安局民警接群众报案后将三人当场抓获。经鉴定，案涉野生动物马麝为国家一级重点保护动物，3只马麝整体价值为9万元。青海省玉树市人民检察院依法提起刑事附带民事公益诉讼。

青海省玉树藏族自治州玉树市人民法院一审认为，贡某某等三人的行为，构成非法猎捕、杀害珍贵、濒危野生动物罪。三被告人的行为损害了社会公共利益，应承担因犯罪行为给国家野生动物资源造成的损失。一审法院判决贡某某等三人犯非法猎捕、杀害珍贵、濒危野生动物罪，判处有期徒刑五年至三年六个月不等，并处罚金；判决三被告共同赔偿野生动物资源损失9万元，并公开向社会公众道歉。

【案　　号】（2018）青2701刑初14号

【审理法院】青海省玉树藏族自治州玉树市人民法院

【来　　源】黄河流域生态环境司法保护典型案例（2020年6月5日最高人民法院发布）

## 二、被告人甲某某盗伐林木刑事附带民事公益诉讼案

**关键词：** 国家所有林木　恢复性司法理念

**裁判摘要：** 对于盗伐林木引发的刑事附带民事公益诉讼案件，人民法院可统筹运用刑事、民事责任方式，落实恢复性司法理念，在判决被告人负刑事责任的同时承担补植复绿的生态环境修复责任，构建惩处和复绿并举的责任追究机制，对于有效树立"伐树要许可、毁树须担责"的生态保护意识，推动形成人与自然和谐共生的绿色生活方式，具有积极的促进作用。

**基本案情：** 被告人甲某某为自建房屋申请砍伐木材50立方米。2018年7月底，在尚未取得林木采伐许可证情况下，甲某某谎称已取得砍树指标，请人在崇尔乡列更山上砍伐云杉树木39棵、蓄积为44.87立方米。同年9月10日，甲某某主动到若尔盖县森林公安局投案，如实供述犯罪事实，后签署认罪认罚具结书。四川省若尔盖县人民检察院依法提起刑事附带民事公益诉讼。

四川省若尔盖县人民法院一审认为，甲某某在未取得林木采伐许可证的情况下，以非法占有为目的，擅自砍伐国家所有林木云杉，蓄积44.87立方米，

数量巨大,已构成盗伐林木罪。鉴于甲某某构成自首,其盗伐林木目的是用于自建房且能认罪认罚,故对其减轻处罚。若尔盖县人民检察院依法提起附带民事公益诉讼,主体适格,程序合法,对其公益诉讼请求予以支持。一审法院判决甲某某犯盗伐林木罪,判处有期徒刑二年、缓刑三年,并处罚金2000元;甲某某在判决生效后六个月内,补种云杉树390株。

【案　　号】(2018)川3232刑初25号

【审理法院】四川省若尔盖县人民法院

【来　　源】黄河流域生态环境司法保护典型案例(2020年6月5日最高人民法院发布)

## 第二百五十二条　无线电频谱资源属于国家所有。

### ▶ 关联规定

一、法律、行政法规、司法解释

1.《中华人民共和国刑法》

**第二百八十八条**　违反国家规定，擅自设置、使用无线电台（站），或者擅自使用无线电频率，干扰无线电通讯秩序，情节严重的，处三年以下有期徒刑、拘役或者管制，并处或者单处罚金；情节特别严重的，处三年以上七年以下有期徒刑，并处罚金。

单位犯前款罪的，对单位判处罚金，并对其直接负责的主管人员和其他直接责任人员，依照前款的规定处罚。

2.《中华人民共和国无线电管理条例》

**第三条**　无线电频谱资源属于国家所有。国家对无线电频谱资源实行统一规划、合理开发、有偿使用的原则。

3.《最高人民法院、最高人民检察院关于办理扰乱无线电通讯管理秩序等刑事案件适用法律若干问题的解释》

**第一条**　具有下列情形之一的，应当认定为刑法第二百八十八条第一款规定的"擅自设置、使用无线电台（站），或者擅自使用无线电频率，干扰无线电通讯秩序"：

（一）未经批准设置无线电广播电台（以下简称"黑广播"），非法使用广播电视专用频段的频率的；

（二）未经批准设置通信基站（以下简称"伪基站"），强行向不特定用户发送信息，非法使用公众移动通信频率的；

（三）未经批准使用卫星无线电频率的；

（四）非法设置、使用无线电干扰器的；

（五）其他擅自设置、使用无线电台（站），或者擅自使用无线电频率，干扰无线电通讯秩序的情形。

### 二、部门规章及规范性文件

1.《无线电频率使用许可管理办法》

第三条　无线电频谱资源属于国家所有，实行有偿使用。

使用无线电频率应当按照国家有关规定缴纳无线电频率占用费。

2.《电信网码号资源管理办法》

第三条　码号资源属于国家所有。国家对码号资源实行有偿使用制度，具体收费标准和收费办法另行制定。

## ▶ 条文释义

### 一、本条主旨

本条是关于无线电频谱资源专属于国家所有权客体的规定。

### 二、条文演变

本条保留了原《物权法》第 50 条的规定。无线电于清末时期传入我国。无线电的相关内容在我国初期的《民法典》草案中，国家所有权部分以"无线电事业"予以明确，但是并未提及"无线电频谱"或"无线电频谱资源"。[①] 在 1982 年《宪法》和 1986 年原《民法通则》中，均没有在无线电波频谱之上设定财产权。1993 年 9 月 11 日，国务院、中央军事委员会发布的《无线电管理条例》第 4 条规定："无线电频谱资源属国家所有。国家对无线电频谱实行统一规划、合理开发、科学管理、有偿使用的原则。"这是我国首次以行政法规的形式规定了无线电频谱资源的国家所有权。原《物权法》第 50 条规定："无线电频谱资源属于国家所有。"这是我国首次在法律中规定无线电频谱资源的国有属性。在《民法典》编纂过程中，《民法典物权编（草案）》（征求意见稿）第 47 条、《民法典各分编（草案）》第 47 条、《民法典物权编（草案）》（二次审议稿）第 47 条以及《民法典（草案）》第 252 条都保留了原《物权

---

① 参见何勤华、李秀清、陈颐编：《新中国民法典草案总览》，法律出版社 2003 年版，第 66 页。

法》第50条的规定。

### 三、条文解读

#### （一）无线电频谱资源的内涵

我国相关法律、行政法规中并无关于无线电频谱资源的定义。根据国际电信联盟《无线电规则》，无线电频谱一般指9KHz至3000GHz频率范围内发射无线电波的无线电频率的总称。无线电频率是自然界存在的一种电磁波，是一种物质，是一种可获得的看不见、摸不着的自然资源，它具有以下特性：第一，它是有限的。尽管使用无线电频谱可以根据时间、空间、频率和编码四种方式进行频率的复用，但就某一频段和频率来讲，在一定的区域、一定的时间和一定的条件下使用频率是有限的。第二，它是排他的。无线电频谱资源与其他资源具有共同的属性，即排他性，在一定的时间、地区和频域内，一旦被使用，其他设备是不能再用的。第三，它具备复用性。虽然无线电频谱具有排他性，但在一定的时间、地区、频域和编码条件下，无线电频率是可以重复使用和利用的，即不同无线电业务和设备可以频率复用和共用。第四，它是非耗竭性的。无线电频谱资源不同于矿产、森林等资源，它可以被人类利用，但不会被消耗掉，不使用它是一种浪费，使用不当更是一种浪费，甚至会由于使用不当产生干扰而造成危害。第五，它具有固有的传播特性。无线电波是按照一定规律传播的，其不受行政地域的限制，传播既无省界也无国界。第六，它具有易污染性。如果无线电频率使用不当，就会受到其他无线电台、自然噪声和人为噪声的干扰而无法正常工作，或者干扰其他无线电台站，使其不能正常工作，使之无法准确、有效和迅速地传送信息。[1]

#### （二）无线电频谱资源是国家所有权的专属客体

无线电频谱可用来进行声音和图像传播，适用于天气预报、导航、无线通信等方面，对国家的经济、国防等都具有重要价值。为了充分、合理、有效地利用无线电频谱资源，维护空中电波秩序，保证各种无线电业务的正常运行，防止各种无线电业务、无业电台站和系统之间的相互干扰，有必要在无线电频

---

[1] 参见黄薇主编：《中华人民共和国民法典物权编解读》，中国法制出版社2020年版，第114~115页。

谱资源之上设定财产权,由权利人统一分配和管理无线电频谱的利用。

我国国家所有权的客体主要包括重要的自然资源、关系国民经济命脉和国家安全的基础设施以及国家依法行使公权力取得的财产。无线电频谱资源是我国重要的自然资源,当然专属于国家所有权的客体。本条规定"无线电频谱资源属于国家所有",是指国家对无线电频谱资源享有占有、使用、收益和处分的权利。根据本条规定,无线电频谱只能成为国家所有权的客体,而不能成为集体所有权和个人所有权的客体。需要说明的是,集体和个人虽然不能成为无线电频谱资源的所有权主体,但在法律规定的一定条件下可以享有使用权。

## ▶ 适用指引

涉及无线电频谱资源案件时,要明确其所有权归国家的基本判断,涉及其利用时,要遵循利用无线电频谱资源实行统一规划、合理开发、科学管理、有偿使用的法定原则。关于无线电频率的使用,应采取许可使用的原则。《无线电管理条例》第14条规定:"使用无线电频率应当取得许可,但下列频率除外:(一)业余无线电台、公众对讲机、制式无线电台使用的频率;(二)国际安全与遇险系统,用于航空、水上移动业务和无线电导航业务的国际固定频率;(三)国家无线电管理机构规定的微功率短距离无线电发射设备使用的频率。"第15条规定:"取得无线电频率使用许可,应当符合下列条件:(一)所申请的无线电频率符合无线电频率划分和使用规定,有明确具体的用途;(二)使用无线电频率的技术方案可行;(三)有相应的专业技术人员;(四)对依法使用的其他无线电频率不会产生有害干扰。"在此还应注意的是,依据《无线电管理条例》第19条、第20条的规定,无线电频率使用许可的期限不得超过10年。无线电频率使用期限届满后需要继续使用的,应当在期限届满30个工作日前向作出许可决定的无线电管理机构提出延续申请。无线电频率使用期限届满前拟终止使用无线电频率的,应当及时向作出许可决定的无线电管理机构办理注销手续。同时,转让无线电频率使用权的,受让人应当符合该条例第15条规定的条件,并提交双方转让协议,依照该条例第16条规定的程序报请无线电管理机构批准。

此外,要注意把握电信网码号资源的归属问题。依据《电信条例》第26条的规定,"国家对电信资源统一规划、集中管理、合理分配,实行有偿使用制度。""前款所称电信资源,是指无线电频率、卫星轨道位置、电信网码号等用于实现电信功能且有限的资源。"第 27 条又进一步规定,电信业务经营者占有、使用电信资源,应当缴纳电信资源费。根据《电信网码号资源管理办法》第 2 条第 2 款规定,码号资源,是指由数字、符号组成的用于实现电信功能的用户编号和网络编号。我国《电信网码号资源管理办法》第 3 条规定:"码号资源属于国家所有。国家对码号资源实行有偿使用制度,具体收费标准和收费办法另行制定。"根据该办法的规定,国家对电话号码享有所有权。电信公司通过申请取得对电话号码的使用权。① 也就是说,固定电话网码号等号码从所有权关系上讲是不属于个人的。

---

① 参见胡大武:《家庭来电显示下个人隐私的法律冲突及保护》,载《环球法律评论》2007 年第 6 期。

**第二百五十三条** 法律规定属于国家所有的文物，属于国家所有。

## ▶ 关联规定

**法律、行政法规、司法解释**

《中华人民共和国文物保护法》

**第二条** 在中华人民共和国境内，下列文物受国家保护：

（一）具有历史、艺术、科学价值的古文化遗址、古墓葬、古建筑、石窟寺和石刻、壁画；

（二）与重大历史事件、革命运动或者著名人物有关的以及具有重要纪念意义、教育意义或者史料价值的近代现代重要史迹、实物、代表性建筑；

（三）历史上各时代珍贵的艺术品、工艺美术品；

（四）历史上各时代重要的文献资料以及具有历史、艺术、科学价值的手稿和图书资料等；

（五）反映历史上各时代、各民族社会制度、社会生产、社会生活的代表性实物。

文物认定的标准和办法由国务院文物行政部门制定，并报国务院批准。

具有科学价值的古脊椎动物化石和古人类化石同文物一样受国家保护。

**第五条** 中华人民共和国境内地下、内水和领海中遗存的一切文物，属于国家所有。

古文化遗址、古墓葬、石窟寺属于国家所有。国家指定保护的纪念建筑物、古建筑、石刻、壁画、近代现代代表性建筑等不可移动文物，除国家另有规定的以外，属于国家所有。

国有不可移动文物的所有权不因其所依附的土地所有权或者使用权的改变而改变。

下列可移动文物，属于国家所有：

（一）中国境内出土的文物，国家另有规定的除外；

（二）国有文物收藏单位以及其他国家机关、部队和国有企业、事业组织等收藏、保管的文物；

（三）国家征集、购买的文物；

（四）公民、法人和其他组织捐赠给国家的文物；

（五）法律规定属于国家所有的其他文物。

属于国家所有的可移动文物的所有权不因其保管、收藏单位的终止或者变更而改变。

国有文物所有权受法律保护，不容侵犯。

## ▶ 条文释义

### 一、本条主旨

本条是关于法律规定属于国家所有的文物专属于国家所有权客体的规定。

### 二、条文演变

原《物权法》第51条规定："法律规定属于国家所有的文物，属于国家所有。"在《民法典》编纂过程中，《民法典物权编（草案）》（征求意见稿）第48条、《民法典物权编（草案）》（二次审议稿）第48条及《民法典（草案）》第253条均承袭了原《物权法》第51条的规定。

### 三、条文解读

本条规定，法律规定属于国家所有的文物，属于国家所有。在此需要明确的是，并不是所有的文物都归国家所有，而是法律规定属于国家所有的文物，才属于国家所有。文物的所有者可以是各类民事主体，民事主体可以按照法律规定享有对文物的所有权。依照《文物保护法》第5条的规定，以下文物属于国家所有：（1）中华人民共和国境内地下、内水和领海中遗存的一切文物，属于国家所有。（2）古文化遗址、古墓葬、石窟寺属于国家所有。国家指定保护的纪念建筑物、古建筑、石刻、壁画、近代现代代表性建筑等不可移动文物，除国家另有规定的以外，属于国家所有。（3）下列可移动文物，属于国家所有：中国境内出土的文物，国家另有规定的除外；国有文物收藏单位以及其他国家机关、部队和国有企业、事业组织等收藏、保管的文物；国家征集、购买的文物；公民、法人和其他组织捐赠给国家的文物；法律规定属于国家所有的其他文物。《文物保护法》第5条还规定：属于国家所有的可移动文物的所有权不因其保管、收藏单位的终止或者变更而改变。国有文物所有权受法律保护，不容侵犯。国有不可移动文物的所有权不因其所依附的土地所有权或者使用权的改变而改变。国家依法享有对法律规定属于国家所有的文物的所有权，也就是国家依法享有对其所有的文物的占有、使用、收益和处分的权利。

行政法规也对一些文物的国家所有权作出过规定。如《水下文物保护管理条例》第2条规定："本条例所称水下文物，是指遗存于下列水域的具有历史、艺术和科学价值的人类文化遗产：（一）遗存于中国内水、领海内的一切起源于中国的、起源国不明的和起源于外国的文物；（二）遗存于中国领海以外依照中国法律由中国管辖的其他海域内的起源于中国的和起源国不明的文物；（三）遗存于外国领海以外的其他管辖海域以及公海区域内的起源于中国的文物。""前款规定内容不包括1911年以后的与重大历史事件、革命运动以及著名人物无关的水下遗存。"第3条规定："本条例第二条第一款第一项、第二项所规定的水下文物属于国家所有，国家对其行使管辖权；本条例第二条第一款第三项所规定的水下文物，遗存于外国领海以外的其他管辖海域以及公海区域内的起源国不明的文物，国家享有辨认器物物主的权利。"

## ▶ 适用指引

人民法院在审理继承、析产、确权等类型的民事案件时，如讼争标的物是文物，首先应按照《文物保护法》等法律、法规规定，界定讼争文物是否属于国家所有。如确定讼争文物属国家所有，人民法院应当驳回当事人的诉讼请求，将案件移送国家有关行政主管部门按照程序处理。即使讼争标的物是在集体所有的土地之下埋藏，但按照《文物保护法》规定应当属于国家所有的，不能因为其所依附的土地所有权的性质而改变文物的权属关系，也不能适用发现埋藏物的权属归属规则。

法律对国有文物权能行使的规定也具有一些特殊性。例如，《文物保护法》第58条规定："文物行政部门在审核拟拍卖的文物时，可以指定国有文物收藏单位优先购买其中的珍贵文物。购买价格由文物收藏单位的代表与文物的委托人协商确定。"尽管该规范与所有权无直接关联，但其赋予国有文物收藏单位在私有文物拍卖时的优先购买权，与一般的优先购买权产生的法理基础不同，其特殊性在于其并非基于物权而享有而是法律直接规定的，文物国有化处于优先地位。[1]

---

[1] 参见孙宪忠、朱广新主编：《民法典评注：物权编》，中国法制出版社2020年版，第404页。

> 第二百五十四条　国防资产属于国家所有。
> 
> 铁路、公路、电力设施、电信设施和油气管道等基础设施，依照法律规定为国家所有的，属于国家所有。

## ▶ 关联规定

### 法律、行政法规、司法解释

1.《中华人民共和国国防法》

**第四十条**　国家为武装力量建设、国防科研生产和其他国防建设直接投入的资金、划拨使用的土地等资源，以及由此形成的用于国防目的的武器装备和设备设施、物资器材、技术成果等属于国防资产。

国防资产属于国家所有。

**第四十一条**　国家根据国防建设和经济建设的需要，确定国防资产的规模、结构和布局，调整和处分国防资产。

国防资产的管理机构和占有、使用单位，应当依法管理国防资产，充分发挥国防资产的效能。

**第四十二条**　国家保护国防资产不受侵害，保障国防资产的安全、完整和有效。

禁止任何组织或者个人破坏、损害和侵占国防资产。未经国务院、中央军事委员会或者国务院、中央军事委员会授权的机构批准，国防资产的占有、使用单位不得改变国防资产用于国防的目的。国防资产中的技术成果，在坚持国防优先、确保安全的前提下，可以根据国家有关规定用于其他用途。

国防资产的管理机构或者占有、使用单位对不再用于国防目的的国防资产，应当按照规定报批，依法改作其他用途或者进行处置。

2.《中华人民共和国电力法》

**第四条**　电力设施受国家保护。

禁止任何单位和个人危害电力设施安全或者非法侵占、使用电能。

**第五十二条** 任何单位和个人不得危害发电设施、变电设施和电力线路设施及其有关辅助设施。

在电力设施周围进行爆破及其他可能危及电力设施安全的作业的,应当按照国务院有关电力设施保护的规定,经批准并采取确保电力设施安全的措施后,方可进行作业。

## ▶ 条文释义

### 一、本条主旨

本条是关于国防资产的国家所有权以及属于国家所有的基础设施的规定。

### 二、条文演变

原《物权法》第 52 条规定:"国防资产属于国家所有。""铁路、公路、电力设施、电信设施和油气管道等基础设施,依照法律规定为国家所有的,属于国家所有。"在本次《民法典》编纂过程中,《民法典物权编(草案)》(征求意见稿)、《民法典各分编(草案)》(二次审议稿)第 48 条及《民法典(草案)》第 254 条均承袭了原《物权法》第 52 条的规定。

### 三、条文解读

本条第 1 款规定,国防资产属于国家所有。国防是国家生存与发展的安全保障,是维护国家安全统一,确保实现全面建设小康社会目标的重要保障。建立强大巩固的国防是中国现代化建设的战略任务。规定国防资产的国家所有权对我国的国防建设有重大意义。《国防法》第 40 条第 2 款也规定,国防资产归国家所有。根据《国防法》第 40 条第 1 款的规定,国家为武装力量建设、国防科研生产和其他国防建设直接投入的资金、划拨使用的土地等资源,以及由此形成的用于国防目的的武器装备和设备设施、物资器材、技术成果等属于国防资产。《国防法》第 42 条第 1 款规定,国家保护国防资产不受侵害,保障国防资产的安全、完整和有效。

本条第 2 款规定:"铁路、公路、电力设施、电信设施和油气管道等基础设施,依照法律规定为国家所有的,属于国家所有。"铁路、公路、电力设施、电信设施和油气管道等基础设施都是国家重要的基础设施，建设铁路、公路、电力设施、电信设施和油气管道等基础设施对方便人民生活、提高人民生活水平有重要意义，确保铁路、公路、电力设施、电信设施和油气管道等基础设施的安全对于国民经济发展和保障人民群众生命财产安全意义重大。因此，规定铁路、公路、电力设施、电信设施和油气管道等基础设施，依照法律规定为国家所有的，属于国家所有，对于提高基础设施的建设速度、使用效率和保障基础设施的安全等都有重要意义。《电力法》第4条规定："电力设施受国家保护。""禁止任何单位和个人危害电力设施安全或者非法侵占、使用电能。"

## ▶ 适用指引

本条第1款规定，国防资产属于国家所有。《国防法》第42条第1款规定，国家保护国防资产不受侵害，保障国防资产的安全、完整和有效。本条第2款规定，铁路、公路、电力设施、电信设施和油气管道等基础设施，依照法律规定为国家所有的，属于国家所有。依据本款的规定，并不是所有的铁路、公路、电力设施、电信设施和油气管道等基础设施，都属于国家所有，而是依照法律规定为国家所有的基础设施，才属于国家所有。此处的基础设施也不仅仅包括铁路、公路、电力设施、电信设施和油气管道这几种，只要是依照法律规定为国家所有的基础设施都被包括在本条之内。①

---

① 参见黄薇主编：《中华人民共和国民法典物权编解读》，中国法制出版社2020年版，第119页。

**第二百五十五条** 国家机关对其直接支配的不动产和动产,享有占有、使用以及依照法律和国务院的有关规定处分的权利。

## 关联规定

部门规章及规范性文件

1.《中央行政事业单位国有资产处置管理办法》

**第三条** 中央行政事业单位国有资产处置方式包括无偿划转、对外捐赠、转让、置换、报废、损失核销等。

**第四条** 符合下列情形的中央行政事业单位国有资产应当予以处置:

(一)因技术原因确需淘汰或者无法维修、无维修价值的;

(二)涉及盘亏等非正常损失的;

(三)已超过使用年限且无法满足现有工作需要的;

(四)因自然灾害等不可抗力造成毁损、灭失的;

(五)因单位分立、合并、改制、撤销、隶属关系改变或者部分职能、业务调整等而移交的;

(六)发生产权变动的;

(七)依照国家有关规定需要处置的其他情形。

**第五条** 中央行政事业单位国有资产处置应当遵循公开、公正、公平和竞争择优的原则,按照规定权限履行审批手续,未经批准不得自行处置。

**第六条** 中央行政事业单位拟处置的国有资产权属应当清晰,取得或者形成的方式应当合法合规,权属关系不明或者存在权属纠纷的,应当按照有关规定界定权属后予以处置。

被设置为担保物的国有资产处置,应当符合《中华人民共和国民法典》等法律的有关规定。

2.《行政单位国有资产管理暂行办法》

**第二条** 本办法适用于各级党的机关、人大机关、行政机关、政协机关、审判机关、检察机关和各民主党派机关（以下统称行政单位）的国有资产管理行为。

第三条　本办法所称的行政单位国有资产，是指由各级行政单位占有、使用的，依法确认为国家所有，能以货币计量的各种经济资源的总称，即行政单位的国有（公共）财产。

行政单位国有资产包括行政单位用国家财政性资金形成的资产、国家调拨给行政单位的资产、行政单位按照国家规定组织收入形成的资产，以及接受捐赠和其他经法律确认为国家所有的资产，其表现形式为固定资产、流动资产和无形资产等。

第四条　行政单位国有资产管理的主要任务是：

（一）建立和健全各项规章制度；

（二）推动国有资产的合理配置和有效使用；

（三）保障国有资产的安全和完整；

（四）监管尚未脱钩的经济实体的国有资产，实现国有资产的保值增值。

第五条　行政单位国有资产管理的内容包括：资产配置、资产使用、资产处置、资产评估、产权界定、产权纠纷调处、产权登记、资产清查、资产统计报告和监督检查等。

第六条　行政单位国有资产管理活动，应当遵循以下原则：

（一）资产管理与预算管理相结合；

（二）资产管理与财务管理相结合；

（三）实物管理与价值管理相结合。

第七条　行政单位国有资产管理，实行国家统一所有，政府分级监管，单位占有、使用的管理体制。

3.《中央国家机关非经营性资产转经营性资产管理暂行办法》

第四条　非经营性资产转经营性资产的主要方式：用非经营性资产投资注册，在工商行政管理部门领取《企业法人营业执照》开办具有法人资格的经济实体，或领取《营业执照》开办不具有法人资格的附属营业单位；用非经营性资产对外投资、合资、入股、联营、出租、出借等。

第五条　非经营性资产转经营性资产，要按照《国有资产评估管理办法》（国务院第91号令）进行评估，核定价值量。土地、房屋等大宗资产应请专门机构进行评估；对不足立项标准又无专门机构鉴定其价值的资产，主管部门要组织国有资产、财务、物价和技术鉴定部门共同估价。

评估价值作为国家投入的资本金，以此作为占用这部分国有资产保值、增值的考核基础。

**第十一条** 非经营性资产转经营性资产，其资产的所有权性质不变，仍归国家所有。不得出借或用国有资产开办集体性质的经济实体。

## ▶ 条文释义

### 一、本条主旨

本条是关于国家机关的物权的规定。

### 二、条文演变

原《民法通则》第37条规定："法人应具有下列条件：（一）依法成立；（二）有必要的财产或者经费；（三）有自己的名称、组织机构和场所；（四）能够独立承担民事责任。"原《民法通则》第50条第1款规定："有独立经费的机关从成立之日起，具有法人资格。"《民法典》总则编与原《民法通则》的规定大同小异，规定法人应当依法成立。法人应当有自己的名称、组织机构、住所、财产或者经费。法人成立的具体条件和程序，依照法律、行政法规的规定，法人以其全部财产独立承担民事责任。本条依据原《民法通则》关于机关法人应当具备"必要的财产或者经费""与其业务活动相适应的经费来源""能够独立承担民事责任"等条件，从物权角度作出规定。

### 三、条文解读

本条是国家机关对其直接支配的物享有物权的规定。规定国家机关对其直接支配的不动产和动产，享有占有、使用以及依照法律和国务院的有关规定处分的权利。国家机关的财产是国有资产的重要组成部分。明确国家机关对其直接支配的财产享有的权利，对保护国有资产具有重要意义。依据本条规定，国家机关应当依法对其直接支配的财产行使占有、使用和处分的权利。国家机关不得擅自处置国有财产，对其占用财产的处分必须符合法律和国务院的有关规定中的限制条件和相应程序。本条加强了对国家机关直接占有的国有财产的保护。

## ▶ 适用指引

关于本条的适用，有必要注意公有物和公用物的法律属性问题。公有物，是指为公众服务的目的而由政府机构使用的物。公用物，是指为一般公众使用的物。本条是关于公有物和公用物的法律规定。公有物和公用物属于国家所有，性质上属于禁止流通物或不融通物，不得流通，不得转让，不得作为取得时效的客体。广义的公有物除了包括政府机关的建筑物、军事设施、餐厅等，还包括政府所有的其他可交易财产，如有价证券等。狭义的公有物仅指行政财产，不包括收益财产。而公用物，是指为一般公众所使用的物，如公共道路、河流、图书馆、公园等。因为二者都与公共利益有关，为了保护公共利益的完整，很多国家的立法均规定其为不融通物。即公有物和公用物不得成为法律行为客体，不能成为交易的对象。

第二百五十六条　国家举办的事业单位对其直接支配的不动产和动产，享有占有、使用以及依照法律和国务院的有关规定收益、处分的权利。

## 关联规定

一、法律、行政法规、司法解释

1.《中华人民共和国民法典》

第五十八条　法人应当依法成立。法人应当有自己的名称、组织机构、住所、财产或者经费。法人成立的具体条件和程序，依照法律、行政法规的规定。设立法人，法律、行政法规规定须经有关机关批准的，依照其规定。

第八十八条　具备法人条件，为适应经济社会发展需要，提供公益服务设立的事业单位，经依法登记成立，取得事业单位法人资格；依法不需要办理法人登记的，从成立之日起，具有事业单位法人资格。

2.《中华人民共和国国防法》

第四十二条　国家保护国防资产不受侵害，保障国防资产的安全、完整和有效。

禁止任何组织或者个人破坏、损害和侵占国防资产。未经国务院、中央军事委员会或者国务院、中央军事委员会授权的机构批准，国防资产的占有、使用单位不得改变国防资产用于国防的目的。国防资产中的技术成果，在坚持国防优先、确保安全的前提下，可以根据国家有关规定用于其他用途。

国防资产的管理机构或者占有、使用单位对不再用于国防目的的国防资产，应当按照规定报批，依法改作其他用途或者进行处置。

3.《中华人民共和国教育法》

第二十九条第一款　学校以其他教育机构行使下列权利：

……

（七）管理、使用本单位的设施和经费。……

### 4.《中华人民共和国高等教育法》

**第三十八条** 高等学校对举办者提供的财产、国家财政性资助、受捐赠财产依法自主管理和使用。

高等学校不得将用于教学和科学研究活动的财产挪作他用。

**第六十一条** 高等学校的举办者应当保证稳定的办学经费来源，不得抽回其投入的办学资金。

**第六十四条** 高等学校收取的学费应当按照国家有关规定管理和使用，其他任何组织和个人不得挪用。

### 5.《事业单位登记管理暂行条例》

**第六条** 申请事业单位法人登记，应当具备下列条件：

（一）经审批机关批准设立；

（二）有自己的名称、组织机构和场所；

（三）有与其业务活动相适应的从业人员；

（四）有与其业务活动相适应的经费来源；

（五）能够独立承担民事责任。

**第十五条** 事业单位开展活动，按照国家有关规定取得的合法收入，必须用于符合其宗旨和业务范围的活动。

事业单位接受捐赠、资助，必须符合事业单位的宗旨和业务范围，必须根据与捐赠人、资助人约定的期限、方式和合法用途使用。

## 二、部门规章及规范性文件

### 《事业单位国有资产管理暂行办法》

**第三条** 本办法所称的事业单位国有资产，是指事业单位占有、使用的，依法确认为国家所有，能以货币计量的各种经济资源的总称，即事业单位的国有（公共）财产。

事业单位国有资产包括国家拨给事业单位的资产，事业单位按照国家规定运用国有资产组织收入形成的资产，以及接受捐赠和其他经法律确认为国家所有的资产，其表现形式为流动资产、固定资产、无形资产和对外投资等。

**第五条** 事业单位国有资产实行国家统一所有，政府分级监管，单位占有、使用的管理体制。

**第十九条** 事业单位国有资产的使用包括单位自用和对外投资、出租、出借、担保等方式。

**第二十四条** 事业单位国有资产处置,是指事业单位对其占有、使用的国有资产进行产权转让或者注销产权的行为。处置方式包括出售、出让、转让、对外捐赠、报废、报损以及货币性资产损失核销等。

## ▶ 条文释义

### 一、本条主旨

本条是关于国家举办的事业单位的物权的规定。

### 二、条文演变

本条规定国家举办的事业单位对其直接支配的不动产和动产,享有占有、使用以及依照法律和国务院的有关规定收益、处分的权利,不得擅自处置国有财产。原《物权法》第54条规定:"国家举办的事业单位对其直接支配的不动产和动产,享有占有、使用以及依照法律和国务院的有关规定收益、处分的权利。"本条保留了这一规定。国有事业单位的财产是国有资产的重要组成部分。明确国有事业单位对其直接支配的财产享有的权利,对保护国有事业单位的财产具有重要意义。本条依照《民法典》总则编和《事业单位登记管理暂行条例》的相关规定,从物权角度作出了上述规定。

### 三、条文解读

关于本条规定,需要把握两点。一是国家举办的事业单位依法具有法人资格的,是独立民事主体。二是国家举办的事业单位依法行使所有权的占有和使用的权能,而收益和处分的权能要受到一定限制。对国家举办的事业单位占用的财产,要根据事业单位的类型、财产的特殊性对其收益和处分的权利分别处理:一是国家举办的事业单位对其占用的财产毫无处分权利;二是经过审批,国家举办的事业单位对其占用的财产具有部分处分权利;三是国家举办的事业单位对其占用的财产具有完全的处分权利。这需要通过以后制定国有财产管理法对国家举办对事业单位如何有效行使权利、如何处分其占有对财产作出明确规定。

## 适用指引

关于本条的适用，需要注意的问题是：一方面，人民法院在审理相关的民事案件时，对于一方当事人为国家举办的事业单位与他人签订合同，处分其直接的财产，或者以其直接支配的财产从事经营谋取收益的，不能只审查合同是否为双方当事人真实的意思表示，还应当要求国家举办的事业单位一方提供其行为所依据的法律或者国务院的有关规定。没有法律或者国务院的有关规定作为依据，擅自处分其直接支配的财产或者以上述财产谋取收益的合同，应结合《民法典》总则编中的第153条的规定处理。特别是对事业单位处置国有财产的案件，并非一概认定为无效。另一方面，国家举办的事业单位在从事民事活动时，是平等的民事主体，应当遵循民事法律关系的基本原则、规则。如《全国人大常委会法制工作委员会关于国营事业单位取得采矿权可以适用国营矿山企业取得采矿权的规定的答复》指出，按照《矿产资源法》第3条规定，开采矿产资源必须依法申请取得采矿权，并没有限于企业单位，因此，国营事业单位取得采矿权，可以适用《矿产资源法》关于国营矿山企业取得采矿权的规定。

第二百五十七条　国家出资的企业，由国务院、地方人民政府依照法律、行政法规规定分别代表国家履行出资人职责，享有出资人权益。

## 关联规定

一、法律、行政法规、司法解释

1.《中华人民共和国宪法》

**第十六条**　国有企业在法律规定的范围内有权自主经营。

2.《中华人民共和国企业国有资产法》

**第十一条第一款、第二款**　国务院国有资产监督管理机构和地方人民政府按照国务院的规定设立的国有资产监督管理机构，根据本级人民政府的授权，代表本级人民政府对国家出资企业履行出资人职责。

国务院和地方人民政府根据需要，可以授权其他部门、机构代表本级人民政府对国家出资企业履行出资人职责。

**第十四条第二款**　履行出资人职责的机构应当维护企业作为市场主体依法享有的权利，除依法履行出资人职责外，不得干预企业经营活动。

3.《企业国有资产监督管理暂行条例》

**第五条**　国务院代表国家对关系国民经济命脉和国家安全的大型国有及国有控股、国有参股企业，重要基础设施和重要自然资源等领域的国有及国有控股、国有参股企业，履行出资人职责。国务院履行出资人职责的企业，由国务院确定、公布。

省、自治区、直辖市人民政府和设区的市、自治州级人民政府分别代表国家对由国务院履行出资人职责以外的国有及国有控股、国有参股企业，履行出资人职责。其中，省、自治区、直辖市人民政府履行出资人职责的国有及国有控股、国有参股企业，由省、自治区、直辖市人民政府确定、公布，并报国务院国有资产监督管理机构备案；其他由设区的市、自治州级人民政府履行出资人职责的国有及国有控股、国有参股企业,由设区的市、自治州级人民政府确定、公布,并报省、自治区、直辖市人民政府国有资产监督管理机构备案。

国务院,省、自治区、直辖市人民政府,设区的市、自治州级人民政府履行出资人职责的企业,以下统称所出资企业。

**第六条** 国务院,省、自治区、直辖市人民政府,设区的市、自治州级人民政府,分别设立国有资产监督管理机构。国有资产监督管理机构根据授权,依法履行出资人职责,依法对企业国有资产进行监督管理。

企业国有资产较少的设区的市、自治州,经省、自治区、直辖市人民政府批准,可以不单独设立国有资产监督管理机构。

**第七条** 各级人民政府应当严格执行国有资产管理法律、法规,坚持政府的社会公共管理职能与国有资产出资人职能分开,坚持政企分开,实行所有权与经营权分离。

国有资产监督管理机构不行使政府的社会公共管理职能,政府其他机构、部门不履行企业国有资产出资人职责。

## 二、部门规章及规范性文件

《国有企业公司章程制定管理办法》

**第三条** 本办法所称履行出资人职责的机构(以下简称出资人机构)是指国务院国有资产监督管理机构和地方人民政府按照国务院的规定设立的国有资产监督管理机构,以及国务院和地方人民政府根据需要授权代表本级人民政府对国有企业履行出资人职责的其他部门、机构。

**第八条** 出资人机构或股东、股东会条款应当按照《公司法》《企业国有资产法》等有关法律法规及相关规定表述,载明出资方式,明确出资人机构或股东、股东会的职权范围。

## ▶ 条文释义

### 一、本条主旨

本条是关于国有出资企业出资人制度的规定。

## 二、条文演变

国有企业是我国国民经济的支柱。本条根据党的有关国有资产管理体制改革的政策，对国有企业出资人制度作了规定："国家出资的企业，由国务院、地方人民政府依照法律、行政法规规定分别代表国家履行出资人职责，享有出资人权益。"改革开放以来，特别是党的十四大提出建立社会主义市场经济体制、党的十四届三中全会提出建立现代企业制度以来，国有企业迅速地发展，继续在国民经济中发挥主导作用。但是，随着国有企业改革的不断深化，国有资产管理体制改革不断推进，国有资产管理面临的体制性障碍还未得到真正解决，政府的社会公共管理职能与国有资产出资人职能没有完全分开。这一方面造成国有资产出资人不到位，国有资产监管职能分散，权利义务和责任不统一，管资产与管人、管事相脱节；另一方面导致政府对企业进行行政干预，多头管理，制约了国有企业建立现代企业制度。为此，党的十五届四中全会决定指出："政府对国家出资兴办和拥有股份的企业，通过出资人代表行使所有者职能，按出资额享有资产受益、重大决策和选择经营管理者等权利，对企业的债务承担有限责任，不干预企业日常经营活动。"党的十六大作出改革国有资产管理体制的重大决策，提出：继续调整国有经济的布局和结构，改革国有资产管理体制，是深化经济体制改革的重大任务。在坚持国家所有的前提下，充分发挥中央和地方两个积极性。国家要制定法律法规，建立中央政府和地方政府分别代表国家履行出资人职责，享有所有者权益，权利、义务和责任相统一，管资产与管人、管事相结合的国有资产管理体制。关系国民经济命脉和国家安全的大型国有企业、基础设施和重要自然资源等，由中央政府代表国家履行出资人职责。其他国有资产由地方政府代表国家履行出资人职责。

## 三、条文解读

为了更好地理解本条含义，解释以下几个问题。

一是关于"国家出资的企业"。国家出资的企业，不仅包括国家出资兴办的企业，如国有独资公司，而且包括国家控股、参股有限责任公司和股份有限公司等。当然国家出资的企业不仅包括公司形式，也包括未进行公司制改造等其他企业。具体包括以下六类：（1）资产完全归国家所有，不具有公司形态的企业法人；（2）国有独资公司，即国有资产投资主体单独投资设立的有限责任公司；（3）国有控股企业，即国有资产投资主体投资，居于控股地位而设立的企业；（4）国有参股企业，即国有资产投资主体参与投资，但不居于控股地位而设立的企业；（5）中外合资经营企业，即国有资产投资主体与外商在中国境内共同投资设立的企业；（6）中外合作经营企业，即国有资产投资主体与外商在中国境内共同投资设立的合约式企业。

二是关于代表国家履行国有企业等出资人职责的主体。本条规定了由国务院和地方人民政府分别代表国家履行出资人职责，享有出资人权益。我国是一个大国，地域辽阔，国有企业众多，为了实现有效管理，都由中央政府直接管理是有一定困难的。因此，适宜的做法就是通过资产的划分和权利的划分，由中央政府和地方政府分别代表国家履行出资人的职责。本条规定的目的是充分调动中央和地方两个积极性，使社会生产力得到进一步解放。同时，中央政府和地方政府合力分工分别代表国家履行出资人职责，这就界定了各级政府的管理国有资产的权利和责任，改变了过去中央统一管理，地方责、权、利不明确的弊端。有助于强化管理上的激励和约束机制，克服"出资人主体虚位"的现象。

国务院、省、自治区、直辖市人民政府，设区的市、自治州级人民政府，分别设立国有资产监督管理机构。国有资产监督管理机构根据授权，依法履行出资人职责，依法对企业国有资产进行监督管理。需要明确的是，国家实行国有企业出资人制度的前提是国家统一所有，国家是国有企业的出资人。中央政府和地方政府都只是分别代表国家履行出资人职责，享有出资人权益。不能把国家所有与政府所有等同，更不能把国家所有与地方政府所有等同。

## ▶ 适用指引

依据《企业国有资产监督管理暂行条例》相关规定，企业国有资产属于国家所有。国家实行由国务院和地方人民政府分别代表国家履行出资人职责，享有所有者权益，权利、义务和责任相统一，管资产、管人、管事相结合的国有资产管理体制。简单地说，出资人职责就是作为股东依法履行义务和享有权益。比如履行资金充实义务、资金维持义务、尊重企业经营自主权等义务和资本收益、重大决策以及选择经营者等权利，即履行出资人职责的国有资产监督管理机构，代表本级人民政府对国家出资企业享有资产收益、重大决策和选择管理者等出资人权益；对国有资产保值、防止国有资产流失负监管责任。需要注意的是，中央政府和地方政府代表国家履行出资人职责时，要尊重、维护国有及国有控股企业经营自主权。

**第二百五十八条** 国家所有的财产受法律保护，禁止任何组织或者个人侵占、哄抢、私分、截留、破坏。

## 关联规定

法律、行政法规、司法解释

1.《中华人民共和国宪法》

**第十二条** 社会主义的公共财产神圣不可侵犯。

国家保护社会主义的公共财产。禁止任何组织或者个人用任何手段侵占、哄抢、私分、截留、破坏。

2.《中华人民共和国刑法》

**第十三条** 一切危害国家主权、领土完整和安全，分裂国家、颠覆人民民主专政的政权和推翻社会主义制度，破坏社会秩序和经济秩序，侵犯国有财产或者劳动群众集体所有的财产，侵犯公民私人所有的财产，侵犯公民的人身权利、民主权利和其他权利，以及其他危害社会的行为，依照法律应当受刑罚处罚的，都是犯罪，但是情节显著轻微危害不大的，不认为是犯罪。

## 条文释义

### 一、本条主旨

本条是关于保护国家财产所有权的规定。

### 二、条文演变

本条的立法依据是《宪法》关于保护公共财产的规定。我国《宪法》第12条明确规定："社会主义的公共财产神圣不可侵犯。""国家保护社会主义的公共财产。禁止任何组织和个人用任何手段侵占或者破坏国家的和集体的财产。"作为我国民事基本法,原《民法通则》第73条也明确规定:"国家财产属于全民所有。""国家财产神圣不可侵犯,禁止任何组织或者个人侵占、哄抢、私分、截留、破坏。"在原《物权法》起草过程中,一方面,要坚持平等保护的原则;另一方面,从实际情况看,当时经济领域中受侵害最严重的正是国有财产,故原《物权法》第56条就加强对国有财产的保护、切实防止国有财产流失作出有针对性的规定,明确"国家所有的财产受法律保护,禁止任何单位和个人侵占、哄抢、私分、截留、破坏"。这一认识在当前及今后同样具有重要意义,因此,本条除把"单位"改为"组织"外,基本保留了这一规定。

### 三、条文解读

国家所有的财产,是指依法属于全民所有的财产,不仅包括国家拥有所有权的财产,如矿藏、水流、海域,国有的土地以及森林、山岭、草原、荒地、滩涂等自然资源,野生动植物资源,无线电频谱资源,依法属于国家所有的文物,国有的铁路、公路、电力设施、电信设施和油气管道等基础设施,国家机关和国家举办的事业单位依法直接支配的国有财产,而且包括国家依法投入企业的动产和不动产。此外,国家的财政收入、外汇储备和其他国有资金也属于国家所有的财产。

侵占,是指以非法占有为目的,将其经营、管理的国有财产非法占为己有。侵占的客体是国有财产。侵占的主体一般是经营、管理国有财产的单位或者个人,如国有企业、国家举办的事业单位等。构成侵占,还有一个要件是侵占主体要有主观故意,即以非法占有国有财产为目的。

哄抢,是指以非法占有为目的,组织、参与多人一起强行抢夺国有财产的行为。哄抢的客体是国有财产。哄抢的主体可以是任何的组织或者个人,并且还需要具备非法占有国有财产的主观故意。

私分,是指违反国家关于国有财产分配管理规定,以单位名义将国有财产按人头分配给单位全部或者部分职工的行为。例如,违反国家关于国有资金与企业资金的分账比例管理制度,由单位领导班子集体决策或者由单位负责人决定并由直接责任人员经手实施,擅自将国有资金转为企业资金,进而以单位分红、单位发奖金、单位下发的节日慰问费等名义私分国有财产。私分的主体只是单位,一般指负有经营、管理国有财产的国家机关、国有公司、企业、事业单位、人民团体等单位。

截留，是指违反国家关于国有资金等国有财产拨付、流转的决定，擅自将经手的有关国有财产据为己有或者挪作他用的行为。如有的政府部门将其经手的，应当向农村集体支付的土地征收补偿费不及时支付或者留下挪作他用。截留的主体一般是指经手国有财产的单位或者相关责任人员。

破坏，是指故意毁坏国有财产，影响其发挥正常功效的行为，如采取爆破的方式毁坏国有铁路，影响国家正常交通运输的行为。破坏的主体可以是任何的组织或者个人，而且需有主观上的毁坏国有财产的故意。

侵占、哄抢、私分、截留、破坏国有财产的，应当承担返还原物、恢复原状、赔偿损失等民事责任；触犯《治安管理处罚法》和《刑法》的，还应当承担相应的法律责任。有关组织的责任人也要依法追究行政责任甚至是刑事责任。

## ▶ 适用指引

第一，本条属于法律的强制性规定。因此，人民法院在审理民事案件中，发现以侵占、私分、破坏国家所有的财产为内容的合同，应当依据《民法典》第 153 条认定合同无效。

第二，当国家所有的财产受到侵害时，有权直接支配该财产的机关、事业单位、企业、国有资产监督管理机构可以代表国家提起民事诉讼，维护国有财产所有权。人民法院应当依法受理并根据具体情况运用停止侵害、返还财产、恢复原状、赔偿损失等民事责任方式，保护国有财产。

**第二百五十九条** 履行国有财产管理、监督职责的机构及其工作人员，应当依法加强对国有财产的管理、监督，促进国有财产保值增值，防止国有财产损失；滥用职权，玩忽职守，造成国有财产损失的，应当依法承担法律责任。

违反国有财产管理规定，在企业改制、合并分立、关联交易等过程中，低价转让、合谋私分、擅自担保或者以其他方式造成国有财产损失的，应当依法承担法律责任。

## ▶ 关联规定

一、法律、行政法规、司法解释

1.《中华人民共和国企业国有资产法》

**第六十八条** 履行出资人职责的机构有下列行为之一的，对其直接负责的主管人员和其他直接责任人员依法给予处分：

（一）不按照法定的任职条件，任命或者建议任命国家出资企业管理者的；

（二）侵占、截留、挪用国家出资企业的资金或者应当上缴的国有资本收入的；

（三）违反法定的权限、程序，决定国家出资企业重大事项，造成国有资产损失的；

（四）有其他不依法履行出资人职责的行为，造成国有资产损失的。

**第六十九条** 履行出资人职责的机构的工作人员玩忽职守、滥用职权、徇私舞弊，尚不构成犯罪的，依法给予处分。

**第七十条** 履行出资人职责的机构委派的股东代表未按照委派机构的指示履行职责，造成国有资产损失的，依法承担赔偿责任；属于国家工作人员的，并依法给予处分。

**第七十一条** 国家出资企业的董事、监事、高级管理人员有下列行为之一，造成国有资产损失的，依法承担赔偿责任；属于国家工作人员的，并依法给予处分：

（一）利用职权收受贿赂或者取得其他非法收入和不当利益的；

（二）侵占、挪用企业资产的；

（三）在企业改制、财产转让等过程中，违反法律、行政法规和公平交易规则，将企业财产低价转让、低价折股的；

（四）违反本法规定与本企业进行交易的；

（五）不如实向资产评估机构、会计师事务所提供有关情况和资料，或者与资产评估机构、会计师事务所串通出具虚假资产评估报告、审计报告的；

（六）违反法律、行政法规和企业章程规定的决策程序，决定企业重大事项的；

（七）有其他违反法律、行政法规和企业章程执行职务行为的。

国家出资企业的董事、监事、高级管理人员因前款所列行为取得的收入，依法予以追缴或者归国家出资企业所有。

履行出资人职责的机构任命或者建议任命的董事、监事、高级管理人员有本条第一款所列行为之一，造成国有资产重大损失的，由履行出资人职责的机构依法予以免职或者提出免职建议。

**第七十二条** 在涉及关联方交易、国有资产转让等交易活动中，当事人恶意串通，损害国有资产权益的，该交易行为无效。

**第七十五条** 违反本法规定，构成犯罪的，依法追究刑事责任。

2.《中华人民共和国刑法》

**第一百六十五条** 国有公司、企业的董事、经理利用职务便利，自己经营或者为他人经营与其所任职公司、企业同类的营业，获取非法利益，数额巨大的，处三年以下有期徒刑或者拘役，并处或者单处罚金；数额特别巨大的，处三年以上七年以下有期徒刑，并处罚金。

**第一百六十六条** 国有公司、企业、事业单位的工作人员，利用职务便利，有下列情形之一，使国家利益遭受重大损失的，处三年以下有期徒刑或者拘役，并处或者单处罚金；致使国家利益遭受特别重大损失的，处三年以上七年以下有期徒刑，并处罚金：

（一）将本单位的盈利业务交由自己的亲友进行经营的；

（二）以明显高于市场的价格向自己的亲友经营管理的单位采购商品或者以明显低于市场的价格向自己的亲友经营管理的单位销售商品的；

（三）向自己的亲友经营管理的单位采购不合格商品的。

**第一百六十七条** 国有公司、企业、事业单位直接负责的主管人员，在签订、履行合同过程中，因严重不负责任被诈骗，致使国家利益遭受重大损失的，处三年以下有期徒刑或者拘役；致使国家利益遭受特别重大损失的，处三年以上七年以下有期徒刑。

**第一百六十八条** 国有公司、企业的工作人员，由于严重不负责任或者滥用职权，造成国有公司、企业破产或者严重损失，致使国家利益遭受重大损失的，处三年以下有期徒刑或者拘役；致使国家利益遭受特别重大损失的，处三年以上七年以下有期徒刑。

国有事业单位的工作人员有前款行为，致使国家利益遭受重大损失的，依照前款的规定处罚。

国有公司、企业、事业单位的工作人员，徇私舞弊，犯前两款罪的，依照第一款的规定从重处罚。

**第一百六十九条** 国有公司、企业或者其上级主管部门直接负责的主管人员，徇私舞弊，将国有资产低价折股或者低价出售，致使国家利益遭受重大损失的，处三年以下有期徒刑或者拘役；致使国家利益遭受特别重大损失的，处三年以上七年以下有期徒刑。

**第三百九十六条第一款** 国家机关、国有公司、企业、事业单位、人民团体，违反国家规定，以单位名义将国有资产集体私分给个人，数额较大的，对其直接负责的主管人员和其他直接责任人员，处三年以下有期徒刑或者拘役，并处或者单处罚金；数额巨大的，处三年以上七年以下有期徒刑，并处罚金。

**第三百九十七条** 国家机关工作人员滥用职权或者玩忽职守，致使公共财产、国家和人民利益遭受重大损失的，处三年以下有期徒刑或者拘役；情节特别严重的，处三年以上七年以下有期徒刑。本法另有规定的，依照规定。

国家机关工作人员徇私舞弊，犯前款罪的，处五年以下有期徒刑或者拘役；情节特别严重的，处五年以上十年以下有期徒刑。本法另有规定的，依照规定。

3.《企业国有资产监督管理暂行条例》

**第三十六条** 国有资产监督管理机构不按规定任免或者建议任免所出资企业的企业负责人，或者违法干预所出资企业的生产经营活动，侵犯其合法权益，造成企业国有资产损失或者其他严重后果的，对直接负责的主管人员和其他直接责任人员依法给予行政处分；构成犯罪的，依法追究刑事责任。

**第三十七条** 所出资企业中的国有独资企业、国有独资公司未按照规定向国有资产监督管理机构报告财务状况、生产经营状况和国有资产保值增值状况的，予以警告；情节严重的，对直接负责的主管人员和其他直接责任人员依法给予纪律处分。

**第三十八条** 国有及国有控股企业的企业负责人滥用职权、玩忽职守，造成企业国有资产损失的，应负赔偿责任，并对其依法给予纪律处分；构成犯罪的，依法追究刑事责任。

## 二、部门规章及规范性文件

### 1.《企业国有资产交易监督管理办法》

**第五十三条** 国资监管机构及其他履行出资人职责的机构对企业国有资产交易履行以下监管职责：

（一）根据国家有关法律法规，制定企业国有资产交易监管制度和办法；

（二）按照本办法规定，审核批准企业产权转让、增资等事项；

（三）选择从事企业国有资产交易业务的产权交易机构，并建立对交易机构的检查评审机制；

（四）对企业国有资产交易制度的贯彻落实情况进行监督检查；

（五）负责企业国有资产交易信息的收集、汇总、分析和上报工作；

（六）履行本级人民政府赋予的其他监管职责。

**第五十六条** 国资监管机构发现转让方或增资企业未执行或违反相关规定、侵害国有权益的，应当责成其停止交易活动。

**第五十九条** 企业国有资产交易应当严格执行"三重一大"决策机制。国资监管机构、国有及国有控股企业、国有实际控制企业的有关人员违反规定越权决策、批准相关交易事项，或者玩忽职守、以权谋私致使国有权益受到侵害的，由有关单位按照人事和干部管理权限给予相关责任人员相应处分；造成国有资产损失的，相关责任人员应当承担赔偿责任；构成犯罪的，依法追究其刑事责任。

### 2.《中央企业境外国有资产监督管理暂行办法》

**第三十六条** 境外企业有下列情形之一的，中央企业应当按照法律、行政法规以及国有资产监督管理有关规定，追究有关责任人的责任。

（一）违规为其所属中央企业系统之外的企业或者个人进行融资或者提供担保，出借银行账户；

（二）越权或者未按规定程序进行投资、调度和使用资金、处置资产；

（三）内部控制和风险防范存在严重缺陷；

（四）会计信息不真实，存有账外业务和账外资产；

（五）通过不正当交易转移利润；

（六）挪用或者截留应缴收益；

（七）未按本规定及时报告重大事项。

**第三十七条** 中央企业有下列情形之一，国资委应当按照法律、行政法规以及国有资产监督管理有关规定，追究相关责任人的责任。

（一）未建立境外企业国有资产监管制度；

（二）未按本办法规定履行有关核准备案程序；

（三）未按本办法规定及时报告重大事项；

（四）对境外企业管理失控，造成国有资产损失。

### 三、司法指导性文件

**《最高人民法院关于依法妥善处理历史形成的产权案件工作实施意见》**

13. 准确把握罪与非罪的法律政策界限。严格区分经济纠纷与经济犯罪特别是合同纠纷与合同诈骗的界限、企业正当融资与非法集资的界限、民营企业参与国有企业兼并重组中涉及的经济纠纷与恶意侵占国有资产的界限。准确把握经济违法行为入刑标准，准确认定经济纠纷和经济犯罪的性质，坚决纠正将经济纠纷当作犯罪处理的错误生效裁判。对于在生产、经营、融资等活动中的经济行为，当时法律、行政法规没有明确禁止而以犯罪论处的，或者虽属违法违规但不构成犯罪而以犯罪论处的，均应依法纠正。

## ▶ 条文释义

### 一、本条主旨

本条是关于国有财产监管机构及其工作人员的职责和法律责任的规定。

## 二、条文演变

《宪法》第12条规定："社会主义的公共财产神圣不可侵犯。""国家保护社会主义的公共财产。禁止任何组织或者个人用任何手段侵占或者破坏国家的和集体的财产。"为维护《宪法》所规定的国家基本经济制度，巩固和发展国有经济，加强对国有资产的保护，发挥国有经济在国民经济中的主导作用，促进社会主义市场经济发展，原《物权法》第57条规定："履行国有财产管理、监督职责的机构及其工作人员，应当依法加强对国有财产的管理、监督，促进国有财产保值增值，防止国有财产损失；滥用职权，玩忽职守，造成国有财产损失的，应当依法承担法律责任。""违反国有财产管理规定，在企业改制、合并分立、关联交易等过程中，低价转让、合谋私分、擅自担保或者以其他方式造成国有财产损失的，应当依法承担法律责任。"在《民法典》编纂过程中，曾有意见建议，将原《物权法》第57条关于国有财产管理法律责任的规定删除。理由是，本条规定与原《物权法》确立和保护合法财产权、维护交易安全等没有直接关系，而且本条规定也仅具有宣示意义，本身缺乏明确的责任条款，不具备具体可操作性，有关国有财产管理的具体法律责任仍需要适用相应的民商事单行法律、刑事法律等来解决。① 但《民法典》最终保留了原《物权法》第57条这一规定。主要考虑是向市场经济转轨、实现经济腾飞的过程中，我国与其他市场经济国家显著不同的是我国占主导地位的是国有经济，即国有经济在国民经济中具有举足轻重的重要作用，成为我国公有制的有力保障和走向共同富裕的经济基础。从国有财产流失的主要情形看，加大对国有财产的保护力度，切实防止国有财产流失，一方面，要加强对国有财产的管理、监督；另一方面，要明确规定造成国有财产流失应承担的法律责任。关于国有财产的管理、监督，以及造成国有财产流失的法律责任，《公司法》《刑法》等法律以及国有财产监管的行政法规和部门规章已经有规定。《民法典》物权编着重从其调整范围对加大国有财产的保护力度，切实防止国有财产流失作出规定，并与有关国有财产监管的法律作出衔接性的规定。因此，本条第1款对履行国有财产管理、监督职责的机构及其工作人员履行职责作了规定，第2款针对现实中存在的国有财产流失较为突出的具体情形作了规定。

---

① 参见最高人民法院民法典贯彻实施工作领导小组主编：《中华人民共和国民法典物权编理解与适用》，人民法院出版社2020年版。

### 三、条文解读

本条主要规定了两个方面的内容：一是明确了履行国有财产管理监督的机构及其工作人员的管理目标与法律责任；二是明确了几种多发性违法违规行为造成国有财产损失的法律责任。

#### （一）国有财产监督管理机构及其工作人员的职责

国有财产监督管理的目标是：促进国有财产保值、增值，防止国有财产损失。国务院和地方人民政府依照法律、行政法规的规定，分别代表国家对国家出资企业履行出资人职责，享有出资人权益。国务院确定的关系国民经济命脉和国家安全的大型国家出资企业，重要基础设施和重要自然资源等领域的国家出资企业，由国务院代表国家履行出资人职责。其他的国家出资企业，由地方人民政府代表国家履行出资人职责。履行出资人职责的机构应当依照法律、行政法规以及企业章程履行出资人职责，保障出资人权益，防止国有资产损失。根据《企业国有资产监督管理暂行条例》第12条的规定，国务院国有资产监督管理机构是代表国务院履行出资人职责、负责监督管理企业国有资产的直属特设机构。省、自治区、直辖市人民政府国有资产监督管理机构，设区的市、自治州级人民政府国有资产监督管理机构是代表本级政府履行出资人职责、负责监督管理企业国有资产的直属特设机构。上级政府国有资产监督管理机构依法对下级政府的国有资产监督管理工作进行指导和监督。

国有资产监督管理机构的主要职责是履行出资人职责。《企业国有资产监督管理暂行条例》第13条规定，国有资产监督管理机构主要职责有：（1）依照《公司法》等法律、法规，对所出资企业履行出资人职责，维护所有者权益；（2）指导推进国有及国有控股企业的改革和重组；（3）依照规定向所出资企业委派监事；（4）依照法定程序对所出资企业的企业负责人进行任免、考核，并根据考核结果对其进行奖惩；（5）通过统计、稽核等方式对企业国有资产的保值增值情况进行监管；（6）履行出资人的其他职责和承办本级政府交办的其他事项。

需要注意的是，履行国有资产管理、监督职责的机构不仅仅是国务院和地方人民政府设立的国有财产监督管理委员会（局），根据《企业国有资产法》第11条第2款的规定，国务院和地方人民政府根据需要，可以授权其他部门、机构代表本级人民政府对国家出资企业履行出资人职责。此外，其他机构，如财政部门、审计部门、水利部门等，还有国家机关和国家举办事业单位内部设立的国有财产管理部门等，亦有国有财产管理、监督职责。

（二）几种常见多发性违法违规行为

本条第 2 款强调了违反国有财产管理规定，在企业改制、合并分立、关联交易等过程中，低价转让、合谋私分、擅自担保或者以其他方式造成国有财产损失的，应当依法承担法律责任。本款规定的责任主体并不限于国有财产监督管理机构及其工作人员，还包括其他实施了本款规定的行为的人员。

之所以在本条第 2 款中采取列举的方式具体规定几种违反国有财产管理规定，造成国有财产损失的法律责任，是因为近年来在企业改制、合并分立、关联交易等过程中，采取低价转让、合谋私分、擅自担保的方式造成国有财产损失的问题具有多发性。所谓企业改制，是指企业组织形式的变更。在我国，企业改制主要有：有限公司向股份有限公司变更；国有企业改制为公司；原集体所有制企业改制为公司；合伙企业、独资企业改制为公司等。所谓企业的分立是指某一部分业务或者企业的分部整体脱离企业而成为另一个独立的企业；企业的合并则是指两个或者两个以上的企业组合成一个新的独立的企业。所谓关联交易，是指在相互关联的企业间发生的转移资源和义务的事项而不论是否收取价款。关联交易并非为法律所禁止，只要公平交易并于事先披露，且关联方回避决策即可。应当注意的是，本款在列举了几种造成国有财产损失的情况后，用了"或者以其他方式"的表述方式，说明无论以何种方式造成国有财产损失，均应承担法律责任。

（三）法律责任的承担方式

《民法典》本条规定使得国有财产监督管理机构及其工作人员的责任，有了更高层次的法律依据，与相关行政法、刑法有了相应的衔接。存在本条第 1 款、第 2 款所规定的违反法定职责的行为，应当承担的法律责任包括民事责任、行政责任、刑事责任。

1. **民事责任方面**

一是相关责任人员应当承担赔偿责任。《企业国有资产法》第 70 条规定，履行出资人职责的机构委派的股东代表未按照委派机构的指示履行职责，造成国有资产损失的,依法承担赔偿责任;属于国家工作人员的,并依法给予处分。二是相关民事行为应被确认无效。《企业国有资产法》第 72 条规定,在涉及关联方交易、国有资产转让等交易活动中,当事人恶意串通,损害国有资产权益的,该交易行为无效。人民法院在民商事案件的审理过程中,应当充分注意因企业改制、企业合并分立、关联交易等引起的产权争议案件,当事人是否存在以低价转让、擅自担保等方式损害国有财产的行为。一旦发现当事人之间的合同有上述无效情形的,应依法认定合同无效。同时要依法运用相应的民事责任承担方式,尽量挽回国有财产遭受的损失。

#### 2. 行政责任方面

《企业国有资产法》第 69 条规定,履行出资人职责的机构的工作人员玩忽职守、滥用职权、徇私舞弊,尚不构成犯罪的,依法给予处分。第 71 条规定,国家出资企业的董事、监事、高级管理人员有下列行为之一,造成国有资产损失的,依法承担赔偿责任;属于国家工作人员的,并依法给予处分:(1)利用职权收受贿赂或者取得其他非法收入和不当利益的;(2)侵占、挪用企业资产的;(3)在企业改制、财产转让等过程中,违反法律、行政法规和公平交易规则,将企业财产低价转让、低价折股的;(4)违反该法规定与本企业进行交易的;(5)不如实向资产评估机构、会计师事务所提供有关情况和资料,或者与资产评估机构、会计师事务所串通出具虚假资产评估报告、审计报告的;(6)违反法律、行政法规和企业章程规定的决策程序,决定企业重大事项的;(7)有其他违反法律、行政法规和企业章程执行职务行为的。

#### 3. 刑事责任方面

履行国有财产管理、监督职责的机构工作人员以及国有企业高级管理人员严重违反法定职责造成后果的,还应当承担刑事责任。《刑法》相关条文详细规定了履行国有财产管理、监督职责的机构工作人员等相应的刑事责任。如《刑法》第 397 条规定,国家机关工作人员滥用职权或者玩忽职守,致使公共财产、国家和人民利益遭受重大损失的,处三年以下有期徒刑或者拘役;情节特别严重的,处三年以上七年以下有期徒刑。此外,由于本条第 2 款并未限制主体身份,实际运行中,国有企业的实际经营人更容易损害企业利益,特别是通过相对隐蔽的手段损公肥私。《刑法》针对现实中多发的国有企业董事长、总经理、高级管理人员损公肥私行为,规定了非法经营同类营业罪,为亲友非法牟利罪,签订、履行合同失职被骗罪,国有公司、企业、事业单位人员失职罪，徇私舞弊低价折股、出售国有资产罪，私分国有资产罪等罪名，进行规制。

## ▶ 适用指引

### 一、关于主体问题

第1款中职责和责任的指向是特定的主体。即国有财产管理监督机构及其工作人员。其中，履行国有财产管理、监督职责的机构是指在中央、省级、市（地）级三级即国务院，省、自治区、直辖市人民政府，设区的市、自治州人民政府专门设立的国有资产监督管理机构。工作人员则是专指上述机构的工作人员。

本条第2款中规定的责任主体并不限于国有财产监督管理机构及其工作人员，而是包括国有财产监督管理机构及其工作人员、国家出资的企业的负责人及其工作人员以及其他实施了本款规定的行为的人员。立法者充分考虑到在企业改制、合并分立、关联交易等过程中，以低价转让、合谋私分、擅自担保等方式造成国有财产损失的人并不限于国有财产监管机构及其工作人员，也不限于国家出资的企业内部的人员，因此，在确定这些行为造成国有财产损失的人的责任时，未对主体的资格进行限定。

### 二、严格区分经济纠纷与经济违法犯罪的界限

要注意区分经济纠纷与经济犯罪特别是合同纠纷与合同诈骗的界限、企业正当融资与非法集资的界限、民营企业参与国有企业兼并重组中涉及的经济纠纷与恶意侵占国有资产的界限。准确把握经济违法行为入刑标准，准确认定经济纠纷和经济犯罪的性质，坚决纠正将经济纠纷当作犯罪处理的错误生效裁判。对于在生产、经营、融资等活动中的经济行为，当时法律、行政法规没有明确禁止而以犯罪论处的，或者虽属违法违规但不构成犯罪而以犯罪论处的，均应依法纠正。

第二百六十条　集体所有的不动产和动产包括：

（一）法律规定属于集体所有的土地和森林、山岭、草原、荒地、滩涂；

（二）集体所有的建筑物、生产设施、农田水利设施；

（三）集体所有的教育、科学、文化、卫生、体育等设施；

（四）集体所有的其他不动产和动产。

## ▶ 关联规定

法律、行政法规、司法解释

1.《中华人民共和国宪法》

**第九条**　矿藏、水流、森林、山岭、草原、荒地、滩涂等自然资源，都属于国家所有，即全民所有；由法律规定属于集体所有的森林和山岭、草原、荒地、滩涂除外。

国家保障自然资源的合理利用，保护珍贵的动物和植物。禁止任何组织或者个人用任何手段侵占或者破坏自然资源。

**第十条**　城市的土地属于国家所有。

农村和城市郊区的土地，除由法律规定属于国家所有的以外，属于集体所有；宅基地和自留地、自留山，也属于集体所有。

国家为了公共利益的需要，可以依照法律规定对土地实行征收或者征用并给予补偿。

任何组织或者个人不得侵占、买卖或者以其他形式非法转让土地。土地的使用权可以依照法律的规定转让。

一切使用土地的组织和个人必须合理地利用土地。

2.《中华人民共和国森林法》

**第十四条**　森林资源属于国家所有，由法律规定属于集体所有的除外。

国家所有的森林资源的所有权由国务院代表国家行使。国务院可以授权国务院自然资源主管部门统一履行国有森林资源所有者职责。

3.《中华人民共和国草原法》

**第九条** 草原属于国家所有,由法律规定属于集体所有的除外。国家所有的草原,由国务院代表国家行使所有权。

任何单位或者个人不得侵占、买卖或者以其他形式非法转让草原。

## ▶ 条文释义

### 一、本条主旨

本条是关于集体财产范围的规定。

### 二、条文演变

《宪法》、原《民法通则》和原《物权法》先后对集体财产的范围作了规定。《宪法》第9条第1款规定:"矿藏、水流、森林、山岭、草原、荒地、滩涂等自然资源,都属于国家所有,即全民所有;由法律规定属于集体所有的森林和山岭、草原、荒地、滩涂除外。"第10条第2款规定:"农村和城市郊区的土地,除由法律规定属于国家所有的以外,属于集体所有;宅基地和自留地、自留山,也属于集体所有。"原《民法通则》首次全面规定了集体所有权的范围,其第74条第1款规定:"劳动群众集体组织的财产属于劳动群众集体所有,包括:(一)法律规定为集体所有的土地和森林、山岭、草原、荒地、滩涂等;(二)集体经济组织的财产;(三)集体所有的建筑物、水库、农田水利设施和教育、科学、文化、卫生、体育等设施;(四)集体所有的其他财产。"在此基础上,原《物权法》第58条规定:"集体所有的不动产和动产包括:(一)法律规定属于集体所有的土地和森林、山岭、草原、荒地、滩涂;(二)集体所有的建筑物、生产设施、农田水利设施;(三)集体所有的教育、科学、文化、卫生、体育等设施;(四)集体所有的其他不动产和动产。"本条保留了这一规定。

### 三、条文解读

我国《宪法》第6条规定,中华人民共和国的社会主义经济制度的基础是生产资料的社会主义公有制，即全民所有制和劳动群众集体所有制。集体所有根据所有人身份不同，可以分为农村集体所有和城镇集体所有。集体财产是广大人民群众多年来辛勤劳动积累的成果，是发展集体经济和实现共同富裕的重要物质基础。确认集体财产的范围，对保护集体的财产权益，维护广大集体成员的合法财产权益都具有重要意义。《民法典》本条依据《宪法》等有关法律的规定，以列举加概括的方式，对集体所有的不动产和动产的范围作出了规定。

（一）集体是集体财产所有权的主体

在原《物权法》立法过程中，曾有意见认为，集体所有的财产可以适用物权法关于共有的规定。经研究，集体所有和共有是不同的。共有是两个以上自然人、法人对一项财产享有权利，如两人出资购买一辆汽车，子女共同继承一栋房子等。共有人对共有的财产都享有占有、使用、收益和处分的权利，都有权要求分割共有财产。集体所有制是公有制的一部分，集体成员不能独自对集体财产行使权利，离开集体时不能要求分割集体财产。集体才是集体财产所有权的主体，《民法典》延续了原《物权法》的规定。

（二）集体所有财产主要包括的内容

第一，法律规定属于集体所有的土地和森林、山岭、草原、荒地、滩涂。土地是人类社会生产和生活的物质基础。对于广大农民来说，土地是其可以利用的一切自然资源中最基本、最宝贵的资源，是其安身立命的根本。在我国，土地公有制是我国土地制度的基础和核心，我国土地公有制的法律表现形式是国有土地所有权和集体土地所有权。《宪法》第10条第2款规定："农村和城市郊区的土地，除由法律规定属于国家所有的以外，属于集体所有；宅基地和自留地、自留山，也属于集体所有。"关于集体所有的土地，有两点需要说明：一是集体所有的土地的所有者只有农民集体，城镇集体没有土地的所有权；二是集体所有的土地主要包括耕地，也包括宅基地和自留地、自留山。除土地外，根据《宪法》第9条第1款的规定：森林、山岭、草原、荒地、滩涂等自然资源，根据法律规定，也可以属于集体所有。如《森林法》第14条第1款规定，森林资源属于国家所有，由法律规定属于集体所有的除外。《草原法》第9条第1款规定，草原属于国家所有，由法律规定属于集体所有的除外。国家所有的草原，由国务院代表国家行使所有权。

第二，集体所有的集体企业的厂房、仓库等建筑物；机器设备、交通运输工具等生产设施；水库、农田灌溉渠道等农田水利设施；以及集体所有的教育、科学、文化、卫生、体育的定公益设施。需要说明的是这里集体所有的财产主要有两个来源：一是集体自己出资兴建、购置的财产；二是国家拨给或者捐赠给集体的财产。

第三，除上述几种常见的集体财产外，集体财产还包括集体企业所有的生产原材料、半成品和成品，村建公路、农村敬老院等，本条不可能一一列举，因此规定了一个兜底条款，即集体所有的其他不动产和动产，以对上述规定作出补充。

## ▶ 适用指引

### 一、集体财产所有权的权利属性

有学者认为，原《物权法》将集体所有权与国家所有权、私人所有权并列规范为民事权利，意味着在法律上确立了集体所有权的私权属性。① "集体公有制既不是一种'共有的、合作的私有财产'，也不是一种纯粹的国家所有权，它是由国家控制但由集体来承受其控制结果的一种社会主义制度安排。"② 集体所有权的运行应兼具实现其成员利益和公共职能的双重目标。

### 二、法律对土地与森林、草原等不动产的规定的差异

关于本条的适用，需要注意的是，法律对土地与森林、草原等不动产的规定是有差异的。在农村和城市郊区土地，以农民集体所有为一般原则，以法律规定为国有为例外情形；而在森林、草原方面，则以国家所有为一般原则，以法律规定为集体所有为例外情形。③

---

① 参见孙宪忠、朱广新主编：《民法典评注：物权编》，中国法制出版社2020年版，第445页。
② 周其仁：《产权与制度变迁——中国改革的经验研究》，北京大学出版社2004年版，第6~7页。
③ 参见最高人民法院民法典贯彻实施工作领导小组主编：《中华人民共和国民法典物权编理解与适用》，人民法院出版社2020年版，第289页。

第二百六十一条　农民集体所有的不动产和动产，属于本集体成员集体所有。

下列事项应当依照法定程序经本集体成员决定：

（一）土地承包方案以及将土地发包给本集体以外的组织或者个人承包；

（二）个别土地承包经营权人之间承包地的调整；

（三）土地补偿费等费用的使用、分配办法；

（四）集体出资的企业的所有权变动等事项；

（五）法律规定的其他事项。

## ▶ 关联规定

法律、行政法规、司法解释

1.《中华人民共和国宪法》

第十七条　集体经济组织在遵守有关法律的前提下，有独立进行经济活动的自主权。

集体经济组织实行民主管理，依照法律规定选举和罢免管理人员，决定经营管理的重大问题。

2.《中华人民共和国土地管理法》

第十三条　农民集体所有和国家所有依法由农民集体使用的耕地、林地、草地，以及其他依法用于农业的土地，采取农村集体经济组织内部的家庭承包方式承包，不宜采取家庭承包方式的荒山、荒沟、荒丘、荒滩等，可以采取招标、拍卖、公开协商等方式承包，从事种植业、林业、畜牧业、渔业生产。家庭承包的耕地的承包期为三十年，草地的承包期为三十年至五十年，林地的承包期为三十年至七十年；耕地承包期届满后再延长三十年，草地、林地承包期届满后依法相应延长。

国家所有依法用于农业的土地可以由单位或者个人承包经营，从事种植业、林业、畜牧业、渔业生产。

发包方和承包方应当依法订立承包合同，约定双方的权利和义务。承包经营土地的单位和个人，有保护和按照承包合同约定的用途合理利用土地的义务。

**第四十九条** 被征地的农村集体经济组织应当将征收土地的补偿费用的收支状况向本集体经济组织的成员公布，接受监督。

禁止侵占、挪用被征收土地单位的征地补偿费用和其他有关费用。

**第六十三条** 土地利用总体规划、城乡规划确定为工业、商业等经营性用途，并经依法登记的集体经营性建设用地，土地所有权人可以通过出让、出租等方式交由单位或者个人使用，并应当签订书面合同，载明土地界址、面积、动工期限、使用期限、土地用途、规划条件和双方其他权利义务。

前款规定的集体经营性建设用地出让、出租等，应当经本集体经济组织成员的村民会议三分之二以上成员或者三分之二以上村民代表的同意。

通过出让等方式取得的集体经营性建设用地使用权可以转让、互换、出资、赠与或者抵押，但法律、行政法规另有规定或者土地所有权人、土地使用权人签订的书面合同另有约定的除外。

集体经营性建设用地的出租，集体建设用地使用权的出让及其最高年限、转让、互换、出资、赠与、抵押等，参照同类用途的国有建设用地执行。具体办法由国务院制定。

3.《中华人民共和国农村土地承包法》

**第十九条** 土地承包应当遵循以下原则：

（一）按照规定统一组织承包时，本集体经济组织成员依法平等地行使承包土地的权利，也可以自愿放弃承包土地的权利；

（二）民主协商，公平合理；

（三）承包方案应当按照本法第十三条的规定，依法经本集体经济组织成员的村民会议三分之二以上成员或者三分之二以上村民代表的同意；

（四）承包程序合法。

**第二十条** 土地承包应当按照以下程序进行：

（一）本集体经济组织成员的村民会议选举产生承包工作小组；

（二）承包工作小组依照法律、法规的规定拟订并公布承包方案；

（三）依法召开本集体经济组织成员的村民会议，讨论通过承包方案；

（四）公开组织实施承包方案；

（五）签订承包合同。

**第二十八条** 承包期内，发包方不得调整承包地。

承包期内，因自然灾害严重毁损承包地等特殊情形对个别农户之间承包的耕地和草地需要适当调整的，必须经本集体经济组织成员的村民会议三分之二以上成员或者三分之二以上村民代表的同意，并报乡（镇）人民政府和县级人民政府农业农村、林业和草原等主管部门批准。承包合同中约定不得调整的，按照其约定。

**第五十二条** 发包方将农村土地发包给本集体经济组织以外的单位或者个人承包，应当事先经本集体经济组织成员的村民会议三分之二以上成员或者三分之二以上村民代表的同意，并报乡（镇）人民政府批准。

由本集体经济组织以外的单位或者个人承包的，应当对承包方的资信情况和经营能力进行审查后，再签订承包合同。

4.《中华人民共和国村民委员会组织法》

**第二十四条** 涉及村民利益的下列事项，经村民会议讨论决定方可办理：

（一）本村享受误工补贴的人员及补贴标准；

（二）从村集体经济所得收益的使用；

（三）本村公益事业的兴办和筹资筹劳方案及建设承包方案；

（四）土地承包经营方案；

（五）村集体经济项目的立项、承包方案；

（六）宅基地的使用方案；

（七）征地补偿费的使用、分配方案；

（八）以借贷、租赁或者其他方式处分村集体财产；

（九）村民会议认为应当由村民会议讨论决定的涉及村民利益的其他事项。

村民会议可以授权村民代表会议讨论决定前款规定的事项。

法律对讨论决定村集体经济组织财产和成员权益的事项另有规定的，依照其规定。

## ▶ 条文释义

### 一、本条主旨

本条是关于农民集体所有内涵以及应经集体成员民主议定事项范围的规定。

### 二、条文演变

农民集体所有权主体不明是困扰农村集体成员利益保护问题的关键节点。为解决这一问题,原《物权法》第59条规定:"农民集体所有的不动产和动产,属于本集体成员集体所有。""下列事项应当依照法定程序经本集体成员决定:(一)土地承包方案以及将土地发包给本集体以外的单位或者个人承包;(二)个别土地承包经营权人之间承包地的调整;(三)土地补偿费等费用的使用、分配方法;(四)集体出资的企业的所有权变动等事项;(五)法律规定的其他事项。"为适用社会主义市场经济发展,《民法典物权编(草案)》(征求意见稿)第56条将原《物权法》第59条第2款第1项规定中的"单位"改为"组织",其余部分则完整保留。这一修改得到了全国人大最后的审议通过,有助于民事主体在法律上的类型完整和规范。

### 三、条文解读

#### (一)农民集体所有的界定

"本集体成员集体所有"的含义是,集体组织成员按照法律的规定,对依法属于集体所有的财产共同享有占有、使用、收益和处分的权利。在这种所有权形态下,本集体成员的权利主要是通过成员权来体现。成员权分为自益权和共益权,集体成员通过自益权实现其收益,通过共益权来行使集体所有权。①

本集体成员集体所有的特征是:(1)本集体的成员享有对本集体财产的集体所有权,不是每一个集体成员单独享有的所有权;(2)本集体的成员享有依

---

① 参见最高人民法院物权法研究小组编著:《〈中华人民共和国物权法〉条文理解与适用》,人民法院出版社2007年版,第197页。

法定程序对本集体事务的集体管理权,不是每一个集体成员有权擅自以自己名义处理集体事务;(3)本集体的成员享有依法定程序对本集体利益的集体分享权,既要保护集体成员权益,也要彰显集体所有的公有制性质;(4)本集体的成员享有的集体所有权不等于本集体成员共同共有,其共同关系的产生和解散不得由成员意志决定,其不得分割集体所有财产。

(二)本集体成员依法定程序决定的重大事项

集体所有的特征就要求民主管理集体事务,涉及集体成员重大利益的事项,必须依照法定程序经本集体成员决定。现实中,往往发生少数村干部擅自决定涉及全体村民利益的重大事项的情况,群众对此反映十分强烈。[①] 本条第2款规定重大事项须经法定程序由本集体成员决定。《宪法》第111条确立了农村基层群众性自治制度,村民自治制度的核心原则是民主议定,是通过集体决策的方式行使自治权。与集体成员切身利益相关的重大事务作为农村集体经济组织的内部自治性事务,应按照村民自治制度的议事和决策程序决定分配的方式和具体实施方案等。《土地管理法》《农村土地承包法》《农业法》《村民委员会组织法》等基本法律规定了民主议定规则,最高人民法院曾专门颁布过《最高人民法院关于审理农业承包合同纠纷案件若干问题的规定(试行)》《农村土地承包纠纷解释》等两个司法解释,其中对法律规定的民主议定程序进行了一些细化规定。民主议定程序,又称民主议定原则,主要是指农村自治制度下集体经济组织全体成员通过民主协商来最终确定内部重大事项的机制,是一项基本的议事程序。在这种机制下,成员权的土地承包权、土地承包经营权、收益分配请求权、资产支配权等重大权利通过成员的意思自治和民主协商而实现。基于集体成员与集体经济组织之间的共有关系,每个成员平等参与集体内部重大事项的讨论,以多数人意见作为决策结果,能有效防止少数成员的"个人独断",兼顾效率与公平,符合现代民主精神的良性权益分配机制。

1. **土地承包方案以及将土地发包给本集体以外的组织或者个人承包**

《农村土地承包法》第3条规定:"国家实行农村土地承包经营制度。农村土地承包采取农村集体经济组织内部的家庭承包方式,不宜采取家庭承包方式的荒山、荒沟、荒丘、荒滩等农村土地,可以采取招标、拍卖、公开协商等方

---

① 参见胡康生主编:《中华人民共和国物权法释义》,法律出版社2007年版,第141~142页。

式承包。"农村土地的承包经营权是关系本集体经济组织成员根本利益的重大用益物权,也是关系以家庭承包经营为基础的双层经营体制的长期稳定,其分配方式和发包方式应当由本集体成员依照民主议定程序议定。依照《农村土地承包法》第 19 条、第 20 条规定,土地承包应当遵循平等、民主协商、公平合理的原则,依法经本集体经济组织成员的村民会议 2/3 以上成员或者 2/3 以上村民代表的同意;其程序为:(1)本集体经济组织成员的村民会议选举产生承包工作小组;(2)承包工作小组依照法律、法规的规定拟订并公布承包方案;(3)依法召开本集体经济组织成员的村民会议,讨论通过承包方案;(4)公开组织实施承包方案;(5)签订承包合同。根据第 52 条规定,发包方将农村土地发包给本集体经济组织以外的单位或者个人承包,应当事先经本集体经济组织成员的村民会议 2/3 以上成员或者 2/3 以上村民代表的同意,并报乡(镇)人民政府批准。

**2. 个别土地承包经营权人之间承包地的调整**

土地承包经营权是农民对土地的收益,其稳定性对保障农村土地流转市场秩序,保护农民土地财产性收益具有重大意义。为稳定农村土地承包经营权,2018 年 12 月全国人大通过了《农村土地承包法》(第二次修正案),明确规定国家依法保护农村土地承包关系稳定并长久不变,耕地承包期"自动续期三十年"。党的十九大报告也明确提出"第二轮土地承包到期后再延长三十年"。承包关系由"长期稳定"到"长久不变"并在法律法规中予以确定,反映出社会主义市场经济体制目标的提出推动了农业经营方式的改变,防止其他组织或个人对农民承包土地的权利进行剥夺和非法侵害,有利于稳定农民对土地利益的合理预期,安心进行农业生产经营,激励农民对土地进行充分投资或与土地经营权方签订长期流转合约,从而促进现代农业的发展。

土地承包经营权一经确立,非依法律规定的特殊情形出现且经过民主议定程序,原则上不得进行调整。按照《农村土地承包法》第 28 条规定,"承包期内,发包方不得调整承包地。""承包期内,因自然灾害严重毁损承包地等特殊情形对个别农户之间承包的耕地和草地需要适当调整的,必须经本集体经济组织成员的村民会议三分之二以上成员或者三分之二以上村民代表的同意,并报乡(镇)人民政府和县级人民政府农业农村、林业和草原等主管部门批准。承包合同中约定不得调整的,按照其约定。"这种在特殊情形下的例外规定可以平衡因在稳定基础上的过长承包期可能导致的现实生产生活中出现的实质不公平现象，化解积累的土地矛盾纠纷问题。

**3. 土地补偿费等费用的使用、分配办法**

根据《民法典》第243条规定，为了公共利益的需要，依照法律规定的权限和程序可以征收集体所有的土地。征收集体所有的土地，应当依法及时足额支付土地补偿费、安置补助费以及农村村民住宅、其他地上附着物和青苗等的补偿费用。村民住宅、其他地上附着物和青苗补偿费的分配因产权人、种植人相对比较明确，一般不存在很大的争议，容易产生纠纷的主要是土地补偿费和安置补助费的分配。这部分费用一般支付给被征地的农村集体经济组织。因为征收集体土地直接影响被征地集体经济组织成员的生产生活，这部分费用的使用和分配方法有必要经集体民主议定形式决定。农民的土地被征用后，由于土地资源的有限性，农村集体经济组织一般无法及时调整其他土地给被征地农民，亦无法对需要安置的人员进行安置，通常将土地补偿费与安置补助费揉在一块，在提留30%后将其余70%（各地略有差异）分配给村民。

**4. 集体出资的企业得到所有权变动等事项**

实践中，很多农村集体经济组织都投资兴办企业，一方面实现共同致富，另一方面也解决了大量农业人口的就业问题。集体出资的企业收益属集体成员集体所有。如果将该企业出让或者抵押的，也要经过本集体成员讨论决定，不能由该企业负责人或者本集体管理人擅自做主。

**5. 法律规定的其他事项**

依据《村民委员会组织法》第24条规定，本村享受误工补贴的人员及补贴标准，从村集体经济所得收益的使用，本村公益事业的兴办和筹资筹劳方案及建设承包方案，村集体经济项目的立项及承包方案，宅基地的使用方案，以借贷租赁或者其他方式处分村集体财产等涉及村民利益的事项，经村民会议讨论方可办理。至于村民会议决议的形式，村民会议可以授权村民代表会议讨论决定前述事项。比如，人数较多或者居住分散的村，可以设立村民代表会议，讨论决定村民会议授权的事项。村民代表会议由村民委员会成员和村民代表组成，村民代表应当占村民代表会议组成人员的4/5以上，妇女村民代表应当占村民代表会议组成人员的1/3以上。村民代表由村民按每5户至15户推选一人，或者由各村民小组推选若干人。村民代表的任期与村民委员会的任期相同。村民代表可以连选连任。法律对讨论决定村集体经济组织财产和成员权益的事项另有规定的，依照其规定。另外，根据《土地管理法》第63条第

2 款的规定,《民法典》本条第 1 款规定的集体经营性建设用地出让、出租等,应当经本集体经济组织成员的村民会议 2/3 以上成员或者 2/3 以上村民代表的同意。

## 适用指引

关于本条的适用,需要注意的是农村集体经济组织成员的资格确定问题。在我国农村,农民的利益至少涉及三种基本权利:一是土地承包经营权。我国农村的土地属于农村集体所有,对耕地实行土地承包经营权的利用方式和以家庭承包经营为基础、统分结合的经营体制。家庭承包经营是农村土地承包经营的最基本形式,在各种承包方式中所占比重最大。二是宅基地使用权。这也是以户为单位享有的权利。三是集体经济组织的收益分配权和管理权。这三项基本权利都涉及农村集体经济组织成员的资格问题。

### 一、农户成员与家庭成员并非同一概念

我国的农村土地承包是主要以农户为主体的承包。只有拥有集体经济组织成员资格的人,才能成为农户成员。农户成员与家庭成员并非同一概念,因为家庭成员是有血缘关系的人组成的生活体,农户成员则是进行生产的成员。可见,农户成员是一个经济概念,家庭成员则是带有身份性质的概念。一旦农村集体经济组织成员、农户成员的概念不明确,不能与家庭成员相区别,就会导致农村土地承包经营权的属性不清晰,应当依法保护的权利不清晰,进而造成审判实践中大量问题无法得到解决。例如,实践中常见的谁有土地承包权,谁有宅基地使用权,谁可以对这些权利进行流转等问题,都与成员的资格认定相关。因此,农村集体经济组织成员的资格问题是涉及农村改革的一个重大问题,也是一个不能回避的基本问题。这一问题明确了,农户成员才能明确;农户成员明确了,农户才能明确;农户明确了,家庭和家庭成员才能明确。只有上述主体概念清晰了,农民的三大基本权利即土地承包经营权、宅基地使用权、集体经济组织的收益分配权和管理权才能得以落实。如果不对农村集体经济组织成员的资格问题进行明确规定,审判实践中许多与此相关的问题就无法得到解决。例如,哪些是农户的权利,哪些是农户成员的权利,哪些是家庭成员的权利等,这些问题的处理都依赖于农村集体经济组织成员资格的认定。

这种关于农村法治的基础性的问题，已经到了非解决不可的地步，不应当再回避。[①]

### 二、农村集体经济组织成员身份问题尚需法律规定

党的十八届三中全会通过的《中共中央关于全面深化改革若干重大问题的决定》首次提出"保障农民集体经济组织成员权利"，意义重大。农村集体经济组织成员身份问题事关农民重要基本民事权利，应属《立法法》第8条第8项规定的法律保留事项，只能由全国人大及其常委会进行立法规定。由于现行法律对农村集体经济组织主体地位规定不明确，当前我国农村集体经济组织成员权的取得和丧失缺乏全国统一、明确、权威的判断标准，并由此引发了实践的混乱和大量的矛盾纠纷，比如村民福利待遇等纠纷，这也是一段时间以来困扰审判实践的难点问题，但是最终立法上对此尚未作出规定。

### 三、农村集体经济组织成员资格

农村集体经济组织的成员权中最基本的是其财产权问题，实务上涉及大量此类纠纷，法院不能拒绝裁判。审判实践中，对农村集体经济组织成员资格的认定也存在不尽一致的情形，有的适用户籍规则，有的适用经常居住规则等。审判经验一般认为，在农村集体经济组织所在地具有长期、固定的生产生活，依法登记为常住户口，或符合法律法规规定的其他情形的，具有农村集体经济组织成员资格。至于村民福利待遇案件处理问题，《最高人民法院研究室关于人民法院对农村集体经济所得收益分配纠纷是否受理问题的答复》（法研〔2001〕51号）明确规定："农村集体经济组织与其成员之间因收益分配产生的纠纷，属平等民事主体之间的纠纷。当事人就该纠纷起诉到人民法院，只要符合《中华人民共和国民事诉讼法》（以下简称《民事诉讼法》）第一百零八条的规定，人民法院应当受理。"《村民委员会组织法》第27条第2款、第3款规定："村民自治章程、村规民约以及村民会议或者村民代表会议的决定不得与宪法、法律、法规和国家的政策相抵触，不得有侵犯村民的人身权利、民主权利和合法财产权利的内容。""村民自治章程、村规民约以及村民会议或者村民代表会议的决定违反前款规定的，由乡、民族乡、镇的人民政府责令改

---

[①] 参见杜万华：《〈民法典物权编草案〉（二审稿）的体例与条文评述》，载《中州学刊》2019年第7期。

正。"据此可知，村民自治章程、村规民约以及村民会议或者村民代表讨论决定的事项不能剥夺或减损村民收益分配，同样也不能剥夺村民的福利待遇。村民的福利待遇与其收益分配并无本质区别，都属于村民基于其集体经济组织成员资格而获得或可能获得的财产权益范畴；与村民收益分配纠纷相同，村民福利待遇纠纷也是发生在农村集体经济组织与其成员之间；通过村民会议的形式剥夺村民应分配的收益与剥夺村民的福利待遇一样，都属于违反《村民委员会组织法》第27条第2款、第3款规定的情形。农村集体经济组织与其成员之间因收益分配产生纠纷，当事人就此起诉的，人民法院应当根据上述法律规定及《民事诉讼法》的有关规定，进行审查，对于符合《民事诉讼法》规定起诉条件的，人民法院应当受理。这也符合立案登记制的相应要求。①

---

① 参见最高人民法院民法典贯彻实施工作领导小组主编：《中华人民共和国民法典物权编理解与适用》，人民法院出版社2020年版。

**第二百六十二条** 对于集体所有的土地和森林、山岭、草原、荒地、滩涂等,依照下列规定行使所有权:

(一)属于村农民集体所有的,由村集体经济组织或者村民委员会依法代表集体行使所有权;

(二)分别属于村内两个以上农民集体所有的,由村内各该集体经济组织或者村民小组依法代表集体行使所有权;

(三)属于乡镇农民集体所有的,由乡镇集体经济组织代表集体行使所有权。

## ▶ 关联规定

**法律、行政法规、司法解释**

1.《中华人民共和国民法典》

**第九十六条** 本节规定的机关法人、农村集体经济组织法人、城镇农村的合作经济组织法人、基层群众性自治组织法人,为特别法人。

**第九十九条** 农村集体经济组织依法取得法人资格。

法律、行政法规对农村集体经济组织有规定的,依照其规定。

**第一百条** 城镇农村的合作经济组织依法取得法人资格。

法律、行政法规对城镇农村的合作经济组织有规定的,依照其规定。

**第一百零一条** 居民委员会、村民委员会具有基层群众性自治组织法人资格,可以从事为履行职能所需要的民事活动。

未设立村集体经济组织的,村民委员会可以依法代行村集体经济组织的职能。

2.《中华人民共和国土地管理法》

**第十一条** 农民集体所有的土地依法属于村农民集体所有的,由村集体经济组织或者村民委员会经营、管理;已经分别属于村内两个以上农村集体经济组织的农民集体所有的,由村内各该农村集体经济组织或者村民小组经营、管理；已经属于乡（镇）农民集体所有的，由乡（镇）农村集体经济组织经营、管理。

3.《中华人民共和国农村土地承包法》

**第十三条** 农民集体所有的土地依法属于村农民集体所有的，由村集体经济组织或者村民委员会发包；已经分别属于村内两个以上农村集体经济组织的农民集体所有的，由村内各该农村集体经济组织或者村民小组发包。村集体经济组织或者村民委员会发包的，不得改变村内各集体经济组织农民集体所有的土地的所有权。

国家所有依法由农民集体使用的农村土地，由使用该土地的农村集体经济组织、村民委员会或者村民小组发包。

4.《中华人民共和国村民委员会组织法》

**第二条** 村民委员会是村民自我管理、自我教育、自我服务的基层群众性自治组织，实行民主选举、民主决策、民主管理、民主监督。

村民委员会办理本村的公共事务和公益事业，调解民间纠纷，协助维护社会治安，向人民政府反映村民的意见、要求和提出建议。

村民委员会向村民会议、村民代表会议负责并报告工作。

**第三条** 村民委员会根据村民居住状况、人口多少，按照便于群众自治，有利于经济发展和社会管理的原则设立。

村民委员会的设立、撤销、范围调整，由乡、民族乡、镇的人民政府提出，经村民会议讨论同意，报县级人民政府批准。

村民委员会可以根据村民居住状况、集体土地所有权关系等分设若干村民小组。

**第五条** 乡、民族乡、镇的人民政府对村民委员会的工作给予指导、支持和帮助，但是不得干预依法属于村民自治范围内的事项。

村民委员会协助乡、民族乡、镇的人民政府开展工作。

**第六条** 村民委员会由主任、副主任和委员共三至七人组成。

村民委员会成员中，应当有妇女成员，多民族村民居住的村应当有人数较少的民族的成员。

对村民委员会成员，根据工作情况，给予适当补贴。

**第八条** 村民委员会应当支持和组织村民依法发展各种形式的合作经济和其他经济，承担本村生产的服务和协调工作，促进农村生产建设和经济发展。

村民委员会依照法律规定，管理本村属于村农民集体所有的土地和其他财产，引导村民合理利用自然资源，保护和改善生态环境。

村民委员会应当尊重并支持集体经济组织依法独立进行经济活动的自主权，维护以家庭承包经营为基础、统分结合的双层经营体制，保障集体经济组织和村民、承包经营户、联户或者合伙的合法财产权和其他合法权益。

**第二十八条** 召开村民小组会议，应当有本村民小组十八周岁以上的村民三分之二以上，或者本村民小组三分之二以上的户的代表参加，所作决定应当经到会人员的过半数同意。

村民小组组长由村民小组会议推选。村民小组组长任期与村民委员会的任期相同，可以连选连任。

属于村民小组的集体所有的土地、企业和其他财产的经营管理以及公益事项的办理，由村民小组会议依照有关法律的规定讨论决定，所作决定及实施情况应当及时向本村民小组的村民公布。

**5.《最高人民法院关于审理涉及农村集体土地行政案件若干问题的规定》**

**第三条** 村民委员会或者农村集体经济组织对涉及农村集体土地的行政行为不起诉的，过半数的村民可以以集体经济组织名义提起诉讼。

农村集体经济组织成员全部转为城镇居民后，对涉及农村集体土地的行政行为不服的，过半数的原集体经济组织成员可以提起诉讼。

## ▶ 条文释义

### 一、本条主旨

本条是关于集体所有的土地和森林、山岭、草原、荒地、滩涂等不动产所有权行使的规定。

### 二、条文演变

依据原《民法通则》第74条的规定，劳动群众集体组织的财产属于劳动群众集体所有。集体所有的土地依照法律属于村农民集体所有，由村农业生产合作社等农业集体经济组织或者村民委员会经营、管理。在我国进行"政社分离"的农村体制改革后，农村集体经济组织演变为村农民集体、村内集体（村民小组集体）、乡镇农民集体，农业生产合作社未能重新建立，该条只规定了村农民集体和乡镇农民集体，而对村内集体（村民小组集体）未作规定，未能全面规范农村集体所有的状况。1988年修正《土地管理法》第8条第2款规定："村农民集体所有的土地已经分别属于村内两个以上农业集体经济组织所有的，可以属于各该农业集体经济组织的农民集体所有。"该款补充了原《民法通则》未规定村内集体的规定，但该条把"农业集体经济组织"和"该农业集体经济组织的农民集体"同时规定为所有者，造成了概念上的混乱。原《物权法》第59条第1款明确"农民集体所有的不动产和动产，属于本集体成员集体所有。"第60条明确把集体组织规定为代表集体行使所有权的主体，纠正了1988年修正《土地管理法》第8条第2款规定的缺陷，在立法上将集体所有不动产和动产所有权的主体明确为本集体成员集体，将集体经济体组织明确为集体所有权的行使主体，具体化了成员集体的公有制制度。在原《物权法》第60条的基础上，《民法典各分编（草案）》第57条在"村民委员会代表集体行使所有权""村民小组代表集体行使所有权"中分别增加"依法"二字，从而着力强调无论是村民委员会还是村民小组，在代表集体行使所有权时，均须"依法"进行，之后的各草案对此未再作出修改。《民法典》本条保留了《民法典各分编（草案）》第57条的规定。

### 三、条文解读

本条旨在明确不同情形下农村集体所有权的行使主体，解决在实践中农民集体不能行使农村集体所有权的问题，明确集体成员农村集体所有权的主体地位，享有对集体财产的所有和管理权利。

土地和森林、山岭、草原、荒地、滩涂等是农民集体拥有的最主要的不动产，长期以来在实践生活中，因农民集体经济组织缺失或者不健全，导致集体成员难以通过合法的组织形式和程序行使权利，造成农村集体财产处置的诸多问题和不良社会影响。明确农村集体所有权主体的法律地位，是保障农村集体所有权顺利实现的重要步骤，也是大力推进乡村振兴战略的法律贡献。

（一）农村集体所有权主体的演变

我们党在对农业社会主义改造和农民集体公有制的建立和改革发展中不断实践创新，组建了高级联合社和人民公社，实行了农民的土地集体公有制，高级合作社和后来人民公社的生产队、生产大队以及公社的各个不同集体经济组织组成了集体经济组织的不同类型。我国从1962年开始实行"三级所有,队为基础"的农村集体所有权制度,即公社、生产大队和生产队三级所有,其基本核算单位是生产队。① 生产队形成自然村,代表集体社员行使本集体内的土地和财产的所有权。在农村体制改革后,人民公社成为乡一级的行政建制,生产队改为村民小组,村一级成为独立体,其中,村民小组成为村的组成部分。尽管法律在确定农村集体所有权主体时,兼顾了村与村民小组两者的主体地位,但从实地调查结果来看,村一级已经成为农村集体所有权主体的主要形式,农民也已接受村是比村民小组更具主体性的存在。② 经过农村改革,土地经营开始实行家庭承包责任制,集体公有的土地以家庭为单位进行承包经营,替代了以生产队为集体经济组织单位进行的集体劳动和分配。此外,人民公社改为乡镇后,原人民公社直接管理的土地由乡镇农村集体经济组织继续直接经营、管理。由于原来的人民公社实行"政社合一"的模式,将行政职能及组织生产与所有制合二为一,在政社分开后,乡镇成为政府政权组织形式,另一种财产所有制意义上的载体自然不能再赋予乡镇政府,故原来人民公社承担的集体经济组织的职能转为由乡镇集体经济组织承担,但这种组织形式在我国各地的表现有所不同,其中就土地等资产而言,按照原来的"三级所有"模式属于原人民公社所有的,现在应该确定为属于由原人民公社改制而来的乡镇集体经济组织所有。③ 农村治理实行政社分离和村民自治改革后,人民公社体制下的大队、生产队和公社的农村集体经济组织演变为村农民集体、村内集体(村民小组集体)、乡镇农民集体,也就形成了村农民集体所有权、村内农民集体(村民小组农民集体)所有权和乡镇农民集体所有权,其主体分别是各自范围的成员集体。这三类主体相互之间没有行政隶属关系,它们分别对不同的土地和森林、山岭、草原、荒地、滩涂等享有所有权,即本条的规定内容。农村集

---

① 人民公社的基本核算单位是生产队。根据各地方不同的情况,人民公社的组织,可以是两级,即公社和生产队,也可以是三级,即公社、生产大队和生产队。这就是通常所说的以生产队为基础的三级所有的人民公社制度。参见高飞:《集体土地所有权主体制度研究》,中国政法大学出版社2017年版,第48页。
② 参见陈小君等:《农村土地法律制度研究——田野调查解读》,中国政法大学出版社2004年版,第6~7页。
③ 参见李永军:《集体经济组织法人的历史变迁与法律结构》,载《比较法研究》2017年第4期。

体所有权主体是农村集体所有权存在的直接利益相关者,即农村集体所有权及其收益无论在法律上还是事实上都应当归属农村集体所有权主体,①而该主体就是我国法律规定的农民集体或集体成员集体。

(二)不同情况下行使农村集体所有权的主体

**1. 属于村农民集体所有的,由村集体经济组织或者村民委员会代表集体行使所有权**

这里的"村"是指行政村,即设立村民委员会的村,而非自然村。该行政村农民集体所有的土地等集体财产,就由该行政村集体经济组织或者村民委员会来依法代表集体行使所有权。农村集体经济组织和村民委员会同属于农村基层组织,但两者并不相同。"村民委员会"是指《村民委员会组织法》中所规定的村民委员会(村委会)。村民委员会是在人民公社进行政社分开、建立乡政权的过程中,在全国农村逐步建立起来的农村基层群众性自治组织。农村实行家庭承包经营等责任制形式后,对以"三级所有,队为基础"的人民公社体制进行改革。在改革过程中,在原来生产大队,有的在生产小队的基础上建立了村民委员会。② 根据《村民委员会组织法》,村民委员会是农村基层群众自治性组织,担负着管理本村公共事务和公益事业,调解民间纠纷,协助维护社会治安,向人民政府反映村民的意见、要求和提出建议等多种职能;村民委员会可以根据村民居住状况、集体土地所有权关系等分设若干村民小组,故村民小组也应当具有一定的自治管理职能,这就决定了村民委员会和村民小组不是以纯粹的民事主体身份出现的;农村集体经济组织则不然,其主要职能便是代表集体从事各种经营活动,且原则上不承担本农民集体的公益性事务。③ 农村集体经济组织更多地由私法规范,村民委员会更多地由公法规范。村民委员会是行政村的必要建制,在我国农村现实生活中,村集体经济组织不是必须设立的,即使设立的,也有很多不健全的地方,并没有全覆盖到每个行政村,造成集体所有土地的经营、管理等所有权职能无法履行,集体所有权自然由村委会

---

① 参见杨青贵:《集体土地所有权实现法律机制研究》,法律出版社2016年版,第54~55页。
② 参见胡康生主编:《中华人民共和国物权法释义》,法律出版社2007年版,第145页。
③ 参见石宏主编:《〈中华人民共和国民法总则〉条文说明、立法理由及相关规定》,北京大学出版社2017年版,第233页。

来代行。从法律规定上而言,《土地管理法》和《农村土地承包法》在法律上赋予了村民委员会对村集体所有土地等财产进行经营、管理的经济职能;《民法典》第101条规定,居民委员会、村委会具有基层群众性自治组织法人资格,可以从事为履行职能所需要的民事活动。未设立村集体经济组织的,村民委员会可以依法代行村集体经济组织的职能。

2. 分别属于村内两个以上农民集体所有的,由村内各该集体经济组织或者村民小组代表集体行使所有权

这里"分别属于村内两个以上农民集体所有"主要是指该农民集体所有的土地和其他财产在改革开放以前就分别属于两个以上的生产队,现在其土地和其他集体财产仍然分别属于相当于原生产队的村民小组的农民集体所有。这里的"村民小组"是指行政村内的由村民组成的自治组织。根据《村民委员会组织法》的规定,村民委员会可以根据村民居住状况、集体土地所有权关系等分设若干村民小组。目前,全国多数农村地区在原来的生产大队一级设村委会,在原来的生产队一级设村民小组。《土地管理法》和《农村土地承包法》都赋予了村民小组对集体土地等财产经营、管理的职能。本条也因此作了类似的规定。根据上述规定,如果村内有集体经济组织的,就由村内的集体经济组织行使所有权;如果没有村内的集体经济组织,则由村民小组来行使。①

3. 属于乡镇农民集体所有的,由乡镇集体经济组织代表集体行使所有权

这种情况包括:一是指改革开放以前,原来以人民公社为核算单位的土地,在公社改为乡镇以后仍然属于乡镇农民集体所有;二是在人民公社时期,公社一级掌握的集体所有的土地和其他财产仍然属于乡镇农民集体所有。上述两种情况下,由乡镇集体经济组织来行使所有权。②

## ▶ 适用指引

第一,农民集体所有权的主体是农民集体,农村集体经济组织、村委会和村民小组不是集体财产的所有人,只是依法代表集体行使所有权,并且向所属集体负责,接受其监督。

---

① 参见黄薇主编:《中华人民共和国民法典物权编解读》,中国法制出版社2020年版,第145页。
② 参见胡康生主编:《中华人民共和国物权法释义》,法律出版社2007年版,第145页。

第二，农民集体所有权的客体包括集体所有的土地和森林、山岭、草原、荒地、滩涂，还包括集体所有的建筑物、生产设施、农田水利设施，集体所有的教育、科学、文化、卫生、体育等设施；以及集体所有的其他不动产和动产。

第三，农民集体所有权的内容是对集体所有的财产享有占有、使用、收益和处分的权利。例如，对集体所有的土地进行发包、分配宅基地等。

**第二百六十三条** 城镇集体所有的不动产和动产，依照法律、行政法规的规定由本集体享有占有、使用、收益和处分的权利。

## ▶ 关联规定

法律、行政法规、司法解释

1.《中华人民共和国宪法》

**第八条** 农村集体经济组织实行家庭承包经营为基础、统分结合的双层经营体制。农村中的生产、供销、信用、消费等各种形式的合作经济，是社会主义劳动群众集体所有制经济。参加农村集体经济组织的劳动者，有权在法律规定的范围内经营自留地、自留山、家庭副业和饲养自留畜。

城镇中的手工业、工业、建筑业、运输业、商业、服务业等行业的各种形式的合作经济，都是社会主义劳动群众集体所有制经济。

国家保护城乡集体经济组织的合法的权利和利益，鼓励、指导和帮助集体经济的发展。

2.《中华人民共和国民法典》

**第九十六条** 本节规定的机关法人、农村集体经济组织法人、城镇农村的合作经济组织法人、基层群众性自治组织法人，为特别法人。

**第一百条** 城镇农村的合作经济组织依法取得法人资格。

法律、行政法规对城镇农村的合作经济组织有规定的，依照其规定。

**第一百零一条** 居民委员会、村民委员会具有基层群众性自治组织法人资格，可以从事为履行职能所需要的民事活动。

未设立村集体经济组织的，村民委员会可以依法代行村集体经济组织的职能。

3.《中华人民共和国森林法》

**第二十条** 国有企业事业单位、机关、团体、部队营造的林木，由营造单位管护并按照国家规定支配林木收益。

农村居民在房前屋后、自留地、自留山种植的林木，归个人所有。城镇居民在自有房屋的庭院内种植的林木，归个人所有。

集体或者个人承包国家所有和集体所有的宜林荒山荒地荒滩营造的林木，归承包的集体或者个人所有；合同另有约定的从其约定。

其他组织或者个人营造的林木，依法由营造者所有并享有林木收益；合同另有约定的从其约定。

4.《城镇集体所有制企业条例》

**第四条** 城镇集体所有制企业（以下简称集体企业）是财产属于劳动群众集体所有、实行共同劳动、在分配方式上以按劳分配为主体的社会主义经济组织。

前款所称劳动群众集体所有，应当符合下列中任一项的规定：

（一）本集体企业的劳动群众集体所有；

（二）集体企业的联合经济组织范围内的劳动群众集体所有；

（三）投资主体为两个或者两个以上的集体企业，其中前（一）、（二）项劳动群众集体所有的财产应当占主导地位。本项所称主导地位，是指劳动群众集体所有的财产占企业全部财产的比例，一般情况下应不低于51%，特殊情况经过原审批部门批准，可以适当降低。

**第六条** 集体企业依法取得法人资格，以其全部财产独立承担民事责任。

集体企业的财产及其合法权益受国家法律保护，不受侵犯。

**第二十一条** 集体企业在国家法律、法规的规定范围内享有下列权利：

（一）对其全部财产享有占有、使用、收益和处分的权利，拒绝任何形式的平调；

（二）自主安排生产、经营、服务活动；

（三）除国家规定由物价部门和有关主管部门控制价格的以外，企业有权自行确定产品价格、劳务价格；

（四）企业有权依照国家规定与外商谈判并签订合同，提取和使用分成的外汇收入；

（五）依照国家信贷政策的规定向有关专业银行申请贷款；

（六）依照国家规定确定适合本企业情况的经济责任制形式、工资形式和奖金、分红办法；

（七）享受国家政策规定的各种优惠待遇；

（八）吸收职工和其他企业、事业单位、个人集资入股，与其他企业、事业单位联营，向其他企业、事业单位投资，持有其他企业的股份；

（九）按照国家规定决定本企业的机构设置、人员编制、劳动组织形式和用工办法，录用和辞退职工；

（十）奖惩职工。

## ▶ 条文释义

### 一、本条主旨

本条是关于城镇集体所有的财产权利行使的规定。

### 二、条文演变

集体所有制经济是公有制的重要组成部分，而城镇集体经济是集体所有制经济的重要形式之一。《宪法》第 8 条第 2 款对城镇集体所有制经济进行了确认，即"城镇中的手工业、工业、建筑业、运输业、商业、服务业等行业的各种形式的合作经济，都是社会主义劳动群众集体所有制经济"。《城镇集体所有制企业条例》第 4 条第 1 款规定，城镇集体所有制企业是财产属于劳动群众集体所有、实行共同劳动、在分配方式上以按劳分配为主体的社会主义经济组织。第 1 款所称的劳动群众集体所有，按照《城镇集体所有制企业条例》的规定，是指本集体企业的劳动群众集体所有；或者集体企业的联合经济组织范围内的劳动群众集体所有；或者投资主体有两个或者两个以上的集体企业，并且劳动群众集体所有的财产占主导地位。第 6 条第 1 款规定，集体企业依法取得法人资格，以其全部财产独立承担民事责任。原《民法通则》第 41 条第 1 款规定："全民所有制企业、集体所有制企业有符合国家规定的资金数额，有组织章程、组织机构和场所，能够独立承担民事责任，经主管机关核准登记，取得法人资格……"由于历史和现实的原因，城镇集体所有的财产的形成背景和资金构成相当复杂，目前很难对其归属作出统一的具体规定，故此问题尚需通过深化改革，待实践经验比较成熟时再作规定。① 因此，原《物权法》第 61 条

---

① 参见尹田：《民法调整对象的理论检讨与立法表达》，载《私法》2010 年第 1 期。

从物权的角度对城镇集体所有权制度作了原则规定,即"城镇集体所有的不动产和动产,依照法律、行政法规的规定由本集体享有占有、使用、收益和处分的权利。"《民法典》编纂过程中没有产生争议,对该条规定作了保留。

### 三、条文解读[①]

第一,集体财产权行使的主体是集体。集体所有、集体管理、集体经营是集体所有制的应有之义,因此,行使城镇集体财产权的只能是该集体经济组织,而不能由个别集体经济组织成员独断专行。

第二,城镇集体财产所有权的客体是本城镇集体所有的不动产和动产。改制后的城镇集体企业不适用本条规定。

第三,城镇集体财产权的内容是对本城镇集体所有的不动产和动产享有的占有、使用、收益和处分的权利。作为本集体所有财产的所有人,享有所有权的占有、使用、收益和处分全部四项权能,全面支配本集体所有的财产。

## ▶ 适用指引

### 一、集体经济组织是独立法人

依据《民法典》总则编中的第99条、第100条的规定,农村集体经济组织依法取得法人资格。城镇农村的合作经济组织依法取得法人资格。只是在法律、行政法规对农村集体经济组织、城镇农村的合作经济组织另有特别规定的情况下,依照其规定。也就是说,在法律、行政法规没有其他特别规定的情况下,农村集体经济组织、城镇农村的合作经济组织都应依法取得法人资格,具有民事主体地位,可以依法独立实施相应的民事法律行为。

### 二、《城镇集体所有制企业条例》的衔接适用问题

依据《城镇集体所有制企业条例》的规定,城镇集体所有制企业是财产属于劳动群众集体所有、实行共同劳动、在分配方式上以按劳分配为主体的社会主义经济组织。城镇集体所有制企业依法取得法人资格,以其全部财产独立承

---

① 参见黄薇主编:《中华人民共和国民法典物权编解读》,中国法制出版社2020年版,第148~149页。

担民事责任。当然，如果城镇集体所有制企业已经改制，如成为有限责任公司或者股份有限公司、个人独资企业或者合伙企业的，就不适用该条例，而分别适用《公司法》《个人独资企业法》或者《合伙企业法》的有关规定。① 这不仅包括权利行使规则，而且包括责任承担规则。

## 类案检索

马某与甘肃省天水市秦州区某居民委员会等侵害集体经济组织成员权益纠纷案

**关键词：** 集体经济组织成员　城镇集体所有权行使　居民委员会

**裁判摘要：** 集体经济组织所有的财产属本集体成员集体所有，由集体经济组织或由村民委员会、居民委员会代表集体行使所有权。居民委员会代表集体经济组织行使对集体财产的处分权，其决策程序符合法律规定，工作流程透明公开，未侵害集体经济组织成员的合法权利。

【案　　号】（2022）甘05民终22号

【审理法院】甘肃省天水市中级人民法院

【来　　源】中国裁判文书网

---

① 参见胡康生主编：《中华人民共和国物权法释义》，法律出版社2007年版，第148页。

**第二百六十四条** 农村集体经济组织或者村民委员会、村民小组应当依照法律、行政法规以及章程、村规民约向本集体成员公布集体财产的状况。集体成员有权查阅、复制相关资料。

## 关联规定

法律、行政法规、司法解释

1.《中华人民共和国宪法》

第十七条　集体经济组织在遵守有关法律的前提下，有独立进行经济活动的自主权。

集体经济组织实行民主管理，依照法律规定选举和罢免管理人员，决定经营管理的重大问题。

2.《中华人民共和国土地管理法》

第四十九条　被征地的农村集体经济组织应当将征收土地的补偿费用的收支状况向本集体经济组织的成员公布，接受监督。

禁止侵占、挪用被征收土地单位的征地补偿费用和其他有关费用。

3.《中华人民共和国农村土地承包法》

第二十条　土地承包应当按照以下程序进行：

（一）本集体经济组织成员的村民会议选举产生承包工作小组；

（二）承包工作小组依照法律、法规的规定拟订并公布承包方案；

（三）依法召开本集体经济组织成员的村民会议，讨论通过承包方案；

（四）公开组织实施承包方案；

（五）签订承包合同。

4.《中华人民共和国村民委员会组织法》

第三十条　村民委员会实行村务公开制度。

村民委员会应当及时公布下列事项，接受村民的监督：

（一）本法第二十三条、第二十四条规定的由村民会议、村民代表会议讨论决定的事项及其实施情况；

（二）国家计划生育政策的落实方案；

（三）政府拨付和接受社会捐赠的救灾救助、补贴补助等资金、物资的管理使用情况；

（四）村民委员会协助人民政府开展工作的情况；

（五）涉及本村村民利益，村民普遍关心的其他事项。

前款规定事项中，一般事项至少每季度公布一次；集体财务往来较多的，财务收支情况应当每月公布一次；涉及村民利益的重大事项应当随时公布。

村民委员会应当保证所公布事项的真实性，并接受村民的查询。

第三十一条　村民委员会不及时公布应当公布的事项或者公布的事项不真实的，村民有权向乡、民族乡、镇的人民政府或者县级人民政府及其有关主管部门反映，有关人民政府或者主管部门应当负责调查核实，责令依法公布；经查证确有违法行为的，有关人员应当依法承担责任。

5.《中华人民共和国农业法》

第七十三条　农村集体经济组织或者村民委员会为发展生产或者兴办公益事业，需要向其成员（村民）筹资筹劳的，应当经成员（村民）会议或者成员（村民）代表会议过半数通过后，方可进行。

农村集体经济组织或者村民委员会依照前款规定筹资筹劳的，不得超过省级以上人民政府规定的上限控制标准，禁止强行以资代劳。

农村集体经济组织和村民委员会对涉及农民利益的重要事项，应当向农民公开，并定期公布财务账目，接受农民的监督。

## 条文释义

### 一、本条主旨

本条是关于集体成员对集体财产知情权的规定。

### 二、条文演变

向本集体成员实行财务公开是落实《宪法》规定的要求。《宪法》第 17 条第 2 款规定："集体经济组织实行民主管理，依照法律规定选举和罢免管理人员,决定经营管理的重大问题。"原《民法通则》未对农民集体财产公开制度作出规定。2004年修正的《土地管理法》第49条第1款规定:"被征地的农村集体经济组织应当将征收土地的补偿费用的收支状况向本集体经济组织的成员公布,接受监督。"2019年《土地管理法》修正时,该条规定得以保留。

2004年6月22日印发的《中共中央办公厅、国务院办公厅关于健全和完善村务公开和民主管理制度的意见》强调,村务公开的重点是财务公开。2010年修订的《村民委员会组织法》第30条规定:"村民委员会实行村务公开制度。村民委员会应当及时公布下列事项,接受村民的监督:(一)本法第二十三条、第二十四条规定的由村民会议、村民代表会议讨论决定的事项及其实施情况;(二)国家计划生育政策的落实方案;(三)政府拨付和接受社会捐赠的救灾救助、补贴补助等资金、物资的管理使用情况;(四)村民委员会协助人民政府开展工作的情况;(五)涉及本村村民利益,村民普遍关心的其他事项。""前款规定事项中,一般事项至少每季度公布一次;集体财务往来较多的,财务收支情况应当每月公布一次;涉及村民利益的重大事项应当随时公布。""村民委员会应当保证所公布事项的真实性,并接受村民的查询。"2018年《村民委员会组织法》修改时完整保留了此条规定。原《物权法》第62条较为笼统地规定了农民集体财产公开制度,"集体经济组织或者村民委员会、村民小组应当依照法律、行政法规以及章程、村规民约向本集体成员公布集体财产的状况"。《民法典》编纂过程中,《民法典物权编(草案)》(征求意见稿)第59条在原《物权法》第62条规定的基础上增加了查询制度,即"集体成员有权查阅、复制相关材料";《民法典物权编(草案)》(二次审议稿)第59条将征求意见稿中的"集体经济组织"改为"农村集体经济组织",此条一直保留到《民法典》中。

### 三、条文解读

农村集体经济组织或者村民委员会、村民小组向本集体成员公布集体财产的状况,是集体成员知情权的消极行使方式,意在通过课以集体财产的行使主体履行信息公开义务来保障集体成员的知情权。[①] 同时,赋予集体成员查阅、

---

① 参见戴威:《农村集体经济组织成员权制度研究》,法律出版社2016年版,第221页。

复制相关资料的权利。集体财产公布制度的内容主要包括以下几个方面。[①]

(一)公布义务的主体

行使集体财产所有权的主体根据不同情形分为农村集体经济组织或者代表集体行使所有权的村民委员会、村民小组,以上主体有义务将集体财产的状况向集体成员公布。村民委员会、村民小组代行农村集体经济组织的职能。

(二)公布的内容

本条只规定了集体成员在集体财产信息方面的知情权。公布的内容是本集体的财产状况,包括集体所有财产总量的变化(如集体财产的收支状况、债权债务状况),所有权变动的情况(如转让、抵押),集体财产使用情况(如农村集体土地承包),集体财产分配情况(征收补偿费的分配)等涉及集体成员利益的重大事项。

(三)公布的要求

集体财产包括不动产和动产,这些财产经常会发生变动。行使集体财产所有权的主体向本集体成员公布集体财产状况时,应当依照法律、行政法规、章程和村规民约。

公布集体财产状况,还要做到以下几点:一是公布内容简洁明了,便于集体成员了解。公布的形式和方法可根据实际情况因地制宜、灵活多样,如采用张榜公布、召开集体成员大会或者代表大会等方式。二是公布要做到及时。可以采取定期公布的形式,也可以根据集体财产重大变动事项或者进展的不同阶段随时公布。三是公布要做到内容真实。公布的内容要真实可靠,有凭有据,不得谎报、虚报、瞒报。

根据《村民委员会组织法》第 31 条的规定,村民委员会不及时公布应当公布的事项或者公布的事项不真实的,村民有权向乡、民族乡、镇人民政府或者县级人民政府及其有关主管部门反映,有关人民政府或者主管部门应当负责调查核实,责令依法公布;经查证确有违法行为,有关人员应当依法承担责任。

---

[①] 参见黄薇主编:《中华人民共和国民法典物权编解读》,中国法制出版社 2020 年版,第 150~152 页。

### （四）集体成员有权查阅、复制相关资料

原《物权法》及《村民委员会组织法》规定了村民委员会实行村务公开制度。《村民委员会组织法》第30条第4款规定，村民委员会应当保证所公布事项的真实性，并接受村民的查询。但是上述法律对集体成员是否有权主动查阅、是否有权对相关资料进行复制，没有明确规定。为了使集体成员可以更好地监督集体财产状况，保障集体财产的安全，本条明确规定"集体成员有权查阅、复制相关资料"、切实保障集体成员的知情权。这里的查阅复制权更多地要在村民自治的框架内解决，坚持将非诉讼纠纷解决机制挺在前面，保障村民实行自治。如果涉及村民委员会或者其负责人作出的侵害集体成员合法权益的决定，可以依据《民法典》第265条第2款和《村民委员会组织法》第36条第1款的规定依法向人民法院申请撤销，即农村集体经济组织、村民委员会或者村民委员会成员作出的决定侵害集体成员合法权益的，受侵害的集体成员可以申请人民法院予以撤销，责任人依法承担法律责任。

## ▶ 适用指引

账簿能最真实地反映经济往来业务，一旦泄露可能会给农村集体经济组织带来无可挽回的损失，因此对账簿的查询复制权利主体要予以严格限制。基于我国农村特殊背景，集体经济组织成员的资格确定区别于有限责任公司、股份有限公司等一般法人。其考量因素包含两点：第一，村民在该村委会所在地生活，且户籍地归属于村委会所管辖范围；第二，村民必须是以集体所有的土地利益作为社会保障的基础。只有同时符合上述两个条件，村民才享有对账簿等材料查阅复制权利。

**第二百六十五条** 集体所有的财产受法律保护，禁止任何组织或者个人侵占、哄抢、私分、破坏。

农村集体经济组织、村民委员会或者其负责人作出的决定侵害集体成员合法权益的，受侵害的集体成员可以请求人民法院予以撤销。

## 关联规定

法律、行政法规、司法解释

1.《中华人民共和国宪法》

第十二条 社会主义的公共财产神圣不可侵犯。

国家保护社会主义的公共财产。禁止任何组织或者个人用任何手段侵占、哄抢、私分、截留、破坏。

2.《中华人民共和国刑法》

第十三条 一切危害国家主权、领土完整和安全，分裂国家、颠覆人民民主专政的政权和推翻社会主义制度，破坏社会秩序和经济秩序，侵犯国有财产或者劳动群众集体所有的财产，侵犯公民私人所有的财产，侵犯公民的人身权利、民主权利和其他权利，以及其他危害社会的行为，依照法律应当受刑罚处罚的，都是犯罪，但是情节显著轻微危害不大的，不认为是犯罪。

3.《中华人民共和国村民委员会组织法》

第三十六条 村民委员会或者村民委员会成员作出的决定侵害村民合法权益的，受侵害的村民可以申请人民法院予以撤销，责任人依法承担法律责任。

村民委员会不依照法律、法规的规定履行法定义务的，由乡、民族乡、镇的人民政府责令改正。

乡、民族乡、镇的人民政府干预依法属于村民自治范围事项的，由上一级人民政府责令改正。

## 条文释义

### 一、本条主旨

本条是关于集体财产权保护的规定。

### 二、条文演变

本条的立法依据是《宪法》关于保护公共财产的规定。《宪法》第 12 条明确规定:"社会主义的公共财产神圣不可侵犯。国家保护社会主义的公共财产。禁止任何组织或者个人用任何手段侵占或者破坏国家的和集体的财产。"作为我国民事基本法,原《民法通则》第 74 条第 3 款也明确规定:"集体所有的财产受法律保护,禁止任何组织或者个人侵占、哄抢、私分、破坏或者非法查封、扣押、冻结、没收。"《乡村集体所有制企业条例》第 5 条规定:"国家保护乡村集体所有制企业的合法权益,禁止任何组织和个人侵犯其财产。"原《物权法》第 63 条规定:"集体所有的财产受法律保护,禁止任何单位和个人侵占、哄抢、私分、破坏。""集体经济组织、村民委员会或者其负责人作出的决定侵害集体成员合法权益的,受侵害的集体成员可以请求人民法院予以撤销。"《民法典》本条主要是将"单位"改为"组织",基本保留了这一规定。

### 三、条文解读

本条规定的集体所有的财产,从内容上,主要是指《民法典》所规定的集体所有的不动产和动产,包括法律规定属于集体所有的土地和森林、山岭、草原、荒地、滩涂;集体所有的建筑物、生产设施、农田水利设施;集体所有的教育、科学、文化、卫生、体育等设施;集体所有的其他不动产和动产。从所有者来讲,既包括农民集体所有的财产,又包括城镇集体所有的财产。

针对损害集体财产的主要行为,本条强调了禁止任何组织或者个人侵占、哄抢、私分、破坏集体财产。所谓的侵占是指以非法占有为目的,将其经营、管理的集体财产非法占为己有。侵占的客体是集体所有的资产。侵占的主体一般是经营、管理集体财产的组织或者个人。构成侵占,还必须有非法占有集体财产的主观故意。哄抢是指以非法占有为目的,组织、参与多人一起强行抢夺集体财产的行为。哄抢的客体是集体财产。哄抢的主体可以是任何的组织或者个人，并且还需要具备非法占有集体财产的主观故意。私分是指违反集体财产分配管理规定，擅自将集体财产分配给部分集体成员的行为，如有少数村民委员会负责人将应分配给全体村民的征收补偿款擅自据为己有。破坏是指故意毁坏集体财产，致使其不能发挥正常功效的行为。如故意毁坏集体企业的机器设备或者农村集体所有的水利设施，影响集体经济组织生产经营的行为。破坏的主体可以是任何的组织或者个人，而且须有毁坏集体财产的主观故意。

侵占、哄抢、私分、破坏集体所有的财产的，应当承担返还原物、恢复原状、赔偿损失等民事责任；触犯《治安管理处罚法》和《刑法》的，还应当承担相应的法律责任。有关单位的责任人也要依法承担行政甚至是刑事责任。

本条第2款规定了集体成员的撤销权。因为集体成员往往众多，集体所有的财产一般要由集体经济组织经营管理，在村民集体所有的情况下，村民委员会也可以代表集体经营、管理村集体所有的财产。因为"集体所有"的性质，集体所有的财产应当采取民主管理的模式，涉及集体成员重大利益的事项，应当依照法定程序或者章程规定，由本集体成员（或者其代表）共同决定。本集体成员有权参与集体经济组织的民主管理，监督集体经济组织的各项活动和管理人员的工作。现实中，有的集体的负责人违反法定程序或者章程规定，擅自决定或者以集体名义决定低价处分、私分、侵占集体所有的财产，严重侵害集体成员的财产权益。针对这种情况，本条第2款赋予了集体成员请求人民法院撤销农村集体经济组织、村民委员会或者其负责人作出的不当决定的权利。

## ▶ 适用指引

本条属于法律的强制性规定。因此，人民法院在审理民事案件中，发现以侵占、私分、破坏集体所有的财产为内容的合同，应当依据《民法典》第153条认定无效。

### 类案检索

**扶绥县渠旧镇某村民委员会与潘某统、吴某平土地承包经营权纠纷案**

**关键词：** 集体财产保护

**裁判摘要：** 集体所有的财产受法律保护，禁止任何组织或者个人侵占、哄抢、私分、破坏。农民集体所有的土地依法属于村农民集体所有的，由村集体经济组织或者村民委员会发包。未经村委发包侵占土地的，是对村集体土地的侵害，应当承担停止侵权、返还土地并赔偿损失的民事责任。

【案　　号】（2021）桂14民终857号

【审理法院】广西壮族自治区崇左市中级人民法院

【来　　源】中国裁判文书网

**第二百六十六条** 私人对其合法的收入、房屋、生活用品、生产工具、原材料等不动产和动产享有所有权。

## 关联规定

法律、行政法规、司法解释

1.《中华人民共和国宪法》

第十一条 在法律规定范围内的个体经济、私营经济等非公有制经济，是社会主义市场经济的重要组成部分。

国家保护个体经济、私营经济等非公有制经济的合法的权利和利益。国家鼓励、支持和引导非公有制经济的发展，并对非公有制经济依法实行监督和管理。

第十三条 公民的合法的私有财产不受侵犯。

国家依照法律规定保护公民的私有财产权和继承权。

国家为了公共利益的需要，可以依照法律规定对公民的私有财产实行征收或者征用并给予补偿。

2.《中华人民共和国民法典》

第一百一十三条 民事主体的财产权利受法律平等保护。

3.《中华人民共和国刑法》

第九十二条 本法所称公民私人所有的财产，是指下列财产：

（一）公民的合法收入、储蓄、房屋和其他生活资料；

（二）依法归个人、家庭所有的生产资料；

（三）个体户和私营企业的合法财产；

（四）依法归个人所有的股份、股票、债券和其他财产。

4.《中华人民共和国森林法》

第十五条 林地和林地上的森林、林木的所有权、使用权，由不动产登记机构统一登记造册，核发证书。国务院确定的国家重点林区（以下简称重点林区）的森林、林木和林地，由国务院自然资源主管部门负责登记。

森林、林木、林地的所有者和使用者的合法权益受法律保护，任何组织和个人不得侵犯。

森林、林木、林地的所有者和使用者应当依法保护和合理利用森林、林木、林地，不得非法改变林地用途和毁坏森林、林木、林地。

第二十条　国有企业事业单位、机关、团体、部队营造的林木，由营造单位管护并按照国家规定支配林木收益。

农村居民在房前屋后、自留地、自留山种植的林木，归个人所有。城镇居民在自有房屋的庭院内种植的林木，归个人所有。

集体或者个人承包国家所有和集体所有的宜林荒山荒地荒滩营造的林木，归承包的集体或者个人所有；合同另有约定的从其约定。

其他组织或者个人营造的林木，依法由营造者所有并享有林木收益；合同另有约定的从其约定

5.《中华人民共和国外商投资法》

第五条　国家依法保护外国投资者在中国境内的投资、收益和其他合法权益。

第六条　在中国境内进行投资活动的外国投资者、外商投资企业，应当遵守中国法律法规，不得危害中国国家安全、损害社会公共利益。

第二十一条　外国投资者在中国境内的出资、利润、资本收益、资产处置所得、知识产权许可使用费、依法获得的补偿或者赔偿、清算所得等，可以依法以人民币或者外汇自由汇入、汇出。

6.《中华人民共和国个人独资企业法》

第十七条　个人独资企业投资人对本企业的财产依法享有所有权，其有关权利可以依法进行转让或继承。

## ▶ 条文释义

### 一、本条主旨

本条是关于私有财产范围的规定。

## 二、条文演变

《宪法》第 13 条第 1 款规定:"公民的合法的私有财产不受侵犯。"原《民法通则》第 5 条规定:"公民、法人的合法的民事权益受法律保护,任何组织和个人不得侵犯。"第 75 条规定:"公民的个人财产,包括公民的合法收入、房屋、储蓄、生活用品、文物、图书资料、林木、牲畜和法律允许公民所有的生产资料以及其他合法财产。""公民的合法财产受法律保护,禁止任何组织或者个人侵占、哄抢、破坏或者非法查封、扣押、冻结、没收。"原《物权法》第 4 条规定了平等保护财产原则,即"国家、集体、私人的物权和其他权利人的物权受法律保护,任何单位和个人不得侵犯"。第 64 条细化了私有财产的具体范围。第 65 条规定:"私人合法的储蓄、投资及其收益受法律保护。""国家依照法律规定保护私人的继承权及其他合法权益。"《民法典物权编(草案)》(征求意见稿)沿用了原《物权法》有关所有权主体三分法的分类,第 61 条、第 62 条与原《物权法》第 64 条、第 65 条规定的内容一致。鉴于私人的继承权及其他合法权益的内涵大于私人所有权的内涵,与第 5 章"国家所有权和集体所有权、私人所有权"的主旨不符,因而《民法典各分编(草案)》《民法典物权编(草案)》(二次审议稿)和《民法典(草案)》删去了"私人合法的储蓄、投资及其收益受法律保护。国家依照法律规定保护私人的继承权及其他合法权益"的规定,并保留至《民法典》中。

## 三、条文解读

本条是将《宪法》保护私有财产原则性规定具体化的重要条款。其内容主要包括以下方面。

### (一)所有权主体的范围

从体系上讲,《民法典》第 269 条、第 270 条规定了营利法人及营利法人以外的法人、社会团体法人、捐助法人的财产所有权,系法人财产权的规定,而本条应该从自然人财产所有权角度理解,即凡一切自然人,不论是否成年、是否具有行为能力,一律具有私人财产所有权主体的资格。

从宣示意义上讲,国家所有权、集体所有权之外的所有权主体都可以划入私人所有权的范畴,即自然人、个体工商户、个人独资企业、合伙、中外合资经营企业、中外合作经营企业、股份有限公司、有限责任公司以及学校、医院、寺庙等主体。①

（二）私有财产的范围

一是合法收入。其是人们取得财产的来源，指人们在法律许可的范围之内，通过从事各种劳动获得的货币收入或者有价物。主要包括：（1）工资，指人们在国家或集体组织从事体力或者脑力劳动，由单位定期支付给员工的劳动报酬，包括计时工资、计件工资、职务工资、级别工资、基础工资、工龄工资、奖金、津贴和补贴、加班工资和特殊情况下支付的报酬等；（2）从事智力创造和提供劳务所取得的物质权利，如稿费、专利转让费、讲课费、咨询费、演出费等；（3）因拥有债权、股权而取得的利息、股息、红利所得；（4）出租建筑物、土地使用权、机器设备、车船以及其他财产所得；（5）转让有价证券、股权、建筑物、土地使用权、机器设备、车船以及其他财产取得的所得；（6）获奖、中奖、中彩以及其他偶然所得；（7）从事个体经营的劳动收入、从事承包土地所获得的收益等。

二是私人房屋。房屋是我国公民最主要最基本的生活资料，包括依法购买的城镇住宅，也包括在农村宅基地上依法建造的住宅，还包括商铺、厂房等建筑物。根据我国《土地管理法》《城市房地产管理法》以及《民法典》的规定，房屋仅指在土地上的建筑物部分，不包括其占有的土地，城镇房屋占用的土地属于国家所有，农村宅基地属于农民集体所有。私人可以对房屋享有所有权，但对该房屋占用的土地只能依法享有建设用地使用权或者宅基地使用权。私人房屋受法律保护，如果国家基于公共利益的需要必须占有或拆除公民的房屋，应严格遵守有关法律、行政法规的规定，并给房屋所有人以妥善安置和补偿。

三是生活用品。其是指用于生活方面的物品，包括家用电器、私人汽车、家具和其他用品。

四是生产工具和原材料。生产工具，又称"劳动工具"，是人们用以改变劳动对象的手段，用以传导劳动者的劳动到劳动对象上去，是劳动资料中最重要的因素。生产工具的创造和使用是人类劳动过程的特征，它的发展水平不仅是衡量人类控制自然的尺度，而且也可以成为社会生产关系的指示器。② 如机

---

① 参见崔建远：《物权法》，中国人民大学出版社2017年版，第184页。
② 《辞海》，上海辞书出版社2000年版，第2087页。

器设备、车辆、船舶等运输工具。原材料是指生产产品所需的物质基础材料，如矿石、木材、钢铁等。生产工具和原材料是重要的生产资料，是生产所必需的基础物质。

除上述外，私人财产还包括其他的不动产和动产，如图书、个人收藏品、牲畜和家禽等。

（三）合法财产

法律保护的是私人的合法财产权，因贪污、侵占、抢夺、诈骗、盗窃、走私等方式非法获取的财产，不受法律保护，行为人应依法承担返还原物、赔偿损失等法律责任，甚至被追究刑事责任。[1]

## 适用指引

本条规定的"合法的收入"是公民取得财产的来源，指公民在法律许可的范围内，用自己的劳动或其他方法所取得的收入。合法收入包括公民在国家或集体组织从事体力或脑力劳动所取得的工资、奖金，依版权、发明权和发现权取得的报酬或奖励，以及农村家庭联产承包的收入及副业收入等，也包括公民通过法律行为取得的收入。例如，通过买卖、赠与、继承所得财产以及合法的租金、银行储蓄的利息等。私人自有的房屋是私人所有权的客体，应当受到国家法律的保护，任何组织或个人都不得强行占用和毁坏。如果国家基于公共利益的需要必须占用或拆除公民的房屋，则应严格遵守有关法律、行政法规的规定，给房屋所有人以妥善安置和补偿。个人所有的房屋可以买卖、出租、设定抵押等。生产工具，亦称"劳动工具"，是人们用以改变劳动对象的手段，用以传导劳动者的劳动到劳动对象上去，是劳动资料中最重要的因素。生产工具的创造和使用是人类劳动过程的特征，它的发展水平不仅是衡量人类控制自然的尺度，而且也可以成为社会生产关系的指示器。从法律上规定私人可以享有生产工具的所有权意义重大。私人的生活用品和原材料，当然也应依法予以保护。

理论上对本条规定的所有权主体存有争议。有观点认为，在私人所有权制

---

[1] 参见黄薇主编：《中华人民共和国民法典物权编解读》，中国法制出版社2020年版，第156~158页。

度中使用的"私人",宜被理解为自然人、个体工商户、个人独资企业、合伙、中外合资经营企业、中外合作经营企业、股份有限公司、有限责任公司以及学校、医院、寺庙等主体。我们认为,从所有权三分法的角度讲,这一观点较有道理,即在国家所有权、集体所有权之外的所有权主体都可以划入私人所有权的范畴。据此,凡一切自然人,不论是否成年、是否具有行为能力,一律具有私人财产所有权主体的资格。自然人对自己所有的财产,依法享有占有、使用、收益和处分的权利,任何组织和个人都不得非法干涉。但在此要注意区分自然人财产所有权与法人财产所有权,因为《民法典》第269条、第270条又规定了营利法人及营利法人以外的法人、社会团体法人及捐助法人的财产所有权。从体系上讲,本条规定的私人财产所有权似更加针对自然人个人。我们认为,从宣示意义上讲,本条所规定的私人所有权中的"私人"可以作上述广义解释。

第二百六十七条　私人的合法财产受法律保护，禁止任何组织或者个人侵占、哄抢、破坏。

## 关联规定

法律、行政法规、司法解释

1.《中华人民共和国宪法》

第十三条　公民的合法的私有财产不受侵犯。

国家依照法律规定保护公民的私有财产权和继承权。

国家为了公共利益的需要，可以依照法律规定对公民的私有财产实行征收或者征用并给予补偿。

2.《中华人民共和国刑法》

第十三条　一切危害国家主权、领土完整和安全，分裂国家、颠覆人民民主专政的政权和推翻社会主义制度，破坏社会秩序和经济秩序，侵犯国有财产或者劳动群众集体所有的财产，侵犯公民私人所有的财产，侵犯公民的人身权利、民主权利和其他权利，以及其他危害社会的行为，依照法律应当受刑罚处罚的，都是犯罪，但是情节显著轻微危害不大的，不认为是犯罪。

## 条文释义

### 一、本条主旨

本条是关于私有财产保护的规定。

### 二、条文演变

本条的立法依据是《宪法》关于保护私有财产的规定。《宪法》第13条明确规定："公民的合法的私有财产不受侵犯。""国家依照法律规定保护公民的私有财产权和继承权。""国家为了公共利益的需要,可以依照法律规定对公民的私有财产实行征收或者征用并给予补偿。"作为我国民事基本法,原《民法通则》第75条第2款也明确规定:"公民的合法财产受法律保护,禁止任何组织或者个人侵占、哄抢、破坏或者非法查封、扣押、冻结、没收。"原《物权法》第66条规定:"私人的合法财产受法律保护,禁止任何单位和个人侵占、哄抢、破坏。"本条主要是将"单位"改为"组织",基本保留了这一规定。

### 三、条文解读

本条规定的私有财产,是指私人拥有所有权的财产,不但包括私人合法的收入、房屋、生活用品、生产工具、原材料等不动产和动产,也包括私人合法的储蓄、投资及其收益,以及上述财产的继承权。

私有财产受到法律保护的前提是这些财产是合法的财产,非法取得的财产不受法律保护。例如,通过侵占、贪污、盗窃国有、集体资产而取得财产,法律不但不予以保护,而且还要依法追缴。行为人构成犯罪的,还要承担刑事责任。

保护私有财产的重要内容是私人的合法财产所有权不受侵犯,如非经法律规定的权限和程序,不得征收个人的房屋和其他不动产,也不得非法查封、扣押、冻结、没收私人合法的财产。任何组织或者个人不得侵占、哄抢、破坏私人合法的财产。侵占是指以非法占有为目的,将其保管、管理的私人财产非法占为己有。侵占的客体是私人合法的财产。侵占的主体一般是保管、管理他人财产的组织或者个人,并且具有非法占有该财产的主观故意。哄抢是指以非法占有为目的,组织、参与多人一起强行抢夺他人财产的行为。哄抢的客体是他人财产。哄抢的主体可以是任何的组织或者个人,并且还需具备非法占有他人财产的主观故意。破坏是指故意毁坏他人所有的合法财产,致使其不能发挥正常功效的行为。如故意毁坏他人的车辆、毁坏他人房屋等行为。破坏的主体可以是任何的组织或者个人,而且需有主观上有毁坏他人财产的故意。侵占、哄抢、破坏私人合法财产的,应当承担返还原物、恢复原状、赔偿损失等民事责任;触犯《治安管理处罚法》和《刑法》的,还应当承担相应的行政责任、刑事责任。

## ▶ 适用指引

私人财产权的保护从法律上讲，一方面，要做到禁止任何组织或者个人侵占、哄抢、破坏；另一方面，也要明确相应的法律责任，特别是有关民事责任，以及时、有效地救济财产所有权人。更为重要的是，"有恒产者有恒心"，在制度层面要对科学先进的保护理念一以贯之，让保护产权的观念深入人心。习近平总书记多次强调，要健全以公平为核心原则的产权保护制度，平等保护各种所有制经济产权和合法权益，坚持权利平等、机会平等、规则平等，激发非公有制经济活力和创造力。人民法院必须聚焦问题、精准发力，特别是要把平等保护、全面保护、依法保护三大基本原则贯穿始终、落实到位。

一是坚持平等保护。这就是要始终坚持各类市场主体诉讼地位平等、法律适用平等、法律责任平等，不论国有企业还是民营企业、内资企业还是外资企业、大企业还是小微企业，一律平等对待、一视同仁、依法保护。从司法裁判角度，就是要依法审理民营企业提起的市场准入、审批许可、经营运行、招标投标等领域相关案件，切实维护民营企业公平竞争权利。对一些地方以领导换届、规划调整、政策变化等原因违约、毁约的，要坚持平等和诚信原则，依法支持守约民营企业合法合理诉求。

二是坚持全面保护。从法律上既要保护物权、债权、股权，也要保护知识产权和其他各类无形财产权。既要保护财产权，也要保护企业家人身权、经营自主权、创新创业权。既要保护企业家个人的权利，也要保护其所在企业以及家庭成员的合法权利。既要保护实体权利，也要保障程序权利。要通过全面保护民营企业和企业家各方面权利，让财产更加安全，让权利更有保障，让广大民营企业家的人身财产安全感得到进一步提升。

三是坚持依法保护。对改革开放以来民营企业经营不规范所引发的问题，要以历史的、发展的眼光客观看待，尤其是对民营企业依据当时当地政策享受税收减免和财政优惠、接受投资奖励、参与国资收购以及政策不明情况下实施的不规范行为，要严格按照罪刑法定、疑罪从无等原则处理，让企业家卸下思想包袱，轻装前进。要严格执行法律和司法解释规定，坚决防止将经济纠纷当作刑事犯罪处理，坚决防止将民事责任变为刑事责任。

在此需要注意的是，本条规定的"私人的合法财产受法律保护""禁止任何组织或者个人侵占、哄抢、破坏"与对国家所有和集体所有的财产的相应规定完全一致，只是对后者添加了适用于履行国有财产管理、监督职责的机构和行使集体财产所有权的组织及其工作人员的"禁止私分、截留"的规定。

**第二百六十八条** 国家、集体和私人依法可以出资设立有限责任公司、股份有限公司或者其他企业。国家、集体和私人所有的不动产或者动产投到企业的，由出资人按照约定或者出资比例享有资产收益、重大决策以及选择经营管理者等权利并履行义务。

## ▶ 关联规定

法律、行政法规、司法解释

1.《中华人民共和国公司法》

**第三条** 公司是企业法人，有独立的法人财产，享有法人财产权。公司以其全部财产对公司的债务承担责任。

有限责任公司的股东以其认缴的出资额为限对公司承担责任；股份有限公司的股东以其认购的股份为限对公司承担责任。

**第四条** 公司股东依法享有资产收益、参与重大决策和选择管理者等权利。

**第二十七条** 股东可以用货币出资，也可以用实物、知识产权、土地使用权等可以用货币估价并可以依法转让的非货币财产作价出资；但是，法律、行政法规规定不得作为出资的财产除外。

对作为出资的非货币财产应当评估作价，核实财产，不得高估或者低估作价。法律、行政法规对评估作价有规定的，从其规定。

2.《中华人民共和国企业国有资产法》

**第十二条** 履行出资人职责的机构代表本级人民政府对国家出资企业依法享有资产收益、参与重大决策和选择管理者等出资人权利。

履行出资人职责的机构依照法律、行政法规的规定，制定或者参与制定国家出资企业的章程。

履行出资人职责的机构对法律、行政法规和本级人民政府规定须经本级人民政府批准的履行出资人职责的重大事项，应当报请本级人民政府批准。

**第十四条** 履行出资人职责的机构应当依照法律、行政法规以及企业章程履行出资人职责，保障出资人权益，防止国有资产损失。

履行出资人职责的机构应当维护企业作为市场主体依法享有的权利，除依法履行出资人职责外，不得干预企业经营活动。

3.《中华人民共和国合伙企业法》

**第二十一条** 合伙人在合伙企业清算前，不得请求分割合伙企业的财产；但是，本法另有规定的除外。

合伙人在合伙企业清算前私自转移或者处分合伙企业财产的，合伙企业不得以此对抗善意第三人。

4.《中华人民共和国个人独资企业法》

**第十七条** 个人独资企业投资人对本企业的财产依法享有所有权，其有关权利可以依法进行转让或继承。

5.《中华人民共和国乡镇企业法》

**第十条** 农村集体经济组织投资设立的乡镇企业，其企业财产权属于设立该企业的全体农民集体所有。

农村集体经济组织与其他企业、组织或者个人共同投资设立的乡镇企业，其企业财产权按照出资份额属于投资者所有。

农民合伙或者单独投资设立的乡镇企业，其企业财产权属于投资者所有。

**第十一条** 乡镇企业依法实行独立核算，自主经营，自负盈亏。

具有企业法人资格的乡镇企业，依法享有法人财产权。

**第十三条** 乡镇企业按照法律、行政法规规定的企业形式设立，投资者依照有关法律、行政法规决定企业的重大事项，建立经营管理制度，依法享有权利和承担义务。

**第十四条** 乡镇企业依法实行民主管理，投资者在确定企业经营管理制度和企业负责人，作出重大经营决策和决定职工工资、生活福利、劳动保护、劳动安全等重大问题时，应当听取本企业工会或者职工的意见，实施情况要定期向职工公布，接受职工监督。

6.《乡村集体所有制企业条例》

**第六条** 乡村集体所有制企业实行自主经营，独立核算，自负盈亏。

乡村集体所有制企业实行多种形式的经营责任制。

乡村集体所有制企业可以在不改变集体所有制性质的前提下，吸收投资入股。

**7.《城镇集体所有制企业条例》**

**第三十八条** 集体企业的联合经济组织的投资，归该联合经济组织范围内的劳动群众集体所有。

集体企业联合经济组织设立的互助合作基金，应当主要用于该组织范围内发展生产和推进共同富裕。

**第三十九条** 在企业、事业单位、社会团体等扶持下设立的集体企业，其扶持资金可按下列办法之一处理：

（一）作为企业向扶持单位的借用款，按双方约定的方法和期限由企业归还扶持单位；

（二）作为扶持单位对企业的投资，按其投资占企业总资产的比例，参与企业的利润分配。

企业、事业单位、社会团体等的扶持资金的来源，必须符合国家财政主管部门的有关规定。

企业、事业单位、社会团体等与其扶持设立的集体企业，应当明确划清产权和财务关系。扶持单位不得干预集体企业的经营管理活动，集体企业也不得依赖扶持单位。

**第四十条** 职工股金，归职工个人所有。

**第四十一条** 集体企业外的单位和个人的投资，归投资者所有。

**第四十二条** 职工股金和集体企业吸收的各种投资，投资者可以依法转让或者继承。

**8.《企业国有资产监督管理暂行条例》**

**第五条** 国务院代表国家对关系国民经济命脉和国家安全的大型国有及国有控股、国有参股企业，重要基础设施和重要自然资源等领域的国有及国有控股、国有参股企业，履行出资人职责。国务院履行出资人职责的企业，由国务院确定、公布。

省、自治区、直辖市人民政府和设区的市、自治州级人民政府分别代表国家对由国务院履行出资人职责以外的国有及国有控股、国有参股企业，履行出资人职责。其中，省、自治区、直辖市人民政府履行出资人职责的国有及国有控股、国有参股企业，由省、自治区、直辖市人民政府确定、公布，并报国务院国有资产监督管理机构备案；其他由设区的市、自治州级人民政府履行出资人职责的国有及国有控股、国有参股企业，由设区的市、自治州级人民政府确定、公布，并报省、自治区、直辖市人民政府国有资产监督管理机构备案。

国务院，省、自治区、直辖市人民政府，设区的市、自治州级人民政府履行出资人职责的企业，以下统称所出资企业。

## ▶ 条文释义

### 一、本条主旨

本条是关于企业出资人权利的规定。

### 二、条文演变

在社会主义市场经济改革中，我国所有制结构逐渐形成由国有、集体和私营等多种成分并存的多元化所有制格局。《宪法》第6条第2款规定"国家在社会主义初级阶段，坚持公有制为主体、多种所有制经济共同发展的基本经济制度"。第8条第3款规定："国家保护城乡集体经济组织的合法的权利和利益，鼓励、指导和帮助集体经济的发展。"改革开放初期，我国法律规范重点在全民所有制企业和集体所有制企业，以所有制为标准对不同类型企业进行调整和规范。原《民法通则》第41条规定，全民所有制企业、集体所有制企业有符合国家规定的资金数额，有组织章程、组织机构和场所，能够独立承担民事责任，经主管机关核准登记，取得法人资格。1988年颁行的《全民所有制工业企业法》、1990年颁行的《乡村集体所有制企业条例》和1992年施行的《城镇集体所有制企业条例》对全民所有制工业企业、乡村集体所有制企业和城镇集体所有制企业进行了规范。

1993年《公司法》不再简单以所有制为区分标准，开始对不同公司类型进行规范。1993年《公司法》第3条第1款规定，有限责任公司和股份有限公司是企业法人。第4条规定，公司股东作为出资者按投入公司的资本额享有所有者的资产受益、重大决策和选择管理者等权利。公司享有由股东投资形成的全部法人财产权、依法享有民事权利，承担民事责任。公司中的国有资产所有权属于国家。原《物权法》第3条规定了我国坚持公有制为主体、多种所有制经济共同发展的基本经济制度，实行社会主义市场经济，保障一切市场主体的平等法律地位和发展权利。第67条规定,国家、集体和私人依法可以出资设立有限责任公司、股份有限公司或者其他企业。国家、集体和私人所有的不动产或者动产,投到企业的,由出资人按照约定或者出资比例享有资产收益、重大决策以及选择经济管理者等权利并履行义务。原《民法总则》第125条规定,民事主体依法享有股权和其他投资性权利。《民法典》本条沿袭了原《物权法》第67条的规定。

### 三、条文解读

本条规定了涉及各类投资主体投资形式及所有权增值的内容,同时明确了所有权与企业法人财产权、股权等权利形态的衔接。本条主要包括以下几方面的内容。

#### (一)出资人

出资人,是指向企业投入资本的人。根据本条规定,企业出资人包括国家、集体和私人。随着我国从计划经济体制向市场经济体制的转变,社会投资结构也发生了重大变化,由单一的国家、集体投资变为国家、集体、私人等多种所有制经济的投资;对企业的投资也由国家、集体独资变为主体多元化的投资。

**1. 国家**

我国的基本经济制度是"公有制为主体,多种所有制经济共同发展",国有企业是中国经济中的重要行为主体。在计划经济下,国有企业是指令性计划的执行者,被视为政府附属物,全民集体所有。改革开放后,市场经济体制深化改革要求国有企业建立现代企业制度,即公司制企业。根据不同的出资安排,公司制企业有国有独资公司、国有全资公司、国有控股公司、国有参股公司,它们均称之为国家出资企业,即国有企业。根据《企业国有资产法》,对于公司制企业中的国家出资形成的国有资本,其出资人是全体人民,归全体人民所有,由国务院代表国家行使国有资本所有权。《民法典》第257条规定:"国家出资的企业,由国务院、地方人民政府依照法律、行政法规规定分别代表国家履行出资人职责,享有出资人权益。"根据《企业国有资产监督管理暂行条例》第5条的规定,国务院代表国家对关系国民经济命脉和国家安全的大型国有及国有控股、国有参股企业,重要基础设施和重要自然资源等领域的国有及国有控股、国有参股企业，履行出资人职责。国务院履行出资人职责的企业，由国务院确定、公布。省、自治区、直辖市人民政府和设区的市、自治州级人民政府分别代表国家对由国务院履行出资人职责以外的国有及国有控股、国有参股企业，履行出资人职责。

### 2. 集体

以集体资产设立企业的，由本集体经济组织作为出资人。《宪法》第6条第1款规定，中华人民共和国的社会主义经济制度的基础是生产资料的社会主义公有制，即全民所有制和劳动群众集体所有制。第8条第3款规定，国家保护城乡集体经济组织的合法的权利和利益，鼓励、指导和帮助集体经济的发展。

### 3. 私人

《宪法》第11条规定："在法律规定范围内的个体经济、私营经济等非公有制经济，是社会主义市场经济的重要组成部分。国家保护个体经济、私营经济等非公有制经济的合法的权利和利益。国家鼓励、支持和引导非公有制经济的发展，并对非公有制经济依法实行监督和管理。"《民法典》第267条规定："私人的合法财产受法律保护，禁止任何组织或者个人侵占、哄抢、破坏。"《宪法》第18条第1款规定："中华人民共和国允许外国的企业和其他经济组织或者个人依照中华人民共和国法律的规定在中国投资，同中国的企业或者其他经济组织进行各种形式的经济合作。"

## （二）出资形式

国家、集体和私人出资企业的主要形式是公司。1992年党的十四大提出建立社会主义市场经济体制。1993年党的十四届三中全会明确提出："建立现代企业制度，是发展社会大生产和市场经济的必然要求，是我国国有企业改革的方向。"根据1993年《公司法》，许多国有企业进行了公司制改革，由单一投资主体改组为独资公司，多个投资主体依法改组为有限责任公司或者股份有限公司。非国有企业也相当多地采用了公司制的组织形式。

## （三）出资人的权利义务

出资人作为股东，享有出资人权益。《国有企业资产法》第12条规定，履行出资人职责的机构代表本级人民政府对国家出资企业依法享有资产收益、参与重大决策和选择管理者等出资人权利。《公司法》第 4 条规定，公司股东依法享有资产收益、参与重大决策和选择管理者等权利。本条亦规定，出资人按照约定或者出资比例享有资产权益、重大决策以及选择经营管理者等权利并履行义务。

1. 资产收益权

资产收益权，是指出资人有权通过企业盈余分配从企业获得红利。获取红利是出资人投资的主要目的，只要出资人按照章程或者其他协议的约定如期、足额地履行了出资义务，就有权向公司请求分配红利。一般而言，出资人按照实缴的出资比例或者股东协议、章程等约定分取红利。

2. 参与重大决策

出资人通过股东会或者股东大会等作出决议的方式决定企业的重大行为。企业的重大行为包括：企业资本的变化，如增加或者减少注册资本、利润分配和弥补亏损、公司的预算和决算事项；企业的融资行为，如发行公司债券；企业的对外投资，向他人提供担保、购置或者转让主要资产，变更主要业务等；企业的合并、分立、变更组织形式、解散、清算；修改企业章程；等等。根据《公司法》第 42 条、第 43 条第 2 款规定，股东会会议由股东按照出资比例行使表决权；但是，公司章程另有规定的除外。股东会会议作出修改公司章程、增加或者减少注册资本的决议，以及公司合并、分立、解散或者变更公司形式的决议，必须经代表 2/3 以上表决权的股东通过。《公司法》第 103 条规定："股东出席股东大会会议，所持每一股份有一表决权。但是，公司持有的本公司股份没有表决权。""股东大会作出决议，必须经出席会议的股东所持表决权过半数通过。但是，股东大会作出修改公司章程、增加或者减少注册资本的决议，以及公司合并、分立、解散或者变更公司形式的决议，必须经出席会议的股东所持表决权的三分之二以上通过。"企业经营管理者必须尊重和保证出资人参与重大决策的权利，如在国家出资的企业中，国家作为出资人，享有资产收益、参与重大决策以及选择经营管理者等权利，企业经营管理者无权决定依照有关法律和企业章程的规定应当由国家作为出资人决定的事项，不得擅自处分企业财产。①

---

① 参见黄薇主编：《中华人民共和国民法典物权编解读》，中国法制出版社 2020 年版，第 163 页。

### 3. 选择经营管理者

根据《公司法》规定，出资人有权通过股东或者股东会或者股东大会作出决议选举或者更换公司的董事或者监事，决定董事或者监事的薪酬，通过董事会来聘任或者解聘经理等高级管理人员。除了出资人享有的以上主要权利外，出资人还依据《公司法》享有其他权利，如股东有权查阅、复制公司章程、股东会会议记录、董事会会议、监事会会议决议和财务会计报告。董事、高级管理人员违反法律、行政法规或者章程的规定，损害股东利益的，股东可向法院提起诉讼。

出资人依据《公司法》应履行的义务有：按照约定或者章程的规定，按期、足额地缴纳出资；不得滥用股东权利损害公司或其他股东的利益，不得滥用公司法人独立地位和股东有限责任损害公司债权人的利益；不得利用关联关系损害公司利益；公司成立后，不得抽逃出资；等等。

## ▶ 适用指引

本条规定涉及所有权人投资到企业后的权利行使问题，究其本质是企业法人的出资人权益以及企业法人对企业财产权行使的衔接问题。我们认为，企业法人的出资人，不论是代表国家履行出资人职责的有关政府部门还是一般的自然人，在依法设立企业后，其所有权就转化为相应的投资权，就公司而言，其对应所享有的就只能是股权。对此可以理解为是所有权行使的特殊形式。就国家投资而言，政府代表国家履行出资人职责，享有所有者权益。国家控股公司负责管理国家拥有的股份，代行国家所有权，依据相应的企业法规范，从事生产经营活动、承担相应义务。就公司而言，就应当适用《公司法》的规定，建立规范有序的现代企业制度。如《公司法》明确规定了公司股东重大权益与公司的独立法人财产权存在区别：公司以其全部财产对公司的债务承担责任。股东以其认缴的出资额或认购的股份为限对公司承担责任。国有企业进行规范的股份化和公司化改造，就鲜明体现了国家所有权与公司企业的法人财产权相分离。国家向公司企业投资持有企业股份，仅仅享有公司法人投资者权益，公司法人则以其独立财产权开展经营活动。国家作为出资人，享有资产收益、重大决策以及选择经营管理者等权利并履行义务。也就是说，国家出资的企业，企业经营管理者无权决定依照有关法律和企业章程的规定应当由国家作为出资人决定的事项，不得擅自处分企业财产。至于国家出资的企业，由国务院、地方人民政府依照法律、行政法规的规定分别代表国家履行出资人的职责，享有出资人的权益（《民法典》物权编第257条），国家所有权已经转化成股权。集体经济组织的成员权不同于公司的股东权，但在依法享有资产收益权、参与重大决策权和选择管理者权方面与其他投资主体是一致的。

此外，本条将国家、集体和私人的出资经营的权利界定为出资人权益，明确规定了国家、集体和私人依法可以出资设立公司或其他企业及享有相应权利、履行相应义务的原则，至于如何设立以及出资人按照约定比例或者出资比例享有何种权利义务、如何行使的问题，应根据相应法律对不同企业的要求来进行具体操作。

> 第二百六十九条 营利法人对其不动产和动产依照法律、行政法规以及章程享有占有、使用、收益和处分的权利。
>
> 营利法人以外的法人,对其不动产和动产的权利,适用有关法律、行政法规以及章程的规定。

## ▶ 关联规定

法律、行政法规、司法解释

1.《中华人民共和国民法典》

第五十七条 法人是具有民事权利能力和民事行为能力,依法独立享有民事权利和承担民事义务的组织。

第五十八条 法人应当依法成立。

法人应当有自己的名称、组织机构、住所、财产或者经费。法人成立的具体条件和程序,依照法律、行政法规的规定。

设立法人,法律、行政法规规定须经有关机关批准的,依照其规定。

第五十九条 法人的民事权利能力和民事行为能力,从法人成立时产生,到法人终止时消灭。

第六十条 法人以其全部财产独立承担民事责任。

第七十四条 法人可以依法设立分支机构。法律、行政法规规定分支机构应当登记的,依照其规定。

分支机构以自己的名义从事民事活动,产生的民事责任由法人承担;也可以先以该分支机构管理的财产承担,不足以承担的,由法人承担。

第七十六条 以取得利润并分配给股东等出资人为目的成立的法人,为营利法人。

营利法人包括有限责任公司、股份有限公司和其他企业法人等。

第七十七条 营利法人经依法登记成立。

2.《中华人民共和国公司法》

**第三条** 公司是企业法人，有独立的法人财产，享有法人财产权。公司以其全部财产对公司的债务承担责任。

有限责任公司的股东以其认缴的出资额为限对公司承担责任；股份有限公司的股东以其认购的股份为限对公司承担责任。

3.《中华人民共和国企业国有资产法》

**第十六条** 国家出资企业对其动产、不动产和其他财产依照法律、行政法规以及企业章程享有占有、使用、收益和处分的权利。

国家出资企业依法享有的经营自主权和其他合法权益受法律保护。

**第二十一条** 国家出资企业对其所出资企业依法享有资产收益、参与重大决策和选择管理者等出资人权利。

国家出资企业对其所出资企业，应当依照法律、行政法规的规定，通过制定或者参与制定所出资企业的章程，建立权责明确、有效制衡的企业内部监督管理和风险控制制度，维护其出资人权益。

4.《中华人民共和国乡镇企业法》

**第十一条** 乡镇企业依法实行独立核算，自主经营，自负盈亏。

具有企业法人资格的乡镇企业，依法享有法人财产权。

5.《乡村集体所有制企业条例》

**第二十四条** 企业在生产经营活动中享有下列权利：

（一）占有和使用企业资产，依照国家规定筹集资金；

（二）在核准登记的范围内自主安排生产经营活动；

（三）确定企业内部机构设置和人员配备；依法招聘、辞退职工，并确定工资形式和奖惩办法；

（四）有权自行销售本企业的产品，但国务院另有规定的除外；

（五）有权自行确定本企业的产品价格、劳务价格，但国务院规定由物价部门和有关主管部门控制价格的除外；

（六）自愿参加行业协会和产品评比；

（七）依照国家规定自愿参加各种招标、投标活动，申请产品定点生产，取得生产许可证；

（八）自主订立经济合同，开展经济技术合作；

（九）依法开发和利用自然资源；

（十）依法利用外资、引进先进技术和设备，开展进出口贸易等涉外经济活动，并依照国家规定提留企业的外汇收入；

（十一）拒绝摊派和非法罚款，但法律、法规规定应当提供财力、物力、人力的除外。

**6.《城镇集体所有制企业条例》**

**第二十一条** 集体企业在国家法律、法规的规定范围内享有下列权利：

（一）对其全部财产享有占有、使用、收益和处分的权利，拒绝任何形式的平调；

（二）自主安排生产、经营、服务活动；

（三）除国家规定由物价部门和有关主管部门控制价格的以外，企业有权自行确定产品价格、劳务价格；

（四）企业有权依照国家规定与外商谈判并签订合同，提取和使用分成的外汇收入；

（五）依照国家信贷政策的规定向有关专业银行申请贷款；

（六）依照国家规定确定适合本企业情况的经济责任制形式、工资形式和奖金、分红办法；

（七）享受国家政策规定的各种优惠待遇；

（八）吸收职工和其他企业、事业单位、个人集资入股，与其他企业、事业单位联营，向其他企业、事业单位投资，持有其他企业的股份；

（九）按照国家规定决定本企业的机构设置、人员编制、劳动组织形式和用工办法，录用和辞退职工；

（十）奖惩职工。

## ▶ 条文释义

### 一、本条主旨

本条是关于法人财产权的规定。

### 二、条文演变

原《物权法》第68条规定："企业法人对其不动产和动产依照法律、行政法规以及章程享有占有、使用、收益和处分的权利。""企业法人以外的法人，对其不动产和动产的权利，适用有关法律、行政法规以及章程的规定。"原《民法总则》将法人所有权主体由"企业法人""企业法人以外的法人"变为"营利法人""营利法人以外的法人"。为适应这一法人分类表述，《民法典物权编（草案）》（征求意见稿）第65条规定了本条内容，并最终完整保留为本条，通过全国人大审议。

## 三、条文解读

### （一）营利法人

《民法典》第76条规定，以取得利润并分配给股东等出资人为目的成立的法人，为营利法人。营利法人包括有限责任公司、股份有限公司和其他企业法人等。可见，营利法人即是指企业法人。企业的营利性是企业的根本，企业法人的成立即是以营利为目的。《公司法》虽然在条文中未明确规定"营利性"，但是在第4条规定了公司股东依法享有资产收益、参与重大决策和选择管理者等权利。其中"收益权"可以解释为公司的股东不仅具有盈余分配请求权，还有剩余财产分配请求权。参与决策等权利可以解释为通过行使表决权实现。

法人对企业财产享有所有权。《民法典》第268条规定："国家、集体和私人依法可以出资设立有限责任公司、股份有限公司或者其他企业。国家、集体和私人所有的不动产或者动产投到企业的，由出资人按照约定或者出资比例享有资产收益、重大决策以及选择经营管理者等权利并履行义务。"依据《公司法》第27条的规定，股东可以用货币出资，也可以用实物、知识产权、土地使用权等可以用货币估价并可以依法转让的非货币财产作价出资；但是，法律、行政法规规定不得作为出资的财产除外。法人所有权由法定代表人以及股东会、董事会、监事会等法人机关依照章程规定行使。

### （二）非营利法人

《民法典》第87条规定："为公益目的或者其他非营利目的成立，不向出资人、设立人或者会员分配所取得利润的法人，为非营利法人。""非营利法人包括事业单位、社会团体、基金会、社会服务机构等。"

原《民法总则》在民商合一的模式下，构建了法人主体模式。营利法人是商主体，非营利法人则包括各种社会组织，不仅包括事业单位法人、社会团体法人等传统法人形式，而且包括基金会和社会服务机构等新法人形式。营利法人采取准则主义，非营利法人采取许可主义。非营利法人根据国家法律的规定或主管机关的行政命令而设立，其设立目的是从事国家行政管理、社会科学卫生事业和学术研究、社会公益活动等目的。营利法人与非营利法人的区别在于：一是是否将利润分配给成员；二是是否分配剩余财产。现实中典型的有学校、医疗机构、慈善机构等公益法人。① 非营利法人依法享有法人财产权，承担相应义务。《民法典》第95条规定："为公益目的成立的非营利法人终止时，不得向出资人、设立人或者会员分配剩余财产。剩余财产应当按照法人章程的规定或者权力机构的决议用于公益目的；无法按照法人章程的规定或者权力机构的决议处理的，由主管机关主持转给宗旨相同或者相近的法人，并向社会公告。"

（三）特别法人

《民法典》总则编规定的特别法人，包括机关法人、农村集体经济组织法人、城镇农村的合作经济组织法人、基层群众性自治法人，都具有独立的民事主体地位，依法享有相应的法人财产权。《民法典》第97条规定："有独立经费的机关和承担行政职能的法定机构从成立之日起，具有机关法人资格，可以从事为履行职能所需要的民事活动。"机关法人财产根据其工作需要，来源于国家和地方财政拨款。《民法典》第98条规定："机关法人被撤销的，法人终止，其民事权利和义务由继任的机关法人享有和承担；没有继任的机关法人的，由作出撤销决定的机关法人享有和承担。"第255条规定："国家机关对其直接支配的不动产和动产，享有占有、使用以及依照法律和国务院的有关规定处分的权利。"第99条规定："农村集体经济组织依法取得法人资格。""法律、行政法规对农村集体经济组织有规定的，依照其规定。"第100条规定："城镇农村的合作经济组织依法取得法人资格。""法律、行政法规对城镇农村的合作经济组织有规定的，依照其规定。"第101条规定："居民委员会、村民委员会具有基层群众性自治组织法人资格，可以从事为履行职能所需要的民事活动。""未设立村集体经济组织的，村民委员会可以依法代行村集体经济组织的职能。"

---

① 参见赵旭东主编：《商法学》，高等教育出版社2017年版，第54页。

## ▶ 适用指引

本条将营利法人与营利法人以外的法人的财产权分别进行了规定。

依据本条第1款的规定,营利法人对其不动产和动产依照法律、行政法规以及章程享有占有、使用、收益和处分的权利。依据《民法典》总则编第76条的规定,以取得利润并分配给股东等出资人为目的成立的法人,为营利法人。营利法人包括有限责任公司、股份有限公司和其他企业法人等。当前,国有企业的经营模式主要有企业制与公司制。这两种企业是有所不同的。公司制的国有企业,按照《公司法》的规定享有"法人财产权",其具有占有、使用、收益及处分四项权能,是法人自有的权利。而企业制,即非公司制的国有企业的经营权是占有、使用、处分财产的权利,是被授予的权利。经营权的客体是国家授予经营的财产。如企业不能对其财产拥有所有权,就无法独立地承担民事责任,进而也就不能成为一个真正自主的市场竞争主体。企业法人包括国有企业作为市场主体,应当有独立的财产,并且能够对自己的民事行为所产生的法律后果承担法律责任。除法律有特别规定外,法人的组成人员及其他组织可以不对法人的债务承担责任,同样,法人也不对除自身债务外的其他债务承担民事责任。依照本条规定,企业法人应当依照法律、行政法规和章程的规定对其财产行使占有、使用、收益和处分的权利。当然,在确定企业法人所有权以后,不能损害国家作为出资人享有的权益。国家作为出资人,享有资产收益、重大决策以及选择经营管理者等权利。也就是说,国家出资的企业,选择厂长、经理,企业改制、合并分立等重大经营决策,都应当经出资人同意。未经出资人同意,董事长、经理(厂长)等经营管理者,不得擅自处分企业财产。概言之,营利法人的权利行使方式及其内部治理结构,要依据《民法典》总则编关于法人的规定以及《公司法》等法律的规定处理。

本条第2款规定了营利法人以外的法人,也就是非营利法人的财产权如何受法律保护的问题。本款在早期《物权法》起草过程中,规定的是企业法人以外的法人,其不动产和动产的归属,适用有关法律和章程的规定。即《物权法(草案)》规定的是非企业法人财产权应如何依据法律规定进行产权界定的问题。而经过修改后,本款将原条款中的"归属"改为"权利",虽然只是两字之差,但其意思已完全不同。从本条两款内容衔接来看,本款内容应规定非企业法人财产权如何受法律保护问题。根据《民法典》总则编的有关规定，为公益目的或者其他非营利目的成立，不向出资人、设立人或者会员分配所取得利润的法人，为非营利法人。非营利法人包括事业单位、社会团体、基金会、社会服务机构等。比如事业单位法人，依据《民法典》总则编第88条的规定："具备法人条件，为适应经济社会发展需要，提供公益服务设立的事业单位，经依法登记成立，取得事业单位法人资格；依法不需要办理法人登记的，从成立之日起，具有事业单位法人资格。"通常情况下，非营利法人是根据国家法律的规定或主管机关的行政命令而设立的，其设立的目的是从事国家行政管理、社会科学卫生事业和学术研究、社会公益活动等。在此需要注意的是，非营利法人也依法享有相应的法人财产权，依法承担相应的义务。比如根据《民法典》总则编第95条的规定："为公益目的成立的非营利法人终止时，不得向出资人、设立人或者会员分配剩余财产。剩余财产应当按照法人章程的规定或者权力机构的决议用于公益目的；无法按照法人章程的规定或者权力机构的决议处理的，由主管机关主持转给宗旨相同或者相近的法人，并向社会公告。"此外，《民法典》总则编规定的特别法人，包括机关法人、农村集体经济组织法人、城镇农村的合作经济组织法人、基层群众性自治组织法人，都具有独立的民事主体地位，依法享有相应的法人财产权。比如，依据《民法典》总则编第97条的规定："有独立经费的机关和承担行政职能的法定机构从成立之日起，具有机关法人资格，可以从事为履行职能所需要的民事活动。"

第二百七十条　社会团体法人、捐助法人依法所有的不动产和动产，受法律保护。

## 关联规定

法律、行政法规、司法解释

1.《中华人民共和国民法典》

**第五十八条**　法人应当依法成立。

法人应当有自己的名称、组织机构、住所、财产或者经费。法人成立的具体条件和程序，依照法律、行政法规的规定。

设立法人，法律、行政法规规定须经有关机关批准的，依照其规定。

**第八十七条**　为公益目的或者其他非营利目的成立，不向出资人、设立人或者会员分配所取得利润的法人，为非营利法人。

非营利法人包括事业单位、社会团体、基金会、社会服务机构等。

**第九十条**　具备法人条件，基于会员共同意愿，为公益目的或者会员共同利益等非营利目的设立的社会团体，经依法登记成立，取得社会团体法人资格；依法不需要办理法人登记的，从成立之日起，具有社会团体法人资格。

**第九十二条**　具备法人条件，为公益目的以捐助财产设立的基金会、社会服务机构等，经依法登记成立，取得捐助法人资格。

依法设立的宗教活动场所，具备法人条件的，可以申请法人登记，取得捐助法人资格。法律、行政法规对宗教活动场所有规定的，依照其规定。

2.《中华人民共和国慈善法》

**第八条**　本法所称慈善组织，是指依法成立、符合本法规定、以面向社会开展慈善活动为宗旨的非营利性组织。

慈善组织可以采取基金会、社会团体、社会服务机构等组织形式。

**第九条**　慈善组织应当符合下列条件：

（一）以开展慈善活动为宗旨；

（二）不以营利为目的；

（三）有自己的名称和住所；

（四）有组织章程；

（五）有必要的财产；

（六）有符合条件的组织机构和负责人；

（七）法律、行政法规规定的其他条件。

**第五十二条** 慈善组织的财产应当根据章程和捐赠协议的规定全部用于慈善目的，不得在发起人、捐赠人以及慈善组织成员中分配。

任何组织和个人不得私分、挪用、截留或者侵占慈善财产。

3.《宗教事务条例》

**第二十条** 设立宗教活动场所，应当具备下列条件：

（一）设立宗旨不违背本条例第四条、第五条的规定；

（二）当地信教公民有经常进行集体宗教活动的需要；

（三）有拟主持宗教活动的宗教教职人员或者符合本宗教规定的其他人员；

（四）有必要的资金，资金来源渠道合法；

（五）布局合理，符合城乡规划要求，不妨碍周围单位和居民的正常生产、生活。

**第二十三条** 宗教活动场所符合法人条件的，经所在地宗教团体同意，并报县级人民政府宗教事务部门审查同意后，可以到民政部门办理法人登记。

**第四十九条** 宗教团体、宗教院校、宗教活动场所对依法占有的属于国家、集体所有的财产，依照法律和国家有关规定管理和使用；对其他合法财产，依法享有所有权或者其他财产权利。

**第五十条** 宗教团体、宗教院校、宗教活动场所合法使用的土地，合法所有或者使用的房屋、构筑物、设施，以及其他合法财产、收益，受法律保护。

任何组织或者个人不得侵占、哄抢、私分、损毁或者非法查封、扣押、冻结、没收、处分宗教团体、宗教院校、宗教活动场所的合法财产，不得损毁宗教团体、宗教院校、宗教活动场所占有、使用的文物。

4.《社会团体登记管理条例》

**第二条** 本条例所称社会团体，是指中国公民自愿组成，为实现会员共同意愿，按照其章程开展活动的非营利性社会组织。

国家机关以外的组织可以作为单位会员加入社会团体。

**第三条** 成立社会团体,应当经其业务主管单位审查同意,并依照本条例的规定进行登记。

社会团体应当具备法人条件。

下列团体不属于本条例规定登记的范围:

(一)参加中国人民政治协商会议的人民团体;

(二)由国务院机构编制管理机关核定,并经国务院批准免于登记的团体;

(三)机关、团体、企业事业单位内部经本单位批准成立、在本单位内部活动的团体。

**第二十六条** 社会团体的资产来源必须合法,任何单位和个人不得侵占、私分或者挪用社会团体的资产。

社会团体的经费,以及开展章程规定的活动按照国家有关规定所取得的合法收入,必须用于章程规定的业务活动,不得在会员中分配。

社会团体接受捐赠、资助,必须符合章程规定的宗旨和业务范围,必须根据与捐赠人、资助人约定的期限、方式和合法用途使用。社会团体应当向业务主管单位报告接受、使用捐赠、资助的有关情况,并应当将有关情况以适当方式向社会公布。

社会团体专职工作人员的工资和保险福利待遇,参照国家对事业单位的有关规定执行。

### 5.《基金会管理条例》

**第二条** 本条例所称基金会,是指利用自然人、法人或者其他组织捐赠的财产,以从事公益事业为目的,按照本条例的规定成立的非营利性法人

**第二十七条** 基金会的财产及其他收入受法律保护,任何单位和个人不得私分、侵占、挪用。

基金会应当根据章程规定的宗旨和公益活动的业务范围使用其财产;捐赠协议明确了具体使用方式的捐赠,根据捐赠协议的约定使用。

接受捐赠的物资无法用于符合其宗旨的用途时,基金会可以依法拍卖或者变卖,所得收入用于捐赠目的。

### 6.《最高人民法院关于产业工会、基层工会是否具备社团法人资格和工会经费集中户可否冻结划拨问题的批复》

一、根据《中华人民共和国工会法》(以下简称工会法)的规定,产业工会社团法人资格的取得是由工会法直接规定的,依法不需要办理法人登记。基

层工会只要符合《中华人民共和国民法典》、工会法和《中国工会章程》规定的条件,报上一级工会批准成立,即具有社会团体法人资格。人民法院在审理案件中,应当严格按照法律规定的社会团体法人条件,审查基层工会社会团体法人的法律地位。产业工会、具有社会团体法人资格的基层工会与建立工会的营利法人是各自独立的法人主体。企业或企业工会对外发生的经济纠纷,各自承担民事责任。上级工会对基层工会是否具备法律规定的社会团体法人的条件审查不严或不实,应当承担与其过错相应的民事责任。

二、确定产业工会或者基层工会兴办企业的法人资格,原则上以工商登记为准;其上级工会依据有关规定进行审批是必经程序,人民法院不应以此为由冻结、划拨上级工会的经费并替欠债企业清偿债务。产业工会或基层工会投资兴办的具备法人资格的企业,如果投资不足或者抽逃资金的,应当补足投资或者在注册资金不实的范围内承担责任;如果投资全部到位,又无抽逃资金的行为,当企业负债时,应当以企业所有的或者经营管理的财产承担有限责任。

三、根据工会法的规定,工会经费包括工会会员缴纳的会费,建立工会组织的企业事业单位、机关按每月全部职工工资总额的百分之二的比例向工会拨交的经费,以及工会所属的企业、事业单位上缴的收入和人民政府的补助等。工会经费要按比例逐月向地方各级总工会和全国总工会拨交。工会的经费一经拨交,所有权随之转移。在银行独立开列的"工会经费集中户",与企业经营资金无关,专门用于工会经费的集中与分配,不能在此账户开支费用或挪用、转移资金。因此,人民法院在审理案件中,不应将工会经费视为所在企业的财产,在企业欠债的情况下,不应冻结、划拨工会经费及"工会经费集中户"的款项。

## 条文释义

### 一、本条主旨

本条是关于社会团体法人、捐助法人财产权保护的规定。

### 二、条文演变

依法享有独立财产权是社会团体法人得以成立的基本要素。《社会团体登记管理条例》第26条第1款规定:"社会团体的资产来源必须合法,任何单位和个人不得侵占、私分或者挪用社会团体的资产。"《基金会管理条例》第27条第1款规定:"基金会的财产及其他收入受法律保护,任何单位和个人不得私分、侵占、挪用。"《宗教事务条例》第50条规定:"宗教团体、宗教院校、宗教活动场所合法使用的土地,合法所有或者使用的房屋、构筑物、设施,以及其他合法财产、收益,受法律保护。""任何组织或者个人不得侵占、哄抢、私分、损毁或者非法查封、扣押、冻结、没收、处分宗教团体、宗教院校、宗教活动场所的合法财产,不得损毁宗教团体、宗教院校、宗教活动场所占有、使用的文物。"《慈善法》第52条规定:"慈善组织的财产应当根据章程和捐赠协议的规定全部用于慈善目的,不得在发起人、捐赠人以及慈善组织成员中分配。""任何组织和个人不得私分、挪用、截留或者侵占慈善财产。"原《物权法》第69条规定:"社会团体依法所有的不动产和动产,受法律保护。"《民法典物权编(草案)》(征求意见稿)第66条改为本条内容,"社会团体法人、捐助法人依法所有的不动产和动产,受法律保护。"之后未再有变动。

### 三、条文解读

#### (一)社会团体法人的财产受法律保护

《民法典》第90条规定:"具备法人条件,基于会员共同意愿,为公益目的或者会员共同利益等非营利目的设立的社会团体,经依法登记成立,取得社会团体法人资格;依法不需要办理法人登记的,从成立之日起,具有社会团体法人资格。"根据社会团体法人设立目的的不同,可以将社会团体法人分为基于公益目的设立的社会团体法人、基于会员共同利益设立的社会团体法人和基于其他非营利目的设立的社会团体法人。[1] 依据《民法典》第58条的规定,设立法人应当有必要的财产或者经费并据此能够依法独立承担民事责任。社会团体的财产归社会团体所有。社会团体对其合法财产,享有直接支配权,不受他人非法干涉。团体是否适于成为交易主体,取决于其是否拥有"实体性"的财产亦即独立的财产。[2]《社会团体登记管理条例》规定,成立社会团体必须有合法的资产和经费来源。该条例第26条第2款、第3款规定,社会团体的经

---

[1] 参见张鸣起主编:《民法总则专题讲义》,法律出版社2019年版,第263页。
[2] 参见尹田:《论非法人团体的法律地位》,载《现代法学》2003年第5期。

费，以及开展章程规定的活动按照国家有关规定所取得的合法收入，必须用于章程规定的业务活动，不得在会员中分配。社会团体接受捐赠、资助，必须符合章程规定的宗旨和业务范围，必须根据与捐赠人、资助人约定的期限、方式和合法用途使用。社会团体应当向业务主管单位报告接受、使用捐助、资助的有关情况，并应当将有关情况适当方式向社会公布。第27条规定，社会团体必须执行国家规定的财务管理制度，接受财政部门的监督；资产来源属于国家拨款或者社会捐赠、资助的，还应当接受审计机关的监督。社会团体在换届或者更换法定代表人之前，登记管理机关、业务主管单位应当组织对其进行财务审计。

（二）捐助法人的财产受法律保护

《民法典》第92条规定："具备法人条件，为公益目的以捐助财产设立的基金会、社会服务机构等，经依法登记成立，取得捐助法人资格。""依法设立的宗教活动场所，具备法人条件的，可以申请法人登记，取得捐助法人资格。法律、行政法规对宗教活动场所有规定的，依照其规定。"捐助法人的捐助财产的特征为：（1）捐助法人的财产来源于不受限制的捐助，即捐助人的人数和身份不受限制以及捐助的财产种类不受限制。捐助人可以是国家，可以是一般自然人和法人，也可以是国家、自然人、法人共同出资，或向社会广泛募集。此外，捐助法人设立时，捐助人可以捐助实物，也可以捐助货币。[1]（2）捐助法人的财产基本上为非生产资料性质的物质财富。这主要是因为捐助法人设立的目的是扶持或从事学术、科学研究、宗教、慈善等事业，而不是营利，公益目的所要推进的是不能直接用货币加以衡量的非经济福利的发展。[2]（3）捐助法人的财产权需要委托给专门的管理人行使。捐助法人没有成员，捐助人依法也不能对财产行使任何权利，所以捐助法人必须有专门的管理人，既对法人的财产运营状况负责，又代表法人行使财产所有权以及其他权利。[3]捐助法人应该依法行使其所有权。我国捐助法人治理逻辑强调外部治理服务与内部治理，

---

[1] 参见孙宪忠、朱广新主编：《民法典评注：物权编》，中国法制出版社2020年版，第526~527页。

[2] 参见张新宝、汪榆森：《论"为其他非营利目的"成立的法人》，载《法学评论》2018年第4期。

[3] 参见孙宪忠：《财团法人财产所有权和宗教财产归属问题初探》，载《中国法学》1990年第4期。

构建了"行政规制、司法介入和社会监督"的一体性构造。[1]《民法典》第94条规定，捐助人有权向捐助法人查询捐助财产的使用、管理情况，并提出意见和建议，捐助法人应当及时、如实答复。捐助法人的决策机构、执行机构或者法定代表人作出决定的程序违反法律、行政法规、法人章程，或者决定内容违反法人章程的，捐助人等利害关系人或者主管机关可以请求人民法院撤销该决定。但是，捐助法人依据该决定与善意相对人形成的民事法律关系不受影响。第95条规定，为公益目的成立的非营利法人终止时，不得向出资人、设立人或者会员分配剩余财产。剩余财产应当按照法人章程的规定或者权力机构的决议用于公益目的；无法按照法人章程的规定或者权力机构的决议处理的，由主管机关主持转给宗旨相同或者相近的法人，并向社会公告。

## ▶ 适用指引

关于社会团体法人，依据《社会团体登记管理条例》第2条的规定，社会团体，是指中国公民自愿组成，为实现会员共同意愿，按照其章程开展活动的非营利性社会组织。社会团体法人是具有非营利性、自治性、民间性特征的组织体。社会团体的非营利性特征使得社会团体区别于政府组织与营利组织，也使其不能通过财政、税收或以营利为目的的经营活动来获取收入，以维持自身的存续和发展。因此，国家法律尤其税法作出特别规定，赋予社会团体特别的税收地位，提供相应税收优惠，同时政府还给予财政补贴，使社会团体汲取资源，以扶持、鼓励社会团体的发展。社会团体的活动必须符合国家宪法和法律，要符合其章程所载明的目标与设立目的。为了实现社团设立的目的，发挥其独特的功能和作用，社会团体可从事某些法律所允许的经济活动或募捐活动。根据本条及相关条文的规定，社会团体法人具有独立的法人资格，依法独立行使相应的法人财产权，属于其所有的动产、不动产，要依法予以保护。这里的法律保护包括民事、行政、刑事三个层面。其中，民事法律保护主要通过确权规则和责任承担规则予以体现。

关于捐助法人，明确捐助法人的独立地位，可以使捐助法人成为名副其实的独立于任何个人，包括捐助人的法律实体，使捐助法人的管理机构能够切实

---

[1] 参见李晓倩：《捐助法人治理的中国逻辑——以基金会决策机构为中心的考察》，载《当代法学》2018年第4期。

地履行其管理职责、实现法人宗旨，防止和限制改变法人宗旨、改变法人财产用途和谋取个人私利等损害捐助法人设立目的的侵权行为。捐助法人中比较典型的是基金会，其是指利用自然人、法人或者非法人组织捐赠的财产，以从事公益事业为目的，按照《基金会管理条例》的规定成立的非营利性法人。《基金会管理条例》第43条第1款规定："基金会理事违反本条例和章程规定决策不当，致使基金会遭受财产损失的，参与决策的理事应当承担相应的赔偿责任。"此外，还有"社会服务机构"这一法律概念，其最早出现在《慈善法》中。《慈善法》第8条规定："本法所称慈善组织，是指依法成立、符合本法规定，以面向社会开展慈善活动为宗旨的非营利性组织。""慈善组织可以采取基金会、社会团体、社会服务机构等组织形式。"该条所称的"基金会、社会团体和社会服务机构"，对应的是民政部门登记的三类社会组织，即按照《基金会管理条例》登记的基金会、按照《社会团体登记管理条例》登记的社会团体，以及按照《民办非企业单位登记管理暂行条例》登记的民办非企业单位。《慈善法》首次用"社会服务机构"替代了"民办非企业单位"。同样依据本条的规定，捐助法人具有独立的法人财产权，其所有的不动产和动产受法律保护。

# 第六章 业主的建筑物区分所有权

第二百七十一条 业主对建筑物内的住宅、经营性用房等专有部分享有所有权,对专有部分以外的共有部分享有共有和共同管理的权利。

## ▶ 关联规定

一、法律、行政法规、司法解释

《最高人民法院关于审理建筑物区分所有权纠纷案件适用法律若干问题的解释》

第一条 依法登记取得或者依据民法典第二百二十九条至第二百三十一条规定取得建筑物专有部分所有权的人,应当认定为民法典第二编第六章所称的业主。

基于与建设单位之间的商品房买卖民事法律行为,已经合法占有建筑物专有部分,但尚未依法办理所有权登记的人,可以认定为民法典第二编第六章所称的业主。

第二条 建筑区划内符合下列条件的房屋,以及车位、摊位等特定空间,应当认定为民法典第二编第六章所称的专有部分:

(一)具有构造上的独立性,能够明确区分;

(二)具有利用上的独立性,可以排他使用;

(三)能够登记成为特定业主所有权的客体。

规划上专属于特定房屋,且建设单位销售时已经根据规划列入该特定房屋买卖合同中的露台等,应当认定为前款所称的专有部分的组成部分。

本条第一款所称房屋,包括整栋建筑物。

第三条 除法律、行政法规规定的共有部分外,建筑区划内的以下部分,也应当认定为民法典第二编第六章所称的共有部分：

（一）建筑物的基础、承重结构、外墙、屋顶等基本结构部分，通道、楼梯、大堂等公共通行部分，消防、公共照明等附属设施、设备，避难层、设备层或者设备间等结构部分；

（二）其他不属于业主专有部分，也不属于市政公用部分或者其他权利人所有的场所及设施等。

建筑区划内的土地，依法由业主共同享有建设用地使用权，但属于业主专有的整栋建筑物的规划占地或者城镇公共道路、绿地占地除外。

**第十八条** 人民法院审理建筑物区分所有权案件中，涉及有关物权归属争议的，应当以法律、行政法规为依据。

## 二、部门规章及规范性文件

《业主大会和业主委员会指导规则》

**第十三条** 依法登记取得或者根据物权法第二章第三节规定取得建筑物专有部分所有权的人，应当认定为业主。

基于房屋买卖等民事法律行为，已经合法占有建筑物专有部分，但尚未依法办理所有权登记的人，可以认定为业主。

业主的投票权数由专有部分面积和业主人数确定。

# ▶ 条文释义

### 一、本条主旨

本条是关于业主的建筑物区分所有权中业主对专有部分享有专有权以及对共有部分享有共有权和共同管理权的规定。

### 二、条文演变

原《物权法》第70条规定了业主的建筑物区分所有权的概念。本条是对建筑物区分所有权包含专有权、共有权及共同管理权内容概括性表述，沿用了原《物权法》第70条的规定，文字内容无变化。

## 三、条文解读

### （一）业主

根据本条规定，依法享有建筑物区分所有权的权利主体是业主。业主的概念来自我国香港特别行政区，《香港建筑物管理条例》第344章第2条规定，业主指所有权人。随着内地房地产市场的发展和市场化程度日益提高，业主这一称谓传入内地，逐渐成为物业产权者的代名词，并最终为法律法规所承认。从法律法规制定情况看，较早规定业主问题的是原《物权法》和《物业管理条例》。《物业管理条例》第6条第1款规定，房屋的所有权人为业主。从原《物权法》第70条等条文的规定内容看，也是将业主等同于建筑物专有部分的所有权人。《民法典》编纂过程中，本条规定保留了原《物权法》第70条的内容，对业主的身份界定未予明确。需要指出的是，为适应审判实际，《建筑物区分所有权解释》和《物业服务纠纷解释》，在尊重立法原意的前提下，对业主身份的界定问题作出了一些更为具体的特别规定。《建筑物区分所有权解释》第1条规定："依法登记取得或者依据民法典第二百二十九条至第二百三十一条规定取得建筑物专有部分所有权的人，应当认定为民法典第二编第六章所称的业主。"简单地说，凡依法经登记或其他符合法律规定取得物业所有权的人是业主，其法律地位是得到法律确认并予保障的。除通常经登记原始取得所有权的人以外，还包括依据生效法律文书、继承或者受遗赠，以及合法建造房屋等事实行为取得专有部分所有权的人。《建筑物区分所有权解释》第1条规定的业主，与前述原《物权法》及《物业管理条例》中所称的业主含义相同，均指就建筑物专有权部分已经取得所有权的权利主体。

不过，在现实生活中，基于与建设单位之间的商品房买卖民事法律行为，房屋买受人在已经合法占有使用专有部分的情况下，仍未依法办理所有权登记的情形大量存在。而且未能完成依法登记程序的原因又十分复杂，主要有：第一，建设单位尚未办理房屋所有权证，直接导致买受人无法办理专有部分的所有权登记；第二，登记往往需要一个过程，在最终完成之前，买受人无法依登记取得所有权；第三，由于买受人自身的原因拖延办理专有部分所有权登记。在此情况下，如果仅以是否已经依法登记取得所有权作为界定业主身份的标准，将与现实生活产生冲突，并有可能对前述人群应当享有的权利造成损害。

这部分人对共有部分的利用以及共同管理权的行使需求更为强烈，与其他业主之间的联系程度也更为直接和紧密，因此有必要对其"业主身份"问题进行特别规定。有鉴于此，《建筑物区分所有权解释》第1条第2款作出了特别规定："基于与建设单位之间的商品房买卖民事法律行为，已经合法占有建筑物专有部分，但尚未依法办理所有权登记的人，可以认定为民法典第二编第六章所称的业主。"我们认为，这样的规定符合《民法典》的立法精神，既可以有效地统一司法评价标准，又适应现实生活。同时，还可以引导这部分人及时办理物权登记。

（二）建筑物区分所有权

现代社会中，建筑物不断向多层或高层发展，一般消费者只能购买其中的一部分，如此一来就产生了一幢不可分割的建筑物的不同部分为多人所有，不同的民事主体就其购买的房屋享有单独的所有权，即建筑物区分所有权。建筑物区分所有权制度作为一项重要的物权制度，因直接关系业主的切身利益而备受关注。一物一权是传统物权法理论中的一项基本原则，建筑物区分所有权的出现，是对该传统理论的突破，是一物一权原则或物的一部分不能成为独立权利客体一般原则的例外。

（三）《民法典》关于建筑物区分所有权的含义及建筑物区分所有权的特征

从《民法典》本条规定内容看，业主的建筑物区分所有权主要包括其对建筑物专有部分的所有权、对建筑区划内的专有部分以外的共有部分享有的共有权和共同管理的权利。第一，业主对建筑物（包括住宅、经营性用房）专有部分有所有权，可以依法占有、使用、收益和处分，与传统民法中所有权的完整权能范围完全一致。第二，业主对建筑区划内的共有部分享有共有权。即业主对专有部分以外的共有部分如电梯、过道、楼梯、水箱、外墙面、水电气的主管线等享有共有的权利。此外，建筑区划内的道路（属于城镇公共道路的除外）、绿地（属于城镇公共绿地或者明示属于个人的除外）及其他公共场所、公用设施和物业服务用房等，都属于业主共有。第三，业主对建筑区划内的共有部分的共同管理权。即业主对专有部分以外的共有部分享有共同管理的权利。业主可以自行管理建筑物及其附属设施，也可以委托物业服务企业或者其他管理人管理。业主可以设立业主大会，选举业主委员会，制定或者修改业主大会议事规则和建筑物及其附属设施的管理规约，选举业主委员会和更换业主委员会成员，选聘和解聘物业服务企业或者其他管理人，筹集和使用建筑物及其附属设施的维修资金，改建和重建建筑物及其附属设施，等等。《民法典》第277条、第278条等其他条文中就业主行使共同管理权问题，都有详细规定。

建筑物区分所有权与一般所有权虽然都被称为所有权，但是二者还是存在不同之处：第一，传统所有权观念中，一物一权为物权法的基本原则。即一个独立的特定物不能同时设定多个所有权，独立的特定物各个组成部分也不能成为单独所有权的客体。然而建筑物区分所有权的出现向传统所有权观念提出了挑战，同一栋楼房被人为地区分为各个独立的所有权客体，为不同的所有权人所有。第二，为了更好地实现区分所有权人的专有权和共有权，建筑物区分所有权除了对物专有所有和共有所有外，还具有成员权属性。但成员权本身并不是所有权，它是一种管理权，包括对建筑物的管理和对建筑物区分所有权人的管理。这种管理权不仅仅是对建筑物的财产进行管理，更主要是涉及建筑物区分所有权人的共同事务。成员权也不属于所有权占有、使用、收益、处分中的任何一种权能，不属于所有权的范畴，是与所有权不同的一项民事权利。因此，建筑物区分所有权不是一种单纯的一般意义的不动产所有权，它来源于传统所有权但权利范围又有所扩张，是一种在现代城市化进程中产生的新型的复合民事权利。

建筑物区分所有权具有如下特点：首先，具有复合性。建筑物区分所有权是由专有权、共有权和共同管理权三种权利共同构成的复合性权利类型，非一般所有权那样系单一构成模式。而且，在该复合性权利中，既有财产权内容，也有人身权内容。其次，具有整体性。建筑物区分所有权的权利人，就其享有的专有权和共有权及其共同管理权，不能分割行使，建筑物区分所有权三项权利必须一并转让、抵押或继承。最后，专有权具有主导性。尽管建筑物区分所有权系由专有权、共有权及共同管理权构成，但在各项权利中，专有权居于主导地位，是共有权和成员权的基础，即其他两项权利都由专有部分的所有权所决定。因为专有部分的所有权，才决定了共有部分的持有比例，决定了在行使共同管理权时的成员权的大小，也决定了共有权的使用和收益范围，等等。所以，专有部分的所有权居于核心地位。专有部分的主导地位使这种权利出现了扩张现象，它不仅延伸到共有部分，而且还延伸到成员权，一般的所有权理论是很难对此进行解释的。

## ▶ 适用指引

第一，建筑物区分所有权的专有部分除住宅和经营性用房之外，尚有其他内容本条列举未尽。在立法未予明确的情况下，对于"等"字具体所指内容，实践中应结合具体情况作出判断。例如，可以根据司法解释关于认定建筑物专有部分应当具备的要件入手，从是否有构造上的独立性、使用上的独立性以及法律上的独立性进行对照，进而作出认定。

第二，要正确理解司法解释就业主范围问题所作的特别规定。《建筑物区分所有权解释》是一种特别处理，其出发点是考虑到登记实践中客观存在的种种特殊情况，解释目的是更好地兼顾当事人的权利，以避免与社会公众的一般判断标准相悖，维护业主生活共同体的稳定。因此，建筑物专有部分所有权人一定是业主，但是不能反推，即不能得出业主当然地就是专有部分所有权人的结论。

第三，依法享有建筑物区分所有权的权利主体，并非仅限于自然人。《民法典》中的民事主体，能够享受民事权利、承担民事义务，可以有业主身份的，既可以是自然人，也可以是法人、非法人组织等。

> **第二百七十二条** 业主对其建筑物专有部分享有占有、使用、收益和处分的权利。业主行使权利不得危及建筑物的安全，不得损害其他业主的合法权益。

## ▶ 关联规定

### 一、法律、行政法规、司法解释

1.《物业管理条例》

**第二十七条** 业主依法享有的物业共用部位、共用设施设备的所有权或者使用权，建设单位不得擅自处分。

**第五十二条** 业主需要装饰装修房屋的，应当事先告知物业服务企业。物业服务企业应当将房屋装饰装修中的禁止行为和注意事项告知业主。

2.《最高人民法院关于审理建筑物区分所有权纠纷案件适用法律若干问题的解释》

**第二条** 建筑区划内符合下列条件的房屋，以及车位、摊位等特定空间，应当认定为民法典第二编第六章所称的专有部分：

（一）具有构造上的独立性，能够明确区分；

（二）具有利用上的独立性，可以排他使用；

（三）能够登记成为特定业主所有权的客体。

规划上专属于特定房屋，且建设单位销售时已经根据规划列入该特定房屋买卖合同中的露台等，应当认定为前款所称的专有部分的组成部分。

本条第一款所称房屋，包括整栋建筑物。

**第四条** 业主基于对住宅、经营性用房等专有部分特定使用功能的合理需要，无偿利用屋顶以及与其专有部分相对应的外墙面等共有部分的，不应认定为侵权。但违反法律、法规、管理规约，损害他人合法权益的除外。

## 二、部门规章及规范性文件

**《不动产登记暂行条例实施细则》**

**第五条** 《条例》第八条规定的不动产单元，是指权属界线封闭且具有独立使用价值的空间。

没有房屋等建筑物、构筑物以及森林、林木定着物的，以土地、海域权属界线封闭的空间为不动产单元。

有房屋等建筑物、构筑物以及森林、林木定着物的，以该房屋等建筑物、构筑物以及森林、林木定着物与土地、海域权权属界线封闭的空间为不动产单元。

前款所称房屋，包括独立成幢、权属界线封闭的空间，以及区分套、层、间等可以独立使用、权属界线封闭的空间。

## ▶ 条文释义

### 一、本条主旨

本条是关于业主对其建筑物专有部分行使专有权的规定。

### 二、条文演变

原《物权法》第71条规定了业主对其建筑物专有部分享有专有权利。针对这种专有权，《建筑物区分所有权解释》第2条、第4条关于专有部分内容及业主对专有部分合理使用问题，进一步提供了明确的裁判标准，对解决相关案件发挥了规范作用。《民法典》本条吸收了上述规定，主要包含两方面内容：一是专有权的内容，二是对专有权行使的限制。

### 三、条文解读

（一）专有权的概念及性质

从《民法典》第271条业主对建筑物内的住宅、经营性用房等专有部分享有所有权的规定内容可知，业主对建筑物专有部分所享有的权利是一种所有权，也可以将其称为专有部分的所有权或者专有权。《民法典》第240条规定，所有权人对自己的不动产或者动产，依法享有占有、使用、收益和处分的权利。本条是有关业主对建筑物专有部分享有所有权的具体权能的规定，即业主对其建筑物专有部分享有占有、使用、收益和处分的权利。"按照这一规定，业主对建筑物内属于自己所有的住宅、经营性用房等专有部分可以直接占有、使用，实现居住或者经营的目的；也可以依法出租，获取收益；还可以出借，解决亲朋好友居住之难；或者在自己专有部分上依法设定负担，例如，为保证债务的履行将属于自己所有的住宅或者经营性用房抵押给债权人，或者抵押给金融机构以取得贷款等；还可以将住宅、经营性用房等专有部分出售给他人，对专有部分予以处分。"[1]

建筑物区分所有权人的权利义务最重要的莫过于对专有部分的专有所有权，建筑物区分所有权中的共有权、成员权都是基于专有权而产生的。可以说，没有专有权就没有建筑物区分所有权的其他权利，专有权是建筑物区分所有权的基础和核心。

关于专有所有权的性质，理论界有空间论和非空间论两种相对立的观点。空间论学说认为，专有所有权是一种空间所有权，即把专有部分建筑材料所围成的空间拟制为物。非空间论学说认为，专有所有权不能理解为单纯的空间权，它应当包括专有空间和空间四周的建筑构件两部分。理由是区分所有权人在生活中不仅需要专有空间，也需要空间四周的建筑构件。区分所有权人在行使区分所有权时，对自己专有空间四周的建筑构件享有排除他人干涉的支配权。至于区分所有权人对建筑构件行使专有权时所受的限制属于不动产所有人相邻关系的范畴。另外，在房地产交易中，购买房屋的面积不仅包括空间的面积（即房屋的使用面积），还包括四周建筑构件的一部分面积，房屋所有人是可以处分空间四周的建筑构件的部分面积的。因此，专有空间四周的建筑构件实际为区分所有权人所专有，属于建筑物区分所有权专有权。以上为空间论与非空间论两种观点之争，空间论为理论界所持的通说。

---

[1] 石宏主编：《〈中华人民共和国民法典〉释解与适用：物权编》，人民法院出版社2020年版，第130~131页。

## （二）专有权的客体

### 1. 专有权的界定标准

专有权的客体是建筑物内的住宅、经营性用房等的专有部分。那么，该专有部分应当如何界定？通说认为，应当以具有构造上的独立性和使用上的独立性作为标准。专有部分在结构上使用上都必须具有独立性。为了能使结构上的独立性得到认可，必须有同其他部分隔离开来的设施。为了能使使用上的独立性得到认可，必须使这一部分作为独立的经济性交易单位得到认可，而且必须能从其他的专有部分中独立出来使用。具备构造上的独立性，意义在于通过确定权利的效力范围从而实现权利的明确性。由于区分所有权建筑物的专有部分都是由一定平面的长度和一定垂直的高度组合构成的立体空间，故现实中就是以墙壁、天花板、地板等形式将区分所有权人的专有部分与其他部分相隔离。"必须有同其他部分隔离开来的设施"，亦即专有权的客体范围的界限，是指数个专有部分之间，或与共用部分相互间的连接部分究竟划分到何处界线为止。

### 2. 专有权的客体范围

由于专有部分的范围即专有权的客体所涉及的具体内容过于繁杂，无法用简练的文字予以高度概括，故原《物权法》等法律均未作明确规定。为适应审判实务需要，《建筑物区分所有权解释》第2条第1款规定："建筑区划内符合下列条件的房屋，以及车位、摊位等特定空间，应当认定为民法典第二编第六章所称的专有部分：（一）具有构造上的独立性，能够明确区分；（二）具有利用上的独立性，可以排他使用；（三）能够登记成为特定业主所有权的客体。"可见，其除了采纳通说认为的具有构造上的独立性和使用上的独立性标准外，还增加了一个能否登记这一法律上的条件。按照该司法解释规定，在我国司法审判实务中，判断某一房屋或者特定空间是否构成专有部分时，要看其是否同时具备前述三个条件。该司法解释将能否登记作为法律上的条件予以规定，主要出发点是：第一，除法律另有规定外，业主要对建筑物内的住宅、经营性用房等专有部分行使所有权，必须经依法登记，必须将该专有部分登记在业主名下，否则，还不能成为专有部分的业主，不得对该专有部分行使所有权。第二，立法所规定的业主的专有部分应是合法的。如果是违法或者违章建筑，虽然物理上具备构造上的独立性和使用上的独立性，但是并不能成为法律上的专有部分，登记机关不会对其进行登记。因此，将能否登记作为判断是否法律上的专有部分具有重要意义。需要指出的是，要正确理解该条关于"能够登记"的含义，一方面是指在登记机关的登记簿上能进行登记，另一方面对一些尚未进行登记的专有部分的组成部分，如果符合前述司法解释第2条第1款规定的两个实质要件的，也应当认定为专有部分的组成部分或者属于专有部分。

（三）专有权行使的限制

业主专有部分是建筑物的重要组成部分，但与共有部分又不可截然分离，建筑物的专有部分与共有部分具有一体性、不可分离性，是建筑物区分所有权自身所具有的一个特殊属性。建筑物区分所有权的该特殊性决定了业主行使专有权时不是无限制的。在建筑物区分所有的情况下，各区分所有人之间的相邻关系是客观存在的。区分所有权之间是相互制约的，因为专有部分相互间，在物理上不仅相互连接，使用上亦有密切之相邻关系，彼此休戚相关，具有共同利益，故区分所有人就专有部分之用益或处分，与其他区分所有人间自有较强之相互制约存在。居住在同一区分所有建筑物上的各区分所有权人，为了自己享有专有所有权的部分的使用便利，由于建筑物的特殊结构往往不得不使用左邻右舍或者楼上楼下其他区分所有权人的专有部分，或者其他不属于自己所专属的公用部分。比如事实上无法分割的区分所有的墙壁问题，双方甚至多方共有墙壁，如果都只强调专有权，势必造成冲突、矛盾。各区分所有权人的区分所有权以同一栋建筑物为载体，对每个单独部分的损害都有可能危及其他所有权人的利益，各区分所有权人对整栋建筑的维持和改良等，有着共同的利益牵连。即使区分所有权人在行使权利的形式上和处置对象都符合法律规定，但只要其作出的行为有害于建筑物的正常管理，阻碍了他人正常使用，使其他所有权人的利益受到损害的，这种行为也应当被制止。也就是说，区分所有权人在享有权利的同时，还必须承担相应的义务。根据本条后半段内容的规定，业主就自己的专有部分享有自由使用、收益及处分权利的同时，应承担义务，即不得危及建筑物的安全，不得损害其他业主的合法权益。对此，可从下述两方面理解。

第一，作为建筑物专有部分的权利人，业主负担不得危及建筑物安全的义务。业主的各专有部分紧密地堆砌于同一栋建筑物上，各业主之间对于整栋建筑物的安全与维护形成共同利害关系。因而，业主应按照建筑物的使用目的或规约使用专有部分并负有维护建筑物牢固和完整的义务，不得损害或随意改变建筑物的结构，亦即业主所为的有害于建筑物正常使用的行为，即使形式上属于行使其专有部分所有权权能的行为，也不允许。关于业主负担不得危及建筑物安全的义务的规定，体现出立法对区分所有建筑物整体安全利益问题的关注与保护。实践中，危及建筑物安全的行为主要可分两类：其一，对建筑物的不当毁损行为。例如，区分所有权人对自己专有的非承重墙进行改建或增建，从而损害整个建筑物的外观形象，或者对自己使用的管道、线路进行改装，从而影响其他区分所有权人使用的行为，改动毁坏程度严重的，势必危及整个建筑物的安全。因此，相关业主有权要求区分所有权人恢复原状，造成其他区分所有权人损失的，还应当赔偿损失。其二，对建筑物的不当使用行为，主要包括不合理使用自己专有部分，改变专有部分本来用途和使用目的的行为，违反当地生活习惯和善良风俗的行为以及破坏住宅环境的卫生和安宁的行为。例如，区分所有权人在自己专有部分建筑物内放置危险物品，将会危害建筑物的安全。

第二，作为建筑物专有部分的权利人，业主负担不得损害其他业主合法权益的义务。业主专有部分所有权的行使，也要受到其他建筑物专有部分所有权人的制约。这是因为，区分所有建筑物的各专有部分在构造上相互关联，物理上相互连接，彼此间的用役面紧密地结合在一起，形成密切的、立体的相邻关系，业主对自己所属专有部分的使用、收益或处分，必须要考虑到全体业主的共同利益，不得滥用其专有部分所有权，损害其他业主的利益。如在自己专有部分建筑物内饲养动物，破坏住宅卫生和安宁，影响其他区分所有权人的正常生活休息等情形。对此，其他业主可要求其停止侵害，排除妨碍，恢复原状，赔偿损失。

## ▶ 适用指引

### 一、关于摊位的问题

按照本条规定，经营性用房成为专有权的客体没有疑问。实际上在一些大型商业用房里，还有一些用于经营用的摊位，它们不是独立的房屋，没有实体墙壁、天花板等能够与其他经营性用房明确区分开的物理性隔断，彼此间仅进行一些简易的分割。那么，这些现实生活中大量存在的摊位，是否属于本法所称的专有部分呢？《建筑物区分所有权解释》第2条第1款将摊位作为"特定空间"，认定了其可以属于专有部分。相对于房屋，特定空间是指虽无固定墙壁间隔，但是根据明确界址确定，能够排他使用的空间范围。就摊位而言，此摊位与彼摊位能够明确区分，存在于地上、地下或者楼层上画的四条线所形成的一个空间内。这四条线围绕可于平面内形成一定的使用面积，垂直到上面一定高度可以形成一定的立方体空间范围，这就是摊位所有权人的权利行使范围。这一特定空间，同样具备司法解释规定的专有部分的三个条件：具有构造上的独立性，能够明确区分；具有利用上的独立性，可以排他使用；能够登记成为特定业主所有权的客体。因此，符合条件的摊位属于专有部分。

## 二、整栋建筑物能否成为专有部分

从《民法典》第271条关于"业主对建筑物内"的住宅、经营性用房等专有部分享有所有权的表述来看，似乎容易得出建筑物区分所有权中的专有部分仅指建筑物内的房屋及特定空间而不包括整栋建筑物。实际不然，建筑区划内的独栋建筑物也可以是专有权的客体，只是这一专有部分比较特别。也就是说，专有部分不仅存在于建筑物内，小区内的建筑物本身也是专有部分。《建筑物区分所有权解释》将原《物权法》中所称的房屋，进一步明确指出包括整栋建筑物。

## 三、关于露台的问题

根据《建筑物区分所有权解释》第2条第2款规定，规划上专属于特定房屋，且建设单位销售时已经根据规划列入该特定房屋买卖合同中的露台等，应当认定为《民法典》物权编第6章所称的专有部分的组成部分。据此，露台要成为专有部分的组成部分，必须具备以下条件：（1）符合规划，规划需经过规划行政主管部门批准。经主管部门批准，露台才可能成为合法建筑。否则，建设单位违规建设的露台或者某部分业主私自加建的露台，都是违法的，也不可能取得登记机关的登记。（2）物理属性上专属于特定房屋，是该特定房屋的附属物。只有该特定房屋的所有权人才能对该露台享有所有权，才能对该露台进行使用，其他人对该露台不享有所有权，也不能对该露台进行使用。换言之，特定房屋的所有权人可以对该露台进行排他使用。（3）建设单位销售时已经将根据规划列入该特定房屋买卖合同中的露台进行了约定，即露台要成为某特定房屋的组成部分,必须要有合同依据。也就是说,房地产开发企业与购房人签订房屋买卖合同时,已经明确约定出售的部分包括露台。实践中,如果某套房屋有露台,那么,房地产开发企业在出售该套房屋时,几乎都会对露台的权属作出约定。

## ▶ 类案检索

### 庄某与赵某建筑物专有权纠纷案

**关键词:** 专有部分　排除妨害

**裁判摘要:** 根据《建筑物区分所有权解释》的规定,认定为建筑区划内专有部分的空间,应当符合具有构造上的独立性,可以明确区分、具有利用上的独立性,可以排他使用、能够登记为特定业主所有权的客体,或者规划上属于特定房屋,且建设单位销售时已经根据规划列入该特定房屋买卖合同。本案中,根据房屋建筑面积分户平面图,庄某所有的房屋与赵某所有的房屋之间的露台花园属于建筑物区划内的专有部分,即属于房屋权利人赵某。庄某在该空间搭建,无论对权利人是否形成影响,均需取得权利所有人的同意。原判认定事实清楚,适用法律正确,审判程序合法,二审驳回上诉、维持原判。

【案　　号】(2011)深中法民一终字第59号
【审理法院】广东省深圳市中级人民法院
【来　　源】中国裁判文书网

**第二百七十三条** 业主对建筑物专有部分以外的共有部分，享有权利，承担义务；不得以放弃权利为由不履行义务。

业主转让建筑物内的住宅、经营性用房，其对共有部分享有的共有和共同管理的权利一并转让。

## ▶ 关联规定

### 一、法律、行政法规、司法解释

1.《物业管理条例》

**第六条** 房屋的所有权人为业主。

业主在物业管理活动中，享有下列权利：

（一）按照物业服务合同的约定，接受物业服务企业提供的服务；

（二）提议召开业主大会会议，并就物业管理的有关事项提出建议；

（三）提出制定和修改管理规约、业主大会议事规则的建议；

（四）参加业主大会会议，行使投票权；

（五）选举业主委员会成员，并享有被选举权；

（六）监督业主委员会的工作；

（七）监督物业服务企业履行物业服务合同；

（八）对物业共用部位、共用设施设备和相关场地使用情况享有知情权和监督权；

（九）监督物业共用部位、共用设施设备专项维修资金（以下简称专项维修资金）的管理和使用；

（十）法律、法规规定的其他权利。

**第七条** 业主在物业管理活动中，履行下列义务：

（一）遵守管理规约、业主大会议事规则；

（二）遵守物业管理区域内物业共用部位和共用设施设备的使用、公共秩序和环境卫生的维护等方面的规章制度；

（三）执行业主大会的决定和业主大会授权业主委员会作出的决定；

（四）按照国家有关规定交纳专项维修资金；

（五）按时交纳物业服务费用；

（六）法律、法规规定的其他义务。

**第二十七条** 业主依法享有的物业共用部位、共用设施设备的所有权或者使用权，建设单位不得擅自处分。

**第五十条** 业主、物业服务企业不得擅自占用、挖掘物业管理区域内的道路、场地，损害业主的共同利益。

因维修物业或者公共利益，业主确需临时占用、挖掘道路、场地的，应当征得业主委员会和物业服务企业的同意；物业服务企业确需临时占用、挖掘道路、场地的，应当征得业主委员会的同意。

业主、物业服务企业应当将临时占用、挖掘的道路、场地，在约定期限内恢复原状。

2.《最高人民法院关于审理建筑物区分所有权纠纷案件适用法律若干问题的解释》

**第三条** 除法律、行政法规规定的共有部分外，建筑区划内的以下部分，也应当认定为民法典第二编第六章所称的共有部分：

（一）建筑物的基础、承重结构、外墙、屋顶等基本结构部分，通道、楼梯、大堂等公共通行部分，消防、公共照明等附属设施、设备，避难层、设备层或者设备间等结构部分；

（二）其他不属于业主专有部分，也不属于市政公用部分或者其他权利人所有的场所及设施等。

建筑区划内的土地，依法由业主共同享有建设用地使用权，但属于业主专有的整栋建筑物的规划占地或者城镇公共道路、绿地占地除外。

## 二、部门规章及规范性文件

### 《不动产登记暂行条例实施细则》

**第三十六条** 办理房屋所有权首次登记时，申请人应当将建筑区划内依法属于业主共有的道路、绿地、其他公共场所、公用设施和物业服务用房及其占用范围内的建设用地使用权一并申请登记为业主共有。业主转让房屋所有权的，其对共有部分享有的权利依法一并转让。

## 条文释义

### 一、本条主旨

本条是关于业主对其共有部分享有的权利和承担的义务的规定。

### 二、条文演变

原《物权法》第72条规定了业主共有所有权行使内容和限制及业主专有所有权转让的法律后果。《建筑物区分所有权解释》第3条规定了建筑区划内属于共有部分的内容。《民法典》沿袭了原《物权法》第72条的规定。

### 三、条文解读

#### （一）建筑物区分所有权中共有部分的概述

区分所有建筑物及附属物之共同部分，实即为专有部分以外之建筑物其他部分。共有部分是建筑物区分所有的核心问题，建筑物区分所有权人对共有部分的所有权称为共有所有权，为表述方便，有时也称共有权。理论界对建筑物区分所有权中共有权的法律性质的理解存在很大的争议，有观点认为是共同共有性质，有的认为是按份共有性质，有的认为应当按建筑物不同类型来判断是共同共有还是按份共有，还有的观点认为需要根据具体使用情况来确定共有部分的性质，即如果共有的财产不能具体将哪一部分的财产确定为他人使用，也不能按照一定的份额确定使用范围的，该财产为共同共有性质，不一而足。我们可以不过于陷入学理上的争论，但需要注意的是，建筑物区分所有权中包含的共有权，有自身的独特性，与传统民法理论和《民法典》物权编第8章专门规定的共有问题有很大的差别。传统共有在某种程度上足以反映所有权制度的变迁及社会经济的发展，是指两个或者两个以上的单位或者个人对同一不动产或者动产享有所有权。建筑物区分所有权人对共有部分的共有权，是指区分所有权人依据法律、合同以及区分所有权人之间的规约，对建筑物的共用部分、基地使用权、小区的公共场所和公共设施等所共同享有的财产权利。该共有权在性质上既不是传统共有中的按份共有，也不是共同共有，它是一种特殊的共有。

关于共有部分的含义和具体范围，立法并未明确。实际生活中具体类型比较复杂，划分的标准也不相同。如根据共有产生的原因可分为法定共有和约定共有，根据共有的客体是财产还是权利可分为一般共有和准共有，根据共有人的范围，可分为小区内全体业主的共有、某一栋建筑物内全体业主的共有、特定单元或者特定几个业主的共有。对不同类型的共有的确定，有时需要根据不同的财产情况来考虑。为解决审判实际需要，《建筑物区分所有权解释》第3条分两款，对共有部分问题进一步明确。该条第1款规定："除法律、行政法规规定的共有部分外，建筑区划内的以下部分，也应当认定为民法典第二编第六章所称的共有部分：（一）建筑物的基础、承重结构、外墙、屋顶等基本结构部分，通道、楼梯、大堂等公共通行部分，消防、公共照明等附属设施、设备，避难层、设备层或者设备间等结构部分；（二）其他不属于业主专有部分，也不属于市政公用部分或者其他权利人所有的场所及设施等。"同时，该条第2款规定："建筑区划内的土地，依法由业主共同享有建设用地使用权，但属于业主专有的整栋建筑物的规划占地或者城镇公共道路、绿地占地除外。"因此，我们在司法实务中，对建筑物区分所有权之下存在的共有部分的范围问题，可以理解如下：（1）法定共有部分，即法律、行政法规明文规定属于业主共有的部分。如作为建筑物的基本构造部分，维持建筑物的安全及其外观所必要的支柱、屋顶、外墙或地下构造等。另外，根据《民法典》第274条的规定，建筑区划内的道路，属于业主共有（属于城镇公共道路的除外）；建筑区划内的绿地，属于业主共有（属于城镇公共绿地或者明示属于个人的除外）；建筑区划内的其他公共场所、公用设施，属于业主共有；物业服务用房属于业主共有。（2）天然共有部分，是指法律没有明文规定，当事人合同中也没有约定，但其属性上天然属于共有的部分，包括建筑物的基本结构部分、公共通行部分、附属设施设备部分和公共空间等，如基于建筑物的特性而当然存在的楼梯间、消防设备、走廊、水塔、自来水管道等。（3）约定共有部分，除以上所述法定共有、天然共有部分外，还存在着既不属于业主专有的部分，也不属于市政公用部分或者其他权利人所有的场所和设施等，此类共有均属于约定共有。此外，建筑区划内的土地，排除一些有明确规定和当事人约定的情形外，依法由全体业主共同享有建设用地使用权。特别是当发生建筑区划内归业主共同享有使用权的土地被征收后给予的补偿费用，利用小区内土地在规划外建设车位而获取的收益等,都应当属于业主共有。

(二)业主共有权的权利义务内容

业主对专有部分以外的共有部分享有权利、承担义务包括两部分内容:一是业主对共有部分享有共有权;二是业主对共有部分享有共同管理的权利。业主对共有部分享有的共有权,包括占有、使用、收益和处分的权利,但是实际生活中较多涉及的,主要还是使用权和收益权。对共有部分的使用权是建筑物区分所有权人作为共有所有权人的一项基本权利。对于行使共有部分的使用权的方式,各国一般将共有部分之使用区分为共同使用和轮流使用。即按照共有部分的使用功能,对共有部分能够同时使用的,可以共同使用,对共有部分不能同时使用的,可以轮流使用。对共有部分的收益权是指依管理规约或区分所有权人享有的专有所有权所确定的对共有部分的持份权,共有所有权人享有的取得因共有部分所生利益的权利。具体如何行使这些权利,还要依据相关法律、法规和建筑区划管理规约的规定。例如,《民法典》第283条规定:"建筑物及其附属设施的费用分摊、收益分配等事项,有约定的,按照约定;没有约定或者约定不明确的,按照业主专有部分面积所占比例确定。"业主对专有部分以外的共有部分不仅享有共有的权利,还享有共同管理权,如业主有权对共用部分与共用设备设施的使用、收益、维护等事项行使管理的权利。《民法典》第278条、第284条等,对业主管理权的主要内容和行使管理权的方式等问题,都作出了进一步规定。

业主对共有部分享有的共有权,可以说既是业主的权利,某种意义上也是业主基于共有权而产生的义务,要相应地承担对共有部分的共负义务,不能逃避。业主对共有部分如何承担义务,也要依据相关法律、法规和建筑区划管理规约的规定。例如,依据《民法典》第286条的规定,业主对共有部分承担不得在共有部分任意弃置垃圾、违章搭建,不得随意侵占通道等义务。由于业主对专有部分以外的共有部分既享有权利,又负有义务,有的业主可能以放弃权利为由,拒不履行义务。对此,本条中明确规定,业主不得以放弃权利为由不履行义务。业主不得为了拒绝支付共有部分维护维修的费用,而表示放弃对共有部分的权利,也不得以其未"实际使用"等为由而拒绝支付费用。例如,业主不得以不使用电梯为由,不支付电梯维修费用;在集中供暖的情况下,不得以冬季不在此住宅居住为由,不支付暖气费用。

### （三）业主共有部分转让的法律后果

业主的建筑物区分所有权是一个集合权，包括对专有部分享有的所有权、对建筑区划内的共有部分享有的共有权和共同管理的权利，这三种权利具有不可分离性。在这三种权利中，业主对专有部分的所有权占主导地位，是业主对专有部分以外的共有部分享有共有权以及对共有部分享有共同管理权的前提与基础。没有业主对专有部分的所有权，就无法产生业主对专有部分以外共有部分的共有权，也无从谈起对共有部分的共同管理权。也就是说，在建筑物区分所有的状态下，区分所有权人所享有的共有权与其对专有部分所享有的单独所有权是密切联系在一起的，如果业主丧失了对专有部分的所有权，也就丧失了对共有部分的共有权及对共有部分的共同管理的权利。这一点是由建筑物区分所有权中共有权的从属性特征所决定的，它产生于建筑物区分所有权人对专有部分的专有权，随着专有权的产生而产生，随着专有权的变动而变动，既不能独立存在，也不能单独地转让和继承。只有在取得了专有部分的所有权之后，才能相应地取得共有权。因此本条第2款规定，业主转让建筑物内的住宅、经营性用房，其对共有部分享有的共有和共同管理的权利一并转让。即建筑物区分所有权所包含的三项权利具有整体性，业主在转让建筑物内的住宅、经营性用房时，其因专有权而享有的对共有部分的共有和共同管理的权利将一并发生转让，不能与转让的专有部分发生分离或单独保留所有权。

## ▶ 适用指引

第一，在建筑物区分所有情况下，对区分所有权人主张优先购买权的应如何处理？《城市房地产管理法》等法律均规定了按份共有人在其他共有人转让财产时，在同等条件下有优先购买的权利。建筑物区分所有权与传统共有存在明显差异：（1）从性质上看，建筑物区分所有权将一幢建筑物区分为专有部分和共有部分，形成了一种特殊类型的不动产所有权，其性质是复合共有，既强调整幢建筑物的按份共有性质，又强调区分所有部分的专有性和共同部分的互有性，既不是传统共有理论的共同共有，也不同于按份共有；（2）从权利变动上看，区分所有权的变更决定于专有所有权的变更，而一般的共有权变更，则以各共有人的独立行为而产生；（3）从标的物的分割上看，区分共有所有权的标的物不得请求分割，而一般共有的标的物，共有权人有权请求按其所有份额进行分割。由此可见，建筑物区分所有权人虽然对共有部分享有共有权，但专有部分则形成单独的所有权，共有中不包括单独的所有权。即一个区分所有权人不能对他人的专有部分享有共有权，同时，共有权在区分所有权结构中处于从属地位，取得专有权就取得对共有部分的共有权，处分了专有权，共有权也随之被处分。因此，区分所有权人处分其专有部分，不需经其他区分所有权人同意，其他区分所有权人也没有优先购买权。

第二，注意与共有部分专有使用权的区分。所谓共有部分专有使用权，是指根据法律规定和区分所有权人约定，某一个或数个区分所有权人享有排他独占使用共有部分的权利。共有部分专有使用权主体为特定区分所有权人或特定第三人，产生方式有以下三种：（1）全体区分所有权人共同约定而产生，如允许某人在外墙悬挂广告牌，楼顶由某人加盖房屋；（2）房地产开发企业在出售商品房时，保留了某一部分（如地下停车场）的所有权，以后在这一部分上设立专有使用权；（3）区分所有权人经全体同意将某些共有部分提供给区分所有权人以外的其他人使用。需要注意的是，并非所有的共有部分均可设定专有使用权。在构造上若有固定的使用方法，而且属于区分所有权人生活利用上不可或缺的共有部分，如公共楼梯、公共走廊等，不得设定专有使用权。

第三，关于人防工程的权属问题。城镇建设过程中，建有大量的人防工程，其权属如何认定，《民法典》中未予涉及。人防工程包括为保障战时人员与物资掩蔽、人民防空指挥、医疗救护等而单独修建的地下防护建筑，以及结合地面建筑修建的战时可用于防空的地下室。我国对人防工程实行多元投资，即不仅仅由国家兴建，而且在城市商品房开发当中也要求建设单位为了国防利益和国家安全应修建一定的地下防空工事。例如，为配套建设人防工程，有的地方在土地出让时政府进行地价减免；有些地方的政府给予建设单位其他的优惠措施，也有完全由建设单位和业主投资兴建的人防工程。因此，判断人防工程的产权归属，应当视具体情况而定，既不能简单地认定都属于国家所有，也不能全部认定归建设单位所有或全体业主所有。人民法院在审理这类案件时，可以参照上述观点处理。对于实践中人防工程变更用途为地下车库的，其权属应当按照人防工程的权属规则来处理，而不能按照车库的权属规则来处理。

## 类案检索

### 陆某与于某某建筑物区分所有权纠纷案

**关键词：** 共有部分　排除妨害

**裁判摘要：** 业主对建筑物专有部分以外的共有部分，享有权利，承担义务。除法律、行政法规规定的共有部分外，建筑区划内的通道、楼梯、大堂等公共通行部分，也应当认定为共有部分。建设单位或者其他行为人擅自占用、处分业主共有部分、改变其使用功能或者进行经营性活动，权利人请求排除妨害、恢复原状、确认处分行为无效或者赔偿损失的，应予支持。

【案　　号】（2021）苏04民终2602号
【审理法院】江苏省常州市中级人民法院
【来　　源】中国裁判文书网

第二百七十四条　建筑区划内的道路，属于业主共有，但是属于城镇公共道路的除外。建筑区划内的绿地，属于业主共有，但是属于城镇公共绿地或者明示属于个人的除外。建筑区划内的其他公共场所、公用设施和物业服务用房，属于业主共有。

## 关联规定

### 一、法律、行政法规、司法解释

《最高人民法院关于审理建筑物区分所有权纠纷案件适用法律若干问题的解释》

第三条　除法律、行政法规规定的共有部分外，建筑区划内的以下部分，也应当认定为民法典第二编第六章所称的共有部分：

（一）建筑物的基础、承重结构、外墙、屋顶等基本结构部分，通道、楼梯、大堂等公共通行部分，消防、公共照明等附属设施、设备，避难层、设备层或者设备间等结构部分；

（二）其他不属于业主专有部分，也不属于市政公用部分或者其他权利人所有的场所及设施等。

建筑区划内的土地，依法由业主共同享有建设用地使用权，但属于业主专有的整栋建筑物的规划占地或者城镇公共道路、绿地占地除外。

### 二、部门规章及规范性文件

《不动产登记暂行条例实施细则》

第三十六条　办理房屋所有权首次登记时，申请人应当将建筑区划内依法属于业主共有的道路、绿地、其他公共场所、公用设施和物业服务用房及其占用范围内的建设用地使用权一并申请登记为业主共有。业主转让房屋所有权的，其对共有部分享有的权利依法一并转让。

## 条文释义

### 一、本条主旨

本条是关于建筑区划内的道路、绿地、其他公共场所、公用设施和物业服务用房权利归属的规定。

### 二、条文演变

原《物权法》第73条规定了建筑区划内的道路、绿地、其他公共场所、公用设施和物业服务用房权利归属问题。《民法典》本条源于原《物权法》第73条的规定，与原《物权法》条文相比，内容无实质变化，仅文字表述有变动：将原来的"但属于城镇公共道路的除外""但属于城镇公共绿地或者明示属于个人的除外"中的"但"改为"但是"，用语更为规范。

### 三、条文解读

建筑区划是指对遵循统一规划、合理布局、因地制宜、综合开发、配套建设的原则规划建设的，能满足人们生产、生活需要的建筑物聚集区进行的区域划分。建筑区划按照主要建筑物的功能可以划分为居住区、商业区、行政办公区等。划分建筑区划的依据主要是城市规划道路、设施设备、建筑物规模、行政管理、物业管理等因素。建筑区划一般与《物业管理条例》中的物业管理区域相一致，以便于建筑物及配套设施的管理。建筑区划实际上是集体物权在空间上的集合，其形成和变更并不是无限的、任意的，会不同程度地受到公法、私法的约束和限制。随着社会经济发展，城镇建设越来越规模化、规范化。特定建筑区划内的道路、绿地、公用设施、物业服务用房以及其他公共场所的所有权归属问题如果不明确，很容易导致业主与建设单位、业主与物业服务企业、业主之间产生矛盾，有赖于法律作出明确规定。早在原《物权法》制定之初，对此类问题应当如何规定，就存在着不同看法。归纳起来，主要有如下观点：使用权与所有权相分离的观点，其认为道路和绿地属于国家，业主有使用权而不享有所有权。该观点认为道路是市政设施，应当属于国家所有，业主仅享有使用权，而绿地是土地的一种使用功能，其实质还是土地的归属，既然城市土地属于国家所有,那么业主便只有使用权而没有所有权。关于物业用房,有观点认为业主购房通常不支付物业管理用房的价款,所以对物业管理用房没有权利。投资者说认为,建筑区划内的道路、绿地、公用设施、物业服务用房以及其他公共场所所有权的归属,应当本着谁投资归谁所有的原则确定。约定说认为,房地产开发企业在售楼时明确将小区的绿地、道路、公用设施、物业管理用房以及其他公共场所的费用分摊给买房人的,就归业主共有,如果当时没有明确约定费用分摊的,归房地产开发企业所有。对上述建筑物及其附属设施权利归属的认定,立法机关最终本着以小区和建筑物最终功能的实现为根本,摒弃优先考虑投资利益的取向,确立了对属于建筑物区分所有权人正常合理使用建筑物所不可或缺的共享部分,认定为业主共有财产的制度安排。立法本意在于以法律的形式,明确建筑区划内公共空间的权利归属,突出业主权益的保护,限制建设单位以重复售卖和其他"再开发"的形式擅自处理和改变公共区域用途的行为,从而实现社会公共利益最大化,较好衡平各方权利主体的合理利益。根据本条法律规定,建筑区划内的道路、绿地、公用设施、物业服务用房以及其他公共场所作为建筑物的附属设施,以归全体业主共有为基本原则,以归国家或者特定个别业主所有为例外。对本条文规定内容,可从以下几方面进行理解。

(一)建筑区划内的道路和绿地权属,以认定归业主共有为一般,以归国家或个人所有为例外

首先,一般情形下,建筑区划内的道路和绿地,通常情况下归业主共有。依建筑物区分所有权法理,建筑区划内的道路、绿地属于小区共有物业中的共有配套设施。其次,特殊情况下,建筑区划内的某部分道路和绿地,不属于业主共有。具体而言,有些道路性质上系城镇道路,权属应当归市政所有。在一些占地面积广、建筑物数量多的超大型的建筑群内,有时会有城区主干线道路通过,这些道路并不归小区业主共有。有些绿地性质上属于城镇公共绿地,应归市政所有,还有一些应当归个别业主所有的绿地。当然,也有观点认为,小区道路与绿地的任何部分均应归业主共有,如果考虑公益使用,应由政府在国有土地使用权出让合同中设定其中地块的公共地役权,而不能变更建筑规划区内道路与绿地的业主共有权的性质。我们认为,建筑区划内的道路、绿地的权属问题不能一概而论。城镇公共道路、城镇公共绿地的法律属性为市政公用场

地，依法属于国家所有，由相应的政府行政主管部门行使管理权，承担建设、维护、更换等义务符合现行立法关于权属划分的规定，亦符合目前阶段我国建筑物区分所有权制度设计的实际情况。另外，现实生活中，存在诸多建设单位销售住宅、经营性用房时将特定部分绿地以买卖、赠与等方式进行处置的情况，建筑区划内存在非归属于业主共有的绿地是客观存在。对此类客观情况予以确认，也有利于社会生活稳定。关于明示属于个人的绿地，多指一层建筑物单元窗前绿地或者与建筑物毗邻的特定区域内绿地。在商品房买卖合同中，这部分绿地被明确与建筑物专有部分一同销售，归该业主个人专有使用。其特点为该专有使用权同专有部分一同取得，且一并移转让与。其后果表现为建筑规划区内的部分绿地使用权变为个人专有权的附属部分，该专有权人对该块土地使用权承担相应义务，其他业主对此不能再予利用。

（二）建筑区划内的公用设施、物业服务用房以及其他公共场所，作为建筑物的附属设施，由全体业主享有法定共有权

共有物业指专有部分及专有部分附属物以外的，由业主共同享有所有权的建筑物及其附属物部分。建筑区划内共有物业形成的客观原因是建筑区划内共有物业为住宅、经营性用房的必要配套设施，是业主实现对住宅正常使用所不可缺少的条件，其一般不能独立成为各业主的专有部分及其附属物。建筑区划内共有物业包括共有配套设施和共有基地。其中，共有配套设施是指与建筑区划内建设和使用分不开，依法必须配套修建的，且其建设费用一般已分摊进住房销售价格的，由全体业主享有共有权的小区配套设施。具体而言，从自然物理属性和功能用途这两个方面来比较，建筑区划内的道路、绿地、其他公共场所、公用设施及物业服务用房，在构造及使用上既具有共有部分非独立性的物理属性，同时在功能用途方面也具有作为共有部分对于全体业主而言的公共性及非排他使用性，因此，建筑区划内道路、绿地、其他公共场所、公用设施及物业服务用房，除例外情形外，只要是按照建筑规划建设的，业主即应享有共有权。换言之，本条将建筑区划内的道路、绿地、其他公共场所、公用设施、物业服务用房规定为业主共有的理由，是建筑区划内的上述配套设施是整个建筑区划环境配套服务所必需的，也是确保建筑物合理利用、正常发挥功能所应当达到的标准和条件。

### （三）业主共有权不是传统民法上的单一所有权形式，而是一种特殊的所有权，即建筑物区分所有权

业主不能单独对本条规定的这些共有部分进行占有、使用、收益与处分，必须按照建筑物区分所有权的规则来行使基于共有而产生的权利。简言之，建筑区划内的道路、绿地、其他公共场所、公用设施及物业服务用房所有权依法属于业主共有，如何使用和处分这些共有部分和共有设施应由全体业主决定。这里涉及的处分应作广义解释，既包括法律上的处分，也包括事实上的处分。法律上的处分可指转让所有权、设定用益物权或担保物权等。事实上处分包括合理改建等。在共有的情况下，业主不能随意改变建筑区划内道路、绿地的规划，不能影响道路或绿地功能的实现。此外，现实生活中，建设单位对共有部分、共用设施的任意处分时有发生，究其原因是其将建筑区划内的道路、绿地、其他公共场所、公用设施、物业服务用房视为己有，为谋利而擅自作出处分，如在依规划应为绿地的土地上建造房屋等，故对建设单位擅自处分业主共有部分的行为必须依法依规予以禁止。

## ▶ 适用指引

第一，本条规定的绿地、道路归业主共有，不是指绿地、道路的土地所有权归业主所有，而是绿地、道路使用权归业主共有。

第二，并非位于建筑区划内的道路、绿地，就一律全部归建筑物所有权人所有。审判实务中遇到此类纠纷时，首先要查清讼争道路是否属于城镇公共道路，所涉及的绿地是否存在属于城镇公共绿地或者其他应当认定为归个人所有的情形。

第三，确定前述配套设施属业主共有，并不意味着非业主就一律不得使用。当法律规定在该土地上建设特定的设施，或业主会议同意非业主使用时以及出于《民法典》相邻关系法律规定的要求，其他毗邻的小区的业主需要从其上通行或排水时，非业主可以使用这些配套设施。

第四，正确理解物业服务用房的性质问题，维护业主和建设单位双方的合法权利。物业服务用房指专门用于物业服务企业进行物业服务活动的建筑。《物业管理条例》第30条规定："建设单位应当按照规定在物业管理区域内配

置必要的物业管理用房。"该条例第27条还规定："业主依法享有的物业共用部分、共用设施设备的所有权或者使用权，建设单位不得擅自处分。"物业服务用房一般由物业服务企业基于物业管理服务合同的约定由业主授权对物业服务用房享有占有与使用的权利，因此，物业服务企业对于该物业服务用房的使用必须符合合同的约定，不得擅自改变物业服务用房的用途。司法实践中经常会遇到的问题是，建设单位在给自己控制的物业服务企业移交管理的物业、财产时，同时移交部分房产供物业服务企业使用、经营，当业主委员会成立，新的物业服务企业提出接管时，建设单位或原物业服务企业对这部分房产主张所有权，由此引发纠纷。对这部分争议房产的权属确定，应区别不同情况处理：作为经营性房产移交，且以此性质实际使用的，不能确定为物业服务用房；作为物业服务用房移交或者虽未明确但一直是作为物业服务用房使用的，应确定为物业服务用房。

第五，涉及明示属于个人专有的绿地问题时，因其与建筑区划内归业主共有的绿地权属性质不同，所以不适用《民法典》关于建筑物区分所有权人共有和共同管理权的有关规定，实务中应予注意。

> **第二百七十五条** 建筑区划内，规划用于停放汽车的车位、车库的归属，由当事人通过出售、附赠或者出租等方式约定。
>
> 占用业主共有的道路或者其他场地用于停放汽车的车位，属于业主共有。

## ▶ 关联规定

法律、行政法规、司法解释

《最高人民法院关于审理建筑物区分所有权纠纷案件适用法律若干问题的解释》

第六条 建筑区划内在规划用于停放汽车的车位之外，占用业主共有道路或者其他场地增设的车位，应当认定为民法典第二百七十五条第二款所称的车位。

## ▶ 条文释义

### 一、本条主旨

本条是关于车位、车库归属问题的规定。

### 二、条文演变

原《物权法》第74条规定共有三款，《民法典》将其第1款"建筑区划内，规划用于停放汽车的车位、车库应当首先满足业主的需要"内容单独成条并形成了第276条，将其第2款、第3款内容作为本条规定，文字表述并无变化。

## 三、条文解读

### (一)相关背景介绍

随着城市化进程的发展和国民经济水平的提高,私人汽车普及率逐年上升,原有车位数量不足的问题日益突出,车位、车库所具有的使用价值和商业价值越来越为人们所重视。因此,在建筑物区分所有权领域,车位、车库的性质和权属问题十分重要,涉及全体区分所有权人的利益,必须规定清晰、明确的具体规则。

### (二)条文设计初衷

对车位、车库的所有权归属问题,认识并不统一。有的观点认为,应当归全体业主共有,有的认为,应当归建设单位所有,有的认为,应当由当事人自行协商确定。立法机关认为,由于车库、车位和住宅的配套比例不同、业主之间享有的住宅面积不同、商品房销售的状况不同等原因,归业主共有很难操作。属于业主共有的财产,应当是那些不可分割、不宜也不可能归任何业主专有的财产。建筑区划内的车位、车库问题涉及业主的基本权利,实践中其归属问题的判断非常复杂,此类纷繁复杂的情况,如果采取"一刀切"的法律统一规定的方式予以解决,有可能引发新的不公,激化社会矛盾。基于实际国情,以协调兼顾业主和建设单位利益为出发点,当事人双方通过合同方式约定车位、车库的归属更为合适。因此,本条第1款规定:"建筑区划内,规划用于停放汽车的车位、车库的归属,由当事人通过出售、附赠或者出租等方式约定。"同时,对于占用共有的道路或者其他场地作为车位的问题,本条第2款规定:"占用业主共有的道路或者其他场地用于停放汽车的车位,属于业主共有。"

允许当事人对车位、车库的归属问题进行约定的好处在于:第一,有利于发挥和体现私法自治原则。只有当事人才是自身利益的最佳判断者,法律不能越俎代庖替当事人进行选择。本条体现了私法自治的要求,有利于业主和建设单位通过平等协商来充分体现自身的意志和利益,同时也最有利于争议的解决。第二,符合市场经济的内在要求。通过约定解决车位、车库的归属,实质上是通过市场机制解决纠纷。在市场经济条件下,将此问题交给市场来解决,通过交易，可以在车位、车库的归属上实现各方利益的最大化。第三，有利于对车位、车库有效利用和管理。多年来，我国过快的经济发展速度及对于车位、车库建设的忽略，造成了目前城市车位紧张、停车难的问题非常突出。因此，加强对车位、车库的利用管理，采用市场机制来鼓励建设单位为业主提供必要的、合理的车位、车库，对于缓解目前的紧张局面有着积极意义。而若将车位、车库"一刀切"式地全部规定为业主共有，则一方面公平划分的标准难以确定且共同管理所需的协调与效率亦难于保证，另一方面建设单位缺乏投资热情，车位、车库问题会日趋紧张，最终损害的还是业主的利益。

（三）条文具体含义

车位、车库是小区业主共同生活的辅助设施，性质上属于小区的配套设施。从本条规定内容看，实际上包括了两种不同类型和性质的车位、车库，相应地，其权利归属也各不相同。第一种是建筑区划内，规划用于停放汽车的车位、车库，第二种是占用业主共有的道路或者其他场地用于停放汽车的车位。

**1. 关于规划内车位、车库问题**

规划内车位、车库，是建设单位在开始建造之初经规划部门批准，并于建造完成后可以办理产权登记的车位。按照我国规划部门目前的建设项目审批流程，规划许可是土地使用权属和房屋权属最终设定之前的必要环节，通过对"建筑区划"进行划分确定，并附以相应图件，以便日后明晰区分所有权人的权利和义务。此部分车位、车库理论上是在房屋正式销售前就已经明确存在，或者已在房屋预售的沙盘、广告中针对项目建设规划有车位问题予以明确标注。按照惯常做法，初始登记时，整个项目的权属证明是整体办理至建设单位名下的，即建设单位因建设这一事实行为而享有这部分车位、车库的所有权。规划内车位、车库具有独立性、可分性。按照本条规定，建筑区划内符合规划建设的车位、车库的归属，属于当事人约定范围。关于约定的方式，包括出售、附赠或出租等方式。对此应作广义理解，此种约定不仅限于商品房买卖合同的约定，也包括当事人之间的其他协议形式。其中，出售主要指建设单位将车位、车库交付业主所有，由业主支付约定价款的方式。车位、车库的所有权在业主支付价金之后属于相应的业主专有。由建设单位转移给业主，是出售方式的主要法律后果，也是业主作为建筑物区分所有权主体取得车位、车库的重要法律手段。附赠，指建设单位把属其所有的车位、车库无偿地送给业主，业主同意接受的方式。附赠一般发生在商品房买卖过程中,其性质多为建设单位为促进商品房销售而附加提供给买受人的一种优惠措施。出租,系指建设单位作为出租人把出租财产——车位、车库交给业主使用,业主支付租金,并在租赁关系终止时将车位、车库返还给建设单位的方式。通过出租方式,业主可以从建设单位处取得对车位、车库在使用期限内专有的占有和使用权,但不能自行流转,最终的处分权仍属于建设单位。此种情况下,在商品房销售过程中,实际存在两个法律关系,即商品房买卖法律关系和车位、车库使用权转让、附赠或出租的法律关系,两者相互独立,并不存在必然的牵连关系。至于约定的形式,应当为要式合同,即车位、车库所有权的归属为与房屋所有权密切相关的不动产的归属,故依法应当采取书面合同方式。

2. 关于非规划内车位

本条第2款所指的车位,是占用业主共有的道路或者其他场地用于停车形成的车位。在最初批准的项目建设规划中,这部分作为停车之用的车位并不存在,所占用的道路或者场地属于业主共有财产。业主共有实际是业主共有部分的简称,包括区分所有的建筑物中除专有部分以外的其他部分以及不属于专有部分的附属物。由于这些共有道路或者其他场地已经归属于全体业主,维护费用也作为公摊费用由全体业主承担。后续改扩建车位的归属也应当是随土地使用权确定即应当作为共有部分由业主共有。"业主共有的道路",结合本法规定,应当是指位于建筑区划内,除城镇公共道路以外,属于业主共有部分之内的道路。关于本款中提及的"其他场地",需要注意:首先,是指建筑区划内的场地,共有部分只能是建筑区划内的建筑附属物;其次,不局限于平地,在解释上与土地同义者亦属于其他场地,比如架空层;最后,"其他场地"在解释上原本不是规划用于停车之地,后被占用作为停放汽车之用的场地。依此理解,"其他场地"包括但不限于首层架空层、屋顶平台、人防工程等。只要该场地属于业主共有,现在改建为停车车位或车库,便可适用本条款。

## ▶ 适用指引

第一,本条只对建筑区划内,规划用于停放汽车的车位、车库的归属予以了明确。不属于整个小区的地下停车场、地面有偿车位及违反规划要求所建的车位、车库等情形,均不属于本条调整范围。

第二，当事人之间就建筑区划内的车位、车库问题没有约定或者约定不明时的权属处理问题。对于建筑区划内符合规划条件建成的车位、车库的归属问题，立法尊重契约精神，交由当事人自行协商确定。因此，在处理相关权属争议时，应首先审查当事人之间是否存在关于车位、车库权属的约定。但是，如果建设单位与业主之间没有就车位、车库的归属达成明确的合意或约定不明的，应当如何处理呢？对此，立法没有明文规定。我们倾向性认为，在此情形下，应当在查明事实基础上，视不同情况作出认定：如果车位、车库的建设成本未分摊至业主购房费用中，而是建设单位自行负担的，权属归建设单位；反之，如果建设成本已经分摊至建筑区划内众多业主的，即使双方无约定，权属也应当归全体业主；另外，由建设单位承担证明上述事实的举证责任，如果无法证明，权属也归全体业主共有。理由是：（1）立法将规划内车位、车库的归属问题交由建设单位与业主之间自行协商确定，是认定建设单位与业主是平等的民事法律关系主体。根据合同法的基本精神，当事人之间有约定的从约定，没有约定或者约定不明确的，视为未约定。建设单位掌握建造商品房的成本，可以证明车位、车库的真实建设情况。如果没有在合同中约定此类问题，便应推定建设单位已经放弃主张车位、车库的权利。（2）从合同解释原则出发，约定不明的，应当作出不利于条款制定者一方的解释。实践中，房屋销售合同通常为建设单位单方起草的格式合同，建设单位居于主导和强势地位，故如果因为没有约定归属发生争议，应当作出不利于建设单位的解释。

第三，需要注意的是，实践中有已经建成入住的小区，由于车位需求紧张，建设单位或者物业管理部门重新申请获得规划批准，将建筑区划内原部分道路、绿地，改建新增车位的情况。如果并非占用城镇公共道路和绿地，按照《民法典》的规定，道路和绿地属于全体业主共有，在此区域内新建的车位，实际上影响和压缩了业主本来共有和共同管理权的行使范围，是通过牺牲全体业主的一定程度的部分共有权益换来的。因此，此种情形下新增的车位，无论建设单位是否将建设成本再次向业主分摊，都不能得出新增车位、车库的权属归建设单位或者物业管理部门的结论。

另外，占用业主共有道路或者其他场地用于停放汽车，本条第2款仅规定车位属于业主共有，而不包括车库在内。这是因为，地面上符合规划建成的车库，与其占用土地对应的土地使用权，不能当然地认为属于业主共有。通常情况下，出于利益最大化等考虑，城市建筑区划内原本规划于地上建设车库的情形就很少,至于在原属于业主共有土地上建设车库的,就更不常见。利用地下空间建设的车库,地下空间利用权的归属要根据规划来确定,并非随专有部分的购买而当然取得。而且,就我国多数地区的现状而言,车库作为独立使用对象,不属于小区共用的公共设施,故此处规定不包含车库,理解时应引起注意。

## ▶ 典型案例

### 重庆市豪运房地产开发有限公司与重庆市九龙坡区西彭帝景豪苑业主委员会车位纠纷案

**关键词:** 专有部分　共有部分　车位

**裁判摘要:** 开发商在建造小区时支付了建筑区划内的土地使用权出让金,成为建设用地使用权人。小区建设完成之后,随小区内房屋的出售,小区建筑区划内的土地使用权也随之转移至小区业主,小区的共有部分土地使用权归小区业主共有。而不能办理产权登记成为特定业主所有权的客体的地上车位,不能成为享有专有权的专有部分,则该部分停车位属于占用业主共有的道路或者其他场地用于停放汽车的车位,属于业主共有。

**基本案情:** 2007年3月,豪运公司取得案涉小区的国有土地使用权共计76337平方米。之后,重庆市规划局向豪运公司颁发《建设工程规划许可证》,许可建设案涉的地面停车位。但在《建设工程规划许可证》中,地面停车位均未计入建筑面积。豪运公司认可实际建成的地面停车位为270个左右,均不能办理产权登记手续。2015年3月27日,因豪运公司拟将部分车位出租,帝景豪苑业主委员会在小区张贴通告表示反对,双方协商未果。

豪运公司遂诉至法院,请求判令:依法确认帝景豪苑建筑区划内,规划用于停放汽车的地上停车泊位393个(每个停车泊位价值3万元,共计1179万元)的权属归豪运公司所有。帝景豪苑业委会答辩称:小区地面车位不属于豪运公司,应属于小区业主共同所有。小区建筑区划内的土地,依法由业主共同享有建设用地使用权,设立在业主共有土地之上的地面车位理应属全体业主共有。小区车位未纳入容积率计算,其产权归全体业主共有。

一审法院于2015年12月10日作出判决，驳回豪运公司的全部诉讼请求。豪运公司不服一审判决，提出上诉，二审法院于2016年12月28日作出判决，驳回上诉、维持原判。豪运公司向最高人民法院申请再审。

最高人民法院经审查认为，豪运公司申请再审认为原判决适用法律错误，应适用《物权法》第142条，而不应适用《重庆市物业管理条例》第63条第2款。《物权法》第142条规定："建设用地使用权人建造的建筑物、构筑物及其附属设施的所有权属于建设用地使用权人，但有相反证据证明的除外。"而《重庆市物业管理条例》第63条第2款规定："建设单位依法取得车位、车库权属登记后，可以向业主出售车位、车库。拟出售的车位、车库数量等于或低于物业管理区域的房屋套数时，每户业主只能购买一个车位或车库。"上述两条规定并不矛盾。由于豪运公司向小区业主出售房屋，小区内的土地使用权也转移至小区业主，小区共有部分土地使用权归小区业主共有。故豪运公司关于适用《物权法》第142条之规定，本案所涉地上停车位应归其所有的主张不能成立。原判决适用《重庆市物业管理条例》第63条第2款之规定，在于明确建设单位只有取得车位、车库权属登记之后才能进行出售，而案涉车位不能取得产权登记，因此不能进行出售。故原判决适用《重庆市物业管理条例》第63条第2款并无不当。豪运公司关于原判决适用法律错误的申请再审事由不能成立，不应予以支持。

根据《建筑物区分所有权解释》第2条第1款关于"建筑区划内符合下列条件的房屋，以及车位、摊位等特定空间，应当认定为物权法第六章所称的专有部分：（一）具有构造上的独立性，能够明确区分；（二）具有利用上的独立性，可以排他使用；（三）能够登记成为特定业主所有权的客体"之规定，案涉车位不能办理产权登记，因此不能成为享有专有权的专有部分。即使豪运公司在建造帝景豪苑小区时支付了建筑区划内的土地使用权出让金，成为建设用地使用权人，但是小区建设完成之后，随小区内房屋的出售，小区建筑区划内的土地使用权也随之转移，小区的共有部分土地使用权归小区业主共有。由于案涉车位不能办理产权登记，不能成为专有部分，原判决确认该部分停车位属于占用业主共有的道路或者其他场地用于停放汽车的车位并无不当。而开发商建设的小区经验收合格，是开发商的基本义务，且绿化是否超过规划面积对认定停车位是否占用业主共有场地没有必然联系。故豪运公司关于原判决认定案涉车位系占用业主共有的道路或者其他场地的车位，缺乏事实依据的申请再审事由不能成立。一审、二审判决结论正确，予以支持。最终，最高人民法院裁定驳回豪运公司的再审申请。

【案　　号】（2017）最高法民申 2817 号

【审理法院】最高人民法院

【来　　源】《最高人民法院公报》2021 年第 2 期

**第二百七十六条** 建筑区划内，规划用于停放汽车的车位、车库应当首先满足业主的需要。

## ▶ 关联规定

**法律、行政法规、司法解释**

1.《物业管理条例》

**第六条** 房屋的所有权人为业主。

业主在物业管理活动中，享有下列权利：

（一）按照物业服务合同的约定，接受物业服务企业提供的服务；

（二）提议召开业主大会会议，并就物业管理的有关事项提出建议；

（三）提出制定和修改管理规约、业主大会议事规则的建议；

（四）参加业主大会会议，行使投票权；

（五）选举业主委员会成员，并享有被选举权；

（六）监督业主委员会的工作；

（七）监督物业服务企业履行物业服务合同；

（八）对物业共用部位、共用设施设备和相关场地使用情况享有知情权和监督权；

（九）监督物业共用部位、共用设施设备专项维修资金（以下简称专项维修资金）的管理和使用；

（十）法律、法规规定的其他权利。

**第二十七条** 业主依法享有的物业共用部位、共用设施设备的所有权或者使用权，建设单位不得擅自处分。

2.《最高人民法院关于审理建筑物区分所有权纠纷案件适用法律若干问题的解释》

**第五条** 建设单位按照配置比例将车位、车库，以出售、附赠或者出租等方式处分给业主的，应当认定其行为符合民法典第二百七十六条有关"应当首先满足业主的需要"的规定。

前款所称配置比例是指规划确定的建筑区划内规划用于停放汽车的车位、车库与房屋套数的比例。

## ▶ 条文释义

### 一、本条主旨

本条是关于规划车位、车库应当首先满足业主需要的规定。

### 二、条文演变

本条是从原《物权法》第74条分拆而来。原《物权法》第74条规定："建筑区划内，规划用于停放汽车的车位、车库应当首先满足业主的需要。""建筑区划内，规划用于停放汽车的车位、车库的归属，由当事人通过出售、附赠或者出租等方式约定。""占用业主共有的道路或者其他场地用于停放汽车的车位，属于业主共有。"《民法典物权编（草案）》（征求意见稿）第71条在"首先满足业主需要之前"，增加了"通过出售、出租等方式"。《民法典各分编（草案）》将《民法典物权编（草案）》（征求意见稿）第71条进行了分拆，将第2款、第3款规定为第70条，将第1款单独规定为第71条，并将第71条简化为"车位、车库应当首先满足业主的需要"。之后本条又改回了原《物权法》第74条第1款的规定。

### 三、条文解读

当前，不少小区存在没有车位、车库或者车位、车库严重不足，无法满足小区业主需要的问题。本条有针对性地规定："建筑区划内，规划用于停放汽车的车位、车库应当首先满足业主的需要。"关于本条的理解与适用，要重点关注以下几个问题。

（一）对"建筑区划内，规划用于停放汽车的车位、车库"的理解

实践中，车位、车库的情况不统一，有的是建筑规划内的，有的是占用闲置土地的，有的是占用道路的，应当区分具体情况进行处理。本条规定只对建筑区划内，规划用于停放汽车的车位、车库的归属予以明确。不属于整个小区的地下停车场、地面有偿车位及违反规划要求所建的车位、车库均不属于本条调整范围。车位、车库是小区整体环境内容的组成部分，目的是服务整个小区业主的居住便利，因此，对其利用应该服从于业主购买专有部分的需要；同时，车位、车库问题亦属于业主成员权范畴内容，其使用和转让应当服从于整个小区建筑物的使用和全体业主利益。因此，车位、车库的归属问题，涉及广大业主的切身利益，规划用于停放汽车的车位、车库，作为建筑物的附属设施，应首先满足小区居民的需要。本条作为建筑区划内车位、车库问题处理的基本原则，体现了对业主权益予以优先保护的立法价值取向。

（二）"应当首先满足业主的需要"的认定标准

关于"应当首先满足业主的需要"的认定标准应有两方面的考虑：一是建筑区划内必须保障设置规定数量的停车设施，禁止建设单位将区分所有建筑物的停车设施建设纳入自己的所有权范围单独开发；二是建设单位按规划要求配置的机动车停放设施，应当提供给小区业主使用，在保证小区业主使用的前提下，方可许可小区业主以外的人使用。满足业主需要，就是指建设单位在修建了车位、车库之后应当首先将其出租、出售给业主，而不能高价卖给第三人。如果业主有能力购买，则应当予以出售；如果业主没有能力购买，则应当予以出租。满足需要并不是说要赋予业主优先购买权，不管其他人是否提出了比业主更高的条件，都不能首先卖给其他人。[①] 因此，不能将本条理解为业主享有优先于小区之外的业主的优先购买权或者优先承租权，而应当理解为尽可能平衡好业主的需要与建设单位的利益的问题。业主的需要，应当是在时间上、数量上都合理的，符合小区最广大业主利益的合理需要。而对建设单位而言，其最大的利益需求在于尽快将车位、车库出售或者出租，以获得开发的回

---

① 参见王利明：《物权法论》，中国政法大学出版社2008年版，第173页。

报。业主的需要和建设单位的利益平衡好了，就符合了本条的立法精神。但实践中，两者往往存在冲突，由此产生的纠纷屡见不鲜。建设单位出租建筑区划内规划用于停放汽车的车位、车库前，须依法完成规划验收，不得以"只售不租"等名义拒绝提供停车服务。在两者产生矛盾的情况下，我们认为，《建筑物区分所有权解释》第5条通过设置配置比例平衡二者关系的做法是一种较好的解决方法。这里的配置比例指的是规划确定的建筑区划内规划用于停放汽车的车位、车库与房屋套数的比例。以配置比例为标准的主要考虑在于规划行政主管部门按照法律及地方法规统一管理小区规划，审核小区整体规划设计并办理各种手续。规划行政主管部门在规定新建小区的配置比例时，均是严格按照小区规划和有关各专业规划及规范的要求实施，是综合考虑小区居民利益包括停车利益在内的各种因素后确定的。进行验收时，主管部门也是按照小区各建设工程规划许可证的要求进行全面验收，其中包括建设项目是否按照建设工程规划许可证的要求建设，小区配套设施建设是否完成等。因此建设单位应当严格遵守小区的规划，如果建设单位没有按照规划的配置比例修建车位、车库，那么该小区就不能通过竣工验收，建设单位的行为就构成违法，小区也不能交付使用。只有按照配置比例修建车位、车库，建设单位的行为才合法。因此，配置比例作为"应当首先满足业主的需要"的标准就有了法律依据。对于配置比例，可表述为"户均××车位""××车位××户"，或是采取将车位数量与面积挂钩，也有的直接规定规划配建车位的总数量。但无论按照哪种表述方法，最终都可以计算得出车位、车库与房屋套数的配置比例。

### （三）建设单位已经履行"首先满足业主的需要"要求的认定

如果建设单位已经按照规划确定的建筑区划内规划用于停放汽车的车位、车库与专有部分的比例，将车位、车库以出售、附赠或者出租等方式处分给业主，应当认定其行为已符合本条有关"首先满足业主的需要"的规定。其原因在于，规划确定的配置比例是由政府规划行政主管部门确定的，具有法定性和确定性，业主在购买建筑规划内专有部分的时候对此也是明知的。只要业主已经按照配置比例购置或者租赁到车位、车库，就应当认为其需要已经得到了"首先满足"。此时，建设单位已经按照配置比例将车位、车库处分给业主的，就能够认定其已经履行了法定义务。否则，将有可能出现特定业主对车位、车库提出过度主张。

在作为小区重要配套设施的车位、车库数量已经规划确定的情况下，建设单位应当满足小区业主按照配置比例提出的购买或者承租要求。为了保证首先满足业主的需求，建设单位任何时候都不能将小区的规划车位、车库出卖给业主以外的第三人，这是一个重要的前提条件。有的小区在入住初期可能出现车位、车库配置充足甚至有空余的情形，如果允许建设单位将多余的车位、车库出售给业主之外的第三人，在出现建设单位不能满足业主按照车库、车位的配置比例提出的合理停车要求的情况下，就违反了"车位、车库应当首先满足业主的需要"的规定。如果小区规划车位、车库已经按照配置比例完全处分给了业主，那么应当认定建设单位已经履行本条规定。在小区业主的合理停车需要得到满足的前提条件下，如果车位、车库还有空余，为缓解小区停车难的社会问题，此时应当允许建设单位将车位、车库出租给业主之外的第三人，这样既未损害小区业主的停车权益，又能够更好地实现建设单位的利益，也能帮助政府解决周边居民的停车难问题，这符合本条规定的精神，也能帮助解决社会问题，但必须保证业主的合理停车需求在任何时候都得到首先满足。业主合理的停车需要确定的标准就是配置比例，在车位、车库与房屋套数的配置比例在1:1或者不到1:1时，已经通过购买或者租赁方式获得一个车位、车库的业主，就应当是停车需要已经得到合理满足的业主；在车位、车库与房屋套数的配置比例大于1:1时，已经通过购买或者租赁方式获得一个以上车位、车库的业主，同样属于停车需要已经得到满足的业主。

## ▶ 适用指引

随着城市化进程的发展和国民经济水平的提高，家庭汽车逐年普及并日渐成为城市居民不可或缺的出行元素。作为业主代步工具的存放地点，车位、车库的辅助功能越来越重要，其所具有的使用价值和商业价值越来越为人们所重视。小区车位、车库纠纷的处理是一个极其复杂的问题，也与人民群众的切身利益密切相关，在审判实践中，应当在法律确定的大原则下，结合纠纷的具体情况妥善处理，保证该类案件的审理维护好各方的合法权益，实现法律效果和社会效果的统一。本条属于调整小区公共利益的条款，车位、车库应当首先满足业主的需要,不是指满足某特定的业主的需要,而是尽量满足全建筑区划内的所有的业主对车位、车库的需要。

原告需满足以下条件才可能胜诉:一是必须是涉案小区的业主。根据《民事诉讼法》规定,原告应当是与本案有直接利害关系的公民、法人和其他组织。如果原告不是涉案小区的业主,就不会因该小区的车位、车库产生的纠纷而利益受损,那也必然与案件没有利害关系,不符合《民事诉讼法》规定的起诉条件。二是原告必须是根据车位、车库与房屋套数的配置比例,合理的停车需要没有得到满足的业主。如果建设单位已经履行了本条规定的义务,不能再对其课以超出法律规定以外的义务,这对于建设单位也是不公平的。

第二百七十七条　业主可以设立业主大会，选举业主委员会。业主大会、业主委员会成立的具体条件和程序，依照法律、法规的规定。

地方人民政府有关部门、居民委员会应当对设立业主大会和选举业主委员会给予指导和协助。

## ▶ 关联规定

### 法律、行政法规、司法解释

《物业管理条例》

**第八条**　物业管理区域内全体业主组成业主大会。

业主大会应当代表和维护物业管理区域内全体业主在物业管理活动中的合法权益。

**第九条**　一个物业管理区域成立一个业主大会。

物业管理区域的划分应当考虑物业的共用设施设备、建筑物规模、社区建设等因素。具体办法由省、自治区、直辖市制定。

**第十条**　同一个物业管理区域内的业主，应当在物业所在地的区、县人民政府房地产行政主管部门或者街道办事处、乡镇人民政府的指导下成立业主大会，并选举产生业主委员会。但是，只有一个业主的，或者业主人数较少且经全体业主一致同意，决定不成立业主大会的，由业主共同履行业主大会、业主委员会职责。

**第十五条**　业主委员会执行业主大会的决定事项，履行下列职责：

（一）召集业主大会会议，报告物业管理的实施情况；

（二）代表业主与业主大会选聘的物业服务企业签订物业服务合同；

（三）及时了解业主、物业使用人的意见和建议，监督和协助物业服务企业履行物业服务合同；

（四）监督管理规约的实施；

（五）业主大会赋予的其他职责。

**第十六条** 业主委员会应当自选举产生之日起 30 日内，向物业所在地的区、县人民政府房地产行政主管部门和街道办事处、乡镇人民政府备案。

业主委员会委员应当由热心公益事业、责任心强、具有一定组织能力的业主担任。

业主委员会主任、副主任在业主委员会成员中推选产生。

## ▶ 条文释义

### 一、本条主旨

本条是关于业主大会、业主委员会设立的规定。

### 二、条文演变

原《物权法》第 75 条规定："业主可以设立业主大会，选举业主委员会。""地方人民政府有关部门应当对设立业主大会和选举业主委员会给予指导和协助。"《民法典》吸纳了原《物权法》的上述规定，并增加了"业主大会、业主委员会成立的具体条件和程序，依照法律、法规的规定"。除地方人民政府有关部门外，增加规定居民委员会也应当对设立业主大会和选举业主委员会给予指导和协助。

### 三、条文解读

2003 年 9 月 1 日起施行的《物业管理条例》，首次从行政法规的层面明确了业主、业主大会和业主委员会的概念。本条从法律层面上对这些问题作了进一步的规定。

（一）关于业主大会、业主委员会的规定

本条第 1 款对业主大会、业主委员的设立作出规定。建筑物区分所有权人之间的关系极为密切，在形成建筑物区分所有关系时可能并不相识，在形成建筑物区分所有关系后，仅仅根据法律关于单独所有权、共有、相邻关系的规定，虽可有效地解决所有权的归属问题，但不能很好地解决各区分所有权人有效管理其财产尤其是共有财产的管理问题。最好的办法是在建筑物区分所有的情况下，由各区分所有人成立一个自治性的管理团体组织。通过这个组织召开全体区分所有人会议，订立规约，设置常设性的管理委员会，管理日常事务，并解决因使用专有部分、共有部分而产生的纠纷。① 物业管理作为一种新型管理服务体制，与过去传统房产管理相比，最基本的特点就是业主自治自律。自1994年4月1日起施行的原建设部《城市新建住宅小区管理办法》第一次正式要求我国的住宅小区要成立"管理委员会"：住宅小区应当成立住宅小区管理委员会。管理委员会是在房地产行政主管部门指导下，由住宅小区内房地产产权人和使用人选举的代表组成，代表和维护住宅小区内房地产产权人和使用人的合法权益。《物业管理条例》第6条规定了业主在物业管理活动中的权利：（1）按照物业服务合同的约定，接受物业服务企业提供的服务；（2）提议召开业主大会会议，并就物业管理的有关事项提出建议；（3）提出制定和修改管理规约、业主大会议事规则的建议；（4）参加业主大会会议，行使投票权；（5）选举业主委员会成员，并享有被选举权；（6）监督业主委员会的工作；（7）监督物业服务企业履行物业服务合同；（8）对物业共用部位、共用设施设备和相关场地使用情况享有知情权和监督权；（9）监督物业共用部位、共用设施设备专项维修资金的管理和使用；（10）法律、法规规定的其他权利。第7条规定了业主在物业管理活动中应履行的义务：（1）遵守管理规约、业主大会议事规则；（2）遵守物业管理区域内物业共用部位和共用设施设备的使用、公共秩序和环境卫生的维护等方面的规章制度；（3）执行业主大会的决定和业主大会授权业主委员会作出的决定；（4）按照国家有关规定交纳专项维修资金；（5）按时交纳物业服务费用；（6）法律、法规规定的其他义务。业主在首次业主大会上的投票权，根据业主拥有物业的建筑面积、住宅套数等因素确定。一般情况下，业主在首次业主大会会议上的投票权，按照业主所拥有的物业建筑面积确定。《物业管理条例》规定，业主大会由物业管理区域内的全体业主组成。业主大会应当代表和维护物业管理区域内全体业主在物业管理活动中的合法权益。因此只要是建筑区划内的业主，就有权参加业主大会，行使专有部分以外共有部

---

① 参见王利明：《物权法研究》，中国人民大学出版社2002年版，第405页。

分的共有权以及共同管理的权利，并对建筑区划内的业主行使专有部分的所有权作出限制性规定，以维护建筑区划内全体业主的合法权益。一个物业管理区域成立一个业主大会。只有一个业主的，或者业主人数较少且经全体业主一致同意，决定不成立业主大会的，由业主共同履行业主大会、业主委员会职责。

如果建筑区划内业主人数众多，可以设立本建筑物或者建筑区划内所有建筑物的业主委员会。业主委员会由业主选举出的建筑区划内的业主代表组成，是本建筑物或者建筑区划内所有建筑物的业主大会的执行机构，按照业主大会的决定履行管理的职责。业主委员会通过执行业主大会的决定代表业主的利益，向社会各方反映业主意愿和要求，并监督和协助物业服务企业或其他管理人履行物业服务合同。首届业主委员会通常由建筑区划内的全体业主投票选举产生；之后的业主委员会根据业主大会议事规则约定的规则进行选举产生，人数通常为5至11人的单数。业主委员会应自选举产生之日起30日内，向物业所在地的区、县人民政府房地产行政主管部门和街道办事处、乡镇人民政府备案。业主委员会成员应当是物业管理区域的业主，按照《业主大会和业主委员会指导规则》规定，还应符合一定的条件：（1）具有完全民事行为能力；（2）遵守国家有关法律、法规；（3）遵守业主大会议事规则、管理规约，模范履行业主义务；（4）热心公益事业，责任心强，公正廉洁；（5）具有一定的组织能力；（6）具备必要的工作时间。业主委员会并不是营利性的组织，其成员也不是专职从事小区事务的管理，都是在工作和生活之余为全体业主服务，之所以规定以上的任职条件，也是为了业主委员会成员能够更好地履行职责，执行业主大会的决定，维护全体业主的合法权益，避免业主委员会及其在物业管理方面的作用流于形式。《物业管理条例》规定，业主委员会履行的职责主要有：（1）召集业主大会会议，报告物业管理的实施情况；（2）代表业主与业主大会选聘的物业服务企业签订物业服务合同；（3）及时了解业主、物业使用人的意见和建议，监督和协助物业服务企业履行物业服务合同；（4）监督管理规约的实施；（5）业主大会赋予的其他职责。业主大会、业主委员会成立的具体条件和程序，应当依照法律、法规的规定。

（二）同一个建筑区划内的业主，应当在物业所在地的地方人民政府有关部门、居民委员会的指导和协助下成立业主大会，并选举产生业主委员会

由于业主大会是业主的自治组织，其成立应由业主自行筹备，自主组建。但是一个建筑区划内，业主可能互不相识，且入住的时间也不一致，因此完全由业主自行成立业主大会对于业主而言有一定难度。从全国的情况来看，已有物业小区成立业主大会的比例并不高，业主参与小区管理事务的程度也不高。而业主大会的成立关系着业主如何行使自己的权利，维护自身的合法权益，关系广大业主的切身利益，关系建筑区划内的安定团结，甚至关系社会的稳定。对此，本条第2款规定，地方人民政府有关部门、居民委员会应当对设立业主大会和选举业主委员会给予指导和协助。地方人民政府有关部门应当向准备成立业主大会的业主予以指导，提供相关的法律、法规及规章，提供已成立业主大会的成立经验，帮助成立筹备组织，提供政府部门制定的业主大会议事规则、业主管理规约等示范文本，协调业主之间的不同意见，为业主大会成立前的相关活动提供必要的活动场所，积极主动参加业主大会的成立大会等。物业所在地的区、县房地产行政主管部门和居民委员会负责对设立业主大会和选举业主委员会给予指导和协助，负责对业主大会和业主委员会的日常活动进行指导和监督。建设单位和物业服务企业应当配合协助业主大会筹备成立及开展工作。

## ▶ 适用指引

审判实践中存在当事人以业主的身份起诉业主大会，要求撤销业主大会成立业主委员会决议的案件。《民事诉讼法》中并未规定业主大会和业主委员会选举中的纠纷属于人民法院民事案件受理及审理范围。根据《物业管理条例》的有关规定，"同一个物业管理区域内的业主，应当在物业所在地的区、县人民政府房地产行政主管部门或者街道办事处、乡镇人民政府的指导下成立业主大会，并选举产生业主委员会。""业主大会、业主委员会作出的决定违反法律、法规的，物业所在地的区、县人民政府房地产行政主管部门或者街道办事处、乡镇人民政府，应当责令限期改正或者撤销其决定，并通告全体业主。"可

见，撤销业主大会和业主委员会违反法律、法规的决定，是政府相关部门的职权，法律没有赋予人民法院相应的权力。因此，业主大会和业主委员会选举中的纠纷不属于人民法院民事案件受理范围，业主不享有诉权，若其对业主大会和业主委员会选举中的事宜有异议，应当向有关行政主管部门申请解决。如果有关业主以此为由向人民法院提起民事诉讼的，人民法院应当根据《民事诉讼法》的规定，告知当事人向有关行政机关申请解决，当事人坚持起诉的，应当以不符合《民事诉讼法》关于起诉与受理的规定为据，裁定不予受理，已经受理的，裁定驳回起诉。

## 典型案例

### 廖某诉某某花园业主大会业主撤销权纠纷案

**关键词**：业主大会、业主委员会设立　民事诉讼受案范围

**裁判摘要**：同一个物业管理区域内的业主，应当在物业所在地的区、县人民政府房地产行政主管部门或者街道办事处、乡镇人民政府的指导下成立业主大会，并选举产生业委会。业主大会、业委会作出的决定违反法律、法规的，物业所在地的区、县人民政府房地产行政主管部门或者街道办事处、乡镇人民政府，应当责令限期改正或者撤销其决定，并通告全体业主。业主大会和业委会选举中的纠纷不在人民法院民事案件受理审理范围，业主不享有诉权，应向有关行政主管部门申请解决。

**基本案情**：2012年10月14日，A小区业主召开了2012年第一次某某花园业主大会，选举产生了第二届业委会，邹某红、吴某群、王某芝、成某新、吴某忠为第二届业委会委员，其中，邹某红被选举为业委会主任，吴某群为副主任。此后，A业委会向B市C区建设局申请了登记备案。

原告廖某认为2012年某某花园业委会选举存在违法、违规情况，故提起本案诉讼。

一审法院经审理认为，《物权法》第78条第2款规定：业主大会或者业委会作出的决定侵害业主合法权益的，受侵害的业主可以请求人民法院予以撤销。根据该规定，业主请求法院撤销业主大会或者业委会的决定，必须满足以下条件：（1）业主大会或者业委会的决定违法。（2）业主大会或者业委会的决

定侵害了业主合法权益,而且该权益应当是具体的归属于某特定业主的利益。(3)行使撤销权的业主只能是权益受侵害的业主。本案原告廖某请求撤销某某花园业主大会2012年成立业委会的决议,请求撤销选举邹某红为业委会委员和将邹某红登记为业委会负责人的决定。某某花园业主大会的上述决议和决定,并不必然侵害原告廖某的特定利益。因此,廖某的起诉不符合《物权法》第78条第2款的规定。

《物业管理条例》第10条规定,同一个物业管理区域内的业主,应当在物业所在地的区、县人民政府房地产行政主管部门或者街道办事处、乡镇人民政府的指导下成立业主大会,并选举产生业委会。第19条第2款规定,业主大会、业委会作出的决定违反法律、法规的,物业所在地的区、县人民政府房地产行政主管部门或者街道办事处、乡镇人民政府,应当责令限期改正或者撤销其决定,并通告全体业主。业主大会的成立、业委会的选举产生,是在政府有关部门的指导下进行的。撤销业主大会和业委会违反法律、法规的决定,是政府相关部门的职权,法律没有赋予人民法院相应的权力。因此,如果原告廖某认为某某花园业主大会成立业委会的决议和将邹某红选举登记为业委会负责人的决定违反了法律、法规,廖某可以请求某某花园小区所在地的区房地产行政主管部门或者街道办事处撤销。廖某在本案中请求的事项不属于人民法院受理民事诉讼的范围。一审法院裁定驳回廖某的起诉。

廖某不服一审裁定,提出上诉。二审法院认为,本案系廖某以业主的身份起诉,要求撤销某某花园业主大会2012年成立业委会的决议。《物业管理条例》第10条规定:同一个物业管理区域内的业主,应当在物业所在地的区、县人民政府房地产行政主管部门或者街道办事处、乡镇人民政府的指导下成立业主大会,并选举产生业委会。第19条第2款规定:业主大会、业委会作出的决定违反法律、法规的,物业所在地的区、县人民政府房地产行政主管部门或者街道办事处、乡镇人民政府,应当责令限期改正或者撤销其决定,并通告全体业主。因此,上诉人提起的诉讼不属于民事争议,业主大会和业委会选举中的纠纷不在人民法院民事案件受理审理范围,上诉人不享有诉权,上诉人应向有关行政主管部门申请解决。二审据此裁定:驳回上诉,维持原裁定。

【案　　号】(2013)珠中法立民终字第111号
【审理法院】广东省珠海市中级人民法院
【来　　源】《中国审判案例要览》(2014年民事审判案例卷)

> 第二百七十八条　下列事项由业主共同决定：
> （一）制定和修改业主大会议事规则；
> （二）制定和修改管理规约；
> （三）选举业主委员会或者更换业主委员会成员；
> （四）选聘和解聘物业服务企业或者其他管理人；
> （五）使用建筑物及其附属设施的维修资金；
> （六）筹集建筑物及其附属设施的维修资金；
> （七）改建、重建建筑物及其附属设施；
> （八）改变共有部分的用途或者利用共有部分从事经营活动；
> （九）有关共有和共同管理权利的其他重大事项。
> 业主共同决定事项，应当由专有部分面积占比三分之二以上的业主且人数占比三分之二以上的业主参与表决。决定前款第六项至第八项规定的事项，应当经参与表决专有部分面积四分之三以上的业主且参与表决人数四分之三以上的业主同意。决定前款其他事项，应当经参与表决专有部分面积过半数的业主且参与表决人数过半数的业主同意。

## ▶ 关联规定

一、法律、行政法规、司法解释

1.《物业管理条例》

**第六条**　房屋的所有权人为业主。

业主在物业管理活动中，享有下列权利：

（一）按照物业服务合同的约定，接受物业服务企业提供的服务；

（二）提议召开业主大会会议，并就物业管理的有关事项提出建议；

（三）提出制定和修改管理规约、业主大会议事规则的建议；

（四）参加业主大会会议，行使投票权；

（五）选举业主委员会成员，并享有被选举权；

（六）监督业主委员会的工作；

（七）监督物业服务企业履行物业服务合同；

（八）对物业共用部位、共用设施设备和相关场地使用情况享有知情权和监督权；

（九）监督物业共用部位、共用设施设备专项维修资金（以下简称专项维修资金）的管理和使用；

（十）法律、法规规定的其他权利。

**第十一条** 下列事项由业主共同决定：

（一）制定和修改业主大会议事规则；

（二）制定和修改管理规约；

（三）选举业主委员会或者更换业主委员会成员；

（四）选聘和解聘物业服务企业；

（五）筹集和使用专项维修资金；

（六）改建、重建建筑物及其附属设施；

（七）有关共有和共同管理权利的其他重大事项。

**第十七条** 管理规约应当对有关物业的使用、维护、管理，业主的共同利益，业主应当履行的义务，违反管理规约应当承担的责任等事项依法作出约定。

管理规约应当尊重社会公德，不得违反法律、法规或者损害社会公共利益。

管理规约对全体业主具有约束力。

**第十八条** 业主大会议事规则应当就业主大会的议事方式、表决程序、业主委员会的组成和成员任期等事项作出约定。

**2.《最高人民法院关于审理建筑物区分所有权纠纷案件适用法律若干问题的解释》**

**第七条** 处分共有部分，以及业主大会依法决定或者管理规约依法确定应由业主共同决定的事项，应当认定为民法典第二百七十八条第一款第（九）项规定的有关共有和共同管理权利的"其他重大事项"。

**第八条** 民法典第二百七十八条第二款和第二百八十三条规定的专有部分面积可以按照不动产登记簿记载的面积计算；尚未进行物权登记的，暂按测绘机构的实测面积计算；尚未进行实测的，暂按房屋买卖合同记载的面积计算。

**第九条** 民法典第二百七十八条第二款规定的业主人数可以按照专有部分的数量计算，一个专有部分按一人计算。但建设单位尚未出售和虽已出售但尚未交付的部分，以及同一买受人拥有一个以上专有部分的，按一人计算。

## 二、部门规章及规范性文件

### 《住宅专项维修资金管理办法》

**第二条** 商品住宅、售后公有住房住宅专项维修资金的交存、使用、管理和监督，适用本办法。

本办法所称住宅专项维修资金，是指专项用于住宅共用部位、共用设施设备保修期满后的维修和更新、改造的资金。

**第七条** 商品住宅的业主、非住宅的业主按照所拥有物业的建筑面积交存住宅专项维修资金，每平方米建筑面积交存首期住宅专项维修资金的数额为当地住宅建筑安装工程每平方米造价的 5% 至 8%。

直辖市、市、县人民政府建设（房地产）主管部门应当根据本地区情况，合理确定、公布每平方米建筑面积交存首期住宅专项维修资金的数额，并适时调整。

**第九条** 业主交存的住宅专项维修资金属于业主所有。

从公有住房售房款中提取的住宅专项维修资金属于公有住房售房单位所有。

## ▶ 条文释义

### 一、本条主旨

本条是关于业主决定建筑区划内重大事项及表决权的规定。

## 二、条文演变

原《物权法》第76条规定:"下列事项由业主共同决定:(一)制定和修改业主大会议事规则;(二)制定和修改建筑物及其附属设施的管理规约;(三)选举业主委员会或者更换业主委员会成员;(四)选聘和解聘物业服务企业或者其他管理人;(五)筹集和使用建筑物及其附属设施的维修资金;(六)改建、重建建筑物及其附属设施;(七)有关共有和共同管理权利的其他重大事项。""决定前款第五项和第六项规定的事项,应当经专有部分占建筑物总面积三分之二以上的业主且占总人数三分之二以上的业主同意。决定前款其他事项,应当经专有部分占建筑物总面积过半数的业主且占总人数过半数的业主同意。"《民法典》吸纳了原《物权法》的上述规定,并进行了较大修改,一是将删除了制定和修改管理规约的范围;二是将"建筑物及其附属设施的维修资金"的筹集和使用分别进行规定;三是将"改变共有部分的用途或者利用共有部分从事经营活动"列入需由业主共同决定的事项范围;四是增加规定了业主共同决定事项进行表决的前提性条件,即所有建筑区划内需由业主共同决定的事项,无论是较为重大的事项还是一般性、常规性的事务,都应当由专有部分面积占比2/3以上的业主且人数占比2/3以上的业主参与表决;五是对决定筹集建筑物及其附属设施的维修资金,改建、重建建筑物及其附属设施,改变共有部分的用途或者利用共有部分从事经营活动等建筑区划内较为重大的事项,在参与表决人数及其专有部分占建筑物总面积上均设置了要求。

## 三、条文解读

本条第1款规定了建筑区划内需由业主共同决定的事项。根据本条规定,建筑区划内的下列事项需由业主共同决定。

(1)制定和修改业主大会议事规则。业主大会议事规则是业主大会组织、运作的规程,需要由业主共同决定。

(2)制定和修改管理规约。管理规约是业主自我管理、自我约束、自我规范的规则约定,应当由全体业主共同制定和修改。

(3)选举业主委员会或者更换业主委员会成员。业主通过业主大会选举能够代表和维护自己利益的业主委员会成员,成立业主委员会。对不遵守业主大会议事规则、管理规约，不能模范履行业主义务，不依法履行职责的业主委员会成员予以更换。

（4）选聘和解聘物业服务企业或者其他管理人。物业服务企业或者其他管理人的管理水平如何，与业主利益有直接关系，需要通过业主大会集体决策选聘和解聘。

（5）使用建筑物及其附属设施的维修资金。维修资金的使用关系业主的切身利益，应当由业主共同决定。

（6）筹集建筑物及其附属设施的维修资金。维修资金的筹集关系业主的切身利益，应当由业主共同决定。

（7）改建、重建建筑物及其附属设施。建筑物及其附属设施的改建、重建，涉及费用的负担，事情重大，需要业主共同决定。

（8）改变共有部分的用途或者利用共有部分从事经营活动。此事项与业主专有权、共有权及共同管理权的行使密切相关。

（9）有关共有和共同管理权利的其他重大事项。除上述所列事项外，对建筑区划内有关共有和共同管理权利的其他重大事项，也需要由业主共同决定。

本条通过列举的方式规定了业主共同管理权的范围及成员权的行使、决议的通过及表决能力的大小等问题。本条规定也设置了业主共同决定事项进行表决的前提性条件，即所有建筑区划内需由业主共同决定的事项，无论是较为重大的事项还是一般性、常规性的事务，都应当由专有部分面积占比 2/3 以上的业主且人数占比 2/3 以上的业主参与表决。这与之前原《物权法》第 76 条对此问题的规定相比，属于新增加的规定，使表决的程序更加规范，降低了业主表决同意人数及专有部分面积占比的要求，更加强调了业主的参与度和业主自治，保护了小业主的表决权，充分体现了民主原则。

按照本条规定，筹集建筑物及其附属设施的维修资金，改建、重建建筑物及其附属设施，改变共有部分的用途或者利用共有部分从事经营活动属于建筑区划内较为重大的事情，不能由参与表决的业主以简单多数的表决形式作出决定。因此本条第 2 款规定，决定筹集建筑物及其附属设施的维修资金，改建、重建建筑物及其附属设施，改变共有部分的用途或者利用共有部分从事经营活动，应当经参与表决专有部分面积 3/4 以上的业主且参与表决人数 3/4 以上的业主同意。这表明，筹集建筑物及其附属设施的维修资金，改建、重建建筑物及其附属设施，改变共有部分的用途或者利用共有部分从事经营活动，在专有部分面积占比 2/3 以上的业主且人数占比 2/3 以上的业主参与表决的前提下，还必须同时具备两个条件，才为有效的决定。一是必须获得经参与表决专有部分面积 3/4 以上的业主的同意；二是必须获得参与表决人数 3/4 以上的业主的同意。即在参与表决人数及其专有部分占建筑物总面积上均要符合条件，缺一不可。值得注意的是，本条规定与原《物权法》第 76 条对此问题的规定相比，将之前的"应当经专有部分占建筑物总面积三分之二以上的业主且占总人数三分之二以上的业主同意"变更为"应当经参与表决专有部分面积四分之三以上的业主且参与表决人数四分之三以上的业主同意"，同时参与表决的必须是专有部分面积占比 2/3 以上的业主且人数占比 2/3 以上的业主。同时也将"建筑物及其附属设施的维修资金"的筹措和使用分别规定，着重提及维修资金，也传达了维修资金的重要性。

改建、重建建筑物及其附属设施属于对建筑区划内的建筑物进行重大改变，这种改变不仅仅是外观上的改变，往往也会对建筑物的使用功能甚至安全系数产生重大影响，与所有业主的利益密切相关，属于建筑区划内重大的事情，理应在业主表决时设置更为严格的条件，以维护最广大业主的合法权益。

关于改变共有部分的用途的理解。共有部分用途的改变对业主专有权、共有权以及共同管理权的行使都会产生重大影响。共有部分的用途具有法定性，原则上不得改变。但实践中有时业主会因为有特殊的原因而需要改变共有部分的用途。对于共有部分的范围，《物业管理条例》第 37 条规定："物业管理用房的所有权依法属于业主。未经业主大会同意，物业服务企业不得改变物业管理用房的用途。"《物业管理条例》第 49 条规定："物业管理区域内按照规划建设的公共建筑和共用设施，不得改变用途。""业主依法确需改变公共建筑和共用设施用途的，应当在依法办理有关手续后告知物业服务企业；物业服务企业确需改变公共建筑和共用设施用途的，应当提请业主大会讨论决定同意后，由业主依法办理有关手续。"上述条文中提到的"物业管理用房""物业管理区域内按照规划建设的公共建筑和共用设施"，都属于《民法典》第 274 条规定的属于业主共有的部分。

关于利用共有部分从事经营活动的理解。《物业管理条例》第 54 条规定："利用物业共用部位、共用设施设备进行经营的，应当在征得相关业主、业主大会、物业服务企业的同意后，按照规定办理有关手续。业主所得收益应当主要用于补充专项维修资金，也可以按照业主大会的决定使用。"因利用共有部分从事经营活动产生的纠纷并不少见，此部分涉及对共有部分的使用及经营活动收入的分配和使用等问题，与每一个业主都有关联，也是业主们关心的一个重要的问题，将其纳入须经业主共同决定的较为重大的事情范围，确定严格的表决要求和程序，既明确了裁判依据，也对收益的归属问题作出了安排。

除决定筹集建筑物及其附属设施的维修资金，改建、重建建筑物及其附属设施，改变共有部分的用途或者利用共有部分从事经营活动以外的其他事项，均属于本建筑区划内一般性、常规性的事务，可以采取普通多数同意的方式。对此，本条第 2 款规定，"决定前款其他事项，应当经参与表决专有部分面积过半数的业主且参与表决人数过半数的业主同意"。这表明，建筑区划内的一般性、常规性事务，虽然可以采取普通多数同意的方式作出，但在由专有部分面积占比 2/3 以上的业主且人数占比 2/3 以上的业主参与表决的前提下，也必须同时符合以下两个条件：一是必须获得参与表决的专有部分面积占建筑物总面积过半数的业主的同意；二是必须获得占参与表决人数过半数的业主同意。

为了使表决更具有合理性，本条中还有一个重要问题就是要明确业主人数及专有部分面积的计算方法。《业主大会和业主委员会指导规则》第 23 条规定了认定专有部分面积和建筑物总面积的方法："（一）专有部分面积按照不动产登记簿记载的面积计算；尚未进行登记的，暂按测绘机构的实测面积计算；尚未进行实测的，暂按房屋买卖合同记载的面积计算；（二）建筑物总面积，按照前项的统计总和计算。"第 24 条规定了认定业主人数和总人数的方法："（一）业主人数，按照专有部分的数量计算，一个专有部分按一人计算。但建设单位尚未出售和虽已出售但尚未交付的部分，以及同一买受人拥有一个以上专有部分的，按一人计算；（二）总人数，按照前项的统计总和计算。"第 25 条第 2 款规定了一个专有部分有两个以上所有权人的，应当推选一人行使表决权，但共有人所代表的业主人数为一人。

## ▶ 适用指引

### 一、为维护业主共同权益提起诉讼是否应当经过业主共同决定

业主大会决议效力、业主的表决权的表决能力等问题是诉讼中经常遇到的问题。审判实践中主要有两种情况：一是针对占用共有部分的行为；二是解除物业服务合同。(1) 对于占用共有部分行为的问题，业主之间往往对于共有权存在不同意见。此类事项首先应交由业主大会讨论，这样既可以充分发挥业主自治的协调功能，也可以通过业主大会的形式在内部对持反对意见的业主进行安抚及沟通，为有关共同权益生效判决既判力及于全体业主奠定基础。如果业主提起诉讼，人民法院受理后应当对起诉的业主多做说明和解释工作，以求案件的处理达到最佳效果。(2) 解除物业服务合同，属于关乎全体业主利益的重大事项，如果未经业主大会讨论即可诉请解除物业服务合同，势必严重损害业主的权利，也将导致物业服务秩序的混乱，因此决定解除物业服务合同这一事项必须由业主自治，应当经由业主共同决定。

### 二、业主能否在业主大会议事规则中约定与本条规定不同的决议通过规则

对于业主的此类特别约定，应当承认其效力。业主大会是业主的自治组织，而共同管理事项更是业主最重要的自治内容。因此，法律层面上没有干涉的必要。《物业管理条例》第 18 条规定："业主大会议事规则应当就业主大会的议事方式、表决程序、业主委员会的组成和成员任期等事项作出约定。"其中的"表决程序"在解释上应当包括决议的通过条件。对于有特别约定的，要根据该约定来判断业主表决权的表决能力及决议的效力问题。但是前述业主的特别约定并不是不加限制的，其仍然要受到一定的限制，业主所作特别约定的比例不得低于本条第 2 款规定的比例要求。本条第 2 款确立的多数决的决议规则是处理此类案件的法律依据，同时，其立法目的也是鼓励业主参加业主大会并形成业主自治，因此，本条第 2 款规定的决议规则是必须遵守的，如果业主在业主大会议事规则中约定与本条规定不同的决议通过规则，则该通过规则不

能低于本条第 2 款规定的标准的决议规则。

## 类案检索

**瞿某、刘某诉上海市闵行区莘城公寓小区业主委员会业主撤销权纠纷案**

**关键词：** 共有部分　业主共同决定事项

**裁判摘要：** 改变业主共有部分的用途或者利用业主共有部分从事经营活动属于全体业主共同决定的事项，业主委员会无权就共有部分的使用作出单方决议。业主委员会获得业主授权签订物业服务合同，但不代表法律与业主大会规章、议事规则所保留的业主共同决定事项已经当然让渡给业主委员会决定。

【案　　号】2022 沪 01 民终 3479 号

【审理法院】上海市第一中级人民法院

【来　　源】中国裁判文书网

> 第二百七十九条 业主不得违反法律、法规以及管理规约，将住宅改变为经营性用房。业主将住宅改变为经营性用房的，除遵守法律、法规以及管理规约外，应当经有利害关系的业主一致同意。

## ▶ 关联规定

**法律、行政法规、司法解释**

《最高人民法院关于审理建筑物区分所有权纠纷案件适用法律若干问题的解释》

第十条 业主将住宅改变为经营性用房，未依据民法典第二百七十九条的规定经有利害关系的业主一致同意，有利害关系的业主请求排除妨害、消除危险、恢复原状或者赔偿损失的，人民法院应予支持。

将住宅改变为经营性用房的业主以多数有利害关系的业主同意其行为进行抗辩的，人民法院不予支持。

第十一条 业主将住宅改变为经营性用房，本栋建筑物内的其他业主，应当认定为民法典第二百七十九条所称"有利害关系的业主"。建筑区划内，本栋建筑物之外的业主，主张与自己有利害关系的，应证明其房屋价值、生活质量受到或者可能受到不利影响。

## ▶ 条文释义

### 一、本条主旨

本条是关于业主将住宅改变为经营性用房的规定。

### 二、条文演变

原《物权法》第 77 条规定："业主不得违反法律、法规以及管理规约，将住宅改变为经营性用房。业主将住宅改变为经营性用房的，除遵守法律、法规以及管理规约外，应当经有利害关系的业主同意。"《民法典》吸纳了原《物权法》的上述规定，并对"住改商"业主设置了须经其他有利害关系业主一致同意的限制性条款，与原《物权法》77条规定相比，设置了更为严格的条件。

### 三、条文解读

随着经济发展，在建筑物区分所有的情形下，业主擅自将小区内的住宅房屋改变为餐饮、娱乐等商业用房，以及经营公司、服务行业等经营性用房的情况不断增多，实践中将此种情况称为"住改商"。其既包括利用住宅从事经营生产企业、规模较大的餐饮及娱乐、洗浴或者作为公司办公用房等营业行为，也包括因生活需要利用住宅开办小卖部、早点铺、理发店等经营行为。"住改商"有几种情形，有的只是改变了房屋的使用性质，有的不但改变房屋的使用性质，而且改变了房屋的结构状况。房屋在建造并报经审批时的用途不得随意改变，如果需要在建造过程中改变房屋的用途，如将住宅性质的房屋改变成经营性用房，需要重新报经规划部门同意批准后才能建造，作为购房人的业主在购买商品房后也不得改变商品房屋的用途，这既涉及城市功能的定位、布局的规划，同时更涉及区域社会秩序的安定、社会的管理。"住改商"可能造成来往小区外来人员杂乱，增加小区不安全因素；干扰业主的正常生活，造成小区车位、电梯、水、电等公共设施使用的紧张等问题。因此，因"住改商"问题引发的纠纷也比较多，这类纠纷表现为对建筑物区分所有权人所享有的物权利益的一种妨碍或者侵害。此时，建筑物区分所有权人作为权利人有权依法起诉，要求实施不当行为人停止妨碍或者侵害，使自己的合法权益得到保护。此外将住宅大量改为经营性用房，也会造成国家税费的流失，须对此进行专门规定。建筑物区分所有权与其他的不动产所有权相比较，具有一些特殊性，呈现出权利主体身份的多重性，即业主作为权利主体集专有权、共有权与成员权三种权利于一体；权利性质的一体性，表现为构成建筑物区分所有权的专有权、共有权与成员权不可分离，少了一个都会导致建筑物区分所有权解体或者无法正常行使；权利客体的多样性，表现为专有权的客体为建筑材料组成的四周上下封闭的、在构造和使用上具有独立性和经济价值的建筑空间，而共有权的客体为建筑物及其附属建筑物中所有的共有部分，成员权的客体为业主作为管理团体成员所为的行为；权利内容的复杂性，表现为上述三种权利义务关系经常相互交织；专有权的主导性，即业主拥有专有权是拥有共有权和成员权的前提。① 本条从规范业主建筑物区分所有权的角度对此进行了专门规定，业主不得违反法律、法规以及管理规约，将住宅改变为经营性用房。这是业主的一项基本义务。如果业主确实因生活需要等情形需要将住宅改变为经营性用房，必须遵守法律、法规以及管理规约的规定，在此前提下，还必须征得有利害关系的业主的一致同意。上述两个条件必须同时具备，缺一不可。也就是说，业主将住宅改变为经营性用房，只要不违反法律、法规以及管理规约，并经过有利害关系的业主的一致同意，"住改商"行为的合法性要件已经完全具备。对本条的理解，应当把握如下几个方面。

（一）对"住改商"设置须经其他有利害关系业主一致同意的限制性条款的原因

不得随意改变住宅的居住用途是业主应当遵守的最基本的准则。如果业主确实因为生活需要，需将住宅改变为经营性房屋，对此进行规范化引导是十分重要的。而"住改商"影响小区内卫生、设施、安全、共有资源的使用，对其他业主生活秩序、生活质量的改变等，也是不争的事实。在住宅小区内，以整体居住为主要目的、个别经营为特殊现象的背景下，对"住改商"进行必要的限制和规范十分必要，设置限制性条款也是为了维护好最广大业主的合法权益。

（二）本条规定的义务主体

本条是规定业主改变其专有部分住宅用途应遵守的义务的条文。但在实践中，业主将住宅出租、出借后，承租人、借用人改变住宅为经营性用房的情况时有发生。非业主的物业使用人同样受本条内容的规制，在将住宅改变为经营性用房时，亦应履行本条规定的相应义务。

（三）有利害关系的业主的范围

对有利害关系的业主的界定，不仅要考虑对业主居住、生活环境的安全和安宁造成或者可能造成的影响，还应当考虑对其专有部分不动产价值的影响。

---

① 参见马骏驹、余延满：《民法原论》，法律出版社2005年版，第352~353页。

实践中，在判断某一业主是否属于本条所称的有利害关系的业主时，应注意从以下几方面进行认定：一是应当具有法律规定的业主身份。实践中，应认定基于合同或法律规定而具体居住或者使用物业的符合法律规定情形的物业使用人，拥有与业主相同的权利。二是必须是业主的合法权利受到或者可能受到侵害，这里所说的合法权利指的是业主作为建筑物所有权人所享有的特定权利，如共有权、区分专有权等。三是损害与"住改商"业主行为之间有法律上的因果关系。从位置上来说，本栋建筑物内的其他业主是当然的有利害关系的业主，但不宜将整个建筑区划内的所有业主都认定为法律规定的有利害关系的业主。实践中确有可能出现建筑区划内本栋建筑物之外的业主也与"住改商"行为存在利害关系的情况，但这部分业主的范围难以统一划定。如果建筑区划内本栋建筑物之外的业主主张与"住改商"行为存在利害关系的，应当举证证明利害关系的存在，即其房屋价值、生活质量受到或者可能受到不利影响。当存在业主已将房屋出租、出借等情形时，也应赋予非业主的物业使用人相同的异议权利。

### （四）未经有利害关系的业主一致同意的法律后果

本条规定，"住改商"行为的合法性需要满足两个条件：一是遵守法律、法规以及管理规约；二是应当经有利害关系的业主一致同意。未经有利害关系的业主一致同意，其行为不具备合法性。因此，本条实际上已经成为"住改商"业主对由此产生的损害后果需承担相应民事责任的法律依据。值得注意的是，原《物权法》对此规定为"业主将住宅改变为经营性用房的，除遵守法律、法规以及管理规约外，应当经有利害关系的业主同意"。实践中有的是按照多数决来确定有利害关系的业主的意见，这违背了当初的立法本意，因此《民法典》本条明确了"住改商"中有利害关系的业主的意见不应适用多数决，明确规定为需经有利害关系的业主一致同意。但也要明确，在"住改商"问题上，有利害关系的业主一致同意只是必要条件，业主将住宅改为经营性用房时必须遵守法律、法规以及管理规约的规定，这两个条件必须同时具备，缺一不可。实践中，有的"住改商"业主以其已经办理工商登记并取得了营业执照为由主张其行为的合法性，用以对抗有利害关系业主的反对意见。"住改商"业主已经办理了工商登记取得营业执照的事实，不能改变其行为欠缺合法性。办理工商登记并取得了营业执照的事实属于行政登记及许可范围，其不涉及当事人"住改商"民事行为效力问题。该事实不能限制本条规定的效力。

## 适用指引

### 一、以本条规定提起诉讼的民事主体的确认及证明标准

以本条规定提起民事诉讼的主体应当仅限于与"住改商"业主处于同一建筑区划内的业主。对于非与"住改商"业主居住于同一建筑区划内的当事人，可以基于传统民法理论和相邻关系等提起诉讼，要求法院保护其合法权益，而不能以本条规定作为对其诉请是否得到支持的判断依据。人民法院应当注意区分有利害关系的业主所处的不同法律地位，对其适用不同的证明标准。有利害关系的业主主要可分为两种情况：一种是与"住改商"业主处于同一栋建筑物内的业主，另一种是本建筑区划内其他有利害关系的业主。二者身份不同，其承担的举证证明责任的事项、举证责任分配等，都是有区别的，在个案中应注意区分。

### 二、有利害关系的业主的一致同意需以明示的方式作出

有利害关系的业主的一致同意是"住改商"行为的合法性要件之一。本条的立法导向是不主张"住改商"行为的，在有利害关系的业主于特定期间内未明确表态的情况下，应当从更有利于实现本条立法目的的角度进行解释和认定。如前所述，"住改商"行为对业主居住、生活环境的安全和安宁及对其专有部分不动产价值均会产生不利影响，以明示的方式确定有利害关系的业主的"同意"也是对其权利的一种保护。只要业主未以明示的方式表示同意，就应当推定其本意是不同意的。明示的意思表示必须具备一定的要件，在具体表现形式上可以有两种：一是书面；二是明确无误的口头表示。不能以业主在约定期限内未表态即认定其默认同意"住改商"行为。在处理"住改商"纠纷时，要注意审查业主之间是否存在证明同意相关业主将住宅性质的房屋改变成商业用房或者办公用房等经营性用房的书面证据。没有书面证据证明的，不能认定为同意。

## 典型案例

### 张某诉郑某、D公司建筑物区分所有权纠纷案

**关键词：** 业主改变住宅用途

**裁判摘要：** 在审理建筑物区分所有权案件时，即使业主对房屋的使用没有给其他区分所有权人造成噪音、污水、异味等影响，只要房屋的用途发生改变，由专供个人、家庭日常生活居住使用改变为用于商业、工业、旅游、办公等经营性活动，即可认定该行为影响了业主的安宁生活，属于将住宅改变为经营性用房，应依照《物权法》第77条关于业主改变住宅用途的规定处理。房屋使用人将住宅改变为经营性用房的，应承担与业主相同的法定义务，除遵守法律、法规和管理规约外，还应当经有利害关系的业主同意。

**基本案情：** 郑某于2003年4月28日取得位于B市白玫瑰花苑×栋×单元A室、设计用途住宅的房屋（以下简称A室房屋）的房屋所有权证，张某于2007年取得位于B市白玫瑰花苑×栋×单元B室、设计用途为住宅的房屋的房屋所有权证。郑某与张某系同一单元上下楼层邻居关系。

D公司于2010年5月13日与B市公安局等签订B市城市视频监控系统项目建设、运维服务和租赁合同。刘某（郑某之嫂）于2011年10月8日与D公司签订白玫瑰花苑通信机房租赁合同，约定D公司利用A室房屋建设通信机房，租期自2011年10月8日起至2015年10月7日止，年租金为29800元；刘某负责周边群众的协调工作，保证D公司正常施工及日常维护；D公司保证改造、装修房屋不影响房屋的建筑结构安全，设备在工作中或因老化等不影响周边群众的生活、休息。D公司于2011年12月入驻使用A室房屋至今。与此同时，郑某之兄仍居住使用A室房屋。白玫瑰花苑物业管理处、白玫瑰花苑业主自2012年3月19日起，多次要求A室房屋业主"停止生产经营、恢复原住房性质、消除安全隐患"。D公司于2012年4月8日领取B市重大项目认定证书，载明项目名称为无线城市综合项目——"××无线城市"，有效期至2014年4月8日。B市供电公司于2012年7月17日认为A室房屋业主存在高价低接用电行为，发出违约窃电停（限）电通知。D公司在A室房屋内放置光纤传输机柜作为数据传输汇聚节点，用以建设有线光纤传输宽带

网络，解决"平安城市"视频监控录像传输、无线城市综合项目WLAN（无线宽带局域网）、周边居民小区宽带、固定电话等接入业务的汇聚、交换需求。

张某于2013年1月16日起诉郑某、D公司至一审法院，请求判令郑某、D公司拆除位于A室房屋内的光纤传输设备，恢复房屋住宅用途。

一审法院认为，本案案由应确定为建筑物区分所有权纠纷。《物权法》第77条的立法目的，实际上主要针对的是利用住宅从事经营生产企业，规模较大的餐饮及娱乐、洗浴或者作为公司办公用房等动辄给其他区分所有权人带来噪音、污水、异味、过多外来人员出入等影响其安宁生活的营业行为，即并非所有将住宅改变的行为都是《物权法》第77条规制的行为。被告郑某、D公司并未改变涉案房屋的住宅性质，即或改变亦是用于公益事业，且原告张某未提供其房屋价值、生活质量受到或者可能受到不利影响的证据。故对张某的诉请，不予支持。一审法院于2013年9月26日判决驳回原告张某的诉讼请求。

张某不服一审判决，提出上诉。二审法院认为：第一，D公司在讼争房屋内放置光纤传输机柜作为数据传输汇聚节点的行为，属于将住宅改变为经营性用房。理由如下：住宅是指专供个人、家庭日常生活居住使用的房屋。经营性用房是指用于商业、工业、旅游、办公等经营性活动的房屋。两者因用途不同而有本质区别。住宅的用途主要是生活居住，经营性用房的用途主要是经营性活动。本案中，D公司租赁讼争房屋用于放置光纤传输机柜作为数据传输汇聚节点，以建设有线光纤传输宽带网络，解决"平安城市"视频监控录像传输、无线城市综合项目WLAN（无线宽带局域网）、周边居民小区宽带、固定电话等接入业务的汇聚、交换需求。从其用途可以看出，其租赁讼争房屋并不是为了生活居住，而是为了从事经营性活动，因此D公司的上述行为属于将住宅改变为经营性用房。

第二，D公司在讼争房屋内放置光纤传输机柜作为数据传输汇聚节点的行为，应当经过上诉人张某的同意。理由如下：首先，D公司将住宅改变为经营性用房的行为应当经过有利害关系的业主同意。依照《物权法》第77条"业主不得违反法律、法规以及管理规约，将住宅改变为经营性用房。业主将住宅改变为经营性用房的，除遵守法律、法规以及管理规约外，应当经有利害关系的业主同意"的规定，业主将住宅改变为经营性用房，其行为的合法性需要同时满足两个条件：（1）遵守法律、法规以及管理规约；（2）应当经有利害关系的业主同意。即使没有违反法律、法规以及管理规约，只要没有经过有利害关系的业主同意,将住宅改变为经营性用房的行为的合法性仍不具备。《物权法》第77条的条款语义清楚、内涵明确,一审对该条款中的"业主将住宅改变为经营性用房"作限缩性解释不当,予以纠正。依照《建筑物区分所有权解释》第10条第1款"业主将住宅改变为经营性用房,未按照物权法第七十七条的规定经有利害关系的业主同意,有利害关系的业主请求排除妨害、消除危险、恢复原状或者赔偿损失的,人民法院应予支持"和第16条第1款"建筑物区分所有权纠纷涉及专有部分的承租人、借用人等物业使用人的,参照本解释处理"的规定,D公司作为讼争房屋的承租人将住宅改变为经营性用房,应承担与业主相同的法定义务,故也应当经过有利害关系的业主同意。其次,上诉人张某应认定为有利害关系的业主。依照《建筑物区分所有权解释》第11条"业主将住宅改变为经营性用房,本栋建筑物内的其他业主,应当认定为物权法第七十七条所称'有利害关系的业主'。建筑区划内,本栋建筑物之外的业主,主张与自己有利害关系的,应证明其房屋价值、生活质量受到或者可能受到不利影响"的规定,上诉人张某作为本栋建筑物内的业主,无须举证证明其房屋价值、生活质量受到或者可能受到不利影响,即可认定为有利害关系的业主。

综上,D公司租赁被上诉人郑某的房屋用于放置光纤传输机柜作为数据传输汇聚节点的行为属于将住宅改变为经营性用房,该行为未经有利害关系的业主上诉人张某的同意,依照前述《建筑物区分所有权解释》第10条第1款和第16条第1款的规定,D公司应承担相应责任。被上诉人郑某明知其嫂子刘某将讼争房屋出租给D公司用于建设通信机房,仍对该房屋租赁合同予以认可,其应与D公司共同承担责任。故对于张某关于郑某、D公司拆除位于A室房屋的光纤传输设备、恢复房屋住宅用途的上诉请求,予以支持。

【案　　号】(2013)鄂武汉中民终字第01019号
【审理法院】湖北省武汉市中级人民法院
【来　　源】《最高人民法院公报》2014年第11期

> **第二百八十条** 业主大会或者业主委员会的决定，对业主具有法律约束力。
>
> 业主大会或者业主委员会作出的决定侵害业主合法权益的，受侵害的业主可以请求人民法院予以撤销。

## ▶ 关联规定

法律、行政法规、司法解释

1.《物业管理条例》

第十九条 业主大会、业主委员会应当依法履行职责，不得作出与物业管理无关的决定，不得从事与物业管理无关的活动。

业主大会、业主委员会作出的决定违反法律、法规的，物业所在地的区、县人民政府房地产行政主管部门或者街道办事处、乡镇人民政府，应当责令限期改正或者撤销其决定，并通告全体业主。

2.《最高人民法院关于审理建筑物区分所有权纠纷案件适用法律若干问题的解释》

第十二条 业主以业主大会或者业主委员会作出的决定侵害其合法权益或者违反了法律规定的程序为由，依据民法典第二百八十条第二款的规定请求人民法院撤销该决定的，应当在知道或者应当知道业主大会或者业主委员会作出决定之日起一年内行使。

## ▶ 条文释义

一、本条主旨

本条是关于业主大会、业主委员会决定效力的规定。

## 二、条文演变

原《物权法》第78条规定:"业主大会或者业主委员会的决定,对业主具有约束力。""业主大会或者业主委员会作出的决定侵害业主合法权益的,受侵害的业主可以请求人民法院予以撤销。"《民法典》吸纳了原《物权法》的上述规定,并进一步明确业主大会或者业主委员会作出的决定,对业主具有"法律"约束力。

## 三、条文解读

本条规定了业主大会、业主委员会决定的效力,同时明确了业主对侵害其合法权益的业主大会或者业主委员会的决定有权请求人民法院予以撤销,明确赋予业主撤销权。业主大会或者业主委员会的决定对建筑区划内的全体业主具有法律约束力,以及业主有权请求人民法院撤销业主大会或者业主委员会作出的侵权决定,是由上述两种组织形式的性质和业主享有的权利所决定的。关于本条的理解,应当注意以下几方面的问题。

### (一)业主大会或者业主委员会的决定对业主具有法律约束力

本条规定了业主自治管理团体作出决定的效力范围,从法律层面上明确了业主有服从业主大会和业主委员会决定的义务。业主大会和业主委员会是业主自治管理的两大机构。业主大会是由建筑区划内的全体业主参加,依法成立的自治组织,是建筑区划内建筑物及其附属设施的管理机构。代表和维护建筑区划内全体业主在物业管理活动中的合法权益。全体业主对业主大会享有相应的权利并承担一定的义务。业主委员会作为业主大会的执行机构,具体实施业主大会作出的决定,业主委员会通过执行业主大会的决议以保证更好地维护全体业主的权益。业主委员会是沟通业主和物业服务企业的桥梁,是全体业主集中意志的代表者。它在相关机构的指导下负责制定业主委员会章程,选择物业服务企业,监督居住小区物业管理工作的实施,对物业服务企业进行检查和监督,协助物业服务企业进行管理工作。业主委员会是整合广大业主的共同意愿,维护广大业主合法权益的有效组织形式。它的存在有利于明确业主与物业服务企业之间的责、权、利关系;有利于促进形成物业管理市场竞争机制,在物业管理市场中发挥着重大作用。业主大会或者业主委员会作为自我管理的权力机关和执行机关，其作出的决定，对业主应当具有法律约束力。《物业管理条例》第19条规定："业主大会、业主委员会应当依法履行职责，不得作出与物业管理无关的决定，不得从事与物业管理无关的活动。""业主大会、业主委员会作出的决定违反法律、法规的，物业所在地的区、县人民政府房地产行政主管部门或者街道办事处、乡镇人民政府，应当责令限期改正或者撤销其决定，并通告全体业主。"因此，对全体业主有法律约束力的业主大会或者业主委员会的决定需符合以下条件：第一，必须是依法设立的业主大会、业主委员会作出的决定；第二，必须是依法定程序作出的决定；第三，必须符合法律、法规，不违背社会道德，不损害国家、公共和他人利益。

（二）业主撤销权的行使

撤销权的对象是指撤销权人得行使撤销权予以消灭的既存法律关系。在建筑物区分所有的情形下，业主的合法权益涉及多方面的权利和利益。《民法典》第271条规定："业主对建筑物内的住宅、经营性用房等专有部分享有所有权，对专有部分以外的共有部分享有共有和共同管理的权利。"业主享有的专有权、共有权和成员权受法律同等保护，不受任何单位和个人侵犯。根据本条规定，在业主大会或者业主委员会作出的决定侵害业主合法权益时，业主可以行使撤销权申请人民法院撤销该决定。业主大会或者业主委员会履行职责，代表业主意愿、维护业主利益的决定，对于小区的每一位业主都具有法律约束力。但是，如果业主大会或者业主委员会作出的决定违背了业主的利益，侵害了某一位业主或者若干业主的利益，因该决定而遭受侵害的业主，有权向人民法院申请撤销该项决定。因此，业主行使撤销权的前提是其合法权益受到了业主大会或者业主委员会决定的侵害。业主的合法权益，通常指的是作为建筑区划内区分所有权人的业主基于建筑物区分所有所享有的合法权利和利益。例如，业主大会或者业主委员会通过决定限制或者剥夺业主对共有部分所享有的使用、收益等权利，或者作出的改建、重建建筑物及其附属设施的决定侵害业主的合法权益，等等。《民法典》第278条规定了业主决定建筑区划内重大事项的共同管理权的范围及表决权的行使等问题，主要包括制定和修改业主大会议事规则；制定和修改管理规约；选举业主委员会或者更换业主委员会成员；选聘和解聘物业服务企业或者其他管理人；使用建筑物及其附属设施的维修资金；筹集建筑物及其附属设施的维修资金；改建、重建建筑物及其附属设施；改变共有部分的用途或者利用共有部分从事经营活动；有关共有和共同管理权利的其他重大事项等内容。业主通过参与业主大会共同决定上述事项。由于业主大会针对上述事项作出的决定对全体业主具有法律约束力，因此，如果业主大会所作的关于上述事项的决定侵害了业主的合法权益，则权益受到侵害的业主有权请求人民法院予以撤销。

关于业主行使撤销权的性质。传统民法理论认为撤销权在性质上属于形成权。撤销权指向的是变动已经存在的法律关系而不是相对人履行义务的行为。本条第 2 款规定业主大会或者业主委员会作出的决定侵害业主合法权益的，受侵害的业主可以请求人民法院予以撤销。这表明，业主撤销权的行使须以诉讼的方式向人民法院提出并经人民法院裁判，与一般形成权仅须权利人依据单方行为行使无须经由诉讼途径行使不同。但这并不能改变该权利属性，业主行使的权利仍然属于撤销权。

关于业主撤销权行使的方式及主体。本条第 2 款规定，业主大会或者业主委员会作出的决定侵害业主合法权益的，受侵害的业主可以请求人民法院予以撤销。因此，业主撤销权属于须经诉讼途径行使的形成权，应当通过诉讼的方式来行使。合法权益受到业主大会或者业主委员会所作决定侵害的业主均可以行使撤销权。关于业主身份的问题，可参见本章其他条款规定，并不只限于合法权益受到业主大会或者业主委员会决定侵害的建筑物区分所有权人，还包括尚未办理所有权登记但是根据商品房买卖民事法律行为已经合法占有该专有部分的民事主体，以上两类民事主体均有权提起撤销之诉。

关于业主撤销权行使的法律后果。撤销权的行使将导致既存法律关系消灭。业主行使撤销权请求人民法院撤销侵害其合法权益的业主大会或者业主委员会作出的决定，如果该决定仅涉及业主之间的权益，那么人民法院撤销该决定的法律效力仅及于诉讼当事人以及其他业主；如果该决定涉及业主、业主大会以及业主委员会以外的其他民事主体，那么业主大会或者业主委员会依据被撤销的决定与其他民事主体实施的法律行为也应为无效。至于其他民事主体因被撤销的决定而导致的权益保护问题，应区分第三人是善意或是恶意而采取不同的处理方式：如果第三人是善意的，则在其与业主大会或业主委员会实施的法律行为被确认无效后，善意第三人有权请求业主大会或业主委员会赔偿其信赖利益损失；如果第三人是恶意的，则该行为被认定为无效后，第三人无权请求业主大会或业主委员会赔偿其损失。

## 适用指引

随着我国房地产市场和物业服务行业的迅速发展，因业主撤销权引发的纠纷不断涌现。业主撤销权纠纷也日益成为我国司法领域中数量增长较快的案件类型，审判实践中应注意以下问题。

### 一、业主撤销权纠纷诉讼中的举证责任

司法实践中，主要包括业主实体权益及程序权益受到侵害两种情况下举证责任分配的问题。实体权益受到侵害，是指作为建筑区划内区分所有人的业主基于建筑物区分所有享有的合法权利受到业主大会或者业主委员会决定的侵害，既包括因业主大会或者业主委员会决定而导致房屋价值受损，也包括业主个人在人身、财产等方面遭受到的利益损害。此时，业主应当举证证明其合法权益受到损害。而业主大会或业主委员会应举证证明其决定具备合理性且并未超过大多数业主的容忍义务范围；在超过大多数业主忍受限度的情况下，是否对权益受损的业主的利益进行例外的补偿措施，以增加业主大会或业主委员会决定的合理性水平。业主程序权利受到侵害指的是业主大会或者业主委员会作出决定的程序违反了法律、法规的强制性规定。在此情形下，业主需证明其程序性权益受到侵害，业主大会或业主委员会则需举证证明其所作决定程序合法。实践中，关于表决等方面的证据材料都是由业主大会或者业主委员会制作和保管的，业主大会或者业主委员会也有义务确保其所作决定程序合法，在业主因程序权益提起撤销之诉但举证能力有限无法提供证据时，可以依据公平原则适当考虑将举证责任转移给具有举证能力的业主大会或业主委员会。

### 二、部分业主对业主大会或者业主委员会决定事项不服提起的诉讼如何处理

实践中，经常发生部分业主以其没有参加业主大会或者业主委员会的会议为由，提出与业主大会或者业主委员会的决定事项相反的意见，要求人民法院支持其诉讼请求。根据《民法典》的有关规定，业主大会或者业主委员会作出的决定，只要是在符合法定人数或者具有投票权的业主参加的情况下，所作出的涉及小区事项的决定，对该小区所有业主都发生效力。单个业主或者部分

业主以其未参加会议为由提出撤销业主大会或业主委员会决定的主张不能得到支持。

### 三、业主大会或者业主委员会作出的与物业管理无关的决定如何处理

业主大会或者业主委员会作出的虽然与物业管理有关但侵害业主合法权益的决定，属于业主有权请求人民法院撤销的范围。《物业管理条例》规定，业主大会、业主委员会应当依法履行职责，不得作出与物业管理无关的决定，不得从事与物业管理无关的活动。因此，如果业主大会或者业主委员会作出与物业管理无关的决定，属于违反法律、行政法规的强制性规定的行为，自始就不具有法律效力，对业主也就不具有法律约束力。

## ▶ 类案检索

**罗某某等诉大华锦绣华城业委会业主撤销权纠纷案**

**关键词：** 业主大会、业主委员会决定撤销

**裁判摘要：** 表决票未向全体业主送达，未在议事规则约定的时间送达，对业委会委员候选人的选举资格进行不当限制，均构成对业主程序权利的侵害，权利受侵害的业主请求撤销存在程序违法的业主大会决议，人民法院应当予以支持。

【案　　号】（2020）沪01民终11488号

【审理法院】上海市第一中级人民法院

【来　　源】中国裁判文书网

**第二百八十一条** 建筑物及其附属设施的维修资金，属于业主共有。经业主共同决定，可以用于电梯、屋顶、外墙、无障碍设施等共有部分的维修、更新和改造。建筑物及其附属设施的维修资金的筹集、使用情况应当定期公布。

紧急情况下需要维修建筑物及其附属设施的，业主大会或者业主委员会可以依法申请使用建筑物及其附属设施的维修资金。

## ▶ 关联规定

### 一、法律、行政法规、司法解释

**1.《物业管理条例》**

**第五十三条** 住宅物业、住宅小区内的非住宅物业或者与单幢住宅楼结构相连的非住宅物业的业主，应当按照国家有关规定交纳专项维修资金。

专项维修资金属于业主所有，专项用于物业保修期满后物业共用部位、共用设施设备的维修和更新、改造，不得挪作他用。

专项维修资金收取、使用、管理的办法由国务院建设行政主管部门会同国务院财政部门制定。

**2.《最高人民法院关于审理建筑物区分所有权纠纷案件适用法律若干问题的解释》**

**第三条** 除法律、行政法规规定的共有部分外，建筑区划内的以下部分，也应当认定为民法典第二编第六章所称的共有部分：

（一）建筑物的基础、承重结构、外墙、屋顶等基本结构部分，通道、楼梯、大堂等公共通行部分，消防、公共照明等附属设施、设备，避难层、设备层或者设备间等结构部分；

（二）其他不属于业主专有部分，也不属于市政公用部分或者其他权利人所有的场所及设施等。

建筑区划内的土地，依法由业主共同享有建设用地使用权，但属于业主专有的整栋建筑物的规划占地或者城镇公共道路、绿地占地除外。

## 二、部门规章及规范性文件

### 《住宅专项维修资金管理办法》

**第二条** 商品住宅、售后公有住房住宅专项维修资金的交存、使用、管理和监督，适用本办法。

本办法所称住宅专项维修资金，是指专项用于住宅共用部位、共用设施设备保修期满后的维修和更新、改造的资金。

**第三条** 本办法所称住宅共用部位，是指根据法律、法规和房屋买卖合同，由单幢住宅内业主或者单幢住宅内业主及与之结构相连的非住宅业主共有的部位，一般包括：住宅的基础、承重墙体、柱、梁、楼板、屋顶以及户外的墙面、门厅、楼梯间、走廊通道等。

本办法所称共用设施设备，是指根据法律、法规和房屋买卖合同，由住宅业主或者住宅业主及有关非住宅业主共有的附属设施设备，一般包括电梯、天线、照明、消防设施、绿地、道路、路灯、沟渠、池、井、非经营性车场车库、公益性文体设施和共用设施设备使用的房屋等。

**第十八条** 住宅专项维修资金应当专项用于住宅共用部位、共用设施设备保修期满后的维修和更新、改造，不得挪作他用。

**第二十二条** 住宅专项维修资金划转业主大会管理前，需要使用住宅专项维修资金的，按照以下程序办理：

（一）物业服务企业根据维修和更新、改造项目提出使用建议；没有物业服务企业的，由相关业主提出使用建议；

（二）住宅专项维修资金列支范围内专有部分占建筑物总面积三分之二以上的业主且占总人数三分之二以上的业主讨论通过使用建议；

（三）物业服务企业或者相关业主组织实施使用方案；

（四）物业服务企业或者相关业主持有关材料，向所在地直辖市、市、县人民政府建设（房地产）主管部门申请列支；其中，动用公有住房住宅专项维修资金的，向负责管理公有住房住宅专项维修资金的部门申请列支；

（五）直辖市、市、县人民政府建设（房地产）主管部门或者负责管理公有住房住宅专项维修资金的部门审核同意后，向专户管理银行发出划转住宅专项维修资金的通知；

（六）专户管理银行将所需住宅专项维修资金划转至维修单位。

**第二十三条** 住宅专项维修资金划转业主大会管理后，需要使用住宅专项维修资金的，按照以下程序办理：

（一）物业服务企业提出使用方案，使用方案应当包括拟维修和更新、改造的项目、费用预算、列支范围、发生危及房屋安全等紧急情况以及其他需临时使用住宅专项维修资金的情况的处置办法等；

（二）业主大会依法通过使用方案；

（三）物业服务企业组织实施使用方案；

（四）物业服务企业持有关材料向业主委员会提出列支住宅专项维修资金；其中，动用公有住房住宅专项维修资金的，向负责管理公有住房住宅专项维修资金的部门申请列支；

（五）业主委员会依据使用方案审核同意，并报直辖市、市、县人民政府建设（房地产）主管部门备案；动用公有住房住宅专项维修资金的，经负责管理公有住房住宅专项维修资金的部门审核同意；直辖市、市、县人民政府建设（房地产）主管部门或者负责管理公有住房住宅专项维修资金的部门发现不符合有关法律、法规、规章和使用方案的，应当责令改正；

（六）业主委员会、负责管理公有住房住宅专项维修资金的部门向专户管理银行发出划转住宅专项维修资金的通知；

（七）专户管理银行将所需住宅专项维修资金划转至维修单位。

**第二十四条** 发生危及房屋安全等紧急情况，需要立即对住宅共用部位、共用设施设备进行维修和更新、改造的，按照以下规定列支住宅专项维修资金：

（一）住宅专项维修资金划转业主大会管理前，按照本办法第二十二条第四项、第五项、第六项的规定办理；

（二）住宅专项维修资金划转业主大会管理后，按照本办法第二十三条第四项、第五项、第六项和第七项的规定办理。

发生前款情况后，未按规定实施维修和更新、改造的，直辖市、市、县人民政府建设（房地产）主管部门可以组织代修，维修费用从相关业主住宅专项维修资金分户账中列支；其中，涉及已售公有住房的，还应当从公有住房住宅专项维修资金中列支。

**第二十五条** 下列费用不得从住宅专项维修资金中列支：

（一）依法应当由建设单位或者施工单位承担的住宅共用部位、共用设施设备维修、更新和改造费用；

（二）依法应当由相关单位承担的供水、供电、供气、供热、通讯、有线电视等管线和设施设备的维修、养护费用；

（三）应当由当事人承担的因人为损坏住宅共用部位、共用设施设备所需的修复费用；

（四）根据物业服务合同约定，应当由物业服务企业承担的住宅共用部位、共用设施设备的维修和养护费用。

## ▶ 条文释义

### 一、本条主旨

本条是关于建筑物及其附属设施的维修资金的归属、用途、筹集与使用以及紧急情况下如何使用的规定。

### 二、条文演变

原《物权法》第79条规定："建筑物及其附属设施的维修资金，属于业主共有。经业主共同决定，可以用于电梯、水箱等共有部分的维修。维修资金的筹集、使用情况应当公布。"《民法典》吸纳了原《物权法》的上述规定，并进行了较大修改。一是将维修资金的使用范围由"电梯、水箱等共有部分的维修"变为"电梯、屋顶、外墙、无障碍设施等共有部分的维修、更新和改造"；二是规定建筑物及其附属设施的维修资金的筹集、使用情况应当定期公布；三是增加规定紧急情况下需要维修建筑物及其附属设施的，业主大会或者业主委员会可以依法申请使用建筑物及其附属设施的维修资金。

### 三、条文解读

本条对建筑物及其附属设施的维修资金（以下简称维修资金）进行了规定，包括维修资金的归属、用途、筹集与使用以及紧急情况下如何使用等方面。每位业主在购买房屋时均需要预交一定数额的维修资金，以便于日后统一对建筑物共有部分进行维修，这是此类建筑物的特殊性质所决定的。在签订商品房买卖合同时,作为买受人的业主与作为出卖人的房地产开发企业,通过合同约定建筑物及其附属设施的维修资金比例和份额。这些用于建筑物及其附属设施的维修资金,经由前期物业服务合同约定由选聘的物业服务企业或者其他管理人统一管理,但所有权属于全体业主共有。如何使用该笔维修资金,必须由全体业主通过一定的方式共同确认。按有关规定,维修资金一般是由房地产开发企业代收,在办理立契过户前交纳。《物业管理条例》对维修资金作出了规定,其中第7条第4项规定:业主在物业管理活动中应当履行按照国家有关规定履行交纳专项维修资金的义务;第53条第1款规定:"住宅物业、住宅小区内的非住宅物业或者与单幢住宅楼结构相连的非住宅物业的业主,应当按照国家有关规定交纳专项维修资金。"维修资金是指由业主缴纳的专门用于住宅共用部分、共用设施和设备维修保修期满后的维修和更新、改造的资金,如电梯、屋顶、外墙、无障碍设施等共有部分的维修费用。第53条第2款规定:"专项维修资金属于业主所有,专项用于物业保修期满后物业共用部位、共用设施设备的维修和更新、改造,不得挪作他用。"依据《住宅专项维修资金管理办法》第3条的规定,住宅共用部位,是指根据法律、法规和房屋买卖合同,由单幢住宅内业主或者单幢住宅内业主及与之结构相连的非住宅业主共有的部位,一般包括:住宅的基础、承重墙体、柱、梁、楼板、屋顶以及户外的墙面、门厅、楼梯间、走廊通道等;共用设施设备,是指根据法律、法规和房屋买卖合同,由住宅业主或者住宅业主及有关非住宅业主共有的附属设施设备,一般包括电梯、天线、照明、消防设施、绿地、道路、路灯、沟渠、池、井、非经营性车场车库、公益性文体设施和共用设施设备使用的房屋等。这就把建筑物及其附属设施中可以使用维修资金的部位予以了明确。维修资金在性质上不同于管理资金。所谓管理资金是由业主出资组成的由业主大会或者业主委员会管理的资金。① 维修资金一般登记在以业主名义开设的专用账户下,通常由政府监督其使用,维修资金的使用一般由业主按照《民法典》规定进行表决,由业主委员会申请使用。因此,业主委员会与物业服务企业订立物业服务合同时,可就维修资金申请使用的具体事项作出约定。

本条第1款规定,建筑物及其附属设施的维修资金,属于业主共有。这就明确了维修资金的归属问题,即维修资金属于业主共有。因为维修资金是业主

---

① 参见郑云瑞:《民法物权论》,北京大学出版社2006年版,第159页。

交存的，一般情况下由业主在购房时按照一定的比例支付。维修资金在性质上属于业主的共有财产，不能处分、转让及分割为业主所有的份额。政府只能对维修资金是否实际用于维修建筑物及其附属设施进行监督指导，并不能直接支配维修资金。

关于维修资金的用途，本条第1款规定为，维修资金经业主共同决定，可以用于电梯、屋顶、外墙、无障碍设施等共有部分的维修、更新和改造。这表明维修资金必须专款专用，用于特定的目的。维修资金应当专项用于住宅共用部位、共用设施设备保修期满后的维修和更新、改造，特别是建筑物本身的修缮，不得挪作他用，特别是不能用作业主委员会承担责任的财产。这就保证了一旦建筑物及其附属设施需要进行重大修缮时，不会出现无资金可用的情形，这也能保证维持业主正常的居住和生活条件。

关于维修资金的筹集与使用，本条第1款规定为，建筑物及其附属设施的维修资金的筹集、使用情况应当定期公布。维修资金的筹集与使用关系业主能否正常使用建筑物及其附属设施，与每个业主的切身利益密切相关，每位业主都有权利知晓维修资金的筹集、使用情况。维修资金的筹集与使用应当经业主共同决定。本条规定维修资金的筹集和使用情况应当定期公布，从法律上确保了业主这方面权利不被漠视乃至侵犯。至于业主如何决定维修资金的筹集与使用，要依据《民法典》第278条的规定来处理。即筹集建筑物及其附属设施的维修资金，属于建筑区划内较为重大的事情，不能由业主以简单多数的表决形式作出决定，而应当由专有部分面积占比2/3以上且人数占比2/3以上的业主参与表决，并经参与表决专有部分面积3/4以上且参与表决人数3/4以上的业主同意方能决定。使用建筑物及其附属设施的维修资金的，应当由专有部分面积占比2/3以上且人数占比2/3以上的业主参与表决，并经参与表决专有部分面积过半数且参与表决人数过半数的业主同意。对于维修资金的使用，全体业主享有知情权。为便于业主及时了解建筑物及其附属设施维修资金的筹集情况，依法监督维修资金的使用，维修资金的筹集、使用情况应当予以定期公布。无论是业主大会、业主委员会还是物业服务企业，都有义务将维修资金的筹集、使用情况定期向全体业主公布。业主也有权对维修资金的筹集、使用情况进行查询、监督。维修资金的筹集和使用，涉及业主的重大经济权利和责任，也是业主十分关心的问题。刻意隐瞒维修资金的筹集和使用的信息均构成对业主知情权的侵犯。物业服务企业或其他物业管理人或者业主委员会拒不定期公布有关信息的，业主寻求法律保护应当得到支持。

维修资金的使用关系全体业主的共同利益，一旦使用不当，就会对全体业主造成损失。因此，维修资金的使用必须通过全体业主经过法定的程序决定。实践中，维修资金的使用应当由全体业主通过业主大会来决定，而不能由业主委员会决定。如前所述，维修资金的使用必须通过全体业主经过法定的程序决定，《民法典》第278条也明确将维修资金的使用列为业主共同决定事项，规定了严格的决定程序，在参与表决人数及其专有部分占建筑物总面积上均作出需同时具备的严格规定，这就不可避免地提高了作出决定的烦琐程度，严格按照法律规定的程序作出决定往往需要较长时间。但在出现紧急情况如自然灾害时，发生危及房屋安全等紧急情况，需要立即对住宅共用部位、共用设施设备进行维修和更新、改造的；或者包括电梯、屋顶、外墙、无障碍设施等共有部分及附属设施的使用功能受到重大影响，而业主对这些共有部分或附属设施的使用又是十分迫切且经常性的。此时提高建筑物及其附属设施的修缮效率对业主而言更为重要，也成为其首要的价值取向，因此，本条第2款同时规定了紧急情况下需要维修建筑物及其附属设施的，业主大会或者业主委员会可以依法申请使用建筑物及其附属设施的维修资金，对实践中出现的紧急情况下公共维修资金的使用问题作出了专门规定。

## ▶ 适用指引

### 一、使用维修资金应由业主共同决定

审判实践中，出现业主自行付费维修住宅公共部位后，起诉物业公司要求从维修资金中支取费用支付房屋维修费用的情况。此时应注意维修资金是指专项用于住宅共用部位、共用设施设备保修期满后的维修和更新、改造的资金。维修资金性质属于业主共有，资金的使用应当经业主共同决定并对使用情况进行定期公布，使用须经过严格程序，维修资金的使用也要接受政府主管部门监督。物业服务企业并非承担维修费用的义务主体，如确需使用维修资金，须经专有部分面积占比2/3以上的业主且人数占比2/3以上的业主参与表决，并经参与表决专有部分面积过半数的业主且参与表决人数过半数的业主同意。

## 二、在物业服务合同的权利义务终止后，物业服务企业应该移交代管的维修资金

在实践中，仍有部分小区采取物业服务企业代管维修资金的方式，为更好地保护业主的合法权益，避免由于物业服务企业代管维修资金而发生损害业主合法利益的情形，物业服务合同的权利义务终止后，物业服务企业亦应将其代管的维修资金移交业主委员会。在物业服务合同的权利义务终止后，物业服务企业拒绝移交由其代管的维修资金时，业主委员会向人民法院起诉请求物业服务企业移交由其代管的维修资金的，人民法院应予支持。

第二分编　所有权 | 第六章　业主的建筑物区分所有权 | 第二百八十二条

> **第二百八十二条**　建设单位、物业服务企业或者其他管理人等利用业主的共有部分产生的收入，在扣除合理成本之后，属于业主共有。

## ▶ 关联规定

### 一、法律、行政法规、司法解释

1.《物业管理条例》

**第二十七条**　业主依法享有的物业共用部位、共用设施设备的所有权或者使用权，建设单位不得擅自处分。

**第二十八条**　物业服务企业承接物业时，应当对物业共用部位、共用设施设备进行查验。

**第五十四条**　利用物业共用部位、共用设施设备进行经营的，应当在征得相关业主、业主大会、物业服务企业的同意后，按照规定办理有关手续。业主所得收益应当主要用于补充专项维修资金，也可以按照业主大会的决定使用。

**第五十七条**　违反本条例的规定，建设单位擅自处分属于业主的物业共用部位、共用设施设备的所有权或者使用权的，由县级以上地方人民政府房地产行政主管部门处5万元以上20万元以下的罚款；给业主造成损失的，依法承担赔偿责任。

2.《最高人民法院关于审理建筑物区分所有权纠纷案件适用法律若干问题的解释》

**第十四条**　建设单位、物业服务企业或者其他管理人等擅自占用、处分业主共有部分、改变其使用功能或者进行经营性活动，权利人请求排除妨害、恢复原状、确认处分行为无效或者赔偿损失的，人民法院应予支持。

属于前款所称擅自进行经营性活动的情形，权利人请求建设单位、物业服务企业或者其他管理人等将扣除合理成本之后的收益用于补充专项维修资金或者业主共同决定的其他用途的，人民法院应予支持。行为人对成本的支出及其合理性承担举证责任。

第十七条 本解释所称建设单位,包括包销期满,按照包销合同约定的包销价格购买尚未销售的物业后,以自己名义对外销售的包销人。

第十八条 人民法院审理建筑物区分所有权案件中,涉及有关物权归属争议的,应当以法律、行政法规为依据。

## 二、部门规章及规范性文件

《商品房销售管理办法》

第十八条 商品房销售可以按套(单元)计价,也可以按套内建筑面积或者建筑面积计价。

商品房建筑面积由套内建筑面积和分摊的共有建筑面积组成,套内建筑面积部分为独立产权,分摊的共有建筑面积部分为共有产权,买受人按照法律、法规的规定对其享有权利,承担责任。

按套(单元)计价或者按套内建筑面积计价的,商品房买卖合同中应当注明建筑面积和分摊的共有建筑面积。

## ▶ 条文释义

### 一、本条主旨

本条是关于共有部分产生收益的归属的规定。

### 二、条文演变

原《物权法》未对建筑物共有部分产生的收益的归属作出规定,《建筑物区分所有权解释》第14条对业主共有权受到侵害应如何处理以及建设单位、物业服务企业等利用业主共有部分从事经营性活动产生收益的归属进行了规定。这为实践中业主起诉建设单位、物业服务企业或者其他管理人返还共有部分收益的处理提供了具体明确的裁判指引。《民法典》吸纳了上述司法解释规定,增加了关于建筑物共有部分产生的收益归属的规定,进一步健全了我国物权制度。

### 三、条文解读

《民法典》明确规定建筑物共有部分产生的收益属于业主所有,旨在加强对建筑物业主权利的保护。实践中,在理解本条规定时,应注意把握两个方面的问题:一是共有部分范围的界定;二是共有部分收益的认定。

#### (一)共有部分范围的界定

关于建筑物共有部分,《民法典》第271条规定:"业主对建筑物内的住宅、经营性用房等专有部分享有所有权,对专有部分以外的共有部分享有共有和共同管理的权利。"第274条规定:"建筑区划内的道路,属于业主共有,但是属于城镇公共道路的除外。建筑区划内的绿地,属于业主共有,但是属于城镇公共绿地或者明示属于个人的除外。建筑区划内的其他公共场所、公用设施和物业服务用房,属于业主共有。"第275条第2款规定:"占用业主共有的道路或者其他场地用于停放汽车的车位,属于业主共有。"上述规定对业主共有部分范围的界定采用了排除加列举的方式。《建筑物区分所有权解释》第3条规定:"除法律、行政法规规定的共有部分外,建筑区划内的以下部分,也应当认定为民法典第二编第六章所称的共有部分:(一)建筑物的基础、承重结构、外墙、屋顶等基本结构部分,通道、楼梯、大堂等公共通行部分,消防、公共照明等附属设施、设备,避难层、设备层或者设备间等结构部分;(二)其他不属于业主专有部分,也不属于市政公用部分或者其他权利人所有的场所及设施等。""建筑区划内的土地,依法由业主共同享有建设用地使用权,但属于业主专有的整栋建筑物的规划占地或者城镇公共道路、绿地占地除外。"在建筑物共有部分中,实践中能被利用并产生收益的,主要包括:(1)车库、车位。根据《民法典》第276条的规定,小区内的车库、车位首先应当满足业主的需要,在满足业主合理需要的情况下,如果还有剩余,建设单位、物业服务企业或者其他管理人经业主同意可以将剩余的车库、车位出租给业主以外的第三人,用于收取租金。(2)楼顶平台、建筑外墙面。楼顶平台、建筑物外墙面属于建筑物的整体构造部分,应当属于全体业主共有。实践中,建设单位或者物业服务企业利用楼顶平台、建筑物外墙面建设置广告产生的收益,应当属于全体业主共有。(3)建筑物基本构造部分中的走廊、楼梯、过道、电梯间。建设单位或物业服务机构在这些位置设置广告位,由此产生的收益属于全体业主共有。

## （二）共有部分的收益的认定

本条明确规定建设单位、物业服务企业或者其他管理人等利用业主的共有部分产生的收入，在扣除合理成本之后，属于业主共有。所谓"合理成本"是指产生收益所必须发生的费用。法律规定建设单位等利用建筑物共有部分进行经营活动产生的收入应归业主共有，那么实施经营活动所发生的经营成本理应由业主承担。对于经营成本的支出及其合理性根据"谁主张，谁举证"的原则，应由请求扣除的建设单位、物业服务企业或者其他管理人承担举证责任。扣除合理成本后的收益，应归属于全体业主共有。建筑物共有部分收益的使用和分配属于有关共有和共同管理权利的其他重大事项，根据《民法典》第278条的规定，应由业主共同决定。业主既可以决定将该收益用于补充专项维修资金，也可以决定将其分配给全体业主。

## ▶ 适用指引

第一，认定共有部分的收益时，应注意扣除必要的管理成本。实践中，建设单位、物业服务企业或者其他管理人利用业主共有部分从事经营活动获取的收益，业主或者业主委员会作为原告起诉请求归还的，人民法院应当予以支持。但需要注意，这里的收益应扣除物业服务企业或其他管理人管理共有部分产生的合理成本。物业服务企业或其他管理人主张扣除合理成本的，应当提供对共有部分进行管理的收入和支出报表等证据证明所发生的费用是合理的、必要的。

第二，业主或业主委员会起诉请求返还共有部分收益，物业服务企业或其他管理人主张以共有部分收益抵销部分业主欠付的物业费的，人民法院不予支持。共有部分产生的收益由全体业主共有，该收益的债权人为全体业主。欠付物业费的债务人为部分业主。两个债权债务的主体不同，不符合法定抵销的条件。

## 类案检索

**一、济南市历下区绿景嘉园业主委员会与济南新东兴物业管理有限公司物业服务合同纠纷案**

关键词：共有部分收益归属　合理成本　业主共有权

裁判摘要：小区电梯、外墙、大门、公共车位属于业主的共有部分。物业服务企业利用上述共有部分产生的收入，在扣除合理成本后，属于业主共有。

【案　　号】（2021）鲁01民终10568号

【审理法院】山东省济南市中级人民法院

【来　　源】中国裁判文书网

**二、贵阳市森林故事小区业主管理委员会与贵州宏宇汽车贸易有限公司业主共有权纠纷案**

关键词：共有部分收益归属　非住宅业主

裁判摘要：非住宅房屋所有权人属于业主，对建筑物共有部分产生的收益享有共有的权利。业主委员会以建筑物房屋所有权人为非住宅业主，抗辩其不得享有建筑物共有部分收益的，人民法院不予支持。

【案　　号】（2021）黔01民终4214号

【审理法院】贵州省贵阳市中级人民法院

【来　　源】中国裁判文书网

> 第二百八十三条　建筑物及其附属设施的费用分摊、收益分配等事项，有约定的，按照约定；没有约定或者约定不明确的，按照业主专有部分面积所占比例确定。

## ▶ 关联规定

法律、行政法规、司法解释

《最高人民法院关于审理建筑物区分所有权纠纷案件适用法律若干问题的解释》

第八条　民法典第二百七十八条第二款和第二百八十三条规定的专有部分面积可以按照不动产登记簿记载的面积计算；尚未进行物权登记的，暂按测绘机构的实测面积计算；尚未进行实测的，暂按房屋买卖合同记载的面积计算。

## ▶ 条文释义

### 一、本条主旨

本条是关于建筑物及其附属设施的费用分摊、收益分配的规定。

### 二、条文演变

《民法典》本条在原《物权法》第80条的基础上作了修改完善。原《物权法》第80条规定："建筑物及其附属设施的费用分摊、收益分配等事项，有约定的，按照约定；没有约定或者约定不明确的，按照业主专有部分占建筑物总面积的比例确定。"在《民法典》编纂过程中，有意见提出，此处的"建筑物总面积"应该是"建筑物专有部分总面积"，建议修改。《民法典》吸收了上述建议，将"按照业主专有部分占建筑物总面积的比例确定"修改为本条中的"按照业主专有部分面积所占比例确定"。

## 三、条文解读

业主对建筑物共有部分及其附属设施享有共有和共同管理的权利。为保障建筑物及其附属设施的正常运转和使用,对建筑物共有部分及其附属设施进行养护和维修必然会产生一定的费用。建筑物共有部分及其附属设施的费用,主要指对共有部分及附属设施的修缮、管理、维护等费用。建筑物共有部分的收益,指收取共有部分的天然孳息及法定孳息。本条对建筑物共有部分及其附属设施的费用分摊、收益分配等事项进行了明确规定,主要内容:一是约定优先原则。本条明确规定了业主对建筑物及其附属设施的费用分摊、收益分配等事项适用约定优先原则。业主或者管理规约对建筑物及其附属设施的费用分摊、收益分配等事项有约定的,应当优先按照约定进行处理。对于业主的此类约定,应当承认其效力,法律一般不予干涉。但需要注意的是,业主对上述事项的约定并非不受任何限制,仍应遵守法律法规的规定。如果业主的此类约定违反公平原则,赋予某一类业主较大权益或承担较少的义务,违反公序良俗或者法律法规禁止性规定的,该约定应为无效。二是按照专有部分面积所占比例标准确定。当业主对建筑物及其附属设施的费用分摊、收益分配等事项没有约定时,应按照业主专有部分面积所占比例进行确定,具体计算公式为专有部分面积/建筑物总面积×100%。对于专有部分面积及建筑物总面积的认定标准,《建筑物区分所有权解释》第8条规定,在计算业主大会表决时表决权的表决能力,或者计算费用分摊和收益分配的比例需确定的专有部分面积的计算标准时,可以按照下列方法认定:专有部分面积,按照不动产登记簿记载的面积计算;尚未进行物权登记的,暂按测绘机构的实测面积计算;尚未进行实测的,暂按房屋买卖合同记载的面积计算。

## ▶ 适用指引

业主拒绝交纳维修资金,并以诉讼时效期间经过为由提出抗辩的,人民法院不予支持。维修资金性质上属于专项资金,系为特定目的,即为住宅共用部位、共用设施设备保修期满后的维修和更新、改造而专设的资金,维修资金是为了准备应急性地维修、更新或改造区分所有建筑物的共有部分而设,具有公共性、公益性。维修资金单独筹集、专户存储、单独核算,属于全体业主共有。交纳维修资金是为特定范围的公共利益，即建筑物的全体业主共同利益而特别确立的一项法定义务，这种义务的产生与存在仅仅取决于义务人是否属于区分所有建筑物范围内的住宅或非住宅的所有权人。因此，交纳维修资金的义务是一种旨在维护共同或公共利益的法定义务，其只存在补交问题，不存在因时间经过而可以不交的问题。业主大会可代表全体业主行使维护小区共同或公共利益之职责的管理权，起诉业主要求补交维修资金。未依法交纳维修资金的业主以业主大会起诉追讨维修资金已超过诉讼时效进行抗辩的，该抗辩理由不能成立。人民法院应当根据被告业主所有的物业面积，按照同期其他业主交纳维修资金的计算标准算出其应交纳的维修资金数额。

关于建筑物及其附属设施的费用分摊，实践中最常见的就是高层住宅小区中的电梯运行费的问题。高层住宅小区中，低楼层的业主往往会以不使用电梯为由，拒绝分担电梯的运行费和维修费。在建筑物中，电梯属于业主共有部分，不论业主属于低楼层住户还是高楼层住户都对电梯享有共有权，因此对于电梯产生的运行费用，全体业主都有分摊的义务。低楼层业主不得以不行使权利为由不履行义务。

## ▶ 指导案例

**指导案例65号：上海市虹口区久乐大厦小区业主大会诉上海环亚实业总公司业主共有权纠纷案**

（最高人民法院审判委员会讨论通过 2016年9月19日发布）

**关键词**：民事 业主共有权 专项维修资金 法定义务 诉讼时效

**裁判要点**：专项维修资金是专门用于物业共用部位、共用设施设备保修期满后的维修和更新、改造的资金，属于全体业主共有。缴纳专项维修资金是业主为维护建筑物的长期安全使用而应承担的一项法定义务。业主拒绝缴纳专项维修资金，并以诉讼时效提出抗辩的，人民法院不予支持。

**相关法条**：《中华人民共和国民法通则》第135条

《中华人民共和国物权法》第79条、第83条第2款

《物业管理条例》第7条第4项、第54条第1款、第2款

**基本案情**：2004年3月，被告上海环亚实业总公司（以下简称环亚公司）

取得上海市虹口区久乐大厦底层、二层房屋的产权，底层建筑面积691.36平方米、二层建筑面积910.39平方米。环亚公司未支付过上述房屋的专项维修资金。2010年9月，原告久乐大厦小区业主大会（以下简称久乐业主大会）经征求业主表决意见，决定由久乐业主大会代表业主提起追讨维修资金的诉讼。久乐业主大会向法院起诉，要求环亚公司就其所有的久乐大厦底层、二层的房屋向原告缴纳专项维修资金57566.9元。被告环亚公司辩称，其于2004年获得房地产权证，至本案诉讼有6年之久，原告从未主张过维修资金，该请求已超过诉讼时效，不同意原告诉请。

**裁判结果：**上海市虹口区人民法院于2011年7月21日作出（2011）虹民三（民）初字第833号民事判决：被告环亚公司应向原告久乐业主大会缴纳久乐大厦底层、二层房屋的维修资金57566.9元。宣判后，环亚公司向上海市第二中级人民法院提起上诉。上海市第二中级人民法院于2011年9月21日作出（2011）沪二中民二（民）终字第1908号民事判决：驳回上诉，维持原判。

**裁判理由：**法院生效裁判认为：《中华人民共和国物权法》（以下简称《物权法》）第七十九条规定，"建筑物及其附属设施的维修资金，属于业主共有。经业主共同决定，可以用于电梯、水箱等共有部分的维修。"《物业管理条例》第五十四条第二款规定，"专项维修资金属于业主所有，专项用于物业保修期满后物业共用部位、共用设施设备的维修和更新、改造，不得挪作他用"。《住宅专项维修资金管理办法》（建设部、财政部令第165号）（以下简称《办法》）第二条第二款规定，"本办法所称住宅专项维修资金，是指专项用于住宅共用部位、共用设施设备保修期满后的维修和更新、改造的资金。"依据上述规定，维修资金性质上属于专项基金，系为特定目的，即为住宅共用部位、共用设施设备保修期满后的维修和更新、改造而专设的资金。它在购房款、税费、物业费之外，单独筹集、专户存储、单独核算。由其专用性所决定，专项维修资金的缴纳并非源于特别的交易或法律关系，而是为了准备应急性地维修、更新或改造区分所有建筑物的共有部分。由于共有部分的维护关乎全体业主的共同或公共利益，所以维修资金具有公共性、公益性。

《物业管理条例》第七条第四项规定，"业主在物业管理活动中，应当履行按照国家有关规定交纳专项维修资金的义务。"第五十四条第一款规定，"住宅物业、住宅小区内的非住宅物业或者与单幢住宅楼结构相连的非住宅物业的业主，应当按照国家有关规定交纳专项维修资金。"依据上述规定，缴纳专项维修资金是为特定范围的公共利益，即建筑物的全体业主共同利益而特别确立的一项法定义务，这种义务的产生与存在仅仅取决于义务人是否属于区分所有建筑物范围内的住宅或非住宅所有权人。因此，缴纳专项维修资金的义务是一种旨在维护共同或公共利益的法定义务，其只存在补缴问题，不存在因时间经过而可以不缴的问题。

业主大会要求补缴维修资金的权利，是业主大会代表全体业主行使维护小区共同或公共利益之职责的管理权。如果允许某些业主不缴纳维修资金而可享有以其他业主的维修资金维护共有部分而带来的利益，其他业主就有可能在维护共有部分上支付超出自己份额的金钱，这违背了公平原则，并将对建筑物的长期安全使用，对全体业主的共有或公共利益造成损害。

基于专项维修资金的性质和业主缴纳专项维修资金义务的性质，被告环亚公司作为久乐大厦的业主，不依法自觉缴纳专项维修资金，并以业主大会起诉追讨专项维修资金已超过诉讼时效进行抗辩，该抗辩理由不能成立。原告根据被告所有的物业面积，按照同期其他业主缴纳专项维修资金的计算标准算出的被告应缴纳的数额合理，据此判决被告应当按照原告诉请支付专项维修资金。

## ▶ 类案检索

### 北海中房物业服务有限责任公司、冼某红物业服务合同纠纷案

**关键词：** 附属设施费用分摊

**裁判摘要：** 变压器事关小区全体业主的用电安全，属于小区附属设施，其产生的费用应由业主分摊。业主以其对变压器费用不知情为由，主张其不应承担的，人民法院不予支持。

【案　　号】（2022）桂0502民初117号

【审理法院】广西壮族自治区北海市海城区人民法院

【来　　源】中国裁判文书网

第二百八十四条　业主可以自行管理建筑物及其附属设施，也可以委托物业服务企业或者其他管理人管理。

对建设单位聘请的物业服务企业或者其他管理人，业主有权依法更换。

## 关联规定

法律、行政法规、司法解释

1.《中华人民共和国民法典》

第九百三十七条　物业服务合同是物业服务人在物业服务区域内，为业主提供建筑物及其附属设施的维修养护、环境卫生和相关秩序的管理维护等物业服务，业主支付物业费的合同。

物业服务人包括物业服务企业和其他管理人。

第九百四十条　建设单位依法与物业服务人订立的前期物业服务合同约定的服务期限届满前，业主委员会或者业主与新物业服务人订立的物业服务合同生效的，前期物业服务合同终止。

第九百四十六条　业主依照法定程序共同决定解聘物业服务人的，可以解除物业服务合同。决定解聘的，应当提前六十日书面通知物业服务人，但是合同对通知期限另有约定的除外。

依据前款规定解除合同造成物业服务人损失的，除不可归责于业主的事由外，业主应当赔偿损失。

2.《物业管理条例》

第二十一条　在业主、业主大会选聘物业服务企业之前，建设单位选聘物业服务企业的，应当签订书面的前期物业服务合同。

第二十四条　国家提倡建设单位按照房地产开发与物业管理相分离的原则，通过招投标的方式选聘物业服务企业。

住宅物业的建设单位，应当通过招投标的方式选聘物业服务企业；投标人少于 3 个或者住宅规模较小的，经物业所在地的区、县人民政府房地产行政主管部门批准，可以采用协议方式选聘物业服务企业。

第二十五条　建设单位与物业买受人签订的买卖合同应当包含前期物业服务合同约定的内容。

第二十六条　前期物业服务合同可以约定期限；但是，期限未满、业主委员会与物业服务企业签订的物业服务合同生效的，前期物业服务合同终止。

第三十四条　业主委员会应当与业主大会选聘的物业服务企业订立书面的物业服务合同。

物业服务合同应当对物业管理事项、服务质量、服务费用、双方的权利义务、专项维修资金的管理与使用、物业管理用房、合同期限、违约责任等内容进行约定。

第三十五条　物业服务企业应当按照物业服务合同的约定，提供相应的服务。

物业服务企业未能履行物业服务合同的约定，导致业主人身、财产安全受到损害的，应当依法承担相应的法律责任。

## ▶ 条文释义

### 一、本条主旨

本条是关于建筑物及其附属设施管理的规定。

### 二、条文演变

《民法典》本条与原《物权法》第 81 条的规定完全一致。在历次《民法典》草案的修改中无变化。根据《民法典》第 937 条，物业服务人包括物业服务企业和其他管理人，而《物业管理条例》仅规范业主和物业服务企业之间的物业服务关系，故将物业管理定义为物业服务企业依照与业主之间的物业服务合同，为业主提供物业服务的活动。这与我国物业管理从单位管理到市场化转型后形成的一体化物业管理现状有密切关系。

2018 年修订的《物业管理条例》将成立业主大会为业主的一项法定义务，由此在前期物业管理结束后的普通物业管理阶段，由业主大会或业主委员会委托物业服务企业进行管理也成了受法律约束的选择。这大大压缩了业主自主进行物业管理的意思自治空间。与此同时，业主大会的成立比例仍然相对较低，由建设单位与物业服务企业订立物业服务合同仍属于主要的物业服务法律依据。

本条虽然将业主作为自主管理，与物业服务企业、其他管理人订立物业服务合同，以及终止前期物业服务合同的主体，但是，在我国全体业主还不是法律主体的情况下，如何实现本条中规定的缔结和变更物业服务人的目的，需要结合物业管理的性质、物业管理的主体、物业服务合同的性质等展开分析。①

### 三、条文解读

（一）业主可以自行管理建筑物及其附属设施，也可以委托物业服务企业或者其他管理人管理

实践中，对建筑物及其附属设施进行管理主要有两种形式：一是业主委托物业服务企业或者其他管理人管理；二是业主自行管理。故本条第1款规定，业主可以自行管理建筑物及其附属设施，也可以委托物业服务企业或者其他管理人管理。

**1. 业主可以委托物业服务企业或者其他管理人管理建筑物及其附属设施**

物业服务企业通常是指符合法律规定，依法向业主提供物业服务的民事主体（市场主体），包括物业公司以及向业主提供服务的其他组织。物业公司，是指依法设立、具有独立法人资格，从事物业服务活动的企业。《物业管理条例》第32条规定，从事物业管理活动的企业应当具有独立的法人资格。

根据本条规定，业主可以委托物业服务企业或者其他管理人管理建筑物及其附属设施。《物业管理条例》对物业服务企业作了相关规定，如第3条规定，国家提倡业主通过公开、公平、公正的市场竞争机制选择物业服务企业。第39条规定，物业服务企业可以将物业管理区域内的专项服务业务委托给专业性服务企业，但不得将该区域内的全部物业管理一并委托给他人。

**2. 业主可以自行管理建筑物及其附属设施**

对建筑物及其附属设施进行管理，并非必须委托物业服务企业或者其他管

---

① 参见孙宪忠、朱广新主编：《民法典评注：物权编》，中国法制出版社2020年版，第190~192页。

理人，除委托物业服务企业或者其他管理人外，也有业主自行管理的。根据本条规定，业主可以自行管理建筑物及其附属设施。此种情形大多发生在只有一个业主或者业主人数较少的建筑区划内。随着经济的发展、科技的进步，建筑领域不断出现新技术、新产品，建筑物及其附属设施的科技含量也越来越高，管理更为复杂，业主自行管理有一定难度，所以还是提倡选择专业化、市场化、社会化的物业服务人对建筑物及其附属设施进行管理。《物业管理条例》第4条规定，国家鼓励采用新技术、新方法，依靠科技进步提高物业管理和服务水平。

（二）依法成立的物业服务合同，对业主具有约束力

《民法典》合同编专章规定了物业服务合同，第937条第1款规定，物业服务合同是物业服务人在物业服务区域内，为业主提供建筑物及其附属设施的维修养护、环境卫生和相关秩序的管理维护等物业服务，业主支付物业费的合同。业主可以与物业服务企业或其他管理人签订物业服务合同，对房屋及配套的设施设备和相关场地进行维修、养护、管理并维护相关区域内的环境卫生和秩序。根据《物业管理条例》第2条规定，物业管理，是指业主通过选聘物业服务企业，由业主和物业服务企业按照物业服务合同约定，对房屋及配套的设施设备和相关场地进行维修、养护、管理，维护物业管理区域内的环境卫生和相关秩序的活动。双方通过签订物业服务合同对物业管理的相关权利义务进行约定。广义的物业服务合同，包括前期物业服务合同和普通物业服务合同。前期物业服务合同，是指在物业服务区域内的业主、业主大会选聘物业服务企业之前，由建设单位与其委托的物业服务企业或者其他管理人签订的合同。《物业管理条例》第21条规定："在业主、业主大会选聘物业服务企业之前，建设单位选聘物业服务企业的，应当签订书面的前期物业服务合同。"第24条规定："国家提倡建设单位按照房地产开发与物业管理相分离的原则，通过招投标的方式选聘物业服务企业。""住宅物业的建设单位，应当通过招投标的方式选聘物业服务企业；投标人少于3人或者住宅规模较小的，经物业所在地的区、县人民政府房地产行政主管部门批准，可以采用协议方式选聘物业服务企业。"普通物业服务合同，是指全体业主或者由业主委员会根据业主大会相关决议，与物业服务企业或者其他管理人签订的物业服务合同。其中，普通物业服务合同是实务中主要涉及的物业服务合同。前期物业服务合同与普通物业服

务合同的主要区别在于：一是合同签订主体不同。前期物业合同主要是由建设单位与物业服务企业签订；普通物业服务合同是由全体业主或业主委员会与物业服务企业或者其他管理人签订。实践中主要是由业主委员会来签订普通物业服务合同。二是合同内容不同。前期物业服务合同主要内容为对建筑物建成初期的养护、安全保障以及配合建设单位为未来将入住的业主提供服务等；普通物业服务合同主要内容为对房屋及配套的设施设备和相关场地进行维修、养护、管理，维护物业管理区域内的环境卫生和相关秩序的活动，保障业主的居住环境。三是前期物业服务合同存在于项目建成初期，业主入住人数较少尚未成立业主大会及业主委员会的时期，合同期限截至全体业主或业主委员会与物业服务企业的物业服务合同生效之时。前期物业服务合同可以约定履行期限；但是期限未满、业主委员会与物业服务企业或者其他管理人签订的物业服务合同生效的，前期物业服务合同终止。而在多数业主已经入住，建设单位基本撤出，业主大会及业主委员会已经产生的情况下，就应当签订普通物业服务合同，合同履行期限由双方当事人协商确定。这两种合同在时间上有衔接，合同目的都是为全体业主服务。普通物业服务合同是常态、大量存在的，前期物业服务合同是特定期限内存在的，具有时间性。

前期物业服务合同的签订主体为建设单位与物业服务企业，普通物业服务合同的签订主体为业主委员会与物业服务企业，但合同目的都是对小区进行物业管理，从而给业主提供良好的居住环境，实际上都属于为第三人也就是业主订立的合同。当建筑物建成后，就必须对建筑物及其附属设施进行管理，而业主是陆续入住建筑物，入住的时间可能会持续相当一段时间，在此期间内可能无法成立符合法律规定的业主大会及业主委员会，也很难与物业服务企业或者其他管理人签订普通物业服务合同，因此由建设单位先行与物业服务企业或者其他管理人签订前期物业服务合同十分必要。不仅合同订立时已入住的业主应当受到前期物业服务合同的约束，在前期物业服务合同订立后、普通物业服务合同订立前入住的业主，也应当受到前期物业服务合同的约束。而在符合法律规定的业主大会与业主委员会成立后，就应当由业主委员会与业主大会选聘的物业服务企业或者其他管理人订立书面的物业服务合同，对物业管理事项、服务质量、服务费用、双方的权利义务、专项维修资金的管理与使用等内容进行约定。依法成立的物业服务合同，除对建设单位、业主委员会、物业服务企业或者其他管理人有约束力之外,对业主也具有法律意义上的约束力,业主享有合同中的相关权利的同时,也承担合同义务,受合同条款的规范和调整。①

**(三)对建设单位聘请的物业服务企业或者其他管理人,业主有权依法更换**

通常情况下,一栋楼或者一个住宅小区建好后,就要对建筑物及其附属设施进行管理,但业主可能是陆陆续续迁入居住的,业主大会尚未成立,不能及时委托物业服务企业。在这种情况下,只能由建设单位选聘物业服务企业对建筑物及其附属设施进行管理。《民法典》第939条规定,建设单位依法与物业服务人订立的前期物业服务合同,以及业主委员会与业主大会依法选聘的物业服务人订立的物业服务合同,对业主具有法律约束力。《物业管理条例》第3章专章规定了前期物业管理,对前期物业服务企业的选聘等作出了规定。如第24条规定,国家提倡建设单位按照房地产开发与物业管理相分离的原则,通过招投标的方式选聘具有相应资质的物业服务企业。住宅物业的建设单位,应当通过招投标的方式选聘物业服务企业;投标人少于3个或者住宅规模较小的,经物业所在地的区、县人民政府房地产行政主管部门批准,可以采用协议方式选聘物业服务企业。第26条规定,前期物业服务合同可以约定期限;但是,期限未满、业主委员会与物业服务企业签订的物业服务合同生效的,前期物业服务合同终止。对于建设单位前期选聘的物业服务企业或者管理人,业主可能满意,也可能不满意,如果不满意,业主有权对建设单位选聘的物业服务企业或者其他管理人进行更换。故本条第2款规定,对建设单位聘请的物业服务企业或者其他管理人,业主有权依法更换。②

---

① 参见最高人民法院民法典贯彻实施工作领导小组主编:《中华人民共和国民法典物权编理解与适用》,人民法院出版社2020年版,第410~412页。
② 参见黄薇主编:《中华人民共和国民法典释义》,法律出版社2020年版,第187~190页。

## ▶ 适用指引

### 一、业主不得以未参与物业服务合同的签订、不知晓其内容、非物业服务合同当事人为由,拒绝履行物业服务合同的义务

前期物业服务合同是为维护业主利益和物业区域正常秩序,由建设单位与依法选聘的物业服务企业或者其他管理人签订的合同。普通物业服务合同是业主委员会按照授权与业主大会选聘的物业服务企业或者其他管理人订立的物业服务合同,是业主自治权行使的结果。物业服务合同不同于一般的服务合同,业主虽然不是合同的签订者,但其是物业服务合同项下权利义务的实际享有者和承担者。建设单位依法与物业服务企业签订的前期物业服务合同,以及业主委员会与业主大会依法选聘的物业服务企业签订的物业服务合同,对业主具有约束力。业主以其并非合同当事人为由提出抗辩的,人民法院不予支持。无论是前期物业服务合同还是普通物业服务合同,除对于合同缔约主体有约束力以外,对全体业主也同样具有约束力,全体业主应当按照物业服务合同的约定享受权利、履行义务,不得以非合同当事人为由拒绝履行合同义务。

### 二、业主更换建设单位聘请的物业服务企业或者其他管理人应符合法定程序

根据物业服务合同的约定,物业服务企业或者其他管理人的义务就是提供服务、遵守并认真履行合同。其获取利益的前提是必须如约履行义务,因此,对其理应承担的义务和责任,不得规避。当物业服务企业或其他管理人不全面履行合同义务,损害业主权利时,业主有权解除服务合同,更换物业服务企业,但必须遵循法定程序。《民法典》第278条规定"下列事项由业主共同决定:……(四)选聘和解聘物业服务企业或者其他管理人",同时规定业主共同决定事项,应当由专有部分面积占比2/3以上的业主且人数占比2/3以上的业主参与表决。决定选聘和解聘物业服务企业或者其他管理人的,应当经参与表决专有部分面积过半数的业主且参与表决人数过半数的业主同意。更换建设单位聘请的物业服务企业或者其他管理人是一个涉及面广、程序复杂且与每位业主利益息息相关的问题。因此,业主作出选聘和解聘建设单位聘请的物业服

务企业的决定的，应当在成立业主大会后，通过业主共同决定的形式来行使对该事项的表决权。①

## 类案检索

### 桐城市鲁强物业管理有限公司与李某物业服务合同纠纷案

**关键词**：前期物业服务合同　物业费

**裁判摘要**：业主应当遵守法律、法规以及管理规约。业主可以自行管理建筑物及其附属设施，也可以委托物业服务企业或者其他管理人管理。对建设单位聘请的物业服务企业或者其他管理人，业主有权依法更换。在东湖铭邸小区业主、业主大会选聘物业服务企业之前，建设单位选聘鲁强物业为东湖铭邸小区提供前期物业服务，其收费标准得到了桐城市物价局许可。建设单位依法与物业服务企业签订的前期物业服务合同，以及业主委员会与业主大会依法选聘的物业服务企业签订的物业服务合同，对业主具有约束力。桐城市凯瑞置业有限公司与鲁强物业签订的东湖铭邸小区前期物业服务合同，系建设单位依法与物业服务企业签订的前期物业服务合同，该合同合法有效，对东湖铭邸小区的业主具有约束力。被告李某提供的证据不足以证明原告鲁强物业未为东湖铭邸小区提供前期物业服务，对物业管理及服务水平存在的问题，各业主可以通过正当渠道提出建议，但不能据此不支付物业费用。

【案　　号】（2021）皖0881民初623号

【审理法院】安徽省安庆市桐城市人民法院

【来　　源】中国裁判文书网

---

① 参见最高人民法院民法典贯彻实施工作领导小组主编：《中华人民共和国民法典物权编理解与适用》，人民法院出版社2020年版，第413~414页。

**第二百八十五条** 物业服务企业或者其他管理人根据业主的委托，依照本法第三编有关物业服务合同的规定管理建筑区划内的建筑物及其附属设施，接受业主的监督，并及时答复业主对物业服务情况提出的询问。

物业服务企业或者其他管理人应当执行政府依法实施的应急处置措施和其他管理措施，积极配合开展相关工作。

## ▶ 关联规定

法律、行政法规、司法解释

1.《中华人民共和国民法典》

**第九百三十七条** 物业服务合同是物业服务人在物业服务区域内，为业主提供建筑物及其附属设施的维修养护、环境卫生和相关秩序的管理维护等物业服务，业主支付物业费的合同。

物业服务人包括物业服务企业和其他管理人。

**第九百三十八条** 物业服务合同的内容一般包括服务事项、服务质量、服务费用的标准和收取办法、维修资金的使用、服务用房的管理和使用、服务期限、服务交接等条款。

物业服务人公开作出的有利于业主的服务承诺，为物业服务合同的组成部分。

物业服务合同应当采用书面形式。

2.《中华人民共和国突发事件应对法》

**第三条** 本法所称突发事件，是指突然发生，造成或者可能造成严重社会危害，需要采取应急处置措施予以应对的自然灾害、事故灾难、公共卫生事件和社会安全事件。

按照社会危害程度、影响范围等因素，自然灾害、事故灾难、公共卫生事件分为特别重大、重大、较大和一般四级。法律、行政法规或者国务院另有规定的，从其规定。

突发事件的分级标准由国务院或者国务院确定的部门制定。

**第十一条** 有关人民政府及其部门采取的应对突发事件的措施，应当与突发事件可能造成的社会危害的性质、程度和范围相适应；有多种措施可供选择的，应当选择有利于最大程度地保护公民、法人和其他组织权益的措施。

公民、法人和其他组织有义务参与突发事件应对工作。

3.《物业管理条例》

**第三十四条** 业主委员会应当与业主大会选聘的物业服务企业订立书面的物业服务合同。

物业服务合同应当对物业管理事项、服务质量、服务费用、双方的权利义务、专项维修资金的管理与使用、物业管理用房、合同期限、违约责任等内容进行约定。

**第三十五条** 物业服务企业应当按照物业服务合同的约定，提供相应的服务。

物业服务企业未能履行物业服务合同的约定，导致业主人身、财产安全受到损害的，应当依法承担相应的法律责任。

**第四十五条** 对物业管理区域内违反有关治安、环保、物业装饰装修和使用等方面法律、法规规定的行为，物业服务企业应当制止，并及时向有关行政管理部门报告。

有关行政管理部门在接到物业服务企业的报告后，应当依法对违法行为予以制止或者依法处理。

**第四十六条** 物业服务企业应当协助做好物业管理区域内的安全防范工作。发生安全事故时，物业服务企业在采取应急措施的同时，应当及时向有关行政管理部门报告，协助做好救助工作。

物业服务企业雇请保安人员的，应当遵守国家有关规定。保安人员在维护物业管理区域内的公共秩序时，应当履行职责，不得侵害公民的合法权益。

**第四十七条** 物业使用人在物业管理活动中的权利义务由业主和物业使用人约定，但不得违反法律、法规和管理规约的有关规定。

物业使用人违反本条例和管理规约的规定，有关业主应当承担连带责任。

## 条文释义

### 一、本条主旨

本条是关于物业服务企业或者其他管理人与业主关系以及物业服务企业或者其他管理人执行政府依法实施的管理措施的义务的规定。

### 二、条文演变

本条由原《物权法》第82条修改而来。原《物权法》第82条规定："物业服务企业或者其他管理人根据业主的委托管理建筑区划内的建筑物及其附属设施，并接受业主的监督。"《民法典各分编（草案）》第80条增加了"物业服务企业或者其他管理人应当及时答复业主对物业服务情况提出的质询"。《民法典物权编（草案）》（二次审议稿）第80条将《民法典各分编（草案）》新增的一句单列作为第2款，并在第1款的"根据业主委托"之后，增加了"依照本法合同编有关物业服务合同的规定"的表述。2019年12月发布的《民法典（草案）》第285条将第2款中的"质询"改为"询问"。

本条将《民法典（草案）》第285条第1款和第2款的内容合并作为第1款，并将"合同编"改为"第三编"。新增了第2款，强化了物业服务人的应急管理义务。

本条第1款明确了物业服务人的义务应适用《民法典》合同编有关物业服务合同的规定，由此肯定了物业服务合同属于有名合同，物业服务人所负担的义务为债权性义务而非物权性义务的特征。第1款增设的询问权呼应了本条中业主对物业服务的监督权，与《民法典》第942条第1款前三句规定的物业服务合同的主给付义务，以及该条第1款最后一句规定的保护业主的人身、财产安全的从给付义务相对应。第943条进一步规定了物业服务人对服务情况的定期公开及报告制度，在保护业主知情权的同时，便利其监督权的行使。

在《民法典》编纂过程中，2020年初发生新冠肺炎疫情，本条增设的第2款与第286条第1款第二句分别规定了物业服务人对政府依法实施的强制的应急处置措施的执行与实施义务，以及业主对物业服务人执行政府依法实施的应急处置措施和其他管理措施的法定配合义务。本条的产生具有一定的突发重大公共卫生事件的政治和社会背景，但规范的内容不限于此，而是为物业服务人和业主创设了执行政府管理措施的一般性、法定的配合义务。

如何理解物业服务人员这一法定义务的性质，以及由此形成的与业主之间的关系，需要结合《民法典》《传染病防治法》《突发公共卫生事件应急条例》等法律法规，以及行政行为的理论进行分析。①

### 三、条文解读

#### （一）物业服务企业或者其他管理人与业主关系

本条第1款规定："物业服务企业或者其他管理人根据业主的委托，依照本法第三编有关物业服务合同的规定管理建筑区划内的建筑物及其附属设施，接受业主的监督，并及时答复业主对物业服务情况提出的询问。"

第一，业主与物业服务企业或者其他管理人之间是一种合同关系。根据《民法典》第284条的规定，业主可以选择物业服务企业或者其他管理人对建筑区划内的建筑物及其附属设施进行管理。选聘物业服务企业或者其他管理人的办法、程序等，应当依据本法第278条的规定由业主共同决定。业主选聘物业服务企业或者其他管理人后，应当签订物业管理合同，将自己对建筑物及其附属设施的管理权利委托给选聘的物业服务企业或者其他管理人。《物业管理条例》第34条第1款规定，业主委员会应当与业主大会选聘的物业服务企业订立书面的物业服务合同。因此，业主与物业服务企业或者其他管理人之间是一种合同关系。本次《民法典》编纂过程中，根据合同实践的发展，在《民法典》合同编典型合同中，专章规定了物业服务合同，对物业服务合同的内涵、权利义务关系等作了规定。

在物业服务合同中，业主应当对自己委托物业服务企业或者其他管理人的权限范围、双方的权利义务、合同期限、违约责任等作出规定。本法第938条规定："物业服务合同的内容一般包括服务事项、服务质量、服务费用的标准和收取办法、维修资金的使用、服务用房的管理和使用、服务期限、服务交接等条款。""物业服务人公开作出的有利于业主的服务承诺，为物业服务合同的组成部分。""物业服务合同应当采用书面形式。"《物业管理条例》第34条第2

---

① 参见孙宪忠、朱广新主编：《民法典评注：物权编》，中国法制出版社2020年版，第202~203页。

款规定，物业服务合同应当对物业管理事项、服务质量、服务费用、双方的权利义务、专项维修资金的管理与使用、物业管理用房、合同期限、违约责任等内容进行约定。

第二，物业服务企业或者其他管理人根据业主的委托，依照《民法典》合同编有关物业服务合同的规定管理建筑区划内的建筑物及其附属设施。物业服务企业或者其他管理人与业主签订委托合同后，应当根据业主的委托，依照《民法典》合同编有关物业服务合同的规定和合同的约定向业主提供相应的服务。本次《民法典》编纂在合同编增加规定了物业服务合同一章，对物业服务合同的内容、权利义务等作出了明确规定，因此，在《民法典》编纂过程中，在本条"管理建筑区划内的建筑物及其附属设施"前增加"依照本法第三编有关物业服务合同的规定"，对合同内容以及权利义务作出进一步的指引性规定。

《民法典》以及行政法规总结实践经验，对物业服务企业或者其他管理人的管理行为作了一些规范性的规定。如《民法典》合同编规定，物业服务人将物业服务区域内的部分专项服务事项委托给专业性服务组织或者其他第三人的，应当就该部分专项服务事项向业主负责。物业服务人不得将其应当提供的全部物业服务转委托给第三人，或者将全部物业服务肢解后分别转委托给第三人。物业服务人应当按照约定和物业的使用性质，妥善维修、养护、清洁、绿化和经营管理物业服务区域内的业主共有部分，维护物业服务区域内的基本秩序，采取合理措施保护业主的人身、财产安全。对物业服务区域内违反有关治安、环保、消防等法律法规的行为，物业服务人应当及时采取合理措施制止、向有关行政主管部门报告并协助处理。《物业管理条例》规定，物业服务企业应当按照物业服务合同的约定，提供相应的服务。物业服务企业未能履行物业服务合同的约定，导致业主人身、财产安全受到损害的，应当依法承担相应的法律责任。物业服务企业可以将物业管理区域内的专项服务业务委托给专业性服务企业，但不得将该区域内的全部物业管理一并委托给他人。物业使用人在物业管理活动中的权利义务由业主和物业使用人约定，但不得违反法律、法规和管理规约的有关规定。物业服务企业可以根据业主的委托提供物业服务合同约定以外的服务项目，服务报酬由双方约定。物业管理区域内，供水、供电、供气、供热、通信、有线电视等单位应当向最终用户收取有关费用。物业服务企业接受委托代收前述有关费用的，不得向业主收取手续费等额外费用。对物业管理区域内违反有关治安、环保、物业装饰装修和使用等方面法律、法规规定的行为，物业服务企业应当制止，并及时向有关行政管理部门报告。有关行政管理部门在接到物业服务企业的报告后，应当依法对违法行为予以制止或者依法处理。物业服务企业应当协助做好物业管理区域内的安全防范工作。发生安全事故时，物业服务企业在采取应急措施的同时，应当及时向有关行政管理部门报告，协助做好救助工作。物业服务企业雇请保安人员的，应当遵守国家有关规定。保安人员在维护物业管理区域内的公共秩序时，应当履行职责，不得侵害公民的合法权益。此外，《民法典》合同编还对合同期限届满前后及合同终止如何处理作了规定。

第三，物业服务企业或者其他管理人管理建筑区划内的建筑物及其附属设施，接受业主的监督。物业管理是否符合合同约定，涉及建筑区划内的建筑物及其附属设施能否正常有效的运转，建筑区划内的治安、环保、卫生、消防等许多方面，涉及每个业主的切身利益，关系着社会的和谐与安定，因此，在履行物业服务合同的过程中，物业服务企业或者其他管理人应当接受业主的监督。《物业管理条例》规定，业主可以监督物业服务企业履行物业服务合同，对物业共用部位、共用设施设备和相关场地使用情况享有知情权和监督权。业主委员会应当及时了解业主、物业使用人的意见和建议，监督和协助物业服务企业履行物业服务合同。业主对物业服务企业或者其他管理人的监督具体可以采取如下不同形式，如对物业服务企业履行合同的情况提出批评、建议，查询物业服务企业在履行合同中形成的有关物业管理的各种档案材料，查询物业服务企业的收费情况等。业主对物业服务企业的监督有利于其更好地向业主提供服务，履行好合同规定的义务。此外，《民法典》第943条规定，物业服务人应当定期将服务的事项、负责人员、质量要求、收费项目、收费标准、履行情况，以及维修资金使用情况、业主共有部分的经营与收益情况等以合理方式向业主公开并向业主大会、业主委员会报告。

第四，物业服务企业或者其他管理人应当及时答复业主对物业服务情况提出的询问。在《民法典》编纂过程中，有的意见提出，《建筑物区分所有权解释》第13条规定，业主请求公布、查阅下列应当向业主公开的情况和资料的，人民法院应予支持：（1）建筑物及其附属设施的维修资金的筹集、使用情况；（2）管理规约、业主大会议事规则，以及业主大会或者业主委员会的决定及会议记录；（3）物业服务合同、共有部分的使用和收益情况；（4）建筑区划内规划用于停放汽车的车位、车库的处分情况；（5）其他应当向业主公开的情况和资料。建议增加业主知情权的相关规定。因此,本条第1款规定,业主有权询问物业服务企业或者其他管理人物业服务情况,业主对物业服务情况提出询问的,物业服务企业或者其他管理人应当及时答复。

(二)物业服务企业或者其他管理人执行政府依法实施的管理措施的义务

《突发事件应对法》第3条第1款规定:"本法所称突发事件,是指突然发生,造成或者可能造成严重社会危害,需要采取应急处置措施予以应对的自然灾害、事故灾难、公共卫生事件和社会安全事件。"第11条第2款规定,公民、法人和其他组织有义务参与突发事件应对工作。第49条规定了自然灾害、事故灾难或者公共卫生事件发生后,履行统一领导职责的人民政府可以采取的应急处置措施类型。突发事件应对工作,是关系国家经济社会发展全局和人民群众生命财产安全的大事,是全面贯彻落实科学发展观、构建社会主义和谐社会的重要内容。物业服务企业或者其他管理人除了管理建筑区划内的建筑物及其附属设施之外,在突发事件发生时,应当执行政府依法实施的应急处置措施和其他管理措施,积极配合开展相关工作,保障建筑区划内的人民群众生命财产安全与社会和谐稳定。[1]

本条第2款规定,物业服务企业或者其他管理人应当执行政府依法实施的应急处置措施和其他管理措施,积极配合开展相关工作。本款是2020年5月提交大会审议的《民法典(草案)》增加的内容。在新冠肺炎疫情防控中,广大物业服务企业执行政府依法实施的防控措施,承担了大量具体工作,得到了社会普遍认可。在《民法典》编纂过程中,有意见提出,应该在《民法典(草案)》中增加相关规定。2020年5月《关于〈中华人民共和国民法典(草案)〉的说明》提到,结合疫情防控工作,明确物业服务企业和业主的相关责任和义务,增加规定物业服务企业或者其他管理人应当执行政府依法实施的应急处置措施和其他管理措施,积极配合开展相关工作,业主应当依法予以配合。因此,本条增加一款,规定了物业服务企业或者其他管理人的责任和义务,即物业服务企业或者其他管理人应当执行政府依法实施的应急处置措施和

---

[1] 参见最高人民法院民法典贯彻实施工作领导小组主编:《中华人民共和国民法典物权编理解与适用》,人民法院出版社2020年版,第419~420页。

其他管理措施，积极配合开展相关工作。①

## ▶ 适用指引

### 一、对事实上的物业服务合同的认定

根据《民法典》第 490 条第 1 款的规定，当事人采用合同书形式订立合同的，自当事人均签名、盖章或者按指印时合同成立。在签名、盖章或者按指印之前，当事人一方已经履行主要义务，对方接受时，该合同成立。如果物业服务企业或者其他管理人以其实际行为向业主提供了物业服务，业主予以接受的，即便双方没有订立书面的物业服务合同或者没有在物业服务合同上签名，也应当认定物业服务企业或者其他管理人与业主存在事实上的物业服务合同关系。

### 二、对物业服务企业或者其他管理人违约行为的认定

物业服务企业或者其他管理人在物业服务管理活动中，主要的违约行为有：（1）物业服务企业或者其他管理人未按物业服务合同约定的内容或违反合同要求向住户提供服务；（2）未按服务合同约定对物业设施等进行维修、养护；（3）物业服务企业就业主受到的人身和财产损害未能履行物业服务合同的约定而存在的违约行为。物业服务管理的内容涉及面广，在实践中认定违约行为较为复杂，发生的纠纷也多种多样。不能简单认定只要是业主在物业服务管理区域内受到的人身和财产损害，物业服务企业或者其他管理人就应当承担完全的法律责任，要根据物业服务企业或者其他管理人在物业管理活动中是否完全遵守了法律法规的规定和物业服务合同的约定，以及在物业管理活动中是否存在过错等因素综合考虑进行认定。②

---

① 参见黄薇主编：《中华人民共和国民法典释义》，法律出版社 2020 年版，第 193~200 页。
② 参见最高人民法院民法典贯彻实施工作领导小组主编：《中华人民共和国民法典物权编理解与适用》，人民法院出版社 2020 年版，第 420 页。

## ▶ 类案检索

### 王某与天台县赤城街道天都花园业主委员会业主知情权纠纷案

**关键词：** 物业服务企业　业主知情权

**裁判摘要：** 第一，关于公开物业费和维修资金收支、使用情况的问题。业委会通过定期在小区公告栏张贴以及在电子屏幕中播放的方式对财务收支情况进行了公开，其中收入包含物业费、其他收入等，支出包含办公费用、人员工资、物业类开支等，项目类别及金额明确。业委会已在小区公共区域公布的事项（含物业费），应当视为业主已经知情，无须再次公开。至于维修资金，业委会辩称维修资金由政府有关部门保管，不清楚使用情况。专项维修资金的筹集、使用情况属于应当向业主公布的信息，业委会不清楚具体情况是怠于履职的表现，其应当向政府有关部门了解相关信息并对小区业主公开。第二，关于提供《管理规约》和《业主大会议事规则》，以及业主大会或者业主委员会的决定及会议记录的问题。业主通过诉讼行使知情权的方式为请求公布或者查阅。诉讼过程中，业委会提供了上述材料作为证据并表示业主可随时查阅。王某并未提供充分有效的证据证明其曾向业委会提出要求公布或者查阅上述材料而业委会予以拒绝，其知情权未受到侵害，对该项诉讼请求，法院不予支持。第三，关于公开共有部分使用收益情况以及小区车位、车库处分收益情况的问题。业委会出租部分房屋所得收益已在财务收支资料中予以体现，并通过小区公告栏张贴以及在电子屏幕中播放的方式予以公开。至于车位、车库的处分收益情况，建筑区划内规划用于停车的车位、车库初始属于建设单位，占用业主共有的道路或者其他共有部分用于停放车辆的车位属业主共有，现无充分证据显示业委会掌握了建筑区划内停车位的处分情况，王某也没有证据证明业委会利用小区内占用公共区域划分的停车位进行收费，故对该项诉讼请求，法院不予支持。第四，关于提供绿化养护、杀虫和施肥记录的问题。同上所述，绿化维护所支出的费用包含在财务收支资料中且已进行了公示，具体的养护时间、次数等记载于业委会2020年1月至8月的会议记录中，没有证据显示王某向业委会请求查阅详细绿化养护信息而业委会拒绝，其知情权未受到侵害，对该项诉讼请求，法院不予支持。第五，关于公开业委会委员及主要负责人的职业状况、薪资待遇情况和发放依据的问题。业委会成员的职业状况不属于法定的必须公开的内容。2016年至2020年，天都花园小区长期未委托物业服务企业管理建筑物及其附属设施，而由业主通过业委会自行管理。诉讼过程中，业委会已告知王某业委会成员按照每月2500元的标准领取物业劳动报酬，鉴于业委会成员与物业服务人员身份重合，该劳动报酬的发放情况应当公示。至于劳动报酬金额的合理性及正当性，不是本案业主知情权审查的范围。

【案　　号】（2020）浙1023民初2472号
【审理法院】浙江省台州市天台县人民法院
【来　　源】中国裁判文书网

第二分编 所有权 | 第六章 业主的建筑物区分所有权 | 第二百八十六条

> 第二百八十六条 业主应当遵守法律、法规以及管理规约，相关行为应当符合节约资源、保护生态环境的要求。对于物业服务企业或者其他管理人执行政府依法实施的应急处置措施和其他管理措施，业主应当依法予以配合。
>
> 业主大会或者业主委员会，对任意弃置垃圾、排放污染物或者噪声、违反规定饲养动物、违章搭建、侵占通道、拒付物业费等损害他人合法权益的行为，有权依照法律、法规以及管理规约，请求行为人停止侵害、排除妨碍、消除危险、恢复原状、赔偿损失。
>
> 业主或者其他行为人拒不履行相关义务的，有关当事人可以向有关行政主管部门报告或者投诉，有关行政主管部门应当依法处理。

## ▶ 关联规定

一、法律、行政法规、司法解释

1.《中华人民共和国民法典》

**第九条** 民事主体从事民事活动，应当有利于节约资源、保护生态环境。

**第二百七十二条** 业主对其建筑物专有部分享有占有、使用、收益和处分的权利。业主行使权利不得危及建筑物的安全，不得损害其他业主的合法权益。

**第二百七十三条** 业主对建筑物专有部分以外的共有部分，享有权利，承担义务；不得以放弃权利为由不履行义务。

业主转让建筑物内的住宅、经营性用房，其对共有部分享有的共有和共同管理的权利一并转让。

**第二百七十九条** 业主不得违反法律、法规以及管理规约，将住宅改变为经营性用房。业主将住宅改变为经营性用房的，除遵守法律、法规以及管理规约外，应当经有利害关系的业主一致同意。

**第九百四十四条** 业主应当按照约定向物业服务人支付物业费。物业服务人已经按照约定和有关规定提供服务的，业主不得以未接受或者无需接受相关物业服务为由拒绝支付物业费。

业主违反约定逾期不支付物业费的，物业服务人可以催告其在合理期限内支付；合理期限届满仍不支付的，物业服务人可以提起诉讼或者申请仲裁。

物业服务人不得采取停止供电、供水、供热、供燃气等方式催交物业费。

**第九百四十五条** 业主装饰装修房屋的，应当事先告知物业服务人，遵守物业服务人提示的合理注意事项，并配合其进行必要的现场检查。

业主转让、出租物业专有部分、设立居住权或者依法改变共有部分用途的，应当及时将相关情况告知物业服务人。

2.《物业管理条例》

**第七条** 业主在物业管理活动中，履行下列义务：

（一）遵守管理规约、业主大会议事规则；

（二）遵守物业管理区域内物业共用部位和共用设施设备的使用、公共秩序和环境卫生的维护等方面的规章制度；

（三）执行业主大会的决定和业主大会授权业主委员会作出的决定；

（四）按照国家有关规定交纳专项维修资金；

（五）按时交纳物业服务费用；

（六）法律、法规规定的其他义务。

**第十七条** 管理规约应当对有关物业的使用、维护、管理，业主的共同利益，业主应当履行的义务，违反管理规约应当承担的责任等事项依法作出约定。

管理规约应当尊重社会公德，不得违反法律、法规或者损害社会公共利益。

管理规约对全体业主具有约束力。

**第二十二条** 建设单位应当在销售物业之前，制定临时管理规约，对有关物业的使用、维护、管理，业主的共同利益，业主应当履行的义务，违反临时管理规约应当承担的责任等事项依法作出约定。

建设单位制定的临时管理规约，不得侵害物业买受人的合法权益。

**第二十三条** 建设单位应当在物业销售前将临时管理规约向物业买受人明示，并予以说明。

物业买受人在与建设单位签订物业买卖合同时，应当对遵守临时管理规约予以书面承诺。

**第四十五条** 对物业管理区域内违反有关治安、环保、物业装饰装修和使用等方面法律、法规规定的行为，物业服务企业应当制止，并及时向有关行政管理部门报告。

有关行政管理部门在接到物业服务企业的报告后，应当依法对违法行为予以制止或者依法处理。

**第四十九条** 物业管理区域内按照规划建设的公共建筑和共用设施，不得改变用途。

业主依法确需改变公共建筑和共用设施用途的，应当在依法办理有关手续后告知物业服务企业；物业服务企业确需改变公共建筑和共用设施用途的，应当提请业主大会讨论决定同意后，由业主依法办理有关手续。

**第五十条** 业主、物业服务企业不得擅自占用、挖掘物业管理区域内的道路、场地，损害业主的共同利益。

因维修物业或者公共利益，业主确需临时占用、挖掘道路、场地的，应当征得业主委员会和物业服务企业的同意；物业服务企业确需临时占用、挖掘道路、场地的，应当征得业主委员会的同意。

业主、物业服务企业应当将临时占用、挖掘的道路、场地，在约定期限内恢复原状。

**第五十二条** 业主需要装饰装修房屋的，应当事先告知物业服务企业。

物业服务企业应当将房屋装饰装修中的禁止行为和注意事项告知业主。

**第六十四条** 违反物业服务合同约定，业主逾期不交纳物业服务费用的，业主委员会应当督促其限期交纳；逾期仍不交纳的，物业服务企业可以向人民法院起诉。

**3.《最高人民法院关于审理物业服务纠纷案件适用法律若干问题的解释》**

**第一条** 业主违反物业服务合同或者法律、法规、管理规约，实施妨碍物业服务与管理的行为，物业服务人请求业主承担停止侵害、排除妨碍、恢复原状等相应民事责任的，人民法院应予支持。

**4.《最高人民法院关于审理建筑物区分所有权纠纷案件适用法律若干问题的解释》**

**第四条** 业主基于对住宅、经营性用房等专有部分特定使用功能的合理需要，无偿利用屋顶以及与其专有部分相对应的外墙面等共有部分的，不应认定为侵权。但违反法律、法规、管理规约，损害他人合法权益的除外。

**第十五条** 业主或者其他行为人违反法律、法规、国家相关强制性标准、管理规约，或者违反业主大会、业主委员会依法作出的决定，实施下列行为的，可以认定为民法典第二百八十六条第二款所称的其他"损害他人合法权益的行为"：

（一）损害房屋承重结构，损害或者违章使用电力、燃气、消防设施，在建筑物内放置危险、放射性物品等危及建筑物安全或者妨碍建筑物正常使用；

（二）违反规定破坏、改变建筑物外墙面的形状、颜色等损害建筑物外观；

（三）违反规定进行房屋装饰装修；

（四）违章加建、改建，侵占、挖掘公共通道、道路、场地或者其他共有部分。

## 二、部门规章及规范性文件

《业主大会和业主委员会指导规则》

**第五条** 业主大会和业主委员会，对业主损害他人合法权益和业主共同利益的行为，有权依照法律、法规以及管理规约，要求停止侵害、消除危险、排除妨害、赔偿损失。

**第十八条** 管理规约应当对下列主要事项作出规定：

（一）物业的使用、维护、管理；

（二）专项维修资金的筹集、管理和使用；

（三）物业共用部分的经营与收益分配；

（四）业主共同利益的维护；

（五）业主共同管理权的行使；

（六）业主应尽的义务；

（七）违反管理规约应当承担的责任。

**第二十条** 业主拒付物业服务费，不缴存专项维修资金以及实施其他损害业主共同权益行为的，业主大会可以在管理规约和业主大会议事规则中对其共同管理权的行使予以限制。

## ▶ 条文释义

### 一、本条主旨

本条是关于业主的有关义务、业主大会和业主委员会制止损害他人合法权益行为以及有关当事人寻求行政救济的规定。

### 二、条文演变

关于业主有关义务、业主大会和业主委员会制止损害他人合法权益行为的条文，最早规定在原《物权法》第83条。该条规定："业主应当遵守法律、法规以及管理规约。""业主大会和业主委员会，对任意弃置垃圾、排放污染物或者噪声、违反规定饲养动物、违章搭建、侵占通道、拒付物业费等损害他人合法权益的行为，有权依照法律、法规以及管理规约，要求行为人停止侵害、消除危险、排除妨害、赔偿损失。业主对侵害自己合法权益的行为，可以依法向人民法院提起诉讼。"本条在原《物权法》第83条的基础上进行了修改完善，作出了以下六处修改。

第一，在第1款中增加规定"相关行为应当符合节约资源、保护生态环境的要求"，以呼应《民法典》第9条规定的"绿色原则"。

第二，在第1款中增加规定"对于物业服务企业或者其他管理人执行政府依法实施的应急处置措施和其他管理措施，业主应当依法予以配合"。在新冠肺炎疫情防控中，广大物业服务企业和其他管理人依法执行政府依法实施的疫情防控措施，大量业主亦积极配合疫情防控工作，发挥了重要的社会治理作用。但在防控期间也存在部分业主不配合的情况，影响了疫情防控工作的高效开展。该规定便是《民法典》吸收疫情防控工作有益经验的结果。

第三，将第2款中的"业主大会和业主委员会"修改为"业主大会或者业主委员会"，以明确二者均有权独立行使本条第2款规定的权利。

第四，将第2款中的"要求行为人停止侵害、消除危险、排除妨害、赔偿损失"修改为"请求行为人停止侵害、排除妨碍、消除危险、恢复原状、赔偿损失"，增加规定恢复原状请求权。原《物权法》第83条未能规定恢复原状请求权。本条第2款将该漏洞补足，使损害他人合法权益的责任承担形式更加全面，也保证了与《民法典》相关规定的体系一致性。

第五，删除了第2款中的"业主对侵害自己合法权益的行为，可以依法向人民法院提起诉讼"，同时将该规定进行了修改完善，单列在《民法典》第287条。之所以作此种调整，一方面是因为本条主要围绕义务和责任展开，而业主的诉讼救济强调的是对权益的保护，另一方面是为了将非诉讼解纷机制与诉讼程序分开规定，体现"将非诉讼纠纷解决机制挺在前面"的指导思想。

第六，增加规定第3款，即"业主或者其他行为人拒不履行相关义务的，有关当事人可以向有关行政主管部门报告或者投诉，有关行政主管部门应当依法处理"。这一修改是为了加强对有关当事人维权的保障，拓宽其救济途径。有关当事人在其合法权益受到侵害时，不仅可以寻求民事救济，而且可以寻求行政救济。

## 三、条文解读

本条第1款规定了业主的有关义务；第2款规定了业主大会、业主委员会的管理权；第3款规定了有关当事人的行政救济途径。

### （一）业主的有关义务

**1. 业主应当遵守法律、法规以及管理规约**

遵守法律、法规以及管理规约是业主应当履行的最基本的义务。

首先，业主应当遵守法律。法律规定了业主的一系列义务。例如，《民法典》第279条规定："业主不得违反法律、法规以及管理规约，将住宅改变为经营性用房。业主将住宅改变为经营性用房的，除遵守法律、法规以及管理规约外，应当经有利害关系的业主一致同意。"《民法典》第945条规定："业主装饰装修房屋的，应当事先告知物业服务人，遵守物业服务人提示的合理注意事项，并配合其进行必要的现场检查。""业主转让、出租物业专有部分、设立居住权或者依法改变共有部分用途的，应当及时将相关情况告知物业服务人。"

其次，业主应当遵守法规。例如，《物业管理条例》第7条规定："业主在物业管理活动中，履行下列义务：（一）遵守管理规约、业主大会议事规则；（二）遵守物业管理区域内物业共用部位和共用设施设备的使用、公共秩序和环境卫生的维护等方面的规章制度；（三）执行业主大会的决定和业主大会授权业主委员会作出的决定；（四）按照国家有关规定交纳专项维修资金；

（五）按时交纳物业服务费用；（六）法律、法规规定的其他义务。"

最后，业主应当遵守管理规约。根据《民法典》第278条、《物业管理条例》第17条的规定，管理规约是由业主共同制定的、对全体业主具有约束力的法律文件，其应当对有关物业的使用、维护、管理，业主的共同利益，业主应当履行的义务，违反管理规约应当承担的责任等事项作出约定，并且应当尊重社会公德，不得违反法律、法规或者损害社会公共利益。

此外，业主还应当遵守临时管理规约。根据《物业管理条例》第22条的规定，临时管理规约并非由业主共同制定，而是由建设单位在销售物业之前制定。该规约同样需要对有关物业的使用、维护、管理，业主的共同利益，业主应当履行的义务，违反临时管理规约应当承担的责任等事项作出约定，并且不得侵害业主的合法权益。

### 2. 业主的相关行为应当符合节约资源、保护生态环境的要求

《民法典》第9条规定："民事主体从事民事活动，应当有利于节约资源、保护生态环境。"该条以民法基本原则的形式确立了"绿色原则"，使"节约资源、保护生态环境"成为民事主体从事任何民事活动时都需要履行的一项义务。为与"绿色原则"相呼应，本条增加规定业主的相关行为应当符合节约资源、保护生态环境的要求，禁止类似于任意弃置垃圾、排放污染物或者噪声等污染环境的行为，有利于小区整体环境的改善。

### 3. 业主对应急处置措施和其他管理措施应当依法予以配合

在新冠肺炎疫情防控工作中，广大物业服务企业和其他管理人依法执行政府实施的疫情防控措施，承担了大量工作，许多业主积极配合，为打赢疫情防控阻击战作出了重要贡献。但与此同时，也存在部分业主不配合物业服务企业和其他管理人执行疫情防控措施的情况，影响了疫情防控工作的效率，甚至造成一定的不良后果。在《民法典》编纂过程中，有意见提出应当在《民法典》中增加相关规定。最终，《民法典》在第285条第2款和本条第1款配套规定了物业服务企业或者其他管理人应当执行政府依法实施的应急处置措施和其他管理措施，积极配合开展相关工作，业主应当依法予以配合。

所谓应急处置措施，是指政府为应对突发事件而依法采取的一系列措施。应急处置措施是一种政府仅能在非常规状态下实施的行政行为，其具有单方性、强制性、紧急性的特征。在实施应急处置措施的过程中，政府处置突发事件的权力具有优先性，行政相对人必须自觉接受政府权力的限制，服从政府的

指挥与安排，配合其开展工作，协助维护社会秩序。① 而在物业服务企业或者其他管理人执行政府依法实施的应急处置措施和其他管理措施时，业主同样应当依法予以配合。例如，积极参加应急救援和处置工作，主动接受物业服务企业或者其他管理人的各项管制。

### （二）业主大会、业主委员会的管理权

#### 1. 行使权利的主体

目前，个别业主或者其他建筑区划内的人员存在不遵守法律、法规以及管理规约的问题，任意弃置垃圾、排放污染物或者噪声等，损害了部分业主甚至于全体业主的合法权益。关于哪些主体有权对此类行为进行管理，追究行为人的法律责任，本条第2款明确规定，业主大会或者业主委员会有权依照法律、法规以及管理规约，请求行为人停止侵害、排除妨碍、消除危险、恢复原状、赔偿损失。相较于原《物权法》第83条，本条第2款中的"业主大会和业主委员会"被修改为"业主大会或者业主委员会"，表明二者均有权独立行使本条第2款规定的权利。

#### 2. 请求权的类型与法律规范基础

业主大会、业主委员会对行为人的权利是基于全体业主的共有权和管理权产生的物权请求权和债权请求权。需要注意的是，本条第2款虽然规定业主大会或者业主委员会有权请求行为人停止侵害、排除妨碍、消除危险、恢复原状、赔偿损失，但是本身并非请求权基础，必须结合《民法典》的相关规定加以运用。其中，请求行为人停止侵害、排除妨碍、消除危险的情形，可以根据《民法典》第236条行使物权请求权，也可根据《民法典》第1167条行使债权请求权。请求行为人恢复原状的情形，应根据《民法典》第237条行使物权复原请求权。请求行为人赔偿损失的情形需要进行分类：若损失是行为人违反管理规约导致，则业主大会或者业主委员会应主张违约损害赔偿请求权，法律规范基础是《民法典》第577条；若损失是行为人违反法律、法规规定的义务导致，则业主大会或者业主委员既可主张物权损害赔偿请求权，也可主张侵权损害赔偿请求权，法律规范基础分别是《民法典》第238条和《民法典》第1165条。

---

① 参见最高人民法院民法典贯彻实施工作领导小组主编：《中华人民共和国民法典物权编理解与适用》，人民法院出版社2020年版，第422页。

### 3. 损害他人合法权益行为的界定

关于"损害他人合法权益的行为",本条第2款进行了不完全列举,举出"任意弃置垃圾、排放污染物或者噪声、违反规定饲养动物、违章搭建、侵占通道、拒付物业费"六种常见的行为。此外,《建筑物区分所有权解释》第15条也规定了可以认定"损害他人合法权益的行为"的四种情形。该条规定:"业主或者其他行为人违反法律、法规、国家相关强制性标准、管理规约,或者违反业主大会、业主委员会依法作出的决定,实施下列行为的,可以认定为民法典第二百八十六条第二款所称的其他'损害他人合法权益的行为':(一)损害房屋承重结构,损害或者违章使用电力、燃气、消防设施,在建筑物内放置危险、放射性物品等危及建筑物安全或者妨碍建筑物正常使用;(二)违反规定破坏、改变建筑物外墙面的形状、颜色等损害建筑物外观;(三)违反规定进行房屋装饰装修;(四)违章加建、改建,侵占、挖掘公共通道、道路、场地或者其他共有部分。"

在认定某一未被列举的行为是否属于"损害他人合法权益的行为"时,可以根据"举轻以明重"的原则,将该行为与法律法规、司法解释已经列举的各类行为从性质和结果两方面进行比较,具体判断该行为是否实际或者可能损害他人合法权益。[1]

### 4. 实施损害他人合法权益行为的主体

关于实施损害他人合法权益行为的主体包括哪些,需要结合本条第1款、第3款的规定进行理解。本条第1款规定了业主的相关义务,使用的主语为"业主",第2款在界定请求对象时使用的是"行为人"而非"业主"。同时,本条第3款进一步将拒不履行相关义务的主体规定为"业主或者其他行为人"。因此,本条第2款规定的"行为人"不仅应当包括业主,也应当包括在建筑区划内实施相关损害行为的其他行为人,如业主房屋的承租人、物业服务企业、建设单位等。

### (三)有关当事人的行政救济途径

本条第3款规定了有关当事人的行政救济途径。原《物权法》第83条没有明确规定小区内的违法行为可由行政机关介入处理,导致形成司法实践中的

---

[1] 参见江必新、夏道虎主编:《中华人民共和国民法典重点条文实务详解》,人民法院出版社2020年版,第73页。

争议。故在《民法典》编纂过程中有人提出，除要求行为人承担民事责任外，有关当事人还可以向有关行政主管部门投诉，建议增加相关内容。对此，《民法典物权编（草案）》（二次审议稿）在第81条中增加规定了第3款："行为人拒不履行相关义务的，有关当事人可以向有关行政主管部门投诉，有关行政主管部门应当依法处理。"之后经过全国人大常委会审议和征求意见，《民法典（草案）》（大会审议稿）对该款内容作出了进一步的修改完善，将"行为人"修改为"业主或者行为人"，同时将"投诉"修改为"报告或者投诉"，形成了本条第3款规定的最终版本。关于有关当事人的行政救济途径，在实践中需要注意以下几个方面的问题。

**1. 寻求行政救济的前提是业主或者行为人拒不履行相关义务**

根据本条第3款的规定，只有在业主或者其他行为人拒不履行相关义务的情况下，有关当事人才能向有关行政主管部门报告或者投诉。此处的拒不履行相关义务并不是指拒不履行法律、法规、管理规约规定的第一性义务，而是指拒不履行本条第2款规定的停止侵害、排除妨碍、消除危险、恢复原状、赔偿损失这些第二性义务。① 这是因为业主或者其他行为人不履行第一性义务的救济途径已经在本条第2款规定了，即由业主大会或者业主委员会请求行为人承担相应的民事责任。本条第3款规定实际是对第2款规定的补充，是有关当事人无法通过第2款规定维护自身合法权益时的替代性救济途径。

**2. 有关当事人和有关行政主管部门的界定**

有关当事人原则上是指损害他人合法权益行为的受害人或利害关系人，包括业主、业主大会、业主委员会、物业服务公司等主体。这些当事人均可向有关行政主管部门报告或者投诉，从而制止损害他人合法权益的行为，维护自身的合法权益。不过在一些例外情形下，报告、投诉主体可以不受利益关联性的限制。例如，《城乡规划法》第9条第2款规定："任何单位和个人都有权向城乡规划主管部门或者其他有关部门举报或者控告违反城乡规划的行为。城乡规划主管部门或者其他有关部门对举报或者控告，应当及时受理并组织核查、处理。"《噪声污染防治法》第9条第1款规定，任何单位和个人都有保护声环境的义务，同时依法享有获取声环境信息、参与和监督噪声污染防治的权利。

有关行政主管部门是指有权处理建筑区划内违反法律、法规以及管理规约

---

① 参见江必新、夏道虎主编：《中华人民共和国民法典重点条文实务详解》，人民法院出版社2020年版，第74页。

行为的部门。例如，公安机关是养犬管理工作的主管部门，当小区内存在业主无证饲养犬只、遛狗不使用牵引绳等违反治安管理规定的情况，有关当事人就可以向公安机关报告或者投诉。又如，环保部门对辖区内的环境保护工作实施统一监督管理，当小区内存在排放污染物或者噪声的情况时，有关当事人就可以向环保部门报告或者投诉。

3. 依法处理的具体形式

有关行政主管部门对相关损害行为享有处理权，在接到报告或者投诉后有权依法受理并作出处理。在具体形式上，行政主管部门既可以采取罚款等行政处罚措施，也可以采取行政调解等方式处理纠纷，具体采取哪种方式可依据相关法律法规执行。

## ▶ 适用指引

本条第2款规定业主大会或者业主委员会有权就损害他人合法权益的行为请求行为人承担法律责任，但是并未对业主大会、业主委员会是否具有诉讼主体资格作出规定。关于这一问题，理论和实务界一直存在争议。

在早年的司法实践中，最高人民法院曾认可业主委员会具有诉讼主体资格。《最高人民法院关于金湖新村业主委员会是否具备民事诉讼主体资格请示一案的复函》（〔2002〕民立他字第46号）认为，业主委员会符合"其他组织"条件，对房地产开发单位未向业主委员会移交住宅区规划图等资料、未提供配套公用设施、公用设施专项费、公共部位维护费及物业管理用房、商业用房的，可以自己名义提起诉讼。《最高人民法院关于春雨花园业主委员会是否具有民事诉讼主体资格的复函》（〔2005〕民立他字第8号）认为，业主委员会是业主大会的执行机构，根据业主大会的授权对外代表业主进行民事活动，所产生的法律后果由全体业主承担，业主委员会与他人发生民事争议的，可以作为被告参加诉讼。

在原《物权法》起草过程中，对于业主大会、业主委员会的诉讼主体资格进行过多次讨论，草案中也曾经规定业主大会、业主委员会具有诉讼主体资格。《物权法（草案）》（三次审议稿）第87条规定："对侵害业主共同权益等行为，业主会议经三分之二以上业主同意，可以以业主会议的名义提起诉讼、申请仲裁。"《物权法（草案）》（四次审议稿）第86条规定："对侵害业主共同权益的行为，对物业服务机构等违反合同发生的争议，经专有部分占建筑物总面积过半数的业主或者占总人数过半数的业主同意，可以以业主大会或者业主委员会的名义提起诉讼、申请仲裁；业主也可以以自己的名义提起诉讼、申请仲裁。"但是原《物权法》最终并未规定业主大会、业主委员会具有诉讼主体资格。立法部门的理由为，业主大会或者业主委员会没有独立财产，享有的权利和承担的义务都要落在业主身上，目前许多小区没有成立业主大会或者业主委员会，对业主大会或者业主委员会提起诉讼的权利以暂不作规定为妥。对侵害业主共同权益的纠纷，可以依据《民事诉讼法》的有关规定，推选代表人进行诉讼。

最高人民法院2008年6月16日发布的《建筑物区分所有权解释》（征求意见稿）也曾对业主大会、业主委员会的诉讼主体资格作出规定。该征求意见稿第13条第1款规定："业主共同权益受到侵害、妨害或者可能受到妨害的，原告的诉讼主体资格按照下列方式确定：（一）已经选举出业主委员会的，为业主委员会；（二）没有选举出业主委员会，或者业主委员会怠于行使权利的，为业主大会或者业主。"2009年5月14日正式公布的《建筑物区分所有权解释》（法释〔2009〕7号）删除了征求意见稿的这一规定。

关于业主委员会是否具有诉讼主体资格的问题，2009年5月15日发布的《物业服务纠纷解释》（法释〔2009〕8号）确认业主委员会在部分情形下具有诉讼主体资格。该解释第2条第1款规定："符合下列情形之一，业主委员会或者业主请求确认合同或者合同相关条款无效的，人民法院应予支持：（一）物业服务企业将物业服务区域内的全部物业服务业务一并委托他人而签订的委托合同；（二）物业服务合同中免除物业服务企业责任、加重业主委员会或者业主责任、排除业主委员会或者业主主要权利的条款。"第8条第1款规定："业主大会按照物权法第七十六条规定的程序作出解聘物业服务企业的决定后，业主委员会请求解除物业服务合同的，人民法院应予支持。"第10条第1款规定："物业服务合同的权利义务终止后，业主委员会请求物业服务企业退出物业服务区域、移交物业服务用房和相关设施，以及物业服务所必需的相关资料和由其代管的专项维修资金的，人民法院应予支持。"然而，《物业服务纠纷解释》（2020年12月29日修正）删除了上述的规定，并且没有通过其他规定确认业主委员会具有诉讼主体资格。

综合考察相关规则的起草和演变过程，应当认为目前不宜确定业主大会、业主委员会具有民事诉讼主体资格。对于侵害业主共同权益的纠纷，可以根据《民事诉讼法》的规定，推选代表人进行诉讼。

**第二百八十七条** 业主对建设单位、物业服务企业或者其他管理人以及其他业主侵害自己合法权益的行为，有权请求其承担民事责任。

## ▶ 关联规定

法律、行政法规、司法解释

1.《中华人民共和国民法典》

第二百七十一条 业主对建筑物内的住宅、经营性用房等专有部分享有所有权，对专有部分以外的共有部分享有共有和共同管理的权利。

第二百七十四条 建筑区划内的道路，属于业主共有，但是属于城镇公共道路的除外。建筑区划内的绿地，属于业主共有，但是属于城镇公共绿地或者明示属于个人的除外。建筑区划内的其他公共场所、公用设施和物业服务用房，属于业主共有。

第二百七十五条 建筑区划内，规划用于停放汽车的车位、车库的归属，由当事人通过出售、附赠或者出租等方式约定。

占用业主共有的道路或者其他场地用于停放汽车的车位，属于业主共有。

第二百七十六条 建筑区划内，规划用于停放汽车的车位、车库应当首先满足业主的需要。

第二百八十一条 建筑物及其附属设施的维修资金，属于业主共有。经业主共同决定，可以用于电梯、屋顶、外墙、无障碍设施等共有部分的维修、更新和改造。建筑物及其附属设施的维修资金的筹集、使用情况应当定期公布。

紧急情况下需要维修建筑物及其附属设施的，业主大会或者业主委员会可以依法申请使用建筑物及其附属设施的维修资金。

第二百八十二条 建设单位、物业服务企业或者其他管理人等利用业主的共有部分产生的收入，在扣除合理成本之后，属于业主共有。

2.《物业管理条例》

第六条 房屋的所有权人为业主。

业主在物业管理活动中，享有下列权利：

（一）按照物业服务合同的约定，接受物业服务企业提供的服务；

（二）提议召开业主大会会议，并就物业管理的有关事项提出建议；

（三）提出制定和修改管理规约、业主大会议事规则的建议；

（四）参加业主大会会议，行使投票权；

（五）选举业主委员会成员，并享有被选举权；

（六）监督业主委员会的工作；

（七）监督物业服务企业履行物业服务合同；

（八）对物业共用部位、共用设施设备和相关场地使用情况享有知情权和监督权；

（九）监督物业共用部位、共用设施设备专项维修资金（以下简称专项维修资金）的管理和使用；

（十）法律、法规规定的其他权利。

**第二十七条** 业主依法享有的物业共用部位、共用设施设备的所有权或者使用权，建设单位不得擅自处分。

**第三十七条** 物业管理用房的所有权依法属于业主。未经业主大会同意，物业服务企业不得改变物业管理用房的用途。

**3.《最高人民法院关于审理物业服务纠纷案件适用法律若干问题的解释》**

**第二条** 物业服务人违反物业服务合同约定或者法律、法规、部门规章规定，擅自扩大收费范围、提高收费标准或者重复收费，业主以违规收费为由提出抗辩的，人民法院应予支持。

业主请求物业服务人退还其已经收取的违规费用的，人民法院应予支持。

**4.《最高人民法院关于审理建筑物区分所有权纠纷案件适用法律若干问题的解释》**

**第十条** 业主将住宅改变为经营性用房，未依据民法典第二百七十九条的规定经有利害关系的业主一致同意，有利害关系的业主请求排除妨害、消除危险、恢复原状或者赔偿损失的，人民法院应予支持。

将住宅改变为经营性用房的业主以多数有利害关系的业主同意其行为进行抗辩的，人民法院不予支持。

**第十四条** 建设单位、物业服务企业或者其他管理人等擅自占用、处分业主共有部分、改变其使用功能或者进行经营性活动，权利人请求排除妨害、恢复原状、确认处分行为无效或者赔偿损失的,人民法院应予支持。

属于前款所称擅自进行经营性活动的情形,权利人请求建设单位、物业服务企业或者其他管理人等将扣除合理成本之后的收益用于补充专项维修资金或者业主共同决定的其他用途的,人民法院应予支持。行为人对成本的支出及其合理性承担举证责任。

## ▶ 条文释义

### 一、本条主旨

本条是关于业主合法权益保护的规定。

### 二、条文演变

原《物权法》第 83 条第 2 款规定,业主对侵害自己合法权益的行为,可以依法向人民法院提起诉讼。本条对这一规定进行了修改完善,将其单列为一条,规定业主对侵害自己合法权益的行为有权请求行为人承担民事责任。与原有规定相比,本条有两处不同。

第一,增加规定"建设单位、物业服务企业或者其他管理人以及其他业主",明确了侵害业主合法权益行为的主体。

第二,将"可以依法向人民法院提起诉讼"修改为"有权请求其承担民事责任",拓宽了业主获得救济的途径。

### 三、条文解读

本条规定了业主保护自身合法权益的方式。

#### (一)业主的合法权益

本条的保护对象是业主的合法权益,不仅包括建筑物区分所有权、相邻权等与业主的不动产密切相关的权利,也包括人格权、个人信息权等权利。

我国的规范性法律文件规定了一系列业主的权利。例如,《民法典》第 274 条规定:"建筑区划内的道路,属于业主共有,但是属于城镇公共道路的除外。建筑区划内的绿地,属于业主共有,但是属于城镇公共绿地或者明示属于个人的除外。建筑区划内的其他公共场所、公用设施和物业服务用房，属于业主共有。"《民法典》第275条第2款规定："占用业主共有的道路或者其他场地用于停放汽车的车位，属于业主共有。"《物业管理条例》第6条第2款规定："业主在物业管理活动中，享有下列权利：（一）按照物业服务合同的约定，接受物业服务企业提供的服务；（二）提议召开业主大会会议，并就物业管理的有关事项提出建议；（三）提出制定和修改管理规约、业主大会议事规则的建议；（四）参加业主大会会议，行使投票权；（五）选举业主委员会成员，并享有被选举权；（六）监督业主委员会的工作；（七）监督物业服务企业履行物业服务合同；（八）对物业共用部位、共用设施设备和相关场地使用情况享有知情权和监督权；（九）监督物业共用部位、共用设施设备专项维修资金（以下简称专项维修资金）的管理和使用；（十）法律、法规规定的其他权利。"

此外，根据《业主大会和业主委员会指导规则》第18条的规定，业主共同制定的管理规约应对"业主共同利益的维护"的事项作出规定，以保护业主享有的合法权益。

### （二）侵害业主合法权益行为的具体情形

本条规定侵害业主合法权益的行为主体包括建设单位、物业服务企业或者其他管理人以及其他业主。实践中这三类主体实施侵害业主合法权益行为的主要有如下几种情形。

**1. 建设单位侵害业主合法权益的行为**

建设单位在房屋建造期间和小区设立前期拥有主要的管理权，业主相较于建设单位往往处于弱势地位。由于建设单位追求的是自身利益的最大化，因此业主的权益容易受到建设单位的侵害。

（1）侵害业主的合同权利。为从房屋销售中攫取更多利益，建设单位有时会违反合同约定，侵害业主的合法权益。例如，建设单位在广告中详细描述小区的整体规划，承诺小区将具有完善的配套设施，但之后修改规划方案，并未兑现对业主的承诺。又如，建设单位为节省成本，使用不符合要求的建筑材料、聘用缺乏资质的施工队伍建造房屋，导致交付的房屋存在质量瑕疵等。[1]

---

[1] 参见眭鸿明：《业主权利维护与保障》，法律出版社2015年版，第22页。

（2）侵害业主的建筑物区分所有权。在小区设立前期，业主大会、业主委员会等组织尚未成立，业主的建筑物区分所有权容易受到建设单位的侵犯。例如，建设单位在只有少量业主入住小区时侵占业主的共有部分，将其用于自身的经营性活动或对外出租营利。又如，在前期物业管理阶段，建设单位让自己控制或与自己有关的物业服务企业为小区提供物业服务，使自己成为小区的实际管理者，利用这一优势地位向业主收取高额的共有部分修缮费和管理费并据为己有。①

**2. 物业服务企业侵害业主合法权益的行为**

物业服务企业是接受全体业主委托，为其提供服务的具有专业管理能力的服务机构。物业服务企业的权利由全体业主赋予，应当为全体业主的利益而进行物业管理。但在实践中，物业服务企业的观念常常错位，其以"管理者"自居而忽视自身的"服务者"身份，以至于侵害业主的合法权益。

（1）侵害业主的财产权益。根据《物业管理条例》第2条的规定，物业服务企业需按照物业服务合同约定，对房屋及配套的设施设备和相关场地进行维修、养护、管理，涉及业主的合同权利和物权。因此，在物业管理活动中，物业服务企业的行为可能会侵害业主的财产权益，主要表现为下列几类行为：第一，妨碍业主行使物权，例如未经业主许可，擅自在业主共有的停车场中堆放杂物，影响业主停放车辆；第二，非法侵占业主财产，例如，挪用业主共有的建筑物及其附属设施的维修资金；第三，侵害业主交易自由，例如，以威逼利诱方式强迫业主接受其不需要的服务，向其收取相应的费用。

（2）侵害业主的人身权益。除侵害业主的财产权益，物业服务企业的物业管理行为还可能侵害业主的人身权益，主要存在以下几种类型：第一，侵害业主的生命健康权，例如未尽到安全保障义务造成物品坠落，致使业主受伤甚至于死亡；第二，侵害业主的隐私权，例如，未经业主许可在业主住宅门口安装监控；第三，侵害业主的名誉权，例如，在小区门口张贴公告，对业主进行侮辱、诽谤。

**3. 其他业主侵害业主合法权益的行为**

（1）侵害业主的共有权。实践中，常有业主作出不当行为，影响其他业主行使共有权。一方面，存在直接侵害共有权的行为，例如，占用共有部分的空

---

① 参见陈广华：《街区制下住宅小区业主权利的比较法研究》，中国政法大学出版社2020年版，第257页。

间排除其他业主的使用，占用共有道路妨碍其他业主的通行，任意弃置垃圾破坏小区环境等；另一方面，存在不当使用专有部分以至于间接侵害共有权的行为，例如改变自己房屋的主体结构或承重结构以至于影响到建筑物的整体安全，或是违反法律、法规、管理规约，将住宅改变为经营性用房。①

（2）侵害业主的相邻权。相邻权是相互毗邻不动产的所有人或使用人在处理相邻关系时所享有的权利。在小区中，业主与其他许多业主之间仅有一墙、一屋之隔，彼此之间存在相邻关系，需要相互给予便利、接受限制。但在实践中，部分业主并未向相邻业主提供便利，以至于侵害了相邻业主的相邻权。例如，在窗外安装护栏并堆放杂物，影响楼下业主的采光、通风。又如，因经营餐饮排放油烟、噪声，影响周围业主的生活环境。

（三）业主请求行为人承担民事责任的方式

恢复业主受损的合法权益的根本途径是由行为人承担相应的民事责任。所谓民事责任，是指民事主体因不当履行法律规定或者合同约定的民事义务而应负担的民事法律后果。《民法典》第179条第1款规定："承担民事责任的方式主要有：（一）停止侵害；（二）排除妨碍；（三）消除危险；（四）返还财产；（五）恢复原状；（六）修理、重作、更换；（七）继续履行；（八）赔偿损失；（九）支付违约金；（十）消除影响、恢复名誉；（十一）赔礼道歉。"在业主请求行为人承担民事责任时，上述方式可以单独适用，也可以合并适用。

需要注意的是，本条虽然规定了业主为维护自身合法权益享有对行为人的请求权，但是本身并非请求权基础。因此本条必须根据具体情况，结合《民法典》各编的相关规定加以运用。例如，建设单位、物业服务企业或者其他管理人以及其他业主的行为妨害业主行使物权的，业主可以根据《民法典》第236条请求行为人排除妨害。建设单位、物业服务企业或者其他管理人以及其他业主的行为违反商品房买卖合同、物业服务合同、管理规约等合同项下的义务的，业主可以根据《民法典》第577条向行为人主张违约损害赔偿请求权。建设单位、物业服务企业或者其他管理人以及其他业主侵占业主的专有部分或共有部分并因此获利的，业主可以根据《民法典》第985条请求行为人返还不当得利。建设单位、物业服务企业或者其他管理人以及其他业主侵害业主合法权

---

① 参见最高人民法院民法典贯彻实施工作领导小组主编：《中华人民共和国民法典物权编理解与适用》，人民法院出版社2020年版，第429页。

益的行为符合一般侵权行为构成要件的，业主可以根据《民法典》第1165条请求行为人承担侵权责任。

（四）业主寻求救济的途径

在救济途径方面，本条修改了原《物权法》第83条第2款的规定，将"可以依法向人民法院提起诉讼"修改为"有权请求其承担民事责任"，不再单独强调提起诉讼，意在明确业主的维权途径并非仅限于提起诉讼，也可通过非诉讼途径获得救济。

民事纠纷的解决机制包括私力救济、社会救济和公力救济三种。私力救济，是指当事人在没有中立第三方介入的情况下，依靠私人力量解决民事纠纷，包括自决与和解。社会救济，是指依靠社会力量解决民事纠纷，主要包括调解和仲裁。公力救济，是指国家权力机关运用公权力解决民事纠纷，主要包括诉讼和行政裁决。因此，业主在自身合法权益受到来自建设单位、物业服务企业或者其他管理人以及其他业主的侵害时，不仅可以通过向法院提起诉讼的方式来寻求救济，也可以通过和解、调解、仲裁等途径来维护自身的合法权益。

## ▶ 适用指引

### 一、业主的诉讼主体资格

对于侵害业主个人权益的行为，业主显然有权作为原告提起诉讼，以维护自身的合法权益。但是对于侵害业主共同权益的行为，业主是否有权提起诉讼，需要进行释明。

《民法典》第286条第2款规定，如果业主或者其他行为人实施了任意弃置垃圾等损害他人合法权益的行为，业主大会或者业主委员会有权请求行为人停止侵害、排除妨碍、消除危险、恢复原状、赔偿损失。根据该条规定，对于小区中此类侵害业主共同权益的行为，应当由业主大会或者业主委员会进行管理。但是这并不意味着业主无权对侵害业主共同权益的行为提起诉讼。理由在于，目前的法律并未明确规定业主大会和业主委员会具有民事诉讼主体资格，故在此类诉讼中仍应当由业主作为民事诉讼主体。

进一步的问题是，部分业主就侵害业主共同权益提起诉讼，主体是否适格。根据《民法典》第271条的规定，业主对专有部分享有所有权，对共有部分享有共有和共同管理的权利。因此，应当认为只有全体业主才是此类诉讼的适格主体。实践中，如果部分业主提起关于业主共同权益的诉讼，通常会被法院认为不具有独立的诉讼主体资格。

## 二、业主请求权的竞合

在建设单位、物业服务企业或者其他管理人以及其他业主侵害业主合法权益的情形下，业主对行为人的请求权可能会发生竞合。例如，业主与建设单位签订了商品房买卖合同，约定了房屋交付的相关标准。如果建设单位交付的房屋不符合合同约定，导致业主遭受人身损害或财产损害，业主便可以基于商品房买卖合同中的约定行使违约损害赔偿请求权，请求建设单位承担瑕疵担保责任。同时，建设单位的此种侵害行为也构成侵权，业主也可以向建设单位主张侵权损害赔偿请求权。

因此，在业主通过诉讼途径维护自身合法权益的场合，法官应当注意区分业主所主张的请求权的性质，在适当时予以释明，正确适用《民法典》的相关规定作出裁判。①

## 三、多个行为共同导致业主合法权益受损时的责任承担

在司法实践中，有时是单个行为侵害业主的合法权益，也存在多个行为共同侵害业主合法权益的情形。后一种情形可能涉及侵权责任形态的类型化适用，应当根据具体情形的不同在多个行为主体之间合理分配责任。

第一，适用连带责任。情形包括：（1）二人以上基于共同故意实施侵害业主合法权益的行为；（2）二人以上基于共同过失实施侵害业主合法权益的行为；（3）二人以上分别实施侵权行为造成业主合法权益受损，每个人的侵权行为都足以造成全部损害。例如，建设单位和物业服务企业串通一气，侵占了业主共有的停车场，限制业主行使共有权。此时，建设单位和物业服务企业需要承担连带责任。

第二，适用按份责任。情形为二人以上分别实施侵权行为造成业主合法权

---

① 参见最高人民法院民法典贯彻实施工作领导小组主编：《中华人民共和国民法典物权编理解与适用》，人民法院出版社2020年版，第431页。

益受损，能够确定责任大小。例如，某业主楼上的两位业主分别对自己的房屋进行了装修，且均存在装修不当的行为，致使异物进入并堵塞排水管道，最终导致楼下业主家中发生污水倒灌。此时，楼上的两位业主需要根据各自的过错承担按份责任。

第三，适用补充责任。小区的管理人对于业主负有安全保障义务。在管理人未尽到安全保障义务间接导致业主合法权益受损的情况下，管理人应当承担相应的补充责任。例如，某业主从建筑物中抛掷物品，导致另一位楼下散步的业主遭受人身损害，且如果物业服务企业采取了必要的安全保障措施，则该损害不会发生。此时，侵权业主需要承担全部的责任，物业服务企业对于法院强制执行后仍不能履行的部分，承担与其过错相应的补充责任。

## ▶ 典型案例

### 一、赵某华与沈阳皇朝万鑫酒店管理有限公司、沈阳中一万鑫物业管理有限公司财产损害赔偿纠纷案

**关键词：** 第三人侵权　建设单位　物业服务企业　安全保障义务

**裁判摘要：** 消防安全事关人身、财产安全，属于社会公共利益，确保建筑物消防安全是建设单位的法定义务。商品房买卖合同的购房人一般不具有检测所购房屋是否符合消防安全规定的能力，难以适用一般商品买卖合同在标的物交付后买受人应当及时检验产品质量的规定。

案涉责任人在不同时期的数个行为密切结合致使火灾发生，侵权行为、致害原因前后接继而非叠加，责任人对火灾的发生均有重大过失，但没有共同故意或者共同过失，应各自承担相应的责任。建设单位并非主动积极的行为致受害人权益受损，不承担主要责任。

物业服务企业依法或依约在物业管理区域内负有安全防范义务，应协助做好安全事故、隐患等的防范、制止或救助工作。第三人原因致损，物业服务企业未尽到专业管理人的谨慎注意义务的，应在其能够预见和防范的范围内承担相应的补充责任。

**基本案情：** 2009年12月29日，赵某华与万鑫公司签订《商品房买卖合同》，约定购买该公司开发建设的万鑫大厦B座3407、3507，建筑面积200.05

平方米的跃层公寓,购房款4573155元。合同签订后,赵某华向万鑫公司交付购房款2293155元,余款228万元以在兴业银行按揭贷款方式支付。2011年2月3日0时15分许,万鑫大厦发生火灾,将赵某华屋内物品烧毁。经沈阳市消防局作出沈公消火认字〔2011〕第0001号火灾事故认定书,认定起火原因为:李某(A座的住店客人)燃放的组合烟花落至B座11层1109房间南侧室外平台上,引燃铺设在平台上的塑料草坪,造成墙体外表面装饰保温材料燃烧。灾害成因为:由于万鑫大厦外墙保温采用了挤塑板等可燃材料,起火后火势迅速蔓延,形成立体燃烧。

法院经审理认为,(1)万鑫公司应承担侵权责任。万鑫公司为塑料草坪的铺设者和外墙保温材料的建造安装者,上述两种非阻燃材料的使用系起火点在万鑫大厦引燃、蔓延并最终酿成重大火灾事故的主要原因。万鑫公司作为万鑫大厦建设方、开发商、外墙使用者,是万鑫大厦消防安全责任主体。万鑫公司未尽到消防安全注意义务,未采取补救措施消减消防隐患,即向购房人赵某华交付房屋,对导致火灾发生具有过错,对火势蔓延扩大最终酿成重大火灾事故具有过错。一审、二审认定万鑫公司不存在过错,事实及法律依据不足。万鑫公司因过错侵害赵某华的民事权益,依法应承担侵权责任。(2)中一公司应承担侵权责任。物业服务企业依照《物业管理条例》相关规定和物业服务合同,在物业管理区域内负有做好相应的安全防范工作的义务,对可能危及业主、住店房客等相关特定或者不特定人员的人身、财产安全的事故或隐患应协助做好防范、制止或救助工作。本案中,中一公司未履行法定或约定的安全防范义务。第一,中一公司未尽到谨慎注意义务。第二,中一公司对案外人燃放烟花的危险行为具有防控能力。第三,中一公司怠于履行春节期间物业安保的特别注意职责。综上,考虑到中一公司火灾发生在万鑫大厦室外停车场、万鑫大厦周边属于开放式街区,物业自有区域与市政公共区域并未明显界分,且中一公司未能适当履行物业安全防范职责与火灾发生间存在关联关系。据此,中一公司应承担相应的侵权赔偿民事责任。(3)关于中一公司、万鑫公司的责任应如何认定。生效刑事判决和案涉火灾事故认定书认定,案外人燃放烟花构成失火罪,系造成万鑫大厦火灾的主要原因。万鑫公司铺设易燃物品引燃外墙建筑材料,进而形成立体燃烧,导致火势扩大、蔓延是损失发生的过程。即本案的火灾是多因一果的结果,侵权行为、致害原因前后接继而非叠加。案涉各方对火灾的发生均有重大过失,但均非故意追求损害后果,万鑫公司过错亦不足以造成全部损失，不应对受害人全部损失承担赔偿责任，万鑫公司毕竟并非主动积极的行为致赵某华权益受损，亦不应承担主要责任。中一公司在物业安全防范方面没有尽责，存在管理疏漏，具有过错，但其行为并未直接导致火灾发生。因万鑫公司等侵权导致赵某华的民事权益受损，由万鑫公司等首先承担赔偿责任，中一公司应当在其预见和能够防范的范围内承担相应的补充责任。综上，案涉侵权各方没有共同故意或者共同过失，而是各方在不同时期的数个行为密切结合致使火灾发生，进而造成赵某华的损失。《侵权责任法》第12条规定，二人以上分别实施侵权行为造成同一损害，能够确定责任大小的，各自承担相应的责任，故法院酌定万鑫公司对赵某华的损失承担40%的赔偿责任，中一公司在赵某华全部损失不超过30%的范围内承担补充责任。综上法院判决，撤销一审、二审民事判决，万鑫公司向赵某华赔偿损失748436.16元，中一公司在561327.12元损失额范围内承担补充赔偿责任。

【案　　号】（2018）最高法民再206号

【审理法院】最高人民法院

【来　　源】《最高人民法院公报》2019年第5期

## 二、陈某豪与南京武宁房地产开发有限公司、南京青和物业管理有限公司财产损害赔偿纠纷案

**关键词**：物业服务企业　第三人侵权　保养维护义务

**裁判摘要**：物业服务企业对小区共有部分负有保养维护义务，对于可能对业主财产造成损害的小区共用部分的安全隐患，应当及时消除，否则致业主财产损害后，物业服务企业应承担违约责任，对业主的损失进行赔偿。即便该安全隐患是第三人造成，也不能免除物业服务企业的违约责任，因第三人侵权致小区共用部分对业主财产造成损害的，物业服务企业可以免责的情形是物业服务企业已履行了保养维护义务，而第三人侵权是不可预见、不可避免的。

价值较大的财物在受损后，虽经修复，但与原物相比，不仅在客观价值上可能降低，而且在人们心理上价值降低，这就是价值贬损，按照违约责任理论，承担违约责任的方式首先是恢复原状，而恢复原状肯定要求赔偿财物的价值贬损。

房地产开发企业作为商品房的出卖人，在出售房屋、转移房屋所有权，并且商品房小区已经封园后，在所售房屋及共用部分没有质量瑕疵的情形下，对

于小区业主的义务已经履行完毕,不需要承担责任。

**基本案情:**陈某豪购买了南京武宁房地产开发有限公司(以下简称武宁公司)开发的位于南京市江宁区天元中路武夷绿洲小区观竹苑××幢×××室房屋,并于2009年7月取得房屋的所有权证,现观竹苑已封园。武宁公司于2009年7月27日与南京青和物业管理有限公司(以下简称青和公司)签订了一份武夷绿洲前期物业服务合同,约定青和公司对武夷绿洲小区提供前期物业管理服务。双方还约定,青和公司对武夷绿洲小区物业共用部位进行保养维护。2010年12月,青和公司与陈某豪签订了一份停车服务协议,约定将小区地面105号车位交由陈某豪停车。2011年6月24日、25日,江宁区大雨,同年6月25日上午,陈某豪停车位旁围墙外堆放的泥土坍塌,致围墙倒塌,压坏了陈某豪的车辆。陈某豪的车辆被压坏后,产生维修费用20654元、定损费720元。2011年11月,陈某豪诉至法院。法院在审理过程中,经陈某豪申请,法院委托南京市鼓楼区物价局价格认证中心对车辆的折损情况进行鉴定评估,经鉴定,该车在2011年6月25日的贬值损失鉴证价格为9770元。

一审法院经审理认为,青和公司在因第三人侵权致陈某豪车辆受损,陈某豪选择合同之诉,要求其赔偿损失时,应承担违约责任,理由如下:

第一,陈某豪车辆受损是青和公司对按约应由其管理的小区共用部分(围墙)管理不善所致。小区内的物业通常分为共用部分和专用部分,专用部分的保养维护一般由业主自行负责,而共用部分的保养维护通常由物业服务企业负责。小区的共用部分致业主财物受损,对共有部分有保养维护义务的物业服务企业应当承担违约责任。如该损失系第三人侵权所致,物业服务企业在承担违约责任后可向第三人追偿。

第二,青和公司对小区的共用部分(围墙)的管理不善,体现在对围墙没有进行日常的保养和维护。本案围墙倒塌系墙外堆土过多、雨天倒塌所致。而按案件实际情况,并不是土刚刚堆好,就遇雨倒塌,也就是说,只要青和公司按照合同约定对围墙进行日常保养维护,是能够发现并消除安全隐患的,也就能够避免陈某豪的车辆受损。

第三,青和公司辩称其只对停车位的秩序进行管理,对停车位的安全只有一般人的注意义务,故不同意承担违约责任。法院认为,物业服务企业在第三人对小区共用部分侵权致业主财产受损的免责事由只能是在按合同履行了物业服务的义务后,对第三人实施的侵权行为不可预知也不可控制。可预知的或可控制的第三人侵权是小区共用部分的安全隐患,物业服务企业有义务消除该隐患,由此产生的费用可由第三人负担。

对于陈某豪的车辆受损后的价值贬损,法院经审理认为青和公司应当赔偿。所谓价值贬损,是指价值较大的财物在受损后,虽经修复,但与原物相比,不仅客观价值有所降低,而且在人们心理上价值降低。根据违约责任理论,承担违约责任的方式首先是恢复原状,而对于财物来说,恢复原状显然不是仅指恢复财物的原来物理上的形状,肯定包括恢复财物原来的价值,故青和公司应当赔偿陈某豪车辆价值贬损的损失。

此外,法院还认为,武宁公司作为商品房的出卖人,在出售商品房并转移房屋所有权商品房小区已经封园后,在房屋质量没有瑕疵的情形下,对房屋的买受人陈某豪的义务已履行完毕。综上,对陈某豪要求武宁公司赔偿其损失的诉讼请求,法院不予支持。对陈某豪要求青和公司赔偿其损失的诉讼请求,予以支持。

二审法院经审理认为,建设单位依法与物业服务企业签订的前期物业服务合同,对业主有约束力。本案一审中,陈某豪选择合同之诉,故本案应为物业服务合同纠纷。武宁公司与青和公司签订的前期物业服务合同合法有效,当事人应当履行合同中约定的权利义务。根据该合同的约定,青和公司负责物业共用部分的保养维护。陈某豪的车辆停放在青和公司提供的车位上,被倒塌的围墙致损,青和公司未尽到保养维护义务,应当承担赔偿责任。综上,二审法院判决:驳回上诉,维持原判。

【审理法院】江苏省南京市中级人民法院

【来　　源】《最高人民法院公报》2013 年第 5 期

# 第七章　相邻关系

> 第二百八十八条　不动产的相邻权利人应当按照有利生产、方便生活、团结互助、公平合理的原则，正确处理相邻关系。

▶ **关联规定**

法律、行政法规、司法解释

1.《最高人民法院关于适用〈中华人民共和国民事诉讼法〉的解释》

第二十八条　民事诉讼法第三十四条第一项规定的不动产纠纷是指因不动产的权利确认、分割、相邻关系等引起的物权纠纷。

农村土地承包经营合同纠纷、房屋租赁合同纠纷、建设工程施工合同纠纷、政策性房屋买卖合同纠纷，按照不动产纠纷确定管辖。

不动产已登记的，以不动产登记簿记载的所在地为不动产所在地；不动产未登记的，以不动产实际所在地为不动产所在地。

2.《最高人民法院关于适用简易程序审理民事案件的若干规定》

第十四条　下列民事案件，人民法院在开庭审理时应当先行调解：

（一）婚姻家庭纠纷和继承纠纷；

（二）劳务合同纠纷；

（三）交通事故和工伤事故引起的权利义务关系较为明确的损害赔偿纠纷；

（四）宅基地和相邻关系纠纷；

（五）合伙合同纠纷；

（六）诉讼标的额较小的纠纷。

但是根据案件的性质和当事人的实际情况不能调解或者显然没有调解必要的除外。

## ▶ 条文释义

### 一、本条主旨

本条是关于不动产相邻权利人处理相邻关系应遵循原则的规定。

### 二、条文演变

原《民法通则》第83条规定:"不动产的相邻各方,应当按照有利生产、方便生活、团结互助、公平合理的精神,正确处理截水、排水、通行、通风、采光等方面的相邻关系。给相邻方造成妨碍或者损失的,应当停止侵害,排除妨碍,赔偿损失。"该条确立了不动产的相邻各方在处理截水、排水、通行、通风、采光等方面的相邻关系时,应当遵循有利生产、方便生活、团结互助、公平合理的基本原则,并规定了停止侵害、排除妨碍、赔偿损失三种侵害相邻关系的民事责任承担方式。原《民法通则》于2009年修正时,对本条规定没有修改。原《物权法》第84条完整吸收了原《民法通则》第83条所确立的处理相邻关系所应遵循的基本原则,规定:"不动产的相邻权利人应当按照有利生产、方便生活、团结互助、公平合理的原则,正确处理相邻关系。"本条沿用了原《物权法》的上述规定,未作修改。

### 三、条文解读

本条规定的处理相邻关系的四项原则,是正确把握相邻关系的指导思想,从原《民法通则》、原《物权法》至《民法典》,沿用至今。

#### (一)相邻关系的含义

相邻关系是指两个或两个以上相互毗邻不动产的权利人,在行使不动产权利时,在通风、采光、用水、排水、通行等方面形成的相互给予便利和接受限制而产生的权利义务关系。法律设立不动产相邻关系的目的是尽可能确保相邻的不动产权利人之间的和睦关系,解决相邻的两个或者多个不动产权利人因行使权利而发生的冲突,维护不动产相邻各方利益的平衡。相邻关系是相邻不动产的权利人行使其权利的延伸或限制,给对方提供必要便利的不动产权利人是权利受限制的一方，因此取得必要便利的不动产权利人是权利得以延伸的一方，这种延伸是行使不动产权利所必需的。

在现代社会，人们逐渐认识到对不动产权利的行使不能是绝对的，为避免不动产权利人因绝对行使权利而妨碍社会进步和公共利益，有必要对不动产权利的行使，特别是不动产物权的行使进行必要的限制。基于这一认识，世界各国的立法取向更加注重不动产权利的"社会性义务"，对不动产权利的行使提出了更多的限制性要求。基于相邻关系的规定，不动产权利人行使权利主要有两方面的限制：一是不动产权利人不能在其不动产内恣意妄为，从而影响邻人对其不动产的正常使用及安宁。二是不动产权利人要为邻人对其不动产的使用提供一定的便利，即容忍邻人在合理范围内因对其不动产进行正常经营管理的必要而使用自己的不动产。

相邻关系不同于传统民法上的地役权。从我国《民法典》的规定来看，相邻关系与地役权的区别主要体现在：第一，相邻关系通常是因为不动产权利人的不动产相邻而发生，如房屋相邻产生通风、采光等问题；地役权则不要求不动产相邻。第二，相邻关系的规定是为了维持正常生产、生活的必备条件，对不动产权利人的各自权利给予一定限制是为了达到权利正常行使的最低标准，具有"必需性"；地役权的设立是为了提高不动产的效益，是一个更高的标准。第三，相邻关系是法定的，依据不动产的自然条件而发生，无须登记就当然发生法律效力，这种法定性既体现在不动产权利人对相邻不动产权利人的避免妨害之注意义务，也体现在不动产权利人在非使用邻地就不能对自己的不动产进行正常使用时，有权在对邻地损害最小的范围内使用邻地，邻地权利人不能阻拦；而地役权则应根据《民法典》第373条的规定，通过采用书面形式订立地役权合同而设立，当事人要求就设立的地役权登记的，可以申请登记，未经登记的，不得对抗善意第三人。

（二）相邻关系的特征

第一，相邻关系的客体不是不动产本身。《民法典》第115条规定："物包括不动产和动产。法律规定权利作为物权客体的，依照其规定。"相邻关系属于法律规定的物权客体。虽然相邻关系一般以不动产毗邻为条件，但它所指的实质是毗邻各方在各自行使不动产权利时发生的权利义务关系。

第二，相邻的不动产权利人，既包括不动产的所有权人，也包括不动产的用益物权人和占有人。这种法律关系既可以发生在自然人之间、法人之间、非法人组织之间，也可以发生在自然人与法人之间、自然人与非法人组织之间、法人与非法人组织之间，彼此均为"不动产权利人"。

第三，相邻土地权利人之间相邻关系的内容非常丰富，例如通行、引水、排水以及临时占用邻人土地修建建筑物等。同样，相邻建筑物权利人之间的相邻关系内容也非常丰富，无论是在农村还是在城市，建筑物之间的通风、采光等相邻关系直接关系人们的生活。

第四，相邻关系依附于不动产，不动产灭失，相邻关系也就不复存在了，但不因不动产所有权人、使用权人或者占有人的变更而变更。例如，甲所承包的土地被他人的土地包围，甲必须从乙的土地通行。后来甲的承包地因发生自然灾害而无法耕种，甲遂承包了其他土地，相邻关系也随之消失。但若甲的承包地经修复后承包给丙耕种，则丙在乙土地内仍有通行权，相邻关系继续存在。

第五，相邻关系主体所有、使用或者占有的不动产是相互相邻的。所谓相邻，一般是指地理位置的相互毗邻，即指相连接的土地、附着于土地上的建筑物和其他不动产，但也不尽然，相邻关系有时也包括相邻近的土地、附着于土地上的建筑物和其他不动产。

第六，不动产权利人在非使用邻地就不能对自己的不动产进行正常使用时，有权在对邻地损害最小的范围内使用邻地，邻地权利人不能阻拦。与此同时，相邻权的行使必须以从相邻权利人取得必要的便利为限度，不得借口行使相邻权而损害相邻权利人的合法利益。超过必要限度的，相邻权利人有权拒绝提供这种便利。如果造成损害，还应承担相应法律责任。

（三）处理相邻关系的原则

相邻关系不是一种独立的权利类型，而是基于所有权、使用权或者占有而产生，在现实生活中行使相邻不动产权利必然会有所冲突，所以彼此之间要有必要的限制和便利。本条规定的有利生产、方便生活、团结互助、公平合理是解决相邻不动产权利人之间权利冲突的基本原则。实践中要从这些原则出发，判断各自的权利界限，如果受到侵害或者造成损失，应当根据补救原则，及时以停止侵害、排除妨碍、消除危险或者赔偿损失等方式恢复受到损害的权利。这四项原则是有机的统一体，在具体运用时应当相互兼顾，不可偏废，既要服从国家利益和社会公共利益，又要照顾局部利益和个人利益。

**1. 有利生产原则**

生产是人类创造社会财富的重要方式，也是社会发展的动力。但另一方面在生产过程中不可避免地会产生噪声、震动、粉尘污染、影响通风采光等，损害少数人利益，需要在司法审判中妥善平衡好有利生产和相邻权保障的关系。审判实践中贯彻这一原则，要注意把握以下三点：一要提倡发扬风格，顾全大局，以实际行动支持生产建设，不要因小失大；二要把有利生产放在重要位置，既要定分止争，化解矛盾，又要把对生产的影响降低到最小限度，尽量不要造成停工停产；三要充分考虑相邻权利人的利益，做好风险评估，注重环境保护，督促采取必要措施，更新生产设备和环境设施，避免粉尘、噪声、污染气体排放，尽量减少生产给相邻权利人造成妨碍和损害，并对遭受损害的相邻权利人及时给予赔偿。

**2. 方便生活原则**

相邻关系的最大特点就是与人民群众的生活密切相关，处理得当，能够改善人民群众的生存环境，提高生活质量，反之，则可能降低生活质量甚至损害人民群众身体健康。审判实践中贯彻这一原则，要从以下三方面着手：一是坚持以人为本，充分考虑相邻权利人的生活方便，尤其要注意保护相邻权利人的生存权。对于严重危害相邻权利人身体健康和正常生活的行为，应采取坚决措施加以制止。例如，企业排放有害气体或者工业废液，严重污染环境，损害群众健康的，应立即停止妨害；在生产用水与饮用水发生矛盾时，优先保证饮用水的供应。二是合理限制或者延伸不动产权利人的权利，方便相邻权利人的生活。这在因通行、通风、采光、排水、引水、排放污染物等产生的相邻关系中尤为重要。三是采取合理的措施，将对于权利行使的限制限定在合理限度内，尽量减少给相邻权利人生活带来不便，不得把一方的方便建立在相邻权利人的不便之上。

**3. 团结互助原则**

团结互助是社会主义良好道德风尚的重要内容，是社会主义核心价值观和民族精神的重要体现，对于促进生产，方便生活，构建文明和谐社会非常重要。相邻各方不仅是平等民事主体之间的关系，而且是互助协作关系。贯彻这一原则，要注意把握以下四点：一是坚持与邻为善，互利共赢，反对损人利己，以邻为壑。常言道，"远亲不如近邻"，相邻各方"低头不见抬头见"，需要互相关心和照顾。处理好相邻关系，有利于各方的生产生活，也有利于社会的和谐稳定。二是提倡换位思考，为相邻权利人提供力所能及的帮助。相邻关系反映了相邻权利人之间的利害关系，彼此要进行换位思考，想对方之所想，急对方之所急，尊重相邻权利人的权利，相互为对方提供便利。三是保持忍让和克制。相邻权利人之间发生矛盾在所难免，关键是要有团结的愿望和正确的处理方法。即使对相邻权利人生活产生实质性影响，也要采取妥善办法来处理，不要人为地激化矛盾。四是遇事要事先通过友好协商解决，加强沟通，不能以强凌弱。

**4. 公平合理原则**

公平合理是民法所追求的价值目标，也是处理相邻关系的基本原则，贯穿于其他三项原则之中。贯彻这一原则，要注意把握以下四点：一是坚持权利义务平等。相邻各方都是平等的民事主体，谁也不能只行使权利，不履行义务。相邻一方不履行义务的，应承担民事责任。例如，对共同使用、收益的设施，收益各方应当共同养护，承担维修的义务，任何一方不得擅自改变其位置或者据为己有。二是行使权利应保持在合理限度内。例如，《噪声污染防治法》第66条规定："对已竣工交付使用的住宅楼、商铺、办公楼等建筑物进行室内装修活动，应当按照规定限定作业时间，采取有效措施，防止、减轻噪声污染。"三是尊重历史形成的客观状况和先后顺序。例如，对历史上形成的通道、桥梁、走廊、水流，未经相邻权利人同意，不得擅自堵塞、设置障碍或者截流。四是避免或者排除不法妨害，合理赔偿损失。相邻一方行使权利时，不得损害另一方的合法权益。实施行为前要力求避免给相邻权利人造成妨害；已造成妨害的，行为人应当排除。例如，高速公路上的车辆噪声影响居民休息的，要采取隔音措施；因相邻通行、用水、排水、铺设管线、防险等，造成相邻权利人损失的，应予适当赔偿。

## ▶ 适用指引

### 一、准确适用本条规定的原则

处理相邻关系的原则，不仅是人们在生产、生活中处理相邻关系应遵从的原则，也是法官审理相邻关系纠纷案件应遵从的原则。特别是在法律对相邻关系的某些类型缺乏明确规定的情况下，需要法官以处理相邻关系的一般原则评判是非。例如，《民法典》对树木根枝越界的相邻关系问题未作规定。法官在审理此类案件时，首先要看当地的习惯对此类纠纷如何处理。如果当地也没有相应的习惯，法官要依本条规定的处理相邻关系的一般原则审理此案，既要查证越界枝蔓是否对邻人的生活造成了严重影响，也要查明砍断越界枝蔓对所有权人的生产会产生多少影响，在做好利益衡平的基础上合理裁判。如果判决保留越界枝蔓，则所有权人应相应给予邻人一定补偿，从而体现公平合理的原则。

### 二、准确把握相邻关系的范围

在审判实践中，应准确把握相邻关系的范围，区分相邻权纠纷与自然资源方面的权属争议。本章列明的相邻关系包括不动产权利人因用水、排水，利用相邻土地、建筑物，通风、采光、日照、排放或者施放有害物质、挖掘土地、建造建筑物、铺设管线、安装设备以及通行所形成的法律关系。在审判实践中，还把相邻房屋滴水纠纷，相邻一方在自己的建筑物上设置广告等影响相邻另一方眺望远景的纠纷，也列入相邻关系的范围。我们认为，相邻关系的范围不应仅仅限于本章规定的类型，应尊重实践并随着实践的发展而发展。诸如相邻房屋滴水纠纷，相邻一方在自己使用的土地上种植的竹木根枝延伸、影响另一方正常使用建筑物而引起的纠纷，应列入相邻关系的范围。但是，认定相邻关系应以相邻不动产的权属明确为前提。依据《土地管理法》第14条的规定，土地所有权或者使用权的权属不明发生争议的，由当事人协商解决；协商不成的，由人民政府处理。当事人对有关人民政府的处理决定不服的，可以自接到处理决定通知之日起30日内，向人民法院起诉。

## ▶ 类案检索

### 一、郑州服装工业集团公司与河南省商城大厦集团有限责任公司相邻权纠纷案

**关键词：** 相邻关系　损害赔偿

**裁判摘要：** 服装公司的违约行为，造成两建筑物之间的距离缩小，侵害了

相邻关系，直接影响商城大厦楼的采光、通风，给消防、安全方面留下隐患。因此，商城大厦楼需要改善采光、通风、防火、防盗的设施，导致增加了费用，对此服装公司应承担赔偿责任。服装公司上诉主张其完全按照郑州市规划部门批准的建设施工图纸和相邻协议的约定进行施工建设，不存在违章、违约的行为，亦未给商城大厦造成危害，其不应承担赔偿责任的理由不能成立，法院不予支持。

【案　　号】（2001）民一终字第12号
【审理法院】最高人民法院
【来　　源】《民事审判指导与参考》2001年第2卷

## 二、辽宁英巍良种猪专业合作社与辽宁省高等级公路建设局相邻关系纠纷案

**关键词：** 相邻关系　损害赔偿　相邻关系主体

**裁判摘要：** 关于辽宁省高等级公路建设局（以下简称高建局）是否为案涉不动产相邻关系的主体。英巍合作社认为，高建局作为案涉高速公路的建设者，是相邻关系的权利义务主体。高建局则认为，高建局只负责案涉高速公路的建设，建成后交由辽宁省高速公路管理局管理，因此不是相邻关系的权利义务主体。法院认为，高建局是案涉不动产相邻关系的权利义务主体。原因在于，第一，从辽宁省机构编制委员会办公室作出《关于辽宁省交通厅公路工程局更名为辽宁省高等级公路建设局的批复》、辽宁省交通厅和高建局官方网站关于高建局的职责说明以及案涉高速公路的报批程序中所形成的文件来看，高建局负责案涉高速公路的设计审查、土地报批、核定征地动迁投资、工程招标、资金管理、工程组织管理和验收等职责，换言之，高建局代表国家及相关部门对外行使案涉高速公路从设计、动迁、招标、开工建设到验收的所有权利义务，是案涉高速公路开始建设到建成后移转至相关部门期间高速公路权利义务的享有者和承担者。第二，根据《物权法》第7章"相邻关系"的规定，因不动产相邻关系所产生的权利义务系在不动产权利人之间发生。根据《物权法》的规定，在不动产权利人发生变化的情况下，侵害相邻权的责任应当由相应的主体承担；在不动产权利人变更前造成相邻不动产权利人的损害，由前权利人承担损害赔偿责任；在不动产变更后造成的相邻不动产权利人的损害，由后权利人承担损害赔偿责任。本案中，高建局作为高速公路建设期间权利人，

应就高速公路建成后、权利义务移转至其他主体之前所发生的相邻关系享有权利承担义务。英巍合作社以高速公路建设造成其养殖场功能受限、经营目的不能实现的损失为理由起诉高建局，起诉对象正确。高建局以其只负责案涉高速公路的建设，不是相邻关系的权利义务主体的抗辩理由不能成立，法院不予采信。

【案　　号】（2013）民一终字第 83 号

【审理法院】最高人民法院

【来　　源】中国裁判文书网

**第二百八十九条** 法律、法规对处理相邻关系有规定的，依照其规定；法律、法规没有规定的，可以按照当地习惯。

## ▶ 关联规定

司法指导性文件

1.《最高人民法院关于加强和规范裁判文书释法说理的指导意见》

七、诉讼各方对案件法律适用无争议且法律含义不需要阐明的，裁判文书应当集中围绕裁判内容和尺度进行释法说理。诉讼各方对案件法律适用存有争议或者法律含义需要阐明的，法官应当逐项回应法律争议焦点并说明理由。法律适用存在法律规范竞合或者冲突的，裁判文书应当说明选择的理由。民事案件没有明确的法律规定作为裁判直接依据的，法官应当首先寻找最相类似的法律规定作出裁判；如果没有最相类似的法律规定，法官可以依据习惯、法律原则、立法目的等作出裁判，并合理运用法律方法对裁判依据进行充分论证和说理。法官行使自由裁量权处理案件时，应当坚持合法、合理、公正和审慎的原则，充分论证运用自由裁量权的依据，并阐明自由裁量所考虑的相关因素。

2.《最高人民法院关于认真学习贯彻〈中共中央、国务院关于实施乡村振兴战略的意见〉的通知》

六、依托乡村治理新体系，多渠道化解社会矛盾纠纷。对乡村振兴战略实施中发生的矛盾纠纷，要始终坚持党的领导，按照"不缺位、不越位、不错位"的原则，紧紧依靠各级党委、政府，加强基层人民法院特别是人民法庭与其他基层政权组织和群众自治组织的沟通与协作，充分发挥乡村干部、司法协理员、人民调解员等多种力量，重视乡规民约、善良民俗习惯的积极作用，运用社会矛盾纠纷多元化解机制，依托自治、法治、德治相结合的乡村治理体系，增强推进乡村振兴战略实施的整体合力，共同化解矛盾纠纷。要高度重视并认真研判有关案件审判中出现的新情况、新问题，及时向地方党委、人大报送专项报告，向政府及其他相关部门提出司法建议。

3.《最高人民法院关于建立健全诉讼与非诉讼相衔接的矛盾纠纷解决机制的若干意见》

17.有关组织调解案件时,在不违反法律、行政法规强制性规定的前提下,可以参考行业惯例、村规民约、社区公约和当地善良风俗等行为规范,引导当事人达成调解协议。

4.《最高人民法院关于为推进农村改革发展提供司法保障和法律服务的若干意见》

四、积极稳妥开展工作,通过司法手段促进农村社会全面进步

2.注重对风俗习惯中的积极因素进行广泛深入的收集整理与研究,使其转化为有效的司法裁判资源。要重视善良民俗习惯在有效化解社会矛盾纠纷,促进新农村和谐稳定中的积极作用。坚持合法性、合理性、正当性、普遍性原则,认真考虑农民一般道德评价标准、法律认知程度和是非判断的基本准则,将农村善良风俗习惯作为法律规范的有益补充,积极稳妥地审理、执行好相关案件,确保涉农审判、执行工作法律效果与社会效果有机统一。

## ▶ 条文释义

### 一、本条主旨

本条是关于处理相邻关系依据的规定。

### 二、条文演变

本条内容原《民法通则》未作规定。原《物权法》第85条规定:"法律、法规对处理相邻关系有规定的,依照其规定;法律、法规没有规定的,可以按照当地习惯。"《民法典》第289条沿用了原《物权法》上述规定,未作修改。

### 三、条文解读

(一)立法背景和有关考虑

整体而言,确定处理相邻关系的依据属于处理民事纠纷依据体系的一部分。处理民事纠纷的依据是指人民法院在处理民事纠纷时据以作出裁判的规

则，处理相邻关系的依据相应即是指人民法院在处理相邻关系纠纷时据以作出裁判的规则。

确定处理相邻关系的依据对于正确处理相邻关系至关重要。需要用法律调整的相邻关系种类很多，随着社会经济的发展，其范围还在不断扩大。法律、法规不可能对需要调整的相邻关系一一列举，只能择其主要类型，作出原则性规定。但是对于基于相邻关系发生的纠纷而法律、法规却没有规定的，人民法院在处理时又必须依据一定的规范。与刑法领域严格适用罪刑法定原则不同，在法治社会中，民事主体之间发生了纠纷，人民法院不能因为没有相应法律作为依据就拒绝审理和裁判，这不利于纠纷解决与矛盾化解，不利于社会和谐与稳定。

此前我国的一些民事单行立法明确规定了习惯为民法法源，包括原《物权法》、原《合同法》等。原《民法总则》总结我国近三十年民事立法经验，在第10条规定："处理民事纠纷，应当依照法律；法律没有规定的，可以适用习惯，但是不得违背公序良俗。"该条也作为《民法典》第10条予以保留，从而把法律、习惯明确为民法的法源。本条则沿用原《物权法》第85条的规定，把处理相邻关系所适用的依据单列一条，明确了有法依法，无法依当地习惯的规范适用原则。《民法典》本条规定特别强调处理相邻关系纠纷可以适用当地习惯，具有重要意义。

第一，有利于充分发挥实践中承担维护相邻关系秩序的当地习惯的积极作用。相邻关系是相邻不动产权利人在行使其权利时产生的权利义务关系。自从有人类以来，人们就从未停止过对土地的开发利用，相邻关系也随之产生。研究表明，人类社会早期的相邻关系规则并不是由法律规定的，而是为宗教或者习俗所调整，比如在古希腊时代，两宅不能相连，不能共有一墙，否则家神就会失去圣垣。① 我国的法律更是经过了从习俗到礼教、从礼教到道德规范、从道德规范到法律规范的发展演变过程。清末民初的民事习惯调查表明，全国各地的相邻习惯异彩纷呈，比如相邻关系中的"滴水"问题。依传统习惯，建筑物的滴水不得侵犯邻人的利益，比如水不能落在邻人的房屋、围墙或者其他建筑物之上。近代中国，各地都有这方面的民事习惯，例如，土地相邻人于其地面建筑房屋、墙垣，不得侵及他人土地界线；地主建筑房屋，不得使檐水注滴

---

① 参见［法］古郎士：《希腊罗马古代社会研究》，李玄伯译，中国政法大学出版社2005年版，第44~52页。

邻近。① 诸如此类相邻关系习惯，不胜枚举。这些千百年来形成的习惯，有些沉淀至今，且不违反法律、法规和国家政策，成为当地善良风俗的一部分，并在生活生产实践中反复适用，发挥着维护不动产相邻关系秩序的重要功能，理应予以妥善利用。

第二，有利于规范法官在处理相邻关系纠纷案件中的自由裁量权。我国现有法律、法规关于相邻关系的规范供给不足，立法相对粗疏且原则性较强、可操作性较弱，大量案件需要法官结合自身经验对相邻关系纠纷作出处理，从而给法官留下了一定的自由裁量空间。将当地习惯作为处理相邻关系纠纷的依据，可以为相邻关系纠纷解决提供具体规范，既有利于维护社会秩序稳定，也可以适当约束法官的自由裁量权，使法官裁量不背离当地善良的民俗习惯。实际上，法官将当地习惯引入裁判过程，对法官适用法律的能力提出了更高的要求，需要建立在法官对法律全面、系统、准确理解的基础之上。

第三，有利于促成相邻关系纠纷当事人达成和解，实现案结事了。相邻关系有别于交易形成的一时关系，具有长期性特征，其与人们日常的生活、生产、人文环境息息相关，是基本的社会关系和人际关系，特别是在农村地区，这种特性体现尤为明显。中国人崇尚"以和为贵"，当事人之间乡里乡亲，世代往来，出现矛盾和纠纷往往会互相体谅，如果因为相邻关系纠纷已经达到诉讼的程度，往往系当事人不得已而为之，也表明当事人之间积怨已深，难以调解。但是，实证研究表明，调解结案有利于真正解决相邻关系纠纷，努力促成调解结案仍是法院处理相邻关系纠纷的理想方式。在熟人社会，相较于法律规范，当地习惯和道德约束对于维系当事人和睦相处往往更胜一筹。因此，法官在处理相邻关系纠纷时，妥善适用当地习惯，可以使调解集法、理、情于一体，使双方当事人心服口服，促成和解，案结事了，既有效节省司法资源，又能取得良好的社会效果。

（二）法律、法规的适用

本条规定的法律、法规应当从广义上来理解，主要是指：由全国人民代表大会及其常委会制定的法律；由国务院制定的行政法规；由地方省级、设区的市人民代表大会及其常委会制定的地方性法规；民族自治地方的人民代表大会

---

① 参见郑永福、陈可猛：《近代中国"相邻关系"中的民事习惯》，载《史学月刊》2008年第12期。

制定的自治条例和单行条例。处理法律、法规之间的关系，应遵循以下三项原则：第一，上位法的效力高于下位法。具体体现在：宪法作为根本法，具有最高的法律效力，一切法律、行政法规、地方性法规都不得同宪法相抵触；法律的效力高于行政法规、地方性法规；行政法规的效力高于地方性法规；自治条例和单行条例可以依照当地民族的特点，对法律和行政法规的规定作出变通规定，但不得违背法律或者行政法规的基本原则，不得对《宪法》和《民族区域自治法》的规定以及其他有关法律、行政法规专门就民族自治地方所作的规定作出变通规定。只要下位法不与上位法相抵触，均是有效的。第二，新法的效力高于旧法。就同一层次的法律而言，新施行的法律与原来的法律有不同规定的，应适用新法的规定，但一般应遵循法不溯及既往的原则。第三，特别规定的效力高于一般规定。特别规定是为了调整某一领域的法律关系而专门制定的规范，应予优先适用。

本章关于相邻关系的规定，是处理相邻关系纠纷的主要法律依据，同时，其他法律、法规对相邻关系有规定的，也应依照相关法律、法规的规定。例如，《水法》对用水、排水等水事纠纷的处理作了比较具体的规定，该法第56条规定："不同行政区域之间发生水事纠纷的，应当协商处理；协商不成的，由上一级人民政府裁决，有关各方必须遵照执行。在水事纠纷解决前，未经各方达成协议或者共同的上一级人民政府批准，在行政区域交界线两侧一定范围内，任何一方不得修建排水、阻水、取水和截（蓄）水工程，不得单方面改变水的现状。"再如，《建筑法》对施工现场相邻建筑物的安全、地下管线的安全，以及周围环境的安全都提出了要求。该法第39条第2款规定："施工现场对毗邻的建筑物、构筑物和特殊作业环境可能造成损害的，建筑施工企业应当采取安全防护措施。"第40条规定："建设单位应当向建筑施工企业提供与施工现场相关的地下管线资料，建筑施工企业应当采取措施加以保护。"第41条规定："建筑施工企业应当遵守有关环境保护和安全生产的法律、法规的规定，采取控制和处理施工现场的各种粉尘、废气、废水、固体废物以及噪声、振动对环境的污染和危害的措施。"

本章关于相邻关系的规定是《民法典》的组成部分，属于基本法律的范畴。根据本条规定，应对不同情况采取不同方法适用法律、法规：在法律、法规对某种相邻关系均有规定的情况下，可以一并适用；在法律对相邻关系没有规定的情况下，可以单独适用法规；在几部法律、法规对同一相邻关系均有规定的情况下，应当综合适用，既适用本章，又适用其他法律、法规的相关规定。如因水流发生相邻关系，还应适用《水法》；因地表水体和地下水体污染发生的相邻关系，还应适用《水污染防治法》第96条第1款关于"因水污染受到损害的当事人，有权要求排污方排除危害和赔偿损失"等相关规定；因建筑施工扬尘、噪声、堵塞交通引起的相邻关系，还应适用《建筑法》第5条第1款关于"从事建筑活动应当遵守法律、法规，不得损害社会公共利益和他人的合法权益"的规定。

有学者认为，《民法典》关于相邻关系的规定属于一般规定，其他法律、法规另有规定的，应当优先适用。① 我们认为，上述观点有其合理性，如果就特定类型的相邻关系有专门法律、法规予以规范，应当按照法律适用规则予以正确适用。

（三）当地习惯的适用

本条中的当地习惯不同于一般生活意义上的习惯，而系指法律意义上的民事习惯，即是在长期的社会实践中逐渐形成的，在特定的区域内或者群体中对平等民事主体具有一定约束力的社会规范。一般认为，民事习惯具有以下几个主要特征：（1）调整的核心是平等民事主体之间的人身关系和财产关系。（2）主要依靠舆论和道德的约束，以及民事主体的自觉遵守而发挥效力。（3）能够灵活有效地适应社会现实生活的发展需求，但是欠缺比较强的稳定性。（4）产生、变化和发展都有其自身的规律，并非任何人主观意志的创造发挥和选择作用的结果。

适用当地习惯作为处理相邻关系的依据，应当注意把握以下几点。

第一，本条将当地习惯列入调整相邻关系的规范，是对法律、法规的重要补充，以起到拾遗补缺的作用，只有在法律、法规没有相关规定的情况下才可以按照当地习惯。根据本条规定，在有法可依的情况下，必须适用法律、法规，有关相邻关系的当地习惯并不具有强制力，在无法可依的情况下，才可以适用当地习惯调整相邻关系，以避免损害法治精神、动摇国家法的主体地位。

第二，作为处理相邻关系纠纷依据的当地习惯必须是当地多年实施且为当地公众普遍遵从和认可的习惯，这种习惯已经具有类似"习惯法"的作用，在

---

① 参见梁慧星主编：《中国物权法草案建议稿：条文、理由、说明与参考立法例》，社会科学文献出版社2000年版，第281~288页。

当地具有类似于法律一样的约束力。

第三，可予适用的当地习惯以不违反法律、不违背社会公共利益和善良风俗为限。《民法典》第8条规定："民事主体从事民事活动，不得违反法律，不得违背公序良俗。"依据《民法典》第10条的规定，适用习惯，不得违背公序良俗。现实生活中，各地相邻关系民事习惯种类繁多，而其中很多与"风水"密切相关，比如某地习惯，甲家的坟地与乙的土地毗连，则在离坟百步之内，乙不得在自己地内凿井或者建筑房屋，否则就认为破坏了"风水"。应当看到，在这些当地习惯中，有些因与社会主义核心价值观明显相悖而"恶俗"属性清晰明显，当然不应予以适用，有些则界限模糊，需要法官根据法律规定以及社会主义核心价值观要求进行审慎判断、准确适用。综上，当民事主体之间发生相邻关系纠纷时，如果没有相应的法律、法规进行调整，在是否适用当地习惯作为裁判依据，以及适用何种习惯作为裁判依据的问题上，人民法院具有自由裁量权。

因法律对于相邻关系的规定比较原则和抽象，实践中相邻关系种类繁多、内容丰富，且随着经济社会的发展不断出现新的类型和诉求，如原有居民主张相邻建筑影响其眺望权产生的纠纷等。因此，在整个民法体系中，处理相邻关系需要以当地习惯作为依据的纠纷所占的比例是比较大的。例如，在我国民间，因果实自落于邻地后的归属问题存在不少纠纷，对此本章未作规定。鉴于本章和其他法律对此没有明确作出规定，法官在审理此类案件，可以把当地习惯作为判断的标准。如果当地习惯允许果树的所有人取回果实，则法院应当支持果树所有人的主张。如果当地习惯认为由邻人所有，则可依据这一习惯裁判。又如，本章对自然人的眺望权未作规定，一旦发生此类纠纷诉诸法律，法院可以按照当地习惯处理。将当地习惯作为调整相邻关系的依据之一，是为取得良好的社会效果而作出的合理规定。本条中的"可以"赋予法官一定的自由裁量权和灵活性，如果按照当地习惯处理纠纷显失公平，也可以不按当地习惯处理。

## ▶ 适用指引

### 一、法律解释、司法解释、部门规章的适用

本条虽未把法律解释、司法解释、部门规章作为处理相邻关系的依据，但在审判实践中也可以适用。在法律的规定需要进一步明确具体含义，或者法律制定后出现新的情况，需要明确适用法律依据时，全国人大常委会有权作出法律解释。法律解释是法律条文的延伸和具体化，是法律的组成部分，其效力高于行政法规。根据法律规定，最高人民法院就审判工作中具体适用法律的问题有权作出司法解释。生效的司法解释具有普遍的拘束力，可以作为裁判的依据。国务院各部门为执行法律或者国务院的行政法规、决定、命令的事项，可在其权限范围内制定部门规章。地方省级和设区的市、自治州人民政府可以为执行法律、行政法规、地方性法规的规定，制定属于本行政区域的具体行政管理事项的地方政府规章。部门规章之间、部门规章与地方政府规章之间具有同等效力。这些行政规章只要不与法律、法规相抵触，人民法院在处理相邻关系纠纷时可以参照适用。

### 二、适用规范的方法

虽然法律、法规和习惯均可作为调整相邻关系的依据，但由于其效力层次和性质不同，在适用时应正确把握，区别对待。人民法院处理相邻关系纠纷时，应注意适用规范的方法：（1）法律、法规、司法解释有规定的，适用其规定。（2）法律没有规定，但法规有规定的，适用法规的规定。（3）法律、法规没有规定，但司法解释有规定的，可以单独适用司法解释。（4）有效的行政规章可作为裁判的参考依据和说理依据，但在法律文书中不得引用作为裁判依据。（5）法律、法规、司法解释均无规定的，才可以适用当地习惯。（6）如果找不到当地习惯或者不宜适用当地习惯，应当依据《民法典》第288条规定的基本原则进行处理。

### 三、当地习惯的证明

对于当地习惯，可以直接采用，还是应由当事人举证证明或者法院依职权

查明，是裁判中适用当地习惯需要解决的一个重要问题。一种观点认为，对于当地习惯，无须当事人举证证明。理由是，当地习惯或系众所周知的事实，或系根据已知的事实和日常生活经验法则能够推定出的另一事实，根据《最高人民法院关于民事诉讼证据的若干规定》第10条的规定，对于上述两类事实当事人无须举证证明。问题是，我国历来就有"十里不同风、百里不同俗"之说，当地习惯具有天然的地域性，且形式多样、内容繁杂，很难认为某一当地习惯在特定范围内众所周知，或者可以根据已知的事实和日常生活经验法则推定出来。因此，另一种观点认为，应当按照"谁主张，谁举证"的原则，由提出适用主张的当事人举证证明当地习惯作为一种事实的客观存在。我们认为，根据当地习惯的性质，原则上应由主张依据当地习惯进行裁判的当事人对该事实承担举证责任，同时法官亦可以根据审理案件的需要，依职权进行调查。若经过当事人举证和法官依职权查明，均不能确定存在当地习惯，或者该习惯违反了法律禁止性规定或者违背公序良俗的，则应按照《民法典》第288条规定的基本原则进行裁判。为了在裁判中更好地适用当地习惯，解决适用习惯的证明难问题，各地法院和法官可以注意收集当地风俗和习惯，必要情况下可进行甄别、整理和汇编，提请本院审判委员会讨论决定，并报上级人民法院备案，以确保对当地习惯的适用具有更强的制度保障。

## ▶ 类案检索

### 一、万某碧与黄某秀、王某琴相邻关系纠纷案

**关键词：** 相邻商铺　排除妨害　当地习惯

**裁判摘要：**《渝西商场管理公约》（征求意见稿）中第14条明确要求"隔断高度不得高于1.5米"。虽然该公约是征求意见稿，但该公约商场管理者经过调查研究，综合考虑多方面因素后制定的，基本反映了当地的生产经营习惯，公约规定隔断不得高于1.5米的条款，可予以参考。

【案　　号】（2013）渝一中法民终字第03967号
【审理法院】重庆市第一中级人民法院
【来　　源】中国裁判文书网

## 二、岳某臣与岳某贵排除妨害纠纷案

**关键词：** 相邻关系　排除妨害　当地习惯

**裁判摘要：** 不动产的相邻权利人应当按照有利生产、方便生活、团结互助、公平合理的原则，正确处理相邻关系。不动产权利人应当为相邻权利人用水、排水提供必要的便利。本案中，考虑到原告宅院西墙外排水安全需要和散水建造的习俗，原告所提出的要求在宅院西墙外打散水，属于正当的生活需要。被告作为相邻一方，有义务进行必要的容忍，并提供必要便利。关于原告打散水的规格，本案根据本地区农村建造散水的习惯酌情确定。

【案　　号】（2021）京 0113 民初 8123 号

【审理法院】北京市顺义区人民法院

【来　　源】中国裁判文书网

## 三、张某红与佛山市顺德区大良贝美口腔门诊部、佛大（佛山）医疗投资有限公司、温某静及原审第三人李某萍、林某排除妨害纠纷案

**关键词：** 相邻关系　排除妨害　当地习惯

**裁判摘要：** 认定涉案争议招牌位使用权，应当本着方便生活、公平合理和按照当地习惯的原则进行处理。经本院实地调查发现，绿茵小区外围临街一楼商铺的招牌悬挂在二楼阳台外墙（实体墙面部分）为某某花园小区一楼临街商铺招牌的安装习惯。商家设置室外店面招牌不仅仅是为了吸引顾客的注意、反映经营特色的宣传作用，不容忽视的是也要突出经营场所，引导顾客入店消费。贝美口腔门诊部在其承租的一楼商铺上方（二楼阳台外墙）设置招牌已达到上述作用，若其在 26 座 3 号铺露台外墙加装招牌不仅与当地招牌设置习惯不符，亦容易引起顾客混淆经营场所，造成不必要的误解。

【案　　号】（2021）粤 06 民终 14260 号

【审理法院】广东省佛山市中级人民法院

【来　　源】中国裁判文书网

## 四、陈某美与梁某兵相邻关系纠纷案

**关键词：** 相邻关系　习惯

**裁判摘要：** 梁某兵主张案涉车库与住宅单价相差无几，在启东市大多数业

主将其作为生活起居用途，该使用功能属于当地习惯，一审未考虑上述因素，给予相邻方即陈某美过度保护，适用时存在释义错误。法院认为，首先，《民法总则》第10条规定："处理民事纠纷，应当依照法律；法律没有规定的，可以适用习惯，但是不得违背公序良俗。"本案中，梁某兵改变案涉车库用途的行为违反了《江苏省物业管理条例》的规定，即该行为本身不具有合法性。其次，所谓习惯，是指在某区域内，基于长期的生产生活实践而为社会公众所知悉并普遍遵守的生活和交易习惯。上述法条规定的习惯，限于习惯法，即国家认可的民事习惯。因梁某兵改变车库用途的行为本身具有违法性，故即使梁某兵所在地绝大多数业主已将车库改变成生活起居所用，但显然不可能成为国家认可的所谓习惯。

【案　　号】（2021）苏06民终1234号

【审理法院】江苏省南通市中级人民法院

【来　　源】中国裁判文书网

第二百九十条　不动产权利人应当为相邻权利人用水、排水提供必要的便利。

对自然流水的利用，应当在不动产的相邻权利人之间合理分配。对自然流水的排放，应当尊重自然流向。

▶ **关联规定**

法律、行政法规、司法解释

《中华人民共和国水法》

第四条　开发、利用、节约、保护水资源和防治水害，应当全面规划、统筹兼顾、标本兼治、综合利用、讲求效益，发挥水资源的多种功能，协调好生活、生产经营和生态环境用水。

第二十条　开发、利用水资源，应当坚持兴利与除害相结合，兼顾上下游、左右岸和有关地区之间的利益，充分发挥水资源的综合效益，并服从防洪的总体安排。

第二十一条　开发、利用水资源，应当首先满足城乡居民生活用水，并兼顾农业、工业、生态环境用水以及航运等需要。

在干旱和半干旱地区开发、利用水资源，应当充分考虑生态环境用水需要。

第二十八条　任何单位和个人引水、截（蓄）水、排水，不得损害公共利益和他人的合法权益。

第三十五条　从事工程建设，占用农业灌溉水源、灌排工程设施，或者对原有灌溉用水、供水水源有不利影响的，建设单位应当采取相应的补救措施；造成损失的，依法给予补偿。

第五十七条　单位之间、个人之间、单位与个人之间发生的水事纠纷，应当协商解决；当事人不愿协商或者协商不成的，可以申请县级以上地方人民政府或者其授权的部门调解，也可以直接向人民法院提起民事诉讼。县级以上地方人民政府或者其授权的部门调解不成的，当事人可以向人民法院提起民事诉讼。

在水事纠纷解决前，当事人不得单方面改变现状。

**第七十六条** 引水、截（蓄）水、排水，损害公共利益或者他人合法权益的，依法承担民事责任。

## 条文释义

### 一、本条主旨

本条是关于用水、排水相邻关系的规定。

### 二、条文演变

相邻用水、排水关系是两种最常见的相邻关系，在我国农村地区因截流、挖水沟或水塘、滴水引起的相邻用水、排水纠纷尤为突出。

原《民法通则》第83条规定："不动产的相邻各方，应当按照有利生产、方便生活、团结互助、公平合理的精神，正确处理截水、排水、通行、通风、采光等方面的相邻关系。给相邻方造成妨碍或者损失的，应当停止侵害，排除妨碍，赔偿损失。"《水法》第28条规定："任何单位和个人引水、截（蓄）水、排水，不得损害公共利益和他人的合法权益。"《水法》和《水污染防治法》对用水、排水作出了一些规定，但缺乏专门用于处理相邻关系的法律规范条文。部分学理解释也对处理相邻用水、排水关系发挥了很大作用。农村实行土地承包制度后，农业用水、排水大都由集体统一管理变成农户各自解决。在西部干旱少雨地区，常常发生人畜饮水困难，因截流、挖水沟或水塘引起的相邻用水、排水纠纷大量发生，纠纷增加与立法滞后的矛盾日益突出，这种状况已不能适应形势发展的需要。

最高人民法院为解决前述司法实践中存在的问题，在原《民法通则意见》中对水的相邻关系裁判规则作出了规定。一是关于自然流水的分配与使用。原《民法通则意见》第98条规定："一方擅自堵截或者独占自然流水，影响他方正常生产、生活的，他方有权请求排除妨碍；造成他方损失的，应负赔偿责任。"二是关于自然流水以及生产、生活用水的排放。原《民法通则意见》第

99条规定:"相邻一方必须使用另一方的土地排水的,应当予以准许;但应在必要限度内使用并采取适当的保护措施排水,如仍造成损失的,由受益人合理补偿。""相邻一方可以采取其他合理的措施排水而未采取,向他方土地排水毁损或者可能毁损他方财产,他方要求致害人停止侵害、消除危险、恢复原状、赔偿损失的,应当予以支持。"三是关于房屋滴水。原《民法通则意见》第102条规定:"处理相邻房屋滴水纠纷时,对有过错的一方造成他方损害的,应当责令其排除妨碍、赔偿损失"。四是关于挖水沟、水池等工程妨害相邻建筑的处理。原《民法通则意见》第103规定:"相邻一方在自己使用的土地上挖水沟、水池、地窖等或者种植的竹木根枝伸延危及另一方建筑物的安全和正常使用的,应当分别情况,责令其消除危险,恢复原状,赔偿损失。"

原《物权法》总结实践经验,参考域外立法,针对相邻用水、排水关系中出现的问题,作出了明确的规定。该法第86条规定:"不动产权利人应当为相邻权利人用水、排水提供必要的便利。""对自然流水的利用,应当在不动产的相邻权利人之间合理分配。对自然流水的排放,应当尊重自然流向。"这对于及时公正处理相邻用水、排水关系纠纷,保障居民生活用水,促进生产建设健康发展,维护社会和谐稳定,十分必要。本条沿用了原《物权法》第86条的规定,未作修改。

### 三、条文解读

本条第1款基于团结互助等原则,明确了不动产权利人负有为相邻权利人用水、排水提供必要便利的义务;第2款就自然流水的使用问题作出规定。

(一)关于便利相邻权利人用水、排水的义务

本条第1款明确了不动产权利人为相邻权利人用水、排水提供必要便利的义务,涉及义务主体、义务的确定和义务的限制。

**1. 义务主体**

相邻关系发生在相邻各方之间,相邻用水、排水关系的权利、义务主体不是一成不变的。由于历史形成的水流涉及相邻各方的利益,只有互助协作,给予便利,这种利益才能得以公平实现,从而让水流为人类造福,有效防治水患。例如,一条河流为相邻各方供水,旱季水源不足时,上游的不动产权利人必须合理控制用水量,保证下游的相邻权利人用水。汛期河水暴涨,需要下游

的相邻权利人提前疏通河道，保持水流畅通。如果人为阻水，提高水位，可能会给上游的相邻权利人造成威胁。

**2. 义务的确定**

本条规定的"用水、排水"是一个事物的两个方面。水源不足时往往会产生相邻用水关系纠纷，包括截水、蓄水、引水纠纷。水源过剩则会产生排水纠纷。不动产权利人是否负有提供必要便利的义务，应根据以下标准判断：第一，是否有条件向相邻权利人提供便利。受客观环境的影响，不动产权利人具有某种地理上的优势，能够制约相邻权利人用水、排水，因此而负有向相邻权利人提供便利的义务。第二，是否负有向相邻权利人履行补救或补偿的义务。本来不动产权利人有义务向相邻权利人提供用水、排水的便利，但为了实现某种目的不能提供，影响到相邻权利人的利益，因此而应负采取补救措施或者予以补偿的义务。《水法》第35条规定："从事工程建设，占用农业灌溉水源、灌排工程设施，或者对原有灌溉用水、供水水源有不利影响的，建设单位应当采取相应的补救措施；造成损失的，依法给予补偿。"

**3. 对义务的限制**

本条第1款规定不动产权利人向相邻权利人用水、排水提供"必要的便利"，故应把该权利人应尽的义务限制在合理范围内。所谓"必要"，是指不向相邻权利人提供这种便利，就会影响相邻权利人正常的生产或者生活。同时，提供便利不应超过不动产权利人所具有的能力。因用水、排水造成相邻权利人损害的，应当承担排除妨碍、赔偿损失等民事责任。

**（二）自然流水的使用**

本条第2款对不动产的相邻权利人利用和排放自然流水作了规定。我国的水资源包括地表水和地下水，属于国家所有，即全民所有。农业集体经济组织所有的水塘、水库中的水，属于集体所有。自然流水是水资源的重要组成部分，包括江河、湖泊、水库的流水。自然流水的所有权和使用权相分离，分别由企业、事业、机关、团体和公民享有。

关于对自然流水的使用问题，特别法有规定的，首先应当适用特别法的规定。我国对跨行政区域的河流实行水资源配置制度。国家按照水资源供需协调、综合平衡、保护生态、厉行节约、合理开源的原则制定水中长期供求规划。从《水法》的规定来看，跨行政区域自然流水的使用要遵从政府的行政调配。但相邻权利人对不跨行政区域的自然流水的利用和排放要适用本条第2款的规定。主要有以下两个方面的规则。

**1. 对自然流水的利用，应当在不动产的相邻权利人之间合理分配**

自然流水是沿岸居民赖以生活的共同的宝贵资源，应当在相邻权利人之间予以合理分配。合理分配自然流水，应当遵循以下四方面要求：一是兼顾相邻各方的利益。《水法》第20条规定："开发、利用水资源，应当坚持兴利与除害相结合，兼顾上下游、左右岸和有关地区之间的利益，充分发挥水资源的综合效益，并服从防洪的总体安排。"二是坚持生活用水优先的原则。《水法》第21条第1款规定："开发、利用水资源，应当首先满足城乡居民生活用水，并兼顾农业、工业、生态环境用水以及航运等需要。"三是利用有限的自然流水灌溉农田，有用水协议的，按照协议办理；没有用水协议的，为节约用水并充分发挥其效益，应按照"先近后远，由高到低"的顺流原则处理。四是相邻一方擅自堵截或独占自然流水影响他方正常生产、生活的，他方有权请求排除妨碍；造成他方损失的，应负赔偿责任。《水法》第28条规定："任何单位和个人引水、截（蓄）水、排水，不得损害公共利益和他人的合法权益。"第76条规定："引水、截（蓄）水、排水，损害公共利益或者他人合法权益的，依法承担民事责任。"

**2. 对自然流水的排放，应当尊重自然流向**

通常情况下，自然流水的流向是历史形成的，具有一定的合理性，理应得到相邻各方的尊重。

任意改变自然流水流向，不仅会对生态带来不利影响，而且容易产生相邻关系纠纷，影响社会稳定。为避免此类相邻关系纠纷发生，如果相邻一方认为确有必要改变自然流水流向的，应当与他方进行协商，达成排水协议；协议内容涉及社会公共利益的，应报请水行政主管部门同意。在司法实践中，相邻一方必须使用另一方的土地排水的，应予准许；但应在必要限度内使用并采取适当的保护措施排水，如仍造成损失的，由受益人合理补偿。相邻一方可以采取其他合理的措施排水而未采取，向他方土地排水毁损或者可能毁损他方财产，他方要求致害人停止侵害、消除危险、恢复原状、赔偿损失的，应当予以支持。

## 适用指引

在我国，处理相邻用水、排水纠纷，按性质可分为协商、调解、诉讼三种方式。《水法》第57条规定："单位之间、个人之间、单位与个人之间发生的水事纠纷，应当协商解决；当事人不愿协商或者协商不成的，可以申请县级以上地方人民政府或者其授权的部门调解，也可以直接向人民法院提起民事诉讼。县级以上地方人民政府或者其授权的部门调解不成的，当事人可以向人民法院提起民事诉讼。""在水事纠纷解决前，当事人不得单方面改变现状。"《水法》规定的水事纠纷包括因用水、排水引起的相邻关系纠纷和非相邻关系纠纷。以上三种解决纠纷的方式并行不悖，由当事人选择使用。相邻各方经协商或者调解达成的协议，只要符合自愿、合法的原则，具有合同效力。

## 类案检索

### 一、李某敏与李某建、胡某丽、新疆生产建设兵团第五师中心团场八十三团相邻用水纠纷案

**关键词：** 相邻用水　自然流水利用

**裁判摘要：** 本案李某敏系以李某建、胡某丽封堵其养殖区水源而致其养殖的5000亩螃蟹死亡为由，请求判令李某建、胡某丽停止侵权、赔偿损失，并以八十三团因重复发包、在用水争议发生后不作为甚至阻挠李某敏挖沟引水为由，请求判令八十三团承担连带责任。综合查明事实，李某敏系因与共同使用同一自然水源的上游用水人李某建、胡某丽之间的用水问题而产生争议，故本案应认定为相邻用水纠纷。相邻用水人对于自然流水的利用应合理分配。2010年大旱气候造成当地用水普遍紧缺是客观事实，分岔河本非稳定的、集中的河流水源，在2010年水量更少。李某敏为保障其养殖区用水而挖深水渠，造成上游草原缺水。李某建、胡某丽于2010年6月10日、7月7日填平水渠，将自然水源恢复原状系维护其自身合法权益的行为。且在用水争议产生后，李某建亦曾寻求公力救济，其向法院起诉要求确认李某敏与八十三团签订的《水土开发合同》无效、李某敏停止开挖草场的侵权行为以及恢复草场原状、赔偿损

失等，故可以认定李某建、胡某丽并非擅自堵截讼争自然水源。反之，李某敏未与上游草原用水人协商即挖深水渠，使得原本漫向草原的自然流水集中流向其螃蟹养殖区，并非合理利用讼争自然水源的行为，不符合《民法通则》第83条"不动产的相邻各方，应当按照有利生产、方便生活、团结互助、公平合理的精神，正确处理截水、排水、通行、通风、采光等方面的相邻关系"之规定。另据现场勘验查明，在非大旱气候的一般年份，分岔河的水完全可以漫过李某建、胡某丽所筑水坝继续流向下游湿地，故2010年大旱气候才是造成李某敏养殖的5000亩螃蟹缺水死亡的主要原因。且李某敏养殖螃蟹的5000亩湿地本不具备养殖螃蟹的客观条件，李某敏未对当地水文、气候、地理环境等进行充分论证即投资螃蟹养殖，由此造成的损失应由李某敏自担。李某敏关于李某建、胡某丽的行为侵犯其权益，应赔偿损失的主张，缺乏事实依据与法律根据。李某敏并非基于其与八十三团签订的《水土开发合同》进行本案中的螃蟹养殖，且《水土开发合同》中亦明确约定"八十三团只负责提供场地，道路、水源、电力等均由李某敏自己解决"，八十三团没有保障李某敏用水的义务。八十三团在李某敏与李某建、胡某丽的用水争议产生后，也曾进行协调。后李某敏经新疆生产建设兵团农五师同意在分岔河的西岔新挖引水渠，但由于设计施工失误，造成河水倒流，未成功引水。故八十三团对于李某敏的损失也不应承担责任。

【案　　号】（2015）民提字第144号
【审理法院】最高人民法院
【来　　源】中国裁判文书网

## 二、祝某峰与三亚市汤他水利水电工程管理处水污染责任纠纷案

**关键词：** 相邻排水　相邻用水　注意义务

**裁判摘要：** 本案属于相邻用水、排水纠纷。根据查明的事实，2014年5月27日，祝某峰与汤他水库管理处订立《土地租用合同》，约定由祝某峰租用汤他水库主坝南侧5亩荒地用于兴建工人简易棚、养鱼配套池等。祝某峰定期向汤他水库管理处缴纳电费等相关事实，可以证明祝某峰将观赏鱼转移至下游区间水库系经过汤他水库管理处的同意。区间水库系由汤他水库管理处进行管理的区域，倘若未经汤他水库管理处的同意和帮助，祝某峰显然难以将大量的网箱和观赏鱼搬迁至区间水库，并在区间水库内正常进行观赏鱼养殖活动，汤

他水库管理处主张其并不知道祝某峰在区间水库养鱼,理由不能成立。汤他水库是区间水库的上游水库,汤他水库管理处与在下游区间水库从事渔业养殖活动的祝某峰形成相邻关系,并且签订有租用合同,其应当更加注意相邻权益的合理管控。本案当时适用的《民法通则》第83条规定:"不动产的相邻各方,应当按照有利生产、方便生活、团结互助、公平合理的精神,正确处理截水、排水、通行、通风、采光等方面的相邻关系。给相邻方造成妨碍或者损失的,应当停止侵害,排除妨碍,赔偿损失。"根据案涉《监测报告》,监测结果显示汤他水库排水口水质类别为劣V类,区间水库库心水质类别为IV类。虽然汤他水库管理处并未人为地向汤他水库中添加污染物,但是因暴雨冲刷汤他水库库底的淤泥导致汤他水库的水质变得污浊,汤他水库未待水体质量恢复稳定,便将劣V类的水排入下游的区间水库,汤他水库作为上游水库,未尽到相邻方应有的注意义务,其排出的劣V类的水造成区间水库的水质恶化,最终导致祝某峰养殖的观赏鱼死亡。因此,汤他水库管理处因未尽到相邻方应有的注意义务,放任损害结果发生,主观上存在过错,祝某峰有权主张汤他水库承担侵权赔偿责任。

【案　　号】(2019)最高法民再406号

【审理法院】最高人民法院

【来　　源】中国裁判文书网

### 三、小玉与小齐相邻排水纠纷案

**关键词:** 相邻关系　阻止他人排水　排除妨害

**裁判摘要:** 当事人双方翻建房屋时院落内原有房屋及墙体被拆除,双方并对院落进行水泥平整,形成了新的院落格局,应视为双方对现状的共同认可。当事人一方擅自建造墙体,阻止他人排水,被妨害方主张予以拆除的,人民法院予以支持。

【审理法院】北京市房山区人民法院

【来　　源】《人民法院报》2020年7月20日

### 四、小力与饲料加工厂相邻排水纠纷案

**关键词:** 相邻关系　保障排水通畅　停止侵害

**裁判摘要:** 邻里之间如果存在排水纠纷,应先保障排水通畅,切莫擅自更

改排水通道或者故意堵塞排水管道，否则因排水不当等致使他人财产受损的，应当承担赔偿责任。侵权人设排水口位于受害人自留地的正上方，下雨时有大量雨水流入受害人的自留地内，会对受害人种植的农作物造成影响，从而造成相应减产的，侵权人应承担相应的民事责任。

【审理法院】北京市房山区人民法院

【来　　源】《人民法院报》2020年7月20日

第二百九十一条　不动产权利人对相邻权利人因通行等必须利用其土地的，应当提供必要的便利。

### 关联规定

法律、行政法规、司法解释

1.《中华人民共和国土地管理法》

**第三条**　十分珍惜、合理利用土地和切实保护耕地是我国的基本国策。各级人民政府应当采取措施，全面规划，严格管理，保护、开发土地资源，制止非法占用土地的行为。

**第四条**　国家实行土地用途管制制度。

国家编制土地利用总体规划，规定土地用途，将土地分为农用地、建设用地和未利用地。严格限制农用地转为建设用地，控制建设用地总量，对耕地实行特殊保护。

前款所称农用地是指直接用于农业生产的土地，包括耕地、林地、草地、农田水利用地、养殖水面等；建设用地是指建造建筑物、构筑物的土地，包括城乡住宅和公共设施用地、工矿用地、交通水利设施用地、旅游用地、军事设施用地等；未利用地是指农用地和建设用地以外的土地。

使用土地的单位和个人必须严格按照土地利用总体规划确定的用途使用土地。

**第十条**　国有土地和农民集体所有的土地，可以依法确定给单位或者个人使用。使用土地的单位和个人，有保护、管理和合理利用土地的义务。

**第十三条**　农民集体所有和国家所有依法由农民集体使用的耕地、林地、草地，以及其他依法用于农业的土地，采取农村集体经济组织内部的家庭承包方式承包，不宜采取家庭承包方式的荒山、荒沟、荒丘、荒滩等，可以采取招标、拍卖、公开协商等方式承包，从事种植业、林业、畜牧业、渔业生产。家庭承包的耕地的承包期为三十年，草地的承包期为三十年至五十年，林地的承包期为三十年至七十年；耕地承包期届满后再延长三十年，草地、林地承包期届满后依法相应延长。

国家所有依法用于农业的土地可以由单位或者个人承包经营，从事种植业、林业、畜牧业、渔业生产。

发包方和承包方应当依法订立承包合同，约定双方的权利和义务。承包经营土地的单位和个人，有保护和按照承包合同约定的用途合理利用土地的义务。

2.《土地管理法实施条例》

第三条 国土空间规划应当细化落实国家发展规划提出的国土空间开发保护要求，统筹布局农业、生态、城镇等功能空间，划定落实永久基本农田、生态保护红线和城镇开发边界。

国土空间规划应当包括国土空间开发保护格局和规划用地布局、结构、用途管制要求等内容，明确耕地保有量、建设用地规模、禁止开垦的范围等要求，统筹基础设施和公共设施用地布局，综合利用地上地下空间，合理确定并严格控制新增建设用地规模，提高土地节约集约利用水平，保障土地的可持续利用。

第十四条 建设项目需要使用土地的，应当符合国土空间规划、土地利用年度计划和用途管制以及节约资源、保护生态环境的要求，并严格执行建设用地标准，优先使用存量建设用地，提高建设用地使用效率。

从事土地开发利用活动，应当采取有效措施，防止、减少土壤污染，并确保建设用地符合土壤环境质量要求。

## ▶ 条文释义

### 一、本条主旨

本条是关于相邻关系中通行权的规定。

### 二、条文演变

邻地通行关系是最常见的一种相邻关系。这一关系的产生既有历史原因，也与经济体制改革密切相连。农村实行土地承包后，土地的所有权与使用权相分离、集体所有并统一使用的土地分片划归农户使用，导致相邻一方必须从他方土地上通行，由此产生了大量的相邻通行关系。原《民法通则》第83条规定："不动产的相邻各方，应当按照有利生产、方便生活、团结互助、公平合理的精神，正确处理截水、排水、通行、通风、采光等方面的相邻关系。给相邻方造成妨碍或者损失的，应当停止侵害，排除妨碍，赔偿损失。"原《民法通则意见》以两个条款对相邻关系中的通行权作出规定。第100条规定："一方必须在相邻一方使用的土地上通行的，应当予以准许；因此造成损失的，应当给予适当补偿。"第101条规定："对于一方所有的或者使用的建筑物范围内历史形成的必经通道，所有权人或者使用权人不得堵塞。因堵塞影响他人生产、生活，他人要求排除妨碍或者恢复原状的，应当予以支持。但有条件另开通道的，也可以另开通道。"原《物权法》在总结前述立法和司法实践经验基础上，于第87条就相邻关系中的通行权作出规定："不动产权利人对相邻权利人因通行等必须利用其土地的，应当提供必要的便利。"本条沿用了原《物权法》第87条的规定，未作修改。

## 三、条文解读

本条是基于现实需要在不动产权利人的土地使用权上设定一项辅助义务，从而限制其权利的行使。涉及因通行等引起的相邻关系的含义、特点以及对行使相邻权的限制等问题。

（一）因通行引起的相邻关系的含义

本条调整的相邻关系，是指由于地理条件的限制，一方必须利用相邻一方所有或者使用的土地，取得通行等便利。例如，一方的土地或者房屋被他方的土地或者房屋所包围，必须从相邻一方的土地上或者院内道路上经过。类似的情况还包括，一方必须利用相邻一方的走廊、涵洞、隧道通行。利用邻地的原因虽有所不同，但其性质与相邻通行权是一样的。

本条所称"必须"，是指一方权利的行使须以利用相邻一方的土地为条件，若不利用相邻一方的土地，就无法行使自己的民事权利，影响自己正常的生产或者生活。本条所称"土地"，涵盖开发、使用的土地和未开发、使用的土地，包括城镇用地、农田、农村宅基地、林地、草地、山岭以及其他土地。本条所称"提供必要的便利"，是指不动产权利人为相邻权利人从自己的土地通行创造条件，使其相邻权能够得以实现。如留出能够使其正常出入的通道，不得在通道上设置障碍或者进行封堵造成相邻权利人通行困难甚至无路可走。

他人因通行等必须利用或进入土地时，由不动产权利人提供必要的便利系国际立法通例。参考大陆法系国家或地区的规定，该等情形主要有三种：一是他人有通行权。不动产权利人负有为相邻"袋地"的权利人提供通行便利的义务是各个国家较为普遍的规定。二是依当地习惯，许可他人进入其未设围障的土地刈取杂草，采集枯枝、枯干，采集野生植物，或放牧牲畜等。三是他人物品或者动物偶然失落于其土地时，应允许他人进入其土地取回。我国《民法典》本条规定中的"等"是指除通行之外的其他情形。

（二）邻地通行权的特点

与《民法典》第292条规定的临时使用邻地关系相比，邻地通行权有三个特点：第一，邻地通行权一般是长期的，对途经之处不发生固定、全面的占有，仅是路过性质。临时使用邻地关系往往是因建筑施工、修缮房屋、铺设管道等工程的需要，一定时间内临时使用不动产权利人的土地。第二，邻地通行权一般不用订立合同，而临时使用邻地关系往往事先由相邻双方订立合同，约定使用邻地的范围、期限和违约条件等，用完后及时撤出。第三，除非给不动产权利人造成损失，行使邻地通行权一般是无偿的，相邻权利人不用付费，而在临时使用邻地关系中，违约的相邻权利人要承担违约责任，但不得因此剥夺相邻权利人的相邻权。

（三）对邻地通行权的限制

作为权利的延伸，相邻权利人应将其权利限制在合理的范围内。一是通过邻地时，应当选择最为经济合理的路线。有老路的走老路，相邻权利人不得任意拓宽；没有老路可走的，新设通道应以能够通行为限。如果是季节性通过邻地，可不留固定的道路。二是注意保护邻地上的财产。从邻地上通行时，应当小心谨慎，不得践踏青苗或毁损地上附着物。三是因客观环境发生变化可以改道通行时，应改由其他更为经济的路线通行。四是因通行等给不动产权利人造成损失的，应予赔偿。例如，相邻权利人驾驶拖拉机在邻地上通行时轧坏了邻地里的庄稼，从不动产权利人院内通行时弄坏了院内的东西，均应当依法赔偿损失。

## 适用指引

处理因通行等引起的相邻关系纠纷，在程序上，通常有自行和解、调解、司法处理三种途径。当事人协商或者调解不成的，可以向人民法院提起民事诉讼，也可以直接向人民法院提起民事诉讼。在实体方面，因通行造成损失的，应当给予适当补偿；对于一方所有的或者使用的建筑物范围内历史形成的必经通道，所有权人或者使用权人不得堵塞；因堵塞影响他人生产、生活，他人可以要求排除妨碍或者恢复原状；有条件另开通道的，也可以另开通道。司法实践中，应当依据本条、其他相关法律法规和司法解释的规定正确处理此类案件。

## 典型案例

### 一、屠某炎与王某炎相邻通行权纠纷案

**关键词：** 不动产买卖合同　相邻通行

**裁判摘要：** 出卖人出卖不动产时，其基于相邻关系而在他人不动产上享有的通行等权利不应成为转让标的。即使双方在买卖合同中对该通行权进行了所谓的约定，对第三人也不具有约束力。买受人享有的通行权权源基础同样是相邻关系，而并非买卖合同的约定。当客观情况发生变化，买受人不再符合相邻关系要件时，第三人得拒绝买受人的通行要求，买受人无权以买卖合同中关于通行权的约定约束第三人。

**基本案情：** 一审法院经审理认为，在买卖合同中，买受人受让的客体只能是出让人享有完全处分权的标的物。如果出卖人对有关标的物不享有处分权，不仅出卖人无权出卖，而且买受人也不可能通过与无权处分人签订买卖合同而取得相应的权属。在本案中，屠某炎的父亲屠某花生前于1966年向滕某仙购买房屋时，受让的客体应当是双方当事人约定的四至分明的、出让人滕某仙享有完全处分权的房屋所有权及相应土地使用权。滕某仙对于该房屋及相应四至分明的土地使用权之外的其他土地，客观上是不享有宅基地使用权和集体建设用地使用权的。因此，原告的父亲屠某花也不可能通过与滕某仙签订的买卖合

同，而取得滕某仙享有处分权之外的其他土地的宅基地使用权或者集体建设用地使用权。虽然屠某花与滕某仙在买卖合同中载明了房屋"出入行路有朝东厢见门，向南进入无阻，道地公用"，但是该约定只是屠某花与滕某仙之间的约定，对第三人没有约束力。作为该房屋的相关权利人，包括滕某仙、屠某花以及本案屠某炎，在一定条件下，可以向东、向南出行，并非基于对向东、向南土地的宅基地使用权或者集体建设用地使用权，而是基于民事法律规范的基本原理之相邻关系。所谓相邻关系，是指两个或两个以上的相互毗邻的不动产所有人或使用人，在行使对自己不动产的占有、使用、收益、处分等权益客观上必须对相邻的不动产产生影响时，相邻的不动产权利人必须承担最低限度的容忍义务。具体到本案，由于滕某仙出卖给屠某花房屋时，该房屋的西面是一条水沟，该房屋的权利人向西无法出行，根据当时的情况只能向东、向南出行，因此，其东邻的有关权利人就应当允许其向东出行。即使屠某炎的父亲屠某花与滕某仙当时签订的买卖合同中没有载明"出入行路有朝东厢见门，向南进入无阻，道地公用"的约定条款，屠某炎的父亲根据相邻关系之原理，不仅可以，而且只能向东、向南出行并使用公共道路，但是这并不意味着屠某炎的父亲就取得了向东、向南出行所必须使用的土地的宅基地使用权或者集体建设用地使用权。屠某炎、王某炎于1991年2月24日签订的协议书中，虽然也涉及了屠某炎向东、向南出行的问题，但屠某炎向东、向南出行的原因和基础与屠某炎父亲生前享有向东、向南出行的原因和基础是一致的。因此，屠某炎可以向东、向南出行，也不意味着屠某炎就取得了向东、向南出行所必须使用的土地的宅基地使用权或者集体建设用地使用权。事实上，对于农村每一户宅基地使用权人，作为排他使用的空间只能是相关使用权证中确定的四至范围内的土地。对于该宅基地范围之外的出行路线，应当是遵从当地有关组织的道路规划和统一安排。有关的组织，根据当地的社会发展及客观现实，也有权适时作出相应的调整，相关的权利人也有义务遵守调整后的道路规划和出行安排。本案中，随着泗北村的发展变化，屠某炎房屋西面的水沟现在已经填平，泗北村村民委员会也已经于1999年将屠某炎的出行路线调整为向西、向南出行，屠某炎宅基地的西南方向现在也已经安装了大门，出了该大门就是村里的街道。因此，屠某炎现在从自己的西南方向大门出入，不仅符合村里的规划和安排，也有利于自己的使用和生活。从相邻关系的角度考虑，由于前所述及的屠某炎现在已经拥有了方便的出行线路，因此，屠某炎现在从王某炎的宅基地内通过不仅不是必需的，而且对于屠某炎、王某炎使用和生活都是不利的，也是不方便的。一审判决：驳回原告屠某炎的诉讼请求。

屠某炎不服一审判决提起上诉。二审法院经审理认为，由于时间的推移和村建设的发展，双方当事人房屋的出入通道和四周的道路发生了明显的变化。屠某炎房屋西面的水沟已经被填平，村委会于1999年将屠某炎的出行路线调整为向西、向南出行，屠某炎也在房屋院子的西南角开设了大门，出了大门就是村里宽阔的街道。因此，屠某炎从自己的大门出入，不仅符合村里的规划和安排，也有利于自己的生产、生活。屠某炎主张的东方向行路，虽曾是屠某炎房屋的出入口，但现在该方向行路已经属于王某炎的私人院子，屠某炎欲从此进出，对双方均不方便，容易引发矛盾纠纷。屠某炎房屋南面的围墙，系王某炎在购入他人房屋后拆除而建造的，围墙的中上部是栅栏，对屠某炎房屋的通风、采光影响不大，且比原来的房屋对上诉人的影响更小。因此，屠某炎要求从其房屋东边出入，王某炎拆除围墙，拆除围墙后的土地供双方共同使用的主张，缺乏依据。屠某炎主张的宅基地使用权问题，不属于本案的审理范围。综上，原审认定事实清楚，适用法律正确。屠某炎的上诉理由不能成立，二审判决：驳回上诉，维持原判。

【审理法院】浙江省宁波市中级人民法院

【来　　源】《最高人民法院公报》2013年第3期

## 二、中国生物多样性保护与绿色发展基金会诉贵州宏德置业有限公司相邻通行权纠纷案

**关键词：** 相邻通行　侵占公共资源

**裁判摘要：** 建设项目影响公众通行、游览、观赏等环境权益的，公益组织可以提起环境公益诉讼；案涉项目建设过程中虽存在不规范行为，但未构成根本性违法，人民法院在企业经济发展和生态环境保护之间实现利益衡平，促使双方达成调解，开拓了对侵占公共资源的司法救济路径。

**基本案情：** 宏德公司修建乐湾国际房开项目，项目配套建设高尔夫球场。该球场沿当地一条自然河流两岸建设，将河流圈入球场范围，且将球场周边封堵，妨碍当地群众生活自由通行及沿河游览观赏。绿发会提起环境民事公益诉讼，请求宏德公司立即停止侵害、消除危险、排除妨碍并赔礼道歉。审理过程中，宏德公司拆除了案涉区域围栏，委托第三方机构编制了《贵阳市乐湾国际

开放空间规划》，对整个片区进行了统一规划，规划方案设计了公众自由通行通道，能够沿河观赏。

经法院主持调解，双方达成如下和解协议：绿发会尊重行政机关的处理意见，同意德宏公司按照行政机关要求完成整改；德宏公司按照行政机关审批的规划进行整改，保证案涉区域成为开放的公共空间。同时邀请绿发会或第三方组织对上述整改情况进行监督；绿发会放弃要求德宏公司在国家级媒体向全社会公开赔礼道歉的诉讼请求；德宏公司自愿承担绿发会因本次诉讼支出的差旅费、专家费、调查费、律师费等合理费用合计26万元；德宏公司自愿承担本案受理费5200元。上述和解协议已经依法公示、确认。

【案　　号】（2019）黔0181民初1146号

【审理法院】贵州省清镇市人民法院

【来　　源】环境资源典型案例（2020年5月8日最高人民法院发布）

### 三、青海茂祥房地产开发有限公司与青海省气象局相关通行纠纷案

**关键词**：相邻通行　占用通道　赔偿损失

**裁判摘要**：占用施工使用的唯一通道，致施工无法进行，造成经济损失，应当承担损失赔偿责任。

**基本案情**：2011年5月，茂祥公司办理相关手续后建设开发位于青海省西宁市某商住小区项目。后青海省气象局将正在施工使用的唯一通道堵塞，造成无法施工。经诉讼及强制执行，该通道被疏通，共造成停工112天。茂祥公司起诉要求青海气象局支付停工产生的违约金损失、人员工资损失、监理费报酬损失、借款利息及罚息损失等各项损失合计4358404.81元。

一审法院经审理认为，根据《民法通则》第83条关于"不动产的相邻各方，应当按照有利生产、方便生活、团结互助、公平合理的精神，正确处理截水、排水、通行、通风、采光等方面的相邻关系。给相邻方造成妨碍或者损失的，应当停止侵害，排除妨碍，赔偿损失"及《民法通则意见》第100条关于"一方必须在相邻一方使用的土地上通行的，应当予以准许；因此造成损失的，应当给予适当补偿"的规定，青海省气象局理应向茂祥公司承担因侵权造成的财产损害赔偿责任。判决：青海省气象局赔偿茂祥公司各项经济损失1055240元；驳回茂祥公司的其他诉讼请求。青海省气象局、茂祥公司上诉后，二审法院驳回上诉，维持原判。

【案　　　号】（2014）青民一终字第 117 号
【审理法院】青海省高级人民法院
【来　　　源】环境侵权典型案例（2015 年 12 月 29 日最高人民法院发布）

## 四、胡某某、程某某与袁某某相邻关系纠纷案

**关键词**：相邻通行　相邻关系　地役权

**裁判摘要**：相邻通行法律关系，不仅涉及相邻权问题，还涉及地役权以及地役权与相邻权混杂所呈现出来的多种复杂状态问题。相邻权并非独立物权，其有限性在行使条件和法律效果上均有明显体现。在审理农村相邻通行纠纷案件过程中，应考虑涉案土地的性质、农户自行调整土地行为的效力、相邻权的行使条件和法律效果，以及在相邻权与地役权混杂情形下如何适用法律追求最佳审判效果等诸多问题。

**基本案情**：原告二人系夫妻关系。原、被告两家为同一村民组农户，原系一墙之隔的邻居。1994 年原告将被告老宅买下，并于 2003 年 9 月间将两家老宅拆除，在原宅基地上新建两层楼房。其时，为通行宽畅，经协商原告将被告家一块约 6.8 米长、1.3 米宽将近 9 平方米的菜地并入门前通道使用。2018 年 2 月 28 日，被告未与原告协商并经其同意，在原告门前通道处码砌石块，将原已让出的菜地圈离，导致原告家通行受限。原告遂以相邻权侵害为由提起诉讼，请求被告移除石块，恢复道路原状。被告辩称，菜地只是临时借用而非出让，予以收回是行使正当权利。另外，原告家院门距离通村水泥干道大约 10 余米远，其间原本有一条 1 米多宽人行通道连接，并入被告菜地后通道增宽至 2.5 米有余，可通行小型机动车；原告称为并入菜地已补偿被告 200 元现金。对此，被告承认曾接受原告 200 元现金，但称系补偿石坝毁损，与让路无关；庭审中被告自认，决定圈离菜地，原因是与原告家存在其他矛盾纠葛。

一审法院经审理认为，同一集体经济组织成员间为生产、生活需要，在不损害集体或集体经济组织其他成员利益的前提下，自行调整土地使用权，只要所调整的土地面积、范围不过分，且本集体经济组织其他成员不提出异议，其效力应得到确认。基于以下理由，确认双方已就案涉菜地使用权形成出让合意：（1）从当时的情况看，原告建造住宅以及修建住宅通道是整体性工程，被告收讫的 200 元补偿款，在无明确约定依据的情况下，应按占用菜地和坝毁损失双项补偿认定，说明出让菜地具备一定事实基础。（2）争议菜地面积很小，

于被告利益微弱,基于原告相邻权关系而让渡使用权,符合村民交往互行方便的一般行为准则,出让菜地的可能性完全存在。(3)争议菜地原告实际占用时间较长,已既成事实,贸然改变现状不利于地方稳定。(4)既然争议菜地系用于原告住宅出行通道,那么就必须服从住宅通道随住宅存在之常理。认可被告临时借用主张,赋予被告对出让菜地随时收回权,与常理相悖。(5)支持被告主张,不符合法律有关相邻关系规定的原则精神。法律规定,不动产的相邻权利人应当按照有利生产、方便生活、团结互助、公平合理的原则,正确处理相邻关系。不动产权利人对相邻权利人因通行等必须利用其土地的,应当提供必要的便利。(6)支持被告主张,不利于社会道德观的良性引导。被告自认主张收回菜地系因与原告存在其他矛盾纠葛,报复动机明显,行为缺乏善意。故此,被告在已让渡使用权多年且无切实利益需要的情况下,仅因与原告间存在其他矛盾纠葛,就突然用石头圈垒所出让的菜地,妨碍原告通行,给原告生产、生活造成妨害。被告的行所为具有明显恶意,有违公序良俗,依法已构成对原告相邻权的侵害,应予制止。法院遂判决支持原告请求。

二审中,在法院主持下,双方达成调解:被告移除堆砌石块,恢复道路原状;原告补偿被告通行占地补偿费2000元。

【案　　号】(2019)皖08民终690号

【审理法院】安徽省安庆市中级人民法院

【来　　源】《人民司法·案例》2020年第2期

## ▶ 类案检索

**杨某君与河北钢铁集团矿业有限公司、河北省滦南县人民政府财产损害赔偿纠纷案**

**关键词:** 相邻通行　排除妨害

**裁判摘要:** 杨某君起诉钢铁集团,要求其支付道路损失赔偿款2002万元并承担诉讼费用,后又增加诉讼请求要求钢铁集团停止实施阻碍杨某君通行的行为,拆除在杨某君享有使用权的道路上的围墙等地上附着物,恢复道路原状。首先,杨某君通过沈某某取得了涉案双利采砂场经营权,受让了潘某某修建的5500米道路的所有权利义务,并进行了投资,其已拥有了对该道路的使用权。其次，钢铁集团开发马城铁矿，先后占用了杨某君道路中的两块土地，有损害事实的发生，造成杨某君通行不便。最后，杨某君道路通行不便，与钢铁集团占道之间双方具有因果关系。故本案符合侵权之诉的构成要件。杨某君享有一种混合权利，首先是因其投资修路而享有的财产权（最初是潘某某投资，后经多次转让到杨某君处后杨某君又进行了投资，其自称修路投资400万元），其次是通行和使用权，基于相邻关系或地役权而享有。钢铁集团开发铁矿占用道路给杨某君行使权利产生影响，对其通行权造成一定阻碍；杨某君起诉主张排除妨碍、赔偿损失的要求，是有事实依据的。因此，杨某君依据《采沙权转让协议书》及《物权法》第92条规定起诉钢铁集团，符合法定起诉条件。

【案　　号】（2017）最高法民申749号
【审理法院】最高人民法院
【来　　源】中国裁判文书网

第二百九十二条　不动产权利人因建造、修缮建筑物以及铺设电线、电缆、水管、暖气和燃气管线等必须利用相邻土地、建筑物的，该土地、建筑物的权利人应当提供必要的便利。

## 关联规定

法律、行政法规、司法解释

1.《中华人民共和国土地管理法》

第五十七条　建设项目施工和地质勘查需要临时使用国有土地或者农民集体所有的土地的，由县级以上人民政府自然资源主管部门批准。其中，在城市规划区内的临时用地，在报批前，应当先经有关城市规划行政主管部门同意。土地使用者应当根据土地权属，与有关自然资源主管部门或者农村集体经济组织、村民委员会签订临时使用土地合同，并按照合同的约定支付临时使用土地补偿费。

临时使用土地的使用者应当按照临时使用土地合同约定的用途使用土地，并不得修建永久性建筑物。

临时使用土地期限一般不超过二年。

2.《中华人民共和国石油天然气管道保护法》

第二十七条　管道企业对管道进行巡护、检测、维修等作业，管道沿线的有关单位、个人应当给予必要的便利。

因管道巡护、检测、维修等作业给土地使用权人或者其他单位、个人造成损失的，管道企业应当依法给予赔偿。

3.《土地管理法实施条例》

第二十条　建设项目施工、地质勘查需要临时使用土地的，应当尽量不占或者少占耕地。

临时用地由县级以上人民政府自然资源主管部门批准，期限一般不超过二年；建设周期较长的能源、交通、水利等基础设施建设使用的临时用地，期限不超过四年；法律、行政法规另有规定的除外。

土地使用者应当自临时用地期满之日起一年内完成土地复垦，使其达到可供利用状态，其中占用耕地的应当恢复种植条件。

第二十一条 抢险救灾、疫情防控等急需使用土地的，可以先行使用土地。其中，属于临时用地的，用后应当恢复原状并交还原土地使用者使用，不再办理用地审批手续；属于永久性建设用地的，建设单位应当在不晚于应急处置工作结束六个月内申请补办建设用地审批手续。

第五十二条 违反《土地管理法》第五十七条的规定，在临时使用的土地上修建永久性建筑物的，由县级以上人民政府自然资源主管部门责令限期拆除，按占用面积处土地复垦费5倍以上10倍以下的罚款；逾期不拆除的，由作出行政决定的机关依法申请人民法院强制执行。

## ▶ 条文释义

### 一、本条主旨

本条是关于利用相邻土地、建筑物的规定。

### 二、条文演变

因临时修建施工引起的相邻关系，在社会实践中大量存在，由此引起的相邻权纠纷也较为常见。为解决此类纠纷，原《民法通则意见》第97条对因修建施工引起的相邻关系作了规定。该条规定："相邻一方因施工临时占用他方使用的土地，占用的一方如未按照双方约定的范围、用途和期限使用的，应当责令其及时清理现场，排除妨碍，恢复原状，赔偿损失。"原《物权法》第88条吸收审判实践经验，对此专门作出规定："不动产权利人因建造、修缮建筑物以及铺设电线、电缆、水管、暖气和燃气管线等必须利用相邻土地、建筑物的，该土地、建筑物的权利人应当提供必要的便利。"本条沿用原《物权法》第88条的规定，未作修改。

### 三、条文解读

本条明确了不动产权利人临时利用相邻土地、建筑物进行修建施工，相邻权利人有义务提供必要便利。

(一) 本条规定的使用邻地的情形

本条规定的使用邻地包括两种情形：一是因建造、修缮建筑物而临时使用邻地；二是在邻地上铺设管线。

**1. 因建造、修缮建筑物而临时使用邻地**

土地权利人因建造、修缮建筑物必须临时使用相邻的土地、建筑物的，相邻的土地、建筑物的权利人应当提供必要的便利。例如，甲要修缮自己的房屋，有必要在相邻的乙的土地范围内临时搭建脚手架，依据本条规定，乙应提供必要的便利而不能阻拦。同时，占用相邻土地进行施工应当按照约定的范围、期限、用途等使用，施工期满应当及时腾退场地，不能无正当理由长期占用，否则应当承担相应的民事责任。为了解决因施工临时占用邻人土地而产生的纠纷，原《民法通则意见》第97条规定："相邻一方因施工临时占用他方使用的土地，占用的一方如未按照双方约定的范围、用途和期限使用的，应当责令其及时清理现场，排除妨碍，恢复原状，赔偿损失。"

**2. 在邻地上铺设管线**

依据本条规定，如果土地或者建筑物权利人必须经过邻人的土地、建筑物才能铺设电线、电缆、水管、暖气和燃气管线，邻人应当予以允许，但该权利人应选择损害最小的方法铺设，并对于所造成的损害予以赔偿。

(二) 使用邻地相邻关系的特点

本条涉及利用相邻权利人不动产的范围和对相邻各方的权利义务的理解。利用相邻权利人不动产的范围包括土地和建筑物。实践中，不动产权利人因修建施工需要利用相邻权利人土地的情况较为常见，利用相邻权利人建筑物的情况则相对较少。利用相邻权利人土地、建筑物的情况包括临时通行，搭脚手架、工棚、工作平台，堆放建筑材料、挖掘管线地沟等。利用相邻权利人的建筑物部位和面积应酌情而定，不限于外墙和屋顶。

因修缮房屋、建筑施工、铺设管线等引起的相邻关系有两个特点：一是"临时利用"，二是"必须利用"。所谓"临时利用"，亦即利用相邻土地、建筑物的时间较为明确，因特定事由在特定时间利用，排除永久利用。与相邻通行权相比，后者不限定通行的期间。临时利用的时间通常为修建施工期间，施工结束立即撤出并恢复原状,不得无故拖延。所谓"必须利用",是指这种利用具有必要性与合法性,利用相邻权利人土地、建筑物的理由客观存在并且充分,修建施工按规定经过了行政审批。铺设电线、电缆、水管、暖气和燃气管线往往涉及社会公众利益,如果不利用相邻权利人的土地、建筑物,施工就无法正常开展,不仅可能造成一定的经济损失,而且可能严重影响企业生产和居民生活。相反,如果这种利用不是"必须"的,不动产权利人经过努力可以自己解决,相邻权利人可以拒绝向其提供便利。

(三)使用邻地相邻关系行使的条件

使用邻地需满足以下条件:一是确有需要的应提供便利。如果在提供便利过程中相邻权利人未遭受损失,提供便利通常不应是有偿的。因修建施工、铺设管线等,确有需要临时利用相邻土地、建筑物的,相邻权利人应当允许,不得以给自己带来某种不便或者损失为由加以拒绝,也不得故意刁难或阻挠。二是谨慎行使相邻权,注意保护相邻权利人的利益。不动产权利人在施工前应当优选修建施工方案,尽量减少在施工过程中给相邻权利人造成影响(如通行、粉尘、噪声、强光、辐射、空气污染)。为此,双方可以约定利用相邻权利人土地、建筑物的范围、用途和期限等。施工完毕后应及时清理现场,恢复原状。利用期限届满,相邻权利人可以通知不动产权利人限期撤离。不动产权利人违约的,应当承担违约后果。但违约并不导致相邻权的消灭,不能以违约为由否认不动产权利人的相邻权,实践中应将两者区别对待。

## ▶ 适用指引

### 一、区分土地权属纠纷与相邻关系纠纷

人民法院在审理这类案件时,要把相邻权利人之间发生的土地权属纠纷与相邻关系纠纷区别开来。《土地管理法》第14条规定:"土地所有权和使用权争议,由当事人协商解决;协商不成的,由人民政府处理。""单位之间的争议,由县级以上人民政府处理;个人之间、个人与单位之间的争议,由乡级人民政府或者县级以上人民政府处理。""当事人对有关人民政府的处理决定不服的,可以自接到处理决定通知之日起三十日内,向人民法院起诉。""在土地所

有权和使用权争议解决前,任何一方不得改变土地利用现状。"该条对土地所有权和使用权争议的处理程序专门作了规定,明确此类争议按照"协商—政府处理—行政诉讼"的程序,当事人对政府不予受理土地争议或者处理决定不服的,只能向人民法院提起行政诉讼。而针对相邻权纠纷的起诉,人民法院应当作为民事纠纷案件直接受理。两者的区别在于争议的标的是土地所有权或者使用权权属还是在权属明确的前提下发生的相邻权纠纷,不要把土地权属争议作为相邻权纠纷处理。

### 二、综合适用相关法律法规

审理此类相邻权纠纷案件,应当根据不同案情,综合适用相关法律法规。即不仅要依照民事法律规范确认双方当事人的权利义务,而且要依据相关行政管理法律法规规章的专门规定审查行为人是否具有相邻权和在何种情况下才能行使相邻权。不动产权利人在利用相邻不动产过程中给相邻权利人造成损失的,应当予以补偿。

### 三、根据发生冲突的权益性质做好利益衡量

人民法院审理此类相邻权纠纷时,应当根据案件中不同的利益做好价值判断和取舍,平衡好各类合法权益之间的关系。例如,在陈某诉地铁公司相邻关系纠纷案中,陈某以地铁公司围蔽施工影响其商铺经营为由诉请地铁公司赔偿其租金损失60余万元。人民法院认为,案涉工程属市政重点工程,系为社会利益而实施,围蔽施工经有关主管部门批准,施工场地并未超越市政公共道路范围,陈某作为相邻关系一方,理应为地铁公司施工提供一定便利,接受一定限制。况且,作为地铁站临近商铺,地铁站建设必然会提升案涉商铺价值,陈某作为受益者对其影响也是长远、持久的。事实上,地铁公司围蔽施工留有通行通道出入陈某商铺,陈某仍可经营,至于其能否出租该商铺受多方面因素影响,租金损失与围蔽施工无必然因果关系,故陈某提出赔偿其租金损失请求依据不足,判决驳回陈某诉请。该案体现的相邻权人对涉及公共利益的工程建设造成的个人利益受损负有必要容忍义务的司法导向,可资参考。①

---

① 参见广东省广州市中级人民法院(2016)粤01民终9号民事判决书。

## ▶ 典型案例

### 陈某平与广东广佛轨道交通有限公司相邻关系纠纷案

**关键词：** 相邻商铺　相邻关系　容忍义务

**裁判摘要：** 地铁施工属于涉及社会公共利益的重大工程，在判定建设方是否应当对损害相邻商铺正常经营使用负担责任时，应当首先将建设方行为纳入《侵权责任法》"过错（过错推定）—无过错—分担或补偿损失"的归责原则次序，兼顾《物权法》的相关规定，谨慎适用《侵权责任法》第24条。地铁施工方依规范围蔽施工，对相邻商铺市场价值的提升亦有助益。相邻关系一方对公共利益工程建设造成的个人利益受损害负有必要容忍义务，不应支持其损失分担主张。

**基本案情：** 广州市海珠区工业大道中357号某铺是登记在陈某平名下的商铺，登记时间为2009年8月26日。陈某平主张基于广东广佛轨道交通有限公司（以下简称广佛轨道公司）作为工程建设方的身份，依据《民法通则》第83条、《物权法》第4条、第5条、第37条、第88条、第92条以及《侵权责任法》第7条、《深圳市公共基础设施建设项目房屋拆迁管理办法》第48条的相关规定，要求广佛轨道公司对其承担租金损失的责任并支付利息。陈某平表示其与广佛轨道公司是相邻关系，广佛轨道公司工程施工所做的围栏已对涉案铺面的道路形成包围，影响了陈某平的正常通行，导致涉案商铺客观上无法正常使用。广佛轨道公司对陈某平的陈述表示不予确认，主张其并不是施工场地产权人，只是占用地块进行施工，双方不属于相邻关系。经人民法院向陈某平释明，陈某平明确表示不追加涉案施工场地产权人参加诉讼，坚持陈某平、广佛轨道公司之间是相邻关系纠纷。

人民法院经审理认为，相邻关系是指相互毗邻的两个以上不动产所有人、用益物权人或占有人，在用水、排水、通行、通风、采光等方面根据法律规定产生的权利义务关系。陈某平系广州市海珠区工业大道中357号某铺的不动产权人，广佛轨道公司是涉案施工地块的占有人，因陈某平的上述商铺正对广佛轨道公司围蔽施工路段，上述商铺与涉案施工地块相互毗邻，二者构成相邻关系。不动产的相邻权利人应当按照有利生产、方便生活、团结互助、公平合理的原则，正确处理相邻关系。涉案工程属于市政重点工程，是为社会利益而实施，围蔽施工经有关主管部门批准，施工的场地并未超越市政公共道路范围，陈某平作为相邻关系一方，理应为广佛轨道公司施工提供一定的便利，接受一定的限制。况且，作为与地铁站临近的商铺，地铁站的建设必然会提升涉案商铺的价值，陈某平作为受益者对其影响也是长远、持久的。而事实上，广佛轨道公司围蔽施工是留有通行通道出入涉案商铺的，涉案商铺仍然可以经营，至于陈某平能否出租涉案房屋受多方面因素影响，租金损失与围蔽施工没有必然的因果关系。所以陈某平提出要求广佛轨道公司赔偿其租金损失的请求，依据不足，不予支持。其提出要求对涉案商铺的租金进行评估，由于与本案的处理并无关联，对此不予准许。

【案　　号】（2016）粤01民终9号
【审理法院】广东省广州市中级人民法院
【来　　源】《人民法院案例选》2018年第5辑

## ▶ 类案检索

### 一、余某苗与杨某苗等相邻土地、建筑物利用关系纠纷案

**关键词：** 相邻土地、建筑物利用　提供必要便利

**裁判摘要：** 不动产权利人因建造、修缮建筑物必须利用相邻土地、建筑物的，该土地、建筑物的权利人应当提供必要的便利，不动产权利人利用相邻不动产的，应当尽量避免对相邻不动产权利人造成损害。本案系双方在承租使用公房时产生的相邻权纠纷，权利人所住公房年久失修需要对墙壁进行翻修，相邻方应为权利人施工期间的脚手架搭建及暂时移除花坛等各项措施提供协助配合和必要的便利。但在选择施工方案时，权利人应谨慎行使相邻权，尽量减少在施工过程中给相邻权利人造成生活上的影响，并对相邻方院落内花坛暂时移除时做好必要保护措施。

【案　　号】（2021）浙0302民初7309号
【审理法院】浙江省温州市鹿城区人民法院
【来　　源】中国裁判文书网

## 二、吴某华与国网东北分部绿源水力发电公司云峰发电厂、乔某全相邻土地、建筑物利用关系纠纷案

**关键词：** 相邻土地、建筑物利用　提供必要便利

**裁判摘要：** 涉案自来水管线具有公益性质，有关各方对自来水管线改造、更新，应该予以支持和帮助。发电厂进行自来水管线改造、更新，相邻方作为管线途经土地的使用权人应当提供必要的便利，即发电厂自来水管线有权（经过地下）通过相邻方的土地。相邻方要求拆除自来水管线的请求不能成立。

【案　　号】（2021）吉0582民初525号

【审理法院】吉林省集安市人民法院

【来　　源】中国裁判文书网

> 第二百九十三条 建造建筑物，不得违反国家有关工程建设标准，不得妨碍相邻建筑物的通风、采光和日照。

## 条文释义

### 一、本条主旨

本条是关于相邻建筑物通风、采光和日照的规定。

### 二、条文演变

通风、采光和日照是衡量一个人居住质量的重要标准之一。随着城市化的发展，因建筑物的通风、采光和日照问题引发的矛盾越来越多，因此，《民法典》有必要对建筑物通风、采光和日照的问题作出明确规定。由于我国地域辽阔，各地经济发展不平衡，且不同的社会发展阶段对建设工程标准的要求不同，所以本条未规定具体的标准，而是原则规定建造建筑物须遵守国家有关工程建设标准，不得妨碍相邻建筑物的通风、采光和日照。本条基本沿用了原《物权法》第89条规定，在"妨碍相邻建筑物的通风、采光和日照"前增加"不得"二字，更为严谨。

### 三、条文解读

#### （一）不动产相邻关系及容忍义务

土地的所有人或者利用人利用土地实现土地效益的最为通常的形式，是在土地之上建造建筑物。与不动产相邻关系的性质在于不动产权利的扩张或限制相一致，建筑物相邻关系的功能也在于协调相邻近建筑物之间的权利冲突，从而平衡相邻近建筑物所有人或者利用人之间的利益，促进土地和建筑物的有效利用，促进社会的和谐与安宁。

不动产相邻关系中最重要的就是通风、采光和日照的问题。妨碍日照、采光和通风的判断标准是受害人能够主张排除妨碍和损害赔偿的必要条件。事实上，基于相邻关系制度的固有功能，相邻建筑物的所有人或利用人之间必须负有一定的容忍义务。易言之，只有在日照妨碍、采光妨碍和通风妨碍超出必要的容忍限度，受害人主张排除妨碍和损害赔偿才能够得到支持。申言之，如果妨碍日照、采光和通风的行为超出社会一般人的容忍限度，即构成妨碍行为；如果行为没有超出一般人的容忍限度，则不构成妨碍行为。关于容忍限度的界限，有的国家通过在民法中规定建造建筑物具体标准的方式予以明确。鉴于我国幅员辽阔，各地经济社会发展水平差异较大，本条并未规定具体的工程建设标准，而是规定建造建筑物须遵守国家有关工程建设标准，不得妨碍相邻建筑物的通风、采光和日照，从而将判断是否构成通风、采光、日照妨碍的标准指向国家有关工程建设标准。

（二）妨碍通风、采光和日照的判断标准

根据本条的规定，我国建筑物相邻关系制度中，有关日照、通风、采光的妨碍行为的判断，系以国家有关工程建设标准的内容为基本判断标准。建造建筑物违反国家有关工程建设标准的，应当视为超出了社会一般人的容忍限度，受害人可以主张排除妨碍和损害赔偿。反之，符合国家建设标准的，即使对邻近建筑的通风、采光和日照造成一定程度的妨碍，也应当视为未超出容忍限度，相邻建筑物的所有人或利用人负有容忍义务。而国家以行政规范这种公法性质的文件调整毗邻建筑物之间的权利义务关系，也体现了现代社会公法相邻关系与私法相邻关系交错的特征。

我国的一些相关建筑规范中，对于相邻建筑物之间的通风、日照、采光等作了规定，比较有代表性的如住房和城乡建设部发布的《城市居住区规划设计标准》，对城市居住区建筑物的间距、采光、日照等方面提出了基本要求，如该标准第 4.0.9 条在对住宅建筑间距作出一般规定的同时，还对特定情况作出规定：（1）老年人居住建筑日照标准不应低于冬至日日照时数 2 小时；（2）在原设计建筑外增加任何设施不应使相邻住宅原有日照标准降低，既有住宅进行无障碍改造加装电梯除外；（3）旧区改建项目内新建住宅建筑日照标准不应低于大寒日日照时数 1 小时。该标准是判断日照妨碍是否超出容忍限度的重要依据。① 此外,一些地方政府也制定了本地区的相关规范,在不与国家规范相冲突的情况下,相关地方性规范可以作为判断是否构成日照妨碍的参考。

## ▶ 适用指引

审判实践中,以国家有关建筑规范作为判断是否妨碍相邻建筑物通风采光和日照的依据,是长期以来普遍遵循的方法。在不违反国家规范的前提下,建筑物所在地的地方性规范可能更贴近个案的具体情况,也是案件审理中的重要参考。另外,在没有相关规定的情况下,应当结合当地习惯和各方的具体情况判断是否超出了必要的容忍限度。在陈某生与南京某公司相邻关系纠纷案中,陈某生主张南京某公司开发建设的紫峰大厦遮挡其房屋日照,南京某公司应当依法对其进行补偿。法院认为,陈某的房屋在南京某公司开发的大厦建成后,日照时间明显减少,低于《城市居住区规划设计标准》规定的大寒日累计日照时间大于等于 2 小时的国家标准,南京某公司系大厦建成时的所有权人,且为现所有权人之一,属于陈某生的日照权受到侵害的损害后果这一不可分之债的债务人,应当承担连带责任。阳光之于生命非常重要,陈某生作为房屋产权人,其日照权应受法律保护。当事人双方对补偿数额未达成一致,结合房屋日照减少程度,日照减少对家庭生活、房屋价值的影响等相关因素,陈某生要求南京某公司补偿 10 万元具有合理性,判决支持陈某生诉讼请求。该案体现了人民法院在审理妨碍日照权等相邻权纠纷案件时,应以相关建筑规范作为认定事实依据,并注重保护公民生存权的价值导向,可资借鉴。

## ▶ 类案检索

### 一、南京国资绿地金融中心有限公司与陈某生相邻关系纠纷案

**关键词:** 相邻日照

**裁判摘要:** 不动产的相邻各方,应当按照有利生产、方便生活、团结互助、公平合理的精神,正确处理截水、排水、通行、通风采光等方面的相邻关

---

① 该条为强制性规范,必须严格执行。

系。给相邻方造成妨碍或者损失的，应当停止侵害、排除妨碍，赔偿损失。建造建筑物，不得违反国家有关工程建设标准，妨碍相邻建筑物的通风、采光和日照。

【案　　号】（2016）苏 01 民终 20 号
【审理法院】江苏省南京市中级人民法院
【来　　源】中国裁判文书网

### 二、郑某秀与广元市万信实业有限公司相邻采光、日照纠纷案

**关键词：** 相邻通风　相邻采光　相邻日照　容忍义务

**裁判摘要：** 建造建筑物，不得违反国家有关建设标准，妨碍相邻建筑物的通风、采光和日照。作为不动产相邻关系双方，应当按照有利生产、方便生活、团结互助、公平合理的原则，正确处理相邻关系。相邻一方建造楼房的行为，符合国家建设规范，虽然在一定程度上对另一方的房屋通风、采光和日照造成了遮挡，但在受害方提供的证据不能证实遮挡行为违反国家相关规定的情形下，对遮挡行为应当负有一定的容忍义务。

【案　　号】（2021）川 08 民终 232 号
【审理法院】四川省广元市中级人民法院
【来　　源】中国裁判文书网

### 三、冯某同与李某珍相邻采光、日照纠纷案

**关键词：** 相邻采光

**裁判摘要：** 不动产的相邻权利人应当按照有利于生产、方便生活、团结互助、公平合理的原则正确处理相邻关系。经法院现场勘验、委托鉴定的司法鉴定意见书以及当事人陈述等证据综合认定，翻建房屋确实对相邻方的采光产生了一定程度的影响。但如拆除翻建房屋影响采光部分，必会对房屋整体的安全、居住带来重大不利影响，造成巨大经济损失，故可采取给付补偿费用的方式解决纠纷。

【案　　号】（2021）鲁 01 民终 842 号
【审理法院】山东省济南市中级人民法院
【来　　源】中国裁判文书网

第二百九十四条　不动产权利人不得违反国家规定弃置固体废物，排放大气污染物、水污染物、土壤污染物、噪声、光辐射、电磁辐射等有害物质。

## 关联规定

法律、行政法规、司法解释

1.《中华人民共和国环境保护法》

第四十二条　排放污染物的企业事业单位和其他生产经营者，应当采取措施，防治在生产建设或者其他活动中产生的废气、废水、废渣、医疗废物、粉尘、恶臭气体、放射性物质以及噪声、振动、光辐射、电磁辐射等对环境的污染和危害。

排放污染物的企业事业单位，应当建立环境保护责任制度，明确单位负责人和相关人员的责任。

重点排污单位应当按照国家有关规定和监测规范安装使用监测设备，保证监测设备正常运行，保存原始监测记录。

严禁通过暗管、渗井、渗坑、灌注或者篡改、伪造监测数据，或者不正常运行防治污染设施等逃避监管的方式违法排放污染物。

2.《中华人民共和国固体废物污染环境防治法》

第五条　固体废物污染环境防治坚持污染担责的原则。

产生、收集、贮存、运输、利用、处置固体废物的单位和个人，应当采取措施，防止或者减少固体废物对环境的污染，对所造成的环境污染依法承担责任。

第二十条　产生、收集、贮存、运输、利用、处置固体废物的单位和其他生产经营者，应当采取防扬散、防流失、防渗漏或者其他防止污染环境的措施，不得擅自倾倒、堆放、丢弃、遗撒固体废物。

禁止任何单位或者个人向江河、湖泊、运河、渠道、水库及其最高水位线以下的滩地和岸坡以及法律法规规定的其他地点倾倒、堆放、贮存固体废物。

**3.《中华人民共和国大气污染防治法》**

**第八十一条** 排放油烟的餐饮服务业经营者应当安装油烟净化设施并保持正常使用，或者采取其他油烟净化措施，使油烟达标排放，并防止对附近居民的正常生活环境造成污染。

禁止在居民住宅楼、未配套设立专用烟道的商住综合楼以及商住综合楼内与居住层相邻的商业楼层内新建、改建、扩建产生油烟、异味、废气的餐饮服务项目。

任何单位和个人不得在当地人民政府禁止的区域内露天烧烤食品或者为露天烧烤食品提供场地。

**4.《中华人民共和国水污染防治法》**

**第十条** 排放水污染物，不得超过国家或者地方规定的水污染物排放标准和重点水污染物排放总量控制指标。

**5.《中华人民共和国土壤污染防治法》**

**第四条** 任何组织和个人都有保护土壤、防止土壤污染的义务。

土地使用权人从事土地开发利用活动，企业事业单位和其他生产经营者从事生产经营活动，应当采取有效措施，防止、减少土壤污染，对所造成的土壤污染依法承担责任。

**第十九条** 生产、使用、贮存、运输、回收、处置、排放有毒有害物质的单位和个人，应当采取有效措施，防止有毒有害物质渗漏、流失、扬散，避免土壤受到污染。

**6.《中华人民共和国噪声污染防治法》**

**第二条** 本法所称噪声，是指在工业生产、建筑施工、交通运输和社会生活中产生的干扰周围生活环境的声音。

本法所称噪声污染，是指超过噪声排放标准或者未依法采取防控措施产生噪声，并干扰他人正常生活、工作和学习的现象。

**第九条** 任何单位和个人都有保护声环境的义务，同时依法享有获取声环境信息、参与和监督噪声污染防治的权利。

排放噪声的单位和个人应当采取有效措施，防止、减轻噪声污染。

**第六十五条** 家庭及其成员应当培养形成减少噪声产生的良好习惯，乘坐公共交通工具、饲养宠物和其他日常活动尽量避免产生噪声对周围人员造成干扰，互谅互让解决噪声纠纷，共同维护环境质量。

使用家用电器、乐器或者进行其他家庭场所活动，应当控制音量或者采取其他有效措施，防止噪声污染。

**第六十六条** 在已竣工交付使用的住宅楼、商铺、办公楼等建筑物进行室内装修活动，应当按照规定限定作业时间，采取有效措施，防止、减轻噪声污染。

## ▶ 条文释义

### 一、本条主旨

本条是关于相邻不动产权利人不得弃置固体废物、排放有害物质的规定。

### 二、条文演变

《民法典》第9条规定："民事主体从事民事活动，应当有利于节约资源、保护生态环境。"不动产权利人弃置固体废物、排放有害物质的行为客观上可能造成环境污染，进而妨害其相邻不动产的正常使用，对此进行规制是相邻关系制度的一项重要内容，也是民事活动应当遵循绿色原则的体现。本条对相邻不动产之间由于弃置固体废物、排放有害物质而产生的相邻关系问题作出专门规定。本条在原《物权法》第90条基础上，增加了排放土壤污染物的规定，并将"光、电磁波辐射"修改为"光辐射、电磁辐射"。

### 三、条文解读

#### （一）不可量物侵害的含义和容忍义务

本条借鉴了大陆法系不可量物侵害制度，同时将噪声、光辐射、电磁辐射等不可量物质与固体废物、水污染物、土壤污染物等实质型污染一体规定，相对于大陆法系不可量物侵害制度，扩大了调整范围。所谓不可量物侵害，是指噪声、煤烟、震动、臭气、尘埃、放射性等不可量物质侵入邻地造成的干扰性妨害或者损害，在性质上属于物权法上相邻关系的一种类型。不可量物侵害有以下特点：（1）难以衡量性。不可量物没有一定、具体形态，不能用传统方式加以计量,但可用专业技术、仪器加以量化或用社会观念加以判断。(2)一定程度的危害性。(3)从物性。不可量物侵害的问题最早见于罗马法,在查士丁尼《学说汇纂》中即有关于炉灶中的烟尘侵害程度轻微时,邻人无权请求禁止的内容。随着社会经济的发展和工商业活动的日益频繁,不可量物侵害逐渐制度化。从19世纪开始,现代工业文明在创造巨额财富的同时带来一系列的社会问题。因工商业活动所产生的噪声、煤烟、粉尘、震动、臭气、放射性物质等,严重影响了相邻不动产所有人或利用人对其不动产的享有和利用,对于自然环境也造成极大的破坏。在这种情况下,各国纷纷将这种不可量物侵害纳入民法调整的范畴。

本条虽然没有明确规定相邻不动产权利人之间排放污染物的容忍义务,但按照《民法典》第288条规定的处理相邻关系的"有利生产、方便生活、团结互助、公平合理"的原则,已经包含了相邻不动产权利人之间应当互负容忍义务。但互负容忍义务是有限度的,在国家规定的标准以内应当容忍,如果超过国家规定的标准,受害的不动产权利人有权要求侵害人停止侵害、消除危险、排除妨害,以及赔偿损失。①

(二)判断构成相邻污染侵害的标准

**1. 有弃置或者排放行为**

依本条规定,不动产权利人须有弃置固体废物、排放大气污染物、水污染物、土壤污染物、噪声、光辐射、电磁辐射等有害物质的行为。其通常的表现形式是将废气、废水、废渣、粉尘、垃圾、放射性物质等有害物质和噪声、震动、恶臭、光波、电磁波排放或者传播到环境中,使相邻不动产权利人的生活环境受到一定程度的危害行为。

**2. 弃置或者排放行为违反国家规定**

不动产权利人弃置固体废物或排放有害物质,不得违反国家规定。由于不可量物侵害与《环境保护法》调整的内容具有内在的关联性,这里的"国家规定"主要指国家有关环境保护方面的法律法规、规章和规范性文件的规定,包括相关国家标准。是否违反国家规定,是判断不动产权利人排放或弃置行为的合法性以及是否侵害他人相邻权的重要依据。根据本条,弃置固体废物或者排

---

① 参见全国人大常委会法制工作委员会民法室编:《中华人民共和国物权法条文说明、立法理由及相关规定》,北京大学出版社2007年版,第154页。

放有害物质行为违反国家规定的,即构成对他人相邻权的侵害。

(1)关于弃置固体废物。固体废物,是指在生产、生活和其他活动中产生的丧失原有利用价值或者虽未丧失利用价值但被抛弃或者放弃的固态、半固态和置于容器中的气态的物品、物质以及法律、行政法规规定纳入固体废物管理的物品、物质。《固体废物污染环境防治法》对于固体废物的处理以及相关法律责任作出规定。该法第5条规定:"固体废物污染环境防治坚持污染担责的原则。""产生、收集、贮存、运输、利用、处置固体废物的单位和个人,应当采取措施,防止或者减少固体废物对环境的污染,对所造成的环境污染依法承担责任。"第14条规定:"国务院生态环境主管部门应当会同国务院有关部门根据国家环境质量标准和国家经济、技术条件,制定固体废物鉴别标准、鉴别程序和国家固体废物污染环境防治技术标准。"第20条第1款规定:"产生、收集、贮存、运输、利用、处置固体废物的单位和其他生产经营者,应当采取防扬散、防流失、防渗漏或者其他防止污染环境的措施,不得擅自倾倒、堆放、丢弃、遗撒固体废物。"在相邻关系中,不动产权利人不得违反《固体废物污染环境防治法》等相关规定,向相邻不动产倾倒、堆放、丢弃、遗撒固体废物。

(2)关于排放大气污染物。本条规定的大气污染物,主要包括燃煤的煤烟污染;废气、粉尘和恶臭污染;机动车船的尾气污染等。《大气污染防治法》第8条规定:"国务院生态环境主管部门或者省、自治区、直辖市人民政府制定大气环境质量标准,应当以保障公众健康和保护生态环境为宗旨,与经济社会发展相适应,做到科学合理。"该法分别针对燃煤和其他能源污染、工业污染、机动车船污染、扬尘污染、农业和其他污染等规定了防治措施。例如,该法第81条第1款、第2款规定:"排放油烟的餐饮服务业经营者应当安装油烟净化设施并保持正常使用,或者采取其他油烟净化措施,使油烟达标排放,并防止对附近居民的正常生活环境造成污染。""禁止在居民住宅楼、未配套设立专用烟道的商住综合楼以及商住综合楼内与居住层相邻的商业楼层内新建、改建、扩建产生油烟、异味、废气的餐饮服务项目。"在相邻关系中,不动产权利人违反相关国家规定,向相邻不动产排放大气污染物的,相邻不动产权利人可以要求其停止侵害、消除危险、排除妨害以及赔偿损失。

(3)关于排放水污染物。水是基本的环境要素,对于水资源的依法保护和利用直接关系经济发展和人民健康。《水污染防治法》第10条规定:"排放水污染物，不得超过国家或者地方规定的水污染物排放标准和重点水污染物排放总量控制指标。"第14条第1款、第2款规定："国务院环境保护主管部门根据国家水环境质量标准和国家经济、技术条件，制定国家水污染物排放标准。""省、自治区、直辖市人民政府对国家水污染物排放标准中未作规定的项目，可以制定地方水污染物排放标准；对国家水污染物排放标准中已作规定的项目，可以制定严于国家水污染物排放标准的地方水污染物排放标准。地方水污染物排放标准须报国务院环境保护主管部门备案。"在相邻关系中，一类常见的水污染纠纷是向河流排污污染下游水体，影响下游生产生活，如果上游的排放违反国家规定的排污标准，下游受害人可以要求停止超标排放、赔偿损失。

（4）关于排放土壤污染物。土壤污染，是指因人为因素导致某种物质进入陆地表层土壤，引起土壤化学、物理、生物等方面特性的改变，影响土壤功能和有效利用，危害公众健康或者破坏生态环境的现象。土壤污染物是能使土壤遭受污染的物质，大致可分为无机污染物和有机污染物。无机污染物多为重金属元素，如汞、镉、铬等。有机污染物较多的是有机农药，如滴滴涕等。在相邻关系领域，相邻权人排放土壤污染物较为常见的是排放污水、污泥、畜禽粪便等。无论是弃置固体废物，还是排放大气污染物、水污染物都有可能使土壤受到污染，从而妨害邻人对不动产的正常使用。《土壤污染防治法》第4条规定："任何组织和个人都有保护土壤、防止土壤污染的义务。""土地使用权人从事土地开发利用活动，企业事业单位和其他生产经营者从事生产经营活动，应当采取有效措施，防止、减少土壤污染，对所造成的土壤污染依法承担责任。"该法第19条规定："生产、使用、贮存、运输、回收、处置、排放有毒有害物质的单位和个人，应当采取有效措施，防止有毒有害物质渗漏、流失、扬散，避免土壤受到污染。"不动产权利人应当依法履行防止土壤污染的义务，不得违反法律法规和相关规定排放土壤污染物妨碍相邻权人对相邻不动产的正常使用。

（5）关于排放噪声。《噪声污染防治法》第2条第2款规定："本法所称噪声污染，是指超过噪声排放标准或者未依法采取防控措施产生噪声，并干扰他人正常生活、工作和学习的现象。"该法第65条规定："家庭及其成员应当培养形成减少噪声产生的良好习惯，乘坐公共交通工具、饲养宠物和其他日常活动尽量避免产生噪声对周围人员造成干扰，互谅互让解决噪声纠纷，共同维护环境质量。""使用家用电器、乐器或者进行其他家庭场所活动,应当控制音量或者采取其他有效措施,防止噪声污染。"第66条规定:"在已竣工交付使用的住宅楼、商铺、办公楼等建筑物进行室内装修活动,应当按照规定限定作业时间,采取有效措施,防止、减轻噪声污染。"不动产权利人应当依据相关法律法规排放噪声,并不得干扰邻居正常的生活。

(6)关于排放光辐射、电磁辐射等其他有害物质。近年来光辐射污染、电磁辐射污染越来越受到重视,产生了较多纠纷。解决此类纠纷,要求建筑单位在建筑物设计上,要考虑尽量避免对相邻不动产可能造成的光辐射污染、电磁辐射污染等损害,无法避免的,应当对受损害的相邻不动产权利人予以合理补偿。此外,随着科技的发展,本条中的"有害物质"种类还可能增加,对此应保持开放态度。

## ▶ 适用指引

### 一、明显超出容忍限度或者没有相关国家规定的,应当做好利益衡量

审判实践中,在判断是否构成相邻污染侵害时,标准不一致的情况较为突出,有的以是否超出国家规定为标准,有的适用环境侵权无过错归责原则。有观点认为,即使行为合法、排放达标,也仍有可能侵犯相邻关系,承担民事责任,这是相邻制度区别于环境管制的优点和特点,把相邻领域环境民事责任的承担简化为"超标担责",而未充分考虑管制标准在不同类型环境侵害中的意义差别,也容易在司法实践中产生"达标免责"的误导,不利于环境权益的充分保护。我们认为,本条虽然将排放行为"违反国家规定"作为相邻污染侵害的判断标准,但司法实践中仍应借鉴容忍限度理论,做好利益衡量。排污虽未超过国家规定,但根据习惯、经验或者常理推论明显超出一般人容忍限度,不予救济明显不合理的,从以人为本、优先保障生存权考虑,可以根据个案具体情况在利益衡量基础上判断是否构成相邻污染妨害。

在没有国家规定的领域,或者争议的行为不属于既存国家规定调整的对象等情形下,不动产权利人排放或者弃置有害物质的行为,仍然可能构成对相邻关系的侵害。此种情形下,虽然判断标准无法依据国家规定,但应当结合案件

情况进行利益衡量,判断是否超出了容忍限度。具体而言,要对被侵害利益的种类、性质、被侵害程度、加害行为样态、受害方具体情况和加害方具体情况,并结合不动产利用的先后关系、污染者所从事行为的社会价值和必要性综合衡量,判断该排放行为是否超过了一个理性人能够忍受的范围和程度。例如,在贾某与夏某相邻关系纠纷案中,法院认为,贾某后建房屋所利用土地是宅基地性质,作为一种用益物权,宅基地使用权是农民安身之本的重要财产,用于建造农村住宅满足其居住生活的基本需求。虽然该宅基地位置与夏某鸡舍相邻,从村整体布局规划、居住环境等角度而言本就存在不合理性。但在该宅基地已经政府审批给贾某使用情况下,贾某作为宅基地使用权人必然要在该土地上建房居住生活,以实现对土地的充分利用。虽然夏某主张在贾某建造房屋之初即已有言在先,曾告知其可能出现的后果,但此亦不能成为法律上贾某自行承担全部侵害后果的理由。在本案中不能单纯以双方利用土地时间先后来判断是否构成妨害而应当排除,还要区分双方所主张利益性质,考虑最大利益和最小弊害加以权衡并取舍。夏某经营鸡舍虽有一定历史原因,但与未来农村村舍整体规划布局、环境发展理念并不相符,如继续允许夏某在现址经营鸡舍,长期实施侵扰行为,必然要以损害周边居民的健康生活等基本生存权利为代价,长此以往,弊显大于利,得不偿失。从被舍弃的价值有无依理性的其他替代方式获取的可能角度考虑,本案中如停止养鸡,主要涉及夏某维持生计的问题,夏某虽停止在原址养鸡,但仍可通过另觅他址将养鸡场搬至远离居民区等方式,实现其继续养鸡之经营目的,或在原址考虑另觅其他替代性收益渠道维持生计。故,人民法院判决夏某停止在原址养鸡并将畜禽养殖排泄物全部清除。该案即体现了人民法院在审理相邻关系纠纷中在多重利益冲突情况下的衡量规则,可资参考。①

## 二、处理好本条与环境污染侵权的关系

实践中需要正确理解和区分本条规定与环境污染侵权的关系。因环境污染侵权适用无过错责任原则,污染者是否违法被明确排除在环境侵权责任构成要件之外。而本条规定的排放行为构成相邻污染妨害需要"违反国家规定",将违法性要件作为相邻不动产权利人承担责任的构成要件,基于此,正确区分本

---

① 参见北京市第三中级人民法院(2017)京03民终5642号民事判决书。

条和环境污染侵权，对于受害人能否获得救济意义重大。参考域外立法并从最大限度保护人民群众生命健康的考虑出发，我们倾向于本条规定的情形应当限于因相邻不动产的个人或者家庭生活排放污染物，在此情形下，是否合规排放应系认定污染者是否承担民事责任的构成要件之一。因个人或者家庭生活之外的相邻不动产权利人实施的环境侵权行为，包括法人、非法人组织以及自然人在生产经营过程中排放污染物对他人人身或者财产权益造成损害的，不适用本条规定，而应适用《民法典》侵权责任编中关于环境污染侵权的相关规定，即是否合规排放并非认定污染者应否承担民事责任的构成要件，污染者以排污符合国家或者地方污染物排放标准为由主张不承担责任的，人民法院不予支持。概言之，司法实践中区分相邻污染侵害与环境侵权应主要以污染来源是生活污染还是生产污染为标准，同时还应结合相邻权人排污的目的是正常使用不动产还是侧重于生产经营，所侵害的是邻人生活环境还是更广泛意义上的生态环境，其行为是单纯的不动产利用民事行为还是需要接受国家环境行政监管的行为，正确认定案件性质，进而正确适用法律。

## ▶ 指导案例

**指导案例 128 号：李劲诉华润置地（重庆）有限公司环境污染责任纠纷案**

（最高人民法院审判委员会讨论通过　2019 年 12 月 26 日发布）

**关键词**：民事　环境污染责任　光污染　损害认定　可容忍度

**裁判要点**：由于光污染对人身的伤害具有潜在性、隐蔽性和个体差异性等特点，人民法院认定光污染损害，应当依据国家标准、地方标准、行业标准，是否干扰他人正常生活、工作和学习，以及是否超出公众可容忍度等进行综合认定。对于公众可容忍度，可以根据周边居民的反应情况、现场的实际感受及专家意见等判断。

**相关法条**：《中华人民共和国侵权责任法》第 65 条、第 66 条

《中华人民共和国环境保护法》第 42 条第 1 款

**基本案情**：原告李某购买位于重庆市九龙坡区谢家湾正街×小区×幢×-×-×的住宅一套，并从 2005 年入住至今。被告华润置地（重庆）有限公

司开发建设的万象城购物中心与原告住宅相隔一条双向六车道的公路，双向六车道中间为轻轨线路。万象城购物中心与原告住宅之间无其他遮挡物。在正对原告住宅的万象城购物中心外墙上安装有一块LED显示屏用于播放广告等，该LED显示屏广告位从2014年建成后开始投入运营，每天播放宣传资料及视频广告等，其产生强光直射入原告住宅房间，给原告的正常生活造成影响。

2014年5月，原告小区的业主向市政府公开信箱投诉反映：从5月3日开始，谢家湾华润二十四城的万象城的巨型LED屏幕开始工作，LED巨屏的强光直射进其房间，造成严重的光污染，并且宣传片的音量巨大，影响了其日常生活，希望有关部门让万象城减小音量并且调低LED屏幕亮度。2014年9月，黄杨路×小区居民向市政府公开信箱投诉反映：万象城有块巨型LED屏幕通宵播放资料广告，产生太强光线，导致夜间无法睡眠，无法正常休息。万象城大屏夜间光污染严重影响周边小区高层住户，请相关部门解决，禁止夜间播放，或者禁止通宵播放，只能在晚上八点前播放，并调低亮度。2018年2月，原告小区的住户向市政府公开信箱投诉反映：万象城户外广告大屏就是住户的噩梦，该广告屏每天播放视频广告，光线极强还频繁闪动，住在对面的业主家里夜间如同白昼，严重影响老人和小孩的休息，希望相关部门尽快对其进行整改。

本案审理过程中，人民法院组织原、被告双方于2018年8月11日晚到现场进行了查看，正对原告住宅的一块LED显示屏正在播放广告视频，产生的光线较强，可直射入原告住宅居室，当晚该LED显示屏播放广告视频至20时58分关闭。被告公司员工称该LED显示屏面积为$160m^2$。

就案涉光污染问题是否能进行环境监测的问题，人民法院向重庆市九龙坡区生态环境监测站进行了咨询，该站负责人表示，国家与重庆市均无光污染环境监测方面的规范及技术指标，所以监测站无法对光污染问题开展环境监测。重庆法院参与环境资源审判专家库专家、重庆市永川区生态环境监测站副站长也表示从环保方面光污染没有具体的标准，但从民事法律关系的角度，可以综合其余证据判断是否造成光污染。从本案原告提交的证据看，万象城电子显示屏对原告的损害客观存在，主要体现为影响原告的正常休息。就LED显示屏产生的光辐射相关问题，法院向重庆大学建筑城规学院教授、中国照明学会副理事长以及重庆大学建筑城规学院高级工程师、中国照明学会理事等专家作了咨询，专家表示，LED的光辐射一是对人有视觉影响，其中失能眩光和不舒适眩光对人的眼睛有影响；另一方面是生物影响：人到晚上随着光照强度下降，渐渐入睡，是褪黑素和皮质醇两种激素发生作用的结果——褪黑素晚上上升、白天下降，皮质醇相反。如果光辐射太强，使人生物钟紊乱，长期就会有影响。另外LED的白光中有蓝光成分，蓝光对人的视网膜有损害，而且不可修复。但户外蓝光危害很难检测，时间、强度的标准是多少，有待标准出台确定。关于光照亮度对人的影响，有研究结论认为一般在$400cd/m^2$以下对人的影响会小一点，但动态广告屏很难适用。对于亮度的规范，不同部门编制的规范对亮度的限值不同，但LED显示屏与直射的照明灯光还是有区别，以LED显示屏的相关国家标准来认定比较合适。

**裁判结果：** 重庆市江津区人民法院于2018年12月28日作出（2018）渝0116民初6093号判决：一、被告华润置地（重庆）有限公司从本判决生效之日起，立即停止其在运行重庆市九龙坡区谢家湾正街万象城购物中心正对原告李某位于重庆市九龙坡区谢家湾正街×小区×幢住宅外墙上的一块LED显示屏时对原告李某的光污染侵害：1.前述LED显示屏在5月1日至9月30日期间开启时间应在8:30之后，关闭时间应在22:00之前；在10月1日至4月30日期间开启时间应在8:30之后，关闭时间应在21:50之前。2.前述LED显示屏在每日19:00后的亮度值不得高于$600cd/m^2$。二、驳回原告李某的其余诉讼请求。一审宣判后，双方当事人均未提出上诉，判决已发生法律效力。

**裁判理由：** 法院生效裁判认为：保护环境是我国的基本国策，一切单位和个人都有保护环境的义务。《中华人民共和国民法总则》第九条规定："民事主体从事民事活动，应当有利于节约资源、保护生态环境。"《中华人民共和国物权法》第九十条规定："不动产权利人不得违反国家规定弃置固体废物，排放大气污染物、水污染物、噪声、光、电磁波辐射等有害物质。"《中华人民共和国环境保护法》第四十二条第一款规定："排放污染物的企业事业单位和其他生产经营者，应当采取措施，防治在生产建设或者其他活动中产生的废气、废水、废渣、医疗废物、粉尘、恶臭气体、放射性物质以及噪声、振动、光辐射、电磁辐射等对环境的污染和危害。"本案系环境污染责任纠纷，根据《中华人民共和国侵权责任法》第六十五条规定："因污染环境造成损害的，污染者应当承担侵权责任。"环境污染侵权责任属特殊侵权责任，其构成要件包括以下三个方面：一是污染者有污染环境的行为；二是被侵权人有损害事实；三是污染者污染环境的行为与被侵权人的损害之间有因果关系。

一、关于被告是否有污染环境的行为

被告华润置地（重庆）有限公司作为万象城购物中心的建设方和经营管理方，其在正对原告住宅的购物中心外墙上设置LED显示屏播放广告、宣传资料等，产生的强光直射进入原告的住宅居室。根据原告提供的照片、视频资料等证据，以及组织双方当事人到现场查看的情况，可以认定被告使用LED显示屏播放广告、宣传资料等所产生的强光已超出了一般公众普遍可容忍的范围，就大众的认知规律和切身感受而言，该强光会严重影响相邻人群的正常工作和学习，干扰周围居民正常生活和休息，已构成由强光引起的光污染。被告使用LED显示屏播放广告、宣传资料等造成光污染的行为已构成污染环境的行为。

二、关于被侵权人的损害事实

环境污染的损害事实主要包含了污染环境的行为致使当事人的财产、人身受到损害以及环境受到损害的事实。环境污染侵权的损害后果不同于一般侵权的损害后果，不仅包括症状明显并可计量的损害结果，还包括那些症状不明显或者暂时无症状且暂时无法用计量方法反映的损害结果。本案系光污染纠纷，光污染对人身的伤害具有潜在性和隐蔽性等特点，被侵权人往往在开始受害时显露不出明显的受损害症状，其所遭受的损害往往暂时无法用精确的计量方法来反映。但随着时间的推移，损害会逐渐显露。参考本案专家意见，光污染对人的影响除了能够感知的对视觉的影响外，太强的光辐射会造成人生物钟紊乱，短时间看不出影响，但长期会带来影响。本案中，被告使用LED显示屏播放广告、宣传资料等所产生的强光，已超出了一般人可容忍的程度，影响了相邻居住的原告等居民的正常生活和休息。根据日常生活经验法则，被告运行LED显示屏产生的光污染势必会给原告等人的身心健康造成损害，这也为公众普遍认可。综上，被告运行LED显示屏产生的光污染已致使原告居住的环境权益受损，并导致原告的身心健康受到损害。

三、被告是否应承担污染环境的侵权责任

《中华人民共和国侵权责任法》第六十六条规定："因污染环境发生纠纷，污染者应当就法律规定的不承担责任或者减轻责任的情形及其行为与损害之间不存在因果关系承担举证责任。"本案中，原告已举证证明被告有污染环境的行为及原告的损害事实。被告需对其在本案中存在法律规定的不承担责任或者减轻责任的情形，或被告污染行为与损害之间不存在因果关系承担举证责任。但被告并未提交证据对前述情形予以证实,对此被告应承担举证不能的不利后果,应承担污染环境的侵权责任。根据《最高人民法院关于审理环境侵权责任纠纷案件适用法律若干问题的解释》第十三条规定:"人民法院应当根据被侵权人的诉讼请求以及具体案情,合理判定污染者承担停止侵害、排除妨碍、消除危险、恢复原状、赔礼道歉、赔偿损失等民事责任。"环境侵权的损害不同于一般的人身损害和财产损害,对侵权行为人承担的侵权责任有其独特的要求。由于环境侵权是通过环境这一媒介侵害到一定地区不特定的多数人的人身、财产权益,而且一旦出现可用计量方法反映的损害,其后果往往已无法弥补和消除。因此在环境侵权中,侵权行为人实施了污染环境的行为,即使还未出现可计量的损害后果,即应承担相应的侵权责任。本案中,从市民的投诉反映看,被告作为万象城购物中心的经营管理者,其在生产经营过程中,理应认识到使用LED显示屏播放广告、宣传资料等发出的强光会对居住在对面以及周围住宅小区的原告等人造成影响,并负有采取必要措施以减少对原告等人影响的义务。但被告仍然一直使用LED显示屏播放广告、宣传资料等,其产生的强光明显超出了一般人可容忍的程度,构成光污染,严重干扰了周边人群的正常生活,对原告等人的环境权益造成损害,进而损害了原告等人的身心健康。因此即使原告尚未出现明显症状,其生活受到光污染侵扰、环境权益受到损害也是客观存在的事实,故被告应承担停止侵害、排除妨碍等民事责任。

## ▶ 典型案例

### 姜某波与荆某噪声污染责任纠纷案

**关键词:** 相邻污染　精神损害赔偿

**裁判摘要:** 被告在装卸、运送、加工钢铁制品过程中产生的噪声,超过了一般人可容忍的程度,严重干扰了周边人群的正常生活,应承担停止侵害、排除妨碍及赔偿损失的民事责任。噪声污染给受害人身心健康造成的损害具有持续性和隐蔽性等特点,受害人的症状往往不明显且暂时无法用精确的计量方法反映。依据日常生活经验法则及事实推定规则,钢铁制品加工、搬卸的噪声会比较严重地影响相邻院落居民正常的生活和休息,对身心健康造成损害。在被告未举出反证证明其产生的噪声未对原告产生损害的情况下,即使原告尚未出现明显症状,其生活受到噪声侵扰而导致精神损害的事实也是客观存在的。

**基本案情:** 2009 年起荆某租用了谷某的房屋和院落,此院落与姜某波住所前后相邻,仅一墙之隔。荆某在租用的院落里对钢铁制品进行切割作业,产生的噪声使姜某波不堪忍受。姜某波先后向村委会及当地环境保护行政主管部门反映,但问题仍未得到解决,遂提起诉讼,请求判令荆某停止侵害,排除妨碍,将产生噪声污染及粉尘污染的铁制品搬离与姜某波相邻的院落,赔偿其精神损失 8000 元。

一审法院经审理,判令荆某立即停止侵权、排除妨害,将产生噪声的钢铁制品搬离与姜某波相邻的院落,并赔偿姜某波精神损害抚慰金 2000 元。荆某不服提起上诉。二审法院认为,钢铁制品在装卸、运送或者加工过程中产生的声音超出一般公众普遍可忍受的程度。本案中,荆某院落与姜某波居所一墙相隔,荆某在院落中放置工具、加工材料时所产生的声音势必能传入其他居民的居室内,已成为干扰周围居民生活的环境噪声。噪声污染对人体健康可能造成损害,是为公众普遍认可的,姜某波称其因噪声无法休息导致精神受到伤害符合日常生活经验法则,应推定属实。荆某否认噪声污染给姜某波造成了实际损害,应举证证明,但荆某不能举出其院落中发出的噪声对姜某波的身体健康未产生损害的证据。一审判决根据荆某加工钢铁制品产生的噪声的时间、两家距离的远近、噪声的大小酌情支持 2000 元精神损害抚慰金并无不当。二审法院于 2012 年 7 月作出判决,驳回上诉,维持原判。

【审理法院】新疆维吾尔自治区乌鲁木齐市中级人民法院

【来　　源】《最高人民法院公报》2014 年第 11 期

## 类案检索

### 张某忠与荥阳市善意饭店相邻污染侵害纠纷案

**关键词:** 相邻污染　容忍义务

**裁判摘要:** 不动产的相邻各方,应当按照有利生产、方便生活、团结互助、公平合理的精神,正确处理截水、排水、通行、通风、采光等方面的相邻关系，给相邻方造成妨碍或损失的，应当停止侵害，排除妨碍，赔偿损失。不动产相邻权人之间应当承担一定范围和限度的容忍义务。

【案　　号】（2020）豫 0182 民初 7522 号

【审理法院】河南省荥阳市人民法院

【来　　源】中国裁判文书网

**第二百九十五条** 不动产权利人挖掘土地、建造建筑物、铺设管线以及安装设备等，不得危及相邻不动产的安全。

## ▶ 关联规定

**法律、行政法规、司法解释**

1.《中华人民共和国城市房地产管理法》

**第五条** 房地产权利人应当遵守法律和行政法规，依法纳税。房地产权利人的合法权益受法律保护，任何单位和个人不得侵犯。

2.《中华人民共和国建筑法》

**第三十九条** 建筑施工企业应当在施工现场采取维护安全、防范危险、预防火灾等措施；有条件的，应当对施工现场实行封闭管理。

施工现场对毗邻的建筑物、构筑物和特殊作业环境可能造成损害的，建筑施工企业应当采取安全防护措施。

**第四十条** 建设单位应当向建筑施工企业提供与施工现场相关的地下管线资料，建筑施工企业应当采取措施加以保护。

**第四十一条** 建筑施工企业应当遵守有关环境保护和安全生产的法律、法规的规定，采取控制和处理施工现场的各种粉尘、废气、废水、固体废物以及噪声、振动对环境的污染和危害的措施。

**第七十条** 违反本法规定，涉及建筑主体或者承重结构变动的装修工程擅自施工的，责令改正，处以罚款；造成损失的，承担赔偿责任；构成犯罪的，依法追究刑事责任。

3.《中华人民共和国公路法》

**第三十一条** 因建设公路影响铁路、水利、电力、邮电设施和其他设施正常使用时，公路建设单位应当事先征得有关部门的同意；因公路建设对有关设施造成损坏的，公路建设单位应当按照不低于该设施原有的技术标准予以修复，或者给予相应的经济补偿。

**第四十五条** 跨越、穿越公路修建桥梁、渡槽或者架设、埋设管线等设施的，以及在公路用地范围内架设、埋设管线、电缆等设施的，应当事先经有关交通主管部门同意，影响交通安全的，还须征得有关公安机关的同意；所修建、架设或者埋设的设施应当符合公路工程技术标准的要求。对公路造成损坏的，应当按照损坏程度给予补偿。

## ▶ 条文释义

### 一、本条主旨

本条是关于维护相邻不动产安全的义务性规定。

### 二、条文演变

原《民法通则》第83条规定："不动产的相邻各方，应当按照有利生产、方便生活、团结互助、公平合理的精神，正确处理截水、排水、通行、通风、采光等方面的相邻关系。给相邻方造成妨碍或者损失的，应当停止侵害，排除妨碍，赔偿损失。"由于该条规定的内容较为抽象和原则，在司法实践中难以操作，因此，原《民法通则意见》用第97条至第103条的内容进一步对相邻关系的处理作了较为详细的解释，其中第103条规定了"相邻一方在自己使用的土地上挖水沟、水池、地窖等或者种植的竹木根枝延伸危及另一方建筑物的安全和正常使用的，应当分别情况，责令其消除危险、恢复原状、赔偿损失。"该条规定为司法实践中相邻防险关系的处理提供了可遵循的规则。在此基础上，原《物权法》第91条进行了发展，进一步规定了"不动产权利人挖掘土地、建造建筑物、铺设管线以及安装设备等，不得危及相邻不动产的安全"。本条则是沿用了原《物权法》第91条的规定，未作修改。

### 三、条文解读

本条的规定，是指不动产的权利人在行使自己权利时承担着基于本权产生的"不得危及相邻不动产的安全"的社会性义务。本条的立法理由在于，不动产权利人有权在自己具有使用权的土地范围内进行工程建设,但同时应履行对相邻不动产的安全保障义务,避免使相邻不动产遭受不应有的损害。"土地贵乎利用,以尽地利,但应防范损及邻地以策安全,为事理之当然。"[1]

（一）对相邻不动产安全保障义务的理解

对相邻不动产的安全保障义务是对相邻权的限制,与相邻权具有一体两面的关系。相邻权是指不动产相毗邻一方为其不动产权利行使的必要而请求不动产相毗邻的另一方提供便利或接受限制的权利。与相邻权相对的义务是,不动产相毗邻另一方应当提供必要便利或接受必要限制的法律约束。而此处的维护相邻不动产安全的义务是防止相邻权滥用的义务,针对相邻权人本人。

该义务产生自相邻权与毗邻不动产权利之间的权益衡量。详言之,相邻权是不动产所有权或使用权的正常行使受到来自毗邻的不动产限制或妨碍时,及时恢复不动产正常支配的权利。显然,相邻权是在毗邻不动产权之上产生的救济请求权。在"必要限度内",毗邻不动产所有权受到不动产权利人停止侵害请求权、预防危害请求权、除去妨害请求权、恢复原状请求权的限制,这些权利的统称或合称便是相邻权,其具体内容视毗邻不动产所有权被妨碍的样态确定。根据权利义务相统一的原理,相邻权不得滥用,法律必须在相邻权与毗邻不动产权利人合法权益之间进行适当的权益衡量。当相邻权人的合法权益侵犯了毗邻不动产权利人的合法权益时,法律应优先保护毗邻不动产权利人。

（二）"不动产权利人"的理解

不动产是指依照其物理性质不能移动或者移动将严重损害其经济价值的有体物,具体包括土地以及房屋、林木等地上附着物。不动产权利人泛指基于不动产而享有合法权利的人。但是,考虑到本条是关于相邻不动产安全的义务性规定,应限制解释为"基于不动产而享有相邻权的本权人及其派生权利人",既包括不动产所有人,又包括不动产用益物权人和占有人。

---

[1] 王泽鉴:《民法物权》,中国政法大学出版社2001年版,第216页。

### (三)"挖掘土地、建造建筑物、铺设管线以及安装设备"的理解

一般认为,挖掘土地、建造建筑物、铺设管线和安装设备应按照文义解释进行理解。挖掘土地是指在由土壤、岩石、气候、水文、地貌、植被等组成的自然综合体上展开的由外而内的纵向发掘活动。建造建筑物指人工依照规划而构筑房屋和构筑物。房屋是指供人居住、工作、学习、生产、经营、娱乐、储藏物品以及进行其他社会活动的工程建筑。与建筑物有所区别的是构筑物,它指房屋以外的工程建筑,如围墙、道路、水坝、水井、隧道、水塔和桥梁等。铺设管线是指直接埋设各种管道、电线、电缆、联结泵、阀或控制系统等器材的总称,用于传送液体、气体或研成粉末的固体。安装设备是指在工程施工中,将设备安装就位连接成有机整体的工作。

### (四)"不得危及相邻不动产的安全"的理解

常见的危及相邻不动产安全的情形主要有以下几种。

第一,不动产权利人在自己不动产上实施挖掘操作时,应注意避免使相邻土地的地基发生动摇或动摇的现实危险,致使相邻土地上的建筑物受到损害。

第二,不动产权利人在自己不动产与相邻不动产的疆界线附近处埋设管道、电缆、电线等时,要预防土沙崩溃、水或污水渗漏到相邻不动产。

第三,不动产权利人在自己不动产内种植的竹木根枝伸延,危及另一方建筑物的安全和正常使用时,应当消除危险、恢复原状。

第四,不动产权利人在相邻土地上的建筑物有倒塌的危险从而危及自己土地及建筑物安全时,有权要求相邻不动产权利人消除危险。我国《建筑法》第39条和第40条,对施工现场对相邻建筑物的安全、地下管线的安全提出了明确要求。

第五,因防险、排污造成的纠纷。如自己的建筑物有倾倒的危险,威胁到邻居的生命财产安全时应采取预防措施。又如堆放易燃、易爆、剧毒、放射、恶臭物品时,应当与邻居家保持一定距离,或者采取预防措施和安全装置。

第六,因相邻管线安设关系造成的纠纷。如相邻人因埋设管道、架设线路,需要经过他方的土地或房屋时,他方应当允许,但相邻方应当选择损害最

小的地点及方法安设，相邻人还应对所占土地及施工造成的损失给予补偿，并于事后及时清理现场。

## ▶ 适用指引

在司法实践中，对"不得危及"应当引起必要的重视。我们认为，"不得危及"需要进行类型化分析。

第一，不动产权利人挖掘土地、建造建筑物、铺设管线以及安装设备等，使相邻不动产遭受现实的损害后果的，应赔偿其经济损失。

第二，不动产权利人挖掘土地、建造建筑物、铺设管线以及安装设备等，虽然尚未使相邻不动产遭受现实的损害后果，但是具有造成损害后果的现实紧迫的可能性的，就应当消除危险，不能等到损害后果形成后再去救济。

第三，不动产权利人挖掘土地、建造建筑物、铺设管线以及安装设备等行为，既未对相邻不动产造成现实的损害后果，也未使相邻不动产陷入有可能发生损害后果的现实危险，而仅形成了发生损害结果的抽象可能性，对此不能认定相邻权人的行为危及相邻不动产的安全。之所以按照危及程度划分不同类型，并且针对不同类型给予适当的民事制裁，主要考虑了民法具有权利恢复的性质，只有在对民事权利造成现实损害后果和现实紧迫危险时才能认为民事权利被危及。

> **第二百九十六条** 不动产权利人因用水、排水、通行、铺设管线等利用相邻不动产的，应当尽量避免对相邻的不动产权利人造成损害。

## ▶ 关联规定

法律、行政法规、司法解释

1.《中华人民共和国水法》

第二十八条 任何单位和个人引水、截（蓄）水、排水，不得损害公共利益和他人的合法权益。

第七十六条 引水、截（蓄）水、排水，损害公共利益或者他人合法权益的，依法承担民事责任。

2.《中华人民共和国建筑法》

第三十九条第二款 施工现场对毗邻的建筑物、构筑物和特殊作业环境可能造成损害的，建筑施工企业应当采取安全防护措施。

第四十一条 建筑施工企业应当遵守有关环境保护和安全生产的法律、法规的规定，采取控制和处理施工现场的各种粉尘、废气、废水、固体废物以及噪声、振动对环境的污染和危害的措施。

3.《中华人民共和国水污染防治法》

第九十六条第一款 因水污染受到损害的当事人，有权要求排污方排除危害和赔偿损失。

## ▶ 条文释义

一、本条主旨

本条是关于在使用相邻不动产时避免造成损害的规定。

## 二、条文演变

本条内容原《民法通则》未作规定。原《物权法》第92条规定:"不动产权利人因用水、排水、通行、铺设管线等利用相邻不动产的,应当尽量避免对相邻的不动产权利人造成损害;造成损害的,应当给予赔偿。"《民法典》本条规定:"不动产权利人因用水、排水、通行、铺设管线等利用相邻不动产的,应当尽量避免对相邻的不动产权利人造成损害。"本条基本沿用了原《物权法》第92条的规定,删除原有"造成损害的,应当给予赔偿"的规定,对于造成损害的情况,可以适用民事责任相关规定处理。

## 三、条文解读

根据本章规定,不动产权利人应当为相邻权利人用水、排水提供必要的便利;不动产权利人对相邻权利人因通行等必须利用其土地的,应当提供必要的便利;不动产权利人因建造、修缮建筑物以及铺设电线、电缆、水管、暖气和煤气管线等必须利用相邻土地、建筑物的,该土地、建筑物的权利人应当提供必要的便利。此三者皆从义务角度切入,规定了不动产权利人的权利限制,即不动产权利人应当按照有利生产、方便生活、团结互助、公平合理的原则,为相邻不动产权利人因用水、排水、通行、铺设管线等而使用自己的不动产负容忍义务。但是,任何义务都有其边界,一旦义务的履行需要义务人不得不放弃更为优越的利益,该利益在法律上优越于相邻不动产权利人的合法权益,那么,法律在允许不动产权利人行使相邻权的同时,也要尽量避免对被使用的相邻不动产的权利人造成损害,这体现了民事法律关系的公平合理原则。

### (一)"不动产权利人"的理解

如前文所述,不动产权利人泛指基于不动产而享有合法权利的人。考虑到本条是关于使用相邻不动产时避免造成损害的规定,本条的不动产权利人应限制解释为"基于相邻权而利用相邻不动产的本权人及其派生权利人",既包括不动产所有权人,也包括不动产用益物权人和占有人。

### (二)"用水、排水、通行、铺设管线等利用相邻不动产"的理解

利用相邻不动产是指不动产权利人依据自己的相邻权遵循相邻不动产可能

的经济用途对相邻不动产加以利用以发挥其效用的行为。这种利用行为主要有四种：（1）用水，即水资源的使用，包括农业用水、工业用水、商业用水、城乡居民生活用水、水力发电用水、航运用水、渔业用水、防洪调节用水以及水质净化用水等方面。值得注意的是，这里的用水应当作扩大解释，包括引水和截（蓄）水。（2）排水，即人为控制水的流向，排除与处理多余水量的措施。（3）通行，即权利人经过相邻不动产上的交通线的行为。（4）铺设管线，即直接埋设各种管道、电线、电缆、联结泵、阀或控制系统等器材的总称，用于传送液体、气体或研成粉末的固体。

（三）"尽量避免对相邻的不动产权利人造成损害"的理解

利用相邻土地可能无法避免给相邻土地的权利人造成损失，但应选择损害最小的处所或方法进行利用，仍有损害的情况下，要给予赔偿。这些损害主要有以下类型：（1）利用相邻土地用水、排水造成的损害。用水和排水时应避免损害公共利益或者他人合法权益；如损害不可避免，应采取最小损害原则并且承担相应的民事责任。如前所述，这里的"用水"和"排水"应作扩大解释，包括引水、截（蓄）水和排水。换言之，任何单位和个人引水、截（蓄）水、排水，不得损害公共利益和他人的合法权益。单位和个人可以依法取得引水、截（蓄）水和排水等权利。但是，这种权利的行使不是无限制的。在行使这种权利的同时，还需要兼顾公共利益和他人的合法权益。公共利益是指不特定或多数人的人身、财产或其他合法权益；他人的合法权益在这里主要是指相邻关系中的他人合法权益。水流所流经的相邻地域具有相邻关系。如果一方不当用水，就可能给另一方的合法权益造成损害。因此，引水、截（蓄）水、排水不得损害公共利益或者他人合法权益。例如，应当保持水的自然流向，在需要改变流向并影响到邻居用水时，应征得对方的同意，并对由此造成的损失给予适当补偿。水流经过地的所有人或使用人都可以使用流水，但应当共同协商、合理分配使用，不得擅自堵截，也不得影响上游排水。（2）利用相邻土地通行，一般都会对相邻土地的权利人造成损害，特别是在相邻土地上开路的情况下，损害是无法避免的，享有通行权的人必须给予赔偿。换言之，一方必须在相邻一方使用的土地上通行的，应当予以准许，因此造成损失的，应当给予适当补偿。（3）必须利用相邻不动产铺设管线的，应选择对相邻不动产损害最小之处所或方法进行，并按照损害的大小，给予补偿。换言之，在自己的土地上进行建筑活动，且有必要临时使用相邻土地、建筑物，如有损害，应当对相邻土地、建筑物的权利人给予补偿。

一旦相邻权人对相邻的不动产权利人造成损害，应适用《民法典》关于民事责任的规定追究其民事违法行为引起的法律后果。依据《民法典》总则编中的第179条规定，承担民事责任的方式包括：停止侵害，排除妨碍，消除危险，返还财产，恢复原状，修理、重作、更换，继续履行，赔偿损失，支付违约金，消除影响、恢复名誉，赔礼道歉。不动产权利人因用水、排水、通行、铺设管线等利用相邻不动产造成损害时，具体采用哪种方式承担责任，由人民法院在审理有关案件时根据违法行为的性质、情节和造成的后果等具体情况依法裁判。

## ▶ 适用指引

"应当尽量避免"在司法实践中应当引起必要的重视。"应当尽量避免"意味着相邻权的行使没有超过必要限度造成不应有的损害。我们认为，"应当尽量避免"必须满足以下四个条件：（1）必要性，即无其他方式能够避免损害。如果有其他可替代的方式，就不可以选择造成相邻不动产损害的方式实现相邻权。（2）有效性，即造成损害能够有效实现相邻权。有效性是指从事前的角度，根据客观的经验法则，只有损害相邻不动产才能有效实现相邻权时，损害才能被允许。这里的有效性只是一种合理的预测，不要求客观上达到预期的权利实现效果。就量化的程度而言，也不要求必然有效，只要能够现实地提升实现机会即可。（3）手段的轻微性，即在实现相邻权的前提下，需采取损害最轻微手段。手段的轻微性是指遵守最小损害原则，因此，在权利实现效果相同时，应当优先选择最轻微的手段行使相邻权。所谓最轻微手段并不意味着不能造成较大的损害，而是强调在满足实现相邻权目的下选择最为缓和的手段。为此，必须考虑以下因素：是否为实现相邻权所必需，越是为实现相邻权所必需（必要性越高），越容易认定为缓和手段；是否能确定地实现相邻权，某种轻微手段无法确定地实现相邻权，那么即便选择更为严厉的手段，也不能轻易得出否定手段轻微性的结论。（4）相邻权的优越性，即相邻权人实现的相邻权优越于承受损害所指向的相邻不动产权利。相邻权的行使必须以损害较小的合法权益保护较大的合法权益，即行使相邻权所保护的合法权益明显大于所损害的合法权益，否则便超过了必要限度。一般认为，这里的"明显大于"不要求在合法权益的位阶上具有优越性,只要利益衡量后的优越性十分明确即可。至于如何进行利益衡量,则需要综合考虑多种因素:(1)合法权益的定性比较,即位阶高的合法权益优于位阶低的合法权益。但需注意,位阶虽然重要,但并非法益权衡的唯一要素,还应考虑别的要素进行综合比较。比如,实现相邻权的难易程度与保护相邻不动产权利的难易程度、社会习惯或社会观念的要求、社会政策的要求等。(2)合法权益的量化比较,即位阶相同的合法权益冲突时,量大的利益优于量小的利益。

## ▶ 典型案例

### 万通公司与新源公司、瑞达公司相邻排水及相邻损害防免关系纠纷案

**关键词:** 相邻排水　相邻损害防免

**裁判摘要:** 一方面,在不涉及生态、生存保护的生产经营相邻关系中,相邻关系限制物权并非绝对,因不动产权益属于优势利益得到保护的一方,相邻不动产权利人负有容忍义务,但负有容忍义务一方因此遭受实际损害的,法律也赋予金钱补偿(牺牲请求权),以资平衡;另一方面,负有容忍义务一方对于轻微的不利影响不能主张赔偿,必须具有"异常性"和"过度性"。相邻关系中通过限制对方不动产权能而受益的一方,对限制物权一方的牺牲无须承担责任而享有利益,并不可以认为理所当然;受限一方对其不动产建设利用而导致原受益一方不能继续受益,原受益一方权能扩张的利益减少,亦不应完全归咎于受限一方,而受限一方因此在所有类型的损失上均承担全面的赔偿责任,亦不可取。司法审判中应当根据权利义务对等的民法基本原则和公平合理的相邻关系原则审慎处理。

**基本案情:** 万通公司的经营场地以出让方式取得,并持有《国有土地使用权证》。万通公司与瑞达公司场地三面相邻。因自然地势,万通公司场地的雨水经排水道设施,向西流经瑞达公司建厂时新修建地下排水涵洞及两条南北方向排水通道排向市政排水管网。2008年7月,新源公司与瑞达公司签订协议,主要约定新源公司付给瑞达公司300万元,作为其铁路专用线建设地面附属物

的迁占补偿费用，此外还约定为瑞达公司修建一条水泥硬化路作为运煤道路。其后，两公司因自身经营需要，堵死万通公司用来向场外排水的唯一专用洞口及向西排泄积水的大型涵洞，并填平、抬高、占用了该区域多年自然形成的排水通道用地，用以建设自身经营所需的铁路专用线和重型车辆专用道路。其所建铁路距离万通公司房屋均过近。在2008年、2009年雨季中，因原来的排水涵洞被堵死，排水通道被填平占用，造成雨水不能正常排出，场外积水倒灌，万通公司房屋被淹。万通公司提起本案诉讼，请求法院判令新源公司、瑞达公司停止侵害、排除妨害、恢复或另行开通排水通道，并赔偿万通公司由此造成的全部经济损失。

法院经审理认为，新源公司、瑞达公司因自身经营需要，堵死专用洞口及向西排水涵洞，填平、抬高、占用了该区域多年自然形成的排水通道用地，用以建设铁路专用线和重型车辆专用道路，妨碍了万通公司正常排水并造成损失，从而产生纠纷。即纠纷产生之前，万通公司对场地的全面利用，一定程度上有赖于瑞达公司为相邻权人的利益而提供的便利，而其后新源公司、瑞达公司的行为改变了原排水、相邻关系，未能体现团结互助的精神。万通公司主张的相邻防免关系成立，新源公司、瑞达公司应对相邻权人万通公司遭受的损害承担连带赔偿责任。本案属于相邻各方行使不动产所有权或者使用权时因给予便利或者接受限制而产生的相邻关系纠纷，应从营造良好的邻里氛围、保持健康稳定的相邻关系的目标出发，按照有利于生产、方便生活、团结互助、公平合理的精神妥善协调解决，故相邻纠纷的处理与一般侵权损害赔偿相比存在其自身的特点。其一，对于因相邻关系产生的各项既有损失的认定，应当采取较为严格的标准。其二，对于纠纷产生后，相邻排水或者相邻防免所应采取的补救措施，应当兼顾各方利益以利于物尽其用。其三，对于具备补救措施实施条件后产生的新损失的索赔请求，应从严把握。如本案中排水问题出现后，除非客观不能，首先应当考虑在自己享有土地使用权的土地上加强排水建设，不应继续放任损害连年发生。在执行款基本到位的前提下，足以修复重建继续经营，再主张之后的租金损失于法无据。

【案　　号】（2019）最高法民申3209号

【审理法院】最高人民法院

【来　　源】《民事审判指导与参考》2019年第4辑

## 类案检索

### 一、吉林省高等级公路建设局与吉源公司及营松高速公路靖宇段征地拆迁工作领导小组办公室（靖宇县高速公路建设征地拆迁领导小组办公室）相邻关系纠纷案

**关键词：** 相邻关系　相邻损害防免

**裁判摘要：** 营松高速公路与吉源公司水厂地理位置彼此相邻，属于相互毗邻的不动产。吉林省高等级公路建设局（以下简称高建局）系营松高速公路的建设主体，吉源公司作为水厂的所有权人，因营松高速公路的建设与水厂的距离不符合相关标准，影响吉源公司生产经营。人民法院认为，吉源公司与高建局为不动产的相邻权利人，高建局建设的高速公路与吉源公司生产车间的距离不符合国家相关规范要求，高速公路的建设和通车导致吉源公司因生产的产品不符合国家标准及行业规范要求而停产并遭受经济损失，高建局作为案涉高速公路的所有权人，应承担赔偿责任。

【案　　号】（2019）最高法民申 6056 号

【审理法院】最高人民法院

【来　　源】中国裁判文书网

### 二、王某赓与马某培相邻关系纠纷案

**关键词：** 相邻排水　损害赔偿　排除妨害

**裁判摘要：** 马某培修葺的两堵围墙，妨碍了王某赓的猪圈排水，造成水淤积，侵犯王某赓的排水权，依法应当排除妨碍。但鉴于马某培房屋实际使用情况以及争议之处不属于通行必经之处，原告要求拆除围墙的请求欠妥，酌定铺设管道排水即可。马某培已依共墙另砌一堵墙以尽量减少对原告猪圈的影响，王某赓应本着有利生产、方便生活、团结互助、公平合理的原则予以体谅。

【案　　号】（2010）绍嵊民初字第 994 号

【审理法院】浙江省绍兴市嵊州市人民法院

# 中国民法典适用大全

## 物权卷(二)

最高人民法院民法典贯彻实施工作领导小组　编著

人民法院出版社

# 总目录

| 第一分编 | 通　则 | 1 |
|---|---|---|
| | 第一章　一般规定 | 3 |
| | 第二章　物权的设立、变更、转让和消灭 | 49 |
| | 　　第一节　不动产登记 | 49 |
| | 　　第二节　动产交付 | 185 |
| | 　　第三节　其他规定 | 214 |
| | 第三章　物权的保护 | 240 |
| 第二分编 | 所有权 | 285 |
| | 第四章　一般规定 | 287 |
| | 第五章　国家所有权和集体所有权、私人所有权 | 324 |
| | 第六章　业主的建筑物区分所有权 | 465 |
| | 第七章　相邻关系 | 598 |
| | 第八章　共　有 | 677 |
| | 第九章　所有权取得的特别规定 | 745 |
| 第三分编 | 用益物权 | 829 |
| | 第十章　一般规定 | 831 |
| | 第十一章　土地承包经营权 | 902 |
| | 第十二章　建设用地使用权 | 983 |
| | 第十三章　宅基地使用权 | 1190 |

| | 第十四章 | 居住权 | 1214 |
| | 第十五章 | 地役权 | 1263 |

**第四分编　担保物权** ............................................. 1375
　　第十六章　一般规定 ............................................. 1377
　　第十七章　抵押权 ............................................... 1448
　　　　第一节　一般抵押权 ......................................... 1448
　　　　第二节　最高额抵押权 ....................................... 1609
　　第十八章　质　权 ............................................... 1647
　　　　第一节　动产质权 ........................................... 1647
　　　　第二节　权利质权 ........................................... 1786
　　第十九章　留置权 ............................................... 1839

**第五分编　占　有** ................................................. 1921
　　第二十章　占　有 ............................................... 1923

**索　引** ........................................................... 1964
**后　记** ........................................................... 2011

# 目 录

（第二册）

## 第八章 共 有

第二百九十七条【共有及其形式】..................677

第二百九十八条【按份共有】..................681

第二百九十九条【共同共有】..................686

第 三 百 条【对共有物的管理】..................690

第三百零一条【共有物的处分、重大修缮和性质、用途变更】..................693

第三百零二条【共有物管理费用负担】..................697

第三百零三条【共有财产分割原则】..................700

第三百零四条【共有物的分割方式】..................710

第三百零五条【按份共有人的优先购买权】..................716

第三百零六条【优先购买权的实现方式】..................722

第三百零七条【因共有财产产生的债权债务关系的对外、对内效力】..................728

第三百零八条【按份共有的推定】..................733

第三百零九条【按份共有人份额的确定】..................738

第三百一十条【用益物权、担保物权的准共有】..................741

# 第九章　所有权取得的特别规定

第三百一十一条【善意取得】......745

第三百一十二条【遗失物的善意取得】......758

第三百一十三条【善意取得的动产上原有权利的消灭】......762

第三百一十四条【拾得遗失物的返还】......765

第三百一十五条【有关部门收到遗失物的处理】......774

第三百一十六条【遗失物保管】......778

第三百一十七条【权利人在领取遗失物时应尽义务】......783

第三百一十八条【公告期满无人认领的遗失物归属】......788

第三百一十九条【拾得漂流物、发现埋藏物或隐藏物】......794

第三百二十条【从物随主物转让】......801

第三百二十一条【天然孳息和法定孳息的归属】......812

第三百二十二条【添附】......821

# 第三分编　用益物权

## 第十章　一般规定

第三百二十三条【用益物权人享有的基本权利】......831

第三百二十四条【国有和集体所有自然资源的用益物权】......843

第三百二十五条【自然资源使用制度】......854

第三百二十六条【用益物权人权利的行使】......861

第三百二十七条【用益物权人因征收、征用有权获得补偿】......871

第三百二十八条【海域使用权的法律保护】......880

第三百二十九条【合法探矿权等权利的法律保护】......890

## 第十一章 土地承包经营权

第三百三十条【双层经营体制与土地承包经营制度】......902

第三百三十一条【土地承包经营权人享有的基本权利】......908

第三百三十二条【土地承包期限】......914

第三百三十三条【土地承包经营权的设立和登记】......920

第三百三十四条【土地承包经营权的互换、转让】......925

第三百三十五条【土地承包经营权互换、转让的登记】......932

第三百三十六条【承包地的调整】......936

第三百三十七条【承包地的收回】......942

第三百三十八条【承包地的征收补偿】......948

第三百三十九条【土地经营权的流转】......956

第三百四十条【土地经营权人享有的基本权利】......963

第三百四十一条【土地经营权的设立与登记】......969

第三百四十二条【其他方式承包的土地经营权流转】......975

第三百四十三条【国有农用地实行承包经营的法律适用】......980

## 第十二章 建设用地使用权

第三百四十四条【建设用地使用权的概念】......983

第三百四十五条【建设用地使用权的分层设立】......996

第三百四十六条【建设用地使用权的设立原则】......1001

第三百四十七条【建设用地使用权的出让方式】......1012

第三百四十八条【建设用地使用权出让合同】......1031

第三百四十九条【建设用地使用权的登记】......1049

第三百五十条【土地用途】......1062

第三百五十一条【建设用地使用权人支付出让金等费用的义务】..................1072

第三百五十二条【建设用地使用权人建造的建筑物等设施的权属】.................1081

第三百五十三条【建设用地使用权的流转方式】.........................................1093

第三百五十四条【处分建设用地使用权的合同形式和期限】..........................1112

第三百五十五条【建设用地使用权流转后变更登记】..................................1124

第三百五十六条【建筑物等设施随建设用地使用权的流转而一并处分】......1140

第三百五十七条【建设用地使用权随建筑物等设施的流转而一并处分】......1140

第三百五十八条【建设用地使用权提前收回及其补偿】................................1153

第三百五十九条【建设用地使用权的续期】..............................................1167

第三百六十条【建设用地使用权注销登记】..............................................1175

第三百六十一条【集体所有土地作为建设用地的法律适用】..........................1183

## 第十三章 宅基地使用权

第三百六十二条【宅基地使用权的内容】..............................................1190

第三百六十三条【宅基地使用权取得、行使和转让的法律适用】..................1197

第三百六十四条【宅基地的灭失和重新分配】..........................................1204

第三百六十五条【宅基地使用权变更和注销登记】....................................1208

## 第十四章 居住权

第三百六十六条【居住权的概念】.........................................................1214

第三百六十七条【居住权合同】............................................................1222

第三百六十八条【居住权的设立】.........................................................1231

第三百六十九条【居住权的限制】.........................................................1239

第三百七十条【居住权的消灭】............................................................1247

第三百七十一条【以遗嘱方式设立居住权的参照适用】..............................1255

## 第十五章 地役权

第三百七十二条【地役权的概念】..................................................1263

第三百七十三条【地役权合同】....................................................1274

第三百七十四条【地役权的设立与登记】..........................................1282

第三百七十五条【供役地权利人的义务】..........................................1291

第三百七十六条【地役权人的权利义务】..........................................1297

第三百七十七条【地役权期限】....................................................1305

第三百七十八条【地役权的承继】..................................................1313

第三百七十九条【在先用益物权对地役权的限制】................................1320

第三百八十条【地役权的转让】....................................................1326

第三百八十一条【地役权的抵押】..................................................1335

第三百八十二条【地役权对需役地及其上权利的不可分性】......................1340

第三百八十三条【地役权对供役地及其上权利的不可分性】......................1348

第三百八十四条【地役权消灭】....................................................1355

第三百八十五条【地役权变更后登记】..............................................1364

# 第八章 共 有

**第二百九十七条** 不动产或者动产可以由两个以上组织、个人共有。共有包括按份共有和共同共有。

## ▶ 关联规定

法律、行政法规、司法解释

《最高人民法院关于适用〈中华人民共和国民法典〉物权编的解释（一）》

**第七条** 人民法院、仲裁机构在分割共有不动产或者动产等案件中作出并依法生效的改变原有物权关系的判决书、裁决书、调解书，以及人民法院在执行程序中作出的拍卖成交裁定书、变卖成交裁定书、以物抵债裁定书，应当认定为民法典第二百二十九条所称导致物权设立、变更、转让或者消灭的人民法院、仲裁机构的法律文书。

## ▶ 条文释义

### 一、本条主旨

本条是关于共有概念及共有类型的规定。

### 二、条文演变

关于共有的规定，最早出现在1979年2月2日颁行的原《最高人民法院关于贯彻执行民事政策法律的意见》中，其规定了共有房屋买卖未取得其他共有人同意时的效力问题，但没有具体规定共有的概念和类型。我国立法首次明确规定共有概念和类型是1987年1月1日施行的原《民法通则》第78条，该条规定"财产可以由两个以上的公民、法人共有。共有分为按份共有和共同共有"。2007年10月1日施行的原《物权法》第8章对共有作出了专章规定，并且在第93条对共有概念和类型明确规定为"不动产或者动产可以由两个以上单位、个人共有。共有包括按份共有和共同共有"。在《民法典》编纂过程中，除将"单位"改为"组织"外，其他则沿用了原《物权法》第93条的规定和表述。

### 三、条文解读

共有，是指多个权利主体对一物共同享有所有权。共有的主体称作共有人，客体称作共有财产或共有物。各共有人之间因财产共有形成的权利义务关系称为共有关系。由于所有权具有排他性，一物之上不能存在多个所有权。虽然共有中的所有权由数个主体享有，但此时所有权只有一个，并非数个所有权之并存。共有的法律特征是：第一，在主体方面。共有的主体不是单一的，而是两个或者两个以上权利主体。共有不同于单独所有之处在于其主体的多数性，共有的财产是由多数民事权利主体享有。单一主体不能构成共有的主体。就具有法人资格的公司而言，其财产是股东共同出资组成的，这一点与合伙组成的财产十分相似。但是，由于公司具有法人资格，在法律上它是一个独立的主体，数个股东的出资已经脱离了股东的人格，股东出资的财产构成了一个独立的所有权，因而公司财产是一个单独的所有权，而不构成共有。第二，在客体方面。在共有关系中，客体是特定的，与单独所有并没有任何区别。它既可以是独立物，又可以是集合物。这些共有物在共有关系存续期间，原则上不能分割为各个部分，由各个共有人分别享有所有权，而只能是各共有人对共有物共同享有所有权，每个共有人的权利及于整个共有物。这是由一物一权原则决定的。根据这一原则，一物之上不得存在多个所有权。换言之，数人不得对同一物各自享有完整的所有权。由于共有只是数人对于同一物享同一所有权而非数人对同一物分别享有所有权，共有只是所有权的一种形态，因此仍然要适用所有权的一般规则，如一物一权等规则。须注意的是，共有物是共有人的所有权标的物，共有首先是所有权的存在形态，但无论国外民法典还是我国《民法典》，均认可共有可以准用于他物权，因此，在用益物权和担保物权上亦可成立共有。[①] 我国《民法典》第310条规定："两个以上组织、个人共同享有用益物权、担保物权的，参照适用本章的有关规定。"第三，内容复杂。各共有人对共有物所享有的权利因共有关系的性质不同而有区别。在按份共有关系中，各共有人的份额是抽象份额，其依各自份额享有权利并承担义务。在共同共有关系中，各共有人则不分份额地共同享有权利、承担义务。无论是共同共有，还是按份共有，与单独所有相比，其内容都十分复杂。

关于共有的形式，各国民事立法不尽相同。德国民法与日本民法仅有按份共有，而无共同共有。我国《民法典》则明确共有类型包括按份共有和共同共有两种。

我国《民法典》规定共有有其重要意义。共有通常是在特定条件、特定关系、特定历史时期下所形成的，具有超越单一所有权的功效和实现合理发展的功能，对现代社会发展具有必要性，是社会经济发展之需。《民法典》规定共有制度，是对权利形成历史和对特定法律关系的尊重。

## ▶ 适用指引

在理解共有概念时，要注意以下区分。

第一，要区分共有、公有、总有之间的关系。公有是指社会经济制度，共有是指所有权形态，总有是指社团财产的归属。例如，尽管在经济意义上，可以认为公司股东对公司财产具有共同的财产权，但是无论从民法的角度抑或公司法的角度，都不能得出公司股东对公司财产享有按份共有的结论。公司财产所有权属于公司，股东对公司只享有股权。

第二，要区分按份共有与共同共有。两者区别在于：（1）成立原因不同。按份共有关系是依据法律规定或当事人约定而形成，通常不具有预先的特别关系事由。而共同共有中，法定共同共有关系都是有特定身份关系的存在的，如夫妻关系、家庭成员共同生活关系。由于特定身份关系的介入，共同共有人之间的联系较按份共有更为密切，适用类型更为确定。（2）权利范围不同。在按份共有关系中，共有人只能依照各自的份额行使所有权，但此处的份额抽象地存在于所有权之中，是共有人对共有物的所有权在量上应当享有的部分，而非

---

[①] 参见最高人民法院民法典贯彻实施工作领导小组主编：《中华人民共和国民法典物权编理解与适用》，人民法院出版社2020年版，第485~486页。

将所有权权能进行的份额划分，而且此种份额不局限于共有物的特定部分，而是抽象地存在于共有物的任何微小部分，及于共有物的全部。在共同共有关系中，共有人对于共有动产或不动产不分份额地共同享有所有权，共同共有人的所有权具有平等性。（3）共有动产或不动产的权利行使规则不同。有关共有动产或不动产的权利行使规则适用《民法典》的具体法律规定。从总体上看，在按份共有中，共有人除另有约定外，对于共有动产或不动产的处分、重大修缮及变更性质或用途等行为应当经占份额 2/3 以上的按份共有人同意，对于一般的管理和一般修缮等行为，可以单独进行。而在共同共有中，除共有人有约定外，处分等行为需要经全体共有人同意方可进行。（4）共有动产或不动产分割的限制不同。共有动产或不动产不得随意进行分割，在按份共有中，除特殊的适用目的或约定等不能分割外，按份共有人可随时依据共有份额请求分割。而在共同共有中，除特殊事由外共有人不得随意请求分割，这是由共有关系及其性质所决定的。（5）共有关系的稳定程度不同。在按份共有中，由于共有关系的形成不具有特殊的身份事由，共有人可以随时请求分割共有动产或不动产，受到各共有人自身利益关系等影响，共有关系更为松散，存续期间相对较短。在共同共有中，由于法定的共同共有关系包括家庭、夫妻等关系，这种特定的人身关系具有相对稳定性，因此以特定关系为基础的共同共有关系也更为稳定。总之，在处理共有纠纷时，因为按份共有与共同共有之权利义务有所不同，所以首先要判断共有的性质，如果对共有性质存疑的，可依据《民法典》第 308 条的规定判断。《民法典》第 308 条规定："共有人对共有的不动产或者动产没有约定为按份共有或者共同共有，或者约定不明确的，除共有人具有家庭关系等外，视为按份共有。"

第三，要区分共有和区分所有。区分所有是对于建筑物的专有部分的所有和对于共用部分的共同所有的总称。区分所有的标的为建筑物，区分所有不能和共有混同。虽然《民法典》第 8 章共有制度适用于物权纠纷，但同样要关注非物权领域的共有问题，如债权共有、知识产权共有、股权共有等，这些共有是否成立或者成立后的权利义务关系，须适用相关法律规定。

**第二百九十八条** 按份共有人对共有的不动产或者动产按照其份额享有所有权。

## 关联规定

法律、行政法规、司法解释

**《最高人民法院关于适用〈中华人民共和国民法典〉物权编的解释（一）》**

**第九条** 共有份额的权利主体因继承、遗赠等原因发生变化时，其他按份共有人主张优先购买的，不予支持，但按份共有人之间另有约定的除外。

**第十条** 民法典第三百零五条所称的"同等条件"，应当综合共有份额的转让价格、价款履行方式及期限等因素确定。

**第十一条** 优先购买权的行使期间，按份共有人之间有约定的，按照约定处理；没有约定或者约定不明的，按照下列情形确定：

（一）转让人向其他按份共有人发出的包含同等条件内容的通知中载明行使期间的，以该期间为准；

（二）通知中未载明行使期间，或者载明的期间短于通知送达之日起十五日的，为十五日；

（三）转让人未通知的，为其他按份共有人知道或者应当知道最终确定的同等条件之日起十五日；

（四）转让人未通知，且无法确定其他按份共有人知道或者应当知道最终确定的同等条件的，为共有份额权属转移之日起六个月。

**第十二条** 按份共有人向共有人之外的人转让其份额，其他按份共有人根据法律、司法解释规定，请求按照同等条件优先购买该共有份额的，应予支持。其他按份共有人的请求具有下列情形之一的，不予支持：

（一）未在本解释第十一条规定的期间内主张优先购买，或者虽主张优先购买，但提出减少转让价款、增加转让人负担等实质性变更要求；

（二）以其优先购买权受到侵害为由，仅请求撤销共有份额转让合同或者认定该合同无效。

**第十三条** 按份共有人之间转让共有份额，其他按份共有人主张依据民法典第三百零五条规定优先购买的，不予支持，但按份共有人之间另有约定的除外。

## ▶ 条文释义

### 一、本条主旨

本条是关于按份共有的规定。

### 二、条文演变

本条规定完全沿用原《物权法》第94条的规定。自1987年1月1日起施行的原《民法通则》首次对按份共有作出明确规定，该法第78条第2款规定："共有分为按份共有和共同共有。按份共有人按照各自的份额，对共有财产分享权利，分担义务。共同共有人对共有财产享有权利，承担义务。"在此款规定的基础上，2007年10月1日施行的原《物权法》第94条将按份共有作为独立条款予以规定："按份共有人对共有的不动产或者动产按照其份额享有所有权。"《民法典》最终沿袭了原《物权法》第94条的立法方式和表述。

### 三、条文解读

按份共有又称分别共有，是指数人按应有份额对共有物共同享有权利和分担义务的共有，是与共同共有相对应的一项制度。

按份共有的最重要的法律特征是，共有人对共有物享有份额，各共有人按照份额享有所有权。按份共有是共有所有权在量上分为份额，并非所有权的重合或并存，不存在多个所有权，按份共有人的权利也不局限于共有物的特定部分。换言之，按份共有中的"份"，不是具体的份额，不能与共有物特定部分一一对应，而是所有权的抽象份额。按份共有的起因包括：一是基于当事人的意思，如数人共同出资购买某物，共同受让所有权；二是基于法律规定；三是共同共有变为按份共有，如继承财产分配之前为共同共有，但是后来就可能形成按份共有。①

在理论上，关于按份共有的性质存在不同的观点：（1）实在部分说。该观点认为，按份共有实质上由各共有人分别就其应有份额享有所有权。（2）理想部分说。按份共有是将物的各个部分，想象各个共有人享有所有权，而就共有物之上成立一个想象所有权。（3）内容分属说。该学说认为所有权的作用有多种，可以由共有人分别享有，按份共有人实际是各个共有人分别享有所有权的不同作用。（4）计算的部分说。该学说认为所有权具有金钱计算的价格，如果某物在经济上具有若干价值，则将其价值分成若干部分由各共有人享有。（5）权利范围说。该学说认为，在数人享有一个所有权时，为避免相互间权利的冲突，不得不规定一定的范围，使各人在其范围内行使其权利，这个范围就是各共有人的应有部分。②《民法典》本条采取了权利范围说，将按份共有人的权利行使的范围限定为按份共有人的份额，按份共有人依份额享有对于共有物的所有权，此即按份共有的根本法律特征。

按份共有的应有部分（份额）是各个共有人行使权利、承担义务的范围，但不影响共有人所有权的各项权能，包括占有、使用、收益、处分的权利。不过，由于按份共有的份额限制的原因，共有人行使所有权的占有、使用、收益、处分的权能时，按份共有人需要和其他共有人之间进行协调，《民法典》第300条、第301条、第302条对此作出明确的规定。按份共有的基本特征包括以下两方面。

第一，按份共有的份额为抽象份额。按份共有虽然存在份额的分割，但是所有权仍然只有一个。按份共有的份额，是共有的比例，是一种抽象的比例，并非对标的物作物理上的分割所确定的份额。因此，按份共有人对物的支配权利及于标的物的全部。

第二，按份共有的权利内容。按份共有人按其份额对共有财产享有占有、使用和收益的权利。但是共有人行使占有、使用、收益之权能，不得超过其份额，不然构成对其他共有人的份额利益的侵害。按份共有人按其份额对共有财产享有处分权。按份共有人对共有财产的处分包括两种：一是对其享有的份额的处分；二是对整个共有财产的处分。③ 按份共有人可以依照《民法典》第

---

① 参见王泽鉴：《民法物权》，中国政法大学出版社2001年版，第324页。
② 参见王利明：《物权法论》，中国政法大学出版社1998年版，第333~334页。
③ 参见王利明：《物权法论》，中国政法大学出版社1998年版，第333~334页。

303条、第304条、第305条对其享有的份额进行转让或者请求分割共有物。

按份共有是共有的重要类型，在司法实践中占有较大比例。本条对按份共有的法律特征予以明确，为共有制度理论的深入研究奠定了基础，也为司法实践中的共有类型区分划清了法律界限。

## ▶ 适用指引

按份共有与分别所有是不同的。在按份共有中，各个共有人的权利不是局限在共有财产的某一部分上，或就某一具体部分单独享有所有权，而是各共有人的权利均及于共有财产的全部。当然，在许多情况下，按份共有人的份额可以产生与单个所有权一样的效力，如共有人有权要求转让其份额，但是各个份额并不是一个完整的所有权，如果各共有人分别单独享有所有权，则共有也就不复存在了。

在审判中首先须判断是否存在共有。如果存在共有，则须区分按份共有与共同共有。《民法典》第308条规定："共有人对共有的不动产或者动产没有约定为按份共有或者共同共有，或者约定不明确的，除共有人具有家庭关系等外，视为按份共有。"该条的内容可作为判断共有性质的依据。由于按份共有的份额，是抽象的份额，按份共有人对共有物的具体使用与收益的方法，应由共有人协商决定。

需要注意的是，在按份共有人死亡时其份额可以作为遗产继承；如果按份共有人为组织，该组织基于法定事由丧失主体资格时，则按照组织清算或者财产承继关系来处理。按份共有人是否可以抛弃份额？按照所有权的理论而言，只要不损害国家、集体和他人利益，所有权得以抛弃。按份共有中的份额抛弃，也应作如此理解。只不过，按份共有人抛弃份额之后，该份额属于无主财产抑或为其他共有人自动取得，需要进一步研究。

## 类案检索

陈某、陈某甲、李某某、周某甲、周某乙与恒盛海运公司、陈某乙等物权保护纠纷案

**关键词：** 共有物处分　按份共有

**裁判摘要：** 多个主体协商共同按份额出资购买动产，构成对动产的按份共有，并对动产按份额享有所有权。共有人之一如要处分该动产，必须经过 2/3 的按份共有人同意，否则构成无权处分，其他按份共有人有权主张该动产所有权。

【案　　号】（2019）闽民终 1800 号
【审理法院】福建省高级人民法院
【来　　源】中国裁判文书网

**第二百九十九条** 共同共有人对共有的不动产或者动产共同享有所有权。

## 关联规定

### 一、法律、行政法规、司法解释

《最高人民法院关于适用〈中华人民共和国民法典〉婚姻家庭编的解释（一）》

第二十二条 被确认无效或者被撤销的婚姻，当事人同居期间所得的财产，除有证据证明为当事人一方所有的以外，按共同共有处理。

### 二、司法指导性文件

《第八次全国法院民事商事审判工作会议（民事部分）纪要》

25. 被继承人死亡后遗产未分割，各继承人均未表示放弃继承，依据继承法第二十五条规定应视为均已接受继承，遗产属各继承人共同共有；当事人诉请享有继承权、主张分割遗产的纠纷案件，应参照共有财产分割的原则，不适用有关诉讼时效的规定。

## 条文释义

### 一、本条主旨

本条是关于共同共有的规定。

### 二、条文演变

本条采纳了原《物权法》第95条的规定。关于共同共有这一共有类型，我国民事立法上第一次予以明确是1987年1月1日实施的原《民法通则》第

78条第2款"共同共有人对共有财产享有权利,承担义务"的规定。在随后的原《民法通则意见》的第88条至第92条中,对于共同共有人享有的共同权利作出进一步的规定,明确了共同共有的基本法律特征。2007年10月1日施行的原《物权法》第95条确立了共同共有的法律概念的表述。《民法典》对该规定予以保留。

### 三、条文解读

共同共有是指两个以上民事主体,基于某种共同关系而对某项财产不分份额地共同享有权利并承担义务。共同共有是数个民事主体基于某种共同关系而共有一物,不分份额地享有权利承担义务。

共同共有的基本特征为:第一,共同共有产生的前提是存在共同关系。"共同共有,以共同关系成立为前提。所谓共同关系,例如夫妇关系、亲子关系。"① 没有共同关系这一前提,就不存在共同共有。共同共有是以当事人之间存在着某种共同关系为前提,一般发生在互有特殊身份关系的当事人之间,如夫妻关系、家庭关系等。要注意的是,共同共有能够通过约定而产生,如《民法典》第308条规定:"共有人对共有的不动产或者动产没有约定为按份共有或者共同共有,或者约定不明确的,除共有人具有家庭关系等外,视为按份共有。"我国《民法典》婚姻家庭编中的第1065条规定,男女双方可以约定婚姻关系存续期间所得的财产以及婚前财产归各自所有、共同所有或者部分各自所有、部分共同所有。第二,共同共有人不分份额地对共有物享有权利承担义务。共同共有人对共有财产平等地、不分份额地享有占有、使用、收益和处分权。任何一个共同共有人对共有财产都不享有超过其他共同共有人的权利。

我国学界普遍认为共同共有包括夫妻共有、家庭共有和遗产分割前的共有等,因此共同共有主要存在于以下情形中。

第一,夫妻共有财产。我国《民法典》第1062规定夫妻在婚姻关系存续期间所得的下列财产为夫妻的共同财产,归夫妻共同所有:(1)工资、奖金、劳务报酬;(2)生产、经营、投资的收益;(3)知识产权的收益;(4)继承或者受赠的财产,但是《民法典》第1063条第3项规定的除外;(5)其他应当归夫妻共同所有的财产。夫妻对共同财产,有平等的处理权。

---

① 史尚宽:《物权法论》,中国政法大学出版社2000年版,第177页。

第二，家庭共有财产。家庭共有财产是指家庭成员在家庭共同生活关系存续期间共同创造、共同所得的共同财产。家庭共有财产的主体是对家庭共有财产的形成作出贡献的家庭成员。家庭共有财产的形式主要是家庭成员在共同生活期间的共同劳动收入，包括家庭成员交给家庭的财产、家庭成员共同受赠的财产以及在此基础上购置和积累起来的财产等。家庭共有财产是以维持家庭成员共同的生活或生产为目的的财产。家庭共同财产以家庭共同生活关系的存在为前提。需注意的是，家庭共同财产不等同于家庭财产，因为家庭财产还包括家庭个人财产。

第三，共同继承的财产。继承发生后到遗产分割前，遗产作为整体由全体继承人共同共有。如果各继承人约定共同继承遗产，不分份额地共同继承，也发生共有关系。如果继承人约定不分割遗产，但按照份额对遗产享有所有权，则构成按份共有。当然，继承开始后各继承人可以分割遗产，此时不形成共有关系，各继承人对分割的遗产成立单独的所有权。我国《民法典》第1151条规定："存有遗产的人，应当妥善保管遗产，任何组织或者个人不得侵吞或者争抢。"未分割之遗产，全体继承人共同对外承担债权债务关系。但对于不宜分割的遗产，继承人也可以继续共有。我国《民法典》第1156条第2款规定："不宜分割的遗产，可以采取折价、适当补偿或者共有等方法处理。"

第四，其他共有财产。家族共有的祠堂、族产等属于共有财产。合伙财产的使用，按照《民法典》关于合伙合同的规则来处理。

## ▶ 适用指引

应当注意的是，共同共有人一定是对共有的不动产或者动产共同享有所有权，对共有财产平等地、不分份额地享有占有、使用、收益和处分权，任何一个共同共有人对共有财产都不享有超过其他共同共有人的权利。因此，要判定是否构成共同共有，首先，必须确定当事人之间具有特定的共同关系，如夫妻关系、家庭共同生活关系、共同继承关系等。其次，共同财产是不动产的，要根据不动产登记情况及当事人之间的共同关系，判断共同共有是否成立；若共同财产是动产的，则要结合实际占有、使用的事实和当事人之间共同关系存续情况，判断共同共有是否成立。最后，由于我国婚姻法是以夫妻共有财产制为原则、分别所有财产制为例外，所以在确定夫妻共同财产时还应关注夫妻间是否存在有关财产的特殊约定。另外，实践中还要注意共同共有和按份共有的区分，如果共有人对共有性质存有异议，应按照《民法典》第308条关于"共有人对共有的不动产或者动产没有约定为按份共有或者共同共有，或者约定不明确的，除共有人具有家庭关系等外，视为按份共有"的规定予以处理。

## ▶ 类案检索

### 王某甲、彭某某与王某乙、王某丙等人所有权确认纠纷案

**关键词：** 物权确认　共同共有

**裁判摘要：** 作为不动产的房屋为家庭成员共同出资出力修建，在家庭成员未约定房屋所有权归属并全部迁入居住之后亦未分家析产的情况下，该房屋作为共同生活的家庭成员共同创造的财产，应属全体家庭成员共同共有。作为共有人之一的家庭成员办理房屋所有权过户时，未经其他共有人授权或认可的，其无权主张该房屋由其一人所有。

【案　　号】（2019）川民再652号

【审理法院】四川省高级人民法院

【来　　源】中国裁判文书网

> 第三百条 共有人按照约定管理共有的不动产或者动产；没有约定或者约定不明确的，各共有人都有管理的权利和义务。

## 条文释义

### 一、本条主旨

本条是关于共有人对共有物管理的规定。

### 二、条文演变

原《民法通则》第78条第2款规定："共有分为按份共有和共同共有。按份共有人按照各自的份额，对共有财产分享权利，分担义务。共同共有人对共有财产享有权利，承担义务。"原《物权法》第96条规定："共有人按照约定管理共有的不动产或者动产；没有约定或者约定不明确的，各共有人都有管理的权利和义务。"本次《民法典》编纂对原《物权法》的规定未作修改。

### 三、条文解读

（一）共有物管理的内涵和外延

本条所规定的共有物管理是指共有人对共有物的保存、使用、简单改良与修缮等行为。重大修缮、处分或改变用途等，不属于本条规定的管理范畴，而是《民法典》第301条所规制的内容。例如，家庭成员对共同共有的土地承包经营权的利用或土地增肥、家庭成员对共有房屋的屋顶漏水进行修缮等，均属于本条的共有物管理。

（二）共有物管理的依据

本条规定了共有人对共有物进行管理的依据，包括协议管理和共同管理。协议管理是指共有人对共有物的保存、利用、简单改良修缮等进行约定，约定的内容可以包括管理的范围、费用的承担、管理责任人等。协议管理是意思自治的体现，有利于共有人按照自己意愿妥当管理共有物。共同管理是指共有人对共有物没有约定或者约定不明确的，各共有人都有管理的权利和义务。

（三）共有物管理的内容

一是共有物的保存。共有物的保存是指使共有物维持现状、免于贬损或灭失的举措，如对共有汽车的保养、对共有房屋屋顶漏水之简单修缮等。

二是共有物的改良。共有物的改良是指对共有物增加其效用或价值的举措，但不包括改变共有物的性质、用途或者重大修缮。如果改变共有物的性质、用途或者重大修缮，应按照《民法典》第301条的规定来处理。

三是共有物的利用。

## ▶ 适用指引

### 一、共有物管理既是权利也是义务

各共有人都有管理的权利和义务。管理既是共有人的权利又是义务。例如，在使用共有物时，共有人均应尽到注意义务，避免共有物的毁损。对共有物的简单修缮，应为了共有人的共同利益，而非仅个人利益；对共有物行使保存行为时，应为全体共有人之利益尽到妥当保存的义务。

### 二、按份共有人对共有物的管理

（一）按份共有人对共有物的保存

对共有物的保存是通过相应的管理措施，避免共有物的毁损、灭失，保持共有物的现状。共有人可以通过约定的方式对共有物进行管理。如果没有约定，共有人应尽各自的保管义务。

（二）按份共有人对共有物的使用

根据《民法典》第298条的规定，各共有人根据其份额对共有物享有所有权。对共有物的使用方式,共有人可以进行约定,可以对共有物分部分或者分时间使用,可以由部分共有人使用并对其他共有人予以补偿,也可以将共有物出租后将租金在共有人中按份额分配,等等。

### (三)按份共有人对共有物的简易修缮

对共有物的简易修缮与重大修缮不同。对共有物的简易修缮是为了保持共有物的现有状态,属于对共有物的保存范畴。而对共有物的重大修缮,需要依据《民法典》第 301 条的规定,在占 2/3 份额的按份共有人同意的情况下方可对共有物进行重大修缮。而简易修缮耗资不多,只需按照约定办理。如果没有约定,各共有人都有义务对共有物进行简易修缮。

## 三、共同共有人对共有物的管理

### (一)共同共有人对共有物的保存

对共有物的保存,有约定的依约办理,没有约定或者约定不明的,各共有人均有妥善保存的权利和义务。

### (二)共同共有人对共有物的使用

对共有物的使用方面,有约定的从约定;没有约定的,共有人在各自使用时,要尽合理的注意义务,以免共有物毁损。

### (三)共同共有人对共有物的简易修缮

对共有物的简易修缮,共有人应协商确定。没有约定或者协商不成的,各共有人均有权利和义务进行简易修缮。

**第三百零一条** 处分共有的不动产或者动产以及对共有的不动产或者动产作重大修缮、变更性质或者用途的，应当经占份额三分之二以上的按份共有人或者全体共同共有人同意，但是共有人之间另有约定的除外。

## ▶ 关联规定

### 一、法律、行政法规、司法解释

1.《中华人民共和国城市房地产管理法》

**第三十八条** 下列房地产，不得转让：

（一）以出让方式取得土地使用权的，不符合本法第三十九条规定的条件的；

（二）司法机关和行政机关依法裁定、决定查封或者以其他形式限制房地产权利的；

（三）依法收回土地使用权的；

（四）共有房地产，未经其他共有人书面同意的；

（五）权属有争议的；

（六）未依法登记领取权属证书的；

（七）法律、行政法规规定禁止转让的其他情形。

2.《物业管理条例》

**第十一条** 下列事项由业主共同决定：

（一）制定和修改业主大会议事规则；

（二）制定和修改管理规约；

（三）选举业主委员会或者更换业主委员会成员；

（四）选聘和解聘物业服务企业；

（五）筹集和使用专项维修资金；

（六）改建、重建建筑物及其附属设施；

（七）有关共有和共同管理权利的其他重大事项。

## 二、部门规章及规范性文件

**1.《不动产登记暂行条例实施细则》**

**第十条** 处分共有不动产申请登记的，应当经占份额三分之二以上的按份共有人或者全体共同共有人共同申请，但共有人另有约定的除外。

按份共有人转让其享有的不动产份额，应当与受让人共同申请转移登记。

建筑区划内依法属于全体业主共有的不动产申请登记，依照本实施细则第三十六条的规定办理。

**2.《已购公有住房和经济适用住房上市出售管理暂行办法》**

**第五条** 已取得合法产权证书的已购公有住房和经济适用住房可以上市出售，但有下列情形之一的已购公有住房和经济适用住房不得上市出售：

（一）以低于房改政策规定的价格购买且没有按照规定补足房价款的；

（二）住房面积超过省、自治区、直辖市人民政府规定的控制标准，或者违反规定利用公款超标准装修，且超标部分未按照规定退回或者补足房价款及装修费用的；

（三）处于户籍冻结地区并已列入拆迁公告范围内的；

（四）产权共有的房屋，其他共有人不同意出售的；

（五）已抵押且未经抵押权人书面同意转让的；

（六）上市出售后形成新的住房困难的；

（七）擅自改变房屋使用性质的；

（八）法律、法规以及县级以上人民政府规定其他不宜出售的。

## ▶ 条文释义

### 一、本条主旨

本条是关于共有物处分、重大修缮和变更性质或者用途的规定。

### 二、条文演变

原《物权法》第97条规定："处分共有的不动产或者动产以及对共有的不

动产或者动产作重大修缮的，应当经占份额三分之二以上的按份共有人或者全体共同共有人同意，但共有人之间另有约定的除外。"在《民法典》编纂过程中，有的意见提出，考虑到对共有物实施转让、抵押等处分或者变更共有物的性质或用途，对按份共有人的利益影响巨大，建议增加相关规定。经研究，2018年8月审议的《民法典各分编（草案）》将本条中的"重大修缮"修改为"重大修缮和变更性质或者用途"。《民法典》最终采纳了该表述。

### 三、条文解读

本条规定的处分、重大修缮和变更性质或者用途行为，对共有人有重大利害关系，故此，《民法典》采取了审慎的态度，按份共有中采多数决，共同共有中采一致同意决。

共有物的处分包括事实上的处分与法律上的处分。事实上的处分是指在对物进行物理上的处置，如消费、拆除、抛弃等；法律上的处分是指出卖、赠送等权利转让行为。事实上的处分将会导致所有权的标的不再存在；法律上的处分导致物权发生转移。处分对共有产生重大影响，不应当由单独的共有人或少数共有人行使处分权。共同共有的物权处分，应当由全体共有人一致同意，但本条对按份共有规定的是2/3多数决，而非按份共有人一致同意，其理由在于，如果按份共有物的处分采取一致同意的方式，可能会影响共有物的效益的发挥。另外，按份共有的处分采取一致同意的方式，也容易引发按份共有人之间的内部矛盾，物之利用效率不高，亦可能导致交易机会的丧失。因此，大部分国家和地区的民法采取多数决的方式，即按照多数按份共有人的意志对共有物进行处分。我国《民法典》采取的是"占份额三分之二以上"的按份共有人同意的标准。为提高共有物的使用效率，按份共有人可以转让其在共有物上的财产份额，亦可以用自己在共有物上的份额设定负担。

对共有物的重大修缮，是在不改变共有物性质的前提下，提高共有物的效用或者增加共有物的价值的行为，如旧房翻新。对共有物进行重大修缮，对各共有人有巨大影响。一是重大修缮可能需要共有人承担相关费用；二是重大修缮可能改变了物的物理结构；三是重大修缮可能对共有物的利用造成临时的不便。因此，我国《民法典》将重大修缮列为应当经占份额2/3以上的按份共有人或者全体共同共有人同意的范畴。

本条尽管规定了按份共有人对共有物的重大修缮、变更性质或者用途的，须经过多数决，共同共有人应一致同意，但仍遵循意思自治原则，即共有人之间另有约定的除外。

## 适用指引

在审判实践中，遇到共有物处分、重大修缮和变更性质或者用途等纠纷时，首先应审查共有人对此是否有约定，如果有约定且不违背法律强制性规定或有悖于公序良俗者，应认可约定的效力。同时在审判过程中，应注意对不同意者的权利保护。

需要注意的是，《民法典》本条与原《物权法》第97条比较，有一处发生了重要改变。《民法典》本条增加了"变更性质或者用途"的情形，即变更性质或者用途的，应当经占份额2/3以上的按份共有人或者全体共同共有人同意，但是共有人之间另有约定的除外。所谓"变更性质或者用途的"行为，对共有物具有重大影响，可能会给共有物带来更大风险或者增加共有人的费用，当然也可能给共有人带来更大收益，因此，按照处分和重大修缮的标准来对待变更性质或者用途的行为，是必要的。

## 类案检索

**鸡西市鸡冠区星海艺术培训学校有限公司与白某山房屋租赁合同纠纷案**

关键词：按份共有　共有物处分

裁判摘要：处分共有的不动产或者动产以及对共有的不动产或者动产作重大修缮的，应当经占份额2/3以上的按份共有人或者全体共有人同意，但共有人之间另有约定的除外。在未经占份额2/3以上的按份共有权人同意的情况下，不得对共有物作出处分。

【案　　号】（2020）黑03民终750号
【审理法院】黑龙江省鸡西市中级人民法院
【来　　源】中国裁判文书网

> **第三百零二条** 共有人对共有物的管理费用以及其他负担，有约定的，按照其约定；没有约定或者约定不明确的，按份共有人按照其份额负担，共同共有人共同负担。

## ▶ 关联规定

法律、行政法规、司法解释

《物业管理条例》

第十一条 下列事项由业主共同决定：

（一）制定和修改业主大会议事规则；

（二）制定和修改管理规约；

（三）选举业主委员会或者更换业主委员会成员；

（四）选聘和解聘物业服务企业；

（五）筹集和使用专项维修资金；

（六）改建、重建建筑物及其附属设施；

（七）有关共有和共同管理权利的其他重大事项。

## ▶ 条文释义

### 一、本条主旨

本条是关于如何承担共有物的管理费用及其他负担的规定。

### 二、条文演变

原《物权法》第98条规定："对共有物的管理费用以及其他负担，有约定的，按照约定；没有约定或者约定不明确的，按份共有人按照其份额负担，共同共有人共同负担。"《民法典》在编纂过程中对本条仅作个别文字修改，内容未作修改。

### 三、条文解读

共有物的管理费用,是指因共有物的保存、改良或利用行为所产生的费用。本条中所提到的"其他负担",是指税费、保险费、共有物致害他人所应支付的损害赔偿金等各类公法上或私法上的负担。例如,共有汽车管理费用,就会包括在一年中的支付的保险费、车船使用税费、保养费、汽车存放费等。又如,共有房屋倒塌致人损害而支付的医疗费、误工费等。

共有物的保存费用是共有物的维护费用,是为共有物免于毁损,使共有物处于良好的运行或使用状态而支出的费用。需要注意的是,管理行为和费用可以分开。例如,共有人甲、乙、丙三人约定由甲承担管理义务,但管理费用由甲、乙、丙三人按照各自份额分担。

共有物的改良也会产生费用。一般改良是指在不改变共有物的性质和用途的前提下,对共有物进行加工、修补、整理等,以增加财产的效用或价值。共有人对共有物的一般改良行为,按照《民法典》第300条理解。如果改良属于重大修缮,应当按照《民法典》第301条来理解。

关于共有物的费用负担,各国民法首先承认约定的效力,在没有约定的情形下,按份共有人按照其份额负担,共同共有人共同负担。本条亦规定,共有人对共有物的管理费用以及其他负担,有约定的,按照其约定;没有约定或者约定不明确的,按份共有人按照其份额负担,共同共有人共同负担。

关于共有物管理费用,尚有两个问题需要明确:一是管理费的垫付的问题。共有人之一支付的必要管理费用超出其应当承担的份额时,是否有权向其他共有人请求偿还。从原理上来说,在按份共有的关系中,每个共有人的份额是确定的,承担的义务与权利应该是相一致的,因此,支付的必要管理费用超出其应当承担的份额时,共有人可以向其他共有人请求偿还。但是在共同共有关系中,不存在这个问题。二是共有人支付共有物致人损害的损害赔偿费用后的追偿问题。本质上,共有物致他人损害,是共有物对外产生的债权债务关系,应按照《民法典》第307条来理解,"因共有的不动产或者动产产生的债权债务,在对外关系上,共有人享有连带债权、承担连带债务,但是法律另有规定或者第三人知道共有人不具有连带债权债务关系的除外;在共有人内部关系上,除共有人另有约定外,按份共有人按照份额享有债权、承担债务,共同共有人共同享有债权、承担债务。偿还债务超过自己应当承担份额的按份共有人，有权向其他共有人追偿"。同样，共同共有关系中不产生追偿问题。

## ▶ 适用指引

第一，在审判实践中要看共有人之间是否存在关于共有物的管理费用的约定，要审查协议是否合法有效。如果协议不存在无效原因，则共有物的管理费用按照其约定来处理。如果没有约定或者约定不明确的，按份共有人按照其份额负担，共同共有人共同负担。

第二，要审查管理费的真实性、必要性、合理性。真实性是指共有物的管理费用确实发生；必要性是指管理费用的发生是基于共有人的整体利益不得不支出；合理性是指共有物管理费用符合市场的一般标准，未超出合理标准。

## ▶ 类案检索

**王某银与李某平等业主共有权纠纷案**

**关键词：** 共有物管理　按份共有

**裁判摘要：** 建筑物的屋顶属于共有部分，全体共有人对屋顶均有管理修缮义务。根据《民法典》第302条"共有人对共有物的管理费用以及其他负担，有约定的，按照其约定；没有约定或者约定不明确的，按份共有人按照其份额负担，共同共有人共同负担"之规定，九原告对案涉房屋1、2层，四被告对案涉房屋3、4层均属按份共有，故九原告与四被告均应按各自份额负担建筑物屋顶的维修义务。

【案　　号】（2021）湘0528民初792号
【审理法院】湖南省新宁县人民法院
【来　　源】中国裁判文书网

**第三百零三条** 共有人约定不得分割共有的不动产或者动产，以维持共有关系的，应当按照约定，但是共有人有重大理由需要分割的，可以请求分割；没有约定或者约定不明确的，按份共有人可以随时请求分割，共同共有人在共有的基础丧失或者有重大理由需要分割时可以请求分割。因分割造成其他共有人损害的，应当给予赔偿。

## ▶ 关联规定

法律、行政法规、司法解释

1.《中华人民共和国民法典》

**第一千零六十六条** 婚姻关系存续期间，有下列情形之一的，夫妻一方可以向人民法院请求分割共同财产：

（一）一方有隐藏、转移、变卖、毁损、挥霍夫妻共同财产或伪造夫妻共同债务等严重损害夫妻共同财产利益的行为；

（二）一方负有法定扶养义务的人患重大疾病需要医治，另一方不同意支付相关医疗费用。

2.《最高人民法院关于人民法院民事执行中查封、扣押、冻结财产的规定》

**第十二条** 对被执行人与其他人共有的财产，人民法院可以查封、扣押、冻结，并及时通知共有人。

共有人协议分割共有财产，并经债权人认可的，人民法院可以认定有效。查封、扣押、冻结的效力及于协议分割后被执行人享有份额内的财产；对其他共有人享有份额内的财产的查封、扣押、冻结，人民法院应当裁定予以解除。

共有人提起析产诉讼或者申请执行人代位提起析产诉讼的，人民法院应当准许。诉讼期间中止对该财产的执行。

3.《最高人民法院关于适用〈中华人民共和国企业破产法〉若干问题的规定（二）》

**第四条** 债务人对按份享有所有权的共有财产的相关份额，或者共同享有所有权的共有财产的相应财产权利，以及依法分割共有财产所得部分，人民法院均应认定为债务人财产。

人民法院宣告债务人破产清算，属于共有财产分割的法定事由。人民法院裁定债务人重整或者和解的，共有财产的分割应当依据民法典第三百零三条的规定进行；基于重整或者和解的需要必须分割共有财产，管理人请求分割的，人民法院应予准许。

因分割共有财产导致其他共有人损害产生的债务，其他共有人请求作为共益债务清偿的，人民法院应予支持。

4.《最高人民法院关于适用〈中华人民共和国民法典〉有关担保制度的解释》

**第四十一条** 抵押权依法设立后，抵押财产被添附，添附物归第三人所有，抵押权人主张抵押权效力及于补偿金的，人民法院应予支持。

抵押权依法设立后，抵押财产被添附，抵押人对添附物享有所有权，抵押权人主张抵押权的效力及于添附物的，人民法院应予支持，但是添附导致抵押财产价值增加的，抵押权的效力不及于增加的价值部分。

抵押权依法设立后，抵押人与第三人因添附成为添附物的共有人，抵押权人主张抵押权的效力及于抵押人对共有物享有的份额的，人民法院应予支持。

本条所称添附，包括附合、混合与加工。

## ▶ 条文释义

### 一、本条主旨

本条是关于共有物分割原则及请求权的规定。

### 二、条文演变

本条承袭了原《物权法》第99条的规定，仅对个别文字略有修改。原《民法通则》第78条从制度设计上对共有关系的含义、类型以及基本内容都作了原则规定,从立法上初步确立了我国民法的共有制度。原《民法通则》第78条第3款规定:"按份共有财产的每个共有人有权要求将自己的份额分出或者转让。但在出售时,其他共有人在同等条件下,有优先购买的权利。"这是民事立法上首次规定按份共有人有权要求将自己的份额分割或转让,该条款只承认了按份共有人份额分出或者转让的权利,并没有规定分割请求权。[①] 当时对于共同共有物的分割,只是分别在原《继承法》和原《婚姻法》中对于遗产和夫妻共同财产的请求权进行规定。原《民法通则意见》第90条规定:"在共同共有关系终止时,对共有财产的分割,有协议的,按协议处理;没有协议的,应当根据等分原则处理,并且考虑共有人对共有财产的贡献大小,适当照顾共有人生产、生活的实际需要等情况。但分割夫妻共有财产,应当根据婚姻法的有关规定处理。"此规定第一次对共同共有物的分割予以了补充性规定。原《物权法》设专章对共有制度作出规定,构成了我国共有制度的体系框架,其中第99条对共有物的分割问题作了较为具体的规定,《民法典》延续了原《物权法》的上述规定。

### 三、条文解读

共有物分割,是指共有人对共有物采取实物分割或价值分割等方式以结束共有关系。在共同共有关系存续期间,各个共有人对共有物共同享有所有权及于共有物的全部,而不局限于共有物的特定部分。因此,对于共有物的管理与处分等,必须满足各共有人的利益和需要,这不仅妨碍了共有物效益的最大化,也容易在共有人之间产生矛盾。考虑到共有财产的特殊属性,《民法典》本条规定的三种分割共有财产的基本原则,赋予共有人的分割请求权以实现共有物的分割。

第一,共有物分割约定优先适用的原则。对于共有物的分割,首先要尊重各共有人的意思自治,不管是按份共有还是共同共有,都应当按照共有人之间的约定来进行。共有人约定不得分割共有的不动产或者动产,以维持共有关系的,应当按照约定。这规定了共有人可以基于意思表示约定禁止分割共有物的情况,但对于是否可以约定永久性禁止分割,并没有作出说明。共有人之间也可以约定分割,即使共有人就共有物分割形成诉讼,共有人依然可以对共有物

---

① 参见孙宪忠、朱广新主编:《民法典评注:物权编》,中国法制出版社2021年版,第378页。

的分割达成协议，就分割的期间、方式、分配等达成一致意见。

即使存在不得分割的约定，但如出现重大理由，则允许分割。对于重大理由的理解，一定要把握"重大"二字。例如，按份共有人请求分割共有物是为了生活中的急需，如支付教育、医疗费用等，应视为构成重大理由，允许按份共有人请求分割共有物；但如果请求分割共有物是为了奢华消费，则不能构成分割共有物的重大理由。

第二，依法分割的原则。共有人对共有财产是否可以分割，在什么情况下可以分割没有约定或者约定不明确的，应该依据本条的规定予以分割。《民法典》将共有关系分为按份共有和共同共有两类，因此依据共有的形态，关于共有物分割具有不同的规定。

一是没有约定或者约定不明确的，按份共有人可以随时请求分割。按份共有与共同共有比较，其基础关系相对不具有紧密性和人身属性。因此，在没有约定或者约定不明确时，在按份共有关系存续期间，按份共有人可以随时请求分割，有权请求从共有财产中分割出属于自己的份额，体现按份共有基础关系的财产性较强而人身性较弱的特质。这种请求不需要征得其他共有人的同意，只要按份共有人提出请求，可以让按份共有人随时结束共有关系。

二是共同共有人在共有基础丧失或者有重大理由需要分割，可以请求分割。共同共有是共有人对全部共有财产不分份额地享有权利承担义务的共有，在共有关系存续期间，各共有人对共有财产没有确定的份额。在共有人对共有财产的分割没有约定或者约定不明确的情况下，共有人也不得随意请求分割共有物，通常只有在共同共有关系消灭时才能协商各自的财产份额，对共有财产予以分割。因此，本条规定了共同共有人在共有的基础上丧失或者有重大理由需要分割时可以请求分割共有财产。① （1）在共同共有关系中，盖因共同共有以特殊人身关系为基础，随意允许分割共同共有之物，随时结束共同共有关系，实则是不严肃的态度。共同共有的基础是指共有人之间的相互关系，如夫妻关系、家庭成员关系，基础丧失是指共有人之间的共有关系不存在或消灭，即婚姻关系的解除、家庭共同体的解体等失去共有的基础的情形，在这种情况下，可以请求分割共有财产。（2）本条也规定了有"重大理由"需要分割时共同共有人可以请求分割共有物。此处的"重大理由"只适用于未约定或者约定

---

① 参见黄薇主编：《中华人民共和国民法典释义》，法律出版社2020年版，第245页。

不明的共同共有人，是指出现了仍需要保持共有关系但需要分割财产的事由，而且若不分割将对共有人显失公平或对共有物使用效率有重大影响，主要是指维持生活支出、医疗、教育等费用支出的事由。根据《民法典》第1066条规定，婚姻关系存续期间，有下列情形之一的，夫妻一方可以向人民法院请求分割共同财产：（1）一方有隐藏、转移、变卖、毁损、挥霍夫妻共同财产或者伪造夫妻共同债务等严重损害夫妻共同财产利益的行为；（2）一方负有法定扶养义务的人患重大疾病需要医治，另一方不同意支付相关医疗费用。需要特别说明，允许共同共有人在特殊情况下请求分割共有物，同时保持共有关系，其突破了传统民法的共有理论，与多数国家的民法规定不同，符合我国的国情。

第三，损害赔偿的原则。因分割造成其他共有人损害的，应当给予赔偿。这种情况一般发生在共有人对分割共有物未达成一致，因符合法定原因而发生分割共有物时。由于共有物往往是某一特定的财产，某些法定的特殊原因，共有人分割共有财产，会降低共有财产的价值，有可能给其他共有人造成损害，对此，行使分割请求权的共有人，须对造成的其他共有人的损失承担赔偿责任，但本条并没有进一步明确损害赔偿的范围和类型。

## ▶ 适用指引

当事人因分割共有财产发生纠纷起诉到人民法院，人民法院审理这类案件时，在审判实践中一定要准确把握共有财产请求权的精神。共有物分割请求权是否适用诉讼时效，《民法典》并未规定。

### 一、共有物分割请求权的主体

本条适用于按份共有和共同共有物的分割，行使共有物分割请求权的主体只能为按份共有人和共同共有人。但是也有例外的情况，在共有人失踪情况下的财产代管人，共有人破产情况下的破产管理人等，也可以请求分割共有财产。①

---

① 参见王利明：《物权法》，中国人民大学出版社2015年版，第278页。

## 二、共有物分割请求权的性质

共有物的分割请求权是指各共有人以单方的意思表示,请求其他共有人分割共有物的权利。关于共有物分割请求权的性质,在理论上有不同观点:有的认为是形成权;有的认为是请求权。在一定程度上,共有物分割请求权符合形成权的特征。例如,没有约定或者约定不明确的,按份共有人可以随时请求分割,不需要他方作出行为,按照一方的意思表示就可以使法律关系发生变动。但也有例外,如果共有人之间存在不得分割的约定,或者没有重大理由,则共有人不得请求分割,如此又不符合形成权的特征。因此,将共有物分割认定为请求权比较恰当,在请求权中属于物权请求权。

## 三、共有物分割引发纠纷的处理

首先,要看当事人之间是否存在关于共有物分割的协议。如果有协议,则要先审查协议是否合法有效。

其次,要注意区分协议分割与裁判分割。在当事人就共有物的分割不能达成一致意见的情况下,当事人只能通过人民法院判决共有物的分割。对于共有物分割请求权存在的举证责任主要有两种情形:一是主张分割共有人要证明共有物属于原、被告;二是主张分割共有人需要证明发生了共有基础丧失的事实或者有重大理由从而需要分割共有物。[1]《民法典》对什么情况属于"重大理由"未作明确的规定,但一定要注意"重大"二字。一般而言,通常除非是不得已、非常紧迫的事由,否则不应视为重大理由对抗各共有人之间的禁止分割的约定,但共有人本人或其家庭成员病重需要治疗费用等情况则应当视为可以请求分割的"重大理由",该理由是否已经构成影响共有人生产、生活的重大理由,需要由法官进行自由裁量,综合考虑共有关系等方面加以考量。[2]什么是"共有的基础丧失"?一种观点认为,共同共有的基础指的是共有人之间的相互关系,如夫妻关系、家庭成员关系,共有人之间应该有的与之相应的关系没有了,但法律上的共有关系还存在,如夫妻关系恶化、长期分居,但因为某

---

[1] 参见孙宪忠、朱广新主编:《民法典评注:物权编》,中国法制出版社2020年版,第383页。

[2] 参见朱岩、高圣平、陈鑫:《中国物权法评注》,北京大学出版社2007年版,第318~322页。

种原因该对夫妻一直没有离婚，在婚姻关系存续期间，夫妻一方请求分割共有财产的，符合《民法典》第1066条规定的情形，应该得到支持。共有的基础丧失，并不等于法律上的共同共有关系也"丧失"。如果夫妻已经离婚了，但属于双方的共有财产还没有分割，该共有财产的性质就不再属于共同共有，而应该是按份共有，不应适用共同共有人"共有的基础丧失"的规定。另一种观点认为，共有的基础丧失就是指共同共有彻底解体导致的共同共有关系消灭，如夫妻离婚、遗产分割。既然共同共有关系都没有了，原来的共同共有人当然可以请求分割原来的共有物，更加符合共同共有的消灭理论。人民法院在判决共有物分割时，应综合考虑分割的事由是否成立，结合《民法典》第304条的规定，就分割的方式、份额的分配等一并作出判决。

最后，对按份共有和共同共有中分割请求的把握尺度应该有所不同。因共有关系的基础不同，按份共有在本质上具有临时性，共同共有尽管基于特殊关系，也会出现共有关系的基础丧失等原因造成分家析产的结果。故此，共有人或主动或被动提出共有物分割请求。从本条规定可以看出，共同共有财产的分割请求权与按份共有财产的分割请求权在是否可以自由分割上是有区别的。对于按份共有财产，可以从宽掌握，各共有人得自由处分其应有份额，以允许分割为原则，以不允许分割为例外。但对于共同共有财产，由于人的结合较为密切，分割请求权的行使应当从严把握，为维持共同共有关系的稳定、和谐，以不允许分割为原则，以允许分割为例外。

## ▶ 典型案例

### 刘某甲与刘某乙、周某某共有房屋分割纠纷案

**关键词：** 赠与　共有物分割

**裁判摘要：** 行为人拥有共有财产2/3以上份额请求行使物权，但行使物权的行为有违法律、社会公德的人民法院依法可不予支持。父母出资购房将产权登记在子女名下，具有赠与性质。子女不仅应在物质上赡养父母，也应在精神上慰藉父母，努力让父母安宁、愉快地生活。子女对父母赠与的房屋行使物权，将损害父母生活的，人民法院可不予支持。

**基本案情：** 被告刘某乙、周某某系夫妻，原告刘某甲系二人独生女，讼争

房屋系三人购买，合同约定产权份额为刘某甲占90%，刘某乙、周某某各占5%。房屋产权证载明房屋为成套住宅，权利人为刘某乙、周某某、刘某甲，但未明确产权份额。房屋交付使用后，刘某甲与二被告因装修发生争议。审理中，二被告表示不愿转让房屋产权份额。讼争房屋为二被告唯一住房，二人现暂住他处。

法院经审理认为，讼争房屋系刘某乙、周某某及刘某甲按份共有。单从《物权法》第97条之规定看，刘某甲占份额90%，有权决定本案讼争房屋的处分，但该案中刘某乙、周某某与刘某甲系父母与子女关系，双方以居住为目的购房，从购房的相关证据看，大部分房款由刘某乙、周某某出资，刘某乙、周某某购房时将大部分财产份额登记在刘某甲名下，超出刘某甲出资部分，具有赠与性质，系父母疼爱子女的具体表现。"百善孝为先"一直是中国社会各阶层所尊崇的基本伦理道德。孝敬父母乃"天之经、地之义、人之行、德之本"，是中国传统伦理道德的基石，是千百年来中国社会维系家庭关系的重要道德准则，是中华民族优秀的传统美德。亲子之爱是人世间最真诚、最深厚、最持久的爱，为人子女，不仅应在物质上赡养父母，满足父母日常生活的物质需要，也应在精神上慰藉父母，善待父母，努力让父母安宁、愉快地生活。从刘某甲陈述及提交的《承诺书》看，刘某甲仍存有赡养父母之念，值得肯定和发扬。目前，刘某乙、周某某与刘某甲之间存在较深的误解与隔阂，双方生活习惯差距较大，刘某乙、周某某多年在本土生活，不愿去苏州与刘某甲共同居住生活，刘某乙、周某某对居住地和居住方式的选择应予尊重，他人不应强求。刘某甲虽然承诺财产份额转让后，可由刘某乙、周某某居住使用该房屋至去世时止，但双方目前缺乏基本的信任，刘某乙、周某某担心刘某甲取得完全产权后变卖房屋而导致其无房居住，具有一定合理性。刘某乙、周某某承诺有生之年不转让处分享有的份额，去世之后其份额归刘某甲所有，刘某乙、周某某持有的财产份额价值较小，单独转让的可能性不大，刘某甲担心父母将其财产份额转让他人，无事实根据，且刘某甲承诺该房由其父母继续居住，目前要求其父母转让财产份额并无实际意义，徒增其父母的担忧，不符合精神上慰藉父母的伦理道德要求，并导致父母与子女之间的亲情关系继续恶化。《物权法》第7条明确规定："物权的取得和行使，应当遵守法律，尊重社会公德，不得损害公共利益和他人合法权益。"综上，刘某甲要求其父母转让财产份额的诉求与善良风俗、传统美德的要求不符，法院不予支持。最终法院经过再审，判决驳回刘某甲的诉讼请求。

【案　　号】（2015）渝五中法民再终字第00043号
【审理法院】重庆市第五中级人民法院
【来　　源】《最高人民法院公报》2016年第7期

## 类案检索

### 一、周某与龚某、龚某某等案外人执行异议之诉案

**关键词：** 共有物分割　重大理由

**裁判摘要：**《民法典》第303条规定，共有人约定不得分割共有的不动产或者动产，以维持共有关系的，应当按照约定，但是共有人有重大理由需要分割的，可以请求分割；没有约定或者约定不明确的，按份共有人可以随时请求分割，共同共有人在共有的基础丧失或者有重大理由需要分割时可以请求分割。因分割造成其他共有人损害的，应当给予赔偿。从该规定可以看出，当共有人有重大理由，需要对共有物进行分割时，可以对共有物予以分割。本案中，人民法院依法对登记在白某某名下的案涉房屋予以执行，属于对共有物依法分割的"重大理由"。鉴于案涉房屋系周某的唯一住房，因分割对周某造成损害的，周某可以向白某某主张赔偿责任，亦可主张对案涉房屋的优先购买权，但不因此享有足以排除对案涉房屋强制执行的民事权益。

【案　　号】（2020）渝民终1681号
【审理法院】重庆市高级人民法院
【来　　源】中国裁判文书网

### 二、赵某林与孙某、赵某杰等共有纠纷案

**关键词：** 共有物分割　死亡赔偿金

**裁判摘要：** 本案系因上诉人赵某林与被上诉人孙某丈夫赵某杰的母亲冯某因交通事故死亡后获得的赔偿款如何分配产生的纠纷。死亡赔偿款不属于遗产范围，死者近亲属中的赔偿权利人是死亡赔偿款的共有人，在死亡赔偿金分配前，应扣除已实际支付的丧葬费以及因处理死者相关事宜的其他合理费用，剩余部分应根据与死者关系的亲疏远近、共同生活的紧密程度及生活来源等因素

适当分配，而非等额分配。故一审法院综合考虑死者冯某生前随上诉人共同生活，上诉人对冯某尽到了大部分的赡养义务等因素，酌情认定由上诉人享有65%的份额、二被上诉人共同享有35%的份额并无不当，二审法院予以维持。

【案　　号】（2021）黔01民终9183号
【审理法院】贵州省贵阳市中级人民法院
【来　　源】中国裁判文书网

**第三百零四条** 共有人可以协商确定分割方式。达不成协议，共有的不动产或者动产可以分割且不会因分割减损价值的，应当对实物予以分割；难以分割或者因分割会减损价值的，应当对折价或者拍卖、变卖取得的价款予以分割。

共有人分割所得的不动产或者动产有瑕疵的，其他共有人应当分担损失。

## 条文释义

### 一、本条主旨

本条是关于共有物分割方式及共有物分割后的瑕疵担保责任的规定。

### 二、条文演变

原《民法通则》第78条从制度设计上对共有关系的含义、类型以及基本内容都作了原则规定，只规定了每个按份共有人能够将自己拥有的份额进行分出或者转让的权利，对于如何进行分割，并没有进行详细规定。[①] 原《民法通则意见》第90条、第91条对于共有物的分割方式作出了较为详细的规定，初步形成了共有物分割方式的规则，但对于具体的分割方式选择顺序和共有人的物的瑕疵担保责任没有规定。原《物权法》设专章对共有制度作出规定，其中，第100条对共有物的分割方式及共有物分割后的瑕疵担保责任作出明确规定，《民法典》延续了原《物权法》的上述规定。本条相较于原《物权法》第100条有文字表述上的变动，但无实质性变化。

---

① 参见孙宪忠、朱广新主编：《民法典评注：物权编》，中国法制出版社2020年版，第385页。

## 三、条文解读

无论是按份共有人随时提出分割共有物，还是共同共有人基于共有的基础丧失或重大理由提出分割共有物，紧接着的问题都是如何分割共有物。本条规范了共有物的分割方式，在共有人之间存在协议或不存在协议的情况下，可以采取的分割方式，并对分割方法的选择顺序进行了规定。同时，为了避免任一共有人损害其他共有人的现象，规定了瑕疵担保责任。

### （一）关于共有物的分割方式

#### 1. 协议分割

分割共有的不动产或者动产，共有人之间能够协商的，可以采取各共有人间协商确定的分割方式进行。协商的内容，由共有人自由决定，因分割共有物等于结束共有关系，必须经过共有人全体一致同意，这与《民法典》规定的对共有财产作重大修缮、变更性质有所不同，后者实行少数服从多数的原则。由于协议分割必须经全体共有人同意，如果有共有人没有参与协商或者某一共有人不同意，分割共有物的协议均不发生法律效力。因协议分割为债权合同，只要符合合同成立的相关要件，均应认为达成了分割协议即不以书面为必要，以明示或者默示同意的意思表示，对分割方式事前同意或者事后予以追认的，都应该认为分割达成协议。[①] 分割协议不仅在共有人之间发生效力，而且某一共有人将其分得部分让与第三人，该协议对第三人也有拘束力。[②] 对于分割协议的撤销和无效的认定，适用《民法典》总则编的相关规定。

分割协议达成后，共有人并没有取得分得部分的所有权，仅取得要求履行分割协议的请求权。如果有的共有人不按分割协议履行义务，其他共有人可以基于分割协议向人民法院提起诉讼，诉请其他共有人履行分割协议，其诉讼应为给付之诉，而不是请求分割共有物之诉。对于给付之诉适用诉讼时效，如果超过诉讼时效，请求履行分割协议，其诉请不应得到支持。超过诉讼时效，如果未达成新的分割协议，视为当事人之间没有分割共有物的协议，只能诉请人民法院裁判分割。

---

① 参见最高人民法院物权法研究小组编著：《〈中华人民共和国物权法〉条文解释与适用》，人民法院出版社2007年版，第311页。
② 参见王泽鉴：《民法物权》，中国政法大学出版社2001版，第360~361页。

### 2. 裁判分割

当无法达成协议时，共有人可提请人民法院进行裁判分割。裁判分割应遵循本条关于实物分割、变价分割或者折价赔偿的原则规定：（1）实物分割。在不影响共有物的使用价值和特定用途时，共有的不动产或者动产可以分割并且不会因分割减损价值的，可以对共有物进行实物分割。（2）变价分割。如果共有物无法进行实物分割或者难以分割，抑或是实物分割将减损共有物的使用价值时，应当将共有物进行拍卖或者变卖，对拍卖、变卖所得价款进行分割。还有一种情形，也适用变价分割的方式，即各共有人都不愿接受共有物，这时也可采取将共有物出卖，分割价金的方式。① （3）折价赔偿。折价赔偿的分割方式主要存在于以下情形，即对于难以分割的共有物或者分割将减损其价值的，如果共有人中的一人或者数人愿意取得共有财产，可以由该共有人取得共有物，并由该共有人向其他共有人作价赔偿，给予金钱或者实物。

### （二）共有人分割所得的不动产或者动产有瑕疵的，其他共有人应当分担损失

本条第2款的规定不仅适用于裁判分割，也适用于协议分割。本款的规定是对于共有物分割后，共有人发现权利或者利益受到侵害可以得到赔偿的情况，由其他共有人分担损失。依据《民法典》第612条至第615条的规定，瑕疵担保责任包括权利的瑕疵担保责任和物的瑕疵担保责任。前者指共有人应担保第三人就其他共有人分得之物不得主张任何权利；后者指共有人对其他共有人应担保其分得部分于分割前未隐含瑕疵。② 此处的瑕疵担保责任，类似于买卖关系中所负的瑕疵担保责任。就共有人应承担的瑕疵担保责任而言，无论共有物是通过协议分割还是裁判分割，请求减少价款和请求损害赔偿这两种责任形式都可以成为瑕疵担保责任的承担方式。

## ▶ 适用指引

在审判实践中，最理想的确定共有物分割方式的途径是由全体共有人就共有物分割方式达成协议。如果不存在分割协议或者达不成分割协议，又存在分

---

① 参见黄薇主编：《中华人民共和国民法典释义》，法律出版社2020年版，第246页。
② 参见黄薇主编：《中华人民共和国民法典释义》，法律出版社2020年版，第246页。

割的事由和必要，则只能通过诉讼等裁判途径请求分割。因此，人民法院在审理共有物分割纠纷案件时，应注重调解，促成共有人之间达成分割协议。

### 一、共有物分割的主体

无论是按份共有物的分割还是共同共有物的分割，对全体共有人都有利害关系，因此，全体共有人都应该参加到诉讼中来。原告是提出分割共有物的部分共有人，包括同意分割的共有人；被告是反对共有物分割的其余的所有的共有人。不反对分割但又不愿意共同作为原告起诉的，应列为被告。如果共有人之间已经达成分割共有财产的协议，则部分共有人就不得提起分割共有财产之诉。如前所述，部分共有人不履行分割协议的，应该提起给付之诉，而非请求分割财产之诉。

### 二、协议分割和裁判分割的关系

共有人之间也有不愿分割者，分割诉讼是否只有在协议分割无法达成的情况下提起或者是提起分割诉讼须以共有人不能协议分割为要件，不得未经协议而径行起诉。① 因共有是共有人利用财产的表现形式，除婚姻存续期间的特殊规定，如果请求分割会导致共有的解除。因此，为尊重全体共有人的意志和利益，还是应当由共有人对共有财产的分割进行协商达成协议分割为优先，如果协商不成才起诉至法院。分割协议的达成，只是使共有人又多了一个债权请求权的分割途径，但如果将共有人不能达成分割协议作为共有物分割之诉的起诉条件，会限制共有人请求救济的权利。② 无论是协议分割还是裁判分割共有物，在未分割之前，按份共有人的份额为抽象的份额，但分割之后共有人就获得分割所得部分的单独所有权。

### 三、分割方法的选择顺序

如果共有人之间能够对共有物分割达成协议，最为优先。因全体共有人对共有物都拥有处分权，在协议分割时可以根据本条的指引规范选择采取实物分割、变价分割或者折价分割的方式，还可以根据其具体情况采取更加个性化的

---

① 参见谢在全：《民法物权论》，中国政法大学出版社1999年版，第311页。
② 参见孙宪忠、朱广新主编：《民法典评注：物权编》，中国法制出版社2020年版，第390页。

分割方式，不受法定分割方法的先后顺序约束。

人民法院在审理共有物分割纠纷案件时，如果调解不成，在共有物分割诉讼的审理程序中集中体现为对于分割方法的裁决。对于分割方法，主要考虑的方面是如何能够将共有物效益发挥到最大化，并且尽可能地满足各方的利益，综合考虑决定合理的分割方法。本条在分割方式上规定了以实物分割为主，兼采折价分割、变价分割的方式。即一般来说，应当以实物分割为优先选择。进行实物分割，一般具备下述两个条件：第一，从物理属性来看，共有财产可以进行实物分割；第二，从经济价值来看，不会因分割减损共有财产的价值或者使用功能等。换而言之，共有财产虽然从物理属性来看可以分割，但不经济的话也不得进行实物分割，要考虑满足上述两个条件。只有在不具备实物分割的条件下，才能考虑采取变价分割或者折价分割的方式进行分割。变价分割或折价分割的缺点在于，共有人要支付给拍卖、变卖机构一笔费用或者评估共有财产的价值，使共有财产无谓减少，也会增加审理案件的时间，影响当事人权利的及时实现。当然在采取折价分割方式时，还应当考虑共有人中的一人或者数人是否愿意接受共有财产等具体情况。如果没有人愿意接受共有物，或者虽愿意接受共有物，但对折价数额有异议，各共有人又不能协商一致，最好不要采取折价分割方式，是采取变价分割方式更为合适。总体来说，采取折价分割方式要慎重，但对于变价分割和折价分割的适用顺序，法律并未作规定，还应按照个案结合实际情况进行分析，并无严格的前后顺序之分。

### 四、共有物的瑕疵担保责任

如果在财产分割时，分得财产的共有人明知分得财产具有瑕疵而不提出异议的，应视为自动接受瑕疵。因此，此处规定的瑕疵应该是指难以发现的瑕疵。此种瑕疵担保责任，应同于《民法典》合同编中规定的出卖人对买受人所负的瑕疵担保责任，共有物分割中的瑕疵担保责任的承担范围不应超出责任人的原应有部分。①

---

① 参见孙宪忠、朱广新主编：《民法典评注：物权编》，中国法制出版社2020年版，第391~392页。

## 类案检索

### 一、顾引某等与顾林某共有物分割纠纷案

**关键词：** 共有物分割方式　折价分割

**裁判摘要：** 已有生效判决确认共有物归顾林某、顾引某、顾惠某按份共有，三人分别享有3/4、1/8、1/8的不动产份额。现顾林某起诉主张分割共有物，并无不妥，应予支持。关于分割的方式，一审法院考虑到当事人之间未能达成一致意见，且实物分割不具有可操作性，共有物亦不能通过正常拍卖、变卖的方式进行分割，故予以折价分割，符合事实情况；同时，考虑到顾林某占有3/4的份额，对共有物进行了装修等实际情况，认定共有物归顾林某所有，由顾林某支付顾引某、顾惠某折价款，依据充分。关于最终折价款的金额，共有物经估价价值为25.5万元，而共有物并无宅基地使用权证，亦无法对土地使用权进行价值评估，在此基础上，一审法院认定顾林某应支付顾引某、顾惠某折价款各31875元，并无不妥。

【案　　号】（2021）沪01民终7122号

【审理法院】上海市第一中级人民法院

【来　　源】中国裁判文书网

### 二、梁某容、梁某红等共有物分割纠纷案

**关键词：** 共有物分割方式　变价分割　实物分割

**裁判摘要：** 梁某容、梁某红与梁某伟、梁某婷经多次沟通后无法对共有房屋的楼层分配达成一致，而根据一审法院现场勘查情况，各楼层结构以及采光、装修等方面均存在较大差异，难以采用实物分割方式作出合理分配，且诉讼中各方也无法就产权份额的折价价款协商一致，在此情况下一审法院判令各方对案涉房屋的拍卖、变卖价款进行分割，符合本案客观实际亦不违背公平原则。梁某容、梁某红仅以案涉房屋为宅基地上房屋，可能存在拍卖、变卖困难等主观臆测为由上诉，主张进行实物分割，理据不足。

【案　　号】（2021）粤01民终24286号

【审理法院】广东省广州市中级人民法院

【来　　源】中国裁判文书网

**第三百零五条** 按份共有人可以转让其享有的共有的不动产或者动产份额。其他共有人在同等条件下享有优先购买的权利。

## 关联规定

法律、行政法规、司法解释

《最高人民法院关于适用〈中华人民共和国民法典〉物权编的解释（一）》

第九条 共有份额的权利主体因继承、遗赠等原因发生变化时，其他按份共有人主张优先购买的，不予支持，但按份共有人之间另有约定的除外。

第十条 民法典第三百零五条所称的"同等条件"，应当综合共有份额的转让价格、价款履行方式及期限等因素确定。

第十二条 按份共有人向共有人之外的人转让其份额，其他按份共有人根据法律、司法解释规定，请求按照同等条件优先购买该共有份额的，应予支持。其他按份共有人的请求具有下列情形之一的，不予支持：

（一）未在本解释第十一条规定的期间内主张优先购买，或者虽主张优先购买，但提出减少转让价款、增加转让人负担等实质性变更要求；

（二）以其优先购买权受到侵害为由，仅请求撤销共有份额转让合同或者认定该合同无效。

第十三条 按份共有人之间转让共有份额，其他按份共有人主张依据民法典第三百零五条规定优先购买的，不予支持，但按份共有人之间另有约定的除外。

## 条文释义

### 一、本条主旨

本条是关于按份共有人转让份额及其他共有人享有优先购买权的规定。

## 二、条文演变

优先购买权最先规定于1987年1月1日施行的原《民法通则》第78条第3款规定:"按份共有财产的每个共有人有权要求将自己的份额分出或者转让。但在出售时,其他共有人在同等条件下,有优先购买的权利。"该条款对于权利的行使规则没有作详细规定。原《民法通则意见》第92条进一步规定:"共同共有财产分割后,一个或者数个原共有人出卖自己分得的财产时,如果出卖的财产与其他原共有人分得的财产属于一个整体或者配套使用,其他原共有人主张优先购买权的,应当予以支持。"关于优先购买权行使前提条件,强调了共有财产的整体性和配套性,以最大限度地发挥共有物的价值。原《物权法》第101条规定:"按份共有人可以转让其享有的共有的不动产或者动产份额。其他共有人在同等条件下享有优先购买的权利。"此条规定实际上与原《民法通则》的规定相一致。在《民法典》编纂过程中,沿用了原《物权法》条文,未进行修改。

## 三、条文解读

本条重点规定了按份共有人转让其份额,其他共有人享有优先购买权。在按份共有关系中,因为同一物之上同时存在着两个以上共有人,为了简化或者消灭共有关系,提高共有物的利用效率,大陆法系的民事立法大多规定,在按份共有人将共有份额转让给第三人的时候,其他按份共有人享有优先购买权。

优先购买权概念的界定,在学界也有不同的表述。王泽鉴教授认为,优先购买权是特定人依约定或法律规定,于所有人(义务人)出卖动产或不动产时,有依同样条件优先购买之权利。[①]孙宪忠教授认为,所谓先买权,指的是排除他人而优先购买之权利。[②]优先购买权,是民事主体在同等条件下优先购买他人转让的财产或财产性权利的权利。[③]

优先购买权在《民法典》的其他条文及《公司法》中均有规定,当然其在不同部门法中的立法目的和意义有所不同,但是总体而言,按份共有人的优先

---

① 参见王泽鉴:《民法学说与判例研究》,中国政法大学出版社2005年版,第475页。
② 参见孙宪忠:《德国当代物权法》,法律出版社1997年版,第169页。
③ 参见孙宪忠、朱广新主编:《民法典评注:物权编》,中国法制出版社2020年版,第396~397页。

购买权的立法目的有两点：第一，有利于稳定共有关系，防止因共有人以外的人介入而使共有人内部关系复杂化，减少共有人之间的纠纷，维护财产秩序。毕竟共有人之前通常存在信任关系。第二，有利于有效配置资源，提高对物的利用效率。①

（一）按份共有人可以转让其享有的共有份额

按份共有人可以转让其份额，依照本条第1句的规定，转让仅限于按份共有，不适用于共同共有。共同共有是不区分份额的共有，以数人间存在共有关系为基础，不能对外转让"应有部分"。按份共有人可以转让份额，是基于以下考虑：一方面，按份共有人拥有的份额是共有人对所有权的比例，本质上属于按份共有人的所有权，自由转让是所有权的属性之一。按份共有人对共有财产存在一定的应有部分（份额），有权将其份额进行处分，这是买卖自由的体现，也是所有权的本质所决定的。另一方面，我国现行法律没有限制共有人处分其份额的权利。② 共有人请求分割共有物的行为是一种单方法律行为，一经作出即发生效力。在一般情况下，按份共有人转让其享有的共有份额，无须其他共有人同意，但是其不得侵害其他共有人的利益。

法律有特别规定的，共有人处分其份额应当遵守法律的特别规定。例如，自1993年7月1日起施行的《海商法》第16条第1款规定："船舶共有人就共有船舶设定抵押权，应当取得持有三分之二以上份额的共有人的同意，共有人之间另有约定的除外。"此外需要注意的是，如果共有人在共有关系中有约定，禁止共有人出让其份额的，该约定对共有人有约束力，应当遵守。

（二）共有人转让其份额时其他共有人享有优先购买权

共有人转让其份额时，其他共有人在同等条件下享有优先购买权。本条规定其他共有人享有优先购买权，是为了简化共有关系，防止因其他共有人以外的人进入而使得共有人内部关系趋于复杂。此处的优先购买权是共有人相对于非共有人的权利，共有人之间没有优先购买权。如果按份共有人对内

---

① 参见最高人民法院民法典贯彻实施工作领导小组主编：《中华人民共和国民法典物权编理解与适用》，人民法院出版社2020年版，第509~510页。
② 参见石宏主编：《〈中华人民共和国民法典〉释解与适用：物权编》，人民法院出版社2020年版，第198页。

转让其份额时，不触发其他共有人的优先购买权。另外，如果共有物被采取强制执行措施，按照通常理解，其他共有人依然可以行使优先购买权。关于优先购买权，《民法典》第860条第1款规定："合作开发完成的发明创造，申请专利的权利属于合作开发的当事人共有；当事人一方转让其共有的专利申请权的，其他各方享有以同等条件优先受让的权利。但是，当事人另有约定的除外。"①

## ▶ 适用指引

首先，行使优先购买权需要作出购买的意思表示及民事法律行为。

其次，其他共有人行使优先购买权应基于"同等条件"。这是因为优先购买权是既要保护按份共有人的优先购买权，又要确保转让人的份额转让自由和经济利益不受过度限制的利益衡量制度。如果不规定同等条件，转让份额的按份共有人丧失了交易机会，对其是不公平的。"同等条件"应理解为相对同等条件，而非绝对等同。如果要求绝对等同，优先购买权在现实司法实践中恐难以实现。因为现实社会中，合同条款很多，如果坚持绝对相同，可能出现转让人以某个次要条款的差别来否定优先购买权的情形。因此，在判断同等条件时，应综合考虑交易具体情形，把同等条件当成平衡转让人和优先购买人的利益杠杆，既要实现优先购买权，又不能损害转让人的利益，也不能绝对剥夺第三人的购买机会。②《民法典物权编解释（一）》对如何判断"同等条件"作了规定，第10条规定："民法典第三百零五条所称的'同等条件'，应当综合共有份额的转让价格、价款履行方式及期限等因素确定。"第12条规定："按份共有人向共有人之外的人转让其份额，其他按份共有人根据法律、司法解释规定，请求按照同等条件优先购买该共有份额的，应予支持。其他按份共有人的请求具有下列情形之一的，不予支持：（一）未在本解释第十一条规定的期间内主张优先购买，或者虽主张优先购买，但提出减少转让价款、增加转让人负担等实质性变更要求；（二）以其优先购买权受到侵害为由，仅请求撤销共有

---

① 石宏主编：《〈中华人民共和国民法典〉释解与适用：物权编》，人民法院出版社2020年版，第199页。
② 参见最高人民法院民法典贯彻实施工作领导小组主编：《中华人民共和国民法典物权编理解与适用》，人民法院出版社2020年版，第508~509页。

份额转让合同或者认定该合同无效。"也就是说，经过行权期限或不实际购买者不得主张优先购买权。对于该期间的性质，应将其定性为除斥期间而非诉讼时效。理由在于，将优先购买权的行使期限定为除斥期间，一方面，比较符合法理，另一方面，更加有利于在优先购买权人和优先购买权义务人之间形成比较合理的利益平衡。据此，优先购买权的行使期限原则上不适用中止或者中断，亦不能延长，除非法律另有规定，一旦行使期限经过，优先购买权没有行使的，即告消灭。①

再次，本条没有规定按份共有人之间转让其享有的共有份额的，其他共有人是否也在同等条件下享有优先购买权。《民法典物权编解释（一）》第13条进行了具体规定："按份共有人之间转让共有份额，其他按份共有人主张依据民法典第三百零五条规定优先购买的，不予支持，但按份共有人之间另有约定的除外。"该条明确了按份共有人内部之间相互转让份额的，不触发优先购买权。这是由优先购买权的权利性质与特征决定的。优先购买权的存在看似与民商法的平等、自由理念相违背，故其是一种权利处分的特殊规定。在民法领域，除非有特殊的理由和原因，否则不能轻易认定一个权利优先于另一个权利。法定优先购买权的设定，是法律在特殊情况下保护特定民事主体优先取得特定财产所有权的一种特殊形式，是法律对私法主体之间权利义务的特定安排。在按份共有关系里，当某一个共有人出卖共有份额时，其他共有人因为特定身份关系可以成为特定主体。换句话说，基于共有关系的本质属性，各共有人在各自转让共有份额时，存在相互制约关系，并非完全自由，受到其他共有人制约。而在对内转让共有份额时，受让人全部都是共有人，特定身份对于其他共有人不是优先级别，所以丧失了身份的优先性，法律就没有必要再赋予其优先购买权的必要。

最后，继承、遗赠等情形中不得行使优先购买权。《民法典物权编解释（一）》第9条规定："共有份额的权利主体因继承、遗赠等原因发生变化时，其他按份共有人主张优先购买的，不予支持，但按份共有人之间另有约定的除外。"在司法实践中，除了有偿转让，还存在继承、遗赠、赠与等无偿转让情

---

① 参见最高人民法院民事审判第一庭编著：《最高人民法院物权法司法解释（一）理解与适用》，人民法院出版社2016年版，第320页；最高人民法院民法典贯彻实施工作领导小组主编：《中华人民共和国民法典物权编理解与适用》，人民法院出版社2020年版，第510~511页。

形。按份共有人的优先购买权行使只包括有偿转让，不包括无偿转让情形。因为判断按份共有人能否取得优先购买权的关键因素，是其是否接受共有人以外的第三人受让该份额的"同等条件"。无偿转让情况下，无从认定转让价格、价款履行方式等客观判断标准。该条采取的是列举式立法，应当注意，"继承、遗赠等"情形不是完全列举，其他符合条件的情况也适用。

> **第三百零六条** 按份共有人转让其享有的共有的不动产或者动产份额的,应当将转让条件及时通知其他共有人。其他共有人应当在合理期限内行使优先购买权。
>
> 两个以上其他共有人主张行使优先购买权的,协商确定各自的购买比例;协商不成的,按照转让时各自的共有份额比例行使优先购买权。

## 关联规定

法律、行政法规、司法解释

《最高人民法院关于适用〈中华人民共和国民法典〉物权编的解释(一)》

**第十一条** 优先购买权的行使期间,按份共有人之间有约定的,按照约定处理;没有约定或者约定不明的,按照下列情形确定:

(一)转让人向其他按份共有人发出的包含同等条件内容的通知中载明行使期间的,以该期间为准;

(二)通知中未载明行使期间,或者载明的期间短于通知送达之日起十五日的,为十五日;

(三)转让人未通知的,为其他按份共有人知道或者应当知道最终确定的同等条件之日起十五日;

(四)转让人未通知,且无法确定其他按份共有人知道或者应当知道最终确定的同等条件的,为共有份额权属转移之日起六个月。

## 条文释义

### 一、本条主旨

本条是关于按份共有人转让份额时行使优先购买权实现方式的规定。

## 二、条文演变

本条属于新增规定,原《物权法》没有规定本条内容,由于实践中按份共有人转让其份额未通知其他共有人的情况大量存在,损害了其他共有人的优先购买权,所以在《民法典》编纂过程中,有意见提出,原《物权法》第101条规定了按份共有人的优先购买权,但是没有规定如何行使该权利,也没有规定如果有两个以上共有人都主张优先购买权如何行使。鉴于实践需求,建议增加相关明确规定。原《物权法解释(一)》第10条至第14条对按份共有人的优先购买权的实现作了明确规定。在《民法典》编纂过程中,《民法典物权编(草案)》(征求意见稿)第101条规定:"按份共有人向第三人转让其享有的共有的不动产或者动产份额的,应当将转让条件及时通知其他共有人。其他共有人应当在合理期间内行使优先购买权。两个以上其他共有人主张行使优先购买权的,协商确定各自的购买比例;协商不成,按照转让时各自的共有份额比例行使优先购买权。"《民法典各分编(草案)》第101条对《民法典物权编(草案)》(征求意见稿)第101条作出了删除"向第三人"的修改。《民法典物权编(草案)》(二次审议稿)第101条未再作修改。《民法典(草案)》第306条将"期间"修改为"期限",后未再改动。《民法典》在总结司法实践经验和吸收原有法律规定的情况下,增加了本条规定,进一步完善了我国优先购买权制度。

## 三、条文解读

本条第1款规定了按份共有人优先购买权的行使;第2款规定了两个以上共有人主张行使优先购买权的情形。

### (一)按份共有人优先购买权的行使

首先,关于及时通知要求。按份共有人欲转让其享有的共有的不动产或动产份额的,其他共有人决定是否行使同等条件下的优先购买权,前提是其知道转让条件。因此本条规定,按份共有人首先应当将转让条件及时通知其他共有人。通知的主体是拟转让份额的共有人,通知的对象是其他共有人。通知的内容,本条仅规定为"转让条件",其是前文所述的"同等条件",还是拟转让份额的转让人与第三人达成的转让合同的全部内容，包括拟受让人的姓名等信息？我们认为，按份共有人应将与第三人达成的交易条件通知其他共有人，以便其他共有人决定是否行使优先购买权。①

其次，关于在合理期限内行使权利。根据规定，其他共有人知道转让条件后，应当在合理期限内行使优先购买权。本条对于具体的行使期限没有限定，是因为实践中行使期限的情况较为复杂，只规定了其他共有人应当在"合理期限"内行使优先购买权。实践中如何确定"合理期限"，可以参考司法解释执行。《民法典物权编解释（一）》第11条规定："优先购买权的行使期间，按份共有人之间有约定的，按照约定处理；没有约定或者约定不明的，按照下列情形确定：（一）转让人向其他按份共有人发出的包含同等条件内容的通知中载明行使期间的，以该期间为准；（二）通知中未载明行使期间，或者载明的期间短于通知送达之日起十五日的，为十五日；（三）转让人未通知的，为其他按份共有人知道或者应当知道最终确定的同等条件之日起十五日；（四）转让人未通知，且无法确定其他按份共有人知道或者应当知道最终确定的同等条件的，为共有份额权属转移之日起六个月。"关于本条规定的合理期限，可以从以下几点理解。

**1. 按份共有人有约定的，按照约定处理**

在我国，共同共有主要是夫妻共有、家庭共有和遗产分割前的共有，共同共有人之间都有某种法律认可的特殊的共同关系。没有特殊共同关系的共有人一般为按份共有人。按份共有人对于按份共有，一般也是通过意思自治方式进行约定，应尊重当事人自己的选择，所以《民法典物权编解释（一）》第11条也首先明确了，对于优先购买权的行使期间，按份共有人有约定的，按照约定处理。通常理解，对于期间的起算点、具体期间的长短、是否存在其他例外情形等的约定，都属于"有约定"。

**2. 通知中确定了行使期间的，原则上以该期间为准**

按份共有人行使优先购买权应当在一个合理期限内。行使期限过长，商机转瞬即逝，不利于转让人利益的保护；期限过短，优先购买人没有足够时间考虑准备。基于意思自治原则，法律尊重当事人之间的约定，原则上应以该期间

---

① 参见最高人民法院民法典贯彻实施工作领导小组主编：《中华人民共和国民法典物权编理解与适用》，人民法院出版社2020年版，第513~514页。

为准。

### 3. 优先购买权的行使期间一般为15日

根据《民法典物权编解释（一）》第11条的规定，优先购买权行使期间确定为15日有三种情况：一是通知中未载明行使期间；二是通知载明的期间短于通知送达之日起15日的；三是转让人未通知的，为其他按份共有人知道或者应当知道最终确定的同等条件之日起15日。

### 4. 优先购买权行使的最长期间

《民法典物权编解释（一）》第11条规定了优先购买权的最长期间，即转让人未通知，且无法确定其他按份共有人知道或者应当知道最终确定的同等条件的，为共有份额权属转移之日起6个月。

## （二）两个以上共有人主张行使优先购买权

如果三人以上按份共有，其中一个按份共有人欲转让其享有的共有的不动产或者动产份额，其他两个以上共有人都主张行使优先购买权的，即优先购买权出现竞合的情况下如何处理？法律规定，两个以上其他共有人主张行使优先购买权的，协商确定各自的购买比例；协商不成的，按照转让时各自的共有份额比例行使优先购买权。此规定较为明确，本文不再赘述。

关于按份共有人优先购买权的竞合，其实学理上一直存在争议，主要有三种观点：第一种观点认为在面对数个按份共有人行使优先购买权时，主动权应当掌握在转让人手里。因为此时优先购买人地位平等，出于充分尊重转让人所有权的考虑，应由转让人把握选择权，自主选择优先购买人。例如，王利明教授主张共有人间权利平等，各个共有人都享有优先购买权，但是共有人共同行使优先购买权十分困难，因此，最好的办法是由出卖人自己选择。[1] 第二种观点认为可以用抽签方式解决权利的冲突。例如，《最高人民法院关于民事执行中拍卖、变卖财产的规定》第13条规定："拍卖过程中，有最高应价时，优先购买权人可以表示以该最高价买受，如无更高应价，则拍归优先购买权人；如有更高应价，而优先购买权人不作表示的，则拍归该应价最高的竞买人。""顺序相同的多个优先购买权人同时表示买受的，以抽签方式决定买受人。"有学

---

[1] 参见王利明：《物权法研究》，中国人民大学出版社2016年版，第753页。

者认为这种方法虽然可以解决权利的冲突，但是缺乏合理性。① 第三种观点认为应按份享有优先购买权。《民法典》主要采纳了第三种观点，如果有两个或者两个以上的优先购买权人主张优先购买权，在彼此不能协商一致的情况下，所有优先购买人的优先购买权都应当受到尊重和保护，所以最终只能按照各自的份额比例来购买。②

## 适用指引

### 一、承租人与按份共有人的优先购买权竞合

审判实践中应注意共有人的优先购买权与承租人的优先购买权的区别和联系。第一种观点认为，承租人的优先购买权优于共有人的优先购买权。第二种观点认为，共有人的优先购买权优先于承租人的优先购买权。我们认同第二种观点，理由是，共有人的优先购买权是基于共有的物权关系而产生，承租人的优先购买权是基于租赁的债权关系而产生。根据物权优于债权的原理，应当认为共有人的优先购买权优于承租人的优先购买权。优先购买权的设立目的是保持已经存在的法律关系，维护法律关系的稳定，在共有人和承租人都可以主张优先购买权的情形下，表明共有人和承租人之间已经产生纠纷，如果让承租人行使优先购买权，再进入共有关系，可能导致原共有人与新加入的共有人之间的纠纷升级，矛盾激化。如果承租人不行使优先购买权，对承租人的租赁关系也不产生实质影响。③

### 二、按份共有人优先购买权被侵害的法律效果

按份共有人优先购买权被侵害后，如何处理？物之侵害可以适用物上请求权权利救济，但按份共有人未通知其他共有人，与共有人以外的第三人进行份

---

① 参见孙宪忠、朱广新主编：《民法典评注：物权编》，中国法制出版社2020年版，第410页。
② 参见孙宪忠、朱广新主编：《民法典评注：物权编》，中国法制出版社2020年版，第410页。
③ 参见最高人民法院民法典贯彻实施工作领导小组主编：《中华人民共和国民法典物权编理解与适用》，人民法院出版社2020年版，第516页。

额出让而其他按份共有人主张优先购买权时，其最终法律效果应分情况区分对待：当共有物为动产或者不动产，第三人不知道也不应当知道共有关系的存在时，若发生物权变动的公示效果，则第三人可以因善意取得而受让共有物的份额，第三人与出让人的合同有效；当共有物为动产或者不动产，第三人知道、存在重大过失或者与出让人恶意串通谋取利益的，应适用《民法典》合同编中的相关规定来明确合同效力，第三人无法取得份额，出让人与第三人还应当对于享有优先购买权的共有人进行责任的承担。[1]

---

[1] 参见孙宪忠、朱广新主编：《民法典评注：物权编》，中国法制出版社2020年版，第 412~413 页。

> **第三百零七条** 因共有的不动产或者动产产生的债权债务，在对外关系上，共有人享有连带债权、承担连带债务，但是法律另有规定或者第三人知道共有人不具有连带债权债务关系的除外；在共有人内部关系上，除共有人另有约定外，按份共有人按照份额享有债权、承担债务，共同共有人共同享有债权、承担债务。偿还债务超过自己应当承担份额的按份共有人，有权向其他共有人追偿。

## 条文释义

### 一、本条主旨

本条是关于因共有财产产生的债权债务关系的对外、对内效力的规定。

### 二、条文演变

1987年1月1日实施的原《民法通则》第78条规定了关于共有的一系列内容，包括共有的定义和类型、按份共有人转让其份额的内容等，是我国立法首次明确共有制度的规定，但是未涉及共有财产产生的债权债务关系的效力内容。原《民法通则意见》则有部分条文多次涉及共有财产产生债权债务关系的对内和对外效力的规定。原《民法通则意见》第42条规定："以公民个人名义申请登记的个体工商户和个人承包的农村承包经营户，用家庭共有财产投资，或者收益的主要部分供家庭成员享用的，其债务应以家庭共有财产清偿。"第43条规定："在夫妻关系存续期间，一方从事个体经营或者承包经营的，其收入为夫妻共有财产，债务亦应以夫妻共有财产清偿。"以上条文只是针对个别领域共有财产债权债务的规定。原《物权法》第102条规定："因共有的不动产或者动产产生的债权债务，在对外关系上，共有人享有连带债权、承担连带债务，但法律另有规定或者第三人知道共有人不具有连带债权债务关系的除外；在共有人内部关系上，除共有人另有约定外，按份共有人按照份额享有债权、承担债务，共同共有人共同享有债权、承担债务。偿还债务超过自己应当承担份额的按份共有人，有权向其他共有人追偿。"《民法典》本条沿用了该条款，只作了部分文字修改。

### 三、条文解读

本条规定了因共有财产产生的债权债务关系的对外和对内效力的问题。前段规定因共有物产生的债权债务，在对外关系方面以连带为原则；中段规定，在按份共有的内部关系方面，以份额为准确定债权债务为原则，在共同共有的内部关系方面以平等承受为原则；后段规定了按份共有人的追偿权。本条适用的前提是因共有的不动产或者动产产生的债权债务，如第三人损害共有物或者共有物致他人损害等侵权性质的债权债务；或者是因共有物的修缮而与第三人发生的合同性质的债权债务。在特殊情形下，共有的不动产或者动产产生的债权债务也包括不当得利和无因管理的债权债务。①

#### （一）因共有财产产生的债权债务关系的对外效力

所谓"对外关系"是指共有人与共有人之外的第三人的关系。因共有财产产生的债权债务，共有人对于作为债权人或债务人的第三人享有何种债权、承担何种债务，可能存在约定按份承担或者连带承担。但是本条对此没有将意思自治原则放在首位，不完全依从于共有人的约定，而是实行法定承担原则，同时设置例外规定适当考虑共有人约定。②

按照本条规定，不论是按份共有还是共同共有，只要是因共有的不动产或者动产产生的债权债务，在对外关系上，共有人对债权债务享有连带债权、承担连带债务，但是法律另有规定或者第三人知道共有人不具有连带债权债务关系的除外。共有人享有连带债权时，任何一个共有人都可以向第三人主张债权；共有人承担连带债务时，第三人可以向任何一个共有人主张债权。对外效力不区分按份共有和共同共有，是为了保护善意第三人的权益，理由有以下几点：第一，因为第三人是很难从共有关系的外观获知共有人共有关系的性

---

① 参见最高人民法院民法典贯彻实施工作领导小组主编：《中华人民共和国民法典物权编理解与适用》，人民法院出版社2020年版，第517页。
② 参见崔建远：《中国民法典释评：物权编》，中国人民大学出版社2020年版，第477页。

质。①第二，善意第三人在与共有关系主体如合伙从事交易时，按照法律规定因共有财产产生的对第三人的义务由共有人连带负责，第三人具有了安全交易保障；合伙等共有团体在清偿能力、保障方面的信誉高，易于吸纳交易相对人，使自己的交易更加活跃，从而获取交易利益。②第三，在共有财产产生对外的债务关系时，如果各共有人不承担连带义务，很容易发生共有人互相推托履行义务的情况，对债务人是不利的。因此，法律规定共有人对共有财产产生的债权债务，享有连带债权、承担连带债务，在第三人不知道共有人内部关系的情况下，第三人即可向共有人中的任何一人主张其债权，保护了善意第三人的权利。

需要注意的问题是，无论是本条关于按份共有关系中任何一位共有人连带享有因共有物产生的对于第三人的债权的规定，还是连带负担因共有物产生的对于第三人的债务的规定，都是推定，而非视为。既然是推定，那么，在该推定与客观真实的债权债务关系不相符合时，作为债务人的第三人或者共有人有权举证予以推翻。③

本条有一个但书规定，当法律另有规定或者第三人知道共有人不具有连带债权债务关系时，共有人不用承担连带责任，而是按照约定或者共有人享有的份额各自享有债权、承担债务。

（二）因共有财产产生的债权债务关系的对内效力

所谓"内部关系"是指共有人之间的关系。共有人内部之间，就共有财产产生的债权债务，首先要看共有人之间是否对此有约定。如果有约定，按照约定处理。如果没有约定，按份共有人按照份额享有债权、承担债务，共同共有人共同享有债权、承担债务。法律之所以规定按份共有人按照份额享有债权、承担债务，是因为不同于对外关系中因共有物所产生的债务由共有人连带负担原则，在共有人内部关系中，不存在因共有物产生的债权债务需要共有人从外观上产生信赖的需要和动力，共有人的产生和运作依照份额确定权利义务是既

---

① 参见石宏主编：《〈中华人民共和国民法典〉释解与适用：物权编》，人民法院出版社2020年版，第202页。
② 参见崔建远：《中国民法典释评：物权编》，中国人民大学出版社2020年版，第478页。
③ 参见崔建远：《中国民法典释评：物权编》，中国人民大学出版社2020年版，第477~478页。

定的、公开的和明确的。而共同共有人共同享有债权、承担债务，亦符合共同共有的本质属性。①

（三）按份共有人的追偿权

偿还债务超过自己应当承担份额的按份共有人，有权向其他共有人追偿。这是因为按份共有人，依照其份额享有权利、承担义务，不享有超出其份额的权利，也就不应在内部关系上负担超出其份额的义务。外部关系中，共有人应债权人基于连带债务原则的请求负担了超出其份额的债务，也是因为法律基于前文所述的交易安全、方便和保护债权人利益等方面的需要进行的规定，本质上不改变共有人固有的义务负担份额，否则有悖公平原则。而对于共同共有人，其在内部关系上是不分份额的，共同承担，所以不存在超出自己应当承担的份额进行追偿的问题。

## ▶ 适用指引

本条规定了内外有别的规则。对外关系上，着重从保护第三人的利益出发，共有人享有连带债权、承担连带债务；对内关系上，注重当事人之间的意思自治，重点审查按份共有人内部之间对债权债务是否有约定。如果没有约定，则按份共有人按照份额享有债权、承担债务。

对于本条"法律另有规定"的理解。"法律另有规定"用语在立法上没有问题，但适用的时候应注意此处"法律"具体是指哪些法律。按照一般原则，只有在上位法优于下位法、特别法优于一般法的情况下，才能排除法律的强制性规定。《民法典》本条所指的法律应是特别法中的规定，如果在特别法中规定在某种情况下，因共有的不动产或者动产产生的债权债务关系，在对外关系上，共有人不享有连带债权，不承担连带债务，那么就应适用该特别法规定。②

---

① 参见崔建远：《中国民法典释评：物权编》，中国人民大学出版社2020年版，第478、480页。
② 参见孙宪忠、朱广新主编：《民法典评注：物权编》，中国法制出版社2020年版，第423页。

## 类案检索

**李某某与中国邮政集团有限公司黑龙江省嫩江市分公司储蓄存款合同纠纷案**

**关键词：** 共有财产产生的债权债务关系　连带债权

**裁判摘要：** 根据法律规定，葛某某账户内的存款自葛某某死亡时起归其继承人共有，因共有的不动产或者动产产生的债权，在对外关系上，共有人享有连带债权，部分或全部连带债权人均可要求债务人履行债务。本案李某某虽非葛某某唯一继承人，但继承人在对外关系上为连带债权人，李某某作为连带债权人之一有权要求中国邮政集团有限公司黑龙江省嫩江市分公司履行全部债务，支付全部存款。

【案　　号】（2021）黑1121民初456号

【审理法院】黑龙江省嫩江市人民法院

【来　　源】中国裁判文书网

>  第三百零八条　共有人对共有的不动产或者动产没有约定为按份共有或者共同共有，或者约定不明确的，除共有人具有家庭关系等外，视为按份共有。

## ▶ 条文释义

### 一、本条主旨

本条是关于共有关系不明时对共有关系性质推定的规定。

### 二、条文演变

关于共有关系性质不明时，应当推定为按份共有还是共同共有，我国的立法有一个变化。1988年施行的原《民法通则意见》第88条规定："对于共有财产，部分共有人主张按份共有，部分共有人主张共同共有，如果不能证明财产是按份共有的，应当认定为共同共有。"这可能与当时国家强调集体主义、友爱互助有关，但考察域外的立法例及理论，发现其他国家多以按份共有为原则，共同共有作例外。① 原《婚姻法》（2001年修正）第17条、第19条对夫妻关系存续期间夫妻共同所有的财产及可以约定共同所有财产的具体情形进行了规定。其第19条规定："夫妻可以约定婚姻关系存续期间所得的财产以及婚前财产归各自所有、共同所有或部分各自所有、部分共同所有。约定应当采用书面形式。没有约定或约定不明确的，适用本法第十七条、第十八条的规定。""夫妻对婚姻关系存续期间所得的财产以及婚前财产的约定，对双方具有约束力。""夫妻对婚姻关系存续期间所得的财产约定归各自所有的，夫或妻一方对外所负的债务，第三人知道该约定的，以夫或妻一方所有的财产清偿。"该条规定了，夫妻可以对婚姻关系存续期间所得的财产或者婚前财产进行约定，包括共同所有的约定。自2001年12月27日起施行的原《婚姻法解

---

① 参见崔建远：《中国民法典释评：物权编》，中国人民大学出版社2020年版，第481页。

释（一）》第15条规定："被宣告无效或被撤销的婚姻，当事人同居期间所得的财产，按共同共有处理。但有证据证明为当事人一方所有的除外。"该条明确了同居期间所得财产的性质，原则上应当认定为当事人共同共有。2007年原《物权法》第103条规定："共有人对共有的不动产或者动产没有约定为按份共有或者共同共有，或者约定不明确的，除共有人具有家庭关系等外，视为按份共有。"关于共有关系不明时的推定，与原《民法通则意见》相比有了根本改变，奉行新规定，共有人对于共有类型没有约定或者约定不明的，视为按份共有。《民法典》继续沿用原《物权法》的规定，推定为按份共有可能比推定为共同共有更加符合现有司法实际需要，也更有利于纠纷的解决。

### 三、条文解读

本条规定包含以下三层含义。

第一，共有人对共有物是按份共有还是共同共有有约定的，依照其约定。也就是说，尽管共同共有主要基于法律的特别规定而形成，但是共有人之间可以对共有性质进行约定。共有关系无论是采取按份共有还是共同共有，都不涉及公共利益，属于共有人之间的事情，因而奉行意思自治原则，尊重当事人之间的约定。①

第二，以家庭关系为基础的共有为共同共有。共同共有，指的是数人不分份额地共同享有一物所有权的共有形态，或者依一定原因成立共有关系的数人，基于共同关系，而共享一物的所有权的状态。具有不分份额，以数人间存在共同关系为基础，各共有人对共有财产的全部享有平等权利、承担平等义务的特征。②共同共有人在共有的基础丧失或者有重大理由需要分割财产时可以请求分割。共同共有人也只有在共有关系消灭时才能协商确定各自的份额。关于共同共有的形式，我国学界普遍认为共同共有包括夫妻共有、家庭共有和遗产分割前的共有。家庭共有财产，是指家庭成员在家庭共同生活关系存续期间共同创造、共同所得的共同财产。③家庭关系特殊，血缘、婚姻系其根基纽带，共同共有适合家庭之间互帮互助、养老育幼的要求。

---

① 参见崔建远：《中国民法典释评：物权编》，中国人民大学出版社2020年版，第481页。
② 参见梁慧星、陈华彬：《物权法》，法律出版社2016年版，第220页。
③ 参见王利明：《物权法研究》，中国人民大学出版社2013年版，第725页。

第三，对于共有类型，共有人无约定或约定不明的，视为按份共有。共有人对共有的不动产或动产没有约定为按份共有或者共同共有，或者约定不明的，如果推定为共同共有，共有人对共有财产的份额还是不明确的，因此，本条规定"共有人对共有的不动产或者动产没有约定为按份共有或者共同共有，或者约定不明确的，除共有人具有家庭关系等外，视为按份共有"。"视为按份共有"，可以在共有人对共有物没有约定或者约定不明情况下，明确确定为按份共有。之所以规定共有性质不明时推定为按份共有，是因为近现代民法高度重视民事主体个人自由的保障，体现在所有权方面，就是强调以单独所有为原则、以共有为例外。在共有中，按份共有是最重要和最基本的形态，其与单独所有最为接近，实质上是单独所有的亚种。各按份共有人对自己的应有部分享有相当于单独所有的权利，共有人所受的团体性制约最小，可自由处分份额，可随时请求分割共有物。按份共有人的权利义务清晰、明确，不易滋生纷争，从而可以使共有财产获得最大限度的利用或增值。①

## ▶ 适用指引

人民法院在审理因共有关系的性质发生争议的案件时，首先应审查共有人对共有的性质是否存在约定。如果约定有效，按照约定处理。如果没有约定或者约定不明确，则应依据本条的规定进行推定。

还需要注意的是，共有人具有家庭关系等共同关系的认定问题。如前所述，在我国民法上，共同共有主要有基于夫妻关系、家庭共同生活关系和继承关系而产生的共同共有等。共同关系具有身份关系或者带有人格性质关系的属性，但是并非所有身份关系都是共同关系。例如，婚外情不是法律所认可的共同关系。此外，在按份共有关系中，共有人之间也有可能存在身份关系，只是这种身份关系不对共有产生影响。

另外一种情况，也需要关注，不能因为共有人具有家庭关系等共同关系，就简单理解为排除了"视为按份共有"情形的适用。本条适用是有前提条件的，即尊重当事人的约定。例如，《民法典》第1065规定："男女双方可以约

---

① 参见梁慧星、陈华彬：《物权法》，法律出版社2016年版，第212页；郭锋、陈龙业、周伦军等编著：《中华人民共和国民法典条文精释与实务指南》，中国法制出版社2021年版，第298页。

定婚姻关系存续期间所得的财产以及婚前财产归各自所有、共同所有或者部分各自所有、部分共同所有。约定应当采用书面形式。没有约定或者约定不明确的，适用本法第一千零六十二条、第一千零六十三条的规定。""夫妻对婚姻关系存续期间所得的财产以及婚前财产的约定，对双方具有法律约束力。""夫妻对婚姻关系存续期间所得的财产约定归各自所有，夫或者妻一方对外所负的债务，相对人知道该约定的，以夫或者妻一方的个人财产清偿。"这说明，一方面，共同共有可以约定，基于共同关系成立的共同共有，可以另外存在约定共有，并且应当依据约定的具体内容确定共有类型；另一方面，也应当区分，当事人在建立共同关系时，共有财产所包含的范围，存在共有关系的当事人后来取得的物权，就该共有性质是否有约定，是如何约定的等情况。这些都需要在司法实践中予以注意。①

## ▶ 类案检索

### 一、郭某军与郭某平共有纠纷案

**关键词**：按份共有推定

**裁判摘要**：《民法典》第308条规定："共有人对共有的不动产或者动产没有约定为按份共有或者共同共有，或者约定不明确的，除共有人具有家庭关系等外，视为按份共有。"郭某平、郭某军对涉案房屋属于共同共有或者按份共有未明确约定，郭某平与郭某军虽系同胞姐弟关系，但涉案房屋购房合同签订时，郭某平已结婚并组建自己的家庭，郭某军亦已成年，二人财产相互独立，并非上述法律规定的家庭关系，涉案房屋应视为按份共有。关于郭某平、郭某军对涉案房屋各自占有的份额，郭某平、郭某军均认可涉案房屋系桓台公司为抵顶债务而取得，郭某平提交的证据能证实涉案房屋系由其出资购得。因此，郭某平享有涉案房屋全部份额。

【案　　号】（2020）鲁01民终13167号
【审理法院】山东省济南市中级人民法院
【来　　源】中国裁判文书网

---

① 参见孙宪忠、朱广新主编：《民法典评注：物权编》，中国法制出版社2020年版，第427页。

## 二、李某1、卢某某与王某1共有纠纷案

**关键词：** 家庭关系　共同共有

**裁判摘要：** 根据《民法典》第308条的规定，"共有人对共有的不动产或者动产没有约定为按份共有或者共同共有，或者约定不明确的，除共有人具有家庭关系等外，视为按份共有"。本案中，李某1、卢某某、王某1未对赔偿款的所有权进行约定，因其存在家庭关系，李某1、卢某某系死者李某2的父母，有着血浓于水的直系近亲属关系，因李某2死亡所得的死亡赔偿金、精神损害抚慰金，依法由李某2的近亲属李某1、卢某某、王某1、王某2共同共有，原则上应平均分配。

【案　　号】（2020）鲁0126民初4122号
【审理法院】山东省济南市商河县人民法院
【来　　源】中国裁判文书网

第三百零九条　按份共有人对共有的不动产或者动产享有的份额，没有约定或者约定不明确的，按照出资额确定；不能确定出资额的，视为等额享有。

## 条文释义

### 一、本条主旨

本条是关于按份共有人份额不明时份额确定原则的规定。

### 二、条文演变

原《物权法》第104条对于按份共有人的份额确定办法进行了规定，《民法典》本条未作修改。

### 三、条文解读

按份共有，是指两个或两个以上的共有人按照份额对共有财产共同享有权利和分担义务的法律状态。[①] 按份共有具有以下法律特征：按份共有的共有人对共有财产存在一定的应有部分，即份额；从主体上看，按份共有的主体为两个或两个以上的人；从内容上看，按份共有人对其份额享有相当于所有权的权利。这个份额是抽象的，并不是指共有物具体的或实体的部分，它既不是对共有物在量上的划分，也不是就共有物划分使用部分。份额是对共有物的所有权在观念上的划分，只是确定各共有人行使权利的比例或者范围而已。[②] 例如，甲乙两人出资购买一套房屋，每人的应有份额为1/2，并非每人对这套房屋享有所有权，而是在这套房屋上只有一个所有权，但是甲乙两人对这套房屋都享有1/2的所有权。

---

[①] 参见梁慧星、陈华彬：《物权法》，法律出版社2016年版，第212页。
[②] 参见石宏主编：《〈中华人民共和国民法典〉释解与适用：物权编》，人民法院出版社2020年版，第204页。

本条前段规定，在按份共有人对共有物享有的份额没有约定或者约定不明确时，按照出资额确定。体现了谁出资，谁受益，出资高，受益高的权利义务相一致原则。出资额是共有人对共有物的财产性付出，按照出资额确定共有的份额，是比较科学的立法选择。共有物的份额最终还是要体现为价值，因此，按照出资额确定共有物的份额具有合理性。本条后半段规定，不能确定出资额的，视为等额享有。在各种有效方法都用尽都难以确定份额的情况下，视为等额享有，是最为合理的规定。

本条设置体现了意思自治优先原则，尊重当事人的约定。因为按份共有关系的成立是当事人意思自治的结果，那么，各共有人应有份额也应贯彻同样的原则，即由当事人约定。也就是说，按份共有人应有份额依共有人的约定而定，没有特别约定的，但共有关系依据有偿行为而发生，故按照出资比例确定。只有在当事人没有约定或者约定不明确时，才适用等额推定规则。

## ▶ 适用指引

司法实践中需要注意的是，各按份共有人，即使出资额并不相同，对共有物的贡献大小也不尽相同，当事人也可以依据其约定，任意设定份额比例。本条适用的前提是，按份共有人份额不明。按份共有人对共有物享有的份额分配有约定的，依照其约定。因为共有人对份额的分配是共有人之间的私人事宜，不涉及公共利益，这样体现了意思自治原则的适用。尤其在约定兼顾了出资额、管理共有事务、使共有物保值甚至增值的贡献时，按照共有人的约定确定份额，更具有正当性。[①]

## ▶ 类案检索

### 一、凌某某、朱某甲、朱乙与胡某某共有纠纷案

**关键词**：家庭关系　按份共有　按份共有份额确定

**裁判摘要**：共有人对共有的不动产或者动产没有约定为按份共有或者共同

---

① 参见崔建远：《中国民法典释评：物权编》，中国人民大学出版社2020年版，第482页。

共有，或者约定不明确的，除共有人具有家庭关系等外，视为按份共有。按份共有人对共有的不动产或者动产享有的份额，没有约定或者约定不明确的，按照出资额确定；不能确定出资额的，视为等额享有。本案中，103室房屋产权登记在尹某某与胡某某名下，未约定按份共有或者共同共有，而两人不具有家庭关系，故应视为按份共有。份额未约定，应按出资额确定。

【案　　号】（2020）沪0115民初81406号

【审理法院】上海市浦东新区人民法院

【来　　源】中国裁判文书网

## 二、胡某与李某离婚后财产纠纷案

**关键词：** 家庭关系　按份共有份额确定　折价分割

**裁判摘要：** 共有人对共有的不动产或者动产没有约定为按份共有或者共同共有，或者约定不明确的，除共有人具有家庭关系等外，视为按份共有。按份共有人对共有的不动产或者动产享有的份额，没有约定或者约定不明确的，按照出资额确定；不能确定出资额的，视为等额享有。共有人可以协商确定分割方式。达不成协议，共有的不动产或者动产可以分割且不会因分割减损价值的，应当对实物予以分割；难以分割或者因分割会减损价值的，应当对折价或者拍卖、变卖取得的价款予以分割。双方共同出资购买案涉房屋，且双方已经离婚，不具有家庭关系，应认定为按份共有案涉房屋的合同项下权利，李某主张案涉房屋的合同项下权利，应向胡某支付房屋折价款，故本院认定宿迁某某花园某幢某室房屋合同项下权利归李某所有，剩余房屋按揭贷款由其自行偿还，李某支付胡某房屋折价款374819元。

【案　　号】（2020）苏1302民初9480号

【审理法院】江苏省宿迁市宿城区人民法院

【来　　源】中国裁判文书网

> 第三百一十条　两个以上组织、个人共同享有用益物权、担保物权的，参照适用本章的有关规定。

## ▶ 条文释义

### 一、本条主旨

本条是关于用益物权和担保物权准共有参照适用共有的规定。

### 二、条文演变

原《物权法》第105条规定："两个以上单位、个人共同享有用益物权、担保物权的，参照本章规定。"《民法典》吸收了原有法律规定，将"单位"改成"组织"，增加了"适用"和"的有关"，对部分字句进行了改动，但是法条的含义没有变化。两个以上的主体共同享有用益物权和担保物权的按份共有或者共同共有，在性质上与所有权的共有没有差别，所以为了法律规定时条文的简约，本条规定："两个以上组织、个人共同享有用益物权、担保物权的，参照适用本章的有关规定。"

### 三、条文解读

（一）他物权

《民法典》物权编中的共有制度是为所有权的共有而专门制定的，但实际生活中，除了通常所说的所有权共有，其他财产权，如他物权均可共有。他物权与自物权相对应，用益物权和担保物权就属于权利人在他人的不动产或者动产上设立的物权。由于用益物权与担保物权都是对他人的物享有的权利，因此都称为他物权。传统民法理论也承认他物权共有，他物权共有可以准用所有权共有的相关规则。有学者指出，"关于共有及公同共有之规定，于所有权以外之财产权由数人共有或公同共有者准用之。数人共有所有权以外之财产权，例如，地上权、永佃权、地役权、典权、抵押权、耕作权等物权，渔业权、入渔权、水权等准物权，著作权、专利权等无体财产权，均可准用关于共有之规定。在公同共有，其公同财产包括各种财产权，更有准用之必要。债权亦得成立准共有与准公同共有"。①

（二）用益物权和担保物权的概念和特征

用益物权和担保物权都属于物权。物权作为权利人直接支配标的物而享有其利益的权利，最初是物权人直接对特定物加以占有、使用、收益和处分的实体权利，是以对物的所有为中心的权利。随着实行商品的生产、分配和交换的市场经济制度的发展，作为物权客体的物，大多也就具有了商品的性质，其价值被界分为使用价值和交换价值。物权人将对物的使用价值交由他人享有和支配，产生了用益物权制度，将对物的交换价值交由他人享有和支配，产生了担保物权制度。②《民法典》第114条第2款规定："物权是权利人依法对特定的物享有直接支配和排他的权利，包括所有权、用益物权和担保物权。"

用益物权是权利人对他人所有的不动产或者动产，依法享有占有、使用和收益的权利。用益物权是在他人所有的物上为使用、收益的目的而设立的，因而被称作"用益"物权。用益物权人的基本权利为占有、使用和收益。用益物权具有以下几个特征：第一，用益物权是由所有权派生的物权。用益物权是在他人所有的财产上设立的权利，所以被称作"他物权"。第二，用益物权是受限制的物权。相对于所有权来说，用益物权是一种不全面的、受限制的物权，所以属于"定限物权"。第三，用益物权是一项独立的物权。用益物权虽然由所有权派生，但是一经设立，便具有独立于所有权存在的属性。第四，用益物权一般以不动产为客体。③

担保物权是以直接支配特定财产的交换价值为内容，以确保债权实现为目的而设立的物权。担保物权在经济生活中发挥着确保债权实现、促进社会融资等重要作用。担保物权具有以下特征：担保物权以确保债权人的债权得到完全

---

① 史尚宽：《物权法论》，中国政法大学出版社2000版，第185页。
② 参见陈华彬：《物权法论》，中国政法大学出版社2018年版，第49页。
③ 参见石宏主编：《〈中华人民共和国民法典〉释解与适用：物权编》，人民法院出版社2020年版，第233~235页。

清偿为目的；担保物权是具有优先受偿的权利；担保物权是在债务人或者第三人的财产设立的权利，具有物上代位性。①

## 适用指引

### 一、两个以上组织、个人共同享有用益物权、担保物权的处理

审判实践中，两个以上组织、个人共同享有用益物权、担保物权的，应查明其性质，到底属于按份共有还是共同共有。两个以上组织、个人共同享有用益物权、担保物权，如果有约定的，按照约定，没有约定或者约定不明确的，可参照《民法典》物权编中关于共有的规定来处理。②

### 二、正确理解准共有的概念和法律特征

对于准共有应当正确理解。准共有，是指两个或两个以上的主体按份共有或共同共有所有权以外的财产权的共有，即是指对所有权以外的财产的共有。③本条即明示承认准共有。准共有与一般共有不同，有几点基本特征：第一，准共有是所有权之外的共有。准共有与一般共有的区别表现在：一般共有是指数人对某一特定物享有所有权，而准共有是指数人对他物权共同享有权利。第二，准共有的客体主要包括各种他物权。④换言之，准共有的标的物是所有权之外的财产权，包括用益物权、担保物权。例如，二人以上的主体享有一块土地的建设用地使用权，此时，两个以上的主体共同享有用益物权。再如，债权人甲乙丙三人分别借款给债务人丁，三人同时就丁的房产设立了一个抵押权，份额各占1/3，并办理了抵押登记，就产生了抵押权的准共有，也就是一个担保物权的准共有。第三，准共有适用共有的有关规定，各人就所有权之外的财产是按份共有还是共同共有，应当视其共有关系而定。第四，准共有适用按份共有或共同共有的前提，是规范该财产权的法律没有特别规定，如果

---

① 参见石宏主编：《〈中华人民共和国民法典〉释解与适用：物权编》，人民法院出版社2020年版，第363~365页。
② 参见最高人民法院民法典贯彻实施工作领导小组主编：《中华人民共和国民法典物权编理解与适用》，人民法院出版社2020年版，第524页。
③ 参见梁慧星、陈华彬：《物权法》，法律出版社2016年版，第223页。
④ 参见王利明：《物权法研究》，中国人民大学出版社2013年版，第732、733页。

有，则应首先适用该特别规定。

### 三、具体分析准共有适用按份共有还是共同共有

准共有应当首先适用有关财产权的特别规定，以及有关普通共有的规定。如何参照适用按份共有还是共同共有的规定，应当具体分析。在准共有关系中，分析共有人对于共有权利是否有事先确定的份额，是否存在共同关系，各个共有人在共有关系中的权利义务状态和性质，进而区分为准按份共有和准共同共有。具体而言，准共有是准按份共有还是准共同共有，应当由各准共有人依据法律规定、合同约定以及准共有权利的性质，加以确定。一般情况下，对于家庭关系、夫妻关系等作为基础关系的共有，准用共同共有的规定。如果依据法律规定，各个准共有人必须共同行使权利，不得分割份额，应认定为准共同共有关系。此外，没有共同关系作为基础关系的共有，准用按份共有的规定。按份共有还可以基于合同关系来确定，如果合同约定了准共有关系，则属于准按份共有。①

---

① 参见孙宪忠、朱广新主编：《民法典评注：物权编》，中国法制出版社2020年版，第440、441页。

# 第九章 所有权取得的特别规定

> 第三百一十一条 无处分权人将不动产或者动产转让给受让人的，所有权人有权追回；除法律另有规定外，符合下列情形的，受让人取得该不动产或者动产的所有权：
>
> （一）受让人受让该不动产或者动产时是善意；
>
> （二）以合理的价格转让；
>
> （三）转让的不动产或者动产依照法律规定应当登记的已经登记，不需要登记的已经交付给受让人。
>
> 受让人依据前款规定取得不动产或者动产的所有权的，原所有权人有权向无处分权人请求损害赔偿。
>
> 当事人善意取得其他物权的，参照适用前两款规定。

▶ 关联规定

法律、行政法规、司法解释

1.《最高人民法院关于适用〈中华人民共和国民法典〉物权编的解释（一）》

**第十四条** 受让人受让不动产或者动产时，不知道转让人无处分权，且无重大过失的，应当认定受让人为善意。

真实权利人主张受让人不构成善意的，应当承担举证证明责任。

**第十五条** 具有下列情形之一的，应当认定不动产受让人知道转让人无处分权：

（一）登记簿上存在有效的异议登记；

（二）预告登记有效期内，未经预告登记的权利人同意；

（三）登记簿上已经记载司法机关或者行政机关依法裁定、决定查封或者以其他形式限制不动产权利的有关事项；

（四）受让人知道登记簿上记载的权利主体错误；

（五）受让人知道他人已经依法享有不动产物权。

真实权利人有证据证明不动产受让人应当知道转让人无处分权的，应当认定受让人具有重大过失。

**第十六条** 受让人受让动产时，交易的对象、场所或者时机等不符合交易习惯的，应当认定受让人具有重大过失。

**第十七条** 民法典第三百一十一条第一款第一项所称的"受让人受让该不动产或者动产时"，是指依法完成不动产物权转移登记或者动产交付之时。

当事人以民法典第二百二十六条规定的方式交付动产的，转让动产民事法律行为生效时为动产交付之时；当事人以民法典第二百二十七条规定的方式交付动产的，转让人与受让人之间有关转让返还原物请求权的协议生效时为动产交付之时。

法律对不动产、动产物权的设立另有规定的，应当按照法律规定的时间认定权利人是否为善意。

**第十八条** 民法典第三百一十一条第一款第二项所称"合理的价格"，应当根据转让标的物的性质、数量以及付款方式等具体情况，参考转让时交易地市场价格以及交易习惯等因素综合认定。

**第十九条** 转让人将民法典第二百二十五条规定的船舶、航空器和机动车等交付给受让人的，应当认定符合民法典第三百一十一条第一款第三项规定的善意取得的条件。

**第二十条** 具有下列情形之一，受让人主张依据民法典第三百一十一条规定取得所有权的，不予支持：

（一）转让合同被认定无效；

（二）转让合同被撤销。

**2.《最高人民法院关于适用〈中华人民共和国民法典〉有关担保制度的解释》**

**第三十七条** 当事人以所有权、使用权不明或者有争议的财产抵押，经审查构成无权处分的，人民法院应当依照民法典第三百一十一条的规定处理。

当事人以依法被查封或者扣押的财产抵押，抵押权人请求行使抵押权，经审查查封或者扣押措施已经解除的，人民法院应予支持。抵押人以抵押权设立时财产被查封或者扣押为由主张抵押合同无效的，人民法院不予支持。

以依法被监管的财产抵押的，适用前款规定。

**3.《最高人民法院关于适用〈中华人民共和国公司法〉若干问题的规定（三）》**

第七条 出资人以不享有处分权的财产出资，当事人之间对于出资行为效力产生争议的，人民法院可以参照民法典第三百一十一条的规定予以认定。

以贪污、受贿、侵占、挪用等违法犯罪所得的货币出资后取得股权的，对违法犯罪行为予以追究、处罚时，应当采取拍卖或者变卖的方式处置其股权。

第二十五条 名义股东将登记于其名下的股权转让、质押或者以其他方式处分，实际出资人以其对于股权享有实际权利为由，请求认定处分股权行为无效的，人民法院可以参照民法典第三百一十一条的规定处理。

名义股东处分股权造成实际出资人损失，实际出资人请求名义股东承担赔偿责任的，人民法院应予支持。

第二十七条 股权转让后尚未向公司登记机关办理变更登记，原股东将仍登记于其名下的股权转让、质押或者以其他方式处分，受让股东以其对于股权享有实际权利为由，请求认定处分股权行为无效的，人民法院可以参照民法典第三百一十一条的规定处理。

原股东处分股权造成受让股东损失，受让股东请求原股东承担赔偿责任、对于未及时办理变更登记有过错的董事、高级管理人员或者实际控制人承担相应责任的，人民法院应予支持；受让股东对于未及时办理变更登记也有过错的，可以适当减轻上述董事、高级管理人员或者实际控制人的责任。

**4.《最高人民法院关于适用〈中华人民共和国企业破产法〉若干问题的规定（二）》**

第三十条 债务人占有的他人财产被违法转让给第三人，依据民法典第三百一十一条的规定第三人已善意取得财产所有权，原权利人无法取回该财产的，人民法院应当按照以下规定处理：

（一）转让行为发生在破产申请受理前的，原权利人因财产损失形成的债权，作为普通破产债权清偿；

（二）转让行为发生在破产申请受理后的，因管理人或者相关人员执行职务导致原权利人损害产生的债务，作为共益债务清偿。

第三十一条 债务人占有的他人财产被违法转让给第三人，第三人已向债务人支付了转让价款，但依据民法典第三百一十一条的规定未取得财产所有权，原权利人依法追回转让财产的，对因第三人已支付对价而产生的债务，人民法院应当按照以下规定处理：

（一）转让行为发生在破产申请受理前的，作为普通破产债权清偿；

（二）转让行为发生在破产申请受理后的，作为共益债务清偿。

## 条文释义

### 一、本条主旨

本条是关于善意取得制度的规定。

### 二、条文演变

本条是由原《物权法》第106条文字修改而来。一是将第1款第1项"善意的"修改为"善意"；二是将第2款中的"依照"修改为"依据"；三是将第2款中的"赔偿损失"修改为"损害赔偿"；四是将第3款中"参照前两款规定"修改为"参照适用前两款规定"。

### 三、条文解读

#### （一）善意取得的概述

善意取得作为一项重要的民事法律制度，是指行为人无权处分他人的财产，受让人取得该财产时出于善意，则受让人将依法取得对该财产的所有权或他物权的法律制度。善意取得制度的目的在于保护占有的公信力，保障交易安全，鼓励交易，维护商品交易的正常秩序，促进市场经济的有序发展。保护交易当事人的信赖利益，实际上就是保护交易安全。一旦交易安全缺乏保障，则任何一个进入市场进行交易的权利主体，在购买物品或者在财产上设定权利时，都需对财产的权属进行详尽、确实的调查，以排除从无权处分人处取得财产及相应权利的可能性。这样提高了交易成本，妨碍了交易进行，从而影响了社会经济发展。善意取得制度承认善意买受人可以即时取得所有权，则交易者就能放心地进行交易，从而有利于市场经济的健康发展。①

---

① 参见最高人民法院物权法研究小组编著：《〈中华人民共和国物权法〉条文理解与适用》，人民法院出版社2007年版，第328页。

寻本溯源，善意取得制度是以日耳曼法为契机演绎发展而成的。近代以来，大陆法系国家和地区继受了日耳曼法的善意取得制度。在传统的善意取得理论中，善意取得的财产仅限于动产，而以登记作为公示方法的不动产的取得，则不适用此制度。

在我国市场经济发展过程中，有些制度尚不够完善，契约精神、诚信意识也在进一步加强过程中，审判实践中存在较多"一房二卖"甚至"一房多卖"影响购房人权利的情形。立法上明确将善意取得制度适用于不动产交易的领域，以最大限度地保护善意第三人的利益，促进社会主义市场经济有序地发展。而且从法理上讲，动产的善意取得与不动产的善意取得，分别是基于动产占有的公信力和不动产登记的公信力，易言之，都是基于公示的公信力，其制度基础与内在逻辑关系是相同的。唯不动产登记由于有国家登记机关的参与和审查，实践中登记的权利人与真正的权利人不一致且引发争议的情况也并不多见，因此，不动产登记的公信力要远远强于动产的占有。故此，不少国家立法上对从瑕疵登记的权利人处取得不动产权利的问题通过物权登记的公信力制度加以解决，而对从无处分权的动产占有人处取得动产权利的问题，则另设动产善意取得制度加以规范。但由于其两者的制度设计都是基于物权公示的公信力，制度构成上都要求有无权处分行为第三人须为善意，且一般也都要求须基于有偿的交易行为而取得，故而我国原《物权法》中将其一并规定于善意取得制度中，亦不失为立法上的一种可行选择，且并无明显不妥。① 在综合其他国家的规定及理论研究实务经验的基础上，特别是结合我国经济社会发展实际情况的基础上，原《物权法》第106条规定："无处分权人将不动产或者动产转让给受让人的，所有权人有权追回；除法律另有规定外，符合下列情形的，受让人取得该不动产或者动产的所有权：（一）受让人受让该不动产或者动产时是善意的；（二）以合理的价格转让；（三）转让的不动产或者动产依照法律规定应当登记的已经登记，不需要登记的已经交付给受让人。""受让人依照前款规定取得不动产或者动产的所有权的，原所有权人有权向无处分权人请求赔偿损失。""当事人善意取得其他物权的，参照前两款规定。"本条基本沿用了这一规定。我们认为，本条规定在明确善意取得构成要件的基础上，规定了该制度可以适用于不动产交易领域，这应是我国物权法律制度的一大特色。

---

① 参见刘保玉：《物权法学》，中国法制出版社2007年版，第220页。

## (二)善意取得的构成要件

本条第1款第一分句规定了所有权人的追回权,第二分句则规定了善意取得的构成要件。即一般情况下,无处分权人将不动产或者动产转让给受让人的,所有权人有权追回。该追回权在性质上应属于物权请求权性质的所有物返还请求权,其相对人一般应为无法依善意取得制度取得标的物所有权的受让人。①

依据本条规定,善意取得的构成要件为:受让人须是善意的,不知出让人是无处分权人;受让人支付了合理的价款;转让的财产应当登记的已经登记,不需要登记的已经交付给受让人。三项条件必须同时具备,否则不构成善意取得。现具体阐述如下。

第一,受让人受让该财产时须是善意。财产的善意取得以受让人的善意为条件,如果受让人具有恶意,则不得适用善意取得。②所谓善意,是指不知让与人无处分权,此项要件乃就受让人论之,故与让与人是否善意无关,且在受让时为善意即已足,若其后知其为无权处分之物,仍适用善意取得之规定。至其不知无处分权,是否出于过失固非所问,然依客观情势,在交易经验上,一般人皆可认定让与无让与人之权利者,即应认系恶意。③依据《民法典物权编解释(一)》第14条的规定:"受让人受让不动产或者动产时,不知道转让人无处分权,且无重大过失的,应当认定受让人为善意。真实权利人主张受让人不构成善意的,应当承担举证证明责任。"具体而言,关于善意的确定时间,通常认为证明受让人的善意应当限于财产受让时,即让与人交付财产时受让人须为善意,至于以后是否为善意,则不影响善意取得的效力。针对具体交付形式,在实际交付中,应当把双方达成合意的时间作为判断善意的时间;在占有改定时,则应当将受让人取得间接占有的时间作为判断善意的时间。当然,如果受让人在交付以前出于恶意,也可推定其交付时为恶意。《民法典物权编解释(一)》第15条第2款规定:"真实权利人有证据证明不动产受让人应当知道转让人无处分权的,应当认定受让人具有重大过失。"即在判断受让人是否为善意时,采取推定的方法,即推定受让人是善意的,应当由真实权利人

---

① 参见孙宪忠、朱广新主编:《民法典评注:物权编》,中国法制出版社2020年版,第448页。
② 参见最高人民法院物权法研究小组编著:《〈中华人民共和国物权法〉条文理解与适用》,人民法院出版社2007年版,第328页。
③ 参见谢在全:《民法物权论》,中国政法大学出版社1999年版,第229页。

对受让人是否具有恶意进行举证，如果不能证明其为恶意，则应认定受让人为善意。

第二，以合理的价格有偿转让。基于公平原则的考虑，善意取得适用应以有偿取得为前提，如果财产是无偿接受的，受让人占有财产已经获得了一定的利益，因此返还财产并不会蒙受多少损失。所以，我们认为受让人在取得财产时，必须以相应的财产或金钱支付给出让人。无偿取得财产时，不能适用善意取得。在有偿取得的前提下，合理的价格是衡量财产取得是否为善意的标准。在判断此处所述的价格是否"合理"时，应依客观标准来进行，即应以当事人约定的价格（未付清价款时）或者已实际支付的全部价款与标的物市场价值是否相当为判准，而不应以当事人主观认同的价格或价值为判准。① 即合理的价格应当根据市场价格来判断，大体上应是符合市场价格的。对于动产善意取得而言，因动产的外在公示手段是占有，但占有的公示方法非常薄弱，发生占有的基础很多，在交易中，如果出让人以很低的市场价格转让动产，通常将使一个正常的交易人就其是否享有处分权产生怀疑，因此，有必要要求以合理的价格转让。② 在原《物权法》及本条规定明确了合理的价格是对动产和不动产统一要求的情况下，合理价格也应是不动产善意取得的重要认定因素。《民法典物权编解释（一）》第18条规定："民法典第三百一十一条第一款第二项所称'合理的价格'，应当根据转让标的物的性质、数量以及付款方式等具体情况，参考转让时交易地市场价格以及交易习惯等因素综合认定。"这一规定属于对"合理的价格"的细化解释。另外，需注意的是，在判断价格是否合理时，重点应当排除的是不合理的低价，如果价格过高且又不能否定受让人善意的，不宜以价格过高来否定善意取得。③

第三，转让财产依照法律规定应当登记的已经登记，不需要登记的已经交付给受让人。根据法律规定有些财产的转让，是以登记为要件的，如不动产的转让，在需要进行转让登记的情形下，以登记的时间作为财产所有权转移的时间标志。依照法律规定应当登记的已经登记，才能适用善意取得。在我国，城

---

① 参见孙宪忠、朱广新主编：《民法典评注：物权编》，中国法制出版社2020年版，第453页。
② 参见王利明：《物权法研究》，中国人民大学出版社2007年版，第443页。
③ 参见孙宪忠、朱广新主编：《民法典评注：物权编》，中国法制出版社2020年版，第454页。

市的房屋依法应当办理登记。因此，房屋的买卖只有在受让人与转让人办理登记之日起才能适用善意取得，仅仅发生交付，并不能够产生善意取得的后果。适用动产善意取得制度，必须发生占有的移转，亦即转让人向受让人实际交付了财产，受让人实际占有了该财产。[①]在不需要登记的情形下，占有的转移是适用善意取得的条件之一，即让与人向受让人实际交付了财产，而受让人实际占有交付的财产。只有通过交付，才发生动产所有权的转移。如果双方仅达成了合意，而并没有发生标的物的转移，则不能发生善意取得的法律后果。在此需要注意的是，《民法典物权编解释（一）》第19条规定："转让人将民法典第二百二十五条规定的船舶、航空器和机动车等交付给受让人的，应当认定符合民法典第三百一十一条第一款第三项规定的善意取得的条件。"即对于船舶、航空器和机动车等特殊动产，以交付给受让人作为善意取得成立的条件。

此外，依据《民法典物权编解释（一）》第20条的规定："具有下列情形之一，受让人主张依据民法典第三百一十一条规定取得所有权的，不予支持：（一）转让合同被认定无效；（二）转让合同被撤销。"关于无权处分的认定，《民法典物权编解释（一）》第15条第1款规定："具有下列情形之一的，应当认定不动产受让人知道转让人无处分权：（一）登记簿上存在有效的异议登记；（二）预告登记有效期内，未经预告登记的权利人同意；（三）登记簿上已经记载司法机关或者行政机关依法裁定、决定查封或者以其他形式限制不动产权利的有关事项；（四）受让人知道登记簿上记载的权利主体错误；（五）受让人知道他人已经依法享有不动产物权。"

（三）善意取得的法律后果

善意取得制度是基于登记和占有的公信力，基于保护交易安全，在一定程度上牺牲财产静的安全来保护交易动的安全，而在原权利人和受让人之间的权利所作的一种强制性物权配置。具体而言，善意取得涉及三方当事人，即财产原权利人、让与人和受让人，产生以下三方面的法律关系。

第一，原权利人与受让人之间的法律关系。在善意取得情况下，原权利人与受让人之间将确定物权变动。构成善意取得的，受让人因善意而即时取得标的物的所有权，原权利人的所有权将因此而消灭。受让人取得财产所有权是法

---

① 参见王利明：《物权法研究》，中国人民大学出版社2007年版，第445页。

律直接规定而不是法律行为，具有确定性和终局性，善意取得行为自始有效，无须权利人追认。善意取得是财产所有权取得的一种方式。原权利人不能再向善意受让人主张返还原物。换言之，符合善意取得构成要件，原权利人向受让人请求返还原物的，人民法院不予支持。

第二，让与人与受让人之间的法律关系。让与人与受让人基于法律行为而产生债权债务关系，受让人因善意而取得相应的财产所有权，而受让人应向让与人支付财产的价款，如果受让人没有按照与让与人之间的约定支付价款，应向让与人承担违约责任。

第三，原权利人与让与人之间的法律关系。由于原权利人因受让人的善意取得使其标的物的所有权发生消灭，故而不能请求受让人返还财产。对原权利人的保护只能在债权层面进行，即原权利人可以基于债权请求权要求让与人承担违约、侵权责任或不当得利的返还责任。具体而言：（1）违约责任。如果原权利人与让与人之间已经存在租赁、保管等合同关系，而让与人擅自处分原权利人的财产，则原权利人可以以违约为由，请求其承担违约责任。（2）侵权责任。让与人对原权利人的标的物不享有处分权，其将该标的物转让给他人的行为，构成对原权利人财产所有权的侵害，应当依法承担侵权责任。如果让与人和原权利人之间事先存在上述合同关系，则可构成违约责任和侵权责任的竞合，原权利人可以选择一种对其最为有利的请求权提出主张或提起诉讼。（3）不当得利返还责任。让与人与受让人之间通过合理价格转让的情况下，让与人作出的是一种有偿的处分行为，并因此而获得一定的利益，其获得该利益并无法律上的依据，原权利人有权请求让与人返还不当得利。这种不当得利的请求权与侵权责任的请求权也可能发生一种竞合现象，原权利人可以选择一种对其最为有利的请求权对让与人提出主张或提起诉讼。①

此外，关于他物权的善意取得问题。本条第3款规定："当事人善意取得其他物权的，参照适用前两款规定。"这实际上承认了其他物权也可以适用善意取得的规定。司法实践也确认善意取得可适用于其他物权。例如，《民法典担保制度解释》第37条第1款规定："当事人以所有权、使用权不明或者有争议的财产抵押，经审查构成无权处分的，人民法院应当依照民法典第三百一十一条的规定处理。"

---

① 参见最高人民法院物权法研究小组编著：《〈中华人民共和国物权法〉条文理解与适用》，人民法院出版社2007年版，第329页。

## ▶ 适用指引

### 一、善意的界定及重大过失的认定

本条规定保留了原《物权法》第106条的规定,《民法典物权编解释（一）》对该条进行了细化。关于善意的界定问题,要以当事人没有重大过失为要件。而关于重大过失的认定,依据《民法典物权编解释（一）》第15条第2款、第16条的规定,真实权利人有证据证明不动产受让人应当知道转让人无处分权的,应当认定受让人具有重大过失。受让人受让动产时,交易的对象、场所或者时机等不符合交易习惯的,应当认定受让人具有重大过失。比如,在蔡某与陈某确认合同无效纠纷案中,人民法院裁判认为,按照一般的交易习惯,在二手房屋买卖的过程中,买受人除查询房屋的不动产登记情况外,还会实地查看房屋现状,在支付房款后,要求出卖人交付房屋。在该案中,虽然涉案的房屋登记在陈某的名下,但买受人王某对于涉案房屋一直由蔡某居住、使用及占有的事实是清楚的,按一般交易习惯,王某对涉案房屋并非由陈某实际占有、使用的事实应尽审查和注意的义务,且陈某在收取涉案房屋订金后,没有按约定交付房屋构成违约的情况下,王某继续支付购房款的行为亦存在重大过失,据此,王某的交易行为违反一般的交易习惯,且在房屋买卖的过程中未尽审核和注意的义务,存在重大过失,不符合法律规定善意取得的认定条件。鉴于涉案房屋已登记在王某的名下,陈某、王某有义务协助蔡某办理变更涉案房屋的权属登记。

### 二、债权或证券化的债权以及知识产权、股权等权利是否适用善意取得制度

一般认为,债权因债的相对性原则所限,没有一种对外可以公示的方法以表明债权的存在,因而不得适用善意取得制度。但随着社会经济的发展,债权的流转日益频繁、活跃,出现了证券化的债权,如公司债券、大额可转让存单及各种票据。这些证券化的债权在民法上通常视为动产,对于其中不记名或无须办理登记手续的,可适用善意取得制度,仓单、提单和载货证券等物权证券

所表示的动产，也可适用善意取得制度。① 具体而言，物权法上善意取得规定只适用于两种情况：其一，无处分权人处分他人的物权而为第三人善意取得；其二，无处分权人所处分的虽为物权之外的其他权利，但为善意第三人所设立的或者说第三人所取得的权利属于物权（如将他人的债权、股权、知识产权等为第三人设立权利质权）。因此，无处分权人对物权之外的其他权利之处分，只有在前述第二种情况下才属于物权法问题。如果无权处分人只是将本属于他人的债权、股权、知识产权等转让与第三人（或将知识产权许可他人使用），虽然原则上亦有善意第三人受法律保护规则之适用，但此种情况已不属于物权法上的善意取得问题。②

## ▶ 典型案例

### 刘某与卢某财产权属纠纷案

**关键词：** 善意取得　无权处分

**裁判摘要：** 善意取得是指无处分权人将不动产或者动产转让给受让人，受让人是善意的且付出合理的价格，依法取得该不动产或者动产的所有权。因此，善意取得应当符合以下三个条件：受让人受让该动产时是善意的；以合理的价格受让；受让的动产依照法律规定应当登记的已经登记，不需要登记的已经交付给受让人。

机动车虽然属于动产，但存在一些严格的管理措施使机动车不同于其他无须登记的动产。行为人未在二手机动车交易市场内交易取得他人合法所有的机动车，不能证明自己为善意并付出相应合理价格的，对其主张善意取得机动车所有权的请求，人民法院不予支持。

**基本案情：** 2004年上半年，刘某通过二手车交易市场以33000元的价格购得金杯面包车一辆。后以月租金3000元的价格将该车出租给案外人樊某。樊某未交付押金，在支付了2个月租金后，未再实际交付租金。2005年10月18

---

① 参见最高人民法院物权法研究小组编著：《〈中华人民共和国物权法〉条文理解与适用》，人民法院出版社2007年版，第330页。
② 参见刘保玉：《物权法中善意取得规定的理解与适用》，载《南都学坛》2008年第6期。

日,卢某从案外人陈某处以28000元的价格购得案涉车辆。2007年卢某在陈某的陪同下对该车进行了车辆年检,但始终未办理车辆过户手续。2006年11月23日,刘某发现该车辆已由卢某占有、使用,于是向公安机关报案,公安机关认为不属于盗、抢机动车辆案件,故未予受理。案涉车辆于2006年11月28日由卢某之子领走。刘某提起本案诉讼,请求判令卢某返还案涉车辆,并赔偿相应损失。

一审法院审理认为,案涉车辆确系刘某所有,但其将案涉车辆出租后,因无法联系到承租人已实际丧失了对案涉车辆的占有。虽然案外人陈某出售案涉车辆属于无权处分,但卢某作为案涉车辆的买受人支付了合理的价格,事后为案涉车辆办理了车辆保险及车辆年检,说明其是善意取得案涉车辆。机动车辆属于动产,机动车辆所有权的转移与一般动产所有权的转移并无不同,都是交付即转移。因此,卢某的行为可以认定为善意取得。刘某因此而遭受的损失,可以向案涉车辆承租人樊某追偿。判决驳回刘某的诉讼请求。

二审法院审理认为,根据本案事实,可以认定卢某取得涉案金杯面包车的行为不属于善意取得。首先,卢某取得案涉车辆时不是基于善意。善意取得制度中的"善意",主要是指受让人不知让与人无所有权或处分权的事实。这是善意取得人取得财产所有权或其他权利的法律前提。明知让与人无处分权而仍受让该财产与无权处分人违反所有权人意志转让财产的行为,都属于故意侵犯他人所有权的行为。卢某没有按照《二手车流通管理办法》规定的方式进行二手车交易,且在车辆转让时已明知车辆行驶登记证所登记的车主并非让与人。在此情况下,卢某未进一步查明案涉车辆的来源,对让与人的身份情况也一概不知,即在明知让与人不具有案涉车辆处分权的情况下进行了交易,显然不属于善意取得。其次,卢某没有充分证据证明其在受让案涉车辆时,付出了合理的价格。善意取得是为保护交易安全而设定的,以有偿取得为前提,而且还应支付合理的价格。卢某虽提供了其与案外人陈某签订的协议书,但该协议并非按照《二手车流通管理办法》规定的方式在二手车交易市场内签订,让与人也未出庭作证,卢某亦未完成其已经为案涉车辆交易支付合理对价的举证义务,故不能认定其支付了合理的价款。最后,善意取得要求转让的财产依照法律规定应当登记的已经登记,不需要登记的已经交付给受让人。机动车虽然属于动产,但具有一定的特殊性,车主需办理机动车登记证、车辆行驶证,这些严格的管理措施使车辆不同于其他无须登记的动产,也利于受让人审核车辆转让时的合法正当性。本案卢某无法办理案涉车辆过户手续的事实，也说明他明知让与人未取得案涉车辆处分权，进一步说明其取得案涉车辆不属于善意取得。综上，二审法院判决卢某将案涉车辆返还给刘某。

【案　　号】（2007）绍中民一终字第463号
【审理法院】浙江省绍兴市中级人民法院
【来　　源】《最高人民法院公报》2008年第2期

## 类案检索

### 山东汇盈租赁有限公司诉徐某水、徐某美物权保护纠纷案

关键词：善意取得　占有改定

裁判摘要：车辆共有人（出让人）在另一共有人不知情的情况下，与他人签订租赁物买卖合同，出售案涉车辆，但该案涉车辆一直由另一共有人实际占有使用，并未实际交付受让人；受让人虽不知案涉车辆系出让人与他人共同出资购买，其与出让人签订该买卖合同无过错；动产善意取得应当以实际交付取得物权，但案涉车辆并未实际交付，受让人并未取得案涉车辆的物权。受让人主张以占有改定方式取得案涉车辆的物权，因案涉车辆未实际交付其占有使用，案涉车辆未发生任何实际移转，该物权变动没有任何可以从外部认知的表征，无法达到物权变动公示的效果，作为案涉车辆共有人不能知晓案涉车辆发生物权变动，对其不产生物权变动的法律效力。

【案　　号】（2018）鲁01民终1277号
【审理法院】山东省济南市中级人民法院
【来　　源】中国裁判文书网

> 第三百一十二条 所有权人或者其他权利人有权追回遗失物。该遗失物通过转让被他人占有的，权利人有权向无处分权人请求损害赔偿，或者自知道或者应当知道受让人之日起二年内向受让人请求返还原物；但是，受让人通过拍卖或者向具有经营资格的经营者购得该遗失物的，权利人请求返还原物时应当支付受让人所付的费用。权利人向受让人支付所付费用后，有权向无处分权人追偿。

## 条文释义

### 一、本条主旨

本条是关于遗失物归属的规定。

### 二、条文演变

原《民法通则》第79条第2款规定"拾得遗失物、漂流物或者失散的饲养动物，应当归还失主，因此而支出的费用由失主偿还"，即明确了遗失物归原主所有，拾得人享有费用请求权。原《物权法》第107条规定："所有权人或者其他权利人有权追回遗失物。该遗失物通过转让被他人占有的，权利人有权向无处分权人请求损害赔偿，或者自知道或者应当知道受让人之日起二年内向受让人请求返还原物，但受让人通过拍卖或者向具有经营资格的经营者购得该遗失物的，权利人请求返还原物时应当支付受让人所付的费用。权利人向受让人支付所付费用后，有权向无处分权人追偿。"即明确所有权人等权利人有权追回遗失物，表明我国更倾向于对遗失物所有权人利益的保护，这不仅体现出了拾得的遗失物不能成为动产所有权取得的原因的立法思想，也体现出了传统文化所倡导的"拾金不昧"美德。本条完全沿袭了原《物权法》确立的规则。

## 三、条文解读

### （一）遗失物

本条规定的"遗失物"必须具备几个条件：（1）须为有主的动产。遗失物不是无主物，而是有人所有而现却无人占有。无人占有不同于无人所有。同时，只有动产才会遗失，不动产不存在遗失问题，权利也不存在遗失的情形。（2）须占有人丧失占有。占有状态是否丧失，应依客观情形及社会观念而定，仅于一时不能实现有效控制，不能称为丧失占有。例如，手上的物品从高楼落下，自家动物进入他人领地，应允许所有人或占有人寻回，不能称为遗失物。占有的丧失，是否由于占有人的疏忽，在所不问。直接占有人或占有辅助人抛弃占有物而未经占有人或其主人同意，对间接占有人或主人而言，均属丧失占有。在城市人群拥挤之处失落一般物品，可以马上断定构成遗失。（3）须无人占有。即该物不为任何人所占有，其原因也在所不问。在此，有三种情形值得注意：第一，所有人忘置于他人住所、宾馆、出租车上的物品仍属有人占有，不管该住所主人、宾馆管理人员、出租车司机是否知道物主的物品已忘置于己处，他们也成为遗忘物品的占有人。第二，盗赃物是原占有人丧失占有之物，但盗赃物仍在盗赃实施人控制下时，对原占有人而言不是遗失物。若盗赃实施人又丧失占有，则对原占有人而言，盗赃物变为遗失物。第三，误取误占物，即因错误取走而占有他人之物虽然可以构成侵权行为，而且使误取误占物脱离了原主的占有，却立即被误占人占有，故不是遗失物。

### （二）遗失物归属的原则

关于遗失物的所有权归属问题，历来有两种相反的立法例。罗马法注重保护物的所有人对物的占有、支配以及所有人享有的处分权，因而在处理遗失物的关系上采取动产所有权主义，即遗失人丢失其物后，只要没有经过消灭时效，无论何时都可以向拾得人提起占有物取回之诉。日耳曼法更注重维护物的现时状态的稳定性，倾向于对物的实际占有人利益的保护，规定拾得人拾到遗失物后应向有关机关呈报，在有关机关催告后，一定期限内遗失人不认领遗失物的，则该遗失物由国家、寺院和拾得人按照法律规定的比例分享。现代各国关于遗失物所有权归属的立法例，大多是在日耳曼法立法例的基础上发展而来的。我国古代法律对遗失物的处理基本与罗马法相同，更强调对原权利人的保护。本条规定所有权人等权利人有权追回遗失物，亦与上述精神相一致。

（三）遗失物的善意取得

如前所述，遗失物原则上不适用善意取得，所有权人或者其他权利人有权追回。但满足一定条件时，则遗失物可以构成善意取得。根据本条并结合《民法典》第311条第1款的规定可知，遗失物的善意取得应满足以下条件：第一，拾得人已经将遗失物转让；第二，转让时约定的价款合理；第三，受让人已经占有该遗失物；第四，受让人占有遗失物时是善意的，即不知道或者非因重大过失而不知转让人没有处分权；第五，受让人占有该遗失物的期间必须自遗失物的所有权人或者其他权利人知道或者应当知道受让人之日已满2年。在无权处分的情形，符合前四项的条件，尤其是善意受让人通过拍卖或者向具有经营资格的经营者购得动产的，受让人即可善意取得该动产，原权利人不能主张返还原物，本条规定"该遗失物通过转让被他人占有的，权利人有权向无处分权人请求损害赔偿，或者自知道或者应当知道受让人之日起二年内向受让人请求返还原物"，属于对遗失人的特别保护。遗失人此项权益受到两个方面的限制：一是应在知悉受让人之日起2年内主张；二是受让人通过拍卖或者向具有经营资格的经营者购得该遗失物的，为维护交易秩序和交易安全，遗失人应当向受让人支付交易费用，支付费用和原物返还同时履行。

在善意取得成立的情况下，遗失物归属于受让人，遗失物的原权利人有权向拾得人请求赔偿损失。

（四）受让人的费用请求权

在不构成善意取得的情况下，权利人可以要求受让人返还遗失物，通常亦无须向受让人支付费用。除非受让人通过拍卖或者向具有经营资格的经营者购得该遗失物时，权利人才需要向受让人支付所付的费用，以平衡权利人与受让人的利益。权利人向受让人支付后，有权向无处分权人追偿。

## 适用指引

本条规定的所有权人或者权利人向受让人请求返还原物的权利,系作为物权请求权的原物返还请求权。因此,本条规定的2年并非诉讼时效,无中止、中断或者延长的适用空间。

> 第三百一十三条　善意受让人取得动产后,该动产上的原有权利消灭。但是,善意受让人在受让时知道或者应当知道该权利的除外。

## 关联规定

法律、行政法规、司法解释

《中华人民共和国民法典》

第三百一十一条　无处分权人将不动产或者动产转让给受让人的,所有权人有权追回;除法律另有规定外,符合下列情形的,受让人取得该不动产或者动产的所有权:

（一）受让人受让该不动产或者动产时是善意;

（二）以合理的价格转让;

（三）转让的不动产或者动产依照法律规定应当登记的已经登记,不需要登记的已经交付给受让人。

受让人依据前款规定取得不动产或者动产的所有权的,原所有权人有权向无处分权人请求损害赔偿。

当事人善意取得其他物权的,参照适用前两款规定。

## 条文释义

### 一、本条主旨

本条是关于动产善意取得后相应权利负担消灭的规定。

### 二、条文演变

原《物权法》第108条规定:"善意受让人取得动产后,该动产上的原有权利消灭,但善意受让人在受让时知道或者应当知道该权利的除外。"本条除将"但"修改为"但是"外，基本沿用了这一规定。

### 三、条文解读

善意取得的法律后果，是指在符合善意取得构成要件的情形下所产生的法律后果。《民法典》第311条已对善意取得的一般性法律后果作了规定，即发生物权变动，善意受让人取得标的物所有权。至于该标的物之上存在的权利负担，在发生善意取得后是否消灭，则需要进一步明确。在善意取得的情况下，原权利人与受让人之间将发生相应的物权变动，即因为受让人出于善意即时取得标的物的所有权，而原权利人的所有权将因此消灭。通过善意取得制度从无权处分人处取得动产所有权，因其权利的取得并不是基于让与行为，而是基于法律的直接规定，因而善意取得属于原始取得，对善意取得动产所有权而言，原权利上的限制原则上应归于消灭，受让人对动产享有完全的所有权。[1]

根据我国法律的有关规定，动产之上的权利负担主要包括抵押权、质权、留置权等，即通常都是动产担保物权的范畴。这些权利都是以优先支配标的物的交换价值为目的的权利，可直接将标的物的交换价值变为价金或者其他足以使债权获得满足的某种价值。具体而言，能够因善意取得而导致物上原有权利消灭的，只能是动产，而不是不动产。因为不动产上的权利都要经过登记，对外予以公示，所以，受让人在受让不动产时就知道或者应当知道不动产上的物权负担，如果不动产上的物权负担已经登记，而受让人仍然受让该不动产，其就应当承受此种物权负担。如果物上的负担已经登记，权利人没有查阅，其也要承担因没有查阅可能形成的风险。所以，只有在动产上才可能发生原有权利的消灭现象。要发生动产之上权利消灭的后果，还必须是善意受让人在受让时不知道或者不应当知道动产上存在着该权利。这就是说，即使是因为善意取得而导致动产上原有权利消灭，也必须要求受让人是善意的。这里的善意，也是针对动产上存在的其他权利而言的，受让人是不知情的。如果受让人知道或者应当知道该权利的存在，就表明其不是善意的，因此，即便受让人善意取得了所有权，也应当承受动产上的其他权利负担。[2] 即这时受让人对所得之物的权利负担或者承担此负担的风险也是有所预见的。依据诚信原则和公平原则，这

---

[1] 参见最高人民法院物权法研究小组编著：《〈中华人民共和国物权法〉条文理解与适用》，人民法院出版社2007年版，第333页。

[2] 参见王利明：《物权法研究》，中国人民大学出版社2016年版，第437~438页。

时，善意受让人应负有协助该物的他项权利人实现权利的义务。

在符合上述条件下，该动产之上的权利负担即告消灭。这时就涉及原权利人（即债权人）权利如何救济的问题。我们认为，此时债权人仍可向债务人主张权利，要求其提供新的担保，因为，担保物被善意第三人取得后，作为担保物所有权人的债务人，根据善意取得所产生的法律效果，可从无权处分人那里得到相应的补偿或赔偿，其物权利益并未受损，在与债权人的关系中，为取得交易利益，其仍应依据合同约定向债权人提供担保，以实现各方利益的平衡。① 此外，债权人可以基于担保物权的物上代位性就转让人取得的对价在担保物权的价值范围内行使优先受偿权，也可以基于其权利受到损害的事由，依法主张相应的损害赔偿责任。

## ▶ 适用指引

关于本条的适用，值得探讨的问题是让与人在动产善意取得之后又取得让与标的物的所有权时，无论是否由于让与人的恶意安排，或是让与人的偶然复得，如巧合地购买了标的物，或是让与人和受让人之间让与标的物的关系不复存在，让与人再取回占有。有观点认为，这时原物权人的物权因而复活，该标的物上的负担也一并复活。这一见解有一定道理，当然这一情形实践中并不多见，可在相关案件中基于公平原则的考虑作进一步研究。

---

① 参见最高人民法院物权法研究小组编著：《〈中华人民共和国物权法〉条文理解与适用》，人民法院出版社2007年版，第333页。

**第三百一十四条** 拾得遗失物，应当返还权利人。拾得人应当及时通知权利人领取，或者送交公安等有关部门。

## ▶ 关联规定

部门规章及规范性文件

《全国公路汽车、轮船旅客遗失物品处理办法》

第二条 在汽车、轮船客运站拾得的遗失物品，应即送交客运站站长或其所指定的客运人员。

在公路汽车、客货班轮内拾得的遗失物品，应送交行车人员、客运组长或其所指定的客运人员。如当时无人认领，应由上述人员将失物交与前方或最终到达的客运站。

## ▶ 条文释义

一、本条主旨

本条是关于拾得遗失物返还权利人的规定。

二、条文演变

原《民法通则》第79条第2款规定："拾得遗失物、漂流物或者失散的饲养动物，应当归还失主，因此而支出的费用由失主偿还。"原《物权法》第109条规定："拾得遗失物，应当返还权利人。拾得人应当及时通知权利人领取，或者送交公安等有关部门。"由此可见，我国立法采信遗失物之不能取得所有权主义，规定拾得遗失物，应当返还权利人，与几千年来中华文化所倡导的"拾金不昧""路不拾遗"的道德精神是相辅相成的，也符合社会主义核心价值观要求。因此，本条完全承继了原《物权法》第109条的规定，在《民法典》编纂过程中，未曾有过任何改动。

## 三、条文解读

遗失物是非故意抛弃而丢失的物品。丢失遗失物的人，称为遗失物丢失人。拾得遗失物的人，称为拾得人。拾得遗失物，是指发现并占有遗失物。①

### （一）拾得遗失物的构成要件

#### 1. 必须为遗失物

依照学理，遗失物有以下几个构成要件：其一，须为有所有权主体的动产，即遗失物为有人所有，而现却无人占有之物。无人占有不同于无人所有。同时只有动产才会遗失，除一般动产外，还包括汇票、本票、支票、债券、存款单、仓单、提单等权利凭证。不动产的基本特征是物的不可移动性，即不动产的特征和性质决定了其不可能成为拾得遗失物的对象。其二，须所有人实际丧失占有。占有状态是否丧失，应依客观情形及社会一般观念而定，仅暂时不能实现有效控制，不能称为丧失占有。直接占有人或占有辅助人抛弃占有物而未经占有人或其主人同意，对间接占有人或主人而言，均属丧失占有。实践中，对于误取误占物，即因错误取走而占有他人之物，虽然可以构成侵权行为，而且使误取误占物脱离了原主的占有，却立即被误占人占有，故不是遗失物。② 其三，须无人占有。即该物不为任何人所占有。关于占有的构成，一方面，要求占有人应有对物事实上的控制；另一方面，对物还应当具有管领的意思。对财物实施事实上控制的人必须意识到是自己在占有该物。③ 反之，如果对自己占有某物毫无意识或者意识到自己只是作为辅助占有人，那么这种对物缺乏占有意识的控制不构成法律上的"自主占有"。实务中，所有权人或者其他权利人将某物品忘置于他人住所、宾馆、出租车上的物品仍属有人占有，该物品应属遗忘物的范畴。这时不管该住所主人、宾馆管理人员、出租车司机等是否知道物主已将他的物品忘置于他们管领控制的范围，他们也都是该遗忘物

---

① 参见黄薇主编：《中华人民共和国民法典释义及适用指南》，中国民主法制出版社2020年版，第472页。
② 参见最高人民法院物权法研究小组编著：《〈中华人民共和国物权法〉条文理解与适用》，人民法院出版社2007年版，第330~331页。
③ 参见王利明：《物权法研究》，中国人民大学出版社2016年版，第443页。

品的占有人。

**2. 必须有拾得行为**

所谓"拾得",指发现且实际占有遗失物,因此,虽然发现而不占有,尚不能称为拾得。发现与占有,是构成拾得行为的两个要素,缺一均不构成拾得。不过对于拾得行为的理解,并不一定指拾得人对拾得物加以直接支配,依照社会的一般观念,凡有占有遗失物的事实者,如雇人看守或登报声明,均构成拾得。① 关于占有的构成,一方面要求占有人应有对物事实上的控制,另一方面其对物还应当具有管领的意思。对财物实施事实上控制的人必须意识到是自己在占有该物。据此,对遗失物拾得行为的认定,应注意对可能构成占有辅助的情形重点加以识别,不能仅凭谁手中持有遗失物就简单认定谁是"拾得人"。因为持有遗失物,对其实施控制的有关人员在某些情形下可能只是一位占有辅助人而非法律上的占有人。依据占有理论,占有辅助是一种基于特定的从属关系,受他人指示而对物实施事实上的控制。占有人与占有辅助人之间通常存在某种依公法、私法成立的从属关系。例如,雇主与雇员之间的雇佣关系。占有辅助人在从属关系范围内依指示取得对物的控制管理,由于不具有独立的占有意思,不构成占有,而应由指示人取得占有人的法律地位。②

**(二)拾得遗失物的法律效果**

依据本条规定,拾得遗失物的首要法律效果是拾得人应负有向权利人返还遗失物的义务(返还义务)。为了履行此一义务,拾得人还应负有及时通知权利人领取的义务(通知义务)或者将遗失物送交有关部门的义务(送交义务)。

**1. 拾得人的返还义务**

拾得人在拾得遗失物后,负有将遗失物返还给失主即本条所规定的"权利人"的义务。这里所说的"权利人"既可以是遗失物的所有权人,又可以是其他非基于己意丧失遗失物占有的有权占有人和善意的无权占有人。③ 拾得人在返还遗失物时,可以主动将遗失物交还权利人,也可以在权利人认领时予以返

---

① 参见梁慧星、陈华彬:《物权法》,法律出版社2007年版,第217页。
② 参见蔡雯玉:《关于遗失物与拾得行为的法律探析》,载《西南民族学院学报(哲学社会科学版)》2002年第11期。
③ 参见孙宪忠、朱广新主编:《民法典评注:物权编》,中国法制出版社2020年版,第480~481页。

还。在遗失物已送交公安等有关部门时，该项返还义务应由有关部门承担。

2. 拾得人的通知或送交义务

拾得人拾得遗失物后，知道权利人的，应当及时通知权利人领取遗失物，通知方式可以是口头的，也可以是书面的。不知道权利人的，可以发布招领启事或公告，也可以将遗失物送交公安机关或者有关单位。拾得遗失物者负有通知或移送义务，几乎为各国立法通例。即使采信遗失物之取得所有权主义的国家，也都在立法中规定拾得遗失物者有通知所有权人、遗失人领取或者移送有关部门的义务。所不同的是，采用该立法例的国家法律规定，经过一定的期限后仍无人领取的，拾得遗失物者则享有该遗失物的所有权。而采信遗失物之不能取得所有权主义的国家立法则规定，经过一定的期限后仍无人领取的，遗失物归国家所有。例如，我国《民法典》第318条规定："遗失物自发布招领公告之日起一年内无人认领的，归国家所有。"

## ▶ 适用指引

### 一、遗失物的所有权归属

拾得遗失物可否成为动产所有权取得的法律事实，历来有两种观点和两种立法例，即日耳曼法取得所有权主义和罗马法不能取得所有权主义。我国系采罗马法遗失物不能取得所有权主义的立法例，规定了"拾得遗失物，应当返还权利人"。表明我国的物权法律制度更倾向于对所有权的保护，这也体现出了中国传统文化中倡导的拾金不昧的美德。依照法理，物品的遗失并不必然导致物权发生变动。所有人遗失财物虽然丧失了对物的占有，但原则上并不丧失对物的所有权。因此，基于所有权本身的对世效力和追及效力，所有权人就遗失物可以向相对人主张所有物返还请求权。所有物返还请求权属于典型的物权请求权，对遗失物享有和行使此项请求权的权利主体只能是遗失财物的所有人，而请求权的相对人应为遗失物的无权占有人，原则上包括拾得遗失物的人和占有遗失物的第三人。同时依据本条规定，其他权利人可以依据其合法权利关系以及对物的合法占有关系行使对遗失物的返还请求权，这里的权利可以是他物权，如动产质权、留置权，也可以是存在合法占有标的物的合同关系，如保管人对其保管的物品遗失后，可以向遗失物的占有人请求返还。①

## 二、拒不返还遗失物的处理

拒不返还遗失物，表现为拾得人无合法依据占有遗失物，拒不返还的行为。例如，失主请求拾得人返还而拒不返还，拾得人明知失主却隐匿遗失物拒不返还等。拾得人拒不返还遗失物的责任包括如下两种。

### 1. 丧失费用返还请求权

依据《民法典》第317条第3款规定，"拾得人侵占遗失物的，无权请求保管遗失物等支出的费用，也无权请求权利人按照承诺履行义务"。如果拾得人在拾得遗失物后，并没有将遗失物据为己有，而是采取措施寻找失主，如发出招领公告等，则表明拾得人主观上并无将遗失物据为己有的意思。那么，在此期间，拾得人管理拾得物，实际上是在无法定和约定义务情况下，为避免他人利益受到损失而从事管理行为，构成无因管理。对于在管理过程中所支出的各种费用，拾得人有权根据无因管理之债而请求返还。如果拾得人将遗失物据为己有，并构成对遗失物的侵占，则拾得人无权要求权利人支付管理费用或者要求权利人按照悬赏广告承诺履行支付悬赏报酬的义务。

### 2. 依法承担法律责任

在司法实践中，对于将遗失物据为己有行为的性质存在两种截然不同的观点。一是侵权说。原《民通意见》第94条规定："……拾得人将遗失物据为己有，拒不返还而引起诉讼的，按照侵权之诉处理。"也就是说，拾得人拒不返还遗失物，应按侵权行为处理。② 二是不当得利说。此种观点认为，拾得人拒不返还遗失物构成不当得利，失主有权请求返还不当得利。有学者认为，拾得人拒不返还遗失物，既可以适用物权请求权返还，也可构成不当得利或者侵权行为，从而产生物权请求权、不当得利与侵权行为的竞合现象。如果按不当得利处理，失主一般只需证明拾得人占有失主财产无法律根据。拾得人只要将其占有的财产返还给失主，就足以保护失主的利益。如果按侵权处理，一旦失主证明自己遭受了较多的损失，此种损失就要由拾得人赔偿，这对拾得人未免太

---

① 参见最高人民法院民法典贯彻实施工作领导小组主编：《中华人民共和国民法典物权编理解与适用》，人民法院出版社2020年版，第540页。

② 参见崔建远：《物权：规范与学说——以中国物权法的解释论为中心》，清华大学出版社2011年版，第236页。

不公平。更何况,在拒不返还遗失物的情况下,主要是一个确定返还责任的问题,而通过损害赔偿方式,并不能很好地保护失主的利益,所以在一般情况下,按不当得利要求拾得人返还遗失物,是比较妥当的。但在下列情况下,则不应按不当得利,而应按侵权行为处理:一是拾得人在失主要求返还遗失物后,不仅未及时返还,而且因其过错,造成遗失物的毁损、灭失。对此,拾得人应负侵权损害赔偿责任。二是拾得人在失主要求返还以后,故意将遗失物转让或抛弃,应当作为侵权行为处理,要求其承担侵权责任。①

我们认为,拾得遗失物的行为,理论上将此认定为民事法律事实中的一种事实行为,这种行为在法律上的成立生效不要求行为人必须具有行为能力,故不同于法律行为。基于这种事实行为,依据本条规定,拾得人与遗失人之间依法可以形成原物返还请求权关系,也可以形成侵权责任关系。至于承担侵权责任的情形,通常是拾得人在占有遗失物期间,公然将其据为己有,拒不返还,由于主观上具有非法占有他人财产的故意,客观上又有拒不返还的行为,当然构成对他人财产所有权的侵犯,依法承担相应的侵权责任;符合《刑法》规定的,要依法承担刑事责任。

### 三、遗失物与遗忘物、抛弃物的区别

所谓"遗忘物",是指由于财产所有人、占有人的疏忽,遗忘在某处的物品。②无论是遗忘物还是遗失物,所有人都未放弃其所有权,占有他人的遗忘物或遗失物在本质上都是对他人财物所有权的一种侵犯。遗忘物与遗失物的区别在于:(1)遗忘物是经回忆一般能知道财物所在的位置,也较容易找回;而遗失物则相反,一般不知失落在何处,不易找回。(2)遗忘物一般尚未完全脱离物主的控制范围;而遗失物则完全脱离了物主的控制范围。(3)遗忘物一般脱离物主的时间较短;而遗失物则脱离物主的时间较长。③

所谓"抛弃物",系所有权人故意丢弃的物品。抛弃行为与遗失行为在物权法上的区别在于:(1)物品遗失非基于所有人的意思,而抛弃必须有抛弃的

---

① 参见王利明:《物权法研究》,中国人民大学出版社2016年版,第451页。
② 参见全国人大常委会法制工作委员会刑法室编著:《〈中华人民共和国刑法〉释义及实用指南》,中国民主法制出版社2016年版,第545页。
③ 参见杨立新:《物权法典型案例与法律适用》,中国法制出版社2013年版,第168页。

意思。(2)从后果上看,在遗失物的情形下,所有人并未丧失物的所有权,但在抛弃物场合,原物主的物权已经消灭。所以,遗失物拾得人不能基于拾得行为而获得所有权,但拾得抛弃物的行为却可根据先占规则获得所有权。(3)抛弃行为是单方行为,是权利处分行为,所以只有完全民事行为能力人可以独立实施抛弃行为,使物成为抛弃物,无民事行为能力人和限制民事行为能力人,只有在其监护人同意或其行为能力与抛弃行为相适应的情况下所为的抛弃行为才具有法律效力。但遗失是事实行为,所以即使是无民事行为能力人也可以直接使物成为遗失物,使自己成为遗失人。直接占有人将物抛弃,对作为间接占有人的所有人来说构成遗失。①

### 四、法律关系辨析

审判实践中,适用该条规定应当注意区分拾得遗失物法律制度中的几个具体的法律关系。拾得遗失物法律制度中至少涉及以下几个法律关系:一是拾得人(拾得遗失物者)与遗失物所有权人或遗失人之间的法律关系;二是拾得人与保管部门之间的法律关系;三是遗失物所有权人或遗失人与保管部门之间的法律关系。首先,法律规定拾得人拾得遗失物有将遗失物返还权利人的义务,并由该义务派生出了拾得人对所有权人和遗失人的通知义务和送交有关部门保管遗失物的附从义务。由于有的拾得人并不十分清楚法律规定了"拾得遗失物,应当返还权利人",或者虽清楚上述法律规定,但怠于履行将遗失物送交公安等有关部门的义务。因此,遗失物所有权人或遗失人向拾得人主张返还遗失物的诉请就有可能发生。同时,因为法律还规定了遗失物所有权人或遗失人领取遗失物时,应当向拾得人支付保管遗失物等支出的费用。因此,也有可能发生有关支付保管费方面的纠纷。这主要涉及保管费支付标准的问题。其次,拾得人如将遗失物送交公安等有关部门,有关部门应出具相关的收条或交接手续,一旦双方发生是否移交遗失物的争议或者因遗失物的数量和质量问题发生争议,则该收条或交接手续就可以证明移送的基本事实。最后,法律规定遗失物所有权人或遗失人领取遗失物时,应当向保管部门支付保管遗失物等支出的费用。这同样涉及有关保管费支付标准的问题。我们认为,无论是遗失物所有权人或遗失人与拾得人之间的保管费纠纷,还是遗失物所有权人或遗失人与保

---

① 参见最高人民法院民法典贯彻实施工作领导小组主编:《中华人民共和国民法典侵权责任编理解与适用》,人民法院出版社2020年版,第620页。

管部门之间的保管费纠纷,保管费支付的标准应当考虑当地当时的物价、生产、生活水平等因素,合情、合理、合法地予以确定。①

## ▶ 类案检索

### 一、杨某军与董某芬返还原物纠纷案

**关键词**:遗失物返还 返还原物 天然孳息

**裁判摘要**:本案中,杨某军主张其饲养的1只待产母绵羊由于生产脱离羊群在新民屯西面草甸子走失。董某芬自认其在新民屯道边拾得1只母绵羊及3只羊羔。而杨某军得知董某芬拾得羊后要求其返还被拒,于是到派出所报警,派出所出警后经调解未果。根据以上事实可认定,杨某军丢羊的时间、地点以及丢失的为待产母绵羊均与董某芬拾得羊的相关情况相吻合,并且经一审法院与派出所核实,除杨某军外,没有人报案羊走失。因此,杨某军的主张符合民事诉讼证据高度盖然性的标准,应认定董某芬所拾得的母绵羊为杨某军所有。3只羊羔属于天然孳息,亦应为杨某军所有,董某芬应当返还杨某军。

【案 号】(2021)辽07民终445号

【审理法院】辽宁省锦州市中级人民法院

【来 源】中国裁判文书网

### 二、王某与刘某财产损害赔偿纠纷案

**关键词**:遗失物送交有关部门 损害赔偿

**裁判摘要**:拾得人在拾得遗失物后应当将其归还权利人或上交公安机关。拾得人故意抛弃遗失物的行为,属于故意毁损遗失物的情形,应当承担损害赔偿责任。损害赔偿数额应当依据遗失物购买价格及使用时间予以酌定。

【案 号】(2020)京03民终12638号

【审理法院】北京市第三中级人民法院

【来 源】中国裁判文书网

---

① 参见最高人民法院物权法研究小组编著:《〈中华人民共和国物权法〉条文理解与适用》,人民法院出版社2007年版,第335页。

### 三、江某与蒋某返还原物纠纷案

**关键词：** 遗失物送交有关部门　损害赔偿

**裁判摘要：** 拾得遗失物者负有通知或移交公安等部门的义务。拾得人未履行上述义务，而是将遗失物低价出卖给他人，其行为构成侵权，应当承担赔偿责任。赔偿数额应当按照遗失物购买时的价格和使用年限酌情认定，而非拾得人私自低价出售的价款。

【案　　号】（2021）湘06民终3464号
【审理法院】湖南省岳阳市中级人民法院
【来　　源】中国裁判文书网

> **第三百一十五条** 有关部门收到遗失物，知道权利人的，应当及时通知其领取；不知道的，应当及时发布招领公告。

## ▸ 关联规定

部门规章及规范性文件

《全国公路汽车、轮船旅客遗失物品处理办法》

第六条 客运站收到旅客遗失物品后，除本办法第九条所规定的物品外，须及时在客运站内公告栏上将遗失物品的主要事项公布5日，必要时可以刊登当地日报招领。如明悉失主地址，应迅速通知失主本人前来领取。

第九条 下列遗失物品拾得后，应由客运站站长立即填写"旅客遗失物品提交书"连同物品一并提交当地公安机关处理：

1. 政府法令禁止私有或携带的物品；
2. 认为与犯罪行为有关的遗留物品。

## ▸ 条文释义

一、本条主旨

本条是关于有关部门收到遗失物后通知或公告义务的规定。

二、条文演变

本条完全沿用原《物权法》第110条的规定，在《民法典》编纂过程中，未作任何变动。

## 三、条文解读

本条对有关部门收到遗失物后应如何处理的问题作出了明确规定。本条所述有关部门是指有权利和义务接受遗失物的部门,一般是指公安等公权力机关。当然,也可以是最适合暂时保管遗失物的部门或者最容易找到权利人的相关部门,如在公交车上丢失的遗失物,有关部门可以是公交公司。① 我国原《物权法》规定了有权利也有义务接收遗失物的机构为公权力部门即公安等有关部门。《民法典》沿用这一规定,是符合我国实际情况的,既有利于遗失物及时归还原主,又有利于避免或减轻拾得人因拾得行为所产生的不必要的负担。②

从《民法典》第314条规定看,在我国,拾得人拾得遗失物后应当及时通知遗失物的权利人领取,或者送交公安等有关部门。公安等有关部门收到拾得人送交的遗失物后,即取得对遗失物的占有,成为遗失物的保管人和责任人,应负担起原本应由拾得人负担的后续处置义务。根据本条规定,公安等有关部门收到拾得人送交的遗失物后,应当及时履行法定义务:如果知道所有权人等权利人的,应当直接通知其领取;如果不知道权利人的确切地址或者不能直接通知权利人时,应当及时发布招领公告。因为法律并没有明确规定,所以实践中发布招领公告的形式可以灵活多样。尤其是在互联网时代,自媒体已经非常发达,可以通过社交媒体平台等形式以较低成本发布,这样也可以降低遗失物原所有权人的经济负担。另外,关于及时通知的要求要根据一般的生活经验法则和标的物本身的品质情况确定。如果是不宜保存的,更应当及时通知,或者将其变价,以最大限度减少原权利人的损失。当然,这时也要考虑遗失物本身的价值和通知及公告等形式的协调问题,如果通知或者公告的成本过高,依照常理不宜采用的,有关部门没有采用,也不能认定为违反相应义务。至于该遗失物本身价值虽然不大,但对原所有权人而言具有重要的感情寄托或者特定意义的,则另当别论。③

---

① 参见杨立新主编:《〈中华人民共和国民法典〉条文精释与实案全析》,中国人民大学出版社2020年版,第444页。
② 参见最高人民法院物权法研究小组编著:《〈中华人民共和国物权法〉条文理解与适用》,人民法院出版社2007年版,第337页。
③ 参见最高人民法院民法典贯彻实施工作领导小组主编:《中华人民共和国民法典物权编理解与适用》,人民法院出版社2020年版,第554页。

因此，本条是法律为有关部门（或称保管部门）设立的一项法定义务。其意义在于，当拾得人将拾得遗失物送交公安等有关部门后，公安等有关部门就理所当然地成了遗失物的保管人和责任人，公安等有关部门应当及时通知权利人领取遗失物。在遗失物被领取前，应当妥善保管遗失物，因故意或者重大过失致使遗失物毁损、灭失的，作为保管人和责任人的公安等有关部门要承担相应的民事责任。但若自有关部门收到遗失物发布招领公告之日起1年内无人认领的，应依据《民法典》第318条之规定，将遗失物收归国有。有关部门可以拍卖、变卖遗失物，所得价金上缴国库。

## ▶ 适用指引

拾得遗失物的场所不同，是否影响拾得人的确定乃至拾得行为的法律后果？从立法例看，许多大陆法系国家立法中对此持肯定态度。因此，有学者曾经认为，借鉴大陆法系国家的立法例，我国原《物权法》应规定："在他人住宅、交通工具或机关、学校、图书馆等公共场所拾得遗失物，应将遗失物交与住户或管理人。在此情形，以后者为拾得人。"① 我们认为，这一建议有其合理性，但存在的问题是：（1）如果拾得人一时找不到住户，是否要一直找下去并负有对遗失物长期的保管义务？（2）判断遗失物管理人的标准是什么？如果拾得人判断失误怎么办？上述两个问题显然会增加拾得人的负担，不利于鼓励拾得人将拾得的遗失物及时返还权利人或遗失人。所以立法机关并未采纳上述建议，而是规定有权利也有义务接受遗失物的机构为公权力部门即公安等有关部门。

实践中，拾得人、权利人、有关部门（保管人）可能因有关部门是否履行了通知义务而产生争议。因此，考察和认定有关部门是否履行了上述通知义务，对于保护拾得人和遗失物的权利人或遗失人的合法权益，十分有意义。作为保管人，有关部门应当保存好通知权利人领取遗失物的有关证据材料，例如，通过邮局寄送的通知领取的函件、发送电报的函件、电话清单，通过报刊、广播、电台、网络等新闻媒体发送的寻物启事、招领公告等，均可证明保

---

① 梁慧星主编：《中国物权法草案建议稿：条文、说明、理由与参考立法例》，社会科学文献出版社2000年版，第383页。

管人履行了通知义务。至于何为"及时"通知？由于《民法典》未在具体时间上作出规定，故我们认为，应当根据个案情况予以认定。例如，如果遗失物为易腐烂物或鲜活物品，有关部门原则上应尽量于当日通知权利人，如果遗失物为非易腐烂物或鲜活物品的，有关部门原则上应该在不影响正常工作的情况下，尽快地通知或发布招领公告。上述有关通知时间的认定对于确定当事人是否有过错以及是否应承担民事责任乃至承担多大的民事责任，是有实际意义的。

**第三百一十六条** 拾得人在遗失物送交有关部门前,有关部门在遗失物被领取前,应当妥善保管遗失物。因故意或者重大过失致使遗失物毁损、灭失的,应当承担民事责任。

## ▶ 关联规定

### 一、部门规章及规范性文件

《全国公路汽车、轮船旅客遗失物品处理办法》

**第八条** 每件遗失物品,须拴挂货签放在妥当处所保管。如系贵重物品,更须安全保管。如系鲜货及危险物品,保管困难时,可立即移交当地主管部门处理。

遗失物品在保管期间免费保管1个月,超过1个月认领时,应向失主收取下列费用:

1.保管费:按逾期提取行李、包裹办法收取保管费;

2.其他发生的费用。

如失主请求将遗失物品转送其所指定的地点,客运站可以酌情照办,并按托运行李、包裹费率收取运费及其他必需的费用。

### 二、司法指导性文件

《最高人民法院关于张自修诉横峰县老干部管理局是否侵害荣誉权一案的复函》

你院赣高法民请字〔1996〕01号《关于张自修诉横峰县老干部管理局损害赔偿纠纷案的请示》收悉。经研究认为:被告横峰县老干部局在收集原告张自修所获得的奖章及证书等纪念物后,因遗失不能归还,起诉到人民法院,不应定为荣誉权纠纷,也构不成对原告荣誉权的侵害,但对原告所遭受的损失应予赔偿。至于赔偿的数额,可结合纪念物的价值(包括收藏价值)、质地及纪念物遗失后对原告精神方面造成的损害等各种因素确定。

## ▶ 条文释义

### 一、本条主旨

本条是关于遗失物保管的规定。

### 二、条文演变

本条完全沿用了原《物权法》第111条的规定。

### 三、条文解读

本条前半段规定了遗失物保管义务的主体、期间,后半段规定了违背该保管义务的法律后果。

根据本条规定,拾得人和收到遗失物的公权力部门都是遗失物保管义务的主体,但两者的义务期间不同。拾得人应当在遗失物送交有关部门前对遗失物予以妥善保管,公安等有关部门在收到遗失物之后至该遗失物被领取之前,应当履行妥善保管的义务。具有保管义务的主体,未善意履行保管义务,因故意或者重大过失致使遗失物毁损、灭失的,应当承担民事责任。拾得人不因拾得行为获得遗失物的所有权。拾得人将拾得物据为己有的,按照侵权之诉处理。①

关于责任的承担,本条以民法中的过错为基础,具有保管义务的主体只有在存在故意或重大过失时,而且因此造成遗失物损毁、灭失的情况下,才承担责任。如果拾得人或有关部门仅仅是一般过失,或存在不可抗力等情形,则不需要对遗失物损毁、灭失承担民事责任。② 比如,在拾得易变质物品时,应当将其放在通风或有空调设施的地方予以保存,如果将其放在通风不畅或无空调设施的地方保存,从而导致该物品变质的,说明保管人具有重大过错;如果上述易变质物品是因为存放时间长而发生了自然损耗和化学变化,说明是基于不

---

① 参见黄薇主编:《中华人民共和国民法典释义》,法律出版社2020年版,第269页。
② 参见杨立新主编:《中华人民共和国民法典释义与案例评注:物权编》,中国法制出版社2020年版,第311页。

可抗力原因，因此，不能认定保管人具有过错。①

## 适用指引

### 一、对"妥善保管"的理解

本条规定拾得人和有关部门应当妥善保管遗失物，但对何为"妥善保管"，法律上并没有明确的标准。拾得人或有关部门所保管的财产是他人的财产，不会因该保管行为获得额外利益，而且在保管不善时承担的民事责任也均以故意或重大过失为前提。因此，尽管拾得人和有关部门的保管义务是本条规定的一种法定义务，但这种义务与无因管理的管理义务具有相似性，可以参照无因管理中的管理人的保管义务标准来认定遗失物的保管人是否尽到了妥善保管义务。② 因此，保管人的注意程度应当理解为善良管理人的注意，而非基于保管合同管理自己事务的注意标准。拾得人应当按照可以通常推断出来的遗失人关于遗失物的保管要求、客观规律、社会常识，尽善良管理人的注意，对遗失物予以保管。另外，拾得人的保管义务通常限于保存行为，不得为变价行为。③ 如果遗失物不易保管或者保管费用过高的，拾得人应当尽快将遗失物交给公安机关，由公安机关及时拍卖或以市价变卖，保存价金。④ 为慎重起见，拾得人或其他有关部门一般不得自行拍卖、变卖遗失物。⑤

### 二、"有关部门"责任的性质

本条规定的"有关部门"包括公权力部门，在实践中多为公安机关。公安机关是行政机关，但其根据本条规定承担的赔偿责任应当理解为一种民事责任。有关部门对其所收到的遗失物的保管义务是基于《民法典》物权编确立的

---

① 参见最高人民法院民法典贯彻实施工作领导小组主编：《中华人民共和国民法典物权编理解与适用》，人民法院出版社2020年版，第556页。
② 参见王利明主编：《中国民法典评注：物权编》，人民法院出版社2021年版，第420页。
③ 参见崔建远：《中国民法典释评：物权编》，中国人民大学出版社2020年版，第532页。
④ 参见黄薇主编：《中华人民共和国民法典释义》，法律出版社2020年版，第269页。
⑤ 参见全国人大常委会法制工作委员会民法室编：《中华人民共和国物权法条文说明、立法理由及相关规定》，北京大学出版社2017年版，第232页。

义务，在性质上属于民事义务。而且，这一民事义务的履行实质上存在一定的对价关系，即《民法典》第317条规定的"权利人领取遗失物时，应当向拾得人或者有关部门支付保管遗失物等支出的必要费用"。因此，有关部门在对遗失物的损毁、灭失具有故意或重大过失时，应当遵循《民法典》侵权责任编有关侵害财产损害赔偿的一般规定处理。①

## ▶ 类案检索

### 一、周某与南京苏建广告工程有限公司、南京宇迪教学设备有限公司财产损害赔偿纠纷案

**关键词：** 遗失物保管　损害赔偿

**裁判摘要：** 苏建广告公司将案涉设备交付第三方使用后，其未就设备归还事宜与第三方妥善接洽，致使第三方将该设备放置于南京宇迪公司大门外的公共道路上，苏建广告公司在数日后才派人前往接收该设备。在此过程中，上诉人周某将该设备视为苏建广告公司的遗弃物予以处理。苏建广告公司对案涉墙面彩绘机未尽到充分的妥善保管义务，应就设备毁损承担相应的责任。案涉设备带有苏建广告公司的标志，且其放弃位置并非垃圾场等按照日常经验法则足以推定其为遗弃物的场所。上诉人周某作为在南京宇迪公司工作的人员，即使发现案涉设备放置于南京宇迪公司门外的道路旁有阻碍交通之虞，也应采取相应措施或者妥善保管，而非自行处置谋取私利。上诉人周某自行处置案涉设备导致设备毁损，其过错较大，应承担主要责任。

【案　　号】（2020）苏01民终10587号

【审理法院】江苏省南京市中级人民法院

【来　　源】中国裁判文书网

### 二、严某与彭某侵权责任纠纷案

**关键词：** 遗失物保管　损害赔偿

**裁判摘要：** 单位负责人在发现他人遗失物后，理应自行或安排其他工作人

---

① 参见最高人民法院民法典贯彻实施工作领导小组主编：《中华人民共和国民法典物权编理解与适用》，人民法院出版社2020年版，第557页。

员妥为保管以避免损失。而单位负责人仅是在询问单位其他人员后,又将遗失物放回原处,最终导致遗失物丢失,具有重大过失,理应承担相应的赔偿责任。但权利人对自己的随身物品未尽妥善保管责任,对造成手机遗失也应承担一定的责任。

【案　　号】(2021)湘02民终1029号
【审理法院】湖南省株洲市中级人民法院
【来　　源】中国裁判文书网

第三百一十七条　权利人领取遗失物时，应当向拾得人或者有关部门支付保管遗失物等支出的必要费用。

权利人悬赏寻找遗失物的，领取遗失物时应当按照承诺履行义务。

拾得人侵占遗失物的，无权请求保管遗失物等支出的费用，也无权请求权利人按照承诺履行义务。

## ▶ 关联规定

### 一、法律、行政法规、司法解释

1.《中华人民共和国民法典》

**第四百九十九条**　悬赏人以公开方式声明对完成特定行为的人支付报酬的，完成该行为的人可以请求其支付。

2.《中华人民共和国刑法》

**第二百七十条**　将代为保管的他人财物非法占为己有，数额较大，拒不退还的，处二年以下有期徒刑、拘役或者罚金；数额巨大或者有其他严重情节的，处二年以上五年以下有期徒刑，并处罚金。

将他人的遗忘物或者埋藏物非法占为己有，数额较大，拒不交出的，依照前款的规定处罚。

本条罪，告诉的才处理。

### 二、部门规章及规范性文件

《全国公路汽车、轮船旅客遗失物品处理办法》

**第八条**　每件遗失物品，须拴挂货签放在妥当处所保管。如系贵重物品，更须安全保管。如系鲜货及危险物品，保管困难时，可立即移交当地主管部门处理。

遗失物品在保管期间免费保管1个月，超过1个月认领时，应向失主收取下列费用：

1. 保管费：按逾期提取行李、包裹办法收取保管费；
2. 其他发生的费用。

如失主请求将遗失物品转送其所指定的地点，客运站可以酌情照办，并按托运行李、包裹费率收取运费及其他必需的费用。

## ▶ 条文释义

### 一、本条主旨

本条是关于遗失物权利人义务的规定。

### 二、条文演变

本条完全沿用了原《物权法》第112条的规定。

### 三、条文解读

本条规定了权利人在领取遗失物时应当遵守的义务，以及拾得人侵占遗失物时的不利后果。

本条第1款规定了权利人支付必要费用的义务。在拾得遗失物的法律关系中，拾得人或者有关部门有通知所有权人、遗失人等权利人领取以及移送遗失物、保管遗失物等法定义务。根据权利义务对等原则，权利人领取遗失物时，拾得人或者有关部门也有权利要求支付必要费用，包括因拾得遗失物、寻找遗失物权利人、保管遗失物而实际支付的费用。

本条第2款规定了权利人履行悬赏承诺的义务。《民法典》第499条规定，悬赏人以公开方式声明对完成特定行为的人支付报酬的，完成该行为的人可以请求其支付。遗失物的拾得人或保管人在将遗失物归还给权利人时，权利人领取遗失物时应当按照发出的悬赏承诺履行义务。例如，甲丢失一贵重物品，登报承诺如果有人拾得该物并归还，其愿意支付人民币5000元作为报酬，此时，如有人拾得该物并归还，甲应当按照承诺履行支付人民币5000元的义务。[①]

本条第3款规定了拾得人侵占遗失物时的不利后果。在权利人要求拾得人

---

① 参见黄薇主编：《中华人民共和国民法典释义》，法律出版社2020年版，第271页。

返还遗失物时，拾得人应当返还。如果拾得人隐匿遗失物据为己有，构成侵犯所有权。遗失物所有人可以请求拾得人偿还，公安机关可以责令拾得人交出。拾得人侵占遗失物的，无论是保管遗失物等支出的费用的请求权，还是要求权利人支付悬赏报酬的请求权，法律上都将不再支持。

## ▶ 适用指引

### 一、拾得遗失物制度的价值导向

拾得遗失物制度是一个介于道德范畴与法律范畴之间的问题，如何根据国情通过立法平衡拾得人与所有权人、遗失人等权利人之间的利益冲突，更好地规制遗失物拾得制度，对创造公平、有序的社会环境，引导形成优良的社会风俗和价值观，至关重要。① 对本条规定的准确理解，应当把握以下价值导向。

第一，弘扬"不让好人寒心"的价值观。拾金不昧是中华民族的传统美德。在没有悬赏广告的前提下，本条并没有赋予拾得人要求支付保管或送还遗失物的报酬请求权。但是对于因保管或送还遗失物而支出的必要费用，权利人作为受益人应当支付，不能让拾得人反而因拾得遗失物而遭受额外的财产损失。本条要求权利人支付必要费用，符合权利义务对等原则和公平原则的要求，有利于促进拾得人和有关部门善尽保管和返还义务，有利于减少该类纠纷的发生，也有利于推动社会价值观的良好循环。② 但对于何为必要费用，本条没有也很难明确规定，司法实践应当针对个案进行判断。③

第二，弘扬诚实信用的价值观。从法律上讲，悬赏广告一般是针对不特定主体发出的，只要有主体按照悬赏广告完成了一定的行为或工作，其就有权要求发布人履行承诺义务，包括支付承诺的报酬。实践中，有的权利人为了尽快找到遗失物，通过张贴广告、电台电视广播、即时通信工具发布消息称：具有某特征的某物品丢失，请拾到人与某某联系，某期限内送还者酬谢多少元。这

---

① 参见最高人民法院民法典贯彻实施工作领导小组主编：《中华人民共和国民法典物权编理解与适用》，人民法院出版社2020年版，第561页。
② 参见最高人民法院民法典贯彻实施工作领导小组主编：《中华人民共和国民法典物权编理解与适用》，人民法院出版社2020年版，第559页。
③ 参见刘智慧：《中华人民共和国民法典物权编释义》，中国法制出版社2021年版，第251页。

就是典型的悬赏广告。然而，在实践中，一些权利人在收到拾得人交付的遗失物后，不按悬赏广告支付酬金，这既违反了悬赏广告中应承担的义务，又违背了民法上的诚信原则，应当予以矫正。

第三，弘扬拾金不昧的价值观。本条保护善意的拾得人，惩戒不诚实的拾得人。本条没有赋予拾得人的报酬请求权，确实对鼓励拾得人返还遗失物有一定的不利，但换一个角度看，有时即使规定了报酬请求权，拾得人也未必积极返还，这涉及诚信社会建设深层次问题。本条实质上是在一定程度上对该种不诚信行为的矫正。法律禁止非法侵占他人财产，一旦有侵占遗失物的行为，拾得人不但不能获得任何悬赏利益，甚至连因保管或送还遗失物所支出的必要费用请求权也将不再获得支持。拾得人非法侵占数额较大的遗失物，构成犯罪的，还将依《刑法》进行惩处。

## 二、对拾得人费用请求权的救济手段

本条规定赋予了拾得人和有关部门就保管费用以及权利人履行悬赏广告义务的请求权。在权利人不履行此义务的情况下，拾得人或有关部门可以通过提起诉讼的方式予以救济。除此之外，如果拾得人或有关部门主张对遗失物行使留置权，应赋予拾得人或有关部门留置该标的物的权利，以此作为拾得人或有关部门实现权利的担保。在存在必要费用和悬赏报酬待支付时，为了保护拾得人的权利，权利人自公安等有关部门领取遗失物时，公安等有关部门应当经拾得人同意后才能向权利人返还遗失物。① 在遗失物留置权纠纷中，如果拾得人或有关部门主张对遗失物行使留置权，且留置的情况符合法律上关于留置权构成要件的规定时，人民法院应当予以支持。留置权的规定有利于权利人维护自己的合法权益，对于鼓励拾得人积极返还遗失物具有促进作用，同时也符合民法上的公平原则。②

---

① 参见王利明主编：《中国民法典评注：物权编》，人民法院出版社2021年版，第423页。

② 参见最高人民法院民法典贯彻实施工作领导小组主编：《中华人民共和国民法典物权编理解与适用》，人民法院出版社2020年版，第560页。

## 类案检索

### 一、毕某与张某悬赏广告纠纷案

**关键词：** 遗失物保管　悬赏广告　遗失物保管必要费用

**裁判摘要：** 发布悬赏广告是一种民事法律行为，任何人按照广告公布的条件，完成了广告所指定的行为，即对广告人享有报酬请求权。发出遗失物悬赏广告的人，则应该按照所发布广告的约定，向完成广告指定行为的人支付承诺的报酬。遗失动物拾得人对遗失物具有管理职责，此期间发生的动物致他人财物损害的，管理人应承担责任。权利人应向拾得支付因饲养遗失动物而支出的费用。

【案　　号】（2018）黑02民终60号

【审理法院】黑龙江省齐齐哈尔市中级人民法院

【来　　源】中国裁判文书网

### 二、李某与兴城市绿源生态畜牧养殖专业合作社返还原物纠纷案

**关键词：** 遗失物保管　天然孳息　遗失物保管必要费用

**裁判摘要：** 拾得人在保管遗失物时产生的天然孳息，由遗失物的所有权人取得。权利人在领取遗失物时，应当向拾得人支付管理费用，拾得人应当提供证据证明这些费用的真实性和必要性。另外，拾得人要求权利人支付的管理费用一般不宜超过遗失物的实际价值。

【案　　号】（2018）辽14民终2298号

【审理法院】辽宁省葫芦岛市中级人民法院

【来　　源】中国裁判文书网

**第三百一十八条** 遗失物自发布招领公告之日起一年内无人认领的,归国家所有。

## ▶ 关联规定

一、法律、行政法规、司法解释

1.《中华人民共和国民事诉讼法》

**第一百九十九条** 人民法院受理申请后,经审查核实,应当发出财产认领公告。公告满一年无人认领的,判决认定财产无主,收归国家或者集体所有。

2.《中华人民共和国海关法》

**第三十条** 进口货物的收货人自运输工具申报进境之日起超过三个月未向海关申报的,其进口货物由海关提取依法变卖处理,所得价款在扣除运输、装卸、储存等费用和税款后,尚有余款的,自货物依法变卖之日起一年内,经收货人申请,予以发还;其中属于国家对进口有限制性规定,应当提交许可证件而不能提供的,不予发还。逾期无人申请或者不予发还的,上缴国库。

确属误卸或者溢卸的进境货物,经海关审定,由原运输工具负责人或者货物的收发货人自该运输工具卸货之日起三个月内,办理退运或者进口手续;必要时,经海关批准,可以延期三个月。逾期未办手续的,由海关按前款规定处理。

前两款所列货物不宜长期保存的,海关可以根据实际情况提前处理。

收货人或者货物所有人声明放弃的进口货物,由海关提取依法变卖处理;所得价款在扣除运输、装卸、储存等费用后,上缴国库。

**第五十一条** 进出境物品所有人声明放弃的物品、在海关规定期限内未办理海关手续或者无人认领的物品,以及无法投递又无法退回的进境邮递物品,由海关依照本法第三十条的规定处理。

3.《中华人民共和国邮政法》

**第三十三条** 邮政企业对无法投递的邮件,应当退回寄件人。

无法投递又无法退回的信件，自邮政企业确认无法退回之日起超过六个月无人认领的，由邮政企业在邮政管理部门的监督下销毁。无法投递又无法退回的其他邮件，按照国务院邮政管理部门的规定处理；其中无法投递又无法退回的进境国际邮递物品，由海关依照《中华人民共和国海关法》的规定处理。

二、部门规章及规范性文件

**《全国公路汽车、轮船旅客遗失物品处理办法》**

第十条 凡旅客遗失的物品自招领后经过 2 个月仍无人认领即作为逾期无人认领，按下列规定处理：

1. 军用品、历史文物、违禁品，无偿移交当地主管机关；
2. 一般物品无偿移交当地公安部门。

## 条文释义

### 一、本条主旨

本条是关于无人认领的遗失物权利归属的规定。

### 二、条文演变

本条在承继原《物权法》第 113 条的基础上有所修改，将原《物权法》规定的 6 个月的认领期延长为 1 年。

### 三、条文解读

本条规定了遗失物逾期无人认领时的权利归属。公安等有关部门在收到拾得人移交的遗失物后，应当首先查找遗失物权利人。如果知道权利人，则应当根据《民法典》第 315 条规定，通知其认领，此时公安等机关没有发布招领公告的义务；如果不知道权利人，则应当及时发布招领公告，将遗失物存放于遗失物招领处，待人认领。权利人在招领公告之日起 1 年内前来认领的，则遗失物重新归属于权利人；自公安等有关部门收到遗失物发布招领公告起 1 年内无人认领的，遗失物归国家所有。公安机关可以拍卖、变卖遗失物，在扣除必要处理费用后，所得价金上缴国库。①

需要注意的是，上述"不知道权利人"，应包括根据日常生活经验，无法查明权利人具体下落或联系方式的情形，查找下落或者联系方式成本过高时，也可以采取公告的形式。在符合上述条件时，未经过发布招领公告通知权利人领取这一程序的，遗失物的所有权不能发生转移。②

## ▶ 适用指引

### 一、认领遗失物的期间

遗失物不是无主物，法律上应当推定其具有所有权人，并且权利人应当知道该遗失物的存在。遗失物只有在发布招领公告后一定期限内无人认领时，才可以认为权利人放弃了所有权，该遗失物的法律性质才会发生改变，所有权才会由国家取得。关于此种期限，原《物权法》第113条规定的是6个月，但已经不能较好地适应社会的发展，也不能很好地激励拾得人履行义务和寻找失主的积极性，更不利于实现普遍社会价值观中的"物归原主"理念。另外，国家在取得拾得物的所有权后，不仅不一定就能直接利用该拾得物，有时还得花费一定的费用对非金钱拾得物进行管理、拍卖。③当然，如果不规定无人认领的遗失物归国家所有，比如，规定归拾得人所有，则可能会助长不劳而获的社会风气，不利于保护遗失人的权利。④因此，为更好地平衡利益，《民法典》第318条专门将该种期间改为1年。该1年期限在性质上属于除斥期间，也称不变期间，不发生中止、中断和延长的后果。超过该期限不认领的，权利人将丧失认领该遗失物的权利。

---

① 参见黄薇主编：《中华人民共和国民法典释义》，法律出版社2020年版，第273页。
② 参见最高人民法院民法典贯彻实施工作领导小组主编：《中华人民共和国民法典物权编理解与适用》，人民法院出版社2020年版，第564页。
③ 参见李显冬、孟磊主编：《中华人民共和国民法典物权编：实务指引与案例解读》，中国法制出版社2021年版，第800页。
④ 参见刘智慧：《中华人民共和国民法典物权编释义》，中国法制出版社2021年版，第254页。

## 二、特定情形下遗失物的归属

根据本条规定，公安等机关接收拾得人交存的遗失物后，如果不知道权利人，也无从查找权利人时，公安机关有义务发布招领公告，1 年内无人认领时，归国家所有。在 1 年期限届满后，权利人（失主）要求认领的，即使是在公安等有关部门成功处理遗失物之前，也可以拒绝权利人的认领请求。但如果该遗失物是与权利人的身份或生活密切相关的物品，例如，身份证、工作证、驾驶证、护照、户口本等，则应考虑从实际出发，即使过了 1 年期限，在遗失物在物理上可返还的前提下，似也有必要支持权利人要求返还该物的权利，但这时应向保管人支付相应的保管费用。①

需要注意的是，如果公安等有关部门得知权利人身份时，其按规定通知权利人后，权利人明确拒绝认领遗失物，或者权利人一直怠于领取遗失物时，遗失物的归属如何确定，本条没有作出规定。有观点认为，在公安等有关部门通知权利人后，权利人于 1 年内不认领遗失物的，该遗失物归国家所有。② 该种观点具有一定借鉴意义。

## ▶ 典型案例

### 温州海事局申请认定某货船和船载货物无主案

**关键词：** 无人认领物　无主财产　国家所有权

**裁判摘要：** 海事局作为海上执法部门，可以向海事法院申请认定无人认领船舶和船载货物为无主财产。在法院发出认领公告期满之前，法院可以裁定提前拍卖无名船舶及船载油品，避免保管费用和风险持续增加。拍卖所得价款在扣除必要费用后，余款收归国家所有。

**基本案情：** 2016 年 10 月 20 日，温州海事局接到报警，在瓯越大桥下游发现一艘船舶搁浅。经查，该船装载有燃料油，无证书或标识，也无船员在船。

---

① 参见最高人民法院民法典贯彻实施工作领导小组主编：《中华人民共和国民法典物权编理解与适用》，人民法院出版社 2020 年版，第 565 页。

② 参见王利明主编：《中国民法典评注：物权编》，人民法院出版社 2021 年版，第 425 页。

经救助，温州海事局于当天将船舶脱浅后转移至船坞内，船上油品转驳存放。经进一步调查，未找到该船船东或船员，遇险船舶也无任何证书或身份标识，船舶所有权情况无法证实，也无任何人主张权利。温州海事局遂向宁波海事法院申请认定财产无主。

宁波海事法院立案受理后，发出财产认领公告。因认定财产无主公告期为1年，船舶及船载油品长期存放，将持续发生保管费用，造成财产贬损，温州海事局申请提前拍卖无名船舶及船载油品，保留所得款项。宁波海事法院裁定予以准许，无名船舶及油品各以人民币10.7万元和62.4万元拍卖成交。涉案无名船舶由买受人买受后，在温州海事局的监督下被拆解处理。公告期满后，因无人认领，宁波海事法院依法作出判决，认定涉案船舶及船载油品为无主财产，拍卖所得价款在扣除公告、评估以及保存、拍卖费用后，余款收归国家所有。

【案　　号】（2016）浙72民特728号

【审理法院】宁波海事法院

【来　　源】2017年度十件海事审判典型案例（2018年8月8日最高人民法院发布）

## 类案检索

### 一、阿克苏市城市管理行政执法局申请认定财产无主案

**关键词：** 无人认领物　无主财产

**裁判摘要：** 城市管理行政执法局可以请求法院依法认定拖移至停车场保管的无法联系到车主的"僵尸车"为无主财产。在法院法定公告期间1年届满后，判决认定财产无主，收归国家或者集体所有。

【案　　号】（2019）新2901民特3号

【审理法院】新疆维吾尔自治区阿克苏地区中级人民法院

【来　　源】中国裁判文书网

### 二、王某与吴某申请认定财产无主案

**关键词：** 无人认领物　无主财产　国家所有权

**裁判摘要：**对漂浮在海上的无人客船实施救助后，可以申请法院认定为无主财产。在法院法定公告期间1年届满后，判决认定财产无主。拍卖所得价款扣除公告、评估以及为救助、保存、拍卖该船产生的费用后，余款收归国家所有。

【案　　号】（2019）浙72民特605号

【审理法院】宁波海事法院

【来　　源】中国裁判文书网

第三百一十九条　拾得漂流物、发现埋藏物或者隐藏物的，参照适用拾得遗失物的有关规定。法律另有规定的，依照其规定。

## 关联规定

法律、行政法规、司法解释

《中华人民共和国文物保护法》

**第五条**　中华人民共和国境内地下、内水和领海中遗存的一切文物，属于国家所有。

古文化遗址、古墓葬、石窟寺属于国家所有。国家指定保护的纪念建筑物、古建筑、石刻、壁画、近代现代代表性建筑等不可移动文物，除国家另有规定的以外，属于国家所有。

国有不可移动文物的所有权不因其所依附的土地所有权或者使用权的改变而改变。

下列可移动文物，属于国家所有：

（一）中国境内出土的文物，国家另有规定的除外；

（二）国有文物收藏单位以及其他国家机关、部队和国有企业、事业组织等收藏、保管的文物；

（三）国家征集、购买的文物；

（四）公民、法人和其他组织捐赠给国家的文物；

（五）法律规定属于国家所有的其他文物。

属于国家所有的可移动文物的所有权不因其保管、收藏单位的终止或者变更而改变。

国有文物所有权受法律保护，不容侵犯。

**第十二条**　有下列事迹的单位或者个人，由国家给予精神鼓励或者物质奖励：

（一）认真执行文物保护法律、法规，保护文物成绩显著的；

（二）为保护文物与违法犯罪行为作坚决斗争的；

（三）将个人收藏的重要文物捐献给国家或者为文物保护事业作出捐赠的；

（四）发现文物及时上报或者上交，使文物得到保护的；

（五）在考古发掘工作中作出重大贡献的；

（六）在文物保护科学技术方面有重要发明创造或者其他重要贡献的；

（七）在文物面临破坏危险时，抢救文物有功的；

（八）长期从事文物工作，作出显著成绩的。

**第三十二条** 在进行建设工程或者在农业生产中，任何单位或者个人发现文物，应当保护现场，立即报告当地文物行政部门，文物行政部门接到报告后，如无特殊情况，应当在二十四小时内赶赴现场，并在七日内提出处理意见。文物行政部门可以报请当地人民政府通知公安机关协助保护现场；发现重要文物的，应当立即上报国务院文物行政部门，国务院文物行政部门应当在接到报告后十五日内提出处理意见。

依照前款规定发现的文物属于国家所有，任何单位或者个人不得哄抢、私分、藏匿。

**第七十四条** 有下列行为之一，尚不构成犯罪的，由县级以上人民政府文物主管部门会同公安机关追缴文物；情节严重的，处五千元以上五万元以下的罚款：

（一）发现文物隐匿不报或者拒不上交的；

（二）未按照规定移交拣选文物的。

## ▶ 条文释义

### 一、本条主旨

本条是关于拾得漂流物、发现埋藏物或者隐藏物如何处理的规定。

### 二、条文演变

关于埋藏物、隐藏物等的归属，此前原《民法通则》第79条第1款规定："所有人不明的埋藏物、隐藏物，归国家所有。接收单位应当对上缴的单位或个人，给予表扬或者物质奖励。"原《民法通则意见》第93条规定："公民、法人对于挖掘、发现的埋藏物、隐藏物，如果能够证明属其所有，而且根据现行的法律、政策又可以归其所有的，应当予以保护。"原《物权法》第114条规定："拾得漂流物、发现埋藏物或者隐藏物的，参照拾得遗失物的有关规定。文物保护法等法律另有规定的，依照其规定。"《民法典》本条基本沿用了这一规定，表述上，在"参照"后增加"适用"二字，将"文物保护法等法律"修改为"法律"。

### 三、条文解读

所谓埋藏物，是指隐匿于动产或不动产之中，不易从外部发现且所有人不明的动产物品。① 埋藏物虽然大多出于有意，但不以此为限，是其原因出于人为或天然均非所问。② 埋藏物不同于无主物，并不以所有权人抛弃为前提；也不同于遗失物，不一定是无人占有的。③ 埋藏物品的人，称为埋藏人。发现埋藏物的人，称发现人。所谓发现，是指认识埋藏物、隐藏物之所在。发现埋藏物重在于发现而不在于取得其所有。④ 发现行为性质上属于事实行为，并不以行为人具有完全民事行为能力为必要，也不以发现行为本身须合法为要件。⑤ 发现人发现埋藏物，可视情况分别处理：一是能够判定埋藏人，且埋藏物不易为他人发现，发现人可以不挖取埋藏物，并将埋藏物继续掩埋好，且将发现情况告知埋藏人。二是能够判定埋藏人，且埋藏物易为他人发现，发现人可依前种情形处理，也可以将埋藏物挖出，交还埋藏人。三是不能判定埋藏人，且埋藏物不易为他人发现，发现人可以不挖取埋藏物，并将埋藏物继续掩埋好。发现人可以将发现情况告知有关单位或者公安机关。四是不能判定埋藏人，且埋藏物易为他人发现，发现人可依前种情形处理，也可以挖取埋藏物，按拾得不知遗失物丢失人的遗失物的办法处理。发现人发现的埋藏物倘若是文物，应依

---

① 参见最高人民法院物权法研究小组编著：《〈中华人民共和国物权法〉条文理解与适用》，人民法院出版社2007年版，第344页。
② 参见谢在全：《民法物权论》，中国政法大学出版社1999年版，第251页。
③ 参见崔建远：《中国民法典释评：物权编》，中国人民大学出版社2020年版，第539页。
④ 参见崔建远：《中国民法典释评：物权编》，中国人民大学出版社2020年版，第539页。
⑤ 参见孙宪忠、朱广新主编：《民法典评注：物权编》，中国法制出版社2020年版，第493页。

《文物保护法》处理。① 在此需要注意的是，隐藏物与埋藏物的含义基本相同。但从人们习惯上来讲，隐匿于水土之中的物品称之为埋藏物，而隐匿于建筑物等地上动产或不动产之中的物品称之为隐藏物，可能更加贴切一些。但从性质上来看，埋藏物或者隐藏物是一个相似和相近的概念，实践中对其称谓可以通用，且发现这类物品的法律后果是相同的。漂流物，则是指漂浮于水面的物品。而有的物品是沉没在水中的，可称之为沉没物。沉没物则属于埋藏物或者隐藏物的范畴。有关漂流物、埋藏物或者隐藏物的归属问题，适用拾得遗失物的规则。

有关本条的法律适用需要注意以下几点。

第一，须有拾得或发现行为。在这里，拾得的对象是漂流物，而发现的对象则是埋藏物或隐藏物。至于行为主体即拾得人或发现人是否具有行为能力则在所不问。因这一行为在性质上属于事实行为，并不以发现人或者拾得人有行为能力为要件。

第二，关于参照适用的规则。就本条规定而言，参照适用最为核心的内容就是所有权归属问题。参照适用遗失物的规则，就意味着拾得人拾得漂流物、发现人发现埋藏物或隐藏物后，不能取得该物的所有权，也不能依法享有报酬请求权，有关部门给拾得人或发现人一定数额的物质奖励并不属于报酬请求权的范畴。但拾得人或发现人有权要求权利人或有关部门支付合理保管费用。同时，还可以基于权利人的悬赏广告享有相应的报酬请求权。

第三，有关部门负有妥善保管和及时通知，尤其是发布公告招领的义务。这也同样适用于拾得遗失物。同样，在公告期满1年无人认领的，要归国家所有。

第四，法律另有规定的，依照其规定。考虑到《文物保护法》中对构成文物的物（包括漂流物、埋藏物和隐藏物）的权属及处理程序作了具体规定，因此，对于文物的处理不宜笼统参照拾得遗失物的有关规定，所以本条规定了但书内容。此外，由于遗失物、漂流物、埋藏物和隐藏物的概念在外延上同"文物"的概念存在交叉，无论是遗失物、漂流物、埋藏物或者隐藏物，只有构成"文物",《文物保护法》的规定将优先适用。② 我国属于文物大国，许多文物尚

---

① 参见胡康生主编：《中华人民共和国物权法释义》，法律出版社2007年版，第252页。

② 参见黄薇主编：《中华人民共和国民法典释义》，法律出版社2020年版，第276页。

未出土。为了保护这些埋藏在地下或水中的文物，《文物保护法》第 5 条第 1 款规定："中华人民共和国境内地下、内水和领海中遗存的一切文物，属于国家所有。"第 32 条规定："在进行建设工程或者在农业生产中，任何单位或者个人发现文物，应当保护现场，立即报告当地文物行政部门，文物行政部门接到报告后，如无特殊情况，应当在二十四小时内赶赴现场，并在七日内提出处理意见。文物行政部门可以报请当地人民政府通知公安机关协助保护现场；发现重要文物的，应当立即上报国务院文物行政部门，国务院文物行政部门应当在接到报告后十五日内提出处理意见。""依照前款规定发现的文物属于国家所有，任何单位或者个人不得哄抢、私分、藏匿。"同时，第 12 条还规定，发现文物及时上报或者上交，使文物得到保护的，由国家给予精神鼓励或者物质奖励。第 74 条还规定，发现文物隐匿不报或者拒不上交，尚不构成犯罪的，由县级以上人民政府文物主管部门会同公安机关追缴文物；情节严重的，处 5000 元以上 5 万元以下的罚款。非法侵占文物构成犯罪的，依据《刑法》规定，追究刑事责任。

## ▶ 适用指引

关于本条的适用，需要注意的是关于土地出产物的归属问题。我国原《物权法》并未体现这一制度，《民法典》物权编对此也未作规定。土地出产物的规则在实践中具有适用价值。比如，关于乌木的归属问题，曾在理论和实务上引起热议。概括来讲，主要有将乌木认定为属于自然资源、埋藏物、矿藏、天然孳息等四种意见。对此，经研究，我们认为，宜将尚未与土地分离的乌木认定为土地的组成部分，归属于土地的所有权人。主要理由如下。

第一，不宜将乌木界定为自然资源的范畴。在法无明文规定的前提下，有关乌木的权属问题，可以适用法律解释的方法予以解决。"等自然资源"的观点，将乌木作为一种自然资源来界定，有一定合理性，乌木确有很高的经济价值和历史文化价值。但在原《物权法》并未明确界定自然资源含义的背景下，采取这一"等外"解释的方法，从体系上看，要以"等内"的内容作为参照。《民法典》物权编中的第 250 条"等内"的内容是"森林、山岭、草原、荒地、滩涂"，"等外"的内容有必要与这些类型大致相当，但乌木无论是在重要性还是规模数量上都显然不能与"森林、山岭、草原、荒地、滩涂"处于同一层面。故将"乌木"界定为"等自然资源"的"等外"内容，有些不妥。

第二，不宜将乌木界定为"矿藏"。应该说，在可知的矿藏类型中，乌木比较接近于煤炭。乌木若不被发现，可能会碳化为煤炭。然而，如同木炭不是煤炭一样，乌木毕竟在本质上不是煤炭，即乌木并不是"矿"，也不存在采矿、探矿的问题。因此，有关乌木的归属，也不宜适用关于矿藏归属的规定来确定。

第三，不宜将乌木界定为埋藏物。一般而言，埋藏物是指埋藏于地下，而所有权人不明的动产。虽然对于埋藏的原因，有关法律和司法解释并无明文规定，但是学术观点一般认为，埋藏的原因，究竟出于人为或自然，亦所不问。虽然大多出于有意，但不以此为限，其原因出于人为或天然均非所问。但是埋藏物最根本的特征应当是所有权不明的动产，而非本来就没有所有权人的动产。乌木是大约在两千年至万年前，由于地震、洪水、泥石流等将地上树木埋于地下，在缺氧、高压的状态下，在细菌等微生物的作用下，经过数千年甚至上万年的碳化过程形成的。可见，乌木不存在埋藏人或者原所有权人，故不能认定为埋藏物。

第四，不宜将乌木界定为天然孳息。《民法典》物权编中的第321条第1款规定了天然孳息的所有权取得规则，但并没有明确天然孳息的具体含义。天然孳息是指依物的自然属性所产生的物。天然孳息的范围非常广，主要源于种植业和养殖业，如耕作土地获得粮食和其他出产物，种植果树产生果实，包括竹木的枝根，养殖牲畜获得各种仔畜和奶产品等，但也并非仅限定于此。乌木是由于地震、洪水等将地上树木埋于地下，经过成千上万年的碳化过程即自然力的作用形成的，虽然乌木系因自然规律而产生，与特定地域的土地的自然属性密切相关，但从本质上讲，乌木应为树木埋藏于地下经过自然力的作用而形成，并非土地基于本身的自然属性而产生。故将乌木界定为土地的天然孳息，也不妥当。

第五，宜将尚未与土地分离的乌木界定为土地的组成部分，出土之后则为土地的出产物。我们认为，乌木已在特定地域的地下埋藏成千上万年，并在土地中经过漫长的碳化过程，实际上已与土地密不可分，因此，埋藏于地下的乌木可以认定系土地的组成部分，在出土后则应属于土地的出产物。原《物权法》对于与原物尚未分离的出产物的归属没有明确规定。但依据基本的法理，作为土地的组成部分，其归属当然要与土地本身的归属一致。简言之，乌木被发现、挖掘前，显然处于与土地并未分离的状态，其所有权主体应当是土地的所有权人，挖掘该乌木的人不能取得乌木的所有权。

综上，在理论和实务上有必要进一步研究细化土地出产物的规则，明确尚未与土地分离的，是该土地的组成部分，应归属于该不动产所有权人。土地之上已经成立用益物权的，则该出产物应归用益物权人所有。下一步，有必要根据实际需要通过指导案例等适当形式加强对下级法院的指导。同时，也要做好与《文物保护法》《古生物化石保护条例》等法律、行政法规的衔接适用，比如涉及相关文物等情形的，则要适用《文物保护法》的规定。

**第三百二十条** 主物转让的，从物随主物转让，但是当事人另有约定的除外。

## 关联规定

法律、行政法规、司法解释

1.《中华人民共和国民法典》

第六百三十一条 因标的物的主物不符合约定而解除合同的，解除合同的效力及于从物。因标的物的从物不符合约定被解除的，解除的效力不及于主物。

2.《最高人民法院关于适用〈中华人民共和国民法典〉有关担保制度的解释》

第三十九条 主债权被分割或者部分转让，各债权人主张就其享有的债权份额行使担保物权的，人民法院应予支持，但是法律另有规定或者当事人另有约定的除外。

主债务被分割或者部分转移，债务人自己提供物的担保，债权人请求以该担保财产担保全部债务履行的，人民法院应予支持；第三人提供物的担保，主张对未经其书面同意转移的债务不再承担担保责任的，人民法院应予支持。

第四十条 从物产生于抵押权依法设立前，抵押权人主张抵押权的效力及于从物的，人民法院应予支持，但是当事人另有约定的除外。

从物产生于抵押权依法设立后，抵押权人主张抵押权的效力及于从物的，人民法院不予支持，但是在抵押权实现时可以一并处分。

## ▶ 条文释义

### 一、本条主旨

本条是关于从物随主物转让的规定。

### 二、条文演变

原《物权法》第115条规定:"主物转让的,从物随主物转让,但当事人另有约定的除外。"《民法典》本条基本沿用了这一规定,仅把"但"修改为"但是"。

### 三、条文解读

按照物之间的相互关系,物可被分为主物和从物。主物与从物的划分规则,是指在两个以上的物发生互相附着或者聚合而且在经济上发生密切的关联之后,当物上的权利发生变动时,为确定物的归属所适用的规则。物的主从关系的划分并非人为拟制,而是经济实践的反映。现实中的物常常是由许多单一物结合在一起组成的物。当物上的权利发生变动时,必须考虑各部分是否也随之发生权利的变动,因此制定主物与从物之间的关系规则非常必要。

要准确把握本条关于主物转让的,从物随主物转让的一般规则,需要首先对主物和从物的概念进行理解。对于主物和从物关系的理解,中心应在从物上。本条规定的从物具有如下特点:(1)从物并不是主物的组成部分。在物理性质上与主物是可分离的,并有其独立存在的价值。如果某物已成为他物的组成部分,如安装在房屋里的灯具,其作为灯具虽有其独立存在的价值,但因其已安装于房屋中,即成为房屋功能的一部分而不具有从物的特点。而放置在房屋门口两侧的石狮子与房屋的使用功能无必然的联系,但因其存在,可使房屋的价值效能增加,因此,这对石狮子即为该房屋的从物。(2)从物是为发挥主物的效用而存在的。主物既有其独立的经济利益,同时也有其独立的经济效用。而从物,则虽有其独立的经济利益,但却无独立的经济效用。从物的效用,须依附于主物方能发挥,从物的存在是为了辅助主物的存在,为了增加主物的价值。如手表与表链,若无表链,手表的价值就会减损。(3)从物与主物须有一定程度的场所结合关系。如手表与表带、灯与灯罩不存在一定程度的场所结合关系，而是分离甚远，则不能认为二者有主从关系。相反，只有二者间存在一定程度的场所结合关系，才有从物与主物关系发生的可能。（4）从物必须与主物同属于一人。因为只有从物与主物同属一人的情况下才能适用从物的所有权随主物的所有权转移的规则。如果二物不属于一人，则从物随主物的转移而转移，将会损害第三人的利益。

在主物和从物的关系中，必须有从物附着于主物的事实，即主物和从物必须发生空间上的联系，并且从物对主物需发挥辅助性的作用。至于从物是否限于动产，瑞士和德国民法持肯定意见，日本民法则采取否定观点。对此，我们认为，至少实践中绝大多数情形的从物应该就是动产。而且实务中涉及主从物纠纷的也基本都是动产。例如，在山东某地产有限公司与厦门某科技有限公司借款合同案中，一审法院认为，关于抵押后房产内电梯等设施是否属于抵押财产，根据《担保法解释》第62条规定："抵押物因附合、混合或者加工使抵押物的所有权为第三人所有的，抵押权的效力及于补偿金；抵押物所有人为附合物、混合物或者加工物的所有人的，抵押权的效力及于附合物、混合物或者加工物；第三人与抵押物所有人为附合物、混合物或者加工物的共有人的，抵押权的效力及于抵押人对共有物享有的份额。"第63条规定："抵押权设定前为抵押物的从物的，抵押权的效力及于抵押物的从物。但是，抵押物与其从物为两个以上的人分别所有时，抵押权的效力不及于抵押物的从物。"因此，山东某地产公司关于房产范围内新增的电梯等设施和设备，不在抵押物登记范围之内，不能纳入拍卖范围的抗辩理由不能成立。由于债务人厦门某科技有限公司不履行债务，债权人某银行有权依照《担保法》的规定以拍卖或者变卖山东某地产有限公司提供抵押的财产的价款优先受偿。二审法院认为，关于本案抵押担保的财产范围。抵押合同当事人双方对抵押物在建项目某大厦中电梯的权属存在争议。鉴于抵押合同双方在合同中对电梯部分并未作出特别约定，虽然电梯可以作为独立的权利客体存在，但作为建筑物重要组成部分的电梯，一旦与建筑物本身脱离，其将失去独立存在的意义。因此，原审法院依据《担保法解释》第62条、第63条之规定，将在建项目中的电梯部分认定为抵押物的从物是正确的。虽然在抵押设定时，电梯并未安装，但至今厦门某科技有限公司也没有证据证明该电梯的所有权属于另外一个主体。因此，无论在抵押权设定前后，除非当事人之间有特别约定，电梯应当视为抵押房产的组成部分之一，即某大厦的从物。故本案抵押物的财产范围应当包括电梯部分。厦门某科技有限公司关于某大厦中的电梯部分不属于抵押范围的上诉理由没有法律依据，应当予以驳回。

## ▶ 适用指引

### 一、当事人意思自治优先

关于本条的适用，需要注意的是，本条规定属于任意性规范的范畴，由于主物与从物是可以分离的独立的物，因此，当事人之间也可以通过特别约定，在转移主物时从物的所有权并不发生转移，或者约定抵押主物，而从物并不相应地作为抵押标的，或者转移主物时只使某一从物发生转移而另外从物不发生转移。各国立法例均作出规定，许可原权利人依特别的约定对从物进行处分。这一考虑的基本原因在于：主物和从物毕竟是两个物，从物附着于主物一般也有其可分性，从物与主物的分离并不妨碍主物的经济效用的发挥。①

### 二、抵押权对于从物的效力

从物为依附于主物而发挥作用的独立物。在主物被设立抵押时，其已经存在的从物是否包括于抵押的范围，当事人可以对之作出肯定或者否定的约定；对于抵押物将来有可能增加出现的从物，当事人也可以作出相同约定。如当事人对之有所约定，抵押权实现时，即按当事人的约定处理。

在当事人就从物是否包括在抵押范围内未作约定的情形，就抵押权设立时已经存在的从物，一般认为其当然应为抵押权的效力所及。但对抵押权效力是否及于其设立之后所出现的从物，理论上争议颇大，有以下四种观点：（1）否定说，其认为抵押权设立时，当事人系以抵押物当时的状态估计其价格，如抵押权效力及于其设立后所生之从物，有悖当事人的意思。（2）区别说，其认为从物为动产时，应为抵押权效力所及；如从物为不动产时，不应为抵押权效力所及。（3）并付拍卖说，其认为抵押权效力不应及于从物，但必要时应将之与主物一并拍卖，对于从物的价金，抵押权人无优先受偿权，否则一般债权人的

---

① 参见最高人民法院民法典贯彻实施工作领导小组主编：《中华人民共和国民法典总则编理解与适用》，人民法院出版社2020年版，第577页。

担保利益将会受损。(4)折中说,其认为原则上应认定抵押权的效力及于后增加之从物,但后增加之从物如影响到一般债权人的共同担保时,则抵押权人仅能依法予以一并拍卖,但无优先受偿权。

原《物权法》第115条有关"主物转让的,从物随主物转让,但当事人另有约定的除外"之规定的立法根据主要在于尊重交易习惯,即当主物被出卖时,如出卖人无相反说明,其价格中通常包括从物(配件)的价格,而对买受人来说,如无特别原因,基于使用上的方便和一般购买习惯,其主观上通常会认为主物是连同其从物一起出售。因此,从物随主物的转让而转让的规定实际上是建立在基于社会生活习惯而对当事人意思的推定基础之上。当主物被抵押时,财产即被预设了将来有可能被转让的命运,而抵押范围是否包括从物,在抵押人为债务人时,因其全部财产均应用于担保债务履行,故其无关紧要。但在抵押人为第三人时,则涉及其重要利益,如其有相反意思,应予特别说明。因此,在当事人无相反约定时,抵押权的效力及于从物,应能成立。

但是,对于所谓"新增"的从物,情况则完全不同:(1)如抵押权设立时从物尚未出现,则抵押物在当时即为无从物的独立物,抵押权人设立抵押权时的利益预期,当然只能是该独立物的价值本身,故抵押权人因抵押人新增从物的行为而获得额外利益,于法无据;(2)新增从物为抵押人的行为所导致,其并非抵押人的义务。相反,抵押人有不新增从物的权利。这样就会出现两方面的问题:一是动产新增从物完全有可能不为抵押权人所知晓,故其根本不可能对其提出主张;二是既然抵押人有权新增从物,则自然有权将其拿掉(拿走或者损毁),此举毫不损害抵押权人原有的利益,抵押权人无从反对。由此可见,所谓"抵押权效力及于新增从物"的主张,完全不能成立。

再从实证上分析,既然从物是独立物,则就动产而言,主物与从物在物质形态上不具有不可分离性,因此,本无从物的动产设定抵押后,抵押人如将新购置的配件与之放置在一起,该配件即为从物,如将之拿开,即不再是从物。例如,将未配置备用轮胎的汽车设立抵押后,抵押人如将其后购买的备用轮胎置于汽车之上,则其为从物,但在抵押权实现前,抵押人完全可以将该备用轮胎卸下另行放置,使其不再是从物。此时,抵押权人无权主张对所谓新增从物的权利;而就不动产而言,在建筑行为被严格控制的现代社会,不动产抵押设定后新增的合法建筑物或者设施,要么为不属从物的独立建筑,要么为既有不动产抵押物的组成部分。

应当特别注意的是，不动产从物的认定并不是完全依照财产在使用功能上的从属关系而进行的，凡是能够进行独立的所有权或者用益物权登记的不动产，例如地面或者地下停车场及停车位、某些地下室等，均非另一不动产的从物；地下车库不是房屋的从物。因此，在不动产抵押权设立时，其效力不能及于另一独立登记的不动产（如房屋的抵押不能当然包括停车位的抵押，如果当事人将房屋与停车位一并抵押，须办理两项抵押权登记），而在不动产抵押物被拍卖时，也不得将另一独立登记的不动产一并拍卖。

### 三、从物的认定标准

#### （一）从物非主物之物的成分

设置该要件的目的，是与相似概念——"物的成分"进行区分。从物虽然辅助主物，但也需要满足一个物所应具有的存在于人体之外，能够满足人们社会需要，又能为人所实际控制或者支配的物质客体的要求。而物的成分则只是物的一部分，并不是独立的一物，其或多或少缺乏物所应具有的一些特征。从物与物的成分在性质上相似，都可以为该物发挥效用提供帮助，区别从物与物之成分的意义在于，能否独立作为权利客体。如果法律没有其他的规定，一个物的组成部分和这整个物具有同样的法律命运。而从物随主物移转则是任意性规定，存在从物不随主物移转的可能。区分从物与物的成分是从物认定中的难点。尤其在现代生活中，一方面，越来越多诸如汽车、电脑这种由多个部件组成的合成物或集合物的出现，使物品上的辅助功能越来越多，一个物品的使用往往需要多个配件予以配合；另一方面，由于工业零部件的模式化生产，导致物品中的配件数量的增加并且可以单独购买，使得很多配件性质的物品在从物和物的成分的界限上模糊不清。

从物与物的重要成分之间的区别较为明显，但与非重要成分极为相似，实践中容易产生混淆。对于从物和非重要成分的区分，主要应当考虑从物作为物的独立性，具体而言：（1）从物在空间上具有独立性。从物在物理上与主物是分离的，或者仅仅附着于主物之上，如汽车的备用轮胎。而物的成分通常与物结合为一体，即使是可以与物分离的部分，其在发挥作用的状态下也必须是与物相结合。如对一副扑克牌而言，其中的每一张牌虽然在物理上可以与其他牌分离，但在发挥扑克牌的效用时，必须在物理上是结合在一起的，因此，每张牌都属于该副扑克牌的成分。而就扑克牌盒而言，仅仅与该副牌存在空间上的附着，其与扑克牌的分离也不会影响使用，因此属于扑克牌的从物。（2）从物在交易上能够独立地作为人类的一种生活资料或生产资料，而物的成分则通常不具有交易上的独立性。例如一粒米、一滴油，依社会观念不能够独立交易，不能成为法律上的物，只能是一袋米、一桶油的成分。在我国司法实践中，有裁判认定从物时不考虑从物的独立性，认定天井、大厅等公共部分是住宅部分的从物。

但是，从物与物的成分有时可以相互转化。当从物与主物间产生无法分离的结合时，便成为主物的成分。在这里就需要注意从物与添附概念的区别。添附是附合、混合的通称，广义上的添附还包括加工在内。其中，易与从物混淆的主要是附合中"动产与不动产附合"的情形。我国司法实践中，人民法院在判断装修与房屋之间的关系时往往不加区分，统一认定为房屋的从物。但实际上，因附合而与不动产添附后的动产，如有固定性与继续性，该动产应认为已丧失独立性，从而构成房屋的成分，例如壁纸、油漆。而不具有固定性，但其能为不动产发挥经济效用之物，如吊灯、空调，则可能构成房屋的从物。物的成分与主物的关联，相较于从物与主物之间的关联要更为紧密，物的成分应当必须随物而移转，而从物随主物移转只是任意性规范。因此，法官在认定时应当将其区分。此外，物的成分与主物分离后也不必然为从物，还要看两物之间是否仍存在密切的经济功用联系。如离开树之果实，因为无经济联系，则为独立物；而帆船与船帆，经济联系密切，则可以认定为主从物。在这种转化的情形中，区分从物还是物之组成部分，应当依照交易当时物与物之间的状态来定。

（二）从物具有辅助主物的经济效用

区分主从物的根本原因是，从物为主物的经济目的提供效用。从物与主物之间存在经济上的关联，一旦主从物分离，会对主物的继续使用造成不利影响，因此，在当事人间进行交易时，法律便推测其具有维持这种联系的意思，进而设置了从物随主物移转原则。但是，物与物之间有着千丝万缕的关系，达到何种程度时，才能称之为"为主物经济目的提供效用"呢？应当考虑以下三点：（1）主从物间经济效用联系既可以来源于主物本身的特性，也可以源于某种人为的设定。前者如汽车与备用轮胎的主从关系；后者如汽车改造而成的活动快餐店，车内用于经营的炊具本与汽车并不存在经济关联，但由于汽车主人人为的设定，便属于该汽车的从物。（2）从物这种经济效用的提供应当是长期的。这一要求自罗马法就已有之。暂时的结合或者暂时的增加另一物效用不构成主从关系。（3）从物应当是主物在发挥功能时所需之物。若某物仅仅增加主物的辅助功能，或并非主物之必需，则通常不能认定两物间存在主从关系。

### （三）主物所有人对从物享有权利

我国对于主物、从物是否必须同属于一人所有，存在不同见解。持赞成观点的学者认为，处分主物的效果将及于从物，从物上物权直接发生变动，因此，在从物与主物异其所有权时，将对从物所有权人构成不当威胁，故必须附加这一要件来避免对第三人利益的侵害。持否定观点的学者认为，主从物并不必须属于同一人所有，具体理由有：（1）主从物的分类标准为两物之间的关系，而与物的归属无关。为了保证交易安全，而割裂主从物之间固存的经济效用联系，无异于本末倒置。（2）设置从随主原则的目的本就是在权利变动时确定从物的归属，此时再强调它们之间的权利归属问题似显多余。该观点认为，从物与主物之间已经存在附着关系，则其必然同属于一人所有，此时再讨论主从物是否同属于一人，没有意义。

### （四）认定主从物关系符合交易习惯

自罗马法以来，各国在认定从物时都将交易习惯作为一个重要的参考要素，但在交易习惯是肯定要件还是否定要件，如何认定是否存在交易习惯等问题上存在不同方法，学界对此也存在争议。对交易习惯要件的认定，应当从以下两个角度进行考虑。

**1. 认定主从物时，是否需要参考交易习惯**

认定主从物时，是否需要参考交易习惯，理论上有不同观点。持反对意见学者认为，主从物的概念是以两个物之间的相互关系为标准。只要两物之间满足客观上存在经济上紧密的辅助关系，便可以认为两物是主从物，不需要再去考虑两物之外的其他观念或者习惯等因素，否则将破坏认定从物的客观性和一致性。持赞成意见的学者认为，从区分主从物的目的着眼，认定从物的目的是确定当事人就被转让财产的"配件"（从物）是否包括在转让标的范围，所以，在确定主物与从物的区分标准时，除了应对有关财产从使用功能方面予以分析之外，更为重要的是必须尊重交易习惯和社会生活的实际情况。此外，还有学者认为，交易习惯虽不是认定主物、从物的判断标准，但是，在认定从物是否辅助主物发挥效用时，应该考虑交易习惯。

2. 认定主从物时，怎样参考交易习惯

认定主从物时，如何参考交易习惯？究竟是需要认定"两物间有主从关系的交易习惯"，还是需要认定"存在相反的交易习惯排除主从物关系"？学界存在疑问。在我国司法实践中，人民法院大多认为是需要有认定两物间存在主从关系的习惯。在参考交易习惯时，应当是考虑是否有相反的交易习惯来排除主从物关系。如果已经存在交易中某物随另一物移转的习惯，那么，两物间是否存在主从关系，已经不再重要，只需依据交易习惯，就可以直接判断转让标的范围。故将交易习惯作为一个限缩要件更加合理，用来限制从随主原则在那些虽然在使用上有联系，但实践中并不经常一并处分的物品中的适用。如衣服与衣架，原本应有主从关系，但出卖衣服，交易习惯并未包含衣架，故衣服与衣架并非主从物。现代生活中，物与物之间的配套使用无处不在，仅仅依照物与物之间的经济关系来判断是否构成主从物，无疑会过分扩大从随主原则适用范围。"不存在相反交易习惯"要件的限制，可以避免这种情况的出现，减少交易中纠纷的产生。而对于"不存在相反交易习惯"的证明，应当由主张从物随主物转让的一方承担举证责任。鉴于不同地区间交易习惯存在差别，我们认为，司法裁判时，可以参考《民法典》第511条关于合同约定不明的相关规定，以履行义务一方当地的交易习惯为准。对于交易习惯的具体内容，可以包括：（1）在交易行为当地或者某一领域、某一行业通常采用并为交易对方订立合同时所知道或者应当知道的做法；（2）当事人经常使用的习惯做法。

综上所述，一物构成另一物之从物，需要满足"非物之成分""服务于主物之经济效用""主物所有人对从物享有权利"三项肯定要件，在满足以上三点之后，还需要"不存在相反的交易习惯"。此时，方可认定一物构成另一物之从物，适用从随主移转的原则。

## 典型案例

**徐某标与沭阳楚翔金盛贸易有限公司、江苏楚润金正汽车销售服务有限公司、广州汽车集团乘用车有限公司、广汽汇理汽车金融有限公司买卖合同纠纷案**

**关键词：** 主物　从物　车辆合格证质押

**裁判摘要：** 徐某标从市场以合理价格购得车辆，楚翔公司已向其交付车辆，徐某标已依法取得车辆所有权。车辆合格证系机动车生产企业按照国家相关要求制作形成并随车交付的证明车辆合格的法定文件，附属于车辆，属于车辆的从物，其权属应归于车辆所有人。虽然融资公司基于其与楚翔公司之间的质押合同占有涉案车辆合格证，但是车辆合格证不具有财产属性及权利内容，不能作为质权标的，故融资公司不享有车辆合格证的质权。融资公司与楚翔公司关于占有汽车合格证的约定仅对两公司具有约束力，不能对抗消费者。故判令融资公司向徐某标交付汽车合格证。

**基本案情：** 楚润公司系广乘公司在宿迁地区的4S经销商，楚翔公司长期销售楚润公司传祺汽车。2017年12月10日，原告徐某标从楚翔公司处购买传祺GS5车辆。原告徐某标已向楚翔公司付款购车款，楚翔公司将车辆交付原告徐某标，但未交付车辆合格证，致使车辆不能上牌，无法上路行驶。据原告了解，楚润公司、广乘公司、广汇公司利用汽车合格证质押作为汽车销售模式，约定由广汇公司为楚润公司向广乘公司付款购车，广乘公司将本应随车的车辆合格证作为质押物交付给广汇公司。楚润公司将汽车销售后，再向广汇公司还款并取回合格证，最后交付消费者。原告认为，原告及楚翔公司、楚润公司、广乘公司之间具有合法的合同关系，楚翔公司、楚润公司、广乘公司应当履行合同义务。广汇公司的行为侵犯了原告的合法权益，其应协助楚翔公司、楚润公司、广乘公司向原告返还涉案车辆合格证。

法院经审理认为，原告与楚翔公司签订的销售定购合同系双方真实意思表示，不违反法律、法规强制性规定，合法有效。原告已按约定向楚翔公司支付购车款，楚翔公司已向原告交付涉案车辆，原告取得涉案车辆的所有权。广汇公司辩称，楚翔公司系代楚润公司向原告出售涉案车辆，构成无权处分，原告取得涉案车辆不构成善意取得。首先，楚翔公司并非系代楚润公司出售涉案车辆，其与楚润公司之间就涉案车辆系买卖合同关系；其次，即使楚润公司尚未取得涉案车辆的所有权，原告系从市场以合理价格购得涉案车辆，楚翔公司已向原告交付车辆，原告的行为也构成善意取得，对车辆享有所有权。因此，法院对广汇公司的上述辩解不予采信。车辆合格证系机动车生产企业按照国家相关要求制作形成并随车交付的证明车辆合格的法定文件，附属于车辆，其应权属归于车辆所有人。广汇公司系基于其与楚润公司之间的质押约定占有涉案车辆合格证，但是，车辆合格证不具有财产属性及权利内容，车辆合格证不能作为设立质权的标的，楚润公司与广汇公司将涉案车辆合格证作为质押标的设立的质权无效。车辆合格证仅是证明车辆合格的法定文件，对车辆所有人以外的他人没有任何价值，但对原告而言，没有车辆合格证，其购买的车辆无法上牌，也无法使用。广汇公司占有涉案车辆合格证没有任何价值，且影响原告（具体名称）对车辆的正常使用，不符合物权法物尽其用的立法目的。

【案　　号】（2018）苏1322民初3908号

【审理法院】江苏省沭阳县人民法院

【来　　源】《江苏省高级人民法院公报》2019年第1辑

## ▶ 类案检索

### 赵某某与山东某某房地产开发有限公司商品房销售合同纠纷案

**关键词**：主物　从物

**裁判摘要**：本案中，原告请求解除与附属储藏室有关的部分合同内容，不符相关法律规定精神。房屋买卖合同约定交易的主房和附属储藏室具有不动产物权意义上的主物和从物的关系，主物与从物须由同一所有权人享有行使权利方能发挥物的效用。如分割处理主物、从物使其归属于不同的主体，则各权利主体均无法实现物的全部效用。甚至可能导致从物的所有人根本不能对从物进行利用，严重减损从物的流通价值。本案商品买卖合同依法不能部分解除，客观上也不宜部分解除。

【案　　号】（2018）鲁16民终428号

【审理法院】山东省滨州市中级人民法院

【来　　源】中国裁判文书网

> **第三百二十一条** 天然孳息，由所有权人取得；既有所有权人又有用益物权人的，由用益物权人取得。当事人另有约定的，按照其约定。
>
> 法定孳息，当事人有约定的，按照约定取得；没有约定或者约定不明确的，按照交易习惯取得。

## ▶ 关联规定

法律、行政法规、司法解释

1.《中华人民共和国民法典》

**第四百一十二条** 债务人不履行到期债务或者发生当事人约定的实现抵押权的情形，致使抵押财产被人民法院依法扣押的，自扣押之日起，抵押权人有权收取该抵押财产的天然孳息或者法定孳息，但是抵押权人未通知应当清偿法定孳息义务人的除外。

**第四百三十条** 质权人有权收取质押财产的孳息，但是合同另有约定的除外。

前款规定的孳息应当先充抵收取孳息的费用。

**第四百五十二条** 留置权人有权收取留置财产的孳息。

前款规定的孳息应当先充抵收取孳息的费用。

**第四百六十条** 不动产或者动产被占有人占有的，权利人可以请求返还原物及其孳息；但是，应当支付善意占有人因维护该不动产或者动产支出的必要费用。

**第五百七十三条** 标的物提存后，毁损、灭失的风险由债权人承担。提存期间，标的物的孳息归债权人所有。提存费用由债权人负担。

**第六百三十条** 标的物在交付之前产生的孳息，归出卖人所有；交付之后产生的孳息，归买受人所有。但是，当事人另有约定的除外。

**第九百条** 保管期限届满或者寄存人提前领取保管物的，保管人应当将原物及其孳息归还寄存人。

2.《最高人民法院关于适用〈中华人民共和国民法典〉婚姻家庭编的解释（一）》

第二十六条　夫妻一方个人财产在婚后产生的收益，除孳息和自然增值外，应认定为夫妻共同财产。

## ▶ 条文释义

### 一、本条主旨

本条是关于孳息所有权归属的规定。

### 二、条文演变

天然孳息是原物的出产物，一方面，人们占有使用原物并对其进行生产劳动，其目的就是获得出产物、收获物，因此法律规定天然孳息的归属，实际上就是对劳动的保护；另一方面，日常生活中也常发生原物在脱离所有权人的情况下而产生孳息的情形，因此确定孳息的归属尤显必要。法定孳息，是指依一定的法律关系由原物所生的物，是原物的所有权人进行租赁、投资等特定的民事法律活动而应当获得的合法收益。如房屋出租所得的租金，依股本金所得的股息等。

原《物权法》第116条规定："天然孳息，由所有权人取得；既有所有权人又有用益物权人的，由用益物权人取得。当事人另有约定的，按照约定。""法定孳息，当事人有约定的，按照约定取得；没有约定或者约定不明确的，按照交易习惯取得。"本条除将"按照约定"修改为"按照其约定"外，沿用了这一规定，仅作了个别文字修改。

### 三、条文解读

本条是关于孳息所有权归属的规定，目的是为权利人取得天然孳息和法定孳息的所有权提供法律依据。在现代社会，人们取得和占有财产的一个重要目的就是要通过生产劳动或者交易来获得其出产物或收益，本条所规定的孳息就主要是指这些出产物或收益，因此，明确孳息的归属对于保护正常的生产劳动和交易活动具有重要价值。本条针对不同的情况，分别规定了孳息的所有权可依法定方式、约定方式或者交易习惯取得，其取得规则本身并不具有强制性，当事人可自主约定孳息的所有权应由何人取得。

（一）孳息的含义[①]

本条未对孳息的含义作出明确规定，学理上一般认为，孳息是相对于原物而言的。其中，原物是指产生孳息的物或者权利，孳息是指原物所产生的物或者收益，包括天然孳息和法定孳息。天然孳息是指物依自然而产生的出产物，天然孳息的范围非常广，主要来源于种植业和养殖业，如耕作土地获得粮食和其他出产物，种植果树产生果实，包括竹木的枝根，养殖牲畜获得各种子畜和奶产品等。天然孳息在与原物分离之前，为原物的一部分，不能独立成为所有权的客体，只有在与原物分离之后，才能成为独立的物和孳息，进而产生所有权归属问题。但是，这并不妨碍当事人将未来可能产出的孳息作为将来物进行交易，法院也可针对已产生但尚未与原物分离的出产物采取查封、扣押等措施，以保证其分离时人民法院得直接依相关的程序规定来执行该动产。法定孳息是指依法律关系产生的收益，如利息、租金等。其中所述的法律关系既包括基于法律行为产生的法律关系，如租赁关系等，也包括非基于法律行为产生的法律关系，如法定的利息关系等。

（二）孳息的归属

**1. 天然孳息的归属**

关于天然孳息的归属，各国立法上大多采用的是在承认原物所有权人有权取得从物所有权的前提下，许可他人依据法律的规定或者约定享有可排斥原物所有权人的取得权的权利。他人的这一权利既可以基于物权而生，也可以基于债权产生。本条所采用的规则与此相同，即在当事人无特别约定时，天然孳息的所有权由原物所有权人取得，原物之上既有所有权人又有用益物权人的，由用益物权人取得，其取得时间应为孳息与原物分离之时。至于其分离是基于自然的原因，还是人为的原因，孳息的产生过程是否加入了人的劳动，在所不问。

---

① 参见孙宪忠、朱广新主编：《民法典评注：物权编》，中国法制出版社2020年版，第498页。

### 2. 法定孳息的归属

法定孳息作为依法律关系产生的收益，在其赖以产生的法律关系是基于当事人的合意而生时，自然应优先适用当事人之间的约定，只有在当事人之间无约定或者约定不明时，才需要由法律来直接规定应由谁取得孳息的所有权。本条的规定即采用了此一约定优先原则，并以依交易习惯取得作为其补充。其中所述的交易习惯一般是指，利息应由债权人取得，租金应由出租人取得等。

在《民法典》中，孳息所有权的取得与孳息的收取并非同一概念，也非同一法律问题，即有权收取孳息的人并不一定都有权取得孳息的所有权。例如，依据《民法典》第412条、第430条和第452条的规定，抵押权人在抵押物被扣押之日起，质权人或留置权人在标的物被质押或留置期间，就有权收取担保物产生的孳息。这种收取权的赋予从立法目的上来看，主要是使孳息也得充任担保物，进而更好地保障担保物权的实现，其本身并不能导致孳息的所有权归属于担保物权人的法律效果，即孳息的所有权仍应归属于原物（担保物）的所有权人。

## ▶ 适用指引

### 一、天然孳息与从物的区别

关于本条的适用，需要注意区分天然孳息与从物。从物不是物的成分，从物与主物是互相独立的特定的物，在法律上不是一个所有权（一物一权）。在这一点上，从物与天然孳息是相同的。孳息与从物作为特定的物，可以是种类物，也可以是特定物。关于孳息的法律规则，主要是孳息归属的规则，关于从物的法律规则，主要是从物处分的规则。天然孳息反映了派生上的关系，从物反映了利用上的关系。从物随同主物为法律处分，例如，在出卖、赠与的时候，要随同交付从物；在为他人设立用益物权和用益债权的时候，也要随同交付从物。再如，在抵押的时候，从物随同抵押。而在处分原物的时候，与孳息无关，只是在有特殊约定的时候，孳息才随同原物交付。在抵押的时候，除非抵押物被扣押，抵押权也与孳息没有关系。

此外，不仅当事人约定对于孳息的归属具有重要意义，在法律有特别规定时，也要适用该规定。比如，《民法典》第630条规定："标的物在交付之前产生的孳息，归出卖人所有；交付之后产生的孳息，归买受人所有。但是，当事人另有约定的除外。"本条即是在买卖合同中以交付作为标志，而非以所有权移转作为标志移转孳息权利的归属。交付之后产生的孳息，无论是天然孳息还是法定孳息，都归属于买受人，而因无论其是否办理过户登记，亦无须就交易习惯负举证责任。而在保管合同中，《民法典》第900条则规定："保管期限届满或者寄存人提前领取保管物的，保管人应当将原物及其孳息归还寄存人。"此外，在《民法典》物权编抵押权部分，第412条明确规定："债务人不履行到期债务或者发生当事人约定的实现抵押权的情形，致使抵押财产被人民法院依法扣押的，自扣押之日起，抵押权人有权收取该抵押财产的天然孳息或者法定孳息，但是抵押权人未通知应当清偿法定孳息义务人的除外。""前款规定的孳息应当先充抵收取孳息的费用。"即在符合该条规定情况下，抵押财产即使未被抵押权人占有，其仍然有权收取该抵押财产的天然孳息或者法定孳息。

## 二、孳息的认定

### （一）天然孳息的认定

天然孳息的产出受制于自然规律的制约，比如植物果实的产出，母畜幼崽的生产等都是自然规律的体现。此外，天然孳息及其母物都应是有体物，但两者的物质形式可以不同。比如，绵羊和小羊羔物质形式相同，而和羊毛的物质形式不同，但两者同为绵羊的天然孳息。在具体构成中，天然孳息必须具备独立性、周期性以及无害原物性三个要件。

#### 1. 独立性

独立性指天然孳息与"原物"分离并与之独立的特性。自罗马法以来，孳息制度均贯彻分离主义，"凡未与原物分离之果实等天然孳息，仍为原物之一部，原非独立之权利客体"。也就是说与原物分离是成为孳息的必要条件，这也是"一物一权"原则的当然结果。当孳息尚未与原物分离时，仍为原物之一部分，仅能成立一个所有权；而当孳息与原物分离时，二者成为相互独立的两个物，自可成立两个所有权。因此，"未分离的孳息不是孳息"，通过将孳息分离于原物，它才能够作为一个单独存在的物而成为所有权客体。通常而言，这种分离意味着孳息与原物间的物理脱离，而成为独立物，至于是否借助于人力则在所不问。但也有学者提出，孳息与原物之分离属法律分离，非物理分离。

如土地上的生长物与土地没有物理上分离，但存在法律上的分离，因而可成为单独物权的客体，是土地的孳息。

**2. 周期性**

天然孳息的周期性是其自然规律的体现。周期性要求孳息必须定期产生，这表现在无论是动物繁殖，还是植物开花结果均有其季节规律。从罗马法到现代国家民法，孳息的周期性要件始终被坚守，成为根植于孳息的内在要件。同时，作为孳息最为显著的特征之一，它也使孳息得以与那些不具备此要件的偶然所得收益区分开来。例如，被大风偶尔吹断的树枝为偶然所得，应属于产物而非孳息。

**3. 无害原物性**

所谓"无害原物性"是指孳息的产出不得损害原物的本质。孳息与原物分离前本属原物之一部分，而分离后原物必须完整的保存，且性状未被改变。比如奶牛所产之牛奶，母鸡生产之鸡蛋均为孳息，但屠牛宰肉、杀鸡取卵则非孳息。实际上，"不损害原物本质"是由孳息产出于原物的自然属性所决定的，其客观上保障了原物的再生能力，是孳息得以定期产生的必要条件。添附加工物和自然孳息的一个区别就在于添附加工物是加工行为本身改变了加工对象的物质性状，加工之后仅存在"新物"本身，原物不复存在；而孳息的产出无害于原物，不但原物继续得以保存，而且并不丧失再生产能力。

对于矿石、沙石等无机矿物而言，其开采的实质是将其从矿场中分割出来，原矿场已不完整，并不可再生。因此，无机矿物质的产出实际上是以损害作为原物的土地为代价，不符合孳息的本质特征。尽管目前多数国家的观念中仍将矿物质拟制为天然孳息，但仍有国家如阿根廷坚持否认其作为孳息的一种类型。我国则完全没有将其拟制为孳息的必要，并且拟制的后果还可能导致其法律适用产生冲突。因为矿产资源已有专门的法律调整，根据《矿产资源法》的有关规定，矿产资源归属于国家，但若将其作为孳息的一种，进而适用《民法典》本条则会导出矛盾的结果。

**（二）法定孳息的认定**

不同于天然孳息，作为拟制孳息的法定孳息仅有产生之机制，并无分离之样态。而所谓"产生之机制"则是依赖于客观存在的法律关系，因此，学者对法定孳息的定义多与"因法律关系所获得的收益"类似或相关。然而，并非所有法律关系产生的收益均是孳息，例如，承揽合同之报酬、买卖合同之价金均非法定孳息。法定孳息的本质为权利人将其所有之物交由他人用益所获得之对价，并以利息、租金为典型之代表。在具体认定上，法定孳息必须符合以下特征。

**1. 须为让渡物之用益之对价**

通说认为，法定孳息之原物必须供他人之利用方可，若由自己运营或利用，即便有收益（如利润），也不得成立法定孳息。实际上，权利人获取法定孳息是以转让物之用益为条件。据此，增值利益和劳动报酬均非法定孳息。前者产生原因在于物的交换价值的增加，不要求有利用他人之物的事实，因而不是法定孳息；而劳动报酬则属于作为主体的"人"劳动力付出之收益，非为原物之所得，亦不得为法定孳息。具体方式上，可以是单独转让物之使用权，也可以是将收益权同时一并转让。前一种情形可通过为相对人（法定孳息的实际支付者）设立债权的形式实现，相对人仅取得标的物的使用权，如使用租赁；后一种情形可通过设立用益物权或用益债权的方式达成，相对人可同时取得标的物的使用权和收益权，包括收取天然孳息和法定孳息的权利，如设立土地承包经营权和土地租赁权。

不过，无论以何种方式转让物之用益，一般而言该转让效果对于转让人而言均为非永久性负担。尤其是当转让人为原物所有人为时，该转让的实质效果是在所有权上创设他物权或债权的负担，待相应期限届满或出现法定事由时，该负担即消灭，所有权回复其圆满状态，所有人可请求相对人返还原物。这也是所有权的弹力性所决定的。这一点的意义在于，成立法定孳息不得以权利人丧失原物为代价，这类似于天然孳息不得损害原物本质的特征。

**2. 须为周期性收益**

早期的孳息概念限于自然生长之物，罗马法将其当作为所有权的延伸，因而在诉讼上有权被要求返还。后来，法定孳息观念产生之初，法学家们以"替代性收益"的术语为其定性，并认为其与"孳息"在返还上问题上适用于共同规则，因而将其视为孳息。罗马法上的权利要求具有前瞻性和确定性，以便规范人们的行为模式。而孳息在诉讼上之所以有权要求返还，是因为其具有周期性，而是可预见的。因此，周期性不独为天然孳息所具备，法定孳息亦有此要求。萨维尼曾经尝试建构统一孳息的概念的基础便是周期性，而后来几乎所有承认法定孳息的立法例均以周期性为其要件。

应当说，周期性一词更多的显示自然意义上的含义，体现在动植物定期产出天然孳息的自然规律上。至于法定孳息，周期性主要表现为其是一种确定性的、持续性的收益，因而此种收益的获得是可预期的。这体现在一方面，法定孳息根据其基础法律关系会一定会产生，而不是一种概率性事件；另一方面，法定孳息是一种持续性而非一次性或偶然性收益，且其收取一般按持续时间计算。以租金为例，它据当事人双方的租赁合同必定会产生，并且其数额会随着租赁期间的延续而不断增长。与之相反，彩票奖金的取得是不可预期的，其产生纯粹为一种概率性事件，并且即便获得也只是一次性、偶然性的收益，因此彩票奖金不属于法定孳息，所谓"射幸孳息"的说法不能成立。

## ▶ 类案检索

### 一、长江万汇资本管理有限公司与涟水海林实业有限公司、江苏涟水农村商业银行股份有限公司公司盈余分配纠纷案

**关键词**：股权收益　法定孳息

**裁判摘要**：根据《物权法》第116条的规定，天然孳息，由所有权人取得；既有所有权人又有用益物权人的，由用益物权人取得。当事人另有约定的，按照约定。法定孳息，当事人有约定的，按照约定取得；没有约定或者约定不明确的，按照交易习惯取得。本案中双方当事人对拍卖后股份产生的分红、送股的归属并没有约定，那么应根据交易习惯确定。上诉人主张江苏省内农村商业银行分配股利的相关交易习惯，是按照股东大会决议分配利润时登记在册的股东进行股利发放，而不是向上年度持股股东分配利润，被上诉人主张该分配行为并非出卖人和买受人之间的交易习惯，仅仅是公司与股东之间利润分配的行业习惯。对此，法院认为，公司向登记在册的股东分配红利符合公司利润分配的交易习惯，新老股东不能以双方内部约定对抗公司，这是公司与股东层面上的关系。至于新老股东之间，红利究竟归属于哪一方，对于法定孳息来说，应依据原物的特性来确定。根据《公司法》第4条规定，公司股东依法享有资产收益、参与重大决策和选择管理者的权利。该规定中的资产收益就是股东依据所持股份享有的收益，而且是包括股权收益在内的全部收益，当然应包含该股权的股息、红利以及其他衍生的孳息，因为这些权益都是股权价值的构成部分。

【案　　　号】（2011）西执异字第 08460 号

【审理法院】江苏省淮安市中级人民法院

【来　　　源】中国裁判文书网

### 二、刘某康与李某返还原物纠纷案

**关键词：** 租金　法定孳息

**裁判摘要：** 房屋属于不动产，不动产物权的设立、变更、转让和消灭，应当依照法律规定进行登记，自记载不动产登记簿时发生法律效力。原告刘某康对案涉房屋于 2014 年 10 月 23 日进行登记，取得了该房屋的所有权，依法享有占有、使用、收益和处分的权利，被告李某自当日起无权占有、使用、收益和处分该房屋，无权将该房屋部分出租给第三人李某 1 和他人并收取租金。第三人李某 1 不应再向被告李某租借房屋并支付租金，被告李某已收取的租金作为在该房屋上获得的孳息，应当返还所有权人刘某康。

【案　　　号】（2016）云 23 民终 1111 号

【审理法院】云南省楚雄彝族自治州中级人民法院

【来　　　源】中国裁判文书网

### 三、加多宝（中国）饮料有限公司申请执行广州王老吉大健康产业有限公司执行回转案

**关键词：** 执行回转　孳息

**裁判摘要：** 孳息问题涉及双方当事人的实体权利义务，虽然相关法条规定了执行回转应返还已取得的财产及孳息，但并未对孳息的认定方法、认定标准作出明确规定，无法定的计算标准。现双方当事人对此持有争议不能达成一致，通过原审判决及再审判决等均无法明确孳息的具体数额，应视为执行回转孳息部分内容不明，属于执行依据不明范畴。考虑到审执分离的原则，执行机构不得在执行回转程序中未经审判程序确认而径行确定孳息的计算方法和计算标准，应对执行回转孳息部分驳回执行申请，权利人可另案诉讼，待孳息部分给付内容明确后再行申请执行回转。

【案　　　号】（2019）渝 05 执 2112 号

【审理法院】重庆市第五中级人民法院

【来　　　源】中国裁判文书网

> 第三百二十二条　因加工、附合、混合而产生的物的归属，有约定的，按照约定；没有约定或者约定不明确的，依照法律规定；法律没有规定的，按照充分发挥物的效用以及保护无过错当事人的原则确定。因一方当事人的过错或者确定物的归属造成另一方当事人损害的，应当给予赔偿或者补偿。

## ▶ 关联规定

法律、行政法规、司法解释

《最高人民法院关于适用〈中华人民共和国民法典〉有关担保制度的解释》

第四十一条　抵押权依法设立后，抵押财产被添附，添附物归第三人所有，抵押权人主张抵押权效力及于补偿金的，人民法院应予支持。

抵押权依法设立后，抵押财产被添附，抵押人对添附物享有所有权，抵押权人主张抵押权的效力及于添附物的，人民法院应予支持，但是添附导致抵押财产价值增加的，抵押权的效力不及于增加的价值部分。

抵押权依法设立后，抵押人与第三人因添附成为添附物的共有人，抵押权人主张抵押权的效力及于抵押人对共有物享有的份额的，人民法院应予支持。

本条所称添附，包括附合、混合与加工。

## ▶ 条文释义

### 一、本条主旨

本条是关于添附物的归属的规定。

### 二、条文演变

《民法典》颁布之前，我国法律层面没有关于添附制度的规定。原《民通意见》第 86 条规定:"非产权人在使用他人的财产上增添附属物,财产所有人同意增添,并就财产返还时附属物如何处理有约定的,按约定办理;没有约定又协商不成,能够拆除的,可以责令拆除;不能拆除的,也可以折价归财产所有人,造成财产所有人损失的,应当负赔偿责任。"原《担保法解释》第 62 条对于抵押物发生添附时相关问题的处理作有规定,该条规定:"抵押物因附合、混合或者加工使抵押物的所有权为第三人所有的,抵押权的效力及于补偿金;抵押物所有人为附合物、混合物或者加工物的所有人的,抵押权的效力及于附合物、混合物或者加工物;第三人与抵押物所有人为附合物、混合物或者加工物的共有人的,抵押权的效力及于抵押人对共有物享有的份额。"司法实践中对此也积累了较为丰富的经验。原《物权法》制定过程中,添附制度几经修改,但最终未作出规定。在《民法典》编纂过程中,最高人民法院提出了增加规定添附制度的建议。立法机关在综合各方面意见的基础上新增加本条内容,明确规定了添附制度,这是立法上的一大进步。

### 三、条文解读

添附制度是所有权取得中的一项重要内容。添附者,为附合、混合及加工三者在学术上之总称。因附合、混合为物与物之结合,加工为工作与物之结合,均有添加结合之关系,且均为动产所有权得丧之共同原因,并有共通之效力,故通说均将三者总称为添附,而予以合并说明。添附之所以成为所有权取得的一种方式,在于不同人的物结合或混合成为一个新物或因对物之加工而使其成为新物时,或者不能恢复原状,或者恢复原状费用过多,不符合经济与效率原则。因此,从增进社会财富、充分发挥物的效用的原则出发,应承认添附可以引起物权的变动,重新确认添附所形成的新物的所有权归属,使其归于一人所有或形成共有;未取得添附物所有权的一方所受之损失,得依法律关于不当得利的规定,请求取得添附物所有权的人予以偿付。在多数国家立法例中,法律通常规定由一人取得添附物的所有权,或共有合成物,目的在于防止对物进行不经济的分离。① 本条对于因加工、附合、混合而产生的物的归属作出了规定。

---

① 参见黄薇主编:《中华人民共和国民法典释义》,法律出版社 2020 年版,第 284 页。

## （一）附合物的归属

附合是指不同所有人的物结合在一起而形成新物。因附合而形成的新物，称之为附合物。① 附合主要有两种情形，即动产与不动产的附合及动产与动产的附合。

### 1. 动产与不动产的附合

动产与不动产附合，简称为不动产附合，是指动产与他人的不动产相结合，成为其重要成分，而发生动产所有权变动的法律事实。② 例如，将砖瓦、石板、木料等建筑装修材料铺砌、安装在房屋中。不动产附合需具备三个条件：一是动产附合于不动产之上；二是动产成为不动产的重要组成部分，其相互结合而成为一个物，非经毁损或变更其性质不能将二者分离；三是动产与不动产须不属于同一人所有，若属于同一人所有，则不发生附合的法律后果。

依据本条规定，并结合法理，动产附合于不动产的法律效果为：第一，除当事人另有约定外，不动产所有人取得动产的所有权。其取得所有权来源于法律的规定，并不适用善意取得的规则，即无须该不动产权利人的善意为要件。第二，该附合的动产的所有权因附合而消灭。第三，原动产所有人不能请求恢复原状，这属于客观不能，但可依本条规定适用不当得利的规则和侵权责任的规则来进行救济，当然，当事人没有过错的，应当适用补偿而非赔偿的规则。此外，当事人的恶意与否，在适用不当得利返还的规定时，有关返还利益的范围是有所不同的，这可以具体适用不当得利的有关规定。在此需要注意的是，由于本条规定较为原则，其规定的"按照充分发挥物的效用以及保护无过错当事人的原则确定"物的归属时，在动产与不动产附合的情形下，有必要在认定上，充分考虑不动产利用的效益、不动产的价值等，仍要遵循上述原则确定归属，即应当认定上述规则符合本条规定的这一要求。

### 2. 动产与动产的附合

动产与动产的附合，是指不同所有权人的两个或两个以上动产相互结合，非经损毁不能分离或分离需要的费用过高，而发生动产所有权变动的法律事

---

① 不动产与不动产的附合现象也是存在的，如河流泥沙淤积形成的土地附合于河流两岸的土地等。但这一现象一般归属于土地法调整。

② 参见崔建远：《中国民法典释评：物权编》，中国人民大学出版社2020年版，第546页。

实。①例如，将油漆涂刷于他人的家具上。此附合的成立也须具备三个条件：一是附合物与被附合物都是动产；二是附合后所形成的附合物非经毁损不能分离或分离的花费过大；三是原两个或者几个动产分属于不同的人所有。②

动产和动产附合后的归属问题，遵循本条的规定，当事人有约定的，要按照约定处理；如果当事人没有约定，则按照充分发挥物的效用以及保护无过错当事人的原则确定。我们认为，结合本条内容的前后逻辑，这里的约定不仅要以合法有效为前提，还要明确具体地就所有权的归属作出约定，否则就要按照法定规则办理。至于此约定的时间，我们认为，原则上此约定应具有事后性，即在附合行为之后，如果在附合行为之前，则构成依合同进行的附合行为，其本质上应属于合同的问题，应当适用《民法典》合同编有关规定。但从本条内容看，也并未排除当事人事先约定的情形。有关法定规则的细化，仍要考虑各个物的原有价值大小，如果一方的动产价值明显高于他方，则由价值明显高的原动产的所有人取得附合物所有权，并由其对因附合而丧失权利或遭受损失的他方给予适当补偿。如果相互附合的动产可被认为具有主从关系，基于从属部分的效用一般系辅助主要部分之常理，法律上应以将合成物的所有权确定为归主要部分所有人所有更为符合效用原则。③但恶意为动产附合行为者，这时应当遵循保护无过错当事人的原则，确定此恶意附合者不得取得附合物的所有权。在恶意添附的情形下，恶意添附人不仅不能取得添附物的所有权，而且其恶意添附行为已构成侵权，应对其侵权行为给他人之物造成的损害承担赔偿责任。而在善意添附的情形下，则应依添附规则确定添附物的归属。善意添附人未获得添附物所有权的，可依不当得利之规定予以救济。但无论是善意添附还是恶意添附，在添附制度的适用条件问题上是一致的，即一旦符合法定的添附构成要件，就应适用添附制度的规定，而不得以恶意添附为理由请求恢复原状。此外，受损害的一方当事人还可以基于不当得利之债的内容，向得利者主张相应的返还责任。当然这里存在竞合关系，当事人应当择一行使。

---

① 参见崔建远：《中国民法典释评：物权编》，中国人民大学出版社2020年版，第551页。
② 参见刘保玉：《物权法学》，中国法制出版社2007年版，第214页。
③ 参见孙宪忠、朱广新主编：《民法典评注：物权编》，中国法制出版社2020年版，第516页。

## (二)混合物的归属

混合,是指不同所有人的动产混杂在一起而成为新物。例如,将不同所有人的气体、液体或粉末状物掺在一起而形成混合物。混合的成立应具备三个条件:一是发生混合的各物都是动产;二是混合后各部分已无法识别,或者虽能采用某种方法识别但识别成本太高;三是混合前的各个动产分属于不同的所有权人。

理论上一般认为,动产混合后所发生的法律效果,准用动产与动产附合的处理原则。依据本条的规定,关于混合物的归属,如果当事人之间有约定,则首先要遵照约定处理,当然这要以此约定合法有效且明确具体为前提。没有约定或者约定不明确的,依照法律规定;在相关法律没有具体规定时,按照充分发挥物的效用以及保护无过错当事人的原则确定。在此要注意的是,对充分发挥物的效用的理解,要考虑动产与他人的动产混合而形成混合物,不能分离或者分离费用过高的,由主物所有权人或者价值较大的原物所有权人取得混合物的所有权。当事人主张该物归属于自己,应当对归属于自己能够充分发挥物的效用承担举证责任。具体来讲,充分发挥物的效用原则至少包含两方面的内容:第一,法官在确定添附物所有权归属时,原则上应坚持基于效用原则派生而来的添附物所有权单一化原则。第二,在不违背添附物所有权单一化原则的基础上,法官在确定添附物所有权的具体归属主体和归属形式(单独所有或共有)时,也应充分考虑物的效用的发挥,以便能够作出更有利于物的效用发挥和鼓励创造的选择。① 同时,基于恶意不予保护的理念,恶意混合者不能取得该物的所有权。这里的恶意,应该首先具有主观故意的内容。至于有关责任的承担,因一方当事人的过错或者确定物的归属造成另一方当事人损害的,应当给予赔偿或者补偿。此赔偿责任为过错责任,在当事人没有过错的情况下,也应根据公平原则承担补偿责任。关于侵权责任与不当得利之债的竞合问题也同于附合时的规则。

## (三)加工物的归属

加工,是指在他人之物上进行劳动从而提升了该物之价值的法律事实。其

---

① 参见孙宪忠、朱广新主编:《民法典评注:物权编》,中国法制出版社2020年版,第506页。

构成要件有三：其一，须对他人之物进行劳动。所进行劳动之物必须是他人之物，若系对自己之物进行了劳动则不属于法律上的加工，此点首先要予以澄清。例如，雕刻艺术家自己购买了一块玉石，然后进行相应的雕刻，雕刻后成为一件艺术品，并不构成这里的加工。这与我们日常自然语言中的加工有所不同。其二，须提升了标的物的价值。若对他人的物实施某项行为导致标的物价值降低了，这属于侵权行为之列，行为人须承担相应的侵权责任，当然不属于加工。[1] 其三，须行为人与标的物所有人之间就加工的情形没有约定。如果行为人事先与标的物所有人之间有约定，则不属于加工，则属于承揽合同或者其他合同的问题，应适用《民法典》合同编的规定。在此需要注意的是，按照本条规定，加工物所有权的归属，不仅允许按照约定处理，而且此约定还要优先。我们认为，本条规定的约定重心在于加工物的所有权归属问题，而非关于加工行为本身的约定。

关于加工物的归属问题，依据本条规定，加工物的归属也是适用混合、附合相同的规则。即有约定按照约定处理；没有约定，依照法律具体规定处理；没有法律具体规定时按照"充分发挥物的效用以及保护无过错当事人的原则确定"。一般来讲，就他人所有之物进行加工，原则上该物由该他人所有，应是更符合物尽其用规则的，否则随意加工他人之物就成为自己之物，与公平观念和所有权保护的基本原则不尽相符。基于物尽其用的考虑，只有在加工人善意进行加工行为且因加工所增加的价值明显大于他人的材料价值时，才可以由加工人取得加工物的所有权。至于有关赔偿和补偿责任，对于加工而言，本条也是采取了与混合、附合相同的规则。

## ▶ 适用指引

一是关于房屋租赁活动中的添附行为如何处理的问题。实践中，承租人在未经出租人同意的情况下，擅自对房屋进行装饰装修而引发的纠纷不少。承租人未取得出租人同意，擅自在租赁房屋上进行装饰装修，改变了租赁房屋的形态，因而构成了对房屋所有权人的侵害，依法应当承担侵权责任。在承租人恶意添附构成侵权的情况下，承租人不得要求出租人就其装饰装修的投入进行补

---

[1] 参见席志国：《中国物权法论》，中国政法大学出版社2015年版，第215页。

偿。因为在这种情况下，承租人的装修投入应当作为其损失，在其主观上存在过错的情形下，应由其自行承担。在承租人侵权的情况下，也不能适用公平原则要求出租人补偿承租人损失，在一方当事人有过错的情况下，并无公平原则可适用。在承租人构成侵权的情况下，出租人不仅不补偿承租人的装修投入损失，还有权基于房屋所有权主张排除妨害，并要求有过错的承租人承担恢复原状的拆除费用，并就装饰装修中的其他损失请求损害赔偿。添附解决的是所有权的归属问题，作为一种专门用于解决物的有效利用的法律制度，添附制度的首要目的就在于维护添附物的整体效用和价值，以避免因强行分离或者恢复物的原状所带来的物的经济价值或效用减损，进而造成不必要的资源浪费和对既有秩序的破坏。① 因此，在确定权属时，法律不允许破坏物的一体性而强行将添附物拆除，并以物归原主的方式来明确物的所有权。② 在某木器加工厂与张某房屋租赁合同纠纷中，人民法院裁判认为，按照装饰装修物与租赁房屋的结合程度有可分离（即未形成附合）和不可分离（即形成附合）两种形态。装饰装修物已与房屋结合在一起形成继续性和固定性的，非毁损不可分离或者虽可分离但花费巨大，可以认定形成附合；装饰装修物与房屋未完全结合尚未达到不可分离状态，则不能认定形成附合。而就侵权责任的承担而言，此只是解决损害赔偿的问题，即对房屋所有权人的救济问题，并不涉及所有权承担问题，这与添附制度是两个问题，并不冲突。

二是发生添附后，原物之上的权利是否继续存在的问题。这一情形，通常发生在混合和附合的情形，在善意加工且加工后增值明显的情况下，也会出现这一问题。我们认为，首先，添附作为所有权取得的重要方式，属于原始取得的范畴，因此，因添附而新取得的所有权，将不再承受原有的权利负担，即该物的所有权因添附而消灭后，该物上的权利负担即告消灭。其次，对此可以参照善意取得的相关规则处理，《民法典》物权编中的第313条规定："善意受让人取得动产后，该动产上的原有权利消灭。但是，善意受让人在受让时知道或者应当知道该权利的除外。"即如果添附后取得所有权的人明知原物之上有权利负担的，则其应当继续承受该权利负担。最后，这一情形更多地发生在担保物权的领域，要注意与担保物权的物上代位性做好衔接。《民法典》施行后，最高人民法院发布了

---

① 参见谢在全：《民法物权论》，中国政法大学出版社2011年版，第303页。
② 参见最高人民法院民事审判第一庭编著：《最高人民法院关于审理城镇房屋租赁合同纠纷案件司法解释的理解与适用》，人民法院出版社2009年版，第128页。

《民法典担保制度解释》。该解释第 41 条规定:"抵押权依法设立后,抵押财产被添附,添附物归第三人所有,抵押权人主张抵押权效力及于补偿金的,人民法院应予支持。""抵押权依法设立后,抵押财产被添附,抵押人对添附物享有所有权,抵押权人主张抵押权的效力及于添附物的,人民法院应予支持,但是添附导致抵押财产价值增加的,抵押权的效力不及于增加的价值部分。""抵押权依法设立后,抵押人与第三人因添附成为添附物的共有人,抵押权人主张抵押权的效力及于抵押人对共有物享有的份额的,人民法院应予支持。""本条所称添附,包括附合、混合与加工。"

# 用益物权

## 第三分编

# 第十章 一般规定

第三百二十三条 用益物权人对他人所有的不动产或者动产,依法享有占有、使用和收益的权利。

▶ 关联规定

一、法律、行政法规、司法解释

1.《最高人民法院关于适用〈中华人民共和国企业破产法〉若干问题的规定(二)》

第一条 除债务人所有的货币、实物外,债务人依法享有的可以用货币估价并可以依法转让的债权、股权、知识产权、用益物权等财产和财产权益,人民法院均应认定为债务人财产。

2.《最高人民法院关于审理行政协议案件若干问题的规定》

第五条 下列与行政协议有利害关系的公民、法人或者其他组织提起行政诉讼的,人民法院应当依法受理:

(一)参与招标、拍卖、挂牌等竞争性活动,认为行政机关应当依法与其订立行政协议但行政机关拒绝订立,或者认为行政机关与他人订立行政协议损害其合法权益的公民、法人或者其他组织;

(二)认为征收征用补偿协议损害其合法权益的被征收征用土地、房屋等不动产的用益物权人、公房承租人;

(三)其他认为行政协议的订立、履行、变更、终止等行为损害其合法权益的公民、法人或者其他组织。

## 二、司法指导性文件

《民事案件案由规定》

　　七、用益物权纠纷

　　55. 海域使用权纠纷

　　56. 探矿权纠纷

　　57. 采矿权纠纷

　　58. 取水权纠纷

　　59. 养殖权纠纷

　　60. 捕捞权纠纷

　　61. 土地承包经营权纠纷

　　（1）土地承包经营权确认纠纷

　　（2）承包地征收补偿费用分配纠纷

　　（3）土地承包经营权继承纠纷

　　62. 土地经营权纠纷

　　63. 建设用地使用权纠纷

　　64. 宅基地使用权纠纷

　　65. 居住权纠纷

　　66. 地役权纠纷

## ▶ 条文释义

### 一、本条主旨

本条是关于用益物权基本内容及用益物权人的基本权利的规定。

### 二、条文演变

本条沿用了原《物权法》第117条的规定，内容上未作修改。

### 三、条文解读

用益物权制度、所有权制度、担保物权制度构成了物权制度的完整体系。

用益物权制度的建立有利于自然资源等不动产或者动产的有效利用和有序利用。用益物权制度，可以在不取得土地等自然资源或他人之物所有权情况下，通过对他人之物的占用、使用而获得利益，同时为社会提供财富。所有权人可通过设立用益物权获得相应利益，或者通过行使所有权的方式服务他人或社会，有利于社会资源得到有效利用。①

（一）用益物权概述

**1. 用益物权的概念**

本条对用益物权的概念进行了定义，并规定了用益物权的基本内容。具体包括以下方面。

（1）占有。即占有人对于物有事实上的管领力的状态。②占有是对物的实际支配、控制，没有占有就不可能实现对物的直接利用。占有是使用、收益的前提与基础，使用、收益是占有的目的。用益物权人对他人之物进行实际占有，进而实现使用、收益，系用益物权的应有之义。

（2）使用。即依物的自然属性、法定用途或者约定方式使该物满足自己的某种目的而加以实际利用，以获取或者实现相应的利益。用益物权人通过对他人之物的占有，根据法定或约定的方式使该物满足其某种目的而加以实际上的利用，最终实现物尽其用，充分发挥物的财产价值。

（3）收益。即通过对物的利用而获取经济上的收入或其他利益，既体现为通过他人之物的利用获取经济收入等金钱利益，也体现为获取居住利益等非金钱利益。收益是用益物权的核心内容。当然，在用益物权人通过占有、使用他人之物获取相应收益的同时，所有权人根据法律规定或约定也会获取相应的对价。同时，用益物权人对他人之物的使用、收益，必须尊重所有权人对物的最终支配、处分权，遵循物的自然属性和约定的使用、收益方式，不得损害所有权人及其他第三人的合法利益，不得损害国家和社会公共利益。③

---

① 参见全国人大常委会法制工作委员会民法室编著：《中华人民共和国物权法解读》，中国法制出版社 2007 年版，第 245 页。
② 参见陈华彬：《民法物权论》，中国法制出版社 2010 年版，第 535 页。
③ 参见最高人民法院民法典贯彻实施工作领导小组主编：《中华人民共和国民法典物权编理解与适用》，人民法院出版社 2020 年版，第 597 页。

### 2. 用益物权的发展

作为民法中最为古老的部门之一，用益物权制度一直随着社会的发展进步不断嬗变，在权利类型、权利设定、权利内容、基本原则等方面都发生着变化。

在我国，20世纪80年代后所颁布的法律规范逐步建立了用益物权体系，原《民法通则》规定了国有土地使用权、国有资源使用权等用益物权，《土地管理法》《水法》等法律所规定的用益物权类型主要包括：宅基地使用权、取水权等。原《物权法》在用益物权的一般规定中对自然资源使用权、海域使用权、探矿权、采矿权等准用益物权进行了一般性规定，在其第11章至第14章详细规定了四种用益物权，即土地承包经营权、建设用地使用权、宅基地使用权和地役权。原《物权法》没有采用传统民法上的地上权、永佃权等概念，但土地承包经营权、建设用地使用权、宅基地使用权等的内涵与传统民法上相关权利的内涵相同或相似。《民法典》基本承袭了原《物权法》规定的用益物权体系，并在此基础上增加了居住权制度。

## （二）用益物权的特征

首先，用益物权具备物权的一般特征，如法定性、排他性、优先性；其次，用益物权还具备一些特殊性，具体表现为以下几方面。

### 1. 派生性

用益物权是由所有权（自物权）派生的物权，是在他人之物上设立的权利，属于他物权。用益物权以所有权为权利来源，用益物权人的权利来源于所有权的各项权能，没有所有权，用益物权将无法存在。因此，所有权人在符合法定或约定情形下，有权恢复对物的实际支配控制，消灭在该物上设立的用益物权，如国家作为土地所有权人依法收回长期违规未开发的出让土地。

### 2. 受限制性

用益物权与担保物权一同被称为定限物权，以区别于所有权的完整物权。首先，所有权是物权权利种类中最完全、最充分的权利，用益物权则只具有所有权权能的一部分，即不包括对该物进行处分的权利。虽然用益物权人可以将其享有的用益物权进行转让、抵押等，也存在基于使用目的而一定程度上改变财产的物理形态（如国有建设用地上的拆迁、开发等），但这种使用并非法律意义上的处分。其次，只要物存在，所有权就可以恒久存在。而用益物权则具有期限性，期限届满，用益物权人须将物返还于所有权人。最后，在使用他人之物的过程中，用益物权人应遵守法律的规定或当事人的约定，按照设立权利时约定的用途和使用方法利用所有权人的财产，保证所有权人的不动产或者动产不受非法侵害，不得损害所有权人的利益。

### 3. 用益性

用益性是用益物权的核心属性，这也是其区别于担保物权的重要标志。用益性体现在用益物权人在行使权利时可以采取多种方式，可以根据物的功效、权利设立目的等差异采取不同的利用方式，有的是重在对物本身的使用，有的重在对物进行收益，有的重在对物进行精神上的使用而非物质上的直接使用（如眺望地役权）。[①] 虽然用益物权不包括对标的物的处分权，但是权利人依法可以享有对用益物权本身的处分权。

### 4. 独立性

用益物权一经设立，便独立于所有权而存在，即用益物权是具有独立性的权利。首先，用益物权人的权利对物的占有、使用和收益，所有权人不得干涉。其次，用益物权不以其他物权的存在为成立前提，不随其他物权的转让而转让，亦不随其他权利的消灭而消灭，这点和担保物权具有明显区别。最后，用益物权人具有对物的直接支配性和排他性，可以对抗包括所有权人在内的所有人的干涉。在不动产因征收等原因消灭时，应给予用益物权人单独的补偿。

### 5. 客体的不动产性

《民法典》规定的用益物权具体类型的客体均为不动产。用益物权是人类社会发展过程中为了解决物质资料的所有与需求之间矛盾而产生发展起来的一项法律制度设计。为了满足不同民事主体的不同需求，将所有权与其具体权能相分离，实现物质资料效能的有效充分发挥。在人类社会商品经济发展过程中，由于以土地为代表的不动产具有稀缺性、不可替代性、不可移动性以及转让手续复杂且价值较高的特点，故在土地等不动产上设立用益物权成为经济、社会发展的必然要求；动产则具有可移动性、可消耗性、易转让性且价值较低等特点，人们通常可以采用购买、租用等方式直接获得动产的所有权和使用权，故用益物权一般以不动产为客体。在《民法典》编纂过程中，关于用益物权的客体是否包括动产的问题，前后曾有反复，中间过渡稿曾一度将动产删

---

[①] 参见王利明：《物权法研究》，中国人民大学出版社2016年版，第8页。

除，也是基于前述考虑。但值得注意的是，随着社会不断发展进步，社会中出现了大型客机、超级游轮等价值越来越高的动产，原来在不动产上设立用益物权的理由亦可以逐步适用于这些价值巨大的动产；且原《物权法》第117条的规定也包含有动产，删除动产反而体现不出社会发展趋势，变动必要性不大。故考虑到法律规定的弹性和开放度，《民法典》用益物权的客体依然保留动产，但用益物权的客体主要体现为不动产。

（三）用益物权的类型体系

类型化是建构法律体系中一种非常重要的逻辑思维方法，将某一属类型区分为若干特征相同或者相似的种类型。由于事物的复杂程度和一定的区分标准，同一权利表现为多层次、多角度的类型化分类方法。由于各国政治、经济、历史和文化背景不同，法律制度、法治传统差异较大，同一权利在不同国家存在不同的制度安排。即便在同一国家内部，不同的学术派别、专家学者对于同一问题也会有不同的观点和看法。如作为物权属类型下的用益物权，如何进行类型化，历来争议较大，通常来说以传统民法上的地上权、地役权和永佃权较具有代表性。《民法典》规定的用益物权具体类型基本上可以归属到地上权和地役权范畴。

我国用益物权制度，是根据我国社会主义基本经济制度、结合我国基本国情和社会发展状况逐步构建的。原《物权法》采取了具体与原则规定相结合的方式确定了我国用益物权的类型化体系，即专章分别规定了土地承包经营权、建设用地使用权、宅基地使用权与地役权，同时，在用益物权一般规定中规定了海域使用权、探矿权、采矿权、取水权和养殖权、捕捞权等基于自然资源创设的特别用益物权，这些特别用益物权和一般用益物权类型上存在较大差异，体现为采矿权作为用益物权行使的过程也是自身以及所有权灭失的过程，采矿权期满终止，所有权无法再恢复原状，这与一般用益物权在终止时所有权人可以将设立用益物权的土地完整收回并不相同，学界中一般将其称为特别物权或准物权。①《民法典》沿袭了原《物权法》确定的用益物权制度，在《民法典》绿色原则的指引下，这些特殊用益物权如何具体确定、如何行使、如何通过物权制度设计强化权利保护，是环境资源审判的重要工作和任务。

---

① 参见崔建远：《准物权研究》，法律出版社2012年版，第26页。

此外,《民法典》还增加了"居住权"章,从而形成了目前用益物权类型化的体系结构:一是一般用益物权类型,包括土地承包经营权、建设用地使用权、宅基地使用权、居住权、地役权;二是特别用益物权类型,包括海域使用权、探矿权、采矿权、取水权、养殖权、捕捞权。

（四）建立用益物权制度的意义

用益物权制度的建立对社会、经济发展具有重要意义,具体表现在以下两方面。

一是促进资源的有效利用。随着社会、经济的发展,人类对物质尤其是土地等资源的需求不断扩大,而相关资源具有相对稀缺、不可替代性。为了社会和经济的持续发展,必然要提高对土地等自然资源的有效利用。在对资源的利用过程中,通过建立对物的利用予以保障的机制,以实现资源有效、充分利用的目的,便成为物权尤其是用益物权法律制度的任务之一。用益物权法律制度,在不能取得自然资源的所有权或不必取得他人之物的所有权时,使得用益物权人可以通过对他人所有之物的占有、使用而获得收益,同时为社会提供财富。而对于所有人,也可以通过设定用益物权,将其所有的自然资源交由他人使用收益,由此所有人可以不必直接使用其所有物也能获得收益。所有权人和用益物权人都可取得相应利益,表明资源的使用价值得到更为有效、充分的实现,社会的整体利益得到最大程度的满足和实现。

二是维护资源的有序利用。主要表现为:(1)用益物权制度是平衡用益物权人和所有权人之间利益保障的法律制度。通过用益物权制度,确定所有权人与用益物权人之间的权利义务,从而实现权利人之间的利益平衡。用益物权制度不仅为维护用益物权人的利益而建立,而且在维护用益物权人权利的同时,兼顾所有权人利益。(2)用益物权制度保障用益物权人和所有权人之间权利义务关系的长久与稳定。用益物权制度所规定的所有权人与用益物权人之间的权利义务,是法定权利义务,当事人不得随意变更。目的是避免一方利用其社会或经济上的优势地位,迫使相对方放弃权利,或者无端增加本不应由对方履行的义务。(3)用益物权一般需要通过登记的公示方法将土地等资源上的权利状态昭示社会,通过公示来保障用益物权人的权利不为他人所侵害并保障交易安全。用益物权登记的范围包括设立目的、土地资源用途等,防止用益物权人任意改变土地等资源的原有用途。(4)特别需要关注的是,用益物权制度可以保护和合理开发自然资源，促进社会经济的可持续发展。用益物权制度赋予了权利人对土地等资源的占有、使用和收益等权利；同时，还要求权利人在行使权利时，承担保护和合理开发利用资源的义务。[①]

## ▶ 适用指引

### 一、用益物权的差异化处理方式

用益物权体系完整且逻辑清晰，有的属于国家层面进行规划创设的，用益物权人的权利在相关法律规范中规定得较为完善，其权益得到了法律的有效保障，如土地承包经营权、建设用地使用权、宅基地使用权；有的基于当事人的约定并经由法律确认，用益物权人的权益受到合同约定内容的影响，如居住权、地役权；有的具有强烈的公法属性，与行政许可密切关联，如探矿权、采矿权、取水权、养殖权、捕捞权等。故在协调处理涉及用益物权人与所有权人之间的权利冲突纠纷时，应对不同用益物权类型进行适当的区分，并根据具体权利的不同特性采取差异化的处理方式。

第一，严格依照法律规定保护用益物权人的合法权益。在土地承包经营权、建设用地使用权、宅基地使用权等用益物权及相关合同纠纷中，由于合同一方为代表国家行使所有权的政府主管部门、行使农村土地所有权的集体经济组织或者代行村集体经济组织职能的村民委员会，多处于相对强势地位，用益物权人的合法权益存在受到公权力或多数意见不当损害的可能性。审判实践中，要注意在法律规定的前提下充分保障用益物权人的合法权益，尤其是关注是否存在所有权人（包括代为行使所有权的民事主体）以国家利益、公共利益为由擅自解除合同、消灭用益物权以及其他随意损害用益物权的行为。同时，还要注意确立用益物权人行使权利的合理边界，防止权利人滥用权利，损害所有权人利益、国家利益、社会公共利益和他人利益。

第二，衡平国家行政管理秩序和环境公共利益。在海域使用权、探矿权、采矿权、取水权、养殖权、捕捞权等特别用益物权及相关合同纠纷中，由于一方主体为代表国家行使所有权的政府主管部门，审判实践中要注重衡平保护国

---

[①] 参见石宏主编：《〈中华人民共和国民法典〉释解与适用：物权编》，人民法院出版社2020年版，第235页、第237页。

家、用益物权人的合法权益与自然资源、环境权益的保护问题。因此，审理案件过程中，不能仅仅适用某一特定法律规范，而是要在适用《民法典》等民事法律规范的同时，兼顾《行政许可法》等行政法律规范以及《环境保护法》等环境资源法律规范的适用，在依法保护用益物权私权利益的同时，也要充分关注国家行政管理秩序和环境公共利益的保障。

第三，严格遵循契约自由、意思自治原则，尊重当事人在合同中的约定。在涉及居住权、地役权等用益物权及相关合同纠纷中，因一般不涉及公权力介入的问题，也鲜有社会公共利益适用的空间，故应当尊重当事人的约定，原则上只要不违反法律法规的强制性规定，不违背公序良俗即应认定合同效力。同时，还要注意到，由于居住权、地役权的存在往往基于一定的历史沿革或者地方性的乡规民俗，在审判过程中要注意到可能会涉及的人情、道德、风俗、习惯等，基于具体案情尊重历史、洞察民情，尽力做到情理法的结合，避免裁判出现合法不合情、合情不合理的情形，影响法律权威和人民法院的公信力。①

## 二、用益物权的限制

由于土地资源具有稀缺性、不可再生性、不可移动性等特点以及土地利用具有交叉外部性，且土地利用与生态环境和人文环境等因素密切相关，市场自身无法决定土地资源的合理配置，故土地利用需要国家管制。

国家对土地形成管制形成的土地管理关系，系在开发、利用、保护、整治和管理土地过程中形成的社会关系。它与自然生态环境关系密切相连，以协调人与土地之间和谐一致、安全利用为基础，以公共利益为目的，遵循社会本位主义，与一般商品交易遵循的权利本位主义相区别。从中华人民共和国成立至1998年，我国的土地管制主要依从所有制管制，国家通过无偿调拨和征地补偿安置等方式征收集体所有土地转为国有土地。1998年修正的《土地管理法》，将土地用途管制引进并写入法律，通过编制土地利用总体规划划定土地用途区域，确定土地使用限制条件，土地所有者、使用者严格按照国家确定的用途利用土地。②2007年颁布的《城乡规划法》对土地利用的规划管理作出系统规定，我国的土地用途管制和规划管理实质上是土地开发权体系，包括一级

---

① 参见最高人民法院民法典贯彻实施工作领导小组主编：《中华人民共和国民法典物权编理解与适用》，人民法院出版社2020年版，第597页。

② 参见刘守英：《土地制度与中国发展》，中国人民大学出版社2018年版，第160页。

土地开发权（隐含在中央政府对地方政府、上级政府对下级区域的新增建设用地许可中）和二级土地开发权（隐含在地方政府对建设项目用地的规划许可中）。① 我国的土地管制主要包括农地转用管制和建设用地开发管制。2020年3月30日发布的《中共中央、国务院关于构建更加完善的要素市场化配置体制机制的意见》提出："在符合国土空间规划和用途管制要求前提下，调整完善产业用地政策，创新使用方式，推动不同产业用地类型合理转换，探索增加混合产业用地供给。"故土地资源的市场配置以初始配置为基础和前提条件，土地资源的市场配置应当符合国土空间规划和用途管制。

用益物权系他物权，不仅受土地所有权的限制，而且受土地开放权的限制。主要表现在：（1）土地承包经营权的行使不得改变土地的用途，不得将农业用地擅自改变为建设用地；（2）建设用地使用权的行使应当符合规划确定的事项，不得擅自改变建筑密度、高度和容积率；不得擅自改变土地用途，如不得将工业用地改为商品房用地；（3）宅基地使用权的行使应当符合城乡规划和国土空间规划，不得违反规划进行建设，否则属于违法建筑；除法律、法规等规范性法律文件另有规定外，宅基地使用权一般不得流转。②

## 典型案例

### 一、新疆临钢资源投资股份有限公司与四川金核矿业有限公司特殊区域合作勘查合同纠纷案

**关键词：** 探矿权　国土空间主体功能区规划　合同效力

**裁判摘要：** 在自然保护区、风景名胜区、重点生态功能区、生态环境敏感区和脆弱区等特殊区域内，环境保护与经济发展之间的矛盾较为突出。人民法院审理、执行相关案件，要依据国家和省级国土空间主体功能区规划，充分考虑各类功能区的不同功能定位，确定不同的处理思路。对于优化开发区域尤其是重点开发区域发生的环境资源纠纷，可以更多地考虑合理利用环境容量发展

---

① 参见林坚、吴宇翔、郭净宇：《英美土地发展权制度的启示》，载《中国土地》2017年第2期。

② 参见孙宪忠、朱广新主编：《民法典评注：物权编》，中国法制出版社2020年版，第8页。

经济的需要，对于限制开发和禁止开发区域，尤其是在划定生态保护红线地区发生的环境资源纠纷，则要贯彻最严格的保护措施。针对特殊区域签订的勘查、开采矿产资源合同，即使已经得到国土资源主管部门批准，人民法院仍应对合同效力进行特别审查，若合同违反法律、行政法规的强制性规定，损害环境公共利益的，应依法认定无效。

**基本案情：** 2011年10月10日，临钢公司与金核公司签订《合作勘查开发协议》，约定：临钢公司补偿金核公司3500万元后，双方共同设立项目公司，并在符合条件时将金核公司探矿权过户至项目公司名下。2011年10月25日，临钢公司向金核公司实际支付3500万元。2013年11月22日，临钢公司以合作勘查作业区位于新疆塔什库尔干野生动物自然保护区为由通知解除合同，金核公司回函拒绝。金核公司提起诉讼，请求确认临钢公司解除合同行为无效；确认《合作勘查开发协议》有效。临钢公司反诉请求解除《合作勘查开发协议》，金核公司返还合作补偿款3500万元并赔偿损失。

新疆维吾尔自治区高级人民法院一审判决临钢公司解除合同行为无效，双方继续履行《合作勘查开发协议》，驳回临钢公司的反诉请求。最高人民法院二审认为，案涉探矿权位于新疆塔什库尔干野生动物自然保护区范围内，该自然保护区设立在先，金核公司的探矿权取得在后，基于《合作勘查开发协议》约定，双方当事人均知道或者应当知道在自然保护区内不允许进行矿产资源的勘探和开发。该协议违反了《自然保护区条例》的禁止性规定，如果认定协议有效并继续履行，将对自然环境和生态造成严重破坏，损害环境公共利益。故协议依法应属无效，金核公司收取的3500万元合作补偿款应予返还。临钢公司主张的损失，部分由金核公司折价补偿，部分由临钢公司自行承担或者在项目公司清算时另行解决。二审法院撤销一审判决，予以改判。

【案　　号】（2015）民二终字第167号

【审理法院】最高人民法院

【来　　源】《最高人民法院公报》2017年第4期

## 二、王某与刘某采矿权转让合同纠纷案

**关键词：** 采矿权　合同效力

**裁判摘要：** 矿产资源是人类生存和经济社会可持续发展的重要物质基础。采矿权的转让审批，是国家规范采矿权有序流转，实现矿产资源科学保护、合

理开发的重要制度。采矿权转让未经审批的，转让合同尚未发生法律效力。二审法院在审理本案过程中严格依照法律规定，认定转让合同因未经审批而未生效，并判令双方按照各自义务办理采矿权转让报批手续，积极促使合同生效，维护了采矿权市场交易秩序，也符合合同法鼓励交易、创造财富的原则。

**基本案情：**2007年8月27日，王某以兴隆县龙思敏大理石厂的名义与刘某订立了矿山转让合同书，该合同约定王某将兴隆县龙思敏大理石厂作价305万元转让给刘某。合同还对付款期限，违约责任等内容进行了约定。合同签订后，刘某共支付转让款等款项共计133.5万元。刘某修建了矿路及部分厂房，但未对该大理石矿进行开采。后王某以刘某未足额付款为由提起诉讼请求判令解除矿山转让合同，刘某返还矿山并给付违约金76万元。刘某提起反诉请求判令王某继续履行合同并赔偿损失108.8万元。

河北省承德市中级人民法院一审判决驳回双方的诉讼请求。双方不服上诉至河北省高级人民法院。该院二审认为，王某和刘某均认可本案转让合同的标的物为大理石矿及相应采矿权，双方所签矿山转让合同已成立，但属于依照法律规定应到相关部门办理批准手续才能生效的合同。由于合同对移交矿山手续等约定不明，双方对合同未能履行均负有责任。对于按照法律、行政法规的规定须经批准或者登记才能生效的合同，双方当事人均应积极履行各自的义务，促使合同生效，以维护交易各方的合法权益。二审法院判令王某、刘某按照各自义务向有关部门提交相关资料，申请办理转让兴隆县龙思敏大理石矿的批准手续。王某仍不服，向最高人民法院申请再审，最高人民法院裁定驳回再审申请。

【案　　号】（2011）民申第512号
【审理法院】最高人民法院
【来　　源】环境资源审判典型案例（2014年7月3日最高人民法院发布）

> **第三百二十四条** 国家所有或者国家所有由集体使用以及法律规定属于集体所有的自然资源，组织、个人依法可以占有、使用和收益。

## ▶ 关联规定

### 一、法律、行政法规、司法解释

1.《中华人民共和国宪法》

**第九条** 矿藏、水流、森林、山岭、草原、荒地、滩涂等自然资源，都属于国家所有，即全民所有；由法律规定属于集体所有的森林和山岭、草原、荒地、滩涂除外。

国家保障自然资源的合理利用，保护珍贵的动物和植物。禁止任何组织或者个人用任何手段侵占或者破坏自然资源。

**第十条** 城市的土地属于国家所有。

农村和城市郊区的土地，除由法律规定属于国家所有的以外，属于集体所有；宅基地和自留地、自留山，也属于集体所有。

国家为了公共利益的需要，可以依照法律规定对土地实行征收或者征用并给予补偿。

任何组织或者个人不得侵占、买卖或者以其他形式非法转让土地。土地的使用权可以依照法律的规定转让。

一切使用土地的组织和个人必须合理地利用土地。

2.《中华人民共和国土地管理法》

**第十条** 国有土地和农民集体所有的土地，可以依法确定给单位或者个人使用。使用土地的单位和个人，有保护、管理和合理利用土地的义务。

3.《最高人民法院关于审理海洋自然资源与生态环境损害赔偿纠纷案件若干问题的规定》

**第一条** 人民法院审理为请求赔偿海洋环境保护法第八十九条第二款规定的海洋自然资源与生态环境损害而提起的诉讼，适用本规定。

**第二条** 在海上或者沿海陆域内从事活动，对中华人民共和国管辖海域内海洋自然资源与生态环境造成损害，由此提起的海洋自然资源与生态环境损害赔偿诉讼，由损害行为发生地、损害结果地或者采取预防措施地海事法院管辖。

**第三条** 海洋环境保护法第五条规定的行使海洋环境监督管理权的机关，根据其职能分工提起海洋自然资源与生态环境损害赔偿诉讼，人民法院应予受理。

## 二、司法指导性文件

《最高人民法院关于新时代加强和创新环境资源审判工作为建设人与自然和谐共生的现代化提供司法服务和保障的意见》

13.提高自然资源产权司法保护水平。依法审理涉土地、草原、矿藏、森林、海域等自然资源权属案件，科学划定自然资源所有权、使用权行使边界，维护公民所有自然资源资产所有者权益。完善自然资源权属争议行政调处与司法审判的衔接，服务构建市场化、多元化的生态保护补偿机制。依法监督自然保护地内自然资源特许经营权审批，统筹协调生态环境保护与资源集约节约开发利用。关注自然资源交易平台化、金融化、信息化趋势，依法审理相关案件，服务构建统一自然资源交易市场。

# ▶ 条文释义

## 一、本条主旨

本条是关于自然资源用益物权的规定，即国有和集体所有的自然资源，组织和个人可以取得用益物权。

## 二、条文演变

本条沿用原《物权法》第118条的规定，表述上仅将"单位"调整为"组织"，其他内容未作变动。

## 三、条文解读

### (一)自然资源用益物权概述

我国实行自然资源公有制,自然资源属于国家所有或者集体所有。组织、个人可以依法占有、使用国家所有或者集体所有的自然资源并获得收益。自然资源用益物权可以从以下方面进行理解。

**1. 自然资源**

自然资源是指天然存在并有利用价值的自然物,如土地、矿藏、水流、生物、气候、海洋等资源。对于自然资源的含义,我国法律层面缺少明确的界定。现行法律规范中仅有包含"自然资源"范围或者相关表述的条文内容,如《宪法》第9条规定:"矿藏、水流、森林、山岭、草原、荒地、滩涂等自然资源,都属于国家所有,即全民所有;由法律规定属于集体所有的森林和山岭、草原、荒地、滩涂除外。""国家保障自然资源的合理利用,保护珍贵的动物和植物。禁止任何组织或者个人用任何手段侵占或者破坏自然资源。"《民法典》第250条规定:"森林、山岭、草原、荒地、滩涂等自然资源,属于国家所有,但是法律规定属于集体所有的除外。"但不能据此推论出,自然资源的范围仅限于前述资源类型。实际上,在前述规定之外,《宪法》第10条中另对土地资源进行了专门规定,城市的土地属于国家所有。农村和城市郊区的土地,除由法律规定属于国家所有的以外,属于集体所有;宅基地和自留地、自留山,也属于集体所有。《民法典》另对土地、矿藏、水流、海域等资源进行了规定,明确城市土地及法律规定属于国家所有的农村和城市郊区土地、矿藏、水流、海域、无居民海岛、野生动植物、无线电频谱、国防资产等资源属于国家所有,法律规定属于集体所有的土地和森林、山岭、草原、荒地、滩涂等资源归集体所有。《国务院关于全民所有自然资源资产有偿使用制度改革的指导意见》(国发〔2016〕82号)中对国有自然资源的范围进行了明确规定,即"全民所有自然资源是宪法和法律规定属于国家所有的各类自然资源,主要包括国有土地资源、水资源、矿产资源、国有森林资源、国有草原资源、海域海岛资源等。"[1]

---

[1] 最高人民法院民法典贯彻实施工作领导小组主编:《中华人民共和国民法典物权编理解与适用》,人民法院出版社2020年版,第599页。

## 2. 自然资源用益物权

在自然资源的开发利用历程中，自然资源所有权人往往由于各种主客观条件的限制，不能或者不宜完全自行开发利用所拥有的自然资源，而是借助法律制度设计在保留对自然资源的最终支配和处分权的基础上创设用益物权，其目的就是要解决自然资源所有与开发利用之间脱节的问题，从而最大限度发挥自然资源的效用，推进社会的繁荣进步，为社会谋取更多福利。对该部分用益物权，不少学者称之为自然资源使用权或者自然资源用益物权。① 在我国，由于土地等自然资源主要归国家所有、部分归集体所有，而且除集体所有的自然资源可在集体经济组织之间有限制地转让交换、国家通过征收将集体所有变更为国家所有之外，自然资源所有权是不允许转让交易的，而自然资源作为能够为人类提供生存、发展和享受的物质与空间，需要通过不断地开发和利用才能真正为人类所用、为社会谋取福利。这就决定了组织、个人若开发利用土地、矿产等自然资源，必然基于国家或者集体让渡其所有的自然资源上的部分权能，通过一定的程序和方式依法或者依约对相应的自然资源进行占有、使用和收益。在某种意义上，《民法典》规定的用益物权类型，无论是专章规定的土地承包经营权、建设用地使用权等一般用益物权（居住权除外），还是原则规定的海域使用权、探矿权、采矿权、取水权、养殖权、捕捞权等特别用益物权，均可以归属为自然资源用益物权或者自然资源使用权的范畴。

## 3. 自然资源用益物权的发展

物权制度具有较强的本土性，与一国的基本经济制度密切相关。在用益物权制度的发展中也有体现。实行计划经济体制的国家，一般运用行政手段组织经济运行，国有土地的使用关系采取无偿划拨方式，作为国有土地所有者的国家将国有土地划拨给国有企业无偿使用；农村土地则由作为所有者的集体自己使用，农户在集体土地上进行生产劳动，按劳取酬，不发生所有权与使用权的分离。无论是国有土地还是集体所有土地的使用，都不采取用益物权的方式，故民法多没有物权编、用益物权制度，仅规定所有权制度且较为简单。实行市场经济的国家，其民法都有物权编，都规定完备的所有权制度和用益物权制度，建立较为完备的所有权、用益物权等物权制度。这也是实行社会主义市场

---

① 参见黄锡生、蒲俊丞：《我国自然资源物权制度的总体构想》，载《江西社会科学》2008年第1期；吴昱：《美国自然资源产权体系与中国自然资源物权体系的比较分析》，载《西南民族大学学报（人文社会科学版）》2012年第9期。

经济的基本法律保障。①

虽然实行市场经济体制的国家均有用益物权制度，但用益物权制度所发挥的作用及其意义，又因实行土地公有制或土地私有制而有程度差别。在资本主义的市场经济国家，土地归私人所有，土地所有者自己使用土地，是土地使用关系的主要形式；土地所有者自己不使用而交给他人使用，是土地使用关系的次要形式。我国是土地公有制基础上实行社会主义市场经济，城市土地归国家所有，农村土地归集体所有。作为土地所有者的国家自己不使用土地而交给各类企业等使用，是国有土地使用关系的主要形式；作为土地所有者的农民集体自己不使用土地而交给农户使用，是农村土地使用关系的主要形式。因此，用益物权制度对于实行社会主义市场经济的我国所具有的意义和所发挥的作用，要远远超过对于实行资本主义市场经济国家所具有的意义和所发挥的作用。

（二）自然资源用益物权的特征

1. **主体的广泛性**

民事主体均可以依法成为自然资源用益物权的主体，本条所谓的组织，包括公司、合伙企业、农户等主体，所谓个人包括自然人。自然资源用益物权主体的广泛性，是由社会全体成员的生产和生活均离不开土地等自然资源的客观现实所决定的。法律可以排除一些主体对土地等自然资源的所有权，但不能排除对土地等自然资源的占有权和使用权。

2. **客体的公有属性**

自然资源用益物权的客体是依法归国家或集体所有的特定土地等自然资源。我国的自然资源用益物权制度是在土地等自然资源归国家或集体所有的基础上为解决其使用问题而建立的。用益物权派生于国家或集体对土地等自然资源的所有权，是所有权及其权能相分离的结果。

（三）我国用益物权的种类

《民法典》物权编根据我国的基本经济制度，以及建立和完善社会主义市场经济体制的要求，在用益物权分编中设专章分别规定了土地承包经营权、建设用地使用权、宅基地使用权等用益物权。

---

① 参见石宏主编：《〈中华人民共和国民法典〉释解与适用：物权编》，人民法院出版社2020年版，第237页。

### 1. 土地承包经营权

土地承包经营权，是指权利人依法对农民集体所有和国家所有由农民集体使用的耕地、林地、草地等享有占有、使用和收益的权利，有权从事种植业、林业、畜牧业等农业生产。《民法典》物权编明确将农村土地承包经营权规定为用益物权，赋予了农民长期而有保障的土地使用权。《民法典》对承包经营权人的基本权利、承包经营权的期限和期满后的继续承包、承包经营权的流转、承包地的调整和收回、承包地被征收的补偿等作了规定。

土地经营权，是建立在农村土地承包经营的三权分置制度之上产生的权利，即在农村土地集体所有权的基础上，设立土地承包经营权；再在土地承包经营权之上设立土地经营权，构成三权分置的农村土地权利结构。其中，土地所有权归属于农村集体经济组织所有，土地承包经营权归属于承包该土地的农民家庭享有。由于土地承包经营权缺乏流转性，因而在土地承包经营权之上，再设立一个土地经营权，属于土地承包经营权人享有的，可以进行较大范围流转，并且能够保持土地承包经营权不变的用益物权。

建立在土地承包经营权之上的土地经营权，是土地承包经营权人的权利，权利人可以将土地经营权转让，由他人享有和行使土地经营权，而土地承包经营权人保留土地承包经营权，并因转让土地经营权而使自己获益，进而保持了土地公有的制度。这就是设置三权分置制度的初衷。依照这一规定，土地承包经营权人为了发展农业经济，实现自己的权益，可以将土地经营权采用出租、入股或者其他方式，向他人流转土地经营权，将承包土地的占有、使用、收益权转让给他人。通过流转土地经营权，既保住了自己的土地承包经营权，又能够使自己获得转让土地经营权的收益。①

### 2. 建设用地使用权

建设用地使用权，是指权利人依法对国家所有的土地享有占有、使用和收益的权利，有权利用该土地建造建筑物、构筑物及其附属设施。建设用地使用权人通过出让或划拨方式取得对国家所有土地使用和收益的权利，有权利用该土地建造建筑物、构筑物及其附属设施。《民法典》对建设用地使用权的取得方式、分层设立建设用地使用权、建设用地使用权的转让和出资或抵押、建设用地使用权期满后的续期等作了规定。

---

① 参见杨立新、李怡雯：《中国民法典新规则要点》，法律出版社2020年版，第226页。

设立建设用地使用权，应当遵循的原则：一是应当按照绿色原则要求，符合节约资源、保护生态环境的要求，不浪费资源，不损害生态环境，保护好共同生活的生态环境；二是应当遵守法律、行政法规关于土地用途的规定，按照批准的土地用途使用土地；三是不得损害已设立的用益物权。在地表、地上或者地下分层设立建设用地使用权，最重要的是划清权利界限，防止发生冲突，新设立的建设用地使用权，不得损害已经设立的用益物权，发生冲突时，保护设立在先的用益物权为优先选择。①

### 3. 宅基地使用权

宅基地使用权，是指权利人依法对集体所有的土地享有占有和使用的权利，有权依法利用该土地建造住宅及其附属设施。我国的现行宅基地，分为农村宅基地和城镇宅基地。法律规定的宅基地使用权专指农村居民因建造住宅而享有的地上权。宅基地属于集体所有的土地，农村宅基地的主体主要为农村集体经济组织的成员，其享有宅基地使用权是与集体经济组织成员的资格联系在一起的。

宅基地使用权与农村集体经济组织成员的资格和福利不可分离。我国的农村宅基地是与农村集体组织成员的成员权联系在一起的，从而使农村宅基地具有一定的福利性质。这种福利体现为农民可以无偿取得宅基地，以获取最基本的生活条件，而集体经济组织以外的人员则不能享有这种权利。《民法典》对宅基地使用权的取得、行使和转让等作了原则性规定。

## ▶ 适用指引

在审判实践中需要特别注意，除《民法典》规定的自然资源用益物权类型外，尚有其他法律法规规定的一些资源性权利，亦应依法确认是否可以归属到自然资源用益物权中，并给予物权保护。

### 一、无居民海岛使用权

《海岛保护法》第 4 条规定："无居民海岛属于国家所有，国务院代表国家行使无居民海岛所有权。"其第 28 条至第 35 条对无居民海岛的保护开发进行

---

① 参见杨立新、李怡雯：《中国民法典新规则要点》，法律出版社 2020 年版，第 229 页。

了规范，明确无居民海岛经批准可以开发利用，但应当依法缴纳使用金，即有偿使用。原国家海洋局据此制定了《无居民海岛开发利用审批办法》《无居民海岛使用权登记办法》等部门规章及规范性文件，对无居民海岛开发利用的审批、登记等事项进行规定。《不动产登记暂行条例实施细则》第54条第3款亦规定"申请无居民海岛登记的，参照海域使用权登记有关规定办理"，将无居民海岛使用权纳入不动产物权统一登记之中。中共中央、国务院印发的《生态文明体制改革总体方案》亦载明："建立海域、无居民海岛使用金征收标准调整机制。建立健全海域、无居民海岛使用权招拍挂出让制度。"《国务院关于全民所有自然资源资产有偿使用制度改革的指导意见》进一步将海岛资源列入国有自然资源的范畴，并要求"明确无居民海岛有偿使用的范围、条件、程序和权利体系，完善无居民海岛使用权出让制度，探索赋予无居民海岛使用权依法转让、出租等权能"。而且《国务院关于全民所有自然资源资产有偿使用制度改革的指导意见》将海域、海岛资源合称"海域海岛资源"，提出"完善海域海岛有偿使用制度"的内容，并将"海域使用权"与"无居民海岛使用权"并列使用。由此可见，海域与海岛资源具有共同或者相近的自然属性，海域使用权与无居民海岛使用权具有相同或者相似的权利属性。鉴于《民法典》第247条、第248条中分别明确规定了海域、无居民海岛属于国家所有，而《民法典》第328条已将海域使用权明确规定为用益物权，则同样作为国有自然资源、具有相同或者相似权利属性的无居民海岛使用权，亦应属于用益物权范畴。在具体审判实践中，若出现涉及无居民海岛使用权的纠纷，应依法确认其自然资源用益物权属性。

## 二、（国有）草原使用权及森林、林木、林地使用权

《民法典》用益物权分编中已经规定了土地承包经营权，但土地承包经营权的主体系农村集体组织成员，客体是农村集体所有或者国家所有由农民集体使用的耕地、林地、草地以及其他用于农业的土地。《民法典》第343条尽管将"国家所有的农用地实行承包经营的"，参照适用土地承包经营权的规定，但依然不能涵括其他法律已经规定的资源性权利。就《土地管理法》规定的国有土地使用权、集体土地使用权而言，《民法典》规定的土地承包经营权、建设用地使用权以及国有农用地承包经营权等具体权利类型并没有完全涵括，比如，没有实行承包经营的国有农用地使用权，就难以适用《民法典》。就《草

原法》而言，其除规定了国有草原所有权、集体草原所有权、草原承包经营权外，还规定了国有草原使用权等权利类型，例如，《草原法》第11条第1款规定，"依法确定给全民所有制单位、集体经济组织等使用的国家所有的草原，由县级以上人民政府登记，核发使用权证，确认草原使用权"，《民法典》亦未规定该权利。就《森林法》而言，其第15条第1款明确规定："林地和林地上的森林、林木的所有权、使用权，由不动产登记机构统一登记造册，核发证书。国务院确定的国家重点林区的森林（以下简称重点林区）、林木和林地，由国务院自然资源主管部门负责登记。"第16条第1款规定："国家所有的林地和林地上的森林、林木可以依法确定给林业经营者使用。林业经营者依法取得的国有林地和林地上的森林、林木的使用权，经批准可以转让、出租、作价出资等。具体办法由国务院制定。"由此，《森林法》创设的林地、森林、林木使用权，尤其国有林地、森林、林木使用权，并不能完全被涵盖在《民法典》规定的涉及林地的土地承包经营权之中。而且《国务院关于全民所有自然资源资产有偿使用制度改革的指导意见》中，在土地承包经营权之外，亦对国有农用地使用权、国有划拨草原使用权、国有林地使用权等权利类型作了明确规定。这些具体类型的自然资源使用权在性质上与《民法典》规定的用益物权类型并无实质区别。因此，在审判实践中涉及前述使用权或者类似权利的纠纷时，不宜简单以《民法典》未作规定为由直接否定其自然资源用益物权的属性，应基于具体案情，根据《民法典》关于用益物权的一般规定精神，以及《土地管理法》《草原法》《森林法》等专门资源性法律规定，结合国家最新的发展政策与改革精神，慎重确定相关资源性权利的性质、属性以及是否应给予物权保护。

### 三、碳排放权、排污权、用能权和用水权

碳排放权、排污权、用能权和用水权作为资源节约、保护环境、应对气候变化的新型资源性权利，已经体现在党和国家涉及生态文明建设的多个政策性、法制性文件中，如《中国共产党第十八届中央委员会第五次全体会议公报》《生态文明体制改革总体方案》《国民经济和社会发展第十三个五年规划纲要》等，成为我国生态文明发展战略的重要制度设计。2018年10月26日修改实施的《大气污染防治法》第21条第5款也已经明确规定，"国家逐步推行重点大气污染物排污权交易"，从而在法律层面确立了排污权的地位。国务院

及其下属相关主管部门也制定了相关的规范性文件或者部门规章予以规范,碳排放权、排污权、用能权和用水权的交易市场、交易机制也在逐步建立完善中。目前,尽管对碳排放权、排污权、用能权和用水权的权利性质尚有一定争议,但鉴于交易的基本前提是交易标的须归属不同的市场主体,交易标的须是交易主体合法拥有的具有交换价值的财产或财产性权利,且产权明晰,否则就难以进行市场交易。因此,碳排放权、排污权、用能权和用水权应属于市场交易主体享有的具有交换价值的财产或者财产性权利,碳排放权、排污权、用能权和用水权的客体虽有争议,但均指向大气、水体、土壤、煤炭、温室气体等自然资源要素,在某种意义上仍然是对自然资源的保护利用或者与自然资源的保护利用密切相关,可以归属到广义的自然资源用益物权的范畴。尽管由于条件不成熟等原因,我国《民法典》未能对碳排放权、排污权、用能权和用水权等新型资源性权利作出规定,但是随着我国生态文明建设的深入推进,此类权利的交易活动将会不断增多,交易规模亦会越来越大,纠纷产生的概率也逐步增加。实际上,最高人民法院在2016年就开始关注涉及此类新型资源性权利的纠纷,《最高人民法院关于充分发挥审判职能作用为推进生态文明建设与绿色发展提供司法服务和保障的意见》(法发〔2016〕12号)曾明确提出"研究排污权、用能权、用水权等市场交易机制和规则,妥善审理相关案件,充分发挥金融手段及市场机制在实现绿色发展、减缓和适应气候变化中的重要作用"。《最高人民法院关于全面加强长江流域生态文明建设与绿色发展司法保障的意见》(法发〔2017〕30号)进一步明确:"依法保护有偿取得的排污权及其使用、转让和抵押等权利。充分运用碳排放权交易注册登记系统,准确判断排放配额的权利主体,合理确定交易各方的权利义务。依法保护用能权交易主体在合法交易场所买卖用能权指标的行为,参照试点地区制定的交易管理办法、交易规则及争议解决机制,妥善审理用能权纠纷案件。"《最高人民法院关于深入学习贯彻习近平生态文明思想为新时代生态环境保护提供司法服务和保障的意见》(法发〔2018〕7号)中再次提出:"深入研究用能权、用水权、排污权、碳排放权交易的法律属性、初始分配和交易规则,推动环境资源交易市场制度完善。"由此,在审判实践中,若遇到涉及此类新型资源性权利的纠纷,除遵循正常的法律适用规则外,亦要贯彻落实《民法典》确立的绿色原则,并基于具体案情确定是否可以参照适用用益物权的一般规定作出相应的裁判。至于其中的用水权与《民法典》第329条中规定的取水权的关联与区别,可在司法实践中结合具体个案情况进一步研究探讨。①

## ▶ 类案检索

**富启建材有限公司与姚某等确认合同无效纠纷案**

**关键词：** 自然资源　国有滩涂　合同效力

**裁判摘要：** 江河湖泊的滩涂具有重要的通航生态功能和水域岸线生态功能，不能乱占滥用。作为本案租赁物的土地位于长江主要支流岷江河道侧，系国有性质的滩涂，附近村民在河道枯水期对滩涂"习惯使用"，只要对自然资源保护与生态环境不构成危害，有关部门往往并不严加禁止，但如果将滩涂用于破坏生态和污染环境的生产经营活动，威胁防洪、供水和生态安全，则为法律所不容许。富启建材有限公司通过转租形式"租赁"本案滩涂后，进行砂石粉碎加工活动，产生大量噪音、粉尘污染，对水域环境和安全造成危害。人民法院确认争议土地的性质为国有滩涂，属国家所有的自然资源，任何单位和个人不得侵占和破坏，判决双方当事人以国有滩涂为标的的合同无效，制止了在国有滩涂上进行的生产经营活动，保护了国有自然资源，维护了岷江河道水域岸线生态功能和河道通航功能。

**【案　　号】**（2017）川15民终673号

**【审理法院】** 四川省宜宾市中级人民法院

**【来　　源】** 中国裁判文书网

---

① 参见最高人民法院民法典贯彻实施工作领导小组主编：《中华人民共和国民法典物权编理解与适用》，人民法院出版社2020年版，第600页。

**第三百二十五条** 国家实行自然资源有偿使用制度，但是法律另有规定的除外。

## 关联规定

一、法律、行政法规、司法解释

1.《中华人民共和国土地管理法》

**第二条** 中华人民共和国实行土地的社会主义公有制，即全民所有制和劳动群众集体所有制。

全民所有，即国家所有土地的所有权由国务院代表国家行使。

任何单位和个人不得侵占、买卖或者以其他形式非法转让土地。土地使用权可以依法转让。

国家为了公共利益的需要，可以依法对土地实行征收或者征用并给予补偿。

国家依法实行国有土地有偿使用制度。但是，国家在法律规定的范围内划拨国有土地使用权的除外。

**第五十四条** 建设单位使用国有土地，应当以出让等有偿使用方式取得；但是，下列建设用地，经县级以上人民政府依法批准，可以以划拨方式取得：

（一）国家机关用地和军事用地；

（二）城市基础设施用地和公益事业用地；

（三）国家重点扶持的能源、交通、水利等基础设施用地；

（四）法律、行政法规规定的其他用地。

**第五十五条** 以出让等有偿使用方式取得国有土地使用权的建设单位，按照国务院规定的标准和办法，缴纳土地使用权出让金等土地有偿使用费和其他费用后，方可使用土地。

自本法施行之日起，新增建设用地的土地有偿使用费，百分之三十上缴中央财政，百分之七十留给有关地方人民政府。具体使用管理办法由国务院财政部门会同有关部门制定，并报国务院批准。

**第五十六条** 建设单位使用国有土地的，应当按照土地使用权出让等有偿使用合同的约定或者土地使用权划拨批准文件的规定使用土地；确需改变该幅土地建设用途的，应当经有关人民政府自然资源主管部门同意，报原批准用地的人民政府批准。其中，在城市规划区内改变土地用途的，在报批前，应当先经有关城市规划行政主管部门同意。

2.《中华人民共和国城市房地产管理法》

**第三条** 国家依法实行国有土地有偿、有限期使用制度。但是，国家在本法规定的范围内划拨国有土地使用权的除外。

3.《中华人民共和国矿产资源法》

**第五条** 国家实行探矿权、采矿权有偿取得的制度；但是，国家对探矿权、采矿权有偿取得的费用，可以根据不同情况规定予以减缴、免缴。具体办法和实施步骤由国务院规定。

开采矿产资源，必须按照国家有关规定缴纳资源税和资源补偿费。

4.《中华人民共和国水法》

**第七条** 国家对水资源依法实行取水许可制度和有偿使用制度。但是，农村集体经济组织及其成员使用本集体经济组织的水塘、水库中的水的除外。国务院水行政主管部门负责全国取水许可制度和水资源有偿使用制度的组织实施。

**第四十八条** 直接从江河、湖泊或者地下取用水资源的单位和个人，应当按照国家取水许可制度和水资源有偿使用制度的规定，向水行政主管部门或者流域管理机构申请领取取水许可证，并缴纳水资源费，取得取水权。但是，家庭生活和零星散养、圈养畜禽饮用等少量取水的除外。

实施取水许可制度和征收管理水资源费的具体办法，由国务院规定。

5.《中华人民共和国海域使用管理法》

**第三十三条** 国家实行海域有偿使用制度。

单位和个人使用海域，应当按照国务院的规定缴纳海域使用金。海域使用金应当按照国务院的规定上缴财政。

对渔民使用海域从事养殖活动收取海域使用金的具体实施步骤和办法，由国务院另行规定。

### 6.《中华人民共和国海岛保护法》

**第三十一条** 经批准开发利用无居民海岛的,应当依法缴纳使用金。但是,因国防、公务、教学、防灾减灾、非经营性公用基础设施建设和基础测绘、气象观测等公益事业使用无居民海岛的除外。

无居民海岛使用金征收使用管理办法,由国务院财政部门会同国务院海洋主管部门规定。

### 7.《土地管理法实施条例》

**第十七条** 建设单位使用国有土地,应当以有偿使用方式取得;但是,法律、行政法规规定可以以划拨方式取得的除外。

国有土地有偿使用的方式包括:

(一)国有土地使用权出让;

(二)国有土地租赁;

(三)国有土地使用权作价出资或者入股。

**第十九条** 《土地管理法》第五十五条规定的新增建设用地的土地有偿使用费,是指国家在新增建设用地中应取得的平均土地纯收益。

**第三十八条** 国土空间规划确定为工业、商业等经营性用途,且已依法办理土地所有权登记的集体经营性建设用地,土地所有权人可以通过出让、出租等方式交由单位或者个人在一定年限内有偿使用。

## 二、司法指导性文件

### 1.《最高人民法院关于全面加强长江流域生态文明建设与绿色发展司法保障的意见》

12.依法审理涉河湖水域岸线保护案件,强化河湖水域岸线生态功能。依法打击非法围湖造地和围垦河道等侵占水域空间的行为,保护河湖水域和岸线资源等水生态系统。妥善审理涉及岸线取水、排污、工程建设等案件,促进岸线资源有偿使用,强化岸线保护和节约集约利用。加强沿江风景名胜和自然人文景观资源司法保护,促进岸线资源合理开发,维护岸线原始风貌。

### 2.《最高人民法院关于新时代加强和创新环境资源审判工作为建设人与自然和谐共生的现代化提供司法服务和保障的意见》

13.提高自然资源产权司法保护水平。依法审理涉土地、草原、矿藏、森林、海域等自然资源权属案件,科学划定自然资源所有权、使用权行使边界,维护全民所有自然资源资产所有者权益。完善自然资源权属争议行政调处与司法审判的衔接,服务构建市场化、多元化的生态保护补偿机制。依法监督自然保护地内自然资源特许经营权审批,统筹协调生态环境保护与资源集约节约开发利用。关注自然资源交易平台化、金融化、信息化趋势,依法审理相关案件,服务构建统一自然资源交易市场。

## ▶ 条文释义

### 一、本条主旨

本条是关于我国自然资源使用制度的规定。

### 二、条文演变

本条除将"但"修改为"但是"外,沿用原《物权法》第119条的规定。

### 三、条文解读

自然资源属于国家或者集体所有是中国特色社会主义生产资源公有制的重要组成部分,自然资源公有并不意味着只能由所有权人自己开发利用,自然资源用益物权创设的目的就是要解决自然资源所有人与利用人,所有人、利用人与第三人之间的利益关系,以使公有自然资源的效益于经济上获得充分的实现。基于不同的政策考量,前述不同主体之间的利益关系既可以是有偿的,也可以是无偿的。就我国现行自然资源使用制度而言,依照《土地管理法》《矿产资源法》《水法》《森林法》《草原法》《海域使用管理法》《海岛保护法》等资源性法律的规定,土地、矿藏、水流、森林、草原、海域、无居民海岛等自然资源实行有偿使用制度,同时也对一些无偿利用的情形作出了规定,基本确立了以有偿使用为原则、无偿利用(即法律另有规定的)为例外的我国自然资源使用制度。

#### (一)自然资源的有偿使用

自然资源有偿使用制度,是指国家以自然资源所有者和管理者的双重身份,为实现所有者权益,保障自然资源的可持续利用,向使用自然资源的单位和个人收取自然资源使用费或者相关收益的制度。其主要表现：一是国家从占有、使用国有的自然资源者之处收取资源补偿费、土地使用权出让金等土地有偿使用费，资源税具有双重属性，也可作为自然资源有偿使用的一种表现形式；二是农村集体经济组织从占有、使用农村集体经济组织的自然资源者手中收取土地出让金、承包费等。① 现行资源性法律法规，有的明确规定了该项资源实行有偿使用制度或者需要支付使用费，有的尽管没有具体规定有偿使用，但改革的方向是向资源的有偿使用发展，并已在相关政策性文件作出了规定。前者如《土地管理法》第2条第5款规定"国家依法实行国有土地有偿使用制度"；《矿产资源法》第5条规定"国家实行探矿权、采矿权有偿取得的制度"；《水法》第7条规定"国家对水资源依法实行取水许可制度和有偿使用制度"；《海域使用管理法》第33条规定"国家实行海域有偿使用制度"；《海岛保护法》第31条规定"经批准开发利用无居民海岛的，应当依法缴纳使用金"。后者如《森林法》《草原法》中尽管没有明确规定森林、草原资源的有偿使用制度，但在《国务院关于全民所有自然资源资产有偿使用制度改革的指导意见》中明确"建立国有森林资源有偿使用制度"和"建立国有草原资源有偿使用制度"。该指导意见同时提出立足生态文明体制改革全局，以完善全民所有自然资源资产使用权体系和有偿使用制度为重点，推进完善土地、水、矿产、森林、草原、海域、无居民海岛等全民所有自然资源资产有偿使用的法律法规体系。

自然资源实行有偿使用制度，意味着用益物权人要取得对相关自然资源进行占有、使用和收益的权利就需要支付相应的对价，如使用费、出让金等。自然资源所有权人（主要是国家）让渡自然资源的占有、使用和收益权能，收取相应的自然资源使用费、出让金等收益作为对价或者补偿，符合公平正义的理念和法律原则。自然资源有偿使用制度作为生态文明制度体系中的一项核心制度，其全面构建与改革完善有利于盘活自然资源资产的活力，促进自然资源的保护和合理开发利用，切实维护国家所有者和使用者的权益，加快推进美丽中国的建设。至于自然资源有偿使用的方式，由于资源的不同类别，利用方式亦有所差异，且随着社会的发展进步，同一自然资源有偿使用的方式也会有所变化。如探矿权、采矿权已经由申请审批取得逐步演变为原则上采取招标拍卖挂

---

① 参见崔建远：《中国民法典释评：物权编》，中国人民大学出版社2020年版，第27页。

牌的市场化出让方式取得，并由之前的缴纳资源使用费、资源补偿费等转变为支付矿业权出让收益（出让金）。其他自然资源有偿使用制度也在逐渐建立和完善过程中，但采取招标拍卖挂牌的市场化出让方式应该是总的发展趋势。

（二）自然资源的无偿使用

现行资源性法律在规定自然资源有偿使用的原则基础上，也都规定了无偿使用的例外情形。《土地管理法》第2条第5款在规定了国有土地有偿使用制度后，又规定了但书，即"国家在法律规定的范围内划拨国有土地使用权的除外"；实际上，基于对农民权益的保障和社会的稳定考虑，农村家庭承包经营基本实行的也是无偿使用土地制度。

《水法》第7条规定国家对水资源依法实行取水许可制度和有偿使用制度的同时，也规定了"农村集体经济组织及其成员使用本集体经济组织的水塘、水库中的水的除外"。《海岛保护法》第31条第1款规定有偿开发利用无居民海岛的同时，也规定了"因国防、公务、教学、防灾减灾、非经营性公用基础设施建设和基础测绘、气象观测等公益事业使用无居民海岛的除外"。

总体而言，《民法典》规定自然资源实行有偿使用制度更多地针对国有自然资源，也正是从国有自然资源开发利用的角度上分析，可以说无偿使用是自然资源有偿使用制度的例外和补充。目前，在国有自然资源有偿使用改革后仍然保留无偿使用的例外情况，主要是因为：（1）通过划拨等方式无偿取得土地等自然资源使用权的情况仍然有存在的必要性，一些公益事业、公共建设仍然需要有国家相应的扶持，一些战略性或者特定用途的矿产资源可能尚需要特定主体勘探开采等。（2）农村集体经济组织和农民、牧民一直使用的水流等自然资源的权益应当得到维护，以避免增加农民、牧民负担，同时也是为了促进农村和农业、牧业的持续、稳定、健康发展。

至于集体所有自然资源的使用，相较于国有自然资源的使用有所差异。毕竟，现行农村集体所有或者国家所有由农村集体使用的耕地、林地、草地以及其他用于农业的土地，实行的是以家庭承包为主体的土地承包经营制度，严格说并非有偿使用；农户取得土地承包经营权系基于农村集体经济组织成员的身份与农村集体经济组织签订承包合同获得的，并不需要支付相应的对价，且根据现有政策甚至还可以获得国家相关政策性补贴；同样，宅基地使用权亦是基于农村集体经济组织成员的身份无偿取得的。当然，非集体经济组织成员承包经营农村土地，依法需要支付一定的对价，系有偿使用。由此，我国目前针对农村土地等集体自然资源的使用制度，无偿使用是主体，有偿使用则是补充。

## ▶ 适用指引

实践中，要正确认识自然资源使用制度与用益物权制度的关系，二者并不等同，亦不能说相互包容，但二者的制度基础是一致的，都建立在社会主义公有制基础上，服务于社会主义市场经济，二者的核心内容是相通的。自然资源有偿使用制度与用益物权制度密切相关，自然资源有偿使用的政策目标，需要借助用益物权的制度设计予以实现，而《民法典》规定的用益物权类型多属于自然资源用益物权，也显示用益物权制度高度依赖自然资源有偿使用制度的完善落实。当然，用益物权制度中还有地役权、居住权这样独特的权利类型，虽然地役权、居住权不直接涉及某种自然资源使用制度，但在某种意义上也与自然资源的使用存在一定的关联。

第三百二十六条　用益物权人行使权利，应当遵守法律有关保护和合理开发利用资源、保护生态环境的规定。所有权人不得干涉用益物权人行使权利。

## 关联规定

一、法律、行政法规、司法解释

1.《中华人民共和国宪法》

**第九条**　矿藏、水流、森林、山岭、草原、荒地、滩涂等自然资源，都属于国家所有，即全民所有；由法律规定属于集体所有的森林和山岭、草原、荒地、滩涂除外。

国家保障自然资源的合理利用，保护珍贵的动物和植物。禁止任何组织或者个人用任何手段侵占或者破坏自然资源。

2.《中华人民共和国土地管理法》

**第三条**　十分珍惜、合理利用土地和切实保护耕地是我国的基本国策。各级人民政府应当采取措施，全面规划，严格管理，保护、开发土地资源，制止非法占用土地的行为。

3.《中华人民共和国城市房地产管理法》

**第二十五条**　房地产开发必须严格执行城市规划，按照经济效益、社会效益、环境效益相统一的原则，实行全面规划、合理布局、综合开发、配套建设。

4.《中华人民共和国农业法》

**第五十七条**　发展农业和农村经济必须合理利用和保护土地、水、森林、草原、野生动植物等自然资源，合理开发和利用水能、沼气、太阳能、风能等可再生能源和清洁能源，发展生态农业，保护和改善生态环境。

县级以上人民政府应当制定农业资源区划或者农业资源合理利用和保护的区划，建立农业资源监测制度。

**5.《中华人民共和国农村土地承包法》**

**第八条** 国家保护集体土地所有者的合法权益，保护承包方的土地承包经营权，任何组织和个人不得侵犯。

**6.《中华人民共和国环境保护法》**

**第三十条** 开发利用自然资源，应当合理开发，保护生物多样性，保障生态安全，依法制定有关生态保护和恢复治理方案并予以实施。

引进外来物种以及研究、开发和利用生物技术，应当采取措施，防止对生物多样性的破坏。

**7.《中华人民共和国海洋环境保护法》**

**第二十四条** 国家建立健全海洋生态保护补偿制度。

开发利用海洋资源，应当根据海洋功能区划合理布局，严格遵守生态保护红线，不得造成海洋生态环境破坏。

**8.《中华人民共和国草原法》**

**第十四条第二款** 承包经营草原的单位和个人，应当履行保护、建设和按照承包合同约定的用途合理利用草原的义务。

**9.《中华人民共和国矿产资源法》**

**第三条第二款** 国家保障矿产资源的合理开发利用。禁止任何组织或者个人用任何手段侵占或者破坏矿产资源。各级人民政府必须加强矿产资源的保护工作。

**第三十二条** 开采矿产资源，必须遵守有关环境保护的法律规定，防止污染环境。

开采矿产资源，应当节约用地。耕地、草原、林地因采矿受到破坏的，矿山企业应当因地制宜地采取复垦利用、植树种草或者其他利用措施。

开采矿产资源给他人生产、生活造成损失的，应当负责赔偿，并采取必要的补救措施。

**第四十四条** 违反本法规定，采取破坏性的开采方法开采矿产资源的，处以罚款，可以吊销采矿许可证；造成矿产资源严重破坏的，依照刑法有关规定对直接责任人员追究刑事责任。

**10.《中华人民共和国煤炭法》**

**第十一条** 开发利用煤炭资源，应当遵守有关环境保护的法律、法规，防治污染和其他公害，保护生态环境。

11.《中华人民共和国清洁生产促进法》

**第二十五条** 矿产资源的勘查、开采，应当采用有利于合理利用资源、保护环境和防止污染的勘查、开采方法和工艺技术，提高资源利用水平。

### 二、司法指导性文件

**《最高人民法院贯彻实施〈长江保护法〉工作推进会会议纪要》**

9.严格贯彻实施《长江保护法》第七十六条规定，审理涉自然资源案件，落实中共中央办公厅、国务院办公厅《关于建立健全生态产品价值实现机制的意见》《关于深化生态保护补偿制度改革的意见》要求，完善司法与生态补偿有机衔接的环境修复责任制度，推动生态产品"难度量""难交易""难变现""难抵押"问题有效解决。

## ▶ 条文释义

### 一、本条主旨

本条是关于用益物权人的权利行使的规定。

### 二、条文演变

本条基本沿用原《物权法》第 120 条的规定，除增加"保护生态环境"外，其余内容未作变动。

### 三、条文解读

（一）绿色原则在用益物权制度中的具体化

"从私的所有到私的所有的社会制约"，是现代民法从权利本位向社会本位过渡的表征之一。《民法典》第 9 条关于"民事主体从事民事活动，应当有利于节约资源、保护生态环境"的规定，确立了绿色原则。绿色原则与"公平原则、诚信原则、权利义务一致等原则一样，从不同角度体现了社会化的要求"，其"要实现民事主体与生态环境之间的利益平衡"，"是民法典社会化一面的新表现和新动向"。绿色原则确立了绿色发展理念、生态安全价值和生态伦理观，必须贯彻到《民法典》的具体制度中,而不能仅仅停留在倡导或者宣示层面。①

传统的物权法并不调整自然资源,也不调整自然资源以外的其他资源。自然资源的归属和利用是由公法和特别法调整的。但现代社会,不仅各种传统的自然资源如土地、水流、石油、矿产等因日益稀缺而凸显出更大的战略意义,而且随着科学技术手段的提高,人类的活动范围不断扩大,资源越来越受到物权法的调整。如何有效率地利用资源,并防止生态环境的破坏,也成为直接调整、规范物的归属和利用的物权法的重要使命。②除新增的居住权外,《民法典》物权编所规定的典型用益物权,其客体都是土地,属于自然资源的范畴。另外,《民法典》第328条、第329条涉及的海域使用权、探矿权、采矿权、取水权,以及使用水域、滩涂从事养殖和捕捞的权利,也都属于为了调整自然资源利用关系而设置的权利。可以说,除居住权外,我国《民法典》物权编中现有的各项用益物权,都是围绕着自然资源的利用而设计的,在扩张原《物权法》调整范围的同时,更为其保护环境和促进资源合理利用奠定了基础。

从民法的角度看,自然资源是物的重要组成部分。在各国物权法律制度的发展进程中,其经历了从重视物的归属到更重视物的利用的转变。尤其在当代,随着社会经济的进一步发展,人口的增长,人们在对物的利用特别是在自然资源的利用上的紧张关系有增无减。如何合理地利用和保护自然资源,在更好地满足当代人对资源的需求的同时,满足人类社会可持续发展的要求,也是物权立法必须解决的问题。本条关于用益物权人行使权利,应当遵守法律有关保护和合理开发利用资源的规定,是《民法典》绿色原则在用益物权制度中的具体体现。

(二)用益物权行使的限制——环境保护义务

罗马法时期曾有法谚云:"任何人不恶用自己的物,乃国家利益之所在。"19世纪末叶以后,各国均以法律或者判例的形式确立了权利滥用禁止原则。任何人利用自己的财产进行使用收益,不得以牺牲资源、环境为代价从事生产开发,侵害所有人和其他人的利益。否则,将构成权利滥用,并应承担相

---

① 参见吕忠梅课题组:《"绿色原则"在民法典中的贯彻论纲》,载《中国法学》2018年第1期。
② 参见王利明:《〈物权法〉与环境保护》,载《河南省政法管理干部学院学报》2008年第4期。

应的责任。用益物权人行使权利，应当遵守法律有关保护和合理开发利用资源的规定，系对用益物权人课以环境保护义务，对其权利行使施以限制。

自然资源具有不同于一般财产的特殊属性，是国民经济和社会发展的重要物质基础，也属公共物品，是环境要素的一部分，兼具经济价值和生态价值。传统物权多注重对物的直接支配性和绝对保护性，其价值取向在于维护私人对物的支配和利用。而自然资源的公共物品和生态属性，决定资源物权制度设计的最终目的不是实现私人或者团体的利益，而是站在社会的立场上，增进公共利益与公众福祉，实现资源的可持续利用和社会的可持续发展。同时，资源的稀缺性、耗竭性和不可再生性等特性决定了资源开发利用必须走可持续发展的道路。资源利用中冲突的加剧，使得《民法典》物权编必须承担起合理和有序地利用资源的责任，"以使互不相侵而保障物质之安全利用"[1]。

与所有权相比，用益物权的行使可能对环境保护有着更多的不利影响。主要原因是：第一，从人的本性看。既然用益物权是权利人对他人所有的财产享有占有、使用和收益的权利，是利用他人所有的财产取得收益，一般不可能像对自己的财产那样从内心里珍惜爱护。第二，从经济动因看。我国实行的自然资源有偿使用制度，主要涉及用益物权制度。由于对自然资源的利用是有偿的，用益物权人作为一个"经济人"，在资源利用过程中会千方百计获取利润，而要实现这一目标，用益物权人往往会不惜以牺牲环境为代价从事生产开发，从而造成严重的环境问题；加之资源的有偿使用一般均有期限的限制，会促使用益物权人在权利期间内利用资源攫取最大利润，这是加剧生态破坏的又一个原因。[2] 因此，《民法典》在设定用益物权的同时，要求"用益物权人行使权利，应当遵守法律有关保护和合理开发利用资源、保护生态环境的规定"，以保证用益物权的依法正确行使。

值得注意的是，除《民法典》外，在我国有关自然资源的单项立法中基本上都设置了保护和合理开发利用资源的规定。例如，《矿产资源法》第3条第2款规定："国家保障矿产资源的合理开发利用。禁止任何组织或者个人用任何手段侵占或者破坏矿产资源。各级人民政府必须加强矿产资源的保护工作。"《渔业法》第1条规定其立法目的即"为了加强渔业资源的保护、增殖、开发和合理利用，发展人工养殖，保障渔业生产者的合法权益，促进渔业生产的发

---

[1] 史尚宽：《物权法论》，中国政法大学出版社2000年版，第1页。
[2] 参见孙佑海：《物权法与环境保护》，载《环境保护》2007年第5期。

展,适应社会主义建设和人民生活的需要,特制定本法"。《水污染防治法》等环境保护类法律中亦均有保护和改善生态环境的相关规定,亦应予遵守。

### (三)用益物权行使的保护——不受所有权人干涉

用益物权,作为一种支配他人之物的物权,是对他人所有的不动产或者动产依法享有的占有、使用和收益的权利,与他人之物的所有权具有天然的联系。一方面,用益物权是以所有权为基础而产生的权利,是所有权行使的一种方式。如,《德国民法典》明确区分了所有权的两种行使方式:一是将物自己使用或者自己处分,即直接通过自己对物的利用或变卖而获得物质经济上的好处。二是权利可以依法定或者约定的方式授权给他人,由他人对自己的物享有使用和变价处分的权利,而自己间接获得物的经济上的好处。这种方式的实际意义就是所有人在自己的物上设置权利负担,也就是在自己的物上创设限制物权。① 另一方面,用益物权是对所有权的一种限制,具有优先于所有权的效力。主要体现在:(1)在用益物权依法成立后,所有人不能随意取消之。只有在具备法定事由时,所有人才能终止用益物权。(2)所有人行使所有权时,不得妨碍用益物权人行使权利。(3)所有人不能随意变更用益物权人对所有权的义务内容。(4)用益物权具有优先于所有权的效力。② 本条关于所有权人不得干涉用益物权人行使权利的规定,即为用益物权优先效力的体现。

用益物权相较于所有权的优先地位,在民法及用益物权制度本身的发展中亦可管窥。传统民法中,他物权作为所有权的附属性权利而存在,立法及其保护的重点在于保障所有权人的占有和处分权,在所有权与使用权的关系上强调所有权优位。随着社会经济的发展,法律上为促进物的充分利用,将立法重心转移到使用和收益权能上来,在保证所有人的所有权不受侵犯这一基本原则下,为平衡资源的私人占有和资源配置社会化之间的关系,他物权制度得到了长久发展。在当代,各国物权法都强调效益原则,促使物权法的价值取向进一步由物的"归属"转向物的"利用",以物的"利用"为中心发展并取代了以物的"所有"为中心。可以说,用益物权已从最初附属于所有权的地位过渡成为现代民法中一项重要完整的独立的民事法律制度,③ 成为物权法的核心制度,

---

① 参见孙宪忠:《德国当代物权法》,法律出版社1998年版,第177页。
② 参见房绍坤:《用益物权与所有权关系辨析》,载《法学论坛》2003年第4期。
③ 参见江平:《民法学》,中国政法大学出版社2010年版,第394页。

并具有调节"所有""利用"关系，增进物尽其用的经济价值，以及使物的利用关系物权化，巩固当事人之间的法律关系，得以对抗第三人[①]等诸多价值功能。应该说，用益物权在其权利范围内优先于所有人对该物进行占有、使用和收益，所有人不得干涉用益物权人行使权利，系题中之义。本条以明文规定的方式予以申明强调，具有重要的现实意义。实践中，在某些地方，侵害用益物权人合法权益的情况还时有发生。例如，不尊重和维护农民土地承包经营权、违反基本农田保护的法律、法规以及政策，在推行规模化经营等农业产业结构调整的过程中，一些农户的承包土地被违法收回或者调整。《民法典》在明确规定土地承包经营权等权利的用益物权属性的同时，强调所有权人不得干涉用益物权人行使权利，十分必要。

还应注意的是，原《物权法》制定过程中的草案征求意见稿、第四次审议稿和第五次审议稿都曾规定："用益物权人行使权利，应当遵守法律有关保护和合理开发利用资源的规定，不得损害所有权人的权益。所有权人不得干涉用益物权人行使权利。"其中，"不得损害所有权人的权益"这句话，后来被删除了。但并不意味着用益物权作为优先于所有权的物权，可以肆意行使。如果用益物权人不正当地行使权利，损害所有权人的权益，所有权人可以根据物权保护的相关规定维护自身利益。

## ▶ 适用指引

在审判实践中应当注意的是，《民法典》所规定的用益物权，除居住权以他人房产为客体外，其余用益物权所涉客体均为土地等自然资源，均为国家或者集体所有。强调所有权人不得干涉用益物权人行使权利，是强调国家或者集体不得以所有权人的身份任意干涉用益物权人依法依约行使权利，若出现用益物权不当行使权利、侵害所有权人权益或损害社会公共利益的情况，则所有权人的维权行为应不受前述规定限制。

---

① 参见王泽鉴：《民法物权》，北京大学出版社2012年版，第272~273页。

## 指导案例

**指导案例 176 号：湖南省益阳市人民检察院诉夏某安等 15 人生态破坏民事公益诉讼案**

（最高人民法院审判委员会讨论通过　2021 年 12 月 1 日发布）

**关键词**：民事　生态破坏民事公益诉讼　生态环境修复　损害担责　全面赔偿　非法采砂

**裁判要点**：人民法院审理环境民事公益诉讼案件，应当贯彻损害担责、全面赔偿原则，对于破坏生态违法犯罪行为不仅要依法追究刑事责任，还要依法追究生态环境损害民事责任。认定非法采砂行为所导致的生态环境损害范围和损失时，应当根据水环境质量、河床结构、水源涵养、水生生物资源等方面的受损情况进行全面评估、合理认定。

**相关法条**：《中华人民共和国环境保护法》（2014 年 4 月 24 日修订）第 64 条

**基本案情**：2016 年 6 月至 11 月，夏顺安等人为牟取非法利益，分别驾驶九江采 158 号、湘沅江采 1168 号、江苏籍 999 号等采砂船至洞庭湖下塞湖区域非规划区非法采砂，非法获利 2243.333 万元。夏顺安等人的非法采砂行为构成非法采矿罪，被相关刑事生效判决予以认定。2019 年 7 月，湖南省益阳市人民检察院提起民事公益诉讼，请求判令夏顺安等人对其非法采砂行为所造成的生态环境损害承担连带赔偿责任，并赔礼道歉。经湖南省环境保护科学研究院生态环境损害司法鉴定中心鉴定，夏顺安等 15 人非法采砂行为对非法采砂区域的生态环境造成的影响分为水环境质量受损、河床结构受损、水源涵养受损和水生生物资源受损，所造成生态环境影响的空间范围共计约 9.9 万平方米，其中造成的水生生物资源损失为 2.653 万元，修复水生生物资源受损和河床结构与水源涵养受损所需的费用分别为 7.969 万元和 865.61 万元，合计 873.579 万元。

**裁判结果**：湖南省益阳市中级人民法院于 2020 年 6 月 8 日作出（2019）湘 09 民初 94 号民事判决：一、夏顺安等 15 人私自开采国家矿产资源，其非法采砂行为严重破坏了采砂区域的生态环境，判决被告夏顺安对非法采砂造成的采砂水域河床原始结构、水源涵养量修复费用 865.61 万元、水生生物资源修复费用 7.969 万元，共计 873.579 万元生态环境修复费用承担赔偿责任；二、其他 14 名被告依据其具体侵权行为分别在 824 万元至 3.8 万元不等范围内承担连带责任；三、夏顺安等 15 人就非法采矿行为在国家级媒体公开赔礼道歉。被告王德贵提出上诉，湖南省高级人民法院于 2020 年 12 月 29 日作出（2020）湘民终 1862 号民事判决：驳回上诉，维持原判。

**裁判理由：** 法院生效裁判认为：根据我国相关矿产资源法律法规的规定，开采矿产资源必须依法申请许可证，取得采矿权。夏顺安等 15 人在下塞湖区域挖取的砂石系国家矿产资源。根据沅江市砂石资源开采管理领导小组办公室证明、益阳市水务局《情况说明》、湘阴县河道砂石综合执法局证明、岳阳市河道砂石服务中心证明，并结合另案生效判决认定的事实及各被告当庭陈述，可证明被告未依法获得许可，私自开采国家矿产资源，应认定为非法采砂。

非法采砂行为不仅造成国家资源损失，还对生态环境造成损害，致使国家利益和社会公共利益遭受损失。矿产资源兼具经济属性和生态属性，不能仅重视矿产资源的经济价值保护，而忽视矿产资源生态价值救济。非法采砂违法犯罪行为不仅需要依法承担刑事责任，还要依法承担生态环境损害赔偿民事责任。应当按照谁污染谁治理、谁破坏谁担责的原则，依法追究非法采砂行为人的刑事、民事法律责任。

本案中，夏顺安等 15 人的非法采砂生态破坏行为，导致了洞庭湖生态系统的损害，具体包括丰富的鱼类、虾蟹类和螺蚌等软体动物生物资源的损失，并严重威胁洞庭湖河床的稳定性及防洪安全，破坏水生生物资源繁衍生存环境。为确保生态环境损害数额认定的科学性、全面性和合理性，人民法院委托具备资格的机构进行司法鉴定，通过对生态环境损害鉴定意见的司法审查，合理确定生态破坏行为所导致生态环境损害的赔偿数额。本案中，人民法院指导鉴定专家按照全面赔偿原则，对非法采砂行为所导致的采砂区域河床、水源涵养、生物栖息地、鱼虾生物资源、水环境质量等遭受的破坏进行全方位的鉴定，根据抽取砂土总量、膨胀系数、水中松散沙土的密度、含水比例，以及洞庭湖平均鱼类资源产量等指标量化了各类损失程度。被告虽主张公共利益受损与其无关联，但本案各被告当庭陈述均认可实施了采砂行为，根据另案生效判决认定的事实及审理查明的事实，各被告实施的采砂行为非法，且鉴定意见书明确了采砂行为造成生态环境受损，故认定被告的采砂行为破坏了生态环境资源。各被告未提交反驳证据推翻案涉鉴定意见，经审查，对鉴定意见载明的各项损失及修复费用予以确认。

根据《中华人民共和国环境保护法》第六十四条规定，因污染环境和破坏生态造成损害的，应当依照《中华人民共和国侵权责任法》的有关规定承担侵权责任。《中华人民共和国侵权责任法》第八条规定，二人以上共同实施侵权行为，造成他人损害的，应当承担连带责任。《最高人民法院关于审理环境民事公益诉讼案件适用法律若干问题的解释》第二十条第二款规定，人民法院可以在判决被告修复生态环境的同时，确定被告不履行修复义务时应承担的生态环境修复费用；也可以直接判决被告承担生态环境修复费用。根据审理查明的事实并依据上述法律规定，夏顺安等15人在各自参与非法采砂数量范围内构成共同侵权，应在各自参与非法采砂数量范围内承担连带赔偿生态环境修复费用的民事责任。

**第三百二十七条** 因不动产或者动产被征收、征用致使用益物权消灭或者影响用益物权行使的，用益物权人有权依据本法第二百四十三条、第二百四十五条的规定获得相应补偿。

## 关联规定

法律、行政法规、司法解释

1.《中华人民共和国宪法》

**第十条** 城市的土地属于国家所有。

农村和城市郊区的土地，除由法律规定属于国家所有的以外，属于集体所有；宅基地和自留地、自留山，也属于集体所有。

国家为了公共利益的需要，可以依照法律规定对土地实行征收或者征用并给予补偿。

任何组织或者个人不得侵占、买卖或者以其他形式非法转让土地。土地的使用权可以依照法律的规定转让。

一切使用土地的组织和个人必须合理地利用土地。

2.《中华人民共和国土地管理法》

**第四十六条** 征收下列土地的，由国务院批准：

（一）永久基本农田；

（二）永久基本农田以外的耕地超过三十五公顷的；

（三）其他土地超过七十公顷的。

征收前款规定以外的土地的，由省、自治区、直辖市人民政府批准。

征收农用地的，应当依照本法第四十四条的规定先行办理农用地转用审批。其中，经国务院批准农用地转用的，同时办理征地审批手续，不再另行办理征地审批；经省、自治区、直辖市人民政府在征地批准权限内批准农用地转用的，同时办理征地审批手续，不再另行办理征地审批，超过征地批准权限的，应当依照本条第一款的规定另行办理征地审批。

**第四十七条** 国家征收土地的，依照法定程序批准后，由县级以上地方人民政府予以公告并组织实施。

县级以上地方人民政府拟申请征收土地的，应当开展拟征收土地现状调查和社会稳定风险评估，并将征收范围、土地现状、征收目的、补偿标准、安置方式和社会保障等在拟征收土地所在的乡（镇）和村、村民小组范围内公告至少三十日，听取被征地的农村集体经济组织及其成员、村民委员会和其他利害关系人的意见。

多数被征地的农村集体经济组织成员认为征地补偿安置方案不符合法律、法规规定的，县级以上地方人民政府应当组织召开听证会，并根据法律、法规的规定和听证会情况修改方案。

拟征收土地的所有权人、使用权人应当在公告规定期限内，持不动产权属证明材料办理补偿登记。县级以上地方人民政府应当组织有关部门测算并落实有关费用，保证足额到位，与拟征收土地的所有权人、使用权人就补偿、安置等签订协议；个别确实难以达成协议的，应当在申请征收土地时如实说明。

相关前期工作完成后，县级以上地方人民政府方可申请征收土地。

**第四十八条** 征收土地应当给予公平、合理的补偿，保障被征地农民原有生活水平不降低、长远生计有保障。

征收土地应当依法及时足额支付土地补偿费、安置补助费以及农村村民住宅、其他地上附着物和青苗等的补偿费用，并安排被征地农民的社会保障费用。

征收农用地的土地补偿费、安置补助费标准由省、自治区、直辖市通过制定公布区片综合地价确定。制定区片综合地价应当综合考虑土地原用途、土地资源条件、土地产值、土地区位、土地供求关系、人口以及经济社会发展水平等因素，并至少每三年调整或者重新公布一次。

征收农用地以外的其他土地、地上附着物和青苗等的补偿标准，由省、自治区、直辖市制定。对其中的农村村民住宅，应当按照先补偿后搬迁、居住条件有改善的原则，尊重农村村民意愿，采取重新安排宅基地建房、提供安置房或者货币补偿等方式给予公平、合理的补偿，并对因征收造成的搬迁、临时安置等费用予以补偿，保障农村村民居住的权利和合法的住房财产权益。

县级以上地方人民政府应当将被征地农民纳入相应的养老等社会保障体系。被征地农民的社会保障费用主要用于符合条件的被征地农民的养老保险等社会保险缴费补贴。被征地农民社会保障费用的筹集、管理和使用办法，由省、自治区、直辖市制定。

3.《中华人民共和国农业法》

**第七十一条** 国家依法征收农民集体所有的土地，应当保护农民和农村集体经济组织的合法权益，依法给予农民和农村集体经济组织征地补偿，任何单位和个人不得截留、挪用征地补偿费用。

4.《中华人民共和国草原法》

**第三十九条** 因建设征收、征用集体所有的草原的，应当依照《中华人民共和国土地管理法》的规定给予补偿；因建设使用国家所有的草原的，应当依照国务院有关规定对草原承包经营者给予补偿。

因建设征收、征用或者使用草原的，应当交纳草原植被恢复费。草原植被恢复费专款专用，由草原行政主管部门按照规定用于恢复草原植被，任何单位和个人不得截留、挪用。草原植被恢复费的征收、使用和管理办法，由国务院价格主管部门和国务院财政部门会同国务院草原行政主管部门制定。

5.《中华人民共和国渔业法》

**第十四条** 国家建设征收集体所有的水域、滩涂，按照《中华人民共和国土地管理法》有关征地的规定办理。

6.《最高人民法院关于审理涉及农村土地承包纠纷案件适用法律问题的解释》

**第二十条** 承包地被依法征收，承包方请求发包方给付已经收到的地上附着物和青苗的补偿费的，应予支持。

承包方已将土地经营权以出租、入股或者其他方式流转给第三人的，除当事人另有约定外，青苗补偿费归实际投入人所有，地上附着物补偿费归附着物所有人所有。

**第二十一条** 承包地被依法征收，放弃统一安置的家庭承包方，请求发包方给付已经收到的安置补助费的，应予支持。

## 条文释义

### 一、本条主旨

本条是关于用益物权人因征收、征用有权获得补偿的规定。

### 二、条文演变

本条基本沿用原《物权法》第121条的规定，只是将所引述的法条作了相应调整，并将"依照"修改为"依据"。

### 三、条文解读

（一）征收、征用与用益物权人的损失补偿

行政机关基于公益之目的合法行使公权力，致人民之生命、身体或者财产遭受损失，国家依法应予以适当补偿。在公共利益维护和个人权利保护之间，得以获致一定程度之平衡，即国家基于公共利益而剥夺或限制人民之权利时，人民应予容忍，但是对其权益所受之损失，则可以请求补偿，此种基于"容忍，但可获得补偿"原则的权利，一般称之为"公益牺牲请求权"，该请求权所衍生损失补偿制度，着眼于宪法保障人民权利之意旨。亦即行政损失补偿制度主要特征系"因公益而特别牺牲"，因此国家必须以立法之方式给予人民一定之补偿，使之合乎宪法保障人民权利的意旨。我国《宪法》亦有相关规定，第10条第3款规定："国家为了公共利益的需要，可以依照法律规定对土地实行征收或者征用并给予补偿。"第13条规定："公民的合法的私有财产不受侵犯。""国家依照法律规定保护公民的私有财产权和继承权。""国家为了公共利益的需要，可以依照法律规定对公民的私有财产实行征收或者征用并给予补偿。"

《民法典》就此也作了相应规定，物权编中的第243条规定："为了公共利益的需要，依照法律规定的权限和程序可以征收集体所有的土地和组织、个人的房屋以及其他不动产。""征收集体所有的土地，应当依法及时足额支付土地补偿费、安置补助费以及农村村民住宅、其他地上附着物和青苗等的补偿费用，并安排被征地农民的社会保障费用，保障被征地农民的生活，维护被征地农民的合法权益。""征收组织、个人的房屋以及其他不动产，应当依法给予征收补偿，维护被征收人的合法权益；征收个人住宅的，还应当保障被征收人的居住条件。任何组织或者个人不得贪污、挪用、私分、截留、拖欠征收补偿费等费用。"第245条规定："因抢险救灾、疫情防控等紧急需要，依照法律规定的权限和程序可以征用组织、个人的不动产或者动产。被征用的不动产或者动产使用后，应当返还被征用人。组织、个人的不动产或者动产被征用或者征用后毁损、灭失的，应当给予补偿。"上述规定，主要是针对国家征收集体所有的土地和组织、个人的房屋以及其他不动产，或者国家征用组织、个人的不动产或者动产而作出的，征收或者征用所指向的对象是所有权，并没有涉及用益物权。本条所要解决的是，国家征收、征用行为致使用益物权消灭或者影响用益物权行使的情形应当如何处理的问题。

用益物权，是指非所有人对他人所有的不动产或者动产依法享有的占有、使用和收益的权利，系着眼于标的物的使用价值，目的在于通过使用他人之物，来满足自己的生活、生产等需要，获取相应的利益，其社会功能在于增进物尽其用的经济效用，调剂所有与利用的冲突。而根据前述《民法典》第243条、第245条的规定，所谓征收，是指政府为了公共利益的需要，依照法律规定的权限和程序将集体所有的土地和组织、个人的房屋及其他不动产变为国家所有，再加以利用的行为，其本质是一种"国有化"的措施，会导致私有财产权的消灭。所谓征用，是指政府因抢险、救灾等紧急需要，依照法律规定的权限和程序不经权利人同意而暂时使用组织、个人的不动产或者动产的行为，其目的是取得使用权，随之转移的还包括标的物的占有权。据此，在征收情形下，集体或者组织、个人的所有权消灭，用益物权人作为派生于所有权的权利，亦将随之消灭；征用情形下，组织、个人所有的不动产、动产的占有权、使用权移转，用益物权人的权利亦将随之受到影响，基于前述"因公益而特别牺牲"理论，在征收、征用情形下，用益物权人也有权获得相应的损失补偿。

（二）几种主要用益物权的征收、征用补偿

征收、征用给不同种类的用益物权带来的影响有所不同，在处理上也相应地有所差异。

### 1. 土地承包经营权的征收、征用补偿

土地承包经营权，是指土地承包经营权人为从事种植业、林业、畜牧业等农业生产，对其承包的集体所有或者国家所有由农民集体使用的土地所享有的占有、使用和收益的权利，其性质是设立在集体所有的土地以及国家所有由农民集体使用的土地之上的用益物权，是独立于土地所有权的财产权利。当农村承包地被征收时，附着于该土地之上的承包经营权当然消灭，根据《民法典》第338条的规定，土地承包经营权人有权依据《民法典》第243条的规定获得相应补偿。就土地承包经营权人有权获得的补偿而言，根据《民法典》第243条的规定，征收方应当依法及时足额支付土地补偿费、安置补助费以及农村村民住宅、其他地上附着物和青苗等的补偿费用，并安排被征地农民的社会保障费用，保障被征地农民的生活，维护被征地农民的合法权益。此外，《土地管理法》《农村土地承包法》《土地管理法实施条例》等法律法规中亦有相关规定。

值得注意的是，依照现行法律法规，目前我国征地法律制度中的征地客体仅限于农村集体土地所有权，农村土地承包经营权及其他农村土地上设立的用益物权并非独立的征收客体，在农地征收过程中，内含集体成员权与社会保障功能的集体土地所有权、土地承包经营权、宅基地使用权与其他农地财产权在征收补偿时并没有单独区分开来。上述现状，使得土地承包经营权人等用益物权人在征收、征用时的补偿标准、补偿内容、补偿权利的行使、补偿费用的分配等问题上，均存在较多模糊之处，也是实践中争议多发的歧见所在。

### 2. 建设用地使用权的征收、征用补偿

根据《民法典》第344条的规定，建设用地使用权是对国家所有的土地享有的占有、使用和收益的权利。即建设用地使用权是国家土地所有权派生的用益物权，是附着于国家土地所有权之上的。从法理上讲，不存在国家对国有土地的征收、征用问题。此时所谓的征收、征用，其针对的对象应该是存在于该国有土地之上的房屋、林木等不动产，建设用地使用权本身，则因国家收回该土地而消灭。故《民法典》第358条规定："建设用地使用权期限届满前，因公共利益需要提前收回该土地的，应当依据本法第二百四十三条的规定对该土地上的房屋以及其他不动产给予补偿，并退还相应的出让金。"亦即，当国家对建设用地使用权人在国有土地上建造的房屋及其他不动产进行征收时，应当对房屋及其他不动产给予补偿，如果征收的是居民房产，还应当保障被征收人的居住条件；而对于建设用地使用权这一用益物权本身，则是通过"退还相应

的出让金"的方式来处理。

值得注意的是，就集体所有的土地作为建设用地应如何处理的问题，《民法典》仍然沿袭了原《物权法》的做法，未就集体建设用地使用权作出具体规定，仅在《民法典》第361条规定："集体所有的土地作为建设用地的，应当依照土地管理的法律规定办理。"2019年8月26日修正、2020年1月1日起施行的《土地管理法》对集体建设用地作出了重要的修改。如根据该法第63条规定，土地利用总体规划、城乡规划确定为工业、商业等经营性用途，并经依法登记的集体经营性建设用地，土地所有权人可以通过出让、出租等方式交由单位或者个人使用，改变了过去农村集体所有的土地必须征为国有才能进入市场的问题。

### 3. 宅基地使用权的征收、征用补偿

根据《民法典》第362条的规定，宅基地使用权是对集体所有的土地依法享有的占有和使用、利用该土地建造住宅及其附属设施的权利。对宅基地使用权而言，当发生国家征收时，被征收的对象有两个：一是集体所有的土地；二是宅基地使用权人在该土地上建造的住宅及其附属设施。此时，既要对土地进行补偿，还要对住宅及其附属设施进行补偿。与同样反映利用他人土地建造并保有建筑物的建设用地使用权不同的是，宅基地使用权具有保障农民基本居住需求和维护农村社会稳定的特定制度功能，法律政策上对其内容及其行使多有限制，体现着较为明显的"人役权"属性。在《民法典》编纂过程中，关于宅基地使用权的规定引发了较大争议，在是否在其定义性条文中明确权利人的身份属性、增加收益权能，是否设置宅基地使用权"三权分置"的权利结构，是否允许进行转让、抵押等流转方式等问题上，均有广泛的讨论，但最终仍沿袭了原《物权法》的相关规定。审判实践中，因宅基地使用权流转以及流转后发生征收或征用、因征收或征用补偿费用分配引发的纠纷屡见不鲜，如何妥善处理，在宅基地使用权的私权属性和公法管理之间取得平衡，有效调整社会生活，反映实践需求，颇值重视。

### 4. 地役权的征收、征用补偿

就地役权而言，国家征收或征用行为对其发生的影响，应当区分国家征收或者征用的是供役地还是需役地两种情况来考虑。当国家征收或者征用的对象是需役地时，对需役地的补偿，应当认为是对权利人的全部补偿，无须另对地役权本身进行补偿；当国家征收或者征用的对象是供役地时，如果因此导致地

役权消灭或者影响地役权行使，则地役权人应当有权获得相应的补偿。

## ▶ 适用指引

就诉讼类型而言，征收、征用是政府代表国家实施的一种行政行为，应通过专门法律对政府的征收、征用行为予以规范，切实维护组织或者个人的合法权益。当事人不服政府的征收、征用决定，或者对补偿标准有异议的，可以提起行政复议或者行政诉讼予以解决，而非通过民事诉讼的方式解决与政府就征收、征用引发的纠纷。

就法律适用而言，因不动产或者动产被征收、征用致使用益物权消灭或者影响用益物权行使的，不能仅仅依据本条规定简单适用《民法典》第243条、第245条来处理，还应考虑《民法典》中有关土地承包经营权、建设用地使用权等用益物权的具体规定，以及《土地管理法》《城市房地产管理法》《农村土地承包法》《土地管理法实施条例》《国有土地上房屋征收与补偿条例》等法律、行政法规的相关规定。

## ▶ 类案检索

艾某某与陈某某、新疆维吾尔自治区和静县额勒再特乌鲁乡人民政府、新疆维吾尔自治区和静县人民政府、金某某、玉某某财产损害赔偿纠纷案

**关键词**：土地承包经营权　征收补偿

**裁判摘要**：本案系因新疆维吾尔自治区和静县人民政府（以下简称和静县人民政府）为实施牧民安置方案，决定解除案涉土地承包合同，未征求案涉土地承包人艾某某同意且未给予补偿，侵犯其土地承包经营权的案件。2004年4月23日和静县草原监理所与艾某某、陈某某签订的土地承包协议，艾某某、陈某某依据该合同取得了本案土地的合法承包经营权，并按照该合同约定履行了相应的合同义务，该土地的承包经营权受法律保护。艾某某作为案涉土地承包人之一，享有土地承包经营权。和静县政府为实施牧民安置方案，决定解除该土地承包协议，经与和静县祥庆红枣种植开发有限公司（以下简称祥庆公

司）协商，由新疆维吾尔自治区和静县额勒再特乌鲁乡人民政府（以下简称和静县额勒再特乌鲁乡人民政府）签订案涉协议书，解除艾某某、陈某某与和静县草原监理所签订的土地承包协议，和静县人民政府将土地补偿款380万元给付和静县祥庆红枣种植开发有限公司。但上述协议并没有艾某某的签字确认，祥庆公司在庭审中亦不能举证证明其代为艾某某签订该协议或艾某某知晓并同意签订上述协议的行为，故，上述协议对艾某某不产生法律效力。和静县额勒再特乌鲁乡人民政府将该土地收回并安置牧民，致使艾某某、陈某某与和静县草原监理所签订的土地承包协议无法履行，上述协议实质侵害了艾某某的权益。据此，艾某某主张其土地承包经营权被侵犯，要求和静县政府、额勒再特乌鲁乡政府、祥庆公司股东陈某某、金某某、玉某某赔偿其经济损失和可得利益的请求于法有据。

【案　　号】（2019）新民再136号
【审理法院】新疆维吾尔自治区高级人民法院
【来　　源】中国裁判文书网

> 第三百二十八条　依法取得的海域使用权受法律保护。

## 关联规定

**法律、行政法规、司法解释**

《中华人民共和国海域使用管理法》

**第二条**　本法所称海域，是指中华人民共和国内水、领海的水面、水体、海床和底土。

本法所称内水，是指中华人民共和国领海基线向陆地一侧至海岸线的海域。

在中华人民共和国内水、领海持续使用特定海域三个月以上的排他性用海活动，适用本法。

**第三条**　海域属于国家所有，国务院代表国家行使海域所有权。任何单位或者个人不得侵占、买卖或者以其他形式非法转让海域。

单位和个人使用海域，必须依法取得海域使用权。

**第六条**　国家建立海域使用权登记制度，依法登记的海域使用权受法律保护。

国家建立海域使用统计制度，定期发布海域使用统计资料。

**第十九条**　海域使用申请经依法批准后，国务院批准用海的，由国务院海洋行政主管部门登记造册，向海域使用申请人颁发海域使用权证书；地方人民政府批准用海的，由地方人民政府登记造册，向海域使用申请人颁发海域使用权证书。海域使用申请人自领取海域使用权证书之日起，取得海域使用权。

**第二十二条**　本法施行前，已经由农村集体经济组织或者村民委员会经营、管理的养殖用海，符合海洋功能区划的，经当地县级人民政府核准，可以将海域使用权确定给该农村集体经济组织或者村民委员会，由本集体经济组织的成员承包，用于养殖生产。

**第二十三条**　海域使用权人依法使用海域并获得收益的权利受法律保护，

任何单位和个人不得侵犯。

海域使用权人有依法保护和合理使用海域的义务；海域使用权人对不妨害其依法使用海域的非排他性用海活动，不得阻挠。

第二十五条　海域使用权最高期限，按照下列用途确定：

（一）养殖用海十五年；

（二）拆船用海二十年；

（三）旅游、娱乐用海二十五年；

（四）盐业、矿业用海三十年；

（五）公益事业用海四十年；

（六）港口、修造船厂等建设工程用海五十年。

第二十六条　海域使用权期限届满，海域使用权人需要继续使用海域的，应当至迟于期限届满前二个月向原批准用海的人民政府申请续期。除根据公共利益或者国家安全需要收回海域使用权的外，原批准用海的人民政府应当批准续期。准予续期的，海域使用权人应当依法缴纳续期的海域使用金。

第三十条　因公共利益或者国家安全的需要，原批准用海的人民政府可以依法收回海域使用权。

依照前款规定在海域使用权期满前提前收回海域使用权的，对海域使用权人应当给予相应的补偿。

第三十二条　填海项目竣工后形成的土地，属于国家所有。

海域使用权人应当自填海项目竣工之日起三个月内，凭海域使用权证书，向县级以上人民政府土地行政主管部门提出土地登记申请，由县级以上人民政府登记造册，换发国有土地使用权证书，确认土地使用权。

## ▶ 条文释义

### 一、本条主旨

本条是关于海域使用权的规定。

### 二、条文演变

本条沿用原《物权法》第122条的规定，内容未作变动。原《物权法》制定过程中，关于海域使用权的规定，曾经过多次改动。2005年7月10日向社会公布的《物权法（草案）》（征求意见稿）第125条曾规定："取得用益物权，法律规定须经有关行政主管部门许可的，依照其规定。"《物权法（草案）》（四次审议稿）删除了上述概括性的规定，其中第127条规定："海域使用权，适用有关法律的规定；有关法律没有规定的，适用本法的有关规定"；第128条规定："探矿权、采矿权，适用有关法律的规定；有关法律没有规定的，参照本法的有关规定。渔业养殖权，适用有关法律的规定；有关法律没有规定的，适用本法的有关规定。"《物权法（草案）》（五次审议稿）对此没有修改。《物权法（草案）》（六次审议稿）第121条规定："海域使用权，适用海域使用管理法等法律的规定；海域使用管理法等法律没有规定的，适用本法的有关规定"；第122条规定："探矿权、采矿权，适用矿产资源法等法律的规定；矿产资源法等法律没有规定的，适用本法的有关规定"；第123条规定："取水权适用水法等法律的规定；水法等法律没有规定的，适用本法的有关规定"；第124条规定："从事养殖和捕捞的权利，适用渔业法等法律的规定；渔业法等法律没有规定的，适用本法的有关规定。"上述各条规定，明确了海域使用权等如何适用法律的问题，增加了取水权的规定，将渔业权改为"从事养殖和捕捞的权利"。《物权法（草案）》（七次审议稿）对此未作改变。在2007年3月向全国人民代表大会提交审议的《物权法（草案）》以及最终通过的原《物权法》采取了目前的表述规定。在《民法典》物权编编纂过程中，有关海域使用权问题，未引起重大讨论。

### 三、条文解读

**（一）海域使用权的概念、特征和性质**

**1. 海域使用权的概念**

《民法典》和《海域使用管理法》均未就海域使用权作出明确的界定，但基于现有法律法规关于海域使用权的条文设置，可将其概念归纳为：海域使用权是指权利人依照法律规定的程序，经海洋行政主管部门审批和登记后，依法占有、使用特定的海域并获得收益的权利。其权利主体是相关组织和个人；权利客体是国家的特定海域；权利内容是对特定海域基于特定目的而进行排他性支配的权利，具体使用方式包括养殖、拆船、旅游、娱乐、盐业、矿业、公益事业、港口、修造船厂等建设工程；其权利取得须履行严格的申请、批准、登记、颁发证书以及公告程序，应遵循法律法规有关行政许可的要求。

2.海域使用权的法律特征

海域使用权具有如下法律特征：一是派生性。即海域使用权是国家海域所有权的部分权能在一定条件下与所有权相分离而形成的权利，是国家将特定海域在一定时期内的占有、使用、收益让与使用权人而形成的权利。《民法典》第247条规定："矿藏、水流、海域属于国家所有。"《海域使用管理法》第3条第1款规定："海域属于国家所有，国务院代表国家行使海域所有权。任何单位或者个人不得侵占、买卖或者以其他形式非法转让海域。"国家海域所有权具有法定性、主体的统一性和唯一性以及客体的保护性，海域使用权是在国家海域所有权基础上产生的一种他物权。二是排他的支配性。即海域使用权人对特定海域具有直接支配的效力，权利人实现对特定海域的占有、使用和收益，不依赖于他人的任何给付义务或者其他积极义务的履行。海域使用权人有权在法律允许的范围内依照自己的意愿对特定海域进行管领和使用，他人不得干涉。此外，在同一个海域不能同时设定两个以上的内容相冲突的使用权。三是客体的特殊性。即海域使用权的客体是特定的海域，属民法上的物。根据《海域使用管理法》第2条的规定，海域是指我国内水、领海的水面、水体、海床和底土。海域本身必须要由海床和底土组成，且水面、水体亦均存在于一定的海床和底土之上。海床、底土的相对固定决定海域的地理位置和空间范围都是确定的，虽不能直接归入不动产的范畴但与不动产具有密切联系；海水的流动性让海域具有变动性特点，加之海底矿产资源的存在，使得海域在作为权利客体上更具有复杂性。四是存续的期限性。即海域使用权具有法定的存续期限。《海域使用管理法》第25条规定："海域使用权最高期限，按照下列用途确定：（一）养殖用海十五年；（二）拆船用海二十年；（三）旅游、娱乐用海二十五年；（四）盐业、矿业用海三十年；（五）公益事业用海四十年；（六）港口、修造船厂等建设工程用海五十年。"第26条规定："海域使用权期限届满，海域使用权人需要继续使用海域的，应当至迟于期限届满前二个月向原批准用海的人民政府申请续期。除根据公共利益或者国家安全需要收回海域使用权的外，原批准用海的人民政府应当批准续期。……"五是使用的有偿性。即国家实行海域有偿使用制度，单位和个人使用海域，应当按照国务院的规定缴纳海域使用金。

### 3. 海域使用权的性质

关于海域使用权的性质，学理上存在不同的观点，主要有以下几种学说。物权说，该说认为海域使用权具有可支配性和排他性，是典型的用益物权。①准物权说，该说认为海域使用权非为民法上的物权，而在法律上视为物权，准用民法关于不动产物权的规定。准用益物权说，该说认为海域使用权归属于广义的用益物权范畴，但其是通过行政特许产生的民事权利，在权利客体、内容、行使方式和法律适用上均具有不同于一般用益物权的特殊性。②混合权利说，该说认为海域使用权虽然作为用益物权，但因其往往事关社会公共利益、国家战略利益，在取得、转让、行使等方面被设定种种公法上的义务，法律对海域使用权设置了不少管理监督规定，所以又具有公法性质。③此外，还有自然资源使用权说、债权说、特许物权说、形成权说等诸多观点。

就立法层面而言，《海域使用管理法》规定了海域使用权是一种财产权，并将海域从公法上的自然资源或者国际法上的主权客体转变为私法上的物权客体，运用私法的手段来调整海域利用活动，是对传统权利体系的重大突破。④《民法典》在基本法律层面上明确了海域使用权的用益物权性质。一方面，海域使用权并非自物权，而是由国家的海域所有权派生而出的，是一种他物权；另一方面，海域使用权是对特定海域进行开发利用的权利，具有对他人所有之物使用收益的内容，其权利指向的是特定海域的使用价值，符合用益物权的基本权利特征。

值得注意的是，在用益物权属性之外，海域使用权兼具公法属性。基于自然资源的维护管理，以及对公共利益和国家安全的考虑，海域使用权的设立、取得，不完全是私人之间的权利安排，而是政府作为国有自然资源的所有者的代表与其他民事主体之间通过许可等方式作出的权利安排，⑤在权利的设立、取得、终止以及权利的具体内容上，均与行政管理具有密切的联系，表现出较

---

① 参见崔建远：《海域使用权制度及其反思》，载《政法论坛》2004年第6期。
② 参见王利明：《试论〈物权法〉中海域使用权的性质和特点》，载《社会科学研究》2008年第4期。
③ 参见刘乔发：《我国海域使用权制度的不足及完善》，载《政法论坛》2005年第4期。
④ 参见王利明：《试论〈物权法〉中海域使用权的性质和特点》，载《社会科学研究》2008年第4期。
⑤ 参见李显冬：《论我国物权法上的准用益物权》，载《河南政法干部管理学院学报》2007年第5期。

重的公法色彩。如海域使用权是以行政审批的方式获得许可而非通过用益物权合同设立,其行使的范围、期限、用途等都需要符合海域使用权证的具体规定,海域使用权人负有依法保护和合理使用海域的义务,在法律适用上优先适用《海域使用管理法》等特别法。

(二)海域使用权与相关权利

**1. 海域使用权与渔业权**

在原《物权法》制定过程中,对如何处理海域使用权和渔业权的关系存在不同的看法。

第一种意见认为,原《物权法》应当明确规定渔业权,建议删除海域使用权。理由是:水域、滩涂是农民的土地,渔业权是农民安身立命之本,是基本生存权利,规定渔业权是保持国家农村基本经济制度稳定的需要。渔业权与使用草地等从事种植业、畜禽养殖业一样,都是农民权利的重要组成部分,规定渔业权是完善物权法律体系,维护渔民合法权益的需要。现行的水域、滩涂渔业使用制度缺乏民事法律依据,规定渔业权将进一步加强对农民合法权益的保护。而且,从立法例角度考察,渔业权作为一种物权类型,符合国际通行的做法和发展趋势。而海域使用权没有独立的、直接的使用目的,缺乏实质性内容,仅仅是采矿权、探矿权、渔业权和工程建设使用权等不同物权类型的统称,其内容亦不能涵盖内陆渔民的水域、滩涂使用权。海域使用权的物权化及海域有偿使用制度,有悖沿海渔民生产作业传统,将进一步激化沿海地区海域纠纷的矛盾,不利于沿海地区的发展和社会稳定。从国外立法和管理实践来看,海域使用权制度与国际海洋管理制度不符,不利于维护国家渔业利益。

第二种意见认为,原《物权法》应规定海域使用权,建议删除渔业权。理由是:海域使用权作为派生于海域国家所有权的他物权,已经为《海域使用管理法》和海域使用管理实践所确立,是具有法律效力的重要物权类型,应当纳入物权体系。而渔业权的内涵在理论上和立法上都是不确定的,其本质是一种经行政许可而从事特定活动的资格,而非实体权利,现行法中的海域使用权和土地承包经营权可以涵盖其所涉及的法律关系。如果以用益物权的模式构建渔业权,不仅不符合我国物权立法的基本要求和渔业本身的特许性质,而且打乱了我国现行的土地、海域和其他自然资源的用益物权和特许物权体系,肢解了现行法明文规定的海域使用权,将会出现特别法应确立的物权被普通法否定、特别法与普通法发生冲突的后果，也将不利于维护包括渔民在内的所有海域使用权人的合法权益。

立法机关经过研究认为，海域使用权与渔业权之间存在一定的交叉，但并不矛盾，应同时予以承认。同时，考虑用益物权分编体系的平衡性，不设专章规定海域使用权，强化海域使用权的物权特点，弥补现行《海域使用管理法》不足的问题，留待将来修改《海域使用管理法》时解决。最终，原《物权法》对海域使用权和使用水域、滩涂从事养殖、捕捞的权利分别作出规定，《民法典》沿袭了此种处理方式。

实际上，海域使用权和渔业权尽管在内容上存在重叠和交叉，但二者仍存在诸多方面的区别：一是设立目的不同，渔业权主要是利用水域、滩涂从事水生动植物的养殖、捕捞，而海域使用权除养殖外，还包括拆船、旅游娱乐、盐业矿业、公益事业、建设工程等；二是权利客体不同，渔业权的客体是水域、滩涂，包括内水、滩涂、领海、专属经济区以及一切其他海域，尤其是集体所有的水域、滩涂，而海域使用权的客体职能是国家所有的海域；三是适用法律不同，在特别法范畴上，渔业权适用《渔业法》，海域使用权适用《海域使用管理法》。根据《海域使用管理法》第25条规定，海域使用权人可以利用海域从事养殖等活动。《渔业法》第11条规定，单位和个人使用国家规划确定用于养殖业的全民所有的水域、滩涂的，使用者应当向县级以上地方人民政府渔业行政主管部门提出申请，由本级人民政府核发养殖证，许可其使用该水域、滩涂从事养殖生产。由于全民所有的水域包括海域在内，上述规定使得海域使用权和渔业权这两种权利可能同时涉及对某一海域的利用问题，是否产生权利重叠和交叉、如何处理二者之间可能存在的权利冲突和矛盾，值得探讨。首先，海域使用权来源于国家对海域的所有权，渔业权大多来源于渔民的自然生存权利，二者之间不存在天然的效力位阶。其次，利用海域进行养殖，当事人应当根据《海域使用管理法》的规定取得养殖用海的使用权，此项权利属于用益物权，根据《渔业法》的规定，当事人需要向行政主管部门申请，取得养殖证，由于养殖用海使用权和从事养殖活动的权利调整的内容不同，不存在"一物双权"的问题。最后，同一海域范围内，不同当事人分别从事开采、建造或者养殖等不同活动，两项权利之间宜根据设立先后确定顺位，新设立的用益物权不得损害已经设立的用益物权，造成损害的，应予赔偿或补偿。

## 2. 海域使用权与土地承包经营权

传统沿海渔业所赖以生存的养殖权与嗣后设立的海域使用权之间的冲突由来已久，已经成为海域使用权实践中的难题之一。立法上仅《海域使用管理法》第 22 条作了原则规定："本法施行前，已经由农村集体经济组织或者村民委员会经营、管理的养殖用海，符合海洋功能区划的，经当地县级人民政府核准，可以将海域使用权确定给该农村集体经济组织或者村民委员会，由本集体经济组织的成员承包，用于养殖生产。"这一规定在农村集体经济组织或者村民委员会的海域使用权之上，又设立了一个集体经济组织成员的海域承包经营权。而根据《农村土地承包法》的规定，承包经营权的标的物是土地而不是权利，具体包括耕地、林地、草地及其他依法用于农业的土地。且根据物权法的一般原理，"役权之上不得复设役权。"① 故，基于特定海域的承包经营权，其客体只能是海域而非海域使用权，其性质应属于农村土地承包经营权。②

此情形下，农村集体经济组织或者村民委员会的海域使用权与其成员的海域（农村土地）承包经营权之间冲突的解决，首先，应确定相关权利的取得符合前述规定，即须在 2002 年 1 月 1 日《海域使用管理法》施行前所涉海域已经由农村集体经营管理，从海洋功能区划上看只能用于用海养殖，且农村集体取得海域使用权须经县级人民政府核准，承包经营人员仅限于本集体经济组织的成员，承包后不得擅自改变用途，仍仅能用于海水养殖。其次，应坚持权利平等原则，兼顾国家、集体和渔民利益，不得以开发建设为由非法剥夺承包经营权，损害渔民合法权益。最后，承包合同履行过程中，将海域承包经营权转让给其他非集体经济组织成员，或者擅自改变海域用途的，可依照相关规定宣告合同无效或作出相应处理。

## 3. 海域使用权与采矿权

《海域使用管理法》第 19 条规定，经国务院或者地方人民政府批准，相关海洋行政主管部门登记，海域使用申请人获颁海域使用权证书，取得海域使用权。《矿产资源法》第 16 条规定，开采领海及我国管辖的其他海域的矿产资源的，由国务院地质矿产主管部门审批，并颁发采矿许可证。根据上述规定，在特定的海域内开采矿产，应同时取得海域使用权和采矿权。基于《海域使用管

---

① 周枏：《罗马法原论》，商务印书馆 1994 年版，第 391 页。
② 参见邹挺骞：《论海域使用权纠纷的审理及其裁判衡量》，载《法律适用》2014 年第 11 期。

理法》取得海域使用权，并不意味着海域使用权人同时自动取得了采矿权。毕竟现行法律法规对海域使用权和采矿权的取得资质要求不同，《矿产资源法》对采矿权的主体设定了更为严格的资质条件，海域使用权人可能并不满足采矿权人的资质条件，尤其在海域使用权转让时，如海域使用权当然包括采矿权，则会产生不具有资质的主体通过受让海域使用权而实际取得采矿权，规避矿产资源法律法规的监管的问题。此外，由于海水的流动性、扩散性等特点，探矿、采矿过程中产生的污染也可能使渔业资源的数量、质量下降，所以对采矿权实行严格的控制是必要的。①

（三）海域使用权的物权法救济

作为《民法典》明文规定的用益物权，海域使用权具备物权的所有特征，因此，从权利救济的角度来看，在海域使用权受到侵害时，应享有物权请求权。所谓物权请求权，又称物上请求权，指物权的圆满状态受到妨害或有被妨害之虞时，物权人为回复其物权的圆满状态，得请求妨害人为一定行为或不为一定行为的权利，②包括返还原物请求权、排除妨害请求权和妨害预防请求权三种。其中，海域使用权人的妨害预防请求权尤值重视，随着现代工业的发展，海洋环境的污染日趋严重，从沿海各地的情况看，未经处理的工业污水直接排放海域，造成海域使用权人养殖的海产品损失的现象极其常见。对此，海域使用权人有充分证据证明其权利存在被妨害之虞时，有权依法提出妨害预防的请求，无须待损害实际发生。

## ▶ 适用指引

本条规定并未创设新的物权类型，是对《海域使用管理法》中已规定的权利类型予以重申，其最大意义在于明确了海域使用权的用益物权属性。

值得注意的是，《民法典》就海域使用权仅有原则性规定，关于海域使用权的登记、转让、出租和作价出资等事项均未涉及。《海域使用管理法》就海域使用权的二级流转亦只规定了转让和继承两种方式。2015年3月1日起施

---

① 参见王淼、袁栋：《海洋矿产资源产权市场问题原因与对策》，载《中国国土资源经济》2007年第8期。
② 参见陈华彬：《物权法原理》，国家行政学院出版社1998年版，第97页。

行的《不动产登记暂行条例》及2016年1月1日公布实施的《不动产登记暂行条例实施细则》已经将海域使用权的登记纳入不动产统一登记之中，其他事项则留待《海域使用管理法》的修改来解决。但实践中，尤其在沿海省市，存在大量的海域使用权动态流转现象。以抵押为例，在物权价值化趋势日益明显的背景下，利用海域使用权的交换价值作为融资担保工具的需要亦日益紧迫，海域使用权抵押权的设立、效力、担保范围以及权利实现等问题，在法律层面上有待规范、细化。

第三百二十九条　依法取得的探矿权、采矿权、取水权和使用水域、滩涂从事养殖、捕捞的权利受法律保护。

## 关联规定

法律、行政法规、司法解释

1.《中华人民共和国水法》

第三条　水资源属于国家所有。水资源的所有权由国务院代表国家行使。农村集体经济组织的水塘和由农村集体经济组织修建管理的水库中的水，归各该农村集体经济组织使用。

第七条　国家对水资源依法实行取水许可制度和有偿使用制度。但是，农村集体经济组织及其成员使用本集体经济组织的水塘、水库中的水的除外。国务院水行政主管部门负责全国取水许可制度和水资源有偿使用制度的组织实施。

第四十八条　直接从江河、湖泊或者地下取用水资源的单位和个人，应当按照国家取水许可制度和水资源有偿使用制度的规定，向水行政主管部门或者流域管理机构申请领取取水许可证，并缴纳水资源费，取得取水权。但是，家庭生活和零星散养、圈养畜禽饮用等少量取水的除外。

实施取水许可制度和征收管理水资源费的具体办法，由国务院规定。

2.《中华人民共和国渔业法》

第十一条　国家对水域利用进行统一规划，确定可以用于养殖业的水域和滩涂。单位和个人使用国家规划确定用于养殖业的全民所有的水域、滩涂的，使用者应当向县级以上地方人民政府渔业行政主管部门提出申请，由本级人民政府核发养殖证，许可其使用该水域、滩涂从事养殖生产。核发养殖证的具体办法由国务院规定。

集体所有的或者全民所有由农业集体经济组织使用的水域、滩涂，可以由个人或者集体承包，从事养殖生产。

第十四条　国家建设征收集体所有的水域、滩涂，按照《中华人民共和国土地管理法》有关征地的规定办理。

第二十三条　国家对捕捞业实行捕捞许可证制度。

到中华人民共和国与有关国家缔结的协定确定的共同管理的渔区或者公海从事捕捞作业的捕捞许可证，由国务院渔业行政主管部门批准发放。海洋大型拖网、围网作业的捕捞许可证，由省、自治区、直辖市人民政府渔业行政主管部门批准发放。其他作业的捕捞许可证，由县级以上地方人民政府渔业行政主管部门批准发放；但是，批准发放海洋作业的捕捞许可证不得超过国家下达的船网工具控制指标，具体办法由省、自治区、直辖市人民政府规定。

捕捞许可证不得买卖、出租和以其他形式转让，不得涂改、伪造、变造。

到他国管辖海域从事捕捞作业的，应当经国务院渔业行政主管部门批准，并遵守中华人民共和国缔结的或者参加的有关条约、协定和有关国家的法律。

第二十四条　具备下列条件的，方可发给捕捞许可证：

（一）有渔业船舶检验证书；

（二）有渔业船舶登记证书；

（三）符合国务院渔业行政主管部门规定的其他条件。

县级以上地方人民政府渔业行政主管部门批准发放的捕捞许可证，应当与上级人民政府渔业行政主管部门下达的捕捞限额指标相适应。

3.《中华人民共和国矿产资源法》

第三条　矿产资源属于国家所有，由国务院行使国家对矿产资源的所有权。地表或者地下的矿产资源的国家所有权，不因其所依附的土地的所有权或者使用权的不同而改变。

国家保障矿产资源的合理开发利用。禁止任何组织或者个人用任何手段侵占或者破坏矿产资源。各级人民政府必须加强矿产资源的保护工作。

勘查、开采矿产资源，必须依法分别申请、经批准取得探矿权、采矿权，并办理登记；但是，已经依法申请取得采矿权的矿山企业在划定的矿区范围内为本企业的生产而进行的勘查除外。国家保护探矿权和采矿权不受侵犯，保障矿区和勘查作业区的生产秩序、工作秩序不受影响和破坏。

从事矿产资源勘查和开采的，必须符合规定的资质条件。

第四条　国家保障依法设立的矿山企业开采矿产资源的合法权益。

国有矿山企业是开采矿产资源的主体。国家保障国有矿业经济的巩固和发展。

**第五条** 国家实行探矿权、采矿权有偿取得的制度；但是，国家对探矿权、采矿权有偿取得的费用，可以根据不同情况规定予以减缴、免缴。具体办法和实施步骤由国务院规定。

开采矿产资源，必须按照国家有关规定缴纳资源税和资源补偿费。

**第六条** 除按下列规定可以转让外，探矿权、采矿权不得转让：

（一）探矿权人有权在划定的勘查作业区内进行规定的勘查作业，有权优先取得勘查作业区内矿产资源的采矿权。探矿权人在完成规定的最低勘查投入后，经依法批准，可以将探矿权转让他人。

（二）已取得采矿权的矿山企业，因企业合并、分立，与他人合资、合作经营，或者因企业资产出售以及有其他变更企业资产产权的情形而需要变更采矿权主体的，经依法批准可以将采矿权转让他人采矿。

前款规定的具体办法和实施步骤由国务院规定。

禁止将探矿权、采矿权倒卖牟利。

**第十二条** 国家对矿产资源勘查实行统一的区块登记管理制度。矿产资源勘查登记工作，由国务院地质矿产主管部门负责；特定矿种的矿产资源勘查登记工作，可以由国务院授权有关主管部门负责。

矿产资源勘查区块登记管理办法由国务院制定。

**第十六条** 开采下列矿产资源的，由国务院地质矿产主管部门审批，并颁发采矿许可证：

（一）国家规划矿区和对国民经济具有重要价值的矿区内的矿产资源；

（二）前项规定区域以外可供开采的矿产储量规模在大型以上的矿产资源；

（三）国家规定实行保护性开采的特定矿种；

（四）领海及中国管辖的其他海域的矿产资源；

（五）国务院规定的其他矿产资源。

开采石油、天然气、放射性矿产等特定矿种的，可以由国务院授权的有关主管部门审批，并颁发采矿许可证。

开采第一款、第二款规定以外的矿产资源，其可供开采的矿产的储量规模为中型的，由省、自治区、直辖市人民政府地质矿产主管部门审批和颁发采矿许可证。

开采第一款、第二款和第三款规定以外的矿产资源的管理办法，由省、自治区、直辖市人民代表大会常务委员会依法制定。

依照第三款、第四款的规定审批和颁发采矿许可证的，由省、自治区、直辖市人民政府地质矿产主管部门汇总向国务院地质矿产主管部门备案。

矿产储量规模的大型、中型的划分标准，由国务院矿产储量审批机构规定。

4.《矿产资源法实施细则》

**第三条** 矿产资源属于国家所有，地表或者地下的矿产资源的国家所有权，不因其所依附的土地的所有权或者使用权的不同而改变。

国务院代表国家行使矿产资源的所有权。国务院授权国务院地质矿产主管部门对全国矿产资源分配实施统一管理。

**第四条** 在中华人民共和国领域及管辖的其他海域勘查、开采矿产资源，必须遵守《中华人民共和国矿产资源法》（以下简称《矿产资源法》）和本细则。

**第五条** 国家对矿产资源的勘查、开采实行许可证制度。勘查矿产资源，必须依法申请登记，领取勘查许可证，取得探矿权；开采矿产资源，必须依法申请登记，领取采矿许可证，取得采矿权。

矿产资源勘查工作区范围和开采矿区范围，以经纬度划分的区块为基本单位。具体办法由国务院地质矿产主管部门制定。

**第六条** 《矿产资源法》及本细则中下列用语的含义：

探矿权，是指在依法取得的勘查许可证规定的范围内，勘查矿产资源的权利。取得勘查许可证的单位或者个人称为探矿权人。

采矿权，是指在依法取得的采矿许可证规定的范围内，开采矿产资源和获得所开采的矿产品的权利。取得采矿许可证的单位或者个人称为采矿权人。

国家规定实行保护性开采的特定矿种，是指国务院根据国民经济建设和高科技发展的需要，以及资源稀缺、贵重程度确定的，由国务院有关主管部门按照国家计划批准开采的矿种。

国家规划矿区，是指国家根据建设规划和矿产资源规划，为建设大、中型矿山划定的矿产资源分布区域。

对国民经济具有重要价值的矿区，是指国家根据国民经济发展需要划定的，尚未列入国家建设规划的，储量大、质量好、具有开发前景的矿产资源保护区域。

### 5.《渔业法实施细则》

**第十条** 使用全民所有的水面、滩涂，从事养殖生产的全民所有制单位和集体所有制单位，应当向县级以上地方人民政府申请养殖使用证。

全民所有的水面、滩涂在一县行政区域内的，由该县人民政府核发养殖使用证；跨县的，由有关县协商核发养殖使用证，必要时由上级人民政府决定核发养殖使用证。

**第十五条** 国家对捕捞业，实行捕捞许可制度。

从事外海、远洋捕捞业的，由经营者提出申请，经省、自治区直辖市人民政府渔业行政主管部门审核后，报国务院渔业行政主管部门批准。从事外海生产的渔船、必须按照批准的海域和渔期作业，不得擅自进入近海捕捞。

近海大型拖网、围网作业的捕捞许可证，由国务院渔业行政主管部门批准发放；近海其他作业的捕捞许可证，由省、自治区、直辖市人民政府渔业行政主管部门按照国家下达的船网工具控制指标批准发放。

内陆水域的捕捞许可证，由县级以上地方人民政府渔业行政主管部门批准发放。

捕捞许可证的格式，由国务院渔业行政主管部门制定。

**第十六条** 在中华人民共和国管辖水域，中外合资、中外合用经营的渔业企业，未经国务院有关主管部门批准，不得从事近海捕捞业。

**第十七条** 有下列情形之一的，不得发放捕捞许可证：

（一）使用破坏渔业资源、被明令禁止使用的渔具或者捕捞方法的；

（二）未按国家规定办理批准手续，制造、更新改造、购置或者进口捕捞渔船的；

（三）未按国家规定领取渔业船舶证书、航行签证簿、职务船员证书、船舶户口簿、渔民证等证件的。

**第十八条** 娱乐性游钓和在尚未养殖、管理的滩涂手工采集零星水产品的，不必申请捕捞许可证，但应当加强管理，防止破坏渔业资源。具体管理办法由县级以上人民政府制定。

**第十九条** 因科学研究等特殊需要，在禁渔区、禁渔期捕捞，或者使用禁用的渔具、捕捞方法，或者捕捞重点保护的渔业资源品种，必须经省级以上人民政府渔业行政主管部门批准。

6.《最高人民法院关于审理矿业权纠纷案件适用法律若干问题的解释》

**第一条** 人民法院审理探矿权、采矿权等矿业权纠纷案件，应当依法保护矿业权流转，维护市场秩序和交易安全，保障矿产资源合理开发利用，促进资源节约与环境保护。

## ▶ 条文释义

### 一、本条主旨

本条是关于探矿权、采矿权、取水权和使用水域、滩涂从事养殖、捕捞的权利受法律保护的规定。

### 二、条文演变

本条沿用原《物权法》第123条的规定，内容未作变动。

### 三、条文解读

（一）探矿权、采矿权

法律层面上，探矿权、采矿权最早出现在1986年的《矿产资源法》中，但未明确其权利属性。1986年颁布的原《民法通则》第81条第2款规定："国家所有的矿藏，可以依法由全民所有制单位和集体所有制单位开采，也可以依法由公民采挖。国家保护合法的采矿权。"由此，确定了采矿权的财产权属性，但没有明确探矿权的财产权属性。2017年公布实施的原《民法总则》删除了原《民法通则》中关于采矿权的相关规定。《民法典》除本条规定外，亦未再有涉及探矿权、采矿权的相关规定，但探矿权、采矿权的概念频繁出现在相关行政法规、规章及规范性文件中。如1994年《矿产资源法实施细则》第6条对探矿权、采矿权作出了明确的定义："探矿权，是指在依法取得的勘查许可证规定的范围内，勘查矿产资源的权利。""采矿权，是指在依法取得的采矿许可证规定的范围内，开采矿产资源和获得所开采的矿产品的权利。"原国土资源部2000年颁布的《矿业权出让转让管理暂行规定》第3条规定："探矿权、采矿权为财产权，统称为矿业权，适用于不动产法律法规的调整原则。""依法取得矿业权的自然人、法人或其他经济组织称为矿业权人。""矿业权人依法对其矿业权享有占有、使用、收益和处分权。"

关于探矿权、采矿权的性质,法学界基于不同的学术背景、学科视野和实践经验各自作出了不同的评价。经济法学者、环境资源法学者以及行政法学者,更侧重于矿业权配置的国家干预性,大多提出公法权力与私法权利综合调整兼具之说。民法学界内部,亦存在物权化债权说、用益物权说、准物权说、准用益物权说、特别物权说、特许物权说等不同观点。就法律规定而言,本条关于"依法取得的探矿权、采矿权受法律保护"设置在物权编用益物权分编下的一般规定中,从法解释学的角度可认为探矿权、采矿权的属性为用益物权。但值得注意的是,《矿产资源法》第3条规定:"……勘查、开采矿产资源,必须依法分别申请、经批准设立探矿权、采矿权,并办理登记……"《矿产资源法实施细则》第5条第1款规定:"国家对矿产资源的勘查、开采实行许可证制度。勘查矿产资源,必须依法申请登记,领取勘查许可证,取得探矿权;开采矿产资源,必须依法申请登记,领取采矿许可证,取得采矿权。"由此,在我国现行法律框架内,探矿权、采矿权是一种矿产资源用益物权,但其设立须经政府审批、行政许可,具有强烈的公法属性,作为矿业权物权凭证的矿产资源勘查许可证和采矿许可证,同时亦是国土资源主管部门作出行政许可的法律文书。由此,矿业权兼具民事物权和行政许可的双重属性。一方面,所有权人可以通过与他人签订合同享有债权的方式享受利益,也可以通过设立他物权的方式来享受利益。矿业权就是作为所有权人的国家所设立的一种他物权,① 是矿产资源所有权让渡权能的结果。另一方面,行政许可是引起矿业权民事法律关系成立之必要的事实行为,行政许可或者特许起"催生""准生"与确认的作用,赋予行为人以法律上之力,使其占有、使用等状态名实相符。②

作为矿产资源国家所有权基础上派生出来的用益物权,矿业权本身是财产权、特许经营权和实际开发权的结合体,又与矿产资源国家所有权、矿区用地使用权、矿产品所有权及相邻关系人环境权等多有关联,③ 在权利客体以及权利设立、流转、行使和消灭等方面,均具有不同于典型用益物权的特殊性。如典型用益物权是指用益物权人对他人所有的不动产或者动产依法享有占有、使用

---

① 参见李显东、刘志强:《论矿业权的法律属性》,载《当代法学》2009年第2期。
② 参见崔建远:《准物权研究》,法律出版社2012年版,第122页。
③ 参见江必新:《矿业权法律关系调整中的国家干预和私人自洽——兼论法律行为效力理论之重构》,载《法学评论》2018年第1期。

和收益的权利,不包括处分权能;而就矿业权尤其采矿权而言,权利的行使过程同时也包含甚至就是对矿产资源的处分过程,当许可矿区的储量开采完毕后,不仅作为用益物权的采矿权消灭,矿产资源所有权也因客体不存在而相应灭失。

值得注意的是,现行涉矿法律、法规大多制定在计划商品经济阶段或者从计划商品经济向市场经济过渡阶段,行政管理色彩较浓厚,市场交易规则相对匮乏,已不能完全适应矿业权流转日益市场化的发展趋势,与国家正在推进的"放管服"行政审批制度改革的发展方向亦不完全相符。① 《民法典》虽仅以一个原则性条文界定矿业权的用益物权属性,但对于凸显矿业权的物权属性,革新矿产资源立法理念,促进矿业权依法流转,具有重要意义。2017年7月27日起施行的《最高人民法院关于审理矿业权纠纷案件适用法律若干问题的解释》中对矿业权出让、转让、租赁、承包、抵押等流转方式予以规制,尤其其中关于矿业权转让申请未经批准前转让合同效力的认定,即为对《民法典》本条关于矿业权用益物权属性的尊重和具体适用。

### (二)取水权

取水权的概念,首次在法律层面出现是2002年《水法》中,该法第48条第1款规定:"直接从江河、湖泊或者地下取用水资源的单位和个人,应当按照国家取水许可制度和水资源有偿使用制度的规定,向水行政主管部门或者流域管理机构申请领取取水许可证,并缴纳水资源费,取得取水权。但是,家庭生活和零星散养、圈养畜禽饮用等少量取水的除外。"2007年原《物权法》第123条进一步规定依法取得的取水权受法律保护,《民法典》沿袭了原《物权法》的这一规定。

我国水权理论尚未形成成熟的、具有普遍共识的理论体系。法学领域关于水权概念的界定可以区分为单权说、双权说和多权说。② 单权说为民法学界的通说,即认为水权是依法对地表水和地下水取得使用或收益的权利。包含两层含义:第一,水权是独立于水资源所有权的一项法律制度;第二,水权是水资源非所有人依照法律的规定或合同的约定所享有的对水资源的使用或收益

---

① 参见郑学林、王旭光、贾清林、刘牧晗:《矿业权纠纷案件的审判理念与最新裁判规则——〈最高人民法院关于审理矿业权纠纷案件适用法律若干问题的解释〉的理解与适用》,载《法律适用》2018年第5期。
② 参见陈广华、黄野:《民法典视域下水权制度检讨与重构》,载《西部法学评论》2018年第2期。

权。①双权说认为，水权包括水资源所有权和使用权，②双权说可谓对水资源立法的一种解读，认为《水法》第3条关于"水资源属于国家所有。水资源的所有权由国务院代表国家行使。农村集体经济组织的水塘和由农村集体经济组织修建管理的水库中的水，归各该农村集体经济组织使用"的规定，其核心内容就是水资源的所有和使用。多权说则认为，水权是多种权利的集合，但如何对其精细划分又有不同观点。由此，关于水权，不仅理论歧见较大，而且从取水许可制度以及水资源有偿使用制度的施行实践来看，水权的内涵、外延，《水法》《民法典》规定的取水权与有关生态文明规范性或者政策性文件中所涉及的用水权（常与排污权、碳排放权、用能权并列使用）等相关水权利的区分、关联等问题，亦均有待进一步明确。此外，关于取水权的性质，学理界亦有多种观点。本条规定将其界定为用益物权，但水资源的公共物品性、权利设立的行政特许以及权利交易的限制性等特点，决定了取水权具有不同于典型用益物权的公法属性。

（三）使用水域、滩涂从事养殖、捕捞的权利

使用水域、滩涂从事养殖、捕捞的权利，在法律层面上最早出现在1986年《渔业法》，该法第10条规定："县级以上地方人民政府根据国家对水域利用的统一安排，可以将规划用于养殖业的全民所有的水面、滩涂，确定给全民所有制单位和集体所有制单位从事养殖生产，核发养殖使用证，确认使用权。""全民所有制单位使用的水面、滩涂，集体所有的水面、滩涂和集体所有制单位使用的全民所有的水面、滩涂，可以由集体或者个人承包，从事养殖生产。""水面、滩涂的所有权和使用权受法律保护，任何单位和个人不得侵犯。"上述规定，使用了"核发养殖使用证、确认使用权"的表述。2000年修正的《渔业法》删除了这一表述，其第11条规定："国家对水域利用进行统一规划，确定可以用于养殖业的水域和滩涂。单位和个人使用国家规划确定用于养殖业的全民所有的水域、滩涂的，使用者应当向县级以上地方人民政府渔业行政主管部门提出申请，由本级人民政府核发养殖证，许可其使用该水域、滩涂从事

---

① 参见裴丽萍：《水权制度初论》，载《中国法学》2001年第2期；崔建远：《水权与民法理论及物权法典的制度》，载《法学研究》2002年第3期；黄锡生：《论水权的概念和体系》，载《现代法学》2004年第4期。
② 参见汪恕诚：《水权和水市场——谈实现水资源优化配置的经济手段》，载《水电能源科学》2001年第1期。

养殖生产。核发养殖证的具体办法由国务院规定。""集体所有的或者全民所有由农业集体经济组织使用的水域、滩涂,可以由个人或者集体承包,从事养殖生产。"采用了"核发养殖证,许可其使用水域、滩涂从事养殖生产"的表述。《全国人大法律委员会关于〈中华人民共和国渔业法修正案(草案)〉审议结果的报告》中指出:"水域是一种多用途的资源,水域有航行、灌溉、供水、行蓄洪、维护生态平衡等多种功能,全民所有的水域包括海域、江河、湖泊、水库等,可以许可由单位或个人用于养殖活动,但对单位或个人确认水域、滩涂的排他性使用权,涉及的问题较多,也比较复杂,宜作进一步研究,由规范有关物权的法律进行规定。"2004年、2009年、2013年,《渔业法》经过历次修改,但上述"核发养殖证,许可其使用水域、滩涂从事养殖生产"的表述均未改变。① 原《物权法》第123条采用了"依法取得的使用水域、滩涂从事养殖、捕捞的权利受法律保护"的规定,从基本法律的层面确认了养殖权、捕捞权的用益物权属性。《民法典》沿袭了原《物权法》的这一规定。

关于使用水域、滩涂从事养殖、捕捞的权利,往往称为养殖权、捕捞权,并合称为渔业权。关于养殖权、捕捞权的性质,学理界存在不同观点:(1)公权说,持该说的部分学者认为,渔业法属于公法,渔业权是主管机关基于渔业法作出的行政处分,应是公权;还有部分学者认为,渔业权的标的是一种公物,而公物则系供民众使用,因此,渔业权是一种经主管机关同意之公物使用权。(2)私权说,包括单纯物权否定说、形成权说、渔场行为绝对说、渔场支配说、准物权说。其中准物权说认为,渔业权并非民法上的物权,但准用民法关于不动产物权的规定。《日本渔业法》第23条规定:"渔业权视为物权准用土地有关规定。"(3)折中说。该说认为渔业权兼具公权和私权双重属性,就其内容来看确实属于私权,为私法物权,但仍受公共性的规范。考虑到渔业权因其取得必须基于许可制度,从而被烙上了公权性。"这种在法律上兼具公、私权的性质,可说是渔业权的特质。"②(4)区分说。该说从我国经济体制特征出发,认为不同所有制水域上的渔业权具有不同的法律性质。在公共水域上产生的渔业权是一种典型的附属物权,在非公共水域上形成的渔业权,属于民法

---

① 2008年,《全国人民代表大会农业与农村委员会关于第十一届全国人民代表大会第一次会议主席团交付审议的代表提出的议案审议结果的报告》中再次指出:关于渔业法明确养殖权的议案1件。

② 崔建远:《准物权研究》,法律出版社2003年版,第64页。

上的用益物权。[①] 本条规定，从基本法律的层面确认了养殖权、捕捞权的用益物权属性，不仅是保护自然资源和生态环境、维护国家和公共利益的需要，更是实现该权利的有序流转和权利受到侵害的补偿或者赔偿机制构建的需要。

在原《物权法》制定过程中，关于是否明确规定渔业权以及渔业权与水权、海域使用权等相关权利的关系存有较大争议，相关论述详见前述海域使用权。事实上，关于渔业权的概念、范围，其权利主体、客体、内容、流转，以及养殖权和捕捞权是否分属不同权利制度等重要问题，尚需留待理论和实践的持续发展。

## ▶ 适用指引

本条未创设新的权利类型，是在原《物权法》规定基础上，继续对《矿产资源法》《水法》《渔业法》等法律中已有权利类型的重申，其立法本意是确认探矿权、采矿权、取水权、养殖权、捕捞权在法律效力上的用益物权属性。需要注意的是，探矿权、采矿权、取水权、养殖权、捕捞权作为特别用益物权，兼具民事物权和行政许可的双重属性，经济和生态双重价值，具有不同于典型用益物权的特征。尤其在权利流转上，以往的法律法规多从行政监管角度施以限制，但因实践中权利流转相当活跃，导致纠纷易发多发。由此，在相关纠纷案件的处理上，不仅存在《民法典》的一般性规范和《矿产资源法》《水法》《渔业法》等专门资源类法律规范的选择适用，还将涉及民商事法律规范和行政监管法律规则的协调适用，以及民事权益维护与生态环境保护的利益衡平等诸多问题。

## ▶ 典型案例

### 丰宁长阁矿业有限公司与北京铁路局物权保护纠纷案

**关键词：** 探矿权　补偿　公共利益

**裁判摘要：** 建设单位与矿业权人达成压覆矿产补偿意向，并依照相关法律法规履行了压覆审批手续，则其压覆矿产的行为不具有违法性，主观上亦不存

---

① 参见孙宪忠：《中国渔业权立法研究》，法律出版社2006年版。

在过错，不构成侵权。矿业权人因矿产被压覆所受损失可以依法得到补偿。建设项目因公共利益压覆矿产的，建设单位应补偿矿业权人被压覆资源储量在压覆时市场条件下所应缴价款，以及所压覆的矿区分担的勘察投资、已建的开采设施投入和搬迁相应设施等直接损失。

**基本案情**：根据《物权法》第123条"依法取得的探矿权、采矿权、取水权和使用水域、滩涂从事养殖、捕捞的权利受法律保护"的规定，长阁矿业公司依法取得的矿业权受法律保护。根据《侵权责任法》第6条"行为人因过错侵害他人民事权益，应当承担侵权责任"的规定，长阁矿业公司主张北京铁路局构成侵权，应当证明北京铁路局实施压覆矿产资源的行为存在过错。根据本案查明事实，蒙冀公司与腾达公司于2009年8月8日签订的《拟建张唐铁路压覆矿业权补偿意向书》明确约定"为保证国家重点项目的实施，经矿业权人与建设单位友好协商，同意压覆矿业权。双方同意，项目正式立项后，依据省国土资源厅批复的压覆矿产资源评估报告、国家政策及有关规定，双方协商，签订补偿协议"。2009年9月23日，河北省国土资源厅对蒙冀公司提出的张唐铁路建设用地压覆矿产资源的申请，作出《关于"新建张家口至唐山铁路建设项目"压覆矿产资源的批复》，同意在该建设项目范围内压覆已查明重要矿产资源。本案双方当事人中，北京铁路局系接受蒙冀公司委托负责张唐铁路项目建设；长阁矿业公司系从案外人腾达公司处受让案涉矿业权，且长阁矿业公司与腾达公司的法定代表人均系丁连茂。蒙冀公司在与腾达公司达成压覆补偿意向后，已按照相关法律法规履行压覆重要矿产资源的报批手续，故北京铁路局在张唐铁路项目建设期间压覆长阁矿业公司名下探矿权的行为不具违法性，主观上亦不存在过错，不构成侵权。因此，长阁矿业公司关于北京铁路局构成侵权的上诉理由不能成立，长阁矿业公司的探矿权因北京铁路局的压覆行为所受损失依法应得到补偿。

【案　　号】（2017）最高法民终724号
【审理法院】最高人民法院
【来　　源】《最高人民法院公报》2019年第9期

# 第十一章　土地承包经营权

**第三百三十条**　农村集体经济组织实行家庭承包经营为基础、统分结合的双层经营体制。

农民集体所有和国家所有由农民集体使用的耕地、林地、草地以及其他用于农业的土地，依法实行土地承包经营制度。

## ▶ 关联规定

**法律、行政法规、司法解释**

1.《中华人民共和国宪法》

**第八条**　农村集体经济组织实行家庭承包经营为基础、统分结合的双层经营体制。农村中的生产、供销、信用、消费等各种形式的合作经济，是社会主义劳动群众集体所有制经济。参加农村集体经济组织的劳动者，有权在法律规定的范围内经营自留地、自留山、家庭副业和饲养自留畜。

城镇中的手工业、工业、建筑业、运输业、商业、服务业等行业的各种形式的合作经济，都是社会主义劳动群众集体所有制经济。

国家保护城乡集体经济组织的合法的权利和利益，鼓励、指导和帮助集体经济的发展。

2.《中华人民共和国农村土地承包法》

**第三条**　国家实行农村土地承包经营制度。

农村土地承包采取农村集体经济组织内部的家庭承包方式，不宜采取家庭承包方式的荒山、荒沟、荒丘、荒滩等农村土地，可以采取招标、拍卖、公开协商等方式承包。

## 条文释义

### 一、本条主旨

本条是关于农村集体经济组织实行家庭承包经营为基础、统分结合的双层经营体制的规定。

### 二、条文演变

2007年原《物权法》第124条规定:"农村集体经济组织实行家庭承包经营为基础、统分结合的双层经营体制。""农民集体所有和国家所有由农民集体使用的耕地、林地、草地以及其他用于农业的土地,依法实行土地承包经营制度。"本条未作修改。

### 三、条文解读

农村集体经济组织实行家庭承包经营为基础、统分结合的双层经营体制,是我国《宪法》确立的农村集体经济组织的经营体制,是党在农村的基本政策。双层经营包含了两个经营层次:一是家庭分散经营层次;二是集体统一经营层次。家庭承包经营是集体经济组织内部的一个经营层次,是双层经营体制的基础。实行家庭承包经营,符合生产关系要适应生产力发展要求的规律,使农户获得充分的经营自主权,能够极大地调动农民的积极性,解放和发展农村生产力;符合农业生产自身的特点,可以使农户根据市场、气候、环境和农作物生长情况及时作出决策,保证生产顺利进行,也有利于农户自主安排剩余劳动力和剩余劳动时间,增加收入。集体经营层次具有生产服务、组织协调和资产积累等功能。在坚持家庭承包责任制长期稳定的基础上,要不断完善和健全双层经营体制,鼓励和引导集体经济组织逐步壮大经济实力,从而管理好集体资产,协调好利益关系,组织好生产服务和集体资源开发,特别是要增强服务功能,解决一家一户难以解决的困难。

我国家庭承包经营为基础、统分结合的双层经营体制,经历了不断完善和发展的过程。1978年安徽省凤阳县小岗村农民打破土地公有制,在全国率先实行包产到户,成为农村经营体制改革的发端。此后,联产承包责任制在全国农村普遍得到施行，中央多次以"1号文件"对此予以肯定和规范。1982年中央1号文件指出："目前实行的各种责任制，包括小段包工定额计酬，专业承包联产计酬，联产到劳，包产到户、到组，包干到户、到组，等等，都是社会主义集体经济的生产责任制。不论采取什么形式，只要群众不要求改变，就不要变动。"1984年中央1号文件又规定，土地承包期应在15年以上，生产周期长的带有开发性的项目，如果森林、荒山、荒地等，承包期还应更长。1993年又针对第一轮承包期陆续到期的情况，规定承包期再延长30年。1993年《宪法修正案》第6条将《宪法》第8条第1款修改为："农村中的家庭联产承包为主的责任制和生产、供销、信用、消费等各种形式的合作经济，是社会主义劳动群众集体所有制经济。参加农村集体经济组织的劳动者，有权在法律规定的范围内经营自留地、自留山、家庭副业和饲养自留畜。"从而把农村家庭联产承包为主的责任制写入《宪法》，为建立新的农村经营体制提供了宪法依据。1995年3月28日《国务院批转农业部关于稳定和完善土地承包关系意见的通知》指出："以家庭联产承包为主的责任制和统分结合的双层经营体制，是党在农村的一项基本政策和我国农村经济的一项基本制度，必须保持长期稳定，任何时候都不能动摇。要通过强化农业承包合同管理等一系列措施，使农村的土地承包关系真正得到稳定和完善。"1997年8月27日《中共中央办公厅、国务院办公厅关于进一步稳定和完善农村土地承包关系的通知》提出：以家庭联产承包为主的责任制和统分结合的双层经营体制，是我国农村经济的一项基本制度。稳定土地承包关系，是党的农村政策的核心内容。1998年10月14日《中共中央关于农业和农村工作若干重大问题的决定》以家庭承包经营取代联产承包责任制，提出"长期稳定以家庭承包经营为基础、统分结合的双层经营体制"，要求"坚定不移地贯彻土地承包期再延长三十年不变的政策，同时要抓紧制定确保农村土地承包关系长期稳定的法律法规，赋予农民长期而有保障的土地使用权"。1999年《宪法修正案》再次明确规定，农村集体经济组织实行家庭承包经营为基础、统分结合的双层经营体制。2002年12月28日修正的《农业法》第5条第2款规定："国家长期稳定农村以家庭承包经营为基础、统分结合的双层经营体制，发展社会化服务体系，壮大集体经济实力，引导农民走共同富裕的道路。"实践证明，家庭承包经营为基础、统分结合的双层经营体制，符合生产关系要适应生产力发展要求的规律，极大地解放和发展了农村生产力，具有广泛的适应性和旺盛的生命力，必须长期坚持。

第三分编　用益物权 | 第十一章　土地承包经营权 | 第三百三十条

2015年11月中共中央办公厅、国务院办公厅印发《深化农村改革综合性实施方案》提出，把握好土地集体所有制和家庭承包经营的关系，现有农村土地承包关系保持稳定并长久不变，落实集体所有权，稳定农户承包权，放活土地经营权，实施"三权分置"。2019年11月，《中共中央、国务院关于保持土地承包关系稳定并长久不变的意见》明确，要坚持农户家庭承包经营，坚持承包关系长久稳定，赋予农民更加充分而有保障的土地权利，巩固和完善农村基本经营制度，为提高农业农村现代化水平、推动乡村全面振兴、保持社会和谐稳定奠定制度基础。

　　土地是农业最基本的生产要素，又是农民最基本的生活保障，农村集体经济组织成员与土地的关系，是决定农业发展、农村稳定和农民富裕的最基本和最重要的问题。稳定完善双层经营体制，关键是稳定完善土地承包关系，稳定土地承包关系是党的农村政策的基石，绝不能动摇。本条"农村集体经济组织实行家庭承包经营为基础、统分结合的双层经营体制"的规定，正是为了稳定和完善以家庭承包经营为基础、统分结合的双层经营体制，赋予农民长期而有保障的土地使用权，维护农村土地承包当事人的合法权益，促进农业、农村经济发展和农村社会稳定。

　　本条第2款规定，农民集体所有和国家所有由农民集体使用的耕地、林地、草地以及其他用于农业的土地，依法实行土地承包经营制度。土地承包经营权作为一种用益物权，属于他物权，这种他物权是针对特定对象而设定的，即是农民集体所有和国家所有由农民集体使用的农村土地。农村土地是指农民集体所有和国家所有依法由农民集体使用的耕地、林地、草地，以及其他依法用于农业的土地。因此，能够设立土地承包经营权的土地仅仅是农村土地，排除了城市的国有建设用地。还需要说明是，这里的农村土地与我们通常所说农民集体所有的土地不是一个概念，二者的范围有所不同。一般所说的农民集体所有的土地是指所有权归集体的全部土地，其中主要有农业用地、农村建设用地等。而根据《农村土地承包法》的规定，能够设定土地承包经营权的土地只能是农业用地。《农村土地承包法》第3条第1款规定："国家实行农村土地承包经营制度。"《农业法》第10条第1款规定："国家实行农村土地承包经营制度，依法保障农村土地承包关系的长期稳定，保护农民对承包土地的使用权。"依法实行土地承包经营制度的农村土地，包括农民集体所有和国家所有依法由农民集体使用的耕地、林地、草地以及其他依法用于农业的土地。其中既包括农民集体所有的农业用地,也包括国家所有依法由农民集体使用的农业用地。本条"用于农业的土地",主要有耕地、林地和草地,还有一些其他用于农业的土地,如荒山、荒丘、荒沟、荒滩等"四荒地"。上述这些用于农业的土地中数量最多,涉及面最广,与每一个农民利益最密切的是耕地、林地和草地,对此《民法典》作了重点表述。其他农村土地如"四荒地"等包含在本条规定的"其他用于农业的土地"之中。根据《农村土地承包法》的规定,农村土地承包采取农村集体经济组织内部的家庭承包方式,不宜采取家庭承包方式的荒山、荒沟、荒丘、荒滩等农村土地,可以采取招标、拍卖、公开协商等方式承包。可见,农村土地承包经营制度包括两种承包方式,即家庭承包和以招标、拍卖、公开协商等方式的承包。农村土地承包一般采取农村集体经济组织内部的家庭承包方式。家庭承包方式是指,以农村集体经济组织的每一个农户家庭全体成员为一个生产经营单位,作为承包人与发包人建立承包关系,承包耕地、林地、草地等用于农业的土地。家庭承包中的承包人是农村集体经济组织的农户。发包人将土地发包给农户经营时,应当按照每户所有成员的人数来确定承包土地的份额,也就是通常所说的"按户承包,按人分地",也叫"人人有份"。由于每个集体经济组织成员在本集体经济组织中均享有成员权,也由于农村土地是农民的基本生产资料,也是他们的基本生活保障,因此,每个农村集体经济组织的成员,不论年长年幼、是男是女都享有土地承包权。凡是本集体经济组织的成员应当人人有份的农村土地,尤其是耕地、林地、草地,都应当依法实行家庭承包。有些用于农业的土地如果园,在本集体经济组织内做不到人人有份,只能由少数农户来承包;对于"四荒地",本集体经济组织成员有的不愿承包,有的根据自己的能力承包的数量不同。这些不宜采取家庭承包方式的农村土地,可以采取招标、拍卖、公开协商等方式承包。这些承包方式都是以自愿、公开、公正的原则进行承包的,能够更合理地利用这些农村土地。

## ▶ 适用指引

根据《最高人民法院关于为实施乡村振兴战略提供司法服务和保障的意见》要求,为深入贯彻落实习近平总书记关于实施乡村振兴战略的重要论述,全面贯彻党的十九大精神和《中共中央、国务院关于实施乡村振兴战略的意见》《乡村振兴战略规划（2018—2022年）》，充分发挥人民法院审判职能作用，为实施乡村振兴战略提供有力的司法服务和保障，人民法院在审判中，应依法妥善审理农村土地承包案件，深入贯彻落实中央关于承包地"三权分置"改革政策，保障农村土地制度改革。依法保护农民合作社、家庭农场等农业经营主体的合法权益，维护农村土地集体所有制和家庭承包经营为基础、统分结合的双层经营体制，确保土地承包关系保持稳定并长久不变，促进完善农村基本经营制度。按照"落实集体所有权、稳定农户承包权、放活土地经营权"要求保护农村承包地的土地经营权依法有序流转。按照《民法典》《农村土地承包法》等规定保护农民对承包土地享有的占有、使用、收益等法定权利。在充分尊重农民真实意愿的基础上，合理有序促进农业市场化、集约化、组织化、规模化发展。

**第三百三十一条** 土地承包经营权人依法对其承包经营的耕地、林地、草地等享有占有、使用和收益的权利,有权从事种植业、林业、畜牧业等农业生产。

## 关联规定

法律、行政法规、司法解释

《中华人民共和国农村土地承包法》

第十七条 承包方享有下列权利:

(一)依法享有承包地使用、收益的权利,有权自主组织生产经营和处置产品;

(二)依法互换、转让土地承包经营权;

(三)依法流转土地经营权;

(四)承包地被依法征收、征用、占用的,有权依法获得相应的补偿;

(五)法律、行政法规规定的其他权利。

## 条文释义

一、本条主旨

本条是土地承包经营权人享有的基本权利的规定。

二、条文演变

2007年原《物权法》第125条规定:"土地承包经营权人依法对其承包经营的耕地、林地、草地等享有占有、使用和收益的权利,有权从事种植业、林业、畜牧业等农业生产。"本条未作修改。

## 三、条文解读

本条明确了土地承包经营权的物权性质,规定了土地承包经营权人依法对其承包经营的耕地、林地、草地等享有占有、使用和收益的权利,有权从事种植业、林业、畜牧业等农业生产。

### (一)土地承包经营权的物权性质

土地承包经营权,是指土地承包经营权人为从事种植业、林业、畜牧业,对其承包的集体所有或者国家所有由农民集体使用的土地所享有的占有、使用、收益的权利。土地承包经营权是我国农村土地法律制度中特有的概念,是中国农村集体经济组织实行土地承包责任制的产物。在2003年3月1日施行的《农村土地承包法》颁布之前,人们对土地承包经营权大多是从债权的角度来认识的,即债权说。债权说认为,农村土地承包经营本质上是一种联产承包合同关系,土地承包经营权的内容由合同确立,它只能约束发包方和承包方,不能对抗第三人。因此,农地使用权(土地承包经营权)属于债权性质。[1]《农村土地承包法》将农村土地承包经营权作为一个相对完整的法律制度予以承认和规范,但仍没有从根本上解决包括承包权在内的农村土地财产权问题。在原《物权法》制定时,多数学者认为,土地承包经营权是一种用益物权性质的民事权利。其理论依据是承包人一经承包农村土地,就使承包经营权作为一项权能从所有权这一典型物权中脱离出来,具有排斥包括发包人在内的其他一切人的非法干涉的特性。这正好符合物权作为对世权的根本性质。[2] 学者和立法机关一致主张对现行法上的农村土地承包经营权进行彻底的物权化改造,但采用何种名称,意见不一。第一种观点认为,应沿用现行法上的农村土地承包经营权的概念或者简称土地承包经营权、土地承包权。[3] 第二种观点认为,承包经营权是债法的范畴,而且与家庭联产承包经营合同相联系,实际上不是一个

---

[1] 参见中国社会科学研究院法学研究所物权法研究课题组:《制定中国物权法的基本思路》,载《法学研究》1995年第3期。
[2] 参见钱明星:《物权法原理》,北京大学出版社1994年版,第290页。
[3] 参见王利明主编:《中国物权法草案建议稿及说明》,中国法制出版社2001年版,第368页;全国人大常委会法制工作委员会《物权法(草案)》(征求意见稿)第13章。

独立的用益物权，应采用与建设用地使用权相对应的概念，即农地使用权。①第三种观点认为，应把农林牧渔生产经营的土地使用权统称为农用权，并包括现行法中的土地承包经营权和"四荒"土地使用权。②第四种观点认为，应当借鉴罗马法永佃权制度所具有的物权性、永佃权人享有权利的充分性以及永佃权存续期限的永久性特点，将承包经营权改为永佃权。第五种观点认为，应采用耕作权概念，即因耕作或种植而使用国家或集体所有的土地的权利。③原《物权法》最终采用土地承包经营权称谓，是考虑到该权利名称已为广大农民所熟知、习惯，有利于维护政策、法律的稳定性。土地承包经营权物权化就是一个不断增强农村土地承包经营权的排他性效力和支配性效力的过程，从而根本性地提升土地承包经营权的法律地位。

土地承包经营权属于用益物权，是农户或经济组织在集体所有或者国家所有由农民集体使用的土地上依照土地承包合同的约定进行农业经营活动的权利。长期以来，很多人将土地承包经营权视为集体土地所有权的附属物，土地承包经营权的独立属性被削弱和忽视。原《物权法》将土地承包经营权作为用益物权法定化，意味着该权利是相对独立于集体土地所有权的法定物权种类，行使集体土地所有权必须尊重承包经营权，从而形成对集体土地所有权的法律限制。同时，土地承包经营权物权化，可以稳定农村土地上的权利义务关系，维护农民的利益，防止耕地的大量流失以及地方政府随意调整土地上的关系，更充分、有效、合理地利用土地。更为重要的是，土地承包经营权作为用益物权与所有权一样具有物上请求权，该项权能较债权请求权能更有效地保护土地承包经营权人的利益。土地承包经营权人享有自主将土地承包经营权流转的权利基础，任何人不得强迫或者阻碍。一旦土地承包经营权人对土地的占有、使用、收益和有限处分权利被妨害，权利人可要求妨害人停止侵害、返还财物、排除妨碍或者赔偿损失。

---

① 参见梁慧星主编：《中国物权法草案建议稿：条文、说明、理由与参考立法例》，社会科学文献出版社2000年版，第514页。
② 参见崔建远：《土地上的权利群论纲——我国物权立法应重视土地上权利群的配置与协调》，载《中国法学》1998年第4期。
③ 参见钱明星：《我国物权法的调整范围、内容特点及物权体系》，载《中外法学》1997年第2期。

## （二）土地承包经营权的主体、客体

土地承包经营权的主体可以根据家庭承包和其他方式的承包两种不同的承包方式，分为两类：（1）家庭承包的土地承包经营权主体。《农村土地承包法》第 5 条第 1 款规定："农村集体经济组织成员有权依法承包由本集体经济组织发包的土地。"第 16 条还规定："家庭承包的承包方是本集体经济组织的农户。"据此，家庭承包的土地承包经营权人必须是从事农业生产的个人或"农户"（家庭），并且是承包地所属的村集体经济组织的成员。（2）以其他方式承包的土地承包经营权主体。通过招标、拍卖、公开协商等方式承包荒地等农村土地的，承包方可以是本集体经济组织以外的单位或者个人。但是，依照《农村土地承包法》第 52 条规定："发包方将农村土地发包给本集体经济组织以外的单位或者个人承包，应当事先经本集体经济组织成员的村民会议三分之二以上成员或者三分之二以上村民代表的同意，并报乡（镇）人民政府批准。""由本集体经济组织以外的单位或者个人承包的，应当对承包方的资信情况和经营能力进行审查后，再签订承包合同。"同时，依照该法第 51 条规定，以其他方式承包农村土地，在同等条件下，本集体经济组织成员享有优先承包权。

《农村土地承包法》第 2 条规定："本法所称农村土地，是指农民集体所有和国家所有由农民集体使用的耕地、林地、草地，以及其他依法用于农业的土地。"其中，耕地、林地、草地的承包主要采取家庭承包的方式，是人人有份的平均承包，具有很强的社会保障和福利功能；"其他用于农业的土地"，主要是指养殖水面、"四荒"土地（荒山、荒沟、荒丘、荒滩）以及农田水利设施用地等，主要通过招标、拍卖、公开协商等方式承包，由最有经济能力和经营能力的人承包，发包人按"效率优先，兼顾公平"的原则选择承包人。从所有权性质来看，《农村土地承包法》所称"农村土地"包括两个部分：一是集体所有的土地；二是国家所有由农村集体使用的农业土地。土地承包经营权是一种以土地为标的物的用益物权，但这种土地必须限于集体所有或者国家所有依法由农民集体使用的农业用地，土地的用途与建设用地显然不同。

## （三）土地承包经营权人的基本权利

土地承包经营权是以对物的占有、使用、收益为内容的权利，在性质上是对物的支配权。该权利的实现方式为"承包"，分为家庭承包和其他方式的承包。家庭承包是本集体经济组织内部的农户家庭为单位，人人有份的土地承包经营；其他方式的承包包括招标、拍卖、公开协商等。土地承包经营权人享有的基本权利有：（1）依法享有对承包地占有的权利。占有的权利是土地承包经营权人对本集体所有的土地直接支配和排他的权利。土地承包经营权是在集体或国家所有由集体使用的土地上使用、收益的权利，为实现其使用、收益的目的，必然以对土地占有为前提。（2）依法享有对承包地使用的权利。农村土地承包经营权设立的目的，就在于由承包人在集体的土地上从事种植业、林业、畜牧业等农业生产。因此，承包人对其承包的土地进行合理且有效的使用是其重要权能之一。至于从事农业生产的种类、方式等均由承包人按照土地用途自主决定，承包人享有生产经营自主权，发包人和其他任何第三人都无权进行干涉。对承包土地的使用不仅仅限于传统意义上的种粮植树、放牛养羊等，对于因进行农业生产而修建必要的附属设施，如建造沟渠、修建水井等，也应是对承包土地的一种使用。（3）依法获取承包地收益的权利。收益权是承包人获取承包地上产生的收益的权利，这种收益主要是从承包地上种植的农林作物以及畜牧中所获得的利益。例如，粮田里产出的粮食，果树产生的果实等。承包人还有权自由处置产品，可以自由决定农林牧产品是否卖、如何卖、卖给谁等。承包人对承包地享有的收益权是承包经营权中的重要权利。对承包人的收益权应当依法保护，使其得到充分的实现。

承包经营权人的上述权利，体现了作为用益物权的承包经营权的最基本的权利，还有一些权利内容也体现了承包经营权的物权性质。承包经营权人享有的其他权利有：（1）较长的承包期及承包期满后可以继续承包。耕地的承包期为30年。草地的承包期为30年至50年。林地的承包期为30年至70年。承包期届满，由土地承包经营权人按照农村土地承包的法律规定继续承包。（2）依法享有土地承包经营权流转的权利。通过家庭承包取得的土地承包经营权可以依法采取转包、出租、互换、转让或者其他方式流转。通过招标、拍卖、公开协商等方式承包农村土地，经依法登记取得土地承包经营权证或者林权证等证书的，其土地承包经营权可以依法采取转让、出租、入股、抵押或者其他方式流转。土地承包经营权流转的收益归承包人所有。（3）依法流转土地经营权。在《农村土地承包法》修改过程中，重要任务之一就是贯彻"三权分置"改革要求。所谓"三权分置"就是要坚持农村土地集体所有权，稳定农户承包权，放活土地经营权。"三权分置"改革的核心问题是家庭承包的承包户在经营方式上发生转变，即由农户自己经营，转变为保留土地承包权，允许承包方将承包地流转给他人经营，实现土地承包经营权和土地经营权的分离。关于"三权分置"改革的具体要求和土地经营权流转，《民法典》物权编第339条作了进一步的规定。①（4）承包期内，发包人不得收回承包地。国家保护进城农户的土地承包经营权。不得以退出土地承包经营权作为农户进城落户的条件。承包期内，承包农户进城落户的，引导支持其按照自愿有偿原则依法在本集体经济组织内转让土地承包经营权或者将承包地交回发包方，也可以鼓励其流转土地经营权。承包期内，承包方交回承包地或者发包方依法收回承包地时，承包方对其在承包地上投入而提高土地生产能力的，有权获得相应的补偿。承包期内，发包人不得调整承包地。因自然灾害严重毁损承包地等特殊情形对个别农户之间承包的耕地和草地需要适当调整的，必须经本集体经济组织成员的村民会议2/3以上成员或者2/3以上村民代表的同意，并报乡（镇）人民政府和县级人民政府农业农村、林业和草原等主管部门批准。承包合同中约定不得调整的，按照其约定。（5）承包地被征收的，土地承包经营权人有权依照法律规定获得相应补偿。

## ▶ 适用指引

土地承包经营权作为用益物权，如果土地承包经营权受到发包方或者第三人的侵害，土地承包经营权人有权行使物上请求权。在实践中，土地承包经营权人还可以向发包方提起合同之诉，土地承包经营权纠纷主要表现为合同纠纷。人民法院审理土地承包经营权纠纷案件，应根据当事人的诉讼请求和案件具体情况，正确适用《民法典》物权编和合同编，按照《民法典》物权编、《农村土地承包法》等规定保护农民对承包土地享有的占有、使用、收益等法定权利，充分、有效地保护土地承包经营权人的合法权益。同时，依法妥善审理农村产权保护以及各类合同纠纷案件，在司法审判中弘扬严守合同、诚实守信的契约精神，发挥市场在乡村资源配置中的决定性作用。

---

① 参见黄薇主编：《中华人民共和国民法典释义》，法律出版社2020年版，第643页。

> **第三百三十二条** 耕地的承包期为三十年。草地的承包期为三十年至五十年。林地的承包期为三十年至七十年。
>
> 前款规定的承包期限届满,由土地承包经营权人依照农村土地承包的法律规定继续承包。

## ▶ 关联规定

法律、行政法规、司法解释

1.《中华人民共和国农村土地承包法》

第二十一条  耕地的承包期为三十年。草地的承包期为三十年至五十年。林地的承包期为三十年至七十年。

前款规定的耕地承包期届满后再延长三十年,草地、林地承包期届满后依照前款规定相应延长。

2.《最高人民法院关于审理涉及农村土地承包纠纷案件适用法律问题的解释》

第七条  承包合同约定或者土地承包经营权证等证书记载的承包期限短于农村土地承包法规定的期限,承包方请求延长的,应予支持。

## ▶ 条文释义

### 一、本条主旨

本条是关于耕地、草地、林地承包期限的规定。

### 二、条文演变

2007年原《物权法》第126条规定:"耕地的承包期为三十年。草地的承包期为三十年至五十年。林地的承包期为三十年至七十年;特殊林木的林地承包期，经国务院林业行政主管部门批准可以延长。""前款规定的承包期届满，由土地承包经营权人按照国家有关规定继续承包。"

本条第1款仍保留原《物权法》和《农村土地承包法》的规定，删除了"特殊林木的林地承包期，经国务院林业行政主管部门批准可以延长"，并对第2款作了衔接性修改，将"前款规定的承包期届满，由土地承包经营权人按照国家有关规定继续承包"修改为"前款规定的承包期届满，由土地承包经营权人依照农村土地承包的法律规定继续承包"。

### 三、条文解读

土地承包经营权是一种他物权，他物权与所有权相比的一个差别就是，他物权一般都是有期限的物权，本条规定的就是土地承包经营权的期限，即承包期限。土地承包期是农村土地承包经营权存续的期间，是土地承包制度的一项重要内容。承包经营权期限不稳定，就不能保护承包经营权人的权益和稳定承包关系，承包经营权本身也很难成为一项长期稳定的财产进入交换领域。2018年修改的《农村土地承包法》第21条规定："耕地的承包期为三十年。草地的承包期为三十年至五十年。林地的承包期为三十年至七十年。""前款规定的耕地承包期届满后再延长三十年，草地、林地承包期届满后依照前款规定相应延长。"《农村土地承包法》修改增加"前款规定的耕地承包期届满后再延长三十年，草地、林地承包期届满后依照前款规定相应延长"的规定是为了落实"稳定农村土地承包关系并长久不变"的中央政策。本条沿袭《农村土地承包法》和原《物权法》的规定，对不同用途的农用地的承包期作了规定，以法律形式确定土地承包经营权的期限，为土地承包经营权的长期稳定提供了法律保障。这有利于杜绝有些地方对土地承包期限"三年一小调，五年一大调"的做法，并约束发包人做到"增人不增地，减人不减地"，不擅自调整发包的土地，避免引发农村土地承包经营中的短期行为的发生，使土地承包经营权人对其权利状况形成合理的预期，有恒产有恒心。

在原《物权法》制定过程中，对耕地、草地和林地是否分别规定不同的承包期限，存在不同意见。如梁慧星教授在《物权法草案（六次审议稿）的修改意见》中提出，出于物权法定原则和农用土地法律秩序统一的要求，出于维护农民生产经营自主权和农村经济稳定发展的要求，土地承包经营权的期限应当统一。建议将土地承包经营权期限统一规定为50年，并规定期满自动延长，以保障农业经济的长期稳定发展。《民法典》本条仍沿用《农村土地承包法》第21条关于土地承包期的规定，对耕地、草地和林地规定不同的承包期。主要是考虑到，不同性质土地的投资收益期限差别较大。一般来说，在耕地上进行投资见效比较快，大多数情况下，当年投入当年就能取得收益。草地的投资需要数年时间才能取得收入，一旦把草地变成草原，一般就能够持续多年获得收益。林地的投资回报期限更长，通常需要数年、十多年才能取得收益，有的林木的收益期长达七八十年，在幼树成长阶段基本没有收益，必须规定更长的承包期，才能更好地保护承包方的收益权，调动承包方植树造林的积极性。

1. 耕地的承包期

耕地是指种植农作物的土地，包括灌溉水田、望天田（又称天水田）、水浇地、旱地等。耕地承包期限的长短，应考虑到我国农村的实际情况，根据农业生产经营的特点和农业经济的发展趋势等因素确定。如果期限过短，不利于土地承包经营权的稳定和农业的发展。在我国农村实行家庭联产承包责任制之初，承包期一般都比较短。承包期限过短，难以调动承包人增加投入、合理开发土地的积极性，甚至可能导致短期行为和对土地的掠夺式经营。这样，国家实行土地承包经营制度就失去了积极意义。因此，1984年，国家有关政策要求土地承包期应当适当延长，一般应在15年以上。1993年，一些较早实行家庭承包经营的地方，第一轮土地承包即将到期。为了及时指导，国家提出，在原定的耕地承包期到期之后，再延长30年不变。此后，1998年修正的《土地管理法》明确规定，土地承包经营期限为30年。2003年施行的《农村土地承包法》进一步明确规定，耕地的承包期为30年。耕地的承包期为30年的规定，符合农村耕地承包的现实要求。

2. 草地、林地的承包期

草地是指以生长草本植物为主，用于畜牧业的土地，包括天然草地、改良草地和人工草地。草原是草地的主体。从1984年开始，在全国推广草原承包工作。一些地方对草地实行50年的承包期。林地是指生长乔木、竹类、灌木、沿海红树林的土地，包括灌木林地、疏林地、未成林造林地以及迹地和苗圃等。在《农村土地承包法》颁布之前，实践中林地的承包期一般确定为30年至50年。对于草地、林地的承包期限，我国法律的规定有一个发展过程。《土地管理法》规定，农民集体所有的土地由本集体经济组织的成员承包经营，从事种植业、林业、畜牧业、渔业生产。土地承包经营期限为30年。国家政策曾要求，土地承包期再延长30年不变，营造林地和"四荒"地等开发性生产的承包期可以更长。《农村土地承包法》根据草地和林地承包的特殊性，明确规定，草地的承包期为30年至50年；林地的承包期为30年至70年。本条较原《物权法》第126条删除了特殊林木的承包期的规定。删除了"特殊林木的林地承包期，经国务院林业行政主管部门批准可以延长"这一句话，主要是由于《农村土地承包法》施行十多年来，实践中基本没有出现国务院主管部门批准延长的情况，这一规定实际上从未真正落地过。《民法典》物权编根据《农村土地承包法》的修改情况，对原《物权法》的规定也作了相应的修改。因此，本条第1款规定"耕地的承包期为三十年。草地的承包期为三十年至五十年。林地的承包期为三十年至七十年"。

需要特别指出的是，《民法典》本条及《农村土地承包法》所规定的土地承包期限，是法律明确要求家庭承包应当达到的法定期限，任何单位和个人均不得通过合同随意作出约定。从《农村土地承包法》执行情况看，一些地方对法律规定的土地承包期限的落实并不到位，或者在承包合同中没有明确土地承包期限，或者所约定的期限不符合法律规定。截至2000年底，全国已有98%左右的村组完成了第二轮土地承包工作，绝大多数地方按中央要求将土地承包期延长到了30年，还有一些地方根据当地实际情况，作出比30年更长的期限规定。[①] 针对这种情况，《农村土地承包法》第66条规定："本法实施前已经按照国家有关农村土地承包的规定承包，包括承包期限长于本法规定的，本法实施后继续有效，不得重新承包土地。未向承包方颁发土地承包经营权证或者林权证等证书的，应当补发证书。"

关于"四荒"土地承包经营权期限问题。本条是关于以家庭承包方式取得的土地承包经营权期限的规定，而对于以招标、拍卖、公开协商等其他方式承包"四荒"等土地所取得的土地承包经营权期限，《农村土地承包法》和原《物权法》均未作出规定。这是因为，根据《农村土地承包法》第49条规定"以其他方式承包农村土地的，应当签订承包合同。当事人的权利和义务、承包期等，由双方协商确定"。但是，双方协商确定"四荒"土地承包经营权期限，不得超过国家规定的期限。1996年《国务院办公厅关于治理开发农村

---

① 参见王宗非主编：《农村土地承包法释义与适用》，人民法院出版社2002年版，第59~60页、第160~161页。

"四荒"资源进一步加强水土保持工作的通知》指出：承包、租赁、拍卖"四荒"使用权，最长不超过50年。1999年国务院办公厅发布《关于进一步做好治理开发农村"四荒"资源工作的通知》再次重申："四荒"使用权承包、租赁或拍卖的期限，最长不超过50年。因此，今后实行"四荒"土地承包的，承包期限不得超过50年。

  本条第2款规定，前款规定的承包期届满，由土地承包经营权人依照农村土地承包的法律规定继续承包。为发展农业生产，防止土地承包经营权人在承包期限临近届满时对所承包的土地不作投入，过度利用土地，法律应对土地承包经营权期限届满的续期作出特别规定。《物权法（草案）》（六次审议稿）第126条规定："耕地的承包期为三十年。草地的承包期为三十年至五十年。林地的承包期为三十年至七十年；特殊林木的林地承包期，经国务院林业行政主管部门批准可以延长。"在审议中有人提出，农村实行土地承包经营制度是我国将长期坚持的一项基本制度，为了赋予农民长期而有保障的土地使用权，让农民吃"定心丸"，应增加土地承包期届满可以继续承包的规定。对于第二轮土地承包期届满后的续期问题，为落实党的十九大报告精神，《农村土地承包法》2018年修改时明确规定耕地承包期届满后再延长30年，草地、林地承包期届满后依照前款规定相应延长。据此，只要土地承包经营权人没有明确表示不愿意继续承包，该土地承包经营权人就享有在原土地承包经营权合同期限届满时继续承包土地的权利。关于承包期的计算，由于我国农村土地承包实施的初始时间不统一，《农村土地承包法》并没有统一规定起算的具体时间节点。实践中，各地大约在1978年至1984年开始第一轮承包，承包期不低于15年；第二轮承包则在第一轮承包期限届满后延长30年；《农村土地承包法》修改后规定，第二轮土地承包到期后再延长30年，则我国农村土地承包期可以达到75年。对于草地和林地的承包期，则根据各地关于草地和林地承包期的不同规定，草地承包期相应延长30年至50年，林地承包期相应延长30年至70年。

## ▶ 适用指引

  根据《民法典》物权编本条的规定，承包期限届满后，由土地承包经营权人依照农村土地承包的法律规定继续承包。所谓"依照农村承包的法律规定"

所指的就是《农村土地承包法》的有关规定，继续承包就是承包期限的延长。《民法典》本条及《农村土地承包法》所规定的土地承包期限，是法律明确要求家庭承包应当达到的法定期限，任何单位和个人均不得通过合同随意作出约定。有人认为，《农村土地承包法》第21条规定的土地承包期限是最长期限，合同双方可以在法律规定的期限内协商约定合同实际履行期限；有人认为其是最短期限，合同双方可以超过法律规定的期限约定合同履行期限。这些观点都是不正确的。根据《农村土地承包纠纷解释》第7条规定，承包合同约定或者土地承包经营权证等证书记载的承包期限短于本条和《农村土地承包法》规定的期限，承包方请求延长的，应予支持，以切实保护土地承包经营权人的合法权益。另外，实践中可能出现承包方将承包的土地流转的情形，流转的期限原则上不得超过承包期的剩余期限。对于在《农村土地承包法》实施前签订的土地承包经营合同的期限长于该法规定期限的，应予以保护，发包人以土地承包期限长于《农村土地承包法》或者《民法典》规定的期限为由，请求予以调整或者重新签订承包合同的，不应支持。

> **第三百三十三条** 土地承包经营权自土地承包经营权合同生效时设立。
>
> 登记机构应当向土地承包经营权人发放土地承包经营权证、林权证等证书，并登记造册，确认土地承包经营权。

### ▶ 关联规定

**一、法律、行政法规、司法解释**

1.《中华人民共和国农村土地承包法》

**第二十三条** 承包合同自成立之日起生效。承包方自承包合同生效时取得土地承包经营权。

**第二十四条** 国家对耕地、林地和草地等实行统一登记，登记机构应当向承包方颁发土地承包经营权证或者林权证等证书，并登记造册，确认土地承包经营权。

土地承包经营权证或者林权证等证书应当将具有土地承包经营权的全部家庭成员列入。

登记机构除按规定收取证书工本费外，不得收取其他费用。

2.《不动产登记暂行条例》

**第五条** 下列不动产权利，依照本条例的规定办理登记：

（一）集体土地所有权；

（二）房屋等建筑物、构筑物所有权；

（三）森林、林木所有权；

（四）耕地、林地、草地等土地承包经营权；

（五）建设用地使用权；

（六）宅基地使用权；

（七）海域使用权；

（八）地役权；

（九）抵押权；

（十）法律规定需要登记的其他不动产权利。

3.《最高人民法院关于审理涉及农村土地承包纠纷案件适用法律问题的解释》

第十九条　发包方就同一土地签订两个以上承包合同，承包方均主张取得土地经营权的，按照下列情形，分别处理：

（一）已经依法登记的承包方，取得土地经营权；

（二）均未依法登记的，生效在先合同的承包方取得土地经营权；

（三）依前两项规定无法确定的，已经根据承包合同合法占有使用承包地的人取得土地经营权，但争议发生后一方强行先占承包地的行为和事实，不得作为确定土地经营权的依据。

## 二、部门规章及规范性文件

《农村土地承包经营权证管理办法》

第六条　农村土地承包经营权证应包括以下内容：

（一）名称和编号；

（二）发证机关及日期；

（三）承包期限和起止日期；

（四）承包土地名称、坐落、面积、用途；

（五）农村土地承包经营权变动情况；

（六）其他应当注明的事项。

## ▶ 条文释义

### 一、本条主旨

本条是关于土地承包经营权的设立和登记的规定。

### 二、条文演变

2007年原《物权法》第127条规定："土地承包经营权自土地承包经营权合同生效时设立。""县级以上地方人民政府应当向土地承包经营权人发放土地承包经营权证、林权证、草原使用权证,并登记造册,确认土地承包经营权。"

本条第1款仍保留原《物权法》的规定,第2款将原《物权法》的规定修改为"登记机构应当向土地承包经营权人发放土地承包经营权证、林权证等证书,并登记造册,确认土地承包经营权"。作出该款规定就是为了与《农村土地承包法》第24条第1款规定相衔接。

### 三、条文解读

本条规定,土地承包经营权自土地承包经营权合同生效时设立。合同生效是指合同产生法律约束力。根据《民法典》合同编的规定,合同的生效,除了附条件、附期限的合同,以及法律、行政法规规定应当办理批准、登记等手续生效的以外,在通常情况下,与合同的成立时间是一致的。《农村土地承包法》第23条规定:"承包合同自成立之日起生效。承包方自承包合同生效时取得土地承包经营权。"本条关于土地承包经营权合同生效的规定与原《物权法》和《农村土地承包法》的规定是一致的,即承包合同自成立之日起生效,不以登记为生效的要件。登记对物权的设立、变更、转让或者消灭产生公示作用。关于物权登记的效力,一般有两种做法:一是登记是不动产物权变动的必要条件,未经登记,不生效力;二是登记是当事人在物权变动后未经登记,在当事人之间也可有效成立,但是不能对抗善意第三人。土地承包经营权实际上采取了意思主义物权变动模式,即土地承包经营权的设立,只需发包方和承包方达成意思表示上的一致,法律不要求该项物权的设立以登记为要件。这样做主要是考虑农村的实际情况:一是承包方案经村民会议或村民代表会议讨论同意,集体经济组织成员相互熟悉,承包的地块人所共知,能够起到相应的公示作用;二是承包证书的发放和登记造册,往往滞后于承包合同的签订,不能因此而否定农户的承包经营权,登记造册是作为对土地承包经营权确认的程序,如果不考虑农村的实际情况,生搬硬套传统的物权法原理,必然会损害广大农民的利益。需要承认的是,关于土地承包经营权设立采用意思主义是否妥当,学术界颇有争议。有人认为,土地承包经营权自土地承包经营权合同生效时设立,而发生互换、转让等情况时不经登记不得对抗第三人的规定模式,契合我国农村的"熟人社会"之情况和采行登记要件主义的实际困难,颇为灵活机动且有创新,具有"中国特色",值得赞同。①

原《物权法》第 127 条第 2 款规定,县级以上地方人民政府应当向土地承包经营权人发放土地承包经营权证、林权证、草原使用权证,并登记造册,确认土地承包经营权。本条作了相应技术调整,将"县级以上地方人民政府"表述为"登记机构",即"登记机构应当向土地承包经营权人发放土地承包经营权证、林权证等证书,并登记造册,确认土地承包经营权"。土地承包经营权证、林权证、草原使用权证,是承包人享有土地承包经营权的法律凭证,为土地承包经营权人发放土地承包经营权证等证书是登记机构的法定义务。国务院发布的《不动产登记暂行条例》第 6 条规定,县级以上地方人民政府应当确定一个部门为本行政区域的不动产登记机构,负责不动产登记工作。第 5 条规定:"下列不动产权利,依照本条例的规定办理登记:……(四)耕地、林地、草地等土地承包经营权……"根据原农业部发布的《农村土地承包经营权证管理办法》第 6 条的规定,农村土地承包经营权证应包括以下内容:(1)名称和编号;(2)发证机关及日期;(3)承包期限和起止日期;(4)承包土地名称、坐落、面积、用途;(5)农村土地承包经营权变动情况;(6)其他应当注明的事项。登记机构依法发放土地承包经营权证、林权证等证书同时,还应将土地承包经营权登记造册,确认土地承包经营权。不动产登记簿由登记机构负责管理,如果不动产登记簿记载的事项与农村土地承包经营权证、林权证记载的事项不一致的,除非有证据证明不动产登记簿有错误,应以不动产登记簿为准。

## ▶ 适用指引

**一、未取得土地承包经营权的集体经济组织成员提起民事诉讼请求判决其享有土地承包经营权,人民法院应否受理**

《农村土地承包法》第 5 条规定:"农村集体组织成员有权依法承包由本集体经济组织发包的农村土地。任何组织和个人不得剥夺和非法限制农村集体经济组织成员承包土地的权利。"集体经济组织成员是承包农村土地的主体,有

---

① 参见刘保玉:《物权体系论——中国物权法上的物权类型设计》,人民法院出版社 2004 年版,第 187 页。

权依法承包由本集体经济组织发包的土地，任何组织和个人都不能以任何方式和任何理由，非法剥夺本集体经济组织成员承包土地的权利，也不能以任何方式和任何理由阻挠、干扰、限制本集体经济组织成员承包土地权利的实现。但是，在现实生活中，屡屡发生集体经济组织成员因各种原因实际未能取得土地承包经营权的情况。在这种情况下，未实际取得土地承包经营权的集体经济组织成员向人民法院提起民事诉讼，请求判决其享有承包集体土地的权利，人民法院应否受理？《农村土地承包纠纷解释》第1条第2款规定："农村集体经济组织成员因未实际取得土地承包经营权提起民事诉讼的，人民法院应当告知其向有关行政管理部门申请解决。"主要理由是：一方面，承包方取得土地承包经营权的前提是该承包人必须是本集体经济组织成员，即应享有本集体经济组织成员权。而实践中，集体经济组织成员权问题在很多方面涉及农村公共事务管理，如果人民法院将这类纠纷作为民事案件受理，可能会涉及农村公共事务管理方面的问题。另一方面，承包方取得土地承包经营权必须通过签订土地承包合同，如果集体经济组织成员未实际取得土地承包经营权而请求法院判决其享有土地承包经营权，其诉讼请求缺乏充分的理由和依据。因此，对集体经济组织成员因未实际取得土地承包经营权提起民事诉讼的，人民法院不宜将其作为民事案件受理，而应当告知其向有关行政主管部门申请解决。

**二、发包方就同一土地承包经营权签订两个以上承包合同，承包方均主张取得土地承包经营权，应如何处理**

对此，《农村土地承包纠纷解释》第19条规定："发包方就同一土地签订两个以上承包合同，承包方均主张取得土地经营权的，按照下列情形，分别处理：（一）已经依法登记的承包方，取得土地承包经营权；（二）均未依法登记的，生效在先合同的承包方取得土地承包经营权；（三）依前两项规定无法确定的，已经根据承包合同合法占有使用承包地的人取得土地承包经营权，但争议发生后一方强行先占承包地的行为和事实，不得作为确定土地承包经营权的依据。"未能取得土地承包经营权的一方，可要求受益方补偿其合理投入。如果补偿不足以弥补其损失的，可要求转让方按其过错大小予以赔偿。

**第三百三十四条** 土地承包经营权人依照法律规定，有权将土地承包经营权互换、转让。未经依法批准，不得将承包地用于非农建设。

## 关联规定

法律、行政法规、司法解释

1.《中华人民共和国农村土地承包法》

第十七条　承包方享有下列权利：

（一）依法享有承包地使用、收益的权利，有权自主组织生产经营和处置产品；

（二）依法互换、转让土地承包经营权；

（三）依法流转土地经营权；

（四）承包地被依法征收、征用、占用的，有权依法获得相应的补偿；

（五）法律、行政法规规定的其他权利。

第三十三条　承包方之间为方便耕种或者各自需要，可以对属于同一集体经济组织的土地的土地承包经营权进行互换，并向发包方备案。

第三十四条　经发包方同意，承包方可以将全部或者部分的土地承包经营权转让给本集体经济组织的其他农户，由该农户同发包方确立新的承包关系，原承包方与发包方在该土地上的承包关系即行终止。

第三十五条　土地承包经营权互换、转让的，当事人可以向登记机构申请登记。未经登记，不得对抗善意第三人。

2.《最高人民法院关于审理涉及农村土地承包纠纷案件适用法律问题的解释》

第十四条　承包方依法采取出租、入股或者其他方式流转土地经营权，发包方仅以该土地经营权流转合同未报其备案为由，请求确认合同无效的，不予支持。

## ▶ 条文释义

### 一、本条主旨

本条是关于土地承包经营权互换、转让的规定。

### 二、条文演变

土地承包经营权是用益物权,土地承包经营权的流转经历了从禁止到放开的过程。1982年《宪法》第10条第4款明确规定:"任何组织或者个人不得侵占、买卖、出租或者以其他形式非法转让土地。"农村土地承包经营权也就没有了流转的可能。1988年《宪法修正案》对《宪法》第10条第4款作出修正,规定"土地使用权可以依照法律的规定转让",从而为土地承包经营权流转奠定了基础。2003年3月1日施行的《农村土地承包法》第32条规定:"通过家庭承包取得的土地承包经营权可以依法采取转包、出租、互换、转让或者其他方式流转。"该法第2章第5节共12条,专门规定有关家庭承包的土地承包经营权流转的内容,主要包括流转原则、流转方式、流转主体、流转程序和条件,以及流转费用的确定和流转收益的归属等,从而建立了统一的土地承包经营权流转规制体系,是我国农村土地承包经营权流转立法上的一个突破性进展。2007年10月1日施行的原《物权法》第128条规定:"土地承包经营权人依照农村土地承包法的规定,有权将土地承包经营权采取转包、互换、转让等方式流转。流转的期限不得超过承包期的剩余期限……"2018年12月29日修正的《农村土地承包法》第33条规定:"承包方之间为方便耕种或者各自需要,可以对属于同一集体经济组织的土地的土地承包经营权进行互换,并向发包方备案。"第34条规定:"经发包方同意,承包方可以将全部或者部分的土地承包经营权转让给本集体经济组织的其他农户,由该农户同发包方确立新的承包关系,原承包方与发包方在该土地上的承包关系即行终止。"2018年修正的《农村土地承包法》对土地承包经营权流转作了区分,将其中发生移转物权效果的转让、互换,在第2章第4节"土地承包经营权的保护和互换、转让"中规定;将其中仅发生债权效力的出租(转包)、入股等,在第2章第5节"土地经营权"中规定。《民法典》本条之规定,在原《物权法》《农村土地承包法》的相关规定基础上明确了土地承包经营权的互换、转让。一是土地承包经营权人依法律规定，有权进行互换、转让，较原《物权法》第128条"依照农村土地承包法的规定"更为妥恰；二是删除了"流转期限不得超出承包期剩余期限"的规定。土地承包经营权的流转，有利于促进农村生产力的发展，实现农村劳动力转移和优化农村土地资源配置，有利于推动农村土地承包关系的长期稳定。

### 三、条文解读

关于土地承包经营权流转的原则。依照《农村土地承包法》第38条的规定，土地承包经营权流转应遵循以下原则：（1）平等协商、自愿、有偿。土地承包经营权流转的双方当事人是平等的民事主体，其法律地位平等，双方应按自愿、有偿的原则平等协商土地承包经营权流转的有关事项，土地承包经营权人有权依法自主决定土地承包经营权是否流转和流转的方式，任何组织和个人不得强迫或者阻碍承包方进行土地承包经营权流转。（2）不得改变土地所有权性质和土地的农业用途。《农村土地承包法》第11条第1款规定："农村土地承包经营应当遵守法律、法规，保护土地资源的合理开发和可持续利用。未经依法批准不得将承包地用于非农建设。"（3）受让方需有农业经营能力。家庭承包取得的土地承包经营权流转，主要应当在从事农业生产经营的农户之间，但也不应局限于此，应允许其他具有农业经营能力的受让人受让。（4）同等条件下本集体经济组织成员享有优先权。土地承包经营权流转，在按照市场原则进行的同时，也要注意照顾本集体经济组织成员的利益。为了保护本集体经济组织成员的土地利益，农村土地承包法规定本集体经济组织成员在同等条件下享有优先权。

土地承包经营权互换，指承包方之间为方便耕作或者各自需要，对属于同一集体经济组织的承包地块进行交换，同时交换相应的土地承包经营权。承包经营权在同一集体经济组织之内互相交换的一种易货交易，实质上是将土地承包经营权终局性地转让于他人之时又于他人之处受让土地承包经营权的两种处分行为的叠加。互换作为一种小规模的土地承包经营权流转方式，起因于第一轮承包时集体经济组织往往以优劣搭配的方式将承包地发包给农户，由此产生的承包地细碎化，地块过于分散。在农业生产过程中，通过互换就可以将细碎土地连片，方便进行集中耕作。土地承包经营权互换合同生效后，互换双方原有的土地承包关系发生了变化，这也直接造成了互换双方与原土地发包方之间的合同关系的变化，原承包合同的内容已经发生改变，相应的权利义务也相应发生交换。根据《农村土地承包法》第33条的规定，土地承包经营权的互换，应向发包方备案。旨在强化对土地承包经营权的互换的管理。值得注意的是，备案属于事后监督性质，是否备案不影响当事人之间所签订的土地承包经营权互换合同的效力。《农村土地承包纠纷解释》第14条对此作了明确规定，承包地可以互换，但互换后发包方不能以该合同没有向其备案为由请求确认互换合同无效。

土地承包经营权转让，指土地承包经营权人将其拥有的未到期的土地承包经营权以一定的方式和条件移转给他人的行为。《农村土地承包法》第34条规定，经发包方同意，承包方可以将全部或者部分的土地承包经营权转让给本集体经济组织的其他农户，由该农户同发包方确立新的承包关系，原承包方与发包方在该土地上的承包关系即行终止。程序上，转让土地承包经营权需要征得发包方的同意。征得发包方同意，是完全有必要的。首先，从合同原理而言，承包方转让土地承包经营权，意味着其与发包方所签订的承包合同的权利义务要一并转移给他人，也是需要征得相对方同意的。其次，从土地所有权的角度而言，发包方作为集体土地所有权的代表方，代表集体行使土地所有权，用益物权人发生变动，征得其同意也是合理的。最后，从管理的角度看，为了避免转让方与受让方日后因为转让发生争议，经过发包方同意确认双方转让了土地承包经营权，也有助于避免纠纷。

在土地承包经营权转让的主体上，转让方为承包方，受让方必须是本集体经济组织的其他农户。需要注意的是，与2018年修正前《农村土地承包法》的规定有所不同。2018年修正前《农村土地承包法》对转让方有一定限制的，要求转让方必须是"有稳定的非农职业或者有稳定的收入来源"，即不是任何承包方都可以转让，必须有了稳定的非农收入的承包方才可以。转让方根据自己的情况自主决定是否转让土地承包经营权，只要依法、自愿，法律不再限制。2018年修正前《农村土地承包法》规定，受让方只要是从事农业生产经营的农户即可。修正后的《农村土地承包法》规定，受让方必须是本集体经济组织的农户。因此，不允许再将土地承包经营权转让给本集体经济组织以外的人。

在土地承包经营权转让的后果上，受让方与发包方成立新的承包关系，转让方与发包方的原承包关系终止。土地承包经营权转让后，意味着承包方将土地承包合同的所有权利义务转移给受让方，承包方与发包方之间的权利义务关系也就终止了。土地承包经营权转让后，出让方的全部权利义务转移给受让方，在受让方和发包方之间形成新的承包关系。需要注意的是，承包方转让的土地承包经营权，可以是全部也可以是部分，对于已经转让的，不论是全部转让还是部分转让，受让方都应与发包方确立新的承包关系。对于未转让的部分，原承包方与发包方应重新确立承包关系，变更原有的承包合同。

2018年修正的《农村土地承包法》，一是删除了对转让人"有稳定的非农职业或者有稳定的收入来源的"限制。之所以作出此种限制，是为了防止因随意转让而丧失赖以生存的土地而对土地承包经营权转让的条件作严格限制。但"稳定的非农职业""稳定的收入来源"在实践中均难以认定。同时，这一限制性条件有违民事行为能力的基本法理，是否有稳定的非农职业或者有稳定的收入来源，不应成为限制转让人行为能力的依据。二是将受让人限定为"本集体经济组织的其他农户"。土地承包经营权有强烈的身份属性。在程序上要求转让须"经发包方同意"。集体作为土地所有人的意志体现在土地承包经营权设立之时，一旦土地所有权之上设立了土地承包经营权，土地所有权的权能就体现在"调整、监督、收回"等方面，这里的监督要表现为对承包农户和经营主体使用承包地进行监督，并采取措施防止和纠正长期抛荒、毁损土地、非法改变土地用途等行为，土地承包经营权转让未经发包方同意则合同无效。

无论土地承包经营权是互换还是转让，应当按照土地的原用途使用土地，不得借流转而改变承包地的原有用途。承包地应当用于种植业等农业生产，不得改变农用土地的用途，将其用于非农业建设。比如不得在承包地上建窑、建坟或者擅自在承包地上建房、挖砂、采石、取土等。违法将承包地用于非农建设的，应当承担法律责任。

## ▶ 适用指引

### 一、未经备案的土地承包经营权互换合同的效力

《农村土地承包法》第33条规定："承包方之间为方便耕种或者各自需要，可以对属于同一集体经济组织的土地承包经营权进行互换，并向发包方备案。"因此，在审判实践中难免会遇到发包方以承包方采取上述方式流转土地承包经

营权未经其备案为由，请求确认该流转合同无效应否支持的问题。承包方通过与发包方签订土地承包经营合同在集体所有的土地上设立土地承包经营权，并不影响土地所有权归属，土地所有权仍归本集体经济组织的农民集体所有，发包方有权通过承包地备案了解土地承包经营合同的履行情况和土地承包经营权的变动情况。但是，土地承包经营权流转备案制度虽然具有重要性和必要性，但备案不是土地承包经营权流转合同生效的必要条件。因此，《农村土地承包纠纷解释》第14条规定："承包方通过转包、出租、互换或者其他方式流转土地承包经营权，未报发包方备案，发包方请求确认土地承包经营权流转合同无效的，不予支持。"其理由主要为：（1）当前农村土地承包经营权流转合同的备案制度尚不完备。备案制度以存在书面合同为前提，而实践中仍然存在以口头或证人证明等方式流转土地承包经营权的情况，如果将合同备案作为合同是否生效的必要条件，不符合当前我国农村的客观实际，不利于保护广大农民的切身利益，也不利于维护农村土地承包经营权的流转秩序。因此，发包方仅以流转合同未报发包方备案为由请求确认合同无效的，其理由不能成立。（2）流转合同的备案制度从公示、公信的角度看类似于登记制度，但又不同于登记制度。既然登记都不是流转合同生效的条件，备案制度更不能成为合同生效的必要条件。

## 二、未经发包方同意的土地承包经营权转让合同的效力

根据本条和《农村土地承包法》第34条的规定，承包方将土地承包经营权转让给本集体经济组织的其他农户应当经发包方同意。司法实践中，有时发包方既不表示同意，也不表示不同意，有的还无法定理由不同意，此时发包人同意如何认定？地方法院的相关做法值得借鉴，《山东省高级人民法院关于印发全省民事审判工作会议纪要的通知》提出：依据《农村土地承包法》第34条和《农村土地承包纠纷解释》第13条的规定，土地承包经营权以转让方式流转的，应经发包方同意。承包人未经发包方同意，采取转让方式流转其土地承包经营权的，转让合同无效。但发包方无法定理由不同意或者拖延表态的除外。《广东省高级人民法院关于审理农村土地承包合同纠纷案件若干问题的指导意见》指出："承包方以转让方式进行土地承包经营权流转，应当经发包方同意，但发包方自承包方申请之日起两个月内不予表态的，视为发包方同意。""流转合同的受让人已实际耕作承包地两个月以上，且有证据证明发包方

对此知道或应当知道，发包方自知道或应当知道之日起两个月内不予表态的，视为发包方同意。""承包方以转让方式流转土地承包经营权，虽没有证据证明发包方知道或者应当知道，但流转合同的受让人已实际耕作承包地一年以上，发包方未表示不同意见的，视为发包方同意。"司法实践中，对发包方同意的时间和方式宜采取相对宽松的态度，嗣后同意、发包方的粮食补贴发放记录乃至发包方负责人在审判过程中作出的有关知道转让但未予反对的证人证言，一般可视为满足了"经发包方同意"这一要件。

### 三、土地承包经营权流转中法律关系的认定

土地承包经营权流转纠纷中，承包方要求流入方返还承包土地而提起诉讼时，流入方往往以土地承包经营权已经转让为由进行抗辩，而承包方则认为双方之间属于代耕或者转包关系。由于在这类纠纷中，当事人之间大多未签订书面合同，且大多是由流入方负担附着于土地上的税费，并由流入方直接向发包方缴纳。而且有些发包方在税负监督卡或归户表等资料中将争议土地已经登记在流入方名下，流入方以此作为已经发包方同意，受让取得土地承包经营权或经发包方发包取得土地承包经营权的证据。审判实践中应当如何认定双方之间权利义务关系的性质呢？我国现阶段的家庭土地承包经营权具有社会保障的性质，是农民的主要生存依靠。法律及有关规定虽然允许承包方自主流转承包经营权，但对以转让方式流转的，法律设定了较为严格的条件，且须经发包方同意。因此，对土地承包经营权转让的认定应当从严把握。其一，当事人之间有转让土地承包经营权的明确意思表示，如双方之间签订了书面转让合同，或者虽无书面转让合同，但承包方向发包方和有关主管部门提出了重新签订承包合同或办理转让变更登记的申请等，经发包方同意的，转让合同成立生效。当事人提出申请后，发包方不同意但无法定理由或在一定期间内未作表示的（视为拖延表态），亦应认定转让合同成立并生效。其二，虽无证据证明当事人之间有转让土地承包经营权的约定，但事后已实际以转让方式办理了土地承包经营权变更登记的，应认定土地承包经营权转让成立并生效。其三，不属于上述情形，流转方仅凭税负监督卡等资料记载内容主张土地承包经营权转让的，人民法院不予支持。应当根据具体情况确定双方之间流转关系的性质。当事人之间流转土地的方式是转让还是转包意思表示不明确的，应认定当事人之间成立转包关系。

**第三百三十五条** 土地承包经营权互换、转让的,当事人可以向登记机构申请登记;未经登记,不得对抗善意第三人。

## ▶ 关联规定

法律、行政法规、司法解释

《中华人民共和国农村土地承包法》

第三十五条 土地承包经营权互换、转让的,当事人可以向登记机构申请登记。未经登记,不得对抗善意第三人。

## ▶ 条文释义

### 一、本条主旨

本条是关于互换、转让土地承包经营权进行登记及登记效力的规定。

### 二、条文演变

2007年原《物权法》第129条规定:"土地承包经营权人将土地承包经营权互换、转让,当事人要求登记的,应当向县级以上地方人民政府申请土地承包经营权变更登记;未经登记,不得对抗善意第三人。"本条沿袭了原《物权法》第129条的规定,明确了土地承包经营权的互换、转让,采用登记对抗主义,即不登记不得对抗善意第三人。

### 三、条文解读

对于不动产物权变动采取登记要件主义还是采取登记对抗主义,一直存在较大的争议。主张登记要件主义的理由主要是:第一,在登记要件的模式下,通过强化公示方法的采用,产权的明晰使物权关系变得明晰、透明、公开,从而有助于使交易变得更为安全稳定。第二，登记要件有利于明确产权关系。登记不仅仅是重要的公示方法，也是确认不动产权属的最佳方式。登记要件主义强制性地要求办理登记，无论交易前还是交易后，不动产的物权状态都非常明晰，有助于建立财产秩序。第三，采取登记要件主义，有利于法官正确地审理有关不动产纠纷案件，减少调查取证的困难。在发生产权登记之后，法官确认权属的主要依据是登记，因为登记具有很强的公信力，除非当事人有确切的证据表明登记具有瑕疵并应当变更登记，否则法官可以直接依据登记进行裁判。第四，在登记要件主义下，有利于对不动产的管理和了解整个市场中不动产交易的情况，也有利于对不动产交易征收相应的税收。① 而主张登记对抗主义的理由为：登记对抗主义有利于确保善意第三人的权益，维护交易安全，也有利于降低交易成本，鼓励交易，且符合我国目前不动产变动的实际情况。《民法典》第208条规定："不动产物权的设立、变更、转让和消灭，应当依照法律规定登记。动产物权的设立和转让，应当依照法律规定交付。"《民法典》第209条规定："不动产物权的设立、变更、转让和消灭，经依法登记，发生效力；未经登记，不发生效力，但法律另有规定的除外。""依法属于国家所有的自然资源，所有权可以不登记。"可见，我国在不动产物权变动模式上采取了登记要件主义为原则，登记对抗作为特别例外的模式。这就明确了登记要件应当成为不动产物权变动的基本原则，除法律有特别规定的以外，所有的不动产物权变动都必须采取登记方式。

本条规定即属于物权变动模式中的登记对抗的情形。其理由主要为：（1）我国农村土地承包经营权制度尚不健全，农户家庭承包的土地不仅数量大而且地块分散，农村土地承包经营权的登记将是一项非常细致而艰巨的工作，需要做大量工作，投入大量人力、财力、物力。在目前情况下要求土地承包经营权设立必须登记，不太现实。（2）从土地承包经营权流转的实际情况看，转包约占50%，出租占17.88%，互换占7.58%，入股占5.71%，转让约占11%，其他形式约占10%。因此，许多可以通过债权方式处理，不一定需要登记。而且，流转范围对象大部分是附近的农民，互相比较熟悉，不办理土地承包经营权登记，权属也比较清楚，从公示、公信角度看，登记的必要性也不大。（3）如果采取登记生效主义，土地承包经营权流转必须登记才能生效，

---

① 参见王利明：《关于物权法草案中确立的不动产物权变动模式》，载《法学》2005年第8期。

这必然发生登记费用，不仅给农民带来麻烦，还会增加农民负担。

根据本条规定，发包方和承包方就土地承包经营权互换、转让达成一致的意思表示，该流转合同即发生法律效力，登记并非合同生效的必要条件。合同当事人可以自愿办理登记，如果当事人在达成土地承包经营权流转的合意以后，考虑交易成本等没有办理登记，法律上也承认其具有物权变动的效力，只不过受让人取得的物权不能对抗善意第三人。与此同时，考虑到土地承包经营权互换、转让后，如果未将权利变动的事实通过登记的方法予以公示，他人可能因不了解权利变动的情况而受到损害。因此，《民法典》将登记与否的决定权交给了当事人。未经登记的，不能对抗善意第三人。也就是说，不登记将产生不利于土地承包经营权受让人的法律后果。比如，承包人甲将土地承包经营权转让给乙，但没有办理变更登记。此后，甲又将同一块地的承包经营权转让给丙，同时办理了变更登记。如果乙与丙就该块土地的承包经营权的归属发生纠纷，由于丙取得的土地承包经营权进行了登记，他的权利将受到保护。乙将不能取得该地块的土地承包经营权。因此，土地承包经营权的受让人为了更好地维护自己的权益，要求办理土地承包经营权流转登记比较妥当。当事人要求登记的，应当向登记机构申请办理登记。申请登记时，应当提交土地变更登记申请书及相关资料，内容包括：转让人与受让人的姓名、住所，土地坐落、面积、用途，土地承包合同、土地承包经营权转让或者互换合同、土地承包经营权证书，以及登记部门要求提供的其他文件。登记部门收到变更登记的申请及上述文件后，经调查、审核，符合变更登记规定的，变更注册登记，更换或者更改土地承包经营权证书。

## ▶ 适用指引

在登记要件主义下，登记是法律强制性要求，只有依法办理登记，物权才能够有效地设立并发生变动，未经登记不能发生物权变动的效果。但是，在登记对抗模式中，登记并不是强制性的要求，当事人可以自由选择是否登记，即使没有办理登记，当事人之间仍然可以发生物权的变动，只不过不能对抗善意第三人。审判实践中，会面临如何区分合同效力和登记效力的问题，也就是说，如何判断登记对合同效力的影响。通常认为，登记是一种物权变动的公示方法，它与物权的变动联系在一起，是针对民事权利的变动而设定的，不是针对合同行为。如果当事人之间对物权的设立和移转达成合意，只要这种合意不违反法律法规的强行性规定和公序良俗，即便没有完成登记手续，也应当认为合同已经成立并生效。原《合同法解释（一）》第9条第1款规定："依照合同法第四十四条第二款的规定，法律、行政法规规定合同应当办理批准手续，或者办理批准、登记手续才生效，在一审法庭辩论终结前当事人仍未办理批准手续的，或者仍未办理批准、登记等手续的，人民法院应当认定该合同未生效；法律、行政法规规定合同应当办理登记手续，但未规定登记后生效的，当事人未办理登记手续不影响合同的效力，合同标的物所有权及其他物权不能转移。"这一规定，区分了登记效力与合同效力，改变了过去将登记的效力与合同的效力相混同的观点，具有重要的实践意义。当事人一方以未登记为由，请求确认土地承包经营权互换与转让合同无效的，不予支持。

司法实践中，还经常遇见的情形是承包方就同一土地签订两个以上转让、互换合同，受让方均主张取得土地承包经营权的，如何处理？一般应由已经取得登记的受让方取得土地承包经营权；均未登记的，由合同生效在先的受让方取得土地承包经营权。无法确定合同生效时间的，由已经依法占有并作出实际投入的一方取得土地承包经营权。

> **第三百三十六条** 承包期内发包人不得调整承包地。
> 因自然灾害严重毁损承包地等特殊情形,需要适当调整承包的耕地和草地的,应当依照农村土地承包的法律规定办理。

## 关联规定

法律、行政法规、司法解释

1.《中华人民共和国农村土地承包法》

**第二十八条** 承包期内,发包方不得调整承包地。

承包期内,因自然灾害严重毁损承包地等特殊情形对个别农户之间承包的耕地和草地需要适当调整的,必须经本集体经济组织成员的村民会议三分之二以上成员或者三分之二以上村民代表的同意,并报乡(镇)人民政府和县级人民政府农业农村、林业和草原等主管部门批准。承包合同中约定不得调整的,按照其约定。

2.《最高人民法院关于审理涉及农村土地承包纠纷案件适用法律问题的解释》

**第六条** 因发包方违法收回、调整承包地,或者因发包方收回承包方弃耕、撂荒的承包地产生的纠纷,按照下列情形,分别处理:

(一)发包方未将承包地另行发包,承包方请求返还承包地的,应予支持;

(二)发包方已将承包地另行发包给第三人,承包方以发包方和第三人为共同被告,请求确认其所签订的承包合同无效、返还承包地并赔偿损失的,应予支持。但属于承包方弃耕、撂荒情形的,对其赔偿损失的诉讼请求,不予支持。

前款第(二)项所称的第三人,请求受益方补偿其在承包地上的合理投入的,应予支持。

## ▶ 条文释义

### 一、本条主旨

本条是关于承包期内承包地调整的规定。

### 二、条文演变

2007年原《物权法》第130条规定："承包期内发包人不得调整承包地。""因自然灾害严重毁损承包地等特殊情形，需要适当调整承包的耕地和草地的，应当依照农村土地承包法等法律规定办理。"本条仅作个别文字修改，内容无变化。

### 三、条文解读

（一）承包期内发包人不得调整承包地

土地是农民的基本生产资料，是农民最主要的生活保障，赋予农民长期而有保障的土地承包经营权，是保持农村土地承包关系长期稳定的关键。长期以来，通过行政手段频繁变动和调整承包地，是影响农村土地承包关系稳定的最突出问题，也是承包人的土地承包经营权受到侵害的主要原因，由此使得农民对土地缺乏预期，生产积极性不高，不愿意对土地进行长期投入。为保持农村土地承包关系的稳定，中共中央和立法机关先后颁布政策文件、制定法律法规从制度上保障该政策目标的落实。1993年11月，中共中央、国务院发布《关于当前农业和农村经济发展的若干政策措施》，在确定农民享有长期不变的土地承包经营权的同时，国家也提出固化土地承包经营权的建议，即"为避免承包耕地的频繁变动，防止耕地经营规模不断被细分，提倡在承包期内实行'增人不增地、减人不减地'的办法……少数第二、第三产业比较发达，大部分劳动力转向非农产业并有稳定收入的地方，可从实际出发，尊重农民的意愿，对承包土地作必要的调整，实行适度的规模经营"。1995年《国务院批转农业部关于稳定和完善土地承包关系意见的通知》指出："提倡在承包期内实行'增人不增地、减人不减地'。'增人不增地、减人不减地'有利于稳定农村土地承包关系，巩固家庭联产承包责任制，各地应积极提倡。""未实行'增人不增地、减人不减地'的地方，也应保持土地承包关系的长期稳定。"1997年《中共中央办公厅、国务院办公厅关于进一步稳定和完善农村土地承包关系的通知》进一步说明，"承包土地'大稳定、小调整'的前提是稳定。'大稳定、小调整'是指在坚持上述第二条原则的前提下，根据实际需要，在个别农户之间小范围适当调整。"1998年《中共中央关于农业和农村工作若干重大问题的决定》都明确提出长期稳定以家庭承包经营为基础、统分结合的双层经营体制，稳定完善土地承包关系。2008年党的十七届三中全会通过的《中共中央关于推进农村改革发展若干重大问题的决定》明确指出："赋予农民更加充分而有保障的土地承包经营权，现有土地承包关系要保持稳定并长久不变。"2013年《中共中央关于全面深化改革若干重大问题的决定》指出，要"稳定农村土地承包关系并保持长久不变"。党的十九大报告再次强调："保持土地承包关系稳定并长久不变，第二轮土地承包到期后再延长三十年。"由此可见，农村土地承包经营制度的演变过程体现着一个基本的逻辑脉络，即维护稳定的土地承包关系。历经从个别时期提倡的"大稳定、小调整"到"增人不增地、减人不减地"，再到"长久不变"，体现了国家的基本政策导向。2018年修正的《农村土地承包法》第28条第1款明确规定，"承包期内，发包方不得调整承包地。"2019年11月，《中共中央、国务院关于保持土地承包关系稳定并长久不变的意见》再次明确要求，"农户承包地要保持稳定，发包方及其他经济组织和个人不得违法调整"。本条规定再次重申了发包人不得调整承包地的规定，给农民吃了定心丸。

（二）因特殊情形需要调整承包地的条件和程序

根据法律规定，耕地的承包期为30年，草地的承包期为30年至50年。在如此长的承包期内，如果情况发生特殊变化，完全不允许调整承包地也不尽合理。如出现个别户因自然灾害严重毁损承包地等特殊情形，不允许对承包地进行必要的调整，将使一部分农民失去土地，失去最基本的生活来源，有悖社会公平，也不利于社会稳定。因此，在因自然灾害严重毁损承包地等特殊情形下，应当允许按照法律规定的程序对个别农户之间的承包地进行必要的调整。《农村土地承包法》第28条第2款规定："承包期内，因自然灾害严重毁损承包地等特殊情形对个别农户之间承包的耕地和草地需要适当调整的，必须经本集体经济组织成员的村民会议三分之二以上成员或者三分之二以上村民代表的同意，并报乡（镇）人民政府和县级人民政府农业农村、林业和草原等主管部门批准。承包合同中约定不得调整的，按照其约定。"上述法律规定允许依法进行个别调整，但这主要是为了解决个别农户因自然灾害等特殊情况失去土地、生活缺乏保障的问题，并不是鼓励调整。一般认为，部分农户的土地被征收或者用于乡村公共设施和公益事业建设，丧失土地的农户不愿意"农转非"，不要征地补偿等费用，要求继续承包土地的或者人地矛盾特别突出的，也属于可以对个别农户之间承包地适当调整的"特殊情形"。①

承包期内因自然灾害严重毁损承包地等特殊情形，需要适当调整承包的耕地和草地的，应当严格遵守的条件是：（1）只有在因自然灾害承包地严重毁损等特殊情形，才能个别调整承包地。在承包人发生了因自然灾害严重毁损承包地等特殊情形需要调整土地时，并不必然发生对个别农户之间承包的耕地和草地进行调整，如果集体经济组织依法预留了机动地，或者有通过依法开垦等方式增加的土地，或者有承包人依法、自愿交回的土地，应当先用这些土地解决无地农民的承包地问题，只有在没有上述土地的情况下，才可以对个别农户之间承包的耕地和草地进行适当调整。（2）特殊情况下的调整只允许在个别农户之间进行，不得扩大范围进行调整，更不能在全村范围内打乱原承包地重新分配、承包。（3）允许个别调整的承包地只限于耕地和草地，不包括林地。因为林地林业生产经营周期长，收益慢，风险大，林地一般作为农民增收的手段，不像耕地那样，属于农民基本的生活保障。（4）个别调整必须按照法律规定的程序进行。即，首先必须经本集体经济组织成员的村民会议 2/3 以上成员或者 2/3 以上村民代表的同意，其次必须报乡（镇）人民政府和县级人民政府农业等行政主管部门批准。（5）承包合同约定承包地不得调整的依其约定。这样规定既符合承包人的意愿，也有利于维护承包关系的长期稳定。当然，如果发包人和承包人尤其是承包人自愿协商变更的，可以按照变更后的承包合同办理。

另外，《农村土地承包法》第 29 条还规定属于下列三种情况的土地应当用于调整给新增人口：（1）集体经济组织依法预留的机动地。预留的机动地由集体经济组织掌握，或由集体暂时统一经营，或短期承包给某些农户。预留机动地曾是土地承包中的灵活做法，一旦发生人地矛盾，可以用机动地来解决，不

---

① 参见胡康生主编：《中华人民共和国物权法释义》，法律出版社 2007 年版，第 295 页。

必进行土地调整,这既解决了无地农民的土地问题,也有利于保持土地承包关系的稳定。(2)通过依法开垦等方式增加的土地。《土地管理法》第40条规定:"开垦未利用的土地,必须经过科学论证和评估,在土地利用总体规划划定的可开垦的区域内,经依法批准后进行。禁止毁坏森林、草原开垦耕地,禁止围湖造田和侵占江河滩地。"《水土保持法》第20条规定,禁止在25度以上陡坡地开垦种植农作物。按照以上规定通过开垦等方式增加的土地,应当用于调整承包土地或者承包给新增人口,以解决人地矛盾的问题。(3)发包方依法收回和承包方依法、自愿交回的。承包方依法、自愿交回的土地,主要指承包方依照《农村土地承包法》第27条第3款和第30条规定交回的土地。

## ▶ 适用指引

《农村土地承包纠纷解释》第6条规定,因发包方违法调整承包地产生的纠纷,按照不同情况,应分别作出如下处理:(1)发包方未将承包地另行发包给他人,承包人请求返还承包地的,应予支持;(2)发包方已将承包地另行发包给第三人,承包方以发包方与第三人为共同被告,请求确认其所签订的承包合同无效、返还承包地并赔偿损失的,应予支持。

实践中,存在以下几个问题:第一,经承包方请求,确认发包方和第三人签订的承包合同无效的实体处理。(1)合同被确认无效后,承包地原则上应当返还给承包方。返还承包地的履行期限应为地上农作物收获期届满后至下一耕种期开始前。承包地确实无法在上述期间返还的,在明确承包方享有土地承包经营权的前提下,应视具体情况给予承包方适当补偿。(2)合同被确认无效后,对已经履行完毕的部分,第三人要求发包方返还其已经支付的有关费用的,人民法院不予支持。(3)合同被确认无效后,承包方要求赔偿其收益损失的,人民法院不予支持。因发包方的过错,给承包方造成其他特定损失的,承包方主张赔偿的,人民法院应予支持。第三人对该损失的发生具有过错的,应承担相应的赔偿责任。(4)合同被确认无效后,第三人要求受益方补偿其在土地上的合理投入的,人民法院应予支持。第三人未以反诉方式主张的,人民法院应当释明。对补偿数额的确定,当事人难以举证的,可以参照当地同类情况合理认定。

第二,承包方未请求确认发包方和第三方签订的合同无效,而仅是要求获得承包收益的处理。人民法院应在确认承包方对争议所涉土地享有承包经营权的基础上，认定承包方与第三方之间成立土地流转关系，承包方要求第三人直接向其支付合同约定收益的，人民法院应予支持。如果发包方与第三人签订的是无偿合同，人民法院可以依照《农村土地承包纠纷解释》第15条的规定按照公平原则处理。

第三，在发包方和第三人因合同履行发生纠纷的案件审理中，当事人未对合同效力提出异议的，人民法院不主动审查是否涉及抛荒地问题对合同效力的影响。如果承包方请求以有独立请求权的第三人身份参加诉讼并要求确认合同无效的，人民法院应予支持。

> **第三百三十七条** 承包期内发包人不得收回承包地。法律另有规定的，依照其规定。

### 关联规定

法律、行政法规、司法解释

1.《中华人民共和国农村土地承包法》

**第二十七条** 承包期内，发包方不得收回承包地。

国家保护进城农户的土地承包经营权。不得以退出土地承包经营权作为农户进城落户的条件。

承包期内，承包农户进城落户的，引导支持其按照自愿有偿原则依法在本集体经济组织内转让土地承包经营权或者将承包地交回发包方，也可以鼓励其流转土地经营权。

承包期内，承包方交回承包地或者发包方依法收回承包地时，承包方对其在承包地上投入而提高土地生产能力的，有权获得相应的补偿。

2.《中华人民共和国土地管理法》

**第六十一条** 乡（镇）村公共设施、公益事业建设，需要使用土地的，经乡（镇）人民政府审核，向县级以上地方人民政府土地行政主管部门提出申请，按照省、自治区、直辖市规定的批准权限，由县级以上地方人民政府批准；其中，涉及占用农用地的，依照本法第四十四条的规定办理审批手续。

**第六十六条** 有下列情形之一的，农村集体经济组织报经原批准用地的人民政府批准，可以收回土地使用权：

（一）为乡（镇）村公共设施和公益事业建设，需要使用土地的；

（二）不按照批准的用途使用土地的；

（三）因撤销、迁移等原因而停止使用土地的。

依照前款第（一）项规定收回农民集体所有的土地的，对土地使用权人应当给予适当补偿。

收回集体经营性建设用地使用权，依照双方签订的书面合同办理，法律、行政法规另有规定的除外。

**3.《基本农田保护条例》**

**第十八条** 禁止任何单位和个人闲置、荒芜基本农田。经国务院批准的重点建设项目占用基本农田的，满1年不使用而又可以耕种并收获的，应当由原耕种该幅基本农田的集体或者个人恢复耕种，也可以由用地单位组织耕种；1年以上未动工建设的，应当按照省、自治区、直辖市的规定缴纳闲置费；连续2年未使用的，经国务院批准，由县级以上人民政府无偿收回用地单位的土地使用权；该幅土地原为农民集体所有的，应当交由原农村集体经济组织恢复耕种，重新划入基本农田保护区。

承包经营基本农田的单位或者个人连续2年弃耕抛荒的，原发包单位应当终止承包合同，收回发包的基本农田。

## ▶ 条文释义

### 一、本条主旨

本条是关于承包期内不得收回承包地的规定。

### 二、条文演变

2007年原《物权法》第131条规定："承包期内发包人不得收回承包地。""农村土地承包法等法律另有规定的，依照其规定。"本条款仅将"农村土地承包法等法律另有规定的"修改为"法律另有规定的"，其他无变化。

### 三、条文解读

（一）承包期内发包人不得收回承包地

土地承包经营权是集体土地所有权之上设立的一类他物权，一经设定，即具有对抗所有权的效力。土地承包经营权的收回受土地承包经营权身份性与物权性的限制，只要土地承包经营权未因法定原因而消灭，发包方即不得收回。原《物权法》和《农村土地承包法》及司法实践中对土地承包经营权收回都作了严格限制，如原《物权法》第131条第1款规定："承包期内发包人不得收回承包地。"2003年《农村土地承包法》第26条第3款曾规定："承包期内，承包方全家迁入设区的市，转为非农业户口的，应当将承包的耕地和草地交回发包方。承包方不交回的，发包方可以收回承包的耕地和草地。"而2018年《农村土地承包法》对上述条款进行了修改，完善了进城农户土地承包经营权的保护措施：一是补充、明确了在农户进城以前，不得以退出土地承包经营权作为农户进城落户的条件；二是删除了要求进城农户交回承包地、不交回就收回的规定，修改为由进城农户自主选择如何处分土地承包经营权，法律予以引导支持。既可以按照自愿有偿原则，依法将土地承包经营权转让给本集体经济组织其他农户，也可以自愿有偿地将承包地交回发包方，还可以流转土地经营权。如承包方自愿交回承包地的，根据《农村土地承包法》第30条规定，应当提前半年以书面形式通知发包方，同时，在承包期内承包方不得再要求承包土地。在承包期内，承包方交回承包地或者发包方依法收回承包地时，承包方对其在承包地上投入而提高土地生产能力的，有权获得相应的补偿。具体补偿数额可由发包方和承包方双方协商确定，或者请有关评估机构进行评估。总之，根据本条规定，除非法律对承包地的收回有特别规定外，在承包期内，无论承包人发生什么样的变化，只要作为承包人的家庭还存在，发包人都不得收回承包地。比如，承包人家庭中的一人或者数人死亡的；子女升学、参军或者在城市就业的；妇女结婚，在新居住地未取得承包地的或妇女离婚丧偶，仍在原居住地生活或者不在原居住地生活但在新居住地未取得承包地的；承包人在农村从事各种非农产业的；承包人进城务工的；等等。

（二）发包人可以收回承包地的特殊情形

本条中法律另有规定的情形，主要体现在《土地管理法》中。《土地管理法》第61规定："乡（镇）村公共设施、公益事业建设，需要使用土地的，经乡（镇）人民政府审核，向县级以上地方人民政府土地行政主管部门提出申请，按照省、自治区、直辖市规定的批准权限，由县级以上地方人民政府批准；其中，涉及占用农用地的，依照本法第四十四条的规定办理审批手续。"由此可见，目前发包方可以基于公共设施、公益事业的建设收回承包地，使承包方丧失土地承包经营权。《农村土地承包法》第 27 条还规定，国家保护进城农户的土地承包经营权。不得以退出土地承包经营权作为农户进城落户的条件；承包期内，承包农户进城落户的，引导支持其按照自愿有偿原则依法在本集体经济组织内转让土地承包经营权或者将承包地交回发包方，也可以鼓励其流转土地经营权；承包期内，承包方交回承包地或者发包方依法收回承包地时，承包方对其在承包地上投入而提高土地生产能力的，有权获得相应的补偿。

2004 年修订的《土地管理法》第 37 条曾规定："禁止任何单位和个人闲置、荒芜耕地。""承包经营耕地的单位或者个人连续二年弃耕抛荒的，原发包单位应当终止承包合同，收回发包的耕地。"（在 2018 年《农村土地承包法》修改时删去了承包方弃耕、撂荒时发包方可以收回的规定。）《基本农田保护条例》第 18 条第 2 款规定，对于已经连续 2 年弃耕抛荒的承包经营基本农田的单位或者个人，原发包单位应该终止承包合同，收回发包的基本农田。但这一规定并没有得到司法实践的积极回应。《农村土地承包纠纷解释》第 6 条规定，因发包方违法收回、调整承包地，或者因发包方收回承包方弃耕、撂荒的承包地产生的纠纷，按照下列情形，分别处理：发包方未将承包地另行发包，承包方请求返还承包地的，应予支持；发包方已将承包地另行发包给第三人，承包方以发包方和第三人为共同被告，请求确认其所签订的承包合同无效、返还承包地并赔偿损失的，应予支持。但属于承包方弃耕、撂荒情形的，其赔偿损失的诉讼请求，不予支持。最高人民法院如此把握是为了最大限度地保护承包方的土地承包经营权。需要说明的是，承包人应当交回的承包地仅指耕地和草地，并不包括林地，这是因为林地的承包经营与耕地、草地的承包经营相比有其特殊性。林业生产经营周期和承包期比较长，投入大，收益慢，风险大。稳定林地承包经营权，有利于调动承包人植树造林的积极性，防止乱砍滥伐，保护生态环境。因此，对林地承包经营权不适用耕地和草地有关收回的规定。[1]

---

[1] 参见胡康生主编：《中华人民共和国物权法释义》，法律出版社 2007 年版，第 300 页。

### （三）不得以退出土地承包经营权作为农民进城落户的条件，不得强制收回进城农户的承包地

我国现阶段正处于社会转型期，城市化进程不断推进，大量农民进城务工、落户。与此同时，农村集体产权改革正在试点、探索，户籍制度、社会保障制度、农村土地制度等均在改革和完善。其中，进城农户能否保留土地承包经营权，成为亿万农民所关注的焦点。为了维护进城落户农民的土地承包权益，推进城镇化发展，2014年《国务院关于进一步推进户籍制度改革的意见》便明确指出，现阶段不得以退出土地承包经营权、使用权、集体收益分配权作为农民进城落户的条件。《农村土地分置办法》规定"不得以退出土地承包权作为农民进城落户的条件"。《中共中央、国务院关于实施乡村振兴战略的意见》再次强调和指出："将进城落户农业转移人口全部纳入城镇住房保障体系""维护进城落户农民土地承包权、宅基地使用权、集体收益分配权，引导进城落户农民依法自愿有偿转让上述权益。"《最高人民法院关于为实施乡村振兴战略提供司法服务和保障的意见》指出："依法保护进城落户农民的土地承包经营权、宅基地使用权、集体收益分配权和返乡创业农民工合法权益。着力保护在城市生活农民工子女的受教育权、人身安全和人格尊严，让农民工既入得了城、扎得下根，又回得了村、稳得住心。"2018年《农村土地承包法》修正时也明确规定："国家保护进城农户的土地承包经营权，不得以退出土地承包经营权作为农户进城落户的条件。"这样规定一方面是推进城市化发展的需要，另一方面是保障农民利益和农村稳定的需要。《民法典》本条规定的核心内容是承包期内不得随意收回农民的承包地，允许承包农户设立、流转土地经营权，使广大农民真正地感到土地承包经营权是有切实保障的。同时，为有效利用土地资源，在承包期内，引导支持进城落户的农户按照自愿有偿原则，依法将土地承包经营权转让给本集体经济组织其他农户，或者自愿有偿地将承包地交回发包方，鼓励其流转土地经营权。

## 适用指引

发包方根据本条规定收回承包地前,承包方已经以转包、出租等形式将土地经营权流转给第三人,且流转期限尚未届满,因流转价款收取产生的纠纷,按照下列情形,分别处理:承包方已经一次性收取了流转价款,发包方请求承包方返还剩余流转期限的流转价款的,应予支持;流转价款为分期支付,发包方请求第三人按照流转合同的约定支付流转价款的,应予支持。

**第三百三十八条** 承包地被征收的,土地承包经营权人有权依据本法第二百四十三条的规定获得相应补偿。

## 关联规定

一、法律、行政法规、司法解释

1.《中华人民共和国民法典》

**第二百四十三条** 为了公共利益的需要,依照法律规定的权限和程序可以征收集体所有的土地和组织、个人的房屋以及其他不动产。

征收集体所有的土地,应当依法及时足额支付土地补偿费、安置补助费以及农村村民住宅、其他地上附着物和青苗等的补偿费用,并安排被征地农民的社会保障费用,保障被征地农民的生活,维护被征地农民的合法权益。

征收组织、个人的房屋以及其他不动产,应当依法给予征收补偿,维护被征收人的合法权益;征收个人住宅的,还应当保障被征收人的居住条件。

任何组织或者个人不得贪污、挪用、私分、截留、拖欠征收补偿费等费用。

2.《中华人民共和国土地承包法》

**第十七条** 承包方享有下列权利:

(一)依法享有承包地使用、收益的权利,有权自主组织生产经营和处置产品;

(二)依法互换、转让土地承包经营权;

(三)依法流转土地经营权;

(四)承包地被依法征收、征用、占用的,有权依法获得相应的补偿;

(五)法律、行政法规规定的其他权利。

3.《中华人民共和国土地管理法》

**第四十八条** 征收土地应当给予公平、合理的补偿,保障被征地农民原有生活水平不降低、长远生计有保障。

征收土地应当依法及时足额支付土地补偿费、安置补助费以及农村村民住宅、其他地上附着物和青苗等补偿费用,并安排被征地农民的社会保障费用。

征收农用地的土地补偿费、安置补助费标准由省、自治区、直辖市通过制定公布区片综合地价确定。制定区片综合地价应当综合考虑土地原用途、土地资源条件、土地产值、土地区位、土地供求关系、人口以及经济社会发展水平等因素,并至少每三年调整或者重新公布一次。

征收农用地以外的其他土地、地上附着物和青苗等的补偿标准,由省、自治区、直辖市制定。对其中的农村村民住宅,应当按照先补偿后搬迁、居住条件有改善的原则,尊重农村村民意愿,采取重新安排宅基地建房、提供安置房或者货币补偿等方式给予公平、合理的补偿,并对因征收造成的搬迁、临时安置等费用予以补偿,保障农民村民居住的权利和合法的住房财产权益。

县级以上地方人民政府应当将被征地农民纳入相应的养老等社会保障体系。被征地农民的社会保障费用主要用于符合条件的被征地农民的养老保险等社会保险缴费补贴。被征地农民社会保障费用的筹集、管理和使用办法,由省、自治区、直辖市制定。

**4.《最高人民法院关于审理涉及农村土地承包纠纷案件适用法律问题的解释》**

第二十条　承包地被依法征收,承包方请求发包方给付已经收到的地上附着物和青苗的补偿费的,应予支持。

承包方已将土地经营权以出租、入股或者其他方式流转给第三人的,除当事人另有约定外,青苗补偿费归实际投入人所有,地上附着物补偿费归附着物所有人所有。

第二十一条　承包地被依法征收,放弃统一安置的家庭承包方,请求发包方给付已经收到的安置补助费的,应予支持。

第二十二条　农村集体经济组织或者村民委员会、村民小组,可以依照法律规定的民主议定程序,决定在本集体经济组织内部分配已经收到的土地补偿费。征地补偿方案确定时已经具有本集体经济组织成员资格的人,请求支付相应份额的,应予支持。但已报全国人大常委会、国务院备案的地方性法规、自治条例和单行条例、地方政府规章对土地补偿费在农村集体经济组织内部的分配办法另有规定的除外。

## 二、部门规章及规范性文件

**《土地管理法实施条例》**

第三十二条 省、自治区、直辖市应当制定公布区片综合地价，确定征收农用地的土地补偿费、安置补助费标准，并制定土地补偿费、安置补助费分配办法。

地上附着物和青苗等的补偿费用，归其所有权人所有。

社会保障费用主要用于符合条件的被征地农民的养老保险等社会保险缴费补贴，按照省、自治区、直辖市的规定单独列支。

申请征收土地的县级以上地方人民政府应当及时落实土地补偿费、安置补助费、农村村民住宅以及其他地上附着物和青苗等的补偿费用、社会保障费用等，并保证足额到位，专款专用。有关费用未足额到位的，不得批准征收土地。

## 三、司法指导性文件

**《最高人民法院关于为实施乡村振兴战略提供司法服务和保障的意见》**

39.依法妥善审理农村集体土地征收、农民房屋拆迁及安置补偿纠纷案件，切实保护被征地农民的合法权益。要按照法律规定的征地用途和目的，将是否按照同地同价原则、及时足额对农村集体经济组织和农民予以合理补偿，是否解决好被征地农民就业、住房和社会保障，是否有利于促进农业农村发展、维护农村社会和谐稳定、加强农村生态文明建设等，作为认定征地行为合法性的重要因素。

# ▶ 条文释义

## 一、本条主旨

本条是关于承包地征收补偿的规定。

## 二、条文演变

土地承包经营权是土地承包经营权人对承包土地所享有的一项权利。在承包地被征收时，土地承包经营权人的权益必将受到一定的影响，故土地承包经营权人依法可以获得相应的补偿。对此问题，原《物权法》第132条规定："承包地被征收的，土地承包经营权人有权依照本法第四十二条第二款的规定获得相应补偿。"该法第42条第2款规定："征收集体所有的土地，应当依法足额支付土地补偿费、安置补助费、地上附着物和青苗的补偿费等费用，安排被征地农民的社会保障费用，保障被征地农民的生活，维护被征地农民的合法权益。"2019年修正的《土地管理法》对征收土地的补偿问题也进行了明确，比如，该法第48条第2款规定："征收土地应当依法及时足额支付土地补偿费、安置补助费以及农村村民住宅、其他地上附着物和青苗等的补偿费用，并安排被征地农民的社会保障费用。"相较于原《物权法》的规定，就补偿的范围来看，2019年修正的《土地管理法》增加了对农村村民住宅的补偿，进一步保护农村村民的利益，确保补偿的公平合理。在原《物权法》规定的基础上，本条吸纳了《土地管理法》的规定，进一步完善了承包地征收补偿的规定，有利于实现被征地农民原有生活水平不降低、长远生计有保障之目标。

## 三、条文解读

### （一）土地征收的条件

承包地是承包经营权人的权利载体，对广大农民群众而言至关重要。为此，法律对于承包地的征收规定了严格的条件。比如，《宪法》第10条第3款规定："国家为了公共利益的需要，可以依照法律规定对土地实行征收或者征用并给予补偿。"《土地管理法》第2条第4款规定："国家为了公共利益的需要，可以依法对土地实行征收或者征用并给予补偿。"《民法典》第243条第1款规定："为了公共利益的需要，依照法律规定的权限和程序可以征收集体所有的土地和组织、个人的房屋以及其他不动产。"由此可见，土地征收的条件为公共利益的需要，也即除了公共利益的目的之外，其他的情形均不可以进行土地征收。在此条件下，需要进一步明确的问题是公共利益的界定。

如何界定公共利益，认识上存在较大的分歧。在原《物权法》制定过程中，《物权法（草案）》第41条第1款规定："为了公共利益的需要，依照法律规定的权限和程序可以征收集体所有的土地和单位、个人的房屋及其他不动产。"在征求意见时，有人认为，应在原《物权法》中明确界定公共利益的范围，以限制有的地方政府滥用征收权力，侵害群众利益。在《物权法（草案）》审议过程中，曾将"为了公共利益的需要"修改为"为了发展公益事业、维护国家安全等公共利益的需要"，但有关部门和专家认为这样规定仍不清楚。原全国人大法律委员会、全国人大常委会法制工作委员会同国务院法制办、原国土资源部等部门以及专家反复研究，一致认为：在不同的领域，在不同情形下，公共利益是不同的，情况相当复杂，原《物权法》难以对公共利益作出统一的具体界定，还是分别由《土地管理法》《城市房地产管理法》等单行法规规定较为切合实际。因此，原《物权法》最终没有对《物权法（草案）》第41条第1款进行修改。从其后颁布施行法律、法规的规定看，则体现了前述立法精神。例如，2011年施行的《国有土地上房屋征收与补偿条例》对此问题采取列举式的规定进行了细化、明确。其第8条规定："为了保障国家安全、促进国民经济和社会发展等公共利益的需要，有下列情形之一，确需征收房屋的，由市、县级人民政府作出房屋征收决定：（一）国防和外交的需要；（二）由政府组织实施的能源、交通、水利等基础设施建设的需要；（三）由政府组织实施的科技、教育、文化、卫生、体育、环境和资源保护、防灾减灾、文物保护、社会福利、市政公用等公共事业的需要；（四）由政府组织实施的保障性安居工程建设的需要；（五）由政府依照城乡规划法有关规定组织实施的对危房集中、基础设施落后等地段进行旧城区改建的需要；（六）法律、行政法规规定的其他公共利益的需要。"再比如，2019年修正的《土地管理法》第45条亦采用了列举的方式，对公共利益的范围再次进行了明确。该规定在《国有土地上房屋征收与补偿条例》第8条所规定的基础上进行了修订和完善，范围基本一致。由此，对"公共利益"的界定，仍应坚持基于不同的领域、不同的情形加以理解，并依据法律、行政法规的具体规定进行认定。

（二）土地征收的程序

土地征收涉及国家、集体和个人的利益，为确保个人的权益不受政府行政行为的侵害，有必要从程序上对政府征收土地的加以规制。

从我国的情况看，近年来随着我国房地产事业快速发展，因土地征收问题产生的社会问题较为凸显，一定程度上影响了社会的和谐稳定。为此，有必要强化征地程序的法定化，强调被征地农民的权益保护。2019年修正的《土地管理法》一个明显的变化是进一步强化了土地征收的程序保障。相较于修正前的规定内容，修正后的《土地管理法》完善了土地征收程序，将法律规定的批后公告修改为批前公告，进一步保障了被征地农民在整个过程中的参与权、监督权和话语权，更好地保护了被征地农民的合法权益。比如，该法第47条第2款、第3款、第4款规定："国家征收土地的，依照法定程序批准后，由县级以上地方人民政府予以公告并组织实施。县级以上地方人民政府拟申请征收土地的，应当开展拟征收土地现状调查和社会稳定风险评估，并将征收范围、土地现状、征收目的、补偿标准、安置方式和社会保障等在拟征收土地所在的乡（镇）和村、村民小组范围内公告至少三十日，听取被征地的农村集体经济组织及其成员、村民委员会和其他利害关系人的意见。""多数被征地的农村集体经济组织成员认为征地补偿安置方案不符合法律、法规规定的，县级以上地方人民政府应当组织召开听证会，并根据法律、法规的规定和听证会情况修改方案。""拟征收土地的所有权人、使用权人应当在公告规定期限内，持不动产权属证明材料办理补偿登记。县级以上地方人民政府应当组织有关部门测算并落实有关费用，保证足额到位，与拟征收土地的所有权人、使用权人就补偿、安置等签订协议；个别确实难以达成协议的，应当在申请征收土地时如实说明。""相关前期工作完成后，县级以上地方人民政府方可申请征收土地。"

（三）土地征收的补偿

土地被征收后，土地承包经营权人失去了其所享有的用益物权。为弥补征地所导致土地承包经营权人的损失，需对其进行补偿。原《物权法》第132条明确规定承包地被征收的土地承包经营权人有权获得补偿。而对土地征收的具体补偿问题，原《物权法》通过条文指引的方式，对此问题进行了明确，即根据该法第42条第2款的规定获得相应的补偿。此外，《民法典》第243条也明确征收集体所有的土地的补偿范围，即应当依法及时足额支付土地补偿费、安置补助费以及农村村民住宅、其他地上附着物和青苗等的补偿费用，并安排被征地农民的社会保障费用，保障被征地农民的生活，维护被征地农民的合法权益。对于征收农用地的土地补偿费、安置补助费的标准，《土地管理法》则进行了具体规定。比如，该法第48条第3款规定："征收农用地的土地补偿费、安置补助费标准由省、自治区、直辖市通过制定公布区片综合地价确定。制定区片综合地价应当综合考虑土地原用途、土地资源条件、土地产值、土地区位、土地供求关系、人口以及经济社会发展水平等因素，并至少每三年调整或者重新公布一次。"为此，土地征收的补偿范围或者标准，可依据法律的规定予以确定。

## ▶ 适用指引

实践中，承包地征收补偿费用方面存在较大争议的问题是如何认定承包地征收补偿费用分配纠纷中的主体资格。由于没有法律的明确规定，而且司法解释也未对集体经济组织成员资格作出规定，故此问题在理论上和实务上也存在一些争议。从认定的模式上看，人民法院在认定集体经济成员资格标准上大概存在以下三种模式：（1）采取单一标准的方法，即以是否有农村集体经济组织所在地常驻户口作为标准判断是否具有集体经济组织成员资格；（2）采取符合标准的方法，即以户口标准和是否在本集体经济组织所在地长期生产、生活来判断；（3）以权利义务关系是否形成的事实作为判断标准，即是否必须与本集体经济组织形成事实上的权利义务关系及管理关系。我们认为，对集体经济成员资格标准认定标准，基本上采纳第二种模式。如《八民会纪要》第23条明确：审理土地补偿费分配纠纷时，要在现行法律规定框架内，综合考虑当事人生产生活状况、户口登记状况以及农村土地对农民的基本生活保障功能等因素认定相关权利主体。要以当事人是否获得其他替代性基本生活保障为重要考量因素，慎重认定其权利主体资格的丧失，注重依法保护妇女、儿童以及农民工等群体的合法权益。

## ▶ 类案检索

王某明、王某彦与哈尔滨市道外区民主镇新立村村民委员会、黑龙江省农业科学院承包地征收补偿费分配纠纷案

**关键词：** 土地承包经营权　征收补偿

**裁判摘要：** 土地经营权与土地承包经营权性质不同，只有获得土地承包经营权的农户才有权获得被征收土地的补偿，而以其他方式承包取得土地经营权人无权获得案涉土地的补偿款。在当事人对地上附着物等补偿款标准有争议的

情况下，当事人向法院请求支付地上附着物等补偿费的，人民法院不能作为民事案件受理，当事人应向相关行政部门主张权利。

【案　　号】（2019）黑民终184号

【审理法院】黑龙江省高级人民法院

【来　　源】中国裁判文书网

**第三百三十九条** 土地承包经营权人可以自主决定依法采取出租、入股或者其他方式向他人流转土地经营权。

## 关联规定

一、法律、行政法规、司法解释

1.《中华人民共和国农村土地承包法》

**第九条** 承包方承包土地后，享有土地承包经营权，可以自己经营，也可以保留土地承包权，流转其承包地的土地经营权，由他人经营。

**第十条** 国家保护承包方依法、自愿、有偿流转土地经营权，保护土地经营权人的合法权益，任何组织和个人不得侵犯。

**第三十六条** 承包方可以自主决定依法采取出租（转包）、入股或者其他方式向他人流转土地经营权，并向发包方备案。

**第三十八条** 土地经营权流转应当遵循以下原则：

（一）依法、自愿、有偿，任何组织和个人不得强迫或者阻碍土地经营权流转；

（二）不得改变土地所有权的性质和土地的农业用途，不得破坏农业综合生产能力和农业生态环境；

（三）流转期限不得超过承包期的剩余期限；

（四）受让方须有农业经营能力或者资质；

（五）在同等条件下，本集体经济组织成员享有优先权。

**第四十六条** 经承包方书面同意，并向本集体经济组织备案，受让方可以再流转土地经营权。

2.《最高人民法院关于审理涉及农村土地承包纠纷案件适用法律问题的解释》

**第十二条** 发包方胁迫承包方将土地经营权流转给第三人，承包方请求撤销其与第三人签订的流转合同的，应予支持。

发包方阻碍承包方依法流转土地经营权，承包方请求排除妨碍、赔偿损失的，应予支持。

**第十四条** 承包方依法采取出租、入股或者其他方式流转土地经营权，发包方仅以该土地经营权流转合同未报其备案为由，请求确认合同无效的，不予支持。

## 二、部门规章及规范性文件

### 《农村土地经营权流转管理办法》

**第三条** 土地经营权流转不得损害农村集体经济组织和利害关系人的合法权益，不得破坏农业综合生产能力和农业生态环境，不得改变承包土地的所有权性质及其农业用途，确保农地农用，优先用于粮食生产，制止耕地"非农化"、防止耕地"非粮化"。

**第六条** 承包方在承包期限内有权依法自主决定土地经营权是否流转，以及流转对象、方式、期限等。

**第十条** 土地经营权流转的方式、期限、价款和具体条件，由流转双方平等协商确定。流转期限届满后，受让方享有以同等条件优先续约的权利。

**第十四条** 承包方可以采取出租（转包）、入股或者其他符合有关法律和国家政策规定的方式流转土地经营权。

出租（转包），是指承包方将部分或者全部土地经营权，租赁给他人从事农业生产经营。

入股，是指承包方将部分或者全部土地经营权作价出资，成为公司、合作经济组织等股东或者成员，并用于农业生产经营。

**第十五条** 承包方依法采取出租（转包）、入股或者其他方式将土地经营权部分或者全部流转的，承包方与发包方的承包关系不变，双方享有的权利和承担的义务不变。

## 三、司法指导性文件

### 《最高人民法院关于为全面推进乡村振兴加快农业农村现代化提供司法服务和保障的意见》

6.依法审理农村土地承包经营案件，推进现代农业发展。按照"落实集体所有权、稳定农户承包权、放活土地经营权"要求，依法审理农村土地"三权分置"纠纷案件，推进完善以家庭承包经营为基础、统分结合的双层经营体制，确保农村土地承包关系稳定并长久不变，维护农民集体、承包农户、经营主体的合法权益。依法审理涉土地经营权抵押权以及土地经营权流转合同等纠纷案件，保障农村土地经营权有序流转，推动家庭农场培育和农民合作社质量提升，助力现代农业经营体系建设。

## ▶ 条文释义

### 一、本条主旨

本条是关于土地经营权流转方式的规定。

### 二、条文演变

从规范层面而言，土地经营权表述初见于党中央的政策文件之中。比如，2014年11月20日出台的《中共中央办公厅、国务院办公厅关于引导农村土地经营权有序流转发展农业适度规模经营的意见》以及2016年11月3日出台的《农村土地分置办法》等。党的十九大报告也明确提出将"完善承包地'三权'分置制度"作为"贯彻新发展理念，建设现代化经济体系"的重要任务之一。

为贯彻落实党中央承包地"三权分置"政策，2018年12月29日，第十三届全国人大常委会第七次会议表决通过了《关于修改〈中华人民共和国农村土地承包法〉的决定》。修正后的《农村土地承包法》第9条明确规定："承包方承包土地后，享有土地承包经营权，可以自己经营，也可以保留土地承包权，流转其承包地的土地经营权，由他人经营。"第36条明确规定："承包方可以自主决定依法采取出租（转包）、入股或者其他方式向他人流转土地经营权，并向发包方备案。"在《民法典》编纂过程中，吸收《农村土地承包法》有关规定的同时，进一步完善了土地经营权流转的方式。

## 三、条文解读

### （一）土地经营权的设立

**1. 设立主体**

《农村土地承包法》第 9 条规定，承包方承包土地后，享有土地承包经营权，可以自己经营，也可以保留土地承包权，流转其承包地的土地经营权，由他人经营。根据该规定，土地经营权的产生基础为土地承包经营权人流转其承包地，也即通过与土地经营权人签订流转合同的方式，设立了土地经营权。土地承包经营权人为土地经营权的设立主体。同时，《农村土地承包法》第 46 条规定，经承包方书面同意，并向本集体经济组织备案，受让方可以再次流转其土地经营权。根据前述规定，土地经营权人从土地承包经营权人初次受让土地经营权后，如其不想继续经营，依法可以再次流转土地经营权。故在土地经营权的再次流转过程中，土地经营人也可成为土地经营权的设立主体。

**2. 设立客体**

土地经营权产生于土地承包经营权人流转其承包地的土地经营权，而保留承包权，故通常而言，土地承包经营权的客体为承包地。而除了以家庭方式承包的土地之外，法律还规定了其他方式的承包。比如，《农村土地承包法》第 48 条规定："不宜采取家庭承包方式的荒山、荒沟、荒丘、荒滩等农村土地，通过招标、拍卖、公开协商等方式承包的，适用本章规定。"第 49 条规定："以其他方式承包农村土地的，应当签订承包合同，承包方取得土地经营权。当事人的权利和义务、承包期限等，由双方协商确定。以招标、拍卖方式承包的，承包费通过公开竞标、竞价确定；以公开协商等方式承包的，承包费由双方议定。"由此，以其他方式承包而取得的土地经营权客体则是荒山、荒沟、荒丘、荒滩等农村土地。故此，基于承包地取得方式的不同，土地经营权的设立客体也存在一定的差异。

### （二）土地经营权的流转方式

从土地经营权的取得方式上而言，存在家庭承包和以其他方式承包的土经营权。① 例如,《农村土地承包法》第 3 条第 2 款规定:"农村土地承包采取农村集体经济组织内部的家庭承包方式,不宜采取家庭承包方式的荒山、荒沟、荒丘、荒滩等农村土地,可以采取招标、拍卖、公开协商等方式承包。"该法第 2 章、第 3 章分别规定了家庭承包和其他方式的承包等内容。不论是以家庭承包的方式抑或是通过其他方式承包的土地经营权,均可以依法进行流转。在具体的流转方式上,2018 年修正前的《农村土地承包法》第 37 条中明确了流转土地经营权的方式为转包、出租、互换、转让以及其他方式。2018 年修正后的《农村土地承包法》第 36 条则明确流转土地经营权的方式为出租(转包)、入股或者其他方式。从本条的规定看,流转土地经营权的方式基本与 2018 年修正后的《农村土地承包法》的规定一致,即为出租、入股以及其他方式等。

1. 出租

出租是指承包方将部分或全部土地承包经营权以一定期限租赁给他人从事农业生产经营。出租后原土地承包关系不变,原承包方继续履行原土地承包合同规定的权利和义务。承租方按出租时约定的条件对承包方负责。从前述定义我们可以得出,出租一般具有以下几个特征:一是尽管承包方将土地经营权对外租赁给他人进行农业生产经营,但其出租的权益范围不能超过原承包经营合同范围,仅是将部分或全部土地经营权进行出租,出租合同的内容不得与原承包合同相冲突;二是出租后,原承包合同关系、内容并不发生变化,原承包经营权依然存在;三是基于合同的相对性,发包方与承包方,承包方与承租方为合同主体,发包方与承租方之间并不存在直接的权利义务关系。

2. 入股

入股是指实行家庭承包方式的承包方之间为发展农业经济,将土地承包经营权作为股权,自愿联合从事农业合作生产经营;其他承包方式的承包方将土地承包经营权量化为股权,入股组成股份公司或者合作社等,从事农业生产经营。从前述规定看,基于承包经营权取得的方式或者来源的不同,在政策上对不同类型的土地承包经营权作了不同的限制。土地承包经营权入股是承包人对土地经营权作为股权,折股投资从事农业生产的一种方式,对于解决农民分散经营、规模小、抗风险能力不足的弱点,以及推动农业农村现代化的发展均具有重要意义。

---

① 此时,以家庭承包方式取得的土地经营权实际上依附于土地承包经营权。

### 3. 其他方式

从表达方式看,其他方式与出租、入股并列为流转土地经营权的方式,其他方式作为兜底性规定。因此,对于其他方式的理解,应指与出租、入股等效果相同的流转方式。从规范层面上看,"其他方式"在相关的文件中有所体现。比如,中共中央办公厅、国务院办公厅印发的《农村土地分置办法》中明确:"鼓励采用土地股份合作、土地托管、代耕代种等多种经营方式,探索更多放活土地经营权的有效途径。"《农村土地承包法》第47条则规定了融资担保的方式。该条规定:"承包方可以用承包地的土地经营权向金融机构融资担保,并向发包方备案。受让方通过流转取得的土地经营权,经承包方书面同意并向发包方备案,可以向金融机构融资担保。""担保物权自融资担保合同生效时设立。当事人可以向登记机构申请登记;未经登记,不得对抗善意第三人。""实现担保物权时,担保物权人有权就土地经营权优先受偿。""土地经营权融资担保办法由国务院有关部门规定。"在实践中,"其他方式"则有更多灵活多样的表现形式,比如土地托管、农地信托、代耕代种、反租倒包等。

## ▶ 适用指引

实践中,对于土地经营权流转合同未经备案,是否会对土地经营权的效力产生影响,存在不同的认识。有的认为,土地经营权流转合同未经备案的,流转合同无效。有的认为,土地经营权流转合同未经备案,不影响合同效力。从法律相关规定看,《农村土地承包法》第36条规定:"承包方可以自主决定依法采取出租(转包)、入股或者其他方式向他人流转土地经营权,并向发包方备案。"我们认为,备案的要求属于事后监督性质,是发包方作为集体土地的所有权主体依法享有对土地使用的监督权,备案的规定属于管理性强制性规定,是否备案不影响当事人之间所订立的土地经营权流转合同的效力。特别是本条在吸收该条规定的基础上,已删除"并应向发包方备案"的规定内容,有力地贯彻"放活经营权"之承包地"三权分置"政策改革要求。《农村土地承包纠纷解释》第14条规定,承包方依法采取出租、入股或者其他方式流转土地经营权,发包方仅以该土地经营权流转合同未报其备案为由,请求确认合同无效的,不予支持。因此,当事人以该土地经营权流转合同未向发包人备案为由向人民法院起诉请求确认合同无效的,依法不应获得支持。

## 类案检索

### 崔某1与崔某2土地承包经营权合同纠纷案

**关键词：** 土地经营权流转　家庭户

**裁判摘要：** 我国的农村土地承包包括家庭承包和其他方式的承包两种类型，以家庭承包方式实行农村土地承包经营，主要目的在于为农村集体经济组织的每一位成员提供基本的生活保障。根据《农村土地承包法》的有关规定，家庭承包的承包方是本集体经济组织的农户。其本质特征是以本集体经济组织内部的农户为单位实行农村土地承包经营，因此，这种形式的土地承包经营权只能属于农户，而非仅属于农户中某一具体家庭成员。换言之，当承包农地的其他家庭成员继续承包经营，基于土地承包经营权产生的经营收益或者土地流转收益款也应当由该农户的其他家庭成员继续享有。崔某1虽然已于2004年将户口迁出并转为非农业户口，但根据《农村土地承包法》第27条的规定，崔某1家庭户对案涉土地享有承包经营权，土地流转费仍应归崔某1这一家庭户所有。

【案　　号】（2021）京01民终7707号
【审理法院】北京市第一中级人民法院
【来　　源】中国裁判文书网

第三百四十条 土地经营权人有权在合同约定的期限内占有农村土地,自主开展农业生产经营并取得收益。

## 关联规定

### 一、法律、行政法规、司法解释

1.《中华人民共和国农村土地承包法》

第三十七条 土地承包经营权人有权在合同约定的期限内占有农村土地,自主开展农业生产经营并取得收益。

第四十三条 经承包方同意,受让方可以依法投资改良土壤,建设农业生产附属、配套设施,并按照合同约定对其投资部分获得合理补偿。

2.《最高人民法院关于审理涉及农村土地承包纠纷案件适用法律问题的解释》

第十七条第一款 发包方或者其他组织、个人擅自截留、扣缴承包收益或者土地经营权流转收益,承包方请求返还的,应予支持。

### 二、司法指导性文件

《最高人民法院关于为全面推进乡村振兴加快农业农村现代化提供司法服务和保障的意见》

17.依法保障进城落户农民合法权益,不断提升农民群体获得感、幸福感。依法保护进城农户的土地承包经营权、宅基地使用权、集体收益分配权。对于承包农户进城落户的,人民法院可通过司法手段支持保护其按自愿有偿原则依法在本集体经济组织内转让土地承包经营权,或者将承包地退还给集体经济组织。

## ▶ 条文释义

### 一、本条主旨

本条是关于土地经营权人享有的基本权利的规定。

### 二、条文演变

土地经营权为法律新设的一种权利类型，其与所有权、承包权并列为土地上的三种权利。就其来源而言，土地经营权并非法律术语，其初现于政策文件中。土地经营权概念最早出现于2016年10月中共中央办公厅、国务院办公厅印发的《农村土地分置办法》中。该意见将土地经营权界定为"土地经营权人对流转土地依法享有在一定期限内占有、耕作并取得相应收益的权利"。在学理上，"三权分置"的法律表达，学界并未达成共识。在法律层面上，随着2018年《农村土地承包法》的修正，土地经营权得到了法律明确的规定。该法第37条规定："土地经营权人有权在合同约定的期限内占有农村土地、自主开展农业生产经营并取得收益。"从全国人大农业与农村委员会所作的说明中我们也可以看出，涉及土地经营权的"三权分置""土地经营权流转和融资担保""土地经营权入股"是这次法律修改的重点内容之一。"一是明确农村集体经济组织成员承包土地后，享有承包经营权，可以自己经营，也可以保留土地承包权，流转其承包地的土地经营权，由他人经营。二是明确对土地经营权流转的保护，国家保护承包方依法、自愿、有偿流转土地经营权，保护土地经营权人的合法权益，任何组织和个人不得侵犯。三是明确土地经营权人的权利，土地经营权人有权在合同约定的期限内占有农村土地，自主开展农业生产经营并取得收益。四是明确土地经营权流转的内涵，包括明确土地经营权的流转方式、流转原则、流转价款、流转合同等具体程序和要求。"本条规定吸收了2018年修正的《农村土地承包法》的相关内容。

## 三、条文解读

### （一）土地经营权的含义

土地经营权是土地经营权人根据合同约定对承包方承包的农村土地依法占有，利用土地开展农业生产经营、取得收益的权利。

#### 1. 权利主体

土地经营权的权利主体是签订土地经营权流转合同取得土地经营权的自然人和组织。自然人并不能限定为本集体经济组织的自然人，既可以是本集体经济组织的自然人，也可以是非本集体经济组织的自然人。组织既可以是农民专业合作社，也可以是从事农业生产经营的公司。

#### 2. 权利客体

土地经营权的客体，依据取得方式的不同而有所不同。以家庭方式承包取得的土地承包经营权，承包方流转土地经营权时的客体为耕地、林地、草地等；以其他方式取得的土地承包经营权的客体则为荒山、荒沟、荒丘、荒滩等"四荒地"。

#### 3. 权利期限

根据法律规定，耕地、草地、林地是有承包期限的。耕地的承包期为30年。草地的承包期为30年至50年。林地的承包期为30年至70年。只不过耕地的承包期届满后可再延长30年，草地、林地的承包期届满后可相应延长。土地经营权也是有期限限制的。根据法律规定的土地经营权流转原则，土地经营权的流转期限不得超过承包期的剩余期限。因此，承包客体的不同，其权利期限也存在差异。

#### 4. 权利消灭

土地经营权是当事人通过合同方式取得的权利。从合同内容看，土地经营权的流转期限是一项重要的内容。而土地经营权人取得的土地经营权的期限受合同约定期限的约束。合同约定的流转期限一旦届至，土地经营权人的权利则消灭。除此之外，在合同未履行完毕的情况下，如当事人一方行使解除权，则土地经营权的权利亦予以消灭。

## （二）土地经营权的权能

根据法律规定，用益物权人对他人所有的不动产或者动产，依法享有占有、使用和收益的权利。土地经营权作为一种用益物权，土地经营权人对流转土地依法享有在一定期限内占有、使用和收取相应利益的权利。

### 1. 土地占有权

占有是对物具有事实上的管领力，也即对物具有实际的控制和支配能力。而空间、时间和法律上的结合则是判断事实上管领力的标准。空间上的结合表明特定物在特定人的管控下，时间上的结合要求这种管控具有一定的连续性，法律上的结合强调控制的效力而非直接控制。由此，土地占有权，则为土地经营权人对土地的实际控制的权利。占有土地是土地经营权人进行农业生产经营的前提和基础，也是用益物权权能的直接体现。占有权是土地经营权最为基础的权利内容。

从权能特点来看，土地占有权一般具有如下特点：一是独占性。土地经营权人取得土地经营权后，则具有对土地享有独占性的权利，其他权利主体不得非法侵犯、剥夺。特别是在"三权分置"下，土地所有权属村民集体所有，承包权属于承包户享有，而经营权则属于土地经营权人享有。土地经营权人为实现其土地经营权益，对土地享有独占性权利，否则，土地经营权"三权分置"的制度设计无法得到实际落实。二是直接占有。土地经营权人获得土地经营权后，需对土地享有直接占有，唯有如此，才能自主地、不受干涉地进行农业生产经营。直接占有的特征，保证土地经营权人的权利不致落空。土地经营权人直接支配土地的特征，则将土地的间接支配排除在该权能之外。

### 2. 土地使用权

土地使用权，是指土地经营权人依法享有的对其直接占有的土地进行了生产经营的权利，该项权利是土地经营权主体对土地进行支配的直接表现。从目的而言，土地经营权人通过土地经营权流转合同取得土地经营权是为了在土地上从事农业生产经营活动。而从事农业生产经营活动则表现为对土地的使用、利用。比如，进行农作物耕种等。土地使用权的享有，保障土地经营权人能够自主地进行经营，根据自己的意愿，开展各种农业生产经营活动。该项权利受到法律的保护，依法不得受到侵犯。

需注意的问题是，土地经营权人在享有土地使用权进行农业生产经营的同时，其使用土地的权利亦受到目的性用途的限制，不得从事非农目的。比如，根据《农村土地承包法》第11条的规定，未经依法批准，不得将承包地用于非农建设。根据该法第38条第2项的规定，土地经营权的流转不得改变土地所有权的性质和土地的农业用途，不得破坏农业综合生产能力和农业生态环境。由此，土地经营权人在依法自主进行生产经营的同时，其活动依法应受到相应的限制。

**3.土地收益权**

土地收益权，是指土地经营权人基于其土地经营权的享有而依法获得相应利益的权利。土地经营权人的收益权，主要表现为以下两个方面：（1）农业生产经营的直接收益。比如，土地经营权人通过对土地的生产经营，将收获的农产品进行出售而带来的收益。（2）补偿费和相关农业政策补贴。比如，《农村土地承包法》第43条规定："经承包方同意，受让方可以依法投资改良土壤，建设农业生产附属、配套设施，并按照合同约定对其投资部分获得合理补偿。"又比如，《农村土地承包纠纷解释》第20条第2款规定："承包方已将土地承包经营权以出租入股或者其他方式流转给第三人的，除当事人另有约定外，青苗补偿费归实际投入人所有，地上附着物补偿费归附作物所有人所有。"此外，国家针对农业发展出台了相应的扶持政策，进行农业专项补贴。对此，土地经营权人依法享有农业政策补贴的收益。比如，农作物良种补贴、种粮农民直接补贴以及农资综合补贴等。

**4.土地处分权**

土地处分权，是指土地经营权人对其经营土地享有依法处分的权利。土地经营权作为他物权，依法应享有处分土地经营权自身的权利，比如流转土地经营权或为其设定权利负担。但需注意的问题是，在法律对土地经营权人的处分权能进行限制的情况下，土地经营权人的此项权能并不充分。比如，2016年10月中共中央办公厅、国务院办公厅印发的《关于完善农村土地所有权承包权经营权分置办法的意见》中明确规定：经营主体再流转土地经营权或依法依规设定抵押，须经承包农户或其委托代理人书面同意，并向农民集体书面备案。由此可见，相较于土地所有权，土地经营权的处分权能较为单一。

## 适用指引

实践中,对于侵犯农村土地经营权的事项是否属于人民法院受案范围的问题,存在不同的认识。特别是土地经营权人的合法权益受到侵害时,如何保护其合法权益,对当事人而言,较为关键。我们认为,应基于不同的争议,通过提起不同的诉讼加以解决。如果是发生在农村集体经营组织的发包方与作为承包方的农户或者其他经营人之间的纠纷,基于农村土地承包经营一般采取承包合同的方式约定双方的权利义务,该纠纷性质应为民事纠纷,可以申请仲裁或者提起民事诉讼。相反,如果乡镇政府或者县级以上地方农村部门等干涉农村土地承包,变更、解除承包合同,或者强迫、阻碍承包方进行土地承包经营权流转的,根据《行政诉讼法》第22条第7项有关"认为行政机关侵犯其经营自主权或者农村土地承包经营权、农村土地经营权的"的规定,可以提起行政诉讼。同时,根据《农村土地承包纠纷解释》第1条的规定,因承包经营权侵权纠纷以及承包经营权流转纠纷等,向人民法院起诉的,人民法院应依法受理。

**第三百四十一条** 流转期限为五年以上的土地经营权，自流转合同生效时设立。当事人可以向登记机构申请土地经营权登记；未经登记，不得对抗善意第三人。

## ▶ 关联规定

一、法律、行政法规、司法解释

1.《中华人民共和国农村土地承包法》

**第四十条** 土地经营权流转，当事人双方应当签订书面流转合同。土地经营权流转合同一般包括以下条款：

（一）双方当事人的姓名、住所；

（二）流转土地的名称、坐落、面积、质量等级；

（三）流转期限和起止日期；

（四）流转土地的用途；

（五）双方当事人的权利和义务；

（六）流转价款及支付方式；

（七）土地被依法征收、征用、占用时有关补偿费的归属；

（八）违约责任。

承包方将土地交由他人代耕不超过一年的，可以不签订书面合同。

**第四十一条** 土地经营权流转期限为五年以上的，当事人可以向登记机构申请土地经营权登记。未经登记，不得对抗善意第三人。

2.《最高人民法院关于审理涉及农村土地承包纠纷案件适用法律问题的解释》

**第十六条** 当事人对出租地流转期限没有约定或者约定不明的，参照民法典第七百三十条规定处理。除当事人另有约定或者属于林地承包经营外，承包地交回的时间应当在农作物收获期结束后或者下一耕种期开始前。

对提高土地生产能力的投入，对方当事人请求承包方给予相应补偿的，应予支持。

第十九条 发包方就同一土地签订两个以上承包合同,承包方均主张取得土地经营权的,按照下列情形,分别处理:

(一)已经依法登记的承包方,取得土地经营权;

(二)均未依法登记的,生效在先合同的承包方取得土地经营权;

(三)依前两项规定无法确定的,已经根据承包合同合法占有使用承包地的人取得土地经营权,但争议发生后一方强行先占承包地的行为和事实,不得作为确定土地经营权的依据。

二、部门规章及规范性文件

《农村土地经营权流转管理办法》

第六条 承包方在承包期限内有权依法自主决定土地经营权是否流转,以及流转对象、方式、期限等。

第八条 承包方自愿委托发包方、中介组织或者他人流转其土地经营权的,应当由承包方出具流转委托书。委托书应当载明委托的事项、权限和期限等,并由委托人和受托人签字或者盖章。

没有承包方的书面委托,任何组织和个人无权以任何方式决定流转承包方的土地经营权。

第十七条 承包方流转土地经营权,应当与受让方在协商一致的基础上签订书面流转合同,并向发包方备案。

承包方将土地交由他人代耕不超过一年的,可以不签订书面合同。

## ▶ 条文释义

### 一、本条主旨

本条是关于土地经营权设立时间和登记对抗效力的规定。

### 二、条文演变

承包方承包土地后,享有土地承包经营权,可以自己经营,也可以保留土地承包权,流转其承包地的土地经营权,由他人经营。在此过程中,承包农户与土地经营权人通过签订流转合同的方式流转土地经营权。从法律的规定看，基于流转期限的不同，法律的规定并不相同，以保护当事人的合法权益。比如，对于代耕，《农村土地承包法》第40条第3款规定："承包方将土地交由他人代耕不超过一年的，可以不签订书面合同。"对于土地经营权流转期限较长的，《农村土地承包法》第41条规定："土地经营权流转期限为五年以上的，当事人可以向登记机构申请土地经营权登记。未经登记，不得对抗善意第三人。"对于流转期限，赋予不同的土地经营权主体一定的选择权，以通过不同的方式自由灵活实现自己的权益。

本条在《农村土地承包法》的基础上进行了修改，主要的变化是增加了土地经营权流转设立的时间规定，即明确流转期限为5年以上的土地经营权的设立时间为流转合同生效之日，进一步健全了土地经营权制度。

## 三、条文解读

本条主要包括两个方面的内容：一是土地经营权的设立时间；二是土地经营权登记对抗的效力。

### （一）土地经营权的设立时间

关于土地经营权的设立或取得时间，存在一定的争议，主要存在以下两种观点：（1）意思主义模式。该观点认为，土地经营权的设立，仅需要流转土地经营权合同双方当事人达成合意，经由合同成立、生效而取得土地经营权，并不需要以登记为设立要件。若采用物权形式主义模式，即在登记之后设立物权，则意味着在合同生效之后，登记之前的一段时间内，流转土地经营权合同之权利人并未取得土地经营权，形成了"权利真空"期间。而此期间，土地信息处于"静止"状态，不涉及第三人和交易风险，无必要采用物权形式主义模式。（2）物权形式主义模式。该观点认为，土地经营权流转发生法律上变更的效力，除当事人之间对于不动产物权变更之合意外，还须进行登记法定程序，不登记则物权变动不生效，以此引导经营者进行登记。如土地经营权流转不以登记为权利变更的生效要件，则农地流转时登记无法反映真实、充分、有效的农地信息，不仅农地潜在受让方无法获得有效的农地信息而承担信息风险并增加交易成本，而国家也无法获取连续、有效的农地信息。

从本条的规定看，法律明确流转期限为5年以上的土地经营权自流转合同生效时设立。关于合同生效时间的判断问题，一般而言，合同成立之日即为合同生效之时，也即合同成立并生效。同时，根据物权公示公信原则，物权依法律行为发生变动必须进行公示。本条规定土地经营权是否登记赋予当事人选择权，如当事人申请登记，则需要到登记机关进行登记。但当事人未进行登记的，不影响土地经营权的设立。此规定则是对《民法典》第209条有关"不动产物权的设立、变更、转让和消灭，经依法登记，发生效力；未经登记，不发生效力，但法律另有规定的除外"的规定，作了特殊的指引和规定。之所以作这样的制度安排和设计，原因在于设立土地经营权的目的在于明确和保护经营主体通过流转合同取得土地经营权。特别是实践中存在着期限长短不一的经营者。为实现加快放活土地经营权之目的，对土地经营权设立生效条件的规定严格的程序，则与前述目的相悖，既不符合客观实际情况，也加重了当事人的负担。为此，在此情况下，赋予当事人之登记选择权，不失为一种高超的制度设计。

（二）土地经营权登记的效力

从登记的模式看，各国和地区的立法模式存在差异，主要有意思主义、对抗主义、要件主义、形式主义等立法模式。从我国采取的立法模式看，采取了登记生效为原则、登记对抗为例外的模式。从本条的规定内容看，其明确规定流转期限为5年以上的土地经营权未经登记，不得对抗善意第三人。该条规定沿袭了《农村土地承包法》第41条的有关规定内容，主要目的是保障土地经营权人的经营预期，通过此种方式获得长期稳定的土地经营权。通过明确流转期限为5年以上的土地经营权可以进行登记，有利于引导当事人申请登记，稳定经营预期。流转期限为5年以上的土地经营权，是否办理登记，为当事人的权利。当事人对此具有选择权，是否申请登记，由当事人自由决定。是否申请登记，并不是土地经营权流转的强制性要求。

土地经营权登记的效力，可以从两个方面来理解：一是土地经营权经申请登记的，可以对抗第三人提出的权利主张。比如，当事人之间订立的流转期限为5年以上的土地经营权合同，当事人向登记机构申请土地经营权登记。经登记后，如承包户与第三人就土地经营权再次订立了土地经营权流转合同，则不论第三人善意与否，均无法获得土地经营权。二是土地经营权未经登记的，不得对抗善意第三人，但是可以对抗恶意第三人。比如，当事人之间订立的流转土地经营权合同，但未就土地经营权向登记机构申请登记，如承包方与善意第三人就土地经营权再次订立了合同，并对土地经营权进行了登记，则该善意第三人取得了土地经营权，原土地经营权流转合同的另一方当事人不能依据合同取得土地经营权，其仅能依法要求合同当事人承担相应的违约责任。而如果第三人在知悉承包方与善意第三人已签订土地经营权流转合同的情况下，仍与承包方串通签订土地经营权流转合同并申请土地经营权登记，基于第三人为恶意第三人，而非善意第三人，在此情况下，第三人并不能依据本条取得土地经营权。

## ▶ 适用指引

实践中，需要注意土地经营权流转合同的效力认定问题。根据法律规定，不动产物权，一般以登记为其生效条件。如当事人未进行登记，则不能产生物权变动的效果。但根据本条规定，土地经营权则采取的是对抗主义。设立土地经营权的当事人，可以自主决定是否进行登记。当事人不登记的，并不影响合同的成立和生效，不能因为当事人未申请土地经营权登记而认定合同无效。此外，在未经登记的情况下，需依法保护善意第三人的合法权益。比如，甲与乙签订一份土地经营权流转合同，约定甲将其土地经营权流转给乙。双方在合同履行过程中，甲又与丙签订土地经营权合同，约定甲将其土地经营权流转给丙。如丙构成善意第三人，且已向登记申请土地经营权登记并取得登记。在此情况下，乙向法院提起诉讼，要求根据合同取得土地经营权。基于丙构成善意第三人且就土地经营权已取得登记，则乙的诉讼请求依法不能获得支持。但乙可基于实际情况，变更诉讼请求，要求发包方承担相应的法律责任。

## ▶ 类案检索

### 耿某田、耿某富土地承包经营权纠纷案

**关键词：** 土地经营权流转　备案　书面形式

**裁判摘要：** 根据本案当事人的陈述以及涉案土地多年来经营管理的实际情况，可以认定当事人之间存在口头互换承包土地的事实。虽然《农村土地承包

法》第 40 条规定,土地经营权流转,当事人双方应当签订书面流转合同。但本规定属于倡导性规定,并非强制性规定,其立法目的在于明确双方的权利义务,防止当事人发生纠纷后无据可循。本案当事人没有采用书面形式签订互换合同,但互换承包地的行为已逾 20 年之久,且双方土地互换协议已实际得到履行,此土地经营权流转没有违反法律强制性规定,亦未侵害国家、集体或者他人利益,因此,应当认定本案土地经营权互换合同成立。《农村土地承包法》第 33 条规定,土地承包经营权的互换,应向发包方备案。此处的"备案",具有事后监督性质,是否备案不影响当事人之间所签订的土地承包经营权互换合同的效力。

【案　　号】(2020)辽 13 民终 1862 号
【审理法院】辽宁省朝阳市中级人民法院
【来　　源】中国裁判文书网

第三百四十二条　通过招标、拍卖、公开协商等方式承包农村土地，经依法登记取得权属证书的，可以依法采取出租、入股、抵押或者其他方式流转土地经营权。

## 关联规定

### 一、法律、行政法规、司法解释

《中华人民共和国农村土地承包法》

第五十三条　通过招标、拍卖、公开协商等方式承包农村土地，经依法登记取得权属证书的，可以依法采取出租、入股、抵押或者其他方式流转土地经营权。

### 二、部门规章及规范性文件

1.《农村土地经营权流转管理办法》

第三十四条　本办法所称农村土地，是指除林地、草地以外的，农民集体所有和国家所有依法由农民集体使用的耕地和其他用于农业的土地。

本办法所称农村土地经营权流转，是指在承包方与发包方承包关系保持不变的前提下，承包方依法在一定期限内将土地经营权部分或者全部交由他人自主开展农业生产经营的行为。

第三十五条　通过招标、拍卖和公开协商等方式承包荒山、荒沟、荒丘、荒滩等农村土地，经依法登记取得权属证书的，可以流转土地经营权，其流转管理参照本办法执行。

2.《农村土地承包经营权证管理办法》

第二条　农村土地承包经营权证是农村土地承包合同生效后，国家依法确认承包方享有土地承包经营权的法律凭证。

农村土地承包经营权证只限承包方使用。

第三条　承包耕地、园地、荒山、荒沟、荒丘、荒滩等农村土地从事种植业生产活动，承包方依法取得农村土地承包经营权后，应颁发农村土地承包经营权证予以确认。

承包草原、水面、滩涂从事养殖业生产活动的，依照《中华人民共和国草原法》《中华人民共和国渔业法》等有关规定确权发证。

**第四条** 实行家庭承包经营的承包方，由县级以上地方人民政府颁发农村土地承包经营权证。

实行其它方式承包经营的承包方，经依法登记，由县级以上地方人民政府颁发农村土地承包经营权证。

县级以上地方人民政府农业行政主管部门负责农村土地承包经营权证的备案、登记、发放等具体工作。

**第十四条** 承包期内，承包方采取转包、出租、入股方式流转土地承包经营权的，不须办理农村土地承包经营权证变更。

采取转让、互换方式流转土地承包经营权的，当事人可以要求办理农村土地承包经营权证变更登记。

因转让、互换以外的其他方式导致农村土地承包经营权分立、合并的，应当办理农村土地承包经营权证变更。

## ▶ 条文释义

### 一、本条主旨

本条是关于以其他方式承包的土地经营权流转的规定。

### 二、条文演变

土地（承包）经营权的取得，从取得方式上而言，分为家庭承包和以其他方式承包。在"三权分置"制度设计下，土地经营权是在土地承包经营权基础上派生的一种新型权利类型。基于取得方式的不同和放活土地经营权的要求，土地经营权流转则存在以家庭承包方式承包（土地承包经营权人）的土地经营权流转和以其他方式承包的土地经营权流转的不同要求。如《民法典》第339条规定了土地承包经营权人流转土地经营权方式。而本条则明确了以其他方式承包的土地经营权流转的规定。从《农村土地承包法》的规定看，该法重构了承包地的产权结构，将以其他承包方式取得的土地承包经营权重构为土地经营权，将土地承包经营权纯化为具有身份属性的财产权利，也就是说，只有依家庭承包方式取得的承包地权利才被称为土地承包经营权。在此情况下，以其他方式承包农村土地，承包方取得的实为土地经营权，根据本条的规定，在符合一定条件的情况下，可以再次流转土地经营权。此举亦符合中共中央办公厅、国务院办公厅发布的《关于完善农村土地所有权承包权经营权分置办法的意见》提出的加快放活土地经营权的要求。且从《农村土地承包法》第46条的规定看，土地经营权人有权再流转土地经营权。故此，以其他方式承包的土地经营权流转符合相关政策要求，亦与法律规定的土地经营权的相关规定精神一致。2018年修正后的《农村土地承包法》第53条明确了以其他方式承包的土地经营权的流转规定，本条吸收了《农村土地承包法》的前述规定内容。

### 三、条文解读

**（一）土地经营权流转的条件**

在实现放活土地经营权背景下，保障土地经营人流转土地经营权的权利则为重要举措。对于以家庭承包方式取得的土地经营权的流转，根据《民法典》第339条的规定，土地承包经营权人可以自主决定。由此可见，法律对家庭承包方式取得的土地经营权的流转并未有限制条件。而对于以其他方式承包的土地经营权流转，是否应有限制条件呢？学理上存在不同的观点。否定的观点认为，从《农村土地承包法》对"四荒"等土地承包经营权设定抵押的规定来看，规定了"经依法登记取得承包经营权证或者林权证等证书"前提条件，这个前提条件有无存在之必要，颇值得商榷。从立法初衷来看，经过登记并取得权证的属于物权，即不动产的用益物权，否则即不是物权，不符合抵押的标的应是物（动产或不动产）以及不动产用益物权的原理。但问题在于是否登记并不是物权与债权的根本区别，"四荒"土地承包经营权是否为物权并不是以是否登记或取得相关权证为依据。以未经登记并取得相应权证限制承包人的流转权，既不合法理，也没有给承包人充分的保障。赞同的观点认为，土地经营权人自己经营虽无须取得权属证书，但如果需要流转，则必须首先依法登记取得权属证书，确认其所取得的土地经营权具有类似于物权的效力。否则，其流转会因为违反强制性规定而被宣告无效。以其他方式承包的土地系采用市场化的原则承包和流转，如果在流转过程中没有登记作为公示方式，则势必造成权属的混乱和流转市场交易成本过高。

从现行法律规定及司法解释的规定看，《农村土地承包法》第53条规定："通过招标、拍卖、公开协商等方式承包农村土地，经依法登记取得权属证书的，可以依法采取出租、入股、抵押或者其他方式流转土地经营权。"《民法典》吸收了《农村土地承包法》第53条的规定，明确土地经营权人流转土地经营权需依法登记取得权属证书作为前提条件，通过相关的制度设计，有利于避免权属交易过程中的混乱，降低流转交易成本，保护当事人的合法权益。

（二）不同方式取得土地经营权流转的区别

根据前述分析，土地（承包）经营权的取得基于不同的方式，分为以家庭承包方式取得和以其他方式取得。由此，在流转上，则存在以家庭承包方式取得的土地承包经营权流转和以其他方式取得的土地经营权流转之差别。从法律规定看，《民法典》第339条明确家庭承包方式取得土地承包经营权流转土地经营权的方式为出租、入股、其他方式等。本条则明确了以其他方式取得的土地经营权流转的方式为出租、入股、抵押、其他方式。由此，不同方式取得土地经营权的流转方式既存在一致性，又存在差别。两者的不同之处主要表现为以下几个方面。

第一，流转的对象不同。家庭承包方式取得的土地经营权流转的对象为本集体经济组织分配的农业用地，通常包括耕地、林地、草地等。以其他方式取得的土地经营权流转的对象则为"四荒"地，即荒山、荒沟、荒丘、荒滩（包括荒地、荒坡、荒沙、荒草和荒水）。

第二，流转的方式不同。根据《民法典》第339条的规定，家庭承包方式取得的土地经营权流转方式为出租、入股、其他方式。以其他方式取得的土地经营权流转的方式则为出租、入股、抵押、其他方式。相较于前者，以其他方式取得的土地经营权流转的方式可通过抵押的方式进行流转。

第三，价值理念不同。家庭承包方式取得的土地经营权基于承包经营权人的集体经济组织成员身份，实行土地的平均分配。家庭承包既具有生产经营性质，又具有社会保障性质。以其他方式取得的土地经营权流转实行的是市场化原则，不涉及承包人的社会保障因素。

第四，是否支付对价不同。家庭承包方式取得的土地承包经营权不需要支付对价，由承包方与发包方遵循一定的原则，按照一定的程序无偿取得。以其他方式取得的土地经营权则是土地经营权人按照市场化原则支付一定的对价取得。

第五，流转的要求不同。家庭承包方式取得的土地承包经营权由承包经营权人自由决定流转土地经营权，没有限制条件。以其他方式取得的土地经营权流转，则需具备一定的条件，即经依法登记取得权属证书。

## ▶ 适用指引

对于多个土地经营权流转合同的处理问题，在实践中，土地经营权人基于种种原因，存在将同一土地经营权与多人分别订立流转合同的情形。在此情况下，如何处理，不无争议。对此，可根据《农村土地承包纠纷解释》第19条所规定的处理原则结合案件具体情形加以处理：如承包方已对取得的土地经营权依法进行登记，则已经依法登记的承包方取得土地经营权；如均未依法登记的，则生效在先合同的承包方取得土地经营权；如果依照前两项规定无法确定时，则考察其他的情形，如存在已根据承包合同合法占有使用承包地的情形，则该承包人取得土地经营权。在此需注意的问题是，如争议发生后一方强行先占承包地，则不能依据前述规定取得土地经营权。

**第三百四十三条** 国家所有的农用地实行承包经营的,参照适用本编的有关规定。

## 关联规定

### 一、法律、行政法规、司法解释

1.《中华人民共和国土地管理法》

**第十三条** 农民集体所有和国家所有依法由农民集体使用的耕地、林地、草地,以及其他依法用于农业的土地,采取农村集体经济组织内部的家庭承包方式承包,不宜采取家庭承包方式的荒山、荒沟、荒丘、荒滩等,可以采取招标、拍卖、公开协商等方式承包,从事种植业、林业、畜牧业、渔业生产。家庭承包的耕地的承包期为三十年,草地的承包期为三十年至五十年,林地的承包期为三十年至七十年;耕地承包期届满后再延长三十年,草地、林地承包期届满后依法相应延长。

国家所有依法用于农业的土地可以由单位或者个人承包经营,从事种植业、林业、畜牧业、渔业生产。

发包方和承包方应当依法订立承包合同,约定双方的权利和义务。承包经营土地的单位和个人,有保护和按照承包合同约定的用途合理利用土地的义务。

2.《中华人民共和国草原法》

**第十条** 国家所有的草原,可以依法确定给全民所有制单位、集体经济组织等使用。

使用草原的单位,应当履行保护、建设和合理利用草原的义务。

### 二、部门规章及规范性文件

《不动产登记暂行条例实施细则》

**第五十二条** 以承包经营以外的合法方式使用国有农用地的国有农场、草场，以及使用国家所有的水域、滩涂等农用地进行农业生产，申请国有农用地的使用权登记的，参照本实施细则有关规定办理。

国有农场、草场申请国有未利用地登记的，依照前款规定办理。

## ▶ 条文释义

### 一、本条主旨

本条是关于国家所有的农用地承包经营法律适用的规定。

### 二、条文演变

针对国家所有的农用地承包经营法律适用问题，仅见集体所有土地的承包经营权的相关规定，比如，原《物权法》第11章"土地承包经营权"的规定，《农村土地承包法》第2章"家庭承包"、第3章"其他方式的承包"，以及《民法典》物权编第11章"土地承包经营权"相关规定等。对国家所有的农用地承包经营的法律适用问题，原《物权法》第134条规定："国家所有的农用地实行承包经营的，参照本法的有关规定。"而国家所有的土地承包经营问题，《民法典》第330条明确，国家所有由农民集体使用的耕地、林地、草地以及其他用于农业的土地，依法实行土地承包经营制度。由此，国家所有的农用地的承包经营已为法律所许可。基于其与农村集体所有的土地承包经营问题并无实质差异，法律并未再予以重复明确，而是通过指引性规定明确参照适用土地承包经营的有关规定。本条规定内容吸收了原《物权法》134条的规定。

### 三、条文解读

针对农村土地的性质问题，原《物权法》和《土地管理法》等有关法律已对此予以明确。比如，原《物权法》第5章"国家所有权和集体所有权、私人所有权"等内容，《土地管理法》第2章"土地的所有权与使用权"等内容。从《民法典》的相关条文看，对集体所有的农用地承包经营问题，也作出了明确的规定。但对国家所有的农用地的承包经营问题，未作出明确的规定。实践中，国家所有的农用地承包经营问题亦较为常见，例如，国家所有用于农业的土地，有的通过组建国有农场、林场等进行生产经营；有的由集体或个人承包经营。从相关法律规定看，国家所有的土地亦可以通过承包经营的方式进行农业生产经营，可以成为承包经营的客体。

对于国家所有的农用地，存在着多种经营主体，有的由农民集体使用，有的由组织或者个人承包经营，还有的通过组建国有农场、林场等进行生产经营。其中，对于交由农民集体使用以外的国有农用地承包经营的，可以根据实际情况，参照《民法典》的有关规定可在承包方式、承包期限、当事人的权利义务等方面明确相关内容。

## ▶ 适用指引

实践中，如何界定"国家所有的农用地"的范畴，则是我们适用本条的关键问题。基于特殊历史的原因，我国东北、西南、西北地区，还存在很多的国有农场、垦区、生产建设兵团等。这些土地与《农村土地承包法》第 2 条所规定的"农村土地"在性质上存在差异。农村土地是农民集体所有和国家所有但依法由农民集体使用的耕地、林地、草地以及其他农业用地，而国有农场并不是由农民集体使用的。故国家所有的农用地并不属于农村用地。一般而言，国家所有的农用地主要包括国有农村土地与国有"四荒"土地，它们的承包与集体土地承包存在差异。在权利保护方面，法律所规定的承包方（土地经营权人）享有的某些权利是不适用于"实行承包经营"的"国家所有的农用地"的承包方的。虽然土地经营权人的某些权利受到限制，但对其权利可以参照《民法典》的规定予以保护。因此，国有农用地承包经营问题可参照适用《民法典》物权编的有关规定。

# 第十二章　建设用地使用权

第三百四十四条　建设用地使用权人依法对国家所有的土地享有占有、使用和收益的权利，有权利用该土地建造建筑物、构筑物及其附属设施。

### ▶ 关联规定

**法律、行政法规、司法解释**

1.《中华人民共和国城市房地产管理法》

第二条　在中华人民共和国城市规划区国有土地（以下简称国有土地）范围内取得房地产开发用地的土地使用权，从事房地产开发、房地产交易，实施房地产管理，应当遵守本法。

本法所称房屋，是指土地上的房屋等建筑物及构筑物。

本法所称房地产开发，是指在依据本法取得国有土地使用权的土地上进行基础设施、房屋建设的行为。

本法所称房地产交易，包括房地产转让、房地产抵押和房屋租赁。

第三条　国家依法实行国有土地有偿、有限期使用制度。但是，国家在本法规定的范围内划拨国有土地使用权的除外。

2.《中华人民共和国土地管理法》

第四条　国家实行土地用途管制制度。

国家编制土地利用总体规划，规定土地用途，将土地分为农用地、建设用地和未利用地。严格限制农用地转为建设用地，控制建设用地总量，对耕地实行特殊保护。

前款所称农用地是指直接用于农业生产的土地，包括耕地、林地、草地、农田水利用地、养殖水面等；建设用地是指建造建筑物、构筑物的土地，包括城乡住宅和公共设施用地、工矿用地、交通水利设施用地、旅游用地、军事设施用地等；未利用地是指农用地和建设用地以外的土地。

使用土地的单位和个人必须严格按照土地利用总体规划确定的用途使用土地。

**第十条** 国有土地和农民集体所有的土地，可以依法确定给单位或者个人使用。使用土地的单位和个人，有保护、管理和合理利用土地的义务

3.《城镇国有土地使用权出让和转让暂行条例》

**第二条** 国家按照所有权与使用权分离的原则，实行城镇国有土地使用权出让、转让制度，但地下资源、埋藏物和市政公用设施除外。

前款所称城镇国有土地是指市、县城、建制镇、工矿区范围内属于全民所有的土地（以下简称土地）。

**第三条** 中华人民共和国境内外的公司、企业、其他组织和个人，除法律另有规定者外，均可依照本条例的规定取得土地使用权，进行土地开发、利用、经营。

4.《土地管理法实施条例》

**第十四条** 建设项目需要使用土地的，应当符合国土空间规划、土地利用年度计划和用途管制以及节约资源、保护生态环境的要求，并严格执行建设用地标准，优先使用存量建设用地，提高建设用地使用效率。

从事土地开发利用活动，应当采取有效措施，防止、减少土壤污染，并确保建设用地符合土壤环境质量要求。

## ▶ 条文释义

### 一、本条主旨

本条是关于建设用地使用权客体、权能以及具体内容的规定。

### 二、条文演变

我国实行土地的社会主义公有制，土地所有权不能流转，也不能由私人享有，但国家和集体可将土地交由组织或个人依照法律规定的用途使用，其中最重要的用途之一即为利用土地进行开发建设。在改革开放大背景下，我国

于 1987 年进行了城镇国有土地使用权制度改革，实行有偿出让、转让制度，1988 年《宪法修正案》规定"国有土地和集体土地的使用权可依法转让"，在此基础上又通过制定《土地管理法》《城市房地产管理法》等法律及相关配套法规规章，构建了一套较为系统的国有建设用地有偿出让及依法流转的制度体系。但随着土地市场的进一步发展，以行政监管、保护土地公共利益为主要目标的《土地管理法》等在调整民事法律关系方面，逐渐显示出不足之处。2007 年出台的原《物权法》则正式在民事基本法层面明确了建设用地使用权的权利性质及主要内容，一方面旗帜鲜明地将其界定为一类用益物权，另一方面又具体规定了建设用地使用权的概念，客体范围，权利取得、流转、消灭的各种方式及相关合同内容，权利人应承担的法定和约定义务，权利设立及转让登记的效力，房地一体处分规则，提前收回的补偿及期限届满的处理方式等，这对于厘清土地所有权人与使用权人的关系，保障建设用地使用权人合法权益，维护权利出让和流转秩序，督促行政机关依法行使土地管理职权等，都具有重大意义。

整体来看，关于建设用地使用权部分，《民法典》物权编基本沿袭了原《物权法》的制度框架，并增加了一个条文，即第 346 条，主要规定设立建设用地使用权应注意符合节约资源、保护生态环境的要求，并不得改变法定的土地用途及不得损害在先设立的用益物权，体现了节约土地资源、强化土地用途管制和优化土地资源配置的整体思路。此外，党的十八届三中全会提出要建立城乡统一的建设用地市场，明确了深化农村土地制度改革的方向、重点和要求。其中农村集体经营性建设用地入市系改革重点之一，并在中央统一部署下在多地试点。2019 年 8 月 26 日，第十三届全国人大常委会第十二次会议审议通过《土地管理法》修正案，自 2020 年 1 月 1 起实施。其删除了修正前《土地管理法》第 43 条中关于进行建设必须使用国有土地的规定，允许集体经营性建设用地在符合法定条件和程序的前提下可交由单位和个人使用，破除了集体土地进入市场的法律障碍，被视为本次《土地管理法》修改的最大亮点。因种种原因，此项改革成果未在《民法典》中有直接体现，本条仍然完全沿袭原《物权法》第 135 条的规定，将建设用地使用权的设立客体规定为"国家所有的土地"。但仍应注意，《民法典》第 361 条所规定的集体所有的土地作为建设用地的，应当依照《土地管理法》的法律规定办理，虽然在表述上与原《物权法》第 151 条一致，但在立法精神及规则内容上已发生重大变化，应结合新一轮农村土地改革及《土地管理法》的修改进行新的解读。

三、条文解读

本条系对建设用地使用权的定义性规定。从文义解释而言，该权利的主要内容系由权利人利用国有土地进行建设，当然结合《民法典》第345条、第361条等条文进行体系解释，其在权利客体及具体权能等方面仍有扩张解释的空间。

（一）建设用地使用权的主体

《民法典》及土地管理方面的法律法规并未对建设用地使用权人的资格和范围进行一般性的限制，《城镇国有土地使用权出让和转让暂行条例》第3条规定："中华人民共和国境内外的公司、企业、其他组织和个人，除法律另有规定者外，均可依照本条例的规定取得土地使用权，进行土地开发、利用、经营。"因此，《民法典》总则编中所规定的自然人、法人和非法人组织均可以成为权利主体，这一点与土地承包经营权及宅基地使用权要求权利主体必须是集体经济组织成员不同。若权利人利用土地进行房地产开发，因关系社会公共安全和房地产市场秩序，故相关法律法规要求该权利人应具备一定的房地产开发资质，并由具备相应资质的建筑施工单位进行建设，但这种市场准入许可并非对权利主体本身的限制，而是对权利主体进行特定开发经营或建设行为的限制。此外，因法律要求划拨建设用地使用权的土地用途应具有较强的公益性，其权利主体一般也具有特定性。

（二）建设用地使用权的客体

根据本条规定，建设用地使用权系对国有土地进行占有、使用和收益的权利。其中国有土地的范围，根据《民法典》第249条的规定，主要包括城市的土地及法律规定属于国家所有的农村和城市郊区的土地。在《民法典》编纂过程中，曾有不少学者及单位提出建议，认为原《物权法》颁布后，社会经济形势、国家土地政策等已发生重大变化，特别是党的十八届三中全会明确提出要建立城乡统一的建设用地市场，此后，33个试点范围内的地区积极落实中央决策部署，统筹城乡规划，积极推动集体建设用地入市，打破政府土地供应垄断等，已取得良好效果。这种情况下，似有必要吸收新一轮农村土地改革的成果，在《民法典》中将建设用地使用权的客体范围扩大至国有土地和集体土地，除《土地管理法》等特别法对集体建设用地使用权有特殊规定外，统一适用《民法典》的规定，以体现国有和集体土地"同等入市、同价同权"的理念，充分保障农民土地利益。后考虑到土地城乡二元结构问题较为复杂，农村土地制度改革正在逐步深化，由特别法进行具体规定在立法技术上更为稳妥。目前，2019年修正的《土地管理法》也已对集体经营性建设用地使用权直接出让给集体经济组织外的单位或者个人使用作出了规定，并且还规定使用权人可以转让、互换、出资、赠与或者抵押等，相关规则参照同类用途的国有建设用地执行，同时明确具体办法将由国务院制定。这种情况下，《民法典》仍保留了原《物权法》的框架，即在本条将建设用地使用权客体限制为国有土地，但同时在第361对集体土地建设用地使用权作出原则性规定，即此类建设用地使用权受《土地管理法》等特别法调整，适用特殊规则，从而给农村土地制度的下一步改革和完善留出了空间。据此，一方面《民法典》仍坚持围绕国有建设用地使用权形成本章的主要内容，另一方面又通过条款转介的方式将集体建设用地使用权交由《土地管理法》及其配套法规规定，如此就建设用地使用权形成了《民法典》和《土地管理法》并行调整、交叉适用的局面，需要在法律适用层面引起注意。另外，从权利客体的立体范围来看，建设用地使用权的客体可以是某宗地的地表，也可以是特定地上空间或地下空间，对此《民法典》第345条已有特别规定。

（三）建设用地使用权的内容

作为一类重要的用益物权，建设用地使用权主要是对土地的使用享有排他性支配的权利，具体体现在：第一，占有权能，建设用地使用权设立的目的在于，使权利人通过建设行为获得土地的使用价值，这就要求权利人首先要对特定的土地进行占有，这是展开利用活动的必要前提。第二，使用权能，即权利人在占有特定土地的基础上进行开发建设，利用该土地建造建筑物、构筑物及其附属设施并继续保有，这是建设用地使用权的核心权能，也是其区别于土地承包经营权等其他用益物权的主要特征。第三，收益的权能，建设用地使用权人依法有权获取土地之上的收益，并通过从事建设来满足自己的各种需要。在土地所有权与建设用地使用权发生分离的基础上，建设用地使用权的收益权主要表现在两个方面：一方面，建设用地使用权人通过建造建筑物、构筑物及其他附属设施，通过自己使用或者出售、出租等方式，以获得价金、租金等收益，此系收益权的主要内容；另一方面，建设用地使用权本身也可以作为交易的对象进行出让、转让、出租并获取收益。① 这就使得建设用地使用权可以独立进入交易机制，成为市场流转的客体。② 由此在我国土地所有权不能流转的情况下，在建设用地使用权依法流转的基础上建立了我国的土地交易市场，通过建设用地使用权转让、出租、抵押等方式实现土地资源的优化配置，有效克服了我国土地所有权不能流转与市场经济发展之间的矛盾。这也决定了我国建设用地使用权与其他国家和地区传统的地上权显著不同，后者主要是以地上权人占有使用土地为目的，规范重点在于使用；而前者则还被赋予了实现土地流转的功能，因此其处分权能上更为独立，相关规则也更为复杂。

除占有、使用和收益三项权能之外，建设用地使用权的核心内容为"建设"，即利用土地建造建筑物、构筑物及其附属设施的行为，这是其与集体土地承包经营权、地役权等其他用益物权的本质区别。本条中所谓建筑物，是指住宅、写字楼、厂房等。所谓构筑物，是指不具有居住或者生产经营功能的人工建造物，如道路、桥梁、隧道、水池、水塔、纪念碑等。所谓附属设施，是指为建筑物、构筑物配套服务而修建的设施。③ 建造属于事实行为，只要权利人依法完成了建造行为，即便没有办理所有权初始登记，也可以依据《民法典》第231条的规定取得相应建筑物的所有权。因考虑到建设行为及建筑物质量关系人民生命健康安全，依据《建筑法》《城乡规划法》《城市房地产管理法》等相关法律法规规定，建设单位在建筑工程施工前，须在具备法定条件的前提下申请领取施工许可证、建设用地批准书、建设用地规划许可证等。建筑施工单位则应当依法取得相应等级的资质证书并在其资质等级许可的范围内承揽建设工程。此外，建造只是建设用地使用权的权利内容之一，或者说是其初始的权利内容，在建造行为已经完成后，土地上现存的建筑物能够满足建设用地使用权人的需要，此时权利内容应转化为保有，这一点在开发企业开发建设商品房后出售，购房人取得房屋所有权和建设用地使用权后表现得尤为明显。

《民法典》在本条中对建设用地使用权的三项权能和特定内容进行了规定，关于该项权利对应的义务，则在本章其他条文中具体规定，主要包括节约

---

① 参见王利明：《物权法研究》，中国人民大学出版社2016年版，第885页。
② 参见孙宪忠：《中国物权法总论》，法律出版社2003年版，第64页。
③ 参见黄薇主编：《中华人民共和国民法典释义》，法律出版社2020年版，第361页。

资源、保护生态环境,遵守规划用途合理利用土地的义务(第346条、第350条),支付土地出让金等费用的义务(第351条),容忍出让人提前收回建设用地的义务(第358条),以及依照法律、行政法规规定在法定情形下返还建设用地的义务(第359条)等。

(四)建设用地使用权的双重属性

因土地在国家的经济、政治生活中具有至关重要的地位,且由于土地是不可再生的稀缺资源,关系一个国家的经济基础与国计民生,这决定了土地所有权及其衍生的建设用地使用权等用益物权都同时具有公益性和私益性的特点。一方面,权利人取得建设用地使用权后,享有占有、使用和收益的权利,在法定和约定范围内在土地上建造和保有建筑物、构筑物及附属设施,此权利属于物权,具有排他效力,既能够排除第三人对土地的侵占或损害,也能够对抗土地所有权人,表现在国家在非法定情形下非经法定程序不得提前收回土地等,这都是建设用地使用权作为物权具有私益性的体现;另一方面,土地所具有的极端重要的社会经济价值决定了国家和政府在这个领域不能放任自流,而必须加强对土地使用的监督和管理。由此《土地管理法》等也确立了以土地公有制为基础、耕地保护为目标、用途管制为核心的土地管理基本制度。土地的这种公益性同时也决定了权利人应承担相应的公法义务,其中最为重要的即为节约土地资源、保护生态环境以及按照土地用途使用土地等。具体而言,根据《土地管理法》第4条的规定,我国实行土地用途管制制度。国家编制土地利用总体规划,规定土地用途,将土地分为农用地、建设用地和未利用地。其中建设用地是指建造建筑物、构筑物的土地,包括城乡住宅和公共设施用地、工矿用地、交通水利设施用地、旅游用地、军事设施用地等。相关国家机关应严格按照土地利用总体规划确定的用途设立建设用地使用权,建设用地使用权人则应按照法定和约定的用途使用特定土地,建造和保有不同类型的建筑物和构筑物,否则应承担相应的法律责任。

## ▶ 适用指引

### 一、建设用地使用权的双重属性对审判实践的影响

土地作为最重要的一类自然资源和生产要素,在社会经济发展中的地位举足轻重,与国计民生密切相关。这决定了土地制度在一个国家的法律制度体系中处于核心和基础地位,并一般由基本法和多个部门法共同调整和规范。在我国,相关土地制度也是以《宪法》为基础,以原《物权法》《土地管理法》《城市房地产管理法》《城乡规划法》及相关配套法规等构建起来的。《民法典》出台后,也将成为调整土地法律关系的基础性制度。从理论上来说,《民法典》属于典型的私法,以保护权利人私权为目标,主要应确认相关土地权利在民事权利体系中的定位,并调整其设立、转让、抵押、消灭等平等主体间的各种民事法律关系,而《土地管理法》《城市房地产管理法》等属于较为典型的公法,以保障公共利益为目标,规范重点在于行政机关对土地使用的监督管理等。两类法律从形式上看应泾渭分明,但由于土地公益性和私益性并存兼具的特点,相关内容又必然存在交叉融合;且就单纯的公法性规范而言,也有是否以及如何影响民事法律行为尤其是相关合同效力的问题。目前,建设用地使用权在司法实践中的很多争议都与此有关,比如,出让合同的法律性质以及由此产生的相关争议应通过民事诉讼还是行政诉讼解决,转让合同违反《土地管理法》《城市房地产管理法》中关于土地用途规定、转让要件规定等强制性规范时是否有效等。对此涉及国家管制与私法自治的平衡及融合,不能一概而论,而应该根据《民法典》第153条第1款,并参照《民商审判会议纪要》第30条规定的精神,在个案中慎重判断相关强制性规范的性质,特别是要在综合衡量强制性规定所保护的法益类型、设置具体的土地管理规范的目的、违反土地管理规定的法律后果以及土地交易安全保护、交易秩序稳定等因素的基础上解决相关争议,同时注意区分适用民事、行政、刑事等不同的法律责任实现相关利益的平衡。

### 二、建设用地使用权出租的法律适用

首先,根据《城镇国有土地使用权出让和转让暂行条例》第31条关于

"土地使用权和地上建筑物、其他附着物出租，出租人应当按照规定办理登记"的规定，以及《国务院办公厅关于完善建设用地使用权转让、出租、抵押二级市场的指导意见》的相关规定，建设用地使用权人有权出租建设用地并获取收益。其中以出让等有偿方式取得的建设用地使用权，出租时只要不违反法律法规和有偿使用合同的相关约定即可；以划拨方式取得的建设用地使用权，则应按照有关规定上缴租金中所含土地收益，纳入土地出让收入管理。宗地长期出租，或部分用于出租且可分割的，应依法补办出让、租赁等有偿使用手续。建立划拨建设用地使用权出租收益年度申报制度，出租人依法申报并缴纳相关收益的，不再另行单独办理划拨建设用地使用权出租的批准手续。[1] 其次，建设用地使用权出租将在出租人与承租人之间形成债权性质的租赁合同关系，因并非不动产物权，故不以登记为成立或生效要件，上述《城镇国有土地使用权出让和转让暂行条例》第31条关于登记的规定，主要系着眼于行政管理的需要，是否登记不影响租赁合同的效力或租赁权的设定。最后，实践中，出现了市、县政府以行政命令的方式，强制农村集体经济组织将农地出租于政府或政府指定的公司，用于高速公路、楼堂馆所、广场、绿地等的建设。这违反了《土地管理法》《城市房地产管理法》等现行法关于不得利用集体所有的土地进行此类建设的规定，其合同基本上是政府以其行政命令强迫农村集体经济组织签订的，违反了《民法典》第153条的规定，应属无效。而且在此类案件中，只有适用民事实体法的规定，准予农村集体经济关于恢复原状、排除妨碍、消除危险、返还原物的请求，才能圆满地保护农村集体经济组织及农户的合法权益，落实国家的耕地政策。[2]

---

[1] 《国务院办公厅关于完善建设用地使用权转让、出租、抵押二级市场的指导意见》第9条、第10条。

[2] 参见崔建远：《中国民法典释评：物权编》，中国人民大学出版社2020年版，第157~158页。

## 典型案例

**青岛市国土资源和房屋管理局崂山国土资源分局与青岛乾坤木业有限公司土地使用权出让合同纠纷案**

**关键词：** 建设用地使用权　农用地转为建设用地　审批手续

**裁判摘要：** 建设用地使用权出让合同涉及农用地转为建设用地的，应当办理农用地转用审批手续，未经政府批准农用地转为建设用地的，该土地使用权出让合同无效。建设用地使用权出让合同部分内容无效，但不影响其他部分效力的，应当认定合同其他部分内容有效。受让人未按照合同约定缴纳土地出让金的，出让人有权解除出让合同。

**基本案情：** 2001年2月28日，青岛乾坤木业有限公司（以下简称乾坤公司）与北宅街道办事处签订《土地使用权出让协议》约定，北宅街道办事处将北宅工业区内土地约150亩（松岭路以西、麦沟路以北）的土地使用权出让给乾坤公司，使用期限50年，每亩地价为6.88万元，总价款约为人民币1032万元。合同签订后，乾坤公司依据1999年青岛市崂山区人民政府的有关文件，分别于2001年4月20日和2001年9月5日，向原崂山区国土资源局的派出机构——崂山区人民政府北宅街道办事处土地规划与矿产资源管理所（以下简称土管所）缴纳土地出让定金180万元和50万元，土管所为其开具收款收据。2001年8月25日，乾坤公司给付土管所258万元支票一张，土管所向其开具258万元收款收据一份。该款实际于2003年3月27日划转至土管所。2002年1月31日，山东省人民政府下发〔2002〕35号《山东省人民政府关于青岛市崂山区城市建设用地的批复》称：青岛市崂山区土地管理局拟征用该区北宅街道办事处沟崖村等2个村园地133333平方米（折合200亩），作为青岛市崂山区政府建设储备用地。经审查，该批次用地符合青岛市崂山区土地利用总体规划，并已纳入该市土地利用年度计划，上报农用地转用方案和征用土地方案切实可行，同意该批次用地。2003年1月16日，原青岛市崂山区国土资源局与乾坤公司签订《国有土地使用权出让合同》，其中约定，崂山区国土局出让给乾坤公司的宗地位于北宅街道沟崖村麦沟路北、松岭路西，宗地面积为175907平方米，其中出让土地面积为146383平方米。出让金为每平方米103.2元,总额为18153602.4元。本合同签订之日起60日内,受让人一次性付清上述土地使用权出让金……合同还约定,受让人延期付款超过6个月的,出让人有权解除合同,收回土地……本合同项下宗地出让方案尚需经山东省人民政府批准,本合同自山东省人民政府批准之日起生效。后崂山国土资源分局认可实际收取乾坤公司土地出让金共计488万元。此后,乾坤公司未缴纳剩余土地出让金。上述合同涉及的146383平方米的出让土地中,部分土地经鲁政土字〔2002〕35号文批准转为建设用地。2005年6月6日,原青岛市崂山区国土资源局以乾坤公司未按合同约定如期缴纳全部土地使用权出让金以及项目用地违反青岛市政府〔2003〕95号文件为由,作出崂国土〔2005〕139号《崂山区国土资源局关于撤销国有土地使用权出让合同的决定》,决定撤销与乾坤公司2003年1月16日签订的《国有土地使用权出让合同》。乾坤公司认为崂山国土资源分局违反合同约定,给其造成各项经济损失1200余万元,故向一审法院起诉,请求判令崂山国土资源分局履行《国有土地使用权出让合同》,向乾坤公司交付合同项下的全部土地。

一审法院判决:(1)被告崂山国土资源分局于本判决生效后30日内向原告乾坤公司交付合同项下已经审批转为建设用地的土地(具体以山东省人民政府鲁政土字〔2002〕35号《山东省人民政府关于青岛市崂山区城市建设用地的批复》及现状地形图红线坐标为准);(2)驳回原告乾坤公司其他诉讼请求。崂山国土资源分局提起上诉。二审法院审理认为,第一,本合同虽约定合同须经山东省人民政府批准方可生效,但在合同签订前,合同项下的84亩土地已经山东省人民政府批准,由农业用地转为建设用地,故这部分土地未经审批不影响相应部分的合同效力;合同项下其余部分土地尚未办理农用地转用审批手续,按约定合同尚未生效,依法不得出让。因此,应当认定合同中经过政府批准的84亩土地使用权出让有效,未经政府批准的131亩土地使用权出让无效,其他合同条款仍然有效。第二,根据现有证据,乾坤公司缴纳的土地出让金为488万元,乾坤公司应缴纳的土地出让金应按照合同有效部分的土地出让面积计算,乾坤公司应缴纳的土地出让金为5782089.6元(84亩×667×103.2元/平方米=5782089.6元),所付488万元低于应付的土地出让金数额,故应认定乾坤公司未交齐合同有效部分的土地出让金。第三,《国有土地使用权出让合同》第31条规定,受让人延期支付土地出让金超过6个月的,出让人有权解除合同。该合同未约定行使合同解除权的期限,也未约定出让方在解除合同前要进行催告。鉴于该合同部分有效，乾坤公司应在合同有效部分的范围内履行义务。涉案合同于2003年1月16日签订，截至2003年3月26日，乾坤公司向崂山国土资源分局交付土地出让金488万元，未达到84亩土地的出让金总额。因此，解除合同的条件已经成就。崂山国土资源分局行使了合同解除权，且已经通知了乾坤公司。其未对乾坤公司进行催告，并不构成违约。对崂山国土资源分局关于乾坤公司没有按期付清合同项下全部土地出让金，其有权解除合同的主张，应予支持。据此判决驳回乾坤公司的诉讼请求。

【案　　　号】（2007）民一终字第84号
【审理法院】最高人民法院
【来　　　源】《最高人民法院公报》2008年第5期

## ▶ 类案检索

### 一、北京中科拜克生物技术有限公司、绥中中科拜克生物工程有限公司建设用地使用权出让合同纠纷案

**关键词**：建设用地使用权　根本违约　赔偿损失

**裁判摘要**：建设用地使用权人依法对国家所有的土地享有占有、使用和收益的权利，有权利用该土地建造建筑物、构筑物及其附属设施。建设用地使用权具有经济利益性质，如案涉《国有建设用地使用权出让合同》能够得到适当履行，将依法享有土地使用权益。出让人在案涉《国有建设用地使用权出让合同》的土地使用权出让年限内，将项目用地另行出让，损害了受让人的合同利益，并导致《国有建设用地使用权出让合同》客观上无法继续履行，合同目的不能实现。对于确因政府规划调整、政策变化导致当事人签订的民商事合同不能履行的，当事人请求依法解除合同并返还已经支付的国有土地使用权出让金、投资款、租金或者承担损害赔偿责任的，依法应予支持，故受让人依法有权请求解除合同，并由出让人赔偿损失，包括合同履行后合同相对方可以获得的利益。具体赔偿数额应当考虑出让人因违约行为的获利、受让人基于《国有建设用地使用权出让合同》本可享有的合同期内工业用地的土地使用权益、实际投入的资金金额和资金使用利益的损失，以受让人曾缴纳的土地使用权出让金作为涉案工业用地土地价格参考，结合该公司能否按期投产经营具有一定的

不确定性，加之未来经营风险、市场风险等因素，综合认定。

【案　　号】（2017）最高法民终340号
【审理法院】最高人民法院
【来　　源】中国裁判文书网

## 二、马某泉、马某坚与湖北瑞尚置业有限公司股权转让纠纷案

**关键词：** 建设用地使用权　股权转让　合同效力

**裁判摘要：** 建设用地使用权，是权利人依法对国家所有的土地享有占有、使用和收益的权利，以及利用该土地建造建筑物、构筑物及其附属设施的权利。股权与建设用地使用权是完全不同的权利，股权转让与建设用地使用权转让的法律依据不同，两者不可混淆。当公司股权发生转让时，该公司的资产收益、参与重大决策和选择管理者等权利由转让方转移到受让方，而作为公司资产的建设用地使用权仍登记在该公司名下，土地使用权的公司法人财产性质未发生改变。当然，公司在转让股权时，该公司的资产状况，包括建设用地使用权的价值，是决定股权转让价格的重要因素。但不等于说，公司在股权转让时只要有土地使用权，该公司股权转让的性质就变成了土地使用权转让，进而认为其行为是名为股权转让实为土地使用权转让而无效。股权转让的目标公司为有限责任公司，依据我国《公司法》的规定，依法独立享有民事权利及承担民事责任，公司股东的变更不对公司的权利能力和行为能力构成影响，不论受让人购买目标公司全部股权是为将目标公司名下的工业用地土地使用权性质变性后进行房地产开发或是其他经营目的，均不因此而影响股权转让合同的效力。

【案　　号】（2014）民二终字第264号
【审理法院】最高人民法院
【来　　源】中国裁判文书网

**第三百四十五条** 建设用地使用权可以在土地的地表、地上或者地下分别设立。

## 条文释义

### 一、本条主旨

本条是关于设立空间建设用地使用权的规定。

### 二、条文演变

关于土地用益物权的权利范围，长期以来法律的规范重点都在于确定设立于地表的权利。由于我国相关法律、行政法规未对土地分层出让的问题作出规定，实践中对于专门利用地上或地下空间的权利性质并不明确，土地上下空间中相关设施权利人的权利得不到法律上的确认和保护。① 为拓展土地利用空间，在原《物权法》制定过程中，对土地地表、地上和地下空间具备独立的利用价值，因而可以分别成为用益物权的客体基本达成共识，有争议的是对土地的地上和地下空间利用权是否应作为一项独立的用益物权种类设专章规定。一种观点认为，空间权不是一项新的用益物权种类，而是对在一定空间上所设立的各种物权的综合表述，基于这种立场，进一步将空间权分解为空间基地使用权、空间农地使用权和空间地役权等，在立法上则建议分在不同用益物权类型中分别规定。② 另一种观点则认为，由于空间利用权可以基于土地所有权人、使用人的意志而在特殊情况下与土地所有权和使用权发生分离，且可以通过登记予以公示，因而空间利用权可以成为一项独立的物权，进而在立法上建议将"空

---

① 参见王胜明主编：《中华人民共和国物权法解读》，中国法制出版社2007年版，第297页。
② 参见梁慧星主编：《中国民法典草案建议稿附理由：物权编》，法律出版社2004年版，第214、254、280页。

间利用权"作为用益物权的一种独立类型进行规定。① 立法机关考虑到在我国,土地上下空间的所有权均属于国家和集体,当事人只能通过设立建设用地使用权等用益物权的方式取得对土地以及上下空间的使用。国家在出让建设用地使用权时,只要对建筑物的四至、高度、建筑面积和深度作出明确的规定,那么该建筑物占用的空间范围是可以确定的。在分层出让建设用地使用权时,不同层次的权利人是按照同样的规定取得土地使用权的,在法律上他们的权利和义务是相同的,只不过其使用权所占用的空间范围有所区别。因此,原《物权法》把土地不同层次的权利人都称为建设用地使用权人,没有引入"空间使用权"等概念。② 原《物权法》制定后,随着科学技术的发展及城镇化进程的进一步加快,社会对土地垂直空间进行利用的需求也愈发迫切。本条沿袭了原《物权法》第136条的规定,即仍采用传统大陆法系"地上权"立法模式,明确规定建设用地使用权可以在土地的地表、地上或者地下分别设立。另外,原《物权法》第136条第二句还规定,新设立的建设用地使用权,不得损害已设立的用益物权,在《民法典》编纂过程中删除了该句规定,同时,在第346条规定新设立的建设用地使用权不得损害已设立的用益物权。虽然表述基本相同,但在立法体系上更为合理,既为在地表、地上或者地下分别设立的建设用地使用权的冲突解决明确了基本方向,也为解决不同类型用益物权的冲突提供了一般性的解决规则。

## 三、条文解读

（一）规定空间建设用地使用权的必要性

土地是人类生存之本和最为重要的物质财富,对经济社会发展具有重要意义,而且由于土地是不可再生的稀缺资源,具有总量的固定性、稀缺性与不可再生性等特点。为不断提高土地利用效率,拓展土地利用空间,当今各国都在对土地利用进行"开源节流",促进"地尽其用"。这就需要对土地法律制度尤

---

① 参见王利明主编:《中国民法典学者建议稿及立法理由:物权编》,法律出版社2005年版,第407~413页;王利明:《空间权:一种新型的财产权利》,载《法律科学》2007年第2期。

② 参见胡康生主编:《中华人民共和国物权法释义》,法律出版社2007年版,第310页。

其是土地权利范围方面的规则进行改革和创新。由于土地连绵无垠，涉及地表上下，因此土地权利的范围可从"横""纵"两方面理解。于横的方面，可通过人为设置的经纬度确定其坐标，划定四至即地界来确定土地所有权的范围并登记造册以确定其面积。于纵的方面，罗马法及近代民法多奉行土地所有权"上达天宇、下及地心"的法则，而当今各国民法则对此进行了修正，对土地所有权的纵向范围作了必要限制。虽可及于地面上下的必要空间，但在对其利益并无影响的前提下，不得排斥他人对地上和地下空间的合理分层利用。传统的土地制度系以地表为中心，土地所有人和利用人对其所有或利用的土地，以地表为中心而有上下垂直的支配力，此即学说所谓土地之"垂直的所有、利用形态"。随着社会经济的发展，形成了土地资源的稀缺性、有限性与人类不断增长的土地需求之间的矛盾，这促使人们对土地的利用扩及于土地的空中和地中，从而形成对土地的"水平的所有、利用形态"。而现代建筑技术的提高和法律上对土地所有权范围的限制，为土地利用的立体化发展和空间权的产生奠定了坚实的基础。① 高架桥、高架铁路、空中走廊、地铁、地下街道、地下商场、地下停车场等都是土地立体化分层利用的典型形态。为了适应上述土地利用由平面趋向于立体化发展的趋势，增加土地分层利用的效用，有的国家和地区在其民法典地上权的部分中规定空间利用权的问题，有的国家则通过制定单行法规定空间利用权的内容。我国《民法典》则在物权编建设用地使用权一章中对此进行了原则性规定。

（二）空间建设用地使用权的法律性质、权利客体和具体内容

首先，根据本条文义，系将以空间为客体的权利规定为"建设用地使用权"的一个子类型，而不是独立的"空间权"，不同于英美法系所认为的空间是与土地地表完全不同的客体。即无论是在地表上设立的普通建设用地使用权，还是在地上或地下空间设立的空间使用权，均以"土地"为客体，以土地的"上下"为其范围，地表和地上或地下建设用地使用权的客体差异并不意味着在性质上的迥异，更多则是量上的差别。② 这决定了除法律另有规定外，空间使用权的取得方式、使用期限、权利流转等均应适用本章关于普通建设用地

---

① 参见刘保玉：《空间利用权的内涵界定及其在物权法上的规范模式选择》，载《杭州师范大学学报（社会科学版）》2006年第2期。

② 参见王泽鉴：《民法物权》，中国政法大学出版社2001年版，第58页。

使用权的规则。

其次，根据本条规定，空间建设用地使用权是在离开地表的空中而设立的权利，该空间"有各自的经济价值，而且因其系离开地表，在地上之空中或地下之地中的空间力具有独立之支配力，因而与传统土地所有权以地表为中心而有上下垂直的支配力不同"。① 当然，即使是在地表上设立的普通建设用地使用权，也不可能将其权利范围严格限制于地表，因为在地表上建造建筑物等必然涉及对地下和地上相应空间的开发利用，但该项空间仅具有附属性而不具有独立性，系普通建设用地使用权人为实现其完整权利所涉及的必要空间，其高度或深度范围受规划限制，或在土地使用权出让合同中明确约定。因此，无论是地表的还是地上或地下的建设用地使用权，客体都涉及一定的地上或地下空间，其差异主要在于，地表建设用地使用权的客体之主要部分还是地表，所涉及的空间相对于地表来说具有附属性，即《民法典》第344条中所指"建筑物、构筑物及其附属设施占用的空间"，对地表建设用地使用权来说其实是"附属空间"。②

最后，由于建设用地使用权设立的目的在于建造建筑物、构筑物及其附属设施，因此无论是对地表或对地上、地下空间的利用，都应以建造并保有建筑物、构筑物或其附属设施为土地用途，比如，建造天桥、地铁、地下商场或铺设电缆管线等。如果非以建设为土地用途，比如对地下矿产资源的开发利用等，则不属于本条调整范畴。③ 当然，随着科学技术的飞速发展，今后利用地上或地下一定空间进行种植、畜牧、养殖等的立体农业也可能逐步出现和发展，今后是否增设空间农地权等制度，应根据我国农业土地立体利用的实际发展情况而定。

## ▶ 适用指引

普通建设用地使用权系权利人在地表及其附属空间进行建造的权利，地上

---

① 温丰文：《空间权之法理》，载《法令月刊》1988年第3期。
② 参见朱岩、王亦白：《空间建设用地使用权的权利冲突及其解决》，载《中国土地科学》2017年第10期。
③ 参见最高人民法院物权法研究小组编著：《〈中华人民共和国物权法〉条文理解与适用》，人民法院出版社2007年版，第412页。

或地下空间建设用地使用权则指向独立的一定范围的空间，一般而言两者在客体范围上并不重合。但是，因空间紧密相邻，存在互相依赖和影响的特点，导致权利行使可能存在冲突，比如，开发地下空间需要借助地表的空间打造入口，而且地下空间的挖掘会对地表建筑物造成影响，甚至引起建筑物坍塌；与此类似，地上空间的利用也需要以地表建筑物等作为支撑，可能危及地表建筑物的牢固性。对此权利冲突，可有以下解决路径：第一，因权利客体范围并不相同，故先设立空间建设用地使用权，后再设立其他用益物权的，一般无须获得在先空间建设用地使用权人的同意，反之亦然。①但是，国家在出让土地使用权时与受让人另有特别约定的除外。第二，根据《民法典》第346条关于"新设立的建设用地使用权不得损害已设立的用益物权"的规定，在相邻空间设立的数个建设用地使用权，应按"设立在先、效力在先"的规则确定其权利行使的先后顺序，后设立的建设用地使用权在行使过程中损害在先用益物权的，在先权利人可依据《民法典》第233条至第239条关于物权保护的规定，行使包括停止侵害、排除妨碍或者消除危险在内的物权请求权，也可以行使恢复原状或金钱损害赔偿等债权请求权。第三，虽然空间建设用地使用权的标的与土地的其他部分并非呈现为平面相邻关系，而系垂直的邻接状态，但从利益平衡以及促进物尽其用的角度，仍可参照适用《民法典》第288条至第296条关于相邻关系的规定，原则上应当按照有利生产、方便生活、团结互助、公平合理的原则，正确处理相邻关系，如果空间建设用地使用权的设立仅给在先权利人的权利行使造成轻微妨害和不便，二者可以通过相邻关系解决冲突，在后设立的权利应当尽量避免对垂直相邻的不动产权利人造成损害，在先权利人则负有一定的容忍义务。若对他人土地空间的利用或限制超出了他人必要的容忍范围，双方可通过协商并借助地役权规则解决。第四，当公益性与私益性空间建设用地使用权出现冲突时，根据《城乡规划法》第33条关于"城市地下空间的开发和利用，应当充分考虑防灾减灾、人民防空和通信等需要"等规定，具有公益性质的综合管廊建设、地铁建设、人防建设等空间建设用地使用权，应当优先得到保护。②

---

① 参见陈华彬：《空间建设用地使用权探微》，载《法学》2015年第7期。
② 参见朱岩、王亦白：《空间建设用地使用权的权利冲突及其解决》，载《中国土地科学》2017年第10期。

第三分编 用益物权 | 第十二章 建设用地使用权 | 第三百四十六条

> 第三百四十六条 设立建设用地使用权，应当符合节约资源、保护生态环境的要求，遵守法律、行政法规关于土地用途的规定，不得损害已经设立的用益物权。

▶ **关联规定**

一、法律、行政法规、司法解释

1.《中华人民共和国宪法》

**第十条第五款** 一切使用土地的组织和个人必须合理利用土地。

2.《中华人民共和国城市房地产管理法》

**第十二条** 土地使用权出让，由市、县人民政府有计划、有步骤地进行。出让的每幅地块、用途、年限和其他条件，由市、县人民政府土地管理部门会同城市规划、建设、房产管理部门共同拟定方案，按照国务院规定，报经有批准权的人民政府批准后，由市、县人民政府土地管理部门实施。

直辖市的县人民政府及其有关部门行使前款规定的权限，由直辖市人民政府规定。

**第二十五条** 房地产开发必须严格执行城市规划，按照经济效益、社会效益、环境效益相统一的原则，实行全面规划、合理布局、综合开发、配套建设。

**第二十六条** 以出让方式取得土地使用权进行房地产开发的，必须按照土地使用权出让合同约定的土地用途、动工开发期限开发土地。超过出让合同约定的动工开发日期满一年未动工开发的，可以征收相当于土地使用权出让金百分之二十以下的土地闲置费；满二年未动工开发的，可以无偿收回土地使用权；但是，因不可抗力或者政府、政府有关部门的行为或者动工开发必需的前期工作造成动工开发迟延的除外。

3.《中华人民共和国土地管理法》

**第三条** 十分珍惜、合理利用土地和切实保护耕地是我国的基本国策。各级人民政府应当采取措施，全面规划，严格管理，保护、开发土地资源，制止非法占用土地的行为。

**第四条** 国家实行土地用途管制制度。

国家编制土地利用总体规划，规定土地用途，将土地分为农用地、建设用地和未利用地。严格限制农用地转为建设用地，控制建设用地总量，对耕地实行特殊保护。

前款所称农用地是指直接用于农业生产的土地，包括耕地、林地、草地、农田水利用地、养殖水面等；建设用地是指建造建筑物、构筑物的土地，包括城乡住宅和公共设施用地、工矿用地、交通水利设施用地、旅游用地、军事设施用地等；未利用地是指农用地和建设用地以外的土地。

使用土地的单位和个人必须严格按照土地利用总体规划确定的用途使用土地。

**第十五条** 各级人民政府应当依据国民经济和社会发展规划、国土整治和资源环境保护的要求、土地供给能力以及各项建设对土地的需求，组织编制土地利用总体规划。

土地利用总体规划的规划期限由国务院规定。

**第十八条** 国家建立国土空间规划体系。编制国土空间规划应当坚持生态优先，绿色、可持续发展，科学有序统筹安排生态、农业、城镇等功能空间，优化国土空间结构和布局，提升国土空间开发、保护的质量和效率。

经依法批准的国土空间规划是各类开发、保护、建设活动的基本依据。已经编制国土空间规划的，不再编制土地利用总体规划和城乡规划。

**第十九条** 县级土地利用总体规划应当划分土地利用区，明确土地用途。

乡（镇）土地利用总体规划应当划分土地利用区，根据土地使用条件，确定每一块土地的用途，并予以公告。

**第六十四条** 集体建设用地的使用者应当严格按照土地利用总体规划、城乡规划确定的用途使用土地。

4.《城镇国有土地使用权出让和转让暂行条例》

**第五条** 土地使用者开发、利用、经营土地的活动，应当遵守国家法律、法规的规定，并不得损害社会公共利益。

**第十条** 土地使用权出让的地块、用途、年限和其他条件，由市、县人民政府土地管理部门会同城市规划和建设管理部门、房产管理部门共同拟定方案，按照国务院规定的批准权限报经批准后，由土地管理部门实施。

**5.《土地管理法实施条例》**

**第十四条** 建设项目需要使用土地的，应当符合国土空间规划、土地利用年度计划和用途管制以及节约资源、保护生态环境的要求，并严格执行建设用地标准，优先使用存量建设用地，提高建设用地使用效率。

从事土地开发利用活动，应当采取有效措施，防止、减少土壤污染，并确保建设用地符合土壤环境质量要求。

**第十五条** 各级人民政府应当依据国民经济和社会发展规划及年度计划、国土空间规划、国家产业政策以及城乡建设、土地利用的实际状况等，加强土地利用计划管理，实行建设用地总量控制，推动城乡存量建设用地开发利用，引导城镇低效用地再开发，落实建设用地标准控制制度，开展节约集约用地评价，推广应用节地技术和节地模式。

**第十六条** 县级以上地方人民政府自然资源主管部门应当将本级人民政府确定的年度建设用地供应总量、结构、时序、地块、用途等在政府网站上向社会公布，供社会公众查阅。

## 二、部门规章及规范性文件

**《招标拍卖挂牌出让国有建设用地使用权规定》**

**第六条** 市、县人民政府国土资源行政主管部门应当按照出让年度计划，会同城市规划等有关部门共同拟订拟招标拍卖挂牌出让地块的出让方案，报经市、县人民政府批准后，由市、县人民政府国土资源行政主管部门组织实施。

前款规定的出让方案应当包括出让地块的空间范围、用途、年限、出让方式、时间和其他条件等。

## ▶ 条文释义

### 一、本条主旨

本条是关于设立建设用地使用权应注意节约集约利用土地和保护生态环境，应遵守国家土地用途管制且不得损害在先权利的规定。

## 二、条文演变

本条是《民法典》新增条文。土地是"一切财富的原始源泉""财富之母",是人类生存之本和最为重要的物质财富,在国家的经济、政治生活中具有至关重要的地位,关系一个国家的经济基础与国计民生。同时,土地属于不可再生的稀缺资源,随着全球人口的激增和经济的迅猛发展,土地数量的有限性与人类对土地需求的无限增长之间的矛盾日益突出。我国虽然幅员辽阔,但是实际上可供利用的土地资源尤其是耕地资源并不充分,不但人均耕地占有量远低于世界平均水平,还存在土地资源过度开发,粗放利用,闲置浪费,严重破坏生态环境等诸多问题,这种情况下如何通过制定和修改法律来实现合理利用土地,切实保护耕地以及最大限度保护和修复生态环境的目标,落实党中央关于生态文明建设、生态系统保护和绿色永续发展的决策部署,是一项重要课题。本条即是在这种背景下新增加的条文,明确规定设立建设用地使用权应符合节约集约利用和保护生态的总体要求,并应遵守《土地管理法》等对土地用途进行严格管制的规定,并不得损害在先设立的用益物权,是在《民法典》中落实绿色原则、强调生态保护的必然要求,也体现了《民法典》绿色化、生态化的鲜明时代特色。

## 三、条文解读

本条对设立建设用地使用权提出了三项基本要求,也是建设用地使用权人应履行的三项基本义务。本条属于原则性规定和引致性条款,将设立建设用地使用权应当遵守法定的土地用途和保护生态环境等义务引向有关法律、法规,其中主要是《土地管理法》的相关规定,具有公法和私法混合规范的性质。

(一)设立建设用地使用权应当符合节约资源、保护生态环境的要求

首先,设立建设用地使用权应当符合节约资源的要求,尤其要注重节约集约用地。我国最严峻的土地问题是人多地少,人均耕地占有量严重不足,在工业化、城镇化过程中,不可避免地会出现建设用地与耕地保护之间的矛盾。加上土地资源具有利用的准单向性,即由耕地成为建设用地易,而建设用地复原成为耕地难,这就进一步要求必须十分谨慎地扩展建设用地范围,稳定耕地保有量。出于保护耕地和确保国家粮食安全的考虑,长期以来,我国始终坚持

"十分珍惜、合理利用土地和切实保护耕地"的基本国策，并为此实行最严格的耕地保护制度和最严格的节约用地制度。各级人民政府应当采取措施，全面规划，严格管理，保护、开发土地资源，制止非法占用土地的行为。据此，根据《土地管理法》第15条、第21条、第23条以及《城市房地产管理法》第10条、第11条等规定，各级政府制定土地利用总体规划或国土空间规划，其中城市建设用地规模应当符合国家规定的标准，充分利用现有建设用地，不占或者尽量少占农用地，同时加强土地利用计划管理，实行建设用地总量控制。通过出让方式设立建设用地使用权，必须符合土地利用总体规划、城市规划和年度建设用地计划，根据省级以上人民政府下达的控制指标拟订年度出让土地使用权总面积方案，按照国务院规定，报国务院或者省级人民政府批准。这都是对设立建设用地使用权时应当节约和集约利用土地资源，防止违反占用耕地的规定，本条重申了此项基本要求。

其次，设立建设用地使用权不能造成生态环境受损，要符合绿色原则的要求。随着城市化进程的加快，我国土地资源需求刚性增长与粗放利用并存的现状不容乐观，与之相伴，因开发无序、过度利用造成土地生态系统功能不断退化，部分地区土壤污染、森林破坏、湿地萎缩、草原退化、水土流失、土地荒漠化等问题突出，给地质环境安全带来隐患。对此，党的十九大报告旗帜鲜明提出要坚持节约优先、保护优先、自然恢复为主的方针，完成生态保护红线、永久基本农田、城镇开发边界三条控制线划定工作。对此，各级政府应当按照提高土地节约集约利用水平，保护和改善生态环境，保障土地的可持续利用等原则，编制土地利用总体规划，或者坚持生态优先，绿色、可持续发展等原则，编制国土空间规划。设立建设用地使用权，必须符合上述规划，注意保护生态环境，否则即构成违法出让土地使用权，应承担相应责任。

最后，《民法典》第9条已明确将绿色原则规定为《民法典》的基本原则，要求民事主体从事民事活动，应当有利于节约资源、保护生态环境。本条即为绿色原则在《民法典》具体制度中的体现，其重点系基于土地资源的有效利用以及环境保护、生态平衡的需要，将《土地管理法》等中的公法义务纳入民事权利体系，在建设用地使用权的公益性和私益性之间做到兼容和协调，在本质上系对国家作为土地所有权人设立建设用地使用权进行限制。同时，这也体现了党的十八大以来的新发展理念，是落实党中央关于建设生态文明、实现土地资源可持续发展的必然要求。

## （二）设立建设用地使用权应当遵守法律、行政法规关于土地用途的规定

节约资源、保护生态环境系设立建设用地使用权的原则性要求，落实到具体制度层面即为国家实行严格的土地用途管制制度，即政府依靠公权力对其领土范围内的土地资源的用途以及开发和利用强度进行管制，在制度设计上表现为以土地利用总体规划为框架，以年度建设用地标准为抓手，以国家垄断土地一级市场和耕地保护为目标。① 具体而言，首先，《土地管理法》第4条规定"国家实行土地用途管制制度"，各级政府通过编制土地利用总体规划，规定土地用途，将土地分为农用地、建设用地和未利用地，其中农用地是指直接用于农业生产的土地，包括耕地、林地、草地、农田水利用地、养殖水面等；建设用地是指建造建筑物、构筑物的土地，包括城乡住宅和公共设施用地、工矿用地、交通水利设施用地、旅游用地、军事设施用地等。设立建设用地使用权时，应严格限制农用地转为建设用地，控制建设用地总量。其次，各级政府在编制土地利用总体规划时，应该注意落实国土空间开发保护要求，严格土地用途管制，严格保护永久基本农田，严格控制非农业建设占用农用地等，出让土地使用权时，也必须符合土地利用总体规划和城乡规划，其中最重要的即为遵守规划中所确定的土地用途，严格禁止违反规划擅自在农用地上设立建设用地使用权。此外，为更好发挥规划在土地用途管制方面的作用，2019年修正的《土地管理法》增加第18条，规定国家建立国土空间规划体系，这就为"多规合一"提供了制度基础。待该项制度成熟后，将替代现有的土地利用总体规划和城乡规划，也将成为判断哪些土地可设立建设用地使用权最为重要的标准文件。最后，对于设立建设用地使用权时违反法律、行政法规关于土地用途的规定，擅自将农用地改为建设用地出让的，应承担相应法律责任，包括限期拆除在非法出让的土地上新建的建筑物和其他设施，恢复土地原状，对符合土地利用总体规划的，没收在非法转让的土地上新建的建筑物和其他设施；可以并处罚款；对直接负责的主管人员和其他直接责任人员，依法给予处分；构成犯罪的，依法追究刑事责任。

---

① 参见程雪阳：《土地用途管制制度改革的得与失》，载《中国法律评论》2019年第5期。

### （三）设立建设用地使用权不得损害已设立的用益物权

原《物权法》第136条规定，建设用地使用权可以在土地的地表、地上或者地下分别设立。新设立的建设用地使用权，不得损害已设立的用益物权。《民法典》编纂过程中，在第345条中关于"空间建设用地使用权"的规定中删除了后半句规定，而在本条中规定设立建设用地使用权不得损害已设立的用益物权。虽然两者在文义上基本相同，但在立法体系上更为合理，既为在地表、地上或者地下分别设立的建设用地使用权的冲突解决明确了基本方向，也为不同类型用益物权之间的权利冲突提供了一般性的解决规则，即原则上应按"设立在先、效力在先"确定权利行使和保护的先后顺序。具体而言，第一，建设用地使用权与土地承包权、宅基地使用权之间，因三者均以直接占有和使用为主要权能，且土地用途有重大差异，故主要体现在相邻土地利用所产生的冲突，一般可适用相邻关系、地役权及物权请求权等规则保护设立在先的用益物权。第二，空间建设用地使用权之间，因权利客体范围并不相同，故后设立建设用地使用权，一般无须获得在先权利人同意，在相邻空间设立的数个建设用地使用权，也适用相邻关系、地役权及物权保护规则处理。第三，建设用地使用权与矿业权之间，在矿业权和建设用地使用权客体未呈上下排列结构，或建设用地使用权不取代矿业用地使用权的情况下，两者或是相邻关系，或是地役权关系。但若矿业权成立在先，且设立建设用地使用权会损害矿业权或矿业用地的，则不得设立建设用地使用权，于此场合，贯彻不相容物权之间先成立者排斥后设立者的规则。① 为建设桥梁、公路、铁路等必须压覆矿区的情况下，由建设者在压覆范围内予以适当赔偿。

## ▶ 适用指引

实践中，应注意区分本条中规定的设立建设用地使用权"应当遵守法律、行政法规关于土地用途的规定"与《民法典》第350条规定的建设用地使用权人"不得改变土地用途"。两者区别在于：第一，适用主体不同。前者主要规范作为所有人的国家和政府应遵守土地用途管制和既定规划，不得违反土地用

---

① 参见崔建远、晓坤：《矿业权基本问题探讨》，载《法学研究》1998年第4期。

途出让或划拨土地，同时用途管制的效力也延伸至土地使用权人；后者则纯粹规定建设用地使用权的权利人不得擅自改变法定和约定的土地用途。第二，适用阶段不同。前者适用于建设用地使用权设立之前和设立过程中；后者则针对依照法定程序和按照既定规划设立建设用地使用权后，权利人已取得权利后的阶段。第三，土地用途的含义有所区别。前者主要规定相关政府部门不得擅自将《土地管理法》中规定的农用地作为建设用地出让或划拨，系宏观层面的土地用途；后者则主要规定单位和个人依法取得建设用地使用权后，应根据出让合同约定的用途使用，主要包括居住用地，工业用地，商业、旅游、娱乐用地等具体的建设用地用途。第四，产生的法律后果不同。违反前者规定的，主要涉及相关主管部门的行政乃至刑事责任，在民事责任方面，可能涉及未经审批即出让土地后出让合同的效力及履行问题，对此应适用《国有土地使用权合同解释》第4条"土地使用权出让合同的出让方因未办理土地使用权出让批准手续而不能交付土地，受让方请求解除合同的，应予支持"的规定；违反后者规定的，主要适用《国有土地使用权合同解释》第6条"受让方擅自改变土地使用权出让合同约定的土地用途，出让方请求解除合同的，应予支持"的规定。

## ▶ 典型案例

### 西安市碑林区北沙坡村村民委员会与西安高新技术产业开发区东区管理委员会、西安高新技术产业开发区碑林科技产业园征地补偿费纠纷案

**关键词：** 改变征地用途　调整违约金

**裁判摘要：** 政府一方经有批准权的上级人民政府批准，依法取得征用村委会农村集体所有土地的资格之后，与村委会签订的《征地协议》，是双方在平等自愿的基础上，经协商达成的协议，意思表示真实。但该《征地协议》约定政府负责将规划范围内生活区的土地统一征为国有土地后，除城市绿化和道路用地外，全部返还给村委会，把土地证过户到村委会所属公司名下，改变了政府批文中的征地用途，违反了我国《土地管理法》中有关国有土地用途的强制性规定，并且在没有约定取得对价的情况下，把农村集体所有的土地征为国有土地后又返还给村委会，损害了国家和社会公共利益，该约定无效。无效的合

同条款，对当事人自始就没有法律约束力，且该条款约定的内容尚未实际履行，双方无须相互返还。政府仅需按照协议其他条款的约定支付补偿费用，其逾期支付的应按照约定支付违约金。但当事人约定的违约金过分高于违约方给守约方造成的实际损失的，人民法院可以根据当事人的请求参照一定的计算标准予以适当减少。

**基本案情：** 西安高新技术产业开发区东区管理委员会和西安高新技术产业开发区碑林科技产业园（以下统称碑林科技园）系"一套班子，两块牌子"。1991年，碑林科技园根据陕西省人民政府和陕西省西安市人民政府以及陕西省西安市碑林区人民政府有关行政文件、批复，以撤村转户的方式征用西安市碑林区北沙坡村村民委员会（以下简称北沙坡村委会）集体土地，并先期使用了北沙坡村委会土地94.532亩。1997年9月30日，根据北沙坡村委会不愿撤村转户的请求，陕西省西安市碑林区人民政府以碑政发（1997）079号批复，对北沙坡村委会已交给碑林科技园使用的土地补办征地手续。1998年4月27日，北沙坡村委会与碑林科技园签订《征地协议》，规定："……（2）碑林科技园生产区征用北沙坡村委会菜子湾94.532亩，按每亩地价12.6万元计算，共计1191.1万元。（3）碑林科技园负责将规划范围内生活区（位于二环路北的七地）统一征为国有土地后，除去城市绿化和道路用地外，全部返还给北沙坡村委会，并把土地证过户到北沙坡村委会所属的双环公司第二分公司名下……（6）付款办法：协议经双方签字盖章生效后，碑林科技园分4次付款……（7）违约责任：碑林科技园不按规定期限向北沙坡村委会付款，每逾期一天，向北沙坡村委会缴纳本合同第6条第1款所规定欠款额的2‰违约金……"后碑林科技园共付给北沙坡村委会征用土地款1331.5616万元，青苗及地面补偿费144.1538万元，代付农业税7.7116085万元，以上共计1483.431485万元。2002年5月8日，北沙坡村委会诉至陕西省高级人民法院，请求判令碑林科技园支付拖欠征地款211.9946万元及其利息81932元和违约金1391.4275万元（截至2002年3月31日）；继续履行《征地协议》第3条约定的义务；负担诉讼费用。同年6月20日，北沙坡村委会增加诉讼请求，判令碑林科技园继续履行《征地协议》第3条约定的义务或者向北沙坡村委会支付办理国有土地使用证所需费用530万元。

一审法院经审理，判决：（1）北沙坡村委会与碑林科技园签订的《征地协议》以及补充《协议》,除《征地协议》第3条约定无效、约定违约金标准过高应予核减外,其余协议内容合法有效;(2)判决生效之日起10日内,碑林科技园支付北沙坡村委会逾期付款违约金123.1311万元,逾期加倍支付迟延履行期间的债务利息;(3)驳回北沙坡村委会其他诉讼请求。北沙坡村委会和碑林科技园不服一审判决,向最高人民法院提起上诉。

最高人民法院经审理认为,碑林科技园经有批准权的人民政府批准,依法取得征用北沙坡村委会农村集体所有土地的资格之后,与北沙坡村委会于1998年4月27日签订的《征地协议》,是双方在平等自愿的基础上,经协商达成的协议,意思表示真实。该《征地协议》第3条约定碑林科技园负责将规划范围内生活区的土地统一征为国有土地后,除去城市绿化和道路用地外,全部返还给北沙坡村委会,把土地证过户到北沙坡村委会所属的双环公司第二分公司名下,改变了陕西省有关人民政府征地批文中的征地用途,违反了我国《土地管理法》中有关国有土地用途的强制性规定,并且在没有约定取得对价的情况下,把农村集体所有的土地征为国有土地后又返还给北沙坡村委会,损害了国家和社会公共利益,该条款无效。无效的合同条款,对当事人自始就没有法律约束力,且该条款约定的内容尚未实际履行,双方无须相互返还,北沙坡村委会自行开发经营该部分土地所需支出的费用也应由其自行承担。北沙坡村委会主张碑林科技园继续履行该《征地协议》第3条约定的义务或者承担其自行开发经营该部分土地所需支出的土地出让金等相关费用530万元,没有合同依据和法律依据,不予支持。根据《征地协议》约定的征地亩数和单价,碑林科技园应向北沙坡村委会支付征地款1191.1万元,碑林科技园共支付给北沙坡村委会1483.431485万元,已经超额支付,不欠北沙坡村委会的征地款。双方在合同中约定逾期付款支付利息的同时约定承担违约责任,不违反法律的强制性规定。欠款或逾期付款造成接受款项一方的损失体现为利息的期待利益的丧失。北沙坡村委会没有提供有效证据证明其因碑林科技园逾期付款造成的损失超出同期贷款利息损失。按照双方当事人在《征地协议》中约定日2‰标准计算违约金数额,无论是北沙坡村委会主张的1391.4275万元,还是碑林科技园计算的620余万元,均过分高于按照中国人民银行规定的同期同类贷款利率计算该部分逾期付款的利息51.6289万元。如何确定过分高于损失的标准,应以约定的违约金数额是否过分高于违约行为所造成的损失为标准。本案中,碑林科技园以双方在合同中约定违约金数额过分高于北沙坡村委会逾期收到征地款所造成的利息损失为由，请求予以调整，符合《合同法》规定的条件。一审法院结合本案实际情况，基于碑林科技园愿意按照最高人民法院关于逾期付款违约金标准分段计算，确定逾期付款违约金具体数额，虽然与利息损失相比数额较高，但介于约定的违约金数额与违约行为造成的损失之间，大大低于约定的违约金数额，这是对双方约定的违约金过分高于违约行为造成的损失所进行的调整，属于人民法院依法裁量的结果，在适用法律上并无不当。在当事人对违约金有约定的情况下，一般应当适用约定违约金，但在当事人提出约定违约金过分高于造成的损失时，人民法院依法有权参照一定的计算标准予以适当调整，不是直接适用法定违约金；北沙坡村委会认为一审法院没有适用约定违约金而适用法定违约金标准应予纠正的主张，理由不成立，不予支持。碑林科技园没有按照《征地协议》约定的付款期限付清征地款，一审法院在认定其存在逾期付款行为需承担违约责任的基础上，基于碑林科技区的请求，针对双方在合同中约定的违约金标准过分高于逾期付款利息损失的实际情况，判令碑林科技园按照中国人民银行公布的同期逾期付款利息标准，向北沙坡村委会支付123.1311万元违约金，是根据当事人请求依法对约定违约金过分高于造成的损失进行调整的行为，并无不妥。据此判决：驳回上诉，维持原判。

【案　　号】（2003）民一终字第40号

【审理法院】最高人民法院

【来　　源】《最高人民法院公报》2005年第1期

> **第三百四十七条** 设立建设用地使用权,可以采取出让或者划拨等方式。
>
> 工业、商业、旅游、娱乐和商品住宅等经营性用地以及同一土地有两个以上意向用地者的,应当采取招标、拍卖等公开竞价的方式出让。
>
> 严格限制以划拨方式设立建设用地使用权。

## ▶ 关联规定

一、法律、行政法规、司法解释

1.《中华人民共和国城市房地产管理法》

第三条 国家依法实行国有土地有偿、有限期使用制度。但是,国家在本法规定的范围内划拨国有土地使用权的除外。

第八条 土地使用权出让,是指国家将国有土地使用权(以下简称土地使用权)在一定年限内出让给土地使用者,由土地使用者向国家支付土地使用权出让金的行为。

第十三条 土地使用权出让,可以采取拍卖、招标或者双方协议的方式。

商业、旅游、娱乐和豪华住宅用地,有条件的,必须采取拍卖、招标方式;没有条件,不能采取拍卖、招标方式的,可以采取双方协议的方式。

采取双方协议方式出让土地使用权的出让金不得低于按国家规定所确定的最低价。

第二十三条 土地使用权划拨,是指县级以上人民政府依法批准,在土地使用者缴纳补偿、安置等费用后将该幅土地交付其使用,或者将土地使用权无偿交付给土地使用者使用的行为。

依照本法规定以划拨方式取得土地使用权的,除法律、行政法规另有规定外,没有使用期限的限制。

第二十四条 下列建设用地的土地使用权,确属必需的,可以由县级以上人民政府依法批准划拨：

（一）国家机关用地和军事用地；

（二）城市基础设施用地和公益事业用地；

（三）国家重点扶持的能源、交通、水利等项目用地；

（四）法律、行政法规规定的其他用地。

2.《中华人民共和国土地管理法》

**第五十四条** 建设单位使用国有土地，应当以出让等有偿使用方式取得；但是，下列建设用地，经县级以上人民政府依法批准，可以以划拨方式取得：

（一）国家机关用地和军事用地；

（二）城市基础设施用地和公益事业用地；

（三）国家重点扶持的能源、交通、水利等基础设施用地；

（四）法律、行政法规规定的其他用地。

3.《土地管理法实施条例》

**第十七条** 建设单位使用国有土地，应当以有偿使用方式取得；但是，法律、行政法规规定可以以划拨方式取得的除外。

国有土地有偿使用的方式包括：

（一）国有土地使用权出让；

（二）国有土地租赁；

（三）国有土地使用权作价出资或者入股。

**第十八条** 国有土地使用权出让、国有土地租赁等应当依照国家有关规定通过公开的交易平台进行交易，并纳入统一的公共资源交易平台体系。除依法可以采取协议方式外，应当采取招标、拍卖、挂牌等竞争性方式确定土地使用者。

4.《城镇国有土地使用权出让和转让暂行条例》

**第八条** 土地使用权出让是指国家以土地所有者的身份将土地使用权在一定年限内让与土地使用者，并由土地使用者向国家支付土地使用权出让金的行为。

土地使用权出让应当签订出让合同。

**第十三条** 土地使用权出让可以采取下列方式：

（一）协议；

（二）招标；

（三）拍卖。

依照前款规定方式出让土地使用权的具体程序和步骤，由省、自治区、直辖市人民政府规定。

第四十三条　划拨土地使用权是指土地使用者通过各种方式依法无偿取得的土地使用权。

前款土地使用者应当依照《中华人民共和国城镇土地使用税暂行条例》的规定缴纳土地使用税。

第四十四条　划拨土地使用权，除本条例第四十五条规定的情况外，不得转让、出租、抵押。

第四十五条　符合下列条件的，经市、县人民政府土地管理部门和房产管理部门批准，其划拨土地使用权和地上建筑物、其他附着物所有权可以转让、出租、抵押：

（一）土地使用者为公司、企业、其他经济组织和个人；

（二）领有国有土地使用证；

（三）具有地上建筑物、其他附着物合法的产权证明；

（四）依照本条例第二章的规定签订土地使用权出让合同，向当地市、县人民政府补交土地使用权出让金或者以转让、出租、抵押所获收益抵交土地使用权出让金。

转让、出租、抵押前款划拨土地使用权的，分别依照本条例第三章、第四章和第五章的规定办理。

5.《最高人民法院关于审理涉及国有土地使用权合同纠纷案件适用法律问题的解释》

第一条　本解释所称的土地使用权出让合同，是指市、县人民政府自然资源主管部门作为出让方将国有土地使用权在一定年限内让与受让方，受让方支付土地使用权出让金的合同。

第二条　开发区管理委员会作为出让方与受让方订立的土地使用权出让合同，应当认定无效。

本解释实施前，开发区管理委员会作为出让方与受让方订立的土地使用权出让合同，起诉前经市、县人民政府自然资源主管部门追认的，可以认定合同有效。

## 二、部门规章及规范性文件

### 1.《招标拍卖挂牌出让国有建设用地使用权规定》

**第二条** 在中华人民共和国境内以招标、拍卖或者挂牌出让方式在土地的地表、地上或者地下设立国有建设用地使用权的，适用本规定。

本规定所称招标出让国有建设用地使用权，是指市、县人民政府国土资源行政主管部门（以下简称出让人）发布招标公告，邀请特定或者不特定的自然人、法人和其他组织参加国有建设用地使用权投标，根据投标结果确定国有建设用地使用权人的行为。

本规定所称拍卖出让国有建设用地使用权，是指出让人发布拍卖公告，由竞买人在指定时间、地点进行公开竞价，根据出价结果确定国有建设用地使用权人的行为。

本规定所称挂牌出让国有建设用地使用权，是指出让人发布挂牌公告，按公告规定的期限将拟出让宗地的交易条件在指定的土地交易场所挂牌公布，接受竞买人的报价申请并更新挂牌价格，根据挂牌期限截止时的出价结果或者现场竞价结果确定国有建设用地使用权人的行为。

**第三条** 招标、拍卖或者挂牌出让国有建设用地使用权，应当遵循公开、公平、公正和诚信的原则。

**第四条** 工业、商业、旅游、娱乐和商品住宅等经营性用地以及同一宗地有两个以上意向用地者的，应当以招标、拍卖或者挂牌方式出让。

前款规定的工业用地包括仓储用地，但不包括采矿用地。

### 2.《协议出让国有土地使用权规定》

**第二条** 在中华人民共和国境内以协议方式出让国有土地使用权的，适用本规定。

本规定所称协议出让国有土地使用权，是指国家以协议方式将国有土地使用权在一定年限内出让给土地使用者，由土地使用者向国家支付土地使用权出让金的行为。

**第三条** 出让国有土地使用权，除依照法律、法规和规章的规定应当采用招标、拍卖或者挂牌方式外，方可采取协议方式。

**第四条** 协议出让国有土地使用权，应当遵循公开、公平、公正和诚实信用的原则。

以协议方式出让国有土地使用权的出让金不得低于按国家规定所确定的最低价。

**第九条** 在公布的地段上,同一地块只有一个意向用地者的,市、县人民政府国土资源行政主管部门方可按照本规定采取协议方式出让;但商业、旅游、娱乐和商品住宅等经营性用地除外。

同一地块有两个或者两个以上意向用地者的,市、县人民政府国土资源行政主管部门应当按照《招标拍卖挂牌出让国有土地使用权规定》,采取招标、拍卖或者挂牌方式出让。

## 三、司法指导性文件

### 《全国法院民商事审判工作会议纪要》

30.【强制性规定的识别】合同法施行后,针对一些人民法院动辄以违反法律、行政法规的强制性规定为由认定合同无效,不当扩大无效合同范围的情形,合同法司法解释(二)第14条将《合同法》第52条第5项规定的"强制性规定"明确限于"效力性强制性规定"。此后,《最高人民法院关于当前形势下审理民商事合同纠纷案件若干问题的指导意见》进一步提出了"管理性强制性规定"的概念,指出违反管理性强制性规定的,人民法院应当根据具体情形认定合同效力。随着这一概念的提出,审判实践中又出现了另一种倾向,有的人民法院认为凡是行政管理性质的强制性规定都属于"管理性强制性规定",不影响合同效力。这种望文生义的认定方法,应予纠正。

人民法院在审理合同纠纷案件时,要依据《民法总则》第153条第1款和合同法司法解释(二)第14条的规定慎重判断"强制性规定"的性质,特别是要在考量强制性规定所保护的法益类型、违法行为的法律后果以及交易安全保护等因素的基础上认定其性质,并在裁判文书中充分说明理由。下列强制性规定,应当认定为"效力性强制性规定":强制性规定涉及金融安全、市场秩序、国家宏观政策等公序良俗的;交易标的禁止买卖的,如禁止人体器官、毒品、枪支等买卖;违反特许经营规定的,如场外配资合同;交易方式严重违法的,如违反招投标等竞争性缔约方式订立的合同;交易场所违法的,如在批准的交易场所之外进行期货交易。关于经营范围、交易时间、交易数量等行政管理性质的强制性规定,一般应当认定为"管理性强制性规定"。

31.【违反规章的合同效力】违反规章一般情况下不影响合同效力,但该规章的内容涉及金融安全、市场秩序、国家宏观政策等公序良俗的，应当认定合同无效。人民法院在认定规章是否涉及公序良俗时，要在考察规范对象基础上，兼顾监管强度、交易安全保护以及社会影响等方面进行慎重考量，并在裁判文书中进行充分说理。

## ▶ 条文释义

### 一、本条主旨

本条是关于建设用地使用权设立方式的规定。

### 二、条文演变

我国实行土地公有制度，个人对土地不享有所有权，这是由我国社会主义公有制经济制度所决定的，当然有其合理性与优越性。但计划经济时期，设立土地使用权主要采取单一的无偿划拨方式，我国土地公有制的优越性未能充分实现，也一定程度上造成了土地的闲置和浪费。1987年以后，随着市场经济改革的深入，我国进行了城镇国有土地使用权制度改革，一方面通过修改《宪法》明确"国有土地和集体土地的使用权可依法转让"，另一方面又在此基础上修改《土地管理法》，规定国家依法实行国有土地有偿使用制度。1990年颁布的《城镇国有土地使用权出让和转让暂行条例》，进一步规定国家按照所有权与使用权分离的原则，实行城镇国有土地使用权出让、转让制度。1994年制定的《房地产管理法》则明确了国家依法实行国有土地有偿、有限期使用制度，同时允许在法律规定的范围内仍可划拨国有土地使用权，至此正式确立了有偿出让和无偿划拨这两种设立建设用地使用权的法定方式。2007年制定的原《物权法》吸收了上述法律、行政法规关于采取出让或划拨等方式设立建设用地使用权的规定，并原则性规定了两种方式的具体类型、适用范围和限制性条件等。

在《民法典》编纂过程中，关于建设用地使用权的设立方式，基本保留了原《物权法》第137条的规定，本条第1款明确了出让和划拨两种方式，第2款明确了出让应以招标、拍卖等公开竞价的方式为主，第3款明确了应严格限制划拨方式，同时，删除了原《物权法》第137条第3款最后一句，即"采取划拨方式的，应当遵守法律、行政法规关于土地用途的规定"，这主要是考虑到我国实行严格的土地用途管理，不仅是划拨土地要遵守土地的法定用途，出让土地亦不应违反法定或约定的土地用途，以落实国土空间规划，节约土地资源，实现土地的合理开发利用，故此《民法典》在本章中增加第346条，明确规定无论通过何种方式设立建设用地使用权，都应当遵守法律、行政法规关于土地用途的规定，扩大了适用范围，更为严格和全面。

### 三、条文解读

关于建设用地使用权的设立方式，本条规定基本系以有偿出让为主，无偿划拨为辅；出让又以公开竞价为主，以协议转让为辅，体现了充分发挥市场在配置土地资源方面的决定性作用，杜绝权力寻租，不断完善公开透明、充分竞价的土地交易一级市场的立法价值取向。

#### （一）以出让方式设立建设用地使用权

建设用地使用权出让，是指出让人将一定期限的建设用地使用权出让给建设用地使用权人使用，建设用地使用权人向出让人支付一定的出让金。有偿出让的方式主要包括招标、拍卖等公开竞价方式与协议转让方式。在性质上，其既是设立建设用地使用权的主要方式，即国家将土地所有权的占有、使用等权能分离并让渡于土地使用人，又属于土地交易的一级市场，是下一步房地产开发经营的前提条件。

**1. 出让人和受让人的主体范围**

第一，出让人的范围。根据《城市房地产管理法》第12条的规定，出让国有建设用地使用权应报经有批准权的人民政府批准后，由市、县人民政府土地管理部门实施，即出让合同的签订主体为市、县人民政府土地管理部门。该主体是特定的，一是在行政区域方面，《国家土地管理局对出让国有土地使用权有关问题请示的答复》（〔1991〕国土函字第71号，已失效）曾明确，"市、县人民政府"，所指"市"，包括全国各级市；所指"县"，不包括市辖区。二是在具体部门方面，土地管理部门是人民政府负责城乡地政统一管理的职能部门，是国有土地的产权代表，土地管理部门以外的任何部门，以及市、县土地管理部门的上级或下级土地管理部门，都不能作为出让主体。此外，根据国务院机构改革方案，新设立的自然资源部门已吸收和整合了包括土地管理、规划、保护在内的多项职责，2019年修正的《土地管理法》也相应将有关条款中的"土地行政主管部门"修改为"自然资源主管部门"，但《城市房地产管理法》仍保留了土地管理部门的表述。三是随着近些年来农村集体土地制度的改革和深入，出让这种方式在适用范围上也有扩大的趋势，如《土地管理法》第63条第1款规定符合一定条件并经依法登记的集体经营性建设用地，土地所有权人可以通过出让等方式交由单位或者个人在一定年限内有偿使用。此处的"土地所有人"应为农民集体，并由农村集体经济组织代表行使权利。但是将本条与《民法典》第361条的规定结合起来解释，本条中的"设立建设用地使用权"的客体仍主要针对国有土地，至于集体所有的土地作为建设用地客体的，应当主要依照《土地管理法》而非《民法典》的规定处理。

第二，受让人的范围。根据《城镇国有土地使用权出让和转让暂行条例》第3条的规定，境内外的公司、企业、其他组织和个人，除法律另有规定者外，均可依照该条例的规定取得土地使用权，进行土地开发、利用、经营。可见，对于通过出让方式取得建设用地使用权的主体资质并无一般性的限制。实践中，为防止一些地方在土地招标拍卖挂牌出让公告中，设置注册资金、房地产开发资质、税务注册地、投资规模等限制条件，排斥意向外的竞买人参加出让，原国土资源部在《招标拍卖挂牌出让国有建设用地使用权》第11条还特别规定，中华人民共和国境内外的自然人、法人和其他组织，除法律、法规另有规定外，均可申请参加国有建设用地使用权招标拍卖挂牌出让活动。出让人在招标拍卖挂牌出让公告中不得设定影响公平、公正竞争的限制条件。这一规定，有利于增加招标拍卖挂牌活动的公开性，保证公平和公正。此外，原《外商投资开发经营成片土地暂行管理办法》曾规定，外商投资成片开发，应成立从事开发经营的中外合资经营企业，或者中外合作经营企业，或者外资企业。但该办法目前已经废止。2019年修正的《土地管理法》则根据《外商投资法》，将其第85条修改为"外商投资企业使用土地的，适用本法；法律另有规定的，从其规定"，均体现了平等对待、公平竞争的立法精神。

**2. 土地出让的具体方式**

第一，公开竞价方式。土地资源的稀缺性，决定了采取公开竞价的方式能够最大程序体现土地的市场价值，从保护土地资源和国家土地收益的大局看，采取公开竞价的方式不仅是必要的，而且其适用范围应不断扩大。《城市房地产管理法》第13条规定，土地使用权出让，可以采取拍卖、招标或者双方协议的方式。商业、旅游、娱乐和豪华住宅用地，有条件的，必须采取拍卖、招标方式；没有条件，不能采取拍卖、招标方式的，可以采取双方协议的方式。但实践中，由于建设用地总量增长过快，工业用地出现的问题日益突出，低成本用地过度扩张，违法违规用地、滥占耕地的现象屡禁不止。国务院发布多次通知要求工业用地必须采用招标、拍卖、挂牌方式出让，且出让价格不得低于公布的最低价标准。2002年颁布的《招标拍卖挂牌出让国有土地使用权规定》，进一步明确商业、旅游、娱乐和商品住宅等各类经营性用地，必须以招标、拍卖或者挂牌方式出让；上述规定以外用途的土地的供地计划公布后，同一宗地有两个以上意向用地者的，也应当采用招标、拍卖或者挂牌方式出让。原《物权法》也结合法律及行政法规、规章、政策等，进一步扩大了采取公开竞价出让建设用地的范围，从"豪华住宅"扩大到"商品住宅"，并明确将"工业用地"也纳入公开竞价出让方式的范围。① 此外，原《物权法》还吸收了《招标拍卖挂牌出让国有土地使用权规定》的规定，明确不管土地用途为何，只要同一土地有两个以上意向用地者的，就应当采取招标、拍卖等公开竞价的方式出让。原《物权法》出台后，原国土资源部分别于2007年与2011年发布《招标拍卖挂牌出让国有建设用地使用权规定》及《关于坚持和完善土地招标拍卖挂牌出让制度的意见》，再次重申国有土地使用权招拍挂出让制度是市场配置国有经营性建设用地的基本制度，它充分体现了公开、公平、公正竞争和诚实信用的市场基本原则，建立了反映市场供求关系、资源稀缺程度、环境损害成本的价格形成机制，坚持国有经营性建设用地招拍挂出让制度和在房地产市场运行正常条件下按"价高者得"原则取得土地，符合市场优化配置土地资源的基本原则，符合法律政策要求，同时在抑制行政权力干预市场，从源头上防治土地出让领域腐败中发挥了重要作用。本条仍然保留原《物权法》的规定，相比于《城市房地产管理法》，实际扩展了公开竞价方式的适用范围，有利于实现土地市场价值的最大化，符合国家集约利用土地的政策。

根据本条规定，公开竞价方式具体包括招标、拍卖等。所谓招标，是指市、县人民政府土地行政主管部门发布招标公告，邀请特定或者不特定的自然

---

① 参见胡康生主编：《中华人民共和国物权法释义》，法律出版社2007年版，第313页。需要注意，因考虑到采矿用地的取得和使用要以取得探矿权或采矿权为前提条件，因此《招标拍卖挂牌出让国有建设用地使用权规定》明确，工业用地包括仓储用地，但不包括采矿用地。

人、法人和非法人组织参加国有土地使用权投标，根据投标结果确定土地使用者的行为。所谓拍卖，是指市、县人民政府土地行政主管部门发布拍卖公告，由竞买人在指定时间、地点进行公开竞价，根据出价结果确定土地使用者的行为。《招标拍卖挂牌出让国有建设用地使用权规定》对于招标、拍卖的具体程序及法律效力等均有较为全面系统的规定，其共同特点是存在多人竞价的过程，并一般实行价高者得或综合评价最优者的规则，具有公平、公正、公开的特点，能够避免暗箱操作，充分实现出让土地的市场价值。此外，《招标拍卖挂牌出让国有建设用地使用权规定》还规定了挂牌方式，即出让人发布挂牌公告，按公告规定的期限将拟出让土地的交易条件在指定的土地交易场所挂牌公布，接受竞买人的报价申请并更新挂牌价格，根据挂牌期限截止时的出价结果确定土地使用者的行为。此种方式兼具招标与拍卖的特点，但目前尚未在法律层面作出正式规定，我国土地制度正在改革阶段，今后可能还会出现一些新的公开竞价的出让方式。因此，本条也未一一列举实践中存在的公开竞价方式，而是采用了"招标、拍卖等"的表述。但在解释上并不否定挂牌出让或其他公开竞价方式，只是需要在实践中进一步发展和完善。

第二，协议出让方式。协议出让，是指出让人和受让人就出让建设用地使用权进行一对一的协商，最终达成出让建设用地使用权的协议，待登记完毕，由受让人取得建设用地使用权的行为。本条虽未明确规定协议出让这种方式，但对本条第2款的规定进行反面解释并结合第348条第1款，在工业、商业、旅游、娱乐和商品住宅等经营性用地之外，并且同一地块只有一个意向用地者的，可以采取协议方式出让。对此《招标拍卖挂牌出让国有建设用地使用权规定》第4条及《协议出让国有土地使用权规定》第9条也有明确规定，《协议出让国有土地使用权规范（试行）》第4.3条则更加详细地规定了可以协议出让的范围，具体包括：（1）供应商业、旅游、娱乐和商品住宅等各类经营性用地以外用途的土地，其供地计划公布后同一宗地只有一个意向用地者的；（2）原划拨、承租土地使用权人申请办理协议出让，经依法批准，可以采取协议方式，但《国有土地划拨决定书》《国有土地租赁合同》、法律法规、行政规定等明确应当收回土地使用权重新公开出让的除外；（3）划拨土地使用权转让申请办理协议出让，经依法批准，可以采取协议方式，但《国有土地划拨决定书》、法律法规、行政规定等明确应当收回土地使用权重新公开出让的除外；（4）出让土地使用权人申请续期，经审查准予续期的，可以采用协议方式；（5）法律法规、行政规定明确可以协议出让的其他情形。因为协议出让与公开竞价方式相比，没有引入竞争机制，缺少公开性，实践中有些地区为招商引资，利用这种方式压低协议出让的价格或随意减免土地出让金，造成土地资源的浪费和土地收入的流失，容易出现出让金偏低、滋生腐败等不正常现象。原《物权法》制定过程中曾有观点认为应该取消该方式，但考虑到现实中一些需要扶持的行业和大型设施用地，仍较适宜采取协议出让的方式，故立法机关认为该方式还是有存在的必要。但为避免暗箱操作和权力寻租，防止国有土地资源的流失和低价转让，以协议方式出让国有土地使用权必须遵循严格的程序，且出让金不得低于按国家规定所确定的最低价标准。该最低价不得低于新增建设用地的土地有偿使用费、征地（拆迁）补偿费用以及按照国家规定应当缴纳的有关税费之和；有基准地价的地区，协议出让最低价不得低于出让地块所在级别基准地价的70%。违反规定出让土地造成国有资产流失的，要依法追究责任；情节严重的，以非法出让国有土地使用权罪追究刑事责任。可见，原《物权法》虽然保留了协议出让方式，但通过扩大公开竞价方式的适用范围对协议出让的范围作了进一步限缩，而土地管理方面的特别法则对协议出让的条件、程序及价格等作了更加严格的限制，《民法典》对此未作修改。

（二）以划拨方式设立建设用地使用权

土地使用权划拨是指县级以上人民政府依法批准，在土地使用者缴纳补偿、安置等费用后将该幅土地交付其使用，或者将土地使用权无偿交付给土地使用者使用的行为。与出让不同，土地划拨本质上完全是通过行政命令来授予使用人无期限的土地使用权，事实上涵盖了所有建设用地使用权通过市场之外的方式设定的情形。在土地市场化改革之前，通过行政方式审批划拨土地是单位或个人取得土地使用权的唯一方式，具有无偿性和无期限性等法律特征，造成土地这种最为重要的生产资料无法体现市场价值，容易造成土地闲置浪费和权力腐败。为此我国进行了土地有偿出让的制度改革，确立了出让为主体、划拨为补充的规则，严格限制划拨的条件，以发挥市场在配置土地资源方面的决定性作用。在原《物权法》起草过程中，有人提出为了保护国家的土地资源，应当取消以划拨方式出让建设用地，无论什么用途，都应当采取有偿出让的方式。但立法机关考虑到我国《土地管理法》和《城市房地产管理法》对于采取划拨方式设立建设用地使用权的范围已经有严格的限制，且由于国家机关用地和军事用地等情况会长期存在，完全取消以划拨方式设立建设用地使用权不现实，划拨方式还会在相当长的时间内存在，故仍然保留了划拨的规定，并规定了限制性条件。为了切实加强土地调控，制止违法违规用地行为，作为民事基本法的《民法典》也在本条第3款再次明确严格限制以划拨方式设立建设用地使用权，体现了一以贯之的土地市场经济改革方向。

关于具体如何限制，在《城市房地产管理法》颁布以前，能够通过划拨方式取得土地使用权的主要是全民所有制法人单位等，随着国有土地用地制度改革的深入进行，划拨的条件从依据所有制判断转向根据土地用途来限制，不再区分所有制而是根据国家利益和社会公共利益的需要来划拨土地。① 原《物权法》第137条第2款规定，采取划拨方式的，应当遵守法律、行政法规关于土地用途的规定。《民法典》将本句删除，并非排除对划拨土地的用途管制，而是在第346条予以规定，且适用范围更广，划拨与出让土地均应遵守土地用途之规定。具体到划拨用地而言，根据《城市房地产管理法》第24条的规定，特定范围内的土地使用权确属必需的，可以由县级以上人民政府依法批准划拨，具体包括国家机关用地和军事用地，城市基础设施用地和公益事业用地，国家重点扶持的能源、交通、水利等项目用地，法律、行政法规规定的其他用地。需要注意的是：第一，上述建设用地土地使用权的共同特点是具有公益性，经营性土地使用权不得通过划拨方式取得，且即使是公益性用地，也不是当然可以采取划拨的方式，而应当"确属必需的"才能采取。第二，划拨土地使用权人无须支付出让金，但并不意味着土地使用者在任何情况下无须缴纳任何费用，若在所划拨的土地上已经有土地使用者，那么土地使用权的划拨必然给土地使用者造成损失，对此损失土地使用者应当予以补偿，具体补偿范围包括土地补偿费（包括工程建筑物的投资和青苗补偿等）、安置费等，但该费用与土地出让金的性质截然不同，并非使用者取得土地使用权的对价，故仍属非市场化的建设用地使用权设立方式。第三，与出让土地不同，通过划拨方式取得的建设用地使用权没有明确的期限限制，但可能因城市整体建设的需要和城市规划要求，或相关单位撤销、解散、破产或迁移等原因被无偿提前收回，或因其他法定原因灭失。第四，考虑到划拨方式的特殊性，划拨建设用地的用途、转让条件和抵押等方面都有一些限制性规定，主要表现为要严格限制划拨

---

① 参见王利明、程啸、尹飞：《中国物权法教程》，人民法院出版社2007年版，第328页。

用地范围，经营性基础设施用地要逐步实行有偿使用；未经依法审批，不得进行经营性开发建设，也不得转让和出租等，经批准进行经营性开发建设或者在土地有形市场公开交易的，应按照市场价补缴土地出让金；划拨建设用地使用权依法抵押的，抵押权实现时应优先向国家补缴土地出让金，剩余款项才能清偿抵押权人的债权。

（三）以其他方式设立建设用地使用权

本条第 1 款规定设立建设用地使用权，可以采取出让或者划拨等方式，实践中还可以通过置换方式设立。另外，为了解决历史遗留的建设用地问题，采取由国土资源管理部门提供另一宗建设用地，用来置换既有的某宗建设用地。在军营由闹市区搬迁到郊外的事务处理中，有些地区采取了此种方式。①

## ▶ 适用指引

### 一、不适格主体签订的建设用地使用权出让合同无效

代表国家签订建设用地使用权出让合同的主体具有特定性，即限于市、县人民政府自然资源管理部门，主要原因是城市建设的发展必须从城市的整体考虑，土地使用权出让方涉及方方面面，如城市规划、市政配套、地价收益等，由市、县人民政府自然资源管理部门作为合同主体有利于维护城市建设与发展的整体性。实践中，有些地区为了招商引资等地方利益，下放土地审批权限，允许其他部门如当地开发区管委会等作为出让方与受让方签订出让合同，造成了土地管理目的落空并破坏了土地一级交易市场的秩序，对此国务院多次进行治理整顿工作，明确提出要严格实行对土地的统一管理和统一供应。为配合上述整顿工作，加强土地管理提供司法保障，《国有土地使用权合同解释》第 2 条规定，开发区管理委员会作为出让方与受让方订立的出让合同，应当认定为无效。同时，考虑到特殊主体作为出让方的历史形成原因等因素，为避免大量无效合同的出现，导致土地交易市场关系更大的混乱，《国有土地使用权合同解释》结合原《合同法》关于无权处分的规则，规定《国有土地使用权合同解

---

① 参见崔建远：《中国民法典释评：物权编》，中国人民大学出版社 2020 年版，第 178 页。

释》实施前即 2005 年 8 月 1 日前签订的出让合同，在起诉前经有权主体即市、县人民政府土地管理部门追认的，可以认定合同有效。考虑到该条规定在司法解释清理后仍然保留，而且《城市房地产管理法》等法律限定出让主体资格的规范目的主要在于加强土地统一管理，维护土地整体交易秩序，实现土地合理开发利用，与国家利益与社会公共利益均密切相关，在土地供应与需求的矛盾愈发突出的情况下，在目前将其界定为《民法典》第 153 条第 1 款规定的效力性强制规范仍为妥当，因此非适格主体，包括实践中出现的开发区管委会、街道办事处等签订的土地使用权合同原则上仍应认定为无效。

## 二、未采取合法出让方式签订的建设用地使用权出让合同无效

本条第 2 款对必须采取公开竞价方式出让土地的情形进行了规定，属于强制性规范，而且其规范目的为：一是强化依法行政，规范政府的用地审批权；二是保障建设用地使用权设立程序的公开、公平和公正；三是提高土地的利用效率；四是防止国有土地资源的流失和低价转让。这些都是维护国家利益和社会公共利益不可或缺的。此外，因法律对土地出让方式和适用条件已有明确规定，若受让人通过非法方式取得建设用地使用权，也并不存在需要保护的合理信赖利益。《民商审判会议纪要》第 30 条也明确指出，要在考量强制性规定所保护的法益类型、违法行为的法律后果以及交易安全保护等因素的基础上认定强制性规范的性质，并在裁判文书中充分说明理由，有关交易方式严重违法的，如违反招投标等竞争性缔约方式订立的合同，原则上应认定为无效。因此，应将本款规定界定为《民法典》第 153 条第 1 款规定的效力性强制规范。实践中，出让人与受让人以协议出让方式提供工业、商业、旅游、娱乐和商品住宅等经营性用地的，或者同一土地有两个以上意向用地者而未通过公开竞价方式与其中之一直接签订出让合同的，均应认定为合同无效。

## 三、以划拨方式取得建设用地使用权在破产和强制执行程序中的处置

首先，《最高人民法院关于破产企业国有划拨土地使用权应否列入破产财产等问题的批复》第 1 条规定，破产企业以划拨方式取得的国有土地使用权不属于破产财产，在企业破产时，有关人民政府可以予以收回，并依法处置。明确了企业破产时，划拨建设用地使用权不能作为破产财产由破产管理人进行处

置变价，而应由国家无偿收回并对建设用地使用权登记予以注销，这体现了划拨建设用地使用权在处分权能上受到较大限制。当然，如果已在案涉土地上建设有相关建筑物或构筑物，较能平衡各方利益的解释应是一并处置该建筑物及其占有的土地使用权，但处置所得价款应优先用于补缴建设用地使用权出让金。其次，原国家土地管理局在《关于人民法院裁定转移土地使用权问题对最高人民法院法经（1997）18号函的复函》认为，对通过划拨方式取得的土地使用权，由于不属于当事人的自有财产，不能作为当事人财产进行裁定。但在裁定转移地上建筑物、附着物涉及有关土地使用权时，在与当地土地管理部门取得一致意见后，可裁定随地上物同时转移。对此，我们认为，根据《民法典》规定，划拨系设立建设用地使用权的法定方式之一，经审批和登记后，登记的权利人即享有建设用地使用权，只不过为了避免土地收益流失，防止擅自变更公益性的土地用途，相关法律法规对通过划拨方式取得的建设用地使用权在用途和流转等方面予以严格限制，因此，只要符合法律规定的条件，经法定程序并且保证优先补缴出让金后，可对划拨土地使用权进行查封和变价。该复函中还指出，凡属于执行中改变土地用途及使用条件的，需征得土地管理部门同意，补缴出让金的，应在裁定中明确，经办理出让手续，方可取得土地使用权。最后，根据《民法典担保制度解释》第50条关于"抵押人以划拨建设用地上的建筑物抵押，当事人以该建设用地使用权不能抵押或者未办理批准手续为由主张抵押合同无效或者不生效的，人民法院不予支持。抵押权依法实现时，拍卖、变卖建筑物所得的价款，应当优先用于补缴建设用地使用权出让金。当事人以划拨方式取得的建设用地使用权抵押，抵押人以未办理批准手续为由主张抵押合同无效或者不生效的，人民法院不予支持。已经依法办理抵押登记，抵押权人主张行使抵押权的，人民法院应予支持。抵押权依法实现时所得的价款，参照前款有关规定处理"的规定，无论是以划拨建设用地上的建筑物还是划拨建设用地使用权本身抵押，只要依法办理了抵押登记，人民法院均可以依据生效裁判在执行程序中直接处置，不必事先再经政府审批同意，当然对于变价款一般仍应优先缴交土地出让金。

## 典型案例

### 上海虹城房地产有限公司与上海市房屋土地资源管理局土地使用权纠纷案

**关键词：** 国有土地使用权出让合同　平等主体　瑕疵担保责任

**裁判摘要：** 国家作为土地的所有者与土地受让方签订的合同，属于平等主体之间签订的合同，双方法律地位平等，平等地行使权利。依据《土地管理法》及《城市房地产管理法》等相关法律的规定，人民政府的土地管理部门代表国家与土地使用者签订国有土地使用权出让合同，其性质属于平等主体之间的民事法律关系。因此，出让合同的内容，应当是当事人平等、自愿协商一致的意思表示，任何一方不能将自己的意志强加给对方。同时国家作为土地出让者，负有告知土地受让者土地现状、保证出让的土地不存在瑕疵的法定义务，以保证双方订立出让合同所指向的地块不存在瑕疵，避免交易风险，保证实现双方订立出让合同的目的，否则即构成违约，应承担相应的民事责任。

**基本案情：** 1992年6月8日，中美联合信托公司（以下简称信托公司）、上海新城房产企业公司（以下简称新城公司）、上海市虹口区房屋综合开发经营公司（以下简称开发公司）与上海房地局签订沪土（1992）出让合同第13号《上海市土地使用权出让合同》（以下简称A地块出让合同）约定：信托公司、新城公司、开发公司以4205800美元的土地使用权出让金获得上海市吴淞路31号街坊A地块的土地使用权，土地使用权期限自1992年8月15日起至2042年8月14日止。1993年2月24日，信托公司、新城公司与开发公司经当地工商行政管理部门批准投资组成合资企业虹城公司，上述A地块土地使用权即转为虹城公司。1994年9月10日，虹城公司与上海房地局又签订沪土（1994）出让合同第75号《上海市国有土地使用权出让合同》（以下简称B地块出让合同）约定：虹城公司取得上海市吴淞路31号街坊B地块的土地使用权；虹城公司如不按与上海市虹口区人民政府（以下简称虹口区政府）签订的《委托拆迁和市政配套合同》支付费用，上海房地局有权解除本出让合同，已付的土地出让金不予退还。同日，虹城公司与上海房地局签订《A地块出让合同备忘录》载明：双方同意将A地块的土地使用权期限延长至2043年10月

8日止,与B地块土地使用权期限相同。同年9月9日、9月10日,虹城公司分别与案外人虹口区政府签订《虹口区大市政配套费合同》《补充协议》《委托拆迁和市政配套合同》,约定了虹口区政府的拆迁范围、拆迁期限、拆迁费用数额及违约责任等事宜。在虹城公司与虹口区政府履行上述合同、协议过程中,虹城公司发现受让的地块存在民防工程,遂提起诉讼,请求解除合同并由出让方承担损害赔偿责任。一审法院审理期间,委托上海公信中南会计师事务所有限公司(以下简称中南会计师事务所)对A、B地块118平方米民防工程的拆除费用进行了评估,结论为:拆除A、B地块118平方米民防工程的费用为49511.98元。

一审法院判决:(1)延长虹城公司受让取得的A、B地块的土地使用权使用年限,即从2002年1月1日起算持续50年;(2)上海房地局赔偿虹城公司民防工程拆除费用49511.98元;(3)虹城公司的其他诉讼请求不予支持。虹城公司不服一审法院判决,提起上诉。二审法院认为,根据《人民防空法》及《上海市民防工程管理办法》的有关规定,民防工程系防空设施,不得擅自拆除。拆除民防工程必须由用地单位提出申请,经批准后方可拆除。虹城公司至今尚未向有关民防部门提出拆除民防工程的申请,该工程项目用地至今亦尚未开发建设,且最高人民法院(1998)民终字第161号民事判决已经认定"虹城公司在委托拆迁及大市政配套方面也存在违约",因此,虹城公司的违约行为亦是造成其土地开发工作闲置的原因之一。虹城公司主张上海房地局赔偿工程设计费、工程款等费用,事实根据和法律依据不足。因虹城公司没有办理拆除民防工程的报批手续,民防工程尚未实际拆除,一审法院委托中南会计师事务所对该民防工程的评估结论,应当作为上海房地局支付虹城公司拆除民防工程费用的依据。一审法院根据上海房地局在履行双方签订的《A地块出让合同》及《B地块出让合同》中,没有将虹城公司受让的土地存在民防工程的现状告知虹城公司的违约事实,判决由上海房地局延长虹城公司受让取得的A、B地块使用权年限,即从2002年1月1日起算持续50年,上海房地局已经承担了相应的违约责任,且虹城公司没有举证证明其他实际经济损失存在的事实。故判决驳回上诉,维持原判。

【案　　号】(2002)民一终字第15号

【审理法院】最高人民法院

【来　　源】《民事审判指导与参考》2002年第3卷

## 类案检索

### 一、河南万隆投资有限公司、淮阳县人民政府建设用地使用权出让合同纠纷案

**关键词：** 国有经营性用地　公开竞价出让　协议出让

**裁判摘要：** 对国有土地用于商业、旅游等经营性用途的，应当采取招标、拍卖等公开竞价的方式出让。在未进行拍卖、招标的情形下，政府部门直接协议约定将涉案项目用地交由受让人开发建设，违反了《物权法》第137条第2款"工业、商业、旅游、娱乐和商品住宅等经营性用地以及同一土地有两个以上意向用地者的，应当采取招标、拍卖等公开竞价的方式出让"以及《城市房地产管理法》第13第2款"商业、旅游、娱乐和豪华住宅用地，有条件的，必须采取拍卖、招标方式；没有条件，不能采取拍卖、招标方式的，可以采取双方协议的方式"等法律强制性规定，应当认定协议无效。因协议无效，有过错的一方应当赔偿对方因此所受到的损失，该损失仅限于实际损失，不包括可得利益损失。

**【案　　号】**（2015）川民终字第1136号

**【审理法院】** 四川省高级人民法院

**【来　　源】** 中国裁判文书网

### 二、福州宏伟兴业化纤有限公司与福建省罗源湾开发区建设发展公司、罗源湾开发区管理委员会土地使用权出让合同纠纷案

**关键词：** 土地管理部门　开发区管委会　合同效力

**裁判摘要：** 拟受让土地的当事人应当与市、县人民政府土地管理部门签订土地使用权出让合同，与开发区管委会签订的土地出让合同无效，受让人不能获得拟受让的土地使用权。当事人与开发区管委会签订的土地使用权出让合同被认定为无效合同后，可以根据《合同法》相关规定，请求返还财产、赔偿损失。

**【案　　号】**（2013）民申字第2283号

**【审理法院】** 最高人民法院

**【来　　源】** 中国裁判文书网

## 三、德州振业建筑建材有限公司、高树岭与德州市德城区新华街道办事处建设用地使用权出让合同纠纷案

**关键词：** 土地管理部门　街道办　合同效力

**裁判摘要：**《城市房地产管理法》第15条规定："土地使用权出让，应当签订书面出让合同。土地使用权出让合同由市、县人民政府土地管理部门与土地使用者签订。"《城镇国有土地使用权出让和转让暂行条例》第11条规定："土地使用权出让合同应当按照平等、自愿、有偿的原则，由市、县人民政府土地管理部门与土地使用者签订。"据此，土地出让合同应当由土地管理部门与土地使用者签订，且上述规定是效力性强制性规定。而新华街道办并非土地管理部门，其作为国有土地使用权出让主体与他人签订土地出让性质的合同（《征用土地协议书》），违反了上述规定，因此该合同无效。

**【案　　号】**（2017）最高法民申770号

**【审理法院】** 最高人民法院

**【来　　源】** 中国裁判文书网

## 四、灵武市人民政府、宁夏河东综合工业园区华能投资置业有限公司合同纠纷案

**关键词：** 建设用地使用权设立　划拨　合同效力

**裁判摘要：** 根据《物权法》规定，严格限制以划拨方式设立建设用地使用权，采取划拨方式的，应当遵守法律、行政法规关于土地用途的规定。同时，《土地管理法》《城市房地产管理法》等法律及相关行政规章亦对可批准划拨的土地作出了具体规定，其中并不包括案涉土地类型。此外，即便案涉土地符合划拨使用的规定范畴，亦应根据现行法律、行政法规及当地自治条例关于土地划拨的权限进行划拨使用。现政府部门将不符合划拨使用规定且超出其批准权限的国有土地无偿划拨给华能置业公司使用，并约定该公司可自行转让案涉土地并取得相应土地收益，该约定存在违反法律强制性规定，损害国家和社会公共利益的情形，案涉合同应归于无效。

**【案　　号】**（2018）最高法民终159号

**【审理法院】** 最高人民法院

**【来　　源】** 中国裁判文书网

第三百四十八条 通过招标、拍卖、协议等出让方式设立建设用地使用权的，当事人应当采用书面形式订立建设用地使用权出让合同。

建设用地使用权出让合同一般包括下列条款：

（一）当事人的名称和住所；

（二）土地界址、面积等；

（三）建筑物、构筑物及其附属设施占用的空间；

（四）土地用途、规划条件；

（五）建设用地使用权期限；

（六）出让金等费用及其支付方式；

（七）解决争议的方法。

## ▶ 关联规定

一、法律、行政法规、司法解释

1.《中华人民共和国城市房地产管理法》

第十五条 土地使用权出让，应当签订书面出让合同。

土地使用权出让合同由市、县人民政府土地管理部门与土地使用者签订。

2.《城镇国有土地使用权出让和转让暂行条例》

第十一条 土地使用权出让合同应当按照平等、自愿、有偿的原则，由市、县人民政府土地管理部门（以下简称出让方）与土地使用者签订。

第十二条 土地使用权出让最高年限按下列用途确定：

（一）居住用地七十年；

（二）工业用地五十年；

（三）教育、科技、文化、卫生、体育用地五十年；（四）商业、旅游、娱乐用地四十年；

（五）综合或者其他用地五十年。

### 3.《最高人民法院关于审理涉及国有土地使用权合同纠纷案件适用法律问题的解释》

**第一条** 本解释所称的土地使用权出让合同,是指市、县人民政府自然资源主管部门作为出让方将国有土地使用权在一定年限内让与受让方,受让方支付土地使用权出让金的合同。

**第三条** 经市、县人民政府批准同意以协议方式出让的土地使用权,土地使用权出让金低于订立合同时当地政府按照国家规定确定的最低价的,应当认定土地使用权出让合同约定的价格条款无效。

当事人请求按照订立合同时的市场评估价格交纳土地使用权出让金的,应予支持;受让方不同意按照市场评估价格补足,请求解除合同的,应予支持。因此造成的损失,由当事人按照过错承担责任。

**第四条** 土地使用权出让合同的出让方因未办理土地使用权出让批准手续而不能交付土地,受让方请求解除合同的,应予支持。

## 二、部门规章及规范性文件

### 1.《招标拍卖挂牌出让国有建设用地使用权规定》

**第二十条** 以招标、拍卖或者挂牌方式确定中标人、竞得人后,中标人、竞得人支付的投标、竞买保证金,转作受让地块的定金。出让人应当向中标人发出中标通知书或者与竞得人签订成交确认书。

中标通知书或者成交确认书应当包括出让人和中标人或者竞得人的名称,出让标的,成交时间、地点、价款以及签订国有建设用地使用权出让合同的时间、地点等内容。

中标通知书或者成交确认书对出让人和中标人或者竞得人具有法律效力。出让人改变竞得结果,或者中标人、竞得人放弃中标宗地、竞得宗地的,应当依法承担责任。

**第二十一条** 中标人、竞得人应当按照中标通知书或者成交确认书约定的时间,与出让人签订国有建设用地使用权出让合同。中标人、竞得人支付的投标、竞买保证金抵作土地出让价款;其他投标人、竞买人支付的投标、竞买保证金,出让人必须在招标拍卖挂牌活动结束后5个工作日内予以退还,不计利息。

**第二十二条** 招标拍卖挂牌活动结束后,出让人应在10个工作日内将招标拍卖挂牌出让结果在土地有形市场或者指定的场所、媒介公布。

出让人公布出让结果,不得向受让人收取费用。

2.《协议出让国有土地使用权规定》

第十二条 协议出让土地方案和底价经有批准权的人民政府批准后,市、县人民政府国土资源行政主管部门应当与意向用地者就土地出让价格等进行充分协商,协商一致且议定的出让价格不低于出让底价的,方可达成协议。

第十三条 市、县人民政府国土资源行政主管部门应当根据协议结果,与意向用地者签订《国有土地使用权出让合同》。

第十四条 《国有土地使用权出让合同》签订后7日内,市、县人民政府国土资源行政主管部门应当将协议出让结果在土地有形市场等指定场所,或者通过报纸、互联网等媒介向社会公布,接受社会监督。

公布协议出让结果的时间不得少于15日。

## ▶ 条文释义

### 一、本条主旨

本条是关于建设用地使用权出让合同形式和内容的规定。

### 二、条文演变

因建设用地使用权出让合同中设定的权利义务比较复杂,标的额一般较大,且不仅关系土地使用人的切身利益,还涉及国家通过出让合同对后续土地开发利用进行监督管理等,因此,《城市房地产管理法》《城镇国有土地使用权出让和转让暂行条例》均规定土地使用权出让应当签订书面的出让合同。原《物权法》第138条也坚持出让合同为要式合同的定位,明确规定当事人应当采用书面形式订立建设用地使用权出让合同,并列明了该合同中一般应具有的条款。本条在沿袭原《物权法》条文的基础上对出让合同应该具备的条款作了修改和完善:一是将第2款第4项"土地用途"修改为"土地用途、规划条件";二是将第5项"使用期限"修改为"建设用地使用权期限",概念上更为精准,也突出了土地规划在建设用地使用权出让中的重要地位。

### 三、条文解读

本条第 1 款规定了当事人订立建设用地使用权出让合同的程序和方式；第 2 款通过任意性规范的方式明确了该类合同一般应该具有的条款和内容。

#### （一）建设用地使用权出让合同的订立程序

《国有土地使用权合同解释》第 1 条明确了土地使用权出让合同的内涵和性质，将其界定为市、县人民政府自然资源管理部门作为出让方将国有土地使用权在一定年限内让与受让方，受让方支付土地使用权出让金的合同。该类合同是在土地使用权由无偿划拨转为有偿出让的改革背景下产生的，目的是合理开发、利用、经营土地，加强土地管理，促进城市建设和经济发展，具有目的特殊性、主体特定性、订立程序法定性、形式要式性、效力期限的限制性等法律特征。其订立程序及成立生效要件因出让方式的不同而有所区别。

**1. 公开竞价模式下出让合同的订立**

根据原国土资源部颁布的《招标拍卖挂牌出让国有建设用地使用权规定》的规定，公开竞价模式下订立出让合同一般应经过以下程序。

第一，出让人编制出让文件。出让人应当根据招标拍卖挂牌出让地块的情况编制招标拍卖挂牌出让文件，主要包括出让公告、投标或者竞买须知、宗地图、土地使用条件、标书或者竞买申请书、报价单、成交确认书、合同文本等。

第二，出让人按规定发布公告。出让人应当至少在投标、拍卖或者挂牌开始日前 20 日发布招标、拍卖或者挂牌公告，主要内容包括：出让人的名称和地址；出让宗地的位置、现状、面积、使用年期、用途、规划设计要求；投标人、竞买人的资格要求及申请取得投标、竞买资格的办法；索取招标拍卖挂牌出让文件的时间、地点及方式；招标拍卖挂牌时间、地点、投标挂牌期限、投标和竞价方式等；确定中标人、竞得人的标准和方法；投标、竞买保证金；其他需要公告的事项。

第三，投标或参与竞拍。采用招标方式的，投标人应在投标截止时间前将标书投入标箱或邮寄标书（招标），采用拍卖方式的，竞买人参加拍卖会并举牌应价或报价，采用挂牌方式的，由符合条件的竞买人填写报价单报价。

第四，确定中标人、竞得人。招标的，若是按照综合条件最佳者得的原则进行评标，则应成立评标小组确定为中标人，若是按照价高者得的原则进行评标，可以直接由招标主持人根据开标结果；拍卖的，由主持人宣布最高应价者为竞得人，但竞买人的最高应价未达到底价时，主持人应当终止拍卖；挂牌的，在挂牌期限内只有一个竞买人报价，且报价高于底价，并符合其他条件的，挂牌成交；在挂牌期限内有两个或者两个以上的竞买人报价的，出价最高者为竞得人；报价相同的，先提交报价单者为竞得人，但报价低于底价者除外。

第五，签署成交确认书。以招标、拍卖或者挂牌方式确定中标人、竞得人后，中标人、竞得人支付的投标、竞买保证金，转作受让地块的定金。出让人应当向中标人发出中标通知书或者与竞得人签订成交确认书。中标通知书或者成交确认书应当包括出让人和中标人或者竞得人的名称，出让标的，成交时间、地点、价款以及签订国有建设用地使用权出让合同的时间、地点等内容。

第六，签订出让合同。中标人、竞得人应当按照中标通知书或者成交确认书约定的时间，与出让人签订国有建设用地使用权出让合同。

在上述出让合同订立过程中，出让人发布的招标或拍卖公告，根据《民法典》第473条的规定，一般应属于要约邀请，受让人的投标或报价等行为应属于要约，出让人确定并通知中标人（定标）或竞得人（拍定）的行为属于承诺，根据《民法典》第483条"承诺生效时合同成立，但是法律另有规定或者当事人另有约定的除外"的规定，并结合本条关于"当事人应当采用书面形式订立建设用地使用权出让合同"的规定，原则上只有在双方签订书面的出让合同后，合同才正式成立并生效，在此之前处于缔约阶段，一方因过错导致合同未能签订的，应承担缔约过失责任。

**2. 协议出让模式下出让合同的订立**

协议出让，是指国家以协议方式将建设用地使用权在一定年限内出让给土地使用者，由土地使用者向国家支付土地使用权出让金的行为。与公开竞价方式不同，协议出让模式下只有出让人与受让人双方参与，缔约过程是不公开的，也不存在多人竞价的要求。为防止暗箱操作，损害国家利益和其他意向用地者的合法权益，相关法律法规等除对协议出让的适用范围与合同内容等进行了限制外，还规定了通过协议出让方式订立出让合同应遵循的具体程序，具体包括用地申请、制定协议出让土地方案、确定协议出让底价、达成协议、签订书面合同等，也体现出其与一般民商事合同缔约过程的不同。

1035

## （二）建设用地使用权出让合同的主要条款

首先，在体系上，因当事人签订建设用地使用权出让合同系设立建设用地使用权的基础，因此，立法机关将其置于《民法典》物权编而非合同编进行规定，成为《民法典》中的一类有名合同或典型合同；其次，根据双方主要权利义务关系，该合同在法律性质上应属于诺成合同、要式合同、双务合同及有偿合同。为进一步规范出让合同的内容，为当事人签订合同提供具体指引，同时促进合同成立后得以顺利履行，或在一方出现违约时以较低成本解决争议，本条第2款列举了建设用地使用权出让合同一般应当包括的主要条款，具体包括。

### 1.当事人的名称和住所

有明确的当事人，是出让合同成立的基本要件，当事人的名称不明确，将导致出让合同无法履行。出让人方面，虽然出让的土地属于国家所有，但是在出让合同中，是由市、县人民政府自然资源管理部门代表国家作为出让人。受让人方面，实践中有受让人在签订合同后又设立项目公司并提出变更受让主体的问题，此时应适用合同权利义务转让的相关规定，但合同另有约定的除外。

### 2.土地界址、面积等

出让合同的标的系国家将土地所有权中的使用权能交由受让人享有和支配，其成立的另一基本要件即为应存在明确的标的物，这也是物权客体特定化的当然要求。土地作为标的物有自身特殊性，在物理性质上连绵无垠，涉及地表上下，因此范围应从"横""纵"两方面界定。本项从"横"的方面规定出让合同中应当明确标明出让建设用地的具体界址、面积等基本的用地状况。为了准确界定建设用地的基本数据，建设用地使用权合同一般会附出让宗地界址图，标明建设用地的位置、四至范围等，该附件需经双方当事人确认。

### 3.建筑物、构筑物及其附属设施占用的空间

本项系从"纵"的方面规定出让合同中应当明确建造建筑物等在地上及地下所必需的空间范围，以明确出让宗地的界址点和空间范围，以空间体积代替平面面积，用以划定和标示建设用地使用权的权利范围，并作为计算出让金的依据。根据《民法典》第346条的规定，建设用地使用权可以在土地的地表、地上或者地下分别设立。因此，在分层设立建设用地使用权的情况下，必须界定每一建设用地使用权具体占用的空间，即标明建设用地占用的面积和四至，

建筑物、构筑物以及附属设施的高度和深度，使建设用地使用权人行使权利的空间范围得以确定，为设立空间建设用地使用权奠定基础。此外，在进行土地登记时，不仅应当记载用以确定土地面积的数据和图形，还应当记载垂直方向的高程，构成一个三维立体空间，以标示出建设用地使用权的权利范围。

**4. 土地用途、规划条件**

我国对土地实行较为严格的用途管制，土地用途影响着建设用地使用权出让金的数额，与城市的发展规划也密切相关。土地使用权人应严格按照法定与约定的土地用途使用土地，不经法定审批程序不得更改，否则应承担民事违约责任和行政处罚责任，对此《民法典》第350条亦有明确规定。而且土地用途不同，法定的存续期限也有不同。根据《城市房地产管理法》及相关法规，目前我国建设用地用途主要分为工业、住宅、商业、娱乐、旅游等经营性用途及教育、科技、文化等公益性用途，对此应在出让合同中予以明确。此外，本条与原《物权法》第138条相比，增加了规划条件的规定，这是因为我国土地用途管制主要是通过规划实现的，符合规划中确定的土地用途及条件，系设立建设用地使用权的前提，也是建设用地使用权设立后进行开发建设的前提。这种修改体现了进一步强化土地规划管制的思想。规划条件包括主体建筑物性质、附属建筑物性质、建筑总面积、建筑容积率、建筑限高、建筑密度、绿地率、其他土地利用要求，直接决定了建设用地使用权的效力范围，理应作为合同条款。①

**5. 建设用地使用权期限**

通过出让方式设立的建设用地使用权有明确的使用期限的限制，这是其与划拨用地的区别之一，且该期限不得由当事人擅自约定，而是依据法律法规的规定确定。根据《城镇国有土地使用权出让和转让暂行条例》第12条的规定，土地使用权出让最高年限按用途确定：居住用地70年；工业用地50年；教育、科技、文化、卫生、体育用地50年；商业、旅游、娱乐用地40年；综合或者其他用地50年。需要注意的是，该期限为最长期限，理论上具体期限可在此范围内由当事人约定。建设用地使用权出让的期限自出让人向建设用地使用权人实际交付土地之日起算，原划拨土地使用权补办出让手续的，使用期限自合同签订之日起算。

---

① 参见高圣平：《论集体建设用地使用权的法律构造》，载《法学杂志》2019年第4期。

### 6. 出让金等费用及其支付方式

以出让方式取得建设用地使用权是有偿的，建设用地使用权人应当按照约定支付出让金等费用。对于出让金等费用及其支付方式，《土地管理法》和《城市房地产管理法》都作了规定，明确应当按照国务院规定的标准和办法，缴纳土地使用权出让金等土地有偿使用费和其他费用后，方可使用土地。其中出让金系建设用地使用权的对价或者说总成交价款，由必须支付的征地补偿款、土地出让收益等构成。而此处"等费用"，还包括土地前期开发费用、土地出让业务费等内容。关于出让金的支付方式，根据《城镇国有土地使用权出让和转让暂行条例》第14条的规定，土地使用者应当在签订出让合同后60日内，支付全部土地使用权出让金。但是，随着实践的发展，目前对于采取拍卖、招标等公开竞价方式设立的建设用地，其出让金的支付方式可以采取一次性支付，或者分期支付的办法。因此宜将上述支付期限的规定视为倡导性规定，具体支付期限和支付方式仍取决于当事人约定。

### 7. 解决争议的方法

当事人可在合同中约定履行合同中若产生争议，解决争议的具体方式，包括应双方协商解决，协商不成的，提交双方当事人指定的仲裁委员会仲裁，或者依法向人民法院起诉。

除上述内容外，当事人还可在出让合同中约定具体的土地使用规则、合同的担保方式以及违约责任等内容。需要注意的是：第一，上述条款并非必须全部具备后出让合同才能成立，根据《全国法院贯彻实施民法典工作会议纪要》第6条关于"当事人对于合同是否成立发生争议，人民法院应当本着尊重合同自由，鼓励和促进交易的精神依法处理。能够确定当事人名称或者姓名、标的和数量的，人民法院一般应当认定合同成立，但法律另有规定或者当事人另有约定的除外。对合同欠缺的当事人名称或者姓名、标的和数量以外的其他内容，当事人达不成协议的，人民法院依照民法典第四百六十六条、第五百一十条、第五百一十一条等规定予以确定"的规定，出让合同中只要具备当事人、出让土地（包括特定化的界址、面积、空间及用途等）等内容即可成立，其他内容可通过法律行政法规的规定予以补充。第二，与《民法典》合同编中关于有名合同的规定以任意性规范为主不同，土地使用权出让合同的内容虽然是由出让方与受让方自由协商确定的，但同时受《民法典》《土地管理法》《城市房地产管理法》及其配套行政法规、部门规章等约束和限制，当事人不得通过约定任意变更或排除适用。

## ▶ 适用指引

### 一、建设用地使用权出让合同的法律性质及救济途径

关于建设用地使用权出让合同属于民事合同还是行政协议，发生纠纷时应通过民事诉讼还是行政诉讼解决，理论和实践中存在一定争议，这种争议产生的根源在于建设用地使用权兼具私益性与公益性，出让合同则兼具合意性与行政性，因此，原则上应根据纠纷类型的不同确定具体救济途径。第一，《民法典》明确将建设用地使用权作为重要的一类用益物权规定，出让合同系设立此种权利的方式和基础，故将其界定为民事合同具有法律依据。在司法解释层面，《民事案件案由规定》中将建设用地使用权出让合同纠纷作为民事案由规定，《国有土地使用权合同解释》也是将该出让合同界定为民事合同，并在此基础上设立了具体规则。2019年出台的《最高人民法院关于审理行政协议案件若干问题的规定》第2条列举了可通过行政诉讼救济的行政协议的类型，其中第3项将"矿业权等国有自然资源使用权出让协议"纳入行政协议，但考虑到矿业权具有行政许可与财产权利的双重属性，与建设用地使用权在法律性质上尚存在较大差异，故本条并未明确规定建设用地使用权出让合同属于行政协议。因此，对于涉及出让合同的成立、效力、履行、变更、解除、违约责任等纠纷，因主要遵循平等、自愿、有偿原则，且不受单方行政行为强制，当事人就此可以提起民事诉讼，也可根据约定申请仲裁。第二，涉及容积率确定、红线划定、土地收回等行政职能的争议，政府部门享有行政优益权，属于行政法律关系，当事人就此可以提起行政复议或者行政诉讼。

### 二、建设用地使用权出让公告因违反法律规定被撤销后出让人的责任性质和范围

根据《民法典》第473条关于"要约邀请是希望他人向自己发出要约的表示。拍卖公告、招标公告、招股说明书、债券募集说明书、基金招募说明书、商业广告和宣传、寄送的价目表等为要约邀请"的规定，建设用地使用权出让过程中出让人发布的招标或拍卖公告等一般属于要约邀请，是向不特定主体发

出的以吸引或邀请相对方发出要约为目的的意思表示，该表示中并不包括合同成立的主要条件，特别是未包括价格条款，其实质只是希望挂牌人提出价格条款，属当事人订立合同的预备行为，竞买人在竞买申请中提出报价，并按要约邀请支付保证金的行为，属于要约，在签订书面出让合同之前，双方当事人之间的土地使用权出让合同关系并未成立和生效。建设用地使用权出让方因出让公告违反法律的禁止性规定，撤销公告后，造成竞买人在缔约阶段发生信赖利益损失的，应对竞买人的实际损失承担缔约过失责任而非违约责任。当然，如果出让人已与受让人签订了土地拍卖成交确认书，约定在一定期限内签订出让合同，且双方已经实际履行了交付土地和支付土地出让金等直接影响合同成立及当事人订约目的的主要义务的，即使事后未签订书面的出让合同，仍可根据《民法典》第490条第2款关于"法律、行政法规规定或者当事人约定合同应当采用书面形式订立，当事人未采用书面形式但是一方已经履行主要义务，对方接受时，该合同成立"的规定，认定出让合同已成立和生效，并以成交确认书的内容确定当事人的权利和义务。

### 三、投标、竞买保证金的法律性质

《招标拍卖挂牌出让国有建设用地使用权规定》确立了建设用地使用权招标拍卖挂牌出让中的投标、竞买保证金制度。实践中对保证金的性质一直存在不同的认识，一种观点认为，投标、竞买保证金是定金；另一种观点认为是出让金。这两种观点都是片面的。实际上，由于招标拍卖挂牌出让工作由不同阶段组成，招标拍卖挂牌活动持续过程较长，因此，投标、竞买保证金的性质不是恒定的，在招标拍卖挂牌出让的不同阶段，性质不同。《招标拍卖挂牌出让国有建设用地使用权规定》第20条规定："以招标、拍卖或者挂牌方式确定中标人、竞得人后，中标人、竞得人支付的投标、竞买保证金，转作受让地块的定金……"第21条规定："中标人、竞得人应当按照中标通知书或者成交确认书约定的时间，与出让人签订国有建设用地使用权出让合同。中标人、竞得人支付的投标、竞买保证金抵作土地出让价款；其他投标人、竞买人支付的投标、竞买保证金，出让人必须在招标拍卖挂牌活动结束后5个工作日内予以退还，不计利息。"据此，在中标或竞得前，投标、竞买保证金只是竞买人参加招标拍卖挂牌活动的资格条件，中标或竞得后，投标、竞买保证金转变性质成为定金，签订出让合同后，再转变性质成为出让价款的一部分。因此，在拍卖

（挂牌）成交或中标前出让人发布的拍卖公告因违反法律规定被撤销，竞买人请求适用定金罚则双倍返还保证金的，一般不予支持。

### 四、竞买人等通过提交虚假文件或恶意串通签订出让合同的效力

《城镇国有土地使用权出让和转让暂行条例》第11条规定："土地使用权出让合同应当按照平等、自愿、有偿的原则，由市、县人民政府土地管理部门与土地使用者签订。"国有土地使用权出让合同，必须是双方当事人在平等、互利、协商一致的基础上，就出让合同的主要条款进行充分协商后达成的，即双方意思表示真实、一致。一方面，任何一方不得将自己的意志强加于对方，特别是各市、县人民政府自然资源管理部门在出让土地的过程中，必须在完全自愿平等的基础上与受让人进行协商，而不应凭借其行政主体的特殊地位，将自己的意志强加于他人；另一方面，受让方应符合法律法规要求的受让土地使用权的资格，如建设单位在进行用地申请时，应保证向审批机关提交的材料真实、全面，不得伪造相关的资质证明，若其以虚假文件获得主管部门审批的，或者在竞拍过程中与出让人或其他竞买人恶意串通，压低土地价格，均属于严重损害国家利益的行为，根据《招标拍卖挂牌出让国有建设用地使用权规定》第25条关于"中标人、竞得人有下列行为之一的，中标、竞得结果无效；造成损失的，中标人、竞得人应当依法承担赔偿责任：（一）投标人、竞买人提供虚假文件隐瞒事实的；（二）中标人、竞得人采取行贿、恶意串通等非法手段中标或者竞得的"的规定以及《民法典》关于法律行为效力的规定，应根据不同情形依法认定出让合同为无效或可撤销。

## ▶ 典型案例

### 一、时间公司诉浙江省玉环县国土局土地使用权出让合同纠纷案

**关键词：** 挂牌出让　要约邀请　缔约过失责任　保证金

**裁判摘要：** 国有土地使用权出让公告属于要约邀请，竞买人在竞买申请中提出报价，并按要约邀请支付保证金的行为，属于要约，双方当事人尚未形成土地使用权出让合同关系。国有土地使用权出让方因出让公告违反法律的禁止性规定，撤销公告后，造成竞买人在缔约阶段发生信赖利益损失的，应对竞买

人的实际损失承担缔约过失责任。出让公告中载明竞买人应缴纳保证金且未明确其为定金的，当事人主张适用定金罚则的，不予支持。

**基本案情**：2002年11月7日，玉环县国土资源局（以下简称国土局）在《玉环报》上刊登了《玉环县国土资源局国有土地使用权挂牌出让公告》（以下简称《挂牌出让公告》），主要内容是经玉环县人民政府批准，国土局定于2002年11月21日8时到同年12月4日15时，在玉环县地产交易窗口挂牌出让下列一宗国有土地使用权，并且载明了该宗土地的具体位置、用途及其他事项。2002年11月20日，国土局收到时间房地产建设集团有限公司（以下简称时间公司）的"挂牌出让竞买申请书"，该申请书载明："经认真审阅贵局国有土地使用权挂牌出让文件，我们愿意遵守国有土地挂牌出让文件的要求和规定，决定申请参加贵局2002年11月21日至同年12月4日在玉环县地产交易所窗口进行的国有土地使用权挂牌出让竞买。"同日，时间公司依约汇入玉环县土地储备中心2000万元，国土局出具了浙江省行政事业单位往来收据一份，确认收到该笔款项。次日，时间公司向国土局提供了"挂牌出让竞买报价单"，报价为5000万元。2002年11月20日，浙江省国土资源厅接到举报称国土局在案涉土地挂牌出让中有不规范、暗箱操作行为后，查明该宗土地正在上报审批而未获批准，要求国土局在未经依法批准前停止挂牌。同年11月22日，国土局向时间公司发出了《关于对2002—005号海域开发宗地停止挂牌出让的通知》，同日，国土局将2000万元退还给时间公司。时间公司收到上述通知和款项后，于同年12月6日发给国土局《关于对2002—005号海域开发宗地停止挂牌出让通知的复函》，认为"贵局的发布公告及接受挂牌押金和我公司挂牌报价的行为是民事法律行为，对双方都具有法律约束力，贵局擅自停止挂牌的行为已违反了我国的有关法律规定，应属无效行为。我公司现要求贵局恢复挂牌，将该幅土地依法出让。若贵局一意孤行，我公司将依法要求贵局双倍返还挂牌押金，并赔偿相应的经济损失……"后时间公司起诉至法院，请求国土局继续履行合同，并判令国土局双倍返还时间公司所交的约定为定金性质的保证金计4000万元（已返还2000万元）。

本案经一审、二审，最终驳回了时间公司的诉讼请求，主要理由是：本案刊登于报纸上的挂牌出让公告是向不特定主体发出的以吸引或邀请相对方发出要约为目的的意思表示，其实质是希望竞买人提出价格条款，其性质应认定为要约邀请。时间公司于2002年11月21日所作的报价应为本案要约。时间公司诉称挂牌出让公告即为要约的主张缺乏法律依据,不能成立。《合同法》对要约邀请的撤回未作条件限制,在发出要约邀请后,要约邀请人撤回要约邀请,只要没有给善意相对人造成信赖利益的损失,要约邀请人一般不承担法律责任。要约邀请不形成合同关系,撤回要约邀请亦不产生合同上的责任。因此,时间公司要求国土局继续挂牌并与之签订国有土地使用权出让合同的主张于法无据,不予支持。关于本案是否存在承诺的问题,2002年11月22日,即时间公司虽已报价但未开始竞价的次日,浙江省国土资源厅即责令国土局停止挂牌,从而使正在进行中的缔约行为因事实原因的出现而发生中断,此时,挂牌出让程序中的竞价期限尚未届满,国有土地使用权出让合同的主要条款即讼争宗地使用权的价格未能确定,国土局尚未对时间公司的报价作出承诺,双方关系仍停留于缔结合同过程中的要约阶段,因此,本案合同因尚未承诺而没有成立,双方当事人之间没有形成合同关系。因本案合同未成立,故时间公司认为其与国土局之间存在效力待定合同的主张,亦不予支持。关于国土局承担责任的法律根据问题,本案正在进行中的国有土地使用权挂牌交易,不仅于挂牌之时未获审批且至本案二审庭审结束时止该宗国有土地使用权出让仍未获浙江省人民政府批准,从而造成时间公司期待缔结国有土地使用权出让合同的目的不能实现,国土局对此存在过错,应承担相应的缔约过失责任。至于《挂牌出让公告》和《挂牌出让须知》所规定的2000万元保证金在本案《挂牌出让公告》中载明为"保证金",双方并未约定为定金,时间公司关于该2000万元保证金应为担保正式订立合同的立约定金,国土局应予以双倍返还的主张,缺乏事实和法律依据,法院不予支持。

【案　　号】(2003)民一终字第82号
【审理法院】最高人民法院
【来　　源】《最高人民法院公报》2005年第5期

## 二、浙江恒兴房地产有限公司与衢州市国土资源局拍卖出让国有土地使用权纠纷案

**关键词:** 拍卖成交确认书　建设用地使用权出让合同　缔约过失责任

**裁判摘要:** 土地使用权出让合同的成立,应以签订了书面的出让合同为条件。即便竞买人以交纳保证金、签订成交确认合同的参与竞买方式,对该要约邀请作出了回应,拍卖机构亦以拍板、落槌的方式宣告竞买终结,这些事实只

是证明拍卖程序的完结，竞买人接受了成交确认合同的各项约定。双方当事人未签订书面的土地出让合同时，出让合同未成立，双方仍处于缔约阶段。土地出让方对土地的信息未尽足够的审查注意及告知义务，而土地的受让方对地块的设计不符合规划要求的，双方的过失都是导致合同无法成立的因素，因此，应由双方分担缔约过程中的损失。

**基本案情**：2002年10月30日，衢州市国土资源局（以下简称国土局）与拍卖公司签订《拍卖合同》约定，国土局委托拍卖公司拍卖浙江省衢州市县西街东侧片和西侧片区国有土地使用权。次日，国土局发布《拍卖公告》，除载明案涉土地的基本情况外，还规定竞买人须严格按规划平面布置方案和《出让合同》规定的条件开发；根据衢政发（1999）57号文件，凭《拍卖成交确认合同》等资料向有关部门申办立项、规划选址意见书等手续。《规划管理要求》载明：出让土地性质为"商业用地"。浙江省衢州市规划局（以下简称规划局）2002年10月30日的正式文件上为"商住用地"。2002年11月18日，浙江恒兴房地产有限公司（以下简称恒兴公司）前身金华恒兴房地产有限公司交纳了1000万元保证金，申请成为该地块的竞买人。同年11月20日上午拍卖会举，该地块由恒兴公司以2.53亿元最高应价成交。恒兴公司在《拍卖会成交记录表》上签字并与拍卖公司签订《确认合同》，之后，恒兴公司未与国土局签订《出让合同》。2002年12月24日，国土局向恒兴公司发出《违约通知书》，要求恒兴公司与其签订《出让合同》并缴纳出让金。2003年2月25日，国土局再次向恒兴公司发出《违约通知书》称：按规定必须在2003年2月21日前缴清出让金，至今日尚未缴纳，恒兴公司的行为视作违约，交纳的保证金1000万元予以没收；恒兴公司必须在2003年3月6日前缴清出让金；否则，依法将该地块重新公告拍卖。同年3月5日，恒兴公司回复国土局：《拍卖公告》与《规划管理要求》相矛盾，不解决无法开发。2003年1月28日，规划局召集规划和建筑技术人员进行会审，并召开审查会形成的《会议纪要》为：开发商报送的规划建筑设计方案确实不能满足规划要求，必须修改。2003年6月9日，国土局再次发布拍卖公告出让该争议地块使用权，同年6月27日拍卖成交。2004年6月26日，恒兴公司致函国土局称，双方土地使用权关系已成立。因《拍卖文件》与规划文件对用地性质规定不一，致使《出让合同》不能签订；国土局函告1000万元保证金已转为出让金，又予以没收，没有依据；国土局未征得其同意，将其竞得地块拍卖，应承担违约和赔偿责任。此后，双方因订立《出让合同》及缴纳土地出让金等事宜协商未果发生争议诉至法院。本案经一审、二审,最终判令国土局于本判决生效之日起30日内返还恒兴公司竞买保证金500万元,驳回双方其他诉讼请求。

主要理由是:第一,关于双方当事人的争议为何种法律关系性质的问题。本案恒兴公司于2002年11月20日以2.53亿元报价在《拍卖会成交记录表》上签字,并与拍卖公司签订《确认合同》,双方对此事实无异议,表明该地块拍卖程序已完结,恒兴公司接受了《确认合同》的各项约定。但恒兴公司未依《拍卖规定》当场与国土局签订《出让合同》。此后,尽管国土局向恒兴公司发出《违约通知书》,要求恒兴公司缴纳出让金并签订《出让合同》,恒兴公司仍未承诺,从而使双方正在进行的《出让合同》缔约行为因恒兴公司不予签订的事实原因而中断。双方没有根据《合同法》第10条等规定签订《出让合同》,其行为仍停留于缔结《出让合同》的要约阶段,《出让合同》未成立,双方的争议实质为国有土地使用权出让的法律关系。第二,关于恒兴公司主张未签订《出让合同》的理由是否成立的问题。(1)关于国土局编制的《拍卖文件》是否符合相关法律规定的问题。依据《土地管理法》及《城市房地产管理法》的相关规定,土地管理部门按照国家法律授权和有批准权的人民政府批准授权,代表国家出让国有土地使用权,其性质属于平等主体之间的民事法律关系。因此,《出让合同》的内容,必须是双方当事人平等自愿协商一致的真实意思表示,任何一方不能将自己的意志强加给另一方,同时土地管理部门还负有客观、准确地履行告知受让者土地现状、土地性质的法定义务,以保障出让地块的交易安全。本案查明的事实是,国土局编制的《出让合同》作为《拍卖文件》的组成部分,其中载明的"2003年2月21日前交付土地、2003年2月21日前缴纳全部土地出让金、2003年2月21日前动工建设"等条款,非国土局与恒兴公司平等协商一致的结果。国土局发布的《拍卖公告》及刊登在《浙江日报》《衢州日报》的《土地使用权公告》"商业、住宅用地"与《规划管理要求》"商业用地"及规划局文件"商住用地"对涉案土地用途的表述存在差异,国土局对此认可。故国土局对其发布的《拍卖公告》《出让合同》与《规划管理要求》文件内容,未尽足够的审查注意及告知义务,在与恒兴公司订立《出让合同》的过程中,存在缔约过失,客观上影响了恒兴公司对该地块性质、用途的判断与决策。(2)关于恒兴公司在订立《出让合同》的过程中是否存在缔约过失的问题。依据查明的案件事实,国土局为拍卖出让该地块发布的12

项文件，公开了拍卖出让地块的一切前提条件与全部信息，其中《拍卖规定》《拍卖须知》特别提醒竞买人要认真咨询、了解标的现状。拍卖成交后，买受人当场与国土局签订《出让合同》，如有违约，应承担相应的违约责任。恒兴公司作为竞买人得知后，有条件决定是否参与竞买，并清楚交纳保证金及签订《确认合同》的法律后果。事实上，恒兴公司交纳了1000万元保证金，并与拍卖公司签订了《确认合同》。此后，由于恒兴公司报送的规划建筑设计方案不能满足规划要求，规划局与规划设计院等审查形成《会议纪要》，要求恒兴公司必须修改，但恒兴公司未能修改。由此证明，恒兴公司在订立《出让合同》过程中，不仅对其参与行使竞买的权利未尽注意义务，而且该地块设计亦不符合规划要求，都是导致其不能与国土局签订《出让合同》的因素，恒兴公司也存在缔约过失。第三，本案在2002年12月24日、2003年2月25日国土局致恒兴公司的《违约通知书》中虽有"1000万元竞买保证金转为土地出让金"的表述，但因双方没有依法签订《出让合同》，恒兴公司交纳的1000万元仍为竞买保证金的性质，恒兴公司关于该笔保证金已转为出让金的主张，没有依据。因双方在订立《出让合同》过程中存在缔约过失，是导致《出让合同》不能签订的根本原因，故对恒兴公司1000万元保证金的损失，应由双方各半分担。

【案　　号】（2005）民一终字第83号
【审理法院】最高人民法院
【来　　源】《最高人民法院公报》2007第3期

## 类案检索

### 一、赣州市自然资源局与赣州市旺业置业有限公司建设用地使用权出让合同纠纷案

**关键词：** 拍卖成交确认书　民事诉讼　行政诉讼　建设用地使用权出让合同

**裁判摘要：** 本案是受让方与出让方因成交确认书签订之后的履行行为引发的民事纠纷，属于民事诉讼的受案范围。首先，出让方既是受托对国有土地进行管理的行政主管机关，也是依法具有民事权利能力和行为能力的民事主体。出让方虽在拍卖成交阶段行使了相应的行政管理职权，但其委托土地交易管理

中心与受让方签订成交确认书的行为属于平等主体之间意思自治的民事法律行为,符合自愿平等、等价有偿的原则,双方之间不存在管理与被管理的关系。其次,本案为建设用地使用权出让合同纠纷,非拍卖合同纠纷。拍卖是指以公开竞价的形式,将特定物品或者财产权利转让给最高应价者的买卖方式,是建立买卖合同关系的一种手段或方式。受让方通过公开竞价的方式竞得签订案涉土地建设用地使用权出让合同的资格,并与土地交易管理中心签订成交确认书,双方在拍卖过程中并没有产生争议,拍卖成交阶段已经终结。受让方与出让方争议的是成交确认书签订后如何履行双方约定的后续权利义务问题,并不涉及拍卖成交的效力问题。从拍卖公告、拍卖须知、《成交确认书》等文件可见,双方关于出让案涉土地使用权问题的主要合同条款已经协商并达成一致。根据《国有土地使用权合同解释》的相关规定,涉及国有土地使用权合同纠纷案件属于民事案件受理范围。最后,《最高人民法院行政审判庭关于拍卖出让国有建设用地使用权的土地行政主管部门与竞得人签署成交确认书行为的性质问题请示的答复》(〔2010〕行他字第191号)关于"土地行政主管部门通过拍卖出让国有建设用地使用权,与竞得人签署成交确认书的行为,属于具体行政行为"的意见,系从行政法角度作出的认定,并不排斥双方之间存在的民事法律关系。受让方选择民事诉讼程序来解决案涉纠纷系当事人依法行使程序权利的结果。

【案　　号】(2019)最高法民终1197号
【审理法院】最高人民法院
【来　　源】中国裁判文书网

## 二、某市国土资源局诉某市A房地产开发有限公司建设用地使用权出让合同纠纷案

**关键词:** 挂牌出让　合同效力

**裁判摘要:** 挂牌出让土地使用权交易作为一种特定的民事行为,应当按照国家有关土地使用权挂牌出让的规定执行并受《合同法》的规制。虽然土地使用权的挂牌出让与拍卖出让两种方式在部分操作程序上有相近之处,但却在交易的主体资格、竞买人人数要求、竞报价方式、成交条件等方面存有重大差异;而《拍卖法》约束和规范的只是拍卖行为。《土地使用权交易成交确认书》《国有土地使用权出让合同》是基于土地使用权的挂牌出让而非拍卖出让行为

而签署,并且其组织实施的主体是当地土地管理部门设立的土地使用权交易机构,该机构属于专门的事业单位而非拍卖企业,故对于土地使用权挂牌出让行为,不应适用《拍卖法》的规定。因该项挂牌出让活动所签订的《土地使用权交易成交确认书》和《国有土地使用权出让合同》的效力问题,应当依据《合同法》的相关规定进行审查认定。在没有充分证据证明有关当事人在案涉土地使用权挂牌出让过程中的行为构成恶意串通,其行为内容和结果也不损害国家、集体和第三人的利益的情况下,案涉《土地使用权交易成交确认书》《国有土地使用权出让合同》合乎当事人的真实意思表示,签订程序正当合法,不存在导致其无效的法定情形,故依法应当确认其合法有效。

【案　　号】(2015)民一终字第143号
【审理法院】最高人民法院
【来　　源】中国裁判文书网

### 三、沈阳市于洪区于洪新城管理委员会与沈阳顺丰房地产开发有限公司、沈阳市于洪区人民政府、沈阳市人民政府土地整理合同纠纷案

**关键词：** 土地整理合同　挂牌出让　合同效力

**裁判摘要：** 政府部门与企业签订土地整理合同,约定企业负责筹集资金完成土地的整理拆迁等义务,如果土地将来挂牌交易由该企业取得,则该企业仅支付土地出让金不再支付其他费用;如果由其他主体取得,则该企业有权取得实际拍卖成交价与土地出让金的差额部分。该约定不属于以合法形式掩盖非法目的、损害国家利益的情形,应认定合法有效。

【案　　号】(2013)民一终字第72号
【审理法院】最高人民法院
【来　　源】中国裁判文书网

第三分编 用益物权 | 第十二章 建设用地使用权 | 第三百四十九条

**第三百四十九条** 设立建设用地使用权的，应当向登记机构申请建设用地使用权登记。建设用地使用权自登记时设立。登记机构应当向建设用地使用权人发放权属证书。

▶ 关联规定

一、法律、行政法规、司法解释

1.《中华人民共和国城市房地产管理法》

**第六十条** 国家实行土地使用权和房屋所有权登记发证制度。

**第六十一条** 以出让或者划拨方式取得土地使用权，应当向县级以上地方人民政府土地管理部门申请登记，经县级以上地方人民政府土地管理部门核实，由同级人民政府颁发土地使用权证书。

在依法取得的房地产开发用地上建成房屋的，应当凭土地使用权证书向县级以上地方人民政府房产管理部门申请登记，由县级以上地方人民政府房产管理部门核实并颁发房屋所有权证书。

房地产转让或者变更时，应当向县级以上地方人民政府房产管理部门申请房产变更登记，并凭变更后的房屋所有权证书向同级人民政府土地管理部门申请土地使用权变更登记，经同级人民政府土地管理部门核实，由同级人民政府更换或者更改土地使用权证书。

法律另有规定的，依照有关法律的规定办理。

**第六十三条** 经省、自治区、直辖市人民政府确定，县级以上地方人民政府由一个部门统一负责房产管理和土地管理工作的，可以制作、颁发统一的房地产权证书，依照本法第六十一条的规定，将房屋的所有权和该房屋占用范围内的土地使用权的确认和变更，分别载入房地产权证书。

2.《中华人民共和国土地管理法》

**第十二条** 土地的所有权和使用权的登记，依照有关不动产登记的法律、行政法规执行。

依法登记的土地的所有权和使用权受法律保护，任何单位和个人不得侵犯。

**3.《城镇国有土地使用权出让和转让暂行条例》**

**第七条** 土地使用权出让、转让、出租、抵押、终止及有关的地上建筑物、其他附着物的登记，由政府土地管理部门、房产管理部门依照法律和国务院的有关规定办理。

登记文件可以公开查阅。

**第十六条** 土地使用者在支付全部土地使用权出让金后，应当依照规定办理登记，领取土地使用证，取得土地使用权。

**4.《最高人民法院关于审理涉及国有土地使用权合同纠纷案件适用法律问题的解释》**

**第八条** 土地使用权人作为转让方与受让方订立土地使用权转让合同后，当事人一方以双方之间未办理土地使用权变更登记手续为由，请求确认合同无效的，不予支持。

## 二、部门规章及规范性文件

**1.《招标拍卖挂牌出让国有建设用地使用权规定》**

**第二十三条** 受让人依照国有建设用地使用权出让合同的约定付清全部土地出让价款后，方可申请办理土地登记，领取国有建设用地使用权证书。

未按出让合同约定缴清全部土地出让价款的，不得发放国有建设用地使用权证书，也不得按出让价款缴纳比例分割发放国有建设用地使用权证书。

**2.《协议出让国有土地使用权规定》**

**第十五条** 土地使用者按照《国有土地使用权出让合同》的约定，付清土地使用权出让金、依法办理土地登记手续后，取得国有土地使用权。

**3.《不动产登记暂行条例》**

**第五条** 下列不动产权利，依照本条例的规定办理登记：

（一）集体土地所有权；

（二）房屋等建筑物、构筑物所有权；

（三）森林、林木所有权；

（四）耕地、林地、草地等土地承包经营权；

（五）建设用地使用权；

（六）宅基地使用权；

（七）海域使用权；

（八）地役权；

（九）抵押权；

（十）法律规定需要登记的其他不动产权利。

4.《不动产登记暂行条例实施细则》

第三十三条　依法取得国有建设用地使用权，可以单独申请国有建设用地使用权登记。

依法利用国有建设用地建造房屋的，可以申请国有建设用地使用权及房屋所有权登记。

第三十四条　申请国有建设用地使用权首次登记，应当提交下列材料：

（一）土地权属来源材料；

（二）权籍调查表、宗地图以及宗地界址点坐标；

（三）土地出让价款、土地租金、相关税费等缴纳凭证；

（四）其他必要材料。

前款规定的土地权属来源材料，根据权利取得方式的不同，包括国有建设用地划拨决定书、国有建设用地使用权出让合同、国有建设用地使用权租赁合同以及国有建设用地使用权作价出资（入股）、授权经营批准文件。

申请在地上或者地下单独设立国有建设用地使用权登记的，按照本条规定办理。

第三十五条　申请国有建设用地使用权及房屋所有权首次登记的，应当提交下列材料：

（一）不动产权属证书或者土地权属来源材料；

（二）建设工程符合规划的材料；

（三）房屋已经竣工的材料；

（四）房地产调查或者测绘报告；

（五）相关税费缴纳凭证；

（六）其他必要材料。

## 条文释义

### 一、本条主旨

本条是关于建设用地使用权以登记为设立要件的规定。

### 二、条文演变

建设用地使用权属于典型的不动产用益物权,根据《民法典》第209条第1款关于"不动产物权的设立、变更、转让和消灭,经依法登记,发生效力;未经登记,不发生效力,但是法律另有规定的除外"的规定,其设立应以登记为要件。本条沿袭了原《物权法》第139条的规定,明确了建设用地使用权采取登记生效主义。同时,考虑到不动产权属证书目前已取代分散登记时期的建设用地使用权证书和房产证书,本条将原《物权法》第139条规定的"建设用地使用权证书"修改为"权属证书",系适应不动产统一登记的改革趋势的体现。

### 三、条文解读

#### (一)建设用地使用权设立登记的效力

第一,登记系建设用地使用权的设立要件。根据《民法典》第209条第1款及本条规定,在出让方与受让方签订书面出让合同后,或者通过划拨方式取得建设用地使用权后,应该在法定期限内向登记机构申请建设用地使用权登记,该登记为权利生效要件,而非对抗要件,这一点与《民法典》第333条规定的"土地承包经营权自土地承包经营权合同生效时设立"有所区别,即前者实行登记生效主义,而后者实行登记对抗主义,这是由两种用益物权在法律性质、交易习惯及登记基础等方面的诸多不同决定的。

第二,建设用地使用权设立登记具有公示和公信力。首先,建设用地使用权经登记对外彰显权利人及权利内容,由此产生对抗第三人的法律效力,在他人非法侵占土地或者对其权利行使造成妨碍或损害时,登记簿记载的使用权人可行使物权请求权或侵权赔偿请求权;其次,设立登记属于建设用地使用权的首次登记，登记后权利人获得处分权，其转让、抵押、互换等也均以本次登记为基础；最后，登记簿上记载的权利人被推定为真正的权利人，第三人因合理信赖该登记而进行的土地使用权流转应受法律保护。

第三，登记前依法成立的建设用地使用权出让合同已经生效。根据《民法典》第215条确定的合同生效和物权变动的区分原则，即"当事人之间订立有关设立、变更、转让和消灭不动产物权的合同，除法律另有规定或者当事人另有约定外，自合同成立时生效；未办理物权登记的，不影响合同效力"的规定，若出让合同为双方当事人的真实意思表示且不存在违反法律行政法规强制性规定等情形，其自成立时即发生法律效力，出让人应按合同约定履行提供出让土地的义务，包括交付土地及办理登记并发放权属证书的义务，受让人则应按合同约定履行交付土地出让金的义务，双方均不能以未登记为由主张出让合同无效或拒绝履行合同义务，否则另一方有权解除合同，并请求违约方承担违约损害赔偿责任。

第四，在记载于登记簿之前受让人尚未取得建设用地使用权。根据《民法典》第214条"不动产物权的设立、变更、转让和消灭，依照法律规定应当登记的，自记载于不动产登记簿时发生效力"的规定，受让人未在登记簿记载之前，只享有请求出让人提供土地的债权，该权利不具有物权的优先性和对抗性。需要注意的是，《最高人民法院、国土资源部、建设部关于依法规范人民法院执行和国土资源房地产管理部门协助执行若干问题的通知》第13条规定"被执行人全部缴纳土地使用权出让金但尚未办理土地使用权登记的，人民法院可以对该土地使用权进行预查封"，此系实践中为保障受让人的债权人的利益，所创设的建设用地使用权预查封制度，但若严格遵循不动产物权变动的登记生效主义，预查封的查封对象应为受让人请求出让人按合同约定交付土地及办理登记的债权请求权，或者可将预查封登记视为查封的预告登记。

第五，登记后登记机构应向权利人发放权属证书。《城市房地产管理法》第60条规定，国家实行土地使用权和房屋所有权登记发证制度。第61条规定，以出让或者划拨方式取得土地使用权，应当向县级以上地方人民政府土地管理部门申请登记，经县级以上地方人民政府土地管理部门核实，由同级人民政府颁发土地使用权证书。《土地管理法实施条例》第5条也规定，单位和个人依法使用的国有土地，由土地使用者向土地所在地的县级以上人民政府土地行政主管部门提出土地登记申请，由县级以上人民政府登记造册，核发国有土地使用权证书,确认使用权。从文义及规范目的分析,上述条文仍系从土地管理的角度出发,将核发国有土地使用权证书作为确认权利的要件,且仍倾向于国有土地使用权来源于行政审批或许可。但根据本条以及《民法典》第217条"不动产权属证书是权利人享有该不动产物权的证明。不动产权属证书记载的事项,应当与不动产登记簿一致;记载不一致的,除有证据证明不动产登记簿确有错误外,以不动产登记簿为准"的规定,建设用地使用权权属证书只是权利人享有该不动产物权的证明,即其只具有证权效力,在一般情况下,权利人出示该权属证书,就完成了证明自己是某宗建设用地的使用权人,但其不具有设权效力,亦不产生权利正确性推定效力及信赖保护效力。当其内容与不动产登记簿不一致时,应以登记簿为准,这一点使其与采矿权许可证或探矿权许可证截然不同,因后者具有民事权利证明与行政许可的双重属性,并在许可证颁发时权利人才取得矿业权。

第六,以划拨方式设立建设用地使用权的,根据目前的规定,当事人不需要签订合同,而是通过"国有土地划拨决定书"的形式,将建设用地使用权划拨给建设用地使用权人。但是,划拨土地也应当按照以下规定办理登记手续:新开工的大中型建设项目使用划拨国有土地的,建设用地使用权人应当在接到县级以上人民政府发给的建设用地批准书之日起30日内,持建设用地批准书申请土地预告登记,建设项目竣工验收后,建设单位应当在该建设项目竣工验收之日起30日内,持建设项目竣工验收报告和其他有关文件申请建设用地使用权登记;其他项目使用划拨国有土地的,建设用地使用权人应当在接到县级以上人民政府批准用地文件之日起30日内,持批准用地文件申请建设用地使用权登记。

(二)建设用地使用权设立登记的程序

《民法典》第210条第2款规定,国家对不动产实行统一登记制度。统一登记的范围、登记机构和登记办法,由法律、行政法规规定。这是我国深化不动产登记制度改革,由多头登记、分散登记转向统一登记的重要规定。2014年国务院颁布《不动产登记暂行条例》,主要系落实原《物权法》关于统一登记的要求,明确规定国家实行不动产统一登记制度,并对进一步统一登记机构、登记范围、登记程序、登记簿册和证书、信息平台等进行了规定,其中建设用地使用权与房屋所有权登记的统一是其中最为重要的内容。

第一，建设用地使用权设立登记可以单方申请。设立建设用地使用权登记属于尚未登记的不动产权利首次申请登记，根据《不动产登记暂行条例》第14条第2款之规定，权利人可单方向登记机构申请。此外，根据《不动产登记暂行条例实施细则》第33条的规定，依法取得建设用地使用权，即使尚未建造房屋等建筑物，权利人也可以单独申请建设用地使用权登记。依法利用国有建设用地建造房屋的，还可以申请国有建设用地使用权及房屋所有权首次登记。

第二，申请国有建设用地使用权首次登记，以出让方式设立的，权利人应当提交下列材料：建设用地使用权出让合同，权籍调查表、宗地图以及宗地界址点坐标，土地出让价款、相关税费等缴纳凭证，其他必要材料；以划拨方式设立的，权利人还应提交国有建设用地划拨决定书。

第三，根据《民法典》第345条的规定在地上或者地下空间单独设立建设用地使用权的，也应当按照《不动产登记暂行条例实施细则》第34规定的程序办理登记。因为建设用地使用权的设立不是一个平面、二维概念，而是一个空间、立体的概念，所以在签订土地出让合同时，应当明确出让宗地的界址点和空间范围，以空间体积代替平面面积，用以划定和标示建设用地使用权的权利范围，在进行登记时，不仅应当记载用以确定土地面积的数据和图形，还应当记载垂直方向的高程，构成一个三维立体空间，以标示出建设用地使用权的权利范围。

第四，不动产登记机构受理申请后，应当对申请人的主体资格，出让合同或划拨决定书与申请登记的内容是否一致，土地界址、空间界限、面积等权籍调查成果是否完备，权属是否清楚、界址是否清晰、面积是否准确，完税或者缴费凭证是否齐全等进行审查，审查通过的，应将土地坐落、界址、空间界限、面积、用途等自然状况以及权利主体、类型、内容、来源、期限等权属状况记载于统一的不动产登记簿。

第五，在不动产登记簿上记载后，不动产登记机构应当根据不动产登记簿，填写并核发统一的不动产权属证书。本条将原《物权法》第139条规定的"建设用地使用权证书"修改为"权属证书"，系为适应不动产统一登记的改革趋势，不动产权属证书目前也已取代分散登记时期的建设用地使用权证书和房产证书。需要注意，向建设用地使用权人发放权属证书，系不动产登记机构对当事人负有的义务，建设用地使用权人有权请求登记机构发放权属证书，包括有权对此提起诉讼。

## ▶ 适用指引

审判实践中应注意厘清设立建设用地使用权审批和登记的关系。《城市房地产管理法》第9条至第12条规定，土地使用权出让，必须符合土地利用总体规划、城市规划和年度建设用地计划，应由市、县人民政府有计划、有步骤地进行。出让的每幅地块、用途、年限和其他条件，由市、县人民政府土地管理部门会同城市规划、建设、房产管理部门共同拟订方案，按照国务院规定，报经有批准权的人民政府批准后，由市、县人民政府土地管理部门实施。因此以出让方式设立建设用地使用权，应事先经有批准权的人民政府批准。这种事先审批与建设用地使用权设立登记在性质及功能上截然不同，主要是为了防止耕地流失，节约土地资源，保障土地合理开发利用，而赋予有权机关行使土地行政管理方面的权力。实践中，存在未经行政审批即出让土地并签订土地使用权出让合同的情形，双方对于合同效力产生争议。

对此，第一，《民法典》第502条第2款规定，依照法律、行政法规的规定，合同应当办理批准等手续的，依照其规定。按照文义解释，只有当法律、行政法规明确某项合同应当办理批准手续的，才能将未经批准的合同作为未生效合同处理。目前现行法律行政法规并未明确将上述审批行为作为建设用地使用权出让合同的生效要件，故从促进交易、降低成本、减少合同无效或未生效带来的负面效应等角度，一般不应将未经审批的出让合同认定为未生效或无效，这也是《国有土地使用权合同解释》第4条表明的观点。[1]

第二，由于行政审批是基于一定的政策目的而设，故所涉行政法规的解释应偏重目的性，避免过度干预对私法自治构成不必要之损害。[2] 对于设立建设用地使用权而言，前置行政审批的目的在于防止与土地相关的公共利益受到损害，对此可解释为未经行政审批的土地使用权不能进行权属登记，也不能交付给受让人使用，即受让人不能通过登记取得建设用地使用权，但是不影响出让合同在出让人与受让人之间发生债权效力。此解释更符合政府管制之目的和行政比例原则，有利于实现国家管制与私法自治之间的合理平衡。

---

[1] 参见最高人民法院民事审判第一庭编著：《〈最高人民法院国有土地使用权合同纠纷司法解释〉的理解与适用》，人民法院出版社2015年版，第65页。
[2] 参见苏永钦：《私法自治中的国家强制》，中国法制出版社2005年版，第62页。

第三，在出让合同生效的情况下，因未经批准出让人不能履行交付土地和办理登记等合同义务，导致受让人一方的合同目的不能实现，其有权选择解除出让合同，并请求出让人一方承担法定或约定的违约损害赔偿责任。

第四，根据《国有土地使用权合同解释》第4条的规定，出让合同是否解除的选择权在土地受让一方。合同的法定解除权属于无过错的非违约方，此时土地受让方可以选择解除合同或者继续履行。尤其在土地已实际交付的场合，开发商如果已经进行了大量的前期投入，其可能并不愿意解除合同，而选择要求出让方依约履行报批义务，补办有关的用地批准手续。土地出让方作为违约方，一般不享有合同的解除权以及是否继续履行合同的选择权。

## ▶ 典型案例

### 一、某市国土资源局与A公司建设用地使用权纠纷案

**关键词**：建设用地使用权出让合同　登记　共同诉讼

**裁判摘要**：当事人缴纳竞买保证金、取得成交确认书，抑或订立建设用地使用权出让合同，但未经依法登记，均不能依法取得建设用地使用权。当事人双方签订协议，约定双方共同出资竞买建设用地使用权，并由一方办理土地摘牌手续，签订出让合同，双方之间的协议只在双方之间的内部关系范围内产生约束力，此时，出让人与签订出让合同的一方产生纠纷，属于外部关系，应当依据出让合同确定当事人，签订合同的竞买人就出让合同的履行、解除等单独起诉出让人的，另一方联合竞买人不属于必须共同进行诉讼的当事人。

**基本案情**：2010年11月24日，某市国土资源局刊登《国有建设用地使用权出让公告》，决定以挂牌方式出让25宗国有建设用地使用权。2010年12月13日及12月16日，张某向该市土地储备中心分别交纳土地保证金4000万元、1400万元。2010年12月13日，国土资源局向张某发出竞买资格确认书，确认张某具备参加案涉国有土地使用权挂牌竞买资格。2010年12月26日，A公司与张某签订《协议书》，约定双方就上述地块进行联合摘牌，张某先期投入土地出让金5400万元，剩余资金由A公司投入，双方同意以A公司名义办理土地摘牌手续，土地成交确认书、土地使用权出让合同等均由A公司签订。该《协议书》在国土资源局进行了备案。2010年12月29日，国土资源局与

A公司签署了成交确认书,该成交确认书载明的竞得人为A公司,A公司同日向储备中心支付了剩余的土地出让金1400万元。2011年1月6日,国土资源局与A公司订立了《国有土地使用权出让合同》,出让人为国土资源局,受让人为A公司。2013年2月6日,张某作出《声明》表示,因上述土地所产生的权利义务与其本人无任何关系,均由A公司独立承担,其不再另行主张权利及履行义务,该声明并经某市元宝公证处公证。上述土地使用权出让合同订立后,因国土资源局未按合同约定向A公司交付案涉土地,A公司起诉至法院,要求解除出让合同,返还土地出让款6800万元,并要求国土资源局依照合同约定承担违约金3600万元。

一审法院认为,A公司与国土资源局签订的出让合同合法有效,A公司已经依约交付了全部土地出让金,而国土资源局未按约交付土地,应承担违约责任。故判决支持A公司提出的解除合同并要求国土资源局返还土地出让款、承担违约金的诉讼请求。国土资源局不服提出上诉,认为案涉土地是A公司与张某共同出资、联合竞买的,张某对案涉土地享有共同所有权利,应当列为共同诉讼人参加本案的诉讼活动,一审法院在张某未参加诉讼的情况下,判决解除合同,属于遗漏了必须共同进行诉讼的当事人,故请求二审法院撤销一审判决,将本案发回重审。二审法院认为,根据本案查明的事实,张某不是出让合同的当事人亦不是案涉土地使用权的共有人,张某与A公司在《协议书》中所作的相关约定,只在双方之间的内部关系范围内产生约束力,因而本案不属于遗漏了必须共同进行诉讼当事人的情况。故二审判决驳回上诉,维持原判。

【审理法院】最高人民法院
【来　　源】《民事审判指导与参考》2013年第3辑

## 二、木业公司与山东省日照市公路管理局工程处建设用地使用权纠纷案

**关键词:** 建设用地使用权设立　登记　登记生效主义

**裁判摘要:** 我国对不动产物权登记原则上采取的是登记要件模式,即登记为物权生效的法定要件。建设用地使用权属于不动产用益物权的一种,其设立也应以登记为要件,即设立建设用地使用权自登记时生效。

**基本案情:** 2009年4月1日,山东省日照市公路管理局工程处(以下简称

工程处）与日照市岚山区碑廓镇大朱槽一村签订土地租赁合同，约定工程处租赁大朱槽一村土地60亩，用于拌合站安装和存料使用，租期1年。2010年1月25日，日照德霖木业有限公司（以下简称木业公司）以3010万元价格竞得2009G号宗地的国有建设用地使用权，面积为14万平方米。工程处租赁的土地即包含在木业公司竞得的土地中。2011年4月3日，木业公司与日照市国土资源局签订国有建设用地使用权出让合同。同年4月29日，木业公司交齐土地出让金。5月6日，木业公司向有关部门申请权利初始登记。5月20日，木业公司取得涉案土地使用权证。11月5日，工程处将拌合站设备迁出木业公司厂区。2011年9月21日，经原审现场勘查测量，工程处拌合站设备占用土地面积为12亩，木业公司将拌合站周围放置了木材。经木业公司申请，原审法院依法委托物价部门鉴定涉案土地租赁费为每亩每年1.5万元。此外，关于木业公司享有土地使用权的时间，双方也存有争议。木业公司认为，其于2010年1月25日竞得涉案土地使用权后，对涉案土地即享有排他的使用权；工程处则认为，2011年5月20日木业公司办理了土地使用权证后，才依法享有土地使用权。

本案一审判决认为，木业公司应自2011年5月6日向有关部门申请权利初始登记时，依法取得涉案土地使用权。二审判决认为，涉案土地系国有建设土地，建设用地使用权设立登记是建设用地使用权设立的法定公示手段，是建设用地使用权是否依法设立的法定要件。木业公司虽通过竞拍方式，缴纳了土地出让金并最终与相关部门签订了国有土地使用权出让合同，但其仅基于出让合同取得了债权请求权，尚未完成建设用地使用权的物权设立，不能取得相应的物权。木业公司只有进行了设立登记，将设立内容登记在不动产物权登记簿上，才能成为建设用地使用权人，才能享有占有、使用、收益的排他性权利。因此，木业公司自登记机构于2011年5月20日向其下发国有土地使用证之日取得涉案建设用地使用权，原审认定木业公司自2011年5月6日向有关部门申请权利初始登记时依法取得涉案土地使用权错误，应予以纠正。木业公司上诉主张其自2010年1月25日经拍卖取得涉案土地的建设用地使用权，不符合我国物权法的上述规定，依法不予支持。

【案　　号】（2012）日民一终字第734号
【审理法院】山东省日照市中级人民法院
【来　　源】《人民法院报》2012年11月15日

## 类案检索

### 一、武汉亘星资源有限公司、武汉剑强人和置业有限公司申请执行人执行异议之诉案

**关键词：** 建设用地使用权设立　登记　不动产权属证书

**裁判摘要：** 执行程序（包括财产保全程序）的价值取向是效率，即要迅速地实现生效法律文书所确定的给付内容，所以在被执行财产的权属判断标准上主要采取形式审查和表面判断原则，也就是说，在确定一项财产的权属是否属于被执行人时，除非法律有特殊的规定，一般应当根据该财产的权利外观表征来判断是否属于被执行人的责任财产。案涉土地在人民政府作出征收决定并生效后，其所有权形式已经由集体所有形式变更为国家所有形式，而建设用地使用权应通过公开竞价的方式出让取得。被执行人取得的《武汉市建设用地批准书》仅明确案涉土地用途为住宅用地，已办理完毕征收土地批后手续，准予作为国有建设用地进行出让，但被执行人并未通过公开竞价或协议等方式取得建设用地使用权，建设用地使用权也尚未登记在被执行人名下，其并未取得相应权属证书，不是建设用地使用权人。被执行人仅因在案涉土地前期安置补偿、场地腾退等方面的投入，而对土地竞得人享有获得补偿的债权。执行法院根据查明的事实，可以在案外人异议审查程序中，对不符合执行程序中权属判断标准的错误查封执行行为予以纠正并中止对案涉地块的执行。

【案　　号】（2018）最高法民再400号
【审理法院】最高人民法院
【来　　源】中国裁判文书网

### 二、广州市三辉房地产开发有限公司、广州合民投资策划有限公司执行异议之诉案

**关键词：** 协议出让　登记　建设用地批准书

**裁判摘要：** 在尚未办理土地使用权登记的情况下，被执行人持有的《建设用地批准书》作为用地单位合法使用土地的法律凭证，能够对不动产的权属起到证明作用。虽然广州市国土局曾于2001年1月发出《关于建设用地批文延

期及更改建设用地单位的复函》(穗国土建用函〔2001〕20号),同意将案涉土地建设单位改为案外人,要求案外人应在规定期限内办结土地有偿使用手续和领取《建设用地批准书》。但案外人至今未按规定办理相关用地手续,完成相应的变更登记。因此,案外人虽然曾经获得有关国土和规划行政部门函复同意变更其为案涉土地的用地单位,但本案未有证据证明案涉土地使用权人已由被执行人变更为案外人。本案审理期间广州市国土资源和规划委员会向法院出具的复函,已明确案涉地块不再涉及以协议方式办理建设用地使用权问题,即案外人日后已经不可能再以历史遗留问题采用协议方式取得案涉地块的使用权。故案外人有关其享有案涉土地的使用权,并能够排除对案涉土地执行的主张不能成立。

【案　　号】(2018)最高法民申4390号

【审理法院】最高人民法院

【来　　源】中国裁判文书网

## 三、天津市规划和自然资源局蓟州分局、天津市华奥供热有限责任公司建设用地使用权出让合同纠纷案

**关键词:** 建设用地使用权设立　登记　不动产权属证书　非法建造

**裁判摘要:** 建设用地使用权受让方未办理不动产登记及取得土地使用证前,政府相关部门即颁发的《建设项目选址意见书》《建设用地规划许可证》《建设工程施工许可证》,允许受让方进行建设,受让方在案涉土地上建造供热设施,系基于获得案涉土地使用权的合同预期,依据该宗土地的特定用途和土地受让目的,对土地进行的投资利用,不属于非法建造行为。一旦最终因为出让方的原因导致合同解除,应当综合双方履约情况、过错大小、利益实现情况,由出让方赔偿受让方的部分建设费损失。

【案　　号】(2019)最高法民终565号

【审理法院】最高人民法院

【来　　源】中国裁判文书网

第三百五十条 建设用地使用权人应当合理利用土地，不得改变土地用途；需要改变土地用途的，应当依法经有关行政主管部门批准。

### 关联规定

一、法律、行政法规、司法解释

1.《中华人民共和国城市房地产管理法》

第十八条 土地使用者需要改变土地使用权出让合同约定的土地用途的，必须取得出让方和市、县人民政府城市规划行政主管部门的同意，签订土地使用权出让合同变更协议或者重新签订土地使用权出让合同，相应调整土地使用权出让金。

第二十六条 以出让方式取得土地使用权进行房地产开发的，必须按照土地使用权出让合同约定的土地用途、动工开发期限开发土地。超过出让合同约定的动工开发日期满一年未动工开发的，可以征收相当于土地使用权出让金百分之二十以下的土地闲置费；满二年未动工开发的，可以无偿收回土地使用权；但是，因不可抗力或者政府、政府有关部门的行为或者动工开发必需的前期工作造成动工开发迟延的除外。

第四十四条 以出让方式取得土地使用权的，转让房地产后，受让人改变原土地使用权出让合同约定的土地用途的，必须取得原出让方和市、县人民政府城市规划行政主管部门的同意，签订土地使用权出让合同变更协议或者重新签订土地使用权出让合同，相应调整土地使用权出让金。

2.《中华人民共和国土地管理法》

第四条 国家实行土地用途管制制度。国家编制土地利用总体规划，规定土地用途，将土地分为农用地、建设用地和未利用地。严格限制农用地转为建设用地，控制建设用地总量，对耕地实行特殊保护。

前款所称农用地是指直接用于农业生产的土地，包括耕地、林地、草地、农田水利用地、养殖水面等；建设用地是指建造建筑物、构筑物的土地，包括城乡住宅和公共设施用地、工矿用地、交通水利设施用地、旅游用地、军事设施用地等；未利用地是指农用地和建设用地以外的土地。

使用土地的单位和个人必须严格按照土地利用总体规划确定的用途使用土地。

**第五十六条** 建设单位使用国有土地的，应当按照土地使用权出让等有偿使用合同的约定或者土地使用权划拨批准文件的规定使用土地；确需改变该幅土地建设用途的，应当经有关人民政府自然资源主管部门同意，报原批准用地的人民政府批准。其中，在城市规划区内改变土地用途的，在报批前，应当先经有关城市规划行政主管部门同意。

3.《城镇国有土地使用权出让和转让暂行条例》

**第十八条** 土地使用者需要改变土地使用权出让合同规定的土地用途的，应当征得出让方同意并经土地管理部门和城市规划部门批准，依照本章的有关规定重新签订土地使用权出让合同，调整土地使用权出让金，并办理登记。

4.《最高人民法院关于审理涉及国有土地使用权合同纠纷案件适用法律问题的解释》

**第五条** 受让方经出让方和市、县人民政府城市规划行政主管部门同意，改变土地使用权出让合同约定的土地用途，当事人请求按照起诉时同种用途的土地出让金标准调整土地出让金的，应予支持。

**第六条** 受让方擅自改变土地使用权出让合同约定的土地用途，出让方请求解除合同的，应予支持。

## 二、部门规章及规范性文件

《协议出让国有土地使用权规定》

**第十六条** 以协议出让方式取得国有土地使用权的土地使用者，需要将土地使用权出让合同约定的土地用途改变为商业、旅游、娱乐和商品住宅等经营性用途的，应当取得出让方和市、县人民政府城市规划部门的同意，签订土地使用权出让合同变更协议或者重新签订土地使用权出让合同，按变更后的土地用途，以变更时的土地市场价格补交相应的土地使用权出让金，并依法办理土地使用权变更登记手续。

## 条文释义

### 一、本条主旨

本条是关于建设用地使用权人应当合理利用土地,未经法定审批程序不得变更土地用途的规定。

### 二、条文演变

本条沿袭了原《物权法》第140条的规定,对建设用地使用权人应当按照法定及约定的土地用途合理利用土地再次予以强调,并在后半段规定改变土地用途的前提条件和法定程序。

### 三、条文解读

#### (一)建设用地使用权人负有合理利用土地的义务

土地作为人类社会最重要的物质财富和生产资料,与国家、民族和社会整体利益密切相关,故相关权利还须为社会全体人民的公共利益而存在和行使,此即土地权利的公益性。就低层意义上的公益性(或消极意义的公益性)而言,土地所有权之行使须不得违反公共利益;就高层意义上的公益性(积极意义的公益性)而言,土地所有权之行使非但不得违反公共利益,而且还应增进公共利益。① 在人口众多、土地资源尤为紧缺的我国,更应当强调和重视对土地的合理利用。对此,《民法典》第346条从事前层面进行规定,即有权机关在决定出让或划拨建设用地使用权之前,应当遵守法律、行政法规关于土地用途的规定,必须符合土地利用总体规划等,系对出让人应履行的行政职责提出的原则性要求;本条则是从建设用地使用权设立后的角度,规定权利人取得出让或划拨的土地使用权后,应按照出让合同约定或有权机关审批的土地用途,履行合理利用土地的注意义务。所谓合理利用,第一,权利人要根据出让合同约定的范围、方式,并按照城市规划的要求开发、利用、经营土地,其中最重

---

① 参见刘保玉:《关乎国计民生的土地权属问题》,载《中国国土资源报》2009年6月12日。

要的是要根据合同约定及行政审批的土地用途来建造并保有相应的建筑物等，不得随意改变土地用途，否则应承担相应的行政处罚责任及违约责任；第二，权利人应按照土地使用权出让合同约定或法律规定的条件和期限开发利用土地，根据相关规定，超过出让合同约定的动工开发日期满1年未动工开发的，可以征收相当于土地使用权出让金20%以下的土地闲置费；满2年未动工开发的，可以无偿收回土地使用权；第三，权利人在建设过程中要兼顾他人的利益，不得滥用权利，损害他人的利益，例如，在挖掘地基的时候，不得造成周边建筑物的下沉或者倾斜等危险；第四，建设用地使用权人要注重对周边环境的保护，维持良好的生态环境，例如，修筑道路之后，要尽量降低噪声污染，或者修建隔音墙等设施减少影响。①

### （二）建设用地使用权人不得擅自改变土地用途

为节约土地资源、合理利用土地，实现可持续性发展，我国实行较为严格的土地用途管制制度，该管制贯穿于建设用地使用权设立之前与设立之后，并延伸至建设用地使用权流转的整个过程。对此，《土地管理法》第56条规定，建设单位使用国有土地的，应当按照土地使用权出让等有偿使用合同的约定或者土地使用权划拨批准文件的规定使用土地。《城市房地产管理法》第26条规定，以出让方式取得土地使用权进行房地产开发的，必须按照土地使用权出让合同约定的土地用途、动工开发期限开发土地。为强化建设用地使用权人的此种义务，本条再次予以明确建设用地使用权人不得改变法定及约定的土地用途。

第一，土地用途的界定。在宏观层面，根据《土地管理法》第4条的规定，国家编制土地利用总体规划，规定土地用途，将土地分为农用地、建设用地和未利用地。其中建设用地包括城乡住宅和公共设施用地、工矿用地、交通水利设施用地、旅游用地、军事设施用地等。只有通过规划纳入建设用地范围的才能进行下一步的出让或划拨。在微观层面，根据《城镇国有土地使用权出让和转让暂行条例》第12条的规定，出让后建设用地的用途主要区分为居住用地；工业用地；教育、科技、文化、卫生、体育用地；商业、旅游、娱乐用地；综合或者其他用地。不同用途的建设用地使用权，在最高使用年限及土地

---

① 参见王利明：《物权法研究》，中国人民大学出版社2016年版，第887~888页。

出让金计取方法与标准方面均有较大差别。出让土地的具体用途，由出让人事先依照法定审批程序确认后在出让公告中展示，并应当在双方签订的出让合同明确载明，最后还应办理登记并对外公示。划拨土地的具体用途，则在有权机关审批时在划拨批准文件中确认，且必须用于公益用途。此外，土地用途还主要通过规划预先确定和实现，对此，《城乡规划法》第37条至第40条规定，城市、镇规划区内，以划拨、出让方式取得国有建设用地的，建设者要依法办理建设用地规划许可证、建设工程规划许可证，并严格按照规划条件进行建设。建设用地使用权设立后，权利人应按照合同约定和规划许可的土地用途进行开发、利用和经营，不得擅自建造上述用途之外的建筑物、构筑物或附属设施。

第二，违反该项义务的法律责任。国家对其出让土地的用途作出限制性规定，一方面系作为行使土地管理职权的主体，具有管理和监督国家土地资源的行政职能，通过行政执法手段对土地用途进行管制，以保护社会公共利益；另一方面系作为国有土地所有权人，在出让合同中对土地用途作出严格限制，也是其行使所有权的具体体现。与此相应，建设用地使用权人不得擅自改变土地用途，既是遵守土地管理法规规定的公法义务，也是应当履行的一项合同义务，违反该义务的，既产生公法上的行政处罚责任，也产生私法上的违约责任。关于前者，根据《土地管理法》《城乡规划法》等规定，由城乡规划主管部门或自然资源主管部门区分情况进行行政处罚，包括能够改正的，责令停止建设、限期改正；无法采取措施改正的，应限期拆除；无法拆除的，没收实物或违法收入；同时根据违法程度处以不同比例的罚款；情节较为严重的，还可由县级以上人民政府自然资源主管部门责令交还土地。① 关于后者，因擅自改变土地用途属于比较严重的违反出让合同约定的行为，《国有土地使用权合同解释》第6条将其认定为根本违约，赋予出让人解除出让合同的权利，同时出让人还有权求受让人承担法定或约定的违约损害赔偿责任。上述行政责任和民事责任形成责任聚合关系，且一般情况下民事责任优先。

（三）改变土地用途的法定程序

因建设用地使用权的存续期限较长，在此期限内，可能城市规划发生变更

---

① 参见《城乡规划法》第64条、《土地管理法》第81条的规定。

或企业方向发生调整,为增加土地的利用效益,可能存在改变土地用途的需要。为此本条进行了原则性规定,即需要改变土地用途的,应当依法经有关行政主管部门批准。至于具体程序,《土地管理法》《城市房地产管理法》等法律法规进行了更详细的规定,如《土地管理法》第56条规定,确需改变该幅土地建设用途的,应当经有关人民政府自然资源主管部门同意,报原批准用地的人民政府批准。其中,在城市规划区内改变土地用途的,在报批前,应当先经有关城市规划行政主管部门同意。《城市房地产管理法》第18条规定,土地使用者需要改变土地使用权出让合同规定的土地用途的,应当征得出让方和市、县人民政府城市规划行政主管部门的同意,签订土地使用权出让合同变更协议或者重新签订土地使用权出让合同,相应调整土地使用权出让金。结合上述规定,变更土地用途的基本程序如下:第一,审批同意。一般由建设用地使用权人向出让方即市、县人民政府自然资源主管部门提出申请,经该部门与市、县人民政府城市规划行政主管部门同意后,再报原批准用地的人民政府批准。第二,签订土地使用权出让合同变更协议或者重新签订土地使用权出让合同。根据协商情况,原出让人和受让人可以直接变更原出让合同的内容,主要是调整出让金的数额;也可以重新签订出让合同取代原合同,但法律法规或原出让合同等明确应当收回土地使用权重新公告出让的除外。第三,调整和补交土地使用权出让金,原使用权人应依据变更后或重新签订的出让合同,按变更后的土地用途,以变更时的土地市场价格补交相应的土地使用权出让金。第四,依法办理土地使用权变更登记手续。依法改变土地用途的,原使用权人应当持批准文件,向土地所在地的县级以上人民政府自然资源主管部门提出土地变更登记申请,由不动产登记机构依法进行变更登记。

值得注意的是,划拨国有建设用地改变用途的,审批程序与出让国有建设用地类似。批准改变原用途的,改变后的用途如符合划拨用地的公益性属性的,经批准,可以继续以划拨方式使用,办理相应的划拨用地手续,换发新的国有土地划拨决定书;改变后的用途如不符合公益性属性,应当依法办理有偿用地手续。

## 适用指引

### 一、受让人擅自改变建设用地使用权出让合同约定的土地用途，出让人有权请求解除合同

根据《国有土地使用权合同解释》第6条的规定，出让合同的受让方，在履行合同过程中，未经出让方同意，擅自改变了出让合同中约定的土地用途，出让方发现这一情况后，向人民法院起诉请求解除合同的，人民法院应当予以支持。其中，出让方是指代表国家签订土地使用权出让合同的市、县一级人民政府的自然资源主管部门。在适用本条过程中，需要注意的是：第一，只有土地出让合同纠纷中的出让方，才有权以本条解释作为依据，提起民事诉讼，请求解除合同。在人民法院受理的另一类案件——土地使用权转让纠纷案件中，尽管转让方和受让方也可能在合同中对土地用途作出约定，在合同履行过程中同样可能出现受让人违反合同约定的土地用途的情形，但转让方却不能依据本条提起民事诉讼，请求解除合同，而只能依据《民法典》合同编的有关规定起诉；人民法院也不能以该条司法解释作为支持转让方解除合同的依据。第二，对于擅自改变土地使用权合同中约定的土地用途的认定。实践中，土地使用权出让合同多为制式合同，其中，一般均对土地用途作出较为明确的约定。但由于各地在政策掌握上的差别以及一些特殊地块的特殊要求，不同的土地出让合同对所出让的地块的用途要求不尽相同。有的在用途部分仅仅规定商业用地、住宅用地、工业用地，只要土地使用权人不违反这一规定，擅自改变用途即可。例如，出让地块为商业用地时，土地使用权人无论是建商厦和建宾馆都不违反合同约定。但如果国家是为了建设一个既定项目而将土地出让给某一土地使用权人，则可能在土地出让合同中将用途约定得十分具体，例如，国家可能出让某一地块建交通枢纽，一旦受让方违反合同约定擅自改变土地用途，出让方即可请求解除合同。也就是说，人民法院在审理这类案件中，一般不对当事人在出让合同中约定的土地用途的合理性进行审查，也不支持受让方以原合同中关于土地用途的约定不合理为由进行的抗辩。当然，如果出让方在诉讼中就其所出让使用权的地块的用途对受让方提出的要求，与出让合同中的约定不符，例如，出让方提出当时受让方承诺在出让土地上建宾馆，后来却改为建商

厦，为此请求解除合同，但出让合同中却只写明"商业用地"，则人民法院也不应支持其解除合同的诉讼请求。①

## 二、依法定程序改变土地用途后土地出让金的调整标准

土地用途是决定土地使用价格的一个重要因素，一旦变更土地用途，土地出让金也必然发生调整。实践中，土地受让方经出让方和市、县人民政府城市规划行政主管部门同意，改变土地使用权出让合同约定的土地用途，但尚未签订国有土地使用权出让合同变更协议或重新签订国有土地使用权出让合同，双方又不能达成一致，导致土地出让金应调整的数额不明，这种情况下当事人能否请求，法院按一定标准调整土地出让金？该标准如何确定？对此《国有土地使用权合同解释》第5条规定，当事人请求按照起诉时同种用途的土地出让金标准调整土地出让金的，人民法院应予支持。适用该条时，需要注意：一是提出改变约定的土地使用用途的主体，为原签订土地使用权出让合同中的受让方，不包括土地出让方提出改变土地用途的情况；二是出让方和政府规划部门均同意受让方关于变更土地用途的请求，这是因为审批登记是土地使用权出让合同中变更土地用途的必要条件，非经审批登记，变更行为就不能受到合法有效的保护，受让方也就无权提出调整土地出让金的请求；三是出让方和受让方虽然就受让方变更土地用途达成一致，但并未正式变更原合同，未就土地出让金问题重新作出调整，否则应按双方当事人意思确定出让金；四是人民法院支持当事人提出调整土地出让金请求，以诉讼发生时当地同种土地用途所对应的出让金为调整依据，而不是以原合同签订时或者实际变更用途时等阶段的出让金价格为依据。②

---

① 参见最高人民法院民事审判第一庭编著：《〈最高人民法院国有土地使用权合同纠纷司法解释〉的理解与适用》，人民法院出版社2015年版，第85~86页。

② 参见最高人民法院民事审判第一庭编著：《〈最高人民法院国有土地使用权合同纠纷司法解释〉的理解与适用》，人民法院出版社2015年版，第80~81页。

## ▶ 类案检索

### 一、兰州居正房地产有限公司、兰州市自然资源局建设用地使用权出让合同纠纷案

**关键词：** 改变土地用途　调整容积率

**裁判摘要：** 首先，《国有土地使用权合同解释》第5条是针对土地用途改变如何确定补缴土地出让金的评估期日的问题作出的规定，案涉建设用地调整容积率的同时虽然用途也有改变，但目的仍是调整容积率，故不应适用该条规定。一审判决以起诉日前出让方委托评估日作为评估期日存在错误。其次，建设用地使用权出让合同纠纷虽为民事纠纷，但合同的订立变更过程中存在具体行政行为。在本案容积率调整过程中，负责容积率调整的规划部门与签订出让合同的部门并非同一主体。容积率经规划部门批准调整后，出让合同的变更需要取得土地管理部门的同意。土地管理部门作为建设用地使用权出让合同的当事人，其作出行政行为同意变更合同补缴土地使用权出让金的时间应为补缴出让金的评估期日。本案出让方通知受让方办理相关手续的行政行为即是该局同意变更出让合同的意思表示。该行政行为一旦作出，对双方都有约束力，亦为合同变更的时间。故应以此时间为补缴土地出让金的评估期日。

【案　　号】（2018）最高法民终784号

【审理法院】最高人民法院

【来　　源】中国裁判文书网

### 二、梧州电子学校与梧州市国土资源局建设用地使用权出让合同纠纷案

**关键词：** 改变土地用途　民事诉讼受案范围

**裁判摘要：** 根据《土地管理法》第12条的规定，出让土地变更用途属行政机关职权范畴，案涉土地用途无法变更系因政府行为，由此引发的纠纷不属于法院受理民事诉讼的范围。建设用地使用权出让合同明确约定办理土地变更

用途是交付土地的前置条件，对因土地用途无法变更造成出让合同不能履行，可另行主张解除合同或请求合同相对方承担违约责任。

【案　　号】（2016）最高法民申 1175 号

【审理法院】最高人民法院

【来　　源】中国裁判文书网

**第三百五十一条** 建设用地使用权人应当依照法律规定以及合同约定支付出让金等费用。

## ▶ 关联规定

一、法律、行政法规、司法解释

1.《中华人民共和国城市房地产管理法》

第十六条 土地使用者必须按照出让合同约定，支付土地使用权出让金；未按照出让合同约定支付土地使用权出让金的，土地管理部门有权解除合同，并可以请求违约赔偿。

第十七条 土地使用者按照出让合同约定支付土地使用权出让金的，市、县人民政府土地管理部门必须按照出让合同约定，提供出让的土地；未按照出让合同约定提供出让的土地的，土地使用者有权解除合同，由土地管理部门返还土地使用权出让金，土地使用者并可以请求违约赔偿。

第十八条 土地使用者需要改变土地使用权出让合同约定的土地用途的，必须取得出让方和市、县人民政府城市规划行政主管部门的同意，签订土地使用权出让合同变更协议或者重新签订土地使用权出让合同，相应调整土地使用权出让金。

第十九条 土地使用权出让金应当全部上缴财政，列入预算，用于城市基础设施建设和土地开发。土地使用权出让金上缴和使用的具体办法由国务院规定。

2.《中华人民共和国土地管理法》

第五十五条 以出让等有偿使用方式取得国有土地使用权的建设单位，按照国务院规定的标准和办法，缴纳土地使用权出让金等土地有偿使用费和其他费用后，方可使用土地。自本法施行之日起，新增建设用地的土地有偿使用费，百分之三十上缴中央财政，百分之七十留给有关地方人民政府。具体使用管理办法由国务院财政部门会同有关部门制定，并报国务院批准。

### 3.《城镇国有土地使用权出让和转让暂行条例》

**第十四条** 土地使用者应当在签订土地使用权出让合同后六十日内,支付全部土地使用权出让金。逾期未全部支付的,出让方有权解除合同,并可请求违约赔偿。

**第十五条** 出让方应当按照合同规定,提供出让的土地使用权。未按合同规定提供土地使用权的,土地使用者有权解除合同,并可请求违约赔偿。

### 4.《最高人民法院关于审理涉及国有土地使用权合同纠纷案件适用法律问题的解释》

**第三条** 经市、县人民政府批准同意以协议方式出让的土地使用权,土地使用权出让金低于订立合同时当地政府按照国家规定确定的最低价的,应当认定土地使用权出让合同约定的价格条款无效。

当事人请求按照订立合同时的市场评估价格交纳土地使用权出让金的,应予支持;受让方不同意按照市场评估价格补足,请求解除合同的,应予支持。因此造成的损失,由当事人按照过错承担责任。

## 二、部门规章及规范性文件

### 1.《招标拍卖挂牌出让国有建设用地使用权规定》

**第二十三条** 受让人依照国有建设用地使用权出让合同的约定付清全部土地出让价款后,方可申请办理土地登记,领取国有建设用地使用权证书。

未按出让合同约定缴清全部土地出让价款的,不得发放国有建设用地使用权证书,也不得按出让价款缴纳比例分割发放国有建设用地使用权证书。

### 2.《协议出让国有土地使用权规定》

**第十五条** 土地使用者按照《国有土地使用权出让合同》的约定,付清土地使用权出让金、依法办理土地登记手续后,取得国有土地使用权。

## ▶ 条文释义

### 一、本条主旨

本条是关于建设用地使用权人应当支付出让金等费用的规定。

## 二、条文演变

本条沿袭了原《物权法》第141条的规定,是土地有偿使用这项宪法原则在《民法典》中的具体体现,当然本条只适用于以出让方式设立建设用地使用权的领域,不适用于以行政划拨方式设立建设用地使用权的场合。

## 三、条文解读

### (一)土地出让金等费用的经济意义和法律性质

土地使用权出让金等费用,是指建设用地使用权人依照法律规定以及合同约定向国家缴纳的出让价款及其他应当支付的税费等,是其取得建设用地使用权的对价。我国实行土地公有制度,单位和个人对土地不享有所有权,这是由我国社会主义公有制经济制度所决定的,当然具有其合理性与优越性。但计划经济时期,设立土地使用权主要采取单一的无偿划拨方式,我国土地公有制的优越性未能于经济上充分体现,反而造成国家所有权人地位虚置,国有土地收益大量流失,土地资源得不到充分利用,资源浪费较为严重。此外,因市场机制缺失,土地作为生产力要素其价值得不到正常体现,导致市场主体实际上的不平等地位,还进一步影响到土地使用权的正常流转,形成了一个破坏国家土地管理秩序和市场经济秩序的隐形土地市场。随着改革开放的深入和社会主义市场经济体制的确定,国有土地制度也向市场化方向进行重大改革。1988年修正《土地管理法》,规定国家依法实行国有土地有偿使用制度,1994年制定《城市房地产管理法》,则再次明确国家依法实行国有土地有偿、有限期使用制度,同时明确国家在该法规定的范围内仍可划拨国有土地使用权。至此正式形成了有偿出让和行政划拨双轨制并存且以前者为主导的体系,其中有偿出让中的"有偿"主要即指用地者应向国家缴纳出让金等费用。

可见,土地出让金等费用的本质是由我国的土地有偿使用制度决定的,具有重要意义:首先,土地公有制是社会主义公有制的重要组成部分,在市场经济条件下,实行国有土地有偿使用制度,通过收取出让金等费用取得土地收益,才能使国家对土地的所有权在经济上得到实现,才能真正保障社会主义公有制的主体地位。其次,土地又是巨大的社会财富,而且会随着经济和社会的发展不断增值。国家掌握了国有土地的收益,就有足够的财力组织社会化大生产,更好地实现社会主义国家的经济功能。最后,土地是基本的生产要素,通过收取或者补缴出让金让土地使用权进入市场,有助于形成包括消费品市场、生产资料市场和资金、劳动力、土地等生产要素市场的完整的社会主义市场体系。通过充分发挥市场调节的作用,合理配置土地资源,实现最大的土地利用效益,进而推进社会主义市场经济的健康发展。[①] 正是因为缴纳出让金等费用对国家和社会意义重大,相关法律对土地使用权人缴纳出让金的义务进行了明确规定,最典型的系《土地管理法》第55条第1款规定,以出让等有偿使用方式取得国有土地使用权的建设单位,按照国务院规定的标准和办法,缴纳土地使用权出让金等土地有偿使用费和其他费用后,方可使用土地。《城市房地产管理法》第16条规定,土地使用者必须按照出让合同约定,支付土地使用权出让金;未按照出让合同约定支付土地使用权出让金的,土地管理部门有权解除合同,并可以请求违约赔偿。需要注意,这两条规定在内容和目的上应有所区别。前者主要是强调支付土地出让金等费用系建设单位的法定义务,体现了出让金所具有的社会公共利益属性,其对应的是将政府收取出让金等作为一种土地管理手段,并将出让金等作为中央和地方财政收入的重要来源。后者则更强调土地使用者应当按照出让合同的约定支付出让金等费用,其对应着国家作为土地所有权人,通过签订出让合同收取分离使用权的对价,受让人未按合同约定支付时则应承担民法上的违约赔偿责任。

综上,按时、足额支付出让金等费用,既是相关土地管理法律法规中规定的法定义务,也是建设用地使用权人应履行的合同义务,对此《民法典》吸收和整合《土地管理法》《城市房地产管理法》上述两条规定的意旨,规定了建设用地使用权人应当依照法律规定以及合同约定支付出让金等费用,也体现了土地出让金等费用公益和私益属性并存的特点。

(二)支付出让金等费用中的具体法律问题

首先,出让金等费用的范围和数额。第一,关于土地出让金。出让金的合理确定,实际上就是要确定土地使用权的市场价格,要根据土地的开发程度、土地所处的地理位置、土地按国家城市建设的规划而确定的用途、土地使用权

---

① 参见黄薇主编:《中华人民共和国民法典释义》,法律出版社2020年版,第378页。

期限等因素综合考虑而确定土地的合理价格。①《民法典》第347条规定了土地出让要以公开竞价为主、协议出让为辅，即由市场机制而非行政审批来确定出让金数额，包括必须支付的征地补偿款、土地出让收益等款项。具体来说，对于前者，应通过招标、拍卖、挂牌等方式进行公开竞价，一般最高出价即确定为最终签订出让合同中出让金的数额，当然其不得低于事先预定的底价；②对于后者，出让金数额系由出让人与受让人协商确定，但不得低于事先经评估确定的法定底价。第二，关于其他费用。主要是指建设用地使用权人在土地使用过程中根据法律法规还需要支付的其他费用，如根据《城镇土地使用税暂行条例》规定的土地使用税等。

其次，支付出让金的期限和方式。《城市房地产管理法》第15条规定，土地使用者应当按照出让合同约定支付出让金，《民法典》第348条也将出让金等费用及其支付方式作为出让合同应约定的内容，因此，出让金支付的期限和方式应优先根据合同约定确定。需要注意的是，《城镇国有土地使用权出让和转让暂行条例》第14条曾规定，土地使用者应当在签订出让合同后60日内，支付全部土地使用权出让金。但是，随着实践的发展，目前对于采取拍卖、招标等公开竞价方式设立的建设用地使用权，其出让金的支付方式可以采取一次性支付，或者分期支付的办法。在2008年原国土资源部和原国家工商行政管理总局联合发布的《国有土地使用权出让合同》（示范文本）也明确，出让金支付方式由出让人与受让人双方约定，既可以约定一次性付清，也可以约定分期支付，其中分期支付的，受让人在支付第二期及以后各期国有建设用地使用权出让价款时，同意按照支付第一期土地出让价款之日中国人民银行公布的贷款利率，向出让人支付利息。因此，宜将上述《城镇国有土地使用权出让和转让暂行条例》关于支付期限的规定视为倡导性规定，具体期限和支付方式仍由当事人在出让合同中确定。

最后，双方履行各自义务的顺序。建设用地使用权出让合同属于双务合同，出让人和受让人互负对待给付义务，其中出让人承担的主合同义务为交付符合合同约定的土地并办理登记发证手续，受让人承担的主合同义务即为支付

---

① 参见孙宪忠：《国有土地使用权财产法论》，中国社会科学出版社1993年版，第94页。

② 为遏制房价过快增长，促进房地产市场健康发展，有些地区出让土地时实施"限地价"的政策，即预先确定出让金的上限。

出让金等义务。其中交付土地与支付出让金两种义务的履行顺序，可由当事人自行约定，并可根据约定行使先履行抗辩权或同时履行抗辩权。但实践中一些地方受让人只缴了部分出让金就办理登记，再申请土地抵押贷款。这给及时付清全部出让金埋下了隐患，同时为开发商以少量资金囤积土地留下余地，而一旦形势不利于开发建设，就造成土地闲置和工程烂尾，既不利于节约集约用地，也增加了金融风险。对此，根据《城镇国有土地使用权出让和转让暂行条例》第16条及《招标拍卖挂牌出让国有建设用地使用权规定》第23条的规定，受让人依照国有建设用地使用权出让合同的约定付清全部土地出让价款后，方可申请办理土地登记，领取国有建设用地使用权证书。未按出让合同约定缴清全部土地出让价款的，不得发放国有建设用地使用权证书，也不得按出让价款缴纳比例分割发放国有建设用地使用权证书。故出让人在受让人未全额支付出让金的情况下，可拒绝办理建设用地使用权设立登记，这也是其行使先履行抗辩权的体现。

## ▶ 适用指引

**一、以协议出让方式签订的出让合同中约定的出让金低于国家规定最低价如何处理**

根据《城市房地产管理法》第13条第3款等规定，对于符合条件的以协议方式出让的建设用地使用权，双方在出让合同中约定的出让金不得低于按国家规定所确定的最低价，但实践中出现一些地方政府为了加大招商引资力度，对土地出让价格许以特殊优惠，造成协议出让土地使用权的出让金价格确定上的随意性，并导致出让合同中约定的出让金低于国家规定的最低价，对于此类出让合同的效力及履行问题，《国有土地使用权合同解释》第3条进行了规定。在具体适用上，第一，此类合同属于部分无效合同，即合同中关于出让金的条款系无效约定，但不影响其他合同条款的效力。这是因为对于土地出让金是否低于按国家规定所确定的最低价问题，作为土地管理者和国家政策的执行者，出让人有更为清楚的认识，因而其过错责任应更大，若认定合同整体无效，则出让人可以收回土地并以更高价格再次出让获取不当利益，而受让人可能已对土地投入巨额资金而只能自行承担损失，利益衡量上并不公平，为维护交易稳定及诚实信用的市场秩序,该条特别规定人民法院仅应认定土地使用权出让合同约定的价格条款无效。第二,在认定出让金条款无效的情况下,双方当事人均有权请求人民法院按照订立合同时的市场评估价格缴纳土地使用权出让金,此时相当于由人民法院按照一定标准直接调整出让金数额,实质上系人民法院依职权变更出让合同内容,使其符合国家规定的出让金标准,防止土地收益流失并使合同恢复合法状态。第三,若受让人不同意照市场评估价格补足出让金,也可请求解除合同。第四,在合同解除后,若受让人因此受有损失,比如已经投入大量资金进行开发建设且已无法取回的损失,应由当事人按照过错承担责任。一般情况下是由于出让人自己把关不严、决策不当等原因造成约定的出让金数额低于规定标准,因此应承担主要责任,若受让人违规操作或通过一些不正当手段导致出让金价格过低的,也需要承担与其过错相适应的责任。①

## 二、受让人迟延支付出让金应承担违约责任

受让人未按出让合同约定的期限支付出让金,构成迟延履行,出让人有权请求受让人支付约定的迟延违约金或请求损害赔偿。至于能否径行解除合同,我们认为,第一,原则上应以合同约定为准,如目前的《国有土地使用权出让合同》(示范文本)中就载明,若受让人不能按时支付国有建设用地使用权出让价款的,自滞纳之日起,每日按迟延支付款项的一定比例向出让人缴纳违约金,延期付款超过60日,经出让人催缴后仍不能支付出让金的,出让人有权解除合同,受让人无权要求返还定金,出让人并可请求受让人赔偿损失。第二,若合同中约定只要受让人未在约定期限支付出让金出让人即可解除合同,此时应参照《民商审判会议纪要》第47条的规定,注意审查受让人迟延支付的行为是否严重,是否影响出让人合同目的的实现,若受让人迟延支付的时间较短,违约程度较为轻微,则不宜以合同约定解除权直接判令解除合同,以维护交易秩序的稳定性。第三,若合同未对解除权问题作出明确约定,则应根据《民法典》第563条第1款第3项的规定,出让人应首先催告受让人在合理期

---

① 参见最高人民法院民事审判第一庭编著:《最高人民法院国有土地使用权合同纠纷司法解释的理解与适用》,人民法院出版社2015年版,第56页。

限内履行，受让人在此期限内仍未履行支付义务的，出让人才可解除合同。①第四，受让人迟延履行有合法抗辩理由的，出让人不能解除合同，亦不能请求其承担违约责任。实践中比较常见的是出让合同已对土地是否已经完成征地、拆迁、补偿、安置等工作，是否已达到"三通一平""五通一平"等条件，系"生地"还是"熟地"等明确约定，而且约定出让人应先按照约定的时间、地点、数量等交付符合上述条件的土地后受让人才支付出让金的，若出让人未履行交付义务，受让人可行使先履行抗辩权，其迟延支付即不构成违约，相反可根据出让人的违约性质和程度解除合同，并请求违约损害赔偿。②

### 三、预查封建设用地使用权的法律适用

在执行程序中，作为被执行人的受让人已全部或部分支付土地使用权出让金但尚未办理土地使用权登记的，根据《民法典》第 349 条的规定，建设用地使用权尚未设立，该权利本身并非被执行人的财产，也不能作为执行标的，但是为了保护申请执行人的利益，最高人民法院经与土地管理部门等沟通，在《最高人民法院、国土资源部、建设部关于依法规范人民法院执行和国土资源房地产管理部门协助执行若干问题的通知》第 13 条和第 14 条创设了预查封制度，规定人民法院可以进行全部或部分预查封。在预查封后若受让人不能按期支付剩余土地出让金，则出让人仍有权解除出让合同而不受预查封的影响，该预查封自动转化为对出让人解除合同后应返还部分出让金的债权的查封，即出让人应当将被执行人支付的按照有关规定应当退还的土地出让金交由人民法院处理，预查封自动解除。

---

① 《城镇国有土地使用权出让和转让暂行条例》第 14 条规定："……逾期未全部支付的，出让人有权解除合同，并可请求违约赔偿。"该条将合同解除的条件界定为逾期未全部支付，但何谓逾期未全部支付并不清晰。考虑到受让人的迟延支付行为并不会直接导致出让合同的目的不能解除，故应适用本法第 563 条第 1 款第 3 项催告解除而非第 4 项直接解除的规定。

② 《城镇国有土地使用权出让和转让暂行条例》第 15 条规定："出让人应当按照合同规定，提供出让的土地使用权。未按合同规定提供土地使用权的，土地使用者有权解除合同，并可请求违约赔偿。"

## 类案检索

**长春泰恒房屋开发有限公司与长春市规划和自然资源局国有土地使用权出让合同纠纷案**

**关键词：** 合同解除　土地出让金

**裁判摘要：** 由于国家法律、法规及政策出台导致当事人签订的国有土地使用权出让合同不能履行，以致一方当事人缔约目的不能实现的，该方当事人请求人民法院判决解除合同的，应予支持；在此情况下，鉴于双方当事人对于合同不能履行及一方当事人缔约目的不能实现均无过错，合同解除后当事人可以要求恢复原状，即返还已经支付的土地出让金，但对赔偿损失的诉讼请求人民法院不予支持。

【案　　号】（2019）最高法民再246号

【审理法院】最高人民法院

【来　　源】中国裁判文书网

第三分编 用益物权 | 第十二章 建设用地使用权 | 第三百五十二条

**第三百五十二条** 建设用地使用权人建造的建筑物、构筑物及其附属设施的所有权属于建设用地使用权人，但是有相反证据证明的除外。

▶ 关联规定

一、法律、行政法规、司法解释

1.《中华人民共和国城市房地产管理法》

**第六十一条** 以出让或者划拨方式取得土地使用权，应当向县级以上地方人民政府土地管理部门申请登记，经县级以上地方人民政府土地管理部门核实，由同级人民政府颁发土地使用权证书。

在依法取得的房地产开发用地上建成房屋的，应当凭土地使用权证书向县级以上地方人民政府房产管理部门申请登记，由县级以上地方人民政府房产管理部门核实并颁发房屋所有权证书。

房地产转让或者变更时，应当向县级以上地方人民政府房产管理部门申请房产变更登记，并凭变更后的房屋所有权证书向同级人民政府土地管理部门申请土地使用权变更登记，经同级人民政府土地管理部门核实，由同级人民政府更换或者更改土地使用权证书。

法律另有规定的，依照有关法律的规定办理。

2.《城镇国有土地使用权出让和转让暂行条例》

**第二十四条** 地上建筑物、其他附着物的所有人或者共有人，享有该建筑物、附着物使用范围内的土地使用权。

土地使用者转让地上建筑物、其他附着物所有权时，其使用范围内的土地使用权随之转让，但地上建筑物、其他附着物作为动产转让的除外。

3.《最高人民法院关于适用〈中华人民共和国民法典〉物权编的解释（一）》

**第二条** 当事人有证据证明不动产登记簿的记载与真实权利状态不符、其

1081

为该不动产物权的真实权利人，请求确认其享有物权的，应予支持。

## 二、部门规章及规范性文件

### 1.《不动产登记暂行条例实施细则》

**第二条** 不动产登记应当依照当事人的申请进行，但法律、行政法规以及本实施细则另有规定的除外。

房屋等建筑物、构筑物和森林、林木等定着物应当与其所依附的土地、海域一并登记，保持权利主体一致。

**第三十三条** 依法取得国有建设用地使用权，可以单独申请国有建设用地使用权登记。

依法利用国有建设用地建造房屋的，可以申请国有建设用地使用权及房屋所有权登记。

**第三十六条** 办理房屋所有权首次登记时，申请人应当将建筑区划内依法属于业主共有的道路、绿地、其他公共场所、公用设施和物业服务用房及其占用范围内的建设用地使用权一并申请登记为业主共有。业主转让房屋所有权的，其对共有部分享有的权利依法一并转让。

**第四十四条** 依法取得集体建设用地使用权，可以单独申请集体建设用地使用权登记。

依法利用集体建设用地兴办企业，建设公共设施，从事公益事业等的，可以申请集体建设用地使用权及地上建筑物、构筑物所有权登记。

**第四十五条** 申请集体建设用地使用权及建筑物、构筑物所有权首次登记的，申请人应当根据不同情况，提交下列材料：

（一）有批准权的人民政府批准用地的文件等土地权属来源材料；

（二）建设工程符合规划的材料；

（三）权籍调查表、宗地图、房屋平面图以及宗地界址点坐标等有关不动产界址、面积等材料；

（四）建设工程已竣工的材料；

（五）其他必要材料。

集体建设用地使用权首次登记完成后，申请人申请建筑物、构筑物所有权首次登记的，应当提交享有集体建设用地使用权的不动产权属证书。

**2.《不动产登记操作规范(试行)》**

1.2.2 一体登记原则

房屋等建筑物、构筑物所有权和森林、林木等定着物所有权登记应当与其所附着的土地、海域一并登记,保持权利主体一致。

土地使用权、海域使用权首次登记、转移登记、抵押登记、查封登记的,该土地、海域范围内符合登记条件的房屋等建筑物、构筑物所有权和森林、林木等定着物所有权应当一并登记。

房屋等建筑物、构筑物所有权和森林、林木等定着物所有权首次登记、转移登记、抵押登记、查封登记的,该房屋等建筑物、构筑物和森林、林木等定着物占用范围内的土地使用权、海域使用权应当一并登记。

## ▶ 条文释义

### 一、本条主旨

本条是关于建设用地使用权人建造的建筑物等不动产权属认定规则的规定。

### 二、条文演变

我国是社会主义国家,建筑物、构筑物及其附属设施的所有权具有相对独立性。建设用地使用权人取得国有土地的使用权后,有权在该土地上建造建筑物、构筑物及其附属设施,并取得对其的所有权。1990年5月开始实施的《城镇国有土地使用权出让和转让暂行条例》第24条第1款规定:"地上建筑物、其他附着物的所有人或者共有人,享有该建筑物、附着物使用范围内的土地使用权。"1994年7月开始实施的《城市房地产管理法》第61条第2款规定:"在依法取得的房地产开发用地上建成房屋的,应当凭土地使用权证书向县级以上地方人民政府房产管理部门申请登记,由县级以上地方人民政府房产管理部门核实并颁发房屋所有权证书。"根据上述法律规定,建设用地使用权人在完成房屋等不动产建设后,有权凭借建设用地使用权证书,申请办理房屋等不动产所有权权属登记,取得房屋等不动产所有权。即法律推定建设用地使用权人享有该土地范围内建造的房屋等不动产所有权。之后,原《物权法》在

第142条规定:"建设用地使用权人建造的建筑物、构筑物及其附属设施的所有权属于建设用地使用权人,但有相反证据证明的除外。"《民法典》对原《物权法》的该条规定予以吸收。

### 三、条文解读

#### (一)建筑物等不动产权属认定的一般规则

建筑物、构筑物及其附属设施均属于地上定着物,与土地有着极为密切的关系,法律上也通常将两者统称为不动产。从自然属性上讲,建筑物等是不可脱离土地而存在的,但在法律属性上,关于两者的关系如何,亦即是否可将其作为相互独立的两项不动产来认识,存在着两种不同的模式:一种是结合主义,即将建筑物等与土地结合作为一个不动产,建筑物等为土地的一部分,不构成独立的不动产。另一种是分离主义或分别主义,即建筑物等与土地各为独立的不动产,但两者基于密切关系而有一定联系。这是因为建筑物等所有权不可能凭空孤立存在,必须以相应的土地权利作为自己的正当根据(权源),否则构成无权占有。① 但若严格奉行土地所有权吸收地上物的原则,固然周到地保护了土地所有权人的利益,可也阻碍了人们投资于他人的土地且保有建筑物所有权的意愿。为衡平地协调土地所有权人和投资于土地的非所有权人之间的利益,让土地所有权人仅仅取得非所有权人利用土地的对价,使非所有权人保有建造在他人土地上的建筑物等的所有权,大陆法系国家创设了地上权制度,只要非所有权人在他人的土地上取得地上权,建筑物等便不被土地所吸收,而是与地上权相结合,成为地上权人的所有物。②

我国实行土地的社会主义公有制,土地属于国家或集体所有,因此我国的建筑物所有权与土地权利的关系与国外的制度设计有差异,也有共性。其中差异表现在我国的建筑物等所有权独立于土地所有权,且绝大多数情况下其主体是不一致的。建筑物所有权属于自然人、法人或非法人组织,不发生土地所有权吸附建筑物所有权的问题,且因土地所有权不能作为交易客体,亦不存在土地所有权因建筑物所有权流转而发生归属之变化的问题。其共性则表现在为防

---

① 参见王泽鉴:《民法物权》,北京大学出版社2009年版,第168页。
② 参见崔建远:《物权:规范与学说——以中国物权法的解释论为中心》,清华大学出版社2011年版,第557页。

止建筑物等成为"空中楼阁",必须赋予其占有和使用土地的正当权源,如此我国创设了建设用地使用权、宅基地使用权等用益物权制度,作为在土地上建造建筑物并保有其所有权的正当根据,发挥着其他国家地上权的作用。可见,在我国,并非土地所有权吸收建筑物的所有权,而是建设用地使用权吸收建筑物所有权,两者在权利归属和权利变动方面均应该严格遵循一体化处理的原则。一方面,在权属认定上,建设用地使用权与建筑物所有权的权利主体一般应当保持一致,以此解决建筑物所有权无所依赖的问题;另一方面,在权利变动上,应实行"地随房走""房随地走"的规则,以此防止因单独流转而发生的权源丧失或不动产权利关系复杂化等问题。本条即是关于第一个方面的规定,明确了建设用地使用权人建造的建筑物、构筑物及其附属设施的所有权原则上归属于建设用地使用权人所有,成为实践中认定建筑物等所有权归属的重要裁判规则。

因建设用地使用权与建筑物所有权均属于不动产物权,在物权变动方面一般实行登记要件主义,但根据《民法典》第231条的规定,因合法建造这种事实行为设立物权的,自事实行为成就时发生效力。据此,建设用地使用权人在取得权利后,经依法审批取得用地、规划、建设等各类许可后进行建设,在依法竣工验收后其就取得建筑物所有权,但如未经登记,则在处分时不能发生物权效力。为通过登记确认和公示建筑物所有权,《城市房地产管理法》61条第2款规定,在依法取得的房地产开发用地上建成房屋的,应当凭土地使用权证书向县级以上地方人民政府房产管理部门申请登记,由县级以上地方人民政府房产管理部门核实并颁发房屋所有权证书。但这是在统一登记改革前的分散登记时期作出的规定,在不动产统一登记改革后,建设用地使用权与建筑物所有权的登记部门已经合二为一,建设用地使用权人依法利用国有土地建造房屋的,可以一并申请国有建设用地使用权及房屋所有权首次登记,符合申请条件的,登记机构应将建设用地使用权及建筑物所有权一体记载于登记簿并核发统一的不动产权属证书,同时收回原建设用地使用权证书。因此,目前在物权公示层面,也基本遵循了房地一体登记的原则。可以说建设用地使用权与建筑物所有权的密切关联对不动产统一登记提出了客观需求,而统一登记的实现则为本条实施和适用奠定了更扎实的实践基础。

此外,从本条文义分析,建筑物等所有权和建设用地使用权权属一体认定的规则限于"建设用地使用权人建造的"建筑物等,但从本条的规范目的分析，实践中应扩展其适用范围，将建筑物等所有权归属于建设用地使用人所有作为一般性的裁判规则。如此非建设用地使用权人在建设用地上建造建筑物，在基于合作建房合同（约定建造一方仅仅取得使用建筑物的债权）、出于为建设用地使用权人谋利益的目的等情况下，建筑物的所有权也归属于建设用地使用权人。不动产抵押权的行使结果，建筑物的所有权同样归属于建设用地使用权人。① 至于建造人的出资补偿问题，可通过合同约定或不当得利制度解决。在此应将本条与《民法典》第 231 条予以区分，后者规定建筑物所有权自合法建造行为成就时即发生法律效力，系对物权生效时间而非对物权归属的规定，建筑物所有权人仍应适用本条加以确定。最后，以"在法律上共其命运"来理解"一致"，房地一致原则所体现的，不应仅限于房地一体处分，而是及于房地权利变更的各个环节；且也不限于基于法律行为方式的权利变动，基于建造等事实行为以及继承等法定原因造成的变更，也应包括在内。一言以蔽之，"房地一致"的正确理解应是，只要地上有房，则取其任何一个时间点来观察，房地权利之归属均须一致，房地归属在任何时候均不能异其主体，既不允许"有地权而无房权"，也不允许"有房权而无地权"。②

### （二）建筑物等不动产权属认定的例外规则

除一般规则外，本条还规定了但书条款，即有证据证明建筑物等所有权不属于建设用地使用权人所有的，则应根据实际情况确定权属。有观点认为包括三种例外情形：一是买卖、互易、赠与等法律行为已经生效且实际履行，建筑物所有权的变更登记业已完成，但因房地权属分别由不同的登记机构办理登记的体制等原因，导致建设用地使用权尚未完成变更登记；二是在现在的城市房地产建设中，一部分市政公共设施，是通过开发商和有关部门约定，由房地产开发企业在房地产项目中配套建设，但是其所有权归国家；三是在公房改制过程中，单位依法或政策将职工承租的公房出卖给职工，购房者不享有公房所在地的建设用地使用权。③ 另有观点认为建设用地使用权人不能取得地上建筑物

---

① 参见崔建远：《民法分则物权编立法研究》，载《中国法学》2017 年第 2 期。
② 参见张双根：《论房地关系与统一不动产登记簿册》，载《中外法学》2014 年第 4 期。
③ 参见全国人大常委会法制工作委员会民法室编：《中华人民共和国物权法条文说明、立法理由及相关规定》，北京大学出版社 2007 年版，第 142 页。

等权属的情形，在实践中主要包括以下几种可能：一是地上建筑物等不是由建设用地使用权人建造的，比如，建设用地使用权人将建设用地使用权转让给他人，但没有办理变更登记手续，地上建筑物等是由他人受让土地后建造的；二是地上建筑物等是由建设用地使用权人建造的，但基于与他人设立的其他法律关系，如合资、合作等，按约定建成后的建筑物等权属应部分或全部归他人；三是建设用地使用权人已经将建造的建筑物等预售给他人。① 还有一种观点认为，本条但书所指情形应为土地租赁权、土地借用权等，应当限定此处的但书，不宜随意扩张其涵盖范围。②

我们认为，本条的规范目的在于使建筑物所有权与建设用地使用权相结合，尽量防止发生房地分离的情形，因此应在坚持物权公示公信原则及不动产物权变动登记要件主义的前提下，严格遵循房地权属一体的规则，对本条但书规定的适用范围作限制性解释。第一，对于分散登记时期造成的房地登记分离的问题，将随着统一登记的改革不复存在，关于历史遗留问题，应根据"地随房走""房随地走"的规则处理，即房屋所有权已转让的，建设用地使用权一并转让，前者完成移转登记而后者尚未完成的，应由土地使用权人履行移转登记义务，而不能主张建筑物所有权。③ 第二，对于非由建设用地使用权人建造或建设用地使用权人与他人合作建造的建筑物，原则上仍应遵循所有权属于土地使用权人的一般规则，当事人之间关于建筑物所有权的约定仅具有债权效力，当然实际建设人或出资人可根据合同约定请求土地使用权人办理土地使用权移转登记或登记为共有，也可依约或根据不当得利等规定请求返还其出资等；在其实际占有建筑物且符合一定条件情形下，还可以物权期待权为依据排除强制执行等。④ 第三，对于预售商品房，因尚未办理移转登记，购房人享

---

① 参见最高人民法院物权法研究小组编著：《〈中华人民共和国物权法〉条文理解与适用》，人民法院出版社2007年版，第431页。

② 参见崔建远：《民法分则物权编立法研究》，载《中国法学》2017年第2期。

③ 在解释上，可以认为建设用地使用权虽未完成移转登记，但根据"地随房走"的规则，建设用地使用权实际上已经发生转移，此系不动产登记要件主义的例外，属于法律另有规定的情形。

④ 关于物权期待权排除强制执行，《民事执行查封、扣押、冻结财产的规定》第15条规定，"被执行人将其所有的需要办理过户登记的财产出卖给第三人，第三人已经支付部分或者全部价款并实际占有该财产，但尚未办理产权过户登记手续的，人民法院可以查封、扣押、冻结；第三人已经支付全部价款并实际占有，但未办理过户登记手续的，如果第三人对此没有过错，人民法院不得查封、扣押、冻结。"

有的仍为债权而非物权,即使因办理预告登记或实际占有房屋而使债权的效力得以强化,但在移转登记前享有商品房所有权的仍为建设用地使用权人即房地产开发企业。第四,虽然市政公共设施建设及公房改制过程中确实可能存在房地产权分离的情形,但也应通过对特定法律或政策的解释和实施,尽量促成房地产权的一致,比如,前者市政出资由开发商负责建设市政公共设施,就该设施的基地部分,可减少房地产开发企业所应支付的建设用地使用权出让金的数额,国家取得这些设施的所有权,同时享有相应的建设用地使用权;后者则可根据相关规定,在符合一定条件的情形下,由单位职工补缴相关费用后一并取得房屋所有权与建设用地使用权。① 第四,根据原国土资源部 1999 年颁布的《规范国有土地租赁若干意见》的相关规定,国家可将特定用途的国有土地出租给使用者使用,承租人取得承租土地使用权后可进行地上建筑物、构筑物建设,这种情况下承租人取得建筑物所有权的土地权源基础系土地租赁权而非建设用地使用权,属于本条但书中规定的情形。

## ▶ 适用指引

第一,不具有房地产开发资质的当事人以具备房地产开发资质的房地产开发企业的名义开发房地产,并将建设用地使用权、房屋所有权登记在后者名下,当后者负担债务,申请人申请执行时,实际权利人主张停止执行并确权的,一般不予支持。这是因为建设用地使用权与房屋所有权作为物权,均应当以登记为公示要件,在房屋所有权首次登记前,根据本条规定,建成房屋亦应归属于登记的建设用地使用权人所有。内部的借用或挂靠协议一般不能对抗第三人,包括查封债权人。而且考虑到房地产开发关系社会公共安全和房地产市场秩序,国家将房地产开发作为特种行业,实行市场准入许可限制。借用房地产开发资质或挂靠行为违反法律及行政法规相关规定,与房地产行业行政管理基本政策相悖,因此也应由借用人或挂靠人承担不利后果。

第二,本条系建筑物等所有权等应归属于建设用地使用权人的一般规定,根据房地一体的基本原理,农村集体经济组织成员的住宅与宅基地使用权之间

---

① 参见崔建远:《物权:规范与学说——以中国物权法的解释论为中心》,清华大学出版社 2011 年版,第 573~574 页。

的关系,以及依照《土地管理法》第63条规定建设的建筑物与集体经营性建设用地之间的关系,也应准用本条处理。

## ▶ 典型案例

### 中国信达资产管理股份有限公司陕西省分公司、陕西崇立实业发展有限公司执行异议之诉案

**关键词:** 建设用地使用权　房地权属一致　合法建造人

**裁判摘要:** 建设用地使用权人建造的建筑物、构筑物及其附属设施的所有权属于建设用地使用权人,但有相反证据证明的除外。在案涉房屋开发的立项、规划、建设过程中,登记簿记载的建设用地使用权人系相关行政审批机关确定的合法建设方,应认定为案涉建筑物的所有权人。案外人虽与建设用地使用权人签订有联建协议,但并不能以此认定为其系《物权法》第30条规定的"因合法建造、拆除房屋等事实行为设立或者消灭物权的"一方,在未变更登记前也不因合作开发合同关系以及出资建造行为取得建筑物所有权。建设用地使用权人的债权人向法院申请强制执行案涉建筑物及建设用地使用权的,该案外人无权排除法院的强制执行。

**基本案情:** 2006年7月19日,崇立公司与佳佳公司签订《佳家时代广场B、C座项目联合开发合同书》约定,双方联建项目为B、C座住宅楼及B座以北的地下车库工程,联建面积85000平方米。佳佳公司提供建设项目用地、项目的规划审批手续和建筑设计方案及施工图纸,崇立公司以人民币出资,承担项目设计蓝图内所有的建安费用。双方共同投资至本项目总价的25%~30%时,佳佳公司应无条件地将该项目过户给崇立公司,由崇立公司独自建设、经营、销售,收益归崇立公司所有。佳佳公司应收回投资和收益为总建筑面积每平方米700元,B座1层至3层裙房每平方米1250元。其余投资、楼盘的销售、产权(同土地证年限)及收入全部归崇立公司所有。因佳佳公司曾与中国工商银行股份有限公司西安朱雀大街支行(以下简称工行朱雀支行)签订《房地产业借款合同》及《抵押合同》。合同签订后,工行朱雀支行还向陕西省西安市汉唐公证处(原陕西省公证处,以下简称公证处)申请对上述合同予以公证,公证处对合同分别作出赋予强制执行效力公证书。在佳佳公司拖欠借款

后，公证处作出执行证书，对佳佳公司所欠本金利息赋予强制执行效力。2007年2月6日，工行朱雀支行向一审法院申请强制执行，并于2014年3月3日将佳家时代广场B、C座的案涉10套房屋予以查封。崇立公司向一审法院提出案外人执行异议。一审法院驳回了崇立公司的异议请求。崇立公司不服，向一审法院起诉。

一审法院经审理认为，根据《物权法》第30条规定："因合法建造、拆除房屋等事实行为设立或者消灭物权的，自事实行为成就时发生效力。"佳佳公司与崇立公司系联建关系，共同出资开发建设涉案房屋，故佳佳公司与崇立公司均为房屋建造人，自房屋建成，即应共同享有对涉案房屋的所有权。且在2009年9月7日，佳佳公司与崇立公司签订的《有关相关问题的协议》载明，双方确认崇立公司已经向佳佳公司付清全部投资收益，崇立公司拥有佳家时代广场B座、C座及协议约定的地下车库全部产权以及产权转让后的全部销售收益。上述约定对合作开发的共有财产进行了分割，该约定系双方的真实意思表示，不违反法律、行政法规的强制性规定，应为有效。本案争议的10套房屋属于崇立公司所有，崇立公司请求确认其为该10套房屋的所有权人合法有据，应予支持。

二审法院认为，《物权法》第142条规定："建设用地使用权人建造的建筑物、构筑物及其附属设施的所有权属于建设用地使用权人，但有相反证据证明的除外。"就本案而言，建设用地使用权证载明的权利人为佳佳公司并非崇立公司。虽然《物权法》第30条规定："因合法建造、拆除房屋等事实行为设立或者消灭物权的，自事实行为成就时发生效力。"但合法建造取得物权，应当包括两个前提条件，一是必须有合法的建房手续，完成特定审批，取得合法土地权利，符合规划要求；二是房屋应当建成。根据查明事实，案涉房屋的国有土地使用权证、建筑用地规划许可证、建筑工程规划许可证、施工许可证等记载的权利人均为佳佳公司。即在案涉房屋开发的立项、规划、建设过程中，佳佳公司是相关行政审批机关确定的建设方，崇立公司仅依据其与佳佳公司的联建协议，并不能直接认定其为《物权法》第30条规定的合法建造人，并因事实行为而当然取得物权。另外，《物权法》规定物权公示原则，即物权的变动必须将其变动的事实通过一定方法向社会公开，其目的在于使第三人知道物权变动情况，以免第三人遭受损害并保障交易安全。本案中崇立公司与佳佳公司之间存在合作开发房地产合同关系，崇立公司有权另案向佳佳公司主张基于合作开发合同产生的相关权利。但在其提交证据不足以证明其为相关审批手续载明的合法建造主体、投资事实、占有权利外观情况下，仅依据其与佳佳公司合作开发合同关系，不属于《物权法》第 30 条规定的合法建造人，原判决认定崇立公司基于合法建造取得案涉房屋所有权属，适用法律不当。二审法院撤销一审判决，作出终审判决，认定崇立公司无权排除法院的强制执行。

【案　　号】（2016）最高法民终 763 号

【审理法院】最高人民法院

【来　　源】《最高人民法院公报》2018 年第 8 期

## ▶ 类案检索

### 一、白山市浑江区星际小额贷款有限公司、吉林森工松江河林业（集团）有限公司执行异议之诉案

**关键词：**建设用地使用权　房地权属一致

**裁判摘要：**当事人取得了案涉房屋所在地的国有土地使用权证，享有案涉房屋建设项目的建设用地使用权。建设用地使用权人的基本权利内容就是按照批准的用途利用土地建造建筑物、构筑物。根据《物权法》第 142 条"建设用地使用权人建造的建筑物、构筑物及其附属设施的所有权属于建设用地使用权人，但有相反证据证明的除外"之规定，在没有相反证据证明当事人取得使用权的土地上建造的房屋权属应归属他人的情形下，案涉房屋依法应推定归属当事人。

【案　　号】（2017）最高法民再 267 号

【审理法院】最高人民法院

【来　　源】中国裁判文书网

### 二、常某增与伊犁大世界房地产开发有限公司、伊犁卓越房地产开发有限公司等执行异议之诉案

**关键词：**房地权属一致　物权变动

**裁判摘要：**建设用地使用权、建设用地规划许可证、建设工程规划许可证、商品房预销售许可证均登记在案外人名下，房屋也由案外人占有和对外销

售。根据《民法典》第 352 条，对土地上的房屋应当认定属于案外人所有。案外人与被执行人之间关于房地产联合开发的协议，只具有债权效力，其本身并不能导致不动产物权变动，因此也不足以证明不动产属于被执行人所有，无权排除执行。

【案　　号】（2021）新 40 民终 779 号

【审理法院】新疆维吾尔自治区高级人民法院

【来　　源】中国裁判文书网

**第三百五十三条** 建设用地使用权人有权将建设用地使用权转让、互换、出资、赠与或者抵押，但是法律另有规定的除外。

## ▶ 关联规定

法律、行政法规、司法解释

1.《中华人民共和国宪法》

**第十条第四款** 任何组织或者个人不得侵占、买卖或者以其他形式非法转让土地，土地的使用权可以依照法律的规定转让。

2.《中华人民共和国城市房地产管理法》

**第二十八条** 依法取得的土地使用权，可以依照本法和有关法律、行政法规的规定，作价入股，合资、合作开发经营房地产。

**第三十七条** 房地产转让，是指房地产权利人通过买卖、赠与或者其他合法方式将其房地产转移给他人的行为。

**第三十八条** 下列房地产，不得转让：

（一）以出让方式取得土地使用权的，不符合本法第三十九条规定的条件的；

（二）司法机关和行政机关依法裁定、决定查封或者以其他形式限制房地产权利的；

（三）依法收回土地使用权的；

（四）共有房地产，未经其他共有人书面同意的；

（五）权属有争议的；

（六）未依法登记领取权属证书的；

（七）法律、行政法规规定禁止转让的其他情形。

**第三十九条** 以出让方式取得土地使用权的，转让房地产时，应当符合下列条件：

（一）按照出让合同约定已经支付全部土地使用权出让金，并取得土地使

用权证书;

(二)按照出让合同约定进行投资开发,属于房屋建设工程的,完成开发投资总额的百分之二十五以上,属于成片开发土地的,形成工业用地或者其他建设用地条件。

转让房地产时房屋已经建成的,还应当持有房屋所有权证书。

**第四十条** 以划拨方式取得土地使用权的,转让房地产时,应当按照国务院规定,报有批准权的人民政府审批。有批准权的人民政府准予转让的,应当由受让方办理土地使用权出让手续,并依照国家有关规定缴纳土地使用权出让金。

以划拨方式取得土地使用权的,转让房地产报批时,有批准权的人民政府按照国务院规定决定可以不办理土地使用权出让手续的,转让方应当按照国务院规定将转让房地产所获收益中的土地收益上缴国家或者作其他处理。

**第四十八条** 依法取得的房屋所有权连同该房屋占用范围内的土地使用权,可以设定抵押权。

以出让方式取得的土地使用权,可以设定抵押权。

**3.《中华人民共和国土地管理法》**

**第二条** 中华人民共和国实行土地的社会主义公有制,即全民所有制和劳动群众集体所有制。

全民所有,即国家所有土地的所有权由国务院代表国家行使。

任何单位和个人不得侵占、买卖或者以其他形式非法转让土地。土地使用权可以依法转让。

国家为了公共利益的需要,可以依法对土地实行征收或者征用并给予补偿。

国家依法实行国有土地有偿使用制度。但是,国家在法律规定的范围内划拨国有土地使用权的除外。

**第六十三条** 土地利用总体规划、城乡规划确定为工业、商业等经营性用途,并经依法登记的集体经营性建设用地,土地所有权人可以通过出让、出租等方式交由单位或者个人使用,并应当签订书面合同,载明土地界址、面积、动工期限、使用期限、土地用途、规划条件和双方其他权利义务。

前款规定的集体经营性建设用地出让、出租等,应当经本集体经济组织成员的村民会议三分之二以上成员或者三分之二以上村民代表的同意。

通过出让等方式取得的集体经营性建设用地使用权可以转让、互换、出资、赠与或者抵押，但法律、行政法规另有规定或者土地所有权人、土地使用权人签订的书面合同另有约定的除外。

集体经营性建设用地的出租，集体建设用地使用权的出让及其最高年限、转让、互换、出资、赠与、抵押等，参照同类用途的国有建设用地执行。具体办法由国务院制定。

4.《城镇国有土地使用权出让和转让暂行条例》

第十九条　土地使用权转让是指土地使用者将土地使用权再转移的行为，包括出售、交换和赠与。

未按土地使用权出让合同规定的期限和条件投资开发、利用土地的，土地使用权不得转让。

第二十八条　土地使用权出租是指土地使用者作为出租人将土地使用权随同地上建筑物、其他附着物租赁给承租人使用，由承租人向出租人支付租金的行为。

未按土地使用权出让合同规定的期限和条件投资开发、利用土地的，土地使用权不得出租。

第三十二条　土地使用权可以抵押。

第三十三条　土地使用权抵押时，其地上建筑物、其他附着物随之抵押。

地上建筑物、其他附着物抵押时，其使用范围内的土地使用权随之抵押。

5.《土地管理法实施条例》

第四十三条　通过出让等方式取得的集体经营性建设用地使用权依法转让、互换、出资、赠与或者抵押的，双方应当签订书面合同，并书面通知土地所有权人。

集体经营性建设用地的出租，集体建设用地使用权的出让及其最高年限、转让、互换、出资、赠与、抵押等，参照同类用途的国有建设用地执行，法律、行政法规另有规定的除外。

6.《最高人民法院关于审理涉及国有土地使用权合同纠纷案件适用法律问题的解释》

第七条　本解释所称的土地使用权转让合同，是指土地使用权人作为转让方将出让土地使用权转让于受让方，受让方支付价款的合同。

第十条　土地使用权人与受让方订立合同转让划拨土地使用权，起诉前经有批准权的人民政府同意转让,并由受让方办理土地使用权出让手续的,土地使用权人与受让方订立的合同可以按照补偿性质的合同处理。

**第十一条** 土地使用权人与受让方订立合同转让划拨土地使用权,起诉前经有批准权的人民政府决定不办理土地使用权出让手续,并将该划拨土地使用权直接划拨给受让方使用的,土地使用权人与受让方订立的合同可以按照补偿性质的合同处理。

## ▶ 条文释义

### 一、本条主旨

本条是关于建设用地使用权流转方式及限制的规定。

### 二、条文演变

我国实行土地的社会主义公有制,土地所有权严禁流转,为充分发挥市场在配置土地资源方面的决定性作用,我国《宪法》《城市房地产管理法》等均规定建设用地使用权可以依法流转,由此赋予建设用地使用权人较为广泛的处分权能。一方面,通过土地使用权的转让、互换、出资、抵押等方式实现土地资源的优化配置,有效克服了我国土地所有权不能流转与市场经济发展之间的矛盾,完善了社会主义市场经济体制;另一方面,在制度层面也使建设用地使用权承担了土地所有权的部分功能,需要进一步重视和完善其流转规则,实现有序流转、地尽其利。本条沿袭原《物权法》第143条的规定,从建设用地使用权私益性与公益性兼具的特点出发,既规定了建设用地使用权流转的具体方式,又明确了法律对流转另有禁止性或限制性规定的,应遵循该项规定。

### 三、条文解读

与所有权具有处分所有物的效力不同,建设用地使用权作为他物权没有处分建设用地的效力,但有处分权利的效力,权利人可以流转建设用地使用权。本条明确规定了建设用地使用权流转的五种法定方式,同时,通过但书这个引致性条款,引向禁止或限制建设用地使用权流转的法律规定。

## （一）建设用地使用权流转的具体方式

改革开放以来，通过大力推行国有建设用地有偿使用制度，我国基本形成了以政府出让为主的土地一级市场和以市场主体之间流转为主的土地二级市场，对促进土地资源的优化配置和节约集约利用、加快工业化和城镇化进程发挥了重要作用。为深化土地有偿使用制度改革，应允许建设用地使用权通过多种方式流转，本条对《土地管理法》《房地产管理法》《城镇国有土地使用权出让和转让暂行条例》中规定的流转方式进行了整合和规范，规定了以下方式：第一，转让，在目前规范体系下，建设用地使用权转让有广义和狭义之分。其中，《城市房地产管理法》第37条、《城镇国有土地使用权出让和转让暂行条例》第19条第1款规定转让包括出售、交换和赠与，系采广义概念；本条规定的转让系采狭义概念，仅指受让人支付转让价款取得建设用地使用权的情形，与有体物所有权出售的含义基本相同。第二，互换，系权利人以自己建设用地使用权与他人权利进行交换，本质上即为两个建设用地使用权的互相转让。第三，出资，系权利人将建设用地使用权投入公司或合伙企业等，作为对价取得股权或合伙份额，对此《公司法》《合伙企业法》等均明确投资人可以用土地使用权等作价出资，当然其评估作价及出资比例限制等亦应遵循《公司法》等有关规定。第四，赠与，系权利人将权利无偿移转于受让人。第五，抵押，建设用地使用权可作为不动产抵押融资，虽然在抵押权设立时不立即发生权利流转的效果，但在实现时可采取拍卖、变卖或折价等方式流转。第五，其他方式。根据2019年《国务院办公厅关于完善建设用地使用权转让、出租、抵押二级市场的指导意见》，其他流转方式还包括司法处置、资产处置、法人或其他组织合并或分立等形式涉及的建设用地使用权转移。实践中，还有一些当事人为规避法定审批手续或税费，以合作建房为名行土地使用权转让之实，这种情况下应采取穿透式裁判思维，根据通谋虚伪表示的规定，按照当事人真实意思确定相关合同的法律性质。根据《国有土地使用权合同解释》第21条规定，在合作开发房地产合同约定提供土地使用权的当事人不承担经营风险，只收取固定利益的，应当认定为土地使用权转让合同。

以上方式中，转让系最为典型的流转方式，其与建设用地使用权出让相比，有以下区别：第一，当事人不同，出让中必有一方为作为土地所有权人的国家，转让的主体则为平等的组织或个人；第二，权利取得方式不同，虽然两者都属于继受取得,但出让系设立建设用地使用权的一种方式,属于创设的继受取得,而转让系在建设用地使用权设立后,在不改变权利客体和内容的情况下进行的权利移转行为,属于移转的继受取得;① 第三,合同签订程序不同,出让要采取特定的公开竞价或协议转让方式,转让则无强制性要求;第四,合同内容不同,对于出让合同的内容和必要条款《民法典》有明确规定,转让合同的内容则可由当事人自由约定;第五,在支付对价性质上,出让金系取得土地使用权之对价,同时也有向国家承担公法义务的性质,因此受到较严的限制,如协议转让不得低于法定底价等,而转让价款则一般由当事人自由约定。整体来看,出让作为国家设立建设用使用权的一种方式,具有基础性和源头性地位,必须符合节约资源、保护生态的要求,且应遵守土地总体规划及土地用途规定等,国家管制的色彩更为浓厚,行政管理的要求更为严格;转让则完全系平等主体之间的物权变动行为,虽然因涉及社会公共利益也受到一定限制,但主要仍应贯彻意思自治原则,这也导致在认定合同效力时,后者应秉持更为宽松的态度,尽量通过法律解释限制导致合同无效的情形。

### (二)建设用地使用权流转的限制

#### 1.以出让方式取得的建设用地使用权流转的限制

《城市房地产管理法》第39条规定:"以出让方式取得土地使用权的,转让房地产时,应当符合下列条件:(一)按照出让合同约定已经支付全部土地使用权出让金,并取得土地使用权证书;(二)按照出让合同约定进行投资开发,属于房屋建设工程的,完成开发投资总额的百分之二十五以上,属于成片开发土地的,形成工业用地或者其他建设用地条件。转让房地产时房屋已经建成的,还应当持有房屋所有权证书。"本条主要是为合理利用土地,维护房地产开发市场秩序,防止、遏制炒地现象对转让条件作出的严格限制性规定,属于强制性规范,当事人必须遵守,否则应承担行政处罚责任。但违反该规范签订的建设用地使用权转让合同的效力如何认定,尚需结合规范目的及物权变动模式、无权处分规则等进行合目的性和体系化解释。

关于限制条件一,转让人未取得土地使用权证书即转让权利的,可分为两种情形。一是已经完成首次登记但尚未取得权属证书的,根据《民法典》第

---

① 参见王利明:《物权法研究》,中国人民大学出版社2016年版,第909页。

216 条第 1 款、第 217 条的规定，权属证书仅具有证明效力，决定物权归属和变动的系不动产登记簿的记载，故这种情况下转让人已经取得建设用地使用权，其与受让人签订转让合同当属有效，也应该依约履行变更登记和交付土地等合同义务。二是尚未登记在转让人名下即转让建设用地使用权，属于广义的无权处分行为，应按《民法典》中关于无权处分的规定处理。在《民法典》出台前，司法实践中按照原《合同法》第 51 条的规定，认定转让合同为效力待定合同，并将效力待定的时间限定在向人民法院起诉前，即起诉前转让方已取得土地使用权证书或者有批准权的人民政府同意转让的，应认定合同有效，否则即认定合同无效。①《民法典》第 597 条规定"因出卖人未取得处分权致使标的物所有权不能转移的，买受人可以解除合同并请求出卖人承担违约责任。法律、行政法规禁止或者限制转让的标的物，依照其规定"，第 646 条还规定"法律对其他有偿合同有规定的，依照其规定；没有规定的，参照适用买卖合同的有关规定"。建设用地使用权转让合同作为有偿合同，应依照《民法典》第 597 条的规定认定无权转让建设用地使用权合同的效力和法律后果，即认定无权转让合同为有效合同，因无处分权而导致不能履行移转登记等义务的，受让人可解除合同并请求转让人承担违约损害赔偿责任。此种解释与《民法典》物权编中确认的债权形式主义这种物权变动模式及合同效力与物权变动相区分的原则保持了一致，也遵循了诚信原则，可以有效防止转让人恶意毁约而仅承担缔约过失责任并获得不当利益。为顺应《民法典》对无权处分规则的修改，最高人民法院在 2020 年清理相关司法解释时，已将 2005 年《国有土地使用权合同解释》第 9 条关于"转让方未取得出让土地使用权证书与受让方订立合同转让土地使用权，起诉前转让方已经取得出让土地使用权证书或者有批准权的人民政府同意转让的，应当认定合同有效"的规定删除。

关于限制条件二，司法实践的观点也从合同无效说逐步转化为有效说，2016 年的《八民会纪要》第 13 条明确，此项规定并非效力性强制性规定，当事人仅以转让国有土地使用权未达到该项规定条件为由，请求确认转让合同无效的，不予支持。主要理由是《城市房地产管理法》作为行政性法律，其规范调整的主要是房地产开发经营行为，第 39 条所规定的第二个条件的立法本意也只是对土地使用权人"炒地"行为的限制，属于政府土地行政管理部门对土

---

① 参见 2005 年《国有土地使用权合同解释》第 9 条。

地使用权转让的一种监管措施，而非针对转让合同这种债权行为所作的禁止性规定。因此，本条仅仅是从行政管理的角度，规定转让的土地不符合法定投资开发条件的，不得办理土地使用权权属变更登记手续。而土地使用权转让合同所转让的标的物土地因没有达到法定的投资开发条件，导致无法办理土地使用权权属变更登记的属于土地使用权转让合同的转让方不能完全履行合同的问题，可通过瑕疵担保责任制度和违约责任制度对受让人进行救济，作为民事合同法律关系，不能因转让的标的物有瑕疵而认定合同无效，标的物能否移转在逻辑上直接影响的是其能否依约履行转移标的物的合同义务，不能因为其不能按约履行转让义务就否认合同的效力。①

**2. 以划拨方式取得的建设用地使用权流转的限制**

《城市房地产管理法》第40条规定："以划拨方式取得土地使用权的，转让房地产时，应当按照国务院规定，报有批准权的人民政府审批。有批准权的人民政府准予转让的，应当由受让方办理土地使用权出让手续，并依照国家有关规定缴纳土地使用权出让金。""以划拨方式取得土地使用权的，转让房地产报批时，有批准权的人民政府按照国务院规定决定可以不办理土地使用权出让手续的，转让方应当按照国务院规定将转让房地产所获收益中的土地收益上缴国家或者作其他处理。"可见相较于以出让方式设立的建设用地使用权，通过划拨方式设立的建设用地使用权在转让方面受到更加严格的限制，即要通过有批准权的人民政府审批，缴交相应的土地出让金或者土地收益后才能流转。这是因为划拨建设用地使用权具有无偿性和用途特定性等特点，其设立是通过行政许可完成的，若允许自由流转，将导致国家收入流失以及土地用途变更等后果，损害了国家利益和社会公共利益。

虽然划拨建设用地使用权的流转尤其是通过转让流转受到严格限制，但是对于未经依法审批即转让划拨用地的，是否影响转让合同的效力，还是仅影响转让合同的履行，与国家强制力对当事人意思自治的介入程度有直接关联。2005年《国有土地使用权合同解释》第11条曾规定，土地使用权人未经有批准权的人民政府批准，与受让方订立合同转让划拨土地使用权的，应当认定合同无效。但起诉前经有批准权的人民政府批准办理土地使用权出让手续的，应当认定合同有效。一方面，该条将《城市房地产管理法》等法律法规中对于划

---

① 参见杜万华主编：《〈第八次全国法院民事商事审判工作会议（民事部分）纪要〉理解与适用》，人民法院出版社2017年版，第249页。

拨用地转让的限制性规定作为效力性强制性规定，如果违反，则按照原《合同法》第52条的规定将合同认定为无效；另一方面，考虑到我国划拨用地还大量存在，若一律要求"先出让后转让"，不但会严重限制土地的流转，还会使土地市场上的更多合同归于无效，不利于对土地的有效利用，故还规定了无效合同的效力补正制度。《民法典》出台后，为进一步贯彻新的无权处分规则以及合同效力与物权变动相区分的规则，最高人民法院清理相关司法解释时，将上述规定以及2005年《国有土地使用权合同解释》第16条关于"土地使用权人未经有批准权的人民政府批准，以划拨土地使用权作为投资与他人订立合同合作开发房地产的，应当认定合同无效。但起诉前已经办理批准手续的，应当认定合同有效"的规定予以删除，实现了认定划拨建设用地使用权转让合同效力上的重大转变。即不再将法律法规中对于划拨用地转让的限制性规定作为效力性强制性规定，而是将未经审批即转让划拨用地的合同作为无权处分合同对待，其效力及履行按照《民法典》第597条的规定处理，即转让合同应认定为有效，但受让人请求转让人履行合同义务的，人民法院不予支持；转让人可以解除合同并请求转让人承担违约责任。当然，在起诉前经有批准权的人民政府批准办理土地使用权出让手续的，合同履行方面的障碍也得以消除，受让人也可诉请履行。

此外，根据《国有土地使用权合同解释》第10条、第11条的规定，土地使用权人与受让方订立合同转让划拨土地使用权，且在起诉前经有批准权的人民政府审批准予转让的，后续可通过三种方式进行：第一，根据《城镇国有土地使用权出让和转让暂行条例》第45条的规定，由原划拨土地使用权人向政府补交土地使用权出让金，转化为出让土地后再变更至受让人名下，这种方式手续较为繁杂且税费较高，实践中较少采用；第二，根据《城市房地产管理法》第40条第1款的规定，由受让方直接办理土地使用权出让手续，实际上相当于政府将划拨土地使用权从原土地使用权人处收回后，再出让给受让方，这种情况下原划拨土地使用权转让合同将转化为补偿性质的合同，合同中约定的价款即界定为补偿金，具体包括对土地的部分占有、使用收益以及地上房屋及其他附着物等财产、人员安置费用等；第三，根据《城市房地产管理法》第40条第2款的规定，有批准权的人民政府按照国务院规定决定可以不办理土地使用权出让手续，并将该划拨土地使用权直接划拨给受让方使用的，土地使用权人与受让方订立的合同也可以按照补偿性质的合同处理。

## 适用指引

### 一、已被查封的建设用地使用权转让或抵押的效力

《城市房地产管理法》第38条第2项规定，司法机关查封的建设用地使用权不得转让。《民法典》第399条第5项规定，依法被查封、扣押、监管的财产不得抵押。实践中对该类建设用地使用权转让或抵押合同的效力，能否以及如何履行产生争议。对此，应结合《民事执行查封、扣押、冻结财产的规定》第24条第1款关于"被执行人就已经查封、扣押、冻结的财产所作的移转、设定权利负担或者其他有碍执行的行为，不得对抗申请执行人"的规定进行解释。根据该条规定，查封效力采取相对性的模式，即被执行人就查封物所为的处分行为并非绝对无效，而只是相对无效，只是不得对抗申请执行人，在被执行人与处分行为的相对人之间仍属有效。① 据此，权利人将已被法院查封且已经通过登记机构进行查封登记的建设用地使用权转让或抵押给第三人时，一方面不妨碍申请执行人继续执行该权利，另一方面为了促进财产流转，贯彻善意执行理念，被执行人对查封权利所为的移转、设立抵押等行为，仍然有效，只不过这种效力因查封而暂时受到阻却，一旦查封被撤销或者解除，上述行为即完全有效。有基于此，《民法典担保制度解释》第37条第2款已明确规定，当事人以依法被查封或者扣押的财产抵押，抵押权人请求行使抵押权，经审查查封或者扣押措施已经解除的，人民法院应予支持。抵押人以抵押权设立时财产被查封或者扣押为由主张抵押合同无效的，人民法院不予支持。进一步明确了以被查封的建设用地使用权进行抵押的合同有效，且在查封措施解除后，抵押权人即可无障碍地行使抵押权。

### 二、未经其他共有人同意或权属有争议的建设用地使用权转让或抵押的效力

《城市房地产管理法》第38条第4项、第5项规定，共有建设用地使用权，未经其他共有人书面同意的，以及权属有争议的建设用地使用权不得转

---

① 参见赵晋山：《论查封、扣押的效力》，载《执行工作指导》2004年第1辑，人民法院出版社2004年版。

让。《民法典》第399条第4项规定，所有权、使用权不明或者有争议的财产不得抵押。实践中对该类建设用地使用权转让或抵押合同的效力，能否以及如何履行也容易产生争议。对此原则上仍应根据《民法典》关于无权处分的规则予以处理，但与尚未登记在转让人名下即转让建设用地使用权不同，上述情形下存在受让人善意取得的可能。具体而言，首先，共有权人未经其他共有人书面同意即转让或抵押，或者根本无任何权利即转让或抵押，转让或抵押合同的效力不受影响，这是因为《民法典》第597条规定转让人对标的物没有处分权不影响转让合同的效力，仅影响转让合同的履行，即转让人在无法移转标的物权利时须对受让人承担违约责任。应该说，将处分权的欠缺限制在仅影响合同履行而不影响合同效力，是《民法典》第215条关于物权变动与其原因行为相区分之规定适用的结果。根据《民法典》关于物权变动与其原因行为相区分的规定，登记仅仅是物权变动的生效要件，而非转让合同、抵押合同等原因行为的生效要件。当事人没有办理过户登记、抵押登记等，仅仅影响所有权、抵押权的取得，而不影响转让合同、抵押合同的效力。在转让人或者抵押人对标的物没有处分权的情形下，转让合同、抵押合同往往因合同无法履行而不能办理过户登记或者抵押登记，从而导致受让人或者被担保的债权人无法取得所有权或者抵押权，但这并不意味着转让合同、抵押合同也应认定无效。其次，虽然转让人、抵押人因欠缺处分权而无法履行转让合同、抵押合同是实践中的常态，但在特殊情形下，转让人、抵押人也可能在欠缺处分权的情形下为受让人或者抵押权人办理了建设用地使用权变更登记或者抵押登记。这种情形下，应根据《民法典》第311条的规定，对受让人或抵押权人是否构成善意取得进行审查。若符合善意取得构成要件的，则受让人或抵押权人终局性取得相应权利，真正权利人无权追回；相反，其有权追回标的物。基于此，《民法典担保制度解释》第37条第1款明确规定，当事人以所有权、使用权不明或者有争议的财产抵押，经审查构成无权处分的，人民法院应当依照《民法典》第311条的规定处理。

### 三、划拨建设用地使用权抵押的效力及实现

在法规和政策层面，对于以划拨用地设定抵押是否需要经过审批以及审批对抵押合同效力的影响，经历了从"需要经过审批"到"登记视同审批"，再到"无须审批"三个阶段。第一阶段，根据《划拨土地使用权管理暂行办法》

第5条及《城镇国有土地使用权出让和转让暂行条例》第44条的规定，划拨建设用地抵押的，必须经过依法批准。第二阶段，2004年原国土资源部发布《关于国有划拨土地使用权抵押登记有关问题的通知》规定："以国有划拨土地使用权为标的物设定抵押，土地行政管理部门依法办理抵押登记手续，即视同已经具有审批权限的土地行政管理部门批准，不必再另行办理土地使用权抵押的审批手续。"最高人民法院转发了原国土资源部的前述通知，并强调指出：人民法院尚未审结的涉及国有划拨土地使用权抵押经过有审批权限的土地行政管理部门依法办理抵押登记手续的案件，不以国有划拨土地使用权抵押未经批准而认定抵押无效。第三阶段，划拨建设用地使用权抵押无须经过审批。2010年7月《国务院关于第五批取消和下放管理层级行政审批项目的决定》发布，将国有划拨土地使用权抵押审批作为取消的行政审批项目予以列明。至此，划拨土地使用权办理抵押登记无须审批。2016年原国土资源部发布第10号公告，将2004年发布的《关于国有划拨土地使用权抵押登记有关问题的通知》予以废止，在废止原因中进一步明确，2010年国务院发布的决定已经取消了国有划拨土地使用权抵押审批这一行政审批项目，划拨国有土地使用权办理抵押登记已经不需要当事人提供经过审批的材料，2004年通知的规定已经明显与决定不符，应当废止。《国务院办公厅关于完善建设用地使用权转让、出租、抵押二级市场的指导意见》（国办发〔2019〕34号）第12条规定："明确不同权能建设用地使用权抵押的条件。以划拨方式取得的建设用地使用权可以依法依规设定抵押权，划拨土地抵押权实现时应优先缴纳土地出让收入。以出让、作价出资或入股等方式取得的建设用地使用权可以设定抵押权。以租赁方式取得的建设用地使用权，承租人在按规定支付土地租金并完成开发建设后，根据租赁合同约定，其地上建筑物、其他附着物连同土地可以依法一并抵押。"

在司法实践层面，因以划拨建设用地使用权抵押的相关法律和政策有一个发展的过程，人民法院在认定合同效力时也有一个发展的过程，2004年以前，以划拨建设用地使用权抵押的，未经审批同意，认定抵押合同无效。2004年以后，因为登记即视为审批以及2010年以后无须审批，故以未办理批准手续为由主张抵押合同无效或者不生效的，人民法院不应予以支持。对此《民法典担保制度解释》第50条第2款已明确规定："当事人以划拨方式取得的建设用地使用权抵押，抵押人以未办理批准手续为由主张抵押合同无效或者不生效的，人民法院不予支持。已经依法办理抵押登记，抵押权人主张行使抵押权的，人民法院应予支持。抵押权依法实现时所得的价款，参照前款有关规定处理。"当然，若当事人以划拨用地上的建筑物、构筑物抵押，根据《民法典》第397条规定"以建筑物抵押的，该建筑物占用范围内的建设用地使用权一并抵押。以建设用地使用权抵押的，该土地上的建筑物一并抵押。抵押人未依据前款规定一并抵押的，未抵押的财产视为一并抵押。"据此，以划拨建设用地上的建筑物抵押的，其效力及于建设用地使用权。由于划拨建设用地使用权抵押无须办理审批手续，故在抵押人以划拨建设用地上的建筑物抵押时，当事人以该建设用地使用权不能抵押或者未办理批准手续为由主张抵押合同无效或者不生效的，人民法院亦不应予以支持。

在划拨建设用地抵押权的实现方面，《城市房地产管理法》第51条规定："设定房地产抵押权的土地使用权是以划拨方式取得的，依法拍卖该房地产后，应当从拍卖所得的价款中缴纳相当于应缴纳的土地使用权出让金的款额后，抵押权人方可优先受偿。"《国务院办公厅关于完善建设用地使用权转让、出租、抵押二级市场的指导意见》（国办发〔2019〕34号）第12条也明确规定，以划拨方式取得的建设用地使用权可以依法依规设定抵押权，划拨土地抵押权实现时应优先缴纳土地出让收入。在抵押权实现时优先补缴建设用地使用权出让金，在缴纳了建设用地使用权出让金后，剩余部分抵押权人可以行使抵押权，这样，既维护了建设用地使用权人和抵押权人的合法权益，又保障了国家土地所有权的实现。对此，《民法典担保制度解释》第50条第1款予以明确，实际上确立了作为所有权人的国家对划拨建设用地使用权拍卖、变卖所得价款具有优先于抵押权人的受偿顺位，是一种法定的"超级优先权"。

## ▶ 典型案例

**一、南宁桂馨源房地产有限公司诉柳州市全威电器有限责任公司、柳州超凡房地产开发有限责任公司建设用地使用权转让合同纠纷案**

**关键词**：建设用地使用权转让　土地出让金　合同效力

**裁判摘要**：土地出让金的缴纳问题，属土地出让合同当事人之间的权利义务内容，其是否得到完全履行不影响对本案土地使用权转让合同效力的认定，故转让人提出的因《土地开发合同》签订时未取得国有土地使用权证及土地出让金未全部缴清违反法律强制性规定应认定该合同无效的主张，不予支持。

1995年《城市房地产管理法》第38条关于土地使用权转让时投资应达到开发投资总额25%的规定，是对土地使用权转让合同标的物设定的于物权变动时的限制性条件，转让的土地未达到25%以上的投资，属合同标的物的瑕疵，并不直接影响土地使用权转让合同的效力。土地使用权转让合同的转让方没有完成开发投资总额的25%以上，对于成片开发土地，转让方没有形成工业用地或者其他建设用地条件的，不影响土地使用权转让合同的效力。

双方当事人应当严格履行建设用地使用权转让合同，任何一方不得任意单方解除合同、只有在合同约定或者法律规定的单方解除权成就时，当事人才享有合同解除权。在违约解除的情况下，违约方不享有合同解除权，守约方要求继续履行合同的，法院应当支持。

**基本案情**：2003年9月18日，全威公司、超凡公司与桂馨源公司签订《土地开发合同》约定，全威公司、超凡公司同意将全威公司位于柳州市柳石路153号52亩土地转让给桂馨源公司，土地使用权转让价款为2860万元。2003年9月29日，桂馨源公司将200万元定金转入全威公司账户。2003年12月15日，桂馨源公司函告全威公司、超凡公司，将代其履行合同的公司变更为柳州恒贸源房地产有限公司，要求全威公司、超凡公司按合同约定将土地过户给该公司。2003年11月21日，全威公司与超凡公司函告桂馨源公司，其已于2003年11月18日将柳州市发展计划委员会批准土地用途改变的文件办妥，并将复印件交于桂馨源公司，要求桂馨源公司提前支付600万元款项，其中300万元用于缴纳土地收益金，办理土地过户及办理解封和搬厂，另300万元在办理完土地过户手续后的1个月内支付。2003年12月2日，超凡公司、全威公司再次致函桂馨源公司。2003年12月20日，柳州恒贸源房地产有限公司函复全威公司、超凡公司，认为全威公司、超凡公司以根本就不存在的不安全因素为由拒不办理该宗土地过户，已属严重违约。2003年12月29日，全威公司、超凡公司致函桂馨源公司，决定从即日起终止《土地开发合同》，并要求桂馨源公司商谈办理定金退还事宜。2004年1月3日，桂馨源公司致函超凡公司、全威公司，拒绝终止合同。2004年1月13日，桂馨源公司起诉，请求：（1）判令2003年9月18日签订的《土地开发合同》合法有效，全威公司与超凡公司应当继续履行。（2）全威公司、超凡公司双倍返还定金400万元，并赔偿由此给桂馨源公司造成的一切经济损失。

本案经一审、二审，二审判决认为，全威公司、超凡公司与桂馨源公司于2003年9月18日签订的《土地开发合同》约定，全威公司、超凡公司将柳州市柳石路153号土地使用权转让给桂馨源公司，桂馨源公司向全威公司、超凡公司支付2860万元土地使用权转让价款，故本案性质为土地使用权转让合同纠纷。该《土地开发合同》为三方当事人协商一致后作出的真实意思表示，内容亦不违反法律规定。合同签订前，柳州市国土资源局已同意全威公司以出让方式取得讼争土地的使用权，双方订有《国有土地使用权出让合同》。本案一审起诉前全威公司办理了国有土地使用权证，讼争土地具备了进入市场进行依法转让的条件。而土地出让金的缴纳问题，属土地出让合同当事人即柳州市国土资源局和全威公司之间的权利义务内容，其是否得到完全履行不影响对本案土地使用权转让合同效力的认定，故超凡公司提出的因《土地开发合同》签订时未取得国有土地使用权证及土地出让金未全部缴清违反法律强制性规定应认定该合同无效的主张，不予支持。关于投资开发的问题，《城市房地产管理法》第38条关于土地使用权转让时投资应达到开发投资总额25%的规定，是对土地使用权转让合同标的物设定的于物权变动时的限制性条件，转让的土地未达到25%以上的投资，属合同标的物的瑕疵，并不直接影响土地使用权转让合同的效力，《城市房地产管理法》第38条中的该项规定，不是认定土地使用权转让合同效力的法律强制性规定。因此，超凡公司关于《土地开发合同》未达到25%投资开发条件应认定无效的主张，不予支持。《土地开发合同》于签订之时虽有瑕疵，但经补正后已不存在违反法律强制性规定的情形，应认定有效。当事人各方在有效合同的履行过程中对合同条款的约定内容发生歧义，应依《合同法》规定的合同解释方法确定发生争议条款的真实意思表示。因全威公司在未能提供确切证据证明桂馨源公司于履行期限届至时将不履行或不能履行合同的情形下，其行使合同解除权的条件尚未成就，故全威公司以存在履约风险为由要求解除合同的主张因缺乏事实和法律依据，不予支持。全威公司、超凡公司于桂馨源公司支付定金后未能按期履行合同第3条第2款所约定的"办理完成市政府同意该宗土地转让给桂馨源公司控股的或桂馨源公司法定代表人控股的、在柳州新成立的公司，并给予今年或明年上半年土地开发计划指标"的约定义务，已构成违约。但由于桂馨源公司在本案中要求继续履行合同的诉讼请求已得到支持，故其主张由全威公司与超凡公司双倍返还200万元定金的诉讼请求，既与三方当事人在本案合同中的约定不符，又不符合定金罚则的适用范围，该罚则中的双倍返还只适用于履行落空的情形中，故桂馨源公司的该诉讼请求亦不能成立，不予支持。故判决桂馨源公司、全威公司、超凡公司继续履行三方于2003年9月18日所签订的《土地开发合同》，全威公司与超凡公司应于判决生效之日起5个工作日内依该合同第3条第2款的约定，办理完成土地过户的相关手续。

【案　　号】（2004）民一终字第46号
【审理法院】最高人民法院
【来　　源】《最高人民法院公报》2005年第7期

## 二、周某某、营口恒岐房地产开发有限公司与付某某、沙某某、王某某、营口经济技术开发区明虹房地产开发有限公司股权转让纠纷案

**关键词：** 股权转让　建设用地使用权转让　合同效力

**裁判摘要：** 转让持有土地使用权的公司的100%股权，该股权转让行为未变动土地使用权之主体，不应纳入土地管理法律法规的审查范畴。由于现行法律并无效力性强制性规定禁止以转让房地产项目公司股权形式实现土地使用权转让的目的，因此股权转让协议应认定有效。

股权转让合同书虽系由公司与受让人签订，但鉴于股权转让人在其一人持股的公司中担任法定代表人、且股东个人财产与公司法人财产陷入混同的特殊情形，即便有合同签订之主体存在法人与股东混用的问题，亦不影响该合同在转让人与受让人之间依法产生效力。

**基本案情：** 2010年4月7日，营口恒岐房地产开发有限公司（以下简称恒岐公司）与沙某甲签订了《公司股权转让合同书》，约定恒岐公司、周某某将全部股权转让给沙某甲，并将涉案土地使用权转让给沙某甲，股权转让款分期支付。在合同履行中，沙某甲依约支付第一笔款后，周某某并未如约将土地相关资料的原件交给沙某甲。2010年7月8日，恒岐公司取得了涉案土地的土地使用权证书，但未将该证书交给沙某甲。后，周某某因此次股权转让被认定构成非法倒卖土地使用权罪并追究刑事责任。2014年1月16日，恒岐公司与营口经济技术开发区明虹房地产开发有限公司（以下简称明虹公司）在另案诉讼达成调解，将涉案土地抵顶给明虹公司，明虹公司同意对恒岐公司所欠下的债务承担连带保证责任。该调解书已经执行完毕。另查明：沙某甲因病去世，付某某、王某某、沙某某为沙某甲法定继承人。付某某、沙某某、王某某提起

诉讼请求：解除《公司股权转让合同书》，并由周某某及恒岐公司返还股权转让款本金 8200 万元及利息，支付违约金，明虹公司承担本案的连带责任。周某某、恒岐公司提起反诉，请求确认《公司股权转让合同书》无效；付某某、沙某某、王某某共同给付各类经济损失，明虹公司承担连带责任。

辽宁省高级人民法院一审判决：解除《公司股权转让合同书》；周某某、恒岐公司返还付某某、沙某某、王某某股权转让款及利息；明虹公司对上述债务承担连带给付责任。周某某、恒岐公司不服，向最高人民法院提起上诉。最高人民法院在审理中，依据《民事诉讼法》及其司法解释的相关规定，就二审审理之范围先行厘清。对于《公司股权转让合同书》的效力问题，认为合同效力应当依据《合同法》第 52 条之规定予以判定。在上诉中，周某某、恒岐公司主张《公司股权转让合同书》第 6 条第 1 款、第 2 款、第 4 款第 1 项、第 2 项因违反法律法规的强制性规定而无效，其无须履行否则会给社会造成危害。但经审查上述条款，第 6 条第 1 款约定了合同生效后，恒岐公司所有董事及法定代表人即失去法律赋予的所有权利，意在表明沙某甲受让全部股权后即实际控制恒岐公司；第 2 款约定了合同生效后，涉案土地交由沙某甲开发使用；第 4 款第 1 项约定沙某甲支付第一笔 5000 万元转让款后，恒岐公司应将涉案土地的所有资料原件交由沙某甲保管，沙某甲可开发使用，勘探、设计、施工、销售等相关人员可进入；第 4 款第 2 项进一步约定恒岐公司应当将工商、税务有关证件交给沙某甲，印章由恒岐公司派人持有并配合使用。可见，上述条款约定的内容属股权转让中的具体措施及方法，并未违反法律法规所规定的效力性强制性规定，亦未损害国家、集体或其他第三人利益。此外，该《公司股权转让合同书》存在以股权转让为名收购公司土地的性质，且周某某因此合同的签订及履行而被另案刑事裁定［（2015）营刑二终字第 00219 号刑事裁定书］认定构成非法倒卖土地使用权罪，但对此法院认为，无论是否构成刑事犯罪，该合同效力亦不必然归于无效。本案中业已查明，沙某甲欲通过控制恒岐公司的方式开发使用涉案土地，此行为属于商事交易中投资者对目标公司的投资行为，是基于股权转让而就相应的权利义务以及履行的方法进行的约定，既不改变目标公司本身亦未变动涉案土地使用权之主体，故不应纳入土地管理法律法规的审查范畴，而应依据《公司法》中有关股权转让的规定对该协议进行审查。本院认为，在无效力性强制性规范对上述条款中的合同义务予以禁止的前提下，上述有关条款合法有效。另，在周某某签署的《公司股权转让合同书》中约定将周某某所持100%的股权予以转让，虽然该合同主体为恒岐公司与沙某甲，但鉴于周某某在其一人持股的恒岐公司中担任法定代表人、且股东个人财产与公司法人财产陷入混同的特殊情形，即便有合同签订之主体存在法人与股东混用的问题，亦不影响该合同在周某某与沙某甲之间依法产生效力。因此，周某某、恒岐公司提出部分条款无效的主张缺乏法律依据，法院不予支持。基于此，周某某、恒岐公司在取得了涉案土地使用权后却在另案调解中将涉案土地过户给明虹公司，依法应当承担违约责任。其上诉请求不应予以支持，判决驳回上诉，维持原判。

【案　　号】（2016）最高法民终222号

【审理法院】最高人民法院

【来　　源】公正审理跨省重大民商事和行政案件典型案例（2016年10月最高人民法院第二巡回法庭发布）

## ▶ 类案检索

### 一、大连亿锋房地产开发有限公司与大连华事得房地产开发有限公司房地产开发项目转让合同纠纷案

**关键词：** 房地产转让　查封　物权变动

**裁判摘要：**《城市房地产管理法》关于"司法机关和行政机关依法裁定、决定查封或者以其他形式限制房地产权利的房地产不得转让"的规定立法本意在于，维护司法机关和行政机关依法裁定、决定查封或者以其他形式限制房地产权利的目的，即预先固定保全财产的占有使用和权属状态，避免权利保护目的落空。如果人民法院裁判保护的利益主体与行政机关采取查封行为的目的指向相同，则相应裁判行为就不存在违反《城市房地产管理法》上述规定的问题，即行政机关依法查封的房地产，人民法院可以判决交付和移转产权。

【案　　号】（2006）民一终字第36号

【审理法院】最高人民法院

## 二、广州市金盛房地产开发有限公司与广州侨实房地产开发有限公司土地使用权转让合同纠纷案

**关键词：** 建设用地使用权转让　查封　瑕疵担保责任

**裁判摘要：** 土地使用权转让合同的转让方应承担法定的瑕疵担保责任，应保证第三人不会就标的物向对方提出任何权利要求。但由于转让方与第三人存在前期合作的纠纷，导致涉案土地一再被法院查封，违反了法定的权利瑕疵担保义务。受让方在涉案土地被法院解除查封之前，有权中止支付相应的项目转让补偿款。

**【案　　号】**（2008）民一终字第53号

**【审理法院】** 最高人民法院

## 三、韶关市佳和印染有限公司与韶关市万通房地产有限公司建设用地使用权转让合同纠纷案

**关键词：** 建设用地使用权转让　查封　物权变动

**裁判摘要：** 土地使用权转让是指土地使用者将土地使用权再移转的行为，包括出售、交换和赠与。转让人是依法取得案涉土地使用权的土地使用者，在使用年限内，其可以依法转让案涉土地使用权。当事人签订土地使用权转让协议时，案涉土地已由法院依法查封，在查封或以其他形式限制房地产权利的情形解除前，土地使用权转让协议不能发生物权变动的效力，也不能对抗债权人，但该协议是当事人的真实意思表示，且协议签订时当事人明知查封事实并予以接受，因而该协议对当事人具有法律约束力，转让方不能以土地使用权被查封为由主张合同无效。受让人可以依约请求交付土地，但不能直接请求过户该土地使用权。

**【案　　号】**（2013）民申字第874号

**【审理法院】** 最高人民法院

**【来　　源】** 中国裁判文书网

第三百五十四条　建设用地使用权转让、互换、出资、赠与或者抵押的，当事人应当采用书面形式订立相应的合同。使用期限由当事人约定，但是不得超过建设用地使用权的剩余期限。

## 关联规定

法律、行政法规、司法解释

1.《中华人民共和国城市房地产管理法》

第四十一条　房地产转让，应当签订书面转让合同，合同中应当载明土地使用权取得的方式。

第四十二条　房地产转让时，土地使用权出让合同载明的权利、义务随之转移。

第四十三条　以出让方式取得土地使用权的，转让房地产后，其土地使用权的使用年限为原土地使用权出让合同约定的使用年限减去原土地使用者已经使用年限后的剩余年限。

2.《城镇国有土地使用权出让和转让暂行条例》

第二十条　土地使用权转让应当签订转让合同。

第二十一条　土地使用权转让时，土地使用权出让合同和登记文件中所载明的权利、义务随之转移。

第二十二条　土地使用者通过转让方式取得的土地使用权，其使用年限为土地使用权出让合同规定的使用年限减去原土地使用者已使用年限后的剩余年限。

## ▶ 条文释义

### 一、本条主旨

本条是关于建设用地使用权流转应签订书面合同并遵循相关期限的规定。

### 二、条文演变

因建设用地使用权流转合同中设定的权利义务一般比较复杂，需要以书面方式予以固定和证明，故《城市房地产管理法》第41条、《城镇国有土地使用权出让和转让暂行条例》第20条均规定土地使用权转让应当签订书面合同。此外，考虑到建设用地使用权系有法定期限的权利，因此还规定受让人土地使用权的使用年限为原土地使用权出让合同约定的使用年限减去原土地使用者已经使用年限后的剩余年限。原《物权法》第144条对此予以吸收和完善，前半句明确了除转让外，当事人采用互换、出资、赠与或者抵押等方式流转权利的，当事人也应当采用书面形式订立相应的合同；后半句则规定当事人可约定使用期限，但是最长不得超过建设用地使用权的剩余期限。《民法典》本条完全沿袭了该条规定。

### 三、条文解读

（一）建设用地使用权流转应签订书面合同

为实现建设用地使用权流转的目的，应经过订立建设用地使用权流转合同与办理变更登记两个阶段，这也是采取债权形式主义这种物权变动模式的必然要求。前一阶段主要贯彻意思自治原则，是平等主体之间根据自身意志就建设用地使用权进行转让、互换、出资、赠与或者抵押的负担行为，系权利流转的前提和基础，虽不能直接发生物权变动的结果，但可以产生交付土地和办理变更登记的义务。由于建设用地使用权转让、互换、出资、赠与或者抵押合同是建设用地使用权变动的基础关系，直接涉及建设用地使用权的物权变动，且涉及对土地这一重要自然资源的利用，关系国家、社会和用地人的重大利益，要求采用书面形式可以有效地明确权利、义务，避免潜在争议，在发生纠纷时也有利于纠纷的解决。故本条明确规定当事人签订的建设用地使用权转让、互换、出资、赠与或者抵押等合同，属于要式合同，当事人应当采用书面形式订立。根据《民法典》第469条及第490条的规定，书面形式是合同书、信件等可以有形地表现所载内容的形式。以电报、电传、传真、电子数据交换、电子邮件等方式能够有形地表现所载内容，并可以随时调取查用的数据电文，视为书面形式。该合同一般当事人均签字、盖章或者按指印时成立，在签字、盖章或者按指印之前，当事人一方已经履行主要义务，对方接受时，该合同成立。此外，当事人未采用书面形式但是当事人已经履行交付土地、支付转让价款等主要义务，对方也接受时，该合同同样成立。

（二）建设用地使用权流转的使用期限不得超过剩余期限

以出让方式设立的建设用地使用权，系有期限的不动产用益物权。一方面，该期限应在出让合同中予以明确载明。另一方面，相关法律法规也对建设用地使用权的最长期限进行了规定。在权利人对建设用地使用权进行转让、互换、出资、赠与后，仅发生权利主体的变更，权利设立时所确定的相关权利义务内容一般不发生变化，对此《城市房地产管理法》第42条明确规定："房地产转让时，土地使用权出让合同载明的权利义务随之转移。"这其中应当包括受让人应承继在约定或法定期限内使用土地的义务。因此，本条规定当事人可在建设用地使用权流转合同中对土地使用期限自行约定，同时考虑到在建设用地使用权转让、互换、出资、赠与和抵押时，建设用地使用权的剩余期限显然不能等同于建设用地使用权出让合同约定的期限，而应是扣除已经使用的期间后的剩余期间，对此《城镇国有土地使用权出让和转让暂行条例》第22条明确规定土地使用者通过转让方式取得的土地使用权，其使用年限为土地使用权出让合同规定的使用年限减去原土地使用者已使用年限后的剩余年限。本条在尊重当事人意思自治的基础上，考虑到建设用地使用权人可能仅将部分期限的使用权流转等问题，规定了双方约定的期限只要不超过建设用地使用权的剩余期限即可。具体而言，建设用地使用权人可以将剩余期限内的权利全部转让给他人，或设立权利负担，也可以允许他人仅就剩余期限内的一段期间内取得该土地的排他性使用、收益权利，在期间届满后由原建设用地使用权人收回其权利。但是，如果转让、互换、出资、赠与和抵押合同中约定的使用期限超过建设用地使用权的剩余期限，超出剩余期限的约定因违反本条规定而无效。因此，本条规定的建设用地使用权转让、互换、出资、赠与和抵押的，使用期限不得超出建设用地使用权剩余期限，是确保建设用地使用权人是在权利范围内行使处分权。[①] 此外，为提高土地利用效率，一方面，允许建设用地使用权依法连续转让，其中每个受让人取得的权利均不得超过建设用地使用权的剩余期限；另一方面，建设用地使用权人也有可能将剩余期限内的权利分为多个部分，预先分别转让给不同的受让人。这种情况下，转让人应当将在先转让的情况，明确告知使用期限在后的受让人，以免引起所有人、转让人和受让人之间的纠纷。[②]

## ▶ 适用指引

转让系建设用地使用权流转最主要的方式，在转让合同中当事人可对转让价款自行约定，但《城镇国有土地使用权出让和转让暂行条例》第26条第1款规定"使用权转让价格明显低于市场价格的，市、县人民政府有优先购买权"，《国务院关于加强国有土地资产管理的通知》中规定"国有土地使用权转让，转让双方必须如实申报成交价格。土地行政主管部门要根据基准地价、标定地价对申报价格进行审核和登记。申报土地使用权转让价格比标定地价低20%以上的，市、县人民政府可行使优先购买权"。《国务院办公厅关于完善建设用地使用权转让、出租、抵押二级市场的指导意见》也明确"达成一致后签订合同，依法申报交易价格，申报价格比标定地价低20%以上的，市、县人民政府可行使优先购买权"。实践中，有转让人以转让合同约定的价款违反上述规定为由，请求确认合同无效。对此，司法实践一般认为上述规定的目的在于更有效地强化对国有土地使用权转让价格合理范围的控制，并未直接否定交易本身的效力或明确此类合同无效的法律后果，即其应该属于带有行政监管色彩的管理性规定。故即便在土地使用权转让价格低于市场价格时人民政府未行使优先购买权的，也只是行政部门综合判断有关情况后的选择，难以认定侵害了社会公共利益。有关人民政府未行使优先购买权并不能导致转让合同归于无效的法律后果。

---

① 参见最高人民法院物权法研究小组编著：《〈中华人民共和国物权法〉条文理解与适用》，人民法院出版社2007年版，第437页。
② 参见王利明：《物权法研究》，中国人民大学出版社2016年版，第912页。

## ▶ 典型案例

### 一、山西嘉和泰房地产开发有限公司与太原重型机械（集团）有限公司土地使用权转让合同纠纷案

**关键词**：建设用地使用权出让　建设用地使用权转让　税款缴纳　备案

**裁判摘要**：在尚未办理建设用地使用权出让手续时，转让人即与受让人签订协议，约定在转让人办完土地出让手续，取得国有出让土地使用权后，再与受让人签订土地使用权转让合同，并由双方共同到土地管理部门办理登记备案，该协议有效。

虽然我国税收管理方面的法律、法规对于各种税收的征收均明确规定了纳税义务人，但是并未禁止纳税义务人与合同相对人约定由合同相对人或者第三人缴纳税款，即对于实际由谁缴纳税款并未作出强制性或禁止性规定。因此，当事人在合同中约定由纳税义务人以外的人承担转让土地使用权税费的，并不违反相关法律、法规的强制性规定，应认定为合法有效。

转让人与受让人签订两份书面转让合同，一份用于向土地管理部门登记备案，一份用于实际履行，用于登记备案的土地使用权转让合同仅是双方办理登记备案之用，其效力仅及于登记备案，土地使用权转让价款及相应违约责任应以实际履行的合同为准。当事人为规避税收签订"阴阳合同"的，事后被国家税务机关征缴税款、滞纳金和罚款，鉴于土地使用权转让双方对于签订"阴阳合同"均有过错，故对于滞纳金和罚款双方应各自承担相应损失。

对于当事人在合同中约定的违约金数额，只有在当事人请求调整、且合同约定的违约金数额确实低于或者过分高于违约行为给当事人造成的损失时，人民法院才能进行调整。

**基本案情**：2002年3月26日，太重公司与嘉和泰公司签订《协议书》，约定太重公司负责办理案涉土地使用权出让手续，土地出让金及相关出让费用由嘉和泰公司按太重公司与土地管理部门签署的《国有土地出让合同》约定的付款方式及付款时间支付给太重公司，再由太重公司向政府相关部门缴纳；太重公司土地出让手续办理完毕且嘉和泰公司向太重公司支付全部土地补偿金后，太重公司即为嘉和泰公司办理土地使用权转让手续，转让费用由嘉和泰公司承

担；嘉和泰公司为取得土地使用权，向太重公司支付土地补偿金94万元/每亩，共6058.3万元（不含土地出让金及相关税费）。2002年4月2日，双方签订《补充协议》，约定94万元/亩中的流转税按太重公司76%，嘉和泰公司24%的比例承担，其他所有各项税费均由嘉和泰公司承担。2002年9月24日，太重公司与太原市国土资源局签订《出让合同》，并经登记取得了该宗土地的使用权。2002年12月，太重公司与嘉和泰公司签订《转让合同》，约定土地使用权转让价格为每平方米1223元，总额为5255.08万元，双方在本合同签订后30日内到太原市国土资源局申请土地使用权变更登记。后嘉和泰公司以承兑汇票、支票、现金方式共支付土地补偿金4580万元，余款未付。另外嘉和泰公司合计向太重公司支付土地出让金1050万元。双方通过办理权属变更登记手续，嘉和泰公司于2003年1月取得该宗土地的国有土地使用证。2006年1月16日，太重公司向一审法院起诉，请求判令嘉和泰公司立即支付土地补偿金、相关税费合计3548.6271万元及违约金755.86256万元。后增加诉讼请求，请求依法判令嘉和泰公司支付土地出让金5255.08万元并承担全部诉讼费用。一审法院经审理，判决嘉和泰公司向太重公司支付土地补偿金1478.3万元及利息；并向太重公司支付契税41.25万元；驳回太重公司的其他诉讼请求。嘉和泰公司和太重公司均不服，提起上诉。

二审法院认为：（1）关于《协议书》《补充协议》和《转让合同》的效力及相互关系问题。《协议书》《补充协议》是双方在平等的基础上，自愿协商达成的协议，是双方真实的意思表示。《协议书》不仅详细地约定了所转让土地的面积、价格、付款方式、违约责任，还具体约定了双方权利义务及履行程序。《协议书》签订时，嘉和泰公司及太重公司均知道该宗土地属于划拨用地，所以在《协议书》第3条8约定：由太重公司负责办理土地出让手续；第3条9约定：太重公司土地出让手续办理完毕，即为嘉和泰公司办理土地使用权转让手续。这一缔约行为并没有规避法律损害国家利益，事实上太重公司和嘉和泰公司正是按照上述约定完成该宗土地使用权转让的，《协议书》合法有效。《补充协议》是对《协议书》约定转让土地使用权的税费承担所作的补充约定，明确了转让土地使用权的税费如何承担及由谁承担的问题。虽然我国税收管理方面的法律法规对于各种税收的征收均明确规定了纳税义务人，但是并未禁止纳税义务人与合同相对人约定由合同相对人或第三人缴纳税款。税法对于税种、税率、税额的规定是强制性的，而对于实际由谁缴纳税款没有作出强制性或禁止性规定。故《补充协议》关于税费负担的约定并不违反税收管理方面的法律法规的规定，属合法有效协议。太重公司与嘉和泰公司之所以在《协议书》之外又签订《转让合同》，是因为签订《协议书》时，双方当事人均知道所转让的土地属划拨用地，不能直接转让。只有在太重公司办完土地出让手续，取得国有出让土地使用权后，再与嘉和泰公司签订国有出让土地使用权转让合同，并由双方共同到土地管理部门办理登记备案，才能完成该土地使用权转让。因此，《转让合同》对于太重公司及嘉和泰公司来讲就是到土地管理部门办理登记备案手续，以完成《协议书》约定的转让土地使用权行为，而并非为了变更《协议书》的约定条款或者构成双方新的权利义务关系；对于土地管理部门来讲，以《转让合同》登记备案，则表明土地管理部门认可《转让合同》中的价格并据此征收转让税费，办理相关手续。虽然《转让合同》中的价格比双方当事人实际约定的价格低，但土地管理部门给予登记备案的事实表明，土地管理部门认可双方当事人可以此最低价格办理土地使用权转让手续，也表明双方当事人这一做法并不违反土地管理部门的相关规定。事实上，土地管理部门也正是依据该《转让合同》办理了土地权属变更手续。由此可以认定，在本案中《转让合同》仅是双方办理登记备案之用，别无他用，其效力仅及于登记备案。《转让合同》对于合同双方既没有变更《协议书》约定条款，也不构成新的权利义务关系。从嘉和泰公司支付土地补偿金的过程和数额看，也可证明嘉和泰公司在签订《转让合同》后，仍是按《协议书》约定的土地补偿金数额支付的。故嘉和泰公司关于应以《转让合同》中的价格作为本案土地使用权转让价格及太重公司关于以《转让合同》请求另外支付土地使用权转让金的主张，均不符合本案实际情况，不能成立。关于《协议书》《补充协议》与《转让合同》的关系，双方当事人签订《转让合同》的目的是办理土地使用权转让登记备案手续。《转让合同》没有约定变更或取代《协议书》的条款，并未在双方当事人之间成立新的权利义务关系。本案中的《转让合同》是双方在土地管理部门办理土地使用权转让手续的备案合同；《协议书》才是双方实际履行的合同。太重公司关于《协议书》和《转让合同》相互独立，均成立有效，并据此要求嘉和泰公司分别支付土地补偿金及土地使用权转让金的主张也不能成立。综上，《协议书》及《补充协议》是合法有效的协议，是确定双方当事人权利义务及违约责任的合同依据。

（2）嘉和泰公司已付土地补偿金的数额问题。嘉和泰公司以远期承兑汇票履行到期付款义务的行为，实际是迟延付款，属于不当履行合同义务的行为，造成太重公司为此支付30.3万元的贴现利息损失，应由嘉和泰公司承担。嘉和泰公司向太原市国土资源局支付的386.72万元是2002年12月太重公司与嘉和泰公司签订《转让合同》后，由嘉和泰公司直接支付给太原市国土资源局的，该笔款项属于嘉和泰公司应承担的土地使用权转让款，不应计入其已付的土地补偿金数额。

（3）太重公司的税金请求是否成立问题。根据《补充协议》的约定、除流转税按76%和24%的比例由太重公司和嘉和泰公司分别承担外，其余所有税费均由嘉和泰公司承担。《补充协议》关于税费负担的约定并不违反税收管理法律法规的规定，是合法有效协议，双方当事人应按约定履行自己的义务。《补充协议》约定转让土地使用权税费的承担，只是明确了转让土地使用权过程中所发生的相关税费由谁负担的问题。而对于何时缴纳何种税费及缴纳多少税费，《补充协议》没有约定，也无法约定。只有在相关主管部门确定税费种类及额度，太重公司缴纳后，嘉和泰公司才能支付。太重公司在未缴纳税金，也没有相关部门确定纳税数额的情况下，请求嘉和泰公司支付转让土地税金，没有事实依据。

（4）关于太重公司的违约金请求是否成立问题。嘉和泰公司在取得土地使用权后，未按约定时间及数额支付土地补偿金，已构成违约，应按合同约定承担违约责任。一审判决认定嘉和泰公司迟延付款构成违约，但对太重公司按照合同约定的日万分之四的比例计算违约金的请求却未予支持，并将双方当事人按照日万分之四的比例计算违约金的约定调整为按银行利率计算利息。人民法院对于当事人在合同中约定的违约金的数额，只有在当事人请求调整，并确实低于或过分高于违约行为给当事人造成的损失时，才能进行调整。一审判决对违约金的调整既违背当事人双方的约定，也缺少法律依据，应予纠正。

【案　　号】（2007）民一终字第62号
【审理法院】最高人民法院
【来　　源】《最高人民法院公报》2008年第3期

## 二、长治市华茂副食果品有限公司与长治市杰昌房地产开发有限公司合作开发房地产合同纠纷案

**关键词：** 土地使用权出资　合作开发房地产　登记　合同效力

**裁判摘要：** 合作开发房地产合同，是当事人订立的以提供土地使用权、资金等作为共同出资，共享利润、共担风险合作开发房地产为基本内容的协议。在一方以资金为出资，另一方以土地使用权出资的合作开发房地产合同中，以土地使用权出资的一方将土地使用权变更为合作各方共有或者变更至项目公司名下，是合作开发房地产合同约定的重要内容，有时需另行签订土地使用权转让合同。判断合作开发房地产合同的效力，主要是以签订合同的当事人的意思表示是否真实，一方是以土地使用权作价出资的合作，还是单一的土地使用权转让，合作各方是否共享利润、共担风险为标准。如果各方约定共同成立专门的项目公司开发房地产，不管该项目公司是否成立、土地使用权是否已经变更登记为项目公司享有，均不影响合作开发房地产合同的效力。

如果合作开发房地产各方约定共同成立专门的项目公司开发房地产，合作各方关于房产的分配，并没有无论项目盈亏任何一方都不承担合作风险亦获取固定利益的约定，且合作各方均承担了实际的合作风险的，则无论项目公司是否成立以及土地使用权是否已经变更登记为项目公司享有，均应认定为一方以土地使用权出资与相对方合作开发房地产合同，亦不影响合作开发房地产合同的效力。只是未经依法登记的合作主体，不享有开发土地及其上房产的物权。

**基本案情：** 2001年，经政府批复同意华茂公司对华茂小区进行开发。2002年4月21日，杰昌公司注册成立，法定代表人为刘某某。2002年7月6日，华茂公司、苏某某、香港益群公司、陈某某签订《房地产合作开发协议书》约定：一是因项目建设需要增加苏某某、香港益群公司对该项目进行开发建设。二是项目用地范围中包括华茂公司自有出让土地，即长治国用（2001）字第044号土地使用面积15293.9平方米及长治国用（2001）字第014号土地使用面积2451.2平方米。三是开发方式为各方商定以杰昌公司作为对华茂商住步行街改造建设的项目公司；对杰昌公司的股东股权进行变更。四是开发条件为根据建设规划，该项目分两期建设并由苏某某、香港益群公司具体实施。华茂公司负责将原改造建设单位由华茂公司变更为杰昌公司；华茂公司两宗土地纳入杰昌公司对华茂商住步行街整体开发建设；华茂公司负责该部分土地地上建筑物的拆迁补偿安置及"三通一平"，并承担由此发生的费用（拆迁保证金、搬迁、拆除、清运）。苏某某、香港益群公司负责除华茂公司提供项目建设用地以外部分土地的拆迁、安置及费用，并缴纳该部分所需补缴的土地出让金，负责除华茂公司承担的费用之外的其他投入，负责杰昌公司具体运作。五是分配与销售为华茂公司分得项目总建筑面积11070平方米房产，其中一期为商场3700平方米，二期为商场1000平方米、独立店面1500平方米、住宅2165平方米，其余的房产全部归苏某某、香港益群公司所有等。根据上述协议，2002年7月7日，杰昌公司的股东变更为刘某某、苏某某和陈某某，法定代表人由刘某某变更为苏某某。2002年11月20日，杰昌公司以出让的方式取得19983.19平方米的土地使用权。2002年10月25日，杰昌公司向山西省长治市城区计委申请确立杰昌公司为项目开发主体，并申请变更项目名称。2002年11月1日，杰昌公司与华茂公司签订《拆迁安置协议》。主要约定：在原协议基础上，华茂公司减少分取项目一期的住宅建筑面积800平方米，由杰昌公司按每平方米1000元的价格进行现金补偿，即华茂公司分得项目总建筑面积10270平方米（原为11070平方米）及现金补偿80万元。2002年12月31日，山西省长治市计委批复项目名称及建设单位变更。2003年11月8日，华茂公司与杰昌公司签订《补充协议书》。根据双方当事人的协议以及政府部门的批准文件，杰昌公司对该项目进行了开发。华茂公司在与杰昌公司就房产分配签订补充协议后，称才知道杰昌公司开发面积由43787平方米增加为71549.8平方米，作为合作开发主体请求就增加面积进行分配，为此双方发生纠纷。

一审判决认为，杰昌公司作为开发的项目公司，对开发过程中增加的面积应归自己所有，但鉴于华茂公司作为该项目的合作一方，根据合作协议履行了自己的义务，从公平和诚实信用原则考虑，杰昌公司应酌情将增加面积27762平方米的20%给华茂公司作适当补偿。二审判决认为，合作开发房地产合同，是当事人订立的以提供土地使用权、资金等作为共同出资，共享利润、共担风险合作开发房地产为基本内容的协议。在一方以资金为投入，另一方以取得的土地使用权为投入的合作开发房地产合同中，土地使用权投入方将土地使用权变更为合作各方共有或者变更至项目公司名下，通常是合作开发房地产合同约定的重要内容，有的还要另行签订土地使用权转让合同。其真实意思表示是以土地使用权作价出资的合作，还是单一的土地使用权转让，合作各方是否共享利润、共担风险是主要的认定依据。各方约定共同成立专门的项目公司开发房地产，无论项目公司是否成立，以及土地使用权是否已经变更登记为项目公司享有，均不影响合作开发房地产合同的效力。《房地产合作开发协议书》中合作各方关于房产的分配，并没有无论项目盈亏任何一方都不承担合作风险亦获取固定利益的约定。合作各方均承担了实际的合作风险。该协议的实质是华茂公司以土地使用权出资,与相对方合作开发。因此,华茂公司与苏某某、香港益群公司、陈某某之间通过《房地产合作开发协议书》及对该协议的实际履行行为形成合作关系。《房地产合作开发协议书》签订后,就该合作协议未尽事宜,又签订了《拆迁安置协议》和《补充协议书》,在此,杰昌公司是合作协议的主体,并承担了《房地产合作开发协议书》中苏某某、香港益群公司、陈某某的权利和义务,负责履行该协议约定的有关内容。因此,华茂公司与杰昌公司之间存在实际合作开发关系。《拆迁安置协议》所确定的内容,是华茂公司与杰昌公司就具体拆迁安置事项形成的另一法律关系。该项目新增加的27762.8平方米建筑面积在《房地产合作开发协议书》中虽然没有约定,但是杰昌公司对项目重新进行优化设计,并变更立项进行开发建设,均符合《房地产合作开发协议书》关于该项目由苏某某、香港益群公司具体实施,苏某某、香港益群公司负责杰昌公司具体运作,并对本项目整体进行规划设计、施工、销售等约定内容的要求,是具体实际履行《房地产合作开发协议书》的行为,不属于单方增加面积的违约行为。杰昌公司变更所争议房地产项目名称也并不违约。《房地产合作开发协议书》《拆迁安置协议》是以政府批准的43787平方米的华茂商业园区项目为基础的,该协议中约定华茂公司应分配11070平方米的房产,是依据43787平方米这个前提确定的,双方并未就项目优化设计后的71549.8平方米建筑面积中增加部分的分配进行新的约定。华茂公司主张分配多增加的房屋面积,并非以股东身份对项目利润分配的主张,而是依据合作合同关系对《房地产合作开发协议书》有关约定房产分配面积发生变更而提出的请求。新增加的面积是合作项目的产物,理应归合作各方共同所有。但上述三份协议均未就新增的27762.8平方米建筑面积的分配再予约定,一审法院认为华茂公司请求的合同依据不足,并无不当。一审法院根据各方合作情况,对各方未作约定的新增面积,适用公平原则按照20%的比例确定给华茂公司,与参照双方最初约定分配面积所占分配比例以及合同履行过程中分配面积所占比例的变化等合作项目实际履行情况,综合考虑的结果大致相当,也符合本案实际,可予维持,故判决驳回上诉,维持原判。

【案　　号】最高人民法院(2005)民一终字第60号

【审理法院】最高人民法院

【来　　源】《最高人民法院公报》2007年第8期

## ▶ 类案检索

**神羊公司与马来西亚进出口银行金融借款合同纠纷案**

**关键词：** 租赁建设用地使用权　抵押　优先受偿权

**裁判摘要：** 以租赁方式取得的建设用地使用权，承租人在按规定支付土地租金并完成开发建设后，根据租赁合同约定，其地上建筑物、其他附着物连同土地可以依法一并抵押。案涉土地虽为以租赁方式取得，但以该方式取得的土地进行抵押并不违反法律及行政法规的强制性规定，抵押合同合法有效。本案抵押土地虽是以租赁方式取得，但承租人在该土地上的23处房屋亦取得了房屋所有权证书，承租人办理抵押时该土地上已有的23处房屋亦已同时抵押。承租人在租赁取得土地后，并未按照租赁合同约定支付土地租赁款，抵押权人对抵押物实现优先受偿时，应对扣除租金后的款项享有优先受偿权。

【案　　号】（2017）最高法民终636号

【审理法院】最高人民法院

【来　　源】中国裁判文书网

**第三百五十五条** 建设用地使用权转让、互换、出资或者赠与的，应当向登记机构申请变更登记。

## 关联规定

### 一、法律、行政法规、司法解释

1.《中华人民共和国城市房地产管理法》

**第六十条** 国家实行土地使用权和房屋所有权登记发证制度。

**第六十一条** 以出让或者划拨方式取得土地使用权，应当向县级以上地方人民政府土地管理部门申请登记，经县级以上地方人民政府土地管理部门核实，由同级人民政府颁发土地使用权证书。

在依法取得的房地产开发用地上建成房屋的，应当凭土地使用权证书向县级以上地方人民政府房产管理部门申请登记，由县级以上地方人民政府房产管理部门核实并颁发房屋所有权证书。

房地产转让或者变更时，应当向县级以上地方人民政府房产管理部门申请房产变更登记，并凭变更后的房屋所有权证书向同级人民政府土地管理部门申请土地使用权变更登记，经同级人民政府土地管理部门核实，由同级人民政府更换或者更改土地使用权证书。

法律另有规定的，依照有关法律的规定办理。

2.《城镇国有土地使用权出让和转让暂行条例》

**第七条** 土地使用权出让、转让、出租、抵押、终止及有关的地上建筑物、其他附着物的登记，由政府土地管理部门、房产管理部门依照法律和国务院的有关规定办理。

登记文件可以公开查阅。

**第二十五条** 土地使用权和地上建筑物、其他附着物所有权转让，应当依照规定办理过户登记。

土地使用权和地上建筑物、其他附着物所有权分割转让的，应当经市、县人民政府土地管理部门和房产管理部门批准，并依照规定办理过户登记。

**3.《不动产登记暂行条例》**

第十四条　因买卖、设定抵押权等申请不动产登记的，应当由当事人双方共同申请。

属于下列情形之一的，可以由当事人单方申请：

（一）尚未登记的不动产首次申请登记的；

（二）继承、接受遗赠取得不动产权利的；

（三）人民法院、仲裁委员会生效的法律文书或者人民政府生效的决定等设立、变更、转让、消灭不动产权利的；

（四）权利人姓名、名称或者自然状况发生变化，申请变更登记的；

（五）不动产灭失或者权利人放弃不动产权利，申请注销登记的；

（六）申请更正登记或者异议登记的；

（七）法律、行政法规规定可以由当事人单方申请的其他情形。

**4.《最高人民法院关于审理涉及国有土地使用权合同纠纷案件适用法律问题的解释》**

第八条　土地使用权人作为转让方与受让方订立土地使用权转让合同后，当事人一方以双方之间未办理土地使用权变更登记手续为由，请求确认合同无效的，不予支持。

第九条　土地使用权人作为转让方就同一出让土地使用权订立数个转让合同，在转让合同有效的情况下，受让方均要求履行合同的，按照以下情形分别处理：

（一）已经办理土地使用权变更登记手续的受让方，请求转让方履行交付土地等合同义务的，应予支持；

（二）均未办理土地使用权变更登记手续，已先行合法占有投资开发土地的受让方请求转让方履行土地使用权变更登记等合同义务的，应予支持；

（三）均未办理土地使用权变更登记手续，又未合法占有投资开发土地，先行支付土地转让款的受让方请求转让方履行交付土地和办理土地使用权变更登记等合同义务的，应予支持；

（四）合同均未履行，依法成立在先的合同受让方请求履行合同的，应予支持。

未能取得土地使用权的受让方请求解除合同、赔偿损失的，依照民法典的有关规定处理。

## 二、部门规章及规范性文件

**《不动产登记暂行条例实施细则》**

第二十七条 因下列情形导致不动产权利转移的，当事人可以向不动产登记机构申请转移登记：

（一）买卖、互换、赠与不动产的；

（二）以不动产作价出资（入股）的；

（三）法人或者其他组织因合并、分立等原因致使不动产权利发生转移的；

（四）不动产分割、合并导致权利发生转移的；

（五）继承、受遗赠导致权利发生转移的；

（六）共有人增加或者减少以及共有不动产份额变化的；

（七）因人民法院、仲裁委员会的生效法律文书导致不动产权利发生转移的；

（八）因主债权转移引起不动产抵押权转移的；

（九）因需役地不动产权利转移引起地役权转移的；

（十）法律、行政法规规定的其他不动产权利转移情形。

第三十七条 申请国有建设用地使用权及房屋所有权变更登记的，应当根据不同情况，提交下列材料：

（一）不动产权属证书；

（二）发生变更的材料；

（三）有批准权的人民政府或者主管部门的批准文件；

（四）国有建设用地使用权出让合同或者补充协议；

（五）国有建设用地使用权出让价款、税费等缴纳凭证；

（六）其他必要材料。

## ▶ 条文释义

### 一、本条主旨

本条是关于建设用地使用权流转应该办理变更登记的规定。

## 二、条文演变

《城市房地产管理法》第 61 条主要从加强土地市场监管，促进土地使用权流转更加公平有序的角度，规定了房地产转让或者变更时，应当向县级以上地方人民政府房产管理部门申请房产变更登记，并凭变更后的房屋所有权证书向同级人民政府土地管理部门申请土地使用权变更登记。原《物权法》第 145 条则在物权变动公示原则的基础上，明确了基于法律行为而发生建设用地使用权的变动以登记为生效要件，将变更登记从一项土地管理措施转化为土地使用权流转的公示要件。本条则完全沿袭了原《物权法》第 145 条的规定，但需要注意，目前不动产统一登记的改革已经基本完成，房地分别登记已成为历史，故本条中的"变更登记"与《城市房地产管理法》第 61 条中所规定的"变更登记"，无论在法律效力方面还是在登记的具体程序构造方面，已有非常大的变革。

## 三、条文解读

### （一）建设用地使用权流转时变更登记的法律效力

第一，变更登记系建设用地使用权发生移转的要件。《民法典》第 209 条第 1 款规定"不动产物权的设立、变更、转让和消灭，经依法登记，发生效力；未经登记，不发生效力，但是法律另有规定的除外"，确立了不动产物权变动的登记要件主义。因建设用地使用权属于典型的不动产用益物权，在没有相反规定的情况下，其设立、变更、转让和消灭等均应以登记为生效要件。《民法典》第 349 条也明确规定登记为建设用地使用权有效设立的要件。故本条虽然只规定建设用地使用权转让、互换、出资或者赠与的，双方负有向登记机构申请变更登记的义务，但结合上述条文进行体系解释，仍应将变更登记作为建设用地使用权发生权利移转的要件。即双方签订建设用地使用权转让、互换、出资或者赠与合同的，仅发生合同债权效力，建设用地使用权仍属于原权利人，只有在办理变更登记后，才发生物权变动效力。这一点与《民法典》第 335 条规定的"土地承包经营权互换、转让的，当事人可以向登记机构申请登记；未经登记，不得对抗善意第三人"有所区别，即前者实行登记生效主义，而后者实行登记对抗主义，这是由两种用益物权在法律性质、交易习惯及登记基础等方面的诸多不同决定的。

第二，变更登记具有公示力和公信力。首先，建设用地使用权转让、互换、出资或者赠与的，当事人通过办理变更登记对外彰显权利流转的事实及变更后的权利人，同时产生对抗第三人的法律效力，在他人非法侵占土地或者对其权利行使造成妨碍或损害时，登记簿上记载的受让人可行使物权请求权或侵权赔偿请求权；在未办理变更登记前，受让人则不能行使物权请求权等，但若土地已经实际交付，可根据《民法典》物权编第20章的规定获得对占有的保护。其次，变更登记后登记簿上记载的权利人被推定为真正的权利人，即使转让、互换、出资或者赠与无效或被撤销，或者有其他证据证明不动产登记簿的记载与真实权利状态不符的，第三人因合理信赖该登记而再次受让或接受建设用地使用权抵押的，仍根据《民法典》第311条善意取得的规定受法律保护。

第三，建设用地使用权转让、互换、出资或者赠与的合同效力不受变更登记的影响。《民法典》第215条确定了合同生效和物权变动的区分原则，若转让、互换、出资或者赠与为双方当事人的真实意思表示且不存在违反法律行政法规强制性规定的情形，其自成立时即发生法律效力，转让人等应按合同约定履行交付土地及办理变更登记的义务，受让人等则应按合同约定履行支付转让价款等义务，双方均不能以未办理变更登记为由主张转让、互换、出资或者赠与合同无效或拒绝履行合同约定义务，否则另一方有权请求对方继续履行合同义务，或者解除合同，并请求违约方承担违约损害赔偿责任。对此《国有土地使用权合同解释》第8条也明确规定，土地使用权人作为转让方与受让方订立土地使用权转让合同后，当事人一方以双方之间未办理土地使用权变更登记手续为由，请求确认合同无效的，不予支持。

第四，在记载于登记簿之前受让人尚未获得建设用地使用权。首先，根据《民法典》第214条"不动产物权的设立、变更、转让和消灭，依照法律规定应当登记的，自记载于不动产登记簿时发生效力"的规定，受让人未记载于登记簿之前，只享有请求转让人等交付土地和办理变更登记的债权，该权利不具有物权的优先性和对抗性，除非已通过预告登记对债权效力予以强化。但某些特殊情况下，为防止已支付土地使用权转让价款且已占有土地的受让人受到过度损害，可赋予其一定的"物权期待权"以排除转让人的一般债权人对该建设用地使用权的执行。《民事执行查封、扣押、冻结财产的规定》第15条关于"被执行人将其所有的需要办理过户登记的财产出卖给第三人，第三人已经支付部分或者全部价款并实际占有该财产,但尚未办理产权过户登记手续的,人民法院可以查封、扣押、冻结;第三人已经支付全部价款并实际占有,但未办理过户登记手续的,如果第三人对此没有过错,人民法院不得查封、扣押、冻结"的规定,即为典型体现。其次,在办理变更登记前转让人已将土地交付,且受让人已建设建筑物等情形下,根据《民法典》第 352 条确定的建筑物所有权与建设用地使用权权属一致的基本规则,该建筑物所有权仍应属于转让人,但一方面,因受让人占有土地及建筑物具有正当权源,对转让人而言属于有权占有,转让人无权请求返还;另一方面,受让人可根据合同约定请求转让人尽快办理建设用地使用权变更登记,并在完成变更登记后即享有建筑物所有权。

(二)建设用地使用权流转时变更登记的程序

《民法典》第 210 条第 2 款规定,国家对不动产实行统一登记制度。统一登记的范围、登记机构和登记办法,由法律、行政法规规定。目前,建设用地使用权流转中的变更登记程序主要由《不动产登记暂行条例》及《不动产登记暂行条例实施细则》规定。当然,虽然不动产登记的实体法律效力与登记程序分别规定于《民法典》与不动产登记的特别法中,但仍要注意两者之间的内在衔接和协调。

第一,建设用地使用权变更登记的性质。本条中所指的变更登记,主要指权利主体而非权利内容的变更,系广义的变更登记。而《不动产登记暂行条例实施细则》第 26 条中规定的变更登记主要是指法律、行政法规规定的不涉及不动产权利转移的变更情形,比如,权利人的姓名、名称、身份证明类型或者身份证明号码发生变更的;不动产的坐落、界址、用途、面积等状况变更的;不动产权利期限、来源等状况发生变化的;同一权利人分割或者合并不动产等情形。买卖、互换、赠与或以建设用地使用权作价出资等涉及权利主体变更情形的,属于《不动产登记暂行条例实施细则》第 27 条规定的转移登记。可见实体法与登记程序法的概念在此存在区别。

第二,建设用地使用权变更登记以双方申请为原则,以单方申请为例外。与建设用地使用权设立登记属于首次登记而允许单方申请不同,建设用地使用权因转让、互换、出资或者赠与发生权利移转的,根据《不动产登记暂行条例》第 14 条的规定,一般应当由当事人双方共同向不动产登记机构申请,并提交不动产权属证书,转让、互换、出资或者赠与及相关税费缴纳证明等,申请划拨取得国有建设用地使用权转移登记的，还应当提交有批准权的人民政府的批准文件。需要注意的是，共同申请仅系转让人与受让人在登记程序层面的强制性要求，主要是为防止虚假或错误登记损害真正权利人的利益，而非意味着双方在实体上均承担对等的登记义务。在建设用地使用权转让、互换、出资或者赠与法律关系中，转让人应承担交付土地和办理变更登记的主合同义务，违反该义务将承担违约责任；而受让人则享有登记请求权，且仅负有接受土地移交及协助办理变更登记的义务，本质上属于债权人的受领给付义务，仅为不真正义务，其因不配合申请登记而构成受领迟延的，不属于违约，只是产生减轻或免除转让人责任的法律后果。此外，根据原《物权法解释（一）》第7条的规定，人民法院、仲裁委员会在分割共有建设用地使用权等案件中作出并依法生效的改变原有物权关系的判决书、裁决书、调解书，以及人民法院在执行程序中作出的拍卖成交裁定书、以物抵债裁定书，应当认定为《民法典》第229条规定的导致物权设立、变更、转让或者消灭的人民法院、仲裁委员会的法律文书。根据《不动产登记暂行条例》第14条第2款第3项之规定，可由权利人持相关法律文书单方申请变更登记。

第三，建设用地使用权变更登记可通过法院嘱托登记实现。如上所述，建设用地使用权转让、互换、出资或者赠与合同签订后，若转让人无正当理由拒绝履行交付土地和办理变更登记的义务，受让人有权向法院起诉，请求转让人继续履行义务。若人民法院判决转让人履行登记义务而其未主动履行时，将根据受让人申请进入强制执行程序。该类执行属于对不可替代行为的执行，在实践中，执行法院既可以按照《民事诉讼法》第258条、《民事诉讼法解释》第502条的规定，向不动产登记机构发出协助执行通知书的方式办理，也可以根据《民事诉讼法解释》第505条的规定通过罚款、拘留等间接强制措施促使转让人履行。对此，《不动产登记暂行条例实施细则》第19条第2款第1项规定，人民法院持生效法律文书和协助执行通知书要求不动产登记机构办理登记的，不动产登记机构应直接办理不动产登记，实现了与《民事诉讼法》中规定的人民法院执行程序的顺利衔接。

第四，不动产登记机构受理变更登记的申请后，应注意审核建设用地使用权转移的登记原因文件是否齐全；申请转移的建设用地使用权与登记原因文件记载的是否一致；是否存在查封登记、异议登记等情形；是否与不动产登记簿的记载冲突；是否与土地出让合同相关条款冲突；是否已缴清土地价款、已完税等事项。审核通过的，应将登记事项记载于不动产登记簿，并向受让人核发不动产权属证书。

## ▶ 适用指引

### 一、区分原则在建设用地使用权流转中的适用

《民法典》第215条确定了合同生效和物权变动的区分原则，即一方面，当事人之间订立有关设立、变更、转让和消灭不动产物权的合同，除法律另有规定或者当事人另有约定外，自合同成立时生效，未办理物权登记的，不影响合同效力；另一方面，合同生效后，不动产物权并未直接发生变动，而是需要当事人履行合同义务尤其是办理相应登记手续的义务。这两方面的规则在建设用地使用权流转过程中均有适用。

第一，实践中，在建设用地使用权转让条件尚未完全成就的情况下，如土地出让金尚未缴清，尚未办理建设用地使用权设立登记，或投资未达到法定比例等即转让权利，基于合同效力与物权变动相区分的原则，建设用地使用权转让合同应为有效，但是因转让条件未成就而不能办理变更登记，也不能发生权利移转的效果。受让人可以以转让人不能履行变更登记义务为由解除合同，并请求其承担违约损害责任，也可以请求转让人继续履行交付土地，完善转让条件等义务，但其若直接请求受让人办理变更登记，出于司法权应尊重行政权的考虑，以及为防止当事人利用司法判决规避建设用地使用权的法定限制条件，一般不应支持。

第二，建设用地使用权转让、互换、出资或者赠与的，在办理变更登记前，因建设用地使用权尚未发生移转，受让人起诉请求确认其享有建设用地使用权的，人民法院不宜直接判决确认权属，但可向受让人释明变更诉讼请求，即变更为请求受让人履行转让合同中约定的交付土地和变更登记义务等，经审理后应作出给付判决。

### 二、"一地数转"的处理规则

建设用地使用权人就同一土地使用权与他人订立数个转让合同，在不存在其他导致合同无效的情形下，根据《民法典》确立的区分原则和债权形式主义

的物权变动模式，数个转让合同均应认定为有效。这种情况下，如果数个土地受让人均请求继续履行合同，取得土地使用权的，应如何处理？《国有土地使用权合同解释》第9条予以明确。即首先根据我国立法确立的物权变动原则规定，确认土地使用权由已经办理权属变更登记手续的受让方取得；对均未办理土地使用权变更登记手续的，按照合法占有原则和土地利用效益原则，土地使用权由先行占有投资开发的受让方取得；对均未办理土地使用权变更登记手续，或者均未投资开发的，按照诚信和合同履行的原则，土地使用权由先行支付土地使用权转让款的受让方取得；对合同均未履行的，按照诚信原则，土地使用权由依法成立在先的土地使用权转让合同的受让方取得。对于以上有权取得土地使用权的受让方请求继续履行合同的，应予支持。对于没有取得土地使用权的受让方请求解除合同、赔偿损失的，人民法院应当按照《民法典》合同编的有关规定处理。

## ▶ 典型案例

### 一、大连羽田钢管有限公司与大连保税区弘丰钢铁工贸有限公司、株式会社羽田钢管制造所、大连高新技术产业园区龙王塘街道办事处物权确认纠纷案

**关键词：** 建设用地使用权转让　外国法人　物权确认　登记

**裁判摘要：** 根据《土地管理法》《城市房地产管理法》《城镇国有土地使用权出让和转让暂行条例》等法律法规的规定，我国土地管理实行的是按用途管制而非按用地主体进行限制，原则上境内外法人均享有相同的待遇，均可依法取得国有土地使用权，进行土地开发利用。除另有特殊规定外，现行土地管理法律法规对境外法人在我国购买、取得国有土地使用权没有禁止性或者限制性规定。因此，本案中日本企业受让涉案国有土地使用权并未违反我国现有法律法规的规定，是合法有效的。

在物权确权纠纷案件中，根据物权变动的基本原则，对于当事人依据受让合同提出的确权请求应当视动产与不动产区别予以对待。人民法院对于已经交付的动产权属可以予以确认。对于权利人提出的登记于他人名下的不动产物权归其所有的确权请求，人民法院不宜直接判决确认其权属，而应当判决他人向

权利人办理登记过户。

**基本案情：** 大连羽田公司、弘丰公司、羽田制造所、龙王塘办事处四方当事人于2002年5月8日在同一天同一场合，分别签订了以下三份合同书：(1) 羽田制造所与弘丰公司签订了《转让合同》(以下简称《转让合同》A)。(2) 由龙王塘办事处与弘丰公司签订了《转让合同》(以下简称《转让合同》B)。(3) 由当时尚是羽田制造所与中方合资成立的大连羽田公司与弘丰公司签订了《租赁合同》。《转让合同》A约定：羽田制造所决定购买龙王塘办事处所属龙王塘特种轧钢厂的土地使用权、房屋及其附属设施，但由于羽田制造所尚未在中国注册成立外商独资企业，无法办理相关土地、房产手续，故以弘丰公司名义签订转让合同，该转让合同中弘丰公司的权利义务均由羽田制造所实际承担。弘丰公司同意羽田制造所在中国大连注册成立独资企业后立即无条件协助羽田制造所办理土地使用证和房屋所有权证过户手续。《转让合同》B共有13条内容，主要约定龙王塘办事处同意将原特轧厂厂区所属场地的国有土地使用权，连同房屋、仓库、变电所、职工宿舍、办公楼等全部地面建筑物、构筑物、地下物的所有权及附属设施设备，转让给弘丰公司。《租赁合同》亦共有13条，主要约定弘丰公司同意将原特轧厂厂区所属场地，连同房屋、仓库、变电所、职工宿舍、办公楼等全部地面建筑物租赁给大连羽田公司。

2002年5月22日，大连羽田公司以还款名义向龙王塘办事处支付了100万元。龙王塘办事处也向大连羽田公司移交了《转让合同》A、《转让合同》B项下的资产。大连羽田公司将生产经营场所搬移至涉案合同约定的原特轧厂厂区，并占有、使用涉案资产至今。大连羽田公司在占有使用上述资产期间，自投资金，对房屋进行了较大规模的改扩建。大连羽田公司又多次以还款及租金名义向龙王塘办事处支付款项。2003年7月31日，上述转让资产包含的两块土地办理了使用权人为弘丰公司的土地使用权登记。2003年9月3日、5日和26日，上述转让资产包含的13处房屋办理了所有权人为弘丰公司的房屋所有权登记。2008年7月，大连市人民政府和大连市工商行政管理局分别颁发了确认大连羽田公司为羽田制造所独资设立的《外商投资企业批准证书》和《企业法人营业执照》。后根据《转让合同》A要求弘丰公司协助将转让资产由弘丰公司名下变更登记在大连羽田公司名下，但遭到拒绝，由此向大连市中级人民法院起诉，请求：(1) 确认羽田制造所将其以弘丰公司名义与龙王塘办事处签订的转让合同中的权利义务转让给大连羽田公司的行为有效。(2) 确认龙王塘办事处下属原龙王塘特种轧钢厂厂区所属场地的国有土地使用权和厂房、仓库、变电所、职工宿舍、办公楼等全部地面建筑物、构筑物及其附属设施所有权归属大连羽田公司。（3）判令弘丰公司协助将案涉2块国有土地使用权和13处房屋所有权办理过户到大连羽田公司名下。大连市中级人民法院作出一审判决：1.案涉土地使用权和房屋所有权归属大连羽田公司；除地下物所有权之外的其他物的所有权归属大连羽田公司。2.弘丰公司应于本判决发生法律效力后10日内协助大连羽田公司将前项物权证书办到大连羽田公司名下。后辽宁省高级人民法院撤销一审判决，驳回大连羽田公司的诉讼请求。

　　大连羽田公司不服，向最高人民法院申请再审。最高人民法院再审认为，第一，本案中，《转让合同》A、《转让合同》B和《租赁合同》是相互关联的三份合同。根据三份关联合同的约定和实际履行情况，《租赁合同》并不是当事人的真实意思表示，不发生法律效力。《转让合同》A和《转让合同》B系当事人真实意思表示，不违反我国法律法规的禁止性规定，合法有效，各方当事人均知道涉案资产的真正受让人是羽田制造所以及羽田制造所与弘丰公司之间系委托代理关系。《转让合同》B直接约束龙王塘办事处和羽田制造所，因此，龙王塘办事处是涉案资产的出让人，羽田制造所是涉案资产的真正受让人。第二，根据《土地管理法》《城市房地产管理法》《城镇国有土地使用权出让和转让暂行条例》等法律法规的规定，我国土地管理实行的是按用途管制而非按用地主体进行限制，原则上境内外法人均享有相同的待遇，均可依法取得国有土地使用权，进行土地开发利用。除另有特殊规定外，现行土地管理法律法规对境外法人在我国购买、取得国有土地使用权没有禁止性或者限制性规定。因此，羽田制造所受让涉案国有土地使用权并未违反我国现有法律法规的规定，是合法有效的。第三，根据已经查明的事实，龙王塘办事处在《转让合同》B签署后，已经将涉案全部资产交付大连羽田公司。《转让合同》B并未对涉案附属设施设备动产所有权的转移作出明确约定，因此涉案附属设施设备动产的所有权自交付时起归属大连羽田公司。一审判决对涉案附属设施设备动产所有权的确认是正确的，应予维持。但不动产物权的变动除交付外，尚需办理登记手续，故大连羽田公司请求确认其享有涉案国有土地使用权和地上建筑物所有权，缺乏法律依据。根据《转让合同》A的全部内容和具体文义，弘丰公司应在羽田制造所注册成立独资企业大连羽田公司后，立即无条件协助将案涉土地使用证和房屋所有权证过户至大连羽田公司名下。现大连羽田公司已经设立,其要求弘丰公司协助办理过户手续,有相关合同依据,弘丰公司应当依约履行。因此,一审判决支持大连羽田公司关于弘丰公司办理过户手续的第三项诉讼请求是正确的。

【案　　号】(2011)民提字第29号
【审理法院】最高人民法院
【来　　源】《最高人民法院公报》2012年第6期

## 二、四川省聚丰房地产开发有限责任公司诉达州广播电视大学(达州财贸学校)合资、合作开发房地产合同纠纷案

**关键词:** 建设用地使用权转让　不动产权属证书　注销登记

**裁判摘要:** 案涉合同虽然冠以"合作开发协议书"之名,但合同中明确约定合同一方只享有固定开发收益,不承担开发经营的风险,该协议性质为土地使用权转让合同。建设用地使用权作为不动产物权应当依不动产登记簿的内容确定,不动产权属证书只是权利人享有该不动产物权的证明。行政机关注销国有土地使用证但并未注销土地登记的,建设用地使用权人仍然是土地登记档案中记载的权利人。建设用地使用权转让法律关系中的转让人以国有土地使用证被注销、其不再享有土地使用权为由主张解除合同,在没有证据证明案涉土地已被征收或者提前收回的,人民法院不应支持。

**基本案情:** 2001年12月7日,达州市政府向达州广播电视大学(前身为达州财贸学校,以下简称电大财校)发出达市府土函〔2001〕75号批复,同意该校位于四川省达州市通川区西外镇金山路与南北干道交汇处的划拨用地18681.15平方米补办土地出让手续,要求该校与达州国土局签订土地出让合同,并申请办理土地变更登记手续。2001年12月12日,达州国土局颁发达州市国用(2001)字第3683号国有土地使用权证。2005年1月30日,电大财校通过招商引资形式与四川省聚丰房地产开发有限责任公司(以下简称聚丰公司)签订《引资协议书》,将案涉土地使用权作价投资与聚丰公司合作建设。2005年3月15日,电大财校与聚丰公司签订《联合开发投资新建西外校区临街部分协议书》约定:电大财校以案涉土地使用权作为投资,不承担项目投资盈亏风险及销售之责,聚丰公司筹集工程建设所需的资金,并负责工程的开发建设及房地产销售。后经申请,2006年1月11日,达州市政府下发批复,同意电大财校位于四川省达州市通川区西外镇金山路与南北干道交汇处的临街土

地已取得划拨土地使用权、面积为8422平方米的土地依法办理土地出让手续，2007年3月7日达州市政府向电大财校颁发（2007）第01499号国有土地使用证。2008年3月15日电大财校与聚丰公司签订《合作开发协议书》主要载明：电大财校以达州市政府批准的《校园总体规划调整方案》及学校临街开发的出让土地使用权作为投资，聚丰公司以现金全额投资并独立开发建设学府铭苑。其中，电大财校有权按约定获取开发效益，且不承担项目开发建设风险。聚丰公司有权按约定享有开发效益，有权自主开发、自主销售、独自承担开发建设风险，要确保完成设计图纸要求的建设规模129800平方米，并按约兑现电大财校利益等，并具体约定了双方的利益分配，即电大财校获得2500万元人民币和6200平方米的教学用房等，聚丰公司享有受让的土地使用权和支付电大财校所得的开发利益后的剩余利润。2011年5月9日，电大财校向聚丰公司发出《解除函》主要载明：2010年6月22日，达州市政府召开专题会议，对学校临街出让土地实行阳光操作，以招拍挂方式公开进行交易。因此，学校已无法履行《合作开发协议书》，并决定解除此协议。2011年11月17日达州市政府在《达州日报》刊登《关于注销土地使用证的公告》主要载明：决定注销达州市国用（2007）第01499号、达州市国用（2001）第3683号土地使用证。

聚丰公司提起诉讼，请求判令电大财校立即全面履行与聚丰公司于2008年3月15日签订的《合作开发协议书》。一审法院认为，电大财校与聚丰公司签订的《合作开发协议书》符合合资、合作开发房地产合同的法律特征，系合资、合作开发房地产合同。根据查明的事实，2011年5月9日，电大财校因政府拟对合作开发的土地重新进行拍卖，无法履行合作协议向聚丰公司发出《解除函》，通知聚丰公司解除合同。聚丰公司在《解除函》到达之日起3个月内并未向人民法院或者仲裁机构确认能否解除合同，《解除函》到达聚丰公司时就已发生法律效力，《合作开发协议书》已经解除。况且达州市政府已公告注销了双方合同项下土地的《国有土地使用权证》，在法律上或事实上也不能继续履行合同。故判决驳回聚丰公司的诉讼请求。

二审法院认为，1.关于《合作开发协议书》的性质和效力。涉案合同虽然冠以"合作开发协议书"之名，但合同中明确约定电大财校只享有固定开发收益，不承担开发经营的风险，故案涉合同性质为土地使用权转让合同。因"违反法律、行政法规的强制性规定"而无效的合同，是指违反了法律、行政法规中的效力性强制性规定,法律、行政法规中的管理性强制性规定不能作为认定合同无效的依据。本案中,电大财校主张合同无效的理由是《合作开发协议书》违反了《国有资产评估管理办法》第3条第1项、《招标拍卖挂牌出让国有建设用地使用权规定》《事业单位国有资产管理暂行办法》第28条,以及《城镇国有土地使用权出让和转让暂行条例》第19条、《城市房地产管理法》第39条第2项的规定,但《国有资产评估管理办法》《招标拍卖挂牌出让国有建设用地使用权规定》和《事业单位国有资产管理暂行办法》系行政规章,而《城市房地产管理法》第39条第2项、《城镇国有土地使用权出让和转让暂行条例》第19条为法律、行政法规中的管理性强制性规定,均不能作为认定合同无效的依据。电大财校关于合同无效的主张,缺乏法律依据。2.关于《合作开发协议书》是否解除。电大财校所主张的政府拟对合作开发的土地重新拍卖、无法履行合作协议的解除合同的理由,并非合同约定的电大财校可以解除合同的条件,也不属于可以行使法定解除权的情形。《合同法》中关于合同的约定解除和法定解除权利行使方式和期限的规定,不能适用于本案电大财校通知解除合同的情形。电大财校以《解除函》通知聚丰公司解除合同的行为,不发生解除合同的效力。3.关于《合作开发协议书》能否继续履行问题。不动产权利人的确定,应当以不动产登记簿的记载为依据。达州市人民政府虽然公告注销了作为涉案土地不动产物权证明的国有土地使用证,但并未注销土地登记,且至二审诉讼期间,涉案土地的土地登记档案中载明的权利人仍然是达州市广播电视大学。这一事实说明,达州市人民政府注销国有土地使用证的行为,并未改变涉案土地的权属状况。根据《城镇国有土地使用权出让和转让暂行条例》第42条的规定,"国家对土地使用者依法取得的土地使用权不提前收回。在特殊情况下,根据社会公共利益的需要,国家可以依照法律程序提前收回,并根据土地使用者已使用的年限和开发、利用土地的实际情况给予相应的补偿"。但迄今并无证据证明涉案土地已经被依法征收、征用的事实。综上,涉案土地使用权的权属并未发生变化,电大财校仍然是涉案土地使用权的权利人,《合作开发协议书》的履行不存在法律上的障碍,能够继续履行。据此判决:1.撤销一审判决;2.达州财校继续履行案涉《合作开发协议书》。

【案　　号】(2013)民一终字第18号

【审理法院】最高人民法院

【来　　源】《最高人民法院公报》2014年第10期

## ▶ 类案检索

### 一、刘某俊与眉山稻田食品有限责任公司等案外人异议之诉案

**关键词：** 建设用地使用权抵债　变更登记

**裁判摘要：** 我国对不动产的权属问题实行登记生效主义，即对不动产权属的认定原则上以登记为准。当事人在抵债协议的履行过程中并未体现出物权转移的合意和意愿，协议的履行结果也没有达到物权变动的法律效果，案涉建设用地使用权仍登记在被执行人名下，故案外人未取得用于抵债的建设用地使用权，其无权排除执行。

【案　　号】（2018）最高法民申181号

【审理法院】最高人民法院

【来　　源】中国裁判文书网

### 二、蔡某伟与陈某奏等案外人异议之诉案

**关键词：** 建设用地使用权转让　变更登记

**裁判摘要：** 被执行人将建设用地使用权转让，但一直未能办理变更登记，原受让人又将该权利转让给新受让人的，属于建设用地使用权的二次转让。在二次转让情况下，因新受让人对建设用地使用权过户存在权利障碍有一定预期，对土地不能及时变更登记存在明显过错，故其以已经实际接收、占有土地，并以土地权属证件记载的权利人名义进行开发、使用为由请求排除执行的，不应支持。

【案　　号】（2019）最高法民申239号

【审理法院】最高人民法院

【来　　源】中国裁判文书网

### 三、四川省成都市大邑县酒厂与冯某、聚隆置业公司等案外人异议之诉案

**关键词：** 变更登记　建设用地使用权出资

**裁判摘要：** 建设用地使用权人与目标公司签订投资协议，将案涉土地使用

权及房产作为出资投入目标公司的，在案涉房地产权利转移登记至目标公司名下时，目标公司即享有对案涉房地产的物权，人民法院在根据目标公司的债权人申请在强制执行中对案涉房地产采取相应的强制执行措施，于法有据。虽然目标公司未办理变更（增加）股东的内部、外部手续，未向公司登记机关办理股东及注册资本的变更登记，但不影响对原建设用地使用权人已按照投资协议约定实际履行了向目标公司的出资义务这一基本事实的认定。而且股东在将其财产向公司出资完成之后，该出资即成为公司财产的组成部分，而独立于股东的个人财产，法律禁止股东未经法定程序而为的抽回出资行为。故原建设用地使用权人与目标公司签订撤销协议，撤销土地投资开发合同，协议将案涉房地产过户回原权利人，该约定有违《公司法》关于公司法人财产权、股东取回出资等规定，且该行为将减少目标公司的责任财产，可能损害目标公司其他债权人利益，该撤销协议无效。

【案　　号】（2019）最高法民申 2418 号
【审理法院】最高人民法院
【来　　源】中国裁判文书网

**第三百五十六条** 建设用地使用权转让、互换、出资或者赠与的，附着于该土地上的建筑物、构筑物及其附属设施一并处分。

**第三百五十七条** 建筑物、构筑物及其附属设施转让、互换、出资或者赠与的，该建筑物、构筑物及其附属设施占用范围内的建设用地使用权一并处分。

## ▶ 关联规定

一、法律、行政法规、司法解释

1.《中华人民共和国民法典》

**第三百九十七条** 以建筑物抵押的，该建筑物占用范围内的建设用地使用权一并抵押。以建设用地使用权抵押的，该土地上的建筑物一并抵押。

抵押人未依据前款规定一并抵押的，未抵押的财产视为一并抵押。

**第三百九十八条** 乡镇、村企业的建设用地使用权不得单独抵押。以乡镇、村企业的厂房等建筑物抵押的，其占用范围内的建设用地使用权一并抵押。

2.《中华人民共和国城市房地产管理法》

**第三十二条** 房地产转让、抵押时，房屋的所有权和该房屋占用范围内的土地使用权同时转让、抵押。

**第六十一条** 以出让或者划拨方式取得土地使用权，应当向县级以上地方人民政府土地管理部门申请登记，经县级以上地方人民政府土地管理部门核实，由同级人民政府颁发土地使用权证书。

在依法取得的房地产开发用地上建成房屋的，应当凭土地使用权证书向县级以上地方人民政府房产管理部门申请登记，由县级以上地方人民政府房产管理部门核实并颁发房屋所有权证书。

房地产转让或者变更时，应当向县级以上地方人民政府房产管理部门申请房产变更登记，并凭变更后的房屋所有权证书向同级人民政府土地管理部门申请土地使用权变更登记，经同级人民政府土地管理部门核实，由同级人民政府更换或者更改土地使用权证书。

法律另有规定的，依照有关法律的规定办理。

3.《城镇国有土地使用权出让和转让暂行条例》

**第二十三条** 土地使用权转让时，其地上建筑物、其他附着物所有权随之转让。

**第二十四条** 地上建筑物、其他附着物的所有人或者共有人，享有该建筑物、附着物使用范围内的土地使用权。

土地使用者转让地上建筑物、其他附着物所有权时，其使用范围内的土地使用权随之转让，但地上建筑物、其他附着物作为动产转让的除外。

4.《国有土地上房屋征收与补偿条例》

**第十三条** 市、县级人民政府作出房屋征收决定后应当及时公告。公告应当载明征收补偿方案和行政复议、行政诉讼权利等事项。

市、县级人民政府及房屋征收部门应当做好房屋征收与补偿的宣传、解释工作。

房屋被依法征收的，国有土地使用权同时收回。

5.《国务院办公厅关于完善建设用地使用权转让、出租、抵押二级市场的指导意见》

（五）明确建设用地使用权转让形式。将各类导致建设用地使用权转移的行为都视为建设用地使用权转让，包括买卖、交换、赠与、出资以及司法处置、资产处置、法人或其他组织合并或分立等形式涉及的建设用地使用权转移。建设用地使用权转移的，地上建筑物、其他附着物所有权应一并转移。涉及到房地产转让的，按照房地产转让相关法律法规规定，办理房地产转让相关手续。

6.《最高人民法院关于人民法院民事执行中查封、扣押、冻结财产的规定》

**第二十一条** 查封地上建筑物的效力及于该地上建筑物使用范围内的土地使用权，查封土地使用权的效力及于地上建筑物，但土地使用权与地上建筑物的所有权分属被执行人与他人的除外。

地上建筑物和土地使用权的登记机关不是同一机关的，应当分别办理查封登记。

## 二、部门规章及规范性文件

**1.《不动产登记暂行条例实施细则》**

第二条 不动产登记应当依照当事人的申请进行,但法律、行政法规以及本实施细则另有规定的除外。

房屋等建筑物、构筑物和森林、林木等定着物应当与其所依附的土地、海域一并登记,保持权利主体一致。

第三十六条 办理房屋所有权首次登记时,申请人应当将建筑区划内依法属于业主共有的道路、绿地、其他公共场所、公用设施和物业服务用房及其占用范围内的建设用地使用权一并申请登记为业主共有。业主转让房屋所有权的,其对共有部分享有的权利依法一并转让。

**2.《城市房地产转让管理规定》**

第五条 房地产转让时,房屋所有权和该房屋占用范围内的土地使用权同时转让。

**3.《不动产登记操作规范(试行)》**

1.2.2 一体登记原则

房屋等建筑物、构筑物所有权和森林、林木等定着物所有权登记应当与其所附着的土地、海域一并登记,保持权利主体一致。

土地使用权、海域使用权首次登记、转移登记、抵押登记、查封登记的,该土地、海域范围内符合登记条件的房屋等建筑物、构筑物所有权和森林、林木等定着物所有权应当一并登记。

房屋等建筑物、构筑物所有权和森林、林木等定着物所有权首次登记、转移登记、抵押登记、查封登记的,该房屋等建筑物、构筑物和森林、林木等定着物占用范围内的土地使用权、海域使用权应当一并登记。

9.3.1 适用

已经登记的国有建设用地使用权及房屋所有权,因下列情形导致权属发生转移的,当事人可以申请转移登记。国有建设用地使用权转移的,其范围内的房屋所有权一并转移;房屋所有权转移,其范围内的国有建设用地使用权一并转移。

1 买卖、互换、赠与的;

2 继承或受遗赠的;

3 作价出资（入股）的;

4 法人或其他组织合并、分立等导致权属发生转移的;

5 共有人增加或者减少以及共有份额变化的;

6 分割、合并导致权属发生转移的;

7 因人民法院、仲裁委员会的生效法律文书等导致国有建设用地使用权及房屋所有权发生转移的;

8 法律、行政法规规定的其他情形。

## ▶ 条文释义

### 一、本条主旨

本两条是关于建设用地使用权与建筑物、构筑物及其附属设施应一并处分的规定。

### 二、条文演变

该项规则在我国首次出现于1990年实施的《城镇国有土地使用权出让和转让暂行条例》第24条中，1995年施行的《城市房地产管理法》第31条对此进行了确认。[①] 本条与原《物权法》第146条、第147条相比，内容没有变化。

### 三、条文解读

房屋等建筑物、构筑物及其附属设施均属于地上附着物，与土地有着极为密切的关系，从自然属性上讲，房屋等建筑物是不可脱离土地而存在的，但在法律属性上，关于两者的关系如何界定，亦即是否可将其作为相互独立的两项不动产来认识，在国外立法例上有结合主义和分离主义两种模式。我国实行土地社会主义公有制，这决定了不可能采取土地所有权吸附地上建筑物的结合主义，为了赋予相关组织和个人在公有土地上建造建筑物等权利，在制度设计上

---

① 参见孙宪忠主编:《中国物权法:原理释义和立法解读》，经济管理出版社2008年版，第375页。

将土地所有权的部分权能分离出来设立建设用地使用权。因此，从我国创设建设用地使用权制度的初衷和目的来看，即是将其作为相关组织和个人建造及保有建筑物所有权的权源基础。这也决定了建设用地使用权与建筑物等所有权应该实行归属一体和一并处分的规则。其中前者于《民法典》第352条规定，后者则在本两条中规定。可以说，前者通过对建筑物所有权的初始界定，保证了建筑物所有权发生之初即归属于建设用地使用权人，这种权属的一致性为建设用地使用权与建筑物等所有权的一并处分奠定了基础，而本两条中规定的"房随地走""地随房走"规则又反过来强化了房地一体的正当性与可行性。两者在规范目的及功能上也是一致的，即一方面系为防止房地权利互相冲突和妨碍，避免出现建筑物无所依归的局面，以实现地尽其利，房尽其用，另一方面也有利于实现房地关系的简化明确，从而达到鼓励交易，保护交易安全并尽量减少房地分离纠纷的目的。适用本条应注意以下几点。

（一）房地一并处分的方式

本两条规定了在建设用地使用权或建筑物等转让、互换、出资或者赠与四种情况下，两类权利应作为一个整体发生主体变更的法律效果。从文字表述看，两条规定中都没有使用"等"字，似乎表明采取封闭式列举的方式加以规定，但实际上，除了上述流转方式外，还应当包括其他合法的情形。至于租赁，因不移转房屋的所有权，因此不属于房地流转的范围。① 此外，本两条虽然确立了处分建设用地使用权时，附着于该土地上的建筑物、构筑物及附属设施一并处分，反之亦然的法律原则，但并没有限定二者的处分形式必须一致。比如，建设用地使用权转让时，权利人可以将地上房屋所有权一并转让给新的建设用地使用权人，也可以赠与给新的建设用地使用权人，法律对此并没有具体限定。最后，关于房地一体抵押的规则，则在《民法典》物权编担保物权一章中有具体规定。

（二）房地一并处分的范围

对建设用地使用权和建筑物、构筑物及其附属设施一并处分的范围问题，应根据二者在自然属性和法律权利的关联性以及正当使用的需要来确定。具体

---

① 参见王利明：《物权法研究》，中国人民大学出版社2016年版，第917页。

而言，在建设用地使用权转让、互换、出资或赠与时，应一并处分的是附着于该建设用地使用权客体范围内的，与该建设用地使用权不可分离的建筑物、构筑物及其附属设施；同样，在地上建筑物、构筑物及附属设施所有权转让、互换、出资或赠与时，一并处分的建设用地使用权的范围，应以建筑物、构筑物及附属设施占用土地范围内，以正当使用该建筑物、构筑物及附属设施所必需的土地范围为限。①此外，《民法典》第357条中所指的附属设施占用范围内的建设用地使用权有可能是一宗单独的建设用地使用权，也有可能是共同享有的建设用地使用权中的份额，特别是在建筑物区分所有的情况下，转让占用范围内的建设用地使用权不可能也不应该导致对业主共同享有的建设用地使用权的分割。在这种情况下，除了依据第357条规定外，还要依据业主的建筑物区分所有权的有关规定，才能全面确定当事人的权利义务。②《城镇国有土地使用权出让和转让暂行条例》第24条第2款规定："土地使用者转让地上建筑物、其他附着物所有权时，其使用范围内的土地使用权随之转让，但地上建筑物、其他附着物作为动产转让的除外。"根据其但书条款，在转让附着物时，如果是将其作为动产，换言之是转让建造这些附着物所需的物料或者将之整体移动转让时，买受人的目的并不在于对附着物的占有和使用，而在于将其拆除使用物料或者移动到其他地块上。③

（三）房地一体登记

建设用地使用权与建筑物等所有权均属于不动产物权，原则上应以登记作为物权变动的生效要件。但在分散登记时期，因房地登记系在两个不同的机构办理，当事人转让房屋所有权时，仅在房产管理部门办理了变更（转移）登记，但未在土地管理部门办理变更登记，此时便发生了房地登记主体不一致的情形。这种情况下仍应遵循房地一并处分的原则，在房屋所有权变更登记完成时，房屋所有权发生移转，建设用地使用权亦应随之移转给房屋的受让人。就建设用地使用权而言，则发生登记权利人与事实权利人不一致的情形，属于登

---

① 参见最高人民法院物权法研究小组编著：《〈中华人民共和国物权法〉条文理解与适用》，人民法院出版社2007年版，第442页。

② 参见黄薇主编：《中华人民共和国民法典释义》，法律出版社2020年版，第386~387页。

③ 参见王利明、尹飞、程啸：《中国物权法教程》，人民法院出版社2007年版，第367~368页。

记要件主义的例外，即《民法典》第 209 条中"但是法律另有规定的除外"的情形。当然，这种登记权利与事实权利不一致的状态并非常态，也会给房地产交易秩序造成混乱，给交易安全带来妨害，需要尽快由双方办理建设用地使用权的变更登记，或者由事实权利人办理更正登记。可见，分散登记与房地一并处分原则存在内在的不可调和的矛盾，《民法典》规定的房地权属一致与一并处分也对统一登记提出了客观需求。而分散登记转向统一登记的改革，为本两条规定实施和适用奠定了良好基础，本两条与《民法典》第 210 条规定的不动产统一登记制度在体系上保持了融会贯通。在统一登记制下，建设用地使用权与建筑物所有权的登记部门已经合二为一，权利人可一并申请建设用地使用权及建筑物所有权登记。《不动产登记操作规范（试行）》第 9.3.1 即规定，国有建设用地使用权转移的，其范围内的房屋所有权一并转移；房屋所有权转移，其范围内的国有建设用地使用权一并转移。在建筑物区分所有的情况下，《不动产登记暂行条例实施细则》第 36 条规定："办理房屋所有权首次登记时，申请人应当将建筑区划内依法属于业主共有的道路、绿地、其他公共场所、公用设施和物业服务用房及其占用范围内的建设用地使用权一并申请登记为业主共有。业主转让房屋所有权的，其对共有部分享有的权利依法一并转让。"这就实现了房地一并处分的实体法规则与房地统一登记的程序法规则在法律体系上的一致性。

（四）房地一并抵押

本两条规定虽未涉及建设用地使用权或建筑物等抵押时，是否也适用一并处分规则，但在《民法典》物权编担保物权一章及其他法律法规中均有明确具体的规定。《民法典》第 397 条规定："以建筑物抵押的，该建筑物占用范围内的建设用地使用权一并抵押。以建设用地使用权抵押的，该土地上的建筑物一并抵押。""抵押人未依照前款规定一并抵押的，未抵押的财产视为一并抵押。"《民法典》第 398 条规定："乡镇、村企业的建设用地使用权不得单独抵押。以乡镇、村企业的厂房等建筑物抵押的，其占用范围内的建设用地使用权一并抵押。"《城市房地产管理法》第 32 条规定："房地产转让、抵押时，房屋所有权和该房屋占用范围内的土地使用权同时转让、抵押。"可见，房地一体抵押系基本规则，且即使当事人之间仅约定抵押房屋的，其占用范围内建设用地使用权视为一并抵押，反之亦然，这是基于法律规定而非当事人意思设立的抵押。

对此,《民事审判会议纪要》予以进一步明确,即仅以建筑物设立抵押的,抵押权的效力及于占用范围内的土地;仅以建设用地使用权抵押的,抵押权的效力亦及于其上的建筑物。在房地分别抵押,即建设用地使用权抵押给一个债权人,而其上的建筑物又抵押给另一个人的情况下,可能产生两个抵押权的冲突问题,此时应当将建筑物和建设用地使用权视为同一财产,登记在先的先清偿;同时登记的,按照债权比例清偿。同一天登记的,视为同时登记。这同样是在严格遵循"房地一体"规则基础上确定的规则。此外,需要注意的是,根据《民法典》第417条的规定,建设用地使用权抵押后,该土地上新增的建筑物不属于抵押财产,可视为一并抵押的例外。但为保证房地一致,该条还规定该建设用地使用权实现抵押权时,应当将该土地上新增的建筑物与建设用地使用权一并处分,但是,新增建筑物所得的价款,抵押权人无权优先受偿。

## ▶ 适用指引

### 一、房地一并处分的规范性质和效力

本两条规定的房地产转让、互换、出资或者赠与时,地上建筑物所有权或建筑物所占用范围内的建设用地使用权一并处分的规定,是属于倡导性法律条款,还是强制性法律条款,对此,存在不同认识。司法实践中有观点认为,"房随地走,地随房走"的统一原则是我国法律规定处理房地关系的规则,但该规则只是立法规定的倡导性规定,并非法律的禁止性规定,若房屋受让人同时为土地使用权的权利人的,可以请求将土地使用权变更至其名下,但双方也可特别约定转让人保留建设用地使用权而只转让房屋所有权,并对建设用地使用权可再单独进行出租等。另外,在房地抵押关系中,权利人可将建设用地使用权与房屋所有权分别抵押,抵押合同均为有效,但在实现时应当一体转让,并根据评估价值的不同,分别实现债权人的抵押权。对此,我们认为,由于物权法定不仅体现在物权种类的法定,还包括权利义务内容的法定。且从不动产的自然属性考虑,赋予建设用地使用权和地上建筑物等一并处分的规定以强制性效力,更利于物权关系的简单明确,减少纠纷的发生。尤其是在目前已建立了不动产统一登记制度,则完全可以避免建设用地使用权和房屋等不动产所有权登记主体不一致的情形。且即使当事人约定在建设用地使用权处分时,地上

房屋等不动产所有权不一并处分，在实践中也没有办法具体执行。在审判实践中，对建设用地使用权或地上建筑物等转让、互换、赠与或出资的，双方当事人在合同中约定分别处分的，应根据具体情况处理。比如，建设用地使用权转让时，转让人愿意拆除地上建筑物后转让的，系自愿行为，不应干涉。如果当事人在对建设用地使用权进行转让等处分时，无法就地上房屋等一并处分达成一致，或者双方在合同中没有就地上房屋等不动产的处分作出约定的，一方请求地上房屋等不动产一并处分的，应予支持。反之亦然。审判实践中应防止出现判决确认建设用地使用权人享有建设用地使用权，但同时判决确认地上建筑物、构筑物及其附属物的所有权由他人享有，并因此发生建设用地使用权人和地上建筑物、构筑物及其附属设施所有权人权利主体不一致的情形。[①] 关于房地能否分别抵押的问题，为消除争议，《民商审判会议纪要》第61条在严格遵循房地一并处分的基础上，明确规定即使当事人约定房地分别抵押，仍应当将建筑物和建设用地使用权视为一并抵押，抵押权实现时整体变价所得的价款，应按照登记顺序清偿。

## 二、房地一并处分的适用范围

第一，本两条系建设用地使用权与建筑物等所有权应一并处分的规定，根据房地一体的基本原理，宅基地使用权与农村集体经济组织成员的住宅，以及《土地管理法》第63条规定的集体经营性建设用地与在其上建设的具有经营性质的建筑物等，在处分时也应准用本两条规定。第二，本两条虽未规定例外情形，但参照《民法典》第352条规定的但书条款，房地一并处分仍存在例外，这主要体现在建筑物所有权人系通过租赁方式从国家或者建设用地使用权人处取得利用土地的权利，[②] 其对土地的正当权源即来源于债权性质的租赁权，而非建设用地使用权。

---

[①] 参见最高人民法院物权法研究小组编著：《〈中华人民共和国物权法〉条文理解与适用》，人民法院出版社2007年版。

[②] 在《国土资源部规范国有土地租赁若干意见》及《国务院办公厅关于完善建设用地使用权转让、出租、抵押二级市场的指导意见》中，分别对一级市场和二级市场的土地租赁作出了规定。

### 三、房地一体原则在强制执行程序中的适用

#### （一）查封一体规则

《民事执行查封、扣押、冻结财产的规定》第23条规定，查封地上建筑物的效力及于该地上建筑物使用范围内的土地使用权，查封土地使用权的效力及于地上建筑物。地上建筑物和土地使用权的登记机关不是同一机关的，应当分别办理查封登记。由此确定了房地应一并查封，且查封效力自动延及的规则。实践中，在房地分别登记时期，存在不同法院对房地分别进行查封登记，哪个法院为首封法院的问题。对此应严格根据上述司法解释的规定，按照登记时间先后确定查封顺位，即应以房或地的查封登记时间较早者作为对房和地一体查封的首封法院。

#### （二）处置一体规则

司法拍卖系由人民法院对被执行人财产进行的一种强制处分，在执行标的为房屋和建设用地使用权时，亦应遵循一并处分的规则。若在司法拍卖中仅拍卖房屋或仅拍卖建设用地使用权，将导致房地分离的局面，该拍卖应该撤销。

## ▶ 典型案例

**中国信达资产管理公司西安办事处与陕西省粮油食品进出口公司、西安中转冷库、陕西省粮油食品进出口公司借款担保合同纠纷案**

**关键词：** 房地一并处分　建设用地使用权抵押　无权处分

**裁判摘要：** 在房屋产权与房屋占用土地的使用权的关系上，我国一直奉行"地随房走，房随地走"的权利合一原则。相关主体将房屋产权转让给职工的同时，该房屋占用范围内的土地使用权也发生转让，转让人无权对已经转让的土地进行包括抵押在内的处分。因此，转让人之后对房屋占用范围内土地使用权的抵押行为构成无权处分。

**基本案情：** 2003年3月16日，粮油公司向陕西中行借款2560万元，中转冷库以其44.46亩土地使用权作价4106.55万元为前述借款提供抵押担保。合

同约定双方协议变更合同内容的，除增加借款金额之外，无须征得抵押人的同意。2003年3月28日，西安市国土资源和房屋管理局就中转冷库同意用土地及地面建筑物进行贷款抵押的致函作了批复，同意并办理了12个月抵押期限的抵押登记，抵押证件为西未国用（2000）字第979号、西未国用（2001）字第299号国有土地使用证。

2004年6月25日，陕西中行与信达西安办签订《债权转让协议》。经查中转冷库提供的44.466亩国有划拨土地使用权抵押中，有13.265亩为中转冷库的福利区，即西未国用（2000）字第979号土地证项下土地为中转冷库的职工住宅区，并已办理私人房屋所有权证，而该抵押行为未经任何住宅所有权人同意。粮油公司与中转冷库未履行还款义务，信达西安办向陕西高院提起诉讼，请求判令粮油公司清偿借款本金及利息，中转冷库对上述借款本息承担担保责任，信达西安办对中转冷库提供的抵押物处置价款优先受偿，粮油公司与中转冷库承担诉讼费用。

法院认为，"地随房走，房随地走"的权利合一原则是我国房地产权属的一贯原则。房产转让人负有将所售房屋占用范围内的土地使用权移转给受让人的义务，受让人享有要求将所购房屋占用范围内土地使用权移转给自己的权利。在土地使用权变更登记完成之前，转让人为登记的名义权利人，但受让人为实质权利人，可以请求将土地使用权变更至自己名下。抵押合同中约定了抵押物名称为"土地、房产"，中转冷库2003年向西安市国土资源和房屋管理局报送的也为《关于同意继续用土地及地面建筑物进行贷款抵押的函》。因此，虽然抵押登记只针对西未国用（2000）字第979号国有土地使用权，但应视为当事人约定土地使用权与地面建筑物所有权一并抵押。然而地上建筑物中职工住宅楼的所有权已经移转给购房职工所有，中转冷库并无权利处分，该抵押合同未经地上建筑物所有权人购房职工追认；且西未国用（2000）字第979号土地使用权证书中已经标明该宗土地上存有地上建筑物，并标明为中转冷库的福利区，地上建筑物中职工住宅楼所有权已经登记移转至购房职工名下，而原债权银行却未查明地上建筑物实际权属即接受抵押，也存在过错，设立的抵押权相应无效。虽然陕西中行对造成上述国有土地使用权抵押无效的后果存在过错，但中转冷库的无权处分行为亦是导致抵押无效的主要原因，因此，在信达西安办对有效抵押部分实现抵押权后，中转冷库对粮油公司仍不能清偿的部分需承担1/2赔偿责任。

【案　　号】（2007）民二终字第222号
【审理法院】最高人民法院
【来　　源】《最高人民法院公报》2009年第12期

## ▶ 类案检索

### 一、兴业银行股份有限公司泉州分行、河南省腾飞建筑有限公司金融借款合同纠纷案

**关键词**：房地一并处分　建设工程价款优先受偿权　变更登记

**裁判摘要**：在发包人与承包人协议约定以建设工程折抵工程价款的情况下，用于折抵的建设工程及其对应的土地使用权应当一并作为抵偿标的物，且承包人对此享有优先受偿权。在双方已约定折抵工程价款的情况下，虽然通过法院协助执行仅办理了房屋所有权的变更登记而未办理相应土地使用权的变更登记，但也不影响土地使用权一并抵偿的法律效果，就该房屋所有权及相应的土地使用权均应认定为已经折价抵偿给承包人。

【案　　号】（2018）最高法民终497号
【审理法院】最高人民法院
【来　　源】中国裁判文书网

### 二、内蒙古神泽现代农牧业（集团）有限公司与李某晓案外人执行异议之诉案

**关键词**：房地一并处分　查封登记

**裁判摘要**：根据房地一体原则，查封土地使用权的效力应及于地上建筑物，但土地使用权与地上建筑物的所有权分属被执行人与他人的除外。尽管地上建筑物和土地使用权的登记机关不是同一机关的，应当分别办理查封登记，但其目的是要求执行法院完善执行措施，进行充分公示，因此，未分别办理查封登记不影响查封效力。

【案　　号】（2019）京民终507号
【审理法院】北京市高级人民法院
【来　　源】中国裁判文书网

## 三、北京丹耀房地产有限公司与北京新府科创投资管理有限公司等用益物权确认纠纷案

**关键词：** 房地一并处分　变更登记　物权变动

**裁判摘要：** 房屋所有权转让时，该房屋占用范围内的土地使用权同时转让。房屋所有权与土地使用权均属于不动产物权，原则上应当以登记作为物权变动的生效要件。但因当时房屋与土地并未实行统一登记，房屋与土地登记分属于不同机构办理，在转让房屋所有权时，仅在房屋管理部门办理了案涉房屋所有权转移登记，未在土地管理部门办理相应土地使用权转移登记，致使房屋所有权与土地使用权登记主体不一致。此种情况下仍应遵循房地一并处分的原则。在双方并无转让房屋但保留土地使用权的明确约定的情况下，当案涉房屋所有权转移登记完成时，不仅房屋所有权发生移转，该房屋占用范围内的土地使用权亦随之移转给房屋买受人，买受人为土地使用权的事实权利人。

【案　　号】（2021）京民终450号

【审理法院】北京市高级人民法院

【来　　源】中国裁判文书网

**第三百五十八条** 建设用地使用权期限届满前，因公共利益需要提前收回该土地的，应当依据本法第二百四十三条的规定对该土地上的房屋以及其他不动产给予补偿，并退还相应的出让金。

## ▶ 关联规定

法律、行政法规、司法解释

1.《中华人民共和国城市房地产管理法》

**第二十条** 国家对土地使用者依法取得的土地使用权，在出让合同约定的使用年限届满前不收回；在特殊情况下，根据社会公共利益的需要，可以依照法律程序提前收回，并根据土地使用者使用土地的实际年限和开发土地的实际情况给予相应的补偿。

2.《中华人民共和国土地管理法》

**第五十八条** 有下列情形之一的，由有关人民政府自然资源主管部门报经原批准用地的人民政府或者有批准权的人民政府批准，可以收回国有土地使用权：

（一）为实施城市规划进行旧城区改建以及其他公共利益需要，确需使用土地的；

（二）土地出让等有偿使用合同约定的使用期限届满，土地使用者未申请续期或者申请续期未获批准的；

（三）因单位撤销、迁移等原因，停止使用原划拨的国有土地的；

（四）公路、铁路、机场、矿场等经核准报废的。

依照前款第（一）项的规定收回国有土地使用权的，对土地使用权人应当给予适当补偿。

**第八十一条** 依法收回国有土地使用权当事人拒不交出土地的，临时使用土地期满拒不归还的，或者不按照批准的用途使用国有土地的，由县级以上人民政府自然资源主管部门责令交还土地，处以罚款。

3.《城镇国有土地使用权出让和转让暂行条例》

**第四十二条** 国家对土地使用者依法取得的土地使用权不提前收回。在特殊情况下，根据社会公共利益的需要，国家可以依照法律程序提前收回，并根据土地使用者已使用的年限和开发、利用土地的实际情况给予相应的补偿。

## ▶ 条文释义

### 一、本条主旨

本条是关于因公共利益提前收回建设用地使用权并给予补偿的规定。

### 二、条文演变

建设用地使用权系权利人在约定或法定期限内对特定土地进行占有、使用、收益的不动产用益物权，既能够排除不特定第三人的干涉，又能够对抗土地所有权人，国家非依法定条件并经法定程序，不得在期限届满前收回土地。为保护公共利益，《城市房地产管理法》第20条、《土地管理法》第58条规定了可以提前收回土地使用权的具体情形、审批程序及补偿原则，原《物权法》第148条则在上述条文基础上，对建设用地使用权期限届满前，因公共利益需要提前收回该土地的条件及补偿进行了原则性规定。本条则完全沿袭了原《物权法》第148条的规定。

### 三、条文解读

（一）因公共利益提前收回土地的法律性质

准确界定本条规定的"提前收回"的法律性质，对于进一步厘清相应的法律程序及补偿规则，均具有重要意义。对此，目前理论和实践中尚存争议，一是征收说，认为由于因公共利益提前收回建设用地使用权，等于是在权利人非自愿的情形下放弃权利，其结果是使权利人不仅没有能够完全按照权利设立时的期限继续使用土地，同时对地上房屋等不动产也不能继续拥有。因此，提前收回建设用地使用权的行为，不仅使权利人丧失继续使用土地的权利，也强行剥夺了其地上财产权。虽然对建设用地使用权的收回从法律概念上不同于对土地的征收，但对地上财产权的剥夺实质上是一种国家对组织或个人财产的征收行为。①二是区分说，首先认为对于建设用地上的房屋及其他不动产，应当依据征收的规定给予补偿，有关征收的规定是补偿的依据。其次认为对于房屋所占用的建设用地，不适用征收的规定。征收是国家把集体所有的土地和组织、个人的不动产变为国有的财产，是一种改变所有权的法律行为。我国城市的土地属于国家所有，建设用地使用权人取得的是对土地使用的权利，国家收回本来就属于自己的建设用地，不适用有关征收的规定。②此外还有解除出让合同说、建设用地使用权终止说等观点。③

我们倾向于征收说，主要理由是：第一，保障私有财产或私有财产权不受侵犯，是现代法治的基本原则，为公共利益的需要，依法定程序征收私有财产，只是这项原则的一种例外。《宪法》第13条关于私有财产不受侵犯、可依法对私有财产实行征收的规定，即是对上述原则与例外的统一确认。建设用地使用权作为一类重要的不动产用益物权，也是权利人的一类重要的私有财产权利，任何单位和个人不得侵犯，所有权人也不得任意干涉其行使权利。而本条规定的提前收回制度在结果上确实会造成对权利人建设用地使用权的剥夺或侵犯，而《宪法》允许剥夺私有财产（权）的唯一途径是征收，故提前收回建设用地使用权因而只有在征收的范畴内才能找到其正当性依据。④第二，《民法典》在总则编第117条规定，为了公共利益的需要，依照法律规定的权限和程序征收、征用不动产或者动产的，应当给予公平、合理的补偿，其中不动产是否仅指所有权，还是包括所有权与不动产他物权，在文义解释上存在争议空间，但结合《宪法》第13条第3款"国家为了公共利益的需要，可以依照法律规定对公民的私有财产实行征收或者征用并给予补偿"的规定，上述不动产所有权及用益物权等均为私有财产，当然可作为征收对象。第三，根据《民法典》所确定的房地权属一致及处分一体的规则，在征收建设用地使用权上的建

---

① 参见最高人民法院物权法研究小组编著：《〈中华人民共和国物权法〉条文理解与适用》，人民法院出版社2007年版，第444页；梁慧星、陈华彬：《物权法》，法律出版社2007年版，第277页。
② 参见胡康生主编：《中华人民共和国物权法释义》，法律出版社2007年版，第331页。
③ 参见王利明：《物权法研究》，中国人民大学出版社2016年版，第935页。
④ 参见朱广新：《论建设用地使用权的提前收回》，载《华东政法大学学报》2011年第4期。

筑物时，建设用地使用权应一并征收，对此《国有土地上房屋征收与补偿条例》第13条第3款规定，房屋被依法征收的，国有土地使用权同时收回。因征收单位或个人的房屋的主要目的之一便是收回相应房屋所占用的土地，即通过"征房"的手段实现"征地"的目的，若对房屋征收与土地收回作两种性质的解释，似不符合房地一致的原则，也会对房屋所有权人的利益造成不当损害。

（二）因公共利益提前收回的法定条件

建设用地使用权期限届满前提前收回土地存在多种情形，既包括因违法审批或违反土地用途等提前收回，也包括因公共利益提前收回，本条所规定的提前收回即以实现公共利益为前提条件。如上所述，因提前收回具有征收的法律性质，因此，本条中所指的公共利益应与《民法典》第117条、第243条中规定的公共利益在解释上保持一致。在原《物权法》起草过程中，曾就是否应该界定"公共利益"、如何界定"公共利益"产生过争议，后囿于民事实体法的规范对象与功能界限，原《物权法》以及《民法典》并未具体规定公共利益的内涵与外延。但考虑到在征收时，为限制政府的自由裁量权，防止其以公共利益为名行商业开发之实，需要在征收的特别法中设立比较具体明确的判断标准。如《国有土地上房屋征收与补偿条例》第8条就明确规定，为了保障国家安全、促进国民经济和社会发展等公共利益的需要，有下列情形之一，确需征收房屋的，由市、县级人民政府作出房屋征收决定：（1）国防和外交的需要；（2）由政府组织实施的能源、交通、水利等基础设施建设的需要；（3）由政府组织实施的科技、教育、文化、卫生、体育、环境和资源保护、防灾减灾、文物保护、社会福利、市政公用等公共事业的需要；（4）由政府组织实施的保障性安居工程建设的需要；（5）由政府依照城乡规划法有关规定组织实施的对危房集中、基础设施落后等地段进行旧城区改建的需要；（6）法律、行政法规规定的其他公共利益的需要。

2019年在修改《土地管理法》过程中，为适应工业化城镇化的快速推进的现实需求，解决土地征收过程中的体制性机制性矛盾，立法机关在总结试点经验的基础上，在改革土地征收制度方面作出了多项重大突破，其中就包括首次对土地征收的公共利益进行明确界定，缩小土地征收范围，且在对公共利益的界定是采折中主义，既不纯粹列举，也不单独概括，二者相加，亦称例示法。[1]其增加的第45条第1款规定："为了公共利益的需要，有下列情形之一，确需征收农民集体所有的土地的，可以依法实施征收：（一）军事和外交需要用地的；（二）由政府组织实施的能源、交通、水利、通信、邮政等基础设施建设需要用地的；（三）由政府组织实施的科技、教育、文化、卫生、体育、生态环境和资源保护、防灾减灾、文物保护、社区综合服务、社会福利、市政公用、优抚安置、英烈保护等公共事业需要用地的；（四）由政府组织实施的扶贫搬迁、保障性安居工程建设需要用地的；（五）在土地利用总体规划确定的城镇建设用地范围内，经省级以上人民政府批准由县级以上地方人民政府组织实施的成片开发建设需要用地的；（六）法律规定为公共利益需要可以征收农民集体所有的土地的其他情形。"

可见，《国有土地上房屋征收与补偿条例》与《土地管理法》中规定的公共利益的范围基本相同，虽然其分别针对国有土地上房屋与集体土地所有权的征收，但考虑到提前收回建设用地使用权具有征收的性质，三者在解释上均应保持一致，故本条中规定的公共利益可以参照上述条文进行解释和界定。

（三）因公共利益提前收回的补偿规则

建设用地使用权因公共利益被提前收回，从建设用地使用权人的角度，系其建设用地使用权消灭或终止，从所有权人的角度，建设用地使用权一旦为公共利益的需要被国家取得，其即刻被国有土地所有权所吸收，或建设用地使用权因与土地所有权混同而完全消灭，土地所有权与此同时恢复其圆满状态。根据房地权属一致和处分一体的原则，若建设用地上存在房屋等建筑物，则将因建设用地使用权的提前收回而随同为国家取得，显然是一种剥夺私人所有权的行为，依《宪法》第13条所作"公民的合法的私有财产不受侵犯"的规定，法律必须为剥夺建设用地使用权人的房屋及其他不动产的行为，确立正当性根据。[2]为此，应当依据《民法典》第243关于"征收组织、个人的房屋以及其他不动产，应当依法给予征收补偿，维护被征收人的合法权益；征收个人住宅的，还应当保障被征收人的居住条件"的规定给予补偿。

---

[1] 参见陈小君：《对新一轮土地改革的检视与建议》，载《中国法律评论》2019年第5期。

[2] 参见朱广新：《论建设用地使用权的提前收回》，载《华东政法大学学报》2011年第4期。

就建设用地使用权本身而言，因公共利益被提前收回而消灭，因权利人在此过程中并无过错，被强制性剥夺一定期限内占有使用土地等权利，而国家获得完整的重新开发、利用土地的权利，因此应由国家对原建设用地使用权人给予一定补偿，才符合公平原则，也符合《宪法》基本精神。但关于具体的补偿标准，目前法律规定之间尚存不一致之处。《土地管理法》第58条第2款规定"依照前款第（一）项的规定收回国有土地使用权的，对土地使用权人应当给予适当补偿"，《城市房地产管理法》第20条规定，国家对土地使用者依法取得的土地使用权，在出让合同约定的使用年限届满前不收回；在特殊情况下，根据社会公共利益的需要，可以依照法律程序提前收回，并根据土地使用者使用土地的实际年限和开发土地的实际情况给予相应的补偿。该条可以视为对《土地管理法》中"适当补偿"的进一步解释和说明。在《民法典》编纂过程中，也有意见认为应将征收的充分合理补偿原则贯彻到本条中来，即明确"对于建设用地使用权，应根据土地使用者使用土地的实际年限和开发土地的实际情况给予合理补偿"，在编纂过程的《民法典（草案）》中也曾规定"根据建设用地使用的实际年限和开发土地的实际情况给予相应的补偿"，但在最终出台的《民法典》中，依然维持了原《物权法》第148条的规定，即只退还相应的出让金。因土地使用权出让金是特定的，退还出让金仅仅是对原有价值的返还。若在建设用地使用权人对土地进行了财力物力的大量投入或者土地本身有明显增值的情况下，所退还相应的出让金可能难以完全弥补建设用地使用权人的损失，且因法律规则的不统一也造成了法律适用的困境。

我们认为，从体系解释的角度，《民法典》中除本条规定外，还在第327条规定因不动产或者动产被征收、征用致使用益物权消灭或者影响用益物权行使的，用益物权人有权依据《民法典》第243条、第245条的规定获得相应补偿。其中用益物权当然包含建设用地使用权。因此如征收房屋所有权导致建设用地使用权被收回的，应按照征收补偿规则对建设用地使用权的市场价值进行弥补，一般不得低于房屋及其占用范围内的土地使用权在征收决定公告之日类似房地产的市场价格。① 但如根据本条规定以公共利益提前收回建设用地使用

---

① 参见《国有土地上房屋征收与补偿条例》第19条。此外，《国有土地上房屋征收评估办法》第11条还规定，被征收房屋价值是指被征收房屋及其占用范围内的土地使用权在正常交易情况下，由熟悉情况的交易双方以公平交易方式在评估时点自愿进行交易的金额，但不考虑被征收房屋租赁、抵押、查封等因素的影响。

权,只需按照征收规则补偿地上建筑物的市场价值,但在土地升值情况下只需退还出让金,与前述征收的补偿标准和数额可能差距较大,在体系上出现了矛盾,也容易导致房屋征收制度虚置,不利于充分保障建设用地使用权人的合法权益。从目的解释的角度,在国家基于公共利益需要提前收回建设用地使用权的情形,尽管国家的收回行为是合法的,但却导致建设用地使用权人享有的建设用地使用权丧失,此时,国家应依据公平原则对遭受损害的当事人作出合理的补偿。上述《土地管理法》《城市房地产管理法》的规定能够实现上述行政补偿之法律目的,但若只能退还土地出让金,则"实际上是把土地使用权出让金当成了提前(一次性)支付给土地出让方的租金,把建设用地使用权人与国有土地出让人之间的法律关系看作了一种土地租赁合同关系,把建设用地使用权视为了一种土地租赁权"[①],这种解释与《民法典》以公平为核心原则以及加强产权保护的立法目的并不相符。因此,为使《民法典》中的不同规则之间以及《民法典》与《土地管理法》《城市房地产管理法》等法律中的规则之间在立法目的和价值取向上保持一致,可将本条中规定的"退还相应的出让金"解释为任意性规范。一方面,建设用地使用权人可以与政府部门事先或事后约定提前收回的补偿标准;另一方面,在没有约定的情况下,赋予建设用地使用权人以选择权,即可以根据自身利益选择在退回土地出让金与按照市场价格补偿之间进行选择,前者的请求权基础在于本条规定,而后者的请求权基础系《土地管理法》《城市房地产管理法》中的相关规定。这种解释也并不违反本条文义,因为本条只是从让国家承担退还土地出让金义务的角度进行规定,但并未否认建设用地使用权人可选择其他救济程序和补偿途径。

## ▶ 适用指引

### 一、提前收回建设用地使用权应遵循及时补偿和公平补偿原则

为了保障国家安全、社会公共利益,促进国民经济和社会发展等需要,国家可以依法提前收回建设用地使用权,也可征收国有土地上单位、个人的房屋;但必须对被收回人或被征收人给予及时公平补偿,即应当遵循及时补偿原

---

① 高飞:《建设用地使用权提前收回法律问题研究》,载《广东社会科学》2019年第1期。

则和公平补偿原则。在补偿数额方面，国家因公共利益需要使用城市市区的土地和房屋的，市、县人民政府一般应按照《国有土地上房屋征收与补偿条例》规定的程序和方式进行，并可根据《国有土地上房屋征收评估办法》和《城镇土地估价规程》等规定的精神，由专业的房地产价格评估机构在实地查勘的基础上，根据被征收不动产的区位、用途等影响被征收不动产价值的因素和当地房地产市场状况，综合选择市场法、收益法、成本法、假设开发法等评估方法对被征收不动产价值进行评估，合理确定评估结果，并在此基础上进行补偿。对国有土地上房屋所有权人补偿内容已经包含了国有土地使用权补偿的，对同时收回的国有土地的土地使用权人不再单独给予补偿。若拟收回的建设用地上尚未建成房屋，则如果收回的土地使用权是以出让方式供应的，应当根据土地面积、剩余土地使用年期、原批准用途、土地开发利用程度、城市规划限制等，参照市场地价水平经专业评估后予以补偿；如果收回的土地使用权是以划拨方式供应的，参照评估的划拨土地使用权价格，核定土地使用者应有权益后予以补偿；确定补偿标准的基准日，原则上应当以行政主体作出收回决定的日期或者以收回土地事宜向社会公告的日期为准；因政府原因造成补偿问题不合理迟延的，且土地价格明显上涨的，被收回人有权主张以作出补偿决定或者签订补偿协议时的市场价格作为补偿基准。被收回人或者被征收人对补偿决定或者补偿协议所确定的补偿金额和其他内容有异议的，可以依法提起行政诉讼。

## 二、提前收回建设用地使用权与征收房屋的关系

在因公共利益提前收回的建设用地使用权上已建成有房屋等建筑物的情况下，将产生土地提前收回与房屋征收的竞合问题。对此，《国有土地上房屋征收与补偿条例》第13条第3款规定："房屋被依法征收的，国有土地使用权同时收回。"这一规定宜解释为"房屋经依法征收并给予补偿的，同时收回国有土地使用权"。具体而言，对国有土地上房屋的征收会产生征收房屋与收回国有土地使用权两套行政程序、形成两类法律关系、产生两种法律后果、消灭两个法律权利。但是，因公共利益需要征收国有土地上房屋，其目的并非将房屋转为公用，而是消灭国家土地所有权上的他物权负担，并对土地重新开发和利用。依房地一体原则，房屋与其占地不可分离，房屋的市场价格自然也就包含了所占用国有土地使用权的市场价格，对房屋的补偿也应当包含对土地使用权的补偿，而无须另行支付提前收回土地使用权的费用。对此，《国有土地上房

屋征收评估办法》第 11 条规定："被征收房屋价值是指被征收房屋及其占用范围内的土地使用权在正常交易情况下，由熟悉情况的交易双方以公平交易方式在评估时点自愿进行交易的金额。"第 14 条也规定："被征收房屋价值评估应当考虑被征收房屋的区位、用途、建筑结构、新旧程度、建筑面积以及占地面积、土地使用权等影响被征收房屋价值的因素。"即使对房屋占地较小但院落较大的特殊类型房地产，也可以通过评估房屋价格时，一并将未经登记的空地和院落纳入评估，从而科学确定包括院落在内的房屋市场价值，而不宜再另行评估空地和院落的土地市场价值。可见，对房屋的征收不会形成新的对土地使用权收回与补偿的法律关系，因为因征收导致房屋所有权转移时也必然带来土地出让关系的消灭。《国有土地上房屋征收与补偿条例》第 13 条第 3 款中的"同时"，仅仅表明房屋经依法征收与补偿后将同时产生土地使用权收回的法律后果，但无须再另行单独实施土地使用权的收回程序。基于这一认识，行政机关因公共利益确需使用土地时，应当优先适用《国有土地上房屋征收与补偿条例》，依法先行对房屋实施征收并公平补偿后，顺带完成土地使用权的收回和注销手续。①

## ▶ 典型案例

一、定安城东建筑装修工程公司与海南省定安县人民政府、第三人中国农业银行定安支行收回国有土地使用权及撤销土地证纠纷案

**关键词：** 国有土地使用权收回　补偿

**裁判摘要：** 行政机关根据《土地管理法》第 58 条第 1 款第 1 项、第 2 项规定，依法收回国有土地使用权的，对土地使用权人应当按照作出收回土地使用权决定时的市场评估价给予补偿。因行政补偿决定违法造成逾期支付补偿款的，人民法院可以根据当事人的实际损失等情况，判决其承担逾期支付补偿款期间的同期银行利息损失。

**基本案情：** 1994 年 9 月 10 日，定安县建设委员会（以下简称县建委）就定城人民北路东横街排水和路面建设工程与定安城东建筑装修工程公司（以

---

① 参见耿宝建、殷勤：《公益性国有土地使用权收回的法律性质与补偿模式》，载《交大法学》2021 年第 4 期。

下简称城东公司）签订《工程承包合同》。后因县建委拖欠城东公司工程款80.472万元，定安县人民政府（以下简称县政府）同意在该县塔岭工业开发区划出10亩土地作为补偿，后完善了土地出让手续并为城东公司并办理了登记和土地使用权证书。2007年11月5日，县政府为落实塔岭规划新区城市规划用地的需要，作出定府〔2007〕112号《关于有偿收回国有土地使用权的通知》（以下简称112号通知），决定按原登记成本价80.6072万元有偿收回城东公司第6号国土证项下的土地使用权，并于11月8日送达城东公司。同年12月6日，县建设局以海南省政府2007年1月27日已批准将城东公司受让的6706平方米综合公建用地调整为行政办公用地为由，决定撤销第14号《建设用地规划许可证》。同年12月7日，定安县国土环境资源局（以下简称县国土资源局）就有偿收回城东公司国有土地使用权事宜通知该公司于12月11日举行听证会，城东公司没有参加听证。同年12月14日，县政府告知城东公司拟撤销案涉土地国土证。同年12月29日，县政府作出定府〔2007〕150号《关于撤销定安国用（96）字第6号国有土地使用证的决定》（以下简称150号撤证决定），撤销第6号国土证。城东公司不服该决定，提起行政诉讼。

本案经一审、二审，判决驳回城东公司的诉讼请求。城东公司不服，向最高人民法院申请再审。再审过程中，最高人民法院委托杜鸣评估公司以住宅用地用途对涉案土地在2007年11月5日县政府决定收回土地使用权时的市场价格进行评估。杜鸣评估公司作出评估报告：估价对象在估价基准日的市场价值为人民币135万元。最高人民法院认为，（1）关于被诉112号通知中收回土地使用权决定的合法性问题。根据《土地管理法》第58条第1款规定，县政府有偿收回涉案土地使用权，具有法定职权。但县政府在作出被诉112号通知之前，未听取当事人的陈述和申辩意见，事后通知城东公司举行听证，违反"先听取意见后作决定"的基本程序规则，本应依法撤销，但考虑到县政府办公楼已经建成并投入使用，撤销112号通知中有偿收回涉案土地使用权决定已无实际意义，且可能会损害公共利益，故应当依法判决确认该行政行为违法。（2）关于112号通知中行政补偿内容的合法性问题。因公共利益需要使用土地收回国有土地使用权的，对土地使用权人应当给予适当补偿。县政府根据省政府批准的总体规划要求为建设县政府办公楼需要使用涉案土地，收回城东公司的土地使用权，应当依法给予"适当补偿"。所谓"适当补偿"应当是公平合理的补偿，即按照被收回土地的性质、用途、区位等，以作出收地决定之日的市场评估价予以补偿。县政府按土地原成本价予以补偿于法无据。城东公司以收地决定违法，涉案土地使用权至今仍属于其享有为由，主张应以最终判决时的市场评估价予以补偿，其理由不能成立。本案收地决定属于违反程序，判决确认收地决定违法并未否定其法律效力。根据《物权法》第28条规定，涉案土地使用权自收地决定生效之日已经发生物权转移的效力。考虑到涉案土地登记资料中"土地用途"栏系空白，结合当地土地交易市场情况，对涉案土地以使用年限最长、市场价值最高的"住宅用地"用途进行评估，有利于维护行政相对人的合法权益。鉴于县政府收回土地使用权行为违法，补偿价格明显不公，且收地决定作出后涉案土地升值较大，而当事人因不能以转让土地使用权方式及时偿还银行贷款，存在贷款利息损失，县政府在支付补偿款的同时，还应当支付自决定收回土地使用权之日起至实际支付全部补偿款之日的同期银行贷款利息。故判决确认定府〔2007〕112号《关于有偿收回国有土地使用权的通知》中有关收回国有土地使用权部分的内容违法；责令定安县人民政府自本判决送达之日起15日内一次性向定安城东建筑装修工程公司支付收回土地使用权补偿款135万元及同期银行贷款利息（贷款利息自2007年11月5日起计算，至本息实际支付完毕止）。

【案　　号】（2012）行提字第26号

【审理法院】最高人民法院

【来　　源】《最高人民法院公报》2015年第2期

## 二、山西省安业集团有限公司诉山西省太原市人民政府收回土地案

**关键词：** 国有土地使用权收回　征收补偿　公共利益

**裁判摘要：** 国家依法收回国有土地使用权须以对被征收人给予及时公平补偿为前提。有征收必有补偿，无补偿则无征收。征收补偿应当遵循及时补偿原则和公平补偿原则。补偿问题未依法定程序解决前，被征收人有权拒绝交出房屋和土地。

**基本案情：** 安业公司于2004年4月和2005年10月先后办理了太原市双塔西街162号的国有土地使用证，并于2006年3月1日办理了房屋产权证。太原市政府为实施解放南路长治路改造道路建设，于2014年4月4日发布《太原市人民政府为实施解放南路长治路改造道路建设涉及收回迎泽大街以南，中心街以北部分国有土地使用权的通告》（以下简称《通告》），并公示于2014

年4月10日《太原日报》、山西省太原市国土资源局网站收地专栏。该《通告》告知各有关单位和住户，市政府决定收回解放南路长治路道路建设所涉及87个单位776.85亩的国有土地使用权。涉及的单位和住户自通告发布之日起15日内带有关土地手续到太原市国土资源局办理土地使用权注销手续；逾期不交回的，将予以注销。《通告》载明所涉安业公司两幅土地的面积分别为7.77平方米、741.73平方米，共749.5平方米。安业公司对《通告》不服提起本案诉讼，请求依法撤销太原市政府收回其国有土地使用权的行为。

一审、二审法院均判决驳回安业公司的诉讼请求。安业公司不服，申请再审。再审法院认为：有征收必有补偿，无补偿则无征收。为了保障国家安全、促进国民经济和社会发展等公共利益的需要，国家可以依法收回国有土地使用权，也可征收国有土地上单位、个人的房屋；但必须对被征收人给予及时公平补偿，而不能只征收不补偿，也不能迟迟不予补偿。通常，征收决定应当包括具体补偿内容，因评估或者双方协商以及其他特殊原因，征收决定未包括补偿内容的，征收机关应当在征收决定生效后的合理时间内，及时通过签订征收补偿协议或者作出征收补偿决定的方式解决补偿问题。征收补偿应当遵循及时补偿原则和公平补偿原则。国家因公共利益需要使用城市市区的土地和房屋的，市、县人民政府一般应按照《国有土地上房屋征收与补偿条例》（以下简称《征补条例》）规定的程序和方式进行，并应根据《国有土地上房屋征收评估办法》和《城镇土地估价规程》等规定精神，由专业的房地产价格评估机构在实地查勘的基础上，根据被征收不动产的区位、用途等影响被征收不动产价值的因素和当地房地产市场状况，综合选择市场法、收益法、成本法、假设开发法等评估方法对被征收不动产价值进行评估，合理确定评估结果，并在此基础上进行补偿。对国有土地上房屋所有权人补偿内容已经包含了国有土地使用权补偿的，对同时收回的国有土地的土地使用权人不再单独给予补偿。对被征收不动产价值评估的时点，一般应当为征收决定公告之日或者征收决定送达被征收人之日。因征收人原因造成征收补偿问题不合理迟延的，且被征收不动产价格明显上涨的，被征收人有权主张以作出征收补偿决定或者签订征收补偿协议时的市场价格作为补偿基准。被征收人对征收补偿决定或者征收补偿协议所确定的补偿金额和其他内容有异议的，可以依法提起行政诉讼。征收机关依法办理相关提存等手续并书面告知被征收人领取补偿款项、使用安置房屋等内容的，被征收人无法定正当理由拒绝领取的，征收机关对诉讼期间被征收财物价格上涨而形成的损失不承担补偿责任。

本案中，因实施道路建设改造工程的需要，太原市政府与相关职能部门可以依法收回国有土地使用权，但应当遵循法定的程序和步骤并应依法及时解决补偿问题。在本案中，太原市政府收回安业公司拥有使用权的749.5平方米土地时，既未听取安业公司的陈述申辩，也未对涉案土地的四至范围作出认定，尤其是至今尚未对安业公司进行任何补偿，不符合《土地管理法》第58条等规定，依法应予以撤销。但考虑到相关道路建设改造工程确属公共利益需要，因此根据《行政诉讼法》第74条第1款第1项规定，对太原市政府以《通告》形式收回安业公司749.5平方米国有土地使用权的行政行为应确认违法。今后如因道路建设改造实际使用安业公司相应土地，安业公司有权主张以实际使用土地时的土地市场价值为基准进行补偿；安业公司也有权要求先补偿后搬迁，在未依法解决补偿问题前，安业公司有权拒绝交出土地。综上，再审法院确认太原市政府《通告》中有关收回山西省安业集团有限公司749.5平方米国有土地使用权的行政行为违法。

【案　　号】（2016）最高法行再80号
【审理法院】最高人民法院
【来　　源】《最高人民法院公报》2017年第1期

## ▶ 类案检索

### 苏州阳澄湖华庆房地产有限公司、苏州市国土资源局土地行政补偿案

**关键词：** 国有土地使用权收回　补偿　公共利益

**裁判摘要：**《苏州市阳澄湖区域水源水质保护条例》修订实施后，案涉区域被确定为水源水质二级保护区，苏州市政府将该地块规划变更为生态绿地，禁止已批未建居住用地开发，苏州市国土局收回华庆公司国有土地使用权，与《土地管理法》及苏州市政府规划调整具有一致性，符合公共利益需要；华庆公司因客观上的规划管制，难以对案涉土地进行房地产开发等项目建设，而苏州市国土局依法启动收回案涉国有土地使用权程序，应对因规划管制无法开发的土地使用权依法补偿。

《土地管理法》第58条第2款规定的"对土地使用权人应当给予适当补

偿",宜结合我国土地和城市房地产管理法律规定精神以及国家依法保护产权政策,作统一的法律解释,不能静止、孤立、机械地解释为以受让土地价格为基础给予相应补偿。即行政主体因公共利益需要收回国有土地使用权的,收回的土地使用权是以出让方式供应的,应当根据土地面积、剩余土地使用年期、原批准用途、土地开发利用程度、城市规划限制等,参照市场地价水平经专业评估后予以补偿;收回的土地使用权是以划拨方式供应的,参照评估的划拨土地使用权价格,核定土地使用者应有权益后予以补偿;确定补偿标准的基准日,原则上应当以行政主体作出收回决定的日期或者以收回土地事宜向社会公告的日期为准;独立第三方评估机构结合案涉国有土地使用权利用限制等实际情况,选择适当的评估方法,确定土地使用权的客观合理价格并作出合理说明,人民法院应予尊重并采信。

【案　　号】(2017)最高法行申1336号
【审理法院】最高人民法院
【来　　源】中国裁判文书网

第三分编 用益物权 | 第十二章 建设用地使用权 | 第三百五十九条

> **第三百五十九条** 住宅建设用地使用权期限届满的，自动续期。续期费用的缴纳或者减免，依照法律、行政法规的规定办理。
>
> 非住宅建设用地使用权期限届满后的续期，依照法律规定办理。该土地上的房屋以及其他不动产的归属，有约定的，按照约定；没有约定或者约定不明确的，依照法律、行政法规的规定办理。

## ▶ 关联规定

一、法律、行政法规、司法解释

1.《中华人民共和国城市房地产管理法》

**第二十二条** 土地使用权出让合同约定的使用年限届满，土地使用者需要继续使用土地的，应当至迟于届满前一年申请续期，除根据社会公共利益需要收回该幅土地的，应当予以批准。经批准准予续期的，应当重新签订土地使用权出让合同，依照规定支付土地使用权出让金。

土地使用权出让合同约定的使用年限届满，土地使用者未申请续期或者虽申请续期但依照前款规定未获批准的，土地使用权由国家无偿收回。

2.《中华人民共和国土地管理法》

**第五十五条** 以出让等有偿使用方式取得国有土地使用权的建设单位，按照国务院规定的标准和办法，缴纳土地使用权出让金等土地有偿使用费和其他费用后，方可使用土地。

自本法施行之日起，新增建设用地的土地有偿使用费，百分之三十上缴中央财政，百分之七十留给有关地方人民政府。具体使用管理办法由国务院财政部门会同有关部门制定，并报国务院批准。

**第五十八条** 有下列情形之一的，由有关人民政府自然资源主管部门报经原批准用地的人民政府或者有批准权的人民政府批准，可以收回国有土地使用权：

（一）为实施城市规划进行旧城区改建以及其他公共利益需要，确需使用土地的；

（二）土地出让等有偿使用合同约定的使用期限届满，土地使用者未申请续期或者申请续期未获批准的；

（三）因单位撤销、迁移等原因，停止使用原划拨的国有土地的；

（四）公路、铁路、机场、矿场等经核准报废的。

依照前款第（一）项的规定收回国有土地使用权的，对土地使用权人应当给予适当补偿。

3.《土地管理法实施条例》

**第十七条** 建设单位使用国有土地，应当以有偿使用方式取得；但是，法律、行政法规规定可以以划拨方式取得的除外。

国有土地有偿使用的方式包括：

（一）国有土地使用权出让；

（二）国有土地租赁；

（三）国有土地使用权作价出资或者入股。

4.《城镇国有土地使用权出让和转让暂行条例》

**第十一条** 土地使用权出让合同应当按照平等、自愿、有偿的原则，由市、县人民政府土地管理部门（以下简称出让方）与土地使用者签订。

**第十二条** 土地使用权出让最高年限按下列用途确定：

（一）居住用地七十年；

（二）工业用地五十年；

（三）教育、科技、文化、卫生、体育用地五十年；

（四）商业、旅游、娱乐用地四十年；

（五）综合或者其他用地五十年。

**第三十九条** 土地使用权因土地使用权出让合同规定的使用年限届满、提前收回及土地灭失等原因而终止。

**第四十条** 土地使用权期满，土地使用权及其地上建筑物、其他附着物所有权由国家无偿取得。土地使用者应当交还土地使用证，并依照规定办理注销登记。

**第四十一条** 土地使用权期满，土地使用者可以申请续期。需要续期的，应当依照本条例第二章的规定重新签订合同，支付土地使用权出让金，并办理登记。

第四十二条　国家对土地使用者依法取得的土地使用权不提前收回。在特殊情况下，根据社会公共利益的需要，国家可以依照法律程序提前收回，并根据土地使用者已使用的年限和开发、利用土地的实际情况给予相应的补偿。

二、部门规章及规范性文件

《国土资源部办公厅关于妥善处理少数住宅建设用地使用权到期问题的复函》

《物权法》第149条规定："住宅建设用地使用权期间届满的，自动续期"。《中共中央、国务院关于完善产权保护制度依法保护产权的意见》（中发〔2016〕28号）提出，"研究住宅建设用地等土地使用权到期后续期的法律安排，推动形成全社会对公民财产长久受保护的良好和稳定预期"。在尚未对住宅建设用地等土地使用权到期后续期作出法律安排前，少数住宅建设用地使用权期间届满的，可按以下过渡性办法处理：

一、不需要提出续期申请。少数住宅建设用地使用权期间届满的，权利人不需要专门提出续期申请。

二、不收取费用。市、县国土资源主管部门不收取相关费用。

三、正常办理交易和登记手续。此类住房发生交易时，正常办理房地产交易和不动产登记手续，涉及"土地使用期限"仍填写该住宅建设用地使用权的原起始日期和到期日期，并注明："根据《国土资源部办公厅关于妥善处理少数住宅建设用地使用权到期问题的复函》（国土资厅函〔2016〕1712号）办理相关手续"。

## ▶ 条文释义

### 一、本条主旨

本条是关于建设用地使用权期限届满后续期及土地上房屋及其他不动产归属的规定。

### 二、条文演变

以出让方式设立的建设用地使用权均有期限限制，该期限一般在出让合同中进行明确约定，国家还根据土地用途的不同设定了最长使用期限。在权利期限届满后能否续期、续期的程序以及是否缴费等问题，《城市房地产管理法》采取了申请报批续期的模式，其第22条规定土地使用权出让合同约定的使用年限届满，土地使用者需要继续使用土地的，应当至迟于届满前1年申请续期。在原《物权法》制定过程中，立法机关认为应当保障老百姓安居乐业，使有恒产者有恒心。如果规定住宅建设用地需要申请续期，要求成千上万的住户办理续期手续，不仅难以操作，加重了老百姓的负担，也增加了行政管理的成本，不利于社会的安定。在听取各方面的意见后，原《物权法》对住宅建设用地使用权和非住宅建设用地使用权的续期分别作出了规定，其中前者明确采取自动续期的模式。[1] 该规定切实保护了公民的基本财产权、居住权和基本人权，保障了人民群众的房屋所有权和居住权益，因而成为原《物权法》的重大亮点。在《民法典》编纂过程中，关于住宅建设用地使用权自动续期规则仍是立法的重点和难点，也是最受社会关注的焦点问题之一。对于自动续期的期限如何规定，是否缴纳费用及费用标准如何确定等问题，也产生了较大争议。最终出台的《民法典》基本沿袭原《物权法》的规定，并通过转介方式将续期费用的缴纳或者减免问题交由其他专门性法律、行政法规规定。

### 三、条文解读

#### （一）住宅建设用地使用权续期中的法律适用

第一，本条第1款规定住宅建设用地使用权采取自动续期模式，即权利期限届满后不需要当事人向政府部门申请批准，就可以自动延长，续期后原权利涉及的权利义务内容一般不变。这既有利于降低行政成本，也可以免除权利人申请续期的繁杂手续，系对原申请续期模式的重大改革。本条规定属于强行性规范，不允许当事人通过出让合同予以排除，也不允许政府单方面地制定相关的规范性文件予以排除。[2] 此外，在法律适用层面，因《城市房地产管理法》修改时仍保留了其第22条规定，从文义上与本条即存在一定的矛盾。对此，

---

[1] 参见胡康生主编：《中华人民共和国物权法释义》，法律出版社2007年版，第332页。
[2] 参见杨立新：《住宅建设用地使用权期满自动续期的核心价值》，载《山东大学学报（哲学社会科学版）》2016年第4期。

应认为该条规定的目的在于保护住宅建设用地使用权人，基于该立法目的，应采取有利溯及的解释原则，适用于原《物权法》生效之前的住宅建设用地使用权。同样基于该立法目的，宜将《城市房地产管理法》第22条的适用对象解释为仅适用于非住宅建设用地使用权，而本条第1款针对的对象是住宅建设用地使用权，因此，这两部法之间不存在冲突。①

第二，关于续期是否需要支付相关费用的问题，原《物权法》制定时考虑到绝大多数住宅建设用地使用权的期限为70年，如何科学地规定建设用地使用权人届时应当承担的义务，目前还缺少足够的科学依据，应当慎重研究，故以不作规定为宜。而且原《物权法》不作规定，也不影响国务院根据实际情况作出相关的规定。因此，原《物权法》对此未作规定。在《民法典》编纂过程中，理论上对于有偿续期还是无偿续期，如果采取有偿续期模式，权利人应该缴纳的费用性质、具体计算标准以及支付程序和方式等产生较大争议。2016年11月，《中共中央、国务院关于完善产权保护制度依法保护产权的意见》提出，要研究住宅建设用地等土地使用权到期后续期的法律安排，推动形成全社会对公民财产长久受保护的良好和稳定预期。根据有关工作安排，该项工作由国务院有关部门研究，提出方案后，国务院提出法律修改议案，修改《城市房地产管理法》或者《物权法》。目前，国务院有关部门尚未正式提出方案和修法议案。《民法典》则根据原《物权法》第149条、《城市房地产管理法》第22条，先作出原则性的规定，待国务院正式提出法律修改议案后，再进一步做好衔接工作。②

可见，无论是原《物权法》还是《民法典》，实际上对续期收费问题都采取了回避的态度。虽然理论上有观点认为，"自动续期"的含义就是指无条件续期，不需要补缴费用，也不需要再次办理不动产登记手续，权利人即可继续合法使用土地。③但从文义解释上，自动续期并不能与无偿续期等同；从历史解释上看，立法机关也从未明确应无偿续期，只是因争议较大且需要根据实际

---

① 参见王利明：《住宅建设用地使用权自动续期规则》，载《清华法学》2017年第2期。

② 参见沈春耀：《关于〈〈民法典〉各分编（草案）〉的说明》，载中国人大网，http://www.npc.gov.cn。

③ 参见孙宪忠：《消除各种"权"的误解》，载《国土资源报》2015年3月11日；房绍坤：《物权法用益物权编》，中国人民大学出版社2007年版，第204页。

情况慎重研究后再作规定。① 当然，与原《物权法》相比，《民法典》在本条第1款明确"续期费用的缴纳或者减免，依照法律、行政法规的规定办理"，从含义上似包含了续期应缴纳一定费用，但符合法定条件下应予减免的意思，当然是否缴纳费用，如何缴纳该费用的性质和标准等问题，尚需其他法律、行政法规作出明确规定。

（二）非住宅建设用地使用权续期中的法律适用

首先，本条第2款规定了非住宅建设用地使用权期限届满后的续期，应该依照法律规定办理。该法律规定主要是指《城市房地产管理法》第22条及《土地管理法》第58条第1款第2项的规定，根据该两条规定，续期采取申请报批模式，即权利人应当至迟于期限届满前1年报请原出让土地的自然资源主管部门批准，政府原则上应批准续期申请，除非因公共利益需要收回土地。未在法定期限内申请或申请未经批准的，建设用地使用权消灭，由有关部门报经原批准用地的人民政府或者有批准权的人民政府批准，收回土地。

其次，经批准准予续期的，权利人应当与自然资源主管部门重新签订出让合同，并依照规定支付土地使用权出让金。对于出让金的支付标准，是按照重新签订合同时的标准确定，还是按照原合同约定的标准确定，目前法律法规并没有作出明确规定，实践中则存在两种意见，也尚需国务院进一步明确。

最后，关于建设用地使用权期限届满后建筑物归属的问题，因本条第1款规定住宅建设用地使用权期间届满自动续期的目的是通过续期延长地上房屋及其他不动产所有权人的使用期限，以便在将来收回该住宅建设用地使用权时，地上房屋及其他不动产已不具有使用价值。因此，对住宅建设用地使用权期限届满的，不涉及地上房屋及其他不动产的归属。② 对于非住宅建设用地，若未申请续期或申请未获批准，建设用地使用权将消灭，则涉及房屋及其他不动产的归属问题。对此，《城镇国有土地使用权出让和转让暂行条例》第40条规定，土地使用权期满，土地使用权及其地上建筑物、其他附着物所有权由国家无偿取得。但该规定一方面阻止了建设用地使用权人取得建筑物的永久所

---

① 参见全国人民代表大会常务委员会法制工作委员会民法室编著：《物权法立法背景与观点全集》，法律出版社2007年版，第65页。
② 参见最高人民法院物权法研究小组编著：《〈中华人民共和国物权法〉条文理解与适用》，人民法院出版社2007年版，第449页。

有权，令其承受建筑物等被无偿收回的苦果，显失公平；另一方面也使权利人在后期不再投资建设，使建设用地使用权制度促进房地产开发建设的目的落空。① 故原《物权法》从维护公平的角度出发，未再规定一律归国家所有，而是首先根据双方约定处理，该约定既可以是在原建设用地使用权出让合同中对期限届满地上房屋等的归属作出约定，也可以在期限届满时就地上房屋等的处理经协商达成协议。如果双方没有作出约定，或者约定不清，则依据法律、法规的规定办理。《民法典》则继续沿用了该规定。

## 适用指引

目前，因绝大多数住宅建设用地使用权尚未到期，故人民法院面临的相关法律争议较少。但有些地区如温州、深圳、青岛出现过住宅建设用地使用权到期需续期的情况。浙江省国土资源厅就此问题请示原国土资源部，原国土资源部作出《国土资源部办公厅关于妥善处理少数住宅建设用地使用权到期问题的复函》（国土资厅函〔2016〕1712号），主要内容是：《中共中央、国务院关于完善产权保护制度依法保护产权的意见》（中发〔2016〕28号）提出，"研究住宅建设用地等土地使用权到期后续期的法律安排，推动形成全社会对公民财产长久受保护的良好和稳定预期"。在尚未对住宅建设用地等土地使用权到期后续期作出法律安排前，少数住宅建设用地使用权期间届满的，可按以下过渡性办法处理：（1）不需要提出续期申请。少数住宅建设用地使用权期间届满的，权利人不需要专门提出续期申请。（2）不收取费用。市、县国土资源主管部门不收取相关费用。（3）正常办理交易和登记手续。此类住房发生交易时，正常办理房地产交易和不动产登记手续，涉及"土地使用期限"仍填写该住宅建设用地使用权的原起始日期和到期日期，并注明："根据《国土资源部办公厅关于妥善处理少数住宅建设用地使用权到期问题的复函》（国土资厅函〔2016〕1712号）办理相关手续"。故在相关法律、行政法规对住宅建设用地使用权续期期限、是否缴纳相关费用等作出明确规定前，实践中可参照上述复函的规定处理。

---

① 参见崔建远：《物权：规范与学说——以中国物权法的解释论为中心》，清华大学出版社2011年版，第584页。

## ▶ 类案检索

### 陈某捷、肇庆市高要区丽晶房地产开发有限公司房屋买卖合同纠纷案

**关键词：** 住宅建设用地使用权续期　赔偿损失

**裁判摘要：** 根据《物权法》第149条的规定，住宅建设用地使用权期间届满的，自动续期。目前，我国对住宅建设用地使用权期间届满自动续期时应否缴费及按何种标准缴纳土地使用费的问题尚未出台相应的办法和相关具体规定，故陈某捷请求丽晶公司赔偿土地使用权年限减少造成的损失属于尚未发生的损失，该损失是否会发生以及具体数额尚不能确定。因此，陈某捷申请进行损失鉴定缺乏客观现实的计算依据，对其鉴定申请不予准许。

【案　　号】（2019）粤12民终2310号

【审理法院】广东省肇庆市中级人民法院

【来　　源】中国裁判文书网

第三分编 用益物权 | 第十二章 建设用地使用权 | 第三百六十条

**第三百六十条** 建设用地使用权消灭的，出让人应当及时办理注销登记。登记机构应当收回权属证书。

▶ **关联规定**

一、法律、行政法规、司法解释

1.《中华人民共和国城市房地产管理法》

**第二十六条** 以出让方式取得土地使用权进行房地产开发的，必须按照土地使用权出让合同约定的土地用途、动工开发期限开发土地。超过出让合同约定的动工开发日期满一年未动工开发的，可以征收相当于土地使用权出让金百分之二十以下的土地闲置费；满二年未动工开发的，可以无偿收回土地使用权；但是，因不可抗力或者政府、政府有关部门的行为或者动工开发必需的前期工作造成动工开发迟延的除外。

2.《中华人民共和国土地管理法》

**第五十八条** 有下列情形之一的，由有关人民政府自然资源主管部门报经原批准用地的人民政府或者有批准权的人民政府批准，可以收回国有土地使用权：

（一）为实施城市规划进行旧城区改建以及其他公共利益需要，确需使用土地的；

（二）土地出让等有偿使用合同约定的使用期限届满，土地使用者未申请续期或者申请续期未获批准的；

（三）因单位撤销、迁移等原因，停止使用原划拨的国有土地的；

（四）公路、铁路、机场、矿场等经核准报废的。

依照前款第（一）项的规定收回国有土地使用权的，对土地使用权人应当给予适当补偿。

3.《城镇国有土地使用权出让和转让暂行条例》

**第三十九条** 土地使用权因土地使用权出让合同规定的使用年限届满、提前收回及土地灭失等原因而终止。

**第四十条** 土地使用权期满，土地使用权及其地上建筑物、其他附着物所有权由国家无偿取得。土地使用者应当交还土地使用证，并依照规定办理注销登记。

**第四十二条** 国家对土地使用者依法取得的土地使用权不提前收回。在特殊情况下，根据社会公共利益的需要，国家可以依照法律程序提前收回，并根据土地使用者已使用的年限和开发、利用土地的实际情况给予相应的补偿。

## 二、部门规章及规范性文件

《不动产登记暂行条例实施细则》

**第二十三条** 因不动产权利灭失等情形，不动产登记机构需要收回不动产权属证书或者不动产登记证明的，应当在不动产登记簿上将收回不动产权属证书或者不动产登记证明的事项予以注明；确实无法收回的，应当在不动产登记机构门户网站或者当地公开发行的报刊上公告作废。

**第二十八条** 有下列情形之一的，当事人可以申请办理注销登记：

（一）不动产灭失的；

（二）权利人放弃不动产权利的；

（三）不动产被依法没收、征收或者收回的；

（四）人民法院、仲裁委员会的生效法律文书导致不动产权利消灭的；

（五）法律、行政法规规定的其他情形。

不动产上已经设立抵押权、地役权或者已经办理预告登记，所有权人、使用权人因放弃权利申请注销登记的，申请人应当提供抵押权人、地役权人、预告登记权利人同意的书面材料。

# ▶ 条文释义

## 一、本条主旨

本条是关于建设用地使用权消灭应当办理注销登记及收回权属证书的规定。

## 二、条文演变

不动产物权登记分为设立登记、变更登记和注销登记。建设用地使用权注销登记是以消灭已经存在的建设用地使用权,使其不再具有物权的排他性公示效力为登记目的。1990年5月开始实施的《城镇国有土地使用权出让和转让暂行条例》第40条规定:"土地使用权期满,土地使用权及其地上建筑物、其他附着物所有权由国家无偿取得。土地使用者应当交还土地使用证,并依照规定办理注销登记。"原《物权法》第150条规定:"建设用地使用权消灭的,出让人应当及时办理注销登记。登记机构应当收回建设用地使用权证书。"《民法典》对原《物权法》的该条予以吸收。

## 三、条文解读

建设用地使用权作为一类重要的不动产用益物权,应遵循《民法典》第209条第1款关于"不动产物权的设立、变更、转让和消灭,经依法登记,发生效力;未经登记,不发生效力,但是法律另有规定的除外"的规定,原则上以登记作为物权变动包括权利消灭的要件。

### (一)建设用地使用权消灭的法定情形

因为土地是最为重要的物质财富和生产资料,关系国计民生,所以建设用地使用权的设立和行使既要符合市场化原则,实现土地价值的最大化,也要符合节约集约用地、保护生态环境的要求,并严格遵循土地用途要求。建设用地使用权这种私益性和公益性并存的特点决定了与其他不动产物权相比,在消灭事由上除了抛弃、混同、标的物灭失等物权消灭的一般原因外,还存在特殊事由。

**1. 建设用地使用权因公共利益提前收回而消灭**

《民法典》第358条规定,建设用地使用权期限届满前,因公共利益需要提前收回该土地的,应当依据《民法典》第243条的规定对该土地上的房屋及其他不动产给予补偿,并退还相应的出让金。《土地管理法》第58条第1款第1项规定,为实施城市规划进行旧城区改建以及其他公共利益需要,确需使用土地的,由有关人民政府自然资源主管部门报经原批准用地的人民政府或者有批准权的人民政府批准,可以收回国有土地使用权。因此,国家作为土地所有权人可因公共利益依法提前收回该土地,并消灭建设用地使用权。此外,《国有土地上房屋征收与补偿条例》第13条第3款规定,房屋被依法征收的,国有土地使用权同时收回。该条系按照房地一体原则的要求,规定房屋被依法征收的,房屋所有权人丧失所有权,建设用地使用权也同时消灭。

### 2. 建设用地使用权因存续期限届满而消灭

《民法典》第359条规定,住宅建设用地使用权期限届满的,自动续期。非住宅建设用地使用权期限届满后的续期,依照法律规定办理。《土地管理法》第58条第1款第2项规定,土地出让等有偿使用合同约定的使用期限届满,土地使用者未申请续期或者申请续期未获批准的,由有关人民政府自然资源主管部门报经原批准用地的人民政府或者有批准权的人民政府批准,可以收回国有土地使用权。《城市房地产管理法》第22条第2款规定,土地使用权出让合同约定的使用年限届满,土地使用者未申请续期或者虽申请续期但依照前款规定未获批准的,土地使用权由国家无偿收回。结合上述三条规定,对于住宅建设用地使用权期限届满的,自动续期,国家无权收回土地;对于非住宅建设用地使用权期限届满,土地使用者未申请续期或者申请续期未获批准的,国家有权收回土地,建设用地使用权随之消灭。

### 3. 建设用地使用权因违法审批、行使等被收回而消灭

首先,因闲置土地被收回。根据《城市房地产管理法》第26条的规定,超过出让合同约定的动工开发日期满1年未动工开发的,可以征收相当于土地使用权出让金20%以下的土地闲置费;满2年未动工开发的,可以无偿收回土地使用权;但是,因不可抗力或者政府、政府有关部门的行为或者动工开发必需的前期工作造成动工开发迟延的除外。其次,因违反土地用途等被收回。根据《土地管理法》第77条及第81条的规定,未经批准或者采取欺骗手段骗取批准,非法占用土地的,或者对违反土地利用总体规划擅自将农用地改为建设用地的,或者不按照批准的用途使用国有土地的,国家有权责令交还土地。最后,因无权审批被收回。根据《土地管理法》第79条的规定,无权批准征收、使用土地的单位或者个人非法批准或越权批准占用、使用土地的,或者不按照土地利用总体规划确定的用途批准用地的,或者违反法律规定的程序批准占用、征收土地的,其批准文件无效,国家应当收回非法批准、使用的土地。上述三种情形主要系存在违法用地行为而由国家有权机关实施的行政处罚措施。有观点认为,应在《民法典》物权编中规定出让人的撤销权,即建设用地

使用权人实施上述违法行为，国家有权撤销建设用地使用权并收回土地。[1] 但立法机关未采取该种观点，仍保持《民法典》物权编与《土地管理法》共同规范，民事责任与行政责任并行聚合的模式。

**4. 建设用地使用权出让合同无效、被撤销及被解除**

因出让主体不适格、出让方式不合法、竞买人等通过提交虚假文件或恶意串通等导致出让合同无效，或者因受让人未依约交付土地出让金、未按合同约定用途使用土地等导致出让合同被解除的，应根据合同无效或解除的法律效果处理，即受让人应返还已取得的土地，建设用地使用权随之消灭。

**5. 其他情形**

《土地管理法》第58条第1款第3项、第4项规定，因单位撤销、迁移等原因，停止使用原划拨的国有土地的，公路、铁路、机场、矿场等经核准报废的，国家可收回建设用地使用权。

## （二）建设用地使用权消灭的法定程序

### 1. 建设用地使用权消灭与注销登记的关系

本条规定建设用地使用权消灭的，出让人应当及时办理注销登记，但是并未明确注销登记是否为建设用地使用权消灭的要件。我们认为，应根据消灭原因的不同对注销登记的法律效力进行区别解释。第一，因法律行为导致建设用地使用权消灭的，如权利人抛弃建设用地使用权的，应以注销登记作为权利消灭的要件，仅有单方抛弃的意思表示不能导致权利消灭。第二，因土地灭失导致权利消灭的，属于《民法典》第331条规定的因事实行为消灭物权，土地灭失这种事实行为发生时权利即告消灭。第三，因期限届满、公共利益或者存在违法情形等由国家依法收回建设用地使用权的，因国家收回行为属于国家行政管理权的行使而导致物权变动的情况，与政府征收类似，属于《民法典》第229条规定的"人民政府的征收决定等"的范围，自收回决定生效时发生消灭的效力。可见，土地灭失及国家收回决定消灭建设用地使用权均不以注销登记作为要件，注销登记仅系权利消灭的确认、证明和公示，这是不动产登记生效主义的例外，属于《民法典》第209条第1款中"但是法律另有规定的除外"的除外情形。同时，本条仍要求出让人应及时办理注销登记，这是因为建设用

---

[1] 参见崔建远：《物权：规范与学说——以中国物权法的解释论为中心》，清华大学出版社2011年版，第581页。

地使用权登记具有公示力及公信力，若不及时办理注销登记，将发生事实权利与登记权利不一致的情况，不利于维护土地交易安全和交易秩序。若第三人因合理信赖不动产登记簿记载的内容，而受让建设用地使用权或以其设立抵押，则可能根据善意取得的规定取得相应权利，从而给作为土地所有权人的国家造成损害。

建设用地使用权出让合同无效、被撤销或被解除后，出让人有权请求受让人返还土地，对于这种返还请求权的法律性质，理论和实践中尚存争议。有观点认为，若建设用地使用权随出让合同无效、被撤销或解除而消灭，则会危及交易安全，对受让人不利，因此，若已依据出让合同办理了建设用地使用权登记，需要办理注销登记，才能导致建设用地使用权不复存在。[①] 对此，《民商审判会议纪要》第124条指出，生效裁判认定以转移所有权为目的的合同（如买卖合同）无效或应当解除，进而判令向案外人返还执行标的物的，此时案外人享有的是物权性质的返还请求权，一般可排除金钱债权的执行。参照该条规定，建设用地使用权出让合同被依法确认无效或依法解除的，出让人可依物权性质的返还请求权要求受让人返还土地使用权，受让人的债权人对仍登记在受让人名下的建设用地使用权强制执行的，出让人一般可请求排除执行，但出让人尚未返还出让金的除外。这种情况下办理注销登记系对权利消灭的确认及证明。当然，考虑到注销登记的公示作用及保护交易安全的需要，应该认定权利消灭后未经注销登记则不得对抗善意第三人。

### 2. 办理注销登记的程序

与设立登记或变更登记不同，注销登记不是将权利记载在不动产登记簿上，而是在发生法定消灭事由时，根据法定程序，将已经登记在不动产登记簿上的权利事项从该登记簿上清除，从而起到消灭权利的公示作用。在登记原因方面，根据《不动产登记暂行条例实施细则》第28条及《不动产登记操作规范（试行）》8.4.1的规定，在土地灭失，权利人放弃，依法没收、收回建设用地使用权，因人民法院、仲裁委员会的生效法律文书致使国有建设用地使用权消灭等情形，当事人可以申请办理注销登记。在登记主体方面，根据《不动产登记暂行条例》第14条第2款的规定，可以由当事人单方申请，若是因土地灭失或权利人放弃导致建设用地使用权灭失的，一般应由不动产登记簿记载

---

① 参见崔建远：《物权：规范与学说——以中国物权法的解释论为中心》，清华大学出版社2011年版，第562页。

的权利人单方申请注销登记;① 若是因国家依法收回建设用地使用权的,则在人民政府依法作出的收回建设用地使用权决定生效后,要求不动产登记机构办理注销登记。② 本条规定的"出让人应当及时办理注销登记",应特指后者情形。这主要是考虑到在权利被收回后,原权利人在办理注销登记上会缺乏积极性,而国家对权利收回应办理注销登记的情形也能够了解和把握。因此,本条将申请注销的主体规定为出让人,实际上是要求代表国家设立建设用地使用权的有关单位当负有办理注销登记的义务。在登记程序方面,不动产登记机构在审核过程中应注意审查申请注销的建设用地使用权是否已经登记,注销的材料是否齐全、有效等,其中建设用地已设立抵押权、地役权或者已经办理预告登记、查封登记的,使用权人放弃权利申请注销登记的,应提供抵押权人、地役权人、预告登记权利人、查封机关书面同意。审核通过的,应将登记事项以及不动产权证书或者不动产登记证明收回、作废等内容记载于不动产登记簿,并收回权属证书。如果建设用地使用权人拒绝交回,或因权属证书丢失、损坏无法收回的,登记机构应通过公告等方式予以注销。

## ▶ 适用指引

注销登记是建设用地使用权消灭的法定程序,在发生建设用地使用权消灭的法定事由后,如果没有及时办理注销登记,国家作为所有权人,也可能处于不利的地位。比如,建设用地使用权因某种原因被国家提前收回,但是出让人没有及时办理注销登记,在此期间,建设用地使用权人以该权利设立抵押担保,向银行贷款并携款消失。贷款银行根据公示公信原则,相信建设用地使用权人有处分抵押物的权利,并通过抵押登记取得抵押权人的效力。在此情形下,由于贷款银行享有以该建设用地使用权优先受偿的权利,国家则处于不利地位。因此,出让人在建设用地使用权发生消灭事由后,应当尽快办理注销登记,以维护国家和他人的合法权益,避免纠纷的发生。③

---

① 参见《不动产登记操作规范(试行)》第 8.4.2 条规定。
② 参见《不动产登记暂行条例实施细则》第 19 条规定。
③ 参见最高人民法院物权法研究小组编著:《〈中华人民共和国物权法〉条文理解与适用》,人民法院出版社 2007 年版,第 452 页。

## ▶ 类案检索

### 内蒙古自治区呼和浩特市赢金庐房屋开发有限责任公司与内蒙古自治区呼和浩特市人民政府行政撤销案

**关键词：** 建设用地使用权消灭　注销登记

**裁判摘要：**《物权法》第150条规定："建设用地使用权消灭的，出让人应当及时办理注销登记。登记机构应当收回建设用地使用权证书。"本案中，在《成交确认书》已被撤销的情况下，上诉人赢金庐公司的国有建设用地使用权已消灭，呼和浩特市人民政府作为国有土地使用权登记及颁证批准机关，作出注销国有土地使用权登记及废止呼国用〔2006〕第00182号国有土地使用证的行为于法有据。

【案　　号】（2018）内行终591号

【审理法院】内蒙古自治区高级人民法院

【来　　源】中国裁判文书网

第三百六十一条　集体所有的土地作为建设用地的,应当依照土地管理的法律规定办理。

## ▶ 关联规定

法律、行政法规、司法解释

1.《中华人民共和国土地管理法》

第六十条　农村集体经济组织使用乡（镇）土地利用总体规划确定的建设用地兴办企业或者与其他单位、个人以土地使用权入股、联营等形式共同举办企业的,应当持有关批准文件,向县级以上地方人民政府自然资源主管部门提出申请,按照省、自治区、直辖市规定的批准权限,由县级以上地方人民政府批准；其中,涉及占用农用地的,依照本法第四十四条的规定办理审批手续。

按照前款规定兴办企业的建设用地,必须严格控制。省、自治区、直辖市可以按照乡镇企业的不同行业和经营规模,分别规定用地标准。

第六十三条　土地利用总体规划、城乡规划确定为工业、商业等经营性用途,并经依法登记的集体经营性建设用地,土地所有权人可以通过出让、出租等方式交由单位或者个人使用,并应当签订书面合同,载明土地界址、面积、动工期限、使用期限、土地用途、规划条件和双方其他权利义务。

前款规定的集体经营性建设用地出让、出租等,应当经本集体经济组织成员的村民会议三分之二以上成员或者三分之二以上村民代表的同意。

通过出让等方式取得的集体经营性建设用地使用权可以转让、互换、出资、赠与或者抵押,但法律、行政法规另有规定或者土地所有权人、土地使用权人签订的书面合同另有约定的除外。

集体经营性建设用地的出租,集体建设用地使用权的出让及其最高年限、转让、互换、出资、赠与、抵押等,参照同类用途的国有建设用地执行。具体办法由国务院制定。

第六十四条　集体建设用地的使用者应当严格按照土地利用总体规划、城

乡规划确定的用途使用土地。

2.《土地管理法实施条例》

**第三十七条** 国土空间规划应当统筹并合理安排集体经营性建设用地布局和用途，依法控制集体经营性建设用地规模，促进集体经营性建设用地的节约集约利用。

鼓励乡村重点产业和项目使用集体经营性建设用地。

**第三十八条** 国土空间规划确定为工业、商业等经营性用途，且已依法办理土地所有权登记的集体经营性建设用地，土地所有权人可以通过出让、出租等方式交由单位或者个人在一定年限内有偿使用。

**第三十九条** 土地所有权人拟出让、出租集体经营性建设用地的，市、县人民政府自然资源主管部门应当依据国土空间规划提出拟出让、出租的集体经营性建设用地的规划条件，明确土地界址、面积、用途和开发建设强度等。

市、县人民政府自然资源主管部门应当会同有关部门提出产业准入和生态环境保护要求。

**第四十条** 土地所有权人应当依据规划条件、产业准入和生态环境保护要求等，编制集体经营性建设用地出让、出租等方案，并依照《土地管理法》第六十三条的规定，由本集体经济组织形成书面意见，在出让、出租前不少于十个工作日报市、县人民政府。市、县人民政府认为该方案不符合规划条件或者产业准入和生态环境保护要求等的，应当在收到方案后五个工作日内提出修改意见。土地所有权人应当按照市、县人民政府的意见进行修改。

集体经营性建设用地出让、出租等方案应当载明宗地的土地界址、面积、用途、规划条件、产业准入和生态环境保护要求、使用期限、交易方式、入市价格、集体收益分配安排等内容。

**第四十一条** 土地所有权人应当依据集体经营性建设用地出让、出租等方案，以招标、拍卖、挂牌或者协议等方式确定土地使用者，双方应当签订书面合同，载明土地界址、面积、用途、规划条件、使用期限、交易价款支付、交地时间和开工竣工期限、产业准入和生态环境保护要求，约定提前收回的条件、补偿方式、土地使用权届满续期和地上建筑物、构筑物等附着物处理方式，以及违约责任和解决争议的方法等，并报市、县人民政府自然资源主管部门备案。未依法将规划条件、产业准入和生态环境保护要求纳入合同的，合同无效；造成损失的，依法承担民事责任。合同示范文本由国务院自然资源主管部门制定。

第四十二条 集体经营性建设用地使用者应当按照约定及时支付集体经营性建设用地价款,并依法缴纳相关税费,对集体经营性建设用地使用权以及依法利用集体经营性建设用地建造的建筑物、构筑物及其附属设施的所有权,依法申请办理不动产登记。

第四十三条 通过出让等方式取得的集体经营性建设用地使用权依法转让、互换、出资、赠与或者抵押的,双方应当签订书面合同,并书面通知土地所有权人。

集体经营性建设用地的出租,集体建设用地使用权的出让及其最高年限、转让、互换、出资、赠与、抵押等,参照同类用途的国有建设用地执行,法律、行政法规另有规定的除外。

## ▶ 条文释义

### 一、本条主旨

本条是关于集体所有的土地作为建设用地法律适用的规定。

### 二、条文演变

本条对原《物权法》第151条作了个别文字修改。在制定原《物权法》时,考虑到集体建设用地制度如何改革,需要通过修改《土地管理法》等法律从根本上解决,作为民事基本法律的《物权法》,有必要作出原则且灵活的规定,为今后土地制度改革留下空间。[①] 因此,在其第151条仅作了原则性规定,明确集体所有的土地作为建设用地的,应当按照《土地管理法》等法律规定办理。本法则继续沿袭了原《物权法》第151条的立法模式,即以条款转介的方式将集体所有的建设用地划归《土地管理法》等法律进行规制。需要注意的是,随着土地制度改革的深入,立法机关于2019年8月26日通过了《全国人民代表大会常务委员会关于修改〈中华人民共和国土地管理法〉、〈中华人民共和国城市房地产管理法〉的决定》,删除了2004年《土地管理法》第43条

---

① 参见胡康生主编:《中华人民共和国物权法释义》,法律出版社2007年版,第335页。

关于进行建设必须使用国有土地的规定,允许集体经营性建设用地在符合法定条件和程序的情况下可交由单位和个人使用,破除了集体土地进入市场的法律障碍,被视为《土地管理法》修改的最大亮点。因此,虽然本条规定与原《物权法》第151条在表述上基本相同,但在立法精神及规则内容上已发生重大变化,应结合新一轮农村土地改革及《土地管理法》的修改进行解读。

### 三、条文解读

#### (一)集体建设用地使用权的立法变革

长期以来,我国建设用地根据所有权主体不同,分为国有建设用地和集体建设用地。2019年修正前《土地管理法》第43条曾规定:"任何单位和个人进行建设,需要使用土地的,必须依法申请使用国有土地;但是,兴办乡镇企业和村民建设住宅经依法批准使用本集体经济组织农民集体所有土地的,或者乡(镇)村公共设施和公益事业建设经依法批准使用农民集体所有的土地除外。""前款所称依法申请使用的国有土地包括国家所有的土地和国家征收的原属于农民集体所有的土地。"据此,除了兴办乡镇企业、乡(镇)村公共设施和公益事业以及村民建设住宅外,属于农村集体所有的土地都需要被征收为国有土地后才能用于建设用途,也才能进入建设用地一级市场。[1]这种城乡二分模式虽有利于集中、集约利用土地,提高了土地利用效率,但农村集体建设用地不能与国有建设用地同等入市、同权同价,也导致对农村集体土地权益保障不够充分,集体建设用地的价值不能显化。在城乡接合部,大量的集体建设用地违法进入市场,也严重挑战法律的权威。

为消除上述模式存在的弊端,2013年中共中央十八届三中全会作出的《中共中央关于全面深化改革若干重大问题的决定》明确提出,"建立城乡统一的建设用地市场。在符合规划和用途管制前提下,允许农村集体经营性建设用地出让、租赁、入股,实行与国有土地同等入市、同权同价。"由于土地制度改革牵一发而动全身,为审慎稳妥推进,2014年中共中央办公厅、国务院办公厅印发《关于农村土地征收、集体经营性建设用地入市、宅基地制度改革试点工作的意见》,对农村土地制度改革进行顶层设计,明确提出了农村集体经

---

[1] 参见高圣平:《论集体建设用地使用权的法律构造》,载《法学杂志》2019年第4期。

营性建设用地入市改革的任务，即"完善农村集体经营性建设用地产权制度，赋予农村集体经营性建设用地出让、租赁、入股权能；明确农村集体经营性建设用地入市范围和途径"。2015年2月，全国人大常委会通过《关于授权国务院在北京市大兴区等33个试点县行政区域内暂停调整实施有关法律规定的决定》，在33个试点地区暂停实施《土地管理法》5个条款、《城市房地产管理法》1个条款。授权决定还明确：对实践证明可行的，修改完善有关法律。33个试点地区积极落实中央决策部署，统筹城乡规划，积极推动集体建设用地入市，打破政府土地供应垄断等，取得了良好效果。

在充分总结农村土地制度改革试点成功经验的基础上，《土地管理法》于2019年进行修正，并作出了多项重大突破，其中最大的亮点之一是删除了2004年《土地管理法》第43条的规定，并在第63条规定，允许集体经营性建设用地在符合规划、依法登记，并经本集体经济组织2/3以上成员或者2/3以上村民代表同意的条件下，通过出让、出租等方式交由集体经济组织以外的单位或者个人直接使用。同时，使用者取得集体经营性建设用地使用权后还可以转让、互换或者抵押。这一规定是重大的制度突破，其体现了勇于改革，打破城乡二元体制的精神，展示出丰富土地公有制实现形式、健全城乡融合发展体制即推进新型城镇化、优化土地资源配置、减少征地矛盾、保护耕地的价值意义。其立法本旨在于促进国家治理现代化，从根本上保障农民土地权益。①相关规则的解释与适用亦应以此立法目的为指引。

（二）集体建设用地使用权的具体规则

集体建设用地入市的实体与程序规则集中于2019年修正后《土地管理法》第63条。首先，关于集体经营性建设用地使用权的设立。根据《土地管理法》第63条第1款的规定，农村集体经济组织作为土地所有权人，可通过出让、出租等方式将符合规划和特定用途的土地交由单位或个人，用于建设建筑物、构筑物及附属设施。与国有土地建设用地使用权相比，设立集体经营性建设用地使用权需符合以下特殊要件：第一，出让土地应为土地利用总体规划、城乡规划确定为工业、商业等经营性用途，并经依法登记为集体经营性建设用地。这排除了旅游、娱乐和商品住宅等经营性用途，与《民法典》第347条相比，

---

① 参见陈小君：《新时代治理体系中〈土地管理法〉重要制度贯彻之要义》，载《土地科学动态》2020年第2期。

仍不是完整意义上的"同等入市、同权同价"。① 第二，根据《土地管理法》第23条第2款规定，土地利用年度计划应当对该法第63条规定的集体经营性建设用地作出合理安排，即只有纳入土地利用年度计划的土地才能设立建设用地使用权。第三，在设立程序上应当经本集体经济组织成员的村民会议2/3以上成员或者2/3以上村民代表的同意，即权利设立必须体现土地所有权人的真实意思。第四，出让人与受让人应当签订书面合同，载明土地界址、面积、动工期限、使用期限、土地用途、规划条件和双方其他权利义务。

其次，关于集体经营性建设用地使用权的流转。根据《土地管理法》第63条第2款和第3款的规定，集体经营性建设用地使用权可以转让、互换、出资、赠与或者抵押，这改变了2019年修正前《土地管理法》第63条将集体建设用地二级市场局限在破产、兼并等情形下的规定，确认和扩展了权利人的处分权能，有利于充分实现集体土地的市场价值。同时，该条还规定法律、行政法规另有规定或者土地所有权人、土地使用权人签订的书面合同另有约定的除外，与《民法典》第353条对国有建设用地使用权流转的限制相比，增加了"行政法规另有规定"及"合同另有约定"除外的内容，但后者在未登记的情况下应不能对抗善意第三人，否则有碍交易安全，并与促进该权利依法流转的立法目的不符。此外，2019年修正后的《土地管理法》第64条还规定，集体建设用地的使用者应当严格按照土地利用总体规划、城乡规划确定的用途使用土地，体现了用途管制的基本思想，明确了"集体经营性建设用地入市后的管理措施"，旨在"维护土地管理秩序"。②

为配合2019年修正后的《土地管理法》，2021年7月2日，国务院公布了新修订的《土地管理法实施条例》，在第37条至第43条进一步明确了集体经营性建设用地入市交易规则，要求国土空间规划要合理安排集体经营性建设用地布局和用途，促进集体经营性建设用地的节约利用。同时，明确了集体经

---

① 参见陈小君：《对新一轮土地改革的检视与建议》，载《中国法律评论》2019年第5期。也有学者认为，《土地管理法》第63条规定第1款将集体建设用地的用途表述为"工业、商业等经营性用途"。这里的"等"即为"等外等"，亦即该款所列举的经营性用途并未穷尽集体建设用地的利用用途，随着土地制度改革的逐渐深入，自可不断探索集体建设用地的利用用途。参见高圣平：《论集体建设用地使用权的法律构造》，载《法学杂志》2019年第4期。

② 参见《2018年12月23日第十三届全国人民代表大会常务委员会第七次会议——关于〈中华人民共和国土地管理法〉、〈中华人民共和国城市房地产管理法〉修正案（草案）的说明》。

营性建设用地出让、出租方案的编制和审查要求，规定："土地所有权人应当依据规划条件、产业准入和生态环境保护要求等，编制集体经营性建设用地出让、出租等方案，并依照《土地管理法》第六十三条的规定，由本集体经济组织形成书面意见，在出让、出租前不少于十个工作日报市、县人民政府。"集体经营性建设用地出让、出租应当签订书面合同，并对合同应当包括的内容进行了明确的规定。对通过出让方式取得的集体经营性建设用地再转让的，也应当签订书面合同，并通知土地所有权人。

最后，需要注意的是，《土地管理法》第63条主要系对集体经营性土地的规定，关于乡（镇）村公共设施、公益事业建设，需要使用土地的，应根据第61条的规定，经乡（镇）人民政府审核，向县级以上地方人民政府自然资源主管部门提出申请，按照相关权限由县级以上地方人民政府批准，即集体公益性建设用地使用权仍以行政审批的方式设立，属于无偿取得且没有期限限制，在规则适用上应参照国有土地划拨的规定。

## ▶ 适用指引

关于《土地管理法》与《民法典》的适用问题。本条虽然明确集体所有的土地作为建设用地的，应当依照土地管理的法律规定办理，但考虑到国有建设用地使用权与集体建设用地使用权在具体权能及土地用途上具有一致性，且《土地管理法》修改的主要目的也是促进实现同地同权，故可将《民法典》中关于建设用地使用权的规定作为一般规则，《土地管理法》及其配套法规规章中关于集体建设用地使用权的规定作为特殊规则，实践中优先适用后者，但在后者没有明确规定且不违反特别管制目的的情况下，仍可适用前者的相关规定。对此，《土地管理法》第63条第4款也规定，集体建设用地使用权的出让及其最高年限、转让、互换、出资、赠与、抵押等，参照同类用途的国有建设用地执行。具体而言，《民法典》物权编本章中关于权利内容和行使要求，空间建设用地使用权、出让方式、支付出让金、权利登记的效力、房地一体规则等均可在一定程度上适用于集体建设用地使用权。

# 第十三章　宅基地使用权

> 第三百六十二条　宅基地使用权人依法对集体所有的土地享有占有和使用的权利，有权依法利用该土地建造住宅及其附属设施。

## ▶ 关联规定

### 一、法律、行政法规、司法解释

《最高人民法院关于适用简易程序审理民事案件的若干规定》

第十四条　下列民事案件，人民法院在开庭审理时应当先行调解：

（一）婚姻家庭纠纷和继承纠纷；

（二）劳务合同纠纷；

（三）交通事故和工伤事故引起的权利义务关系较为明确的损害赔偿纠纷；

（四）宅基地和相邻关系纠纷；

（五）合伙合同纠纷；

（六）诉讼标的额较小的纠纷。

但是根据案件的性质和当事人的实际情况不能调解或者显然没有调解必要的除外。

### 二、部门规章及规范性文件

《不动产登记暂行条例实施细则》

第四十条　依法取得宅基地使用权，可以单独申请宅基地使用权登记。

依法利用宅基地建造住房及其附属设施的，可以申请宅基地使用权及房屋所有权登记。

### 三、司法指导性文件

**《第八次全国法院民商事审判工作会议（民事部分）纪要》**

（一）关于农村房屋买卖问题

19.在国家确定的宅基地制度改革试点地区，可以按照国家政策及相关指导意见处理宅基地使用权因抵押担保、转让而产生的纠纷。

在非试点地区，农民将其宅基地上的房屋出售给本集体经济组织以外的个人，该房屋买卖合同认定为无效。合同无效后，买受人请求返还购房款及其利息，以及请求赔偿翻建或者改建成本的，应当综合考虑当事人过错等因素予以确定。

20.在涉及农村宅基地或农村集体经营性建设用地的民事纠纷案件中，当事人主张利润分配等合同权利的，应提供政府部门关于土地利用规划、建设用地计划及优先满足集体建设用地等要求的审批文件或者证明。未提供上述手续或者虽提供了上述手续，但在一审法庭辩论终结前土地性质仍未变更为国有土地的，所涉及的相关合同应按无效处理。

## ▶ 条文释义

### 一、本条主旨

本条是关于宅基地使用权的规定。

### 二、条文演变

宅基地使用权是我国法律的特有规定。1975年《宪法》对宅基地所有权的无偿取得制度进行了确认。该项宅基地制度，一直延续至今，尽管其间曾存在一些改革举措，其基本属性未发生根本性的变化。近年来，围绕宅基地试点工作的开展，宅基地所有权、资格权、使用权"三权分置"有序进行，宅基地制度改革有序推进。2014年中共中央办公厅、国务院办公厅印发的《关于农村土地征收、集体经营性建设用地入市、宅基地制度改革试点工作的意见》中对农村土地制度改革进行顶层设计。该意见明确改革完善农村宅基地制度，要求针对农户宅基地取得困难、利用粗放、退出不畅等问题，要完善宅基地权益保障和取得方式，探索农民住房保障在不同区域户有所居的多种实现形式；对因历史原因形成的超标准占用宅基地和一户多宅等情况，探索实行有偿使用；探索进城落户农民集体经济组织内部自愿有偿退出或转让宅基地。2019年修正的《土地管理法》对宅基地的相关问题作了明确，突破了宅基地流转方面的瓶颈。例如，在原来一户一宅的基础上增加了户有所居的规定，允许已经进城落户的农村村民自愿有偿退出宅基地。如果农民不愿退出宅基地，地方政府不能强迫其退出宅基地，必须在自愿有偿的基础上。针对宅基地使用权问题，原《物权法》亦有相关的规定。比如，原《物权法》第152条规定："宅基地使用权人依法对集体所有的土地享有占有和使用的权利，有权利用该土地建造住宅及其附属设施。"本条吸收了原《物权法》中有关规定内容，明确农村宅基地使用权的基本内容。

## 三、条文解读

### （一）宅基地使用权的性质及特征

#### 1. 宅基地使用权的性质

在学界，针对宅基地使用权的性质问题，则存在一定的争议，大致存在以下几种观点：（1）地上权说或者基地使用权说。该观点认为，基地使用权是与我国传统民法中的地上权相对应的法律概念，其内涵包括国有土地使用权和宅基地使用权，应以"地上权"来概括非所有权人基于建筑物和其他工作物而利用土地的权利。（2）独立用益物权说。该观点认为，宅基地使用权是对他人所有土地（农村集体所有土地）进行使用之利益，具有用益物权性质。同时，其又有别于传统物权法上的地上权，不能用地上权或基地使用权等概念替代宅基地使用权，应将其视为一种独立的物权。（3）自物权说。该观点认为，我国的宅基地使用权制度本质上为一项政治制度而非民法上的权利，相当于大陆法系国家的所有权，而非所有权派生或分离的结果，是一种自物权而非他物权。尽管针对此问题争议不断，但从原《物权法》的最终条文内容来看，独立用益物权的观点被法律所采纳，肯定了宅基地使用权的物权属性，强调了宅基地与集体经济组织成员的权利和利益之密不可分性，为特定主体对集体所有土地的用益物权。

### 2. 宅基地使用权的特征

宅基地使用权主要具有以下特点：（1）所有权主体的特定性。根据法律规定，我国农村土地分为国家所有和集体所有。宅基地使用权为农村居民占有、使用（建造住宅及附属设施）集体所有土地的权利，即享有的权利为用益物权。但宅基地所有权并未因此而发生变化，仍为农村集体所有，所有权的主体具有特定性。（2）使用权主体的特定性。宅基地使用权的主体为农村集体经济组织成员，农村集体经济组织以外的人员不能申请并取得宅基地使用权。现行法律规定禁止城镇居民购买宅基地使用权，同时，司法实践中城镇居民下乡买卖宅基地的行为依法是无效的。（3）权能的特定性。设立宅基地使用权的目的在于保障农村居民基本的生存权，且从法律规定看，宅基地仅能建造住宅及附属设施。利用取得的宅基地使用权建造以盈利为目的的生产及商业用房为法律所禁止。

### （二）宅基地使用权权能

基于宅基地使用权制度的立法目的以及宅基地使用权自身的福利性质等因素，相较于用益物权权能范围，宅基地使用权的权能具有一定的特定性。宅基地使用权人对宅基地享有占有和使用的权利。故占有、使用为宅基地使用权人所享有的基本权能。除此之外，宅基地使用权还具有收益和处分权能。

#### 1. 宅基地的占有

占有为物权的基本权能，为其他权能的基础。根据《土地管理法》的规定，农村宅基地使用权坚持"一户一居""户有所居"的基本原则，且其面积符合省、自治区、直辖市规定的标准。由此，宅基地的占有应符合前述标准。宅基地的合法占有受法律保护，即使农村村民已进城落户，在非自愿的情况下，农村集体经济组织亦不得非法剥夺农民对宅基地的占有。在此需要明确的是，宅基地的占有，并不要求权利主体持续地占有，基于宅基地的保障性以及集体成员身份等特质，权利主体只需分配宅基地便可视为占有。

#### 2. 宅基地的使用

宅基地的使用是宅基地使用权人利用宅基地满足自己生活需要之目的。实践中，宅基地的使用主要体现在日常生活功能之需方面。具体方式上，主要表现为在宅基地上建造住宅，以及搭建厕所等附属设施，还包括在宅基地上种植花草、蔬菜等。在此需要强调的是，宅基地的使用，不得改变用途，应符合乡

（镇）土地总体规划。

### 3. 宅基地的收益

在传统宅基地使用权制度中，收益权被排除在宅基地使用权权利制度之外，宅基地的收益权能在法律上受到了限制。现实生活中，则又存在大量对宅基地使用权进行收益之客观事实。宅基地的收益权能，主要表现为两个方面：一是宅基地使用权人利用宅基地种植蔬菜、养殖家畜而产生的天然孳息；二是宅基地使用权人通过出租宅基地收取的租金等。比如，根据《土地管理法》第62条的有关规定，宅基地使用权人是可以将住宅对外出租的，但同时明确在出租后，不得再申请宅基地。在我国城乡二元结构的背景下，外出务工农民长期在外，而宅基地则长期闲置，通过出租宅基地使用权（房屋）可以有效利用资源，有利于增加农村村民的收入，维护农民合法权益。当然，宅基地的收益权能受到一定的限定，即宅基地使用权人不得改变宅基地用途。

### 4. 宅基地的处分

从法律规定看，宅基地使用权的占有、使用、收益等权能得到了明确和体现，而宅基地的处分权能，则不甚明确。但从法律的相关条文内容看，则有隐含宅基地的处分权能之义，只不过该条文规定是通过反向禁止的方式予以体现。比如，《土地管理法》第62条第5款规定："农村村民出卖、出租、赠与住宅后，再申请宅基地的，不予批准。"特别是近年来，随着宅基地所有权、资格权、使用权"三权分置"改革的开展，在放活宅基地使用权的背景下，宅基地的处分权能得到了彰显。在此需要注意的是，宅基地的处分权能具有限制性。宅基地使用权不得单独转让，仅可随合法建造的住宅通过出售、赠与、继承、遗赠等方式流转宅基地使用权。

## ▶ 适用指引

为落实农村宅基地"三权分置"政策，审慎稳妥推进农村土地制度改革，第十二届全国人民代表大会常务委员会第十三次会议通过《全国人民代表大会常务委员会关于授权国务院在北京市大兴区等33个试点县（市、区）行政区域暂行调整实施有关法律规定的决定》，授权国务院在北京市大兴区等33个试点县（市、区）行政区域，暂时调整实施《土地管理法》《城市房地产管理法》关于农村土地征收、集体经营性建设用地入市、宅基地管理制度的有关规定。

就暂时调整实施有关法律规定来看，涉及原《物权法》第184条以及原《担保法》第37条的规定，具体内容为暂时调整实施集体所有的耕地使用权、宅基地使用权不得抵押的规定，赋予农村承包土地的经营权和农民住房财产权（包含宅基地使用权）抵押融资功能，在农村承包土地的经营权抵押贷款试点地区，允许以农村承包土地的经营权抵押贷款；在农民住房财产权抵押贷款试点地区，允许以农民住房财产权抵押贷款。特别是，2020年9月，新一轮农村宅基地制度改革试点在全国104个县（市、区）和3个地级市启动。为此，针对农村宅基地使用权引发的纠纷案件，要密切关注国家相关改革政策，根据全国人民代表大会常务委员会会议的有关决定，区分宅基地改革试点地区与非试点地区，依法妥善处理宅基地使用权因抵押担保、转让产生的纠纷。

## ▶ 典型案例

### 施某某等人与杨某某宅基地买卖纠纷案

**关键词**：宅基地使用权转让　合同效力　赔偿损失

**裁判摘要**：出卖人向集体经济组织成员之外转让宅基地使用权后，又主张合同无效的，认定出卖人对合同无效具有较大过错，（法院确定承担90%的过错）并以现有房屋价值（含土地价值）与购买房屋时的差价确定买受人的损失。

**基本案情**：施某甲（审理中亡故）与李某某（2001年10月亡故）系夫妻关系，施某某系二人之子。施某某与金某连系夫妻关系，育有施某军、施某群、施某娥。经台州市黄岩区土地管理局黄土（1995）2-32号文件批准，五原告及施某甲、李某某取得坐落于黄岩区新前街道西范村宅基地两间。

1995年7月7日，施某某与被告杨某某订立一份《房屋基地转让书》，载明："兹有新前镇西范村村民施某某将壹间房屋基地15000元卖给杨某某。已付清给施某某。新前镇缴费12000元杨某某自己付清。以后一切事由杨某某负担。"杨某某在支付施某某转让费15000元，向政府部门缴纳土地配套费11000元后，在该宅基地上建造了四层楼房并居住至今。2015年11月15日，施某某（甲方）与徐某来、施某平（乙方）在西范村委会的调解下达成民事调解书，约定施某甲的审批宅基地的平方落实在甲方，乙方自愿放弃施某甲夫妻审批的宅基地与平方。

法院经审理认为，原告施某某将黄岩区新前街道西范村的宅基地使用权转让给集体经济组织之外的杨某某，违反国家法律规定，双方签订的《房屋基地转让书》应系无效。合同无效自始无效，原告主张《房屋基地转让书》无效，不受诉讼时效期间的限制。对于无效合同，因该合同取得的财产，应当予以返还，故应由原告返还被告宅基地转让款人民币15000元和被告垫付的土地配套费11000元，由被告返还原告涉诉宅基地。被告杨某某在涉诉宅基地上建造房屋并使用20年之久，且涉诉宅基地使用权价值大幅度提升，被告要求原告赔偿地上建筑物损失和土地使用权价值差额损失合法合理，应予支持。

本案合同无效，双方均存在过错。原告方明知涉案宅基地依法不能转让给本集体经济组织以外成员仍进行转让，且在转让近20年后又要求确认转让合同无效，其行为存在较大过错；被告明知涉案土地系农村宅基地仍进行购买，亦存在过错，故一审法院酌情确定由原告对被告的损失承担90%的赔偿责任，即2750130元[(3070700元−15000元)×90%]。原告未享受宅基地使用权期间享受了被告支付的对价带来的利益，且宅基地使用权有如此大的收益，很大因素是被告建造房屋后出租形成的，对原告要求被告赔偿占用宅基地期间损失的诉求，一审法院不予支持；被告支付26000元对价后享受了宅基地使用权和居住权（房屋建造后），且被告已经主张宅基地价值差额损失，故对被告要求原告赔偿26000元利息损失的主张，一审法院亦未支持。故判决：1.确认施某某和杨某某于1995年7月7日签订的《房屋基地转让书》无效。2.原告施某某等人返还被告杨某某宅基地转让款15000元和土地配套费11000元，同时赔偿杨某某地上建筑物损失和土地使用权价值差额损失2750130元，合计2776130元。3.杨某某于施某某等人履行第2项义务后1个月内搬离，并返还宅基地给施某某等人。4.驳回原告施某某、金某连、施某军、施某群、施某娥及反诉原告杨某某的其他诉讼请求。

【案　　号】（2016）浙1003民初2606号
【审理法院】浙江省台州市黄岩区人民法院
【来　　源】《民事审判指导与参考》2019年第2辑

第三分编 用益物权 | 第十三章 宅基地使用权 | 第三百六十三条

**第三百六十三条** 宅基地使用权的取得、行使和转让，适用土地管理的法律和国家有关规定。

▶ **关联规定**

一、法律、行政法规、司法解释

1.《中华人民共和国土地管理法》

**第六十二条** 农村村民一户只能拥有一处宅基地，其宅基地的面积不得超过省、自治区、直辖市规定的标准。

人均土地少、不能保障一户拥有一处宅基地的地区，县级人民政府在充分尊重农村村民意愿的基础上，可以采取措施，按照省、自治区、直辖市规定的标准保障农村村民实现户有所居。

农村村民建住宅，应当符合乡（镇）土地利用总体规划、村庄规划，不得占用永久基本农田，并尽量使用原有的宅基地和村内空闲地。编制乡（镇）土地利用总体规划、村庄规划应当统筹并合理安排宅基地用地，改善农村村民居住环境和条件。

农村村民住宅用地，由乡（镇）人民政府审核批准；其中，涉及占用农用地的，依照本法第四十四条的规定办理审批手续。

农村村民出卖、出租、赠与住宅后，再申请宅基地的，不予批准。

国家允许进城落户的农村村民依法自愿有偿退出宅基地，鼓励农村集体经济组织及其成员盘活利用闲置宅基地和闲置住宅。

国务院农业农村主管部门负责全国农村宅基地改革和管理有关工作。

2.《中华人民共和国城乡规划法》

**第四十一条** 在乡、村庄规划区内进行乡镇企业、乡村公共设施和公益事业建设的，建设单位或者个人应当向乡、镇人民政府提出申请，由乡、镇人民政府报城市、县人民政府城乡规划主管部门核发乡村建设规划许可证。

在乡、村庄规划区内使用原有宅基地进行农村村民住宅建设的规划管理办法，由省、自治区、直辖市制定。

在乡、村庄规划区内进行乡镇企业、乡村公共设施和公益事业建设以及农村村民住宅建设，不得占用农用地；确需占用农用地的，应当依照《中华人民共和国土地管理法》有关规定办理农用地转用审批手续后，由城市、县人民政府城乡规划主管部门核发乡村建设规划许可证。

建设单位或者个人在取得乡村建设规划许可证后，方可办理用地审批手续。

### 二、部门规章及规范性文件

《不动产登记暂行条例实施细则》

第四十条 依法取得宅基地使用权，可以单独申请宅基地使用权登记。

依法利用宅基地建造住房及其附属设施的，可以申请宅基地使用权及房屋所有权登记。

第四十一条 申请宅基地使用权及房屋所有权首次登记的，应当根据不同情况，提交下列材料：

（一）申请人身份证和户口簿；

（二）不动产权属证书或者有批准权的人民政府批准用地的文件等权属来源材料；

（三）房屋符合规划或者建设的相关材料；

（四）权籍调查表、宗地图、房屋平面图以及宗地界址点坐标等有关不动产界址、面积等材料；

（五）其他必要材料。

## ▶ 条文释义

### 一、本条主旨

本条是关于宅基地使用权取得、行使和转让法律适用的规定。

### 二、条文演变

关于宅基地使用权的取得、行使和转让，原《物权法》未作具体的规定，而是采取了法条指引性规定，即明确适用《土地管理法》等法律和国家有关规定。其原因在于我国地区存在较大的差异性，加之宅基地使用权问题太过具体，且涉及农村政策问题，故长期以来由国家政策调整，《土地管理法》等法律虽有规定，但较为原则，在具体实施方面还多由国家政策、法规和地方性规章来规范和调整。2014年原中央全面深化改革领导小组第七次会议审议了《关于农村土地征收、集体经营性建设用地入市、宅基地制度改革试点工作的意见》，此举标志着新一轮土地改革大幕正在开启。农村宅基地制度改革是农村土地改革面临的重大课题，是我们必须蹚过的河。2018年1月2日，《中共中央、国务院关于实施乡村振兴战略的意见》中明确：深化农村土地制度改革。完善农民闲置宅基地和闲置农房政策，探索宅基地所有权、资格权、使用权"三权分置"，落实宅基地集体所有权，保障宅基地农户资格权和农民房屋财产权，适度放活宅基地和农民房屋使用权，不得违规违法买卖宅基地，严格实行土地用途管制，严格禁止下乡利用农村宅基地建设别墅大院和私人会馆。由此，宅基地使用权问题，在坚持法律和现行政策的前提下，适度放活宅基地使用权的限制尤为必要，为此，需不断进行探索。在《民法典》编纂过程中，吸纳了原《物权法》第153条有关规定内容，并完善了有关文字表述。

### 三、条文解读

#### （一）宅基地使用权的取得

实践中，农村村民取得宅基地的途径大概有两种：一是原始取得，比如通过土地改革分配房屋、通过申请宅基地建造住宅等；二是继受取得，从其他宅基地使用权人中通过受让取得，如购买房屋、接受房屋赠与以及继承房屋等。宅基地的取得涉及国家土地管理制度，《土地管理法》以及有关法规对宅基地使用权的取得及其必要限制进行了明确，比如《土地管理法》第62条的有关规定。从目前法律规定而言，宅基地使用权的取得通常应符合以下条件。

**1. 申请的主体为农村的户**

与农村土地承包的规定相类似，宅基地使用权的申请主体亦要求以户为单位，而非以农村村民个人的名义申请。且从限制条件看，如农村村民的户已获取了宅基地，根据"一户一宅"原则，不能再申请宅基地。

### 2. 建设住宅应符合要求

宅基地的面积除了符合省、自治区、直辖市规定的标准外，农村村民建设的住宅也符合相关的规定要求。比如，建设住宅应符合乡（镇）土地利用总体规划、村庄规划。为了保护耕地红线，要求建设住宅应量使用原有的宅基地和村内空闲地，不得占用永久基本农田。再比如，在申请审批程序上，建设住宅用地需经乡（镇）人民政府审核批准。如涉及占用农用地的情形，则需要依照法律规定的程序办理审批手续。

### 3. 不得存在禁止性情形

为规制农村村民以建设住宅的名义搞房地产开发，《土地管理法》第62条明确了对农村村民出卖、出租赠与住宅后再申请宅基地的，不予批准。为此，存在前述禁止性情形的，则不符合宅基地使用权取得的条件。但村（村民组）内因两户的宅基地均未达到标准而进行宅基地调剂时，其中一户村民申请宅基地的情形，则不符合前述禁止性规定。

## （二）宅基地使用权的行使

从制度设计目的而言，宅基地使用权制度的主要目在于满足农村村民的居住需要。由此，宅基地使用权的行使应符合宅基地使用权制度的立法目的，不得违背居住需要之目的而行使相关权利。比如，不得利用宅基地从事生产经营活动，不得随意改变宅基地的用途。宅基地使用权的行使，体现在各个方面。如农户可以依法在宅基地上建造住宅及附属设施，种植花草竹木等。此外，宅基地使用权人的行使还表现在土地被征收时，享有取得相应补偿的权利。同时，宅基地使用权的行使，还应符合相关的规定。比如，建造住宅，应符合乡（镇）土地利用总体规划、村庄规划，不得占用永久基本农田，并尽量使用原有的宅基地和村内空闲地等规定要求。

## （三）宅基地使用权的转让

宅基地使用权，关涉广大农民群众的切身利益。特别是在我国地少人多的基本国情下，宅基地使用权的转让应严格管理。从学理上而言，针对宅基地使用权的流转，存在着自由流转说、禁止流转说、有条件转让说等不同观点。从现行法律规定看，关于宅基地使用权的转让和抵押的问题，现行法律和国家有关政策也采取了原则禁止的态度。但针对本集体经济组织内部是否允许宅基使用权的转让问题，则值得进一步研究。在原《物权法》制定过程中，基于我国当前现实情况，为解决宅基地总量不足和少数人拥有多处宅基地的问题，曾明确规定允许本集体经济组织内部转让宅基地的规定，尽管正式颁行时删去了此项规定内容，但该精神与《土地管理法》有关的规定精神是一致的。因此，有条件地允许宅基地使用权转让是符合我国宅基地使用权现状的，而且也不为法律所禁止。从实践的情况看，《八民会纪要》明确，在国家确定的宅基地制度改革试点地区，可以按照国家政策及相关指导意见处理宅基地使用权因抵押、转让而产生的纠纷。在非试点地区，农民将其宅基地上的房屋出售给本集体经济组织以外的个人，该房屋买合同认定为无效。由此，前述规定对我们处理实务中的此类纠纷提供了指导和参考。

## ▶ 适用指引

关于涉及宅基地房屋买卖合同无效后的法律责任承担的问题。实践中，随着城镇化的加快发展，涉及大量农村地区的拆迁，并由此带来巨大的拆迁利益。由此引发涉及宅基地的房屋买卖纠纷较为多见，而对于该问题的处理亦较为棘手，特别是合同无效后的相关问题处理问题。对违法进行涉及宅基地的房屋买卖合同，依法认定无效后，根据法律规定，应依法处理合同无效后当事人的责任承担问题。比如，合同无效后，买受人请求返还购房款及其利息以及请求赔偿的问题。实践中，出卖人因房屋涨价、拆迁补偿等原因主张合同无效，要求返还房屋或拆迁补偿款的，应根据诚信原则、公平公正原则，综合考虑案件实际情况，扩大信赖利益范围，合理确定过错大小，避免出现利益严重失衡的情况。

## ▶ 典型案例

### 陈某英、莫某成等诉莫某1、莫某2继承纠纷案

**关键词：** 宅基地使用权转让　继承　抵押

**裁判摘要：** 宅基地使用权人可以将地上建筑物以出租、赠与、继承、遗赠的方式转移与他人，但宅基地使用权本身不得单独转移且不能用于抵押，包括

不能进行继承。

**基本案情：** 1953年9月，怀集县人民政府将讼争的宅基地分配给莫某田户使用，并颁发了0577号土地房产所有证，当时该户人数有莫某田、莫某荣、郭某青、莫某、莫某2、莫某1，其中莫某田为户主，莫某荣为莫某田父亲（已去世），郭某青为莫某田妻子，莫某、莫某2、莫某1为莫某田与郭某青婚后所生育的孩子，而莫某是长子、莫某2是次子、莫某1是幼子。1962年12月11日，莫某与陈某英结婚，婚后生育女儿莫某3、莫某妹、莫某4、莫某莲和儿子莫某成。莫某、莫某2、莫某1先后结婚后就分家，并先后建有房屋居住。莫某田与郭某青在祖屋自行居住，莫某田一直从事地摊摆卖。1988年7月间，莫某田等人协商，决定对上述宅基地以莫某田名义申报办理土地使用证，1988年7月21日，领取了证号为0164548、分编号为10077的土地使用证，用地户名为莫某田，面积106.4平方米。1990年莫某去世，1996年莫某田去世，1999年2月郭某青去世，2010年2月莫某3去世，莫某3的配偶为雷某元，婚后生育儿子雷某坚、女儿雷某娟。现雷某元、雷某坚、雷某娟均健在。

2011年4月26日，莫某成向怀集县怀城镇人民政府递交《申请书》，认为莫某1侵占其宅基地使用权而要求责令莫某1停止侵权，归还宅基地使用权；而莫某1则认为莫某田在证号为0164548、分编号为10077的土地使用证的附页上亲笔书写有"本人同意此证转给细仔使用1995年11月7日立"，并盖上"莫某田印"的莫某田本人私章。2011年7月29日，怀集县怀城镇人民调解委员会作出《调解意见书》，建议莫某1准予莫某成代位继承份额；如有异议，应就原纠纷申请法院诉讼解决。后双方无法就讼争的宅基地使用权达成一致意见，陈某英等人遂向法院提起诉讼，请求判令讼争宅基地其中35.47平方米使用权归其一方所有。

法院经审理认为，本案是继承纠纷。争议的焦点是：本案讼争的宅基地是否属可继承的财产，陈某英等人对该宅基地是否有继承权的问题。本案讼争的宅基地虽然在1953年9月由集体分配给莫某田户使用，莫某田并在1988年领取土地使用证，但莫某田一直没有在上述土地建住宅，莫某田及其三个儿子都是另有宅基地另建房屋居住，讼争的宅基地在莫某田去世时，只是部分建了临时性的猪栏、猪舍。因此，讼争宅基地不能单独作为遗产进行分配，原一审、二审将涉案宅基地作为遗产进行分配，判令陈某英等人对此有继承权，违反了法律精神，应予以纠正。被申请人陈某英等人起诉主张讼争宅基地的部分使用权依据不足，本院再审依法予以驳回。

【案　　号】（2014）肇中法审监民再字第2号

【审理法院】广东省肇庆市中级人民法院

【来　　源】《人民法院案例选》2014年第1辑

## 类案检索

### 文某光、杨某芝诉罗某、罗某英房屋买卖合同纠纷案

**关键词**：宅基地上房屋买卖　合同效力

**裁判摘要**：农村宅基地使用权只能由本集体经济组织成员享有，因此，在房地一体的原则下，农村宅基地上房屋属法律限制非本集体成员之间交易标的物。根据《八民会纪要》第19条："在非试点地区，农民将其宅基地上的房屋出售给本集体经济组织以外的个人，该房屋买卖合同认定为无效。合同无效后，买受人请求返还购房款及其利息，以及请求赔偿翻建或者改建成本的，应当综合考虑当事人过错等因素予以确定。"本案诉争房屋所在地不在国家确定的宅基地制度改革试点地区范围内，因此，涉房屋买卖合同无效。且该领域并非诚实信用原则所调整的范畴，自无该法律原则适用之余地。而合同无效的法律后果是，在能够恢复原状的情况下，必须予以恢复，亦不存在可变通的余地。二审判决认定房屋买卖合同无效但不判令买受人返还房屋的做法，相当于人民法院默认了当事人变相买卖宅基地的行为，客观上纵容了当事人规避法律的行为，既违背《合同法》第58条的明文规定，也损害法律、行政法规以及国家政策所维护的社会公共利益。因此文某光、罗某签订的《售房协议》应认定为无效且房屋应当返还，至于交易双方当事人之间的利益平衡问题，罗某、罗某英对其遭受的损失可通过另案起诉予以解决。而房屋返还后，文某光、杨某芝将拥有两处宅基地的问题应当由当地行政机关依职权妥善解决。

【案　　号】（2018）川民再482号

【审理法院】四川省高级人民法院

【来　　源】《四川省高级人民法院审判指导》2018年第3期

第三百六十四条　宅基地因自然灾害等原因灭失的，宅基地使用权消灭。对失去宅基地的村民，应当依法重新分配宅基地。

## 关联规定

法律、行政法规、司法解释

1.《中华人民共和国土地管理法》

第四十五条　为了公共利益的需要，有下列情形之一，确需征收农民集体所有的土地的，可以依法实施征收：

（一）军事和外交需要用地的；

（二）由政府组织实施的能源、交通、水利、通信、邮政等基础设施建设需要用地的；

（三）由政府组织实施的科技、教育、文化、卫生、体育、生态环境和资源保护、防灾减灾、文物保护、社区综合服务、社会福利、市政公用、优抚安置、英烈保护等公共事业需要用地的；

（四）由政府组织实施的扶贫搬迁、保障性安居工程建设需要用地的；

（五）在土地利用总体规划确定的城镇建设用地范围内，经省级以上人民政府批准由县级以上地方人民政府组织实施的成片开发建设需要用地的；

（六）法律规定为公共利益需要可以征收农民集体所有的土地的其他情形。

前款规定的建设活动，应当符合国民经济和社会发展规划、土地利用总体规划、城乡规划和专项规划；第（四）项、第（五）项规定的建设活动，还应当纳入国民经济和社会发展年度计划；第（五）项规定的成片开发并应当符合国务院自然资源主管部门规定的标准。

2.《土地管理法实施条例》

第三十三条　农村居民点布局和建设用地规模应当遵循节约集约、因地制宜的原则合理规划。县级以上地方人民政府应当按照国家规定安排建设用地指标，合理保障本行政区域农村村民宅基地需求。

乡（镇）、县、市国土空间规划和村庄规划应当统筹考虑农村村民生产、生活需求，突出节约集约用地导向，科学划定宅基地范围。

第三十四条 农村村民申请宅基地的，应当以户为单位向农村集体经济组织提出申请；没有设立农村集体经济组织的，应当向所在的村民小组或者村民委员会提出申请。宅基地申请依法经农村村民集体讨论通过并在本集体范围内公示后，报乡（镇）人民政府审核批准。

涉及占用农用地的，应当依法办理农用地转用审批手续。

第三十五条 国家允许进城落户的农村村民依法自愿有偿退出宅基地。乡（镇）人民政府和农村集体经济组织、村民委员会等应当将退出的宅基地优先用于保障该农村集体经济组织成员的宅基地需求。

第三十六条 依法取得的宅基地和宅基地上的农村村民住宅及其附属设施受法律保护。

禁止违背农村村民意愿强制流转宅基地，禁止违法收回农村村民依法取得的宅基地，禁止以退出宅基地作为农村村民进城落户的条件，禁止强迫农村村民搬迁退出宅基地。

## 条文释义

### 一、本条主旨

本条是关于宅基地使用权消灭及重新分配宅基地的规定。

### 二、条文演变

用益物权为权利主体对他人之物依法享有的权利，在他人之物基于种种原因不复存在时，则用益物权人的权利必将受到一定的影响。如《民法典》第327条规定："因不动产或者动产被征收、征用致使用益物权消灭或者影响用益物权行使的，用益物权人有权依据本法第二百四十三条、第二百四十五条的规定获得相应补偿。"同理，宅基地使用权作为用益物权的一种类型，亦存在消灭或影响用益物权行使的情况。宅基地使用权作为广大农民群众安身立命的基础，其消灭关涉广大农民群众的切身利益。为保护广大人民群众合法利益，有必要对宅基地使用权的消灭等问题予以规范。从相关法律规定看，原

《物权法》第154条规定:"宅基地因自然灾害等原因灭失的,宅基地使用权消灭。对失去宅基地的村民,应当重新分配宅基地。"该规定对宅基地使用权消灭以及失去宅基地村民的相关权利进行了明确,很好地保护了广大农民群众的利益。为此,本条规定吸收了原《物权法》的规定,只在"重新分配"前面增加了"依法"限定词,对宅基地使用权消灭以及重新分配宅基地问题进行了明确。

### 三、条文解读

（一）宅基地使用权的消灭

一般而言,宅基地使用权消灭分为绝对消灭和相对消灭。宅基地使用权绝对消灭,是指因某种客观事实或行为的出现,导致宅基地使用权人不再享有权利。比如,因地震、河流改道、火山喷发、山体滑坡等自然灾害的原因,导致农村村民的宅基地不能恢复原状、继续使用或者灭失等情形。再比如,因某种行为的发生,导致宅基地使用权人不再享有权利。根据《土地管理法》的有关规定,国家为了公共利益的需要,可以依法对土地实行征收或者征用并给予补偿。由此,土地被征收或者征用时,则会导致宅基地使用权的消灭。此外,集体经济组织根据《土地管理法》第66条规定的情形,可以依法收回土地使用权。在土地依法被收回时,宅基地使用权也不复存在。宅基地使用权相对消灭,是指因宅基地使用权主体的变化,导致宅基地使用权人丧失了权利。宅基地使用权的相对消灭,主要表现为因住宅的出卖、出租、赠与等行为而产生的宅基地使用权人的使用权消灭,从而形成新的宅基地使用权主体的情形。

从本条的规定看,从《土地管理法》第62条有关"农村村民出卖、出租赠与住宅后,再申请宅基地的,不予批准"的规定来看,宅基地使用权消灭主要是指宅基地使用权的绝对消灭,且强调的情形是因自然灾害等原因导致宅基地灭失。宅基地使用权作为一种用益物权,其主要目的在于通过物（住宅）的效用发挥而满足他人之需。显然,在发挥效用之物已不存在的情况下,他人基于物的效用之权利亦不应存在。对于宅基地自然灭失的情况,由于村民已失去宅基地,且符合宅基地的分配条件,有权申请分配宅基地,农村集体经济组织亦应当重新为其重新分配宅基地。

需要注意的问题是,宅基地使用权的相对消灭,虽导致宅基地使用权人丧失了宅基地使用权,但该权利的丧失是当事人基于等价有偿的方式而为之,不同于宅基地的自然灭失,宅基地使用权人获得了对应的补偿,故此种情形下,宅基地使用权人无权重新申请分配宅基地。

(二)宅基地使用权的重新分配

宅基地使用权是农民群众安身立命之本,因自然灾害等原因导致宅基地使用权消灭的,农村集体经济组织应主动落实保障农村村民的宅基地使用权。根据原《物权法》的规定,宅基地使用权因自然灾害等原因灭失的,对失去宅基地使用权的村民,应当重新分配宅基地。尽管法律对失去宅基地的村民明确重新分配宅基地的权利,但对重新分配宅基地的程序却未涉及。对于重新分配宅基地的相关程序要求,应按照农村村民初次申请宅基地的审批程序进行。比如,关于宅基地的面积,不得超出省、自治区、直辖市规定的标准;住宅的建设,应符合乡(镇)土地利用总体规划、村庄规划,不得占用永久基本农田;宅基地应经乡(镇)人民政府审批等。在此需注意的是,有的村民基于继承等原因可能拥有多处宅基地,且面积已超出法定标准,在此情况下,即使因自然原因导致宅基地灭失,但如其拥有的宅基地符合法定面积标准,则不能适用本条的规定而申请重新分配宅基地。

## ▶ 适用指引

实践中,宅基地使用权消灭的原因较为复杂。因自然原因导致灭失的,失去宅基地的村民适用本条的规定重新分配宅基地并不存在障碍。而对于因乡镇、村庄规划的需要而调整、收回宅基地的情况,是否与宅基地因自然原因灭失的情况一样,可以重新分配宅基地,则有待明确。我们认为,对于此种情况,失去宅基地的村民应有权重新申请分配宅基地,但同时要综合考虑申请人是否获得补偿的情况。在此需注意的问题是,农户失去宅基地后的重新分配,应当符合申请宅基地的条件,也即符合现行"一户一宅"及规定面积标准,否则,因其不符合分配条件而不能获得许可。但基于宅基地福利性和物质性,对于不符合重新分配宅基地条件的农户,可以给予一定的经济补偿。

**第三百六十五条** 已经登记的宅基地使用权转让或者消灭的，应当及时办理变更登记或者注销登记。

## 关联规定

### 一、法律、行政法规、司法解释

《中华人民共和国城乡规划法》

第四十一条 在乡、村庄规划区内进行乡镇企业、乡村公共设施和公益事业建设的，建设单位或者个人应当向乡、镇人民政府提出申请，由乡、镇人民政府报城市、县人民政府城乡规划主管部门核发乡村建设规划许可证。

在乡、村庄规划区内使用原有宅基地进行农村村民住宅建设的规划管理办法，由省、自治区、直辖市制定。

在乡、村庄规划区内进行乡镇企业、乡村公共设施和公益事业建设以及农村村民住宅建设，不得占用农用地；确需占用农用地的，应当依照《中华人民共和国土地管理法》有关规定办理农用地转用审批手续后，由城市、县人民政府城乡规划主管部门核发乡村建设规划许可证。

建设单位或者个人在取得乡村建设规划许可证后，方可办理用地审批手续。

### 二、部门规章及规范性文件

《不动产登记暂行条例实施细则》

第四十二条 因依法继承、分家析产、集体经济组织内部互换房屋等导致宅基地使用权及房屋所有权发生转移申请登记的，申请人应当根据不同情况，提交下列材料：

（一）不动产权属证书或者其他权属来源材料；

（二）依法继承的材料；

（三）分家析产的协议或者材料；

（四）集体经济组织内部互换房屋的协议；

（五）其他必要材料。

**第四十三条** 申请宅基地等集体土地上的建筑物区分所有权登记的，参照国有建设用地使用权及建筑物区分所有权的规定办理登记。

### 三、司法指导性文件

**《第八次全国法院民事商事审判工作会议（民事部分）纪要》**

21. 对于未取得建设工程规划许可证或者未按照建设工程规划许可证规定内容建设的违法建筑的认定和处理，属于国家有关行政机关的职权范围，应避免通过民事审判变相为违法建筑确权。当事人请求确认违法建筑权利归属及内容的，人民法院不予受理；已经受理的，裁定驳回起诉。

22. 因违法建筑倒塌或其搁置物、悬挂物脱落、坠落造成的损害赔偿纠纷，属于民事案件受案范围，应按照侵权责任法有关物件损害责任的相关规定处理。

## ▶ 条文释义

### 一、本条主旨

本条是关于宅基地使用权转让或者消灭应当及时办理登记的规定。

### 二、条文演变

宅基地使用权为不动产用益物权，根据原《物权法》的规定，不动产物权的设立、变更、转让和消灭，应当依照法律规定进行登记，这是物权公示原则要求。宅基地使用权的转让、消灭，涉及不动产物权的转让、消灭，为保障当事人的合法权益，应办理变更登记手续或者注销登记。原《物权法》第155条规定："已经登记的宅基地使用权转让或者消灭的，应当及时办理变更登记或者注销登记。"从实践的情况看，宅基地使用权的登记管理较为混乱，且农民群众基于法律意识不强等因素，对宅基地使用权权利凭证的重视程度不高。为加强宅基地管理，依法保护宅基地使用权人的合法权益，推进宅基地使用权确权登记工作，近年来有关部门出台了多部规范性文件。如2008年原国土资源部发布《关于进一步加快宅基地使用权登记发证工作的通知》(国土资发〔2008〕146号),2014年原国土资源部、财政部、住房和城乡建设部等联合出台《关于进一步加快推进宅基地和集体建设用地使用权确权登记发证工作的通知》(国土资发〔2014〕101号),2016年原国土资源部发布《关于进一步加快宅基地和集体建设用地确权登记发证有关问题的通知》。

宅基地使用权为农村村民享有的一项至关重要的财产权利,宅基地问题影响着农村社会的和谐稳定。宅基地使用权的登记制度,有利于保护宅基地使用权人和利害关系人的合法权益,维护交易安全。从相关部门出台的规范性文件看,宅基地的确权、登记、发证工作已有效开展,并不断推进在全国范围内完成宅基地使用权登记。而已经登记的宅基地使用权的转让、消灭问题,基于原《物权法》明确规定需办理变更登记或者注销登记,应办理物权登记。此既为物权公示原则之要求,又有利于保护当事人的合法权益。本条保留了原《物权法》第155条的规定内容。

### 三、条文解读

#### (一)宅基地使用权登记机关

在原《物权法》出台以前,我国办理不动产登记的机构有多个部门。登记机构不统一,存在重复登记、登记资料分散、增加当事人负担、资源浪费等弊端。原《物权法》第10条规定:"不动产登记,由不动产所在地的登记机构办理。""国家对不动产实行统一登记制度。统一登记的范围、登记机构和登记办法,由法律、行政法规规定。"《不动产登记暂行条例》第7条明确规定:"不动产登记由不动产所在地的县级人民政府不动产登记机构办理;直辖市、设区的市人民政府可以确定本级不动产登记机构统一办理所属各区的不动产登记。""跨县级行政区域的不动产登记,由所跨县级行政区域的不动产登记机构分别办理。不能分别办理的,由所跨县级行政区域的不动产登记机构协商办理;协商不成的,由共同的上一级人民政府不动产登记主管部门指定办理。""国务院确定的重点国有林区的森林、林木和林地,国务院批准项目用海、用岛,中央国家机关使用的国有土地等不动产登记,由国务院国土资源主管部门会同有关部门规定。"由此,宅基地使用权的登记机关,根据前述规定为依法设立的不动产登记机构。

### （二）宅基地使用权登记规则

从现行法律、法规的规定看，针对不动产的登记问题，《不动产登记暂行条例》和《不动产登记暂行条例实施细则》进行了细化、明确。针对宅基地使用权的登记问题，根据《不动产登记暂行条例》第5条的规定，宅基地使用权属于依照该条例的规定办理登记的事项。而针对具体的登记规则，该条例第3章"登记程序"中则有所涉及。比如，宅基地使用权登记申请的提出，《不动产登记暂行条例》第14条明确了哪些情形应由当事人双方共同申请，哪些情形可由当事人单方申请。对于宅基地登记申请人在申请登记时应提交的材料，《不动产登记暂行条例》明确申请人应提交以下材料：（1）登记申请书；（2）申请人、代理人身份证明材料、授权委托书；（3）相关的不动产权属来源证明材料、登记原因证明文件、不动产权属证书；（4）不动产界址、空间界限、面积等材料；（5）与他人利害关系的说明材料；（6）法律、行政法规以及本条例实施细则规定的其他材料。而《不动产暂行登记条例实施细则》则在《不动产登记暂行条例》的基础上对相关问题作了进一步的明确。

在受理当事人申请后，不动产登记机构负有审查职责。就不动产登记所负有的审查职责是实质审查还是形式审查问题，学界一直存在争议。从原《物权法》的相关规定看，法律并未明确不动产登记机构的审查职责是实质审查还是形式审查。但从《不动产登记暂行条例》的相关规定看，不动产登记机构要对申请人提交的材料进行实质审查，必要时还要进行查验、实质查看和调查。比如，《不动产登记暂行条例》第18条、第19条的规定。因此，对当事人提出的登记申请的审查，不动产登记机构应进行实质审查。

### （三）宅基地使用权登记的效力

宅基地使用权性质为不动产物权，而不动产物权登记的效力问题，从各国法律规定看，立法模式不尽一致，大致存在三种模式：一是登记对抗要件主义，其要求不动产物权的变动，在当事人之间，不需进行登记即可发生法效力，但仅在登记后，才发生对抗第三人的效力，未经登记的，不得对抗善意第三人。二是登记生效主义，其要求不动产物权的变动，必须进行登记，如未登记，则不发生物权变动效力。三是托伦斯登记制度，其要求除了登记之外，还有交付权利证书的要求，产权一经登记，具有不可推翻的效力，国家给予保障。不强制一切土地所有权、他项权利申请登记。但一经登记，其后发生的房地产权利变更或者设立，非经登记，不生效力。

根据我国的现行法律规定，关于物权登记模式问题，我国立法规定了以登记生效主义为原则、以登记对抗主义为例外的模式。比如，《民法典》第209条规定："不动产物权的设立、变更、转让和消灭，经依法登记，发生效力；未经登记，不发生效力，但是法律另有规定的除外。""依法属于国家所有的自然资源，所有权可以不登记。"而针对宅基地使用权的登记效力，在法律未有例外规定的情况下，应采取登记生效主义，即宅基地使用权的登记具有物权效力，未经登记的，不具有物权效力。

根据宅基地使用权登记的种类不同，宅基地使用权登记则具有不同的类别。比如，基于宅基地使用权的流转和消灭而办理的登记，则分为变更登记和注销登记。当宅基地使用权转让后，则宅基地使用权的主体发生了变更，即从一个权利主体变更为另一个权利主体，在此情况下，基于登记生效主义之要求，为保护权利主体的权利，应及时办理变更登记。同样，在宅基地使用权消灭时，比如宅基地因自然灾害灭失或者被征收时，宅基地使用权不复存在，在此情况下，应办理注销登记。基于《民法典》第364条的规定，宅基地因自然灾害等原因灭失的，宅基地使用权消灭。对失去宅基地的村民，应当依法重新分配宅基地。在此情况下，失去宅基地使用权人申请重新分配土地，如不进行注销登记，则宅基地使用权人名下仍有登记的宅基地使用权，将影响宅基地使用权人相关权益的行使。

## ▶ 适用指引

关于同一宅基地使用权转让多人时的权利主体认定问题，宅基地使用权变更登记，为认定宅基地使用权是否完成转让的重要条件。未办理宅基地使用权变更登记的，不发生宅基地使用权转让的法律效力，也不能对抗善意第三人。实践中，基于种种原因存在同一宅基地使用权转让给多人的情况。在受让人均主张宅基地使用权时，如何处理，存在争议。我们认为，根据不动产物权登记生效模式以及参照《农村土地承包纠纷解释》第20条的规定，针对不同的情况，可作如下处理：

第一，如果一方受让人已经就受让的宅基地使用权办理变更登记，则该当事人取得了宅基地使用权。另一受让当事人再主张宅基地使用权的，不能获得支持。

第二，如果受让人均未依法办理宅基地使用权变更登记的，则合同生效的受让人取得宅基地使用权。

第三，根据前述情形无法确定的，已经根据宅基地使用权流转合同合法占有宅基地的，取得宅基地使用权，但争议发生后一方强行先占宅基地的行为和事实，不得作为确定宅基地使用权的依据。

需注意问题的是，对未取得宅基地使用权的一方当事人的权利保护问题。未取得宅基地使用权的一方当事人，有权根据其与宅基地使用权出让人签订的合同，依法要求违约方承担相应的违约责任。

# 第十四章　居住权

> 第三百六十六条　居住权人有权按照合同约定，对他人的住宅享有占有、使用的用益物权，以满足生活居住的需要。

## 关联规定

### 一、法律、行政法规、司法解释

《最高人民法院关于人民法院办理执行异议和复议案件若干问题的规定》

第二十条　金钱债权执行中，符合下列情形之一，被执行人以执行标的系本人及所扶养家属维持生活必需的居住房屋为由提出异议的，人民法院不予支持：

（一）对被执行人有扶养义务的人名下有其他能够维持生活必需的居住房屋的；

（二）执行依据生效后，被执行人为逃避债务转让其名下其他房屋的；

（三）申请执行人按照当地廉租住房保障面积标准为被执行人及所扶养家属提供居住房屋，或者同意参照当地房屋租赁市场平均租金标准从该房屋的变价款中扣除五至八年租金的。

执行依据确定被执行人交付居住的房屋，自执行通知送达之日起，已经给予三个月的宽限期，被执行人以该房屋系本人及所扶养家属维持生活的必需品为由提出异议的，人民法院不予支持。

### 二、司法指导性文件

《最高人民法院、国家发展和改革委员会关于为新时代加快完善社会主义市场经济体制提供司法服务和保障的意见》

24.依法促进房地产市场平稳健康发展。坚持"房子是用来住的，不是用来炒的"定位，依法妥善审理涉房地产相关纠纷案件，引导房产交易回归居住属性。落实中央加快建立多主体供给、多渠道保障、租购并举的住房制度要求，坚持租购同权，依法保护房屋承租人的优先承租权。准确把握《民法典》关于居住权的立法目的与成立条件，依法妥善审理涉居住权案件，充分发挥居住权扶弱、施惠的社会保障功能，保护弱势群体的居住权益。积极运用司法手段支持政府严控房价，防范炒地炒房投机行为，保障房地产市场平稳健康发展。

## ▶ 条文释义

### 一、本条主旨

本条是关于居住权概念的一般规定。

### 二、条文演变

本条为新增规定，无旧法基础。原《物权法》未规定居住权制度。2002年第九届全国人大常委会第三十一次会议分组审议了《民法（草案）》，草案在第2编物权编的第18章设专章规定了居住权，共8条，分别规定了居住权的概念、设立居住权的方式、居住权人的义务、居住权的限制、所有权人的义务、所有权变化不影响居住权、居住权期限、居住权消灭。2004年第十届全国人大常委会第十次会议原《物权法（草案）》（二次审议稿）、2005年第十届全国人大常委会第十六次会议原《物权法（草案）》（三次审议稿）和第十八次会议原《物权法（草案）》（四次审议稿），对居住权的规定不断修改完善，至原《物权法（草案）》（四次审议稿），草案第15章居住权共12条。原《物权法（草案）》（五次审议稿）删除居住权一章，对居住权问题暂不作规定，对少数需要设立居住权的特殊要求，可以通过附义务的赠与、附义务的遗嘱继承等办法解决。虽然原《物权法》未对居住权制度作出规定，但原《婚姻法解释（一）》第27条第3款规定："离婚时，一方以个人财产中的住房对生活困难者进行帮助的形式，可以是房屋的居住权或者房屋的所有权。"在《民法典》物权编编纂过程中，有的意见建议，增加规定居住权制度。在2018年8月第十三届全国人大常委会第五次会议审议的《民法典》各分编草案中，增加一章规定了居住权制度。在2019年4月第十三届全国人大常委会第十次会议《民法典物权编（草案）》（二次审议稿）和2019年12月第十三届全国人大常委会第十五次会议审议《民法典（草案）》中，不断对居住权制度修改完善。

### 三、条文解读

#### （一）居住权制度的源起

居住权制度起源于罗马法。在古罗马共和国的末年，无夫权婚姻和奴隶解放的情况日益增多，每当家长亡故，那些没有继承权或者丧失劳动能力的人的生活就成了问题。因此，丈夫或者家主就把一部分家产的使用权、收益权、居住权等遗赠给妻子或被解放的奴隶，使他们生有所靠，老有所养。这些权利在查士丁尼一世时称为人役权。[①] 居住权制度设立的初衷是解决家庭成员的居住和供养问题。由于罗马法中的居住权具有扶弱、施惠的功能，因而往往通过遗嘱、遗赠等单方法律行为作出；而且居住权人在取得居住权后，只能用于居住，而不享有取得收益的权利；在居住权人死亡后，居住权即告消灭，居住权人的继承人不得继承。

关于我国是否应当引入居住权制度，早在原《物权法》制定时就存在争议。因传统的住房供应体系已经越来越难以满足中国特色社会主义新时代的要求，党的十九大报告指出："加快建立多主体供给、多渠道保障、租购并举的住房制度。"《民法典》物权编将居住权确定为一项法定用益物权，有效兼顾商品房购买的稳定性和房屋租赁的灵活性，有利于克服传统二元化房屋供应体系的弊端，是一项住房领域供给侧结构性改革的重要成果，体现了以人民为中心的发展思想，对实现"人民群众住有所居"的目标具有现实意义。从《民法典》本条至第371条这6个条文规定来看，我国的居住权沿袭了为达到赡养、抚养或扶养目的的传统法律制度基础，既拓展了其社会保障属性，又凸显了房屋价值利用多元化的功能，具有鲜明的时代特征。

#### （二）居住权的概念和法律特征

本条规定，居住权人有权按照合同约定，对他人的住宅享有占有、使用的

---

① 参见周枏：《罗马法原论》，商务印书馆1994年版，第361~376页。

用益物权，以满足生活居住的需要。据此，居住权制度有如下法律特征。①

第一，居住权属于用益物权。用益物权是以支配标的物的使用价值为内容的物权。物债两分原则乃是大陆法系传统财产法体系之"脊梁"。②物权为对物全面支配的权利，直接设定于物之上，权利的实现无须他人的积极作为，权利人之外的任何人仅负消极的不侵犯物权义务，属于绝对权。而债权仅存在于特定的当事人之间，第三人不受债权债务关系的约束，具有相对性。正因为物权具有针对任何人的效力，为使他人免于承受不可预测的风险，保障行为自由、安全和社会秩序，物权法定成为物权法的一项基本原则。原《物权法》第5条规定，"物权的种类和内容，由法律规定"，明确除法律规定外，任何人不得创设物权。因此，虽然此前社会生活实践中已有当事人基于各种原因设立居住权，甚至因此产生争议诉至法院，但由于没有法律明文规定，很多情况下只能按照租赁等债权关系处理。即便使用了居住权的概念，也难以实现物权属性对当事人利益的强大保护功能。在居住权制度"入典"后，按照法律规定要件设立，并经登记公示的居住权具有对抗任何第三人的法律效力。

第二，居住权是对他人住宅享有的权利。民法理论认为，根据标的物所有人归属，物权可以分为自物权和他物权。自物权即所有权，是指权利人对自己所有的物依法享有的占有、使用、收益、处分的权利。所有权是唯一的自物权，是完全的物权。他物权是权利人依据法律的规定或合同的约定，在他人所有的物上所设立的直接管理和支配该物、享有对物的收益，并排除他人干涉的权利。所有权以外的物权均是他物权。居住权作为他物权，当然也只能是对他人之物享有权利。

本条规定居住权的客体为住宅。有别于"商品房""房屋"等表述，住宅只能是用于居住的房屋，包括但不限于商品房、经济适用房、限竞房、两限房、共有产权房以及农村宅基地上所建房屋等。对于非用于居住的商铺、厂房、办公楼等，原则上不能设立居住权。

第三，居住权通过合同、遗嘱设立。本条规定居住权人按照合同约定而享有权利，表明居住权是经意思自治所创设而并非所有权人的法定义务。根据我国现行法律体系，合同大致可以分为三种类型：第一类为通常意义上的民事合

---

① 参见石宏主编：《〈中华人民共和国民法典〉释解与适用：物权编》，人民法院出版社2020年版，第321页。

② 转引自尹田：《物权法理论评析与思考》，中国人民大学出版社2008年版，第1页。

同,指平等民事主体之间形成的设立、变更、消灭民事法律关系的协议;第二类为涉及婚姻、收养、监护等身份关系的合同;第三类为行政协议。虽然行政协议不属于民法意义上的合同范畴,但由于行政协议的履行可能创设一项民事权利,故为严谨起见,仍有必要于此列明。基于前文对罗马法居住权制度源流的考察,本条所称合同应当首先包括涉及婚姻、收养、监护等身份关系的合同。这是因为居住权制度产生的基础就是对具有特定身份关系人的利益的保护。即便到今天,婚姻家庭领域的法律关系仍应是居住权的典型适用形态。其次,从文义解释,本条所称合同还应当包括一般意义上平等民事主体之间签订的民事合同。因为当民事法律文本中出现合同一词时,除非是在特定的部门法或者基于上下文体系解释有其他理解,否则,即应理解为平等民事主体之间形成的设立、变更、消灭民事法律关系的协议。同时,只有允许基于非身份关系设立居住权,才有利于体现居住权的财产权属性,在新时代发挥其社会保障以及融资等财产利用多样的功能。最后,从目前来看,居住权在行政协议中尚无适用之余地。

《民法典》总则编中的第133条、第134条第1款规定:"民事法律行为是民事主体通过意思表示设立、变更、终止民事法律关系的行为。""民事法律行为可以基于双方或者多方的意思表示一致成立,也可以基于单方的意思表示成立。"一般认为,民事法律行为可以划分为合同行为以及单方法律行为。于此需探讨的是,单方法律行为是否可以设立居住权?从文义来看,合同并不包括单方法律行为。但正如前文所述,居住权的制度基础主要是婚姻家庭领域,而在该领域中如遗嘱等单方法律行为是设立居住权的重要形式,故不应予以排除。因此,《民法典》第371条规定:"以遗嘱方式设立居住权的,参照适用本章的有关规定。"

第四,居住权人享有对他人住宅占有和使用权能。通说认为,完整的所有权包含占有、使用、处分和收益四项权能。所有权人通过设定用益物权将占有、使用和收益权能转移给用益物权人,仅保留处分权成为"虚有权"。① 《民法典》第323条规定:"用益物权人对他人所有的不动产或者动产,依法享有占有、使用和收益的权利。"本条则规定,居住权人仅享有占有、使用标的物住宅的权能,明确排除居住权人享有收益权,再次体现了立法对于居住权保障

---

① 参见周枏:《罗马法原论》,商务印书馆1994年版,第368页。

弱势群体的功能定位。同时，对于居住权人的占有权、使用权的理解还应当结合本条"以满足生活居住的需要"作限缩性解释，即居住权人对标的物住宅的占有、使用不能超出居住的范畴。如使用住宅仅用于堆放物资、改造住宅用于经营等，均超出了居住权人的权利范围。

值得注意的是，居住权与房屋租赁尽管都是对他人房屋的使用，但属于两种不同类型的权利，房屋租赁不能代替居住权的功能。房屋租赁属于债权，尽管法律通过设定"买卖不破租赁"的规则赋予其一定程度的物权属性，但房屋租赁期限较短，稳定性相对较弱，不足以满足长期居住的需求。首先，《民法典》第705条明确规定租赁合同最多不能超出20年，超过部分无效。事实上，由于近年来城市房屋租金的节节上涨，除政策性公租房外，房屋租赁合同约定的期限一般都相对较短。相对而言，居住权期限并无法律规定限制，可以直至居住权人死亡。其次，租赁合同属于有偿合同，承租人需按照市场价格支付租金，不能完全适应婚姻家庭关系中调节房屋居住的需要。而居住权为无偿设立，可以通过遗嘱等单方法律行为作出，形式更为灵活。最后，租赁权属于债权，不能对抗第三人。而居住权是物权，具有优先效力和绝对对世效力。可见，居住权并非房屋租赁可以替代的权利。

第五，居住权是为特定自然人设定的。居住权是"以满足生活居住的需要"为前提而设立，因此，居住权的主体只能是自然人，法人或者非法人组织不能享有居住权。居住权人以外的人一般不能享有居住权，但有的国家允许居住权人的家庭成员居住，并详细规定了可以居住的自然人的范围。

第六，居住权的设立以登记为生效要件。《民法典》第368条明确规定，居住权自登记时设立。

## ▶ 适用指引

"每一次发展的法律体系，都必须经过一段由司法判决形成法律的时期。"[①] 在《民法典》颁布前，居住权一直未被我国民事立法所承认。但面对实践中涉及居住权的诉讼纠纷，人民法院并不能以法无明文规定为由拒绝裁判。

---

① Ehrilich, The Sociology of law, 36 Harv, L. Rev. 130, 134（1930），转引自任宇飞、李玉斌：《论居住权的类型及其司法适用》，载《重庆大学学报（社会科学版）》2015年第3期。

司法实践中，涉居住权案件主要集中在离婚、继承、赡养以及涉公产住房、投资性住房纠纷等相关社会生活领域。如离婚后无住房一方及其未成年子女的居住权问题，订立遗嘱或遗赠人对房屋的处分意愿与居住权人的住房需求冲突问题，子女不履行赡养义务导致老年人无房可住的问题，公产住房居住人权利义务划分不明问题，以及将居住权作为投资方式进入市场流通引发的相关权利争议问题。

从裁判思路来看，人民法院对于涉居住权的案件主要有两种思路：一是基于物权法定的原则，将双方关于居住权的约定解释为所有权等其他类型的物权。如在河南省驻马店市平舆县人民法院（2013）平民初字第1352号案件中，当事人约定"建房资金由兄弟二人平均分担，房屋门面中间由父母所有（将来父母百年后为兄弟二人共同财产），住房二层属父母居住（将来父母百年后为兄弟二人共同财产）"。法官认为："根据物权法定原则，《物权法》没有规定居住权，该协议约定的楼房二层居住权应为所有权。"二是通过法律解释确认居住权的不动产物权属性。如浙江省高级人民法院（2013）浙民提字第82号案中，当事人约定"现因姐姐朱某甲在杭州工作无房可住，朱某乙愿将该房让与朱某甲居住"。法官认为，首先可将该约定认定为亲属间居住权让与；其次，由于让与协议没有约定居住期限，因此推定居住权的期限可以为终生居住；最后，居住权不得再转让、继承。此外，对于有偿设定居住权、保留居住权的所有权交易、赠予所有权中的居住权保留、集资购房中的居住权、通过遗嘱分割居住权和所有权、共有物分割中设定居住权等均有相关司法裁判予以认可。① 原《婚姻法解释（一）》第27条关于"离婚时，一方以个人财产中的住房对生活困难者进行帮助的形式，可以是房屋的居住权或者房屋的所有权"的规定，首次通过司法解释为离婚案件生活困难的配偶一方的居住权提供了裁判依据。这些司法实践探索，都为此次《民法典》关于居住权的制度设计提供了有益的实证依据。

值得注意的是，一方面，《民法典》明确规定居住权制度为今后相关案件的审理提供了法律依据，避免裁判者花费大量时间精力用于文书说理；另一方面，也大大限缩了裁判者自由裁量的范围。因此，我们有必要检视梳理多年来

---

① 参见肖俊：《"居住"如何成为一种物权——从罗马法传统到当代中国居住权立法》，载《法律科学（西北政法大学学报）》2019年第3期。

审判实践中形成的审判理念,对于不违反法律规定,有利于矛盾纠纷化解,有利于充分发挥居住权制度功能的,应当不断完善发展;对于不符合法律规定的,应当及时予以修正。在具体案件的审理中,还有必要通过法律解释等方法,"对立法者疏未顾及之处,仍应运用其智慧,自动审查有关各种利益",[①] 实现法律推理逻辑自洽和个案公平正义的平衡。

---

① 杨仁寿:《法学方法论》,中国政法大学出版社1999年版,第65~66页。

**第三百六十七条** 设立居住权,当事人应当采用书面形式订立居住权合同。

居住权合同一般包括下列条款:

(一)当事人的姓名或者名称和住所;

(二)住宅的位置;

(三)居住的条件和要求;

(四)居住权期限;

(五)解决争议的方法。

## ▶ 关联规定

法律、行政法规、司法解释

《中华人民共和国民法典》

**第五百一十条** 合同生效后,当事人就质量、价款或者报酬、履行地点等内容没有约定或者约定不明确的,可以协议补充;不能达成补充协议的,按照合同相关条款或者交易习惯确定。

**第五百一十一条** 当事人就有关合同内容约定不明确,依据前条规定仍不能确定的,适用下列规定:

(一)质量要求不明确的,按照强制性国家标准履行;没有强制性国家标准的,按照推荐性国家标准履行;没有推荐性国家标准的,按照行业标准履行;没有国家标准、行业标准的,按照通常标准或者符合合同目的的特定标准履行。

(二)价款或者报酬不明确的,按照订立合同时履行地的市场价格履行;依法应当执行政府定价或者政府指导价的,依照规定履行。

(三)履行地点不明确,给付货币的,在接受货币一方所在地履行;交付不动产的,在不动产所在地履行;其他标的,在履行义务一方所在地履行。

(四)履行期限不明确的,债务人可以随时履行,债权人也可以随时请求履行，但是应当给对方必要的准备时间。

（五）履行方式不明确的，按照有利于实现合同目的的方式履行。

（六）履行费用的负担不明确的，由履行义务一方负担；因债权人原因增加的履行费用，由债权人负担。

## ▶ 条文释义

### 一、本条主旨

本条是关于居住权合同形式和内容的规定。

### 二、条文演变

本条为新增规定。本条第2款规定是2019年4月《民法典物权编（草案）》（二次审议稿）增加规定的内容。2019年12月，《民法典（草案）》在二次审议稿的基础上又作了修改完善。

### 三、条文解读

（一）设立居住权应当采用书面形式订立居住权合同

《民法典》规定，居住权可以基于当事人之间的约定及被继承人的遗嘱设立。本条规定了通过书面居住权合同设立居住权。虽然本条规定"应当采用书面形式"，但不应把该规定作为效力性强制性规定。

根据《民法典》第469条第1款的规定，当事人订立合同，可以采用书面形式、口头形式或者其他形式。学理认为，根据合同是否以一定形式为要件，可将合同分为要式合同和不要式合同。基于意思自治和交易便捷的考量，只要合同缔约方形成了真实合意，不论采用何种形式，即应认定合同真实成立并对缔约方具有约束力。但是，对于缺乏特定形式的合同，尤其是口头合同，容易使得缔约方成为轻率或欺诈的牺牲品。一旦因合同纠纷发生诉讼，还会陷于难以举证的困境。

我国对合同形式采取不要式原则，如《民法典》对于买卖合同就并未明确其形式，但要式合同的适用仍然较为广泛。本条第1款明确规定，设立居住权应以书面形式订立居住权合同,因此,居住权合同属于要式合同。未采用书面形式的居住权合同,原则上不发生效力。但是,如果仅仅为强调签订合同的谨慎和追求诉讼的便利,就对欠缺形式要件的合同一律评价为未成立或无效,那么对当事人交易的积极性、交易安全和效率无异于重大打击,反而是舍本逐末。因此,欠缺形式要件的合同仍应设计补救措施。主要包括两个方面:一是当事人自认。当事人在诉讼前或者诉讼过程中对合同成立及其条件的自认成为合同未完成必要形式的补救措施,并限制要式欠缺合同的无效。当事人的自认可以采用多种形式,如在法庭上的答辩、作证或书面承认等其他形式。二是履行治愈。通说认为,合同能够因履行而治愈的基础在于,在某些合同中,相较于要式目的的追求,合同履行后当事人的信赖保护应居于优势地位而受到保护,故此,法律放弃追求要式目的转而认定合同有效来保护当事人的信赖利益。而从另一个角度来看,当事人自动履行也是另一种自认的形式。《民法典》第490条第2款规定:"法律、行政法规规定或者当事人约定合同应当采用书面形式订立,当事人未采用书面形式但是一方已经履行主要义务,对方接受时,该合同成立。"

### (二)居住权合同的内容

本条第2款是关于居住权合同内容的规定,属于提示性条款。主要包括当事人基本信息、住宅的位置、居住的条件和要求、居住权期限以及解决争议的方法。

#### 1. 当事人的姓名或者名称和住所

当事人的姓名或者名称和住所,是合同中最基本的要件。如果不写明当事人,合同由谁履行就不明确,当事人的权利和义务更无从谈起。居住权合同的当事人一般为住宅的所有权人和居住权人。① 《民法典物权编(草案)》曾规定:"居住权合同,应当包括当事人的姓名和住所";而《民法典》公布后,在第367条,即本条则规定居住权合同应当包括"当事人的姓名或者名称和住所"。正式发布的《民法典》较之《民法典各分编(草案)》增加了"名称",应当如何理解?根据文义解释和体系解释,姓名一般是针对自然人而言的,而名称一般是针对法人或非法人组织而言的,包括国家机关及事业单位、公司法

---

① 参见石宏主编:《〈中华人民共和国民法典〉释解与适用:物权编》,人民法院出版社2020年版,第323页。

人、合伙企业等。这是否表明居住权人既包括自然人又包括法人和非法人组织呢？我们认为，这个问题，应当结合"居住"的概念以及居住权制度自身的价值功能来分析。"居住"是一个富含伦理的概念，它意味着在某一处所长久地生活。① 它由人类系统发出，以寻求和获得更好的栖身场所为动机和目的，以建造、寻找、选择以及使用、利用自己的居住空间为行使的方式和手段，而源自人类的自然与社会属性的作为人类特有的判断标准及价值观，则是居住行为内在的规定和控制因素。② 居住权制度起源于罗马法的人役权制度并植根于"用益权—使用权—居住权"的权利架构之中，是在家长制和概括继承制的基础上为解决生活困难、无独立财产的弱势群体的居住问题而创设的权利。③ 马尔西安说："役权附着于人身。"④ 从居住权制度的诞生之日起，它就是为特定身份的自然人服务的。进入现代社会，立法者逐渐认识到居住权的财产权属性和投资性功能，居住权已不再限于亲属之间。但是，作为维持居住权独立物权属性的制度基础，其权利主体只能是自然人的规则仍应予以坚持。"居住"本身就表明了强烈的人身性，其权利主体只能是自然人，法人或其他组织对房屋的利用只能是"使用""利用"，而不可能是"居住"。《民法典》第366条规定居住权"以满足生活居住的需要"，更加清楚表明了我国居住权主体只限于自然人。

厘清这一问题后，即不难理解本条"当事人的姓名或者名称和住所"的规定。一个基本的认识前提是，本条规定的当事人并非居住权主体，而是居住权合同的主体，包括了居住权设立人。居住权设立人既可以是自然人，也可以是法人或非法人组织。当居住权设立人是法人或非法人组织时，在双方签订的合同中，自然应当出现其"名称"。这种情形主要出现在合作建房等商业用途中，如《无锡市房屋居住权处理办法》第2条规定："机关、团体、企业、事业单位（以下简称单位）与个人共同投资、建造房屋的居住权处理，也适用本办法。"

---

① 参见肖俊：《"居住"如何成为一种物权——从罗马法传统到当代中国居住权立法》，载《法律科学（西北政法大学学报）》2019年第3期。
② 参见廖丹：《作为基本权利的居住权研究》，法律出版社2018年版，第28页。
③ 参见王者洁：《论居住权权利框架体系的构建》，载《江西社会科学》2016年第2期。
④ 江平、米健：《罗马法基础》，中国政法大学出版社2004年版，第223页。

### 2. 住宅的位置

居住权的功能既然在于居住，则居住权自然应当设立于住宅之上。住宅的位置是合同的主要条款，涉及标的物的确定问题。居住权合同中应当明确住宅的具体位置，以确定当事人设立居住权的住宅。一般情况下，合同中明确的住宅的位置应与住宅房屋产权证上的位置一致。对于何为住宅？"法学家认为住宅是固着于土地之上的一种不动产；社会学家认为住宅是社会生活方式的具体表现；政治学家认为，良好宜人的住所是所有居民的基本人权；市场学家认为，住宅是市场流通中一组权利束的物质实体；地理学家认为住宅是人类聚落的房屋集合体；建筑学家认为住宅是供人居住的机器。"① 即便是在法学领域，住宅亦具有至少两种以上的含义：第一，作为人的安宁和隐私的住宅。根据这种理论，对住宅不再是关注其物理形态，而是从人的角度来审视。我国《刑法》第245条规定的非法侵入住宅罪，也被认为是对受害人"住宅安宁自由"法益的侵害。从上述分析来看，作为隐私、安宁自由的住宅范围较广，不能等同于居住权语境下的住宅。第二，作为通常意义以及财产意义上的住宅。在这一层面，住宅即应理解为供人居住的房屋，亦应为居住权语境下的住宅。首先，住宅一般应为人造建筑物。虽然在特定历史条件下，自然形成的空间或生产场所也被用于居住，如供人居住的天然洞穴、渔民渔船等，但不能称为住宅。其次，住宅应当具备独立的空间。最后，住宅应当包含固定、长期、连续、全面居住的意思。为单位值班人员准备的休息室虽然客观上用于居住，但不能称为住宅。尽管如此，判断何为住宅依然存在一定困难。这是由于住宅本身不属于可以在个案中通过涵摄准确界定的"概念"，而是仅仅指出若干确定、始终必要但也因此充分但不足以定义的要素，② 对于核心部分容易判断，其余仍需围绕"居住"这个指导性中心价值予以考量的"类型"。"语言的核心部分，其意义固甚明确，但愈趋边缘则愈为模糊，语言边缘之处的'边缘意义'一片朦胧，极易引起争执。"③ 对于典型的住宅，如商品房、经济适用房、限竞房、两限房、共有产权房以及农村宅基地上所建房屋等，在司法实践中相对容

---

① 卢卫：《解读人居：中国城市住宅发展的理论思考》，天津社会科学院出版社2000年版，第36页。
② 参见[德]卡尔·拉伦茨：《法学方法论》，陈爱娥译，商务印书馆2013年版，第97页。
③ 杨仁寿：《法学方法论》，中国政法大学出版社1999年版，第75页。

易认定。但对于商住两用房、公寓、酒店、民宿等房屋是否能设定居住权，则需要结合法律、行政法规的规定以及社会生活的实际情况，围绕"居住"这个中心价值妥当衡量。

### 3. 居住的条件和要求

居住权合同中可以约定居住的条件和要求，主要包括当事人的权利义务，是合同的主要条款。设立居住权的合同应当尽可能清晰地确定当事人之间的权利义务关系，避免纠纷的发生，或者在发生纠纷时有明确的规则可供遵循。权利方面，当事人可以协商约定居住权人占有使用的具体权利，如是否可以与其家属共同居住，是否可以让其所雇用的保姆等为其生活所需的服务、护理人员居住。义务方面，当事人可以协商约定双方的义务，如不得改变房屋的结构、用途，保管房屋的义务，承担房屋的日常负担及返还房屋等。

### 4. 居住权期限

《民法典物权编（草案）》（二次审议稿）未规定本项，本项是2019年12月审议的《民法典（草案）》增加规定的内容。有的意见提出，为扩大居住权的适用范围，应该允许当事人对居住权期限进行约定。居住权制度创设初始，为达到保护居住权人的目的，具有长期性的特点，一般持续至居住权人死亡。为保障当事人设立居住权的意思自由，扩大居住权制度的适用性，根据《民法典》的规定，当事人可以就居住权的存续期限作出约定。当事人可以根据不同情况、不同需求在居住权合同中约定居住权的期限。例如，给未成年人设立居住权的，可以约定居住权期限存续至未成年人成年之时。如果当事人未对居住权期限作出约定，根据《民法典》的规定，居住权人死亡的，居住权消灭。[①]

### 5. 解决争议的方法

居住权合同可以就合同履行发生争议的解决方法作出约定。因履行居住权合同发生争议的，所有权人和居住权人可以双方协商解决，协商不成的，提交双方当事人指定的仲裁委员会仲裁，或者依法向人民法院起诉。

需要注意的是，本条第2款所规定的内容并非全部都是居住权合同必须约定的内容。其中，第1项"当事人的姓名或者名称和住所"、第2项"住宅的位置"应当作出明确约定，如果欠缺这两项内容将导致居住权的主体和客体不明，不可能设立居住权。其他各项均非合同必须约定的内容，如果当事人未作

---

① 参见石宏主编：《〈中华人民共和国民法典〉释解与适用：物权编》，人民法院出版社2020年版，第324页。

约定，不影响居住权的设立。① 居住权合同一般条款的特殊性主要体现在两个方面：一是没有规定"价款或者报酬"而代之以"条件或者要求"；二是没有规定违约责任。其原因主要在于，商业合同以双务有偿为原则，以单务无偿为例外，一旦发生争议则"只讲理不讲情"，所以规定价款、报酬乃至违约责任理所应当。而居住权主要适用于婚姻家庭领域，发生于父母子女、配偶、兄弟姐妹等近亲属之间，作用于扶老、抚幼、济困之场合，单务无偿是居住权设立的重要方式。居住权人的义务并不在于支付对价。故立法采用"条件或要求"的表述更为妥当，去除违约责任条款亦在情理之中。

## ▶ 适用指引

### 一、居住权合同必备条款和欠缺填补规则

规定合同一般条款的重要规范目的，是基于交易安全和交易便捷的考量，避免当事人在合同履行中或履行后产生不必要的争议，同时也为司法裁判提供依据。有学者认为，合同条款可以区分为必备条款与非必备条款。必备条款是指根据合同的性质和当事人的约定所必须具备的条款，缺少这些条款将影响到合同的成立。②

#### 1. 居住权合同的必备条款

原《合同法解释（二）》第1条规定："当事人对合同是否成立存在争议，人民法院能够确定当事人名称或者姓名、标的和数量的，一般应当认定合同成立。"因此，在原则上，合同成立应当具备"名称或姓名、标的、数量"三个条款。对于居住权合同，必备条款只体现于当事人和标的物，数量显然不属于必备条款。要求有当事人，是因为当事人的具体化不能通过法律或者法院确定。但是，名称或姓名是确定当事人的指引，而确定当事人并不意味着一定明确当事人的姓名或名称。例如，在本人不透露真名的情况下，只要当事人可确定，也不妨碍合同的成立。依照此理，对于标的物"住宅"的信息，只要能够通过合同的约定予以确定即可，而无须作更加具体、精准的描述。

---

① 参见石宏主编：《〈中华人民共和国民法典〉释解与适用：物权编》，人民法院出版社2020年版，第324~325页。
② 参见王利明：《合同法研究》，中国人民大学出版社2002年版，第356页。

### 2. 居住权合同的非必备条款及欠缺填补规则

居住权合同非必备条款主要包括居住条件和要求、居住期限和解决争议的方法。关于居住条件和要件，如果未作约定，则居住权人应尽基本善良注意义务，妥当管理、维护住宅，不得滥用居住权对住宅造成损害。关于居住的期限，应当考虑发生的情境。如果是为老年人设立，居住期限应为至居住权人死亡。总而言之，在案件审理中，对于欠缺的非必备条款，法官应当依照《民法典》第510条、第511条确定的规则予以填补。对于发生在婚姻家庭领域的居住权纠纷，要注意充分运用伦理道德和公序良俗的理念；而对于发生在一般民事主体之间的居住权纠纷，则更应当强调平等原则、合同自由原则、公平原则以及诚信原则的适用。

## 二、居住权人的权利范围

居住权人的权利及于附属设施。基于居住的需求，居住权人不仅对住宅享有占有、使用的权利，其权利还应及于相关附属设施。原《物权法（草案）》曾规定："居住权人对他人享有所有权的住房及其附属设施享有占有、使用的权利。"本条虽然未就附属设施具体列明，但居住权人有权利使用附属设施应为不言自明之理。另外，为充分发挥居住权的功能，居住权人既可以对房屋的整体享有居住权，还可以对房屋的部分享有居住权。如房屋所有人为他人设定居住权之后自己仍在房屋中居住，或者为数人设定居住权，都意味着住宅的部分也可成为居住权客体。

## 三、居住权人的亲属的权利

居住权人的亲属亦享有居住利益。居住权的功能在于满足生活居住的需要，自然应当包括家庭生活。因而，居住权人的家庭成员或者保姆等为其提供生活起居照顾的人员亦应当享有居住的利益。享有居住利益的仅包括配偶、受权利人抚养之子女以及其他应由权利人抚养之血亲。除此之外，还可以包括与权利人有事实婚姻关系之人以及基于为权利人服务或为上述家庭成员服务而与权利人一起生活的人。

## 四、物权人能否为自己设立居住权

在是否引入居住权的问题上，支持者的一项重要理由是居住权可以为"以房养老"提供制度支持,协调现有制度中的矛盾。所谓以房养老,是指老年人基于养老的需求,将房屋出售给养老机构并保留居住权,养老机构通过支付相较市场价格较低的对价而取得"空虚所有权"。有观点认为,以房养老是在自己的房屋上设立居住权,而居住权是对"他人住宅"享有的权利,"自己的物不能提供(作为役权)服务。"[1] 因而,居住权不能应用于以房养老情形中。我们倾向于认为,居住权在他人住宅上设立是指居住权与所有权人须为不同主体。"以房养老"情形下,老人虽然不能在自己所有的房屋上为本人设立居住权,但可以通过在办理居住权登记前完成所有权变更登记,或者同时办理居住权设立登记和所有权变更登记等技术手段,实现所有权和居住权的分离,即所谓预先设立居住权的情形。通过老年人"出让"房产保留居住权的方式,可以更好地实现以房养老的目的。

---

[1] [德]马克斯·卡泽尔、罗尔夫·克努特尔:《罗马私法》,田士永译,法律出版社2018年版,第295页。

**第三百六十八条** 居住权无偿设立，但是当事人另有约定的除外。设立居住权的，应当向登记机构申请居住权登记。居住权自登记时设立。

## ▶ 关联规定

法律、行政法规、司法解释

1.《中华人民共和国民法典》

第二百零九条 不动产物权的设立、变更、转让和消灭，经依法登记，发生效力；未经登记，不发生效力，但是法律另有规定的除外。

依法属于国家所有的自然资源，所有权可以不登记。

第二百一十四条 不动产物权的设立、变更、转让和消灭，依照法律规定应当登记的，自记载于不动产登记簿时发生效力。

第二百一十五条 当事人之间订立有关设立、变更、转让和消灭不动产物权的合同，除法律另有规定或者当事人另有约定外，自合同成立时生效；未办理物权登记的，不影响合同效力。

2.《不动产登记暂行条例》

第五条 下列不动产权利，依照本条例的规定办理登记：

（一）集体土地所有权；

（二）房屋等建筑物、构筑物所有权；

（三）森林、林木所有权；

（四）耕地、林地、草地等土地承包经营权；

（五）建设用地使用权；

（六）宅基地使用权；

（七）海域使用权；

（八）地役权；

（九）抵押权；

（十）法律规定需要登记的其他不动产权利。

**第八条** 不动产以不动产单元为基本单位进行登记。不动产单元具有唯一编码。

不动产登记机构应当按照国务院国土资源主管部门的规定设立统一的不动产登记簿。

不动产登记簿应当记载以下事项：

（一）不动产的坐落、界址、空间界限、面积、用途等自然状况；

（二）不动产权利的主体、类型、内容、来源、期限、权利变化等权属状况；

（三）涉及不动产权利限制、提示的事项；

（四）其他相关事项。

## ▶ 条文释义

### 一、本条主旨

本条是关于居住权设立方式的规定。

### 二、条文演变

本条为新增条款。2018年8月审议的《民法典各分编（草案）》中本条仅规定："设立居住权的，应当向登记机构申请居住权登记。居住权自登记时设立。"征求意见过程中，有的意见为进一步完善居住权制度的相关规定，明确居住权是无偿设立的用益物权，并对居住权合同的内容进行规范。2019年4月审议的《民法典物权编（草案）》（二次审议稿）将上述规定单列一条，并在下一条中增加规定"居住权无偿设立"。有的意见提出，居住权应以无偿设立为原则，但应允许当事人作例外约定。2019年12月审议的《民法典（草案）》将"居住权无偿设立"移至本条并修改为"居住权无偿设立，但是当事人另有约定的除外"。

## 三、条文解读

### （一）居住权原则上应无偿设立

居住权以无偿设立为原则。从居住权的历史源流以及在我国的发展实践来看，居住权制度主要用于处理家庭成员之间的赡养、抚养和扶养关系，这是居住权制度的精髓所在。因而，居住权的设立不能适用市场交易等价有偿的原则，作为弱势群体的居住权人在获得居住权时往往是基于所有权人的帮扶或馈赠。

另外，相比于居住权制度产生的古罗马，当今社会生活形态已经发生了重大变化。居住权的功能如果仍然囿于婚姻家庭领域，则难以回应适用范围过窄，可以通过如子女对父母的赡养义务规则、附义务的遗嘱继承、遗赠、赠与、附条件买卖替代等现有法律制度来替代的诘问。随着房屋稀缺性的凸显和财产属性的增强，"基于中国的国情和社会现状，要实现每个人都享有房屋的所有权并不现实"，① 房屋所有权实现方式的多元化已经成为时代的需求。居住权作为新类型的用益物权，不仅应当满足婚姻家庭关系中无房可住者的居住需求，同时还应当承担为房屋多元化利用提供有效途径，实现财产所有权和财产利用权的最优化配置的重要功能。基于居住权的功能，有观点将之区分为社会性居住权和投资性居住权。② 其中，社会性居住权指向自罗马法以来的传统居住权，属于为特殊群体的居住权益而设定的人役权范畴。就社会性居住权而言，又可分为两种类型：第一种是旨在解决特定的家庭成员和家庭服务人员之间的居住困难问题，体现了家庭成员间互助的性质，应为无偿。第二种才是由此拓展到社会整体低收入群体的住房保障，可以作为经济适用房、两限房、共有产权房、公租房的替代或有效补充。这种形式的居住权属于社会保障体系的重要组成部分，由政府部门所主导，虽然体现为合同形式，但不属于市场行为，不遵循市场交易的等价有偿原则。而投资性居住权则属于财产性用益物

---

① 参见王利明：《论民法典物权编中居住权的若干问题》，载《学术月刊》2019年第7期。
② 参见单平基：《〈民法典〉草案之居住权规范的检讨和完善》，载《当代法学》2019年第1期。

权。在这类居住权合同中,当事人双方往往会约定合同价款,自应遵守等价有偿的原则。因此,本条规定,居住权无偿设立,但是当事人另有约定的除外。

(二)居住权的设立以登记为生效要件

1. 居住权合同签订后,应当申请登记

那么,究竟是合同应当申请登记还是居住权应当申请登记呢?我们认为,应当理解为居住权登记而不是合同登记。根据当事人意思自治原则,通常合同经双方协商一致即告成立并生效。但对于特定的合同,法律和行政法规规定必须履行审批相关程序。原《合同法解释(一)》第9条①、原《合同法解释(二)》第8条②专门就应当办理批准、登记才能生效的合同的裁判规则作出了规定。但是,需要批准、登记的合同类型往往涉及公共利益、国家利益和政府行政管理职能。法律通过对此类合同设计批准、登记的程序使得公权力介入到私法自治的领域中,实现社会治理目标。而对于居住权合同而言,不论是家庭领域还是商业领域都是纯粹的私法自治领域;社会保障领域政府本身就是主导者甚至是设定居住权的主体,亦无须通过批准或登记发挥职能。因而本条规定的应当申请登记,应当理解为物权登记。

2. 居住权自登记时设立

本条规定登记后居住权设立,明确了登记是居住权生效要件。按照《民法典》第214条的规定,居住权设立的事项被记载于不动产登记簿时,居住权设立。在《民法典》出台前,一些地方已就居住权的设立登记作出了规定。如

---

① 原《合同法解释(一)》第9条规定:"依照合同法第四十四条第二款的规定,法律、行政法规规定合同应当办理批准手续,或者办理批准、登记等手续才生效,在一审法庭辩论终结前当事人仍未办理批准手续的,或者仍未办理批准、登记等手续的,人民法院应当认定该合同未生效;法律、行政法规规定合同应当办理登记手续,但未规定登记后生效的,当事人未办理登记手续不影响合同的效力,合同标的物所有权及其他物权不能转移。""合同法第七十七条第二款、第八十七条、第九十六条第二款所列合同变更、转让、解除等情形,依照前款规定处理。"

② 原《合同法解释(二)》第8条规定:"依照法律、行政法规的规定经批准或者登记才能生效的合同成立后,有义务办理申请批准或者申请登记等手续的一方当事人未按照法律规定或者合同约定办理申请批准或者未申请登记的,属于合同法第四十二条第(三)项规定的'其他违背诚实信用原则的行为',人民法院可以根据案件的具体情况和相对人的请求,判决相对人自己办理有关手续;对方当事人对由此产生的费用和给相对人造成的实际损失,应当承担损害赔偿责任。"

2003年《上海市房地产登记条例实施若干规定》第6条规定："当事人以协议方式设定居住权、通行权等房地产权利，可以凭有关协议，向登记机构申请房地产他项权利登记。"但由于当时居住权不属于法定物权，登记也并非生效要件，只能起到有限的公示功能，不能实现对抗第三人的效力。

登记生效主义是我国不动产物权变动的基本原则。大陆法系物权变动模式大致可以分为意思主义的物权变动模式和形式主义的物权变动模式。意思主义的物权变动模式，是指除了当事人的债权意思之外，物权变动无须其他要件的物权变动模式。与此相对应的是形式主义的变动模式，即物权变动除了当事人的意思表示外，还须具备一定的形式。① 我国物权变动模式采用的是形式主义为原则，意思主义为例外的模式。《民法典》第209条第1款规定，不动产物权的设立、变更、转让和消灭，经依法登记，发生效力；未经登记，不发生效力，但是法律另有规定的除外。"这是因为，抽象的物权要在现实中实现其绝对性和排他性，就必须有可被识别的外观形式。而且这些形式必须是刚性的，当事人不能擅自修改。"② 这种形式，在动产物权上体现为交付，在不动产物权上则体现为登记。不动产登记，是指不动产登记机构依法将不动产权利归属和其他法定事项记载于不动产登记簿上的行为。相较于交付或占有，登记簿能够承载更多也更为复杂的信息，满足不动产物权多样化的需求。居住权作为典型的不动产用益物权，经登记生效为应有之义。

2019年修订的《不动产登记暂行条例》第5条采用"列举+兜底"的形式规定了应当登记的不动产类型。居住权作为新设立的不动产物权，属于该条第10项"法律规定需要登记的其他不动产权利"的范畴。居住权登记时，应当按照该条例第8条的规定，就不动产的坐落、界址、空间界限、面积、用途等自然状况；不动产权利的主体、类型、内容、来源、期限、权利变化等权属状况；涉及不动产权利限制、提示的事项以及其他相关事项予以明确。此外，以合同方式设立居住权的，一般应由当事人双方共同申请。但依据人民法院、仲裁委员会生效的法律文书登记，或是以遗嘱、遗赠方式设立居住权的，可以由单方申请登记。

---

① 形式主义的物权变动模式又可以区分为债权形式主义的物权变动模式和物权形式主义的变动模式。

② 常鹏翱：《体系化视角中的物权法定》，载《法学研究》2006年第5期。

### 3. 居住权合同成立生效不以居住权设立为必要条件

物权债权相区分是我国民法的重要基础和原则。债权是相对权,只要当事人双方意思表示一致即产生约束力;物权是绝对权,必须经一定形式予以公示才能产生对抗第三人的效力。然而一段时期以来,物权和债权区分的原则并未受到充分重视。1995年施行的原《担保法》第41条关于"抵押合同自登记之日起生效"的规定,实际上是将物权和债权的生效要件不加区分,造成了司法实践中的偏差。直到2007年施行的原《物权法》第15条作出"当事人之间订立有关设立、变更、转让和消灭不动产物权的合同,除法律另有规定或者合同另有约定外,自合同成立时生效;未办理物权登记的,不影响合同效力"的规定,区分原则才在立法上得以明确。根据这一原则,在没有办理登记的情况下,居住权设立但未生效,但不影响居住权设立合同的效力。居住权设立合同的效力可根据合同效力的有关规定作出判断。居住权合同生效后,双方当事人负有申请办理居住权登记的义务。合同一方以居住权未办理登记为由主张合同不成立或无效的,不应得到支持。

## ▶ 适用指引

### 一、居住权合同对价没有约定或约定不明时的裁判思路

本条规定居住权无偿设立,但是当事人另有约定的除外。如根据逻辑推演,对于当事人没有约定或者约定不明的,应当认定居住权系无偿设立。然而,法律的适用过程系以"理论认为"为基础,应用于"实际问题"上,不能不蕴含"目的考量""利益衡量"或"价值判断"之色彩。① 正如前文所述,居住权在自罗马法继受和发展的过程中逐步从婚姻家庭领域扩展到房屋多元化利用的投资领域,人身依附性逐步减少。而居住权的无偿性又主要体现在婚姻家庭领域中的扶养、赡养和抚养。因而大体而言,以无偿为原则、有偿为例外的规定应当限定于婚姻家庭领域。在商业投资领域,居住权与其他交易行为并无二致,其设立原则上仍然应当遵循等价有偿的交易原则。当事人未约定对价或

---

① 参见杨仁寿:《法学方法论》,中国政法大学出版社1999年版,第34页。

约定不明的，人民法院不能简单认定无偿，而应当综合考虑交易性质、交易习惯、行业惯例等因素，在探求当事人真实意思的基础上作出判决，合理平衡当事人双方的利益。

## 二、居住权的善意取得

一般而言，不动产善意取得须具备三个要件：受让人为善意；支付合理对价；已经办理登记。对于善意和登记两个要件，居住权与所有权及其他物权并无二致。而对于合理对价的理解，则存在讨论的空间。我们认为，合理对价是在有偿之上的合理，如果是无偿赠予或低价帮扶，则不存在所谓合理对价的要求。民法善意取得的立法目的是对交易安全的保护，而在居住权设立的典型场合是婚姻家庭，不属于市场交易的范畴。因而，对于婚姻家庭领域无偿或者明显低于市场价格设立的居住权，不能适用善意取得制度。社会性居住权与投资性居住权中，善意取得制度原则上只能适用于后者。

## ▶ 类案检索

### 一、应某珍与宁波海曙住家房产经纪有限公司、张某峰、罗某佑、宣某丽侵权责任纠纷案

**关键词：** 居住权设立　登记

**裁判摘要：**《民法典》设立居住权制度，赋予居住权人对他人所有住宅享有占有和使用的权能，具有保护弱者权利的功能。居住权可采取签订居住权合同或者以遗嘱方式设立，且居住权自登记机构登记时设立。

【案　　号】（2021）浙江民终4537号
【审理法院】浙江省宁波市中级人民法院
【来　　源】中国裁判文书网

### 二、迟某虓与孙某禄居住权纠纷案

**关键词：** 居住权设立　居住权合同

**裁判摘要：** 根据《民法典》物权编第14章居住权的相关规定，居住权人

有权按照合同约定,对他人的住宅享有占有、使用的用益物权,以满足生活居住的需要。设立居住权,当事人应当采用书面形式订立居住权合同。设立居住权的,应当向登记机构申请居住权登记。居住权自登记时设立。本案中,当事人未就案涉房屋签订书面居住权合同,亦未向登记机构进行居住权登记,不符合居住权设立的法定要件,故居住权未设立。

【案　　号】(2021)京02民终15874号
【审理法院】北京市第二中级人民法院
【来　　源】中国裁判文书网

> **第三百六十九条** 居住权不得转让、继承。设立居住权的住宅不得出租，但是当事人另有约定的除外。

## 条文释义

### 一、本条主旨

本条是关于居住权权利限制的规定。

### 二、条文演变

本条系《民法典》新增条文，原《物权法》对此未作规定。在《民法典》编纂过程中，《民法典物权编（草案）》（征求意见稿）第158条规定："居住权不得转让、继承，居住权涉及的住宅不得出租，但当事人另有约定的除外。"《民法典各分编（草案）》把条文序号调整为第160条，条文内容仅有一处标点符号的改动，即"居住权不得转让、继承"后的逗号改为句号，以此清楚地表明，"但当事人另有约定的除外"仅针对"居住权涉及的住宅不得出租"这一种情况，而不涉及"居住权不得转让、继承"。《民法典物权编（草案）》（二次审议稿）第160条增加了居住权以无偿方式设立的规定，并对条文的后半部分内容进行了适当调整，修改后的条文内容为："居住权无偿设立，不得转让、继承。设立居住权的住宅不得出租，但是当事人另有约定的除外。"《民法典（草案）》将条文序号变更为第369条，并将"居住权无偿设立"的规定调整到第368条之中，修改后的具体内容为："居住权不得转让、继承。设立居住权的住宅不得出租，但是当事人另有约定的除外。"最终颁布的《民法典》与《民法典（草案）》第369条规定的内容完全相同。

### 三、条文解读

本条是关于居住权的转让、继承和居住权所涉住宅的出租事项的规定。由于居住权法律性质的认识不同，对于居住权能否转让和继承，在《民法典》编纂过程中曾存在争议。有的学者从人役权属性角度出发，针对《民法典各分编（草案）》提出了我国居住权应具有专属性、有期限性、不可让与性、不能设定负担、不能抵押及不可继承，以及原则上无偿的完善建议。① 有的从"走出人役执念，专注房屋用益性"角度出发，针对《民法典各分编（草案）》提出了以意定性、变动的公示性、有偿性、可流转性为特点的完善建议稿。② 有的学者则在赞成《民法典物权编（草案）》（2019年4月12日稿）确立的居住权的人役权属性的基础上，提出应适当突破人役权的界限，使居住权有更大的灵活性和更宽泛的适用范围，以满足人民群众对居住的需求，实现人们对住房的多样利用，有效发挥住房的经济功能和效用。③ 从本条规定看，我国的居住权制度并未摒弃其人役权属性。

（一）居住权不得转让、继承的法理依据

居住权属于罗马法中的人役权。人役权与地役权同属于役权，但两者的区分在于人役权是调整特定人对物的利用关系，而地役权则是土地与土地之间的关系。按照罗马法以来的近现代与当代物权法法理与学理，人役权系指为特定人的方便或利益而利用他人的动产或不动产的物权。譬如，设定于他人的湖泊钓鱼，设定于他人的林野狩猎，设定于他人的房屋居住的权利即属之。④ 古罗马法学者认为，人役权具有不可转让性。这是因为人役权是为特定人的利益设定的，若允许人役权人将其权利转让，则有悖于人役权的本质。⑤

欧洲大陆各国在移植居住权制度时，普遍遵循了居住权不得转让和继承的精神。随着时代变迁和社会发展，居住权的适用开始突破传统领域的限制，并由一种人身依附性权利发展为契约性和财产属性的权利。居住权的禁止转让随之出现松动。较为典型的是德国。德国法学家认为，在终老财产范围内，居住权人身上的限制当然有其意义；但在建筑造价补贴的场合，居住权的不得转让

---

① 参见陈华彬：《人役权制度的构建——兼议我国〈民法典物权编（草案）〉的居住权规定》，载《比较法研究》2019年第3期。
② 参见鲁晓明：《"居住权"之定位与规制设计》，载《中国法学》2019年第3期。
③ 参见王利明：《论民法典物权编中居住权的若干问题》，载《学术月刊》2019年第7期。
④ 参见姚瑞光：《民法物权论》，中国政法大学出版社2011年版，第190页。
⑤ 参见关涛：《大陆法系民法中的人役权》，载《法学论坛》2003年第6期。

性与不得使用出租性，为一项不合理的缺陷。①为克服此弊端，德国民法在保护关于居住权不得转让的规定的基础上，又通过其《住宅所有权法》发展出了一项特殊的长期居住权，可以转让、出租和继承。

我国居住权制度坚持了居住权不得转让和继承的原则。这一点理解上并不困难。如在离婚财产分割中，一方出于好意帮扶目的，在自己所有的房屋上为经济困难另一方设立居住权，则该居住权专属于对方人身。如果居住权人转让和继承，即违反了居住权设立的目的和初衷，导致所有权人几乎永远无法实现权利，破坏了居住权的人役权属性。总而言之，居住权的不可转让、不得继承根本上还是由其人身属性所决定的，与我国民法一贯坚持的专属于人身的财产不得转让和继承是一脉相承的。但值得注意的是，在现代社会中，居住权除了在传统的婚姻家庭领域外，还广泛适用于合作建房等商业投资领域。于此情形，一律禁止居住权转让是否妥当？是否会有碍经济之流通？关于这个问题，需要说明以下三点：第一，本条已经明确规定居住权不得转让和继承，且并未作出例外性规定，因而从立法论上再行探讨能否转让和转让的必要性已无意义。第二，在法律已有规定的情形下，商业投资领域的居住权人在投资时就应当衡量利弊。如其认为不能转让难以实现商业目的，可以不采用此种方式投资。第三，商业投资领域居住权人在需要将其居住权变现时，虽然不能直接转让给他人，但可与所有权人、拟受让居住权人签订三方协议。由所有权人与居住权人办理原居住权注销登记后再为受让人设立新的居住权。如果担心所有权人不予配合，还可以事先在居住权合同中进行约定。此种程序虽然烦琐，但也能够一定程度上缓解阻碍流通之弊。

（二）设定居住权的住宅除当事人另有约定外不得出租

相较于居住权不得转让和继承而言，关于设立居住权的住宅是否可以出租的问题则更为复杂。在罗马法人役权"用益权—使用权—居住权"的体系下，用益权是指在不毁坏物的实体的情况下使用他人物品并收获孳息的权利。②可见，用益权包括了全面的对物使用收益的权能。但对于不能产生孳息的物，或

---

① 参见［德］鲍尔·施蒂尔纳：《物权法》，张双根译，法律出版社2004年版，第655页。
② 参见［意］彼得罗·彭梵得：《罗马法教科书》，黄风译，中国政法大学出版社1992年版，第251页。

者所有权人只是想设立一个能够直接使用但不获取孳息的权利,此时它的内容就不是"用益"而只是"使用",于是产生了使用权。① 乌尔比安说:"如果一物的使用权遗留给了某人,他可使用该物,但却不可获取孳息。"但是,如果对羊群、果林设立了使用权但又不允许收取孳息,则该使用权则形同虚设。因而,在使用权概念不断发展中,古罗马法对于使用权逐步产生了两种不同解释:一是狭义的解释,即坚持使用权的原初含义,排除任何对孳息的收取;二是广义的解释,即允许使用权人对孳息进行一定量的收取。一些罗马法学家认为,庄园的使用权人"享有每日所需的木材、花园、水果、蔬菜、水、草梗和蔓枝,但不能使用小麦和庄稼";房屋的使用权人"本人在一座房子中居住的,亦可接受一个承租人";羊群的使用权人"可以少量获取羊奶,以满足使用人的需要"。②

然而,一旦允许使用权人享有收取孳息的权利,则使用权与用益权之间的界限就不复存在。在这种情况下,一些罗马法学家认为,区分使用权与用益权的标准在于使用权人所收取的孳息是有限制的,只能体现为有限的个人需求。这种需求的标准既有主观上的,包括家庭和招待客人的需求,也有客观数量的限制性规定。③ 在使用权人收取满足个人需求的孳息时,剩余部分孳息可以由所有权人收取。

居住权最初产生于对房屋的使用,属于特定的使用权,居住权与使用权是涵盖与被涵盖的关系。当使用权的标的和居住权的标的均指向房屋时,区分居住权和使用权的意义并不大。④ 因而在很长一段时期内,居住权虽然已经成为一种社会事实,但并未被确定为法定物权。古罗马的法学家们参照既有的使用权对其进行规范,从而产生了不同观点和认识。为平息这些争议,查士丁尼在公元530年对居住权作出统一立法,认为许可居住权人将房屋对外出租是一种"更人道的做法"。在他看来,受遗赠人自己使用它,与将其出租给他人以获取

---

① 参见肖俊:《"居住"如何成为一种物权——从罗马法传统到当代中国居住权立法》,载《法律科学(西北政法大学学报)》2019年第3期。
② 肖俊:《罗马法中非典型物权形态的解释研究——以使用权、居住权为中心的考察》,载《求是学刊》2012年第2期。
③ 参见肖俊:《罗马法中非典型物权形态的解释研究——以使用权、居住权为中心的考察》,载《求是学刊》2012年第2期。
④ 参见刘阅春:《居住权的源流及立法借鉴意义》,载《现代法学》2004年第6期。

租金并无区别。① 自此，居住权人"可以将房屋出租给第三人"。②

从各国民法典来看，规定设立居住权的住宅不得出租是主要做法。我国《民法典》规定已设立居住权的房屋不得出租的基本原则，又规定可以由当事人约定排除，其中的缘由需要考量。一般情况下，不论是转让还是出租，都体现了所有权的收益权能。而《民法典》第366条明确了居住权只享有占有权、使用权，而不享有收益权。于此情形，为何唯独出租可以由当事人另行约定而转让则不允许？可能有以下三个方面的考量：一是出租属于负担行为，居住权的主体未发生变化，居住权的人身性得以保存；转让属于处分行为，居住权人发生了变化，居住权的人身性被彻底突破。二是按照古罗马法学家对可以收取孳息的使用权与用益权的区分标准，于出租情形下，居住权人的收益可以只是满足个人生活需要。拉贝奥说："本人在一座房子中居住的，亦可接受一个承租人。"③ 而转让居住权的，则很难给予满足个人生活需要之评判。由此出发，还有学者认为应当进一步拓展居住权人的收益权。如居住权人在不改变房屋的结构和用途的条件下，还可以为某些必要的收益行为，如从事其他经济活动而对房屋进行使用，如从事商业买卖，将货物存放于房屋中，这都是可以的。在一些农村地区，"对于所居住的房屋所附的树木的果实等自然孳息，居住权人有亲自收取或使人收取的权利，并取得这些已收取的孳息的所有权。"④ 三是随着时代的发展，居住权已不再仅仅是一种依附于人身的权利，其财产权属性日益增强。而财产利用的重要方面在于流通。立法在严守居住权不得转让的基础上，通过允许当事人约定出租住宅赋予其一定的流通性，有利于实现居住权价值的最大化利用。允许出租也意味着居住权突破了"满足生活居住的需要"的掣肘，收益的形式不应当限于租金，例如，企业获得居住权后分配给内部员工居住或者利用居住权经营民宿，居住权人的收益为劳动价值或经营性利润。⑤

由此需进一步探讨的是，当事人约定居住权人可以将住宅出租的，是否应

---

① 参见[意]桑德罗·斯奇巴尼选编：《物与物权》，范怀俊译，中国政法大学出版社1999年版，第148~149页。

② 参见周枏：《罗马法原论》，商务印书馆1994年版，第361页。

③ 肖俊：《罗马法中非典型物权形态的解释方法研究——以使用权、居住权的形成史为中心的考察》，载《求是学刊》2012年第1期。

④ 钱明星：《关于在我国物权法中设置居住权的几个问题》，载《中国法学》2001年第5期。

⑤ 参见汪洋：《民法典意定居住权与居住权合同解释论》，载《比较法研究》2020年第6期。

当登记公示？首先，从交易安全的角度来看，应以登记为宜。设立居住权的住宅是否可以出租，不仅约束当事人双方，还直接影响到承租人的权益。承租人在自居住权人处租赁房屋时必须就该约定予以审查，否则将可能面临合同无法正常履行的风险。此时，有两种制度设计可以选择：第一种方案由承租人查阅所有权人和承租人签订的居住权合同文本，确定已就房屋出租作出了约定。第二种方案则是直接在不动产登记簿上记载该居住权包含出租的权能。如果要求承租人必须审查居住权合同，将使得交易程序过于复杂，增加交易成本。同时一旦合同文本约定模糊甚至虚假，还可能增加交易风险。其结果必然导致承租人不愿意租赁此类房屋。特别是在遗嘱设立居住权情形下，由于原房屋所有权人已经死亡，其真实意思无法查实，徒增争议。而第二种方案则更为便利和安全，承租人只需要查询不动产登记簿即可确保其交易安全。其次，《不动产登记暂行条例》第8条规定，不动产登记簿应当记载不动产权利的主体、类型、内容、来源、期限和权利变化等权属状况。出租是居住权人收益权能的体现，属于权利内容，应当在不动产登记簿中予以登记，否则不发生物权效力。需要注意的是，这里的登记是指物权登记，而不是居住权合同登记。未经登记的居住权，其权利人无权将住宅出租，但有权依据合同请求所有权人办理相应登记。

## ▶ 适用指引

### 一、居住权的权能受限

关于居住权可否设定抵押或以其他方式处分。抵押和转让均属于处分行为，一旦债务人不履行到期债务或者发生当事人约定的实现抵押权的情形，债权人则可以与抵押人协议以抵押财产折价或者以拍卖、变卖该抵押财产所得的价款优先受偿，导致抵押财产权利变动。原《担保法解释》第5条规定，以法律、法规禁止流通的财产或者不可转让的财产设定担保的，担保合同无效。因此，居住权除不得转让外，还不得设定抵押。此外，由本条规定来看，居住权的权能原则上不具有"处分"内容，居住权人不得通过买卖、赠与、互易等方式移转居住权；也不能通过继承、遗赠以及遗赠抚养协议、死因赠与或遗产信托等以居住权人死亡作为移转前提的法律安排转让居住权。

尽管本条规定了居住权"不得转让",但并不必然导致转让居住权的合同无效。"不得转让"只是对居住权人的处分权之限制,其所涉利益冲突原则上仅存在于住宅的所有权人、居住权人和居住权的受让人之间。① 由于转让居住权的合同是居住权人和受让人意思表示一致的结果,再加上现行法明确采取处分权瑕疵不影响合同效力的立场,所以即便有违"不得转让"之规定,转让居住权的合同仍属有效。只是由于居住权人的处分权受有限制,受让人并不能基于有效的合同而取得居住权,由此将导致合同履行不能。当然,如果取得所有权人的同意或者追认,受让人仍可取得居住权。换言之,"不得转让"尽管排除了居住权合同或者补充协议事先作概括性授权的可能性,但并未从根本上否定居住权的可移转性,不影响转让居住权的合同的效力。

## 二、居住权人对房屋的保管和维修义务

房屋状态的维持同时承载了居住权人和所有权人的利益,实际利用与期待利益保持平衡的关键是房屋在不同的利用时段中必须保持其同一性。《民法典》没有明确规定居住权人对房屋的照顾和维修义务,但在居住权合同没有明确约定的情况下,保存房屋价值和减少客体损耗应属居住权人的义务。居住权人应以善良管理人的勤勉来行使权利、管理和维护客体,让房屋处于一个良好的使用状态。具体包括:第一,财产清单和保证义务。这是设立居住权的前置义务,要求居住权人在开始前为财产的状态进行清查记录,并且为自己以勤勉注意义务行使权利提供保证。规定这一义务有利于避免纠纷,保障居住权人和所有权人的利益平衡,当然这些义务可以通过约定排除。第二,勤勉注意义务。居住权人行使其权利以"合理"为界,这指的就是权利人必须以善良家父的注意义务来对物进行使用、保管和维持。第三,维修义务。居住权人只是对于房屋遭受的一般损害承担,在不超过收益范围的情况下承担修缮义务,如果是整体性的损害,比如,房屋的围墙、拱顶四至严重损害,则由所有权人负

---

① 参见申卫星:《〈民法典〉居住权制度的体系展开》,载《吉林大学社会科学学报》2021年第3期。

担维修义务。①

至于居住权人是否享有建筑物区分所有的业主的相关权利，需分情况考虑。若关涉居住权存续期间房屋具体利用的事项，应赋予居住权人出席业主大会和进行表决的权利；若关涉建筑物本身的利益如改建、重建建筑物及其附属设施、改变共有部分用途或者利用共有部分从事营利活动等事项，则仍由所有权人行使业主权利。②

---

① 参见肖俊：《"居住"如何成为一种物权——从罗马法传统到当代中国居住权立法》，载《法律科学（西北政法大学学报）》2019年第3期。
② 参见席志国：《居住权的法教义学分析》，载《南京社会科学》2020年第9期。

第三分编 用益物权 | 第十四章 居住权 | 第三百七十条

**第三百七十条** 居住权期限届满或者居住权人死亡的，居住权消灭。居住权消灭的，应当及时办理注销登记。

## ▶ 关联规定

**法律、行政法规、司法解释**

《不动产登记暂行条例》

**第十四条** 因买卖、设定抵押权等申请不动产登记的，应当由当事人双方共同申请。

属于下列情形之一的，可以由当事人单方申请：

（一）尚未登记的不动产首次申请登记的；

（二）继承、接受遗赠取得不动产权利的；

（三）人民法院、仲裁委员会生效的法律文书或者人民政府生效的决定等设立、变更、转让、消灭不动产权利的；

（四）权利人姓名、名称或者自然状况发生变化，申请变更登记的；

（五）不动产灭失或者权利人放弃不动产权利，申请注销登记的；

（六）申请更正登记或者异议登记的；

（七）法律、行政法规规定可以由当事人单方申请的其他情形。

## ▶ 条文释义

### 一、本条主旨

本条是关于居住权消灭的规定。

### 二、条文演变

本条系《民法典》新增条文，原《物权法》对此未作规定。在《民法典》

编纂过程中,《民法典物权编(草案)》(征求意见稿)第159条规定:"居住权自居住权人死亡时消灭,但当事人另有约定的除外。"《民法典各分编(草案)》把条文序号修改为第161条,并把条文内容简化为:"居住权人死亡,居住权消灭,但当事人另有约定的除外。"《民法典物权编(草案)》(二次审议稿)第161条则再次作出细微修改:"居住权人死亡的,居住权消灭,但是当事人另有约定的除外。"《民法典(草案)》将条文序号变更为第370条,在条文内容中增加了居住权消灭的事由即"居住权期间届满",并增加了居住权消灭办理注销登记的规定,删去了"但是当事人另有约定的除外"的规定,整个条文内容为:"居住权期间届满或者居住权人死亡的,居住权消灭。居住权消灭的,应当及时办理注销登记。"最终颁布的《民法典》则将"居住权期间届满"改为"居住权期限届满"。

### 三、条文解读

关于居住权的消灭事由,其他立法例鲜有具体规定,而是适用用益权消灭的规定。早在查士丁尼法典时期就曾总结为死亡、人格减等、滥用权利、混同以及物灭失五类原因。① 2002年《物权法(草案)》第188条曾列举了如下居住权的消灭事由:(1)居住权人放弃居住权;(2)居住权期间届满;(3)解除居住权关系的条件成就;(4)居住权被撤销;(5)住房被征收;(6)住房灭失。2004年《物权法(草案)》(修改稿)增加未成年居住权人具有独立生活能力这一事由;2005年《物权法(草案)》又增加了居住权被撤销以及住房被征收两种事由。本条规定的居住权消灭事由涉及期限届满和居住权人死亡,系居住权消灭的典型原因。但根据体系解释,居住权消灭的事由并不仅限于本条所列情形,物权消灭的一般原因原则上亦可适用。

(一)居住权消灭的原因

**1. 居住权期限届满**

一般认为,物权所有权具有占有、使用、处分和收益四项权能,所有权人可以将其占有、使用、收益权能为他人设定他物权,自己成为"虚有权"人。同时,所有权具有"回弹性",即所有物上设定的其他权利消灭,所有权的负

---

① 参见汪洋:《民法典意定居住权与居住权合同解释论》,载《比较法研究》2020年第6期。

担除去的时候，所有权仍然恢复其圆满的状态，即分离出去的权能仍然复归于所有权人。因而，不论是何种他物权，都存在一定期限，期限届满其权利即告消灭，权能重新归于所有权人。

《民法典》第366条规定了当事人应当在合同中约定居住权期限。居住权基于当事人的意思设立，权利期限首先应当依据当事人的意思确定。对于当事人没有约定或约定不明的，应当如何认定？有观点认为，居住权一般为无房可住之人而设，期限一般较长，除当事人另有约定，一般至居住权人死亡方可消灭。① 《民法典物权编（草案）》曾采用了这一观点。根据《民法典物权编（草案）》的观点，应当认定居住权期限有约定则从约定，无约定则推定为以居住权人死亡为期限。但在《民法典》出台后却并未采取此种表述，而是以"居住权期限届满""居住权人死亡"作为要件，此时应如何确定居住权期限届满的认定规则？这一问题可供探讨。我们倾向认为，居住权的目的是保护当事人的生活居住需求，而"居住"意味着在某一处所长久地生活。于一般情况而言，居住权合同未约定居住权期限，又无法通过适当规则予以填补的，可以推定居住权至居住权人死亡时消灭。首先，为老年人设立的居住权，应当认定由老年人终生享有。例如，在以房养老、父母为子女购房时自己保留居住权以及就赡养关系达成的居住权合同等情形下，居住权设立的目的就是保障老年人安享晚年。其次，社会保障领域的居住权，相关法律和行政法规未作出特别规定的，原则上应当由受保障群体终生享有。最后，商业投资领域的居住权，如果没有行业管理或交易习惯，则应当按照居住的基本功能，推定投资人终生享有。但是，基于特定目的设立的居住权，权利期限应当以特定事实出现而届满。例如，为保护未成年人的利益设定居住权的，未成年人成年时则应当认定居住权期限届满。夫妻双方离婚后一方以设立居住权的方式允许对方暂住的，如居住权人另行结婚，应当根据客观实际认定居住权期限届满。②

### 2. 居住权人死亡

居住权依附于人身，不得继承。居住权人一旦死亡，则不论居住期限是否届满，居住权即告消灭，且当事人不得通过合同约定排除。《澳门民法典》第1412条第2款规定，使用权及居住权，不得在其受益人死亡后继续维持。与

---

① 参见单平基：《〈民法典〉草案之居住权规范的检讨和完善》，载《当代法学》2019年第1期。

② 参见田中臣：《离婚妇女居住权探讨》，载《广西社会科学》2004年第9期。

居住权人共同居住的家庭成员、护理人员虽然在居住权人生前享有居住利益，但该利益随居住权的消灭而消灭，如无特别理由，理论上无权继续居住。有观点认为，依据经验法则、世事人情和民间习惯，配偶一方死亡时，对于夫妻共同居住的房屋及其附属设施等基本生活资料一般应留予生存配偶使用，成立事实上的"居住权"。① 我们认为，这一观点可能涉及的问题是，居住权是独属于权利人所有，还是可以作为夫妻共同财产。如果居住权系夫妻共同财产，则在夫妻一方死亡又不能发生继承的情况下配偶的共有权如何行使？如果只能独属于权利人，则配偶仍然继续居住至死亡是否会导致居住权的变相继承？再者，在此问题上，既要考虑生存一方配偶的利益，恐怕还要兼顾居住权设立的目的和住宅所有权人的利益。特别是如果存活配偶的较年轻的情况下允许其居住至死亡是否违背了居住权设立人的意思，损害住宅所有权人的利益？这些问题，都值得进一步研究。

**3. 居住权消灭的其他原因**

本条规定的是居住权消灭的典型原因，并未排除居住权因《民法典》总则编、合同编或物权编规定的其他法律事实以及意定事由而消灭。意定居住权的消灭事由可大致分为三大类：一为权利主体的原因，如居住权人死亡、居住权人与所有权人身份混同等；二为权利客体的原因，如住宅灭失或被没收、征收等；三为意定原因，包括抛弃居住权等②。

第一，居住权因住宅灭失而消灭。居住权依附于他人的住宅而存在，如果该住宅灭失，则居住权无所依托，应当消灭。第二，居住权因住宅被依法征收而消灭。根据《民法典》第243条之规定，为了公共利益的需要，国家可以征收组织、个人所有的房屋。由于房屋被征收后用途往往发生改变，难以为居住权人继续居住，故此时居住权亦应当消灭。第三，因居住权人放弃居住权而消灭。居住权是一项私权，可以由权利人主动放弃。居住权人放弃居住权的，居住权应当消灭。第四，所有权人依照法定或约定事由解除居住权合同的，居住权应当消灭。第五，居住权因与所有权混同而消灭。居住权是设立在他人住宅之上的用益物权。一旦居住权人取得房屋所有权，则其获得完整的占有、使

---

① 参见单平基：《〈民法典〉草案之居住权规范的检讨和完善》，载《当代法学》2019年第1期。
② 参见汪洋：《民法典意定居住权与居住权合同解释论》，载《比较法研究》2020年第6期。

用、处分、收益四项权能，居住权即失去存在的意义，自然归于消灭。

有观点认为，居住权还因居住权人的滥用归于消灭。① 所谓权利的滥用，原意指以损害他人为目的而行使权利，即行使权利而无利益或无正当动机。② 我国民事立法关于权利滥用的条文见于《民法典》第 132 条的规定，即"民事主体不得滥用民事权利损害国家利益、社会公共利益或者他人合法权益"。何种权利可能被滥用？一般认为，禁止权利滥用规范适用于包括物权、债权、知识产权和人身权等在内的一切私权。③ 无论是请求权、形成权，还是绝对权甚至抗辩权之行使，均可能构成权利滥用。居住权亦有被滥用的可能。如在相邻关系中损及他人利益，违法转让居住权，未经所有权人同意出租房屋，超越权限修缮、改建房屋等。由于权利滥用的情形不同，可能产生不同的法律后果，包括权利限制（停止侵害、排除妨碍、消除危险）；赔偿损失乃至失权。我们认为，按照比例原则，物权的滥用一般适用前两种后果。如果适用失权效果，势必会使物权人彻底丧失其财产利益，对权利人过于严苛。特别是居住权往往涉及权利人的生存保障，适用失权更应当审慎谦抑。因而，滥用权利只能在极为特定的情况下导致居住权消灭，而不能成为一般事由。

（二）居住权消灭的，应当及时办理注销登记

一般认为，不动产物权可以基于法律行为、事实行为以及事件而设立、变更和消灭。其中，基于法律行为而设立、变更和消灭不动产物权的，自记载于不动产登记簿时发生物权效力。而基于事实行为、事件而设立、变更和消灭不动产物权的，自事实行为、事件成就时发生物权效力。按照这一区分标准，基于法律行为导致的居住权消灭，如居住权人放弃权利或与所有权人协商解除居住权合同，须办理注销登记才能使得居住权消灭，注销属于权利消灭的要件。而基于事实行为或事件导致的居住权消灭，如居住权期限届满、居住权与所有权混同、居住权人死亡、住宅灭失或被政府征收的，无须登记权利即告消灭，但此时应及时办理注销登记。为何此时还须办理登记呢？理由在于，不动产登

---

① 参见吕杰、朱呈义：《论居住权在我国民法典中的具体设计》，载《河南省政法管理干部学院学报》2004 年第 6 期。

② 参见［法］路易·若斯兰：《权利相对论》，王伯琦译，中国法制出版社 2006 年版，第 29 页。

③ 参见汪渊智：《论禁止权利滥用原则》，载《法学研究》1995 年第 5 期。

记簿是物权归属和内容的根据，具有公示公信力，体现了权利表象。如果已经消灭的居住权不及时办理注销登记，则相对人仍然可以依照登记簿推定居住权仍然存续。因而，居住权消灭后应当及时办理注销登记，使得权利真实状况得以公示。

## ▶ 适用指引

### 一、在住宅灭失或被征收的情况下，居住权归于消灭，此时所有权人是否仍对原居住权人负有特定义务

于住宅灭失的情形，有观点认为，基于我国国情，有必要规定居住权如果获得第三人的赔偿和保险，居住权人可以获得一定赔偿。[1] "因房屋灭失，所有权人获得赔偿金的，应当给予居住权人适当的补偿，但居住权人故意或者重大过失导致房屋灭失的除外。"[2] 我们认为，这个问题应当区分居住权是有偿还是无偿设立两种情形。在商业投资领域等有偿设立居住权的情形下，因客观原因导致住宅灭失无法继续履行合同的，居住权人可以不再支付剩余期限内应当支付的居住权价款。已经支付的，可以请求返还。此时，不发生所有权人以所获得赔偿金向居住权人赔偿的事宜。而在无偿设立的情况下，因居住权人并未支付对价，故居住权消灭的，原则上不发生赔偿或补偿。但应当考虑的是，当所有权人因住宅灭失获得了足额赔偿，则该赔偿必定是针对其所有权"圆满"状态的赔偿，而实际上所有权人在住宅设立居住权后享有的是"虚有权"，前者价值显著高于后者。故在此情形中，所有权人应当就该部分差价给予原居住权人以适当补偿。特别是在遗嘱设立居住权情形下，遗嘱人以住宅分别为不同子女设立所有权和居住权，以实现财产利益的合理分配。如果住宅灭失后继承房屋所有权一方获得充分赔偿而居住权人却无任何补偿，则违背遗嘱人的真实意图。相应地，如果房屋所有权人未得到充分受偿，则强制其给予居住权人部分补偿显然有违公平。总而言之，房屋灭失后居住权人是否应当得到补偿是较为

---

[1] 参见肖俊：《"居住"如何成为一种物权——从罗马法传统到当代中国居住权立法》，载《法律科学（西北政法大学学报）》2019年第3期。
[2] 中国政法大学民商经济法学院民法研究所"中国民法典研究小组"：《中华人民共和国民法物权编（专家建议稿）》，载《比较法研究》2017年第4期。

复杂的问题，不宜以"一刀切"的方式确立规则。

于房屋被征收的情形，则情况有所不同。《民法典》第327条规定，因不动产或者动产被征收致使用益物权消灭，用益物权人有权依照《民法典》第243条、第245条的规定获得相应补偿。由此，房屋所有权人、居住权人均可以依照上述规定请求补偿。但居住权人如何获得补偿，则可以有两种路径选择：第一，由国家对房屋所有权人和居住权人分别予以补偿。这样固然有利于对居住权人利益的保护，但需要补偿主体事先区分所征收的房屋是否已设定居住权，精准辨识居住权人和所有权人的利益。在涉及成百上千户居民的规模化征收工作中，这样的做法难免会显著降低征收工作效率，提高征收工作成本。第二，居住权人的利益包含于房屋所有权的整体利益中，在征收补偿阶段没有必要区分房屋所有权人和居住权人的利益。故居住人应得的补偿款，可以由房屋所有权人统一领取后，再由居住权人向房屋所有权人主张。此种模式，可以维持现有的征收补偿制度，且易于适应有偿和无偿设立居住权等不同情形。例如，房屋所有权人以帮扶为目的，为方便居住权人就近工作而无偿为其设立居住权。由于居住权人系基于房屋所有权人好意无偿取得居住权，故在居住权因房屋征收消灭后，其不应再从房屋补偿款中分配利益。于此情形下，如果由征收补偿主体判断是否应当补偿居住权人并不现实，而交由房屋所有权人与居住权人处理则更为妥当。以上两种路径如何选择，可以在司法实践中进一步探索。

## 二、标的物灭失后重建的，原居住权人是否可以取得居住权

有观点认为，所有权人于标的物灭失后重新修建的，原居住权人有权直接取得该住宅的居住权，或者取得设立居住权的请求权。[1] 这种观点，实际上赋予了居住权的物上代位性。根据物权法传统理论，物上代位性适用于担保物权。这是因为担保物权属于价值权，权利人享有的是对担保财产交换价值排他的直接支配的权利。担保物权侧重的是对担保财产交换价值的支配，只要交换价值依然存在，至于承载该交换价值的标的物的样态和性质如何，在所不问，担保物权的效力依然及之。[2] 而用益物权是对特定物的使用和收益，一旦该物

---

[1] 参见吕杰、朱呈义：《论居住权在我国民法典中的具体设计》，载《河南省政法管理干部学院学报》2004年第6期。

[2] 参见刘得宽：《民法诸问题与新展望》，中国政法大学出版社2002年版，第405页。

灭失，用益物权即归于消灭，权利人不享有物上代位权。作为承载居住权的住宅灭失后，所有权人重新修建的住宅属于新的物，原居住权人并不当然就该新建住宅享有居住权，亦无权依据原居住权合同请求设定新的居住权。易言之，"建筑物或建筑物的特定部分的所有人既无重建义务，也无于重建房屋上重新设立居住权的义务。即便居住权人重建建筑物或建筑物的特定部分，也并不导致居住权继续存在。"①

### 三、居住权消灭后，原居住权人的义务

居住权期限届满或其他原因导致居住权消灭时，原居住权人应当返还房屋，房屋应当符合约定或者正常使用后的状态。若明显超出正常损耗范围，如窗户破损或者墙壁严重污损，则构成合理用益义务的违反，对所有权人负损害赔偿责任。② 居住权消灭后，原居住权人转为无权占有，占有期间获得的收益构成不当得利，所有权人有权请求参照约定的价金标准支付房屋占有使用费；所有权人可基于居住权合同关系、侵权责任、不当得利请求权及物权请求权要求返还房屋。

---

① 陈华彬：《人役权制度的构建——兼议我国〈民法典物权编（草案）〉的居住权规定》，载《比较法研究》2019年第3期。
② 参见汪洋：《民法典意定居住权与居住权合同解释论》，载《比较法研究》2020年第6期。

**第三百七十一条** 以遗嘱方式设立居住权的，参照适用本章的有关规定。

## ▶ 关联规定

法律、行政法规、司法解释

1.《中华人民共和国民法典》

**第一千一百三十三条** 自然人可以依照本法规定立遗嘱处分个人财产，并可以指定遗嘱执行人。

自然人可以立遗嘱将个人财产指定由法定继承人中的一人或者数人继承。

自然人可以立遗嘱将个人财产赠与国家、集体或者法定继承人以外的组织、个人。

自然人可以依法设立遗嘱信托。

**第一千一百四十二条** 遗嘱人可以撤回、变更自己所立的遗嘱。

立遗嘱后，遗嘱人实施与遗嘱内容相反的民事法律行为的，视为对遗嘱相关内容的撤回。

立有数份遗嘱，内容相抵触的，以最后的遗嘱为准。

**第一千一百四十三条** 无民事行为能力人或者限制民事行为能力人所立的遗嘱无效。

遗嘱必须表示遗嘱人的真实意思，受欺诈、胁迫所立的遗嘱无效。

伪造的遗嘱无效。

遗嘱被篡改的，篡改的内容无效。

2.《最高人民法院关于适用〈中华人民共和国民法典〉继承编的解释（一）》

**第三条** 被继承人生前与他人订有遗赠扶养协议，同时又立有遗嘱的，继承开始后，如果遗赠扶养协议与遗嘱没有抵触，遗产分别按协议和遗嘱处理；如果有抵触，按协议处理，与协议抵触的遗嘱全部或者部分无效。

## 条文释义

### 一、本条主旨

本条是关于遗嘱设立居住权的规定。

### 二、条文演变

本条为新增条文,原《物权法》对此未作规定。在《民法典》编纂过程中,《民法典物权编(草案)》(征求意见稿)第160条规定:"以遗嘱方式设立居住权的,参照本章规定。"《民法典各分编(草案)》把条文序号变为第162条,条文内容无变化。《民法典物权编(草案)》(二次审议稿)第162条则把条文内容细微调整为:"以遗嘱方式设立居住权的,参照适用本章规定。"《民法典(草案)》将条文序号变更为第371条,并再次对条文内容进行了细微调整:"以遗嘱方式设立居住权的,参照适用本章的有关规定。"最终颁布条文与《民法典(草案)》第371条表述一致。

### 三、条文解读

#### (一)遗嘱是居住权设立的重要方式

罗马法的继承制度是居住权产生的土壤和基础,居住权制度一开始就是与遗嘱密切相关的。据考证,古罗马婚姻制度可以分为有夫权婚姻和无夫权婚姻。有夫权婚姻要求婚姻当事人必须有婚姻权,结婚后妻子的控制和支配权由夫家所有,即所谓"夫权";无夫权婚姻不要求当事人有婚姻权,丈夫对妻子不因婚姻而取得"夫权"。[1] 在古罗马时期,无夫权婚姻的妻子一度不属于正统继承人,其继承顺位排在夫的宗族亲,同一姓氏,甚至祭祀同一祖先之人之后。[2] 除无夫权之妻外,与被继承人有一定身份关系又无继承权的人还有被解放的奴隶。为保障这些人的生活问题,家长在遗产上为他们设定用益权、使用

---

[1] 参见兰奇光:《古罗马婚姻制度探微》,载《湖南师范大学社会科学学报》2009年第5期。
[2] 参见陈朝壁:《罗马法原理》,法律出版社2006年版,第471~475页。

权、居住权，人役权制度因此应运而生。

在各国民法对罗马法的继受中，居住权的这种伦理性和人身性的特征得以完整保存。尽管随着时代的发展，对他人住房的物权性利用已经远远超出家庭扶养的范围，设立居住权的主要形式也由遗嘱转变为合同。但作为被继承人实现其财产分配多样化的重要工具，以遗嘱设立居住权在当今社会仍然具有重要的现实意义。同时，以遗嘱设立居住权与以合同设立居住权的规则存在一定差别，有必要专门予以规定。

（二）遗嘱设立居住权应当遵循继承的法律规定

第一，遗嘱设立居住权，包括了遗嘱继承和遗赠。根据文义解释，遗嘱是遗嘱继承和遗赠的上位概念。遗嘱是指遗嘱人将自己的财产在法律允许的范围内作出处分。如遗嘱人将财产交予其法定继承人的，构成遗嘱继承；如遗嘱人将财产赠与法定继承人之外的其他人，则构成遗赠。

第二，遗嘱设立居住权的，应以遗嘱有效为前提。《民法典》第6编第3章"遗嘱继承和遗赠"对遗嘱的形式和效力作出规定。根据法律规定，遗嘱分为自书遗嘱、代书遗嘱、打印遗嘱、录音录像遗嘱、口头遗嘱、公证遗嘱等，不同形式的遗嘱必须具备特定形式要件才能发生效力。同时，对于无民事行为能力或限制民事行为能力人作出的遗嘱、受欺诈或胁迫作出的遗嘱、伪造以及被篡改的遗嘱，应依法认定无效。无效遗嘱设立的居住权，自始不能发生物权效力。此外，根据法律规定，遗嘱还应当为缺乏劳动能力又没有生活来源的继承人保留必要的份额。未保留的，则居住权人的权利亦可能受到影响。

第三，遗嘱设立居住权负有相应义务的，继承人或受遗赠人应当履行相应义务。例如，遗赠人与受遗赠人签订遗赠扶养协议，由受遗赠人负责遗赠人的衣食住行及死后的丧葬等，并在遗赠人死亡后取得住宅的居住权。如果被遗赠人未履行其扶养义务的，人民法院可以依照《民法典》第1144条的规定，经利害关系人或有关组织的请求取消其居住权。此外，继承人和受遗赠人还应当就其所继承或受遗赠的居住权缴纳税款或清偿债务。

第四，遗嘱设立居住权的，继承人或受遗赠人不得有违反法律强制规定的行为。根据《民法典》第1125条的规定，继承人或受遗赠人存在杀害被继承人、为争夺遗产杀害其他继承人、遗弃虐待被继承人情节严重等五类行为的，丧失继承权或受遗赠权。

第五，遗赠设立居住权的，受遗赠人应当及时作出接受的意思表示。根据《民法典》第1124条第2款的规定："受遗赠人应当在知道受遗赠后六十日内，作出接受或者放弃受遗赠的表示；到期没有表示的，视为放弃受遗赠。"与此不同的是，被继承人如没有作出表示的，视为接受继承。

（三）遗嘱设立居住权"参照适用本章的有关规定"的理解

《民法典》第366条规定居住权人有权按照合同约定对他人的住宅享有占有、使用的权利，表明签订合同是居住权设立的一般方式。以遗嘱设立居住权的，应参照适用本章的规定。

### 1.遗嘱设立居住权可以直接适用的规则

总体而言，遗嘱设立的居住权除设立原因不同外，其物权的属性、权利的内容、权利限制以及权利消灭的原因等均与合同设立的居住权基本相同。包括《民法典》第366条规定的居住权人有权对他人住宅占有、使用，以满足其生活居住的需要；第368条规定的居住权原则上应为无偿设立等。

### 2.遗嘱设立居住权的特殊规则

（1）关于继承设立居住权的特殊规则。本条规定为参照适用，即表明遗嘱设立居住权与合同设立居住权仍然存在一定差别，集中体现为物权变动规则。在大陆法系，基于法律行为发生的物权的变动模式分为意思主义和形式主义，其中形式主义又分为物权形式主义和债权形式主义。所谓形式主义，即物权的变动不仅需要双方意思表示一致，还需要一定的形式。我国采取的主要是形式主义的物权变动模式。这种模式，在动产上体现为交付，在不动产上体现为登记。在一般情况下，居住权的设立即应登记而设立。但基于继承发生的物权变动，则应另行作探讨。

大陆法系关于继承开始后继承人取得遗产的时间和方法之不同，可区分为以下两种模式：一是宣示主义，是指各共同继承人因分割所得之财产，被视为自继承开始时直接继承被继承人，即继承人分得之财产自继承开始时已归各继承人单独所有。因此，遗产虽为不动产，但无须经登记即可直接取得。法国、荷兰、日本、葡萄牙、意大利、智利等即采此模式。二是转移主义，认为分割的效力为归属的移转，即将遗产分割作为各共同继承人应有部分所有权之互相移转而发生的新的所有权关系，故遗产分割后，各继承人就分得之财产，始能取得单独所有权。如该财产为不动产，应自登记生效。此种模式为德国、瑞士、西班牙民法所采。① 我国采取的是宣示主义。我国《民法典》第230条规定："因继承取得物权的，自继承开始时发生效力。"因而，被继承人死亡后，继承人即取得居住权。此时登记并非居住权的设立要件。因而，以遗嘱设立居住权的，不适用《民法典》第368条"居住权自登记时设立"的规定。需要说明的是，为避免产生权属争议，继承人有必要及时办理登记。此时登记不是物权设立的要件，但可以起到强化物权公示效力的功能。

（2）关于遗赠设立居住权的规则。基于遗赠设立居住权的，何时发生物权效力？遗赠与继承的区别在于：一是在因继承发生物权变动中，导致物权变动发生的原因只有被继承人死亡这一事件。而遗嘱行为的效果，不过是限制了遗产的分配，即决定了承受遗产物权的主体。② 在因遗赠而发生的物权变动中，导致物权变动的除了遗赠人死亡这个事件外，还增加了遗赠这一法律行为。二是相对于继承人的范围仅限于法定继承人，受遗赠人可以是法定继承人以外的任何人，外界难以知晓，权利主体可识别性较低。三是如果将分割前的遗产视为继承人共有，则继承人取得财产的过程是对共有物的分割，而遗赠人仅能向继承人及遗赠义务人请求其标的物之交付。在此种情况下，是否应当赋予遗赠与继承同一的物权变动效力，极易产生争议。对于这一问题，早在原《物权法》出台之前，学界就有所争议，并因此形成了三种主要观点，即遗赠可直接导致物权变动的遗赠物权变动效力说③，不产生物权变动而是只能产生债权的遗赠债权效力说④ 和遗赠只能产生既非物权也非债权的受遗赠权的遗赠独立效力说⑤。最终通过的原《物权法》第29条规定："因继承或者受遗赠取得物权的，自继承或者受遗赠开始时发生效力。"可见，对于该问题，原《物权法》采用了遗赠物权变动效力说。但《民法典》第230条并未沿用原《物权法》的规定，而是明确"因继承取得物权的，自继承开始时发生效力。"于解释论上，是否可以将遗赠类推适用本条的规定，值得探讨。

---

① 参见刘耀东：《论基于继承与遗赠发生的不动产物权变动——以〈物权法〉第29条为中心》，载《现代法学》2015年第1期。
② 参见尹田：《物权法理论评析与思考》，中国人民大学出版社2008年版，第29页。
③ 参见梁慧星主编：《中国物权法草案建议稿：条文、理由、说明与参考立法例》，社会科学文献出版社2000年版，第189页。
④ 参见杨立新、朱呈义：《继承法专论》，高等教育出版社2006年版，第200页。
⑤ 参见郭明瑞、房绍坤、关涛：《继承法研究》，中国人民大学出版社2003年版，第144页。

## ▶ 适用指引

### 一、是否存在法定居住权

依照法律规定设立物权,又称为法定物权。"我们所说的法定物权,则是从物权的'发生'来界定,凡非经交易,也就是非经自由的意思表示,单方或多方合致而依其意思发生变动效力,径依法律规定即可发生的物权的变动,就称为法定物权。"我国的添附制度、拾得遗失物制度、留置权制度、善意取得制度等都属于非因自由意思表示而形成的物权变动。

在我国,为解决离婚关系中弱势一方的权利保护问题,通过对原《婚姻法》第42条的解释,①赋予法官在判决中直接设定居住权的权利。此时当事人取得居住权是基于原《婚姻法》及其司法解释的规定,因而可以纳入法定物权的范畴。基于同样的解释规则,对于继承中各继承人协商不一致时的遗产分割方案,以及缺乏劳动能力又没有生活来源的继承人、胎儿的份额,是否可以通过裁判创设居住权?从司法实践来看,人民法院通过裁判创设居住权的领域已经扩展到房屋的同住人等领域。

《民法典》仅规定了合同和遗嘱两种居住权设立的方式,能否通过司法裁判设立居住权,并不明确。但依据立法机关对于本条规定的解释,除本章规定的以合同和遗嘱方式设立居住权外,居住权还可以通过法院判决的形式设立。②《民法典》第229条规定,因法院、仲裁机构的法律文书或者人民政府的征收决定等,导致物权设立、变更、转让或者消灭的,自法律文书或者征收决定等生效时发生效力。故依解释论,认可法院判决可以设立居住权,也并不违背《民法典》的体系逻辑和具体规范。

---

① 原《婚姻法》第42条规定:"离婚时,如一方生活困难,另一方应从其住房等个人财产中给予适当帮助。具体办法由双方协议;协议不成时,由人民法院判决。"原《婚姻法解释(一)》第27条规定:"离婚时,一方以个人财产中的住房对生活困难者进行帮助的形式,可以是房屋的居住权或者房屋的所有权。"
② 参见黄薇主编:《中华人民共和国民法典释义及适用指南》,中国民主法制出版社2020年版,第557页。

## 二、居住权人对案涉房屋的修缮和改良

本条并未就居住权人的修缮、改良事宜作出规定。一般认为，居住权人有权改良和修缮房屋及其附属设施，但应当以"必要"为限，超出此范围便是对房屋所有权的侵害。同时，在享有权利的同时，居住权人也有义务维护房屋及其附属设施，具体标准宜采取善良管理人的注意，从而与房屋及其附属设施归他人所有的事实保持一致。① 关于房屋的改良修缮费用承担，存在由居住权人承担和所有权人承担两种不同规则。《法国民法典》第599条规定，用益权人虽由于其改良而增加物的价值，在用益权消灭时，亦不得请求补偿。《德国民法典》第1049条第1款规定，居住权人为物支出费用，而对此种费用不负义务的，所有人的偿还义务依无因管理的规定确定。

我们认为，居住权人的修缮改良行为可以分三种情形：第一，如果是住宅存在重大危险可能导致损毁或灭失的，则应视为所有权人的利益，相应费用应由所有权人承担；第二，如果是基于居住的需要进行适当修缮改良的，属于为居住权人居住利益，相应费用应当由居住权人自行承担；第三，如果是非基于住宅的安全或自身居住需求而进行重大改良的，一般应由双方协商。居住权人未经协商擅自改良的，相应费用应当由其自行承担。此外，居住权人不当使用导致房屋损毁的，应当承担赔偿责任。但因居住导致房屋及设施老化折旧的，无须支付相应折旧费用。

## ▶ 类案检索

### 张某甲诉张某居住权纠纷案

**关键词**：遗嘱设立居住权　保留必要遗产份额

**裁判摘要**：居住权人有权按照合同约定，对他人的住宅享有占有、使用的用益物权，以满足生活居住的需要。设立居住权，当事人应当采用书面形式订立居住权合同，还应当向登记机构申请居住权登记。居住权自登记时设立。以遗嘱方式设立居住权的，参照适用上述规定。被继承人张某丙生前所立遗嘱合

---

① 参见申卫星、杨旭：《中国民法典应如何规定居住权？》，载《比较法研究》2019年第6期。

法有效,其在遗嘱中已为张某甲保留了必要的遗产份额,并未为张某甲设立居住权,房屋现所有权人张某亦不同意为张某甲设立居住权,故张某甲对诉争房屋并不享有居住权。

【案　　号】(2021)陕01民终13578号
【审理法院】陕西省西安市中级人民法院
【来　　源】中国裁判文书网

# 第十五章　地役权

**第三百七十二条**　地役权人有权按照合同约定，利用他人的不动产，以提高自己的不动产的效益。

前款所称他人的不动产为供役地，自己的不动产为需役地。

▶ **关联规定**

**一、法律、行政法规、司法解释**

1.《中华人民共和国农村土地承包法》

**第十七条**　承包方享有下列权利：

（一）依法享有承包地使用、收益的权利，有权自主组织生产经营和处置产品；

（二）依法互换、转让土地承包经营权；

（三）依法流转土地经营权；

（四）承包地被依法征收、征用、占用的，有权依法获得相应的补偿；

（五）法律、行政法规规定的其他权利。

2.《中华人民共和国森林法》

**第十七条**　集体所有和国家所有依法由农民集体使用的林地（以下简称集体林地）实行承包经营的，承包方享有林地承包经营权和承包林地上的林木所有权，合同另有约定的从其约定。承包方可以依法采取出租（转包）、入股、转让等方式流转林地经营权、林木所有权和使用权。

3.《最高人民法院关于适用〈中华人民共和国民法典〉物权编的解释（一）》

**第四条**　未经预告登记的权利人同意，转让不动产所有权等物权，或者设立建设用地使用权、居住权、地役权、抵押权等其他物权的，应当依照民法典

第二百二十一条第一款的规定,认定其不发生物权效力。

## 二、部门规章及规范性文件

《不动产登记暂行条例实施细则》

**第六十条** 按照约定设定地役权,当事人可以持需役地和供役地的不动产权属证书、地役权合同以及其他必要文件,申请地役权首次登记。

**第六十二条** 已经登记的地役权因土地承包经营权、建设用地使用权转让发生转移的,当事人应当持不动产登记证明、地役权转移合同等必要材料,申请地役权转移登记。

申请需役地转移登记的,或者需役地分割转让,转让部分涉及已登记的地役权的,当事人应当一并申请地役权转移登记,但当事人另有约定的除外。当事人拒绝一并申请地役权转移登记的,应当出具书面材料。不动产登记机构办理转移登记时,应当同时办理地役权注销登记。

## ▶ 条文释义

### 一、本条主旨

本条是关于地役权概念的一般规定。

### 二、条文演变

地役权概念源于罗马法,是最早的他物权制度。法国、意大利、德国、瑞士、日本等国的民法均规定了地役权。地役权制度现为大陆法系和英美法系国家和地区都采用的一种独立的用益物权制度,原《物权法》亦规定了该制度,《民法典》基本沿用。

在原《物权法》颁布之前,我国在调节不动产利用的关系方面主要依赖于原《民法通则》第83条对相邻关系的规定,即"不动产的相邻各方,应当按照有利生产、方便生活、团结互助、公平合理的精神,正确处理截水、排水、通行、通风、采光等方面的关系。给相邻方造成妨碍或者损失的,应当停止侵害,排除妨碍,赔偿损失"。原《民法通则》在我国民法发展史上虽然是开创性、奠基性的,但"只确认了与地役权相类似的相邻关系,并无明文规定地役权这种用益物权的传统形式"①。在这个发展阶段,地役权虽然没有在立法上得以确立,但与之有密切关联的相邻关系已经有了初步的规定。从理论研究来看,一方面,学界以原《民法通则》的规定为基础对相邻关系作了一定研究,另一方面,在全面继受大陆法系民法理论与立法的过程中,包括用益物权在内的物权制度迅速被引入,地役权制度也逐渐成为一个研究点。在原《民法通则》颁布后、原《物权法》制定前的这个阶段的早期研究主要以相邻关系(相邻权)为主,同时伴随着在用益物权研究中就地役权的基本内容作初步探讨。随着物权立法列入全国人大立法规划,对域外理论与经验的引介有所增加,地役权研究开始进入实质性推进阶段。

原《物权法》起草过程中,针对是否规定地役权以及地役权概念的称谓,存在如下争议。

第一,关于是否要规定地役权的争议。一种观点认为,原《物权法》中不应当规定地役权,地役权可以被相邻关系所包括。多年来,我国没有地役权制度,有关地役权纠纷大多是按相邻关系处理的,这已表明地役权没有独立存在的必要。另一种观点认为,相邻关系不能替代地役权,原《物权法》中应当规定地役权。相邻关系是对不动产的利用作最低限度的调节;而地役权则必须经双方当事人约定,通过对他人不动产的利用来提高自己不动产的价值。

第二,关于地役权概念称谓的争议。原《物权法(草案)》(一次审议稿)曾规定了邻地利用权。针对这一概念,一种意见认为,由于邻地利用权的概念不准确,容易与相邻关系混淆,因此建议将邻地利用权修改为地役权;另一种意见认为,地役权的概念晦涩难懂,不够通俗,不容易被一般民众所接受,因此建议采用邻地利用权或者其他通俗易懂的名称。

针对上述两个方面的争议,立法机关经研究认为:第一,考虑到相邻关系是法定的相邻不动产权利人对权利的限制,是维护正常生活和生产的最低需要;而地役权则是通过扩大对他人不动产的利用来提高自己不动产的价值,不能由法律强制,而应采用协商方式由当事人约定。地役权制度有单独设立的必要。第二,考虑到邻地利用权与地役权属于同一法律概念,用邻地利用权替代地役权并无实质意义。而且,从罗马法以来,大陆法系国家和地区民法中都把地役权作为一项重要的物权加以规定,如果舍弃一个被普遍认可的概念而创立

---

① 陈小君:《论传统民法中的用益物权及其现实意义》,载《法商研究》1995年第4期。

容易引起误解的新概念，在立法技术上不尽合理。

最终，2007年3月颁布的原《物权法》，第一次在立法中规定地役权，将其放在第3编用益物权编下，专章（第14章地役权）从第156条到第169条单独作了规定；有关相邻关系的规定被列在第2编所有权编中，也是专章（第7章相邻关系）予以规定。地役权与相邻关系二者并存于原《物权法》。原《物权法》第156条规定："地役权人有权按照合同约定，利用他人的不动产，以提高自己的不动产的效益。""前款所称他人的不动产为供役地，自己的不动产为需役地。"

《民法典》保留了这一制度，本条沿用原《物权法》第156条的规定，内容未作变动。

## 三、条文解读

地役权是传统民法用益物权中的一项重要权利，是按照合同约定利用他人的不动产，以提高自己不动产效益的权利。例如，甲乙两个工厂相邻，甲工厂原有一个东门，甲工厂为了本厂职工上下班通行方便，想开个西门，但必须借用乙工厂的道路通行。于是，甲乙两个工厂约定，甲工厂向乙工厂支付使用费，乙工厂允许甲工厂的员工通行，为此双方达成书面协议，在乙工厂的土地上设立了通行地役权。此时，乙地称为供役地，甲地称为需役地。

### （一）地役权的法律特征

所谓地役权，是指利用他人不动产以便有效地使用或经营自己不动产的权利。地役权的发生必须有分属于两个所有权人或者使用权人的不动产存在。或者说，地役权一般涉及两块土地，且这两块土地分别属于两个所有权人或者使用权人，其中一块土地向另一块土地提供服务。凡是为他人不动产利用提供便利的不动产称为供役地，供役不动产所有权人或者使用权人被认为负有供役的义务，称为供役地权利人或者供役地人。而享有地役权的不动产称为需役地，需役地不动产所有权人或者使用权人被认为拥有地役权，称为地役权人或需役地人。二者都是不动产的权利人。从需役地角度看，地役权是一种权利，而从供役地的角度看则是一种负担或者义务。在地役权关系中，供役地和需役地之间并不一定相连或相接，即使不相连和相距较远也可以成立地役权。地役权人与供役地人的权利义务关系，依据双方订立的合同予以确定。一般理解，地役权的法律特征主要体现在以下几个方面。

第一，地役权是在他人不动产（主要是土地）上设立的一种用益物权。供役地必须是他人所有或具有使用权，不能在自己的土地上为自身设定地役权，因对自己的土地可以行使完全的占有、使用和收益的权利，没有必要设立地役权，亦不符合地役权制度创建的初衷。如果供役地与需役地的所有权人或使用权人因交易等原因归于一人，则之前设立的地役权自然消灭。与之密切相关的一个问题是，用益物权人能否作为地役权的设立主体？"随着土地使用权、土地承包经营权等用益物权的兴起，地役权的权利设立人已经从土地的所有人扩张至他物权人，到现代已有向不动产债权性占有权人扩张的趋向。"① 史尚宽先生根据对罗马法、德国普通法和民法以及日本法的研究认为，用益物权人如未超过其权利存续期限，可在自己利用的土地之上设定地役权。② 但是，依照"任何人不得大于自己之处分"之法理，任何非所有人作出影响所有权的处分时，都不可避免超越了权利范围。用益物权人设定不动产役权从属于何者，仍然具有一定争议，是所有权、使用收益权，抑或是需役不动产本身，值得讨论。③ 我国《民法典》未明确规定用益物权人能否作为地役权的设定主体，本条中关于"土地所有权人享有地役权或者负担地役权的"的规定，似明确以土地所有人作为地役权权利人，但《民法典》第377规定："地役权的期限由当事人约定；但是，不得超过土地承包经营权、建设用地使用权等用益物权的剩余期限。"其中对"地役权的期限"设置了"用益物权的剩余期限"的限制，似可理解为是对用益物权人设立地役权的限制，实质上是构成对用益物权人以需役地权利人身份设立地役权的赞同。值得注意的是，在我国土地实行公有，且不能转让土地所有权的宪法性规定下，以及《民法典》物权编"定分止争、物尽其用"的立法宗旨来看，未来社会经济生活中用益物权人之间设立的地役权将会成为重要的表现形式。④ 我国的土地所有权属于国家或集体所有，而土

---

① 郑冠宇：《地役权的现代化》，载《烟台大学学报（哲学社会科学版）》2009年第1期。
② 参见史尚宽：《物权法论》，中国政法大学出版社2000年版，第229~230页。
③ 参见田野、刘玲玲：《不动产役权构造论》，载《天津大学学报（社会科学版）》2018年第3期。
④ 参见杨立新、王竹：《解释论视野下的〈物权法〉第166条和第167条——兼评用益物权编"不动产即土地"定势思维》，载《河南省政法管理干部学院学报》2008年第1期。

地的使用人主要包括建设用地使用权人、土地承包经营权人、宅基地使用权人等用益物权人；基于土地所有权交易的法律限制，有关地役权的设立、行使通常发生于土地使用权人之间。地役权作为存在于他人土地之上的用益物权，须在实际利用他人土地的场合才能设立，通过双方形成地役权合同关系确立双方的权利义务。

第二，地役权是为了自己的方便利用他人土地的权利。在地役权关系中，需役地和供役地属于不同的土地所有权人或者土地使用权人。利用他人的不动产来提高自己不动产的效益，是地役权设立的主要目的。所谓利用，并非以实际占有他人的土地为要件，而只是对他人的土地设置一定的负担。这种负担主要表现为供役地的所有权或使用权人对需役地使用人利用自己的土地负有容忍的义务或者不作为的义务。比如，允许他人在自己的土地上通行或者根据地役权合同的约定不在自己的土地上构筑妨碍地役权人观望的建筑物或相关设施。一般而言，对地役权的具体内容，法律并无限制，可完全由双方当事人通过约定来设定，只要双方约定的内容不违反法律的强制性规定、不违背公序良俗，即应受到法律的保护。在某些情况下，地役权人为了使用供役地便利，需要在供役地上修建必要的附属设施，如为实现排水地役权，而要在供役地安装一个水泵。这时，供役地权利人就不得妨害地役权人行使其权利。常见的地役权有通行地役权、引水地役权以及排水地役权、汲水地役权、建筑物地役权、采光和景观地役权等。地役权的设立，必须是以增加需役地的利用价值和提高其效益为前提。此种效益既包括生活上得到的便利，也包括经营上获得的效益（如为需役地的便利而在供役地上排水、通行、铺设管线等），还包括非财产的利益，即精神上或者感情上的效益（如为需役地上的视野宽广而设定的眺望地役权等）。

第三，地役权具有附属需役地而存在的特性，即具有从属性。地役权的从属性，是指地役权须从属于需役地而存在的特性；地役权尽管是一种独立的用益物权，但是因需役地的需求而设立的，与其他用益物权相比，地役权从属于需役地，其目的是提高需役地的效益，必须与需役地相结合而存在。地役权的从属性主要表现在两个方面：一是地役权必须与需役地所有权或者使用权一同转移，不能与需役地分离而单独让与；需役地权利人不得自己保留需役地所有权或者使用权，而单独将地役权让与他人，也不得将地役权与需役地的所有权或者使用权分别转让给不同的人。二是地役权不得与需役地分离而作为其他权利标的，如果在需役地上设立其他权利，则相应的地役权自然包括在该权利之内。例如，在农村土地集体所有制的情形下，农村的土地属集体经济组织所有。当特定地块被确定为农村集体经济组织成员的宅基地以后，所有权人基于该地块享有的地役权自然让渡给宅基地的使用权人。本章中的许多相关规定都充分体现了地役权的从属性。如《民法典》第380条规定，地役权不得单独转让，土地承包经营权、建设用地使用权等转让的，地役权一并转让。

第四，地役权与需役地、供役地具有不可分性。地役权的不可分性是指地役权整体存在于需役地和供役地之上，不能分割为各个部分或者仅仅在一部分上单独存在。就需役地而言，地役权从属于需役地上的所有权或者使用权，应当及于全部的需役地之上而不是其中的某一部分；就供役地而言，地役权系整个供役地的负担，而不仅仅局限于供役地的某一部分。如果需役地为多人共同共有，则地役权亦只能由全体共有人共同共有和处分；如果供役地为多人所有，则各共有人不得单独为他人设定地役权。地役权的不可分性还表现在，即使需役地与供役地被分割，产生了多个土地所有权或者使用权，地役权在被实际分割后的需役地和供役地上继续存在。

### （二）地役权的设立、取得与行使

在理论层面上，地役权的取得既可以基于法律行为，也可以基于法律行为以外的事实。前者一般是通过合同，也可以遗嘱方式的设定行为而取得；后者主要是指继承，需役地权利人死亡时其权利由继承人依法继承，则地役权也由其继承人继承。基于《民法典》的规定，地役权由需役地和供役地的权利人平等协商，通过签订地役权合同的方式而设立。需役地权利人（地役权人）在地役权有效期内，可基于合同约定的利用方式、利用范围、利用强度合理使用供役地，以提高需役地的使用效益，供役地权利人在合同约定的范围内负有容忍、不干涉地役权人依约行使权利的义务。但地役权人亦应严格遵循地役权合同的约定，以合乎常理的方式，正当行使自己的权利，避免权利的滥用。地役权设立的目的并不是满足需役地权利人行使权利的最低要求，而是使自己的权利更好地得到行使；如果地役权人行使权利的结果虽然为自己取得了一定的便利，但供役地权利人为此承受的负担远远大于这种便利，甚至造成实质损害，从而使双方对土地的利用效益严重失衡，则地役权人的主张就不应予以支持。如双方约定需役地承包人可通过他人承包的土地引水灌溉，设立了地役权，但未约定权利的具体行使方式；基于正常操作，采用将水管埋藏于地下引水的办法就可以实现设立地役权的目的，但是地役权人为了自己土地利用得更为便利，要求在供役地上挖一条水渠引水，如此必将实质损害供役地权利人在该土地上的利用效益，导致其负担过重，此种情况下地役权人的权利行使就超出常理，在供役地权利人不同意的情况下，可认定为地役权的不正当行使，对地役权人的请求不应予以支持。

（三）提高需役地效益的认定

关于需役地的范围，《民法典》第372条将需役地规定为地役权人"自己的不动产"。"自己的不动产"应当采用广义的理解，即不仅包括房屋、土地，还应包括海域、林木等其他不动产。相应地，我国地役权主体具有相当的广泛性，除了土地所有权人之外，建设用地使用权人、土地承包经营权人、宅基地使用权人等他物权人都可以成为地役权法律关系的主体。①

"提高自己的不动产的效益"是地役权设定的目的，不仅单纯为了满足需役地人的个人需要，还要为了提高需役地不动产的效益。随着地役权的不断发展，凡是需役地上的利益，无论是需役地的需要，还是需役地人的需要；无论是土地本身的利益，还是其他不动产的利益；无论是现在的利益，还是未来的利益；无论是短期的利益，还是长期的利益，都可以成为地役权的客体。② 由于地役权设定的目的各有不同，也有学者认为界定"提高自己的不动产的效益"应采取主客观相结合的方式，更应立足于个案审查。③ 是否供需役地便宜之用，应就特定需役地人判断之，不以客观上有此必要为要件。④

## ▶ 适用指引

在罗马法中，并没有"相邻关系"这一法律概念，但并不乏相关规定。其中一部分是采用所有权保护与所有权限制来加以规范。而在实践中主要是通过

---

① 参见王利明、程啸飞、尹飞：《中国物权法教程》，人民法院出版社2007年版，第401页。
② 参见[意]彼德罗·彭梵得：《罗马法教科书》，黄风译，中国政法大学出版社2005年版，第190页。
③ 参见李遐桢：《我国地役权法律制度研究》，中国政法大学出版社2014年版，第41页。
④ 参见王泽鉴：《民法物权》，中国政法大学出版社2001年版，第72页。

诉讼保护相邻关系的土地权利，例如，排放雨水之诉和关于收获果实的令状等。除此之外，大部分相邻关系不动产的权利义务关系是通过地役权制度调整的。罗马法并没有对相邻关系作出专门划分，许多相邻关系包含于地役权制度中，二者界限并不清晰，但其诸多基本理念及规范内容为后世民法留下了丰富的法律遗产，并在以后近千年不断发展和扩充，对各国产生了深远影响。

我国司法实务中，有些法律从业者或当事人对地役权与相邻关系的概念也存在模糊认识。《民法典》第288条至第296条规定了相邻关系，第372条至第385条规定了地役权。根据相关规定，相邻关系，是指相互毗邻的两个以上不动产所有人、用益物权人或占有人，在用水、排水、通行、通风、采光等方面根据法律规定产生的权利义务关系；地役权，是指土地的所有人、使用权人，为了自己使用土地的方便或者土地利用价值提高，通过约定而得以利用他人土地的一种限定物权。二者均是以调和不动产利用过程中权利人冲突为目的，在涉及诸如排水、通行、通风、采光等权利的扩张、限制和容忍方面，或有所重叠，或有所交叉。但实际上，相邻关系和地役权是两种彼此独立的物权法制度，二者各自具有不同的内涵：（1）立法定位不同。相邻关系不是一种独立的民事权利，更不是一种独立的物权类型，其本质是不动产所有权或用益物权的扩张，是所有权或用益物权的组成部分和一种法定延伸，不需要进行独立的公示，可以直接从不动产所有权或用益物权的登记中推断出来；而地役权是他物权中一种独立的类型，属于用益物权。地役权尽管从属于需役地上的所有权或者使用权，但它有自己独立的发生原因和权能，需要进行独立的公示。（2）法律效力不同。相邻关系基于相互毗邻的不动产的事实为基础、因法律规定而产生，是服务于特定土地或附于特定土地的权利，对相邻权人来说是依据不动产的自然条件而发生的法定权利，依其原始权利而具有对抗性，无须登记便可当然发生效力；而地役权通常基于当事人的合同约定而产生，是一种约定权利，当事人双方到不动产登记机关进行登记之后才具有物权效力，未经登记的地役权不具有物权效力，只是一种债权。（3）调整方法不同。相邻关系是由法律、法规规定或生活中约定俗成的习惯来调整，相邻关系的类型以及适用的一般规则都由法律作出明确规定，并不能由相关的当事人通过约定来排除；而地役权则是由当事人通过约定来对地役权的具体内容作出相应约定，法律并没有强制性的约束。（4）对相邻不动产物权的限制程度不同。相邻关系侧重于社会利益的维护，是法定的对不动产利用关系的一种最小限度的调节，相邻权人只能在依社会一般观念所能容忍的合理限度内利用相邻不动产，超出这个合理限度，相邻不动产物权人有权拒绝或请求排除妨害。不动产物权人如果想超出合理限度利用或限制相邻不动产，必须与相邻不动产物权人达成一项契约，向其支付一定的对价，获得其同意。地役权基于两个具体民事主体个人利益的衡平，其价值取向侧重于个人利益的维护，其对不动产所有权或者使用权的限制程度一般会大于相邻关系。（5）对价的要求不同。相邻关系的设计是基于最基本的生活需要，一般情况下为无偿的，法律并没有支付相应费用的规定，只是要求"不得危及相邻不动产的安全"；而地役权系基于双方约定给予另一方的特别利益保护，其有偿或无偿均属于意思自治范畴，双方可在契约中自由约定。（6）存续性不同。由于相邻关系在很大程度上是基于相邻的事实产生，因此它的存续就与相邻不动产的状况有关，可以说是相对的有期限或是无期限；而对于地役权来说，由于其是由当事人通过合同设立的，也是为了满足其他不动产的所有权人、其他类型的用益物权的实现来设置的，如果这些权利有确定的期限，则相应的地役权也有相对性的期限。（7）救济的请求权基础不同。在相邻权受到侵害的情况下，受害人可以其享有的不动产所有权或者使用权受到侵害为由依法向侵害人主张权利，但一般不能直接以独立的相邻权受到侵害为由提起相关诉求；而在地役权受到侵害的情况下，地役权人可以直接以地役权受到侵害为由行使物上请求权。由此，在审理涉及地役权纠纷案件过程中，要首先甄别是否实质上系相邻关系纠纷，以避免因诉争法律关系认定有误导致法律适用错误，影响案件的公正处理。

## ▶ 类案检索

### 陈某芬与李某华等地役权纠纷案

**关键词：** 相邻关系　地役权　供役地权利人义务　地役权人义务

**裁判摘要：**《物权法》第156条第1款："地役权人有权按照合同约定，利用他人的不动产，以提高自己的不动产的效益。"第157条第1款："设立地役权，当事人应当采取书面形式订立地役权合同。"本案中，陈某芬与李某华等人签订的《修路占地协议》《土地调解协议书》均采用书面形式约定了有偿使用道路通行的方式，且约定了费用及其支付方式，符合地役权合同订立的特征,故本案应认定为地役权纠纷而非相邻权纠纷。虽然《土地调解协议书》明确由李某华等通行的长11.8米、宽1.4米的道路并不包含陈某芬门前道路,但若李某华等仅通行该条道路,只能通行至陈某芬门前,并不能通行至道路上,将无法实现签订《修路占地协议》《土地调解协议书》的通行目的,根据《物权法》第159条"供役地权利人应当按照合同约定,允许地役权人利用其土地,不得妨害地役权人行使权利"的规定,供役地权利人陈某芬应拆除封堵部分,允许李某华等人通行。关于是否可对该路段进行修建,经审查,本案所涉两份协议,并未约定通行人可以对协议所涉道路进行硬化,故因协议而取得通行权利的相对人未经通道土地使用权人陈某芬的同意而径行实施硬化道路,侵害了陈某芬的土地使用权,根据《物权法》第160条"地役权人应当按照合同约定的利用目的和方法利用供役地,尽量减少对供役地权利人物权的限制"的规定,一审判决李某华等人可对道路进行修建不当,二审予以改判。

【案　　号】(2017)黔23民终94号

【审理法院】贵州省黔西南布依族苗族自治州中级人民法院

【来　　源】中国裁判文书网

> 第三百七十三条 设立地役权，当事人应当采用书面形式订立地役权合同。
>
> 地役权合同一般包括下列条款：
> （一）当事人的姓名或者名称和住所；
> （二）供役地和需役地的位置；
> （三）利用目的和方法；
> （四）地役权期限；
> （五）费用及其支付方式；
> （六）解决争议的方法。

## 关联规定

法律、行政法规、司法解释

《中华人民共和国民法典》

第四百六十九条 当事人订立合同，可以采用书面形式、口头形式或者其他形式。

书面形式是合同书、信件、电报、电传、传真等可以有形地表现所载内容的形式。

以电子数据交换、电子邮件等方式能够有形地表现所载内容，并可以随时调取查用的数据电文，视为书面形式。

第四百九十条 当事人采用合同书形式订立合同的，自当事人均签名、盖章或者按指印时合同成立。在签名、盖章或者按指印之前，当事人一方已经履行主要义务，对方接受时，该合同成立。

法律、行政法规规定或者当事人约定合同应当采用书面形式订立，当事人未采用书面形式但是一方已经履行主要义务，对方接受时，该合同成立。

## 条文释义

### 一、本条主旨

本条是关于地役权合同形式和内容的规定。

### 二、条文演变

原《物权法》第 157 条规定："设立地役权，当事人应当采取书面形式订立地役权合同。""地役权合同一般包括下列条款：（一）当事人的姓名或者名称和住所；（二）供役地和需役地的位置；（三）利用目的和方法；（四）利用期限；（五）费用及其支付方式；（六）解决争议的方法。"本条沿用原《物权法》第 157 条的规定，除将"采取"修改为"采用"，将第 2 款第 4 项"利用期限"修改为"地役权期限"外，其余内容未作变动。

### 三、条文解读

本条第 1 款明确设立地役权，当事人应当采用书面形式订立地役权合同。因此，根据本款的规定，设立地役权的民事法律行为属于要式法律行为，必须采用书面方式这一特定形式。考虑到设立地役权事关不动产权利的行使，关系重大，为避免因权利义务内容不明确而发生纠纷，法律规定地役权设立应当以合同书的形式体现。

本条第 2 款对于地役权合同的主要条款作了详细规定。

#### （一）地役权的设立与地役权合同

地役权作为当事人约定设立的一种用益物权，其设立需要当事人签订相应的地役权合同。地役权合同，是指地役权人与供役地人达成的以设立地役权为目的的协议。合同的内容系地役权人与供役地权利人就双方权利义务进行平等协商的结果。地役权人基于合同约定，取得利用供役地获得便利自己不动产利用的利益，该利益不限于经济上或有财产价值方面的利益，也包括具有精神上或感情上的利益，但所得利益必须合法，不得违反有关法律、行政法规的强制性规定，不得违反公序良俗。

根据合同法一般原理，合同的订立既可以采用书面形式，也可以采用口头形式以及其他方式。但根据本条的规定，设立地役权合同应当采用书面形式。之所以作此规定是由地役权合同的性质和功能所决定的，地役权不同于建设用地使用权，《民法典》明确规定建设用地使用权自不动产登记机构登记时设立，而地役权的设立系基于地役权合同生效时设立，地役权合同是地役权设立的基础和依据；且《民法典》等法律法规对地役权的内容并没有具体规定，而是授权当事人按照自己的需求自行协商确定，合同的签订与否以及合同约定的内容直接决定了地役权的设立及内容；一旦发生纠纷，合同的有无签订以及内容约定就成为法院裁判的基本依据。相比较而言，以口头形式等非书面形式签订的合同，更容易产生纠纷，纠纷产生后亦难以查清事实、分清是非。由此，《民法典》要求地役权合同应当采用书面形式订立。当然，书面形式并非只能是纸质文本，凡是指以文字或者数据电文等表现当事人所订合同的形式均可视为书面形式；以书面形式订立的合同，需要双方当事人在合同文本上签名盖章，以表明是当事人的真实意思表示。

（二）地役权合同的具体内容

根据本条第2款的规定，地役权合同一般包括以下主要条款。

**1. 当事人的姓名或者名称和住所**

当事人是合同的主体，如果不写明当事人，就无法确定权利的享有者和义务的承担者，发生纠纷也难以解决。按照我国的土地制度，地役权合同的双方当事人可以是土地所有人、建设用地使用权人、宅基地使用权人和土地承包经营权人等权利人。在订立地役权合同时，应当明确写明当事人的姓名或者名称，并且当事人、代表人或者代理人要签名、盖章；当事人的住所是表明当事人主体身份的重要标志，住所的意义在于通过确定住所，以决定债务履行地、诉讼管辖、涉外法律适用的准据法、法律文书送达的地点等事宜。当然，如果合同中没有规定住所，只要当事人是确定的，也不应当影响合同的成立。

**2. 供役地和需役地的位置**

标的是合同当事人的权利义务指向的对象，是合同成立的必要条件，是所有合同的必备条款。没有标的，合同不能成立，合同关系无法建立。合同标的物应当明确，地役权合同所指的标的物都是不动产，即供役地和需役地。一般情况下，只有相邻的地块才能设立地役权。明确供役地和需役地的位置，是为了使供役地和需役地特定化，以确定地役权的内容以及权利行使范围。签订地役权合同，应当标明供役地和需役地的具体位置，包括地块名称、地块编码、面积、东南西北四至等内容。地块位置可以按照不动产权属证书所记载的内容写明，在条件具备的情况下，也可以用现代定位技术明确所涉地块的精确位置，并附上测绘图纸，这样就能更准确地表明地役权合同标的物所在。

**3. 利用目的和方法**

利用目的，是指当事人通过订立地役权合同所要达到的具体目的。当事人约定设立地役权，对需役地权利人而言，可使自己的土地得到充分利用或者增值；对于供役地权利人而言，也可以将闲置的不动产通过供役获得一定补偿，实现土地的收益，这是地役权设立的根本目的。地役权的内容表现为对供役地设定一定的负担。这种负担可以是积极的，即地役权人可以在供役地上为一定的行为，如通行、取水、排水、铺设管线等。这种负担也可以是消极的，即供役地权利人在供役地上不得为一定的行为，如不得在自己的地块上盖建高楼影响需役地的采光、眺望等。地役权合同当事人应当在合同中约定所设立地役权的目的。如果需役地一方以通行为目的，则应在合同中明确地役权为通行而设。如需役地是为了排水而需要借用邻地铺设管道，则应在合同中明确为排水所设。除在合同中明确设立地役权的目的外，实现此目的的具体方法一般也应当明确。因为利用方法的不同将直接影响地役权的内容以及供役地权利人的负担大小。比如，为通行目的而设立的地役权，实现的方法是铺设行人过道，还是铺设汽车马路；为了铺设管线设立的地役权，是将管线架立在供役地的空中，还是铺设在供役地的地下、地表还是地下深层。利用方法未作事前约定虽然一般不影响合同的成立及生效，但在履行过程中极易产生矛盾，引发纠纷。故利用目的和方法亦是建议事前约定的地役权合同内容。

**4. 地役权期限**

地役权期限，即当事人享有合同权利、履行合同义务的时间范围。当事人通过签订地役权合同，设立地役权，双方互负权利义务。这种权利和义务一般均有一定的期限限制，原因在于地役权设立的目的是让需役地权利人更加便利其土地的利用，而这种便利可以随着地役权人对土地利用目的、利用方法的变化而改变。例如，需役地上修建了水池，需要利用供役地引水，但后来废弃水池、修建假山，则利用供役地引水成为不必要，地役权原设立的目的亦不存在。同样，对于供役地权利人而言，也存在因土地利用方式的变化而需要收回自己让渡的土地使用权利的问题。地役权的期限是地役权存续的依据，在地役权合同中约定一定的期限是必要的。利用期限作为地役权合同的履行期限，直接关系到合同义务完成的时间，涉及当事人的期限利益和相应的抗辩权，也是确定是否构成违约的重要因素。约定的期限一旦届满，地役权合同即终止履行，地役权亦自动消灭。当然这种期限也可以是不确定的。比如，为通行目的设立的地役权，双方约定地役权期限至需役地上所建大厦竣工之日；为铺设管线设立的地役权，可以约定地役权期限至管线报废之日。地役权合同对期限没有约定或者约定不明确的，地役权人可以随时终止合同。

5. 费用及其支付方式

地役权合同可以是有偿的，也可以是无偿的。在地役权合同为有偿情形下，即涉及费用的数额和支付方式的问题，该条款对双方当事人的权利和义务具有直接的利害关系；即便是无偿的地役权合同，也应作出明确的约定，合同中没有约定费用与费用支付方式并不能当然视为无偿。费用是指需役地权利人支付给供役地权利人的补偿金。该费用系由当事人双方自愿协商约定的价款，对于有偿设立的地役权，是否支付费用以及如何支付应尊重当事人的意思自治。具体而言，应当约定地役权的费用金额、币种，是分期支付还是一次性支付；分期支付的，应当明确各期费用金额，支付的具体时间或者期限。支付方式是以现金支付、银行转账支付，还是通过支票或者其他方式支付；通过转账支付的，应当明确收款的账户名称、账号。代收费用的，应当明确代收人的名称或者姓名、账户等内容。

6. 解决争议的方法

所谓解决争议的方法，是指将来一旦发生合同纠纷，应当通过何种方式来解决纠纷。具体而言，当事人可以在合同中约定一旦发生争议，是通过行政途径解决，还是通过采取诉讼或者仲裁的方式解决。当然，解决争议的方法并不是合同的必备条款。如果当事人没有约定解决争议的方法，则在发生争议以后，当事人既可依法提起诉讼主张权利，也可以遵循法律规定的其他合法途径寻求救济。需要注意的是，根据我国相关法律规定，仲裁和诉讼只能选择其中的一种方式，不能两种方式同时选择。如果当事人选择仲裁方式，应当明确所选择的仲裁机构，并按照仲裁机构的要求拟定仲裁条款。如果选择诉讼方式，应当明确管辖法院。

除上述一般性条款外，当事人还可以就违约情形及责任承担进行约定，具体明确违约金的数额或者计算方法，也可以通过设定免责条款限制和免除当事人可能在未来发生的责任。违约责任作为民事责任的重要内容，事先作出明确约定有利于督促当事人正确履行义务，有助于合同有效履行。若合同中没有约定违约条款，可依照法定的违约责任制度来确定违约方应负的责任。

## ▶ 适用指引

当事人签订合同的目的，是在特定需役地和供役地上设立具体内容的地役权。因此，合同的条款是否齐备、准确，决定了合同能否顺利履行、实现订立合同的目的。这里规定的地役权内容只是一般地役权合同应当包括的条款，但不限于这些内容，并不是说合同中缺了其中任何一项就导致合同不成立或者无效。有关合同主要条款的规定只起到提示性与示范性的作用。

在审判实践中，当事人以合同设立地役权为要式行为，应当采用书面的形式，否则，可能会直接影响地役权设立的法律效力。若当事人以口头形式设立的地役权合同纠纷为由，向人民法院起诉，请求主张相应权利的，人民法院原则上应驳回当事人的诉讼请求。但是，是否凡口头订立的地役权合同均不产生地役权设立的法律效果，尚需要进一步研究探讨，不能一概而论。《民法典》第490条第2款规定："法律、行政法规规定或者当事人约定合同应当采用书面形式订立，当事人未采用书面形式但是一方已经履行主要义务，对方接受时，该合同成立。"据此，人民法院不应仅因地役权合同为口头形式即否定地役权设立的法律效力，而应进行相应的事实查明，若经审查，存在《民法典》第490条第2款规定的情形，则可依法确认地役权设立的法律效力，并基于个案情况依法作出相应的裁判。

## ▶ 典型案例

### 龚某平与升宇公司用益物权确认纠纷案

**关键词：**地役权设立　地役权合同

**裁判摘要：**地役权系指依照合同的约定而以他人土地供自己土地的方便和利益之用的权利。设立地役权，当事人应当采取书面形式订立地役权合同。本案中,龚某平主张对3号楼房屋享有地役权,但就其提供的《商品房买卖合同》、售楼宣传单等证据材料中均不具备地役权合同的一般条款。根据本案现有证据不足以认定龚某平与泰跃公司之间就3号楼房屋曾设立地役权,进而升宇公司自泰跃公司拍卖取得3号楼房屋时并未负担地役权。因此,一审法院认定《商品房买卖合同》仅具有房屋买卖合同性质正确,龚某平对案涉房屋享有的所有权属于业主的建筑物区分所有权,仅对专有部分享有所有权。就龚某平主张一审判决存在矛盾一节,因其诉讼请求权利依据为地役权,故一审法院认定3号楼房屋是否违反规划用途,是否应当恢复会所功能均不属于本案审理范围并无不当。

**基本案情:** 2003年9月8日,龚某平与泰跃公司签订《商品房买卖合同》,约定购买海淀区A3座某号房屋。该《商品房买卖合同》第1条约定:泰跃公司以出让方式取得该小区所在地块土地使用权,在上述地块上建设商品房,建设工程规划许可证号为(2002)海规建20字0045号。2015年12月18日,北京市第一中级人民法院作出(2010)一中执字第1231号执行裁定,裁定3号楼房屋及相应的土地使用权归买受人升宇公司所有。2016年5月18日,升宇公司就3号楼房屋取得《不动产权证书》。龚某平提交了泰跃公司印制的售楼宣传单页及"泰跃客户通讯"等证据材料,主张其就3号楼房屋享有地役权。

【案　　号】(2019)京01民终1606号
【审理法院】北京市第一中级人民法院
【来　　源】《中国法院2019年度案例:物权纠纷》

## ▶ 类案检索

### 毛某才、白某喜等地役权纠纷案

**关键词:** 地役权合同　地役权期限

**裁判摘要:** 本案争议地在白某喜的宅基地范围内,在案监控录像证明在1.5米宽道路上毛某才驾驶三轮车能够正常通行。2011年5月4日协议未约定履行的期限,属于约定不明,双方亦未达成补充协议,毛某才等人主张永久性使用白某喜东房山外1米宽道路(在白某喜宅基地范围内)通行农用三轮车显失公平。一审法院依据在案证据及双方当事人陈述，对本案事实进行了认定，并在此基础上作出的判决，并无不当。

【案　　号】（2021）冀08民终4083号

【审理法院】河北省承德市中级人民法院

【来　　源】中国裁判文书网

**第三百七十四条** 地役权自地役权合同生效时设立。当事人要求登记的,可以向登记机构申请地役权登记;未经登记,不得对抗善意第三人。

## 关联规定

### 一、法律、行政法规、司法解释

《不动产登记暂行条例》

第五条 下列不动产权利,依照本条例的规定办理登记:

(一)集体土地所有权;

(二)房屋等建筑物、构筑物所有权;

(三)森林、林木所有权;

(四)耕地、林地、草地等土地承包经营权;

(五)建设用地使用权;

(六)宅基地使用权;

(七)海域使用权;

(八)地役权;

(九)抵押权;

(十)法律规定需要登记的其他不动产权利。

### 二、部门规章及规范性文件

1.《不动产登记暂行条例实施细则》

第六十条 按照约定设定地役权,当事人可以持需役地和供役地的不动产权属证书、地役权合同以及其他必要文件,申请地役权首次登记。

第六十三条 已经登记的地役权,有下列情形之一的,当事人可以持不动产登记证明、证实地役权发生消灭的材料等必要材料,申请地役权注销登记:

(一)地役权期限届满;

（二）供役地、需役地归于同一人；

（三）供役地或者需役地灭失；

（四）人民法院、仲裁委员会的生效法律文书导致地役权消灭；

（五）依法解除地役权合同；

（六）其他导致地役权消灭的事由。

**第六十四条** 地役权登记，不动产登记机构应当将登记事项分别记载于需役地和供役地登记簿。

供役地、需役地分属不同不动产登记机构管辖的，当事人应当向供役地所在地的不动产登记机构申请地役权登记。供役地所在地不动产登记机构完成登记后，应当将相关事项通知需役地所在地不动产登记机构，并由其记载于需役地登记簿。

地役权设立后，办理首次登记前发生变更、转移的，当事人应当提交相关材料，就已经变更或者转移的地役权，直接申请首次登记。

2.《不动产登记操作规范（试行）》

13　地役权登记

13.1　首次登记

13.1.1　适用

按照约定设定地役权利用他人不动产，有下列情形之一的，当事人可以申请地役权首次登记。地役权设立后，办理首次登记前发生变更、转移的，当事人应当就已经变更或转移的地役权，申请首次登记。

1 因用水、排水、通行利用他人不动产的；

2 因铺设电线、电缆、水管、输油管线、暖气和燃气管线等利用他人不动产的；

3 因架设铁塔、基站、广告牌等利用他人不动产的；

4 因采光、通风、保持视野等限制他人不动产利用的；

5 其他为提高自己不动产效益，按照约定利用他人不动产的情形。

13.1.2　申请主体

地役权首次登记应当由地役权合同中载明的需役地权利人和供役地权利人共同申请。

13.1.3　申请材料

申请地役权首次登记，提交的材料包括：

1 不动产登记申请书；

2 申请人身份证明；

3 需役地和供役地的不动产权属证书；

4 地役权合同；

5 地役权设立后，办理首次登记前发生变更、转移的，还应提交相关材料；

6 法律、行政法规以及《实施细则》规定的其他材料。

13.1.4　审查要点

不动产登记机构在审核过程中应注意以下要点：

1 供役地、需役地是否已经登记；

2 不动产登记申请书、不动产权属证书、地役权合同等材料记载的主体是否一致；

3 是否为利用他人不动产而设定地役权；

4 当事人约定的利用方法是否属于其他物权的内容；

5 地役权内容是否违反法律、行政法规的强制性规定；

6 供役地被抵押的，是否已经抵押权人书面同意；

7 本规范第4章要求的其他审查事项。

不存在本规范第4.8.2条不予登记情形的，记载不动产登记簿后向权利人核发不动产登记证明。地役权首次登记，不动产登记机构应当将登记事项分别记载于需役地和供役地不动产登记簿。

## 条文释义

### 一、本条主旨

本条是关于地役权设立的规定。

### 二、条文演变

原《物权法》第158条规定："地役权自地役权合同生效时设立。当事人要求登记的，可以向登记机构申请地役权登记；未经登记，不得对抗善意第三人。"本条沿用原《物权法》第158条的规定，内容未作变动。

## 三、条文解读

### （一）地役权自地役权合同生效时设立

地役权作为当事人通过合同约定设立的用益物权，自地役权合同生效时依法设立。根据《民法典》第502条第1款关于"依法成立的合同，自成立时生效，但是法律另有规定或者当事人另有约定的除外"的规定，在法律没有特别规定、当事人未另作约定的情况下，地役权合同自成立之时即生效，地役权亦相应设立。尽管《民法典》第502条第2款中规定，依照法律、行政法规的规定，合同应当办理批准等手续的，依照其规定。未办理批准等手续影响合同生效的，不影响合同中履行报批等义务条款以及相关条款的效力。但目前尚无法律、行政法规对于地役权合同的生效需要办理批准、登记作出明确规定，故地役权合同不存在适用该条规定的问题。实际上，影响地役权合同生效的最大变量是当事人对于合同生效是否有特别约定，是否附有期限或者条件。这就是《民法典》第502条规定的当事人另有约定的情形。若当事人对地役权合同另行作了特别约定，则在特别约定成就前，合同应属于未生效，亦不产生地役权设立的法律效力。

根据本条规定，据此，地役权合同生效可分为几种情况。

第一，地役权合同成立之时就是合同生效的时间。设立地役权合同的当事人就地役权设立的相关内容达成合意后，一经签订合同，地役权自合同依法成立即设立。该合同即为地役权设立及双方权利义务确定的依据。

第二，当事人约定了合同生效的条件，条件成就时合同生效。地役权合同当事人可以根据双方当事人的具体情况，就合同约定一些生效条件。比如，需役地权利人改变土地利用的方式之后，或者需要建设特殊设施之时等。在约定的条件未成就时，合同虽已成立但不生效，一旦条件成就，合同生效，地役权即设立完成。此时，尽管合同尚未生效，但对于双方已经具有法律约束力，双方均应按照诚信原则，不能恶意阻却生效条件的成就。

第三，当事人约定一定的生效期限，在期限届至时，地役权合同生效，地役权亦相应设立。在生效期限届至前，合同应属未生效，但合同中约定的权利义务已对双方当事人发生法律效力，当事人应诚信遵守，否则亦要承担相应的民事责任。

地役权是由双方当事人通过约定设立的。对于地役权的内容法律不作严格限制，只要双方约定的内容不违反法律的强制性规定，就尊重当事人的约定。但地役权也是受限制的，如果地役权人滥用自己的权利，那么，供役地权利人有权解除地役权合同。对此，《民法典》物权编中还规定，地役权人违反法律规定或者合同约定，滥用地役权的，以及有偿利用供役地，约定的付款期限届满后在合理期限内经两次催告未支付费用的，供役地权利人都有权解除地役权合同，地役权消灭。

（二）地役权的对抗效力

地役权作为用益物权，亦具有绝对性（对世性）和排他效力。物权的变动，尤其是由法律行为引起的物权变动，体现了当事人的意思自治，但是因物权变动的效果不仅与交易关系的直接当事人相关，而且还潜在地对所有民事主体产生影响，如果没有由外界辨认其变动的表征，则有可能会使第三人遭受损害。因此，法律必须将一定的公示方法规定为物权变动效果发生的要件，从而使第三人能够从外部认识到物权变动的情况。地役权作为一种用益物权，虽然不涉及不动产产权的变化，但却是不动产上设定的负担，对不动产的完整利用有一定的影响。在不动产物权不发生变动的情况下，对不特定第三人的利益不会产生影响。因此，地役权并不以登记为成立要件，当事人对地役权设立的意思表示一致，地役权合同依法成立后，地役权即有效设立，需役地权利人取得地役权人的法律地位，受《民法典》的保护。

但是，地役权毕竟系当事人通过合同形式设立的，缺乏公示公信的效力，难以产生对抗第三人的权利主张，故地役权要取得对世的法律效力，就必须以登记的形式予以公示。自地役权登记在不动产登记簿上时，地役权即取得对抗善意第三人的效力。考虑到地役权制度设立的目的，主要是在需役地和供役地之间建立一种由当事人双方以合同设立其权利和义务，使土地得到最大程度利用的法律关系。由于我国地区发展不平衡，特别是根据广大的农村和农民的实际情况，如对地役权设立的生效条件规定过于严格或程序过于烦琐，将不利于地役权当事人通过合同来设立地役权，甚至加重当事人的负担，故《民法典》对是否办理地役权登记，没有作强制性规定，由当事人根据自身实际情况自愿选择。如果当事人要求登记的，则可以到不动产登记机关申请登记，登记机关应予登记。至于本条规定中的第三人，是指地役权法律关系中，受让供役地所有权或者使用权（一般是使用权）的民事主体；至于所述的善意，是指供役地所有权或者使用权受让人在受让时不知道供役地上设立地役权，并已经按照当时当地的市场价格支付了合理的对价，且对此没有过错。在这种情况下，供役地所有权或者使用权的受让人应认定为本条规定的善意第三人。如果地役权没有办理不动产登记，则不能对抗善意第三人。一旦地役权人以善意第三人受让的土地使用权负有地役权而要求善意第三人承担供役义务时，善意第三人可以依法进行抗辩，拒绝负担地役权义务。

## ▶ 适用指引

### 一、基于统一的不动产登记制度，妥善认定地役权登记的效力

我国《民法典》物权编对地役权采登记对抗主义。所谓登记对抗主义，主要指不登记不得对抗不知道也不应知道土地设有地役权，而受让了该土地使用权的第三人，即善意第三人。需要注意的是，地役权不登记并非意味着地役权就不能对抗第三人，未登记的地役权仅仅是不得对抗善意第三人。地役权属于用益物权，与债权不同（债权为相对权，不具有排他性），物权为绝对权。因此，地役权一经设立即具有对世效力。虽然地役权未经登记，但作为物权，仍可以对抗侵权行为人，如果他人非法侵害地役权，未登记的地役权人仍可以请求排除妨碍、赔偿损失。此外，未登记的地役权害可以对抗恶意第三人。恶意第三人包括以不公正手段获得地役权登记的人，或者明知该地役权已经存在的第三人。

与建设用地使用权等其他用益物权的设立只需在土地登记簿中进行一次性初始登记的情况不同，地役权的初始登记既包括在供役地的登记簿中进行登记，也涉及应否在需役地的登记簿进行登记的问题。《不动产登记暂行条例实施细则》第64条规定："地役权登记，不动产登记机构应当将登记事项分别记载于需役地和供役地登记簿。""供役地、需役地分属不同不动产登记机构管辖的，当事人应当向供役地所在地的不动产登记机构申请地役权登记。供役地所在地不动产登记机构完成登记后，应当将相关事项通知需役地所在地不动产登记机构，并由其记载于需役地登记簿。""地役权设立后，办理首次登记前发生变更、转移的，当事人应当提交相关材料，就已经变更或者转移的地役权，直

接申请首次登记。"由此，原则上地役权登记只有同时登记在供役地和需役地登记簿上，才依法产生对抗善意第三人的效力；只有在需役地和供役地分属不同登记机构时，在供役地登记簿上办理的地役权登记即产生对抗善意第三人效力的问题。实务中，由于供役地的登记机关怠于通知或者需役地的登记机关工作失误等原因，难免会出现地役权的设立仅在供役地的登记簿予以登记，却未在需役地的登记簿办理登记的情况。在需役地登记簿中欠缺地役权设立登记的事实，虽然不影响地役权所具有的对抗第三人的效力，但却会影响到供役地权利人和地役权受让人之间的权利义务关系。对此，人民法院在审理涉及地役权纠纷案件时应认真核查，妥善认定地役权登记的效力，并基于案涉事实依法作出相应的裁决。

## 二、在审理地役权合同纠纷时，需考量当事人的登记义务和登记机构的责任

第一，地役权登记实行登记对抗主义，而不是登记生效主义。地役权自地役权合同生效之时设立，而不是登记之时设立。未经登记，不得对抗善意第三人。地役权登记需要双方自愿申请，并需要提供地役权合同。

第二，当事人申请办理地役权登记时，供役地和需役地的权属状况特别是供役地的权属状况应当清楚无争议，当事人应当提供需役地和供役地的土地权利证书。

第三，地役权的期限由当事人约定，但不得超过土地承包经营权、建设用地使用权等用益物权的期限。

第四，地役权登记直接由不动产统一登记机构办理，不需要报政府审批。

第五，符合地役权登记条件的，不动产统一登记机构应当依据相关规定办理登记手续，记载在不动产登记簿上，并将地役权合同保存于供役地和需役地的登记档案中。

第六，供役地、需役地分属不同不动产登记机构管辖的，当事人向负责供役地登记的登记机构申请地役权登记；负责供役地登记的登记机构在完成登记后，应当通知负责需役地登记的登记机构一并记载于需役地的土地登记簿上。

第七，地役权登记后，应当向当事人发放不动产权属证书，将地役权情况在证书的记事栏上加以记载。

第八，虽然地役权的初始登记实行的是登记对抗主义，但是已经登记的地

役权变更、转让或者消灭的，应当及时办理变更登记或者注销登记。

## ▶ 类案检索

### 一、上海跨跃电机制造有限公司与上海强迹实业发展有限公司地役权纠纷案

**关键词：** 地役权　登记对抗主义　善意第三人

**裁判摘要：** 根据法律规定，地役权自地役权合同生效时设立。当事人要求登记的，可以向登记机构申请地役权登记；未经登记，不得对抗善意第三人。本案原告上海跨跃电机制造有限公司虽曾与上海沪源电机制造有限公司、上海弘展实业有限公司就地役权签订过协议，并按相关协议履行，但其在上海市金山区兴塔镇亭枫公路6439号、6441号（东）的房地产由嘉善县人民法院公告拍卖期间，未向法院申报过权利，同时本案被告上海强迹实业发展有限公司庭审中称其未知晓所述房产上设有地役权，其是通过司法网络平台拍取上述房地产，应为善意第三人。由于地役权源于当事人双方约定，只有经过登记才能对抗善意第三人。故原告上海跨跃电机制造有限公司所主张地役权于法无据，法院不予支持。

【案　　号】（2016）沪0116民初9957号
【审理法院】上海市金山区人民法院
【来　　源】中国裁判文书网

### 二、广东华德汇实业有限公司与株洲现代服饰仓储物流有限公司、株洲市汇通登业有限公司等国有土地使用权转让纠纷案

**关键词：** 地役权合同　地役权设立

**裁判摘要：** 判断涉案合同是否存在地役权，最主要的是看合同是否符合《物权法》第156条、第157条规定的条件，即只要双方当事人签订了地役权合同，合同书载明当事人姓名或名称和住所、供役地和需役地位置、利用目的和方法、利用期限、费用及其支付方式等要素，符合地役权设立的目的，就可以认定为地役权成立。地役权是基于当事人意思而产生的他物权，法律赋予当事人在处理近邻不动产的所有和利用关系中的自治权，允许他们自由约定其权

利义务，更加充分地实现不动产的使用价值。

【案　　号】（2019）最高法民终323号

【审理法院】最高人民法院

【来　　源】中国裁判文书网

### 三、北京市海育亮世文化投资有限公司与国网北京市电力公司地役权纠纷案

**关键词：** 地役权合同　地役权设立

**裁判摘要：** 本案关键是涉及地役权合同的效力认定问题。根据《物权法》相关规定，地役权自地役权合同生效时设立。民事主体从事民事活动，应当遵循自愿原则，按照自己的意思设立、变更、终止民事法律关系。由于历史原因，电力公司与海育公司用地相邻，电力公司通行需要经过涉案道路，双方曾就电力公司使用道路问题达成协议。现海育公司主张其为涉案道路所在土地的使用权人，要求电力公司就穿行海育公司院内的道路订立地役权合同并支付对价，对此，二审认为，双方是否设立地役权合同关系应当遵循双方自愿原则，海育公司与电力公司并未达成合意，海育公司上诉要求设立地役权合同及电力公司支付对价，缺乏依据，故一审法院驳回海育公司的诉讼请求正确，二审予以维持。

【案　　号】（2021）京01民终8461号

【审理法院】北京市第一中级人民法院

【来　　源】中国裁判文书网

第三百七十五条　供役地权利人应当按照合同约定，允许地役权人利用其不动产，不得妨害地役权人行使权利。

## 关联规定

法律、行政法规、司法解释

《中华人民共和国民法典》

第一百八十六条　因当事人一方的违约行为，损害对方人身权益、财产权益的，受损害方有权选择请求其承担违约责任或者侵权责任。

第三百七十三条　设立地役权，当事人应当采用书面形式订立地役权合同。

地役权合同一般包括下列条款：

（一）当事人的姓名或者名称和住所；

（二）供役地和需役地的位置；

（三）利用目的和方法；

（四）地役权期限；

（五）费用及其支付方式；

（六）解决争议的方法。

## 条文释义

一、本条主旨

本条是关于供役地权利人义务的规定。

二、条文演变

原《物权法》第159条规定："供役地权利人应当按照合同约定，允许地役权人利用其不动产，不得妨害地役权人行使权利。"本条沿用原《物权法》第159条的规定，仅是将其中的"土地"调整为"不动产"，其他内容未作变动。

《民法典》第372条规定："地役权人有权按照合同约定，利用他人的不动产，以提高自己的不动产的效益。""前款所称他人的不动产为供役地，自己的不动产为需役地。"地役权的设立，目的是实现或者增强需役地自身的利用效益。地役权的客体原则上是土地，但其他不动产如建筑物、林木等不动产亦存在设立地役权的机会和可能，同时也为保持《民法典》关于地役权规定的前后逻辑一致，《民法典》将原《物权法》第159条规定的"土地"调整为"不动产"。对于本条规定，曾有专家学者建议将其调整到地役权人权利义务的规定之后，即将《民法典》本条与第376条互换，并将内容修改为："供役不动产权利人应当按照合同约定，允许不动产役权人利用其不动产并进行必要的辅助行为，不得妨害不动产役权人行使权利。"理由在于立法应先界定地役权人的权利，再界定与此相应的供役地权利人的义务，在此基础上，与不动产役权人必要的辅助行为对应，供役不动产权利人应容忍这些行为。最终立法没有采纳该建议，仍然基本沿用了原《物权法》的规定。

### 三、条文解读

从地役权制度的发展历史考察，在生产资料私有制社会中，供役地权利人往往就是该供役不动产（一般就是土地，统称为供役地）的所有权人。如《德国民法典》第1018条规定，某一土地可以为另一土地任一所有权人的利益，以此人可以在个别关系中使用该土地，或者在该土地上不得为某些行为，或者排除行使基于该土地所有权而对另一土地产生的权利的方式，设定负担（地役权）。《瑞士民法典》第730条第1款规定，某一土地为了另一土地的便宜，可以以下方式设定负担：供役地所有人允许需役地所有人在自己土地上行使某些权利，或者为了需役地所有人的利益，不在自己土地上行使某些权利。而在我国采取的是土地等生产资料的社会主义公有制，主体限于国家和集体，而土地所有权除集体经济组织之间存在少量互换、国家通过征收取得集体土地所有权等变动形式外，原则上是禁止转让交易的，因此在我国，供役地权利人多是这些供役地上的用益物权人。供役地权利人在设立地役权后，应秉持诚信原则，依据合同的约定，允许地役权人在合同范围内利用其不动产（供役地），不能设置障碍、制造困难，故意在地役权人利用其不动产时为难地役权人，妨害地役权人的依约使用，否则要承担相应的违约责任。

供役地权利人和地役权人之间的权利义务系通过地役权合同的约定而设立的，在双方已经合意明确地役权人如何利用供役地的情况下，无论是采用积极的行使权利方式还是消极的不得行使某些权利的方式，供役地权利人都不得妨害地役权人行使利用供役地的权利。为了维护供役地权利人的合法权益，双方可事前在地役权合同中对地役权的行使作出必要的限制。例如，除非确有必要，地役权合同不得约定供役地权利人的积极作为义务。根据地役权合同约定，地役权人能通过积极或者消极的方式利用供役地，供役地权利人因此会负担消极不作为的义务，如不得妨碍地役权人的采光、通风等，但不能负担积极作为的义务，否则这就不是地役权人利用供役地，而是利用供役地权利人，与地役权的构造不符，也为各国民法中的地役权规范所排除。如《瑞士民法典》第 730 条第 1 款明确把供役不动产人的不作为当成不动产役权应秉持的原则。不过，出于最大程度提高需役不动产效用的考虑，在必要的限度内，应允许合同约定供役不动产权利人的作为义务；该条第 2 款就例外地允许当事人约定供役不动产权利人的作为义务，但限制它只能以次要地位而附加于不动产役权。

地役权作为一种用益物权，是地役权人对他人物权所享有的一种权利，要实现地役权的用益目的，提高需役地的效用，就会对供役地形成某种限制。这也就是供役地权利人的核心义务。法律并没有强制规定地役权的具体内容。因此，地役权的具体内容需要借助当事人之间所签订的地役权合同确定。《民法典》第 373 条第 2 款第 3 项规定，地役权合同应当包括利用目的和方法的条款。此项内容为地役权合同的核心条款，双方当事人应该按照合同约定履行各自的义务，行使各自的权利。本条规定的是供役地权利人两个方面的主要义务。

### 1. 允许地役权人利用其不动产

供役地权利人承担的首要义务就是允许地役权人利用其不动产。在地役权人利用供役地时，多多少少会给供役地权利人带来不便。对于供役地权利人来说，必须按照合同的约定，向地役权人提供所涉不动产，并要容忍供役地上的负担。在供役地上设定的负担可能有不同的类型：（1）允许他人利用自己的不动产。比如，允许地役权人在自己的不动产上挖沟排水铺设管线或者铺路等。（2）对自己行使不动产的权利进行某种限制。比如，甲乙双方设立地役权，地役权人乙需在甲所有的土地上架设高压电线，双方约定甲不得在供役地上种植树木，仅能种植水稻等低矮粮食作物。地役权设立后，甲必须按照合同约定，限制自己所有权的行使方式，不能随意种植。（3）放弃部分使用自己不动产的权利。比如，设定通行的地役权，地役权人在供役地上铺设道路通行，供役地权利人就需要放弃利用该部分土地的权利。（4）容忍对供役地造成某种程度上的损害。只要地役权人按照合同约定的目的和方法行使地役权，即便在一定程度上对供役地造成损害，供役地权利人也得允许。

### 2. 不得妨害地役权人行使权利

一方面，供役地权利人得容忍地役权人使用其土地；另一方面，在地役权人利用其土地时，供役地权利人也不得妨害地役权人行使权利。妨害地役权人行使地役权有不同的表现形式。妨碍地役权可能是妨害地役权人行使主要权利。例如，供役地权利人甲与地役权人乙为了排水目的设立地役权，双方签订地役权合同后，为了实现此目的，乙必须在甲的土地上铺设水管，而甲却阻止乙铺设水管，此时甲就侵害了乙的地役权。妨碍地役权也可能是妨碍附属性的权利。地役权人为利用供役地，实现地役权的内容，在权利行使的必要范围内，有权在供役地上修建必要的附属设施或者从事某项必要的附属行为。这时，供役地权利人就不得妨害地役权人行使这些权利。这种妨碍可能是以积极作为的方式进行，也可能是以消极不作为的方式进行。

对于合同特别是有偿合同的当事人而言，一方的权利往往是另一方的义务，一方的义务也就是另一方的权利，权利义务都是对等的。因此，对供役地权利人的诸多约束行为，都是事先在合同中作了约定的。供役地权利人在负有容忍或者不作为义务的同时，也获得了一定的补偿。供役地权利人之所以允许地役权人利用自己的土地，在很大程度上也是为了获取一定的费用。

## ▶ 适用指引

在审判实践中，对于供役地权利人的义务与责任，应严格遵循地役权合同的约定，原则上限于合同的约定，对于地役权人要求供役地权利人履行合同约定之外的义务，尤其是作为义务时，供役地权利人有权拒绝，人民法院亦不应当支持此种请求。但是，在某些特定情况下，尽管地役权合同中没有明确约定，但在符合《民法典》第 509 条第 2 款关于"当事人应当遵循诚信原则，根据合同的性质、目的和交易习惯履行通知、协助、保密等义务"的规定情形时，地役权人请求供役地权利人履行协助等合同附随义务，人民法院应基于个案具体情况，酌情考虑是否应予以支持，而非一概驳回诉求。

如果供役地权利人未按照合同约定履行自己的义务，妨害地役权人行使地役权，地役权人应当如何主张自己的权利？《民法典》第186条规定："因当事人一方的违约行为，损害对方人身权益、财产权益的，受害方有权选择请求其承担违约责任或者侵权责任。"因此，在供役地权利人违反合同约定，阻挠、妨害地役权人行使地役权时，其行为形成违约责任与侵权责任的竞合，地役权人既可以选择根据合同请求供役地权利人承担违约责任，作为用益物权人也可以选择要求对方侵害地役权承担侵权责任。

## ▶ 类案检索

### 一、大理省级旅游度假区独秀房地产开发有限责任公司与马某平等地役权纠纷案

**关键词：** 地役权　供役地权利人义务

**裁判摘要：** 地役权是基于当事人意思而产生的他物权，赋予当事人在处理近邻不动产的所有和利用关系中的自治权，允许当事人自由约定其权利义务，更加充分地实现不动产的使用价值，这不仅限于经济上的利益，还包括精神享受上的利益。独秀房地产公司与马某平、马某婵基于《商品房购销合同》而签订的《合同补充协议》中的内容"保留水塘、瀑布、小桥景观及使用功能"并非基于案涉房屋自身的居住属性而产生的权利，而是基于更高的景观要求及居住体验设定的权利，该内容设定的是精神享受上的利益，属于地役权的范围，独秀房地产公司关于一审定性错误的主张不成立。地役权是越出法律赋予当事人的当然权益的范围之外，基于契约而生，违反契约约定则应承担违约责任。本案双方约定的保留水塘、瀑布、小桥景观及使用功能具有整体性，保留水塘、瀑布及小桥并非仅指物的本身，还应保留使用功能的完整性，该完整性由于独秀房地产公司在马某平房产西南方向修建永久性建筑物而遭到破坏，故独秀房地产公司的行为违反了双方《补充协议》的内容，一审酌情确定由其赔偿马某平损失12万元并不违反法律规定。

【案　　号】（2019）云29民终842号
【审理法院】云南省大理白族自治州中级人民法院
【来　　源】中国裁判文书网

## 二、罗某举与王某良排除妨害纠纷案

**关键词：** 地役权　相邻关系　供役地权利人义务

**裁判摘要：**《民法典》第375条规定："供役地权利人应当按照合同约定，允许地役权人利用其不动产，不得妨害地役权人行使权利。"根据前述规定，地役权是指利用他人不动产以便有效地使用或经营自己不动产的权利。供役地的所有权或使用权人对需役地使用人利用自己的土地负有容忍的义务或者不作为的义务。本案中，王某良和罗某举就案涉巷道签订《协约》，约定"罗某举房屋与王某良通港采光之间空隙属罗某举所有权，但不能修建"，根据双方约定，虽然案涉巷道使用权归属于罗某举，但其使用亦受到"不得修建"的限制，同时亦应基于相邻关系为王某良的正常生活提供必要便利。罗某举在案涉巷道堆放水泥砖块以及在巷道与公路边缘处修建挡墙堡坎的行为既违反双方合同约定，同时又影响两家房屋屋顶雨水的自然排放，并且，屋顶水流滴落在罗某举堆放的水泥砖块上所溅起的水花会浸湿王某良房屋的墙体，亦妨害了王某良对自家房屋的正常使用，因此罗某举在案涉巷道堆放水泥砖块以及在巷道与公路边缘处修建挡墙堡坎的行为构成侵权，一审法院支持王某良请罗某举排除妨害、恢复原状并无不当，二审法院予以确认。

【案　　号】（2021）渝04民终1601号
【审理法院】重庆市第四中级人民法院
【来　　源】中国裁判文书网

**第三百七十六条** 地役权人应当按照合同约定的利用目的和方法利用供役地,尽量减少对供役地权利人物权的限制。

## ▶ 关联规定

### 一、法律、行政法规、司法解释

《中华人民共和国土地管理法》

第五十七条 建设项目施工和地质勘查需要临时使用国有土地或者农民集体所有的土地的,由县级以上人民政府自然资源主管部门批准。其中,在城市规划区内的临时用地,在报批前,应当先经有关城市规划行政主管部门同意。土地使用者应当根据土地权属,与有关自然资源主管部门或者农村集体经济组织、村民委员会签订临时使用土地合同,并按照合同的约定支付临时使用土地补偿费。

临时使用土地的使用者应当按照临时使用土地合同约定的用途使用土地,并不得修建永久性建筑物。

临时使用土地期限一般不超过二年。

### 二、部门规章及规范性文件

《不动产登记暂行条例实施细则》

第二十六条 下列情形之一的,不动产权利人可以向不动产登记机构申请变更登记:

(一)权利人的姓名、名称、身份证明类型或者身份证明号码发生变更的;

(二)不动产的坐落、界址、用途、面积等状况变更的;

(三)不动产权利期限、来源等状况发生变化的;

(四)同一权利人分割或者合并不动产的;

(五)抵押担保的范围、主债权数额、债务履行期限、抵押权顺位发生变化的;

（六）最高额抵押担保的债权范围、最高债权额、债权确定期间等发生变化的；

（七）地役权的利用目的、方法等发生变化的；

（八）共有性质发生变更的；

（九）法律、行政法规规定的其他不涉及不动产权利转移的变更情形。

## ▶ 条文释义

### 一、本条主旨

本条是关于地役权人义务的规定。

### 二、条文演变

原《物权法》第160条规定："地役权人应当按照合同约定的利用目的和方法利用供役地，尽量减少对供役地权利人物权的限制。"本条沿用原《物权法》第160条的规定，内容未作变动。

### 三、条文解读

地役权作为各国民法通行的用益物权制度，不同于相邻权法律制度，也与其他不动产用益物权不同，具有其他物权所不具备的特殊功能。当事人通过自主协商、签订地役权合同，设立地役权。地役权合同的目的和履行方式关涉正确认定地役权人和供役地权利人各自的权利义务，是地役权制度的核心内容。对于《民法典》本条的规定应从以下五个方面加以理解和适用。

（一）地役权合同的内容具有意定性

地役权的内容由当事人自由约定，而非由法律规定，学理上均持肯定意见。① 当事人可通过地役权之设立，使需役不动产权利获得更多延伸。与相邻关系相比较，地役权旨在补充相邻关系之不足，相邻关系是"法定"的地役权，而地役权则是"约定"的相邻关系。地役权，较之相邻关系，更灵活；较

---

① 参见王利明：《物权法研究》，中国人民大学出版社2016年版，第967页；王泽鉴：《民法物权》，北京大学出版社2010年版，第323页。

之交易、租赁，非独占不动产，不仅降低成本，且可实现与权利人的共同利用；较之债权利用方式，更稳定。并且，其内容由当事人约定，吸收了债权的灵活性，具有无可比拟的便利性。

（二）地役权客体具有广泛性

原《物权法》的地役权客体是不动产，主要是土地，但不限于土地，还包括海域、建筑物、林木等。故与以土地为客体的土地承包经营权、建设用地使用权的属性不同，地役权不仅仅是土地物权，更是不动产物权。《不动产登记暂行条例》第2条第2款界定的不动产，如土地、海域以及房屋、林木等定着物，在理论上均可以作为地役权的客体；第5条明确规定地役权作为不动产权利，依照该条例的规定办理登记。《不动产登记暂行条例实施细则》《不动产登记操作规范（试行）》对此亦有相应的规定。在《民法典》的编纂过程中，有观点提出，立法上宜对地役权的客体通过列举加概括的方式予以明确，对于常见的地役权类型加以列举，如通行、汲水、采光、眺望等，并通过概括方式对其他地役权加以确认。

《民法典》为保持概念的一贯性，仍旧维持地役权这一约定俗成的概念，对地役权客体的规定承继了原《物权法》的相应规定。我国的地役权制度强调对不动产利用效率的提高。对此，地役权合同关涉的权益不应仅限于财产价值上的利益，精神或者感情上、美观上的利益亦无不可，如对眺望权的保护、对安宁享受利益的保护等。对于土地，亦不可僵化地将其解释为耕地、建设用地，除这两种用地形态外，还包括林地、草地、矿床等，地役权应涉及农、林、牧、渔、矿等各领域、各行业。为解决公用企业用地问题，还宜对作为地役权客体的不动产作扩大理解，将附着于土地的杆塔、管道囊括其中，而司法实践中已有相应的案例。①

---

① 参见黑龙江省鹤岗市中级人民法院（2017）黑04民终325号民事判决书：上诉人萝北县北丰农场与被上诉人国家电网黑龙江省宝泉岭电业局有限公司、黑龙江省鹤北林业局地役权纠纷案。简要案情为：黑龙江萝北县人民政府与黑龙江省鹤北林业局共商将东干线道路全线改造成水泥路面时将萝北县大青山采石场批给黑龙江省鹤北林业局使用，国家电网黑龙江省宝泉岭电业局有限公司为此架设输电线路，该输电线路需要从萝北县北丰农场的耕地中通过，通过萝北县鹤北镇人民政府协调，萝北县北丰农场法定代表人姜某同意在其耕地里架设了一条高压线路，并通过姜某的弟弟给付了4000元款项。后萝北县北丰农场以黑龙江省鹤北林业局、黑龙江省宝泉岭电业局和萝北县渔米河大青山采石场为被告提起诉讼，要求黑龙江省鹤北林业局、黑龙江省宝泉岭电业局将在其耕地架设的高压线杆移出。

## （三）地役权合同目的应为促进需役地权利之便利实现

不动产之效用不一定以物理的方式固化到不动产之上，也不一定直接表现为不动产经济利益和使用价值的提升。相反，其核心是为权利人利用不动产之效用，该效用不限于经济利益，亦包括精神或者感情利益。因此，只要从供役地中取得利益，即使未增加需役地本身的价值，而仅仅满足了需役地权利人的需要，地役权亦能设立。例如，眺望地役权虽不直接增加需役地的客观效用，而更多表现为需役地权利人的主观利益，但该主观利益仍未脱离需役地利用之范畴。

## （四）地役权行使的方式应符合绿色发展需求

法国、俄罗斯、美国等国家确立了公共地役权，在实践运行中取得了良好的效果。地役权的转型升级不再停留在理论层面，已在相当一部分国家和地区悄然兴起。例如，为保护耕地、林地、湿地及濒临灭绝物种栖息地，美国法律创设了保护地役权。即由土地所有人和地役权人签订协议，所有人保有土地所有权但不得在土地上进行建设，以实现耕地保护和生态和谐的政策目标。该地役权一旦设立，即从属于土地所有权，可约束将来的受让人。地役权合同既可由政府机构作为地役权人与土地所有人签订，亦可由需役地所有人与供役地所有人签订。我国也有学者提出，将地役权与生态林建设相结合，将还林的耕地、用途受限制的林地作为供役地，供役内容为限制林地权利人自身权利以提升特定区域乃至于全国生态质量，无特定的需役地和地役权人，可依生态林建设改善生态环境的范围，将生态受益的地域整体视为需役地。① 还有学者认为，地役权较之强制性的征收制度以及传统合意性的土地流转模式，在理论构造上相契合，在实践探索中也得到印证，为实现国家公园国有土地占主体地位提供了新的思路。②

---

① 参见孙鹏、徐银波：《社会变迁与地役权的现代化》，载《现代法学》2013年第3期。
② 参见秦天宝：《论国家公园国有土地占主体地位的实现路径——以地役权为核心的考察》，载《现代法学》2019年第3期。

## （五）对地役权的权利属性应准确把握

《民法典》从权利角度设计了需役地权利人对供役地的利用权，即需役地权利人有权按照合同约定的利用目的和方法利用供役地，同时明确要"尽量减少对供役地权利人物权的限制"，如何平衡好需役地权利人和供役地权利人的利益关系，应从以下几个方面进行把握：一是从供役地利用权的依据来看，供役地的利用范围已经登记的，则需役地权利人应按登记范围利用供役地，不能随意增加其利用范围。在未办理登记的情况下，应依当事人的约定处理。二是需役地权利人有为必要附随行为的权利。为行使或维持利用供役地的权利，需役不动产权人有权为必要的附随行为。学理上通常将这种必要的附随行为称为附随地役权。① 例如，为行使通行役权而修筑道路，为行使汲水役权而铺设引水管道等。需役地权利人有权按照地役权合同约定的利用目的和方法利用供役不动产，并进行必要的修建道路、铺设管线等辅助行为，但应尽量减少对供役不动产权利的限制。三是供役地权利人通常负担消极不作为的义务，如不得妨碍役权人的采光、通风，不得影响景观环境等，但不负担积极作为的义务。四是根据《民法典》第379条规定，土地上已经设立土地承包经营权、建设用地使用权、宅基地使用权等用益物权的，后设定地役权时，需征得在先的用益物权人同意。

## ▶ 适用指引

原《物权法》实施以来，人民法院受理的地役权纠纷案件，主要集中在中级、基层人民法院。围绕审判实践中争议较大的问题，结合近年来的生效判决，需要注意以下几个方面的问题。

### 一、正确认定案件的法律关系性质，有利于准确界定当事人主体资格范围

在经二审审结的地役权纠纷案件中，较为突出的是对案件的法律关系性质把握不准，一审判决结案案由往往误定为相邻纠纷或一概明确为侵权纠纷等。

---

① 参见王泽鉴：《民法物权》，北京大学出版社2010年版，第336页。

例如，在龙某甲与龙某乙地役权纠纷案①中，一审法院查明：龙某甲与龙某乙签订了书面协议，约定龙某甲将其名下的一块约30平方米的土地给龙某乙作道路通行使用，龙某乙向龙某甲支付3800元用地费用，一审判决认定为相邻通行纠纷。而二审法院认为，双方在协议中约定了利用土地的位置、面积，利用目的和方法，利用费用及支付方式等，真实意思表示是设立地役权，该协议实则为设立地役权的合同。据此，根据合同相对性原则明确，合同只对缔约双方当事人具有法律约束力，对合同关系以外的第三人不产生效力，第三人不是本案适格被告。

### 二、结合合同约定明确地役权登记的效力，有利于依法保护需役地权利人的合同权益

以登记作为公示方式的供役不动产权范围，应当以登记内容为准。地役权登记内容与合同约定一致，人民法院在审理案件时，应当以登记内容确定供役不动产权范围。未经登记的，不得对抗善意第三人。《不动产登记暂行条例实施细则》第64条第1款规定："地役权登记，不动产登记机构应当将登记事项分别记载于需役地和供役地登记簿。"按照这一规定，地役权须于供役地和需役地上同时登记才能发生对抗善意第三人的效力。该实施细则第64条第2款又规定："供役地、需役地分属不同不动产登记机构管辖的，当事人应当向供役地所在地的不动产登记机构申请地役权登记。供役地所在地不动产登记机构完成登记后，应当将相关事项通知需役地所在地不动产登记机构，并由其记载于需役地登记簿。"即在供役地和需役地分属不同登记机构管辖的情况下，地役权只需在供役地登记簿上登记即可发生对抗效力。

### 三、处理好地役权与需役地之间的关系，有利于贯彻地役权的物权属性

地役权设立的目的是实现或者增强需役地自身的利益，与其他用益物权相比，地役权的核心在于必须持有需役不动产，且它与供役不动产之间客观上存在利用关系。②根据《民法典》第380条规定："地役权不得单独转让。土地

---

① 参见广西壮族自治区百色市中级人民法院（2019）桂10民终599号民事判决书。
② 参见常鹏翱：《回归传统：我国地役权规范的完善之道》，载《清华法学》2018年第5期。

承包经营权、建设用地使用权等转让的，地役权一并转让，但是合同另有约定的除外。"在地役权不得单独转让的限制之下，地役权需随着土地承包经营权、建设用地使用权等其他用益物权的变动而变动。例如，村委会甲征得土地承包经营权人乙同意，与相邻建造水电站（合伙企业）的需役地权利人丙签订地役权合同，以便丙在乙承包的责任山及坡地修建道路通行。合同约定："乙方转让给丙方的山场坡地，只能搞电站使用，如今后电站不搞，山场土地归甲方管理使用。"水电站运营几年之后，企业执行事务合伙人、法定代表人相继更换，水电站的名称也发生了变更。乙遂诉至法院以合同解除为由主张地役权消灭，收回道路用地。二审法院认为，双方均应当遵循诚信原则，按照约定全面履行各自的义务。水电站的合伙人虽几经变更，但并没有改变地役权合同的性质，因此，现水电站依旧享有该用地的地役权。《民法典》第379条规定："土地上已经设立土地承包经营权、建设用地使用权、宅基地使用权等用益物权的，未经用益物权人同意，土地所有权人不得设立地役权。"据此，甲经乙同意与丙签订合同，该地役权在合同生效之后即设立。后虽需役不动产所有权人发生变更，但地役权随需役地一起转移，需役地权利人对供役地的利用目的和方式与合同约定一致并未发生改变，亦未出现《民法典》第384条所规定的"地役权人有下列情形之一的，供役地权利人有权解除地役权合同，地役权消灭：（一）违反法律规定或合同约定，滥用地役权；（二）有偿利用供役地，约定的付款期限届满后在合理期限内经两次催告未支付费用"的情形，故乙之主张和理由缺乏相应的法律依据，不能成立。

## ▶ 类案检索

### 一、常某与陈某、范某等地役权纠纷案

**关键词：** 地役权　地役权人义务　道路通行

**裁判摘要：** 本案中，常某为便利土地耕种、方便通行，与陈某、范某协商签订了《协议书》。该《协议书》对通行道路的长度、宽度、面积均进行了明确约定，是双方之间的真实意思表示，且未违反法律、行政法规的规定，双方均应按照协议履行各自的义务。根据《物权法》第160条之规定，地役权人应当按照合同约定的利用目的和方法利用供役地，尽量减少对供役地权利人物权

的限制。本案中，一审法院在多次查看农田和道路现场并与村委会联合或单独组织双方多次协调后，结合本地农田机械通行作业情况，确定将涉案道路的通行宽度留出 3.5 米，符合农村农田的耕种现状和道路通行情况，二审法院予以认同。现常某在通行道路总面积未缩小，通行长度超出 30 米的情况下，要求将道路宽度恢复为 4 米，虽有利于自己耕种土地，但对陈某、范某行使土地承包经营权在客观上造成了一定限制，不符合上述法律关于地役权合同的实现目的和方式，二审法院不予支持。鉴于本案中修渠工程已全部完工，变更过桥渠板位置实际上已无可能，现常某要实现协议约定目的，必须从陈某、范某土地东边通行。不论是从双方签订的协议内容来看，还是从法律关于地役权的规定内容来看，本案中陈某、范某作为供役地一方，让出 3.5 米东头土地既有利于实现双方签订协议的目的，也有利于稳定社会经济秩序，更符合经济利益原则，其二人主张不应让出 3.5 米东头土地的上诉理由不能成立，二审不予支持。

【案　　号】（2021）宁 03 民终 138 号
【审理法院】宁夏回族自治区吴忠市中级人民法院
【来　　源】中国裁判文书网

## 二、薛某与陕西省兴平市茂林置业有限责任公司地役权纠纷案

**关键词：** 地役权　地役权人义务

**裁判摘要：** 双方当事人于 2016 年 6 月 17 日达成的一次性补偿协议系双方当事人自愿作出，且不违反法律规定，茂林公司无合法证据证明薛某对该土地不具有土地使用权，故该协议应为有效协议。双方在该协议中约定了地役权后，茂林公司应当按照双方的约定，允许薛某使用其土地，不得妨害其行使权利。薛某应当按照约定的目的和方法利用供役地，尽量减少对茂林公司物权的限制。本案中，协议第 3 项只约定茂林公司同意在海威财富广场院内薛某指定的位置为其永久开设 3 米宽出入口，并保证出行通畅，并无约定该出入口高 3 米，故薛某要求开设出入口高 3 米，排除出入口向南宽 3 米、长 7 米道路范围内车棚及车辆造成的妨害的请求，无事实和法律依据，二审法院不予支持。

【案　　号】（2019）陕 04 民终 452 号
【审理法院】陕西省咸阳市中级人民法院
【来　　源】中国裁判文书网

**第三百七十七条** 地役权期限由当事人约定；但是，不得超过土地承包经营权、建设用地使用权等用益物权的剩余期限。

## 关联规定

**法律、行政法规、司法解释**

1.《中华人民共和国农村土地承包法》

**第二十一条** 耕地的承包期为三十年。草地的承包期为三十年至五十年。林地的承包期为三十年至七十年。

前款规定的耕地承包期届满后再延长三十年，草地、林地承包期届满后依照前款规定相应延长。

2.《城镇国有土地使用权出让和转让暂行条例》

**第十二条** 土地使用权出让最高年限按下列用途确定：

（一）居住用地七十年；

（二）工业用地五十年；

（三）教育、科技、文化、卫生、体育用地五十年；

（四）商业、旅游、娱乐用地四十年；

（五）综合或者其他用地五十年。

3.《矿产资源开采登记管理办法》

**第七条** 采矿许可证有效期，按照矿山建设规模确定：大型以上的，采矿许可证有效期最长为30年；中型的，采矿许可证有效期最长为20年；小型的，采矿许可证有效期最长为10年。采矿许可证有效期满，需要继续采矿的，采矿权人应当在采矿许可证有效期届满的30日前，到登记管理机关办理延续登记手续。采矿权人逾期不办理延续登记手续的，采矿许可证自行废止。

4.《矿产资源勘查区块登记管理办法》

**第十条** 勘查许可证有效期最长为3年；但是，石油、天然气勘查许可证有效期最长为7年。需要延长勘查工作时间的，探矿权人应当在勘查许可证有效期届满的 30 日前,到登记管理机关办理延续登记手续,每次延续时间不得超过 2 年。

探矿权人逾期不办理延续登记手续的,勘查许可证自行废止。

石油、天然气滚动勘探开发的采矿许可证有效期最长为 15 年;但是,探明储量的区块,应当申请办理采矿许可证。

## ▶ 条文释义

### 一、本条主旨

本条是关于地役权期限的规定。

### 二、条文演变

原《物权法》第 161 条规定:"地役权的期限由当事人约定,但不得超过土地承包经营权、建设用地使用权等用益物权的剩余期限。"本条沿用原《物权法》第 161 条的规定,文字进行了个别调整,实质内容未作变动。

### 三、条文解读

(一)地役权期限的设定

地役权作为用益物权,属于他物权的一种,他物权与所有权的一个区别,就在于所有权属于永久物权,而他物权一般而言都属于有期限物权。地役权也是如此,其属于有期限的他物权。

地役权作为依据合同约定以他人不动产供自己不动产的方便和利益之用的权利,可以由当事人约定具体的期限。期限是法律规定或者当事人约定的一定时间;民法上的期限是指法律关系发生、变更和消灭的时间,分为期间和期日。期间是指从某一特定的时间到另一特定的时间所经过的时间,是一特定的时间段;而期日则是指某一特定的时间点。地役权作为当事人通过合同约定、并由法律确认为用益物权的权利,可以通过协商在合同中约定权利存续的期间,也可以约定具体的终止时间。

地役权本身的从属性与不可分性决定了地役权的期限不能超过所依附的需

役地（地役权人的不动产）的权利期限，并受供役地（供役不动产）权利期限的限制。地役权的实质是需役地权利人通过限制供役地的所有权或者使用权便利自己对需役地的利用，故理论上需役地、供役地上的权利既可能是所有权，亦可能是用益物权。由于我国实行社会主义土地公有制，无论是国家所有还是集体所有的土地，均不存在期限的问题。有学者据此认为，若土地所有权人在用益物权人同意的情况下设立地役权，不受本条的限制；土地所有权人在设立用益物权之前已经设立了地役权，之后再设立用益物权的，也不应适用本条的限制。①《民法典》第378条亦规定："土地所有权人享有地役权或者负担地役权的，设立土地承包经营权、宅基地使用权等用益物权时，该用益物权人继续享有或者负担已设立的地役权。"因此，本条规定主要适用需役地与供役地上用益物权人之间设立地役权的情形，涉及土地承包经营权、建设用地使用权、探矿权、采矿权等用益物权。关于土地承包经营权的期限，《农村土地承包法》第21条和《民法典》第332条均作出规定：耕地的承包期为30年；草地的承包期为30年至50年；林地的承包期为30年至70年；期满可按规定继续承包。关于建设土地使用权的期限，国务院《城镇国有土地使用权出让和转让暂行条例》第12条规定：居住用地70年，工业用地50年，教育、科技、文化、卫生、体育用地50年，商业、旅游、娱乐用地40年，综合或者其他用地50年。关于采矿权的期限，国务院公布的《矿产资源开采登记管理办法》第7条对采矿权载体的采矿许可证的有效期作出规定：大型矿山以上的，采矿许可证有效期最长为30年；中型的，采矿许可证有效期最长为20年；小型的，采矿许可证有效期最长为10年。关于探矿权的期限，国务院公布的《矿产资源勘查区块登记管理办法》第10条对探矿权载体的勘查许可证的有效期作出规定：勘查许可证有效期最长为3年，石油、天然气勘查许可证有效期最长为7年，石油、天然气滚动勘探开发的采矿许可证有效期最长为15年。②一般而言，地役权的期限需受需役地和供役地上各自用益物权期限的限制，不能超过用益物

---

① 参见崔建远：《物权法》，中国人民大学出版社2014年版，第363页。
② 鉴于《矿产资源法》正在修改过程中，作为用益物权的探矿权、采矿权是否在新的《矿产资源法》中会改变目前的权证（民事物权与行政许可证）不分的状况，尚待观察；若未来探矿权、采矿权实现了权证分离，用益物权登记与勘查、采矿许可证分别办理（即权证分离），则探矿权、采矿权的期限以用益物权登记为准。基于现行有效矿产资源法律法规，探矿权、采矿权的期限体现在勘查许可证和采矿许可证载明的有效期限，即俗称的"有证则有权、无证则无权"。

权剩余的期限。毕竟地役权是依附于土地所有权和土地承包经营权、建设用地使用权、探矿权、采矿权等用益物权而存在的用益物权，若这些被依附的用益物权因期满灭失或者不存在了，地役权自然也就失去了存在的基础。当然，被依附的用益物权期满灭失或者不存在是指事实上的灭失，不包括依法转让等法律上灭失的情形。根据《民法典》第380条关于"地役权不得单独转让。土地承包经营权、建设用地使用权等转让的，地役权一并转让，但是合同另有约定的除外"的规定，无论需役地还是供役地上的土地承包经营权、建设用地使用权等用益物权转让时，若地役权合同没有特别约定，则依附其上的地役权亦同时转让。在需役地上的用益物权与供役地的用益物权剩余期限不一致时，应以较短的剩余期间为准。比如，供役地上的用益物权的剩余年限为10年，而需役地上的用益物权期限剩余15年，此种情况下该地役权的期限最长应为10年。

本条首先规定，地役权期限由当事人约定。因此，双方当事人应当在签订地役权合同时协商确定地役权的期限。《民法典》物权编中的第373条第2款第4项也明确规定，地役权合同的一般条款包括地役权期限条款。当事人协商确定的地役权期限，应当写入书面合同中。根据本条的规定，当事人只要协商一致，即可设定地役权的期限。例如，甲乙两村相邻，乙村为在本村集体土地上开办企业，需要借用甲村集体所有之土地架设高压电线，双方就高压线通过地设立地役权，并在地役权合同中约定，地役权自某年某月某日开始至乙村企业停办之日为止。此约定并不违反法律的相关规定，应为有效。

在地役权合同中，当事人应当尽量将地役权期限条款写得明确具体。当事人应结合地役权设立的具体需要，视情况作出规定：（1）对于为一次性、临时性目的设立的地役权，当事人应当尽量明确地役权行使的具体日期、时间点或者时间段。比如，甲乙双方为了临时通行目的设立的地役权，应明确需役地权利人乙于何年何月何日何时将从甲的供役地上通过。（2）对于长期性的地役权，当事人则应当写明地役权行使的期限，从何日开始到何日终止。（3）对于附解除条件的地役权，所附条件不仅要合法有效，还要具体明确，确保地役权解除的条件能够很好确定。（4）对于附终止期限的地役权，也应明确约定所附期限，否则将徒增纠纷。当然，当事人在合同中对地役权的期限没有约定或者约定不明确的，可以在事后作出补充协议。

## （二）地役权期限的法律效果

地役权期限一旦确定，对双方当事人即具有法律约束力，任何一方不得擅自变更或者终止地役权，但未经登记不得对抗善意第三人；当事人一旦办理了登记手续，则地役权即具有了对抗第三人效力。地役权自地役权合同生效时设立，尽管地役权合同原则上要求约定期限，但当事人对地役权的期限有的没有约定或者约定不明确，有的则约定地役权永久存在，这些均不影响地役权的依法设立；若没有约定或者约定不明确，当事人可以事后作出补充协议进行约定。但无论地役权期限约定永久存在，还是未约定或者约定不明，甚或事后又作出补充约定，地役权的存续期限均依法受限于其所依附的土地承包经营权、建设用地使用权等用益物权的剩余期限，超出部分的期限应属于无效。这是对涉及特殊类型用益物权的地役权期限作出的特别规定。用益物权属于他物权，属于有期限物权。地役权具有从属性，地役权必须依附于所涉不动产权利。比如，供役地权利人享有的如果是用益物权，所设定的地役权就不能脱离该用益物权，供役地的用益物权消灭的，在其上所设的地役权自然消灭。同样，如果需役地权利人对土地所享有的不是所有权，那么需役地权利人所享有的权利到期终止后，为该权利所设立的地役权也就失去意义，应当终止。目前司法实践基本上也是如此处理的。①

期限作为一项法律事实，直接影响到地役权的有效存续时间。在地役权约定的存续期限内，需役地的权利人可依法依约利用他人不动产；在当事人约定的地役权期间届满未续延或者有效期截止日届至时，地役权即丧失用益物权的法律地位，归于消灭。

## ▶ 适用指引

### 一、当事人未约定地役权期限情形的处理

基于地役权的法律属性，对于地役权的期限，有约定的应从其约定，但不得超过土地承包经营权、建设用地使用权等用益物权的剩余期限。

---

① 参见广西壮族自治区桂林市中级人民法院（2017）桂03民终1935号民事判决书、黑龙江省安达市人民法院（2014）安民一初字第30号民事判决书等裁判文书。

在实践中,往往存在当事人地役权期限并无约定或者约定不明,且没有或者不能采取相应补救措施比如签订补充协议予以约定或者明确的情形。此种情况下原则上可结合具体案情,根据需役地上用益物权的剩余期限确定地役权的存续期间或者有效截止日。当然,若供役地上用益物权的剩余期限短于需役地上用益物权的剩余期限,则宜根据供役地上用益物权的剩余期限确定地役权的存续期间或者有效截止日。

## 二、需役地、供役地上土地使用权期限不一致的情形认定

实践中,可能发生需役地的土地使用权与供役地的土地使用权期限不一致的情况。比如,供役地的土地使用权剩余年限为20年,而需役地的土地使用权剩余期限为30年,此种情况下地役权的期限最长为20年。再如,甲公司通过出让方式获得了某住宅用地地块的国有土地使用权,根据规定,其所享有的国有土地使用权为70年。该地块与郊区乙村集体土地相邻。甲公司为开发房地产,需要通过乙村集体所有土地埋设燃气管道。甲公司与乙村签订地役权合同,由乙村为甲公司铺设燃气管道提供供役地。因乙村的集体土地所有权属于无期限物权,而甲公司享有的国有土地使用权为有期限物权,所以,地役权的期限不得超过甲公司对该国有土地使用权的剩余期限。

## 三、需役地、供役地上用益物权期满续延情况下的地役权的认定

地役权的期限受需役地和供役地上的土地承包经营权、建设用地使用权等用益物权剩余期限的限制,不得超过剩余期限。但是无论土地承包经营权还是建设用地使用权,以及探矿权、采矿权等用益物权,多存在届满续期的问题。关于土地承包经营权的续期问题,《民法典》第332条第2款规定:"前款规定的承包期限届满,由土地承包经营权人依照农村土地承包的法律规定继续承包。"党的十九大明确提出"保持土地承包关系稳定并长久不变,第二轮土地承包到期后再延长三十年"。关于建设用地使用权的续期问题,《民法典》第359条规定:"住宅建设用地使用权期限届满的,自动续期。续期费用的缴纳或者减免,依照法律、行政法规的规定办理。""非住宅建设用地使用权期限届满后的续期,依照法律规定办理。该土地上的房屋以及其他不动产的归属,有约定的,按照约定;没有约定或者约定不明确的,依照法律、行政法规的规定办理。"关于探矿权、采矿权等用益物权的续期问题,也有相应的具体规定。

根据本条规定,在需役地和供役地上的土地承包经营权、建设用地使用权等用益物权的期限届满情况下,无论是否续期,因当事人对地役权约定的期限均不能超过土地承包经营权、建设用地使用权等用益物权的剩余期限,超过部分属无效约定,届时地役权因期满而消灭。在土地承包经营权、建设用地使用权等用益物权续期的情况下,当事人需要另行约定新的地役权。当然,实践中,若当事人在合同中明确约定地役权的期限在土地承包经营权、建设用地使用权等用益物权续期的情况下继续存在,则应尊重当事人的意思表示,法律并无强制干预的价值意义。但如办理了地役权登记,为确保可以继续对抗善意第三人,有重新办理地役权登记的必要,具体情况可依照不动产登记机构的规定处理。

## ▶ 类案检索

### 侯某华与兴安县仙人桥水电站地役权纠纷案

**关键词:** 地役权 道路通行

**裁判摘要:** 本案中,兴安县仙人桥水电站(前身为群英电站)为其电站开发的通行之需,以有偿的方式取得他人的土地使用权用于拓宽道路之用,与侯某华就道路通行等事宜签订《群英电站用地协议书》,实质上即仙人桥水电站作为需役地的权利人,利用侯某华享有权利的土地通行,并给付其相应补偿的地役权合同。本案当事人因履行用地协议产生的纠纷,即地役权纠纷,一审法院确定案由为侵权责任纠纷不当,二审法院予以纠正。《物权法》第161条规定:"地役权的期限由当事人约定,但不得超过土地承包经营权、建设用地使用权等用益物权的剩余期限。"2010年以前,兴安镇尚未颁发林权证,对林地承包期限未作规定,此后林权证限定承包期限为70年,双方约定仙人桥水电站可无限期使用显然与法律规定相违背,其超出承包期限的约定无效。《合同法》第56条规定:"合同部分无效,不影响其他部分效力的,其他部分仍然有效。"涉案合同系双方真实意思之表示,除"无限期使用"约定外其他内容不违反法律、行政法规的强制性规定,合法有效。双方均应当遵循诚实信用原则,按照约定全面履行各自的义务。仙人桥水电站的合伙人虽几经变更,但并没有改变合同的性质,其现依旧享有该用地的使用权。侯某华关于合同失效的抗辩理由不成立，其要求仙人桥水电站返还土地的主张，二审法院不予支持。

**基本案情：** 2003年9月4日，为充分利用水利资源优势，经兴安县兴安镇粉洞村委同意许可，王某坤在仙人桥大桥头上修建群英电站，因修建公路须占用侯某华的责任山及坡地，王某坤（乙方）与侯某华（甲方）反复协商后签订《群英电站用地协议书》。双方在协议书上约定："1.乙方在甲方的责任山及坡地修建公路用地界限：（大桥头）上边界线从侯某丰柑子地下面地边往江边上游直进到侯某华下面一排柳杉为界，上游里面与侯某华责任山为界（已种皮竹）下边以江面洪水线为界。2.在此界限内乙方可无限期用，甲方不得以任何理由干涉乙方的正常生产。3.付款方式：甲方以上划分给乙方的山场坡地包括杉树补偿共叁仟贰佰元（3200.00元），乙方在动工动土时一次性付清，乙方不得以任何理由拖欠。4.甲方转让给乙方的山场坡地，只能搞电站使用，如今后电站不搞，山场土地归甲方管理使用。5.此协议壹式叁份，甲方壹份，乙方壹份，粉洞村委壹份。6.此协议从签字之日起生效，希甲乙双方共同遵守执行。"同年，王某坤将该电站转让，之后几经周转，2012年兴安县群英电站变更为兴安县仙人桥水电站，执行事务合伙人、法定代表人亦先后变更。

【案　　号】（2017）桂03民终1935号

【审理法院】广西壮族自治区桂林市中级人民法院

【来　　源】中国裁判文书网

第三百七十八条 土地所有权人享有地役权或者负担地役权的，设立土地承包经营权、宅基地使用权等用益物权时，该用益物权人继续享有或者负担已经设立的地役权。

## 关联规定

一、法律、行政法规、司法解释

1.《中华人民共和国农村土地承包法》

**第二条** 本法所称农村土地，是指农民集体所有和国家所有依法由农民集体使用的耕地、林地、草地，以及其他依法用于农业的土地。

**第三十八条** 土地经营权流转应当遵循以下原则：

（一）依法、自愿、有偿，任何组织和个人不得强迫或者阻碍土地经营权流转；

（二）不得改变土地所有权的性质和土地的农业用途，不得破坏农业综合生产能力和农业生态环境；

（三）流转期限不得超过承包期的剩余期限；

（四）受让方须有农业经营能力或者资质；

（五）在同等条件下，本集体经济组织成员享有优先权。

2.《退耕还林条例》

**第四十七条** 国家保护退耕还林者享有退耕土地上的林木（草）所有权。自行退耕还林的，土地承包经营权人享有退耕土地上的林木（草）所有权；委托他人还林或者与他人合作还林的，退耕土地上的林木（草）所有权由合同约定。

退耕土地还林后，由县级以上人民政府依照森林法、草原法的有关规定发放林（草）权属证书，确认所有权和使用权，并依法办理土地变更登记手续。土地承包经营合同应当作相应调整。

## 二、司法指导性文件

**1.《最高人民法院关于当前形势下加强民事审判切实保障民生若干问题的通知》**

四、妥善审理涉农民事案件,维护农村社会稳定……依法坚决制裁侵害农民特别是农民工群体土地承包经营权和宅基地使用权的违法行为……要注意统筹协调维护土地承包经营权与促进土地承包经营权流转之间的关系,促进土地承包经营权有序流转和规范流转……

**2.《最高人民法院关于为全面推进乡村振兴、加快农业农村现代化提供司法服务和保障的意见》**

17.依法保障进城落户农民合法权益,不断提升农民群体获得感、幸福感。依法保护进城农户的土地承包经营权、宅基地使用权、集体收益分配权。对于承包农户进城落户的,人民法院可通过司法手段支持保护其按自愿有偿原则依法在本集体经济组织内转让土地承包经营权,或者将承包地退还给集体经济组织。

## ▶ 条文释义

### 一、本条主旨

本条是关于在享有和负担地役权的土地上设立承包经营权、宅基地使用权等用益物权的规定。

### 二、条文演变

原《物权法》第162条规定:"土地所有权人享有地役权或者负担地役权的,设立土地承包经营权、宅基地使用权时,该土地承包经营权人、宅基地使用权人继续享有或者负担已经设立的地役权。"本条基本沿用原《物权法》第162条的规定,只是将其中"该土地承包经营权人、宅基地使用权人"修改为"该用益物权人",增加了"等用益物权",其他内容未作变动。

## 三、条文解读

### （一）集体所有土地为需役地和供役地的不同情形

根据我国宪法和有关法律的规定，我国农村的土地属于农民集体所有。在农村，由于实行农村土地承包经营制度和宅基地制度，从集体所有的农业用地上可以派生出土地承包经营权这一用益物权，从集体所有的建设用地上可以派生出宅基地使用权这一用益物权。因此，由于集体所有的土地可能会依法提供给集体成员使用，此时，对涉及集体所有土地的地役权如何处理，需要立法予以明确。本条针对这种情况专门作出了规定，土地所有权人享有地役权或者负担地役权的，设立土地承包经营权、宅基地使用权等用益物权时，该用益物权人继续享有或者负担已设立的地役权。

土地所有人享有地役权，就是该土地作为需役地，在他人土地上设立了地役权。例如，A地块和B地块分别属于甲乙两村集体所有，且两地相邻，均为农业用地，因地理位置不同，A地块缺水干涸，B地块上有一片湖泽。甲村为了给本村A地块进行浇灌，与乙村在B地块上设立期限为20年的取水地役权；两村签订书面合同并进行了登记，约定在B地块上挖较宽的河道引水，甲村每年支付乙村一定的费用。10年后甲村将A地块承包给了村民丙，丙获得A地块的土地承包经营权。根据本条的规定，设立土地承包经营权等用益物权时，该用益物权人可以继续享有地役权。丙作为A地块的用益物权人，可以继续享有地役权，其仍可以从B地块取水。假设丙的土地承包经营权期限为30年，根据甲村与乙村所签订的地役权合同，地役权期限为20年。丙承包A地块时已过10年，因此，丙只能再继续享有剩余10年的地役权。再过10年后，如果丙想继续在A地块设立地役权，则需与乙村再行签订地役权合同。

集体所有的建设用地可以设立宅基地使用权。根据本条的规定，集体所有的土地享有地役权。如果在该集体土地上设立宅基地使用权，宅基地使用权人作为用益物权人也可以继续享有该地役权。例如，甲村所有的A地块，交通不便，为通行目的，与乙村签订地役权合同，在乙村所有的B地块铺路通行，期限为60年。后甲村村民丙依法取得A地块的宅基地使用权，丙欲在A地块上盖房。此时，丙是否可以经过B地块往A宅基地上运输建筑材料呢？根据本条规定是可以的。因为丙作为宅基地使用权人，可以继续享有集体土地上享有的地役权。

集体所有土地为供役地，就是在集体所有土地上添加了地役权负担。土地所有人负担地役权的，设立用益物权时，用益物权人需要继续负担已设立的地役权。集体所有的农业用地在设立土地承包经营权时，已设立的地役权需要由土地承包经营人继续负担。集体所有的建设用地在设立宅基地使用权时，已设立的地役权需要由宅基地使用权人继续负担。例如，甲村所有的A地块农业用地和乙村所有的B地块建设用地相邻，因A地块缺水，需要从B地块铺设水管，故甲村与乙村签订地役权合同，约定在B地块上设立地役权，供甲村取水使用。同时，因信息化建设需要，乙村需要在A地块上架设光缆，故乙村与甲村签订了地役权合同，约定乙村享有地役权，可以在A地块上架设通信光缆。后甲村村民丙承包了A地块，取得了土地承包经营权。乙村村民丁经审批获得了B地块上的宅基地使用权。根据本条的规定，丙和丁需要继续负担已设立的地役权，即丙仍应允许乙村在其所承包的农业用地上架设光缆，而丁则仍应继续允许甲村在B地块上铺设取水管道。

（二）用益物权人对地役权的法定取得

地役权系限制他人不动产（供役不动产）所有权之行使，以便利自己不动产（需役不动产）之利用，提高自己不动产价值之权利。[①] 地役权取得或发生的原因，包括依当事人合意设立或者依法定事由取得，前者如《民法典》第372条、第373条的规定，后者则如本条规定。所谓用益物权人对地役权的法定取得，即土地所有人享有或者负担地役权的，设立土地承包经营权、宅基地使用权等用益物权时，该土地承包经营权、宅基地使用权等用益物权人当然继续享有或者负担该地役权，其是否具有享有或负担地役权的意思表示，在所不问。

地役权附着于需役地，是需役地所有权或使用权的从权利，不得与需役地分离而单独转让，或单独成为其他权利的标的，学说上称为地役权的"主观的物权性"。但是，从另一方面看，供役地所有权人或者使用权人有变更时，其所负担的地役权之义务，也应随同供役地所有权人或使用权人而转移，此在学

---

① 参见谢在全：《民法物权论》，中国政法大学出版社2011年版，第502页。

说上称为地役权的"客观的物权性"。① 本条规定中对地役权的客观物权性亦有体现，即土地所有权人负担地役权的，设立土地承包经营权、宅基地使用权等用益物权时，该土地承包经营权人、宅基地使用权人等用益物权人继续负担已设立的地役权。事实上，此种规定亦可理解为地役权与土地承包经营权、宅基地使用权等用益物权的并存，即同一宗土地上设立地役权后，再设立土地承包经营权、宅基地使用权等用益物权。或者可以理解为，先设立的地役权具有排斥后设立的土地承包经营权、宅基地使用权等用益物权的效力。因土地承包经营权、宅基地使用权等用益物权的设立采取了意思主义的物权变动模式，所以，无论先设立的地役权是否履行了登记手续，其相对于后设立的土地承包经营权、宅基地使用权等用益物权均享有优先效力。只是由于地役权之行使通常并不妨碍土地承包经营权、宅基地使用权等用益物权的行使，因此，后设立的土地承包经营权、宅基地使用权等用益物权只需容许地役权的继续存在即可。②

还需注意的是，根据本条规定，已经设立了地役权的土地，在嗣后设立用益物权时，地役权随之转移，由用益物权人享有或负担。

（三）地役权的从属性

地役权的从属性，可从两个方面予以理解。从积极方面看，是指地役权依附于需役地，是需役地所有权或者用益物权的一种从权利，与需役地共命运，当需役地所有权或者用益物权转移时，即使双方当事人未声明地役权是否转移，地役权当然随之转移于他人；从消极方面看，是指地役权不得与需役地分离而单独转让，或地役权不得单独成为其他权利的标的。③

从相关规定上考察，我国《民法典》从积极、消极两个方面规定了地役权的从属性，其中第380条、第381条关于地役权不得单独转让、地役权不得单独抵押的规定，系从消极方面界定地役权的从属性；本条的规定则系地役权从属性积极方面的体现。

综合《民法典》的规定，积极方面的地役权从属性主要表现为：（1）需役

---

① 参见［日］三潴信三：《物权法提要》，孙芳译，中国政法大学出版社2005年版，第133页；史尚宽：《物权法论》，中国政法大学出版社2000年版，第229~230页。
② 参见朱广新：《我国〈物权法〉中地役权制度探究》，载《法学》2009年第7期。
③ 参见朱广新：《我国〈物权法〉中地役权制度探究》，载《法学》2009年第7期。

地所有权人在需役地上设立土地承包经营权、宅基地使用权等用益物权时，地役权随需役地使用权的设立而移转，即由土地所有权人移转给土地承包经营权人、宅基地使用权人等用益物权人。本条规定即为此种情形。（2）地役权由土地承包经营权人、建设用地使用权人享有时，除当事人另有约定外，地役权随同土地承包经营权、建设用地使用权的移转而移转。《民法典》第380条对此有明确规定。（3）土地承包经营权、建设用地使用权等抵押的，在实现抵押时，地役权一并转让。《民法典》第381条对此有明确规定。（4）地役权以需役地存在为前提，需役地不存在时，地役权应随之消灭。

## ▶ 适用指引

审判实践中，适用本条需要注意土地所有权人的主体问题。从本条规定来看，这里所指的土地所有权人不仅特指国家，还包括农村集体经济组织。

就土地承包经营权而言，《农村土地承包法》第2条规定："本法所称农村土地，是指农民集体所有和国家所有依法由农民集体使用的耕地、林地、草地，以及其他依法用于农业的土地。"从该规定可以看出，成为土地承包经营权的客体的不仅是农民集体所有的土地，还包括国家所有依法由农民集体使用的土地。在我国，国家所有的土地主要集中在城市，但由于历史的原因，国家在农村也拥有大量的农用地。例如，在"土改"时没有将土地使用权分配给农民的土地，实施1962年《农村人民公社工作条例（修正草案）》时未划入农民集体的土地，国有农场的土地等。除耕地、林地、草地外，其他依法用于农业的土地，如养殖水面、荒山、荒沟、荒丘、荒滩等"四荒"土地也属于农村土地承包经营权的客体。故不仅农村集体经济组织，国家也可以作为所有权人设立农村土地承包经营权这一用益物权。就宅基地使用权而言，由于其权利主体和权利客体的特定性、土地使用权用途的局限性、取得该用益物权的无偿性和使用期限的无限性，宅基地使用权的客体，只限于农村集体所有的土地。故设立宅基地使用权这一用益物权的土地所有人只能是农村集体经济组织，不包括国家在内。

本条规定是在原《物权法》第162条规定的基础上扩大了享有或者负担地役权的用益物权的范围，不再限于土地承包经营权、宅基地使用权这两种类型，而是使用了"设立土地承包经营权、宅基地使用权等用益物权""该用益物权人"的条文表述。根据物权法定原则以及《民法典》中用益物权的相关规定，设立在土地上的用益物权类型除土地承包经营权、宅基地使用权外，还包括建设用地使用权。就建设用地使用权而言，《民法典》第344条规定："建设用地使用权人依法对国家所有的土地享有占有、使用和收益的权利，有权利用该土地建造建筑物、构筑物及其附属设施。"第361条规定："集体所有的土地作为建设用地的，应当依照土地管理的法律规定办理。"根据上述规定，除国家可以作为土地所有权人设立建设用地使用权外，农村集体经济组织，在符合土地管理法律规定的情况下，亦可作为土地所有权人设立建设用地使用权这一用益物权。还需注意的是，实践中存在的小产权房问题，并非适格、合法的用益物权，其法律调整需综合考量。

## ▶ 类案检索

### 凤凰县南华山居小区业主委员会与王某云、李某均恢复原状纠纷案

**关键词：** 地役权承继　恢复原状

**裁判摘要：** 本案争议的焦点为王某云、李某均是否享有南华山居小区的地役权。所谓地役权，指因通行、取水、排水等需要，通过签订合同，利用他人的不动产，以提高自己不动产效益的权利。《物权法》第162条规定，土地所有权人享有地役权或者负担地役权的，设立土地承包经营权、宅基地使用权时，该土地承包经营权人、宅基地使用权人继续享有或者负担已设立的地役权。本案中王某云、李某均为方便通行，与南华山居原土地使用权人大地公司签订合同，约定王某云、李某均通过缴纳适当管理费，取得小区通行权，该权利即为地役权。作为该小区的现土地使用权人的南华山居，应继续负担已经设立的地役权。同时，从相邻关系来讲，不动产权利人对相邻权利人因通行等必须利用其土地的，也应当提供必要的便利。故一审法院驳回南华山居要求封堵道路的诉求并无不当，二审法院予以支持。

**【案　　号】**（2019）湘31民终1669号

**【审理法院】** 湖南省湘西土家族苗族自治州中级人民法院

**【来　　源】** 中国裁判文书网

> **第三百七十九条** 土地上已经设立土地承包经营权、建设用地使用权、宅基地使用权等用益物权的,未经用益物权人同意,土地所有权人不得设立地役权。

## ▶ 关联规定

法律、行政法规、司法解释

1.《中华人民共和国煤炭法》

**第五十条** 未经煤矿企业同意,任何单位或者个人不得在煤矿企业依法取得土地使用权的有效期间内在该土地上种植、养殖、取土或者修建建筑物、构筑物。

2.《最高人民法院关于适用〈中华人民共和国民法典〉物权编的解释(一)》

**第四条** 未经预告登记的权利人同意,转让不动产所有权等物权,或者设立建设用地使用权、居住权、地役权、抵押权等其他物权的,应当依照民法典第二百二十一条第一款的规定,认定其不发生物权效力。

## ▶ 条文释义

一、本条主旨

本条是关于在已设立用益物权土地上设立地役权的规定。

二、条文演变

原《物权法》第163条规定:"土地上已设立土地承包经营权、建设用地使用权、宅基地使用权等权利的,未经用益物权人同意,土地所有权人不得设立地役权。"本条基本沿用原《物权法》第163条的规定，仅是将其中的"……宅基地使用权等权利"进一步明确为"……宅基地使用权等用益物权"，其他内容未作变动。

### 三、条文解读

本条的主要目的是基于社会主义土地公有制下土地所有权与使用权适当分离的制度设计，对于依法设立的土地承包经营权、建设用地使用权、宅基地使用权等用益物权给予特别保护，以免受土地所有权人的不当侵害，彰显《民法典》对民事活动主体的平等保护理念。用益物权作为定限物权，系从所有权分离出来的物权类型，但是一旦设立即具有对世性，可依法对抗包括土地所有权人在内的所有人，排除一切人对用益物权人对该土地使用收益的非法干涉。由于地役权的设立直接影响到用益物权人的利益，即便是所有权人，无论其是国家还是集体经济组织，在没有取得用益物权人同意的情况下，不得在已经设立土地承包经营权、建设用地使用权、宅基地使用权等用益物权的土地上为他人设立地役权。为此，要理解本条需把握以下两点。

#### （一）用益物权系对所有权的限制

用益物权是在所有权权能分离的基础上产生的民事权利，是在他人之物上设立的物权，在学理上归属为他物权的范畴。虽然有的国家法律允许所有权人在自己之物上设立用益物权，如德国民法规定，所有人可以为自己设立具有用益物权性质的实物负担；而我国《民法典》及原《物权法》对此并无明确的法律规定，但基于用益物权的界定而言，我国尚不存在在自己之物上设立用益物权的制度空间，但随着社会的发展，在某些特定情况下是否会出现或者导致所有权人和用益物权人为同一人以及若出现该情形如何处理等问题，均值得进一步研究。基于《民法典》第240条规定："所有权人对自己的不动产或者动产，依法享有占有、使用、收益和处分的权利。"第323条规定："用益物权人对他人所有的不动产或者动产，依法享有占有、使用和收益的权利。"据此，所有权人在自己不动产上设立用益物权后，除继续保留处分权能外，所有权中的其余三项权能，即占有、使用和收益权能，全部分离出来由用益物权人依法享有，所有人不得再享有该三项权能，客观上也难以行使。也即在用益物权有效期限内，所有权人对其所有不动产的占有、使用和收益权能暂时性与其相分离，而由用益物权人依法行使，且用益物权人行使这些权利时不受所有权人的非法干涉，这本身就是对所有权的限制。

《民法典》第326条中对此也有明确规定，所有权人不得干涉用益物权人行使权利。用益物权一旦设立，所有权人应当受自己让渡权利意思表示的约束，未经用益物权人的同意，不得再行对已经设立用益物权的不动产使用、收益，包括允许第三人使用、收益。土地所有人在其所有土地上依法设立土地承包经营权、建设用地使用权、宅基地使用权等用益物权后，所有权人享有的占有、使用、收益权能必然受到法律和合同的限制，不能再行使已经让渡给用益物权人享有和行使的各项权利，也不能在土地上设置影响用益物权人占有、使用、收益的任何负担，其中就包括为他人设立地役权。作为土地使用功能重要体现的地役权设立权，也随着用益物权的设立转移至用益物权人处，但如果用益物权人明确放弃此项权利，同意所有权人对其用益之物为他人设立地役权，法律亦不禁止。

本条规定，土地上已设立土地承包经营权、建设用地使用权、宅基地使用权等用益物权的，未经用益物权人同意，土地所有权人不得设立地役权。根据本条的规定，用益物权具有一定的优先效力，这种效力还可以对抗所有权人的所有权。第一，用益物权设立在先。土地所有人此前已经为他人设立了用益物权。例如：国有建设用地已经出让给他人；集体所有的农业用地已经发包给村民；集体所有的建设用地已经划定给村民作为宅基地使用。此时，他人在先取得用益物权。用益物权人对所涉土地即享有占有、使用、收益的权利。这种占有是排他性的占有，包括排除所有权人。第二，未经在先用益物权人同意，所有权人不得设立地役权。根据本条的规定，如果用益物权在先设立，土地所有权人应当尊重用益物权人的权利。如果所有权人想以所涉地块为供役地为他人设立地役权，必须征得用益物权人的同意。不论所有人想设立哪种地役权，这种地役权对在先用益物权影响或大或小，都必须取得用益物权人的同意。所有权人不能因为对所设立的用益物权影响不大，而不征得用益物权人的同意。例如，在农田上架设通信光缆的通过权，虽然对承包者的农业生产不会造成太大的影响，仍应获得该承包地的土地承包经营权人的同意方可设立。

（二）地役权系对其他用益物权的限制或者增益

地役权作为一种用益物权，可以在所有权上设立，也可以在用益物权上设立，如果在用益物权上设立地役权，则可能存在地役权与其他用益物权的权益竞合问题，即同一不动产上同时存在包括地役权在内的数个用益物权，这就涉及地役权与其他用益物权的设立关系问题。除本条规定外，《民法典》第378条、第380条、第381条、第382条等均蕴含了地役权对其他用益物权形成了一定的转让限制，当然对于需役地上的用益物人则具有增益作用。如《民法典》第378条规定："土地所有权人享有地役权或者负担地役权的，设立土地承包经营权、宅基地使用权等用益物权时，该用益物权人继续享有或者负担已经设立的地役权。"据此，如果土地上已经设立了地役权，其后又在该土地上设立土地承包经营权、宅基地使用权等其他用益物权时，后设立的其他用益物权不排斥也不影响先前已经设立的地役权，其他用益物权人继续享有或者负担已经设立的地役权。正因为地役权对于其他用益物权具有限制或增益的效用，会直接影响到用益物权的享有和行使，故本条对于土地上已经设立土地承包经营权、建设用地使用权、宅基地使用权等用益物权后，在非经用益物权人同意的情况下，土地所有权人不能在该土地上再为他人设立地役权作出了规定，否则就侵害了用益物权人的合法权益。

## ▶ 适用指引

### 一、用益物权人同意所有权人设立地役权的方式

用益物权人同意所有权人设立地役权主要涉及两个方面：一是设立的主体，二是同意的方式。

关于设立的主体，对土地上已经存在用益物权的情况下再设立地役权，土地所有人和用益物权人之间，谁有权设立地役权？原则上应当由用益物权人设立地役权，由用益物权人作为供役地人与需役地人签订地役权合同，设立地役

权。但如果地役权内容超出用益物权人权利范围，则应当由土地所有权人与需役地人签订地役权合同，但这种情况下仍需要用益物权人的同意。如果先存在的用益物权人同意土地所有人单独为他人设定地役权，也可以由土地所有人与需役地人直接签订地役权合同，注意此时的地役权不是依附于用益物权的地役权，而是独立于用益物权但依附于所有权的地役权。

关于同意的方式，地役权的设立必须采取书面的方式，因此，用益物权人同意土地所有人为他人设立地役权应当也是以书面方式，可以采取单独授权同意土地所有人的方式，也可以在土地所有人设立地役权合同中作为第三方签字同意。

## 二、土地所有人未经用益物权人同意设立地役权的法律后果

土地所有人的土地已经设立了土地承包经营权等用益物权后，再在该土地上设立地役权，必须得到用益物权人的同意，如果土地所有人未获得用益物权人的明确意见为他人设立地役权的，应属于无权处分行为，其行为效力有待用益物权人追认，如果用益物权人明确表示不同意设立地役权，则该地役权不能有效设立，由此造成第三人的损失由土地所有人承担。需要注意的是，用益物权人的追认需要以书面形式作出才具有法律效力，地役权的设立时间为用益物权人追认同意的时间。

## ▶ 类案检索

**隋某山与沈某桂排除妨害纠纷案**

**关键词**：地役权　排除妨害　在先用益物权

**裁判摘要**：不动产相互毗邻的所有人或使用人的财产权利的延伸，是《物权法》所规定的地役权。所谓地役权，是指土地上的权利人（包括土地所有人、土地使用权人），为了自己使用土地的方便或者土地利用价值的提高，通过约定而得以利用他人土地的一种定限物权。本案中沈某桂采水通过他人不动产的通行权就是这种地役权的延伸。《物权法》第163条规定，土地上已设立

土地承包经营权、建设用地使用权、宅基地使用权等权利的，未经用益物权人同意，土地所有权人不得设立地役权。这一规定，目的在于保护土地承包经营权、建设用地使用权、宅基地使用权等用益物权人的合法权益。根据这一规定，在未经过用益物权人同意的情况下，土地所有权人不能将已经设立上述用益物权的土地，再设立地役权。因此，沈某桂引水管线虽然先取得土地使用权，并经村委会同意使用村土地埋设管线，并使用至今，但村委会在转移不动产使用权给隋某山时，并未设立地役权，也没约定地役权的转让。所以，沈某桂不享有地役权。土地所有权人设定了诸如土地承包经营权、建设用地使用权、宅基地使用权等用益物权后，在这些用益物权存续期间，对所有权人而言该土地的使用价值已经受到了限制，所有权人已经不能行使该土地的使用价值的权能，而是由上述用益物权人来行使。土地使用权人在此情况下，就不能再以该土地设定地役权。村委会即使同意沈某桂使用该不动产土地的通行权，亦没有法律依据，系无效行为。《水法》第12条规定："任何单位和个人引水、蓄水、排水，不得损害公共利益和他人的合法权益。"沈某桂如欲引水铺设管线设备，使用隋某山承包林地时，就必须征得其同意并书面约定，尽量减少损失，给予适当经济补偿，否则系违法行为，应予以排除。本案中，双方因此事多次诉讼，沈某桂请求其引水管道通过隋某山林地，保证用水通畅，被驳回诉讼请求。至今引水管道仍在隋某山承包的林地中，隋某山上诉，请求沈某桂将引水管道移走并恢复原状，符合《物权法》的相关规定，二审法院予以支持。

【案　　号】（2017）冀08民终3919号
【审理法院】河北省承德市中级人民法院
【来　　源】中国裁判文书网

> **第三百八十条** 地役权不得单独转让。土地承包经营权、建设用地使用权等转让的,地役权一并转让,但是合同另有约定的除外。

### 关联规定

一、法律、行政法规、司法解释

1.《中华人民共和国土地管理法》

第六十三条 土地利用总体规划、城乡规划确定为工业、商业等经营性用途,并经依法登记的集体经营性建设用地,土地所有权人可以通过出让、出租等方式交由单位或者个人使用,并应当签订书面合同,载明土地界址、面积、动工期限、使用期限、土地用途、规划条件和双方其他权利义务。

前款规定的集体经营性建设用地出让、出租等,应当经本集体经济组织成员的村民会议三分之二以上成员或者三分之二以上村民代表的同意。

通过出让等方式取得的集体经营性建设用地使用权可以转让、互换、出资、赠与或者抵押,但法律、行政法规另有规定或土地所有权人、土地使用权人签订的书面合同另有约定的除外。

集体经营性建设用地的出租,集体建设用地使用权的出让及其最高年限、转让、互换、出资、赠与、抵押等,参照同类用途的国有建设用地执行。具体办法由国务院制定。

2.《中华人民共和国城市房地产管理法》

第三十九条 以出让方式取得土地使用权的,转让房地产时,应当符合下列条件:

(一)按照出让合同约定已经支付全部土地使用权出让金,并取得土地使用权证书;

(二)按照出让合同约定进行投资开发,属于房屋建设工程的,完成开发投资总额的百分之二十五以上,属于成片开发土地的,形成工业用地或者其他建设用地条件。

转让房地产时房屋已经建成的，还应当持有房屋所有权证书。

3.《中华人民共和国森林法》

**第十七条** 集体所有和国家所有依法由农民集体使用的林地（以下简称集体林地）实行承包经营的，承包方享有林地承包经营权和承包林地上的林木所有权，合同另有约定的从其约定。承包方可以依法采取出租（转包）、入股、转让等方式流转林地经营权、林木所有权和使用权。

4.《中华人民共和国土地管理法实施条例》

**第四十三条** 通过出让等方式取得的集体经营性建设用地使用权依法转让、互换、出资、赠与或者抵押的，双方应当签订书面合同，并书面通知土地所有权人。

集体经营性建设用地的出租，集体建设用地使用权的出让及其最高年限、转让、互换、出资、赠与、抵押等，参照同类用途的国有建设用地执行，法律、行政法规另有规定的除外。

## 二、部门规章及规范性文件

1.《不动产登记暂行条例实施细则》

**第六十二条** 已经登记的地役权因土地承包经营权、建设用地使用权转让发生转移的，当事人应当持不动产登记证明、地役权转移合同等必要材料，申请地役权转移登记。

申请需役地转移登记的，或者需役地分割转让，转让部分涉及已登记的地役权的，当事人应当一并申请地役权转移登记，但当事人另有约定的除外。当事人拒绝一并申请地役权转移登记的，应当出具书面材料。不动产登记机构办理转移登记时，应当同时办理地役权注销登记。

2.《不动产登记操作规范（试行）》

13.3 转移登记

13.3.1 适用

已经登记的地役权不得单独转让、抵押。因土地承包经营权、建设用地使用权等转让发生转移的，当事人应当一并申请地役权转移登记。申请需役地转移登记，需役地权利人拒绝一并申请地役权转移登记的，还应当提供相关的书面材料。

13.3.2 申请主体

地役权转移登记应当由双方共同申请。

13.3.3 申请材料

地役权转移登记与不动产转移登记合并办理，提交的材料包括：

1. 不动产登记申请书；

2. 申请人身份证明；

3. 不动产登记证明；

4. 地役权转移合同；

5. 法律、行政法规以及《实施细则》规定的其他材料。

13.3.4 审查要点

不动产登记机构在审核过程中应注意以下要点：

1. 申请转移登记的地役权是否已经登记；

2. 地役权转移的登记原因文件是否齐全、有效；

3. 地役权是否为单独转让；

4. 按本规范第4章的要求的其他审查事项。

不存在本规范第4.8.2条不予登记情形的，将登记事项记载于不动产登记簿，并向权利人核发不动产登记证明。单独申请地役权转移登记的，不予办理。地役权转移登记，不动产登记机构应当将登记事项分别记载于需役地和供役地不动产登记簿。

## ▶ 条文释义

### 一、本条主旨

本条是关于地役权不得单独转让的规定。

### 二、条文演变

原《物权法》第164条规定："地役权不得单独转让。土地承包经营权、建设用地使用权等转让的，地役权一并转让，但合同另有约定的除外。"本条沿用原《物权法》第164条的规定，只是将"但"修改为"但是"，内容未作实质变动。

## 三、条文解读

用益物权为独立物权。用益物权一旦设立，用益物权人便独立地享有对标的物的使用权、收益权。用益物权是独立存在的，依当事人之间设立用益物权的行为或者法律的直接规定而发生。用益物权是一种主权利，而不是从属于其他物权的权利。因此，作为用益物权的土地承包经营权、建设用地使用权都是一种独立的权利，不从属于其他权利。而地役权作为一种为需役地的利用便利而产生的用益物权，与需役地的关系又极为密切，由此发生了主从权利的关系，即地役权从属于需役地的使用权。地役权不能与需役地分离而单独转让，必须随着需役地的使用权的转移一同转移。当需役地的使用权发生转让时，地役权也应当随之发生转让。

地役权的从属性是指需役地所有权或者使用权与地役权之间具有主从关系，地役权虽然是独立产生的用益物权，不是需役地权利的自然扩张，但地役权从属于需役地所有权或者使用权而存在，地役权的变动必须从属于需役地的权利变动，不能脱离需役地的权利变动单独发生。本条和《民法典》第381条是对地役权从属性的具体规定。地役权是为需役地的利用便利设立的，只有需役地权利人才享有地役权。广义而言，需役地权利人包括土地所有权、建筑物所有权等不动产所有权人，还包括土地承包经营权、宅基地使用权、建设用地使用权等用益物权人。从权利性质上看，地役权是从属于需役地的权利，对于供役地人则是义务，因此，地役权虽然产生于供役地，但不是从属于供役地的权利，供役地的权利变化不影响地役权的存废。

### （一）地役权不得单独转让

由于地役权的成立必须有需役地与供役地同时存在，因此在法律属性上地役权与其他物权不同。地役权虽然是一种独立的用益物权，但仍然应当与需役地的所有权或者用益物权"共命运"，必须与需役地所有权或者用益物权一同移转，不得与需役地分离而单独让与，这就是地役权的从属性。地役权的从属性主要表现在以下三种情形。

第一，地役权人不得自己保留需役地的所有权或者用益物权，单独将地役权转让。例如，需役地权利人甲与供役地权利人乙为通行目的签订地役权合同，约定甲可以经乙所有的地块通行。丙系甲邻居，丙也想借乙所有的地块通行，遂与甲商量，由甲将甲对乙享有的地役权转让给丙。乙是否可以拒绝丙通行？根据本条的规定，地役权不得单独转让。因此，乙有权拒绝丙的通行。

第二，地役权人不得自己保留地役权，而单独将需役地的用益物权转让。甲享有 A、B 两个地块的土地承包经营权。由于 B 地块为旱地，甲遂与乙签订地役权合同，约定甲可以从乙的 C 地块上取水灌溉供 B 地块使用。后甲将 B 地块的土地承包经营权转让给同村村民丙。甲的 A 地块因地理环境发生变化也需取水灌溉，此时甲是否可以从 C 地块取水呢？由于地役权的从属性，甲不能单独转让 B 地块的土地承包经营权而保留对 C 地块的地役权。故甲不得基于此前因 B 地块享有的地役权而从 C 地块取水。

第三，地役权人也不得将需役地的用益物权与地役权分别让与不同的人。这也是地役权从属性的表现之一。例如，同村村民甲、乙、丙分别享有 A、B、C 三个地块的土地承包经营权。由于 B 地块交通不便，故乙与甲协商，在 A 地块上设立以通行为目的的地役权，乙可以从 A 地块通过。后乙将 B 地块的土地承包经营权转让给甲。后因 C 地块交通亦变得不便，故丙与乙商量，将乙对 A 地块享有的地役权转让给自己，因乙不再承包经营 B 地块，乙遂同意，双方签订地役权转让合同。此时，丙是否可以经 A 地块通行呢？根据本条的规定，因乙将其土地承包经营权及所设地役权分别转让给不同的主体，这种转让是不允许的。因此，丙不能取得该地役权。

（二）地役权随需役地上的权利一并转让

地役权的从属性主要表现在需役地的物权变动上。地役权是为了需役地的便利而设立在供役地上的，脱离需役地，地役权没有单独存在的价值。因此，地役权的权利变动不能单独进行，必须与需役地所有权或者使用权一同移转，不得与需役地分离而单独让与；需役地所有权或者使用权的变动，必然产生地役权的变动，除非转让人之间明确约定需役地权利转让不包括地役权，否则，转让需役地所有权或者使用权必然包括相关的地役权；如果需役地物权不发生转让，自然不会发生地役权的转让问题。

地役权具有从属性，最为核心的就是本条规定的地役权转让从属性，包含两层含义。

第一，地役权不得与建设用地使用权、土地承包经营权等需役地权利分离单独转让。地役权与建设用地使用权、土地承包经营权等用益物权不同，权利人不能单独处分地役权。如果权利人只处分地役权而保留需役地的其他权利，则地役权就失去了存在的目的。因而，这种转让在法律上是无效的，也不具有可操作性。

第二，建设用地使用权、土地承包经营权等需役地权利转让的，地役权一并转让。地役权是需役地物权人享有的权利，是为了需役地的利用便利而设定的，应当随同需役地的转让而转让。地役权对供役地物权人而言是一种限制，系依附在地役权上一项权利负担，所以供役地人不存在单独转让地役权的问题，但可以随供役地上承包经营权、建设用地使用权等用益物权的转让而一并转让。因此，当需役地所有权人或者使用权人要将土地上的承包经营权、建设用地使用权等用益物权转让给他人时，在没有特别约定的情况下，则地役权也自动随之转让，由新的受让人继续享有。除转让从属性外，地役权的设立和消灭也具有从属性。地役权的设立，以需役地的存在为前提。需役地是地役权存在的基础，先有需役地的权利，然后才有为需役地便利利用供役地的需求而设立地役权。如果民事主体对需役地不享有任何权利，则谈不上设立地役权的问题。同样，在据以设立地役权的需役地所有权或者使用权消灭的情况下，地役权也因设立目的丧失而失去存在的必要，从而归于消灭。

## ▶ 适用指引

如何理解该条中关于"合同另有约定的除外"的规定。鉴于地役权不能单独转让，也就不存在单独的地役权转让合同，这里的合同指的应是土地承包经营权、建设用地使用权等需役地用益物权转让合同，在某些情况下也可以是设立地役权合同。所谓合同另有约定的除外，需要注意以下几点。

第一，不能约定单独转让地役权。当事人的特别约定不能改变地役权转让的从属性规则，不能在不转让需役地用益物权的情况下单独转让地役权，从属性是地役权的属性，如果当事人的约定违反地役权转让的从属性，允许地役权单独转让，则约定无效。

第二，转让需役地用益物权但不转让地役权，地役权消灭。需役地权利转让人和受让人可以在合同中约定，只转让需役地的用益物权，不转让需役地上的地役权，因地役权从属于需役地而存在，转让需役地但不包含地役权，实际上地役权也就没有了依附对象，这种转让行为的实际后果是需役地用益物权转让有效，但从属于需役地的地役权归于消灭。

第三，当设立了地役权的土地承包经营权、建设用地使用权转让时，以该土地为需役地的地役权须一并转让。比如，甲对 A 地块享有土地承包经营权，甲与乙签订地役权合同，约定甲可以在乙的 B 地块上铺设水管。后甲将 A 地块的土地承包经营权转让给丙，此时甲对 B 地块享有的地役权一并转让给丙，故丙也可以继续在 B 地块上铺设水管。

第四，需役地物权人不能将需役地和地役权分别转让给不同的主体。将需役地和地役权分别转让给不同主体，实质上仍然是将地役权单独转让，是违反地役权转让从属性原则的行为，属于无效行为。

第五，当事人在合同中有不同约定的，地役权并不必然一并转让。当事人在订立地役权合同时，明确约定地役权仅为特定权利主体设立，需役地的所有权或者使用权转移时，地役权消灭的，法律尊重当事人的意思自治，需役地的所有权或者用益物权转移并不会导致地役权的转移。

## ▶ 类案检索

### 一、姜某民与吕某光、葛某芬地役权纠纷案

**关键词：** 地役权随用益物权转让　地役权从属性

**裁判摘要：** 本案的争议焦点有两个。一是案由问题。姜某民与吕某光、葛某芬于 2019 年 7 月 26 日签订的《协议书》明确约定有偿使用道路通行的方式、供役地与需役地的位置、林道使用费用及利用期限，符合订立地役权合同的特征，属于通行地役权，故本案应以地役权纠纷进行审理，二审法院予以纠正。二是关于吕某光、葛某芬是否应返还 4 万元的问题。《物权法》第 164 条规定："地役权不得单独转让。土地承包经营权、建设用地使用权等转让的，地役权一并转让，但合同另有约定的除外。"本案中案外人崔某先与姜某民于 2010 年 7 月 13 日签订林地转让协议约定："双方办理完林权变更手续并办理完林地交接手续后，由乙方（姜某民、权某哲）享受该林地的所有权利并承担相应的义务"。案外人崔某先于 2010 年 12 月 14 日与吕某光、葛某芬达成调解协议，由其给付后者林地占道补款 3 万元并使用案涉运材道，但双方未约定运材道的使用期限。据此，二审法院认定案外人崔某先将林地转让于姜某民时案

涉运材道的使用权也一并转让。但姜某民于2019年7月28日自愿与吕某光、葛某芬签订《协议书》，重新约定运材道的使用期限、使用费用，并明确"不因林地林权变更再次产生费用"等内容，对崔某先与吕某光之前达成的调解协议内容进行了变更。因此，一审法院认定姜某民与吕某光、葛某芬签订的《协议书》合法有效并无不当，姜某民的上诉请求不成立，二审法院不予支持。

【案　　号】（2020）吉24民终473号

【审理法院】吉林省延边朝鲜族自治州中级人民法院

【来　　源】中国裁判文书网

## 二、王某知、黎某地役权纠纷案

**关键词**：地役权随用益物权转让　地役权从属性

**裁判摘要**：本案中，王某知与黎某之夫陈某祥（已故）于2000年5月8日签订的《地产交易协议》是双方当事人的真实意思表示，且已实际履行完毕。根据《物权法》第156条规定，陈某祥取得涉案通道地役权。陈某祥去世后，其妻黎某、子陈某共同将涉案房屋及土地一并转让给唐某平、卓某霞，后者于2018年10月26日办理了相关产权证。《物权法》第164条规定："地役权不得单独转让。土地承包经营权、建设用地使用权等转让的，地役权一并转让，但合同另有约定的除外。"故对于本案的地役权在涉案房屋及土地使用权转让时亦一并转让给了唐某平、卓某霞。王某知与陈某祥在《地产交易协议》第1条中约定涉案通道的使用必须经双方当事人同意，并给陈某祥一定的补偿方可使用，这是双方对地役权人与地役人之外的第三方使用通道的约定，并非对地役权人转让其不动产及地役权的限制。王某知以此约定认为黎某、陈某未经其同意转让通道地役权违约，黎某、陈某房地产转让之日起即丧失通道地役权，唐某平、卓某霞未经其同意无权取得通道地役权的上诉理由没有法律依据。现王某知将水泥通道路面毁损，仅留60厘米供唐某平、卓某霞通行，该行为构成财产侵权，并妨害地役权人行使权利，根据《物权法》第35条"妨害物权或者可能妨害物权的，权利人可以请求排除妨害或者消除危险"、第36条"造成不动产或者动产毁损的，权利人可以请求修理、重作、更换或者恢复原状"的规定，原审判令王某知将通道恢复原状、排除妨害并无不当。本案中，虽然黎某、陈某已将涉案房屋出售给唐某平、卓某霞，且办理了不动产登记，但由于其转让的房地产出现了双方合同约定的纠纷，黎某、陈某作为与本案有利害关系的人员，符合《民事诉讼法》第119条规定的起诉条件的原告资格，王某知主张二人不是适格原告的上诉理由不能成立，二审法院不予支持。至于本案案由的问题，根据本案通道的由来及原告的诉讼请求，本案应定性为地役权纠纷，二审法院依法予以纠正。

【案　　号】（2019）湘08民终745号
【审理法院】湖南省张家界市中级人民法院
【来　　源】中国裁判文书网

**第三百八十一条** 地役权不得单独抵押。土地经营权、建设用地使用权等抵押的，在实现抵押权时，地役权一并转让。

### ▶ 关联规定

法律、行政法规、司法解释

1.《中华人民共和国民法典》

第三百九十九条 下列财产不得抵押：

（一）土地所有权；

（二）宅基地、自留地、自留山等集体所有土地的使用权，但是法律规定可以抵押的除外；

（三）学校、幼儿园、医疗机构等为公益目的成立的非营利法人的教育设施、医疗卫生设施和其他公益设施；

（四）所有权、使用权不明或者有争议的财产；

（五）依法被查封、扣押、监管的财产；

（六）法律、行政法规规定不得抵押的其他财产。

2.《中华人民共和国农村土地承包法》

第四十七条 承包方可以用承包地的土地经营权向金融机构融资担保，并向发包方备案。受让方通过流转取得的土地经营权，经承包方书面同意并向发包方备案，可以向金融机构融资担保。

担保物权自融资担保合同生效时设立。当事人可以向登记机构申请登记；未经登记，不得对抗善意第三人。

实现担保物权时，担保物权人有权就土地经营权优先受偿。

土地经营权融资担保办法由国务院有关部门规定。

## ▶ 条文释义

### 一、本条主旨

本条是关于地役权不得单独抵押的规定。

### 二、条文演变

原《物权法》第165条规定:"地役权不得单独抵押。土地承包经营权、建设用地使用权等抵押的,在实现抵押权时,地役权一并转让。"本条基本沿用原《物权法》第165条的规定,仅将其中的"土地承包经营权"调整为"土地经营权",其他内容未作变动。

### 三、条文解读

地役权抵押从属性是地役权从属性的内容之一,是指地役权不能与需役地上的其他物权分离单独设定抵押权,需役地的其他物权抵押时,地役权一并抵押,抵押权人实现抵押权时,地役权随抵押物一并转让。地役权抵押的从属性可从以下几点理解。

第一,禁止地役权单独抵押。基于一般法理,地役权作为具有财产属性的用益物权,可以作为抵押财产实现担保功能,但是由于其从属于需役地的特性,不能作为独立担保物单独抵押,其抵押价值必须体现在需役地物权的抵押价值中。如果地役权可以单独抵押,虽然在设定抵押时还不会发生地役权和需役地物权分离,但是,一旦抵押权实现,就会导致地役权和需役地上的权利分别属于不同主体,这就违反了地役权从属性原则。基于上述原因,地役权的担保功能只有需役地权利人将需役地上的土地经营权、建设用地使用权等物权进行抵押时才能实现。本条规定,地役权不得单独抵押。在特殊情形下,有些地役权对于特定当事人而言具有一定的经济价值。比如,甲、乙、丙三个公司分别享有国有土地使用权的A、B、C三个地块毗邻。B地块交通方便,A、C两个地块的交通受限。甲公司与乙公司商量,就经B地块通行设立地役权。此地役权对于交通不便的丙公司即具经济效用。如果甲公司以该地役权向丙公司融资,丙公司愿意接受地役权抵押作为担保,甲公司是否可以将该地役权抵押给丙公司呢？根据本条的规定，是不允许的。

第二，地役权的抵押取决于需役地物权是否可以抵押。地役权必须与需役地物权一并抵押，而需役地物权能否抵押，取决于是否存在法律的禁止性规定。《民法典》第395条和第399条以正面列举和反面排除两种方式，界定了可抵押用益物权的范围。首先，设立在土地所有权上的地役权不能抵押。我国实行土地公有制，土地只能归国家和集体所有，除集体土地所有权通过征收可以转移至国家外，土地所有权禁止交易流转，因土地所有权不得抵押，故基于需役地土地所有权设立的地役权亦不能成为抵押财产。其次，除法律特别规定可以抵押的外，宅基地使用权、自留山、自留地不得抵押，附属其上的地役权也不能抵押。

第三，抵押权人在依法实现抵押权时，基于用以抵押的土地经营权、建设用地使用权等需要依法转让，则一并抵押的地役权也同时转让。可以从以下两个方面来理解此规定：（1）需役地的相关权利抵押时，不需单独再就地役权设定抵押权。例如，对A地块享有国有土地使用权的甲公司与乙公司签订了地役权合同，约定甲公司可以在乙公司享有国有土地使用权的B地块上铺设燃气管道。甲公司因为融资需要将A地块的国有土地使用权抵押给丙银行，故甲公司与丙银行签订国有土地使用权抵押合同。双方在抵押合同中无须就甲公司对B地块享有的地役权作出特别约定。（2）实现抵押权时，地役权一并转让。上述案例中，如果甲公司到期未能偿还丙银行的债务，需要处置其抵押的A地块的国有土地使用权。丙银行遂申请法院拍卖A地块的国有土地使用权，丁公司取得了该地块的国有土地使用权。此时，根据本条的规定，甲公司对B地块享有的地役权应当一并转让给丁公司。

## ▶ 适用指引

需要注意的是，本条没有延续原《物权法》第165条规定的"土地承包经营权"的规定，而是将"土地承包经营权"限缩为"土地经营权"。该条规定吸收了我国农村土地承包制度"三权分置"改革的最新成果，也与2018年12月29日修正通过的《农村土地承包法》的相关规定相互衔接。其中，《农村土地承包法》第47条对涉及土地经营权抵押担保事宜进行了具体规定："承包方可以用承包地的土地经营权向金融机构融资担保，并向发包方备案。受让方通过流转取得的土地经营权,经承包方书面同意并向发包方备案,可以向金融机构融资担保。""担保物权自融资担保合同生效时设立。当事人可以向登记机构申请登记;未经登记,不得对抗善意第三人。""实现担保物权时,担保物权人有权就土地经营权优先受偿。""土地经营权融资担保办法由国务院有关部门规定。"土地承包经营权包含承包权和经营权,承包权具有身份关系,与农村集体经济组织成员的身份密切相关,不宜作为抵押财产,而土地承包经营权中的经营权作为一项典型的财产权利,可以作为抵押财产。基于《农村土地承包法》第47条的规定,承包人虽然不能直接抵押土地承包经营权,但可以以承包地上土地经营权进行担保融资。也就是说,能够提供担保的仅限于土地经营权,土地承包经营权不再能够用于担保。土地经营权融资担保包括两种情况:一种是承包方利用其所承包的承包地的土地经营权向金融机构融资担保;另一种是承包方将承包地的土地经营权流转后,土地经营权人利用土地经营权向金融机构融资担保。

## ▶ 类案检索

### 李某敏、李某平与潘某芳等地役权纠纷案

**关键词:** 地役权随用益物权抵押　地役权从属性

**裁判摘要:** 本案所涉及地役权的设立、供役土地的转让、纠纷的发生均在《物权法》实施之前,而供役土地的物权转移发生在《物权法》实施之后。考虑到《物权法》实施之前我国没有建立地役权法律制度、没有地役权登记相关规定这一现实状况,土地管理部门在利害关系人双方的土地证上均标注出协议通道的行为,可以认定具有登记公示的法律效力。因此,本案中《有偿转让旧库房协议书》系双方当事人的真实意思表示,没有违反法律法规的禁止性规定,系合法有效的合同。根据《物权法》第164条、第165条关于"地役权不得单独转让。土地承包经营权、建设用地使用权等转让的,地役权一并转让,但合同另有约定除外""地役权不得单独抵押。土地承包经营权、建设用地使用权等抵押的,在实现抵押权时,地役权一并转让"之规定,涉案土地使用权在转让和实现抵押权后,地役权随之转让,因此,彭某强虽取得了涉案土地使用权,但其行使物权,仍然受到地役权的限制。潘某芳等7人将石头等杂物堆

放在通道上，影响李某敏等通行的行为，违反了关于地役权的约定，李某敏、李某平要求潘某芳等7人停止侵害、排除妨碍，留出通道供其通风、采光、通行的请求，具有事实及法律依据，二审法院予以支持。

【案　　号】（2015）北民一终字第229号
【审理法院】广西壮族自治区北海市中级人民法院
【来　　源】中国裁判文书网

**第三百八十二条** 需役地以及需役地上的土地承包经营权、建设用地使用权等部分转让时，转让部分涉及地役权的，受让人同时享有地役权。

## 关联规定

部门规章及规范性文件

《不动产登记暂行条例实施细则》

第二十七条 因下列情形导致不动产权利转移的，当事人可以向不动产登记机构申请转移登记：

（一）买卖、互换、赠与不动产的；

（二）以不动产作价出资（入股）的；

（三）法人或者其他组织因合并、分立等原因致使不动产权利发生转移的；

（四）不动产分割、合并导致权利发生转移的；

（五）继承、受遗赠导致权利发生转移的；

（六）共有人增加或者减少以及共有不动产份额变化的；

（七）因人民法院、仲裁委员会的生效法律文书导致不动产权利发生转移的；

（八）因主债权转移引起不动产抵押权转移的；

（九）因需役地不动产权利转移引起地役权转移的；

（十）法律、行政法规规定的其他不动产权利转移情形。

第六十一条 经依法登记的地役权发生下列情形之一的，当事人应当持地役权合同、不动产登记证明和证实变更的材料等必要材料，申请地役权变更登记：

（一）地役权当事人的姓名或者名称等发生变化；

（二）共有性质变更的；

（三）需役地或者供役地自然状况发生变化；

（四）地役权内容变更的；

（五）法律、行政法规规定的其他情形。

供役地分割转让办理登记，转让部分涉及地役权的，应当由受让人与地役权人一并申请地役权变更登记。

**第六十二条** 已经登记的地役权因土地承包经营权、建设用地使用权转让发生转移的，当事人应当持不动产登记证明、地役权转移合同等必要材料，申请地役权转移登记。

申请需役地转移登记的，或者需役地分割转让，转让部分涉及已登记的地役权的，当事人应当一并申请地役权转移登记，但当事人另有约定的除外。当事人拒绝一并申请地役权转移登记的，应当出具书面材料。不动产登记机构办理转移登记时，应当同时办理地役权注销登记。

## ▶ 条文释义

### 一、本条主旨

本条是关于地役权在需役地及其上的土地承包经营权、建设用地使用权等部分转让时的规定。

### 二、条文演变

原《物权法》第166条规定："需役地以及需役地上的土地承包经营权、建设用地使用权部分转让时，转让部分涉及地役权的，受让人同时享有地役权。"本条基本沿用原《物权法》第166条的规定，仅将"……建设用地使用权部分转让"调整为"……建设用地使用权等部分转让"，增加了一个"等"字，其他内容未作变动。

## 三、条文解读

### （一）地役权的不可分性的含义

地役权的不可分性是指地役权的取得（发生）、消灭或享有应及于需役地和供役地的全部，不得分割为数部分或仅为一部分而存在。[1]地役权的不可分性主要表现为：一是如地役权所附属的主权利为多人所享有，则共有人之一不得仅以自己享有的份额取得地役权，也不得按其应有的部分使已存在的地役权消灭；二是需役地如经分割，则地役权原则上为分割后各部分的利益继续存在；三是供役地如经分割，则地役权原则上仍继续存在于分割后的各部分之上。[2]本条属于第二种表现形式，即当需役地分割后，除非此时地役权仅与分割后的某部分需役地有关，否则地役权依然存续于各个分割的部分。《民法典》第383条属于第三种表现形式。本条和第383条是地役权不可分性包括的两方面内容，属于"同一硬币的两面"。在不改变地役权构造的前提下，供役地或需役地的分割均不影响地役权的持续存在。但若分割后的部分不能纳入地役权构造的，地役权对其将不复存在。

### （二）地役权不可分性的历史沿革

地役权起源于罗马法，地役权的标的主要是土地，最早的地役权是因农业耕作而产生的相邻关系中的权利，与相邻关系是重叠的。罗马法上的地役权具有从属性，地役权不具有单独转让性，不得与需役地相分离而转让，地役权与所有权一起变动；且地役权在期限上是永久的，随土地始终，不随土地变更而受影响。

1804年《法国民法典》直接继承了罗马法中关于地役权的规定，将地役权定性为不动产物权，是在不动产之上设立的，因不动产利用和便利而形成的关系。《德国民法典》继承了罗马法的基本原则，在法典中单设了地役权，将地役权的设定行为认定为无因的物权行为，并且在立法上第一次明确区分了地

---

[1] 参见王泽鉴：《民法物权》，中国政法大学出版社2001年版，第82页；刘家安：《物权法论》，中国政法大学出版社2015年版，第151页。
[2] 参见刘家安：《物权法论》，中国政法大学出版社2015年版，第151~152页。

役权和相邻关系。关于地役权的不可分性，在德国、法国、瑞士和日本等国的立法例中均有体现。

为了提高需役地的效益，无论需役地是独有还是共有，地役权都存在于需役地的整体，任一部分均能享有地役权带来的利益，即使需役地因部分转让被分割后，分割后的各个部分原则上仍能受惠于地役权。不动产地役权体现为需役地分割不影响地役权在分割后土地上的概括存续。但有学者认为，本条的表述并不到位，理由为：我国的土地或海域以宗为单位，土地承包经营权、建设用地使用权、宅基地使用权或海域使用权部分转让，均要先对土地或海域进行分宗，即分成不同的单元，进而使原来的一个用益物权成为数个权利。这就意味着需役地进行部分转让的前提是先对其进行分割，否则需役地权利转让无法实现。据此，从需役地角度看地役权的不可分性宜从需役地的分割切入，只有这样，才能直达其根本。在此基础上，需役地权利的部分转让，受让人取得地役权，是因其主体物化而产生的从属性的表现。[①] 需役地事后分割，不影响地役权及原需役地整体的利益格局。但在需役地分割后地役权客观上无法惠及分割后的部分，该无法惠及部分上的地役权将不复存续。

## ▶ 适用指引

### 一、地役权不受需役地部分转让的影响

地役权是为了需役地利用上的便利而存在于供役地上的权利，效力及于需役地的全部和供役地的全部，故地役权不受需役地部分转让的影响。在本条中具体表现为：第一，地役权设立后，其行使不能与需役地相分离，若需役地由单独所有转化为共同所有，则共同共有人同时享有地役权。第二，地役权设立后，需役地部分转让的，已转让的部分需役地和未转让的部分需役地都享有原来的地役权。第三，需役地转让的部分，涉及地役权的，受让人取得全部地役权，而不是部分地役权。第四，需役地的部分转让，包括需役地上权利的部分转让，本条限定为土地承包经营权、建设用地使用权等部分转让。根据《不动

---

① 参见常鹏翱：《回归传统——我国地役权规范的完善之道》，载《清华法学》2018年第5期。

产登记暂行条例实施细则》第27条的规定,因需役地不动产权利转移引起地役权转移的,当事人可以向不动产登记机构申请转移登记。

本条还可以理解为地役权不可分性的例外情况,根据反对解释,即法律条文作出正面的规定,可以从其反面来推测这个法律条文的反面的意思,以用来裁判案件。可以得出:第一,若需役地转让部分不涉及地役权的,该受让人就不再享有地役权;第二,若转让部分涉及地役权的,即使双方没有规定,该受让人可以享有地役权;①第三,若地役权仅在部分需役地上存在,且该特定部分就可以实现地役权设立的目的、不影响地役权实现的,该部分需役地转让后,则仅该部分需役地权利人享有地役权。

司法实践中,理解本条规定,需要注意以下几个方面。

一是部分转让的标的。本条规定的部分转让包括两种情况:第一种情况是需役地部分转让。所谓需役地部分转让,就是需役地的所有权部分转让。由于我国的土地所有权属于国家所有或者集体所有,因此,土地所有权的转让应该包括集体所有的土地变为国家所有(也就是国家通过征收方式取得土地所有权),或者不同集体之间土地所有权的转让。例如,甲村与乙村相邻,因甲村部分土地耕种不便,遂与乙村协商,在乙村所有的A地块上设立以通行为目的的地役权,期限为50年。10年后,甲村的部分土地含B地块被依法征收,该部分土地出让给了开发商丙公司。丙公司在开发建设过程中,欲继续从A地块通行。乙村认为开发商丙公司并未与其签订有效地役权合同,也未支付费用,遂拒绝丙公司通行。丙公司是否有权通行呢?根据本条的规定,甲村的B地块所有权由甲村转让给由当地政府所代表的国家,当地政府作为受让人,可以继续享有甲村与乙村在A地块上所设立的地役权。在B地块出让后,根据本法第378条的规定,丙公司作为土地用益物权人,有权继续享有该地块上已设立的地役权。因此,丙公司仍可以从A地块通行。第二种情况是需役地上的土地承包经营权、建设用地使用权等的部分转让。这种情况主要是在国有土地上设定了建设用地使用权,或者在集体土地上设定了土地承包经营权、宅基地使用权、土地经营权等用益物权。这些需役地上的用益物权部分转让时也涉及地役权的效力问题。例如,土地承包经营权人甲为取水方便,在乙的承包

---

① 参见王利明:《物权法研究》,中国人民大学出版社2016年版,第258页。

地上设定了以取水为目的的地役权,后甲将自己的承包地一分为二,将土地经营权分别转让给了丙、丁,并办理了登记。丙、丁到乙的承包地取水,遭到阻拦。根据本条的规定,甲的土地经营权虽部分转让,但因地役权的不可分性,作为受让人的丙、丁仍然可以在乙的承包地上行使取水地役权,乙不得阻止丙、丁行使取水地役权。

二是转让部分需涉及地役权。不论是土地所有权的转让,还是用益物权的转让,只有在转让部分涉及地役权时,才涉及地役权的效力问题。如果所转让的部分不涉及地役权,则不享有地役权。例如,甲公司享有A、B两座办公楼的所有权,其中,A座办公楼与乙村所有的C地块相邻,甲公司为了观海便利,即与乙村签订了以眺望为目的的地役权合同,要求乙村不得在C地块上修建高层建筑。后甲公司将A座办公楼转让给了丙公司,B座办公楼转让给了丁公司。由于甲公司与乙村所设立的眺望权只与A座办公楼有关,与B座办公楼无关,根据本条的规定,应由受让人丙公司继续享有C地块上的地役权。

三是受让人的权利。根据本条的规定,受让人同时享有地役权。所谓同时,即只要受让人所受让的土地使用权、用益物权与地役权有关,即可以享有该地役权。受让人享有地役权是基于法律的规定,并不需要当事人就此另行签订协议。例如,甲公司对A地块享有国有土地使用权,为了开发建设该地块,与相邻B地块的国有土地使用权人乙公司签订地役权合同,甲公司可以经B地通过,并办理了地役权登记。后甲公司将A地块中的一部分转让给了丙公司。根据本条的规定,丙公司能够与甲公司同时享有B地块上所设的地役权,而无须与乙公司另行签订协议。

## 二、地役权的不可分性与相邻关系

相邻关系是指依据法律规定,两个或两个以上相互毗邻的不动产的所有人或使用人,在行使不动产的所有权或使用权时,相邻各方应当给予便利和接受限制而发生的权利义务关系。[1] 因此,相邻关系从性质上说并不是独立的物权,而是对两个不动产权利之间相互关系的法定权利安排,仍然属于所有权或者使

---

[1] 参见王利明:《物权法研究》,中国人民大学出版社2016年版,第641页。

用权的范畴。

地役权和相邻权的联系主要体现在调整不动产之间关系中的地位和作用上形成合理分工。相邻权为毗邻的不动产之间的关系设定了法定标准，用法律的形式予以规定；但单纯的立法形式既不能全面调整实际生活中不动产之间关系，又抑制了当事人之间的意思自治，不利于不动产实际价值最大限度地发挥，因此需要通过允许当事人设立地役权的方式，利用协议安排其关于不动产提供便利的问题，从而弥补相邻关系规定的不足。①

地役权和相邻权的区别主要体现在法定和约定的区别、在提供便利的内容上的区别、是否要求不动产相邻的区别、取得是否有偿的区别、权利是否可以转移的区别等方面。下面重点介绍相邻权与地役权不可分性相关的两个区别。

（一）取得方式的区别

基于相邻关系产生的相邻权是依法律规定取得的，原则上基于法律法规的规定，在例外情况下可以基于习惯法而产生，一方为相邻不动产的另一方提供通风、通行、采光、日照等便利。

而地役权的取得基于法律行为，主要形式多见于两种，一种是通过地役权合同设立地役权，另一种就是本条规定的因与需役地一并转让而取得地役权。地役权是为需役地的方便和利益而存在的物权，需役地及其用益物权部分转让时，地役权同时发生转移，体现了地役权的不可分性。

（二）权利是否可以转移的区别

相邻关系是为了相邻不动产权利人之间最基本生产、生活上的便利而设立的，法律一般不允许相邻权转让。且只要不动产相邻，相关主体都可以基于法律规定提出权利请求，故相邻权也没有转让的必要。

地役权可以依据当事人的约定而发生转让，根据《民法典》本条和第383条的规定，无论是供役地或需役地的转让，转让部分涉及地役权的，地役权对受让人都具有约束力，充分体现了地役权在取得和享有上的不可分性。

---

① 参见马新彦、张晓阳：《地役权的借鉴与重构》，载王利明主编：《物权法专题研究》，吉林人民出版社2002年版，第784~787页。

## 类案检索

**莆田市荔城区交服货物配载有限公司、莆田市城厢区友信运输有限公司排除妨害纠纷案**

**关键词：** 地役权不可分性　需役地转让　排除妨害

**裁判摘要：**《物权法》第166条规定："需役地以及需役地上的土地承包经营权、建设用地使用权部分转让时，转让部分涉及地役权的，受让人同时享有地役权。"涉案《补充协议书》系交服配载公司与闽中实业公司之间关于设立地役权的约定。根据本案查明的事实，友信运输公司依约受让取得闽中实业公司的部分土地，涉案地块上根据前述《补充协议书》设立的地役权亦一并转移。交服配载公司主张友信运输公司基于该《补充协议书》取得地役权的基础事实无证据证明，事实和法律依据不足，不予支持。交服配载公司违反《补充协议书》约定，更改协议约定地块的用途，友信运输公司受让闽中实业公司部分涉案地块后，作为需役地一方，有权根据《补充协议书》的约定请求排除妨害。交服配载公司主张友信运输公司不是合同的相对方，不是本案适格的原告主体，事实和法律依据不足，不予支持。

【案　　号】（2020）闽民申4077号

【审理法院】福建省高级人民法院

【来　　源】中国裁判文书网

**第三百八十三条** 供役地以及供役地上的土地承包经营权、建设用地使用权等部分转让时，转让部分涉及地役权的，地役权对受让人具有法律约束力。

## ▶ 关联规定

一、法律、行政法规、司法解释

《中华人民共和国农村土地承包法》

第三十四条　经发包方同意，承包方可以将全部或者部分的土地承包经营权转让给本集体经济组织的其他农户，由该农户同发包方确立新的承包关系，原承包方与发包方在该土地上的承包关系即行终止。

二、部门规章及规范性文件

《不动产登记暂行条例实施细则》

第六十一条　经依法登记的地役权发生下列情形之一的，当事人应当持地役权合同、不动产登记证明和证实变更的材料等必要材料，申请地役权变更登记：

（一）地役权当事人的姓名或者名称等发生变化；

（二）共有性质变更的；

（三）需役地或者供役地自然状况发生变化；

（四）地役权内容变更的；

（五）法律、行政法规规定的其他情形。

供役地分割转让办理登记，转让部分涉及地役权的，应当由受让人与地役权人一并申请地役权变更登记。

第六十二条　已经登记的地役权因土地承包经营权、建设用地使用权转让发生转移的，当事人应当持不动产登记证明、地役权转移合同等必要材料，申请地役权转移登记。

申请需役地转移登记的，或者需役地分割转让，转让部分涉及已登记的地役权的，当事人应当一并申请地役权转移登记，但当事人另有约定的除外。当事人拒绝一并申请地役权转移登记的，应当出具书面材料。不动产登记机构办理转移登记时，应当同时办理地役权注销登记。

## ▶ 条文释义

### 一、本条主旨

本条是关于地役权在供役地及其上的土地承包经营权、建设用地使用权等部分转让时的规定。

### 二、条文演变

原《物权法》第167条规定："供役地以及供役地上的土地承包经营权、建设用地使用权部分转让时，转让部分涉及地役权的，地役权对受让人具有约束力。"本条基本沿用原《物权法》第167条的规定，仅在"土地承包经营权、建设用地使用权"之后增加了"等"字，将"具有约束力"的表述修改为"具有法律约束力"，其他内容未作变动。

### 三、条文解读

地役权的不可分性在本条中体现为供役地分割时的不可分性，即受让供役地时，受让人需同时承担在先设定的负担。地役权与供役地不可分离，在供役地因转让等行为而被分割后，地役权在分割后的供役地各个部分上依然存在。

（一）地役权不受供役地部分转让的影响

地役权是为了需役地的方便与利益而使用供役地进行约定的结果，这种约定的效力及于需役地的全部，也及于供役地的全部。供役地因为部分转让而分割，这种为需役地的方便与利益而使用供役地的需要与权利依然存在，地役权应当在分割后的供役地各个部分继续存在。但是若供役地分割后，地役权在性质上只与分割后的供役地一部分有关，且不影响地役权实现的，地役权就仅在该部分继续存在。

1349

地役权的不可分性在本条中主要表现在以下几个方面：一是地役权设定后，供役地及其上的各种权利可以部分转让，地役权继续存在于已经被分割的不动产上，即每块供役地的所有人都应当承担原地役权合同所规定的义务，仍应当为需役地人提供合同约定的便利。供役地为共有的，各共有人不得因其持有部分转让而使地役权消灭，即持有部分的权利主体发生变化亦不影响地役权的存在。共有人中的一人抛弃其应有份额，也不影响其上地役权的存在。如果共有的土地上已经设立了地役权，则整个共有财产上已经设定了负担。二是供役地部分转让，转让部分涉及地役权的，在先地役权对受让人具有法律约束力。即供役地的受让人仍有义务为需役地权利人提供便利，供役地上存在的地役权负担并不因转让而消灭。三是本条适用的基础是地役权登记制度。地役权原则上只有在登记之后，才能够对受让人产生约束力。故对本条的理解应当限定为地役权经过登记或者地役权虽然未经登记，但受让人具有恶意的情形除外。① 即若地役权已登记，供役地部分转让时产生对抗第三人（受让人）的效力；若地役权未登记，只能对抗恶意的第三人，而不能对抗善意的第三人（登记权利人）。

具体而言，理解本条需注意以下几点。

第一，供役地的所有权部分转让时，转让部分涉及地役权的，地役权对受让人具有法律约束力。例如，甲村所有的某地块与乙村的A地块相邻，因灌溉需要，甲村与乙村签订以取水为目的的地役权合同，约定甲村可以在A地块埋设供水管道，期限为50年。20年后，乙村将其所有的A地块部分转让给了丙村，丙村欲在该地块上建筑厂房，故要求甲村拆除该地块上的供水管道。根据本条的规定，虽然乙村将供役地A地块的部分所有权转让，但受让方仍需要受地役权的约束，故丙村不得要求甲村拆除供水管道。

第二，供役地上的土地承包经营权、建设用地使用权等部分转让时，转让部分涉及地役权的，地役权对受让人有约束力。供役地上的土地承包经营权、建设用地使用权等用益物权部分转让时，如果所转让部分涉及地役权的，因地役权的不可分性，受让人仍需要负担地役权的义务。例如，甲乙两个公司享有国有土地使用权的两个地块相邻，甲公司为供电需要，在乙公司的地块上设立了地役权，乙公司允许甲公司架设高压电线，并办理了地役权登记。后乙公司

---

① 参见王利明：《物权法研究》，中国人民大学出版社2016年版，第260页。

将设立了地役权的部分地块的建设用地使用权转让给了丙公司。根据本条的规定，丙公司仍应允许甲公司的高压线在该地块上通过。

第三，供役地以及供役地上的用益物权部分转让时，转让部分不涉及地役权的，地役权对受让人不再具有约束力。例如，甲承包了村里100亩的农业用地，其中包括20亩养殖水塘。乙也是该村承包户，因乙所承包的土地缺水，遂与甲约定，乙可以定期到甲的水塘取水灌溉，并向甲支付费用，双方签订了地役权合同并办理了登记。后甲将养殖水塘之外的80亩承包地的土地承包经营权转让给丙。因丙受让的承包地与甲乙双方就取水设定的地役权并无关系，故丙不受此地役权约束。

（二）供役地与地役权的客体

地役权的存在离不开供役地，无供役地则无客体存在的基础。

1. 供役地的利用

供役地是指被利用的他人不动产。地役权属于在供役地上设定负担还是利用供役地的权利，不同国家有不同的表述方式。《德国民法典》《意大利民法典》《荷兰民法典》认为地役权是在供役地上设定的"负担"，而我国采用的是对供役地的"利用"。供役地的"利用"主要表现为容忍地役权人的作为和自身的不作为两种方式，由此可以将地役权分为作为地役权和不作为地役权。

作为地役权，又称积极地役权、容忍地役权，是指供役地权利人容忍地役权人在供役地上实施一定积极的行为，如通行、取水、修建管道管线；不作为地役权，又称消极地役权，是指地役权人有权要求供役地权利人不得实施特定行为，如设置障碍、加高建筑物等。如甲乙双方可以约定，甲不得在自己土地上建高层建筑，以保障乙房屋的采光。

2. 地役权的客体

地役权的客体是他人不动产及不动产权利，权利范围十分广泛。就土地和建筑物而言，土地不限于土地所有权，还包括建设用地使用权、土地承包经营权等用益物权；不仅建筑物以及空间权利可以设定地役权，而且在建筑物区分所有权的情况下也可以设定地役权。同时，地役权还可存在于他人不动产上下的空间。《民法典》第345条规定的"建设用地使用权可以在土地的地表、地上或者地下分别设立"在地表、地上或地下空间之上也可以设立地役权。地役权成为解决土地上下的空间排他性利用问题的途径。

### 3. 地役权客体范围的扩大与地役权的发展

随着现代民法中的"物"从以所有为中心转向以利用为中心，地役权作为古老的用益物权形态，也在适应当代复杂的社会经济需要，成为具有极大包容性的权利。地役权的发展主要表现在客体范围不断扩大、主体的不断发展、设立内容更强调当事人的意思自治、具体类型不断丰富发展、在保护环境方面的作用逐渐强化各个方面。①

（1）地役权客体范围的扩大。地役权最初只能在土地上设定，现在地役权客体范围不断扩大：一是扩大到建筑物；二是扩大到空间，如在他人空间之间架设电线电缆、建造附属设施等，我国在一定程度上认可空间役权；三是扩大到用益物权，正如本条规定的土地承包经营权、建设用地使用权等；四是扩大到其他各种利益。

（2）地役权在环境保护方面的作用逐渐强化。随着地役权的客体范围的不断扩大，相关环境权益也越来越多地被纳入进来，地役权在环境保护方面的作用日益凸显。现实中，大量地役权合同涉及环境保护内容。

## ▶ 适用指引

### 一、地役权不可分性的适用条件

本条在具体适用中需要满足的条件为：一是发生了供役地及供役地上的土地承包经营权、建设用地使用权等部分转让时供役地有分割的法律事实，这是适用的前提。二是供役地及供役地上的土地承包经营权、建设用地使用权等是部分转让，而不是全部转让，这是形成供役地有分割法律事实的原因行为。三是转让部分涉及地役权的，转让部分即有地役权负担。地役权是为了需役地的利益而使用供役地，这种使用是为了需役地的全部利益而利用供役地的全部，故地役权也应当在供役地分割后的各个部分继续存在。但是也存在例外情况，即若供役地分割后地役权在性质上只与分割后的供役地一部分有关，地役权就仅在该部分继续存续。四是受让人继续负担转让前在其受让土地上已经设立的地役权，这是对地役权设立时间的规定。五是本条规定为强制性规定，不以当

---

① 参见王利明：《物权法研究》，中国人民大学出版社2016年版，第226页。

事人的意志为转移。当事人订立地役权合同时，不得作出与本条规定相反的约定。

### 二、宅基地使用权与地役权的不可分性

地役权具有从属性和不可分性，地役权的不可分性可以理解为地役权从属性的延伸。由于地役权从属于需役地的所有权和使用权，效力存在于全部需役地，而不能只及于需役地的某一部分。但地役权的从属性主要表现在确定地役权转让的规则，而不可分性主要确定的是地役权存续以及其权利义务的范围。①

在《民法典》体现地役权从属性的条文中（第378条至第380条），已经明确包含了宅基地使用权，但在体现地役权不可分性的条文中（第382条、第383条）却没有明确"需役地上的土地承包经营权、建设用地使用权等"中是否包括宅基地使用权。

在原《物权法》的起草过程中，关于该部分的规定，一直包含宅基地使用权部分转让的规定，但在最终的上会稿中删除了宅基地使用权部分转让的表述。究其原因，有学者认为应是与原《物权法》第153条（《民法典》第363条）的规定冲突："宅基地使用权的取得、行使和转让，适用土地管理法等法律和国家有关规定。"而根据《土地管理法》第62条第5款的规定："农村村民出卖、出租、赠与住宅后，再申请宅基地的，不予批准。"实质上是禁止宅基地单独转让，只能基于住房转让适用"地随房走"而转让。②故《民法典》沿用了原《物权法》的规定，未对宅基地使用权转让进行明确规定。

## ▶ 类案检索

**中山市利珅房地产发展有限公司与中山市金汇实业有限公司、中山市金汇实业有限公司金山城物业管理分公司占有排除妨害纠纷案**

**关键词：** 供役地上用益物权转让　地役权不可分性

---

① 参见王利明：《物权法研究》，中国人民大学出版社2016年版，第257页。
② 参见杨立新、王竹：《解释论视野下的〈物权法〉第166条和第167条——兼评用益物权编"不动产即土地"定势思维》，载《河南财经政法大学学报》2008年第1期。

**裁判摘要：** 本案二审争议的焦点在于中山市利珅房地产发展有限公司（以下简称利珅公司）通过法院拍卖取得涉案土地的使用权后，金山城公园在涉案土地红线范围内且仍在使用中，是否构成对利珅公司的侵权。本案中，金山城小区在金山城公园的土地上已设立了地役权，并得到了相关部门的批准。根据《物权法》第158条、第167条的规定，地役权自合同生效时设立，已经登记公示的地役权对受让人具有约束力。涉案土地在公开拍卖前，已对金山城公园用地情况进行公示，因此即使利珅公司通过合法手段取得涉案土地使用权，但涉案土地上原有地役权对其仍有约束力。案涉土地拍卖成交价仅为每平方米166.93元，已对利珅公司不能利用部分作出相应补偿。因此，利坤公司主张金汇公司、金山城物管公司的行为构成侵权的理由不能成立，二审不予支持。

【案　　号】（2014）中中法民一终字第848号
【审理法院】广东省中山市中级人民法院
【来　　源】中国裁判文书网

第三百八十四条　地役权人有下列情形之一的，供役地权利人有权解除地役权合同，地役权消灭：

（一）违反法律规定或者合同约定，滥用地役权；

（二）有偿利用供役地，约定的付款期限届满后在合理期限内经两次催告未支付费用。

## 关联规定

法律、行政法规、司法解释

《中华人民共和国民法典》

第三百二十七条　因不动产或者动产被征收、征用致使用益物权消灭或者影响用益物权行使的，用益物权人有权依据本法第二百四十三条、第二百四十五条的规定获得相应补偿。

第五百六十二条　当事人协商一致，可以解除合同。

当事人可以约定一方解除合同的事由。解除合同的事由发生时，解除权人可以解除合同。

第五百六十三条　有下列情形之一的，当事人可以解除合同：

（一）因不可抗力致使不能实现合同目的；

（二）在履行期限届满前，当事人一方明确表示或者以自己的行为表明不履行主要债务；

（三）当事人一方迟延履行主要债务，经催告后在合理期限内仍未履行；

（四）当事人一方迟延履行债务或者有其他违约行为致使不能实现合同目的；

（五）法律规定的其他情形。

以持续履行的债务为内容的不定期合同，当事人可以随时解除合同，但是应当在合理期限之前通知对方。

第五百六十五条　当事人一方依法主张解除合同的，应当通知对方。合同自通知到达对方时解除；通知载明债务人在一定期限内不履行债务则合同自动解除，债务人在该期限内未履行债务的，合同自通知载明的期限届满时解除。对方对解除合同有异议的，任何一方当事人均可以请求人民法院或者仲裁机构确认解除行为的效力。

当事人一方未通知对方，直接以提起诉讼或者申请仲裁的方式依法主张解除合同，人民法院或者仲裁机构确认该主张的，合同自起诉状副本或者仲裁申请书副本送达对方时解除。

## ▶ 条文释义

### 一、本条主旨

本条是关于地役权消灭的规定。

### 二、条文演变

原《物权法》第168条规定："地役权人有下列情形之一的，供役地权利人有权解除地役权合同，地役权消灭：（一）违反法律规定或者合同约定，滥用地役权；（二）有偿利用供役地，约定的付款期间届满后在合理期限内经两次催告未支付费用。"本条沿用原《物权法》第168条的规定，仅将"约定的付款期间"修改为"约定的付款期限"，其他内容未作变动。

期间是一段被界定或至少可以被确定的时间，按照《民法典》第200条的规定："民法所称的期间按照公历年、月、日、小时计算。"而期限是决定民事法律行为效力发生或存续的时间，是民事法律行为意思表示的组成部分。当事人可自行在意思表示中设定一定的期日或期间，决定权利义务发生或者存续。鉴于两个概念的不同，故在本条将"约定的付款期间"修改为"约定的付款期限"。

### 三、条文解读

作为用益物权的一种，地役权的消灭适用物权消灭的一般规定。同时，地役权具有特殊性，所以物权的一般消灭原因适用于地役权时体现出不同的特点，同时地役权也存在着特殊的消灭原因。① 具体可分为以下几类情况。

第一，地役权设定的期限届满。地役权具有期限性，当事人设定地役权时，不能在合同中约定无期限的地役权，约定的期限也不得超过主权利的期限。故地役权设定的期限届满而未续期的，地役权消灭。

第二，供役地权利人依法解除地役权合同。本条规定了解除地役权合同的两种情形或条件。一是地役权人违反法律规定或者合同约定，滥用地役权。具体条件包括：（1）地役权人不按土地用途使用土地，并且导致了土地的永久损害；（2）地役权人不按土地的约定用途使用土地，经供役地权利人多次警告后而仍不改正。二是有偿利用供役地，约定的付款期限届满后在合理期限内经两次催告未支付费用。地役权的取得大多是有偿的，在地役权人违反约定不支付费用时，供役地权利人可解除地役权合同。具体条件包括：（1）双方约定的付款期间已经届满，地役权人未支付费用；（2）在合理的期限内，供役地权利人就费用问题已经进行了两次催告；（3）地役权人不存在可减免费用的合法理由。为了减少供役地权利人解除合同后造成的财产浪费，在保障其依法行使合同解除权的同时，有必要对该权利进行限制。故在给予地役权人两次宽限期且经过两次催告后，地役权人仍不支付费用的，说明地役权人没有履行合同的诚意和根本不可能再履行合同，此时供役地权利人才能单方解除合同。

地役权合同的解除具有如下特征：（1）主体特定。只有供役地权利人才能行使地役权合同的解除权，需役地权利人不能行使。（2）条件既定。解除权行使的条件是法律规定，供役地权利人符合法定条件才能行使解除权。（3）权利自定。地役权合同的解除属于民事权利的行使，事先无须经过批准。

地役权合同的解除实现了供役地权利人与地役权人之间的利益平衡。就供役地权利人而言，地役权的设定原则在于地役权人应当以对供役地损害最小的方法利用供役地，并不得违背公共秩序与善良风俗，否则会构成权利滥用。不同于相邻权，地役权的取得多为有偿，地役权人应当按照合同的约定支付相应的费用。就地役权人而言，为了对土地稳定、安全使用，提高资源利用效率，在双方当事人没有明确地役权合同解除权条件的情况下，法律对供役地权利人行使解除权进行必要的限制，只有在发生法律明文规定的解除原因时，供役地

---

① 参见房绍坤：《物权法用益物权编》，中国人民大学出版社2007年版，第295页。

权利人才可以解除地役权合同。①

第三，地役权的抛弃。地役权的权利人可以对该用益物权进行使用和处分，包括予以抛弃。权利人抛弃地役权的，其所设定的地役权消灭。若地役权是有偿取得的，地役权人需向供役地权利人支付费用后才能抛弃；若地役权是无偿取得的，则地役权人可以随时抛弃。②

第四，地役权的混同。地役权的混同是指在设定地役权之后，享有地役权的需役地人，因为某种原因又取得了对供役地的权利，此时其对供役地所享有的地役权将因此而消灭。也就是说，地役权人取得了供役地的所有权或使用权，地役权因混同而消灭。但是若供役地或需役地为共有的，仅仅是其中一个或部分共有人发生混同，根据地役权的不可分性，地役权并不会当然消灭。

第五，供役地或需役地被征收。国家因为社会公共利益需要征收供役地土地，地役权无法行使，地役权合同已无履行必要或履行不能，此时地役权消灭。根据《民法典》第327条的规定，用益物权人在发生征收、征用时有权获得相应补偿。国家对土地、房屋或其他不动产进行征收，或者对不动产或动产进行征用，不仅物的所有权人的权利会受到影响，而且对物进行使用收益的用益物权人的利益也会受到影响，故需要对用益物权人进行相应补偿。由于征收或者征用给不同种类的用益物权带来的影响是不同的，所以在处理上也相应地有所不同。地役权作为用益物权具有一定的财产价值，土地征收后地役权等权利与所有权一起作为被征收的对象，征收机关的补偿价款中应当包括对地役权财产权利的对应价款，在征收后，应当按照相关规定给予地役权人合理的补偿。国家征收或征用行为对地役权发生的影响，应当区分国家征收或征用的是供役地还是需役地来分别考虑。若国家征收或征用的是需役地，对需役地的补偿，就是对权利人的全部补偿，不需再对地役权本身另行补偿；若征收或征用的对象是供役地，且供役地的征收、征用导致了地役权消灭或者影响地役权行使，则地役权人应当有权获得相应的补偿。

---

① 参见郭明瑞主编：《中华人民共和国物权法释义》，中国法制出版社2007年版，第297页。

② 参见王利明：《物权法研究》，中国人民大学出版社2016年版，第264页。

## 适用指引

### 一、正确理解地役权消灭的适用条件

第一,违反法律规定或者合同约定,滥用地役权。首先,关于"违反法律规定"应包括《民法典》在内的法律以及国家行政法规的规定,如《土地管理法》《农村土地承包法》《城市房地产管理法》《森林法》以及关于保护耕地的相关法律法规的规定等。[①] 其次,关于"合同约定",主要是设立地役权合同时,双方就地役权的设立目的、利用方式及利用范围的规定。最后,关于"滥用地役权"是指不加选择、不加限制地使用。表现为:(1)不按土地用途使用土地造成土地永久性损害,如供役地是耕地,地役权人擅自改变用途导致无法继续耕种或复耕的经济费用较高;(2)不按照合同约定用途使用供役地,经供役地权利人多次警告而拒不纠正,如通行地役权人在供役地上设立仓库;(3)超越合同约定的范围使用供役地,妨害供役地权利人正常的生产和生活,虽经供役地权利人多次交涉而不改正的;(4)违反公序良俗原则,在供役地上堆放有毒有害废弃物污染环境,影响他人正常生产生活的;(5)利用供役地从事违法犯罪活动的。在实际生活中,地役权的滥用现象不断变化,地役权法律制度随之不断予以归纳充实完善。

认定地役权人是否滥用地役权,可以从两个方面进行判断。(1)根据合同约定判断。一般而言,地役权合同会就供役地和需役地的位置、地役权的利用目的和方法等作出约定。如果地役权人违反合同约定的目的、方法等行使地役权,即可以认定为构成滥用地役权。此时,供役地权利人可以单方解除地役权合同。比如,甲对一个水塘享有土地承包经营权,乙承包了一片菜地。乙由于需取水浇菜,故与甲协商,双方就从甲承包的水塘取水设立地役权,合同明确约定乙每天最多只能取水20吨,以确保甲的水塘所养之鱼有足够的水源。双方在签订地役权合同后,依法办理了地役权登记。后乙因扩大种植面积,需要更多的灌溉用水,故每日偷偷从甲的水塘中取用超过合同约定最大取水量数倍的水,导致甲的水塘面临枯缩,鱼塘中所养之鱼大量死亡。乙的取水行为明显

---

① 参见最高人民法院物权法研究小组编著:《〈中华人民共和国物权法〉条文理解与适用》,人民法院出版社2007年版,第490页。

违反合同约定的方法,故可以认定为滥用地役权。此时,根据本条的规定,甲有权行使单方解除权,使地役权归于消灭。(2)根据法律规定进行判断。如前所述,根据法律判断地役权人是否滥用地役权,所依据的法律既包括《民法典》,也包括其他与行使地役权相关的法律。比如,甲公司与乙村所有的集体土地相邻,甲公司因生产需要排放废水,故与乙村协商,欲通过乙村的土地排放废水,双方签订了以排水为目的的地役权合同,并办理了地役权登记。后甲公司违反《水污染防治法》的规定,大量排放超过地方规定的水污染物排放标准的水污染物,造成乙村土地被严重污染。在此情况下,由于甲公司违反了《水污染防治法》排放污水,构成滥用地役权,故乙村可以依法单方解除地役权合同。

第二,有偿利用供役地,约定的付款期限届满后在合理期限内经两次催告未支付费用。在有偿地役权合同的履行过程中,需役地权利人应按照合同约定向供役地权利人支付费用,若不能履行,则构成违约。为了提高土地利用效率、减少资源的浪费,法律对供役地权利人的地役权合同解除权设定了严格的条件:(1)约定支付费用的期限已经届满,这是初步条件。(2)期限届满后,供役地权利人需在合理期限进行两次催告。合理期限法律并无明确规定,属于自由裁量的范围。但按照生活习惯,两次催告应该间隔一定时间,我们认为第一次催告与第二次催告的间隔时间一般不宜少于1周。① 催告一般应采用书面形式或者有一定的公示范围,可以作为已经完成催告的证据。(3)在两次催告后地役权人仍不支付费用。

第三,供役地权利人的此项权利属于形成权。② 供役地权利人可以单方作出,从而发生合同解除、地役权消灭的法律后果。但是供役地权利人需要及时行使权利,即按照《民法典》第565条的规定,明确通知地役权人,通知到达之日合同解除。供役地权利人可向人民法院提起诉讼,请求解除当事人之间设定的地役权合同。

---

① 参见最高人民法院物权法研究小组编著:《〈中华人民共和国物权法〉条文理解与适用》,人民法院出版社2007年版,第493页。
② 参见王利明:《物权法研究》,中国人民大学出版社2016年版,第264页。

## 二、正确理解地役权消灭的基本特征

### （一）地役权消灭的法律后果

地役权消灭可参照合同消灭。合同权利义务终止，是对未来发生停止的法律效力，同时使得合同的担保及其他权利义务也归于消灭。但合同权利义务终止不影响守约方对违约方的损失赔偿请求权，也不影响合同中清算和结算条款的效力，也不影响当事人遵守诚信原则承担后合同义务。根据《民法典》第509条的规定，当事人应当遵循诚信原则，根据合同的性质、目的和交易习惯履行通知、协助、保密等义务。后合同义务属于法定义务，当事人违反该义务应承担赔偿责任。具体在地役权合同中，已经办理登记手续的地役权消灭后，应进行注销登记。

### （二）地役权消灭与当事人的约定

本条规定的地役权消灭的两项法定事由，是专门为供役地权利人设立的权利。当然，供役地权利人除可以根据本条规定的法定解除事由解除地役权合同外，还可以基于当事人的约定行使解除权。《民法典》合同编中的第562条规定："当事人协商一致，可以解除合同。""当事人可以约定一方解除合同的事由。解除合同的事由发生时，解除权人可以解除合同。"根据此规定，地役权合同同样可以因发生约定解除事由而解除。约定解除事由既可以是在订立合同时双方约定的解除事由，也可以在地役权履行过程中，双方协商一致解除。比如，需役地权利人与供役地权利人约定，供役地权利人在特定情形下，可以行使单方解除权，解除地役权合同，如果在地役权合同履行过程中，发生了约定的特定情形，供役地权利人就可以根据约定行使单方解除权。

司法实践中，双方当事人设立地役权时有约定的合同解除原因的，能否排除本条的适用？理论上存在两种观点，一种观点从维护地役权人对土地稳定、安全使用及收益权利的角度讲，地役权设立时对地役权合同解除原因的约定，应当认定无效。一种观点认为在地役权设定合同中，双方当事人可以约定地役权消灭的具体事由。我们持后一种观点。理由如下。

一是基于地役权的立法目的，地役权具有设立方式和内容上的意定性，可以缓和物权法定主义的僵硬性，兼顾私法自治和交易安全，从而有效利用财产。基于当事人在地役权设定合同中的自治原则,对于当事人对地役权消灭具体事由的约定,应当承认其效力。

二是地役权消灭并不排除当事人的意思自治。当事人双方约定的地役权消灭事由在性质上应当是合同的解除条件,在双方约定的事由出现时,地役权合同失效,地役权随即消灭。本条规定在性质上仍然属于任意性规范,当事人在地役权合同中可以特别规定,如在一方未按期支付费用时另一方享有解除权,从而排除本条规定的适用。

## ▶ 类案检索

### 贺某、樊某丽与白银正宝农贸综合市场有限责任公司、金某宝地役权纠纷案

**关键词:** 地役权合同　地役权消灭

**裁判摘要:** 地役权是指土地上的权利人为了自己使用土地的方便或者土地利用价值的提高,通过约定而得以利用他人土地的一种用益物权。地役权自地役权合同生效时设立。《物权法》第168条规定:"地役权人有下列情形之一的,供役地权利人有权解除地役权合同,地役权消灭:(一)违反法律规定或者合同约定,滥用地役权;(二)有偿利用供役地,约定的付款期间届满后在合理期限内经两次催告未支付费用。"本案中,双方当事人诉争的通过贺某楼房下的通道并非进入农贸市场的必经通道,除此尚有另外两条通道。为了满足顾客就近便捷地进入市场的需要,双方当事人先后签订了《协议书》及《人民调解协议书》,对使用通道的条件和义务进行了明确约定,故本案应为地役权纠纷而非相邻通行纠纷。《最高人民法院关于审理涉及人民调解协议的民事案件的若干规定》第1条规定:"经人民调解委员会调解达成的、有民事权利义务内容,并由双方当事人签字或者盖章的调解协议,具有民事合同性质。当事人应当按照约定履行自己的义务,不得擅自变更或者解除调解协议。"2011年6月4日,双方当事人经白银市平川区水泉镇人民调解委员会主持调解达成(2011)0604号《人民调解协议书》,作为使用贺某通道的补偿,金某宝应向贺某提供市场内北侧房屋1间供其无偿使用,但金某宝在市场改建为超市后一直未按合同约定作出补偿,故供役地权利人贺某有权解除地役权合同,需役地

人金某宝无权要求继续使用该通道。一审判决认定事实不清，适用法律错误，应予改判。对贺某、樊某丽的上诉请求和理由成立，二审法院予以支持。

【案　　号】（2013）白中民一终字第 153 号

【审理法院】甘肃省白银市中级人民法院

【来　　源】中国裁判文书网

> **第三百八十五条** 已经登记的地役权变更、转让或者消灭的,应当及时办理变更登记或者注销登记。

## 关联规定

部门规章及规范性文件

1.《不动产登记暂行条例实施细则》

第六十一条 经依法登记的地役权发生下列情形之一的,当事人应当持地役权合同、不动产登记证明和证实变更的材料等必要材料,申请地役权变更登记:

(一)地役权当事人的姓名或者名称等发生变化;

(二)共有性质变更的;

(三)需役地或者供役地自然状况发生变化;

(四)地役权内容变更的;

(五)法律、行政法规规定的其他情形。

供役地分割转让办理登记,转让部分涉及地役权的,应当由受让人与地役权人一并申请地役权变更登记。

第六十三条 已经登记的地役权,有下列情形之一的,当事人可以持不动产登记证明、证实地役权发生消灭的材料等必要材料,申请地役权注销登记:

(一)地役权期限届满;

(二)供役地、需役地归于同一人;

(三)供役地或者需役地灭失;

(四)人民法院、仲裁委员会的生效法律文书导致地役权消灭;

(五)依法解除地役权合同;

(六)其他导致地役权消灭的事由。

## 2.《不动产登记操作规范(试行)》

### 13.2 变更登记

#### 13.2.1 适用

已经登记的地役权,因下列变更情形之一的,当事人应当申请变更登记:

1. 需役地或者供役地权利人姓名或者名称、身份证明类型或者身份证明号码发生变化的;

2. 共有性质变更的;

3. 需役地或者供役地自然状况发生变化;

4. 地役权内容变更的;

5. 法律、行政法规规定的其他情形。

#### 13.2.2 申请主体

地役权变更登记的申请主体应当为需役地权利人和供役地权利人。因共有人的姓名、名称发生变化的,可以由姓名、名称发生变化的权利人申请;因不动产自然状况变化申请变更登记的,可以由共有人一人或多人申请。

#### 13.2.3 申请材料

申请地役权变更登记,提交的材料包括:

1. 不动产登记申请书;

2. 申请人身份证明;

3. 不动产登记证明;

4. 地役权变更的材料,包括:

(1)权利人姓名或者名称、身份证明类型或者身份证明号码发生变化的,提交能够证实其身份变更的材料;

(2)需役地或者供役地的面积发生变化的,提交有批准权的人民政府或其主管部门的批准文件以及变更后的权籍调查表、宗地图和宗地界址坐标等不动产权籍调查成果;

(3)共有性质变更的,提交共有性质变更协议;

(4)地役权内容发生变化的,提交地役权内容变更的协议。

5. 法律、行政法规以及《实施细则》规定的其他材料。

#### 13.2.4 审查要点

不动产登记机构在审核过程中应注意以下要点:

1. 申请变更登记的地役权是否已经登记;

2. 地役权的变更材料是否齐全、有效；

3. 申请变更事项与变更登记文件记载的变更事实是否一致；

4. 本规范第 4 章要求的其他审查事项。

不存在本规范第 4.8.2 条不予登记情形的，将登记事项记载于不动产登记簿。地役权变更登记，不动产登记机构应当将登记事项分别记载于需役地和供役地的不动产登记簿。

13.4　注销登记

13.4.1　适用

已经登记的地役权，有下列情形之一的，当事人可以申请地役权注销登记：

1. 地役权期限届满的；

2. 供役地、需役地归于同一人的；

3. 供役地或者需役地灭失的；

4. 人民法院、仲裁委员会的生效法律文书等导致地役权消灭的；

5. 依法解除地役权合同的；

6. 其他导致地役权消灭的事由。

13.4.2　申请主体

当事人依法解除地役权合同的，应当由供役地、需役地双方共同申请，其他情形可由当事人单方申请。

13.4.3　申请材料

申请地役权注销登记，提交的材料包括：

1. 不动产登记申请书；

2. 申请人身份证明；

3. 不动产登记证明；

4. 地役权消灭的材料，包括：

（1）地役权期限届满的，提交地役权期限届满的材料；

（2）供役地、需役地归于同一人的，提交供役地、需役地归于同一人的材料；

（3）供役地或者需役地灭失的，提交供役地或者需役地灭失的材料；

（4）人民法院、仲裁委员会效法律文书等导致地役权消灭的，提交人民法院、仲裁委员会的生效法律文书等材料；

（5）依法解除地役权合同的，提交当事人解除地役权合同的协议。

5.法律、行政法规以及《实施细则》规定的其他材料。

13.4.4 审查要点

不动产登记机构在审核过程中应注意以下要点：

1.注销的地役权是否已经登记；

2.地役权消灭的材料是否齐全、有效；

3.供役地或者需役地灭失的，是否已按规定进行实地查看；

4.本规范第4章要求的其他审查事项。

不存在本规范第4.8.2条不予登记情形的，将登记事项以及不动产登记证明收回、作废等内容记载于不动产登记簿。地役权注销登记，不动产登记机构应当将登记事项分别记载于需役地和供役地不动产登记簿。

## 条文释义

### 一、本条主旨

本条是关于已登记的地役权变更登记、注销登记的规定。

### 二、条文演变

原《物权法》第169条规定："已经登记的地役权变更、转让或者消灭的，应当及时办理变更登记或者注销登记。"本条沿用原《物权法》第169条的规定，内容未作变动。

### 三、条文解读

不动产物权由于某种原因发生变动时，应当将其变更、转让或者消灭的情形记载于不动产登记簿上，以防止纠纷的发生。公示对于市场经济秩序的建立和维护具有十分重要的意义。登记制度是市场经济社会国家维护秩序和保障交易安全的重要法律手段。地役权变更、转让或者消灭都是物权变动的内容。如果地役权虽然已经发生了变动，但没有办理变更登记或者注销登记，则在法律上并没有真正完成物权的变动。从法律效果上来看，只要作为公示内容的物权现状没有变动，便可以视为物权变动没有发生过。例如，当地役权人取得供役地的用益物权，因混同而导致地役权消灭时，就应当及时办理地役权的注销登记，使供役地负担的变化情况及时向公众公示。之所以要求当事人及时办理变更登记或者注销登记，是因为该供役地的用益物权很可能会转让给第三人，有负担的不动产和没有负担的不动产在价值上是完全不同的。对于受让人而言，受让了具有负担的不动产之后，将使受让人的权利行使受到一定的限制，这样对受让人是不公平的。同时，向公众公开不动产负担的情况，对保护受让人的利益、防止纠纷都具有十分重要的作用。

本条规定，已经登记的地役权变更、转让或者消灭的，应当及时办理变更登记或者注销登记。关于需要办理变动登记的地役权范围，根据《民法典》物权编中的第374条的规定，地役权设立不以登记为要件，未经登记只是不得对抗善意第三人。因此，并非所有的地役权都会办理登记。没有办理登记的地役权，即使变更、消灭之后，也不可能再去办理变更、注销登记。只有当事人申请办理登记的地役权，为了确保地役权的公示力和公信力，便于第三人知晓物权状态，才有必要办理变更、注销登记。

（一）地役权的登记

1. 地役权的设立登记

根据《民法典》第374条关于"地役权自地役权合同生效时设立。当事人要求登记的，可以向登记机构申请地役权登记；未经登记，不得对抗善意第三人"的规定，地役权的设立采取登记对抗主义。即登记不是地役权设立的生效条件，但是登记后的地役权具有完整的物权效力，未经登记的地役权不得对抗善意第三人。

比较法上，地役权设立的模式主要表现为登记生效和登记对抗两种：（1）登记生效说。地役权的设立不仅需要当事人之间达成物权合意，还需要在土地登记簿上进行登记。地役权的成立以合意和登记为前提，需要同时存在物权合同和物权登记。《德国民法典》采取登记要件主义。（2）登记对抗说。地役权的设立不以登记及公告为要件，若地役权是基于法律规定而设立的，无须登记；若是基于当事人之间的约定而设立的，登记具有对抗第三方的效力。法国和日本采取登记对抗主义。

我国地役权设立采取的是登记对抗主义，究其原因，可以归纳为以下方面：一是地役权多存在于我国农村，如果采取登记生效主义，会增加农民的负担，农民积极性降低不利于发挥农田使用价值。二是农村的土地承包经营权登记和宅基地使用权登记制度还未完善，地役权登记的基础有待完善。三是我国农村还是熟人社会，村民长期共同生活在同一区域，即便土地的界线和负担没有登记，大家也都能知悉彼此土地的权属状况。登记的功能在于维护交易安全，农村土地使用权的流转性不强，交易安全的需求并不突出。① 故我国地役权采登记对抗主义既符合我国国情，又不会影响到对交易安全的保护。

我国《民法典》规定的地役权登记对抗主义的含义：一是地役权设立时，是否办理登记取决于当事人的自愿。二是办理登记的地役权，可以取得具有完全效力的用益物权。任何人因信赖登记而进行交易都应受到保护。三是未经登记的地役权，不影响地役权的设立，但物权效力受到一定的限制，不得对抗善意第三人。

**2. 地役权的后续登记**

设立登记后，地役权的变更、转移和注销登记为后续登记。本条规定的就是后续登记，后续登记不具有设权效力。

地役权的变更登记包括三种情况：一是当事人姓名或名称、人数变更，如地役权人的公司名称发生改变，或者是供役地上农村承包经营户的家庭成员发生变化；二是不动产位置变更，如因暴雨等原因导致通行位置发生位移；三是权利内容发生变化，如合同期限的延长等。变更登记因事由不同而具有不同的效力。主体名称、不动产变更是客观发生的情况，即便当事人不办理变更登记，也不影响这些情况已然发生的事实，登记变更情况具有宣示登记的意义；不仅如此，把变更情况予以登记，也有更正登记的作用。权利内容变更是当事人合意的结果，这些事由改变了首次登记的内容，与首次登记的设权效力相应，具有设权效力。② 因权利转让等原因导致主体变更的，对应的是转移登记，地役权随之转让，没有设权效力。德国不存在转移登记，因为严格遵循不动产役权的主体物化特性，只要没有消灭事由，需役地权利人转让权利时，不影响地役权的同一性，新权利人仍继续保有地役权。

地役权消灭对应的是注销登记，包括意思表示和客观事实两种情形。前者主要是供役地权利人解除合同，在登记设权的情况下，合同解除只说明基础行

---

① 参见王利明：《物权法研究》，中国人民大学出版社2016年版，第245页。
② 参见常鹏翱：《回归传统——我国地役权规范的完善之道》，载《清华法学》2018年第5期。

为不存在了,但只有办理了注销登记,地役权才消灭。后者主要包括需役地灭失、供役地被征收等,《瑞士民法典》将需役地完全灭失作为地役权因登记注销之外的消灭事由,登记起到的是宣示和更正的作用。

(二)地役权登记的效力

当事人设立地役权并办理登记手续,就获得了登记的权利推定效力。

**1. 登记的权利推定效力**

登记的权利推定效力是指登记记载的权利人应当被推定为法律上的权利人,即推定登记状态的物权与真实物权一致。主要体现为:(1)推定登记物权应属于登记名义人所有,该名义人具有登记簿上所记载的权利;(2)在物权变动中,一经登记即推定物权变动的合法存在。登记的权利人只需要证明其物权经过登记,就足以证明依登记内容所记载的物权的存在及该物权的种类、内容、次序,物权人并得以行使其权利。登记的推定力具有权利确定的效力,第三人不得以反证推翻该推定,只能依照特定的程序提出异议、变更登记、重新确权。只要没有更正登记或异议登记之前,登记对任何第三人都是确定性的登记。[1] 这就意味着权利推定规则只是减轻了登记簿上权利人的证明责任,但改变不了事实上的法律状况。在权利人无须证明登记内容为真的情况下,主张真实权利状况与登记内容不一致的当事人,应当对此负举证责任。

为了确立物权变动中的公示原则,对基于法律行为而发生的物权变动,各国都在立法或司法实践中明确承认登记所具有的推定力。

**2. 登记的善意保护效力**

善意保护的效力,即民法中的公信力,指登记记载的权利人在法律上被推定为真正的权利人,即使以后事实证明登记记载的物权不存在或者有瑕疵,对于信赖该物权的存在并已经从事了物权交易的人,法律仍承认其行为具有与真实物权相同的法律效果。[2] 在办理登记之后,因为信赖登记的第三人与登记权利人就登记的财产从事了交易,符合善意取得的构成要件的,应当取得该不动产的所有权。

登记的公信力主要是通过保护善意第三人,保护交易安全。保护登记所产

---

[1] 参见马特:《物权变动》,中国法制出版社2007年版,第259页。
[2] 参见李昊、常鹏翱等:《不动产登记程序的制度构建》,北京大学出版社2005年版,第119页。

生的公信力就是保护交易安全。登记是国家机关作出的认定,登记的事实会让第三人产生信赖,即交易当事人对登记记载的物权变动情况所产生的信赖。信赖本身是交易安全的组成部分,保护信赖利益实际上就是保护交易安全,保护善意第三人就是鼓励市场交易。在市场经济下,登记是交易双方调查权利真实状态的重要方式,维护登记的公信力对于鼓励交易、提高交易的迅捷度具有重要意义。

## ▶ 适用指引

一、地役权当事人对其设定的地役权进行了登记,但在地役权变动或消灭时,未进行变更登记或注销,给第三人造成损失的,应当承担赔偿责任

已经登记的地役权取得了不动产物权登记的推定力和公信力,在地役权发生变动或消灭时,当事人应当及时办理变更登记或注销登记。因为地役权变动或消灭后,登记记载的权利内容与实际情况不一致,善意第三人信赖登记公信力而实施了相应的交易,容易带来一定风险甚至损失。此时,善意第三人要求赔偿的,当事人应当予以赔偿,包括可得利益损失。如甲(需役地权利人)与乙(供役地权利人)双方签订合同设立了地役权,并办理了登记。后双方协商解除了地役权合同。此时,在地役权已经消灭的情况下,登记簿上依然记载需役地人有地役权。第三人丙通过登记查询,知道甲的土地上存在着对乙土地的地役权,故高价受让了甲土地的使用权。而甲由于没有履行法定义务,未对已经登记的地役权注销登记,造成了丙的经济损失。丙由于信赖登记簿记载的权利内容,作出了错误判断,给自己造成了损失。在这种情况下,丙可以要求法院判令解除其与甲订立的合同,如果因为履行该合同而造成丙的经济损失,丙要求赔偿的,应该判令甲赔偿丙所遭受的损失。该制度设计也是为了促使当事人及时办理变更、注销登记。

二、登记请求权

登记请求权是指登记权利人对登记义务人享有的请求其履行登记义务或协助履行登记义务的权利。登记请求权人是因登记而取得物权的人,以及其他因

登记而获得利益的人。登记请求权人的相对人，又称登记义务人，是指在登记的记载中直接受不利益的当事人。登记请求权既可以由法律直接规定产生，也可以由双方约定产生。根据登记的类型不同，登记请求权人享有不同的权利。如已登记的地役权消灭的，除供役地权利人可单独申请地役权注销登记外，地役权人负有协同供役地权利人办理注销地役权登记的义务，若地役权人不履行该义务的，供役地权利人享有请求其办理登记手续并赔偿因其怠于履行义务产生的损失的权利。

## ▶类案检索

**河北腾泰房地产开发集团有限公司、石家庄市土畜产有限责任公司地役权纠纷案**

**关键词：** 地役权合同　变更登记

**裁判摘要：**《物权法》第169条规定："已经登记的地役权变更、转让或者消灭的，应当及时办理变更登记或者注销登记。"在我国，地役权的设立采取登记对抗主义，登记不是地役权设立的生效条件，但是登记后的地役权具有完整的物权效力，未经登记的地役权不得对抗善意第三人。本案中，腾泰公司以签订《协议书》《地役权设定协议》时其未取得诉争土地的使用权属于无权处分而主张《地役权设定协议》无效，基于其之后取得了诉争土地使用权且在本次诉讼之前未对《地役权设定协议》的内容提出异议，视为追认，故《地役权设定协议》合法有效，双方之间存在地役权合同关系。土畜产公司于2011年1月28日和石家庄市国土资源局签订《企事业单位国有土地使用权收购（回）合同》，履行了将涉案土地收储国有的相关义务；腾泰公司于2013年3月15日和石家庄市国土资源局签订《国有建设用地使用权出让合同》，取得了涉案土地的使用权。故，腾泰公司应遵照协议约定协助土畜产公司办理地役权变更登记。腾泰公司因实际取得的土地使用权面积小于协议约定的土畜产公司拟交国土资源局收购储备的土地面积，从而主张《地役权设定协议》因所附条件未成就而无效，但根据诉争双方签订的协议内容，无法确定《地役权设定协议》系附条件的协议。另外，腾泰公司在签订涉案宗地《国有建设用地使用权出让合同》后已明确知道受让宗地面积情况，其未就《地役权设定协议》内容提出过异议，反而给土畜产公司出具《保证书》，承诺按《地役权设定协议》约定履行相关义务，故其关于《地役权设定协议》依法无效的上诉主张不能成立，二审维持原判。

【案　　号】（2019）冀01民终8524号
【审理法院】河北省石家庄市中级人民法院
【来　　源】中国裁判文书网

# 中国民法典适用大全

## 物权卷（三）

最高人民法院民法典贯彻实施工作领导小组　编著

人民法院出版社

# 总目录

| | | |
|---|---|---|
| **第一分编** | **通　则** | 1 |
| 　第一章 | 一般规定 | 3 |
| 　第二章 | 物权的设立、变更、转让和消灭 | 49 |
| 　　　第一节 | 不动产登记 | 49 |
| 　　　第二节 | 动产交付 | 185 |
| 　　　第三节 | 其他规定 | 214 |
| 　第三章 | 物权的保护 | 240 |
| **第二分编** | **所有权** | 285 |
| 　第四章 | 一般规定 | 287 |
| 　第五章 | 国家所有权和集体所有权、私人所有权 | 324 |
| 　第六章 | 业主的建筑物区分所有权 | 465 |
| 　第七章 | 相邻关系 | 598 |
| 　第八章 | 共　有 | 677 |
| 　第九章 | 所有权取得的特别规定 | 745 |
| **第三分编** | **用益物权** | 829 |
| 　第十章 | 一般规定 | 831 |
| 　第十一章 | 土地承包经营权 | 902 |
| 　第十二章 | 建设用地使用权 | 983 |
| 　第十三章 | 宅基地使用权 | 1190 |

| | 第十四章 | 居住权 | 1214 |
|---|---|---|---|
| | 第十五章 | 地役权 | 1263 |
| **第四分编** | **担保物权** | | **1375** |
| | 第十六章 | 一般规定 | 1377 |
| | 第十七章 | 抵押权 | 1448 |
| | | 第一节 一般抵押权 | 1448 |
| | | 第二节 最高额抵押权 | 1609 |
| | 第十八章 | 质 权 | 1647 |
| | | 第一节 动产质权 | 1647 |
| | | 第二节 权利质权 | 1786 |
| | 第十九章 | 留置权 | 1839 |
| **第五分编** | **占 有** | | **1921** |
| | 第二十章 | 占 有 | 1923 |
| **索 引** | | | **1964** |
| **后 记** | | | **2011** |

# 目 录

(第三册)

## 第四分编 担保物权

### 第十六章 一般规定

第三百八十六条【担保物权的概念】......1377

第三百八十七条【担保物权的适用范围和反担保】......1387

第三百八十八条【担保合同】......1395

第三百八十九条【担保物权的担保范围】......1405

第 三 百 九 十 条【担保物权的物上代位性】......1416

第三百九十一条【未经担保人同意转移债务的法律后果】......1425

第三百九十二条【人保与物保并存时担保权的实行规则】......1432

第三百九十三条【担保物权消灭原因】......1441

# 第十七章 抵押权

## 第一节 一般抵押权

第三百九十四条【抵押权的概念】……1448
第三百九十五条【抵押财产的范围】……1460
第三百九十六条【浮动抵押】……1476
第三百九十七条【建筑物与建设用地使用权同时抵押规则】……1483
第三百九十八条【乡镇、村企业的建设用地使用权抵押限制】……1492
第三百九十九条【禁止抵押的财产范围】……1494
第 四 百 条【抵押合同】……1504
第四百零一条【流押】……1513
第四百零二条【不动产抵押登记】……1521
第四百零三条【动产抵押的效力】……1528
第四百零四条【动产抵押权对抗效力的限制】……1534
第四百零五条【抵押权与租赁权的关系】……1539
第四百零六条【抵押财产的转让】……1546
第四百零七条【抵押权处分的从属性】……1553
第四百零八条【抵押权的保护】……1557
第四百零九条【抵押权及其顺位的处分】……1562
第四百一十条【抵押权的实现】……1568
第四百一十一条【浮动抵押财产的确定】……1574
第四百一十二条【抵押权对抵押财产孳息的效力】……1577
第四百一十三条【抵押财产变价后的处理】……1581
第四百一十四条【数个抵押权的清偿顺序】……1584
第四百一十五条【抵押权与质权的清偿顺序】……1589

第四百一十六条【动产购买价款抵押担保的优先权】 1592

第四百一十七条【抵押权对新增建筑物的效力】 1595

第四百一十八条【集体所有土地使用权抵押权的实现效果】 1600

第四百一十九条【抵押权存续期间】 1605

### 第二节 最高额抵押权

第 四 百 二 十 条【最高额抵押权的概念】 1609

第四百二十一条【最高额抵押权担保的债权转让】 1624

第四百二十二条【最高额抵押合同内容变更】 1630

第四百二十三条【最高额抵押权所担保的债权确定】 1635

第四百二十四条【最高额抵押权的法律适用】 1644

## 第十八章 质 权

### 第一节 动产质权

第四百二十五条【动产质权基本权利】 1647

第四百二十六条【禁止质押的动产范围】 1662

第四百二十七条【质押合同】 1668

第四百二十八条【流质】 1680

第四百二十九条【质权设立】 1692

第 四 百 三 十 条【质权人孳息收取权及孳息首要清偿用途】 1707

第四百三十一条【质权人擅自使用、处分质押财产的责任】 1712

第四百三十二条【质权人的保管义务和赔偿责任】 1721

第四百三十三条【质权的保护】 1729

第四百三十四条【转质权】 1736

第四百三十五条【质权的放弃】 1743

第四百三十六条【质物返还及质权实现】.................................................. 1753

第四百三十七条【质权的及时行使】.......................................................... 1766

第四百三十八条【质押财产变价后的处理】.............................................. 1774

第四百三十九条【最高额质权】.................................................................. 1779

## 第二节 权利质权

第四百四十条【权利质权的范围】.............................................................. 1786

第四百四十一条【有价证券出质的质权的设立】...................................... 1798

第四百四十二条【有价证券质权的质权的特别实现方式】...................... 1809

第四百四十三条【以基金份额、股权出质的质权设立及转让限制】...... 1813

第四百四十四条【以知识产权中的财产权出质的质权的设立及转让限制】.. 1818

第四百四十五条【以应收账款出质的质权的设立及转让限制】.............. 1824

第四百四十六条【权利质权的法律适用】.................................................. 1837

## 第十九章 留置权

第四百四十七条【留置权的一般规定】...................................................... 1839

第四百四十八条【留置财产与债权的关系】.............................................. 1852

第四百四十九条【留置权适用范围的限制】.............................................. 1862

第四百五十条【留置财产为可分物的特殊规定】...................................... 1868

第四百五十一条【留置权人的保管义务】.................................................. 1873

第四百五十二条【留置权人收取孳息的权利】.......................................... 1881

第四百五十三条【留置权实现的一般规定】.............................................. 1887

第四百五十四条【留置权债务人的请求权】.............................................. 1898

第四百五十五条【留置权的实现】.............................................................. 1903

第四百五十六条【留置权与抵押权或者质权竞合时的顺位原则】.......... 1907

第四百五十七条【留置权消灭原因】.......................................................... 1914

# 第五分编　占　有

## 第二十章　占　有

第四百五十八条【有权占有的法律适用】……1923

第四百五十九条【无权占有造成占有物损害的赔偿责任】……1932

第四百六十条【权利人的返还请求权和占有人的费用求偿权】……1940

第四百六十一条【占有的不动产或动产毁损、灭失时占有人的责任】……1947

第四百六十二条【占有保护请求权】……1955

索引……1964

后记……2011

# 担保物权

## 第四分编

# 第十六章 一般规定

第三百八十六条 担保物权人在债务人不履行到期债务或者发生当事人约定的实现担保物权的情形,依法享有就担保财产优先受偿的权利,但是法律另有规定的除外。

## ▶ 关联规定

法律、行政法规、司法解释

1.《中华人民共和国民法典》

第一百一十四条 民事主体依法享有物权。

物权是权利人依法对特定的物享有直接支配和排他的权利,包括所有权、用益物权和担保物权。

第四百一十条 债务人不履行到期债务或者发生当事人约定的实现抵押权的情形,抵押权人可以与抵押人协议以抵押财产折价或者以拍卖、变卖该抵押财产所得的价款优先受偿。协议损害其他债权人利益的,其他债权人可以请求人民法院撤销该协议。

抵押权人与抵押人未就抵押权实现方式达成协议的,抵押权人可以请求人民法院拍卖、变卖抵押财产。

抵押财产折价或者变卖的,应当参照市场价格。

第八百零七条 发包人未按照约定支付价款的,承包人可以催告发包人在合理期限内支付价款。发包人逾期不支付的,除根据建设工程的性质不宜折价、拍卖外,承包人可以与发包人协议将该工程折价,也可以请求人民法院将该工程依法拍卖。建设工程的价款就该工程折价或者拍卖的价款优先受偿。

2.《中华人民共和国税收征收管理法》

第四十五条 税务机关征收税款,税收优先于无担保债权,法律另有规定的除外；纳税人欠缴的税款发生在纳税人以其财产设定抵押、质押或者纳税人的财产被留置之前的，税收应当先于抵押权、质权、留置权执行。

纳税人欠缴税款，同时又被行政机关决定处以罚款、没收违法所得的，税收优先于罚款、没收违法所得。

税务机关应当对纳税人欠缴税款的情况定期予以公告。

3.《中华人民共和国企业破产法》

**第一百三十二条** 本法施行后，破产人在本法公布之日前所欠职工的工资和医疗、伤残补助、抚恤费用，所欠的应当划入职工个人账户的基本养老保险、基本医疗保险费用，以及法律、行政法规规定应当支付给职工的补偿金，依照本法第一百一十三条的规定清偿后不足以清偿的部分，以本法第一百零九条规定的特定财产优先于对该特定财产享有担保权的权利人受偿。

4.《中华人民共和国海商法》

**第二十五条** 船舶优先权先于船舶留置权受偿，船舶抵押权后于船舶留置权受偿。

前款所称船舶留置权，是指造船人、修船人在合同另一方未履行合同时，可以留置所占有的船舶，以保证造船费用或者修船费用得以偿还的权利。船舶留置权在造船人、修船人不再占有所造或者所修的船舶时消灭。

5.《最高人民法院关于适用〈中华人民共和国民法典〉有关担保制度的解释》

**第三十八条** 主债权未受全部清偿，担保物权人主张就担保财产的全部行使担保物权的，人民法院应予支持，但是留置权人行使留置权的，应当依照民法典第四百五十条的规定处理。

担保财产被分割或者部分转让，担保物权人主张就分割或者转让后的担保财产行使担保物权的，人民法院应予支持，但是法律或者司法解释另有规定的除外。

**第六十三条** 债权人与担保人订立担保合同，约定以法律、行政法规尚未规定可以担保的财产权利设立担保，当事人主张合同无效的，人民法院不予支持。当事人未在法定的登记机构依法进行登记，主张该担保具有物权效力的，人民法院不予支持。

## ▶ 条文释义

### 一、本条主旨

本条是关于担保物权概念的规定。

### 二、条文演变

原《民法通则》时期并没有较为完整的物权体系，仅规定了抵押权和留置权。以原《民法通则》为基础，原《担保法》较为全面地规定了抵押权、质权和留置权。起草原《物权法》时，具备了统一规定担保物权制度的条件，对担保物权的含义作出了规定。原《物权法》第170条规定："担保物权人在债务人不履行到期债务或者发生当事人约定的实现担保物权的情形，依法享有就担保财产优先受偿的权利，但法律另有规定的除外。"原《担保法》中只规定出现债务人不履行到期债务时，担保物权人可以要求实现担保物权。原《物权法》增加了出现当事人约定的实现担保物权的情形，担保物权人也可以要求实现担保物权。其后，《民法典物权编（草案）》(征求意见稿）、《民法典各分编（草案）》的相关规定与原《物权法》规定相同。《民法典物权编（草案）》（二次审议稿）第177条与《民法典（草案）》第386条规定仅在但书部分将"但"改为"但是"，其余未作改动。

### 三、条文解读

#### （一）担保物权的概念和特征

担保物权，是指为了确保债权的实现，而在债务人或者第三人的特定财产之上设定的，在债务人不履行到期债务或者发生当事人约定的实现担保物权的情形时，债权人可就该担保财产优先受偿的他物权。担保物权人与所有权人、用益物权人相比，可以直接支配特定财产的交换价值，没有对特定财产直接的使用、收益和处分的权利。

担保物权具有以下特征：

### 1. 担保物权是在债务人或者第三人的财产上设定的权利

债务人可以用于担保的财产范围比较广，既可以用自己的财产，也可以用第三人的财产为债权设立担保物权。包括现有的财产、将来的财产，在特定情形下还可以用权利进行担保。

### 2. 以担保人所有的特定财产为标的

担保物权对特定财产发生效力，该特定财产为担保物权的标的，称为担保财产。法律对担保财产的范围、种类有相应的规定，担保物权只能在法律规定的担保财产上发生效力。受担保物权效力所及的担保物，限于担保人所有的特定财产，担保物权是以他人所有的财产为标的而发生效力的他物权。原则上，他人所有的财产若不特定，则不发生担保物权的效力。相对于自物权，他物权是一种限制物权。一般而言，在债权人自己所有的财产上设立担保物权用以担保债权的受偿，没有多少实际意义。担保财产或为债务人所有，或为物上担保人所有，担保物权的存在成为担保财产的所有权的负担。担保人应当容忍担保物权的存在，并尊重和承认担保物权对担保财产的优先支配。不论担保物权人是否占有担保财产，担保财产所有权是否移转，均不影响担保物权对担保财产的支配效力。作为他物权，担保物权对担保财产的受让人同样有效。

### 3. 担保物权具有优先受偿的效力

优先受偿是指在债务人到期不清偿债务或有其他当事人约定可以实现担保物权的情形发生时，债权人可以对担保财产进行折价或者拍卖、变卖，以所得的价款优先实现自己的债权。担保物权的优先受偿性主要体现在两方面：一是优先于其他不享有担保物权的普通债权；二是有可能优先于其他物权，如清偿顺位靠后的担保物权。担保物权的优先受偿性并不是绝对的。例如，《税收征收管理法》明确规定特定情形下国家税收权优先于担保物权。《企业破产法》规定的破产程序中未清偿的特定职工债权优先于担保物权。因此，本条关于"但是法律另有规定的除外"的规定就是指这些特殊情形。如果法律另有规定，担保物权的优先受偿效力会受到影响。

### 4. 担保物权是以确保债权实现为目的的物权

担保物权作为融通资金和保障交易安全的方式之一，以担保债权能够获得清偿为目的。担保物权不在于对担保财产进行直接支配，而在于对担保财产的交换价值进行支配，使得担保物权人优先于人保的债权人进行债务受偿。这是它与用益物权的重要区别之一。

## （二）担保物权的性质

### 1. 担保物权具有从属性

从属性，又称附随性，是指担保物权具有从属于债权的属性。民法上，从权利附随于主权利。通常认为担保物权是从权利，被担保的债权是主权利，故担保物权从属于被担保的债权，在担保物权设立时要有被担保的债权的存在。担保物权的从属性体现在担保物权的设立、转让、消灭等方面。《民法典》分编中的多个条文规定体现了担保物权的从属性。例如，《民法典》第388条第1款规定："设立担保物权，应当依照本法和其他法律的规定订立担保合同……担保合同是主债权债务合同的从合同。主债权债务合同无效的，担保合同无效，但是法律另有规定的除外。"第407条规定："抵押权不得与债权分离而单独转让或者作为其他债权的担保。债权转让的，担保该债权的抵押权一并转让，但是法律另有规定或者当事人另有约定的除外。"第393条第1项规定，主债权消灭的，担保物权消灭。然而，担保物权的从属性并不是绝对的。例如，在担保物权中的最高额抵押权、最高额质押权等特殊制度下，不以被担保债权的存在为抵押权的设立或者存续的前提条件。

### 2. 担保物权具有不可分性

被担保债权未受全部清偿前，担保物权人可对担保财产的全部行使权利。换言之，被担保的债权或者担保物虽部分发生变化均不影响担保物权的整体性。无论被担保债权数额的多寡、被担保债权部分消灭或者担保财产的分割、转让、灭失，均不影响担保物权人对担保财产的全部行使权利。对此，我国在法律上未予以明文的规定，但司法实务以及民法理论均承认担保物权的不可分性。《民法典担保制度解释》第38条规定："主债权未受全部清偿，担保物权人主张就担保财产的全部行使担保物权的，人民法院应予支持，但是留置权人行使留置权的，应当依照民法典第四百五十条的规定处理。""担保财产被分割或者部分转让，担保物权人主张就分割或者转让后的担保财产行使担保物权的，人民法院应予支持，但是法律或者司法解释另有规定的除外。"第39条规定："主债权被分割或者部分转让，各债权人主张就其享有的债权份额行使担保物权的，人民法院应予支持，但是法律另有规定或者当事人另有约定的除外。""主债务被分割或者部分转移，债务人自己提供物的担保，债权人请求以该担保财产担保全部债务履行的，人民法院应予支持；第三人提供物的担保，主张对未经其书面同意转移的债务不再承担担保责任的，人民法院应予支持。"

**3. 担保物权具有物上代位性**

物上代位性，是指担保物因毁损、灭失而获得赔偿金、补偿金或其他利益补偿时，该赔偿金、补偿金或者其他利益补偿就成为担保物的代替物，债权人有权就该代替物行使担保物权。担保物权并不以使用担保财产为目的，而是对于担保财产的交换价值的直接支配。所以担保财产即使毁损、灭失，只要代替该财产的交换价值还存在，担保物权的效力就仍存在。我国《民法典》第390条也明确规定："担保期间，担保财产毁损、灭失或者被征收等，担保物权人可以就获得的保险金、赔偿金或者补偿金等优先受偿。被担保债权的履行期限未届满的，也可以提存该保险金、赔偿金或者补偿金等。"

### （三）担保物权的分类

根据不同的标准，并结合现行法律的相关规定，担保物权可以分为如下几种类型。

其一，以担保物权发生的原因为标准，担保物权可以分为法定担保物权与意定担保物权。法定担保物权指的是在满足法定条件的情况下，依据法律规定而产生的担保物权。例如，留置权、建设工程价款优先权、船舶优先权等为典型的法定担保物权。意定担保物权指的是依据当事人之间设立担保物权的意思表示而产生的担保物权，如抵押权、质权。民法上的担保物权，多属于意定担保物权。相比于法定担保物权来讲，意定担保物权中当事人意思自治的空间较大，对于促进资金和物资融通具有重要意义。

其二，以担保财产的种类为标准，担保物权可以分为不动产担保物权、动产担保物权与权利担保物权。不动产担保物权主要指的是不动产抵押权、建设用地使用权抵押权、海域使用权抵押权等；动产担保物权则包括动产质权、动产抵押权、动产浮动抵押、船舶抵押权以及留置权等；权利担保物权包括权利质权和设立于不动产用益物权之上的担保物权。

其三，以是否转移担保财产的占有为标准，担保物权可以分为占有型担保物权与非占有型担保物权。质权、留置权是典型的占有型担保物权，非占有型担保物权的典型则是抵押权。

其四，根据担保物权是否为法律明文规定，担保物权可以分为典型担保物权与非典型担保物权。前者为法律明确规定的担保物权，如抵押权、质权与留置权；后者虽未在法律中得以规定，但是其具有担保债权的功能，在社会交易中也经常使用，让与担保、所有权保留、融资租赁为其典型。

（四）担保物权的行使条件

担保物权以债务人不履行到期债务或者发生当事人约定的实现担保物权的情形为行使条件。原《担保法》中只规定出现债务人不履行到期债务这一种情况时，担保物权人可以要求实现担保物权。原《物权法》增加了出现当事人约定的实现担保物权的情形，担保物权人也可以要求实现担保物权。从保护债权人的利益，尊重当事人对担保物权的实现条件的约定的角度出发，《民法典》沿用了这一规定。担保物权作为担保债权实现的物权，并不是清偿债务的优先选择，只有在债务人不履行到期债务或者发生约定的实现担保物权的情形时，担保物权才能得以实现。本条规定的债务人不履行到期债务，指的是债务已届清偿期，债务人未履行；或者债务人仅为部分履行，担保权人可就未得以清偿的部分债权从担保财产中优先受偿。在发生实现担保物权的情形时，担保物权人从担保财产的折价或变卖、拍卖所得的价款中优先于一般债权人获得清偿。

## ▶ 适用指引

传统民法区分物权和债权，在物权中进一步区分所有权和限制物权，后者又包括用益物权和担保物权。在此种体系中，所有权只能是完全物权，不存在具有担保功能的所有权，因而让与担保在法典化体系下并无存身之所。买卖合同中尽管有所有权保留的规定，但受制于前述体系化的区分，保留的所有权只能是完全所有权，而不可能将其作为具有担保功能的非典型担保来对待。可以说，如果完全坚持大陆法系物权债权二分模式，就没有非典型担保物权的存在余地。但大陆法系严格的形式主义思维并不能阻挡让与担保通过司法实践蓬勃发展起来；将买卖合同中所有权的保留视为完全物权，对所有权保留人给予过度保护的同时，也导致了对买受人的不公，这就有必要将所有权保留作为担保方式加以规制。正是考虑到上述情况，《民法典》第388条规定"担保合同包括抵押合同、质押合同和其他具有担保功能的合同"，将具有担保功能的合同纳入担保合同，进而通过构建统一的动产和权利登记制度，在大陆法系形式主义的框架下，一般将担保物权分编规定的担保物权即抵押权、质权、留置权作为典型担保，而将规定在《民法典》其他部分甚至未规定在《民法典》中但具有担保功能的交易形态作为非典型担保。可见，非典型担保主要包括两种情形：一是虽为《民法典》所规定，但并未规定在担保物权部分的所有权保留买卖、融资租赁、有追索权的保理；二是未为《民法典》所明确规定但具有担保物权功能的担保，如让与担保。

相对于典型担保物权根据法律的相关规定即可对其法律效力进行判定，非典型担保物权的非法定性与物权法定原则处于矛盾之中，其物权效力需要根据具体情形进行判定。对于非典型担保物权是否具有物权效力，应当从担保物权的含义出发，并结合法律规定的物权法定原则、物权公示原则以及关于担保物权的禁止条款进行分析，将应当具有物权效力的非典型担保物权纳入法律保护的范围。《民法典担保制度解释》第1条就此作了解释："因抵押、质押、留置、保证等担保发生的纠纷，适用本解释。所有权保留、融资租赁、保理等涉及担保功能发生的纠纷，适用本解释的有关规定。"例如，让与担保，《民法典担保制度解释》第68条规定："债务人或者第三人与债权人约定将财产形式上转移至债权人名下，债务人不履行到期债务，债权人有权对财产折价或者以拍卖、变卖该财产所得价款偿还债务的，人民法院应当认定该约定有效。当事人已经完成财产权利变动的公示，债务人不履行到期债务，债权人请求参照民法典关于担保物权的有关规定就该财产优先受偿的，人民法院应予支持。""债务人或者第三人与债权人约定将财产形式上转移至债权人名下，债务人不履行到期债务，财产归债权人所有的，人民法院应当认定该约定无效，但是不影响当事人有关提供担保的意思表示的效力。当事人已经完成财产权利变动的公示，债务人不履行到期债务，债权人请求对该财产享有所有权的，人民法院不予支持；债权人请求参照民法典关于担保物权的规定对财产折价或者以拍卖、变卖该财产所得的价款优先受偿的，人民法院应予支持；债务人履行债务后请求返还财产，或者请求对财产折价或者以拍卖、变卖所得的价款清偿债务的，人民法院应予支持。""债务人与债权人约定将财产转移至债权人名下，在一定期间后再由债务人或者其指定的第三人以交易本金加上溢价款回购，债务人到期不履行回购义务，财产归债权人所有的，人民法院应当参照第二款规定处理。回购对象自始不存在的，人民法院应当依照民法典第一百四十六条第二款的规定，按照其实际构成的法律关系处理。"

## ▶ 类案检索

**王某彬诉招商银行股份有限公司武汉经济技术开发区支行、江苏淳通汽车销售服务公司等返还原物纠纷案**

**关键词：** 非典型担保　返还原物　汽车合格证融资担保

**裁判摘要：** 首先，招商银行武汉支行对合格证的占有权来源于三方协议。根据三方协议的约定，经销商以汽车合格证的交付换取了银行贷款的发放，当经销商不能清偿银行贷款或未在保证金账户存入足额资金时，银行有权不释放汽车合格证。汽车合格证是机动车生产企业印制并随车配发的唯一证明汽车整车合格的法律文件，是办理机动车注册登记必须提供的法定证明文件之一。没有合格证，新车就无法在车辆管理部门上牌上证而成为"黑户"。银行以监管的方式占有合格证，其本意正是利用合格证对汽车的特殊功效来限制债务人或第三人支配和使用对应车辆，借此达到控制贷款风险、促进债权实现之目的。因此，招商银行武汉支行以监管的方式占有合格证，本质上应属于担保范畴。

其次，招商银行武汉支行以监管的方式占有合格证不属于现行法律规定的担保类型。《物权法》和《担保法》规定的担保方式有抵押、质押、留置、定金、保证。以监管的方式占有合格证仅在表现形式上类似于质押，但又不符合质押的法律特征。质押分为动产质押和权利质押。汽车合格证是特定机动车整车出厂的合格证明，本身并不具有交换价值和商品流通性，不能成为质押财产。将汽车作为质押财产，但未实际交付，根据《物权法》关于"质权自出质人交付质押财产时设立"的规定，汽车的质押权并未设立。就权利质押而言，《物权法》和《担保法》规定可以质押的权利包括：（1）汇票、支票、本票、债券、存款单、仓单、提单等有价证券；（2）依法可转让的基金份额、股权；（3）依法可以转让的注册商标专用权、专利权、著作权等知识产权中的财产权；（4）应收账款；（5）法律、行政法规规定可以质押的其他财产权利。汽车合格证不是财产权利凭证，不属于有价证券和知识产权的范畴，亦无法律规定汽车合格证属于"可以质押的其他权利"，故以监管的方式占有合格证也不属于权利质押。鉴于商事实践中已出现了突破现有法律规定的担保财产范围，将具有一定经济价值的其他财产性权益作为标的来设立担保的诸多情形，以及汽车合格证融资担保业务在相关行业已普遍存在的事实，可将以监管的方式占有汽车合格证定为非典型担保或新类型担保。其不同之处在于：一般意义上的担保具有直接保障债权得以实现之功能，即权利人可通过对担保财产的使用、收益、处分来获取经济上的利益，从而填补债权形成时的经济空缺；本案新类型担保不以权利人直接获取经济上的利益来保障债权实现为途径，而是通过限缩债务人或第三人行使权利，增添债务人经济上的不利益，以激发债务人主动履行债务的动力，从而间接保障自己债权得以实现。

再次，招商银行武汉支行以监管合格证方式设定的担保权利未经公示程序，不能产生担保物权的法律效力。物权公示原则是物权法的基本原则之一，民事主体对物权的享有与变动均应采取可取信于社会公众的外部表现方式，其价值在于对交易安全的保护。不动产物权以登记或登记的变更为公示方法，动产物权以占有为公示方法。物权经过公示才能产生对抗第三人的效力。本案中，招商银行武汉支行根据三方协议以监管的方式占有汽车合格证，未在相关部门履行公示程序，也未向消费者王某彬披露消息，故不能产生担保物权的法律效力，仅可对抗三方协议中的合同相对人。考虑到此类担保属于新类型担保，汽车合格证作为汽车的从物，其公示方法既不适用不动产的登记主义，也有别于独立动产的交付主义，因此，招商银行武汉支行在创新金融产品的同时，可积极探索汽车合格证融资担保的公示方法。

最后，王某彬在购买汽车时并不知晓也无从知晓招商银行武汉支行以监管的方式占有合格证，招商银行武汉支行、江苏淳通公司在王某彬购买汽车时亦未披露该事实，王某彬已尽到一般消费者应尽的合理的注意义务，故王某彬属于善意第三人。有鉴于此，招商银行武汉支行基于合同关系产生的对汽车合格证的占有权因未经物权公示而不具有对世性，不能对抗善意第三人。王某彬对汽车的所有权及于从物合格证，具有对世性。王某彬基于物权行使从物返还请求权，理由正当充分，法院予以支持。

【案　　号】（2016）苏01民终1624号
【审理法院】江苏省南京市中级人民法院
【来　　源】中国裁判文书网

**第三百八十七条** 债权人在借贷、买卖等民事活动中,为保障实现其债权,需要担保的,可以依照本法和其他法律的规定设立担保物权。

第三人为债务人向债权人提供担保的,可以要求债务人提供反担保。反担保适用本法和其他法律的规定。

## 关联规定

法律、行政法规、司法解释

1.《中华人民共和国民法典》

**第二条** 民法调整平等主体的自然人、法人和非法人组织之间的人身关系和财产关系。

**第十一条** 其他法律对民事关系有特别规定的,依照其规定。

**第三百八十六条** 担保物权人在债务人不履行到期债务或者发生当事人约定的实现担保物权的情形,依法享有就担保财产优先受偿的权利,但是法律另有规定的除外。

**第六百八十九条** 保证人可以要求债务人提供反担保。

2.《融资担保公司监督管理条例》

**第二十条** 被担保人或者第三人以抵押、质押方式向融资担保公司提供反担保,依法需要办理登记的,有关登记机关应当依法予以办理。

3.《最高人民法院关于适用〈中华人民共和国民法典〉有关担保制度的解释》

**第十九条** 担保合同无效,承担了赔偿责任的担保人按照反担保合同的约定,在其承担赔偿责任的范围内请求反担保人承担担保责任的,人民法院应予支持。反担保合同无效的,依照本解释第十七条的有关规定处理。当事人仅以担保合同无效为由主张反担保合同无效的,人民法院不予支持。

## 条文释义

### 一、本条主旨

本条是关于担保物权的适用范围以及反担保的规定。

### 二、条文演变

根据原《民法通则》第89条的规定，担保物权的适用范围并不一致，例如，留置权只能适用于因合同而产生的金钱债权的担保，将占有的原因限于合同关系，排除按照合同约定占有的情形。而抵押权则担保的是债务的履行，从原《民法通则》对债务的相关规定来看，债务并不仅指合同债务，还包括依照法律规定而产生的债务。

原《担保法》第2条将担保物权的适用限定于"借贷、买卖、货物运输、加工承揽等经济活动"，而不能适用于其他一般的民事活动。根据原《担保法》第4条规定，反担保是对保证人或物上担保人提供的担保所进行的担保，原《担保法》第2条对担保的适用范围的限制，同样适用于反担保。

原《物权法》以原《担保法》第2条和第4条的规定为基础，将担保物权的适用范围应当予以扩展，以不完全列举加抽象概括的方式对担保物权的适用范围作了规定，即担保物权适用于民事活动中的债权债务关系，以借贷和买卖为典型。同时，为了保护保证人和物上担保人利益，增加了反担保制度的规定。原《物权法》第171条规定："债权人在借贷、买卖等民事活动中，为保障实现其债权，需要担保的，可以依照本法和其他法律的规定设立担保物权。""第三人为债务人向债权人提供担保的，可以要求债务人提供反担保。反担保适用本法和其他法律的规定。"

其后，《民法典》第387条与原《物权法》第171条作了相同的规定。

### 三、条文解读

（一）担保物权的适用范围

本条第1款规定："债权人在借贷、买卖等民事活动中，为保障实现其债权,需要担保的,可以依照本法和其他法律的规定设立担保物权。"关于"民事活动"的理解,《民法典》第2条规定:"民法调整平等主体的自然人、法人和非法人组织之间的人身关系和财产关系。"据此,所谓"民事活动"就是指平等主体的自然人、法人、非法人组织之间发生的以民事权利和民事义务为内容的人身关系和财产关系。原《担保法》时期,担保物权适用范围仅限于经济活动。而从原《物权法》至《民法典》时期,将担保物权适用范围扩大至产生债权债务关系的其他民事活动中。因此,民事主体在民事活动中与他人发生债权债务关系,债权人为了确保其债权实现的,可以与债务人协商设立担保物权。具体而言:

第一,担保物权是平等主体之间为了确保债权的实现设立的,故担保物权的适用范围仅限于平等主体间的民事活动,非民事活动产生债权债务关系,不能设立担保物权。例如,行政行为和司法行为等非平等主体之间形成的法律关系中,不得适用《民法典》规定的担保物权。在司法行为中,人民法院会要求保全申请人提供相应担保,此处的担保所形成的"担保物权"不在民法的范畴之内。

第二,担保物权不适用于民事活动中因身份关系而产生的权利义务关系。民事活动中包括平等主体间的财产关系和身份关系,但后者不在担保物权的适用范围之内。原《担保法》第2条第1款列举了"借贷、买卖、货物运输、加工承揽等经济活动",即特别强调了担保物权适用的"经济性"。同理,《民法典》中其他可以适用担保物权制度的情形也必须与本条中列举的"借贷、买卖"两种典型情形具有相同的特征,即"经济性"。所以具有"身份性"的权利义务关系不在适用担保物权制度的范围内。

第三,担保物权可以担保非合同法律行为产生的债权。因为债的发生原因不限于合同,还包括侵权行为、无因管理、不当得利及其他法律事实。因此,担保物权以及保证、定金等并不限于担保合同之债,也可以担保非合同之债。① 虽然担保物权多发生在民商事方面的经济活动中,但是担保物权的本质在于担保债权之实现,债的产生原因则有多种,因此,只要在平等主体之间的债权是确定存在并且特定的(等同普通债权),担保物权便可以担保该债权的实现。当然,因侵权行为、不当得利、无因管理而产生非合同债权不能先行设

---

① 参见程啸:《担保物权研究》,中国人民大学出版社2017年版,第54页。

立担保加以保障，当债权实际发生后，才属于普通债权，可以用担保物权的方式保障偿还。①

第四，民事主体设立担保物权必须依照《民法典》和其他法律的有关规定，民事主体不得擅自设立法律上没有规定的担保物权类型。本条第1款规定的"其他法律"指的是其他民事特别法。《民法典》第11条规定："其他法律对民事关系有特别规定的，依照其规定。"其他法律主要包括《海商法》《民用航空法》《农村土地承包法》等法律，对船舶抵押权、航空器抵押权、土地经营权抵押等作了规定。依据这些特别法的规定，也可以设立担保物权，为今后相关特别法规定担保物权留下空间。因此，其他法律关于担保物权有特别规定的，应当适用其特别规定。

（二）反担保

本条第2款是关于反担保的规定。反担保，又称"求偿担保"，是指为保障债务人之外的担保人将来承担担保责任后对债务人的追偿权的实现而设定的担保。反担保是与本担保相对的概念，本担保必须是债务人之外的第三人提供的，才会产生反担保。债务人自己充当担保人时，不存在追偿权的法律问题，当然不需要设立反担保。在本担保中，为债务人向债权人提供担保的第三人，在债务人届期不履行债务时，须依合同约定及法律规定承担担保责任，以自己的财产代为债务之清偿。代偿债务后，该担保人即成为债务人的新债权人，就其代债务人向债权人清偿的债务，有权向反担保人追偿。

反担保可以有效保障为债务人提供担保的第三人的求偿权，某种程度上对于本担保的设立也有重要意义。对于反担保，值得注意的有以下几点。

第一，反担保以本担保的成立为前提，只有在第三人为债务人提供的本担保成立的情况下，债务人为第三人提供的反担保才有设立的基础。其原因在于，反担保设立的目的是保障第三人追偿权，如果本担保不存在，则不存在反担保。但值得注意的是，在本担保合同无效的情况下，若担保人因为过错承担了相应赔偿责任，反担保人如有过错，也应当对担保人承担责任。

第二，可以提供反担保的主体为债务人或债务人以外的其他人。本条规定第三人为债务人向债权人提供担保的，可以要求债务人提供反担保。此处的

---

① 参见李国光等：《最高人民法院〈关于适用《中华人民共和国担保法》若干问题的解释〉理解与适用》，吉林人民出版社2000年版，第48~49页。

"要求债务人提供反担保",不能理解为仅允许债务人提供反担保,债务人以外的其他人愿意提供反担保的,同样可以理解为债务人(间接)提供的反担保。

第三,反担保的方式不能为保证、抵押或者质押。债务人提供反担保的方式不能为保证,其原因在于会出现债务人和保证人合一的情形,此时保证实际上无法起到反担保作用。另外,留置与定金的方式不适用于反担保。留置权为法定担保物权,当事人之间无法预先约定设立,而且留置要求提前合法占有留置物并具有牵连性,因此反担保无法采用留置的方式。定金的担保效果具有双向性,而反担保仅单向地指向担保人对债务人的追偿权。即使定金在理论上可以作为反担保的方式,但因为支付定金会进一步削弱债务人向债权人支付价款或酬金的能力,加之往往形成本担保和反担保不成比例的局面,所以在实践中极少采用。①

第四,反担保的设立应当符合法律规定的有效要件。反担保与本担保在实质上并无差异,都属于法律行为,因此必须符合法律规定的有效要件。另外,各种不同的反担保方式又具有不同的成立要件,也需要符合相关法律的规定。例如,作为反担保的抵押权的设立应当依照法律规定具有书面合同并载有相应条款,以建筑物和其他土地附着物、建设用地使用权等作为抵押物的,还应当办理抵押登记。因此,本条规定反担保适用《民法典》和其他法律的规定。

## ▶ 适用指引

### 一、反担保合同的性质及担保责任

担保人在为债务人承担担保责任时,无论其提供的是保证还是物上担保,若债务人不履行到期债务,担保人都须依据合同约定或者法律规定承担担保责任,以自己的财产代债务人清偿。在代偿债务后,担保人即成为债务人的新的债权人,享有对债务人的追偿权。担保人为保证自身追偿权能够得到实现,要求债务人为自己的追偿权的实现提供担保,以避免或者减少其追偿权实现的风险。《民法典》第689条规定:"保证人可以要求债务人提供反担保。"第387条第2款规定:"第三人为债务人向债权人提供担保的,可以要求债务人提供

---

① 参见崔建远:《物权:规范与学说——以中国物权法的解释论为中心》,清华大学出版社2011年版,第746页。

反担保。反担保适用本法和其他法律的规定。"因此，对于反担保合同的性质及担保责任，应结合其与担保合同之间的联系和区别来分析。

（一）反担保合同与担保合同之间的联系

反担保合同与担保合同之间的联系主要表现在，反担保关系相对于担保关系而言，均是一般意义上的担保，反担保权仍然具有价值权、变价权的特征，也完全符合一般担保所具有之不可分性和物上代位性的性质。故反担保与担保并没有质的差异，只是当担保人为债务人提供担保时，为保证其追偿权的实现，要求债务人为其提供反担保，从这个意义上来说，担保合同是反担保合同产生的原因和条件。

（二）反担保合同与担保合同之间的区别

第一，反担保合同与担保合同担保的对象不同。在担保合同中，担保的对象是债权人对债务人享有的债权，即担保债务人对债权人债务的履行和债权人债权的实现。而在反担保合同中，反担保人担保的对象是担保人承担民事责任后对债务人享有的追偿权，该追偿权在担保合同成立时设定并在担保人实际承担责任后产生。担保对象的不同是反担保区别于担保合同的本质特征，也决定了担保合同是主债权债务合同的从合同，而反担保合同并非担保合同的从合同。

第二，反担保合同与担保合同的当事人不同。担保合同中，如果是债务人自己提供的物的担保，则债务人与担保人同为一人。而在担保人为第三人提供保证或者担保物权的情况下，存在着债权人和债务人之间主合同关系，债权人与担保人之间的担保合同关系，担保人与债务人之间的委托合同或者无因管理等关系，此时担保合同是主合同的从合同，并担保主合同的履行。在反担保合同中同样存在债权人、债务人和担保人，只是合同的当事人和担保合同不相同。如果是债务人自己提供的物的担保，则债务人和反担保人同为一人。而在反担保为第三人提供的保证或者担保物权时，担保人和债务人之间的委托关系或者无因管理等关系为基础合同关系，提供反担保的第三人和担保人之间的关系为担保合同关系，反担保人和债务人之间构成委托合同或者无因管理关系。此时，反担保合同担保的是担保人因委托关系或者无因管理而产生的追偿权，担保人是否具有清偿能力，担保合同是否有效对反担保合同亦不产生影响，反担保人仅在担保人实际承担担保责任或者赔偿责任范围内承担责任。

## 二、反担保保证期间的计算

我们认为，反担保的主债权是担保人对主债权的追偿权。这一追偿权只有在担保人实际承担担保责任后才发生。如果反担保合同没有特别约定，那么这一追偿权的履行期限就属于"没有约定或者约定不明确"的情形，应当适用《民法典》第692条第3款的规定，从担保人实际承担了担保责任再向主债务人追偿且从"宽限期"届满之日后开始起算6个月。

## ▶ 典型案例

### 天津华亿凡网络科技有限公司与南京苏宁电子商务有限公司、苏宁易购集团股份有限公司不当得利纠纷案

**关键词：** 保险保函　反担保

**裁判摘要：** 本案中，法院在保障原告合法利益的前提下，依法审查并认定被告提供的保险保函属于充分、有效的担保形式，能够避免出现生效判决不能执行的风险。在此情形下，法院采取灵活解封的方式，降低保全期间涉诉企业账户冻结、资金占用等风险，减小对企业日常生产经营的影响。通过将保险保函作为反担保手段，灵活变更保全方案。此举兼顾了公平与效率，有效地帮助民营企业摆脱困局，获得生存时间和发展空间，实现多方共赢，促进了长三角区域经济可持续发展，切实保障了民生与就业，取得了良好的法律效果和社会效果。

**基本案情：** 华亿凡公司因与苏宁公司、苏宁易购集团不当得利纠纷，起诉至江苏省江宁经济技术开发区人民法院，要求苏宁公司、苏宁易购集团返还其货款2060万元。诉讼中，华亿凡公司向法院提出财产保全申请，要求冻结苏宁公司、苏宁易购集团名下银行存款2060万元，该院裁定冻结苏宁易购集团名下华夏银行营业部账户内银行存款2060万元。苏宁易购集团向法院书面申请变更保全标的物，经审查，该院裁定变更冻结苏宁易购集团名下华夏银行南京分行营业部账户内银行存款2060万元。后苏宁公司、苏宁易购集团申请法院解除对苏宁易购集团名下银行存款的保全措施，并提供紫金财产保险公司出

具的保险保函作为反担保。该保险保函载明：紫金财产保险公司自愿为苏宁公司、苏宁易购集团的解除保全申请提供担保，担保金额为2060万元，如苏宁公司、苏宁易购集团解除保全申请致使华亿凡公司遭受损失，紫金财产保险公司保证向华亿凡公司在赔偿限额内进行赔偿。

【案　　号】2020沪0120民初8143号之一、之三

【审理法院】上海市奉贤区人民法院

【来　　源】人民法院服务和保障长三角一体化发展典型案例（2021年11月2日最高人民法院发布）

## 类案检索

### 上海杨浦融资担保有限公司诉上海中卉生态科技股份有限公司等委托担保合同纠纷案

**关键词：** 反担保　委托担保合同

**裁判摘要：** 在担保合同中，基于担保的从属性，担保责任的范围不得大于主债务。在委托担保合同中，委托人与担保人之间并非担保关系，其中的违约金条款属于当事人意思自治的范围。对反担保而言，从保护担保人追偿权的角度，应当将反担保合同认定为委托担保合同的从合同，反担保合同中反担保人承担的反担保责任不应当超过委托担保合同中明确的主债务。

【案　　号】（2020）沪74民终944号

【审理法院】上海金融法院

【来　　源】《人民司法·案例》2021年第11期

**第三百八十八条** 设立担保物权，应当依照本法和其他法律的规定订立担保合同。担保合同包括抵押合同、质押合同和其他具有担保功能的合同。担保合同是主债权债务合同的从合同。主债权债务合同无效的，担保合同无效，但是法律另有规定的除外。

担保合同被确认无效后，债务人、担保人、债权人有过错的，应当根据其过错各自承担相应的民事责任。

## ▶ 关联规定

### 一、法律、行政法规、司法解释

**《最高人民法院关于适用〈中华人民共和国民法典〉有关担保制度的解释》**

**第一条** 因抵押、质押、留置、保证等担保发生的纠纷，适用本解释。所有权保留买卖、融资租赁、保理等涉及担保功能发生的纠纷，适用本解释的有关规定。

**第二条** 当事人在担保合同中约定担保合同的效力独立于主合同，或者约定担保人对主合同无效的法律后果承担担保责任，该有关担保独立性的约定无效。主合同有效的，有关担保独立性的约定无效不影响担保合同的效力；主合同无效的，人民法院应当认定担保合同无效，但是法律另有规定的除外。

因金融机构开立的独立保函发生的纠纷，适用《最高人民法院关于审理独立保函纠纷案件若干问题的规定》。

**第十七条** 主合同有效而第三人提供的担保合同无效，人民法院应当区分不同情形确定担保人的赔偿责任：

（一）债权人与担保人均有过错的，担保人承担的赔偿责任不应超过债权人不能清偿部分的二分之一；

（二）担保人有过错而债权人无过错的，担保人对债务人不能清偿的部分承担赔偿责任；

（三）债权人有过错而担保人无过错的，担保人不承担赔偿责任。

主合同无效导致第三人提供的担保合同无效，担保人无过错的，不承担赔偿责任；担保人有过错的，其承担的赔偿责任不应超过债务人不能清偿部分的三分之一。

## 二、司法指导性文件

**《全国法院民商事审判工作会议纪要》**

54.【独立担保】从属性是担保的基本属性，但由银行或者非银行金融机构开立的独立保函除外。独立保函纠纷案件依据《最高人民法院关于审理独立保函纠纷案件若干问题的规定》处理。需要进一步明确的是：凡是由银行或者非银行金融机构开立的符合该司法解释第1条、第3条规定情形的保函，无论是用于国际商事交易还是用于国内商事交易，均不影响保函的效力。银行或者非银行金融机构之外的当事人开立的独立保函，以及当事人有关排除担保从属性的约定，应当认定无效。但是，根据"无效法律行为的转换"原理，在否定其独立担保效力的同时，应当将其认定为从属性担保。此时，如果主合同有效，则担保合同有效，担保人与主债务人承担连带保证责任。主合同无效，则该所谓的独立担保也随之无效，担保人无过错的，不承担责任；担保人有过错的，其承担民事责任的部分，不应超过债务人不能清偿部分的三分之一。

# ▶ 条文释义

## 一、本条主旨

本条是关于担保合同从属性以及担保合同无效后法律责任的规定。

## 二、条文演变

根据原《民法通则》第89条的规定，当事人可以采用"约定"的方式设定抵押权。原《民法通则意见》第112条规定，"债务人或者第三人向债权人提供抵押物时，应当订立书面合同或者在原债权文书中写明。没有书面合同，但有其他证据证明抵押物或者其权利证书已交给抵押权人的，可以认定抵押关系成立"。原《民法通则意见》首次出现了通过抵押合同设立抵押权。

原《担保法》首次引入"担保合同"这一概念，并将之规定于"一般规定"中。原《担保法》第 5 条规定:"担保合同是主合同的从合同,主合同无效,担保合同无效。担保合同另有约定的,按照约定。""担保合同被确认无效后,债务人、担保人、债权人有过错的,应当根据其过错各自承担相应的民事责任。"在原《担保法》时期,我国立法上并没有体现"物债二分"原则,甚至将担保合同的生效与担保物权的生效作为相同的法律事实对待。原《担保法》第 5 条成为解释和适用抵押权和质权制度的基础性规范。

原《物权法》在制定时,吸收了原《担保法》第 5 条的规定。原《物权法》第 172 条规定:"设立担保物权,应当依照本法和其他法律的规定订立担保合同。担保合同是主债权债务合同的从合同。主债权债务合同无效,担保合同无效,但法律另有规定的除外。""担保合同被确认无效后,债务人、担保人、债权人有过错的,应当根据其过错各自承担相应的民事责任。"这一条文增加了"设立担保物权,应当依照本法和其他法律的规定订立担保合同""但法律另有规定的除外"的内容,并将"主合同"修改为"主债权债务合同"。

为了扩大担保合同的范围,最终通过的《民法典》第 388 条在《物权法》第 172 条的基础上,增加规定"担保合同包括抵押合同、质押合同和其他具有担保功能的合同"。

## 三、条文解读

### (一)担保合同

#### 1. 担保合同的概念

本条规定,设立担保物权应当依照本法和其他法律的规定订立担保合同。担保合同是指担保人和债权人以设立担保物权为目的而约定其相互之间权利关系的协议。担保合同的直接目的在于设立担保物权,根本目的在于保障主债权的实现。除了法定担保物权直接依据法律规定设立外,其他担保物权的设立都应当依据担保合同。广义上的担保合同包括旨在设立担保物权的合同,如抵押合同和质押合同,也包括以设立保证为目的的保证合同。当然,本条所言的担保合同,主要是指设立担保物权的合同。担保合同的主体为主债权人和担保人,担保人可以为债务人或第三人。

#### 2. 其他具有担保功能的合同

依据本条规定,担保合同包括抵押合同、质押合同和其他具有担保功能的合同。所谓其他具有担保功能的合同，不以指向《民法典》规定的担保物权为内容，而是一种表达具有担保功能的合同之代称，主要包括让与担保、所有权保留、融资租赁以及保理等合同。让与担保等方式本身并不属于担保物权的范畴，但其均以转移所有权或金钱给付请求权等方式发挥担保作用，具有事实上的担保功能。对于这些具有担保功能的合同，凡是能够通过登记等方式进行公示的，均认可其具有对抗效力，从而在大陆法系物债二分的体系化框架下，将具有担保功能的非典型担保纳入法典，体现了两大法系的融合、典型担保和非典型担保的融合、体系主义和功能主义的融合，这也是《民法典》担保物权分编最大的亮点和特色。

（二）担保合同效力上的从属性

### 1.担保合同的从属性

以能否独立存在为标准，合同可以分为主合同与从合同，主合同可以独立存在，其存在不以其他合同的存在为前提，从合同则与之相反。区分主从合同的意义在于，从合同以主合同为前提，主合同的无效或消灭，从合同也随之无效或消灭。本条明确规定，担保合同是主债权债务合同的从合同。主合同又被称为"主债权债务合同"。因此，担保合同与主债权债务合同是一种从属关系，其从属性主要体现在以下几点：第一，发生上的从属性，即担保合同不能独立存在，以主合同的存在并生效为前提；第二，效力上的从属性，即担保合同的效力随主合同的效力而定，若主合同无效，则担保合同亦无效；第三，移转上的从属性，若主合同发生移转，则担保合同原则上也相应地发生移转；第四，消灭上的从属性，主合同消灭，则担保合同也消灭。

### 2.担保合同效力的从属性

本条以及第682条均规定，担保合同、保证合同是主合同的从合同，主合同无效的，担保合同、保证合同无效，但是法律另有规定的除外。从前述规定看，只有法律的例外规定才能排除担保的从属性，这意味着当事人不能通过约定排除担保从属性，否则，该排除从属性的约定就是无效的。从司法实践看，排除从属性的约定主要有两种形式：一是约定担保合同的效力独立于主合同，其不因主合同无效而无效。换言之，即便主合同无效，担保人也应承担相当于担保合同有效的责任。二是即便约定担保合同无效，担保人也应对合同无效的后果如不当得利之债、损害赔偿之债提供担保。

### (三)担保合同无效的法律责任

本条对担保合同无效后的法律责任进行了规定,担保合同被确认无效后,债务人、担保人、债权人有过错的,应当根据其过错各自承担相应的民事责任。关于如何根据过错认定责任,《民法典》并无具体的规定,但《民法典担保制度解释》对此作出规定。主要可以分为以下两种情形。

**1. 主合同有效而担保合同无效**

担保合同是主合同的从合同,主合同无效,担保合同也无效。但是实践中担保合同因为自身原因无效的情形也十分常见,主要是指担保合同因欠缺有效要件而归于无效,此时与主合同的效力无关。

(1) 担保人对于担保合同无效有过错。主合同有效而担保合同无效时,因担保人存在过错,其应当承担民事责任。同时,根据债权人是否存在过错确定担保人承担的是全部责任还是部分责任,主要分为以下两种情形:一种情形是在债权人没有过错而担保人有过错的情况下,担保人应当承担缔约过失责任,其应对确信担保合同能够有效成立的债权人造成的损失承担赔偿责任,即对于债务人不能清偿的部分承担全部赔偿责任。另一种情形是债权人和担保人均存在过错,此时应当按照各自过错程度分担相应的法律责任,《民法典担保制度解释》延续了原《担保法解释》的精神,将债权人和担保人作为两方,按照均分计算,担保人承担的责任份额的上限为1/2,故担保人承担的赔偿责任不应超过债务人不能清偿部分的1/2。例如,《公司法》第16条第1款与第2款规定:"公司向其他企业投资或者为他人提供担保,依照公司章程的规定,由董事会或者股东会、股东大会决议;公司章程对投资或者担保的总额及单项投资或者担保的数额有限额规定的,不得超过规定的限额。公司为公司股东或者实际控制人提供担保的,必须经股东会或者股东大会决议。"法定代表人越权代表对外提供担保,债权人在与担保人订立担保合同时,应根据上述规定对公司决议进行合理审查,如果债权人没有进行合理审查则构成非善意,此时担保合同应认定无效,担保人和债权人对此均存在过错,担保人应在债务人不能清偿部分的1/2范围内承担赔偿责任。关于债务人不能清偿部分,主要是指债务人在债务到期后清偿债务的剩余部分,与其否仍有清偿能力有关,如果债务人仍有清偿能力,则应当先以债务人的责任财产清偿。

(2) 债权人对担保合同无效有过错而担保人无过错。主合同有效而担保合同无效时，如果债权人有过错而担保人无过错，《民法典担保制度解释》对此并未作明确规定，此种情形在司法实践中经常发生。因为担保人对于担保合同无效并无过错，债权人无权要求担保人承担任何民事责任。例如，在债权人与债务人恶意串通骗取担保以及债权人未告知担保人借新还旧事实导致担保人提供担保的场合，就存在仅债权人一方有过错而担保人无过错的情形。

### 2. 主合同无效导致担保合同无效

根据担保的从属性，主合同无效导致担保合同无效，原《担保法解释》第8条规定："主合同无效而导致担保合同无效，担保人无过错的，担保人不承担民事责任；担保人有过错的，担保人承担民事责任的部分，不应超过债务人不能清偿部分的三分之一。"《民法典担保制度解释》沿袭了上述规定，明确了担保人承担责任的条件和限额。一是担保人无过错不承担民事责任。担保人无过错是指担保人对于主合同无效不知道或者不应当知道，或者未促成主合同的成立。需要注意的是，此时担保人的过错和主合同有效而担保合同无效时担保人的过错存在本质区别，担保人的过错并非对于主合同无效上的过错，因为主合同的当事人是债权人和债务人，担保人并非合同的主体。具体而言，担保人明知主合同无效仍为之提供担保，或者担保人明知主合同无效仍作为中介促成合同的订立等情形，均属于担保人应当承担民事责任的事由。例如，甲公司与乙公司签订一份买卖合同，约定甲公司向乙公司购买字画，甲公司将款项支付乙公司后，为担保乙公司依约履行交付义务，甲公司与丙公司签订担保合同，由丙公司承担担保责任。后乙公司未能按期交付字画，甲公司起诉乙公司承担违约责任，丙公司承担担保责任。经审查，甲公司与乙公司之间买卖的标的为珍贵文物，由于买卖合同的标的违法，违反了法律的强制性规定，应认定买卖合同无效。此时，应当根据丙公司对于合同标的违法的事实是否知晓，认定丙公司是否应当承担民事责任。二是担保人存在过错的情况下其责任限额问题。由于担保合同无效是因为主合同无效导致，在担保人存在过错的情况下，主合同当事人原则上也有过错，对于债权人的损失，应当以债权人、债务人、担保人三方均分计算为标准，担保人对于债权人的损失赔偿责任应限定在债务人不能清偿部分的1/3。

## 适用指引

### 一、关于独立担保的问题

在实务中，当事人能否在担保合同中约定担保人对主合同无效的后果承担担保责任，存在较大争议。肯定说认为，此种约定并不违反社会公共利益，应交由当事人通过意思自治来解决；况且主合同被宣告无效后，仍然可能产生不当得利之债或者损害赔偿之债，该法定之债可以作为被担保的债权存在。我们不赞同前述观点，因为从《民法典》本条以及第682条的规定看，只有法律的例外规定才能排除担保的从属性，这意味着当事人不能通过约定排除担保从属性。《民法典》之所以作此种规定，就是基于优先保护担保人利益的价值考量，认定此种约定优先不利于保护担保人利益。另外，当事人在担保合同中预先约定担保人对主合同无效的后果承担担保责任，该条款本质上属于结算和清理条款。《民法典》第567条规定，合同权利义务关系终止不影响合同中有关争议解决方法的条款的效力，并未规定合同无效是否影响此种条款的效力。而《民法典》第507条规定的不受合同不生效、无效、被撤销或者终止影响的条款，仅指争议解决条款，不包括结算和清理条款。反面解释就是，结算和清理条款因合同的无效而无效。应予强调的是，当事人不能在担保合同中预先约定担保人对主合同无效的后果承担担保责任，指的是同一个担保，既担保有效的主合同债务，又担保主合同无效时债务人所应承担的法律后果。如果当事人针对主合同无效，另行设定一个新的有别于主合同有效时的担保，此种约定则是有效的。反之，当事人在担保合同订立后，又以原担保为主合同无效的后果设立担保，此时根据《民法典担保制度解释》第2条的规定，该约定同样是无效的。

应予注意的是，排除担保从属性的约定无效，仅是该约定条款的部分无效，不影响整个担保合同的效力。人民法院在认定担保合同的效力时，要结合主合同的效力来认定：主合同有效的，担保合同中有关排除担保从属性的条款无效不影响担保合同的效力。这里所谓的"不影响"，是指不能仅以该条款无效为由认定担保合同无效，但如果担保合同存在其他无效事由，当然应当以该事由认定担保合同无效。反之，如果主合同无效的，则根据"从随主"规则，担保合同随之无效。这里所谓的主合同无效应当作广义理解,即结果意义上的合同无效,不仅包括合同因违法或者背俗而无效,还包括因被撤销而无效、效力待定合同因未被追认而无效、未生效合同因未获批准而确定不生效,等等。

### 二、关于担保合同无效后担保人民事责任的承担问题

虽然司法解释对此进行了相应规定,但在适用过程中仍然需要注意几个问题:一是正确理解最高责任限额,在审判过程中不能简单地一律以最高责任限额归责,而要结合案件的实际情况,根据担保人的过错程度合理确定担保人的民事责任;二是正确理解"债务人不能清偿部分"的含义,只有当债务人的财产已经被执行完毕仍不能完成清偿时,担保人才就不能清偿部分承担相应民事责任。其原因在于,债务人是最终的责任承担人,应当首先让债务人进行清偿。在具体案件审理中,应当首先对担保合同无效的原因予以审查,并结合债权人、债务人和担保人是否存在过错以及过错程度,合理确定担保人应当承担的具体份额,并在裁判文书主文中予以明确。在分析当事人过错程度时,应重点对当事人存在过错的原因、内容、程度等具体问题进行分析,加强裁判文书的说理。

## ▶ 典型案例

### 甘肃省酒泉市浩海煤化有限公司与东北金城建设股份有限公司等保证合同纠纷案

**关键词:** 担保合同从属性　银行保函

**裁判摘要:** 见票即付银行保函是由银行提供的担保书,其性质属于独立担保。独立担保只能在国际商事交易中使用,在国内商事交易中仍然具有从属性,即独立担保的约定不能变更担保的从属性。

**基本案情:** 2012年8月30日,持有东北金城公司相关证照资料及授权委托书的曹某,以东北金城公司的名义,与作为发包人的浩海煤化公司,签署了建设工程施工合同,承建浩海煤化公司投资建设的煤化工及资源综合利用循环经济项目1号焦炉及配套工程。合同约定:合同签订并发包人收到承包人银行履约保函后生效。签订合同后7日内,承包人向发包人提供500万元的银行履

约保函,发包人同时支付等额的工程预付款。承包人向发包人提供履约保证金,担保方式为保证金或由银行出具的以发包人为受益人的不可撤销的履约保函。签订合同后,中国工商银行玉门支行在未得到相应担保并未经相关审批的情况下,某副行长擅自于2012年9月19日,依据浩海煤化公司提供的履约保函样本,向浩海煤化公司出具经其签名并加盖中国工商银行玉门支行印章的银行履约保函一份,为东北金城公司承建的煤化工及资源综合利用循环经济项目1号焦炉及配套工程向浩海煤化公司出具了不可撤销、无条件担保的500万元银行履约保函。

之后,浩海煤化公司按照合同约定向曹某支付了500万元预付款,曹某组织工人于2012年进行了部分工程施工后停工,对于已完工程量双方始终未形成结算结果。原告浩海煤化公司认为曹某在履约过程中存在违约行为,遂于2012年11月27日、2012年12月9日,先后两次向中国工商银行玉门支行送达要求支付银行履约保函担保金的联系函,要求中国工商银行玉门支行在保函规定的时间内无条件全额支付担保金500万元。银行拒付,遂酿成纠纷。另查明,2013年1月25日,甘肃省安全生产委员会办公室在《甘肃日报》上公布的全省"打非治违"专项行动第二批停产整顿生产经营名单中,原告浩海煤化公司投资建设的煤化工及资源综合利用循环经济项目,因未经许可擅自建设,被责令停止建设、补办建设项目安全审查手续。至本案开庭审理时,施工许可证还未办妥。

甘肃省高级人民法院经审理认为,涉案履约保函是由银行提供的担保书,其性质属于独立担保。根据《担保法》第5条第1款以及《担保法解释》的规定,独立担保只能在国际商事交易中使用,在国内商事交易中仍然具有从属性,即独立担保的约定不能变更担保的从属性。一审法院认为因涉案双方所签订的建设工程施工合同应为无效,作为从合同的保证合同也因此而无效,被上诉人中国工商银行玉门支行不应承担保证责任,原判驳回上诉人浩海煤化公司要求被上诉人中国工商银行玉门支行支付500万元履约保证金的诉讼请求,是正确的。同时本案上诉人在一审法院释明后仍未变更其诉讼请求,并不请求被上诉人承担担保合同无效后的赔偿责任。因此,上诉人浩海煤化公司关于确认作为保证合同的银行履约保函有效并要求被告中国工商银行玉门支行按约承担保证责任的上诉理由不能成立。甘肃省高级人民法院遂判决驳回上诉,维持原判。

【案　　号】（2014）甘民二终字第231号
【审理法院】甘肃省高级人民法院
【来　　源】《人民司法·案例》2015年第24期

## 类案检索

**某小贷公司诉甲公司、乙公司金融借款合同纠纷案**

关键词：担保合同无效　责任承担

裁判摘要：公司的法定代表人违反公司法关于公司对外担保决议程序的规定，未经授权为他人提供担保的，构成越权代表，债权人对此非善意的，担保合同对公司不发生效力，债权人请求公司承担担保责任的，人民法院不予支持。主合同有效而公司提供的担保合同无效，债权人与担保人均有过错的，担保人承担的赔偿责任不应超过债务人不能清偿部分的1/2。

【案　　号】（2020）苏0281民初8892号
【审理法院】江苏省江阴市人民法院
【来　　源】中国裁判文书网

**第三百八十九条** 担保物权的担保范围包括主债权及其利息、违约金、损害赔偿金、保管担保财产和实现担保物权的费用。当事人另有约定的，按照其约定。

## 关联规定

一、法律、行政法规、司法解释

1.《中华人民共和国民法典》

**第五百八十三条** 当事人一方不履行合同义务或者履行合同义务不符约定的，在履行义务或者采取补救措施后，对方还有其他损失的，应当赔偿损失。

**第五百八十四条** 当事人一方不履行合同义务或者履行合同义务不符合约定，造成对方损失的，损失赔偿额应当相当于因违约所造成的损失，包括合同履行后可以获得的利益；但是，不得超过违约一方订立合同时预见到或者应当预见到的因违约可能造成的损失。

**第五百八十五条** 当事人可以约定一方违约时应当根据违约情况向对方支付一定数额的违约金，也可以约定因违约产生的损失赔偿额的计算方法。

约定的违约金低于造成的损失的，人民法院或者仲裁机构可以根据当事人的请求予以增加；约定的违约金过分高于造成的损失的，人民法院或者仲裁机构可以根据当事人的请求予以适当减少。

当事人就迟延履行约定违约金的，违约方支付违约金后，还应当履行债务。

2.《最高人民法院关于适用〈中华人民共和国民法典〉有关担保制度的解释》

**第十五条** 最高额担保中的最高债权额，是指包括主债权及其利息、违约金、损害赔偿金、保管担保财产的费用、实现债权或者实现担保物权的费用等在内的全部债权，但是当事人另有约定的除外。

登记的最高债权额与当事人约定的最高债权额不一致的，人民法院应当依据登记的最高债权额确定债权人优先受偿的范围。

**3.《最高人民法院关于审理民间借贷案件适用法律若干问题的规定》**

**第二十八条** 借贷双方对逾期利率有约定的，从其约定，但是以不超过合同成立时一年期贷款市场报价利率四倍为限。

未约定逾期利率或者约定不明的，人民法院可以区分不同情况处理：

（一）既未约定借期内利率，也未约定逾期利率，出借人主张借款人自逾期还款之日起参照当时一年期贷款市场报价利率标准计算的利息承担逾期还款违约责任的，人民法院应予支持；

（二）约定了借期内利率但是未约定逾期利率，出借人主张借款人自逾期还款之日起按照借期内利率支付资金占用期间利息的，人民法院应予支持。

## 二、部门规章及规范性文件

### 《自然资源部关于做好不动产抵押权登记工作的通知》

二、明确记载抵押担保范围。当事人对一般抵押或者最高额抵押的主债权及其利息、违约金、损害赔偿金和实现抵押权费用等抵押担保范围有明确约定的，不动产登记机构应当根据申请在不动产登记簿"担保范围"栏记载；没有提出申请的，填写"/"。

三、保障抵押不动产依法转让。当事人申请办理不动产抵押权首次登记或抵押预告登记的，不动产登记机构应当根据申请在不动产登记簿"是否存在禁止或限制转让抵押不动产的约定"栏记载转让抵押不动产的约定情况。有约定的填写"是"，抵押期间依法转让的，应当由受让人、抵押人（转让人）和抵押权人共同申请转移登记；没有约定的填写"否"，抵押期间依法转让的，应当由受让人、抵押人（转让人）共同申请转移登记。约定情况发生变化的，不动产登记机构应当根据申请办理变更登记。

四、完善不动产登记簿。对《国土资源部关于启用不动产登记簿证样式（试行）的通知》（国土资发〔2015〕25号）规定的不动产登记簿样式进行修改：

1.在"抵押权登记信息"页、"预告登记信息"页均增加"担保范围"、"是否存在禁止或限制转让抵押不动产的约定"栏目。

2.将"抵押权登记信息"页的"最高债权数额"修改为"最高债权额"并独立为一个栏目，填写最高额抵押担保范围所对应的最高债权数额。

## 三、司法指导性文件

**《全国法院民商事审判工作会议纪要》**

55.【担保责任的范围】担保人承担的担保责任范围不应当大于主债务,是担保从属性的必然要求。当事人约定的担保责任的范围大于主债务的,如针对担保责任约定专门的违约责任、担保责任的数额高于主债务、担保责任约定的利息高于主债务利息、担保责任的履行期先于主债务履行期届满,等等,均应当认定大于主债务部分的约定无效,从而使担保责任缩减至主债务的范围。

58.【担保债权的范围】以登记作为公示方式的不动产担保物权的担保范围,一般应当以登记的范围为准。但是,我国目前不动产担保物权登记,不同地区的系统设置及登记规则并不一致,人民法院在审理案件时应当充分注意制度设计上的差别,作出符合实际的判断:一是多数省区市的登记系统未设置"担保范围"栏目,仅有"被担保主债权数额(最高债权数额)"的表述,且只能填写固定数字。而当事人在合同中又往往约定担保物权的担保范围包括主债权及其利息、违约金等附属债权,致使合同约定的担保范围与登记不一致。显然,这种不一致是由于该地区登记系统设置及登记规则造成的该地区的普遍现象。人民法院以合同约定认定担保物权的担保范围,是符合实际的妥当选择。二是一些省区市不动产登记系统设置与登记规则比较规范,担保物权登记范围与合同约定一致在该地区是常态或者普遍现象,人民法院在审理案件时,应当以登记的担保范围为准。

## ▶ 条文释义

### 一、本条主旨

本条是关于担保物权的担保范围的规定。

### 二、条文演变

原《民法通则》第89条规定了抵押权和留置权,但未就抵押权和留置权担保的债权范围作出规定。

原《担保法》首次对抵押权、质权和留置权的担保范围分别逐条规定。原

《担保法》第 46 条规定："抵押担保的范围包括主债权及利息、违约金、损害赔偿金和实现抵押权的费用。抵押合同另有约定的，按照约定。"第 67 条规定："质押担保的范围包括主债权及利息、违约金、损害赔偿金、质物保管费用和实现质权的费用。质押合同另有约定的，按照约定。"第 83 条规定："留置担保的范围包括主债权及利息、违约金、损害赔偿金、留置物保管费用和实现留置权的费用。"据以上规定，抵押权、质权和留置权的担保范围的差异仅在于，质权和留置权的担保财产"保管费用"属于担保物权的担保范围，而抵押权无此费用。

原《物权法》第 173 条规定："担保物权的担保范围包括主债权及其利息、违约金、损害赔偿金、保管担保财产和实现担保物权的费用。当事人另有约定的，按照约定。"原《物权法》制定时，已经将担保物权作为抵押权、质权和留置权的上位权利使用，并设第四编担保物权以进一步完善我国的担保物权制度。

本条相较于原《物权法》第 173 条未有实质性变化。

### 三、条文解读

担保物权的目的在于担保债权的实现，物的担保不仅增强了债权实现的程度，而且弥补了债权对债务人的财产没有追及力的缺陷，使得债权物权化。[①] 因此，必须明确其担保范围才能确定担保人所承担的担保责任。担保范围即担保人承担责任的范围，也即担保物权人实现担保物权时可就担保物的价值优先受偿的范围。本条规定了两种担保范围：一种是当事人约定的担保范围；另一种是法定的担保范围。具体包括以下几个部分。

#### （一）主债权及其利息

主债权，又称原本债权，指的是债权人和债务人之间因债的法律关系所发生的初始债权。主债权可以是金钱债权，也可以是交付货物的债权、提供劳务的债权等非金钱债权。根据担保债权特定的原则，只要当事人约定该担保是在为将来转换成的以金钱给付为内容的债权而设即可；主债权大多为现实存在

---

① 参见邹海林、常敏：《债权担保的方式和应用》，法律出版社 1998 年版，第 69~70 页。

的债权，也可以是未来成立的债权和附条件的债权。① 例如，在最高额抵押中，只有在最高额抵押确定之后，主债权才会确定。当事人应当对主债权的种类和数额进行约定，如果是实物债权，应当估定金额。如果担保物权需要登记的，主债权的种类和数额应当在担保物权登记之时记载于登记簿。

主债权的利息是指作为主债权的金钱债权产生的法定孳息，利息包括约定利息与逾期利息。约定利息是指作为本金孳生物的利息，其利率由当事人约定，但应当符合法律的规定。主债权存在时，利息债权经约定而发生；主债权发生时，未约定利息债权或者利息债权的计算方法的，为不计利息的债权。担保物权的优先清偿效力是否及于主债权的约定利息，不取决于当事人的意思自治，而取决于担保物权的设立公示。经登记生效或产生对抗效力的担保物权，主债权的约定利息有登记的必要。在此情形下，在办理担保物权的设立登记时，应当登记其主债权的约定利息或利息的计算方法；担保物权的优先受偿效力及于经登记的主债权的约定利息。② 对于逾期利息的性质，有学者认为其是金钱之债被侵害所产生的违约金，而本条又单独规定了违约金，因此，本条的"利息"不应包括逾期利息。③ 对此，我们认为，逾期利息本质上是货币时间价值的体现，而违约金的本质则具有补偿或惩罚性质，二者性质有所差异，担保物权的担保范围及于逾期利息。④

（二）违约金、损害赔偿金

《民法典》第585条第1款规定："当事人可以约定一方违约时应当根据违约情况向对方支付一定数额的违约金，也可以约定因违约产生的损失赔偿额的计算方法。"根据该款规定，违约金是一方当事人不履行合同义务或者履行合同义务与约定不符时，根据当事人之间的约定应当向另一方支付的一定数额的金钱。违约金分为赔偿性违约金和惩罚性违约金，这两种违约金都在担保物权

---

① 参见崔建远：《中国民法典释评：物权编》，中国人民大学出版社2020年版，第324页。
② 参见孙宪忠、朱广新主编：《民法典评注：物权编》，中国法制出版社2020年版，第32页。
③ 参见崔建远：《物权：规范与学说——以中国物权法的解释论为中心》，清华大学出版社2011年版，第747页。
④ 参见最高人民法院民法典贯彻实施工作领导小组主编：《中华人民共和国民法典物权编理解与适用》，人民法院出版社2020年版，第1002页。

担保的范围之内。至于可能出现的当事人约定的违约金过高的情形,当事人可依据《民法典》第585条第2款的规定,请求人民法院或者仲裁机构予以适当减少。

《民法典》第583条规定:"当事人一方不履行合同义务或者履行合同义务不符合约定的,在履行义务或者采取补救措施后,对方还有其他损失的,应当赔偿损失。"该条规定的损害赔偿金,具体而言是指债权人因为债务人违约而造成的损害,当通过其他违约责任形式仍不能达到弥补损失的目的时,债权人可对债务人主张的损失金额。关于损害赔偿的金额,《民法典》第584条规定:"当事人一方不履行合同义务或者履行合同义务不符合约定,造成对方损失的,损失赔偿额应当相当于因违约所造成的损失,包括合同履行后可以获得的利益;但是,不得超过违约一方订立合同时预见到或者应当预见到的因违约可能造成的损失。"也即是说,损害赔偿金的数额以债权人所受的损失为限。

赔偿性违约金和损害赔偿金均属于主债务因其未被履行而转化成的第二性债务,从权利的角度描述,即为主债权因主债务不履行而转换成的救济权。既然主债权为担保物权所担保的法定的范围,二者均为担保物权所担保的法定的范围。①

(三)保管担保财产的费用

保管担保财产的费用,是指债权人在占有担保财产期间因履行善良保管义务而支付的各种费用。担保财产的管理费用因担保物权人占有担保财产而发生。保管担保财产的费用只发生在需要债权人占有并履行保管义务的占有型担保中,如质押、留置。由于抵押权并不转移抵押物的占有,故不发生抵押权人因保管担保物而支出费用的问题。对于质押和留置而言,根据《民法典》第432条、第451条的规定,担保物必须转移占有,债权人则负有妥善保管的义务。债务人或第三人之所以应当承担保管担保财产的费用,是因为其将担保财产交由债权人占有保管的目的在于向债权人提供担保,否则将不利于担保活动的进行,也不利于担保债权的实现。②

---

① 参见崔建远:《中国民法典释评:物权编》,中国人民大学出版社2020年版,第325页。
② 参见全国人大常委会法制工作委员会民法室编:《中华人民共和国物权法条文说明、立法理由及相关规定》,北京大学出版社2007年版,第306页。

### （四）实现担保物权的费用

实现担保物权的费用，指的是担保物权人在被担保债权已届清偿期却未受清偿时为实现担保物权依法变价担保财产以清偿其债务所支出的合理费用。担保物权的实现有变卖、拍卖等多种方式，当事人可以自行协商实现担保物权的方式，也可以提起诉讼请求人民法院进行拍卖、变卖。无论债权人采取何种方式实现担保物权，均会产生申请拍卖的费用、评估费用、变卖费用等。实现担保物权的费用应当由债务人承担，其原因在于该费用本质上是因为债务人不及时履行债务所致。加之，担保物权的保全费用，与实现担保物权的费用性质相当，故债权人为担保物权的保全而支付的费用列入法定担保范围是合理的。另外值得注意的是，实现担保物权的费用必须是实际支出的合理费用，过高部分的费用或不合理的费用则不应当纳入担保的范围。

综上所述，本条对担保物权的担保范围的规定，以意思自治为原则，法定担保范围的适用为例外。即当事人可以对担保物权的担保范围进行约定，有约定从约定。在当事人没有约定的情形下，担保物权的担保范围即为本条规定的"主债权及其利息、违约金、损害赔偿金、保管担保财产和实现担保物权的费用"。

## ▶ 适用指引

在审判实践中，本条的适用应当注意担保范围的登记问题。

本条的规定属于任意性规范，当事人可以约定担保范围。但问题在于，本条所规定的纳入担保范围的债权，是否必须经过登记才具有对抗第三人的效力。一种观点认为，主债权必须登记，但是主债权以外的其他项目是否应当登记，要根据具体情况来确定，有些项目是可以登记的，如利息，但损害赔偿金、实现担保的费用是无法事先预测、无法估量的，因此不需要登记。[①] 另有一种观点认为，不仅主债权需要登记，利息、违约金等附随债权也应当进行登记。因为当事人关于担保范围的约定以及他们就利息、违约金等担保对象具体计算方法的约定，直接涉担保物权人优先受偿范围的大小，对于普通债权人及

---

① 参见王利明：《物权法研究》，中国人民大学出版社2013年版，第1132页。

同一担保财产上后顺位担保物权人的利益都会产生重大影响。基于维护交易安全的考虑，应当要求当事人通过登记将其关于担保范围的约定加以公示，否则难以保证普通债权人以及同一担保财产上后顺位担保物权人的利益。至于有些担保对象如损害赔偿金和实现担保物权的费用在实际发生前，无法确切地知道具体的数额，当事人实际上也可以通过预估担保数额的方式予以确定。[1] 对此，我们认为，登记作为一种公示的方法，可以保护第三人利益，有利于交易安全。因此，本条所规定的担保范围内的主债权以及其他附随债权均应当登记。

现实中常出现合同约定的担保范围与登记簿记载不一致的情形。所以，担保范围以担保合同的约定为准，还是以登记簿为准就成了问题。对此，一种观点认为，登记簿是物权归属和内容的根据，可以对抗当事人之间的约定，在当事人的约定与登记簿记载不一致的情况下，应当优先保护相对人的合理信赖，以登记簿的记载为准。另一种观点认为，本条有"当事人另有约定的，按照其约定"的规定，因此，在登记簿记载与合同约定不一致的情况下，应当以合同约定为准。而且当前大多数地方的不动产登记簿只登记被担保主债权数额（最高债权数额），如果以登记为准，对债权人不公。关于此问题，《民商审判会议纪要》第58条规定，以登记作为公示方式的不动产担保物权的担保范围，一般应当以登记的范围为准。但是，我国目前不动产担保物权登记，不同地区的系统设置及登记规则并不一致，人民法院在审理案件时应当充分注意制度设计上的差别，作出符合实际的判断：一是多数省市的登记系统未设置"担保范围"栏目，仅有"被担保主债权数额（最高债权数额）"的表述，且只能填写固定数字。而当事人在合同中又往往约定担保物权的担保范围包括主债权及其利息、违约金等附属债权，致使合同约定的担保范围与登记不一致。显然，这种不一致是由于该地区登记系统设置及登记规则造成的在该地区的普遍现象。人民法院以合同约定认定担保物权的担保范围，是符合实际的妥当选择。二是一些省区市不动产登记系统设置与登记规则比较规范，担保物权登记范围与合同约定一致在该地区是常态或者普遍现象，人民法院在审理案件时，应当以登记的担保范围为准。由此可见，当前常出现合同约定的担保范围与登记簿记载不一致的情形，与当前不同地区的系统设置及登记规则有很大的关系。因此，担保范围原则上应当以登记的范围为准，但由于登记系统不完善导致合同约定

---

[1] 参见程啸：《担保物权研究》，中国人民大学出版社2017年版，第91页。

的担保范围与登记不一致的,为了避免债权人承受不公平的损失,担保范围可以合同的约定为准。

需注意的是,《自然资源部关于做好不动产抵押权登记工作的通知》(自然资发〔2021〕54号)提出不动产抵押权登记需明确记载抵押担保范围。当事人对一般抵押或者最高额抵押的主债权及其利息、违约金、损害赔偿金和实现抵押权费用等抵押担保范围有明确约定的,不动产登记机构应当根据申请在不动产登记簿"担保范围"栏记载。同时,对不动产登记簿样式进行修改,在"抵押权登记信息"页、"预告登记信息"页均增加"担保范围"栏目。这将大大减少合同约定担保范围与登记簿记载不一致的情况。

## ▶ 典型案例

### 瞿某林等与平安银行股份有限公司上海分行抵押合同纠纷案

**关键词:** 担保范围　抵押权清偿顺序

**裁判摘要:** 未登记担保范围情形下,不动产抵押权人不得以合同约定为由,于执行分配阶段主张就登记范围以外的利息、逾期利息、罚息等享有优先受偿权。在执行款分配阶段,就同一抵押物上存在的数个抵押权,应以登记的先后顺序及债权数额参与分配。

**基本案情:** 平安银行上海分行与案外人陈某、竺某雷签订个人借款合同,向两人出借185万元。双方签订抵押合同约定:陈某、竺某雷以上海市金汇南路×××弄××号×××室房产(以下简称涉案房产)作抵押担保,担保范围为主合同项下发生的债权本金、利息、复利、罚息等;若陈某、竺某雷未按约还款,平安银行上海分行有权行使抵押权,以所得价款优先受偿。后双方办理抵押登记,债权数额为185万元。上海市静安区人民法院(2012)静民二(商)初字第579号民事判决确认,陈某、竺某雷应归还平安银行上海分行借款本金1704531.64元、截至2012年4月5日的利息(包括逾期利息及复利)96407.5元并从次日起至贷款清偿日止按个人借款合同约定的利率支付逾期利息;陈某、竺某雷不履行前述还款义务,平安银行上海分行可与陈某、竺某雷协议以涉案房产折价,或者申请以拍卖、变卖所得价款优先受偿。

上海市第二中级人民法院经审理认为,本案争议焦点在于:在执行分配中,同一执行标的物抵押给数个债权人的,如何确定各抵押权人的优先受偿范围。两上诉人瞿某林、潘某河主张以抵押登记的债权数额为限,被上诉人平安银行上海分行则认为应以生效判决确认的优先受偿范围为依据。

关于生效判决确认的平安银行上海分行抵押权优先受偿范围的问题。(2012)静民二(商)初字第579号民事判决处理的是平安银行上海分行与陈某、竺某雷之间的金融借款纠纷。陈某、竺某雷系债务人,其作为抵押合同的当事人,受该合同条款的约束,不得援引物权登记的公示公信原则对抗平安银行上海分行,故静安区人民法院依据抵押合同约定的担保范围判决抵押权优先受偿的范围包括债权本金、利息、复利、罚息等,并无不当。而本案处理的系数个抵押权人之间的纠纷,后顺位的抵押权人瞿某林、潘某河系平安银行上海分行和陈某、竺某雷所订抵押合同以外的第三人。依据合同相对性原则,该抵押合同关于担保范围的约定对第三人不产生效力,故平安银行上海分行以此判决得出在执行款分配中,其优先受偿的范围包括债权本金、利息、复利、罚息等的结论,不予认可。

关于抵押合同约定的担保范围与抵押登记不一致的问题。不动产抵押登记制度旨在以客观上可识别的外观形式,向社会公众揭示特定不动产上设立的抵押权情况,使物权在当事人之间生效的同时,对第三人发生公示效力,以实现物权法律关系的明晰和交易秩序的稳定。登记作为不动产物权的公示方法,具有权利正确性的推定效力。《物权法》第16条第1款已明确规定,不动产登记簿是确定物权归属和内容的依据。担保范围作为抵押权的内容之一,也应当以不动产登记簿的记载为准。后顺位抵押权人依据不动产登记簿的记载知晓先顺位抵押权的担保债权数额,由此判断抵押物的抵押余额,继而对其债权受偿的可能性作合理预期,应受法律的保护,以符合抵押登记制度的本旨,维护交易安全。而且,《担保法解释》第61条明确规定,抵押物登记记载的内容与抵押合同约定的内容不一致的,以登记记载的内容为准。故平安银行上海分行依据抵押合同约定的担保范围对抗抵押登记的内容,则突破了不动产登记簿记载的范围,不仅有悖于物权公示、公信原则,而且会损害顺位在后的抵押权人登记的抵押债权的实现,不予采信。

关于登记抵押担保范围的可行性问题。抵押担保范围的确定不等同于具体数额上的确定,抵押权人可以在向登记机关提交抵押登记申请书时写明具体的担保范围,也可以依据抵押合同的约定估算利息范围后一并写入担保债权数额之中。故平安银行上海分行提出的由于抵押设立之初，除本金数额可以明确外，利息、逾期利息等是否会发生以及发生的实际金额均尚不可知，抵押担保范围无法登记的主张，不能成立。平安银行上海分行在办理抵押物登记时，若认为不动产登记簿的记载与抵押合同约定的担保范围不一致，其作为抵押权人，也可以依据法律规定向登记机关提出更正的申请，以消除公示的权利表征与合同约定不符的情况。因未登记担保范围产生的风险不应当转嫁给后顺位的抵押权人，而应由平安银行上海分行自行承担。

【案　　号】（2016）沪02民终6902号

【审理法院】上海市第二中级人民法院

【来　　源】《人民司法·案例》2017年第2期

## 类案检索

**平安银行股份有限公司上海分行诉瞿某、潘某执行分配方案异议之诉案**

关键词：担保范围　抵押登记

裁判摘要：登记的抵押权担保范围与抵押合同约定的担保范围不一致的，在确定行使抵押权所得价款优先受偿范围时，应以登记的抵押权担保范围为准。但当抵押权优先受偿范围登记不明确，或者形式上仅登记债权本金数额时，人民法院可依照据以登记的抵押合同约定来确定抵押权人的优先受偿范围。

【案　　号】（2018）沪民再14号

【审理法院】上海市高级人民法院

【来　　源】中国裁判文书网

> **第三百九十条** 担保期间，担保财产毁损、灭失或者被征收等，担保物权人可以就获得的保险金、赔偿金或者补偿金等优先受偿。被担保债权的履行期限未届满的，也可以提存该保险金、赔偿金或者补偿金等。

## 关联规定

法律、行政法规、司法解释

《中华人民共和国民法典》

**第四百四十三条** 以基金份额、股权出质的，质权自办理出质登记时设立。

基金份额、股权出质后，不得转让，但是出质人与质权人协商同意的除外。出质人转让基金份额、股权所得的价款，应当向质权人提前清偿债务或者提存。

**第四百四十四条** 以注册商标专用权、专利权、著作权等知识产权中的财产权出质的，质权自办理出质登记时设立。

知识产权中的财产权出质后，出质人不得转让或者许可他人使用，但是出质人与质权人协商同意的除外。出质人转让或者许可他人使用出质的知识产权中的财产权所得的价款，应当向质权人提前清偿债务或者提存。

**第四百四十五条** 以应收账款出质的，质权自办理出质登记时设立。

应收账款出质后，不得转让，但是出质人与质权人协商同意的除外。出质人转让应收账款所得的价款，应当向质权人提前清偿债务或者提存。

## ▶ 条文释义

### 一、本条主旨

本条是关于担保物权的物上代位性及代位物的提存的规定。

### 二、条文演变

《海商法》最早对抵押权的物上代位性进行尝试性规定。《海商法》第20条规定:"被抵押船舶灭失,抵押权随之消灭。由于船舶灭失得到的保险赔偿,抵押权人有权优先于其他债权人受偿。"

原《担保法》第58条规定:"抵押权因抵押物灭失而消灭。因灭失所得的赔偿金,应当作为抵押财产。"第73条规定:"质权因质物灭失而消灭。因灭失所得的赔偿金,应当作为出质财产。"原《担保法》的上述规定有以下不足:首先,《担保法》仅就抵押权和质权作了相应的规定。至于留置财产的毁损、灭失,可否适用物上代位性,原《担保法》未予规定;其次,担保物权的物上代位性与担保物权的消灭无关,而是担保物权的效力在代位物上的延伸,但原《担保法》却规定抵押权或质权因担保财产的灭失而消灭;再次,原《担保法》的立场是将担保财产的灭失与物上代位性相关联,未考虑担保财产的毁损这种情形,有所不足;最后,抵押权或质权的物上代位性仅以担保财产灭失的"赔偿金"为限,范围过窄。

原《担保法解释》第80条规定:"在抵押物灭失、毁损或者被征用的情况下,抵押权人可以就该抵押物的保险金、赔偿金或者补偿金优先受偿。""抵押物灭失、毁损或者被征用的情况下,抵押权所担保的债权未届清偿期的,抵押权人可以请求人民法院对保险金、赔偿金或补偿金等采取保全措施。"关于质权和留置权的物上代位性适用原《担保法解释》第80条的规定。

原《物权法》第174条规定:"担保期间,担保财产毁损、灭失或者被征收等,担保物权人可以就获得的保险金、赔偿金或者补偿金等优先受偿。被担保债权的履行期未届满的,也可以提存该保险金、赔偿金或者补偿金等。"

本条是对原《物权法》第174条的承继,内容未作实质性修改。

### 三、条文解读

本条明确规定担保物权具有物上代位性的效力,同时允许将代位物提前清偿或者提存,以保护债务人的利益。

#### (一) 担保物权的物上代位性

担保物权的物上代位性与担保物权的不可分性、从属性并列为担保物权的三大特性。担保物权的物上代位性即指当担保物毁损、灭失或被征收而得受赔偿时,担保物权的效力及于担保物的代替物(赔偿金),担保物权人可就该代替物行使其权利。因担保物权不是以对标的物本身的利用为目的的权利,而是专以取得标的物的交换价值为目的的权利。因此,担保物变化为其他价值形态时,担保物权的效力可及于担保物的变形物和代替物。① 担保物权的物上代位性也是公平的体现,如果担保物一旦发生变化,担保物权人即丧失优先受偿权,对于担保物权人来说则是不公平的。

根据《民法典》规定,在担保财产毁损、灭失或者被征收等情况下,担保物权人可以就获得的保险金、赔偿金或者补偿金等优先受偿。本条中"等"字可以表明立法并未封闭担保物权的物上代位的解释和适用空间。有学者认为,此处的代位物还应当包括抵押物的变形物,如抵押物为房屋,由于该房屋被毁,变成一堆有价值的砖、瓦、门等。由于这些砖、瓦、门是动产而非不动产,亦非不动产的一部分,所以抵押权的效力及于这些动产的根据,不是抵押权对抵押物本身的作用力,也不是抵押权的效力及于抵押物的一部分,更不是抵押权对抵押物的保险金、赔偿金或补偿金的优先效力,只能是抵押权物上代位效力及于抵押物的变形物的原理。② 还有学者认为,担保财产毁损、灭失或者被征收以外的其他法律事实,如担保财产的转让、出租,以及能够再现担保财产的交换价值的收益(如担保人收取的转让价款租金),均有可能依照法律的规定而被解释为担保物权的物上代位性。在这个意义上,担保物权的物上代位性,其法律依据就不仅仅限于本条规定,《民法典》的其他有关规定,如第

---

① 参见高圣平:《担保法论》,法律出版社2009年版,第243页。
② 参见崔建远:《中国民法典释评:物权编》,中国人民大学出版社2020年版,第327页。

443条、第444条、第445条亦可解释为担保物权的物上代位。[1]

关于物上代位的性质，学理上有不同认识，主要有两种观点：一种是担保延续说，另一种是法定债权质权说。前者认为物上代位中的代位物是原来担保财产的转化，因此担保物权继续存在于代位物之上。后者则认为物上代位是在代位物上成立一个债权质权，因为保险金、赔偿金等皆为金钱，而金钱是不具备特定性的，如果保险金、赔偿金等已经给付担保人，这些金钱便与担保人的一般财产混合，物上代位无从进行。因此，物上代位权不存在于金钱赔偿物上，而存在于损害赔偿债权之上，进而法律可认定其为债权质权。此债权质权是依据法律规定而产生，故属于法定债权质权。[2]从本条的规定来看，现行法采用了物上代位及效力于其变形物或代位物本身上的法律构成论。与德国等国家的民法及理论奉行的法定债权质权的法律构成论不一致。

（二）物上代位的适用条件

根据本条的规定，物上代位的适用应当满足以下三个条件。

第一，担保财产发生毁损、灭失或者被征收等情形的时间必须在担保期间。如果担保物权尚未设立，或者担保物权已经消灭，均不存在物上代位的空间。

第二，因担保财产毁损、灭失或者被征收等情形而获得代位物。代位物就是指担保人因财产毁损、灭失或者被征收等情形而获得的赔偿金、保险金或者补偿金等。担保财产毁损、灭失或被征收后，必须获得赔偿金或其他利益等代位物，才可能出现物上代位的可能。

第三，担保财产出现毁损、灭失或者被征收等情形。担保财产的毁损是担保财产发生部分损失，进而导致其价值减少。如果担保财产物理上无任何损害，仅因市场变化而导致价值下降，不能认定为毁损。担保财产灭失，指的是担保财产的全部损失，包括在物理意义上全损以及"推定全损"。例如，担保财产被征收，由于国家出于公共利益的需要将担保财产予以征收，担保人失去担保财产的所有权，此种情况下可以被当作"推定全损"。

---

[1] 参见孙宪忠、朱广新主编：《民法典评注：物权编》，中国法制出版社2020年版，第41页。
[2] 参见最高人民法院民事审判第二庭编著：《〈全国法院民商事审判工作会议纪要〉理解与适用》，人民法院出版社2019年版，第1007页。

### （三）代位物的范围

担保物的代位物，是指因担保物发生毁损、灭失等变化后担保人获得的代替担保物价值形态的其他物。对此，本条规定代位物的范围为保险金、赔偿金或者补偿金等。

#### 1. 保险金

保险金，是指投保的担保财产发生保险事故后，保险公司根据保险合同所支付的赔偿金。关于保险金，有两点值得说明：首先是关于保险金可否为代位物的争论，虽然各国法律普遍将保险金纳入担保物的范围，但有观点认为，保险金不应成为担保物的代位物，对担保物权人而言，保险金的产生是担保人与保险人之间内部经济关系的结果，担保物权人无优先受偿的权利。也有相反的观点认为，保险金为赔偿金的一种，不管其基于合同产生或者根据法律规定产生，担保物权人均可以优先受偿。对此，我们认为，保险金并非担保财产直接的替代物，法律规定其为代位物是出于对债权人的保护，有利于强化担保物权，更好地发挥担保物权促进资金融通的功能。其次是关于保险受益人并非担保人而是第三人时，保险金是否为代位物的问题。对此，我国法律并无具体的规定，但无论受益人为谁，保险金的实质是担保财产的毁损或灭失后的赔偿金，如果债权人无法享有优先受偿的权利，担保物权的目的即告落空，而且如果担保人因为保险受益人为其他第三人免除了相应的担保负担，对于债权人也是不公平的。因此，只要是于担保财产之上产生的保险金，均为代位物。

#### 2. 赔偿金

赔偿金，是指担保财产因第三人的侵害行为而毁损或灭失后，担保人所获得的损害赔偿金。从性质上来看，赔偿金完全属于担保财产价值的替代物，是担保物价值的延续。因此，本条规定赔偿金为代位物。值得注意的是，根据《民法典》的规定，质权人与留置权人负有妥善保管质押财产和留置财产的义务，因保管不善致使质押财产和留置财产毁损、灭失的，应当承担赔偿责任，此赔偿责任是对质权人与留置权人未尽妥善保管义务的惩罚。因此，根据物上代位保障债权的目的，质权人与留置权人向出质人或者债务人支付的赔偿金当然不属于代位物的范畴。

#### 3. 补偿金

补偿金，是指担保财产被国家依法进行征收后担保人获得的国家所支付的补偿。根据我国法律规定，国家出于公共利益的需要，可以对相关主体的财产（主要为不动产）进行征收，但是应当给予补偿，补偿则一般以金钱补偿为主。因此，如同担保财产毁损、灭失后的所获得的赔偿金一样，补偿金也属于担保财产价值的替代物，故本条规定其为代位物。常见情形为，已设立抵押权的房屋被征收拆迁，担保人因此获得国家的补偿金，此时，债权人可对该补偿金实现物上代位以优先受偿。

4.其他代位物

除了法律明确列举的保险金、赔偿金或者补偿金以外，还有其他类型的代位物。虽然法律列举的代位物都是金钱的形式，但代位物也可以是金钱以外的物。比如，设有抵押权的房屋拆迁，国家并没有采取货币补偿的方式，而是进行房屋产权的调换。此时，代位物即为新调换的房屋。因此，代位物不限于金钱，也可以是其他物，只要是担保财产价值的直接承继者，都可以为代位物。

（四）代位物的提存

本条规定"被担保债权的履行期限未届满的，也可以提存该保险金、赔偿金或者补偿金等"。在期限届满的情况下，如果出现担保财产毁损、灭失或者被征收、产生代位物的情形，担保物权人有权就上述代位物优先受偿。但是，如果被担保债权的履行期限未届满，担保人享有期限利益，有权拒绝担保物权人的清偿请求。考虑到在此情况下代位物一旦混入担保人的责任财产，作为代位物的货币难以保持其特定性，可能会害及担保物权人的债权实现，不利于担保未来债权的实现，故本条规定了提存规则。担保物权人可以要求对保险金、赔偿金或者补偿金等进行提存（提存是指债务人为履行清偿义务或者担保义务将标的物交予提存部门的民事法律行为）。代位物提存的主体是担保人，其可以自行决定将代位物提存，也可以应担保物权人的要求在双方协商的基础上进行提存。

## ▶ 适用指引

关于代位物的范围问题，本条明确列举了保险金、赔偿金和补偿金为代位物，但买卖价金、租金等是否属于代位物呢？对此，具体可作如下分析。

担保财产的买卖价金不属于代位物。买卖价金，是指担保物买卖所得的金钱。关于买卖价金可否为代位物的问题,世界各国法律规定有所不同,德国、瑞士、法国的立法对此持否定态度,但日本法上则认为担保物的买卖价金可以为担保物。① 对此,我们认为,转让担保物获得的价金不属于代位物。在质押和留置中,质押财产和留置财产由担保物权人占有,自然不可能发生担保人买卖担保财产的问题。在抵押担保中,抵押人可以转让抵押财产,转让行为不影响抵押权。《民法典》第406条第2款规定:"抵押人转让抵押财产的,应当及时通知抵押权人。抵押权人能够证明抵押财产转让可能损害抵押权的,可以请求抵押人将转让所得的价款向抵押权人提前清偿债务或者提存……"由此可以看出,对于抵押财产转让,抵押权人仅可在抵押财产转让可能损害抵押权的情形下,请求抵押人将所得价款提前清偿或提存,但这体现的是担保物权的追及效力,抵押权人不能就获得的价款优先受偿。因此,担保财产的买卖价金不属于代位物。

担保财产出租所获得的租金不是代位物。其原因在于担保物权的实质在于对担保财产交换价值的支配,但租金则是因为对担保财产的使用而产生的价值,属于担保物的收益,本质上为担保物产生的孳息,并非担保物的替代价值。只有在特定情形下,抵押权人才可收取抵押财产的孳息,《民法典》第412条第1款规定:"债务人不履行到期债务或者发生当事人约定的实现抵押权的情形,致使抵押财产被人民法院依法扣押的,自扣押之日起,抵押权人有权收取该抵押财产的天然孳息或者法定孳息,但是抵押权人未通知应当清偿法定孳息义务人的除外。"因此,担保财产出租所获得的租金不是代位物。

担保财产被毁损后的残留物不属于代位物。残留物是原担保财产毁损后剩余物,并不是原担保财产的价值替代物,而是价值剩余物。因为担保物权的不可分性,担保财产被毁损后的残留物仍然为担保物权的标的物,在其效力所及的范围内。因此,担保财产被毁损后的残留物不是代位物。

---

① 参见孙鹏、王勤劳、范雪飞:《担保物权法原理》,中国人民大学出版社2009年版,第54页。

## ▶ 典型案例

**中国光大银行股份有限公司温州分行与耀华电器集团有限公司等金融借款合同纠纷案**

**关键词**：物上代位性　担保物权消灭

**裁判摘要**：抵押权因政府回收建设用地使用权而注销登记，不属于担保物权消灭的情形。政府回收建设用地使用权虽导致其上所设立的抵押权注销登记，但并不意味着该建设用地使用权上所设立的抵押权当然消灭。若该建设用地使用权被政府回收后存在代位物的，则抵押权人对该建设用地使用权上所享有的抵押权并未消灭，抵押权的效力及于该建设用地使用权的代位物。

**基本案情**：2015年6月17日，中国光大银行温州分行与耀华电器公司签订了借款期限自2015年6月17日始至2016年6月16日止、借款金额为4000万元的流动资金贷款合同。同日，耀华电器公司以其坐落于乐清市柳市镇西西村的土地使用权（使用权面积14090平方米）与中国光大银行温州分行签订主债权金额为2750万元的抵押合同，为上述债务提供抵押担保并办理了抵押登记。此外，中国光大银行温州分行还与耀华电力公司、合肥开关公司、长城电气公司、耀华房地产公司、何某国、郑某敏分别签订保证合同，为上述债务提供连带责任保证，保证合同均约定本合同所设立的担保独立于债权人为担保债务所取得的任何其他担保，债权人行使本合同项下的权利前无须首先执行其所持有的任何其他担保（无论是物的担保还是人的担保），也无须首先向主合同债务人或其他任何第三人采取任何其他救济措施。后中国光大银行温州分行依约发放贷款。因耀华电器公司未按时还本付息，其他担保人亦未履行相关义务，中国光大银行温州分行诉至法院，要求耀华电器公司偿还借款本息；耀华电力公司等6位保证人承担连带保证责任；中国光大银行温州分行有权就耀华电器公司名下坐落于乐清市柳市镇西村的土地使用权拍卖或变卖后所得款项优先受偿。

温州市中级人民法院经审理认为，土地登记档案显示，涉案土地使用权因政府、政府相关部门的其他行为导致闲置，由政府收回并对土地使用权及抵押权予以注销，并不属于《物权法》第177条规定的担保物权消灭的情形。依据

《物权法》第174条的规定，担保期间，担保财产毁损、灭失或者被征收等，担保物权人可以就获得的保险金、赔偿金或者补偿金等优先受偿。依据《闲置土地处置办法》第12条规定，因政府行为造成闲置而收回土地的，应实行协议有偿或者置换土地。因此，涉案土地使用权及抵押虽因政府收回而注销，但担保物权并不当然消灭，其效力仍及于涉案土地使用权被政府收回后而取得的代位物或权益。一审法院以抵押权已办理注销为由驳回抵押权主张错误，应予纠正。故二审法院撤销了一审判决驳回中国光大银行温州分行抵押优先受偿的诉讼请求，改判支持中国光大银行温州分行抵押优先受偿的诉讼请求，并在判决主文中明确：如耀华电器公司到期不履行还款义务，则中国光大银行温州分行有权从原耀华电器公司名下坐落于乐清市柳市镇西村的抵押土地使用权因政府收回所取得的代位权益（含置换土地、补偿金等）中，在2750万元限额内优先受偿。

【案　　号】（2016）浙03民终6394号
【审理法院】浙江省温州市中级人民法院
【来　　源】《人民司法·案例》2019年第20期

## 类案检索

### 山东荣成某银行与马绍尔群岛某公司等代位权纠纷案

**关键词**：物上代位性

**裁判摘要**：本案是一起涉及《物权法》第174条担保物权物上代位性的典型案例。抵押权是以支配财产的交换价值为目的，属于一种价值权。因此，抵押物的形态或性质上发生变化时，只要仍能维持其交换价值，抵押权的效力也就及于抵押物的代位物。《物权法》第174条均规定，担保期间，担保财产毁损灭失或者被征收等，担保物权人可以就获得的保险金、赔偿金或者补偿金等优先受偿。被担保债权的履行期限未届满的，也可以提存该保险金、赔偿金或者补偿金等。

【审理法院】青岛海事法院
【来　　源】2020年青岛海事法院海事审判典型案例（2021年8月13日青岛海事法院发布）

**第三百九十一条** 第三人提供担保，未经其书面同意，债权人允许债务人转移全部或者部分债务的，担保人不再承担相应的担保责任。

## ▶ 关联规定

法律、行政法规、司法解释

1.《中华人民共和国民法典》

**第四百六十九条** 当事人订立合同，可以采用书面形式、口头形式或者其他形式。

书面形式是合同书、信件、电报、电传、传真等可以有形地表现所载内容的形式。

以电子数据交换、电子邮件等方式能够有形地表现所载内容，并可以随时调取查用的数据电文，视为书面形式。

**第五百五十一条** 债务人将债务的全部或者部分转移给第三人的，应当经债权人同意。

债务人或者第三人可以催告债权人在合理期限内予以同意，债权人未作表示的，视为不同意。

**第五百五十二条** 第三人与债务人约定加入债务并通知债权人，或者第三人向债权人表示愿意加入债务，债权人未在合理期限内明确拒绝的，债权人可以请求第三人在其愿意承担的债务范围内和债务人承担连带债务。

**第五百五十三条** 债务人转移债务的，新债务人可以主张原债务人对债权人的抗辩；原债务人对债权人享有债权的，新债务人不得向债权人主张抵销。

**第五百五十四条** 债务人转移债务的，新债务人应当承担与主债务有关的从债务，但是该从债务专属于原债务人自身的除外。

2.《最高人民法院关于适用〈中华人民共和国民法典〉有关担保制度的解释》

**第三十九条** 主债权被分割或者部分转让，各债权人主张就其享有的债权份额行使担保物权的，人民法院应予支持，但是法律另有规定或者当事人另有约定的除外。

主债务被分割或者部分转移，债务人自己提供物的担保，债权人请求以该担保财产担保全部债务履行的，人民法院应予支持；第三人提供物的担保，主张对未经其书面同意转移的债务不再承担担保责任的，人民法院应予支持。

## ▶ 条文释义

### 一、本条主旨

本条是关于未经担保人同意转移债务的法律后果的规定。

### 二、条文演变

未经担保人同意转移债务的法律后果最早规定于原《担保法》。原《担保法》第23条规定："保证期间，债权人许可债务人转让债务的，应当取得保证人书面同意，保证人对未经其同意转让的债务，不再承担保证责任。"根据条文可知，该规定适用于未经保证人同意，债务人转让债务的情形，不适用于物的担保。

原《担保法解释》第72条第2款规定："主债务被分割或者部分转让的，抵押人仍以其抵押物担保数个债务人履行债务。但是，第三人提供抵押的，债权人许可债务人转让债务未经抵押人书面同意的，抵押人对未经其同意转让的债务，不再承担担保责任。"该条第一句规定了抵押权行使的不可分性，但书规定了未经担保人同意转移债务的法律后果。

为平衡担保人、担保物权人和债务人三者的利益，原《物权法》第175条规定："第三人提供担保，未经其书面同意，债权人允许债务人转移全部或者部分债务的，担保人不再承担相应的担保责任。"

本条与原《物权法》第175条作了相同的规定。

### 三、条文解读

本条是关于未经担保人书面同意时债权人允许债务转移的，免除担保人担保责任的规定。

无论是从本条的文义还是其规范意旨，都决定了本条的适用范围限于第三人提供担保的情形，本条的目的正是保护本条所指第三人的利益。在担保关系中，第三人提供担保的，未经担保人同意，债权人允许债务人擅自转移债务，显然会增大债务不履行的风险，给担保人带来较大风险，与担保人提供担保时的风险预判不符。第三人之所以为债务人提供担保，是出于对债务人的信任，第三人在提供担保前往往也会对债务人的清偿能力进行评估，以便承担担保责任后能够向债务人追偿，也就是说第三人是在对债务人具有相当程度之了解的基础上才为债务人提供担保的。因此，一旦债务人在未经担保人书面同意的情况下将债务转移给新的债务人，作为担保人的第三人就会面临较大风险。如果在担保人不知情的情况下，担保人仍然承担担保责任，于担保人而言是极为不公平的。因此，为了平衡担保人、担保物权人和债务人的利益关系，本条规定了减免担保人承担的责任的途径。

（一）关于债务承担

债务承担，是指债的关系不失其同一性，债权人或债务人通过与第三人订立债务承担合同，将债务全部或者部分转移给第三人承担的现象，该第三人称为承担人。① 以债务转移的量为标准，债务承担可为全部债务的债务承担与部分债务的债务承担，具体的债务承担方式可以由当事人间自行约定。但通常债务承担可以分为两类：一类是免责的债务承担，另一类是并存的债务承担。前者指的是第三人完全取代原债务人的地位而承担全部债务，原债务人免除债之责任。由于并存的债务承担对于债权人而言并不会造成不利影响，因此债权人同意不是必要的，《民法典》第552条规定："第三人与债务人约定加入债务并通知债权人，或者第三人向债权人表示愿意加入债务，债权人未在合理期限内明确拒绝的，债权人可以请求第三人在其愿意承担的债务范围内和债务人承担连带债务。"并存的债务承担指的是原债务人的地位不受影响，与新债务人共同对债权人承担同一债务。免责的债务承担可能增加债权人实现其债权的风险，所以法律对此有必要专门予以规定。《民法典》第551条第1款规定："债务人将债务的全部或者部分转移给第三人的，应当经债权人同意。"

根据以上对债务承担进行的分析，如果债务承担中的债务有第三人担保，债务承担无疑会对担保人造成影响。关于债务承担对物上保证人担保责任的影

---

① 参见崔建远主编：《合同法》，法律出版社2016年版，第180页。

响，本条规定："第三人提供担保，未经其书面同意，债权人允许债务人转移全部或者部分债务的，担保人不再承担相应的担保责任。"从债务承担的分类以及本条的规定来看，本条所指的债务承担方式为免责的债务承担。原因在于，如果是并存的债务承担，对于提供担保的第三人而言，实际上是多了一个债务人可以对债权人进行清偿，担保人承担债务清偿责任的可能性减小了，担保人对于此种债务承担也不必要施加是否同意之干预。只有当债务承担方式为免责的债务承担时，担保人出于对新债务人清偿能力的怀疑，为了避免潜在的不利影响，才需要对债务承担进行干预，未经其同意，不再承担相应的担保责任，只有这样，对担保人而言才是公平的。因此，本条所指的债务承担方式为全部债务的免责债务承担与部分债务的免责债务承担。

全部债务的免责债务承担，指的是债务人在债权人同意的前提下将全部债务转让给新债务人，并且完全退出债务关系，不再对债权人承担任何清偿责任，转而由新债务人承担原有全部债务。在此情形下，虽然债务人发生了变化，但是该债务并未消灭，对债权人的债权亦无影响。作为担保主债权的担保物权，也不因债务人的变化而自动消失，而是继续存在。其原因在于担保物权具有从属性，主债权存在，担保物权也随之存在。如果担保人为债务人，债务承担不影响其提供的担保继续作为债权的担保。但对于担保物权是由第三人提供的情况，如果默认其提供的担保继续作为债权的担保，则对第三人是不公平的。原因在于，第三人以自身财产为债务人的债务提供担保，常常是基于其与债务人之间的合同关系或者人格因素。而新的债务承担人则可能不具备清偿能力，也不具备担保人所求的信任关系，如果默认担保人继续承担担保责任，则增加了担保人的风险，也可能出现债务人与债权人串通骗取第三人担保的情况。故本条规定，如果债务人在债权人同意的前提下将全部债务转让给新债务人，而未经担保人的书面同意，担保人则不再承担担保责任，此时担保物权消灭。

部分债务的免责债务承担，指的是债务人在债权人同意的前提下将部分债务转让给新债务人，转让的部分债务由新债务人承担，未转让的部分依然由原债务人承担，此时原债务人与新债务人成立按份之债的关系。与全部债务的免责债务承担相比，部分债务的免责债务承担只是在债务承担的量上有区别。因此，对于原债务人未转移部分的债务，担保人仍承担该部分债务的担保责任，对于原债务人已转移的部分债务，如果未经担保人的书面同意，则担保人免除对这部分债务的担保责任，这也是"相应的担保责任"的含义所在。

## （二）关于担保责任

有学者在分析担保责任时，认为担保责任只是债权法（合同法）用以表达债之关系的用语。[①] 担保责任，如同民事责任所表达的法律关系，是指担保合同项下的担保义务及其担保义务不履行或者迟延履行的后果问题，与担保财产上的负担（担保物权）完全不同。因为"物权和债权不分"的逻辑，原《物权法》第175条（物上担保人的免责）沿用原《担保法》有关保证责任的免除的固有思路，不适当地将"担保人不再承担相应的担保责任"引入物权的制度体系。就担保物权的逻辑和制度体系而言，担保物权人所享有的担保物权，只有有效或者无效的差别，担保物权一旦设立，除非有法定的担保物权消灭的原因事实发生，担保物权对担保财产的支配和优先受偿效力，不受物上担保人的行为或者意思的影响，与物上担保人有无担保责任不相关联。

原《担保法》中并没有出现物上担保人（抵押人或出质人）因为债务转移而免予承担担保责任的规定。但在原《物权法》制定时，因为没有区分原《担保法》有关保证责任的债权规范与担保物权规范的性质差异，将担保合同的义务及其履行问题与担保物权的效力"挂钩"，因此，出现了如同本条规定的相应表述。这是解释本条规定遇到困难甚至出现分歧的主要原因。

简单地说，物上担保人的担保责任究竟指向什么？可以和担保物权相提并论吗？依照《民法典》规定的区分原则（原因行为和物权变动的法律事实之区分），"担保责任"的指向应当是非常清楚的，即物上担保人在担保合同中所承担的义务以及责任，与担保物权的设立及其效力不是一个层面的问题。担保责任为原因行为规范的对象。这就是说，物上担保人有无担保责任只在订立担保合同的债权人与"物上担保人"之间具有法律上的意义，物上担保人不承担担保责任的，债权人仅能要求物上担保人履行其担保合同项下承担的设立担保物权的义务。

担保物权基于担保合同而设立的，债权人取得担保物权的利益，若有担保合同无效或者被撤销的情形发生，物上担保人可以诉请担保物权的设立无效或者撤销。但是，物上担保人在设立担保物权后，若有不承担担保合同约定的担保责任的正当事由，是否可以照此逻辑请求担保物权的消灭？显然不能，因

---

[①] 参见曹士兵：《中国担保制度与担保方法——根据物权法修订》，中国法制出版社2008年版，第31页。

为本条乃至《民法典》都没有规定担保物权因"担保人不承担担保责任"而消灭，这就是物权法定主义框架下物权和债权的最基本区别。对于这个区别，应当有清晰的认识。由此不难得出结论：债权问题依循债权规范的处理路径，物权问题依循物权规范的处理路径，二者的请求权基础完全不同。依照本条的文字、内容以及制度结构，作为一个典型的债权规范，无论如何都不能成为涉及担保物权消灭的请求权基础。

依照本条规定，物上担保人对未经其同意的债务转移不承担担保责任，不发生担保物权消灭的私法效果。就其对担保物权的影响而言，产生两种不同的私法效果：其一，物上担保人对抗债权人行使担保物权的法定事由。债权人对担保财产行使担保物权时，物上担保人可以本条的规定为抗辩事由，阻止担保物权人行使权利；物上担保人主张以本条的规定抗辩，受偿的债权利益，因为债务转移而失去法律上受保护的依据，在债务转移的债权人就担保财产优先受偿限度内，不得主张优先受偿。其二，担保物权人实现担保物权而就担保财产优先清偿其债权的，物上担保人可以本条的规定要求债权人返还其实现担保物权而取得之不当利益，债权人因实现担保物权而取得的、与债务转移相当的担保利益，没有法律上的根据，应当返还给物上担保人。

（三）关于书面形式

根据本条的规定，若要债务承担不影响提供担保的第三人的担保责任，必须经过担保人的同意，而且必须是书面形式。根据《民法典》第469条第2款、第3款的规定，书面形式是合同书、信件、电报、电传、传真等可以有形地表现所载内容的形式。以电子数据交换、电子邮件等方式能够有形地表现所载内容，并可以随时调取查用的数据电文，视为书面形式。其原因在于，担保人是否同意关系最终担保责任的承担，如果担保人的同意无有形之书面，则容易引起纷争。因此，为了保存证据，防止出现法律纷争，担保人的同意必须是书面的，只有在担保人书面同意的情况下，担保人才不免除其担保责任。否则，担保人无须承担相应的担保责任。因此，将担保人同意的形式限定为书面形式，有利于担保人对是否同意债务承担进行审慎的考虑，减少担保人的风险。

综上，正确适用本条的关键在于以下几点：第一，本条仅适用于债务的担保人是第三人的情形，如果债务的担保人是债务人则不适用本条的规定；第二,本条中的债务承担方式为免责的债务承担,出于对担保人的保护,债务承担需要担保人的同意;第三,担保人同意的作出必须以书面形式进行;第四,担保人只对未经其同意的债务承担的部分债务免除担保责任。

## ▶ 适用指引

第一,关于债务承担协议的问题。债务承担协议一般由承担人与债务人签订,合同的订立根据合同订立的规则进行,在双方意思表示真实的基础上,如果债务有效并具有可转移性,经债权人同意后,债务承担协议便生效。另外,承担人与债权人签订债务承担合同也应当是有效的债务承担协议,而且不需要取得债务人的同意。其原因在于,在一般情形下,承担人代替债务人承担债务,对债务人并无不利,因此,承担人与债权人签订债务承担合同无须经过债务人的同意就可生效。但是在承担人与债权人签订债务承担合同后,应当通知债务人以避免债务人向债权人进行清偿,增加成本。在未通知之前,债务转移只在承担人与债权人之间产生效力,不对债务人产生效力。当然,如果债务人和债权人曾经约定禁止债务转移,承担人与债权人签订债务承担合同则仍需债务人同意后方得以生效。因此,在审查担保人是否同意债务承担之前,应当正确认定债务承担协议的效力。

第二,本条的规定是对担保物权不可分性的排除,[①] 抵押权的不可分性并非抵押权的本质要求所必须具有的性质,只是法律为加强抵押权的担保作用而特别赋予的,其法律规范不是强行性规定,当事人可以特约予以排除。既然法律确认抵押权的不可分性是基于保护抵押权人的立法政策所设,故可以有条件地排除抵押权的不可分性。

第三,关于担保人免责范围的问题。本条规定的"相应的担保责任",其本质是担保物权从属性与保障担保人利益妥协的产物,因此,要很好地把握担保人免除担保责任的范围问题。在审判实践中,应当重点审查担保人未同意转移的债务的范围,担保人只对其未同意转移的部分债务免除担保责任,对于余下部分的债务的担保责任则应当继续承担。

---

① 参见崔建远:《中国民法典释评:物权编》,中国人民大学出版社2020年版,第330页。

第三百九十二条　被担保的债权既有物的担保又有人的担保的，债务人不履行到期债务或者发生当事人约定的实现担保物权的情形，债权人应当按照约定实现债权；没有约定或者约定不明确，债务人自己提供物的担保的，债权人应当先就该物的担保实现债权；第三人提供物的担保的，债权人可以就物的担保实现债权，也可以请求保证人承担保证责任。提供担保的第三人承担担保责任后，有权向债务人追偿。

## 关联规定

一、法律、行政法规、司法解释

1.《中华人民共和国民法典》

第三百八十九条　担保物权的担保范围包括主债权及其利息、违约金、损害赔偿金、保管担保财产和实现担保物权的费用。当事人另有约定的，按照其约定。

第四百一十一条　依据本法第三百九十六条规定设定抵押的，抵押财产自下列情形之一发生时确定：

（一）债务履行期限届满，债权未实现；

（二）抵押人被宣告破产或者解散；

（三）当事人约定的实现抵押权的情形；

（四）严重影响债权实现的其他情形。

2.《最高人民法院关于适用〈中华人民共和国民法典〉有关担保制度的解释》

第十三条　同一债务有两个以上第三人提供担保，担保人之间约定相互追偿及分担份额，承担了担保责任的担保人请求其他担保人按照约定分担份额的，人民法院应予支持；担保人之间约定承担连带共同担保，或者约定相互追偿但是未约定分担份额的，各担保人按照比例分担向债务人不能追偿的部分。

同一债务有两个以上第三人提供担保，担保人之间未对相互追偿作出约定且未约定承担连带共同担保，但是各担保人在同一份合同书上签字、盖章或者按指印，承担了担保责任的担保人请求其他担保人按照比例分担向债务人不能追偿部分的，人民法院应予支持。

除前两款规定的情形外，承担了担保责任的担保人请求其他担保人分担向债务人不能追偿部分的，人民法院不予支持。

**第十八条** 承担了担保责任或者赔偿责任的担保人，在其承担责任的范围内向债务人追偿的，人民法院应予支持。

同一债权既有债务人自己提供的物的担保，又有第三人提供的担保，承担了担保责任或者赔偿责任的第三人，主张行使债权人对债务人享有的担保物权的，人民法院应予支持。

### 二、司法指导性文件

《全国法院民商事审判工作会议纪要》

56.【混合担保中担保人之间的追偿问题】被担保的债权既有保证又有第三人提供的物的担保的，担保法司法解释第38条明确规定，承担了担保责任的担保人可以要求其他担保人清偿其应当分担的份额。但《物权法》第176条并未作出类似规定，根据《物权法》第178条关于"担保法与本法的规定不一致的，适用本法"的规定，承担了担保责任的担保人向其他担保人追偿的，人民法院不予支持，但担保人在担保合同中约定可以相互追偿的除外。

## ▶ 条文释义

### 一、本条主旨

本条是关于人保和物保并存时担保权的实现规则的规定。

### 二、条文演变

原《民法通则》对于人的担保和物的担保只有原则性的规定，对二者之间的关系没有进行规定。

原《民法通则意见》第110条，仅针对同一债权有两个以上保证的情形作了规定,除非当事人之间另有约定,各保证人应当对债权人承担连带责任;没有涉及物的担保和人的担保的关系问题。

原《担保法》第28条规定:"同一债权既有保证又有物的担保的,保证人对物的担保以外的债权承担保证责任。债权人放弃物的担保的,保证人在债权人放弃权利的范围内免除保证责任。"根据该条规定物的担保和人的担保二者之间存在主次之别,债权人没有选择行使担保物权还是保证债务请求权的可能,只能先行使担保物权。事实上,保证作为独立的担保工具,并不依附于物的担保而独立发挥作用。在这个意义上,理论和实务均不愿意将原《担保法》第28条的规定解释为强制性规定。

原《担保法解释》第38条规定:"同一债权既有保证又有第三人提供物的担保的,债权人可以请求保证人或者物的担保人承担担保责任。当事人对保证担保的范围或者物的担保的范围没有约定或者约定不明的,承担了担保责任的担保人,可以向债务人追偿,也可以要求其他担保人清偿其应当分担的份额。""同一债权既有保证又有物的担保的,物的担保合同被确认无效或者被撤销,或者担保物因不可抗力的原因灭失而没有代位物的,保证人仍应当按合同的约定或者法律的规定承担保证责任。""债权人在主合同履行期届满后怠于行使担保物权,致使担保物的价值减少或者毁损、灭失的,视为债权人放弃部分或者全部物的担保。保证人在债权人放弃权利的范围内减轻或者免除保证责任。"关于物的担保和人的担保之关系问题,最高人民法院在总结审判实践中的经验后,在《担保法解释》第38条第1款规定的内容采取了与原《担保法》第28条完全不同的司法裁判路径。依照原《担保法解释》第38条第1款的规定,债权人有权选择行使担保物权还是保证债务请求权。因此,债权人行使权利后,承担责任的担保人之间出现了"相互求偿"的问题。

原《物权法》第176条作出如下规定:"被担保的债权既有物的担保又有人的担保的,债务人不履行到期债务或者发生当事人约定的实现担保物权的情形,债权人应当按照约定实现债权;没有约定或者约定不明确,债务人自己提供物的担保的,债权人应当先就该物的担保实现债权;第三人提供物的担保的,债权人可以就物的担保实现债权,也可以要求保证人承担保证责任。提供担保的第三人承担担保责任后,有权向债务人追偿。"

本条与原《物权法》第176条相比,除在表述上将"要求"改为"请求"外,内容没有实质变化。

## 三、条文解读

本条前半段规定了当事人之间有约定的,债权人按照约定行使担保物权;没有约定的,债权人既可以行使担保物权,也可以行使保证债务请求权。本条后半段规定了物上担保人和保证人的追偿权。

### (一)混合担保

混合担保,指的是在同一个债权债务关系中,既有物的担保,又有人的担保的情形。物的担保是指以特定的物担保债权的实现,包括抵押权、质权和留置权;人的担保是指以人的信誉担保债权的实现,即保证。物的担保和人的担保具有不同的性质,对于同一债权既有人的担保又有物的担保时,债权人应当如何行使权利,特别是应当如何平衡不同担保人的利益,不仅是一个理论问题,而且是一个司法实务经常遇到的问题。在实践中,为了担保债权的实现,当事人在同一个债上设立了多个主体提供的多个担保是普遍现象。在一个债上,可能既有债务人自己提供的物保,也有第三人提供的物保,还有第三人提供的保证担保。因此,混合担保涉及多方当事人和多种担保方式,使得担保关系进一步复杂化。特别是在实现担保物权时,关于如何处理物的担保与人的担保的关系问题,理论上有不同看法。

第一种观点为物的担保责任绝对优先说,也称保证人绝对优待主义。该观点认为,债权人应当首先向提供物保的担保人主张实现债权,只有就物的担保不能完全受偿时,才能转而请求保证人承担保证责任。该观点的理由在于,物的担保可以直接支配特定担保财产,相比于请求保证人承担保证责任,物的担保对于债权的实现更为直接有效。原《担保法》第28条规定:"同一债权既有保证又有物的担保的,保证人对物的担保以外的债权承担保证责任。""债权人放弃物的担保的,保证人在债权人放弃权利的范围内免除保证责任。"这一规定即该观点的体现。

第二种观点为物的担保责任相对优先说,也称保证人相对优待主义。该观点认为,债权人可以选择行使担保权利,而保证人在承担保证责任之后可以向债务人求偿,并代位行使债权人享有的担保物权,债权人致使保证人可代位行使的担保物权消灭的,保证责任亦相应消灭。但如果债权人就物的担保实现了债权,物上担保人则不能向保证人追偿。该观点的理由在于,物上担保人承担的是以特定物的价值为限的有限责任，而保证人则是以其全部财产对债务负担无限责任。该观点在《德国民法典》《法国民法典》中均有体现。

第三种观点为物的担保责任和人的担保责任平等说，也称平等主义。该观点认为，债权人可以选择行使担保权利，已承担担保责任的担保人可向其他担保人追偿其应承担的份额。《民法典担保制度解释》第18条规定："承担了担保责任或者赔偿责任的担保人，在其承担责任的范围内向债务人追偿的，人民法院应予支持。同一债权既有债务人自己提供的物的担保，又有第三人提供的担保，承担了担保责任或者赔偿责任的第三人，主张行使债权人对债务人享有的担保物权的，人民法院应予支持。"这一规定即该观点的体现。

对此，本条对物的担保与人的担保的关系进行了规定，基本采取的是第三种"物的担保责任与人的担保责任平等说"的立场。

（二）物的担保与人的担保的关系

第一，被担保债权既有物的担保又有人的担保的，如约定了担保责任的承担顺序，债权人应当按照约定实现债权。本条中的"约定"，指的是债务人和所有担保人之间的约定。如果债权人仅与个别保证人或物上保证人作出约定，损害其他担保人的顺序利益的，则该约定对其他担保人无效。如果物上保证人和债权人约定由保证人先履行保证责任，则保证人有权根据合同相对性原则，主张该约定对第三人不发生拘束力，或者根据《民法典》第154条有关恶意串通损害第三人合法权益的规定主张该行为无效。

第二，没有约定或约定不明，债权人应首先就债务人提供的物保实现债权。在混合担保中，如果债务人自己为债权人提供了物的担保，则债权人应当首先就债务人提供的物的担保实现债权。因为债务本就应该由债务人履行，如果在债务人自己提供了物保的情形下，债权人要求保证人或者其他物上担保人承担担保责任，这对于保证人和其他物上担保人而言是不公平的。而且，如果债权人首先要求保证人或者其他物上担保人承担担保责任，后续债务人也面临着担保人的追偿，徒增了成本。如果债权人没有先行就债务人的物的担保实现债权，保证人和提供物保的第三人享有抗辩权。

第三，没有约定或约定不明，债权人可选择就保证或者第三人提供的物保实现债权。在混合担保中，如果当事人之间没有约定或约定不明，而且债务人自己也没有提供物的担保，则债权人可以自行选择就保证或者第三人提供的物保实现债权。此规定体现的是"物的担保责任与人的担保责任平等说"的立场，保证人和物保人的地位平等，同时法律赋予债权人以选择权，目的在于让债权人可以选择最有利于实现债权的方式。

第四，本条最后规定："提供担保的第三人承担担保责任后，有权向债务人追偿。"无论是保证人还是物上担保人承担了担保责任，债务人始终是最终的责任承担者，因此，提供担保的第三人承担担保责任后毫无疑问可以向债务人追偿。

## ▶ 适用指引

在审判实践中，本条的适用应当注意混合担保中担保人之间是否享有追偿权的问题。本条的最后虽然规定了提供担保的第三人承担担保责任后，有权向债务人追偿，但是关于混合担保中担保人之间是否可以互相追偿的问题则没有明确规定。

《民法典》施行后，关于担保人之间是否可以互相追偿的问题则应当以本条的规定为准，本条除把原《物权法》第176条规定中的"要求"改为"请求"外，与原《物权法》的规定一致。因此，从立法沿革以及立法机关在该问题上的观点来看，当前混合担保中担保人之间是不可以互相追偿的。《民法典担保制度解释》中，第13条规定："同一债务有两个以上第三人提供担保，担保人之间约定相互追偿及分担份额，承担了担保责任的担保人请求其他担保人按照约定分担份额的，人民法院应予支持；担保人之间约定承担连带共同担保，或者约定相互追偿但是未约定分担份额的，各担保人按照比例分担向债务人不能追偿的部分。""同一债务有两个以上第三人提供担保，担保人之间未对相互追偿作出约定且未约定承担连带共同担保，但是各担保人在同一份合同书上签字、盖章或者按指印，承担了担保责任的担保人请求其他担保人按照比例分担向债务人不能追偿部分的，人民法院应予支持。""除前两款规定的情形外，承担了担保责任的担保人请求其他担保人分担向债务人不能追偿部分的，人民法院不予支持。"该条明确了共同担保情形下，担保人之间原则上并不能相互追偿，但考虑到担保人之间相互分担责任的问题属于私法自治的范畴，对于担保人之间就担保责任分担及其份额作出明确约定的，或者约定承担连带共同担保的，已经承担担保责任的担保人依据当事人之间的约定要求其他担保人承担相应份额的，人民法院应予支持。此外，虽然担保人并未就相互追偿问题作出明确约定，但其在同一份合同书上签字、盖章或者按指印，从平衡当事人利益角度出发，应推定担保人是否应先向主债务人追偿的问题，如果当事人对于追偿问题有明确约定，按照其约定处理；未约定的，应当先向主债务人追偿，只有主债务人不能清偿的部分才能在担保人之间分担。

关于承担担保责任的担保人行使追偿权的性质及范围问题，需要明确：担保人承担担保责任后，原债权债务关系消灭，其有权向债务人追偿，但此时担保人享有的追偿权和代位求偿权并不相同，担保人并不能代替原债权人享有原债权债务中原债权人的权利，其只能在承担担保责任的范围内向债务人追偿。此外，依据《民法典担保制度解释》第18条第2款的规定，同一债权人有债务人自己提供的物的担保，承担了担保责任的第三人在其承担责任的范围内主张行使债权人享有的担保物权的，人民法院应予支持。同理，在担保人可以追偿的情况下，承担了担保责任的担保人也可以行使债权人对于其他担保人的担保物权。

## 典型案例

**黑龙江北大荒投资担保股份有限公司与黑龙江省建三江农垦七星粮油工贸有限责任公司、黑龙江省建三江农垦宏达粮油工贸有限公司等担保合同纠纷案**

**关键词：** 混合担保　担保物权实现

**裁判摘要：** 同一债权上既有人的担保，又有债务人提供的物的担保，债权人与债务人的共同过错致使本应依法设立的质权未设立，保证人对此并无过错的，债权人应对质权未设立承担不利后果。《物权法》第176条对债务人提供的物保与第三人提供的人保并存时的债权实现顺序有明文规定，保证人对先以债务人的质物清偿债务存在合理信赖，债权人放弃质权损害了保证人的顺位信赖利益，保证人应依《物权法》第218条的规定在质权人丧失优先受偿权益的范围内免除保证责任。

**基本案情：** 保证合同中虽未明确约定债务人提供水稻质押是保证人提供保证的条件，但《物权法》对债务人提供的物保与第三人提供的人保并存时的债权实现顺序有明确规定，保证人对先以债务人的质物清偿债务存在合理的信赖利益，北大荒担保公司急于行使质物交付请求权损害了保证人的顺位信赖利益，保证人应在质物优先受偿价值范围内免责。本案中，借款债务人三江缘公司与四保证人均系稻米经营企业，互相之间存在五户联保关系，联保形式相同，即任何一户的银行贷款均由北大荒担保公司提供担保，再由借款债务人以各自所有的机器设备、房产和水稻向北大荒担保公司提供抵押和质押担保，其他四户向北大荒担保公司提供保证担保。案涉质押合同与保证合同系同一天签订。以上事实表明，案涉各方当事人均知晓北大荒担保公司的反担保债权上应同时设立了债务人提供的物的担保和第三人提供的人的担保。《物权法》第176条规定："被担保的债权既有物的担保又有人的担保的，债务人不履行到期债务或者发生当事人约定的实现担保物权的情形，债权人应当按照约定实现债权；没有约定或者约定不明确，债务人自己提供物的担保的，债权人应当先就该物的担保实现债权；第三人提供物的担保的，债权人可以就物的担保实现债权，也可以要求保证人承担保证责任。提供担保的第三人承担保证责任后，有权向债务人追偿。"依据上述规定，因本案当事人没有约定债权实现顺序，若债务人提供的担保物权正常设立，保证人只对物的担保以外的债权承担保证责任，故四保证人对自己享有法定的顺位利益存在一种合理信赖，从保证人七星公司法定代表人刘某本、保证人宏达公司法定代表人刘某峰在得知三江缘公司处分质物后立即向公安部门报案的情况来看，也能证明保证人存在此种信赖，由此产生的信赖利益受法律保护。若令保证人在债务人提供的担保物权未设立时继续承担保证责任，则恶意违约的债务人与急于行使权利的债权人利益不受损，保证人的信赖利益却遭受侵害，这无疑违反民法的公平原则和诚实信用原则。

【案　　号】（2017）最高法民申 925 号

【审理法院】最高人民法院

【来　　源】《最高人民法院公报》2018 年第 1 期

## 类案检索

### 赵某等与华商智汇传媒股份有限公司追偿权纠纷案

**关键词：** 共同担保　担保人追偿权

**裁判摘要：** 就共同担保人之间的相互追偿的问题，《民法典担保制度解释》中明确了担保人之间原则上不能相互追偿，除非担保人之间存在相互分担担保责任的明确约定，或者通过其行为能够推定具有相互分担的意思联络。在不允许相互追偿的大前提下有三种情况允许相互追偿：第一种是担保人之间约定相互追偿的；第二种是担保人之间约定几个担保人之间是连带共同担保关系的；第三种是担保人在同一份合同书上签字、盖章或者按指印应推定担保人之间具有相互分担责任的意思表示的。本案的争议焦点为反担保人华商公司是否有权向其他反担保方追偿。根据《民法典担保制度解释》第13条的规定，原则上反担保人华商公司无权向其他反担保人追偿，除非存在上述提到的三种情况之一。

【案　　号】（2020）京03民终1038号

【审理法院】北京市第三中级人民法院

【来　　源】中国裁判文书网

第三百九十三条　有下列情形之一的，担保物权消灭：

（一）主债权消灭；

（二）担保物权实现；

（三）债权人放弃担保物权；

（四）法律规定担保物权消灭的其他情形。

## 关联规定

法律、行政法规、司法解释

1.《中华人民共和国民法典》

第二百二十九条　因人民法院、仲裁机构的法律文书或者人民政府的征收决定等，导致物权设立、变更、转让或者消灭的，自法律文书或者征收决定等生效时发生效力。

第二百三十一条　因合法建造、拆除房屋等事实行为设立或者消灭物权的，自事实行为成就时发生效力。

第四百零九条第一款　抵押权人可以放弃抵押权或者抵押权的顺位。抵押权人与抵押人可以协议变更抵押权顺位以及被担保的债权数额等内容。但是，抵押权的变更未经其他抵押权人书面同意的，不得对其他抵押权人产生不利影响。

第四百三十五条　质权人可以放弃质权。债务人以自己的财产出质，质权人放弃该质权的，其他担保人在质权人丧失优先受偿权益的范围内免除担保责任，但是其他担保人承诺仍然提供担保的除外。

第四百三十六条第一款　债务人履行债务或者出质人提前清偿所担保的债权的，质权人应当返还质押财产。

第四百五十七条　留置权人对留置财产丧失占有或者留置权人接受债务人另行提供担保的，留置权消灭。

2.《中华人民共和国海商法》

**第二十条** 被抵押船舶灭失，抵押权随之消灭。由于船舶灭失得到的保险赔偿，抵押权人有权优先于其他债权人受偿。

## ▶ 条文释义

### 一、本条主旨

本条是关于担保物权消灭的共同事由的规定。

### 二、条文演变

原《民法通则》没有规定担保物权消灭的原因。《海商法》第20条规定，船舶抵押权随被抵押船舶的灭失而消灭。

原《担保法》没有抽象概括担保物权消灭的共同原因，仅针对抵押权、质权和留置权分别规定了不同的消灭原因。关于抵押权的消灭，原《担保法》第52条规定："抵押权与其担保的债权同时存在，债权消灭的，抵押权也消灭。"第58条规定："抵押权因抵押物灭失而消灭。因灭失所得的赔偿金，应当作为抵押财产。"关于质权的消灭，原《担保法》第73条规定："质权因质物灭失而消灭。因灭失所得的赔偿金，应当作为出质财产。"第74条规定："质权与其担保的债权同时存在，债权消灭的，质权也消灭。"关于留置权的消灭，原《担保法》第88条规定："留置权因下列原因消灭：（一）债权消灭的；（二）债务人另行提供担保并被债权人接受的。"

原《物权法》制定时，具备了规定担保物权的消灭的共同原因的条件。因此，原《物权法》第177条规定："有下列情形之一的，担保物权消灭：（一）主债权消灭；（二）担保物权实现；（三）债权人放弃担保物权；（四）法律规定担保物权消灭的其他情形。"

本条与原《物权法》第177条规定的内容一致。

### 三、条文解读

本条对担保物权消灭的原因进行了规定。抵押权、质权和留置权均为担保物权，自然具有担保物权消灭的原因共性。《民法典》统一规定了担保物权消灭的相同原因，节约立法成本，有利于担保物权制度体系的协调和法律的理解与适用。但抵押权、质权和留置权又有其独特的消灭原因，全部列举并不现实，故最后规定了"兜底条款"，为担保物权消灭的具体原因留下解释空间。

担保物权的消灭，指的是当出现法律规定的特定事由时，担保物权对担保财产具有的物权效力终止。担保物权一旦消灭，担保法律关系即告终结，当事人之间不再相互负有责任。关于当事人之间是否可以对担保物权消灭的原因进行约定这个问题，有两种观点：一种认为，担保物权属于物权，根据物权法定原则，担保物权的消灭原因只能由法律进行规定，当事人之间不能就担保物权的消灭原因进行约定；另一种则认为，当事人可以约定担保物权消灭的原因，这属于当事人意思自治的范畴。对此，我们认为，法律规定的担保物权的消灭原因属于法律强制性规定，当事人之间不能通过约定对其进行否定，否则约定无效。至于当事人之间约定的"担保物权的消灭原因"，实际上只构成了债权人放弃担保物权的前提条件，该种约定在符合法定条件的情形下为有效，但并不是对担保物权消灭原因的约定，故担保物权仅能因为法律的规定而消灭。根据本条的规定，当出现特定情形时，担保物权消灭，特定情形包括主债权消灭、担保物权实现、债权人放弃担保物权和法律规定担保物权消灭的其他情形。具体分析如下。

（一）主债权消灭导致担保物权消灭

主债权是指被担保的债权。担保物权具有从属性，其因担保特定的主债权而设立，为从属于主债权的从权利，因此，担保物权与其担保的债权同时存在，当主债权消灭时，担保物权也随之消灭。根据担保物权的不可分性，本条规定的"主债权消灭"指的是主债权全部消灭，如果主债权只是部分消灭，则影响担保物权的存续，担保物权仍对剩余的债权发生效力。担保物权消灭仅取决于主债权消灭的结果，对于其归于消灭的原因，如因清偿、抵消、提存、免除、混同而消灭，在所不问。

（二）担保物权实现导致担保物权消灭

担保物权的实现，指的是当债务人到期不履行债务或者发生当事人约定的实现担保物权的情形时，债权人可就担保财产依法变价而优先受偿的行为。担保物权因其实现而消灭的，与被担保债权是否已受全部清偿无关。也就是说，当担保物权被实现后，担保物权担保债权实现的目的已然达到，此时担保物权也自然消灭。又因为担保物权是以特定财产的价值保障债权的实现，因此，无论担保物权实现后债权是否得以全部实现，也不影响担保物权的消灭。

（三）债权人放弃担保物权导致担保物权消灭

债权人放弃担保物权，指的是债权人以意思表示表明放弃向担保人主张担保物权的物权效力。对债权人而言，担保物权为财产权利之一种，而财产权利可以抛弃，因此债权人可以放弃担保物权。财产权利的抛弃属于单方的法律行为，权利人一方作出便生效，当然前提是权利人具有相应的行为能力并且意思表示真实。为了避免误解和保护债权人，放弃担保物权必须以明示的方式进行，债权人可以书面的形式表示放弃担保物权，也可以通过办理担保权注销登记、放弃担保物的占有等行为明示放弃。

（四）法律规定的其他情形导致担保物权消灭

这是本条的兜底性条款，除上述三种适用于所有担保物权的消灭原因外，根据特定担保物权的性质，法律还规定了其消灭的其他情形。例如，针对留置权，《民法典》第457条规定："留置权人对留置财产丧失占有或者留置权人接受债务人另行提供担保的，留置权消灭。"

《民法典》规定的物权消灭的情形亦是担保物权消灭的原因。物权因为标的物灭失而消失的，对于担保物权尤其适用。人民法院、仲裁机构的法律文书或者人民政府的征收决定，以及拆除房屋等事实行为，可成为物权消灭的法律事实。当有这些法律事实发生时，担保物权的效力与该物权的效力相当的，则担保物权消灭；否则，担保物权不消灭。例如，因征收而消灭不动产的所有权或用益物权的，担保物权作为该不动产上的负担，应当归于消灭；但担保物权有物上代位性，与被征收的不动产上的所有权或用益物权的情形并不相当，担保物权不消灭而继续有效地存在于被征收的担保财产之代位物之上。若担保财产灭失而无代位物的，担保物权与灭失的财产上的所有权或用益物权的效力相当，担保物权因担保财产的灭失而消灭。①

---

① 参见孙宪忠、朱广新主编：《民法典评注：物权编》，中国法制出版社2020年版，第64页。

## ▶ 适用指引

在审判实践中，本条的适用应当注意主债权诉讼时效期间届满后担保物权是否消灭的问题。根据担保物权的从属性，担保物权的设立、转移和消灭都与主债权密切相关。债权是有诉讼时效的，当主债权诉讼时效期间届满时，从属于主债权的担保物权是否消灭呢？这在理论界和实务界都是一个争议问题。对于抵押权与主债权诉讼时效期间的关系，《民法典》第419条规定："抵押权人应当在主债权诉讼时效期间行使抵押权；未行使的，人民法院不予保护。"由此我们可以看到，抵押权人如果在主债权诉讼时效期间届满时仍未行使抵押权，人民法院不予保护。关于"不予保护"的含义，主要存在三种不同观点：第一种观点认为，主债权诉讼时效期间届满后，抵押权并没有消灭，抵押权人丧失的是胜诉权。但是如果抵押人愿意继续承担担保责任的，抵押权人则可以实现抵押权。① 第二种观点认为，主债权诉讼时效期间届满后，人民法院不予保护不等于该抵押权消灭，只是抵押人因为时效届满享有主债务人的时效抗辩权。即抵押权人要求实现抵押权时，抵押人可以援引时效抗辩权拒绝承担担保责任。第三种观点认为，主债权诉讼时效期间届满后，抵押权也随即消灭，因为抵押权若已经丧失公权的保护，抵押权的存续也没有意义，此时只有解除设立于抵押物上的抵押权才能发挥物的效用。如此，也能促使抵押权人积极行使权利。对此，我们认为，从抵押权的从属性来看，当主债权消灭时，抵押权也消灭，但是主债权诉讼时效经过后，主债权并未消灭，因此抵押权也不会消灭。只是因为人民法院不再保护，实际上同抵押权消灭的效果无甚差异，但认为抵押权不消灭，可以为抵押人自愿承担责任留下空间。

《民法典担保制度解释》第44条规定："主债权诉讼时效期间届满后，抵押权人主张行使抵押权的，人民法院不予支持；抵押人以主债权诉讼时效期间届满为由，主张不承担担保责任的，人民法院应予支持。主债权诉讼时效期间届满前，债权人仅对债务人提起诉讼，经人民法院判决或者调解后未在民事诉讼法规定的申请执行时效期间内对债务人申请强制执行，其向抵押人主张行使抵押权的，人民法院不予支持。""主债权诉讼时效期间届满后，财产被留置的

---

① 参见胡康生主编：《中华人民共和国物权法释义》，法律出版社2007年版，第441页。

债务人或者对留置财产享有所有权的第三人请求债权人返还留置财产的,人民法院不予支持;债务人或者第三人请求拍卖、变卖留置财产并以所得价款清偿债务的,人民法院应予支持。""主债权诉讼时效期间届满的法律后果,以登记作为公示方式的权利质权,参照适用第一款的规定;动产质权、以交付权利凭证作为公示方式的权利质权,参照适用第二款的规定。"在当前的立法背景下,主债权诉讼时效期间届满后,担保物权并不消灭,但是对抵押权的行使,人民法院不予保护。质权、留置权因为法律没有特别规定,其效力不受到影响。

## ▶ 典型案例

### 王某诉李某抵押权纠纷案

**关键词:** 抵押权消灭　注销登记

**裁判摘要:** 抵押权人在主债权诉讼时效期间未行使抵押权,导致抵押权消灭,而非胜诉权消灭。抵押权消灭后,抵押人请求注销抵押权登记的,人民法院应予支持。

**基本案情:** 2009年8月11日,王某与李某签订协议,约定王某从李某处借款人民币50万元,期限为2009年8月11日至2009年9月10日,期满一次性偿还全部借款。王某将位于北京市通州区的A房屋抵押于李某处。2009年8月12日,王某和李某在通州区建设委员会办理了涉案房屋的抵押登记手续。2015年9月,李某要求王某偿还借款,王某明确表示此借款与王某无关,而是案外人兰某清所借,借款后李某一直都没有找过王某,因此不同意还款。王某起诉至北京市通州区人民法院,认为自己与李某间不存在借款关系,况且李某未在主债权诉讼时效期间行使抵押权,故抵押权不予保护,请求法院判令李某协助王某办理注销通州区A房屋的抵押登记手续。

北京市通州区人民法院一审经审理认为:原告王某与被告李某签订借款协议和房产抵押担保合同,系双方当事人的真实意思表示,王某作为借款人应当按照约定偿还借款。李某作为抵押权人应当在主债权诉讼时效期间内行使抵押权。由于李某无法提供证据证明其在诉讼时效期间内向王某主张权利,亦未提交证据证明王某向李某偿还借款,故上述债权已超过诉讼时效。因李某作为抵押权人未在主债权诉讼时效期间内行使抵押权,故抵押权消灭。现王某要求李某办理解除通州区 A 房屋的抵押登记手续的诉讼请求，法院予以支持。综上，北京市通州区人民法院判决：原告王某与被告李某于本判决生效之日起 7 日内，办理解除王某名下的通州区 A 房屋的抵押登记手续。

李某不服一审判决，向北京市第三中级人民法院提起上诉。北京市第三中级人民法院确认了一审查明的案件事实，认为王某与李某之间的借贷法律关系成立，李某的债权已超过诉讼时效。在主债权已过诉讼时效的前提下，李某的抵押权已消灭，抵押人王某主张解除抵押登记的请求应予支持。关于抵押权消灭的理由，二审法院详细阐释如下：根据《物权法》第 202 条规定："抵押权人应当在主债权诉讼时效期间行使抵押权；未行使的，人民法院不予保护"，该条款中"不予保护"的含义明确依赖于对诉讼时效和抵押权性质的分析。

【案　　号】（2016）京 03 民终 8680 号

【审理法院】北京市第三中级人民法院

【来　　源】《最高人民法院公报》2017 年第 7 期

# 第十七章 抵押权

## 第一节 一般抵押权

> 第三百九十四条 为担保债务的履行，债务人或者第三人不转移财产的占有，将该财产抵押给债权人的，债务人不履行到期债务或者发生当事人约定的实现抵押权的情形，债权人有权就该财产优先受偿。
> 
> 前款规定的债务人或者第三人为抵押人，债权人为抵押权人，提供担保的财产为抵押财产。

### ▶ 关联规定

一、法律、行政法规、司法解释

1.《中华人民共和国城市房地产管理法》

第四十七条 房地产抵押，是指抵押人以其合法的房地产以不转移占有的方式向抵押权人提供债务履行担保的行为。债务人不履行债务时，抵押权人有权依法以抵押的房地产拍卖所得的价款优先受偿。

2.《中华人民共和国海商法》

第十一条 船舶抵押权，是指抵押权人对于抵押人提供的作为债务担保的船舶，在抵押人不履行债务时，可以依法拍卖，从卖得的价款中优先受偿的权利。

3.《国务院办公厅关于完善建设用地使用权转让、出租、抵押二级市场的指导意见》

（十三）放宽对抵押权人的限制。自然人、企业均可作为抵押权人申请以建设用地使用权及其地上建筑物、其他附着物所有权办理不动产抵押相关手续，涉及企业之间债权债务合同的须符合有关法律法规的规定。

4.《最高人民法院关于适用〈中华人民共和国民法典〉有关担保制度的解释》

**第一条** 因抵押、质押、留置、保证等担保发生的纠纷，适用本解释。所有权保留买卖、融资租赁、保理等涉及担保功能发生的纠纷，适用本解释的有关规定。

## 二、部门规章及规范性文件

### 《城市房地产抵押管理办法》

**第三条** 本办法所称房地产抵押，是指抵押人以其合法的房地产以不转移占有的方式向抵押权人提供债务履行担保的行为。债务人不履行债务时，债权人有权依法以抵押的房地产拍卖所得的价款优先受偿。

本办法所称抵押人，是指将依法取得的房地产提供给抵押权人，作为本人或者第三人履行债务担保的公民、法人或者其他组织。

本办法所称抵押权人，是指接受房地产抵押作为债务人履行债务担保的公民、法人或者其他组织。

本办法所称预购商品房贷款抵押，是指购房人在支付首期规定的房价款后，由贷款银行代其支付其余的购房款，将所购商品房抵押给贷款银行作为偿还贷款履行担保的行为。

本办法所称在建工程抵押，是指抵押人为取得在建工程继续建造资金的贷款，以其合法方式取得的土地使用权连同在建工程的投入资产，以不转移占有的方式抵押给贷款银行作为偿还贷款履行担保的行为。

**第五条** 房地产抵押，应当遵循自愿、互利、公平和诚实信用的原则。

依法设定的房地产抵押，受国家法律保护。

## ▶ 条文释义

### 一、本条主旨

本条是关于抵押权概念和特征的规定。

## 二、条文演变

本条与原《物权法》第179条保持一致,未作修改。

## 三、条文解读

### (一)担保物权体系中的抵押权

传统民法关于典型担保物权的体系是以客体为基础展开的,但为了满足不断增长的融资功能,实践中担保物权呈现不断扩张趋势,主要表现为以下两个方面:一是担保财产范围的扩张。其中抵押权的客体从不动产扩张到不动产权利、动产,质押权的客体从动产扩张到集合财产以及知识产权、股权、债权等财产性权利。二是非典型物保入典。根据《民法典》第388条规定,担保合同包括抵押合同、质押合同和其他具有担保功能的合同。所谓其他具有担保功能的合同,主要包括让与担保、所有权保留、融资租赁以及保理等合同,它们本身并不属于担保物权的范畴,但其均以转移所有权或金钱给付请求权等方式发挥担保作用,具有事实上的担保功能,对于能够通过登记等方式进行公示的,认可其具有相当于担保物权的效力。总体上看,《民法典》规定的一般抵押权呈现出以下突出特点。

(1)抵押财产的广泛性。抵押财产包括:一是不动产,在我国土地归国家所有或者集体所有的情况下,不动产主要是指建筑物、其他土地上附着物(如林木、农作物等)以及正在建造的建筑物;二是不动产权利,包括建设用地使用权、通过招拍挂等方式取得并经依法登记取得权属证书的土地承包经营权、海域使用权;三是动产,不仅包括汽车、船舶、航空器等运输工具,还包括生产设备、原材料、半成品、产品;不仅包括现有财产,还包括正在建造的船舶、航空器以及将来财产;不仅包括个别财产,还包括集合财产。在抵押财产的范围上,《民法典》保持了开放性,只要是"法律、行政法规未禁止抵押的其他财产",都可以作为抵押财产,这与权利质押客体的封闭性形成鲜明对比。

(2)公示方法的唯一性。即登记是抵押权物权变动的唯一公示方法,这与抵押权不转移财产占有这一特征密不可分,也是抵押权区别于其他担保物权用益物权的重要特征之一。

(3)物权变动模式的二元性。尽管抵押权均以登记作为公示方法,但在抵押财产为不动产或者不动产权利的情况下，登记是物权变动的生效要件，而在抵押财产为动产的情况下，登记则是对抗要件。

（二）抵押权的特征

抵押权作为最典型的担保物权，具有从属性、特定性、不可分性、物上代位性等特点。

**1. 抵押权具有从属性**

（1）成立上的从属性。抵押权的设立以被担保债权有效成立为前提，抵押权设立时被担保债权不存在或者无效的，原则上抵押权不能有效设立。但为充分发挥抵押权的担保功能，应从宽把握成立上的从属性，如针对附生效条件未成就的未生效债权，就可以设立抵押权。再如，在最高额抵押场合，抵押权设立时被担保债权尽管尚未产生，但在抵押权实现时已经存在的，亦不违反成立上的从属性。值得探讨的是，被担保债权被确认无效的，抵押权是否有效设立？有一种观点认为，被担保债权被宣告无效后，如果当事人基于原债的关系有所给付的，可能产生不当得利返还之债，而该债与原债在经济上具有同一性，仍在抵押权的担保范围之内，并不违反成立上的从属性。我们认为，主合同无效，作为从合同的抵押合同也随之无效；抵押合同无效，抵押权的设立就丧失了依据，因而不能有效设立抵押权。

（2）内容上的从属性。内容上的从属性包括以下几层含义：一是抵押人所应承担的抵押责任，在范围与强度上不得超过主债务人所承担的责任，超过部分无效。二是在抵押合同对抵押权的担保范围没有约定或者约定不明的情况下，抵押权的担保范围随主债务的增减而增减。当然，如果抵押合同对担保范围作出明确约定的，除非事后征得抵押人同意，否则，抵押人仅在约定的担保范围内承担责任，不对增加的债务承担责任。三是除非当事人约定了抵押权实现的事由，否则，只有在被担保债权到期后，抵押权人才能行使抵押权。四是抵押人享有主债务人针对抵押权人的抗辩，如主债权诉讼时效经过的抗辩。

（3）处分上的从属性。此处所谓的处分主要包括两种情形：一是转让；二是再行设定抵押。相应地，抵押权在处分上的从属性，主要包括两种情形：一是抵押权不得与所担保的债权分离而单独转让；二是抵押权不得与所担保的债权分离而作为其他债权的担保。

所谓抵押权不得与所担保的债权分离而单独转让，主要包括以下三种情形：一是抵押权人不得将抵押权单独转让给他人，自己保留债权。否则，单独转让抵押权的行为将因违反《民法典》第407条的强制性规定而无效，受让人不能因此取得抵押权。二是抵押权人不得将全部债权单独转让给他人，自己保留抵押权。抵押权人转让全部债权，但约定自己保留抵押权的，因其完全背离了抵押权的从属性，应当以违反《民法典》第407条的强制性规定为由认定无效，其结果是视同没有约定，抵押权仍随主债权的全部转让而转让。当然，在主债权部分转让的情况下，基于抵押权的不可分性，原则上各债权人应当就其享有的债权份额行使抵押权，但当事人另行约定仍由转让人保留抵押权的，该约定有效。三是抵押权人不得将债权与抵押权分别转让给不同的人。如果抵押权人将主债权转让给甲后，又将抵押权单独转让给乙，如前所述，单独转让抵押权的行为是无效的，另外，抵押权则随主债权的转让而转让，故甲因受让债权而同时取得抵押权，而乙则既不能取得主债权也不能取得抵押权。

所谓抵押权不得与所担保的债权分离而作为其他债权的担保，主要是指抵押权设定后，抵押权人又单独以该抵押权为他人提供担保，设定新的抵押权，而自己保留债权。此种约定一方面因违反《民法典》第407条的强制性规定而无效；另一方面，抵押权作为从属性权利，本身不能再作为抵押财产，用以设定新的抵押权。因而此种约定也因为标的不适格而无效。值得探讨的是，抵押权人在保留抵押权的情况下，能否仅以主债权为客体设定应收账款质押？我们认为，此时抵押权并未与主债权分离，并不违反抵押权的从属性。而且主债权作为一种财产权，可以设定应收账款质权，因而可以设定应收账款质押。只不过在实现质押权时，在质押权人取得债权的情况下，根据抵押权的从属性，其有可能同时取得抵押权。

（4）消灭上的从属性。消灭上的从属性，主债权因清偿、提存、免除、混同、抵销等原因消灭时，抵押权原则上也随之消灭。如在债权和债务混同场合，债的关系原则上归于消灭，但该债权如为他人权利的标的物，如债权人以该债权为他人设立债权质权的，债权并不消灭，相应地，抵押权也不随之消灭。值得探讨的是，主合同被解除时，抵押权是否随之消灭？有一种观点认为，合同被解除，如同从来没有订立过合同，其上的担保当然也随之消灭。我们认为，合同解除制度往往是非违约方针对违约方的严重违约行为所采取的一种救济手段，非违约方在解除合同的同时，还可以主张相应的违约金、损害赔偿等违约责任。此种违约责任性质上属于债权，是由原合同约定的债务转化而来的，二者具有同一性。因而，担保原债权关系的抵押权，同样要担保转化后的违约责任。正因如此，《民法典》第566条第3款规定："主合同解除后，担保人对债务人应当承担的民事责任仍应当承担担保责任，但是担保合同另有约定的除外。"

**2. 抵押权具有特定性**

特定性是物权作为支配权的必然要求。抵押权的特定性包括两层含义：第一，抵押财产特定，这是抵押权作为支配权的必要要求，一般需要抵押权设立时抵押财产就已经特定。但为充分发挥抵押的融资功能，有必要从宽理解抵押财产的特定性，如在浮动抵押场合，以正在建造的建筑物、船舶、航空器抵押的场合。第二，被担保的债权特定，这是由抵押权作为从属性权利的特性决定的。所担保的债权特定，一般是指抵押权设立时就存在一个特定的债权，只有在最高额抵押的情况下，才例外放宽对特定性的要求。

**3. 抵押权具有不可分性**

抵押权的不可分性，指的是不论是抵押物的分割还是主债权的分割，均不影响抵押权的效力，承认抵押权的不可分性有利于加强抵押权的担保作用。

（1）抵押物的不可分性。抵押物的不可分性，是指当抵押物被分割时，抵押权的效力仍然及于分割后的各部分，抵押权人可以就分割后的抵押物行使抵押权。典型的表现是，因继承、合伙解散、企业分立等原因导致抵押物被分割时，抵押权及于分割后的抵押物。至于抵押物因部分灭失或者部分转让而产生的保险金、赔偿金、保险金等代位物或者转让款，则是抵押权的物上代位性作用的结果，不可将其归之于抵押物的不可分性。就此而言，不宜将抵押物的不可分性扩及抵押物部分灭失或者部分转让的情形，否则，就可能混淆了抵押权的不可分性与物上代位性制度。

（2）主债权的不可分性。主债权的不可分性，是指当主债权被分割时，抵押物仍及于分割后的各债权人，各债权人可以就其享有的份额行使抵押权。主要包括两种情形：一是主债权被分割或者部分转让。此时，抵押物仍然为被分割或者部分转让后的全部债权提供担保。只是与被分割前相比，各债权人针对同一个抵押权形成了准共有，从而应当参照有关按份共有的规定，就各自享有的份额行使抵押权。二是主债权部分受偿。此时，已经受偿的债权尽管已经消灭，但抵押物的范围并不作相应缩减，而是仍以全部的抵押物担保剩余的债权。后一种情形，才真正体现了抵押权不可分性对债权人保护的力度。

需要说明的是，主债务的分割或者部分转让，主要涉及担保人应否继续承担责任的问题，而不涉及抵押权效力是否贬损的问题，因而与抵押权不可分性无关。

**4. 抵押权具有物上代位性**

从《民法典》第390条的规定看，抵押权的代位物主要是抵押财产因毁损、灭失或者被征收等原因灭失后，抵押权人可以获得的价值变形物，主要包括保险金、赔偿金或者补偿金等，不包括如下财产。

（1）抵押物的物理变形或者添附物。抵押物毁损灭失后的残留物等物理变形，以及包括担保财产因附合、混合或者加工而形成的附合物、混合物或者加工物，仍然属于抵押物的范畴，故不属于代位物。

（2）转让抵押物所得的价款。《民法典》第390条将产生代位物的事实限于毁损、灭失或者被征收等原因，其共同特征是都导致抵押物所有权的绝对灭失。而转让只是导致所有权主体的变更，并未导致抵押物的灭失，故从文义上看，转让所得价款不属于代位物的范畴。

（3）出租抵押物所得的租金。如前所述，从《民法典》第390条的文义看，代位物同理也不包括租金。尤其需要指出的是，租金性质上属于法定孳息。根据《民法典》第412条的规定，租金作为法定孳息，只有从扣押之日起才归抵押权人所有，而在抵押权实现之前，则应当归抵押人所有。如果不区别情形，将租金作为抵押物的代位物，一律归抵押权人享有，既不符合抵押人在抵押权实现前享有使用、收益权能的法理，也不当地扩大了抵押权的范围，对抵押人不公。

## ▶ 适用指引

本条规定，债权人为抵押权人。但实践中，登记的抵押权人并非实际债权人的情形并不少见。例如，A借款给B，B以其自有房屋设定抵押并办理了抵押登记，后该笔债权经多次转让，C成为债权人，而登记的抵押权人仍然是A。再如，在委托贷款中，甲委托乙银行向丙企业发放贷款，真正的债权人是甲，但登记的抵押权人是乙。在登记的抵押权人并非实际债权人的情况下，谁才是真正的抵押权人？有必要进行具体分析。

## 一、因债权转让而形成的抵押权人与实际债权人分离

在抵押权因债权转让而转让场合，尚未办理抵押权变更登记的，债权受让人能否取得抵押权？有一种观点认为，抵押权转让是基于法律行为而产生的物权变动，抵押权随主债权转移，需要办理变更登记。否则，不论采用登记生效主义还是登记对抗主义，未经登记，受让人或者不能取得抵押权，或者不得对抗善意第三人。我们认为，即便尚未办理抵押权变更登记手续，也应当将债权受让人认定为实际抵押权人，主要理由如下。

一是从抵押权的从属性看。抵押权的从属性决定了抵押权不得与主债权分离而单独转让，因此不存在抵押权因转让而发生物权变动问题。事实上，此时之所以出现抵押权人与实际债权人不一致的局面，是因为主债权转让所致，而非抵押权本身转让所致。

二是从担保物权的担保对象看。担保法律关系尽管发生在担保人与债权人之间，但担保人之所以愿意提供担保，是因为其与债务人之间具有某种特定关系，此种关系或为委托，或为赠与，或为无因管理。也就是说，担保人是为债务人提供担保，因而债务人的变动往往会影响担保的变动，而债权人的变动一般不影响担保的变动，除非法律有特别规定，如《民法典》第421条规定，最高额抵押担保的债权确定前，部分债权转让的，最高额抵押权不得转让；或者当事人有特别约定，如约定专为特定的债权人提供担保。

三是从债权转让看。根据《民法典》第547条的规定，债权人既然已经将包括抵押权在内的债权转让给受让人，自然不能再主张仍然享有抵押权；而债权转让后，受让人自然取代原债权人的地位，享有对原债务人包括抵押权等从权利在内的一切权利。债权转让一经通知债务人，就对债务人产生效力，债务人当然也不得以抵押权未履行转移登记手续为由提出抗辩。因而受让人可以主债务人、抵押人为共同被告提起诉讼，无须追加名义上的抵押权人作为第三人参加诉讼。当然，为便于查明事实，债权人也可以申请登记的抵押权人作为第三人参加诉讼。

四是从公示的性质看。一方面，一般债权人因为相信登记，从而认为登记的抵押权人应该是真正的权利人，法律应当保护此种信赖，这就涉及如何理解外观主义以及登记的性质和效力问题。在权利变动场合，外观主义对应的是公信原则。所谓公信原则，是指对于通过法定公示方法所公示出来的权利状态，

相对人有合理理由相信其为真实权利状态，并与登记权利人进行交易的，法律应当保护此种信赖。其是在动态交易安全与静态财产安全发生冲突时，优先保护动态交易安全的一种制度安排。在抵押权人与实际债权人不一致场合，外观主义表现为，登记的抵押权人将其抵押权转让给他人场合，他人因相信其为真正权利人而受让抵押权的，法律应当保护此种信赖。但如前所述，抵押权不得与主债权分离而单独转让，故实践中基本不可能存在因抵押权人的无权处分而使相对人善意取得抵押权的情形。另外，一般债权人并非交易当事人，谈不上合理信赖与交易安全保护问题，此时仅涉及如何确定公示的效力问题。根据《民法典》第216条第1款规定，不动产登记簿记载的权利人，可以推定为真正权利人，但真正权利人可以通过举反证推翻此种推定，其方式既可以是提起确权之诉，也可以是提起执行异议之诉。在抵押权人与实际债权人不一致场合，实际债权人就可以通过举证证明存在债权转让等事实证明其是真正权利人，从而推翻此种推定。

## 二、因委托贷款而形成的抵押权人与实际债权人分离

委托贷款的通常交易模式是，甲企业委托乙银行向丙企业贷款。其中，甲企业提供资金；乙银行根据委托人甲企业确定的贷款对象、用途、金额、期限、利率等代为发放并协助收回贷款，并收取一定的手续费；丙企业作为用款人，根据约定还本付息。实践中，通常由三方签订《委托贷款合同》，丙方提供抵押的，抵押权登记在乙银行名下，从而出现登记的抵押权与实际债权人相分离的情形。此时，抵押权究竟属于受托人乙银行，还是委托人甲企业？有一种观点认为，委托企业与受托银行之间属于委托关系，此种关系性质上属于债的关系。因而，当抵押权登记在受托人名下时，委托人只能请求受托人办理转移登记，而不能直接请求确认其享有抵押权，否则，就与债的关系的性质不相符合了。另外，抵押尤其是不动产抵押实行登记生效主义，未经登记不能设立抵押权。因此，抵押权登记在受托人名下，受托人就享有抵押权；而委托人因为没有完成登记，所以不享有抵押权。我们认为，前述观点并不妥当，应当根据当事人之间的实际权利义务关系确定抵押权的归属，认定委托人为实际抵押权人，主要理由有以下几点。

一是借款人也不能以抵押权人是受托银行为由对抗委托人。在委托贷款合同中，借款人在订立合同时明知委托企业与受托银行之间属于代理关系，根据

《民法典》第925条的规定，该合同直接约束委托人与借款人，借款人不能以委托人并非登记的抵押权人进行抗辩。

二是受托人不能以其是登记的抵押权人为由对抗委托人。就委托企业与受托银行的关系来说，双方属于委托关系。根据《民法典》第927条的规定，受托人因委托合同所取得的财产如抵押权，理应归委托人所有，受托银行不能以其是登记的抵押权人为由来对抗委托企业。

三是委托合同不是导致物权变动的合同，故不适用物权变动规则。前述观点的核心理由在于，基于法律行为的物权变动尤其是不动产物权变动要采登记生效主义，委托人因为没有登记为抵押权人，故不是真正的抵押权人。我们认为，这是错误地理解了物权变动的概念。所谓基于法律行为的物权变动，主要是指该法律行为是导致物权变动的原因，如因抵押合同而设立抵押权，在抵押合同中，如果未办理抵押登记，债权人也只能基于抵押合同主张相应的权利，不能请求确认享有抵押权。但委托合同是委托人与受托人约定，由受托人处理委托人事务的合同，本身不以导致物权变动为目的，因而不是物权变动的原因，当然不适用物权变动规则。此时，不论是基于权利义务相一致原则，还是基于受托人应当将取得的财产转交委托人的规则，还是基于诚信原则，都应当认定委托人是实际权利人。

《民法典担保制度解释》第4条对该问题作出了明确规定："有下列情形之一，当事人将担保物权登记在他人名下，债务人不履行到期债务或者发生当事人约定的实现担保物权的情形，债权人或者其受托人主张就该财产优先受偿的，人民法院依法予以支持：（一）为债券持有人提供的担保物权登记在债券受托管理人名下；（二）为委托贷款人提供的担保物权登记在受托人名下；（三）担保人知道债权人与他人之间存在委托关系的其他情形。"

## ▶ 类案检索

一、王某海、安徽国瑞投资集团有限公司诉安徽省阳光半岛文化发展有限公司、芜湖首创房地产开发有限公司民间借贷纠纷案

**关键词：** 抵押登记　担保合同从属性

**裁判摘要：** 阳光半岛公司与王某海签订《借款合同》后，因为当地抵押登

记部门不准许将土地使用权抵押登记在自然人名下,双方为了履行《借款合同》关于"由借款人提供其名下不低于500亩土地使用权作为还款的担保并进行抵押登记,另行签订《土地抵押合同》"的约定,同意由阳光半岛公司与国瑞公司签订《土地抵押合同》,将案涉土地使用权抵押登记在国瑞公司名下,并明确载明为《借款合同》的债权人王某海的债权提供抵押担保。在抵押登记制度不健全,抵押登记部门不准予将土地使用权抵押登记在自然人名下的情形下,阳光半岛公司与王某海之间的《借款合同》提供抵押担保,实质是阳光半岛公司与王某海为了履行双方之间的《借款合同》而作的一种交易安排,体现了阳光半岛公司与王某海以案涉土地使用权为双方之间的借款提供抵押担保的真实意思表示,且不违反法律、行政法规的强制性规定。故案涉《借款合同》《土地抵押合同》均属合法有效。阳光半岛公司与国瑞公司《土地抵押合同》的目的并非将案涉土地使用权抵押给国瑞公司,而是以案涉土地使用权为阳光半岛公司向王某海的借款提供抵押担保。即阳光半岛公司是将案涉土地使用权抵押给《借款合同》的债权人王某海,以履行其与王某海之间的《借款合同》,实现向王某海借款的合同目的,故《土地抵押合同》附属于阳光半岛公司与王某海之间《借款合同》存在的从合同,符合担保物权从属性的规定。最后,阳光半岛公司与王某海安排国瑞公司签订《土地抵押合同》,并以国瑞公司名义办理抵押登记,表明在案涉土地使用权上面存在担保物权的权利负担,对外具有公示公信作用。而阳光半岛公司与国瑞公司之间《土地抵押合同》关于案涉土地使用权为王某海债权提供抵押担保的约定,对于阳光半岛公司、国瑞公司和王某海内部之间具有约束力。在没有信赖登记的善意第三人主张权利的情形下,应依据当事人约定来确定权利归属。根据《土地抵押合同》约定,王某海为案涉土地使用权的实际抵押权人,国瑞公司只是名义上抵押权人,对案涉土地使用权不享有抵押权,且国瑞公司在诉讼中也未主张任何权利。因登记制度不健全、登记部门不准予将土地使用权抵押登记在自然人名下原因,导致本案债权人与登记上的抵押权人形式上不一致,实质上债权人和抵押权人仍为同一人,并不产生抵押权与债权实质上分离。故王某海作为本案债权人享有案涉土地使用权的抵押权,符合《物权法》第179条关于抵押权的一般规定。

【案　　号】(2015)民一终字第107号

【审理法院】最高人民法院

【来　　源】中国裁判文书网

## 二、辜某亮诉郑某绢、郑谢某贵、钟某信民间借贷纠纷案

**关键词：** 抵押权设立　抵押登记

**裁判摘要：** 郑某娟在签订涉案《抵押借款合同》前，已通过分家协议的方式，成为涉案7-13号房屋的实际所有权人，其对该房屋按照自己的意愿进行处分，如设定抵押等，并不违背《分家协议书》中的约定。虽然未能及时办理过户手续，但郑某娟在此情形下在该房屋上设定抵押权并未损害房屋登记权利人郑谢某贵的实际利益，也无证据证明损害了第三人的合法权益。涉案7-13号房屋已在登记机关办理了抵押权登记手续，应当保护已登记的抵押权人辜某亮的权益。如果房屋登记所有权人郑谢某贵认为该抵押权损害了其合法权益，可依法向侵权行为人请求赔偿。

【案　　号】（2017）最高法民再380号

【审理法院】最高人民法院

【来　　源】中国裁判文书网

第三百九十五条　债务人或者第三人有权处分的下列财产可以抵押：

（一）建筑物和其他土地附着物；

（二）建设用地使用权；

（三）海域使用权；

（四）生产设备、原材料、半成品、产品；

（五）正在建造的建筑物、船舶、航空器；

（六）交通运输工具；

（七）法律、行政法规未禁止抵押的其他财产。

抵押人可以将前款所列财产一并抵押。

## 关联规定

一、法律、行政法规、司法解释

1.《中华人民共和国民法典》

**第三百四十二条**　通过招标、拍卖、公开协商等方式承包农村土地，经依法登记取得权属证书的，可以依法采取出租、入股、抵押或者其他方式流转土地经营权。

**第三百五十三条**　建设用地使用权人有权将建设用地使用权转让、互换、出资、赠与或者抵押，但是法律另有规定的除外。

2.《中华人民共和国土地管理法》

**第六十三条**　土地利用总体规划、城乡规划确定为工业、商业等经营性用途，并经依法登记的集体经营性建设用地，土地所有权人可以通过出让、出租等方式交由单位或者个人使用，并应当签订书面合同，载明土地界址、面积、动工期限、使用期限、土地用途、规划条件和双方其他权利义务。

前款规定的集体经营性建设用地出让、出租等，应当经本集体经济组织成员的村民会议三分之二以上成员或者三分之二以上村民代表的同意。

通过出让等方式取得的集体经营性建设用地使用权可以转让、互换、出资、赠与或者抵押，但法律、行政法规另有规定或者土地所有权人、土地使用权人签订的书面合同另有约定的除外。

集体经营性建设用地的出租，集体建设用地使用权的出让及其最高年限、转让、互换、出资、赠与、抵押等，参照同类用途的国有建设用地执行。具体办法由国务院制定。

3.《中华人民共和国农村土地承包法》

**第四十七条** 承包方可以用承包地的土地经营权向金融机构融资担保，并向发包方备案。受让方通过流转取得的土地经营权，经承包方书面同意并向发包方备案，可以向金融机构融资担保。担保物权自融资担保合同生效时设立。当事人可以向登记机构申请登记；未经登记，不得对抗善意第三人。

实现担保物权时，担保物权人有权就土地经营权优先受偿。

土地经营权融资担保办法由国务院有关部门规定。

4.《中华人民共和国城市房地产管理法》

**第四十八条** 依法取得的房屋所有权连同该房屋占用范围内的土地使用权，可以设定抵押权。

以出让方式取得的土地使用权，可以设定抵押权。

**第五十一条** 设定房地产抵押权的土地使用权是以划拨方式取得的，依法拍卖该房地产后，应当从拍卖所得的价款中缴纳相当于应缴纳的土地使用权出让金的款额后，抵押权人方可优先受偿。

5.《中华人民共和国海域使用管理法》

**第二十七条** 因企业合并、分立或者与他人合资、合作经营，变更海域使用权人的，需经原批准用海的人民政府批准。

海域使用权可以依法转让。海域使用权转让的具体办法，由国务院规定。

海域使用权可以依法继承。

6.《中华人民共和国矿产资源法》

**第六条** 除按下列规定可以转让外，探矿权、采矿权不得转让：

（一）探矿权人有权在划定的勘查作业区内进行规定的勘查作业，有权优先取得勘查作业区内矿产资源的采矿权。探矿权人在完成规定的最低勘查投入后，经依法批准，可以将探矿权转让他人。

（二）已取得采矿权的矿山企业，因企业合并、分立，与他人合资、合作经营，或者因企业资产出售以及有其他变更企业资产产权的情形而需要变更采矿权主体的，经依法批准可以将采矿权转让他人采矿。

前款规定的具体办法和实施步骤由国务院规定。

禁止将探矿权、采矿权倒卖牟利。

**7.《城镇国有土地使用权出让和转让暂行条例》**

第四条　依照本条例的规定取得土地使用权的土地使用者，其使用权在使用年限内可以转让、出租、抵押或者用于其他经济活动，合法权益受国家法律保护。

第四十四条　划拨土地使用权，除本条例第四十五条规定的情况外，不得转让、出租、抵押。

第四十五条　符合下列条件的，经市、县人民政府土地管理部门和房产管理部门批准，其划拨土地使用权和地上建筑物、其他附着物所有权可以转让、出租、抵押：

（一）土地使用者为公司、企业、其他经济组织和个人；

（二）领有国有土地使用证；

（三）具有地上建筑物、其他附着物合法的产权证明；

（四）依照本条例第二章的规定签订土地使用权出让合同，向当地市、县人民政府补交土地使用权出让金或者以转让、出租、抵押所获收益抵交土地使用权出让金。

转让、出租、抵押前款划拨土地使用权的，分别依照本条例第三章、第四章和第五章的规定办理。

第四十六条　对未经批准擅自转让、出租、抵押划拨土地使用权的单位和个人，市、县人民政府土地管理部门应当没收其非法收入，并根据情节处以罚款。

**8.《取水许可和水资源费征收管理条例》**

第二十七条　依法获得取水权的单位或者个人，通过调整产品和产业结构、改革工艺、节水等措施节约水资源的，在取水许可的有效期和取水限额内，经原审批机关批准，可以依法有偿转让其节约的水资源，并到原审批机关办理取水权变更手续。具体办法由国务院水行政主管部门制定。

9.《国务院办公厅关于完善建设用地使用权转让、出租、抵押二级市场的指导意见》

（十二）明确不同权能建设用地使用权抵押的条件。以划拨方式取得的建设用地使用权可以依法依规设定抵押权，划拨土地抵押权实现时应优先缴纳土地出让收入。以出让、作价出资或入股等方式取得的建设用地使用权可以设定抵押权。以租赁方式取得的建设用地使用权，承租人在按规定支付土地租金并完成开发建设后，根据租赁合同约定，其地上建筑物、其他附着物连同土地可以依法一并抵押。

（十四）依法保障抵押权能。探索允许不以公益为目的的养老、教育等社会领域企业以有偿取得的建设用地使用权、设施等财产进行抵押融资。各地要进一步完善抵押权实现后保障原有经营活动持续稳定的配套措施，确保土地用途不改变、利益相关人权益不受损。探索建立建设用地使用权抵押风险提示机制和抵押资金监管机制，防控市场风险。

10.《最高人民法院关于适用〈中华人民共和国民法典〉有关担保制度的解释》

第五十条　抵押人以划拨建设用地上的建筑物抵押，当事人以该建设用地使用权不能抵押或者未办理批准手续为由主张抵押合同无效或者不生效的，人民法院不予支持。抵押权依法实现时，拍卖、变卖建筑物所得的价款，应当优先用于补缴建设用地使用权出让金。

当事人以划拨方式取得的建设用地使用权抵押，抵押人以未办理批准手续为由主张抵押合同无效或者不生效的，人民法院不予支持。已经依法办理抵押登记，抵押权人主张行使抵押权的，人民法院应予支持。抵押权依法实现时所得的价款，参照前款有关规定处理。

11.《最高人民法院关于审理矿业权纠纷案件适用法律若干问题的解释》

第十四条　矿业权人为担保自己或者他人债务的履行，将矿业权抵押给债权人的，抵押合同自依法成立之日起生效，但法律、行政法规规定不得抵押的除外。

当事人仅以未经主管部门批准或者登记、备案为由请求确认抵押合同无效的，人民法院不予支持。

第十五条　当事人请求确认矿业权之抵押权自依法登记时设立的，人民法院应予支持。

颁发矿产资源勘查许可证或者采矿许可证的自然资源主管部门根据相关规定办理的矿业权抵押备案手续，视为前款规定的登记。

## 二、部门规章及规范性文件

### 1.《城市房地产抵押管理办法》

**第十三条** 国有企业、事业单位法人以国家授予其经营管理的房地产抵押的，应当符合国有资产管理的有关规定。

**第十四条** 以集体所有制企业的房地产抵押的，必须经集体所有制企业职工（代表）大会通过，并报其上级主管机关备案。

**第十五条** 以外商投资企业的房地产抵押的，必须经董事会通过，但企业章程另有规定的除外。

**第十六条** 以有限责任公司、股份有限公司的房地产抵押的，必须经董事会或者股东大会通过，但企业章程另有规定的除外。

**第十七条** 有经营期限的企业以其所有的房地产设定抵押的，所担保债务的履行期限不应当超过该企业的经营期限。

**第十八条** 以具有土地使用年限的房地产设定抵押的，所担保债务的履行期限不得超过土地使用权出让合同规定的使用年限减去已经使用年限后的剩余年限。

**第十九条** 以共有的房地产抵押的，抵押人应当事先征得其他共有人的书面同意。

**第二十条** 预购商品房贷款抵押的，商品房开发项目必须符合房地产转让条件并取得商品房预售许可证。

**第二十一条** 以已出租的房地产抵押的，抵押人应当将租赁情况告知抵押权人，并将抵押情况告知承租人。原租赁合同继续有效。

### 2.《水域滩涂养殖发证登记办法》

**第九条** 依法转让国家所有水域、滩涂的养殖权的，应当持原养殖证，依照本章规定重新办理发证登记。

### 3.《海域使用权管理规定》

**第二条** 海域使用权的申请审批、招标、拍卖、转让、出租和抵押，适用本规定。

**第四十二条** 有下列情形之一的，海域使用权不得出租、抵押：

（一）权属不清或者权属有争议的；

（二）未按规定缴纳海域使用金、改变海域用途等违法用海的；

（三）油气及其他海洋矿产资源勘查开采的；

（四）海洋行政主管部门认为不能出租、抵押的。

**第四十三条** 海域使用权出租、抵押的，双方当事人应当到原登记机关办理登记手续。

### 三、司法指导性文件

**《最高人民法院关于"应该对〈担保法〉第四十三条和〈物权法〉第一百八十条列明的其他财产做抵押时其抵押权设立的要件进行明确"问题的答复》**

三、关于以《物权法》第一百八十条第（七）项"法律、行政法规未禁止抵押的其他财产"设立抵押权成立要件问题

《物权法》第一百八十条第（七）项以"法律、行政法规未禁止抵押的其他财产"作为可以设立抵押财产的兜底条款，意在放宽抵押权的设定范围，以适应不断变化的经济生活需要。

关于抵押权设定与登记之间的关系，物权法规定了登记生效和登记对抗两种方式。虽然该法未对"法律、行政法规未禁止抵押的其他财产"设定抵押时的登记效力进行明确，但基于"相类似之事件应为相同之处理"的法律适用原理，应对其他财产抵押视各该财产的性质，区分动产、不动产及基于此上的权利，类推适用相类似的规定。根据这种理解，如果当事人使用的"其他财产"属于不动产或不动产上的权利作为抵押，即可参照该法第一百八十七条的规定，将其理解为登记时设立抵押权；如果当事人使用的"其他财产"性质上属于动产，则可参照该法第一百八十八条和第一百八十九条的规定，将其理解为登记产生对抗效力。

## ▶ 条文释义

### 一、本条主旨

本条是关于抵押财产范围的规定。

## 二、条文演变

本条由原《物权法》第 180 条修改而来。在原《物权法》第 180 条的基础上，删去了第 1 款第 3 项"以招标、拍卖、公开协商等方式取得的荒地等土地承包经营权"，增加了"海域使用权"的规定。

## 三、条文解读

（一）抵押财产的特征

抵押权要通过折价、拍卖或者变卖等方式来实现，这就要求抵押财产需要具备以下特征。

一是抵押人须对该财产享有处分权。抵押人以不属于自己的财产设定抵押的，构成无权处分，除非构成善意取得，否则不能设立抵押权。处分权受限制的财产，如依法被查封、扣押、监管的财产；处分权不明的财产，如所有权、使用权不明或者有争议的财产，均不能设定抵押权。

二是具有可流通性。土地所有权、公益设施以及宅基地、自留山、自留地等集体所有土地的使用权等财产，之所以不能作为抵押权的客体，就是因为其不具有可流通性。同理，禁止流通物因其不具有流通性，也不能成为抵押权的客体。限制流通物，尽管其流通受限，但毕竟具有可流通性，因此可以成为抵押权的客体，只是在实现时要归特定主体所有。

三是具有独立性。不具有独立性的权利，如抵押权本身不能成为抵押权的标的。地役权也不得单独抵押，必须与土地经营权、建设用地使用权等一并抵押。

四是具有开放性。在抵押权客体问题上，《民法典》秉持"法无禁止皆可为"原则。随着经济社会的不断发展，各种新型权利的不断产生，将会有越来越多的财产能够作为抵押权的客体，这与权利质押客体的封闭性形成鲜明对比。

（二）可以的抵押财产

关于抵押财产的范围，《民法典》从正反两个方面进行了规定：本条从正面规定哪些财产可以抵押，而第 399 条则从反面规定哪些财产不得抵押。可以抵押的财产主要包括不动产、动产以及不动产权利三大类。

1. **不动产**

（1）建筑物。在我国，土地本身不能成为抵押财产，能够作为抵押财产的不动产主要是地上附着物，包括建筑物和其他土地附着物两种类型，建筑物是抵押财产的主要形态。建筑物不仅包括用于居住的房屋，还包括其他非用于居住的建筑物，如桥梁、地窖、水塔、涵洞、水道、索道、砖瓦窑、烟囱、游泳池、纪念碑、单体立柱广告牌等人工构筑物。在海上建造各种建筑物，如码头、海上栈桥、固定灯塔、跨海大桥、海底隧道等也属于建筑物的范畴。

（2）在建工程。一般来说，作为抵押财产的建筑物指经合法建造并已经取得所有权的建筑物，违法建筑或者尚未取得所有权的建筑，不能成为抵押权的标的。但为充分发挥建筑物的融资功能，我国法律允许正在建造的建筑物作为抵押财产，构成抵押物特定性的例外。正在建造的建筑物即在建工程，在建工程一经建造完毕，建设单位基于合法建造原始取得所有权，因而如果能如期完工，尚可将其视为建筑物的向前延伸。当在建工程是房地产时，在建工程抵押与预购商品房抵押有密切关系。在商品房预售场合，在房屋过户登记前，买受人享有的仅是请求开发商交付房屋的债权，故抵押财产是买受人对开发商享有的请求交付房屋的债权，其登记属于预告登记。

（3）其他土地附着物。建筑物以外的其他土地附着物，主要是指尚未与土地分离的、土地使用权人栽种的林木、农作物等作物。这些土地附着物一旦与土地分离，就成为独立的物，从而成为动产抵押权的客体。

2. **动产**

动产作为抵押财产时，采登记对抗主义模式，这构成动产物权变动以交付作为公示方法的法定例外情形。实践中，能够作为抵押财产的动产主要包括如下情形：一是交通运输工具。主要包括船舶、航空器、机动车。交通工具的价值往往较大，又有相应的主管部门进行登记，其登记不仅是物权变动的公示方法，而是具有很强的公法上的效力。二是正在建造的船舶、航空器。交通运输工具中，船舶、航空器的价值尤其巨大，为充分发挥融资功能，我国法律认可其作为抵押财产。三是生产设备、原材料、半成品、产品等浮动抵押物。根据《民法典》第396条的规定，能够设定浮动抵押的主体只能是企业、个体工商户以及农业生产经营者。作为浮动抵押客体的财产，不仅包括现有的生产设备、原材料、半成品、产品，还包括将来可能有的生产设备、原材料、半成品、产品。

### 3. 不动产权利

能够作为抵押权客体的权利，主要是不动产权利中的用益物权。但并非所有用益物权均可作为抵押财产，因此，还应作具体分析。

（1）土地经营权。随着农村土地"三权分置"改革的推进及落地，土地承包经营权中的土地承包权和土地经营权相对分离，其中土地承包权相对固定，但土地经营权可以自由转让，从而使得《民法典》与原《物权法》的规定相比，呈现出如下特点。

一是抵押权利从土地承包经营权缩减至土地经营权。根据《农村土地承包法》第36条之规定，承包方可以自主决定依法采取出租（转包）、入股或者其他方式流转土地经营权，并向发包方备案。其第47条规定，承包方可以用承包地的经营权向金融机构融资担保。可见，土地承包权尽管不能流转，但其中的经营权可以自由流转，其中当然也包括可以自由设定抵押。

二是抵押财产的范围从"四荒"用地扩及所有的农村土地。此前，只有通过招标、拍卖、公开协商等方式取得的"四荒"土地承包经营权才能够作为抵押财产，但在土地经营权可以自由流转的情况下，作为抵押财产范围的农地扩及所有的农地。且根据《民法典》第342条的规定，通过招标、拍卖、公开协商等方式取得承包农村土地，依法登记取得权属证书的，可以依法采取出租、入股、抵押或者其他方式流转土地经营权。

三是抵押人的范围从承包方扩及土地经营权的受让人。《农村土地承包法》第47条规定，受让方通过流转取得土地经营权的，经承包方书面同意并向发包方备案，可以向融资机构提供融资担保。

（2）建设用地使用权。建设用地包括国有建设用地和集体建设用地。原始取得国有建设用地使用权包括出让和划拨两种方式，其中出让又包括以招标、拍卖、挂牌等竞争性方式出让和协议出让两种。通过出让方式取得的国有土地使用权后，建设用地使用权人可以通过转让、互换、出资、赠与或者抵押等方式进行处分，当然可以作为抵押财产。值得探讨的是通过划拨方式取得的国有土地使用权能否设定抵押。从《城镇国有土地使用权出让和转让暂行条例》第44条、第45条之规定看，其上没有房地产等附着物的划拨国有土地使用权，不能单独设定抵押；其上有附着物的划拨国有土地使用权，只有先转为出让土地使用权后，即依照相关规定签订土地使用权出让合同，向当地市县人民政府补交土地出让金或者以抵押所获收益抵交土地出让金后才能设定抵押。反之，在未签订土地使用权出让合同并补交土地出让金的情况下，划拨土地使用权是不能设定抵押的。但《城市房地产管理法》第 51 条规定："设定房地产抵押权的土地使用权是以划拨方式取得的，依法拍卖该房产后，应当从拍卖所得的价款中缴纳相当于应缴纳的土地使用权出让金的款额后，抵押权人方可优先受偿。"据此，划拨的土地使用权无须先转为出让土地使用权，也可以直接设定抵押，只是在抵押权实现时将所得价款优先用于缴纳应缴纳的土地出让金。总之，划拨土地使用权不能单独设定抵押，但其上有附着物的可以设定抵押，但抵押权实现时应将所得价款优先用于缴纳应缴的出让金。

（3）海域使用权。海域使用权作为一种独立的用益物权，根据《海域使用管理法》第 27 条的规定，可以依法转让，具有流通性，可以成为抵押权的客体。但海域使用权并非单一的物权类型，而是一系列物权的总称。从《海域使用管理法》第 25 条的规定看，根据用途的不同，海域使用权包括养殖用海权、拆船用海权、旅游用海权、娱乐用海权、矿业用海权（探矿用海权、采矿用海权）、公益事业用海权（如海底电缆用海权、海底管线用海权）、建设工程用海权（如修建港口、船厂）。并且，海域使用权确实可为现行的用益物权或者准物权如土地承包经营权、建设用地使用权以及养殖权、捕捞权、矿业权等涵盖，但从管理的角度看，将海域交由一个部门统一管理，统筹各种用途，有利于实现海域的集约化利用。

（4）准物权。《民法典》第 329 条规定："依法取得的探矿权、采矿权、取水权和使用水域、滩涂从事养殖、捕捞的权利受法律保护。"该条规定中的矿业权（探矿权、采矿权）、取水权、渔业权（养殖权、捕捞权）等权利都属于准物权的范畴，它们既具有物权的属性，但又与典型物权不同。这些权利客体不完全特定、权利构成具有复合性、权利取得往往基于行政许可，而且在物权效力如排他性、追及力等方面也较典型物权有所不同。但这些权利实行法定主义，大多来源于法律的明确规定，且具有支配力、对抗力，能够通过物权请求权进行保护，因而仍然可将其归入物权的范畴。

关于矿业权。1986 年公布的《矿产资源法》第 3 条第 4 款规定："采矿权不得买卖、出租、不得用作抵押。"但 2009 年修正后的《矿产资源法》第 6 条第 1 款规定，探矿权人在完成规定的最低勘查投入后，可以将探矿权转让给他人；已取得采矿权的矿山企业，因企业合并、分立，与他人合资、合作经营，或者因企业资产出售以及有其他变更企业资产产权的情形而需要变更采矿权主体的，经依法批准可以将采矿权转让他人采矿。据此，矿业权在满足一定条件的情况下是可以转让的。既然允许转让，当然也就允许设定抵押，只是需要履行报批手续。

关于取水权。《取水许可和水资源费征收管理条例》第 27 条规定，依法获得取水权的单位或者个人，在取水许可的有效期和取水限额内，经原审批机关批准，可以依法有偿转让其节约的水资源，并到原审批机关办理取水权变更手续。可见，取水权在一定条件也是允许转让的。既然允许转让，自然也允许抵押。当然，转让与抵押同样需要履行报批手续。

关于养殖权。《渔业法》未明文规定养殖权能否转让，实践中因养殖权人承包的水面（含滩涂）转让、养殖权人转换职业、养殖权人丧失从事养殖业的能力等原因需要转让养殖权的，法律并无禁止的必要。有鉴于此，《水域滩涂养殖发证登记办法》第 9 条规定："依法转让国家所有水域、滩涂的养殖权的，应当持原养殖证，依照本章规定重新办理发证登记。"该办法第 13 条第 1 款规定："农民集体所有或者国家所有依法由农民集体使用的水域、滩涂，以家庭承包方式用于养殖生产，在承包期内采取转包、出租、入股方式流转水域滩涂养殖权的，不需要重新办理发证登记。"既然允许养殖权转让，同理也应当允许设定抵押。

关于捕捞权。捕捞权也属于渔业权的范畴。《渔业法》第 23 条第 2 款规定："捕捞许可证不得买卖、出租和以其他形式转让，不得涂改、伪造、变造。"该条究竟是禁止转让捕捞证还是禁止转让捕捞权，存在不同理解。我们认为，从解释论看，似应将其理解为禁止转让、出租捕捞权，否则，纯粹的禁止捕捞许可证买卖、出租并无实质意义。但捕捞权作为一种财产权，并无特别限制的必要。且从比较法的角度看，捕捞配额具有可转让性也是国际通例。因此，从立法看，不无进一步探讨的余地。

### （三）共同抵押

所谓共同抵押，是指为担保同一个债权而在数项抵押财产上设立的抵押，即数个抵押权担保同一个债权。数个抵押，从抵押人的角度看，既可以是债务人以数项财产设立的抵押，也可以是债务人与第三人以各自的财产设立抵押；从抵押财产的角度看，可以是数个不动产、动产或者不动产权利；从抵押权性质的角度看，可以是一般抵押权、最高额抵押或者浮动抵押。关于共同抵押性质上是一个抵押还是数个抵押，存在不同认识。一般认为，共同抵押是数个抵押，从而使其区别于财团抵押。

## ▶ 典型案例

### 工银金融租赁有限公司诉山西离柳焦煤集团有限公司融资租赁合同纠纷案

**关键词**：探矿权、采矿权抵押　登记生效主义　抵押财产范围

**裁判摘要**：矿产资源是指由地质作用形成的，具有利用价值，呈固态、液态、气态的自然资源。根据《矿产资源法》《物权法》等法律规定，矿产资源属于国家所有。国家在保留矿产资源所有权的基础上，将矿产资源的勘查、开采以有偿使用的方式出让给具有相应资质的申请人，并向申请人颁发矿产资源勘查许可证或者开采许可证，获得许可证的申请人即享有相应矿区的探矿权或者开采权。《物权法》第123条关于"依法取得的探矿权、采矿权、取水权和使用水域、滩涂从事养殖、捕捞的权利受法律保护"的规定，明确了探矿权、采矿权作为用益物权的法律属性。但《物权法》并没有明确规定探矿权、采矿权系不动产，亦没有关于探矿权、采矿权抵押登记的明确规定。参照国家部委的相关规定以及社会对矿产资源的一般理解，矿产资源可视为土地附着物，矿业权适用不动产法律法规予以调整。根据《物权法》第9条第1款"不动产物权的设立、变更、转让和消灭，经依法登记，发生效力；未经登记，不发生效力，但法律另有规定的除外"，第180条第1款"债务人或者第三人有权处分的下列财产可以抵押：（一）建筑物和其他土地附着物……"第187条"以本法第一百八十条第一款第一项至第三项规定的财产或者第五项规定的正在建造的建筑物抵押的，应当办理抵押登记。抵押权自登记时设立"的规定，矿产资源作为土地附着物，探矿权、采矿权抵押应遵循登记生效主义原则，抵押权应自登记时设立。

**基本案情**：矿产资源是指由地质作用形成的，具有利用价值的，呈固态、液态、气态的自然资源。根据《矿产资源法》《物权法》等法律规定，矿产资

源属于国家所有。国家在保留矿产资源所有权基础上,将矿产资源的勘查、开采以有偿使用的方式出让给具有相应资质的申请人,并向申请人颁发矿产资源勘查许可证或者开采许可证,获得许可证的申请人即享有相应矿区的探矿权或者采矿权。《物权法》第123条关于"依法取得的探矿权、采矿权、取水权和使用水域、滩涂从事养殖、捕捞的权利受法律保护"的规定,明确了探矿权、采矿权作为用益物权的法律属性。但《物权法》并没有明确规定探矿权、采矿权系不动产,亦没有关于探矿权、采矿权抵押登记的明确规定,从而导致实践中对矿业权抵押问题的不同认识和差别化处理。

《矿业权出让转让管理暂行规定》(国土资发〔2000〕309号)第3条第1款规定:"探矿权、采矿权为财产权,统称为矿业权,适用于不动产法律法规的调整原则。"《增值税暂行条例实施细则》第23条规定:"条例第十条第(一)项和本细则所称非增值税应税项目,是指提供非增值税应税劳务、转让无形资产、销售不动产和不动产在建工程。前款所称不动产是指不能移动或者移动后会引起性质、形状改变的财产,包括建筑物、构筑物和其他土地附着物……"《财政部、国家税务总局关于固定资产进项税额抵扣问题的通知》(财税〔2009〕113号)规定:"《中华人民共和国增值税暂行条例实施细则》第二十三条第二款所称建筑物,是指供人们在其内生产、生活和其他活动的房屋或者场所,……所称其他土地附着物,是指矿产资源及土地上生长的植物。"参照国家相关部委的上述规定以及社会对矿产资源的一般理解,矿产资源可视为土地附着物,矿业权适用不动产法律法规予以调整。因此,在法律、行政法规没有另外规定的情况下,上述部委的规章、规范性文件可以作为认定矿产资源及矿业权属性的重要参考。

根据《物权法》第9条第1款"不动产物权的设立、变更、转让和消灭,经依法登记,发生效力;未经登记,不发生效力,但法律另有规定的除外",第180条第1款"债务人或者第三人有权处分的下列财产可以抵押:(一)建筑物和其他土地附着物……"第187条"以本法第一百八十条第一款第一项至第三项规定的财产或者第五项规定的正在建造的建筑物抵押的,应当办理抵押登记。抵押权自登记时设立"的规定,矿产资源作为土地附着物,探矿权、采矿权抵押应遵循登记生效主义原则,抵押权应自登记时设立。目前,矿业权抵押尚无法律明确规定的登记部门。国土资源主管部门作为矿产资源勘查许可证、采矿许可证的审批登记机关，基于《矿业权出让转让管理暂行规定》和《关于进一步完善采矿权登记管理有关问题的通知》（国土资发〔2011〕14号）等规范性文件的规定，为矿业权抵押办理备案手续。同时，也有省、自治区在本行政区域内制定的涉矿地方性法规中包含了矿业权抵押须办理登记或者备案的规定。鉴于不动产物权登记的主要功能和作用在于借此获得对世的公示效力，就目前矿业权抵押备案的主要功能以及法律效果而言，备案与登记并无实质区别，抵押权人可借此取得对抗他人的公示效力和优先受偿权。在法律、行政法规尚无明确矿业权抵押登记部门的情况下，国土资源主管部门依据部门规章或者地方性法规办理的矿业权抵押备案，可视为矿业权抵押登记，矿业权抵押权自登记或者备案时设立。就本案而言，案涉两份抵押合同约定用于抵押的采矿权，均没有在国土资源主管部门办理备案登记，一审法院据此认定两煤矿采矿权抵押权均未设立，并无不当。

【案　　号】（2016）最高法民终605号

【审理法院】最高人民法院

【来　　源】《人民法院案例选》2018年第2期

## ▶ 类案检索

### 一、镇江汇丰房地产开发有限公司、平安银行股份有限公司南京分行金融借款合同纠纷案

**关键词：** 在建工程抵押　抵押预告登记　抵押财产范围

**裁判摘要：** 首先，根据《物权法》第180条规定，抵押人可以以正在建造的建筑物进行抵押，因此讼争四套房屋在建工程可以进行抵押。其次，根据双方当事人于2014年11月19日签订的《抵押担保合同》约定，双方均同意以讼争四套房屋在建工程为平银宁市八固贷字20130605第001号《固定资产贷款合同》项下镇江汇丰公司所应承担的债务本金中的17582357元以及相应的利息、复利、罚息及实现债权的费用提供抵押担保。再次，根据讼争四套房屋在建工程的《商品房预告登记证明书》的内容，平安银行南京分行在该登记书中登记为"抵押权人"，"说明"部分亦载明"在建工程抵押当事人应当自初始

登记之日换领房屋所有权证，与此同时持本证明书及其他相关材料申请房屋抵押权登记"。最后，根据镇江市房产交易中心工作人员江某的陈述，当时平安银行南京分行和镇江汇丰公司就讼争四套房屋在建工程到镇江市房产登记管理中心申请办理抵押登记时，由于镇江市房产登记管理中心工作流程的原因，只能出具上述《商品房预告登记证明书》。镇江汇丰公司虽对江某陈述的情况不予认可，但未能提供足以反驳的证据。综上，本案应当认定讼争四套房屋在建工程已办理抵押登记，平安银行南京分行对讼争四套房屋在建工程享有抵押权。镇江汇丰公司关于讼争四套房屋在建工程办理的系抵押预告登记，平安银行南京分行对讼争四套房屋在建工程不享有抵押权的上诉理由，不能成立。

【案　　号】（2018）最高法民终794号

【审理法院】最高人民法院

【来　　源】中国裁判文书网

## 二、新疆聚鼎典当有限责任公司、古某华等执行人执行异议之诉案

**关键词：** 抵押登记　抵押财产不明确

**裁判摘要：** 案涉抵押登记的抵押财产不明，关于案涉房产是否抵押聚鼎公司未尽到举证义务，应承担不利后果。（1）案涉抵押登记簿记载，"抵押人普瑞铭公司克分公司；抵押权人聚鼎公司；房地产面积5477.29平方米；房地产用途商业；房地产位置克拉玛依白碱滩区芙蓉小区；贷款期限半年；贷款金额800万元；办理时间2013.3.12"，而商品房预售许可证记载，本案中在建工程总面积为16480.7平方米。案涉抵押房产面积不足在建工程总面积的1/3，且登记簿上并未记载抵押房产的编号、位置、面积等具体信息。由此可见，抵押财产是不明确的。（2）根据《物权法》第14条、第16条规定，物权登记簿是物权归属和内容的根据，具有公示效力；在建工程设立抵押，必须办理抵押登记，在抵押登记簿上有所反映，以达到公示的效果。抵押登记必须明确、具体。从查明的事实看，白碱滩区芙蓉小区商业房产抵押登记簿上所载抵押财产不明确，未能达到上述法律要求的公示效果，当事人即使查看抵押登记簿亦无法判断自己所购买的房产是否被抵押。（3）根据《物权法》第180条的规定，以该条第1款第1项至第3项规定的财产或者第5项规定的正在建造的建筑物抵押的，应当办理抵押登记。抵押权自登记时设立。根据本案事实及前述法条

规定，普瑞铭公司克分公司虽然对部分房产进行了抵押登记，但登记不具体、明确，没有充分证据证明上述登记与案涉不动产有关。

【案　　号】（2017）最高法民申 2256 号
【审理法院】最高人民法院
【来　　源】中国裁判文书网

**第三百九十六条** 企业、个体工商户、农业生产经营者可以将现有的以及将有的生产设备、原材料、半成品、产品抵押，债务人不履行到期债务或者发生当事人约定的实现抵押权的情形，债权人有权就抵押财产确定时的动产优先受偿。

## ▶ 关联规定

司法指导性文件

《全国法院民商事审判工作会议纪要》

64.【浮动抵押的效力】企业将其现有的以及将有的生产设备、原材料、半成品及产品等财产设定浮动抵押后，又将其中的生产设备等部分财产设定了动产抵押，并都办理了抵押登记的，根据《物权法》第199条的规定，登记在先的浮动抵押优先于登记在后的动产抵押。

## ▶ 条文释义

### 一、本条主旨

本条是关于浮动抵押的规定。

### 二、条文演变

本条在原《物权法》第181条的基础上修改而成，删去了"经当事人书面协议"的文字表述，将债权人可得优先受偿的动产确定时间由"实现抵押权时"修改为"抵押财产确定时"。

## 三、条文解读

### （一）浮动抵押的概念

我国关于浮动抵押的规定，借鉴了英美法上浮动抵押的有关规定，但又具有自身特色。其特点主要表现在以下几个方面。

一是浮动抵押的主体限于企业、个体工商户、农业生产经营者。从比较法上看，在英国只有公司才能设定浮动抵押，自然人和合伙企业不能设定浮动抵押。日本更是将浮动抵押的主体限于股份有限公司。美国、加拿大对主体则未作任何限制。我国采取折中做法，即将主体限于企业、个体工商户、农业生产经营者。其中，企业既包括法人，也包括合伙企业；农业生产经营者包括农村承包经营户和农民专业合作社。

二是浮动抵押的客体是生产设备、原材料、半成品、产品。英国法上的浮动抵押分为两种：（1）有限浮动抵押，即以公司的某一类财产作抵押，如货物或原材料；（2）总财产浮动抵押，即以公司的所有财产包括原材料、成品、商品、应收账款甚至如某些无形资产如商誉等作抵押。在我国，浮动抵押的客体是生产设备、原材料、半成品、产品，范围相对较小。

三是浮动抵押的客体具有不确定性和可处分性等特点。作为浮动抵押客体的财产，不仅包括现有财产，还包括将有财产，作为浮动抵押客体的标的物处于不断变化之中，此点有别于一般的动产抵押。同时，浮动抵押因为采取公示对抗主义，抵押人不仅实际占有抵押物，而且对抵押物仍有处分权。抵押权人对被抵押人处分的财产无追及力，此点也有别于一般的动产抵押。

### （二）浮动抵押与相关制度

**1. 浮动抵押与财团抵押**

没有采纳浮动抵押的国家，往往采纳财团抵押制度，实现与浮动抵押大体相当的功能。所谓财团抵押，是企业将其所有的不动产、动产以及权利等作为一个财团设定的抵押。日本民法专门规定了财团抵押，其所谓的"财团"有两种构成方法：一是以不动产为中心，将机器设备等动产与不动产视为一体，形成"不动产财团"；二是将企业设施总体上视为一个"物"，形成"财团物"。

财团抵押中，多个财产具有共同的经济目的，在观念上被视为一个物。从观念上将各个物视为一个物这一意义上说，财团抵押类似于浮动抵押。但二者还是有区别的，表现在：其一，财团抵押在设定抵押时，其标的物就是特定的，而浮动抵押在设定时其财产是不特定的。其二，财团抵押设定后，抵押人处分抵押财产的，抵押权人或者可以基于物上代位性对价款行使优先权，或者可以基于抵押权的追及力对抵押财产的受让人主张抵押权。而在浮动抵押中，在抵押财产特定前，抵押人对抵押财产享有处分权，抵押权人既不对价款享有优先受偿权，也不能追及抵押物。其三，浮动抵押的客体仅是企业、个体工商户、农业生产经营者现有的以及将有的生产设备、原材料、半成品、产品，其客体不包括不动产以及知识产权等权利，本质上仍然属于动产抵押的范畴。而财团抵押的客体显然更加广泛。

在我国，尽管可以从文义上将《民法典》第 395 条第 2 款作为财团抵押的依据。但鉴于目前既缺乏与财团抵押相配套的登记制度，也缺乏财团抵押的实践，加之已经有了浮动抵押，因此，一般认为目前我国尚未建立财团抵押制度。

### 2. 浮动抵押与流动质押

流动质押，又被称为动态质押、存货动态质押，是指债务人或第三人为担保债务的履行，以其有权处分的原材料、半成品、产品等库存货物为标的向银行等债权人设定质押，双方委托第三方物流企业占有并监管质押财产，质押财产被控制在一定数量或价值范围内进行动态更换、出旧补新的一种担保方式。流动质押的客体往往也是原材料、半成品、产品等存货，且质押财产在一定数量或价值范围内可以进行动态更换、出旧补新，因而其与浮动抵押极为相似。正因如此，有观点认为，流动质押是浮动抵押没有得到充分运用情况下的变体。我们认为，二者确有不少相似之处，但仍存在以下区别：第一，在客体的确定性上。浮动抵押在确定之前，抵押财产范围是不确定的。而流动质押中，抵押财产价值或者数量是恒定的。第二，在法律关系及其性质上。流动质押关系中至少存在出质人、债权人以及监管人三方关系，在性质上属于动产质押，而浮动抵押往往只涉及抵押人和抵押权人两方关系，属于动产抵押的范畴。第三，在公示方法上。流动质押的公示方法是交付，实践中往往是监管人接受质权人的委托代为占有质物。而浮动抵押的公示方法是登记，实行登记对抗主义。

## （三）浮动抵押的性质和效力

浮动抵押的效力，主要是指抵押权人优先受偿的范围是溯及至登记之时，还是抵押财产确定之时，这主要取决于我国继受的是英式浮动抵押还是美式浮动抵押这一问题。

英式浮动抵押认为，浮动抵押作为一种特殊的动产抵押权，最大特点在于其抵押权设立时，抵押财产尚不确（固）定，并且在抵押财产固定（结晶）之前，于其上设立的浮动抵押毫无意义，自然也不能对抗随后设立并登记的一般动产抵押权。当发生浮动抵押权和一般动产抵押权竞存的情形时，无论何者先登记，均适用一般动产抵押权优先于浮动抵押权的规则。在此种规则下，浮动抵押是一种较弱的担保权。而美式浮动抵押则认为，浮动抵押的对抗效力，不因抵押权设立及登记时抵押财产是否固定而有所区别。对于浮动抵押登记时尚未固定的财产，如果嗣后有所增加，那么浮动抵押登记的效力也及于嗣后增加的财产之上。在美式浮动抵押中，统一适用登记在先效力优先规则，如果设立在先的浮动抵押完成了法定的登记程序，那么浮动抵押权优先于设立在后并进行登记的抵押权。

我们认为，《民法典》第403条不再区分一般的动产抵押和浮动抵押，《民法典》第414条更是进一步确立了统一的登记对抗规则。从体系解释的角度看，浮动抵押也不应有所例外，即浮动抵押权从抵押合同生效时设立，从登记时具有对抗效力，只是抵押财产范围从抵押财产确定之时才确定。就此而言，《民法典》规定的浮动抵押性质上属于美式浮动抵押，而非英式浮动抵押。

## （四）浮动抵押的体系效应

鉴于浮动抵押的效力如此强大，如果不对其进行限制，既可能严重危及交易安全，也会堵死抵押人再融资的渠道。为此，《民法典》主要从以下两个方面对浮动抵押的效力进行限制：一是通过第404条规定正常经营买受人制度，对正常交易行为进行保护，避免因浮动抵押的设立而影响交易安全；二是通过第416条规定的价款优先权（俗称超级优先权），对浮动抵押的效力进行限制。

## 类案检索

**一、中国银行股份有限公司运城市分行、山西青山化工有限公司金融借款合同纠纷案**

**关键词：** 浮动抵押　一般的动产抵押

**裁判摘要：** 关于运城中行与青山化工抵押行为的性质问题。即运城中行与青山化工之间设定的抵押是一般的动产抵押还是动产浮动抵押。《物权法》第181条对动产浮动抵押作了规定："经当事人书面协议，企业、个体工商户、农业生产经营者可以将现有的以及将有的生产设备、原材料、半成品、产品抵押，债务人不履行到期债务或者发生当事人约定的实现抵押权的情形，债权人有权就实现抵押权时的动产优先受偿。"浮动抵押设定后，抵押的财产不断发生变化，直到约定或者法定的事由发生，抵押财产才确定。而运城中行与青山化工在《最高额抵押合同》中明确约定，抵押物为344.6吨荧光增白剂FB-351（CBS），并且办理了抵押物登记。上述事实表明，案涉抵押权成立时，抵押标的物的数量即已确定。在再审审查询问过程中，双方均认可由于荧光增白剂本身有保质期限制的属性，在保证抵押物补足的前提下，允许货物不断地买卖和流转，但双方对于抵押物为344.6吨荧光增白剂FB-351（CBS）没有异议，担保物价值亦已确定，该抵押性质明显不同于动产浮动抵押，应为一般的动产抵押。

【案　　号】（2019）最高法民申2891号

【审理法院】最高人民法院

【来　　源】中国裁判文书网

**二、中国民生银行股份有限公司盘锦分行等诉中央储备粮锦州直属库等金融借款合同纠纷案**

**关键词：** 最高额质权　浮动抵押

**裁判摘要：** 一般而言，最高额质押合同所担保的债权不特定，但质押物是特定的，而案涉《最高额质押合同》不仅担保的债权不特定，质押物也不特定。21个仓库的库容量远不止8万吨，实际存在多个存货单位，而粳稻属于种类物，不具有特定权利归属的外在表象，粮食作物也不易久存，存在倒仓、出库、入库等变动，故质押合同指向的质物8万吨粳稻并没有特定化。

以不特定动产担保债权实现的担保方式，属于非典型担保。浮动抵押制度虽规定在《物权法》第16章第1节关于抵押权的一般规定中，但最高额质权可以参照适用《物权法》关于浮动抵押的规定。依据上述规定，结合本案事实，本院认为，案涉《最高额质押合同》所约定的质押物为五峰科技公司1至21号仓库内该公司所有的不特定的8万吨粳稻，办理了动产抵押登记，监管人远成物流公司对1至21号仓库中的粳稻实行最低价值总量监管，五峰科技公司1至21号仓库的仓储经营业务不因质权的设定而受影响，故案涉《最高额质押合同》具有浮动抵押的特征，应参照适用《物权法》有关浮动抵押的规定认定其效力。浮动抵押权的设立不以登记为要件，抵押合同生效即设立抵押权。案涉《最高额质押合同》兼具担保物浮动性的特征，依照《物权法》第222条、第207条的规定，本案应参照《物权法》第190条第1款的规定，认定案涉质押合同成立生效即发生质权设立的效力。

【案　　号】（2017）最高法民终891号
【审理法院】最高人民法院
【来　　源】中国裁判文书网

### 三、九三集团（黑龙江农垦）金粮经贸有限公司与张某、前郭县敖丰粮油有限责任公司合同纠纷案

关键词：特定化　浮动抵押

裁判摘要：本案中九三集团（黑龙江农垦）金粮经贸有限公司（以下简称九三金粮公司）依据《玉米收购合同》及由前郭县敖丰粮油有限责任公司（以下简称敖丰公司）所出具的货权确认书对涉案玉米请求交付。在可以确定九三金粮公司对当时敖丰公司库存的2000吨玉米享有所有权之后，关键在于起诉时库存2000吨玉米与原九三金粮公司在敖丰公司库存中所存放并由敖丰公司保管的2000吨玉米是否为一物。法院认为根据双方出具的货权确认单，物权已经特定。二审法院认定玉米已经混同或出售却无证据证明，属于认定事实不清，法院予以纠正。

法院认为，二审法院认定张某与敖丰公司之间形成浮动抵押合同关系，属于适用法律错误。按照张某与敖丰公司之间的约定，可见抵押的玉米已经被特

定化，不再是浮动抵押意义下的流动物，抵押物并不包括在签订抵押合同之前已经存放于敖丰公司仓库内的玉米，故张某与敖丰公司之间的抵押合同并不符合动产浮动抵押的构成要件，应当为一般动产抵押，自抵押合同成立时起，其抵押物即为已经被特定化的入库玉米。张某未能举示充分证据证明敖丰公司库存的2000吨玉米属于其抵押物，本院对其诉讼主张不予支持。

【案　　号】（2016）最高法民再275号

【审理法院】最高人民法院

【来　　源】中国裁判文书网

第三百九十七条　以建筑物抵押的，该建筑物占用范围内的建设用地使用权一并抵押。以建设用地使用权抵押的，该土地上的建筑物一并抵押。

抵押人未依据前款规定一并抵押的，未抵押的财产视为一并抵押。

## ▶ 关联规定

一、法律、行政法规、司法解释

1.《中华人民共和国民法典》

第三百五十六条　建设用地使用权转让、互换、出资或者赠与的，附着于该土地上的建筑物、构筑物及其附属设施一并处分。

第三百五十七条　建筑物、构筑物及其附属设施转让、互换、出资或者赠与的，该建筑物、构筑物及其附属设施占用范围内的建设用地使用权一并处分。

2.《中华人民共和国城市房地产管理法》

第三十二条　房地产转让、抵押时，房屋的所有权和该房屋占用范围内的土地使用权同时转让、抵押。

3.《城镇国有土地使用权出让和转让暂行条例》

第三十三条　土地使用权抵押时，其地上建筑物、其他附着物随之抵押。地上建筑物、其他附着物抵押时，其使用范围内的土地使用权随之抵押。

4.《最高人民法院关于适用〈中华人民共和国民法典〉有关担保制度的解释》

第五十一条　当事人仅以建设用地使用权抵押，债权人主张抵押权的效力及于土地上已有的建筑物以及正在建造的建筑物已完成部分的，人民法院应予支持。债权人主张抵押权的效力及于正在建造的建筑物的续建部分以及新增建筑物的，人民法院不予支持。

当事人以正在建造的建筑物抵押，抵押权的效力范围限于已办理抵押登记的部分。当事人按照担保合同的约定，主张抵押权的效力及于续建部分、新增建筑物以及规划中尚未建造的建筑物的，人民法院不予支持。

抵押人将建设用地使用权、土地上的建筑物或者正在建造的建筑物分别抵押给不同债权人的，人民法院应当根据抵押登记的时间先后确定清偿顺序。

5.《最高人民法院关于人民法院民事执行中查封、扣押、冻结财产的规定》

第二十一条　查封地上建筑物的效力及于该地上建筑物使用范围内的土地使用权，查封土地使用权的效力及于地上建筑物，但土地使用权与地上建筑物的所有权分属被执行人与他人的除外。

地上建筑物和土地使用权的登记机关不是同一机关的，应当分别办理查封登记。

## 二、部门规章及规范性文件

《城市房地产抵押管理办法》

第十一条　以在建工程已完工部分抵押的，其土地使用权随之抵押。

## 三、司法指导性文件

《全国法院民商事审判工作会议纪要》

61.【房地分别抵押】根据《物权法》第182条之规定，仅以建筑物设定抵押的，抵押权的效力及于占用范围内的土地；仅以建设用地使用权抵押的，抵押权的效力亦及于其上的建筑物。在房地分别抵押，即建设用地使用权抵押给一个债权人，而其上的建筑物又抵押给另一个人的情况下，可能产生两个抵押权的冲突问题。基于"房地一体"规则，此时应当将建筑物和建设用地使用权视为同一财产，从而依照《物权法》第199条的规定确定清偿顺序：登记在先的先清偿；同时登记的，按照债权比例清偿。同一天登记的，视为同时登记。应予注意的是，根据《物权法》第200条的规定，建设用地使用权抵押后，该土地上新增的建筑物不属于抵押财产。

## ▶ 条文释义

### 一、本条主旨

本条是关于建筑物与其占用范围内的建设用地使用权抵押关系的规定。

### 二、条文演变

由原《物权法》第182条修改而来,仅将第2款的"依照"修改为"依据"。

### 三、条文解读

**(一)建筑物或者建设用地使用权仅一项财产设定抵押时抵押财产的范围**

建筑物与土地不可分离,因此,房屋等地上建筑物被视为土地的组成部分,凡是取得建设用地使用权的人即取得附着于该土地上之建筑物的所有权,凡是取得建筑物所有权必须要取得所附着的建设用地使用权,逻辑结果便是建设用地使用权与建筑物所有权不能分离而转让。反映在抵押权方面,抵押建设用地使用权必须同时抵押土地上的建筑物,反之,抵押建筑物也必须同时抵押该建筑物所占用的建设用地使用权。

**(二)房地分别抵押时抵押财产的范围**

由于历史上我国有一些地方房屋和土地由不同的行政部门管理和登记,导致建筑物和建设用地使用权出现分别抵押的情形。此时,两个抵押权均属合法有效,其抵押范围均包括建设用地使用权和建筑物。

**(三)房地分别抵押时抵押权的清偿顺序**

《民法典担保制度解释》第51条第3款对房地分别抵押时抵押权的清偿顺序作出了规定:"抵押人将建设用地使用权、土地上的建筑物或者正在建造的建筑物分别抵押给不同债权人的,人民法院应当根据抵押登记的时间先后确定清偿顺序。"

## 适用指引

### 一、当事人能否对担保财产作出特别约定

应当允许当事人对担保财产作出特别约定。在明确约定仅对建筑物设定抵押而不包括建设用地使用权或者仅对建设用地使用权设定抵押而不包括建筑物的，由于房地一体，实现抵押权时，应将房地产同时拍卖，分别计价，建筑物或者建设用地使用权抵押权人只能就建筑物或者建设用地使用权所得价款优先受偿。

### 二、关于新增建筑物的特别规定

根据《民法典》第417条规定，建设用地使用权抵押后，抵押人仍然有权依法对该土地进行开发，建造建筑物。对于该土地上新增的建筑物，由于其不在抵押合同约定的抵押财产范围内，因此不属于抵押财产。但在实现抵押权时，仍可以将其与建设用地使用权一并处分。但处分后，由于新增的建筑物不属于抵押财产，处分新增建筑物所得的价款，抵押权人没有优先受偿的权利，只能作为普通债权人行使权利。《民法典担保制度解释》第51条第1款亦规定："当事人仅以建设用地使用权抵押，债权人主张抵押权的效力及于土地上已有的建筑物以及正在建造的建筑物已完成部分的，人民法院应予支持。债权人主张抵押权的效力及于正在建造的建筑物的续建部分以及新增建筑物的，人民法院不予支持。"同时，该条第2款规定："当事人以正在建造的建筑物抵押，抵押权的效力范围限于已办理抵押登记的部分。当事人按照担保合同的约定，主张抵押权的效力及于续建部分、新增建筑物以及规划中尚未建造的建筑物的，人民法院不予支持。"

## 典型案例

### 中国信达资产管理公司西安办事处与陕西省粮油食品进出口公司、西安中转冷库借款担保合同纠纷案

**关键词：** 房地一并抵押

**裁判摘要：** 粮油公司与陕西中行签订的编号2003年陕中营借字022号《人民币借款合同》及陕西中行与信达西安办签订的《债权转让协议》，系各方当事人的真实意思表示，且不违反法律、行政法规强制性规定，应为有效。"地随房走，房随地走"的权利合一原则是我国房地产权属的一贯原则。房产转让人负有将所售房屋占用范围内的土地使用权移转给受让人的义务，受让人享有要求将所购房屋占用范围内土地使用权移转给自己的权利。在土地使用权变更登记完成之前，转让人为登记的名义权利人，但受让人为实质权利人，可以请求将土地使用权变更至自己名下。双方《抵押合同》中约定了抵押物名称为"土地、房产"，中转冷库于2003年向西安市国土资源和房屋管理局报送的也为《关于同意继续用土地及地面建筑物进行贷款抵押的函》。因此，虽然抵押登记只针对西未国用（2000）字第979号国有土地使用权，但应视为当事人约定土地使用权与地面建筑物所有权一并抵押。然而，地上建筑物中职工住宅楼的所有权已经移转给购房职工所有，中转冷库并无权利处分。中转冷库与陕西中行签订的《抵押合同》，除中转冷库提供的西未国用（2000）字第979号土地使用证项下的13.265亩土地使用权外，其余部分符合《担保法》第34条第1款第3项"抵押人依法有权处分的国有土地使用权、房屋和其他地上定着物可以抵押"的规定，应为有效。

**基本案情：** 2003年3月16日，粮油公司与陕西中行签订编号为2003年陕中营借字022号《人民币借款合同》一份，约定粮油公司向陕西中行借款2560万元，借款期限12个月，借款用途为借新还旧。2004年6月25日，陕西中行与信达西安办签订《债权转让协议》，陕西中行将其对粮油公司享有的2560万债权及从权利转让给了信达西安办。同年11月10日，陕西中行和信达西安办在《陕西日报》刊登"债权转让暨催收公告"，向粮油公司通知了债权转让的事宜，同时受让人信达西安办向粮油公司主张了权利。2006年6月

18日,信达西安办又在《陕西日报》刊登公告,向粮油公司主张权利。

粮油公司与中转冷库未履行还款义务,信达西安办向陕西省高级人民法院提起诉讼,请求判令粮油公司清偿借款本金2560万元及利息7046315.64元(计算至2006年9月20日),中转冷库对上述借款本息承担担保责任,信达西安办对中转冷库提供的抵押物处置价款优先受偿,粮油公司与中转冷库承担诉讼费用。中转冷库提供的44.466亩国有划拨土地使用权抵押中,有13.265亩为中转冷库的福利区,即职工住宅区。该宗土地使用证号为西未国用(2000)字第979号。

西未国用(2000)字第979号土地上有职工住宅楼,其中46户职工持有西安市房产管理局颁发的《房屋所有权证》,填发日期部分为2001年5月21日,部分为5月22日,房产所有权证中房屋分层分户平面图下标时间为2001年5月9日。中转冷库与陕西中行签订的2003年陕中营抵字022号《抵押合同》第五条"抵押财产"中约定"抵押财产净值为人民币4106.55万元,有关情况详见抵押财产清单",该合同所附抵押财产清单中载明"抵押财产名称"为"土地、房产"。西安市房屋管理局2008年7月18日出具《关于陕西省粮油食品进出口公司西安中转冷库土地权抵押登记的复函》[市房函(2008)101号],载明:"经核实,陕西省粮油食品进出口公司西安中转冷库西未国用(2000)字第979号、西未国用(2001)字第299号国有土地使用证,在我局办理过抵押登记手续,初次登记时间为2001年3月6日,展期登记时间为2003年3月28日。以上两块土地证载用途为仓储用地。""在2002年机构改革以前,市房产局与市土地局都有土地使用权抵押登记业务。市房产局办理抵押登记时,暂存土地使用证原件,直至抵押登记注销。机构改革以后,两局合并,经局领导研究,两局合并之前原房产局办理的抵押登记业务,作为遗留问题,由产权市场处办理展期和注销登记。按照该决定,两局合并以后,市场处办理的抵押登记业务都是原来的遗留问题,登记备案证明抄送地籍地政处、房地产交易管理中心和房屋产权产籍管理中心。2005年机构改革后,两局分设,该遗留问题仍由我局办理。""陕西省粮油食品进出口公司西安中转冷库所建房屋产权登记总共有三处,其中两处为职工住宅,证号为1150112018-15-19、1150112018-15-3,已房改分户,发证日期为1998年9月;一处为办公,证号为1150112018-15-2,发证日期为1998年9月,提交的土地证为:未国用(1995)字第1321号、第1322号。三处房产登记均看不出与西未国用(2000)

字第979号土地证有关联。"西安市国土资源局所存西未国用（2000）字第979号土地档案中土地登记审批表显示该宗土地"申报建筑物权属"为"本单位所有"，"建筑物类型"为"平房、楼房"，"土地用途"为"仓储"，并载明"该宗地由陕西省粮油食品进出口公司西安中转冷库使用，持有未国用（1995）字第1321号《国有土地使用证》，证载土地面积为11236.59平方米。经未央区土地局地籍调查，土地面积为13.265亩，用途为住宅。注销原颁发的未国用（1995）字第1321号《国有土地使用证》。同意换发新证"。

【案　　号】（2007）民二终字第222号

【审理法院】最高人民法院

【来　　源】《最高人民法院公报》2009年第12期

## ▶ 类案检索

### 一、上海浦东发展银行股份有限公司南宁分行、广西卓尚置业投资有限公司金融借款合同纠纷案

**关键词：** 在建工程抵押　抵押财产范围

**裁判摘要：** 根据《物权法》第187条规定，以正在建造的建筑物抵押的，应当办理抵押登记，抵押权自登记时设立。浦发银行南宁分行与卓尚公司在《最高额抵押合同》中对在建工程抵押进行了约定，并办理了D20130238号在建工程抵押登记，抵押权自登记时设立。关于该抵押权所支配的抵押物范围，浦发银行南宁分行提交的证据D20130238号《在建工程抵押登记证明》记载了在建工程坐落的位置以及对应的建设工程规划许可证号和建设用地规划许可证号，但对于在建工程的具体楼栋号、房号没有明确的记载。我国《房屋登记办法》第60条规定："申请在建工程抵押权设立登记的，应当提交登记申请书、申请人的身份证明、抵押合同、主债权合同、建设用地使用权证书或者记载土地使用权状况的房地产权证书、建设工程规划许可证，以及其他必要的材料。"抵押合同是登记机关存档备查的登记资料，利害关系人可通过查询档案资料的内容来获悉抵押物上的权利负担，故在抵押登记对抵押物的范围记载不明确的情况下，应当结合抵押合同的约定进行判断。《最高额抵押合同》第9.4条约定抵押财产具体详见附件1《抵押财产清单（在建工程抵押类）》中记

载,即"在建工程抵押部位清单由本合同双方公章确认并另附",另附的《抵押房地产清单》列明了具体的楼栋号和房号,且列明总建筑面积与《抵押财产清单(在建工程抵押类)》记载的抵押财产房屋面积(预测)相互一致,说明双方当事人在抵押合同中对抵押财产的范围进行了明确的界定。双方当事人办理的在建工程抵押的抵押财产范围即为 D20130238 号《在建工程抵押登记证明》《最高额抵押合同》附件《抵押财产清单(在建工程抵押类)》《抵押房地产清单》界定的范围。

关于上述范围之外的其他地上建筑物,因不属于在建工程抵押的范围,同时如本院在证据认定部分所述,铁投吉大公司提交的证据不足以证明该建筑物在办理土地使用权抵押时即已存在。根据《物权法》第 200 条关于"建设用地使用权抵押后,该土地上新增的建筑物不属于抵押财产。该建设用地使用权实现抵押权时,应当将该土地上新增的建筑物与建设用地使用权一并处分,但新增建筑物所得的价款,抵押权人无权优先受偿"的规定,一审法院认为浦发银行南宁分行主张对涉案土地[他项权证号:(×××在建工程抵押登记证明项下在建工程除外)]享有抵押权于法无据,该认定适用法律正确,应予维持。

【案　　　号】(2019)最高法民终 805 号
【审理法院】最高人民法院
【来　　　源】中国裁判文书网

## 二、中国银行股份有限公司惠州分行等诉冯某权等金融借款合同纠纷案

**关键词:**房地一并抵押　债权确定

**裁判摘要:**本案中,就冯某权等共有的位于惠州市麦地永竹街×××号的房地产设定的抵押,中行惠州分行分别就房屋及所占土地使用权向行政主管部门申领了他项权证,虽然惠府他项(2012)第 783 号《土地他项权证》载明本次最高额抵押权的抵押期间为 2012 年 11 月 13 日至 2013 年 11 月 7 日,但《惠州市房屋权属档案信息查询结果》显示中行惠州分行针对惠州市麦地永竹街×××号房产享有的最高额抵押权所担保的债务履行期限为 2012 年 11 月 13 日至 2017 年 12 月 31 日,根据《担保法》第 36 条第 1 款"以依法取得的国有土地上的房屋抵押的,该房屋占用范围内的国有土地使用权同时抵押",《物权法》第 182 条"以建筑物抵押的,该建筑物占用范围内的建设用地使

权一并抵押。以建设用地使用权抵押的，该土地上的建筑物一并抵押。抵押人未依照前款规定一并抵押的，未抵押的财产视为一并抵押"的规定，惠州市麦地永竹街×××号房产所占土地使用权抵押期限届满后，仍应与房产一并抵押，期限应与房产登记的债权确定期间一致，即至 2017 年 12 月 31 日。《最高人民法院研究室关于抵押权不受抵押登记机关规定的抵押期限影响问题的函》系最高人民法院研究室的答复函，且该函的内容不符合本案情形，因此，不适用于本案，不影响法院对 645 号《最高额抵押合同》债权确定期间的认定。

【案　　号】（2016）最高法民再 405 号
【审理法院】最高人民法院
【来　　源】中国裁判文书网

> **第三百九十八条** 乡镇、村企业的建设用地使用权不得单独抵押。以乡镇、村企业的厂房等建筑物抵押的,其占用范围内的建设用地使用权一并抵押。

## 关联规定

法律、行政法规、司法解释

《中华人民共和国土地管理法》

第六十三条 土地利用总体规划、城乡规划确定为工业、商业等经营性用途,并经依法登记的集体经营性建设用地,土地所有权人可以通过出让、出租等方式交由单位或者个人使用,并应当签订书面合同,载明土地界址、面积、动工期限、使用期限、土地用途、规划条件和双方其他权利义务。

前款规定的集体经营性建设用地出让、出租等,应当经本集体经济组织成员的村民会议三分之二以上成员或者三分之二以上村民代表的同意。

通过出让等方式取得的集体经营性建设用地使用权可以转让、互换、出资、赠与或者抵押,但法律、行政法规另有规定或者土地所有权人、土地使用权人签订的书面合同另有约定的除外。

集体经营性建设用地的出租,集体建设用地使用权的出让及其最高年限、转让、互换、出资、赠与、抵押等,参照同类用途的国有建设用地执行。具体办法由国务院制定。

## 条文释义

### 一、本条主旨

本条是关于乡镇、村企业建设用地不得单独抵押的规定。

## 二、条文演变

本条与原《物权法》第 183 条一致,未作修改。

## 三、条文解读

集体建设用地使用权,包括乡镇、村企业建设用地使用权与乡镇、村公益建设用地使用权。长期以来,我国房地产开发市场实行一级市场国家垄断,集体土地不能直接入市。集体土地除农地外,建设用地都有特定的用途,既不能改变特定用途,更不能流转。如乡镇、村企业建设用地使用权只能用于兴办乡镇企业,包括集体自己举办乡镇企业,以及与其他单位、个人以土地使用权入股、联营等形式共同举办企业;乡镇、村公益建设用地使用权则只能用于乡镇、村公益设施、公益事业建设。

但应予注意的是,2019 年修正后的《土地管理法》对集体土地使用权作了区别规定。该法第 63 条规定,土地利用总规划、城乡规划确定为工业、商业等经营性用途,并经依法登记的集体经营性建设用地,集体经济组织可以经过一定程序将其以出让、出租等方式进行处分,该程序是经集体经济组织成员的村民会议 2/3 以上成员或者 2/3 以上村民代表的同意。经过出让等方式取得的集体经营性建设用地使用权可以转让、互换、出资、赠与或者抵押。该法所谓的集体经营性建设用地,主要是指符合一定条件的乡镇、村企业建设用地使用权。但该法第 63 条只是列举作为所有人的集体经一定程序可以出让、出资,并未明确是否可以设定抵押。我们认为,既然允许出让、出租,就应当认为可以设定抵押。值得探讨的是,《民法典》本条的规定与《土地管理法》第 63 条的规定不一致,根据特别法优于一般法的法律适用规则,应当优先适用《土地管理法》的规定,据此,符合一定条件的集体经营性建设用地是可以作为抵押财产的,但不得单独抵押。

第三百九十九条　下列财产不得抵押：

（一）土地所有权；

（二）宅基地、自留地、自留山等集体所有土地的使用权，但是法律规定可以抵押的除外；

（三）学校、幼儿园、医疗机构等为公益目的成立的非营利法人的教育设施、医疗卫生设施和其他公益设施；

（四）所有权、使用权不明或者有争议的财产；

（五）依法被查封、扣押、监管的财产；

（六）法律、行政法规规定不得抵押的其他财产。

## 关联规定

一、法律、行政法规、司法解释

1.《中华人民共和国宪法》

**第十条**　城市的土地属于国家所有。

农村和城市郊区的土地，除由法律规定属于国家所有的以外，属于集体所有；宅基地和自留地、自留山，也属于集体所有。

国家为了公共利益的需要，可以依照法律规定对土地实行征收或者征用并给予补偿。

任何组织或者个人不得侵占、买卖或者以其他形式非法转让土地。土地的使用权可以依照法律的规定转让。

一切使用土地的组织和个人必须合理地利用土地。

2.《中华人民共和国民法典》

**第八十七条**　为公益目的或者其他非营利目的成立，不向出资人、设立人或者会员分配所取得利润的法人，为非营利法人。

非营利法人包括事业单位、社会团体、基金会、社会服务机构等。

**第二百四十九条**　城市的土地，属于国家所有。法律规定属于国家所有的农村和城市郊区的土地，属于国家所有。

**3.《中华人民共和国海关法》**

**第三十七条** 海关监管货物，未经海关许可，不得开拆、提取、交付、发运、调换、改装、抵押、质押、留置、转让、更换标记、移作他用或者进行其他处置。

海关加施的封志，任何人不得擅自开启或者损毁。

人民法院判决、裁定或者有关行政执法部门决定处理海关监管货物的，应当责令当事人办结海关手续。

**4.《中华人民共和国文物保护法》**

**第二十四条** 国有不可移动文物不得转让、抵押。建立博物馆、保管所或者辟为参观游览场所的国有文物保护单位，不得作为企业资产经营。

**第二十五条** 非国有不可移动文物不得转让、抵押给外国人。

非国有不可移动文物转让、抵押或者改变用途的，应当根据其级别报相应的文物行政部门备案。

**5.《宗教事务条例》**

**第五十四条** 宗教活动场所用于宗教活动的房屋、构筑物及其附属的宗教教职人员生活用房不得转让、抵押或者作为实物投资。

**6.《最高人民法院关于适用〈中华人民共和国民法典〉有关担保制度的解释》**

**第六条** 以公益为目的的非营利性学校、幼儿园、医疗机构、养老机构等提供担保的，人民法院应当认定担保合同无效，但是有下列情形之一的除外：

（一）在购入或者以融资租赁方式承租教育设施、医疗卫生设施、养老服务设施和其他公益设施时，出卖人、出租人为担保价款或者租金实现而在该公益设施上保留所有权；

（二）以教育设施、医疗卫生设施、养老服务设施和其他公益设施以外的不动产、动产或者财产权利设立担保物权。

登记为营利法人的学校、幼儿园、医疗机构、养老机构等提供担保，当事人以其不具有担保资格为由主张担保合同无效的，人民法院不予支持。

**第三十七条** 当事人以所有权、使用权不明或者有争议的财产抵押，经审查构成无权处分的，人民法院应当依照民法典第三百一十一条的规定处理。

当事人以依法被查封或者扣押的财产抵押，抵押权人请求行使抵押权，经审查查封或者扣押措施已经解除的，人民法院应予支持。抵押人以抵押权设立时财产被查封或者扣押为由主张抵押合同无效的，人民法院不予支持。

以依法被监管的财产抵押的，适用前款规定。

**第四十九条** 以违法的建筑物抵押的，抵押合同无效，但是一审法庭辩论终结前已经办理合法手续的除外。抵押合同无效的法律后果，依照本解释第十七条的有关规定处理。

当事人以建设用地使用权依法设立抵押，抵押人以土地上存在违法的建筑物为由主张抵押合同无效的，人民法院不予支持。

7.《最高人民法院关于人民法院民事执行中查封、扣押、冻结财产的规定》

**第二十四条** 被执行人就已经查封、扣押、冻结的财产所作的移转、设定权利负担或者其他有碍执行的行为，不得对抗申请执行人。

第三人未经人民法院准许占有查封、扣押、冻结的财产或者实施其他有碍执行的行为的，人民法院可以依据申请执行人的申请或者依职权解除其占有或者排除其妨害。

人民法院的查封、扣押、冻结没有公示的，其效力不得对抗善意第三人。

## 二、部门规章及规范性文件

**《城市房地产抵押管理办法》**

**第八条** 下列房地产不得设定抵押：

（一）权属有争议的房地产；

（二）用于教育、医疗、市政等公共福利事业的房地产；

（三）列入文物保护的建筑物和有重要纪念意义的其他建筑物；

（四）已依法公告列入拆迁范围的房地产；

（五）被依法查封、扣押、监管或者以其他形式限制的房地产；

（六）依法不得抵押的其他房地产。

## 三、司法指导性文件

**《第八次全国法院民事商事审判工作会议（民事部分）纪要》**

19.在国家确定的宅基地制度改革试点地区，可以按照国家政策及相关指导意见处理宅基地使用权因抵押担保、转让而产生的纠纷。

在非试点地区，农民将其宅基地上的房屋出售给本集体经济组织以外的个人，该房屋买卖合同认定为无效。合同无效后，买受人请求返还购房款及其利息，以及请求赔偿翻建或者改建成本的，应当综合考虑当事人过错等因素予以确定。

## ▶ 条文释义

### 一、本条主旨

本条是关于禁止抵押的财产范围的规定。

### 二、条文演变

本条由原《物权法》第184条的修改而成，删除了"耕地"的表述，将"医院"修改为"医疗机构"，"事业单位、社会团体"修改为"非营利法人"，并附加"以公益为目的"的限制。

### 三、条文解读

根据本条规定，下列财产不得抵押。

（一）土地所有权

我国实行公有制，土地只能归国家或者集体所有。而一旦允许以土地所有权作为抵押财产设立抵押，抵押权人就有可能通过折价、拍卖或者变价等方式取得土地所有权，这与土地公有制不符，因而在我国土地所有权不能成为抵押财产。

（二）集体土地使用权

集体土地使用权，包括农用地使用权和建设用地所有权。农用地使用权包括农村土地承包经营权，自留山、自留地等土地的使用权。在农村土地"三权分置"改革后，土地经营权可以作为抵押财产。自留山、自留地等土地的使用权具有社会保障的性质，不得作为抵押财产。

广义的建设用地使用权，包括乡镇、村企业建设用地使用权，乡镇、村公益建设用地使用权,以及宅基地使用权三种类型。如前所述,符合一定条件的集体经营性建设用地是可以作为抵押财产的。乡镇、村公益建设用地使用权具有很强的公益性,不得作为抵押财产。宅基地同样具有福利性质,也不能单独转让,当然也不能设定抵押。那么,宅基地上盖有住宅的,村民能否用住宅设立抵押?对此存在不同理解。从《土地管理法》第62条第5款有关"农村村民出卖、出租、赠与住宅后,再申请宅基地的,不予批准"的规定看,看不出有禁止设立抵押的意图。但从司法实践看,一般是不允许就住宅进行抵押的,其中既有保障农民基本居住权的考虑,也有稳定土地秩序的考虑。

### (三)公益法人的公益设施

关于教育设施、医疗卫生设施等公益设施能否作为抵押财产,从原《担保法》到原《物权法》直到《民法典》,一直都存在争议,主要涉及:一是从主体的角度看,应否区别公立与私立、公益性与营利性而作区别对待;二是应否区别公益设施与非公益设施而作区别对待;三是应从主体的担保资格角度还是从财产的可抵押性角度进行阐述,从体系的角度看,还涉及人保与物保的协调问题。就此而言,该问题有进行深入探讨的必要。我们认为,应同时从主体、客体以及目的三个方面进行限制。

#### 1. 主体须是公益法人

《民法典》将法人分为营利法人、非营利法人以及特别法人,其中营利法人与非营利法人的区分标准在于是否将法人取得的利润分配给其成员。根据《民法典》第87条之规定,根据目的的不同,非营利性法人又可进一步分为以公益为目的的非营利法人(以下简称公益法人)和其他非营利法人,其中公益法人是指以服务社会不特定多数人为目的的法人。

本条第3项规定的不能设定抵押的主体,须是公益法人。以学校为例,公立学校多为公益法人,但民办学校则并不都是公益法人。实践中,可以根据登记部门来判断其性质:在工商行政部门登记的,为营利性民办学校;在民政部门登记的,则为非营利性民办学校。根据招生对象的不同,非营利性民办学校可以进一步分为公益性学校以及其他非营利性学校。某一学校,如国际学校仅招收外国学生,但就符合条件的人而言,并无特定资格要求,仍不失为公益法人。某些单位的子弟学校,如果仅招收该单位的子弟,不向一般社会公众开放,则属于其他非营利法人。总之,营利法人与非营利法人、公益法人与其他非营利性法人的区分，与投资者是国家还是私人尽管有密切联系，但不能完全等同，对此应予特别注意。

本条所谓的公益法人，除学校、幼儿园、医院外，还包括公共图书馆、科学技术馆、博物馆、国家美术馆、少年宫、工人文化宫、敬老院、残疾人福利基金会等公益法人。

### 2. 须是公益法人的公益设施

禁止抵押的客体是公益法人的教育设施、医疗卫生设施以及其他公益设施，如教学楼、实验室、实验设备，医院门诊大楼、住院部、X光机、CT机、化验仪器，等等。至于非教育设施或者非医疗设备，如幼儿园的小卖部、学校的商店、医院办的农副产品基地，是可以抵押的。原《担保法解释》第53条规定与《民法典》的精神一致，应当有继续适用的余地。

### 3. 须为自身债务设定抵押

原《担保法解释》第53条的规定看，即便是非公益设施的抵押，也只能用于为自身债务设定抵押，而不能为他人债务设立抵押，此点与公益法人不能作为保证人的精神是一致的。因为保证是为他人债务提供担保，所以即便是以非公益设施作为承担责任的财产，也不应予以允许。否则，就会出现体系冲突。

## （四）所有权、使用权不明或者有争议的财产

在该问题上，《民法典》仍然沿袭了原《担保法》、原《物权法》的规定，未作修改。但实践中，用所有权、使用权不明或者有争议的财产设定抵押，构成无权处分，在相对人善意的情况下，完全可以基于《民法典》第311条关于善意取得的规定处理。就此而言，将此类财产作为禁止抵押的财产，仅具有宣誓意义，并无太多实益。

## （五）依法被查封、扣押、监管的财产

### 1. 依法被查封、扣押的财产

查封，指的是有关机关采用封条形式就地封存当事人的财产，禁止当事人处分财产的行为；扣押，是有关机关将财产转移至异地，不让当事人处分财产的行为。准确理解查封、扣押，需要把握以下几点：一是实施主体只能是人民法院和有关行政机关。人民法院在财产保全和执行程序中，有权依据《民

事诉讼法》的有关规定查封、扣押诉讼当事人（主要是被告）、被执行人的财产。根据《行政强制法》的规定，查封、扣押同时也是一种行政强制措施，由法律、行政法规规定的有查封、扣押权的机关依据法定程序来实施。二是民事诉讼中的查封、扣押，在诉讼程序中，属于财产保全措施；在执行程序中，则属于临时性的执行措施，是拍卖、变卖的预备性措施。作为行政强制措施，查封、扣押则由有关行政机关在行政执法程序中作出。三是查封、扣押的对象是非金钱财产，包括不动产、动产以及其他财产权。四是在民事诉讼中，查封、扣押需要以裁定方式作出；而在行政执法程序中，则应当以行政决定方式作出。无论哪种方式，都是从送达当事人或协助执行人之时起对相关主体生效。五是查封、扣押的目的在于限制被查封人、被扣押人对标的物进行事实上的处分和法律上的处分。财产被查封、扣押后，当事人对被查封、扣押财产所为的处分行为构成无权处分，不产生预期的法律后果。但需注意的是，根据《民法典担保制度解释》第37条第2款的规定，"当事人以依法被查封或者扣押的财产抵押，抵押权人请求行使抵押权，经审查查封或者扣押措施已经解除的，人民法院应予支持"。

**2. 被监管的财产**

此处所谓的监管，主要是《海关法》规定的监管。根据《海关法》第23条、第37条规定，海关监管期间的货物，当事人的处分权也是受限制的。当事人以被监管的财产为标的设定抵押的行为，同样属于无权处分行为。

（六）法律、行政法规规定不得抵押的其他财产

法律规定不得抵押的财产，如《文物保护法》第24条规定："国有不可移动文物不得转让、抵押……"，第25条规定："非国有不可移动文物不得转让、抵押给外国人。"行政法规规定不得抵押的财产，如《宗教事务条例》第54条规定："宗教活动场所用于宗教活动的房屋、构筑物及其附属的宗教教职人员生活用房不得转让、抵押或者作为实物投资。"

除法律、行政法规明确规定不得抵押的财产外，部门规章、地方性法规、地方政府规章规定不得抵押的，不影响抵押权的设立。如《城市房地产抵押管理办法》第8条第3项、第4项规定，"列入文物保护的建筑物和有重要纪念意义的其他建筑物"以及"已依法列入拆迁范围的房地产"不得设定抵押。前述规定缺乏上位法依据，也与本条规定相悖，不得再作为禁止抵押的依据。

## ▶ 适用指引

以被查封、扣押的财产设定抵押，抵押合同的效力如何？对此，存在不同观点。一种观点认为，该合同因违反《民法典》本条的强制性规定而无效。另一种观点则认为，该合同性质上属于无权处分合同，如果说在原《合同法》框架下该合同属于效力待定合同的话，而根据《民法典》有关无权处分不影响合同效力的规定，该合同则属有效合同。在区分抵押权设立以及作为设立原因的抵押合同的情况下，从解释论上说，后一观点显然更加符合法理。《民法典担保制度解释》第37条第2款规定，抵押人以抵押权设立时财产被查封或者扣押为由主张抵押合同无效的，人民法院不予支持。据此，以查封、扣押财产为抵押财产签订的抵押合同仍属合法有效。在该财产为动产时，鉴于动产抵押采登记对抗主义，抵押权从抵押合同签订之日有效设立，此时就会产生该抵押权是否优先于查封债权的问题。如果认为该抵押权优先于查封债权，则查封、扣押制度的功能将被完全架空。因此，即便认为此时抵押权已经设立，也不能优先于查封、扣押债权。不论是动产抵押还是不动产抵押，均以登记作为公示方法，故对其的查封、扣押，除了需要张贴封条、公告外，还需要进行查封、扣押登记，才能产生限制抵押的效果。否则，如仅在被查封、扣押的财产上张贴封条、公告，尚未进行查封、扣押登记，被查封、扣押人以该被查封、扣押财产设定抵押，且已经完成抵押登记的，相对人可以基于善意取得的规定依法取得抵押权。

## ▶ 类案检索

一、马鞍山中加双语学校与新时代信托股份有限公司、马鞍山中加投资有限公司、安徽省阳光半岛文化发展有限公司、翟某圣、陶某珠金融借款合同纠纷案

**关键词：** 公益目的　非营利法人　抵押财产范围

**裁判摘要：** 判断中加双语学校是否具备保证人的主体资格，应以其是否以公益为目的为要件，对此应综合审查其登记情况和实际运行情况。中加双语学

校从事办学活动，依法有权向接受教育者收取费用，收取费用是其维持教育教学活动的经济基础，并不能因收取费用而认定其从事营利活动。营利性法人区别于非营利性法人的重要特征，不是"取得利润"而是"利润分配给出资人"。中加双语学校章程明确了出资人暂不收取回报，新时代信托公司也未举证证明中加双语学校通过修改章程，报审批机关批准后收取回报。新时代信托公司以民办学校收取费用和合理回报为由认为中加双语学校具有营利性，最高人民法院不予支持，改判中加双语学校就不能清偿部分承担1/2的赔偿责任。

【案　　号】（2017）最高法民终297号
【审理法院】最高人民法院
【来　　源】中国裁判文书网

## 二、中国银行股份有限公司六盘水分行、盘水市凉都人民医院有限公司金融借款合同纠纷案

**关键词：** 公益目的　医疗卫生设施　抵押财产范围

**裁判摘要：** 据原审查明，凉都医院公司名下用以设定抵押的案涉土地使用权，系通过拍卖方式受让取得，六盘水市国土资源局国有土地使用权挂牌出让公告载明，案涉土地用途为医疗卫生用地；六盘水市城乡规划局颁发的《建设用地规划许可证》载明案涉土地的用地性质为医疗卫生用地；六盘水市国土资源局颁发的《土地他项权利证明书》亦载明土地（用途）为医疗慈善用地。案涉借款也是用于凉都医院基础设施建设和医疗卫生设施。此外，凉都医院于2014年12月开始建设，中国银行股份有限公司六盘水分行（以下简称中国银行六盘水分行）与凉都医院公司2015年11月5日案涉签订《最高额抵押合同》时，凉都医院主体建筑已基本建成，中国银行六盘水分行应当知道案涉土地实际用于医疗卫生目的，且凉都医院体检中心、部分门诊及住院部已投入使用。据此，案涉土地使用权虽登记在凉都医院公司名下，但该土地使用权是该公司为建设凉都医院项目而取得，且凉都医院在民政部门申请登记时提交凉都医院公司出具的证明载明，案涉土地由医院免费使用。根据《民办非企业单位登记暂行办法》第5条第3款和第6条第4款的规定，案涉土地使用权是凉都医院开展业务活动的必要条件。根据《物权法》第182条规定的房地一体原则，案涉土地使用权应认定为《物权法》第184条第3项和《担保法》第37条第3项规定的医疗卫生设施，属于依法不得设定抵押的财产。二审判决据此确认案涉

《最高额抵押合同》因违反法律、行政法规强制性规定无效、中国银行六盘水分行就案涉土地使用权不享有优先受偿权，并无不当。中国银行六盘水分行关于医院尚未投入使用、抵押合同及抵押权的实现不违反相关立法本意的主张，没有事实和法律根据，不予支持。

【案　　号】（2020）最高法民申 5054 号

【审理法院】最高人民法院

【来　　源】中国裁判文书网

**第四百条** 设立抵押权,当事人应当采用书面形式订立抵押合同。

抵押合同一般包括下列条款:

(一)被担保债权的种类和数额;

(二)债务人履行债务的期限;

(三)抵押财产的名称、数量等情况;

(四)担保的范围。

## 关联规定

一、法律、行政法规、司法解释

1.《中华人民共和国民法典》

**第三百八十九条** 担保物权的担保范围包括主债权及其利息、违约金、损害赔偿金、保管担保财产和实现担保物权的费用。当事人另有约定的,按照其约定。

**第四百六十九条** 当事人订立合同,可以采用书面形式、口头形式或者其他形式。

书面形式是合同书、信件、电报、电传、传真等可以有形地表现所载内容的形式。

以电子数据交换、电子邮件等方式能够有形地表现所载内容,并可以随时调取查用的数据电文,视为书面形式。

**第五百一十一条** 当事人就有关合同内容约定不明确,依据前条规定仍不能确定的,适用下列规定:

(一)质量要求不明确的,按照强制性国家标准履行;没有强制性国家标准的,按照推荐性国家标准履行;没有推荐性国家标准的,按照行业标准履行;没有国家标准、行业标准的,按照通常标准或者符合合同目的的特定标准履行。

(二)价款或者报酬不明确的,按照订立合同时履行地的市场价格履行;

依法应当执行政府定价或者政府指导价的，依照规定履行。

（三）履行地点不明确，给付货币的，在接受货币一方所在地履行；交付不动产的，在不动产所在地履行；其他标的，在履行义务一方所在地履行。

（四）履行期限不明确的，债务人可以随时履行，债权人也可以随时请求履行，但是应当给对方必要的准备时间。

（五）履行方式不明确的，按照有利于实现合同目的的方式履行。

（六）履行费用的负担不明确的，由履行义务一方负担；因债权人原因增加的履行费用，由债权人负担。

2.《不动产登记暂行条例》

**第八条** 不动产以不动产单元为基本单位进行登记。不动产单元具有唯一编码。

不动产登记机构应当按照国务院国土资源主管部门的规定设立统一的不动产登记簿。

不动产登记簿应当记载以下事项：

（一）不动产的坐落、界址、空间界限、面积、用途等自然状况；

（二）不动产权利的主体、类型、内容、来源、期限、权利变化等权属状况；

（三）涉及不动产权利限制、提示的事项；

（四）其他相关事项。

3.《**最高人民法院关于适用〈中华人民共和国民法典〉有关担保制度的解释**》

**第四十七条** 不动产登记簿就抵押财产、被担保的债权范围等所作的记载与抵押合同约定不一致的，人民法院应当根据登记簿的记载确定抵押财产、被担保的债权范围等事项。

**第五十三条** 当事人在动产和权利担保合同中对担保财产进行概括描述，该描述能够合理识别担保财产的，人民法院应当认定担保成立。

## 二、部门规章及规范性文件

《自然资源部关于做好不动产抵押权登记工作的通知》

二、明确记载抵押担保范围。当事人对一般抵押或者最高额抵押的主债权及其利息、违约金、损害赔偿金和实现抵押权费用等抵押担保范围有明确约定的,不动产登记机构应当根据申请在不动产登记簿"担保范围"栏记载;没有提出申请的,填写"/"。

三、保障抵押不动产依法转让。当事人申请办理不动产抵押权首次登记或抵押预告登记的,不动产登记机构应当根据申请在不动产登记簿"是否存在禁止或限制转让抵押不动产的约定"栏记载转让抵押不动产的约定情况。有约定的填写"是",抵押期间依法转让的,应当由受让人、抵押人(转让人)和抵押权人共同申请转移登记;没有约定的填写"否",抵押期间依法转让的,应当由受让人、抵押人(转让人)共同申请转移登记。约定情况发生变化的,不动产登记机构应当根据申请办理变更登记。

四、完善不动产登记簿。对《国土资源部关于启用不动产登记簿证样式(试行)的通知》(国土资发〔2015〕25号)规定的不动产登记簿样式进行修改:

1.在"抵押权登记信息"页、"预告登记信息"页均增加"担保范围"、"是否存在禁止或限制转让抵押不动产的约定"栏目。

2.将"抵押权登记信息"页的"最高债权数额"修改为"最高债权额"并独立为一个栏目,填写最高额抵押担保范围所对应的最高债权数额。

### 三、司法指导性文件

*《全国法院民商事审判工作会议纪要》*

58.【担保债权的范围】以登记作为公示方式的不动产担保物权的担保范围,一般应当以登记的范围为准。但是,我国目前不动产担保物权登记,不同地区的系统设置及登记规则并不一致,人民法院在审理案件时应当充分注意制度设计上的差别,作出符合实际的判断:一是多数省区市的登记系统未设置"担保范围"栏目,仅有"被担保主债权数额(最高债权数额)"的表述,且只能填写固定数字。而当事人在合同中又往往约定担保物权的担保范围包括主债权及其利息、违约金等附属债权,致使合同约定的担保范围与登记不一致。显然,这种不一致是由于该地区登记系统设置及登记规则造成的该地区的普遍现象。人民法院以合同约定认定担保物权的担保范围,是符合实际的妥当选择。二是一些省区市不动产登记系统设置与登记规则比较规范,担保物权登记范围与合同约定一致在该地区是常态或者普遍现象,人民法院在审理案件时,应当以登记的担保范围为准。

## 条文释义

### 一、本条主旨

本条是关于抵押合同的形式和内容的规定。

### 二、条文演变

本条由原《物权法》第185条修改而成,删除了原《物权法》第185条第2款第3项中"质量、状况、所在地、所有权归属或者使用权归属"这一表述,以"等情况"替代。

### 三、条文解读

（一）关于抵押合同及其形式

抵押合同是抵押人与抵押权人之间签订的旨在设立抵押权的合同。准确理解抵押合同,应当把握如下几点。

一是抵押合同是设立抵押权的原因。在动产抵押中,抵押合同有效成立,抵押权就设立,只是未经登记不能对抗善意第三人。不动产抵押中,登记是抵押权设立的生效要件,未经登记,抵押合同有效,但不发生抵押权设立的效果。

二是抵押合同为单务合同、诺成合同、要式合同、从合同。在抵押合同中,仅抵押人负有主给付义务,经意思表示一致即成立,但因抵押财产的价值通常较高,为使当事人谨慎从事担保行为,法律要求抵押合同必须采取书面形式,登记机关在办理抵押登记时也要求当事人提交书面的抵押合同。较之于主合同,抵押合同属于从合同,在成立、内容、处分以及消灭上均与主合同共命运。

（二）关于抵押合同的内容

学理上通常将合同条款分为要素、常素和偶素三类。对抵押合同来说,抵押财产以及被担保的主债权种类属于要素。而主债务履行期限以及担保范围则属于常素，抵押合同缺乏具体规定的，当事人可以根据《民法典》的相关规定补正其内容。鉴于这几个条款是抵押合同最为重要的条款，本条对其作出了倡导性规定，提示当事人对其作出明确规定。

### 1. 关于被担保债权

设立抵押权是为了担保主债权的实现，因此，被担保的主债权的种类是抵押合同的必备条款。根据《民法典》第387条之规定，被担保的主债权主要是各类合同债权，包括《民法典》规定的各种有名合同以及无名合同、混合合同。在同一债务人与债权人之间存在多种合同关系的情况下，如果主债权种类不特定，当事人设立抵押权的目的就不能实现。因此，主债权种类是抵押合同的必备条款。值得探讨的是，除了合同之债外，不当得利、无因管理甚至侵权之债能否成为被担保的债权？我们认为，此类债权并非主动债权，就其产生而言，一般不存在担保问题。

关于被担保的主债权数额。当事人对主债权数额约定不明确，能够根据《民法典》第511条第2项有关"价款或者报酬不明确的，按照订立合同时履行地的市场价格履行"之规定确定的，不影响担保合同的成立。但某一标的物没有市场价格，或者不能通过相关规则补正的，主债权数额不明会导致主合同不成立，从而导致抵押合同不成立。

### 2. 关于主债务履行期限

抵押权作为一种担保物权，一旦主债务人在债务履行期限届满后仍不履行债务，抵押权人就可实现抵押权。可见，主债务履行期限长短直接关涉抵押人的利益，因此，本条提示当事人尽量约定主债务履行期限，或者提示当事人在确定是否提供抵押时考察主债务履行期限的约定是否合理，从而作出合理判断。当然，如果抵押合同对此没有明确，则人民法院也可以根据《民法典》规定的相关解释规则予以补正。就此而言，履行期限固然重要，但并非抵押合同的必备条款。

### 3. 关于抵押财产

原《物权法》第185条第3项规定，抵押合同要载明标的物的名称、数量、质量、状况、所在地、所有权归属或者使用权归属，本条将对应表述简化为"抵押财产的名称、数量等情况"，这是否意味着《民法典》允许对抵押财产进行概括描述？之所以讨论这一问题，是因为世界银行对各经济体的营商环境进行评估中，其中的"获得信贷"指标要求允许对抵押财产进行概括性描述。《民法典》的修改是否意味着满足了世界银行营商环境评估的要求？对此，不可一概而论。

不动产抵押实行登记生效主义，登记具有公示公信力，所以对不动产的描述要具体明确。根据《不动产登记暂行条例》第8条之规定，在不动产登记中，登记机关要对登记财产进行较为严格的审查，对当事人申请登记文件的要求自然也较高，不允许对抵押财产进行概括性描述。但动产则不同，动产抵押则实行登记对抗主义，登记的意义仅在于提醒债权人注意相应标的物上可能存在担保负担，以使第三人及时评估交易风险、尽早采取防范措施。基于登记对抗的法理，动产抵押往往实行声明登记制，其对担保财产的描述要求很低。在我国现行动产登记实践中，应收账款质押登记和动产抵押登记系统均采声明登记制。在此种登记制度下，应当允许当事人对担保财产进行概括性描述，即只需在协议中以可以合理识别的方式描述担保财产即可。至于描述到何种程度算合理，需要进行个案判断。一般来说，至少需要记载抵押财产的名称、数量。

4. 关于担保范围

所谓担保范围，即被担保的主债权的范围。根据《民法典》第389条的规定，首先看当事人有无约定；当事人没有约定或者约定不明的，担保的范围包括主债权及其利息、违约金、损害赔偿金等附属债权。

## ▶ 适用指引

因为除个别省份不动产登记机构提供的不动产登记簿上设有"担保范围"栏目，从而登记簿的记载与合同约定内容一致外，多数省份不动产登记机构提供的不动产登记簿上仅有"被担保主债权数额（最高债权数额）"的表述，且规定只能填写固定数字。而当事人在合同中又往往约定担保物权的担保范围包括主债权及其利息、违约金等附属债权，从而出现了合同约定与登记簿记载不一致的情形。可见，问题出在不动产登记的栏目设置上，而不在当事人本身。

当合同约定的担保范围与登记簿记载不一致时，应以何者作为确定担保范围的依据，存在不同观点。一种观点认为，《民法典》第216条第1款："不动产登记簿是物权归属和内容的根据。"登记作为一种公示方法，不论是作为不动产担保物权变动的成立要件，还是作为浮动抵押等动产担保物权变动的对抗要件，均具有对抗当事人约定的效力。因此，在当事人的约定与登记簿记载不一致的情况下，从优先保护相对人的合理信赖出发，应当以登记簿的记载为准。《民法典担保制度解释》第47条规定："不动产登记簿就抵押财产、被担保的债权范围等所作的记载与抵押合同约定不一致的，人民法院应当根据登记簿的记载确定抵押财产、被担保的债权范围等事项。"该规定体现的就是这一原理。另一种观点则认为，根据原《物权法》第173条的规定，在登记簿记载与合同约定不一致的情况下，应当以合同约定为准。而且当前大多数地方的不动产登记簿只登记"被担保主债权数额（最高债权数额）"，如果以登记为准，对债权人不公。

纯粹从理论上说，我们倾向于第一种观点。《民法典》第389条关于担保范围的规定，其规范意旨在于：担保范围原则上及于全部债权，但当事人可通过约定对其范围进行限缩。可见，该条仅着眼于抵押人与抵押权人的内部关系，并不包含合同约定与登记簿记载不一致时以合同约定为准的意思。登记作为公示方法具有公信效力，如果后顺位抵押权人主张其系基于登记簿记载而设立抵押权，法律应当保护此种信赖。就此而言，当合同约定与登记簿记载不一致时，以登记簿记载作为确定前顺位抵押权人的担保范围，更符合物权的公示公信原则，也与《民法典》第216条的规定相一致。但考虑到之所以会出现合同约定与登记簿记载不一致的情况，责任不在当事人，而在于登记簿的设置没有完全与《民法典》的规定相一致，在此情况下，让无辜的债权人承担因此导致的损失对其不公。基于现实考量，以合同约定为准更合理。后顺位债权人在设立抵押权时，就不能仅仅去看登记簿，可能还要看当事人的合同约定。后顺位抵押权人在登记簿上记载的尽管也是主债权，但其范围同样及于利息、违约金等附属债权。相比更后顺位的抵押权人而言，对其的保护也是周全的。

需注意的是，《自然资源部关于做好不动产抵押权登记工作的通知》（自然资发〔2021〕54号）提出不动产抵押权登记需明确记载抵押担保范围。当事人对一般抵押或者最高额抵押的主债权及其利息、违约金、损害赔偿金和实现抵押权费用等抵押担保范围有明确约定的，不动产登记机构应当根据申请在不动产登记簿"担保范围"栏记载。同时，对不动产登记簿样式进行修改，在"抵押权登记信息"页、"预告登记信息"页均增加"担保范围"栏目。这将大大减少合同约定担保范围与登记簿记载不一致的情况。

## 类案检索

### 一、中国华融资产管理股份有限公司重庆市分公司、重庆晋愉地产（集团）股份有限公司金融借款合同纠纷案

**关键词：** 担保范围　抵押登记

**裁判摘要：** 关于涉案抵押权担保的范围问题。《物权法》第173条规定："担保物权的担保范围包括主债权及其利息、违约金、损害赔偿金、保管担保财产和实现担保物权的费用。当事人另有约定的，按照约定。"本案中，在《抵押合同》主文对担保范围已经明确约定包括但不限于主债权和利息（包括复利和罚息）的情况下，对于《抵押合同》所附抵押土地清单所载的抵押金额7亿元，应理解为系对所担保主债权本金数额的明确，而非约定担保限额为7亿元。虽然抵押权登记证书备注栏仅记载担保主债权本金为7亿元，但就本案而言，抵押权设立的效力不仅及于借款本金，还应及于该借款本金所产生的利息、复利、逾期罚息和复利。理由是：

首先，当事人未将利息、复利、逾期罚息和复利等担保债权范围和金额在登记证书中明确予以登记，具有不能归责于抵押权人的客观原因。从本案的实际情况看，应以合同约定来确定抵押权担保债权的范围。第一，登记机构相关的登记制度不接受当事人就不确定金额的利息、复利、逾期罚息和复利等担保债权办理登记。第二，由于利息、复利、逾期罚息和复利是借款合同在履行过程中基于主债权和违约情形的出现才产生的，即便允许当事人将利息、复利、逾期罚息和复利等担保债权进行登记，客观上也无法实现登记。

其次，从登记公示的效果看，将本案抵押权设立的效力及于利息、复利、逾期罚息和复利债权，不会造成善意第三人利益的损害。第三人从《物权法》第173条的规定可以判断出，担保范围一般均应及于主债权产生的利息、违约金、损害赔偿金等。而且，渤海信托公司和峰鸿房地产公司在办理抵押登记时已将《抵押合同》备案，故第三人也可以通过查询备案合同得知担保范围及于主债权产生的利息、违约金、损害赔偿金等。

最后，本案赋予抵押权人就借款利息、复利、逾期罚息和复利债权享有抵押权，不违反《担保法解释》第61条的规定。本案中，《抵押合同》约定的担

保范围是借款本金 7 亿元及利息、罚息和复利等，登记证书记载所担保的主债权本金也是 7 亿元。只是登记证书并无担保范围的记载，而这是登记机构的登记制度造成的，与当事人无关。

【案　　号】（2018）最高法民终 950 号

【审理法院】最高人民法院

【来　　源】中国裁判文书网

## 二、恒丰银行股份有限公司重庆分行、重庆亨盾实业有限公司金融借款合同纠纷案

**关键词**：书面形式

**裁判摘要**：基于促进交易的理念，我国合同法保护缔约形式自由，但出于交易理性、交易安全等考虑，法律对部分合同仍保留特殊形式要求。因抵押合同通常具有单向负担义务的性质，风险性较高，法律意图通过合同的书面性要求给予抵押人最后一次深思熟虑的机会，尽量避免其作出草率决定，故《物权法》第 185 条第 1 款规定"设立抵押权，当事人应当采取书面形式订立抵押合同"，《担保法》第 38 条规定"抵押人和抵押权人应当以书面形式订立抵押合同"。恒丰银行重庆分行作为专业金融机构，对其金融借款所涉抵押合同理应坚持书面性要求。而本案中，恒丰银行重庆分行与湖南互相发展置业有限公司未签订书面抵押合同，不符合法律关于抵押合同的特殊形式要求。

【案　　号】（2019）最高法民终 58 号

【审理法院】最高人民法院

【来　　源】中国裁判文书网

**第四百零一条** 抵押权人在债务履行期限届满前，与抵押人约定债务人不履行到期债务时抵押财产归债权人所有的，只能依法就抵押财产优先受偿。

## ▶ 关联规定

### 一、法律、行政法规、司法解释

1.《中华人民共和国民法典》

第四百二十八条 质权人在债务履行期限届满前，与出质人约定债务人不履行到期债务时质押财产归债权人所有的，只能依法就质押财产优先受偿。

2.《最高人民法院关于适用〈中华人民共和国民法典〉时间效力的若干规定》

第七条 民法典施行前，当事人在债务履行期限届满前约定债务人不履行到期债务时抵押财产或者质押财产归债权人所有的，适用民法典第四百零一条和第四百二十八条的规定。

3.《最高人民法院关于适用〈中华人民共和国民法典〉有关担保制度的解释》

第六十八条 债务人或者第三人与债权人约定将财产形式上转移至债权人名下，债务人不履行到期债务，债权人有权对财产折价或者以拍卖、变卖该财产所得价款偿还债务的，人民法院应当认定该约定有效。当事人已经完成财产权利变动的公示，债务人不履行到期债务，债权人请求参照民法典关于担保物权的有关规定就该财产优先受偿的，人民法院应予支持。

债务人或者第三人与债权人约定将财产形式上转移至债权人名下，债务人不履行到期债务，财产归债权人所有的，人民法院应当认定该约定无效，但是不影响当事人有关提供担保的意思表示的效力。当事人已经完成财产权利变动的公示，债务人不履行到期债务，债权人请求对该财产享有所有权的，人民法院不予支持；债权人请求参照民法典关于担保物权的规定对财产折价或者以拍卖、变卖该财产所得的价款优先受偿的，人民法院应予支持；债务人履行债务后请求返还财产，或者请求对财产折价或者以拍卖、变卖所得的价款清偿债务的，人民法院应予支持。

债务人与债权人约定将财产转移至债权人名下，在一定期间后再由债务人或者其指定的第三人以交易本金加上溢价款回购，债务人到期不履行回购义务，财产归债权人所有的，人民法院应当参照第二款规定处理。回购对象自始不存在的，人民法院应当依照民法典第一百四十六条第二款的规定，按照其实际构成的法律关系处理。

## 二、司法指导性文件

**《全国法院民商事审判工作会议纪要》**

71.【让与担保】债务人或者第三人与债权人订立合同，约定将财产形式上转让至债权人名下，债务人到期清偿债务，债权人将该财产返还给债务人或第三人，债务人到期没有清偿债务，债权人可以对财产拍卖、变卖、折价偿还债权的，人民法院应当认定合同有效。合同如果约定债务人到期没有清偿债务，财产归债权人所有的，人民法院应当认定该部分约定无效，但不影响合同其他部分的效力。

当事人根据上述合同约定，已经完成财产权利变动的公示方式转让至债权人名下，债务人到期没有清偿债务，债权人请求确认财产归其所有的，人民法院不予支持，但债权人请求参照法律关于担保物权的规定对财产拍卖、变卖、折价优先偿还其债权的，人民法院依法予以支持。债务人因到期没有清偿债务，请求对该财产拍卖、变卖、折价偿还所欠债权人合同项下债务的，人民法院亦应依法予以支持。

## ▶ 条文释义

### 一、本条主旨

本条是关于禁止流押柔化的规定。

## 二、条文演变

本条在原《物权法》第186条的基础上修改而成，在原《物权法》第186条基础上，删除了"不得"二字，增加"只能依法就抵押财产优先受偿"这一表述。

## 三、条文解读

### （一）关于应否禁止流押

关于应否禁止流押，存在不同观点。主张允许流押的主要理由为：一是禁止流押违反意思自治原则。二是抵押财产的价值并非一成不变，流押合同的订立并非一概对抵押人不公平。三是允许当事人订立流押合同，有利于降低实现抵押权的成本。四是从比较法上看，法国、德国、瑞士、日本等传统大陆法系国家的民法尽管规定了禁止流质，但并无禁止流押的规定。明确规定禁止流押的只有意大利、葡萄牙等少数几个国家。主张禁止流押的意见则认为：一是认为流质或者流押合同实质上是否属于自愿很难判断。如果流质或者流押确实是当事人真实意思的表示，其完全可以通过事后折价的方式实现抵押权；二是流质或者流押条款往往会对抵押人不公平，但在抵押财产大幅贬值的情况下，也可能对抵押权人不公；三是允许流质或流押可能会引发道德风险，可能引发质权人或抵押权人恶意促成债务人违约的道德风险。

流押和流质并不完全相同，这也是很多传统大陆法系国家尽管规定了禁止流质却未规定禁止流押的原因；从比较法的发展趋势看，即便是禁止流质，也出现了缓和趋势；尤其是世界银行营商环境评估中，要求允许抵押权人通过事先约定方式取得抵押财产所有权，即允许流押。综合考虑前述因素，《民法典》对禁止流押问题进行了柔化处理，即一方面仍然禁止流押，另一方面则通过规定抵押权人的优先受偿权，变相规定了抵押权人的清算义务，为归属型清算或者处分型清算留下了制度空间。

### （二）关于流押条款及其效力

**1. 流押条款的认定**

所谓流押条款，指的是当事人在合同中约定，一旦债务人到期不履行债务,抵押财产就归债权人所有的条款。但抵押权作为优先受偿权,抵押权人一般不以取得抵押财产为其目的,在抵押合同中约定流押条款的情形反而并不多见。

从司法实践看,与流押条款密切相关的是让与担保。在让与担保中,当事人形式上签订的是转让合同(包括买卖合同、股权转让合同),实际目的却在于设定担保。在此情形中,识别是否存在流押条款,首先就要识别该所谓的转让合同是真正的转让合同,还是让与担保合同。我们认为,是否存在主合同是重要标准,让与担保作为一种非典型担保,往往还会存在一个主合同。而真正的转让合同不存在主从合同的问题。另外,让与担保中,当事人或者约定回购条款,或者名义上的买受人实际取得所有权附有一定条件,此点使其有别于一般的转让合同。

**2. 流押条款的效力**

本条并未直接规定流押条款的效力,但从条文表述看,流押条款仍然是无效的,因为如果流押条款是有效的,抵押权人就可直接根据约定享有抵押财产的所有权,而不是只能依法就抵押财产优先受偿。但另一方面,本条并未沿袭原《物权法》第186条关于禁止流押的表述,故从解释论上说,应当认为无效的流押条款已经转化为有效的清算型担保。

准确理解流押条款的效力,关键在于理解本条有关"依法"的表述。此处的"依法"包括以下两层含义:一是抵押权须已依法设立。对不动产抵押而言,须已完成登记;对动产抵押而言,鉴于其采登记对抗主义,只需签订合法有效的抵押合同即可。二是须依照抵押权实现的相关规定实现抵押权。抵押权的实现包括折价、拍卖、变卖等方式,作为禁止流押柔化的产物,本条为归属型清算型或者处分型清算留下了空间。从实务操作看,如债务人甲以其价值100万元的房屋向乙提供抵押,约定不履行到期债务,就将该房屋抵给乙。在甲不履行到期债务时,如乙认为该房屋价值高于100万元的,可以主张该房屋归其所有,如果甲同意,意味着双方达成了折价协议,符合《民法典》有关以折价方式实现抵押权的规定,此为归属型清算。如果甲不同意,可以请求拍卖、变卖(当然须承担相应费用),拍卖、变卖后的价款用以优先清偿债务,并实行多退少补,此时转为处分型清算。当然,如果乙认为房屋价格下跌了,也可以请求拍卖、变卖该房屋(此时,乙需要支付拍卖、变卖费用),以所得价款优先受偿,不足部分再请求甲继续履行。可见,此处所谓的清算既可以是归属型清算,也可以是处分型清算,但不论何种情形,原则上都需要进行清算。

## ▶ 指导案例

**指导案例72号:汤龙、刘新龙、马忠太、王洪刚诉新疆鄂尔多斯彦海房地产开发有限公司商品房买卖合同纠纷案**

(最高人民法院审判委员会讨论通过 2016年12月28日发布)

**关键词**:民事 商品房买卖合同 借款合同 清偿债务 法律效力 审查

**裁判要点**:借款合同双方当事人经协商一致,终止借款合同关系,建立商品房买卖合同关系,将借款本金及利息转化为已付购房款并经对账清算的,不属于《中华人民共和国物权法》第一百八十六条规定禁止的情形,该商品房买卖合同的订立目的,亦不属于《最高人民法院关于审理民间借贷案件适用法律若干问题的规定》第二十四条规定的"作为民间借贷合同的担保"。在不存在《中华人民共和国合同法》第五十二条规定情形的情况下,该商品房买卖合同具有法律效力。但对转化为已付购房款的借款本金及利息数额,人民法院应当结合借款合同等证据予以审查,以防止当事人将超出法律规定保护限额的高额利息转化为已付购房款。

**相关法条**:《中华人民共和国物权法》第186条
《中华人民共和国合同法》第52条

**基本案情**:原告汤龙、刘新龙、马忠太、王洪刚诉称:根据双方合同约定,新疆鄂尔多斯彦海房地产开发有限公司(以下简称彦海公司)应于2014年9月30日向四人交付符合合同约定的房屋。但至今为止,彦海公司拒不履行房屋交付义务。故请求判令:一、彦海公司向汤龙、刘新龙、马忠太、王洪刚支付违约金6000万元;二、彦海公司承担汤龙、刘新龙、马忠太、王洪刚主张权利过程中的损失费用41.63万元;三、彦海公司承担本案的全部诉讼费用。

彦海公司辩称:汤龙、刘新龙、马忠太、王洪刚应分案起诉。四人与彦海公司没有购买和出售房屋的意思表示,双方之间房屋买卖合同名为买卖实为借贷,该商品房买卖合同系为借贷合同的担保,该约定违反了《中华人民共和国担保法》第四十条、《中华人民共和国物权法》第一百八十六条的规定无效。双方签订的商品房买卖合同存在显失公平、乘人之危的情况。四人要求的违约金及损失费用亦无事实依据。

法院经审理查明：汤龙、刘新龙、马忠太、王洪刚与彦海公司于2013年先后签订多份借款合同，通过实际出借并接受他人债权转让，取得对彦海公司合计2.6亿元借款的债权。为担保该借款合同履行，四人与彦海公司分别签订多份商品房预售合同，并向当地房屋产权交易管理中心办理了备案登记。该债权陆续到期后，因彦海公司未偿还借款本息，双方经对账，确认彦海公司尚欠四人借款本息361398017.78元。双方随后重新签订商品房买卖合同，约定彦海公司将其名下房屋出售给四人，上述欠款本息转为已付购房款，剩余购房款38601982.22元，待办理完毕全部标的物产权转移登记后一次性支付给彦海公司。汤龙等四人提交与彦海公司对账表显示，双方之间的借款利息系分别按照月利率3%和4%、逾期利率10%计算，并计算复利。

**裁判结果：**新疆维吾尔自治区高级人民法院于2015年4月27日作出（2015）新民一初字第2号民事判决，判令：一、彦海公司向汤龙、马忠太、刘新龙、王洪刚支付违约金9275057.23元；二、彦海公司向汤龙、马忠太、刘新龙、王洪刚支付律师费416300元；三、驳回汤龙、马忠太、刘新龙、王洪刚的其他诉讼请求。上述款项，应于判决生效后十日内一次性付清。宣判后，彦海公司以双方之间买卖合同系借款合同的担保，并非双方真实意思表示，且欠款金额包含高利等为由，提起上诉。最高人民法院于2015年10月8日作出（2015）民一终字第180号民事判决：一、撤销新疆维吾尔自治区高级人民法院（2015）新民一初字第2号民事判决；二、驳回汤龙、刘新龙、马忠太、王洪刚的诉讼请求。

**裁判理由：**法院生效裁判认为：本案争议的商品房买卖合同签订前，彦海公司与汤龙等四人之间确实存在借款合同关系，且为履行借款合同，双方签订了相应的商品房预售合同，并办理了预购商品房预告登记。但双方系争商品房买卖合同是在彦海公司未偿还借款本息的情况下，经重新协商并对账，将借款合同关系转变为商品房买卖合同关系，将借款本息转为已付购房款，并对房屋交付、尾款支付、违约责任等权利义务作出了约定。民事法律关系的产生、变更、消灭，除基于法律特别规定，需要通过法律关系参与主体的意思表示一致形成。民事交易活动中，当事人意思表示发生变化并不鲜见，该意思表示的变化，除为法律特别规定所禁止外，均应予以准许。本案双方经协商一致终止借款合同关系，建立商品房买卖合同关系，并非为双方之间的借款合同履行提供担保，而是借款合同到期彦海公司难以清偿债务时，通过将彦海公司所有的商品房出售给汤龙等四位债权人的方式，实现双方权利义务平衡的一种交易安排。该交易安排并未违反法律、行政法规的强制性规定，不属于《中华人民共和国物权法》第一百八十六条规定禁止的情形，亦不适用《最高人民法院关于审理民间借贷案件适用法律若干问题的规定》第二十四条规定。尊重当事人嗣后形成的变更法律关系性质的一致意思表示，是贯彻合同自由原则的题中应有之意。彦海公司所持本案商品房买卖合同无效的主张，不予采信。

但在确认商品房买卖合同合法有效的情况下，由于双方当事人均认可该合同项下已付购房款系由原借款本息转来，且彦海公司提出该欠款数额包含高额利息。在当事人请求司法确认和保护购房者合同权利时，人民法院对基于借款合同的实际履行而形成的借款本金及利息数额应当予以审查，以避免当事人通过签订商品房买卖合同等方式，将违法高息合法化。经审查，双方之间借款利息的计算方法，已经超出法律规定的民间借贷利率保护上限。对双方当事人包含高额利息的欠款数额，依法不能予以确认。由于法律保护的借款利率明显低于当事人对账确认的借款利率，故应当认为汤龙等四人作为购房人，尚未足额支付合同约定的购房款，彦海公司未按照约定时间交付房屋，不应视为违约。汤龙等四人以彦海公司逾期交付房屋构成违约为事实依据，要求彦海公司支付违约金及律师费，缺乏事实和法律依据。一审判决判令彦海公司承担支付违约金及律师费的违约责任错误，本院对此予以纠正。

## ▶ 类案检索

### 广西嘉美房地产开发有限责任公司与杨某鹏商品房买卖合同纠纷案

**关键词：** 非典型担保　流押

**裁判摘要：** 嘉美公司从杨某鹏处取得340万元的真实意思是融资还债，其与杨某鹏签订《商品房买卖合同》的目的则是担保债务的履行。鉴于双方未办理抵押登记，其约定也不符合《担保法》规定的担保方式，故双方签订《商品房买卖合同》并办理商品房备案登记的行为应认定为非典型的担保方式。即在嘉美公司不能按时归还340万元的情况下，杨某鹏可以通过拍卖或者变卖案涉房屋的方式确保其能够实现债权。如果嘉美公司按时归还340万元，则杨某鹏是不能就案涉的53间商铺主张权利。嘉美公司对交易的控制体现在借款合同和其没有将《销售不动产统一发票》原件交付给杨某鹏，而缺少了发票，杨某鹏是无法实际取得商铺并办理产权登记手续的。《物权法》第186条规定，抵押权人在债务履行期限届满前，不得与抵押人约定债务人不履行到期债务时抵押财产归债权人所有。该规定主要是基于平衡双方当事人利益的考虑，防止居于优势地位的债权人牟取不当暴利，损害债务人特别是其他债权人的利益。尽管本案中双方当事人签订《商品房买卖合同》并办理商品房备案登记的行为并不导致抵押权的成立，但足以在双方当事人之间成立一种非典型的担保关系。既然属于担保，就应遵循《物权法》有关禁止流质的原则，也就是说在债权人实现担保债权时，对设定的担保财产，应当以拍卖或者变卖的方式受偿。

本案诉讼中，双方当事人均未向法院提交书面的借款合同，故对于双方当事人之间有关借款期限的约定，并无充分证据加以证明。既然案涉《商品房买卖合同》是作为340万元债权的担保而存在，那么，作为债权人的杨某鹏实现债权的方式应当是在债务履行期限届满后，向债务人嘉美公司主张债权，如果没有明确的履行期限，则债权人可以随时请求债务人履行，但应当为其留出必要的准备期限。在嘉美公司拒不还债或者无力还债的情况下，杨某鹏才能以适当的方式就《商品房买卖合同》项下的商铺主张权利，以担保其债权的实现。杨某鹏请求直接取得案涉商铺所有权的主张违反《物权法》关于禁止流质的规定，本院不予支持。

【案　　号】（2013）民提字第135号
【审理法院】最高人民法院
【来　　源】《人民司法》2014年第16期

**第四百零二条** 以本法第三百九十五条第一款第一项至第三项规定的财产或者第五项规定的正在建造的建筑物抵押的,应当办理抵押登记。抵押权自登记时设立。

### ▶ 关联规定

一、法律、行政法规、司法解释

1.《中华人民共和国民法典》

**第二百零九条** 不动产物权的设立、变更、转让和消灭,经依法登记,发生效力;未经登记,不发生效力,但是法律另有规定的除外。

依法属于国家所有的自然资源,所有权可以不登记。

**第二百一十条** 不动产登记,由不动产所在地的登记机构办理。

国家对不动产实行统一登记制度。统一登记的范围、登记机构和登记办法,由法律、行政法规规定。

**第二百一十五条** 当事人之间订立有关设立、变更、转让和消灭不动产物权的合同,除法律另有规定或者当事人另有约定外,自合同成立时生效;未办理物权登记的,不影响合同效力。

2.《不动产登记暂行条例》

**第五条** 下列不动产权利,依照本条例的规定办理登记:

(一)集体土地所有权;

(二)房屋等建筑物、构筑物所有权;

(三)森林、林木所有权;

(四)耕地、林地、草地等土地承包经营权;

(五)建设用地使用权;

(六)宅基地使用权;

(七)海域使用权;

(八)地役权;

（九）抵押权；

（十）法律规定需要登记的其他不动产权利。

**3.《最高人民法院关于适用〈中华人民共和国民法典〉有关担保制度的解释》**

第四十六条　不动产抵押合同生效后未办理抵押登记手续，债权人请求抵押人办理抵押登记手续的，人民法院应予支持。

抵押财产因不可归责于抵押人自身的原因灭失或者被征收等导致不能办理抵押登记，债权人请求抵押人在约定的担保范围内承担责任的，人民法院不予支持；但是抵押人已经获得保险金、赔偿金或者补偿金等，债权人请求抵押人在其所获金额范围内承担赔偿责任的，人民法院依法予以支持。

因抵押人转让抵押财产或者其他可归责于抵押人自身的原因导致不能办理抵押登记，债权人请求抵押人在约定的担保范围内承担责任的，人民法院依法予以支持，但是不得超过抵押权能够设立时抵押人应当承担的责任范围。

第四十七条　不动产登记簿就抵押财产、被担保的债权范围等所作的记载与抵押合同约定不一致的，人民法院应当根据登记簿的记载确定抵押财产、被担保的债权范围等事项。

第四十八条　当事人申请办理抵押登记手续时，因登记机构的过错致使其不能办理抵押登记，当事人请求登记机构承担赔偿责任的，人民法院依法予以支持。

## 二、部门规章及规范性文件

**1.《不动产登记暂行条例实施细则》**

第六十五条　对下列财产进行抵押的，可以申请办理不动产抵押登记：

（一）建设用地使用权；

（二）建筑物和其他土地附着物；

（三）海域使用权；

（四）以招标、拍卖、公开协商等方式取得的荒地等土地承包经营权；

（五）正在建造的建筑物；

（六）法律、行政法规未禁止抵押的其他不动产。

以建设用地使用权、海域使用权抵押的，该土地、海域上的建筑物、构筑物一并抵押；以建筑物、构筑物抵押的，该建筑物、构筑物占用范围内的建设用地使用权、海域使用权一并抵押。

**2.《自然资源部关于做好不动产抵押权登记工作的通知》**

一、依法确定不动产抵押范围。学校、幼儿园、医疗机构、养老机构等为公益目的成立的非营利法人的教育设施、医疗卫生设施、养老设施和其他公益设施，以及法律、行政法规规定不得抵押的其他不动产，不得办理不动产抵押登记。

二、明确记载抵押担保范围。当事人对一般抵押或者最高额抵押的主债权及其利息、违约金、损害赔偿金和实现抵押权费用等抵押担保范围有明确约定的，不动产登记机构应当根据申请在不动产登记簿"担保范围"栏记载；没有提出申请的，填写"/"。

三、保障抵押不动产依法转让。当事人申请办理不动产抵押权首次登记或抵押预告登记的，不动产登记机构应当根据申请在不动产登记簿"是否存在禁止或限制转让抵押不动产的约定"栏记载转让抵押不动产的约定情况。有约定的填写"是"，抵押期间依法转让的，应当由受让人、抵押人（转让人）和抵押权人共同申请转移登记；没有约定的填写"否"，抵押期间依法转让的，应当由受让人、抵押人（转让人）共同申请转移登记。约定情况发生变化的，不动产登记机构应当根据申请办理变更登记。

《民法典》施行前已经办理抵押登记的不动产，抵押期间转让的，未经抵押权人同意，不予办理转移登记。

四、完善不动产登记簿。对《国土资源部关于启用不动产登记簿证样式（试行）的通知》（国土资发〔2015〕25号）规定的不动产登记簿样式进行修改：

1.在"抵押权登记信息"页、"预告登记信息"页均增加"担保范围"、"是否存在禁止或限制转让抵押不动产的约定"栏目。

2.将"抵押权登记信息"页的"最高债权数额"修改为"最高债权额"并独立为一个栏目，填写最高额抵押担保范围所对应的最高债权数额。

### 三、司法指导性文件

**《全国法院民商事审判工作会议纪要》**

60.【未办理登记的不动产抵押合同的效力】不动产抵押合同依法成立，但未办理抵押登记手续，债权人请求抵押人办理抵押登记手续的，人民法院依法予以支持。因抵押物灭失以及抵押物转让他人等原因不能办理抵押登记，债权人请求抵押人以抵押物的价值为限承担责任的，人民法院依法予以支持，但其范围不得超过抵押权有效设立时抵押人所应当承担的责任。

## ▶ 条文释义

### 一、本条主旨

本条是关于抵押登记生效主义的规定。

### 二、条文演变

本条规定与原《物权法》第187条规定一致，未作修改。

### 三、条文解读

#### （一）区分原则和抵押权的设立

根据《民法典》第215条的规定，在不动产物权变动场合，未办理物权登记只是不产生物权变动的法律效果，但不影响合同效力，只有办理抵押登记后才能设立抵押权。此点使其区别于动产抵押，因为动产抵押采取登记对抗主义，未经登记不影响抵押权的设立。

#### （二）登记生效主义的适用范围

《民法典》第395条规定的抵押财产包括不动产、动产以及不动产权利三类，其中，不动产采登记生效主义，而不动产权利中的用益物权与准物权，鉴于其客体主要也是土地，因而在物权变动上也实行登记生效主义。据此，实行登记生效主义的抵押财产主要包括：一是建筑物和其他土地附着物，以及正在建造的建筑物；二是建设用地使用权，包括国有建设用地使用权和符合一定条件的集体经营性建设用地使用权；三是海域使用权。

## ▶ 适用指引

### 一、关于土地经营权抵押

本条仅列举了前述几类财产，但还有一些不动产权利，如《民法典》第324条规定的通过招标、拍卖、公开协商等方式取得的土地经营权，也可以作为抵押财产设立抵押。以此类土地经营权设立的抵押，是适用登记生效主义还是登记对抗主义？对此，存在不同理解。一种观点认为，应当采登记生效主义，因为该条制度系从"四荒"土地承包经营权演化而来，而根据《民法典》第402条之规定，"四荒"土地承包经营权抵押采登记生效主义；另一方面，"四荒"土地承包经营权属于不动产用益物权，与建设用地使用权等性质相同，从体系上看，也应当采登记生效主义。另一种观点则认为，从《民法典》第341条有关土地经营权流转的规定看，采取的是登记对抗主义。通过招标、拍卖、公开协商等方式取得的土地经营权，尽管在取得方式上有别于家庭承包方式，但在权利变动上应当采取相同的模式，否则就会出现通过不同方式取得的同一权利采取不同的物权变动模式的局面，导致不应有的混乱。我们采第二种观点，即不论何种形式的土地经营权，均采登记对抗主义。

### 二、关于以法律、行政法规未禁止抵押的财产设定抵押

根据《民法典》第395条第1款第7项的规定，只要是法律、行政法规未禁止抵押的财产，如矿业权、取水权、养殖权、捕捞权等准物权可以作为抵押财产。以此类财产设定抵押，应当采何种主义，并无明确规定。此类财产性质上属于不动产权利，应当采取登记生效主义，但本条列举的应当采取登记生效主义的财产中，并未包括此类不动产权利。而将其归入动产，又与此类权利的性质不符。我们认为，从体系解释的角度看，根据《民法典》第209条之规定，不动产物权变动以登记生效为原则，登记对抗为例外。因此，对于此类财产，仍然应当采取登记生效主义。

### 三、未办理登记的不动产抵押合同的效力

首先，根据区分原则，不动产抵押物未进行抵押登记不影响抵押合同效

力,抵押合同有效。其次,不动产抵押物未进行抵押登记,抵押权未设立,债权人对抵押物不享有优先受偿权。最后,不动产抵押合同有效,抵押人应继续办理抵押登记以及承担不能办理抵押登记情况下的损害赔偿责任。如抵押人依约负有办理抵押登记的义务,但因抵押物灭失或转让等原因不能办理抵押登记的,抵押人应承担相应的违约责任,一般以抵押物的价值为限赔偿债权人的损失。如果抵押合同约定的担保范围少于抵押物价值的,以约定的担保范围为限,不得超过抵押权有效设立时抵押人所应当承担的责任。

值得探讨的是,抵押人承担的是补充责任还是连带责任?我们认为,如果当事人未约定承担连带责任的,认定抵押人承担连带责任缺乏法律依据,故在债务人不能清偿时承担补充责任,以抵押物价值为限,但如果抵押合同约定的担保范围少于抵押物价值的,以约定的担保范围为限。

## ▶ 类案检索

**一、浙商金汇信托股份有限公司与浙江三联集团有限公司、三联控股集团有限公司、马某生、楼某珍、金华市华源置业有限公司金融借款合同纠纷案**

**关键词:** 在建工程抵押 抵押登记 不动产权属证书

**裁判摘要:** 在建工程抵押权的登记方法,包括在抵押合同上作记载或者在房屋登记簿上作记载两种方式。关于权属证书与登记簿之间的关系,完成不动产物权公示的是不动产登记,登记机关办法抵押登记证明是使得当事人取得权属证书。在登记机关未设立房屋登记簿、亦未明确在抵押合同上记载在建工程抵押登记方法的情况下,因当事人的抵押合同及相关登记申请材料和登记机关出具的收件单等文件均已载明登记类型为在建工程抵押登记,且该等文件均在登记机关存档可供利害关系人查询以获悉抵押物上的权利负担,故应当认定登记机关在收件、审核时将此项业务作为在建工程抵押登记业务加以办理的行为,即完成了"记载"在建工程抵押登记的工作,在建工程抵押权即已依法设立。至于登记机关嗣后是否向抵押权人发放权利证明,以及发放权利证明的时间、方式等事实,均不能成为判断抵押权人的权利是否依法成立的依据。

**【案　　号】**(2018)最高法民再19号

【审理法院】最高人民法院
【来　　源】中国裁判文书网

## 二、兰州市城关区民丰小额贷款有限责任公司诉林某法、北海市佳德信海产品有限公司民间借贷纠纷案

**关键词：** 浮动抵押　抵押财产不明确

**裁判摘要：** 担保合同之成立生效与抵押权之有效设立并不相同，合同成立与否主要考虑当事人的意思表示是否达成一致。就双方的《担保合同》而言，北海市佳德信海产品有限公司有明确提供担保的意思表示，合同并不存在无效之情形，《担保合同》在双方当事人之间已经成立并生效。但是，《担保合同》"用其公司名下所有资产为本项目贷款提供抵押担保"的约定与法律上公司以其全部财产对外承担责任之规定并无不同，系公司对外承担责任的概括性描述，未特定化具体的抵押物。公司名下所有资产十分笼统，既包括不动产也包括动产，双方未就具体不动产办理抵押登记，也没有就设定浮动抵押的动产作出明确约定，因此，不动产抵押权和动产浮动抵押权都未能有效设立。兰州市城关区民丰小额贷款有限责任公司关于其对北海市佳德信海产品有限公司名下的动产享有优先受偿权的主张，系以抵押权有效设立为基础，在抵押权未能有效设立情况下，其关于优先受偿权的主张不成立。

【案　　号】（2018）最高法民终329号
【审理法院】最高人民法院

> 第四百零三条 以动产抵押的,抵押权自抵押合同生效时设立;未经登记,不得对抗善意第三人。

## 关联规定

法律、行政法规、司法解释

1.《中华人民共和国民法典》

**第二百二十五条** 船舶、航空器和机动车等的物权的设立、变更、转让和消灭,未经登记,不得对抗善意第三人。

**第六百四十一条** 当事人可以在买卖合同中约定买受人未履行支付价款或者其他义务的,标的物的所有权属于出卖人。

出卖人对标的物保留的所有权,未经登记,不得对抗善意第三人。

**第七百四十五条** 出租人对租赁物享有的所有权,未经登记,不得对抗善意第三人。

2.《中华人民共和国民用航空法》

**第十六条** 设定民用航空器抵押权,由抵押权人和抵押人共同向国务院民用航空主管部门办理抵押权登记;未经登记的,不得对抗第三人。

3.《中华人民共和国海商法》

**第十三条** 设定船舶抵押权,由抵押权人和抵押人共同向船舶登记机关办理抵押权登记;未经登记的,不得对抗第三人。

船舶抵押权登记,包括下列主要项目:

(一)船舶抵押权人和抵押人的姓名或者名称、地址;

(二)被抵押船舶的名称、国籍、船舶所有权证书的颁发机关和证书号码;

(三)所担保的债权数额、利息率、受偿期限。

船舶抵押权的登记状况,允许公众查询。

4.《优化营商环境条例》

**第四十七条** 不动产登记机构应当按照国家有关规定,加强部门协作,实行不动产登记、交易和缴税一窗受理、并行办理,压缩办理时间,降低办理成本。在国家规定的不动产登记时限内,各地区应当确定并公开具体办理时间。

国家推动建立统一的动产和权利担保登记公示系统,逐步实现市场主体在一个平台上办理动产和权利担保登记。纳入统一登记公示系统的动产和权利范围另行规定。

**5.《最高人民法院关于适用〈中华人民共和国民法典〉有关担保制度的解释》**

**第五十四条** 动产抵押合同订立后未办理抵押登记,动产抵押权的效力按照下列情形分别处理:

(一)抵押人转让抵押财产,受让人占有抵押财产后,抵押权人向受让人请求行使抵押权的,人民法院不予支持,但是抵押权人能够举证证明受让人知道或者应当知道已经订立抵押合同的除外;

(二)抵押人将抵押财产出租给他人并移转占有,抵押权人行使抵押权的,租赁关系不受影响,但是抵押权人能够举证证明承租人知道或者应当知道已经订立抵押合同的除外;

(三)抵押人的其他债权人向人民法院申请保全或者执行抵押财产,人民法院已经作出财产保全裁定或者采取执行措施,抵押权人主张对抵押财产优先受偿的,人民法院不予支持;

(四)抵押人破产,抵押权人主张对抵押财产优先受偿的,人民法院不予支持。

# ▶ 条文释义

## 一、本条主旨

本条是关于动产抵押登记对抗主义的规定。

## 二、条文演变

本条是在原《物权法》第188条的基础上修改而成,将"以本法第一百八十条第一款第一项至第三项规定的财产或者第五项规定的正在建造的船舶、航空器抵押的"修改为"以动产抵押的",以概括的方式取代列举的形式明确动产抵押的效力。

### 三、条文解读

#### （一）动产抵押权的设立

《民法典》不再区分动产抵押和浮动抵押，而是规定实行统一的动产登记对抗主义。动产抵押合同一经生效，抵押权就有效设立，未办理登记手续不影响抵押权的设立。此时是一种介于物权与债权之间的不完全物权。

#### （二）"第三人"的范围

##### 1."第三人"主要是指买受人

一般认为，此处的"第三人"主要是指抵押物的买受人。实践中，抵押合同签订后，抵押人可能又将抵押物转卖他人，如果买受人善意取得，抵押人不得基于抵押权的追及效力向善意买受人主张抵押权，只能要求抵押人重新提供担保。反面解释就是，未经登记的抵押权人是可以对抗恶意买受人的。根据《民法典》第406条之规定，抵押期间，抵押人是可以转让抵押财产的，所以即便是恶意买受人，也可以依法取得抵押物所有权，只是抵押权人可以向其主张抵押权。在善意的举证问题上，应当推定买受人为善意买受人，从而由主张可以对抗该买受人的抵押权人举证证明买受人为恶意买受人。抵押权人举证不能的，应当承担因此产生的不利后果。

##### 2."第三人"不包括担保物权人

有观点认为，这里的"第三人"包括设立在后的抵押权人。即后抵押权人如果是善意的，也能对抗先设立的抵押权。我们认为，此观点不妥。根据《民法典》第414条的规定，确定抵押权顺位的主要依据是有无登记以及登记先后，至于抵押权人是否善意则不在考察之列。如果要根据善意与否确定清偿顺序，可能会与《民法典》第414条规定相冲突。且如果将后抵押权人是否善意作为确定抵押权顺位的依据，在下列情形中，将无从确定抵押权的顺序。例如，抵押人依次为甲、乙、丙设立抵押权，且均未登记；乙知道甲抵押权的存在，丙不知道甲抵押权的存在但知道乙抵押权的存在。根据前述规则，从甲的角度看，乙对于甲而言属于恶意第三人，故甲的抵押权优先于乙；丙对于甲而言属于善意当事人，但亦未进行登记，故丙的权利应同于甲，此时的清偿顺序为：甲、丙优先于乙。但如着眼于乙的角度，因为丙知道乙抵押权的存在，丙对于乙来说属于恶意第三人，则乙的权利应当优先于丙，此时的清偿顺序则应该是甲优先于乙，乙优先于丙。可见，根据前述观点，基于不同的角度，可能会得出不同的结论。可见，考察第三人善意与否具有不确定性，有必要通过统一的登记对抗规则来确定清偿顺序。综上，本条的"第三人"不包括抵押权人。

设立在后的质权人是否属于本条规定的"第三人"的范畴？我们认为，根据《民法典》第415条的规定，在先设立的未登记的抵押权也不能对抗后设立的质权，因为后设立的质权已经完成了公示，在抵押权未完成公示的情况下，已完成公示的质权自然优先于未完成公示的抵押权。可见，本条所谓的"第三人"也不包括质权人。

留置权属于法定抵押权，其设立不以当事人的意志为必要，谈不上善意与恶意的问题，也不属于本条所谓的"第三人"。

**3. 一般债权人是否属于"第三人"**

从逻辑上说，基于物权优先于债权的一般原理，未经登记的抵押权仍然属于物权的范畴，基于物权优先于债权的优先性规则，即便是未登记的抵押权，也应优先于一般债权。此种优先效力主要体现在，当抵押权人认为恶意受让人、恶意承租人以及一般债权人损害其抵押权时，有权主动请求撤销在后的转让、租赁，或者申请优先于一般债权人执行。但出于消除隐形担保的考虑，不应赋予此种抵押权过强的对抗效力。因此，在破产程序中，未经登记的抵押权就不具有优先效力，应与一般债权同等受偿。在诉讼或者执行程序中，在第三人对抵押物申请扣押、查封的情况下，未经登记的抵押权也不得对抗法院的扣押、查封。

**（三）与正常经营买受人规则之间的关系**

既然本条的第三人主要是买受人，而从《民法典》第404条的规定看，已经支付合理价款并取得抵押财产的正常经营买受人要优先予以保护，无论动产抵押权是否进行了登记，也无论买受人是否知晓动产抵押权的存在，故从反面解释的角度看，本条有关善意第三人的规定，仅适用于非正常经营场合，即只有在不能适用《民法典》第404条规定的情况下，才能够适用本条的规定。

### (四)动产抵押对抗规则

登记的主要意义有两个方面:一方面,提醒潜在的交易当事人注意标的物上可能存在的权利负担,进而确保自身在从事交易时享有优先权;另一方面,根据登记的先后确定竞存权利之间的优先顺位。

从司法实践的角度看,动产担保之间的权利竞存,只要竞存的权利是以登记作为公示方法的,都要根据《民法典》第414条的规定确定清偿顺序;动产抵押权与动产质权的竞存,要根据《民法典》第415条的规定来确定清偿顺序;动产抵押与担保物买受人竞存,要根据本条与《民法典》第404条的规定来确定;动产抵押权与价款优先权竞存,则要根据《民法典》第416条的规定来确定。所有这些规则,共同构成动产担保对抗效力体系。只有着眼体系的角度,才能准确理解动产登记的对抗效力。

## ▶ 类案检索

### 江西赣县农村商业银行股份有限公司、中国建设银行股份有限公司赣州赣县支行第三人撤销之诉案

**关键词:** 抵押登记 登记对抗主义

**裁判摘要:** 关于中国建设银行股份有限公司赣州赣县支行(以下简称建行赣县支行)抵押权,原审已查明,建行赣县支行与菊隆高科技实业有限公司(以下简称菊隆高科公司)于2011年10月25日签订《流动资金贷款合同》和《抵押合同》,约定菊隆高科公司将案涉5559.02吨甜叶菊干叶抵押给建行赣县支行,担保1.2亿元的借款债务的履行,期限1年,并于2011年11月3日共同办理了动产抵押登记。2012年10月22日,双方签订《人民币流动资金贷款合同》,约定菊隆高科公司向建行赣县支行借款1.2亿元,用于借新还旧。同日,双方签订《抵押合同》,约定菊隆高科公司以存放地点有所不同的案涉5559.02吨甜叶菊干叶为《人民币流动资金贷款合同》项下贷款提供抵押担保,并于当日对前述动产抵押登记办理了注销登记,同时对后签订的《抵押合同》项下的质物办理了动产抵押登记。因为主债权消灭的,担保物权消灭。《流动

资金贷款合同》的约定借款债权已因菊隆高科公司依约清偿而消灭，为此设立的抵押权亦消灭。因为案涉抵押物不属于必须办理登记的不动产，所以抵押权自抵押合同生效时设立，原判决认定第二份抵押权自《抵押合同》2012年10月22日生效时设立，同日登记时起可对抗善意第三人，并无不当。

【案　　号】（2019）最高法民申5626号

【审理法院】最高人民法院

【来　　源】中国裁判文书网

**第四百零四条** 以动产抵押的，不得对抗正常经营活动中已经支付合理价款并取得抵押财产的买受人。

## 关联规定

法律、行政法规、司法解释

《最高人民法院关于适用〈中华人民共和国民法典〉有关担保制度的解释》

**第五十六条** 买受人在出卖人正常经营活动中通过支付合理对价取得已被设立担保物权的动产，担保物权人请求就该动产优先受偿的，人民法院不予支持，但是有下列情形之一的除外：

（一）购买商品的数量明显超过一般买受人；

（二）购买出卖人的生产设备；

（三）订立买卖合同的目的在于担保出卖人或者第三人履行债务；

（四）买受人与出卖人存在直接或者间接的控制关系；

（五）买受人应当查询抵押登记而未查询的其他情形。

前款所称出卖人正常经营活动，是指出卖人的经营活动属于其营业执照明确记载的经营范围，且出卖人持续销售同类商品。前款所称担保物权人，是指已经办理登记的抵押权人、所有权保留买卖的出卖人、融资租赁合同的出租人。

## 条文释义

### 一、本条主旨

本条是关于正常经营买受人规则的规定。

## 二、条文演变

根据原《物权法》第189条之规定,正常经营买受人规则仅适用于浮动抵押,一般动产抵押不适用该规则。本条扩张了该规则的适用范围,将其从浮动抵押扩张适用于所有的动产抵押,此点应予特别注意。

## 三、条文解读

适用本条确定的正常经营买受人规则,需要具备如下条件:一是正常经营活动;二是出卖的物也要符合商业惯例;三是买受人须已经支付合理价款。合理价款主要是指价款要与物的价值相匹配,买受人还需要已经实际支付了一定的价款。判断出卖人是否为正常经营和买受人支付的价款是否合理,都要根据一般的交易习惯。

关于"正常经营活动",《民法典担保制度解释》第56条作出了明确规定。该条第2款规定,出卖人正常经营活动,是指出卖人的经营活动属于其营业执照明确记载的经营范围,且出卖人持续销售同类商品。强调出卖人的经营活动属于营业执照"明确记载"的经营范围,是因为目前很多企业的营业执照所记载的经营范围都有一个兜底性的概括描述,经询问税务部门,凡是纳入概括描述的经营范围的,企业是不能将其作为纳税事项开具发票的,因此不属于出卖人正常经营活动;强调出卖人必须持续销售同类商品,是因为很多企业的营业执照记载的经营范围可能很广泛,但企业真正开展持续性经营的经营范围较为狭窄,如果买受人就企业没有持续经营的事项与出卖人进行交易,就应将其视为异常交易,也就不能被视为正常经营买受人。

另外,从买受人的角度看,即使出卖人的经营行为属于正常经营活动,但如果交易本身具有异常性,买受人也不能被视为正常经营买受人。《民法典担保制度解释》第56条第1款将下列情形认定为异常交易,并将其排除在正常经营活动之外:(1)购买商品的数量明显超过一般买受人;(2)购买出卖人的生产设备;(3)订立买卖合同的目的在于担保出卖人或者第三人履行债务;(4)买受人与出卖人存在直接或者间接的控制关系;(5)买受人应当查询抵押登记而未查询的其他情形。

总之,本条所称"正常经营活动"既指出卖人的经营活动是在其营业执照明确记载的经营范围内且持续销售同类商品,也要求从买受人的角度看,交易本身没有异常性。①

已经支付合理价款的正常经营买受人,可以无负担地取得担保物的所有权,不问动产抵押权是否进行了登记,也不问买受人是否知晓动产抵押权的存在。结合《民法典》第403条有关善意买受人的规定,在动产抵押权人与买受人之间出现权利竞存的情况下,应当遵循如下的优先顺序:正常经营买受人 > 已经登记的抵押权人 > 善意买受人 > 未登记的抵押权人 > 恶意买受人 > 未取得所有权的买受人。

## ▶ 适用指引

第一,本条并未将不能对抗正常经营活动中买受人的动产抵押权限制在已经办理登记的动产抵押权,但由于《民法典》第403条已经就未办理登记之抵押权的对抗效力进行了限制,因此,在动产抵押未办理抵押登记的情形下,对善意买受人的保护问题宜通过适用《民法典》第403条来解决,而无须通过适用本条来解决。另外,从逻辑上说,本条的立法本意,是在动产抵押已经办理登记的情形下,为豁免动产买受人的查询登记义务而作的特别规定,既然动产抵押未办理登记,买受人也无查询的可能和必要。

第二,本条将正常经营活动中的买受人限制在动产抵押,因此,本条原则上不能适用于不动产抵押。也就是说,不动产的买受人原则上有查询不动产登记簿的义务。但是,从实践中的情况看,在商品房预售或者销售中,一方面,房地产开发企业是在其正常经营活动中进行商品房的预售或者销售;另一方面,在房地产开发企业取得预售许可证的情形下,仍要求自房地产开发企业处购买商品房的购房人须到不动产登记机构进行查询,对于作为消费者的购房人,往往也过于苛刻。就此而言,我们认为,房地产开发企业在将建设用地使用权抵押或者将建筑物抵押后,再进行商品房预售或者销售时,对正常经营活动中已经支付合理对价并取得对标的物占有的消费者,也应参照本条的规定予以保护。②

---

① 最高人民法院民事审判第二庭著:《最高人民法院民法典担保制度司法解释理解与适用》,人民法院出版社2021年版,第485页。
② 最高人民法院民事审判第二庭著:《最高人民法院民法典担保制度司法解释理解与适用》,人民法院出版社2021年版,第486页。

第三，由于《民法典》已将所有权保留买卖和融资租赁中的所有权规定为非典型担保物权，而所有权保留和融资租赁的标的物也是动产，且以登记作为公示方式，因此也存在类似动产抵押制度的局限性。在所有权保留、融资租赁中，为了保护正常经营活动中买受人的交易安全，《民法典担保制度解释》第56条第2款将正常经营活动中买受人的认定规则扩张到已经办理登记的所有权保留、融资租赁。①

## ▶ 类案检索

**永吉县京顺粮食经销有限公司与中国农业发展银行吉林分行营业部、吉林市天程粮食购销有限公司金融贷款合同纠纷案**

**关键词：** 正常经营买受人　合理价款

**裁判摘要：** 虽然中国农业发展银行吉林市分行营业部（以下简称农发行吉林市分行）对6128.08吨玉米享有抵押权，但就其中3247吨玉米抵押权的行使，不得对抗在正常经营活动中已支付合理价款并取得抵押财产的永吉县京顺粮食经销有限公司（以下简称京顺公司）。原判决认定事实清楚，适用法律正确，农发行吉林市分行与京顺公司的上诉理由均不能成立。京顺公司主张农发行吉林市分行不能对该6128.08吨玉米行使抵押权的法律依据为《物权法》第189条第2款规定："依照本法第一百八十一条规定抵押的，不得对抗正常经营活动中已支付合理价款并取得抵押财产的买受人。"因此，京顺公司的主张成立须同时满足以下条件：第一，京顺公司与吉林省天程粮食购销有限公司（以下简称天程公司）之间成立买卖合同关系；第二，该买卖属于天程公司的正常经营活动；第三，京顺公司支付了合理价款；第四，京顺公司已取得该6128.08吨玉米。根据本案已查明事实，天程公司作为粮食购销企业，出卖玉米的行为属于正常经营活动，京顺公司已实际占有该6128.08吨玉米，因此，第二个、第四个条件已经成就。从当事人的诉辩主张看，农发行吉林市分行和京顺公司对第一个、第三个条件是否成就，存在较大争议，现分别评判如下：

首先，关于第一个条件，即京顺公司与天程公司之间是否成立买卖合同

---

① 最高人民法院民事审判第二庭著：《最高人民法院民法典担保制度司法解释理解与适用》，人民法院出版社2021年版，第66页。

关系的问题。京顺公司提供了其与天程公司于2013年1月26日签订的《粮食购销合同》，该合同上双方当事人的签章真实，根据《合同法》第32条规定，"当事人采用合同书形式订立合同的，自双方当事人签字或者盖章时合同成立"，京顺公司与天程公司之间的买卖合同成立。因此，第一个条件已成就。

其次，关于第三个条件，即京顺公司是否支付了合理价款的问题。京顺公司并未举证证明其与天程公司签订《粮食购销合同》后，实际支付了相应合同价款，但举证证明了天程公司尚欠其部分借款和粮款，主张将天程公司所欠的借款和粮款认定为支付《粮食购销合同》的价款，根据《合同法》第99条"当事人互负到期债务，该债务的标的物种类、品质相同的，任何一方可以将自己的债务与对方的债务抵销，但依照法律规定或者按照合同性质不得抵销的除外"之规定，其主张符合关于抵销权的规定。对于天程公司所欠京顺公司借款和粮款的具体数额，原审法院认定，截至2013年4月8日为7727729.8元，农发行吉林市分行未提出异议，本院对此予以确认。因此，原审法院根据《粮食购销合同》约定的玉米单价，通过债务抵销的方式，认定京顺公司对涉案6128.08吨玉米中的3247吨玉米支付了合理对价，适用法律正确，第三个条件亦部分成就。

【案　　号】（2014）最高法民申字第1628号
【审理法院】最高人民法院
【来　　源】中国裁判文书网

**第四百零五条** 抵押权设立前，抵押财产已经出租并转移占有的，原租赁关系不受该抵押权的影响。

## 关联规定

法律、行政法规、司法解释

1.《中华人民共和国民法典》

第七百二十五条 租赁物在承租人按照租赁合同占有期限内发生所有权变动的，不影响租赁合同的效力。

2.《最高人民法院关于适用〈中华人民共和国民法典〉有关担保制度的解释》

第五十四条 动产抵押合同订立后未办理抵押登记，动产抵押权的效力按照下列情形分别处理：

（一）抵押人转让抵押财产，受让人占有抵押财产后，抵押权人向受让人请求行使抵押权的，人民法院不予支持，但是抵押权人能够举证证明受让人知道或者应当知道已经订立抵押合同的除外；

（二）抵押人将抵押财产出租给他人并移转占有，抵押权人行使抵押权的，租赁关系不受影响，但是抵押权人能够举证证明承租人知道或者应当知道已经订立抵押合同的除外；

（三）抵押人的其他债权人向人民法院申请保全或者执行抵押财产，人民法院已经作出财产保全裁定或者采取执行措施，抵押权人主张对抵押财产优先受偿的，人民法院不予支持；

（四）抵押人破产，抵押权人主张对抵押财产优先受偿的，人民法院不予支持。

3.《最高人民法院关于人民法院办理执行异议和复议案件若干问题的规定》

第三十一条 承租人请求在租赁期内阻止向受让人移交占有被执行的不动

产，在人民法院查封之前已签订合法有效的书面租赁合同并占有使用该不动产的，人民法院应予支持。

承租人与被执行人恶意串通，以明显不合理的低价承租被执行的不动产或者伪造交付租金证据的，对其提出的阻止移交占有的请求，人民法院不予支持。

## ▶ 条文释义

### 一、本条主旨

本条是关于抵押权和租赁权关系的规定。

### 二、条文演变

本条系从原《物权法》第190条修改而来。原《物权法》第190条分两句，第一句是有关先租赁后抵押下"抵押不破租赁"的规定，第2句是有关先抵押后租赁如何处理的规定。与原《物权法》第190条相比，本条有以下几个变化：一是修改了第1句，即在坚持"抵押不破租赁"基础上，修改完善了适用条件。一方面，将可以对抗抵押权的租赁关系限定在已经"转移占有"的租赁关系，未转移占有的租赁关系不得对抗在后设立的抵押权；另一方面，将租赁权对抗的对象明确规定为已经设立的抵押权，而非仅仅"订立抵押合同"。二是删除了第2句"抵押权设立后抵押财产出租的，该租赁关系不得对抗已登记的抵押权"的规定。总体上看，目前的规定更加科学合理。

### 三、条文解读

《民法典》第725条是有关"买卖不破租赁"的规定。根据"举重以明轻"的当然解释规则，抵押自然也不能破除租赁，即出租人将财产出租并转移占有后，又用该财产设定抵押权时，原租赁关系不受抵押权的影响。准确理解此规则，需要注意以下几点。

一是承租人须已经占有租赁物。租赁权性质上尽管属于债权，但具有对抗所有权、抵押权等物权的效力，以保护其使用状态的稳定。

二是在后的抵押权须已设立。就不动产或不动产权利抵押而言，仅签订抵押合同未办理登记时，抵押权尚未设立，当事人只能依据抵押合同享有债权性质的权利，此种权利效力上要弱于物权，更不用说弱于可以对抗物权的租赁权了。尤其是抵押合同何时订立难以判断，在当事人之间恶意串通倒签抵押合同而人民法院又缺乏手段认定的情况下，租赁权的保护将会面临极大挑战。就此而言，本条将在后的抵押权限于已经设立的抵押权，而非仅仅签订抵押合同，不仅逻辑上更为周延，操作上也更为便捷。

三是如何理解"原租赁关系不受该抵押权的影响"。一方面，是指抵押权的设立不影响原租赁关系的存续，承租人仍可基于租赁合同继续占有使用租赁物；另一方面，是指抵押权实现时，只要租赁合同还在合同有效期内，租赁合同对抵押物（同时也是租赁物）受让人继续有效，受让人取得的是有租赁权负担的抵押物。此时，抵押权人或者受让人能否向抵押人主张损害赔偿？对此，存在不同观点。有一种观点认为，承租人占有租赁物本身就具有一定的公示功能，抵押权人、受让人对此是明知的，因此，不能向抵押人主张损害赔偿。另一种观点则认为，承租人占有租赁物不一定就是租赁物变动的公示方法，抵押人在设立抵押权时应当将已经设立租赁权的事实告知抵押权人，因抵押人未尽告知义务而导致的抵押物价值贬损的损失，抵押权人可以向抵押人主张。但在抵押物拍卖、变卖时，其上有权利负担这一事实受让人往往是明知的，受让人明知物上有权利瑕疵仍然从事交易，应当自担风险，不得请求承担权利瑕疵担保责任。况且物上存在权利瑕疵也会影响抵押物的价值，受让人可能会以较低的价格受让抵押物，因而价格的贬损对其来说不能算是损失，故其不能向抵押人主张损失。我们赞同后一种观点。

## ▶ 适用指引

### 一、关于先抵押后租赁的情形

租赁权设立在后，在先的不动产抵押权已经设立或者动产抵押已经办理登记的情况下，抵押权均可以对抗租赁权。值得探讨的是，动产抵押权设立后又将抵押财产出租的，该租赁关系能否对抗未经登记的动产抵押权？我们认为，租赁权不是担保物权，因而不能简单地参照《民法典》第415条规定的精神，以公示先后作为确定能否对抗的依据，而应当根据《民法典》第403条有关登记对抗的规定，确定抵押权人能否对抗后设立的租赁权，具体来说：承租人未实际占有租赁物的，其享有的仅为一般债权，依照《民法典》第403条之规定，不得对抗物权性质的动产抵押权。如果承租人已经实际占有租赁物，则要看其是否为恶意当事人来确定能否对抗：其为恶意承租人的，不能对抗抵押权；反之，其为善意承租人的，可以对抗抵押权。从举证责任的角度看，应当推定承租人为善意当事人，由抵押权人举反证推翻有关善意的推定。《民法典担保制度解释》第54条第2项亦规定，动产抵押合同订立后未办理抵押登记的，"抵押人将抵押财产出租给他人并移转占有，抵押权人行使抵押权的，租赁关系不受影响，但是抵押权人能够举证证明承租人知道或者应当知道已经订立抵押合同的除外"。这就意味着，在承租人已经取得对标的物的占有时，除非能够证明承租人知道或者应当知道标的物上存在抵押，否则，未办理登记的抵押权就不能对抗该承租人。也就是说，在该承租人是善意的情形下，动产抵押权人行使抵押权时，租赁关系不受影响，抵押权人只能"带租"拍卖、变卖抵押物；在该承租人是恶意的情形下，动产抵押权人行使抵押权就可以要求解除租赁合同后再拍卖、变卖抵押物。①

## 二、租赁权不得对抗已登记的抵押权

不动产抵押权设立或者动产抵押合同签订并登记后，抵押人又将抵押财产出租并转移占有的，租赁权不得对抗已经登记的抵押权，即抵押权实现时应当除去租赁权，而在抵押权实现之前，抵押权与租赁权是可以并存的。值得探讨的是，有权除去抵押权的是抵押权人、抵押物的受让人，还是人民法院；除去的时点是抵押权实现之时，还是实现之后；除去的方式是自动除去还是通过解除合同、宣告合同无效等方式除去；除去后承租人的损失该由谁负担。

第一，关于谁有权除去租赁权。租赁权不得对抗已登记的抵押权，意味着在抵押权实现时，抵押权人有权除去租赁权，而不需要法定理由。抵押权人在实现抵押权时未除去租赁权，导致受让人通过拍卖、变卖等方式取得抵押物所有权时有租赁权负担的，受让人也可以除去租赁权。但人民法院不能代替相关权利人作决定。

第二，关于除去租赁权的时点。如前所述，除去租赁权的时点可以是抵押

---

① 最高人民法院民事审判第二庭著：《最高人民法院民法典担保制度司法解释理解与适用》，人民法院出版社2021年版，第561页。

权实现之时，也可以是在抵押权实现之后。前者是抵押权破除租赁，后者则是买卖破除租赁，但二者都是物权变动不影响租赁合同存续这一规则的例外。而之所以出现例外，是因为物权变动发生在租赁权设立之前，因而可以对抗在后的租赁权。

第三，关于除去租赁权的方式。应当认为抵押权人或者抵押物受让人享有法定的解除权，即在实现抵押权时或者受让抵押物时，其享有依法解除租赁合同的权利，此种权利性质上属于形成权，只需以意思表示通知承租人，或者在抵押权实现程序中通知人民法院即可。

第四，关于承租人的损失问题。承租人应当知道租赁权不得对抗设立在先的已经登记的抵押权，在此情况下其仍然签订租赁合同，应当自行承担损失。如果抵押权已经设立尚未登记，而承租人已经基于租赁合同并转移占有的，其租赁权可以对抗抵押权，不存在损失承担问题。设立在先的抵押权未经登记，而承租人也未占有租赁物的，此时，基于物权优先于一般债权的原理，租赁权不能对抗已经设立的抵押权，也不存在损失承担问题。

## ▸ 典型案例

### 中国农业银行股份有限公司酒泉分行诉玉门甘来矿业有限责任公司、玉门宾馆甘来金业有限公司、傅某霖、苏某梅金融借款合同纠纷案

**关键词：** 抵押不破租赁　租赁在先抵押在后

**裁判摘要：** 关于抵押财产上存在租赁权的问题。《物权法》第190条规定："订立抵押合同前抵押财产已出租的，原租赁关系不受该抵押权的影响。抵押权设立后抵押财产出租的，该租赁关系不得对抗已登记的抵押权。"从该条规定可以看出，法律未限制在已出租的标的物上设定抵押。抵押权系担保物权，所追求的是标的物的交换价值；租赁权系债权，所追求的是标的物的使用价值，二者在同一标的物上同时设立并不冲突。虽然在抵押权人实现抵押权时，租赁在先的承租人可以"抵押不破租赁"对抗抵押权人或者标的物受让人，在租赁期限内继续承租标的物，但承租人不享有以在先租赁权阻却抵押权人以折价、拍卖或变卖等方式处置抵押物并就价款优先受偿的权利。无论租赁在先还是租赁在后，均不影响抵押权人请求人民法院对依法设立的抵押权进行确认。

因此，一审法院判决农行酒泉分行可就案涉房屋和土地使用权折价或拍卖、变卖价款在主债权范围内优先受偿，有事实和法律依据。苏某梅以其在先租赁抵押物为由，认为农行酒泉分行对案涉房屋和土地使用权折价或拍卖、变卖价款不享有优先受偿权的辩称意见不能成立。

**基本案情：** 2016年9月9日、10月14日、12月15日，甘来矿业公司与农行酒泉分行分别签订《中国农业银行股份有限公司流动资金借款合同》（以下简称《借款合同》），约定甘来矿业公司向农行酒泉分行借款300万元、2000万元和700万元。借款期限均为1年，借款用途均为借新还旧，结息方式均为按月结息，结息日为每月20日。期限内利率按每笔借款提款前一工作日央行发布的1年期贷款基础利率LPR加179bp（1bp = 0.01%）执行6.09%，逾期上浮50%，执行9.135%。借款逾期后，如遇1年期LPR上调，罚息利率自1年期LPR调整后一个工作日起相应调整。借款到期之日前未按期支付利息的，按合同约定的借款利率计收复利，借款到期之日后按合同约定的逾期罚息利率计收复利。

2014年10月17日，玉门宾馆甘来金业有限公司（以下简称玉门宾馆）与农行酒泉分行签订《最高额抵押合同》并分别于2016年9月1日、10月12日、12月12日出具《抵押承诺书》，承诺以其位于甘肃省酒泉市玉门市新市区玉苑路北侧31418.86平方米国有土地使用权及位于甘肃省酒泉市玉门市新市区玉苑路北侧5幢1至6层7639平方米商业用房为玉门甘来矿业有限责任公司（以下简称甘来矿业公司）前述贷款提供抵押担保。

2017年9月11日，农行酒泉分行向玉门宾馆送达《担保人履行责任通知书》，要求其履行担保责任。该行另分别于2017年8月28日、9月11日、10月17日向甘来矿业公司送达《债务逾期催收通知书》《债务提前到期通知书》，要求甘来矿业公司立即履行还款义务，甘来矿业公司签收并盖章。

一审法院另查明，玉门宾馆与苏某梅于2013年3月9日签订《租赁合同》，租赁期限15年，自2013年4月18日至2028年4月17日止。2015年6月16日，玉门宾馆与苏某梅共同向农行酒泉分行出具《承租人出租人承诺书》，承诺在房屋租赁期间，如农行酒泉分行行使抵押权处置承租房产，则房屋租赁合同于该行通知之日提前终止，因租赁合同履行或解除发生的争议由租赁双方自行协商解决。落款处分别有苏某梅和玉门宾馆监事董某臣签名，另加盖时任玉门宾馆法定代表人傅某霖的印章。后玉门宾馆、苏某梅拒绝在农行酒泉分行发送的《贷款抵押权行使通知书》上签章。

【案　　号】（2019）最高法民终1206号

【审理法院】最高人民法院

【来　　源】最高人民法院第六巡回法庭2019年度参考案例

## ▶ 类案检索

**陈某海与中国建设银行股份有限公司漳平支行案外人执行异议之诉案**

**关键词：** 租赁在先抵押在后

**裁判摘要：** 《物权法》第190条规定："订立抵押合同前抵押财产已出租的，原租赁关系不受该抵押权的影响。抵押权设立后抵押财产出租的，该租赁关系不得对抗已登记的抵押权。"黄某阳、黄某亮与建行漳平支行就案涉房产于2012年11月23日签订了《最高额抵押合同》并办理了抵押登记，虽然该抵押登记于2014年10月23日被注销，但黄某阳、黄某亮与建行漳平支行又于当日重新签订了《最高额抵押合同》，并再次就案涉房产办理了抵押登记。二审判决据此认定建行漳平支行就案涉房产享有的抵押权自2012年11月23日起从未间断，即便案涉租赁合同签订于陈某海主张的2014年10月19日且真实有效，也因该租赁关系产生于抵押权之后，不能对抗抵押权，并无不妥。

【案　　号】（2018）最高法民申1711号

【审理法院】最高人民法院

【来　　源】中国裁判文书网

> **第四百零六条** 抵押期间，抵押人可以转让抵押财产。当事人另有约定的，按照其约定。抵押财产转让的，抵押权不受影响。
>
> 抵押人转让抵押财产的，应当及时通知抵押权人。抵押权人能够证明抵押财产转让可能损害抵押权的，可以请求抵押人将转让所得的价款向抵押权人提前清偿债务或者提存。转让的价款超过债权数额的部分归抵押人所有，不足部分由债务人清偿。

▶ **关联规定**

一、法律、行政法规、司法解释

1.《最高人民法院关于适用〈中华人民共和国民法典〉有关担保制度的解释》

**第三十八条** 主债权未受全部清偿，担保物权人主张就担保财产的全部行使担保物权的，人民法院应予支持，但是留置权人行使留置权的，应当依照民法典第四百五十条的规定处理。

担保财产被分割或者部分转让，担保物权人主张就分割或者转让后的担保财产行使担保物权的，人民法院应予支持，但是法律或者司法解释另有规定的除外。

**第四十三条** 当事人约定禁止或者限制转让抵押财产但是未将约定登记，抵押人违反约定转让抵押财产，抵押权人请求确认转让合同无效的，人民法院不予支持；抵押财产已经交付或者登记，抵押权人请求确认转让不发生物权效力的，人民法院不予支持，但是抵押权人有证据证明受让人知道的除外；抵押权人请求抵押人承担违约责任的，人民法院依法予以支持。

当事人约定禁止或者限制转让抵押财产且已经将约定登记，抵押人违反约定转让抵押财产，抵押权人请求确认转让合同无效的，人民法院不予支持；抵押财产已经交付或者登记，抵押权人主张转让不发生物权效力的，人民法院应予支持，但是因受让人代替债务人清偿债务导致抵押权消灭的除外。

**第五十四条** 动产抵押合同订立后未办理抵押登记，动产抵押权的效力按照下列情形分别处理：

（一）抵押人转让抵押财产，受让人占有抵押财产后，抵押权人向受让人请求行使抵押权的，人民法院不予支持，但是抵押权人能够举证证明受让人知道或者应当知道已经订立抵押合同的除外；

（二）抵押人将抵押财产出租给他人并移转占有，抵押权人行使抵押权的，租赁关系不受影响，但是抵押权人能够举证证明承租人知道或者应当知道已经订立抵押合同的除外；

（三）抵押人的其他债权人向人民法院申请保全或者执行抵押财产，人民法院已经作出财产保全裁定或者采取执行措施，抵押权人主张对抵押财产优先受偿的，人民法院不予支持；

（四）抵押人破产，抵押权人主张对抵押财产优先受偿的，人民法院不予支持。

2.《最高人民法院关于人民法院办理执行异议和复议案件若干问题的规定》

**第二十九条** 金钱债权执行中，买受人对登记在被执行的房地产开发企业名下的商品房提出异议，符合下列情形且其权利能够排除执行的，人民法院应予支持：

（一）在人民法院查封之前已签订合法有效的书面买卖合同；

（二）所购商品房系用于居住且买受人名下无其他用于居住的房屋；

（三）已支付的价款超过合同约定总价款的百分之五十。

## 二、部门规章及规范性文件

### 1.《城市房地产抵押管理办法》

**第三十七条** 抵押权可以随债权转让。抵押权转让时，应当签订抵押权转让合同，并办理抵押权变更登记。抵押权转让后，原抵押权人应当告知抵押人。

经抵押权人同意，抵押房地产可以转让或者出租。

抵押房地产转让或者出租所得价款，应当向抵押权人提前清偿所担保的债权。超过债权数额的部分，归抵押人所有，不足部分由债务人清偿。

2.《自然资源部关于做好不动产抵押权登记工作的通知》

三、保障抵押不动产依法转让。当事人申请办理不动产抵押权首次登记或抵押预告登记的,不动产登记机构应当根据申请在不动产登记簿"是否存在禁止或限制转让抵押不动产的约定"栏记载转让抵押不动产的约定情况。有约定的填写"是",抵押期间依法转让的,应当由受让人、抵押人(转让人)和抵押权人共同申请转移登记;没有约定的填写"否",抵押期间依法转让的,应当由受让人、抵押人(转让人)共同申请转移登记。约定情况发生变化的,不动产登记机构应当根据申请办理变更登记。

### 三、司法指导性文件

**《全国法院民商事审判工作会议纪要》**

126.【商品房消费者的权利与抵押权的关系】根据《最高人民法院关于建设工程价款优先受偿权问题的批复》第1条、第2条的规定,交付全部或者大部分款项的商品房消费者的权利优先于抵押权人的抵押权,故抵押权人申请执行登记在房地产开发企业名下但已销售给消费者的商品房,消费者提出执行异议的,人民法院依法予以支持。但应当特别注意的是,此情况是针对实践中存在的商品房预售不规范现象为保护消费者生存权而作出的例外规定,必须严格把握条件,避免扩大范围,以免动摇抵押权具有优先性的基本原则。因此,这里的商品房消费者应当仅限于符合本纪要第125条规定的商品房消费者。买受人不是本纪要第125条规定的商品房消费者,而是一般的房屋买卖合同的买受人,不适用上述处理规则。

## ▶ 条文释义

### 一、本条主旨

本条是关于转让抵押财产的规定。

### 二、条文演变

抵押人能否转让抵押财产,相关立法及司法解释不断处于变化之中,本条系从原《物权法》第191条修改而来。

### 三、条文解读

**（一）抵押财产转让与抵押权的追及力**

其一，抵押权的追及力表现为，在抵押人将抵押物转让他人的情况下，抵押权人可以向受让人主张抵押权，即受让人取得的是有抵押权负担的财产。之前立法对抵押物转让进行限制，不符合法理，因为抵押人仍然享有对抵押财产的支配权，其中就包括了转让抵押财产的权利，对抵押财产转让进行限制法理依据不足。其二，在抵押权已经进行登记的情况下，买受人自愿买受的，根据抵押权的追及效力，允许抵押权人向买受人主张抵押权，对买受人并无不公。反之，已设立但未经登记的动产抵押，不能对抗善意买受人，由抵押权人来承担因未办理登记而产生的风险，对其亦无不公。其三，抵押财产所得的价款可用于清偿债务，既有利于抵押权人实现权利，也减少了抵押权实现的成本。至于转让所得价款不足以清偿债务的，抵押权人既可以通过行使追及力的方式向受让人主张抵押权，也可以通过让抵押人补足差价的方式实现债权，并不当然会损害抵押权。综合前述考虑，本条允许抵押人在抵押期间转让抵押财产。准确理解本条，需要把握以下几点。

一是抵押人有权转让抵押财产。抵押人转让抵押财产属于有权处分，不以抵押权人同意为生效条件。况且，即便属于无权处分，根据区分原则，转让合同不以出让人有处分权为必要，无权处分也不影响转让合同的效力。

二是关于当事人另有约定问题。如果抵押合同约定，抵押财产不能转让，或者转让须经抵押权人同意的，根据意思自治原则，此种约定在当事人之间有效，但此种约定不得对抗善意第三人。

三是应当区分抵押权是否已经进行登记而予以区别对待。已经登记的抵押权原则上可以对抗买受人，即便买受人已经取得抵押财产所有权，抵押权人仍然可以根据抵押权的追及效力，向受让人主张权利。反之，已设立但未经登记的动产抵押权，不能对抗善意买受人，买受人取得无权利负担的抵押财产所有权。《民法典担保制度解释》第54条第1项对此予以明确。至于抵押权人能否针对抵押人转让所得的价款行使优先权，涉及物上代位权是否包括价金这一问题。

## （二）关于应否承认价金代位问题

根据《民法典》第390条的规定，产生物上代位的事实限于毁损、灭失或者被征收等，而转让只是导致所有权主体的变更，并未导致抵押物的灭失，故从文义上看，转让所得价款不属于代位物的范畴。

从本条规定看，抵押人转让抵押财产可能损害抵押权时，抵押权人仅能请求抵押人将所得价款用于提前清偿或者提存，并未规定对价款享有优先受偿权。就此而言，本条亦未承认价金代位制度。之所以未规定价金代位制度，是因为本条认可抵押权具有追及效力，一般无须用物上代位制度来解决抵押权人的保护问题。

## （三）关于通知问题

通知义务在性质上属于附随义务，抵押人未尽通知义务不影响合同效力。但这违反了抵押合同的约定，构成违约，抵押权人可根据约定或者法律规定请求抵押人承担违约责任。之所以规定抵押人负有通知义务，有两方面原因。一方面，是便于抵押权人决定是否请求债务人提前清偿债务或者提存。因为，抵押权人只有在接到通知后，才可能举证证明该转让行为是否损害抵押权，并据此决定是否请求抵押人提前清偿债务或者提存。另一方面，只有在抵押人将抵押财产转让的事实通知抵押权人后，抵押权人才能向受让人主张抵押权。

## （四）关于提前清偿或者提存问题

原《担保法》第49条以及原《物权法》第191条均有提前清偿或者提存制度，但与本条规定并不完全相同。主要体现在：

第一，原《担保法》与原《物权法》均以限制抵押财产转让为前提，未经抵押权人同意、未通知抵押权人或未告知受让人的，不发生抵押物转让的后果，抵押人并不当然能够依照转让合同取得价款。只有在抵押权人同意转让或者收到通知、受让人被告知从而转让有效的情况下，才存在以价款提前清偿或者提存的问题。而《民法典》认可抵押财产可自由转让，转让合同不存在未经相关当事人同意而无效的问题。

第二，根据原《担保法》与原《物权法》的相关规定，只要转让，所得价款必须用于提前清偿或者提存。而《民法典》则规定，既然转让本身是合法的，因此，一般不允许抵押权人请求提前清偿或者提存，除非其能够举证证明该转让行为损害了其抵押权。但即便如此，是否请求提前清偿或者提存，对抵押权人来说是一种权利而非义务，其可以提出请求，也可以不提出请求。

第三，就担保物权而言，其实现具有或然性，主债务人在债务履行期限届满前已经履行了主债务的，担保物权自动归于消灭。如果转让所得价款超过主债权数额，则主债务消灭导致抵押权消灭，剩余部分归抵押人所有。如果转让所得价款不足的，则主债务部分消灭，但抵押物的范围并不作相应缩减，而是仍以全部的抵押物担保剩余的债权。

## ▶ 适用指引

### 一、关于受让人的涤除权问题

涤除权产生的前提是受让人取得了有权利负担的抵押财产所有权。原《担保法解释》第67条第1款后半句"取得抵押物所有权的受让人，可以代替债务人清偿其全部债务，使抵押权消灭。受让人清偿债务后可以向抵押人追偿"是有关涤除权的规定。原《物权法》第191条第2款[①]是以抵押财产不能自由转让为前提的，因而不是有关涤除权的规定，而是有关代为履行及其相应法律后果的规定。

本条未规定涤除权，但在抵押财产可以自由转让且抵押权具有追及力的情况下，受让人享有涤除权乃当然之理。就此而言，原《担保法解释》第67条有关涤除权的规定仍有其适用余地。其具体适用条件为：一是涤除权的主体是已经取得抵押物所有权的受让人。二是行使涤除权须以受让人代替债务人清偿全部债务为前提。仅清偿部分债务的，基于抵押权的不可分性，抵押权仍然存在，自然也谈不上涤除问题。三是涤除程序一般包括自行涤除与诉讼涤除两种方式，主要方式是办理涂销登记。四是涤除权行使的后果是，受让人可向抵押人追偿。

---

① 该款规定："抵押期间，抵押人未经抵押权人同意，不得转让抵押财产，但受让人代为清偿债务消灭抵押权的除外。"

## 二、抵押人违反禁止或限制转让抵押财产的约定转让抵押财产的后果

在当事人约定限制或者禁止抵押物转让的情形下，如果抵押人违反约定转让抵押物，买卖合同的效力如何认定？物权变动是否有效？根据《自然资源部关于做好不动产抵押权登记工作的通知》第3条的规定，当事人申请办理不动产抵押权首次登记或抵押预告登记的，不动产登记机构应当根据申请在不动产登记簿"是否存在禁止或限制转让抵押不动产的约定"栏记载转让抵押不动产的约定情况。可见，不动产登记机构允许当事人之间的约定办理登记，因此，应区分该约定是否办理登记而异其效力：根据区分原则，无论当事人关于限制或者禁止抵押物转让的约定是否登记，都不应影响抵押财产转让合同的效力。但在限制或者禁止抵押物转让的约定已经登记的情形下，如果抵押人将抵押财产转让给他人且已经办理了变更登记，则抵押权人可主张抵押物所有权变动对自己不发生效力。《民法典担保制度解释》第43条对此作出了明确规定："当事人约定禁止或者限制转让抵押财产但是未将约定登记，抵押人违反约定转让抵押财产，抵押权人请求确认转让合同无效的，人民法院不予支持；抵押财产已经交付或者登记，抵押权人请求确认转让不发生物权效力的，人民法院不予支持，但是抵押权人有证据证明受让人知道的除外；抵押权人请求抵押人承担违约责任的，人民法院依法予以支持。""当事人约定禁止或者限制转让抵押财产且已经将约定登记，抵押人违反约定转让抵押财产，抵押权人请求确认转让合同无效的，人民法院不予支持；抵押财产已经交付或者登记，抵押权人主张转让不发生物权效力的，人民法院应予支持，但是因受让人代替债务人清偿债务导致抵押权消灭的除外。"①

---

① 最高人民法院民事审判第二庭著：《最高人民法院民法典担保制度司法解释理解与适用》，人民法院出版社2021年版，第390页。

**第四百零七条** 抵押权不得与债权分离而单独转让或者作为其他债权的担保。债权转让的，担保该债权的抵押权一并转让，但是法律另有规定或者当事人另有约定的除外。

## 关联规定

### 一、法律、行政法规、司法解释

1.《中华人民共和国民法典》

**第五百四十七条** 债权人转让债权的，受让人取得与债权有关的从权利，但是该从权利专属于债权人自身的除外。

受让人取得从权利不因该从权利未办理转移登记手续或者未转移占有而受到影响。

2.《最高人民法院关于适用〈中华人民共和国民法典〉有关担保制度的解释》

**第三十九条** 主债权被分割或者部分转让，各债权人主张就其享有的债权份额行使担保物权的，人民法院应予支持，但是法律另有规定或者当事人另有约定的除外。

主债务被分割或者部分转移，债务人自己提供物的担保，债权人请求以该担保财产担保全部债务履行的，人民法院应予支持；第三人提供物的担保，主张对未经其书面同意转移的债务不再承担担保责任的，人民法院应予支持。

### 二、部门规章及规范性文件

《城市房地产抵押管理办法》

**第三十七条** 抵押权可以随债权转让。抵押权转让时，应当签订抵押权转让合同，并办理抵押权变更登记。抵押权转让后，原抵押权人应当告知抵押人。

经抵押权人同意，抵押房地产可以转让或者出租。

抵押房地产转让或者出租所得价款，应当向抵押权人提前清偿所担保的债权。超过债权数额的部分，归抵押人所有，不足部分由债务人清偿。

### 三、司法指导性文件

**《全国法院民商事审判工作会议纪要》**

62.【抵押权随主债权转让】抵押权是从属于主合同的从权利，根据"从随主"规则，债权转让的，除法律另有规定或者当事人另有约定外，担保该债权的抵押权一并转让。受让人向抵押人主张行使抵押权，抵押人以受让人不是抵押合同的当事人、未办理变更登记等为由提出抗辩的，人民法院不予支持。

## ▶ 条文释义

### 一、本条主旨

本条是关于抵押权处分从属性的规定。

### 二、条文演变

本条由原《物权法》第192条修改而成。

### 三、条文解读

（一）辩证理解登记生效主义与抵押权从属性之间的关系

作为担保物权的一种，抵押权以其所担保的债权存在为前提，抵押权的转让或者以抵押权为其他债权设定担保，应当与抵押权所担保的债权一同进行。单独转让抵押权或者单独以抵押权作为其他债权担保的行为无效。

抵押权随着主债权转让而一并转让，系基于法律的明确规定，并非基于新的抵押合同重新设定抵押权，无须办理抵押权转移登记，债权受让人即取得抵押权。主要理由为：首先，不动产抵押权的转让应为债权转让行为的法定效果，并非基于法律行为的不动产物权变动。随同债权取得的不动产抵押权属于继受取得，应当类推适用《民法典》物权编关于继承取得不动产物权的规定，其生效不以变更登记为要件。其次，无须再行登记，有利于保障主债权顺利实现。只有作如此解释，才不会导致债权让与后抵押权未办理移转登记前，发生无担保债权存在之情形，从而与抵押权的从属性有违。最后，《民法典担保制度解释》第39条第1款规定："主债权被分割或者部分转让的，各债权人可以就其享有的债权份额行使担保物权的；人民法院应予支持，但是法律另有规定或者当事人另有约定的除外。"由此可见，债权受让人可以取得和行使原债权的抵押权，并没有规定债权受让人必须办理抵押变更登记后才能享有和行使抵押权。

（二）例外情形

在法律另有规定和当事人另有约定时，抵押权并不一定随着主债权的转让而转让。

"法律另有规定"，例如，《民法典》第421条规定，最高额抵押权不随同主债权转让而转让，这是因为最高额抵押权所担保的债权是连续发生的债权，最高额抵押权并不随某一具体债权的转让而转让，只能随基础法律关系一同转让。尽管某一具体债权转让了，但将来还有发生债权的可能。基于抵押权的不可分性，最高额抵押权自不能随之转让。

"当事人另有约定"，既可以是抵押权人在转让债权时，与受让人约定，只转让债权而不转让担保该债权的抵押权，这种情形大多发生在债权的部分转让时；也可以是第三人专为特定的债权人设定抵押的，该第三人与债权人约定，被担保债权的转让未经其同意的，抵押权因债权的转让而消灭。此种情况下，当事人之间的另外约定对债权的受让人是否发生效力？我们认为，即使当事人就担保物权在移转上的从属性作出排除约定，但该约定未在不动产登记簿上进行登记的，则该约定不能对债权的善意受让人发生效力。也就是说，如果担保人不能举证证明债权的受让人对担保人与债权人之间的约定知情，则此时担保人仍应对债权的受让人承担担保责任。就此而言，《民法典担保制度解释》第9条第1款虽然也将"当事人另有约定"作为担保物权不可分性的例外情形，但如果该约定未办理登记，则不应赋予其对抗善意第三人的效力。①

---

① 最高人民法院民事审判第二庭著：《最高人民法院民法典担保制度司法解释理解与适用》，人民法院出版社2021年版，第364页。

## 类案检索

### 中国长城资产管理股份有限公司湖北省分公司、生生物业（集团）有限公司借款合同纠纷案

**关键词：** 抵押权从属性　主债权转让

**裁判摘要：** 中国长城资产管理股份有限公司湖北省分公司（以下简称长城公司湖北分公司）所主张的涉案债权系受让取得，其提交的9份借据虽未明确载明贷款人，但生生物业（集团）有限公司（以下简称生生物业公司）对欠款事实以及涉案债权已由长城公司湖北分公司受让取得并无异议。这9份借据所载借款汇总数额、单笔数额与涉案《抵押担保借款合同》所载贷款金额、所附清单中载明的9笔借款金额一致。根据案涉《抵押担保借款合同》所载内容显示，对于涉案债权，借款人生生物业公司用其湖北省宜昌县乐天溪镇的土地设立了抵押。在本案各方当事人均未提供证据证明涉案抵押系为其他债权提供担保的情况下，应认定《宜昌县国有土地使用权抵押审核处理签》中所载明的土地使用权抵押是为涉案债权提供担保。根据《最高人民法院关于审理涉及金融资产管理公司收购、管理、处置国有银行不良贷款形成的资产的案件适用法律若干问题的规定》第9条"金融资产管理公司受让有抵押担保的债权后，可以依法取得对债权的抵押权，原抵押权登记继续有效"的规定，长城公司湖北分公司对其受让涉案债权部分依法享有相应的抵押权，其该部分上诉请求成立，本院予以支持。

【案　　号】（2019）最高法民终1842号
【审理法院】最高人民法院
【来　　源】中国裁判文书网

> **第四百零八条** 抵押人的行为足以使抵押财产价值减少的,抵押权人有权请求抵押人停止其行为;抵押财产价值减少的,抵押权人有权请求恢复抵押财产的价值,或者提供与减少的价值相应的担保。抵押人不恢复抵押财产的价值,也不提供担保的,抵押权人有权请求债务人提前清偿债务。

## 关联规定

**法律、行政法规、司法解释**

《中华人民共和国民法典》

第三百九十条 担保期间,担保财产毁损、灭失或者被征收等,担保物权人可以就获得的保险金、赔偿金或者补偿金等优先受偿。被担保债权的履行期限未届满的,也可以提存该保险金、赔偿金或者补偿金等。

第五百七十八条 当事人一方明确表示或者以自己的行为表明不履行合同义务的,对方可以在履行期限届满前请求其承担违约责任。

## 条文释义

### 一、本条主旨

本条是关于抵押权保全权的规定。

### 二、条文演变

本条由原《物权法》第 193 条修改而来,将原《物权法》第 193 条中"要求"一词替换为"请求"。

## 三、条文解读

### （一）抵押权保全权与相关制度

**1. 对抵押权的保护**

对于抵押权能否通过物权请求权方式予以保护，存在不同观点。我们认为，抵押权作为物权，当然可以通过物权请求权的方式进行保护，但因为抵押权设立不以转移物的占有为必要，抵押权人不能行使原物返还请求权。但抵押人或者第三人的行为足以使抵押财产价值减少的，抵押权人有权请求停止侵害、排除妨害或者消除危险。抵押财产价值减少的，抵押权人有权请求恢复抵押财产的价值，或者提供与减少的价值相应的担保。前者属于排除妨害或者消除危险请求权，后者属于恢复原状请求权，但均属于物权请求权的范畴。

当然，当抵押人或者第三人的过错行为导致抵押财产减少时，同时也构成侵权责任，抵押权人也可以基于《民法典》侵权责任编的规定寻求救济。但基于物权请求权和侵权责任进行救济，还是存在一定区别的，表现在：一是在构成要求上，物权请求权不以抵押人的过错为要件，而侵害抵押权的侵权责任，则以抵押人具有过错为必要。二是在法律后果上，物权请求权中的排除妨碍、消除危险等形式，均不要求有现实的损害，消除危险更是具有预防的性质。而侵权责任的主要形式是损害赔偿。三是在是否适用诉讼时效上，物权请求权不适用诉讼时效，而侵害抵押权的侵权责任则要受诉讼时效的限制。

**2. 抵押权保全权与物权保护**

抵押权设立后，抵押权人并不实际占有抵押财产，抵押财产仍由抵押人占有、使用、收益和处分（包括事实处分和法律处分），因而最有可能损害抵押权的是抵押人。当抵押人的行为导致抵押财产价值减少时，有必要赋予抵押权人救济的权利，此种权利即为抵押权保全权，包括抵押财产价值减少防止权、恢复抵押财产价值请求权、增加担保请求权以及提前清偿请求权四方面的内容。其中，抵押财产价值减少防止权包括排除妨害或者消除危险请求权，恢复抵押财产价值请求权、增加担保请求权则属于恢复原状请求权，但二者均属于物权请求权范畴。而提前清偿请求权，则有点类似于合同法上对预期违约制度的救济，性质上属于债权请求权。

## （二）抵押财产价值减少防止权

本条第 1 句是有关抵押财产价值减少防止权的规定。准确理解该制度，需要注意以下几点。

第一，须是抵押人的行为。抵押人使抵押财产价值减少的行为，主要包括两个方面：一是抵押人积极采取的行为，往往是对抵押财产的事实处分行为，对抵押财产的法律处分，如转让抵押财产往往具有对价，抵押人可以用所得价款清偿债务。抵押权人也可以基于抵押权的追及力向抵押财产的受让人主张权利，一般不存在使抵押财产价值减少的情形。二是抵押人的消极不作为，鉴于该项请求权性质上属于物权请求权，故抵押人对其行为是否存在过错，在所不问。

第二，足以使抵押财产的价值减少。抵押财产因正常使用而产生的损耗，不属于抵押财产的价值减少。从举证责任的角度看，抵押权人只要举证证明抵押人的行为不属于正常的使用行为，此种行为"足以"导致抵押财产的价值减少即可，无须就抵押财产价值是否实际减少承担举证责任。而抵押人的行为是否"足以"导致抵押财产的价值减少，需要结合个案情况进行具体判断。抵押人的行为导致抵押财产价值减少的，抵押财产须仍然存在，才有抵押权保全权适用的余地。

第三，关于救济方式。抵押人的行为已经现实地妨害抵押权的实现，如拆除抵押的房屋，抵押权人可以请求停止侵害；对于持续性的妨害行为，还可以请求排除妨害。抵押人的行为并未现实地妨害抵押权的实现，但依据社会一般观念足以认定该行为导致抵押权价值减少，抵押权人可以请求消除危险。至于请求权行使的具体方式，既可以直接向抵押人主张，也可以通过诉讼的方式主张。

## （三）恢复抵押财产价值请求权、增加担保请求权

两项请求权性质上均属于物权请求权性质的恢复原状请求权，其适用不以抵押人有过错为必要。这两项请求权在行使时并无顺序限制，抵押权人可以自由选择适用何种请求权，但不得既请求恢复抵押财产价值，又请求另行增加担保。另行增加的担保须与减少的价值相当，因而一般应是物保；在抵押权人同意的情况下，也可以是保证。

抵押财产的价值减少，减少的部分如果产生相应的赔偿金或者保险金，抵押权人可以根据物上代位制度，请求就赔偿金或者保险金优先受偿。在此情况下，其不能再根据本条规定请求恢复抵押财产价值或者增加担保。

（四）提前清偿请求权

本条规定的法理依据即为预期违约规则。当抵押人为第三人时，债务人对抵押人实施的导致抵押物价值减少的行为可能并不知情，仅仅因为抵押人的行为就直接迫使债务人在没有任何准备的情况下就丧失期限利益，由其提前清偿债务对其并不公平。因此，在抵押人既不恢复抵押财产价值又不增加担保时，抵押权人必须再次请求债务人提供新的担保。只有在债务人拒不提供新的担保时，抵押权人才能根据预期违约的法理请求债务人提前清偿。

## ▶ 类案检索

### 一、国信（海南）龙沐湾投资控股有限公司、国家开发银行金融借款合同纠纷案

**关键词：** 提前清偿债务　抵押权保全权

**裁判摘要：** 案涉12份借款合同中"借款人的权利和义务"条款均约定："本合同项下抵质押物的价值减少，足以影响贷款安全的，借款人应在贷款人要求的限期内补足担保，并由担保人与贷款人依法签订有效担保合同。"案涉12份借款合同中"借款人的违约事件和违约责任"条款均明确，借款人违反该合同有关"本合同项下抵质押物的价值减少，足以影响贷款安全的，借款人应在贷款人要求的限期内补足担保，并由担保人与贷款人依法签订有效担保合同"的约定时，视为违约事件，贷款人有权宣布贷款提前到期，同时要求借款人限期偿还已发放的贷款本息。本案中，国信（海南）龙沐湾投资控股有限公司（以下简称龙沐湾公司）应依约为国家开发银行（以下简称国开行）办理四宗土地使用权的抵押登记，而其迟迟未能履行该项合同义务。可见，龙沐湾公司未能办理土地使用权的抵押登记且未能补足担保的行为，违反了案涉借款合同有关"本合同项下抵质押物的价值减少，足以影响贷款安全的，借款人应在贷款人要求的限期内补足担保，并由担保人与贷款人依法签订有效担保合同"

的约定，构成违约，国开行有权宣布案涉 12 份借款合同提前到期。

【案　　号】（2018）最高法民终 940 号

【审理法院】最高人民法院

【来　　源】中国裁判文书网

## 二、中国长城资产管理股份有限公司重庆市分公司等与重庆合成化工厂有限公司等欠款纠纷案

**关键词：** 抵押权保全权　担保财产范围

**裁判摘要：** 关于合成化工公司承担赔偿责任的范围。设定担保物权的功能在于以担保物的价值保障债权人债权的实现。司法实践中，担保物的价值并非总与所担保债权的数额相等。根据《担保法解释》第 73 条规定，对于抵押人和质押人而言，其系以抵押物和质押物的价值为限对所担保的债权承担担保责任。根据《物权法》第 193 条的规定，因抵押人的行为导致抵押财产价值减少的，抵押权人也仅仅是有权要求抵押人停止其行为、要求恢复抵押财产的价值，或者提供与减少的价值相应的担保，抵押人不恢复抵押财产的价值也不提供担保的，抵押权人有权要求债务人提前清偿债务。此种情形下债权人亦无权要求抵押人在抵押物价值之外承担责任。

【案　　号】（2017）最高法民终 934 号

【审理法院】最高人民法院

【来　　源】中国裁判文书网

> **第四百零九条** 抵押权人可以放弃抵押权或者抵押权的顺位。抵押权人与抵押人可以协议变更抵押权顺位以及被担保的债权数额等内容。但是，抵押权的变更未经其他抵押权人书面同意的，不得对其他抵押权人产生不利影响。
>
> 债务人以自己的财产设定抵押，抵押权人放弃该抵押权、抵押权顺位或者变更抵押权的，其他担保人在抵押权人丧失优先受偿权益的范围内免除担保责任，但是其他担保人承诺仍然提供担保的除外。

## ▶ 关联规定

### 一、法律、行政法规、司法解释

**《中华人民共和国民法典》**

第三百九十二条　被担保的债权既有物的担保又有人的担保的，债务人不履行到期债务或者发生当事人约定的实现担保物权的情形，债权人应当按照约定实现债权；没有约定或者约定不明确，债务人自己提供物的担保的，债权人应当先就该物的担保实现债权；第三人提供物的担保的，债权人可以就物的担保实现债权，也可以请求保证人承担保证责任。提供担保的第三人承担担保责任后，有权向债务人追偿。

### 二、部门规章及规范性文件

**《不动产登记暂行条例实施细则》**

第六十八条　有下列情形之一的，当事人应当持不动产权属证书、不动产登记证明、抵押权变更等必要材料，申请抵押权变更登记：（一）抵押人、抵押权人的姓名或者名称变更的；

（二）被担保的主债权数额变更的；

（三）债务履行期限变更的；

（四）抵押权顺位变更的；

（五）法律、行政法规规定的其他情形。

因被担保债权主债权的种类及数额、担保范围、债务履行期限、抵押权顺位发生变更申请抵押权变更登记时，如果该抵押权的变更将对其他抵押权人产生不利影响的，还应当提交其他抵押权人书面同意的材料与身份证或者户口簿等材料。

## 条文释义

### 一、本条主旨

本条是关于抵押权顺位及相关规则的规定。

### 二、条文演变

本条在原《物权法》第194条的基础上修改而成，仅将"但"修改为"但是"。

### 三、条文解读

（一）抵押权顺位概述

抵押权的顺位，是指抵押人就同一财产设定两个或者两个以上的抵押权时，各抵押权之间优先受偿的先后次序。确定抵押权顺位的主要依据是登记。根据顺位在先的抵押权因实行抵押权以外的原因而消灭时，顺位在后的抵押权是否依次升进的不同，比较法上有抵押权顺位固定主义和抵押权顺位升进主义之别。《民法典》沿袭原《物权法》的既有做法，原则上采抵押权顺位升进主义，但在顺序在先的抵押权与该财产的所有权归属一人，即发生所有权与抵押权的混同时，为保护所有权人的合法权益，例外情况下不允许后顺位抵押权人升进。就此而言，原《担保法解释》第77条仍有适用之必要。

（二）抵押权顺位的放弃

抵押权顺位的放弃包括相对放弃和绝对放弃两种。所谓抵押权顺位的相对放弃，是指同一抵押财产上先顺位抵押权人为了特定后顺位抵押权人或者无担保债权人的利益，放弃自己的优先受偿利益的行为。准确理解抵押权顺位的相对放弃，要把握以下几点：一是相对放弃的对象包括后顺位抵押权人和无担保债权人两种；二是相对放弃的方式是双方签订以放弃抵押权为内容的协议，该协议仅在当事人之间发生效力，不影响其他顺位抵押权人的权利，因而无须进行变更登记；三是相对放弃的后果是，后顺位抵押权人或者无担保债权人在先顺位抵押权人所能受偿的范围内，按各自的债权比例清偿。

抵押权顺位的绝对放弃，是指先顺位抵押权人放弃顺位利益的行为。准确理解抵押权顺位的绝对放弃，应注意以下几点：一是绝对放弃仅须先顺位抵押权人作出放弃抵押权顺位的单方意思表示即可。二是绝对放弃的效果及于所有的后顺位抵押权人，但应当办理登记手续。三是就绝对放弃的后果而言，存在不同观点。有一种观点认为，绝对放弃的后果是使先顺位抵押权人成为无担保的普通债权人。另一种观点则认为，其后果是使放弃人退居最后顺位的抵押权人，但仍优先于后设立的抵押权人。我们认为，根据《民法典》第393条第3项之规定，放弃抵押权的后果是导致抵押权消灭。而抵押权顺位的放弃，放弃的仅是顺位，并非放弃抵押权，因而其后果是使放弃人退居最后顺位。

### （三）抵押权顺位的变更

在两个抵押权担保的债权数额并不相同的情况下，抵押权顺位的变更往往还意味着被担保债权数额的变更。准确理解抵押权的顺位变更制度，应当把握以下几点：一是须两个抵押权人之间签订变更抵押权顺位的协议，无须征得抵押人同意。二是抵押权顺位的变更，要征得利益可能受到顺位变更影响的其他抵押权人的书面同意，否则，对该抵押权人不生效力。三是关于应否办理变更登记问题。从法理上说，不动产顺位的变更，不论是否影响其他抵押权人的利益，均无须办理变更登记；如果影响其他抵押权人利益，但征得该抵押权人同意的，自然可以对该抵押权人发生效力；未征得其同意的，则不对该抵押权人发生效力，也不妨碍在变更当事人之间发生效力。就此而言，并无必须办理变更登记之必要。但根据《不动产登记暂行条例实施细则》第68条之规定，不动产抵押权顺位的变更必须办理变更登记，事实上将抵押权顺位变更作为物权变动的形式采登记生效主义了。

### （四）债务人作为抵押人的特别规定

本条第 2 款是有关债务人作为抵押人时，抵押权人放弃该抵押权、抵押权顺位或者变更抵押权时的特别规定。准确理解本款，要注意把握以下几点。

一是须债务人以自己的财产设定抵押。参照《民法典》第 392 条规定的精神，其他担保人享有某种类似于先诉抗辩权的权利，即要求债权人首先实现债务人自身提供的担保。对债权人来说，其也有义务先实现债务人自身提供的担保，该义务性质上属于不真正义务。抵押权人怠于向债务人主张权利，其他担保人将在抵押权人丧失优先受偿权的范围内免除担保责任。

二是抵押权人怠于向债务人主张担保的情形包括放弃抵押权、放弃抵押权顺位以及变更抵押权三种情形。放弃抵押权将会加重保证人的责任，使本来无须承担责任的保证人承担保证责任，故保证人可在抵押权人放弃抵押财产的范围内免除保证责任。放弃抵押权顺位也有可能损害其他担保人的利益，因而同样可援引本条规定免除担保责任。

三是其他担保人免责，是当然免责还是通过行使抗辩权的方式免责，也存在不同理解。一种观点认为，一旦其他担保人提出该抗辩的，将免除相应的担保责任；反之，其不提出抗辩，或者明示同意继续承担担保责任的，则仍然需要承担担保责任。另一种观点则认为，只要抵押权人实施了放弃抵押权、抵押权顺位或者变更抵押权等任一行为，其他担保人就当然在抵押权人丧失优先受偿权益的范围内免除责任，除非其另行作出仍然提供担保的承诺。二者的区别在于，人民法院是可依职权免除其他担保人的责任，还是只能依其他担保人的抗辩才能免除其责任。从本条第 2 款的文义看，似采第二种观点。

## ▶ 类案检索

### 一、成都农村商业银行股份有限公司簇桥支行与陈某平等保证合同纠纷案

**关键词**：混合担保　放弃抵押权顺位

**裁判摘要**：《物权法》第 176 条是关于物的担保和保证的关系的规定，体现了当事人意思自治与债务人提供的物的担保责任优先相结合的原则。该条规

定的应当按照约定实现债权,旨在确定或者限制混合担保中债权人行使担保权的顺序;此处的"约定",系指当事人关于实现担保权的顺序的约定,而非当事人关于如何实现担保物权的约定;所谓约定的"明确",系指该约定表述清晰,足以达到让当事人对约定的内容在认识上没有分歧的程度。本案中,保证合同约定表明,债权人可以优先主张保证人承担保证责任;抵押合同约定亦表明,债权人可以优先主张抵押人承担担保责任。由此呈现出的当事人的真实意思是明确的,内容是清晰的,即债权人可以任意选择保证或者物的担保以确保债权实现。经由债权人选择,担保人承担担保责任的顺序得以确定,这种约定方式与债权人直接向保证人主张承担保证责任并不排斥,也不因抵押合同存在类似约定而产生理解上的冲突或歧义,因此,成都农村商业银行股份有限公司簇桥支行(以下简称成都农商行簇桥支行)有权直接要求彭某能承担保证责任。虽然《物权法》第194条第2款仅将抵押权人放弃该抵押权、抵押权顺位或者变更抵押权作为第三人免除担保责任的条件,但由《物权法》第176条与第194条第2款的体系解释可知,在混合担保情形下,仅在保证人对债务人提供的抵押担保享有顺序利益时,债权人放弃债务人提供的抵押担保,保证人才享有在抵押权人丧失优先受偿权益范围内免除担保责任的权利,在保证人没有顺序利益或者放弃顺序利益的情况下,并无该条款的适用空间。本案中,当事人对于担保责任实现顺序的约定是明确的,彭某能对成都上风港房地产开发有限公司(以下简称上风港公司)提供的抵押担保并不具有顺序利益。彭某能、陈某平、周某海、何某在订立保证合同时均系上风港公司股东,对该公司的经营状况、偿债能力有合理、充分的认知,并且保证合同签订时间在前,抵押合同签订时间在后,因此债权人主张由保证人承担保证责任,没有超出彭某能在签订保证合同时对保证责任的合理预期,也没有加重其保证责任,彭某能主张在成都农商行簇桥支行丧失抵押权益范围内免除责任,于法无据。

【案　　号】(2019)最高法民终1631号

【审理法院】最高人民法院

【来　　源】中国裁判文书网

## 二、滨州市五环镶圈制造有限公司等诉滨州信和非融资性担保有限公司追偿权纠纷案

**关键词：** 混合担保　放弃抵押权

**裁判摘要：** 人民法院审理物保与人保并存案件，应结合具体案情，既应考量《担保法》物保绝对优先精神，也应考量《物权法》物保相对优先的把握，既尊重当事人意思自治，也应维护诚实信用原则，让债权人对其滥用物保与人保选择权利的行为相应承担不利后果。乾安支行决定提前收回本案主债权，并应当知道该主债权不仅附着债务人天安公司的物保而且亦附着第三人丁醇公司的物保，亦应当知道关于实现担保物保的约定应为明确，但其发起本案诉讼之时，却不起诉天安公司与丁醇公司，甚至在索普公司、儒仕公司申请追加天安公司参与诉讼时，在索普公司、儒仕公司主张在放弃天安公司与丁醇公司物保价值范围内相应免责时，依然拒绝追加债务人天安公司，依然不予追加第三人丁醇公司；而且，乾安支行关于其放弃第三人丁醇公司物保而保证人不得相应免责的主张，不仅违背其与丁醇公司物保合同关于实现抵押权的明确约定，亦违背其为获此抵押向保证人所作的特殊承诺；尤其是，乾安支行另案起诉债务人天安公司主张1亿元债权过程中，未经保证人索普公司、儒仕公司书面同意却一致变更放弃本案债权原所附着的债务人天安公司的物保；故索普公司、儒仕公司主张免于承担本案保证责任的上诉请求，有事实与法律依据，应予支持。

【案　　号】（2015）民申字第269号
【审理法院】最高人民法院
【来　　源】中国裁判文书网

**第四百一十条** 债务人不履行到期债务或者发生当事人约定的实现抵押权的情形，抵押权人可以与抵押人协议以抵押财产折价或者以拍卖、变卖该抵押财产所得的价款优先受偿。协议损害其他债权人利益的，其他债权人可以请求人民法院撤销该协议。

抵押权人与抵押人未就抵押权实现方式达成协议的，抵押权人可以请求人民法院拍卖、变卖抵押财产。

抵押财产折价或者变卖的，应当参照市场价格。

## ▶ 关联规定

法律、行政法规、司法解释

1.《中华人民共和国民法典》

**第三百八十六条** 担保物权人在债务人不履行到期债务或者发生当事人约定的实现担保物权的情形，依法享有就担保财产优先受偿的权利，但是法律另有规定的除外。

2.《中华人民共和国民事诉讼法》

**第二百零三条** 申请实现担保物权，由担保物权人以及其他有权请求实现担保物权的人依照民法典等法律，向担保财产所在地或者担保物权登记地基层人民法院提出。

**第二百零四条** 人民法院受理申请后，经审查，符合法律规定的，裁定拍卖、变卖担保财产，当事人依据该裁定可以向人民法院申请执行；不符合法律规定的，裁定驳回申请，当事人可以向人民法院提起诉讼。

3.《中华人民共和国企业破产法》

**第七十五条** 在重整期间，对债务人的特定财产享有的担保权暂停行使。但是，担保物有损坏或者价值明显减少的可能，足以危害担保权人权利的，担保权人可以向人民法院请求恢复行使担保权。在重整期间，债务人或者管理人为继续营业而借款的，可以为该借款设定担保。

**4.《最高人民法院关于适用〈中华人民共和国民法典〉有关担保制度的解释》**

**第四十五条** 当事人约定当债务人不履行到期债务或者发生当事人约定的实现担保物权的情形，担保物权人有权将担保财产自行拍卖、变卖并就所得的价款优先受偿的，该约定有效。因担保人的原因导致担保物权人无法自行对担保财产进行拍卖、变卖，担保物权人请求担保人承担因此增加的费用的，人民法院应予支持。

当事人依照民事诉讼法有关"实现担保物权案件"的规定，申请拍卖、变卖担保财产，被申请人以担保合同约定仲裁条款为由主张驳回申请的，人民法院经审查后，应当按照以下情形分别处理：

（一）当事人对担保物权无实质性争议且实现担保物权条件已经成就的，应当裁定准许拍卖、变卖担保财产；

（二）当事人对实现担保物权有部分实质性争议的，可以就无争议的部分裁定准许拍卖、变卖担保财产，并告知可以就有争议的部分申请仲裁；

（三）当事人对实现担保物权有实质性争议的，裁定驳回申请，并告知可以向仲裁机构申请仲裁。

债权人以诉讼方式行使担保物权的，应当以债务人和担保人作为共同被告。

**5.《最高人民法院关于适用〈中华人民共和国民事诉讼法〉的解释》**

**第三百五十九条** 民事诉讼法第二百零三条规定的担保物权人，包括抵押权人、质权人、留置权人；其他有权请求实现担保物权的人，包括抵押人、出质人、财产被留置的债务人或者所有权人等。

**第三百六十一条** 实现担保物权案件属于海事法院等专门人民法院管辖的，由专门人民法院管辖。

**6.《最高人民法院关于人民法院民事执行中查封、扣押、冻结财产的规定》**

**第四条** 对被执行人及其所扶养家属生活所必需的居住房屋，人民法院可以查封，但不得拍卖、变卖或者抵债。

**7.《最高人民法院关于人民法院网络司法拍卖若干问题的规定》**

**第二条** 人民法院以拍卖方式处置财产的，应当采取网络司法拍卖方式，但法律、行政法规和司法解释规定必须通过其他途径处置，或者不宜采用网络拍卖方式处置的除外。

**8.《最高人民法院关于人民法院民事执行中拍卖、变卖财产的规定》**

**第二条** 人民法院对查封、扣押、冻结的财产进行变价处理时，应当首先采取拍卖的方式，但法律、司法解释另有规定的除外。

**第二十八条** 拍卖财产上原有的担保物权及其他优先受偿权，因拍卖而消灭，拍卖所得价款，应当优先清偿担保物权人及其他优先受偿权人的债权，但当事人另有约定的除外。

拍卖财产上原有的租赁权及其他用益物权，不因拍卖而消灭，但该权利继续存在于拍卖财产上，对在先的担保物权或者其他优先受偿权的实现有影响的，人民法院应当依法将其除去后进行拍卖。

## ▶ 条文释义

### 一、本条主旨

本条是关于抵押权实现的规定。

### 二、条文演变

本条是由原《物权法》第195条修改而成，删去其他债权人可以"在知道或者应当知道撤销事由之日起一年内"请求人民法院撤销该协议的时间限制。

### 三、条文解读

因为《民法典》第401条对流押条款进行了柔化，加之因应世界银行优化营商环境的要求，导致在解释论上较之以往有了一定的变化，主要表现在以下几个方面。

（一）抵押权实现的事由

抵押权实现的事由包括法定事由和约定事由。法定事由是指债务人一旦不履行到期债务，抵押权人就可以直接请求实现抵押权。约定事由是指当事人在抵押合同中约定，一旦抵押人实施了某种行为，抵押权人就可以基于该约定提前实现抵押权，即便此时债务履行期限尚未届满。而此类约定事由往往与抵押人或者债务人的违约行为相联系,从而使抵押权加速到期,法理上类似于预期违约制度。

(二)折价与拍卖、变卖的衔接

抵押权的实现方式包括折价、拍卖、变卖三种方式。其中折价是指抵押权人与抵押人在债务履行期限届满后达成以物抵债协议,并由抵押权人取得抵押物的行为。但如果因所折价款过低,损害其他债权人利益的,其他债权人可以请求撤销折价协议。

值得探讨的是,抵押权人能否在抵押合同中事先就作出约定,如约定一旦出现法定或者约定的事由,抵押权人就以约定的价值取得抵押物,这就涉及如何理解流押条款的效力问题。《民法典》第401条对流押条款作出了柔化规定,这就为归属型清算或者处分型清算留下了空间。因此,允许抵押权人直接请求抵押人将抵押物所有权转移至自己名下;且通过归属型清算向处分型清算的转化,既促成当事人积极实现抵押权,也可以扭转此前以司法拍卖为原则的拍卖制度。

此外,本条有关"抵押财产折价或者变卖的,应当参照市场价格"的规定,主要是倡导性规定。事实上,在允许归属型清算的情况下,主要是通过当事人对抵押财产价值的判断来实现抵押权实现主动权的转化,而不是通过诸如有关价格评估等机制来确定抵押财产的价值。

## ▶ 适用指引

值得注意的是,尽管本条关于抵押权实现途径的规定完全继受了原《物权法》第191条的规定,但是,《民法典》对于流质契约或者流押契约采取了不同于原《物权法》的表述。例如,《民法典》第401条规定:"抵押权人在债务履行期限届满前,与抵押人约定债务人不履行到期债务时抵押财产归债权人所有的,只能依法就抵押财产优先受偿。"可见,即使当事人在抵押合同中约定以折价的方式实现抵押权,该约定也并非无效,只是抵押权仍应按担保物权的实现方式就抵押财产优先受偿。就此而言,即使认定当事人在抵押合同中约定抵押权人可自行实现担保物权,但在因抵押人的原因导致抵押权人无法自行实现担保物权时,还是应通过诉讼或者非诉方式请求人民法院拍卖、变卖抵押财产，从而实现抵押权，而不能采取私力救济的方式，自行扣押抵押财产并对抵押财产进行拍卖、变卖以优先受偿。这一方面是为了确保拍卖、变卖的合法进行，防止抵押权人自行处置抵押物损害抵押人的利益，另一方面也是为了避免担保物权人以当事人之间就担保物权的实现方式有约定为由，采取暴力的方式实现担保物权，从而影响社会的和平秩序。①

## 典型案例

### 宁安合作联社东京城信用社与天福利亨公司民间借贷纠纷案

**关键词：** 实现担保物权程序

**裁判摘要：**《民事诉讼法》第196条规定的申请实现担保物权程序属于非讼程序。当事人通过非讼程序申请实现担保物权，人民法院作出的准许拍卖、变卖担保财产裁定，属于国家权力机关作出的许可性裁定，具有法律上的强制执行力，阻断了当事人通过其他民事诉讼程序再行争执的机会，使得申请人和被申请人均丧失了相应诉权。因此，人民法院在实现担保物权非讼程序中作出准许拍卖、变卖担保财产的裁定后，当事人又就同一担保法律关系向人民法院提起担保物权纠纷之诉的，人民法院不应受理。但是，通过实现担保物权非讼程序拍卖、变卖担保物后仍不足以清偿全部主债权的，债权人可就未实现的债权另行通过诉讼程序主张权利。

**基本案情：** 宁安合作联社东京城信用社系宁安合作联社的分支机构。2008年5月至2009年12月期间，天福利亨公司向宁安合作联社东京城信用社借款，双方签订了6份借款合同及抵押担保合同。上述借款于2012年到期，天福利亨公司尚欠贷款本金9729万元没有偿还。2017年8月24日，天福利亨公司向黑龙江省宁安市人民法院（以下简称宁安市法院）申请实现担保物权，宁安合作联社东京信用社作为该案被申请人应诉。天福利亨公司请求，拍卖或变卖申请人天福利亨公司抵押给宁安合作联社东京城信用社的房产，拍卖所得价款偿还所欠贷款本金9729万元及自贷款之日起至宁安合作联社在贷款到期日后3个月主张权利期间利息39814488元，共计137104488元。宁安市法院

---

① 最高人民法院民事审判第二庭著：《最高人民法院民法典担保制度司法解释理解与适用》，人民法院出版社2021年版，第403页。

于2017年9月20日作出（2017）黑1084民特3号民事裁定，裁定准许拍卖、变卖天福利亨公司所有的房产偿还上述欠款及利息，该裁定现已发生法律效力并且在执行过程中。

【案　　号】（2018）最高法民终562号

【审理法院】最高人民法院

【来　　源】《民事审判指导与参考》（2018年卷）

第四百一十一条　依据本法第三百九十六条规定设定抵押的，抵押财产自下列情形之一发生时确定：

（一）债务履行期限届满，债权未实现；

（二）抵押人被宣告破产或者解散；

（三）当事人约定的实现抵押权的情形；

（四）严重影响债权实现的其他情形。

## 关联规定

法律、行政法规、司法解释

《中华人民共和国民法典》

第六十九条　有下列情形之一的，法人解散：

（一）法人章程规定的存续期间届满或者法人章程规定的其他解散事由出现；

（二）法人的权力机构决议解散；

（三）因法人合并或者分立需要解散；

（四）法人依法被吊销营业执照、登记证书，被责令关闭或者被撤销；

（五）法律规定的其他情形。

第一百零六条　有下列情形之一的，非法人组织解散：

（一）章程规定的存续期间届满或者章程规定的其他解散事由出现；

（二）出资人或者设立人决定解散；

（三）法律规定的其他情形。

第三百九十六条　企业、个体工商户、农业生产经营者可以将现有的以及将有的生产设备、原材料、半成品、产品抵押，债务人不履行到期债务或者发生当事人约定的实现抵押权的情形，债权人有权就抵押财产确定时的动产优先受偿。

## ▶ 条文释义

### 一、本条主旨

本条是关于浮动抵押财产确定情形的规定。

### 二、条文演变

本条由原《物权法》第 196 条修改而成,将"被宣告破产或者被撤销"修改为"被宣告破产或者解散"。

### 三、条文解读

《民法典》规定的浮动抵押属于美式浮动抵押,抵押权的对抗效力自登记之时起产生,因而本条有关浮动抵押财产确定的规定,目的仅在于确定可得执行的抵押财产的范围。依据本条之规定,浮动抵押标的物确定的事由有四种。

一是债务履行期届满,债权未实现。自债务履行期届满之日起,抵押人不得再处分抵押财产。

二是抵押人被宣告破产或者因合并分立以外的情形解散。此时,由于抵押人财产不再发生变动,抵押财产也随之确定,抵押权人对抵押财产享有优先受偿的权利。因合并分立以外的情形不仅包括被撤销的情形,还包括法人章程规定的存续期间届满或者法人章程规定的其他解散事由出现、法人的权力机关决议解散、法人依法被吊销营业执照、登记证书,被责令关闭以及法律规定的其他情形。以上情形均会导致抵押人停止营业并进入清算程序,故应当予以同等对待。之所以将合并分立的情形排除,是因为法人合并或分立不会导致抵押人停止营业或进入清算程序。

三是当事人约定实现抵押权的情形。例如,约定抵押人从事关联交易或者低价交易为提前实现抵押权的情形,约定抵押人用于抵押的库存的产品数量低于库存总量的一定比例为提前实现抵押权的情形。

四是严重影响债权实现的其他情形。这既可以是抵押人、债务人"严重影响债权实现"的作为和不作为,如经营不善导致抵押人经营状况恶化或者严重亏损;也可以是因抵押人放弃其到期债权、无偿转让财产或者以明显不合理的低价转让财产，致使其财产明显减少；还可以是抵押人为逃避债务而隐匿、转移财产，包括第三人原因、意外事件、不可抗力等非归责于抵押人、债务人的"严重影响债权实现"的情形。需要说明的是，如果抵押人有放弃其到期债权、无偿转让财产或者以明显不合理的低价转让财产的行为，严重影响抵押权人债权实现的，抵押权人除可以依照本条规定要求确定抵押财产外，还可以依照《民法典》合同编的有关规定向人民法院请求撤销抵押人的行为。

## ▶ 适用指引

### 一、应当注意区分浮动抵押财产的确定时间和浮动抵押权的设立时间

浮动抵押权采取登记对抗主义，其设立时间是抵押合同生效时。浮动抵押财产确定的时间是本条列举的情形发生时。决定浮动抵押权优先受偿顺序的是浮动抵押权的设立时间，与浮动抵押财产的确定时间无关。

### 二、应当注意查明浮动抵押财产的状态

关于是否需要查明浮动抵押财产的现存状态，有三种观点。第一种观点认为，无须查明，可直接判决抵押权人就抵押登记证项下的抵押物在案件确定的债权范围内享有优先受偿权；第二种观点认为，需要查明浮动抵押财产确定时的状态，如果抵押权人未提交证据证明抵押财产确定事由发生时抵押物是否存在及抵押物的名称、数量、价值等情况，则应当驳回抵押权人的优先受偿权，反之，则可以支持抵押权人就抵押登记证项下在抵押财产确定之时的抵押物在案件确定的债权范围内享有优先受偿权；第三种观点认为，仅需要查明浮动抵押财产的现存状态。我们认为，在审判过程中，如果不查明浮动抵押财产的状态，将可能造成判项无法执行，故有必要对抵押财产的状态进行查明。至于查明的时间点，考虑到抵押财产确定时的抵押财产的状态往往难以精准回溯，且即使查明了当时的状态，若随后抵押财产因各种原因灭失，抵押权人亦无法就灭失的抵押物行使优先受偿权，故可以以浮动抵押财产的现存状态为准。

第四百一十二条 债务人不履行到期债务或者发生当事人约定的实现抵押权的情形，致使抵押财产被人民法院依法扣押的，自扣押之日起，抵押权人有权收取该抵押财产的天然孳息或者法定孳息，但是抵押权人未通知应当清偿法定孳息义务人的除外。

前款规定的孳息应当先充抵收取孳息的费用。

## 关联规定

**法律、行政法规、司法解释**

1.《中华人民共和国民法典》

第三百二十一条 天然孳息，由所有权人取得；既有所有权人又有用益物权人的，由用益物权人取得。当事人另有约定的，按照其约定。

法定孳息，当事人有约定的，按照约定取得；没有约定或者约定不明确的，按照交易习惯取得。

2.《最高人民法院关于人民法院民事执行中查封、扣押、冻结财产的规定》

第二十条 查封、扣押的效力及于查封、扣押物的从物和天然孳息。

## 条文释义

### 一、本条主旨

本条是关于抵押权人收取抵押财产所生孳息的规定。

### 二、条文演变

本条是在原《物权法》第197条的基础上修改而成，仅将"但"修改为"但是"。

### 三、条文解读

**（一）抵押权实现前抵押物孳息之归属**

抵押财产的孳息，是指由抵押财产而产生的收益，分为天然孳息和法定孳息。抵押权设立后，抵押财产的占有权、使用权和收益权仍由抵押人行使，因抵押财产的使用而产生的孳息应归抵押人所有。

**（二）抵押权实现后抵押物孳息之归属**

本条的立法理由有两点：第一，抵押物被人民法院扣押后，抵押人对抵押物已丧失直接占有权与用益权，无法实现抵押制度赋予其的用益功能，而此时抵押权人已经通过执法机关代为占有的形式取得对抵押物的占有权和用益权。第二，抵押物被人民法院扣押后，如果抵押财产的孳息仍由抵押人收取，则会使抵押人为收取孳息而拖延处理抵押财产，不利于保护抵押权人的利益，此时剥夺抵押人对抵押财产孳息的收取权，有利于抵押权实现，也能够充分发挥抵押财产担保债权受偿的功能。这以抵押财产因抵押人实现抵押权被人民法院依法扣押为前提，且抵押权人还应通知清偿法定孳息的义务人。而收取孳息付出的费用应当首先得到充抵，剩余孳息再用于清偿抵押权人的债权。

## ▶ 适用指引

### 一、抵押权人收取孳息是否须以进入执行程序为前提

抵押权人收取孳息不以人民法院生效判决对被担保债权进行确认和案件进入执行程序为前提。具体理由有两点：一是本条并未规定必须以人民法院生效判决对被担保债权进行确认和案件须进入执行程序为前提；二是本条的立法理由之一为防止抵押人为收取孳息而拖延处理抵押财产，保护抵押权人利益，故无须进入执行程序。

### 二、抵押权人参与分配是否可依据本条规定收取孳息

抵押权人可依据本条规定收取孳息。因为抵押权是物权，具有对世效力，

即抵押物不论被何人扣押，均不影响抵押权人优先受偿，包括通过收取法定孳息的方式优先受偿。

### 三、抵押权人是否可直接请求义务人给付法定孳息

依照本条规定，抵押权人收取法定孳息，需要通知法定孳息的清偿义务人，否则抵押权对法定孳息的清偿义务人不发生效力。但抵押权人直接请求义务人给付法定孳息，义务人不得以未收到通知为由拒绝履行义务。因为，此时剥夺抵押人收取孳息的权利有利于抵押权的实现，人民法院通过查封对抵押财产施加公权力之后，抵押人收取孳息的权利即被剥夺，抵押权人是否通知法定孳息的清偿义务人，并不影响该立法目的实现。

从法律规定的通知之目的看，法定孳息系由抵押关系当事人之外的第三人负责清偿，本条规定的对法定孳息清偿义务人的通知与《民法典》第546条规定的债权让与时对债务人的通知，均具有防止发生债务人为错误给付之目的。抵押财产被法院扣押后，即使抵押权人怠于通知，抵押权效力已经及于孳息，但清偿义务人因不知抵押财产被扣押的情况而将法定孳息支付给抵押人的，仍产生清偿的效力，抵押权人不得主张清偿无效，即不得对抗清偿义务人。

### 四、义务人在收到通知前已将法定孳息向抵押人清偿如何处理

本条明确了抵押权人未通知义务人，不得对抗义务人，故抵押权人无权再收取已经清偿部分的法定孳息。

## ▶ 类案检索

### 唐某晋等与李某生借款合同纠纷案

**关键词：** 孳息　优先受偿权

**裁判摘要：** 依据《物权法》第197条规定，抵押债权人在满足抵押债权已届期满且法院采取扣押措施的条件下可以收取担保物的法定孳息。抵押权的效力不及于查封扣押前的法定孳息，但法院对抵押财产采取查封扣押措施就意味着抵押权进入实现程序，自扣押之日起抵押权人有权收取该抵押财产的天然孳息或者法定孳息。抵押权的本质是以抵押物的交换价值保证抵押债权的实现，

在法院查封该财产后，租金作为抵押物交换价值的一部分，应当算入抵押权优先受偿的范围内。本案作为执行优先债权的执行法院尧都区人民法院于2018年7月20日通知该房屋承租人即协助执行人中国农业发展银行临汾市分行协助提取房屋租金，故在2018年7月20日之后的房屋租金可以作为抵押房产的法定孳息由山西省临汾市尧都区人民法院取得。

《物权法》第197条关于债权人收取孳息的规定是否意味着该债权人可以直接以该孳息获得清偿。"有权收取"系指债权人对法定孳息享有管理权而非处分权。抵押权人享有孳息收取权，并不影响孳息所有权的归属，该孳息仍属抵押人所有。因此，本案无论何方债权人取得该孳息，均不能获得直接受到清偿的法律效力。抵押物不论被哪个债权的执行法院扣押，均不影响抵押权人优先受偿权。山西省临汾市中级人民法院在本案异议程序中将2018年7月20日之后的房屋租金的收取权转移给优先债权执行法院尧都区人民法院，保障了抵押权人收取法定孳息的权利，其作出的（2018）晋10执异112号执行裁定符合法律规定。山西省高级人民法院（2019）晋执复39号执行裁定撤销山西省临汾市中级人民法院（2018）晋10执异112号执行裁定于法无据，应当予以纠正。

【案　　号】（2019）最高法执监479号

【审理法院】最高人民法院

【来　　源】中国裁判文书网

> **第四百一十三条** 抵押财产折价或者拍卖、变卖后，其价款超过债权数额的部分归抵押人所有，不足部分由债务人清偿。

## ▶ 关联规定

**法律、行政法规、司法解释**

《中华人民共和国企业破产法》

第一百一十条 享有本法第一百零九条规定权利的债权人行使优先受偿权利未能完全受偿的，其未受偿的债权作为普通债权；放弃优先受偿权利的，其债权作为普通债权。

## ▶ 条文释义

### 一、本条主旨

本条是关于抵押权实现后抵押财产价款分配与剩余债务清偿的规定。

### 二、条文演变

本条与原《物权法》第198条保持一致，未作修改。

### 三、条文解读

抵押人和抵押权人设立抵押的目的在于担保债权的履行与清偿。抵押权人行使权利的一个重要体现在于：债务人于债权到期后不履行债务，抵押权人有权支配抵押财产的交换价值。在债务人设定抵押权的场合，抵押权实行时，因抵押财产的所有权或者归属权仍然属于抵押人，故抵押财产的变价款超过债权数额的部分应当归抵押人所有。在第三人设定抵押权的场合，其提供抵押财产只是供作债权的担保，因此，抵押财产的变价款不足清偿债务的，不足部分的债务与该设定抵押的第三人无关，而应当由债务人来承担。

有鉴于此，本条规定，抵押财产折价或者拍卖、变卖后，其价款超过债权数额的部分归抵押人所有，不足部分由债务人清偿。这是关于抵押财产价款分配及剩余债务清偿的规定。债权到期后债务人未履行债务，抵押权人行使抵押权，这是本条规定得以适用的前提条件。不足清偿债权的余额，由债务人承担清偿责任，从而成为债权人对债务人的普通债权。

## ▶ 适用指引

### 一、抵押财产价值的增减对抵押人的权利义务的影响

对抵押财产价值计算的时间应明确为抵押权实现时抵押财产的价值，而非抵押权设定时的价值。抵押权人无权按抵押设定时约定的价值向债务人追偿，抵押权设定后，抵押财产价格上涨时，抵押人不享有使增加的价值脱离担保的权利；抵押财产价格下降时，抵押人不承担按减少的价值补充担保的义务。

### 二、抵押权人可否对债务人其他财产求偿

在债务人提供抵押财产的情况下，抵押权人是否可以不行使抵押权，而在债务人到期不清偿债务时，要求债务人以抵押财产之外的财产清偿债权？该问题在不同的立法例中有不同的答案。理论上存在先行主义和选择主义之分。先行主义主张，抵押权人必须先对抵押财产行使抵押权；选择主义认为，抵押权人对行使抵押权和对债务人其他财产进行求偿有选择权。先行主义是罗马法和日耳曼法的规定。德国民法采取选择主义，日本民法采取限制的选择主义。对抵押权人的选择权限制在抵押财产价值不足以清偿债权的剩余部分上，表面上是"余额选择"，实质上是"价值先行"，即抵押财产价值必须先评估后才能确定抵押财产价值不足清偿债权的剩余部分，在此部分，抵押权人可以对债务人其他财产先行求偿。

从本法的条文来看，《民法典》并没有明确规定采取何种主义，但细究本条规定的内容，似乎是"先行主义"。本条规定"抵押财产折价或者拍卖、变卖后……不足部分由债务人清偿"，强调的是抵押财产先折价，然后是债务人清偿不足部分。但《民法典》并未为抵押权人选择权作出明确的规定。对于立

法主义的问题，我们认为，抵押权只是意味着抵押权人对特定的抵押财产有优先受偿权，而优先受偿权仅是抵押债权清偿顺序的优先权，而不是对抵押债权清偿财产范围的限制。抵押权人同时也是也是债权人，抵押权的设立并不意味着债务人仅在抵押财产范围内对债权人负清偿义务，债务人的全部财产除依据法律、司法解释的规定应当豁免执行之外，都应当是清偿债务的责任财产。在债务人到期不履行债务时，债权人有权要求债务人清偿债务，债务人无权以抵押权人有物上担保权利而拒绝履行债务。申请执行人既可以申请执行已抵押财产，也有权申请执行被执行人的未抵押财产。因此，抵押权人应享有选择权。

> **第四百一十四条** 同一财产向两个以上债权人抵押的，拍卖、变卖抵押财产所得的价款依照下列规定清偿：
> （一）抵押权已经登记的，按照登记的时间先后确定清偿顺序；
> （二）抵押权已经登记的先于未登记的受偿；
> （三）抵押权未登记的，按照债权比例清偿。
> 其他可以登记的担保物权，清偿顺序参照适用前款规定。

## 关联规定

### 一、法律、行政法规、司法解释

1.《最高人民法院关于适用〈中华人民共和国企业破产法〉若干问题的规定（三）》

**第二条** 破产申请受理后，经债权人会议决议通过，或者第一次债权人会议召开前经人民法院许可，管理人或者自行管理的债务人可以为债务人继续营业而借款。提供借款的债权人主张参照企业破产法第四十二条第四项的规定优先于普通破产债权清偿的，人民法院应予支持，但其主张优先于此前已就债务人特定财产享有担保的债权清偿的，人民法院不予支持。

管理人或者自行管理的债务人可以为前述借款设定抵押担保，抵押物在破产申请受理前已为其他债权人设定抵押的，债权人主张按照民法典第四百一十四条规定的顺序清偿，人民法院应予支持。

2.《最高人民法院关于适用〈中华人民共和国民事诉讼法〉的解释》

**第五百零六条** 被执行人为公民或者其他组织，在执行程序开始后，被执行人的其他已经取得执行依据的债权人发现被执行人的财产不能清偿所有债权的，可以向人民法院申请参与分配。对人民法院查封、扣押、冻结的财产有优先权、担保物权的债权人，可以直接申请参与分配，主张优先受偿权。

**3.《最高人民法院关于适用〈中华人民共和国民事诉讼法〉执行程序若干问题的解释》**

**第十七条** 多个债权人对同一被执行人申请执行或者对执行财产申请参与分配的，执行法院应当制作财产分配方案，并送达各债权人和被执行人。债权人或者被执行人对分配方案有异议的，应当自收到分配方案之日起十五日内向执行法院提出书面异议。

**4.《最高人民法院关于人民法院执行工作若干问题的规定（试行）》**

**55.** 多份生效法律文书确定金钱给付内容的多个债权人分别对同一被执行人申请执行，各债权人对执行标的物均无担保物权的，按照执行法院采取执行措施的先后顺序受偿。

多个债权人的债权种类不同的，基于所有权和担保物权而享有的债权，优先于金钱债权受偿。有多个担保物权的，按照各担保物权成立的先后顺序清偿。

一份生效法律文书确定金钱给付内容的多个债权人对同一被执行人申请执行，执行的财产不足清偿全部债务的，各债权人对执行标的物均无担保物权的，按照各债权比例受偿。

## 二、部门规章及规范性文件

**《不动产登记暂行条例实施细则》**

**第六十七条** 同一不动产上设立多个抵押权的，不动产登记机构应当按照受理时间的先后顺序依次办理登记，并记载于不动产登记簿。当事人对抵押权顺位另有约定的，从其规定办理登记。

# ▶ 条文释义

### 一、本条主旨

本条是关于同一财产上，数个抵押权竞存时清偿顺序的规定。

### 二、条文演变

本条是由原《物权法》第 199 条修改而来，并增设第 2 款规定，即"其他可以登记的担保物权,清偿顺序参照适用前款规定"。

## 三、条文解读

### (一)抵押权已登记的,按照登记的时间先后确定清偿顺序

关于抵押权的生效要件,《民法典》区分动产和不动产作出不同的规定。本条规定按照登记时间先后确定抵押权清偿顺序,其不仅适用于以登记为生效要件的不动产抵押,也适用于以登记为对抗要件的不动产抵押。抵押登记时间应以登记材料中记载的时间为准。先办理抵押登记的被担保债权就拍卖、变卖抵押财产所得价款优先受偿,后办理抵押登记的被担保债权就先登记债权清偿后的剩余价款受偿。

### (二)抵押权已登记的先于未登记的受偿

在抵押权未进行登记的情形下,该抵押权要么未生效,要么不能对抗善意第三人,不能对已办理抵押登记的抵押权产生对抗效力和排他效力。

### (三)抵押权未登记的,按债权比例清偿

动产抵押未经登记,不能产生对抗效力,故在同一动产上设立数个抵押权时,各个抵押权互为第三人,未办理登记的,各个抵押权均不存在优先性。因此,未办理登记的抵押权人对于抵押物拍卖、变卖或折价所得价款应当享有同等权利,即按照各个债权比例受偿。

### (四)其他可以登记的担保物权可以参照适用本条规定

本条对抵押权以外可登记的担保物权参照适用作出开放性规定。可参照适用本条的担保物权,不仅包括可登记的典型担保,也包括可登记的非典型担保。例如,根据《民法典》第641条的规定,出卖人为担保买卖价金而保留所有权的,所有权保留经登记可对抗善意第三人。若该条中的动产标的物同时为第三人设定了动产抵押,则对于出卖人的所有权保留与动产抵押,即可参照本条规定,以是否登记及登记时间确定受偿顺序。

## ▶ 适用指引

抵押权清偿顺序以登记时间先后确定,登记时间一般应以登记簿中记载的登记时间为准,以登记簿记载的顺位为真实顺位。根据《不动产登记暂行条例实施细则》第67条的规定,登记机构应严格以受理时间先后顺序依次办理抵押登记,并记载于登记簿,故以登记簿记载时间确定登记时间符合登记实践和各方当事人权益。

## ▶ 类案检索

**周某殿、洋浦经济开发区渔政渔港监督管理中心渔业行政管理纠纷案**

**关键词:** 抵押权清偿顺序  登记

**裁判摘要:** 一审、二审均认为"周某殿在涉案船舶处置拍卖期间知道威海商业银行对涉案渔船享有抵押优先权,但这并不能推断出周某殿此时必然知晓涉案渔船已办理抵押登记"。本案中,周某殿与石某强等人签订借款协议,并以涉案渔船作为抵押,但未办理抵押登记。其后,威海商业银行与宏盛隆洋浦分公司签订最高额抵押合同,亦以涉案渔船作为抵押,并办理抵押登记,即本案被诉的行政行为。因石某强无力偿还各方的借款,引发系列民事诉讼。周某殿、威海商业银行均就抵押借款合同纠纷提起民事诉讼,并有生效民事调解书确认各自的债权。在随后的执行过程中,周某殿委托律师作为委托代理人申请执行并参与其后的债权分配等程序,周某殿本人参加青岛海事法院组织的债权人会议、听证会等程序,明确知道威海商业银行对涉案渔船享有优先受偿权。根据《物权法》第199条的规定,同一抵押物上成立多个抵押权的,各个抵押权之间的清偿次序为:(1)已登记的抵押权优于未登记的抵押权;(2)抵押权已登记的,登记在先的抵押权优先于登记在后的抵押权,顺序相同的,按照债权比例清偿;(3)抵押权未登记的,不分次序,按照债权比例清偿。2013年1月22日,青岛海事法院组织各方债权人参加执行听证会,已经明确威海商业银行对涉案渔船具有优先受偿权。威海商业银行的抵押合同签订在周某殿等人之后,该银行之所以能够获得优先受偿,只能是基于"已登记的抵押权优于未登记的抵押权"的法律规定。周某殿等其他参会债权人知道威海商业银行具有优先受偿权，实际上即应当知道威海商业银行的优先受偿权的来源，是基于该银行已登记的抵押权优于周某殿等人未经登记的抵押权。周某殿于次日向青岛海事法院提交书面意见，请求"青岛海事法院执行庭参照船舶拍卖实务问题，对我们的一般债权给以适当清偿……说服威海商业银行的领导对我们的请求给以适当的清偿"，足以确认其在此时已经知道威海商业银行享有优先抵押权及其原因，周某殿此时就已经知晓涉案船舶的抵押登记行为，应当从该时点为起算点计算其起诉期限。一审、二审认定周某殿对于威海商业银行享有涉案渔船抵押优先受偿权的知悉，并不能当然推定其已经知道或者应当知道被诉抵押登记行为，属于认定事实不清，法院予以纠正。周某殿自2013年1月23日知道洋浦渔政中心的登记行为，但直至2015年8月21日才提起行政诉讼，已经超过法定的2年起诉期限。

【案　　号】（2017）最高法行再69号
【审理法院】最高人民法院
【来　　源】中国裁判文书网

第四分编 担保物权 | 第十七章 抵押权 | 第四百一十五条

**第四百一十五条** 同一财产既设立抵押权又设立质权的，拍卖、变卖该财产所得的价款按照登记、交付的时间先后确定清偿顺序。

## 关联规定

司法指导性文件

《全国法院民商事审判工作会议纪要》

65.【动产抵押权与质权竞存】同一动产上同时设立质权和抵押权的，应当参照适用《物权法》第199条的规定，根据是否完成公示以及公示先后情况来确定清偿顺序：质权有效设立、抵押权办理了抵押登记的，按照公示先后确定清偿顺序；顺序相同的，按照债权比例清偿；质权有效设立，抵押权未办理抵押登记的，质权优先于抵押权；质权未有效设立，抵押权未办理抵押登记的，因此时抵押权已经有效设立，故抵押权优先受偿。

根据《物权法》第178条规定的精神，担保法司法解释第79条第1款不再适用。

## 条文释义

一、本条主旨

本条是关于同一动产上抵押权与质权竞存时清偿顺序的规定。

二、条文演变

本条为新增规定，基于原《担保法解释》第79条修改而成。

### 三、条文解读

**（一）关于动产物权的变动**

动产的公示方法既有交付也有登记，物权变动模式既有要件主义，也有对抗主义，从而导致同一动产上完全有可能同时存在抵押权和质权并存的情形，此时如何确定其清偿顺序就非常重要。

原《担保法解释》第79条第1款确立了"抵押权恒优先于质权"的规则，但该条的适用前提是此种抵押权须为"法定登记的抵押权"，即以登记作为生效要件的抵押权。但在动产抵押问题上，原《物权法》改变了原《担保法》确立的规则，统一采取登记对抗主义，故原《担保法解释》第79条第1款适用的前提已经不存在。

**（二）动产抵押权和质权竞存时的处理规则**

在同一动产上同时存在抵押权和动产质权，在确立清偿顺序时，既要考察是否完成了公示，也要考察公示的先后顺序。具体来说：一是质权有效设立、抵押权也办理了登记的，应当根据公示先后来确定清偿顺序。二是质权有效设立，抵押权未办理抵押登记的情况下，有效设立的质权优先于抵押权。三是质权未有效设立，抵押权未办理抵押登记的，因此时抵押权已经有效设立，故抵押权优先受偿。

## ▶ 类案检索

**湖南省现代融资担保有限公司（原湖南省安迅担保有限公司）、中信银行股份有限公司长沙分行案外人执行异议之诉案**

**关键词：** 浮动抵押　登记对抗主义

**裁判摘要：** 根据《物权法》第181条、第189条规定，动产浮动抵押允许抵押人为生产经营所需自由处分抵押物，由此决定了抵押财产在抵押权设定和抵押财产特定这两个时点并不相同，动产浮动抵押的抵押权自抵押合同生效时设立，故动产浮动抵押权与一般动产抵押权的设立规则相同，即采取登记对抗主义规则。中信银行股份有限公司长沙分行的浮动抵押权因其登记在先，应当优先于现代担保公司的质权受偿。

【案　　号】（2019）最高法民再237号

【审理法院】最高人民法院

【来　　源】中国裁判文书网

**第四百一十六条** 动产抵押担保的主债权是抵押物的价款，标的物交付后十日内办理抵押登记的，该抵押权人优先于抵押物买受人的其他担保物权人受偿，但是留置权人除外。

## 关联规定

法律、行政法规、司法解释

《最高人民法院关于适用〈中华人民共和国民法典〉有关担保制度的解释》

**第五十七条** 担保人在设立动产浮动抵押并办理抵押登记后又购入或者以融资租赁方式承租新的动产，下列权利人为担保价款债权或者租金的实现而订立担保合同，并在该动产交付后十日内办理登记，主张其权利优先于在先设立的浮动抵押权的，人民法院应予支持：

（一）在该动产上设立抵押权或者保留所有权的出卖人；

（二）为价款支付提供融资而在该动产上设立抵押权的债权人；

（三）以融资租赁方式出租该动产的出租人。

买受人取得动产但未付清价款或者承租人以融资租赁方式占有租赁物但是未付清全部租金，又以标的物为他人设立担保物权，前款所列权利人为担保价款债权或者租金的实现而订立担保合同，并在该动产交付后十日内办理登记，主张其权利优先于买受人为他人设立的担保物权的，人民法院应予支持。

同一动产上存在多个价款优先权的，人民法院应当按照登记的时间先后确定清偿顺序。

## 条文释义

### 一、本条主旨

本条是关于同一动产之上，既有就该动产的价款设定的抵押权，同时又存在其他担保物权时，不同担保物权之间受偿次序的规定。

## 二、条文演变

本条系新增规定。

## 三、条文解读

《民法典》规定专门的价金担保权，具有以下重要意义：第一，有助于抵押人进行融资特别是持续性融资，提升动产出卖人或金融机构的投资信心，节约其调查成本。第二，可以维护交易秩序，并力求在不同权利主体之间达到利益平衡的状态。及时向在先权利人以及其他可能的潜在交易对象表示动产抵押状况，可以更好地维护市场秩序和交易安全。同时，借款人（动产抵押人）可以获得融资，特别是经营过程中的持续性融资，有助于其生产经营；对于其他抵押权人，由于价款债权使权利人抵押财产增值，并且不影响其已设定抵押的抵押财产价值，其担保利益并未受损，反而可能因抵押人持续获得融资增强偿债能力而最终受益；对于债权人（价款抵押权人）则更是解除了其价款债权无担保或其抵押权可能被其他在先抵押权（特别是浮动抵押）而吞噬的后顾之忧，可以放心提供贷款。第三，有助于所有权保留制度更好地发挥作用，理顺不同制度之间的关系。价款抵押权取得优先效力的前提要求是必须在标的物交付后 10 日内办理抵押登记，在一定程度上解决了利用所有权保留制度进行"隐形担保"的问题，理顺了所有权保留制度与动产抵押制度之间的效力关系，保证了《民法典》内不同制度之间的体系顺畅和逻辑自洽。

但当同一动产之上出现价款抵押权和留置权竞存时，即使价款抵押权已经在法定期限内进行登记，留置权的效力仍然优先于价款抵押权。这一规则符合我国《民法典》确立的留置权与抵押权竞存时留置权优先的一贯立场，同时也符合留置权和价款抵押权的交易实践需求。

## ▶ 适用指引

### 一、价款抵押权所担保的主债权是用于购买抵押物的价款

在审判实践中，为了保证价款抵押权的真实性，避免抵押人和债权人恶意

串通、虚造交易而获得优先清偿顺位，侵犯其他抵押权人的合法权益，价款抵押权人应当举证证明价款抵押权所担保的主债权，是用于购买该抵押物的价款。对此，可以通过审查买卖合同、贷款协议、抵押合同以及相关的票据，来确定价款是否真正用于购买该动产，以及双方之间是否存在就该价款设定抵押权的真实意思表示。

## 二、应具备依法办理抵押登记等动产抵押的一般生效要件

价款抵押权欲获得相比于该动产上其他抵押权的优先效力，应当依法办理登记。登记的要求应当与一般动产抵押登记的要求相同。价款抵押权的登记应当在标的物交付后 10 日内完成。人民法院在审判实践中应当审查上述登记手续是否符合法律规定。同时，还应当注意，价款抵押权也属于动产抵押的一种，还应当满足动产抵押的一般生效要件，即合法有效的动产抵押登记合同。

## 三、出现价款抵押权和留置权竞存的情形，还应当审查留置权是否符合法定要件

留置权作为法定担保物权，其生效要件都由法律直接规定，当出现价款抵押权和留置权竞存的情形时，留置权效力优先。但是在司法实践中，应当注意审查留置权是否符合法律规定，即留置权人是否已经合法占有该动产、债权人所留置的动产是否与债权属于同一法律关系（企业之间的留置除外）以及是否属于法律规定或当事人约定不得留置的动产等。

第四百一十七条　建设用地使用权抵押后，该土地上新增的建筑物不属于抵押财产。该建设用地使用权实现抵押权时，应当将该土地上新增的建筑物与建设用地使用权一并处分。但是，新增建筑物所得的价款，抵押权人无权优先受偿。

## ▶ 关联规定

### 一、法律、行政法规、司法解释

1.《中华人民共和国城市房地产管理法》

第五十二条　房地产抵押合同签订后，土地上新增的房屋不属于抵押财产。需要拍卖该抵押的房地产时，可以依法将土地上新增的房屋与抵押财产一同拍卖，但对拍卖新增房屋所得，抵押权人无权优先受偿。

2.《最高人民法院关于适用〈中华人民共和国民法典〉有关担保制度的解释》

第五十一条　当事人仅以建设用地使用权抵押，债权人主张抵押权的效力及于土地上已有的建筑物以及正在建造的建筑物已完成部分的，人民法院应予支持。债权人主张抵押权的效力及于正在建造的建筑物的续建部分以及新增建筑物的，人民法院不予支持。

当事人以正在建造的建筑物抵押，抵押权的效力范围限于已办理抵押登记的部分。当事人按照担保合同的约定，主张抵押权的效力及于续建部分、新增建筑物以及规划中尚未建造的建筑物的，人民法院不予支持。

抵押人将建设用地使用权、土地上的建筑物或者正在建造的建筑物分别抵押给不同债权人的，人民法院应当根据抵押登记的时间先后确定清偿顺序。

### 二、司法指导性文件

《全国法院民商事审判工作会议纪要》

61.【房地分别抵押】根据《物权法》第182条之规定，仅以建筑物设定抵押的，抵押权的效力及于占用范围内的土地；仅以建设用地使用权抵押的，抵押权的效力亦及于其上的建筑物。在房地分别抵押，即建设用地使用权抵押给一个债权人，而其上的建筑物又抵押给另一个人的情况下，可能产生两个抵押权的冲突问题。基于"房地一体"规则，此时应当将建筑物和建设用地使用权视为同一财产，从而依照《物权法》第199条的规定确定清偿顺序：登记在先的先清偿；同时登记的，按照债权比例清偿。同一天登记的，视为同时登记。应予注意的是，根据《物权法》第200条的规定，建设用地使用权抵押后，该土地上新增的建筑物不属于抵押财产。

## ▶ 条文释义

### 一、本条主旨

本条是关于以建设用地使用权抵押的特别规定。

### 二、条文演变

本条以原《物权法》第200条为基础，仅将"但"修改为"但是"。

### 三、条文解读

（一）新增建筑物不属于建设用地使用权抵押的抵押财产

由于房地产的不可分性，我国一向采取"房随地走"和"地随房走"的"房地一体"抵押规则。本条是对《民法典》第397条中以建设用地使用权抵押适用"房随地走"原则的特别规定，其立法理由主要有三点：一是基于房地具有相互依附的特性，参照民法原理中的主物与从物、主权利与从权利等关系，我国不动产抵押制度虽实行房地一体抵押原则，但抵押权设定时新增建筑物与建设用地使用权并不存在主从或依附关系，不属于抵押权设立时的"从物"，而建设用地使用权抵押及于的建筑物范围应以抵押设立时客观存在的为限，故新增建筑物不应受建设用地使用权抵押效力的约束。二是建设用地使用权抵押时，该土地上新增的建筑物并不存在，双方当事人并无就未来新增建筑物设立抵押权的意思，故新增的建筑物不在抵押合同约定的抵押财产范围内，不属于抵押财产。三是如果建设用地使用权抵押权的效力及于其设定后新增的建筑物，将增加抵押人的负担，破坏抵押人与抵押权人之间平衡的利益关系。

（二）关于新增建筑物一并处分问题

建设用地上存在建筑物的，处分建设用地使用权时，只有将建筑物一并处分，才能实现建设用地使用权的使用价值和交换价值，并避免建筑物出现"空中楼阁"的尴尬现象。因此，建设用地使用权实现抵押权时，应将该土地上新增的建筑物一并处分。但由于新增建筑物不属于抵押财产，故就新增建筑物拍卖、变卖或折价所得价款，抵押权人仅能作为普通债权人进行受偿，而不享有优先受偿权。

## ▶ 适用指引

### 一、如何适用《民法典》和《城市房地产管理法》

实务中，抵押登记时间和抵押合同签订时间往往不一致。对于判断新增的建筑物是否属于抵押财产范围的时间基准，本条采用建设用地使用权抵押权设立时间，而《城市房地产管理法》则采用房地产抵押合同签订时间。

对于上述不一致，我们认为，应优先适用《民法典》，以抵押登记时间判断该土地上新增的建筑物是否属于抵押财产，主要理由为：第一，基本法的效力高于一般法；第二，《城市房地产管理法》主要调整范围为房地产开发用地土地使用权的取得、房地产开发、房地产交易和房地产管理，而不调整当事人之间的物权关系。

### 二、本条"新增的建筑物"包括新增的部分建筑物或在建工程

实务中，建设用地使用权抵押权存续期间，新增建筑物可以部分建筑物、完整建筑物或在建工程等多种形式呈现。

### 三、"新增"建筑物的举证责任分配

实务中，抵押权人主张其对建设用地使用权及其地上建筑物享有抵押权的，负有证明该建设用地上存在建筑物的初步举证责任。若抵押人抗辩该建筑

物属于新增的建筑物且不属于抵押财产，按照"谁主张，谁举证"原则，抵押人应举证证明建筑物系建设用地使用权抵押设立后新增的建筑物。实际上，相对于抵押权人，抵押人作为所有人对新增建筑物的建设时间具有较强的举证能力。

## ▶ 类案检索

### 一、上海浦东发展银行股份有限公司南宁分行、广西卓尚置业投资有限公司金融借款合同纠纷案

**关键词：** 新增建筑物　担保财产范围

**裁判摘要：** 虽然，广西卓尚置业投资有限公司（以下简称卓尚公司）与上海浦东发展银行股份有限公司南宁分行（以下简称浦发银行南宁分行）签订《最高额抵押合同》，双方办理了抵押登记手续，浦发银行南宁分行取得防港他项（2013）第 B2013-040 号、（2013）第 B2013-020 号土地他项权证以及 D20130238 号在建工程抵押登记证明。涉案五份委托贷款合同的签订以及贷款的发放均在《融资额度协议》约定期限内，因此，浦发银行南宁分行基于委托贷款合同享有的本金和利息债权属于《融资额度协议》项下债权，亦属于《最高额抵押合同》的担保范围，浦发银行南宁分行对涉案抵押的土地使用权以及在建工程抵押在 16217 万元本金及其利息范围内享有优先受偿权。

但是，根据《物权法》第 200 条"建设用地使用权抵押后，该土地上新增的建筑物不属于抵押财产。该建设用地使用权实现抵押权时，应当将该土地上新增的建筑物与建设用地使用权一并处分，但新增建筑物所得的价款，抵押权人无权优先受偿"的规定，浦发银行南宁分行主张对涉案土地［他项权证号：（×××在建工程抵押登记证明项下在建工程除外）］享有抵押权，于法无据，法院不予支持。

【案　　号】（2019）最高法民终 805 号
【审理法院】最高人民法院
【来　　源】中国裁判文书网

## 二、大连舒心门业有限公司与中信银行股份有限公司大连甘井子支行、大连国滨企业发展总公司案外人执行异议之诉案

**关键词：** 新增建筑物　担保财产范围

**裁判摘要：** 关于案涉地块上3500平方米仓库是否属于抵押财产的问题。大连舒心门业有限公司（以下简称舒心门业）提交的三份租赁合同中，落款日期为2004年9月23日的大连国滨企业发展总公司（以下简称国滨公司）与舒心门业的租赁合同约定，租赁物范围为国滨公司拥有的案涉土地使用权及地上厂房，其中包含了仓库3500平方米。舒心门业主张其仅从国滨公司租赁了土地使用权，地上仓库系舒心建材投资建设，但就该事实，未提供充分证据予以证明，其仅提供与舒心建材签订的房屋租赁合同，不能证明该房屋系舒心建材投资建设于案涉抵押权设定之后的事实。而且根据《担保法》第55条、《物权法》第200条的规定，即使可以认定土地使用权抵押后该土地上新增建筑物不属于抵押财产的情况下，在抵押权人就该土地使用权实现抵押权时，人民法院亦应当依法将该土地上新增的建筑物与土地使用权一并处分，故舒心门业所持案涉地块上3500平方米仓库不属于抵押财产范畴的理由，不能产生阻却人民法院对该土地使用权及地上房屋采取执行措施的法律效果，该申请再审理由不能成立。

【案　　号】（2015）民申字第16号

【审理法院】最高人民法院

【来　　源】中国裁判文书网

**第四百一十八条** 以集体所有土地的使用权依法抵押的，实现抵押权后，未经法定程序，不得改变土地所有权的性质和土地用途。

### ▶ 关联规定

法律、行政法规、司法解释

1.《中华人民共和国民法典》

**第三百九十八条** 乡镇、村企业的建设用地使用权不得单独抵押。以乡镇、村企业的厂房等建筑物抵押的，其占用范围内的建设用地使用权一并抵押。

2.《中华人民共和国农村土地承包法》

**第四十七条** 承包方可以用承包地的土地经营权向金融机构融资担保，并向发包方备案。受让方通过流转取得的土地经营权，经承包方书面同意并向发包方备案，可以向金融机构融资担保。

担保物权自融资担保合同生效时设立。当事人可以向登记机构申请登记；未经登记，不得对抗善意第三人。

实现担保物权时，担保物权人有权就土地经营权优先受偿。

土地经营权融资担保办法由国务院有关部门规定。

**第五十三条** 通过招标、拍卖、公开协商等方式承包农村土地，经依法登记取得权属证书的，可以依法采取出租、入股、抵押或者其他方式流转土地经营权。

3.《中华人民共和国土地管理法》

**第四十四条** 建设占用土地，涉及农用地转为建设用地的，应当办理农用地转用审批手续。

永久基本农田转为建设用地的，由国务院批准。

在土地利用总体规划确定的城市和村庄、集镇建设用地规模范围内，为实施该规划而将永久基本农田以外的农用地转为建设用地的，按土地利用年度计划分批次按照国务院规定由原批准土地利用总体规划的机关或者其授权的机关批准。在已批准的农用地转用范围内,具体建设项目用地可以由市、县人民政府批准。

在土地利用总体规划确定的城市和村庄、集镇建设用地规模范围外,将永久基本农田以外的农用地转为建设用地的,由国务院或者国务院授权的省、自治区、直辖市人民政府批准。

第六十三条 土地利用总体规划、城乡规划确定为工业、商业等经营性用途,并经依法登记的集体经营性建设用地,土地所有权人可以通过出让、出租等方式交由单位或者个人使用,并应当签订书面合同,载明土地界址、面积、动工期限、使用期限、土地用途、规划条件和双方其他权利义务。

前款规定的集体经营性建设用地出让、出租等,应当经本集体经济组织成员的村民会议三分之二以上成员或者三分之二以上村民代表的同意。

通过出让等方式取得的集体经营性建设用地使用权可以转让、互换、出资、赠与或者抵押,但法律、行政法规另有规定或者土地所有权人、土地使用权人签订的书面合同另有约定的除外。

集体经营性建设用地的出租,集体建设用地使用权的出让及其最高年限、转让、互换、出资、赠与、抵押等,参照同类用途的国有建设用地执行。具体办法由国务院制定。

## ▶ 条文释义

### 一、本条主旨

本条是关于集体所有土地使用权依法抵押并且实现抵押权后,不得任意改变土地所有权性质和土地用途的限制性规定。

### 二、条文演变

本条是由原《物权法》第 201 条修改而成。本条将"依照本法第一百八十条第一款第三项规定的土地承包经营权抵押的,或者依照本法第一百八十三条规定以乡镇、村企业的厂房等建筑物占用范围内的建设用地使用权一并抵押的"的规定修改为"以集体所有土地的使用权依法抵押的"。

### 三、条文解读

在"三权分置"的框架下,如何保障集体所有土地使用权抵押中抵押权的实现,对于我国集体所有土地使用权抵押制度的顺利运行具有十分重要的现实意义。保证土地所有权性质和土地用途,不因设定抵押权以及抵押权的实现而发生改变,是保证集体所有土地使用权性质和土地用途的重要内容。对于本条的理解和适用,应当注意以下方面。

第一,未经过法定程序,抵押权实现后不得改变土地所有权性质和土地用途。以农村集体经济组织所有的用于农业的土地为例,通过招标、拍卖、公开协商等方式承包农村土地,经依法登记取得权属证书的,可以依法采取抵押的方式,流转土地经营权。同时,未经依法批准,不得将承包地用于非农建设。由此可见,尽管符合条件的土地经营权可以通过设定抵押的方式进行流转,但抵押权实现后,抵押权人非经依法批准,不得将承包地用作非农建设,承包地用途必须保持农业生产经营。

第二,实现抵押权时,如需要改变土地所有权性质或用途,应满足法定的程序要求。我国有关土地管理的法律法规对于集体土地所有权性质和用途改变需要满足的条件和程序,都作出了详细的规定。抵押权实现后,如欲改变集体土地所有权性质,需要满足相应的条件和程序。例如,《土地管理法》第44条规定:"建设占用土地,涉及农用地转为建设用地的,应当办理农用地转用审批手续。永久基本农田转为建设用地的,由国务院批准。""在土地利用总体规划确定的城市和村庄、集镇建设用地规模范围内,为实施该规划而将永久基本农田以外的农用地转为建设用地的,按土地利用年度计划分批次按照国务院规定由原批准土地利用总体规划的机关或者其授权的机关批准。在已批准的农用地转用范围内,具体建设项目用地可以由市、县人民政府批准。""在土地利用总体规划确定的城市和村庄、集镇建设用地规模范围外,将永久基本农田以外的农用地转为建设用地的,由国务院或者国务院授权的省、自治区、直辖市人民政府批准。"

## ▶ 适用指引

抵押权的实现,同样应当采用不改变或危害土地所有权性质和用途的方式。例如，目前我国法定的抵押权实现方式包括折价、拍卖、变卖等。已有学者指出，折价的方式会使得商业银行取得土地经营权，不符合商业银行的经营目的和经营能力，导致农业用地事实上的"非农化"从而导致农地用途事实上的改变。因此，在审判实践中还需要对抵押权实现的方式进行审查，特别是注意实现方式不能危害土地所有权性质和用途，造成事实上土地所有权性质或用途的改变。

## ▶ 类案检索

### 北京恒顺隆印务有限公司、四平市城区农村信用合作联社金融借款合同纠纷案

**关键词：** 集体土地使用权抵押　房地一并抵押

**裁判摘要：** 根据《物权法》第201条"实现抵押权后，未经法定程序，不得改变土地所有权的性质和土地用途"和《最高人民法院、国土资源部、建设部关于依法规范人民法院执行和国土资源房地产管理部门协助执行若干问题的通知》第24条"对处理农村房屋涉及集体土地的，人民法院应当与国土资源管理部门协商一致后再行处理"等相关规定，四平市中级人民法院（以下简称四平中院）按照北京市国土资源局京国土法函〔2015〕209号复函暂缓处置集体土地使用权的建议，在拍卖被执行人房屋和机械设备时，并未将土地使用权予以拍卖，是充分考虑了本案涉案土地为集体土地的实际情况，考虑到了处理和执行集体土地需履行严格的法定程序，在北京市顺义区北小营镇人民政府向北京市顺义区建设委员会房屋权属科出具同意信用联社实现抵押权时，涉案土地征为国有土地的证明，四平市城区农村信用合作联社向北京市顺义区建设委员会承诺一旦实现抵押权时，该宗地的土地出让金及相关费用由该社首先支付，且申请执行人已提供反担保的情况下，对涉案土地上的房屋及机械设备进行拍卖，是符合本案实际情况的。同时根据《物权法》和《最高人民法院、国土资源部、建设部关于依法规范人民法院执行和国土资源房地产管理部门协助执行若干问题的通知》的上述相关规定，集体土地使用权依法可以设定抵押，设定抵押权的集体土地在履行严格的法定程序后可以执行，并没有不能先行处置地上物的禁止性规定，因此四平中院先行拍卖地上房屋及机械设备，并不违

反相关法律规定的原则和精神。北京恒顺隆印务有限公司提出涉案土地没有设定抵押与事实不符，主张没有抵押的集体土地使用权法院无权处置、在集体土地使用权未依法处置的情况下法院不能拍卖地上房屋及机械设备的复议理由不能成立。吉林省高级人民法院于2016年12月21日作出（2016）吉执复77号执行裁定，驳回印务公司的复议申请，维持四平中院（2016）吉03执异2号执行裁定。

【案　　号】（2017）最高法执监145号

【审理法院】最高人民法院

【来　　源】中国裁判文书网

**第四百一十九条** 抵押权人应当在主债权诉讼时效期间行使抵押权；未行使的，人民法院不予保护。

## ▶ 关联规定

### 一、法律、行政法规、司法解释

《最高人民法院关于适用〈中华人民共和国民法典〉有关担保制度的解释》

第四十四条 主债权诉讼时效期间届满后，抵押权人主张行使抵押权的，人民法院不予支持；抵押人以主债权诉讼时效期间届满为由，主张不承担担保责任的，人民法院应予支持。主债权诉讼时效期间届满前，债权人仅对债务人提起诉讼，经人民法院判决或者调解后未在民事诉讼法规定的申请执行时效期间内对债务人申请强制执行，其向抵押人主张行使抵押权的，人民法院不予支持。

主债权诉讼时效期间届满后，财产被留置的债务人或者对留置财产享有所有权的第三人请求债权人返还留置财产的，人民法院不予支持；债务人或者第三人请求拍卖、变卖留置财产并以所得价款清偿债务的，人民法院应予支持。

主债权诉讼时效期间届满的法律后果，以登记作为公示方式的权利质权，参照适用第一款的规定；动产质权、以交付权利凭证作为公示方式的权利质权，参照适用第二款的规定。

### 二、司法指导性文件

《全国法院民商事审判工作会议纪要》

59.【主债权诉讼时效届满的法律后果】抵押权人应当在主债权的诉讼时效期间内行使抵押权。抵押权人在主债权诉讼时效届满前未行使抵押权，抵押人在主债权诉讼时效届满后请求涂销抵押权登记的，人民法院依法予以支持。

以登记作为公示方法的权利质权，参照适用前款规定。

## 条文释义

### 一、本条主旨

本条是关于主债权诉讼时效届满后担保人该如何寻求救济的规定。

### 二、条文演变

本条基本沿袭了原《物权法》第202条的规定。

### 三、条文解读

"未行使的，人民法院不予保护"的规定，在实践中存在不同理解。一种观点认为，抵押权人未在主债权诉讼时效期间内行使权利，其后果是使抵押人产生诉讼时效抗辩，抵押权本身并未消灭，抵押人不能请求涂销登记。这导致当事人既不能从抵押关系中摆脱出来，也不能实现是抵押物的物尽其用。而诉讼时效抗辩作为抗辩权，抵押人并不能依据本条规定而有所作为，故对抵押人的保护还不如原《担保法解释》第12条规定周全，从而难以达到保护抵押人追偿权的立法目的。

有鉴于此，另有观点认为，对本条应理解为，主债权诉讼时效经过后，抵押权就因除斥期间的经过而消灭。此时，抵押人可以请求涂销登记。该说在理论上确有不够周延之处，却能解决实践中面临的问题。《民商审判会议纪要》第59条采取该种观点，认为此时抵押人可以请求涂销抵押登记，并将本条有关抵押权的规定类推适用于以登记作为公示方法的权利质权。

在现行法中，尚无关于主债权诉讼时效期间届满后担保物权地位如何的规定，但原《担保法解释》第12条曾经对此作出过规定："当事人约定的或者登记部门要求登记的担保期间，对担保物权的存续不具有法律约束力。担保物权所担保的债权的诉讼时效结束后，担保权人在诉讼时效结束后的二年内行使担保物权的，人民法院应当予以支持。"该条开创性地确立了担保物权的存续期间。

## ▶ 类案检索

### 一、长春市吉盛通达小额贷款有限责任公司、长白山保护开发区天地人房地产开发有限公司别除权纠纷案

**关键词**：申请执行期间　主债权诉讼时效

**裁判摘要**：《物权法》第202条规定："抵押权人应当在主债权诉讼时效期间行使抵押权；未行使的，人民法院不予保护。"抵押权作为担保物权的一种，本身不适用诉讼时效制度，但为了防止抵押权人怠于行使抵押权，充分发挥抵押财产的经济效用，《物权法》规定抵押权人应在主债权诉讼时效期间内行使抵押权，实质在于明确抵押权人应在主债权受到法律保护的期间内行使抵押权。该受到法律保护的期间，在主债权未经生效裁判确定之前，为主债权诉讼时效期间。当主债权经诉讼程序被生效裁判确定后，此时，主债权固然不存在诉讼时效问题，但裁判生效后，主债权不一定就能实现，在债务人未主动履行的情况下，还存在执行问题。只要当事人在申请执行期间内对债务人申请强制执行，参照《物权法》第202条之规定，就应视为抵押权人在主债权受到法律保护的期间内行使了权利，抵押权人的权利仍应受到保护。换言之，在主债权经生效裁判确认后，此时的主债权受到法律保护的期间不再是诉讼时效期间，而是申请执行期间。同理，在债务人破产的情况下，此时的主债权受到法律保护的期间就是法律规定的申报债权期间。本案中，长春市吉盛通达小额贷款有限责任公司（以下简称吉盛公司）与长白山保护开发区天地人房地产开发有限公司（以下简称天地人公司）之间的主债权债务合同纠纷尽管已经生效判决确认，但因天地人公司等债务人未主动履行生效判决，吉盛公司在《民事诉讼法》规定的申请执行期间内向人民法院申请强制执行天地人公司的财产。在执行过程中，因人民法院受理有关天地人公司的破产申请，吉盛公司又在法律规定的申报债权期间向破产管理人申报了有财产担保的债权；在天地人公司破产管理人仅将其债权确认为普通债权的情况下，吉盛公司又及时提起本案诉讼，请求对抵押财产享有优先受偿权。综合前述分析，吉盛公司在申请执行期间、法律规定的申报债权期间行使了主债权，主债权仍在受到法律保护的期间内，相应地，其抵押权也应当受人民法院的保护。二审法院仅以吉盛公司就主债权

形成生效判决，主债权的诉讼时效不再继续存在为由，认定吉盛公司的抵押权因未及时行使而消灭，适用法律错误，再审法院予以纠正。

【案　　号】（2021）最高法民再154号

【审理法院】最高人民法院

【来　　源】中国裁判文书网

## 二、港鑫化工公司诉江南农村商业银行确认抵押权消灭纠纷案

**关键词：** 抵押权消灭　注销登记　主债权诉讼时效

**裁判摘要：** 我国《物权法》第202条规定："抵押权人应当在主债权诉讼时效期间行使抵押权；未行使的，人民法院不予保护。"该条法律规定旨在明确抵押权的行使期限，督促抵押权人及时行使抵押权，防止抵押权长期存续影响抵押物的效用。据此，抵押权人未在主债权诉讼时效期间届满前行使抵押权，主债权诉讼时效届满后，抵押人起诉要求确认抵押权消灭并要求注销抵押登记的，人民法院应予支持。

【案　　号】（2015）常商终字第0404号

【审理法院】江苏省常州市中级人民法院

【来　　源】中国裁判文书网

## 三、辽宁省节能技术发展有限责任公司、国网辽宁省电力有限公司企业借贷纠纷案

**关键词：** 主债权诉讼时效　抵押权消灭

**裁判摘要：**《物权法》第202条规定："抵押权人应当在主债权诉讼时效期间行使抵押权；未行使的，人民法院不予保护。"本案抵押担保的主合同的履行期限于2011年10月届满，主债权的诉讼时效期间自主债务履行期限届满之日起开始起算两年，在财政厅没有在此期间向债务人主张权利的情况下，诉讼时效期间至2013年10月届满。财政厅于2012年10月提起诉讼向禾乡公司主张担保物权，没有超过担保物权的存续期间，该抵押权没有消灭。

【案　　号】（2019）最高法民终544号

【审理法院】最高人民法院

【来　　源】中国裁判文书网

## 第二节 最高额抵押权

**第四百二十条** 为担保债务的履行，债务人或者第三人对一定期间内将要连续发生的债权提供担保财产的，债务人不履行到期债务或者发生当事人约定的实现抵押权的情形，抵押权人有权在最高债权额限度内就该担保财产优先受偿。

最高额抵押权设立前已经存在的债权，经当事人同意，可以转入最高额抵押担保的债权范围。

### ▶ 关联规定

一、法律、行政法规、司法解释

1.《中华人民共和国民法典》

**第三百八十九条** 担保物权的担保范围包括主债权及其利息、违约金、损害赔偿金、保管担保财产和实现担保物权的费用。当事人另有约定的，按照其约定。

**第四百零九条** 抵押权人可以放弃抵押权或者抵押权的顺位。抵押权人与抵押人可以协议变更抵押权顺位以及被担保的债权数额等内容。但是，抵押权的变更未经其他抵押权人书面同意的，不得对其他抵押权人产生不利影响。

债务人以自己的财产设定抵押，抵押权人放弃该抵押权、抵押权顺位或者变更抵押权的，其他担保人在抵押权人丧失优先受偿权益的范围内免除担保责任，但是其他担保人承诺仍然提供担保的除外。

2.《最高人民法院关于适用〈中华人民共和国民法典〉有关担保制度的解释》

**第十五条** 最高额担保中的最高债权额，是指包括主债权及其利息、违约金、损害赔偿金、保管担保财产的费用、实现债权或者实现担保物权的费用等在内的全部债权，但是当事人另有约定的除外。

登记的最高债权额与当事人约定的最高债权额不一致的，人民法院应当依据登记的最高债权额确定债权人优先受偿的范围。

**第三十条** 最高额保证合同对保证期间的计算方式、起算时间等有约定的，按照其约定。

最高额保证合同对保证期间的计算方式、起算时间等没有约定或者约定不明，被担保债权的履行期限均已届满的，保证期间自债权确定之日起开始计算；被担保债权的履行期限尚未届满的，保证期间自最后到期债权的履行期限届满之日起开始计算。

前款所称债权确定之日，依照民法典第四百二十三条的规定认定。

## 二、部门规章及规范性文件

### 《不动产登记暂行条例实施细则》

**第七十一条** 设立最高额抵押权的，当事人应当持不动产权属证书、最高额抵押合同与一定期间内将要连续发生的债权的合同或者其他登记原因材料等必要材料，申请最高额抵押权首次登记。

当事人申请最高额抵押权首次登记时，同意将最高额抵押权设立前已经存在的债权转入最高额抵押担保的债权范围的，还应当提交已存在债权的合同以及当事人同意将该债权纳入最高额抵押权担保范围的书面材料。

## 三、司法指导性文件

### 《全国法院民商事审判工作会议纪要》

58.【担保债权的范围】登记作为公示方式的不动产担保物权的担保范围，一般应当以登记的范围为准。但是，我国目前不动产担保物权登记，不同地区的系统设置及登记规则并不一致，人民法院在审理案件时应当充分注意制度设计上的差别，作出符合实际的判断：一是多数省区市的登记系统未设置"担保范围"栏目，仅有"被担保主债权数额（最高债权数额）"的表述，且只能填写固定数字。而当事人在合同中又往往约定担保物权的担保范围包括主债权及其利息、违约金等附属债权，致使合同约定的担保范围与登记不一致。显然，这种不一致是由于该地区登记系统设置及登记规则造成的该地区的普遍现象。人民法院以合同约定认定担保物权的担保范围，是符合实际的妥当选择。二是一些省区市不动产登记系统设置与登记规则比较规范，担保物权登记范围与合同约定一致在该地区是常态或者普遍现象，人民法院在审理案件时，应当以登记的担保范围为准。

## ▶ 条文释义

### 一、本条主旨

本条是关于最高额抵押权概念的规定。

### 二、条文演变

原《担保法》第59条对最高额抵押的概念进行了界定，即"本法所称最高额抵押，是指抵押人与抵押权人协议，在最高债权额限度内，以抵押物对一定期间内连续发生的债权作担保"。

原《担保法解释》第81条规定了最高额抵押所担保的债权范围，即"最高额抵押权所担保的债权范围，不包括抵押物因财产保全或者执行程序被查封后或债务人、抵押人破产后发生的债权"。原《担保法解释》第83条规定了最高额抵押的效力："最高额抵押权所担保的不特定债权，在特定后，债权已届清偿期的，最高额抵押权人可以根据普通抵押权的规定行使其抵押权。""抵押权人实现最高额抵押权时，如果实际发生的债权余额高于最高限额的，以最高限额为限，超过部分不具有优先受偿的效力；如果实际发生的债权余额低于最高限额的，以实际发生的债权余额为限对抵押物优先受偿。"

原《物权法》系统地界定了最高额抵押的概念，第203条规定："为担保债务的履行，债务人或者第三人对一定期间内将要连续发生的债权提供担保财产的，债务人不履行到期债务或者发生当事人约定的实现抵押权的情形，抵押权人有权在最高债权额限度内就该担保财产优先受偿。""最高额抵押权设立前已经存在的债权，经当事人同意，可以转入最高额抵押担保的债权范围。"该规定突出了最高额抵押的担保效力，规定抵押权人有权在最高债权额限度内就该担保财产优先受偿。同时，增加了最高额抵押担保的债权范围。

本条是对《物权法》第203条规定的承继。

## 三、条文解读

### （一）最高额抵押权的概念与特征

最高额抵押权，又称最高限额抵押，指的是在最高债权额限度内，为了担保将来一定期间内将要连续发生的债权，债务人或第三人提供抵押物而设立的特殊的抵押权。如果债务人不履行到期债务或者发生当事人约定的实现抵押权的情形，最高额抵押权可以在最高债权额限度内就该担保财产优先受偿。最高额抵押权，相比于一般抵押权而言，是一种特殊的抵押权。其最大的特殊之处在于可以担保将来一定期间内将要连续发生的债权，而不需要在每一个债权上设立一个担保物权。本条对最高额抵押进行了规定，最高额抵押权具有如下法律性质。

**1. 最高额抵押权担保不特定债权**

不特定债权，是指抵押债权自该抵押权设立时起至确定时止不断地发生或消灭，处于变动状态，具有流动性、替代性。有学者将该概念形象地解释为，不特定债权是指所担保的债权系一定期间内和一定范围内（最高额限度内）所发生的生生不息的债权，并非指在一定期间内和一定范围内（最高额限度内）发生的某债权本身不特定。[①] 至于不特定债权是否含有抵押债权在数额上不特定之义，对此问题，理论上存在着分歧。肯定说认为，最高额抵押权所担保的，是基于当事人之间连续性交易关系而于将来可能发生的不特定债权，而且债权的数额在最高额抵押权设立时也不确定，仅仅预定一个最高限额。[②] 否定说则主张，所谓不特定债权，非指债权本身尚未特定，且与担保债权的债权数额是否确定无关。不特定债权的债权本身具有变动性。

**2. 最高额抵押权担保一定期间和最高额限度内（一定范围内）的债权**

所谓一定期间内和一定范围内（最高额限度内）的债权，是指债权人和债务人之间基于一定法律关系产生的债权，或基于票据所发生的权利。与一般抵押权所担保的债权是特定的、既存的债权相比，最高额抵押权所担保的债权则具有很大不同，其担保的债权是"一定期间内将要连续发生的债权"。首先，

---

① 参见崔建远：《中国民法典释评：物权编》，中国人民大学出版社2020年版，第422页。
② 参见梁慧星、陈华彬：《物权法》，法律出版社2007年版，第331页。

最高额抵押权担保的债权必须在一定的期间内发生，当事人在设立最高额抵押时会约定一个期间，在期间内发生的债权均可以是被担保的债权，不在此期间内发生的债权则不能作为最高额抵押权所担保的债权；其次，最高额抵押权担保的债权是未来的债权，也就是说当最高额抵押权设立之时，其所担保的债权并没有实际存在，只是将要发生的状态；最后，最高额抵押权担保的债权的发生具有连续性，随交易活动不断产生或消灭，只有在特定情形下，最高额抵押权所担保的债权才会确定。因此，最高额抵押权所担保的债权具有不确定性。

最高额抵押权有最高债权额限度。一般抵押权在设立之时，其担保的债权的数额已然确定，因此也不存在最高债权额的问题。但对于最高额抵押权而言，其债权具有不特定性，最高额抵押权对未来可能发生的债权额设置了最高限度，因此，最高债权额指的是抵押权人基于最高额抵押权可以优先受偿的债权的最高限额。当债权确定之时，如果实际发生的债权余额大于最高债权额限度，则超过部分的债权不具有优先受偿的效力，如果实际发生的债权余额低于最高债权额限度，则当然以实际发生的债权余额为限对抵押物优先受偿。

原《担保法》第60条规定将最高额抵押的适用范围局限于借款合同和商品买卖合同。但是随着社会经济的发展，其他交易也对最高额抵押产生了需求，如银行授信业务、票据业务等。因此，将最高额抵押的适用范围局限于借款合同和商品买卖合同难以满足经济发展的需求。从原《物权法》开始不再对最高额抵押的适用范围进行限制，扩大了最高额抵押权的适用范围，只要是一定期间内将要连续发生的债权，均可设立最高额抵押权。

### 3. 最高额抵押权的从属性已被最大限度地缓和

从属性是抵押权的重要属性，抵押权的设立、转移和消灭都从属于被担保的债权。最高额抵押权则在某种程度上突破了担保物权的从属性，是从属性缓和的产物。与一般抵押权相比，最高额抵押权的从属性有以下几个不同之处：首先，在成立的从属性方面，在普通抵押中，债权产生在前，抵押权设立在后，而在最高额抵押中，则是最高额抵押权设立在先，债权产生在后。其次，在转移的从属性方面，在普通抵押中，一般抵押权随着债权的转移而转移，但是在最高额抵押中，最高额抵押权并不随着部分债权的转让而转让。《民法典》第421条规定："最高额抵押担保的债权确定前，部分债权转让的，最高额抵押权不得转让，但是当事人另有约定的除外。"因为最高额抵押权担保的债权是一定期间连续发生的债权，最高额抵押担保的债权确定前，债权是不断产生的，最高额抵押权并不仅仅担保部分债权。出于对意思自治的保护，如果当事人有其他约定的，则从其约定。最后，在消灭的从属性方面，在普通抵押中，一般抵押权所担保的债权如果消灭，抵押权也随即消灭，但在最高额抵押中，最高额抵押权不因个别的债权的消灭而消灭，只有在最高额抵押担保的债权确定后，如果债权全部消灭，最高额抵押权才消灭。

（二）最高额抵押权的设立

最高额抵押权是特殊的抵押权，因此其设立的内容与程序与一般抵押权差别不大，《民法典》第424条也规定："最高额抵押权除适用本节规定外，适用本章第一节的有关规定。"但是，最高额抵押权的设立与一般抵押权的设立相比，仍然有所差别。首先，一般抵押权仅基于一个债权债务合同产生，而最高额抵押权的设立必须基于使债权在一定期间连续发生的合同关系，如此才能符合担保债权必须是"一定期间内将要连续发生的债权"的要求。其次，同普通抵押合同一样，最高额抵押合同必须采用书面形式，但是最高额抵押合同的内容必须包含两项特殊的内容：一是最高债权额限度；二是债权确定期间。最高债权额限度是最高额抵押权所能担保的债权的最高额度，因为最高额抵押权担保的债权是不特定的，所以，最高额抵押合同中必须包括最高债权额限度，这是最高额抵押权设立的必要条件。如果当事人在合同中未对此进行约定，则最高额抵押合同无效。债权确定期间是最高额抵押权所担保的债权确定的日期，债权确定期间由当事人自行约定，但是债权确定期间并非最高额抵押合同的必备条款，如果当事人没有约定或约定不明，不影响最高额抵押权的设立，当事人可在事后补充约定债权确定期间，如果事后亦无相关约定，债权可根据法律的相关规定情形予以确定。另外，最高额抵押权的登记和一般抵押权的登记一样，如果最高额抵押权设立在不动产上，则必须在不动产上办理最高额抵押权的登记，否则最高额抵押权不成立。如果最高额抵押权设立在动产之上，未登记不影响最高额抵押权的设立，但未登记不能对抗善意第三人。

（三）最高额抵押权所担保的债权范围

根据《民法典》第389条的规定，当事人可以对担保物权所担保债权的范围进行约定，如无约定则可按照法律规定担保债权的范围确定。该规定自然也适用于最高额抵押权。但本条对最高额抵押权的担保债权的范围进行了特别规定:"最高额抵押权设立前已经存在的债权,经当事人同意,可以转入最高额抵押担保的债权范围。"根据最高额抵押权的概念,最高额抵押权担保的是未来连续发生的债权,在最高额抵押权设立前已经存在的债权理应不在最高额抵押权担保的债权范围之内,但有观点认为,最高额抵押权的本质不在于其担保的债权为将来的债权,而在于其所担保的债权是不特定债权,且具有最高限额,因此,只要当事人有约定,法律就应当允许已经存在的债权转入最高额抵押担保的债权范围中。①

已经存在的债权转入最高额抵押担保的债权范围需要满足两个条件。首先是必须经过当事人的同意,即经过抵押权人与抵押人的同意,只有当事人对债权转入真正达成合意,已经存在的债权才可转入最高额抵押担保的债权范围;其次是已存在债权的债权人和债务人与最高额抵押中的债权人和债务人是相同的,如果不相同则无法转入。当然,由于最高额抵押权所担保的债权有最高限额,转入的已存在的债权不能超过最高限额。另外,因为最高额抵押权也属于抵押权,如果抵押物是不动产,转入债权时应当办理登记;如果是动产,则未登记不得对抗善意第三人。

最高额担保包括最高额抵押、最高额质押和最高额保证,其中,最高额抵押和最高额质押因涉及登记公示,当事人之间就最高债权额限度的约定仅具有相对效力,应以登记的最高债权额确定债权人优先受偿的范围;最高额保证中因不存在公示问题,应当依照最高额保证合同的约定认定最高债权额限度,当事人未作约定的,视为债权总额最高限额。

## ▶ 适用指引

在审判实践中,本条的适用应当注意最高额抵押中的最高债权额限度是债权最高限额,还是本金最高限额的问题。债权最高限额指原本债权、利息、迟延利息与违约金等加起来的债权总和应在最高限额内优先受偿。本金最高限额则指只有本金可以在最高限额内优先受偿,但是利息、迟延利息、违约金等可以在最高债权额限度之外再加入作为优先受偿的债权,故抵押权人实现抵押权时实际优先受偿的范围可能超过最高债权额限度。因此,如果最高债权额限度

---

① 参见胡康生主编:《中华人民共和国物权法释义》,法律出版社2007年版,第443~444页。

是本金最高限额，因为其可能导致债权人优先受偿的范围超过最高债权额限度，对于抵押财产上后顺位抵押权人以及其他普通债权人会产生明显的不利，有害于交易安全。我国《民法典担保制度解释》第15条规定："最高额担保中的最高债权额，是指包括主债权及其利息、违约金、损害赔偿金、保管担保财产的费用、实现债权或者实现担保物权的费用等在内的全部债权，但是当事人另有约定的除外。登记的最高债权额与当事人约定的最高债权额不一致的，人民法院应当依据登记的最高债权额确定债权人优先受偿的范围。"其亦认为最高债权额限度是债权最高限额，当事人也可以约定最高债权额限度为本金最高限额。

《民商审判会议纪要》第58条对担保债权的范围作出规定，原则上以登记的担保范围为准，但同时要求根据目前不动产担保物权登记的现实情况，作出符合实际的判断。该规定主要是考虑到约定的担保范围与登记的担保范围不一致，系因为登记部门或者登记系统造成的情况，基于现实公平的角度出发，最终作出了例外的规定。《民法典担保制度解释》并未对此种例外情形作出规定，主要是因为目前随着不动产登记设计的完善，主管部门也已对不动产登记簿样式进行了修改，给予当事人选择登记最高债权额的权利，从而避免了因客观因素导致约定范围与登记范围不一致的情形。因此，在审判实践中，应严格掌握《民法典担保制度解释》的适用条件，对于2021年1月1日以后登记簿的记载，不能以《民商审判会议纪要》作出的例外规定否定登记簿记载的最高债权额的效力。

《民法典担保制度解释》第15条第2款规定登记的最高债权额以登记簿记载的最高额确定优先受偿范围。那么，在一般抵押情况下，登记与合同约定不一致的，应根据什么标准确定优先受偿的范围？根据《民法典》第216条的规定，在确定优先受偿的范围时，一般抵押与最高额抵押应当坚持一样的处理规则，即以登记为准。需要注意的是：第一，该规定无溯及力，不能适用《民法典》生效前的抵押，生效前的抵押应适用《民商审判会议纪要》第58条的规定；第二，《民法典担保制度解释》第15条的规定与《民商审判会议纪要》第58条的规定不同，原因是现在的不动产登记表已增加"担保范围"栏目，详细情况可查阅《自然资源部关于做好不动产抵押权登记工作的通知》。

## 指导案例

**指导案例95号：中国工商银行股份有限公司宣城龙首支行诉宣城柏冠贸易有限公司、江苏凯盛置业有限公司等金融借款合同纠纷案**

（最高人民法院审判委员会讨论通过　2018年6月20日发布）

**关键词：** 民事　金融借款合同　担保　最高额抵押权

**裁判要点：** 当事人另行达成协议将最高额抵押权设立前已经存在的债权转入该最高额抵押担保的债权范围，只要转入的债权数额仍在该最高额抵押担保的最高债权额限度内，即使未对该最高额抵押权办理变更登记手续，该最高额抵押权的效力仍然及于被转入的债权，但不得对第三人产生不利影响。

**相关法条：**《中华人民共和国物权法》第203条、第205条

**基本案情：** 2012年4月20日，中国工商银行股份有限公司宣城龙首支行（以下简称工行宣城龙首支行）与宣城柏冠贸易有限公司（以下简称柏冠公司）签订《小企业借款合同》，约定柏冠公司向工行宣城龙首支行借款300万元，借款期限为7个月，自实际提款日起算，2012年11月1日还100万元，2012年11月17日还200万元。涉案合同还对借款利率、保证金等作了约定。同年4月24日，工行宣城龙首支行向柏冠公司发放了上述借款。

2012年10月16日，江苏凯盛置业有限公司（以下简称凯盛公司）股东会决议决定，同意将该公司位于江苏省宿迁市宿豫区江山大道118号——宿迁红星凯盛国际家居广场（房号：B-201、产权证号：宿豫字第201104767）房产，抵押于工行宣城龙首支行，用于亿荣达公司商户柏冠公司、闽航公司、航嘉公司、金亿达公司四户企业在工行宣城龙首支行办理融资抵押，因此产生一切经济纠纷均由凯盛公司承担。同年10月23日，凯盛公司向工行宣城龙首支行出具一份房产抵押担保的承诺函，同意以上述房产为上述四户企业在工行宣城龙首支行融资提供抵押担保，并承诺如该四户企业不能按期履行工行宣城龙首支行的债务，上述抵押物在处置后的价值又不足以偿还全部债务，凯盛公司同意用其他财产偿还剩余债务。该承诺函及上述股东会决议均经凯盛公司全体股东签名及加盖凯盛公司公章。2012年10月24日，工行宣城龙首支行与凯盛公司签订《最高额抵押合同》，约定凯盛公司以宿房权证宿豫字第

201104767号房地产权证项下的商铺为自2012年10月19日至2015年10月19日期间，在4000万元的最高余额内，工行宣城龙首支行依据与柏冠公司、闽航公司、航嘉公司、金亿达公司签订的借款合同等主合同而享有对债务人的债权，无论该债权在上述期间届满时是否已到期，也无论该债权是否在最高额抵押权设立之前已经产生，提供抵押担保，担保的范围包括主债权本金、利息、实现债权的费用等。同日，双方对该抵押房产依法办理了抵押登记，工行宣城龙首支行取得宿房他证宿豫第201204387号房地产他项权证。2012年11月3日，凯盛公司再次经过股东会决议，并同时向工行宣城龙首支行出具房产抵押承诺函，股东会决议与承诺函的内容及签名盖章均与前述相同。当日，凯盛公司与工行宣城龙首支行签订《补充协议》，明确双方签订的《最高额抵押合同》担保范围包括2012年4月20日工行宣城龙首支行与柏冠公司、闽航公司、航嘉公司和金亿达公司签订的四份贷款合同项下的债权。

柏冠公司未按期偿还涉案借款，工行宣城龙首支行诉至宣城市中级人民法院，请求判令柏冠公司偿还借款本息及实现债权的费用，并要求凯盛公司以其抵押的宿房权证宿豫字第201104767号房地产权证项下的房地产承担抵押担保责任。

**裁判结果：** 宣城市中级人民法院于2013年11月10日作出（2013）宣中民二初字第00080号民事判决：一、柏冠公司于判决生效之日起五日内给付工行宣城龙首支行借款本金300万元及利息……四、如柏冠公司未在判决确定的期限内履行上述第一项给付义务，工行宣城龙首支行以凯盛公司提供的宿房权证宿豫字第201104767号房地产权证项下的房产折价或者以拍卖、变卖该房产所得的价款优先受偿……宣判后，凯盛公司以涉案《补充协议》约定的事项未办理最高额抵押权变更登记为由，向安徽省高级人民法院提起上诉。该院于2014年10月21日作出（2014）皖民二终字第00395号民事判决：驳回上诉，维持原判。

**裁判理由：** 法院生效裁判认为：凯盛公司与工行宣城龙首支行于2012年10月24日签订《最高额抵押合同》，约定凯盛公司自愿以其名下的房产作为抵押物，自2012年10月19日至2015年10月19日期间，在4000万元的最高余额内，为柏冠公司在工行宣城龙首支行所借贷款本息提供最高额抵押担保，并办理了抵押登记，工行宣城龙首支行依法取得涉案房产的抵押权。2012年11月3日，凯盛公司与工行宣城龙首支行又签订《补充协议》，约定前述最高额抵押合同中述及抵押担保的主债权及于2012年4月20日工行宣城龙首支行与柏冠公司所签《小企业借款合同》项下的债权。该《补充协议》不仅有双方当事人的签字盖章,也与凯盛公司的股东会决议及其出具的房产抵押担保承诺函相印证,故该《补充协议》应系凯盛公司的真实意思表示,且所约定内容符合《中华人民共和国物权法》(以下简称《物权法》)第二百零三条第二款的规定,也不违反法律、行政法规的强制性规定,依法成立并有效,其作为原最高额抵押合同的组成部分,与原最高额抵押合同具有同等法律效力。由此,本案所涉2012年4月20日《小企业借款合同》项下的债权已转入前述最高额抵押权所担保的最高额为4000万元的主债权范围内。就该《补充协议》约定事项,是否需要对前述最高额抵押权办理相应的变更登记手续,《物权法》没有明确规定,应当结合最高额抵押权的特点及相关法律规定来判定。

根据《物权法》第二百零三条第一款的规定,最高额抵押权有两个显著特点:一是最高额抵押权所担保的债权额有一个确定的最高额度限制,但实际发生的债权额是不确定的;二是最高额抵押权是对一定期间内将要连续发生的债权提供担保。由此,最高额抵押权设立时所担保的具体债权一般尚未确定,基于尊重当事人意思自治原则,《物权法》第二百零三条第二款对前款作了但书规定,即允许经当事人同意,将最高额抵押权设立前已经存在的债权转入最高额抵押担保的债权范围,但此并非重新设立最高额抵押权,也非《物权法》第二百零五条规定的最高额抵押权变更的内容。同理,根据《房屋登记办法》第五十三条的规定,当事人将最高额抵押权设立前已存在债权转入最高额抵押担保的债权范围,不是最高额抵押权设立登记的他项权利证书及房屋登记簿的必要记载事项,故亦非应当申请最高额抵押权变更登记的法定情形。

本案中,工行宣城龙首支行和凯盛公司仅是通过另行达成补充协议的方式,将上述最高额抵押权设立前已经存在的债权转入该最高额抵押权所担保的债权范围内,转入的涉案债权数额仍在该最高额抵押担保的4000万元最高债权额限度内,该转入的确定债权并非最高抵押权设立登记的他项权利证书及房屋登记簿的必要记载事项,在不会对其他抵押权人产生不利影响的前提下,对于该意思自治行为,应当予以尊重。此外,根据商事交易规则,法无禁止即可为,即在法律规定不明确时,不应强加给市场交易主体准用严格交易规则的义务。况且,就涉案2012年4月20日借款合同项下的债权转入最高额抵押担保的债权范围,凯盛公司不仅形成了股东会决议,出具了房产抵押担保承诺函,且和工行宣城龙首支行达成了《补充协议》，明确将已经存在的涉案借款转入前述最高额抵押权所担保的最高额为 4000 万元的主债权范围内。现凯盛公司上诉认为该《补充协议》约定事项必须办理最高额抵押权变更登记才能设立抵押权，不仅缺乏法律依据，也有悖诚实信用原则。

综上，工行宣城龙首支行和凯盛公司达成《补充协议》，将涉案 2012 年 4 月 20 日借款合同项下的债权转入前述最高额抵押权所担保的主债权范围内，虽未办理最高额抵押权变更登记，但最高额抵押权的效力仍然及于被转入的涉案借款合同项下的债权。

## ▶ 典型案例

### 一、许某江与牟某征等民间借贷纠纷案

**关键词：** 最高债权额　优先受偿范围　抵押登记

**裁判摘要：** 执行分配时，对直接申请参与分配的最高额抵押债权，其合同约定的最高限额与不动产登记簿记载不一致，以文义解释及对物权公示、公信原则等的理解适用，按不动产登记簿记载的债权最高限额确定其优先受偿范围。如抵押权人或执行债权人、被执行人对分配方案有异议的，可依法通过分配方案异议、分配方案异议之诉予以救济。

**基本案情：** 浙江省台州市黄岩区人民法院在执行申请执行人许某江与被执行人牟某征、陈某云民间借贷纠纷（2017）浙 1003 民初 6144 号民事判决一案中，依法查封并作出裁定拍卖被执行人牟某征所有的坐落在台州市黄岩区西城街道百合家园的房地产。经查，本案被执行人牟某征所有的上述房地产已抵押给台州市路桥三友金龙小额贷款股份有限公司（以下简称金龙小贷公司），为被执行人牟某征向金龙小贷公司借款提供担保。执行法院依法通知抵押权人金龙小贷公司上述查封情况，告知抵押权人受抵押担保的债权数额自收到法院通知时起不再增加，并告知抵押权人可以直接申请参与分配主张优先受偿权。后金龙小贷公司递交了直接参与分配申请，要求对债权本金 60 万元及其利息 12.992 万元行使优先受偿权。抵押权人提交的不动产登记证明载明抵押方式为最高额抵押，登记的最高债权限额为 60 万元。另合同双方签订的最高额抵押合同第 15 条第 1 款载明，"本合同第 1 条的最高贷款本金余额不得超过最高限

额 60 万元，但如因本金计息、费用承担等原因而使债权超过最高限额的部分仍在抵押担保的范围"。

执行法院依法拍卖成交上述房地产，在对拍卖成交款主持分配时，对以上直接申请参与分配的最高额抵押债权如何处置有不同意见，主要涉及最高额抵押合同约定的最高限额与不动产登记簿记载不一致时担保物权优先受偿范围的问题，即应按合同约定的本金最高限额抑或按不动产登记簿记载的债权最高限额优先受偿的问题。第一种意见认为，我国现行法律对于最高额抵押合同中最高限额的范围没有明确规定，可允许当事人意思自治，通过最高额抵押合同来进行约定。《担保法解释》第83条第2款"抵押权人实现最高额抵押权时，如果实际发生的债权余额高于最高限额的，以最高限额为限，超过部分不具有优先受偿的效力"之规定中虽提出"债权余额"的概念，然而对"债权余额"具体含义未明确，亦可作为本金或主债权的数额来理解。抵押合同条款将最高限额约定为本金最高限额，应遵从当事人合意进行断定。所以本案执行分配时，只要本金（主债权）未超过最高限额60万元，利息12.992万元即便超过最高限额也在优先受偿范围内。第二种意见认为，依照《担保法解释》第83条第2款规定，条文中的"债权余额"不应理解仅为本金或主债权数额，而应是实际发生的全部债权余额，即应包括债权本金（主债权）、产生的利息、罚息或违约金等。上述不动产抵押权登记的最高限额为60万元，而抵押权人发放的债权本金数额为60万元，加上利息12.992万元已超过最高限额。最高额抵押合同相关条款将最高限额约定为本金，虽体现了当事人意思自治，符合抵押权人的利益诉求，但担保物权具有对世公示效力，具有物权的公信力。且《担保法解释》第61条规定："抵押物登记记载的内容与抵押合同约定的内容不一致的，以登记记载的内容为准。"据此，应当按不动产登记簿记载的担保物权的权利外观确定其优先受偿范围，故该房地产抵押债权在本案参与分配时仅以抵押登记的最高限额60万元范围内优先受偿，超过最高限额的债权部分不具有优先受偿的效力，仅作为普通债权参与分配受偿。第三种意见认为，对于未取得执行依据而直接申请参与分配的最高额抵押债权，因最高额抵押合同将最高限额约定为本金，其合同约定与抵押登记所记载的最高限额不相一致，涉及对最高额抵押的最高限额担保范围进行实质认定，而执行实施程序中不宜作实质审查，故暂不作执行分配处置，由抵押权人依法取得执行依据，明确优先受偿范围后再作执行分配。本案执行款的参与分配经3名执行法官合议，一致采纳第二种意见。

【案　　号】（2018）浙1003执1592号
【审理法院】浙江省台州市黄岩区人民法院
【来　　源】《人民司法·案例》2019年第29期

## 二、招商银行股份有限公司福州长乐支行与魏某玲等金融借款合同纠纷案

**关键词：** 最高债权额　抵押登记

**裁判摘要：** 最高额抵押之最高额应为债权最高限额，而非本金最高限额，即包括债权本金，以及相应之利息、违约金、实现债权费用等其他项费用均应计入最高限额，受最高债权额限度之约束。债权本金及利息等费用超过最高限额的，超过部分不享有优先受偿权。

**基本案情：** 2013年7月2日，招商银行股份有限公司福州长乐支行（以下简称招行长乐支行）与魏某玲、魏某山签订个人授信及担保协议，约定招行长乐支行向魏某玲提供总额44万元的授信额度，魏某玲、魏某山将其共有房产作为抵押物提供最高额抵押担保。后案涉房产办理了抵押登记，登记最高债权额44万元。2015年7月27日，招行长乐支行与魏某玲签订个人贷款借款合同，并发放贷款44万元。因借款人魏某玲于2017年1月2日起未按期足额归还本息，招行长乐支行遂起诉，请求魏某玲、魏某山向原告返还借款本金426438.03元及相应利息，并支付原告为实现债权支出的律师代理费11637元；原告有权以案涉房产的折价或拍卖、变卖所得价款优先清偿本案债务。

福州市中级人民法院二审经审理认为：本案争点是对最高额抵押中的最高额该如何理解。其一，《物权法》第202条第1款将最高额抵押之最高额明确规定为最高债权额，《担保法解释》第83第2款亦将担保的债权表述为债权余额，因债权包括主债权本金及其利息等，故从文义上理解，利息等亦应受最高债权额限度之约束。其二，最高额抵押设定最高债权额限度的立法目的旨在避免抵押人承担无限责任，若利息等项不计入最高限额，则抵押人责任将无最高金额限制，有悖相关立法目的。其三，最高债权额不同于担保范围，前者系通过约定最高金额确定抵押担保责任上限，后者系确定担保物权所担保的债权范围包括哪些具体项目，两者不应混淆。其四，依物权法定原则，因最高债权额系最高额抵押权的主要内容，其范围由法律规定，当事人无权通过合同约定方

式作任意解释。根据物权公示原则,最高债权金额经登记公示,若利息等项不计入最高额,有悖上述原则;且依《担保法解释》第61条规定,相关约定亦不能与登记记载相悖。综上,最高额抵押之最高额应包括本金及利息等项。二审法院判决驳回上诉、维持原判。

【案　　号】(2018)闽01民终957号
【审理法院】福建省福州市中级人民法院
【来　　源】《人民司法·案例》2019年第20期

## 类案检索

### 海口明光大酒店有限公司等与海口明光酒店管理有限公司等金融借款纠纷案

**关键词**:最高债权额

**裁判摘要**:最高额担保中的最高债权额可由当事人约定,包括主债权及其利息、违约金、损害赔偿金、保管担保财产和实现债权或者担保物权的费用等在内。但实际发生的债权余额高于最高限额的,以最高限额为限,超过部分不具有优先受偿的效力。

【案　　号】(2017)最高法民终230号
【审理法院】最高人民法院第一巡回法庭
【来　　源】中国裁判文书网

> **第四百二十一条** 最高额抵押担保的债权确定前,部分债权转让的,最高额抵押权不得转让,但是当事人另有约定的除外。

## ▶ 关联规定

### 一、法律、行政法规、司法解释

**《中华人民共和国民法典》**

**第四百零七条** 抵押权不得与债权分离而单独转让或者作为其他债权的担保。债权转让的,担保该债权的抵押权一并转让,但是法律另有规定或者当事人另有约定的除外。

### 二、部门规章及规范性文件

**《不动产登记暂行条例实施细则》**

**第七十三条** 当发生导致最高额抵押权担保的债权被确定的事由,从而使最高额抵押权转变为一般抵押权时,当事人应当持不动产登记证明、最高额抵押权担保的债权已确定的材料等必要材料,申请办理确定最高额抵押权的登记。

**第七十四条** 最高额抵押权发生转移的,应当持不动产登记证明、部分债权转移的材料、当事人约定最高额抵押权随同部分债权的转让而转移的材料等必要材料,申请办理最高额抵押权转移登记。债权人转让部分债权,当事人约定最高额抵押权随同部分债权的转让而转移的,应当分别申请下列登记:

(一)当事人约定原抵押权人与受让人共同享有最高额抵押权的,应当申请最高额抵押权的转移登记;

(二)当事人约定受让人享有一般抵押权、原抵押权人就扣减已转移的债权数额后继续享有最高额抵押权的,应当申请一般抵押权的首次登记以及最高额抵押权的变更登记;

(三)当事人约定原抵押权人不再享有最高额抵押权的,应当一并申请最高额抵押权确定登记以及一般抵押权转移登记。

最高额抵押权担保的债权确定前，债权人转让部分债权的，除当事人另有约定外，不动产登记机构不得办理最高额抵押权转移登记。

## ▶ 条文释义

### 一、本条主旨

本条是关于最高额抵押担保的债权转让的规定。

### 二、条文演变

原《担保法》第 61 条规定"最高额抵押的主合同债权不得转让。"

原《担保法解释》第 83 条第 1 款规定："最高额抵押权所担保的不特定债权，在特定后，债权已届清偿期的，最高额抵押权人可以根据普通抵押权的规定行使其抵押权。"

原《物权法》第 204 条规定："最高额抵押担保的债权确定前，部分债权转让的，最高额抵押权不得转让，但当事人另有约定的除外。"根据该条规定，最高额抵押的主合同债权转让不再受限，债权人可以自行决定是否转让主合同债权。在最高额抵押担保的债权确定前，部分债权转让的，最高额抵押权不得转让，除非当事人另有约定。

《不动产登记暂行条例实施细则》第 74 条第 3 款进一步规定："最高额抵押权担保的债权确定前，债权人转让部分债权的，除当事人另有约定外，不动产登记机构不得办理最高额抵押权转移登记。"

本条是对原《物权法》第 204 条的承继，仅作了将"但"替换为"但是"的修改，内容没有实质性修改。

### 三、条文解读

（一）最高额抵押权所担保债权的确定

抵押权具有从属性，最高额抵押权作为特殊的抵押权，同样具有从属性，只不过最高额抵押权从属性具有其特殊的意义。具体来讲，最高额抵押权的设立先于最高额抵押所担保的债权，最高额抵押权所从属的是债权人和债务人之间的不特定债权。在最高额抵押合同约定的期间内可能出现部分债权转让的情形，当主债权转移时，最高额抵押权是否随主债权转移就是《民法典》本条所回答的问题。本条将最高额抵押担保的债权确定作为限制最高额抵押权转让的条件。所谓最高额抵押权所担保债权的确定，简称为原债权的确定，是指最高额抵押权所担保的一定范围内的不特定债权，因一定事由的发生而归于具体特定。① 最高额抵押权所担保债权确定后，具有如下性质：第一，最高额抵押权所担保的债权不特定的特性消失。最高额抵押权所担保的债权一经确定，无论其原因如何，被担保债权的流动性随之消失，不特定债权变为特定债权，也就是抵押权的从属性恢复。仅就此而言，确定后，最高额抵押权在性质上与普通抵押权相同。第二，最高额继续存在。确定后，由原债权所产生的利息、违约金、损害赔偿金等仍继续为抵押权所担保，但与原债权合计不得超过最高额限度，就是说被担保债权优先受偿的金额应受最高额限度的限制。②

（二）最高额抵押权的转让

最高额抵押权是担保物权从属性缓和的产物，因此，最高额抵押权的转让相比于一般抵押权而言具有特殊性。在普通抵押中，债权转让则担保该债权的抵押权一并转让，如果最高额抵押所担保的债权确定后，此时，最高额抵押权则与一般抵押权无异，债权转让的，最高额抵押权一并转让。但最高额抵押担保的债权确定前，由于最高额抵押权担保的债权并不是某一特定的债权，而是一定期间连续发生的债权，最高额抵押权并不从属于部分特定债权，而是从属于基础合同关系。对于在最高额抵押担保的债权确定前，债权是否可以转让，对最高额抵押权的影响如何，本条明确规定："最高额抵押担保的债权确定前，部分债权转让的，最高额抵押权不得转让，但是当事人另有约定的除外。"具体可理解如下。

第一，最高额抵押担保的债权确定前，债权可以自由转让。关于最高额抵押担保的债权确定前债权能否转让的问题，从立法沿革来看经历了一个从禁止

---

① 参见崔建远：《中国民法典释评：物权编》，中国人民大学出版社2020年版，第429页。
② 参见崔建远：《中国民法典释评：物权编》，中国人民大学出版社2020年版，第430页。

到允许的过程。原《担保法》第61条规定："最高额抵押的主合同债权不得转让。"其理由在于：最高额抵押是对一定期间连续发生的债权作担保，而不是单独对其中的某一项债权担保，最高额抵押所担保的债权在合同约定的担保期间经常变更，处于不稳定状态，如果允许最高额抵押担保的主合同债权转让，必然发生最高额抵押权是否转让、如何转让，以及如果几个债权分别转让于不同的权利主体时，最高额抵押权由谁行使、如何行使等一系列复杂问题。在我国市场机制尚未完善之前，为防止经济生活出现混乱局面，保障信贷和交易的安全，原《担保法》禁止最高额抵押担保的主合同债权的转让。① 但实际上，无论从理论还是经济发展的实际来看，最高额抵押所担保的主债权都应允许自由转让，属于当事人意思自治的范畴。

第二，债权确定前，债权部分转让的，最高额抵押权不得转让。最高额抵押权，担保的是对一定期间连续发生的债权，故最高额抵押权不从属于任何特定债权。部分债权转让的，只代表转让的部分权脱离了最高额抵押权的担保范围，对最高额抵押权本身并不产生影响。最高额抵押权仍旧在最高债权额限度内，担保未转让的债权和将来可能发生的债权。因此，最高额抵押担保的主债权确定前，部分债权转让的，最高额抵押权并不随之转让。当然，出于对当事人意思自治的尊重，本条的但书规定当事人之间可以约定，部分债权转让的，最高额抵押权随被转让的债权而转让。

最高额抵押权的转让是担保物权从属性缓和的产物，但是这不意味着最高额抵押权可以突破从属性的限制，最高额抵押权不能脱离基础的关系而单独转让。因此，现实中最高额抵押权的转让与债权的转让均相关，当事人之间约定的最高额抵押权转让的情形主要有以下几种：（1）最高额抵押权人将基础法律关系全部转让给第三人，相当于第三人替代了最高额抵押权人的合同当事人的地位，最高额抵押权全部转让给受让人；（2）最高额抵押权人转让部分债权，最高额抵押权随部分债权的转让而全部转让；（3）最高额抵押权人转让部分债权，受让人享有一般抵押权，原最高额抵押所担保的债权额随之相应减少；（4）最高额抵押权人转让部分债权，被转让的部分债权依然受最高额抵押权的担保。当然，上述最高额抵权转让的情形应当根据相关法律规定进行登记。

债权人转让部分债权，当事人约定最高额抵押权随同部分债权的转让而转

---

① 参见全国人大常委会法制工作委员会民法室编：《中华人民共和国担保法释义》，法律出版社1995年版，第78页。

移的,应当分别申请下列登记:(1)当事人约定原抵押权人与受让人共同享有最高额抵押权的,应当申请最高额抵押权的转移登记;(2)当事人约定受让人享有一般抵押权、原抵押权人就扣减已转移的债权数额后继续享有最高额抵押权的,应当申请一般抵押权的首次登记以及最高额抵押权的变更登记;(3)当事人约定原抵押权人不再享有最高额抵押权的,应当一并申请最高额抵押权确定登记以及一般抵押权转移登记。①

## ▶ 适用指引

第一,关于对本条但书规定的理解。本条对于最高额抵押中债权未确定前,部分债权转让后最高额抵押权是否相应转让的问题进行了规定:一方面,确立了一般情形下部分债权转让,最高额抵押权不得转让的原则性规定;另一方面,在但书中又赋予了当事人完全的意思自治的空间。因此,在审判实践中应当首先尊重当事人之间的约定,当事人之间关于最高额抵押权随债权转让而转让的约定有效。当事人之间约定的可能有多种情形,但只要当事人之间就约定内容达成了合意,不损害第三人利益,而且完成了相关登记即可。只有在当事人没有约定的情况下,才依照本条"部分债权转让的,最高额抵押权不得转让"的原则性规定进行处理。

第二,关于最高额抵押权能否单独转让的问题。最高额抵押权由于其特殊性质,存在债权转让而最高额抵押权不转让的从属性缓和现象。但是应当明确的是,最高额抵押权虽然具有一定独立性,从属性仍然是最高额抵押权的基本属性,因为最高额抵押权是从属于基础法律关系的。最高额抵押权虽然在一般情形下不因部分债权的转让而转让,但其不能脱离债权而单独转让。而且,《民法典》在第407条中明确规定了抵押权不得与债权分离而单独转让,《民法典》第424条又规定最高额抵押权在没有特别规定的情况下,可以适用一般抵押权的相关规定。因此,在法律对此问题没有明确规定的情况下,也不难得出最高额抵押权不能单独转让的结论。

---

① 参见崔建远:《中国民法典释评:物权编》,中国人民大学出版社2020年版,第431页。

## ▶ 类案检索

**滨海县金汇农村小额贷款有限公司诉江苏奇尔乐阀门有限公司等金融债权转让纠纷案**

**关键词：** 最高额抵押权　特定化　主债权转让

**裁判摘要：** 本案核心问题是最高额抵押权所担保的不特定债权，在特定后，债权已届清偿期的，该债权能否转让。商业银行向社会主体转让金融债权属于将合同权利义务转让给第三人，并不违反法律禁止性规定，只要第三人支付了相应对价，且该债权转让并未损害国家金融资产安全，应认定有效。最高额抵押权所担保的不特定债权，在特定后，债权已届清偿期的，最高额抵押权人可以根据普通抵押权的规定行使其抵押权。商业银行将最高额抵押担保的债权转让后，该债权转让的行为发生债权确定的效果，最高额抵押权可以随该特定债权转让。新的债权人有权就特定债权及债权确定后产生的利息、违约金等在最高债权余额限度内行使抵押权。

【案　　号】（2013）盐商终字第0270号
【审理法院】江苏省盐城市中级人民法院

第四百二十二条 最高额抵押担保的债权确定前，抵押权人与抵押人可以通过协议变更债权确定的期间、债权范围以及最高债权额。但是，变更的内容不得对其他抵押权人产生不利影响。

## ▶ 关联规定

一、法律、行政法规、司法解释

《中华人民共和国民法典》

第四百零九条 抵押权人可以放弃抵押权或者抵押权的顺位。抵押权人与抵押人可以协议变更抵押权顺位以及被担保的债权数额等内容。但是，抵押权的变更未经其他抵押权人书面同意的，不得对其他抵押权人产生不利影响。

债务人以自己的财产设定抵押，抵押权人放弃该抵押权、抵押权顺位或者变更抵押权的，其他担保人在抵押权人丧失优先受偿权益的范围内免除担保责任，但是其他担保人承诺仍然提供担保的除外。

二、部门规章及规范性文件

《不动产登记暂行条例实施细则》

第七十二条 有下列情形之一的，当事人应当持不动产登记证明、最高额抵押权发生变更的材料等必要材料，申请最高额抵押权变更登记：

（一）抵押人、抵押权人的姓名或者名称变更的；

（二）债权范围变更的；

（三）最高债权额变更的；

（四）债权确定的期间变更的；

（五）抵押权顺位变更的；

（六）法律、行政法规规定的其他情形。

因最高债权额、债权范围、债务履行期限、债权确定的期间发生变更申请最高额抵押权变更登记时，如果该变更将对其他抵押权人产生不利影响的，当事人还应当提交其他抵押权人的书面同意文件与身份证或者户口簿等。

## ▶ 条文释义

### 一、本条主旨

本条是关于最高额抵押权合同条款变更的规定。

### 二、条文演变

原《担保法》未规定最高额抵押的协议变更规则。

原《担保法解释》第 82 条补充规定:"当事人对最高额抵押合同的最高限额、最高抵押期间进行变更,以其变更对抗顺序在后的抵押权人的,人民法院不予支持。"该条主要规定了最高额抵押权协议变更与顺序在后的抵押权人的关系。

原《物权法》第 205 条规定:"最高额抵押担保的债权确定前,抵押权人与抵押人可以通过协议变更债权确定的期间、债权范围以及最高债权额,但变更的内容不得对其他抵押权人产生不利影响。"该条确定了最高额抵押的协议变更规则。

本条是对原《物权法》第 205 条规定的继承,内容未进行实质性修改。

### 三、条文解读

最高额抵押担保的是一定期间连续发生的不特定债权,属于继续性的法律关系,当事人之间关于最高额抵押的协议又为意思自治的产物,所以在最高额抵押担保的债权确定之前,当事人可以根据现实需要对最高额抵押的内容进行变更。最高额抵押权的协议变更,旨在最高额抵押担保的债权确定之前,由抵押权人和抵押人通过协议的方式来变更债权确定的期间、债权范围以及最高债权额。① 本条对最高额抵押的变更进行了明确规定,具体可理解如下。

---

① 参见孙宪忠、朱广新主编:《民法典评注:物权编》,中国法制出版社 2020 年版,第 271 页。

## （一）协议变更发生在最高额抵押担保的债权确定前

最高额抵押的特殊性体现在担保的债权确定前，如果在债权确定之后，协议变更最高额抵押权内容的，不产生变更的效力。此时，最高额抵押权则与一般抵押权无异，对最高额抵押权的变更应当根据《民法典》第422条规定的普通抵押权的协议变更规则，特别是对债权确定的期间而言，客观上只能在最高额抵押担保的债权确定之前进行变更。当事人协议变更最高额抵押权的内容时，通常应采取书面形式，并办理变更登记后才能发生变更的效力。《不动产登记暂行条例实施细则》第72条明确规定，当事人协议变更最高额抵押权的内容时，当事人应当持不动产登记证明、最高额抵押权发生变更的材料等必要材料，申请最高额抵押权变更登记。

## （二）变更的内容为债权确定的期间、债权范围以及最高债权额

当事人在设定最高额抵押后，在最高额抵押担保的债权确定前可以协议变更债权确定的期间，对其进行变更有两种情形，即将原约定的期间延长、缩短甚至废止，具体表现为债权确定期间的始期延后、终期提前或终期延后。债权确定的期间最初由抵押权人与抵押人共同确定，因此，对其进行变更也应当是出于抵押权人与抵押人的共同合意，不需要征得债务人或者后次序抵押权人的同意。但是出于公平原则，当事人变更债权确定的期间对其他抵押权人不能产生不利影响。

抵押权人与抵押人可以协议变更被担保的债权范围，其变更的情形有三种：（1）取代型，如原约定最高额抵押权担保的是经销电器产品契约所生之债权，变更为因经销塑胶制品契约所生之债权；（2）追加型，如原约定担保经销电器产品契约所生之债权外，另追加担保经销五金产品契约所生之债权；（3）缩减型，如原约定担保因委托合同所产生的债权以及因票据关系所产生的债权，变更为仅担保因委托合同所产生的债权。① 当然，抵押权人与抵押人对债权范围的变更也不得对其他抵押权人产生不利影响。

抵押权人与抵押人可以协议变更最高债权额，其变更的情形有两种：一是将最高债权额限度增加，二是将最高债权额限度减少。最高债权额直接决定了

---

① 参见谢在全：《民法物权论》，中国政法大学出版社2011年版，第861页。

最高抵押权人的优先受偿范围，对后次序抵押权人与普通债权人的影响也很大。如果抵押权人与抵押人将最高债权额减少，则对后次序抵押权人与普通债权人的利益有利无弊；如果将最高债权额增加，则可能对后次序抵押权人的利益产生损害。因此，除非经过了后次序抵押权人的同意，抵押权人与抵押人将最高债权额增加的变更无效。当然，无论是上述何种最高额抵押的变更，均应当根据相应法律规定进行变更登记，否则不得对抗善意第三人。

《不动产登记暂行条例实施细则》第72条除规定债权确定的期间、债权范围以及最高债权额外，还将"抵押人、抵押权人的姓名或者名称变更""抵押权顺位变更""法律、行政法规规定的其他情形"纳入申请最高额抵押变更登记情形。

（三）变更的内容不得对其他抵押权人产生不利影响

当抵押财产之上不存在其他抵押权人时，抵押权人与抵押人对债权确定的期间、债权范围以及最高债权额进行变更，直接取决于当事人之间达成的合意。但如果抵押财产之上还存在其他抵押权人，变更的内容则可能对其产生不利影响。因此，为了保护后次序抵押权人的利益，本条的但书规定变更的内容不得对其他抵押权人产生不利影响。因此，抵押权人与抵押人之间关于最高额抵押权的任何变更，只要对其他抵押权人的利益产生损害，则该变更无效。

## ▶ 适用指引

在审判实践中，本条的适用应当注意最高额抵押权的变更可能损害其他抵押权人利益的问题。如前所述，之所以最高额抵押权可以变更，一方面是出于对当事人意思自治的尊重，另一方面也是为了规避最高额抵押潜在的弊端。但是，由于最高额抵押的变更可能会对其他抵押权人产生不利影响，所以当事人可能会利用最高额抵押的变更对抗后次序抵押权人。因此，最高额抵押权变更损害其他抵押权人利益的，人民法院应不予支持。

例如，抵押人甲以其价值500万元的房屋为债权人乙设定了一个最高债权额限度为300万元的最高额抵押权，债权确定的期间终止日期为5月1日。后次序担保权人丙的担保债权额为100万元。后来最高额抵押权人乙与抵押人甲将终止日期延长至6月1日，抵押权的设立与变更均进行了登记。在延长的期间内,最高额抵押权担保的债权额由300万元增加到了400万元,而房屋的价值由于市场的变化降至450万元。此时,如果按照"抵押权已登记的,按照登记的先后顺序清偿"的规则,则乙就抵押财产优先受偿400万元,丙优先受偿50万元。但是该案例中,最高额抵押权人与抵押人对债权确定期间的变更,对后次序抵押权人造成了不利影响,该变更无效。所以,乙仅得就抵押财产优先受偿300万元,丙优先受偿100万元,最后剩余的50万元则清偿延长的期间内发生的100万元债权额。如果其他最高额抵押权的变更对其他抵押权人产生了不利影响,也应该参照此案例处理。

## ▶ 类案检索

### 江苏宿豫东吴村镇银行有限责任公司与宿迁市佳鸿物资贸易有限公司等借款担保合同纠纷案

**关键词:** 最高额抵押权　抵押权设立　变更登记

**裁判摘要:**《物权法》第205条关于"最高额抵押担保的债权确定前,抵押权人与抵押人可以通过协议变更债权确定的期间、债权范围以及最高债权额,但变更的内容不得对其他抵押权人产生不利影响"的规定,是就最高额抵押权在债权确定前进行变更时不得对其他抵押权人产生不利影响所作的规定,但这一规定并不意味着就相应变更在经抵押人同意或不存在其他抵押权人的情形下即无须办理法律规定的登记手续,本案抵押权所涉抵押财产是土地使用权,《补充合同》所增加的"在合同期限内昊晟公司为其他客户向东吴村镇银行借款所作担保"较之《最高额抵押担保借款合同》所约定的"昊晟公司向东吴村镇银行的借款",属于不同的债权种类,构成对原抵押合同的变更,即《补充合同》所增加的债权种类并非之前已经登记设立的抵押权所涉担保债权种类,故应当依法进行登记,未经登记相应的抵押权则未设立。

【案　　号】(2014)苏商终字第0332号

【审理法院】江苏省高级人民法院

【来　　源】中国裁判文书网

**第四百二十三条** 有下列情形之一的,抵押权人的债权确定:

(一)约定的债权确定期间届满;

(二)没有约定债权确定期间或者约定不明确,抵押权人或者抵押人自最高额抵押权设立之日起满二年后请求确定债权;

(三)新的债权不可能发生;

(四)抵押权人知道或者应当知道抵押财产被查封、扣押;

(五)债务人、抵押人被宣告破产或者解散;

(六)法律规定债权确定的其他情形。

## 关联规定

一、法律、行政法规、司法解释

1.《中华人民共和国民法典》

**第四百一十条** 债务人不履行到期债务或者发生当事人约定的实现抵押权的情形,抵押权人可以与抵押人协议以抵押财产折价或者以拍卖、变卖该抵押财产所得的价款优先受偿。协议损害其他债权人利益的,其他债权人可以请求人民法院撤销该协议。

抵押权人与抵押人未就抵押权实现方式达成协议的,抵押权人可以请求人民法院拍卖、变卖抵押财产。

抵押财产折价或者变卖的,应当参照市场价格。

**第四百二十条** 为担保债务的履行,债务人或者第三人对一定期间内将要连续发生的债权提供担保财产的,债务人不履行到期债务或者发生当事人约定的实现抵押权的情形,抵押权人有权在最高债权额限度内就该担保财产优先受偿。最高额抵押权设立前已经存在的债权,经当事人同意,可以转入最高额抵押担保的债权范围。

2.《中华人民共和国企业破产法》

**第一百零七条** 人民法院依照本法规定宣告债务人破产的,应当自裁定作出之日起五日内送达债务人和管理人，自裁定作出之日起十日内通知已知债权人，并予以公告。

债务人被宣告破产后，债务人称为破产人，债务人财产称为破产财产，人民法院受理破产申请时对债务人享有的债权称为破产债权。

3.《最高人民法院关于执行工作若干问题的规定（试行）》

31.人民法院对被执行人所有的其他人享有抵押权、质押权或留置权的财产，可以采取查封、扣押措施。财产拍卖、变卖后所得价款，应当在抵押权人、质押权人或留置权人优先受偿后，其余额部分用于清偿申请执行人的债权。

4.《最高人民法院关于人民法院民事执行中查封、扣押、冻结财产的规定》

第二十五条　人民法院查封、扣押被执行人设定最高额抵押权的抵押物的，应当通知抵押权人。抵押权人受抵押担保的债权数额自收到人民法院通知时起不再增加。

人民法院虽然没有通知抵押权人，但有证据证明抵押权人知道查封、扣押事实的，受抵押担保的债权数额从其知道该事实时起不再增加。

二、部门规章及规范性文件

《不动产登记暂行条例实施细则》

第七十三条　当发生导致最高额抵押权担保的债权被确定的事由，从而使最高额抵押权转变为一般抵押权时，当事人应当持不动产登记证明、最高额抵押权担保的债权已确定的材料等必要材料，申请办理确定最高额抵押权的登记。

## ▶ 条文释义

### 一、本条主旨

本条是关于最高额抵押权所担保的债权确定的规定。

## 二、条文演变

原《担保法》并未规定最高额抵押的债权确定情形。

原《担保法解释》第83条第1款仅规定"最高额抵押权所担保的不特定债权,在特定后,债权已届清偿期的,最高额抵押权人可以根据普通抵押权的规定行使其抵押权",但未对抵押权人的债权确定情形予以规定。

原《物权法》第206条明确规定:"有下列情形之一的,抵押权人的债权确定:(一)约定的债权确定期间届满;(二)没有约定债权确定期间或者约定不明确,抵押权人或者抵押人自最高额抵押权设立之日起满二年后请求确定债权;(三)新的债权不可能发生;(四)抵押财产被查封、扣押;(五)债务人、抵押人被宣告破产或者被撤销;(六)法律规定债权确定的其他情形。"该条规定了最高额抵押担保的债权确定的六种情形,以便于债权人在法定情形出现时灵活、及时地行使权利,以最有利的方式来保护和实现自己的债权。①

相对于原《物权法》206条的规定,《民法典(草案)》将其第5项"债务人、抵押人被宣告破产或者被撤销"改为"债务人、抵押人被宣告破产或者解散清算"。《民法典》将其第5项再次修改为"债务人、抵押人被宣告破产或者解散"。

本条是对原《物权法》第206条的继承,内容略作修改。

## 三、条文解读

最高额抵押权所担保的债权确定,是指最高额抵押权所担保的一定范围内的不特定债权,因一定事由的发生而归于特定。最高额抵押权的确定实际上就是最高额抵押权所担保的债权由不特定变为特定的过程,但因为担保债权的特定致使最高额抵押权在性质上也发生变更,所以称之为最高额抵押权的确定。② 最高额抵押权作为担保物权之一种,其根本目的在于担保债权优先受偿,因此,实现抵押权的时候必须确定优先受偿的债权的数额。本条明确规定了最高额抵押权所担保债权的确定事由。在以下情形下,最高额抵押权所担保的债权得以确定。

---

① 参见曹士兵、吴光荣:《中国法上的最高额担保制度》,载郑智舫主编:《山东大学法律评论》2015年卷,山东大学出版社2015年版。

② 参见谢在全:《民法物权论》,中国政法大学出版社2011年版,第879页。

## （一）约定的债权确定期间届满

债权确定期间，有学者称之为决算期，即最高额抵押权所担保债权确定的时间。一般而言，当事人在最高额抵押权设立时，都会在最高额抵押合同中约定债权确定期间，如果没有债权确定期间，则最高额抵押权长期处于不确定的状态。当事人也可以在最高额抵押权设立之后，约定最高额抵押权确定的日期。当事人约定的债权确定期间届满后，最高额抵押所担保的债权随即确定，后续产生的债权则不再被最高额抵押权所担保。值得注意的是，债权确定期间与债务清偿期是不同的概念，债务清偿期指的是债务人履行债务的期间，债权确定期间届至，债务的清偿期未必届至。当然，当事人也可以约定以债务清偿期作为债权确定的期间。关于债权的确定期间，《民法典》并没有通过规定最长期限来限制。但是，鉴于最高额抵押与基础法律关系的主债权之间的联系，如果主债权因其性质而具有期限限制，那么债权的确定期限也随之受限。①

## （二）没有约定债权确定期间或者约定不明确，抵押权人或者抵押人自最高额抵押权设立之日起满2年后请求确定债权

当事人没有约定债权确定期间或者约定不明确的情形下，抵押人将会长期承受最高额抵押权的负担，这对抵押人而言是不公平的。本条直接通过法律规定设置2年的债权确定期间，该期间经过后，当事人可提出确定请求。一方面，可以避免抵押人长时间承受最高额抵押权的负担；另一方面，又满足了最高额抵押权为系列交易提供担保的目的。这一规定是法律对当事人没有约定债权确定期间或者约定不明确情况的特别规定，当事人不能约定排除其适用。另外，本条中的2年为固定期间，其起算点为最高额抵押权设立之日，不会中止或中断。

## （三）新的债权不可能发生

最高额抵押担保的是一定期间内不断发生的不特定债权，故如果不特定的债权不再发生，最高额抵押权所担保的债权也就自然确定了。本条并没有明确如何判断新的债权不可能发生的标准，但通常认为"新的债权不可能发生"主

---

① 参见孙宪忠、朱广新主编：《民法典评注：物权编》，中国法制出版社2020年版，第280页。

要包括以下两种情形：一是最高额抵押权所基于的基础法律关系消灭，例如，在银行与债务人之间连续的借款交易中，债务人严重违约导致借款合同解除，后续不可能发生新的债权，此时最高额抵押权所担保的债权额自动确定；二是连续交易的终止，如果最高额抵押是为连续交易提供担保，则连续交易结束时，最高额抵押权所担保的债权额同时确定。值得注意的是，在新的债权不可能发生的情况下，无论当事人约定的债权确定期间或者本条规定的法定确定期间是否届至，最高额抵押权担保的债权自动确定。

（四）抵押权人知道或者应当知道抵押财产被查封、扣押

在最高额抵押权存续期间，抵押财产可能会因被查封、扣押而面临着被拍卖或者变卖。在此情形下，最高额抵押权担保的债权确定。原因在于：其一，如果抵押物被查封、扣押后被担保债权仍可不特定，那么为财产保全而查封、扣押抵押物就不能防止被申请人转移、隐匿或毁损，会导致将来判决难以执行的情况出现。例如，抵押人与最高额抵押权人恶意串通，在抵押物被查封、扣押后连续制造虚假的债权。这些债权连同抵押物被查封、扣押之前产生的债权都可以从抵押物拍卖、变卖所得价款中优先受偿，财产保全的目的最终落空。其二，《执行工作规定（试行）》第31条规定："人民法院对被执行人所有的其他人享有抵押权、质押权或留置权的财产，可以采取查封、扣押措施。财产拍卖、变卖后所得价款，应当在抵押权人、质押权人或留置权人优先受偿后，其余额部分用于清偿申请执行人的债权。"根据该规定可知，抵押物被查封、扣押时，抵押权人的优先受偿权不受影响，那么就必须明确最高额抵押权人优先受偿的范围，假如该范围不明确，则执行申请的债权就无法获得清偿。[①] 另外，抵押物被查封、扣押的，最高额抵押权所担保的债权确定的时间点即为最高额抵押权人知道或者应当知道抵押财产被查封、扣押之时。其含义在于，只有在抵押权人知道或者应当知道抵押财产被查封或扣押的情况下，最高额抵押权担保的债权才确定，否则即使抵押财产被查封、扣押，最高额抵押权担保的债权也不确定。

---

① 崔建远：《中国民法典释评：物权编》，中国人民大学出版社2020年版，第437页。

### （五）债务人、抵押人被宣告破产或者解散

如果债务人、抵押人被宣告破产或者解散，则债务人、抵押人将进入破产程序或者清算程序。在破产程序或清算程序中，所有的债权应当是固定的，如果进入破产程序或清算程序后，债权仍然在不断发生变化，则不利于其他债权人的利益，破产程序和清算程序也无法进行。因此，最高额抵押权担保的债权必须确定。

### （六）法律规定债权确定的其他情形

此为兜底性条款，也就是说，除了本条第 1 项至第 5 项所规定的债权确定的事由以外，其他法律可能也对债权确定的其他情形进行规定。例如，发生当事人约定的实现最高额抵押权的事由时，最高额抵押权人有权在最高债权额限度内就该担保财产优先受偿，而最高额抵押权人行使最高额抵押权的基础就是担保债权额的确定，所以出现当事人约定的实现最高额抵押权的事由就意味着担保债权额的确定。[①] 还有，如果抵押物被强制拍卖，则抵押权消灭。所以，在最高额抵押权存续期间，如果欲强制拍卖抵押物，必须使最高额抵押权确定。因此，抵押物的强制拍卖亦成为最高额抵押权确定的原因。[②] 同时，本项也为以后法律对最高额抵押权所担保债权确定事由规定的完善留下空间。

## ▶ 适用指引

在审判实践中，适用本条要注意最高额抵押权确定后的效力问题。最高额抵押权确定后的效力，主要有以下两个方面。

第一，最高额抵押权担保的债权范围确定。最高额抵押权确定时存在的债权，不管其是否已届清偿期或者是否附有条件，均属于最高额抵押权担保的债权范围。同时，最高额抵押权确定时已存在的被担保债权的利息、违约金、赔偿金，均属于被担保债权的范围，只要在最高额抵押权确定时的发生额与主债权加起来没有超过最高限额即可。

---

[①] 参见胡康生主编：《中华人民共和国物权法释义》，法律出版社 2007 年版，第 451 页。
[②] 参见最高人民法院物权法研究小组编著：《〈中华人民共和国物权法〉条文理解与适用》，人民法院出版社 2007 年版，第 615 页。

第二，最高额抵押权转变为一般抵押权。此时，最高额抵押权适用一般抵押权的法律规则，在债务人到期不履行债务或者出现当事人约定的实现抵押权的情形时，抵押权人可以依照一般抵押权的规定行使其抵押权。由于最高额抵押权所担保的债权是连续发生的，因此，这些债权的履行期往往并不一致。为了抵押权人行使权利便利与高效，只要债务人对于受最高额抵押权担保的多项债务中一项发生不履行，即可满足"债务人不履行债务"的抵押权实现条件，不必等待所有被担保债权都出现不能清偿的情形时，才得以实现最高额抵押权。

## ▶ 典型案例

### 上海浦东发展银行股份有限公司温州分行与浙江省温州市磊泰革业有限公司等最高额抵押权纠纷案

**关键词：** 最高额抵押权　债权确定

**裁判摘要：** 最高额抵押财产被查封、扣押后，抵押权人的债权确定并不以法院通知抵押权人抵押财产被查封、扣押，或有证据证明抵押权人知道查封、扣押的事实为前提，最高额抵押财产被查封、扣押，抵押权人的债权即确定。抵押权人在设定债权时应尽到审查抵押财产状况的义务，但出于公平，若抵押权人有证据证明其在设定债权前的合理时间内已尽到审查抵押物状况的义务，因时间差的原因致使设定的债权属于抵押财产被查封、扣押后发生的债权，该笔债权仍应作为最高额抵押权担保的债权范围。

**基本案情：** 2011年5月5日，上海浦东发展银行股份有限公司温州分行（以下简称浦发银行温州分行）与浙江省温州市磊泰革业有限公司（以下简称磊泰公司）签订了编号为ZD9011201100000163的房地产最高额抵押合同，约定以磊泰公司提供的坐落于温州工业园区中兴路118号的厂房作为抵押物，为浦发银行温州分行与磊泰公司在2011年5月5日至2016年5月5日签署的一系列主合同提供最高额为5000万元的担保，并办理了抵押登记。2011年7月13日，浦发银行温州分行与王某银、钱某、林某签订编号为ZB9011201100000427的最高额保证合同，约定王某银、钱某、林某为浦发银行温州分行与磊泰公司在2011年7月13日至2014年7月13日签署的一系列主合同提供最高额为 5500 万元的连带责任保证。2011 年 9 月 27 日，磊泰公司与浦发银行温州分行签订编号为 90112011283017 的流动资金借款合同，约定贷款金额 250 万元，期限 1 年，即从 2011 年 9 月 27 日至 2012 年 9 月 27 日，贷款年利率为 9.184%，每季末 20 日付息，贷款逾期时按合同约定的贷款利率水平上加收 50% 计收逾期息，自逾期之日起按逾期息利率计收复利。浦发银行温州分行按合同约定在 2011 年 9 月 27 日依约放款，磊泰公司贷款利息偿付至 2012 年 6 月 20 日，后磊泰公司未能按时偿还贷款本息。

浙江省温州市中级人民法院经审理认为，依照《物权法》第 206 条第 4 项规定，抵押财产被查封、扣押，抵押权人的债权确定。本案抵押的房产于 2011 年 7 月 29 日被江苏省太仓市人民法院查封，那么该抵押物担保的债权应为该抵押物被查封之前的债权，不包括抵押物被查封之后而形成的债权。《物权法》第 206 条第 4 项规定虽与《民事执行查封、扣押、冻结财产的规定》第 27 条规定就抵押物被查封后抵押债权何时确定存在不同表述，但《物权法》的法律效力高于《民事执行查封、扣押、冻结财产的规定》，且颁布时间晚于《民事执行查封、扣押、冻结财产的规定》，根据物权法定原则，本案应适用《物权法》规定。《商业银行法》第 35 条第 1 款规定："商业银行贷款，应当对借款人的借款用途、偿还能力、还款方式等情况进行严格审查。"本案属于流动资金贷款，浦发银行温州分行未履行严格审查义务，在磊泰公司有经济纠纷案件，且抵押房产被法院查封的情况下，仍于 2011 年 9 月 27 日向磊泰公司发放 250 万元贷款，由此产生的法律后果，应由浦发银行温州分行自行承担。

【案　　号】（2013）浙温商终字第 1657 号
【审理法院】浙江省温州市中级人民法院
【来　　源】《人民司法·案例》2015 年第 4 期

## ▶ 类案检索

韩某文、凌某泉、向某全诉中国光大银行股份有限公司芜湖分行第三人撤销之诉案

关键词：最高额抵押权　债权确定

**裁判摘要：** 最高额抵押的债权因"抵押财产被查封、扣押"而确定，但应从抵押权人收到查封、扣押通知或知道抵押财产被查封、扣押之时产生效力。抵押权人对抵押财产被查封、扣押的事实不知情，在最高额抵押权存续期间和最高债权限额以内发生的债权，仍然属于最高额抵押的担保债权。

【案　　号】（2017）皖民终 717 号

【审理法院】安徽省高级人民法院

> 第四百二十四条　最高额抵押权除适用本节规定外，适用本章第一节的有关规定。

## 关联规定

法律、行政法规、司法解释

《中华人民共和国民法典》

第四百一十九条　抵押权人应当在主债权诉讼时效期间行使抵押权；未行使的，人民法院不予保护。

## 条文释义

### 一、本条主旨

本条是关于最高额抵押权适用一般抵押权有关条款的规定。

### 二、条文演变

原《担保法》第62条规定："最高额抵押除适用本节规定外，适用本章其他规定。"

原《物权法》第207条采取了同样的适用依据规定，在适用方式上并无不同，只有一般抵押权和最高抵押权的具体规定在内容上发生了变化。

本条继承了原《物权法》第207条的规定，略作修改。

### 三、条文解读

本条对最高额抵押权的适用法律问题进行了规定，即最高额抵押权除适用本节对于最高额抵押权的专门规定外，也同样适用一般抵押权的规定。其原因在于，最高额抵押权与一般抵押权同属担保物权中的抵押权一类，最高额抵押权除了具有其自身独特性，同时也具有一般抵押权的共性，规定最高额抵押权可以适用一般抵押权的相关规定，可以避免法律规定的重复与矛盾。

最高额抵押权除了可以适用《民法典》第420条至第423条的特殊规则外，还可以适用《民法典》物权编第4分编第17章第1节关于一般抵押的相关规定。具体如下：一是关于抵押财产的规定，除了浮动抵押的抵押财产不可适用于最高额抵押以外，《民法典》第395条、第397条、第398条、第399条对于抵押财产的规定均可适用于最高额抵押权。二是关于抵押权的设立与登记的规定，与一般抵押权一样，最高额抵押权的设立也需要按照《民法典》第400条对抵押合同的规定采用书面形式订立抵押合同，仅仅在抵押合同的内容上有所不同。最高额抵押权的登记和生效时间与一般抵押权一样，适用《民法典》第402条、第403条的规定。三是关于抵押权与租赁权的关系的规定，最高额抵押权与租赁权的关系同样适用《民法典》第405条的规定，即抵押权设立前抵押财产已出租并转移占有的，原租赁关系不受该抵押权的影响。四是关于抵押财产保全的规定，《民法典》第406条、第408条关于抵押财产保全的规定同样适用于最高额抵押权。五是关于抵押权抛弃、抵押权顺位抛弃与变动的规定，最高额抵押权同样适用，但应当注意《民法典》第409条与第422条的关系问题，第422条是对最高额抵押权的专门规定，必须优先适用。六是关于抵押权实现的规定，因为最高额抵押权一旦确定，其就转变为一般抵押权，因此，最高额抵押权的实现与一般抵押权别无二致，《民法典》第410条、第412条、第413条、第417条、第418条关于抵押权实现的规定均适用于最高额抵押权。七是《民法典》第419条关于抵押权存续期间的规定也可适用于最高额抵押权。

## ▶ 适用指引

在审判实践中，适用本条要注意最高额抵押权相较于一般抵押权的特殊性。尽管最高额抵押权与一般抵押权有很多共性，可以适用关于一般抵押权的许多规定，但是也应当看到最高额抵押权与一般抵押权的不同之处。特别是最高额抵押权作为抵押权从属性缓和的产物，与单纯的保全型担保有很大不同，在商业交易和资金融通方面发挥越来越重要的作用。当前，我国法律对最高额抵押的规定较为简略，有待进一步完善。因此，在适用法律的过程中，不能简单套用一般抵押权的相关规定，而应当根据最高额抵押权的特性和其与一般抵押权的共性，处理好最高额抵押权的担保债权的范围、最高额抵押权的变更及转让等问题。在尊重当事人意思自治、满足商业与融资的需求的同时，也应该保护其他利害关系人的利益以及社会公共利益。

# 第十八章 质 权

## 第一节 动产质权

**第四百二十五条** 为担保债务的履行,债务人或者第三人将其动产出质给债权人占有的,债务人不履行到期债务或者发生当事人约定的实现质权的情形,债权人有权就该动产优先受偿。

前款规定的债务人或者第三人为出质人,债权人为质权人,交付的动产为质押财产。

### ▶ 关联规定

一、法律、行政法规、司法解释

1.《中华人民共和国企业破产法》

**第五十九条** 依法申报债权的债权人为债权人会议的成员,有权参加债权人会议,享有表决权。

债权尚未确定的债权人,除人民法院能够为其行使表决权而临时确定债权额的外,不得行使表决权。

对债务人的特定财产享有担保权的债权人,未放弃优先受偿权利的,对于本法第六十一条第一款第七项、第十项规定的事项不享有表决权。

债权人可以委托代理人出席债权人会议,行使表决权。代理人出席债权人会议,应当向人民法院或者债权人会议主席提交债权人的授权委托书。债权人会议应当有债务人的职工和工会的代表参加,对有关事项发表意见。

**第六十九条** 管理人实施下列行为,应当及时报告债权人委员会:

(一)涉及土地、房屋等不动产权益的转让;

(二)探矿权、采矿权、知识产权等财产权的转让;

（三）全部库存或者营业的转让；

（四）借款；

（五）设定财产担保；

（六）债权和有价证券的转让；

（七）履行债务人和对方当事人均未履行完毕的合同；

（八）放弃权利；

（九）担保物的取回；

（十）对债权人利益有重大影响的其他财产处分行为。

未设立债权人委员会的，管理人实施前款规定的行为应当及时报告人民法院。

2.《最高人民法院关于适用〈中华人民共和国民法典〉有关担保制度的解释》

**第六十八条** 债务人或者第三人与债权人约定将财产形式上转移至债权人名下，债务人不履行到期债务，债权人有权对财产折价或者以拍卖、变卖该财产所得价款偿还债务的，人民法院应当认定该约定有效。当事人已经完成财产权利变动的公示，债务人不履行到期债务，债权人请求参照民法典关于担保物权的有关规定就该财产优先受偿的，人民法院应予支持。

债务人或者第三人与债权人约定将财产形式上转移至债权人名下，债务人不履行到期债务，财产归债权人所有的，人民法院应当认定该约定无效，但是不影响当事人有关提供担保的意思表示的效力。当事人已经完成财产权利变动的公示，债务人不履行到期债务，债权人请求对该财产享有所有权的，人民法院不予支持；债权人请求参照民法典关于担保物权的规定对财产折价或者以拍卖、变卖该财产所得的价款优先受偿的，人民法院应予支持；债务人履行债务后请求返还财产，或者请求对财产折价或者以拍卖、变卖所得的价款清偿债务的，人民法院应予支持。

债务人与债权人约定将财产转移至债权人名下，在一定期间后再由债务人或者其指定的第三人以交易本金加上溢价款回购，债务人到期不履行回购义务，财产归债权人所有的，人民法院应当参照第二款规定处理。回购对象自始不存在的，人民法院应当依照民法典第一百四十六条第二款的规定，按照其实际构成的法律关系处理。

## 二、部门规章及规范性文件

**《银行抵债资产管理办法》**

**第十条** 下列财产一般不得用于抵偿债务：

（一）法律规定的禁止流通物。

（二）抵债资产欠缴和应缴的各种税收和费用已经接近、等于或者高于该资产价值的。

（三）权属不明或有争议的资产。

（四）伪劣、变质、残损或储存、保管期限很短的资产。

（五）资产已抵押或质押给第三人，且抵押或质押价值没有剩余的。

（六）依法被查封、扣押、监管或者依法被以其他形式限制转让的资产（银行有优先受偿权的资产除外）。

（七）公益性质的生活设施、教育设施、医疗卫生设施等。

（八）法律禁止转让和转让成本高的集体所有土地使用权。

（九）已确定要被征用的土地使用权。

（十）其他无法变现的资产。

**第十二条** 银行办理以物抵债前，应当进行实地调查，并到有关主管部门核实，了解资产的产权及实物状况，包括资产是否存在产权上的瑕疵，是否设定了抵押、质押等他项权利，是否拖欠工程款、税款、土地出让金及其他费用，是否涉及其他法律纠纷，是否被司法机关查封、冻结，是否属限制、禁止流通物等情况。

## 三、司法指导性文件

**《全国法院民商事审判工作会议纪要》**

65.【动产抵押权与质权竞存】同一动产上同时设立质权和抵押权的，应当参照适用《物权法》第199条的规定，根据是否完成公示以及公示先后情况来确定清偿顺序：质权有效设立、抵押权办理了抵押登记的，按照公示先后确定清偿顺序；顺序相同的，按照债权比例清偿；质权有效设立，抵押权未办理抵押登记的，质权优先于抵押权；质权未有效设立，抵押权未办理抵押登记的，因此时抵押权已经有效设立，故抵押权优先受偿。

根据《物权法》第178条规定的精神，担保法司法解释第79条第1款不再适用。

## ▶ 条文释义

### 一、本条主旨

本条是关于动产质权概念的规定。

### 二、条文演变

新中国民事立法原先对抵押与质押不作区分，统称为抵押，并无质押概念。原《民法通则》第 89 条规定："依照法律的规定或者按照当事人约定，可以采用下列方式担保债务的履行：……（二）债务人或者第三人可以提供一定的财产作为抵押物。债务人不履行债务的，债权人有权依照法律的规定以抵押物折价或者以变卖抵押物的价款优先得到偿还……"但原《民法通则意见》已可初见质权的立法萌芽。其第 114 条及第 115 条将抵押分成抵押物在抵押权人保管期间及抵押物由抵押人自己占有并负责保管两种情况，这两种情况的区别主要在于是否移转抵押物的占有，而这正是区分抵押与质押的标志。1995 年颁布的原《担保法》首次区分了抵押与质押两种概念，并将质押分为动产质押和权利质押两种类型。原《物权法》将原《担保法》"质押"之用语改为"质权"概念，抓住了质权的最本质，还全面规定了质权的各个方面。原《物权法》第 208 条规定："为担保债务的履行，债务人或者第三人将其动产出质给债权人占有的，债务人不履行到期债务或者发生当事人约定的实现质权的情形，债权人有权就该动产优先受偿。""前款规定的债务人或者第三人为出质人，债权人为质权人，交付的动产为质押财产。"《民法典》本条沿用了这一规定。

### 三、条文解读

本条规定了动产质权的基本概念，并阐明动产质权法律关系中的主体、客体。

## （一）动产质权的概念和特征

### 1. 动产质权的概念

所谓质权，又称为质押权，是一种典型的担保物权。当事人设定质权的行为称为设质、出质或者质押，是一种民事法律行为。具体表现为债务人或者第三人将自己的财产交付债权人占有，或在自己的财产权利上设定权利质押，作为债务履行的担保，如果债务履行期届满，债务人不履行债务或者发生当事人约定的实现质权情形的，质权人有权就质押的财产优先受偿。质权是质权人因质押而取得的权利，包含对质押财产的占有权及优先受偿权，质押是质权产生的原因，质权是质押引起的法律后果。

根据标的的不同，质权分为动产质权与权利质权。动产质权，是债务人或第三人将其动产移交债权人占有，将该动产作为债权的担保，债务人不履行债务或者发生当事人约定的实现质权情形时，债权人以该动产折价或者以拍卖、变卖该动产的价款优先受偿的担保物权。

### 2. 动产质权的特征

（1）动产质权是一种担保物权。其具有物权的绝对性、对世性、支配性和排他性等物权的基本属性，物权法的基本原则对动产质权也是完全适用的。也就是说，质权人在他所支配的出质物的范围内，可以排除任何人的干涉，当然也包括出质物所有人的非法干预。其他人对质权构成侵害的，质权人可以行使相应的物权请求权来保护其质权的完整圆满状态。比如，当出质物被第三人侵夺的时候，质权人有权追及出质物的所在，向非法占有该出质物的人主张返还出质物。动产质权是以担保债权的实现为目的，而不是以对标的物使用收益为目的，其属于担保物权。担保物权的从属性、不可分性、价值权性和物上代位性等，在动产质权中均有典型和明确的体现。

（2）动产质权是在债务人或第三人提供的财产上设定的担保物权。在动产质权法律关系中，提供出质财产的出质人，既可以是债务人，也可以是债务人之外的第三人。换句话说，动产质权就是通过特定财产的实际金钱价值担保债权的实现，并不要求这一财产属于债务人所有，如果它属于债务人以外的第三人所有，只要这个第三人同意在该财产上设定出质，在此项约定不违反法律的强制性规定的情况下，这个出质当然是有效的。但需要注意的是，出质财产虽可以不必是债务人所有的财产，但也不应该是债权人享有所有权的财产。

（3）动产质权是移转标的物占有的担保物权。动产质权的成立和存续，须以移转标的物的占有为必要条件。动产质权的这种制度设计模式，可以充分保护质权人利益。质权人不仅可以通过对质物拍卖、变卖、折价等优先受偿的方式来保障其债权的实现，还可以通过对质物的占有来给债务人以心理督促，促使其清偿债务以重新取得对质物的占有并进行相应的使用、收益，但是因为质权人占有质物，需要为必要的保管且不能进行相应的使用、收益，这在一定程度上也加重了担保物权人（即质权人或留置权人）的负担，也不利于对物进行充分的使用、收益。

（4）动产质权是就标的物交换价值优先受偿的权利。质权作为典型的担保物权，当然具有优先受偿的属性。所谓优先受偿，大致可以包括三层意义：其一，有质权担保的债权，该债权人可以就出质物卖得的价金，优先于普通债权人而受清偿；其二，在债务人受到破产宣告时，质权成立在破产宣告之前的，该项质权不受破产宣告影响，质权人仍然可以就该特定的出质物在行使别除权的基础上实现其质权，并可以就其卖得的价金优先受偿；其三，如果同一个出质物上设定有两个以上的质权，先次序的质权人能够优先于后次序质权人而受偿。

（二）动产质权的主体和客体

质押法律关系的主体包含质押人和出质人，客体为质押财产。其中，出质人是指为担保债务的履行而提供质押财产的债务人或者第三人。质权人是指接受质押担保的债权人。质押财产又称为质物或质押物、质押标的物，是出质人提供的用于担保债务履行的特定动产。例如，甲向乙借款10万元人民币，为保证按时偿还借款将自己的珍贵字画出质给乙。在这个法律关系中，甲既是债务人，又是出质人；乙既是债权人，又是质权人；画是质押财产。有时，提供质押财产的人并非债务人，而是主债权债务合同的当事人以外的第三人，该第三人就是出质人。例如，甲向乙借款，丙将自己的汽车质押给乙，作为甲向乙履行债务的担保，此时，丙为出质人，乙为质权人，丙的汽车是质押财产。

## ▸ 适用指引

### 一、质权与抵押权的区别

第一,在客体方面,依照《民法典》担保物权部分的相关规定,质押可以分为动产质押和权利质押,即其客体只能是动产或者可以质押的权利。不动产之上不得设立质权。而抵押权的标的物为不动产、不动产用益物权及动产。

第二,在构成要件方面,质权为占有担保物权。质权的成立以占有的移转为要件,而依照抵押权的有关规定,抵押权的成立通常以登记为成立要件或者对抗要件,此亦是质权与抵押权的根本区别所在。

第三,在担保功能方面,质权兼具留置效力和优先受偿的效力。质权人占有质物,可以给债务人以心理压力,促使其及时清偿债务;在债务届期未受清偿时,债权人可就质物变价优先受偿。而抵押权为非占有性担保物权,以优先受偿效力来发挥担保作用。

第四,在实现方式方面,质权人于债权届期而未受清偿时,因其已事先占有标的物,因而在不能协商一致时,可以不必经诉讼程序而得径直照市价变卖质物或以其他方式处分质物,就其价款受偿。出质人如认为变价有失公允,可另行通过诉讼解决。而按照大多数国家民法的规定,抵押权人于债务人不履行债务而实现其抵押权时,如果不能就标的物的作价问题协商一致,一般须向人民法院申请拍卖抵押物,以清偿自己的债务,而不能够强行夺取标的物并为变卖。

### 二、金钱质押问题

金钱货币作为特殊的动产,与普通动产不同。普通动产的所有权与占有、使用和收益权可以相分离,而货币作为等价物具有流通职能,所有权与占有权合二为一,不能分离,如果货币的所有权与占有权相分离,其流通性将会丧失。货币的占有人即为所有权人,货币的占有只能是现实占有,不发生间接占有,如果将货币交给他人,如借贷或者委托保管等,货币所有权因为占有转移而转移,所有人与占有人形成了借贷或者借用关系。关于金钱能否作为质押的标的物,司法实践中有不同意见:一种意见认为,质押的特点在于出质人不丧失对质物的所有权,货币作为特殊种类物,所有权因为占有的转移而丧失,因此,金钱不能作为质押物;另一种意见则认为,金钱为特殊的动产,如果采用特殊的方法将其特定化,在不移转所有权的情况下转移占有,即可成立质押。如果出质人将金钱存入银行,取得存款单,将存款单交给债权人,属于权利质押;如果出质人将金钱封存交给债权人作为债务人履行债务的担保,属于动产质押。

### 三、动产质权的善意取得

在出质人以自己无所有权或者无处分权的财产出质的场合,该质押是否有效以及质物的所有人能否向质权人追索,涉及质权人对质权的善意取得问题。质权的善意取得,和动产所有权善意取得一样,存在质权人和动产所有人两个主体利益的平衡问题。如果肯定质权的善意取得,就会使所有人的权益置于风险之中;如果否定质权的善意取得,则会造成质权的不安全。应当看到,动产质权以质权人占有标的物为其成立和存续要件,只有质权人占有质物才能令出质人承担较重的责任并给予质权人权利保障。根据民法原理,质权设定以占有为公示方式,而无登记或者注册制度,因此,债权人往往无法审查出质人是否具有所有权或处分权。如果质物交付后,真正的权利人可以追夺,则动产质权制度将变得毫无意义。因此,为保护善意取得动产质权的质权人和维护交易安全,各国民法普遍承认质权的善意取得,即使债务人无权处分质物,质权人仍可取得质权。我国原《物权法》对此也予以了承认,《民法典》物权编也沿用了这一规则,具体规则可以适用《民法典》物权编中的第311条的规定,参照适用动产所有权的善意取得规则。

## ▶ 指导案例

**指导案例 54 号:中国农业发展银行安徽省分行诉张大标、安徽长江融资担保集团有限公司执行异议之诉纠纷案**

(最高人民法院审判委员会讨论通过 2015 年 11 月 19 日发布)

**关键词:** 民事 执行异议之诉 金钱质押 特定化 移交占有

**裁判要点:** 当事人依约为出质的金钱开立保证金专门账户,且质权人取得对该专门账户的占有控制权,符合金钱特定化和移交占有的要求,即使该账户内资金余额发生浮动,也不影响该金钱质权的设立。

**相关法条:**《中华人民共和国物权法》第212条

**基本案情:** 原告中国农业发展银行安徽省分行(以下简称农发行安徽分行)诉称:其与第三人安徽长江融资担保集团有限公司(以下简称长江担保公司)按照签订的《信贷担保业务合作协议》,就信贷担保业务按约进行了合作。长江担保公司在农发行安徽分行处开设的担保保证金专户内的资金实际是长江担保公司向其提供的质押担保,请求判令其对该账户内的资金享有质权。

被告张大标辩称:农发行安徽分行与第三人长江担保公司之间的《贷款担保业务合作协议》没有质押的意思表示;案涉账户资金本身是浮动的,不符合金钱特定化要求,农发行安徽分行对案涉保证金账户内的资金不享有质权。

第三人长江担保公司认可农发行安徽分行对账户资金享有质权的意见。

法院经审理查明:2009年4月7日,农发行安徽分行与长江担保公司签订一份《贷款担保业务合作协议》。其中第三条"担保方式及担保责任"约定:甲方(长江担保公司)向乙方(农发行安徽分行)提供的保证担保为连带责任保证;保证担保的范围包括主债权及利息、违约金和实现债权的费用等。第四条"担保保证金(担保存款)"约定:甲方在乙方开立担保保证金专户,担保保证金专户行为农发行安徽分行营业部,账号尾号为9511;甲方需将具体担保业务约定的保证金在保证合同签订前存入担保保证金专户,甲方需缴存的保证金不低于贷款额度的10%;未经乙方同意,甲方不得动用担保保证金专户内的资金。第六条"贷款的催收、展期及担保责任的承担"约定:借款人逾期未能足额还款的,甲方在接到乙方书面通知后五日内按照第三条约定向乙方承担担保责任,并将相应款项划入乙方指定账户。第八条"违约责任"约定:甲方在乙方开立的担保专户的余额无论因何原因而小于约定的额度时,甲方应在接到乙方通知后三个工作日内补足,补足前乙方可以中止本协议项下业务。甲方违反本协议第六条的约定,没有按时履行保证责任的,乙方有权从甲方在其开立的担保基金专户或其他任一账户中扣划相应的款项。2009年10月30日、2010年10月30日,农发行安徽分行与长江担保公司还分别签订与上述合作协议内容相似的两份《信贷担保业务合作协议》。

上述协议签订后,农发行安徽分行与长江担保公司就贷款担保业务进行合作,长江担保公司在农发行安徽分行处开立担保保证金账户,账号尾号为

9511。长江担保公司按照协议约定缴存规定比例的担保保证金,并据此为相应额度的贷款提供了连带保证责任担保。自2009年4月3日至2012年12月31日,该账户共发生了107笔业务,其中贷方业务为长江担保公司缴存的保证金;借方业务主要涉及两大类,一类是贷款归还后长江担保公司申请农发行安徽分行退还的保证金,部分退至债务人的账户;另一类是贷款逾期后农发行安徽分行从该账户内扣划的保证金。

2011年12月19日,安徽省合肥市中级人民法院在审理张大标诉安徽省六本食品有限责任公司、长江担保公司等民间借贷纠纷一案过程中,根据张大标的申请,对长江担保公司上述保证金账户内的资金1495.7852万元进行保全。该案判决生效后,合肥市中级人民法院将上述保证金账户内的资金1338.313257万元划至该院账户。农发行安徽分行作为案外人提出执行异议,2012年11月2日被合肥市中级人民法院裁定驳回异议。随后,农发行安徽分行因与被告张大标、第三人长江担保公司发生执行异议纠纷,提起本案诉讼。

**裁判结果:** 安徽省合肥市中级人民法院于2013年3月28日作出(2012)合民一初字第00505号民事判决:驳回农发行安徽分行的诉讼请求。宣判后,农发行安徽分行提出上诉。安徽省高级人民法院于2013年11月19日作出(2013)皖民二终字第00261号民事判决:一、撤销安徽省合肥市中级人民法院(2012)合民一初字第00505号民事判决;二、农发行安徽分行对长江担保公司账户(账号尾号9511)内的13383132.57元资金享有质权。

**裁判理由:** 法院生效裁判认为:本案二审的争议焦点为农发行安徽分行对案涉账户内的资金是否享有质权。对此应当从农发行安徽分行与长江担保公司之间是否存在质押关系以及质权是否设立两个方面进行审查。

一、农发行安徽分行与长江担保公司是否存在质押关系

《中华人民共和国物权法》(以下简称《物权法》)第二百一十条规定:"设立质权,当事人应当采取书面形式订立质权合同。质权合同一般包括下列条款:(一)被担保债权的种类和数额;(二)债务人履行债务的期限;(三)质押财产的名称、数量、质量、状况;(四)担保的范围;(五)质押财产交付的时间。"本案中,农发行安徽分行与长江担保公司之间虽没有单独订立带有"质押"字样的合同,但依据该协议第四条、第六条、第八条约定的条款内容,农发行安徽分行与长江担保公司之间协商一致,对以下事项达成合意:长江担保公司为担保业务所缴存的保证金设立担保保证金专户,长江担保

公司按照贷款额度的一定比例缴存保证金;农发行安徽分行作为开户行对长江担保公司存入该账户的保证金取得控制权,未经同意,长江担保公司不能自由使用该账户内的资金;长江担保公司未履行保证责任,农发行安徽分行有权从该账户中扣划相应的款项。该合意明确约定了所担保债权的种类和数量、债务履行期限、质物数量和移交时间、担保范围、质权行使条件,具备《物权法》第二百一十条规定的质押合同的一般条款,故应认定农发行安徽分行与长江担保公司之间订立了书面质押合同。

二、案涉质权是否设立

《物权法》第二百一十二条规定:"质权自出质人交付质押财产时设立。"《最高人民法院关于适用〈中华人民共和国担保法〉若干问题的解释》第八十五条规定,债务人或者第三人将其金钱以特户、封金、保证金等形式特定化后,移交债权人占有作为债权的担保,债务人不履行债务时,债权人可以以该金钱优先受偿。依照上述法律和司法解释规定,金钱作为一种特殊的动产,可以用于质押。金钱质押作为特殊的动产质押,不同于不动产抵押和权利质押,还应当符合金钱特定化和移交债权人占有两个要件,以使金钱既不与出质人其他财产相混同,又能独立于质权人的财产。

本案中,首先金钱以保证金形式特定化。长江担保公司于2009年4月3日在农发行安徽分行开户,且与《贷款担保业务合作协议》约定的账号一致,即双方当事人已经按照协议约定为出质金钱开立了担保保证金专户。保证金专户开立后,账户内转入的资金为长江担保公司根据每次担保贷款额度的一定比例向该账户缴存保证金;账户内转出的资金为农发行安徽分行对保证金的退还和扣划,该账户未作日常结算使用,故符合《最高人民法院关于适用〈中华人民共和国担保法〉若干问题的解释》第八十五条规定的金钱以特户等形式特定化的要求。其次,特定化金钱已移交债权人占有。占有是指对物进行控制和管理的事实状态。案涉保证金账户开立在农发行安徽分行,长江担保公司作为担保保证金专户内资金的所有权人,本应享有自由支取的权利,但《贷款担保业务合作协议》约定未经农发行安徽分行同意,长江担保公司不得动用担保保证金专户内的资金。同时,《贷款担保业务合作协议》约定在担保的贷款到期未获清偿时,农发行安徽分行有权直接扣划担保保证金专户内的资金,农发行安徽分行作为债权人取得了案涉保证金账户的控制权,实际控制和管理该账户,此种控制权移交符合出质金钱移交债权人占有的要求。据此,应当认定双方当事人已就案涉保证金账户内的资金设立质权。

关于账户资金浮动是否影响金钱特定化的问题。保证金以专门账户形式特定化并不等于固定化。案涉账户在使用过程中，随着担保业务的开展，保证金账户的资金余额是浮动的。担保公司开展新的贷款担保业务时，需要按照约定存入一定比例的保证金，必然导致账户资金的增加；在担保公司担保的贷款到期未获清偿时，扣划保证金账户内的资金，必然导致账户资金的减少。虽然账户内资金根据业务发生情况处于浮动状态，但均与保证金业务相对应，除缴存的保证金外，支出的款项均用于保证金的退还和扣划，未用于非保证金业务的日常结算。即农发行安徽分行可以控制该账户，长江担保公司对该账户内的资金使用受到限制，故该账户资金浮动仍符合金钱作为质权的特定化和移交占有的要求，不影响该金钱质权的设立。

## ▶ 典型案例

### 大连俸旗投资管理有限公司与中国外运辽宁储运公司等借款合同纠纷案

**关键词**：动产质权　质权设立　优先受偿权

**裁判摘要**：在审理动产质押监管合同纠纷案件时，应当查明质物是否真实移交监管或是否足额移交监管的基本事实，据此对相应质权是否已经设立作出准确认定。在动产质押监管合同纠纷中，如果债权人、作为出质人的债务人、质物监管人三方对质物没有真实移交监管或没有足额移交监管均存在过错，则三方对相应质权没有设立给债权人造成的损失均应承担责任。由于债务人负有移交质物的法定义务，且质物是否移交直接决定质权设立，所以其对质物没有真实移交监管或没有足额移交监管而致质权没有设立给债权人造成的损失，存在的是主要过错，应当承担主要责任。监管人虽然存在误以为质物真实移交的过错行为，但因这种过错行为不是导致质权没有设立的主要原因，所以其应对债权人损失承担次要责任。监管人的这种责任因违反约定义务而产生，性质上应认定为违约责任。在动产质押监管合同纠纷中，债权人的直接义务人是债务人和担保人，监管人仅是帮助债权人实现债权的辅助人，除因自身原因造成监管质物灭失外，其责任需依附于债务人与担保人的直接责任。如果直接责任因

第四分编 担保物权 | 第十八章 质 权 | 第四百二十五条

清偿而消灭，债权人因获得清偿而不存在损失，则监管人的监管责任也相应消灭。因此，监管人只是前述直接义务人的补充义务人，其对质物没有真实移交监管或没有足额移交监管而致质权没有设立给债权人造成的损失，应承担补充赔偿责任。

**基本案情：** 2014年6月4日，大连俸旗投资管理有限公司（以下简称俸旗公司）（质权人）与大连港湾谷物有限公司（以下简称谷物公司）（出质人）签订一份《最高额动产质押合同》，约定为了确保质押权人对谷物公司债权的实现，质押人愿为质押权人提供质押担保。其中约定担保的债权最高余额折合人民币3亿元；谷物公司同意以自有玉米14.54万吨对前述债权及其相应的利息、罚息、复利、费用等提供质押担保。质押担保的范围包括主债权本金、利息、罚息、复利、违约金、损害赔偿金以及诉讼（仲裁）费、律师费、处置费、过户费等质押权人实现债权和质权的一切费用。同日，俸旗公司（甲方、质权人）、谷物公司（乙方、出质人）、辽宁储运公司（丙方、监管人）鉴于谷物公司同意将其享有所有权的货物质押给俸旗公司，俸旗公司和谷物公司同意将质物交由辽宁储运公司监管，辽宁储运公司同意接受俸旗公司的委托并按照俸旗公司的指示监管质押物，三方共同签订一份编号为质押FQ001号《动产质押监管协议》。谷物公司法定代表人因涉嫌合同诈骗罪被羁押，其在被讯问中自认了谷物公司在与俸旗公司签订合同后没有依约提供质押玉米，涉案质物自始不存在的事实。

法院经审理认为，当事人之间债权债务关系是由各方真实意思表示形成，且内容不违反法律法规对强制性规定，合法有效。《最高额动产质押合同》系双方当事人的真实意思表示，不违反法律、行政法规的强制性规定，合同成立并生效。依据《最高额动产质押合同》约定，出质人以其自有的玉米对借款本息提供质押担保，双方当事人间成立动产质权合同，质权合同所涉质物是14.54万吨玉米本身，而并非是对玉米仓单的质押。因是否交付质物直接决定质权的设立，没有质物质权一定不能设立，而本案《最高额动产质押合同》所涉14.54万吨玉米质押物并不存在，谷物公司自始没有交付质物14.54万吨玉米，故涉案质权未依法设立，俸旗公司无法享有处置质押物所得价款优先受偿的权利，故质权人俸旗公司无权就处置质押物所得价款主张优先受偿。因谷物公司未按约定提供质物14.54万吨玉米，已构成违约，谷物公司应赔偿俸旗公司所受到的损失。俸旗公司与谷物公司、辽宁储运公司签订的《动产质押监管协议》系三方的真实意思表示,并不违反法律、行政法规的强制性规定,故应为有效。依据该《动产质押监管协议》的约定,辽宁储运公司的义务包括对出质人进行监督、对质物进行监控,对出质人对质物的入库、提货等过程进行监督,一旦发现违反本协议约定之行为,辽宁储运公司应及时制止并向俸旗公司报告。辽宁储运公司在明知谷物公司未提供质押物14.54万吨玉米、更没有转移占有该质押物的情况下,未将该情况及时报告、通知俸旗公司,仍出具《收到质物通知书》,并在俸旗公司查验质物时,向俸旗公司出具所谓的台账、仓位图等证明该质物存在,明显违反了《动产质押监管协议》约定的义务,故辽宁储运公司应承担相应的违约责任。此外,一方面,涉案债权并不是因信任谷物公司提供的质权保障及辽宁储运公司对质物的监管而产生,其不能实现的首要原因是债务人谷物公司不能清偿债权,与辽宁储运公司作为质物监管人的后续进入并不存在直接因果关系;另一方面,涉案俸旗公司质权因质物自始不存在而不能设立,首要原因在于在先的债务人谷物公司的虚假出质以及债权人俸旗公司对债务人虚假出质的审查存在过错,辽宁储运公司作为质物监管人的后续加入只是将这种虚假出质状态延续下去,而不是因为辽宁储运公司的监管行为直接造成了虚假出质,依据公平原则,辽宁储运公司应对人民法院对谷物公司及其他担保人强制执行并穷尽一切执行措施后仍不能清偿部分,承担补充赔偿责任。

【案　　号】(2016)最高法民终650号
【审理法院】最高人民法院
【来　　源】《最高人民法院公报》2017年第7期

## 类案检索

**马某与李某升动产质权纠纷案**

**关键词:** 动产质权　优先受偿权

**裁判摘要:** 为担保债务的履行,债务人或者第三人将其动产出质给债权人占有的,债务人不履行到期债务或者发生当事人约定的实现质权的情形,债权人有权就该动产优先受偿。《借款质押合同》约定债务人将涉案质物和相关全套权属证明文件均质押给债权人,《借款合同》项下债权未得到足额偿付的,债权人有权自行处置质物,处置所得价款优先偿还本合同和《借款合同》项下债务。因此,债权人诉讼主张确认其就涉案质物拍卖、变卖所得价款享有优先受偿权,于法有据,应予支持。

【案　　号】(2020)京03民终12797号
【审理法院】北京市第三中级人民法院
【来　　源】中国裁判文书网

## 第四百二十六条　法律、行政法规禁止转让的动产不得出质。

## 关联规定

一、法律、行政法规、司法解释

1.《中华人民共和国企业国有资产法》

**第十六条**　国家出资企业对其动产、不动产和其他财产依照法律、行政法规以及企业章程享有占有、使用、收益和处分的权利。

国家出资企业依法享有的经营自主权和其他合法权益受法律保护。

2.《中华人民共和国海关法》

**第三十七条**　海关监管货物，未经海关许可，不得开拆、提取、交付、发运、调换、改装、抵押、质押、留置、转让、更换标记、移作他用或者进行其他处置。

海关加施的封志，任何人不得擅自开启或者损毁。

人民法院判决、裁定或者有关行政执法部门决定处理海关监管货物的，应当责令当事人办结海关手续。

3.《危险化学品安全管理条例》

**第四十二条**　使用剧毒化学品、易制爆危险化学品的单位不得出借、转让其购买的剧毒化学品、易制爆危险化学品；因转产、停产、搬迁、关闭等确需转让的，应当向具有本条例第三十八条第一款、第二款规定的相关许可证件或者证明文件的单位转让，并在转让后将有关情况及时向所在地县级人民政府公安机关报告。

4.《博物馆条例》

**第二十五条**　博物馆藏品属于国有文物、非国有文物中的珍贵文物和国家规定禁止出境的其他文物的，不得出境，不得转让、出租、质押给外国人。

国有博物馆藏品属于文物的，不得赠与、出租或者出售给其他单位和个人。

第二十六条 博物馆终止的，应当依照有关非营利组织法律、行政法规的规定处理藏品；藏品属于国家禁止买卖的文物的，应当依照有关文物保护法律、行政法规的规定处理。

**5.《最高人民法院关于适用〈中华人民共和国民法典〉物权编的解释（一）》**

第十七条 民法典第三百一十一条第一款第一项所称的"受让人受让该不动产或者动产时"，是指依法完成不动产物权转移登记或者动产交付之时。

当事人以民法典第二百二十六条规定的方式交付动产的，转让动产民事法律行为生效时为动产交付之时；当事人以民法典第二百二十七条规定的方式交付动产的，转让人与受让人之间有关转让返还原物请求权的协议生效时为动产交付之时。法律对不动产、动产物权的设立另有规定的，应当按照法律规定的时间认定权利人是否为善意。

**6.《最高人民法院关于适用〈中华人民共和国民法典〉有关担保制度的解释》**

第五条 机关法人提供担保的，人民法院应当认定担保合同无效，但是经国务院批准为使用外国政府或者国际经济组织贷款进行转贷的除外。

居民委员会、村民委员会提供担保的，人民法院应当认定担保合同无效，但是依法代行村集体经济组织职能的村民委员会，依照村民委员会组织法规定的讨论决定程序对外提供担保的除外。

第六条 以公益为目的的非营利性学校、幼儿园、医疗机构、养老机构等提供担保的，人民法院应当认定担保合同无效，但是有下列情形之一的除外：

（一）在购入或者以融资租赁方式承租教育设施、医疗卫生设施、养老服务设施和其他公益设施时，出卖人、出租人为担保价款或者租金实现而在该公益设施上保留所有权；

（二）以教育设施、医疗卫生设施、养老服务设施和其他公益设施以外的不动产、动产或者财产权利设立担保物权。

登记为营利法人的学校、幼儿园、医疗机构、养老机构等提供担保，当事人以其不具有担保资格为由主张担保合同无效的，人民法院不予支持。

第五十三条 当事人在动产和权利担保合同中对担保财产进行概括描述，该描述能够合理识别担保财产的，人民法院应当认定担保成立。

## 二、部门规章及规范性文件

《金融企业国有资产转让管理办法》

**第六条** 拟转让的金融企业国有资产权属关系应当明晰。权属关系不明确或者存在权属纠纷以及法律、行政法规和国家有关政策规定禁止转让的金融企业国有资产不得转让。

转让已经设立担保物权的金融企业国有资产，应当符合《中华人民共和国物权法》《中华人民共和国担保法》等有关法律、行政法规的规定。

## ▶ 条文释义

### 一、本条主旨

本条是关于禁止出质的动产的规定。

### 二、条文演变

对于哪些动产可以作为质权标的物，各国规定不尽相同。法谚道："法不禁止即自由"，即民事领域法律不禁止的，都应当是允许的。原《物权法》施行前，我国并无关于禁止出质的动产的规定。在原《物权法（草案）》向社会公开征求意见后，有意见指出，出质的财产应当是允许转让的财产，法律禁止转让的财产不能作为质押的财产。后经法律委员会研究，即在原《物权法》中增加此内容之规定。结合原《物权法》多年施行的经验，《民法典》物权编于本条沿用了这一规定。

### 三、条文解读

对于可以出质的动产的范围，《民法典》没有逐一列举，但本条规定了禁止出质的动产，即并非所有动产均可以出质，如果以法律、行政法规禁止转让的动产出质的，该动产质押无效，该动产之上未设立质权。可以出质的动产应当满足以下条件。

### （一）具有特定性

《民法典》第114条第2款规定："物权是权利人依法对特定的物享有直接支配和排他的权利，包括所有权、用益物权和担保物权。"《民法典担保制度解释》第53条规定："当事人在动产和权利担保合同中对担保财产进行概括描述，该描述能够合理识别担保财产的，人民法院应当认定担保成立。"原《物权法》和原《担保法》都只是规定设立担保物权应以书面形式订立合同，但都没有从本质上对物权客体特定原则作出法律规定，《民法典》首次对其作出规定。出质的财产应当是特定物，否则质权人无法顺利地实现质权。特定物与种类物相对，是指具有独立特征，不能相互替代，能与其他物相区别的物，主要包括两类：一是独一无二的物；二是经过特定化的种类物。

### （二）依法具有流通性

法律上的物，以物能否流通、流通范围大小为标准，可以区分为流通物、限制流通物和禁止流通物。其中，流通物是法律规定可以在民事主体间自由流通的物；限制流通物是指流通范围受法律限制的物；禁止流通物是指法律明确禁止流通、转让的物。结合本条规定，流通物、限制流通物可以设立动产质权，禁止流通物无法设立动产质权。动产具有流通性即意味着其具备可让与性，具备可让与性的财产可通过交易的方式实现财产的金钱价值，进而实现质权的目的。

设立动产质权是一种民事法律行为，关于禁止性的规定是十分严格的，规定禁止转让的动产的依据只能是全国人大及其常委会制定的法律、国务院制定的行政法规。目前我国对限制流通物的规定散见于《文物保护法》《金银管理条例》《外汇管理条例》等法律法规，主要有指令性计划购销的物资、黄金、白银、外币、麻醉药品、剧毒品、国有企业法人闲置的固定资产或因关停并转需要转让给其他单位的资产（转让时应取得上级主管机关的同意）等。法律规定的禁止流通物有土地、矿藏、水流等。

### （三）质押物不能因为使用而导致该物的价值丧失

设立动产质权的目的在于为债权提供担保，如若因为出质人的继续使用该物而导致质押物价值减损，则动产质权设立的目的便会落空。

## 适用指引

由于无法穷尽规定所有可质押的动产,立法采取限制禁止质押的动产出质,因此,在适用《民法典》设定动产质权时,对于实践中某些特殊动产的质押也应当予以注意。

一、国家机关的财产

《民法典》第683条第1款规定:"机关法人不得为保证人,但是经国务院批准为使用外国政府或者国际经济组织贷款进行转贷的除外。"《民法典担保制度解释》第5条第1款规定,"机关法人提供担保的,人民法院应当认定担保合同无效,但是经国务院批准为使用外国政府或者国际经济组织贷款进行转贷的除外。"根据前述规定,以国家机关的财产进行抵押或质押的行为是无效行为。

二、学校、幼儿园、医院等以公益为目的的事业单位、社会团体的教育设施、医疗卫生设施和其他社会公益设施

以公益为目的的事业单位、社会团体属于非营利法人。《民法典》第683条第2款规定:"以公益为目的的非营利法人、非法人组织不得为保证人。"根据《民法典》第399条第3项规定,原则上学校、幼儿园、医疗机构等以公益为目的成立的非营利法人的教育设施、医疗卫生设施和其他公益设施的财产不得抵押,该规定同样也适用于质押。但出于特定目的在前述财产上设立担保的,担保合同并非无效。《民法典担保制度解释》第6条规定:"以公益为目的的非营利性学校、幼儿园、医疗机构、养老机构等提供担保的,人民法院应当认定担保合同无效,但是有下列情形之一的除外:(一)在购入或者以融资租赁方式承租教育设施、医疗卫生设施、养老服务设施和其他公益设施时,出卖人、出租人为担保价款或者租金实现而在该公益设施上保留所有权;(二)以教育设施、医疗卫生设施、养老服务设施和其他公益设施以外的不动产、动产或者财产权利设立担保物权。""登记为营利法人的学校、幼儿园、医疗机构、养老机构等提供担保,当事人以其不具有担保资格为由主张担保合同无效的,人民法院不予支持。"

## 类案检索

**哈尔滨银行股份有限公司安发支行、北大荒电子商务集团有限公司物权确认纠纷、质押合同纠纷案**

**关键词：** 动产质权　无权处分

**裁判摘要：**《中央储备粮管理条例》系国务院颁布的行政法规，其第5条第2款规定："未经国务院批准，任何单位和个人不得擅自动用中央储备粮。"第31条第1款规定："承储企业不得以中央储备粮对外进行担保或者对外清偿债务。"在当前形势下，未经国务院批准，擅自动用中央储备粮对外担保或清偿债务，既违反了行政法规的强制性规定，也影响国家关于粮食方面宏观政策的落实，对粮食安全造成危害。案外人不具备处分权质押法律禁止质押的财产，其行为因违反行政法规的强制性规定且损害社会公共利益，当属无效。

【案　　号】（2020）黑01民终2874号

【审理法院】黑龙江省哈尔滨市中级人民法院

【来　　源】中国裁判文书网

> 第四百二十七条　设立质权，当事人应当采用书面形式订立质押合同。
>
> 质押合同一般包括下列条款：
> （一）被担保债权的种类和数额；
> （二）债务人履行债务的期限；
> （三）质押财产的名称、数量等情况；
> （四）担保的范围；
> （五）质押财产交付的时间、方式。

## ▶ 关联规定

一、法律、行政法规、司法解释

1.《中华人民共和国民法典》

**第二百一十五条**　当事人之间订立有关设立、变更、转让和消灭不动产物权的合同，除法律另有规定或者当事人另有约定外，自合同成立时生效；未办理物权登记的，不影响合同效力。

**第二百二十四条**　动产物权的设立和转让，自交付时发生效力，但是法律另有规定的除外。

**第四百六十九条**　当事人订立合同，可以采用书面形式、口头形式或者其他形式。

书面形式是合同书、信件、电报、电传、传真等可以有形地表现所载内容的形式。

以电子数据交换、电子邮件等方式能够有形地表现所载内容，并可以随时调取查用的数据电文，视为书面形式。第四百七十条　合同的内容由当事人约定，一般包括下列条款：

（一）当事人的姓名或者名称和住所；

（二）标的；

（三）数量；

（四）质量；

（五）价款或者报酬；

（六）履行期限、地点和方式；

（七）违约责任；

（八）解决争议的方法。

当事人可以参照各类合同的示范文本订立合同。

2.《最高人民法院关于适用〈中华人民共和国民法典〉有关担保制度的解释》

**第五十三条** 当事人在动产和权利担保合同中对担保财产进行概括描述，该描述能够合理识别担保财产的，人民法院应当认定担保成立。

3.《最高人民法院关于执行担保若干问题的规定》

**第四条** 担保书中应当载明担保人的基本信息、暂缓执行期限、担保期间、被担保的债权种类及数额、担保范围、担保方式、被执行人于暂缓执行期限届满后仍不履行时担保人自愿接受直接强制执行的承诺等内容。

提供财产担保的，担保书中还应当载明担保财产的名称、数量、质量、状况、所在地、所有权或者使用权归属等内容。

## 二、部门规章及规范性文件

1.《专利权质押登记办法》

**第三条** 以专利权出质的，出质人与质权人应当订立书面质押合同。

质押合同可以是单独订立的合同，也可以是主合同中的担保条款。

**第九条** 当事人提交的专利权质押合同应当包括以下与质押登记相关的内容：

（一）当事人的姓名或者名称、地址；

（二）被担保债权的种类和数额；

（三）债务人履行债务的期限；

（四）专利权项数以及每项专利权的名称、专利号、申请日、授权公告日；

（五）质押担保的范围。

2.《单位定期存单质押贷款管理规定》

**第十六条** 质押合同应当载明下列内容：

（一）出质人、借款人和质权人名称、住址或营业场所；

（二）被担保的贷款的种类、数额、期限、利率、贷款用途以及贷款合同号；

（三）单位定期存单号码及所载存款的种类、户名、账户、开立机构、数额、期限、利率；

（四）质押担保的范围；

（五）存款行是否对单位定期存单进行了确认；

（六）单位定期存单的保管责任；

（七）质权的实现方式；

（八）违约责任；

（九）争议的解决方式；

（十）当事人认为需要约定的其他事项。

## ▶ 条文释义

### 一、本条主旨

本条是关于质押合同的规定。

### 二、条文演变

质押与质权是因果关系，质押是产生质权的法律行为，质权是质押的后果。本条在原《物权法》第210条规定之上作了进一步的完善，使得表述更为规范、准确。具体而言，本条将原《物权法》第210条里"质权合同"改为"质押合同"，删除质押财产的"质量、状况"，增加了"等情况"，并规定了质押财产交付的"方式"。

### 三、条文解读

根据本条规定，设立质权的行为为要式行为，应当采取书面形式设定。但质权由双方当事人合意设定，质权设定行为属于合同行为，故在《民法典》物权编没有专门规定的情况下，有关质押合同的成立、效力、违约责任等规则，还可以适用《民法典》合同编的一般规则。依据《民法典》合同编中的第490

条第 2 款的规定，法律、行政法规规定或者当事人约定合同应当采用书面形式订立，当事人未采用书面形式但是一方已经履行主要义务，对方接受时，该合同成立。此外，还应当认识到订立质权合同与设立质权并非同一含义，目前对于书面形式是否是质押合同的成立条件仍存有争议，但我们认为，"作为要式合同的一种，质押合同要以书面形式为要件，未以书面形式订立合同的，该质押合同不成立。此书面形式应属于质押合同的成立要件要求，并非包含国家法律价值判断的生效条件。"①

（一）质押合同内容

合同的内容是当事人双方真实意思的表示，应当由当事人自己确定，本条关于质押合同内容的规定，是提示性、指导性的。目的在于对质押合同的订立提供一个范式或者样本，达到规范质押合同目的，并非强制性规定。通常情况下订立质押合同应当着重注意以下几个必备条款。

**1. 质押合同当事人**

在质押合同中载明双方当事人，这是合同成立的基础，也是双方当事人据以明确各自权利义务如何行使、履行的依据。

**2. 质押财产的名称、数量等情况**

质押财产是质押物，是质押法律关系的标的物。当出现债务人不履行到期债务或者发生当事人约定的实现质权的情形时，质权人可以通过折价、变卖、拍卖质押物实现被担保债权的清偿，所以对于质押财产的名称、数量等情况应当在质押合同中明确约定。出质物的名称可以使出质物特定化、具体化，与他物区别开来。出质物的数量多用以计算质押财产价值。

**3. 被担保的主债权种类、数额**

动产质押合同设立目的在于担保主债权，动产质权作为一种质权，其只能对现在发生的并且特定的债权设定，因此，有必要在质押合同中予以明确。债权种类指债权因何发生，如买卖、借款等，债权数额的明确可以帮助确定出质人所负担保责任的范围。

**4. 质押财产交付的时间、方式**

本条在原《物权法》基础上新增了质押财产交付的方式，是因为质押财产

---

① 最高人民法院民法典贯彻实施工作领导小组主编：《中华人民共和国民法典物权编理解与适用》，人民法院出版社 2020 年版，第 1178 页。

的交付直接关系质权的生效。当事人在设立质权时,应当明确质物交付时间,以明确出质人何时完成质押财产的占有,确定质权的效力以及质押财产灭失风险责任转移的时间。根据《民法典》物权编关于动产交付的规定,质押财产交付方式有现实交付、简易交付、指示交付等方式。

(二)质押合同的性质

以是否承认物权行为以及是否承认物权行为无因性为标准,可将学界对质押合同性质的认识分为两类:一种观点认为质押合同是物权合同;另一种观点则认为,质押合同就是一般的债权合同。我国不采用物权行为理论:"从法理上讲,质押合同的订立在当事人之间创设有关质权设定的权利义务关系,为物权变动的原因行为,属于合同法层面的问题;质权的设定,是合法有效的质押合同所产生的结果,属于物权法层面的问题。其实,质押合同仅是设定质权的民事行为,是质权的必要条件,但并不是质权发生的充分条件。作为物权,质权是否成立,除有质押合同外,须有另外的要件。只有有效的质押合同,才能发生当事人双方设定质权的权利义务,但质权不成立并不等于质押合同无效。因此,应当将质押合同的生效与质权的成立区分开。关于质押合同生效的条件,应当适用《民法典》合同编的规定,而对于质权的成立生效则适用《民法典》物权编的规定。"①

# 适用指引

## 一、质押不因未签订书面合同而不成立或无效

由《民法典》第429条规定可知,质权仅当出质人交付质押财产时设立,交付是设定质权的必要条件,即使出质人与质权人签订了书面质押合同,但未转移质押物,质权仍不成立。故本条中"应当"一词本义是非强制性的,不能因双方未签订质押合同而认定质押不成立或无效。对于当事人间设立动产质权关系却未采用书面质押合同的,由于出质人与质权人签订质押合同的行为是一种民事法律行为,质押合同在本质上也是一种典型合同,依据《民法典》合同

---

① 最高人民法院民法典贯彻实施工作领导小组主编:《中华人民共和国民法典物权编理解与适用》,人民法院出版社2020年版,第1179页。

编中的第490条第2款的规定，一方已经履行主要义务，对方接受的，该合同成立。

此外，《民法典》物权编并未要求质权合同须为单独订立的书面合同，《民法典》第388条第1款规定："设立担保物权，应当依照本法和其他法律的规定订立担保合同。担保合同包括抵押合同、质押合同和其他具有担保功能的合同。担保合同是主债权债务合同的从合同，主债权债务合同无效的，担保合同无效，但是法律另有规定的除外。"原《担保法》第93条也规定："本法所称保证合同、抵押合同、质押合同、定金合同可以是单独订立的书面合同，包括当事人之间的具有担保性质的信函、传真等，也可以是主合同中的担保条款。"因此在解释上，《民法典》物权编所规定的书面质权合同，可以是以非独立质押合同形式，例如，主债权合同中的质权条款，当事人之间就质权设立事项的来往信函、传真。但这并不意味着所有的非本条规定的规范性质押合同都可以设立质权，对于非规范性的质押合同应当考虑其是否存在对被担保主债权数额、种类、出质物交付方式、交付时间等内容的直接或间接约定，避免因担保对象、担保范围不明确等情形导致质押合同未成功订立，即使当事人可以通过事后补正使合同成立，但若主合同和质押合同仍旧存在不能补正或者无法推定合同订立时真实意思的风险，质权仍存在未成功设立的可能。

## 二、动产质权的善意取得

善意取得制度是适应商品经济发展需要而产生的一项交易规则，通过平衡善意第三人与不动产或动产的权利人之间的利益，达到稳定社会经济秩序，维护正常的商品交换的目的。动产质押关系中，质权的设定以占有为公示方式，不如不动产或某些特殊动产采取登记、注册制度，债权人往往难以审查出质人是否具有所有权或处分权。因此，在出质人以自己无所有权或者无处分权的财产出质的场合，该质押是否有效以及质物的所有人能否向质权人追索将是非常重要的问题。出于保护善意取得动产质权的质权人利益和维护交易安全的目的，我国也通过法律及司法解释规定承认即使债务人无权处分质物，质权人仍可取得质权，《民法典担保制度解释》第37条第1款规定："当事人以所有权、使用权不明或者有争议的财产抵押，经审查构成无权处分的，人民法院应当依照民法典第三百一十一条的规定处理。"《民法典》第311条第1款规定："无处分权人将不动产或者动产转让给受让人的，所有权人有权追回；除法律另有规定外,符合下列情形的,受让人取得该不动产或者动产的所有权:(一)受让人受让该不动产或者动产时是善意;(二)以合理的价格转让;(三)转让的不动产或者动产依照法律规定应当登记的已经登记,不需要登记的已经交付给受让人。"第3款规定:"当事人善意取得其他物权的,参照适用前两款规定。"

## ▶ 指导案例

**指导案例54号:中国农业发展银行安徽省分行诉张大标、安徽长江融资担保集团有限公司执行异议之诉纠纷案**

(最高人民法院审判委员会讨论通过 2015年11月19日发布)

**关键词:** 民事 执行异议之诉 金钱质押 特定化 移交占有

**裁判要点:** 当事人依约为出质的金钱开立保证金专门账户,且质权人取得对该专门账户的占有控制权,符合金钱特定化和移交占有的要求,即使该账户内资金余额发生浮动,也不影响该金钱质权的设立。

**相关法条:**《中华人民共和国物权法》第212条

**基本案情:** 原告中国农业发展银行安徽省分行(以下简称农发行安徽分行)诉称:其与第三人安徽长江融资担保集团有限公司(以下简称长江担保公司)按照签订的《信贷担保业务合作协议》,就信贷担保业务按约进行了合作。长江担保公司在农发行安徽分行处开设的担保保证金专户内的资金实际是长江担保公司向其提供的质押担保,请求判令其对该账户内的资金享有质权。

被告张大标辩称:农发行安徽分行与第三人长江担保公司之间的《贷款担保业务合作协议》没有质押的意思表示;案涉账户资金本身是浮动的,不符合金钱特定化要求,农发行安徽分行对案涉保证金账户内的资金不享有质权。

第三人长江担保公司认可农发行安徽分行对账户资金享有质权的意见。

法院经审理查明:2009年4月7日,农发行安徽分行与长江担保公司签订一份《贷款担保业务合作协议》。其中第三条"担保方式及担保责任"约定:甲方(长江担保公司)向乙方(农发行安徽分行)提供的保证担保为连带责任保证;保证担保的范围包括主债权及利息、违约金和实现债权的费用等。第四条"担保保证金(担保存款)"约定:甲方在乙方开立担保保证金专户,担保保证金专户行为农发行安徽分行营业部,账号尾号为9511;甲方需将具体担保业务约定的保证金在保证合同签订前存入担保保证金专户，甲方需缴存的保证金不低于贷款额度的10%；未经乙方同意，甲方不得动用担保保证金专户内的资金。第六条"贷款的催收、展期及担保责任的承担"约定：借款人逾期未能足额还款的，甲方在接到乙方书面通知后五日内按照第三条约定向乙方承担担保责任，并将相应款项划入乙方指定账户。第八条"违约责任"约定：甲方在乙方开立的担保专户的余额无论因何原因而小于约定的额度时，甲方应在接到乙方通知后三个工作日内补足，补足前乙方可以中止本协议项下业务。甲方违反本协议第六条的约定，没有按时履行保证责任的，乙方有权从甲方在其开立的担保基金专户或其他任一账户中扣划相应的款项。2009年10月30日、2010年10月30日，农发行安徽分行与长江担保公司还分别签订与上述合作协议内容相似的两份《信贷担保业务合作协议》。

上述协议签订后，农发行安徽分行与长江担保公司就贷款担保业务进行合作，长江担保公司在农发行安徽分行处开立担保保证金账户，账号尾号为9511。长江担保公司按照协议约定缴存规定比例的担保保证金，并据此为相应额度的贷款提供了连带保证责任担保。自2009年4月3日至2012年12月31日，该账户共发生了107笔业务，其中贷方业务为长江担保公司缴存的保证金；借方业务主要涉及两大类，一类是贷款归还后长江担保公司申请农发行安徽分行退还的保证金，部分退至债务人的账户；另一类是贷款逾期后农发行安徽分行从该账户内扣划的保证金。

2011年12月19日，安徽省合肥市中级人民法院在审理张大标诉安徽省六本食品有限责任公司、长江担保公司等民间借贷纠纷一案过程中，根据张大标的申请，对长江担保公司上述保证金账户内的资金1495.7852万元进行保全。该案判决生效后，合肥市中级人民法院将上述保证金账户内的资金1338.313257万元划至该院账户。农发行安徽分行作为案外人提出执行异议，2012年11月2日被合肥市中级人民法院裁定驳回异议。随后，农发行安徽分行因与被告张大标、第三人长江担保公司发生执行异议纠纷，提起本案诉讼。

**裁判结果**：安徽省合肥市中级人民法院于2013年3月28日作出（2012）合民一初字第00505号民事判决：驳回农发行安徽分行的诉讼请求。宣判后，农发行安徽分行提出上诉。安徽省高级人民法院于2013年11月19日作出（2013）皖民二终字第00261号民事判决：一、撤销安徽省合肥市中级人民法院（2012）合民一初字第00505号民事判决；二、农发行安徽分行对长江担保公司账户（账号尾号9511）内的13383132.57元资金享有质权。

**裁判理由：** 法院生效裁判认为：本案二审的争议焦点为农发行安徽分行对案涉账户内的资金是否享有质权。对此应当从农发行安徽分行与长江担保公司之间是否存在质押关系以及质权是否设立两个方面进行审查。

一、农发行安徽分行与长江担保公司是否存在质押关系

《中华人民共和国物权法》（以下简称《物权法》）第二百一十条规定："设立质权，当事人应当采取书面形式订立质权合同。质权合同一般包括下列条款：（一）被担保债权的种类和数额；（二）债务人履行债务的期限；（三）质押财产的名称、数量、质量、状况；（四）担保的范围；（五）质押财产交付的时间。"本案中，农发行安徽分行与长江担保公司之间虽没有单独订立带有"质押"字样的合同，但依据该协议第四条、第六条、第八条约定的条款内容，农发行安徽分行与长江担保公司之间协商一致，对以下事项达成合意：长江担保公司为担保业务所缴存的保证金设立担保保证金专户，长江担保公司按照贷款额度的一定比例缴存保证金；农发行安徽分行作为开户行对长江担保公司存入该账户的保证金取得控制权，未经同意，长江担保公司不能自由使用该账户内的资金；长江担保公司未履行保证责任，农发行安徽分行有权从该账户中扣划相应的款项。该合意明确约定了所担保债权的种类和数量、债务履行期限、质物数量和移交时间、担保范围、质权行使条件，具备《物权法》第二百一十条规定的质押合同的一般条款，故应认定农发行安徽分行与长江担保公司之间订立了书面质押合同。

二、案涉质权是否设立

《物权法》第二百一十二条规定："质权自出质人交付质押财产时设立。"《最高人民法院关于适用〈中华人民共和国担保法〉若干问题的解释》第八十五条规定，债务人或者第三人将其金钱以特户、封金、保证金等形式特定化后，移交债权人占有作为债权的担保，债务人不履行债务时，债权人可以该金钱优先受偿。依照上述法律和司法解释规定，金钱作为一种特殊的动产，可以用于质押。金钱质押作为特殊的动产质押，不同于不动产抵押和权利质押，还应当符合金钱特定化和移交债权人占有两个要件，以使金钱既不与出质人其他财产相混同，又能独立于质权人的财产。

本案中，首先金钱以保证金形式特定化。长江担保公司于2009年4月3日在农发行安徽分行开户，且与《贷款担保业务合作协议》约定的账号一致，

即双方当事人已经按照协议约定为出质金钱开立了担保保证金专户。保证金专户开立后，账户内转入的资金为长江担保公司根据每次担保贷款额度的一定比例向该账户缴存保证金；账户内转出的资金为农发行安徽分行对保证金的退还和扣划，该账户未作日常结算使用，故符合《最高人民法院关于适用〈中华人民共和国担保法〉若干问题的解释》第八十五条规定的金钱以特户等形式特定化的要求。其次，特定化金钱已移交债权人占有。占有是指对物进行控制和管理的事实状态。案涉保证金账户开立在农发行安徽分行，长江担保公司作为担保保证金专户内资金的所有权人，本应享有自由支取的权利，但《贷款担保业务合作协议》约定未经农发行安徽分行同意，长江担保公司不得动用担保保证金专户内的资金。同时，《贷款担保业务合作协议》约定在担保的贷款到期未获清偿时，农发行安徽分行有权直接扣划担保保证金专户内的资金，农发行安徽分行作为债权人取得了案涉保证金账户的控制权，实际控制和管理该账户，此种控制权移交符合出质金钱移交债权人占有的要求。据此，应当认定双方当事人已就案涉保证金账户内的资金设立质权。

关于账户资金浮动是否影响金钱特定化的问题。保证金以专门账户形式特定化并不等于固定化。案涉账户在使用过程中，随着担保业务的开展，保证金账户的资金余额是浮动的。担保公司开展新的贷款担保业务时，需要按照约定存入一定比例的保证金，必然导致账户资金的增加；在担保公司担保的贷款到期未获清偿时，扣划保证金账户内的资金，必然导致账户资金的减少。虽然账户内资金根据业务发生情况处于浮动状态，但均与保证金业务相对应，除缴存的保证金外，支出的款项均用于保证金的退还和扣划，未用于非保证金业务的日常结算。即农发行安徽分行可以控制该账户，长江担保公司对该账户内的资金使用受到限制，故该账户资金浮动仍符合金钱作为质权的特定化和移交占有的要求，不影响该金钱质权的设立。

## ▶ 类案检索

一、中国民生银行股份有限公司福州分行与于某林等案外人执行异议之诉案

**关键词：** 保证金质押　特定化

**裁判摘要：** 保证金质押，系将金钱通过保证金形式特定化后进行出质，其性质属于动产质押，应具备要式合同、质押财产的特定化、转移占有三个要件。本案中，首先，当事人间签订的《联保体授信合同》虽仅约定出质人名下的卡号尾号为72的账户作为保证金账户，而未载明卡号尾号为05的账户作为保证金账户，但卡号尾号为05的账户是作为案涉借款发放及还款的账户，该账户与案涉借款存在关联；其次，账户内的40万元款项金额与《联保体授信合同》约定的保证金金额吻合，且该笔40万元款项在借款合同签订之前至被一审法院扣划期间均未发生款项变动；再次，质权人提交的《账户对账单》及《零售授信放款通知书》，也能辅证卡号尾号为72的账户与卡号尾号为05的账户两者的关联性。故应当认为账号卡号尾号为72的账户系卡号尾号为05的账户项下子账户，可以认定质权人已与出质人在《联保体授信合同》中就保证金账户的设立作出约定，符合要式合同的要件。同时，根据《联保体授信合同》的约定，出质人存入卡号尾号为05的账户中的40万元款项在借款期间未有任何款项变动，符合保证金形式的资金特定化。最后，出质人存入卡号尾号为05的账户中的40万元款项在借款合同签订之后即由质权人圈存入保证金账户，账户名称亦标注为"定期保证金账户"，质权人作为债权人已取得该笔款项的控制权，款项已移转给质权人占有。因此，质权人与出质人已就卡号尾号为05的账户内的40万元资金设立质押，质权人对该笔40万元款项及其孳息享有质权。

【案　　号】（2021）鲁01民终6700号
【审理法院】山东省济南市中级人民法院
【来　　源】中国裁判文书网

## 二、汪某永等与刘某君动产质权纠纷案

**关键词：** 质押合同　合同效力　质权设立

**裁判摘要：** 双方订立了书面的质押合同，且质押财产已转移占有，是双方的真实意思表示，质押合同成立并发生法律效力，产生质权设定的法律效果。债务人不履行债务时，债权人有权以该动产折价或者以拍卖、变卖该动产的价款优先受偿。

【案　　号】（2011）邵中民一终字第17号
【审理法院】湖南省邵阳市中级人民法院

## 三、王某玥诉江苏省苏州市常乐食品有限公司等借款合同纠纷案

**关键词：** 质押合同　股权质押

**裁判摘要：** 不具备流通股发行能力的有限责任公司私下印制股票，并且公司股东以实际交付该股票作为对公司债权提供质押担保时，尽管该股票本身不具有法律效力，但不能改变质押人以其在公司享有的股份设定担保的真实意思表示。在质押合同生效而质押权因未履行公示原则未生效时，应由导致质押权未能生效的一方即担保人对质押权人承担违约责任；违约责任的范围，基于信赖利益原则应以股份出质时该股份实际代表的价值为准。

【案　　号】（2007）苏中民三初字第 0084 号

【审理法院】江苏省苏州市中级人民法院

> **第四百二十八条** 质权人在债务履行期限届满前，与出质人约定债务人不履行到期债务时质押财产归债权人所有的，只能依法就质押财产优先受偿。

## 关联规定

### 一、法律、行政法规、司法解释

1.《中华人民共和国民法典》

**第四百零一条** 抵押权人在债务履行期限届满前，与抵押人约定债务人不履行到期债务时抵押财产归债权人所有的，只能依法就抵押财产优先受偿。

2.《最高人民法院关于适用〈中华人民共和国民法典〉时间效力的若干规定》

**第七条** 民法典施行前，当事人在债务履行期限届满前约定债务人不履行到期债务时抵押财产或者质押财产归债权人所有的，适用民法典第四百零一条和第四百二十八条的规定。

3.《最高人民法院关于适用〈中华人民共和国民法典〉有关担保制度的解释》

**第六十八条** 债务人或者第三人与债权人约定将财产形式上转移至债权人名下，债务人不履行到期债务，债权人有权对财产折价或者以拍卖、变卖该财产所得价款偿还债务的，人民法院应当认定该约定有效。当事人已经完成财产权利变动的公示，债务人不履行到期债务，债权人请求参照民法典关于担保物权的有关规定就该财产优先受偿的，人民法院应予支持。

债务人或者第三人与债权人约定将财产形式上转移至债权人名下，债务人不履行到期债务，财产归债权人所有的，人民法院应当认定该约定无效，但是不影响当事人有关提供担保的意思表示的效力。当事人已经完成财产权利变动的公示，债务人不履行到期债务，债权人请求对该财产享有所有权的，人民法院不予支持；债权人请求参照民法典关于担保物权的规定对财产折价或者以拍卖、变卖该财产所得的价款优先受偿的，人民法院应予支持；债务人履行债务后请求返还财产，或者请求对财产折价或者以拍卖、变卖所得的价款清偿债务的，人民法院应予支持。

债务人与债权人约定将财产转移至债权人名下，在一定期间后再由债务人或者其指定的第三人以交易本金加上溢价款回购，债务人到期不履行回购义务，财产归债权人所有的，人民法院应当参照第二款规定处理。回购对象自始不存在的，人民法院应当依照民法典第一百四十六条第二款的规定，按照其实际构成的法律关系处理。

## 二、部门规章及规范性文件

### 《保险公司股权管理办法》

**第四十九条** 保险公司股东质押其持有的保险公司股权的，不得损害其他股东和保险公司的利益。

保险公司股东不得利用股权质押形式，代持保险公司股权、违规关联持股以及变相转移股权。

保险公司股东质押股权时，不得与质权人约定债务人不履行到期债务时被质押的保险公司股权归债权人所有，不得约定由质权人或者其关联方行使表决权等股东权利，也不得采取股权收益权转让等其他方式转移保险公司股权的控制权。

## 三、司法指导性文件

### 1.《全国法院民商事审判工作会议纪要》

71.【让与担保】债务人或者第三人与债权人订立合同，约定将财产形式上转让至债权人名下，债务人到期清偿债务，债权人将该财产返还给债务人或第三人，债务人到期没有清偿债务，债权人可以对财产拍卖、变卖、折价偿还债权的，人民法院应当认定合同有效。合同如果约定债务人到期没有清偿债务，财产归债权人所有的，人民法院应当认定该部分约定无效，但不影响合同其他部分的效力。

当事人根据上述合同约定，已经完成财产权利变动的公示方式转让至债权人名下，债务人到期没有清偿债务，债权人请求确认财产归其所有的，人民法院不予支持，但债权人请求参照法律关于担保物权的规定对财产拍卖、变卖、折价优先偿还其债权的，人民法院依法予以支持。债务人因到期没有清偿债务，请求对该财产拍卖、变卖、折价偿还所欠债权人合同项下债务的，人民法院亦应依法予以支持。

**2.《最高人民法院关于当前商事审判工作中的若干具体问题》**

**九、关于以物抵债合同纠纷案件的审理问题**

债权人与债务人之间存在金钱债务，有时双方约定以特定物替代原金钱债务的清偿。实务上将该种替代履行债务的方式称为以物抵债。一般情形下，当事人设定以物抵债的目的是为了及时还清债务。但有的以物抵债则是为了达到其他非法目的，恶意逃避债务，损害第三人的合法权益。我们认为，在以物抵债案件审理中，既要注重以物抵债在了结债务、化解矛盾纠纷、节约交易成本等方面的积极作用，不能对以物抵债约定轻易否定；同时，也要严格审查当事人缔结以物抵债的真实目的，对借以物抵债损害相对人、第三人利益的行为应予以否定。对这些问题我们将在物权法担保物权编司法解释中进一步研究。

第一，关于债务履行期届满前约定的以物抵债。

债权人与债务人在债务履行期届满前就作出以物抵债的约定，由于债权尚未到期，债权数额与抵债物的价值可能存在较大差距。如果此时直接认定该约定有效，可能会导致双方利益显失公平。所以在处理上一般认为应参照物权法关于禁止流押、流质的相关规定，不确认该种情形下签订的以物抵债协议的效力。在后果处理上：（1）如果此时抵债物尚未交付给债权人，而债权人请求确认享有抵债物所有权并要求债务人交付的，不予支持。今年最高人民法院颁布的《民间借贷司法解释》第二十四条规定：当事人以签订买卖合同作为民间借贷合同的担保，应当按照民间借贷法律关系审理。债务人不履行生效判决确定的金钱债务，债权人可以申请拍卖买卖合同标的物以偿还债务。上述处理思路与该司法解释规定是一致的。（2）如果此时抵债物已交付给债权人，参照物权法中质押的有关规定，债务人请求债权人履行清算义务或主张回赎的，法院应予支持。

第二，关于债务履行期届满后约定的以物抵债。

债务履行期届满后，债权的数额就得以确定，在此基础上达成的以物抵债协议，一般不会存在显失公平的问题。在以物抵债行为不存在违反法律、行政法规禁止性规定的情形下，应当尊重当事人的意思自治。在后果的处理上：

1.如果此时抵债物尚未交付给债权人，债务人反悔但未能提供证据证明有能力继续履行原债务,债权人请求债务人履行以物抵债约定的,应予支持。

此时,对法院是否还应就该物履行清算程序的问题,一种意见认为应当履行,债权人不能就超过债权部分受偿。另一种意见则认为,此时因以物抵债约定系事后达成,所以不会对债务人造成不公平,故无需履行上述程序,债权人可以就抵债物直接受偿。当然,如果该抵债行为损害第三人利益,第三人可以参照物权法第一百九十五条第一款的规定主张撤销。这两种意见中,我们倾向于后一种意见。

2. 如果抵债物已交付给债权人,债务人反悔的,不予支持。

但为防止一方当事人利用以物抵债协议损害对方的合法权益,当存在合同法第五十四条规定的情形时,债权人、债务人均可请求变更或撤销以物抵债行为。对当事人利用以物抵债恶意逃债,第三人既可依据合同法第五十二条的规定主张抵债行为无效,也可依据合同法第七十四条的规定行使撤销权。

## ▶ 条文释义

### 一、本条主旨

本条是关于流质规则的规定。

### 二、条文演变

原《担保法》第66条规定:"出质人和质权人在合同中不得约定在债务履行期届满质权人未受清偿时,质物的所有权转移为质权人所有。"原《物权法》第211条规定:"质权人在债务履行期届满前,不得与出质人约定债务人不履行到期债务时质押财产归债权人所有。"在《民法典》物权编编纂过程中,有意见指出,原《物权法》第211条没有明确规定如果当事人之间约定了流质内容,该约定的效力如何。也存在观点认为,应当明确规定流质条款无效,但对于当事人之间质押担保的法律关系的效力如何须进一步明确。[①] 为了实现质权为主债权所起到的担保功能,本条规定在原《物权法》第211条的基础上将"履行期"修改为"履行期限",将"不得与出质人约定债务人不履行到期债务

---

[①] 参见黄薇主编:《中华人民共和国民法典物权编解读》,中国法制出版社2020年版,第753~754页。

时质押财产归债权人所有"修改为"与出质人约定不履行到期债务时质押财产归债权人所有的,只能依法就质押财产优先受偿",明确了流质条款的法律效果。

### 三、条文解读

质权本质上属于担保物权,强调对主债权所带来的担保功能,即质权的价值权属性。质权人设立质权应当是为了获得质押财产的交换价值,增加债权获得清偿的概率,并不是直接指向获得质押财产所有权。原《担保法》、原《物权法》中对流质都采取禁止态度,认为质权人不得在债务未届履行期前与质押人约定流质契约。一方面,禁止流质能起到维护质权价值权性质的作用。质押合同中,质权作为一种变价受偿权,是当债务人不履行到期债务或者发生当事人约定的实现质权的情形时,质权人可就质押物拍卖、变卖、折价所得价金优先受偿,如允许流质契约直接将质物所有权预先约定转移至质权人,则对于质押财产上存在的其他权利人而言,可能存在利益受损风险。另一方面,禁止流质还能完成公平原则要求下对弱势当事人合法利益的保护。禁止流质可以防止质权人获取高额暴利以及保护债务人、质押人利益,避免债权人利用债务人或质押人一时的急迫困窘,以胁迫或乘人之危等手段,迫使约定流质契约损害债务人或质押人利益,使债务人或质押人遭受重大损失。

但在《民法典》编纂的过程中,基于对"流质契约开禁"意见的考虑,本条在原《物权法》的基础上明确流质契约法律效果。流质契约属于契约,在私法领域应当最大限度地减少国家公权力对私权利的干预,应当尊重当事人意思自治,对于当事人之间不损害他人利益或者社会公共秩序、善良风俗的约定,应尽量承认其合法效力。对于流质契约的合同问题,应当首先由《民法典》合同编的规则进行规制,不能径行确认其效力。对于流质契约不再直接否定其效力;对于质权人与质押人之间存在流质契约的,质权人只能在质押财产经过清算程序后获得优先受偿。在完成对质权价值权性质维护的同时,还做到最大限度地尊重质押合同双方当事人之间的意思自治,实现真正意义上的公平。

本条不再采取原《物权法》"不得"之用语,适当开禁了流质契约,不否认流质条款效力,故在适用本条时应当注意。

第一,当事人应在"债务履行前"作出流质约定。此为本条适用的前提条件。如在债务履行期限届满后,质权人和出质人约定将出质物所有权移转给债权人以清偿债权的，质权人与出质人之间的约定或成立以物抵债合同，此时已不属于本条规定的流质契约范畴。

第二，当事人需经历清算程序取得质押财产优先受偿权。本条明确质权人在债务履行期限届满前，与出质人约定流质条款的，该流质条款在债务履行期届满时不发生质押财产所有权直接转移的效力。对于未获清偿债权，质权人仅能依照《民法典》第436条、第438条规定，与出质人协议以质押财产折价，或拍卖、变卖质押财产，并就所得价款优先受偿。因为，质押物价值并不总是与主债权数额相等，所以在对债权进行清偿时还需同时考虑出质人的其他债权人的合法权益：对于价款超过债权数额的部分应返还出质人；不足部分则由债务人继续清偿。

第三，流质条款并不影响质押合同效力，也不影响质权的成立。此前立法禁止流质的原因之一在于债权人可能会利用债务人的急迫困窘状态，通过预先约定质押物所有权转移的流质条款损害质押人及质押物上其他权利人的合法利益。本条出于尊重当事人意思自治的原则，对于流质条款已不直接否认其效力，但对于质押合同本身，如若存在债权人以胁迫或者乘人之危等手段迫使质押人订立流质条款，或质押人基于对质押财产的重大误解而订立显失公平的流质条款，质押人可以请求人民法院认定质权合同无效或行使撤销权。同样，当事人间约定流质条款也不影响质权的成立，根据《民法典》第425条、第429条的规定，质权的设立自质押物交付至质权人时设立，与是否约定流质条款无关。

## ▶ 适用指引

### 一、让与担保与流质

让与担保是债务人或者第三人与债权人之间，通过形式上转移财产所有权以实现担保债权实现的约定。《民法典担保制度解释》第68条第1款规定："债务人或者第三人与债权人约定将财产形式上转移至债权人名下，债务人不履行到期债务，债权人有权对财产折价或者以拍卖、变卖该财产所得价款偿还债务的，人民法院应当认定该约定有效。当事人已经完成财产权利变动的公示，债务人不履行到期债务，债权人请求参照民法典关于担保物权的有关规定就该财产优先受偿的,人民法院应予支持。"《民商审判会议纪要》第71条第1款规定:"债务人或者第三人与债权人订立合同,约定将财产形式上转让至债权人名下,债务人到期清偿债务,债权人将该财产返还给债务人或第三人,债务人到期没有清偿债务,债权人可以对财产拍卖、变卖、折价偿还债权的,人民法院应当认定合同有效。合同如果约定债务人到期没有清偿债务,财产归债权人所有的,人民法院应当认定该部分约定无效,但不影响合同其他部分的效力。"

让与担保属于具有担保功能的合约,与流质条款对债权的担保功能相同。但让与担保并非等同于流质:在债务清偿期限届满之前,让与担保当事人之间常存在转移财产所有权的行为,被担保人是财产形式上的所有权人。与此同时,让与担保当事人之间都明知财产所有权未实质转移。当然,也不排除让与担保中被担保人有意取得财产实质意义上的所有权,《民法典担保制度解释》第68条第2款规定:"债务人或者第三人与债权人约定将财产形式上转移至债权人名下,债务人不履行到期债务,财产归债权人所有的,人民法院应当认定该约定无效,但是不影响当事人有关提供担保的意思表示的效力。当事人已经完成财产权利变动的公示,债务人不履行到期债务,债权人请求对该财产享有所有权的,人民法院不予支持;债权人请求参照民法典关于担保物权的规定对财产折价或者以拍卖、变卖该财产所得的价款优先受偿的,人民法院应予支持;债务人履行债务后请求返还财产,或者请求对财产折价或者以拍卖、变卖所得的价款清偿债务的,人民法院应予支持。"如若债务人不履行到期债务,则被担保人无权主张其获得财产所有权,仅能主张对财产折价、拍卖、变卖所得价款优先受偿。由于普通动产采取交付的公示原则,对普通动产所有状态的判断往往是通过辨别其占有状态,从这一角度而言,让与担保与流质在外观上存在一定相似性。但当事人约定流质条款的,形式上虽然会表现为当事人间转移了质押财产,但质押行为中当事人间转移的仅为质押财产的占有状态,而非所有权,此为区别流质与让与担保的重要方法之一。

## 二、以物抵债与流质

根据《最高人民法院关于当前商事审判工作中的若干具体问题》第9条的规定,以物抵债系债权人与债务人之间存在金钱债务,双方约定以特定物替代原金钱债务进行清偿的一种替代履行债务的方式。对于债务履行期届满前约定的以物抵债，由于债权尚未到期，债权数额与抵债物的价值可能存在较大差距。如果此时直接认定该约定有效，可能会导致双方利益显失公平。

以物抵债合同与流质存在相同之处：一是均可表现为债务人以特定财产抵偿债务，使得债务部分或全部消灭；二是实际履行均要发生特定财产物的所有权转移，且都由担保人转移登记至债权人。但二者还是存在明显区别：一是流质条款存在前提在于质押合同的有效设立，根据物权公示原则，当事人之间的流质条款伴随着公示，具有对世性，而以物抵债合同往往是平等民事主体之间意思表示达成一致的合意，强调相对性，并不一定伴随着公示。二是就协议达成的时间而言，双方当事人于被担保债务履行期限届满前即已约定流质，如果在债务履行期限届满之后达成流质合意，此时协议被认定为以物抵债协议的可能性较大。对以物抵债合同而言，其在债务履行期限届满前后均可达成，不过在债务履行期限届满前与届满后达成的，人民法院存在不同的处理方式。《民商审判会议纪要》第44条第1款的规定："当事人在债务履行期限届满后达成以物抵债协议，抵债物尚未交付债权人，债权人请求债务人交付的，人民法院要着重审查以物抵债协议是否存在恶意损害第三人合法权益等情形，避免虚假诉讼的发生……"第45条规定："当事人在债务履行期届满前达成以物抵债协议，抵债物尚未交付债权人，债权人请求债务人交付的，因此种情况不同于本纪要第71条规定的让与担保，人民法院应当向其释明，其应当根据原债权债务关系提起诉讼。经释明后当事人仍拒绝变更诉讼请求的，应当驳回其诉讼请求，但不影响其根据原债权债务关系另行提起诉讼。"三是流质具有担保功能，当事人之间约定流质内容的，质权人有权就质押财产优先受偿。但以物抵债合同本质上属于双方当事人对债的履行的变更，仅具有普通债权功能。四是流质契约中的物为质押物，以物抵债协议中的代替物是债的履行标的。五是流质契约中质押物不能直接排除债权实现时对物的折价、清算程序，而以物抵债合同不经历清算程序可以实现债权。

## 典型案例

**深圳市奕之帆贸易有限公司、侯某宾合同纠纷案**

**关键词：** 让与担保　流质

**裁判摘要：** 让与担保的设立应在债务履行期届满之前，但就让与担保的实现问题，参照《物权法》第170条的规定则需要满足债务人不履行到期债务或者发生当事人约定的实现权利的情形等条件。双方当事人在设立让与担保的合同中约定，如担保物的价值不足以覆盖相关债务，即使债务履行期尚未届满，债权人亦有权主张行使让与担保权利。该约定不违反法律行政法规的强制性规定，应当认定合法有效。为防止出现债权人取得标的物价值与债权额之间差额等类似于流质、流押之情形，让与担保权利的实现应对当事人课以清算义务。双方当事人就让与担保标的物价值达成的合意，可认定为确定标的物价值的有效方式。在让与担保标的物价值已经确定，但双方均预见债权数额有可能发生变化的情况下，当事人仍应在最终据实结算的债务数额基础上履行相应的清算义务。

**基本案情：** 2014年4月2日，深圳市奕之帆贸易有限公司（以下简称奕之帆公司）、深圳兆邦基集团有限公司（以下简称兆邦基公司）、侯某宾、广东立兆电子科技有限公司（以下简称立兆公司）签订《项目合作协议》（以下简称4·2《项目合作协议》）。协议约定奕之帆公司等承诺对黑建诉讼负责处理并承担责任，保证在深圳市鲤鱼门投资发展有限公司（以下简称鲤鱼门公司）的70%股权变更登记至兆邦基公司名下后的20天内以置换等方式剔除设定在目标项目地块上的保全查封，奕之帆公司承诺以其在鲤鱼门公司中的30%股权及对应的未分配权益，作为上述义务履行的担保。2014年4月25日，奕之帆公司、兆邦基公司、康诺富公司签订《股权担保协议》（以下简称4·25《股权担保协议》），协议约定奕之帆公司愿意以案涉30%股权向兆邦基公司提供担保，以确保奕之帆公司能够支付和偿还鲤鱼门公司的相关债务、相关诉讼、后期对兆邦基公司借款的本息、奕之帆公司应承担的鲤鱼门公司的后续银行贷款本息、奕之帆公司应承担的目标项目的后续开发建设资金等。同时明确担保方式为将案涉30%股权过户给奕之帆公司与兆邦基公司共同持股的康诺富公司，但奕之帆公司仍为案涉30%股权的实际所有人，股东权利义务由奕之帆公司行使，且未经奕之帆公司与兆邦基公司双方同意，各方均不得对案涉30%股权进行处分。2014年8月26日，奕之帆公司、兆邦基公司、侯某宾、立兆公司与鲤鱼门公司共同签订《协议书》（以下简称8·26《协议书》），该协议书约定协议各方确认了奕之帆公司与侯某宾未能清理和偿还的债务，并明确经过对整个项目的市场评估，奕之帆公司在项目公司中所享有的权益份额已不足偿还上述债务。协议各方约定奕之帆公司、侯某宾与立兆公司所负债务由兆邦基公司与鲤鱼门公司在4.06亿元范围内负责解决，同时，奕之帆公司放弃案涉30%股权，该股权归兆邦基公司所有。2015年11月17日，奕之帆公司、兆邦基公司、深圳市信诺电讯股份有限公司（以下简称信诺电讯公司）、侯某宾与鲤鱼门公司共同签订《补充协议》。该《补充协议》对8·26《协议书》的履行情况进行了确认，并确认借款的实际使用人为信诺电讯公司（侯某宾为信诺电讯公司的实际控制人）。

法院经审理认为，案涉所有协议不存在违反法律法规强制性规定，亦不违反民法上的公平、等价有偿原则，合法有效，各方当事人应当依约履行。8·26《协议书》在鲤鱼门公司与奕之帆公司、侯某宾之间形成了相应的权利义务关系，奕之帆公司与侯某宾请求确认该协议书无效的诉讼请求与鲤鱼门公司具有法律上的利害关系，鲤鱼门公司是本案的适格被告。当事人于债务履行期届满之前，通过4·25《股权担保协议》约定奕之帆公司不能履行债务时就案涉30%股权以市场价值评估为基础进行抵偿，该协议并非约定由兆邦基公司或康诺富公司当然取得案涉30%股权的所有权，体现了让与担保的特征，符合公平与等价有偿原则。在让与担保的设定中，标的物的所有权通常已经转移于债权人。为保护债务人的利益，防止出现债权人取得标的物评价额（即标的物价值）与债权额之间差额等类似于流质、流押的情形，让与担保权利的实现应对当事人课以清算义务。本案8·26《协议书》与此前两份协议具有承继关系，8·26《协议书》中当事人就让与担保标的物价值重新达成合意，并明确约定清算义务，当事人于本案已实际履行清算义务（主要表现为当事人根据最终据实结算的债务数额，向让与担保义务人即奕之帆公司一方返还该债务数额与标的物价值之间的差额）。兆邦基公司已实现了此前所约定的让与担保权利，奕之帆公司对案涉让与担保标的物已经不再享有权利，兆邦基公司与康诺富公司将鲤鱼门公司股权质押的行为不构成违约。奕之帆公司与侯某宾亦不因此享有约定解除权。8·26《协议书》不存在非法处置30%股权的问题，奕之帆公司享有案涉30%股权之合同目的无法实现并非兆邦基公司的行为所致，鲤鱼门公司将其名下核心资产即土地使用权及在建项目对外抵押，系该公司正常经营范围内的事项，奕之帆公司与侯某宾也不享有法定解除权。

【案　　号】（2018）最高法民终751号

【审理法院】最高人民法院

【来　　源】《最高人民法院公报》2020年第2期

## ▶ 类案检索

### 一、黄某强、方某满质押合同纠纷案

**关键词：** 质押合同　流质

**裁判摘要：** 质押合同是双方当事人真实意思表示，并无法定无效情形，合法有效，双方当事人均应基于诚信原则按约履行合同义务。在债务履行期限届满前，当事人于质押合同中约定质押人未按合同规定的时间偿还借款本息和综合费用、不办理续期手续、不交纳续期利息和综合费用的，质权人有权按双方签约时共同认定的价值处理质押财产，该约定属于流质。法律明确质权人在债务履行期限届满前，与出质人约定债务人不履行到期债务时质押财产归债权人所有的，不能认定为无效。此外，当事人主张其损失的，应当提供证据予以证实，否则应当承担举证不能的不利后果。

【案　　号】（2021）湘01民终4902号

【审理法院】湖南省长沙市中级人民法院

【来　　源】中国裁判文书网

### 二、史某梅等与徐某兴等合同纠纷案

**关键词：** 流质　以物抵债

**裁判摘要：** 以物抵债，是指双方约定债权人受领他种给付代替原定给付进

而消灭债的行为。而按照相关法律规定，在履行期限届满前有关债务人不能履行债务时抵押物就归属于债权人的约定，因违反禁止流质或流押的规定而无效，债权人不能直接请求债务人履行交付或者权属变更义务。故以物抵债协议的效力应考察双方是在债务履行期限届满前还是债务履行期限届满后达成的协议，同时重在考察双方在以物抵债时是否进行了清算，以衡量双方关于以物抵债协议是否公平。具体案件中应综合当事人签订的协议内容，结合双方陈述以及协议履行的情况，确认双方当事人签订的以物抵债协议，若双方本意上系以抵偿资产来担保基础债务的履行，对当事人要求继续履行以物抵债协议，交付标的物的请求，不予支持。

【案　　号】（2021）京03民终3789号
【审理法院】北京市第三中级人民法院
【来　　源】中国裁判文书网

## 第四百二十九条 质权自出质人交付质押财产时设立。

### ▶ 关联规定

一、法律、行政法规、司法解释

1.《中华人民共和国民法典》

**第二百零八条** 不动产物权的设立、变更、转让和消灭,应当依照法律规定登记。动产物权的设立和转让,应当依照法律规定交付。

**第二百二十四条** 动产物权的设立和转让,自交付时发生效力,但是法律另有规定的除外。

**第二百二十六条** 动产物权设立和转让前,权利人已经占有该动产的,物权自民事法律行为生效时发生效力。

**第二百二十七条** 动产物权设立和转让前,第三人占有该动产的,负有交付义务的人可以通过转让请求第三人返还原物的权利代替交付。

2.《最高人民法院关于适用〈中华人民共和国民法典〉有关担保制度的解释》

**第五十五条** 债权人、出质人与监管人订立三方协议,出质人以通过一定数量、品种等概括描述能够确定范围的货物为债务的履行提供担保,当事人有证据证明监管人系受债权人的委托监管并实际控制该货物的,人民法院应当认定质权于监管人实际控制货物之日起设立。监管人违反约定向出质人或者其他人放货、因保管不善导致货物毁损灭失,债权人请求监管人承担违约责任的,人民法院依法予以支持。

在前款规定情形下,当事人有证据证明监管人系受出质人委托监管该货物,或者虽然受债权人委托但是未实际履行监管职责,导致货物仍由出质人实际控制的,人民法院应当认定质权未设立。债权人可以基于质押合同的约定请求出质人承担违约责任,但是不得超过质权有效设立时出质人应当承担的责任范围。监管人未履行监管职责,债权人请求监管人承担责任的,人民法院依法予以支持。

**第五十九条** 存货人或者仓单持有人在仓单上以背书记载"质押"字样，并经保管人签章，仓单已经交付质权人的，人民法院应当认定质权自仓单交付质权人时设立。没有权利凭证的仓单，依法可以办理出质登记的，仓单质权自办理出质登记时设立。

出质人既以仓单出质，又以仓储物设立担保，按照公示的先后确定清偿顺序；难以确定先后的，按照债权比例清偿。

保管人为同一货物签发多份仓单，出质人在多份仓单上设立多个质权，按照公示的先后确定清偿顺序；难以确定先后的，按照债权比例受偿。

存在第二款、第三款规定的情形，债权人举证证明其损失系由出质人与保管人的共同行为所致，请求出质人与保管人承担连带赔偿责任的，人民法院应予以支持。

3.《最高人民法院关于适用〈中华人民共和国民法典〉物权编的解释（一）》

**第十七条** 民法典第三百一十一条第一款第一项所称的"受让人受让该不动产或者动产时"，是指依法完成不动产物权转移登记或者动产交付之时。

当事人以民法典第二百二十六条规定的方式交付动产的，转让动产民事法律行为生效时为动产交付之时；当事人以民法典第二百二十七条规定的方式交付动产的，转让人与受让人之间有关转让返还原物请求权的协议生效时为动产交付之时。

法律对不动产、动产物权的设立另有规定的，应当按照法律规定的时间认定权利人是否为善意。

## 二、部门规章及规范性文件

《典当管理办法》

**第三条** 本办法所称典当，是指当户将其动产、财产权利作为当物质押或者将其房地产作为当物抵押给典当行，交付一定比例费用，取得当金，并在约定期限内支付当金利息、偿还当金、赎回当物的行为。

本办法所称典当行，是指依照本办法设立的专门从事典当活动的企业法人，其组织形式与组织机构适用《中华人民共和国公司法》的有关规定。

### 三、司法指导性文件

**《全国法院民商事审判工作会议纪要》**

63.【流动质押的设立与监督人的责任】在流动质押中，经常由债权人、出质人与监管人订立三方监管协议，此时应当查明监管人究竟是受债权人的委托还是受出质人的委托监管质物，确定质物是否已经交付债权人，从而判断质权是否有效设立。如果监管人系受债权人的委托监管质物，则其是债权人的直接占有人，应当认定完成了质物交付，质权有效设立。监管人违反监管协议约定，违规向出质人放货、因保管不善导致质物毁损灭失，债权人请求监管人承担违约责任的，人民法院依法予以支持。

如果监管人系受出质人委托监管质物，表明质物并未交付债权人，应当认定质权未有效设立。尽管监管协议约定监管人系受债权人的委托监管质物，但有证据证明其并未履行监管职责，质物实际上仍由出质人管领控制的，也应当认定质物并未实际交付，质权未有效设立。此时，债权人可以基于质押合同的约定请求质押人承担违约责任，但其范围不得超过质权有效设立时质押人所应当承担的责任。监管人未履行监管职责的，债权人也可以请求监管人承担违约责任。

## ▶ 条文释义

### 一、本条主旨

本条是关于动产质权生效时间的规定。

### 二、条文演变

原《物权法》第212条规定："质权自出质人交付质押财产时设立。"本条沿用了这一规定。

### 三、条文解读

本条规定了动产质权的设立时间，暗含动产质权的设立需具备以下要件。

## （一）质押财产是物权上的物

### 1.动产质权质押财产是特定的物

根据物是否具有特征或是否被特定化，可以分为特定物和种类物。特定物既包括独具特征、独一无二的物，也包括经交易当事人指定被特定化的种类物；种类物是指具有共同的属性，可以通过品种、规格、型号等加以确定的物。《民法典》第114条规定："民事主体依法享有物权。物权是权利人依法对特定的物享有直接支配和排他的权利，包括所有权、用益物权和担保物权。"物作为物权客体，是物权效力发挥作用的重要依托。物权因公示获得对世性，也因此享有排他性和优先性，如若物权标的物不特定化，标的物根本无法完成物权公示要求的登记或交付。物权是物权人对物享有支配权利，如标的物无法实现特定化，物权人也无法处分物，实现物权。因此，动产质权作为质权人对特定质押物享有的物权，质押物特定是设立动产质权的重要前提条件。

### 2.动产质权质押财产非为禁止出质的物

因物权具有直接支配性，是绝对权、对世权，所以通常情况下物权人无须通过他人就可以直接支配特定物，物权人以外的其他人负有容忍和不侵害的义务。但这并不意味着物权人可以任意对物进行支配处置，物权的行使还应当符合法律规定。法律上的物以物能否流通、流通范围大小为标准，可以区分为流通物、限制流通物和禁止流通物。《民法典》第426条规定："法律、行政法规禁止转让的动产不得出质。"《文物保护法》第52条第3款规定："国家禁止出境的文物，不得转让、出租、质押给外国人。"禁止流通物无法成为动产质权中的质押物。

## （二）动产质权质押物已完成交付

出质人与质权人之间订立动产质押合同的，合同自双方当事人意思表示达成一致时成立，但动产质押合同的成立与动产质权的设立并无直接关系。《民法典》第208条规定："不动产物权的设立、变更、转让和消灭，应当依照法律规定登记。动产物权的设立和转让，应当依照法律规定交付。"因此，质押物是否转移是判断质权是否有效设立的判断标准。根据本条规定，动产质权仅当出质人实际转移质押财产给质权人占有时，质权才设立并生效。对于质押合同效力的判断则更需要根据《民法典》合同编相关规定进行判断，不能将质权设立的时间节点与质押合同成立、生效时间节点混为一谈。

## ▶ 适用指引

### 一、占有改定与动产质权

质押合同生效后质押财产不一定交付，对质权人而言，此时其对出质人虽不享有物权请求权，但其享有债权请求权，其可以请求人民法院判决出质人交付质押财产，或者判决出质人承担违约责任或者损害赔偿责任。由此可见，动产质权能否成立，并不是质押合同生效的必要条件。根据本条规定，动产质权设立需完成动产质押物的交付。

交付可以分为现实交付与观念交付。通常情况下动产物权变动规则中所称交付是指现实交付，现实交付可以直接实现物的占有从一方当事人转移至另一方当事人，交付完成动产质权即设立。动产质权还可以通过观念交付的方式完成。观念交付是指法律允许当事人之间约定不通过现实交付动产的方法，而采用观念上的方法实现抽象的占有转移，完成动产物权的设立或转让。观念交付在一定程度上较现实交付增强了交易便捷性，能满足快速交易需求。根据《民法典》第226条、第227条、第228条的规定可知，观念交付包括简易交付、指示交付和占有改定三种。其中，简易交付中质权人于质权设定前已先行占有质押财产，设定质权时，质权当然成立；指示交付中质押财产由第三人占有，质押人将其对第三人的返还请求权转移给质权人，由质权人向第三人行使，第三人完成质押财产的交付。但当事人之间无法通过占有改定方法设立质权。占有改定是让与人转让所有权后，仍继续占有该物，受让人通过彼此间订立的合同取得对物的间接占有。当事人之间设立动产质权目的在于获得质押物对主债权的担保功能，对于动产质权而言，由于动产的高流通性、交易便捷性，为了保障物权人对特定动产享有的排他性权利，普通动产设立质权需要经过公示。占有改定这种交付方式当然能实现简化交易程序，满足便捷交易的目的，但占有改定中，质权人都没有现实地占有质押物，标的物由于未发生形式上的转移，不具备完整的公示作用，公信力较差。如果承认这种方式设定的质权，基于质权的强大物权效力，很容易给交易第三人的利益造成不可预知的妨害，进而危及交易安全。因此，在无法克服公示方法上的缺陷时，对占有改定设定质权的做法,应该采取否定的态度。动产质权的成立以动产的交付为前提和要件,如无动产的交付,质权人无法证明其质权存在,其他人无法知道该动产上已经设立质权,既不利于交易安全,也不利于保护其他人的利益。故《民法典》对其适用予以适当限制——其第228条仅规定当事人可于动产物权转让时采取占有改定方式,排除了设立动产物权的情形。

### 二、流动质押

随着经济社会的发展进步,实践中的担保形式也日渐多元化,流动质押就是近年来发展出来的有别于传统意义质权的质押形式,这在促进融资的同时,也带来了一些法律问题。流动质押,又被称为动态质押、存货动态质押等,是指债务人或第三人为担保债务的履行,以其有权处分的原材料、半成品、产品等库存货物为标的向银行等债权人设立质押,双方委托第三方物流企业占有并监管质押财产,质押财产被控制在一定数量或价值范围内进行动态更换、出旧补新的一种担保方式。① 在流动质押中,识别质物何时完成交付是影响当事人间权利义务的重要问题。

流动质押中,质权人、出质人和监管人三方常通过签订监管协议的方式,由监管人对质押物实施占有和监管,质权人通过监管协议享有占有返还请求权,对质押物实现间接占有。但实践中还应注意到,订立监管协议并不直接等同于质权设立。根据《民商审判会议纪要》第63条规定,流动质押中应当查明"监管人究竟是受债权人的委托还是受出质人的委托监管质物,确定质物是否已经交付债权人,从而判断质权是否有效设立"。如果监管人系受债权人的委托监管质物,则其是债权人的直接占有人,应当认定完成了质物交付,质权有效设立。如果监管人系受出质人委托监管质物,表明质物并未交付债权人,应当认定质权未有效设立。尽管监管协议约定监管人系受债权人的委托监管质物,但有证据证明其并未履行监管职责,质物实际上仍由出质人管领控制的,也应当认定质物并未实际交付,质权未有效设立。此时,债权人可以基于质押合同请求出质人承担违约责任,但其范围不得超过质权有效设立时出质人所应承担的责任。

---

① 参见最高人民法院民事审判第二庭编著:《〈全国法院民商事审判工作会议纪要〉理解与适用》,人民法院出版社2019年版,第375页。

## 指导案例

**指导案例54号：中国农业发展银行安徽省分行诉张大标、安徽长江融资担保集团有限公司执行异议之诉纠纷案**

（最高人民法院审判委员会讨论通过　2015年11月19日发布）

**关键词**：民事　执行异议之诉　金钱质押　特定化　移交占有

**裁判要点**：当事人依约为出质的金钱开立保证金专门账户，且质权人取得对该专门账户的占有控制权，符合金钱特定化和移交占有的要求，即使该账户内资金余额发生浮动，也不影响该金钱质权的设立。

**相关法条**：《中华人民共和国物权法》第212条

**基本案情**：原告中国农业发展银行安徽省分行（以下简称农发行安徽分行）诉称：其与第三人安徽长江融资担保集团有限公司（以下简称长江担保公司）按照签订的《信贷担保业务合作协议》，就信贷担保业务按约进行了合作。长江担保公司在农发行安徽分行处开设的担保保证金专户内的资金实际是长江担保公司向其提供的质押担保，请求判令其对该账户内的资金享有质权。

被告张大标辩称：农发行安徽分行与第三人长江担保公司之间的《贷款担保业务合作协议》没有质押的意思表示；案涉账户资金本身是浮动的，不符合金钱特定化要求，农发行安徽分行对案涉保证金账户内的资金不享有质权。

第三人长江担保公司认可农发行安徽分行对账户资金享有质权的意见。

法院经审理查明：2009年4月7日，农发行安徽分行与长江担保公司签订一份《贷款担保业务合作协议》。其中第三条"担保方式及担保责任"约定：甲方（长江担保公司）向乙方（农发行安徽分行）提供的保证担保为连带责任保证；保证担保的范围包括主债权及利息、违约金和实现债权的费用等。第四条"担保保证金（担保存款）"约定：甲方在乙方开立担保保证金专户，担保保证金专户行为农发行安徽分行营业部，账号尾号为9511；甲方需将具体担保业务约定的保证金在保证合同签订前存入担保保证金专户，甲方需缴存的保证金不低于贷款额度的10%；未经乙方同意，甲方不得动用担保保证金专户内的资金。第六条"贷款的催收、展期及担保责任的承担"约定：借款人逾期未能足额还款的，甲方在接到乙方书面通知后五日内按照第三条约定向乙方承担担保责任,并将相应款项划入乙方指定账户。第八条"违约责任"约定:甲方在乙方开立的担保专户的余额无论因何原因而小于约定的额度时,甲方应在接到乙方通知后三个工作日内补足,补足前乙方可以中止本协议项下业务。甲方违反本协议第六条的约定,没有按时履行保证责任的,乙方有权从甲方在其开立的担保基金专户或其他任一账户中扣划相应的款项。2009年10月30日、2010年10月30日,农发行安徽分行与长江担保公司还分别签订与上述合作协议内容相似的两份《信贷担保业务合作协议》。

上述协议签订后,农发行安徽分行与长江担保公司就贷款担保业务进行合作,长江担保公司在农发行安徽分行处开立担保保证金账户,账号尾号为9511。长江担保公司按照协议约定缴存规定比例的担保保证金,并据此为相应额度的贷款提供了连带保证责任担保。自2009年4月3日至2012年12月31日,该账户共发生了107笔业务,其中贷方业务为长江担保公司缴存的保证金;借方业务主要涉及两大类,一类是贷款归还后长江担保公司申请农发行安徽分行退还的保证金,部分退至债务人的账户;另一类是贷款逾期后农发行安徽分行从该账户内扣划的保证金。

2011年12月19日,安徽省合肥市中级人民法院在审理张大标诉安徽省六本食品有限责任公司、长江担保公司等民间借贷纠纷一案过程中,根据张大标的申请,对长江担保公司上述保证金账户内的资金1495.7852万元进行保全。该案判决生效后,合肥市中级人民法院将上述保证金账户内的资金1338.313257万元划至该院账户。农发行安徽分行作为案外人提出执行异议,2012年11月2日被合肥市中级人民法院裁定驳回异议。随后,农发行安徽分行因与被告张大标、第三人长江担保公司发生执行异议纠纷,提起本案诉讼。

**裁判结果:**安徽省合肥市中级人民法院于2013年3月28日作出(2012)合民一初字第00505号民事判决:驳回农发行安徽分行的诉讼请求。宣判后,农发行安徽分行提出上诉。安徽省高级人民法院于2013年11月19日作出(2013)皖民二终字第00261号民事判决:一、撤销安徽省合肥市中级人民法院(2012)合民一初字第00505号民事判决;二、农发行安徽分行对长江担保公司账户(账号尾号9511)内的13383132.57元资金享有质权。

**裁判理由:**法院生效裁判认为:本案二审的争议焦点为农发行安徽分行对案涉账户内的资金是否享有质权。对此应当从农发行安徽分行与长江担保公司之间是否存在质押关系以及质权是否设立两个方面进行审查。

一、农发行安徽分行与长江担保公司是否存在质押关系

《中华人民共和国物权法》(以下简称《物权法》)第二百一十条规定:"设立质权,当事人应当采取书面形式订立质权合同。质权合同一般包括下列条款:(一)被担保债权的种类和数额;(二)债务人履行债务的期限;(三)质押财产的名称、数量、质量、状况;(四)担保的范围;(五)质押财产交付的时间。"本案中,农发行安徽分行与长江担保公司之间虽没有单独订立带有"质押"字样的合同,但依据该协议第四条、第六条、第八条约定的条款内容,农发行安徽分行与长江担保公司之间协商一致,对以下事项达成合意:长江担保公司为担保业务所缴存的保证金设立担保保证金专户,长江担保公司按照贷款额度的一定比例缴存保证金;农发行安徽分行作为开户行对长江担保公司存入该账户的保证金取得控制权,未经同意,长江担保公司不能自由使用该账户内的资金;长江担保公司未履行保证责任,农发行安徽分行有权从该账户中扣划相应的款项。该合意明确约定了所担保债权的种类和数量、债务履行期限、质物数量和移交时间、担保范围、质权行使条件,具备《物权法》第二百一十条规定的质押合同的一般条款,故应认定农发行安徽分行与长江担保公司之间订立了书面质押合同。

二、案涉质权是否设立

《物权法》第二百一十二条规定:"质权自出质人交付质押财产时设立。"《最高人民法院关于适用〈中华人民共和国担保法〉若干问题的解释》第八十五条规定,债务人或者第三人将其金钱以特户、封金、保证金等形式特定化后,移交债权人占有作为债权的担保,债务人不履行债务时,债权人可以以该金钱优先受偿。依照上述法律和司法解释规定,金钱作为一种特殊的动产,可以用于质押。金钱质押作为特殊的动产质押,不同于不动产抵押和权利质押,还应当符合金钱特定化和移交债权人占有两个要件,以使金钱既不与出质人其他财产相混同,又能独立于质权人的财产。

本案中,首先金钱以保证金形式特定化。长江担保公司于2009年4月3日在农发行安徽分行开户,且与《贷款担保业务合作协议》约定的账号一致,即双方当事人已经按照协议约定为出质金钱开立了担保保证金专户。保证金专户开立后,账户内转入的资金为长江担保公司根据每次担保贷款额度的一定比例向该账户缴存保证金;账户内转出的资金为农发行安徽分行对保证金的退还

和扣划，该账户未作日常结算使用，故符合《最高人民法院关于适用〈中华人民共和国担保法〉若干问题的解释》第八十五条规定的金钱以特户等形式特定化的要求。其次，特定化金钱已移交债权人占有。占有是指对物进行控制和管理的事实状态。案涉保证金账户开立在农发行安徽分行，长江担保公司作为担保保证金专户内资金的所有权人，本应享有自由支取的权利，但《贷款担保业务合作协议》约定未经农发行安徽分行同意，长江担保公司不得动用担保保证金专户内的资金。同时，《贷款担保业务合作协议》约定在担保的贷款到期未获清偿时，农发行安徽分行有权直接扣划担保保证金专户内的资金，农发行安徽分行作为债权人取得了案涉保证金账户的控制权，实际控制和管理该账户，此种控制权移交符合出质金钱移交债权人占有的要求。据此，应当认定双方当事人已就案涉保证金账户内的资金设立质权。

关于账户资金浮动是否影响金钱特定化的问题。保证金以专门账户形式特定化并不等于固定化。案涉账户在使用过程中，随着担保业务的开展，保证金账户的资金余额是浮动的。担保公司开展新的贷款担保业务时，需要按照约定存入一定比例的保证金，必然导致账户资金的增加；在担保公司担保的贷款到期未获清偿时，扣划保证金账户内的资金，必然导致账户资金的减少。虽然账户内资金根据业务发生情况处于浮动状态，但均与保证金业务相对应，除缴存的保证金外，支出的款项均用于保证金的退还和扣划，未用于非保证金业务的日常结算。即农发行安徽分行可以控制该账户，长江担保公司对该账户内的资金使用受到限制，故该账户资金浮动仍符合金钱作为质权的特定化和移交占有的要求，不影响该金钱质权的设立。

## ▶ 典型案例

一、富滇银行股份有限公司大理分行与杨某鸣、大理建标房地产开发有限公司案外人执行异议之诉案

**关键词**：质权设立　保证金质押　特定化

**裁判摘要**：保证人与债权银行之间约定设立保证金账户，按比例存入一定金额的保证金用于履行某项保证责任，未经同意保证人不得使用保证金，债权

银行有权从该账户直接扣收有关款项,并约定了保证期间等,应认定双方存在金钱质押的合意。保证金账户内资金的特定化不等于固定化,只要资金的浮动均与保证金业务对应、有关,未作日常结算使用,即应认定符合金钱以特户形式特定化要求,债权银行实际控制和管理保证金账户的,满足对出质金钱占有的要求。

**基本案情:** 2010年1月28日,大理建标房地产开发有限公司(以下简称建标公司)向富滇银行股份有限公司大理分行(以下简称富滇银行大理分行)申请"建标华城"楼宇按揭额度4.5亿元,同意为在富滇银行大理分行办理"建标华城"项目按揭贷款的客户承担连带保证责任。2010年7月至8月期间,富滇银行大理分行就向建标公司"建标华城"项目按揭额度授信4.5亿元事宜按照内部程序进行审批。当年8月12日经富滇银行总行信用审批委员会审议,同意给予建标公司4.5亿元楼宇按揭贷款授信额度,授信期限3年。2011年8月28日,富滇银行大理分行与建标公司签订《个人住房贷款合作协议书》,约定:双方就建标公司开发建设的"建标华城"进行合作,对于符合贷款条件的购房户,富滇银行大理分行提供总额不超过4.5亿元的贷款,建标公司对购房户提供连带保证担保,建标公司应在富滇银行大理分行开立保证金账户,保持存放不低于富滇银行大理分行发放贷款最高额的5%的保证金,用于履行建标公司的连带保证责任,未经富滇银行大理分行同意,建标公司不得将保证金挪作他用。2012年11月19日,富滇银行大理分行与建标公司再次签订《个人住房贷款合作协议书》,约定富滇银行大理分行为"建标华城"购房户提供总额不超过4000万元的贷款,建标公司对购房户提供连带保证担保,相关约定同2011年贷款合作协议书。2010年,建标公司在富滇银行大理分行开设尾号为0990保证金账户(以下简称0990账户),自2010年10月开始向该账户转入资金。后0990账户内的资金全部转结至2011年6月17日建标公司在富滇银行大理分行开设的尾号为6596保证金账户(以下简称6596账户)。自2011年6月开始,建标公司依约向6596账户转入资金,富滇银行大理分行对违约贷款保证金进行了扣划。2017年9月8日,大理市中级人民法院在办理杨某鸣申请执行建标公司借款合同纠纷一案中,冻结了6596账户内的存款280万元,富滇银行大理分行向大理市中级人民法院提出执行异议,该院作出执行裁定书驳回富滇银行大理分行的执行异议,该行不服该裁定,提起本案执行异议之诉。

法院经审理认为，首先，0990账户性质及其与6596账户间系替换关系。开设该账户的双方当事人均认可0990账户性质为保证金账户，虽该账户开设时科目处理出现瑕疵，但不影响其保证金专户的性质。0990账户销户后，其资金全部转入6596保证金账户，同时后续发生的按揭贷款的保证金存入该账户，两账户之间的关系为替换关系。其次，双方当事人之间存在保证金质押的合意。根据当事人提供的按揭额度申请、银行审批相关材料、《个人住房贷款合作协议书》《个人购房（抵押）担保借款合同》，以及自2010年10月债务人即开始交存保证金担保按揭贷款的客观事实等，可以证实债权银行与债务人自2010年10月即存在贷款合作关系，双方约定自2010年10月11日起，对购买"建标华城"项目的购房户提供连带保证担保，并约定在债权银行开立保证金账户，保持存放不低于债权银行发放贷款最高额的5%的保证金，用于履行债务人的连带保证责任，未经债权银行同意，债务人不得将保证金挪作他用，若不按合同履行保证责任，债权银行有权从其账户直接扣收有关款项。由此可见，双方当事人对质押达成了合意，该合意具备质押合同的一般要件，双方之间存在保证金质押关系。本案0990、6596两个保证金专户开立后，存入的款项均注明为保证金，转出款项只有两次，一次为部分购房户还清贷款后银行退回相应保证金，一次为扣划清偿购房户的逾期欠款，款项进出均能一一对应。保证金以专户形式特定化并不等于固定化，案涉账户内的资金因业务发生浮动，但均与保证金业务相对应，除缴存保证金外，支出的款项均用于保证金的退还和扣划，未作日常结算使用，符合法律规定的金钱以特户形式特定化的要求。另因案涉账户开立在债权银行，该行实际控制和管理该账户，符合出质金钱移交债权人占有的要求，故案涉保证金质权依法设立。最后，扣划款项表明债权银行对该账户资金享有处置权，属于实现质权的情形。因债权银行诉请判处的金额为本案一审法院冻结的6596账户内的资金额及其利息，故二审法院针对当事人的诉请范围予以判处，同时根据相关法律规定，质权的效力应及于质押财产的孳息，故对当事人诉请判处的利息一并予以支持。

【案　　号】（2018）云民终1121号

【审理法院】云南省高级人民法院

【来　　源】《最高人民法院公报》2020年第6期

## 二、宁波杭州湾新区信邦小额贷款股份有限公司与宁波市阿波罗电器有限公司金融借款合同纠纷案

**关键词：** 金钱质押　特定化　动产交付

**裁判摘要：** 货币质权的设立需要满足两个条件：一是签订书面的质押合同；二是将一定货币通过一定的方式特定化并交付质权人占有。存款人在银行开立保证金账户是货币特定化的一种方式，但只能使该账户内的存款达到特定化的要求，并不能直接产生优先受偿的效果。当事人在银行开立名为保证金账户的人民币结算账户仍为一般的结算账户，若案外人未订立书面的质押合同的，其对账户内的存款并不享有合法有效的质权。保证金账户中的存款仍为账户所有人的一般存款，法院有权依法冻结、扣划该账户中的存款。

**基本案情：** 2012年5月16日被执行人宁波力融担保有限公司（以下简称力融公司）与案外人慈溪市融通小额贷款股份有限公司（以下简称融通公司）签订授信业务担保合作协议一份，其第6条第4项约定，若力融公司所担保的客户在贷款到期日不能足额偿付贷款本息，由力融公司无条件代偿，代偿范围根据双方签订的相关合同为准；第10条保证金：力融公司按每笔承保额度的10%向融通公司缴存保证金，被担保人完全清偿债务后，保证金不计息退还给力融公司。同日，甲方力融公司、乙方宁波银行城东支行、丙方融通公司三方签订《宁波银行账户监管协议（三方协议）》，约定甲方在乙方指定下列账户为监管账户，甲方承诺在委托监管账户尚有余额时不向乙方提出销户申请。户名：力融公司，账号：62××××××××××1713，开户银行：宁波银行城东支行。三方同时约定了指定收款人和收款账号及限制收款人和收款账号；丙方根据与甲方签订的担保合同及扣款书面通知向乙方发出的指令视为甲方的有效指令，乙方按照该指令行事。力融公司与融通公司未签订书面的质押协议。

法院经审理认为，首先，货币作为一种特殊的种类物其所有权的公示方式与其他动产相同，均为占有和占有的转移。本案涉及的款项存入到力融公司在宁波银行城东支行开立的账户中，户名为力融公司，从物权公示角度讲，该笔款项的所有权人是力融公司。且双方在协议中明确约定，该账户中的款项只有在被担保人出现授信违约并超过约定期限时，融通公司才可以委托监管银行扣

划账户中款项,且只有完成扣划,相应的款项进入融通公司账户时,融通公司方能取得相应款项的所有权,也即在被担保方没有违约之前,融通公司并不具备取得相应款项所有权的条件。其次,根据相关法律规定,货币质权的成立必须满足两个条件:一是应当签订书面的质押合同,该合同为要式合同;二是债务人或者第三人将其货币以特户、封金、保证金等形式特定化后,移交债权人占有作为债权的担保,债务人不履行债务时,债权人可以以该货币优先受偿。但案外人融通公司与被执行人力融公司并未签订书面的质押合同,因此,融通公司就账户中款项并不享有合法有效的质权。综上,法院在执行过程中依法冻结力融公司银行存款的行为符合法律规定,并未侵犯案外人融通公司的权利,案外人提出的异议不能成立。

【案　　号】(2013)甬慈执异字第2号

【审理法院】浙江省慈溪市人民法院

【来　　源】《人民司法·案例》2013年第24期

## ▶ 类案检索

**大连银行股份有限公司与锦州佐源糖业食品有限公司等金融借款合同纠纷案**

关键词:质权设立　第三人监管　动产交付

裁判摘要:质物交付是质权设立的必备条件,设定质权时,要求通过法定给付行为将质物转移给质权人有效控制,故判断质权是否依法设立的前提是审查质物是否已依法交付,实现质权人的有效控制。案涉质物存放于出质人的仓库,质权人通过三方签订《动产监管协议》的形式,指定第三人(监管人)租用出质人的仓库进行监管,但结合出质人未转移质物、不让监管人入库乃至驱逐监管人等情形,案涉质物实际仍由出质人实际控制和支配,并未实现质权人直接或间接的有效控制。案涉质物交付形式不符合法律规定的质权设立形式,质权未能依法设立,质权人无法主张优先受偿权。此外,《动产监管协议》属于委托合同,根据法律规定及双方合同约定,监管人在对案涉货物监管的过程中负有的应是过错责任。在监管过程中,监管人发现监管货物存在被转移、强行出库及出质人不配合监管、不允许盘库、驱赶监管员等情况时,监管人应积极履行监管义务,及时通知质权人,在不违反法律的情况下,履行通知、函告、报警等义务,穷尽监管能力和行为,积极采取措施避免监管货物出现被转移、毁损、灭失及价值减少等情况。若非因监管人原因导致质物出现被转移、毁损、灭失等情形的,质权人无权主张监管人承担补充赔偿责任。

【案　　号】(2019)最高法民终331号

【审理法院】最高人民法院

【来　　源】中国裁判文书网

**第四百三十条** 质权人有权收取质押财产的孳息，但是合同另有约定的除外。

前款规定的孳息应当先充抵收取孳息的费用。

## ▶ 关联规定

**一、法律、行政法规、司法解释**

1.《中华人民共和国民法典》

**第三百二十一条** 天然孳息，由所有权人取得；既有所有权人又有用益物权人的，由用益物权人取得。当事人另有约定的，按照其约定。

法定孳息，当事人有约定的，按照约定取得；没有约定或者约定不明确的，按照交易习惯取得。

**第三百八十九条** 担保物权的担保范围包括主债权及其利息、违约金、损害赔偿金、保管担保财产和实现担保物权的费用。当事人另有约定的，按照其约定。

**第四百一十二条** 债务人不履行到期债务或者发生当事人约定的实现抵押权的情形，致使抵押财产被人民法院依法扣押的，自扣押之日起，抵押权人有权收取该抵押财产的天然孳息或者法定孳息，但是抵押权人未通知应当清偿法定孳息义务人的除外。

前款规定的孳息应当先充抵收取孳息的费用。

**第四百五十二条** 留置权人有权收取留置财产的孳息。

前款规定的孳息应当先充抵收取孳息的费用。

**第四百六十条** 不动产或者动产被占有人占有的，权利人可以请求返还原物及其孳息；但是，应当支付善意占有人因维护该不动产或者动产支出的必要费用。

2.《最高人民法院关于适用〈中华人民共和国民法典〉有关担保制度的解释》

第三十八条 主债权未受全部清偿，担保物权人主张就担保财产的全部行使担保物权的，人民法院应予支持，但是留置权人行使留置权的，应当依照民法典第四百五十条的规定处理。

担保财产被分割或者部分转让，担保物权人主张就分割或者转让后的担保财产行使担保物权的，人民法院应予支持，但是法律或者司法解释另有规定的除外。

## 二、部门规章及规范性文件

《证券公司股票质押贷款管理办法》

第三十五条 质物在质押期间所产生的孳息（包括送股、分红、派息等）随质物一起质押。

质物在质押期间发生配股时，出质人应当购买并随质物一起质押。出质人不购买而出现质物价值缺口的，出质人应当及时补足。

## ▶ 条文释义

### 一、本条主旨

本条是关于质权人孳息收取权的规定。

### 二、条文演变

原《物权法》第 210 条规定："质权人有权收取质押财产的孳息，但合同另有约定的除外。"本条沿用了这一规定，仅在表述上将"但"改为"但是"。

### 三、条文解读

根据《民法典》第 321 条的规定，孳息可分为天然孳息和法定孳息。天然孳息是指果实、动物的产物及其他依照自然规律从原物所收获的出产物，天然孳息通常情况下由所有权人取得，既有所有权人又有用益物权人的，由用益物权人取得。当事人另有约定的，按照其约定。法定孳息是出质人对质押物经营的结果，是出质人通过授予他人对质押物的使用、经营而获得的利益，当事人有约定的，按照约定取得；没有约定或者约定不明确的，按照交易习惯取得。质押财产的孳息是指出质人通过质押物与第三人在发生一定法律关系的基础上依法取得的收益，如质押物出租的租金等，属于法定孳息。根据本条规定，质权人有权收取质押财产的孳息，但合同另有约定的除外。

本条第 2 款规定了质押财产的孳息的充抵顺序。质权人依法收取孳息时，并不当然取得所有权，而是取得孳息的质权，孳息成为质权的标的。如果孳息是金钱，质权人可以直接用于清偿，如果孳息是物，可以由质权人与出质人协议以该孳息折价或者拍卖、变卖，以所得价款优先受偿。[①] 根据本条规定，依法收取的孳息首先应当充抵收取孳息的费用。

## ▶ 适用指引

### 一、孳息余额

质权人根据本条规定收取孳息并充抵收取孳息的费用后，如若孳息存在剩余如何处理，本条未予明确规定。原《担保法解释》第 64 条规定："债务履行期届满，债务人不履行债务致使抵押物被人民法院依法扣押的，自扣押之日起抵押权人收取的由抵押物分离的天然孳息和法定孳息，按照下列顺序清偿：（一）收取孳息的费用；（二）主债权的利息；（三）主债权。"第 96 条规定："本解释第五十七条、第六十二条、第六十四条、第七十一条、第七十二条、第七十三条、第七十四条、第八十条之规定，适用于动产质押。"因此，参照原《担保法解释》第 64 条质权人在收取孳息并充抵收取孳息费用后，孳息仍有剩余的，可继续以孳息充抵主债权利息，最后再充抵主债权。

### 二、质权效力所及标的物范围

主物与从物划分规则是指在两个以上的物发生互相附着或者聚合而且在经济上发生密切关联之后，当物上的权利发生变动时，为确定物的归属所适用的规则。从物在物理性质上与主物是可分离的，并有其独立存在的价值，从物是

---

[①] 参见全国人大常委会法制工作委员会民法室编：《中华人民共和国物权法条文说明、立法理由及相关规定》，北京大学出版社 2017 年版，第 436 页。

为发挥主物的效用而存在的,且从物的效用需主物配合方能发挥。《民法典》第320条规定了主物与从物划分规则,规定"主物转让的,从物随主物转让,但当事人另有约定的除外"。在没有特别的约定或交易习惯的时候,从物的权利变动一般采用从物随主物转移的规则。在动产质押制度中,动产质权的设立需要完成动产的交付。动产质权效力及于质押物的从物,但若该从物未随同质押物移交质权人占有的,质权效力则不及于该从物。

《民法典》未规定质权效力是否及于质押物的添附物。加工、附合、混合统称添附,是指不同所有人的物被结合、混合在一起成为一个新物,或者利用别人之物加工成为新物的事实状态。原《担保法解释》第62条规定:"抵押物因附合、混合或者加工使抵押物的所有权为第三人所有的,抵押权的效力及于补偿金;抵押物所有人为附合物、混合物或者加工物的所有人的,抵押权的效力及于附合物、混合物或者加工物;第三人与抵押物所有人为附合物、混合物或者加工物的共有人的,抵押权的效力及于抵押人对共有物享有的份额。"根据原《担保法解释》第96条规定,该条规定可以适用于动产质押。从内容上看前述规定与《民法典》物权编相关规定并不冲突,因此,可以认为动产质权的效力可以及于质押物的添附物,动产质押中也可适用《民法典》第322条的添附规则。该条规定:"因加工、附合、混合而产生的物的归属,有约定的,按照约定;没有约定或者约定不明确的,依照法律规定;法律没有规定的,按照充分发挥物的效用以及保护无过错当事人的原则确定。因一方当事人的过错或者确定物的归属造成另一方当事人损害的,应当给予赔偿或者补偿。"

## ▶ 类案检索

**济南农村商业银行股份有限公司天桥支行、齐鲁银行股份有限公司济南双龙支行等案外人执行异议之诉案**

**关键词:**孳息 股权质押

**裁判摘要:**《民法典》第430条第1款规定:"质权人有权收取质押财产的孳息,但是合同另有约定的除外。"第446条规定:"权利质权除适用本节规定外,适用本章第一节的有关规定。"质权人享有收取质押财产孳息的权利,且质权的效力范围扩展至所收取的孳息之上,以实现质权担保之目的,但对于未收取的孳息部分并不具有质权效力。依据相关规定，质权的效力及于法定孳息应同样以质权人已收取孳息为条件，质权人收取孳息客观表现为对质押物所产生的孳息进行管领、控制。涉案的分红账户实际是出质人的普通银行账户，在该账户被执行法院冻结之前，出质人能够将账户内款项自行支配，可见债权人作为股权的质权人，未对该账户进行法律意义上的专户管理，未就账户内的款项形成有效的管领、控制，故债权人对该账户内的股金分红及溢价返还两种款项，不因其对股权的质权而当然的享有质权。

【案　　号】（2021）鲁01民终6700号
【审理法院】山东省济南市中级人民法院
【来　　源】中国裁判文书网

**第四百三十一条** 质权人在质权存续期间，未经出质人同意，擅自使用、处分质押财产，造成出质人损害的，应当承担赔偿责任。

## 关联规定

### 一、法律、行政法规、司法解释

**1.《中华人民共和国民法典》**

**第二百三十八条** 侵害物权，造成权利人损害的，权利人可以依法请求损害赔偿，也可以依法请求承担其他民事责任。

**第四百零六条** 抵押期间，抵押人可以转让抵押财产。当事人另有约定的，按照其约定。抵押财产转让的，抵押权不受影响。

抵押人转让抵押财产的，应当及时通知抵押权人。抵押权人能够证明抵押财产转让可能损害抵押权的，可以请求抵押人将转让所得的价款向抵押权人提前清偿债务或者提存。转让的价款超过债权数额的部分归抵押人所有，不足部分由债务人清偿。

**2.《中华人民共和国合伙企业法》**

**第二十五条** 合伙人以其在合伙企业中的财产份额出质的，须经其他合伙人一致同意；未经其他合伙人一致同意，其行为无效，由此给善意第三人造成损失的，由行为人依法承担赔偿责任。

**3.《最高人民法院关于审理存单纠纷案件的若干规定》**

**第八条** 对存单质押的认定和处理

存单可以质押。存单持有人以伪造、变造的虚假存单质押的，质押合同无效。接受虚假存单质押的当事人如以该存单质押为由起诉金融机构，要求兑付存款优先受偿的，人民法院应当判决驳回其诉讼请求，并告知其可另案起诉出质人。

存单持有人以金融机构开具的、未有实际存款或与实际存款不符的存单进行质押，以骗取或占用他人财产的，该质押关系无效。接受存单质押的人起诉的，该存单持有人与开具存单的金融机构为共同被告。利用存单骗取或占用他人财产的存单持有人对侵犯他人财产权承担赔偿责任，开具存单的金融机构因其过错致他人财产权受损，对所造成的损失承担连带赔偿责任。接受存单质押的人在审查存单的真实性上有重大过失的，开具存单的金融机构仅对所造成的损失承担补充赔偿责任。明知存单虚假而接受存单质押的，开具存单的金融机构不承担民事赔偿责任。

以金融机构核押的存单出质的，即便存单系伪造、变造、虚开，质押合同均为有效，金融机构应当依法向质权人兑付存单所记载的款项。

4.《最高人民法院关于适用〈中华人民共和国公司法〉若干问题的规定（三）》

**第二十七条** 股权转让后尚未向公司登记机关办理变更登记，原股东将仍登记于其名下的股权转让、质押或者以其他方式处分，受让股东以其对于股权享有实际权利为由，请求认定处分股权行为无效的，人民法院可以参照民法典第三百一十一条的规定处理。

原股东处分股权造成受让股东损失，受让股东请求原股东承担赔偿责任、对于未及时办理变更登记有过错的董事、高级管理人员或者实际控制人承担相应责任的，人民法院应予支持；受让股东对于未及时办理变更登记也有过错的，可以适当减轻上述董事、高级管理人员或者实际控制人的责任。

## 二、部门规章及规范性文件

《纳税担保试行办法》

**第三十三条** 税务机关负有妥善保管质物的义务。因保管不善致使质物灭失或者毁损，或未经纳税人同意擅自使用、出租、处分质物而给纳税人造成损失的，税务机关应当对直接损失承担赔偿责任。

纳税义务期限届满或担保期间，纳税人或者纳税担保人请求税务机关及时行使权利，而税务机关怠于行使权利致使质物价格下跌造成损失的，税务机关应当对直接损失承担赔偿责任。

## ▶ 条文释义

### 一、本条主旨

本条是关于质权人对质物使用处分的限制及法律责任的规定。

### 二、条文演变

原《物权法》第214条规定："质权人在质权存续期间，未经出质人同意，擅自使用、处分质押财产，给出质人造成损害的，应当承担赔偿责任。"《民法典》物权编于本条继续沿用了这一规定，仅在表述上将"给出质人造成损害"改为"造成出质人损害"。

### 三、条文解读

限制质权人擅自使用、处分质押财产的原因在于以下几点。

第一，当事人设立动产质权的目的在于为质权人的债权提供担保，质权人占有质押财产的方式即可达到对质押人形成心理压力、促使债务人积极清偿债务的效果，质权人已无须使用、处分质押财产。

第二，理论上，根据质权的内容，可将质权分为占有质权、收益质权和归属质权。占有质权是指质权人仅对质押物享有占有权能，原则上不得为使用收益，如在消耗物上设立质权，一般只能设定占有质权。收益质权是指质权人在占有质押物的同时，还有权对质物得为使用收益的质权。归属质权是以质押物代偿的质权，当债务人无法于债权履行期限届满之日清偿债务，债权人有权以质押物所有权抵偿债务的质权，归属质权即为《民法典》第428条规定的流质。但结合我国民法理论可知，物的担保在于其交换价值而非使用价值，即我国动产质权为担保物权而非用益物权。质权本身内容并不包含质权人对质押财产的使用、处分权能，故质权人原则上无权使用、处分质押物。

第三，对于质押法律关系中双方当事人而言，使用、处分质押财产并不是质权人与出质人设立质权的目的，出质人交付质押物于质权人，是为了履行动产公示原则，是出于保证交易安全的考虑，并非为了让质权人享有使用、处分质押财产的权利而令质权人控制质押财产，因此，质权人非经出质人同意不得擅自使用、处分质押财产。

《民法典》通过本条规定明确了质权人非经出质人同意不得擅自使用、处分质押物的原则。要点有两个：其一，动产质权系担保物权而非用益物权，质权人对质押物仅享有占有权，质权人无权擅自使用或处分质押财产，因擅自使用或处分质押财产造成损失的应当承担相应的赔偿责任；其二，质权人虽无权通过质权使用、处分质押财产，但若质权人与出质人协商一致，由出质人授权质权人在一定范围内使用、处分质押财产的，质权人由此可取得授权范围内的对质押财产的使用、处分权利。

## ▶ 适用指引

第一，根据《民法典》规定，质权人在质权存续期间未经出质人同意的情况下，不得擅自使用、处分质押财产。也即，质权人并非绝对不能在质权存续期间使用、处分质押财产，质权人可以根据质权合同约定或者经出质人同意使用、处分质押财产，并约定以其收益清偿被担保的债权。在质权人根据质权合同约定或经过出质人同意使用质押物获益的情况下，其收益在扣除必要支出后用于清偿被担保的债权利息和主债权，超出部分质权人应以不当得利予以返还。此外，目前有些国家民法准许质权人有限度地使用质押财产，如《意大利民法典》规定，未经质押人的同意，债权人不得使用质押财产。但是，为了保管质押财产而有必要使用的不在此限。债权人不得以质押财产设定质押或者交给他人享用。支持质权人有限度地使用质押财产的目的在于质押财产可以借质权人的使用发挥效益，同时如若质权人因使用质押财产受益，其收益可用于清偿被担保的债权，出质人可据此请求人民法院减少或者免除其应当承担的债务数额，减轻负担。如果受益部分大于该债务数额的部分，出质人有权依据不当得利的规定向质权人主张返还。但我国暂时并未作出允许质权人有限度地使用质押财产的规定。[1]

第二，质权人未经出质人同意，不得擅自使用、处分质押财产，在债权人、出质人与监管人订立三方协议，质权人通过委托第三方监管人监管并实际控制质押物的情形中，第三方监管人同样应遵守本条规定。此种情形下，第三

---

[1] 参见最高人民法院物权法研究小组编著：《〈中华人民共和国物权法〉条文理解与适用》，人民法院出版社2007年版，第634页。

方监管人还可能因为未履行监管职责，质权人可向人民法院请求监管人承担相应责任。

第三，质权人未经出质人同意使用、处分质押财产，承担赔偿责任的，不以质押财产毁损、灭失为必要条件，二者没有必然联系。即使质押财产没有毁损、灭失，质权人因擅自使用、处分质押财产获得收益的，出质人也可以据此请求人民法院减少或者免除其应当承担的债务数额，甚至还可能依据不当得利请求质权人返还超出被担保范围的数额部分。即使质押财产没有毁损、灭失，但因质权人擅自使用、处分质押财产导致出质人合法利益受损的，质权人应当向出质人承担相应的赔偿责任。此外，本条规定与《民法典》第432条关于质权人妥善保管质押财产义务的规定相较而言，本条规定的是积极利益的损失，而《民法典》第433条规定是关于消极利益的损失。

第四，质权人未经出质人同意擅自处分质押财产的，应当注意对善意第三人的保护。如若质权人未经出质人同意擅自转让质押财产至第三人的，第三人对质押财产上相关权利的取得应符合《民法典》第311条的相关规定。该条规定："无处分权人将不动产或者动产转让给受让人的，所有权人有权追回；除法律另有规定外，符合下列情形的，受让人取得该不动产或者动产的所有权：（一）受让人受让该不动产或者动产时是善意；（二）以合理的价格转让；（三）转让的不动产或者动产依照法律规定应当登记的已经登记，不需要登记的已经交付给受让人。""受让人依据前款规定取得不动产或者动产的所有权的，原所有权人有权向无处分权人请求损害赔偿。""当事人善意取得其他物权的，参照适用前两款规定。"对于出质人而言，如果第三人存在《民法典》第311条规定的情形，并取得质押财产上权利的，根据《民法典》第313条"善意受让人取得动产后，该动产上的原有权利消灭。但是，善意受让人在受让时知道或者应当知道该权利的除外。"之规定，质押财产上原有权利消灭，出质人只能向质权人（无权处分人）主张赔偿责任。

## ▸ 典型案例

国泰君安证券股份有限公司郑州花园路证券营业部与河南省华润商贸有限公司、深圳市盛力实业发展有限公司、国泰君安证券股份有限公司质押合同纠纷案

**关键词：** 合同解释　质押合同　监管人责任

**裁判摘要：** 合同解释的主要方法与原则，包括文义解释、整体解释、目的解释、习惯解释、诚信解释和公平解释。人民法院应当按照合同所使用的词句、合同的有关条款、合同的目的、交易习惯以及诚实信用原则，确定该条款的真实意思。质物有隐蔽瑕疵造成质权人其他财产损害的，应由出质人承担赔偿责任。但是，质权人在质物移交时明知质物有瑕疵而予以接受的除外。银行等专业的金融机构，明知处于回购状态的国债质押账户存在着潜在风险，仍接受带有瑕疵、权利不完整的质押物，因此金融机构应当对因质押物价值的减少所形成的损失自行承担责任，证券公司及其营业部未违反账户监管承诺，对质押国债被平仓清算造成质权人损失不应承担赔偿责任。

**基本案情：** 2004年4月15日，中国第一汽车集团开封汽车经销有限责任公司（以下简称经销公司）以其在中国光大银行郑州分行（以下简称郑州分行）8500万元存款作为保证金，向郑州分行申请开立银行承兑汇票，期限6个月，用于采购汽车。2004年10月27日，海口建来发展有限公司（以下简称海口建来）与郑州分行签订质押合同及补充协议，约定海口建来以其在国泰君安证券股份有限公司郑州花园路证券营业部（以下简称营业部）开立的证券账户之账上国债及资金账户之账上资金共计1600万元作质押作为质押担保，确保郑州分行与经销公司签订的承兑协议项下经销公司债务的履行。同日，营业部向郑州分行出具承诺鉴证书，承诺鉴证：（1）海口建来在营业部开立的资金及证券账户在授权期限内除代表郑州分行的授权人外，其他任何人无权调拨处置；（2）营业部对申请人或出质人的国债交易负责监控，保证国债账户市值与资金账户余额之和在质押期间不低于1600万元……（8）营业部负责监督上述资金、证券账户不得作重复质押。（9）营业部如未遵守上述承诺鉴证造成损失，同意承担赔偿责任。之后海口建来与郑州分行、营业部又签订了三方协议

书,对上述事宜进行了进一步确认。同年10月至12月,经销公司根据其与案外人海南旭龙(集团)股份有限公司(以下简称旭龙公司)的购销合同及董事会决议,向郑州分行申请办理6笔银行承兑业务,总金额1.7亿元,营业部出具的承诺鉴证书。2005年4月到5月,营业部接受并执行了海口建来授权人员周某下达的共8张国债回购通知单。2005年5月16日,郑州分行向经销公司发出还款通知,要求经销公司对未到期的2笔银行承兑汇票,提供相应担保或支付承兑款项。经销公司表示其不能提供担保或支付承兑款项。郑州分行向法院诉请判令经销公司向其清偿8500万元承兑垫款及逾期还款的同期银行贷款利息。

法院经审理认为,首先,本案基础贸易合同系经销公司与海南旭龙签订的汽车购销合同,该合同并未违反法律、法规的强制性规定,虽然在签订《银行承兑协议》和签发银行承兑汇票时,郑州分行未要求经销公司提供规定的资料,未尽审查义务,但并不构成"违反法律法规的强制性规定",因此,基础贸易合同和《银行承兑协议》均属于合法有效的合同。关于质押关系成立及质押物瑕疵的分析与认定问题,由于质押账户内的国债在出质时已经处于回购状态,不是国债现券,根据《上海、深圳证券交易所交易规则》对标准券的定义可知,回购交易中国债不是一般意义上的交易物,而是抵押(质押)物,回购具备买卖和质押两种性质,故本案形式上是国债两次买卖,实质上是质押融资。郑州分行明知质押物处于回购状态,质押物的价值可能出现极大波动,质押方式存在巨大风险,但仍然愿意接受该种质押方式,且未要求出质人提供其他担保,其应当对质押物的价值减少带来的损失自行承担责任。其次,关于营业部是否实施了违反《承诺鉴证书》约定的行为,是否存在过错的认定。营业部在每份协议签订之前均出具了真实的《对账单》,其如实反映了该出质账户的国债状况和资金余额,郑州分行既是金融机构,又是长期利用质押账户进行国债回购操作的实际控制人,其应当明了《对账单》显示的内容,也完全了解接受处于回购状态的国债市值质押可能存在的法律风险。营业部履行了信息披露义务,没有过错。最后,关于《承诺鉴证书》承诺的是保证责任还是监控责任的认定。依据《合同法》第125条对合同的解释规定,《承诺鉴证书》中约定应理解为:营业部应当保证监控出质人或质权人的国债交易过程,如果其操作可能导致国债账户市值与资金账户余额之和在质押期间低于某数额,则营业部应当停止其交易行为。亦即营业部此项义务应理解为监控义务而非保证义务。在整个质押过程中，本案各方均无任何可以导致国债账户市值和资金余额之和降低和减损的交易行为发生，质押物的损失产生完全是因质押双方未能将处于回购状态的国债进行到期购回而被登记公司到期强行清算所导致。因此，在损失产生的原因方面，营业部没有过错，其不应承担民事责任。

【案　　号】（2008）民二终字第44号

【审理法院】最高人民法院

【来　　源】《商事审判指导》总第13辑

## ▶ 类案检索

### 一、邓某勇、戴某等财产损害赔偿纠纷案

**关键词：** 质押合同　擅自处分质押财产

**裁判摘要：** 民事主体从事民事活动，应当遵循诚信原则，秉持诚实、恪守承诺。质押人未按约定时间清偿债务，违背了诚信原则。由于债务本息数额已经双方当事人确定，故债务人不履行到期债务或者发生当事人约定的实现质权的情形，质权人可以与出质人协议以质押财产折价，也可以就拍卖、变卖质押财产所得价款优先受偿。质押财产折价或者变卖的，应当参照市场价格。质权人依双方达成的协议变卖出质车辆，并就变卖价款优先受偿，并非擅自处置出质物，不构成侵权。

【案　　号】（2021）湘0724民初1145号

【审理法院】湖南省临澧县人民法院

【来　　源】中国裁判文书网

### 二、刘某敏与袁某帅物权纠纷案

**关键词：** 质押合同　擅自处分质押财产

**裁判摘要：** 为担保债务的履行，债务人或者第三人将其动产出质给债权人占有的，债务人不履行到期债务或者发生当事人约定的实现质权的情形，债权人有权就该动产优先受偿。质权自出质人交付质押财产时设立。债务人以自有车辆出质担保债权人债权，并交付车辆由债权人占有，质权成功设立。质权人在质权存续期间，未经出质人同意，擅自使用质押车辆，应当就其擅自使用质

押车辆行为向出质人支付相应的对价,向出质人支付车辆使用费。车辆使用费的数额结合质押期间的车辆行驶里程数、车辆违章记录、质押期间同类型车辆市场租赁价格等因素酌情确定。

【案　　号】(2021)京 0112 民初 13092 号

【审理法院】北京市通州区人民法院

【来　　源】中国裁判文书网

第四百三十二条　质权人负有妥善保管质押财产的义务；因保管不善致使质押财产毁损、灭失的，应当承担赔偿责任。

质权人的行为可能使质押财产毁损、灭失的，出质人可以请求质权人将质押财产提存，或者请求提前清偿债务并返还质押财产。

## 关联规定

### 一、法律、行政法规、司法解释

1.《中华人民共和国民法典》

第四十三条　财产代管人应当妥善管理失踪人的财产，维护其财产权益。

失踪人所欠税款、债务和应付的其他费用，由财产代管人从失踪人的财产中支付。

财产代管人因故意或者重大过失造成失踪人财产损失的，应当承担赔偿责任。

第二百三十八条　侵害物权，造成权利人损害的，权利人可以依法请求损害赔偿，也可以依法请求承担其他民事责任。

第四百五十一条　留置权人负有妥善保管留置财产的义务；因保管不善致使留置财产毁损、灭失的，应当承担赔偿责任。

第八百九十二条　保管人应当妥善保管保管物。

当事人可以约定保管场所或者方法。除紧急情况或者为维护寄存人利益外，不得擅自改变保管场所或者方法。

2.《最高人民法院关于适用〈中华人民共和国民法典〉有关担保制度的解释》

第五十五条　债权人、出质人与监管人订立三方协议，出质人以通过一定数量、品种等概括描述能够确定范围的货物为债务的履行提供担保，当事人有证据证明监管人系受债权人的委托监管并实际控制该货物的，人民法院应当认定质权于监管人实际控制货物之日起设立。监管人违反约定向出质人或者其他人放货、因保管不善导致货物毁损灭失，债权人请求监管人承担违约责任的，人民法院依法予以支持。

在前款规定情形下，当事人有证据证明监管人系受出质人委托监管该货物，或者虽然受债权人委托但是未实际履行监管职责，导致货物仍由出质人实际控制的，人民法院应当认定质权未设立。债权人可以基于质押合同的约定请求出质人承担违约责任，但是不得超过质权有效设立时出质人应当承担的责任范围。监管人未履行监管职责，债权人请求监管人承担责任的，人民法院依法予以支持。

## 二、部门规章及规范性文件

### 1.《纳税担保试行办法》

**第三十三条** 税务机关负有妥善保管质物的义务。因保管不善致使质物灭失或者毁损，或未经纳税人同意擅自使用、出租、处分质物而给纳税人造成损失的，税务机关应当对直接损失承担赔偿责任。

纳税义务期限届满或担保期间，纳税人或者纳税担保人请求税务机关及时行使权利，而税务机关怠于行使权利致使质物价格下跌造成损失的，税务机关应当对直接损失承担赔偿责任。

### 2.《凭证式国债质押贷款办法》

**第十三条** 贷款机构应妥善保管质押品。因保管不善如丢失、损坏等造成的损失，由贷款机构承担相应的责任。贷款机构要建立健全保管收据的开具、收回、补办等制度，做好保管收据的管理工作。

## ▶ 条文释义

### 一、本条主旨

本条是关于质权人妥善保管质物的义务的规定。

### 二、条文演变

原《担保法》第69条规定："质权人负有妥善保管质物的义务。因保管不善致使质物灭失或者毁损的，质权人应当承担民事责任。""质权人不能妥善保管质物可能致使其灭失或者毁损的，出质人可以要求质权人将质物提存，或者要求提前清偿债权而返还质物。"原《物权法》在精简前述规定后形成第215条，该条规定："质权人负有妥善保管质押财产的义务；因保管不善致使质押财产毁损、灭失的，应当承担赔偿责任。""质权人的行为可能使质押财产毁损、灭失的，出质人可以要求质权人将质押财产提存，或者要求提前清偿债务并返还质押财产。"本条继续沿用了原《物权法》第215条的表述，仅在第2款的用语上将"要求"改为"请求"。

### 三、条文解读

质权人在占有质押财产的同时即产生妥善保管质押财产的义务。质权人作为现实管理、控制质押物的人，其最有条件对质押物进行保管，由质权人保管质押物也有利于质权人及时了解其债权担保物价值变动情况，以防质押物因毁损、灭失等原因无法实现担保功能。此外，由质权人保管质押物，保管成本相对而言也是最低的。因此，《民法典》依旧延续由质权人承担保管质押物的义务。在质权存续期间，质权人都应履行妥善保管义务直至质权消灭。所谓妥善保管，即强调质权人在保管质押物时负有注意义务。民法上的注意义务有三种，由轻到重可以分为：一般人的注意义务、如同对待自己事务一样的注意义务以及善良管理人的注意义务，但目前对质权人妥善保管质物的义务的注意程度为何尚有进一步明确的必要。但本条明确质权人违反妥善保管义务，导致质押物毁损、灭失的，应当对出质人承担赔偿责任。对于质权人违反妥善保管义务的举证责任，本条并未明确，但从质押合同履行的角度看，质权人就其占有质押物期间履行了妥善保管义务的事实承担举证责任更为合适。

本条第2款规定了质押物在质权人占有期间面临毁损、灭失风险时的补救措施。本款规定："质权人的行为可能使质押财产毁损、灭失的，出质人可以请求质权人将质押财产提存，或者请求提前清偿债务并返还质押财产。"质权人因未尽到本条第2款规定的妥善保管义务而导致质押财产面临毁损、灭失的风险，在质押财产实际毁损、灭失之前，出质人即可提前采取相应的补救措施，请求质权人将质押财产提存或者提前清偿债务请求返还质押财产，本条给予了当事人意思自治的空间。若出质人要求质权人提存质押财产，双方当事人可以继续维护原质押法律关系，也有利于维护质押财产交易价值的稳定和双方当事人利益。质押财产提存后，被担保的债权并未消灭，如若债务履行期届满，债务人未清偿债务的，质权人仍可就提存的质押财产优先受偿；如若债务人清偿债务的，出质人即可从提存机关取回质押财产。但本条未规定质押财产提存时，提存费用由谁负担。原《担保法解释》第92条规定："按照担保法第六十九条的规定将质物提存的，质物提存费用由质权人负担；出质人提前清偿债权的，应当扣除未到期部分的利息。"《民法典》合同编中的第573条规定："标的物提存后，毁损、灭失的风险由债权人承担。提存期间，标的物的孳息归债权人所有。提存费用由债权人负担。"虽然《民法典》物权编未规定将质押财产提存时应由谁负担提存费用，但根据前述两条规定作体系解释，原则上可以理解为应由质权人负担，因为该费用是由质权人不履行妥善保管义务造成的。

## ▶ 适用指引

### 一、质押财产保管费用的负担

本条中质权人妥善保管质物产生的保管费用，属于对质押财产正常管理维护所支出的必要费用，当然属于质权所担保的债权范围。但是质权人在不能对质押财产妥善保管时，可以委托专门的保管人保管，此时发生的保管费用原则上也应由质权人承担，因为本条已明确规定质权人对质押财产负有妥善保管义务，质权人的妥善保管义务当然包括对质押财产的定期保养、修缮等行为，而当质权人委托第三人代为保管质押财产时，其实质上是质权人因自身原因所导致的义务无法履行，并由此产生委托第三人代为保管的费用，故此时因保管质押财产而产生的费用也应由质权人承担。其他为质押财产支出的有益费用如装饰费等，若经出质人允许，质权人可以请求出质人偿还；若未经出质人同意的，该笔费用属于额外支出，应由质权人自行负担。

### 二、出质人提前清偿

根据本条内容可知，本条对于出质人提前清偿债务持鼓励态度，履行债务是债务人的法定义务，债务人提前履行债务对债权人并无不利的，出质人可以请求提前清偿债务并返还质押财产，且提前清偿的，债权人应当接受。对于提前清偿时质权人损失利息应由谁承担的问题，若当事人之间事先有具体约定，按照其约定执行；若当事人没有约定，因出质人提前清偿债权是质权人无法履行妥善保管义务的行为所致，质权人应承担提前履行所带来的不利益。此外，根据原《担保法解释》第 92 条的规定，质权人也无权主张未到期部分的利息。出质人清偿完毕后，根据本条规定质权人还应当返还质押财产，若质押财产因质权人自身的过失或者第三人的过错导致损坏，质权人不能免责，还应就质物的损坏承担赔偿责任。

## ▶ 典型案例

**一、中国工商银行股份有限公司淄博分行诉蓬达资产管理有限公司、淄博烨华贸易有限公司动产质押监管合同纠纷案**

**关键词**：质押财产保管　损害赔偿

**裁判摘要**：根据动产质押监管合同的约定，监管人对质物承担审核、保管、监管等义务。在债务人未经质权人许可而将质物擅自出库的情况下，若监管人不能证明其采取了适当的应急措施予以阻止，并立即通知了质权人，则应在因过错导致质物毁损、灭失的范围内向质权人承担赔偿责任；同时，赔偿数额也不能超出债务人不能清偿债务的数额。

**基本案情**：2008 年 10 月 16 日，中国工商银行股份有限公司淄博分行（以下简称淄博工行）、蓬达资产管理有限公司（以下简称蓬达公司）、淄博烨华贸易有限公司（以下简称烨华公司）签订动产质押监管协议，约定：淄博工行与烨华公司签署编号为 2008 年开发（质）字第 0050 号动产质押合同，为保障质押合同及所担保的主合同的履行，烨华公司同意将其享有所有权的货物作为质物质押给淄博工行，淄博工行和烨华公司均同意将质物交由蓬达公司存储监管，蓬达公司同意接受淄博工行的委托并按照淄博工行的指示监管质物。在监管期间，蓬达公司作为淄博工行的代理人，代理淄博工行监管质物。本协议项下的监管是指蓬达公司代理淄博工行占有质物并根据本协议的约定履行保管、监控质物的责任。监管方式为滚动质押，即约定质押期间质物数量（或价值）的最低线为 2000 万元。质物的转移占有是指蓬达公司按照动产质押合同所附质物清单核查烨华公司交付的货物，经核对无误后，三方共同签署质物交接清单。协议项下质物存放地点为烨华公司煤场。监管期间，蓬达公司应当根据淄博工行和烨华公司的要求，选择适宜的保管场所，提供适宜的保管条件，妥善、谨慎保管质物，保证质物的安全，防止质物毁损或灭失。因各种原因导致质物发生短少、损毁、变质、灭失等可能影响淄博工行权益的情形，蓬达公司应当立即通知淄博工行，并采取适当的应急措施。淄博工行分别于2008年10月29日、2008年11月21日根据双方签订的借款合同向烨华公司发放贷款500万元，共计1000万元。2008年11月10日，三方签字确认一份质物交接清单，载明质物煤质量、数量、价值及交接后质物存放地点与交接地点。蓬达公司于2008年10月29日开始对煤炭质物进行监管，并作监管报告。2009年4月27日开始，烨华公司的质物大批量出库，造成质物价值明显低于质押物价值底线。现淄博工行向淄博市中级人民法院提起诉讼，请求判令蓬达公司返还质物或赔偿与质物等值损失2000万元。

法院经审理认为，案涉动产质押监管协议为合法有效合同，且动产质押监管协议同样具有保管合同的性质。质权人与出质人将质物交由监管人储存、监管后，监管人应当严格按照监管协议的约定全面履行监管义务，保管、监控质物价值不得低于2000万元，以确保质权人债权的实现。但监管人自2009年4月之后，怠于履行监管职责，在出质人几乎全部拉走质物的情况下，未能采取有效措施加以阻止，也未及时通知质权人，致使质物严重短失，出质人被执行时已无质物可供执行，损害了质权人的质权，给质权人造成相应的经济损失。为此，监管人应承担相应的赔偿责任。至于淄博市中级人民法院查封的被周村法院执行和崔桂华强行拉走的价值8708317元的质物，不是监管人所能阻止的，没有过错，其相应的责任应当免除。由于监管人未全面履行监管协议，致使11291683元（2000万元减去8708317元）质物短少流失，质权人相应的债权无法实现。因质权人涉案的债权为13680534.02元，远大于11291683元的质物损失，故人民法院确认监管人应当在11291683元的范围内承担赔偿责任。最高人民法院经审查后认为二审判决在认定事实与适用法律方面并无不当，驳回了蓬达公司的再审申请。

【案　　号】（2013）民申字第591号
【审理法院】最高人民法院
【来　　源】《人民司法·案例》2014年第10期

## 二、浙江中化集团有限公司诉广发银行股份有限公司杭州湖墅支行进出口押汇纠纷案

**关键词：** 损害赔偿　仓单质押　质押财产保管

**裁判摘要：** 仓单质押监管是金融服务与物流服务相结合的创新，不同于动产质押中的保管，银行不承担《物权法》第 215 条规定的保管质押标的物的义务，但银行对抵押人应负附随义务。

**基本案情：** 2008 年 4 月 24 日，浙江中化集团有限公司（以下简称中化公司）与广发银行股份有限公司杭州湖墅支行（以下简称广发银行湖墅支行）签订编号为 E2008-2035 号的《综合授信额度合同》，约定广发银行湖墅支行给予中化公司授信额度敞口最高限额 8600 万元，该额度适用范围包括进口开立信用证额度，额度有效期限自 2008 年 4 月 24 日至 2009 年 4 月 24 日。2008 年 4 月 25 日，中化公司与新加坡威尔玛贸易公司签订三份销售合同，约定由中化公司向该贸易公司购买毛棕榈油 7000 吨，货款以信用证方式支付。2008 年 6 月 15 日，广发银行湖墅支行、中化公司、中盛粮油工业天津有限公司（以下简称中盛公司）三方签订《监管协议》，约定：因中化公司向广发银行湖墅支行申请授信，以仓单为质押，广发银行湖墅支行委托中盛公司对仓单项下的货物进行监管，中盛公司接受委托。《监管协议》对于"授信敞口额度和仓单项下货物金额、货物最低下限金额、中化公司与中盛公司声明和货物存放地址、货物的监管要求和期限、对货物的管理、货物毁损、损耗责任的承担、费用的负担"等条款内容进行了约定。2008 年 6 月 16 日，中盛公司出具了仓单，中化公司与广发银行湖墅支行同时签订了编号为 E2008-2035 号的《权利质押合同》，约定以该仓单作为双方 E2008-2035 号《综合授信额度合同》项下融资的质押担保。《权利质押合同》对双方的权利义务作了约定，其中在"其他约定"中载明："本合同项下质押物实现的质押价值，优先抵还本合同所约定的债务人的债务后，多余部分为本合同所称的债务人在甲方（广发银行湖墅支行）的其他授信提供质押担保。"

法院经审理认为，双方当事人签订 E2008-3019 号《综合授信额度合同》后，双方之间建立了进口押汇合同关系，双方此前订立的《权利质押合同》实际已被 E2008-3019 号《综合授信额度合同》所取代，监管人有义务向质押人及时释放仓单。质权人恶意处分涉案货物行为发生后，监管人作为货物的监管

委托人，既未起诉质权人要求赔偿或积极配合质押人起诉中盛公司，又不及时释放仓单，其应对质押人由此造成的损失承担主要责任。考虑监管人违约扣单以及违背附随义务两方面的因素，酌定由监管人承担 55% 的赔偿责任。

【案　　号】（2011）浙商外终字第 73 号

【审理法院】浙江省高级人民法院

【来　　源】《浙江省参阅案例·案例指导》2013 年第 2 期

## 类案检索

**广发银行股份有限公司昆明护国广场支行诉昆明潘氏生佳物资贸易有限公司金融借款合同纠纷案**

**关键词：** 质押财产返还　质押财产保管

**裁判摘要：** 当事人所提供证据在实务操作中不易自行提取质押物（钢材），不是常规提取质押物的凭证，该证据不足以证明出质人自行提取质押物的事实。且本案中证据不足以证明质权人所指物品为本案质押法律关系下质押物，质权人无权以此对抗出质人在债权清偿后要求返还质押财产或者赔偿相应损失的请求。由于出质人所欠款项已清偿完毕，质权人应当履行返还质押财产义务。但本案中质权人并未及时返还质押物，再加之现下质押财产短少事实，质权人同时违反了质押法律关系下关于妥善保管质押财产的义务，故质权人应当承担赔偿责任。

【案　　号】（2016）最高法民申 2805 号

【审理法院】最高人民法院

【来　　源】中国裁判文书网

**第四百三十三条** 因不可归责于质权人的事由可能使质押财产毁损或者价值明显减少，足以危害质权人权利的，质权人有权请求出质人提供相应的担保；出质人不提供的，质权人可以拍卖、变卖质押财产，并与出质人协议将拍卖、变卖所得的价款提前清偿债务或者提存。

## ▶ 关联规定

一、法律、行政法规、司法解释

1.《中华人民共和国民法典》

第二百三十六条 妨害物权或者可能妨害物权的，权利人可以请求排除妨害或者消除危险。

第二百三十七条 造成不动产或者动产毁损的，权利人可以依法请求修理、重作、更换或者恢复原状。

第二百三十八条 侵害物权，造成权利人损害的，权利人可以依法请求损害赔偿，也可以依法请求承担其他民事责任。

第三百九十条 担保期间，担保财产毁损、灭失或者被征收等，担保物权人可以就获得的保险金、赔偿金或者补偿金等优先受偿。被担保债权的履行期限未届满的，也可以提存该保险金、赔偿金或者补偿金等。

第四百零八条 抵押人的行为足以使抵押财产价值减少的，抵押权人有权请求抵押人停止其行为；抵押财产价值减少的，抵押权人有权请求恢复抵押财产的价值，或者提供与减少的价值相应的担保。抵押人不恢复抵押财产的价值，也不提供担保的，抵押权人有权请求债务人提前清偿债务。

第四百四十七条 债务人不履行到期债务，债权人可以留置已经合法占有的债务人的动产，并有权就该动产优先受偿。前款规定的债权人为留置权人，占有的动产为留置财产。

第五百三十六条 债权人的债权到期前，债务人的债权或者与该债权有关的从权利存在诉讼时效期间即将届满或者未及时申报破产债权等情形，影响债权人的债权实现的,债权人可以代位向债务人的相对人请求其向债务人履行、向破产管理人申报或者作出其他必要的行为。

2.《中华人民共和国民事诉讼法》

**第一百零四条** 利害关系人因情况紧急,不立即申请保全将会使其合法权益受到难以弥补的损害的,可以在提起诉讼或者申请仲裁前向被保全财产所在地、被申请人住所地或者对案件有管辖权的人民法院申请采取保全措施。申请人应当提供担保,不提供担保的,裁定驳回申请。

人民法院接受申请后,必须在四十八小时内作出裁定;裁定采取保全措施的,应当立即开始执行。

申请人在人民法院采取保全措施后三十日内不依法提起诉讼或者申请仲裁的,人民法院应当解除保全。

3.《中华人民共和国企业破产法》

**第七十五条** 在重整期间,对债务人的特定财产享有的担保权暂停行使。但是,担保物有损坏或者价值明显减少的可能,足以危害担保权人权利的,担保权人可以向人民法院请求恢复行使担保权。

在重整期间,债务人或者管理人为继续营业而借款的,可以为该借款设定担保。

4.《最高人民法院关于适用〈中华人民共和国企业破产法〉若干问题的规定(二)》

**第四十条** 债务人重整期间,权利人要求取回债务人合法占有的权利人的财产,不符合双方事先约定条件的,人民法院不予支持。但是,因管理人或者自行管理的债务人违反约定,可能导致取回物被转让、毁损、灭失或者价值明显减少的除外。

## 二、部门规章及规范性文件

《纳税担保试行办法》

**第五条** 纳税担保范围包括税款、滞纳金和实现税款、滞纳金的费用。费用包括抵押、质押登记费用,质押保管费用,以及保管、拍卖、变卖担保财产等相关费用支出。

用于纳税担保的财产、权利的价值不得低于应当缴纳的税款、滞纳金,并考虑相关的费用。纳税担保的财产价值不足以抵缴税款、滞纳金的,税务机关应当向提供担保的纳税人或纳税担保人继续追缴。

## 条文释义

### 一、本条主旨

本条是关于质押财产毁损或者价值明显减少时质权人权利的规定。

### 二、条文演变

原《担保法》第 70 条规定:"质物有损坏或者价值明显减少的可能,足以危害质权人权利的,质权人可以要求出质人提供相应的担保。出质人不提供的,质权人可以拍卖或者变卖质物,并与出质人协议将拍卖或者变卖所得的价款用于提前清偿所担保的债权或者向与出质人约定的第三人提存。"原《物权法》第 216 条在原《担保法》第 70 条规定的基础上,重新进行规范表述,同时明确仅当质押财产毁损或价值减少非因不可归责于质权人原因造成的,质权人才有权要求出质人提供相应担保或拍卖、变卖质押财产。区别于因质权人不履行妥善保管义务而造成质押财产毁损或价值减少的情形。原《物权法》第 216 条规定:"因不能归责于质权人的事由可能使质押财产毁损或者价值明显减少,足以危害质权人权利的,质权人有权要求出质人提供相应的担保;出质人不提供的,质权人可以拍卖、变卖质押财产,并与出质人通过协议将拍卖、变卖所得的价款提前清偿债务或者提存。"《民法典》本条继续沿用了原《物权法》的规定,仅在表述上发生细微变动,将"要求"改为"请求",将"不能"改为"不可"。

### 三、条文解读

本条规定之目的在于保障质权不因质押财产的毁损或价值减少而受到影响,具体含义阐释如下。

第一,本条规定的"因不可归责于质权人的事由,可能使质押财产毁损或者价值明显减少的",是指质押财产有毁损或者价值明显减少的可能,并非指质押财产已实际发生毁损或价值明显减少的事实。首先,质押财产毁损或价值明显减少的可能不是由于质权人的过错所致,而是由于质押财产自身原因、第三人的原因或者出质人原因等其他事由造成。其次，质押财产所面临的毁损、价值明显减少的可能应当是客观存在的，不能是质权人所臆想的，如若不采取措施防止或避免质押财产毁损、价值明显减少的可能性持续增加，债权人将面临债权不能全部实现或者全部不能实现的风险。此时，设立于质押财产上的质权则完全没有实现当事人间设立质权的目的，质权的担保物权功能并未有效发挥。最后，质押财产毁损、价值减少的可能应当具备足以危害质权人权利的可能。如若被担保债权同时存在多个担保物权的，且都由同一出质人提供时，虽其中某一质押财产出现了价值减少或毁损的可能，或发生了价值减少、毁损的事实，但只要债权上其他担保物权仍能担保债权的实现时，此种情形则并不能构成对质权人权利的危害，质权人也不能向出质人提出本条规定的对质物的保全权。

第二，本条规定的"相应的担保"是质权人在面临质押财产毁损、价值明显减少的风险时所享有的保全质权的权利之一。质权人可以要求出质人增加担保以保障债权的清偿。出质人增加的担保价值原则上应当与质押财产可能毁损或者减少部分的价值相当。

第三，本条规定的"质权人可以拍卖、变卖质押财产"是质权人在面临质押财产毁损、价值明显减少的风险时所享有的另一个保全质权的权利，即对质押财产的预行拍卖权。在质权人要求出质人增加相应担保而出质人拒绝提供担保的情况下，质权人可以直接拍卖或者变卖质押财产。但质权人不能在债务未届清偿期前即为拍卖、变卖质押财产的行为。因为一般而言，在债务未届清偿期前质权人仅对质押财产享有占有的权利，其未经出质人同意无权使用、处分质押财产，更无权在债务未届期前就质押财产主张受偿，质权人只能当质押财产毁损或者价值明显减少可能足以危及质权人利益时，被出质人拒绝增加相应担保的情况下，依据本条规定直接主张拍卖、变卖质押财产。对于出质人而言，如若质押财产毁损、价值明显减少的风险系第三人原因或其他事由造成的，由于质权人作为质押财产在质权存续期间的现实占有人，其不仅负有妥善管理义务，还享有占有管理的便利，故赋予质权人不必征得出质人同意，拍卖、变卖质押财产的权利，更有利于质权人及时、快速地保护质押财产，将质押财产毁损、价值减少的可能性或现实损失降到最低，避免更大损失。故本条是法律出于保护质权人和出质人利益，才赋予质权人不必征得出质人的同意而拍卖或变卖质押财产的权利。

## ▶ 适用指引

### 一、质押财产的拍卖、变卖

根据本条规定,"质权人可以拍卖、变卖质押财产,并与出质人协议将拍卖、变卖所得的价款提前清偿或者提存"。《民法典》在第436条第2款中规定:"债务人不履行到期债务或者发生当事人约定的实现质权的情形,质权人可以与出质人协议以质押财产折价,也可以就拍卖、变卖质押财产所得价款优先受偿。"在审判实践中应当注意,本条与第436条第2款质权实现程序存在明显不同。后者强调的是在符合相应条件下,出质人可以请求人民法院拍卖、变卖质押财产的情形。而依据本条规定,主债务未届清偿期,质押财产有毁损或者价值明显减少的可能,且足以危及质权人的利益时,法律为了保护质权人和出质人的利益,赋予质权人不必征得出质人的同意而拍卖或变卖质押财产的权利。又因为质权人依据本条规定所为的拍卖、变卖行为是质权人在债权清偿期尚未届满前所为的预行拍卖行为,是保障质权的一种措施,其目的不在于实现质权,因此,对于此情形下,拍卖或变卖质押财产所得的价款,质权人也当然不得径行受偿。此情形下质权人应与出质人协商质押财产变价款的处置方式:如经出质人同意的,质权人可以以质押财产的变价款提前清偿被担保的债权;如出质人不同意提前清偿的,则应将质押财产的变价款向与出质人约定的第三人提存。质权人与出质人无法达成协议的,质权人可向人民法院或者约定的仲裁机构提起诉讼或者仲裁,由人民法院或仲裁机构裁决。

### 二、出质人的增加担保义务

本条规定质权人可以要求出质人提供相应担保。该规则使质权处于被保护之中,能使被担保的债权始终保有可以被足额清偿的期望。但以下问题需要注意:出质人能够提供与减损的价值相当的担保时,自然可以保障质权人债权实现的可能性,但倘若出质人只能提供保证的话,因人的担保具有不确定性,无法具体量化,质权人在出质人增加提供的保证存在固有局限性时,仍然面临着其债权不能全部或全部不能实现的风险。此外,对于出质人于本条下所负有的增加担保的义务,其是否需要以质权人的请求为前提,从本条之文义观察,本条未予以明确答复。从解释论的立场出发，担保质权的设立动因主要基于财产流转、效率等原则的要求，故对于出质人增加担保的义务应当解释为只有在质权人提出请求时，出质人才有义务提供相应的担保；出质人若违反此项义务，必须向质权人承担赔偿损失等民事责任。①

## ▶ 类案检索

### 一、王某发、钟某员物权保护纠纷案

**关键词：** 物权保护　质权保全权

**裁判摘要：** 二债务人与债权人均作为具有相应民事行为能力的行为人，依据合意订立借款合同，借款合同合法有效。二债务人将86件夏布交给债权人作质押，债权人向债务人出具了收到夏布86件的收条。据此可以认定，债权人与二债务人之间形成质押法律关系，债权人是质权人，二债务人是出质人。借款到期后，二债务人均未归还，债权人以借条诉至法院，经法院调解，债务人1与债权人于1998年3月30日达成了调解协议。后债务人1仅归还了部分借款，在夏布将腐烂变质情况下，债权人告知了债务人1，债务人1仍然未归还欠款，债权人于2000年2月27日将夏布卖给了他人，得款41100元。债务人2称，借到款后，二债务人合伙挖金矿，在挖金矿得到补助款6万元和凑齐的款，由债务人1还给了债权人，不再欠债权人的钱。而债务人1在本案一审庭审中明确承认未归还债权人6万元，故债务人2提出的已经向债权人全部归还了借款的主张，并无证据证明，不能成立。依据法律规定，因不能归责于质权人的事由可能使质押财产毁损或者价值明显减少，足以危害质权人权利的，质权人有权要求出质人提供相应的担保；出质人不提供的，质权人可以拍卖、变卖质押财产，并与出质人通过协议将拍卖、变卖所得的价款提前清偿债务或者提存。债权人在债权未得到全部清偿且质押的夏布将腐烂变质价值减少的情况下，已通知共同出质人之一的债务人1，且债务人1未提出异议，债权人将质押的夏布变卖给他人用于清偿债务，于法有据，故债务人无权要求债权人支付被变卖夏布的258000元货款。

---

① 参见最高人民法院物权法研究小组编著：《〈中华人民共和国物权法〉条文理解与适用》，人民法院出版社2007年版，第638~639页。

【案　　号】（2020）赣民申768号
【审理法院】江西省高级人民法院
【来　　源】中国裁判文书网

## 二、谭某吉与刘某借款质押合同纠纷案

**关键词：** 物权保护　变卖质押财产

**裁判摘要：** 当事人无法证明双方之间存在投资关系时，《借条》《协议》仅能作为双方当事人存在借贷法律关系的证据。其中，签订在后的《协议》是双方当事人重新确立的另一债权债务法律关系，同时，在《协议》中，债务人还提供己方所有的轿车作为质押财产向债权人出质。由于双方当事人签订的协议不存在无效事由，故双方当事人应当依据约定履行合同，债务人未能在约定期限偿还欠款的，债权人作为质权人有权对质押财产行使质权。本案债权人在未取得质押财产（机动车）登记证书和行驶证的情况下，直接将该机动车变卖给第三人，违反了道路交通安全法规关于机动车买卖和所有权转移登记的规定，其行使质权的方式违法。该行为是引起本案纠纷发生和质物处置价格无法查清的主要原因，债权人应当对此承担不利的法律后果。但鉴于质权人是在债务人不履行债务的情况下，为实现质权而变卖作为质物的轿车的，其变卖的程序虽然违法，但其主观上并不是出于侵占出质人财产的目的，因此，不构成侵权行为。另外，确定质押财产的处置价格原则上应当以质押财产变卖时的市场价格为准。但由于债权人不能举证证明其变卖该轿车的实际价格，也无法向法庭提交该质押财产于变卖时的市场价格，考虑到机动车作为消费品，购买后其价值会随着时间的增加而不断减少，而设立质权的目的在于为债权提供担保，故应当认为出质人是以质物交付后的动态价值（拍卖或变卖时的实际价值）担保质权人债权的实现，而不是以质物交付时的静态价值作为担保，在非质权人原因导致质押财产价值减少的，出质人应当承担其质物交付后贬值的风险，而非由质权人承担质物贬值的风险。故对于出质人要求由债权人承担质押财产贬值风险的主张不予支持，双方当事人应对债权与质押财产变价款的差额予以返还或补齐。由于本案债权人已实际变卖质押财产实现了债权，故债权人无权再次向债务人主张债权。

【案　　号】（2005）军成民终字第9号
【审理法院】中国人民解放军成都军区军事法院

**第四百三十四条** 质权人在质权存续期间，未经出质人同意转质，造成质押财产毁损、灭失的，应当承担赔偿责任。

## ▶ 关联规定

一、法律、行政法规、司法解释

1.《中华人民共和国民法典》

第四百三十一条 质权人在质权存续期间，未经出质人同意，擅自使用、处分质押财产，造成出质人损害的，应当承担赔偿责任。

2.《最高人民法院关于适用〈中华人民共和国企业破产法〉若干问题的规定（二）》

第三十二条 债务人占有的他人财产毁损、灭失，因此获得的保险金、赔偿金、代偿物尚未交付给债务人，或者代偿物虽已交付给债务人但能与债务人财产予以区分的，权利人主张取回就此获得的保险金、赔偿金、代偿物的，人民法院应予支持。

保险金、赔偿金已经交付给债务人，或者代偿物已经交付给债务人且不能与债务人财产予以区分的，人民法院应当按照以下规定处理：

（一）财产毁损、灭失发生在破产申请受理前的，权利人因财产损失形成的债权，作为普通破产债权清偿；

（二）财产毁损、灭失发生在破产申请受理后的，因管理人或者相关人员执行职务导致权利人损害产生的债务，作为共益债务清偿。

债务人占有的他人财产毁损、灭失，没有获得相应的保险金、赔偿金、代偿物，或者保险金、赔偿物、代偿物不足以弥补其损失的部分，人民法院应当按照本条第二款的规定处理。

3.《最高人民法院关于审理票据纠纷案件若干问题的规定》

第四十六条 因票据质权人以质押票据再行背书质押或者背书转让引起纠纷而提起诉讼的，人民法院应当认定背书行为无效。

**第五十条** 依照票据法第三十四条和第三十五条的规定，背书人在票据上记载"不得转让""委托收款""质押"字样，其后手再背书转让、委托收款或者质押的，原背书人对后手的被背书人不承担票据责任，但不影响出票人、承兑人以及原背书人之前手的票据责任。

二、部门规章及规范性文件

《著作权质权登记办法》

**第十四条** 著作权出质期间，未经质权人同意，出质人不得转让或者许可他人使用已经出质的权利。

出质人转让或者许可他人使用出质的权利所得的价款，应当向质权人提前清偿债务或者提存。

## ▶ 条文释义

### 一、本条主旨

本条是关于责任转质的规定。

### 二、条文演变

原《担保法解释》第94条规定："质权人在质权存续期间，为担保自己的债务，经出质人同意，以其所占有的质物为第三人设定质权的，应当在原质权所担保的债权范围之内，超过的部分不具有优先受偿的效力。转质权的效力优于原质权。""质权人在质权存续期间，未经出质人同意，为担保自己的债务，在其所占有的质物上为第三人设定质权的无效。质权人对因转质而发生的损害承担赔偿责任。"原《物权法》第217条规定："质权人在质权存续期间，未经出质人同意转质，造成质押财产毁损、灭失的，应当向出质人承担赔偿责任。"本条在原《物权法》第217条规定基础上，表述上删除了"向出质人"。

### 三、条文解读

质权以移转动产的占有为生效要件，因此动产质权的设立常态是一物一质，同一动产原则上不能设定数个质权。但实践中现实存在两种现象：其一是出质人以间接占有的财产出质;其二是质权人以质押财产所有人名义,为自己的债务将质押财产出质于第三人。这两种情形都涉及转质的问题。

转质是质权人在质权存续期间,为担保其他债权的实现,移转质押财产占有于其他债权人,设定新质权的行为。因转质而取得质权的人,为转质权人。[1] 对于转质,也许是出于避免法律关系复杂化的考虑,原《担保法》并无明文规定。因为动产质权特殊性在于动产质权的设立需要转移质押财产的占有,质权人以对质押财产的占有而对债务人施加清偿债务的心理压力,但由于质权作为担保物权,原则上在质权存续期间未经出质人同意,质权人无法自由使用、处分质押财产。而出质人又在质权存续期间暂时丧失了对质押财产的实际占有,其同样无法最大限度地发挥质押财产的用益权能,从而使"质权需移转担保物的占有于质权人"的制度设计在当今实际经济生活中显露出诸多局限,有悖于效益原则。从担保物权的历史发展来看,担保物权的发展趋向之一就是担保物权由只重视担保功能向同时注重担保功能与发挥物的效用发展,强调减少交易成本,促进有限资源的高效率利用,转质作为同时具备资金融通与债权保全双重功能的担保物权,有助于促进金融流通,实现质押财产的价值最大化。《民法典》在原《担保法解释》与原《物权法》的基础上吸收、规范后,形成本条。结合《民法典》第431条与本条规定,质权人在质权存续期间,未经出质人同意的,无法擅自处分、使用质押财产,包括转质行为,由此导致质押财产毁损、灭失的,质权人需承担赔偿责任。如若质权人依据约定或经过出质人同意的,其当然可以转质质押财产。

## 适用指引

### 一、承诺转质与责任转质

在学理上,根据是否经出质人同意,转质可分为责任转质与承诺转质:承诺转质是指经出质人同意的转质行为;责任转质即非经出质人同意,质权人擅自以质押财产另行设立质权。

就承诺转质而言,其本质上是出质人对质权人使用、处分质押财产的授

---

[1] 参见最高人民法院民法典贯彻实施工作领导小组主编:《中华人民共和国民法典物权编理解与适用》,人民法院出版社2020年版,第1204页。

权。《民法典》第431条规定质权人在质权存续期间,未经出质人同意不得擅自使用、处分质押财产,质权人为担保其他债务以质押财产设立质权的行为属于对质押财产的处分,其同样需要遵守《民法典》第431条规定,故在承诺转质中,质权人因出质人的授权而得以转质质押财产。此时,因出质人已同意该转质行为,承诺转质的后果将直接指向出质人,出质人不仅要承担出质的风险,而且要承受转质带来的风险,并受到转质权的拘束。出质人向质权人清偿债务时,原质权虽然消灭,转质权的质权并不消灭,出质人不能收回质物;如果出质人想要取回质物,只能以第三人的地位向转质权人清偿质权人的债务。另外,转质权同样属于质权,转质权人当然就质押财产享有优先受偿的权利。如若转质权人债权先于质权人债权届期,转质权人可直接行使质权,就质押财产的变价款优先受偿;如若转质权人债权后于质权人债权届期,则应从质押财产变价款中扣除对转质权人的担保债权额。①

对责任转质而言,原《担保法解释》第94条直接否定了责任转质的效力,该条第2款规定:"质权人在质权存续期间,未经出质人同意,为担保自己的债务,在其所占有的质物上为第三人设定质权的无效。质权人应对转质而发生的损害承担赔偿责任。"原《物权法》与本条规定并未直接明确责任转质情形下质权的效力,但通常而言,责任转质成立后,转质人的质权仍继续存在,但其实现受到限制。转质人设定转质权,是将其所把握的质押财产担保价值赋予转质权人,转质人的质权应当受转质权的约束,转质人将负有不得消灭其所支配的交换价值的义务,在转质权的担保数额范围内,不得抛弃其质权,免除质权所担保的债权,或受清偿、抵销等。转质权人在对质押财产取得新质权的同时也受到原质权的限制,转质权人在实现质权时,其仅能在转质人对主债务人所享有的担保债权额内实现质权,转质权人对转质人的原质权有优先受偿的权利,质押财产变价款得先清偿转质权人债权,出质人想要清偿债务取回质押财产的,也应当先向转质权人清偿,倘如清偿质权所担保的债务有剩余的,则再向质权人清偿。

## 二、转质权的担保范围

转质权虽是独立于原质权的权利,但转质权是转质人(原质权人)在原质

---

① 参见最高人民法院民法典贯彻实施工作领导小组主编:《中华人民共和国民法典物权编理解与适用》,人民法院出版社2020年版,第1208~1210页。

权的基础上所设立的权利，转质权人所取得的质权本质上仍是出于担保债权的目的，除当事人另有约定的，转质权所担保的债权范围应当在原质权所担保的债权范围之内，否则在只有转质权的情况下，转质权人的债权存在无法全部清偿的风险。此外，转质权蕴含的转质权人对质押财产的优先受偿权，是指转质权人的质权优先于原质权人的质权，转质权人在原质权所担保的债权额范围内，于自己债权受清偿前，对质押财产享有留置、占有权。转质权人对于转质人的债权如果已届清偿期，无论转质人的债权是否已届清偿期，均可以直接实现其质权。在实现质权时，应以质押财产的变价价款优先清偿转质权人的债权，然后再以其余额清偿转质人的债权。出质人向转质人清偿债务后，原质权消灭，但转质权并不因此而消灭。转质人不能清偿转质权人的到期债务时，质押财产所有人可以第三人的身份向转质权人清偿转质人的债务，以取回质押财产，从而也可以抵销原债务人对质权人的债务。

### 三、转质效力

责任转质与承诺转质不同，前者不以出质人的承诺为要件，在一定程度上漠视了出质人作为质押财产所有人的意志，也增加了出质人的风险负担和债务履行之约束，容易使出质人陷入利益不公状态。因此，与承诺转质的自由主义相反，责任转质应实行严格的法定主义，这是法律上基于促进交易、物尽其值而又有效保护出质人利益的两难考虑，一方面，允许责任转质的适用，另一方面，给予其操作要件和效力等必要限制。本条并不禁止承诺转质，承诺转质亦属于当事人自由处分其权利的表现，但转质人应在其质权范围内处分质押财产，且不得损害出质人利益。对于责任转质的效力，原《担保法解释》第94条第2款予以否定性评价，本条并未作此规定，同时本条还明确了责任转质情况下，出质人的赔偿责任。

## ▶ 类案检索

### 一、张某、徐某质权纠纷案

**关键词：** 质权设立　转质

**裁判摘要：** 首先，根据《合股经营协议书》及当事人陈述，徐某与何某荣等人于2009年11月6日开始合股经营三件古玉画,后因何某荣退出合股经营,当事人间约定何某荣出资转化为徐某的借款,徐某将其所有的三件古玉画是作为该借款及利息的质押物由何某荣合法占有。徐某与何某荣之间形成质押关系,何某荣对三件古玉画依法享有质押权。后何某荣与张某等人订立《协议》,约定:何某荣因向张某等借款约300万元,将收藏的部分古玩(另附清单)暂押给张某等,并一致同意交第三人保管;暂押期间,何某荣如需将其变卖,需事先告知张某一方相关人员,变卖物款应及时归还张某等。该书面协议包含了被担保债权的种类和数额,质押财产的名称、数量、质量、状况,质押财产的交付和保管方式,质押财产变卖款项用于偿还债务等内容,显属质权合同。加之案涉质押财产也依约交付第三人保管,因此,何某荣与张某等人之间也存在质押合同关系。因张某等人事先不知财产是徐某质押给何某荣的,张某等人属于善意占有(委托第三人保管)质押财产。张某等人虽没有证据证明《协议》签订时徐某同意转质,但从张某等人与徐某签订的《协议》来看,徐某承诺妥善保管质押财产,待张某等与第三人、何某荣等债权纠纷结案后,以法院的判决结果为准,再行处分质押财产即三件古玉画,如擅自处分自愿承担一切法律责任。即徐某认可了本案的质押行为,因此就没有必要等法院判决后再行处分质押财产。又根据本院询问可知,转质应当是得到徐某有条件的认可的。张某等诉何某荣欠款纠纷一案的判决(2013年1月25日作出)已生效,确认何某荣应偿还本金190万元及利息。因此,本案质押有效。就本案而言,第三人虽然在《协议》上签字,但其不是质押关系的当事人,而是受双方委托保管质押财产。第三人签字接受委托后,未履行承诺,在未经被申请人等同意的情况下,将质押财产交给了徐某,具有重大过错,第三人依法应承担责任。

【案　　号】(2017)最高法民申3070号
【审理法院】最高人民法院
【来　　源】中国裁判文书网

### 二、卓某晖、钟某强买卖合同纠纷案

**关键词:** 物权保护　返还原物　善意取得

**裁判摘要:** 涉案车辆是由登记车主陈某清质押给徐某康,卓某晖又以转质押的形式从徐某康处取得该车辆,并非基于原车主直接转让取得,其所获得的权利不得高于前手的权利。由于徐某康对涉案车辆仅享有质权,而非所有权,

对涉案车辆无处分权,故作为徐某康后手的卓某晖,其对涉案车辆亦无处分权。结合卓某晖在接受公安机关询问时明确表示其在卖车时明示钟某强该车是抵押车辆,无法过户的事实可知,卓某晖不符合善意取得要件,不能取得该车辆所有权。钟某强支付了购车款 78000 元却无法取得车辆所有权,其有权请求解除双方买卖合同,并要求赔偿损失。买卖合同解除后,有关合同解除的后果及责任、损失的承担应由双方当事人依过错程度分担。本案涉案车辆已被办理抵押登记的权利人开走,但抵押权人无权占有车辆,仅能在债权人不清偿债务时,对车辆进行处分并就处分价值优先受偿。涉案车辆是由卓某晖通过转质取得,卓某晖对车辆是有权占有,在卓某晖将车辆交付给钟某强后,对车辆的合法占有亦转移给钟某强,因此,在本案合同解除的情况下,钟某强应将车辆返还给卓某晖。对于钟某强未能将车辆返还而给卓某晖造成的损失,卓某晖可通过另诉解决。

【案　　号】(2018)粤民申 6924 号

【审理法院】广东省高级人民法院

【来　　源】中国裁判文书网

第四分编 担保物权 | 第十八章 质 权 | 第四百三十五条

> **第四百三十五条** 质权人可以放弃质权。债务人以自己的财产出质，质权人放弃该质权的，其他担保人在质权人丧失优先受偿权益的范围内免除担保责任，但是其他担保人承诺仍然提供担保的除外。

## ▶ 关联规定

一、法律、行政法规、司法解释

1.《中华人民共和国民法典》

**第三百九十一条** 第三人提供担保，未经其书面同意，债权人允许债务人转移全部或者部分债务的，担保人不再承担相应的担保责任。

**第三百九十二条** 被担保的债权既有物的担保又有人的担保的，债务人不履行到期债务或者发生当事人约定的实现担保物权的情形，债权人应当按照约定实现债权；没有约定或者约定不明确，债务人自己提供物的担保的，债权人应当先就该物的担保实现债权；第三人提供物的担保的，债权人可以就物的担保实现债权，也可以请求保证人承担保证责任。提供担保的第三人承担担保责任后，有权向债务人追偿。

**第三百九十三条** 有下列情形之一的，担保物权消灭：

（一）主债权消灭；

（二）担保物权实现；

（三）债权人放弃担保物权；

（四）法律规定担保物权消灭的其他情形。

**第四百零九条** 抵押权人可以放弃抵押权或者抵押权的顺位。抵押权人与抵押人可以协议变更抵押权顺位以及被担保的债权数额等内容。但是，抵押权的变更未经其他抵押权人书面同意的，不得对其他抵押权人产生不利影响。债务人以自己的财产设定抵押，抵押权人放弃该抵押权、抵押权顺位或者变更抵押权的，其他担保人在抵押权人丧失优先受偿权益的范围内免除担保责任，但是其他担保人承诺仍然提供担保的除外。

1743

**第五百二十条** 部分连带债务人履行、抵销债务或者提存标的物的，其他债务人对债权人的债务在相应范围内消灭；该债务人可以依据前条规定向其他债务人追偿。

部分连带债务人的债务被债权人免除的，在该连带债务人应当承担的份额范围内，其他债务人对债权人的债务消灭。

部分连带债务人的债务与债权人的债权同归于一人的，在扣除该债务人应当承担的份额后，债权人对其他债务人的债权继续存在。

债权人对部分连带债务人的给付受领迟延的，对其他连带债务人发生效力。

**第六百九十五条** 债权人和债务人未经保证人书面同意，协商变更主债权债务合同内容，减轻债务的，保证人仍对变更后的债务承担保证责任；加重债务的，保证人对加重的部分不承担保证责任。

债权人和债务人变更主债权债务合同的履行期限，未经保证人书面同意的，保证期间不受影响。

**第六百九十六条** 债权人转让全部或者部分债权，未通知保证人的，该转让对保证人不发生效力。

保证人与债权人约定禁止债权转让，债权人未经保证人书面同意转让债权的，保证人对受让人不再承担保证责任。

**第六百九十七条** 债权人未经保证人书面同意，允许债务人转移全部或者部分债务，保证人对未经其同意转移的债务不再承担保证责任，但是债权人和保证人另有约定的除外。

第三人加入债务的，保证人的保证责任不受影响。

2.《最高人民法院关于适用〈中华人民共和国民法典〉有关担保制度的解释》

**第三条** 当事人对担保责任的承担约定专门的违约责任，或者约定的担保责任范围超出债务人应当承担的责任范围，担保人主张仅在债务人应当承担的责任范围内承担责任的，人民法院应予支持。

担保人承担的责任超出债务人应当承担的责任范围，担保人向债务人追偿，债务人主张仅在其应当承担的责任范围内承担责任的，人民法院应予支持；担保人请求债权人返还超出部分的，人民法院依法予以支持。

**第十四条** 同一债务有两个以上第三人提供担保，担保人受让债权的，人民法院应当认定该行为系承担担保责任。受让债权的担保人作为债权人请求其他担保人承担担保责任的，人民法院不予支持；该担保人请求其他担保人分担相应份额的，依照本解释第十三条的规定处理。

第二十条　人民法院在审理第三人提供的物的担保纠纷案件时，可以适用民法典第六百九十五条第一款、第六百九十六条第一款、第六百九十七条第二款、第六百九十九条、第七百条、第七百零一条、第七百零二条等关于保证合同的规定。

第二十四条　债权人知道或者应当知道债务人破产，既未申报债权也未通知担保人，致使担保人不能预先行使追偿权的，担保人就该债权在破产程序中可能受偿的范围内免除担保责任，但是担保人因自身过错未行使追偿权的除外。

## 二、司法指导性文件

### 《全国法院民商事审判工作会议纪要》

55.【担保责任的范围】担保人承担的担保责任范围不应当大于主债务，是担保从属性的必然要求。当事人约定的担保责任的范围大于主债务的，如针对担保责任约定专门的违约责任、担保责任的数额高于主债务、担保责任约定的利息高于主债务利息、担保责任的履行期先于主债务履行期届满，等等，均应当认定大于主债务部分的约定无效，从而使担保责任缩减至主债务的范围。

## ▶ 条文释义

### 一、本条主旨

本条是关于质权人放弃质权及其他担保人责任承担原则的规定。

### 二、条文演变

原《担保法》第 28 条第 2 款规定："债权人放弃物的担保的，保证人在债权人放弃权利的范围内免除保证责任。"原《物权法》沿承该条规定精神形成第 218 条，该条规定："质权人可以放弃质权。债务人以自己的财产出质，质权人放弃该质权的，其他担保人在质权人丧失优先受偿权益的范围内免除担保责任,但其他担保人承诺仍然提供担保的除外。"本条除用语上将"但"改为"但是",继续沿用了原《物权法》第218条的规定。

### 三、条文解读

本条规定的质权人放弃质权的规则,与《民法典》第409条关于放弃抵押权或抵押权顺位的规定具有相似的立法目的。质权作为一种权利,质权人对自己的权利有权进行处分,放弃质权即为处分的形态之一。由于质权人放弃质权可能会对其他担保人权益造成影响,故本条对质权人放弃质权情形下其他担保人担保责任的承担也作了规定。

（一）质权的放弃

根据《民法典》第130条至第132条规定,民事主体按照自己的意愿依法行使民事权利,不受干涉,但民事主体行使权利时,应当履行法律规定的和当事人约定的义务,且不得滥用民事权利损害国家利益、社会公共利益或者他人合法权益。民事主体当然可以放弃其所享有的质权。质权人放弃质权,意味着质权人放弃其因享有质权而就质押财产优先于其他普通债权人受清偿的权利,但质权人放弃质权并不等于质权人放弃债权。

《民法典》未规定质权人放弃质权应采取何种方式,但通常认为质权人应以明示方式放弃质权。一方面,质权人放弃质权的行为是质权人的单方意思表示,无须经过出质人的同意,因此,外界难以了解质权人放弃质权的内心意思;另一方面,原《担保法解释》第87条规定质权人将质物返还于出质人后,以其质权对抗第三人的,人民法院不予支持,即质权人返还质押财产则将丧失对抗第三人的效力,该条虽未明示质权是否消灭,但从质权设立要件来看,质权以占有质押财产为成立要件,质权人如若继续占有质押财产但未明示放弃质权的,第三人无法推定质权人放弃质权,由此应当认为质权人放弃质权的应采取明示方式。

（二）其他担保人责任承担原则

在同一债权既有债务人以自己的财产设定的质押担保又有其他担保人（包括人保和物保）的场合,此时,债权人作为质权人当然也可以放弃债务人提供的质押财产上的质权,但此时应注意质权放弃对其他担保人责任承担的影响。

根据《民法典》第392条规定可知，首先，债务人以自己财产为债权提供担保的，在当事人间没有约定或约定不明的情况下，债权人应当先就该物的担保实现债权。债务人是本位上的债务承担者，其他物的担保人及保证人仅是代替其承担责任，如果在债务人自己提供了物的担保的情况下，债权人放弃该担保物权，即对该质押财产丧失优先受偿权，此时，债权人转而要求其他担保人承担担保责任，无疑会加重其他担保人担保责任，这显然不甚公平。其次，在债务人自己提供质押的情形下，其他担保人对先以债务人的质物清偿债务存在合理信赖利益，债权人放弃质权直接请求其他担保人承担担保责任的，将损害其他担保人的顺位信赖利益，违反了民法的公平原则和诚信原则。最后，第三人为债务人提供担保的行为并非债务加入或债务承担行为，第三人提供担保的行为意味着第三人在承担担保责任后将对债务人享有求偿权。当债务人自己提供质押时，如若质押财产的变价款可清偿全部债务，债权人以该质押财产先行清偿债务，则无须其他担保人承担担保责任，可以避免其他担保人日后的求偿行为。因此，为了确保其他担保人的利益不因债权人放弃质权的行为受到影响，减轻诉累，本条明确规定，其他担保人在质权人丧失优先受偿权的范围内免除担保责任。但是，如果其他担保人自愿承受质权人放弃质权所产生的不利影响而承诺愿意继续提供担保的，法律应当尊重当事人自愿的意思表示，不应加以干涉。质权人放弃债务人以自己财产出质设立的质权的，质权人同时应返还质押财产。

## ▶ 适用指引

### 一、质权人放弃债务人以自己财产设立的质权

从本条表述来看，同一债权上其他担保人适用本条规定的前提应当是质权人放弃了债务人以自己财产出质设立的质权。如若债权人所放弃的质权是第三人提供的财产时，除非当事人间存在相应约定，其他担保人无权主张在质权人丧失优先受偿权益范围内免除担保责任。

被放弃的权利类型应为债务人以自己的财产出质设立的质权。对于同一债权既有债务人以自己的财产设立的抵押担保，又有其他担保人（包括人保和物保）的情形，应适用《民法典》第409条第2款的规定，该款规定："债务人

以自己的财产设定抵押，抵押权人放弃该抵押权、抵押权顺位或者变更抵押权的，其他担保人在抵押权人丧失优先受偿权益的范围内免除担保责任，但是其他担保人承诺仍然提供担保的除外。"该款与本条规定具有相似的立法目的。

## 二、质权放弃与质权消灭

质权的放弃，又被称为质权的抛弃，包括相对抛弃和绝对抛弃。所谓质权的相对抛弃，是指质权人为出质人的特定无担保债权人的利益而抛弃其质权。此种抛弃仅于质权抛弃人和受抛弃利益的特定无担保债权人间发生效力，于其他质权人的利益并无任何影响；质权的抛弃人和受抛弃利益之债权人得就质权抛弃人对质押物变卖所得价金的可分金额，按照其各自债权额比例受偿。质权的绝对抛弃，是指质权人以消灭质权的意思放弃质权。此种抛弃通常需要质权人向出质人为抛弃的意思表示，即质权人的债权变为无担保债权。①

质权包括动产质权与权利质权。根据《民法典》第393条规定可知，担保物权消灭的原因有主债权消灭、债权人放弃担保物权等，即债权人享有质权时，放弃质权是消灭质权的原因行为之一。具体而言，动产质权还会因质物灭失、质权人丧失质押财产的占有、质权人返还质押财产等原因消灭。权利质权消灭的原因，除与一般担保物权消灭原因相同外，还有标的物权利消灭、标的物权利与质权同归一人、标的物返还或丧失占有等特殊情形。

## ▶ 典型案例

一、黑龙江北大荒投资担保股份有限公司与黑龙江省建三江农垦七星粮油工贸有限责任公司、黑龙江省建三江农垦宏达粮油工贸有限公司等担保合同纠纷案

**关键词：** 担保物权实现　放弃质权　混合担保

**裁判摘要：** 同一债权上既有人的担保，又有债务人提供的物的担保，债权人与债务人的共同过错致使本应依法设立的质权未设立，保证人对此并无过错的，债权人应对质权未设立承担不利后果。法律对债务人提供的物保与第三人

---

① 参见最高人民法院民法典贯彻实施工作领导小组主编：《中华人民共和国民法典物权编理解与适用》，人民法院出版社2020年版，第1211~1212页。

提供的人保并存时的债权实现顺序有明文规定，保证人对先以债务人的质物清偿债务存在合理信赖，债权人放弃质权损害了保证人的顺位信赖利益，保证人应依法律规定在质权人丧失优先受偿权益的范围内免除保证责任。

**基本案情：** 2013年11月15日，黑龙江省建三江农垦三江缘米业有限责任公司（以下简称三江缘公司）与中国建设银行股份有限公司哈尔滨农垦支行（以下简称农垦建行）签订一份1000万元的借款合同，黑龙江省北大荒投资担保股份有限公司（以下简称北大荒担保公司）为该笔借款提供担保。同年11月17日，北大荒担保公司与三江缘公司、邵某玲、徐某军（二人系夫妻，均为三江缘公司股东）签订《反担保合同》，约定：邵某玲、徐某军为前述借款向北大荒担保公司提供反担保，担保方式为连带责任保证；三江缘公司将其所有的机器设备98台（套）、邵某玲所有的房屋、徐某军所有的房屋抵押给北大荒担保公司，均办理抵押登记手续；三江缘公司将4560吨水稻质押给北大荒担保公司；邵某玲、徐某军将其各自持有三江缘公司的50%股权（出质权数额为200万元）质押给北大荒担保公司，亦办理了股权质押登记。同日，北大荒担保公司与七星公司、宏达公司、华龙公司和稻福公司（以下简称四保证人）签订《保证合同》（以下简称《保证合同1》），为三江缘公司的借款提供连带保证。后因三江缘公司未能偿还前述借款合同下借款的当月利息，北大荒担保公司分别向农垦建行代偿本息10216482.33元。《反担保合同》签订后，邵某玲、徐某军将水稻存放在三江缘公司仓库内，但未停止生产经营。2014年6月，北大荒担保公司发现三江缘公司不再偿还农垦建行借款利息且三江缘公司院内水稻大部分减少，遂报案。

法院经审理认为，民事案件的案由应当依据当事人主张的法律关系的性质来确定，同一诉讼中涉及两个以上法律关系的，应当依据当事人诉争的法律关系的性质确定案由，均为诉争法律关系的，则按诉争的两个以上法律关系确定并列的两个案由。本案系主债务的连带保证人北大荒担保公司在代为清偿三江缘公司的借款债务后，基于法定追偿权诉请债务人三江缘公司偿还代偿款，基于反担保合同关系诉请反担保人承担反担保责任，故本案案由应确定为追偿权纠纷和担保合同纠纷。北大荒担保公司于同日分别与债务人、第三人签订的质押合同、抵押合同及保证合同均系当事人的真实意思表示，不违反法律、行政法规的强制性规定，应依法认定为有效合同。其中，北大荒担保公司与债务人三江缘公司签订的水稻质押合同虽依法成立生效，但因三江缘公司未交付质物并将出质的水稻出卖给案外人,应认定北大荒担保公司的水稻质权未设立。质押合同签订后,北大荒担保公司与三江缘公司未能诚实守信积极履行生效的质押合同义务,双方对质权未设立均存在过错,致使本应有效设立的质权未能发挥物的担保效用,过错当事人应承担不利后果。保证合同中虽未明确约定债务人提供水稻质押是保证人提供保证的条件,但我国法律对债务人提供的物保与第三人提供的人保并存时的债权实现顺序有明确规定,保证人对先以债务人的质物清偿债务存在合理信赖利益,北大荒担保公司怠于行使质物交付请求权损害了保证人的顺位信赖利益,若令保证人在债务人提供的担保物权未设立时继续承担保证责任,恶意违约的债务人与怠于行使权利的债权人利益不受损,而保证人的信赖利益却遭受侵害,这无疑违反民法的公平原则和诚实信用原则。因此当保证人合理的顺位信赖利益遭受债权人和债务人的侵害时,保证人应当在质押物优先受偿价值范围内免除保证责任。

【案　　号】(2017)最高法民申 925 号

【审理法院】最高人民法院

【来　　源】《最高人民法院公报》2018 年第 1 期

## 二、陕西秦农农村商业银行股份有限公司沣东支行诉西安沣祥工贸有限责任公司、吴某鸿、西安一得贸易有限公司、陕西一得贵金属贸易有限公司案外人执行异议之诉案

**关键词:** 保证金质押　特定化　放弃质权

**裁判摘要:** 保证金账户系债权人与保证人按约定设立,债权人对该账户实际控制管理,该账户内的款项符合金钱以保证金的形式特定化及移交债权人占有的条件,可以认定债权人与保证人对该账户内的款项设立了质权。经保证人申请,债权人及其相关下属支行层级批准后退还部分保证金是在案涉账户内款项已设立质权的前提下,债权人作为质权人放弃部分质押财产的行为,该行为并未改变债权人对案涉账户内款项的实际控制及账户内剩余款项的性质和用途。债权人对保证金账户的款项享有质权,足以排除强制执行。

**基本案情:** 2015 年 7 月 20 日,西安一得贸易有限公司(以下简称西安一得公司)与陕西秦农农村商业银行股份有限公司沣东支行(以下简称秦农银行沣东支行)签订《合作协议书》,约定西安一得公司为其经营商户的贷款提供担保,并开立尾号为 671 保证金账户,按担保借款金额 20% 的比例缴纳保证

金，若借款人或者担保人到期不能偿还借款本息，银行有权直接扣收质押保证金等。协议签订当日，西安一得公司按约定开立了671保证金账户。之后秦农银行沣东支行向57户商户发放贷款，西安一得公司亦按约定缴纳保证金。截至2016年9月29日缴纳至671号账户的保证金共计1138余万元。后经西安一得公司申请，秦农银行沣东支行及其下属的二级支行层级批准，分5次共计退还西安一得公司1000余万元，西安一得公司用来偿还所担保的贷款利息及其在该行其他支行的贷款。截至2016年9月29日，671账户余额为103万余元。2016年10月8日，法院在执行西安沣祥工贸有限责任公司（以下简称沣祥公司）与吴某鸿（西安一得公司）借款合同一案时，冻结并扣划了西安一得公司671账户中的103万元。秦农银行沣东支行提出执行异议被驳回后遂提起本案案外人执行异议之诉，以671账户系保证金账户为由，请求排除执行。

法院经审理认为，案涉671保证金账户是西安一得公司为其加盟商户在秦农银行沣东支行借款提供担保而专门开立的保证金账户，转入该账户内的款项均是西安一得公司根据贷款发放额度，按照约定的比例向该账户缴存的保证金，该账户内的款项既能与西安一得公司的其他财产相区分，又独立于秦农银行沣东支行自己的财产，故该账户内的款项符合以保证金形式特定化的要求。结合秦农银行沣东支行与西安一得公司签订的《合作协议书》中关于债务人未偿还贷款本息时，秦农银行沣东支行有权直接扣收西安一得公司质押保证金的约定，以及西安一得公司经秦农银行沣东支行及其相关下属支行层级批准后才得退还部分保证金的事实，可以认定秦农银行沣东支行作为债权人实际控制和管理案涉671保证金账户，符合出质金钱移交债权人占有的要求。根据我国法律规定，质权人可以放弃质权。经西安一得公司申请，秦农银行沣东支行及其相关下属支行层级批准后退还部分保证金是在671账户内保证金已设立质权的前提下，秦农银行沣东支行作为质权人放弃部分质押财产的行为。该行为并未改变秦农银行沣东支行对案涉671号账户内款项的实际控制，亦未改变该账户内剩余款项的性质和用途，案涉671保证金账户内的款项仍符合以保证金形式特定化和移交债权人占有的条件。在案涉保证金担保的主债权未获清偿的情况下，秦农银行沣东支行作为质权人对671保证金账户内的款项享有优先受偿的权利，沣祥公司与吴某鸿（西安一得公司）借款合同纠纷一案的执行标的为普通债权，秦农银行沣东支行对671保证金账户内款项所享有的质权足以排除该案的强制执行。

【案　　号】（2019）最高法民再198号
【审理法院】最高人民法院
【来　　源】最高人民法院第六巡回法庭2019年度参考案例

## ▶ 类案检索

**诸暨祥生兆基置业有限公司、德清厚道泰富管理咨询合伙企业民间借贷纠纷案**

**关键词：** 混合担保　担保物权实现

**裁判摘要：**《保证合同》系当事人真实意思表示，内容不违反法律、行政法规的强制性规定，应为合法有效，各方均应按合同约定履行。《保证合同》约定："甲方（保证人）知悉并同意，在其他任何主体（包括债务人自身）对债务人履行主合同项下义务提供或追加包括但不限于保证、抵押、质押等形式的担保，乙方（债权人）有权选择先向甲方直接主张连带保证责任，并要求甲方在本合同约定的保证范围内承担保证责任，而无须先要求其他担保人履行担保责任，甲方将不提出任何异议。但是乙方行使该选择权并不意味着乙方放弃对其他担保人或顺位在后的担保人的任何权利。甲方同时知悉并同意，其承担全部或部分担保责任的顺序或金额等由乙方在行使选择权时决定及通知，甲方按照乙方的通知承担担保责任。"可见，当事人对于担保责任实现顺序和范围的约定是明确的，即在债务人提供质押担保的情况下，债权人仍可先选择要求保证人在保证范围内承担保证责任，且债权人有权决定保证人承担的金额。因此，债权人要求保证人在剩余的借款本息范围内承担保证责任，符合合同约定。保证人关于其在质押财产范围内免除担保责任的主张，缺乏事实和法律依据。

【案　　号】（2020）最高法民申2907号
【审理法院】最高人民法院
【来　　源】中国裁判文书网

**第四百三十六条** 债务人履行债务或者出质人提前清偿所担保的债权的,质权人应当返还质押财产。

债务人不履行到期债务或者发生当事人约定的实现质权的情形,质权人可以与出质人协议以质押财产折价,也可以就拍卖、变卖质押财产所得的价款优先受偿。

质押财产折价或者变卖的,应当参照市场价格。

## 关联规定

一、法律、行政法规、司法解释

1.《中华人民共和国民法典》

**第三百八十六条** 担保物权人在债务人不履行到期债务或者发生当事人约定的实现担保物权的情形,依法享有就担保财产优先受偿的权利,但是法律另有规定的除外。

2.《中华人民共和国民事诉讼法》

**第二百零三条** 申请实现担保物权,由担保物权人以及其他有权请求实现担保物权的人依照民法典等法律,向担保财产所在地或者担保物权登记地基层人民法院提出。

**第二百零四条** 人民法院受理申请后,经审查,符合法律规定的,裁定拍卖、变卖担保财产,当事人依据该裁定可以向人民法院申请执行;不符合法律规定的,裁定驳回申请,当事人可以向人民法院提起诉讼。

3.《最高人民法院关于适用〈中华人民共和国民法典〉有关担保制度的解释》

**第四十五条** 当事人约定当债务人不履行到期债务或者发生当事人约定的实现担保物权的情形,担保物权人有权将担保财产自行拍卖、变卖并就所得的价款优先受偿的,该约定有效。因担保人的原因导致担保物权人无法自行对担保财产进行拍卖、变卖,担保物权人请求担保人承担因此增加的费用的,人民法院应予支持。

当事人依照民事诉讼法有关"实现担保物权案件"的规定，申请拍卖、变卖担保财产，被申请人以担保合同约定仲裁条款为由主张驳回申请的，人民法院经审查后，应当按照以下情形分别处理：

（一）当事人对担保物权无实质性争议且实现担保物权条件已经成就的，应当裁定准许拍卖、变卖担保财产；

（二）当事人对实现担保物权有部分实质性争议的，可以就无争议的部分裁定准许拍卖、变卖担保财产，并告知可以就有争议的部分申请仲裁；

（三）当事人对实现担保物权有实质性争议的，裁定驳回申请，并告知可以向仲裁机构申请仲裁。

债权人以诉讼方式行使担保物权的，应当以债务人和担保人作为共同被告。

**4.《最高人民法院关于适用〈中华人民共和国民事诉讼法〉的解释》**

**第三百五十九条** 民事诉讼法第二百零三条规定的担保物权人，包括抵押权人、质权人、留置权人；其他有权请求实现担保物权的人，包括抵押人、出质人、财产被留置的债务人或者所有权人等。

**第三百七十条** 人民法院审查后，按下列情形分别处理：

（一）当事人对实现担保物权无实质性争议且实现担保物权条件成就的，裁定准许拍卖、变卖担保财产；

（二）当事人对实现担保物权有部分实质性争议的，可以就无争议部分裁定准许拍卖、变卖担保财产；

（三）当事人对实现担保物权有实质性争议的，裁定驳回申请，并告知申请人向人民法院提起诉讼。

## 二、部门规章及规范性文件

**《商业银行押品管理指引》**

**第四十二条** 出现下列情形之一的，商业银行应办理抵质押注销登记手续，返还押品或权属证书：

（一）抵质押担保合同履行完毕，押品所担保的债务已经全部清偿；

（二）人民法院解除抵质押担保裁判生效；

（三）其他法定或约定情形。

## ▶ 条文释义

### 一、本条主旨

本条是关于质押财产返还及质权实现的规定。

### 二、条文演变

原《担保法》第71条规定:"债务履行期届满债务人履行债务的,或者出质人提前清偿所担保的债权的,质权人应当返还质物。""债务履行期届满质权人未受清偿的,可以与出质人协议以质物折价,也可以依法拍卖、变卖质物。""质物折价或者拍卖、变卖后,其价款超过债权数额的部分归出质人所有,不足部分由债务人清偿。"原《物权法》不仅在该条基础上对条文用语予以简练、规范,还对条文内容予以完善,形成原《物权法》第219条。第219条第1款继续维持原《担保法》第71条第1款规定,仅简化条文表述;第219条第2款中增加"当事人约定的实现质权的情形",明确质权人优先受偿权的对象为质押财产变价款,而非质押财产;第219条第3款增加"质押财产折价或者变卖的,应当参照市场价格"的规定,将原《担保法》第71条第3款单独成条。

《民法典》物权编于本条沿用了原《物权法》第219条的规定。

### 三、条文解读

债务履行期限届满,将产生两种情况:一是质权因其所担保的债权受清偿或者其他原因的发生而消灭;二是债务未受清偿。根据这两种不同情况本条规定了两种不同的法律后果,即质押财产返还或者质权的实现。依质权设立特点可知,质权设立需转移质押财产占有,故在质权存续期间,质权人因质权而占有质押财产,但债务人履行债务或出质人提前清偿质押财产所担保债权的,主债权因获清偿而消灭,根据担保物权从属性,质权自然消灭,质权人即丧失继续占有质押财产的依据,质权人应返还质押财产于债务人,若质权由第三人提供质押财产设立,质押财产应归还与出质人,而非债务人。若债务人履行债务或出质人提前清偿担保物权,债权人拒不返还质押财产的,债权人应当承担民事责任。此外，本条还规定了在债权已届清偿期而债务人不履行债务或者发生当事人约定的实现质权的情形时，质权人行使质权的方式，即折价、拍卖、变卖质押财产。

## ▶ 适用指引

质权的实现，是指债务人不履行到期债务或者发生当事人约定的实现质权的情形时，质权人处分质押财产并就其变价款优先受偿的行为。质权的实现是体现质权担保功能最基本的方式，质权人通过质权的实现，避免或减少债权不受全部清偿的风险，其属于质权人因质押行为所享有的权利。

### 一、质权实现的条件

首先，质权人实现质权的最重要前提条件便是质权的合法有效存在。质权是质权人行使质权的基础，当质权未有效设立时，双方当事人间无有效的质押法律关系，也无对应的权利义务。此外，担保物权从属性的性质也决定了质权所担保之主债权亦应合法有效存在，否则主债权无效，质权也将随之无效，质权实现无从谈起。其次，质权的实现发生于债务人不履行届期债务时。其中，债务人不履行到期债务并不限于债务人未履行债务，对于债务人未履行完毕全部债务的情形，质权人同样可以主张实现质权。考虑到尊重社会交易生活中平等民事主体的自由处分意志，质权的实现可以由当事人约定，当事人对实现质权有约定的，应依照约定实现质权。最后，债务未清偿非因质权人的原因造成，质权人拒绝接受债务人履行的，不属于债务人不履行到期债务情形。

### 二、质权的实现方式

根据本条规定，质权实现的方式主要有三种。

（一）拍卖

拍卖是指以公开竞价的形式，将特定物品或财产权利转让给最高应价者的买卖方式。通过拍卖质押财产，能最大限度地实现质押财产最大化，这既能维护质权人利益，保障债权被全部清偿，也能在质押财产变价款超过债权数额后，退还出质人该超额部分，实现物的价值最大化，发挥担保物权价值。有关拍卖的程序,具体应适用《拍卖法》与《民事诉讼法》的有关规定。由于拍卖能最大限度地实现物的价值,所以本条并未规定拍卖质押财产,应当参照市场价格。

### (二)折价

折价,是指质权人实现质权时,与出质人达成协议,或者协议不成时经由人民法院审理后判决,按照质押物自身的品质、参考市场价格,把质押物所有权由出质人转移给质权人,从而实现质权的一种方式。质押财产折价并不等于流质。流质契约通常发生在债务履行期限届满前,折价仅发生在债务履行期限届满后,由当事人达成协议,也可由人民法院裁判折价质押财产。除此之外,流质契约中并不考虑质押财产客观价值,质权人通常还会利用债权人优势地位与出质人订立流质契约。折价虽与流质契约存在区别,但在当事人间达成协议的折价合意中,其仍存在透明性不足的问题,所以本条第3款规定质押财产折价的,应当参照市场价格。

### (三)变卖

变卖是当事人或人民法院直接将质押财产以公平合理的价格出卖,由质权人就所得价款优先受偿,实现质权的方式。但应当注意的是,司法实践中一般是以拍卖为原则,变卖仅以例外的形式存在,只有在财产无法委托拍卖、不适于拍卖或当事人双方不需要拍卖的情形下,人民法院才可以交由有关单位变卖或自行组织变卖。①

## ▶ 指导案例

**指导案例 53 号:福建海峡银行股份有限公司福州五一支行诉长乐亚新污水处理有限公司、福州市政工程有限公司金融借款合同纠纷案**
(最高人民法院审判委员会讨论通过 2015 年 11 月 19 日发布)

**关键词:** 民事 金融借款合同 收益权质押 出质登记 质权实现

**裁判要点:** 1. 特许经营权的收益权可以质押,并可作为应收账款进行出质

---

① 参见最高人民法院民法典贯彻实施工作领导小组主编:《中华人民共和国民法典物权编理解与适用》,人民法院出版社2020年版,第1217页。

登记。

2. 特许经营权的收益权依其性质不宜折价、拍卖或变卖，质权人主张优先受偿权的，人民法院可以判令出质债权的债务人将收益权的应收账款优先支付质权人。

**相关法条：**《中华人民共和国物权法》第208条、第223条、第228条第1款

**基本案情：** 原告福建海峡银行股份有限公司福州五一支行（以下简称海峡银行五一支行）诉称：原告与被告长乐亚新污水处理有限公司（以下简称长乐亚新公司）签订单位借款合同后向被告贷款3000万元。被告福州市政工程有限公司（以下简称福州市政公司）为上述借款提供连带责任保证。原告海峡银行五一支行、被告长乐亚新公司、福州市政公司、案外人长乐市建设局四方签订了《特许经营权质押担保协议》，福州市政公司以长乐市污水处理项目的特许经营权提供质押担保。因长乐亚新公司未能按期偿还贷款本金和利息，故诉请法院判令：长乐亚新公司偿还原告借款本金和利息；确认《特许经营权质押担保协议》合法有效，拍卖、变卖该协议项下的质物，原告有优先受偿权；将长乐市建设局支付给两被告的污水处理服务费优先用于清偿应偿还原告的所有款项；福州市政公司承担连带清偿责任。

被告长乐亚新公司和福州市政公司辩称：长乐市城区污水处理厂特许经营权，并非法定的可以质押的权利，且该特许经营权并未办理质押登记，故原告诉请拍卖、变卖长乐市城区污水处理厂特许经营权，于法无据。

法院经审理查明：2003年，长乐市建设局为让与方、福州市政公司为受让方、长乐市财政局为见证方，三方签订《长乐市城区污水处理厂特许建设经营合同》，约定：长乐市建设局授予福州市政公司负责投资、建设、运营和维护长乐市城区污水处理厂项目及其附属设施的特许权，并就合同双方权利义务进行了详细约定。2004年10月22日，长乐亚新公司成立。该公司系福州市政公司为履行《长乐市城区污水处理厂特许建设经营合同》而设立的项目公司。

2005年3月24日，福州市商业银行五一支行与长乐亚新公司签订《单位借款合同》，约定：长乐亚新公司向福州市商业银行五一支行借款3000万元；借款用途为长乐市城区污水处理厂BOT项目；借款期限为13年，自2005年3月25日至2018年3月25日；还就利息及逾期罚息的计算方式作了明确约定。福州市政公司为长乐亚新公司的上述借款承担连带责任保证。

同日，福州市商业银行五一支行与长乐亚新公司、福州市政公司、长乐市建设局共同签订《特许经营权质押担保协议》，约定：福州市政公司以《长乐市城区污水处理厂特许建设经营协议》授予的特许经营权为长乐亚新公司向福州市商业银行五一支行的借款提供质押担保，长乐市建设局同意该担保；福州市政公司同意将特许经营权收益优先用于清偿借款合同项下的长乐亚新公司的债务，长乐市建设局和福州市政公司同意将污水处理费优先用于清偿借款合同项下的长乐亚新公司的债务；福州市商业银行五一支行未受清偿的，有权依法通过拍卖等方式实现质押权利等。

上述合同签订后，福州市商业银行五一支行依约向长乐亚新公司发放贷款3000万元。长乐亚新公司于2007年10月21日起未依约按期足额还本付息。

另查明，福州市商业银行五一支行于2007年4月28日名称变更为福州市商业银行股份有限公司五一支行；2009年12月1日其名称再次变更为福建海峡银行股份有限公司五一支行。

**裁判结果**：福建省福州市中级人民法院于2013年5月16日作出（2012）榕民初字第661号民事判决：一、长乐亚新污水处理有限公司应于本判决生效之日起十日内向福建海峡银行股份有限公司福州五一支行偿还借款本金28714764.43元及利息（暂计至2012年8月21日为2142597.6元，此后利息按《单位借款合同》的约定计至借款本息还清之日止）；二、长乐亚新污水处理有限公司应于本判决生效之日起十日内向福建海峡银行股份有限公司福州五一支行支付律师代理费人民币123640元；三、福建海峡银行股份有限公司福州五一支行于本判决生效之日起有权直接向长乐市建设局收取应由长乐市建设局支付给长乐亚新污水处理有限公司、福州市政工程有限公司的污水处理服务费，并对该污水处理服务费就本判决第一、二项所确定的债务行使优先受偿权；四、福州市政工程有限公司对本判决第一、二项确定的债务承担连带清偿责任；五、驳回福建海峡银行股份有限公司福州五一支行的其他诉讼请求。宣判后，两被告均提起上诉。福建省高级人民法院于2013年9月17日作出福建省高级人民法院（2013）闽民终字第870号民事判决，驳回上诉，维持原判。

**裁判理由**：法院生效裁判认为：被告长乐亚新公司未依约偿还原告借款本金及利息，已构成违约，应向原告偿还借款本金，并支付利息及实现债权的费用。福州市政公司作为连带责任保证人，应对讼争债务承担连带清偿责任。本案争议焦点主要涉及污水处理项目特许经营权质押是否有效以及该质权如何实现问题。

一、关于污水处理项目特许经营权能否出质问题

污水处理项目特许经营权是对污水处理厂进行运营和维护,并获得相应收益的权利。污水处理厂的运营和维护,属于经营者的义务,而其收益权,则属于经营者的权利。由于对污水处理厂的运营和维护,并不属于可转让的财产权利,故讼争的污水处理项目特许经营权质押,实质上系污水处理项目收益权的质押。

关于污水处理项目等特许经营的收益权能否出质问题,应当考虑以下方面:其一,本案讼争污水处理项目《特许经营权质押担保协议》签订于2005年,尽管当时法律、行政法规及相关司法解释并未规定污水处理项目收益权可质押,但污水处理项目收益权与公路收益权性质上相类似。《最高人民法院关于适用〈中华人民共和国担保法〉若干问题的解释》第九十七条规定,"以公路桥梁、公路隧道或者公路渡口等不动产收益权出质的,按照担保法第七十五条第(四)项的规定处理",明确公路收益权属于依法可质押的其他权利,与其类似的污水处理收益权亦应允许出质。其二,国务院办公厅2001年9月29日转发的《国务院西部开发办〈关于西部大开发若干政策措施的实施意见〉》(国办发〔2001〕73号)中提出,"对具有一定还贷能力的水利开发项目和城市环保项目(如城市污水处理和垃圾处理等),探索逐步开办以项目收益权或收费权为质押发放贷款的业务",首次明确可试行将污水处理项目的收益权进行质押。其三,污水处理项目收益权虽系将来金钱债权,但其行使期间及收益金额均可确定,其属于确定的财产权利。其四,在《中华人民共和国物权法》(以下简称《物权法》)颁布实施后,因污水处理项目收益权系基于提供污水处理服务而产生的将来金钱债权,依其性质亦可纳入依法可出质的"应收账款"的范畴。因此,讼争污水处理项目收益权作为特定化的财产权利,可以允许其出质。

二、关于污水处理项目收益权质权的公示问题

对于污水处理项目收益权的质权公示问题,在《物权法》自2007年10月1日起施行后,因收益权已纳入该法第二百二十三条第六项的"应收账款"范畴,故应当在中国人民银行征信中心的应收账款质押登记公示系统进行出质登记,质权才能依法成立。由于本案的质押担保协议签订于2005年,在《物权法》施行之前,故不适用《物权法》关于应收账款的统一登记制度。因当时并

未有统一的登记公示的规定，故参照当时公路收费权质押登记的规定，由其主管部门进行备案登记，有关利害关系人可通过其主管部门了解该收益权是否存在质押之情况，该权利即具备物权公示的效果。

本案中，长乐市建设局在《特许经营权质押担保协议》上盖章，且协议第七条明确约定"长乐市建设局同意为原告和福州市政公司办理质押登记出质登记手续"，故可认定讼争污水处理项目的主管部门已知晓并认可该权利质押情况，有关利害关系人亦可通过长乐市建设局查询了解讼争污水处理厂的有关权利质押的情况。因此，本案讼争的权利质押已具备公示之要件，质权已设立。

三、关于污水处理项目收益权的质权实现方式问题

我国担保法和物权法均未具体规定权利质权的具体实现方式，仅就质权的实现作出一般性的规定，即质权人在行使质权时，可与出质人协议以质押财产折价，或就拍卖、变卖质押财产所得的价款优先受偿。但污水处理项目收益权属于将来金钱债权，质权人可请求法院判令其直接向出质人的债务人收取金钱并对该金钱行使优先受偿权，故无需采取折价或拍卖、变卖之方式。况且收益权均附有一定之负担，且其经营主体具有特定性，故依其性质亦不宜拍卖、变卖。因此，原告请求将《特许经营权质押担保协议》项下的质物予以拍卖、变卖并行使优先受偿权，不予支持。

根据协议约定，原告海峡银行五一支行有权直接向长乐市建设局收取污水处理服务费，并对所收取的污水处理服务费行使优先受偿权。由于被告仍应依约对污水处理厂进行正常运营和维护，若无法正常运营，则将影响到长乐市城区污水的处理，亦将影响原告对污水处理费的收取，故原告在向长乐市建设局收取污水处理服务费时，应当合理行使权利，为被告预留经营污水处理厂的必要合理费用。

## ▶ 典型案例

### 一、富兰克林公司与姚某质权纠纷案

**关键词：**质权实现

**基本案情：**2007年5月10日，富兰克林公司与俏江南娱乐城（2008年8月26日被注销）签订空调安装合同，约定由富兰克林公司向俏江南娱乐城提

供中央空调安装工程服务，俏江南娱乐城于空调安装完成后支付工程款。但在富兰克林公司完成空调安装后，俏江南娱乐城却未按约定支付相应款项。2008年1月25日，富兰克林公司与俏江南娱乐城签订还款协议，约定俏江南娱乐城应于2008年5月1日前向富兰克林公司支付所有工程款，同时，俏江南娱乐城业主姚某向富兰克林公司交付丰田霸道车一辆（车主为吉安奈公司）作为担保。2008年8月26日，俏江南娱乐城被注销，但其仍未向富兰克林公司履行还款义务。富兰克林公司遂向法院提起诉讼，请求法院确认富兰克林公司对其所占有的俏江南娱乐城业主姚铭交付的丰田霸道车享有质权，并以该车辆处置款优先实现其相应债权。法院通过审理查明被执行人姚某系俏江南娱乐城的业主，吉安奈公司的法定代表人，持有该公司资产90%的份额，认定其将吉安奈公司所有车辆进行质押的行为有效。法院遂确认富兰克林公司对其占有的丰田霸道车享有质权，判处姚某如未能如期偿还富兰克林公司相应款项，则富兰克林公司有权将系争车辆折价或拍卖、变卖，并优先受偿。法院判决生效后，申请执行人富兰克林公司既不愿将质押车辆进行拍卖或变卖，又未与被执行人姚某达成质押车辆折价协议，故富兰克林公司的质权一直没有得到实现。2011年2月11日，富兰克林公司向法院申请强制执行书，请求法院裁定将该公司占有的丰田霸道车直接变更登记于其名下。

法院经审理认为，生效法律文书确定申请执行人富兰克林公司对本案所涉车辆享有质权，并确认其可通过拍卖、变卖或折价的方式实现其质权。但申请执行人富兰克林公司既不对质物进行评估以拍卖或变卖，又没有与对方当事人达成折价协议，而要求法院直接裁定将该车辆变更登记于其名下，这不符合生效法律文书所确定的内容和法律的相关规定，故裁定终结执行。

【案　　号】（2011）中区法民执字第486号
【审理法院】重庆市渝中区人民法院
【来　　源】《人民司法·案例》2012年第12期

## 二、湖北双环化工集团有限公司与湖北汽车集团公司质押合同纠纷案

**关键词：** 质权实现　诉讼时效

**裁判摘要：** 单位定期存单只能为质押贷款的目的而开立和使用，在债权人的债权到期未受清偿的情况下，债权人可以直接行使质权将单位定期存单予以兑付。出质人承担担保责任后，出质人享有追偿权，但应当受普通诉讼时效的

限制。

**基本案情**：2001年11月20日，湖北汽车集团公司（以下简称汽车集团）与汉口银行股份有限公司汉正街支行（原名称为武汉市商业银行汉正街支行，以下简称汉正街支行）签订借款合同，汽车集团向汉正街支行借款人民币500万元。同月，湖北双环化工集团有限公司（以下简称双环公司）与汽车集团及汉正街支行签订质押合同，约定：鉴于汽车集团与汉正街支行间借款合同，经汽车集团请求，双环公司自愿以其存款人民币500万元为借款合同项下的债权提供质押担保；保证期限为1年，即从2001年11月20日起至2002年11月13日止；质押担保的范围为借款合同中的主债权及利息、违约金、损害赔偿金、质物保管费用和实现质权的费用。该质押合同第13条约定："主合同约定的期限届满，债务人按期完全清偿债务的，或者出质人提前清偿本合同第二条约定的各项债务和费用的，质权人应当自清偿之日起两个工作日内将质物、权利证明返还出质人。"第14条约定："主合同约定的借款期限届满，债务人未清偿或未完全清偿债务的，质权人可以依法拍卖、变卖质物，或者兑现出质权利，所得价款用于清偿本合同第二条约定的各项债务和费用。"合同还对质权人的权利、出质人的义务、违约责任等事项均作了具体约定。2001年11月16日，双环公司依约在汉正街支行存款人民币500万元，并将存单交付给质权人汉正街支行。因汽车集团未按借款合同中约定的还款期限履行付款义务，2002年12月31日，质权人汉正街支行行使质权划扣了双环公司作为质押的存单项下的款项511.73万元。嗣后，汽车集团未向双环公司偿还质押款。2007年9月13日，双环公司为此诉至法院。法院另查明，2004年年底，三环集团按湖北省委等行政主管部门的要求出资人民币30909万元收购了华融、信达、东方、长城4家资产管理公司所持有的汽车集团旗下的当代汽车有限公司的股权，接收了8家独立的法人企业，并对整体移交的上述企业实现统一管理，行使管理者的职能。

法院经审理认为，双环公司（出质人）与汽车集团（债务人）及汉正街支行（债权人、质权人）签订的质押合同系当事人协商一致的真实意思表示，且内容并不违反法律、行政法规的禁止性规定，该合同合法有效。案件涉及的存单项下款项并不是双环公司以储蓄目的存入汉正街支行的存款，而是用于履行三方签订的质押合同所提供的质物。因此本案系质押合同追索权纠纷，不是基于存单项下存款的请求权纠纷。三方质押合同直接约定了质权行使的方式，主债务到期后，只要债务人未清偿债务，质权人即有权直接行使质权，兑现出质人出质的权利，用于清偿上述债务。质押合同没有约定实现质权时，质权人有与出质人协商或由质权人或债务人通知的义务，可视为出质人对自己权利的预先放弃。出质人作为签订合同的一方明知主债务到期时间，知晓质权人可依约直接行使质权兑现存单项下的款项，且质押合同明确约定主合同约定的期限届满，债务人按期完全清偿债务的，或者出质人提前清偿本合同第 2 条约定的各项债务和费用的，质权人应当清偿之日起 2 个工作日内将质物、权利证明返还出质人。因此在主合同约定的债务履行期届满，质物始终没有返还给出质人时，出质人有理由知道其存单项下的存款已被扣划。此外，涉案质押合同中没有对行使质权时的通知义务作出明确约定，不仅各方在质押合同中没有约定质权人在行使质权时应通知出质人，且我国《合同法》《担保法》等法律亦没有规定质权人行使质权时，质权人、债务人必须通知出质人。故汽车集团的确没有法定义务通知双环公司其出质权利已被质权人依法兑付。

【案　　号】（2011）武民商再终字第 2 号
【审理法院】湖北省高级人民法院
【来　　源】《人民司法·案例》2012 年第 12 期

## 类案检索

### 刘某赫与胡某龙动产质权纠纷案

**关键词：** 质权实现

**裁判摘要：** 债务人将个人所有的手表质押给债权人的事实，有双方当事人签订的《抵押借款合同》、转账记录和双方的聊天记录为证，该合同内容系双方的真实意思表示，且不违反法律、行政法规的强制性规定及公序良俗，合法有效。债务人将其所有的手表作为质物交付给债权人，由债权人实际占有，双方签订的《抵押借款合同》实际为质押借款合同。债务人不履行到期债务或者发生当事人约定的实现质权的情形，质权人可以与出质人协议以质押财产折价，也可以就拍卖、变卖质押财产所得的价款优先受偿。双方约定的还款期限届满后，根据双方合同的约定，债权人有权就该质物的价款优先受偿，但质权实现的前提是经过双方协商或协商不成可申请司法救济，债权人虽辩称已经将质押物处置且通知了债务人,但未提供相关的证据予以证实,债权人的该项辩解不予采信。借款到期后,双方均未提供证据证明向对方发出解除合同的通知,同时,债务人继续每天向债权人支付利息,从双方的行为能够推定双方有继续履行合同的意愿,可视为双方同意借款合同继续履行。2020年10月13日,原告将借款本息还清,质权作为担保物权具有从属性,被担保债权消灭,质权亦随之消灭,质权人丧失继续占有或者留置质押财产的依据,质权人应当返还质物,在返还不能的情况下,债权人应当按照同款同型号手表等额价值予以赔偿。债务人请求债权人返还多支付的利息,债权人辩称债务人事先清楚债权人身体状况,债务人超出法定利率多支付的利息是赠予债权人缓解病情,但未能提供相关证据予以证实,对债权人的辩解不予采信。此外,借款合同中双方虽未明确约定借款利率,但债务人自2020年7月16日至2020年8月24日期间,每天仍支付利息,债务人实际支付的利息总计超过了年利率36%的上限,根据借款的利率不得违反国家有关限制借款利率的规定,自2020年7月16日至2020年8月19日的利息,债务人有权请求债权人返还已支付超过年利率36%部分的利息。

【案　　号】(2020)豫1502民初5679号
【审理法院】河南省信阳市浉河区人民法院
【来　　源】中国裁判文书网

> 第四百三十七条　出质人可以请求质权人在债务履行期限届满后及时行使质权；质权人不行使的，出质人可以请求人民法院拍卖、变卖质押财产。
>
> 出质人请求质权人及时行使质权，因质权人怠于行使权利造成出质人损害的，由质权人承担赔偿责任。

## ▶ 关联规定

### 一、法律、行政法规、司法解释

1.《中华人民共和国民法典》

**第一百八十八条**　向人民法院请求保护民事权利的诉讼时效期间为三年。法律另有规定的，依照其规定。

诉讼时效期间自权利人知道或者应当知道权利受到损害以及义务人之日起计算。法律另有规定的，依照其规定。但是，自权利受到损害之日起超过二十年的，人民法院不予保护，有特殊情况的，人民法院可以根据权利人的申请决定延长。

**第一百九十二条**　诉讼时效期间届满的，义务人可以提出不履行义务的抗辩。

诉讼时效期间届满后，义务人同意履行的，不得以诉讼时效期间届满为由抗辩；义务人已经自愿履行的，不得请求返还。

**第一百九十六条**　下列请求权不适用诉讼时效的规定：

（一）请求停止侵害、排除妨碍、消除危险；

（二）不动产物权和登记的动产物权的权利人请求返还财产；

（三）请求支付抚养费、赡养费或者扶养费；（四）依法不适用诉讼时效的其他请求权。

**第四百一十九条**　抵押权人应当在主债权诉讼时效期间行使抵押权；未行使的，人民法院不予保护。

**第四百五十四条** 债务人可以请求留置权人在债务履行期限届满后行使留置权；留置权人不行使的，债务人可以请求人民法院拍卖、变卖留置财产。

**2.《最高人民法院关于适用〈中华人民共和国民事诉讼法〉的解释》**

**第三百七十条** 人民法院审查后，按下列情形分别处理：

（一）当事人对实现担保物权无实质性争议且实现担保物权条件成就的，裁定准许拍卖、变卖担保财产；

（二）当事人对实现担保物权有部分实质性争议的，可以就无争议部分裁定准许拍卖、变卖担保财产；

（三）当事人对实现担保物权有实质性争议的，裁定驳回申请，并告知申请人向人民法院提起诉讼。

**3.《最高人民法院关于人民法院民事执行中拍卖、变卖财产的规定》**

**第二十八条** 拍卖财产上原有的担保物权及其他优先受偿权，因拍卖而消灭，拍卖所得价款，应当优先清偿担保物权人及其他优先受偿权人的债权，但当事人另有约定的除外。

拍卖财产上原有的租赁权及其他用益物权，不因拍卖而消灭，但该权利继续存在于拍卖财产上，对在先的担保物权或者其他优先受偿权的实现有影响的，人民法院应当依法将其除去后进行拍卖。

## 二、部门规章及规范性文件

**1.《纳税担保试行办法》**

**第三十三条** 税务机关负有妥善保管质物的义务。因保管不善致使质物灭失或者毁损，或未经纳税人同意擅自使用、出租、处分质物而给纳税人造成损失的，税务机关应当对直接损失承担赔偿责任。

纳税义务期限届满或担保期间，纳税人或者纳税担保人请求税务机关及时行使权利，而税务机关怠于行使权利致使质物价格下跌造成损失的，税务机关应当对直接损失承担赔偿责任。

**2.《商业银行押品管理指引》**

**第四十四条** 债务人未能按期清偿押品担保的债务或发生其他风险状况的，商业银行应根据合同约定，按照损失最小化原则，合理选择行使抵质押权的时机和方式，通过变卖、拍卖、折价等合法方式及时行使抵质押权，或通过其他方式保障合同约定的权利。

中国民法典适用大全 | 物权卷

## ▶ 条文释义

### 一、本条主旨

本条是关于质权的及时行使及怠于行使质权责任的规定。

### 二、条文演变

原《物权法》第220条规定："出质人可以请求质权人在债务履行期限届满后及时行使质权；质权人不行使的，出质人可以请求人民法院拍卖、变卖质押财产。""出质人请求质权人及时行使质权，因质权人怠于行使权利造成损害的，由质权人承担赔偿责任。"《民法典》物权编中的本条继续沿用这一规定，但在用语方面进行了规范和完善，本条第1款将原《物权法》规定中的"债务履行期"完善为"债务履行期限"，第2款将原《物权法》规定中的"造成损害"明确为"造成出质人损害"。

### 三、条文解读

动产质权因以质权人占有标的物为要件，加之质权人对质押财产的使用、处分权能受到一定限制，这往往导致质押财产不能充分发挥其利用价值，而出质人因质权存续期间暂时丧失对质押财产的占有，对质押财产超过债权的部分也难以有效、便捷地使用、处分，因此《民法典》在尊重质权人在质权存续期间占有质押财产的基础上，于本条规定债务履行期限届满的，出质人有权请求质权人及时行使质权，并在质权人怠于行使质权造成损害时，规定出质人有权主张质权人承担赔偿责任。

（一）质权行使请求权

出质人在债务履行期限届满后督促质权人及时行使质权，有利于稳定交易秩序。债务履行期是否届满，应依当事人的约定，但值得注意的是，依我国《企业破产法》第46条第1款规定，未到期的债权，在破产申请受理时视为到期，此时债务履行期限视为已届满，同样可以适用《民法典》本条规定。此外，在债务履行期限届满，出质人请求质权人及时行使质权，质权人不行使的，出质人可以径行请求人民法院拍卖、变卖质押财产，以清偿债务。

由于质权人占有质押财产，债务履行期限届满后，债权未获全部清偿的，质权人可以主动主张实现质权。在债务履行期限届满后到债权清偿前这一期间，质权人一方面可以继续占有质押财产，以发挥"留置"的效力，这时出质人不得请求质权人返还质押财产。另一方面，质权人可以根据《民法典》第436条规定，与出质人协议以质押财产折价，或依法拍卖、变卖质押财产，就质押财产变价款优先受偿。

（二）质权人怠于行使质权时的责任

本条规定质权人怠于行使质权造成出质人损害的，质权人应承担赔偿责任。随着经济社会的发展，质押财产存在意外毁损、灭失以及随着市场风险的变化导致价值下跌的风险，质权人在出质人请求其及时行使质权后，仍怠于行使质权，造成质押财产价值减少或毁损、灭失的，质押财产将无法获得与原有价值相当的变价款，这时债权无法获得全部清偿，出质人利益也遭受损害，对此，质权人应承担相应的赔偿责任。适用本条第2款规定应满足：第一，债务履行期限已届满，出质人明确要求质权人行使质权；第二，出质人需证明损害的存在；第三，需证明损害后果与质权人怠于行使质权的行为之间存在因果关系。对于损害的判断，原则上认为损害是指质押财产价值超过其担保债权价值的部分，在计算上应包括此时质押财产价格下跌而发生的贬值。但同时也要考虑债务人清偿债务的情形，债务人全部清偿债务时，质权消灭，质权人就质物毁损灭失的全部损失承担赔偿责任。债权被部分清偿的，将剩余债权价值与质物原本价值予以比较，再结合质物价值毁损情况确定相应的赔偿数额。在质物价值与担保债权价值相当时，结合担保物权的物上代位性和债权抵销的法律规则，有关损害赔偿金在担保债权价值对等的范围内，应予以抵销，这样既可以降低交易成本，也可以减少纠纷。①

---

① 参见最高人民法院民法典贯彻实施工作领导小组主编：《中华人民共和国民法典物权编理解与适用》，人民法院出版社2020年版，第1221~1222页。

## 适用指引

### 一、质权诉讼时效

质权与抵押权同属担保物权,在行使担保物权时需考虑以下两方面的不同:一是对担保财产的占有问题。质权设立需转移质押财产,抵押权设立则无须转移抵押财产占有于抵押权人。在主债权履行期限届满后,主债权未获清偿之前,若质权人占有质押财产却不行使的,将导致质押财产丧失其相应的利用价值。而抵押财产因自始即由抵押人占有,则不受影响。二是担保权人有无积极行使担保物权的主观压力。抵押权人由于不占有抵押财产,在债权履行期限届满后仍未获得全部清偿的,债权无法获偿的压力将促使抵押权人积极主动行使抵押权,以保证债权实现,而质权人则因占有质押财产则往往不急于行使质权,造成出质人利益受损。

法律不保护躺在权利上睡觉的人。《民法典》第188条及第192条规定,民事主体请求人民法院保护民事权利的,将受到诉讼时效制度的限制。诉讼时效期间通常情况下为3年,从权利人知道或者应当知道权利受到侵害以及义务人之日起算,诉讼时效期间届满的,义务人则可以对权利人提出不履行义务的抗辩。为了督促担保物权人及时行使权利,《民法典》第419条对抵押权规定了存续期间,要求抵押权人应在主债权诉讼时效期间行使抵押权,未行使的,人民法院不予保护。对于质权人行使质权是否应适用诉讼时效规定,《民法典》未予规定,但为了避免质权人滥用权利或者怠于行使权利,《民法典》本条第2款赋予了出质人行使质权的请求权并明确质权人怠于行使质权的责任。

### 二、担保物权实现程序

我国《民事诉讼法解释》第365条规定:"申请实现担保物权,应当提交下列材料:(一)申请书。申请书应当记明申请人、被申请人的姓名或者名称、联系方式等基本信息,具体的请求和事实、理由;(二)证明担保物权存在的材料,包括主合同、担保合同、抵押登记证明或者他项权利证书,权利质权的权利凭证或者质权出质登记证明等;(三)证明实现担保物权条件成就的材料;(四)担保财产现状的说明;(五)人民法院认为需要提交的其他材料。"

对于启动担保物权实现程序的主体资格问题,根据我国《民事诉讼法》第

196条、《民事诉讼法解释》第359条规定可知，申请实现担保物权，由担保物权人以及其他有权请求实现担保物权的人，向担保财产所在地或者担保物权登记地基层人民法院提出申请，其中抵押人、出质人、财产被留置的债务人或者所有权人属于"其他有权请求实现担保物权的人"。但审判实践中应注意，在物的担保人与主债务人非为同一人时，为避免不同利害关系人之间的权利冲突，应当允许将相关利害关系人作为实现担保物权案件中的被申请人。①

此外，由于担保物权实现程序属于非诉程序，对有关案件事实不作实质审查，故当人民法院审查后，应根据《民事诉讼法解释》第370条规定的情形分别处理。

## ▶ 典型案例

### 夏某成与梁某财等动产质权纠纷案

**关键词：** 质权行使　诉讼时效

**裁判摘要：** 从有关质权行使法律规定的理解与适用、法律适用的价值取向和社会导向，以及质押动产返还请求权的诉讼时效三方面分析可知，动产质权不同于抵押权，其不因超过主债权诉讼时效或超过主债权诉讼时效2年未行使而消灭或不受人民法院保护。

**基本案情：** 夏某成和梁某财为夫妻关系。2008年1月24日，钟某更和夏某成、梁某财共同立下借据，确认2003年11月25日和2004年1月15日的两笔借款，至2008年1月24日欠夏某成款共253100元，定于2008年7月24日还清，每月计息13000元；2008年1月23日之前所有借夏某成、梁某财的借款本息已全部结清。立据后，钟某更分文未还，夏某成、梁某财也没有向其催收。2008年1月23日，钟某更作为交画人和夏某成作为收画人共同签署字条，重新确认至2008年1月23日止，用作抵押的存于夏某成手上的字画有29幅，2008年1月24日，梁某财立下字条两份，确认至2008年1月24日止，存放在梁某财手上的钟某更向梁某财借款抵押的画共20幅。庭审中，钟某更称上述49幅画是2008年1月24日借据所涉的借款发生时交付的，交接画的清单是事后于2008年1月23日和2008年1月24日确认的。夏某成、梁

---

① 参见最高人民法院民法典贯彻实施工作领导小组主编：《中华人民共和国民法典物权编理解与适用》，人民法院出版社2020年版，第1222~1223页。

某财则称上述49幅画的交付时间不清楚,但与2008年1月24日所涉的借款无关,钟某更还存在欠夏某成、梁某财的其他借款,该49幅画钟某更口头同意由夏某成、梁某财处置以抵偿债务。钟某更则认为双方之间的债务在2008年1月24日已结清,不存在其他债务,否认以画抵债的说法。夏某成、梁某财确认上述49幅画存放在其处。

法院经审理认为,对比法律之间的前后变化可以看出,《物权法》有选择地修改、吸收了《担保法解释》关于担保物权行使期限的规定:对于不转移担保物占有的抵押权,规定由不占有担保物的抵押权人在主债权诉讼时效期间积极行使担保权利、受偿债权,使物的利用尽快趋于安全稳定;对于转移担保物占有的动产质权,则没有限定占有担保物的质权人行使质权的期限,而同样是规定由不占有担保物的出质人主动向债权人提出及时行使质权的请求。同时,在质权人怠于行使质权的情况下,出质人可以通过向人民法院请求拍卖变卖质押财产、向质权人请求损害赔偿的方式进行救济。通过出质人积极主张权利和寻求救济,促使物权尽快消除担保负担,充分发挥物的效用。在这种制度安排下,动产质权并不因质权人在主债权诉讼时效期间内或主债权诉讼时效届满后2年内未行使而不受人民法院保护。因此,应当分析条文之间的相互关系考察立法目的,系统理解法律有关质权行使的规定,首先,《物权法》实施以后,动产质权不宜再适用《担保法解释》第12条第2款规定的行使期限,涉案动产质权不因超过主债权诉讼时效或超过主债权诉讼时效2年未行使而消灭或不受人民法院保护。其次,从适用法律的价值取向和社会导向分析。债务履行期届满后,债务人未清偿债务,质权人因而一直占有质物,其自然地认为权利实现仍处于有保障的状态。这种认识符合一般人基于诚信对权利保护的认知,也符合民法规定的事民事活动应当遵循的自愿、公平、诚信原则。债务人在案涉借款履行期限届满后既不履行债务,也不向债权人提出行使质权的请求,而在债务履行期届满9年后以债权人未及时行使质权为由,起诉要求无偿取回全部质押财产,不符合一般人对公平正义的价值判断,也有违法律规定的公平原则、诚信原则。至于其提到的借款存在高息等不公平问题,因其未提交充分的证据证明双方结算后确认的借款本金违法,而利息金额应在实现质权时依法审查认定,不足以否定质权的存续。最后,关于出质人质押动产返还请求权的诉讼时效问题。未登记的动产物权的权利人请求返还财产,不属于民法规定的不适用诉讼时效的情形,故本案出质人的返还请求权也适用诉讼时效。但本案债权人于本案一审、二审审理期间均未提出诉讼时效抗辩,故债权人于再审期间关于诉讼时效的抗辩不予支持。

【案　　号】（2019）粤民再32号
【审理法院】广东省高级人民法院
【来　　源】全国法院系统2019年度优秀案例（2019年11月15日最高人民法院发布）

**第四百三十八条** 质押财产折价或者拍卖、变卖后，其价款超过债权数额的部分归出质人所有，不足部分由债务人清偿。

## ▶ 关联规定

### 一、法律、行政法规、司法解释

1.《中华人民共和国民法典》

**第三百九十二条** 被担保的债权既有物的担保又有人的担保的，债务人不履行到期债务或者发生当事人约定的实现担保物权的情形，债权人应当按照约定实现债权；没有约定或者约定不明确，债务人自己提供物的担保的，债权人应当先就该物的担保实现债权；第三人提供物的担保的，债权人可以就物的担保实现债权，也可以请求保证人承担保证责任。提供担保的第三人承担担保责任后，有权向债务人追偿。

**第四百零六条** 抵押期间，抵押人可以转让抵押财产。当事人另有约定的，按照其约定。抵押财产转让的，抵押权不受影响。

抵押人转让抵押财产的，应当及时通知抵押权人。抵押权人能够证明抵押财产转让可能损害抵押权的，可以请求抵押人将转让所得的价款向抵押权人提前清偿债务或者提存。转让的价款超过债权数额的部分归抵押人所有，不足部分由债务人清偿。

**第四百一十三条** 抵押财产折价或者拍卖、变卖后，其价款超过债权数额的部分归抵押人所有，不足部分由债务人清偿。

**第四百五十五条** 留置财产折价或者拍卖、变卖后，其价款超过债权数额的部分归债务人所有，不足部分由债务人清偿。

2.《最高人民法院关于适用〈中华人民共和国民法典〉有关担保制度的解释》

**第十八条** 承担了担保责任或者赔偿责任的担保人，在其承担责任的范围内向债务人追偿的，人民法院应予支持。

同一债权既有债务人自己提供的物的担保，又有第三人提供的担保，承担了担保责任或者赔偿责任的第三人，主张行使债权人对债务人享有的担保物权的，人民法院应予支持。

**第二十条** 人民法院在审理第三人提供的物的担保纠纷案件时，可以适用民法典第六百九十五条第一款、第六百九十六条第一款、第六百九十七条第二款、第六百九十九条、第七百条、第七百零一条、第七百零二条等关于保证合同的规定。

**第二十二条** 人民法院受理债务人破产案件后，债权人请求担保人承担担保责任，担保人主张担保债务自人民法院受理破产申请之日起停止计息的，人民法院对担保人的主张应予支持。

**第二十三条** 人民法院受理债务人破产案件，债权人在破产程序中申报债权后又向人民法院提起诉讼，请求担保人承担担保责任的，人民法院依法予以支持。

担保人清偿债权人的全部债权后，可以代替债权人在破产程序中受偿；在债权人的债权未获全部清偿前，担保人不得代替债权人在破产程序中受偿，但是有权就债权人通过破产分配和实现担保债权等方式获得清偿总额中超出债权的部分，在其承担担保责任的范围内请求债权人返还。

债权人在债务人破产程序中未获全部清偿，请求担保人继续承担担保责任的，人民法院应予支持；担保人承担担保责任后，向和解协议或者重整计划执行完毕后的债务人追偿的，人民法院不予支持。

3.《最高人民法院关于人民法院执行工作若干问题的规定（试行）》

31. 人民法院对被执行人所有的其他人享有抵押权、质押权或留置权的财产，可以采取查封、扣押措施。财产拍卖、变卖后所得价款，应当在抵押权人、质押权人或留置权人优先受偿后，其余额部分用于清偿申请执行人的债权。

## 二、部门规章及规范性文件

《商业银行押品管理指引》

**第四十五条** 处置押品回收的价款超过合同约定主债权金额、利息、违约金、损害赔偿金和实现债权的相关费用的，商业银行应依法将超过部分退还抵押（出质）人；价款低于合同约定主债权本息及相关费用的，不足部分依法由债务人清偿。

## ▶ 条文释义

### 一、本条主旨

本条是关于质权实现后质押财产价款分配与剩余债务的清偿的规定。

### 二、条文演变

原《担保法》第71条第3款规定："质物折价或者拍卖、变卖后，其价款超过债权数额的部分归出质人所有，不足部分由债务人清偿。"原《物权法》第221条规定："质押财产折价或者拍卖、变卖后，其价款超过债权数额的部分归出质人所有，不足部分由债务人清偿。"原《物权法》将原《担保法》本条规定中的"质物"修改为"质押财产"。《民法典》物权编于本条沿用了这一规定。

### 三、条文解读

质权的实现是质权人最重要的权利。债务履行期限届满后，债务人未履行全部债务，质权人对质押财产变价款享有优先受偿的权利。质押财产的变价款需经过清算程序确定，质权将质押财产的交换价值兑现，质权人以变价款优先受偿，这是质权设定的目的。市场环境中，质押财产的价值并不总是恒定的，质权设立之初质押财产价值的估算值与最终的价值可能并不一致，但质权设立之初质押财产所担保的主债权范围是确定的，因此，质权人实现质权时，应当以质押财产担保范围的债权为界，质押财产变价款超过所担保的债权数额的，被担保的债权获偿后，质权消灭，质押财产上不再存在质权负担，其超过部分变价款数额当然应归还质押财产所有人，即出质人。质押财产变价款不足以清偿所担保债权的，存在两种情形：当出质人非为债务人时，出质人仅以质押财产的价值为限或者仅以约定的且不超过质押财产价值的限额对质权人承担担保责任，而对债务本身不承担履行和清偿责任。在债权履行期限届满后，债权未受清偿，质权人行使质权后仍未获全部清偿的，未受清偿的债权成为普通债权，对于该部分质权人无法向出质人继续主张优先受偿，应由债务人清偿；当出质人即为债务人时，质权人对质押财产变价款完成优先受偿后，债权仍未获全部清偿的，不足部分由债务人承担，此时出质人与债务人为同一人。

## 适用指引

### 一、质押财产变价款归属原则

质权人在实现质权时应遵循质押财产变价款归属原则。当出质人提供数个可分质物为同一债权提供担保时,根据担保物权的不可分性可知,主债权未受全部清偿的,各个质物都担保债权的全部,如果质权人折价、拍卖或者变卖部分质物的价款足以清偿质押担保的债权,质权的功能已经实现,担保的债权被清偿,质权消灭,其他的质押物则不再有质权负担,相应地所有权又恢复到圆满状态,质押物应当归还出质人。

出质人以单一质押财产为债权提供担保的,质权实现时质押财产变价款超过债权数额的,超过部分应归还出质人,质权消灭。质押财产变价款不足以清偿全部债权的,债权人可请求债务人继续履行剩余未清偿部分,直至债权全部获偿。

### 二、出质人对债务人的求偿权

债权债务关系中,债务人是责任的最终承担人,在担保人承担担保责任后债务部分或者全部消灭的,担保人有权在承担担保责任的范围内向债务人追偿,由于担保人本质上是为债务人代为履行责任或承担赔偿责任,故追偿原则上是无条件的,担保人对债务人通常只有权利主张而无义务负担。

出质人属于担保人之一,质权人以质押财产行使质权,获得债务清偿的,出质人在其承担担保责任范围内有权向债务人追偿。《民法典》第392条规定,第三人提供物的担保的,债权人可以就物的担保实现债权,提供担保的第三人承担担保责任后,有权向债务人追偿。第三人与债务人同时提供质押的,债权人对第三人提供质押财产行使质权后,第三人有权依据《民法典担保制度解释》第18条第2款规定主张行使债权人对债务人享有的担保物权。

出质人向债务人行使追偿权应把握以下要件和范围:一是质权人应已向质权人承担担保责任;二是出质人承担担保责任导致主债务消灭或减少;三是出质人仅在实际承担的担保责任范围内向债务人主张追偿,但也包括承担担保责任所支付的其他必要费用。

## 类案检索

### 一、赵某东、邴某岗动产质权纠纷案

**关键词**：变卖质押财产　质权实现

**裁判摘要**：债务人以自己财产出至于债权人的，质押合同合法有效。因债务人不能偿还到期债务的，债权人有权变卖质押财产，并就变卖质押财产所得价款优先受偿。但债权人在扣除借款本金、利息及违约金，实现债权后，其变卖质押财产所得剩余价款应归出质人所有。

【案　　号】（2020）鲁02民终14498号
【审理法院】山东省青岛市中级人民法院
【来　　源】中国裁判文书网

### 二、申银万国证券股份有限公司与上海国宏置业有限公司股权转让纠纷案

**关键词**：股权质押　优先受偿权

**裁判摘要**：《法人股转让协议》《还款质押协议》《协议书》系合同当事人真实意思的表示，各方当事人均应按约全面履行各自的义务。付款义务方未在协议规定的履行期限内支付转让款，另一方当事人请求其支付转让款的，人民法院予以支持。由于债务人以股权为其债务提供质押担保，并办理质押登记手续，故质权有效设立。因此债务人应在判决生效之日起10日内向债权人支付转让款，还应以转让款为基数赔偿质权人利息损失。若债务人未履行前述还款义务的，债权人有权对质押股份在转让款数额范围内享有优先受偿权，不足部分，由债务人继续清偿。

【案　　号】（2014）黄浦民五（商）初字第9721号
【审理法院】上海市黄浦区人民法院

**第四百三十九条** 出质人与质权人可以协议设立最高额质权。

最高额质权除适用本节有关规定外，参照适用本编第十七章第二节的有关规定。

## 关联规定

一、法律、行政法规、司法解释

1.《中华人民共和国民法典》

第四百二十条 为担保债务的履行，债务人或者第三人对一定期间内将要连续发生的债权提供担保财产的，债务人不履行到期债务或者发生当事人约定的实现抵押权的情形，抵押权人有权在最高债权额限度内就该担保财产优先受偿。

最高额抵押权设立前已经存在的债权，经当事人同意，可以转入最高额抵押担保的债权范围。

第四百二十一条 最高额抵押担保的债权确定前，部分债权转让的，最高额抵押权不得转让，但是当事人另有约定的除外。

第四百二十二条 最高额抵押担保的债权确定前，抵押权人与抵押人可以通过协议变更债权确定的期间、债权范围以及最高债权额。但是，变更的内容不得对其他抵押权人产生不利影响。

第四百二十三条 有下列情形之一的，抵押权人的债权确定：

（一）约定的债权确定期间届满；

（二）没有约定债权确定期间或者约定不明确，抵押权人或者抵押人自最高额抵押权设立之日起满二年后请求确定债权；

（三）新的债权不可能发生；

（四）抵押权人知道或者应当知道抵押财产被查封、扣押；

（五）债务人、抵押人被宣告破产或者解散；

（六）法律规定债权确定的其他情形。

第四百二十四条　最高额抵押权除适用本节规定外，适用本章第一节的有关规定。

第六百九十条　保证人与债权人可以协商订立最高额保证的合同，约定在最高债权额限度内就一定期间连续发生的债权提供保证。

最高额保证除适用本章规定外，参照适用本法第二编最高额抵押权的有关规定。

**2.《最高人民法院关于适用〈中华人民共和国民法典〉有关担保制度的解释》**

第十五条　最高额担保中的最高债权额，是指包括主债权及其利息、违约金、损害赔偿金、保管担保财产的费用、实现债权或者实现担保物权的费用等在内的全部债权，但是当事人另有约定的除外。

登记的最高债权额与当事人约定的最高债权额不一致的，人民法院应当依据登记的最高债权额确定债权人优先受偿的范围。

第三十条　最高额保证合同对保证期间的计算方式、起算时间等有约定的，按照其约定。

最高额保证合同对保证期间的计算方式、起算时间等没有约定或者约定不明，被担保债权的履行期限均已届满的，保证期间自债权确定之日起开始计算；被担保债权的履行期限尚未届满的，保证期间自最后到期债权的履行期限届满之日起开始计算。

前款所称债权确定之日，依照民法典第四百二十三条的规定认定。

## 二、部门规章及规范性文件

**《不动产登记暂行实施细则》**

第七十一条　设立最高额抵押权的，当事人应当持不动产权属证书、最高额抵押合同与一定期间内将要连续发生的债权的合同或者其他登记原因材料等必要材料，申请最高额抵押权首次登记。

当事人申请最高额抵押权首次登记时，同意将最高额抵押权设立前已经存在的债权转入最高额抵押担保的债权范围的，还应当提交已存在债权的合同以及当事人同意将该债权纳入最高额抵押权担保范围的书面材料。

## ▶ 条文释义

### 一、本条主旨

本条是关于最高额质权的规定。

### 二、条文演变

原《担保法》并没有规定最高额质权制度。原《物权法》第222条规定："出质人与质权人可以协议设立最高额质权。""最高额质权除适用本节有关规定外，参照本法第十六章第二节最高额抵押权的规定。"《民法典》物权编于本条沿用了这一规定，在原《物权法》规定的基础对本条第2款语言精简化，删除第2款中"最高额抵押权"，将"第二节最高额抵押权的规定"改为"第二节的有关规定"，更加严谨。

### 三、条文解读

最高额质权，是指为担保债务的履行，对于一定期间内连续发生的不特定的债权预定一个限额，由债务人或者第三人提供质物为该债权设定担保的特殊质权。①最高额质押中，质押财产所担保的是将来才发生的债权，这不符合传统担保物权从属性的要求。原《物权法》设立最高额质权制度主要基于三个方面的考虑：一是实践中存当事人依照最高额抵押权制度设立为债权人具有担保功能的权利，设立最高额质权制度有利于规范和引导最高额质权的应用；二是规定最高额质权有利于简化担保设立手续，促进资金融通；三是利用最高额质权制度扩充担保融资途径，配合连续性交易的发展，促进社会经济繁荣。《民法典》于本条依然秉持如上考虑，选择继续沿用这一制度。

最高额质权本质上仍属于质权，最高额质权的设立、最高额质权的实现、质押财产的保全等内容都可以适用《民法典》第18章第1节关于动产质权的相关规定。但最高额质权还是一种特殊形态的质权，其特点主要在于以下几点。

---

① 参见杨立新：《中华人民共和国民法典释义与案例评注：物权编》，中国法制出版社2020年版，第809页。

第一，最高额质权所担保的债权具有最高额限制。最高限额是最高额质权区别于普通质权的重要特征之一，出质人与质权人在设立最高额质权时将对担保的债权设定最高限额，质权人实现质权时，仅能在预定的最高担保额范围内主张权利。

第二，最高额质权所担保的债权具有不确定性。最高额质权所担保的债权是未来发生的，其数额在最高额质权设立之初并不确定，债权甚至有可能还未发生。而普通质权所担保的债权数额是在质权设立时已确定的。但最高额质权所担保的债权仍具有特定性，决算期届至，最高额质权所担保的债权数额即确定，但质权人因最高额质权性质原因，将只能在最高额质权限额内主张优先受偿。此外，还应注意最高额质权的最高额限制并非最高额质权所担保的实际债权额，在最高额质权确定时，债权额若超过预定的最高担保额，超过部分不属于担保范围，最高额质权实际担保的债权额为预定之最高担保额；债权额若低于预定的最高担保额，则以实际存在的债权额为实际担保债权额。

第三，最高额质权具有相对独立性。担保物权均具有从属性特点，但最高额质权一般是对一定期间内连续发生的债权作担保，为长期连续性交易提供便利和保障，该期间内单个债权可能发生设立、变更、清偿等行为，最高额质权不因某一债权的设立而设立，不因某一债权的转让而转让，也不因某一债权的消灭而消灭，最高额质权所担保的债权仅当决算期届满后确定，因此，最高额质权较普通质权具有相对的独立性。

本条对最高额质权规定的基本规则为：一是出质人可以协议设定最高额质权；二是最高额质权除适用本节有关规定外，参照适用《民法典》第17章第2节最高额抵押权的规定。

## ▶ 适用指引

### 一、最高额质权所担保的债权的确定

为了避免债权人利用其优势地位，有意要求债务人提供大额的最高额质押，或者随意减少交易次数或不发生交易，导致质押物价值受到不正当拘束，进而束缚债务人的经济活动，最高额质权所担保的债权仅能在特定期间内保持不确定状态。当最高额质权所担保的不特定债权因为发生一定的事由而归于特

定的，称为最高额质权的确定。

由于《民法典》仅规定当事人之间可以协议设立最高额质权，对于最高额质权的其他适用问题均参照《民法典》最高额抵押权的有关规定。因此，确定最高额质权所担保的债权同样应遵循最高额抵押权制度下债权的确定规则，《民法典》第423条规定："有下列情形之一的，抵押权人的债权确定：（一）约定的债权确定期间届满；（二）没有约定债权确定期间或者约定不明确，抵押权人或者抵押人自最高额抵押权设立之日起满二年后请求确定债权；（三）新的债权不可能发生；（四）抵押权人知道或者应当知道抵押财产被查封、扣押；（五）债务人、抵押人被宣告破产或者解散；（六）法律规定债权确定的其他情形。"

## 二、最高额质权的变动

《民法典》第420条第2款规定："最高额抵押权设立前已经存在的债权，经当事人同意，可以转入最高额抵押担保的债权范围。"第422条规定："最高额抵押担保的债权确定前，抵押权人与抵押人可以通过协议变更债权确定的期间、债权范围以及最高债权额。但是，变更的内容不得对其他抵押权人产生不利影响。"最高额质权担保的债权为不特定的债权，在债权或最高额质权确定之前，设定最高额质权质押合同的当事人可以协议变更被担保债权的范围，最高额质权是质权人在最高额范围内对质押财产享有优先受偿的权利，若最高额质权发生变动，则将影响同一质物上享有后顺位质权的债权人与其他普通债权人，因此，出质人和质权人变更最高额的，应当经过其他利害关系人的同意。未经后顺位的质权人和其他担保权人的同意，最高额质权的当事人以协议变更最高额的，其变更不得对抗后顺位的质权人和其他担保权人。

## ▶ 典型案例

**上海浦东发展银行股份有限公司厦门分行诉福建闽星集团有限公司担保合同纠纷案**

**关键词**：农村信用合作社股权质押　最高额质权

**裁判摘要**：首先，股权是指股东因向公司直接投资而享有的权利，农村信用合作社属于股份合作制,其不构成《公司法》中规定的有限责任公司或者股份有限公司的形式,故农村信用社的股权属于一种瑕疵股权,其不属于严格意义上的公司法中的股权。但农村信用合作社股权是农民依据其持有的股权享有利润分配请求权的财产性权利,性质上属于私法上的社员个人财产;其次,农村信用合作社股权不具有人身属性,入股社员所持有的股金证与其人身相分离,具有可让与性。最后,农村信用合作社的股金证属于权利凭证,股东凭借其所持有股金证享有各项管理性和财产性权利。因此,农村信用合作社股权符合可质押权利的条件,属于法律规定的可以质押的权利。

**基本案情**:2018年11月20日,上海浦东发展银行股份有限公司厦门分行(以下简称浦发银行厦门分行)与福建漳州闽航发公司、福建闽星集团有限公司(以下简称闽星公司)签订最高额质押融资协议。合同约定:闽星公司为闽航发公司在2018年11月20日至2021年11月20日期间向浦发银行厦门分行申请的融资提供最高额质押担保;闽星公司以其持有的南靖县农村信用合作联社3635.596万股股权为上述债务设定最高额质押;质押担保的主债权余额最高额为5949.5140万元。同日,浦发银行厦门分行(质权人)与闽星公司(出质人)签订权利最高额质押合同,闽星公司于2018年11月20日将质押股金证原件交付浦发银行厦门分行。2018年11月28日,浦发银行厦门分行、福建漳州闽航发公司、闽星公司、庄某生、孙某娜等向漳州市公证处申请对最高额质押融资协议、权利最高额质押合同等协议进行公证。2019年12月18日,浦发银行厦门分行与福建漳州闽航发公司签订一份融资额度协议,协议约定:浦发银行厦门分行向漳州闽航发公司提供4500万元的融资额度;额度使用期限自2019年12月18日至2020年8月12日;额度为可循环使用的流动资金贷款,单笔业务最长期限为1年;本协议从属于最高额质押融资协议债权和债权担保范围。2019年12月27日,福建漳州闽航发公司、闽星公司等向浦发银行厦门分行出具一份同意函,确认已知悉并同意融资额度协议项下提款将用于上一年度融资额度协议未结清的流动资金贷款4500万元。后浦发银行厦门分行为实现质权,向法院申请适用特别程序,准许其拍卖、变卖担保财产。

法院经审理认为,出质人与质权人、债务人与债权人之间签订的权利最高额质押合同、最高额质押融资协议是双方真实意思表示,合同合法有效,且出质人已将其持有的股金证原件交付于质权人,本案质权依法设立。因出质人涉及诉讼影响其担保能力,可以认定其违约,质权人有权宣布融资额度协议项下的全部债务提前到期，债务人应立即偿还本金及按合同约定的利息，质权人分行有权行使质押权。因此，质权人提出的准许拍卖、变卖担保财产的申请，符合法律规定的请求，予以支持。

【案　　号】（2020）闽 0627 民特监 1 号

【审理法院】福建省南靖县人民法院

【来　　源】《人民司法·案例》2021 年第 11 期

## ▶ 类案检索

### 茌平卓茂商贸有限公司、中信银行股份有限公司济南分行等案外人执行异议之诉案

**关键词：** 最高额质权　股权质押　优先受偿权

**裁判摘要：** 意思表示一致的双方当事人订立最高额权利质押合同，并于相关部门办理质押登记，合同内容无违反法律、行政法规强制性规定情形的，合同合法有效。我国法律并未规定股份在中小企业股份转让系统公开挂牌期间，股份设立质押必须移转至证券登记结算机构登记，故当事人间股权质押行为合法有效，最高额股权质押有效设立。当债务人未履行到期债务，质权人有权依法律规定实现质权，质权人对质押股份及其从权益折价或者拍卖、变卖的价款可主张优先受偿，并享有排除第三人强制执行的民事权益。

【案　　号】（2020）最高法民申 5427 号

【审理法院】最高人民法院

【来　　源】中国裁判文书网

## 第二节 权利质权

> 第四百四十条 债务人或者第三人有权处分的下列权利可以出质：
> （一）汇票、本票、支票；
> （二）债券、存款单；
> （三）仓单、提单；
> （四）可以转让的基金份额、股权；
> （五）可以转让的注册商标专用权、专利权、著作权等知识产权中的财产权；
> （六）现有的以及将有的应收账款；
> （七）法律、行政法规规定可以出质的其他财产权利。

### ▶ 关联规定

一、法律、行政法规、司法解释

《最高人民法院关于适用〈中华人民共和国民法典〉有关担保制度的解释》

第六十三条 债权人与担保人订立担保合同，约定以法律、行政法规尚未规定可以担保的财产权利设立担保，当事人主张合同无效的，人民法院不予支持。当事人未在法定的登记机构依法进行登记，主张该担保具有物权效力的，人民法院不予支持。

二、部门规章及规范性文件

1.《动产和权利担保统一登记办法》

第二条 纳入动产和权利担保统一登记范围的担保类型包括：
（一）生产设备、原材料、半成品、产品抵押；
（二）应收账款质押；
（三）存款单、仓单、提单质押；

（四）融资租赁；

（五）保理；

（六）所有权保留；

（七）其他可以登记的动产和权利担保，但机动车抵押、船舶抵押、航空器抵押、债券质押、基金份额质押、股权质押、知识产权中的财产权质押除外。

**第三条** 本办法所称应收账款是指应收账款债权人因提供一定的货物、服务或设施而获得的要求应收账款债务人付款的权利以及依法享有的其他付款请求权，包括现有的以及将有的金钱债权，但不包括因票据或其他有价证券而产生的付款请求权，以及法律、行政法规禁止转让的付款请求权。

本办法所称的应收账款包括下列权利：

（一）销售、出租产生的债权，包括销售货物，供应水、电、气、暖，知识产权的许可使用，出租动产或不动产等；

（二）提供医疗、教育、旅游等服务或劳务产生的债权；

（三）能源、交通运输、水利、环境保护、市政工程等基础设施和公用事业项目收益权；

（四）提供贷款或其他信用活动产生的债权；

（五）其他以合同为基础的具有金钱给付内容的债权。

**2.《注册商标专用权质押登记程序规定》**

**第二条** 自然人、法人或者其他组织以其注册商标专用权出质的，出质人与质权人应当订立书面合同，并向国家知识产权局办理质权登记。

质权登记申请应由质权人和出质人共同提出。质权人和出质人可以直接向国家知识产权局申请，也可以委托商标代理机构代理办理。在中国没有经常居所或者营业所的外国人或者外国企业应当委托代理机构办理。

**第三条** 办理注册商标专用权质权登记，出质人应当将在相同或者类似商品/服务上注册的相同或者近似商标一并办理质权登记。质权合同和质权登记申请书中应当载明出质的商标注册号。

共有商标办理质权登记的，除全体共有人另有约定的以外，应当取得其他共有人的同意。

**第五条** 注册商标专用权质权合同一般包括以下内容：

（一）出质人、质权人的姓名（名称）及住址；

(二）被担保的债权种类、数额；

(三）债务人履行债务的期限；

(四）出质注册商标的清单（列明注册商标的注册号、类别及专用期）；

(五）担保的范围；

(六）当事人约定的其他事项。

3.《证券公司股票质押贷款管理办法》

**第二条** 本办法所称股票质押贷款，是指证券公司以自营的股票、证券投资基金券和上市公司可转换债券作质押，从商业银行获得资金的一种贷款方式。

**第三条** 本办法所称质物，是指在证券交易所上市流通的、证券公司自营的人民币普通股票（A股）、证券投资基金券和上市公司可转换债券（以下统称股票）。

### 三、司法指导性文件

《最高人民法院关于吉林市商业银行营业部与交通银行吉林分行船营支行长春路分理处存单质押纠纷一案请示的答复》

吉林市商业银行营业部（以下简称商业银行）因为贷出款项，并通过存单质押而取得了交通银行吉林分行船营支行长春路分理处（以下简称交通银行）出具的存单。依照本院《关于审理存单纠纷案件的若干规定》第一条第（一）款的规定，本案商业银行以存单质押请求兑付而起诉，应属存单纠纷案件。商业银行在接受出质存单后向交通银行进行了核押，依照上述司法解释第八条第三款的规定，质押合同有效，交通银行应承担本案所涉存单的兑付责任。但应以该存单质押的债权为限。

## ▶ 条文释义

### 一、本条主旨

本条是关于可以出质的权利的规定。

## 二、条文演变

本条基本沿用了原《物权法》第223条的规定，只是将原来第1项中的"支票"移至"汇票"之后；在第6项规定的"应收账款"之前增加"现有的以及将有的"，扩大了应收账款质押的范围。

## 三、条文解读

### （一）权利质权的概念

权利质权，是指以出质人提供的财产权利为标的而设定的质权。权利质权具有与动产质权相同的一些特征，都是以担保债务履行和债权实现为目的，性质都是价值权、担保权。但是，由于标的物不同，权利质权与动产质权相比又具有一定的特殊性。

随着经济高度发展，商品交易愈加频繁，商品和货币流通的手段也因需要而不断发展，以票据、有价证券及其他财产凭证替代有形财产和货币流通愈加广泛。充分利用这些财产凭证所体现的无形财产权，对促进资金融通和商品流通、发展经济有着重要作用。设立权利质权的目的和意义即在于此。

### （二）权利质权标的的要件

权利质权的标的是出质人提供的作为债权担保的权利。但并不是所有的权利都可以作为权利质权的标的，其必须满足下列条件。

第一，必须是财产权。财产权，是指物权、债权、无体财产权等以财产为内容，可以以金钱估价的权利。因其具有经济价值，质权人可以从其价值中受偿。而人身权，无论是人格权如生命权、身体权、健康权、名誉权等，还是身份权如亲属权、监护权等，由于不直接具有经济价值，都不得作为权利质权的标的。

第二，必须具有让与性。权利质权为价值权，在债务人不履行到期债务时，质权人可以以出质权利的价值优先受偿。因此，其标的应有变价的可能，须具有让与性。不具有让与性的财产权，不能成为权利质权的标的。比如，一些与特定权利主体密不可分的财产权，如继承权、亲属间的扶养费请求权、抚恤金领取请求权，都不得作为权利质权的标的。

第三，必须是适于设立质权的权利。有些财产权虽然具有可让与性，但是不适于设立质权，也不得作为权利质权的标的。关于何种权利适于设立质权，何种权利不适于设立质权，各个国家和地区的规定不同。在我国，在不动产物权上设立的权利一般认定为是抵押权，因此，不动产物权不能作为权利质权的标的。至于抵押权、质权和留置权等担保物权，由于不能与其所担保的主债权分离，因此，也不能成为权利质权的标的。

（三）权利质权标的的种类

本条对哪些权利可以出质，采取了列举的方式；除这些权利以外，其他权利均不得出质。按照本条的规定，可以出质的权利包括以下七种。

1. 汇票、本票、支票

汇票是指出票人签发的，委托付款人在见票时或者在指定日期无条件支付确定的金额给收款人或者持票人的票据。汇票分为银行汇票和商业汇票。

本票是指出票人签发的，承诺自己在见票时无条件支付确定的金额给收款人或者持票人的票据。

支票是指出票人签发的，委托办理支票存款业务的银行或者其他金融机构在见票时无条件支付确定的金额给收款人或者持票人的票据。

2. 债券、存款单

债券是指由政府、金融机构或者企业为了筹措资金而依照法定程序向社会发行的，约定在一定期限内还本付息的有价证券，包括政府债券、金融债券和企业债券。

存款单，也称存单，是指存款人在银行或者储蓄机构存了一定数额的款项后，由银行或者储蓄机构开具的到期还本付息的债权凭证。

3. 仓单、提单

仓单是指仓储保管人应存货人的请求而填发的提取仓储物的凭证。根据《民法典》合同编的规定，存货人交付仓储物的，保管人应当给付仓单。保管人应当在仓单上签字或者盖章。仓单是提取仓储物的凭证。存货人或者仓单持有人在仓单上背书并经保管人签字或者盖章的，可以转让提取仓储物的权利。

提单是指用以证明海上货物运输合同和货物已经由承运人接收或者装船，以及承运人保证据以交付货物的单证。根据《海商法》的规定，提单中载明的向记名人交付货物、按照指示人的指示交付货物或者向提单持有人交付货物的条款，构成承运人据以交付货物的保证。货物由承运人接收或者装船后，应托运人的要求，承运人应当签发提单。提单可以由承运人授权的人签发，提单由载货船舶的船长签发的视为代表承运人签发。提单分为记名提单、指示提单和不记名提单。记名提单不得转让；指示提单经过记名背书或者空白背书可以转让；不记名提单无须背书即可转让。

**4. 可以转让的基金份额、股权**

基金份额是指向投资者发行的，表示持有人按其所持份额对基金财产享有收益分配权、清算后剩余财产取得权和其他相关权利，并承担相应义务的凭证。这里所称的基金，仅指《证券投资基金法》中规定的证券投资基金，即通过公开或者非公开募集资金设立证券投资基金，由基金管理人管理，基金托管人托管，为基金份额持有人的利益，以资产组合方式进行证券投资活动的信托契约型基金。

股权是指股东因向公司直接投资而享有的权利。在我国，公司包括有限责任公司和股份有限公司。有限责任公司股东的股权是通过公司签发的出资证明书来体现的，股份有限公司股东的股权是通过公司签发的股票来体现的。出资证明书，是指证明投资人已经依法履行缴付出资义务，成为有限责任公司股东的法律文件。根据《公司法》的规定，有限责任公司成立后，应当向股东签发出资证明书。股票是指股份有限公司签发的证明股东所持股份的凭证。根据《公司法》的规定，股票采用纸面形式或者国务院证券监督管理机构规定的其他形式。出资证明书和股票就是股东享有股权的法定凭证，股东凭此证券就可以享有相应的股权。

只有可以转让的基金份额和股权才可以作为权利质权的标的；有的基金份额和股权依法不得转让，则不能出质。比如，根据《公司法》的规定，发起人持有的本公司股份，自公司成立之日起1年内不得转让。公司公开发行股份前已发行的股份，自公司股票在证券交易所上市交易之日起1年内不得转让。根据《证券投资基金法》的规定，非公开募集基金，不得向合格投资者之外的单位和个人转让，在转让时也不得超出法律规定的投资者人数的限制。因此，这类有转让限制的基金份额和股权在出质时也需要遵守相应的限制。

**5. 可以转让的注册商标专用权、专利权、著作权等知识产权中的财产权**

知识产权，是指人们对于自己的创造性智力活动成果和经营管理中的标记所依法享有的权利，包括注册商标专用权、专利权和著作权等。知识产权主要是一种财产权利；但某些知识产权如著作权既具有人身性又具有财产性，可以将其中的权利划分为人身权部分和财产权部分，只有财产权部分才能作为权利质权的标的。

注册商标专用权是指注册商标所有人依法对注册商标享有的独占使用权。根据《商标法》的规定，转让注册商标的，转让人和受让人应当签订转让协议，并共同向商标局提出申请。转让注册商标经核准后，予以公告。受让人自公告之日起享有商标专用权。商标注册人可以通过签订商标使用许可合同，许可他人使用其注册商标。因此，注册商标所有人享有注册商标转让权和注册商标许可权。这两者都是注册商标专用权中的财产权，都可以作为权利质权的标的。

专利权是指由国家专利主管机关授予专利申请人或其继受人在一定期限内实施其发明创造的专有权，包括发明专利权、实用新型专利权及外观设计专利权。根据《专利法》的规定，转让专利申请权或者专利权的，当事人应当订立书面合同，并向国务院专利行政部门登记，由国务院专利行政部门予以公告。任何单位或者个人实施他人专利的，应当与专利权人订立书面实施许可合同，向专利权人支付专利使用费。因此，专利权人享有专利转让权和专利实施许可权。这两者都是专利权中的财产权，都可以作为权利质权的标的。

著作权是指文学、艺术和科学作品的创作者对其创作完成的作品所享有的权利。根据《著作权法》的规定，著作权可分为人身权和财产权两部分。人身权包括发表权、署名权、修改权和保护作品完整权。财产权是指著作权人对作品的使用权和获得报酬权。其中，使用权指以各种方式使用作品的权利，是著作权人的一项主要财产权利，包括复制权、发行权、出租权、展览权、表演权、放映权、广播权、信息网络传播权、摄制权、改编权、翻译权、汇编权和应当由著作权人享有的其他权利等；获得报酬权指转让使用权或者许可他人使用而获得报酬的权利。著作权中的人身权与著作权人有密切关系，具有人身属性，只能专属于著作权人，不得让与，也不得出质；只有著作权中的财产权才可以作为权利质权的标的。

### 6.现有的以及将有的应收账款

本条规定了可以出质的权利范围，其中第6项为现有的以及将有的应收账款。应收账款实质上属于一般债权，包括尚未产生的将来的债权，但是仅限于金钱债权。需要注意的是，根据《民法典担保制度解释》第61条第4款的规定，以基础设施和公用事业项目收益权、提供服务或者劳务产生的债权以及其他将有的应收账款可以质押。

《动产和权利担保统一登记办法》第3条规定："本办法所称的应收账款是指权利人因提供一定的货物、服务或设施而获得的要求义务人付款的权利以及依法享有的其他付款请求权，包括现有的和未来的金钱债权，但不包括因票据或其他有价证券而产生的付款请求权，以及法律、行政法规禁止转让的付款请求权。""本办法所称的应收账款包括下列权利：（一）销售、出租产生的债权，包括销售货物，供应水、电、气、暖，知识产权的许可使用，出租动产或不动产等；（二）提供医疗、教育、旅游等服务或劳务产生的债权；（三）能源、交通运输、水利、环境保护、市政工程等基础设施和公用事业项目收益权；（四）提供贷款或其他信用活动产生的债权；（五）其他以合同为基础的具有金钱给付内容的债权。"

7. 法律、行政法规规定的可以出质的其他财产权利

这是针对可以出质的权利作出的兜底性规定。随着经济社会的发展和融资需求的扩大，在平衡风险和利益的前提下，可用于担保的财产范围也会发生变化。立法在确定某一权利是否可以质押时，需要考虑该权利是否具备可转让性，是否具有可行的担保公示方式，以及以这些权利作担保的风险等因素。本条前6项规定的可以出质的权利并不能涵盖所有可以出质的权利范围，为此本条作了一个授权性的规定，根据现实需要、权利质押的可行性、市场风险等因素，法律、行政法规可以规定其他权利可以出质；只要在法律、行政法规中明确规定可以出质的，也适用本节权利质权的有关规定。

## ▶ 适用指引

### 一、金钱质押

金钱是特殊的动产，金钱货币能否作为动产质权的标的物，在理论和实务上存在争议。一种观点认为，货币作为种类物，转移占有即转移所有权。因此，金钱不能作为质物。另一种观点认为，金钱作为质权的标的，可以采用某种特殊方式，例如，将一定金额的金钱作为质权的标的，以专户存入银行，这时货币的所有权并未转移，没有违背质押的性质。因此，金钱可以作为质物。

实践中，银行保证金担保已经成为近年来金融系统较为普遍采用的担保金融债务履行的保障措施。然而对其担保效力，理论界与实务界争议不断，给金融安全带来风险隐患。《最高人民法院关于审理独立保函纠纷案件若干问题的规定》第24条第1款规定："对于按照特户管理并移交开立人占有的独立保函开立保证金，人民法院可以采取冻结措施，但不得扣划。保证金账户内的款项丧失开立保证金的功能时，人民法院可以依法采取扣划措施。"这也是承认以特户管理的保证金具有特定化的性质。最高人民法院发布的指导案例54号——中国农业发展银行安徽省分行诉张大标、安徽长江融资担保集团有限公司执行异议之诉纠纷案也进一步明确，金钱以保证金形式特定化并移交债权人占有后，应当认定当事人已就保证金账户内的资金设立质权。直至《民法典担保制度解释》第70条对此作出了明确规定："债务人或者第三人为担保债务的履行，设立专门的保证金账户并由债权人实际控制，或者将其资金存入债权人设立的保证金账户，债权人主张就账户内的款项优先受偿的，人民法院应予支持。当事人以保证金账户内的款项浮动为由，主张实际控制该账户的债权人对账户内的款项不享有优先受偿权的，人民法院不予支持。""在银行账户下设立的保证金分户，参照前款规定处理。""当事人约定的保证金并非为担保债务的履行设立，或者不符合前两款规定的情形，债权人主张就保证金优先受偿的，人民法院不予支持，但是不影响当事人依照法律的规定或者按照当事人的约定主张权利。"

### 二、保单是否可以作为质押的权利类型

本条未明确列举保单作为可质押的权利类型，但《保险法》第34条第1款、第2款规定："以死亡为给付保险金条件的合同，未经被保险人同意并认可保险金额的，合同无效。""按照以死亡为给付保险金条件的合同所签发的保险单，未经被保险人书面同意，不得转让或者质押。"依反对解释，经被保险人书面同意的寿险保单则可以质押。目前，已有多家银行开展了寿险保单的质押担保业务。其主要操作模式是：以小微企业的法定代表人或大股东等关联人提供的人寿保险保单作为质押标的，银行按照保单金额的一定比例发放贷款。随着保险业的发展，保单质押将在更多领域运用。保单与本条列举的其他权利类型有所不同，无法为其他权利类型吸收，应属于本条兜底条款中规定的可以质押的权利类型。

目前，对于可以质押的保单的范围存在争议。一种观点认为，仅寿险保单可以设立质权，保单质押以保单的现金价值而非保单中包含的保险金请求权为标的。保单中的现金价值属于投保人确定的财产。因此，作为现金价值的所有权人，投保人对自己的财产通过设定质押等方式进行合法处分乃所有权的应有之义。财产险和意外险等非寿险保单并不具有现金价值，不符合保单质押的条件。另一种观点认为，保险金请求权亦可以设立质权。《中国保险监督管理委员会关于寿险保单质押贷款业务有关问题的复函》明确规定："保单质押贷款是长期寿险合同特有的功能。"我们认为，保单现金价值归属于投保人，是在寿险中投保人缴纳的保费形成的积累资金，具有一定的储蓄性，是确定的财产，可以依法设立质押。而就人寿保险而言，是以被保险人的寿命作为保险标的、以其生死为保险事故的保险，保险人要向被保险人或者受益人支付保险金。实践中，借贷双方及保险公司通常约定债务不履行情况下，债权人以保单现金价值或者保险金优先受偿。

至于不具有保单现金价值的保险金请求权是否能够作为权利质押的标的，应当区分情况讨论。在保险事故发生后，保险金请求权已经确定，成为确定的财产权利，可以作为权利质押的标的，但应属于一般债权质押。在保险事故发生前，保险金请求权属于期待权，是否发生处于不确定状态，不符合质权设立条件。并且，保险事故发生前允许在保险金请求权上设立质权也会引发道德风险。因此，以保单出质的，限于具有现金价值的保单。保险事故发生后以保险金请求权出质的，可列入以应收账款或者其他金钱债权出质的范围，不必单列。

## ▶ 典型案例

### 常州中国工商银行常州市新区支行诉常州市康美服装有限公司借款合同纠纷案

**关键词：** 出口退税权利质押

**裁判摘要：** 根据《担保法》第75条第4项规定，以出口退税账户托管的方式贷款，构成出口退税权利质押。贷款人在借款得不到清偿时，有权在借款人的出口退税款中优先受偿。

**基本案情：** 原告中国工商银行常州市新区支行（以下简称新区工行）因与被告常州市康美服装有限公司（以下简称康美公司）、常州市康盛服装有限公司（以下简称康盛公司）发生借款合同纠纷，向江苏省常州市中级人民法院提起诉讼。2003年12月18日，被告康美公司向原告新区工行出具一份《出口退税专户承诺书》，承诺以该公司的出口退税权利作为向新区工行借款的担保，该公司一旦不能按借款合同的约定还款，新区工行有权从该公司在新区工行开立的尾号为1561的账号出口退税专户中扣收贷款本息。在另附的一份《出口退税账户托管贷款业务确认单》上，常州市国税局盖章确认：截止到2003年12月18日，康美公司的应退未退税额为1351.31万元。2003年12月25日，被告康美公司与原告新区工行签订了一份借款合同，约定康美公司向新区工行借款450万元，借款期限自2003年12月25日至2004年6月22日，月利率为5.04‰。同时，康美公司与新区工行还签订一份权利质押合同，约定康美公司将其享有的出口退税权利质押给新区工行作为借款担保。合同签订后，新区工行依约向康美公司发放了450万元贷款。2004年2月20日，被告康美公司又与原告新区工行签订了一份借款合同，约定康美公司向新区工行借款300万元，借款期限自2004年2月20日起至2004年8月8日止，月利率为5.04‰。同时，双方还签订一份权利质押合同，约定康美公司将其享有的出口退税权利质押给新区工行作为借款担保。合同签订后，新区工行依约向康美公司发放了300万元贷款。

2004年4月22日，被告康美公司向原告新区工行归还借款本金50万元。6月7日，被告康盛公司向新区工行出具一份承诺书，表示自愿以其房产为康美公司的借款承担连带保证责任。6月14日，新区工行以出现合同约定的情形为由，向康美公司发出了提前收回全部借款的函，康美公司对此没有异议。6月24日，新区工行提起诉讼。7月29日，康美公司又向新区工行归还借款本金671617.28元。

常州市中级人民法院认为：《合同法》第207条规定："借款人未按照约定的期限返还借款的，应当按照约定或者国家有关规定支付逾期利息。"《担保法》第6条规定："本法所称保证，是指保证人和债权人约定，当债务人不履行债务时，保证人按照约定履行债务或者承担责任的行为。"第75条第4项规定，依法可以质押的其他权利可以质押。

被告康美公司与原告新区工行签订的借款合同合法有效。该借款合同履行过程中，由于出现了合同约定的贷款方有权提前收回全部借款的情形，新区工行主张提前收回全部借款，康美公司没有异议。康美公司目前尚欠新区工行借款本金6328382.72元，应当归还，并应支付相应利息及逾期利息。

被告康美公司与原告新区工行在签订借款合同的同时，还签订了出口退税权利质押合同，约定康美公司将其享有的出口退税权利质押给新区工行，作为康美公司向新区工行借款的担保。根据质押合同，康美公司在新区工行设立了出口退税专用账户，这个账户和康美公司的应退未退税款金额1351万元，均得到常州市国税局的确认。故康美公司与新区工行之间的出口退税账户托管贷款，构成了出口退税权利质押，新区工行有权在康美公司的出口退税款中优先受偿。被告康盛公司向新区工行出具承诺书，自愿对康美公司的借款承担连带保证责任，该承诺不违反法律规定。新区工行的诉讼请求应予支持。

【案　　号】（2004）常民二初字第150号
【审理法院】江苏省常州市中级人民法院
【来　　源】《最高人民法院公报》2005年第4期

第四百四十一条　以汇票、本票、支票、债券、存款单、仓单、提单出质的，质权自权利凭证交付质权人时设立；没有权利凭证的，质权自办理出质登记时设立。法律另有规定的，依照其规定。

## ▶ 关联规定

### 一、法律、行政法规、司法解释

《最高人民法院关于适用〈中华人民共和国民法典〉有关担保制度的解释》

第五十八条　以汇票出质，当事人以背书记载"质押"字样并在汇票上签章，汇票已经交付质权人的，人民法院应当认定质权自汇票交付质权人时设立。

第五十九条　存货人或者仓单持有人在仓单上以背书记载"质押"字样，并经保管人签章，仓单已经交付质权人的，人民法院应当认定质权自仓单交付质权人时设立。没有权利凭证的仓单，依法可以办理出质登记的，仓单质权自办理出质登记时设立。

出质人既以仓单出质，又以仓储物设立担保，按照公示的先后确定清偿顺序；难以确定先后的，按照债权比例清偿。

保管人为同一货物签发多份仓单，出质人在多份仓单上设立多个质权，按照公示的先后确定清偿顺序；难以确定先后的，按照债权比例受偿。

存在第二款、第三款规定的情形，债权人举证证明其损失系由出质人与保管人的共同行为所致，请求出质人与保管人承担连带赔偿责任的，人民法院应予支持。

### 二、部门规章及规范性文件

《动产和权利担保统一登记办法》

第二条　纳入动产和权利担保统一登记范围的担保类型包括：
（一）生产设备、原材料、半成品、产品抵押；

（二）应收账款质押；

（三）存款单、仓单、提单质押；

（四）融资租赁；

（五）保理；

（六）所有权保留；

（七）其他可以登记的动产和权利担保，但机动车抵押、船舶抵押、航空器抵押、债券质押、基金份额质押、股权质押、知识产权中的财产权质押除外。

**第四条** 中国人民银行征信中心（以下简称征信中心）是动产和权利担保的登记机构，具体承担服务性登记工作，不开展事前审批性登记，不对登记内容进行实质审查。

征信中心建立基于互联网的动产融资统一登记公示系统（以下简称统一登记系统）为社会公众提供动产和权利担保登记和查询服务。

**第九条** 登记内容包括担保权人和担保人的基本信息、担保财产的描述、登记期限。

担保权人或担保人为法人、非法人组织的，应当填写法人、非法人组织的法定注册名称、住所、法定代表人或负责人姓名、金融机构编码、统一社会信用代码、全球法人识别编码等机构代码或编码以及其他相关信息。

担保权人或担保人为自然人的，应当填写有效身份证件号码、有效身份证件载明的地址等信息。

担保权人可以与担保人约定将主债权金额、担保范围、禁止或限制转让的担保财产等项目作为登记内容。对担保财产进行概括性描述的，应当能够合理识别担保财产。

最高额担保应登记最高债权额。

## ▶ 条文释义

### 一、本条主旨

本条是关于有价证券出质的方式和生效要件的规定。

## 二、条文演变

原《物权法》第224条规定:"以汇票、支票、本票、债券、存款单、仓单、提单出质的,当事人应当订立书面合同。质权自权利凭证交付质权人时设立;没有权利凭证的,质权自有关部门办理出质登记时设立。"本条基本沿用这一规定,删除了"当事人应当订立书面合同"的规定,由此适用质权设立的一般规则;就质权登记的问题,删除了"有关部门"这一登记主体的规定;另增加了"法律另有规定的,依照其规定",以更好地与现行法律规定作好衔接,也为将来的法律适用预留空间。

## 三、条文解读

《民法典》第427条第1款规定:"设立质权,当事人应当采用书面形式订立质押合同。"因此,以汇票、本票、支票、债券、存款单、仓单、提单出质的,双方当事人应当订立书面质押合同。合同内容一般包括被担保债权的种类和数额,债务人履行债务的期限,出质权利的名称、数额,担保的范围等。合同订立后,质权并不当然设立。以汇票、本票、支票、债券、存款单、仓单、提单出质的,其质权设立的情形可以分为以下两种。

第一,有权利凭证的,质权自权利凭证交付质权人时设立。权利凭证是指记载权利内容的象征性的证书,通常采用书面形式,例如,汇票、本票、支票、存款单、仓单、提单和一部分实物债券等都有权利凭证。此时,出质人需要将该权利凭证交付给质权人,质权自交付时设立。

第二,没有权利凭证的,质权自有关部门办理出质登记时设立。在我国,部分债券如记账式国库券和在证券交易所上市交易的公司债券等都已经实现无纸化,这些债券没有权利凭证,如果要出质,就必须到法律、法规规定的有关登记部门办理出质登记,质权自登记时设立。债券质押登记,基于不同的债券品种以及交易所债券市场和银行间债券市场的区分等,分别到中国证券登记结算有限公司、中央国债登记结算有限责任公司、上海清算所等登记。

此外,其他法律对于以汇票、本票、支票等出质的权利质权的设立有特别规定的,依照其规定。

## 适用指引

### 一、汇票质押是否应当以背书"质押"字样为必要

汇票属于有价证券，汇票质押作为担保物权的一种，以票据体现出的可以交换的经济价值作为基础，担保债权的实现。但是从法律规定上看，汇票质押是否应当以背书"质押"字样为必要存在不同规定，造成了实践中适用法律的不统一。根据本条规定，以汇票出质的，质权自权利凭证交付质权人时设立，但是法律另有规定的，依照其规定。交付权利凭证仅是汇票质权设立的条件之一，并不意味着交付了权利凭证汇票质权就当然设立。根据《票据法》第35条的规定，汇票出质需要以背书记载"质押"字样同时交付汇票，才能有效设立质权。基于普通法与特别法对同一事项均有规定，优先适用特别法的规定，只有在特别法无规定时，才适用普通法的基本原则，因《票据法》对于以汇票出质的权利质权之设立条件有特别的规定，应当按照《票据法》的规定认定汇票质权的设立条件。为此，《民法典担保制度解释》第58条明确规定了当事人在以汇票出质时，以背书记载"质押"字样并在汇票上签章，且已经将汇票交付质权人的，才能认定质权从汇票交付质权人时设立。

### 二、仓单质押的设立及单货同时质押、重复质押的清偿顺序确定

实践中，存在所谓"仓单乱象"的原因主要在于：一是缺明确的法律规定。根据《民法典》第441条规定，仓单质押，质权自权利凭证交付质权人时设立；没有权利凭证的，质权自办理出质登记时设立。由于该条并未规定仓单质押是否需要背书，且仓单本身就是物权凭证，从该条的文义看，不存在通过办理登记作为公示方法的可能，在缺乏足够手段确保仓单与仓储物保持一致的情况下，这一规定为"仓单乱象"埋下了制度隐患。二是缺乏统一的行业惯例。中国仓储与配运协会与中国物资储运协会关于仓单的标准并不统一，且对会员也缺乏足够的约束力，导致各仓储公司出具的仓单格式、要素都不完全一致，几乎可以说是各行其是，加剧了"仓单乱象"。三是提单对应的货物往往是在途货物，因而单货可以说是天然分离的，因而一般不会出现"单货同质""一货多单""一单多货"等现象。而仓储物作为储存在仓库中的货物，由

仓储公司保管；同时仓储公司又负责出具仓单，在利息诱惑下，不能排除个别仓储公司的员工伪造仓单、重复开具仓单的可能。当然，所有的"仓单乱象"，都离不开存货人与仓储公司的恶意串通，这可以说是仓单乱象主观方面的主要原因。

针对"仓单乱象"，《民法典担保制度解释》第59条尝试从源头化解：一是规定仓单质押的条件，如参照汇票质押的规定，明确需要背书、签章加交付；二是鼓励通过登记确定清偿顺序；三是加重出质人与保管人的责任。在《民法典担保制度解释》起草过程中，曾经考虑过参照《票据法》有关绝对必要事项、相对必要事项的规定，将《民法典》第909条规定的仓单记载事项确定为必要记载事项，进而统一仓单的认定标准。但如此一来，一则似有僭越立法之嫌，不符合司法解释的定位；二则行业惯例的形成，最好还是依靠行业协会的自律，司法解释不可贸然干预。综合考虑以上因素，《民法典担保制度解释》最终放弃了此种规定。此外，在《民法典担保制度解释》制定过程中，还曾经考虑过规定电子仓单质押，因为"仓单乱象"在很大程度上源于纸质仓单，从根本上这一问题有赖于运用现代技术手段，在确保单货一致的情况下，通过背书或者登记解决。一方面，考虑到电子仓单不过是仓单形式的一种，适用仓单的有关规定即可，没必要专门作出规定，因而最终也没有规定电子仓单质押。但从发展趋势看，电子仓单质押应当是仓单质押未来的主要形式。另一方面，司法解释要解决现实问题，为此《民法典担保制度解释》第59条从重复质押、单货同时质押等问题出发，对其清偿顺序作出了规定。

### 三、公司债券出质时的质权生效条件

公司债券分为记名债券和无记名债券。《公司法》第160条规定："记名公司债券，由债券持有人以背书方式或者法律、行政法规规定的其他方式转让；转让后由公司将受让人的姓名或者名称及住所记载于公司债券存根簿。""无记名公司债券的转让，由债券持有人将该债券交付给受让人后即发生转让的效力。"上述规定的目的，在于保护第三人不因公司债券的转让而受损，维护交易的安全。有关公司债券质权的设立，应当遵循《公司法》的上述规定。记名公司债券质权的设立，除根据本条规定订立质押合同、交付权利凭证外，还需将质权人的姓名或者名称记载于债券，并将质权人的姓名或者名称及住所记载

于公司债券存根簿，否则不得以其质权对抗公司及其他第三人。[①]但无记名公司债券质权的设立，持有人在依法设立的证券交易所将债券交付给质权人后即发生质押的效力。

## ▶ 指导案例

**指导案例111号：中国建设银行股份有限公司广州荔湾支行诉广东蓝粤能源发展有限公司等信用证开证纠纷案**

（最高人民法院审判委员会讨论通过 2019年2月25日发布）

**关键词：** 民事 信用证开证 提单 真实意思表示 权利质押 优先受偿权

**裁判要点：** 1. 提单持有人是否因受领提单的交付而取得物权以及取得何种类型的物权，取决于合同的约定。开证行根据其与开证申请人之间的合同约定持有提单时，人民法院应结合信用证交易的特点，对案涉合同进行合理解释，确定开证行持有提单的真实意思表示。

2. 开证行对信用证项下单据中的提单以及提单项下的货物享有质权的，开证行行使提单质权的方式与行使提单项下货物动产质权的方式相同，即对提单项下货物折价、变卖、拍卖后所得价款享有优先受偿权。

**相关法条：**《中华人民共和国海商法》第71条

《中华人民共和国物权法》第224条

《中华人民共和国合同法》第80条第1款

**基本案情：** 中国建设银行股份有限公司广州荔湾支行（以下简称建行广州荔湾支行）与广东蓝粤能源发展有限公司（以下简称蓝粤能源公司）于2011年12月签订了《贸易融资额度合同》及《关于开立信用证的特别约定》等相关附件，约定该行向蓝粤能源公司提供不超过5.5亿元的贸易融资额度，包括开立等值额度的远期信用证。惠来粤东电力燃料有限公司（以下简称粤东电力）等担保人签订了保证合同等。2012年11月，蓝粤能源公司向建行广州荔湾支行申请开立8592万元的远期信用证。为开立信用证，蓝粤能源公司向建行广州荔湾支行出具了《信托收据》，并签订了《保证金质押合同》。《信托收

---

[①] 参见最高人民法院物权法研究小组编著：《〈中华人民共和国物权法〉条文理解与适用》，人民法院出版社2007年版，第660页。

据》确认自收据出具之日起，建行广州荔湾支行即取得上述信用证项下所涉单据和货物的所有权，建行广州荔湾支行为委托人和受益人，蓝粤能源公司为信托货物的受托人。信用证开立后，蓝粤能源公司进口了164998吨煤炭。建行广州荔湾支行承兑了信用证，并向蓝粤能源公司放款84867952.27元，用于蓝粤能源公司偿还建行首尔分行的信用证垫款。建行广州荔湾支行履行开证和付款义务后，取得了包括本案所涉提单在内的全套单据。蓝粤能源公司因经营状况恶化而未能付款赎单，故建行广州荔湾支行在本案审理过程中仍持有提单及相关单据。提单项下的煤炭因其他纠纷被广西壮族自治区防城港市港口区人民法院查封。建行广州荔湾支行提起诉讼，请求判令蓝粤能源公司向建行广州荔湾支行清偿信用证垫款本金84867952.27元及利息；确认建行广州荔湾支行对信用证项下164998吨煤炭享有所有权，并对处置该财产所得款项优先清偿上述信用证项下债务；粤东电力等担保人承担担保责任。

**裁判结果：** 广东省广州市中级人民法院于2014年4月21日作出（2013）穗中法金民初字第158号民事判决，支持建行广州荔湾支行关于蓝粤能源公司还本付息以及担保人承担相应担保责任的诉请，但以信托收据及提单交付不能对抗第三人为由，驳回建行广州荔湾支行关于请求确认煤炭所有权以及优先受偿权的诉请。建行广州荔湾支行不服一审判决，提起上诉。广东省高级人民法院于2014年9月19日作出（2014）粤高法民二终字第45号民事判决，驳回上诉，维持原判。建行广州荔湾支行不服二审判决，向最高人民法院申请再审。最高人民法院于2015年10月19日作出（2015）民提字第126号民事判决，支持建行广州荔湾支行对案涉信用证项下提单对应货物处置所得价款享有优先受偿权，驳回其对案涉提单项下货物享有所有权的诉讼请求。

**裁判理由：** 最高人民法院认为，提单具有债权凭证和所有权凭证的双重属性，但并不意味着谁持有提单谁就当然对提单项下货物享有所有权。对于提单持有人而言，其能否取得物权以及取得何种类型的物权，取决于当事人之间的合同约定。建行广州荔湾支行履行了开证及付款义务并取得信用证项下的提单，但是由于当事人之间没有移转货物所有权的意思表示，故不能认为建行广州荔湾支行取得提单即取得提单项下货物的所有权。虽然《信托收据》约定建行广州荔湾支行取得货物的所有权，并委托蓝粤能源公司处置提单项下的货物，但根据物权法定原则，该约定因构成让与担保而不能发生物权效力。然而，让与担保的约定虽不能发生物权效力，但该约定仍具有合同效力，且《关于开立信用证的特别约定》约定蓝粤能源公司违约时,建行广州荔湾支行有权处分信用证项下单据及货物,因此根据合同整体解释以及信用证交易的特点,表明当事人真实意思表示是通过提单的流转而设立提单质押。本案符合权利质押设立所需具备的书面质押合同和物权公示两项要件,建行广州荔湾支行作为提单持有人,享有提单权利质权。建行广州荔湾支行的提单权利质权如果与其他债权人对提单项下货物所可能享有的留置权、动产质权等权利产生冲突的,可在执行分配程序中依法予以解决。

## ▶典型案例

### 滕州市城郊信用社诉建行枣庄市薛城区支行票据纠纷案

**关键词**:汇票质押

**裁判摘要**:当事人以银行汇票为质押凭证,以书面形式另行设定了该汇票的质权,且得到出票银行确认的,应认定汇票的质押有效。

**基本案情**:原告滕州市城郊信用社(以下简称城郊信用社)因与被告中国建设银行枣庄市薛城区支行(以下简称薛城区建行)发生票据纠纷,向山东省枣庄市中级人民法院提起诉讼。

1997年5月,洗煤厂的业务员张某乾请求被告薛城区建行所属陶庄办事处副主任渠某栋为其提供贷款担保,并许诺给予好处费。5月28日,渠某栋利用担任陶庄办事处副主任之便,在没有收到任何款项的情况下,签发了编号为VIV00316605的银行汇票(以下简称5号汇票),次日收到洗煤厂的法定代表人刘某廷和业务员张某乾出具的借条一张,内容为:借薛城区建行陶庄办事处汇票一张75万元,借款人刘某廷、张某乾,并加盖洗煤厂财务专章。该银行汇票记载的出票单位为陶庄办事处、收款人为洗煤厂、金额为75万元。同日,洗煤厂与原告城郊信用社签订一份质押借款合同,约定:洗煤厂向城郊信用社借款75万元,期限1个月,质物为"汇票"。合同签订后,洗煤厂向城郊信用社交付5号汇票和一份《权利质物质押声明书》,其上加盖了汇票签发行陶庄办事处和汇票收款人洗煤厂的印章,载明的主要内容为洗煤厂以其所有的5号汇票作为向城郊信用社借款的权利质押凭证,城郊信用社据此向洗煤厂发放贷款75万元。同年6月26日,借款期限即将届满时,渠某栋担心如果洗煤厂不能按期归还，城郊信用社一旦行使质权，将暴露其非法出具银行汇票的事实，于是在没有收到任何款项的情况下，又签发了编号为VIV00316608的银行汇票（以下简称8号汇票）。洗煤厂持8号汇票向城郊信用社换回了5号汇票，同时交付城郊信用社一份注明权利质押凭证为8号汇票的《权利质物质押声明书》。8号汇票记载的出票单位亦为陶庄办事处，收款人为洗煤厂，金额为75万元，出票日期为1997年6月26日。该汇票的背书人栏内加盖了洗煤厂的财务专章及法定代表人刘某廷的印章，但被背书人栏内空白。该汇票的"持票人向银行提示付款签章"处加盖了"滕州市金利来洗煤厂财务专章"和法定代表人"刘某廷"印章，并书写有"委托城郊信用社收款"。洗煤厂在借款到期后未能偿还借款，城郊信用社于1997年7月17日将8号汇票提交滕州市人民银行，通过票据交换系统向薛城区建行收取75万元票款。薛城区建行见票后，通知陶庄办事处办理解付，原陶庄办事处副主任渠某栋收到汇票后，携票潜逃，薛城区建行遂向检察机关报案，并拒绝向城郊信用社支付票款。渠某栋潜逃三天后，将该汇票寄回薛城区建行处，薛城区建行将该汇票退回城郊信用社，但仍拒付票款。在本案的审理过程中，薛城区建行向城郊信用社出具退票理由书，明确退票理由：一是洗煤厂以恶意取得票据，二是该票据实际结算金额没有套写。

山东省高级人民法院经审理，除确认一审认定的事实属实外，还查明：薛城区建行所属陶庄办事处与洗煤厂均在1997年6月26日的《权利质物质押声明书》上盖章，该声明书载明："本人（出质人）对下列有价证券滕州金利来洗煤厂汇票金额柒拾伍万元VIV00316608有所有权，现已向城郊信用社（贷款社名称）办理质押担保贷款。借款人滕州金利来洗煤厂，贷款金额柒拾伍万元整，期限从1997年6月26日至1997年7月25日。自即日起，对上述有价单证请停止挂失。贷款偿清后，请凭贷款社背书办理支付。如贷款到期借款人不能清偿，贷款社可凭抵押协议、催收贷款通知书及本声明支本息（或办理转让手续）。请予认定。"

山东省高级人民法院认为，双方当事人争议的焦点问题为：城郊信用社与洗煤厂之间是否就8号汇票形成有效的质押关系，薛城区建行应否向城郊信用社支付票款。

洗煤厂既在8号汇票的背面作了委托收款背书，又在该汇票上设定了质押，因其是票据权利人，其在票据上进行了委托收款背书之后，在委托收款行为完成之前，其有权取消委托而再对汇票进行质押处分。因此，上诉人关于票据作了委托收款背书之后不能再为质押的上诉理由不能成立。

关于城郊信用社与洗煤厂之间是否形成有效的质押关系，既应适用《票据法》《担保法》，也应适用《担保法解释》和《最高人民法院关于审理票据纠纷案件若干问题的规定》。《票据法》第35条第2款规定，汇票质押时应当以背书记载"质押"字样。但并未规定如果未记载"质押"字样的，质押不生效或无效。《担保法》第76条规定："以汇票、支票、本票、债券、存款单、仓单、提单出质的，应当在合同约定的期限内将权利凭证交付质权人。质押合同自权利凭证交付之日起生效。"因此，背书质押不是设定票据质权的唯一方式，订立质押合同、交付票据也可以设定票据质权。《票据法》第31条第1款规定："以背书转让的汇票，背书应当连续。持票人以背书的连续，证明其汇票权利；非经背书转让，而以其他合法方式取得汇票的，依法举证，证明其汇票权利。"以票据出质的，质押背书是表明票据持有人享有票据质权的直接证据，如果无质押背书，书面的质押合同就是票据持有人证明其享有票据质权的合法证据。在票据持有人持有票据，并有书面质押合同的情况下，应当认定持有人享有票据质权。《担保法解释》第98条规定："以汇票、支票、本票出质，出质人与质权人没有背书记载'质押'字样，以票据出质对抗善意第三人的，人民法院不予支持。"由此，背书"质押"字样不是票据质权的取得要件，仅是票据质权的对抗要件。虽然《最高人民法院关于审理票据纠纷案件若干问题的规定》第55条规定，"依照票据法第三十五条第二款的规定，以汇票设定质押时，……或者出质人未在汇票、粘单上记载'质押'字样而另行签订质押合同、质押条款的，不构成票据质押"，但因该规定的颁布时间早于《担保法解释》，故对本案应适用《担保法解释》的规定。综上，本案城郊信用社与洗煤厂间订有质押合同、洗煤厂将银行汇票交付城郊信用社占有，双方在8号汇票上成立了有效的票据质押关系，城郊信用社取得票据质权。

洗煤厂未支付对价而取得银行汇票，作为出票人的薛城区建行可以对洗煤厂进行抗辩，城郊信用社以签订质押合同、交付权利凭证的方式取得的票据质权，本应继受出质人洗煤厂的票据权利瑕疵。薛城区建行本可以将抗辩权向城郊信用社行使，但因陶庄办事处在载有"如贷款到期借款人不能清偿，贷款社可凭抵押协议，催收贷款通知书及本声明书支取本息"内容的《权利质物质押声明书》上签章，该签章行为表明其已以明示的方式放弃抗辩权，是对城郊信用社质权实现的承诺,所以薛城区建行在城郊信用社向其行使质权时,应按照其承诺向城郊信用社支付票款本息。薛城区建行关于城郊信用社无权请求其支付票款的上诉理由不能成立。

【审理法院】山东省高级人民法院

【来　　源】《最高人民法院公报》2004年第11期

**第四百四十二条** 汇票、本票、支票、债券、存款单、仓单、提单的兑现日期或者提货日期先于主债权到期的，质权人可以兑现或者提货，并与出质人协议将兑现的价款或者提取的货物提前清偿债务或者提存。

## ▶ 关联规定

**法律、行政法规、司法解释**

《最高人民法院关于适用〈中华人民共和国民法典〉有关担保制度的解释》

**第六十条** 在跟单信用证交易中，开证行与开证申请人之间约定以提单作为担保的，人民法院应当依照民法典关于质权的有关规定处理。

在跟单信用证交易中，开证行依据其与开证申请人之间的约定或者跟单信用证的惯例持有提单，开证申请人未按照约定付款赎单，开证行主张对提单项下货物优先受偿的，人民法院应予支持；开证行主张对提单项下货物享有所有权的，人民法院不予支持。

在跟单信用证交易中，开证行依据其与开证申请人之间的约定或者跟单信用证的惯例，通过转让提单或者提单项下货物取得价款，开证申请人请求返还超出债权部分的，人民法院应予支持。

前三款规定不影响合法持有提单的开证行以提单持有人身份主张运输合同项下的权利。

## ▶ 条文释义

### 一、本条主旨

本条是关于有价证券质权的实现方式的规定。

## 二、条文演变

原《物权法》第 225 条规定："汇票、支票、本票、债券、存款单、仓单、提单的兑现日期或者提货日期先于主债权到期的，质权人可以兑现或者提货，并与出质人协议将兑现的价款或者提取的货物提前清偿债务或者提存。"《民法典》本条除把"支票"与"本票"顺序互换外，沿用了这一规定。

## 三、条文解读

载明兑现日期或者提货日期的汇票、本票、支票、债券、存款单、仓单、提单的兑现日期或者提货日期届至时，原则上必须兑现或者提货，以免除第三债务人的债务。如果不按时兑现或者提货，有可能会给债务人自身带来损失，最终影响所担保的主债权的实现。因此，本条规定，汇票、本票、支票、债券、存款单、仓单、提单的兑现日期或者提货日期先于主债权到期的，质权人可以不经过出质人同意，有权将汇票、本票、支票、债券或者存款单上所载款项兑现，有权将仓单或者提单上所载货物提货。但是质权人兑现款项或者提取货物后不能据为己有，必须通知出质人，并与出质人协商，用兑现的款项或提取的货物提前清偿债权，或者将兑现的款项或提取的货物提存。提前清偿债权的，质权消灭；提存的，质权继续存在于提存的款项或者货物上，在主债权到期时可以该提存的款项或者货物优先受偿。出质人只能在提前清偿债务和提存中选择，不能既不同意提前清偿债务也不同意提存。

## ▶ 适用指引

### 一、有价证券兑现或提货日期晚于债务履行期时如何处理

我们认为，有价证券兑现或提货日期晚于债务履行期时如果允许质权人兑现或者提货，就等于要求第三债务人提前履行债务，这无疑加重了其经济负担，对其有失公平。而且该第三债务人的债务是对出质人的，与质权人无关，只是由于权利质权的设定才与质权人发生了法律上的关系。对此，质权人应当于有价证券到期日实现兑现或者提取货物而受偿，或者在被担保债权届期未获

清偿时,于证券上权利行使之日期之前,将证券转让,以所得价款受偿。[①] 简言之,票据的兑现日期后于其所担保的债务的履行期的,质权人只能在票据的兑现日期届满的时候兑现票据记载的款项,而不能提前兑现。在不损害其他人利益的情况下,该第三债务人同意的除外。

## 二、跟单信用证项下开证行基于提单享有的权利内容

《民法典担保制度解释》第60条对跟单信用证项下开证行基于提单享有的权利内容作出了相应规定。提单尽管是所有权凭证,但持有提单不一定就享有所有权,至于提单持有人具体享有何种权利,取决于其以何种意思取得提单,应当审查提单持有人与其前手之间的合同如何约定。

### (一)开证行并非提单项下的所有权人

卖方将信用证项下单证交付给银行后,货物所有权从买卖合同中的卖方移转给了买方,开证行并不享有提单项下货物的所有权,开证行的付款行为属于第三人履行债务的行为。但第三人履行的仍然是出卖人与买受人之间的买卖合同,在外部效力上等同于买受人自己的履行,即使买受人的付款义务归于消灭,又使其取得货物所有权。至于以第三人身份受领提单的银行享有何种权利,则取决于其与开证申请人之间的约定。如果开证申请合同中有设定权利质权的约定,则在开证行与开证申请人之间成立权利质权关系,如果并无相关约定,则此时银行既不享有所有权,也不享有权利质权,应将单证返还开证申请人。但鉴于开证行已经对外付款,享有对开证申请人的求偿权,该求偿权与开证申请人享有的单证返还请求权之间互为对待给付,在开证申请人未备款赎单的情况下,开证行可以基于同时履行抗辩权拒绝放单,除非双方另行达成叙做进口押汇的协议,从而使银行先放单后收回相应款项。但不论何种情形,银行对提单项下货物均不享有所有权。此外,从交易惯例看,银行只审查单据是否在表面上与信用证规定相符,并不对单据的有效性负责,表明其并非所有权人。

### (二)提单质押关系的认定

根据《海商法》第79条的规定,记名提单不得转让;指示提单经过记名

---

① 参见最高人民法院物权法研究小组编著:《〈中华人民共和国物权法〉条文理解与适用》,人民法院出版社2007年版,第662~663页。

背书或空白背书转让；不记名提单，无须背书，即可转让。因此，记名提单不能成为权利质权的标的权利，仅有指示提单和不记名提单才能作为权利质权的标的权利。根据《民法典》第427条和第441条的规定，设立权利质权需要采用书面形式订立质押合同并进行物权公示。开证行与开证申请人之间的权利义务关系主要是由开证申请合同确定的，考察双方是否具有设立质权的意思表示，应当审查开证申请合同中是否有类似的约定。开证行与开证申请人约定以提单作为开证申请人付款担保时，在"担保权利"约定不明的情况下，应通过对合同的解释，以最相近的"担保权利"确定具体指的是何种担保权利。开证行持有提单的目的是担保其债权的实现，在我国《民法典》明确规定了提单等票据权利质押，从而使权利质押有别于动产质押的情况下，此种"担保权利"即为权利质权，在开证行持有提单的情况下，该质权即设立。

（三）开证行质权的行使

因为在跟单信用证的交易中，开证行支付款项的行为应界定为代第三人履行，其虽然通过对外付款并取得提单，但对于提单项下货物并不享有所有权，所以其作为质权人仅对于质押物享有优先受偿权。《民法典》本条规定："汇票、本票、支票、债券、存款单、仓单、提单的兑现日期或者提货日期先于主债权到期的，质权人可以兑现或者提货，并与出质人协议将兑现的价款或者提取的货物提前清偿债务或者提存。"开证行作为提单持有人，在提货日期届至时，原则上应当向承运人提取货物，以减少对于开证申请人造成的损失，保证所担保的债权实现。开证行可以依据与开证申请人之间的约定或者交易惯例，转让提单或者转让提单项下的货物而不能在提取货物后将其据为己有，对于取得的价款超出开证申请人应付款项的，开证申请人有权要求开证行返还。

此外，根据《民法典》第390条的规定，担保期间，担保财产毁损、灭失或者被征收等，担保物权人可以就获得的保险金、赔偿金或者补偿金等优先受偿，故担保物权具有物上代位性。因承运人或者第三人的原因造成提单项下的货物出现毁损、灭失等情形的，开证行作为质权人可以提单持有人的身份向责任人行使损害赔偿请求权。

**第四百四十三条** 以基金份额、股权出质的，质权自办理出质登记时设立。

基金份额、股权出质后，不得转让，但是出质人与质权人协商同意的除外。出质人转让基金份额、股权所得的价款，应当向质权人提前清偿债务或者提存。

### ▶ 关联规定

一、部门规章及规范性文件

《股权出质登记办法》

**第二条** 以持有的有限责任公司和股份有限公司股权出质，办理出质登记的，适用本办法。已在证券登记结算机构登记的股份有限公司的股权除外。

**第三条** 负责出质股权所在公司登记的市场监督管理部门是股权出质登记机关（以下简称登记机关）。

各级市场监督管理部门的企业登记机构是股权出质登记机构。

**第四条** 股权出质登记事项包括：

（一）出质人和质权人的姓名或名称；

（二）出质股权所在公司的名称；

（三）出质股权的数额。

**第五条** 申请出质登记的股权应当是依法可以转让和出质的股权。对于已经被依法冻结的股权，在解除冻结之前，不得申请办理股权出质登记。

**第六条** 申请股权出质设立登记、变更登记和注销登记，应当由出质人和质权人共同提出。申请股权出质撤销登记，可以由出质人或者质权人单方提出。

申请人应当对申请材料的真实性、质押合同的合法性有效性、出质股权权能的完整性承担法律责任。

**第七条** 申请股权出质设立登记，应当提交下列材料：

（一）申请人签字或者盖章的《股权出质设立登记申请书》；

（二）记载有出质人姓名（名称）及其出资额的有限责任公司股东名册复印件或者出质人持有的股份公司股票复印件（均需加盖公司印章）；

（三）质押合同；

（四）出质人、质权人的主体资格证明或者自然人身份证明复印件（出质人、质权人属于自然人的由本人签名，属于法人的加盖法人印章，下同）；

（五）国家市场监督管理总局要求提交的其他材料。

指定代表或者共同委托代理人办理的，还应当提交申请人指定代表或者共同委托代理人的证明。

## 二、司法指导性文件

**《最高人民法院执行工作办公室关于上市公司发起人股份质押合同及红利抵债协议效力问题请示案的复函》**

一、关于本案发起人股份质押合同效力的问题，基本同意你院的第二种意见。《公司法》第147条规定对发起人股份转让的期间限制，应当理解为是对股权实际转让的时间的限制，而不是对达成股权转让协议的时间的限制。本案质押的股份不得转让期截至2002年3月3日，而质押权行使期至2005年9月25日才可开始，在质押权人有权行使质押权时，该质押的股份已经没有转让期间的限制，因此不应以该股份在设定质押时依法尚不得转让为由确认质押合同无效。

二、关于本案中三方当事人达成的以股份所产生的红利抵债的协议（简称三方抵债协议），我们认为：首先，该协议性质上属于三方当事人之间的连环债务的协议抵消关系。在协议抵消的情况下，抵销的条件、标的物、范围，均由当事人自主约定。《合同法》第100条关于双方当事人协议抵销消规定，并不排除本案中三方当事人协议抵销的做法。其次，该协议属于预定抵消合同。根据这种合同，当事人之间将来发生可以抵销的债务时，无须另行作出抵消的意思表示，而当然发生抵消债务的效果。这种协议并不违反法律的强制性规定，应予以认可。本案中吴江工艺织造厂（以下简称织造厂）在中国服装股份有限公司（以下简称服装公司）中的预期红利收益处于不确定状态，符合这种预定抵消合同的特点。

三、关于股份质押协议与三方抵债协议的关系问题，因本案股份质押权的行使附有期限，故质押的效力只能及于质押权行使期到来（即2005年9月25日）之后该股份产生的红利，质押权人中国银行吴江支行（以下简称吴江支行）不能对此前的红利行使质押权。因此，对于织造厂于2001年6月9日从服装公司分得的该期红利，吴江支行不能以股份质押合同有效而对抗服装公司依据三方抵债协议所为的抵消。

四、织造厂在服装公司的红利一旦产生，按照三方抵债协议的约定，服装公司给付织造厂的红利即时自动抵销面料厂对服装公司的债务，不需要实际支付。因此，在宜兴市人民法院向服装公司送达协助执行通知时，被执行人织造厂在服装公司的红利债权已经消灭，不再有可供执行的债权。宜兴市人民法院从服装公司划拨红利的执行是错误的，应予纠正。

## ▶ 条文释义

### 一、本条主旨

本条是关于基金份额、股权质权的规定。

### 二、条文演变

原《物权法》第226条规定："以基金份额、股权出质的，当事人应当订立书面合同。以基金份额、证券登记结算机构登记的股权出质的，质权自证券登记结算机构办理出质登记时设立；以其他股权出质的，质权自工商行政管理部门办理出质登记时设立。""基金份额、股权出质后，不得转让，但经出质人与质权人协商同意的除外。出质人转让基金份额、股权所得的价款，应当向质权人提前清偿债务或者提存。"《民法典》本条基本沿用了这一规定，主要修改有两处：一是删除"当事人应当订立书面合同"的规定，由此适用质权设立的一般规则；二是删除基金份额与股权的登记机构，仅明确登记设立的要件，不再强调登记主体，也为统一动产担保登记机构预留空间。

### 三、条文解读

根据《民法典》第427条第1款规定，设立质权，当事人应当采用书面形式订立质押合同。以基金份额、股权出质的，双方当事人应当订立书面质押合同。合同内容一般包括被担保债权的种类和数额，债务人履行债务的期限，基金份额、股权的相关信息，担保的范围等。以基金份额、股权出质的，在订立质押合同后，质权并不当然设立；以基金份额、股权出质的，应当到有关部门办理出质登记，质权自登记时设立。

在目前的实践操作中，基金份额、股权质押登记情况差异较大、情况复杂，分别由多个登记机构进行相应的权利质押登记。以基金份额出质的，如果是证券登记结算机构登记的基金份额出质，在证券登记结算机构登记；未在证券登记结算机构登记的基金份额出质，在其他基金份额登记机构登记。以股权出质的，上市公司的股权、在全国中小企业股份转让系统转让股权的股份公司以及退市公司的股权的质押登记，在证券登记结算机构办理；有限责任公司的股权和未在证券登记结算机构登记的股份有限公司的股权的质押登记，在市场监管机构办理。

原《物权法》第 226 条规定，以基金份额、证券登记结算机构登记的股权出质的，质权自证券登记结算机构办理出质登记时设立；以其他股权出质的，质权自工商行政管理部门办理出质登记时设立。在《民法典》物权编编纂过程中，一些意见建议在《民法典》物权编中规定动产和权利担保统一登记制度。考虑到动产和权利担保涉及的财产种类众多、情况复杂，且涉及国务院各部门的工作职能，具体规则宜由国务院规定，因此，《民法典》物权编未对动产和权利担保统一登记制度作出规定，但是为了回应相关意见，《民法典》物权编删除了原《物权法》中动产抵押、权利质押有关具体登记机构的规定，为以后建立统一的动产和权利担保登记制度留下空间。本条规定删除了原《物权法》的上述规定，在《民法典》第 441 条、第 444 条、第 445 条相应删除了有关登记机关的规定。

本条第 2 款规定的是对出质人处分基金份额和股权的限制。基金份额和股权出质后，原则上不能转让。一方面，出质人的基金份额和股权虽然被出质了，但是其仍为基金份额持有人或者股东，转让基金份额和股权是对基金份额和股权的处分，是基金份额持有人和股东的权利，质权人无权转让作为债权担保的基金份额和股权，否则构成对基金份额持有人和股东权利的侵害；另一方面，基金份额和股权虽然为出质人所有，但是其作为债权的担保，是有负担的权利，如果随意转让可能会损害质权人的利益，不利于担保债权的实现。所以，原则上基金份额和股权出质后，不能转让；但如果出质人与质权人协商一致，都同意转让已出质的基金份额和股权，这属于双方当事人对自己权利的自由处分，法律自然允许。但是转让基金份额和股权所得的价款，并不当然用于清偿所担保的债权，因为此时债务清偿期限尚未届至，出质人应当与质权人协商，将所得的价款提前清偿所担保的债权或者提存。提前清偿债务的，质权消灭。提存的，质权继续存在于提存的价款上，在债务履行期限届满时，质权人可以对该价款优先受偿。出质人只能在提前清偿债务和提存中选择，不能既不同意提前清偿债务，也不同意提存。

## ▶ 类案检索

港通物流（北京）有限公司、北京云帆中天科贸有限责任公司与承德钢铁集团有限公司、北京市劳服物资有限责任公司借款合同纠纷案

**关键词**：股权质押　出质登记

**裁判摘要**：以股权出质的，当事人应当订立书面合同。以证券登记结算机构登记的股权出质的，质权自证券登记结算机构办理出质登记时设立；以其他股权出质的，质权自工商行政管理部门办理出质登记时设立。股权出质后，不得转让，除非出质人与质权人协商同意；且即便可以转让，所得的价款也应当向质权人提前清偿或者提存。

【案　　号】（2017）最高法民终624号

【审理法院】最高人民法院

【来　　源】《商事审判指导》（2018年卷）

> 第四百四十四条 以注册商标专用权、专利权、著作权等知识产权中的财产权出质的，质权自办理出质登记时设立。
>
> 知识产权中的财产权出质后，出质人不得转让或者许可他人使用，但是出质人与质权人协商同意的除外。出质人转让或者许可他人使用出质的知识产权中的财产权所得的价款，应当向质权人提前清偿债务或者提存。

## ▶ 条文释义

### 一、本条主旨

本条是关于知识产权质权的规定。

### 二、条文演变

原《物权法》第227条规定："以注册商标专用权、专利权、著作权等知识产权中的财产权出质的，当事人应当订立书面合同。质权自有关主管部门办理出质登记时设立。""知识产权中的财产权出质后，出质人不得转让或者许可他人使用，但经出质人与质权人协商同意的除外。出质人转让或者许可他人使用出质的知识产权中的财产权所得的价款，应当向质权人提前清偿债务或者提存。"同上一条类似，本条基本沿用了这一规定，只是删除订立书面合同的要求，统一适用质权的一般规则，同时删除了登记部门的具体要求，仅是强调登记设立的规则，为统一担保登记机构预留空间。

### 三、条文解读

知识产权是智力劳动者对其通过智力劳动创造出来的成果享有的一种权利。知识产权的客体是智力成果，是一种无形的财产，这是它与所有权的主要区别。知识产权的内容不仅包括财产性的权利，还包括人身性的权利。比如，著作权中的署名权、发表权等。知识产权主要包括商标专用权、专利权和著作权,此外还有植物新品种权、商业秘密权等,这些权利中的财产性权利都可以设定质权。商标专用权是法律赋予商标所有人对其注册商标(包括商品商标、服务商标和集体商标、证明商标)所享有的专有使用权。商标权原则上可以转让。著作权是指基于文学、艺术和科学作品依法产生的权利,包括著作人身权和财产权。著作权人可以将这些财产权全部或者部分地加以转让,并依照约定或者法律有关规定获得报酬。专利权是指国家专利主管机关依法授予专利申请人或其继受人在一定期限内实施其发明创造的独占性权利。发明创造是指发明、实用新型和外观设计。因此专利权也可分为发明专利权、实用新型专利权与外观设计专利权。专利权包括人身权利与财产权利两部分,人身权利是指发明人、设计人的署名权,而财产权利包括专利申请权、专利许可权、专利转让权等。基于质押标的的财产权属性和可让与性的要求,只有知识产权中的财产性的权利才可以设立质权,人身性的权利由于与知识产权权利人的人身不可分割,不能设立质权。

本条规定与原《物权法》第227条相比,虽然删除了质押合同的内容,但并不代表着知识产权质押不需要订立质押合同,仍要遵从质权设立的一般规则。质押合同的成立并不等于质权的成立,应将质押合同的生效与质权的成立区分开来。质押合同应自成立时生效,但质权自出质人将质物移交债权人占有时成立。质押合同订立后,出质人不移交质物占有的,质权人得请求出质人移交质物的占有。① 依据本条规定,是否办理出质登记属于知识产权质权设立的要件,而不是质押合同生效的要件。如果双方当事人订立的质押合同符合《民法典》合同编的有关规定而有效成立,若此时当事人未办理出质登记,则其质权并没有设立,但是这并不能否定其质押合同的效力,受有损失的一方当事人可以依据有效的质押合同向对方当事人主张违约责任。

依据本条第2款的规定,知识产权中的财产性权利出质后,出质人不得转让或者许可他人使用,但是出质人与质权人协商同意的除外。因为被许可方仅享有对知识产权利用的权利而不是处分的权利。上述所指诸项权利被出质并经登记后,质权人便对其享有质权。出质人虽对该项权利享有所有权,但对该权利的其他权能则受到了限制。出质人不得对已出质的权利进行转让或者许可他人使用。质权人取得质权后也不能对该项权利任意转让或者许可他人使用。如

---

① 参见郭明瑞等:《民法原理》,中国人民大学出版社1999年版,第308页、第329页。

果允许出质人转让或者许可他人使用，不论是有偿抑或是无偿的，都是损害质权人利益的行为。因为该转让或许可他人使用的行为必将使出质的权利中的财产权之价值减少，这样，质权的价值也会相应减损，质权人债权的顺利实现就会受到影响。[1] 出质人转让或者许可他人使用出质的知识产权所得的价款，应当向质权人提前清偿债权或者提存。出质人未经质权人同意而转让或者许可他人使用已出质权利，由此给质权人造成损失的，由出质人承担民事责任。至于出质人擅自转让或者许可使用行为的效力问题，可以参照《民法典》第443条关于股权、基金份额质权的规则处理。

知识产权质权在设定时还应该遵守知识产权法所规定的权利转让的特别规定。比如在通常情况下，商标权转让不受任何限制，但是有些国家规定商标权不能单独转让，必须连同企业一并转让。依此种规定，企业在设立质权时，必须以企业财产和商标权同时设定质权方可有效。[2] 此种说法有一定的道理，但从法理上看，将企业财产和商标权一并设立的担保物权已经不是权利质权而是企业财团抵押或者浮动抵押了。在我国，商标权的转让无须与企业一体转让，因此，以商标权设立权利质权也仅需要满足单独的权利质权设定要求即可。

对于以专利权设立质权的情形，也应该参照专利权转让的有关规定办理。《专利法》第10条第2款、第3款规定："中国单位或者个人向外国人、外国企业或者外国其他组织转让专利申请权或者专利权的，应当依照有关法律、行政法规的规定办理手续。""转让专利申请权或者专利权的，当事人应当订立书面合同，并向国务院专利行政部门登记，由国务院专利行政部门予以公告。专利申请权或者专利权的转让自登记之日起生效。"为此，如果中国单位或者个人向外国人出质专利权的，必须经国务院有关主管部门批准。当然，如果中国单位或者个人向中国公民或法人出质专利权的，就无须经国务院有关主管部门批准。

对于知识产权质权设立时是否应当移交证明知识产权权利的证书的问题，史尚宽先生认为，就专利权证书而言，它与债权证书不同，债权证书为表示债权之证书，而专利权证明之本身，则非表示权利，故理论上不宜以交付证书或移转占有等要物行为必要。《德国专利法》第6条亦认为专利权出质为不要式

---

[1] 参见最高人民法院物权法研究小组编著：《〈中华人民共和国物权法〉条文理解与适用》，人民法院出版社2007年版，第668页。

[2] 参见胡开忠：《权利质权制度研究》，中国政法大学出版社2004年版，第266页。

之行为。[①] 还有学者认为，如果以著作权中的财产权利来出质，著作权人并无权利证书可供利用，当然无交付的可能。如果以专利权，商标专用权等权利来出质，尽管上述有证书可以交付，但权利证书的交付并不等于权利占有的转移，因此，这种交付并无多大意义。而且有的知识产权如商标权在出质后，商标权人负有保全该权利的义务，仍应继续在商品或服务上使用其注册商标，否则在一定期限后该注册商标将被撤销，而商标注册证的持有是行使该权利的必要条件，所以，商标注册证由出质人即商标权人持有较为合理。对于其他知识产权而言，也应该采取该种做法。如果发生出质人擅自转让知识产权的问题，可以通过出质登记或其他法律规范来进行防范。[②] 此外，以知识产权设立质权的，应当特别注意知识产权的时间性和地域性对质权设立的影响。所谓时间性，即知识产权通常只在国家法律规定的保护期内方可有效；所谓地域性，即知识产权通常在取得权利的国家境内受到保护。当事人在以知识产权设立质权时，必须充分考虑出质知识产权在时间和地域上的有效性，否则该质押对于质权人而言将失去其担保的意义。

## ▶ 适用指引

### 一、专利申请权与技术秘密权能否出质

专利申请权是专利申请人就其发明创造向国家专利管理机关申请专利的权利。专利申请权是否得为权利质权的客体，本条对此未作明确规定。有学者认为，专利申请权也可以为质权的标的。我们认为，专利申请权具有内在的价值和使用价值，在授予专利权前，专利申请人可依其申请权请求使用其发明创造的人支付适当的费用。依《专利法》第10条第1款的规定，专利申请权也可以转让。作为具有让与性的财产权，在逻辑上也就可以设立质权。但是专利申请权与专利权是有差别的：虽然专利申请权是取得专利权的前提条件，但并不必然转化为专利权。因为专利申请只有经过国家专利局审查并符合《专利法》规定的，才能被授予专利权。倘若该专利申请经审查不符合《专利法》的规定而被驳回，则专利申请权亦失去了存在价值。因而质权人为确保权利安全，在

---

① 参见史尚宽：《物权法论》，中国政法大学出版社2000年版，第417页。
② 参见胡开忠：《权利质权制度研究》，中国政法大学出版社2004年版，第271页。

接受专利申请权出质时,应考虑出质人是否确实享有专利申请权、其准备申请专利的发明创造是否符合《专利法》规定的基本条件及获得专利权的可能性大小等因素。①

与此相关的问题是,不受《专利法》保护的商业秘密权,是否得为权利质权的客体?所谓商业秘密权,是指不为公众所知悉、能为权利人带来经济利益、具有实用性并经权利人采取保密措施的技术信息和经营信息。技术秘密具有价值性的特点:其一,它在开发研究过程中耗费了大量的人力、物力,具有一定的价值性;其二,它是一种能够给其拥有人带来经济利益或竞争优势的无形财产权。虽然商业秘密权是否属于知识产权的范围,目前在理论界还有争议,但是在国际贸易中,各国均将它与商标、专利等同对待,可见商业秘密在知识产权贸易中占有相当重要的地位。商业秘密权的知识产权性质事实上在立法实践中已得到了确认,如《与贸易有关的知识产权协议》(即《TRIPS协议》)明确把商业秘密权列为一项重要的与贸易有关的知识产权。因此,商业秘密权是一项可以依法转让的无形财产权,可以作为知识产权质权的客体。

## 二、商号权能否出质

商号权是工商业经营者对其所拥有的字号或商号享有的专用权。关于商号权的性质,学界存有一定争议,概括起来主要有三种观点:第一,财产权说。此说认为商号权具有经济价值,可以转让和继承,因此它是一种无形财产权;而人格权则不能转让和继承,因此可转让、继承的商号权不具有人格权性质。第二,人格权说。此说认为商号权在实质上与自然人的姓名权、公司的名称权一样,具有人格权的性质。同时由于商号权是与企业相联系的一种称谓符号的使用权,因而它与财产权无关。第三,折中说。此说认为商号权兼人格权中的名称权和财产权的双重性质。它是作为具有独立人格的市场主体在从事经营活动时必不可少的固有的权利,就像从事民事活动的自然人必不可少的姓名权一样;同时,由于商誉就是某商号的信誉,因而商号权同商誉密切相关,不可分割,从而使商号权由于所承载的商誉具有财产性质而具有了财产权的性质。②

---

① 参见刘保玉、赵军蒙:《权利质权争议问题探讨与立法规定的完善》,载王利明主编:《物权法专题研究》,吉林人民出版社2002年版。
② 参见刘保玉、赵军蒙:《权利质权争议问题探讨与立法规定的完善》,载王利明主编:《物权法专题研究》,吉林人民出版社2002年版。

由于对商号权性质的认识不一,各国的立法及理论在商号权能否单独设质问题上存有较大差异:(1)连同转让的原则,即商号权应与企业一并转让,或者在企业终止时转让,商号权转让后,转让人不再享有商号权,受让人成为新的权利主体。例如,《日本商法典》第24条第1款规定:商号只能和营业一起转让或者在废止营业时转让。(2)自由转让的原则,即商号权可与企业分离而单独转让,转让后,转让人和受让人都享有商号权,并且多个企业可以使用同一商号。自由转让的原则容易造成商号使用混乱,甚至造成转让人转嫁债务或者与受让人恶意串通损害债权人的情况,所以现代多数国家的法律规定商号权不得与企业分离而单独转让。我国《企业名称登记管理规定》采取了连同转让的原则。① 我们认为,由于商号是市场主体用于表示自己名称或称谓的符号,它来源于企业名称,商号权同企业的名称权有密切联系,因此,商号权应当可以作为知识产权质权的客体而设定质权,但商号权不能单独质押,而应当与企业共同作为担保的标的。

---

① 参见最高人民法院物权法研究小组编著:《〈中华人民共和国物权法〉条文理解与适用》,人民法院出版社2007年版,第669页。

> 第四百四十五条　以应收账款出质的,质权自办理出质登记时设立。
>
> 应收账款出质后,不得转让,但是出质人与质权人协商同意的除外。出质人转让应收账款所得的价款,应当向质权人提前清偿债务或者提存。

## ▶ 关联规定

一、法律、行政法规、司法解释

**《最高人民法院关于适用〈中华人民共和国民法典〉有关担保制度的解释》**

第六十一条　以现有的应收账款出质,应收账款债务人向质权人确认应收账款的真实性后,又以应收账款不存在或者已经消灭为由主张不承担责任的,人民法院不予支持。

以现有的应收账款出质,应收账款债务人未确认应收账款的真实性,质权人以应收账款债务人为被告,请求就应收账款优先受偿,能够举证证明办理出质登记时应收账款真实存在的,人民法院应予支持;质权人不能举证证明办理出质登记时应收账款真实存在,仅以已经办理出质登记为由,请求就应收账款优先受偿的,人民法院不予支持。

以现有的应收账款出质,应收账款债务人已经向应收账款债权人履行了债务,质权人请求应收账款债务人履行债务的,人民法院不予支持,但是应收账款债务人接到质权人要求向其履行的通知后,仍然向应收账款债权人履行的除外。

以基础设施和公用事业项目收益权、提供服务或者劳务产生的债权以及其他将有的应收账款出质,当事人为应收账款设立特定账户,发生法定或者约定的质权实现事由时,质权人请求就该特定账户内的款项优先受偿的,人民法院应予支持;特定账户内的款项不足以清偿债务或者未设立特定账户,质权人请求折价或者拍卖、变卖项目收益权等将有的应收账款,并以所得的价款优先受偿的，人民法院依法予以支持。

## 二、部门规章及规范性文件

《动产和权利担保统一登记办法》

**第二条** 纳入动产和权利担保统一登记范围的担保类型包括：

（一）生产设备、原材料、半成品、产品抵押；

（二）应收账款质押；

（三）存款单、仓单、提单质押；

（四）融资租赁；

（五）保理；

（六）所有权保留；

（七）其他可以登记的动产和权利担保，但机动车抵押、船舶抵押、航空器抵押、债券质押、基金份额质押、股权质押、知识产权中的财产权质押除外。

**第三条** 本办法所称应收账款是指应收账款债权人因提供一定的货物、服务或设施而获得的要求应收账款债务人付款的权利以及依法享有的其他付款请求权，包括现有的以及将有的金钱债权，但不包括因票据或其他有价证券而产生的付款请求权，以及法律、行政法规禁止转让的付款请求权。

本办法所称的应收账款包括下列权利：

（一）销售、出租产生的债权，包括销售货物，供应水、电、气、暖，知识产权的许可使用，出租动产或不动产等；

（二）提供医疗、教育、旅游等服务或劳务产生的债权；

（三）能源、交通运输、水利、环境保护、市政工程等基础设施和公用事业项目收益权；

（四）提供贷款或其他信用活动产生的债权；

（五）其他以合同为基础的具有金钱给付内容的债权。

**第四条** 中国人民银行征信中心（以下简称征信中心）是动产和权利担保的登记机构，具体承担服务性登记工作，不开展事前审批性登记，不对登记内容进行实质审查。

征信中心建立基于互联网的动产融资统一登记公示系统（以下简称统一登记系统）为社会公众提供动产和权利担保登记和查询服务。

**第九条** 登记内容包括担保权人和担保人的基本信息、担保财产的描述、登记期限。

担保权人或担保人为法人、非法人组织的，应当填写法人、非法人组织的法定注册名称、住所、法定代表人或负责人姓名、金融机构编码、统一社会信用代码、全球法人识别编码等机构代码或编码以及其他相关信息。

担保权人或担保人为自然人的，应当填写有效身份证件号码、有效身份证件载明的地址等信息。

担保权人可以与担保人约定将主债权金额、担保范围、禁止或限制转让的担保财产等项目作为登记内容。对担保财产进行概括性描述的，应当能够合理识别担保财产。

最高额担保应登记最高债权额。

## 条文释义

### 一、本条主旨

本条是关于应收账款质权的规定。

### 二、条文演变

原《物权法》第228条规定："以应收账款出质的，当事人应当订立书面合同。质权自信贷征信机构办理出质登记时设立。应收账款出质后，不得转让，但经出质人与质权人协商同意的除外。出质人转让应收账款所得的价款，应当向质权人提前清偿债务或者提存。"《民法典》本条基本沿用了这一规定，有关修改内容与上两条类似，一是删除订立书面合同的要求，二是删除具体登记部门的内容。

### 三、条文解读

根据《民法典》第427条第1款规定，设立质权，当事人应当采用书面形式订立质押合同。以应收账款出质的，双方当事人应当订立书面质押合同。合同内容一般包括被担保债权的种类和数额，债务人履行债务的期限，应收账款的名称、数额，担保的范围等。以应收账款出质的，在订立质押合同后，质权并不当然设立，双方当事人还须到有关部门办理出质登记后质权才设立。原《物权法》规定了信贷征信机构为应收账款出质的登记机构。根据原《物权法》的授权，中国人民银行征信中心建成了应收账款质押登记公示系统，面向全社会提供应收账款质押、转让的登记与查询服务；中国人民银行发布的《动产和权利担保统一登记办法》，对应收账款质押登记与查询行为进行规范。目前我国应收账款的质押登记在中国人民银行征信中心的应收账款质押登记公示系统办理。

　　本条第2款规定的是应收账款出质后对出质人权利的限制，即出质人不得随意转让应收账款。这主要是为了保护质权人的利益，防止出质人随意处置应收账款，保证其所担保的债权的实现。出质人只有在取得质权人同意的情况下才能转让应收账款。与前几条规定的内容类似，转让应收账款所得的价款，并不当然用于清偿所担保的债权。因为此时债务清偿期限尚未届至，出质人应当与质权人协商，将所得的价款提前清偿所担保的债权或者提存。提前清偿债权的，质权消灭；提存的，质权继续存在于提存的价款上，在债务履行期限届满时，质权人可以对该价款优先受偿。出质人只能在提前清偿债权和提存中选择；不能既不同意提前清偿债权，也不同意提存。

## ▶ 适用指引

### 一、以现有的应收账款质押

现有的应收账款是指已经有合同基础的应收账款，至于履行期限是否已经届满或者能否实际请求履行则在所不问。履行期限尽管尚未届满，但只要应收账款是确定的，并不妨碍设立应收账款质押。在双务合同中，应收账款可能因对方行使同时履行抗辩权等原因不能收回，但这也不影响当事人设立应收账款质押。

（一）虚假应收账款质押的处理

实践中，以自始不存在或者已经消灭的应收账款出质的情形并不少见，此时，人民法院应当区分应收账款债务人是否向质权人确认应收账款的真实性而作出不同的处理。

一是应收账款债务人向质权人确认应收账款真实性的。实践中，当应收账款债权人以应收账款出质时，质权人往往会书面函询应收账款债务人，请求其确认应收账款是否真实存在以及应收账款的数额。应收账款债务人向质权人确认应收账款的真实性后，事后又以应收账款自始不存在或者已经消灭为由主张不承担责任的，人民法院不予支持。应收账款自始不存在和已经消灭还有所区别：应收账款自始不存在，债务人仍确认其真实性的，参照《民法典》第763条之规定，应收账款债务人不得以应收账款不存在为由对抗质权人，除非其能够举证证明质权人对应收账款自始不存在是明知的。债务人书面确认后应收账款消灭的，根据"否认无须举证，但抗辩需要举证"的法理，债务人不仅要对应收账款已经消灭的事实进行举证，而且还要举证证明其并未接到质权人要求向其履行的通知，即仍然向应收账款债权人履行债务存在正当性，否则仍然需要承担责任。就此而言，需要将《民法典担保制度解释》第61条第1款和第3款结合起来理解，不能认为即便应收账款已经消灭，应收账款债务人也要一概地承担责任。

二是应收账款债务人未确认应收账款真实性的。此时，债务人在诉讼中也可能以应收账款自始不存在或者已经消灭为由提出抗辩，此时，同样要区别应收账款自始不存在和已经消灭而作出不同的处理。债务人主张应收账款自始不存在，但质权人以已经办理应收账款质押登记为由主张对应收账款优先受偿的，鉴于在动产和权利担保中，登记簿仅具有警示和确定优先顺位的功能，不像不动产登记簿那样具有公信力，故办理质押登记这一事实本身并不当然意味着应收账款真实存在，在质权人不能举证证明应收账款真实存在的情况下，其仍然不能就应收账款优先受偿。当然，如果应收账款债务人主张应收账款已经消灭的，表明承认应收账款的真实性，故其应当对该项抗辩承担举证责任。

（二）准用通知对抗规则

债权转让、应收账款质押以及保理三者具有密切的联系，一般认为，相关制度可以相互准用。因此，债权转让的通知对抗制度就可以准用于应收账款质押，即质权人将应收账款已经设立质权的事实通知应收账款债务人后，债务人就不得再向应收账款债权人履行，而只能向质权人履行。反之，债务人在接到该通知前，因为不知道应收账款已经设立质权的事实，可以向应收账款债权人履行，债务人应收账款因履行而消灭，进而导致应收账款质押消灭。就此而言，应收账款质权人要及时通知债务人，否则，就可能面临不利后果。从法理上说，此种通知纯属观念通知，并不包含催告的意思表示。但考虑到实践中质权人往往不会纯粹地告知应收账款债务人已经设立应收账款质押的事实，而是在告知的同时往往会请求向自己履行，因而《民法典担保制度解释》第61条所谓的"质权人要求向其履行的通知"，是一个兼具观念通知与催告内涵的通知，有别于债权转让场合纯粹的观念通知。

有一种观点认为，既然应收账款已经办理了质押登记，而登记簿具有公示效力决定了应收账款债务人也负有查询义务，因而无须质权人另行通知应收账款债务人。我们认为，应收账款办理质押登记后，负有查询义务的是与应收账款债务人从事交易的相对人，而应收账款债务人本身并非该交易相对人，并不负有查询义务，故只能适用通知对抗规则，只有在接到质权人要求向其履行的通知后才不得对抗质权人。

（三）应收账款质权的实现方式

应收账款质权的实现方式，当然包括先提起诉讼确定应收账款质押，再通过执行程序解决。此时，参照适用《民法典担保制度解释》第45条第3款之规定，质权人应当以应收账款债权人（基础关系中的债务人）和应收账款债务人（应收账款质押中的担保人）为共同被告提起诉讼。

值得探讨的是，能否参照适用《民事诉讼法》有关"实现担保物权案件"的规定，申请拍卖、变卖应收账款债务人的财产？我们认为，与一般的担保财产可以通过拍卖、变卖方式变价不同，应收账款属于对人权而非对物权，故不能通过拍卖、变卖的方式实现担保物权。但应收账款作为金钱之债，可以参照适用《民事诉讼法》中督促程序的有关规定，通过直接向有管辖权的基层人民法院申请支付令的方式实现担保物权。

二、以将有应收账款质押

将有的应收账款主要包括以下三种情形。

一是能源、交通运输、水利、环境保护、市政工程等基础设施和公用事业项目收益权。原《担保法解释》第97条规定："以公路桥梁、公路隧道或者公路渡口等不动产收益权出质的，按照担保法第七十五条第（四）项的规定处理。"原《担保法》第75条第4项属于"依法可以质押的其他权利"。可见，在制定原《担保法》时，可以质押的权利尚未包括应收账款。原《物权法》已将应收账款作为权利质权的客体，但当时所谓的应收账款仅指现有的应收账款，不包括将有的应收账款。在《民法典》编纂过程中，曾有意见建议把不动产收益权作为与应收账款并列的一种权利单独予以规定，但《民法典》最终并未采纳此种意见，而是将其纳入将有应收账款的范畴。之所以将不动产收益权纳入应收账款，是因为能源、交通运输、水利、环境保护、市政工程等基础设施和公用事业项目本身不能转让，甚至只能允许特定的主体进行经营，具有限制流通的特点，因而不能作为抵押权的客体。但其本身又有稳定的收益，为实现物尽其用的目的，例外地允许其以收益权的形式间接地实现其财产价值。事实上，基础设施和公用事业项目收益权是将有的应收账款的典型形式。

二是因提供医疗、教育、旅游等服务或劳务产生的债权。与基础设施和公用事业项目收益权一样，此种债权也表现为各种收费权，例如，医院、学校的收费权，公园景点、风景区门票收费权。此处所谓的提供服务或者劳务，是未来针对不特定主体提供的服务或者劳务，针对特定主体提供的服务或者劳务仍属于现有的应收账款。应予注意的是，此种收费权本质上属于经营性收费权，而不包括行政事业性收费权。学校、医院收取的学费、医疗费，如果收取的费用要上缴中央或者地方国库，实行"收支两条线"管理并且纳入预算的，则此种收费属于行政事业性收费，此种收费权因其具有公益性，不能成为将有的应收账款的客体。

三是其他将有的应收账款。前两种将有的应收账款，本质上都属于收费权，其债务人是不特定的。而此处所谓的其他将有的应收账款，指的是签订应收账款质押合同时，尚不具备合同基础但未来确定能够通过签订合同而成立的应收账款。例如，出租人将其租金债权设定应收账款质押，但在签订质押合同时尚未与他人签订租赁合同；再如，抵押人以原材料、成品、半成品等存货设定浮动抵押，同时又以该存货出让时所得的价款设定应收账款质押，此种应收账款就是将有的应收账款。应予注意的是，当《民法典》将将有的应收账款纳入应收账款质押后，有一种观点认为，应收账款质押实质上就是权利质押的兜底条款，从而试图把各种一般认为当前不能设立权利质押的诸如商品租赁权、出租车经营权、排污权、信托受益权、资产受益权等所谓的"权利"，纳入应收账款质押的范畴，从而突破了物权法定原则。对此现象要给予充分的警惕，应明确此种将有的应收账款必须是将来能够通过签订合同而成立的，并非所有的具有财产价值的财产都属于将有的应收账款。

将有的应收账款质押与现有的应收账款质押存在以下区别：一是在行权对象上，现有的应收账款的债务人是特定的，因而质权人可以直接请求应收账款债务人向其履行。而作为收费权的将有的应收账款，其义务人是不特定的，因而只能请求应收账款债权人履行义务。二是在行权方式上，将有的应收账款一般都会设立特定账户，质权人原则上应先就特定账户内的款项优先受偿；特定账户内的款项不足以清偿债务或者未设立特定账户的，再对应收账款进行折价或者拍卖、变卖。三是现有的应收账款可以准用督促程序，而将有的应收账款在特定情况下可以准用"实现担保物权案件"的程序，对应收账款进行折价或者拍卖、变卖。

### 三、应收账款质押仅明确应收账款的种类而未确定具体数额的处理

例如，建设工程施工方以其向发包方享有的建设工程价款设立应收账款质押，在设立应收账款质押时，难以确认具体数额，导致质权人在提起诉讼请求实现应收账款质权时，如果不对工程价款进行结算，人民法院难以确定有效受偿的范围；如果要确定具体的数额，则意味着在处理债权及担保纠纷的同时，还要审理一个建设工程施工案件，面临"一案二审"的尴尬局面。对此，我们认为，能够在诉讼程序中确定的，要尽量确定应收账款的数额；确实难以确定的，可以先确认质权人享有优先权，在执行程序中再解决。为防患于未然，建议在设立应收账款质押时，除了确定债权外，尽量通过函询等方式确定数额，避免出现前述尴尬局面，最终损害当事人自己的利益。

在买卖合同中也存在类似的情况。例如，买卖合同中的出卖人将对于买受人的应收账款质押给第三方，并办理相应的质权登记。现该第三方要求实现应收账款质权、请求人民法院判令由该买受人直接向其支付应收款项。而该买受人抗辩出卖人出售的货物存在质量瑕疵及其他违约情形，对出卖人已另案提起索赔诉讼或仲裁，故本案应当中止审理。同时，买受人在本案中另行提交证据，认为出卖人存在违约行为，应承担赔偿责任，对于出卖人应承担的违约责任，在应收账款中应当予以抵销。对此，应如何处理？这是应收账款质押中非常棘手的一个问题。我们认为，可以分两种情况处理：一是第三人如已向应收账款债务人确认应收账款的真实性，且有具体确认数额，人民法院应判决应收账款债务人偿还。应收账款债务人与主债务人的权利义务关系另行解决。二是

债权人未作尽职调查，应收账款债务人未确认真实性，在诉讼中应收账款债务人可以抗辩。抗辩结果：该减则减，该免则免。这个风险只能由债权人自己承担。

## ▶ 指导案例

**指导案例53号**：福建海峡银行股份有限公司福州五一支行诉长乐亚新污水处理有限公司、福州市政工程有限公司金融借款合同纠纷案

（最高人民法院审判委员会讨论通过　2015年11月19日发布）

**关键词**：民事　金融借款合同　收益权质押　出质登记　质权实现

**裁判要点**：1.特许经营权的收益权可以质押，并可作为应收账款进行出质登记。

2.特许经营权的收益权依其性质不宜折价、拍卖或变卖，质权人主张优先受偿权的，人民法院可以判令出质债权的债务人将收益权的应收账款优先支付质权人。

**相关法条**：《中华人民共和国物权法》第208条、第223条、第228条第1款

**基本案情**：原告福建海峡银行股份有限公司福州五一支行（以下简称海峡银行五一支行）诉称：原告与被告长乐亚新污水处理有限公司（以下简称长乐亚新公司）签订单位借款合同后向被告贷款3000万元。被告福州市政工程有限公司（以下简称福州市政公司）为上述借款提供连带责任保证。原告海峡银行五一支行、被告长乐亚新公司、福州市政公司、案外人长乐市建设局四方签订了《特许经营权质押担保协议》，福州市政公司以长乐市污水处理项目的特许经营权提供质押担保。因长乐亚新公司未能按期偿还贷款本金和利息，故诉请法院判令：长乐亚新公司偿还原告借款本金和利息；确认《特许经营权质押担保协议》合法有效，拍卖、变卖该协议项下的质物，原告有优先受偿权；将长乐市建设局支付给两被告的污水处理服务费优先用于清偿应偿还原告的所有款项；福州市政公司承担连带清偿责任。

被告长乐亚新公司和福州市政公司辩称：长乐市城区污水处理厂特许经营

权,并非法定的可以质押的权利,且该特许经营权并未办理质押登记,故原告诉请拍卖、变卖长乐市城区污水处理厂特许经营权,于法无据。

法院经审理查明:2003年,长乐市建设局为让与方、福州市政公司为受让方、长乐市财政局为见证方,三方签订《长乐市城区污水处理厂特许建设经营合同》,约定:长乐市建设局授予福州市政公司负责投资、建设、运营和维护长乐市城区污水处理厂项目及其附属设施的特许权,并就合同双方权利义务进行了详细约定。2004年10月22日,长乐亚新公司成立。该公司系福州市政公司为履行《长乐市城区污水处理厂特许建设经营合同》而设立的项目公司。

2005年3月24日,福州市商业银行五一支行与长乐亚新公司签订《单位借款合同》,约定:长乐亚新公司向福州市商业银行五一支行借款3000万元;借款用途为长乐市城区污水处理厂BOT项目;借款期限为13年,自2005年3月25日至2018年3月25日;还就利息及逾期罚息的计算方式作了明确约定。福州市政公司为长乐亚新公司的上述借款承担连带责任保证。

同日,福州市商业银行五一支行与长乐亚新公司、福州市政公司、长乐市建设局共同签订《特许经营权质押担保协议》,约定:福州市政公司以《长乐市城区污水处理厂特许建设经营协议》授予的特许经营权为长乐亚新公司向福州市商业银行五一支行的借款提供质押担保,长乐市建设局同意该担保;福州市政公司同意将特许经营权收益优先用于清偿借款合同项下的长乐亚新公司的债务,长乐市建设局和福州市政公司同意将污水处理费优先用于清偿借款合同项下的长乐亚新公司的债务;福州市商业银行五一支行未受清偿的,有权依法通过拍卖等方式实现质押权利等。

上述合同签订后,福州市商业银行五一支行依约向长乐亚新公司发放贷款3000万元。长乐亚新公司于2007年10月21日起未依约按期足额还本付息。

另查明,福州市商业银行五一支行于2007年4月28日名称变更为福州市商业银行股份有限公司五一支行;2009年12月1日其名称再次变更为福建海峡银行股份有限公司五一支行。

**裁判结果:** 福建省福州市中级人民法院于2013年5月16日作出(2012)榕民初字第661号民事判决:一、长乐亚新污水处理有限公司应于本判决生效之日起十日内向福建海峡银行股份有限公司福州五一支行偿还借款本金28714764.43元及利息(暂计至2012年8月21日为2142597.6元,此后利息按《单位借款合同》的约定计至借款本息还清之日止）；二、长乐亚新污水处理有限公司应于本判决生效之日起十日内向福建海峡银行股份有限公司福州五一支行支付律师代理费人民币123640元；三、福建海峡银行股份有限公司福州五一支行于本判决生效之日起有权直接向长乐市建设局收取应由长乐市建设局支付给长乐亚新污水处理有限公司、福州市政工程有限公司的污水处理服务费，并对该污水处理服务费就本判决第一、二项所确定的债务行使优先受偿权；四、福州市政工程有限公司对本判决第一、二项确定的债务承担连带清偿责任；五、驳回福建海峡银行股份有限公司福州五一支行的其他诉讼请求。宣判后，两被告均提起上诉。福建省高级人民法院于2013年9月17日作出福建省高级人民法院（2013）闽民终字第870号民事判决，驳回上诉，维持原判。

**裁判理由：** 法院生效裁判认为：被告长乐亚新公司未依约偿还原告借款本金及利息，已构成违约，应向原告偿还借款本金，并支付利息及实现债权的费用。福州市政公司作为连带责任保证人，应对讼争债务承担连带清偿责任。本案争议焦点主要涉及污水处理项目特许经营权质押是否有效以及该质权如何实现问题。

一、关于污水处理项目特许经营权能否出质问题

污水处理项目特许经营权是对污水处理厂进行运营和维护，并获得相应收益的权利。污水处理厂的运营和维护，属于经营者的义务，而其收益权，则属于经营者的权利。由于对污水处理厂的运营和维护，并不属于可转让的财产权利，故讼争的污水处理项目特许经营权质押，实质上系污水处理项目收益权的质押。

关于污水处理项目等特许经营的收益权能否出质问题，应当考虑以下方面：其一，本案讼争污水处理项目《特许经营权质押担保协议》签订于2005年，尽管当时法律、行政法规及相关司法解释并未规定污水处理项目收益权可质押，但污水处理项目收益权与公路收益权性质上相类似。《最高人民法院关于适用〈中华人民共和国担保法〉若干问题的解释》第九十七条规定，"以公路桥梁、公路隧道或者公路渡口等不动产收益权出质的，按照担保法第七十五条第（四）项的规定处理"，明确公路收益权属于依法可质押的其他权利，与之类似的污水处理收益权亦应允许出质。其二，国务院办公厅2001年9月29日转发的《国务院西部开发办〈关于西部大开发若干政策措施的实施意见〉》

（国办发〔2001〕73号）中提出，"对具有一定还贷能力的水利开发项目和城市环保项目（如城市污水处理和垃圾处理等），探索逐步开办以项目收益权或收费权为质押发放贷款的业务"，首次明确可试行将污水处理项目的收益权进行质押。其三，污水处理项目收益权虽系将来金钱债权，但其行使期间及收益金额均可确定，其属于确定的财产权利。其四，在《中华人民共和国物权法》（以下简称《物权法》）颁布实施后，因污水处理项目收益权系基于提供污水处理服务而产生的将来金钱债权，依其性质亦可纳入依法可出质的"应收账款"的范畴。因此，讼争污水处理项目收益权作为特定化的财产权利，可以允许其出质。

二、关于污水处理项目收益权质权的公示问题

对于污水处理项目收益权的质权公示问题，在《物权法》自2007年10月1日起施行后，因收益权已纳入该法第二百二十三条第六项的"应收账款"范畴，故应当在中国人民银行征信中心的应收账款质押登记公示系统进行出质登记，质权才能依法成立。由于本案的质押担保协议签订于2005年，在《物权法》施行之前，故不适用《物权法》关于应收账款的统一登记制度。因当时并未有统一的登记公示的规定，故参照当时公路收费权质押登记的规定，由其主管部门进行备案登记，有关利害关系人可通过其主管部门了解该收益权是否存在质押之情况，该权利即具备物权公示的效果。

本案中，长乐市建设局在《特许经营权质押担保协议》上盖章，且协议第七条明确约定"长乐市建设局同意为原告和福州市政公司办理质押登记出质登记手续"，故可认定讼争污水处理项目的主管部门已知晓并认可该权利质押情况，有关利害关系人亦可通过长乐市建设局查询了解讼争污水处理厂的有关权利质押的情况。因此，本案讼争的权利质押已具备公示之要件，质权已设立。

三、关于污水处理项目收益权的质权实现方式问题

我国担保法和物权法均未具体规定权利质权的具体实现方式，仅就质权的实现作出一般性的规定，即质权人在行使质权时，可与出质人协议以质押财产折价，或就拍卖、变卖质押财产所得的价款优先受偿。但污水处理项目收益权属于将来金钱债权，质权人可请求法院判令其直接向出质人的债务人收取金钱并对该金钱行使优先受偿权，故无需采取折价或拍卖、变卖之方式。况且收益权均附有一定之负担，且其经营主体具有特定性，故依其性质亦不宜拍卖、变

卖。因此，原告请求将《特许经营权质押担保协议》项下的质物予以拍卖、变卖并行使优先受偿权，不予支持。

根据协议约定，原告海峡银行五一支行有权直接向长乐市建设局收取污水处理服务费，并对所收取的污水处理服务费行使优先受偿权。由于被告仍应依约对污水处理厂进行正常运营和维护，若无法正常运营，则将影响到长乐市城区污水的处理，亦将影响原告对污水处理费的收取，故原告在向长乐市建设局收取污水处理服务费时，应当合理行使权利，为被告预留经营污水处理厂的必要合理费用。

**第四百四十六条** 权利质权除适用本节规定外,适用本章第一节的有关规定。

## 条文释义

### 一、本条主旨

本条是关于权利质权适用动产质权规则的规定。

### 二、条文演变

原《物权法》第 229 条规定:"权利质权除适用本节规定外,适用本章第一节动产质权的规定。"《民法典》本条基本沿用了这一规定,只是将"适用本章第一节动产质权的规定"明确为"适用本章第一节的有关规定",在表述上更加严谨准确。

### 三、条文解读

权利质权与动产质权都是以其客体的交换价值的取得为目的的担保物权,有由客体直接取得一定价值的权能;并不因其客体是有体物还是无体物而性质不同,两者共同构成质权的组成部分,在很多内容上是相同的。[1] 权利质权与动产质权的目的一样,都是担保债权的清偿,就债务人或者第三人的财产权利或动产而设立质权,质权人对出质人的财产权利或动产的支配通过一定的公示方式(占有或者登记)得以体现。在债务人不履行到期债务时,质权人即可行使质权,以出质人出质的财产权利或动产折价或者拍卖、变卖后优先受偿。因此,为了实现法律适用上的统一性和避免立法资源的浪费,各国关于权利质权的法律适用,除了一些特殊问题之外,准用动产质权的规定。在学说上,权利

---

[1] 参见胡康生主编:《中华人民共和国物权法释义》,法律出版社 2007 年版,第 490 页。

质权被称为准质权。① 因此，《民法典》第18章第1节对动产质权是作为质权的一般形式加以规定的，《民法典》第18章第2节对权利质权仅在某些内容上作了特殊规定，其他没有规定的内容可以适用动产质权的规定，如质押合同的设立、质权人的义务、质权的实现方式和最高额质权等。这在立法技术上也有效避免了条文的重复，既精简了条文，又使得法律规范体系更加严谨。

## 适用指引

### 一、权利质权对抵押权相关规定的准用

尽管法律上对此没有明文规定，但在学理上一般认为，除法律另有规定及因权利性质的差异不能准用或参照的外，抵押权制度中的许多规则可以准用于权利质权。② 例如，以登记为要件设立的权利质权可以准用抵押权的登记及顺位规则。

### 二、权利质权和动产质权在法律适用上的差异

在保全质权的问题上，就动产质权而言，质权人对质押财产的实际掌握、控制，而保全权利质权的主要方式则是对出质人处分出质权利的法律限制，如规定非经质权人同意出质人不得为转让、抛弃出质权利或缩小出质权利内容的法律行为。在质权的实现方式上，折价、拍卖或变卖质押财产并从所得价款中优先受偿，是动产质权人实现其质权的法定选择方式；而权利质权的实现方式更为多样化：第一，处分出质权利并从处分所得价款中优先受偿；第二，取代出质人的地位，向出质权利的义务主体直接行使出质权利，并通过直接行使出质权利使被担保债权优先受偿，如通过收取出质债权的本金和利息使被担保债权优先受偿。③ 这恰恰是实现权利质权的主要方式。

---

① 参见最高人民法院物权法研究小组编著：《〈中华人民共和国物权法〉条文理解与适用》，人民法院出版社2007年版，第672页。
② 参见刘保玉：《物权法》，上海人民出版社2003年版，第404页。
③ 参见最高人民法院物权法研究小组编著：《〈中华人民共和国物权法〉条文理解与适用》，人民法院出版社2007年版，第673页。

# 第十九章　留置权

**第四百四十七条**　债务人不履行到期债务，债权人可以留置已经合法占有的债务人的动产，并有权就该动产优先受偿。

前款规定的债权人为留置权人，占有的动产为留置财产。

## ▶ 关联规定

### 一、法律、行政法规、司法解释

1.《中华人民共和国民法典》

**第七百八十三条**　定作人未向承揽人支付报酬或者材料费等价款的，承揽人对完成的工作成果享有留置权或者有权拒绝交付，但是当事人另有约定的除外。

**第八百三十六条**　托运人或者收货人不支付运费、保管费或者其他费用的，承运人对相应的运输货物享有留置权，但是当事人另有约定的除外。

**第九百零三条**　寄存人未按照约定支付保管费或者其他费用的，保管人对保管物享有留置权，但是当事人另有约定的除外。

**第九百五十九条**　行纪人完成或者部分完成委托事务的，委托人应当向其支付相应的报酬。委托人逾期不支付报酬的，行纪人对委托物享有留置权，但是当事人另有约定的除外。

2.《中华人民共和国海商法》

**第二十五条**　船舶优先权先于船舶留置权受偿，船舶抵押权后于船舶留置权受偿。前款所称船舶留置权，是指造船人、修船人在合同另一方未履行合同时，可以留置所占有的船舶，以保证造船费用或者修船费用得以偿还的权利。船舶留置权在造船人、修船人不再占有所造或者所修的船舶时消灭。

**第一百四十一条**　承租人未向出租人支付租金或者合同约定的其他款项

的，出租人对船上属于承租人的货物和财产以及转租船舶的收入有留置权。

**3.《中华人民共和国税收征收管理法》**

**第四十五条** 税务机关征收税款，税收优先于无担保债权，法律另有规定的除外；纳税人欠缴的税款发生在纳税人以其财产设定抵押、质押或者纳税人的财产被留置之前的，税收应当先于抵押权、质权、留置权执行。

纳税人欠缴税款，同时又被行政机关决定处以罚款、没收违法所得的，税收优先于罚款、没收违法所得。

税务机关应当对纳税人欠缴税款的情况定期予以公告。

**4.《最高人民法院关于适用〈中华人民共和国民法典〉有关担保制度的解释》**

**第三十八条** 主债权未受全部清偿，担保物权人主张就担保财产的全部行使担保物权的，人民法院应予支持，但是留置权人行使留置权的，应当依照民法典第四百五十条的规定处理。

担保财产被分割或者部分转让，担保物权人主张就分割或者转让后的担保财产行使担保物权的，人民法院应予支持，但是法律或者司法解释另有规定的除外。

**第四十四条** 主债权诉讼时效期间届满后，抵押权人主张行使抵押权的，人民法院不予支持；抵押人以主债权诉讼时效期间届满为由，主张不承担担保责任的，人民法院应予支持。主债权诉讼时效期间届满前，债权人仅对债务人提起诉讼，经人民法院判决或者调解后未在民事诉讼法规定的申请执行时效期间内对债务人申请强制执行，其向抵押人主张行使抵押权的，人民法院不予支持。

主债权诉讼时效期间届满后，财产被留置的债务人或者对留置财产享有所有权的第三人请求债权人返还留置财产的，人民法院不予支持；债务人或者第三人请求拍卖、变卖留置财产并以所得价款清偿债务的，人民法院应予支持。

主债权诉讼时效期间届满的法律后果，以登记作为公示方式的权利质权，参照适用第一款的规定；动产质权、以交付权利凭证作为公示方式的权利质权，参照适用第二款的规定。

**第六十二条** 债务人不履行到期债务，债权人因同一法律关系留置合法占有的第三人的动产，并主张就该留置财产优先受偿的，人民法院应予支持。第三人以该留置财产并非债务人的财产为由请求返还的，人民法院不予支持。

企业之间留置的动产与债权并非同一法律关系，债务人以该债权不属于企业持续经营中发生的债权为由请求债权人返还留置财产的，人民法院应予支持。

企业之间留置的动产与债权并非同一法律关系，债权人留置第三人的财产，第三人请求债权人返还留置财产的，人民法院应予支持。

5.《最高人民法院关于适用〈中华人民共和国企业破产法〉若干问题的规定（二）》

**第二十五条** 管理人拟通过清偿债务或者提供担保取回质物、留置物，或者与质权人、留置权人协议以质物、留置物折价清偿债务等方式，进行对债权人利益有重大影响的财产处分行为的，应当及时报告债权人委员会。未设立债权人委员会的，管理人应当及时报告人民法院。

6.《最高人民法院关于审理企业破产案件若干问题的规定》

**第七十一条** 下列财产不属于破产财产：

（一）债务人基于仓储、保管、加工承揽、委托交易、代销、借用、寄存、租赁等法律关系占有、使用的他人财产；

（二）抵押物、留置物、出质物，但权利人放弃优先受偿权的或者优先偿付被担保债权剩余的部分除外；

（三）担保物灭失后产生的保险金、补偿金、赔偿金等代位物；

（四）依照法律规定存在优先权的财产，但权利人放弃优先受偿权或者优先偿付特定债权剩余的部分除外；

（五）特定物买卖中，尚未转移占有但相对人已完全支付对价的特定物；

（六）尚未办理产权证或者产权过户手续但已向买方交付的财产；

（七）债务人在所有权保留买卖中尚未取得所有权的财产；

（八）所有权专属于国家且不得转让的财产；

（九）破产企业工会所有的财产。

7.《最高人民法院关于人民法院执行工作若干问题的规定（试行）》

31.人民法院对被执行人所有的其他人享有抵押权、质押权或留置权的财产，可以采取查封、扣押措施。财产拍卖、变卖后所得价款，应当在抵押权人、质押权人或留置权人优先受偿后，其余额部分用于清偿申请执行人的债权。

**8.《最高人民法院关于适用〈中华人民共和国民事诉讼法〉的解释》**

**第三百五十九条** 民事诉讼法第二百零三条规定的担保物权人,包括抵押权人、质权人、留置权人;其他有权请求实现担保物权的人,包括抵押人、出质人、财产被留置的债务人或者所有权人等。

**9.《最高人民法院关于审理无正本提单交付货物案件适用法律若干问题的规定》**

**第八条** 承运到港的货物超过法律规定期限无人向海关申报,被海关提取并依法变卖处理,或者法院依法裁定拍卖承运人留置的货物,承运人主张免除交付货物责任的,人民法院应予支持。

## 二、部门规章及规范性文件

**《提存公证规则》**

**第二十五条** 除当事人另有约定外,提存费用由提存受领人承担。

提存费用包括:提存公证费、公告费、邮电费、保管费、评估鉴定费、代管费、拍卖变卖费、保险费,以及为保管、处理、运输提存标的物所支出的其他费用。

提存受领人未支付提存费用前,公证处有权留置价值相当的提存标的物。

**第二十六条** 提存人可以凭人民法院生效的判决、裁定或提存之债已经清偿的公证证明取回提存物。

提存受领人以书面形式向公证处表示抛弃提存受领权的,提存人得取回提存物。

提存人取回提存物的,视为未提存。因此产生的费用由提存人承担。提存人未支付提存费用前,公证处有权留置价值相当的提存标的。

## 三、司法指导性文件

**1.《全国海事法院院长座谈会纪要》**

四、关于留置权

沿海内河货物运输中,托运人或者收货人不支付运费、保管费以及其他运输费用的,依照《中华人民共和国合同法》的规定,承运人对相应的运输货物享有留置权,除非当事人之间另有约定;但非中华人民共和国港口之间的海上货物运输,依照海商法的有关规定,应当向承运人支付的运费、共同海损分摊、滞期费和承运人为货物垫付的必要费用以及应当向承运人支付的其他费用没有付清，又没有提供适当担保的，承运人可以在合理的限度内留置债务人所有的货物。审判实践中应当注意不同的法律就留置权的行使所作的不同规定。

留置权的行使要以合法占有为前提。留置标的物在债权人行使留置权前已被法院应其他债权人的申请予以扣押的，或者债权人行使留置权后法院应其他债权人的申请对留置标的物进行扣押，留置权人的权利仍应当依法予以保护。

2.《最高人民法院关于国内水路货物运输纠纷案件法律问题的指导意见》

7.国内水路货物运输合同履行完毕，托运人或者收货人没有按照约定支付运费、保管费或者其他运输费用，依照合同法第三百一十五条的规定，承运人对相应的运输货物享有留置权。人民法院在审查承运人的留置权时，应当重点审查承运人留置货物的数量是否是在合理的限度之内，以及承运人留置的货物是否是其合法占有的货物。债务人对留置货物是否具有所有权并不必然影响承运人留置权的行使，除非运输合同当事人对承运人的留置权另有特殊约定。

## ▶ 条文释义

### 一、本条主旨

本条是关于留置权的一般性规定。

### 二、条文演变

本条完全沿用了原《物权法》第230条的规定，未作改动。

### 三、条文解读

本条第1款规定了留置权的概念、构成要件和法律效果。第2款明确了留置权人和留置财产。

（一）留置权的概念

留置权源于罗马法上的恶意抗辩以及诈欺的拒绝给付权。根据罗马法规定，债权人如果对债务人负有债务，在债权人清偿其债务之前，请求债务人履行债务，构成违反诚实信用原则时，债务人可以行使抗辩权，拒绝履行其债务。① 在该理论的基础上，世界各国继受和发展了自己的留置权制度，主要分为债权性留置权和物权性留置权两种类型立法例。债权性留置权不是一种担保，是一种拒绝给付的权利，并无优先受偿的效力，是一种对人的权利。物权性留置权是担保物权的一种，不仅具有留置的效力，还具有优先受偿的效力，是一种对世的权利。经综合各国规定以及总结我国审判实践经验，我国原《物权法》第230条采用了物权性留置权体例，《民法典》本条完全沿用了该规定。②

根据本条规定，留置权是指在一定的债权债务关系中，债权人基于一定的法律关系合法占有了债务人的动产，在债务人不履行到期债务时，债权人有权依据法律规定留置该动产，并在该动产的折价或者拍卖、变卖取得的价款中优先受偿的权利。其中，债权人为留置权人，占有的动产为留置财产，该动产一般属于债务人所有，但在特殊情况下存在例外情形。

（二）留置权的特点

本条规定的留置权是担保物权的一种，具有担保的效能，其目的在于督促债务人及时履行义务。留置权既具有作为物权及担保物权的共性，又具有与其他担保物权不同的特性。

**1. 留置权具有法定性**

与一般抵押权和质权不同，留置权是一种法定担保物权，其设立只能根据法律规定，不能由当事人意思自治。在符合法律规定的条件下，只要债务人不履行到期债务，债权人就可以就其合法占有的债务人的动产，行使留置权。但留置权的法定性仅限于权利的设立，该权利的放弃则是债权人的一种意定权利，当事人也可以根据《民法典》第449条规定，协议约定某些财产不得留置，排除留置权。另外，针对法律规定不得留置的财产，留置权不得成立，这也是法定性的一种体现。

**2. 留置权具有从属性**

担保物权都具有从属性，留置权也不例外。留置权是为了保障主债权的实

---

① 参见崔建远：《中国民法典释评：物权编》，中国人民大学出版社2020年版，第541页。
② 参见最高人民法院民法典贯彻实施工作领导小组主编：《中华人民共和国民法典物权编理解与适用》，人民法院出版社2020年版，第1280页。

现，是从属于所担保债权的从权利。第一，留置权的设立以主债权的合法有效为前提。第二，留置权的存续以主债权的存在为前提，留置权随主债权的消灭而消灭，随主债权的转移而转移。第三，在实现留置权时，债权人优先受偿的范围限于主债权的范围，多余的部分应当返还给债务人。另外，在民事留置权中，留置权的从属性更为严格，债权人留置的财产必须严格从属于主债权的同一法律关系，这也是《民法典》第448条的规定。

**3. 留置权具有不可分性**

留置权的担保功能和效力，不受债权的分割和部分清偿以及留置财产的分割等因素的影响。一方面，留置权所担保的是债权的全部，而非可分割的债权的一部分，对部分债权的清偿不影响留置权的行使；另一方面，留置权的效力及于留置财产的全部，而不限于可分割的留置财产的一部分。① 当然，在司法实践中，不可将留置权的不可分性绝对化。留置权的目的在于保障债权人能够实现自己的债权，如果留置财产为可分物，债权人在决定留置时，应当根据《民法典》第450条规定，只应留置与债务金额相当的财产，而不是没有限制地留置债务人的过多财产。尽管如此，在债权未获全部清偿之前，留置权人没有返还部分留置财产的义务，有权对留置财产的全部行使留置权，以充分保障债权人的利益。

**（三）留置权的构成要件**

根据本条规定，留置权的构成要件如下。

一是债权人已经合法占有债务人的动产。此要件包括以下三层含义：第一，留置财产必须为债权人"合法"占有，即债权人事先已经基于一定的法律关系占有债务人的财产，而不是通过侵权等非法方式占有该财产。第二，留置财产必须由债权人"占有"，可以是直接占有，也可以是间接占有，但单纯地持有不能成立留置权。比如，占有辅助人虽持有动产，却非占有人，不得因此享有留置权。② 第三，留置财产必须为债务人的"动产"。一方面，留置财产限于动产，对不动产的占有不能成立留置权；另一方面，该动产还应当具有可让

---

① 参见最高人民法院民法典贯彻实施工作领导小组主编：《中华人民共和国民法典物权编理解与适用》，人民法院出版社2020年版，第1283页。

② 参见黄薇主编：《中华人民共和国民法典释义》，法律出版社2020年版，第602页。

与性，尽管不可让与的动产也具有可扣留性，但债权人并不能对此折价、变价优先受偿，无法保障留置权的效用。

通常情况下，债权人占有的动产要以债务人自己所有为限，但也存在留置权善意取得的情形。如果债务人提供的动产并非其所有，债权人对此根本不知情，而且债权人的做法符合正常的同类交易规则，依据客观情况也不能判断债务人提供的动产并非其所有或者对此进行详细调查的成本太大而且不符合正常交易规则，且在符合留置权成立的其他要求时，债权人也可以就该非债务人所有的动产主张留置权。①

二是债权人占有的动产应当与债权具有同一法律关系，但企业之间留置的除外。此为《民法典》第448条的规定，此不赘述。

三是债务人不履行到期债务。如果债务尚未到清偿期，债务人就没有必须偿还或提前偿还债务的义务，此时留置权还不得成立，否则将不符合债务履行期的意义，也违反留置权制度的立法目的。② 因此，债务已届清偿期，且债务人不履行债务时，留置权才可成立。但债务人不履行到期债务，也不意味着债权人可以立即实现留置权，其应当根据《民法典》第453条规定，在与债务人约定留置财产的债务履行期届满时（没有约定或约定不明的，应当给予60日以上履行期，但鲜活易腐等不易保管的动产除外），才可要求对留置财产折价、变价优先受偿。另外，债务人仅履行部分债务而非全部债务，不影响留置权的成立和行使。

四是留置行为不违背法律禁止性规定，当事人也未约定排除。此为留置权的消极要件，在《民法典》第449条规定，此处不赘述。

## ▶ 适用指引

### 一、留置权与同时履行抗辩权的区别

同时履行抗辩权，是指双务合同中的当事人互负同时给付义务，一方当事

---

① 参见最高人民法院民法典贯彻实施工作领导小组主编：《中华人民共和国民法典物权编理解与适用》，人民法院出版社2020年版，第1284页。
② 参见崔建远：《中国民法典释评：物权编》，中国人民大学出版社2020年版，第552页。

人有证据证明另一方当事人在同时履行的时间不能依约履行，到履行期时其享有不履行或不全部履行的权利。留置权与同时履行抗辩权均源于罗马法的拒绝履行制度，均依据公平原则设置，但两者在制度发展上存在一定区别。

第一，两者性质不同。本条规定的留置权是一种物权，具有对抗第三人的效力；同时履行抗辩权是一种债权，只得对双务合同中的相对人主张。第二，两者产生原因不同。留置权只要符合法律规定的构成要件即可成立；同时履行抗辩权是双务合同的必然要求，而非法律直接规定。第三，两者保护的对象不同。留置权保护的债权只要与留置财产具有同一法律关系即可，企业之间的留置甚至不需要同一法律关系；同时履行抗辩权所保护的权力必须限定在双务合同之中，而且原则上相互之间还必须具有对价关系。第四，两者的标的物不同。留置权的标的物为债权人合法占有的债务人的动产；同时履行抗辩权则无此限制。第五，两者的效力不同。留置权的效力具有双重性，既包括拒绝返还留置财产，又包括对留置财产的变价优先受偿权；同时履行抗辩权只具有在另一方履行义务前拒绝履行的权利，无法因此积极实现自己的债权。第六，两者的消灭原因不同。留置权的作用是通过占有来担保债权的实现，一旦丧失占有或接受债务人另行提供担保时，留置权即消灭；但同时履行抗辩权以促使合同相对人的履行债务为目的，不因这两种原因而消灭。①

## 二、留置权与抵销权的区别

抵销权，是指当事人互负给付债务，各自以其债权充当债务的清偿，而使其债务与对方的债务在对等额度内相互消灭的权利。我国抵销权可以分为法定抵销权和约定抵销权，分别对应《民法典》第568条和第569条的规定。留置权与抵销权都致力于维护债务履行中的公平原则，但两者存在区别。第一，两者的性质不同。留置权是担保物权，抵销权是一种形成权。第二，两者的目的不同。留置权目的在于担保债权的实现，抵销权是为了避免在债务相互履行过程中造成的重复和浪费。第三，两者的标的物不同。留置权的标的物为债权人合法占有的债务人的动产，抵销权的标的则是一些法律上可以抵消的债务。第四，两者的实现方式不同。留置权的实现需要依据法定程序对留置财产进行折

---

① 参见黄薇主编：《中华人民共和国民法典释义》，法律出版社2020年版，第601~602页；崔建远：《中国民法典释评：物权编》，中国人民大学出版社2020年版，第543~545页。

价、变价优先受偿，抵销权则只需要向对方作出意思表示即可实现。第五，两者的消灭原因不同。留置权因对留置财产丧失占有或债务人另行提供担保而消灭，但抵销权不因这两种原因而消灭。

### 三、对"债务人的动产"的理解

在理论和实践中，对留置财产是否限于债务人所有的财产，存在争议。本条采用了"债务人的动产"这一表述，并没有明确是否限于债务人拥有所有权的动产，还是也包括债务人占有的第三人所有的动产。如上文所述，留置权存在善意取得制度，即债权人如果不知道也不应当知道其所留置的动产为第三人所有，不影响留置权的成立，这一点在理论和实践中已达成基本一致意见。然而，对债权人明知或应知债务人交付给其占有的动产并非债务人所有时，债权人是否可以对此成立和行使留置权，这在《民法典》实施前后一直存在争议。

有观点认为，债权人只要是因正常的业务活动而占有与其债权具有同一法律关系（企业之间留置的除外）的他人之动产，即可产生留置权，根本无须也不应该限定留置权人必须为不知情的"善意债权人"，债权人并不负有就标的物是否存在权利负担进行查询的义务。① 该观点具有一定的代表性，也具有合理性。举例而言，驾驶他人之车时途中抛锚，请求修理厂修理，待修理完毕后却拒付修理费，应当成立留置权。② 在民用航空、海事运输、大型机械设备等领域中，租赁行业比较发达，使用人与所有权人普遍存在脱离的现象，如果不允许维修等保障服务主体对其修理或服务的动产行使留置权，则会对交易秩序带来很大的不确定性，也在一定程度上阻碍该类交易的产生。因此，在司法实践中，应当对"债务人的动产"作宽泛解释，至少在一定条件下，比如，该第三人动产与债权属于同一法律关系的情况中，承认债权人对债务人以外之人的动产成立留置权，这也从侧面支持了《民法典担保制度解释》第62条规定的精神。③

---

① 参见刘保玉、张炬东：《论动产融资租赁物的所有权登记及其对抗效力》，载《中州学刊》2020年第6期；刘保玉：《留置权成立要件规定中的三个争议问题解析》，载《法学》2009年第5期。
② 参见崔建远：《中国民法典释评：物权编》，中国人民大学出版社2020年版，第540页。
③ 参见王利明主编：《中国民法典评注：物权编》，人民法院出版社2021年版，第969页。

## 典型案例

**上海通富国际物流有限责任公司诉上海迅磊网络科技有限公司海上货运代理合同纠纷案**

**关键词：** 合法占有债务人财产　留置权　间接占有

**裁判摘要：** 当货运代理企业基于一定法律关系对委托人的货物成立间接占有，对委托人的货物仍有事实上的管领力和控制力，应认定为构成"合法占有债务人的动产"，符合债权人享有留置权的法定要件。

**基本案情：** 2014年10月14日，上海通富国际物流有限责任公司（以下简称通富公司）与上海迅磊网络科技有限公司（以下简称迅磊公司）签订海上货运代理协议，约定迅磊公司委托通富公司代办订舱、拖车、报关、报检等货运代理事项并代缴相关费用；若迅磊公司未确认费用或确认后未依约支付款项，通富公司有权留置迅磊公司委托办理业务的相关单证和货物；若迅磊公司仍不履行付款义务，通富公司有权变卖、处理已留置单据或货物。协议签订后，通富公司于2015年3月接受迅磊公司委托，提供了两票进口货物的货运代理服务，迅磊公司确认了业务中未付款项金额，并于2015年5月11日向通富公司出具了《付款保函》，确认欠付费用金额和付款期限。

2015年8月，通富公司再次接受迅磊公司委托，办理一批货物的进口货代事务，提单载明的收货人以及报关单载明的经营单位和收货单位都是迅磊公司。2015年9月13日，通富公司从承运人处提取货物后，将货物存放在案外人的仓库中。因迅磊公司欠付费用，通富公司要求迅磊公司支付拖欠费用后才安排提货及送货，但迅磊公司未予理会。2015年10月20日，通富公司遂向迅磊公司发出《律师函》催讨欠款，并通知迅磊公司留置了上述进口货物。

2016年1月22日，通富公司诉至上海海事法院，请求判令迅磊公司支付相关货运代理费、堆存费并确认通富公司有权留置上述进口货物，并有权依法变卖该提单项下货物优先用于偿还迅磊公司欠付通富公司的费用。迅磊公司辩称货物堆存在他人仓库，通富公司没有留置权。

法院经审理认为，双方成立海上货运代理合同关系。通富公司根据迅磊公司的委托，提供了货运代理服务，迅磊公司亦确认费用，应当依照协议约定向通富公司支付。迅磊公司欠付费用的行为已构成违约，应当向通富公司承担继续履行、赔偿损失等违约责任。关于通富公司是否有权留置货物的问题，通富公司受托事项包括清关及内陆运输，对该批货物具有内陆运输和保管义务，系合法占有。该批货物为迅磊公司所有，报关价格与当时迅磊公司对通富公司所负的到期债务数额相当，且通富公司至今仍间接占有该批货物，不影响留置权效力。综上，判决确认通富公司对该提单项下货物享有留置权。一审宣判后，迅磊公司提出上诉，后因未缴纳案件受理费按自动撤回上诉处理。本案判决现已发生法律效力。

【案　　号】（2016）沪72民初331号

【审理法院】上海海事法院

## ▶ 类案检索

### 一、格兰德罗德西公司与舟山万邦永跃船舶修造有限公司船舶修理合同纠纷案

**关键词：** 合法占有债务人财产　留置权

**裁判摘要：** 债权人对留置财产的"占有"是一种事实状态。船舶维修人（债权人）将船舶驶离船厂前往公共锚地，但其支付锚泊期间相关费用的行为，彰显了继续占有该船舶的意思表示。船舶维修人向海关提出船舶出厂申报之后，即已将船舶离港之"锁"打开，但在船舶管理人（债务人）申报离港之前，该船舶仍在债权人可控制之下，债权人对该船舶仍具有领管力，债权人随时可以撤销申报以继续"锁"住船舶离港，这种事实状态仍属债权人合法占有船舶状态的延伸。

【案　　号】（2009）浙海终字第149号

【审理法院】浙江省高级人民法院

### 二、上海伊曼尔国际货物运输代理有限公司诉上海澳灵顿电子有限公司货运代理合同纠纷案

**关键词：** 留置权　非法扣留

**裁判摘要：** 在没有与委托人就提货和送货事宜达成一致意思表示的情况

下，货运代理公司仅根据报关委托协议，并不能合法地占有和控制委托人的货物，凭其手中所持有的用于报关的货物单证，擅自将已完成报关手续的货物从港区提出并予以扣留，不具备行使法律规定的"留置权"的条件，反而构成非法扣留。

【案　　号】（2009）沪高民四（海）终字第44号
【审理法院】上海市高级人民法院

### 三、广州市坤龙建筑安装工程有限公司诉广州市城市建设开发有限公司、广州宏城发展有限公司等建设工程施工合同纠纷案

**关键词**：建设工程　留置财产

**裁判摘要**：实际施工人主张在业主、总承包方未付工程款的情形下其对建设工程享有留置权，但依据《担保法》第82条以及《物权法》第230条的规定，留置权行使的条件是债权人合法占有债务人的动产，而建设工程并非动产，不能适用关于留置权的规定。

【案　　号】（2016）最高法民申1562号
【审理法院】最高人民法院
【来　　源】中国裁判文书网

### 四、宝高（南京）教育玩具有限公司、宝高（南京）科技有限公司诉晋江市东兴电子玩具有限公司承揽合同纠纷案

**关键词**：承揽　留置财产

**裁判摘要**：虽然法律赋予承揽人在定作人不支付报酬时享有留置权，但承揽人主张留置的并非工作成果，而是定作物的生产工具，就该生产工具，承揽人不享有留置权。

【案　　号】（2017）最高法民申1941号
【审理法院】最高人民法院
【来　　源】中国裁判文书网

> 第四百四十八条　债权人留置的动产，应当与债权属于同一法律关系，但是企业之间留置的除外。

## ▶ 关联规定

法律、行政法规、司法解释

《最高人民法院关于适用〈中华人民共和国民法典〉有关担保制度的解释》

第六十二条　债务人不履行到期债务，债权人因同一法律关系留置合法占有的第三人的动产，并主张就该留置财产优先受偿的，人民法院应予支持。第三人以该留置财产并非债务人的财产为由请求返还的，人民法院不予支持。

企业之间留置的动产与债权并非同一法律关系，债务人以该债权不属于企业持续经营中发生的债权为由请求债权人返还留置财产的，人民法院应予支持。

企业之间留置的动产与债权并非同一法律关系，债权人留置第三人的财产，第三人请求债权人返还留置财产的，人民法院应予支持。

## ▶ 条文释义

### 一、本条主旨

本条是关于留置财产与债权的关系的规定。

### 二、条文演变

原《物权法》第231条规定："债权人留置的动产，应当与债权属于同一法律关系，但是企业之间留置的除外。"本条在此基础上将"但"修改为"但是"，其他保持不变。

## 三、条文解读

本条前半句规定了民事留置权,后半句规定了商事留置权。

### (一)民事留置权

本条的目的在于对民事留置权的行使作出一定限制,将民事留置财产的范围限定在与债权属于同一法律关系的动产中。民事留置权一般发生在个人与个人之间,对某一动产的留置可能会较大地影响到个人的生产和生活秩序,如果允许债权人任意留置债务人所有但与债权的发生无直接法律关系的动产,将会破坏债务人的预先安排,降低工作生活预期,进而影响整个社会层面的效率和公正。因此,需要对民事留置权的行使作出一定的限制,该种限制可以从以下两个层面实现:一种是限定允许成立留置权的基础债权债务关系,比如,将留置的适用范围限定在合同关系,但该种方法已经不再被《民法典》采用;另一种是对留置财产的范围作一定限制,即要求留置财产必须与债权具有一定的牵连关系。《民法典》最终采用了"同一法律关系"的表述。

本条中的"同一法律关系",是指留置财产应当与债权所形成的债权债务关系属于同一个民事法律关系。同一法律关系最常见的为合同关系,尤其是保管合同、运输合同和加工承揽合同。保管合同中的保管费用之债权与保管人对保管物的占有即是基于保管合同关系产生的;运输合同中运费之债权与承运人对货物的占有即是基于运输合同产生的;加工承揽人对加工成果物的占有和其加工费之债权即是基于加工承揽合同关系产生的。① 尽管如此,《民法典》不再以特定合同关系为限,侵权、不当得利和无因管理等合同之外的法律关系,只要与动产的占有之间存在关联,也属于同一法律关系。比如,甲开车运货途中,货物遗落砸伤乙,甲未向乙支付合理医疗费用,乙遂将该箱货物留置,要求甲支付医疗费用后方可返还。此时,乙要求支付医疗费用的侵权债权,与甲遗落的货物(造成侵权的原因),即属于同一侵权关系。②

---

① 参见最高人民法院民法典贯彻实施工作领导小组主编:《中华人民共和国民法典物权编理解与适用》,人民法院出版社2020年版,第1287页。
② 参见黄薇主编:《中华人民共和国民法典释义》,法律出版社2020年版,第605页。

## （二）商事留置权

商事留置权，是指企业之间相互留置的权利。商事留置权一般的法律依据是商事法律，尽管我国并没有商法典，但一般认为我国《民法典》体现的是民商合一的立法精神。因此，本条规定的"但是企业之间留置的除外"实质上承认了商事留置权的存在。①另外，《海商法》第25条第2款确立了一种特别的商事留置权，即船舶留置权，其并没有明文要求造船人、修船人留置所占有的船舶要与债权属于同一法律关系。

根据本条但书规定，在债权人和债务人都是企业的情况下，只要债务人不履行到期债务，债权人就可以对其所占有的债务人的动产行使留置权，而无论债权人是基于何种法律关系占有的这些动产。这是因为，与个人不同，企业彼此之间商业交往频繁，涉及的交易关系众多，有时候很难判断特定动产与某一债权债务之间的对应关系，即使可以判断，也需要耗费大量的资源。在这种情况下，从加强商业信用、提高交易效率、确保交易安全、增强交易信心的立场出发，法律允许企业债权人可以留置另一企业并非与所欠价款来自同一个法律关系的财产，只要因为债权人企业和债务人企业相互之间合法经营关系而占有的债务人财产，债权人即可以为担保其债权的实现而对占有的债务人财产主张留置权。②但需要注意的是，此种例外只适用于企业与企业之间的留置行为，不包括自然人与自然人之间，企业与自然人之间。至于"企业"的含义，则需要根据有关法律规定具体判断。

## ▶ 适用指引

### 一、牵连关系与同一法律关系的关系

牵连关系与同一法律关系是两个不同层面的概念，前者较后者在外延方面

---

① 参见崔建远：《中国民法典释评：物权编》，中国人民大学出版社2020年版，第547页。
② 参见最高人民法院民法典贯彻实施工作领导小组主编：《中华人民共和国民法典物权编理解与适用》，人民法院出版社2020年版，第1289页。

较宽，即牵连关系包括同一法律关系，同一法律关系是牵连关系的一种。① 随着我国民事立法的发展，我国《民法典》最终将民事留置权的牵连关系限定为同一法律关系。

原《担保法》第84条将留置的适用范围限定在"因保管合同、运输合同、加工承揽合同发生的债权"以及"法律规定可以留置的其他合同"，此范围明显过窄，导致债权人一般需要在合同中约定其他担保方式，才能保障自己债权优先受偿的权利。原《合同法》对此有所补救，但限于立法目的和适用范围，也仅仅将留置的基础债权债务关系扩展到行纪合同，规定行纪人对委托物享有留置权。留置适用范围的有限性限制了司法实践中留置权制度的功用，因此，最高人民法院在原《担保法解释》中直接打破了留置权制度中对基础法律关系类型的限制，规定"债权人的债权已届清偿期，债权人对动产的占有与其债权的发生有牵连关系，债权人可以留置其所占有的动产"。然而，牵连关系是一个弹性标准，标准比较模糊，在适用中易产生分歧。因此，原《物权法》并没有直接采用"牵连关系"的一般性表述，而是通过"债权人留置的动产，应当与债权属于同一法律关系"对留置权的行使重新作了一定的限缩，将其限定为同一法律关系，但企业之间留置的除外。② 《民法典》则完全承继了原《物权法》的规定和精神。③

## 二、对"但是企业之间留置的除外"的理解

根据本条规定，企业之间留置时，不要求债权人留置的动产与债权属于同一法律关系，但这也不意味着留置财产不受任何限制。根据《民法典担保制度解释》第62条第2款和第3款规定，企业之间留置的动产，如果不与债权属于同一法律关系，则应当与债权具有一定的牵连关系。

一方面，商事留置权的牵连关系体现在债权人与债务人之间的持续经营活动中。在企业之间留置的财产与债权并非同一法律关系时，如果该债权不属于企业持续经营中发生的债权，债务人要求债权人返还留置财产的，债权人应当

---

① 参见崔建远：《中国民法典释评：物权编》，中国人民大学出版社2020年版，第555页。
② 参见刘保玉：《留置权成立要件规定中的三个争议问题解析》，载《法学》2009年第5期。
③ 参见崔建远：《中国民法典释评：物权编》，中国人民大学出版社2020年版，第555页。

返还。在商事留置权制度中,之所以不要求留置财产和债权之间属于同一法律关系,是因为交易双方当事人的债权债务因持续性的经营关系而形成一定的牵连性,这种牵连性可以保障债权人和债务人的整体利益平衡。① 如果彼此之间并未发生持续性的经营关系,只是偶尔一次或个别几次的简单交易,其中的法律关系并不复杂也不难以证明,此时,如果取消留置权法律关系牵连性的限制,则会造成维护当事人此笔交易安全时,却破坏了债务人与其他债权人之间其他交易的安全,不符合保护整体交易安全和公平的原则。因此,非企业持续经营中的个别商事交易中留置财产与债权在法律关系上的直接牵连性,也就是同一法律关系,仍应得到满足,否则不得行使留置权。②

另一方面,商事留置权的牵连关系体现在债权人留置的动产一般限于债务人所有的财产。企业之间留置的动产与债权并非同一法律关系,但如果债权人留置的是债务人之外的第三人的财产,第三人请求债权人返还留置财产的,债权人应当返还。在商事交易中,双方当事人的权利义务一般仅及于当事人双方,如果允许债权人留置与债权非同一法律关系中的第三人财产,因该第三人及其财产与该债权并无较强关联,也未通过债权人的给付受益,则会严重损害第三人利益。以牺牲第三人利益为手段,确保债权人债权的实现,不符合商事交易中的公平原则和诚信原则。比如,甲航空公司分别租赁乙公司C919飞机和丙公司ARJ21飞机,运营中将C919飞机送交丁公司维修但一直拖欠维修费,后又将ARJ21飞机送交丁公司维修,但该维修尚未开始时,甲公司即破产。此时,如果丁公司要求留置C919飞机以保障债权实现,毫无争议;但如果丁公司仅因C919飞机债务要求留置ARJ21飞机,则意味着丙公司负担了与自己无债务关联的维修费用,对丙公司明显不公平。③

---

① 参见王利明主编:《中国民法典评注:物权编》,人民法院出版社2021年版,第975页。
② 参见江苏省高级人民法院(2016)苏民终51号民事判决书。
③ 参见王利明主编:《中国民法典评注:物权编》,人民法院出版社2021年版,第978页。

## ▸ 典型案例

### 长三角商品交易所有限公司诉卢某云返还原物纠纷案

**关键词：** 留置权　劳动合同关系　同一法律关系

**裁判摘要：** 留置权是平等主体之间实现债权的担保方式；除企业之间留置的以外，债权人留置的动产，应当与债权属于同一法律关系。劳动关系主体双方在履行劳动合同过程中处于管理与被管理的不平等关系。劳动者以用人单位拖欠劳动报酬为由，主张对用人单位供其使用的工具、物品等动产行使留置权，因此类动产不是劳动合同关系的标的物，与劳动债权不属于同一法律关系，故人民法院不予支持该主张。

**基本案情：** 被告卢某云原系原告长三角商品交易所有限公司（以下简称长三角公司）副总经理。长三角公司于2013年9月6日购买捷达苏B×××××轿车交付卢某云使用，该车辆登记在长三角公司名下。2014年2月21日，长三角公司向卢某云送达《关于卢某云同志旷工和挪/占用公司财产处罚通告》，载明卢某云"连续旷工13日，我公司多次通知拒不去集团物流园报到也不来交易所并挪用和拒还公司小车（捷达苏B×××××），其行为违反了我司《员工手册》第3章第15条关于旷工的规定和第13章第72条第10款挪用公司财务的规定，属于严重的违纪行为，从即日起给予辞退处理"等内容。卢某云对解除劳动关系并无异议，但认为长三角公司解除劳动关系违法，应向其支付拖欠的工资、社保金及经济补偿金，故拒绝向长三角公司返还苏B×××××轿车。2014年5月8日，长三角公司向江苏省无锡市崇安区人民法院提起诉讼，要求卢某云返还苏B×××××轿车，并支付解除劳动关系后的车辆使用费。2014年8月6日，无锡市崇安区人民法院作出判决，驳回长三角公司的诉讼请求。长三角公司不服一审判决，向无锡市中级人民法院提起上诉。其间，卢某云于2014年6月9日向无锡市滨湖区劳动人事争议仲裁委员会申请劳动仲裁，2014年7月25日该委作出锡滨劳人仲案字（2014）第339号仲裁裁决书，载明原告长三角公司应支付卢某云2013年1月至2014年1月的工资差额12.6万元及违法解除劳动合同的经济赔偿金8万元等内容。

二审法院经审理认为，留置权是平等主体之间实现债权的担保方式；除企业之间留置的以外，债权人留置的动产，应当与债权属于同一法律关系。劳动关系主体双方在履行劳动合同过程中处于管理与被管理的不平等关系。劳动者以用人单位拖欠劳动报酬为由，主张对用人单位供其使用的工具、物品等动产行使留置权，因此类动产不是劳动合同关系的标的物，与劳动债权不属于同一法律关系，故该主张与法律规定相悖。

首先，基于劳动关系产生的债权不能行使留置权。根据我国民事法律规定及法律体系的架构，留置权的行使要件之一应为存在平等主体间的债权债务关系。留置权是担保物权之一，规定在我国民法体系中，其调整对象应是平等主体间的民事担保关系，排除因管理行为产生的债权债务对担保法的运用。留置权在性质上是平等主体间实现债权的一种方式，其平等性表现在债权人可通过留置债务人的动产对抗债务人，督促其履行债务，并可通过对留置物进行变价优先受偿来保护债权。而劳动关系一方为用人单位，另一方为劳动者，与一般的民事关系相比，双方在履行劳动合同过程中处于管理和被管理的不平等关系，劳动者不能基于劳动管理关系而对所占有的用人单位的财产适用留置，否则将导致劳动管理秩序的紊乱。我国的《劳动法》及《劳动合同法》已经对劳动者的合法权利设置了倾斜性保护条款，劳动者完全可以通过法定的正当途径保护自己的劳动债权，如再使用私力救济方式保护劳动债权，不仅影响劳动生产和管理秩序，还将造成债权债务保护的不公平性。另外，由于留置权具有优先受偿性，不仅优于一般债权人，还优先于享有抵押权、质押权人的其他债权人，而劳资纠纷产生于用人单位与劳动者之间，本质上系经济组织的内部纠纷，从用人单位与劳动者共担经营风险的角度而言，也不应通过行使留置权而优先于外部债权人受偿。

其次，卢某云所扣留的苏B×××××轿车，不是双方劳动合同关系的标的物，不符合"同一法律关系"的构成要件。除企业间留置外，留置的动产应与债权属于同一法律关系。这实际上对留置的动产范围作了严格限定。所谓同一法律关系，是指债权人占有动产是基于与其债权发生的同一法律关系发生，动产与债权发生具有紧密联系性。劳动合同的基本法律关系为劳动者承担向用人单位提供劳动和接受用人单位管理的义务，并有权要求用人单位依约支付劳动报酬。本案中，卢某云被上诉人长三角公司安排在管理岗位，分管行政事务、财务以及人事工作，因此卢某云所扣留的苏B×××××轿车，仅仅是长三角公司为公司高管出行提供的便利，并非是双方建立的劳动关系的标的物，长三角公司可以随时收回车辆也并不影响原有劳动关系的履行，长三角公司是基于所有权而不是基于劳动关系要求卢某云返还车辆，因此卢某云占有苏B×××××轿车与其主张的工资、社保金等劳动债权并非基于同一法律关系。

另外，双方劳动关系已经解除，卢某云丧失合法占有苏B×××××轿车的基础。作为长三角公司高管所享受的便利，卢某云合法占有苏B×××××轿车是有时间限制和条件限制的，在双方劳动关系解除后，卢海云合法占有苏B×××××轿车的条件已不存在，理应向长三角公司返还苏B×××××轿车。

【案　　号】（2014）锡民终字第1724号

【审理法院】江苏省无锡市中级人民法院

【来　　源】《最高人民法院公报》2017年第11期

## ▶ 类案检索

### 一、郭某诉李某返还原物纠纷案

**关键词**：劳动合同关系　同一法律关系　留置权

**裁判摘要**：劳动者经允许占有用人单位股东之子的车辆，作为劳动工具使用，其在离职时不能因用人单位拖欠劳动报酬，而对该车辆成立留置权。一方面，劳动者与车辆所有人并不存在劳动合同关系；另一方面，劳动者占有该车辆与其向用人单位主张劳动报酬的债权并非同一法律关系。

【案　　号】（2018）川01民终17450号

【审理法院】四川省成都市中级人民法院

【来　　源】中国裁判文书网

### 二、无锡西姆莱斯石油专用管制造有限公司与无锡市卓盛隆国际货运代理有限公司排除妨害纠纷、返还原物纠纷案

**关键词**：留置权　同一法律关系

**裁判摘要**：《物权法》第331条规定："债权人留置的动产，应当与债权属

于同一法律关系,但企业之间留置的除外。"故债权人行使留置权的前提是债务履行期限届满前其已合法占有债务人的动产,且留置的动产与债权之间存在牵连性。留置权分为民事留置权和商事留置权。民事留置权注重人们在一次交往活动中形成的利益关系的平衡,其功能在于纠正单项交往活动造成的利益失衡格局,因此基于公平原则,强调留置物和被担保债权属于同一法律关系,二者之间需要具有直接的牵连关系。而商事留置权重在保护债权人的债权集合体,寻求商人在持续性多次商事交往活动中的利益平衡。基于商事交易连续且频繁的特征,如果要求债权人对某一个具体的债权举证证明具有直接牵连关系,并不符合商业活动的内在要求,尤其是在采取"往来账"结算方式的情况下,商人之间原有的债权债务的独立性丧失,故商事留置权仅强调留置物与被担保债权的一般关联性。但商事交易并非均为连续且频繁,也有个别交易。简单、个别商事交易中的法律关系并不难证明,而且留置权相较于抵押权或质权具有优先性,如取消个别交易中留置权法律关系牵连性的限制,会造成维护当事人此笔交易安全之际,却破坏了债务人与其他债权人之间他笔交易的安全,不符合保护整体交易安全和公平的原则。故个别商事交易中留置物与债权在法律关系上的直接牵连性仍应得到强调。本案中,西姆莱斯公司承租俊业仓储公司位于无锡新区珠江路10号的涉案仓库,并将货物存放在该仓库内。后俊业仓储公司被卓盛隆公司吸收合并。该两公司合并前,卓盛隆公司原有的债权与西姆莱斯公司存放在涉案仓库内的货物并无牵连性,其不能就该债权主张留置权。俊业仓储公司因与西姆莱斯公司间的房屋租赁关系而主张租金债权,该债权并非双方多次交易的集合体,而是双方之间特定的个别债权,从公平及平等保护其他债权人的原则来说,其就该债权主张留置权仍须以留置物与债权为同一法律关系为前提。而房屋租赁合同的标的物为房屋,合同双方的房屋租赁关系与承租人将货物存放在租赁房屋内系两个不同的法律关系,俊业仓储公司并不能对西姆莱斯公司存放涉案仓库中的货物主张留置。

【案　　号】(2016)苏民终51号
【审理法院】江苏省高级人民法院
【来　　源】中国裁判文书网

## 三、瑞迪兴公司与远顺达公司等航次租船合同纠纷案

**关键词:** 实际承运人　海事强制令　留置权

**裁判摘要**：实际承运人与代理人、行纪人签订水路货物运输合同履行运输义务后，尽管实际承运人与托运人或收货人没有直接合同关系，在合同相对方不支付已届清偿期的运输费用时，实际承运人对自己合法占有的托运人或收货人的货物享有留置权，这符合留置权的善意取得理论。如果货物托运人或收货人申请海事强制令取回货物，导致实际承运人无法实际行使留置权，此时的留置关系因海事强制令转化成为担保关系，留置权人的利益在该担保关系中获得保护。

【案　　号】（2011）琼民三终字第 34 号
【审理法院】海南省高级人民法院

**第四百四十九条** 法律规定或者当事人约定不得留置的动产，不得留置。

## ▶ 关联规定

### 一、法律、行政法规、司法解释

《中华人民共和国海关法》

第三十七条 海关监管货物，未经海关许可，不得开拆、提取、交付、发运、调换、改装、抵押、质押、留置、转让、更换标记、移作他用或者进行其他处置。

海关加施的封志，任何人不得擅自开启或者损毁。

人民法院判决、裁定或者有关行政执法部门决定处理海关监管货物的，应当责令当事人办结海关手续。

### 二、部门规章及规范性文件

《海关对保税仓库及所存货物的管理规定》

第二十条 保税仓储货物可以进行包装、分级分类、加刷唛码、分拆、拼装等简单加工，不得进行实质性加工。

保税仓储货物，未经海关批准，不得擅自出售、转让、抵押、质押、留置、移作他用或者进行其他处置。

## ▶ 条文释义

### 一、本条主旨

本条是关于留置权适用范围的限制性规定。

## 二、条文演变

本条完全沿用了原《物权法》第232条"法律规定或者当事人约定不得留置的动产，不得留置"的规定。

## 三、条文解读

本条规定了不得留置的情形，分别包括：法律规定不得留置的动产，不得留置；当事人约定不得留置的动产，不得留置。

### （一）法律规定不得留置的动产

根据本条规定，留置权的成立不得违反法律的禁止性规定，主要包括两种情况：一是法律明文禁止留置的动产，不得留置。比如，根据《海关法》第37条规定，海关监管货物，未经海关许可，不得留置。二是法律规定的禁止流通物，不得留置。比如，枪支弹药、毒品、非法书籍和影音资料等，这些都不允许在我国市场上交易，不符合留置权所要求的可转让性，依照法律不得作为留置财产。① 另外，法律规定专属于特定主体的身份证件，也不得留置。比如，根据《居民身份证法》第15条第3款规定，任何组织或者个人不得扣押居民身份证。举例而言，公民甲将自己身份证交由公民乙，委托其以甲的名义购买火车票，乙买后付款，甲拒绝支付票款，乙此时将甲身份证扣押。依据法律规定，乙无法成立对甲身份证的留置权。

### （二）当事人约定不得留置的动产

留置权的立法目的在于，通过留置债务人的动产，保障债权人债权的实现，这是法律赋予债权人的一种权利。债权人对该权利的放弃，一般不会影响第三人权益和社会公共利益，法律应当允许债权人自由处分自己的权利。债权人一旦基于意思自治对未来的债权放弃了留置权，就应当遵守诚信原则，信守约定，不再基于该债权对有关财产行使留置权。当然，此种意思表示必须被证明是真实有效且自愿的。另外，如果留置财产的行为与债权人承担的合同义务相抵触，实际上也间接否定了留置权的成立。比如，在承揽合同中，如果双方

---

① 参见最高人民法院民法典贯彻实施工作领导小组主编：《中华人民共和国民法典物权编理解与适用》，人民法院出版社2020年版，第1291页。

约定承揽人应先交货由定作人验收合格后付款，在交货之前定作人的付款义务还未届清偿期，承揽人就无法对此主张留置权。①

需要注意的是，如果债权人放弃留置权的意思表示，是基于一定的前提或在特定的情形下作出的，该前提或特定情形根本不复存在，债权人主张行使留置权的，应当准许。比如，债务人向债权人承诺将另行提供担保，请求债权人未来不对债务人的动产行使留置权，债权人同意，两者达成不对相应动产行使留置权的约定。如果事后债务人未按约定向债权人提供担保，双方关于留置权的约定不应再对债权人产生约束力，债权人为保障实现债权，主张对有关动产行使留置权的，应当允许。②

## ▶ 适用指引

### 一、对"法律"的理解

在对本条的适用中，"法律规定不得留置"中的"法律"应当被理解为狭义的法律，即全国人民代表大会及其常务委员会制定的法律，不包括行政法规、地方法规和行政规章等广义上的法律规范。留置权是一种法定的担保物权，是《民法典》明文规定的权利，这也保障了留置权强大的优先受偿效力，不得随意对该权利的行使作出限制。因此，在本条明确规定为"法律"的情况下，不宜作扩大解释。但此处的"法律"应当理解为包括《民法典》本身，尤其是关于民事基本原则的有关规定。《民法典》第8条规定："民事主体从事民事活动，不得违反法律，不得违背公序良俗。"公序良俗旨在维护社会公共利益和人们健康的道德信念，与一般个体的私权相比，具有更重要的意义，各国法律都不允许留置权的行使影响社会公共利益和社会公德。③

因此，留置权的成立和实现不得违背公序良俗。比如，在突发公共卫生事件和重大自然灾害中，应当优先保障公共利益，承运人对其运输赈灾物资的运

---

① 参见最高人民法院民法典贯彻实施工作领导小组主编：《中华人民共和国民法典物权编理解与适用》，人民法院出版社2020年版，第1291页。
② 参见王利明主编：《中国民法典评注：物权编》，人民法院出版社2021年版，第981页。
③ 参见王利明主编：《中国民法典评注：物权编》，人民法院出版社2021年版，第980页。

费一般不得就此赈灾物资主张留置权;在搜寻援救中,搜救人对其打捞上来的遗体不得主张留置权,遗体运送人也不得以运费未付而对所运输的遗体主张留置权,债权人可以通过其他形式主张债权,但留置遗体的行为违背了善良风俗。

## 二、对"约定"的形式要求

对当事人约定不得留置时的约定方式,本条并没有明确作出限制,应当作宽泛解释。这种约定既可以在合同订立时达成协议,写入合同条款,也可以在合同履行过程中,另外达成补充协议,如保证无条件放货的承诺函。这种约定既可以是书面形式,也可以是口头形式,既可以是明确约定,也可以是默示推定,只要有证据证明当事人达成了不得留置的真实、有效、一致的意思表示即可。但是,从有利于举证的角度出发,建议不得留置的约定应以书面形式记载。①

## ▶ 典型案例

### 荣成市龙眼港务有限责任公司诉荣成市西霞口船业有限公司港口服务合同纠纷案

**关键词**:留置财产  海关监管货物

**裁判摘要**:装有进口料件的出口建造船舶整船是海关监管货物。对海关监管期间的船舶进行留置,违反《海关法》的强制性规定,影响海关关税征收和进出口贸易监管秩序。人民法院判决、裁定或者有关行政执法部门决定处理海关监管货物的,应当责令当事人办结海关手续。办结海关手续的前提是货物经行政机关批准由出口转为内销,在未有行政机关许可内销的情况下,亦无法由当事人办结海关手续。因此,未经海关许可,不得将海关监管货物用作债务的担保,包括留置方式的担保。

**基本案情**:2011年至2015年期间,荣成市龙眼港务有限责任公司(以下简称龙眼港务)与荣成市西霞口船业有限公司(以下简称西霞口船业)分别

---

① 参见黄薇主编:《中华人民共和国民法典释义》,法律出版社2020年版,第608页。

就3艘船舶的船舶港口服务事宜签订了多份《船舶港口服务合同》，对3艘船舶停靠荣成市龙眼港码头、停靠期间有关码头服务事项及费用进行了约定。根据荣成海关出具的3份通关手册记载证明，涉案3艘船舶为进料加工贸易，主管海关为荣成海关，经营单位为中国交通建设股份有限公司（以下简称中国交建），加工单位为西霞口船业，出口成品为3艘船舶整船。涉案三艘船舶的所有权于2016年3月在另案判决中被确定为中国交建。自2011年始，龙眼港务依约履行了合同项下的全部船舶港口服务义务，但西霞口船业公司尚拖欠船舶港口服务费约5151万元。经多次催促支付后，西霞口船业以船舶的所有人是谁存在争议为由拒绝支付。2016年5月，龙眼港务向青岛海事法院提起诉讼，要求西霞口船业支付欠款，并主张对涉案船舶行使船舶留置权，涉案船舶所有权人中国交建申请作为第三人参加本案诉讼。案件审理期间，该3艘船舶停泊在西霞口龙眼港东区。2018年8月22日，青岛海事法院对本案作出判决，要求西霞口船业支付龙眼港务船舶港口服务费用及相关利息，并驳回龙眼港务的其他诉讼请求。本案判决后，原被告及第三人均服判未提起上诉，判决已发生法律效力。

本案的争议焦点之一为龙眼港务能否享有涉案3艘船舶的留置权。法院经审理认为，法律规定或者当事人约定不得留置的动产，不得留置。《海关法》第37条第1款规定："海关监管货物，未经海关许可，不得开拆、提取、交付、发运、调换、改装、抵押、质押、留置、转让、更换标记、移作他用或者进行其他处置。海关加施的封志，任何人不得擅自开启或者毁损。人民法院判决、裁定或者有关行政执法部门决定处理海关监管货物的，应当责令当事人办结海关手续。"根据上述规定，未经海关许可，不得将海关监管货物用作债务的担保，包括留置方式的担保。加工贸易是指经营企业进口全部或部分原辅材料、零部件、元器件等料件，经过加工或者装配后，将制成品复出口的经营活动，包括来料加工和进料加工。荣成海关出具的通关手册载明，中国交建进行的是进料加工贸易。中国交建为涉案3艘船舶的建造付汇进口船舶配件，该配件已安装于3艘船舶上，已建成的3艘船舶系进料加工制成品。对该加工贸易自料件进境至制成品复出口出境止的整个过程，海关实施监管，该3艘船舶属于不得留置的动产，龙眼港务不得对涉案3艘船舶享有并行使留置权。

【案　　号】（2016）鲁72民初1045号

【审理法院】青岛海事法院

【来　　　源】青岛海事法院2019年十起典型案例（2020年6月27日青岛海事法院发布）

## ▶ 类案检索

### 一、厄斯菲德钢铁有限公司与招商局国际冷链（深圳）有限公司等财产损害赔偿纠纷案

**关键词**：保税仓储货物　海关监管货物　留置财产

**裁判摘要**：保税仓储货物为海关监管货物，未经海关许可，债权人不得留置。保税仓储货物入库时，收发货人或其代理人应持有关单证向海关办理货物报关入库手续，上述单证及入库手续上会载明货物数量、价格，债权人作为仓储服务提供者应当配合验单并确认入仓单，案涉钢材为可分物，债权人应当知道其留置的案涉货物价值明显超出其所主张的仓储费，已构成侵权。

【案　　　号】（2013）深中法涉外终字第97号

【审理法院】广东省深圳市中级人民法院

### 二、天津临港滨海港务有限公司、天津港交易市场有限责任公司买卖合同纠纷案

**关键词**：约定不得留置　留置财产

**裁判摘要**：作为港口货物保管提供方，在服务过程中出具"存货证明"和"承诺函"，且这两份文件明确货物的所有权人，并承诺"贵司有权在任何时间凭借贵司出具的《放货通知书》到我司提取全部货物，且不收取贵司任何费用（包括但不限于港杂费、仓储费等），我司将无条件放货"，此时已经构成双方关于不得留置的约定，排除了对该货物的进行留置的权利。

【案　　　号】（2018）津民终356号

【审理法院】天津市高级人民法院

【来　　　源】中国裁判文书网

> **第四百五十条** 留置财产为可分物的,留置财产的价值应当相当于债务的金额。

## ▶ 关联规定

法律、行政法规、司法解释

1.《中华人民共和国海商法》

第八十七条 应当向承运人支付的运费、共同海损分摊、滞期费和承运人为货物垫付的必要费用以及应当向承运人支付的其他费用没有付清,又没有提供适当担保的,承运人可以在合理的限度内留置其货物。

2.《最高人民法院关于适用〈中华人民共和国民法典〉有关担保制度的解释》

第三十八条 主债权未受全部清偿,担保物权人主张就担保财产的全部行使担保物权的,人民法院应予支持,但是留置权人行使留置权的,应当依照民法典第四百五十条的规定处理。

## ▶ 条文释义

### 一、本条主旨

本条是关于留置物价值应当与债务金额相当的规定。

### 二、条文演变

本条规则最早规定于1995年10月1日起施行的原《担保法》第85条:"留置的财产为可分物的,留置物的价值应当相当于债务的金额。"其后,2007年10月1日起施行的原《物权法》第233条沿用了这一规定。2021年1月1日起施行的《民法典》第450条继续沿用这一规定,未作修改。

## 三、条文解读

此规定体现了物尽其用、公平原则，是对担保物权不可分性规则的突破。根据物权法律的基本原理，留置权具有不可分性，此种不可分性表现在以两个方面：一方面，留置权所担保的是债权的全部，而不是部分，即担保的债权具有不可分性；另一方面，留置权的效力具有不可分性，留置权及于债权人所留置的全部留置财产，留置权人可以对留置财产的全部行使留置权，而不是部分。因此，从理论上而言，只要债权人基于同一法律关系占有了债务人的动产，就可以行使留置权，而不论留置财产价值与债权数额是否相当。但是，如果将留置权的不可分性绝对化，则可能造成不公平。比如，甲公司为黄金饰品的加工工厂，乙公司为了市场销售需要，将价值5000万元的金砖交由甲公司加工，乙公司负责提供设计图纸，甲公司负责按照图纸将该批金砖加工成共计5000件相同规格、相同样式的首饰。甲公司与乙公司签订了加工承揽合同，约定乙公司需支付给甲公司加工报酬50万元。甲公司加工完成后，乙公司一直未向甲公司支付报酬。因甲公司的报酬仅50万元，扣留50件首饰即足以支付其加工费用，如果允许甲公司留置全部首饰，势必对乙公司非常不利。① 故本条对于留置权的不可分性作了一定程度的缓和，明确规定留置财产为可分物的，留置财产的价值应当相当于债务的金额。②

留置权既然以担保债权实现为目的，留置权行使的范围也应以满足此目的为限度。如果留置物价值远远大于债务金额，就会超出担保债权的目的且损害到债务人的利益而失去其正当性。因此，债权人事先占有的债务人的动产属于可分物（如一批在数量上可以分割的货物），则债权人只能留置在价值上与其债权相当的部分动产。法律如此规定，是因为债权人留置财产的目的是清偿债权，只要留置物的价值相当于债务的金额，就能保证其债权得到实现。这既符合公平原则的要求，也体现了物尽其用原则的理念，避免标的物过多地被扣押，影响流通。③

---

① 参见石宏主编：《〈中华人民共和国民法典〉释解与适用：物权编》，人民法院出版社2020年版，第475页。
② 参见中国审判理论研究会民事审判理论专业委员会编著：《民法典总则编条文理解与司法适用》，法律出版社2020年版，第525页。
③ 参见最高人民法院民法典贯彻实施工作领导小组主编：《中华人民共和国民法典物权编理解与适用》，人民法院出版社2020年版，第1292页。

需注意的是，本条规则同样适用于《海商法》中海上货物运输留置权。在留置货物的幅度方面，远洋运输留置货物须在"合理"的限度内，而沿海、内河运输留置货物，需是"相应"的货物。这里的"合理限度""相应货物"，通说认为指在货物为可分物的情况下，所留置的货物应在价值量上与所担保债权相近，否则有滥用权利之嫌，如果是不可分物，则留置权可针对货物整体实施。

## ▶ 适用指引

### 一、区分可分物与不可分物

准确界定可分物的概念，是正确适用本条内容的关键。只有留置的物属于可分物时，才有本条的适用空间，否则债权人有权留置物的全部。依物之物理特性，凡物均可分割，"一尺之棰，日取其半，万世不竭"。但依物之功用价值，有可分与不可分之别。可分物是指可以分割并且不因分割而损害其价值或性能的物。例如，若干公斤大米、若干米布匹、若干吨水泥、若干吨煤炭、若干金钱等均属于可分物，人们可以对其进行任意分割而不影响其性质与价值。不可分物是因其性质不能分割或者分割后会改变性质或降低其价值的物。例如，一头牛、一辆轿车、一幅字画、一件古董等都是不可分物，若对其进行物理上的分割势必将其毁损从而使其价值大幅降低或者失去价值。再如，钻石作为加工承揽合同的标的物，如果债权人在留置该物时，就不能适用本条的规定，因为钻石若予以分割，其价值就会遭受毁损，属于不可分物。此外，在特殊情况下，按照当事人约定或者法律规定，物理上可分的物也可以是不可分物。例如，按照财产共有人的协议或权利的性质，在一定时间内不得分割的物，即便可分也属于不可分物。[1] 再如，在票证物中，票据和有价证券的金额虽可分，但票证本身仍为不可分物，因为依照《票据法》第33条的规定，票据的转让必须是全部转让，将汇票金额的一部分转让的背书或者将汇票金额分

---

[1] 参见最高人民法院民法典贯彻实施工作领导小组主编：《中华人民共和国民法典物权编理解与适用》，人民法院出版社2020年版，第1293页。

别转让给二人以上的背书无效。①

## 二、留置财产的价值判断

如何判断留置财产的价值是否相当于债务金额？各种物品的价值差别较大，通常应当根据留置财产的正常市场价格进行判断。所谓价值相当，不是说必须完全等值，而是留置财产的价值不能明显超过债权金额。例如，甲公司从乙公司购买一批服装，共计1万件，乙公司出售给甲公司的出厂价格为500元/件，甲公司拟以1000元/件出售，故在每件衣服的价格标签上印上市场价1000元，市场上同等档次的服装价格约为800元/件。甲委托丙公司运输，约定运费8000元。如果甲公司未支付运费，丙公司欲行使留置权，根据本条的规定，丙公司仅能留置与债务相当价值的财产。此时，丙公司可以按照市场平均价格计算价值，即800元/件，留置约10件衣服。当然，由于不同地区的市场价格有差异，应当以行使留置权所在地的市场价格判断。②

## 三、超范围留置的法律责任

如果债权人行使留置权的范围明显超过了债权金额范围，在留置动产是可分物时，债务人有权要求解除超范围的留置并返还相应留置物。留置权人拒不解除留置的责任性质，有观点认为系违约责任或者侵权责任。③但参照《民法典》第1177条的规定，受害人采取自助行为措施不当造成他人损害的，应当承担侵权责任的规定精神，可将留置权人拒不解除超范围留置的责任性质认定为侵权责任，由此给债务人造成损失的，应当承担相应的侵权赔偿责任。比如，在一个案例中，甲公司将100台价值共20万元的笔记本电脑存放在乙仓库，约定存放期为3个月，保管费2万元。存放3个月后，甲公司因资金周转困难，要求仓库允许其先将100台电脑提走，一周内即付清保管费，乙仓库不同意，并将100台电脑全部扣留。在此后的扣留期间，100台电脑全部被毁损，甲公司无法向用户交货，经人民法院判决其需要向有关用户支付违约金4

---

① 参见王明锁：《对物权客体——物的含义与种类的新解读》，载《河南省政法管理干部学院学报》2005年第6期。

② 参见石宏主编：《〈中华人民共和国民法典〉释解与适用：物权编》，人民法院出版社2020年版，第477页。

③ 参见最高人民法院民法典贯彻实施工作领导小组主编：《中华人民共和国民法典物权编理解与适用》，人民法院出版社2020年版，第1293页。

万元，这时甲公司的损失应如何承担？我们认为，依据本条规定，甲公司仅欠乙仓库 2 万元保管费，乙仓库只能留置与此价值相当的电脑数量，无权对另外的电脑进行留置，否则构成侵权行为，其占有状态应为无权占有，此时被其占有的财产发生意外毁损的，有关风险应当由乙仓库承担，其应当对留置物所有人承担相应的赔偿责任。①

## ▶ 类案检索

### 一、金川集团股份有限公司诉安新县捷力和铜业有限公司、保定大利铜业有限公司加工合同纠纷案

**关键词：** 承揽　超范围留置

**裁判摘要：** 承揽人加工所涉原材料数量巨大，且为不可分物，因此其行使加工费留置权的范围仅能及于等价值的加工原料，承揽人以行使留置权为由拒不返还超出加工费数额的原材料，应当承担违约责任。

【案　　号】（2016）最高法民终 254 号

【审理法院】最高人民法院

【来　　源】中国裁判文书网

### 二、常德市晓峰物流有限公司、广州顶通物流有限公司长沙分公司合同纠纷案

**关键词：** 超范围留置　损害赔偿

**裁判摘要：** 因留置的货物为可分物，留置货物价值明显高于享有的到期债权，因此，上诉人提出的其系依法行使留置权，不应承担货物损失赔偿责任的上诉意见，于法无据，不予支持。

【案　　号】（2020）湘 01 民终 5822 号

【审理法院】湖南省长沙市中级人民法院

【来　　源】中国裁判文书网

---

① 参见最高人民法院民法典贯彻实施工作领导小组主编：《中华人民共和国民法典物权编理解与适用》，人民法院出版社 2020 年版，第 1294 页。

**第四百五十一条** 留置权人负有妥善保管留置财产的义务;因保管不善致使留置财产毁损、灭失的,应当承担赔偿责任。

## 条文释义

### 一、本条主旨

本条是关于留置权人保管义务的规定。

### 二、条文演变

本条规则最早规定于原《担保法》第86条:"留置权人负有妥善保管留置物的义务。因保管不善致使留置物灭失或者毁损的,留置权人应当承担民事责任。"其后,原《物权法》第234条沿用了这一规定。《民法典》第451条沿用了这一规定,未作修改。

### 三、条文解读

行使留置权的前提是债权人合法占有债务人的不动产。因此,留置财产此时已经脱离了债务人的控制,而由债权人合法控制。民事主体享有权利的同时,也应当履行法律规定或者合同约定的义务。债权人在行使留置权的同时,也是如此。留置权人占有、控制着债务人的动产。由于留置财产的所有权仍属于债务人,作为所有权人,债务人对留置财产享有利益。因此,法律有必要为留置权人设定义务,避免留置财产陷于灭失风险之中,危及债务人的所有权。如果留置财产毁损或者灭失,不仅损害了债权人的所有权,也不利于实现留置权。因此,本条首先规定,留置权人负有妥善保管留置财产的义务。[1]

留置权人保管留置物的义务,包括三个方面的内容:(1)保障标的物的安全。留置权人应当采取必要的措施确保留置物不受损失。留置物因为留置权人

---

[1] 参见黄薇主编:《中华人民共和国民法典释义及适用指南》,中国民主法制出版社2020年版,第681页。

的过错毁损或者灭失的，留置权人应当负赔偿责任。（2）保障标的物利益的收取。留置权人对标的物的孳息和其他利益有收取保管的义务，因过错而怠于收取的，应当负损害赔偿责任。（3）不为自己的利益利用标的物。留置权人非以"必要的使用"为目的，不经债务人的同意，不得使用、出租留置物或者以留置物向他人提供担保，否则，留置权人应当负义务不履行之损害赔偿责任。[1]

留置权人对留置财产的保管义务产生于留置权产生之时；但从严格的意义上说，这种保管义务是留置权产生之前，债权人对该物的保管义务的延续。因为债权人在依债权占有该物时就负有保管义务，当债权人行使留置权时，这种基于合同产生的保管义务就转化成为基于担保物权而产生的保管义务。保管义务贯穿于留置期间的始终，直至留置权消灭时，这种保管义务才消灭。事实上，保管义务实际延续至留置财产交还之时，因为从留置权消灭到留置财产交还还有一定的期间，在这个短暂期间，留置权人仍负有对留置财产保管义务。[2]

此外，依据本条规定，留置权人因保管不善致使留置财产毁损、灭失的，应当承担赔偿责任。这属于典型的承担侵权损害赔偿责任的条款表述。据此，留置权人承担的责任应属于过错责任的范畴，留置物所有人主张留置权人承担赔偿责任的，要遵循"谁主张，谁举证"的一般规则，对本条规定情形的案件事实承担举证责任。

## ▶ 适用指引

### 一、妥善保管义务的具体认定

妥善保管留置财产，是一种消极性义务，不需要留置权人有积极的作为，留置权人对留置财产并不负有保值增值的义务。比如，留置财产为受市场影响很大的动产，即便在价格变动剧烈的情况下，留置权人也不能因行情变动而任意处分变现。留置权人只要使留置财产维持原状或者保持其正常状态，确保不受到侵害、毁损或者灭失即可。同样，留置权人占有留置财产时，原则上未经

---

[1] 参见最高人民法院民法典贯彻实施工作领导小组主编：《中华人民共和国民法典物权编理解与适用》，人民法院出版社2020年版，第1295页。

[2] 参见杨立新主编：《〈中华人民共和国民法典〉条文精释与实案全析》，中国人民大学出版社2020年版，第638页。

债务人同意，不得使用、出租留置财产或者擅自把留置财产作为其他债权的担保物。但是，留置权人出于保管的需要，为使留置财产不因闲置而生损害，在必要的范围内有适当使用留置财产的权利。比如，甲的汽车损坏，委托乙修理厂进行修理，约定修理费用1万元，后甲一直未付修理费。乙修理厂遂留置了甲的车辆。长达近1年时间，甲一直未履行债务。乙修理厂为了避免所留置的汽车长期不用导致故障，即可以适当启动使用该汽车，确保该车处于正常状态。①

关于何为"妥善保管"，有不同的认识。一种观点认为，留置权人应以善良管理人的注意保管留置物。在民法上，善良管理人的注意是指依照一般交易上的观念，认为有相当的知识经验及诚实的人所具有的注意。是否尽到此项注意，依照抽象的标准加以确定，即以客观之注意能力而非以主观之注意能力为断。另一种观点认为，除不可抗力的原因外，留置权人均应对保管不善而造成的留置物损失负赔偿责任。我们认为，后一种观点实质上是让留置权人承担了无过错责任，对留置权人要求过苛。前一种观点与妥善保管义务也并非同一标准，妥善保管义务要求为"与处理自己事务同一之注意"，即将对该留置物的要像对待自己的物品一样妥善保管，②更偏向主观标准。而善良管理人的注意更加强调以客观的注意能力为判断标准，比起妥善保管义务的主观标准来说更加严格。③一般来说，根据民事主体权利与义务相统一原则，按照保管的有偿与无偿、专业与非专业等情形，设置了不同的注意标准。比如，对于有偿、双务保管合同中的保管人采用的是善良管理人的注意标准，对于无偿保管合同中的保管人采用的是妥善保管标准。而仓储合同中的保管人因所从事的保管活动具有专业性，且仓储费的标准往往要高于一般保管中的保管费，所以，仓储合同中保管人应尽的注意义务应在善良管理人的基础上再加上行业通常水平的标准。④留置权人系基于债务人不履行到期债务，根据法律规定行使留置权，由

---

① 参见黄薇主编：《中华人民共和国民法典释义及适用指南》，中国民主法制出版社2020年版，第681页。

② 参见最高人民法院民法典贯彻实施工作领导小组主编：《中华人民共和国民法典物权编理解与适用》，人民法院出版社2020年版，第1296页。

③ 参见蒋新苗、朱方毅、蔡唱：《留置权制度比较研究》，知识产权出版社2007年版，第114页。

④ 参见最高人民法院民法典贯彻实施工作领导小组主编：《中华人民共和国民法典合同编理解与适用》，人民法院出版社2020年版，第2455页。

此产生相应的保管义务，其保管具有无偿性与非专业性，故留置权人的保管义务标准为妥善保管，而非更加严格的善良管理人标准。

留置物在保管期间，因为留置权人的过失，未尽到应有的注意或者保管方法不当致使留置物灭失或者毁损的，留置权人不仅丧失了留置权，而且还要承担留置物灭失或者毁损的赔偿责任，但其债权并未丧失。留置权人于占有标的物期间是否已为必要的注意，应由留置权人来举证。留置权人保管留置财产，应自己为之。留置权人保管留置物需债务人予以协助的，得请求债务人协助；如债务人未应其请求予以协助，对因此而造成的留置物毁损、灭失，债务人不能请求损害赔偿。

## 二、因妥善保管义务衍生的留置权人相关权利与义务

第一，留置物的必要使用权。留置权为担保物权，留置权人对留置物并无用益物权，因此，留置权人原则上对留置物不享有使用权。但是留置权人妥善保管留置物时，在必要的情况下应当享有使用留置物的权利。在保管留置物所必要的范围内，留置权人可以使用留置物。例如，为了防止生锈而适当运转机器、开动车辆。此范围内使用留置物，不必经留置物所有人的同意。但是必以保存留置物的目的为限，不能以积极地取得收益为目的。如果在必要使用情形下产生收益，留置权人可以收取并抵偿债权。因此，这种必要的使用权必须满足以下三个要件：一是留置权人主观上具有善意，其使用的目的不是毁损留置物；二是这种使用出于妥善保管的需要；三是保管使用不得以收益为目的。我国法律对此项权利未有明确规定，但是理论上均承认留置权人保管留置物期间的必要使用权。

有学者认为，留置权人在经留置物所有权人同意的情况下也享有对留置物的使用权，这种合法的使用，既可以是为自己设定担保也可以是出租留置物。但是，这种留置权人使用留置物的权利不属于留置权的效力表现，因为它不是因留置权的存在而赋予留置权人所享有的权利，而只是基于留置物所有人与留置权人之间的另一种合同关系而产生的权利。

第二，必要费用的偿还请求权。留置权人虽原则上不享有对留置物的使用权，但却有妥善保管的义务。留置权人为保管留置物所支出的必要费用，是为留置物所有人利益而支出的，因此，有权要求留置物所有人偿还。保管的必要费用是指为留置物保存及管理上所必须支出的费用，如养护费、维修费、饲养

费等。这种费用偿还请求权,性质上属于未定期限的债权,留置权人可以随时提出请求,留置物所有人自被催告时起,负迟延责任。其催告定有期限者,自期限届满时,负迟延责任。[1]

第三,某些立法例规定因留置物的瑕疵而造成留置权人人身或财产损害时,留置权人有权请求留置物所有人进行损害赔偿,在司法实践中亦可予以参考。

第四,留置权人的义务。除妥善保管以外,留置权人还应承担如下义务:一是不得擅自使用、出租或处分留置物。具体而言,留置权人对留置物的转让又可以分为以下几种情况:(1)在债务人即为留置物所有人时,债务人同意留置权人转让留置物,此应属于留置权的实现,第三人取得留置物所有权,而留置权所担保的主债权消灭;若债务人并未同意债权人转让,此时若第三人为善意,则可基于善意取得而获得留置物的所有权,但债权人应当赔偿债务人因此而受到的损失,其留置权因占有的丧失而消灭,其对债务人的主债权并不消灭,而因主债权与债权人所承担的损害赔偿之债并非同一性质,因此不可抵销。若双方当事人合意抵销,则应以不损害其他债权人利益为限。(2)在留置物所有人并非债务人时,若留置物所有人同意债权人转让的,此时第三人取得留置物的所有权,留置权因占有的丧失而消灭,但主债权并未消灭;若留置物原所有人不同意债权人转让时,如果第三人受让该留置物构成善意取得,则债权人应当赔偿留置物所有人的损失,留置权因占有的丧失而消灭,但主债权仍然存在。二是返还留置物的义务。当留置权担保的债权因清偿而消灭,或者债务人另外提供了充分的担保而导致留置权消灭时,留置权人负有返还留置物的义务。

### 三、留置保管期间留置物所有人的相关权利义务

第一,对留置物的处分权。留置权人留置标的物,留置物所有人并不因留置权的行使而丧失留置物的所有权。所以,留置物的所有人仍有权处分其物,例如,出卖、赠送或作其他转让,均无不可,但留置权并不因而受到影响。也就是说,在所有人将留置物所有权转移时,留置权继续存在于留置物上,债权人的留置权并不消灭,即使受让人取得留置物的所有权,留置权人与留置物的新所有人之间也继续存在留置权关系,直到主债权得到清偿为止。但

---

[1] 参见史尚宽:《物权法论》,中国政法大学出版社2000年版,第509页。

是，因为留置权的标的物为动产，动产所有权人行使其权利的前提条件是对标的物的占有，占有是所有权的外在表现。对于动产而言，占有人被推定为或是被认为有处分权。而在动产上有留置权存在的情况下，留置权人恰恰是动产的占有人。这样，留置物所有权人虽然事实上还享有留置物的所有权，但由于丧失占有，使其所有权的有关权能处于缺失的状态，从而对所有权的行使也有一定的影响。因此，留置物所有人对留置物的权利因留置权的存在也受到了一定的限制。首先，受到限制的是占有、使用和收益权能。因为留置物被留置权人占有，留置物所有人对留置物的占有、使用权受到了完全的限制。由于留置物孳息、经留置物所有人同意使用而发生的收益均由留置权人收取，但收益的所有权仍属留置物所有人，因此收益权能只是部分丧失。其次，留置物所有人的租赁权和出质权受到限制。留置物所有人本来有权将留置物出租，因为留置物被留置权人所占有，留置物所有人不能交付租赁物供承租人占有使用。质权是以质物的占有为要件，虽然留置物的所有人可通过将其返还请求权让与质权人来设定质权，但由于该项返还请求权已因有留置权的存在而不完整，因此不会有人愿意接受而成立质权。因我国《民法典》中规定的留置权标的物只能为动产，上面所讨论的内容均发生在留置权标的物为动产的情况下，因为动产的所有权的行使和留置权的行使都与动产的占有密切相关，而在动产中又不存在登记的制度，从而使动产标的物上负担的公示只有通过占有来表现，正是因为留置权人的占有才使所有权人的权利的行使受到限制。

而在英美法系的衡平法留置权制度中，留置权的成立主要是以不动产为标的，不动产上的留置权实际上是交易关系的当事人因其交易关系而赋予当事人的一种优先的权利，并不是真正意义上的留置权，但这种制度也是所有权上的一种负担，也是随着所有权的转移而转移的，但这种负担不以标的物的占有为前提，因此对所有权的行使没有太大的限制。

第二，留置物返还请求权。留置物所有人的该项权利是与留置权人的返还义务相对应的。在主债权得到清偿或债务人提供其他相应担保而致使留置权消灭的情况下，留置物所有人有权要求留置权人返还留置物。根据权利与义务的一致性原则，留置权人既然享有在主债权未得到清偿时留置留置物的权利，那么在债务人履行了清偿义务之后，留置权人就承担将留置物返还给留置物所有人的义务，在留置权消灭后，留置物所有人有权请求留置权人将留置物予以返还。留置权人对留置物实行折价或变卖后，以变价款抵偿债权后如有剩余，对剩余部分留置物所有人也有权要求留置权人予以返还。

第三，损害赔偿请求权。在留置期间，留置权人负有妥善保管留置物的义务，应当保障标的物的安全、保障留置物的利益收取，并不得为自己的利益使用留置物。留置权人未对留置物尽到妥善保管注意义务，致使留置物受到损害或者灭失的，留置物所有人有权要求留置权人赔偿。留置权人对于留置物的孳息和其他利益，因过错怠于收取的，应承担偿还孳息和其他利益的责任，留置物所有人有权要求留置权人偿还孳息和其他利益。如未经债务人的同意，留置权人使用、出租留置物或以留置物向他人提供担保的，留置权人应负义务不履行的损害赔偿责任，留置物所有人有权要求其赔偿。

第四，留置物所有人有不作为义务和偿付必要费用的义务。不作为义务是指留置物所有人不得妨碍和阻挠留置权人行使留置权。留置权是法定的权利，留置权行使受法律的保护，留置物被留置以后，留置物所有人必须尊重留置权人行使留置权的事实，不得干扰和阻碍留置权人行使权利，更不得抢夺、毁损留置物，必要时留置物所有人对留置权人行使留置权还应该给予协助。偿付必要费用的义务，是由于留置成立后，留置物的所有权属并未发生变化，留置权人为保管和维护留置物所支付的必要费用是为留置物所有人的利益而支付的，因此，该费用应当由留置物所有人来承担，留置物所有人有义务予以偿还。①

## ▶ 类案检索

**浙江海味鲜食品开发有限公司、温岭市松门海滨船舶修造有限公司船舶修理合同纠纷案**

**关键词：** 留置财产保管 损害赔偿

**裁判摘要：** 因案涉船舶修理保养完毕后，浙江海味鲜食品开发有限公司（以下简称海味鲜公司）作为定作人未向承揽人温岭市松门海滨船舶修造有限公司（以下简称海滨公司）支付报酬的，除当事人另有约定的情况外，海滨公司对案涉船舶享有留置权。《物权法》第234条规定，留置权人负有妥善保管留置财产的义务；因保管不善致使留置财产毁损、灭失的，应当承担赔偿责

---

① 参见蒋新苗、朱方毅、蔡唱等：《留置权制度比较研究》，知识产权出版社2007年版，第115~118页。

任。此处的损害赔偿,是侵害物权造成权利人损害而产生的侵权请求权。本案中,当事人未约定留置财产后的债务履行期间。在海滨公司留置案涉船舶后,海滨公司未确定履行期限并通知海味鲜公司履行债务,进而也未及时折价、拍卖、变卖留置船舶;海味鲜公司在明知己方船舶被海滨公司留置的长达1年多的时间内未及时履行债务。双方对于案涉船舶非正常的长时间留置状态的产生均存有一定程度的过错。海滨公司在未征得海味鲜公司同意的情况下,未经检查确保船舶下水安全即将案涉船舶下水,是后期船舶因船底渗漏进水沉海的直接原因。海滨公司未能妥善保管案涉船舶造成船舶毁损,存有明显过错,应当承担赔偿责任。此外,本案没有证据显示海滨公司在留置案涉船舶期间拒绝海味鲜公司管护船舶;案涉船舶沉海后,渔业互保机构是以"会员船自身保养不当导致船底腐蚀"为由拒赔。综合考量上述因素及案涉船舶2年未进行年检的情况,一审法院认定海味鲜公司作为案涉船舶的所有权人对于上述损害的发生同样存有过失等性质的过错,也属妥当。一审法院对照双方过错情况,酌情减轻海滨公司的侵权责任,认定海滨公司承担70%的赔偿责任,具有相应依据。海滨公司上诉主张其没有船舶保管义务,并称船底腐蚀渗漏进水沉海与海滨公司无关,一审法院确定的责任比例有失公平。海滨公司的上述上诉主张与现有立法及审理情况不符,不予支持。

【案　　号】(2019)浙民终1011号
【审理法院】浙江省高级人民法院
【来　　源】中国裁判文书网

第四分编　担保物权 | 第十九章　留置权 | 第四百五十二条

> **第四百五十二条**　留置权人有权收取留置财产的孳息。
> 前款规定的孳息应当先充抵收取孳息的费用。

## ▶ 关联规定

### 法律、行政法规、司法解释

《中华人民共和国民法典》

**第三百二十一条**　天然孳息，由所有权人取得；既有所有权人又有用益物权人的，由用益物权人取得。当事人另有约定的，按照其约定。

法定孳息，当事人有约定的，按照约定取得；没有约定或者约定不明确的，按照交易习惯取得。

**第四百一十二条**　债务人不履行到期债务或者发生当事人约定的实现抵押权的情形，致使抵押财产被人民法院依法扣押的，自扣押之日起，抵押权人有权收取该抵押财产的天然孳息或者法定孳息，但是抵押权人未通知应当清偿法定孳息义务人的除外。

前款规定的孳息应当先充抵收取孳息的费用。

**第四百三十条**　质权人有权收取质押财产的孳息，但是合同另有约定的除外。

前款规定的孳息应当先充抵收取孳息的费用。

## ▶ 条文释义

### 一、本条主旨

本条是关于留置权人孳息收取权的规定。

## 二、条文演变

原《担保法》第68条规定:"质权人有权收取质物所生的孳息。质押合同另有约定的,按照约定。""前款孳息应当先充抵收取孳息的费用。"但未对留置权人是否有权收取留置财产的孳息作出规定。原《担保法解释》第64条规定:"债务履行期届满,债务人不履行债务致使抵押物被人民法院依法扣押的,自扣押之日起抵押权人收取的由抵押物分离的天然孳息和法定孳息,按照下列顺序清偿:(一)收取孳息的费用;(二)主债权的利息;(三)主债权。"第114条规定:"本解释第六十四条、第八十条、第八十七条、第九十一条、第九十三条的规定,适用于留置。"该解释虽对留置财产孳息的清偿顺序作出规定,但是并未明确规定留置权人孳息收取权。

原《物权法》第235条规定:"留置权人有权收取留置财产的孳息。""前款规定的孳息应当先充抵收取孳息的费用。"至此,以法律形式对留置权人孳息收取权予以了确认。

在编纂《民法典》时,本条沿用了原《物权法》第235条规定的内容。

## 三、条文解读

留置权人可以收取留置物所生的孳息,以抵偿其债权,这就是留置权人的孳息收取权。留置财产属于动产,有些动产由于其自然属性或者基于特定法律关系会产生额外的收益,这就是物的孳息。留置权人留置的物为原物,有些留置财产会产生孳息。孳息包括两类:一类是天然孳息,就是因物自身的自然属性或者自身变化规律即可以取得的收益。比如,苹果树上结出的苹果。另一类是法定孳息,就是原物由于特定的法律关系所产生的利益。比如,甲的房屋因出租,因此能获得房租收入。这种房租收入就是由于房屋的租赁法律关系而获得的收益。虽然有的留置财产会产生孳息,但是这种孳息需要有人收取,不然就可能造成孳息无法获得。园中果树的果子,如果无人收取,果子成熟后可能因掉落而腐烂,造成损失。因留置财产孳息的收取可能需要承担一定的费用,法律应当合理规定留置财产孳息的收取,才能平衡好各方的权利义务。

(一)留置财产孳息的收取

根据本条第1款的规定,留置权人有权收取留置财产的孳息。这主要是考虑到留置财产由债权人控制，留置财产的孳息由其收取更为便利，更为可行。且根据法律规定，留置权人有义务妥善保管留置财产，规定由留置权人收取，也是恰当的。

首先，收取留置财产的孳息属于留置权人的权利。既然是留置权人的权利，那么留置权人既可以行使，也可以放弃。只有在留置权人放弃权利不行使时，债务人才可以自行收取留置财产的孳息。在特殊情形下，妥善收取孳息也是留置权人保管义务的内容。比如，甲留置乙所有的受孕母牛一头，后母牛将生产小牛。为了避免母牛因生产感染致死，留置权人应当妥善安置母牛，确保小牛顺利生产下来。

其次，留置权人收取的孳息仅限于留置财产的孳息，不能超出此范围收取。留置权人既可以收取留置财产的法定孳息，也可以收取留置财产的天然孳息。只是因留置权人对于留置物原则上没有用益的权利，所以法定孳息一般没有发生的可能，但仍有其发生的例外情况。例如，留置物为公司的债券或股票，那么，因此所产生的利息或股息等；或者留置权人征得债务人的同意，将留置物出租而收取租金。①但是，留置权人不能收取债务人其他财物的孳息。比如，甲村民帮助乙村民修理拖拉机，因乙未支付修理费，故留置了乙的拖拉机。后甲发现乙家中的母牛在野外产仔，遂将母牛所产小牛带回。甲的行为即不属于本条规定收取孳息的权利，因为此小牛并非留置财产的天然孳息。

最后，留置权人的权利仅仅是收取孳息，并非直接能获得孳息的所有权。所谓收取，就是通过事实行为或者法律行为获得并控制留置财产的孳息。收取之后，留置财产的孳息所有权归属需要根据法律的规定或者当事人约定判断。一般而言，各国物权法会对物的孳息的归属作出规定。《民法典》物权编也对孳息的归属作了规定，第321条第1款规定："天然孳息，由所有权人取得；既有所有权人又有用益物权人的，由用益物权人取得。当事人另有约定的，按照其约定。"第2款规定："法定孳息，当事人有约定的，按照约定取得；没有约定或者约定不明确的，按照交易习惯取得。"因此，除非法律另有规定或者当事人有约定，留置财产的孳息的所有权归属应该根据此规定确定。如果债务人和留置权人并未就留置财产的孳息的归属作出明确约定，孳息的所有权应当属于债务人。

---

① 参见最高人民法院物权法研究小组编著：《〈中华人民共和国物权法〉条文理解与适用》，人民法院出版社2007年版，第683页。

虽然留置权人不能取得留置财产孳息的所有权,但是由于留置权具有不可分性,留置权的法律效力自然及于孳息。留置权人在收取孳息后,有权控制、占有孳息,且此种权利可以对抗作为所有人的债务人,债务人在未履行债务之前不能要求留置权人返还留置财产的孳息。

在此需要注意的是,留置权人有收取孳息的权利,但其收取的孳息并非归其所有,而是成为留置权的标的物,用以优先抵偿其债权,故就该孳息再生有孳息时,留置权人也有收取的权利。至于孳息如何收取与抵偿,法律没有明文的规定。通说认为,应类推适用留置权人应以对于自己财产同一的注意来收取孳息,并用以先抵充收取孳息的费用,然后再抵充原债权的利息,再抵充原债权,而为债务人考虑,孳息如果是金钱债权的,可以直接用以抵偿债权,如果不是金钱债权的,则需在符合留置权实现要件时,以拍卖后变价抵偿或订约取得其所有权的方法抵偿。①

(二)留置财产孳息收取费用的负担

本条第2款规定,前款规定的孳息应当先充抵收取孳息的费用。因此,如果债务人在收取留置财产时,支付了费用,此种费用应当以孳息冲抵。比如,牧民甲由于人手紧张,遂请牧民乙帮忙放牧部分羊群,双方约定甲将支付乙劳务费3000元。因甲未按时支付劳务费,在甲要求乙返还羊群时,乙遂留置了10只羊,其中母羊若干只。其间,因数只母羊怀孕,即将生产,为了确保母羊顺利产仔,乙便请兽医丙前来帮忙照顾,并向丙支付医药费500元。后来因甲一直未向乙支付所欠费用,乙便将所留置的羊出售,其中羊羔出售后获利700元。根据本款规定,此700元应当先用于冲抵乙所支付给丙的医药费。

(三)留置权人的其他权利

依据法理,结合本章相关规定,除了孳息收取权外,留置权人还享有以下权利。

第一,对留置物的占有权。留置权本身就是债权人在其债权未受清偿前,留置其占有的与该债权有牵连关系的动产的权利。因此,留置权人在其债权未受清偿前,享有拒绝返还的继续占有的权利。

---

① 参见最高人民法院物权法研究小组编著:《〈中华人民共和国物权法〉条文理解与适用》,人民法院出版社2007年版,第684页。

第二，对留置物的有限制的使用权。一般而言，除为保管的必要或者经留置物所有人同意外，留置权人不得使用该留置物。也就是说，在为保管的必要或者经留置物所有人同意的情形下，留置权人可以使用留置物。

第三，必要费用的偿还请求权。留置权人妥善保管留置物所支出的费用，有权向债务人主张返还。但在留置物的所有人与债务人并非一人时，即在非债务人所有之物上成立留置权的情形，债权人不应该向留置物的所有人要求偿还，因为允许就非债务人之物设定留置权，此所有人也较为无辜，若允许债权人再向其主张返还，对原所有人要求过于苛刻。而且此保管的必要费用属于留置权担保债权的范围，在符合留置权行使的要件后，留置权人可以通过实现留置权的方式来保全该必要费用的债权。当然，若留置物原所有人自愿偿还该必要费用，法律自无禁止之必要。另外，对于留置物的改良行为而支出的有益费用是否可以行使留置权呢？一般而言，由于留置权人并不负有对留置物的增值义务，有益费用的支出并不当然属于求偿的范围：在留置物原所有人明确反对留置权人的改良行为的时候，留置权人仍然擅自支出的，则此项支出不得要求偿还；在原所有人同意改良的情况下，则可以要求其偿还。对于其他情形，可以从其是否构成添附或者根据无因管理或不当得利的情形而定。若其保管、改良行为是以维护留置物所有人利益而为之，且本身并没有增加留置物所有人负担的故意，通常情况下是可以主张无因管理之有益费用返还请求权的。从留置物所有人的角度看，其此时有可能构成不当得利，这时其应负有返还因他人改良行为而获得的利益的义务。

第四，优先受偿权。当法律规定的留置权实现的条件成就时，留置权人享有就留置物折价或以其变价价值优先受偿的权利。留置权人要实际变卖或者以留置物折价使自己的债权得到清偿，须以债务人不履行债务超过一定期限或事先通知债务人为必要。

第五，物上请求权。留置物被侵夺时，留置权人可依据占有保护的规定，请求不法侵夺人返还留置物。留置物被妨害或有被妨害之虞的，留置权人可行使物权请求权，请求排除妨害或消除危险。①

第六，对留置权的处分权。此种处分既可以包括抛弃留置权，也包括对留置权的转让。其中对留置权的抛弃，需要留置权人向留置物所有人作出抛弃的

---

① 参见崔建远：《物权法》，中国人民大学出版社2017年版，第586页。

意思表示并将留置物归还留置物所有人方可发生抛弃留置权的效力。至于对留置权的转让，因为留置权是一种财产权，其归属、行使均无专属性，所以具有让与性。但由于留置权是一种从属于担保债权的从权利，可以随着主债权的转让而转让，不可单独转让。当然，为尊重双方当事人的意思自治，债权人和债务人排除留置权让与的约定也是合法有效的。

## ▶ 适用指引

审判实践中，适用本条应当注意与留置权人的妥善保管义务相衔接。一般而言，孳息的收取是留置权人的权利，但对于有些情形下特别是对于天然孳息的情况，如果不予收取可能会造成不应有的财产损害，这时留置权人应负有相应的义务，比如，及时通知债务人收取，必要时自己收取，这应属于妥善保管义务的范畴。

## ▶ 类案检索

### 唐某良与宋某金返还原物财产纠纷案

**关键词：** 孳息　留置财产返还

**裁判摘要：** 债务人不履行到期债务，债权人可以留置已经合法占有的债务人的动产，债权人为留置权人，占有的动产为留置财产。债权人有权收取留置财产孳息。宋某在唐某拒绝给付放养费的情况下，将母牛牵回，是基于唐某未履行合同义务而行使的留置权，其占有母牛为合法占有。在唐某未给付放养费的前提下，其无权要求宋某返还留置物。

【案　　号】（2021）吉24民终1973号
【审理法院】吉林省延边朝鲜族自治州中级人民法院
【来　　源】中国裁判文书网

**第四百五十三条** 留置权人与债务人应当约定留置财产后的债务履行期限；没有约定或者约定不明确的，留置权人应当给债务人六十日以上履行债务的期限，但是鲜活易腐等不易保管的动产除外。债务人逾期未履行的，留置权人可以与债务人协议以留置财产折价，也可以就拍卖、变卖留置财产所得的价款优先受偿。

留置财产折价或者变卖的，应当参照市场价格。

## ▶ 关联规定

### 法律、行政法规、司法解释

**1.《中华人民共和国民法典》**

**第三百八十六条** 担保物权人在债务人不履行到期债务或者发生当事人约定的实现担保物权的情形，依法享有就担保财产优先受偿的权利，但是法律另有规定的除外。

**2.《中华人民共和国海商法》**

**第二十五条** 船舶优先权先于船舶留置权受偿，船舶抵押权后于船舶留置权受偿。前款所称船舶留置权，是指造船人、修船人在合同另一方未履行合同时，可以留置所占有的船舶，以保证造船费用或者修船费用得以偿还的权利。船舶留置权在造船人、修船人不再占有所造或者所修的船舶时消灭。

**3.《中华人民共和国民事诉讼法》**

**第二百零三条** 申请实现担保物权，由担保物权人以及其他有权请求实现担保物权的人依照民法典等法律，向担保财产所在地或者担保物权登记地基层人民法院提出。

**第二百零四条** 人民法院受理申请后，经审查，符合法律规定的，裁定拍卖、变卖担保财产，当事人依据该裁定可以向人民法院申请执行；不符合法律规定的，裁定驳回申请，当事人可以向人民法院提起诉讼。

**4.《最高人民法院关于适用〈中华人民共和国民法典〉有关担保制度的解释》**

**第四十五条** 当事人约定当债务人不履行到期债务或者发生当事人约定的实现担保物权的情形,担保物权人有权将担保财产自行拍卖、变卖并就所得的价款优先受偿的,该约定有效。因担保人的原因导致担保物权人无法自行对担保财产进行拍卖、变卖,担保物权人请求担保人承担因此增加的费用的,人民法院应予支持。

当事人依照民事诉讼法有关"实现担保物权案件"的规定,申请拍卖、变卖担保财产,被申请人以担保合同约定仲裁条款为由主张驳回申请的,人民法院经审查后,应当按照以下情形分别处理:

(一)当事人对担保物权无实质性争议且实现担保物权条件已经成就的,应当裁定准许拍卖、变卖担保财产;

(二)当事人对实现担保物权有部分实质性争议的,可以就无争议的部分裁定准许拍卖、变卖担保财产,并告知可以就有争议的部分申请仲裁;

(三)当事人对实现担保物权有实质性争议的,裁定驳回申请,并告知可以向仲裁机构申请仲裁。

债权人以诉讼方式行使担保物权的,应当以债务人和担保人作为共同被告。

**5.《最高人民法院关于适用〈中华人民共和国民事诉讼法〉的解释》**

**第三百五十九条** 民事诉讼法第二百零三条规定的担保物权人,包括抵押权人、质权人、留置权人;其他有权请求实现担保物权的人,包括抵押人、出质人、财产被留置的债务人或者所有权人等。

**第三百七十条** 人民法院审查后,按下列情形分别处理:

(一)当事人对实现担保物权无实质性争议且实现担保物权条件成就的,裁定准许拍卖、变卖担保财产;

(二)当事人对实现担保物权有部分实质性争议的,可以就无争议部分裁定准许拍卖、变卖担保财产;

(三)当事人对实现担保物权有实质性争议的,裁定驳回申请,并告知申请人向人民法院提起诉讼。

6.《最高人民法院关于适用〈中华人民共和国企业破产法〉若干问题的规定（二）》

**第二十五条** 管理人拟通过清偿债务或者提供担保取回质物、留置物，或者与质权人、留置权人协议以质物、留置物折价清偿债务等方式，进行对债权人利益有重大影响的财产处分行为的，应当及时报告债权人委员会。未设立债权人委员会的，管理人应当及时报告人民法院。

## ▶ 条文释义

### 一、本条主旨

本条是关于留置权实现的规定。

### 二、条文演变

原《担保法》第87条规定："债权人与债务人应当在合同中约定，债权人留置财产后，债务人应当在不少于两个月的期限内履行债务。债权人与债务人在合同中未约定的，债权人留置债务人财产后，应当确定两个月以上的期限，通知债务人在该期限内履行债务。""债务人逾期仍不履行的，债权人可以与债务人协议以留置物折价，也可以依法拍卖、变卖留置物。""留置物折价或者拍卖、变卖后，其价款超过债权数额的部分归债务人所有，不足部分由债务人清偿。"

原《物权法》在制定实现留置权的一般规定时，吸收了原《担保法》第87条的内容。原《物权法》第236条规定："留置权人与债务人应当约定留置财产后的债务履行期间；没有约定或者约定不明确的，留置权人应当给债务人两个月以上履行债务的期间，但鲜活易腐等不易保管的动产除外。债务人逾期未履行的，留置权人可以与债务人协议以留置财产折价，也可以就拍卖、变卖留置财产所得的价款优先受偿。""留置财产折价或者变卖的，应当参照市场价格。"

《民法典》沿用了这一规定的内容，在表述上将原《担保法》和原《物权法》中的"两个月"修改为"六十日"，将"期间"修改为"期限"，用语上更加规范和精准。

### 三、条文解读

本条规定了留置权实现的两方面内容：一是留置权实现的条件，二是留置权实现的方式。

**（一）留置权实现的条件**

留置权的实现，是指留置权人的债权届期未受清偿时，于法定条件下得将留置物变价或取得其所有权，以优先受偿其债权的行为。

留置权是有二次效力的担保物权。留置权的第一次效力，是指在债务人于债务履行期限届满不履行义务时，债权人依其留置权而留置标的物。其目的在于促使债务人履行债务。留置权的第二次效力，是指债务人于留置标的物后一定期限内仍不履行其义务，留置权人得以留置物的变价优先受偿其债权，留置权的这一效力，是留置权的最终效力，其目的是使债权人能受偿其债权。所以，留置权的实现，一般指留置权的第二次效力的实现，是留置权人对留置物进行处分、以其价款保证债务的实现行为。

依据本条规定，留置权的实现应具备以下几项要件。

**1. 债权已届清偿期而债务人不履行债务**

当债权清偿期限届满而债务人不履行债务时，留置权才具备了相应的成立条件，但此时仅产生留置的效力，即权利人有权留置标的物，但尚不发生优先受偿效力。

**2. 留置权人必须履行一定的程序**

当债权清偿期限届满而债务人不履行债务时，留置权人不能立即将留置权进行变价并优先受偿，而必须再履行一定的程序方能真正实现留置权。依据本条第1款的规定，该程序分为以下两种。

第一，留置权人留置财产后应给予债务人一定的债务履行宽限期。留置权的目的是担保债权得到清偿，因此，首先应当是督促债务人履行债务。所以，留置权人在通过处分留置动产而就其价值优先受偿之前，应当给予债务人一定的期限履行债务。债务履行宽限期应当合理，期限过长，不利于留置权人实现债权；期限过短，则不利于债务人筹集款项，偿还债务。

首先，债务履行期限应采取约定优先原则。双方通过协商确定履行期限，最符合当事人双方的利益，有利于督促债务得到实际的履行，也有利于债务人完成履行债务的准备工作。债权人和债务人约定宽限期，可以是在主债权债务合同中通过留置权条款约定，也可以是在留置权人行使留置权并且已经占有留置财产后，与债务人自由协商一定的债务履行期限。当事人之间约定的宽限期可长可短，由双方自由协商，法律并未规定必须为多长。只要这个宽限期是双方当事人自主协商的，法律尊重当事人的意思自治。

其次，如果当事人没有约定，或者约定不明确的，根据本条规定，留置权人可自行确定宽限期限，但指定的债务履行宽限期一般不得少于60日。在双方当事人没有约定或者约定不明时，留置权人对于宽限期有最终的决定权，但是这种权利受到法律限制，即应当给予债务人60日以上的宽限期，让债务人有合理的时间来履行债务。这里所指没有约定，也包括双方当事人就宽限期无法达成一致的情形。法律规定60日以上的债务履行期限的原因在于：留置权是依法产生的担保物权，本已对债权人相对有利，为了平衡债权人与债务人之间的利益关系，在债权人处分留置物的问题上采取了较为慎重的态度，给债务人留有较为充分的偿还债务的期限。原《物权法》根据实践经验与公平原则确定了该期限最短不能少于2个月的规定，本条对此作了沿用，并在表述上将"两个月"修改为"六十日"，使之更加精准。

最后，如果留置财产为不易保管的动产，宽限期可以短于60日。考虑到对于鲜活易腐等不易保管的动产，如果宽限期过长，留置的财产在此期限内可能已经腐败，失去经济价值，那么将无法实现留置权的担保功能。因此，本条但书规定，留置财产属于不易保管之物时，宽限期可以短于60日。鲜活易腐等不宜保管的动产，包括诸如海鲜、新鲜水果和蔬菜等，其特性不同于普通留置物，长期放置必将导致其腐坏变质，造成价值减损或灭失，所以法律对此作出特别规定，对此类动产留置时，债权人得尽快行使留置权。一方面留置权人得以实现其债权，另一方面也使物得以尽其用，避免不必要的损失。

第二，留置权人需通知债务人在确定的宽限期内履行债务。此通知具有催告的性质，债权人未经事前通知债务人于确定的期限内履行债务的，不得实现留置权。债权人的"通知"虽然从理论上讲采取书面或口头形式均可，但是实践中仍应当尽量采取书面形式，这样能够减少不必要的纠纷。如债权人与债务人已于合同中对于留置权实现有宽限期限约定的，则债权人可不予通知。

值得注意的是，如果债权人留置了债务人的财产并确定了60日以上的债务履行宽限期，履行债务的通知无法送达到债务人的，例如，债务人下落不明等情形,此时是否在确定的期限届满后,债权人即可实现留置权?我们认为,对于无法通知到债务人的情形,债务人在确定的期限届满后仍未履行义务,如果不允许留置权人及时实现留置权,既导致债权人长期占有留置物而支出过多的保管费用,留置物的长期闲置也违背了物尽其用的原则,更重要的是,此等长期占有可能会危害到债务人的其他债权人的利益,有失妥当。故应当允许债权人在确定的期限届满后实现留置权。至于是否需要给留置权的债务履行宽限期设置一个最高期限,我们认为,在法律没有明确规定的情况下,在司法实践中可根据日常生活观念予以判定。

### 3. 债权人须持续占有留置物

债权人对留置物的占有是留置权成立和存续的要件,如果在债务履行期限届满前,债权人丧失对债务人财产的占有,留置权不能成立;如果在留置权成立后,由于债权人自己的原因丧失对留置物的占有,债权人不得以留置权对抗第三人,只能对债务人行使请求权,不得行使留置权。

### 4. 债务人于宽限期内仍不履行义务

债务人在宽限期内履行了义务,留置权归于消灭,留置权人当然不能再实现留置权。如果债务人仍不履行义务,留置权人便可以按法律规定的方法实现留置权。债务人未履行债务,包括债务人不完全履行债务。比如,债务人本应偿还100万元,其仅偿还80万元。

## (二)留置权实现的方式

关于留置权人实现留置权的方式,《民法典》规定了三种:一是以留置物折价受偿;二是拍卖留置物受偿;三是以其他形式变卖留置物受偿。其中将留置财产折价或者变卖,均应当参考市场价格。

### 1. 债权人可以与债务人协议以留置物折价受偿

以留置物折价受偿,是指债权人和债务人协商订立债权人取得留置物所有权的协议以实现留置权的方法,性质上属于代物清偿,即以移转留置物所有权的形式代替债务的清偿。协议取得留置物所有权,应当具备以下三个条件。

第一,留置权人与债务人订立合同。留置权人与债务人应当订立移转留置物所有权的合同,其内容主要包括留置物的名称、种类、数量、价值、抵偿的债权额等。

第二,合同以清偿留置物担保的债权为目的。取得留置物所有权的合同,唯能以清偿留置物担保的债权为目的，留置权人取得留置物所有权不以清偿留置物担保的债权为目的，则不属于留置权的行使。

第三，不妨害其他担保权人的利益。同一留置物上存在留置权和其他担保物权的，留置权的效力原则上优先于其他担保物权，但后位于（法定）优先权受偿；同一留置物上存在两个以上留置权的，各留置权人依其留置权的发生先后行使权利，同时发生的，按照比例行使权利。留置权人与债务人订立之取得留置物所有权的合同，不得妨害其他担保权的权利和利益。凡订立有害于其他担保权人的利益的合同，对其他担保权人不发生效力，其他担保权人仍可以依法变价留置物而行使权利。

### 2. 债权人可以依法拍卖留置物受偿

拍卖留置物受偿，是指按照法定的拍卖程序，以拍卖所得价金清偿债权的方法，这是留置权人变价留置物受偿的主要方法。因为拍卖的性质不同，拍卖留置物分为一般拍卖和强制拍卖。依照本条规定，留置权人可与债务人协议拍卖留置物，如果债权人与债务人就拍卖留置物协商一致，则可以自行委托拍卖机构进行拍卖，留置权人自买受人取得留置物所支付的价金中优先清偿其债权。如果当事人就拍卖没有达成一致，留置权人可以向人民法院提起诉讼，依据《民事诉讼法》以及最高人民法院有关司法解释的规定进行拍卖。留置权人通过诉讼方式请求人民法院拍卖留置物的，属于强制拍卖。人民法院以执行程序拍卖留置物而取得之价金，在扣除相关的费用后，以留置物担保的债权额为限，支付给留置权人；超出留置物担保的债权额的部分，返还给债务人。

### 3. 债权人可以依法变卖留置物受偿

变卖留置物受偿，是指债权人和债务人通过协议约定以留置物折价和拍卖留置物以外的方法变现留置物以清偿债权。拍卖留置物手续繁杂、费用较高，留置权人不愿以拍卖方式行使优先受偿权，或者也不愿意协议取得留置物的所有权充抵债权的，可以其他方式变卖留置物受偿。变卖是对标的物进行换价的一种比拍卖更为简易的方式。它不需要经过竞价，而是由当事人或人民法院直接将标的物以相当的、合理的价格出卖。例如，留置权人可以和债务人协议，向第三人转让留置物，以留置物的转让所取得之价金抵偿留置物担保的债权。当事人可以通过协商将留置物变卖，如果协商不成的，留置权人可以向人民法院起诉，在获得胜诉判决后通过人民法院的强制执行程序将留置物变卖。但是，司法实践中，为了确保公平、公开、公正，人民法院一般是以拍卖为原则而以变卖为例外。

**4.法律对折价与变卖留置物时交易价格的限制**

债权人与债务人在现实中往往会不平等，如果任由当事人恣意约定留置物的价格，往往会造成不公平的情形出现。另外，如果允许当事人随意约定折价或者变卖之价格，还有可能损害债务人的其他债权人之利益。因此，本条明确规定"留置财产折价或者变卖的，应当参照市场价格"。参照的市场价格是指折价或者变卖留置动产之时，市场上该类动产交易的平均价格。

## ▶ 适用指引

### 一、留置权的行使是否受债权诉讼时效的影响

实践中，适用本条规定，需注意留置权的行使与主债权诉讼时效的关系。《民法典》及《民法典担保制度解释》对于主债权诉讼时效期间届满对不同类型的担保物权的影响作出了不同规定。《民法典》第419条规定："抵押权人应当在主债权诉讼时效期间行使抵押权；未行使的，人民法院不予保护。"《民法典担保制度解释》第44条第1款规定："主债权诉讼时效期间届满后，抵押权人主张行使抵押权的，人民法院不予支持；抵押人以主债权诉讼时效期间届满为由，主张不承担担保责任的，人民法院应予支持。"第44条第2款规定："主债权诉讼时效期间届满后，财产被留置的债务人或者对留置财产享有所有权的第三人请求债权人返还留置财产的，人民法院不予支持；债务人或者第三人请求拍卖、变卖留置财产并以所得价款清偿债务的，人民法院应予支持。"

《民法典》规定抵押权人应当在主债权诉讼时效期间行使抵押权，而质权和留置权并不受主债权诉讼时效的影响，在主债权的诉讼时效期间届满后，质权人和留置权人原则上仍然有权行使质权和留置权，担保人不能依据诉讼时效进行抗辩。之所以有这种区分，原因在于抵押权的设立不转移担保物的占有，而质权和留置权的设立则需要转移对担保物的占有。由于质权人和留置权人占有担保物，当主债权的诉讼时效届满时，如果不允许担保权人行使担保物权，而允许担保人以诉讼时效届满为由请求返还担保物，不仅与诉讼时效制度维护现存秩序的功能相违背，而且对担保权人也有失公平。因为质权人和留置权人之所以一直没有行使债权和担保物权，可能正是考虑到自己占有担保财产，自

已的权利一直有保障。另外，诉讼时效制度推定时效期间届满时债务人已经履行了债务，而债权人仍占有质押财产或留置财产的事实，说明了债务仍然没有得到履行，推翻了诉讼时效制度的上述推定。因此，留置权的行使不受主债权诉讼时效效力的支配，债权诉讼时效期间届满，留置权人仍得行使其留置权。①

## 二、留置权行使应受合理期限的限制

虽然留置权的行使不受主债权诉讼时效期间是否届满的影响，但基于物尽其用的原则，留置权也不能无期限存在，在主债权因诉讼时效期间届满而变为自然债权之后，基于担保物权的从属性，这时的留置权已经应丧失相应的"法律上之力"。为弥补留置权的行使不受主债权诉讼时效影响而可能造成的权利长期不行使的弊端，《民法典》对留置权债务人督促留置权人行使留置权作了规定。《民法典》第454条规定："债务人可以请求留置权人在债务履行期限届满后行使留置权；留置权人不行使的，债务人可以请求人民法院拍卖、变卖留置财产。"此条是对主债权诉讼时效届满不影响留置权行使可能带来的消极后果所采取的解决措施。在主债务履行期间届满后，债务人可以放弃法律赋予其履行宽限期的期限利益，要求留置权人提前实现留置权，避免留置权长期不行使带来的资源闲置和浪费，也完全符合留置权人的利益。

对于留置权债务人未督促留置权人行使留置权的情形，立法上有必要明确留置权的权利行使的最长期间。在法无明文规定的情况下，基于公平原则和物尽其用的考虑，实践中要结合社会经验法则确定相对合理的权利行使期间。②

---

① 参见李永锋：《主债权诉讼时效完成后担保物权的效力》，载《人民法院报》2007年5月16日。
② 最高人民法院民法典贯彻实施工作领导小组主编：《中华人民共和国民法典物权编理解与适用》，人民法院出版社2020年版，第1300~1303页。

## ▶ 类案检索

### 一、上海诚华机械有限公司与合肥熔安动力机械有限公司承揽合同纠纷案

**关键词**：留置权实现　参照市场价格

**裁判摘要**：留置权的实现方法包括折价、拍卖、变卖，在债权人与债务人就留置财产未能协商一致予以折价情况下，当事人无论采取拍卖还是变卖方式，均需参照市场价格，而不能随意降低该留置财产的价格。债权人擅自以明显低于成本的价格处分留置物，不能证明其处置行为的正当性、合理性的，应承担擅自处置留置物的不力后果。

【案　　号】（2016）最高法民申 1020 号

【审理法院】最高人民法院

【来　　源】中国裁判文书网

### 二、佳木斯市惠农谷物专业合作社与中央储备粮菏泽直属库合同纠纷案

**关键词**：留置权实现　鲜活易腐动产

**裁判摘要**：留置权人与债务人应当约定留置财产后的债务履行期间；没有约定或者约定不明的，留置权人应当给债务人 2 个月以上履行债务的期间，但鲜活易腐等不易保管的动产除外。债权人多次催促债务人履行债务，但债务人一直未能全面履行，在留置物市场价格一直呈下降状态的情况下，债权人为防止损失进一步扩大，通过市场交易中心以竞价销售的方式进行处置，属于控制风险减少损失的合理措施，并不违反法律关于行使留置权的规定。

【案　　号】（2014）民二终字第 108 号

【审理法院】最高人民法院

【来　　源】中国裁判文书网

### 三、深圳市好生活家居饰品有限公司、深圳云裳花容服饰有限公司承揽合同纠纷案

**关键词**：留置财产保管费用　合理期限

**裁判摘要：**留置动产在留置期间的使用价值基本被闲置，如果留置权人不积极行使留置权，不符合物尽其用的原则，故留置期间应当合理。债权人未积极行使留置权，导致留置财产的时间超过了留置权行使的合理期限，对超出合理期限的保管费用不予支持。

【案　　号】（2020）粤03民终24202号
【审理法院】广东省深圳市中级人民法院
【来　　源】中国裁判文书网

**第四百五十四条** 债务人可以请求留置权人在债务履行期限届满后行使留置权；留置权人不行使的，债务人可以请求人民法院拍卖、变卖留置财产。

## 关联规定

法律、行政法规、司法解释

1.《中华人民共和国民事诉讼法》

**第二百零三条** 申请实现担保物权，由担保物权人以及其他有权请求实现担保物权的人依照民法典等法律，向担保财产所在地或者担保物权登记地基层人民法院提出。

**第二百零四条** 人民法院受理申请后，经审查，符合法律规定的，裁定拍卖、变卖担保财产，当事人依据该裁定可以向人民法院申请执行；不符合法律规定的，裁定驳回申请，当事人可以向人民法院提起诉讼。

2.《最高人民法院关于适用〈中华人民共和国民事诉讼法〉的解释》

**第三百五十九条** 民事诉讼法第二百零三条规定的担保物权人，包括抵押权人、质权人、留置权人；其他有权请求实现担保物权的人，包括抵押人、出质人、财产被留置的债务人或者所有权人等。

**第三百七十条** 人民法院审查后，按下列情形分别处理：

（一）当事人对实现担保物权无实质性争议且实现担保物权条件成就的，裁定准许拍卖、变卖担保财产；

（二）当事人对实现担保物权有部分实质性争议的，可以就无争议部分裁定准许拍卖、变卖担保财产；

（三）当事人对实现担保物权有实质性争议的，裁定驳回申请，并告知申请人向人民法院提起诉讼。

3.《最高人民法院关于适用〈中华人民共和国民法典〉有关担保制度的解释》

**第四十五条** 当事人约定当债务人不履行到期债务或者发生当事人约定的实现担保物权的情形，担保物权人有权将担保财产自行拍卖、变卖并就所得的价款优先受偿的，该约定有效。因担保人的原因导致担保物权人无法自行对担保财产进行拍卖、变卖，担保物权人请求担保人承担因此增加的费用的，人民法院应予支持。

当事人依照民事诉讼法有关"实现担保物权案件"的规定，申请拍卖、变卖担保财产，被申请人以担保合同约定仲裁条款为由主张驳回申请的，人民法院经审查后，应当按照以下情形分别处理：

（一）当事人对担保物权无实质性争议且实现担保物权条件已经成就的，应当裁定准许拍卖、变卖担保财产；

（二）当事人对实现担保物权有部分实质性争议的，可以就无争议的部分裁定准许拍卖、变卖担保财产，并告知可以就有争议的部分申请仲裁；

（三）当事人对实现担保物权有实质性争议的，裁定驳回申请，并告知可以向仲裁机构申请仲裁。

债权人以诉讼方式行使担保物权的，应当以债务人和担保人作为共同被告。

## ▶ 条文释义

### 一、本条主旨

本条是关于债务人请求实现留置权的规定。

### 二、条文演变

原《物权法》第237条"债务人可以请求留置权人在债务履行期届满后行使留置权；留置权人不行使的，债务人可以请求人民法院拍卖、变卖留置财产"的规定关于债权人怠于实现留置权的，如何救济债务人，比较法上鲜有经验可循。原《物权法》起草时，创设了一项债务人请求行使留置权的制度。原

《物权法》第237条规定被学者称为留置财产所有人"请求行使留置权"①的权利，或者"留置权人怠于行使留置权时债务人的救济措施"②。《民法典物权编（草案）》（征求意见稿）第242条承继了该规定，其后，《民法典各分编（草案）》第245条、《民法典物权编（草案）》（二次审议稿）第245条和《民法典》本条作了相同的规定。

### 三、条文解读

本条前段赋予债务人请求留置权人在债务履行期限届满后行使留置权的权利，后段赋予债务人在留置权人仍不行使留置权的情况下，可以请求人民法院拍卖、变卖留置财产的权利。

留置权成立后，直至留置权消灭之前，留置权人将持续占有留置物。留置权为物权，其不受所担保的债权的诉讼时效的限制。因此，留置权人在其所担保的债权的诉讼时效完成后，仍可以对留置财产行使留置权。理论上，留置权可以长期不灭，其行使并无时间限制。但是，在留置权人占有留置动产期间内，债务人因不能实际占有留置动产而不能使用也不能取得相应收益；留置权人也不得使用留置动产，只有为保护留置物之价值可对留置物作有限之使用。因此，留置动产在留置期间内，其使用价值基本上被闲置。因此，如果留置权人不积极行使留置权，则会使留置物闲置的时间更长，这不符合物尽其用的原则。③为避免留置权人无限期地占有、控制留置财产而不行使留置权，有必要适当限制留置权人的权利，即本条关于债务人可以请求留置权人行使留置权的规定。具体含义阐释如下。

第一，债务人有权请求留置权人在债务履行期限届满后行使留置权。法律赋予债务人的此项权利，也是基于对债务人对留置财产享有所有权的保护。因为留置财产的所有权仍归属于债务人，如果留置权人一直不行使留置权，对债务人的所有权构成威胁。留置权成立后，依照《民法典》第453条规定，留置权人与债务人应当约定留置财产后的债务履行期限；没有约定或者约定不明确的，留置权人应当给债务人60日以上履行债务的期限，但是鲜活易腐等不易

---

① 参见梁慧星、陈华彬：《物权法》，法律出版社2016年版，第344页。
② 郭明瑞：《物权法通论》，商务印书馆2019年版，第411页。
③ 参见最高人民法院物权法研究小组编著：《〈中华人民共和国物权法〉条文理解与适用》，人民法院出版社2007年版，第688页。

保管的动产除外。债务人逾期未履行的，留置权人可以与债务人协议以留置财产折价，也可以就拍卖、变卖留置财产所得的价款优先受偿。作为与留置权人上述权利相对应的权利，债务人在债务履行期限届满后也有权请求留置权人行使留置权。这一规定意在实现债务人和留置权人双方利益的均衡，从而促进双方利益的最大化。

第二，债务人请求留置权人行使留置权而留置权人不行使的，债务人可以请求人民法院拍卖、变卖留置财产。该规定是为了防止留置权人怠于行使留置权。留置权人在债务履行期限届满后不积极行使留置权，一直占有留置物时，可能构成权利滥用，根据民法上权利滥用禁止原则，应该赋予债务人救济性权利，债务人有权启动担保物权实现程序，请求人民法院拍卖、变卖留置财产。折价的方式之所以不能适用，是因为折价需要留置权人和债务人双方协商，而留置权人又不积极行使留置权，不与债务人协商，双方无法达成折价协议。依据《民事诉讼法》第203条、第204条的规定，申请实现担保物权，由担保物权人以及其他有权请求实现担保物权的人依照《民法典》等法律，向担保财产所在地或者担保物权登记地基层人民法院提出。人民法院受理申请后，经审查，符合法律规定的，裁定拍卖、变卖担保财产，当事人依据该裁定可以向人民法院申请执行；不符合法律规定的，裁定驳回申请，当事人可以向人民法院提起诉讼。在适用上要做好这两条规定与本条的衔接。

## ▶ 适用指引

关于"债务履行期限届满后"，在留置权适用的情形，可以有两种解释：一是指《民法典》第453条规定的债务履行宽限期。即在原债务履行期限届满后留置权成立时，当事人约定的或者债权人指定的债务履行宽限期间；二是指原债务履行期限届满后。对此，本条规定不是很明确。我们认为，本条规定实际上是对债务人在留置权行使方面的权利性规定。其目的在于督促留置权人及时地行使留置权，以减少留置财产的闲置、浪费。债务履行宽限期是给予债务人合理的期间以清偿债务，避免留置财产被变现清偿债务，从而使债务人丧失对留置财产的使用权利。因此，债务履行宽限期对债务人来说具有权利属性。而对于留置权人来说，此期限是对其权利的限制。如果债务人放弃其履行宽限期限利益，要求留置权人提前实现留置权，是债务人对自己权利的处分，该处分只要不违反法律、行政法规的强制性规定，就是有效的。提前实现留置权，也完全符合留置权人的利益。① 因此，在留置权依法成立后，债务履行宽限期届满之前，债务人可以请求留置权人实现留置权。这时留置权人不行使留置权，债务人向法院起诉请求对留置财产拍卖、变卖的，人民法院应当支持。

---

① 最高人民法院物权法研究小组编著：《〈中华人民共和国物权法〉条文理解与适用》，人民法院出版社2007年版，第689页。

**第四百五十五条** 留置财产折价或者拍卖、变卖后，其价款超过债权数额的部分归债务人所有，不足部分由债务人清偿。

## 关联规定

法律、行政法规、司法解释

1.《中华人民共和国海商法》

**第八十八条** 承运人根据本法第八十七条规定留置的货物，自船舶抵达卸货港的次日起满六十日无人提取的，承运人可以申请法院裁定拍卖；货物易腐烂变质或者货物的保管费用可能超过其价值的，可以申请提前拍卖。

拍卖所得价款，用于清偿保管、拍卖货物的费用和运费以及应当向承运人支付的其他有关费用；不足的金额，承运人有权向托运人追偿；剩余的金额，退还托运人；无法退还、自拍卖之日起满一年又无人领取的，上缴国库。

2.《最高人民法院关于人民法院执行工作若干问题的规定（试行）》

31.人民法院对被执行人所有的其他人享有抵押权、质押权或留置权的财产，可以采取查封、扣押措施。财产拍卖、变卖后所得价款，应当在抵押权人、质押权人或留置权人优先受偿后，其余额部分用于清偿申请执行人的债权。

## 条文释义

### 一、本条主旨

本条是关于留置权实现后价款分配与剩余债务清偿的规定。

### 二、条文演变

原《物权法》第238条："留置财产折价或者拍卖、变卖后，其价款超过债权数额的部分归债务人所有，不足部分由债务人清偿。"针对实践中经常出现的留置财产变价金额超过或不足债权数额的情形，当事人如何处理超过债权数额的变价金，或者变价金不足清偿债权数额时债务人是否有继续履行债务的义务，时常发生争议。为此，原《担保法》第87条规定了担保物权的清算制度，将留置权实现与留置财产的清算规定于同一个条文中。制定原《物权法》时，承继了原《担保法》第87条的规定，但对留置权实现和留置财产的清算作区别处理，单条专门规定留置财产的清算。《民法典物权编（草案）》（征求意见稿）第243条承继了原《物权法》该规定，其后，《民法典各分编（草案）》第246条、《民法典物权编（草案）》（二次审议稿）第246条和《民法典》本条作了相同的规定。

### 三、条文解读

本条确立了留置财产的变价款高于或者低于债权数额时如何处理的原则。

债权人留置债务人的动产，根本目的就是要实现自己的债权。根据《民法典》第453条的规定，债务人逾期未履行债务的，留置权人可以与债务人协议以留置财产折价，也可以就拍卖、变卖留置财产所得的价款优先受偿。根据《民法典》第454条的规定，债务人可以请求留置权人在债务履行期限届满后行使留置权；留置权人不行使的，债务人可以请求人民法院拍卖、变卖留置财产。因此，留置权人实现留置权的目的就是通过拍卖、变卖留置财产取得对价以冲抵自己的债权，或者以折价的方式换算出相应的金额，以实现自己的债权。但是留置财产毕竟是动产，并非是现金，留置财产的价值是变动的，在留置财产被折价或者拍卖、变卖后，可能出现以下几种情况。

第一种情况是留置财产的价值与债权金额相等，即留置财产折价或者被拍卖、变卖所得的价款刚好清偿留置权人的债权，留置权的债权完全得以实现，债务人的留置财产也因为折价或者拍卖、变卖而被处分，不存在剩余价款返还的问题。两者的债权债务关系以及担保关系均消灭。比如，甲委托乙运输货物，约定运费为1000元，因甲未向乙支付应付的运费，乙即留置了部分货物。后甲一直未付运费，乙遂要求甲在70天内支付运费。70天后，甲仍不愿意支付运费，并且与乙协商，以所留置的货物折价1000元抵偿运费，乙表示同意。此时，甲无须再向乙支付运费，双方的运输合同关系消灭，同时，由于乙行使了留置权，乙的留置权消灭，双方的留置法律关系亦终止。

第二种情况是留置财产的价值高于债权金额,即留置财产折价或者被拍卖、变卖所得的价款超过了留置权人的债权数额,超过的部分应当归债务人所有。如果是留置权人处分留置财产的,留置权人在扣除自己应得部分后,应当将剩余部分返还给债务人,不得占为己有,否则就构成不当得利。如果是人民法院根据《民法典》第454条的规定对留置财产进行拍卖、变卖的,人民法院在扣除留置权人的债权额后,应当将剩余部分及时返还给债务人。

第三种情况是留置财产的价值低于债权金额,即留置财产折价或者被拍卖、变卖所得的价款不足以清偿留置权人的债权。由于留置财产不能完全满足留置权人的债权,所以留置权人与债务人之间的债权债务关系并不因实现留置权而完全消灭,留置权人仍可以就留置财产不足以清偿的部分要求债务人偿还。只不过剩余债权就变成了无担保物权的普通债权,留置权人也成了普通债权人,留置权人可以普通债权人的身份要求债务人偿还剩余债务;债务人拒绝偿还的,其可以向人民法院起诉。

## ▶ 适用指引

### 一、留置权担保范围的适用

依照《民法典》第389条的规定,除了主债权之外,留置权的担保范围还包括:(1)利息,利息债权是以给付利息为标的的债权,其性质属于从权利,从属于主债权,主债权消灭,利息债权也消灭。(2)违约金,即合同当事人约定的一方在违约时应当根据违约情况向对方支付的一定数额的金钱。留置权所担保的债权范围当然包括违约金债权。(3)损害赔偿金,即合同当事人一方不履行合同义务或者履行合同义务不符合约定,给对方造成损失时应当支付的赔偿金,损失赔偿金的数额应当相当于因违约所造成的损失,包括合同履行后可以获得的利益,但不得超过违反合同一方订立合同时预见到或者应当预见到的因违反合同可能造成的损失。(4)留置物保管费用,由于留置权人占有留置物,依据《民法典》第451条的规定,留置权人负有妥善保管留置物的义务。由此支出的保管费用应纳入留置权担保的债权范围,但是如果留置权人因保管不善致使留置物灭失或者毁损的,留置权人应当承担民事责任。(5)实现留置权的费用,即留置权人将留置物加以拍卖、变卖时所支出的费用,包括评估费、拍卖费、诉讼费等。至于清偿顺序问题，实践中，留置财产折价或者拍卖、变卖所得的价款，当事人没有约定的，一般按下列顺序清偿：一是实现留置权的费用；二是主债权的利息；三是主债权。

### 二、留置权行使选择权的适用

审判实践中，适用本条应该注意留置权人是否可以不行使留置权，而对债务人其他财产主张清偿责任的问题。理论上有所谓先行主义和选择主义两种不同做法。先行主义主张留置权人必须先对留置财产行使留置权，在留置财产不足以清偿债权时，留置权人对债务人其他财产有求偿权；选择主义主张留置权人对行使留置权还是对债务人其他财产进行求偿有选择权，债务人其他财产不足以清偿其债权的，留置权人还有权行使对留置财产的求偿权。① 从本条规定看，并没有对此作出明确规定。有意见认为，从条文表述上，有类似于先行主义的做法。我们认为，留置权只是意味着留置权人即债权人对特定的留置财产享有优先受偿权以确保主债权的实现，这里没有否定留置权人作为主债权人的身份地位，而恰恰是因为其主债权人的身份，才能有条件成为留置权人。也就是说，这时的主债权仍然合法有效地存在。在债务人到期不履行债务时，债权人当然有权要求债务人清偿债务，债务人不能以留置权人有物上担保权利为由拒绝履行义务。而且，债务人履行了相应的清偿义务使得主债权消灭，这时留置权也就具备了法定的消灭事由。当然，在债务人破产的情况下，留置权人基于留置权的物权效力，应当对留置物享有别除权，这时不宜再允许留置权人一并以其全部债权额参加破产程序，这不利于保护其他债权人的利益。

---

① 参见最高人民法院物权法研究小组编著：《〈中华人民共和国物权法〉条文理解与适用》，人民法院出版社2007年版，第690页。

第四分编 担保物权 | 第十九章 留置权 | 第四百五十六条

**第四百五十六条** 同一动产上已经设立抵押权或者质权,该动产又被留置的,留置权人优先受偿。

▶ **关联规定**

一、法律、行政法规、司法解释

1.《中华人民共和国海商法》

**第二十一条** 船舶优先权,是指海事请求人依照本法第二十二条的规定,向船舶所有人、光船承租人、船舶经营人提出海事请求,对产生该海事请求的船舶具有优先受偿的权利。

**第二十五条** 船舶优先权先于船舶留置权受偿,船舶抵押权后于船舶留置权受偿。

前款所称船舶留置权,是指造船人、修船人在合同另一方未履行合同时,可以留置所占有的船舶,以保证造船费用或者修船费用得以偿还的权利。船舶留置权在造船人、修船人不再占有所造或者所修的船舶时消灭。

2.《中华人民共和国税收征收管理法》

**第四十五条第一款** 税务机关征收税款,税收优先于无担保债权,法律另有规定的除外;纳税人欠缴的税款发生在纳税人以其财产设定抵押、质押或者纳税人的财产被留置之前的,税收应当先于抵押权、质权、留置权执行。

3.《中华人民共和国民用航空法》

**第十八条** 民用航空器优先权,是指债权人依照本法第十九条规定,向民用航空器所有人、承租人提出赔偿请求,对产生该赔偿请求的民用航空器具有优先受偿的权利。

**第二十二条** 民用航空器优先权先于民用航空器抵押权受偿。

4.《最高人民法院关于扣押与拍卖船舶适用法律若干问题的规定》

**第二十二条** 海事法院拍卖、变卖船舶所得价款及其利息,先行拨付海事诉讼特别程序法第一百一十九条第二款规定的费用后,依法按照下列顺序进行分配：

（一）具有船舶优先权的海事请求；

（二）由船舶留置权担保的海事请求；

（三）由船舶抵押权担保的海事请求；

（四）与被拍卖、变卖船舶有关的其他海事请求。

依据海事诉讼特别程序法第二十三条第二款的规定申请扣押船舶的海事请求人申请拍卖船舶的，在前款规定海事请求清偿后，参与船舶价款的分配。

依照前款规定分配后的余款，按照民事诉讼法及相关司法解释的规定执行。

## 二、司法指导性文件

《最高人民法院关于能否对连带责任保证人所有的船舶行使留置权的请示的复函》

天津市高级人民法院：

你院津高法〔2001〕13号《关于能否对连带责任保证人所有的船舶行使留置权的请示》收悉。本院经研究认为：

船舶留置权是设定于船舶之上的法定担保物权。根据《中华人民共和国海商法》第二十五条第二款的规定，当修船合同的委托方未履行合同时，修船人基于修船合同为保证修船费用得以实现，可以留置所占有的船舶，而不论该船舶是否为修船合同的委托方所有。但修船人不得基于连带责任保证对连带责任保证人所有的船舶行使留置权。

天津新港船厂修船分厂作为修船人，依据其与英国伦敦尤恩开尔公司订立的修船合同，对俄罗斯籍"东方之岸"轮进行修理后未取得合同约定的修船费用，有权留置该轮。"东方之岸"轮的所有人东方航运公司虽不是本案修船合同的当事人，但不影响该留置权的成立。

据此，同意你院关于天津新港船厂修船分厂对"东方之岸"轮的留置行为合法有效，并可以基于留置权先于抵押权人受偿的处理意见。

## 条文释义

### 一、本条主旨

本条是关于留置权与抵押权、质权等其他担保物权出现权利竞合时的顺位原则的规定。

### 二、条文演变

原《物权法》第239条规定："同一动产上已设立抵押权或者质权，该动产又被留置的，留置权人优先受偿。"本条沿用了这一规定。我国《海商法》中规定了一种特殊的留置权即船舶留置权。这里所称的船舶留置权具体是指的造船人、修船人的船舶留置权，是指在合同相对方未履行义务时，造船人、修船人可以留置其所占有的船舶，以保证造船费用或者修船费用得以偿还的权利。这是为了保护造船人、修船人因付出劳动而创造的利益，主要包括其付出劳动的报酬请求权、投入的材料及垫付的其他费用的返还请求权。《海商法》第25条第1款明确规定了造修人船舶留置权优先于船舶抵押权受偿。但造修人船舶留置权又要后于另一种法定优先权即船舶优先权受偿。

### 三、条文解读

《民法典》规定了留置权的对象只能是动产。动产，顾名思义是可以移动的物品。而根据我国法律的规定，动产的物权公示往往不以登记为要件，而以占有为要件，所以在同一动产上同时设定了相互冲突的物权是常见的情形。那么在同一动产上不同性质的担保物权相互冲突时，各种权利之间的效力关系、顺位等级如何界定，就需要法律来明确。本条就是解决同一动产上已设立了抵押权或者质权，该动产又被留置的，应当如何处理留置权与抵押权或者质权的关系的条款。

依据本条规定，在同一动产上同时存在留置权与抵押权或者质权的情况下，留置权的效力等级要高于抵押权或者质权，留置权人的债权要优先于抵押权人以及质权人的债权受偿。作出这一规定主要有以下几方面因素。

首先，从法学理论上看，学界公认的一项一般原则，即法定担保物权优先于意定担保物权。所谓法定担保物权,即法律明确规定了成立要件,一旦符合法律规定的成立要件即设立的担保物权,例如,留置权就是典型的法定担保物权,《民法典》第447条明确规定了留置权的成立要件。所谓意定担保物权,即为约定的权利,是基于当事人自由意志而设立的担保物权,抵押权、质权就是其中的典型。

其次,我国的立法实践和审判实践也确认了留置权优先于抵押权或质权的原则。正如上文所述,我国在部门法和司法解释中都有相应规定。审判实践中也遵照这一原则。

最后,基于公共政策考量因素。留置权制度的设计初衷是保护较为弱势的劳动者的利益,多是保护债权人所付出劳动的报酬请求权、所投入的材料及垫付的其他费用的返还请求权。如果允许动产上抵押权或者质权优先于留置权受偿,则会导致以留置权人的劳动和投入所产生的价值来清偿其他担保物权人的债权的后果,这对留置权人是不公平的。① 但在我国《民法典》规定中,留置权的发生原因众多,包括民事留置权和商事留置权。有的留置权人并没有就标的物的保值增值作出实质贡献,是否赋予这类留置权人绝对优先权利,学界对此也不乏商榷余地。学界有观点认为,留置权的成立以占有动产为要件,如果丧失对动产的占有则留置权消灭。相对于其他担保物权而言,留置权承担了更大的风险成本,为了补偿对留置权法律救济的不足,应赋予留置权优先受偿的地位。

## ▶ 适用指引

### 一、留置权绝对优先于其他担保物权受偿

(一)留置权效力优先不受权利设立先后的影响

留置物所有权人就该留置物上同时设立有抵押权或者质权,无论抵押权或质权是成立在留置权之前还是之后,留置权都要优先于抵押权或者质权受偿。即留置权对抵押权或者质权的优先效力不受权利设立时间先后的影响。

---

① 参见高圣平:《动产担保交易制度比较研究》,中国人民大学出版社2008年版,第92页。

实践中需要注意一种情况，留置权人自行在同一留置物上设立抵押权或者质权，若该第三人是善意第三人，那么其在满足意定担保物权设立条件时可以取得对该留置物的抵押权或者质权，此时就出现了一种新的权利竞合：善意第三人的意定担保物权与留置权竞合。这种情况下，基于民商事活动的诚信、公平原则，也应当保护善意第三人的合法权益。因此，对于留置权人在留置物上设立新的意定担保物权的情形，应当排除法定担保物权优先于意定担保物权的一般性原则。①

（二）留置权效力优先不受留置动产时是善意或恶意的影响

这里的"善意"指的是留置权人在留置动产时对同一动产上已经设立的抵押权或者质权不知情。"恶意"指的是留置权人在留置动产时对同一动产上已经设立的抵押权或者质权知情。

留置权设立之初是为了保障较为弱势群体的劳务支出利益，很多情况下，留置权人的债权往往远小于留置物的价值。比如，常见的汽车修理厂由于汽车所有权人拖欠该汽车的修理费用而留置该汽车。因此，留置权人留置标的物时是否知晓该标的物上存在抵押权或质权并不影响其基于保障自己的权利而留置该标的物。如果因为留置权人在留置动产时知晓该动产上存在抵押权或者质权就否定其留置权的合法性，对留置权人是不公平的。基于以上考虑，本条并没有强调留置权优先于其他担保物权受偿的效力是以留置权人的善意为前提。但是如果留置权人与债务人之间恶意串通，以虚假设立留置权的方式去对抗同一标的物上已设立的抵押权或者质权，这就超出了本文讨论的善意和恶意的范畴，这种情况下留置权应不成立。②

## 二、留置权与留置权竞存的情形

在司法实践中，适用本条时需要注意同一动产之上能否同时成立数个留置权的问题。这在立法上并未有明确的规定。学界有两种不同的观点。一种观点认为同一动产上可以同时成立数个留置权。因为留置权是法定担保物权，只要

---

① 参见最高人民法院民法典贯彻实施工作领导小组主编：《中华人民共和国民法典物权编理解与适用》，人民法院出版社2020年版，第1315~1316页。

② 参见黄薇主编：《中华人民共和国民法典释义》，法律出版社2020年版，第870~871页。

满足法律规定的成立要件即可设立。实践中完全可能因为多个债权与该留置物存在牵连关系从而设立多个留置权,这并不违反法律的禁止性规定。在这种情况下,多个留置权之间的效力关系,可以参考质权的相关规定,以留置权成立的先后顺序确定行使权利的先后次序。另一种观点认为,留置权的存续以占有该留置物为要件,在同一留置物上不可能同时存在两个占有事实,故而不能同时设立两个留置权。我们认为,一般而言,留置权是以占有动产作为成立和存续的要件,故同一留置物之上通常是不能同时存在两种以上的留置权的。但在承认留置权善意取得的背景下,也可能存在以下两种例外情形:第一,非基于留置权人的原因而产生的留置权竞合。即实践中可能存在非基于留置权人自身自由意志而丧失了对留置物的占有的情形。例如,留置权人遗失留置物,第三人侵夺,留置权人丧失了对留置物的占有,但由于这种丧失占有并非出于留置权人的自由意志,此时留置权人的留置权并未消灭,而不在留置权人控制之下的动产上可能又新设了善意第三人对该动产的留置权。第二,基于留置权人的原因而导致的留置权竞存。实践中可能存在留置权人因对外欠付的债务而在同一留置物上新设立一个留置权的情形。对于同一动产上多个留置权之间竞存的效力关系,应区分是否为基于留置权人的原因而导致的竞存。对于非因留置权人自身的原因而导致的留置权和留置权的竞合,应当适用先成立的留置权优先于后成立的留置权受偿的原则;对于留置权人的原因导致的留置权竞合,应当适用后成立的留置权优先于先成立的留置权受偿的原则。

### 三、留置权与其他优先权竞存的情形

司法实践中,留置权可能存在与其他优先权共存的情形。这里的优先权是指国家基于对特种债权人利益的特殊保护的考量而赋予该类债权优先受偿的权利。具体到立法上,主要体现为船舶优先权和民用航空器优先权。在同一法定担保物上竞存的留置权和优先权之间的效力等级关系,应当依据法律规定确定。例如,我国《海商法》第 21 条所规定的船舶优先权,是指海事请求人依照我国《海商法》第 22 条的规定,向船舶所有人、光船承租人、船舶经营人提出海事请求,对产生该海事请求的船舶具有优先受偿的权利,是一种法定优先权。我国《海商法》第 25 条明确规定了对于船舶这种特殊动产上竞存的船舶抵押权、造修人船舶留置权、船舶优先权之间的优先效力等级关系,即按照船舶抵押权、造修人船舶留置权、船舶优先权的顺序,效力等级依次递增。我

国《民用航空法》并未规定民用航空器留置权,但明确规定了民用航空器优先权,并规定该优先权先于民用航空器抵押权受偿。这里的民用航空器优先权中已经包括保管维护民用航空器的费用的请求权,与一般意义上的动产留置权有重合之迹。司法实践中也出现了机场因对航空器的管理而产生管理费用请求权,从而留置该民用航空器的案例,对于是否有必要在法律中另行规定保管维护民用航空器的费用以外的民用航空器留置权,学界也有不同的观点,本文在此不再赘述。

**第四百五十七条** 留置权人对留置财产丧失占有或者留置权人接受债务人另行提供担保的，留置权消灭。

## 关联规定

法律、行政法规、司法解释

1.《中华人民共和国民法典》

第三百九十三条 有下列情形之一的，担保物权消灭：

（一）主债权消灭；

（二）担保物权实现；

（三）债权人放弃担保物权；

（四）法律规定担保物权消灭的其他情形。

2.《中华人民共和国海商法》

第二十五条 船舶优先权先于船舶留置权受偿，船舶抵押权后于船舶留置权受偿。

前款所称船舶留置权，是指造船人、修船人在合同另一方未履行合同时，可以留置所占有的船舶，以保证造船费用或者修船费用得以偿还的权利。船舶留置权在造船人、修船人不再占有所造或者所修的船舶时消灭。

3.《最高人民法院关于人民法院民事执行中查封、扣押、冻结财产的规定》

第十一条 查封、扣押、冻结担保物权人占有的担保财产，一般应当指定该担保物权人作为保管人；该财产由人民法院保管的，质权、留置权不因转移占有而消灭。

4.《最高人民法院关于适用〈中华人民共和国民事诉讼法〉的解释》

第一百五十四条 人民法院在财产保全中采取查封、扣押、冻结财产措施时，应当妥善保管被查封、扣押、冻结的财产。不宜由人民法院保管的，人民法院可以指定被保全人负责保管；不宜由被保全人保管的，可以委托他人或者申请保全人保管。

查封、扣押、冻结担保物权人占有的担保财产，一般由担保物权人保管；由人民法院保管的，质权、留置权不因采取保全措施而消灭。

## ▶ 条文释义

### 一、本条主旨

本条是关于留置权消灭原因的规定。

### 二、条文演变

《民法典》第393条规定了担保物权消灭的几种原因：（1）主债权消灭；（2）担保物权实现；（3）债权人放弃担保物权；（4）法律规定担保物权消灭的其他情形。留置权作为一种法定担保物权，其消灭原因自然也遵从上述规定。针对留置权消灭的特殊原因，原《物权法》第240条规定："留置权人对留置财产丧失占有或者留置权人接受债务人另行提供担保的，留置权消灭"，本条沿用了这一规定。在部门法中也有类似的留置权消灭的规定。例如，我国《海商法》中规定的造船人、修船人船舶留置权，该法第25条第2款明确规定了造修人船舶留置权在造船人修船人不再占有所造或者所修的船舶时消灭。

### 三、条文解读

留置权作为担保物权的一种，其既可以基于物权共同的消灭原因而消灭，例如，因留置动产的毁损灭失、被征收等；也可以基于担保物权共同的消灭原因而消灭，比如，被担保的主债权消灭、留置权的实现、留置权的放弃等。但是留置权作为一种法定担保物权，其以占有留置物为成立要件，那么如果留置权人因主观或客观原因丧失了占有，留置权是否还能存在呢？留置权作为法定的担保物权，是否可以当事人的自由意志而消灭呢？本条规定了留置权的特殊消灭事由，包括以下两种：（1）留置权人对留置物占有的丧失；（2）债务人就该留置物担保的债务提供另外的担保，并且被留置权人接受该担保的。下面分别来阐释两种留置权消灭的原因。

## (一)债权人因丧失占有而导致留置权消灭

第一,从法理上看,由于留置权成立的前提条件就是留置权人对留置财产的合法占有。这种占有状态应当是持续性的。一旦留置权人不再控制留置标的物,丧失了占有这个前提条件,留置权当然消灭。比如,留置物毁损灭失,留置权当然不复存在。

第二,我国和外国的立法实践和审判实践也承认了这项规则。正如上文所述,我国在部门法中也都有相应规定。审判实践中适用的司法解释规定也遵照这一原则。

## (二)债权人因接受担保而导致留置权消灭

担保物权的功能就是在债务人不履行到期债务或者发生当事人约定的实现担保物权的情形时,担保物权人就担保财产依法享有优先受偿的权利。而留置权作为担保物权的一种,其设立目的就是债权人通过合法占有留置财产,以督促债务人尽快偿还债务,保障债权人的债权实现。在留置权设立之后,如果债务人为了拿回留置财产,而提供了另外的担保以保障债权人债权的顺利实现,原先在留置财产上设立的留置权自然应当消灭。如果在债务人提供了另外的相当担保的情况下,仍允许留置权存在,也不符合民商事活动的公平原则和诚信原则,且不利于债务人充分利用留置物品。在其他国家中也有类似的规定。

另外,对于留置权消灭的原因,有观点认为,债权人延缓债务履行期限也应当作为留置权的消灭原因。因为留置权成立的要件之一是债务人不履行到期债务。同时,《民法典》第453条规定了留置权人与债务人应当约定留置财产后的债务履行期限;没有约定或者约定不明确的,留置权人应当给债务人60日以上履行债务的期限。因此,如果留置权人自愿将债务履行期限延长,那么留置权成立和存续的前提条件就不再满足,留置权当然应消灭。但是此种原因导致的留置权消灭,如果留置权人依然保留对留置物的占有,而债务人也没有请求返还留置财产,等到延缓后的债务履行期限又届满时,债务人依旧未履行债务,债权人可据此在留置财产上成立新的留置权。这一观点可结合具体案件参考适用。[1]

---

[1] 参见最高人民法院民法典贯彻实施工作领导小组主编:《中华人民共和国民法典物权编理解与适用》,人民法院出版社2020年版,第1320页。

## 适用指引

### 一、丧失占有应基于留置权人的自由意志

由于留置权是以占有动产作为成立和存续的要件，因此，理论上来说一旦留置权人丧失了对留置财产的占有，那么留置权应当消灭。需要注意的是，实践中可能存在非基于留置权人自身自由意志而丧失了对留置物的占有的情形。例如，第三人侵夺了留置财产。对于这种非因留置权人自由意志暂时丧失对留置物的占有，留置权是否消灭的问题，学界有不同的观点。一种观点认为不论占有的丧失是否出自留置权人本身的意志，只要丧失对留置财产的占有，留置权当然消灭。即使这种情况下，留置权人可以依据对占有的保护性规定来请求返还留置物品，但那也只是一种新的留置权的产生，而不是原有的留置权的存续。这种观点实质是认为留置权没有溯及的效力，如出现第三人侵夺的情形，只能依据另外的法益保护规定去请求返还留置物。如果留置权在留置物被侵夺后仍旧存在，那么留置权人无法基于其对占有物享有留置权而请求第三人返还占有物。另一种观点认为，留置权人因第三人侵夺留置财产而丧失对留置财产的占有，需区分两种情况：一是留置权人丧失占有后，不能依占有的返还原物之诉请求第三人返还占有物的，留置权就消灭了；二是留置权人虽然暂时丧失了对留置物的占有，但如果能够通过返还原物之诉请求返还原物的，这种丧失占有是一时的，因此，留置权的消灭也是一时的，并不是终局性的消灭。如果把上述第二种情形认定为一种新的留置权的产生，又必须符合留置权的法定要件，这既不符合常理，也不利于留置权人。

我们认为，在留置权人非因自身原因而丧失占有的情形下，采用留置权当然消灭的观点，并不符合公平原则。留置权人相对于其他担保物权而言，以占有为成立要件，本就承担了很大的风险成本，如果占有一旦丧失就导致权利必然丧失，则无形中又增加了留置权人保管留置财产的成本，这是显失公平的。而且也可能增加留置财产所有权人或者第三人通过不法手段侵夺留置财产的风险。因此，在非因留置权人自由意志而丧失对留置物的占有时，留置权并不当然归于消灭。

另外，当留置物被人民法院采取查封、扣押等强制执行措施时，依据相关

司法解释的规定，一般该留置物仍由留置权人占有保管。即使由人民法院保管，留置权人也不因丧失了对留置物的占有而导致留置权消灭，这时法律拟制留置权人仍占有该留置财产。

### 二、另行提供的担保应以相当担保为一般原则

在司法实践中，债务人另行提供担保导致留置权消灭的情形，应当注意以下两点：一是债权人与债务人需要就债务人另行提供的担保达成一致，即债权人接受了债务人另行提供的担保。这是为了保障留置权人的合法权益，如果留置权人不接受债务人另行提供的担保，留置权不消灭。二是一般而言，债务人另行提供的担保所能担保的债权应当与债权人的债权金额相当。由于留置权的设立有基于公共政策考虑的因素，比如，常见的汽车修理人、造船人、修船人的劳务支出和垫付材料费，很多情况下，留置物的价值往往远高于留置权人的债权金额。债务人为了使用留置财产而另行提供担保，当然不是提供与留置财产相当的担保，而是以提供与被担保的债权金额即留置权人的债权金额相当的担保为限，这也符合公平原则，既能保障留置权人债权的实现，也不影响债务人使用留置财产。当然，由于债务人提供的担保必须得到留置权人的认可，所以在债务人与留置权人协商一致的情形下，债务人另行提供的担保所能担保的债权金额也可以低于或者高于留置权人的债权金额。

## ▶ 类案检索

### 一、海南金牌港船舶修造有限公司与临高旺乐渔业专业合作社船舶建造合同纠纷案

**关键词**：船舶留置权　留置权消灭

**裁判摘要**：根据《物权法》第240条规定："留置权人对留置财产丧失占有或者留置权人接受债务人另行提供担保的，留置权消灭。"案涉船舶无论是在2016年1月29日下水试航时被交付临高旺乐渔业专业合作社，还是在2017年5月26日被欠薪船员驶离，在2017年11月23日本案一审判决作出时，案涉船舶都已经不在再审申请人占有之下，因此，再审申请人对案涉船舶享有的留置权已灭失。

【案　　号】（2020）最高法民申 1377 号

【审理法院】最高人民法院

【来　　源】中国裁判文书网

二、山西聚源煤化有限公司、山西聚丰能源有限公司、银亿集团有限公司、麻城市宇盛工贸有限公司股权转让纠纷案

**关键词：** 留置权消灭　留置财产丧失占有

**裁判摘要：** 当事人在案涉焦炭加工完毕后已直接占有该焦炭，并对案涉焦炭向法院申请财产保全，且被法院指定为保全的案涉焦炭的保管义务人，印证了当事人对案涉焦炭的占有状态。当事人并未改变对焦炭的占有，亦不能表明放弃留置权。原审第三人对焦炭享有的所有权与处置权，与当事人依法享有的留置权并不矛盾。因此，再审申请人主张原审第三人有权自行处置案涉焦炭，原审第三人将案涉焦炭质押贷款后银亿公司丧失占有权的理由不能成立。

【案　　号】（2021）最高法民申 6098 号

【审理法院】最高人民法院

【来　　源】中国裁判文书网

# 占有

## 第五分编

# 第二十章 占 有

**第四百五十八条** 基于合同关系等产生的占有，有关不动产或者动产的使用、收益、违约责任等，按照合同约定；合同没有约定或者约定不明确的，依照有关法律规定。

## ▶ 条文释义

### 一、本条主旨

本条是关于有权占有法律适用的规定。

### 二、条文演变

原《物权法》颁布之前，占有系所有权的一项权能，我国法律未规定单独的占有制度。原《物权法》第5编对占有的调整范围、无权占有情形下的损害赔偿责任、原物及孳息的返还以及占有保护等作了规定。本条与原《物权法》第241条规定一致。

### 三、条文解读

（一）占有的概念、性质和功能

**1. 占有的认定**

原《物权法》和《民法典》均未对占有予以定义。理论上认为占有系对于不动产或者动产事实上的控制与支配。所谓控制，指物处于占有人的管理或影响之下。所谓支配,指占有人能够对物加以一定利用。①

占有需具备主观和客观要件。一方面,占有人主观上具有占有的意思,即意识到自己正在占有某物,占有人无须具有据为己有的意图,也无须为自己的利益占有。在某些情况下,如拾得人拾得遗失物、漂流物后占有该物,拾得人希望尽快返还失主,拾得人并非为自己利益占有该物,但是拾得人完全意识到自己占有该物,仍然具有占有意图。另一方面,占有人在客观上形成对物的控制,即对物的管领,需要借助自然或者法律的控制力与物发生某种接触。主要考虑如下要素:第一,空间因素,即要考虑人和物在空间上的某种结合关系。通过人与物的接触,来判断某人是否对某物形成事实上控制。第二,时间因素,即要考虑人和物在时间上的结合关系,在时间上要具有一定的持续性和连续性。第三,法律关系因素,即要考虑人与物的结合关系是否已经形成一种法律关系。在某些情况下,占有人并未在事实上直接占有该物,或者物脱离其占有是因其意志以外的原因所致,但在法律上仍然承认其是法律上的占有人,如间接占有人。②

**2. 占有的性质**

理论界有事实说、权利说等不同观点。通说认为占有仅体现为人对物的支配管理关系,并不反映某种权利关系。无论是合法行为还是违法行为,均可基于管领物的事实而成立占有。多数国家的立法例将占有规定为能够发生一定法律效果的事实。将占有作为一种事实的合理性在于:一是如果认为占有是一种权利,容易混淆占有行为本身和占有产生的法律后果。占有是一种能产生诸多法律效果的法律事实,在许多情况下,占有是权利取得和存续的要件,丧失占有即会导致失权的后果。二是如果认为占有是一种权利,将无法解释大量的无权占有现象。这一观点使占有的概念变得过于狭窄,并且无权占有这个表述本身就会自相矛盾。三是确认占有是一种事实状态从而保护占有,有利于维护财产的秩序和社会的安宁。如对拾得遗失物和漂流物、发现埋藏物的占有亦应受法律保护。③原《物权法》和《民法典》均采纳了占有是一种事实的观点。

---

① 参见最高人民法院物权法研究小组编著:《〈中华人民共和国物权法〉条文理解与适用》,人民法院出版社2007年版,第698页。
② 参见王利明:《物权法研究》,中国人民大学出版社2016年版,第1452~1455页。
③ 参见王利明:《物权法研究》,中国人民大学出版社2016年版,第1449~1450页。

### 3. 占有的功能

占有制度调整占有人与非占有人之间因财产的占有利用而发生的财产关系。占有制度的主要功能有：（1）维持社会的和平与秩序。对物的占有一旦确定存在，则形成一定的社会秩序，而对此种业已形成的秩序加以保护、维持其安定，即系维持社会的和平与秩序。（2）表彰或彰示本权（得为占有的权利）。相对于占有而言，所有权、用益物权、担保物权及债权等，皆为本权。此等本权通常系透过占有而予以实现。占有具事实上支配标的物的外观，则应具有本权。依据此点，占有具有权利推定效力，本权的保护由此趋于便捷。（3）取得本权的功用。即于一定条件下，某人对物的占有可以升格为本权。对物的事实的支配，系实现本权内容的一种样态，由此而应赋予一定的效力。从域外法规定来看，埋藏物及漂流物的发现、无主物的先占、取得时效及遗失物的拾得，系属于将占有全面提升为本权。善意占有人的费用偿还请求权及损害赔偿责任的减轻等，则属于使占有于一定范围内作与本权相同的对待。（4）义务负担的功用。占有某物意味着占有人负有管理占有物的社会责任。占有人的损害赔偿责任、无权占有人的占有物返还义务及孳息返还义务等，皆系以占有为基础而负一定义务的规定。[1]

### （二）有权占有和无权占有

占有可区分为有权占有和无权占有，区分的标准是占有是否具有法律上的原因。法律上的原因，也叫法律上的根据，学说称之为权源或本权。所谓本权，即得为占有的权利，是指基于一定法律上的原因而享有占有的权利。本权，可以是物权，如建设用地使用权、土地承包经营权、担保物权（质押、留置）；也可以是债权，如基于租赁合同、保管合同、承揽合同等产生的权利，还可以是因其他法律关系如监护关系、夫妻关系以及无因管理而产生的权利，如财产代管人对于被宣告失踪人的财产的代管权，监护人对于被监护人的财产的管理权。有权占有，也叫正权源占有，是指有法律上的原因的占有。所有权人、建设用地使用权人、动产质权人、留置权人、承租人、借用人对标的物的占有，系分别基于所有权、建设用地使用权、动产质权、留置权、租赁权、借

---

[1] 参见陈华彬：《我国民法典物权编占有规则立法研究》，载《现代法学》2018年第1期。

用权，具有占有的权源，均为有权占有。无权占有，亦称无权源占有，是指无法律上的原因的占有。例如，盗贼对于盗赃物的占有，拾得人对于遗失物的占有，承租人于租赁合同终止后对租赁物的占有，买受人在买卖合同无效、被撤销场合对于买卖物的占有等，均属无权占有。① 区分有权占有与无权占有的主要意义是有权占有人能够拒绝他人行使本权。例如，租赁合同期间，承租人对租赁物系有权占有，能够拒绝出租人的返还请求权。无权占有人不能拒绝享有本权的人行使占有物返还请求权。

（三）占有的法律适用

占有涉及的法律问题包括占有人与权利人之间，以及占有人与侵害占有物的第三人之间的法律问题。主要包括两种类型：一是在占有过程中，被占有的不动产或者动产的使用、收益以及损害赔偿责任应如何确定；二是当被占有的不动产或者动产遭受第三方侵夺或者妨害时，占有人如何保护占有。

因合同等债的关系而产生的占有，有关被占有的不动产或者动产的使用、收益、违约责任等按照合同约定。合同没有约定或者约定不明确的，依照《民法典》等有关法律的规定处理。基于合同而占有物的承租人、保管人、借用人、运输人等，在其与合同相对人的关系上，双方之间的合同相当于当事人之间的"特别法"，因而构成第一位的法源。② 有关不动产或动产的使用、收益、法律责任等的合同约定优先于法律规定，充分体现了当事人的意思自治原则，亦符合私法上的处分原则。以租赁合同为例，承租人在租赁合同期间占有租赁物系有权占有。关于租赁物的使用、收益、灭失的损害赔偿、支出费用的偿还等，均应依租赁合同约定及《民法典》等相关法律规定处理。例如，《民法典》第720条规定："在租赁期限内因占有、使用租赁物获得的收益，归承租人所有，但是当事人另有约定的除外。"如果当事人未另行约定，承租人占有租赁物期间的收益归承租人所有。随着市场经济的发展，物之所有和物之占有、利用关系分离，基于合同关系所产生的占有及使用等关系更为普遍和复杂，如土地承包经营权合同、建设用地使用权出让合同、抵押合同、融资租赁合同、运

---

① 参见崔建远：《物权法》，中国人民大学出版社2017年版，第145页。
② 参见石佳友：《〈物权法〉占有制度的理解与适用》，载《政治与法律》2008年第10期。

输合同、保管合同、承揽合同等，都会因合同关系产生非所有权人对物的占有使用，因此产生的争议应依据当事人的约定及相关法律规定处理。

无权占有情形下，有关不动产或者动产的使用、收益及损害赔偿责任等，适用占有的规定。《民法典》第459条至第461条对此进行了规定。其他有权占有类型（如因财产代管、监护等形成的占有）亦可适用占有的规定。合同无效或者被撤销，当事人对标的物系无权占有，亦可以适用无权占有的规定处理。

被占有的不动产或者动产遭到第三方侵占或者妨害时，对占有人的保护不区分有权占有和无权占有，均可适用占有的规定。《民法典》第462条对此进行了规定。占有的不动产或者动产被侵占的，占有人有权请求返还原物，对妨害占有的行为，占有人有权请求排除妨害或者消除危险，因侵占或者妨害造成损害的占有人还有权请求损害赔偿。对于因债权产生的有权占有而言，占有保护具有更为重要的意义。因物权产生的有权占有，物权人可基于物权获得保护，而债权人则无法请求物权保护。承租人对租赁物的占有受到租赁合同以外的第三人妨害，承租人能够以自己的名义提起占有保护之诉，而无须请求出租人出面提起诉讼。这是基于恢复社会秩序的需要。

## ▶ 适用指引

### 一、占有人和占有物

占有人包括自然人和法人。占有人不必有法律行为能力，即使是无行为能力人或限制行为能力人，只要有事实上的支配能力，也能够成为占有人。不过，占有人应有占有意思，所以占有人必须对占有物有事实上控制的意识能力。占有包括合法占有和不法占有，占有的成立要件中不包括过错、违法等因素。过错、违法等因素只是影响占有的分类，不影响占有的成立。小偷对其盗窃之物的控制属于占有；抢夺犯对其抢夺财物的控制构成占有。未经竣工验收的房屋也可以成为占有物。买受人对房屋在事实上实施控制，即便房屋未经验收，也符合占有的要求。①

## 二、占有的推定效力

占有人对占有物行使权利，推定其适法有其权利。该权利可能是物权，也可能是债权等。如果占有人对占有物行使所有权，推定其有所有权；如果占有人对占有物行使租赁权，推定其有租赁权。其功能一是避免占有人就权利存在负举证责任，维持社会安定。除非他人能够提出反证，否则占有人就自己占有的权利不负举证责任。二是维护交易安全。第三人与动产占有人为交易时，占有人无须证明自己确有本权，第三人也无须调查其是否具有本权。

该推定效力受到如下限制：一是不动产的权利公示方法是登记，对于已经登记的不动产，权利人能够以登记推翻占有人的权利推定，当不动产登记的推定力和占有的推定力发生冲突时，不能根据占有的推定力否定登记的推定力。仅未登记的不动产和以不动产为标的的债权才能够产生推定效力。二是占有人就占有物进行所有权或者其他权利登记时，不能将占有作为其已经具有权利的证明。法律仅保护占有人合法的占有事实状态，以此对抗第三人的侵害和权利对抗，并非使占有人取得权利。三是占有人的占有如果系受让取得，对于受让之前的占有人，不能主张权利推定。此时，应由主张有正当占有权源的占有人负举证责任。②

## 三、区分间接占有与直接占有

原《物权法》和《民法典》虽未规定间接占有，但是由于原《物权法》就动产物权变动形态，引入了简易交付、占有改定等制度，而这些制度借助间接占有概念更容易理解。③ 理论和实践均肯定了间接占有。间接占有系基于一定的法律关系而对物为占有。它可以表现为合同关系，如质押、租赁、保管、承揽、运输等合同关系；也可以表现为基于法律直接规定而产生的关系，如监护人管理被监护人的特有财产的关系，无因管理关系；还可以表现为公权力行使

---

① 参见崔建远：《物权法》，中国人民大学出版社2017年版，第143~144页。
② 参见谢在全：《民法物权论》，中国政法大学出版社1999年版，第962~966页。
③ 参见张双根：《占有的基本问题——评〈物权法草案〉第二十章》，载《中外法学》2006年第1期。

所产生的关系,如查封动产的受托保管关系。其中的质权人、承租人、保管人、承揽人、承运人、监护人、无因管理人等为直接占有人。出质人、出租人、寄存人、定作人、托运人、被监护人、本人等为间接占有人。即使成立此类法律关系的合同未生效、无效、终止,间接占有不因此而受影响。①

司法实践中存在大量承认间接占有的案例。例如,关于间接占有动产的出质、以占有改定替代动产的现实交付从而实现物权移转、间接占有人的补充赔偿责任、间接占有人的原物返还义务、间接占有情形下的动产善意取得等。间接占有人应受到保护,可以行使占有保护请求权(返还原物请求权、排除妨害请求权、消除危险请求权和损害赔偿请求权)。不过在间接占有人与直接占有人均可主张权利情况下,如果直接占有人主张了权利,间接占有人不得再行主张。直接占有人未主张或者不方便主张的,间接占有人方得主张。② 直接占有人的占有保护请求权,亦得以对原权利人(间接占有人)主张。原权利人侵害直接占有造成损害,直接占有人有权请求侵害占有的损害赔偿。

### 四、区分占有辅助人与占有人

占有辅助是指占有人对于其物系基于特定的从属关系,受他人指示而为事实上的支配并排除他人干涉的法律之力。③ 占有辅助与直接占有存在区别。直接占有人只要依据法律或者合同行事即可,无须接受所有者的命令指示,而占有辅助人对物之使用管领,必须接受交付其管领之人(本人)的命令指示。占有辅助人虽然事实上控制和管领了某物,但其是基于他人的意志占有,故并非占有人。占有的效果归属本人,而不归属占有辅助人。占有辅助人未获授权时无权向包括其雇主在内的任何人行使占有保护请求权,无权抛弃或者转让占有给第三人,亦不对其事实上管领之物所生之损害负责。④ 占有辅助关系中,占有辅助人的故意或者过失影响本人故意或者过失的认定。占有辅助人对侵夺或者妨害占有的行为可以采取防御行为,例如驱逐侵夺或者妨害占有的人。

---

① 参见崔建远:《物权法》,中国人民大学出版社2017年版,第148页。
② 参见章正璋:《我国民法上的占有保护——基于人民法院占有保护案例的实证分析》,载《法学研究》2014年第3期。
③ 参见崔建远:《物权法》,中国人民大学出版社2017年版,第149~150页。
④ 参见章正璋:《我国民法上的占有保护——基于人民法院占有保护案例的实证分析》,载《法学研究》2014年第3期。

## 五、有权占有的相关问题

### （一）原权利人可以选择违约责任或者侵权责任

基于合同关系对他人的财产占有、利用的人，如果不按照合同约定对占有物为使用、收益，其行为可能发生违约责任与侵权责任的竞合问题。例如，保管人违约使用保管物，借用人超范围、过度使用借用物，承租人擅自转让租赁物，依据《民法典》第186条的规定，原权利人可以选择适用违约责任或者侵权责任之规定行使请求权。

### （二）原权利人可以行使物权请求权

基于合同关系对他人财产占有、使用，合同到期后占有人有义务返还原物，占有人不予返还，原权利人有权请求占有人返还原物。

### （三）添附的处理

基于合同关系对他人财产占有、使用，直接占有人对他人财产进行添附的，合同终止后，应按照合同约定予以解决，合同无约定的，直接占有人有权处分其添附物，对原权利人权利造成损害的，负损害赔偿责任。[1]

## ▶ 类案检索

### 付某、孟某、孙某侵权责任纠纷案

**关键词：** 有权占有

**裁判摘要：** 涉案《房地产买卖契约》由夫妻中的一方与买受人签订，出卖人的配偶虽没有在涉案《房地产买卖契约》签字，但其作为涉案房屋产权共有人，在该合同签订后，其本人将涉案房屋产权证书交付买受人，并协助买受人办理了天然气开户等手续。另结合其就相关问题所作陈述，能够认定其对出

---

[1] 参见孙宪忠、朱广新主编：《民法典评注：物权编》，中国法制出版社2020年版，第502页。

售涉案房产给买受人并由买受人占有使用,事后是知晓并默示认可的。《民法典》第458条规定:"基于合同关系等产生的占有,有关不动产或者动产的使用、收益、违约责任等,按照合同约定;合同没有约定或者约定不明确的,依照有关法律规定。"涉案《房地产买卖契约》于2011年签订,约定房屋价款为43万元,买受人按照该合同约定支付了33万元购房款,并对涉案房屋进行了装修,且现已居住使用多年。其占有使用涉案房屋系基于房屋买卖合同,不属于非法占有,故出卖人的配偶诉讼请求买受人迁出涉案房屋并恢复原状,不予支持。

【案　　号】(2020)鲁17民终3964号

【审理法院】山东省菏泽市中级人民法院

【来　　源】中国裁判文书网

第四百五十九条 占有人因使用占有的不动产或者动产，致使该不动产或者动产受到损害的，恶意占有人应当承担赔偿责任。

## 条文释义

### 一、本条主旨

本条是关于无权占有不动产或者动产致其损害，恶意占有人应当承担赔偿责任的规定。

### 二、条文演变

原《物权法》之前，我国民事立法没有关于恶意占有人的赔偿责任的具体规定。本条与原《物权法》第242条规定一致。

### 三、条文解读

有权占有情况下，当事人会对因使用而导致不动产或者动产的损害责任作出约定。相关法律也会作出规定。例如，《民法典》第784条规定："承揽人应当妥善保管定作人提供的材料以及完成的工作成果，因保管不善造成毁损、灭失的，应当承担赔偿责任。"本条对无权占有人使用物所造成的损害进行了规定。该条明确恶意占有人使用占有物致使其受到损害，应承担损害赔偿责任，有利于防止恶意占有人使用占有物，同时为权利人主张赔偿损失提供法律依据。

（一）占有人对占有物的使用和损害

现代物权立法的价值取向由归属中心主义转向利用中心主义，即强调物的利用。物的利用可能与物的归属重合，如物的所有人对不动产或者动产进行占有、使用、收益。更多情况是，物脱离了所有人的控制而被他人占有、使用。所谓使用是指按照物的物理性能及正常用途加以利用，以发挥该占有物的使用价值。有权占有人依据合同等享有使用财产的权利。如果合同未规定使用权利，则占有人不得使用、收益，例如，保管人虽占有保管物，但是不享有使用、收益的权利。关于无权占有人能否使用占有物，有的立法例及其理论认为，恶意占有人对于占有物没有使用的权利，[1] 我国有的学者认为根据原《物权法》第242条及第243条规定（善意占有人有权主张维护占有物的必要费用），占有人可以使用占有物，包括恶意占有人。[2] 无权占有情况下，物的使用价值仍是客观存在的。法律并未规定无权占有人对占有物不得加以利用。

所谓损害指占有物的效用和价值降低。本条中的不动产或者动产受到的损害，指的是不动产或者动产因正常使用而发生的正常损耗和折旧。例如，在使用中导致物变形、磨损、外形损害等。[3] 有权占有情况下，如基于租赁或者借用而占有他人的不动产或者动产时，当事人会对因使用而导致不动产或者动产的损害责任作出约定。通常，因正常使用而导致不动产或者动产的损耗、折旧等，由所有权人负担。有权占有人支付的价金即是对不动产或者动产因正常使用而发生损耗的补偿。如果采取破坏性方式使用租赁物，租赁人也承担相应责任。[4]

对于占有物在占有期间的损耗，如果占有人对物已经尽到善良管理人、使用人的义务，即使因物的正常损耗导致返还之物与原物不同，占有人亦可以不承担责任。善良管理、使用，指物的占有人在占有物的过程中充分考虑到物的自然性能，完全按照物的正当合理的利用方法来加以管理和使用的心理状态。例如，占有人如果使用房屋，房屋设施会变得陈旧，如果使用机器，机器会发生磨损。原权利人自己管理和使用也会发生这些情况。对于占有物在使用时发生的损害，善意占有人享有善意管理使用人的抗辩，而恶意占有人不享有该抗辩，对于占有期间物的损害负有恢复原状的义务。[5]

---

[1] 参见王泽鉴：《民法物权》，中国政法大学出版社2010年版，第321页。
[2] 参见崔建远：《物权法》，中国人民大学出版社2017年版，第164页。
[3] 参见王胜明主编：《中华人民共和国物权法解读》，中国法制出版社2007年版。
[4] 参见胡康生主编：《中华人民共和国物权法释义》，法律出版社2007年版，第514页。
[5] 参见孙宪忠：《中国物权法总论》，法律出版社2018年版，第471页、第474~475页。

## （二）善意占有与恶意占有的区分

善意占有和恶意占有属于对无权占有的分类。对有权占有没有必要区分善意和恶意，其责任不会发生变化。所谓善意占有，是指占有人主观上认为自己有权占有标的物。例如，不知道他人在市场上出售的财产是其无权处分的财产，而以合理的价格购买了该财产并对该财产进行占有，则占有人占有该财产主观上是善意的。善意占有人不知自己的占有存在瑕疵通常源于占有人的占有事实或法律错误。如果某人占有该物时有正当的理由相信其占有有合法的依据，也可以称为善意占有。所谓恶意占有，是指占有人明知或者因重大过失不知自己为无权占有而仍然进行的占有。例如，拾得人在失主请求返还拾得物后，拒绝交付，将拾得物据为己有。再如，小偷占有赃物等。①

善意占有包括两种情况：一是占有人不以自己为物权人的心态占有，如拾得遗失物的人，在积极寻找失主情况下的占有；二是占有以自己为物权人的心态占有，但是占有人不知或者不应知物不属于自己所有，例如，继承物中有他人之物，但是继承人对物归属他人并不知情。②

善意占有也可能转变为恶意占有，当无权占有人知道或应当知道其占有没有合法根据时，善意占有转变为恶意占有。例如，自合同被宣告无效或被撤销之日起，占有人便应当知道其占有是有瑕疵的。本条区分善意占有和恶意占有的目的是判定无权占有人应否对使用占有物致损承担赔偿责任。因此，在判断恶意占有和善意占有的时点时，应该以占有的不动产或者动产受到损害时为标准。③

善意占有和恶意占有的法律后果不同，根据我国法律规定，主要表现在：第一，能否适用善意取得不同。如果占有人在购买由他人无权处分的财产时，主观上是善意的，符合善意取得的构成要件，可以依善意取得制度取得对该财产的所有权。第二，对占有期间物的损害赔偿责任不同。善意占有人依据物的性质正常利用占有物，原则上不应当承担责任；恶意占有人在占有期间导致占有物损害的，应当承担赔偿责任。如果占有物毁损、灭失，善意占有人和恶意

---

① 参见黄薇主编：《中华人民共和国民法典释义》，法律出版社2020年版，第875页；王利明：《物权法研究》，中国人民大学出版社2016年版，第1470页。
② 参见孙宪忠：《中国物权法总论》，法律出版社2018年版，第474页。
③ 参见最高人民法院物权法研究小组编著：《〈中华人民共和国物权法〉条文理解与适用》，人民法院出版社2007年版，第702页。

占有人都应当返还所收取的保险金、赔偿金或者补偿金。如果上述金额不足以弥补损失，善意占有人不必承担赔偿责任，而恶意占有人应当赔偿权利人的损失。第三，必要费用返还的义务不同。对于无权占有期间因维护占有物产生的必要费用，善意占有人有权请求权利人返还，而恶意占有人不能请求返还。从上述区分可以看出，立法对善意占有给予优惠待遇，以保护其善意信赖和交易安全。

### （三）善意占有人和恶意占有人对物的损害的责任

**1. 善意占有人不承担赔偿责任**

从本条的文义解释看，仅规定了恶意占有人对物的损害承担赔偿责任，而未规定善意占有人的责任，则善意占有人不承担赔偿责任。善意占有人因无过失地信赖自己有权占有而使用占有物，出于对其信赖的保护，排除侵权责任法的适用。

其他国家和地区对于善意占有人不承担赔偿责任有不同的处理方式。有的明确规定善意占有人不承担损害赔偿责任，例如，《瑞士民法典》第938条规定：（1）善意占有人依其被推定的权利，得使用并收益该物的，对权利人无损害赔偿的责任。（2）前款情形，物消灭或受损害的，占有人无须赔偿。其他国家或者地区由善意占有人权利的推定去解决。例如，《德国民法典》第955条规定，善意占有人于推定其为适法所有之权利范围内，得为占有物之使用、收益。根据上述规定，法律对于占有赋予了权利的推定效力，占有人于占有物上行使的权利推定其适法有此权利。善意占有人在使用占有物时，即被法律推定为物的权利人，具有占有使用的权利。因此，对于使用占有物而导致的物的损害，不应负赔偿责任。①

**2. 恶意占有人承担赔偿责任**

法律上的权利应有合法的根据，恶意占有人的占有缺乏合法的根据，其知道自己是无权占有人，其系为了自己的利益而不是为了物主的利益使用物，不能享有善意占有人所享有的善良管理、使用的抗辩权，其对占有期间物的任何损害负有恢复原状的义务。只要其使用占有物导致了损害，就应当承担损害赔偿责任。

---

① 参见黄薇主编：《中华人民共和国民法典释义》，法律出版社2020年版，第875页。

本条并未规定占有人应该有过错。因此，无须对占有人是否具有过错进行确认，只需判断占有人的使用行为与占有物的损害后果之间是否存在因果关系即可。① 也有学者认为，本条规定实际是过错责任。恶意占有人明知无占有的权源，或虽不知但有重大过失地不知其无占有权源，本身足以被认定为有过错。因此，恶意占有人即使根据物的性质和通常用途对物进行利用，致使占有物受到损害的，就应承担相应的赔偿责任，其仍然为过错责任而非严格责任。② 此系在理论上分析恶意占有人的责任是否过错责任。司法实践中，根据法律规定，如果恶意占有人对物的使用与物的损害有因果关系，则无须另行证明其对造成损害有主观过错。

## ▶ 适用指引

**一、善意占有人在使用占有物期间致物损害，其主观上有故意或重大过失的，应否担责**

善意占有人在使用占有物的过程中造成物的损害，不应当承担赔偿责任。首先，从法律规定看，法律并未规定善意占有人对物的损害承担赔偿责任。即如果认定为善意占有，则排除了侵权法的适用。其次，如果适用侵权法的规定追究善意占有人的责任，权利人需证明善意占有人存在故意和重大过失，导致物的损害。由于善意占有认为自己是有权占有，通常不会故意损害物，权利人证明善意占有人主观上有故意或者重大过错是很困难的。③ 最后，如果要求善意占有人承担赔偿责任，会使其不敢使用占有物，造成社会资源的闲置。

---

① 参见最高人民法院物权法研究小组编著：《〈中华人民共和国物权法〉条文理解与适用》，人民法院出版社2007年版，第702页。
② 参见冉克平：《论〈物权法〉上的占有恢复关系》，载《法学》2015年第1期。另有学者认为本条规定占有人的赔偿责任实际上以过错为成立要件，理由在于，本条只要求恶意占有人承担损害赔偿责任，对善意占有人不课以赔偿责任，显然是以过错为成立要件的，尽管恶意和过错并非同一层面的范畴，但恶意者必有过错，则为事实。参见崔建远：《物权法》，中国人民大学出版社2017年版，第165页。
③ 参见王利明：《物权法研究》，中国人民大学出版社2016年版，第1488页。

## 二、无权占有推定为善意占有

按照占有的权利推定规则，在占有人无权占有某物的情况下，如果没有相反的证据，就应当推定占有人的占有是善意的。法谚有云："法律不推定恶意。"因此，如果某人主张占有人是恶意的，必须承担举证责任。有观点认为，任何人就占有人有无过失，应负举证责任。一方面，善意是一般情形，而恶意是例外情形，法律推定建立于一般性和常态性的事实基础之上。另一方面，从举证的难度来看，证明自己出于善意较为困难，而证明他人的恶意相对容易。占有人是否善意占有，系内心情事，难以举证证明，故依据社会经验法则推定其为善意占有。即在无权占有情况下，应由主张恶意占有的人负担举证责任，而不能由占有人举证证明占有是善意的。①

## 三、关于请求权人

本条未明确规定请求权人，所有权人、用益物权人、担保物权人、基于债的关系之占有人（如承租人）、基于人身关系之占有人（如监护人）、破产管理人等权利人均可向恶意占有人主张赔偿。善意占有人虽然属于无权占有，但是如果本权人未向恶意占有人请求损害赔偿，为维护财产，做到物尽其用，亦应赋予善意占有人向恶意次级占有人主张赔偿损害的请求权。② 应该注意的是，在所有权人和其他物权人、其他占有人均有权请求赔偿损失时，损害赔偿义务人就同一损害存在重复给付的风险，司法实践中应避免损害赔偿义务人重复给付。

## 四、本条与《民法典》第 462 条占有保护请求权之间的关系

《民法典》第 462 条主要针对侵占以及妨害占有的行为设立，其中亦有损害赔偿之规定。该条能够包含本条规定的恶意占有人因使用占有的不动产或者动产致其损害的情况。本条与《民法典》第 462 条的区别主要体现在：一是本条适用于侵占人使用他人不动产或者动产的情况，而《民法典》第 462 条并未

---

① 参见王利明：《物权法研究》，中国人民大学出版社 2016 年版，第 1486 页。
② 参见孙宪忠、朱广新主编：《民法典评注：物权编》，中国法制出版社 2020 年版，第 508 页。

将使用作为适用条件;二是本条的赔偿范围主要是占有物本身的损害,而《民法典》第462条规定的赔偿范围不限于占有物本身的损害。①

## ▶ 类案检索

### 一、沭阳县某商务娱乐会所与宣某、刘某等财产损害赔偿纠纷案

**关键词:** 无权占有 损害赔偿

**裁判摘要:** 涉案房屋所有权人虽然并非案涉租赁合同的出租人,但是其可以主张原承租人无权占有涉案房屋,侵害了其对涉案房屋享有的所有权,要求原承租人赔偿房屋占用费等损失。涉案房屋租赁合同到期后,出租人及房产所有人未同意将涉案房屋继续出租给原承租人,原承租人应当在租赁期满后搬离涉案房屋。原承租人在租赁到期后继续占有涉案房屋属于无权占有,该无权占有的行为侵害了所有权,也给所有人造成了损失。所有人要求原承租人赔偿房屋占用费有事实和法律依据,依法应予支持。

【案　　号】(2020)苏13民终1473号
【审理法院】江苏省宿迁市中级人民法院
【来　　源】中国裁判文书网

### 二、朱某、莒县某汽贸有限公司财产损害赔偿纠纷案

**关键词:** 无权占有 损害赔偿

**裁判摘要:** 购车人与车辆销售商签订购车协议并支付部分款项后,购车人以销售商未能给其提车为由,将销售商待销售的车辆强行开走。后,销售商多次要求购车人返还车辆,购车人以销售商应返还其购车款为由,拒不返还。购车人的行为侵犯了销售商的合法财产权益,购车人应承担侵权责任,将该车返还给销售商。因购车人占有案涉车辆,导致销售商无法销售、挂牌,根据《山东省生态环境厅、山东省工业和信息化厅、山东省公安厅、山东省市场监督管理局关于实施国家第六阶段机动车排放标准的通告》,该车辆现在山东省行政

---

① 参见孙宪忠、朱广新主编:《民法典评注:物权编》,中国法制出版社2020年版,第510~511页。

区域内已无法上牌，该车辆现价值9000元，为此造成车辆贬值损失51000元（60000元减9000元），应由购车人承担。

【案　　号】（2020）鲁11民终2571号
【审理法院】山东省日照市中级人民法院
【来　　源】中国裁判文书网

> 第四百六十条　不动产或者动产被占有人占有的，权利人可以请求返还原物及其孳息；但是，应当支付善意占有人因维护该不动产或者动产支出的必要费用。

## ▶ 关联规定

法律、行政法规、司法解释

《中华人民共和国民法典》

第九百七十九条　管理人没有法定的或者约定的义务，为避免他人利益受损失而管理他人事务的，可以请求受益人偿还因管理事务而支出的必要费用；管理人因管理事务受到损失的，可以请求受益人给予适当补偿。

管理事务不符合受益人真实意思的，管理人不享有前款规定的权利；但是，受益人的真实意思违反法律或者违背公序良俗的除外。

第九百八十五条　得利人没有法律根据取得不当利益的，受损失的人可以请求得利人返还取得的利益，但是有下列情形之一的除外：

（一）为履行道德义务进行的给付；

（二）债务到期之前的清偿；

（三）明知无给付义务而进行的债务清偿。

## ▶ 条文释义

### 一、本条主旨

本条是关于无权占有人应向权利人返还原物及其孳息，善意占有人享有必要费用返还请求权的规定。

## 二、条文演变

原《物权法》第243条规定:"不动产或者动产被占有人占有的,权利人可以请求返还原物及其孳息,但应当支付善意占有人因维护该不动产或者动产支出的必要费用。"

本条对原《物权法》第243条规定的文字表述进行修改,将"但"改为"但是"。

## 三、条文解读

### (一)权利人和相对人的范围

行使请求权的主体为不动产或动产的权利人。请求人应享有对占有物的本权,构成请求人对物的本权基础的,包括但不限于所有权,还包括他物权(用益物权、担保物权)或债权(租赁等)。本权应含有对物占有的权能。例如,质权人有权向无权占有人主张占有物的返还,但是抵押权不含有对物占有的权能,故抵押权人不能向无权占有人主张返还占有物。另外,债权人也可以请求返还。

权利人行使请求权的相对人是无权占有人,不包括有权占有人。在有权占有情形下,占有人与占有物返还请求人之间的权利义务关系,以该占有所据以发生的基础法律关系确定。例如,在所有权人将其所有的物出租给占有人的情况下,在租赁期满前,所有权人均不得向有权占有人(承租人)主张返还。无权占有以无权的起始时间为判断标准,可分为初始无权占有和有权占有变为无权占有两种情况。前者如拾得遗失物,后者如买卖合同不成立、无效或被撤销的情况。①

### (二)原物和孳息返还请求权

在权利人提出返还请求时,无权占有人应将原物及其孳息全部返还。占有返还的一般原则是原物返还,现时占有人应以物的原本形态和原来使用状态返还。孳息是原物的衍生,权利人对原物的权利,自然扩及孳息。孳息在返还原

---

① 参见最高人民法院物权法研究小组编著:《〈中华人民共和国物权法〉条文理解与适用》,人民法院出版社2007年版,第704页。

物时一并返还。① 孳息包括天然孳息与法定孳息。依据本条规定，无论是善意占有人还是恶意占有人对于占有物所产生的孳息均应当返还给物权人。

恶意占有人明知或者因重大过失而不知自己无占有之权利，对占有物无收益的权利，故无收取孳息的权利。各国和地区立法多认为恶意占有人应返还孳息。善意占有人应否返还孳息，各国和地区立法存在差别。学理上，有善意占有人有权保留孳息的观点，主要理由是：既然善意占有人被法律推定为适法享有权利的人，善意占有人对占有物有权使用及收益，对于占有物的收益，善意占有人有权保留。

我国《民法典》本条规定善意占有人可以请求返还为维护占有物而支出的必要费用，因此，应将孳息返还权利人。此外，善意占有人返还孳息的规定与民法中因无因管理而产生的法律结果是一致的。②

善意占有人应返还孳息的理由还有：（1）在有权占有与无权占有发生冲突时，强调对有权占有的保护，对无权占有持否定态度。占有人没有或丧失了占有该不动产或者动产的法律依据，构成不当得利。若权利人要求返还，则无权占有人理应返还原物及孳息。③（2）物权具有追及效力，其标的物无论转于何人之手，物权人得追及物之所在，而直接支配其物。善意占有人负有容忍物的所有权人追回其标的物的义务。所有权人基于所有权的追及效力及恒定性，有权请求善意占有人返回原物及孳息。④

（三）占有人支出费用求偿权

### 1. 占有人对占有物支出费用

立法与学说通常将费用区分为必要费用、有益费用以及奢侈费用等类型予以规范和判断。此处的"费用"，是指无权占有人为了维持、改善物的状态或者变更物的使用目的而进行的支出，物的付出或者金钱的支出都属于费用。该费用不包括无权占有人自己为使用该物所支出的费用。例如，无权占有人利用

---

① 参见孙宪忠：《中国物权法总论》，法律出版社2018年版，第471~472页。
② 参见胡康生主编：《中华人民共和国物权法释义》，法律出版社2007年版，第516页。
③ 参见最高人民法院物权法研究小组编著：《〈中华人民共和国物权法〉条文理解与适用》，人民法院出版社2007年版，第705页。
④ 参见辜江南：《无权占有人孳息规则探析》，载《中国政法大学学报》2016年第2期。

他人房屋必须支付的水电费不包括在内；又如，在对车辆使用过程中支出的汽油费或者其他开支（如高速公路收费、保险费）等也不属于必要费用。因为这些支出都是为了使用占有物而不是附着在该物之上。无权占有人占有期间有可能产生的费用具体包括：（1）必要费用。必要费用是指维护占有物正常状态所不可或缺的费用。所谓维护，包括对占有物的保存、管理及必要的修缮。必要费用以维持占有物之现状为主要特质，如对占有物的简易修缮费、维护费、饲养费、税款、建筑物的物业管理费、汽车定期保养费等保存或管理占有物通常必须支出的费用；或者在特殊情况下为维护占有物的状态必须支出的费用，如因房屋遭地震、汽车被洪水淹没而支出的重大修缮费用。（2）有益费用。有益费用是指因利用或改良占有物而增加其价值的费用。例如，对占有物进行加工，装修房屋、将木窗改成铝合金窗、增加设施、将汽车门窗由手摇改为电动等。这些费用不是必要费用，而是体现为在所有权人重新获得物时，使物的价值有所增加之费用。（3）奢侈费用是占有人为自身喜好或便利而支出的费用，已超出占有物的保存、利用或改良所必须支付的费用范围。例如，占有人为所占他人之宠物美容、将他人车辆改漆成自己喜好的颜色等。[1] 立法在确定权利人应支付的费用时，既要使无权占有人支出费用的损失获得弥补，又不能给权利人增加过重负担。

### 2. 善意占有人的必要费用返还请求权

本条规定以善意占有与恶意占有的区分为基础，不动产或者动产被他人占有的权利人应当支付善意占有人因维护该不动产或者动产支出的必要费用。占有物支出费用返还请求权是对不当得利规则的修正，具有保护善意占有人与维护占有物的基本功效的规范目的。即使必要费用没有使占有物增值也必须返还必要费用，其根据在于所有权人因节省得利，因为其自己也必须花费该费用。因此，无权占有人对所有权人的必要费用返还请求权，具有排他的适用性。[2]

在权利人返还原物请求权和善意占有人的费用求偿权同时发生时，应注意保护善意占有人的利益。司法实践中，有些无权占有人以权利人不支付相关费用为由，拒不返还占有物。本条对此未明确规定，依照《民法典》第447条关于留置权的规定，权利人请求返还原物及其孳息时，如果没有支付善意占有人支出的必要费用，善意占有人应该享有留置权。因此，在物的权利人履行费用

---

[1] 参见冉克平：《论〈物权法〉上的占有恢复关系》，载《法学》2015年第1期。
[2] 参见冉克平：《论〈物权法〉上的占有恢复关系》，载《法学》2015年第1期。

偿还的义务以前，善意占有人有权拒绝向物的权利人返还占有物。

**3. 恶意占有人是否有权请求返还费用**

恶意占有人对于因维护不动产或者动产而支出的必要费用，无权要求权利人返还。[①] 本条规定善意占有人有权请求权利人偿付维护占有物所支出的必要费用。就该规定作反面推论，恶意占有人无权请求必要费用的偿付。即使考察个案，有的符合不当得利的构成，也不得以此为由，主张不当得利的返还。即本条为特别规定，排除了恶意占有人援用不当得利的规定请求物权人返还必要费用的权利。[②]

法国、瑞士、日本、意大利等国民法均规定，恶意占有人对必要费用的求偿范围与善意占有人对必要费用的求偿范围相同。但是德国民法则规定恶意占有人只能依据无因管理之规定请求偿还必要费用，相比善意占有人，恶意占有人的求偿范围受到限制。依据无因管理的规定，恶意占有人请求返还必要费用，应符合如下条件：（1）支出的必要费用对权利人有利，并不违反其明示或者可推知的意思，不以所得利益为限。（2）权利人应尽公益上的义务（如纳税）。（3）权利人仍然享有该费用支出的利益的，以所得利益为限。[③]

《民法典》本条未规定恶意占有人有权请求必要费用，权利人要求返还占有物时，恶意占有人不能因权利人未支付必要费用而拒绝返还。

## ▶ 适用指引

### 一、善意占有人为占有物支出的有益费用、奢侈费用应否予以返还

本条并未规定善意占有人对有益费用的求偿权。有学者主张善意占有人对于占有物支出有益费用，使占有物的价值增加的，对其增加的部分，权利人应当返还给善意占有人，否则将构成不当得利，但应当限制在占有物增加的价值于返还时仍然存在的部分。从发挥物的效用的立法宗旨看，既然善意占有人占有物的主观心态是善意的，其对于占有物的使用，也应推定为善意的、合理

---

① 参见胡康生主编：《中华人民共和国物权法释义》，法律出版社2007年版，第515页。
② 参见崔建远：《物权法》，中国人民大学出版社2017年版，第162页。
③ 参见谢在全：《民法物权论》，中国政法大学出版社1999年版，第1000页。

的、充分的,故对于善意占有人为了充分利用占有物而支出的合理的有益费用,司法实践中应予以适当保护。①

## 二、占有回复关系与不当得利、无因管理请求权的竞合

原则上三者存在竞合关系,根据法律的立法目的,特别保护善意占有人,或者制裁恶意占有人时,应优先适用占有的规定。例如,无权占有人支出必要费用,权利人可能构成不当得利,善意占有人可以依据占有制度请求权利人偿还必要费用,依据不当得利制度请求偿还有益费用。对于恶意占有人,则排除不当得利的适用,即恶意占有人不得依据不当得利要求权利人返还所受利益,以避免给物权人增加不必要的负担。例如,甲养的宠物走失,乙捡到后想据为己有,在甲向乙主张返还时,乙拒不返还,系恶意占有。如果乙在饲养宠物期间支付了费用,其不能主张甲向其支付必要费用,且不能依据不当得利或者无因管理主张相关费用。上述处理方式与拾得遗失物的相关规定是一致的。

## 三、本条规定的返还请求权是否有期限限制问题

返还原物请求权的性质有三种,一是物权请求权,《民法典》第235条规定:"无权占有不动产或者动产的,权利人可以请求返还原物。"二是占有保护请求权,《民法典》第462条规定:"占有的不动产或者动产被侵占的,占有人有权请求返还原物……""占有人返还原物的请求权,自侵占发生之日起一年内未行使的,该请求权消灭。"三是债权请求权,《民法典》第985条规定:"得利人没有法律根据取得不当利益的,受损失的人可以请求得利人返还取得的利益,但是有下列情形之一的除外:(一)为履行道德义务进行的给付;(二)债务到期之前的清偿;(三)明知无给付义务而进行的债务清偿。"物权人返还原物请求权不适用诉讼时效的规定。债权人请求返还不当得利请求权适用诉讼时效的规定。占有保护请求权适用1年除斥期间。《民法典》第460条规定的请求权性质上属于物权请求权,而非债权请求权,故不受诉讼时效限制;请求权人为权利人,并非占有人,因此,不受《民法典》第462条第2款

---

① 参见最高人民法院物权法研究小组编著:《〈中华人民共和国物权法〉条文理解与适用》,人民法院出版社2007年版,第706页。

规定的除斥期间的限制。①

## 类案检索

**杨某、杨某某物权保护纠纷案**

**关键词：** 善意占有　支付必要费用　添附

**裁判摘要：** 占有人以合理价格自案外人处受让房产。权利人取得案涉房产产权证后，怠于主张权利。占有人对案涉房产进行装修系基于其向案外人支付合理对价购买案涉房屋，对案涉房屋的居住使用系善意的，其装修行为属于善意添附。占有人的装修行为具有使用价值，综合考虑本案对案涉房屋二次装修市场价值和权利人就房屋装修获益等情况，遵循公平原则，酌定由权利人向占有人支付合理数额的装修款。

【案　　号】（2020）闽01民终5626号
【审理法院】福建省福州市中级人民法院
【来　　源】中国裁判文书网

---

① 参见孙宪忠、朱广新主编：《民法典评注：物权编》，中国法制出版社2020年版，第514页。

> **第四百六十一条** 占有的不动产或者动产毁损、灭失，该不动产或者动产的权利人请求赔偿的，占有人应当将因毁损、灭失取得的保险金、赔偿金或者补偿金等返还给权利人；权利人的损害未得到足够弥补的，恶意占有人还应当赔偿损失。

## 关联规定

法律、行政法规、司法解释

《中华人民共和国民法典》

第九百八十五条 得利人没有法律根据取得不当利益的，受损失的人可以请求得利人返还取得的利益，但是有下列情形之一的除外：

（一）为履行道德义务进行的给付；

（二）债务到期之前的清偿；

（三）明知无给付义务而进行的债务清偿。

第一千一百六十五条 行为人因过错侵害他人民事权益造成损害的，应当承担侵权责任。

依照法律规定推定行为人有过错，其不能证明自己没有过错的，应当承担侵权责任。

## 条文释义

### 一、本条主旨

本条是关于被占有的不动产或者动产毁损、灭失时占有人责任的规定。

### 二、条文演变

本条与原《物权法》第244条规定一致。

### 三、条文解读

当占有的不动产或者动产毁损、灭失时，如果占有人和占有返还请求权人之间有寄存、租赁等关系，或者有其他正当的法律关系，即有权占有的情形，占有人就被占有的不动产或者动产所负的责任，均各依其基础法律关系去解决。本条主要是关于无权占有人对占有物毁损、灭失的责任规定。如果租赁等法律关系无效或者被撤销，也适用本条规定。

（一）毁损、灭失

毁损是指使被占有的不动产或者动产的使用价值或者交换价值降低。例如，车辆被撞后发生的车损。灭失是指被占有的不动产或者动产对于占有人来说不复存在，不能向权利人返还，包括物的实体消灭、丧失下落或者被第三人善意取得而不能返还。例如房屋失火后倒塌、占有物因添附丧失所有权等。占有物的灭失不仅包括占有物物质上的灭失，也包括法律上的灭失。物质上的灭失是物的实体消灭，法律上的灭失是指占有人失去占有物的所有权，例如，占有人将占有物转让，第三人因善意取得而获得该物的所有权或者占有物不知所在。

占有人将占有物转让与第三人，第三人因善意而取得所有权的情形认定为法律上的灭失的理由主要有：（1）法律上的灭失（相对灭失）同属不能返还占有物的情况下，没有加重占有人责任的必要。物理上的灭失和法律上的灭失在法律价值判断上应作相同处理。① （2）如此解释可使权利人有权请求无权处分人（无权占有人）返还所得对价。例如，占有人将占有物转让与第三人，该第三人因善意受让取得该物的所有权时，权利人可以请求占有人退还出卖占有物所得的价款。至于善意占有人将占有物赠与善意第三人，未获得利益，则无须承担赔偿责任。②

（二）善意占有人的责任

**1. 善意占有人以所受利益为限承担返还责任**

虽然善意占有人于占有物上所行使的权利，被推定为其合法享有，但是该

---

① 参见谢在全：《民法物权论》，中国政法大学出版社1999年版，第998页。
② 参见王泽鉴：《民法物权》，中国政法大学出版社2010年版，第324~325页。

物毕竟在法律上不属于占有人所有，如果造成占有物毁损、灭失的，占有人还应当对物的真正权利人承担赔偿责任。法律还应当考虑减轻善意占有人的责任，以贯彻法律对善意占有人的保护。善意占有人系因误信其有占有的权利，不能预见需对他人负有责任。因此，在确定善意占有人的责任时，应当依照不当得利的返还原则，以善意占有人所受利益为限，而不是根据物的权利人所受损失，对权利人承担责任。即只有善意占有人因物的毁损、灭失而受有利益时，才以因灭失或者毁损所受利益为限承担返还责任。例如，向权利人返还占有物毁损灭失后的替代物：保险金、赔偿金或补偿金。替代物的具体形态包括如下几种：第一，占有人获得的保险金，指因不可抗力、意外事故、第三人侵害等原因导致占有物损害，占有人从保险公司处获得的保险金（占有物投保情形）。第二，占有人获得的赔偿金，指在第三人实施侵害或妨害的情况下，造成占有物的毁损、灭失，占有人获得的赔偿金。第三，占有人获得的补偿金，主要指因征收、征用而获得的补偿金。① 如果善意占有人未受有利益，则不必赔偿。此处受有利益指占有人所受积极利益，如当物的毁损灭失由第三人造成时，占有人取得的赔偿金或者替代物；消极利益（指占有人因物的毁损灭失而减少支出的费用）则不在此列。②

**2. 无论占有物的毁损、灭失是否归责于善意占有人，权利人均可请求善意占有人返还所受利益**

《日本民法典》关于善意占有人的赔偿责任有"可归责于占有人的事由"为限的规定。例如，其第191条规定，占有物因应归责于占有人的事由而灭失或者毁损时，善意占有人在因灭失或毁损而受利益限度内，负赔偿义务。所谓可归责于占有人的事由，通常指因占有人之故意或者过失而言，如果占有物的毁损或者灭失系因不可抗力、情势变更或者其他不可归责自己之事由（如第三人故意）时，善意占有人不负赔偿责任。虽然有上述规定，如果善意占有人非因可归责于自己之事由致占有物毁损、灭失，受有利益，亦应于所受利益之限度，负赔偿或者返还的责任，这与适用不当得利制度的法律后果一致。③

本条规定的主要考虑是：善意占有人的责任既然可以限定在其所受利益范

---

① 参见王利明：《物权法研究》，中国人民大学出版社2016年版，第1490页。
② 参见黄薇主编：《中华人民共和国民法典释义》，法律出版社2020年版，第878页。
③ 参见谢在全：《民法物权论》，中国政法大学出版社1999年版，第998~999页。

围的，则造成毁损、灭失的原因可不必追问，无论是否可以归责于占有人，只要其对被占有物的毁损、灭失受有利益，则均应在所受利益范围内对权利人承担责任。①

**3. 善意占有无须区分善意他主占有或者善意自主占有**

《日本民法典》第191条规定，善意占有的主体限于善意的自主占有人（误认物为自己所有），不包括善意的他主占有人（知晓物为他人所有）。因为他主占有人自始知道所占有之物属于他人所有，其所处情形与恶意占有人知晓占有物非属于自己所有相同，则其损害赔偿责任应作相同处理，与自主占有之善意占有人自始不知道占有物非其所有者有异。本条规定未对善意占有进一步作出区分，故，如果认定为善意占有人，则无须承担赔偿损失的责任。

**（三）恶意占有人承担赔偿责任及其赔偿范围**

各国和地区法律对于恶意占有人均加以较善意占有人更重的责任。在占有物毁损灭失的情况下，都规定恶意占有人应向权利人负赔偿责任。因为恶意占有人明知自己无权占有，仍占有他人之物，其占有不仅缺乏法律上的根据，也缺乏道德上的正当性，没有在法律上予以保护的必要。有些国家将恶意占有人的赔偿责任限定在可归责于其的事由。但我国《民法典》未持此种立场，而是对恶意占有人课以更严厉的责任，即无论物的毁损、灭失是否可归责于恶意占有人自身，对于物的权利人，恶意占有人都应负担赔偿全部损失的责任。②

对于本条规定的占有人的赔偿责任，有学者认为应以占有人具有过错为成立要件。③比较法上看，根据《德国民法典》第989条、第990条规定，恶意占有人对于因自己过错致使物受到减损、灭失，或者因其他原因致使自己不能够返还物而发生的损害，向所有权人负责任。从上述规定看，恶意占有人应承担责任的情况不仅包括因过错所致占有物的损害，也包括因其他原因所致占有

---

① 参见胡康生主编：《中华人民共和国物权法释义》，法律出版社2007年版，第518页。
② 参见胡康生主编：《中华人民共和国物权法释义》，法律出版社2007年版，第519页。
③ 崔建远教授认为，在中国原《物权法》尚未完全沿袭德国法"所有权人—占有人关系"规则的背景下，原《物权法》第244条规定的损害赔偿责任仍属于侵权损害赔偿责任，并非物权请求权。该损害赔偿责任大多属于一般侵权损害赔偿，需要过错这个主观要件。参见崔建远：《物权法》，中国人民大学出版社2017年版，第165~166页。

物的损害。司法实践中，根据法律规定文义及全国人民代表大会常务委员会法制工作委员会对原《物权法》的条文释义，权利人无须对恶意占有人是否存在过错进行举证。

关于恶意占有人的赔偿范围。恶意占有人通常系因侵权行为取得占有，因此在决定恶意占有人责任时，适用侵权损害赔偿的完全赔偿原则，不限于恶意占有人所受利益，还包括物的权利人所失利益。恶意占有人对于占有物的毁损灭失，不仅要承担占有物本身价值的赔偿，还要承担权利人因不动产或者动产毁、损灭失所受到的利益损害。此外，占有物的价值，以物的实际价值为准；恶意占有人取得占有时的价值与物的权利人请求返还时的价值不同的，以较高价值为准。[①]

权利人因被占有物的毁损、灭失所受的损害，因为权利种类不同而有差别。当权利人为所有权人时，赔偿范围应为物的价额；当权利人为运送人、质权人或者租赁人时，对于占有物仅有限定的利益，其应得赔偿应以其限定的利益为限。例如，因占有物的灭失而不能回复所生之损害，质权人只能请求赔偿质权的价额，运送人只能请求赔偿与其运费相当的金额，其残余之额应为所有权人保留。[②]

## ▶ 适用指引

### 一、占有物被毁损时返还原物与赔偿损失责任的认定

占有物被毁损，但其通常效用并未灭失，权利人请求按照灭失赔偿的，人民法院应当根据占有物的实际毁损程度判断其通常效用是否丧失。如果占有物并未失去通常效用，人民法院对于权利人按照占有物灭失予以赔偿的请求不予支持，而应判决占有人返还原物并对占有物的毁损予以赔偿。[③]

---

[①] 参见黄薇主编：《中华人民共和国民法典释义》，法律出版社2020年版，第878页。
[②] 参见黄薇主编：《中华人民共和国民法典释义》，法律出版社2020年版，第878页。
[③] 参见最高人民法院物权法研究小组编著：《〈中华人民共和国物权法〉条文理解与适用》，人民法院出版社2007年版，第709页。

## 二、占有物毁损、灭失后的赔偿责任顺序

占有物毁损、灭失后的赔偿责任应有先后顺序，占有人应先将因占有物毁损、灭失取得的保险金、赔偿金或补偿金返还给权利人，权利人尚有损害未得弥补，则恶意占有人承担赔偿责任。在占有物的毁损、灭失为第三人侵权行为造成时，物的权利人应依据不同基础分别向第三人和恶意占有人请求赔偿。即先就侵权行为向该第三人请求损害赔偿，如果第三人的赔偿不足以弥补权利人的全部损害，则权利人再依据本条向恶意占有人请求损害赔偿。[1]

## 三、本条与《民法典》第459条规定的关系

《民法典》第459条规定与本条规定的恶意占有人的责任规定是一致的，均需承担赔偿责任；两个条款均对善意占有人的责任予以限制，第459条规定善意占有人不承担责任，本条规定善意占有人以其所受利益为限承担返还责任，实质是通过不当得利制度限制善意占有人的责任。本条占有物致损的原因更为广泛，不限于占有人使用情形，还包括意外事件、第三人毁损等，由此占有人可能获得赔偿或者补偿利益，产生向权利人返还问题。如果占有人因使用占有的不动产或者动产，致使该不动产或者动产受到损害而发生毁损、灭失的，则可能存在请求权竞合，权利人可选择适用。

## 四、占有人的抗辩

占有人可以提出的抗辩主要有：（1）损害系由于不可抗力、紧急避险造成，或者系由于占有人完全按照权利人之指示对占有物进行占有和维护才导致该损害结果发生，或者基于合同约定占有人可以主张免责，占有人应对上述事实之存在及其与损害后果之间的关联性予以举证证明。（2）占有物发生毁损、灭失系由无因管理所导致，占有人之管理行为并无不当，主张适用无因管理之规定，占有人须对此予以举证。（3）占有他人之物系拾得遗失物，应该按照遗失物毁损、灭失之规则承担责任，占有人应对拾得行为举证证明。[2]

---

[1] 参见最高人民法院物权法研究小组编著：《〈中华人民共和国物权法〉条文理解与适用》，人民法院出版社2007年版，第709页。

[2] 参见孙宪忠、朱广新主编：《民法典评注：物权编》，中国法制出版社2020年版，第523页。

### 五、遗失物毁损情况下的赔偿责任

拾得人拒不返还遗失物，构成恶意占有。如果遗失物毁损，本条规定如何与拾得遗失物制度相协调？试举例说明：甲的宠物走失，乙拾得该宠物。甲要求乙返还时，乙拒绝返还。甲提起诉讼，在此期间，宠物在乙处意外死亡。乙对宠物的死亡是否应当承担损害赔偿的责任？《民法典》第316条规定："拾得人在遗失物送交有关部门前，有关部门在遗失物被领取前，应当妥善保管遗失物。因故意或者重大过失致使遗失物毁损、灭失的，应当承担民事责任。"据此，拾得人只有在具有故意或重大过失的情况下，才对遗失物的毁损灭失承担损害赔偿责任。如果乙并无过错，其不应承担责任。如果适用占有制度，乙系恶意占有人，根据本条规定，不问乙是否具有过错，均应对权利人未获弥补的损失承担赔偿责任。

我们认为，在拾得人没有返还失主的意思情况下，如果遗失物发生毁损、灭失，应适用本条规定，由拾得人（恶意占有人）承担赔偿责任，而不问其有无故意或重大过失。如果拾得人有返还失主的意思，则应适用《民法典》第316条规定。此时，拾得人的行为具有为他人利益而管理他人事务的特征，构成无因管理，仅在拾得人违反谨慎管理义务（存在故意或者重大过失）的情况下承担赔偿责任。① 拾得人张贴告示，通知权利人领取，或者通知公安等有关部门，即可认定其具有返还的意思。

> ▶ **类案检索**
> ----

**杨某与刘某占有物损害赔偿纠纷案**

**关键词**：无权占有　返还赔偿金

**裁判摘要**：占有人将权利人所有的高尔夫牌轿车开走并过户给他人的行为，既无合同依据，亦无法律依据，系无权占有并处分他人财产的行为。占有人应当向权利人承担返还处分该车辆所取得的补偿金。因涉案车辆已由他人善

---

① 参见张翔、刘阅春：《拾得遗失物制度的法律适用》，载《人民司法·应用》2008年第1期。

意取得而不能返还，且占有人自认涉案车辆抵顶给他人时的价格是 7 万元，占有人应当将涉案车辆抵顶的 7 万元对价返还给权利人。

【案　　号】（2019）宁 01 民终 1827 号

【审理法院】宁夏回族自治区银川市中级人民法院

【来　　源】中国裁判文书网

> **第四百六十二条** 占有的不动产或者动产被侵占的，占有人有权请求返还原物；对妨害占有的行为，占有人有权请求排除妨害或者消除危险；因侵占或者妨害造成损害的，占有人有权依法请求损害赔偿。
>
> 占有人返还原物的请求权，自侵占发生之日起一年内未行使的，该请求权消灭。

### ▶ 关联规定

---

法律、行政法规、司法解释

《中华人民共和国民法典》

第一百九十六条 下列请求权不适用诉讼时效的规定：

（一）请求停止侵害、排除妨碍、消除危险；

（二）不动产物权和登记的动产物权的权利人请求返还财产；

（三）请求支付抚养费、赡养费或者扶养费；

（四）依法不适用诉讼时效的其他请求权。

### ▶ 条文释义

---

一、本条主旨

本条是关于占有保护的规定。

二、条文演变

本条由原《物权法》第 245 条规定修改而来，将其第一款"占有人有权请求损害赔偿"增加"依法"的表述，即"占有人有权依法请求损害赔偿"。

### 三、条文解读

占有保护请求权有维护和平秩序、禁止私力救济以及维护占有本权的作用。其不仅维护物权,也能够维护债权。根据占有受侵害的情形不同,分别发生占有物返还请求权、排除妨害或者消除危险请求权、损害赔偿请求权。损害赔偿请求权属于占有的债权保护方法。其他请求权以维持占有的原状,排除或者防止对物的侵害为目的,赋予占有人相对于任何人的防卫权,被统称为占有保护请求权,系物上请求权。

#### (一)占有保护请求权

**1. 占有返还请求权**

占有返还请求权发生于占有物被侵占的情形。所谓侵占,是指违反占有人的意思而排除其对物事实上的控制与支配。例如,盗窃、抢夺他人物品,未经许可占有他人房产等,包括积极的不法行为和消极的不法行为。①

行使占有返还请求权应具备下列条件:一是请求权的主体应为原占有人,请求权的相对人应为现占有人,此处的原占有人是指侵占发生前对物享有事实上管领力的占有人。无论原占有人是有权占有还是无权占有,占有人系善意还是恶意,均享有占有物返还请求权。非占有人,即使对物享有本权,也不能行使此项请求权。例如,出租合同期限届满后,出租人请求返还租赁物系行使所有物返还请求权,而不是占有返还请求权。出卖不动产的人将不动产交付买家后,在未办理不动产登记之前,不动产被第三人侵占,出卖人不能行使占有返还请求权,因其已经不是占有人。二是须有侵占行为或事实,且侵占行为的结果导致原占有人丧失占有。此时原占有人应证明原占有事实。非因他人的侵占而丧失占有的,如因受欺诈或者胁迫而交付的,不享有占有物返还请求权。此种情形下,原占有人要回复占有必须依法律行为的规定,主张撤销已经成立的法律关系。占有物返还请求权的要件之一为,侵占人的行为必须是造成占有人丧失占有的直接原因。例如,遗失物拾得人未将遗失物交送有关机关而据为己有,此种侵占非本条所规定的情形。拾得人将遗失物据为己有,并非是失主丧失占有的直接原因。失主最初丧失对物的占有可能是由于疏忽大意。因此,失

---

① 参见最高人民法院物权法研究小组编著:《〈中华人民共和国物权法〉条文理解与适用》,人民法院出版社2007年版,第710页。

主对于拾得人不得以占有返还请求权为据提起诉讼，而应依其所有权人的地位提请返还原物请求权。①三是侵占行为具有违法性。占有应受保护，侵害占有，除有阻却违法性事由外，均具有违法性。阻却违法性的事由有：正当防卫、法院的执行、相邻关系的容忍义务等。对物享有债权或者物权并不足以阻却违法性。例如，买卖合同中，出卖人未交付标的物时，买受人私自取走具有违法性。房屋租赁合同期满后，承租人未返还租赁房屋时，出租人私自将承租人的物品搬出，亦属违法。②

**2. 排除妨害请求权和消除危险请求权**

所谓妨害占有，是指非侵夺占有而妨害占有人管领其物，致其使用可能性及利益遭受侵害。例如，在他人的停车位放置物品，影响他人对停车位的使用。其与侵占的区别是前者表现为，占有人对占有物事实上的控制与支配不能完全实现，但并没有丧失占有。后者则表现为占有人对占有物的控制与支配已经完全或部分丧失。③

排除妨害请求权。占有被他人妨害时，占有人得请求妨害人除去妨害。妨害除去请求权的相对人，为妨害占有的人。数人相继为妨害的，以现为妨害的人为请求权的相对人。排除妨害的费用应由妨害人负担。占有人自行除去妨害的，其费用可依无因管理的规定向相对人请求偿还。④

消除危险请求权。消除危险请求权中的危险，应为具体的危险，指能够使外界感知到对占有的妨害。例如，违反建筑规则建设高危建筑、接近邻地开掘地窖等而产生对邻地的危险，倾斜的房屋墙壁对邻居房产造成的危险等。占有人主张消除危险请求权应符合两个要件：一是危险消除请求权中的危险持续存在，请求权行使之时，危险已经消失的，不得请求消除；二是有客观的产生危险的事实，被请求人有无故意或者过失，法律在所不问。⑤消除危险的费用同样由造成危险的人承担。

排除妨害请求权与消除危险请求权的主要区别是，前者妨害已经发生，后

---

① 参见黄薇主编：《中华人民共和国民法典释义》，法律出版社2020年版，第879页。
② 参见王泽鉴：《民法物权》，中国政法大学出版社2010年版，第344页。
③ 参见最高人民法院物权法研究小组编著：《〈中华人民共和国物权法〉条文理解与适用》，人民法院出版社2007年版，第710页。
④ 参见黄薇主编：《中华人民共和国民法典释义》，法律出版社2020年版，第879页。
⑤ 参见黄薇主编：《中华人民共和国民法典释义》，法律出版社2020年版，第879~880页。

者妨害虽未发生但是存在发生的现实危险。

### 3. 占有保护请求权与物权请求权的区别

第一，请求权基础不同。物权请求权是基于物权的绝对性、支配性、排他性而衍生出来的一种防卫性请求权，其请求权基础为确定的所有权或他物权。占有保护请求权的基础是占有事实，而非确定的权利，是法律特别赋予占有人的救济性权利。第二，功能不同。物权请求权的功能表现为物权圆满状态的恢复，物权效力得到维护。而占有保护请求权的功能仅仅在于恢复占有人对物的占有，使物的现时占有人能继续保持其占有状态，维护社会和平稳定的秩序。第三，举证责任不同。物权人基于正当权源而主张物权请求权，必须举证证明其享有相应的实体权利。占有保护请求权仅需占有人举证照明原本有占有的事实即可，不问其是否具有正当权源。①

## （二）损害赔偿请求权

损害赔偿请求权属于债权保护方法，占有受到侵占或者妨害，造成占有人的财产利益损失的，成立侵权行为，占有人产生侵权损害赔偿的请求权。占有虽非一种权利，但也属于法律所保护的一种财产利益，不受他人非法的任意侵害，侵害占有的应负侵权的损害赔偿责任。《民法典》对原《物权法》作了修改，规定占有人有权依法请求损害赔偿，即增加了"依法"二字。此处的"依法"应指依据有关侵权的法律规定请求损害赔偿。

### 1. 占有损害赔偿请求权的赔偿范围

因侵占或者妨害造成损害的，应理解为对占有利益的损害。侵害占有可能发生的损害主要有：（1）对占有使用收益的损害，即占有人不能使用收益占有物而生的损害。例如，车位被侵夺致不能停车而额外支付的停车费，房屋被霸占致不能居住而额外支付的租金，汽车被盗致不能运货而额外支付的租车费等。若本权人以强力自占有人处取回占有物，则占有人可以向本权人请求使用期限内收益的损害赔偿。侵害占有导致占有人无法收取其本应取得的占有物孳息时，侵害人应予赔偿。（2）支出费用的损害，即占有人对占有物支出费用，本可向物的权利人请求偿还，却因该物被侵夺而毁损、灭失不能求偿。（3）责任损害，即占有人因占有物被第三人侵夺发生毁损灭失后，产生对物的权利人

---

① 参见最高人民法院物权法研究小组编著：《〈中华人民共和国物权法〉条文理解与适用》，人民法院出版社2007年版，第711页。

的损害赔偿责任。①

**2. 侵害占有损害赔偿请求权与侵害物权损害赔偿请求权的主要区别**

第一，二者行使权利的终局性不同。侵害占有损害赔偿请求权的行使结果并不一定具有终局性，可能尚需向本权人返还取得的赔偿金。但侵害物权损害赔偿请求权的行使结果直接归属物权人，具有终局性。第二，二者承担责任的范围不同。侵害占有损害赔偿责任的范围包括占有人未能使用占有物而丧失的收益、支出费用的损害、责任损失及所丧失物的孳息等类型；而侵害物权损害赔偿的范围一般指侵害物权所造成的直接损失，通常按照损失发生时的市场价格计算。②

**3. 侵害占有损害赔偿请求权的成立要件是否包括过错**

对此有两种观点。一种观点认为，侵害人只要实施了本条所禁止的侵害行为，即应承担相应的责任，法律不问其是否具有过失，也不问其对被占有的不动产或者动产是否享有权利。③另一种观点认为，侵害占有的责任应当适用侵权法的一般归责原则，即过错责任原则。因此，占有人请求赔偿的前提之一是行为人必须具有过错。④

我们认为第二种观点具有合理性。主要理由是：一是过错是行为人应受谴责的心理状态，除非法律明确规定行为人承担无过错责任，则过错是侵权责任成立的要件之一。二是占有损害赔偿权和占有保护请求权的价值取向不同，占有保护请求权旨在维护和平，占有损害赔偿请求权则在维护正义。具体说来，前者目的是基于"私力禁止"的原理，保护占有事实所体现的作为和平秩序的社会利益，恢复占有的圆满状态，是一种"状态责任"，而不是"行为责任"。只要占有状态被破坏（侵占或妨害），甚至仅被破坏的危险，占有人即可行使占有保护请求权。损害赔偿请求权，其保护对象是由占有所体现的合法的个人物质利益，其目的是按照正义（矫正正义）的要求填补占有人因占有被侵夺或妨害而生的不利益。该项损失的填补涉及受害人的权益保护与行为人的自由尊重之间的平衡，需要以侵占者或妨害者的过错为要件，确保在维护权利人的

---

① 参见黄薇主编：《中华人民共和国民法典释义》，法律出版社2020年版，第880页。
② 参见单平基：《侵害占有损害赔偿请求权的解释论——〈物权法〉第245条第1款的规范适用》，载《山东社会科学》2016年第5期。
③ 参见黄薇主编：《中华人民共和国民法典释义》，法律出版社2020年版，第879页。
④ 参见王利明：《物权法研究》，中国人民大学出版社2012年版，第1509页。

合法利益的同时，不对行为人的自由造成过分的限制。①

### （三）占有人返还原物请求权的行使期间

本条第 2 款规定了占有保护请求权中的返还原物请求权的行使时间，自侵占发生之日起 1 年内未行使的，该请求权消灭。对该规定的理解应注意如下问题。

第一，该期间仅适用于占有人返还原物请求权。占有保护请求权中的排除妨害请求权和消除危险请求权，原则上同妨害或者危险的持续状态紧密相连。如果妨害已经消失或者危险已经不存在，则无行使排除妨害或者消除危险请求权之必要；如果妨害或者危险持续发生，那么此项排除妨害或者消除危险的请求权自然不受行使期间限制。

第二，该期间属于除斥期间。占有人返还原物请求权在一定期间内不行使而消灭，有些国家如德国、瑞士、日本，大多规定此项期间为 1 年，有的规定为消灭时效，有的规定为除斥期间。关于该期间的法律性质，理论上有诉讼时效说和除斥期间说的分歧。还有的学者认为是权利失效期间，因为其对象为请求权，而非形成权。②

我们认为，将本条解释为除斥期间更为适当。第一，该期间的起算是"自侵占发生之日起"，该起算点是一个客观时点，这与除斥期间相同而与诉讼时效相异，诉讼时效自当事人知道或者应当知道权利被侵害之时起算，其起算点是主观时点。第二，该条文规定 1 年期间经过后"请求权消灭"，诉讼时效完成以后，当事人所享有的实体法上的请求权并不消灭。第三，从设立占有保护制度的目的和社会功能看，此处的 1 年期间应解释为除斥期间，不能中断、中止或者延长，以求简便高效。诉讼时效可中断或者中止，而且它以受侵害人知道或者应当知道受侵害之时开始起算，此项期间可能远比 1 年要长，将使权利长期处于不稳定的状态。第四，请求权适用除斥期间并不存在制度性、构造性障碍，现代民法已放弃了就除斥期间适用何种权利作统一规定与解释之实践。第五，占有物返还请求权因除斥期间经过而未行使的，占有人如果对物享有其他实体权利（例如物权等），可以依照其实体权利提出返还请求，无须在本条

---

① 参见卜祥洪：《论占有损害赔偿的请求权基础与范围》，载《当代法学》2011 年第 4 期。

② 参见崔建远：《物权法》，中国人民大学出版社 2017 年版，第 171 页。

中规定更长的期间进行保护。[1]

## 适用指引

### 一、区分占有保护与对合法占有的保护

占有保护请求权的运作机理是不问占有背后有无占有本权存在,直接对占有事实提供法律保护,意在回复或维持占有的事实状态,进而维护物上的社会和平秩序。占有保护仅与事实上的物之支配相联系,在于维护法律秩序,与占有人是否有权占有无关。本条体现了设立占有制度的目的及占有保护的是事实,而不是权利,体现了占有保护不问占有权源的大原则。[2]

### 二、占有之诉与本权之诉发生竞合

有权占有情形下,若占有的本权是物权,侵害占有与侵害物权的请求权发生竞合,请求权人既可以提起物权请求权之诉,也可以提起占有保护之诉。司法实践中,人民法院对于受害人于本权之诉败诉以后,又依据占有保护请求权提起的占有诉讼并不排斥,对于符合占有保护构成要件的诉求,仍然给予占有保护,不适用一事不再理的规定。本权保护与占有保护具有不同的立法功能和构成要件,二者无法相互替代,是互补而非排斥的关系。[3]

### 三、本权之诉与占有之诉对立

即所有权人对占有人提起物权请求权之诉,而占有人同时对所有权人提起占有保护请求权之诉,例如,租赁期限届满,承租人不返还租赁物时,出租人强行取回,此时若占有不能受到保护,无疑肯定所有权人可以违反法律规定的方式取回其所有物,与禁止私力的原则不和,但如保护占有人而不保护所有人,则又有忽视物的法律秩序之嫌。此种情况可合并审理本权之诉与占有之

---

[1] 参见章正璋:《占有保护解释论的三个争议问题》,载《比较法研究》2016年第2期;黄薇主编:《中华人民共和国民法典释义》,法律出版社2020年版,第880页。

[2] 参见最高人民法院物权法研究小组编著:《〈中华人民共和国物权法〉条文理解与适用》,人民法院出版社2007年版,第711页。

[3] 参见章正璋:《我国民法上的占有保护——基于人民法院占有保护案例的实证分析》,载《法学研究》2014年第3期。

诉。本权人给占有人造成损害的，应当承担赔偿责任，占有人给本权人造成损害的，应予以赔偿，最终应依据占有人与本权人之间的法律关系确定物的归属。即法律上的权利义务关系，而非事实上的支配关系将起决定性作用。法律在维护秩序和保护权利之间实现其价值目标的平衡。①

**四、无权占有人能否行使占有损害赔偿请求权**

对此，存在不同的观点：一种观点认为，民法关于占有的保护规定是为了维持和平的秩序，无权占有人（包括恶意占有人）也可以主张损害赔偿请求权。第二种观点认为，侵害占有的赔偿责任，仅适用于有权占有，侵害无权占有（包括善意占有）时，占有人不能请求损害赔偿。第三种观点认为，可以行使占有损害赔偿请求权的主体仅限于有权占有人和善意占有人，恶意占有人不享有此项权利。

《民法典》虽未规定善意占有人的收益权，但是善意占有人对权利人有必要费用求偿权，对因使用造成占有物的损害无须承担赔偿责任，说明其可以使用占有物。侵害占有的行为会导致善意占有人的财产权益受损，其可以行使损害赔偿请求权。恶意占有人对占有物没有任何权益，其行使损害赔偿请求权，缺乏权益基础，故恶意占有人不能行使占有损害赔偿请求权。

## ▶ 类案检索

### 一、冯某、杨某物权保护纠纷案

**关键词：** 恶意占有　占有保护

**裁判摘要：** 房产所有权人分别与甲方和乙方签订《房屋买卖协议》，其与甲方签订的《房屋买卖协议》之表象似为"房屋购买协议"，但协议约定不影响房产所有权人享有对案涉争议房产出租、出售、改建、扩建的权利，相应收益全部由房产所有权人所得。该协议实为民间借贷中的担保协议，即甲方出借款项、房产所有权人以案涉争议房产作担保；而乙方与房产所有权人签订的属意思表示真实的《房屋买卖协议》，房产所有权人向乙方交付房产，乙方按

---

① 参见最高人民法院物权法研究小组编著：《〈中华人民共和国物权法〉条文理解与适用》，人民法院出版社2007年版，第712页。

协议支付了价款，实际占有使用。甲方将乙方占有、使用的涉案房屋恶意占有，明显不当，应停止侵占，排除妨碍、消除危险、恢复房屋原状，腾退案涉房产。

【案　　号】（2020）鄂06民终3681号

【审理法院】湖北省襄阳市中级人民法院

【来　　源】中国裁判文书网

## 二、金某与庞某排除妨害纠纷案

**关键词**：排除妨害　有权占有

**裁判摘要**：购房人虽然与案外人签订《房屋买卖协议书》，但案涉房产的所有权并未登记在案外人名下；购房人虽向案外人支付了购房款，并未变更物权登记。占有人占有系争房屋时，系争房屋的实际占有人并非购房人，占有系事实行为而非法律行为，以实际占有为标志。购房人未提交证据证明其已经占有使用案涉房产，不足以认定其系案涉争议房屋占有人，其依据《民法典》第462条的规定主张排除妨害，依据不足。

【案　　号】（2021）沪02民终828号

【审理法院】上海市第二中级人民法院

【来　　源】中国裁判文书网

# 索 引

## 一、关键词索引

### A

安全保障义务 593
按份共有 681，685，696，699，739
按份共有份额确定 738，739，740
按份共有人份额处分权 716
按份共有推定 733，736

### B

保留必要遗产份额 1261
保税仓储货物 1867
保险保函 1393
保养维护义务 595
保障排水通畅 625
保证金 1041
保证金质押 1677，1701，1750
备案 973，1116
本集体成员决定事项 399

变更登记 1124，1138，1151，1152，1208，1364，1372，1634，
变价分割 715
变卖质押财产 1735，1778
补偿 871，900，1153，1161，1165
不得公开、非法使用不动产登记资料 141
不动产登记 49，221
不动产登记簿效力 117
不动产登记错误 172
不动产登记费用 179
不动产登记机构 62
不动产登记机构禁止实施行为 96
不动产登记机构职责 85
不动产登记申请材料 74
不动产更正登记 145，239
不动产买卖合同 631
不动产权属证书 128，1060，1061，1135，1526

不动产物权物权变动生效时间　102

不动产异议登记　145

不动产预告登记　158

## C

采矿权　841，890

参照市场价格　1896

仓单质押　1727

查封　1110，1111

查封登记　1151

查询、复制登记资料　135

产权平等保护　27，29

超范围留置　1868，1872

车库　493

车辆合格证质押　810

车位　493，498

承包地收回　942

承包地调整　936

承揽　1851，1872

城镇集体所有权行使　417，421

出口退税权利质押　1795

出质登记　1757，1798，1813，1817，1818，1824，1832

出质权利范围　1786

船舶留置权　1918

从物　810，811

从物随主物转让　801

错误执行赔偿　27

## D

担保财产范围　1561，1598，1599

担保范围　1405，1413，1415，1511

担保合同从属性　1395，1402，1457

担保合同无效　1404

担保人追偿权　1432，1440

担保物权　1377

担保物权实现　1432，1438，1748，1752

担保物权消灭　1423，1441

单位行贿罪　24

当地习惯　615，616

道路　487

道路通行　1303，1311

登记　920，932，969，1049，1057，1058，1060，1061，1119，1132，1237，1587

登记对抗主义　189，1289，1528，1532，1590

登记生效主义　1058，1471，1521

抵押　1123，1201

抵押不破租赁　1539，1543

抵押财产　1460

抵押财产变价后的处理　1581

抵押财产不明确　1474，1527

抵押财产范围　1471，1473，1489，1501，1502

抵押财产转让　1546

抵押登记　1415，1457，1459，

1965

1474，1511，1521，1526，1532，
  1620，1622
抵押合同　1504
抵押权　1448
抵押权保全权　1557，1560，1561
抵押权从属性　1553，1556
抵押权清偿顺序　1413，1584，1587
抵押权设立　1459，1504，1634
抵押权实现　1568
抵押权消灭　1446，1605，1608
抵押权与质权竞存清偿顺序　1589
抵押预告登记　1473
地役权　635，1263，1272，1289，
  1295，1296，1303，1304，1311，
  1324
地役权不可分性　1347，1353
地役权承继　1313，1319
地役权从属性　1332，1333，1338
地役权合同　1274，1279，1280，
  1289，1290，1362，1372
地役权期限　1280，1305
地役权人义务　1272，1297，1303，
  1304
地役权设立　1279，1282，1289，
  1290
地役权随用益物权抵押　1335，1338
地役权随用益物权转让　1326，
  1332，1333
地役权消灭　1355，1362
第三人监管　1705

第三人侵权　593，595
缔约过失责任　1041，1043
动产交付　185，189，1704，1705
动产善意取得后果　762
动产质权　1647，1658，1660，1667

E

恶意占有　1947，1962

F

法定义务　552
法定孳息　812，819，820
法律适用　607，794，1644，1837
法律效力　1517
法人财产权　450
反担保　1387，1393，1394
返还赔偿金　1953
返还原物　206，207，256，262，
  772，1385，1741
房地产转让　1110
房地权属一致　1089，1091
房地一并处分　1140，1149，1151，
  1152
房地一并抵押　1483，1487，1490，
  1603
放弃抵押权　1562，1566
放弃抵押权顺位　1562，1565
放弃质权　1743，1748，1750
非典型担保　1385，1519
非法采砂　868

非法建造　1061
非法扣留　1850
非营利法人　1501
非住宅业主　549
浮动抵押　1476，1480，1481，
　　1527，1590
浮动抵押财产确定　1574
附属设施费用分摊　550，554
附属设施收益分配　550

## G

改变土地用途　1001，1062，1070
改变征地用途　1008
根本违约　994
耕地、草地、林地承包期限　914
耕地保护　314
公共利益　343，900，1163，1165
公开竞价出让　1029
公序良俗　280
公益目的　1501，1502
共同担保　1440
共同共有　686，689，737
共同诉讼　1057
共有　677
共有部分　479，486，498，522
共有部分收益归属　545，549
共有财产产生的债权债务关系　728，
　　732
共有人优先购买权　716
共有人优先购买权实现　722

共有物处分　685，693，696
共有物分割　700，706，708
共有物分割方式　710，715
共有物分割请求权　700
共有物管理　690，699
共有物管理费用　697
供役地权利人义务　1272，1291，
　　1295，1296
供役地上用益物权转让　1348，1353
供役地转让　1348
购买价款抵押权优先权　1592
股权收益　819
股权质押　1679，1710，1778，
　　1785，1813，1817
股权转让　995，1108
挂牌出让　1041，1047，1048
光污染　658
规划车位、车库首先满足业主
　　需要　501
国防资产　367
国家出资企业出资人　378
国家机关物权　370
国家举办事业单位物权　374
国家所有林木　356
国家所有权　300，324，331，337，
　　338，343，347，352，355，358，
　　363，367，791，792
国家所有土地　343
国家专有　296
国土空间主体功能区规划　840

国有财产保护 382
国有财产监管管理 385
国有经营性用地 1029
国有农用地承包经营 980
国有滩涂 853
国有土地使用权出让合同 1027
国有土地使用权收回 1161，1163，1165

## H

海关监管货物 1865，1867
海事强制令 1860
海域 331
海域使用权 880
行政诉讼 1046
合法建造人 1089
合法占有债务人财产 1849，1850
合理成本 549
合理价款 1537
合理期限 1896
合同解除 1080
合同解释 1717
合同效力 840，841，853，995，1029，1030，1047，1048，1105，1108，1119，1195，1203，1678
合同效力与物权效力区分 108，1015
合作开发房地产 1119
划拨 1030
环境污染责任 658

恢复性司法理念 356
恢复原状 271，276，280，1319
汇票质押 1805
混合担保 1432，1438，1565，1566，1748，1752

## J

基础设施 367
基金份额质押 1813
集体财产 262，395
集体财产保护 427，430
集体经济组织成员 313，421
集体所有不动产所有权行使 409
集体土地建设用地 1183
集体土地使用权抵押 1600，1603
集体土地限制征收 314
继承 233，1201
家庭关系 737，739，740
家庭户 962
间接占有 1849
监管人责任 1717
简易交付 198
建设单位 593
建设工程 1851
建设工程价款优先受偿权 1151
建设用地批准书 1060
建设用地使用权 983，992，994，995，1089，1091
建设用地使用权出让 1116
建设用地使用权出让合同 1031，

1043，1046，1057
建设用地使用权出资　1138
建设用地使用权抵押　1149
建设用地使用权抵债　1138
建设用地使用权分层设立　996
建设用地使用权流转　1093
建设用地使用权流转合同　1112
建设用地使用权人建造的建筑物、构筑物及其附属设施的权属　1081
建设用地使用权设立　1012，1030，1058，1060，1061
建设用地使用权收回　1153
建设用地使用权消灭　1175，1182
建设用地使用权转让　1105，1108，1111，1116，1132，1135，1138
建筑物费用分摊　550
建筑物及其附属设施管理　555
建筑物区分所有权　465
建筑物收益分配　550
街道办　1030
借款合同　1517
金钱质押　1654，1674，1698，1704
金融借款合同　1617，1757，1832
禁止出质动产　1662
禁止抵押财产　1494
精神损害赔偿　280，662
居民委员会　421
居住权　1214
居住权合同　1222，1237
居住权设立　1231，1237

居住权限制　1239
居住权消灭　1247

## K

开发区管委会　1029
可容忍度　658
矿藏　331

## L

劳动合同关系　1857，1859
连带债权　732
留置财产　1851，1865，1862，1867
留置财产保管　1873，1879
留置财产保管费用　1896
留置财产变价后的处理　1903
留置财产返还　1886
留置财产丧失占有　1919
留置权　1839，1849，1850，1857，1859，1860
留置权、抵押权与质权竞合清偿顺位　1907
留置权实现　1887，1896
留置权实现请求权　1898
留置权消灭　1914，1918，1919
流押　1513，1519
流质　1680，1688，1690
绿地　487
绿色原则　573，1001

## M

民事诉讼　1046
民事诉讼受案范围　512，1070

## N

农村信用合作社股权质押　1783
农民集体所有财产　399
农民集体所有土地　313
农用地转为建设用地　992
挪用资金罪　24，26

## P

拍卖成交确认书　239，1043，1046
排除妨害　264，269，478，486，
　615，616，625，636，676，1324，
　1347，1963
赔偿损失　634，994，1174，1195
平等主体　1027

## Q

其他方式承包农村土地经营权
　流转　975
其他公共场所、公用设施　487
企业出资人权利　441
汽车合格证融资担保　1385
前期物业服务合同　562
侵占公共资源　633
清偿债务　1517
取水权　890

权利质押　1803
全面赔偿　868

## R

让与担保　1688
容忍义务　643，649，663

## S

善意第三人　1289
善意取得　745，755，757，1741
善意占有　1940，1946
擅自处分质押财产　1712，1719
擅自使用质押财产　1712
商品房买卖合同　1517
社会团体法人、捐助法人财产
　保护　457
社会主义基本经济制度　13
社会主义市场经济　13
申请执行期间　1607
审查　1517
审批手续　992
生态环境修复　868
生态破坏民事公益诉讼　868
实际承运人　1860
实物分割　715
实现担保物权程序　1572
拾得漂流物、发现埋藏物或者
　隐藏物　794
收益权质押　1757，1832
书面形式　973，1512

双层经营体制 902
水流 331，337
税款缴纳 1116
司法救助 27
私有财产保护 437
私有财产权 431
死亡赔偿金 708
诉讼时效 552，1762，1771
损害担责 868
损害赔偿 172，254，276，277，337，355，604，605，676，772，773，781，1725，1727，1872，1879，1932，1938，1947
损害认定 658
所有权 287
所有权与他物权关系 291

## T

探矿权 840，890，900
探矿权、采矿权抵押 1471
特定化 1481，1629，1654，1674，1677，1698，1701，1704，1750
特殊动产登记 190
提存 1416
提单 1803
提供必要便利 644，645
提前清偿债务 1560
天然孳息 772，787，812
添附 821，1946
调整容积率 1070

调整违约金 1008
停止侵害 625
同一法律关系 1852，1857，1859
土地承包经营权 878，908，954
土地承包经营权互换 925
土地承包经营权设立 920
土地承包经营权转让 925
土地承包经营制度 902
土地出让金 1080，1105
土地管理部门 1029，1030
土地经营权 963
土地经营权流转 956，962，973
土地经营权设立 969
土地使用权出资 1119
土地整理合同 1048

## W

外国法人 1132
委托担保合同 1394
未经登记取得不动产物权处分限制 234
文物 363
无居民海岛 338，343
无权处分 755，1149，1667
无权占有 262，1932，1938，1953
无人认领物 791，792
无人认领遗失物 788
无线电频谱资源 358
无主财产 791，792
物尽其用 276

物权保护　282，573，1734，1735，1741
物权编调整范围　3
物权变动　211，226，239，1091，1110，1111，1152
物权公示原则　40
物权侵害救济途径　240
物权确认　248，254，689，1132
物上代位性　1416，1423，1424
物业费　562
物业服务企业　571，593，595
物业服务用房　487

## X

习惯　616
瑕疵担保责任　710，1027，1111
鲜活易腐动产　1896
乡镇、村企业建设用地使用权抵押　1492
相邻安全保障　665
相邻采光　646，649
相邻关系　269，598，604，605，616，625，635，643，676，1272，1296
相邻关系主体　605
相邻排水　618，624，674，676
相邻日照　646，648，649
相邻商铺　615，643
相邻损害防免　670，674，676
相邻通风　646，649

相邻通行　627，631，633，634，635，636
相邻土地、建筑物利用　638，644，645
相邻污染　650，662，663
相邻用水　618，623，624
消除危险　264
协议出让　1029，1060
新增建筑物　1595，1598，1599
信用证开证　1803
修理、重作、更换　271
虚报注册资本罪　26
需役地上用益物权转让　1340
需役地转让　1340，1347
悬赏广告　787

## Y

养殖、捕捞权　890
要约邀请　1041
野生动物资源　355
野生动植物资源　352
业主大会、业主委员会决定撤销　536
业主大会、业主委员会决定效力　531
业主大会、业主委员会设立　507，512
业主改变住宅用途　528
业主改变住宅用途限制　523
业主共同决定事项　514，522

业主共有权 549，552
业主合法权益保护 585
业主与物业服务企业关系 563
业主知情权 571
一般的动产抵押 1480
医疗卫生设施 1502
移交占有 1654，1674，1698
遗失物保管 778，781，787
遗失物保管必要费用 783，787
遗失物返还 765，772
遗失物善意取得 758
遗失物送交有关部门 772，773
遗嘱设立居住权 1255，1261
以物抵债 1690
因继承取得物权 222，226
因生效法律文书或者征收决定发生
　物权变动 214
因生效民事调解书发生物权
　变动 221
因事实行为发生物权变动 227，233
银行保函 1402
应收账款质押 1824
用益物权 831，843
用益物权人权利行使 861
优先受偿范围 1620
优先受偿权 1123，1579，1658，
　1660，1778，1785，1803
有关部门收到遗失物的处理 774
有价证券质权实现 1809
有价证券质押 1798

有权占有 1923，1930，1963
约定不得留置 1867

## Z

在建工程抵押 1473，1489，1526
在先用益物权 1320，1324
责任承担 1404
赠与 706
诈骗罪 24
宅基地上房屋买卖 1203
宅基地使用权 1190
宅基地使用权取得 1197
宅基地使用权消灭 1204
宅基地使用权转让 1195，1197，
　1201
宅基地重新分配 1204
债权确定 1490，1635，1641，1642
债务转移 1425
占用通道 634
占有保护 1955，1962
占有改定 208，211，212，757
折价分割 715，740
真实意思表示 1803
征收 301，313，871
征收补偿 878，948，954，1163
征用 318，871
正常经营买受人 1534，1537
支付必要费用 1940，1946
支付出让金等费用 1072
知情权 422

知识产权质押　1818
执行回转　820
执行异议之诉　1654，1674，1698
指示交付　203，206，207
质权保全权　1729，1734
质权行使　1771
质权及时行使　1766
质权设立　1658，1678，1692，
　　1701，1705，1740
质权实现　1753，1757，1761，
　　1762，1764，1778，1832
质押财产保管　1721，1725，1727，
　　1728
质押财产变价后的处理　1774
质押财产返还　1721，1728，1753
质押合同　1668，1678，1679，
　　1690，1717，1719
重大理由　708
主物　810，811
主债权诉讼时效　1605，1607，1608
主债权转让　1556，1624，1629
住宅建设用地使用权续期　1167，
　　1174

注销登记　1135，1175，1182，1208，
　　1364，1446，1608
注意义务　624
专项维修资金　537，552
专有部分　471，478，498
转质　1736，1740
准共有　741
孳息　812，820，1577，1579，
　　1707，1710，1881，1886
自然流水利用　623
自然资源　347，843，853
自然资源有偿使用　854
租金　820
租赁建设用地使用权　1123
租赁在先抵押在后　1543，1545
最高额抵押权　1609，1617，1624，
　　1629，1634，1635，1641，1642
最高额抵押权合同变更　1630
最高额质权　1480，1779，1783，
　　1785
最高债权额　1620，1622，1623

# 二、条文索引

## 《中华人民共和国民法典》

第二百零五条　3
第二百零六条　13，20，21
第二百零七条　29
第二百零八条　7，40，933，1692，1695
第二百零九条　7，49，105，137，214，933，972，1052，1127，1177，1212，1231，1235，1521，1525
第二百一十条　46，62，1521
第二百一十一条　74
第二百一十二条　85
第二百一十三条　96
第二百一十四条　67，102，252，1053，1128，1231
第二百一十五条　108，1053，1231，1521，1668
第二百一十六条　45，67，117，119，120，252，1509
第二百一十七条　128，130，1054
第二百一十八条　135
第二百一十九条　141
第二百二十条　145
第二百二十一条　158，166
第二百二十二条　172
第二百二十三条　179
第二百二十四条　7，185，252，1668，1692
第二百二十五条　188，190，237，1528
第二百二十六条　185，198，1692
第二百二十七条　185，203，1692
第二百二十八条　185，208
第二百二十九条　214，234，252，1441
第二百三十条　222，234，1259
第二百三十一条　227，233，234，1441
第二百三十二条　214，234，235
第二百三十三条　240
第二百三十四条　248，282
第二百三十五条　256，282，1945
第二百三十六条　264，282，1729
第二百三十七条　271，283，1729
第二百三十八条　277，283，1712，1721，1729
第二百三十九条　282
第二百四十条　287，1321

第二百四十一条　55，293
第二百四十二条　296
第二百四十三条　214，219，301，308，874，948，951，953，1157
第二百四十四条　35，314
第二百四十五条　318，875
第二百四十六条　299，324，328，329，341
第二百四十七条　332，883
第二百四十八条　339
第二百四十九条　344，1494
第二百五十条　347，845
第二百五十一条　352
第二百五十二条　358
第二百五十三条　363
第二百五十四条　367，368
第二百五十五条　329，370，454
第二百五十六条　329，374
第二百五十七条　329，378，445
第二百五十八条　382
第二百五十九条　385
第二百六十条　35，395
第二百六十一条　35，399
第二百六十二条　409
第二百六十三条　35，417
第二百六十四条　422
第二百六十五条　35，427
第二百六十六条　36，431
第二百六十七条　36，437，446
第二百六十八条　24，441，453
第二百六十九条　450

第二百七十条　457
第二百七十一条　465，533，547，585
第二百七十二条　471，573
第二百七十三条　479，573
第二百七十四条　487，547，585，587
第二百七十五条　493，494，547，585，588
第二百七十六条　501，502，585
第二百七十七条　507
第二百七十八条　514，561
第二百七十九条　523，573，578
第二百八十条　531
第二百八十一条　537，585
第二百八十二条　545，585
第二百八十三条　483，550
第二百八十四条　555
第二百八十五条　563，566
第二百八十六条　573
第二百八十七条　585
第二百八十八条　598
第二百八十九条　607
第二百九十条　618
第二百九十一条　627
第二百九十二条　638
第二百九十三条　646
第二百九十四条　650
第二百九十五条　665
第二百九十六条　670
第二百九十七条　677

第二百九十八条　681
第二百九十九条　686
第三百条　690
第三百零一条　693
第三百零二条　697
第三百零三条　700
第三百零四条　710
第三百零五条　716
第三百零六条　722
第三百零七条　728
第三百零八条　733，736，737
第三百零九条　738
第三百一十条　679，741
第三百一十一条　256，260，745，762，1673，1716
第三百一十二条　758
第三百一十三条　762，827，1716
第三百一十四条　765
第三百一十五条　774
第三百一十六条　778，1953
第三百一十七条　781，783
第三百一十八条　768，788
第三百一十九条　794
第三百二十条　801，1710
第三百二十一条　812，1577，1707，1881，1883
第三百二十二条　821，1710
第三百二十三条　9，831，1218，1321
第三百二十四条　843
第三百二十五条　854
第三百二十六条　861
第三百二十七条　871，1205，1355
第三百二十八条　880
第三百二十九条　890，1469
第三百三十条　902
第三百三十一条　908
第三百三十二条　914，917
第三百三十三条　920
第三百三十四条　925
第三百三十五条　52，932
第三百三十六条　936
第三百三十七条　942
第三百三十八条　948
第三百三十九条　956
第三百四十条　963
第三百四十一条　969
第三百四十二条　975，1460
第三百四十三条　980
第三百四十四条　983，1319
第三百四十五条　996
第三百四十六条　1001
第三百四十七条　1012
第三百四十八条　1031
第三百四十九条　1049
第三百五十条　1062
第三百五十一条　1072
第三百五十二条　1081
第三百五十三条　1093，1460
第三百五十四条　1112
第三百五十五条　1124
第三百五十六条　1140，1483

第三百五十七条　1140，1483
第三百五十八条　312，876，1153
第三百五十九条　1167，1310
第三百六十条　1175
第三百六十一条　877，1183，1319
第三百六十二条　1190
第三百六十三条　1197，1353
第三百六十四条　1204
第三百六十五条　239，1208
第三百六十六条　1214
第三百六十七条　1222
第三百六十八条　1231
第三百六十九条　1239
第三百七十条　1247
第三百七十一条　1218，1255
第三百七十二条　1263，1292
第三百七十三条　1274，1293
第三百七十四条　53，238，1282
第三百七十五条　1291，1296
第三百七十六条　1297
第三百七十七条　1305
第三百七十八条　1307，1313，1323
第三百七十九条　1301，1320
第三百八十条　1302，1326
第三百八十一条　1335
第三百八十二条　1340
第三百八十三条　1348
第三百八十四条　1303，1355
第三百八十五条　1364
第三百八十六条　258，1377，1387，1568，1753，1887
第三百八十七条　1387，1391
第三百八十八条　55，1381，1395，1397，1673
第三百八十九条　1405，1432，1504，1609，1707
第三百九十条　1382，1416，1557，1729
第三百九十一条　1425，1428，1743
第三百九十二条　1432，1562，1743，1774
第三百九十三条　1441，1743，1914
第三百九十四条　1448
第三百九十五条　54，1460
第三百九十六条　1476，1574
第三百九十七条　55，1105，1140，1146，1483
第三百九十八条　1140，1146，1492，1600
第三百九十九条　1494，1335
第四百条　1504
第四百零一条　1513，1571，1680
第四百零二条　60，1521
第四百零三条　188，1528
第四百零四条　1534
第四百零五条　1539
第四百零六条　1422，1546，1712，1774
第四百零七条　1381，1553，1624
第四百零八条　1557，1729
第四百零九条　11，1441，1562，1609，1630，1743，1748

第四百一十条　11，1377，1568，1635
第四百一十一条　1432，1574
第四百一十二条　812，816，1422，1577，1707，1881
第四百一十三条　1581，1774
第四百一十四条　1584
第四百一十五条　1589
第四百一十六条　1592
第四百一十七条　54，1147，1595
第四百一十八条　1600
第四百一十九条　1445，1605，1644，1766，1894
第四百二十条　1609，1615，1635，1779，1783
第四百二十一条　1613，1624，1626，1779
第四百二十二条　1630，1779，1783
第四百二十三条　1635，1779，1783
第四百二十四条　1614，1644，1780
第四百二十五条　1647
第四百二十六条　1662，1695
第四百二十七条　1668，1791，1815
第四百二十八条　1513，1680
第四百二十九条　1692
第四百三十条　812，1707，1710，1881
第四百三十一条　1712，1736
第四百三十二条　1721，1723
第四百三十三条　1729
第四百三十四条　1736
第四百三十五条　1441，1743
第四百三十六条　1441，1753
第四百三十七条　1766
第四百三十八条　1774
第四百三十九条　1779
第四百四十条　1786
第四百四十一条　1798
第四百四十二条　1809，1812
第四百四十三条　1416，1813
第四百四十四条　1416，1818
第四百四十五条　1416，1824
第四百四十六条　1710，1837
第四百四十七条　1729，1839
第四百四十八条　1852
第四百四十九条　1862
第四百五十条　1868
第四百五十一条　1721，1873
第四百五十二条　815，1707，1881
第四百五十三条　1887，1894
第四百五十四条　1767，1895，1898
第四百五十五条　1774，1903
第四百五十六条　1907
第四百五十七条　1442，1444，1914
第四百五十八条　1923，1901
第四百五十九条　256，1932
第四百六十条　256，259，1707，1940
第四百六十一条　256，1947
第四百六十二条　1955，1955

# 三、案例索引

## （一）指导案例

指导案例 65 号：上海市虹口区久乐大厦小区业主大会诉上海环亚实业
　　总公司业主共有权纠纷案……………………………………………552
指导案例 128 号：李劲诉华润置地（重庆）有限公司环境污染责任纠纷案……658
指导案例 176 号：湖南省益阳市人民检察院诉夏某安等 15 人生态破坏
　　民事公益诉讼案………………………………………………………868
指导案例 72 号：汤龙、刘新龙、马忠太、王洪刚诉新疆鄂尔多斯彦海
　　房地产开发有限公司商品房买卖合同纠纷案………………………1517
指导案例 95 号：中国工商银行股份有限公司宣城龙首支行诉宣城柏冠
　　贸易有限公司、江苏凯盛置业有限公司等金融借款合同纠纷案……1617
指导案例 54 号：中国农业发展银行安徽省分行诉张大标、安徽长江
　　融资担保集团有限公司执行异议之诉纠纷案………1654，1674，1698
指导案例 53 号：福建海峡银行股份有限公司福州五一支行诉长乐亚新
　　污水处理有限公司、福州市政工程有限公司金融借款合同纠纷案·1757，1832
指导案例 111 号：中国建设银行股份有限公司广州荔湾支行诉广东蓝粤
　　能源发展有限公司等信用证开证纠纷案………………………………1803

## （二）典型案例

张文中再审改判无罪案……………………………………………………24
顾雏军再审案………………………………………………………………26
罗某明等五人与某综合行政执法局行政赔偿案…………………………27
重庆索特盐化股份有限公司与重庆新万基房地产开发有限公司土地使用
　　权转让纠纷案…………………………………………………………115

青岛源宏祥纺织有限公司与港润（聊城）印染有限公司取回权确认
　　纠纷案……211
宜兴市新街街道海德名园业主委员会诉宜兴市恒兴置业有限公司、南京
　　紫竹物业管理股份有限公司宜兴分公司物权确认纠纷、财产损害赔偿
　　纠纷案……254
北京市房山区霞云岭乡上石堡村村民委员会与王某先返还原物纠纷案……262
肖某宝与萧某田、彭某珍排除妨害纠纷案……269
陈某、袁某与袁某某财产损害赔偿纠纷案……276
陈某冰诉广州玉德堂陵园有限公司恢复原状纠纷案……280
贵州泰蘋河生态养殖开发有限公司与贵州华锦铝业有限公司财产损害
　　赔偿纠纷案……337
被告人贡某某等三人非法猎捕、杀害珍贵、濒危野生动物刑事附带民事
　　公益诉讼案……355
被告人甲某某盗伐林木刑事附带民事公益诉讼案……356
重庆市豪运房地产开发有限公司与重庆市九龙坡区西彭帝景豪苑业主
　　委员会车位纠纷案……498
廖某诉某某花园业主大会业主撤销权纠纷案……512
张某诉郑某、D公司建筑物区分所有权纠纷案……528
赵某华与沈阳皇朝万鑫酒店管理有限公司、沈阳中一万鑫物业管理有限
　　公司财产损害赔偿纠纷案……593
陈某豪与南京武宁房地产开发有限公司、南京青和物业管理有限公司
　　财产损害赔偿纠纷案……595
屠某炎与王某炎相邻通行权纠纷案……631
中国生物多样性保护与绿色发展基金会诉贵州宏德置业有限公司相邻
　　通行权纠纷案……633
青海茂祥房地产开发有限公司与青海省气象局相关通行纠纷案……634
胡某某、程某某与袁某某相邻关系纠纷案……635
陈某平与广东广佛轨道交通有限公司相邻关系纠纷案……643
姜某波与荆某噪声污染责任纠纷案……662
万通公司与新源公司、瑞达公司相邻排水及相邻损害防免关系纠纷案……674
刘某甲与刘某乙、周某某共有房屋分割纠纷案……706

刘某与卢某财产权属纠纷案⋯⋯⋯⋯⋯⋯⋯⋯⋯⋯⋯⋯⋯⋯⋯⋯⋯⋯⋯⋯755
温州海事局申请认定某货船和船载货物无主案⋯⋯⋯⋯⋯⋯⋯⋯⋯⋯⋯791
徐某标与沭阳楚翔金盛贸易有限公司、江苏楚润金正汽车销售服务有限
　公司、广州汽车集团乘用车有限公司、广汽汇理汽车金融有限公司
　买卖合同纠纷案⋯⋯⋯⋯⋯⋯⋯⋯⋯⋯⋯⋯⋯⋯⋯⋯⋯⋯⋯⋯⋯⋯810
新疆临钢资源投资股份有限公司与四川金核矿业有限公司特殊区域合作
　勘查合同纠纷案⋯⋯⋯⋯⋯⋯⋯⋯⋯⋯⋯⋯⋯⋯⋯⋯⋯⋯⋯⋯⋯⋯840
王某与刘某采矿权转让合同纠纷案⋯⋯⋯⋯⋯⋯⋯⋯⋯⋯⋯⋯⋯⋯⋯⋯841
丰宁长阁矿业有限公司与北京铁路局物权保护纠纷案⋯⋯⋯⋯⋯⋯⋯⋯900
青岛市国土资源和房屋管理局崂山国土资源分局与青岛乾坤木业有限
　公司土地使用权出让合同纠纷案⋯⋯⋯⋯⋯⋯⋯⋯⋯⋯⋯⋯⋯⋯⋯992
西安市碑林区北沙坡村村民委员会与西安高新技术产业开发区东区管理
　委员会、西安高新技术产业开发区碑林科技产业园征地补偿费纠纷案⋯1008
上海虹城房地产有限公司与上海市房屋土地资源管理局土地使用权
　纠纷案⋯⋯⋯⋯⋯⋯⋯⋯⋯⋯⋯⋯⋯⋯⋯⋯⋯⋯⋯⋯⋯⋯⋯⋯⋯1027
时间公司诉浙江省玉环县国土局土地使用权出让合同纠纷案⋯⋯⋯⋯1041
浙江恒兴房地产有限公司与衢州市国土资源局拍卖出让国有土地使用权
　纠纷案⋯⋯⋯⋯⋯⋯⋯⋯⋯⋯⋯⋯⋯⋯⋯⋯⋯⋯⋯⋯⋯⋯⋯⋯⋯1043
某市国土资源局与A公司建设用地使用权纠纷案⋯⋯⋯⋯⋯⋯⋯⋯⋯1057
木业公司与山东省日照市公路管理局工程处建设用地使用权纠纷案⋯1058
中国信达资产管理股份有限公司陕西省分公司、陕西崇立实业发展有限
　公司执行异议之诉案⋯⋯⋯⋯⋯⋯⋯⋯⋯⋯⋯⋯⋯⋯⋯⋯⋯⋯⋯1089
南宁桂馨源房地产有限公司诉柳州市全威电器有限责任公司、柳州超凡
　房地产开发有限责任公司建设用地使用权转让合同纠纷案⋯⋯⋯⋯1105
周某某、营口恒岐房地产开发有限公司与付某某、沙某某、王某某、
　营口经济技术开发区明虹房地产开发有限公司股权转让纠纷案⋯⋯1108
山西嘉和泰房地产开发有限公司与太原重型机械（集团）有限公司土地
　使用权转让合同纠纷案⋯⋯⋯⋯⋯⋯⋯⋯⋯⋯⋯⋯⋯⋯⋯⋯⋯⋯1116
长治市华茂副食果品有限公司与长治市杰昌房地产开发有限公司合作
　开发房地产合同纠纷案⋯⋯⋯⋯⋯⋯⋯⋯⋯⋯⋯⋯⋯⋯⋯⋯⋯⋯1119

大连羽田钢管有限公司与大连保税区弘丰钢铁工贸有限公司、株式会社
　羽田钢管制造所、大连高新技术产业园区龙王塘街道办事处物权确认
　纠纷案··················································································1132
四川省聚丰房地产开发有限责任公司诉达州广播电视大学（达州财贸
　学校）合资、合作开发房地产合同纠纷案·················································1135
中国信达资产管理公司西安办事处与陕西省粮油食品进出口公司、西安
　中转冷库、陕西省粮油食品进出口公司借款担保合同纠纷案·············1149
定安城东建筑装修工程公司与海南省定安县人民政府、第三人中国农业
　银行定安支行收回国有土地使用权及撤销土地证纠纷案···················1161
山西省安业集团有限公司诉山西省太原市人民政府收回土地案···········1163
施某某等人与杨某某宅基地买卖纠纷案·················································1195
陈某英、莫某成等诉莫某1、莫某2继承纠纷案·······································1201
龚某平与升宇公司用益物权确认纠纷案·················································1279
天津华亿凡网络科技有限公司与南京苏宁电子商务有限公司、苏宁易购
　集团股份有限公司不当得利纠纷案·················································1393
甘肃省酒泉市浩海煤化有限公司与东北金城建设股份有限公司等保证
　合同纠纷案··············································································1402
瞿某林等与平安银行股份有限公司上海分行抵押合同纠纷案···············1413
中国光大银行股份有限公司温州分行与耀华电器集团有限公司等金融
　借款合同纠纷案········································································1423
黑龙江北大荒投资担保股份有限公司与黑龙江省建三江农垦七星粮油
　工贸有限责任公司、黑龙江省建三江农垦宏达粮油工贸有限公司等
　担保合同纠纷案········································································1438
王某诉李某抵押权纠纷案·································································1446
工银金融租赁有限公司诉山西离柳焦煤集团有限公司融资租赁合同
　纠纷案··················································································1471
中国信达资产管理公司西安办事处与陕西省粮油食品进出口公司、西安
　中转冷库借款担保合同纠纷案·······················································1487
中国农业银行股份有限公司酒泉分行诉玉门甘来矿业有限责任公司、
　玉门宾馆甘来金业有限公司、傅某霖、苏某梅金融借款合同纠纷案·······1543
宁安合作联社东京城信用社与天福利亨公司民间借贷纠纷案···············1572

许某江与牟某征等民间借贷纠纷案……1620
招商银行股份有限公司福州长乐支行与魏某玲等金融借款合同纠纷案……1622
上海浦东发展银行股份有限公司温州分行与浙江省温州市磊泰革业有限
 公司等最高额抵押权纠纷案……1641
大连倖旗投资管理有限公司与中国外运辽宁储运公司等借款合同纠纷案……1658
深圳市奕之帆贸易有限公司、侯某宾合同纠纷案……1688
富滇银行股份有限公司大理分行与杨某鸣、大理建标房地产开发有限
 公司案外人执行异议之诉案……1701
宁波杭州湾新区信邦小额贷款股份有限公司与宁波市阿波罗电器有限
 公司金融借款合同纠纷案……1704
国泰君安证券股份有限公司郑州花园路证券营业部与河南省华润商贸
 有限公司、深圳市盛力实业发展有限公司、国泰君安证券股份有限
 公司质押合同纠纷案……1717
中国工商银行股份有限公司淄博分行诉蓬达资产管理有限公司、淄博
 烨华贸易有限公司动产质押监管合同纠纷案……1725
浙江中化集团有限公司诉广发银行股份有限公司杭州湖墅支行进出口
 押汇纠纷案……1727
黑龙江北大荒投资担保股份有限公司与黑龙江省建三江农垦七星粮油工
 贸有限责任公司、黑龙江省建三江农垦宏达粮油工贸有限公司等担保
 合同纠纷案……1748
陕西秦农农村商业银行股份有限公司沣东支行诉西安沣祥工贸有限责任
 公司、吴某鸿、西安一得贸易有限公司、陕西一得贵金属贸易有限
 公司案外人执行异议之诉案……1750
富兰克林公司与姚某质权纠纷案……1761
湖北双环化工集团有限公司与湖北汽车集团公司质押合同纠纷案……1762
夏某成与梁某财等动产质权纠纷案……1771
上海浦东发展银行股份有限公司厦门分行诉福建闽星集团有限公司担保
 合同纠纷案……1783
常州中国工商银行常州市新区支行诉常州市康美服装有限公司借款合同
 纠纷案……1795
滕州市城郊信用社诉建行枣庄市薛城区支行票据纠纷案……1805

上海通富国际物流有限责任公司诉上海迅磊网络科技有限公司海上货运
  代理合同纠纷案……1849
长三角商品交易所有限公司诉卢某云返还原物纠纷案……1857
荣成市龙眼港务有限责任公司诉荣成市西霞口船业有限公司港口服务
  合同纠纷案……1865

### （三）类案检索

林某与药药好（杭州）网络科技有限公司所有权确认纠纷案……189
中农集团控股股份有限公司与中丝辽宁化工物流有限公司、辽宁丰禾
  农业生产资料连锁有限公司所有权确认纠纷案……206
吕某与睢宁县茂盛米厂买卖合同纠纷案……207
交通银行股份有限公司青海省分行与格尔木黄河仁通小额贷款有限公司
  及青海鑫通矿业有限公司案外人执行异议之诉案……212
青岛海川建设集团有限公司与青岛晨鸣东方投资有限公司、青岛威乃达
  投资有限公司案外人执行异议之诉案……221
刘某梅、甄某某案外人执行异议之诉案……221
马某与中国邮政储蓄银行股份有限公司济南市分行等金融借款合同纠纷案……226
李某1、李某2等法定继承纠纷案……233
中国银行股份有限公司阜新分行、阜新佳赢农业有限公司等拍卖合同
  纠纷案……239
永春县蓬壶镇鹏溪村第四村民小组、永春县蓬壶镇鹏溪村第五村民小组
  等与福建永春百丈岩风景名胜区管理委员会物权纠纷案……300
刘某豪诉厦门市海沧区东孚镇凤山村村民委员会第五村民小组侵害集体
  经济组织成员权益纠纷案……313
广州市南沙区新沙医院与麦某泉租赁合同纠纷案……343
马某与甘肃省天水市秦州区某居民委员会等侵害集体经济组织成员权益
  纠纷案……421
扶绥县渠旧镇某村民委员会与潘某统、吴某平土地承包经营权纠纷案……430
庄某与赵某建筑物专有权纠纷案……478
陆某与于某某建筑物区分所有权纠纷案……486

瞿某、刘某诉上海市闵行区莘城公寓小区业主委员会业主撤销权纠纷案……522
罗某某等诉大华锦绣华城业委会业主撤销权纠纷案……536
济南市历下区绿景嘉园业主委员会与济南新东兴物业管理有限公司物业
　服务合同纠纷案……549
贵阳市森林故事小区业主管理委员会与贵州宏宇汽车贸易有限公司业主
　共有权纠纷案……549
北海中房物业服务有限责任公司、冼某红物业服务合同纠纷案……554
桐城市鲁强物业管理有限公司与李某物业服务合同纠纷案……562
王某与天台县赤城街道天都花园业主委员会业主知情权纠纷案……571
郑州服装工业集团公司与河南省商城大厦集团有限责任公司相邻权纠纷案……604
辽宁英巍良种猪专业合作社与辽宁省高等级公路建设局相邻关系纠纷案……605
万某碧与黄某秀、王某琴相邻关系纠纷案……615
岳某臣与岳某贵排除妨害纠纷案……616
张某红与佛山市顺德区大良贝美口腔门诊部、佛大（佛山）医疗投资
　有限公司、温某静及原审第三人李某萍、林某排除妨害纠纷案……616
陈某美与梁某兵相邻关系纠纷案……616
李某敏与李某建、胡某丽、新疆生产建设兵团第五师中心团场八十三团
　相邻用水纠纷案……623
祝某峰与三亚市汤他水利水电工程管理处水污染责任纠纷案……624
小玉与小齐相邻排水纠纷案……625
小力与饲料加工厂相邻排水纠纷案……625
杨某君与河北钢铁集团矿业有限公司、河北省滦南县人民政府财产损害
　赔偿纠纷案……636
余某苗与杨某苗等相邻土地、建筑物利用关系纠纷案……644
吴某华与国网东北分部绿源水力发电公司云峰发电厂、乔某全相邻土地、
　建筑物利用关系纠纷案……645
南京国资绿地金融中心有限公司与陈某生相邻关系纠纷案……648
郑某秀与广元市万信实业有限公司相邻采光、日照纠纷案……649
冯某同与李某珍相邻采光、日照纠纷案……649
张某忠与荥阳市善意饭店相邻污染侵害纠纷案……663

吉林省高等级公路建设局与吉源公司及营松高速公路靖宇段征地拆迁工
作领导小组办公室（靖宇县高速公路建设征地拆迁领导小组办公室）
相邻关系纠纷案·················································676
王某赓与马某培相邻关系纠纷案·········································676
陈某、陈某甲、李某某、周某甲、周某乙与恒盛海运公司、陈某乙等
物权保护纠纷案·····················································685
王某甲、彭某某与王某乙、王某丙等人所有权确认纠纷案·················689
鸡西市鸡冠区星海艺术培训学校有限公司与白某山房屋租赁合同纠纷案·····696
王某银与李某平等业主共有权纠纷案·····································699
周某与龚某、龚某某等案外人执行异议之诉案····························708
赵某林与孙某、赵某杰等共有纠纷案·····································708
顾引某等与顾林某共有物分割纠纷案·····································715
梁某容、梁某红等共有物分割纠纷案·····································715
李某某与中国邮政集团有限公司黑龙江省嫩江市分公司储蓄存款合同
纠纷案·····························································732
郭某军与郭某平共有纠纷案·············································736
李某1、卢某某与王某1共有纠纷案······································737
凌某某、朱某甲、朱乙与胡某某共有纠纷案·······························739
胡某与李某离婚后财产纠纷案···········································740
山东汇盈租赁有限公司诉徐某水、徐某美物权保护纠纷案·················757
杨某军与董某芬返还原物纠纷案·········································772
王某与刘某财产损害赔偿纠纷案·········································772
江某与蒋某返还原物纠纷案·············································773
周某与南京苏建广告工程有限公司、南京宇迪教学设备有限公司财产
损害赔偿纠纷案···················································781
严某与彭某侵权责任纠纷案·············································781
毕某与张某悬赏广告纠纷案·············································787
李某与兴城市绿源生态畜牧养殖专业合作社返还原物纠纷案················787
阿克苏市城市管理行政执法局申请认定财产无主案·······················792
王某与吴某申请认定财产无主案·········································792
赵某某与山东某某房地产开发有限公司商品房销售合同纠纷案·············811

长江万汇资本管理有限公司与涟水海林实业有限公司、江苏涟水农村
　商业银行股份有限公司公司盈余分配纠纷案··················819
刘某康与李某返还原物纠纷案··················820
加多宝（中国）饮料有限公司申请执行广州王老吉大健康产业有限公司
　执行回转案··················820
富启建材有限公司与姚某等确认合同无效纠纷案··················853
艾某某与陈某某、新疆维吾尔自治区和静县额勒再特乌鲁乡人民政府、
　新疆维吾尔自治区和静县人民政府、金某某、玉某某财产损害赔偿
　纠纷案··················878
王某明、王某彦与哈尔滨市道外区民主镇新立村村民委员会、黑龙江省
　农业科学院承包地征收补偿费分配纠纷案··················954
崔某1与崔某2土地承包经营权合同纠纷案··················962
耿某田、耿某富土地承包经营权纠纷案··················973
北京中科拜克生物技术有限公司、绥中中科拜克生物工程有限公司建设
　用地使用权出让合同纠纷案··················994
马某泉、马某坚与湖北瑞尚置业有限公司股权转让纠纷案··················995
河南万隆投资有限公司、淮阳县人民政府建设用地使用权出让合同
　纠纷案··················1029
福州宏伟兴业化纤有限公司与福建省罗源湾开发区建设发展公司、
　罗源湾开发区管理委员会土地使用权出让合同纠纷案··················1029
德州振业建筑建材有限公司、高树岭与德州市德城区新华街道办事处
　建设用地使用权出让合同纠纷案··················1030
灵武市人民政府、宁夏河东综合工业园区华能投资置业有限公司合同
　纠纷案··················1030
赣州市自然资源局与赣州市旺业置业有限公司建设用地使用权出让合同
　纠纷案··················1046
某市国土资源局诉某市A房地产开发有限公司建设用地使用权出让
　合同纠纷案··················1047
沈阳市于洪区于洪新城管理委员会与沈阳顺丰房地产开发有限公司、
　沈阳市于洪区人民政府、沈阳市人民政府土地整理合同纠纷案··················1048

武汉亘星资源有限公司、武汉剑强人和置业有限公司申请执行人执行
　　异议之诉案……………………………………………………………1060
广州市三辉房地产开发有限公司、广州合民投资策划有限公司执行异议
　　之诉案…………………………………………………………………1060
天津市规划和自然资源局蓟州分局、天津市华奥供热有限责任公司建设
　　用地使用权出让合同纠纷案……………………………………………1061
兰州居正房地产有限公司、兰州市自然资源局建设用地使用权出让合同
　　纠纷案……………………………………………………………………1070
梧州电子学校与梧州市国土资源局建设用地使用权出让合同纠纷案………1070
长春泰恒房屋开发有限公司与长春市规划和自然资源局国有土地使用权
　　出让合同纠纷案…………………………………………………………1080
白山市浑江区星际小额贷款有限公司、吉林森工松江河林业（集团）
　　有限公司执行异议之诉案………………………………………………1091
常某增与伊犁大世界房地产开发有限公司、伊犁卓越房地产开发有限
　　公司等执行异议之诉案…………………………………………………1091
大连亿锋房地产开发有限公司与大连华事得房地产开发有限公司房地产
　　开发项目转让合同纠纷案………………………………………………1110
广州市金盛房地产开发有限公司与广州侨实房地产开发有限公司土地
　　使用权转让合同纠纷案…………………………………………………1111
韶关市佳和印染有限公司与韶关市万通房地产有限公司建设用地使用权
　　转让合同纠纷案…………………………………………………………1111
神羊公司与马来西亚进出口银行金融借款合同纠纷案……………………1123
刘某俊与眉山稻田食品有限责任公司等案外人异议之诉案………………1138
蔡某伟与陈某奏等案外人异议之诉案…………………………………………1138
四川省成都市大邑县酒厂与冯某、聚隆置业公司等案外人异议之诉案……1138
兴业银行股份有限公司泉州分行、河南省腾飞建筑有限公司金融借款
　　合同纠纷案………………………………………………………………1151
内蒙古神泽现代农牧业（集团）有限公司与李某晓案外人执行异议之诉案1151
北京丹耀房地产有限公司与北京新府科创投资管理有限公司等用益物权
　　确认纠纷案………………………………………………………………1152
苏州阳澄湖华庆房地产有限公司、苏州市国土资源局土地行政补偿案……1165

陈某捷、肇庆市高要区丽晶房地产开发有限公司房屋买卖合同纠纷案……1174
内蒙古自治区呼和浩特市赢金庐房屋开发有限责任公司与内蒙古自治区
　呼和浩特市人民政府行政撤销案……1182
文某光、杨某芝诉罗某、罗某英房屋买卖合同纠纷案……1203
应某珍与宁波海曙住家房产经纪有限公司、张某峰、罗某佑、宣某丽
　侵权责任纠纷案……1237
迟某虓与孙某禄居住权纠纷案……1237
张某甲诉张某居住权纠纷案……1261
陈某芬与李某华等地役权纠纷案……1272
毛某才、白某喜等地役权纠纷案……1280
上海跨跃电机制造有限公司与上海强迹实业发展有限公司地役权纠纷案……1289
广东华德汇实业有限公司与株洲现代服饰仓储物流有限公司、株洲市
　汇通登业有限公司等国有土地使用权转让纠纷案……1289
北京市海育亮世文化投资有限公司与国网北京市电力公司地役权纠纷案……1290
大理省级旅游度假区独秀房地产开发有限责任公司与马某平等地役权
　纠纷案……1295
罗某举与王某良排除妨害纠纷案……1296
常某与陈某、范某等地役权纠纷案……1303
薛某与陕西省兴平市茂林置业有限责任公司地役权纠纷案……1304
侯某华与兴安县仙人桥水电站地役权纠纷案……1311
凤凰县南华山居小区业主委员会与王某云、李某均恢复原状纠纷案……1319
隋某山与沈某桂排除妨害纠纷案……1324
姜某民与吕某光、葛某芬地役权纠纷案……1332
王某知、黎某地役权纠纷案……1333
李某敏、李某平与潘某芳等地役权纠纷案……1338
莆田市荔城区交服货物配载有限公司、莆田市城厢区友信运输有限公司
　排除妨害纠纷案……1347
中山市利珅房地产发展有限公司与中山市金汇实业有限公司、中山市
　金汇实业有限公司金山城物业管理分公司占有排除妨害纠纷案……1353
贺某、樊某丽与白银正宝农贸综合市场有限责任公司、金某宝地役权
　纠纷案……1362

河北腾泰房地产开发集团有限公司、石家庄市土畜产有限责任公司
　　地役权纠纷案 1372
王某彬诉招商银行股份有限公司武汉经济技术开发区支行、江苏淳通
　　汽车销售服务公司等返还原物纠纷案 1385
上海杨浦融资担保有限公司诉上海中卉生态科技股份有限公司等委托
　　担保合同纠纷案 1394
某小贷公司诉甲公司、乙公司金融借款合同纠纷案 1404
平安银行股份有限公司上海分行诉瞿某、潘某执行分配方案异议之诉案 1415
山东荣成某银行与马绍尔群岛某公司等代位权纠纷案 1424
赵某等与华商智汇传媒股份有限公司追偿权纠纷案 1440
王某海、安徽国瑞投资集团有限公司诉安徽省阳光半岛文化发展有限
　　公司、芜湖首创房地产开发有限公司民间借贷纠纷案 1457
辜某亮诉郑某绢、郑谢某贵、钟某信民间借贷纠纷案 1459
镇江汇丰房地产开发有限公司、平安银行股份有限公司南京分行金融
　　借款合同纠纷案 1473
新疆聚鼎典当有限责任公司、古某华等执行人执行异议之诉案 1474
中国银行股份有限公司运城市分行、山西青山化工有限公司金融借款
　　合同纠纷案 1480
中国民生银行股份有限公司盘锦分行等诉中央储备粮锦州直属库等金融
　　借款合同纠纷案 1480
九三集团（黑龙江农垦）金粮经贸有限公司与张某、前郭县敖丰粮油
　　有限责任公司合同纠纷案 1481
上海浦东发展银行股份有限公司南宁分行、广西卓尚置业投资有限公司
　　金融借款合同纠纷案 1489
中国银行股份有限公司惠州分行等诉冯某权等金融借款合同纠纷案 1490
马鞍山中加双语学校与新时代信托股份有限公司、马鞍山中加投资有限
　　公司、安徽省阳光半岛文化发展有限公司、翟某圣、陶某珠金融借款
　　合同纠纷案 1501
中国银行股份有限公司六盘水分行、盘水市凉都人民医院有限公司金融
　　借款合同纠纷案 1502

中国华融资产管理股份有限公司重庆市分公司、重庆晋愉地产（集团）
　　股份有限公司金融借款合同纠纷案……………………………………………1511
恒丰银行股份有限公司重庆分行、重庆亨盾实业有限公司金融借款合同
　　纠纷案……………………………………………………………………………1512
广西嘉美房地产开发有限责任公司与杨某鹏商品房买卖合同纠纷案…………1519
浙商金汇信托股份有限公司与浙江三联集团有限公司、三联控股集团
　　有限公司、马某生、楼某珍、金华市华源置业有限公司金融借款合同
　　纠纷案……………………………………………………………………………1526
兰州市城关区民丰小额贷款有限责任公司诉林某法、北海市佳德信海
　　产品有限公司民间借贷纠纷案…………………………………………………1527
江西赣县农村商业银行股份有限公司、中国建设银行股份有限公司赣州
　　赣县支行第三人撤销之诉案……………………………………………………1532
永吉县京顺粮食经销有限公司与中国农业发展银行吉林分行营业部、
　　吉林市天程粮食购销有限公司金融贷款合同纠纷案…………………………1537
陈某海与中国建设银行股份有限公司漳平支行案外人执行异议之诉案………1545
中国长城资产管理股份有限公司湖北省分公司、生生物业（集团）有限
　　公司借款合同纠纷案……………………………………………………………1556
国信（海南）龙沐湾投资控股有限公司、国家开发银行金融借款合同
　　纠纷案……………………………………………………………………………1560
中国长城资产管理股份有限公司重庆市分公司等与重庆合成化工厂有限
　　公司等欠款纠纷案………………………………………………………………1561
成都农村商业银行股份有限公司簇桥支行与陈某平等保证合同纠纷案………1565
滨州市五环镶圈制造有限公司等诉滨州信和非融资性担保有限公司追偿
　　权纠纷案…………………………………………………………………………1566
唐某晋等与李某生借款合同纠纷案…………………………………………………1579
周某殿、洋浦经济开发区渔政渔港监督管理中心渔业行政管理纠纷案………1587
湖南省现代融资担保有限公司（原湖南省安迅担保有限公司）、中信
　　银行股份有限公司长沙分行案外人执行异议之诉案…………………………1590
上海浦东发展银行股份有限公司南宁分行、广西卓尚置业投资有限公司
　　金融借款合同纠纷案……………………………………………………………1598

大连舒心门业有限公司与中信银行股份有限公司大连甘井子支行、大连
　　国滨企业发展总公司案外人执行异议之诉案……1599
北京恒顺隆印务有限公司、四平市城区农村信用合作联社金融借款合同
　　纠纷案……1603
长春市吉盛通达小额贷款有限责任公司、长白山保护开发区天地人
　　房地产开发有限公司别除权纠纷案……1607
港鑫化工公司诉江南农村商业银行确认抵押权消灭纠纷案……1608
辽宁省节能技术发展有限责任公司、国网辽宁省电力有限公司企业借贷
　　纠纷案……1608
海口明光大酒店有限公司等与海口明光酒店管理有限公司等金融借款
　　纠纷案……1623
滨海县金汇农村小额贷款有限公司诉江苏奇尔乐阀门有限公司等金融
　　债权转让纠纷案……1629
江苏宿豫东吴村镇银行有限责任公司与宿迁市佳鸿物资贸易有限公司等
　　借款担保合同纠纷案……1634
韩某文、凌某泉、向某全诉中国光大银行股份有限公司芜湖分行第三人
　　撤销之诉案……1642
马某与李某升动产质权纠纷案……1660
哈尔滨银行股份有限公司安发支行、北大荒电子商务集团有限公司物权
　　确认纠纷、质押合同纠纷案……1667
中国民生银行股份有限公司福州分行与于某林等案外人执行异议之诉案……1677
汪某永等与刘某君动产质权纠纷案……1678
王某珥诉江苏省苏州市常乐食品有限公司等借款合同纠纷案……1679
黄某强、方某满质押合同纠纷案……1690
史某梅等与徐某兴等合同纠纷案……1690
大连银行股份有限公司与锦州佐源糖业食品有限公司等金融借款合同
　　纠纷案……1705
济南农村商业银行股份有限公司天桥支行、齐鲁银行股份有限公司济南
　　双龙支行等案外人执行异议之诉案……1710
邓某勇、戴某等财产损害赔偿纠纷案……1719
刘某敏与袁某帅物权纠纷案……1719

广发银行股份有限公司昆明护国广场支行诉昆明潘氏生佳物资贸易有限
　　公司金融借款合同纠纷案……………………………………………………1728
王某发、钟某员物权保护纠纷案……………………………………………………1734
谭某吉与刘某借款质押合同纠纷案…………………………………………………1735
张某、徐某质权纠纷案………………………………………………………………1740
卓某晖、钟某强买卖合同纠纷案……………………………………………………1741
诸暨祥生兆基置业有限公司、德清厚道泰富管理咨询合伙企业民间借贷
　　纠纷案……………………………………………………………………………1752
刘某赫与胡某龙动产质权纠纷案……………………………………………………1764
赵某东、邴某岗动产质权纠纷案……………………………………………………1778
申银万国证券股份有限公司与上海国宏置业有限公司股权转让纠纷案…………1778
茌平卓茂商贸有限公司、中信银行股份有限公司济南分行等案外人执行
　　异议之诉案………………………………………………………………………1785
港通物流（北京）有限公司、北京云帆中天科贸有限责任公司与承德钢
　　铁集团有限公司、北京市劳服物资有限责任公司借款合同纠纷案…………1817
格兰德罗德西公司与舟山万邦永跃船舶修造有限公司船舶修理合同
　　纠纷案……………………………………………………………………………1850
上海伊曼尔国际货物运输代理有限公司诉上海澳灵顿电子有限公司货运
　　代理合同纠纷案…………………………………………………………………1850
广州市坤龙建筑安装工程有限公司诉广州市城市建设开发有限公司、
　　广州宏城发展有限公司等建设工程施工合同纠纷案…………………………1851
宝高（南京）教育玩具有限公司、宝高（南京）科技有限公司诉晋江市
　　东兴电子玩具有限公司承揽合同纠纷案………………………………………1851
郭某诉李某返还原物纠纷案…………………………………………………………1859
无锡西姆莱斯石油专用管制造有限公司与无锡市卓盛隆国际货运代理
　　有限公司排除妨害纠纷、返还原物纠纷案……………………………………1859
瑞迪兴公司与远顺达公司等航次租船合同纠纷案…………………………………1860
厄斯菲德钢铁有限公司与招商局国际冷链（深圳）有限公司等财产损害
　　赔偿纠纷案………………………………………………………………………1867
天津临港滨海港务有限公司、天津港交易市场有限责任公司买卖合同
　　纠纷案……………………………………………………………………………1867

金川集团股份有限公司诉安新县捷力和铜业有限公司、保定大利铜业
　　有限公司加工合同纠纷案································1872
常德市晓峰物流有限公司、广州顶通物流有限公司长沙分公司合同
　　纠纷案············································1872
浙江海味鲜食品开发有限公司、温岭市松门海滨船舶修造有限公司船舶
　　修理合同纠纷案······································1879
唐某良与宋某金返还原物财产纠纷案··························1886
上海诚华机械有限公司与合肥熔安动力机械有限公司承揽合同纠纷案······1896
佳木斯市惠农谷物专业合作社与中央储备粮菏泽直属库合同纠纷案········1896
深圳市好生活家居饰品有限公司、深圳云裳花容服饰有限公司承揽合同
　　纠纷案············································1896
海南金牌港船舶修造有限公司与临高旺乐渔业专业合作社船舶建造合同
　　纠纷案············································1918
山西聚源煤化有限公司、山西聚丰能源有限公司、银亿集团有限公司、
　　麻城市宇盛工贸有限公司股权转让纠纷案······················1919
付某、孟某、孙某侵权责任纠纷案····························1930
沭阳县某商务娱乐会所与宣某、刘某等财产损害赔偿纠纷案············1938
朱某、莒县某汽贸有限公司财产损害赔偿纠纷案····················1938
杨某、杨某某物权保护纠纷案································1946
杨某与刘某占有物损害赔偿纠纷案····························1953
冯某、杨某物权保护纠纷案··································1962
金某与庞某排除妨害纠纷案··································1963

# 四、参考文献

## （一）图书

曹士兵、吴光荣：《中国法上的最高额担保制度》，载郑智舫主编：《山东大学法律评论》2015年卷，山东大学出版社2015年版。

曹士兵：《中国担保制度与担保方法——根据物权法修订》，中国法制出版社2008年版。

常鹏翱：《物权法的展开与反思》，法律出版社2007年版。

陈朝壁：《罗马法原理》，法律出版社2006年版。

陈广华：《街区制下住宅小区业主权利的比较法研究》，中国政法大学出版社2020年版。

陈华彬：《民法物权论》，中国法制出版社2010年版。

陈华彬：《我国物权立法难点问题研究》，首都经济贸易大学出版社2014年版。

陈华彬：《物权法论》，中国政法大学出版社2018年版。

陈华彬：《物权法研究》，金桥文化出版（香港）有限公司2001年版。

陈华彬：《物权法原理》，国家行政学院出版社1998年版。

陈小君等：《农村土地法律制度研究——田野调查解读》，中国政法大学出版社2004年版。

程啸：《担保物权研究》，中国人民大学出版社2017年版。

崔建远：《物权：规范与学说——以中国物权法的解释论为中心》，清华大学出版社2011年版。

崔建远：《物权法》，中国人民大学出版社2017年版。

崔建远：《中国民法典释评：物权编》，中国人民大学出版社2020年版。

崔建远：《准物权研究》，法律出版社2012年版。

崔建远主编：《合同法》，法律出版社2016年版。

崔文星：《中国农地物权制度论》，法律出版社2009年版。

戴威：《农村集体经济组织成员权制度研究》，法律出版社2016年版。

杜万华主编：《〈第八次全国法院民事商事审判工作会议（民事部分）纪要〉理解与适用》，人民法院出版社2017年版。

高飞：《集体土地所有权主体制度研究》，中国政法大学出版社2017年版。

高圣平：《担保法论》，法律出版社2009年版。

高圣平：《动产担保交易制度比较研究》，中国人民大学出版社2008年版。

郭锋、陈龙业、周伦军等编著：《中华人民共和国民法典条文精释与实务指南》，中国法制出版社2021年版。

郭明瑞、房绍坤、关涛：《继承法研究》，中国人民大学出版社2003年版。

郭明瑞：《物权法通论》，商务印书馆2019年版。

郭明瑞等：《民法原理》，中国人民大学出版社1999年版。

郭明瑞主编：《中华人民共和国物权法释义》，中国法制出版社2007年版。

国土资源部政策法规司、国土资源部不动产登记中心（国土资源部法律事务中心）编著：《不动产登记暂行条例释义》，中国法制出版社2015年版。

何勤华、李秀清、陈颐编：《新中国民法典草案总览》（增订本），北京大学出版社2017年版。

何勤华、李秀清、陈颐编：《新中国民法典草案总览》（增订本续编），北京大学出版社2020年版。

何勤华、李秀清、陈颐编：《新中国民法典草案总览》，法律出版社2003年版。

胡开忠：《权利质权制度研究》，中国政法大学出版社2004年版。

黄薇主编：《中华人民共和国民法典解读》，中国法制出版社2020年版。

黄薇主编：《中华人民共和国民法典释义》，法律出版社2020年版。

黄薇主编：《中华人民共和国民法典释义及适用指南》，中国民主法制出版社2020年版。

江必新、夏道虎主编：《中华人民共和国民法典重点条文实务详解》，人民法院出版社2020年版。

江必新主编:《最高人民法院民事诉讼法司法解释专题讲座》,中国法制出版社2015年版。

江平、米健:《罗马法基础》,中国政法大学出版社2004年版。

江平:《民法学》,中国政法大学出版社2010年版。

江平主编:《中华人民共和国物权法精解》,中国政法大学出版社2007年版。

蒋新苗、朱方毅、蔡唱:《留置权制度比较研究》,知识产权出版社2007年版。

李国光等:《最高人民法院〈关于适用《中华人民共和国担保法》若干问题的解释〉理解与适用》,吉林人民出版社2000年版。

李昊、常鹏翱、叶金强、高润恒等:《不动产登记程序的制度建构》,北京大学出版社2005年版。

李锡鹤:《物权论稿》,中国政法大学出版社2016年版。

李遐桢:《我国地役权法律制度研究》,中国政法大学出版社2014年版。

李显东、孟磊主编:《中华人民共和国民法典物权编:实务指引与案例解读》,中国法制出版社2021年版。

梁慧星、陈华彬:《物权法》,法律出版社2016年版。

梁慧星:《读条文　学民法》,人民法院出版社2014年版。

梁慧星:《中国民法典草案建议稿附理由:物权编》,法律出版社2004年版。

梁慧星主编:《中国物权法草案建议稿:条文、理由、说明与参考立法例》,社会科学文献出版社2000年版。

廖丹:《作为基本权利的居住权研究》,法律出版社2018年版。

刘保玉:《物权法》,上海人民出版社2003年版。

刘保玉:《物权法学》,中国法制出版社2007年版。

刘保玉:《物权体系论——中国物权法上的物权类型设计》,人民法院出版社2004年版。

刘家安:《物权法论》,中国政法大学出版社2015年版。

刘守英:《土地制度与中国发展》,中国人民大学出版社2018年版。

刘智慧:《中华人民共和国民法典物权编释义》,中国法制出版社2021年版。

卢卫：《解读人居：中国城市住宅发展的理论思考》，天津社会科学院出版社2000年版。

陆淳：《物权诉讼：原理与实务》，人民法院出版社2009年版。

马俊驹、余延满：《民法原论》，法律出版社2005年版。

马特：《物权变动》，中国法制出版社2007年版。

钱明星：《物权法原理》，北京大学出版社1994年版。

屈茂辉主编：《物权法原理精要与实务指南》，人民法院出版社2008年版。

全国人大常委会法制工作委员会民法室编：《中华人民共和国担保法释义》，法律出版社1995年版。

全国人大常委会法制工作委员会民法室编：《中华人民共和国物权法条文说明、立法理由及相关规定》，北京大学出版社2017年版。

全国人大常委会法制工作委员会刑法室编著：《〈中华人民共和国刑法〉释义及实用指南》，中国民主法制出版社2016年版。

全国人民代表大会常务委员会法制工作委员会民法室编著：《物权法立法背景与观点全集》，法律出版社2007年版。

人民法院出版社编：《司法解释理解与适用全集（物权卷）》，人民法院出版社2019年版。

石宏主编：《〈中华人民共和国民法典〉释解与适用：物权编》，人民法院出版社2020年版。

石宏主编：《〈中华人民共和国民法总则〉条文说明、立法理由及相关规定》，北京大学出版社2017年版。

睢鸿明：《业主权利维护与保障》，法律出版社2015年版。

孙鹏、王勤劳、范雪飞：《担保物权法原理》，中国人民大学出版社2009年版。

孙鹏：《物权公示论——以物权变动为中心》，法律出版社2004年版。

孙宪忠、朱广新主编：《民法典评注：物权编》，中国法制出版社2020年版。

孙宪忠：《德国当代物权法》，法律出版社1997年版。

孙宪忠：《国有土地使用权财产法论》，中国社会科学出版社1993年版。

孙宪忠：《论物权法》，法律出版社2001年版。

孙宪忠：《中国物权法原理》，法律出版社2004年版。

孙宪忠：《中国物权法总论》，法律出版社2003年版。

孙宪忠：《中国渔业权立法研究》，法律出版社2006年版。

孙宪忠等：《物权法的实施》，社会科学文献出版社2013年版。

孙宪忠主编：《中国物权法：原理释义和立法解读》，经济管理出版社2008年版。

田士永：《物权行为理论研究》，中国政法大学出版社2002年版。

佟柔主编：《中国民法学·民法总则》，人民法院出版社2008年版。

佟柔主编：《中国民法学·民法总则》，中国人民公安大学出版社1990年版。

王利明、程啸、尹飞：《中国物权法教程》，人民法院出版社2007年版。

王利明：《合同法研究》，中国人民大学出版社2002年版。

王利明：《民法总论》，中国人民大学出版社2015年版。

王利明：《物权法》，中国人民大学出版社2015年版。

王利明：《物权法论》，中国政法大学出版社2008年版。

王利明：《物权法研究》，中国人民大学出版社2016年版。

王利明：《中国民法典重大疑难问题之研究》，法律出版社2006年版。

王利明：《中国物权法草案建议稿及说明（物权法）》，中国法制出版社2001年版。

王利明主编：《中国民法典评注：物权编》，人民法院出版社2021年版。

王利明主编：《中国民法典学者建议稿及立法理由：物权编》，法律出版社2005年版。

王胜明主编：《中华人民共和国物权法解读》，中国法制出版社2007年版。

王兴敏：《不动产登记概论》，社会科学文献出版社2017年版。

王宗非主编：《农村土地承包法释义与适用》，人民法院出版社2002年版。

席志国：《中国物权法论》，中国政法大学出版社2015年版。

肖建国主编：《民事执行法》，中国人民大学出版社2014年版。

谢怀栻：《票据法概论》，法律出版社1990年版。

杨立新、李怡雯：《中国民法典新规则要点》，法律出版社2020年版。

杨立新、朱呈义：《继承法专论》，高等教育出版社 2006 年版。

杨立新：《民法判解研究与适用》，中国检察出版社 1994 年版。

杨立新：《物权法典型案例与法律适用》，中国法制出版社 2013 年版。

杨立新主编：《〈中华人民共和国民法典〉条文精释与实案全析》，中国人民大学出版社 2020 年版。

杨立新主编：《中华人民共和国民法典释义与案例评注：物权编》，中国法制出版社 2020 年版。

杨青贵：《集体土地所有权实现法律机制研究》，法律出版社 2016 年版。

尹田：《物权法理论评析与思考》，中国人民大学出版社 2008 年版。

张鸣起主编：《民法总则专题讲义》，法律出版社 2019 年版。

赵旭东主编：《商法学》，高等教育出版社 2017 年版。

郑云瑞：《民法物权论》，北京大学出版社 2006 年版。

中国审判理论研究会民事审判理论专业委员会编著：《民法典总则编条文理解与司法适用》，法律出版社 2020 年版。

中国物权法研究课题组：《中国物权法草案建议稿附理由》，社会科学文献出版社 2007 年版。

周枏：《罗马法原论》，商务印书馆 1994 年版。

周其仁：《产权与制度变迁——中国改革的经验研究》，北京大学出版社 2004 年版。

朱庆育：《民法总论》，北京大学出版社 2016 年版。

朱岩、高圣平、陈鑫：《中国物权法评注》，北京大学出版社 2007 年版。

自然资源部不动产登记中心（自然资源部法律事务中心）编：《不动产登记暂行条例实施细则释义》，北京大学出版社 2016 年版。

邹海林、常敏：《债权担保的方式和应用》，法律出版社 1998 年版。

最高人民法院民法典贯彻实施工作领导小组主编：《中华人民共和国民法典合同编理解与适用》，人民法院出版社 2020 年版。

最高人民法院民法典贯彻实施工作领导小组主编：《中华人民共和国民法典侵权责任编理解与适用》，人民法院出版社 2020 年版。

最高人民法院民法典贯彻实施工作领导小组主编：《中华人民共和国民法典物权编理解与适用》，人民法院出版社 2020 年版。

最高人民法院民法典贯彻实施工作领导小组主编：《中华人民共和国民法

典总则编理解与适用》，人民法院出版社 2020 年版。

最高人民法院民事审判第二庭：《最高人民法院民法典担保制度司法解释理解与适用》，人民法院出版社 2021 年版。

最高人民法院民事审判第二庭编著：《〈全国法院民商事审判工作会议纪要〉理解与适用》，人民法院出版社 2019 年版。

最高人民法院民事审判第一庭编著：《最高人民法院关于审理城镇房屋租赁合同纠纷案件司法解释的理解与适用》，人民法院出版社 2009 年版。

最高人民法院民事审判第一庭编著：《最高人民法院国有土地使用权合同纠纷司法解释的理解与适用》，人民法院出版社 2015 年版。

最高人民法院民事审判第一庭编著：《最高人民法院物权法司法解释（一）理解与适用》，人民法院出版社 2016 年版。

最高人民法院民事审判第一庭编著：《最高人民法院新民事诉讼证据规定理解与适用》，人民法院出版社 2020 年版。

最高人民法院物权法研究小组编著：《〈中华人民共和国物权法〉条文解释与适用》，人民法院出版社 2007 年版。

## （二）期刊、报纸

卜祥洪：《论占有损害赔偿的请求权基础与范围》，载《当代法学》2011 年第 4 期。

蔡卫华：《自然资源确权登记与不动产登记的区别与联系》，载《中国不动产》2019 年第 12 期。

蔡雯玉：《关于遗失物与拾得行为的法律探析》，载《西南民族学院学报（哲学社会科学版）》2002 年第 11 期。

常鹏翱：《回归传统：我国地役权规范的完善之道》，载《清华法学》2018 年第 5 期。

常鹏翱：《体系化视角中的物权法定》，载《法学研究》2006 年第 5 期。

陈广华、黄野：《民法典视域下水权制度检讨与重构》，载《西部法学评论》2018 年第 2 期。

陈华彬：《空间建设用地使用权探微》，载《法学》2015 年第 7 期。

陈华彬：《人役权制度的构建——兼议我国〈民法典物权编（草案）〉的

居住权规定》，载《比较法研究》2019 年第 3 期。

陈华彬：《我国民法典物权编占有规则立法研究》，载《现代法学》2018年第 1 期。

陈小君：《对新一轮土地改革的检视与建议》，载《中国法律评论》2019年第 5 期。

陈小君：《论传统民法中的用益物权及其现实意义》，载《法商研究》1995 年第 4 期。

陈小君：《新时代治理体系中〈土地管理法〉重要制度贯彻之要义》，载《土地科学动态》2020 年第 2 期。

陈永强：《英美法物权变动之区分模式》，载《法治研究》2017 年第 6 期。

程啸：《不动产登记簿之推动力》，载《法学研究》2010 年第 3 期。

程雪阳：《土地用途管制制度改革的得与失》，载《中国法律评论》2019年第 5 期。

崔建远、晓坤：《矿业权基本问题探讨》，载《法学研究》1998 年第 4 期。

崔建远：《海域使用权制度及其反思》，载《政法论坛》2004 年第 6 期。

崔建远：《民法分则物权编立法研究》，载《中国法学》2017 年第 2 期。

崔建远：《水权与民法理论及物权法典的制度》，载《法学研究》2002 年第 3 期。

崔建远：《土地上的权利群论纲——我国物权立法应重视土地上权利群的配置与协调》，载《中国法学》1998 年第 4 期。

崔建远：《再论动产物权变动的生效要件》，载《法学家》2010 年第 5 期。

单平基：《〈民法典〉草案之居住权规范的检讨和完善》，载《当代法学》2019 年第 1 期。

单平基：《侵害占有损害赔偿请求权的解释论——〈物权法〉第 245 条第1 款的规范适用》，载《山东社会科学》2016 年第 5 期。

杜万华：《〈民法典物权编草案〉（二审稿）的体例与条文评述》，载《中州学刊》2019 年第 7 期。

房绍坤、吕杰：《创设预告登记制度的几个问题》，载《法学家》2003 年第 4 期。

房绍坤：《物权法用益物权编》，中国人民大学出版社 2007 年版。

房绍坤：《论民法典物权编与总则编的立法协调》，载《法学评论》2019

年第 1 期。

房绍坤:《我国民法典物权编的编纂研究》,载《政治与法律》2018 年第 10 期。

房绍坤:《用益物权与所有权关系辨析》,载《法学论坛》2003 年第 4 期。

高飞:《建设用地使用权提前收回法律问题研究》,载《广东社会科学》2019 年第 1 期。

高圣平:《论集体建设用地使用权的法律构造》,载《法学杂志》2019 年第 4 期。

耿宝建、殷勤:《公益性国有土地使用权收回的法律性质与补偿模式》,载《交大法学》2021 年第 4 期。

耿卓、于凤瑞:《我国城市更新的土地法制保障——以确权为中心》,载《土地法制科学》2018 年第 1 期。

辜江南:《无权占有人孳息规则探析》,载《中国政法大学学报》2016 年第 2 期。

关涛:《大陆法系民法中的人役权》,载《法学论坛》2003 年第 6 期。

胡大武:《家庭来电显示下个人隐私的法律冲突及保护》,载《环球法律评论》2007 年第 6 期。

黄锡生、蒲俊丞:《我国自然资源物权制度的总体构想》,载《江西社会科学》2008 年第 1 期。

黄锡生:《论水权的概念和体系》,载《现代法学》2004 年第 4 期。

江必新:《矿业权法律关系调整中的国家干预和私人自洽——兼论法律行为效力理论之重构》,载《法学评论》2018 年第 1 期。

景光强:《特殊动产物权变动解释论——重新审视〈物权法〉第 24 条》,载《法律适用》2016 年第 6 期。

兰奇光:《古罗马婚姻制度探微》,载《湖南师范大学社会科学学报》2009 年第 5 期。

李明发:《论不动产登记错误的法律救济——以房产登记为重心》,载《法律科学》2005 年第 6 期。

李显冬、刘志强:《论矿业权的法律属性》,载《当代法学》2009 年第 2 期。

李显冬:《论我国物权法上的准用益物权》,载《河南政法干部管理学院学报》2007年第5期。

李晓倩：《捐助法人治理的中国逻辑——以基金会决策机构为中心的考察》，载《当代法学》2018年第4期。

李永锋：《主债权诉讼时效完成后担保物权的效力》，载《人民法院报》2007年5月16日。

李永军：《集体经济组织法人的历史变迁与法律结构》，载《比较法研究》2017年第4期。

李永军：《物权的本质属性究竟是什么？〈物权法〉第2条的法教义学解读》，载《比较法研究》2018年第2期。

林坚、吴宇翔、郭净宇：《英美土地发展权制度的启示》，载《中国土地》2017年第2期。

刘保玉、张烜东：《论动产融资租赁物的所有权登记及其对抗效力》，载《中州学刊》2020年第6期。

刘保玉：《关乎国计民生的土地权属问题》，载《中国国土资源报》2009年6月12日。

刘保玉：《空间利用权的内涵界定及其在物权法上的规范模式选择》，载《杭州师范大学学报（社会科学版）》2006年第2期。

刘保玉：《留置权成立要件规定中的三个争议问题解析》，载《法学》2009年第5期。

刘保玉：《物权法中善意取得规定的理解与适用》，载《南都学坛》2008年第6期。

刘本荣：《中国船舶物权登记对抗主义的实际运行与匡正》，载《中国海商法年刊》2009年Z1期。

刘宏明：《我国野生动物所有权立法评述》，载《野生动物》2007年第4期。

刘乔发：《我国海域使用权制度的不足及完善》，载《政法论坛》2005年第4期。

刘耀东：《论基于继承与遗赠发生的不动产物权变动——以〈物权法〉第29条为中心》，载《现代法学》2015年第1期。

刘阅春：《居住权的源流及立法借鉴意义》，载《现代法学》2004年第6期。

龙翼飞、杨建文：《论所有权的概念》，载《法学杂志》2008年第2期。

鲁晓明：《"居住权"之定位与规制设计》，载《中国法学》2019年第3期。

吕杰、朱呈义：《论居住权在我国民法典中的具体设计》，载《河南省政法管理干部学院学报》2004年第6期。

吕忠梅课题组：《"绿色原则"在民法典中的贯彻论纲》，载《中国法学》2018年第1期。

孟勤国：《现代物权思维与古老物权思维的碰撞》，载《湖北社会科学》2007年第10期。

裴丽萍：《水权制度初论》，载《中国法学》2001年第2期。

钱明星：《关于在我国物权法中设置居住权的几个问题》，载《中国法学》2001年第5期。

钱明星：《我国物权法的调整范围、内容特点及物权体系》，载《中外法学》1997年第2期。

秦天宝：《论国家公园国有土地占主体地位的实现路径——以地役权为核心的考察》，载《现代法学》2019年第3期。

冉克平：《论〈物权法〉上的占有恢复关系》，载《法学》2015年第1期。

上官丕亮：《合宪性审查的法理逻辑与实践探索》，载《苏州大学学报（哲学社会科学版）》2019年第3期。

申卫星、杨旭：《中国民法典应如何规定居住权？》，载《比较法研究》2019年第6期。

申卫星：《〈民法典〉居住权制度的体系展开》，载《吉林大学社会科学学报》2021年第3期。

石佳友：《〈物权法〉占有制度的理解与适用》，载《政治与法律》2008年第10期。

孙鹏、徐银波：《社会变迁与地役权的现代化》，载《现代法学》2013年第3期。

孙宪忠：《财团法人财产所有权和宗教财产归属问题初探》，载《中国法学》1990年第4期。

孙宪忠：《物权法的基本范畴及主要制度的反思》，载《中国法学》1999年第6期。

孙宪忠：《消除各种"权"的误解》，载《国土资源报》2015年3月11日。

孙佑海：《物权法与环境保护》，载《环境保护》2007年第5期。

田野、刘玲玲：《不动产役权构造论》，载《天津大学学报（社会科学版）》2018年第3期。

田中臣：《离婚妇女居住权探讨》，载《广西社会科学》2004年第9期。

汪恕斌：《水权和水市场——谈实现水资源优化配置的经济手段》，载《水电能源科学》2001年第1期。

汪洋：《民法典意定居住权与居住权合同解释论》，载《比较法研究》2020年第6期。

汪渊智：《论禁止权利滥用原则》，载《法学研究》1995年第5期。

汪志刚：《准不动产物权变动与对抗》，载《中外法学》2011年第5期。

王洪亮：《以物抵债的解释与构建》，载《陕西师范大学学报（哲学和社会科学版）》2016年第6期。

王克稳：《论自然资源国家所有权权能》，载《苏州大学学报（哲学社会科学版）》2018年第1期。

王利明：《〈物权法〉与环境保护》，载《河南省政法管理干部学院学报》2008年第4期。

王利明：《关于物权法草案中确立的不动产物权变动模式》，载《法学》2005年第8期。

王利明：《空间权：一种新型的财产权利》，载《法律科学》2007年第2期。

王利明：《论民法典物权编中居住权的若干问题》，载《学术月刊》2016年第7期。

王利明：《试论〈物权法〉中海域使用权的性质和特点》，载《社会科学研究》2008年第4期。

王利明：《物权法的实施与征收征用制度的完善》，载《法学杂志》2008年第4期。

王利明：《住宅建设用地使用权自动续期规则》，载《清华法学》2017年第2期。

王淼、袁栋：《海洋矿产资源产权市场问题原因与对策》，载《中国国土资源经济》2007年第8期。

王明锁:《对物权客体——物的含义与种类的新解读》,载《河南省政法管理干部学院学报》2005年第6期。

王思锋:《财产征收的理论反思与制度重构——以不动产准征收为视角》,载《法学杂志》2014年第10期。

王者洁:《论居住权权利框架体系的构建》,载《江西社会科学》2016年第2期。

吴昱:《美国自然资源产权体系与中国自然资源物权体系的比较分析》,载《西南民族大学学报(人文社会科学版)》2012年第9期。

席志国:《居住权的法教义学分析》,载《南京社会科学》2020年第9期。

肖俊:《"居住"如何成为一种物权——从罗马法传统到当代中国居住权立法》,载《法律科学(西北政法大学学报)》2019年第3期。

肖俊:《罗马法中非典型物权形态的解释方法研究——以使用权、居住权的形成史为中心的考察》,载《求是学刊》2012年第1期。

熊丙万:《中国财产法的经济分析》,载《人大法律评论》2017年第1期。

杨立新、王竹:《解释论视野下的〈物权法〉第166条和第167条——兼评用益物权编"不动产即土地"定势思维》,载《河南财经政法大学学报》2008年第1期。

杨立新:《论不动产错误登记损害赔偿责任的性质》,载《当代法学》2010年第1期。

杨立新:《住宅建设用地使用权期满自动续期的核心价值》,载《山东大学学报(哲学社会科学版)》2016年第4期。

杨震:《观念交付制度基础理论问题研究》,载《中国法学》2008年第6期。

叶金强:《登记物与非登记物之区分的法律意义》,载《现代法学》2010年第4期。

尹田:《论非法人团体的法律地位》,载《现代法学》2003年第5期。

尹田:《民法调整对象的理论检讨与立法表达》,载《私法》2010年第1期。

张双根:《论房地关系与统一不动产登记簿册》,载《中外法学》2014年第4期。

张双根：《占有的基本问题——评〈物权法草案〉第二十章》，载《中外法学》2006年第1期。

张翔、刘阅春：《抬得遗失物制度的法律适用》，载《人民司法·应用》2008年第1期。

张新宝、汪榆森：《论"为其他非营利目的"成立的法人》，载《法学评论》2018年第4期。

章正璋：《我国民法上的占有保护——基于人民法院占有保护案例的实证分析》，载《法学研究》2014年第3期。

章正璋：《占有保护解释论的三个争议问题》，载《比较法研究》2016年第2期。

赵万一：《论国家所有权在物权法中的特殊地位》，载《河南省政法管理干部学院学报》2007年第1期。

郑冠宇：《地役权的现代化》，载《烟台大学学报（哲学社会科学版）》2009年第1期。

郑学林、王旭光、贾清林、刘牧晗：《矿业权纠纷案件的审判理念与最新裁判规则——〈最高人民法院关于审理矿业权纠纷案件适用法律若干问题的解释〉的理解与适用》，载《法律适用》2018年第5期。

郑永福、陈可猛：《近代中国"相邻关系"中的民事习惯》，载《史学月刊》2008年第12期。

中国社会科学研究院法学研究所物权法研究课题组：《制定中国物权法的基本思路》，载《法学研究》1995年第3期。

中国政法大学民商经济法学院民法研究所"中国民法典研究小组"：《中华人民共和国民法物权编（专家建议稿）》，载《比较法研究》2017年第4期。

朱广新：《论建设用地使用权的提前收回》，载《华东政法大学学报》2011年第4期。

朱广新：《我国〈物权法〉中地役权制度探究》，载《法学》2009年第7期。

朱岩、王亦白：《空间建设用地使用权的权利冲突及其解决》，载《中国土地科学》2017年第10期。

邹挺骞：《论海域使用权纠纷的审理及其裁判衡量》，载《法律适用》

2014年第11期。

左平良：《紧急需要下的土地征用法律问题探析——关于〈物权法〉第44条的一个解释》，载《湖南师范大学社会科学学报》2008年第3期。

## 三、网络文献

梁慧星：《制定和实施物权法的若干问题》，载中国法学网，http：//www.iolaw.org.cn/。

沈春耀：《关于〈《民法典》各分编（草案）〉的说明》，载中国人大网，http://www.npc.gov.cn/。

孙宪忠：《关于"区分原则"一文的简要说明》，载中国法学网，http://iolaw.cssn.cn/。

# 后 记

2022年10月22日胜利闭幕的中国共产党第二十次全国代表大会，是在全党全国各族人民迈上全面建设社会主义现代化新征程、向第二个百年奋斗目标进军的关键时刻召开的一次十分重要的大会，大会制定的行动纲领和大政方针为新时代人民法院审判执行工作指明了方向。编辑出版《中国民法典适用大全》，是最高人民法院深入学习贯彻党的二十大精神，全面贯彻习近平新时代中国特色社会主义思想，全面把握新时代新征程党和国家事业发展新要求、人民群众新期待，助力民法典统一正确实施的有力举措。

习近平总书记指出："民法典实施水平和效果，是衡量各级党和国家机关履行为人民服务宗旨的重要尺度。"[1] 学习好、贯彻好、实施好民法典是人民法院的重要职责和光荣使命。最高人民法院党组深入学习贯彻习近平法治思想，认真贯彻落实党中央决策部署，围绕切实实施民法典这一工作重心，采取系列举措把民法典贯彻实施工作不断引向深入，有效提升了民商事司法审判工作质效。为帮助广大法官牢固树立法典化思维，全面认识民法典各编和谐统一的体系关系，确立以民法典为中心的民事实体法律适用理念，确保民法典在各级人民法院统一正确实施，同时向社会公众宣传普及民法典司法适用知识，最高人民法院民法典贯彻实施工作领导小组组织力量编写了本套丛书。本套丛书以民法典的统一正确适用为中心，结合我国民商合一的立法模式，将有关的商事、知识产权等法律的适用问题一并纳入编辑范围，形成完整体系，旨在凸显民法典在民商事实体法中的基本法地位，进一步统一民商事裁判尺度，更好地辅助

---

[1] 习近平：《充分认识颁布实施民法典重大意义 依法更好保障人民合法权益》，载《求是》2020年第12期。

司法办案、便利社会生活。

为贯彻落实习近平总书记关于推动媒体融合发展重要讲话精神，人民法院出版社依托"法信"平台，把《中国民法典适用大全》作为重点融媒体出版项目进行编辑加工，在出版纸质书和手机阅读版的同时，配套推出《中国民法典适用大全》专题库，为读者提供民法典、知识产权与竞争、生态环境、商事、涉外商事海事等审判数字资源检索服务，并推出图书的电子书和"民法典适用大全"小程序，满足读者在各种数字化场景下的阅读需求。

本卷为物权卷。物权法律制度"关涉国本，事系民生"，是确认财产、利用财产和保护财产的基本法。物权是每个国家经济发展的基础，是交换的前提，是人生存发展的物质保障。民法典物权编在原物权法基础上，按照党中央提出的完善产权保护制度，健全归属清晰、权责明确、保护严格、流转顺畅的现代产权制度要求，坚持立足国情，结合现实需要，总结改革开放40多年来相关立法和实践经验，进一步完善了物权法律制度。物权编将中国特色社会主义基本经济制度转化为与人民群众生活息息相关的物的权属规则和利用规则，具体从第205条至第462条，共计5个分编、20章、258个文条。《中国民法典适用大全》物权卷的编辑工作紧扣物权编的适用，突出以下特点：一是权威性。在立法机关有关权威释义、最高人民法院民法典贯彻实施工作领导小组主编的《中华人民共和国民法典物权编理解与适用》等著作基础上，结合司法实践优秀成果和最新裁判规则，吸收立法机关、专家学者有关意见，重点对民法典物权编的具体司法适用进行详细阐述。二是全面性。对涉及物权制度的有关法律、行政法规、司法解释、部门规章和司法指导性文件进行了系统梳理，就有关法律法规与民法典条文的衔接适用问题作了系统论述。三是实用性。紧密结合审判实践，对近年来尤其是民法典实施后物权法有关指导性案例、典型案例和相关类案进行了系统检索和整理，为准确适用相关条文提供了鲜活参照。

参与物权卷编写和审核的人员主要是最高人民法院资深法官或业务骨干。编写人员有(按照条文顺序)：万挺、王伟、张雪明、仝蕾、张乾、蒋蔚、朱宏伟、刘忠伟、张闻、王楠楠、刘泽、张娟娟、何江恒、刘静、孙得证、孙茜、杨晓琰、国瀚文、刘亚男、赵春晓、王赫、刘银春、王慧娴、柳凝、谢勇、高燕竹、袁东筱、田心则、朱婧、刘小飞、陈中原、蔡传磊、郭忠红、王鑫、许冬冬、范怡倩、贾劲松、韩帅、孔得建、谢冠东、陈龙业、李宁、徐阳、刘牧晗、王新田、李涛、王鹏、赵风暴、孙超、刘海伟、张艳、李赛敏、杨百明、吴光荣、麻锦亮、亓凯、杨心忠、陈坚、曹晓锐、汪育玲、张楠、谢爱梅。核稿人员有（按姓氏笔画排序）：吴景丽、万挺、王灯、王鹏、刘银春、刘崇理、杨卓、张一宸、张闻、张艳、张乾、梅芳、李成斌、孙超、蒋家棣、王慧娴、张乾、仇彦军。案例审核人员有：陈志远、李予霞、张乐园、甄月、李兴、凌捷、杨斯空、蒋庆琨、严佳维、潘静波。

《中国民法典适用大全》的编辑出版是有关各方共同努力的结果。感谢全国人大常委会法工委等单位一直以来对人民法院工作的有力指导和大力支持！感谢积极支持人民法院民事审判执行工作的专家学者和其他法律从业人员！感谢有关地方法院对《中国民法典适用大全》编写工作提供的大力支持、所提出的宝贵意见建议！感谢人民法院出版社的各位编辑对本套丛书出版的辛苦付出和不懈努力！

疏漏不周之处在所难免，敬请各位读者批评指正。

编　者

二〇二二年十一月